जगदीशचन्द्र माथुर रचनावली-1

[नाटक खंड]

जगदीशचन्द्र माथुर रचनावली

[खंड-1]

सम्पादक

सुरेश अवस्थी

राधाकृष्ण प्रकाशन

ISBN 978-81-8361-317-0

जगदीशचन्द्र माथुर रचनावली (खंड-1)

पहला संस्करण : 2009
दूसरा संस्करण : 2021

मूल्य : ₹ 5000 सेट (चार खंडों में)

प्रकाशक
राधाकृष्ण प्रकाशन प्राइवेट लिमिटेड
जी-17, जगतपुरी, दिल्ली-110 051

शाखाएँ : अशोक राजपथ, साइंस कॉलेज के सामने, पटना-800 006
पहली मंजिल, दरबारी बिल्डिंग, महात्मा गांधी मार्ग, प्रयागराज-211 001
36-ए, शेक्सपियर सरणी, कोलकाता-700 017

वेबसाइट : www.radhakrishnaprakashan.com
ई-मेल : info@radhakrishnaprakashan.com

मुद्रक
बी.के. ऑफसेट
नवीन शाहदरा, दिल्ली-110 032

JAGDISHCHANDRA MATHUR RACHNAVALI (Vol. I)
Edited by Suresh Awasthi

जगदीशचन्द्र माथुर, 1959

(फोटो : श्री सोनरेक्सा)

स्ट्रेटफोर्ट अपऑन एवन में शेक्सपियर के निवास के सामने, 1960

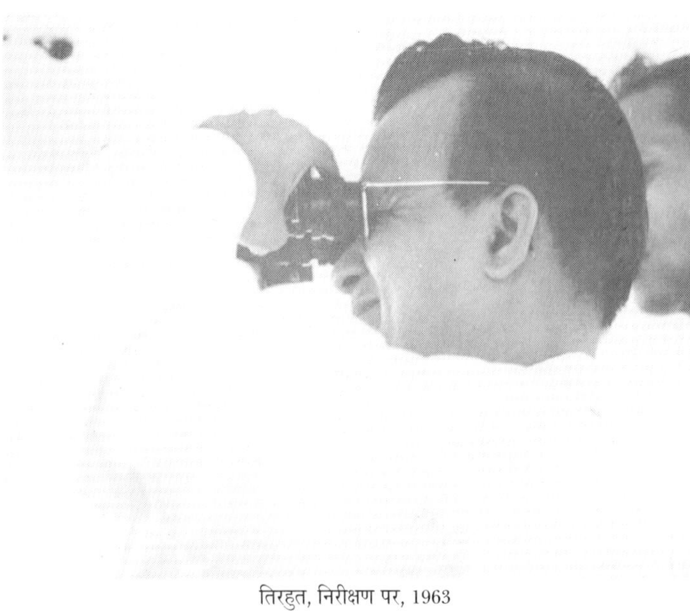

तिरहुत, निरीक्षण पर, 1963

बेटी कुमकुम के विवाह के बाद माथुर परिवार। (खड़े हुए बाएं से) समीर (पुत्र), अशोक (दामाद), कुमकुम (बेटी), चंद्रहास (पुत्र); (बैठे हुए बाएं से) गीता (वधू), जगदीशचंद्र माथुर, प्रेमकान्ता जी (पत्नी), ललित (पुत्र)। (आगे) सजल (पोता), सोनाली (पोती), दिसम्बर 1975, नई दिल्ली

आई. सी. एस. की पहली पोस्टिंग के समय माँ का आशीर्वाद लेते हुए, 1941, खुर्जा

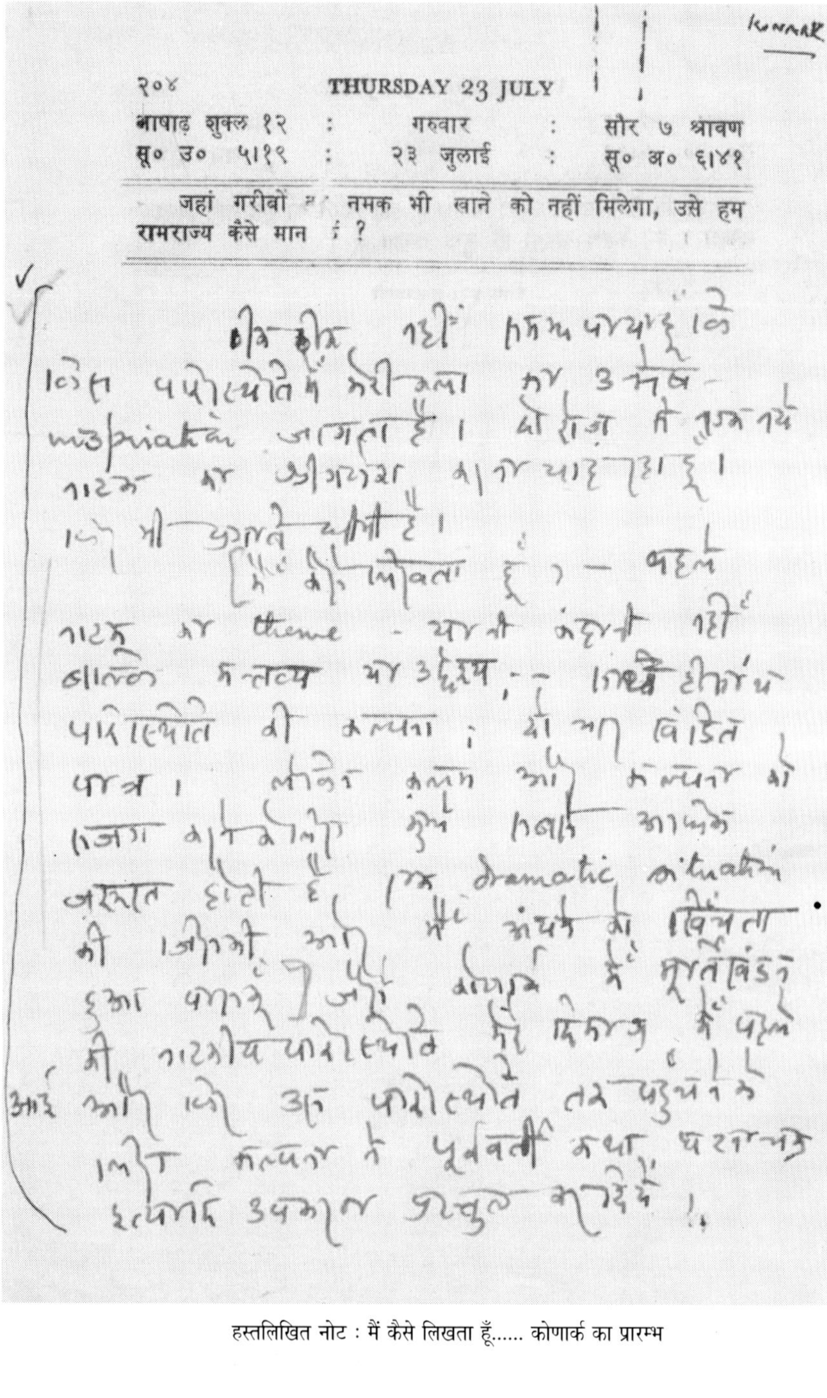

हस्तलिखित नोट : मैं कैसे लिखता हूँ...... कोणार्क का प्रारम्भ

सम्पादकीय

श्री माथुर की रचनावली सम्पादित करने का प्रस्ताव जब राधाकृष्ण प्रकाशन के निदेशक, अशोक महेश्वरी, और श्री माथुर के बड़े बेटे ललित माथुर ने मेरे सामने रखा तो मैंने उसे सहर्ष स्वीकार कर लिया। इसका कारण यह था कि मैं श्री माथुर के नाटकों और उनके नाट्य विषयक लेखन का पाठक और प्रशंसक रहा हूँ। संगीत नाटक अकादेमी में सचिव के पद पर काम करते हुए (1965-75) उनके सम्पर्क में भी आया, जब वे कई वर्षों तक अकादेमी की कार्यकारिणी के सदस्य थे। अकादेमी की योजनाओं और कार्यक्रमों में वे विशेष रुचि लेते थे। आश्चर्य होता है कि प्रशासनिक कार्यों और जिम्मेदारियों के साथ-साथ नाट्य-प्रदर्शनों में उनकी इतनी गहरी रुचि थी कि शाम को प्रायः रंगशाला में दिखाई दे जाते थे।

श्री माथुर के पहले सम्पूर्ण नाटक 'कोणार्क' (सन् 1950) के साथ हिन्दी में एक नए प्रकार के ऐतिहासिक नाटक की परम्परा शुरू हुई। उसकी प्रशंसा में पन्तजी ने नाटक के प्राक्कथन में लिखा : "इसमें प्राचीन, नवीन नाट्य-कला का अत्यन्त मनोरम सामंजस्य है।" यह गुण श्री माथुर के सम्पूर्ण साहित्य का है और उनकी विचारधारा का मूल आधार भी। श्री माथुर सर्जनात्मक प्रतिभा के धनी थे। उन्होंने विद्यार्थी जीवन में ही एकांकी नाटक और लेख लिखना शुरू कर दिया था। उनके आरम्भिक एकांकी 'सरस्वती' जैसे प्रतिष्ठित पत्रिका तथा श्री सुमित्रानन्दन पन्त और श्री नरेन्द्र शर्मा द्वारा सम्पादित 'रूपाभ' में छपे थे। उनको तभी से नाटक के प्रदर्शन में भी रुचि थी। एकांकी : 'भोर का तारा' प्रदर्शन के लिए तब लिखा था जब वे विश्वविद्यालय में थे। उसमें पाठ भी किया था, सहपाठी और मित्र कवि नरेन्द्र शर्मा के साथ। 'भोर का तारा' रंगमंच पर आज तक लोकप्रिय है।

श्री माथुर सृजनात्मक प्रतिभा के धनी थे। वे 14-15 वर्ष की आयु से ही लिखने लगे थे। यद्यपि उनकी ख्याति नाटककार के रूप में है। उन्होंने अपनी विशिष्ट शैली में चरित लेख, ललित निबन्ध और नाट्य-निबन्ध लिखे हैं। लेखन में उनकी इतनी प्रबल रुचि थी कि उन्होंने जिन

विभागों में काम किया उनकी समस्याओं के सम्बन्ध में भी लिखा। इनमें कृषि-विज्ञान, शिक्षा-शास्त्र, प्रौढ़-शिक्षा, साक्षरता, राजभाषा के रूप में हिन्दी की समस्याएँ और बहुजन-सम्प्रेषण के माध्यम (मास-मीडिया) जैसे विषय शामिल हैं। उनकी आरम्भिक रचनाएँ—चाँद, भारत, माधुरी, सरस्वती और रूपाभ जैसी अपने समय की प्रतिष्ठित पत्रिकाओं में छपती थीं।

बिहार में शिक्षा सचिव के पद पर काम करते हुए उन्होंने कई सांस्कृतिक और साहित्यिक संस्थाओं की स्थापना की और उनमें गहरी रुचि ली। बिहार राष्ट्रभाषा परिषद्, नालन्दा पालि-शोध-प्रतिष्ठान, वैशाली प्राकृत्-शोध-संस्थान, मिथिला संस्कृत-शोध-प्रतिष्ठान और वैशाली-संघ उन्हीं की स्थापित की हुई हैं। 1953 में बिहार संगीत नाटक अकादेमी की स्थापना और उसकी द्विभाषिक त्रैमासिक पत्रिका 'बिहार थिएटर' के प्रकाशन का विशेष महत्त्व है। इस सन्दर्भ में यह उल्लेखनीय है कि केन्द्रीय संगीत नाटक अकादेमी की स्थापना एक वर्ष बाद 1954 में हुई। वे जब दिल्ली में विभिन्न विभागों में काम कर रहे थे, तब कई सांस्कृतिक संस्थाओं के सक्रिय सदस्य और मार्गदर्शक रहे। इनमें उल्लेखनीय हैं—संगीत नाटक अकादेमी, ऑल इंडिया फाईन आर्ट्स एंड क्राफ्ट्स सोसाइटी और राष्ट्रीय नाट्य विद्यालय। वे यूनेस्को और एम.ए.ओ. की समितियों के भी सदस्य थे और भारतीय प्रौढ़ शिक्षा परिषद् के उपाध्यक्ष रहे।

अपने विचारों और मूल्यों में श्री माथुर ग्रामीण और नागर, लोक और शास्त्रीय संस्कारों और परम्पराओं के समन्वय के पक्षधर थे। इस पक्षधरता का स्वर उनके साहित्य में भी मुखर है। उन्होंने अपनी रचनाओं की प्रकृति, रचना-प्रक्रिया और अपने विचारों और विश्वासों के बारे में पुस्तकों की भूमिकाओं में बहुत-कुछ लिखा है, जो उनके साहित्य को समझने में सहायक है।

सन् 1941 में आई.सी.एस. में आने के बाद उन्होंने जिन विभागों में काम किया उनसे सम्बन्धित विषयों पर हिन्दी और अंग्रेज़ी दोनों में लिखा। यह विपुल लेखन आज भी रुचिकर और उपयोगी है, और हम इसे रचनावली में सम्मिलित करना चाहते थे, पर कई कारणों से हम ऐसा न कर सके।

एक तो यह पदेन लिखा हुआ है, विशिष्ट सन्दर्भों और अवसरों के लिए, दूसरे साहित्येतर है, और तीसरे, अधिकांश अंग्रेज़ी में है। एक बहुत बड़ा कारण यह भी था कि हम रचनावली को श्री माथुर के साहित्यिक कृतित्व पर केन्द्रित रखना चाहते थे। उनकी पुस्तक 'ड्रामा इन रूरल इंडिया' भी रचनावली में अनुवाद खंड में सम्मिलित नहीं की गई। इसकी

कमी इस बात से पूरी हो गई कि इसी विषय पर उनकी हिन्दी पुस्तक 'परम्पराशील नाट्य' रचनावली के खंड तीन में है।

बहुत सोच-विचार करने और श्री ललित माथुर तथा श्री अशोक महेश्वरी से परामर्श करने के बाद हमने इस लेखन को छोड़ देने का निश्चय किया; एक अपवाद को छोड़कर। मास मीडिया पर उनकी पुस्तक 'बहुजन-सम्प्रेषण के माध्यम' खंड चार में सम्मिलित की गई है। इसका कारण यह है कि इस विषय पर हिन्दी में आज भी साहित्य बहुत कम है।

इस आधार पर रचनावली चार खंडों में प्रकाशित हो रही है। खंड एक में सम्पूर्ण नाटक, खंड दो में एकांकी नाटक, खंड तीन में नाट्य निबन्ध और खंड चार में चरित लेख और बहुजन-सम्प्रेषण के माध्यम।

हम लोगों को इस बात की प्रसन्नता है कि श्री माथुर का लेखन चार खंडों में रचनावली के रूप में पाठकों के पास पहुँच रहा है। किन्तु, इस बात का खेद भी है कि ऐसा उनके निधन के बाद ही सम्भव हो सका है। इसी कारण से उनके कुछ लेखों के बारे में पूरी प्रकाशन-सूचना प्राप्त नहीं हुई।

श्री ललित माथुर और उनके छोटे भाई समीर ने बड़ी लगन के साथ लेखन सामग्री एकत्रित और संयोजित की और श्री अशोक महेश्वरी ने रचनावली के प्रकाशन में व्यक्तिगत रुचि ली, जिससे मेरा काम आसान हो गया। मैं इनके प्रति आभार प्रकट करता हूँ। मेरी पत्नी, डॉ. इन्दुजा अवस्थी ने मेरी बीमारी के दिनों में जो इसमें सहायता की उसके बिना यह असम्भव था।

–सुरेश अवस्थी

सम्पूर्ण नाटक

इस खंड में श्री माथुर के पाँचों सम्पूर्ण नाटक संकलित हैं : 'कोणार्क', 'शारदीया', 'पहला राजा', 'दशरथ नन्दन' और 'रघुकुल रीति'। नाटक श्री माथुर के लेखन-कार्य का मुख्य क्षेत्र है; रचनावली में उसी पर जोर दिया गया है।

सम्पादन में नाटकों के 'प्राक्कथन', 'निवेदन', 'भूमिकाएँ' और 'परिशिष्ट' यथावत् अपने मूल रूप में ही रखे गए हैं—दो अपवादों को छोड़कर—एक तो, 'कोणार्क' का परिशिष्ट-2—'उदय की बेला में हिन्दी रंगमंच और नाटक' और दूसरा : 'शारदीया' का परिशिष्ट 'अखिल भारतीय माध्यम के रूप में हिन्दी नाटक' जिनको खंड तीन के नाट्य निबन्ध में सम्मिलित किया गया है। इसका कारण यह है कि इन नाटकों से इनका कोई सम्बन्ध नहीं है। ये स्वतन्त्र निबन्ध हैं।

श्री माथुर के नाटक—'कोणार्क', 'शारदीया' और 'पहला राजा' इस अर्थ में हिन्दी के इतिहास-आधारित नाटकों से भिन्न हैं क्योंकि उनमें कथा की प्रामाणिकता पर ज़ोर न देकर कथा में गर्भित समस्या और पात्रों की जीवन्तता पर ज़ोर है। कथा के चयन, संयोजन और निरूपण तथा पात्रों की अवधारणा और चित्रण में युगीन सामाजिक बोध की गहरी छाप है।

श्री माथुर ने नाटकों की भूमिकाओं और परिशिष्टों में सभी नाटकों के प्रदर्शन के विविध पक्षों के बारे में विस्तार से लिखा है। दृश्यबन्ध और रंगसज्जा के बारे में निर्देश दिए हैं, जो निर्देशकों और अभिनेताओं के लिए व्यावहारिक और उपयोगी हैं। इस दृष्टि से श्री माथुर हिन्दी के उन अनेक नाटककारों से भिन्न हैं जो नाटक को केवल साहित्यिक विधा मानते हैं। नाटक की रंगसापेक्षता में श्री माथुर की गहरी आस्था है। वे प्रदर्शन को नाटक का प्रतिफलन और उसकी नियति मानते हैं।

श्री माथुर परम्पराशील नाटक के अध्येता ही नहीं थे बल्कि नाट्यलेखन और उनके प्रदर्शन में भी उनकी गहरी रुचि थी। उन्होंने प्रायः अपने सभी नाटकों में परम्पराशील नाटकों के विविध रूपों के

व्यवहारों, युक्तियों और रूढ़ियों का उपयोग करके भारतीय नाटक को उसकी अस्मिता प्रदान की है। सूत्रधार, नट, नटी, वाचक, वाचिका जैसे रूढ़ पात्रों का प्रयोग पारम्परिक नाट्य से ही प्रेरित है। नाट्य-लेखन में, श्री माथुर के इन प्रयोगों में 'रामलीला', 'रासलीला' जैसे रूप और असम का 'अंकिया नाट' मुख्य हैं।

उन्होंने बारह वर्ष बाद कोणार्क के संशोधित संस्करण में कई रूपगत परिवर्तन किए। अंकों में उपक्रम, उपकथन और उपसंहार जैसे दृश्य-खंड जोड़कर नाटक को पश्चिमी परम्परा के सुबद्ध यथार्थवादी नाटक से मुक्त करके उसे परम्परा से जोड़ा, जिस परम्परा में नाटक का रूपबन्ध देश-काल की सीमाओं से मुक्त रहता है।

'दशरथ नन्दन' और 'रघुकुल रीति' रामचरितमानस के पाठ पर आधारित हैं, और एक विशेष उद्‌देश्य से लिखे गए हैं—मानस और रामकथा को नई पीढ़ी के लिए नाट्य विधा में सुबोध और रोचक बनाना। श्री माथुर ने इनके रूपबन्ध में सूत्रकार, नटी, वाचक, वाचिका और रूढ़ पात्रों को रखकर इनको नाट्य परम्परा से जोड़ा है। ये नाटक एक प्रकार से 10वीं शताब्दी के अन्तिम और 20वीं शताब्दी के आरम्भिक दशकों में रामचरितमानस को आधार बनाकर लिखे गए संवादमूलक रंगमंचीय रामलीला नाटकों की परम्परा में आते हैं, किन्तु रचना-शिल्प की प्रयोगशीलता में उनसे भिन्न हैं। यह खेद की बात है कि इन नाटकों के प्रदर्शन न हुए, और रंगमंचीय रामलीला नाटक रंगीन पर्दों के साथ पारसी शैली में ही खेले जाते रहे।

अनुक्रम

कोणार्क

शिल्पीप्रवर

उपेन्द्र महारथी को

"...

कला की जोत; अटल विश्वास

जगाए, खँडहर सोता है।"

श्री जगदीशचन्द्र माथुर की नाट्य कृतियों से मैं बहुत पहले से परिचित हूँ। उनके प्रारम्भिक नाटकों में से एक—'भोर का तारा' रूपाभ में प्रकाशित हुआ था। 'कोणार्क' उनकी अत्यन्त सफल कृति है। हिन्दी में नाट्य कला की ऐसी सर्वांगपूर्ण सृष्टि मुझे अन्यत्र देखने को नहीं मिली। इसमें प्राचीन, नवीन नाट्य कला का अत्यन्त मनोरम सामंजस्य है। विषय-निर्वाचन, कथा-वस्तु, क्रम-विकास, संवाद, ध्वनि, मितव्ययिता आदि सभी दृष्टियों से 'कोणार्क' अद्‌भुत साफ-सुथरी सन्तुलित कला-कृति है। छोटे-छोटे तीन अंकों के भीतर एक विराट युग के जीवन का स्पन्दन-कम्पन गागर में सागर की तरह छलक उठता है। इसके उपक्रम तथा उपसंहार लेखक के अत्यन्त मौलिक प्रयोग हैं, जिनमें नाटक की सीमाएँ एक रहस्य-विस्तार में खो-सी गई हैं। उपक्रम में आँखों के सामने एक विस्मृत ऐतिहासिक युग का ध्वंसशेष, कल्पना में समुद्र की तरह आर-पार उद्वेलित होकर साकार हो उठता है, जिसकी तरंगों के व्यथा-द्रवित उत्थान-पतन में करुण, विद्रोह-भरा नाटक का कथानक मन की आँखों के सम्मुख प्रत्यक्ष हो जाता है। उपसंहार में नाटक की अमर अमिट अनुगूँज हृदय के श्रवणों में अविराम गूँजती रहती है। इस नाटक का तृतीय अंक अत्यन्त सशक्त तथा प्रभावोत्पादक बन पड़ा है। कलाकार का बदला जीदन-सौन्दर्य को ही चुनौती नहीं देता, अत्याचारी को भी जैसे सूर्यहीन लोक के अतल अन्धकार में डाल देता है। सहनशील विशु तथा विद्रोही धर्मपद में जैसे कला के प्राचीन और नवीन युग मूर्तिमान हो उठे हैं। धर्मपद में आधुनिक कलाकार का विद्रोह ही जैसे व्यक्तित्व ग्रहण कर लेता है। विशु और धर्मपद का पिता-पुत्र का नाता और तत्सम्बन्धी करुण-कथा जैसे इतिहास के गर्जन में मानव-हृदय की धड़कन भी घुल-मिलकर नाटक को मार्मिकता प्रदान करती है। आज के राजनीतिक-आर्थिक संघर्ष के जर्जर युग में कोणार्क के द्वारा कला और संस्कृति जैसे अपनी चिरन्तन उपेक्षा का विद्रोहपूर्ण सन्देश मनुष्य के पास पहुँचा रही हैं।

श्री माथुर को मैं उनकी इस उत्कृष्ट नाट्य-कृति के लिए हार्दिक बधाई देता हूँ। आशा करता हूँ, भविष्य में वह इसी प्रकार अपनी विशिष्ट देन से हिन्दी-साहित्य के इस अंग को शक्ति तथा गौरव प्रदान करते रहेंगे।

—श्री सुमित्रानन्दन पन्त

संशोधित संस्करण का परिचय

यह नाटक मैंने सन् 1949-50 के शीतकाल में लिखा था, यद्यपि इसके कुछ अंश सन् 1946 ही में लिख डाले थे। प्रथम संस्करण सन् 1951 में प्रकाशित हुआ। तब से इसके छह पुनर्मुद्रण हो चुके हैं। भारतवर्ष के कई नगरों में यह खेला जा चुका है; कुछ भाषाओं में अनूदित भी हुआ है। कहीं-कहीं यह पाठ्यग्रन्थ के रूप में शिक्षा-संस्थाओं में पढ़ाया भी जाता है।

अब 12 वर्ष बाद सन् 1961 में मैंने इस नाटक में कुछ संशोधन किया है और कई परिवर्तन भी। निस्सन्देह वर्तमान हिन्दी-साहित्य में पूर्व प्रकाशित रचनाओं को इस तरह से परिवर्तित करने की परम्परा नहीं रही है। सुधी समालोचक यदि मेरी इस हरकत पर अचम्भित हों तथा इसकी आलोचना करें तो मैं बुरा न मानूँगा।

वस्तुतः हिन्दी में नाटक छप पहले जाते हैं और उन्हें रंगमंच पर बाद में प्रस्तुत किया जाता है। पाश्चात्य देशों में प्रायः नाटक कही जाने वाली रचनाएँ रंगमंच पर उतारी जाने से पूर्व प्रकाशित नहीं की जातीं। लेखक नाटक के रिहर्सल के समय अपनी पांडुलिपि में आवश्यकतानुसार परिवर्तन करता है और इस तरह वह अभिनय सम्बन्धी कठिनाइयों को ध्यान में रख सकता है। 'कोणार्क' के रंगमंच पर अभिनय मैंने स्वयं तो बहुत कम देखे, लेकिन जिन संस्थाओं ने रंगमंच पर इसे प्रस्तुत किया उनमें से कई ने मुझे अपने अनुभव लिख भेजे। एक बुनियादी बात मुझे यह ज्ञात हुई कि मूल संस्करण के तीसरे अंक में शय्या पर लेटे धर्मपद को दिखाया जाना मंच पर अनेक समस्याएँ पैदा कर देता है। चूँकि थोड़ी ही देर बाद उसे संग्राम में पुनः कूद जाना है इसलिए वह विवशता का चित्र मंच पर उपयुक्त प्रभाव नहीं डालता; यद्यपि कथा में वैसा विवरण पूर्णतः स्वीकार्य होगा। दूसरी बात पहले अंक के बारे में कही गई कि उसमें पूर्वकथा का उद्घाटन यथोचित नाटकीयता से नहीं हो पाया और इसलिए कहीं-कहीं एकरसता आ गई। तीसरी बात यह थी कि उपक्रम और उपसंहार के शब्द नेपथ्य से गाए जाने पर प्रायः सुने नहीं जा सकते और उनका काव्यत्व दर्शकों तक पहुँच नहीं पाता था।

प्रस्तुत संस्करण में किए गए संशोधन रंगमंच की उल्लिखित कठिनाइयों को ध्यान में रखकर किए गए हैं। तृतीय अंक का अन्तिम दृश्य जिसमें मूर्ति धराशायी होती है, रंगमंच की दृष्टि से अधिक स्पष्ट कर दिया गया है, यद्यपि निर्देशकों को अब भी इस दृश्य के दिखाने में विशेष सावधानी बरतनी होगी।

एक दूसरे प्रकार के परिवर्तन की प्रेरणा मुझे मिली प्रसिद्ध पुरातत्त्ववेत्ता श्री टी.एन. रामचन्द्रन के एक लेख से, जो सन् 1951 में मद्रास संगीत अकादेमी के जर्नल में प्रकाशित हुआ था। इस लेख में उन्होंने कोणार्क-मन्दिर से प्राप्त एक मूर्ति का उल्लेख किया है। जिसके नीचे नाट्याचार्य 'सौम्य श्रीदत्त' का नाम लिखा हुआ है। उनके अनुसार सौम्य श्रीदत्त कोणार्क-मन्दिर के नाट्याचार्य रहे होंगे; मूर्ति की मुद्रा एवं अन्य विशेषताओं से यह सिद्ध होता है। इस मूर्ति का एक चित्र भी उन्होंने मेरे पास भेजा। मूर्ति के गले में एक हार है, जिसके बीच में एक बड़ा-सा चक्र है। हाथों में मंजीर, कानों में मकरकुंडल, किन्तु कलाई में वीर-शृंखला का अभाव। यदि इस मूर्ति के विषय में मुझे पहले से जानकारी होती तो सम्भवतः नाटक के कथानक में एक और तत्त्व का आरोप होता। फिर भी मैं सौम्य श्रीदत्त को अपने नाटक में किसी-न-किसी रूप में प्रस्तुत करने की लालसा को दबा न सका। मूल संस्करण में मुकुन्द नाम का एक कल्पित पात्र स्थपति विशु का मित्र दिखाया गया है। इस संशोधित संस्करण में उस कल्पित पात्र के स्थान पर सौम्य श्रीदत्त को मैंने दिखा दिया है। सौम्य श्रीदत्त के प्रवेश से निस्सन्देह नाटक का चरित्र-चित्रण अधिक सजीव और विविध हो गया है—कम-से-कम ऐसा मेरा विचार है।

पिछले कुछ वर्षों में मुझे मध्ययुगीन भाषा-नाटकों को पढ़ने का मौका मिला है। उन नाटकों में सूत्रधार तथा उसके संगियों का एक विशेष स्थान होता है। इसलिए तथा नेपथ्य के स्वरों की अव्यावहारिकता के कारण, मैंने यह तय किया कि सूत्रधार और उसके साथ दो वाचिकाओं को उपक्रम और उपसंहार के पात्रों का रूप दिया जाए। साथ ही मैंने अंक के बीच विष्कम्भकों के समान उपकथनों का समावेश किया है। इस तरह से उपक्रम, उपसंहार और उपकथन—ये तीनों नाटक के एक विशेष अंग बनाए गए हैं और सूत्रधार और दो वाचिकाएँ एक ऐसे समुदाय के रूप में हमारे सामने आते हैं जो नाटक के स्थूल रूप तथा आत्मा दोनों पर तीव्र प्रकाश डालते हैं। इस समुदाय को मैंने संज्ञा दी है 'वृन्दवार्तिक' की। 'वार्तिक' शब्द लोक-नाटकों में आज भी व्यवहृत होता है। 'वृन्दवार्तिक' की तुलना यूनान के 'कोरस' से भी की जा सकती है। बीसवीं सदी में प्रसिद्ध अमेरिकन नाटककार यूजीन-ओ-नील ने इस तरह के कोरस का प्रयोग किया। कोणार्क का 'वृन्दवार्तिक' कथा की कड़ियाँ प्रस्तुत करता है किन्तु साथ ही दर्शकों का प्रतीक भी है, न सिर्फ़ उन दर्शकों का जो रंगशाला में बैठे नाटक का अभिनय देखते हैं बल्कि उनका भी, जो रंगस्थली में होनेवाले, नियति के आश्चर्यजनक खेलों का अवलोकन करते हैं; संशय और उत्सुकता जिन्हें रह-रह कर पीड़ित करते हैं, उल्लास और जिज्ञासा जिनके प्राण हैं और कर्मादधि की उत्ताल तरंगों के बीच जो विश्वास तथा सत्य की चट्टानों को देख पाते हैं।

इन सब संशोधनों के बावजूद मैं जानता हूँ कि 'कोणार्क' का सफल अभिनय करना टेढ़ी खीर है। इसलिए जो लोग इसे रंगमंच पर प्रस्तुत करना चाहें उन्हें मैं पहले से ही सचेत कर देना आवश्यक समझता हूँ। यों मैंने परिशिष्ट में अभिनय के लिए कुछ संकेत दिए हैं; फिर भी एमेच्योर (शौकीन) मंडलियों के लिए इस नाटक का सफल अभिनय

करना कठिन है।

यों तो इस नाटक के विषय में मुझे अनेक रोचक अनुभव हुए, किन्तु सबसे दिलचस्प अनुभव हुआ दिल्ली के अंग्रेज़ी समाचार-पत्रों में इस नाटक के अभिनय की समालोचना पढ़कर। उनमें से एक समालोचक महोदय (अथवा महोदया!) ने लिखा कि इस नाटक की भाषा इतनी दुरूह है कि इस नाटक का बहिष्कार होना चाहिए, क्योंकि लेखक ने यह नाटक संस्कृतमयी हिन्दी का प्रचार करने के लिए लिखा है!

यदि कोई मंडली दिल्ली में 'कोणार्क' का अभिनय करना चाहे तो मैं उसको सलाह दूँगा कि कोई और नाटक चुनें। वास्तव में दिल्ली को हिन्दी-साहित्य तथा नाटकों का आदी होने में अभी थोड़ा समय लगेगा। फिर भी मैं विशेष अनुगृहीत हूँ, उन सभी अभिनेताओं, निर्देशकों तथा मंडलियों का, जिन्होंने 'कोणार्क' को रंगमंच पर प्रस्तुत करने की चेष्टा की तथा हिन्दी के उन सुधी समालोचकों और विद्वानों का, जिन्होंने मेरा उत्साह बढ़ाया। कहाँ तक यह नाटक साहित्य और रंगमंच के लिए स्थायी निधि है—यह तो भविष्य ही बता सकेगा।

नई दिल्ली
मई, 1961

—जगदीशचन्द्र माथुर

परिचय

(मूल संस्करण)

ईसा की सातवीं शताब्दी से लेकर तेरहवीं शताब्दी तक उड़ीसा में एक के बाद एक विशाल, भव्य कलापूर्ण मन्दिर का निर्माण हुआ जो आज भी भुवनेश्वर, जगन्नाथपुरी और कोणार्क में तत्कालीन कला के साक्षी-रूप खड़े हैं। इनमें से सर्वश्रेष्ठ मन्दिर, सूर्य देवता का देवालय, कोणार्क में स्थित है। कोणार्क के देवालय के विषय में कतिपय ऐतिहासिक तथ्य विचारणीय हैं। एक तो यह कि मध्यकालीन उड़ीसा के मन्दिरों की परम्परा में यह अन्तिम भवन है। इसके बाद न जाने कैसे और क्यों उड़ीसा में उस कोटि और शैली के मन्दिरों का बनना ही बन्द हो गया और मानो शिल्पियों के कुल ही तिरोहित हो गए। दूसरे, उस परम्परा के मन्दिरों में स्थापत्य, कल्पना और कला की विविधता में यह मन्दिर पराकाष्ठा का द्योतक है, मानो वह शैली कोणार्क के निर्माण में अपनी चरमावस्था को पहुँची। तीसरे, जहाँ अन्य मन्दिर पुरी और भुवनेश्वर जैसे नगरों में बनाए गए, कोणार्क के लिए ऐसा स्थान चुना गया, जिसके आस-पास दूर तक आबादी नहीं थी। पुरी से 19 मील दूर समुद्र-तट पर यह मन्दिर स्थित है। चौथे, इस मन्दिर के उपपीठ और दीवारों पर अंकित युगल मूर्तियाँ आधुनिक विचार से अत्यन्त अश्लील हैं और उनका उद्देश्य समझ में नहीं आता। पाँचवीं और अत्यन्त रहस्यपूर्ण बात यह है कि मध्यकालीन उड़ीसा का अन्य कोई मन्दिर इस खंडित और भग्नावस्था में नहीं है, यद्यपि यही सब के बाद में बना। मन्दिर का मुख्य अंश (विमान) टूटा पड़ा है, और कुछ विद्वानों का तो यह भी मत है कि मन्दिर कभी व्यवहार में लाया ही नहीं गया। मन्दिर का मुख्य भाग इस समय पत्थरों का ढेर है। उसका नट-मन्दिर भी धराशायी है। विशाल प्रांगण में ध्वस्त मूर्तियाँ और पाषाण-खंड पड़े हैं। केवल बाकी है विमान से सटा हुआ जगमोहन यानी मंडप, जो एक विस्तीर्ण मेधि पर दीपक की अकेली लौ की भाँति खड़ा है।

मन्दिर क्यों टूटा—इस विषय में उड़ीसा में एक किंवदन्ती प्रचलित है, जिसे अंशतः ही मैंने अपने नाटक का आधार बनाया है। इतिहास का सहारा भी मैंने अल्प मात्रा में ही लिया है; फिर भी इस नाटक को पूर्णतया अनैतिहासिक नहीं कहा जा सकता। गंगवंशीय महाप्रतापी राजा नरसिंहदेव का उड़ीसा में राज्यकाल ईस्वी सन् 1238 से 1264 तक माना जाता है और कुछ जागीरों के लेख-पत्रों में स्पष्ट रूप से कहा गया है कि नरसिंहदेव ने ही कोणार्क का निर्माण कराया। यह भी ऐतिहासिक सत्य है कि नरसिंहदेव

ने वंग-प्रदेश में मुसलमान सूबेदारों को पराजित किया और गौड़ तक अपनी सेना को ले जाकर अनेक वर्षों तक वंग-प्रदेश में वे यवनों से लड़ते रहे। नरसिंहदेव के दरबार के प्रसिद्ध कवि विश्वनाथ ('साहित्य दर्पण' के रचयिता) ने अपनी अलंकार-शास्त्र की पुस्तक 'एकावली' में नरसिंहदेव को 'यवनावनिवल्लभ' कहकर सम्बोधित किया है। नरसिंहदेव के मन्त्रियों में प्रमुख थे पूर्वीय चालुक्य-वंश के राजराज। यह बात श्रीकूर्मम् के एक लेख से प्रमाणित होती है।

मैं अपने उड़िया मित्रों से एक धृष्टता के लिए क्षमा-याचना करता हूँ। जिस लोकप्रिय किंवदन्ती के आधार पर उड़िया में श्री गोपबन्धुदास के खंड-काव्य 'धर्मपद', कार्तिक घोष के नाटक और अन्य रचनाओं का प्रणयन हुआ, मैंने उसका रूप इस नाटक में इतना बदल दिया है कि शायद वे उसे पहचान भी न पाएँ और रुष्ट भी हों कि क्यों मैंने एक ललित और करुण रस से पगी कहानी को इस रौद्र रूप में प्रदर्शित किया है। मैं अपना अपराध सहज ही स्वीकार करता हूँ। मुझे उस किंवदन्ती के करुण लालित्य ने आकृष्ट अवश्य किया किन्तु जिस विशाल और पुष्ट कल्पना का कोणार्क-मन्दिर परिचायक है और जिस संघर्ष-प्रधान युग में उसका निर्माण हुआ—उसके मुकाबले में मुझे उड़िया किंवदन्ती के भावुक और विवश नायक-नायिका क्षीण जँचे। प्रणय की अठखेलियों और भाग्य के थपेड़ों के आधार पर कोणार्क के खँडहरों का सहारा ले एक रोचक कथापट प्रस्तुत कर देने से मुझे सन्तोष नहीं हुआ। मुझे तो लगा जैसे कलाकार का युग-युग से मौन पौरुष जो सौन्दर्य-सृजन के सम्मोहन में अपने को भूल जाता है 'कोणार्क' के खंडन के क्षण में फूट निकला हो। चिरन्तन मौन ही जिसका अभिशाप है उस पौरुष को मैंने वाणी देने की धृष्टता की है। किन्तु जब रूमानी कहानियों में बादल छूनेवाली कल्पना पर आप प्रतिबन्ध नहीं लगाते तो कलाकार के मानस में कुंडली मार कर सोए, पौरुष-नाग की अनाहत फूत्कार की जो कल्पना मैंने की है उसे समकालीन प्रगतिवाद की प्रतिध्वनि कहकर ही न दुत्कार दे। यह सही है कि व्यक्तिगत वैषम्य के साथ सामाजिक समस्याओं का गठबन्धन मैंने किया है। किन्तु इन दोनों के पूरे यूनानी दुखान्त नाटक की-सी भग्न रागिनी की प्रेरणा मुझे कलाकार के शाश्वत अन्तर्दहन में मिली है और यह नाटक उसी का प्रतीक है।

परिशिष्ट में हिन्दी नाट्य-साहित्य और रंगमंच की गति-विधि और भविष्य पर जो विचार मैंने प्रकट किए हैं उनका 'कोणार्क' के वस्तु-विषय और रूप-रेखा से कोई सीधा सम्बन्ध नहीं है; क्योंकि 'कोणार्क' पहले लिखा गया और यह निबन्ध बाद में। किन्तु दोनों प्रयास एक ही यज्ञ के लिए आहुतिस्वरूप होने के कारण असंगत न माने जायेंगे। पटना कॉलेज की साहित्य परिषद् में छात्रों, अध्यापकों और अन्य विद्वानों के सामने जब मैंने इस निबन्ध को पढ़ा तो मुझे लगा कि शायद मेरे शब्दों ने श्रोताओं को इस विषय पर गम्भीरतापूर्वक सोचने के लिए मजबूर किया। उसी उद्देश्य से यहाँ भी यह निबन्ध दे रहा हूँ। आशा है विद्वान पाठक मेरी निश्चयात्मक उक्तियों के बावजूद इसे पढ़ने का

कष्ट उठायेंगे। मैंने जो कुछ लिखा है उस पर रंगमंच और नाट्य-लेखन के तजुर्बे की छाप है, शास्त्रीय अध्ययन की नहीं। लेकिन शास्त्र के दामन पर तजुर्बे के दाग न पड़ें तो वह दामन नहीं पताका बनकर रह जायेगा। हमें तो दामन की ज़रूरत है, पताका की नहीं।

पटना, 1950 **—जगदीशचन्द्र माथुर**

पात्र

सूत्रधार		
पहली वाचिका **दूसरी वाचिका**	:	उपक्रम, उपसंहार और उपकथनों के वृन्दवार्तिक
विशु	:	उत्कल राज्य का प्रधान शिल्पी और कोणार्क का निर्माता
धर्मपद	:	एक प्रतिभाशाली युवक शिल्पी
नरसिंहदेव	:	उत्कल-नरेश
राजराज चालुक्य	:	उत्कल-नरेश का महामात्य
सौम्य श्रीदत्त	:	विशु का मित्र और मन्दिर का नाट्याचार्य
राजीव	:	मुख्य पाणाण-कोर्त्तक
शैवालिक	:	चालुक्य का दूत
महेन्द्रवर्मन	:	नरसिंहदेव का रहस्याधिकारी
भास्कर **गजाधर**	:	अन्य शिल्पी
प्रतिहारीगण		
सैनिक		

काल :

ईसवी सन् 1260 के लगभग

स्थान :

प्रथम अंक	:	कोणार्क-मन्दिर में विशु का कक्ष।
द्वितीय अंक	:	वही।
तृतीय अंक	:	मन्दिर के गर्भगृह से सटा अन्तराल।

[अभिनय और निर्देशन के संकेतों के लिए देखिए परिशिष्ट]

उपक्रम

[झीने अन्धकार में कोणार्क के खँडहर की हलकी झलक दीख पड़ती है। सम्मिलित वाद्यों का स्वर। उस संगीत की अन्तिम ध्वनियाँ ऐसी हैं जैसे सागर की लहरों का अनवरत, न थकनेवाला, सृष्टि की व्यंग्यमयी वेदना से परिपूर्ण रुदन।

हठात् संगीत रुक जाता है। क्षणभर के लिए पूर्ण मौन और निविड़ अन्धकार ! फिर अन्धकार को चीरती हुई प्रकाश की मन्द रेखा तीन आकृतियों को ज्योतित कर देती है—मंच के एक सिरे पर अग्रभाग में खड़े हुए सूत्रधार और दो वाचिकाएँ (अथवा वाचक !) सूत्रधार रंगीन पगड़ी, लम्बी चपकन और अंगवस्त्र पहने है; वाचिकाएँ लहँगे और ओढ़नियाँ (यदि वाचक हैं तो पगड़ी-धोती और छोटी चपकन)।

निःशब्द वातावरण को भेदते हुए एक-एक करके तीनों के स्वर सुन पड़ते हैं, मानो शताब्दियों के सोपानों को पार करनेवाले, चिर-जागृत सागर की लहरें कथा सुनाती हों।

बोलनेवाला व्यक्ति मंच के बीच में आकर बोलता है। प्रकाश उसके चेहरे पर प्रखरता से पड़ता है। इस तरह एक-एक करके, कथा कहने के बाद, तीनों, मंच के दूसरे सिरे पर खड़े होते जाते हैं।

कथा लय-तालयुक्त गीतों के रूप में नहीं, बल्कि अत्यन्त स्पष्ट और मर्मस्पर्शी वाचक शैली में कही जाती है। किसी तरह का वाद्य नहीं बजता, किसी तरह का सस्वर गीत नहीं गाया जाता। प्रत्येक शब्द साफ़-साफ़ सुन पड़ता है। पहला स्वर स्पष्ट किन्तु महीन है, दूसरा उससे गहरा और तीसरा गुरुतम।]

पहली वाचिका

(नन्हीं लहर)

दूर वह खँडहर सोता है,
पूरबी सागर के तट पर
सुनातीं अगणित अथक लहर
लोरियाँ जिसको निशि-वासर
रेत की सेज सँजोए क्लान्त
मौन वह खँडहर सोता है।

दूसरी वाचिका

(आकुल तरंग)

साँझ का सोने-सा बादल;
डूबते सूरज की बेकल
साँस-सा चंचल, पर निश्चल,
अधूरे सपने-सा अभिराम
कौन वह खँडहर सोता है ?

[थोड़ा विराम। मन्द और करुण वाद्य-स्वर। और फिर–]

सूत्रधार

(गम्भीर, मन्थर हिल्लोल)

लेकिन एक दिन...
बहुत दिन हुए...वह सपना पूरा हुआ था।
सात सौ वर्ष पहले की बात।...

उड़ीसा प्रदेश में परम पराक्रमी महाराज नरसिंहदेव का राज्य है और उनका मुख्य स्थपति है महाशिल्पी विशु, जिसने एक के बाद एक,
चार अद्भुत मन्दिरों का भुवनेश्वर में निर्माण किया।...
फिर भी राजा की कामना और शिल्पी की साधना पूरी न हुई।

और अब ?
महाशिल्पी विशु की निखरी हुई कला का अभूतपूर्व चमत्कार
भगवान सूर्य का जगमगाता हुआ पुण्यधाम–
कोणार्क–
पूर्वी सागर के तट पर उदित हो रहा है।
बारह सौ शिल्पियों और मजदूरों की
बारह बरस की लम्बी साधना
और कठोर मेहनत के बाद
विशु की विराट कल्पना साकार हो चली है।
हाँ...विराट कल्पना !
पाषाण का एक विशाल रथ–
सैकड़ों गज लम्बी-चौड़ी है जिसकी पिष्ठ,
दुर्ग-प्राचीर से वृहद हैं जिसके बारह चक्र,
और गिरि से विपुल हैं जिसके सात भव्य घोड़े।
और मन्दिर के भीतर है एक अनोखा चमत्कार–
सूर्य भगवान की जाज्वल्यमान मूर्ति, चुम्बक पत्थर के
आकर्षण से, निराधार, शून्य में, लटकी हुई है !

...हाँ, विराट कल्पना साकार हो चली !
लेकिन मन्दिर का शिखर पूरा होना बाक़ी है।
सारे उत्कल की आँखें कोणार्क पर हैं।
कब उसका शिखर पूरा होगा ?
कब उस पर केसरी पताका फहराएगी ?
कब ?... कब ?

[मौन। संगीत क्षणिक उठान के बाद बन्द हो जाता है। प्रकाश की रेखा सूत्रधार और वाचिकाओं पर से हटकर बीच मंच पर पड़ती है। सूत्रधार और वाचिकाओं का प्रस्थान। खँडहर की झलक लुप्त हो जाती है और उसके स्थान पर–]

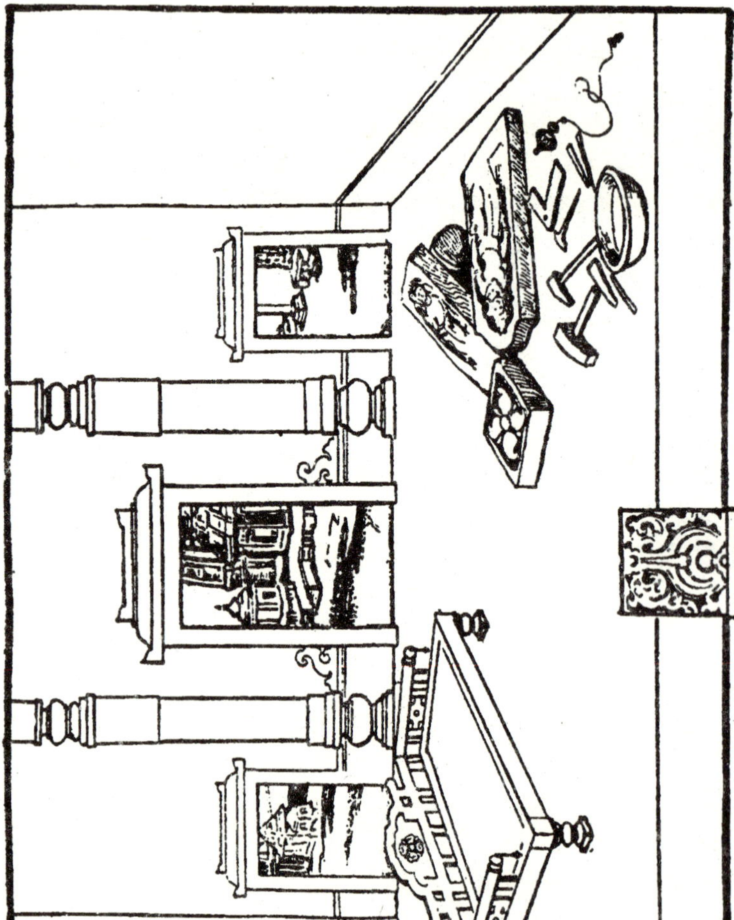

महाशिल्पी विशु का कक्ष
(प्रथम और द्वितीय अंक)

प्रथम अंक

[एक कक्ष का भीतरी भाग। मन्दिर की विशाल चहारदीवारी के भीतर मुख्य मन्दिर से लगभग पचास गज दक्षिण-पूर्व की ओर एक भोग-मन्दिर है। यह कमरा उसी में स्थित है और मन्दिर के निर्माण के दिनों में महाशिल्पी विशु का निवास-स्थान। सामने तीन द्वार हैं; जिनमें से बीचवाले को छोड़कर बाकी दोनों खिड़की जान पड़ती हैं। खिड़की के बराबर स्तम्भ हैं। खिड़कियों और सामनेवाले द्वार में से मुख्य मन्दिर और जगमोहन की झलक दिखाई पड़ती है—पूरी झलक नहीं, सिर्फ़ मेधि से ऊपर और छप्र से नीचे का अंश, जिस पर अंकित कुछ सुन्दर मूर्तियाँ दृष्टिगोचर होती हैं। मन्दिर की यह झलक जितनी सजावटपूर्ण है, उसकी अपेक्षाकृत महाशिल्पी का निवास-स्थान, यह कमरा अत्यन्त सादा और अलंकारविहीन है। इधर-उधर कुछ आधी उत्कीर्ण मूर्तियाँ पड़ी हैं। कुछ पाषाण-खंड रखे हैं, जिन पर की गई खुदाई नजर पड़ रही है। कुछ छैनियाँ और अन्य औजार भी पड़े हैं। बाईं खिड़की के पास एक लम्बी चौकी रखी है जिसके सिरहाने की तरफ़ लकड़ी की ऊँची पीठ है, जैसी कि अकसर प्राचीन सिंहासनों में हुआ करती थी। चौकी पर एक सादा कालीन बिछा है। चौकी पर भारी चिन्तित अवस्था में बैठे हैं महाशिल्पी विशु। उनके हाथ चौकी की पीठ पर हैं और हाथों पर ठुड्डी है। हमें उनका पूरा मुख नहीं दीख पड़ता क्योंकि उनकी दृष्टि बीचवाले द्वार में होती हुई मुख्य मन्दिर पर पड़ी हुई है। कमरे में आने का एक द्वार दाहिनी तरफ़ भी है और इस दृश्य में अधिकतर अभिनेता इसी द्वार से आते-जाते हैं। इस समय इस द्वार के निकट कोणार्क के प्रधान पाषाण-कोर्त्तक राजीव खड़े हैं। ऐसा मालूम होता है कि अभी बाहर से आए हैं और उन्होंने कुछ कहना समाप्त किया है।

बातचीत के बीच में कभी-कभी मन्दिर की तरफ़ से पत्थर पर खुदाई की आवाज़ आती है, जिससे मालूम होता है कि काम जारी है।]

विशु : कब? आख़िर कब हम अम्ल* के ऊपर त्रिपटधर* को स्थापित कर पाएँगे? आज दस रोज़ हो गए, केवल इसी के कारण मूर्ति का

* अम्ल, त्रिपटधर, कलश और छप्र तत्कालीन उड़िया मन्दिरों की देउलि यानी मुख्य खंड (जिसे विमान भी कहते हैं) के सबसे ऊपरी अंश के विभिन्न अंगों के नाम हैं। 'भूमि' स्थापत्य में 'आधार' का द्योतक है।

प्रतिष्ठापन नहीं हो रहा है। *(राजीव की ओर मुँह करके)* राजीव, तुम कहते हो कि तुमने कलश* के अधोअंश को और हलका कर दिया?

राजीव : हाँ, फिर भी कलश ठहर नहीं पाता। मैंने अम्ल के हरेक अनुपात को फिर से नापा। कहीं कमी नहीं।

विशु : छप्र* से ऊपरवाली भूमि* के जोड़ तो ठीक हैं न ?

राजीव : वे सब जोड़ तो आप ही ने अपने हाथों से स्थापित किए थे!

विशु : जानता हूँ। लेकिन मन्दिर की महती कल्पना मेरी बुद्धि के परे हो चली है। मुझे न मालूम था कि सूर्यदेव के जिस विशाल वाहन का स्वप्न मैं देखा करता था, वह सच्चा होते-होते इस पार्थिव धरातल से उठकर भगवान भास्कर के चरण छूने के लिए उतावला हो उठेगा।

राजीव : राजनगरी के ज्योतिषी भानुदत्त का कहना है...

[नेपथ्य में निकट आते नूपुरों की ध्वनि। सौम्यश्री का प्रवेश। सिर पर उष्णीष, कानों में मकरकुंडल, गले में हार, हाथों में मंजीर—मानो विशेषतः तैयार होकर आए हों।]

सौम्य : यह ठीक रहेगा न विशु? *(अपनी वेश-भूषा विशु को दिखाते हैं।)*... कोई कमी तो नहीं है, नाट्याचार्य की वेश-भूषा में?

राजीव : हाथों में वीर-शृंखला कहाँ है, तात सौम्यश्री?

सौम्य : इतना भी नहीं समझे राजीव? हाथों में मंजीर देखते हो? मंजीर बजाने की भंगिमा यदि नहीं हो तो वह नाट्याचार्य की मूर्ति क्योंकर लगेगी? और यदि मंजीर बजाना है तो सुवर्ण-शृंखला कलाइयों में कैसे ठहर सकती है!

राजीव : समझा तात।

सौम्य : लेकिन तुम्हारा क्या विचार है विशु! हाथों को कटकमुद्रा में रखूँ न? यह देखो, बाएँ हाथ में मंजीर को उलटा करके इस तरह रखूँगा। *(बाएँ हाथवाली मंजीर को वक्ष से लगाकर उलटकर रखता है।)* और दाएँ हाथ को ऊपर से कटकमुद्रा में इस तरह! *(दिखाता है।)*--मानो मंजीर बजाकर मैं नर्तकियों को संकेत दे रहा हूँ। ठीक है न?—*(विशु को चुप और ध्यानमग्न देखकर रुक जाता है।)* मामला क्या है विशु?

विशु : *(राजीव से)* ज्योतिषी क्या कहता है, राजीव?

राजीव : कहता है, कोणार्क देवालय ज्यों ही पूरा होगा त्यों ही इसके पत्थरों में पंख लग जाएँगे और सारा मन्दिर आकाश में उड़ जाएगा।...

सौम्यश्री : मैंने भी सुनी थी यह भविष्यवाणी। लेकिन एक परिवर्तन चाहता हूँ।

राजीव : वह क्या तात सौम्यश्री?

विमान के आगे जगमोहन (जिसका उल्लेख द्वितीय अंक में है) मंडप के तौर पर होता था और उसके भी आगे नट-मन्दिर नृत्य-प्रदर्शन इत्यादि के लिए मंडप।

सौम्य : मन्दिर उड़ेगा नहीं। नाट्याचार्य सौम्यश्री के संकेत पर जब नट-मन्दिर में देवदासियाँ नृत्य करेंगी तो ताल देने के लिए कोणार्क देवालय ही थिरक उठेगा !...ता थेई, ता थेई...था...

[नृत्य-भंगिमा में पदक्षेप करता है।]

विशु : परिहास की बात नहीं है बन्धु!

सौम्य : विशु, तो क्या तुम सच मानते हो कि कोणार्क के ये भारी पत्थर, ये विशालकाय मूर्तियाँ गगनगामी हो जाएँगी?

विशु : *(विचारपूर्ण मुद्रा)* कह नहीं सकता। पर एक बात अवश्य है। हमने पत्थर में जान डाल दी है, उसे गति दे दी है। *(सोत्साह)* वह भूल रहा है कि वह धरती का पदार्थ है। उसके पैर धरती पर नहीं टिकते। पत्थर का यह मन्दिर आज कल्पना के स्पर्श से हवा की तरह गतिमान, किरण की तरह स्पर्शहीन, सुगन्ध की तरह सर्वव्यापी हो रहा है। लेकिन...लेकिन धरती उसे जकड़े हुए है, ईर्ष्या से।...मुझे लगता है, जैसे अनजाने ही हम लोगों ने पृथ्वी और आकाश के बीच भीषण संघर्ष खड़ा कर दिया है।

सौम्य : पृथ्वी और आकाश के संघर्ष की बात फिर सोचना विशु! उत्कल के पृथ्वीपति की क्रोधाग्नि झेलने का भी कोई प्रबन्ध किया है?

विशु : महाराज श्रीनरसिंहदेव की क्रोधाग्नि? उसे तो करुणा की फुहारें क्षणभर में शान्त कर देती हैं।

सौम्य : लेकिन वही फुहारें जब गर्म तवे पर पड़ती हैं, तो उसकी जलन और भी बढ़ जाती है और फुहारें छू-मन्तर हो जाती हैं।

विशु : तुम्हारा मतलब?

सौम्य : उत्कल-नरेश का क्रोध चाहे क्षणिक भले ही हो, लेकिन महामात्य राजराज चालुक्य उसे प्रज्वलित रखते हैं और उन्होंने दया से पसीजना नहीं सीखा है।

विशु : महामात्य चालुक्य राज्य के सब कुछ नहीं हैं।

सौम्य : तुम भ्रम में हो, बन्धु! महाराज नरसिंहदेव तो वंग प्रदेश में यवनों को पराजित करने में लगे हैं और लोग कहते हैं, राजनगरी में महामात्य ही आजकल सर्वेसर्वा हैं।

राजीव : तात, दूर-दूर से आनेवाले शिल्पी, महामात्य द्वारा किए गए अत्याचारों के समाचार लाते हैं। उनमें से कितनों ही के कुटुम्बों पर महामात्य के अन्याय का हथौड़ा पड़ चुका है। दिन-प्रति-दिन तरह-तरह की आशंकाजनक खबरें आ रही हैं।

सौम्य : सुना है अब तक महादंडपाशिक के सब अधिकार भी उन्होंने हथिया लिए हैं।

सौम्य श्रीदत्त

राजीव : तब तो सारे दंडपाशिक[1] सैनिक उनके अधीन होंगे!

सौम्य : वही तो। राज्यसेना तो वंग प्रदेश में यवनों से लड़ रही है और इधर दंडपाशिक सैनिकों के बल पर महामात्य की शक्ति दिन-प्रति-दिन बढ़ती ही जा रही है।

विशु : किसी की शक्ति बढ़े और किसी की घटे; हमें तो कोणार्क को पूरा करना है।

राजीव : यदि आप धर्मपद की बात सुनें तो शायद अपना विचार बदल डालें, तात।

सौम्य : धर्मपद कौन?

राजीव : एक किशोर शिल्पी। हाल ही में आया है। आयु तो अल्प ही है—शायद 16 वर्ष भी नहीं, किन्तु बुद्धि तीक्ष्ण। आपसे मिलना भी चाहता है।

विशु : क्यों?

राजीव : साफ़ नहीं बताता। विचित्र जीव है। कभी तो मौन हो मन्दिर के कलश की ओर निर्निमेष देखता रहता है और कभी अल्प समय में ही चमत्कारपूर्ण मूर्तियाँ तैयार कर देता है। कीर्तिस्तम्भ पर गायकों के रूप उसी ने उत्कीर्ण किए हैं।

विशु : एक 16 वर्ष के किशोर ने? राजीव, मैं उससे मिलूँगा।

राजीव : कहिए तो अभी बुला लाऊँ। तात, उसकी ओजमयी वाणी में आपको विस्मृत विद्रोह का ताप मिलेगा।

विशु : शिल्पी को विद्रोह की वाणी नहीं चाहिए, राजीव ! मेरी कला में जीवन का प्रतिबिम्ब और उसके विरुद्ध विद्रोह, दोनों सन्निहित हैं। तुम उस किशोर को बुला लाओ। मेरी दृष्टि के स्पर्श से उसकी प्रतिभा की गन्ध जागृत होकर उसकी वाणी को मौन कर देगी। मुझे उसकी कला चाहिए।

[राजीव का प्रस्थान]

सौम्य : मुझे भी उसकी कला चाहिए।

विशु : क्या उसे नृत्य-संगीत सिखाओगे बन्धु?

सौम्य : नहीं।...सोचता हूँ मेरी मूर्ति तुम तो पूरा करने से रहे! इधर मैं तैयार खड़ा हूँ। यह प्रतिभावान किशोर ही उसे पूरा कर देगा।

विशु : यह कैसे हो सकता है? लाओ अभी पूरा करता हूँ। *(छैनी-हथौड़ी से प्रस्तर-खंड पर अधूरी मूर्ति को पूरा करने में लग जाता है। सौम्यश्री को कभी-कभी सिर उठाकर देखता जाता है। सौम्यश्री तत्पर मुद्रा में खड़ा है।)*

---

1. तत्कालीन पुलिस।

सौम्य : कितनी देर इस वेश-भूषा में खड़ा रहना पड़ेगा?

विशु : थोड़ी ही देर।...जल्दी है।

सौम्य : नहीं।...प्रतिष्ठापन में जितनी ही देरी हो रही है उतना ही समय मुझे मिल जाता है, संगीतक[1] की तैयारी के लिए।

विशु : तो फिर 'गीतगोविन्द' ही दिखाओगे?

सौम्य : क्या ही अच्छा होता यदि जयदेव ने सूर्यभगवान पर वैसा ही संगीतक रचा होता!

विशु : 'गीतभास्करम्'!

सौम्य : यही नाम मैंने रखा है।

विशु : तो क्या सच भास्कर भगवान पर ही संगीतक प्रदर्शित करोगे?

सौम्य : उससे अधिक समीचीन और कौन चीज़ होगी, कोणार्क के नट-मन्दिर में?

विशु : लेकिन सूर्य भगवान की कथा में वह रमणीयता कहाँ?

सौम्य : है! प्रणय-प्रसंग भी!

विशु : प्रणय-प्रसंग भी?

सौम्य : कुन्ती और सूर्यदेव! लोग समझते हैं कुन्ती ने ऋषि का वरदान जाँचने के लिए सूर्य भगवान का आह्वान किया!...जी नहीं! क्षितिज पर सवेरे की अरुणिमा की भाँति, तेजस्वी सूर्यदेव का मादक स्वरूप, कुन्ती के मानस-गगन के छोर पर खिंच गया। और फिर?—जैसे पूर्व दिशा की लालिमा, मध्याह्न का जगमगाता और प्रचंड ताप बन जाती है, ठीक वैसे ही, दोनों का अनुराग, एक उत्तप्त और विश्वव्यापी विलास बन गया। कोणार्क की युगल मूर्तियों में वही विलास बिखरा पड़ा है—उद्दाम यौवन का वेग, उत्तान शृंगार का उल्लास!... और फिर—

विशु : *(टोकता हुआ)* सौमू! सौमू!

सौम्य : *(उसी धुन में)* और फिर? विलास के बाद वियोग! विशु, मेरे इस संगीतक में जयदेव और कालिदास दोनों का मणिकांचन संयोग होगा, अद्भुत संयोग!...गीतों में गोपियों की विरह-वेदना बूँद-बूँद होकर मर्मज्ञों के हृदय को सालेगी।...और, मुद्राओं में शकुन्तला की विवशता!—अजात सन्तान का भार लिए कुन्ती उपालम्भ करेगी, अपने दिव्य, तेजस्वी प्रेमी—सूर्य देवता के प्रति, उसकी निठुरता, निर्ममता, हृदयहीनता—

विशु : नहीं, नहीं, नहीं! *(छैनी और हथौड़ी को छोड़कर उद्भ्रान्त-सा उठ खड़ा*

---

1. 'संगीतक' शब्द साहित्य में ऐसे प्रदर्शन के लिए प्रयुक्त हुआ है, जिसमें संगीत, नृत्य और अभिनय का संयोग हो, जैसे आधुनिक 'ऑपेरा'—वाणभट्ट की 'कादम्बरी' में चतुर्भाणी और विद्यापति के 'गोरक्षविजय' नाटक में संगीतकों का उल्लेख मिलता है।

होता है और सौम्यश्री की ओर बढ़ता है।) यह संगीतक नहीं होगा। कभी नहीं! *(भावावेश में एक कोने की तरफ़ मुड़कर खड़ा हो जाता है। हाथों में मुँह ढँकता हुआ मन्द स्वर में)* नहीं!

सौम्य : यह क्या विशु?...*(निकट जाकर)* क्या बात है।

विशु : *(वही मन्द स्वर)* कुछ नहीं!

सौम्य : बन्धु, मुझसे छिपाओ नहीं! इतना उत्तेजित होते मैंने तुम्हें पहले कभी नहीं देखा!

विशु : *(कुछ रुककर)* सौमू, उधर देखो! *(जो मूर्ति उत्कीर्ण कर रहा था, उसकी ओर संकेत करता है।)*

सौम्य : *(मूर्ति के निकट जाकर उसे गौर से देखता हुआ)* बहुत भव्य बन पड़ी है मेरी प्रतिमा ! अद्‌भुत है तुम्हारा कौशल !... लेकिन *(और भी गौर से देखता है।)* लेकिन...*(अपने गले में लटके कंठहार को टटोलता हुआ)* कहाँ मेरा यह सीधा-सादा कंठहार और कहाँ उस मूर्ति के कंठाभरण के बीच कंकण पर खुदी कामदेव की मनोहर छवि!

विशु : वह कंकण हाथी दाँत के एक कंकण की नकल है।

सौम्य : देखूँ, कैसा कंकण है वह!

विशु : वह कंकण?...वह कंकण तो किसी हतभाग्य सूर्यदेव ने किसी सम्मोहित कुन्ती को दिया था, सत्तरह बरस हुए।

सौम्य : *(साश्चर्य)* विशु!!

विशु : हाँ सौमू! *(विभोर-सा)* वह वन की कली थी। जंगली शबर जाति की कन्या। चट्टान को फोड़कर बहनेवाली निर्द्वन्द्व, निष्कलुष जलधारा !

सौम्य : शबर कन्या ?

विशु : उसका नाम था सारिका ! हमारे नगर में हाट के दिन, अपने गाँववालों के साथ, जंगली छाल, जड़ियाँ बेचने आती!

सौम्य : और नगर की ऊँची अटारी का वासी सूर्य, उस वन-कलिका पर मुग्ध हो गया।

विशु : जैसे स्वर और ताल एक-दूसरे पर रीझते हैं! वह मदभरे पावस-सी उन्मत्त थी, पुष्पावृत कामिनी-तरु-सी सम्पन्न!

सौम्य : लेकिन वह रागिनी टूटी कैसे?

विशु : वही कायरपन की कथा! सूर्यदेव भी तो कायर ही थे?

सौम्य : और कुन्ती भी। तभी तो उसने अपनी सन्तान को गंगा में बहा दिया!

विशु : लेकिन उसने ऐसा नहीं किया होगा, सौमू, कदापि नहीं।

सौम्य : तुमने अपनी सन्तान को देखा था?

विशु : नहीं सौमू। जब मुझे ज्ञान हुआ कि वह माँ बननेवाली है तो कुल और कुटुम्ब के भय ने मुझे ग्रस लिया। नदी पर बढ़ती साँझ की तरह उस

भय की तन्द्रा मेरी बुद्धि पर छा गई। और मैं भाग आया, सारिका और उसकी अजात सन्तान से दूर—बहुत दूर—भुवनेश्वर में देव-मन्दिर की छाया में—कला के आँचल में अपना मुँह छिपाने!

सौम्य : *(कुछ सोचकर)* वियोग के बादलों पर सूर्य की किरणें बिखरीं और कला का सतरंगी इन्द्रधनुष सारे उत्कल पर छा गया!...कैसी विडम्बना है विशु, कि तुम्हारी टूटी हुई रागिनी का विषाद ही तुम्हारी चमत्कारपूर्ण कला का वैभव बना।

विशु : *(आविष्ट स्वर)* सौमू, भव्य मन्दिरों को बनानेवाले मेरे ये हाथ सारिका और उसकी सन्तान के लिए एक झोंपड़ी भी न बना सके!

सौम्य : सत्तरह बरस तक जिस आशा पर तुम अपने मन में इस रहस्य को सँजोए रहे वह वृथा नहीं जाएगी विशु!

विशु : आशा?...जंगलों में भटकनेवाली निराश्रिता अविवाहिता माँ और उसके बच्चे से मिलने की आशा?...नहीं सौमू, नहीं!...मुझे प्रायश्चित करना होगा।

सौम्य : प्रायश्चित? कैसे?

विशु : सौमू, अगर कोणार्क पूरा नहीं हुआ तो उसे नष्ट करना होगा। यही होगा मुझ पातकी का प्रायश्चित।

सौम्य : शिल्पी तुम विष्णु हो, शंकर नहीं। निर्माता हो, संहारक नहीं।...और फिर ये स्तम्भ और ये पाषाण! इन्हें तो भूकम्प ही गिरा सकता है, अथवा काल की गति!

विशु : सौमू, जिन चुम्बक पत्थरों के आकर्षण से, सूर्य भगवान की विशाल मूर्ति निराधार स्थित है, तुमने उन्हें ध्यान से देखा है?

सौम्य : क्या उनमें भूकम्प की शक्ति भरी है?

विशु : सुनो एक रहस्य की बात! ठीक बीच में जो चुम्बक है उसे हटाते ही मूर्ति बड़े वेग से गिर पड़ेगी और भूकम्प की भाँति ही मन्दिर की शिलाएँ और स्तम्भ गिरने लगेंगे और—

[राजीव का प्रवेश। साथ में एक और युवक। आयु लगभग 16 वर्ष। साँवला रंग। उसके दृढ़ कपोल, तेजोमयी आँखें, घुँघराले बाल घोषित करते हैं कि वह असाधारण वृत्ति का व्यक्ति है। तंग अँगरखा और ऊँची धोती पहने है। राजीव के पीछे-पीछे आकर द्वार के निकट खड़ा होता है। जब विशु से बातें करता है, तब उसकी दृष्टि मानो विशु की काया के नीचे अन्तर्हित किसी पुरातन विशु को खोजती है।]

राजीव : आचार्य, यही वह युवक है; धर्मपद।

विशु : तुम ! *(धर्मपद प्रणाम करता है।)* सुना है तुम आशु-शिल्पी हो। इतनी

छोटी आयु में तुम्हें किस गुरु ने दीक्षा दी ?

धर्मपद : किसी ने नहीं आचार्य। मैं शिल्पी बना, क्योंकि मुझे जीवित रहना था।

विशु : कला तुम्हारा जीवन है, यही न?

धर्मपद : जीवन भी है और जीवन-यापन का साधन भी।

विशु : वह सारे जीवन का प्रतिबिम्ब है। देखो, हमारे कोणार्क देवालय को आँखें भरकर देखो। यह मन्दिर नहीं सारे जीवन की गति का रूपक है। हमने जो मूर्तियाँ इसके स्तम्भों, इसकी उपपीठ और अधिस्थान में अंकित की हैं उन्हें ध्यान से देखो। देखते हो, उनमें मनुष्य के सारे कर्म, उसकी सारी वासनाएँ, मनोरंजन और मुद्राएँ चित्रित हैं। यही तो जीवन है।

धर्मपद : क्षमा करें आचार्य, शृंगार-मूर्तियों को देखते-देखते मैं अघा गया हूँ।

सौम्य : अभी से? हँ-हँ ! युवक, किसी रमणी के सामने यह बात न कह देना, नहीं तो तुम्हें अविवाहित रहना पड़ेगा।

विशु : *(गम्भीर होकर)* तो तुम उन लोगों में हो, जो इन प्रणय-मूर्तियों में अश्लीलता देखते हैं, जीवन का आदि और उत्कर्ष नहीं?

धर्मपद : जीवन के आदि और उत्कर्ष के बीच एक और सीढ़ी है—जीवन का पुरुषार्थ। अपराध क्षमा हो आचार्य, आपकी कला उस पुरुषार्थ को भूल गई है। जब मैं इन मूर्तियों में बँधे रसिक जोड़ों को देखता हूँ तो मुझे याद आती है पसीने में नहाते हुए किसान की, कोसों तक धारा के विरुद्ध नौका को खेनेवाले मल्लाह की, दिन-दिन भर कुल्हाड़ी लेकर खटनेवाले लकड़हारे की !...इनके बिना जीवन अधूरा है, आचार्य!

विशु : लेकिन कला नहीं। कला की पूर्ति चयन में है—छाँटने में। जंगल में तरह-तरह के फूल, पौधे, वृक्ष चाहे जहाँ उगे रहते हैं, लेकिन उपवन में माली छाँट-छाँटकर सुन्दर और मनमोहक पौधों और वृक्षों को ही रखता है।

धर्मपद : छाँटनेवाली आँखों का खेल है आचार्य! आज की शिल्पी की आँखें वहाँ नहीं पड़ती, जहाँ धूल में हीरे छिपे पड़े हैं।

राजीव : मैं ठीक कहता था न, तात, धर्मपद तर्क-निपुण है?

धर्मपद : मैं तर्क करने नहीं आया हूँ। मैं तो एक ऐसे संसार की ओर आपका ध्यान खींचना चाहता हूँ जो कि आपके निकट होते हुए भी आपकी आँखों से ओझल हो गया है। इस मन्दिर में बरसों से 1200 से ऊपर शिल्पी काम कर रहे हैं। इनमें से कितनों की पीड़ा से आप परिचित हैं? जानते हैं आप कि महामात्य के भृत्यों ने इनमें से बहुतों की ज़मीन छीन ली है; कइयों की स्त्रियों को दासियों की तरह काम करना पड़ा है, और उधर सारे उत्कल में अकाल पड़ रहा है।

विशु : तुम समझते हो कि हम लोगों को यह सब मालूम नहीं है? लेकिन राज्य की बातों में पड़ना शिल्पियों के लिए अनुचित है।

[बाहर दाहिनी ओर कुछ हलचल, मानो दूर पर अश्वारोही आ रहे हों। राजीव बाहर जाता है।]

धर्मपद : मगर यह भी तो उचित नहीं कि जब चारों ओर अत्याचार और अकाल की लपटें बढ़ रही हों, शिल्पी एक शीतल और सुरक्षित कोने में यौवन और विलास की मूर्तियाँ ही बनाता रहे। अगर मुझे महाशिल्पी के अधिकार मिले होते तो–

सौम्य : तो तुम कोणार्क को अब तक कभी का पूरा कर चुके होते। हँ... हँ...हँ... *(अविश्वास का हास्य)*

धर्मपद : पूरा करना अब भी कठिन नहीं।

[बाहर कोलाहल बढ़ रहा है।]

सौम्य : क्या ? धर्मपद तुम भूल रहे हो कि तुम महाशिल्पी आचार्य विशु के सामने खड़े हो। पिछले दस दिन से निरन्तर चेष्टा करने पर भी ये मन्दिर पर कलश को स्थापित नहीं कर सके; और तुम–शास्त्रीय अध्ययन और अनुभव से शून्य–तुम कहते हो, इसे पूरा करना कठिन नहीं ! अपनी शक्ति से बाहर की बात न करो युवक!

विशु : *(जो अब तक मौन हो इस वार्तालाप को सुनता रहा है।)* नहीं सौम्य, उसे अपनी बात पूरी कहने दो। बोलो युवक, क्या तुम अम्ल के ऊपर शिखर को स्थापित कर सकते हो? करोगे?...सोच-समझकर उत्तर दो। यह साधारण समस्या नहीं है।

[इतने में कोलाहल बहुत बढ़ जाता है। तेज़ी के साथ राजीव का प्रवेश।]

राजीव : *(हाँफते हुए)* आचार्य! महामात्य चालुक्य आ रहे हैं।

विशु :
सौम्य : } चालुक्य!!
धर्मपद :

विशु : चालुक्य? यहाँ आ रहे हैं, बिना पूर्व-सूचना दिए?

राजीव : जी हाँ। कई अश्वारोही साथ हैं। *(बाहर तुरही की आवाज़)* सुनिए!

[दूर से उच्च स्वर में प्रतिहारी बोलता है–"सावधान, सावधान, श्री महामात्य महादंडपाशिक राजराज चालुक्य पधारते हैं, सावधान !"]

सौम्य : महादंडपाशिक! सुना तुमने, विशु? *(खिड़की से झाँकता है।)*

विशु : ऐसी जल्दी में महामात्य का हम यथोचित स्वागत कैसे कर सकते हैं ? राजीव, अन्दर से वेत्रासन तो ले आओ! *(राजीव बाईं तरफ़ जाता है और एक वेत्रासन लेकर लौटता है।)* युवक, तनिक इस तोशक और

चादर को भलीभाँति रख दो। *(धर्मपद चौकी के तोशक इत्यादि को ठीक करता है।)* सौम्य, महामात्य प्राचीर के अन्दर आ गए?

सौम्य : *(खिड़की से मुँह हटाते हुए)* वे यहीं सीधे आ रहे हैं, विशु! *(रुककर)* महामात्य का इस तरह सहसा आना मुझे अच्छा नहीं लगता, विशु !

[नेपथ्य से निकट आता हुआ स्वर "सावधान, सावधान"]

राजीव : आचार्य! वे आ गए–

[दो प्रतिहारियों का प्रवेश। प्राचीन भटों का वेश, कन्धों पर गदा या खड्ग। अन्दर आकर द्वार के दोनों ओर खड़े हो जाते हैं। उसके बाद महामन्त्री चालुक्य आते हैं। पुष्टकाय, आयु लगभग 45, मुख पर क्रूर मुद्रा, बड़ी-बड़ी मूँछें। नेत्र छोटे हैं और बातें करते समय और संकुचित लगते हैं। बातचीत के वक़्त भौंहें सिकुड़ जाती हैं और बाएँ हाथ से ठुड्डी को सहलाते भी हैं। पोशाक–पुराने ढंग से बाँधी हुई धोती, रेशमी उत्तरीय, सुवर्ण-पट मस्तक पर, बाजू पर एक बाजूबन्द, कमर में कटार। उत्तरीय कुछ लटक रहा है और एक हाथ से उसे पकड़ते हुए वेग से अन्दर आते हैं और अभ्यर्थना की उपेक्षा करते हुए बैठ जाते हैं। धर्मपद बीचवाले दरवाज़े के पास खड़ा है; सौम्यश्री खिड़की के पास, राजीव दरवाज़े के निकट और विशु सब के बीच में कुछ आगे। सभी लोग झुककर महामात्य को प्रणाम करते हैं। कुछ क्षण के लिए स्तब्धता।]

चालुक्य : *(कमरे के सभी व्यक्तियों पर सरसरी निगाह डालकर फिर विशु पर आँखें ठहरा देते हैं।)* तुम जानते हो विशु, मैं क्यों इस तरह सहसा आया हूँ?

विशु : आर्य के आने की कोई पूर्व सूचना नहीं मिली–

चालुक्य : सूचना देता, तो तुम लोगों का भंडाफोड़ कैसे होता?

विशु : जी ?

चालुक्य : राजनगरी में मैंने ठीक सुना था कि कोणार्क में राज्यकोष का धन नष्ट हो रहा है। न शिल्पी लोग ठीक काम कर रहे हैं, न मजदूर। दस दिन हो गए, कलश तक स्थापित न हो सका।

विशु : हम लोग बराबर उसी की चेष्टा में लगे हुए हैं।

चालुक्य : *(मुँह बनाते हुए)* चेष्टा में लगे हुए हैं...यहाँ तो मैं देखता हूँ गप्पें हो रही हैं। *(सहसा धर्मपद पर दृष्टि पड़ जाती है, इशारा करते हुए)* और यह युवक यहाँ क्यों खड़ा है?

धर्मपद : मैं? मैं आचार्य के सामने शिल्पियों की दुख-गाथा कह रहा था।

चालुक्य : शिल्पियों की दुख-गाथा? प्रतिहारी, इसे धक्का देकर बाहर निकालो।

मुफ़्तखोर कहीं का।

धर्मपद : मैं आप ही जाता हूँ। *(बीचवाले दरवाज़े से प्रस्थान, आहत अभिमान की मुद्रा।)*

विशु : महामन्त्री, आपके शब्द बहुत कटु हैं। उसे तो मैंने ही–

चालुक्य : कटु शब्द! *(पैशाचिक हास्य)* अब कटु शब्दों से काम नहीं चलेगा विशु। मैंने सुना है कि शिल्पी लोग राज्य के विरुद्ध सिर उठा रहे हैं, सुवर्ण मुद्राओं में वेतन माँगते हैं, और–

सौम्य : महामात्य, आपको किसी ने बढ़ाकर खबर दी है। सुवर्ण मुद्रा भला ये बेचारे क्या माँगेंगे ? हाँ, यह अवश्य है कि इस अकाल के समय उनके कुटुम्बों पर महान कष्ट आ पड़ा है।

चालुक्य : देखता हूँ नाट्याचार्य, तुम भी इन लोगों से मिले हुए हो। मन्दिर पूरा होना तो अलग रहा, यहाँ–तुम लोग मिलकर राज्य पर दबाव डालने के लिए अभिसन्धि कर रहे हो। इसे–

विशु : महामन्त्री, मेरी भी सुनिए–

चालुक्य : चुप रहो। मैं तुम जैसे लोगों को राह पर लाने की युक्ति भलीभाँति जानता हूँ। *(खड़ा हो जाता है)* विशु, बरसों से बिन-माँगी प्रशंसा सुनते-सुनते तुम अपने को दंडविधान से परे समझने लगे हो। आज मैं तुम्हारे इस घमंड को चूर करने ही आया हूँ।...सुन लो और कान खोलकर सुन लो! आज से एक सप्ताह के अन्दर यदि कोणार्क देवालय पूरा न हुआ; तो *(कुछ रुककर, शब्दों पर जोर देते हुए)* तुम लोगों के हाथ काट दिए जाएँगे।

[भयाक्रान्त नीरव।]

विशु : *(अविश्वासपूर्ण स्वर में)* शिल्पियों के हाथ काट लिए जाएँगे?

चालुक्य : *(सरोष)* हाँ, शिल्पियों के हाथ काट लिए जाएँगे। आज से आठवें रोज़ या तो मन्दिर में सूर्यदेव की मूर्ति का प्रतिष्ठापन होगा या तुम बारह सौ व्यक्तियों की भुजाओं पर प्रहार।

[द्वार की ओर बढ़ता है, प्रतिहारी भी प्रस्थानोन्मुख होते हैं।]

विशु : इतना भीषण दंड ?...क्या यही उत्कल-नरेश की आज्ञा है?

चालुक्य : *(रुकता हुआ)* हाँ, हाँ। महाराज नरसिंहदेव की आज्ञा है ?...और मेरी, महादंडपाशिक की आज्ञा है। *(चलते समय सब लोगों पर क्रूर दृष्टि डालते हुए)* उत्कल-नरेश...। हूँ।

[प्रस्थान। पदचाप। थोड़ी देर बाद नेपथ्य से दूर होता हुआ स्वर "सावधान, सावधान, महादंडपाशिक राजराज चालुक्य पधारते हैं– सावधान, महामात्य"...स्वर मन्द हो जाता है। इधर सब लोग चुप खड़े हैं–चिन्तित।]

राजीव : *(नीरव तोड़ते हुए भीत स्वर में)* अब क्या होगा?

[विशु अचेतन-सा चौकी पर बैठ जाता है।]

सौम्य : राजनगरी में अपराधियों के हाथ कटते मैंने देखे हैं। बड़ी पीड़ा होती है।

विशु : *(मानो सपने में)* उत्कल-नरेश की आज्ञा? महाराज मेरी बरसों की सेवाओं पर इतना भीषण कुठाराघात करेंगे।

सौम्य : क्या मालूम उत्कल-नरेश की आज्ञा है, या महामात्य का अपना उत्पात ! हमारे पास साधन भी नहीं, समय भी तो नहीं कि महाराज के मन की बात जान सकें। वे अभी तक वंग-विजय के उपरान्त लौटे भी नहीं हैं।

राजीव : सात दिन!—केवल सात दिवस के बाद हम सबों के हाथ काट लिए जाएँगे?

सौम्य : ये हाथ...*(काँपकर हाथों को देखता हुआ)* ये हाथ!

[सूखी हँसी]

राजीव : क्या कोई उपाय नहीं आचार्य?

[पीछेवाले द्वार से धर्मपद आता हुआ दृष्टिगोचर होता है।]

धर्मपद : *(आते-आते)* एक उपाय है। *(सब लोग उसकी ओर देखने लगते हैं।)*

सौम्य : धर्मपद!

राजीव : तुम फिर आ गए? तुमको तो...

विशु : *(क्षुब्ध स्वर में)* युवक, वह तुम्हारा अपमान नहीं, मेरी प्रतारणा थी।

धर्मपद : आचार्य, ठोकर खाकर धूल सिर पर चढ़ती है।

सौम्य : सिर पर चढ़ने के सपने छोड़ दो युवक! कोणार्क के प्रांगण में सात रोज़ बाद उत्कल के समस्त शिल्पियों का रक्त बहेगा।

धर्मपद : मैंने सुना है। मैं बाहर पास ही खड़ा था।

विशु : युवक, विनाश का वह सन्देश अपने साथियों को भी सुना दो, मुझमें साहस नहीं कि उस विकराल घड़ी के लिए उन्हें तैयार कर सकूँ।

धर्मपद : निर्दय अत्याचार की छाया में ही जो विकसते और मुरझाते हैं, उनको एकाध विपत की घड़ी के लिए तैयार होने की ज़रूरत नहीं आर्य।... लेकिन मैं कहता हूँ इसकी नौबत ही क्यों आए?

विशु : मेरी बुद्धि काम नहीं दे रही है।

धर्मपद : मुझे अवसर दें आचार्य!

विशु : तुम्हें?

धर्मपद : महामन्त्री के आने से पहले आपने मुझसे पूछा था—'क्या तुम अम्ल के ऊपर शिखर को स्थापित कर सकोगे ?' मेरा उत्तर है आचार्य कि मुझे अवसर दिया जाए।

विशु : यदि अवसर दिया जाए तो तुम क्या करना चाहोगे?

धर्मपद : आचार्य, मुझे लगता है कि कोणार्क के कमल की पंखुड़ियाँ उलटी हैं। उन्हें उलट देने पर कलश शायद ठहर सकेगा।

सौम्य : कोणार्क का कमल?

राजीव : तुम्हारा मतलब छप्र के ऊपर कमलाकार अम्ल से है?

धर्मपद : जी! यदि इसके हरेक पटल को फिर से इस तरह रखा जाए कि बाहरी हिस्सा है वह अन्दर केन्द्र पर हो और जो नुकीला भाग है, वह बाहर निकले तो उसकी आकृति खिले कमल की-सी हो जाएगी, कली की-सी नहीं। लेकिन कलश स्थिर रहेगा।

विशु : *(मानो अन्धे को टिमटिमाता प्रकाश दीखा हो)* युवक! तुम्हारी बात सारहीन नहीं जान पड़ती। अम्ल के केन्द्र पर शायद अधिक भार देने से कलश की यष्टि को सहारा मिले। *(विचारमग्न-मुद्रा।)*

धर्मपद : *(खड़िया से एक पत्थर पर जल्दी-जल्दी आकृति खींचता हुआ)* मेरे मन में जो चित्र है उसे यों पूरी तरह तो नहीं समझा सकता किन्तु, देखिए, अम्ल का आकार यदि कुछ इस तरह का हो तो—*(राजीव और विशु धर्मपद के निकट आकर रेखाचित्र का अवलोकन करते हैं।)*

विशु : *(ध्यानमग्न मुद्रा में कुछ दूर हटते हुए)* हूँ।...इस बात में कुछ तथ्य है।...शायद...शायद अम्ल के बाहरी भाग पर इस समय अनुपात से अधिक भार है।...अगर...अगर...हम उस भाग को हलका कर सकें! तुम ठीक तो कहते हो युवक (खड़े होते हुए), तुम ठीक कहते हो।... भार को हलका करने के लिए अगर पटल को अन्तर्मुखी कर दिया जाए तो सम्भव है, सम्भव है,...सम्भव!! *(कलाकार की भावना चरम बिन्दु पर पहुँच गई है)* धर्मपद, चलो मेरे साथ, अभी चलो। हम छप्र के ऊपर चढ़कर अभी तैयारी करेंगे—पटल बदलने की। अभी! *(मध्यद्वार की ओर बढ़ता है)*

धर्मपद : ठहरिए!

विशु : *(मानो स्वप्न भ्रष्ट हुआ हो)* ऐं!

धर्मपद : ठहरिए!...यदि मेरी युक्ति सफल हो जाए और कोणार्क के शिखर को हम स्थापित कर सकें, तो मुझे क्या मिलेगा?

विशु : तुम क्या चाहते हो? जो कुछ मेरे हाथ है तुम्हें दूँगा।

धर्मपद : मैं चाहता हूँ यदि शिखर पूरा हो जाए, तो एक दिन के लिए सिर्फ़ एक दिन के लिए—मन्दिर-प्रतिष्ठपन के दिन—आप अपने सब अधिकार मुझे दे दें।

विशु : अगर कोणार्क पूरा हो जाता है, तो एक दिन क्या, सभी दिनों के लिए वे अधिकार तुम्हारे हो जाएँगे। मैं तुम्हें अपने स्थान पर प्रधान

शिल्पी बना दूँगा।

राजीव : यह आप क्या कह रहे हैं, महाशिल्पी?

सौम्य : (साश्चर्य) विशु?

विशु : मैं ठीक कह रहा हूँ। इस युवक की प्रतिभा ने मुझे मुग्ध कर लिया है। राजीव, तुम नहीं जानते। मुझे प्रधान के पद से कोई मोह नहीं। मोह है तो यही कि कोणार्क पूरा हो जाए।...आज इस युवक ने ठंडी होती हुई राख को फूँक मारकर प्रज्वलित कर दिया है। मेरे हाथ, मेरी भावनाएँ इसी क्षण कोणार्क को पूरा करने के लिए आतुर हैं।...चलो युवक!

[धर्मपद का हाथ पकड़कर मध्यद्वार से सवेग प्रस्थान]

[पटाक्षेप]

उपकथन

[झीने अन्धकार में उपक्रम ही की भाँति विराट नेपथ्य संगीत । उसी भाँति थोड़ी देर में संगीत हठात् रुक जाता है। पूर्ण मौन। प्रकाश सूत्रधार और वाचिकाओं पर पड़ता है, और एक-एक करके जब वे बोलते हैं तो बोलनेवाले पर प्रकाश प्रखर हो जाता है।]

पहली वाचिका

अहा!

धर्मपद ही आशा का तट,
ज्योति के चरणों की आहट—

दूसरी वाचिका

अँधेरे के अधरों पर हास—
मुखर विशु के उर में उल्लास।

पहली वाचिका

सत्य का आशा है द्युतिमान?

दूसरी वाचिका

अथवा?

पहली वाचिका

क्षितिज पर चुपके घिरता मेघ!

दूसरी वाचिका

क्रूर उसकी दामिनी-मुस्कान

सूत्रधार

कौन जाने? कौन जाने?

लेकिन आज, पन्द्रह दिवस बाद, आज तो निश्चय ही—
कोणार्क के पूरे हुए शिखर पर, जागरण की ज्योति निखरी है;
क्योंकि स्वयं कलिंगनरेश, यवनावनिवल्लभ, महाराज नरसिंहदेव
पधारे हैं—मन्दिर के प्रतिष्ठापन के लिए!
और विशु? सृजन के बवंडर ने जिस गगन-मंडल को झकझोर
दिया था—
वही आज—
पूर्ति की स्निग्धता में आभासित है।
वह सुनो, कलिंगनरेश के जय-जयकार से कोणार्क का प्रांगण
गूँज रहा है !
जय-जय, महाराज नरसिंहदेव की जय !

[प्रत्युत्तर में नेपथ्य से अनेक स्वरों में "महाराज नरसिंहदेव की जय!" सूत्रधार और वाचिकाओं का प्रस्थान। नेपथ्य में जय-जयकार जारी रहता है। अन्धकार का लोप और—]

उत्कल-नरेश नरसिंहदेव
(कोणार्क के ध्वंसावशेषों में प्राप्त एक मूर्ति के आधार पर)

द्वितीय अंक

[महाशिल्पी विशु का वही कक्ष। मध्याह्नकाल। कक्ष पहले की अपेक्षा अधिक सुव्यवस्थित है। वातायन और द्वार में से तोरण एवं पताकाओं से सुशोभित मन्दिर की आभा उत्कल-नरेश की उपस्थिति को घोषित करती है।

वसन और आभूषण भव्य होने के साथ-साथ नरसिंहदेव के व्यक्तित्व में दर्प और आत्मीयता का आकर्षक मिश्रण है।

अपने पराक्रम से यवन सूबेदार को पराजित करनेवाला यह सैनिक-नरेश--इस समय कलाकार की विभूति, कोणार्क--को तैयार देखकर विभोर है। कभी चौकी पर बैठकर विशु इत्यादि से बातें करते हैं, कभी प्रसन्न मुद्रा से मन्दिर की छवि का अवलोकन करते हैं।

पार्श्व में विशु, अन्य शिल्पी तथा नाट्याचार्य इत्यादि खड़े हैं। उनके पीछे उत्कल-नरेश के रहस्याधिकारी महेन्द्र वर्मन हैं--हाथ में एक मंजूषा लिए हुए।]

विशु : कोणार्क के इस कोने में कलिंग-नरेश का स्वागत है।

नरसिंह. : इस स्वागत के लिए हम बहुत दिनों से लालायित थे। विशु, कोणार्क को पूरा करके तुमने हमारे और उत्कल के गौरव को बढ़ाया है।

विशु : वही गौरव तो पत्थर के शृंगार में निखरा है महाराज !

नरसिंह. : पत्थर। *(मन्दिर पर दृष्टि)* यहाँ निकट से देखने पर तो प्रतीत होता है, मानो तुमने किसी जौहरी के गढ़े अलंकारों को पाषाण बना दिया हो। और दूर से इस विमान और जगमोहन के शिखर हिमाचल की चोटियों की स्पर्द्धा करते जान पड़ते हैं...। महेन्द्र!

महेन्द्र : आज्ञा, देव!

नरसिंह. : राजकवि विश्वनाथ से कहो, अपने 'साहित्यदर्पण' में कोणार्क का प्रतिबिम्ब खोजें।

महेन्द्र : सागर ही जिसका प्रतिबिम्ब है, राजकवि का 'दर्पण' उसकी झलक पा सकेगा, देव!

नरसिंह. : तो राजगायक चन्द्रधर से कहो, इस अद्‌भुत रागिनी की प्रतिध्वनि को अपने गान में बाँधे।

महेन्द्र : जल-निधि की स्वर-लहरियाँ ही जिसकी गूँज है, उस रागिनी को कौन गायक बाँध सकेगा देव?

नरसिंह. : विशु, जानते हो, यही वह गूँज थी, जो हमें वंग-प्रदेश में यवनों को पराजित करते समय रणभेरी में सुनाई दी थी।

विशु : देव, कलाकार की रागिनी मर्मज्ञ के कर्णपुटों को ही खोजती है।

नरसिंह. : विजय के तुरन्त बाद हम अपनी सारी सेना को वंग-प्रदेश में ही छोड़कर राजधानी को लौट पड़े। कोणार्क का सम्मोहन व्याध की वंशी था और हम थे विवश मृग।

सौम्य : तो क्या उत्कल-नरेश की विजयी सेना और महासेनापति प्रतिष्ठापन के अवसर पर न आ सकेंगे, महाराज?

महेन्द्र : वे लोग अभी वंग-देश में ही हैं।

नरसिंह. : किन्तु महामात्य की अपनी दंडपाशिक सेना तो पीछे आ ही रही है। हमने महामात्य को आदेश दिया था कि कोणार्क के उद्घाटन पर राज्य का सम्पूर्ण वैभव प्रदर्शित किया जाए।

विशु : महाराज की कला-मर्मज्ञता मुझे विह्वल किए दे रही है।

नरसिंह. : विह्वल हम हो रहे हैं विशु ! यहाँ से तीन कोस पर मन्दिर की गगनचुम्बी पताका को देखकर हम बालकों की भाँति अधीर हो उठे। उसी समय महामन्त्री बोले कि उनके रथ की धुरी टूट गई है। वे पीछे ठहर गए, किन्तु हममें इतना धैय कहाँ जो रुक सकते।

सौम्य : महाराज, मूर्ति-प्रतिष्ठापन तो महामात्य के आने पर ही होगा ? मन्दिर के जगमोहन और नट-मन्दिर में पुजारी-वृन्द, और मेरी नृत्य-मंडली प्रस्तुत है।

नरसिंह. : महामात्य को आने दो! उनके आने में अधिक विलम्ब न होगा।... और इस बीच में हम चाहते हैं कि मूर्ति-वन्दना से पूर्व ही हम कोणार्क के निर्माता, अपने प्रधान शिल्पी का, उन्हीं के कक्ष में उचित रीति से समादर करें।...*(रहस्याधिकारी से)*—महेन्द्र, लाओ तो वह रत्न-माला ! *(रहस्याधिकारी मंजूषा में से भव्य रत्न-माला निकालकर महाराज को देते हैं।)* महाशिल्पी विशु, आगे बढ़ो और यह रत्न-माला हमारे हाथों से अपने—

विशु : ठहरिए देव! इस रत्न-माला का अधिकारी मैं नहीं हूँ।

नरसिंह. : *(विस्मित)* विशु, यह तुम्हारी विनम्रता है या हर्ष के अतिरेक से तुम विक्षिप्त हो गए हो?

विशु : तनिक ठहरें देव! *(खिड़की के निकट जाकर पुकारता है।)* धर्मपद अन्दर आओ।

महेन्द्र : यह आप क्या कर रहे हैं, महाशिल्पी?

[धर्मपद का प्रवेश। संकोच और अवरुद्ध भावावेश की भंगिमा]

विशु : देव, इस रत्न-माला का अधिकारी यह युवक है। आज के दिन यही प्रधान शिल्पी है।

नरसिंह. : *(किंचित् तीव्र स्वर)* प्रधान शिल्पी ? हमने प्रधान शिल्पी इस युवक को नहीं, तुम्हें बनाया था, विशु !

विशु : किन्तु मैंने आज अपना पद इस युवक को अर्पित कर दिया है।

नरसिंह. : *(और कड़ा स्वर)* तुम अपनी सीमा के बाहर जा रहे हो विशु!

विशु : देव, यदि यह युवक न होता, तो आज हम लोग मूर्ति प्रतिष्ठापन के लिए प्रस्तुत न होते।

नरसिंह. : यह कैसी पहेली?

राजीव : महाराज ने सुना होगा कि मन्दिर के ऊपरी भाग—त्रिपटधर को स्थापित करने में बहुत विलम्ब हुआ था।

महेन्द्र. : *(महाराज से)* देव को यह सूचना मैंने वंग-देश में ही दी थी।

नरसिंह. : उससे क्या? विशु को अनेक भवनों के निर्माण में ऐसी समस्याएँ सुलझानी पड़ी हैं।

विशु : देव का कथन सत्य है। किन्तु इस समस्या ने मेरी प्रतिभा का अपहरण कर लिया था।

राजीव : चाहे जैसे नाप-जोख करके हम विमान के ऊपर शिलाएँ रखते, वे सब नीचे आ पड़ती थीं। शिल्पीगण निराश हो चले थे और महाशिल्पी विशु अपने स्वप्न को अधूरा देख व्याकुल थे। चारों ओर अन्धकार था, चारों ओर उदासी!

विशु : ऐसे समय में पावस की वातास की भाँति तृषित भूमि में यह युवक आ पहुँचा, इसकी अद्वितीय सूझ मेरे लिए आकाशवाणी बनी, खोए राही का पथ-प्रदर्शन हुआ। और सात दिन में ही इसके अनवरत परिश्रम और प्रतिभा ने कोणार्क के शिखर को पूरा कर दिया।

नरसिंह. : हम चकित हैं! *(धर्मपद से)* युवक! जब महाशिल्पी विशु तुम्हारा लोहा मानते हैं, तो हम अविश्वास कैसे करें? इस अल्पायु में ही जो इतना अद्वितीय प्रतिभाशाली हो, ऐसे शिल्पी का हम सहर्ष स्वागत करते हैं।

धर्मपद : यह दास उत्कल-नरेश का आभारी है। यदि मेरी बुद्धि और प्रयास के द्वारा बारह सौ व्यक्तियों—

विशु : *(उसे रोकते हुए)* धर्मपद!

धर्मपद : आचार्य, आपने वचन दिया था कि आज के दिन मुझे आपके सब अधिकार मिलेंगे—

नरसिंह. : उसे कहने दो विशु! हम उसकी बात सुनना चाहते हैं।

धर्मपद : मैं केवल इतना कह रहा था कि मुझे तो सन्तोष इस बात पर है कि

मेरे कारण बारह सौ शिल्पी अपंग होने से बच गए।

नरसिंह. : युवक, तुम्हारा क्या आशय है?

सौम्य : महाराज की आज्ञा थी न कि यदि सात दिन के अन्दर कोणार्क पूरा न होगा, तो सारे शिल्पियों के हाथ काट लिए जाएँगे?

नरसिंह. : हमारी आज्ञा?

विशु : तो यह आपकी आज्ञा नहीं थी? *(उत्सुक)* कह दीजिए देव, कह दीजिए कि महामात्य राजराज चालुक्य के शब्द झूठे थे।

महेन्द्र. : महामात्य!

नरसिंह : चालुक्य ने तुमसे कहा?...ओह... *(कुछ सोचकर फिर किंचित् हँसते हुए)* उन्होंने शायद तुम्हें यूँ ही धमकी दी होगी। उनका अभिप्राय तुम लोग नहीं समझे।

धर्मपद : अभिप्राय को समझना उन लोगों के लिए कठिन नहीं था, जिनके जीवन पर काले बादलों की छाया की तरह महामन्त्री का भय फैला हुआ है।

नरसिंह. : कौन हैं वे?

धर्मपद : वे ही, जो उच्च सम्मिलित स्वर में कुछ ही देर हुए आपकी जय-जयकार कर रहे थे, देव—वे अपने को मिटाकर सौन्दर्यमयी दुनिया बनानेवाले शिल्पी और...।

नरसिंह. : हमें तो उनके स्वर में बहुत उल्लास जान पड़ा।

धर्मपद : देव, झुरमुट की ओट में चहकनेवाले पक्षी का स्वर सर्वदा हर्षगान ही नहीं होता। आपको क्या मालूम कि उस जय-जयकार के पीछे हाहाकार चुपचाप सिसक रहा था ?

नरसिंह. : युवक, तुम्हारी बातें हमें नई और अपरिचित-सी जान पड़ती हैं।

धर्मपद : देव, ये उनकी बातें हैं, जो बोल नहीं सकते।

महेन्द्र : युवक, महाराज के सम्मुख शिष्टता से बातें करो।

धर्मपद : मेरी धृष्टता क्षमा करें देव ! मैं साधारण शिल्पी, राज्य-दरबार के नियमों से अपरिचित हूँ। कोणार्क पूरा करते समय मैंने आचार्य विशु से यही पुरस्कार माँगा था कि वे त्रस्त शिल्पी की व्यथाएँ उत्कल-नरेश के सामने मुझे रखने दें।

नरसिंह. : शिल्पी और त्रस्त। सौन्दर्य के प्रणेता को क्या पीड़ा है ? हम उसका निवारण करेंगे।

धर्मपद : अगर महाराज का ऐसा ही विचार था, तो कारीगरों को मुद्राओं का पुरस्कार देना क्यों बन्द किया गया देव?

नरसिंह. : *(विस्मित)* मुद्रा देना बन्द किया गया? कब से?

राजीव : महाराज को नहीं मालूम! तीन मास से तो यही आज्ञा—

विशु : *(हर्षमिश्रित उत्सुकतापूर्वक)* देव को नहीं मालूम? सच! कह दीजिए न देव, कह दीजिए कि महामात्य की यह आज्ञा भी उन्हीं का प्रमाद था।

महेन्द्र : महामात्य!

नरसिंह. : चालुक्य को यह क्या सूझी ?...रहस्याधिकारी, कोषाध्यक्ष को आज ही आज्ञा दो कि शिल्पियों को जितनी मुद्राएँ मिलनी हैं, कल ही बाँट दें, और इसके अतिरिक्त प्रत्येक को दस-दस सुवर्ण-मुद्राओं का पुरस्कार मूर्ति प्रतिष्ठापन के उपलक्ष्य में दें।

[महेन्द्र का 'जो आज्ञा' कहकर प्रस्थान]

धर्मपद : *(सोल्लास)* जय-जय महाराजश्री नरसिंहदेव की जय!
(विशु और सौम्यश्री इत्यादि के साथ) जय, जय, जय।

[नेपथ्य से अनेक स्वरों में 'जय उत्कल-नरेश की जय—जय, जय'।]

नरसिंह. : जो पत्थर को जीवन-दान दे, उसके जीवन-स्रोत को हम अजस्र देखना चाहते हैं।

धर्मपद : महाराज के वचन सार्थक हों, यही हमारी भी कामना है।

नरसिंह. : कामना क्यों ! आज हम कोरी कामना नहीं, पूर्ति का आयोजन कर रहे हैं। युवक, तुम निर्भय होकर हमारी उन्मुक्त जाह्नवी के भगीरथ बनो।

धर्मपद : देव, अनेक शिल्पी अपने-अपने ग्रामों में स्त्री-बच्चों को थोड़ी-सी ज़मीन और खेती के सहारे छोड़कर आए हैं। वही मूल जीवन-स्रोत सूख रहा है।

नरसिंह. : क्यों ?

राजीव : राजाज्ञा है न कि वंग-देश में सेना भेजनेवाले सामन्तों को उपहारस्वरूप यही ज़मीन दे दी जाए ?

नरसिंह. : यही ज़मीन? ऐसी आज्ञा तो हमने कभी नहीं दी।

विशु : नहीं दी, *(सहर्ष)* मैं कहता था न सौम्यश्री, महाराज शिल्पी के प्रति इतने हृदयहीन हो ही नहीं सकते।

सौम्य : तो यह भी महामात्य की ही स्वेच्छा थी।

नरसिंह. : महामात्य? जान पड़ता है वंग-देश में हमारी लम्बी अनुपस्थिति के दिनों में राजराज चालुक्य बिना सोचे-समझे शिल्पियों से विरक्त हो गए। हम उनका भ्रम दूर करेंगे। राजधानी लौटने पर शिल्पियों के कुटुम्बों को उनकी ज़मीन लौटाने की आज्ञा दी जाएगी। सामन्तों के लिए दूसरा प्रबन्ध किया जाएगा।

विशु : देव! आपके इस अनुपम अनुग्रह ने आज कोणार्क की शोभा को

द्विगुणित कर दिया।

नरसिंह. : हम नहीं चाहते कि इस सौन्दर्य-सदन पर किसी भी कालिमा की छाया रहे।

धर्मपद : यदि महाराज की यही भावना रही, तो भविष्य उज्ज्वल ही रहेगा।

नरसिंह. : तुम फिर भविष्य की बात कर रहे हो युवक ! हम तो आज ही, अभी, कोणार्क को हर्ष और उल्लास का प्रतीक देखना चाहते हैं।

धर्मपद : क्षमा करें देव ! न जाने कितनी आहें हमारे इस सौन्दर्य-सदन के चरणों और चोटी से टकरा-टकराकर बिखर रही हैं।

नरसिंह. : किसकी आहें ?

धर्मपद : महामात्य के अत्याचार से प्रपीड़ित जनता की।

नरसिंह. : शिल्पियों के प्रति उनके भ्रम को हम दूर कर देंगे।

धर्मपद : किन्तु ग्रामों में रहनेवाले सैकड़ों-हज़ारों किसान, वन और अटीविका के शवर और वे अगणित मजदूर, जिनके ढोए हुए पाषाणों को हम शिल्पी रूप देते हैं, देव, वे सभी आज त्राहि-त्राहि कर रहे हैं। यदि वे बोल पाते तो– *(रुक जाता है।)*

नरसिंह. : तो?

धर्मपद : तो महाराज से केवल एक वरदान माँगते।

नरसिंह. : क्या?

धर्मपद : महामात्य का पद किसी प्रजावत्सल महानुभाव को दिया जाए।

नरसिंह. : युवक, तुम अपनी परिधि के बाहर जा रहे हो।

धर्मपद : अपराध क्षमा हो, देव!

नरसिंह. : अपने मन्त्रियों को नियुक्त करने या निकालने में हम सामन्तों और श्रेष्ठियों से सलाह लेंगे, शिल्पियों से नहीं।

विशु : यही तो मैं इसे समझा रहा था, देव ! शासन के मामलों में पड़ना हम शिल्पियों के लिए अनाधिकार चेष्टा होगी।

नरसिंह. : राजराज चालुक्य हमारे विश्वस्त महामात्य ही नहीं, हमारे पड़ोसी राज्य से भी सम्बद्ध हैं। उन्हीं पर भीतरी शासन का भार देकर हम यवनों को पराजित करने के लिए वंग-देश तक जा सके। तुम लोग इन बातों को क्या समझो?

धर्मपद : किन्तु प्रजा की अशान्ति, देव?

नरसिंह. : हम महामात्य को आदेश देंगे कि कोई अनुचित बात न होने दें। राज्य के स्तम्भ तो सामन्त और श्रेष्ठिगण हैं, किन्तु निर्धन प्रजा को सुखी रखने में ही हमारी कीर्ति है।

सौम्य : महामात्य को आने में बहुत देर हो रही है देव !

नरसिंह. : हाँ ! रथ की धुरी ठीक होने में इतना विलम्ब तो नहीं होना चाहिए

था। प्रतिहारी !

[नेपथ्य में सत्वर पदचाप]

प्रतिहारी : आज्ञा देव !

नरसिंह. : बाहर जाकर देखो, वे लोग आते दीखते हैं या नहीं ?

प्रतिहारी : जो आज्ञा *(प्रस्थान)*

विशु : देव, रहस्याधिकारीजी आते जान पड़ते हैं।

[महेन्द्र का तीव्र गति से प्रवेश]

नरसिंह. : क्या है महेन्द्र ?

महेन्द्र : *(चिन्तित स्वर में)* महामात्य तो अभी तक नहीं आए देव ! किन्तु कुछ लोग आते दीख पड़ते हैं।

नरसिंह. : वही होंगे। कितनी दूर हैं ?

महेन्द्र. : निकट ही। किन्तु वे लोग आ रहे हैं पश्चिम से ही नहीं, उत्तर और दक्षिण से भी। अनेक रथ और सैनिक। धूल आकाश तक फैल रही है।

नरसिंह. : जान पड़ता है महामात्य ने मांडलिकों और सामन्तों को भी आज के समारोह में सम्मिलित होने के लिए बुला रखा है।

महेन्द्र. : किन्तु इस निमन्त्रण को महाराज से गुप्त रखने का आशय?

नरसिंह. : कौतुक !

महेन्द्र. : नहीं देव !

नरसिंह. : तब ?

महेन्द्र. : *(रहस्यपूर्ण मुद्रा और गहरा स्वर)* षड्यन्त्र !

नरसिंह. : *(चौंककर)* महेन्द्र !

महेन्द्र. : सारी दंडपाशिक सेना तो महामात्य के अधिकार में है, देव ! मैंने सभी द्वार बन्द करा दिए हैं देव !

नरसिंह. : *(आवेश से)* हम अभी सिंह-द्वार पर जाकर स्वयं देखेंगे। तुम्हारा भ्रम है।

महेन्द्र : भ्रम नहीं, देव...वह देखिए !

[बाहर हलचल]

नरसिंह. : प्रतिहारी किसी को पकड़कर ला रहे हैं।

[कोलाहल। शैवालिक को पकड़े हुए दो-तीन प्रतिहारीगण का प्रवेश। शैवालिक जोर लगाकर अपने को छुड़ाना चाहता है। उसके हाथ में एक पत्र-मंजूषा है।]

शैवालिक : मुझे छोड़ दो, छोड़ दो।

नरसिंह. : कौन?

महेन्द्र. : शैवालिक!!

नरसिंह. : उसे छोड़ दो प्रतिहारी। क्या बात है?

एक प्रति. : प्रभो, महाषड्यन्त्र हुआ है। तीन दिशा से दंडपाशिक मन्दिर को घेर रहे हैं।

नरसिंह. : घेर रहे हैं, किसकी आज्ञा से?

शैवालिक : परम प्रतापी कलिंग-नरेश श्री राजराज चालुक्य की आज्ञा से।

[सब लोग चौंक उठते हैं।]

नरसिंह. : चालुक्य! कलिंग-नरेश!!...विश्वासघाती!!

महेन्द्र : स्वयं महाराज के सामने इतनी उद्दंडता। *(खड्ग निकालते हुए)* अभी-अभी तुझे नरक का मार्ग—

शैवालिक : सावधान! मुझ पर हाथ चलाने की चेष्टा न करो। मैं दूत के रूप में भेजा गया हूँ। *(पत्र-मंजूषा महाराज को देते हुए)* यह लीजिए, महाराज राजराज चालुक्य का सन्देश, और मुझे उत्तर दीजिए।

[महाराज मंजूषा की मोहर तोड़कर पत्र निकालते हैं। पत्र पढ़ते समय उनकी मुद्रा महारोषमयी हो जाती है। सब लोग चुप हैं।]

नरसिंह. : *(हाथों से पत्र मसलते हुए)* तो रथ की धुरी इसलिए टूटी थी। इसलिए कि इतने समय में दंडपाशिकों की सेना और मांडलिकों को इकट्ठा कर लिया जाए। राजधानी में...

प्रतिहारी : प्रभो, राजधानी में चालुक्य के दंडनायकों ने पहले ही राजप्रासाद पर अपना अधिकार जमा लिया है। यही शैवालिक कहता था।

नरसिंह : तोषालि और कणिका के सामन्त?

शैवालिक : वे सभी हमारे साथ हैं।

नरसिंह : उफ़, नीच पामर ! सब-के-सब विश्वासघाती!

शैवालिक : राज्यसत्ता की भित्ति विश्वास नहीं, बल है।

महेन्द्र : बल ?...यवन-विजेता पराक्रमी नरेश बलविहीन कब से हो गए।

शैवालिक : यवन-विजेता की सेना कहाँ है ?

नरसिंह : सेना ! यदि हमें इस दुरभिसन्धि का लेशमात्र भी आभास होता, तो हमारी सेना..

शैवालिक : वंग-देश में न होती। किन्तु अब पछताने से क्या होता है ? आपके सामने एक ही मार्ग है।

नरसिंह : आत्मसमर्पण?--कभी नहीं।

शैवालिक : तब आत्महत्या।...युद्ध में पराजित होकर बन्दी होना आत्महत्या के तुल्य होगा।

विशु : बन्दी! हमारे पूज्य महाराज बन्दी हों, यह अनाचार कैसे हो सकता है, कैसे हो सकता है?

शैवालिक : तुम्हें इन बातों से क्या मतलब ? तुम लोग शिल्पी हो, कल इनके

नौकर थे, आज से राजराज चालुक्य महाराज के। शासन की बागडोर चाहे जिसके हाथ में हो, तुम्हें, अपनी कला-साधना करनी है।

धर्मपद : *(जो अब तक मूर्तिवत् देखता रहा है।)* बहुत हुआ, बहुत हुआ दूत! क्या हम लोग भेड़-बकरियाँ हैं, जो चाहे जिसके हवाले कर दी जाएँ? आज ही तो हमारे भाग्य का फ़ैसला है। जिस सिंहासन को तुम आज डाँवाडोल कर रहे हो, वह हमारे ही तो कन्धों पर टिका है। क्या उस पर वह बैठेगा, जिसके कारण सैकड़ों घर उजड़ चुके हैं, वह जिसने कोणार्क के सौन्दर्य-निर्माता शिल्पियों को ठीकरों से तुच्छ मान ठुकराया ? कलिंग हमारा है और उसके अधिपति हैं हमारे प्रजावत्सल नरेश श्री नरसिंहदेव।

नरसिंह : शाबाश, धर्मपद !

सौम्य : धर्मपद, तुम्हारे शब्दों में शिल्पी की आत्मा बोलती है।

शैवालिक : पागलपने का यह प्रलाप सुनने मैं नहीं आया हूँ। मुझे शीघ्र उत्तर मिलना चाहिए।

धर्मपद : *(महाराज की ओर उन्मुख होकर)* देव, मुझे आज्ञा दें कि इस उद्दंड चुनौती का उचित उत्तर दे दूँ।

नरसिंह : युवक, तुम्हारी वाणी ने हमें नई आशा दी है! हम मृत्यु पसन्द करेंगे, लेकिन उस नीच पामर चालुक्य के आगे घुटने न टेकेंगे।

धर्मपद : *(सोल्लास)* तो सुनो शैवालिक ! अपने नए स्वामी के पास यह अंगारों-भरा सन्देशा ले जाओ कि कलिंग-नरेश श्री नरसिंहदेव महाराज, अत्याचारी विश्वासघातियों की धमकियों की चिन्ता नहीं करते। वे आज अकेले नहीं हैं, आज उनके पीछे वह शक्ति है, जिससे धरती थर्रा उठेगी; दीन-निर्धन प्रजा की शक्ति, जो कोणार्क के शिल्पियों और मजदूरों में दुर्दम सेनाओं का बल भर देगी। कोणार्क का मन्दिर आज दुर्ग का काम देगा। जाओ, हमें चुनौती स्वीकार है।

शैवालिक : *(जाता हुआ)* तो फिर सावधान, रक्तदान के लिए प्रस्तुत रहिए। मैं जाता हूँ। *(प्रस्थान)*

विशु : तीनों प्राचीरों के निकट सेना आ गई है। चौथी ओर समुद्र है। हम लोग कैसे और क्या करेंगे ?

नरसिंह. : कोणार्क की चहारदीवारी के भीतर कुल कितने लोग हैं ?

राजीव : लगभग पाँच हज़ार। बारह सौ शिल्पी हैं, बाकी अन्य जन-मजदूर इत्यादि।

धर्मपद : किन्तु हथियारों की कमी नहीं।

महेन्द्र. : धनुर्वाण तो कम ही होंगे। और खड्ग ?

राजीव : वे भी इने-गिने ही होंगे।

धर्मपद : हमारे अस्त्र हैं—कुदाली, दंड, हथौड़े और पत्थर। मन्दिर के प्राचीरों से विशाल पाषाणों को अकस्मात् शत्रु के ऊपर गिराया जा सकता है। जब तक प्राचीर हमारे हाथों में है, शत्रु पास नहीं फटकने पाएगा।

महेन्द्र : किन्तु कब तक?

नरसिंह : रात्रि के पहले पहर तक।

महेन्द्र : उसके बाद?

नरसिंह : उसके बाद हमारा और तुम्हारा काम है, महेन्द्र!

महेन्द्र : दास कटिबद्ध है स्वामी !

नरसिंह : रात्रि में किसी तरह छिपकर जगन्नाथपुरी पहुँच जाना है। वहाँ श्रीमन्दिर के अधिष्ठाता कभी मेरे विरुद्ध नहीं जा सकते। उनकी सहायता द्वारा अपने गुप्त शस्त्रागार तक पहुँच जाना कठिन नहीं।... महेन्द्र!

महेन्द्र : समझ गया महाराज! राजधानी की पौर-सभा को मैं गुप्त सूचना दूँगा। वे गंगवंश के सर्वदा समर्थक रहे हैं।

नरसिंह : रात-ही-रात में सब कुछ करना है। रात में युद्ध बन्द होगा ही। सवेरे तक शत्रु को घेर लेना है।

महेन्द्र : किस पथ से जाना होगा?

धर्मपद : सागर के तट पर मन्दिर का जो चौथा द्वार है, वहीं से नौका में बैठकर देव जा सकते हैं।

राजीव : थोड़ा ही समय लगेगा, किन्तु तट के सहारे-सहारे जाना होगा।

महेन्द्र : और कोणार्क की रक्षा ?

नरसिंह : धर्मपद, सम्हाल सकोगे ?

धर्मपद : क्यों नहीं महाराज ! कोणार्क के प्राचीरों के पाषाण सुदृढ़ हैं और उनसे भी अधिक दृढ़ हैं शिल्पियों की भुजाएँ, जो पाषाण में प्राण फूँकती हैं।

नरसिंह : दृढ़ता के साथ कौशल भी चाहिए।

महेन्द्र : समय कम है।

धर्मपद : चिन्ता न करें, देव।...आर्य राजीव, जैसे भी हो, हमें शत्रु को रात के पहले पहर तक रोकना है। आप प्रहरियों से धनुर्वाण लेकर अटीविका से आए शिल्पियों में बाँट दीजिए। उनका निशाना सधा हुआ है।

राजीव : अवश्य, और अभी ! *(जाता है)*

धर्मपद : और आप *(दूसरे शिल्पी से)* भास्करजी!

भास्कर : प्राचीर पर के पाषाण-खंडों का जिम्मा मैं लेता हूँ।

[प्रस्थान।]

धर्मपद : ये चारों प्रतिहारीगण, सिंह-द्वार पर शिल्पियों के साथ व्यूह की रचना करेंगे। *(प्रतिहारियों का प्रस्थान)* मैं शीघ्र बाहर जाकर शिल्पियों और मजदूरों को टोलियों में बाँटता हूँ। *(तीसरे शिल्पी से)* गजाधरजी, आप अस्त्रों को एकत्र करें।

गजाधर : मैं अभी जाता हूँ। *(प्रस्थान)*

धर्मपद : और आर्य सौम्यश्री आप?

सौम्य : मुझे केवल नाट्याचार्य न समझो, धर्मपद!

धर्मपद : आर्य, आप आचार्य विशु के साथ नृत्यमंडली की सहायता से घायलों की शुश्रूषा का भार लें।

नरसिंह. : और तुम धर्मपद?

धर्मपद : आज्ञा हो, तो मैं नट-मन्दिर की छत से निर्देशन करता रहूँगा।

नरसिंह. : शत्रु के वाण उधर ही आएँगे।

धर्मपद : उसके लिए प्रस्तुत हूँ महाराज!

नरसिंह. : धर्मपद, आचार्य विशु ने तुम्हें आज महाशिल्पी का पद दिया। हम तुम्हें कोणार्क का दुर्गपति बनाते हैं।

धर्मपद : इस अकिंचन पर कलिंग-नरेश का अपार अनुग्रह है।

नरसिंह. : नहीं, हम तुम्हारे अदम्य साहस और उससे भी अधिक संगठन-दक्षता देखकर विस्मित हैं। तुमने यवन-विजेता उत्कल-नरेश को अपने वश कर लिया।

धर्मपद : तब महाराज, आपको दुर्गपति का आदेश मानना होगा।

नरसिंह. : क्यों नहीं।

धर्मपद : तो देव, मेरा आग्रह है कि आप मन्दिर के पिछले भाग में ही रहें। वह सुरक्षित स्थान है। यदि आपका बाल भी बाँका हुआ, तो सारी योजना ही निष्फल हो जाएगी।

नरसिंह. : रात्रि के प्रथम पहर तक हमने अपने को तुम्हारे हाथों सौंप दिया है। उस समय तक तुम्हीं हमारे निर्देशक हो, तुम्हीं हमारे सेनापति!

धर्मपद : निर्देशक मैं नहीं हूँ, देव!

महेन्द्र : *(साश्चर्य)* धर्मपद!

धर्मपद : हमारे निर्देशक, हमारे सेनापति बाहर खड़े हमारी प्रतीक्षा कर रहे हैं।

नरसिंह. : कौन?

धर्मपद : वे सौन्दर्य के विधाता हज़ारों शिल्पी, जिनकी आत्मा की तड़पन ही कलिंग-नरेश का अमोघ वज्र है, जिनकी सुकोमल भाव-तरंगों को अत्याचारी की ठोकर ने आज महारोष का उत्ताल सागर बना दिया है।

[बाहर कोलाहल और जयनाद]

नरसिंह. : नरसिंहदेव इस महाशक्ति के आगे नतमस्तक है।

धर्मपद : तो चलें, देव! युद्ध से पहले इस प्रचंड भैरवी का अवलोकन करें।... चलिए!

[नरसिंहदेव और महेन्द्र का धर्मपद के पीछे-पीछे जाना। नेपथ्य से गगनव्यापी तुमुल निनाद की भाँति हज़ारों कंठों से निकलता हुआ जय-निर्घोष कर्णगोचर होता है—"जय, जय कलिंग-नरेश की जय ! जय, जय, कोणार्क दुर्ग की जय!! जय, जय, जय !!!"...

विशु मूर्तिवत् खड़ा सुन रहा है, सुन नहीं पाता। देख रहा है, देख नहीं पाता। सौम्यश्री उसका हाथ पकड़ता है।

जय-जयकार करता हुआ जन-समूह दूर जाता जान पड़ता है—स्वर मन्द हो गया है।]

सौम्य : चलो विशु।

विशु : सौमू मेरे कोणार्क के प्रांगण में यह विभीषिका?

सौम्य : तुम उद्विग्न हो उठे विशु ?

विशु : *(विचारमग्न)* उद्विग्न भी, और...और...उत्सुक भी।

सौम्य : उत्सुक?...किसलिए?

विशु : मैं जानना चाहता हूँ, सौमू, कि...*(कुछ रुककर धीरे-धीरे)* कि यह धर्मपद कौन है?...*(हठात् तीव्र स्वर)* कौन है !...*(मन्द विवश स्वर)* कौन है?

[पटाक्षेप]

उपकथन

[वही झीना अन्धकार। वही विराट नेपथ्य-संगीत, किन्तु पहले की अपेक्षा अधिक हलचलपूर्ण; मानो शिव का प्रलयंकर तांडव राग हो! थोड़ी देर बाद हठात् पूर्ण मौन। सूत्रधार और वाचिकाओं पर मन्द प्रकाश।]

पहली वाचिका

जूझते मेघों का गर्जन
भयंकर बिजली की तड़पन
रुधिर का उछला पारावार!

[पुनः वही प्रलयंकर संगीत एक साथ उमड़कर शान्त हो जाता है। और उसके बाद--]

दूसरी वाचिका

यही क्या सतरंगी कोणार्क--
कला का इन्द्रधनुष निर्वाक--
वज्र-सा अब करता टंकार?

[अत्यन्त मन्द और बारीक स्वर में शिथिल-सा संगीत थोड़ा उभरकर विलीन हो जाता है।]

पहली वाचिका

लेकिन यह क्या ?--
अरे क्यों सहमी-सी हलचल ?
क्लान्त-सा क्यों है कोलाहल ?
मौन होगा क्या अब संहार ?

दूसरी वाचिका

नहीं, केवल थोड़ा विश्राम !
रातभर का है युद्ध-विराम।
झपकियाँ लेते हैं अंगार।

पहली वाचिका

तब तो?—
निशा के परदे में अज्ञात—
कहाँ है उत्कलपति का प्रात?
तुमुलध्वनि में आशा-झंकार?

सूत्रधार

वहीं—
जहाँ सागर-तटवर्ती लहरों को चीर
एक नौका
पुरी नगरी की ओर तेजी से चली जा रही है, चली जा रही है।
उसी में बैठे हैं नरसिंहदेव,
जिन्हें घमासान युद्ध के बीच,
मन्दिर के पीछे सुरक्षित नौका में आरोहित कर
धर्मपद और उसके साथियों ने
अपना वचन पूरा किया।
अब सूर्योदय तक पुरी से सेना लाकर
चालुक्य के पड़ाव पर आक्रमण करना है उन्हें
इस समय कोणार्क में शान्ति है, पर
स्तब्ध सरोवर को चंचल करनेवाले पतित पल्लवों की भाँति
जब-तब मन्द ध्वनियाँ सुन पड़ती हैं।
और यहाँ—
मन्दिर में देवमूर्ति के निकट
म्लानमुख अन्धकार की गोदी में टिमटिमाते
दीपक के प्रकाश में—
अधीर और आतुर—
यह कौन खड़ा है ?

[सूत्रधार और वाचिका का प्रस्थान। मन्द करुण वाद्य-संगीत सुनाई पड़ता है और—]

तृतीय अंक

[मन्दिर के गर्भ-गृह से सटा हुआ अन्तराल। समय—रात्रि का दूसरा प्रहर। गर्भ-गृह के कपाट ठीक बीच में हैं और बन्द हैं; दीपक के मन्द प्रकाश में बाईं ओर स्तम्भ के निकट एक मूर्ति की ओर निर्निमेष देखता हुआ विशु दीखता है। त्रस्त और अधीर मुद्रा। एक मुट्ठी बँधी है। कन्धे पर उत्तरीय।]

[थोड़ी देर में दाईं ओर से सौम्यश्री का प्रवेश।]

सौम्य : तुमने कहा था, विशु कि मैं नाट्याचार्य, भगवान शंकर का संहारक रूप धर सकता हूँ। वह तो नहीं कर पाया, लेकिन भगवान शंकर वैद्यनाथ भी तो हैं। पट्टियाँ बाँधना और औषधियाँ देना!...कुछ घायल तो बच ही जाएँगे।

विशु : *(मूर्ति की ओर टकटकी; सौम्यश्री की ओर पीठ। गम्भीर स्वर में)* वह कैसा है?

सौम्य : कौन? धर्मा? गजब का पराक्रम दिखाया उसने। क्या अतुल संगठन-शक्ति, क्या स्फूर्ति! एक-एक शिल्पी उसे देखकर पाँच-पाँच सैनिकों के तुल्य हो गया!

विशु : *(उसी भाँति)* वह कैसा है?

सौम्य : उसकी मूर्च्छा? उसका मूर्च्छित होना था कि शिल्पियों में बिजली दौड़ गई। दुगुनी शक्ति से हमारे मुट्ठीभर लोग जूझ पड़े और चालुक्य के पारावार को थमना पड़ा।

विशु : *(उसी भाँति)* वह सब मैंने देखा था।...लेकिन अब वह कैसा है?

सौम्य : कैसा है?...तुम तो उसके मूर्च्छित होने के थोड़ी देर बाद ही चले आए थे। जान पड़ता है, उसका शरीर चोट और आघात सहने का आदी है। माँ-बाप ने उससे बहुत कसरतें कराई होंगी!—

विशु : *(सावेश तेज़ स्वर में)* सौमू, मेरे प्रश्न का उत्तर दो!...वह कैसा है?

सौम्य : *(साश्चर्य)* विशु!! क्या हुआ तुम्हें ?...*(निकट जाकर)* और...और मेरी प्रतिमा के निकट इस तरह मुट्ठी बाँधे तुम क्यों खड़े हो?

विशु : *(घूमकर मुट्ठी खोलता है।)* देखो!

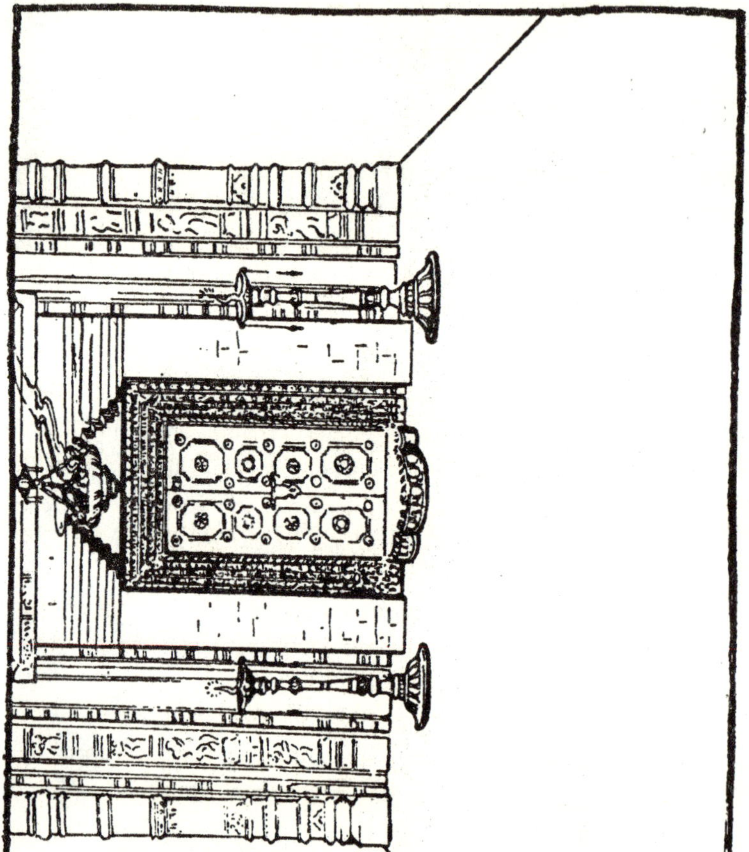

'मन्दिर के गर्भगृह से सटा हुआ अन्तराल'
(तृतीय अंक)

सौम्य : हाथीदाँत का कंकण!...*(करीब आकर गौर से देखता हुआ) अरे! ठीक वही आकृति, ठीक वही छवि—*

विशु : जो मैंने तुम्हारी मूर्ति के कंठहार में अंकित की है।

सौम्य : कहाँ मिली तुम्हें?

विशु : धर्मपद के गले से गिरी थी, जब वह मूर्च्छित हुआ।

सौम्य. : *(अविश्वास के स्वर में)* धर्मपद के गले से?...धर्मपद?...यानी धर्मपद—

बिशु : *(हठात् विह्वल स्वर में, मानो बाँध टूटा हो)* बताओ सौमू, वह कैसा है? बताओ!

सौम्य : विशु, स्थिर होओ!

विशु : स्थिर होऊँ?...तुम नहीं समझोगे, बन्धु ! बताओ, बताओ—क्या उसकी मूर्च्छा दूर हुई?

सौम्य : मूर्च्छा दूर हो गई। रक्त बहना भी बन्द हो गया। अब तो वह पुनः युद्ध के लिए तैयार है।

विशु : पुनः युद्ध? रोको सौमू, उसे रोको !

सौम्य : शान्त विशु!...रात में तो युद्ध बन्द रहेगा, और कल सवेरे तक निश्चय ही जगन्नाथपुरी से महाराज के अश्वारोही दल आ पहुँचेंगे!... किन्तु विशु मुझे तुम्हारी चिन्ता है।

विशु : मेरी चिन्ता?...बरसों की खोई निधि पा रहा हूँ, सौमू?

सौम्य : अपनी बेताबी से उसी निधि को पुनः खो न देना।

बिशु : सौमू कैसे उसे बताऊँगा? मुझे तो वह जानता नहीं, पर जान लेने पर क्या सोचेगा वह?...शायद...शायद...*(विकल मुद्रा)* ओह, सौमू!! बरसों गुफा के अँधेरे के बाद यह बेदर्द उजाला क्या मुझे अन्धा बनाकर रहेगा?

सौम्य : *(नेपथ्य में पदचाप सुनकर)* विशु, शायद वही आ रहा है। तुम थोड़ी देर के लिए स्तम्भ की ओट में चले जाओ।

विशु : क्या वह मेरा मुख भी देखना चाहेगा?

सौम्य : मेरे ऊपर छोड़ो वह बात। जब आवाज़ दूँ तो आ जाना।

(विशु बाईं ओर को चला जाता है। सौम्यश्री अपनी प्रतिमा के निकट खड़ा हो जाता है। धर्मपद का प्रवेश। माथे पर पट्टी।)

धर्मपद : सैकड़ों शिल्पी मारे गए। जो घायल हैं, उनकी सुश्रूषा तो आपके नटों, गायकों और देवदासियों ने खूब की, नाट्याचार्य! किन्तु जो थके-हारे हैं—

सौम्य : रात का विश्राम ही उनकी संजीवनी है। रात में तो युद्ध होगा नहीं।

धर्मपद : लेकिन हमें सावधान रहना है।...अगर कोई मन्दिर की प्राचीरों पर निगाह रख सकता—

सौम्य : मेरे नट और वादक-गायक यह काम करेंगे धर्मपद! वे तो नहीं थके हैं!

धर्मपद : अनुगृहीत हूँ, तात सौम्यश्री।...केवल निगाह रखनी है और कोई बात हो तो मुझे तुरन्त सूचित करना है। सूर्योदय तक—

सौम्य : सूर्योदय तक महाराज के अश्वारोही चालुक्य के दल पर पीछे से आक्रमण कर देंगे।

धर्मपद : और इधर से हम मुट्ठीभर शिल्पी भी पुनः प्रहार करेंगे।

सौम्य : मुट्ठीभर शिल्पियों के प्राण तो तुम हो धर्मपद! मूर्च्छा के बाद तुम्हें भी विश्राम करना चाहिए था।

धर्मपद : मुझे विश्राम की ज़रूरत नहीं है, नाट्याचार्य!

सौम्य : फिर कहता हूँ—रात्रि का विश्राम ही संजीवनी बूटी है।

धर्मपद : यदि मेरे पास इससे भी अधिक शक्तिवर्धक संजीवनी हो तो!

सौम्य : वह क्या?

धर्मपद : यह देखिए।

[वस्त्र के नीचे हाथ से टटोलता है।]

सौम्य : देखूँ?

धर्मपद : *(चिन्तित मुद्रा। बार-बार अपने वक्ष और गरदन को टटोलता हुआ)* अरे! मेरा कंठहार कहाँ लोप हो गया ?...सदा यहीं अपने वस्त्र के नीचे ही तो रखता हूँ मैं।...आचार्य सौम्यश्री, आपने तो—

सौम्य : मैंने तो नहीं, पर इधर देखो, मेरी मूर्ति के कंठ में एक हार है। *(प्रतिमा पर अंकित हार को दिखाता है।)*

धर्मपद : *(दूर से देखते ही)* अरे प्रतिमा के गले में यह कैसे पहुँचा? *(तेजी से निकट जाकर स्पर्श करता है।)* किन्तु...किन्तु यह तो पत्थर पर अंकित है।...यह कैसी मरीचिका !...वही, ठीक वैसा ही अंकन, वही बिलकुल वही, कामदेव की आकृति! नाट्याचार्य, यह कैसी पहेली?

सौम्य : ये पहेली तो मूर्तिकार ही सुलझाएगा।

धर्मपद : कौन?

सौम्य : आचार्य विशु से पूछो। *(पुकारता हुआ)* विशु!

[विशु का प्रवेश।]

विशु : धर्मपद! इस मूर्ति का कंठहार मैंने ही अंकित किया है और *(मुट्ठी खोलता हुआ)* हाथीदाँत के इस कंकण का शिल्पी भी मैं ही हूँ।

धर्मपद : आप? *(विशु धर्मपद को हार पकड़ाता है।)* असम्भव आचार्य! यह कंकण तो मुझे मेरी माँ ने दिया था।

विशु : *(तीव्र भावावेश को रोकता हुआ)* कहाँ है तुम्हारी माँ, धर्मपद?

धर्मपद : मेरी माँ! आचार्य, मेरी माँ तो अब नहीं है। *(मर्माहत हो विशु पीछे*

को हटकर पीठ मोड़कर खड़ा हो जाता है।)

सौम्य : *(विशु के निकट जाकर भर्त्सनापूर्ण किन्तु मन्द स्वर में)* विशु!

धर्मपद : तभी उसके दिए हुए उपहार को हृदय से लगाए फिरता हूँ। *(माला को चाव से अपने गले में डालते हुए)* मृत्यु से पहले उसने मुझे यह पकड़ाया और कहा कि मेरे पिता की देन है।

विशु : *(उन्मद स्वर)* पिता, पिता!

धर्मपद : जिस पिता की बात उसने कभी पहले मुझसे न छेड़ी थी, पहली बार और अन्तिम बार तभी उसका नाम लिया था मेरी माँ ने!

विशु : *(उसी तरह पीठ किए हुए आविष्ट स्वर में)* पहली और अन्तिम बार!

धर्मपद : *(अनसुनी करके ऐसे स्वर में मानो अनायास ही कोई कहानी याद आई हो।)* कैसी अद्‌भुत थी मेरी माँ!...आँधियों के निर्दय झकझोर से भी न झुकनेवाले ताल-वृक्ष की तरह। मुझे गोदी में लिए, बहुत पहले, जब वह नगर में आई थी, तो कौन उसका सहायक था? मजदूरी करके, गरीबी के कष्ट और वैभव के अपमान सहकर उसने मुझे पाला।

सौम्य : याद है तुम्हें, कहाँ से तुम लोग नगर में आए थे?

धर्मपद : शवर अटीविका से।...माँ ने बहुत कुछ बताया, पर सब कुछ नहीं। उसने मुझे वह शक्ति दी, जिसके बल पर नन्हा बीज धरती को फोड़कर नए जीवन का प्रतीक बनता है। उसने मुझे आँचल से ढँका भी और छुड़ाया भी। उसकी ओजमायी वाणी मेरे कानों में गूँज रही है—आप लोग सुन पाते हैं?

विशु : *(रुँधे कंठ से)* मैं सुन पा रहा हूँ। *(मुड़कर धर्मपद के निकट आता हुआ)*...मैं सुन पा रहा हूँ!

धर्मपद : आचार्य विशु!

विशु : *(धर्मपद के हाथ को अपने चेहरे में दबाता हुआ व्यथित और रुदनपूर्ण स्वर में)* धर्मा, मेरे बच्चे, मेरे बेटे! *(रुदन)*

धर्मपद : *(अपना हाथ खींचते हुए)* आप रो रहे हैं आचार्य!

सौम्य : धर्मपद, तुम सारिका के पुत्र हो?

धर्मपद : आपको मेरी माँ का नाम कैसे मालूम हुआ।

सौम्य : धर्मा, आचार्य विशु ही तुम्हारे पिता हैं।

धर्मपद : क्या?...आचार्य, मेरे पिता।...मेरे पिता!!...पर...*(जैसे कुछ याद आया हो)* मेरे पिता का नाम तो...।

विशु : तुम्हारे पिता का नाम था श्रीधर?

धर्मपद : हाँ, हाँ, यही नाम मेरी माँ ने बताया था।

(विशु कुछ हटकर चौकी पर बैठ जाता है।)

विशु : वह अभागा श्रीधर मैं ही हूँ!...विशु तो मेरा छद्‌म नाम है, जो मैंने

शवर अटीविका से भाग आने पर रख लिया था। मैं ही वह श्रीधर हूँ, जिसके कारण तुम्हारी माँ को इतने कष्ट उठाने पड़े। मैं ही वह कठोर, पापी, निर्दय तुम्हारा पिता हूँ, जिसने...*(अपने चेहरे पर हाथ रख लेता है।)*

धर्मपद : *(विशु के निकट जाकर मन्द स्वर में)* आचार्य?

विशु : *(हलके स्वर में)* मुझे पिता कहो, धर्मा!

धर्मपद : पिता ! *(विशु के चरणों के पास धरती पर बैठता हुआ, चाव भरे स्वर में)* क्या आपको मेरी माँ की याद आती है?

विशु : बीस बरस से उस याद के ही बल पर जी रहा हूँ!

[दबे पाँव सौम्यश्री चुपचाप बाहर चला जाता है, मानो पिता और पुत्र के इस अनिवर्चनीय मिलन-दृश्य में विघ्न न डालना चाहता हो।]

धर्मपद : मेरी माँ के मन में भी भीतरी काँटे की तरह शायद आपकी याद गड़ी रही।

विशु : *(जिज्ञासापूर्ण स्वर)* क्या सच वह मुझसे रुष्ट रही? क्या तुमसे भी उसने कहा?

धर्मपद : नहीं। रुष्ट कभी नहीं रही और न मुझे कभी बताया। मैं वह सब कुछ नहीं जानता और न जानना चाहता हूँ।

विशु : मुझे क्षमा कर सकोगे पुत्र?

धर्मपद : आर्य, मेरी आँखों के सामने जो परदा पड़ा है, उसे उठाइए नहीं। उस पर मेरी माँ की मधुर, गम्भीर, दर्दभरी मूर्ति दीख रही है।...और वहाँ मानो सूरज की अन्तिम किरणें पड़ रही हैं। किरणों के बीच माँ कैसी भली दीख पड़ती है !...ये किरणें किधर से आती हैं आर्य ? आप जानते हैं?

विशु : *(कुछ समझते हुए, कुछ रुँधे स्वर से)* वे किरणें तुम्हारी माँ के तन से ही फूट रही हैं, धर्मा ! मैंने भी इन्हें देखा है।

धर्मपद : कब?

विशु : *(उठकर घूमते हुए)* मन्दिरों का निर्माण करते-करते कभी-कभी सहसा मेरी आँखों के आगे अँधेरा छा जाता था। उस अँधेरे में न तो मैं मूर्तियाँ गढ़ सकता था और न आकार-प्रकार निश्चित कर पाता था, न पत्थरों को जीवित कर सकता था। तभी तुम्हारी माँ की मनोरम और तेजस्वी मूर्ति की झलक मिलती और उन किरणों से मुझे प्रकाश मिलता।

धर्मपद : ठीक वही किरणें, ठीक वही आलोक!

विशु : हाँ पुत्र! और अब मानो कोणार्क के अधूरे शिखर पर मेरे अरमानों

को छिन्न होता हुआ देख उसने मुझे राह दिखाने के लिए तुम्हें भेजा।

धर्मपद : जाने किस अदृश्य शक्ति ने मुझे शिल्पकला सिखा दी!

विशु : तु शिल्पी विशु के पुत्र हो, धर्मा! कोणार्क और किसी के स्पर्श से कैसे जग सकता था? जैसे, मरुस्थल में कहीं निर्झरिणी सहसा गायब हो जाने पर भी अन्यत्र बह निकलती है, वैसे ही मेरी भटकी हुई प्रतिभा तुम्हारे मन में विकस उठी धर्मा! सैकड़ों, हज़ारों बरसों तक कोणार्क के उन्नत शिखर को देखकर लोग कहेंगे कि यह विशु और उसके बेटे की कला की सर्वोत्कृष्ट कृति है। मेरे जैसा भाग्यशाली पिता आज उत्कल में और कौन है?

धर्मपद : संध्या की किरणें सिमट रही हैं आर्य! लगता है, जैसे माँ बुलाती हो।

विशु : नहीं धर्मपद, हम उसे बुलाएँगे।...क्या तुम्हारी माँ कल भी नहीं आएगी? कल जब कोणार्क और कलिंग के ऊपर से बादल हट जाएँगे। कल हमारे महाराज नरसिंहदेव विजयी होंगे और फिर कोणार्क के प्रांगण में मेरा और तुम्हारा—पिता और पुत्र का—अद्वितीय अभिवादन होगा।

धर्मपद : विजय का अभिवादन?

विशु : *(तन्मय)* कैसा अपूर्व क्षण होगा वह! मेरी सारी साधना फलीभूत होकर आह्लाद और उन्माद में निलय हो जाएगी, धरती और अम्बर मेरे उल्लास को सम्भाल न सकेंगे, कोणार्क का प्रत्येक पत्थर अनन्य रागिनी को प्रतिध्वनित करेगा और शिल्पी के गौरव के आगे सारे संसार की समृद्धि नतमस्तक होगी...।

[इस बीच में बाहर तेजी से आते हुए क़दमों की आवाज़ आती है। सौम्यश्री का बहुत घबड़ाई हुई अवस्था में प्रवेश।]

सौम्य : विशु, धर्मपद! गजब हो गया! हम लोगों का किया-कराया सब मिट्टी हो रहा है...

विशु : *(जो अभी तक आह्लाद की मुद्रा में है।)* ठहरो, मेरा स्वप्न भंग न करो...।

सौम्य : स्वप्न? स्वप्न छोड़ो! हम लोग महाविपत्ति में हैं।

धर्मपद : क्या हुआ आर्य?

सौम्य : मन्दिर के दक्षिण प्राचीर के एक अंश में शत्रु के एक छोटे दल ने चुपचाप रास्ता बना लिया है। मैं नर्तकों को लेकर उधर जा रहा था कि देखा शत्रुओं का एक दल अन्दर घुस रहा है। दौड़कर राजीव को समाचार दिया।...लेकिन मुट्ठीभर थके-हारे शिल्पी कैसे रोकेंगे इन आततायियों को?

धर्मपद : *(उठकर)* यही आशंका थी मुझे! कुचक्री चालुक्य रात्रि के युद्ध-निषेध

को भला क्यों मानता?

विशु : अब क्या होगा? क्या होगा सौमू?

सौम्य : महाविनाश का आह्वान!

विशु : सौमू, उसे रोको!—धर्मा को रोको!

धर्मपद : मुझे रोकने की चेष्टा न कीजिए, आर्य! मुझे संध्या की वे ही किरणें बुला रही हैं। लेकिन सुनिए! एक बार मन्दिर पर अधिकार कर लेने पर चालुक्य की शक्ति को कोई नहीं रोक सकता। महाराज नरसिंहदेव की चेष्टाएँ विफल हो जाएँगी। सवेरे ही चालुक्य पुरी के लिए कूच कर देगा। और फिर उस अत्याचारी के आगे कोई नहीं ठहर सकेगा, कोई नहीं। *(कोने में रखे हुए भाले को उठाता है। विशु और सौम्यश्री की ओर पीठ।)*

सौम्य : विशु, सुना तुमने? *(दूर पर थोड़ा कोलाहल)*

विशु : सौमू! मेरे बन्धु! क्या किसी तरह धर्मा को बचाया नहीं जा सकता ? मैं चालुक्य के आगे भीख माँगूँगा, मेरे बेटे के प्राण ...।

धर्मपद : *(मर्माहत हो कोने में से ही बोलता है। चेहरा तमतमा रहा है।)* आप मेरा अपमान कर रहे हैं।

सौम्य : पिता की ममता का यों तिरस्कार न करो, धर्मपद!...

धर्मपद : ममता! *(बाहर पुनः कोलाहल)* वह सुनिए, मृत्यु की फैलती छाया में अत्याचारी से जूझनेवाले वीरों की पुकार सुनिए ! क्या मैं उसे अनसुनी कर दूँ? उन्हें मेरी ज़रूरत है। शीतल होती हुई यज्ञ की अग्नि में एक बार फिर से आहुति की आवश्यकता है, शायद वह अन्तिम आहुति हो। *(चलने को उद्यत)*

विशु : *(आर्त्त स्वर में) तुम जा रहे हो पुत्र?*

धर्मपद : हाँ, मैं जा रहा हूँ। जिस नीच से आप भीख माँगते, मैं उसे भीख दूँगा, अपने प्राणों की भीख। तात! मैं जानता हूँ—आप कायर नहीं हैं; पर मेरा मोह आपको दुर्बल बना रहा है। तात, जाते-जाते आपको याद दिलाऊँ कि आप पिता होने के पूर्व शिल्पी हैं, कारीगर हैं!...आज शिल्पी पर अत्याचार का प्रहार हो रहा है। कला पर मदान्धता टूट पड़ी है। सौन्दर्य को सत्ता पैरों के तले रौंद रही है। और कोणार्क—आपका सुनहरा सपना, जिस घोंसले में आपके अरमानों का पंछी बसेरा लेने जा रहा था—वही कोणार्क, एक पामर, पापी, अत्याचारी के हाथ का खिलौना बन जाएगा। आतंक के हाथों में जकड़ी हुई कला सिसकेगी। वही कारीगर की सबसे बड़ी हार होगी, सबसे भारी हार। (प्रस्थान, कुछ देर शान्ति)

सौम्य : *(कन्धे पर हाथ रखते हुए)* विशु! विशु!

विशु : *(हतबुद्धि-सा)* कारीगर की हार! कोणार्क आतंकी के हाथ का खिलौना!

सौम्य : *(बाहर कोलाहल सुनकर)* जान पड़ता है—धर्मपद संग्राम में कूद पड़ा है। लेकिन कितनी देर के लिए! वे लोग आगे बढ़ रहे हैं। विशु, मैं जाता हूँ। देखूँ, शायद उसे बचा सकूँ।

[प्रस्थान]

विशु : *(वही मुद्रा—कभी बैठता है, कभी घूमता है। बाहरी हलचल की उन्मत्त लहरें उसे छू नहीं पा रही हैं।)* कोणार्क—मेरी निधि...कोणार्क—मेरी सृष्टि—अपावन हाथों में, भ्रष्ट हाथों में? यह कैसा अभिशाप! ओ अभागे कारीगर, कहाँ है तेरा गौरव, कहाँ है तेरी मौन तपस्या का पुरस्कार?—*(पुनः चुप। दूर नेपथ्य में कोलाहल बढ़ रहा है।)... कारीगर की हार!...ऐं...(उठकर खड़ा होता है)...असम्भव, कोणार्क शिल्पी की पराजय का प्रतीक नहीं रहेगा!*

विशु : *[तेज़ी के साथ गर्भगृह के कपाट खोलता है। सूर्य देवता की मूर्ति कक्ष के बीच पाँच-हाथ ऊपर निराधार स्थित है। जाज्वल्यमान मस्तक और मुकुट। बाकी कक्ष में घना अन्धकार।]*

विशु : *(साष्टांग अवस्था में रुँधे गले से)* हे सूर्य भगवान, हे भुवन भास्कर ! बारह बरस तक दत्तचित्त हो मैंने तुम्हारे योग्य यह अभूतपूर्व गृह तैयार किया। आज जब उस लगन और तपस्या के बाद तुम्हारी उपासना का अवसर आया, तो तुम्हारे शिल्पी को ठुकरानेवाले, उनके निर्दोष रक्त से रँगे हाथ तुम्हें अपनाने आ रहे हैं। भगवन्, मैं यह कैसे सह सकता हूँ ? तुम, मेरे, सारे जगत के, प्रतिपालक हो; पर मैं यह कैसे भूल सकता हूँ कि मैं तुम्हारा निर्माता हूँ। *(मस्तक उठाता है। हमें उसके चेहरे का पार्श्व अंश ही दीखता है।)* तुम मेरे देव हो ! तुम्हें मेरा कहा करना होगा। *(उठते हुए)* कोणार्क शिल्पी की पराजय का प्रतीक नहीं हो सकता। मैं और तुम मिलकर ऐसा नहीं होने देंगे।...नहीं ! *(खड़ा हो जाता है।)* ठीक है न मेरे भगवान?

[मूर्ति की आभा द्विगुणित जान पड़ती है। प्रकाश की एक किरण विशु के चेहरे पर भी पड़ती है। उसकी आँखें मूर्ति पर गड़ी हैं और फिर मानो प्रतिमा का आह्वान पाकर वह आगे बढ़ता है—पास रखी हुई कुदाली को हाथ में ले गर्भगृह में प्रवेश कर कपाट को अन्दर से बन्द कर लेता है। प्रतिमा की ज्योति तिरोहित हो जाने से अन्तराल में अब पहले की भाँति हलका-हलका प्रकाश है। बाहर कोलाहल बढ़ रहा है। पदचाप निकट आ रहे हैं। कुछ समय तक मंच खाली रहता है। थोड़ी देर बाद कुछ सैनिकों के साथ राजराज चालुक्य, शैवालिक और अन्य सैनिकों का प्रवेश। सैनिक सौम्यश्री को पकड़े हुए हैं।]

सूर्य भगवान की मूर्ति
(कोणार्क के ध्वंसावशेषों में प्राप्त प्रतिमा के आधार पर)

चालुक्य : यहाँ भी नहीं। कहाँ है नरसिंहदेव? कहाँ है विशु?

शैवालिक : सौम्यश्री तुम झूठ बोल रहे थे?

सौम्य : यहीं तो विशु को छोड़कर गया था। देखिए वह उत्तरीय।

[चौकी की ओर इशारा करता है।]

चालुक्य : और नरसिंहदेव?

सौम्य : मुझे नहीं मालूम।

चालुक्य : देखता हूँ तुम भी उसी राह पर जाना चाहते हो, जिस पर उस उद्दंड धर्म को भेजा गया है। उसके शरीर के टुकड़े-टुकड़े करके इसी क्षण समुद्र में फेंके जा रहे हैं, जानते हो?

[गर्भगृह के अन्दर पत्थर पर एक चोट पड़ने की आवाज़।]

शैवालिक : सुनिए देव! अन्दर कोई है। *(कपाट खोलने की चेष्टा करता है।)*

सौम्य : *(उच्च स्वर में)* विशु!

चालुक्य : कपाट तोड़ दो।

सौम्य : ठहरिए *(उच्च स्वर में)* विशु, विशु! कपाट खोल दो!

विशु की आवाज : सौमू, मैं कपाट नहीं खोल सकता।

सौम्य : तुम कहाँ हो विशु?

विशु : बहुत ऊपर चुम्बक के पास! *(पत्थर पर चोट)*

सौम्य : विशु, तुम चुम्बक तोड़ रहे हो।

विशु : तोड़ रहा हूँ सौमू, मैं चुम्बक तोड़ रहा हूँ। *(पत्थर पर पुनः चोट)*

सौम्य : देवमूर्ति गिर पड़ेगी।

विशु : *(अट्टहास)* देवमूर्ति भी गिरेगी और शिखर भी। और फिर...*(पुनः कुदाली का आघात)* और फिर मन्दिर की सारी छत और दीवारें नीचे गिर पड़ेंगी मेरे ऊपर, तुम्हारे ऊपर, इन नीच विश्वासघातियों के ऊपर। *(अट्टहास और आघात)* कोणार्क टूटेगा...–हा–हा–हा–

चालुक्य : *(जो अब तक किंकर्तव्यविमूढ़ खड़ा था)* रोको, शैवालिक! सैनिकों कपाट पर धक्का दो। *(सैनिक सौम्यश्री को छोड़कर कपाट पर धक्का देते हैं)* और जोर से!

[कपाट खुल जाता है। गर्भगृह में तीव्र प्रकाश के बीच निराधार सूर्य-प्रतिमा आप-ही-आप हिलती दीख पड़ती है। यह चमत्कारपूर्ण दृश्य देखकर सैनिक ठिठक जाते हैं।]

शैवालिक : मूर्ति हिल रही है।

एक सैनिक : भगवान के सारे अंग हिल रहे हैं।

दूसरा सैनिक : हे भगवान, हे भगवान!

चालुक्य : शैवालिक! सैनिको! ...डरो मत! आओ मेरे साथ!...पकड़ लो मूर्ति को!...पकड़ लो, पकड़ लो *(विक्षिप्त-सा अन्दर घुस जाता है। शैवालिक*

और कुछ सैनिक भी उसके साथ जाते हैं। बाकी सैनिक इधर-उधर भाग जाते हैं। अकेला सौम्यश्री गर्भगृह के कपाट पर ठिठककर रह जाता है। पत्थर पर फिर एक चोट।)

शैवालिक की आवाज़ : बचो, बचो! *(पत्थर गिरने की ध्वनि)*...आह!

चालुक्य की आवाज़ : आह!

[अन्य सैनिकों का आर्त्त स्वर!]

एक भीषण धमाका और गर्भ-गृह में चमक के बाद अँधेरा। मूर्ति अदृश्य हो जाती है।

[अभिभूत होकर सौम्यश्री घुटनों के बल बैठ जाता है तथा धरती पर मस्तक टेकता है। थोड़ी देर के लिए नीरव।

तभी गर्भ-गृह के बीच विशु दीख पड़ता है। माथे और भुजाओं पर रक्त, किन्तु चेहरे पर दिव्य शान्ति और वाणी में अलभ्य तृप्ति।]

विशु : प्रतिशोध...मेरे देवता!...मेरे दिवाकर, शिल्पी का प्रतिशोध...!

[सौम्यश्री धीरे-धीरे सिर उठाता है और विशु धीरे-धीरे नीचे गिरता है।

अन्धकार गाढ़ा हो जाता है और सहसा एक विक्षिप्त वाद्य-संगीत उमड़ उठता है, जिसमें मृदंग इत्यादि ताल-वाद्य विशेष प्रखर हैं। उसके बाद—]

उपसंहार

[गहन अन्धकार कम हो जाता है और कोणार्क के खँडहर की वही झलक, जो उपक्रम में दीखी थी। संगीत क्रमशः मन्द हो रहा है। और फिर बिलकुल मौन। सूत्रधार और वाचिकाएँ सामने आते हैं और प्रकाश की किरणें एक-एक करके उन पर पड़ती हैं।]

सूत्रधार

यों कोणार्क के विमान के टूटते ही
अत्याचारी चालुक्य और उसके साथियों का विनाश हुआ।
...और विशु?
जिस विराट कल्पना को उसने साकार बनाया
उसी की गोद में उसे मृत्यु-शय्या मिली !
वे पाषाण-खंड, जिन्हें उसने जीवन दिया था।
उसके शव पर फूलों के समान बिखड़े पड़े रहे।
...उसके प्यारे बेटे ने ही तो वे फूल बिखेरे थे !
कैसा अनूठा है यह खँडहर !

(मन्द करुण वाद्य-संगीत)

दूसरी वाचिका

अनूठा खँडहर सोता है।
नहीं यह क्रूर काल का हास,
नहीं क्षणभंगुरता का वास,
प्रणय का नहीं करुण उच्छ्वास,
छिन्न आशाओं का अवसान—
नहीं खँडहर बन रोता है।

पहली वाचिका

रागिनी भग्न, किन्तु उद्दाम,
अरे यह तो है विजयी धाम

कि जिसमें जागृत आठों याम,
कला की जोत; अटल विश्वास
जगाए, खँडहर सोता है
दूर वह खँडहर सोता है।

[मौन और प्रकाश]

परिशिष्ट : 1

निर्देशक और अभिनेताओं के लिए संकेत

(1) उपक्रम, उपकथन और उपसंहार मेरे नए प्रयोग हैं, जिनमें आप संस्कृत नाटकों की प्रस्तावना और पाश्चात्य नाटकों के 'प्रोलौग' और 'एपिलौग' एवं कोरस की झलक पाएँगे। मुख्य नाटक की गति इतनी तीव्र और अविच्छिन्न है कि नाटक प्रारम्भ होने से पूर्व दर्शकों की मानसिक पृष्ठभूमि तैयार करना, अंकों के बीच उन्हें कथा प्रवाह और भाव-प्रवाह से अवगत कराना और समाप्त होते ही उनकी उद्वेलित और विशृंखल मानसिक दशा को संकलित करना मैंने ज़रूरी समझा। इस तरह दर्शकों की संवेदनशीलता को क्रमशः चढ़ाव (आरोह) और उतार (अवरोह) का मौक़ा देना मेरा लक्ष्य है।

सूत्रधार पुरुष है, और उसके दो साथी स्त्री हो सकती हैं, (वाचिकाएँ) अथवा पुरुष (वाचक)। नाटक में अन्यत्र कोई स्त्री पात्र नहीं है; इसलिए विविधता की दृष्टि से अच्छा यही होगा कि स्त्री वाचिकाएँ हों। सामूहिक रूप से तीनों को 'वृन्दवार्तिक' की संज्ञा दी जा सकती है। सूत्रधार गद्य बोलता है, वाचिकाएँ पद्य। दोनों ही की वाणी साधारण संवाद के स्तर से ऊपर काव्य-सुलभ कल्पना और भावव्यंजना के स्तर पर विचरती हैं। किन्तु ध्यान यह रखना है कि तीनों ही कथानक के बारे में कई आवश्यक बातें बताते हैं, जिनसे कहानी समझ में आती है। वाचिकाएँ एक-दूसरे से भी बातें करती हैं और सूत्रधार से भी प्रश्न पूछती हैं। सूत्रधार उनकी और दर्शकों की जिज्ञासा पूरी भी करता है और जागृत भी रखता है, एवं आनेवाले अंकों की ओर संकेत करता है।

स्पष्ट है कि सूत्रधार और वाचिकाएँ तभी सार्थक होंगे जबकि उनका एक-एक शब्द प्रत्येक दर्शक को बिलकुल साफ़ सुनाई दे। इसलिए उनको गाना नहीं चाहिए, वार्ता कहनी चाहिए; पद्य भी गाया नहीं जाए, उच्च स्वर में घोषित किया जाए। स्वरों में वार्तालाप की-सी विविधता हो। वाणी के साथ-साथ हाथों से संकेत और चेहरे पर भावाभिनय द्वारा वार्ता और पद्य के अर्थ को और भी स्पष्ट किया जाए। मतलब यह कि सूत्रधार और वाचिकाएँ अनुभवी और सिद्धहस्त अभिनेता-अभिनेत्री ही होने चाहिए।

इन लोगों के पद्य और वार्ताओं के बीच वाद्य-संगीत आता है जो कोणार्क के निकटवर्ती सागर की विराट हलचल एवं भावानुकूल विविधता का प्रतीक है। किन्तु यदि वाद्य-संगीत की हलचल में शब्द खो जाएँ तो सारा नाटक ही ढेर हो जाएगा। ऐसा प्रायः नाट्य-प्रदर्शनों में हो जाता है। इसीलिए मैंने वाद्य-संगीत को वाक्यों और पदों के मध्यान्तर रखा है, साथ-साथ नहीं। यदि इस बात पर ध्यान नहीं दिया गया तो अभिनय निश्चय ही असफल होगा।

(2) उपक्रम और उपसंहार में खँडहर की झलक दिखाने के कई तरीके हो सकते हैं, जिनका व्यवहार निर्देशक के साधनों और कुशलता पर निर्भर है। सबसे अच्छा तरीका श्री उदयशंकर का 'बैक प्रोजेक्शन टेकनिक' है, जिसका उन्होंने अपने 'रामलीला' तक अन्य बैले में व्यवहार किया है। इसमें एक स्लाइड पर रंगीन चित्र अंकित कर पीछे से एक प्रोजेक्टर के आगे इस तरह रखा जाता है कि सामनेवाले सफ़ेद पर्दे पर उसका बृहदाकार बिम्ब पड़े। दूसरा सुझाव यह है कि सफ़ेद पर्दे के पीछे कुछ दूर पर कार्ड-बोर्ड में काटे हुए खँडहर के मॉडल को रखकर उसकी ओट से पर्दे पर रोशनी फेंकिए, जिससे पर्दे पर मन्दिर की रूप-रेखा की छाया-दृष्टिगोचर होगी। जिस सफ़ेद पर्दे पर छाया डाली जाए, वह यवनिका (ड्राप कर्टेन) के फ़ौरन बाद होना चाहिए, जिससे रंगमंच के शेष भाग पर मुख्य दृश्य तैयार रहे और उपक्रम समाप्त होते ही प्रथम अंक के पहले वाक्य सुन पड़ें।

खँडहर के चित्र के लिए कार्ड-बोर्ड का मॉडल तैयार किया जा सकता है।

यदि आपके पास साधन नहीं हैं, तो छाया-चित्र दिखाने के बजाय एक गहरे नीले या काले पर्दे पर खड़िया से खँडहर की रूपरेखा खींच दीजिए। उसी से काम चल जाएगा। यह पर्दा भी 'ड्राप कर्टेन' के तुरन्त पीछे होना चाहिए और शीघ्रता से गिराया या खींचा जाना चाहिए।

(3) मैंने हर अंक में रंगमंच की जैसी कल्पना की है, उसका रेखाचित्र दे दिया है। प्रथम और द्वितीय अंक विशु के कक्ष में होते हैं और तीसरा मुख्य मन्दिर के सामने वाले अन्तराल (बरामदे) में। विशु के कक्ष से, खिड़की में से, पूरे मन्दिर की झलक नहीं मिलती, केवल कुछ हिस्सा दीख पड़ता है। खिड़की के पीछे पर्दे पर चित्र खींचकर डाल दीजिए और उस पर हलका प्रकाश फेंकिए। साधन न हो, तो दिखाने की ज़रूरत भी नहीं। उसके बिना भी काम चल सकता है।

(4) प्रथम अंक के प्रारम्भिक अंश में पुरानी कथा का उल्लेख और बातचीत अधिक है; 'ऐक्शन' कम। इसलिए एकरसता दूर करने के लिए अभिनेताओं को स्वाभाविक रूप से कभी-कभी स्थान परिर्वतन करना चाहिए। स्वर में विविधता का बराबर ध्यान रहे। अभिनय की सुविधा के लिए यदि संवाद के कुछ अंशों को छोड़ना पड़े, तो मुझे कोई आपत्ति नहीं; लेकिन ध्यान यह रखना है कि कथासूत्र के लिए अनिवार्य कोई वाक्य न छूटे।

(5) पहले और दूसरे अंकों के आख़िर में दो-चार वाक्य दर्शकों की उत्सुकता जागृत

करने के विचार से लिखे गए हैं। उनकी महत्ता को यथोचित रीति से उभारना चाहिए। दूसरे अंक से संवाद भावावेश और नाटकीय गति का वाहन है। लेकिन बराबर एक-न-एक घटना का ताँता लगा रहता है, इसलिए संवाद में प्रथम अंक की अपेक्षा अधिक मुस्तैदी और स्वाभाविकता होनी चाहिए।

(6) तीसरे अंक के पूर्वार्द्ध में संवाद काव्य-सुलभ सुकोमलता की सतह पर चलता है; इसलिए कुछ विलम्बित गति और आत्मविभोरता की गुंजाइश है, लेकिन प्रायः देखा जाता है कि हमारे अभिनेता काव्यमय वाक्यों को कहते-कहते कभी-कभी इतने विभोर हो जाते हैं कि शब्दों के स्पष्ट और श्रव्य उच्चारण का उन्हें ध्यान ही नहीं रहता। सच्ची बात तो यह है कि यदि उच्चारण साफ़ और स्वर दूर तक सुना जानेवाला न हो तो सुन्दर-से-सुन्दर शब्द-समूह केवल विक्षिप्त प्रलाप-सा रह जाता है।

विशु जब अकेला मूर्ति को सम्बोधित करके बोलता है, तब उसके एक-एक वाक्य की निजी सत्ता है। लगभग हर वाक्य के बाद थोड़ा विराम है और उसके बाद स्वर भिन्न होना चाहिए, मुद्रा भी भिन्न होनी चाहिए।

जब उत्तरार्द्ध में पत्थर पर चोट की आवाज़ आती है, तब ध्यान रखिए कि कोलाहल और पत्थर गिरने की आवाज़ कथोपकथन के बीच-बीच में हों, उनके साथ-साथ नहीं, वरना शब्द सुनाई नहीं पड़ेंगे और दर्शक कथासूत्र से वंचित हो जाएगा।

नेपथ्य से विशु की आवाज़ और कुदाली चलने के स्वर में कुछ सम्बन्ध होना चाहिए। ठीक यही होगा कि विशु ही स्वयं कुदाली चलाए ताकि वह अपने शब्दों पर कुदाली की ध्वनि को हावी न हो जाने दे।

(7) तीसरे अंक में पत्थर टूटने और मन्दिर गिराने की कठिनाइयों की कल्पना करके आप उस अंक के विषय में गलत धारणा न बना लीजिए। पत्थर टूटने, मूर्ति गिरने और मन्दिर के विमान के ढहने की सारी प्रक्रियाएँ बैक-ग्राउंड में होती हैं। असल में तो मूर्ति जिस गर्भ-गृह में स्थित है, वह भी बैक-ग्राउंड में ही है और हमें उसकी झलक-मात्र ही मिलती है। जिस स्थान पर बातचीत होती है, वह तो गर्भगृह का अन्तराल है और जब तक उस पर पत्थर गिरें, उससे पूर्व तो पर्दा ही गिर जाना चाहिए। मैंने इस अंक का जो रेखाचित्र दिया है, उससे यह बात साफ़ हो जाती है।

मूर्ति कार्ड-बोर्ड की हो सकती है लेकिन 'प्लास्टर ऑफ़ पेरिस' की अधिक जँचेगी। कलकत्ते के पास कृष्णनगर के मूर्तिकार साधारण मिट्टी और भूसे से ही ऐसी मूर्तियाँ बनाते हैं। निराधार लटकने का आभास तार से लटकाकर दिया जा सकता है। पुस्तक में अन्यत्र सूर्य भगवान की मूर्ति का एक चित्र दे दिया गया है।

अन्तिम अंश में संवाद और नाटकीय गति (Action) का तारतम्य

भलीभाँति तभी निबाहा जा सकता है, जब अभिनेताओं को 'प्रॉम्पटर' के सहारे की बिलकुल ज़रूरत न पड़े। यदि 'पार्ट' भलीभाँति याद न हो तो तीसरा अंक तो सफल हो ही नहीं सकता। अन्धकार और वाद्य संगीत के द्वारा उत्तरार्द्ध की कुछ कठिनाइयों पर आसानी से विजय मिल सकती है।

(8) वेश-भूषा के लिए देखिए अजन्ता के चित्र और कोणार्क और भुवनेश्वर की ही कुछ मूर्तियों के चित्र जो पुरातत्व विभाग, नई दिल्ली से मिल सकते हैं; ऐसी दो मूर्तियों के रेखाचित्र पुस्तक में अन्यत्र दिये गए हैं। अकसर लोग राजसी वेश-भूषा की तड़क-भड़क दिखाने के लिए मुगल-युग के कपड़े प्राचीन नाटकों के पात्रों को भी पहना देते हैं। ऐसी बातें नाटकीय प्रभाव को बढ़ाने की बजाय उसे क्षीण कर देती हैं। शिल्पियों की वेश-भूषा तो सादी ही होनी चाहिए।[1]

(9) 'साइड विंग' सीधे-सादे रखिए या प्राचीन-स्तम्भों की भाँति एकरंगे। पारसी थियेटर के रंग-बिरंगे विंग न लगाइए। सौम्यश्री की मूर्ति का एक साइड विंग पर ही संकेत होना चाहिए।

(10) निर्देशक और संयोजक यह समझ लें कि नाटक की सफलता सेटिंग और तड़क-भड़क पर इतनी निर्भर नहीं करती, जितनी अभिनय की उत्कृष्टता पर। हम लोगों की नाटक-मंडलियों में काम करनेवालों की संख्या कम होती है और समझदारों की और भी कम। ये इने-गिने लोग भी यदि अपनी सारी शक्ति भारी पर्दे और चमत्कारपूर्ण 'इफ़ैक्ट' तैयार करने में लगा दें, तो नाटक सिनेमा की भद्दी नकल बनकर रह जाएगा। सिनेमा से एक कुशल निर्देशक बहुत कुछ सीख सकता है, लेकिन सिनेमा और नाटक के प्रधान अन्तर को समझ लेना आवश्यक है। सिनेमा में जो चमत्कार स्वाभाविक जान पड़ते हैं, उनका नाटक में ज्यों-का-त्यों आरोप करना बेकार है। यहाँ तो संवाद और अभिनय की चमत्कार से अधिक महत्ता है और इसलिए उन्हीं पर विशेष जोर डालना चाहिए।

(11) अन्त में एक विशेष निवेदन है। नाटक का अभिनय करने से पूर्व लेखक को सूचना अवश्य दीजिए और अभिनय के बाद अपने अनुभवानुसार नाटक के भिन्न-भिन्न पहलुओं पर अपने विचार भी लिख भेजिए।

---

1. डॉ. मोतीचन्द लिखित 'प्राचीन भारतीय वेष-भूषा' जो भारती भंडार, प्रयाग द्वारा प्रकाशित हुई है, हिन्दी में इस विषय पर पहली पुस्तक है और नाट्यशालाओं के लिए तो बहुत ही उपयोगी है।

शारदीया

मामा वरेरकर को,
जवानी जिनका पीछा ही नहीं छोड़ती

प्राक्कथन

कुछ वर्ष हुए मुझे नागपुर म्यूजियम में एक असाधारण वस्त्र देखने को मिला। उसकी लम्बाई पाँच गज से कुछ अधिक—यानी एक साड़ी के बराबर, किन्तु वजन उसका केवल पाँच तोला है। कपड़े की बुनाई अत्यन्त महीन। घवल रंग की इस साड़ी में कुछ ऐसी आभा है, जो आजकल के वस्त्रों में मुश्किल से पाई जाती है। म्यूजियम के अधिकारियों ने इस वस्त्र को शीशे से मंडित एक केस में प्रदर्शित कर रखा है। केस के नीचे इस असाधारण वस्त्र के निर्माण की कथा अंकित है, उसके अनुसार इस साड़ी या वस्त्र को ग्वालियर क़िले में एक तहख़ाने में बुना गया और इतनी बारीक बुनाई के लिए बुनकर ने अपने अँगूठे के भीतरी नाखून में सूराख कर लिया था, ताकि वह ढरकी यानी 'शटल' का काम दे सके। बुननेवाला व्यक्ति राष्ट्रद्रोह के अपराध में दौलतराव सिन्धिया की आज्ञा से सन् 1795 में खर्दा के उस इतिहास-प्रसिद्ध युद्ध में बन्दी बना लिया गया था, जिसमें मराठों ने अपनी संकुलित शक्ति से हैदराबाद के निज़ाम को बुरी तरह पराजित किया था। पहले तो सिन्धिया ने उस व्यक्ति को प्राण-दंड की आज्ञा दी थी, किन्तु बाद में ग्वालियर के सरदार जिन्सेवाले के विशेष अनुरोध पर उसे आजीवन कारागार का दंड दिया गया। ग्वालियर के क़िले में भूगर्भ स्थिंत कुछ कक्ष राजा मानसिंह तोमर ने अपनी रानियों के विलास के लिए बनवाए थे। मुगलों के काल में ये कक्ष कारागार की तरह इस्तेमाल होने लगे। उसी तहख़ाने में औरंगजेब ने मुराद को बन्दी किया और उसका वध कराया था और सम्भवतः उसी में इस अज्ञात बन्दी को भी रखा गया।

मन और तन को अँधेरे और घुटन के बन्धन में जकड़नेवाले उस कारागार में इस कलाकार बन्दी को किस अजस्र सौन्दर्य से प्रेरणा के विरामहीन घूँट मिले—इस प्रश्न ने मेरी कल्पना को उत्तेजित किया और तभी नरसिंहराव और उसकी प्रेयसी की काल्पनिक मूर्तियाँ सजीव हो गईं। मैं जानता हूँ कि इस नाटक के नरसिंहराव का उस अज्ञात बन्दी के व्यक्तित्व से सम्भवतः कोई साम्य नहीं है। शायद यह अज्ञात बन्दी बिलकुल दूसरे ही ढंग का व्यक्ति रहा हो, किन्तु नरसिंहराव की जो मूर्ति एकबारगी मेरे मन के दर्पण में उतरी, तो फिर खिंची ही रह गई, उसे मिटाने की क्षमता मुझमें नहीं है। प्रजापति संहारक कैसे बन सकता है? हाँ, आलोचकवृन्द भले ही रुद्र रूप हों, संहार-कार्य सम्पन्न कर लें।

अस्तु, तत्कालीन इतिहास को टटोलते-टटोलते यद्यपि नरसिंहराव जैसा व्यक्ति तो नहीं मिला, अन्य सामग्री इतनी प्रचुर मात्रा में मिली कि नाटक का ढाँचा आप-ही-आप

तैयार हो गया। बायजाबाई के अतिरिक्त दो और ऐतिहासिक पात्र सामने आए, जिनकी चरित्रगत विशेषताएँ और जिनके कार्यकलाप मनगढ़ंत कथाओं के पात्रों से भी अधिक नाटकीय, संघर्षपूर्ण और रोचक जान पड़े। सखाराम उर्फ शर्जेराव घाटगे की करतूतों का यथातथ्य वर्णन ही एक लोमहर्षक घटनाचक्रों से परिपूर्ण उपन्यास बन जाएगा। दौलतराव सिन्धिया का जीवन भी अपूर्ण आकांक्षाओं, सतत विलासप्रियता, सजग कूटनीतिज्ञता और आसन्न दुर्बलताओं का सघन पुँज जान पड़ता है। इनके अतिरिक्त नाटक के अन्य पात्र भी तत्कालीन मराठा-इतिहास से ही लिए गए हैं, केवल सरनाबाई और रहीमन को छोड़कर। लगभग सभी ऐतिहासिक पात्रों और नाटक में प्रस्तुत ऐतिहासिक तथ्यों और परिस्थितियों का ब्योरेवार विवरण मैंने 'नाटक की ऐतिहासिक पृष्ठभूमि' नामक लेख में दिया है, जो आगे के पृष्ठों में पाठकों को मिलेगा। पाठक उसे अवश्य पढ़ें।

मुमकिन है, कुछ पाठकों और दर्शकों के मन में शंका उठे कि नाटक में हिन्दू-मुसलमानों के मेल और आपसी धार्मिक सहिष्णुता का उल्लेख आज की भारतीय और पाकिस्तानी परिस्थिति का तत्कालीन इतिहास पर आरोपन-मात्र है। किन्तु सच तो यह है कि खर्दा के युद्ध और सन्धि का यह पहलू पूर्णतः इतिहासपरक है, संवाद में हिन्दू-मुसलमानों के मेल-सम्बन्धी कुछ वाक्य तो ज्यों-के-त्यों सन्धिपत्र के लिए गए हैं। उपरोक्त लेख में आधार-सामग्री का सन्दर्भ-सहित विवेचन किया गया है।

अन्तिम दृश्य में नायक का स्वगतालाप अभिनय-निर्देशकों के लिए शायद सरदर्द बन जाए, किन्तु रंगमंच-विधाताओं और दर्शकों से इतना ही कहूँगा कि गहनतम भावनाओं के उद्वेलन में भी उतने ही नाटकीय तत्त्व मिल सकते हैं जितने कि वाह्य परिस्थितियों के संघर्ष और घटनाचक्र की गति में मर्मज्ञ पाठक और दर्शक निश्चय ही बन्दी को बाँधनेवाली जंजीरों की खड़कन से परे उसकी उन्मुक्त स्मृतियों और उसकी स्वच्छन्द कल्पना में सीमाहीन आलोक और निर्बाध गति की झनकार सुन पाएँगे।

'शरदीया' का ढाँचा मैंने सन् 1954 में तैयार किया था और तभी इसके सात दृश्यों में से तीन लिखे गए और 'कल्पना', मासिक पत्रिका में प्रकाशित भी हुए और पटना से ब्रॉडकास्ट भी किए गए। उसके बाद ऑल इंडिया रेडियो में आने के बाद मैंने जान-बूझकर कुछ वर्षों के लिए ग्रन्थ रचना से संन्यास-सा ले लिया। इस वर्ष कुछ अधूरी रचनाओं को पूरा करने की उमंग मन में उठी और उसी सिलसिले में 'शारदीया' को भी वर्तमान रूप में पूरा कर दिया।

यद्यपि मैं 1935 के पहले से नाटक लिखता रहा हूँ, तथापि साहित्यिक क्षेत्र में मैं अपने को अभी भी एक 'एमेच्योर' मात्र पाता हूँ। हिन्दी का नाट्य-साहित्य अभी इतना क्षीण है कि जो कुछ भी लिखा जाए, बिलकुल निरर्थक तो नहीं होगा। इसी कारण मैं कुछ रचनाएँ प्रस्तुत करने का साहस भी कर रहा हूँ, वरना तो मुझ जैसे 'एमेचर' के लिए तो मौन ही श्रेयस्कर होता।

–जगदीशचन्द्र माथुर

नई दिल्ली,
शरद् पूर्णिमा, 1959

नाटक की ऐतिहासिक पृष्ठभूमि

सन् 1795 की 11 मार्च को मराठों और हैदराबाद के निज़ाम के बीच खर्दा का वह युद्ध हुआ था, जिसमें वह व्यक्ति बन्दी किया गया, जिसने अपने बन्दी-जीवन में नागपुर-संग्रहालय में प्रदर्शित अद्‌भुत साड़ी को बुना था। इस नाटक में खर्दा के युद्ध की झाँकी दी गई है और उसके पहले और कुछ बाद तक मराठों की राजधानी पूना में जो राजनीतिक उलटफेर हुए, उनकी ओर संकेत किया गया है।

'न्यू हिस्टरी ऑफ़ द मराठाज़' के लेखक सरदेसाई ने खर्दा के युद्ध को 'दि वैनिशिंग फ्लिकर' यानी 'लुप्तप्राय ज्योति' की संज्ञा दी है। मराठा-साम्राज्य का अवसान सन् 1802 के मराठा-ब्रिटिश-युद्ध में हो चला। लेकिन उसके सात वर्ष पूर्व खर्दा के युद्ध में मानो बुझते दीपक की अन्तिम लौ उठी और एकबारगी सारे भारत में मराठों की केन्द्रीभूत शक्ति की धाक बैठ गई। ज्योति क्षणिक थी और वस्तुतः उस विजय में ही पराभव के लक्षण विद्यमान थे।

युद्ध का कारण था मराठों द्वारा निज़ाम से तीन करोड़ रुपए की चौथ की माँग। बहुत पहले निज़ाम ने पेशवा बाजीराव प्रथम के समय में ही मराठों को चौथ देना स्वीकार किया था, लेकिन देने में चूक की; मराठों का पावना बढ़ते-बढ़ते, सन् 1793 तक तीन करोड़ रुपया हो गया।

उन दिनों मराठों के प्रमुख थे पेशवा माधवराव द्वितीय, लेकिन वह अल्पवयस्क थे और पूना में समूची सत्ता नाना फड़नवीस, (सरदेसाई उन्हें फड़नवीस कहते हैं) के हाथ में थी। मराठा-साम्राज्य के दूसरे प्रमुख नेता थे सिन्धिया, जिनकी अपनी राजधानी ग्वालियर में थी और जिन्होंने दिल्ली के मुगल सम्राट को अपनी मुट्ठी में कर रखा था। महादजी सिन्धिया ने अपनी बुद्धिमता और व्यवहार-कुशलता से तत्कालीन राजनीति में अपनी धाक जमा ली थी, फ्रांसीसी सेनापतियों और विशेषज्ञों को अपनी नौकरी में रखकर उनकी सहायता से एक शक्तिशाली और आधुनिक युद्ध-प्रणाली में निपुण सेना और तोपचियों का दस्ता तैयार कर लिया था। अंग्रेज़ों की बढ़ती हुई शक्ति को उन्होंने पहचाना और अपनी कूटनीतिज्ञता से मराठा-साम्राज्य को सम्हाले रखा और समूचे भारत को अंग्रेज़ों के विरुद्ध एकसूत्र में बाँधने की भी कल्पना की। इस तरह महादजी सिन्धिया, जिनके पिता पेशवा की निम्नतम सेवा (जूतियाँ पहनाने) के लिए नियुक्त थे, और जातिगत क्रम में जिनका कुल नीचा ही माना जाता था, मराठा सरदारों में अग्रगण्य

और मराठा-साम्राज्य के प्रमुख स्तम्भ बन गए थे।

किन्तु इस नाटक के घटनाचक्र के समय तक महादजी सिन्धिया की मृत्यु हो चुकी थी। वह सन् 1792 के जून मास में अर्से तक उत्तर भारत में रहने के बाद पेशवा की सेवा में पूना आए थे और वहीं डेढ़ साल रहने के बाद फ़रवरी 1794 में उनका देहावसान हो गया। यद्यपि महादजी सिन्धिया की तीन पत्नियाँ थीं—भागीरथीबाई, लक्ष्मीबाई और यमुनाबाई, तथापि कोई और सन्तान उन्होंने नहीं छोड़ी और दौलतराव को उन्होंने गोद लिया। दौलतराव सिन्धिया की अपनी दो विमाताओं लक्ष्मीबाई और यमुनाबाई से बिलकुल नहीं बनी, यहाँ तक कि दौलतराव ने उन दोनों के भरण-पोषण के लिए रकम देने में आनाकानी की और आगे चलकर यह अनबन युद्ध का रूप ले बैठी।

सिन्धिया के अतिरिक्त तीन और मराठे सरदार थे, जिन्हें मराठा-साम्राज्य का स्तम्भ कहा जा सकता है—इन्दौर के होल्कर, नागपुर के भोंसले और बड़ौदा के गायकवाड़। किन्तु उस समय सिन्धिया ही की शक्ति विशेष बढ़ी हुई थी और पेशवा पर अधिकार जमाने के लिए सिन्धिया और नाना फड़नवीस में होड़ लगी थी।

सन् 1794 से सिन्धिया और नाना फड़नवीस की प्रतिस्पर्धा कछ काल के लिए रुक गई। पूना में सभी मराठे सरदार जमा होने लगे और क्रमशः हैदराबाद के निज़ाम से लोहा लेने के लिए एक विशाल सेना का निर्माण हो चला। हैदराबाद के निज़ाम का मन्त्री था मुशीर-उल-मुल्क, निपुण कूटनीतिज्ञ! पेशवा के प्रधानमन्त्री थे नाना फड़नवीस! मुशीर-उल-मुल्क और नाना फड़नवीस की आपस में कभी न बनी और उन दोनों के वैर के ही फलस्वरूप निज़ाम और मराठों की मुठभेड़ ने इतना भयंकर रूप ले लिया। निज़ाम को आशा थी कि इस मुठभेड़ में अंग्रेज मराठों के विरुद्ध उसका साथ देंगे। लेकिन तत्कालीन अंग्रेज गवर्नर जनरल सर जान शोर ने तटस्थता की नीति अपनाई।[1]

निज़ाम के दरबार में मराठों का प्रतिनिधि था गोविन्दराव काले, जिसने बराबर यह कोशिश की कि मराठों और निज़ाम का मामला शान्तिपूर्वक सुलझ जाए; लेकिन मुशीर-उल-मुल्क ने एक न मानी। जब चौथ के हिसाब-सम्बन्धी कागजात पूना से हैदराबाद पहुँचे और गोविन्दराव काले ने उन्हें मुशीर-उल-मुल्क के सामने रखा तो वह बोला, "यह हिसाब मेरी समझ में नहीं आता। नाना फड़नवीस को खुद यहाँ आकर यह लेखा-जोखा समझाना चाहिए।" गोविन्दराव ने उत्तर दिया—"नाना बहुत व्यस्त हैं और यहाँ नहीं आ सकेंगे।" मुशीर ने उद्दंडतापूर्वक कहा, "तुम देख लेना, मैं खुद नाना को यहाँ जबरदस्ती ले आऊँगा।" इस तरह के वातावरण में गोविन्दराव काले के सभी शान्ति-प्रयास वृथा हुए और दोनों तरफ़ युद्ध की तैयारियाँ होने लगीं।[2]

पूना में सन् 1794 की शरद् पूर्णिमा ! सभी प्रमुख मराठा सरदार पेशवा की सेवा में उपस्थित थे, शरदोत्सव पर। इस शरदोत्सव का वर्णन ग्रांट डफ ने अपने मराठा-

1. सरदेसाई : खंड 3, पृ. 288-290

2. वही, पृ. 293

इतिहास में किया है। हमारे नाटक का प्रारम्भ उसी शरदोत्सव की रात्रि को होता है। पूना ही में नाना फड़नवीस की सवार-टुकड़ी में सखाराम घाटगे एक साधारण पदाधिकारी था। कागल गाँव का वह निवासी था। कागल की क़िलेदारी उससे उसके एक सम्बन्धी यशवन्तराव ने छीन ली थी। गाँव छोड़कर वह चला आया, लेकिन अपने अपमान को वह न भूला। पूना में नानासाहब की नौकरी करते-करते शायद उसके मन में दुर्दान्त महत्त्वाकांक्षा का आविर्भाव हुआ और बड़ी युक्ति और कुटिलता के साथ उसने अपनी शक्ति और प्रभाव का विस्तार किया। सखाराम घाटगे के बारे में सरदेसाई लिखते हैं कि इतिहास में उसके जैसा अन्य कोई कुटिल व्यक्ति मिलना दुस्तर है, और यह भी सच है कि मराठा-साम्राज्य के पतन में उसका बड़ा हाथ था।[1]

बायजाबाई इसी सखाराम घाटगे की पुत्री थी—अनिन्द्य सुन्दरी ! अंग्रेज इतिहासकार ब्राउटन ने बायजाबाई के सौन्दर्य का अत्यन्त रोचक विवरण दिया है। सखाराम घाटगे अथवा शर्जेराव (इसी नाम से बाद में सखाराम प्रसिद्ध हुए) ने अपनी पुत्री के सौन्दर्य को अपनी महत्त्वाकांक्षा पूरी करने का एक साधन बनाया। दौलतराव सिन्धिया ने बायजाबाई को पहले-पहल कब देखा, यह निश्चयपूर्वक नहीं कहा जा सकता; सम्भवतः सन् 1794 के उसी शरदोत्सव में उन्होंने उसे देखा और उस पर लट्टू हो गए। सौन्दर्य के अतिरिक्त एक और लालच था दौलतराव सिन्धिया को। सिन्धिया कुल जातिक्रम में हीन था; शर्जेराव उच्च ब्राह्मण-कुल के थे। उनकी कन्या से विवाह होने से सिन्धिया की कुलवृद्धि होती। इसलिए दौलतराव इस सम्बन्ध के लिए और भी लालायित हो गया। शर्जेराव ने दौलतराव की बेताबी देखी और अपना मार्ग स्थिर कर लिया।[2]

नाटक का प्रथम दृश्य पूना में शरदोत्सव के बाद रात्रि में सखाराम उर्फ शर्जेराव घाटगे के मकान में घटित होता है। निज़ाम से युद्ध के लिए कटिबद्ध मराठा नेता और सरदारगण पूना के शरदोत्सव में आमन्त्रित हैं। शर्जेराव की दौलतराव तक पहुँच हो गई है। बायजाबाई को दौलतराव ने देख लिया है।

क्या बायजाबाई का कोई पूर्व प्रेमी था ? इतिहास इस बारे में मौन है, और यहीं अपनी कल्पना से मैंने नरसिंहराव के चरित्र की सृष्टि की है। जो पंचतोलिया कपड़ा नागपुर में प्रदर्शित है, उसको बुननेवाला कोई-न-कोई रहा होगा। वह व्यक्ति हैदराबाद का था या उस क्षेत्र का, जो आजकल मध्य प्रदेश कहलाता है, यह नहीं मालूम। लेकिन इतना निश्चित है कि वह व्यक्ति खर्दा-युद्ध में सिन्धिया की आज्ञा से पकड़ा गया और राजद्रोह के अपराध में उसे सिन्धिया ने प्राणदंड की आज्ञा दी। यह भी विदित है कि ग्वालियर के सरदार जिन्सेवाले के अनुरोध पर सिन्धिया ने उस व्यक्ति को प्राणदंड से मुक्त कर, आजीवन कारागार का दंड दिया। ग्वालियर क़िले के उसी तहख़ाने में जहाँ औरंगजेब ने मुराद को बन्द करके रखा था और उसका वध कराया था, इस अभागे बन्दी को कालयापन करना पड़ा और वहीं इसने उस अद्‌भुत साड़ी को बुना, अपने

1. सरदेसाई : खंड 3, पृ. 321

2. वही, पृ. 323

अँगूठे के भीतरी नाखून में सुराख करके, उसे ढरकी (शटल) की तरह इस्तेमाल करके। पंचतोलिया साड़ी के बुनने की इस विधि का आजकल यद्यपि व्यवहार नहीं होता तथापि मुझे हैंडलूम बोर्ड की विशेषता श्रीमती पुपुल जयकर से ज्ञात हुआ है कि उस क्षेत्र के बुनकर इस विधि से परिचित अवश्य हैं। नागपुर म्यूजियम में प्रदर्शित कपड़े के नीचे उसका विवरण दिया गया है और देखा जा सकता है।

नाटक के दूसरे दृश्य में खर्दा के युद्ध से एक दिन पहले की कथा है। इस दृश्य में सरदेसाई के इतिहास में वर्णित अनेक तथ्य शामिल हैं, लेकिन उनके क्रम और कालावधि में मैंने स्वच्छन्दतापूर्वक उलटफेर कर दी है। फिर भी अधिकांश युक्ति और तथ्य पूर्णतः ऐतिहासिक हैं। सरदेसाई ने लिखा है[1] कि खर्दा पूना से 150 मील पूर्व की ओर स्थित है और जब निज़ाम अपनी सेना लेकर बिदर से खर्दा की ओर बढ़ा तो मराठों का सैन्यदल भी उधर अग्रसर हुआ। निज़ाम ने अपना पड़ाव डाला खर्दा के निकट खार नदी के तट पर और मराठा फौज सिना नदी के तट पर फैल गई। इससे पहले धनोद ग्राम में मराठों ने होलिकोत्सव मनाया। उसके दूसरे दिन एक विशेष उत्सव में नाना फड़नवीस ने परशुराम भाऊ को, (जो अनुभवी और पुराने सैनिक थे) सेनापति नियुक्त किया। भाऊ ने बाबा फड़के को रसद का प्रमुख अफसर चुना। इरा बीच निज़ाम और मराठों के छुटपुट दलों के बीच इक्की-दुक्की मुठभेड़ होने लगी थी। दोनों दलों के भेदिए और जासूस अपने-अपने विरोध पक्ष के पूरे-पूरे समाचार ला रहे थे। मराठा सरदारों को सूचना मिली कि निज़ाम अपनी सेना के साथ डेढ़-सौ बेगमों के जनानखाने को भी लाए हैं, मय 80 रखैलों के, जो हाथियों पर बैठकर पड़ाव पर पहुँची थीं। एक सप्ताह तक दोनों फौजें एक-दूसरे के आमने-सामने डटी रहीं। एक दिन फड़के अपने दल की एक टुकड़ी को लेकर दूर से दुश्मन के दल के मुकामों का अन्दाज ले रहे थे कि एक साथ उन पर आक्रमण हुआ और उन्हें भागना पड़ा। जब निज़ाम के मन्त्री मुशीर-उल-मुल्क के पास इस भगदड़ की सूचना पहुँची तो उसी रात उसने निज़ाम के दरबार में एक नाच-तमाशे का प्रदर्शन कराया, जिसमें नाना फड़नवीस, दौलतराम सिन्धिया, परशुराम भाऊ, बाबा फड़के इत्यादि की नकलें की गईं और उन्हें वीभत्स वेश-भूषा में प्रदर्शित किया गया। मराठा राजदूत गोविन्दराव काले उस समय भी निज़ाम के राजदरबार में मौजूद थे और इस अपमानजनक प्रदर्शन को देखते ही वह दरबार से उठकर चले आए।

छुटपुट मुठभेड़ों के बाद एक दिन (शायद 11 मार्च को) निज़ाम के सेनापति ने अपने दल की स्थिति में कुछ परिवर्तन किया, यानी पीछेवाले दल को आगे लाने की कोशिश की और आगेवाले दल को पीछे ले गया। कुछ मराठा सेनानायकों ने इसका फ़ायदा उठाकर धावा बोल दिया। उसी समय परशुराम भाऊ अपनी तोपों के लिए उपयुक्त स्थल मोर्चे पर ही खोज रहे थे। हठात् उनपर दुश्मनों की ओर से आक्रमण

---

1. सरदेसाई : खंड-3, पृ. 295-297

हुआ। उनके माथे पर चोट पहुँची और उनका भतीजा विट्ठल, जो उनके साथ था, मारा गया। इस घटना के साथ ही युद्ध छिड़ गया। मराठा फौज निज़ाम के पड़ाव पर टूट पड़ी। निज़ाम डर गया और खर्दा के गढ़ में जाकर छिप गया। मराठों ने खर्दा के गढ़ पर जानेवाले रास्तों को रोक दिया और खाने-पीने और रसद का सामान आना बन्द कर दिया।[1] इन रास्तों को बन्द करने में कुछ पुलों को शायद तोड़ा गया हो, यद्यपि इतिहास में पुलों के तोड़ने का अलग उल्लेख नहीं मिलता। जो हो, खर्दा के क़िले में आने-जाने का सामान बन्द करके मराठों ने निज़ाम को अपनी पराजय मानने पर विवश कर दिया।

युद्ध-स्थल की कहानी इतनी ही है और पहले अंक के दूसरे और तीसरे दृश्यों में इनमें से प्रमुख तथ्य आ गए हैं। एक और महत्त्वपूर्ण ऐतिहासिक तथ्य का उल्लेख इन दोनों दृश्यों में हुआ है और द्वितीय अंक के दूसरे दृश्य में भी। सरदेसाई लिखते हैं[2] कि खर्दा युद्ध में इतनी भारी विजय प्राप्त कर लेने पर भी अन्ततः मराठों के हाथ एक छोटी-सी रकम और थोड़ा-सा भूमिखंड ही आ पाए। लेकिन खर्दा की सन्धि में दो ऐसी शर्तें मंजूर हुईं, जिनका विशेष महत्त्व है और जो हाल ही तक निज़ाम के राज्यों में लागू रहीं। पहली शर्त थी कि दखन यानी निज़ाम के राज्य में गोवध नहीं होना चाहिए। साथ ही महाराष्ट्र में मुसलमानों के मजहब ताजियों, खुदापरस्ती इत्यादि पर कोई प्रतिबन्ध नहीं होना चाहिए। दूसरी शर्त थी कि चूँकि हिन्दू और मुसलमान एक ही परमात्मा की सन्तान हैं, इसलिए न तो मुसलमानों द्वारा हिन्दुओं के मन्दिरों और पूजा स्थलों पर आघात होना चाहिए और न हिन्दुओं को मुसलमानों की मस्जिदों, पीर-पैगम्बरों के प्रति अनादर दर्शाना चाहिए। तदनुसार मुसलमानों को भी हिन्दुओं के पूजा-पाठ में विघ्न नहीं डालना चाहिए। दोनों मतावलम्बी अपनी-अपनी धर्मचर्या का पालन, बिना एक-दूसरे को छेड़े करते रहें।

अंग्रेज इतिहासकार खर्दा की सन्धि की इन दो महत्त्वपूर्ण शर्तों के प्रति उदासीन रहे और हमारे स्कूलों और कॉलेजों में पढ़ाए जानेवाले पाठ्य-ग्रन्थों में प्रायः इन शर्तों का उल्लेख नहीं मिलता। लेकिन इतिहास इस बात का साक्षी है कि एक लम्बे अर्से तक निज़ाम के राज्य में गोवध बन्द रहा और महाराष्ट्र एवं निज़ाम के मराठवाड़ा क्षेत्र में हिन्दू-मुसलमानों के आपसी सम्बन्ध प्रायः मेलभाव से भरेपूरे रहे हैं। खर्दा-युद्ध के इस पहलू ने मुझे विशेषतः आकृष्ट किया और मैंने नरसिंहराव के माध्यम से इस ऐतिहासिक तथ्य की इस नाटक में परिपुष्टि करने की चेष्टा की है।

प्रथम अंक के तीसरे दृश्य में नाना फड़नवीस की अतुल धनराशि की ओर जो संकेत है उसके विषय में सरदेसाई का कथन है कि नाना फड़नवीस[3] के जीवनवृत्तकार खरे के अनुसार नाना फड़नवीस ने अनेक अनुचित तरीकों से कम-से-कम नौ करोड़ की सम्पत्ति जमा कर ली थी। इसी दृश्य में दौलतराव अपनी दोनों विमाताओं यमुनाबाई

---

1. सरदेसाई : खंड 3, पृ. 297

2. वही, पृ. 302

3. वही, पृ. 327

और लक्ष्मीबाई को पत्र लिखता दिखाया गया है। दौलतराव ने उन्हें इस आशय के पत्र लिखे हों अथवा नहीं, लेकिन विमाताओं से उनके सम्बन्ध के विषय में सरदेसाई का कथन है[1] कि गोद लिए जाते समय ही दौलतराव ने अपनी तीनों विमाताओं को उनके भरण-पोषण के लिए अलग से प्रबन्ध कर देने का वायदा किया था, किन्तु महाराष्ट्र और दखन में इतनी दीर्घ अवधि तक रहे चले आने के कारण उसकी अपनी आर्थिक स्थिति बिगड़ती चली गई और वह अपने वायदे को पूरा नहीं कर सका। तीनों विमाताएँ समर और शासन-सम्बन्धी विषयों में निपुण थीं। भागीरथीबाई तो दौलतराव के पक्ष में रही, लेकिन यमुनाबाई और लक्ष्मीबाई, जो उज्जैन में निवास करती थीं, अर्थ-संकट में पड़कर दौलतराव के विरुद्ध युद्ध तक करने को तत्पर हो गईं।

वस्तुतः खर्दा के युद्ध के बाद मराठा-साम्राज्य और उसके प्रमुख नेताओं की परिस्थिति ने पलटा खाया और जिस शक्तिपुँज और राष्ट्रीय एकता की झाँकी युद्ध से पहले मिली थी, वे छिन्न-भिन्न हो गए। विजय के सात-आठ महीने बाद ही किशोर वयस्क पेशवा माधवराव द्वितीय की मृत्यु हो गई। उसके बाद लगभग एक वर्ष तक पेशवा की गद्दी पर अपने-अपने पिट्ठू को बिठाने के लिए नानासाहब और सिन्धिया के बीच दाँव-पेंच चलते रहे। थोड़े समय के लिए चिमनाजी अप्पा को जबरदस्ती पेशवा बनाया गया, किन्तु अन्ततः दिसम्बर 1796 में झूठ, फरेब और विश्वासघातों के ताने बाने के बीच नाना और सिन्धिया दोनों ने मिलकर, उस समय तक तिरस्कृत, बाजीराव द्वितीय को पेशवा के पद पर अभिषिक्त किया। सिन्धिया और नाना फड़नवीस की यह मेल-भगत बहुत ही थोड़े दिन चली; बाजीराव द्वितीय और सिन्धिया मिल गए और सालभर बाद दिसम्बर, 1797 में एक दिन वह आया कि महान कूटनीतिज्ञ और प्रतापशाली नाना फड़नवीस को सिन्धिया की आज्ञा से गिरफ्तार कर लिया गया। पूना में दो-तीन महीने तक सिन्धिया और बाजीराव के कर्मचारियों ने अत्याचार और लूटमार का दमनचक्र चलाया। मराठा-साम्राज्य के उन कलुषपूर्ण दिनों की कथा सरदेसाई ने अपने ग्रन्थ के ग्यारहवें अध्याय में 'ईविल जीनियस एट वर्क'—इस शीर्षक के अन्तर्गत ब्यौरेवार प्रस्तुत की है।

कुटिलता, कूटनीति और दाँव-पेंचों की यह कहानी रोचक होते हुए भी अत्यन्त जटिल और सर चकरा देनेवाली है और मैंने इसे अपने कथानक में समेट लेने का साहस नहीं किया है। किन्तु झूठ, फरेब और धोखाधड़ी के तानेबाने को परखते-परखते मैंने देखा कि इस तानेबाने का असली सूत्रधार न सिन्धिया था, न नाना फड़नवीस और न बाजीराव द्वितीय, बल्कि मराठा-इतिहास का अन्यतम और निराला धूर्त्त शर्जेराव घाटगे था। कैसा भयानक चरित्र था शर्जेराव घाटगे का ! कैसे दहला देनेवाले कारनामे थे उसके ! इटली के सीजरबोर्जिया की तरह हृदयहीन, शेक्सपियर के इयागो की भाँति चालबाज और निर्मम, नादिरशाह की भाँति रक्तपात और नृशंसता का प्रेमी ! यह

1. सरदेसाई : खंड 3, पृ. 337

शर्जेराव घाटगे आसुरी वृत्तियों का अवतार स्वरूप था। इस नाटक के द्वितीय और तृतीय अंक में शर्जेराव के कुटिल व्यक्तित्व का विकास और दौलतराव सिन्धिया के चरित्र का ह्रास दिखाया गया है।

द्वितीय अंक के प्रथम दृश्य में कोई उल्लेखनीय ऐतिहासिक तथ्य नहीं है और न दूसरे दृश्य में, किन्तु शर्जेराव की दुष्टता और कुटिलता का आभास मिल जाता है। ग्वालियर के सरदार जिन्सेवाले ने विशेष अनुरोध करके ग्वालियर क़िले के उस अज्ञात बन्दी को मृत्युदंड से बचाया, इस तथ्य की ऐतिहासिकता में भी कोई सन्देह नहीं जान पड़ता।

शर्जेराव ने किस तरह दौलतराव सिन्धिया को दुर्व्यसनों के पतनोन्मुखी पथ पर अग्रसर करके अपना मतलब साधा, इसका चित्र तीसरे अंक के प्रथम दृश्य में अंकित किया गया है। खर्दा के युद्ध के बाद शर्जेराव नाना फड़नवीस की नौकरी छोड़कर सिन्धिया का कर्मचारी बन गया। सरदेसाई लिखते हैं[1] कि शर्जेराव क्रमशः दौलतराव सिन्धिया का पक्का विश्वासपात्र बन गया और उसने दौलतराव को शराब और अफीम की लत भी लगा दी। शराब और अफीम के नशे में शर्जेराव घाटगे ने सिन्धिया से मनचाहे आज्ञापत्र प्राप्त कर लिए। दौलतराव, घाटगे की पुत्री बायजाबाई के सौन्दर्य पर मुग्ध तो था ही, वह इस विवाह-सम्बन्ध के द्वारा अपने कुल का स्तर भी ऊपर उठाना चाहता था।[2] पहले तो शर्जेराव घाटगे ऊपरी भाव से मना करता रहा, किन्तु फिर इस शर्त पर राजी हो गया कि सिन्धिया उसे अपना प्रधानमन्त्री बना दे। यही हुआ। पूना में बड़ी धूमधाम से दौलतराव सिन्धिया और बायजाबाई का विवाह सम्पन्न हुआ और तुरन्त शर्जेराव एक साधारण नागरिक के स्थान पर सिन्धिया का प्रधानमन्त्री बना दिया गया, यहाँ तक कि मराठा-साम्राज्य के बड़े-से-बड़े अधिकार उसके हाथ में आ गए और कुछ समय के लिए वह पूना का एकमात्र सत्ताधारी शासक बन बैठा। नाना फड़नवीस के पूनावाले भवन में वह रहने लगा और नाना के ही दफ्तरवाले कमरे में बैठकर हुक्म चलाने लगा।[3] पूना की जनता पर उन दो-तीन महीनों में उसने घोर अत्याचार किया। कुछ समय उपरान्त सिन्धिया की विमाताओं यमुनाबाई और लक्ष्मीबाई ने सिन्धिया से अपने भरण-पोषण-सम्बन्धी सहायता प्राप्त करने के लिए पूना की ओर प्रयाण किया। तब शर्जेराव घाटगे ने ही बलात् उन दोनों महिलाओं को उनके कक्ष में घुसकर बाहर घसीटा और खुलेआम उन पर कोड़ों की मार की।[4]

तीसरे अंक के प्रथम दृश्य में इन सभी ऐतिहासिक तथ्यों का उल्लेख हुआ है और दौलतराव सिन्धिया और शर्जेराव घाटगे के चरित्रों का इतिहास के अनुसार ही विकास किया गया है।

---

1. सरदेसाई : खंड 3, पृ. 337
2. वही, पृ. 322
3. वही, पृ. 336
4. वही, पृ. 338

यद्यपि मैंने इस लेख में नाटक में किए गए ऐतिहासिक उल्लेखों के आधारों की पुष्टि की है और तत्कालीन राजनैतिक वातावरण को नाटक की पृष्ठभूमि के रूप में दिखाया है, तथापि मूलतः नाटक की प्रेरणा मुझे उस अज्ञात बन्दी की कल्पनातीत अनुभूतियों से ही मिली है, जिसने ग्वालियर क़िले की काल-कोठरी में उस महीन साड़ी के रूप में दिव्य सौन्दर्य का सृजन किया। कौन जाने, भावनाओं के किस तूफ़ान को उसने अपने अन्तस्तल में बाँधकर अपने हाथों में एक अपूर्व कला-शक्ति का संचार पाया ?

मैंने ग्वालियर क़िले का वह तहख़ाना देखा है। उस तहख़ाने में बन्द सौन्दर्य के निर्माता बन्दी की काल्पनिक मूर्ति के आगे मुझे ऐतिहासिक सत्य की खोज निरर्थक जान पड़ी।

इस पुस्तक के आवरण-पृष्ठ पर अंकित चित्र में ग्वालियर-निवासी सुप्रसिद्ध कलाकार श्री प्रभात नियोगी ने उस क़िले के तहख़ाने के वातावरण को प्रस्तुत करने का प्रयत्न किया है।

—लेखक

दृश्य-सूची

प्रथम अंक

दृश्य एक : समय : सन् 1794 की शरद् पूर्णिमा। एक पहर रात ढल चुकी है।
स्थान : पूना में शर्जेराव घाटगे का मकान।

दृश्य दो : समय : सन् 1795 की 10 मार्च की संध्या।
स्थान : खर्दा के युद्ध-स्थल में मराठा-शिविर का एक खेमा।

दृश्य तीन : समय : दूसरे दिन की संध्या।
स्थान : वही।

द्वितीय अंक

दृश्य एक : समय : खर्दा-युद्ध के लगभग एक मास उपरान्त। संध्या।
स्थान : पूना में शर्जेराव का मकान।

दृश्य दो : समय : पाँच-छह महीने बाद।
स्थान : ग्वालियर के क़िले का तहख़ाना।

तृतीय अंक

दृश्य एक : समय : दो वर्ष बाद।
स्थान : पूना में शर्जेराव का मकान। पहले से अधिक सुसज्जित।

दृश्य दो : समय : दो महीने बाद।
स्थान : ग्वालियर के क़िले का तहख़ाना।

पात्र-परिचय

बायजाबाई	: शर्जेराव घाटगे की पुत्री।
नरसिंहराव	: बायजाबाई का प्रेमी।
सरनाबाई	: बायजाबाई की परिचारिका।
शर्जेराव उर्फ सखाराम घाटगे	: कागल गाँव का क़िलेदार। बाद में नाना फड़नवीस और दौलतराव सिन्धिया का कर्मचारी।
परशुराम भाऊ	: खर्दा-युद्ध में मराठा-दल का सेनापति।
बाबा फड़के	: मराठा-दल की रसद-सामग्री का प्रधान। (क्वार्टर-मास्टर जनरल)
दौलतराव सिन्धिया	: महादजी सिन्धिया का दत्तक पुत्र, ग्वालियर राज्य का नरेश और मराठा-साम्राज्य के अग्रगण्य नेताओं में एक।
जिन्सेवाले	: ग्वालियर का कुलीन सरदार। नरसिंहराव का मित्र।
दरबान	: सिन्धिया का कर्मचारी।
पत्र-लेखक	: सिन्धिया का कर्मचारी।
सैनिक (चार)	: शर्जेराव के अनुचर।
रहीमन	: गायिका और नर्तकी। शर्जेराव द्वारा अपनी पुत्री की संगीत-शिक्षा एवं सिन्धिया के मनोरंजन के लिए नियुक्त
गढ़पति	: ग्वालियर के क़िले और कारागार का अधिपति। सिन्धिया का कर्मचारी।

प्रथम अंक

दृश्य एक

[सन् 1794 की शरद् पूर्णिमा। पूना में शर्जेराव घाटगे का मकान। कमरा साफ़-सुथरा, लेकिन कोई विशेष सज्जित नहीं है। दीवार में आले, पुराने ढंग की चौकियाँ और मूढ़े। बायजाबाई बैठी हुई मराठी गीत गुनगुना रही है और घर की वस्तुएँ इधर-उधर रख रही है।]

[थोड़ी देर बाद दरवाज़े पर दस्तक की आवाज़]

बायजाबाई : कौन है ? पिताजी घर में नहीं हैं।

(पुनः दस्तक)

बायजा. : *(दरवाजा खोलते हुए झुँझलाहट)* सुना नहीं? मैंने कहा...

नरसिंहराव : एक दिन था कि मेरे क़दमों की आवाज़ तुम पहचान लेती थी।

बायजा. : *(आह्लादभरे स्वर में, साश्चर्य)* नरसिंह!

नरसिंह. : बायजाबाई!

बायजा. : *(सलज्ज)* उन दिनों तुम्हारे क़दम हलके और छोटे थे।

नरसिंह. : इतना बदल गया हूँ!

बायजा. : बैठो!...दो बरस कम समय नहीं है।

नरसिंह. : दो वर्ष में चंचल तितली मधुरिमाभरी मयूरी बन गई है, यह आज मैंने देखा।

बायजा. : मुगल-दरबार की-सी मीठी बोली कहाँ सीखी?

नरसिंह. : झरना किसी के सिखाने से फूट पड़ता है क्या?... पर हाँ, मुगलों का दरबार देख चुका हूँ, हैदराबाद में।

बायजा. : निजामशाही में रह आए हो। *(रुककर)* बेगमें पसन्द आईं?

नरसिंह. : हैदराबाद की बेगमें भी देखीं और मुम्बई की फिरंगियों की मेमें भी।

बायजा. : हूँ।...*(व्यंग्य)* तो दो बरस अच्छे कटे।

नरसिंह. : आज उषा की एक उज्ज्वल किरण दो पल को चमकी और तब मालूम हुआ कि वे दो बरस तो नींद में गुजरे थे।

बायजा. : ओहो ! पर उषा की रेखा सपनों की परियों का मुकाबिला क्या करेगी?

नरसिंह. : *(भीगे स्वर में)* बायजाबाई, आज उत्सव में तुम्हें देखा तो लगा, मानो परियाँ अपनी रानी को धरती पर छोड़कर उड़ गईं।

बायजा. : *(हँसी)* झूठे? *(रुककर)* पूना में कहाँ ठहरे हो?

नरसिंह. : सरदार जिन्सेवाले के यहाँ।

बायजा. : नाम से ग्वालियर के जान पड़ते हैं।

नरसिंह. : हाँ, ग्वालियर के ही हैं। सिन्धिया महाराज के ख़ास आदमी हैं। मुझे अपना मित्र मानते हैं और बड़े कृपालु हैं।

बायजा. : बड़े आदमियों से मित्रता हो गई है। कागल की याद तो क्या आती होगी?

नरसिंह. : बायजाबाई, मैं कागल गया था। कागल, हम लोगों की जन्मभूमि! कागल हम लोगों की पुण्यस्थली! *(निःश्वास)* लेकिन देखा कि न वह कागल है और न तुम।

बायजा. : *(उदास)* तुमने सब सुना होगा।

नरसिंह. : सबकुछ सुना और देखा। तुम्हारे पिताजी के गढ़ पर यशवन्तराव जमे हुए हैं !...उलटे पाँव लौट आया।

बायजा. : बाबा कहते हैं, जब तक कागल को फिर से न पा लूँगा तब तक सखाराम नाम नहीं। नानासाहब के यहाँ नौकरी पहले भी कर चुके थे। सौ सवारों की सरदारी मिली है।

नरसिंह. : और तुम ? कागल की याद तुम्हें नहीं आई?

बायजा. : *(निःश्वास)* नरसिंह, अगर माँ रहतीं और तुम न आते तो मैं बाबा के पाँव पड़ती और कहती कि कागल मत छोड़ो। न सही क़िलेदारी, लेकिन अपना गाँव न छोड़ो, पर...पर नरसिंह, माँ *(आविष्ट स्वर)* तो गईं। और...और तुम...न जाने क्यों...बिना बताए...तुम गायब हो गए।...नरसिंह कहाँ चले गए तुम!

नरसिंह. : मैं क्यों गया?...बायजाबाई, आज अगर तुम्हारी माँ होतीं तो उनसे इस प्रश्न का उत्तर दिलवाता।

बायजा. : माँ जानती थीं?...पर उन्होंने तो कभी किसी को बताया ही नहीं।

नरसिंह. : क्योंकि मेरा और उनका एक वायदा था।

बायजा. : वायदा?

नरसिंह. : मुझसे बोलीं—नरसिंह, तू क़िलेदार की लड़की से ब्याह करना चाहता है तो कुछ घर की पूँजी भी तो तैयार कर। मैंने कहा, वह मैं कर लूँगा, तो बोलीं, जब वह कर लेगा तो बायजाबाई भी तो तेरी हो जाएगी।...दूसरे दिन मैं चुपचाप घर से चल दिया।

बायजा. : मुझसे दामन छुड़ाने?

नरसिंह. : अगर कहूँ कि दामन जोड़ने?

बायजा. : उसका सबूत?

नरसिंह. : यह देखो। *(गठरी में से एक बारीक साड़ी निकालकर दिखाता है।)*

बायजा. : इतनी बारीक साड़ी! *(हाथों से छूती हुई)* ओह कितनी हलकी है यह !...कौन हैं वे जादूगर, जिन्होंने इसे बुना है?

नरसिंह. : मेरे दोस्त और गुरु।

बायजा. : तुम्हारे दोस्त ? तुम्हारे गुरु?

नरसिंह. : हाँ, निज़ामशाही के एक गाँव में दो-चार पुराने कारीगर हैं। दो बरस तक बराबर मैंने उनकी खिदमत की है। उनकी बनाई हुई लाजवाब चीज़ें मैं मुम्बई ले जाकर फिरंगी मेमों को बेचने लगा। मुँहमाँगे दाम मिलने लगे। *(मुस्कराकर)* देखती हो न, कितना मोटा हो गया हूँ।

बायजा. : *(हँसती हुई)* यानी परियों का शहजादा सौदागर बन गया है।

नरसिंह. : सौदागर ही नहीं, कारीगर भी।...उन लोगों ने अपना हुनर भी थोड़ा-बहुत मुझे सिखा दिया है।

बायजा. : तुम भी इतना बारीक कपड़ा बुन सकते हो?

नरसिंह. : हाँ, लेकिन वे कारीगर तो इससे भी ज़्यादा बारीक बुन सकते हैं।

बायजा. : इससे भी ज़्यादा बारीक? यक़ीन नहीं होता।

नरसिंह. : पहले मुझे भी यक़ीन नहीं होता था। लेकिन मैंने उन्हें काम करते देखा है और उनका रहस्य मैंने पा लिया है।

बायजा. : उनके करघे ही निराले होंगे।

नरसिंह. : नहीं। बात यह है कि कारीगर अपने अँगूठे को ढरकी की तरह इस्तेमाल करता है। धागा उसी में पिरोया जाता है।

बायजा. : अँगूठे में धागा पिरोया जाता है?

नरसिंह. : हाँ, कारीगर अपने अँगूठे में सूराख कर लेता है।

बायजा. : अँगूठे में सूराख!...

नरसिंह. : ...और तब जो साड़ी बुनी जाती है उसका वजन होता है पाँच तोला। उसे कहते हैं पंचतोलिया।

बायजा. : पाँच तोले? देखूँ तो।

नरसिंह. : अभी नहीं।

बायजा. : अभी नहीं?

नरसिंह. : हाँ, अभी नहीं।...बायजाबाई उसके लिए...उसके लिए...एक ख़ास तिथि नियत करनी होगी।

बायजा. : *(कोमल शर्माया स्वर)* नरसिंह !

नरसिंह. : आज तुम्हारी माँ होतीं तो तिथि निश्चित करते देरी न लगती।

बायजा. : *(कुछ रुककर)* नरसिंह, बाबा से बात करोगे न?

नरसिंह. : सोचा तो यही था...लेकिन मुझे फ़ौरन जाना है।...और फिर...अब उतनी जल्दी नहीं है।

बायजा. : *(उदास)* दो बरस बीत गए...और...जल्दी नहीं है !

नरसिंह. : बायजाबाई, जब तक मैं लौटता नहीं हूँ तब तक यह बात रुकनी ही होगी।

बायजा. : *(निःश्वास)* सौदागर फिर अपने काफिले को लौट चला!

नरसिंह. : बायजाबाई, यह दूसरा काफिला है। एक पूँजी इकट्ठी कर ली। अब दूसरी पूँजी जमा करनी है, वह जो किसी भी मराठे का आभूषण है। मेरी तलवार को रक्त का शृंगार चाहिए।

बायजा. : *(पीड़ित स्वर)* नरसिंह, मैं मुस्कराऊँ या आँसू गिराऊँ?

नरसिंह. : मुस्कराओ, बायजाबाई।...आज सभी मराठा रमणियों के मुस्कराने का अवसर है। श्रीमन्त पेशवा के झंडे के नीचे आज बहुत दिनों बाद सभी मराठे प्रमुख एकत्र हुए हैं। निज़ाम को अपने दुराग्रह का फल भोगना पड़ेगा।

बायजा. : क्या युद्ध इतना शीघ्र होगा कि तुम्हें अभी जाने की ज़रूरत पड़ गई?

नरसिंह. : युद्ध की तैयारी में कुछ समय लगेगा।

बायजा. : तो अभी से तुम कहाँ जा रहे हो?

नरसिंह. : निज़ाम की तैयारियों का पता लगाने।

बायजा. : नरसिंह, *(आशंकापूर्ण स्वर)* नरसिंह, यह तो बड़े जोखिम का काम है।

नरसिंह. : जोखिम से मैं डरा कब हूँ? और फिर सिन्धिया के दल में और कोई नहीं, जो इस काम को कर सके। मैं निज़ामशाही के कोने-कोने को जानता हूँ। मराठा राजदूत गोविन्दराव काले की सेवा में रहा हूँ।

बायजा. : युद्ध-क्षेत्र में जाने से पहले एक बार मिलोगे?

नरसिंह. : नहीं, पूना नहीं लौटूँगा। युद्ध-क्षेत्र में ही अपने दल में शामिल होऊँगा। इसलिए...*(रुककर)* बायजाबाई तुमसे विदा लेने आया हूँ।

बायजा. : *(निःश्वास)* दो बरस हुए, कागल छोड़ने से पहले भी शरद् पूर्णिमा को ही तुम आए थे...लेकिन तब तुमने यह न बताया था कि तुम जा रहे हो।

नरसिंह. : शरद् पूर्णिमा की चाँदनी विदा वियोग के लम्बे पथ पर चाँदी बिखेर देती है।

बायजा. : मेरे लिए तो अंगारे ही रहते हैं, नरसिंह। कागल में शरद् की वे चाँदनी रातें...कब हमें वापस मिलेंगी, नरसिंह?

नरसिंह. : नहीं जानता।...लेकिन चाहे मैं तुम्हारे निकट होता हूँ, चाहे तुमसे दूर, शरद् की पूर्णिमा की तरह तुम मेरे मानस में छाई रहती हो। निर्मल, शीतल...मन के कोने-कोने को भासमान करती रहती हो। *(मर्मस्पर्शी स्वर)* गहरे अन्धकार में मैंने मुस्कराती चाँदनी का अनुभव किया है। बायजाबाई, तुम्हीं तो मेरी चाँदनी हो, मेरी शारदीया।

बायजा. : *(रुँधे गले से)* तुम मुझे रुलाकर छोड़ोगे, नरसिंह?

नरसिंह. : *(कोमल स्वर)* शारदीया रोती नहीं...अपनी धवल मुसकान के साथ मुझे विदा करो। इसी ने मेरा साथ दिया है। यही मेरी साथ देगी।

बायजा. : *(कुछ रुककर, रुद्ध स्वर में)* नरसिंह! अपनी कटार देना...*(कटार लेती है)*

नरसिंह. : यह क्या कर रही हो?

(बाजयाबाई बाईं उँगली में कटार से घाव करती है। रक्त निकल पड़ता है।)

बायजा. : रक्त का टीका।...मस्तक आगे करो, नरसिंह। *(टीका लगाते हुए)* विजयलक्ष्मी तुम्हारी सहायता करे...और मेरी भी।

नरसिंह. : *(आविष्ट)* तुम्हारी उँगली के इस नन्हें घाव को कभी न भूलूँगा, बायजाबाई। *(जाते हुए)* अपने पिताजी से कह देना, नरसिंह ने माँ का वायदा पूरा कर दिया। अब उनके ऊपर है।

बायजा. : नरसिंह।...

नरसिंह. : शारदीया ! *(प्रस्थान बाहर से)* शारदीया !...

[घोड़े पर चढ़ने और जाने की आवाज़। बायजाबाई ठगी-सी खड़ी रह जाती है। मध्यवयस्का परिचारिका सरनाबाई का घर के अन्दर प्रवेश।]

सरना. : लाओ बायजाबाई, पट्टी बाँध दूँ। *(पट्टी बाँधती है।)*

बायजा. : यह घाव हरा ही रहने दे, सरनाबाई।

सरना. : बचपना न करो छोटी मालकिन।

बायजा. : मेरा बचपन मुझे वापस दिला दे, सरनाबाई! बहुत गुन मानूँगी।

सरना. : बचपन कई तरह के होते हैं, बाई। *(कटी अँगुली पर पट्टी बाँधते हुए)* एक तो वह, जिसमें हर दिन नया होता है—हर घड़ी ताजी! यही होता है माँ की गोद का बचपन! और—

बायजा. : वही तो माँगती हूँ मैं!

सरना. : और एक बचपन होता है वह, जिसमें हर छिन टाले नहीं टलता, हर घड़ी काटे नहीं कटती। यह होता है बुढ़ापे का बचपन, बुढ़ापे की नासमझी...जब चिता की गोदी भी देर से मिलती है।

बायजा. : नासमझी कैसी भी हो, उसमें रह-रहकर कसक तो नहीं उठती।

सरना. : नहीं बाई, तीसरे ढंग का भी बचपन होता है, नई जवानी और उगते प्रेम के अंकुर का बचपन—जब हर छिन को पकड़कर रख छोड़ने को तबीयत चाहती है, हर घड़ी को बरजोरी मूरत बनाकर अपने पास बसा लेने को मन चाहता है, चाहे काँटे चुभोए चाहे फूल बिखेरे! यह भी तो नासमझी ही है, छोटी मालकिन !

बायजा. : बड़ी दुखदाई है यह नासमझी।...कोई तदबीर बता मेरी अच्छी सरनाबाई।

सरना. : सरकार आते ही होंगे, बाई।

बायजा. : बाबा से तू कह दे, सरनाबाई।

सरना. : कह तो देती, पर मालिक का विश्वास मेरे ऊपर से उठ गया जान पड़ता है।

बायजा. : तेरा भ्रम है सरनाबाई। माँ के समय से तू हमारे साथ रह रही है।

सरना. : वही तो! एक वे थे सखाराम घाटगे, बड़ी मालकिन के प्यार में पगे, और एक ये हैं शर्जेराव घाटगे, जिन्हें बेटी का प्यार भी बाँध नहीं पाता—

बायजा. : क्या कह रही है, सरनाबाई तू ?

सरना. : तुम्हारे बापू ने कोई और डगर पकड़ ली है और न पीछे निगाह डालते हैं, न नीचे! प्यार के फूलों में ठोकर लगेगी ही।

बायजा. : *(झिझकते हुए)* चुप हो सरनाबाई। मैं तेरी बात झुठलाऊँगी। लज्जा त्यागकर मैं स्वयं कहूँगी बाबा से मन की बात, और...मना लूँगी उन्हें—निश्चय ही—निश्चय ही—

[बाहर किसी के आने की आहट]

सरना. : मालिक आ पहुँचे।

बायजा. : तू जा सरनाबाई। *(साड़ी उठाकर देती हुई) इसे सँभालकर रख ले।* (सरनाबाई का अन्दर की ओर प्रस्थान)

[शर्जेराव घाटगे का प्रवेश]

शर्जेराव : बेटी, मुझे देर तो हो गई, लेकिन तेरे लिए एक खुशखबरी लाया हूँ...*(किंचित् हँसकर)* एक क्यों, दो दो।

बायजा. : हाथ-मुँह नहीं धोइएगा?...आप थके होंगे।

शर्जेराव : सुन तो।...पहली खुशखबरी यह है कि कागल की क़िलेदारी मिलने का रास्ता नजर आ रहा है।

बायजा. : कागल?...सच...? क्या यशवन्तराव पर चढ़ाई करोगे?

शर्जेराव : उसकी ज़रूरत नहीं पड़ेगी।...आज सिन्धिया महाराज तक मेरी पहुँच हो गई है। बात यह है...अरे, यह तेरी उँगली को क्या हुआ?

बायजा. : जी, कुछ नहीं, बाबा। जरा खरोंच लग गई है।

शर्जेराव : *(सन्देहपूर्ण)* बायजा, यहाँ कोई आया था क्या!

बायजा. : *(सल्लज)* जी हाँ...नरसिंह।

शर्जेराव : नरसिंह?

बायजा. : जी, कागल का नरसिंहराव।

शर्जेराव : *(निश्चिन्त)* ओ, नरसिंहराव उसको तो देखे वर्षों बीत गए। लेकिन हाँ, किसी ने उसका जिक्र किया था। आज ही तो...हाँ...आ...सरदार जिन्सेवाले ही तो कह रहे थे कि नरसिंहराव बड़ा योग्य व्यक्ति है।

बायजा. : जी, इसी बीच में उन्होंने व्यापार में खासी पूँजी जमा कर ली है।

शर्जेराव : व्यापार? लेकिन जिन्सेवाले तो कह रहे थे कि नरसिंह राज्य के काम-काज में निपुण है।

बायजा. : हाँ, निज़ाम के दरबार में गोविन्दराव काले के साथ आ-जा चुके हैं।

शर्जेराव : ऐसा ! दो वर्ष में उसमें बहुत परिवर्तन हो गया।

बायजा. : पहचान में ही मुश्किल से आए।

शर्जेराव : सजीला जवान तो पहले ही था।

बायजा. : जी *(स्वर में माधुर्य)*, अब और भी ज़्यादे।

शर्जेराव : कागल गया था क्या?

बायजा. : वहीं की बातें कर रहे थे। पुरानी बातें...माँ की बातें।

शर्जेराव : *(स्मृतिसूचक स्वर)* तुम्हारी माँ?

बायजा. : बाबा, माँ भी नरसिंहराव की अकसर बातें करती थीं।

शर्जेराव : *(उसी स्वर में)* हाँ, जिक्र तो किया करती थी।

बायजा. : बाबा...माँ...ने नरसिंह...से...माँ ने बाबा...नरसिंह से...उन्होंने—

शर्जेराव : तेरी बात समझ में नहीं आई, बेटी?

बायजा. : बाबा! नरसिंह से माँ ने वायदा किया था। *(हठात्)* बाबा ! नरसिंह और मैं...

शर्जेराव : *(सहसा आशय समझकर)* क्या ? बायजाबाई, कहाँ तुम और कहाँ वह दो टुकड़ों का मोहताज !

बायजा. : अब मोहताज नहीं है, बाबा ! उसके पास पूँजी है।

शर्जेराव : *(सावेश)* पूँजी? मेरी इकलौती बेटी की शादी और नरसिंहराव से! असम्भव? बायजाबाई, तू नहीं जानती कि नरसिंहराव जैसे तो तेरे यहाँ दास रहेंगे।

बायजा. : *(मन्द किन्तु दृढ़ स्वर में)* जिसके चरणों की दासी मुझे होना है वह...

शर्जेराव : *(गरजकर)* खबरदार!...देखता हूँ, बात यहाँ तक बढ़ चुकी है। बायजाबाई, अच्छी तरह सुन ले। तेरे लिए वर मैं चुनूँगा।

बायजा. : बाबा!

शर्जेराव : वर ऐसा, जिसके यहाँ तू रानी बनकर रह सके और...

बायजा. : रानी! नहीं-नहीं—

शर्जेराव : और जिसके बल पर मैं अपने अपमान का बदला ले सकूँ।

बायजा. : *(रुँधे कंठ से)* कौन-सा अपमान ?

शर्जेराव : मुझे कागल वापस छीनना है। जहाँ मुझे पहली ठोकर मिली। कागल, जो मेरी कीर्ति-पताका का स्तम्भ होगा।

बायजा. : *(सिसकते हुए)* कागल मेरे अरमानों की समाधि ! कागल माँ के वायदों का...

शर्जेराव : *(तेज़ी से)* किसका वायदा ? कैसा वायदा ? मैं नहीं जानता, तेरी माँ ने क्या वायदा किया था ! मैं इतना जानता हूँ कि तुझे मेरी आज्ञा माननी है, माननी होगी। नादान लड़की ! तेरे पिता की महत्त्वाकांक्षा कागल पर ही नहीं रुकेगी। उस महत्त्वाकांक्षा के यज्ञ को पूरा करने के लिए अगर तेरी आहुति की ज़रूरत हो तो मैं नहीं झिझकूँगा।

बायजा. : मेरी आहुति !...मैं मरने के लिए तैयार हूँ, बाबा।

शर्जेराव : मरण की आहुति नहीं, तेरी जीवन की आहुति।

बायजा. : मुझे मरण का आदेश दो, बाबा, लेकिन नरसिंह को...

शर्जेराव : *(गरजकर)* चुप हो। आज से नरसिंह तेरा कोई नहीं है। कहाँ गया है वह ?

बायजा. : नहीं जानती, लेकिन *(सिसकते हुए)* युद्ध से पहले लौटेंगे नहीं।...इस उँगली के रक्त से मैंने उनका टीका किया है।

शर्जेराव : रक्त का टीका ! वही टीका उसका काल बनेगा।

[सरोष प्रस्थान]

बायजा. : बाबा ! *(रुदन)* सरनाबाई, सरनाबाई, तू ठीक ही कहती थी। *(सरनाबाई दौड़कर आती है और बायजाबाई को सँभालती है।)* तू ठीक कहती थी, सरनाबाई। *(सिसकते हुए अपना चेहरा ढँक लेती है। सरनाबाई सहारा देकर ले जाती है।)*

दृश्य दो

[खर्दा के निकट सिना नदी के किनारे मराठों के शिविर का एक तम्बू। परशुराम भाऊ, बाबा फड़के, दौलतराव सिन्धिया के साथ जिन्सेवाले]

भाऊ : लेकिन बाबा फड़के, तुम सैनिकों की इतनी छोटी टुकड़ी के साथ क्यों गए?

फड़के : भाऊ साहब, मैंने सोचा, अगले नाले तक रसद जा ही रही है। मैं दुश्मन का रुख भी देख लूँ।

भाऊ : रसद का आला अफसर खुद रसद पहुँचाने जाए—इसकी ज़रूरत?

जिन्से. : और फिर मैंने तो आपको बता ही दिया था कि मेरा भेदिया उसी दिशा में दुश्मनों के कई जत्थों को देख आया था।

फड़के : जानता हूँ, सरदार जिन्सेवाले।

सिन्धिया : तब? तब क्यों तुम उधर गए?

फड़के : सैनिकों का साहस अपने नायकों को निकट पाकर ही बढ़ता है, सिन्धिया महाराज!

भाऊ : और दुश्मनों ने जो तुम पर चोट की, उससे क्या साहस बढ़ा? तुम्हें उलटे पाँव लौटना पड़ा। क्या चोट खाकर तुम्हारे लौट आने की बात निज़ाम तक न पहुँची होगी ?

जिन्से. : पहुँची है, भाऊ साहब।

सिन्धिया : सरदार जिन्सेवाले, क्या तुम्हारा भेदिया वापस आ गया ?

जिन्से. : श्रीमान्! उसी ने बताया है कि निज़ाम को आज सवेरे की घटना की खबर लग चुकी है।

भाऊ : और भी कुछ बताया?

जिन्से. : जी हाँ, कहता था—

सिन्धिया : सरदार, अपने भेदिए को बुला लो। जरा सुनें तो निज़ाम अली कितने पानी में हैं।

जिन्से. : जो आज्ञा।

[प्रस्थान]

भाऊ : निज़ाम पर गहरा वार करना ही होगा। मैं सोच रहा था, अभी समय नहीं आया है।

फड़के : बदला लूँगा, भाऊ साहब। मैं बदला लूँगा।

सिन्धिया : भाऊ साहब, हमारे तोपचियों का रिसाला अकेला काफ़ी होगा।

भाऊ : जी, श्रीमान् ! लेकिन मुशीर-उल-मुल्क को हाथ बँधे श्रीमन्त पेशवा की उपस्थिति में लाने के लिए मुगलों की छावनी को सब तरफ़ से घेर सकते तो अच्छा होता।

फड़के : आज सवेरे की घटना ने वह दिन निकट ला दिया है, आलीजाह। सियार ने शेर की पूँछ में दाँत लगाने की हिम्मत की है।

[जिन्सेवाले और नरसिंहराव का प्रवेश]

जिन्से. : और वह खुशी से नाच रहा है, बाबा फड़के!

सिन्धिया : यही है तुम्हारा भेदिया, सरदार ?

जिन्से. : जी, आलीजाह ! नरसिंहराव, बताओ निज़ाम अली के क्या मंसूबे हैं ?

नरसिंह : निज़ाम की छावनी में जश्न मनाया जा रहा है, आलीजाह। कहा जा रहा है कि बाबा फड़के पीठ दिखाकर भाग गए।

फड़के : पीठ दिखाकर ? झूठ !

भाऊ : तुम्हीं तो कह रहे थे—उसने तुम्हारी पूँछ पर दाँत लगाया है। पूँछ तो पीठ के नीचे ही होती है न?

[हँसी]

सिन्धिया : तो क्या दाँत लगाने के बाद कुछ और पैंतरे दिखाएगा निज़ाम?

नरसिंह : पैतरें होंगे—आज रात ही को, लेकिन—

भाऊ : तुम्हारा मतलब आज रात ही को हमले की तैयारी है?

नरसिंह : जी नहीं, हमला नहीं, नाच के पैंतरे!

सिन्धिया : नाच? तो निज़ाम अली की छावनी में सब तरह का इन्तजाम है।

नरसिंह : जी हाँ, फौज के साथ बेगमों का रिसाला भी है।

सिन्धिया : बुरका पलटन। बहुत खूब!

नरसिंह : डेढ़ सौ बेगमें हैं, आलीजाह, और अस्सी रखैल। एक-एक हाथी पर दो-दो की सवारी के लिए खास पर्देदार हौदे लगाए गए हैं। बड़ा इन्तजाम है।

भाऊ : आज रात के नाच की बात कह रहे थे, नरसिंहराव?

नरसिंह : जी भाऊ साहब ! हथियारों की मार से अधिक चुभन होगी इस नाच में।

जिन्से. : साफ़-साफ़ बता दो न, नरसिंहराव।

नरसिंह : निज़ाम ने हुक्म दिया है कि आज रात को जश्न में एक 'तमाशा' भी दिखाया जाए, जिसमें नक्काल और भांड़ नकल उतारेंगे।

फड़के : किसकी?

नरसिंह : आपकी, बाबा फड़के ! और भाऊ साहब की, नानासाहब की, आलीजाह सिन्धिया की।

सिन्धिया : और बेगमें और बाँदियाँ खिलखिलाकर हँसेंगी। आज जब चुटकीभर में मेरी तोपें उन्हें और उनके निज़ाम की सारी फौज को चटनी बना सकती हैं।

फड़के : नरसिंहराव, कहाँ हैं ये नक्काल और भांड़? आज रात से पहले ही इनका सफाया हो जाना चाहिए। न रहेगा बाँस न बजेगी बाँसुरी।

नरसिंह : उनका कोई कसूर नहीं है, बाबा साहब। मैं उन्हें जानता हूँ, उनसे बहुत-कुछ सीखा है मैंने। वे बेचारे कलाकार मेहनत करते हैं, दुनिया का मनोविनोद करते हैं, अपने हुनर को जिन्दा रखते हैं।

फड़के : लेकिन हैं तो आख़िर मुसलमान—मलेच्छ!

नरसिंह : यह क्या कह रहे हैं, बाबा फड़के? क्या मराठों का युद्ध मुसलमानों को नष्ट-भ्रष्ट करने के लिए हो रहा है? हमारी ही फौज में कितने ही तोपची, कितने ही रिसालेदार मुसलमान हैं, जिनकी ईमानदारी और हिम्मत पर हमें गौरव है। मराठा राज में हर जगह सैकड़ों मुसलमान घराने चैन की ज़िन्दगी बिता रहे हैं। हमारा यह युद्ध तो—

सिन्धिया : सरदार जिन्सेवाले, तुम्हारा भेदिया तो ज्ञानी सन्तों की-सी बातें करता है!

नरसिंह : गुस्ताखी माफ़ हो, आलीज़ाह!

जिन्से. : आलीजाह, नरसिंहराव मामूली भेदिया नहीं है। कलावन्त है। निज़ाम के दरबार में हमारे राजदूत गोविन्दराव काले का खास आदमी है।

भाऊ : गोविन्दराव काले क्या कहते हैं आज के जश्न के बारे में?

नरसिंह : आज के जश्न में तो वह जाएँगे ही, लेकिन उनको इस नकल की खबर मैं अभी दे नहीं पाया।

फड़के : गोविन्दराव काले क्या कहेंगे? मराठा नेताओं का मखौल उड़ाया जाए—इस बात से क्या गोविन्दराव काले के कानों पर जूँ भी रेंगेगी ? भरे दरबार में मुशीर-उल-मुल्क ने नानासाहब की बेइज्जती की, लेकिन गोविन्दराव उस अपमान का भी घूँट पीकर रह गए।

सिन्धिया : क्या गोविन्दराव को अब भी सुलह की उम्मीद है, जो आज तक निज़ाम के दरबार में हाजिरी बजा रहे हैं।

जिन्से. : आलीजाह, जब तक युद्ध का ऐलान नहीं हो जाता तब तक तो राजदूत को दूसरे दरबार की टोह लेते रहना ही है, सुलह की कोशिशें जारी ही रखनी हैं।

फड़के : सरदार, क्या मिलेगा इन कोशिशों से? मृगमरीचिका! सच कहता हूँ गोविन्दराव किसी सपने की दुनिया में रहते हैं। आँखें बन्द करके सोचते हैं...हिन्दू और मुसलमान मिल जाएँ, निज़ाम और मराठे एक हो जाएँ। आँखें उनकी बन्द हैं और उधर मुशीर-उल-मुल्क और निज़ाम चारों ओर खाई खोदते जा रहे हैं।...भाऊ साहब, आप सेनापति हैं—तुरही बजाने की आज्ञा दीजिए।

भाऊ : बाबा फड़के!...तुरही बजेगी अवश्य, लेकिन अवसर की आड़ चाहिए, अवसर की आड़!

सिन्धिया : हमारे तोपचियों को हुक्म दो, भाऊ साहब ! सब साफ़ कर देंगे।

भाऊ : आलीजाह, युद्ध के मैदान में बारूद की कीमत सोने के बराबर है। श्रीमानों के जन्म-दिवस पर उन्हें तुला पर सुवर्ण के मुकाबिले तौला जाता है। तोपों का युद्ध भी एक तुला है, आलीजाह। एक तरफ़ बारूद तो दूसरे पलड़े पर निशाने के लिए दुश्मन! यों ही बारूद बिखेरना बुद्धिमानी न होगी।

नरसिंह : कल सवेरे उस तौल का मौका आ रहा है, भाऊ साहब।

फड़के : यह सुनाई है तुमने पते की बात, नरसिंहराव। जल्दी बताओ, जो कल करना है उसे आज ही न कर डालें।

भाऊ : उतावले न बनो, बाबा फड़के।...नरसिंहराव, ठीक से बताओ। कल कैसे मौका मिलेगा? तुमने अभी कहा कि आज रात को तो जश्न है।

नरसिंह : उनका जश्न हमारे लिए सुनहरा मौका है।

भाऊ : निज़ाम का सिपहसालार इतना बेखबर नहीं है। सामने के मोर्चे पर दस्ते तैनात खड़े हैं।

नरसिंह : सामनेवाले दस्ते कल सवेरे ही पीछे के मोर्चे पर जाएँगे और पीछेवाले

दस्ते सामने लाए जा रहे हैं। सिपहसालार ने हुक्म दिया है।

भाऊ : क्यों?

नरसिंह : शायद इसलिए कि पिछलेवाले दस्ते ज़्यादा ताजे हों। लेकिन दस्तों की रद्दोबदल की बात पक्की है—कल सवेरे ही।

भाऊ : तब ठीक है। मैं खुद जाऊँगा तोपों के साथ। यही मौका होगा गोलीबारी का।

नरसिंह : आपकी बड़ी तोपों के लिए सिना नदी के दक्षिणी मोड़वाला किनारा उपयुक्त रहेगा, भाऊ साहब। उसके सामने ही वह घाटी है, जिसमें होकर निज़ाम के आगेवाले दस्ते पीछे जाएँगे।

भाऊ : ठीक, बहुत ठीक...वहाँ पेड़ों की आड़ भी है।...आपके तोपचियों के निशाने ठीक बैठेंगे, आलीजाह।

सिन्धिया : यही तो मैं चाह रहा था। आप मेरी बाकी फौज को भी होशियार कर दें।

फड़के : सवेरे आपके साथ मैं भी चलूँ मोर्चे पर, भाऊ साहब ?

भाऊ : तुम?...मेरे विचार से, बाबा फड़के, तुम्हें पैदल और घुड़सवार सेनाओं की रसद का प्रबन्ध देखकर, ज़रूरत पड़ने पर, एक साथ हमला करने के लिए तैयार रहना है। अगर गोलाबारी का जवाब देने का साहस किया उन लोगों ने तो—

फड़के : तो हर दिशा से मराठों की फौज उन पर टूट पड़ेगी।...ठीक!...हम लोगों के खड्ग और बन्दूकों की जंग धोने का दिन आ गया।

जिन्से. : नरसिंहराव, तुम्हारी इस खबर ने घाटी में घिरे पथिकों को नया रास्ता दिखा दिया।

सिन्धिया : काम के आदमी हो, नरसिंहराव।...

नरसिंह : भाग्यवान हूँ, सिन्धिया महाराज।

भाऊ : एक काम और कर सकोगे ?

नरसिंह : आज्ञा दीजिए, भाऊ साहब।

भाऊ : जोखिम का काम है।

नरसिंह : जोखिम से मैं नहीं डरता, सेनापति।

जिन्से. : निज़ाम के हरम तक यह साड़ियों के सौदागर बनकर पहुँच चुके हैं।

सिन्धिया : साड़ियों के सौदागर। *(हँसी)*—ऐसी कौन-सी साड़ियाँ थीं, जिन्हें हरम तक पहुँचाने का जिम्मा तुमने लिया, नरसिंहराव?

नरसिंह : किसी दिन आपको दिखाऊँगा, सिन्धिया महाराज।...लट्टू हो जाएँगे आप। पाँच गज लम्बी साड़ी, पर वजन केवल पाँच तोले।

सिन्धिया : गजब!...बहुत देखे-गुने कलावन्त जान पड़ते हो, नरसिंहराव।

नरसिंह : आज तो मराठा-पन्थ का सैनिक मात्र हूँ, महाराज।

भाऊ : खर्दा के गढ़ में निज़ाम सारी रसद जमा कर रहा है, जानते हो न?

नरसिंह : जी हाँ।

भाऊ : और वह रास्ता भी जानते हो, जिस पर से रसद की गाड़ियाँ आ-जा रही हैं।

नरसिंह : जी हाँ। क़िले के पीछे एक नाला है। उस पर चार नावों से एक तंग पुल बनाया गया है। वही रास्ता है। आज रात के जश्न के भांड़ और नक्काल उसी रास्ते से लाए गए थे और लौटेंगे।

भाऊ : तुम उन लोगों में घुल-मिलकर जा सकोगे ?

नरसिंह : मैं तो आज रात के नाटक में उन लोगों के साथ रूप भी धरूँगा।

भाऊ : बहुत ठीक।...उनके साथ उसी रास्ते से जाओ और...और नाले पर पुल को काट दो।...बोलो, काट सकोगे ?

नरसिंह : *(कुछ सोचकर)* कोशिश करूँगा।...सेनापति, पन्थ के आशीर्वाद से यह अनुष्ठान पूरा करूँगा।

भाऊ : शाबाश!...गोविन्दराव काले को आज रात ही सावधान कर दो।

फड़के : हाँ! गोविन्दराव से कह दो। गोलीबारी के नक्कारखाने में अब वह मेल-मिलाप की तूती बजाने की कोशिश न करें।

नरसिंह : *(जाते-जाते रुकता है)* नहीं, बाबा फड़के। वह तूती तो उस वक़्त भी बोलेगी जब पन्थ का झंडा हैदराबाद के महलों पर लहराएगा और पन्थ के प्रताप का गर्जन निज़ाम और मुशीर-उल-मुल्क की घुड़कियों को हमेशा के लिए शान्त कर देगा।

जिन्से. : फिर वही बात, नरसिंह।

नरसिंह : सरदार, मुझे कह लेने दीजिए। मैं साधारण मराठा प्रजा हूँ। मुझे ऐसा अवसर कहाँ मिलेगा, जब श्रीमानों के सामने अपनी बात खोलकर कह सकूँ।

सिन्धिया : समय कम है, नरसिंह। दिन ढल चुका है।

नरसिंह : मेरी विनती भी एक ही है, सिन्धिया महाराज ! सेनापति मेरी एक ही बात है। आप भी सुनें, बाबा फड़के ! इस युद्ध में हमारी जीत निश्चित है। श्रीमन्त के झंडे के नीचे शक्ति का अजेय पुँज एकत्र हुआ है। पर मेरी विनती है कि विजय के बाद जब आप लोग निज़ाम की उद्दंडता और चौथ का निबटारा करने बैठें तब मराठा और निज़ाम राज्यों में स्पष्ट शब्दों में दो घोषणाएँ करा दें—

सिन्धिया : निराली बातें हैं तुम्हारी ! लेकिन कहे जाओ।

नरसिंह : पहली घोषणा तो यह कि दोनों राज्यों में हिन्दू और मुसलमानों को अपने धर्म-काज करने की पूरी आज़ादी होगी, न दखन में गोवध होगा, न महाराष्ट्र में खुदापरस्ती पर रोकटोक। और दूसरी घोषणा यह

कि हिन्दू और मुसलमान दोनों परमात्मा की एक बराबर सन्तान हैं। इसलिए न हिन्दू-मन्दिरों पर आघात होगा, न मुसलमान मज़ारों, पीरों और पैगम्बरों का अपमान किया जाएगा। दोनों एक-दूसरे के साथ मेल-मिलाप से रहेंगे—एक माँ की गोदी में दो भाई *(सब लोग चुप हैं।)* आप लोग चुप हैं—सिन्धिया महाराज! भाऊजी साहब!

भाऊ : *(थोड़ी देर बाद)* हमने तुम्हारी बात सुन ली है, नरसिंहराव। ऐसी बात की तुरन्त ही मंजूरी देना सम्भव नहीं। लेकिन सेनापति के नाते इतना वायदा करता हूँ कि तुम कल शाम तक अगर इस काम को पूरा करने की खबर दे सके, तो विजय के बाद सन्धि के मौके पर परिषद् के सामने तुम्हें अपनी बात कहने दी जाएगी।

नरसिंह : मेरे निवेदन पर ठीक मौके पर विचार कर लिया जाए, यही काफ़ी होगा। स्वयं मौजूद होऊँ या नहीं, इसकी मुझे चिन्ता नहीं।

फड़के : लेकिन शर्त—

भाऊ : कल शाम तक—

नरसिंह : कोई बात न उठा रखूँगा। आगे हरि इच्छा!...*(जाते-जाते)* प्रणाम।

जिन्से. : नरसिंह, नदी-तट तक तुम्हें पहुँचाने मैं भी चलता हूँ।

नरसिंह : चलिए, सरदार साहब।

[दोनों का प्रस्थान]

सिन्धिया : *(कुछ देर बाद)* क्या खयाल है, आपका भाऊ?

भाऊ : आदमी खरा है।

फड़के : लेकिन बातें बहकी-बहकी करता है।

भाऊ : जो हो, युद्ध का मार्ग निश्चित है। चलें, नाना फड़नवीस हम लोगों की प्रतीक्षा कर रहे होंगे।...आप चलेंगे उनके तम्बू को, सिन्धिया महाराज !

सिन्धिया : इस वक़्त मुझे दूसरा काम है। लेकिन मैं तो आप लोगों के परामर्श में शामिल हूँ। कह दीजिए, मेरी सारी फौज कल आक्रमण करने के लिए प्रस्तुत है।...चाहें तो सवेरे तोपों के साथ मैं भी चलूँ मोर्चे पर ?

भाऊ : जी नहीं, आप क्यों कष्ट करें। मैं विट्ठल को ले जाऊँगा...वहाँ से लौटने पर यहीं आपके तम्बू पर आऊँगा और नरसिंहराव के आने पर हम लोग अगला क़दम उठाएँगे।

फड़के : चलिए। निज़ाम के तम्बू में जश्न की तैयारियाँ हो रही होंगी। हम लोगों की नकलें होंगी और हम—

भाऊ : आज नकल लेकिन कल—कल असलियत ! चलो बाबा फड़के...

[दोनों का प्रस्थान]

सिन्धिया : *(स्वयं)* कल...लेकिन आज की रात! रातें आती हैं और सूनी गुजर

जाती हैं।...यही तो झंझट है युद्ध के मैदान में ! ...पूना के शरदोत्सववाली वह युवती...। याद की बिजली रात को रोशन तो नहीं कर सकती।... *(सहसा कुछ याद आते ही ताली बजाता है)* कोई है? *(दरबान आता है।)* बाहर कोई मिलनेवाला है?

दरबान : जी नहीं, गरीबपरवर!

सिन्धिया : मुझे इन्तजारी है। कोई आए तो फ़ौरन खबर देना। *(दरबान जाता है; ...इधर-उधर घूमता है)*...लोग कहते हैं, विश्वास की भीत पर दुनिया कायम है...हूँ...गलत बात...बिलकुल गलत बात।

[पीछे की तरफ़ से शर्जेराव घाटगे का प्रवेश]

शर्जेराव : बिलकुल तो नहीं, लेकिन बहुत-कुछ गलत है, महाराज!

सिन्धिया : कौन? शर्जेराव घाटगे? छिपकर बैठे हुए थे क्या? मैं तो आपकी ही प्रतीक्षा में था।

शर्जेराव : छिपना अच्छा हुआ एक तरह से। आया तो जान पड़ा आप लोग मन्त्रणा में हैं। उलटे पैर लौट रहा था, पर सोचा छिपकर सुन लेना चाहिए। शायद आपके कुछ काम आ सकूँ। सो ठीक ही हुआ।

सिन्धिया : आपने सब सुन लिया है? कल की तैयारी?

शर्जेराव : जी हाँ...वह सब ठीक है।...लेकिन अगर आप किसी से न कहें तो एक चेतावनी आपको दे दूँ, सिन्धिया महाराज!

सिन्धिया : चेतावनी!

[दरबान का प्रवेश]

दरबान : सरकार!—

सिन्धिया : जाओ! अब हमें किसी की इन्तजारी नहीं है और किसी को अन्दर न आने दो।

दरबान : जो आज्ञा *(जाता है)*।

शर्जेराव : किसी से भी न कहिएगा। भाऊ साहब, जिन्सेवाले—किसी से भी नहीं। कम-से-कम अभी नहीं।

सिन्धिया : वायदा करता हूँ। बताइए, क्या चेतावनी है।

शर्जेराव : जिस भेदिए को आप लोगों ने इतनी लगाम दे रखी है उससे सावधान रहें।

सिन्धिया : नरसिंहराव!...आपका मतलब !...लेकिन...लेकिन आदमी काम का जान पड़ता है।

शर्जेराव : काम का आदमी तो है, लेकिन...

सिन्धिया : जिन्सेवाले हमारे खास सरदारों में से हैं। उन्हीं का तो भेदिया है वह। और फिर जो समाचार उसने दिया—वह तो बिलकुल सही ज़ान पड़ता है।

शर्जेराव : मैं कब कहता हूँ कि सही नहीं है? सिपहसालार आगे-पीछे के दस्तों में अदल-बदल करेगा—यह समाचार सही हो सकता है। आज जश्न में नकल होगी—यह भी सही खबर हो। लेकिन सिन्धिया महाराज, विश्वासों की नींव पर ही छल की दीवार खड़ी की जाती है।

सिन्धिया : यानी?

शर्जेराव : सुनी नहीं आपने उसकी घोषणा? किस जोश और तेजी के साथ मुसलमानों की तरफ़ से वकालत कर रहा था? एक बार नहीं, कई बार!

सिन्धिया : उसकी वे बातें अटपटी तो थीं, पर—

शर्जेराव : आमने-सामने मराठों और मुगलों की सेनाएँ पड़ाव डाले पड़ी हैं। युद्ध का डंका बजने ही वाला है। ऐसे समय में यह नरसिंहराव, वकालत कर रहा है—मुसलमानों की।...कल अगर निज़ाम की ही वकालत करने लगे—

सिन्धिया : हिन्दू और मुसलमानों का मेल—

शर्जेराव : मैं कब कहता हूँ कि मेल न हो? लेकिन इस समय इन बातों का प्रचार करने का क्या मतलब हो सकता है?

सिन्धिया : जिन्सेवाले!

शर्जेराव : जिन्सेवाले से अधिक मैं उसे जानता हूँ। मेरी ही गाँव कागल का रहनेवाला है नरसिंहराव। *(रुककर, सावधानी के स्वर में)* मुझे लगता है कि निज़ाम के दस्तों में उसकी मिली-भगत है।

सिन्धिया : गजब!...तब तो परशुराम भाऊ को सावधान करना होगा। शायद कल की योजना बदलनी पड़े।

शर्जेराव : अभी नहीं। कल की योजना चलने दीजिए। मैं रातोरात अपने भेदिए भेजता हूँ। कल यहीं आपसे मिलूँगा।

सिन्धिया : और कल की तैयारी?

शर्जेराव : चलने दीजिए। आक्रमण के लिए प्रस्तुत रहना है। पर पीछे से कोई दगा न दे जाए—यही देखना है। मुमकिन है, कुछ भी न करे वह, लेकिन उसका कपट जाहिर है।

सिन्धिया : अच्छा हुआ जो आप आ गए, हालाँकि मैंने तो आपको एक दूसरी बात करने के लिए बुलाया था।...मालूम है?

शर्जेराव : जानता हूँ।...लेकिन...सिन्धिया महाराज, मैं ब्राह्मण हूँ, और—*(रुक जाता है।)*

सिन्धिया : मालामाल कर दूँगा आपको, शर्जेराव।

शर्जेराव : उसकी बातें फिर होंगी...मेरी कुछ निजी कठिनाइयाँ हैं।...आपकी दया दृष्टि चाहिए। कागल की क़िलेदारी...

सिन्धिया : सब कठिनाइयाँ आपकी दूर हो जाएँगी। मैं नानासाहब फड़नवीस से कह चुका हूँ कि युद्ध के बाद ही आपको मेरी नौकरी में आने दें। यहाँ आपकी पदोन्नति कर दूँगा।

शर्जेराव : अनुगृहीत हूँ, सिन्धिया महाराज।...उपकार का बदला चुका दूँगा।... आपका प्रताप दुगुना बढ़े—यही मेरी कोशिश रहेगी।...आपको मेरी ज़रूरत है, सिन्धिया महाराज, और मुझे आपकी...चलता हूँ, कल यहीं...

[प्रस्थान]

सिन्धिया : *(कुद देर बाद)* खौफनाक आदमी है।...चमकती शमशीर की तरह भयानक !...मगर, खून की प्यासी, शमशीर में भी आकर्षण होता है।... मुझे देह की प्यास है, उसे खून की...देह...और खून...हा हा हा।

[प्रस्थान]

दृश्य तीन

[स्थान वही। दूसरे दिन की संध्या। नेपथ्य से दूर पर होनेवाली गोलीबारी और कारतूसों की आवाज़ें, जो कभी-कभी तीव्र हो जाती हैं, लेकिन इतनी नहीं कि बातचीत में विघ्न करें। संवाद बिलकुल स्पष्ट सुनाई पड़ता है—एक-एक शब्द। दौलतराव सिन्धिया बैठे हुए अपने पत्र-लेखक को पत्र लिखवा रहे हैं। प्रवेश-द्वार की ओर पीठ।]

सिन्धिया : लिखो...''सिद्ध श्री पूजनीया माताजी बाई यमुनाबाई और लक्ष्मीबाई को दौलतराव सिन्धिया का प्रणाम पहुँचे। उज्जैन से भेजी हुई आपकी चिट्ठी मिली। यह उत्तर मैं युद्ध के मैदान से भेज रहा हूँ। निज़ाम की शेखी समाप्त करने का दिन आ पहुँचा है। आपने अपने खर्चे के विषय में लिखा है और पिताजी के देहान्त के बाद किए गए मेरे वायदे की ओर संकेत किया है...आप तो...आप तो...''...क्या लिखा है अब तक ? सुनाओ तो।

[इस बीच प्रवेश-द्वार से आकर शर्जेराव पीछे खड़ा हो गया है, चुपचाप। सिन्धिया और उसके कर्मचारी को उसकी उपस्थिति का आभास नहीं है।]

पत्र-लेखक : जी, पिछला वाक्य यह है *(पढ़ता है)* ''आपने अपने खर्चे के विषय में लिखा है और पिताजी के देहान्त के बाद किए गए मेरे वायदे की ओर संकेत किया है।''

सिन्धिया : वायदा ? वायदा नहीं। लिखो ''पिताजी के देहान्त के बाद की गई बातचीत का उल्लेख किया है।'' आगे लिखो...''लेकिन आप दोनों

जानती ही हैं कि मुझे गोद लेने पर स्वर्गीय पिताजी ने आप दोनों विमाताओं के लिए मेरी जिम्मेदारी का कोई जिक्र नहीं किया था। फिर भी मैंने बराबर आप दोनों का खयाल रखा है। परन्तु राज्य-संचालन की कठिनाइयों को समझकर आप दोनों को अपने खर्चे कम करने चाहिए। निज़ाम से युद्ध के बाद, मुमकिन है, हमारी कठिनाइयाँ कम हो जाएँ। परन्तु मुझे और भी काम देखने हैं। अभी और कोई उम्मीद पक्की तौर से नहीं दे सकता। आप दोनों अपने स्वास्थ्य का ध्यान रखें। इति!''...लाओ, मैं दस्तखत कर दूँ।

(दस्तखत करता है)

शर्जेराव : *(आगे बढ़कर)* युद्ध के शिविर में भी आपको सौतेली माताओं की फिजूलखर्ची और घरेलू चिन्ताओं का ध्यान रखना पड़ता है, सिन्धिया महाराज!

सिन्धिया : *(चौंककर)* कौन? शर्जेराव घाटगे? आप बड़े आहिस्ता से आए।

[पत्र-लेखक का प्रस्थान]

शर्जेराव : जी,...ये दोनों आपको चैन न लेने देंगी।

सिन्धिया : जब आपने सुन लिया है तो यह भी जान लीजिए कि...

शर्जेराव : मैं जानता हूँ।

सिन्धिया : क्या?

शर्जेराव : यह कि ये दोनों सौतेली माताएँ आपसे कुछ भी पाने की हकदार नहीं हैं।

सिन्धिया : घाटगेजी, आप बात को बहुत जल्दी समझते हैं।

शर्जेराव : और फिर आपके अपने खर्चों की भी तो कमी नहीं।

सिन्धिया : आप देख ही रहे हैं। इतनी बड़ी फौज और तोपख़ाना...

शर्जेराव : और फिर सिन्धिया महाराज के अन्तःपुर की शोभा भी तो अभी आनी है।

सिन्धिया : उस बात पर आपने फिर सोचा ?

शर्जेराव : सिन्धिया महाराज ने तो मुझे मालामाल कर देने की आशा दी थी कल ही।...लेकिन देखता हूँ कि...अभी तो आपका अपना ही ठिकाना नहीं है।

सिन्धिया : निज़ाम की चौथ में मेरा सबसे ज़्यादा भाग होना चाहिए।

शर्जेराव : इस यज्ञ में इतने पुजारी हैं कि प्रसाद का बँटवारा होते-होते न जाने कितना समय बीत जाए !

सिन्धिया : हूँ ! *(सोच में पड़ जाता है)*

शर्जेराव : मेरे ऊपर भरोसा करें तो आपको एक नई दिशा बता सकता हूँ।

सिन्धिया : अभी तक तो किसी के ऊपर इतना भरोसा किया नहीं है, सखारामजी।

शर्जेराव : आलीजाह, मराठा-पन्थ में एक ही तिजोरी में भरपूर धन-दौलत जमा हो जाए और बाकी नेता टुटपुँजिए रहें, यह न्यायसंगत नहीं जान पड़ता।

सिन्धिया : आपका आशय, शर्जेराव?

शर्जेराव : *(चारों तरफ़ देखकर फिर दबी, लेकिन स्पष्ट आवाज़ में)* नाना फड़नवीस की तिजोरियों में नौ करोड़ रुपया है।

सिन्धिया : नौ करोड़ ! *(कुछ देर बाद शर्जेराव का हाथ पकड़कर)* शर्जेरावजी, आपको जल्दी ही मेरे दरबार में आ जाना चाहिए।

शर्जेराव : तैयार हूँ, आलीजाह! युद्ध समाप्त होते ही।...अभी तो दूसरा ही निश्चय आपको करना है।

सिन्धिया : हमारी तोपें इसी वक़्त परशुराम भाऊ के नेतृत्व में गरज रही हैं।

शर्जेराव : सुन रहा हूँ गोलाबारी के धमाके।

सिन्धिया : और हमारे सवार दस्ते इन्तज़ार कर रहे हैं। ज्योंही नरसिंहराव पुल तोड़ने की खबर लाएगा, ये सवार और सारी पैदल फौज एक साथ दुश्मन पर टूट पड़ेंगे !

शर्जेराव : *(किंचित् व्यंग्य के साथ)* नरसिंहराव!

सिन्धिया : आपका विचार है नरसिंहराव लौट नहीं पाएगा?

शर्जेराव : नहीं-नहीं। वह तो शायद आता ही हो।

सिन्धिया : तब ?

शर्जेराव : कल रात, मैंने आपसे वायदा किया था। मेरे भेदिए ने खबर दी है...मेरा अनुमान सही निकला। नरसिंहराव विश्वासघाती है।

सिन्धिया : सबूत?

शर्जेराव : पक्का सबूत है।...अभी-अभी मोर्चे पर एक भारी दुर्घटना हो गई।

सिन्धिया : दुर्घटना?

शर्जेराव : उसी की सूचना देने आपके पास आया हूँ। निज़ाम के दस्तों पर गोलाबारी करने के लिए सबसे बड़ी तोपों के लिए भाऊ साहब ने जो स्थान कल रात चुना था, ठीक वहीं पर दुश्मनों की गोलियों की बौछार हुई। हमारे एक आदमी की जान जाती रही। परशुराम भाऊ को भी थोड़ी चोट आई।

सिन्धिया : तब तो, शर्जेरावजी, देरी का काम नहीं है। हमारे और होलकर के सवारों को फ़ौरन हमला कर देना है। नरसिंहराव की प्रतीक्षा करना ज़रूरी नहीं। चलिए, हम स्वयं चलें।

शर्जेराव : नरसिंहराव की प्रतीक्षा करना ज़रूरी है भी और नहीं भी।

सिन्धिया : अब सोच-विचार का समय नहीं है, घाटगेजी।

शर्जेराव : नहीं, महाराज! तनिक रुकिए और सोचिए। ठीक उसी स्थल पर

दुश्मन की गोलियाँ आईं, जहाँ परशुराम भाऊ बड़ी तोपें रखवा रहे थे।...मैंने आपसे कहा था न कि नरसिंहराव की निज़ाम के पहरेदार दस्तों से मिली-भगत है। मेरे भेदिए ने उस बात की पुष्टि की और... फिर यह गोलियों की बौछार!

सिन्धिया : *(सोचते हुए)* आप...आप ठीक कहते हैं। नरसिंहराव ने ही तो वह मुकाम बताया था।

शर्जेराव : मुसलमानों की हिफाजत और धर्म के लिए उसका वह बारम्बार आग्रह करना।...

सिन्धिया : *(वही मुद्रा)* हाँ !...उसकी वे शर्तें...वे घोषणाएँ!...आप ठीक कहते हैं।

शर्जेराव : निज़ाम के कलावन्तों और नक्कालों के साथ उसकी साठ-गाँठ।

सिन्धिया : मराठा नेताओं की उस वीभत्स नकल में वह शामिल था। आप ठीक कहते हैं...घाटगेजी।

शर्जेराव : और...और...यह गोलियों की बौछार, जिसमें विट्ठल मारे गए।

सिन्धिया : *(सावेश)* गहरी साजिश, शर्जेरावजी, भयंकर...भयंकर विश्वासघात!

शर्जेराव : जी हाँ, भयंकर विश्वासघात ! और अगर इस भयंकर विश्वासघात के परिणाम से बचना है तो तुरन्त कार्रवाई करनी होगी।

सिन्धिया : परशुराम भाऊ शायद यहीं आते हों। उनसे और नाना फड़नवीस से मशविरा करना ज़रूरी है।

शर्जेराव : उसके लिए अवसर नहीं है, सिन्धिया महाराज। ऐसे मामले में आप अपने अधिकार का उपयोग करें। बाद में ये सब लोग आपके ही अनुगृहीत होंगे।

सिन्धिया : फिर भी...

शर्जेराव : आपने मुझे अपना विश्वासपात्र माना है। इस मामले को मेरे ऊपर छोड़ दीजिए।

सिन्धिया : क्या कीजिएगा?

शर्जेराव : आप इजाजत दें तो...*(सिन्धिया के कान में कहता है।)*

सिन्धिया : लेकिन इसके लिए तो...

शर्जेराव : मैंने सब प्रबन्ध कर लिया है...सवारी का भी।

सिन्धिया : और...और उसके बाद?

शर्जेराव : *(अपने गले के चारों ओर हाथ से इशारा करता है।)* आपकी आज्ञा पाते ही...।

सिन्धिया : दूसरों से भी सलाह ले लेते तो...

शर्जेराव : आपने अभी कहा था कि मेरे बराबर किसी पर आपने भरोसा नहीं किया।

सिन्धिया : शर्जेरावजी!...

शर्जेराव : दुविधा छोड़िए, सिन्धिया महाराज !...आपको और मुझे साथ-साथ बहुत-से काम करने हैं। यह तो मामूली-सी कार्रवाई है।...यशस्वियों के भविष्य का निमन्त्रण रक्त के वर्णों में लिखा होता है।...चलिए, आप नाना फड़नवीस के तम्बू में पहुँचिए। इस बीच मैं अपना काम पूरा करता हूँ। चलिए।

[दोनों का प्रस्थान। थोड़ी देर तक मंच खाली है। दूर पर गोलाबारी की मन्द आवाज़ सुनाई पड़ती है और जय-जयकार। कुछ देर बाद बात करते हुए परशुराम भाऊ और जिन्सेवाले का प्रवेश। भाऊ के माथे पर पट्टी।]

भाऊ : कहाँ हैं सिन्धिया महाराज?

जिन्से. : यहाँ तो नहीं मालूम देते!...बाहर कोई अनुचर भी नहीं मिला।

भाऊ : क्या उन्हें इस दुर्घटना की सूचना मिल गई?

जिन्से. : शायद किसी हरकारे ने खबर दे दी हो।

भाऊ : हो सकता है।

जिन्से. : अब वे आक्रमण करने को आतुर होंगे।

भाऊ : नरसिंहराव की थोड़ी देर प्रतीक्षा और कर लेना अच्छा होगा।...सरदार, आप तनिक घोड़े पर दौड़ जाएँ, बाबा फड़के के पास। कहीं जल्दी ही सवारों को वह हुक्म न दे दें।...मैं यहीं ठहरता हूँ। नरसिंहराव आता होगा।

जिन्से. : जी हाँ, *(जाते-जाते)* आप थोड़ा आराम करें। माथे पर चोट है और बहुत से काम करने हैं।

[प्रस्थान]

भाऊ : *(स्वगत)* माथे पर चोट! विट्ठल मारा गया! उसके बूढ़े पिता को क्या जवाब दूँगा? *(इस स्वगत के बीच कभी बैठता है, कभी चिन्तित मुद्रा में इधर-उधर घूमता है।)*...छिः! मराठा सेनापति रुद्र के तीसरे नेत्र की झलक से ठिठके !...खोलो, महादेव तीसरा नेत्र!...तानो भृकुटि।... युद्धस्थल पर तुम्हारा ही दरबार जुटेगा, भगवन्!...आँखों के आगे तुम्हारा अद्‌भुत तांडव नृत्य!...कानों में तुम्हारे डमरू की ललकार ! क्या कहा था छत्रपति शिवाजी के कवि भूषण ने![1] क्या...*(भूषण का कवित्त गुनगुनाता है—पहले मन्द स्वर में, फिर उठते जोश के साथ स्वर भी ऊँचा और स्पष्ट हो जाता है।)*

---

1. यदि अभिनय में भूषण के कवित्त का भलीभाँति पाठ न हो सके तो तांडव-मूर्ति शिव की स्तुति में कोई भी रौद्ररसपूर्ण श्लोक संस्कृत में कहा जा सकता है।

कवित्त

कोप करि चढ़यो महाराज सिवराज बीर,
धौंसा की धुंकार ते पहार दरकत हैं।
गिरि कुम्भ मतवारे सोनित फुहारे छूटे,
कड़ाकड़ छिति नाल लाखो करकत हैं।
मारे रन जोम के जवान खुरासान केते,
काटि काटि दाटि दाबे छाती थरकत हैं।
रनभूमि लेटे वे चपेटे पटनेते पर,
रुधिर लपेटे मुगलेटे फरकत हैं॥

[कवित्त समाप्त होने के पूर्व ही नरसिंहराव का प्रवेश]

नरसिंह : वाह!...वाह भाऊ साहब।...यह वाणी सुनकर मेरी सारी थकान जाती रही।...अंग फड़कने लगे।...लेकिन...लेकिन आपके माथे पर यह चोट!

भाऊ : आ गए, नरसिंह ! मराठा वीरों का तो यही जश्न होता है।...बताओ, निज़ाम के जश्न का क्या हाल हुआ ?

नरसिंह : वही जो मदान्धों के जश्नों का होता है। महफिल जमी, लेकिन अब उनके जमे हुए पैर उखड़ रहे हैं। जिन मुखड़ों की नकल देखकर वे हँसे थे अब उन्हीं की गर्जन सुनकर वे भाग रहे हैं। आपकी तोपों ने दुश्मन के बीच तहलका मचा रखा है।...लेकिन...आपके माथे पर यह चोट!

भाऊ : नरसिंह, विट्ठल, मेरा भतीजा मेरे पास ही खड़ा होकर तोपचियों को आदेश दे रहा था कि कहीं से गोलियों की बौछार आई। विट्ठल वहीं ढेर हो गया।

नरसिंह : गोलियों की बौछार!...लेकिन यह नामुमकिन है।...निज़ाम के जिन दस्तों के पास बन्दूकें थीं वे तो उस मोर्चे पर थे ही नहीं। सिर्फ़ चन्द पहरेदारों के पास बन्दूकें थीं। लेकिन वे मुट्ठीभर पहरेदार और गोलियों की बौछार!...यह कैसे?

भाऊ : सिर्फ़ एक बौछार!...उसने एक जान ली, पर हमारे तोपों की बरसात घहरा उठी मूसलाधार।

नरसिंह : तो भाऊ साहब, अब अपने सरदारों और पैदल सेना के तूफान को भी उमड़ने दीजिए। बहने दीजिए उस झँझावात को, जिसके प्रचंड वेग के आगे सूखे तिनकों की तरह मुशीर-उल-मुल्क के दस्ते छिन्न-भिन्न हो जाएँ।

भाऊ : तुम्हारे कहने भर की देर है, नरसिंहराव। मराठा सेनापति आज तुम्हारे शब्द की राह देख रहा है। बताओ, तुम्हारा काम पूरा हुआ।

नरसिंह : जी हाँ, काम पूरा हुआ।

भाऊ : पुल तोड़ दिया तुमने?

नरसिंह : मैंने और मेरे उन कलावन्त साथियों ने।

भाऊ : शाबाश नरसिंहराव, शाबाश!

नरसिंह : अगर इसी समय आप पूरी शक्ति से आक्रमण कर दें, तो निज़ाम की फौज खर्दा के क़िले में आसरा लेगी और...

भाऊ : और उस क़िले में रसद पहुँचने के रास्ते को तुमने तोड़ ही दिया है।...मुशीर-उल-मुल्क मुट्ठी में आया ही चाहता है।...नरसिंहराव, मराठा-पन्थ तुम्हारा आभारी है।

नरसिंह : भूल तो नहीं गए वह वायदा, जो कल रात आपने किया था?

भाऊ : भूला नहीं हूँ, नरसिंह।

नरसिंह : पुल तोड़ने में जिन कलावन्तों ने मुझे मदद दी थी वे मुसलमान ही थे।

भाऊ : हमारा युद्ध मुसलमान प्रजा के खिलाफ नहीं है। निज़ाम और उसके वजीर के दुराग्रह को दूर करने के लिए...

नरसिंह : और हिन्दू और मुसलमान प्रजा को अपने धर्म की आजादी देने के लिए।

भाऊ : तुम्हारी आवाज़ न्याय की आवाज़ है, और समय आने पर मैं भी उस आवाज़ को उठाऊँगा।...लेकिन इस समय तो सिर्फ़ एक आवाज़ सुनने के लिए मेरे कान बेताब हैं—हमारी सवार-सेना के घोड़ों की टाप, हमारी पैदल फौज के नारों का निर्घोष!

नरसिंह : तो चलिए बाबा फड़के के पास। सवार-दस्तों को आज्ञा दीजिए।

भाऊ : जिन्सेवाले भी वहीं गए थे। लौटते होंगे।

[एक अनुचर का प्रवेश। दाढ़ी बढ़ाए है।]

अनुचर : श्रीमन्, आपको आलीजाह सिन्धिया महाराज ने याद किया है।

भाऊ : कहाँ हैं, सिन्धिया महाराज?

अनुचर : नाना फड़नवीस के खेमे में।

भाऊ : क्या सरदार जिन्सेवाले वहाँ पहुँच गए?

अनुचर : वह तो नहीं पहुँचे। लेकिन आपको फ़ौरन ही याद किया गया है। कोई ज़रूरी बात है।

भाऊ : मेरे पास तो उससे भी ज़्यादा ज़रूरी समाचार है।...खैर...चलो।... *(अनुचर को देखता हुआ)*...बड़ी लम्बी दाढ़ी बढ़ाई है तुमने।

अनुचर : युद्ध के बाद ही सफाई होगी, भाऊ साहब।

नरसिंह : मैं भी चलूँ?

अनुचर : आपको अकेले ही बुलाया है, भाऊ साहब।

भाऊ : नरसिंहराव, तुम ठहरो। जिन्सेवाले लौटते होंगे। मैं तुम्हारे पास शीघ्र ही सूचना भेजता हूँ।

[भाऊ और अनुचर का प्रस्थान। नरसिंह अकेला विचारमग्न इधर-उधर घूमता है। थोड़ी देर के लिए एक तरफ़ खड़ा होकर आप-ही-आप बोलता है। तभी जिस ओर पीठ है, उसी ओर से वही दाढ़ीवाला अनुचर आकर खड़ा हो जाता है और नरसिंह का स्वागतालाप सुनता है। नरसिंह को उसकी उपस्थिति का ज्ञान नहीं है। अनुचर के रंग-ढंग से उद्दंडता झलक पड़ती है।]

नरसिंह : *(स्वगत)* लेकिन...लेकिन...वह गोलियों की बौछार...आई कहाँ से?...पहरेदार...?...पर...पर। खैर,...जो हुआ सो हुआ।...मेरा तो काम पूरा हो गया...मेरा तो...

अनुचर : *(कर्कश और कृत्रिम स्वर में)* अभी काम पूरा नहीं हुआ, नरसिंहराव।

नरसिंह : *(चौंककर)* कौन?

अनुचर : अभी तो तुम्हारा काम तमाम होना है।

नरसिंह : उद्दंड अनुचर, क्या बकता है तू? *(तलवार पर हाथ ले जाता है।)*

अनुचर : क्या बकता हूँ ?...*(ताली बजाता है। तुरन्त चार सैनिक नंगी तलवारें लिए आते हैं और नरसिंह को चारों ओर से घेर लेते हैं। नरसिंह भौंचक्का रह जाता है।)* ...बाँध लो मुश्कें और कस दो हाथ-पैरों में जंजीर। *(चारों सैनिक वैसा ही करते हैं।)*

नरसिंह : *(जोर लगाता हुआ) किसकी आज्ञा से, किसकी आज्ञा से, यह पागलपन?*

अनुचर : आलीजाह सिन्धिया महाराज की आज्ञा से।

नरसिंह : सिन्धिया महाराज !...नहीं, नहीं, नहीं। यह झूठ है। मैं ज़ोर से चिल्लाऊँगा...*(उच्च स्वर)* कौन है...सरदार जिन्सेवाले...यह झूठ है...बचाओ...सरदार...सरदार...

अनुचर : चीखता है तो मुँह पर कपड़ा कस दो।

नरसिंह : बचाओ।...बचाओ।...यह अँधेर...सरदार...सर...*(सैनिक उसके मुँह पर कपड़ा बाँध देते हैं। नरसिंह निरुपाय हो जाता है।)*

अनुचर : ले जाओ फ़ौरन।...घोड़े तैयार हैं।...रातोरात दूर निकल जाओ।...छह दिन का रास्ता चार रोज़ में पूरा करो।

एक सैनिक : जो आज्ञा।...*(नरसिंह को खींचकर ले जाते हैं।)*

[अनुचर अकेला रह जाने पर अपनी नकली दाढ़ी निकाल फेंकता है। शर्जेराव घाटगे का चेहरा स्पष्ट दिखाई पड़ता है।]

शर्जेराव : *(पैशाचिक मुद्रा। हाथ मलते हुए)...हूँ। ठीक...काम पूरा हुआ।...* (किंचित् हँसी)...होगा, होगा क्यों नहीं?...शर्जेराव घाटगे की चपेट में

आ गया...मूढ़! ...मेरे रास्ते का कंकड़।...ठोकर लगते ही...ठोकर *(किंचित् हँसी। दूर पर घोड़े की टाप।)* गए! गए!

[एक सैनिक का प्रवेश]

सैनिक : जी हाँ, गए।...मैं भी चलता हूँ। एक बात है। गढ़पति के लिए आदेश-पत्र में दूसरी आज्ञा का उल्लेख नहीं है।

शर्जेराव : उसके लिए दूसरे आज्ञा-पत्र पर आलीजाह के दस्तखत कराने हैं। उसे दो रोज़ में भिजवाऊँगा।

सैनिक : तब तक?

शर्जेराव : तब तक गढपति इन्तजार करें। होशियारी से काम ले।

(नेपथ्य में किसी के आने की आवाज़)

सैनिक : कोई आ रहा है। चलिए। *(जाने को उद्यत)*

शर्जेराव : उधर से नहीं। *(पीछे की तरफ़ इशारा करता है।)* इधर से। *(पीछे की तरफ़ से दोनों जाते हैं। थोड़ी देर बाद जिन्सेवाले का प्रवेश।)*

जिन्से. : भाऊ साहब...नरसिंहराव!...कोई नहीं?...लेकिन, मैंने आवाज़ कैसी सुनी?...कहाँ चले गए सब?...कोई अनुचर भी नहीं? *(रुककर)* मोर्चे पर कितना कोलाहल है, मगर यहाँ...जैसे...जैसे कोई साँप सूँघ गया हो...जैसे वधिक के खड्ग की चमक में पशु की नीरव और मुँदी आँखें।...वधिक!...कैसी भीषण कल्पना है यह! *(हठात् गम्भीर मुद्रा और गहरे स्वर में)* कैसी भीषण कल्पना है!

[अँधेरा]

द्वितीय अंक

दृश्य एक

[एक महीने बाद पूना में। खर्दा के युद्ध में मराठों की विजय हो चुकी है। पूना में सन्धि वार्ता जारी है।

परदा उठने से एक-डेढ़ मिनट पहले स्त्री-स्वर में सूरदास का भजन[1] सुन पड़ता है।]

निसि दिन बरसत नैन हमारे।
सदा रहत बरषा रितु हम पै जब तें स्याम सिधारे।
नैन अंजन न रहत निसिवासर कर कपोल भये कारे।
कंचुकि पट सूखत नहिं कबहुँ उर बिच बहत एनारे,
सूरदास प्रभु गोकुल बूड़त काहे न लेत उबारे॥

[पर्दा उठने पर प्रथम अंक के प्रथम दृश्य का कमरा दीख पड़ता है।

बायजाबाई एक चौकी पर बैठी गाना सुन रही हैं। गानेवाली एक मुसलमान युवती है, जो तम्बूरा नीचे रख देती है। कमरे में अन्यत्र सरनाबाई कुछ कपड़ों को सँभालकर रख रही है और व्यस्त जान पड़ती है।]

बायजा. : "निसि दिन बरसत नैन हमारे।"—बहुत मीठा बोल है तुम्हारा, रहीमन?

रहीमन : रियाज की बात है, बाईसाहब! थोड़े दिन और रियाज करें तो आपका गला भी निखर आएगा।

बायजा. : सच ही तुम मानती हो कि मुझे गाना आ जाएगा?

रहीमन : क्यों नहीं। इसलिए तो घाटगेजी ने मुझे आपकी खिदमत में रखा है।

सरना. : *(दूर से ही)* इसलिए या किसी और मतलब से?

रहीमन : देखती हूँ सरनाबाई का मिजाज आजकल बहुत तेजी पर है।

बायजा. : न जाने बाबा क्यों चाहते हैं कि मैं जल्दी-जल्दी हिन्दुस्तानी गाने सीख जाऊँ।

रहीमन : हिन्दुस्तान के महलों की रानियाँ और बेगमें इस हुनर को जानती हैं।

बायजा. : मुझे महल की रानी नहीं बनना है।

---

1. यदि पात्री स्वयं गा सके तो इस गीत को नेपथ्य में न होकर पर्दा उठने पर ही होना चाहिए।

रहीमन : यह मुखड़ा बाईसाहब! यह मुखड़ा तो महल ही के काबिल है और महल ही की शोभा बढ़ाएगा।

सरना .: गाना तो सीख ही रही हैं, बाईसाहब महलों की बोली भी आ जाएगी।

रहीमन : महलों की बाँदियों को भी तमीज सीखनी होती है, सरनाबाई।

सरना. : मेरा तो सारा जनम इसी तरह गुजर गया। बूढ़ा तोता क्या सीखेगा?

रहीमन : तोता चाहे बूढ़ा हो चाहे जवान, बोलने से बाज नहीं आता।

सरना. : बूढ़ा तोता न बोले तो मालिक को चेतावनी कौन दे।

रहीमन : चेतावनी! ऐसी कौन मुसीबत आन पड़ी है?

बायजा. : मुसीबत! तू भी क्या रोना लेकर बैठ गई, सरनाबाई जैसे...जैसे... सूरदास के इस पद की गोपियाँ, जिनके नैन निसि दिन बरसते रहते थे।

रहीमन : यह खूब कहा आपने, बाईसाहब!

बायजा. : इस पद की एक बात मेरी समझ में नहीं आई, रहीमन।

रहीमन : इसी पद को कत्थक के दो बोलों में बाँधा है। कहिए तो नाचकर दिखाऊँ? मानी साफ़ हो जाएँगे।

बायजा. : जो बात मेरी समझ में नहीं आई है, वह दूसरी ही है। गोकुल की गोपियाँ बिछुड़ने के बाद अपने प्यारे की याद में रोती ही क्यों रहीं? मथुरा जाकर कान्हा को खोज क्यों नहीं निकाला उन्होंने?

रहीमन : बेढ़ब सवाल है आपका ! लेकिन ऐसा आप क्यों पूछ रही हैं?

बायजा. : क्यों पूछ रही हूँ...सरनाबाई, बता मैं यह सवाल क्यों पूछ रही हूँ?

सरना : रानियों के मन की बात हर बाँदी तो नहीं समझ सकती।

रहीमन : वह बाँदी ही क्या, जो रानी के मन की बात न टोह सके!

सरना. : तो बूझो न यह पहेली तुम्हीं?

बायजा. : *(हठात्)* रहीमन, तुम जाओ।

रहीमन : जाऊँ?...और आज के गाने का सबक ? सरकार रोज़ पूछते हैं कितनी तरक्की हुई?

बायजा. : बाबा के लौटने में अभी काफ़ी देरी है।...तुम इस समय जाओ। मैं सरनाबाई के साथ थोड़ी देर अकेली रहना चाहती हूँ।

रहीमन : सरनाबाई के साथ अकेली।...*(स्वर में तीखापन)* हूँ!...जो हुकम। *(तम्बूरा लेकर चल देती है।)*

बायजा. : ...*(थोड़ी देर बाद सरनाबाई के निकट जाकर)* रूठ गई सरनाबाई?

सरना. : मैं कौन होती हूँ रूठनेवाली !

बायजा. : मैं जानती हूँ, तुझे रहीमन का रहना पसन्द नहीं है। लेकिन मेरी अच्छी सरनाबाई, मैंने तो उसे बुलाया नहीं है।

सरना. : जानती हूँ। उस दिन मैंने कहा था न तुमसे कि बाबा साहब ने जो

राह पकड़ी है, उसमें किसी तरह की गुंजाइश नहीं है—मन की नहीं, मन के मीतों की नहीं।

बायजा. : तूने ठीक कहा था, सरनाबाई।

सरना. : क्या अब भी तुम ऐसा समझती हो, बाईसाहब?

बायजा. : तेरा मतलब?

सरना. : रहीमन नाच-गाने में तो कुशल है ही, मन-बहलाव के अनेक साधन जानती है।

बायजा. : *(जानी-सी मुस्कान के साथ)* तो यह बात है!

सरना. : बाईसाहब, एक बात कहूँ। बुरा तो न मानोगी?

बायजा. : क्या?

सरना. : बाईसाहब, मुझे फुरसत दे दो।

बायजा. : फुरसत!

सरना. : मैंने बहुत दिन निबाहा। जब तक जीवित रहूँगी, अपनी बाईसाहब की स्मृति का सम्बल धारे रहूँगी, पर इस घर की दीवारें मानो मुझपर सन्देह की दृष्टि डाल रही हैं। फटकार और मारपीट सह लूँ, पर यह सन्देह, यह शक! मेरा मन थक गया है बाईसाहब।

बायजा. : घर छोड़ना चाहती है, सरनाबाई!

सरना. : अगर आज्ञा दे दें तो।

बायजा. : *(करीब जाकर सरनाबाई की बाँहें पकड़कर)* जो कहूँ कि आज्ञा दे दी—

सरना. : *(कुछ आहत-सी)* तो आज ही चली जाना चाहूँगी।

बायजा. : कहाँ?

सरना. : जहाँ भगवान ले जाए।

बायजा. : मैं बताऊँ कहाँ?...लेकिन पहले तू मेरे सवाल का जवाब दे।

सरना. : कौन-सा सवाल?

बायजा. : *(सावेश)* यही कि राधा और गोपियों ने मथुरा जाकर कान्हा को खोजा क्यों नहीं? रोती क्यों रही दिन-रात? डूबती क्यों रही विरहाश्रुओं की धार में?

सरना. : *(मानो बायजाबाई के चेहरे पर कोई चमत्कार देखा हो)* बाईसाहब, बाईसाहब, यह मैं क्या देख रही हूँ, तुम्हारे मुखड़े पर?

बायजा. : सरनाबाई, मैं वह नहीं करना चाहती, जो गोकुल की गोपियों ने किया। आँसुओं में नहीं डूबूँगी।...मैं जाऊँगी उनके पास।

सरना. : कहाँ ? मथुरा तो गोकुल के बहुत पास था।

बायजा. : हैदराबाद पूना से दूर है, मगर बहुत दूर नहीं।

सरना. : नरसिंहराव हैदराबाद में होंगे, यह कैसे कहा जा सकता है?

बायजा. : खर्दा का युद्ध समाप्त हो चुका है। हमारी जीत हो गई और यहाँ पूना

में कई दिन से सन्धि की वार्ताएँ चल रही हैं। यहाँ होते तो एक बार तो मिलते।

सरना. : मगर हैदराबाद?

बायजा. : हैदराबाद और मुम्बई। वही साड़ियों का रोज़गार...सरनाबाई, मैं जाऊँगी हैदराबाद।

सरना. : घर छोड़कर—चोरी से?

बायजा. : हाँ, घर छोड़कर, चोरी से। इस घर की दीवारें तुझ पर तो सन्देह की दृष्टि ही डालती हैं, मगर मुझे तो डस रही हैं। चारों तरफ़ से बेदर्दी के साथ जकड़कर डस रही हैं। मैं जाऊँगी।

सरना. : जोखिम का काम है।

बायजा. : जानती हूँ।...तुझे मेरे साथ चलना है।

सरना. : कब?

बायजा. : आज, अभी।...पेशवाई दरबार से बाबा के लौटने के पहले ही।

सरना. : बाईसाहब, निराली आन है तुम्हारी!

बायजा. : *(सहर्ष)* तो तू चलेगी मेरे साथ?...हम दोनों का पन्थ एक है, मेरी अच्छी सरनाबाई। रातोरात निकल जाएँगी। युद्धक्षेत्र के गाँवों के सैकड़ों कुटुम्ब युद्ध के बाद अपने-अपने घरों को वापस जा रहे हैं। हम लोग उन्हीं में मिल जाएँगे। पता भी न चलेगा।

सरना. : तुम्हारी हिम्मत के आगे मेरी समझदारी के पैर नहीं टिक पाते। जानती हूँ यह पागलपन है, बचपना है—

बायजा. : बचपना।...तूने पहले भी कही थी बचपने की बात।...लेकिन इसी में तो मेरा जीवन है।...और कैसे पाऊँगी नरसिंह को।...वह मुझे भुलाना चाहते हैं। लेकिन मैं गोकुल की गोपी तो नहीं हूँ ? मुझे कौन उद्धव भरमा सकेगा?

सरना. : तुम्हारी यह खुशी, बाईसाहब ! जैसे हफ़्तों तक बादल घिरे रहने के बाद सूरज की छटा विकसी हो।

बायजा. : यही समझ ले। कहीं पौ फटी और रात के अँधेरे में रास्ता दीख गया।

सरना. : मुझे डर लगता है, बाईसाहब, तुम्हारी यह खुशी देखकर पैर धरती पर नहीं टिकते।

बायजा. : सचमुच आज मेरे पैर धरती पर नहीं टिकते।...चल, जल्दी-से थोड़ा-बहुत सामान बाँध लें। देरी का काम नहीं है। चल।

[दोनों अन्दर चली जाती हैं। थोड़ी देर मंच खाली रहता है। बाहर की ओर से शर्जेराव घाटगे और उनके पीछे-पीछे रहीमन का प्रवेश।]

शर्जेराव : कहाँ है?...अरे, यहाँ तो दोनों में एक भी नहीं।

रहीमन : सरकार कोई गुल खिलकर रहेगा।

शर्जेराव : तेरे मन में पहले भी शक हुआ था?

रहीमन : जी, सरकार, पर आज जिस ढंग से सवाल पूछा और फिर जिस तेजी से मुझसे चले जाने को कहा, वैसा पहले नहीं हुआ था।

शर्जेराव : और सरनाबाई?

रहीमन : बाहर से भौंहें तनी रहीं। पर भीतरी बात कुछ और जान पड़ती है।

शर्जेराव : आज मैं जड़ ही काट दूँगा। न रहेगा बाँस न बजेगी बाँसुरी।

रहीमन : सरकार, थोड़े जब्त के साथ, मुहब्बत से काम लेकर।

शर्जेराव : लेकिन एक-न-एक दिन तो बात साफ़ करनी ही है।

रहीमन : जी हाँ, लेकिन जरा मुलायम होकर।

शर्जेराव : मैं समझ रहा हूँ।

रहीमन : हर मौके पर एक ही ढंग के हथियार कारगर नहीं होते।

शर्जेराव : तुम्हारा खयाल ठीक है।

[अन्दर से किसी के आने की-सी आहट।]

रहीमन : आ रही हैं। मैं फिर चलूँ। आप बात कीजिएगा।

शर्जेराव : ठहरो। मैं भी चलता हूँ। पहले घर के बाहर छिपकर देखना है। बात कहाँ तक बढ़ी है। बाहरवालों को भी कुछ हिदायत देनी है, सरनाबाई के बारे में।

[दोनों का बाहर प्रस्थान, सरनाबाई और बायजाबाई का प्रवेश। सरनाबाई गठरी लिए है।]

सरना. : बाई, तुम पहले यहीं ठहरो। मैं बाहर जाकर देख आती हूँ। कोई है तो नहीं।

बायजा. : ज्यादा देर न लगाना।

सरना. : इतनी बेताबी अच्छी नहीं, बाईसाहब।

बायजा : जा-जा, मेरी अच्छी सरनाबाई।...और जल्दी लौटकर बता कि मार्ग हमारा निष्कंटक है...

[सरनाबाई का बाहर की ओर प्रस्थान]

बायजा. : *(स्वगत)* निष्कंटक ही होगा मार्ग।...कितनी जल्दी से सब बात बनती जा रही है।...*(इधर-उधर घूमती है, गुनगुनाती है।)* निसि दिन बरसत— उँह।...यह नहीं—"अरी मोहि भवन भयानक लागे माई, श्याम बिना।"...उँहुँ...यह भी नही। "माई मेरे नैनन बान परी री।"...कैसी बात है यह।...मिलने पर बताऊँगी तुम्हें नरसिंहराव...बड़ी देर लगा दी सरनाबाई ने। या मेरा ही मन तेजी से चल रहा है...

[बाहर से आहट]

आ गई सरनाबाई।...चलूँ?

[शर्जेराव का प्रवेश]

शर्जेराव : नहीं बेटी, नहीं।

बायजा : बाबा!...आप!

शर्जेराव : बेटी मुझसे तो पूछा होता। अपने बाप से इतनी नाराजगी कि विदा माँगने की भी ज़रूरत न समझी।

बायजा : बाबा! मुझे जहर दे दीजिए।

शर्जेराव : तू मुझे इतना बेदर्द समझती है? उस दिन मैंने झिड़क दिया, कुछ कह-सुन दिया, कुछ धमकी दे दी, तो सच मान बैठी।...ले सच बात आज बताता हूँ, बायजाबाई। तनिक बैठ जा। *(बायजाबाई को बिठाता है।)* देख बेटी, मैंने नरसिंहराव के लिए तुझे मना तो अवश्य किया था। मेरा मन चाहता था कि मेरी इकलौती बेटी किसी महल की रानी बने, सुख-चैन से रहे।...कोई बाप अपनी बेटी का आराम चाहे तो इसमें कोई कसूर है?...माना, मैंने दो-चार कठोर बातें तुझसे कहीं, लेकिन जब देखा, तेरी इतनी ज़िद है तो...तो बायजाबाई मैंने मन-ही-मन तय कर लिया कि खर्दा की लड़ाई समाप्त होते ही तेरा हाथ नरसिंह को पकड़ा दूँगा।...तुझे ताज्जुब हो रहा है बायजाबाई?...मैंने तुझ पर अपने मन की बात जाहिर नहीं होने दी। ऊपर से सख्ती भी बरतता रहा...लेकिन असल बात यह है कि मैं तुझे नरसिंहराव के हाथों मन-ही-मन सौंप चुका था।

बायजा. : बाबा!

शर्जेराव : हाँ, बेटी।...यही बात थी!...लेकिन क्या कहूँ—मेरे मन कछु और है, विधना के कछु और।...बायजाबाई खर्दा की लड़ाई ने हमारे अनेक मंसूबे पूरे किए, पर एक मंसूबा तोड़ भी दिया।...नरसिंहराव खर्दा के युद्ध में मारा गया।

बायजा. : नहीं-नहीं...बाबा...ऐसा मत कहिए।...ऐसा मत कहिए, बाबा।...नरसिंह... नरसिंह...

[व्यथित हो सिसकने लगती है।]

शर्जेराव : दुख तो तुझे होगा ही और तेरी पीड़ा मेरे ढाढ़स बँधाने से कम भी नहीं होगी—यह भी मैं जानता हूँ।

बायजा. : *(रुँधे कंठ से)* इतने दिन से बताया क्यों नहीं, बाबा बताया क्यों नहीं?...ओह !...नरसिंह !...

शर्जेराव : तेरा सवाल ठीक है।...खर्दा की लड़ाई खत्म हुए इतने दिन हो गए, पर मैंने तुझे बताया क्यों नहीं ?...बताया इसलिए नहीं कि दुश्मन की फौज में मरनेवालों का ब्यौरा तो देर ही से मिलता है।

बायजा. : दुश्मन?

शर्जेराव : हाँ बेटी, नरसिंहराव तो निज़ाम की तरफ़ से लड़ रहा था, मराठों के विरुद्ध।

बायजा. : नहीं बाबा, आपने गलत सुना होगा।...कह दीजिए बाबा कि... आप हँसी कर रहे थे।...कह दीजिए कि यह सब झूठ है।...बाबा.. बाबा...ओह...*(रुदन)*

शर्जेराव : मैं जानता था कि यह सब सुनकर बहुत चोट पहुँचेगी तुझे। बहुत कड़ा दिल करके...यह बात तुझसे कह सका हूँ।

बायजा. : सरनाबाई...सरनाबाई।

शर्जेराव : सरनाबाई तो अपने गाँव गई, बेटी।...अभी-अभी।

बायजा. : ओह! सरनाबाई, तू भी विश्वासघातिनी निकली।...तुम भी नरसिंहराव!... हर तरफ़ विश्वासघात! हर तरफ़ दगा!...और बाबा!

शर्जेराव : धीरज धर बेटी, धीरज धर।

[रहीमन का प्रवेश। कृत्रिम आश्चर्यान्वित मुद्रा में बायजाबाई को देखती है, शर्जेराव को देखती है और बायजाबाई को सँभालती है।]

रहीमन : यह क्या बाईसाहब।...सरकार, यह क्या कर डाला आपने!...यह रोना-धोना कैसा?...

शर्जेराव : रहीमन!...

रहीमन : आप जाएँ सरकार !...बाईसाहब को मैं सँभाल लूँगी।आप इस वक़्त चले जाएँ। *(शर्जेराव का प्रस्थान।)*...आपको आराम की ज़रूरत है, बाईसाहब।...*(तकिए के सहारे बिठाती है।)*...आपके आराम का भी इन्तज़ाम करूँगी और आपका मनबहलाव भी।...वह भजन आपको बहुत पसन्द आया था न...लीजिए सुनिए—

निसि दिन बरसत नैन हमारे।...*(गाती है)*

[क्रमशः अन्धकार...बायजाबाई के नैनों में आँसू भरे हैं।]

दृश्य दो

[पाँच-छः महीने बाद ग्वालियर के क़िले के नीचे एक अन्धकारपूर्ण तहख़ाना जो कारागार की तरह इस्तेमाल होता था। एक खिड़की में से भयभीत-से प्रकाश की नन्हीं किरण। पीछे की तरफ़ एक जीना, जिसके ऊपर लौह-द्वार जो दीखता नहीं है। लौह-द्वार के खुलने की ध्वनि। अन्धकार में जीने पर से दो मूर्तियों का प्रवेश]

पहला स्वर : *(दबी आवाज़)* सरदार साहब, यही तहख़ाना है।

सरदार : *(उसी तरह दबी आवाज़)* मैं उससे अकेले में बात करूँगा। तुम जा

सकते हो, गढ़पति।

गढ़पति : आप बुरा न माने तो तहख़ाने के बाहर ताला लगाकर जाऊँ। आलीजाह सिन्धिया महाराज की आज्ञा है।

सरदार : *(हँसते हुए)* अच्छा! लेकिन बाद में खोलना न भूल जाना।

गढ़पति : *(जाते-जाते)* अभी तक तो नहीं भूला। भूलूँ भी तो आपको हजम करने की ताकत ग्वालियर के इस तहख़ाने में नहीं है, सरदार साहब। *(प्रस्थान)*

[लौह-द्वार बन्द होने की ध्वनि। थोड़ी देर बाद सरदार आगे बढ़ता है।]

सरदार : नरसिंहराव!...*(कोने में जंजीर और बेड़ियों की खनखनाहट)*

नरसिंह : *(कन्दरा के भीतर से आता हुआ क्षीण स्वर)* कौन? गढ़पति? समय हो गया क्या?

सरदार : नरसिंह!

नरसिंह : यह किसकी आवाज़ है? मैं...और कोई आवाज़ नहीं सुनना चाहता। एक बस मौत की आवाज़। मैं...मैं तैयार हूँ।

सरदार : नरसिंह, मैं हूँ सरदार जिन्सेवाले।

नरसिंह : सरदार जिन्सेवाले...नहीं-नहीं, यह धोखा है। *(जंजीरों की पुनः खनखनाहट)* अँधेरे के रेगिस्तान में...ज्योति की मरीचिका। ...यह धोखा है।

जिन्से. : मैं इधर हूँ।

नरसिंह : *(फिर जंजीरों की खनखनाहट)* आप...आप...सच ही सरदार जिन्सेवाले हैं ?...यहाँ इस तहख़ाने में ? ओ...

जिन्से. : इधर आओ, नरसिंहराव, मेरे बन्धु!

नरसिंह : बन्धु! आपका बन्धु अब कहाँ ? भूल जाइए, सरदार जिन्सेवाले। मुझे भूल जाइए। मैं ज़िन्दगी की सीमा पार कर चुका हूँ। मौत का पैगाम आ चुका हूँ।...आप जाइए।

जिन्से. : मैं परवाना लेकर आया हूँ।

नरसिंह : किसका ?

जिन्से. : आलीजाह बहादुर सिन्धिया का।...तुम्हें फाँसी नहीं दी जाएगी, नरसिंहराव।

नरसिंह : *(जंजीरों की खनखनाहट)* सरदार, बस दो घड़ी का मेहमान हूँ...आप दिल्लगी न करें।

जिन्से. : तुम्हें जिन्दा रहना है, नरसिंह।

नरसिंह : जिन्दा ? *(खोखली हँसी)* जिन्दा ! *(जंजीरें खनक उठती हैं।)*

जिन्से. : बैठ जाओ, नरसिंह। मैं बैठकर ही बातें करूँगा।

नरसिंह : *(बैठते हुए)* मैं एक महीने में बातें करना भूल गया। यह आवाज़...

यह आवाज़...क्या मेरी ही है? और आप...मैं क्या आपको ही देख रहा हूँ? क्या सुन रहा हूँ? आप जो कहते हैं, क्या...क्या वह सच है? *(सावेश)* सच है?

जिन्से. : *(भग्न स्वर)* नरसिंह...मेरे बन्धु...नरसिंह, तुम्हें देखा नहीं जाता। उफ्...

नरसिंह : आपकी आवाज़ में निराशा है। आप सिसक रहे हैं सरदार।...तो...तो मैंने गलत ही सुना। आप मुझे छुड़ाने नहीं आए हैं। आप आए हैं दिलासा देने...लेकिन दिलासा क्यों, सरदार ? मौत की छाया मुझ पर पड़ चुकी है।...उसकी ठंडी बेदर्द उँगलियों की मेरी गर्दन प्रतीक्षा कर रही है। दिलासा देना बेकार है।...आप जाइए।

जिन्से : नरसिंह, सिन्धिया ने फाँसी का हुक्म रद्द कर दिया है।

नरसिंह : किसलिए? *(कुछ रुककर खोखले स्वर में)* क्या सच मैं उजाले की राह पर चल सकूँगा?

जिन्से. : काश? मैं यह कह सकता!

नरसिंह : *(सभीत सशंक स्वर)* तब?

जिन्से. : तुम्हें यहीं रहना है। फाँसी नहीं, लेकिन जीवनभर कारागार।

नरसिंह : कारागार !*(साग्रह)* सरदार, मैं विनती करता हूँ *(कम्पित स्वर)* मुझे मौत चाहिए। आप सिन्धिया के पास जाइए।

जिन्से. : कई बार मिल चुका हूँ उनसे।...लेकिन व्यर्थ।

नरसिंह : मैं नहीं जानता, किस कसूर में मुझे गिरफ्तार किया गया है। क्यों मुझे मौत की सज़ा दी गई? क्यों मुझे फाँसी नहीं दी जा रही?

जिन्से. : नरसिंह, मैं तुम्हारा मित्र हूँ। मुझसे कुछ मत छिपाओ।...तहखाने का द्वार बन्द है और गढ़पति दूर है।

नरसिंह : मेरे पास छिपाने के लिए क्या है?

जिन्से. : सच बताओ, क्या...क्या निज़ाम अली की पहरेदार टुकड़ी से तुम्हारी जान-पहचान थी?

नरसिंह : थी।...अगर उन लोगों से जान-पहचान न होती तो क्या इतनी आसानी से निज़ाम अली के पड़ाव में आ-जा सकता था?

जिन्से. : तुम्हें...मालूम है कि तुम्हारे बताए हुए स्थान पर ही...उस दिन हम लोगों की तोपें चढ़ाई गईं और...

नरसिंह : और उनकी गोलाबारी ने निज़ाम के आते-जाते दस्तों पर सितम ढा दिया था।

जिन्से. : हाँ! तुम्हारी ख़बर मौके से आई। लेकिन जब वे तोपें तैयार की जा रही थीं तब ठीक वहीं दुश्मन की गोलियों की बौछार आई।

नरसिंह : भाऊ साहब ने बताया था। मैं अब तक नहीं समझ पाया हूँ कि

गोलियों की बौछार कहाँ से आई।...दुश्मन के बन्दूकोंवाले दस्ते उस मोर्चे पर थे ही नहीं। आठ-दस पहरेदारों की टुकड़ी को छोड़कर...

जिन्से. : पहरेदारों की टुकड़ी, जिनसे तुम्हारी जान-पहचान थी।

नरसिंह : *(आहत)* आपका मतलब...आपका मतलब...

जिन्से. : मेरा नहीं, सिन्धिया महाराज का खयाल है कि तुम्हारे इशारे से ही वह गोलियों की बौछार आई और...

नरसिंह : *(सावेश)* झूठ!...सरदार जिन्सेवाले, यह सरासर झूठ है।...मुझे नहीं मालूम कि गोलियों की बौछार क्यों और कहाँ से आई, लेकिन मेरे इशारे से?...उफ्...यह झूठ है। यह मिथ्यारोप है।...क्या आप इस पर यक़ीन कर सकते हैं?

जिन्से. : नहीं, मैने इस पर कभी यक़ीन नहीं किया।

नरसिंह : और परशुराम भाऊ?

जिन्से. : उन्होंने भी नहीं।...हम लोगों को कभी यक़ीन नहीं हुआ। लेकिन सिन्धिया महाराज तुम्हें आधा मुसलमान कहते हैं।

नरसिंह : आधा मुसलमान?

जिन्से. : उस दिन तुम्हारी वे बातें...हिन्दू और मुसलमान दोनों के कल्याण की माँग...

नरसिंह : तो मुझे अपनी उस माँग के लिए दंडित किया जा रहा है?

जिन्से. : यह कहना भी गलत होगा, क्योंकि युद्ध के बाद निज़ाम और मराठों की सन्धि की अन्य शर्तें यों अभी पूरी नहीं हुई हैं, लेकिन एक शर्त पूरी हो गई है।

नरसिंह : वह क्या ?

जिन्से. : मराठा पन्थ और निज़ाम अली दोनों की तरफ से वह घोषणा कर दी गई है, जिसके लिए तुमने जोरों से माँग की थी।

नरसिंह : सर सरदार?...क्या हिन्दू-मुसलमानों को धर्म की आज़ादी दे दी गई?

जिन्से. : मराठा और निज़ाम दोनों के राज्यों में।

नरसिंह : गोवध पर मुनादी लगा दी गई।

जिन्से. : दोनों राज्यों में।

नरसिंह : हिन्दू और मुसलमान एक ही परमात्मा की सन्तान हैं। उन्हें अपनी-अपनी पूजा-निमाज करने का अधिकार है?

जिन्से. : ये ही शब्द उस घोषणा में शामिल किए गए हैं। परशुराम भाऊ का विशेष आग्रह था।

नरसिंह : सरदार, परशुराम भाऊ के आग्रह से मैंने वह पुल तोड़ा था, मेरी बात मानकर उन्होंने हिन्दू और मुसलमानों के बीच टूटते पुल को जोड़ दिया।

जिन्से. : लेकिन जिस बहादुरी से तुमने वह पुल तोड़ा, उसका पुरस्कार?

नरसिंह : पुरस्कार? इसका जवाब आप दीजिए, सरदार।

जिन्से. : क्या जवाब दूँ नरसिंह।...न जाने किसने सिन्धिया महाराज के कान भरे हैं, जो मेरी लाख मिन्नतें करने पर भी वह पिघलते नहीं, समझते नहीं।...बहुत-बहुत विनती करने पर वह सिर्फ़ इस बात के लिए राजी हुए कि तुम्हें फाँसी न दी जाए। लेकिन...लेकिन नरसिंह, इस ग्वालियर के क़िले के तहख़ाने में आजीवन कारागार का हुक्म दे दिया गया है।

नरसिंह : आजीवन कारागार ...

जिन्से. : नरसिंह, मैं फिर जाऊँगा सिन्धिया के पास। कोशिशों में कसर न छोड़ूँगा।

नरसिंह : *(स्वप्नवत्)* आजीवन कारागार! *(बाहर पगध्वनि)*

जिन्से. : गढ़पति आ रहा है। मैं चलता हूँ। *(उठता है)* नरसिंह, *(उसके कन्धे पर हाथ रखते हुए)* उम्मीद मत छोड़ना।

नरसिंह : उम्मीद! *(वही खोखली हँसी)*...सरदार, मैं मौत की उम्मीद का सहारा ले रहा था। आपने उसे तोड़ दिया।...और अब यह जिन्दगी। यह गुफा की घिरी-घिरी ज़िन्दगी। किसके लिए?

जिन्से. : समय काटने के लिए कुछ काम करना चाहो तो गढ़पति से कह दूँगा।

नरसिंह : *(वही खोया-सा स्वर)* किसके लिए? किसके लिए?

जिन्से. : काश! मैं बता सकता, नरसिंह !...लेकिन जिस पथ के तुम राही हो, वह लम्बा और सूना है। दिल बहलाव के लिए...

नरसिंह : *(विचारमग्न)* ठहरिए सरदार! मैं अँधेरे की ज़िन्दगी में उजाले का ताना-बाना बुनूँगा (रुककर) शारदीया के लिए।

जिन्से. : शारदीया?

नरसिंह : आप शारदीया को नहीं जानते? सरदार, आप गढ़पति से कह दीजिए कि मेरे लिए एक छोटा-सा करघा मँगवा दें। हैदराबाद के मुसलमान कारीगरों का हुनर मेरी उँगलियों में बस गया है। सरदार! वही मेरा सम्बल होगा। जब तक जिन्दा हूँ, तब तक बुनता रहूँगा, रुपहले और सुनहरे पल्ले। हवा-सी हलकी, कुसुम-सी कोमल, चाँदनी-सी झीनी *(विभोर)* चाँदनी!...शारदीया...वही तो असली चाँदनी है।...मेरी कालकोठरी में उसी की ज्योति बसेगी, शारदीया की ज्योति!

जिन्से. : शारदीया!...नरसिंह, तुम किसकी चर्चा कर रहे हो?

नरसिंह : आप नहीं जानते शारीदया को? विश्वसुन्दरी, मेरी चिरसंगिनी! ओह1! उसका पुराना नाम आपको नहीं मालूम? मैं भी भूल चला था। उसका नाम है–*(रुककर)* लेकिन, नहीं, अब आपको बताने से क्या लाभ?

[गढ़पति का प्रवेश]

गढ़पति : चलिएगा सरदार जिन्सेवाले।

जिन्से. : चलता हूँ...गढ़पति। नरसिंह...मन को दूसरी ओर लगाओ। मैं करघे का प्रबन्ध कर दूँगा।

नरसिंह : *(पीठ मोड़ते हुए)* क्या लाभ आपको बताने से? किसी को भी बताने से? ...नहीं, कौन मेरा दर्द बाँटेगा? क्यों बाँटूँ अपना दर्द? नहीं, वही तो मेरा सहारा है, वही तो मेरा और तुम्हारा नाता है, शारदीया!

[कर्कश शब्द के साथ लोहे का दरवाज़ा बन्द हो जाता है और अँधेरा नरसिंह की अकेली छाया को ग्रस लेता है।]

तृतीय अंक

दृश्य एक

[दो वर्ष बाद पूना में शर्जेराव घाटगे का वही मकान, जो अब पहले की अपेक्षा सुव्यवस्थित और सुसज्जित है। खर्दा की विजय के उपरान्त मराठा-राज्य में अनेक परिवर्तन हो चुके हैं। बाजीराव द्वितीय पेशवा हैं। दौलतराव सिन्धिया अभी तक पूना ही में हैं। नाना फड़नवीस की शक्ति समाप्त हो चुकी है और उन्हें सिन्धिया की ओर से शर्जेराव घाटगे ने बन्दी कर लिया है।

सिन्धिया और शर्जेराव घाटगे मसनद के सहारे बैठे हुए नृत्य देख रहे हैं। रहीमन, नर्तकी की भूषा में, कत्थक नृत्य का प्रदर्शन कर रही है। दौलतराव झूमते जाते हैं। शर्जेराव घाटगे गहरी दृष्टि से दौलतराव की मुद्रा को देख रहा है। बीच-बीच में 'वाह'वाह', 'बहुत खूब', 'कमाल है', इत्यादि कहकर दोनों नर्तकी को बढ़ावा दे रहे हैं। नृत्य समाप्त होता है।]

सिन्धिया : बहुत अच्छा! बहुत खूब!

रहीमन : हुजूर की नवाजिश है।...एक बोल और?

शर्जेराव : थोड़ी देर बाद।...अभी सरकार आराम करेंगे।

रहीमन : जो हुकम! *(दरबारी ढंग से सलाम करके प्रस्थान)*

सिन्धिया : कमाल का नाचती है। घाटगेजी, नृत्य का आनन्द तो इन्हीं मुजरों में है। हमारे यहाँ तमाशे और लावनी तो देहाती चीज़ें हैं।

शर्जेराव : जी हाँ! मैंने ख़ासतौर से लखनऊ के नवाब के दरबार में मुजरा करनेवाली इस नर्तकी को बुलाया है। लेकिन मेरे इस मकान में कोई ढंग का स्थान ही नहीं है, जहाँ मुजरा हो सके। यह तो आपकी कृपा है, जो यहाँ बैठना मंजूर किया।

सिन्धिया : अपने महल में हमें जिन्दगी का लुत्फ उठाने का मौका ही कहाँ मिलता है, घाटगेजी? आडम्बर!...आडम्बर!

शर्जेराव : आडम्बर से घबड़ाइए मत, सिन्धिया महाराज। ज़िन्दगी के खेल में बहुत-सी पोशाकों की ज़रूरत पड़ती है। आपकी महल रौबीली पोशाकों के लिए है और मेरी यह कुटिया...

सिन्धिया : छबीली पोशाकों के लिए। *(हँसता है)* बड़ी पते की बात कही आपने,

घाटगेजी! लेकिन कुटिया में क्यों रहें आप! आपकी मेहनत और चतुराई से नाना फड़नवीस का महल हाथ में आया है।

शर्जेराव : सच पूछिए तो नाना को बन्दी करके मैंने उनका उपकार ही किया है। अब फुरसत से पूजा-पाठ कर रहे हैं।

सिन्धिया : *(हँसकर)* वह भी बड़ा आडम्बरी है।...लेकिन नाना का महल खाली क्यों रहे?

शर्जेराव : कंजूस का घर खाली रहने से भूतों का डेरा बन जाता है, महाराज?

सिन्धिया : *(जोर से हँसता है)* और भूतों को भगाने के नुस्खे आपके पास हैं, घाटगेजी!

शर्जेराव : जी हाँ, लाजवाब नुस्खे ? यही देखिए मुजरे की ताल और नर्तकी के हाव-भाव विकट-से-विकट भूतों को मार भगा देंगे।

सिन्धिया : और...

शर्जेराव : मुगलिया दस्तरखान के स्वादिष्ट कबाब, कोफ्तों की सुगन्ध...

सिन्धिया : वाह, वाह।

शर्जेराव : और सात समुन्दर पार से लाई गई फिरंगी शराब...तेज़ और तीखी।

सिन्धिया : आपने उसका इन्तजाम कर लिया?

शर्जेराव : मजे से।...उसका भी और...एक और जादूगरनी का।

सिन्धिया : जादूगरनी?

शर्जेराव : जी हाँ *(ताली बजाता है। एक अनुचर आता है।)* वे बोतलें लाओ और वह नई डिबिया भी।...
(अनुचर जाता है)

सिन्धिया : मौज और मस्ती के खजाने की कुंजी मुझे आप ही ने पकड़ाई है, घाटगेजी। *(अनुचर आता है। ब्रांडी की बोतलें और एक नक्काशीदार चाँदी की डिबिया और चाँदी की प्यालियाँ भी रखकर चला जाता है।)*

शर्जेराव : यह लीजिए, आलीजाह; फिरंगी लोग ब्रांडी कहते हैं इसे। धीरे-धीरे सुरूर बढ़ाती है।

सिन्धिया : ढालिए, शर्जेरावजी, ढालिए।

शर्जेराव : *(प्याली में ब्रांडी ढालता हुआ)* और यह जो चाँदी की डिबिया है, इसमें एक सब्जपरी बन्द है। *(किंचित् हँसी)*

सिन्धिया : देखें! *(डिबिया उठाकर खोलता है)* गन्ध बहुत तेज़ है।

शर्जेराव : दुनिया की सबसे कीमती अफ़ीम।

सिन्धिया : अफ़ीम?

शर्जेराव : जी हाँ,...मराठे सरदार लेते हैं तो बस भंग, लेकिन नवाबों और शहनशाहों का नशा है, यह अफ़ीम...सातवें आसमान की सब्ज़परी, मनोहारिनी जादूगरनी।

सिन्धिया : *(डिबिया में से अफीम निकालकर टटोलता हुआ)* सब्ज़परी! जादूगरनी! क्या अवध का नवाब भी इसके मज़े लूटता है।

शर्जेराव : क्यों नहीं!...मिर्जापुर में फिरंगियों ने अफ़ीम का नया कारखाना खोला है। वहीं से खासतौर से आपके लिए मँगाई है।

सिन्धिया : *(प्याले से मदिरा पीता हुआ)* मँगाइए शर्जेराव, और मँगाइए।

शर्जेराव : कम्बख्त फिरंगी, दाम बहुत लेते हैं।

सिन्धिया : अशर्फियाँ-मोहरें...खजाने से जितनी चाहें ले लीजिए।

शर्जेराव : क्षमा करें, सिन्धिया महाराज का खजाना अभी भरा-पूरा नहीं है।

सिन्धिया : भरने के दिन आ गए हैं। नाना की तिजोरियाँ...

शर्जेराव : अभी हाथ नहीं लगी हैं, आलीजाह।

सिन्धिया : निज़ाम का चौथ...

शर्जेराव : अभी उसका निपटारा कहाँ हुआ है? और फिर आपकी वे दोनों विमाताएँ, यमुनाबाई और लक्ष्मीबाई।

सिन्धिया : भूतों का नुस्खा तो आपके पास है, शर्जेरावजी, लेकिन इन चुड़ैलों का कोई इलाज नहीं है क्या?

शर्जेराव : है क्यों नहीं, आप मेरे ऊपर छोड़ें तो। दो साल से आप चिट्ठी-पत्री भेज रहे हैं। लेकिन जिनपर कोड़े पड़ने चाहिए, उनको चिट्ठियाँ भेजने से क्या फ़ायदा!

सिन्धिया : कोड़े?...यमुनाबाई और लक्ष्मीबाई पर कोड़े?

शर्जेराव : आपको हुकूमत करनी है, महाराज ! औरत हो या बच्चा, अगर काँटे की तरह चुभता हो तो उसे पीसना होगा...फावड़े की चोट सहनी होगी।

सिन्धिया : आपकी बुद्धि और...आपके कोड़े पर मुझे पूरा भरोसा है।

शर्जेराव : भरोसा तो आप ढाई बरस से करते आ रहे हैं, इसीलिए नानासाहब का आश्रय छोड़कर मैं आपकी सेवा में आ गया।

सिन्धिया : मैंने भी कागल की क़िलेदारी आपको वापस दिलाई, अपनी पूना की फौज का अधिकार आपको दिया। बोलिए, और क्या चाहते हैं, घाटगेजी ?

शर्जेराव : चाहता हूँ कि आपको हिन्दुस्तान की सबसे बड़ी सल्तनत का मालिक बनता देखूँ। देखूँ कि नाना फड़नवीस आपके पैरों तले पड़ा हो, पेशवा बाजीराव आपकी मुट्ठी में हो, फिरंगी आपसे खौफ़ खाएँ और दिल्ली का सिंहासन आपकी पदचाप सुनकर थर्रा उठे।

सिन्धिया : *(प्याला आगे करता हुआ)* ढालिए और ढालिए शर्जेराव। फिरंगी शराब मजेदार है।

शर्जेराव : *(मदिरा ढालते हुए)* जिस तरह मदिरा ढालने के लिए मुझे आपने साकी

माना है, उसी तरह हुकूमत की हाला ढालने का भी एकमात्र अधिकार मुझे दीजिए।

सिन्धिया : हुकूमत का साकी! *(पीता है)*

शर्जेराव : जी हाँ, हुकूमत का साकी! शर्जेराव घाटगे को अपना दीवान बनाइए...अपना प्रधानमन्त्री।

सिन्धिया : प्रधानमन्त्री!...मुझे सोचने का समय दीजिए, शर्जेरावजी।

शर्जेराव : सोचने का समय! अगर आपकी तरफ़ से सोच-विचार मैं ही कर लूँ तो आपका कितना सरदर्द बच ज़ाए?

सिन्धिया : हूँ। *(पीता है)*

शर्जेराव : भारतवर्ष की एकच्छत्र सल्तनत आपकी राह देख रही है, महाराज।

सिन्धिया : एक बात है, शर्जेरावजी।

शर्जेराव : सब अड़चनें दूर करने का भार मुझ पर...

सिन्धिया : मेरा सिंहासन आधा खाली पड़ा है। ढाई वर्ष से प्रतीक्षा कर रहा हूँ।

शर्जेराव : हूँ। *(रुक जाता है)*

सिन्धिया : देखता हूँ कि आपको भी सोच-विचार की जंजीरें बाँधे हुए हैं।

शर्जेराव : आप ठीक कहते हैं, लेकिन अब नहीं। ब्राह्मण-पुत्री सिन्धिया घराने में जाएगी।

सिन्धिया : बिलकुल पक्की बात?

शर्जेराव : बिलकुल पक्की। एक महीने में ही शादी कर ली जाए।

सिन्धिया : तो कीजिए तैयारी। विवाहोत्सव इस शान-बान से हो, जैसा पूना-नगरवासियों ने आज तक कभी देखा ही न हो।

शर्जेराव : ऐसा ही होगा। अवश्य होगा। लेकिन सिन्धिया महाराज, शर्जेराव कच्चे काम में हाथ नहीं डालता।...यह सौदा है और सौदे में साफ़ बात होनी चाहिए।

सिन्धिया : साफ बात!

शर्जेराव : जी हाँ, साफ़ बात!...प्रधानमन्त्री बनाने के आज्ञा-पत्र पर आपको आज ही हस्ताक्षर करने होंगे।

सिन्धिया : लेकिन यहाँ कहाँ?

शर्जेराव : उसका प्रबन्ध मैंने कर लिया है। थोड़ी देर नर्तकी आपका मनोरंजन करेगी। मैं अभी हाज़िर हुआ। *(जाता है)*

सिन्धिया : सौदा!...अच्छा ही सौदा रहा। *(पीता है)*

(रहीमन का पुनः प्रवेश। नृत्य की तैयारी करती ही है कि इतने में दूसरी ओर से सरदार जिन्सेवाले का प्रवेश।)

सिन्धिया : कौन?...सरदार जिन्सेवाले? आप यहाँ *(रहीमन से)* ए बाई, तुम जाओ!...फिर बुलाऊँगा। *(रहीमन का प्रस्थान)* यहाँ कैसे आए सरदार?

जिन्से. : यह मैं क्या देख रहा हूँ, आलीजाह!...यह नर्तकी और ये शराब के प्याले!...

सिन्धिया : हा-हा-हा! एक ही सिक्का और दो रुख! एक ही शरीर और दो पोशाक! एक अपने महल में पहनता हूँ और एक यहाँ।...तुम यह सब नहीं समझोगे जिन्सेवाले।

जिन्से. : सब समझता हूँ, आलीजाह। लेकिन कौन-सी पोशाक असली है?

सिन्धिया : नवाबों और शहनशाहों की कौन पोशाक असली होती है और कौन नकली?

जिन्से. : सिन्धिया महाराज का अपना बाना इतना प्रभावशाली है कि नवाबी पोशाक की ज़रूरत ही क्यों पड़े?

सिन्धिया : यही तो तुम दकियानूसी सरदार नहीं समझते हो।...खैर, बताओ, क्यों आए हो इस बार?

जिन्से. : आलीजाह, आप जानते हैं पिछले ढाई वर्षों से हर छः माह पर आपकी सेवा में ग्वालियर से आता रहा हूँ। ग्वालियर में आपकी प्रजा आपके दर्शन के लिए तरस रही है। यहाँ के झंझटों को छोड़कर वहाँ नहीं चलिएगा?

सिन्धिया : झंझट?...ठीक कहते हो। पूना में अनेक झंझट हैं। ...लेकिन, एक नया झंझट जो उठ खड़ा है, उससे नहीं बचना चाहता।

जिन्से. : कौन-सा वह नया झंझट है, महाराज?

सिन्धिया : एक महीने बाद सिन्धिया की प्रजा अपनी महारानी का अभिनन्दन करेगी।

जिन्से. : जय हो महाराज की! बड़े हर्ष का समाचार है। कौन भाग्यशालिनी होंगी महारानी?

सिन्धिया : इसकी घोषणा कल सुनोगे।

जिन्से. : तब तो आलीजाह विवाहोत्सव के उपरान्त आप दोनों को ग्वालियर आना ही होगा।

सिन्धिया : आएँगे। अगर हम दोनों न आ सके तो महारानी को अवश्य भेजूँगा। वहाँ का दान-पुण्य और ब्राह्मण-भोज निपटाना होगा उन्हें।

जिन्से. : ऐसी खुशी के मौके पर अपनी पुरानी विनती दोहराऊँ तो क्षमा करेंगे, आलीजाह।

सिन्धिया : कौन-सी विनती?

जिन्से. : नरसिंहराव को छोड़ दिया जाए।

सिन्धिया : अरे, धीरे बोलो।

जिन्से. : क्यों?

सिन्धिया : शर्जेराव घाटगे को यह नहीं मालूम है कि उसे फाँसी नहीं दी गई है।

जिन्से. : तो अब बता दीजिए और यह भी कह दीजिए कि इस शुभ घड़ी पर आप उसे कारागार से भी मुक्त कर रहे हैं।

सिन्धिया : *(दबी आवाज़ में)* तब तो शुभ घड़ी अवश्य टल जाएगी।

जिन्से. : क्या मतलब आपका, महाराज?

सिन्धिया : तुम नहीं समझोगे सरदार, तुम नहीं समझोगे।

जिन्से. : मैं तो इतना समझता हूँ कि नरसिंहराव बेकसूर है।

सिन्धिया : इस बात का निर्णय महारानी करेंगी।

जिन्से. : *(साश्चर्य)* आलीजाह।

सिन्धिया : बस, यह ठीक रहेगा।...विवाह के बाद जब महारानी ग्वालियर जाएँगी तभी इस बात का निपटारा हो जाएगा।...सरदार जिन्सेवाले, तुम लौट जाओ।

जिन्से. : फिर निराश लौट जाऊँ?

सिन्धिया : निराश क्यों ? ग्वालियर जाकर स्वागत की तैयारियाँ करो।

जिन्से. : एक आशा तो पूरी हुई, आलीजाह। दूसरी आशा का भी सूत्र नहीं छोड़ूँगा।

सिन्धिया : सरदार, अब तुम चलते बनो। *(सरदार चलने को प्रस्तुत)*...ठहरो। ... तुम लालपरी और सब्जपरी को जानते हो?

जिन्से. : *(भौचक्का)* जी...जी...

सिन्धिया : नहीं जानते ?...यह देखो *(ब्रांडी की बोतल उठाता है)* यह है लालपरी। *(अफीम की डिबिया उठाता है)* यह है सब्जपरी।...ग्वालियर में दोनों का इन्तजाम रखना।

जिन्से. : ग्वालियर में? वहाँ तो–*(बोल नहीं पाता)*

सिन्धिया : वहाँ तो गंगाजल और तुलसीदल ही मिलेगा। *(ठहाका मारकर हँसता है)*...तो जाओ, मैं नहीं आऊँगा। ...महारानी ही पहुँचेंगी। ...जाओ चलते बनो। *(शराब ढालने लगता है। जिन्सेवाले का हतप्रभ प्रस्थान)*... ठेठ देहाती सरदार।...आओ, मेरी लालपरी...मेरी सब्जपरी!...*(पीता है।...नशा चढ़ने लगता है।)*...अरे, वह कहाँ गई?...कहाँ...गई?...कोई नहीं?...

(ताली बजाता है। रहीमन का प्रवेश।)

रहीमन : हुकुम, आलीजाह।

सिन्धिया : ठीक।...अब ठीक।...बहुत...बहुत ठीक। मैं भी तो कहूँ मेरी इन्द्रपुरी... सूनी क्यों है?...शुरू करो...करो...शुरू...

(शर्जेराव का प्रवेश। हाथ में लिपटा हुआ कागज।)

शर्जेराव : ठहरो!...*(सिन्धिया के सामने लिपटे कागज को खोलकर रख देता है।)* सिन्धिया महाराज दस्तखत कीजिए।

सिन्धिया : *(नशे की झोंक में अकचकाकर)* ऐं।...

शर्जेराव : *(कलम पकड़ता हुआ।)* कीजिए दस्तखत यहाँ। यहाँ... *(सिन्धिया दस्तखत करता है।)*...ठीक, बहुत ठीक, आलीजाह!...लाइए कलम!...यह कलम और यह आज्ञापत्र। *(नर्तकी से)* शुरू करो, नर्तकी।...बेधड़क नाचो *(नर्तकी नृत्य शुरू करती है।)* मस्त होकर नाचो।... *(नृत्य एक साथ तीव्र हो जाता है। नर्तकी जोरों से घूमती है।)* नाचो, खूब नाचो। *(उन्मत्त-सा मानो सिन्धिया की उपस्थिति भूल गया हो।)*...आज से तुलाजी उर्फ सखाराम उर्फ शर्जेराव घाटगे सिन्धिया महाराज का प्रधानमन्त्री हुआ। प्रधानमन्त्री...हा-हा-हा। नाचती रहो, नर्तकी, नाचती रहो...

[घुँघरू और पायल की तीव्र झंकार के बीच घाटगे की उन्मत्त हँसी एक अजब समाँ पैदा कर देती है। सिन्धिया के मुख पर नशे और भय की विचित्र मुद्रा।]

दृश्य दो

[ग्वालियर का वही तहख़ाना। नरसिंहराव उसी करघे पर बुन रहा है और गाता भी जाता है...'झीनी बीनी धर दीनी चदरिया']

[गढ़पति का प्रवेश]

गढ़पति : तुम तो बिलकुल कबीरदास ही बन गए, नरसिंहराव।

नरसिंह : आइए, गढ़पतिजी *(किंचित् हँसी)*। पता नहीं, कबीरदास कैसा कपड़ा बुन पाते थे, मोटा-झोटा या रेशमी। मेरा नमूना देखेंगे?

गढ़पति : कितने ही महीनों से बुन रहे हो, लेकिन अभी तक दिखाया ही नहीं।

नरसिंह : आज पूरा हो रहा है। अभी दिखाता हूँ। आप तो आज दिनभर गायब रहे।

गढ़पति : आज दिनभर तो दम मारने की फुरसत ही नहीं मिली। आलीजाह बहादुर की शादी के बाद पहली बार महारानी पधारी हैं। ब्राह्मण भोज, कंगालों को भोज, कैदियों को छूट—भला एक काम है! ऐसे में गढ़पति को फुरसत?... *(लम्बी साँस खींचकर जीने पर बैठ जाता है।)*

नरसिंह : महारानी दयालु स्वभाव की हैं?

गढ़पति : बहुत। मुझे तो उम्मीद थी कि और कैदियों के साथ तुम्हारी रिहाई का भी हुकम दे देंगी। मगर अभी तक तो...

नरसिंह : मेरी रिहाई?...गढ़पति मेरे लिए तो दुनिया के सब सामान यहीं पर मौजूद हैं।

गढ़पति : इन महीनों में तुम्हारे अन्दर जो परिवर्तन आ गया है, उसे देखकर मैं दंग हूँ। मैंने इन तहख़ानों में कैदियों को पत्थर से सिर टकराते देखा है, इसलिए कि उन्हें एक पल के लिए चाँद, सूरज, आसमान की झलक मिल सके, एक पल के लिए बाहर की रंगीनियों पर दृष्टि डाल सकें। लेकिन तुम हो कि जंजीरें खोल देने पर भी तुम्हारे पैर बँधे ही रहते हैं।

नरसिंह : आप ठीक कहते हैं; लेकिन इस सूनी और अन्धी कोठरी में मैं अकेला नहीं हूँ।

गढ़पति : वाह भई! सरदार जिन्सेवाले को छोड़कर और तो किसी को इजाजत ही नहीं मिली है तुमसे मिलने की।

नरसिंह : लेकिन आप ही तो मेरे उन मित्रों को मेरे पास छोड़ गए हैं, गढ़पति।

गढ़पति : ऐं!

नरसिंह : देखिए, उस दिन आपने कहा था कि बगीचे में गुलाब की झाड़ी में दो नई कलियाँ खिली हैं। उस दिन से रोज़ वे कलियाँ मेरे निकट रही हैं।...मैं उन्हें देख रहा हूँ, अपने हरेक बन्धन को तोड़ते हुए, ऐसे ही जैसे रात की तलहटी में उषा का फूल खिलता है। उनकी शर्मिली सुगन्ध इस तहख़ाने के पत्थरों में बस गई है।

गढ़पति : नरसिंहराव, उनमें से एक को तो मेरे बच्चे ने तोड़ लिया और दूसरा डाल पर ही मुरझा गया।

नरसिंह : लेकिन मेरे पास न तो वे फूल मुरझाते हैं और न कोई उन्हें तोड़ता है। वे तो मेरी नन्ही बस्ती में शामिल हो गए हैं, ऐसे ही जैसे यह चंचल पीलख मेरे चारों ओर फुदकती रहती है।

गढ़पति : पीलख?

नरसिंह : आपने पीलख चिड़िया को नहीं देखा, गढ़पति ? उस दिन तहख़ाने में इस झरोखे में से हवा के सहारे उसका तीव्र संगीत मेरे निकट उतरा और मैं समझ गया कि घनी अमराइयों में उसके पीले पंख ऐसे ही जगमगाते होंगे, जैसे घनी भौंहों के नीचे किसी के सुन्दर नयन पलक मारकर बन्द हो जाएँ।

गढ़पति : इस झरोखे में से पीलख क्या, तितली का भी आना मुश्किल है।

नरसिंह : लेकिन मेरी पीलख पर कोई बन्धन नहीं है, गढ़पति। *(झरोखे कीं ओर निर्निमेष देखते हुए)* नीले आसमान की रागिनी में उसकी पीली ज्योति एक मधुर तान है और इस तंग कोठरी की दबी मुस्कान के पर्दे पर उसकी उड़ान खिलखिलाती हुई हँसी। *(रुककर)* कभी-कभी तो गढ़पतिजी, इस तहख़ाने में बहुत भीड़ जमा हो जाती है।

गढ़पति : भीड़? तुम भी नरसिंह, पागलों की-सी बातें करते हो!

नरसिंह : सुबह-शाम जब मन्दिरों में आरती होती है तो घंटों की ध्वनि और मृदंग की ताल उड़-उड़कर मेरे पास आती और मँडराती है। मैं ही तो वह मन्दिर हूँ, जिस पर घंटों की वे ध्वनियाँ टूटी पड़ती हैं, जैसे, उपासकों की भीड़; कोई वृद्धा माताओं जैसी दुर्बल, लेकिन आतुर, कोई नवोढ़ा वधुओं जैसी मन्थर और मधुर, कोई बालिकाओं जैसी चंचल और ढीठ। और गढ़पतिजी, इन सबके ऊपर इन्हें लाँघती हुई एक और आवाज़ मेरे पास आती है।

गढ़पति : *(सहानुभूतिपूर्ण स्वर में)* तुम सोचते बहुत हो, नरसिंहराव !

नरसिंह : गढ़पति, आपने कभी सवेरे की अज़ान सुनी है? जैसे आकाश के सारे बादल पिघलकर एक स्वच्छ और शुभ्र और शान्त धारा के रूप में धरती पर गिर रहे हों। इस तहख़ाने के रूखे, निष्प्राण पाषाणों से उमड़कर यह धारा मुझे सराबोर कर देती है और मुझे लगता है कि जैसे मस्जिद की मीनारें मेरे कानों में गुपचुप बातें करती हों।...मैं अकेला कभी नहीं रहता गढ़पति।

गढ़पति : नरसिंहराव, मेरी समझ में नहीं आता कि तुम्हारी बातें सुनकर मैं हँसू या डरकर भाग जाऊँ।

नरसिंह : डर?

गढ़पति : हाँ! डर। अगर उस दिन तुम्हें फाँसी हो जाती तो भूत बन जाने पर तुम शायद ऐसी ही बातें करते, जैसी आजकल करते हो।

नरसिंह : लेकिन गढ़पति इस क़िले के तो भूत भी आपसे डरते होंगे।

गढ़पति : कभी मुलाकात तो नहीं हुई, लेकिन लोग कहते हैं कि चाँदनी रात में भूत निकलते हैं।...आज तो शरद् की चाँदनी है, पर...

नरसिंह : *(मानो कुछ याद आया हो)* आज शरद् पूर्णिमा है क्या?

गढ़पति : हाँ, बाहर चाँदनी छिटक रही है। तुम्हारे झरोखे में से छन-छनकर आती होगी, लेकिन दीपक के प्रकाश में मालूम नहीं देता।

नरसिंह : मैं दीपक बुझा देता हूँ। *(विचारमग्न)* शरद् पूर्णिमा !

गढ़पति : बुनोगे कैसे?

नरसिंह : बुन चुका।...इस कपड़े का सौन्दर्य जैसा चाँदनी की किरणों में निखरेगा वैसा दीपक के प्रकाश में कहाँ ?

गढ़पति : दीपक बुझाना तो ठीक न होगा। लाओ, मैं बाहर रख दूँ।

[दीपक उठाकर बाहर रखता है। कोठरी का वातावरण बदल जाता है। गाढ़े अन्धकार के कोने में झरोखे से चाँदनी की धवल मुस्कान आप ही जगमगा उठती है। नरसिंह करघे में से कपड़ा निकालकर चाँदनी की ओर बढ़ाता है।]

नरसिंह : *(आप-ही-आप)* शरद् पूर्णिमा!

[नेपथ्य से पगध्वनि]

गढ़पति : कोई आ रहा है, नरसिंहराव। मालूम होता है, मेरी बुलाहट है। तुम्हारा हुनर कल देखूँगा। दीपक की ज़रूरत है।

नरसिंह : जी नहीं, चाँदनी की रोशनी काफ़ी है मेरे लिए।

गढ़पति : *(वहीं से)* तो दरवाज़ा बन्द कर रहा हूँ।

[दरवाज़ा बन्द करने की आवाज़]

नरसिंह : *(स्वगत)* दरवाज़ा ! आपने तो मेरी स्मृति के दरवाज़े को खोल दिया। *(पगध्वनि दूर होती सुन पड़ती है।)* शरद् पूर्णिमा ! और आज...आज जब मैं इसे पूरा कर रहा हूँ। *(किंचित् हँसी)* लेकिन इसमें आश्चर्य की क्या बात है...*(झरोखे से छनकर आती हुई आभा मानो नरसिंह के शब्दों का वाहन बन जाती है। उसकी आवाज़ में भावुकता नहीं, उन्मुक्त स्मृति है। चेहरे की मुद्रा ऐसी है, मानो सच ही किसी से बात करता हो।)* तुम्हारे ही रूप का ताना-बाना तो मेरी उँगलियों को गति दे रहा था।...और आज चाँदनी आई है तो तुम्हें भी आना है।...तुम न जाने कहाँ हो ? शायद पूना में, शायद कागल में।...कागल ! यक्ष का सन्देश बादल ले जा सका। लेकिन चाँदनी चलती ही नहीं।...इस चाँदनी के अँचल का दूसरा छोर शायद कागल में है।...तुम्हें क्या मालूम; मैं कहाँ हूँ ?...नहीं मालूम कि मैं क़ैदी हूँ। नहीं मालूम कि राष्ट्रद्रोह के अपराध में पाषाणों के इस पिंजरे में...हमेशा के लिए बन्द हूँ। अच्छा ही है कि तुम्हें यह सब नहीं मालूम...शायद, शायद, तुमने सोचा हो कि मैं खर्दा के युद्ध में वीरगति को प्राप्त हुआ।...वीरगति ! यह सुनने पर तुमने क्या किया होगा ? तुम्हारे नयनों में आँसू...शबनम के मोती छलछला उठे होंगे। और शायद विषाद की रेखाएँ खिंच गई होंगी तुम्हारे उस मनोहर मुखड़े पर, ऐसे ही जैसे विधवा के चेहरे पर विश्व की सर्वव्यापी वेदना बर्फ की तरह जम जाती है।...बर्फ की तरह जमी वेदना, कँपानेवाली लेकिन स्वच्छ,...निर्मल...शुभ्र...जैसे...जैसे... यह चाँदनी ! *(किंचित् हँसी)* चाँदनी और विधवा ! खूब ! तीन बरस हुए कागल में...शरद पूर्णिमा को तुम्हें छोड़ा था...तब जान पड़ा कि तुम्हारी चंचल हँसी ही चाँदनी है।...और उस दिन पूना में तुमसे विदा लेते समय लगा था, मानो चाँदनी ही लाजभरी सुहागिन बनने को तैयार होकर आई हो। और आज...श्वेत अकलुष बर्फ में धोई-सी इस चाँदनी में तुम आ रही हो, विधवा बनकर।...*(आह्लाद)* शारदीया, सभी कुछ तो तुम्हारा श्रृंगार बन जाता है, बचपन की हँसी, सुहागिन की लाज और...और विधवा की वेदना।...शारदीया...शारदीया।

[इस बीच में जल्दी-जल्दी बढ़ते क़दम नेपथ्य से सुनाई पड़ते हैं। दरवाज़ा खुलता है। व्यस्त दशा में गढ़पति का प्रवेश]

गढ़पति : नरसिंह! नरसिंह! तुम क्या कर रहे हो? सुनो...सुनो! स्वयं महारानी यहाँ आई हैं।

नरसिंह : कौन महारानी *(भग्नस्वप्न से खिन्न स्वर)*

गढ़पति : अरे नई महारानी और कौन?

नरसिंह : *(प्रपीड़ित मुद्रा)* आपके हाथ जोड़ता हूँ गढ़पति, मेरी कोठरी में महारानी को न लाइए। मैं इस समय किसी और की प्रतीक्षा कर रहा हूँ।

गढ़पति : किसी और की? यहाँ और कौन आ सकता है?

नरसिंह : आप नहीं समझेंगे।

गढ़पति : वही तुम्हारे गुलाब की कलियाँ या वह पीली चिड़िया या...या... *(हँसकर)* वह घंटों की आवाज़?

नरसिंह : *(दृढ़ गम्भीर स्वर)* नहीं, आज की शरद् पूर्णिमा कोई और मुझसे मिलने आ रही है और...और...महारानी से मिलने की मुझे फ़ुरसत नहीं है।

गढ़पति : *(पितृतुल्य झिड़क)* नरसिंहराव, तुम जितने अच्छे कारीगर हो, उतने ही मूर्ख भी।...महारानी क्या मेरे कहने से रुक जाएगी? वह सुनो *(नेपथ्य में पगध्वनि)* वे लोग आ पहुँचे।...देखो; मैं तो तुमसे यह कहने आया था कि मौका मिले तो महारानी को भेंट दे देना।

नरसिंह : भेंट?

गढ़पति : हाँ-हाँ, वही रेशम का कपड़ा, जो तुमने इतने महीने में बुना है, वही जो मुझे दिखानेवाले थे। बस वही नई महारानी को भेंट दे देना। खुश हो गई तो तुम्हारे भाग्य ही खुल जाएँगे। शायद आलीजाह से कहकर रिहाई करा दें। समझे *(चलने को उद्यत)*

नरसिंह : वह कपड़ा? *(आवेश में)* नहीं-नहीं, गढ़पति—

गढ़पति : *(जाते हुए)* बेवकूफी मत करो। मैं चलता हूँ...वे लोग आ पहुँचे। जाता हूँ। *(दरवाज़ा बन्द करने की आवाज़।)*

नरसिंह : *(पुकारते हुए)* गढ़पति...ओह! चले गए। *(कुछ रुककर। कम्पित स्वर)* यह कपड़ा...यह तुम्हारी स्मृतियों का ताना-बाना। यह महारानी को दूँ?...असम्भव।...*(संवेदनशील मुद्रा में)* ओह! शारदीए! ये लोग कितने नासमझ हैं...कितने नादान। *(रुककर)* ये पत्थर समझदार हैं, जो तुम्हें मेरे पास आने देते हैं, जो रात में मुँदते कमल की पंखुड़ियाँ बन जाते हैं। लेकिन दुनियावालों का कोलाहल! चलो, तुम मुझे यहाँ से ले चलो, अपने चाँदी से जगमगाते अम्बर में। राजाओं और महारानी की चमक-दमक से परे, युद्ध और हलचल से दूर, बहुत दूर जहाँ तारे गाते हैं, जहाँ नीले आसमान की झनकार ज्योति की लय पर झूमती है,

जहाँ...*(नेपथ्य में पग-ध्वनि बहुत निकट आकर रुक जाती है)* ऐ! तुम कहाँ जा रही हो, शारदीए? *(दरवाज़ा खुलता है। बाहर से मशालों और दीपकों का उग्र प्रकाश कोठरी पर टूट पड़ता है। चाँदनी लुप्त हो जाती है)* शारदीए! शारदीए! शारदीए! *(सिसकने की आवाज़। सरदार जिन्सेवाले और महारानी का प्रवेश।)*

जिन्से. : *(पुकारते हैं)* नरसिंहराव! नरसिंहराव!

नरसिंह : *(सिसकता है)*

जिन्से. : नरसिंहराव!

नरसिंह : *(उसी भाँति)* नहीं-नहीं।

जिन्से. : नरसिंहराव, इधर देखो।

नरसिंह : कौन? *(आवाज़ पहचानकर मस्तक उठाता है।)* कौन सरदार जिन्सेवाले?

जिन्से. : हाँ...नरसिंह, महारानी आई हैं, उनके दर्शन करो और उनके हाथ से...

नरसिंह : नहीं! *(मस्तक नीचा कर लेता है)* नहीं, सरदार! क्या आप नहीं जानते कि आज शरद् पूर्णिमा है और किसके दर्शन का आज मैं भिखारी हूँ?...उसके पास था, बहुत पास था, लेकिन आप लोगों ने...ओह... *(फिर सिसकता है)* शारदीए!

जिन्से. : नरसिंहराव ! आँखें खोलो। तुम्हारी शारदीया सामने खड़ी है।

नरसिंह : *(उठकर विस्मित)* कौन?

जिन्से. : महारानी बायजाबाई सिन्धिया।

नरसिंह : *(आगे बढ़ता हुआ)* कौन?

बायजा. : मैं ही हूँ, नरसिंहराव। *(पलभर का मौन जिसमें मानो युग बीत जाते हैं। "गिरा अनयन नयन बिनु बानी" का वह अपूर्व क्षण!)*

जिन्से. : महारानी, मैं मशालवालों के साथ बाहर खड़ा हूँ। आप विलम्ब न करें।

नरसिंह : सरदार।

जिन्से. : नरसिंह, समय कम है। *(प्रस्थान—फिर मौन! कोठरी में फिर अँधेरा और चाँदनी)*

बायजा. : *(नीरव बन्धन को तोड़ते हुए)* मैं ही आई हूँ नरसिंहराव...एक दिन तुमने शिकायत की थी कि मैंने तुम्हारी पगध्वनि नहीं पहचानी। (मधुर उपालम्भ) और आज?

नरसिंह : *(मन्द तुले हुए स्वर में)* महारानी बायजाबाई?

बायजा. : तुम्हारे लिए नहीं।

नरसिंह : महारानी को मैं नहीं पहचानता।

बायजा. : ऐसा न कहो, नरसिंह।

नरसिंह : यकीन नहीं होता।

बायजा. : जानना चाहते हो कि यह सब कैसे हुआ ?

नरसिंह : क्या फ़ायदा जानकर?

बायजा. : मेरा स्वार्थ है कि तुम जानो—सुनो! यह सब बाबा के हठ से हुआ है।

नरसिंह : घाटगेजी का हठ, मेरे विरुद्ध ?

बायजा. : हाँ, वह चाहते थे कि कागल की क़िलेदारी उन्हें वापस मिले!

नरसिंह : मिल गई?

बायजा. : हाँ आलीजाह सिन्धिया ने यशवन्तराव को निकाल-बाहर किया।

नरसिंह : *(हँसकर)* इतने छोटे काम के लिए सिन्धिया महाराज को कष्ट...यह तो शायद मैं ही कर सकता था।

बायजा. : लेकिन तुम बाबा को सिन्धिया की दीवानी तो नहीं दे सकते थे।

नरसिंह : दीवानी!

बायजा. : शर्जेराव घाटगे आज सिन्धिया महाराज के दीवान हैं।

नरसिंह : ओह!

बायजा. : तुम नहीं जानते नरसिंह, कि मेरे ऊपर क्या बीती है! किन आकांक्षाओं के यज्ञ में मैं आहुति बनाई गई हूँ!

नरसिंह : लेकिन सिन्धिया महाराज ने तुम्हारे ही लिए क्यों हठ किया?

बायजा. : रूपासक्ति, जिसे वह प्रेम कहते हैं।

नरसिंह : कब से?

बायजा. : पूना में उसी शरदोत्सव से। तुम भी तो मौजूद थे।

नरसिंह : याद आया।...और मैं हर्ष से उछल पड़ा था यह देखकर कि सबकी निगाह तुम्हारे ऊपर थी।

बायजा. : वही मेरा काल बन गई। आलीजाह सिन्धिया ने हठ कर लिया कि बायजाबाई उनके अन्तःपुर में पहुँचे और...और...बाबा को अपना सौदा ठीक करने का अवसर मिल गया।...ओह, नरसिंह!

नरसिंह : लेकिन तुम?

बायजा. : मैं तुम्हारे लौटने की प्रतीक्षा करती रही। खर्दा की लड़ाई समाप्त हो गई। लेकिन तुम न लौटे। एक दिन निश्चय किया कि घर छोड़कर भाग जाऊँ। कहीं-न-कहीं तो मिलोगे ही। लेकिन...तभी बाबा ने बताया कि तुम युद्ध में मारे गए। *(पीड़ित स्वर)* यहाँ आने पर मालूम हुआ कि यह सब झूठ था। लेकिन...लेकिन...तबतक बहुत देर हो चुकी थी।

नरसिंह : *(गहरा निःश्वास)* खैर, एक राष्ट्रद्रोही के कलंकमय स्पर्श से तुम बच गई।

बायजा. : मैं जानती हूँ कि वह सब झूठ है। मैं जानती हूँ कि तुम निर्दोष हो।

नरसिंह : तुम्हें किसने बताया?

बायजा. : स्वयं सिन्धिया महाराज ने।

नरसिंह : तो वह जानते थे?

बायजा. : उस वक़्त नहीं, जबकि तुम्हें गिरफ्तार किया गया। उन्हें उस वक़्त यह गुमान भी न था कि गोलियों की वह बौछार दुश्मनों की तरफ़ से नहीं आई थी, बल्कि...

नरसिंह : बल्कि?

बायजा. : बल्कि मेरे बाबा की ही करतूत थी।

नरसिंह : कौन वह जहरीला साँप है, जो घाटगेजी के मन में कुंडली मारकर फन फैलाए बैठा है?

बायजा. : हमेशा भड़कानेवाली आकांक्षा का सर्प! उसी की फुँफकार के शिकार तुम बने, नरसिंह! और...मैं भी...।

नरसिंह : मुझे फाँसी दिलवाने से क्यों रुक गए घाटगेजी?

बायजा. : वह तो यही समझते हैं कि तुम्हें फाँसी दे दी गई है। उनसे छिपाकर सरदार जिन्सेवाले के आग्रह पर सिन्धिया महाराज ने तुम्हारे वध की आज्ञा नहीं दी।

नरसिंह : आप घाटगेजी को बता दें। उनका अरमान अधूरा क्यों रहे।

बायजा. : सिन्धिया महाराज ने मुझे इजाजत दे दी है कि तुम्हें रिहा करने की आज्ञा दे दूँ।

नरसिंह : रिहाई !*(किंचित् हास्य)* महारानी, किस जीवन के लिए रिहाई, किस नियामत के लिए रिहाई ?

बायजा. : *(आहत स्वर)* तुम भी मुझे महारानी ही कहोगे, नरसिंह!

नरसिंह : बायजाबाई, जिसे तुम रिहाई कहती हो, वह मेरा कारागार होगी।

बायजा. : यह बेदर्द पत्थरों का तहख़ाना, यह अँधेरे की घुटन।...तुम्हें इनसे दूर होना है।

नरसिंह : बायजाबाई इस तहख़ाने का आकाश सीमाहीन है, इसकी टिमटिमाती ज्योति में सहस्रों सूर्य भासमान हैं। क्या तुम भी नहीं समझोगी मेरी इस सीधी, गहरी बात को ?

बायजा. : *(गहन वेदन) कुछ-कुछ समझ रही हूँ।*

नरसिंह : तुम मुझे छुड़ाने आई हो, मेरी भी एक भेंट स्वीकार करो।...यह देखो बायजाबाई। *(महीने जाले-सी झीनी बारीक साड़ी को चाँदनी के प्रकाश में फैला देता है। इतनी बारीक है वह साड़ी कि चाँदनी में घुली-मिली-सी दीख पड़ती है।)*

बायजा. : ओह! यह साड़ी!...यह दिव्य सौन्दर्य!...कितनी बारीक, जैसे सवेरे का कुहासा, कितनी मुलायम, जैसे नई कोंपल !...यह तुमने कहाँ पाई?

नरसिंह : देखती हो यह करघा?

बायजा. : तुमने बुना है इसे?

नरसिंह : अपना वायदा पूरा करने के लिए। तुमने कहा था न? आज...(भारी आवाज़) आज, वह तिथि आई है।

बायजा. : नरसिंह!...

नरसिंह : *(गौरवपूर्ण स्वर)* साड़ी पाँच गज लम्बी है। लेकिन वज़न केवल पाँच तोला है।

बायजा. : पर नरसिंह, इतनी बारीक बुनने के लिए तो तुम्हें...

नरसिंह : यह देखो। *(उंगली उठाकर दिखाता है)* उँगली के छिद्र में चाँदनी की किरण।

बायजा. : उफ्! नरसिंह, तुमने अपनी उँगली में सूराख कर लिया! नरसिंह!

नरसिंह : याद है? उस शरद् पूर्णिमा को चलते समय तुमने अपनी उँगली के खून से मुझे टीका दिया था।

बायजा. : एक बूँद खून, लेकिन...यह तो...

नरसिंह : मैं उस रक्त की बूँद को भूला नहीं था, बायजाबाई।...आज मैं तुम्हें विदा दे रहा हूँ। *(बायजाबाई सिसकती है)* तुम रो रही हो, बायजाबाई। रोती क्यों हो? तुमहारे टीके ने मुझे बचाया।...और...यह...साड़ी...यह मेरा रक्तदान...यह आँचल...यह...तुम्हारे नए जीवन में तुम्हारी रक्षा करे।

बायजा. : नया जीवन! साँसों की जंजीरें! और तुम...

नरसिंह : मेरी जंजीरें!...बायजाबाई, ये जंजीरें नहीं हैं।

[नेपथ्य से सरदार जिन्सेवाले की आवाज़—"महारानी, समय हो रहा है।"]

बायजा. : *(सँभलकर)* तुम चलो, नरसिंह। आज्ञा-पत्र मेरे पास है।

नरसिंह : नहीं, बायजाबाई। *(दृढ़ स्वर)* मैं यहीं रहूँगा तुम जाओ, महारानी। तुम जाओ बायजाबाई, आँसुओं में नहीं, मुस्कान में भीगती हुई।

बायजा. : *(चलते-चलते)* नरसिंह !

नरसिंह : और मैं यहीं रहूँगा, क्योंकि तुम यहीं हो। महारानी नहीं, बायजाबाई नहीं, लेकिन तुम। *(बायजाबाई के जाते हुए क़दमों की आवाज़)*...तुम, मेरी शारदीया! मेरी शारदीया...तुम जो मेरी हो, हमेशा थी, हमेशा रहोगी।...

[मन्द संगीत ध्वनि जो तीव्र होकर समाप्त हो जाती है। प्रखर प्रकाश, जो फिर पर्दे की छाया में लुप्त हो जाता है।]

[पटाक्षेप]

पहला राजा

इलाहाबादवाले जवाहरलाल नेहरू
की याद में
जिनका
मेरी पीढ़ी के जवानों पर
बेअन्दाज़ असर पड़ा था !

लेखकीय

कई मित्रों ने मुझसे पूछा है—'आपका नया नाटक ऐतिहासिक अथवा पौराणिक है या यथार्थवादी ?'

हरेक नाटककार को अपने अनुभव के दायरे में से ही समस्याएँ और परिस्थितियाँ बेचैन करती हैं, और उन्हें उजागर करने के लिए वह पात्र और प्रसंग खोजता है। उन्हें ही वह मंच की परिधियों में बैठाता है। यही मैंने इस नाटक में किया है। मुख्य पात्र और प्रसंग मैंने वैदिक और पौराणिक साहित्य से लिए हैं। लेकिन इसलिए ही यह नाटक पौराणिक नहीं कहा जा सकता। पृष्ठभूमि के कुछ अंश और कुछ सूत्र मोहनजोदड़ो-हड़प्पा सभ्यता की खुदाइयों से सम्बद्ध हैं। पर इसी से यह नाटक ऐतिहासिक नहीं हो जाता। कुछ संवाद वर्तमान बोलचाल की भाषा में हैं; गीतों पर लोक-शैली की छाप है। पर केवल इसीलिए नाटक को यथार्थवादी रचना नहीं ठहराया जा सकता।

वैदिक और पौराणिक साहित्य, पुरातत्त्व एवं इतिहास, लोकगीत और बोलचाल—इन सभी में मुझे प्रतीकों के उपकरण मिले हैं, उन समस्याओं को प्रकट करने के लिए जिनसे मैं इस नाटक में जूझता रहा हूँ।

वे समस्याएँ सर्वथा आधुनिक हैं, वे उलझनें मेरा 'भोगा हुआ यथार्थ' हैं।

तो यह नाटक न पौराणिक है, न ऐतिहासिक, न यथार्थवादी। यह तो एक 'मॉडर्न एलिगोरी'—आधुनिक अन्योक्ति—का मंचीय रूप है।

मैं कोई नई बात नहीं कर रहा हूँ। बर्नार्ड शॉ (जोन ऑव आर्क), क्रिस्टोफ़र फ्राइ (द फ़र्स्ट बॉर्नी), डी.एच. लॉरेंस (डेविड), जॉ एनुल्हि (ट्रोजन वार), ब्रेष्ट (गेलिलियो) इत्यादि, अनेक आधुनिक नाटककारों ने प्राचीन पात्रों, प्रसंगों और परिस्थितियों के माध्यम से रंगमंच पर सम-सामयिक समस्याओं का विश्लेषण किया है। एक अत्याधुनिक इटैलियन फ़िल्म डाइरेक्टर, पासोलिनी, ने हाल ही में ईसा की जीवनी और वातावरण के जरिए वर्तमान जीवन की असंगतियों पर प्रकाश डाला है।

'पहला राजा' भी ऐसा ही एक प्रयोग है।

अत्यन्त संकोच और विनम्रता के साथ मैं सहृदय दर्शकों और पाठकों के समक्ष यह प्रयोग प्रस्तुत कर रहा हूँ, क्योंकि यद्यपि बढ़ती आयु और तजुर्बों के बावजूद प्रयोग करने की धुन मुझ पर हावी रही है, तथापि आवेश और उल्लास की वह झंझा मुझे अब उड़ा नहीं ले जाती जिस पर सवार होकर मैं चुनौती के साथ अपनी रचनाओं के नएपन की घोषणा करता था।

—जगदीशचन्द्र माथुर

नई दिल्ली
जून, 1969

पात्र

सूत्रधार
नटी
सुनीथा
गर्ग
अत्रि
शुक्राचार्य
सूत
दासी
मागध
अर्चना
उर्वी
पृथु
कवष
पहला मुखिया
दूसरा मुखिया
तीसरा मुखिया
अन्य ग्रामीण

प्रथम अंक

[प्रकाश सूत्रधार पर केन्द्रित है और सूत्रधार दर्शकों को सम्बोधित कर रहा है।]

सूत्रधार

चाँद और सितारों को छूने के लिए उतावले तुम्हारे वेगवान घोड़ों के खुरों को जहाँ से अपनी यात्राओं के लिए अपार शक्ति मिलती है, उस धरातल से अपरिचित नादान वैज्ञानिको, आओ, मेरे साथ नतमस्तक हो जाओ !

उल्लास और विलास, वेदना और व्यथा, रंगीनियों और मातम की जिन उत्ताल तरंगों और महीन फुहारों पर तुम्हारी कल्पना के इन्द्रधनुष विहँसते हैं, उन्हें उछालनेवाले हाथों से अपरिचित नादान कवियो, आओ, मेरे साथ अंजलिबद्ध हो जाओ!

क्षण में युगों को भासमान और अतल शून्य में निश्शब्द गर्जन करनेवाली तुम्हारी जिज्ञासा की बिजली जिन घनघोर घटाओं की गहराइयों से ब्रह्मांड की ओर दौड़ती हैं, उन घटाओं की जननी से अपरिचित नादान दार्शनिको, आओ, मेरे कंठ-से-कंठ मिलाओ।

आओ, मेधा, कल्पना और मनन के मानसपुत्रो, आओ, हम सब मिलकर वन्दना करें...

(नटी का प्रवेश)

नटी

भला नाटक शुरू करते समय आजकल कोई प्रार्थना करता है?

सूत्रधार

माना कि तुम आधुनिक हो—मॉडर्न हो, लेकिन याद रखो...

नटी

कि तुम रूढ़िबद्ध सूत्रधार, कंजर्वेटिव डाइरेक्टर का बाना पहने मंच पर उतरे हो। मगर हे मेरे आर्यपुत्र, नक्कारखाने में तूती की आवाज़

की तरह तुम्हारे अकेले स्वर में प्रार्थना पर कौन कान देगा?

सूत्रधार

नटी, इसीलिए तो मेरा आह्वान है—मेरी पुकार है, वैज्ञानिकों, कवियों और दार्शनिकों को कि वे आएँ और मेरे साथ नतमस्तक, अंजलिबद्ध, समकंठ होकर...

नटी

खूब ! तुम समझते हो कि आजकल का साइंटिस्ट, पोएट और फिलॉसफर तुम्हारे साथ परमात्मा की वन्दना करेगा—परमात्मा जिसकी हस्ती अब मखौल की चीज़ भी नहीं रह गई है ? खूब !

सूत्रधार

मैं परमात्मा की स्तुति नहीं कर रहा था।

नटी

तो फिर, वह शक्ति बिन्दु...

सूत्रधार

जिसके झटके से स्पूतनिक और अपोलो चन्द्रमा पर उतर रहे हैं।

नटी

वह जलराशि...

सूत्रधार

जिसके उल्लास में कवि की कल्पना उमड़ती है...

नटी

चिन्तन की वे घटाएँ...

सूत्रधार

जिनके उठान में ही ज्ञान की बिजली तड़पती है। कहाँ है उनका निवास ? कहाँ है उनका उद्गम ? कहाँ है...

नटी

कहाँ है उनका निवास ? कहाँ है उनका उद्गम?

सूत्रधार

इस सवाल की उमड़ती नदी पर बार-बार जवाबों के पुल बने...और बार-बार टूटे।

नटी

फिर भी सवाल की धारा जारी है।

सूत्रधार

और जवाब भटक रहा है...जैसे आज से लगभग चार हज़ार बरस पहले हुआ था।

नटी

कहाँ ?

सूत्रधार

ब्रह्मावर्त में।

नटी

ब्रह्मावर्त ?

सूत्रधार

यमुना के पश्चिम में सरस्वती और दृषद्वती नदियों का प्रदेश।

नटी

सरस्वती और दृषद्वती, जिनकी अब याद ही बाकी रह गई है।

सूत्रधार

लेकिन तब ? तब, बहुत-कुछ हुआ ब्रह्मावर्त में...बहुत-कुछ...अत्याचार, क्रान्ति, हत्या, और...

(गम्भीर वाद्य-संगीत)

[प्रकाश सूत्रधार और नटी से हटकर मंच के मध्य भाग पर फैल जाता है और दीख पड़ता है ब्रह्मावर्त में स्थानेश्वर के निकट एक टीला, मंच के सबसे पीछे के भाग में, सीढ़ियाँ और उनके ऊपर एक चबूतरा। उस पर मनुष्य के शरीर की लम्बाई की एक मंजूषा पर

आपादमस्तक कपड़े से ढँका शव। सुनीथा दाहिनी ओर से आती है और सीढ़ियों से चढ़कर मंजूषा के बाईं ओर खड़ी हो जाती है। प्रकाश उसका अनुसरण कर उस पर टिक जाता है। संकल्प मुद्रा, निष्करुण नेत्र। उसके पीछे-पीछे दासी जिसके हाथ में दीपक है।]

सुनीथा : दीपक इधर रख दो।

[दासी मंजूषा के एक तरफ़ दीपक रख देती है।]

सुनीथा : चेहरे पर से कपड़ा हटा दो!

[दासी शव के चेहरे पर से कपड़ा हटाती है। वेन का चेहरा दीख पड़ता है। सुनीथा के मुख के भीतर से खिंचा-सा सशब्द निःश्वास; मानो सुषुप्त व्यथा का संकर्षण बोल उठा हो।]

सुनीथा : आज अमावस्या है?

दासी : देवी!

सुनीथा : अट्ठाईस दिन और रात !...फिर भी कितना सजीव लग रहा है शव !

दासी : अद्भुत!...चमत्कार है आपके लेपन में!

सुनीथा : *(हाथ ऊपर उठाकर। बदला स्वर, मानो किसी और लोक से बोल रही हो।)* ओ मृत्युलोक के देवताओ!...लाओ, मेरे प्रतापी पुत्र वेन के प्राण वापस करो! मैंने उसकी देह पर यह चमत्कारपूर्ण लेपन कर, उसे वापस आनेवाले प्राण के योग्य बना रखा है...आओ, लौट आओ वेन की आत्मा ! *(कोमल स्वर)* लौट आओ मेरे बेटे!

दासी : रोज, आप यही कहती हैं देवी, रोज ! पर कोई नई बात नहीं घटती!

सुनीथा : आज अच्छी तरह देखो !...कहीं कोई धड़कन है, कोई हरकत?

दासी : *(शव पर हाथ फेरती हुई।)*...कहीं भी तो नहीं!...पर देवी!...पहले भी मैंने आपसे कहा था...कुशा की यह रस्सी गरदन में से निकाल दें।

सुनीथा : तुम समझती हो कि लौटनेवाले प्राण रस्सी के इस फन्दे को लाँघ नहीं सकेंगे !...तुम्हारा भ्रम है। पर लाओ...आज इसे निकाल ही दो।

[दासी गरदन में से कुशा की रस्सी निकालती है।]

दासी : मुनियों ने कुशा की इस रस्सी में हत्यारे मन्त्र फूँके थे देवी! *(रस्सी सुनीथा को देती है।)*

सुनीथा : *(रस्सी को लटकाती है; प्रकाश में फन्दे की क्रूर चमक)* हत्यारे मन्त्र!...नहीं। हत्यारे तो मुनियों के वे हाथ थे जिन्होंने अँधेरी रात में सोते हुए नरसिंह की गरदन को इस रस्सी से दबाकर उसका वध किया।...*(रुककर)*...लो, दासी !...पहाड़ी की तलहटी में जाकर गढ़ा खोदकर इसे रोप दो।

दासी : रोप दूँ? *(लेती है।)*

सुनीथा : हाँ। अगर सच ही इस कुशा में मन्त्रों का अभिशाप है तो ब्रह्मावर्त

की इस धरती पर अभिशापों का जंगल फैलेगा।

दासी : अभी भी फैल रहा है। डाकुओं ने आश्रमों और यज्ञशालाओं पर धावा बोला है। कोई बचानेवाला नहीं है।

सुनीथा : *(मानो अदृश्य सम्बोधन)* सावधान शुक्राचार्य! अभी तो बहुत-कुछ भुगतना है तुम्हें और तुम्हें गर्ग, अत्रि; और तुम्हारे अनेक कुचक्रियों को !...*(दासी से)* खड़ी क्यों है ?...जाओ!

दासी : देर लगेगी ! आप...

सुनीथा : मैं यहीं रहूँगी !...और सुनो !...यह दीपक ले जाओ !...*(ज़ोर से)* ले जाओ !...

(दासी का धीरे से प्रस्थान)

अँधेरे के घोंसले में प्राणों के पंछी वापस भेजो, मृत्युलोक के देवताओ !...

[अँधेरा। प्रकाश पुनः नटी और सूत्रधार पर।]

नटी

प्राणों की वापसी के लिए मौत से विनती? यह कैसी विचित्र बात !

सूत्रधार

कोई आश्चर्य नहीं नटी ! मौत एक कारीगर है जिसके हाथों में जिन्दगी की खदान से निकले खुरदरे पत्थर भी चमकदार हीरे बन जाते हैं।

नटी

ग़लत बात ! कारीगरी मौत की नहीं, कारीगरी है उन लोगों की ज़बान की जो श्रद्धांजलियों और गुणगान की पॉलिश से मरे हुओं की मिट्टी को भी सोना बना देते हैं।

सूत्रधार

नहीं, नटी ! ज़बान कारीगर की छैनी नहीं। ज़बान तो सबसे गहरी चोट करनेवाला हथियार है।

नटी

तुम्हारा मतलब है कि मुनियों की ज़बान—उनके शापों और मन्त्रों—से ही अत्याचारी वेन की मौत हुई, उस रस्सी से उसका गला नहीं घोंटा गया ?

सूत्रधार

यह मैं कब कहता हूँ ? लेकिन याद रखो, जैसे आजकल, वैसे ही तब, शाप और मन्त्र यानी भाषण और नारों की ओट में ही खड्ग और फन्दों के कारनामे होते थे।

नटी

पर कभी-कभी ये हथियार खुट्टल भी तो हो जाते हैं।

सूत्रधार

हुए थे! हथियार खुट्टल हुए थे। मुनियों का गरजनेवाला महासागर, किनारे की बालू पर छोड़ गया महज़ चन्द लकीरें, जिन्हें हवा की हलकी हथेली ही मिटाने लगी!

(प्रकाश पुनः मंच पर। अँधेरे की ओट में एक ओर से गर्ग और दूसरी ओर से अत्रि का प्रवेश।)

गर्ग : कौन, शुक्राचार्य?

अत्रि : मैं अत्रि हूँ, गर्ग।

गर्ग : यहीं तो मिलना था। तलहटी के निकट ! शुक्राचार्य मिले?

अत्रि : नहीं!

गर्ग : कुछ काम बना?

अत्रि : नहीं! दक्षिण और पूर्व के जनपदों में गाँव-गाँव की ख़ाक छान आया।...अनेक मुखियों से मिला।...पर कोई कान नहीं देता।...आश्चर्य है कि अत्याचारी का मुर्दा पूजन का फूल बन गया है।

गर्ग : वही बात! पश्चिम के ग्रामीण मुझसे बोले—आप ही लोगों ने वेन की हत्या की है, आप ही अपने आश्रमों और यज्ञों की रक्षा का भी इन्तज़ाम कीजिए।

अत्रि : हत्या? लोक के धिक्कार से जो खुद ही चूर-चूर हो चुका था उसे हुँकारों की हवा से उड़ा देना क्या हत्या है?

गर्ग : सच ही आपके वे नारे दिगदिगंत की रोषमयी हुँकार थे।

[अत्रि की नारे उठानेवाली मुद्रा की अनुकृति करते हुए।]

'दुष्ट दुराचारी'...

अत्रि : 'नरक का अधिकारी!'...हाँ, मैं नारा उठाता और भीड़ गरजकर जवाब देती! 'ओ वेन नराधम'...

गर्ग : 'दुष्कर्म तेरे यम!'

अत्रि : जैसे घी की आहुति पाते ही यज्ञ की ज्वाला भड़क उठती है! मैं पूछता—हवन संस्कारों में जाति के प्राण हैं—देवताओं की कृपा हमारा

अमृत है। आर्य जाति के रक्त की शुद्धता ही हमारी मर्यादा है। जो उस प्राण का घातक है, उस अमृत का शोषक है, उस मर्यादा का ध्वंसक है, क्या ऐसा निर्लज्ज पापी ज़िन्दा रहेगा?...कभी नहीं ! कभी नहीं ! कभी नहीं !...सारा आसमान गूँज उठता!

(क्षणभर को मौन।)

गर्ग : और अब?...कितना सुनसान है!

अत्रि : हमारी आवाज़ के इशारे पर सागर में ज्वार नहीं आता।

गर्ग : मानो जनता के मन में ही सन्नाटा छा गया हो।

अत्रि : एक बार पहले भी ऐसा हुआ था। पर तब हम मुनियों ही के मन में सन्नाटा छा गया था।

गर्ग : कब?

अत्रि : याद कीजिए !...

गर्ग : *(सोचता-सा)* बीस बरस पुरानी बात क्यों ले बैठे, अत्रि?

अत्रि : इसी दुराचारी वेन ने उस समय सबके सामने अपने पिता अंग को अपमानित किया, लांछित किया !...और हम मुनियों के मुँह से आवाज़ नहीं निकली।...रातोरात अंग ब्रह्मावर्त छोड़कर हिमालय में त्रिगर्त के जंगलों की ओर न जाने कहाँ ग़ायब हो गए ! पर हम मुनियों ने चुप्पी साध ली।

गर्ग : हम कैसे उस झगड़े में पड़ते? बाप-बेटे में तनातनी तो हुई उस अनार्य निषाद नारी के कारण...

अत्रि : वह जिसे वेन ने पहले अपनाकर बाद में दूध की मक्खी की तरह फेंक दिया और आत्महत्या करने पर मजबूर किया !

(शुक्राचार्य का प्रवेश।)

शुक्राचार्य : लेकिन उसने आत्महत्या की नहीं, अत्रि!

गर्ग : शुक्राचार्य ! आप आ गए!

शुक्राचार्य : आ तो पहले ही गया था, पर कुछ देर आप दोनों की बात सुनता रहा!...

अत्रि : छिपकर सुनना भृगुवंशियों की पुरानी आदत है।

शुक्राचार्य : मानता हूँ कि हम भृगुवंशी सावधानी का सहारा लेते हैं, और आप आत्रेय लोग आवाज़ का !

गर्ग : उसने आत्महत्या नहीं की तो गई कहाँ ?

शुक्राचार्य : हिमालय में त्रिगर्त के उसी जंगल में जहाँ अंग गए थे! अंग ही ने उसे शरण दी। उसे और उसके गर्भ में वेन की सन्तान को!

गर्ग : वेन की दोगली सन्तान!...आर्यकुल के रक्त का दूषण ! यह आप क्या कह रहे हैं, शुक्राचार्य?

अत्रि : कोई सबूत ?

शुक्राचार्य : मैंने ही तो उसे वहाँ रातोरात भेजा था ताकि वेन की निषाद सन्तान ब्रह्मावर्त से दूर ही रहे।...पर आज सुना...।

गर्ग : क्या?

शुक्राचार्य : कि हिमालय में त्रिगर्त से एक वीर योद्धा ब्रह्मावर्त में आया है।

गर्ग : निषाद?

शुक्राचार्य : नहीं, गोरे रंग का आर्य, लेकिन उसके साथ है काले रंग का एक निषाद।

अत्रि : किसने कहा यह आपसे?

शुक्राचार्य : सूत और मागध ने।

गर्ग : सूत, मागध और यहाँ? सरस्वती-तट पर हमारे पीछे आश्रम की देखभाल छोड़कर यहाँ आ गए हैं?

अत्रि : मैं पहले ही जानता था। सूत, मागध से स्तुतियाँ कराइए, प्रशस्ति कराइए! लेकिन भला आश्रम की रक्षा में उनका मन लगता?

शुक्राचार्य : सुनिए! वे आए हैं क्योंकि...हमारे आश्रम पर सरस्वती पार के दस्युओं, डाकुओं का ज़बरदस्त आक्रमण हुआ है।

गर्ग : आश्रम पर आक्रमण?

शुक्राचार्य : भीषण आक्रमण!

अत्रि : तब हम लोग यहाँ क्या कर रहे हैं? हमें तुरन्त लौटना चाहिए, तुरन्त !

गर्ग : हाँ, लौट चलिए शुक्राचार्य! मुझे अर्चना की चिन्ता है।

अत्रि : गर्ग, अप्सरा की कन्या को अपनी बेटी की तरह रखकर आपने आश्रम की रक्षा और भी मुश्किल कर दी है।

गर्ग : मैं तो स्वयं चाहता हूँ कि उसका विवाह जल्दी किसी आर्य युवक से हो जाए !...पर डाकुओं का यह आक्रमण !

शुक्राचार्य : चिन्ता न करें।...सूत, मागध कहते थे कि आश्रम से भागकर अर्चना भी इधर ही कहीं आई है।...मैंने उन्हें उसी की खोज में भेजा है।

अत्रि : कैसी विकट भँवर में पड़ गए हैं हम लोग !...आश्रम पर आक्रमण, इधर अत्याचारी वेन का मुर्दा और फिर जनता की उदासीनता !

शुक्राचार्य : कभी-कभी ख़तरनाक भँवर के निकट ही बचानेवाला किनारा होता है, आचार्य !...मुझे रास्ता दीख रहा है।

अत्रि : क्या?

[नेपथ्य में कुछ हलचल। दौड़ते पैरों में पायल की झनकार।]

गर्ग : सुनिए, सुनिए ! पायल की आवाज़ !...क्या...क्या अर्चना यहाँ आ गई?

शुक्राचार्य : कौन है ?

[भागते और हाँफते हुए दासी आती है, और उसका पीछा करते

हुए सूत और मागध।]

गर्ग : अरे यह स्त्री तो...

सूत : रोकिए, रोकिए इस जादूगरनी को।

मागध : *(तेज़ी से दूसरी तरफ़ जाकर दासी का रास्ता रोकता है।)* मन्त्रों के जाल में हमें फाँसने की तैयारी कर रही थी यह स्त्री!

[दासी तीसरी तरफ़ मुड़ने की कोशिश करती है मगर गर्ग और अत्रि रास्ता रोक लेते हैं।]

सूत : आचार्य, उसके हाथ में से वह रस्सी ले लीजिए।

दासी : नहीं, नहीं रस्सी नहीं दूँगी मैं।

शुक्राचार्य : हठ मत करो नारी! हम लोग पाँच हैं, तुम अकेली।

[दासी विवश हो चारों तरफ़ देखती है। शुक्राचार्य आगे बढ़कर रस्सी छीन लेते हैं।]

दासी : यह ज़बरदस्ती है।

शुक्राचार्य : *(रस्सी को देखते हुए)* वही, वही रस्सी! सूत, मागध, कहाँ मिली तुम्हें यह स्त्री?

मागध : तलहटी के नीचे गड्ढा खोदकर इसे रोप रही थी।

सूत : और भीषण मन्त्रों का उच्चारण कर रही थी।

शुक्राचार्य : क्यों ?

दासी : एक दिन आपके भीषण मन्त्रों से यह रस्सी अभिशप्त हुई थी, मुनिवर!

अत्रि : तो यही है सुनीथा का प्रतिशोध!

दासी : आप जो समझें!

गर्ग : इस रस्सी की जगह यदि देवी सुनीथा अपने पुत्र की अस्थियों को गाड़ने का आदेश देतीं तो सबका कल्याण होता।

दासी : आपके मुख से 'देवी' शब्द अटपटा लगता है, आचार्य !

शुक्राचार्य : वाचाल दासी, अपनी स्वामिनी को सूचना दो, हम लोग उनसे मिलने के इच्छुक हैं।

दासी : *(किंचित् व्यंग्य से)* स्वागत है, पुरुषमेध यज्ञ के होताओं का !

अत्रि : उद्दंड नारी !...

शुक्राचार्य : *(अत्रि को टोकते हुए)* किस मार्ग से चलना होगा तुम्हारी स्वामिनी से मिलने?

दासी : आप लोग तो अमावस्या के अँधेरे में पहले भी रास्ता नाप चुके हैं, मुनिवर!

शुक्राचार्य : आज हमारा रास्ता दूसरा ही है, दासी! सुनीथा से कहो हम उनसे झगड़ने नहीं आए हैं, निवेदन करने आए हैं !...इस रात ही बातचीत

का अवसर दें तो कल्याण होगा!...जाओ!...और सुनो! ...उनसे कहो कि कुशा की यह रस्सी अब शाप नहीं, यश का प्रतीक होगी !...

[दासी जाती है। थोड़ी देर मौन।]

अत्रि : यह सब क्या है शुक्राचार्य ! हम लोग सुनीथा से निवेदन करने तो नहीं आए हैं !...हम तो किसी युक्ति से उस दुर्विनीत नारी से पापाचारी वेन के शव को लेने आए हैं।

शुक्राचार्य : अवश्य! लेकिन उससे पहले सूत और मागध का समाचार तो सुन लीजिए।

गर्ग : अर्चना का क्या हुआ, सूत?

सूत : सब लोग तितर-बितर हो गए। कुमारी अर्चना को इस दिशा में ही आते देखा था।

मागध : डाकू थे या जंगल की आग ! देखते-ही-देखते हमारा आश्रम किसी जलती हुई बेरहम हथेली में सिसकने लगा।

सूत : असंख्य पैरों से उड़ी धूल का घटाटोप फैल गया और उसमें यज्ञशाला की धूम ब्रह्मा में मुमुक्षु की आत्मा की तरह लीन हो गई!

अत्रि : चमत्कार है कि तुम लोग जीवित कैसे बच गए!

सूत : उसी शूर का पराक्रम था, आचार्य!

मागध : वह और उसका साथी तड़ित की भाँति आसमान के किसी कोने से उतरे...

सूत : उनके घोड़े इन्द्र का वज्र, अग्नि की लपट थे। उनके वाण वरुण की प्रचंड लहरें !...डाकू वहीं-के-वहीं ठंडे होकर गिरने लगे और कुछ भाग निकले। हमारी साँसें वापस आईं।

शुक्राचार्य : तुमने उसे रुकने के लिए नहीं कहा!

सूत : कहा!...वह बोला कि उसे शीघ्र स्थानेश्वर पहुँचना है, और...

अत्रि : और...

मागध : और सुनीथा से मिलना है।

गर्ग : कितना मालूम है उसे?

मागध : यही कि वेन मर गए हैं।

अत्रि : और कुछ?

सूत : शायद और कुछ भी। कहता था कि उसे आदेश है, स्थानेश्वर पहुँचने में देर न लगाए।

गर्ग : आदेश किसका?

सूत : यह नहीं बताया। जल्दी में था। हमने सोचा हम लोग छोटे मार्ग से आकर आपको उनके पहुँचने से पहले ही सूचना दे दें।

शुक्राचार्य : मानते हैं गर्ग, कि डूबती नाव के लिए वह माँझी देवता के वरदान

की तरह उतर आया है?

गर्ग : दोनों में कौन है हमारा माँझी?

शुक्राचार्य : क्या यह भी सोचने की बात है?

सूत : आचार्य, शुभ्र वर्ण का वह आर्य वीर हर तरह हमारा नया शासक होने योग्य है।

मागध : उसके चेहरे से शासक का तेज़ टपकता है।

अत्रि : नया शासक! नया भूपति !...सुना आपने गर्ग ?...और मेरे उन भाषणों की याद क्या होगी जो मैंने वेन के संहार के समय दिए थे? कि शासक का पद बेकार है, मनुष्य सब बराबर हैं, कि धर्म ही शास्ता है, और हम ऋषि-मुनि ही धर्मपद के प्रदर्शक हैं ? क्या होंगे वे ओजस्वी शब्द?

गर्ग : जनपद के लोग कहते हैं कि जिन हाथों ने वेन का वध किया, क्या वे ही नए शासक का निर्माण नहीं कर सकते?

अत्रि : निर्माण?...हमें निर्माण से क्या मतलब? हम तो क्रान्तिकारी हैं। हम नेता हैं, कुम्हार नहीं।

शुक्राचार्य : हाँ, हम नेता हैं। इसलिए हमें फिर आवाज़ उठानी होगी।...और आचार्य अत्रि, आपके शब्दों में झंझा का वेग है और इन्द्रधनुष का आमन्त्रण भी।

सूत्र : हम आपकी आवाज़ बनेंगे, आचार्य अत्रि : हम, सूत और मागध ! हम नए शासक की स्तुतियाँ गाएँगे, उसकी महिमा को गगनव्यापी घोषित करेंगे।

मागध : हमें शब्द दीजिए आचार्य, हम उन्हें पंछी बनाकर सारे आसमान में उड़ाएँगे।

अत्रि : शब्दों के पंछी!...हंसों की पाँत या चील की उड़ान?

शुक्राचार्य : इस समय...हंसों की पाँत।

अत्रि : क्या वेन के यशगान के लिए हमने कुछ कम धवल हंस उड़ाए थे? *(स्तुति की भंगिमा)* 'हे नरेश्वर, हे सुविज्ञ, हे परमप्रतापी अंगपुत्र वेन! आप ही धर्म का रक्षण कर सकते हैं। आप ही की छाया में निश्चिन्त होकर हम लोग परमेश्वर का ध्यान-भजन कर सकते हैं।'...और याद है उसने क्या जवाब दिया था? उसने कहा था—'मूर्खों, किस परमेश्वर की बात करते हो ? मैं ही तुम्हारा स्वामी हूँ, तुम्हारा परमेश्वर हूँ। सब देवता मेरे शरीर में निवास करते हैं। इसलिए अपने सभी कर्मों द्वारा एक मेरा ही पूजन करो ! सब यज्ञों को छोड़कर मुझे ही बलि-समर्पण करो।'

गर्ग : क्या कोई ऐसा उपाय नहीं जिससे हम शुरू से ही नए शासक को

निरंकुश होने का अवसर ही न दें?

शुक्राचार्य : मैंने एक उपाय सोचा है।

गर्ग : उपाय?...सुनें!

शुक्राचार्य : हम नए शासक को बाँधेंगे।

अत्रि : इसी कुशा की रस्सी से जिसमें वेन की गरदन फँसी थी?

शुक्राचार्य : कुशा की रस्सी भी काम आएगी। लेकिन इसलिए नहीं!...बन्धन होगा विधान का।

गर्ग : विधान कौन देगा?

शुक्राचार्य : हम देंगे विधान। हम ब्रह्मावर्त के मुनि और ब्राह्मण। हम जो जनता के नेता हैं, हम जो अपनी तपस्या और साधना के कारण शासक का पथ-प्रदर्शन कर सकते हैं। शासक को हमारे साथ शर्तें करनी होंगी !

गर्ग : शर्तें ?...तब तो यह एक सौदा है।

शुक्राचार्य : हाँ सौदा !...मैं इसी नतीज़े पर पहुँचा हूँ कि राजा की सत्ता की बुनियाद एक सौदा होनी चाहिए, परमेश्वर की देन नहीं।...

अत्रि : राजा !...क्या नया नाम देने से शासक के मन में ईश्वर बनने की लालसा नहीं उठेगी ?

शुक्राचार्य : नहीं !...राजा यानी अनुरंजक ! हम जिसे राजा घोषित करेंगे वह हमारा अनुरंजक और धर्म का रक्षक होगा, इसलिए नहीं कि उसमें ईश्वर की शक्ति, या देवताओं के तेज़ का स्वरूप है, बल्कि इसलिए कि उसके अधिकारों की बुनियाद होगा हमारा दिया हुआ विधान, हमारी बाँधी गई शर्तें।

अत्रि : और इस बन्धन के बदले उसे क्या मिलेगा, शुक्राचार्य ?

शुक्राचार्य : हम ऋषि-मुनियों के मन्त्रों की शक्ति, हमारे आशीर्वाद, हमारा परामर्श।

सूत : आपके आशीर्वाद ही उसके पराक्रम का परिधान होंगे।

मागध : उसके पौरुष के अलंकार...

सूत : उसके यश के किरीट !

अत्रि : क्या इतना ही काफ़ी है ?

शुक्राचार्य : इसलिए कि हमारे विधान का आधार ही उसकी सन्तान, उसकी बाद की पीढ़ियों का भी सिंहासन होगा !

गर्ग : सन्तान !...राजा की सन्तान !...आप कुछ भूल रहे हैं शुक्राचार्य !

शुक्राचार्य : नहीं...गर्ग।...सूत, मागध, जाओ और अर्चना को खोजकर यहीं ले आओ !

गर्ग : मैं स्वयं जाता हूँ, अर्चना की खोज में ! *(बाहर आहट।)*

सूत : ठहरिए आचार्य !...कोई आ रहा है !...

[सूत-मागध पार्श्व में जाकर देखते हैं।]

मागध : वही है !...हमारा रक्षक...।

सूत : हमारा मुक्तिदाता ! अकेला। *(दोनों पीछे हटकर खड़े हो जाते हैं।)* *(पृथु का प्रवेश।)*

शुक्राचार्य : आयुष्मान्, स्वागत है !

पृथु : इतनी रात बीते कौन मेरी प्रतीक्षा कर रहा है ?

शुक्राचार्य : वे जिनकी यज्ञवेदियों को सरस्वती-तट पर आपके पराक्रम ने ठंडी होने से बचाया !...मेरा नाम शुक्राचार्य है, आयुष्मान् !

अत्रि : और मेरा अत्रि !...पुष्प की सुगन्ध की तरह आपके आने से पहले ही आपकी यशोगाथा ने हमें प्रफुल्लचित्त कर दिया।

गर्ग : गर्ग का आशीर्वाद ग्रहण करें आयुष्मान्।

शुक्राचार्य : हम चारों ही नहीं, सारा ब्रह्मावर्त आपकी प्रतीक्षा में है।

पृथु : आप लोगों के सामने मैं नतमस्तक हूँ ! किन्तु ब्रह्मावर्त में तो मुझे कोई नहीं जानता ! पहली बार हिमालय से इधर आना हुआ।

सूत : *(मागध के साथ आगे बढ़कर)* हम दोनों के लिए तो आप चिर-परिचित हो गए हैं, वीरश्रेष्ठ !

पृथु : *(पहचानता हुआ)* आप...आप दोनों ? *(कुछ रुककर)* सरस्वती तट से यहाँ तक कोई गुप्त मार्ग है क्या ?

गर्ग : डाकुओं के हमलों से जिन्हें हमेशा आशंका बनी रहती है, उन्हें या तो गुप्त मार्गों की पहचान रखनी होती है या फिर आप जैसे धनुर्धारी वीर का संरक्षण प्राप्त करना होता है।

पृथु : संरक्षण ! वह तो बहुत मामूली-सी सेवा थी और हमारा कर्त्तव्य था!... मगर डाकुओं के दूसरे गिरोहों से सावधान रहना होगा आप लोगों को।... लौटते वक़्त मैं आश्रमों के आसपास के क्षेत्र में एक चक्कर लगाऊँगा...

शुक्राचार्य : आपको अब लौटना नहीं है।...

पृथु : जी...? *(हलकी हँसी)* यदि आप मेरी तरह हिमालय की गोद में ललकती कुलूत घाटी के निवासी होते तो क्या ऐसा कहते ?

अत्रि : कुलूत में देवप्रस्थ के आर्यकुल के वंशज हैं आप ?

पृथु : जी !

गर्ग : बड़ा प्रतिष्ठित आर्यकुल है वह।

पृथु : प्रतिष्ठा ?...आचार्य प्रतिष्ठा कुल की नहीं उस मनोरम प्रदेश की है जहाँ विपाशा की धारा में बर्फ़ीली चोटियों का संगीत उमड़ता है !

अत्रि : हिमालय का संगीत लोरी है, आपका पौरुष क्या ब्रह्मावर्त की चुनौती-भरी रणभेरी को अनसुनी करेगा ?

पृथु : मैं किसी चुनौती से नहीं भागता, आचार्य !...हिमालय मुझे सपने नहीं,

शक्ति देता है।

गर्ग : तो फिर।

पृथु : राजमाता सुनीथा को उनकी थाती सौंपकर फिर सरस्वती-तट पर आपके आश्रमों और अग्निहोत्रों की रक्षा के लिए जितने दिन आवश्यकता होगी, ठहरूँगा।

अत्रि : थाती ? किसकी ?

पृथु : अपने गुरु की।

अत्रि : कौन थे आपके गुरु ?

पृथु : त्रिगर्त के जंगल के किनारे जहाँ विपाशा नदी तंग कन्दराओं की गहराइयों से बाहर निकलकर अठखेलियाँ करती है वहीं मेरे श्रद्धेय गुरु अंग की कुटी थी।

(शुक्राचार्य के अतिरिक्त सभी एक साथ और साश्चर्य)

मुनि और सूत मागध : अंग !

गर्ग : अंग...आपके गुरु !!

पृथु : आप लोग चौंक क्यों गए ?

शुक्राचार्य : हम लोग चौंके नहीं हैं, पृथु, लेकिन एक बात आप शायद न जानते हों कि अंग वेन से पहले ब्रह्मावर्त के शासक थे।

पृथु : जानता हूँ! बहुत पुरानी बात है।

शुक्राचार्य : और यह कि एक रात वह चुपचाप बिना किसी को बताए चले गए ?

पृथु : ऐसा सुना था।

शुक्राचार्य : यह भी सुना होगा कि अंग ने एक गर्भवती निषाद युवती को आश्रय दिया था।

पृथु : क्या वह सब दुहराना ज़रूरी है ?

शुक्राचार्य : इसलिए कि आप सुनीथा के सामने इसकी चर्चा करेंगे !... और...और हमें यह कभी मंजूर नहीं होगा।

पृथु : क्या ?

शुक्राचार्य : कि सुनीथा उस निषाद स्त्री की सन्तान को वेन की सन्तान माने !

पृथु : निषाद-सन्तान !...मेरा साथी, मेरा गुरुभाई, कवष !

गर्ग : उसका नाम कवष है ?

पृथु : जी !...बाहर घोड़ों के निकट खड़ा है। बुलाऊँ ?

शुक्राचार्य : तनिक ठहरिए।

पृथु : आप उससे मिलें तभी समझेंगे वह क्या है !...उसी की विलक्षण प्रतिभा के कारण मैंने आश्रम में दो घोड़ों से एक सेना का काम लिया !

अत्रि : प्रतिभा ? निषाद-पुत्र में प्रतिभा ?

पृथु : गुरुवर अंग कहा करते थे कवष की काली चमड़ी के नीचे एक शुभ्र धारा बहती है।

गर्ग : शुभ्र धारा...या...या...वर्णसंकर !

अत्रि : क्या आपको इसमें कोई बुराई नहीं जान पड़ती कि ब्रह्मावर्त पर एक वर्णसंकर राज्य करे ?

पृथु : आपको शासक चाहिए !...वह मिल रहा है।

शुक्राचार्य : शायद आप नहीं जानते कि आपको यहाँ भेजने का असली उद्देश्य अंग के मन में क्या था ?

पृथु : आपका मतलब ?

शुक्राचार्य : पृथु, आप यहाँ ज़िम्मेदारी सम्हालने के लिए भेजे गए हैं, दूसरों को ज़िम्मेदारी सौंपने के लिए नहीं।

पृथु : ऐसा कोई संकेत मेरे गुरु ने नहीं दिया !

शुक्राचार्य : इसलिए कि वे आपकी अन्तिम दीक्षा को आपसे गुप्त रखना चाहते थे।

पृथु : मुझे सोचना होगा !

अत्रि : आयुष्मान् पृथु, आपने अभी कहा था कि आप चुनौती से मुँह नहीं फेरते।...हमारा निमन्त्रण भी आपके लिए एक चुनौती है।

पृथु : निमन्त्रण ?

शुक्राचार्य : हाँ !...*(घोषणा के स्वर में)* हम आपको आमन्त्रित करते हैं कि आप हमारे शासक बनें। *(मौन)*...आप चुप हैं ?

अत्रि : *(आह्वान का स्वर)* ब्रह्मावर्त पर आज डाकू और लुटेरे छा रहे हैं, सरस्वती नदी के उस पार दस्युओं के जिन नगरों को आर्य योद्धाओं ने कभी का मटियामेट कर दिया था, वहीं से दस्यु लोग सिर उठाने लगे हैं; हमारे यज्ञ और अग्निहोत्र भ्रष्ट किए जा रहे हैं; वेदमन्त्रों की ध्वनियाँ जिन कंठों से निकलती थीं उन्हें दबोचा जा रहा है !...क्या आपका हिमालय भी अछूता रह सकेगा ?

पृथु : *(सोचता-सा)* वायदे और चुनौती के बीच किसे वरूँ ?

शुक्राचार्य : यह तो आपने उस समय ही तय कर लिया था जब सरस्वती तट पर डाकुओं के बीच आप कूद पड़े थे !

पृथु : मेरे साथ कवष भी उन लहरों से जूझ पड़ा था।...आचार्य, मुझे मंजूर है, पर कवष मेरे साथ रहेगा !

शुक्राचार्य : हमारी भी कुछ शर्तें हैं।

पृथु : क्या ?

शुक्राचार्य : उचित समय पर आपको मालूम हो जाएँगी। आप तलहटी पर थोड़ी देर प्रतीक्षा करें...ये दोनों, सूत और मागध, जब आपके पास पहुँचें तो आप और कवष इनके साथ आ जाएँ।

पृथु : कहाँ ?

शुक्राचार्य : सामनेवाली जिस पहाड़ी पर सुनीथा वेन के शव को रखे हुए है उसके पीछे एक झरना है। वहीं !...चुपचाप पहुँचना होगा।

पृथु : और आप लोग ?

शुक्राचार्य : हम लोग चलते हैं सुनीथा से मिलने।

पृथु : मुझे भी तो राजमाता सुनीथा से मिलना है।

शुक्राचार्य : अवश्य !...आपकी मुलाक़ात का प्रबन्ध कर लेने के बाद ही हम आपके पास सूचना भेजेंगे।

[पृथु को छोड़कर सबका दूसरी दिशा में प्रस्थान।]

[पृथु—विचारमग्न—उस ओर जिधर मुनि लोग गए हैं, बढ़ता है, कि दूसरी ओर से कवष का प्रवेश। साँवला-सा शरीर, आदिम जाति का-सा चेहरा, लेकिन बदसूरत नहीं वरन् तेजस्वी मुखमुद्रा।]

कवष : कुछ पता चला ?

पृथु : *(चौंककर)* कौन ? कवष !...हाँ पता चला !...वे तीनों मुनि मिल गए जिनके आश्रम से हमने डाकुओं को खदेड़ा था। वे लोग ही राजमाता सुनीथा से हमारी मुलाक़ात कराएँगे।

कवष : तुम जानते हो पृथु कि मुझे मिलने की जल्दी नहीं है। यदि गुरुदेव की अन्तिम आज्ञा न होती तो...

पृथु : *(मानो कुछ याद आया हो)* गुरुदेव !

कवष : क्यों न हम लौट चलें ? हम दोनों साथ ही रहकर बहुत-कुछ कर सकते हैं।

पृथु : मैं तुम्हारे साथ रहूँगा या तुम मेरे साथ रहो—क्या एक ही बात है ?

कवष : अजीब सवाल है तुम्हारा !

पृथु : शायद हम लोग साथ रह सकें !...

कवष : सच ! तो फिर मैं तुम्हारे साथ वापस चल सकूँगा ?

पृथु : नहीं !...शायद मैं ही यहाँ रहूँ !...

कवष : तब तो उसका कहना ठीक था !...उर्वी ने कहा था कि पृथु मुझसे दूर भागना चाहते हैं।

पृथु : छोड़ो उस चर्चा को !...चलो तुम्हें बताता हूँ कि हमें क्या करना है।

कवष : मुझसे पूछो तो ब्रह्मावर्त में लोग बातें ज़्यादा करते हैं, काम कम !...त्रिगर्त में हम लोग पानी और वाणी को जमा करके रखते थे जिससे न धरती सूखे न मन तरसे।...याद हैं ये शब्द ?

पृथु : उर्वी ने और कुछ कहा था ?

कवष : मुझे लगता है वह यहाँ आ पहुँची है।

पृथु : असम्भव !

कवष : जहाँ मैं खड़ा था वहाँ से कुछ दूर पेड़ के पीछे से एक नारी की आकृति मुझे दीखी !...मैंने पुकारा पर वह ग़ायब हो गई ?

पृथु : *(बीती बातों की याद में खोता हुआ)* क्या तुम्हें भी भ्रम है कि वह सामने खड़ी है और अनजाने ही लुप्त हो गई ?

कवष : नहीं, मैंने जो देखा ठीक था।

पृथु : *(उसी धुन में)* और मन भटकने लगता है ! मानो जिस वृक्ष के बसेरे में से पंछी उड़ा था, लौटने पर उसे कटा हुआ पाकर भटकने लगे।

कवष : *(पृथु की भुजा को छूता हुआ कोमल स्वर)* पृथु !

पृथु : *(कवष की ओर हठात् मुड़कर)* तुम मेरे साथ रहोगे न ?...चाहे जो हो ? चाहे मैं...मैं, तुमसे धोखा भी करूँ ?

कवष : यह दूसरा बेढंगा सवाल तुम्हारे मुँह से आज निकला है !...पृथु ! आओ, हम लोग लौट चलें।

पृथु : नहीं ! लौटने की राहें बन्द हैं !...हमें बहुत-कुछ करना है !...चलो, तुम्हें बताता हूँ !...

[बाईं तरफ़ प्रस्थान। प्रकाश नटी और सूत्रधार पर।]

नटी

एक पहेली पूछूँ ?

सूत्रधार

एक नहीं, दो पूछो।

नटी

बिना रोशनी के कौन-सी छाया पड़ती है ?

सूत्रधार

दुविधा ही वह छाया है जो आकांक्षा के आँगन में बिना रोशनी के पड़ती है।

नटी

बिना पलक मुँदे कौन-सी नींद आती है ?

सूत्रधार

अपने आपको दिया हुआ भुलावा ही वह नींद है जिसमें पलक झँपते नहीं।

नटी

दोष मत दो, सूत्रधार, दोष मत दो !...कभी-कभी नादानी की ढलानों पर मनसूबों की धारा बहते-बहते उस कुंड में पहुँच जाती हैं जहाँ अपने-आपको दिए हुए भुलावे ही चक्कर मारते हैं।

सूत्रधार

जैसे ?

नटी

जैसे कौओं के नादान जोड़े ने घोंसला बनाया और अंडे दिए। क्या मालूम कि किसी अज्ञातनामा कोयल के अंडे उसमें कब के मिल गए ?

सूत्रधार

नादानी भी एक मुखौटा है, नटी ! नकली चेहरों की दुनिया में असल एक ही है;...भुलावे,...दूसरों को या अपने-आपको !

[प्रकाश मंच के अग्र भाग से हटकर पिछले शीर्ष भाग पर टिक जाता है, जहाँ सुनीथा वेन के शव के पास खड़ी है। पास ही दासी। दाहिनी ओर तीनों मुनि ।]

सुनीथा : मैं जानती थी कि आप लोगों को लौटना होगा। मैं जानती थी !...

अत्रि : देवी सुनीथा, आपकी इस दशा से हम दुखी हैं।

सुनीथा : मैं आपके तरस की भिखारिणी नहीं हूँ।

गर्ग : इतनी मेहनत के बाद आपने क्या पाया ?

सुनीथा : मैंने क्या पाया, यह आपके सामने प्रत्यक्ष है !...आपके मन्त्रों ने जिसे टूक-टूक किया, मेरे तन्त्र ने उसे जोड़ दिया है।

अत्रि : हमारे मन्त्र जनता की आवाज़ थे !

सुनीथा : खोखली है वह आवाज़, शासक के तेज़ के बिना !...एक अन्धा धक्का देकर आप लोगों ने उस तेज़-पुँज को बिखेरा।...मैंने फिर से बीन-बीनकर उसे एकत्र किया है।...यही तेज़-पुँज ब्रह्मावर्त को बचाएगा।...इसी वेदी के अंगारे, इसी अग्निहोत्र का तेजस्वी धुआँ !

शुक्राचार्य : देवी सुनीथा, हम आपसे तर्क करने नहीं, समझौता करने आए हैं !...वेन का शव हमें दे दीजिए।

सुनीथा : इसलिए कि आप इसके मांस को गीधों के सामने डाल सकें और इसकी हड्डियों को अग्नि में !...

शुक्राचार्य : नहीं !...बल्कि इसलिए कि जो कुछ आप अपने तन्त्र और लेपन के

चमत्कार से कर पाई हैं उसे हम पूरा कर सकें।...

सुनीथा : आप लोग पूरा करेंगे शुक्राचार्य ? आप जो नष्ट ही करना जानते हैं, बनाना नहीं ?

शुक्राचार्य : मेरी बात सुनें, सुनीथा !...आपने अपने चमत्कार से वेन के शरीर की वेदी तैयार कर दी है—वही रूप, वही आकार !...परन्तु उसका तेज़ कहाँ है ?

सुनीथा : इसी शरीर में वह तेज़ व्याप्त है। *(दूसरी ओर मुड़कर मानो किसी का आह्वान करती हो)* ओ, मृत्युलोक के देवताओ, कण-कण में व्याप्त उस तेज़ को फिर से प्रज्ज्वलित कर दो।...

शुक्राचार्य : देवी, आपके मृत्युलोक के देवता प्राण लेना जानते हैं, देना नहीं !

सुनीथा : *(सहसा मुड़कर)* आप प्राण वापस ला सकेंगे ?

शुक्राचार्य : नहीं !

सुनीथा : तब ?

शुक्राचार्य : आपने ही कहा है कि वेन की इस देह में ही उसका तेज़ छिपा पड़ा है !...हम उस तेज़ को प्रज्ज्वलित करेंगे !

सुनीथा : कैसे ?

शुक्राचार्य : उसके शरीर का मन्थन करके।

सुनीथा : मन्थन ?

शुक्राचार्य : हाँ, जैसे देवताओं और असुरों ने सागर को मथा था, वैसे ही हम वेन की देह को मथकर उसके तेज़ोमय अंश को आविर्भूत करेंगे।

अत्रि : वही तेज़ोमय अंश जो एक जीवित व्यक्ति की सन्तान में प्रकट होता है।

सुनीथा : सन्तान !

शुक्राचार्य : देवी, हम आपके चमत्कार को व्यर्थ नहीं होने देना चाहते !...हम अनेक यज्ञ करते हैं !...देह का मन्थन सबसे बड़ा यज्ञ होगा और हमें विश्वास है कि वेन का राजसी तेज़ प्रकट हो सकेगा !

सुनीथा : सागर के मन्थन से अमृत भी निकला था, विष भी; सुन्दर भी, असुन्दर भी।

गर्ग : हो सकता है, वेन का तामसी अंश भी प्रकट हो।

अत्रि : हम उसके राजसी अंश को ही ग्रहण करेंगे।

शुक्राचार्य : आज्ञा दें देवी, हम लोग पीछे निर्झरिणी के जल में शुद्ध होकर इस अनुष्ठान को पूरा करें !...

[तीनों मुनि शव के दूसरी ओर एक-एक कर खड़े होते हैं। सूत और मागध का एक पर्दा लिए हुए प्रवेश।]

शुक्राचार्य : और यदि सवेरे तक हमारा प्रयास सफल हुआ तो आप और ब्रह्मावर्त की जनता सूर्योदय के साथ ही यहीं वेन के ज्योतिर्मय तेज़ोमय अंश

का भी अभिनन्दन करेंगी।

[सूत और मागध पटी—चिह्नयुक्त पर्दे—को शव और मुनियों के आगे तान देते हैं। धीरे-धीरे प्रकाश कम होता जाता है। सुनीथा भूमि पर दंडवत् प्रणाम मुद्रा में। थोड़ी देर बाद दासी उसे उठाती है। अँधेरा। एक विराट वाद्य संगीत जिसमें यज्ञ-ध्वनि का संकेत है[1] धीरे-धीरे प्रकाश पुनः नटी और सूत्रधार पर पड़ता है।]

नटी

सूखी चट्टानों के समुद्र में शीतल झरने का द्वीप...

सूत्रधार

घनी, कोलाहलपूर्ण बस्तियों के रेगिस्तान के बाद एकान्त के चैन-भरे निकुंज...

नटी

बालपने की नादान हाथापाइयों के बाद पहले स्पर्श की मीठी सिहरन...

सूत्रधार

रोज़मर्रा की बेमानी बातों की धारा के बीच सहसा मनचाहे मौन के पत्थरों का शोर !...

नटी

क्या ये झलकियाँ छलावे हैं ?

सूत्रधार

नहीं, ज़िन्दगी की लड़ी में जो कुछ भी बिंधा वह एक बराबर दाना है, न छोटा, न बड़ा !

[अर्चना का प्रवेश। उसके पीछे-पीछे उर्वी।]

अर्चना : और तुम उनकी खोज में यहाँ तक चली आईं ?

उर्वी : कोई ग़लती की ?

अर्चना : ग़लती कोई करता नहीं, हो जाती है।...पर तुम्हारे मुखड़े से कोई बचना क्यों चाहेगा ?

उर्वी : मेरा मुखड़ा ? *(हँसी)* यह खुरदरी चमड़ी जिस पर धूल की परत जमी है !

---

1. जैसा आकाशवाणी की 'मदनदहन' गीत रचना का प्रारम्भिक अंश।

अर्चना : खुरदरी तो धरती भी है !...और धरती ही की भाँति तुम्हारे मुखड़े में रस छलकता है !

उर्वी : मैं धरती को हथेली की तरह जानती हूँ...कहाँ उसका रस है, कहाँ उसके ख़जाने !...इसीलिए तो चाहती हूँ कि वे दोनों धरती को लौट चलें!

अर्चना : इसीलिए !...क्या सिर्फ़ इसीलिए ?

उर्वी : तुम नहीं समझोगी इन बातों को !

अर्चना : क्यों ?

उर्वी : कभी प्रेम किया है ?

अर्चना : सुना है विवाह के बाद प्रेम आप ही फूट पड़ता है।

उर्वी : इसीलिए विवाह की प्रतीक्षा में हो ?...नादान !

[मानो कोई टोह मिली हो। गुनगुनाने लगती है।]

अर्चना : *(साश्चर्य)* गा रही हो !

उर्वी : तुम्हारी नादानी का गीत ! सुनो...*(गाती है।)*

सोने की थाली सँजोए बैठी हूँ मैं।
पर कोई आता नहीं
आता नहीं जीमनेवाला...
सोने की थाली और ये दमकती कटोरियाँ
भरा है जिनमें लबालब रस का सागर...
पर कोई आता नहीं, आता नहीं
रस का लालची, छूता नहीं !...
वह छुवन जो पल में गगरी को छलका दे—
कबसे बैठी हूँ सँजोए सोने की थाली
पर कोई आता नहीं...
आता नहीं।

अर्चना : सुनो ! मेरे साथ रहोगी ?

उर्वी : दासी बनकर या सखी ?

अर्चना : सखी !...

उर्वी : तुम्हारे माता-पिता मानेंगे ?

अर्चना : जिसके माता-पिता नहीं हैं, उसकी बात अधिक मानी जाती है।

उर्वी : किसी ने तुम्हें गोद लिया है ?

अर्चना : हाँ, अब तो मैं एक मुनि-कन्या हूँ।

उर्वी : तब तो तुम्हें आश्रम में होना चाहिए। यहाँ स्थानेश्वर में क्या कर रही हो ?

अर्चना : मजबूरन आना पड़ा !

उर्वी : समझी !

अर्चना : भला सुनूँ तो कि तुम क्या समझीं ?

उर्वी : यही कि यहाँ स्थानेश्वर में प्रियतम को पाना सम्भव हो सकेगा।

अर्चना : अपनी बात मुझ पर ढाल रही हो ?

उर्वी : अपनी बात !

अर्चना : तुमने पूरी बात बताई नहीं !...जिनकी खोज में तुम इतनी दूर से ब्रह्मावर्त में आई हो क्या उन दोनों से तुम्हारा नेह है ?

उर्वी : इसे भी ग़लती मानती हो ?

अर्चना : समझ में नहीं आता !

उर्वी : नेह भी एक खोज है। मेरे मन का मेघ दो तालों के दर्पणों में झाँकता है।

अर्चना : और उसे मालूम ही नहीं कि कहाँ बरसे !...यह एक ही रही !... ब्रह्मावर्त में तुम्हारी उलझन दूर हो जाएगी...सखी !

उर्वी : ब्रह्मावर्त में तो उलझनें बिछी पड़ी हैं। मरे हुए राजा का शरीर, डाकू और लुटेरों की आँधियाँ,...और तरह-तरह के दाँव-पेंच !...

अर्चना : बहुत-कुछ जानती हो तुम !

उर्वी : ब्रह्मावर्त बहेलियों का जाल है...दो नादान कबूतर उसमें कहीं फँस न जाएँ !

अर्चना : समझी !...तो कबूतरी उन्हें रिझाकर लौटने आई है !...क्या वे यहीं हैं ?

उर्वी : शायद यहीं कहीं हैं।

अर्चना : तब तो तुम्हें भी कुछ देर इस जाल में फँसना होगा !...*(किंचित् हँसकर)* जाल !

उर्वी : उतनी ही देर जितना हम तीनों के लौटाने के लिए ज़रूरी है !

अर्चना : बड़ी बेताब है मेरी सखी।

(सहसा उर्वी के चेहरे पर तनाव—जैसे कोई उन्माद चढ़ रहा हो।)

उर्वी : वह जो मैं देख पा रही हूँ अगर तुम देख पातीं तो...

अर्चना : यह क्या !...तुम्हारी आँखों में यह कैसी छाया!...यह कैसी टकटकी!...

उर्वी : *(मानो उसके शब्द कहीं दूर से आ रहे हों)* मैं उर्वी हूँ !...मैं धरती की धड़कन सुन रही हूँ, मैं दूर क्षितिज के किनारे उठती तेज़ और कड़कड़ाती धूप की रेखा देख रही हूँ जिसकी ज्वाला में ब्रह्मावर्त के ताल-तलैए, नदी-नाले सूख जाएँगे।

अर्चना : मुझे डर लगता है तुम्हें यों देखकर !

उर्वी : *(मानो सुना ही नहीं)* और बेचारी धरती सिकुड़ जाएगी ! धरती जिसकी व्यथा मैं जानती हूँ !

अर्चना : *(उर्वी को छूते हुए)* तुम...तुम कहाँ हो ?

उर्वी : *(स्पर्श के कारण मानो वापस आती हुई)* मैं...*(अत्यन्त सुकोमल स्वर में)* बुरा तो न मानोगी ?

अर्चना : क्यों !

उर्वी : सुनो, मैं तुम्हारी सखी नहीं बन पाऊँगी।

अर्चना : उन दो पुरुषों के बीच तुम्हारी उलझन दूर हो जाए तब भी नहीं ?

उर्वी : वह बात नहीं।...मेरी सखी एक ही है...धरती !...धरती जो नशे की तरह मुझमें घुल-मिल जाती है...और ब्रह्मावर्त में धरती पर जो बीतनेवाला है, उसे मैं झेल नहीं पाऊँगी...नहीं...नहीं...
(दाहिनी ओर प्रस्थान)

अर्चना : ठहरो !...उर्वी...उर्वी !
(हाथ उठा रह जाता है।)...कभी गीत, कभी उन्माद !...तभी तो इसे सखी बनाऊँगी, कैसे भी हो ! कैसे भी हो !

[बाईं ओर से आपादमस्तक वस्त्र से अपना बदन छिपाए एक पुरुष का प्रवेश।]

पुरुष : अर्चना !...अर्चि !

अर्चना : *(चौंककर घूमती हुई)* कौन ?...*(भयमिश्रित आश्चर्य का उच्छ्वास)*

पुरुष : डरो मत ! *(मुँह पर से कपड़ा हटाता है।)*

अर्चना : पिताजी ! *(आगे बढ़ती हुई)* आप !...मैं कब से खोज रही हूँ।

गर्ग : जानता हूँ।...आओ मेरे साथ।

अर्चना : कहाँ ?

गर्ग : अभी बताता हूँ।

अर्चना : पर...पर...

गर्ग : *(अर्चना को उसी ओर ले जाते हुए जिधर से आया था)* चलो !...तुम्हारी ज़रूरत है।

[प्रस्थान। प्रकाश मंच से हटकर सूत्रधार और नटी पर टिक जाता है।]

सूत्रधार

एक दिन महादेवजी पार्वतीजी को साथ लिए आकाश में घूमते जा रहे थे। औरत जात पार्वती मौके-बेमौके सवाल पूछकर बेचारे महादेव की नाक में दम कर देती थीं।

नटी

अगर मर्द उलझनें पैदा न करें तो औरतें सवाल पूछें ही क्यों ?

सूत्रधार

नीचे मानवलोक में किसी जगह धर्म की चर्चा हो रही थी। पार्वती ने त्रिशूल पकड़कर महादेव को रोका और बोलीं—हे पशुपतिनाथ, मनुष्य तो चेतनशील प्राणी है। सोच-विचार सकता है, भला-बुरा देखकर हर मौक़े पर सही कर्त्तव्य पहचान सकता है। तब उसे धर्म की आवश्यकता क्यों है ?

नटी

धर्म ! कौन-सा धर्म ?

सूत्रधार

महादेवजी ने जवाब दिया—देवी, मनुष्य चेतनशील होने के साथ-साथ पशु भी है। एक ओर वह सूझ-बूझवाला, विवेकी और चिन्तनशील प्राणी है, दूसरी ओर वह जानवर भी है, हिंसक, चेतनशून्य, सहजवृत्ति पर चलनेवाला।

नटी

कभी आकाश की सीमाहीन गुफा में विचरनेवाला ज्ञानी, कभी पत्थरों की अन्धी और तंग गुफा में भरमनेवाला जानवर।

सूत्रधार

महादेवजी ने समझाया—हे गणेशजननी, जानवर होने के कारण मनुष्य को किसी-न-किसी प्रकार के बाहरी अनुशासन की आवश्यकता है, ऐसे बाहरी इशारे जिनके सहारे वह चले या रुके, ऐसे पैमाने जिनसे नाप-नापकर निर्णय ले सके, ऐसे मूल्य जिन्हें वह अटल मान सके।... यही धर्म है।

नटी

तो धर्म मनुष्यरूपी जानवर के लिए एक लगाम है।

सूत्रधार

लेकिन अकसर वही जानवर उस लगाम को ही चबा लेता है।

[प्रकाश पीछे टीले पर टिक जाता है जहाँ मंजूषा के आगे, उसे ओट किए पर्दे को दोनों ओर से सँभाले सूत और मागध खड़े हैं, जैसे कथकली के नायक की अवतारणा करनेवाला पर्दा होता है।

क्रमश : भोर का संकेत देता हुआ प्रकाश सारे मंच पर फैल जाता है। और मंच की तीन सतहें दीखती हैं। ऊपरवाला स्तर जहाँ सूत और मागध पर्दा पकड़े हुए हैं, सबसे छोटा है। उसके नीचे कुछ अधिक विस्तृत क्षेत्र में दोनों ओर करबद्ध मुनिजन खड़े हैं। शुक्राचार्य, गर्ग और अत्रि । नीचे एक तरफ़ सुनीथा, दासी एवं अन्य स्त्रियाँ, दूसरी ओर जनपद के मुखियागण।

पृष्ठभूमि से उसी संगीत का स्वर जो धीरे-धीरे शान्त हो जाता है। शुक्राचार्य बोलते हैं।]

शुक्राचार्य : ब्रह्मावर्त के निवासियों, हमारी बात सुनें। देवी सुनीथा, आप भी ध्यान दें !...वेन के जिस शव को देवी सुनीथा ने अपने चमत्कारपूर्ण लेपन से इतने दिन सुरक्षित रखा, आज हमने अपनी साधना और तपस्या के बल पर उसका मन्थन किया।...पहले हमने वेन की दाहिनी जंघा को मथा। *(पृष्ठभूमि में तालवाद्यों का मन्द नाद पुनः शुरू होता है। पर्दा किंचित् हिलता है और धीरे-धीरे उसे सूत और मागध नीचा करते हैं। पर्दे के ऊपरी सिरे के पीछे क्रमशः एक सिर और मुखौटा दीखते हैं। मुखौटा भयंकर और काला है। डमरूओं की आवाज़ कुछ ऊँची होती है। मुखौटेवाला पुरुष पर्दे को लाँघकर बाहर आता है। सूत और मागध पुनः पर्दा उठा लेते हैं।)*

[नीचे जनपद के मुखियागण एक-एक करके और बाद में एक साथ बोलते हैं।]

पहला मुखिया : हम एक भयंकर मुखौटा देख रहे हैं।

दूसरा : इसका रंग जले हुए खम्भे के समान है।

तीसरा : इसकी आँखें लाल और क्रूर हैं।

सब मिलकर : कौन है यह विलक्षण प्राणी ?

अत्रि : यही वेन का जंघापुत्र है।

[मुखौटेवाले पुरुष की व्यंग्यपूर्ण हँसी।]

पहला मुखिया : कैसी विचित्र हँसी है वेन के इस जंघापुत्र की ?

दूसरा : मानो हम सब पर हँसता है ?

तीसरा : क्या वेन के मन का सारा मैल इस जंघापुत्र में समा गया है ?

[आगे बढ़ता हुआ वह पुनः हँसता है।]

शुक्राचार्य : *(फुर्ती से उसका कन्धा पकड़कर)* बैठो निषाद !...तुम घने जंगलों और पहाड़ियों में विचरनेवाली जातियों के सरदार बनोगे, वेन के जंघापुत्र ! इधर बैठो !

पुरुष : *(उसके हाथ को बरबस हटाता हुआ)* जंघापुत्र।... *(अट्टहास)* हा, हा, हा !

(तेज़ी के साथ प्रस्थान)

गर्ग : निषाद ! निषाद !...

सुनीथा : मुझे यही डर था कि वेन की कालिमा ही प्रकट होगी।

शुक्राचार्य : ठहरो देवी सुनीथा !...हमने उसके बाद वेन की दाहिनी भुजा को मथा, और... *(डमरूओं का निनाद ! पर्दा हिलता है, सूत और मागध उसे नीचा करते-करते नीचे डालते हैं और यों एक अत्यन्त मनोरम मुखौटा पहने, सिर पर ऊष्णीय और शरीर पर आभूषण, धनुष-बाण, कवच, इत्यादि से सुसज्जित एक भव्य पुरुष आगे बढ़ता है। डमरू आदि शान्त होते हैं।)*

पहला मुखिया : यह तेजस्वी आनन।

दूसरा : यह गौर शरीर...

तीसरा : ये बलिष्ठ भुजाएँ...

सब मिलकर : कौन है यह ? देवराज इन्द्र का स्वरूप ?

शुक्राचार्य : यही वेन के भुजापुत्र हैं—पृथु !

सुनीथा : यही, यही, हाँ यही है। यही वह तपा हुआ सोना है जिसके लिए मैंने वेन की देह की भट्ठी को प्रज्ज्वलित रखा था।

शुक्राचार्य : आयुष्मान्, यह लीजिए।
(पृथु को कुशा की रस्सी पकड़ाता है।)

सुनीथा : कुशा ? वही कुशा की रस्सी...

शुक्राचार्य : हाँ, वही कुशा की रस्सी ! लेकिन, देवी अधीर न हों !...आयुष्मान्, आपको इस समाज के समक्ष हमें वचन देने हैं।

पृथु : मैं तैयार हूँ।

शुक्राचार्य : और हरेक वचन पर आपको कुशा की इस रस्सी में एक गाँठ लगानी है !

पृथु : पहला वचन ?

शुक्राचार्य : यह कि आप अपने बाहुबल से ब्रह्मावर्त के आश्रमों और यज्ञशालाओं की रक्षा करेंगे।

पृथु : अवश्य करूँगा। *(गाँठ लगाता है।)*

अत्रि : दूसरा वचन—कि प्रिय और अप्रिय का विचार छोड़कर सब प्राणियों के प्रति एक-सा भाव रखेंगे।

पृथु : यथाशक्ति एक-सा भाव रखूँगा। *(गाँठ लगाता है।)*

गर्ग : लोक में जो कोई धर्म से विचलित होगा, उसे परास्त कर दंड देंगे, लेकिन...

पृथु : दंड दूँगा, लेकिन...

गर्ग : लेकिन वेदपाठी ब्राह्मण आपके लिए अदंडनीय होंगे।

(पृथु रुक जाता है।)

शुक्राचार्य : रुकिए नहीं आयुष्मान् ! लगाइए तीसरी गाँठ !

[पृथु बिना कुछ बोले गाँठ लगा देता है।]

अत्रि : चौथा वचन ! वेद में दंड देने और व्यवहार का जो नित्य धर्म दिया गया है उसके अनुसार ही शासन करोगे। मनमानी नहीं करोगे।

पृथु : मनमानी नहीं करूँगा। *(गाँठ लगाता है।)*

शुक्राचार्य : पाँचवाँ वचन—समाज को वर्णसंकरता से बचाएँगे, आर्य-जाति के रक्त में मिलावट नहीं होने देंगे।

(पृथु रुक जाते हैं।)

गर्ग : आप फिर रुक गए !

पृथु : रक्त की मिलावट को...रोकना...! क्या यह सम्भव है ?

अत्रि : वीरवर, हिचकें नहीं ! डाकुओं की चुनौती को याद कीजिए।

पृथु : याद है !...*(गाँठ लगाता है और कुशा को आगे बढ़ाता है।)* लीजिए।

शुक्राचार्य : *(कुशा की रस्सी को पृथु के हाथ से लेकर)* आयुष्मान्, लाइए अपना हाथ ! *(कुशा को पृथु की कलाई में बाँधता है।)*...यह कुशा ही विधान है, इसकी गाँठें ही राजधर्म हैं, जनपद का लोक प्रजा है और उस प्रजा के अनुरंजक आप हमारे राजा हैं।

मुखिया गण और मुनि : जय हो, हमारे पहले राजा...पृथु की जय हो !

[सूत और मागध आगे बढ़ते हैं और करबद्ध होकर स्तुति करते हैं।]

सूत-मागध : *(एक साथ)* हे राजन, हे नरेश्वर, हे भूपति, हम आपकी स्तुति करते हैं।

सूत : आप दुष्टों के लिए दंडपाणि होंगे, आप धर्म-मर्यादा के विरोधियों का नाश करेंगे। आप अकेले ही प्रजा का पालन-पोषण और अनुरंजन कर सकेंगे और इसीलिए हे शत्रुनाशक, हे दृढ़प्रतिज्ञ, हे लोकपालक राजन, हम आपका अभिनन्दन करते हैं।

मागध : जिस प्रकार सूर्य देवता, आठ महीने तपते रहकर जल खींचते हैं और वर्षा ऋतु में उसे उड़ेल देते हैं, उसी प्रकार आप प्रजा से कर के रूप में धन संचय कर उसे प्रजा के हित में ही व्यय करेंगे। इसीलिए हे नीतिपालक राजन, हम आपको नमस्कार करते हैं !

सूत : जिस तरह सवेरे की आहट सुनकर अँधेरे का महासागर सिमटकर लोप हो जाता है, ऐसे ही आपकी बुद्धि के स्पर्श से सारे दुख-दैन्य, अत्याचार और अनाचार की दुर्दम कालिमा ग़ायब हो जाएगी।

मागध : जैसे अन्धकार के क़ैदी वृक्षों में पंछियों की ज़ंजीरों पर सूरज की चोट

पड़ते ही वे खनखना उठती हैं, वैसे ही मुनियों और ब्राह्मणों के यज्ञों के दबे हुए स्वर आपके सर्वव्यापी आश्रम में आकाश को गुंजायमान कर देंगे।

सूत-मागध : *(एक साथ)* हे परमप्रतापी, हे परमसमर्थ, हे परमबलशाली राजन, हम बार-बार आपके प्रकट होनेवाले गुणों और कर्म की वन्दना करते हैं और–

[पृथु जो बढ़ती हुई बेताबी से यह सब सुन रहा था, उन दोनों को रोक देता है।]

पृथु : ठहरिए !...यह आप किसकी प्रशंसा कर रहे हैं ?

सूत : राजन् !...

[अचकचाकर दोनों बोल नहीं पाते।]

पृथु : आपकी खुशामद के दर्पण में मुझे अपना चेहरा तो नहीं दीखता। *(अपना मुखौटा हटाते हुए)* क्या आप मेरे मुखौटे की तारीफ़ कर रहे थे !...अब देखिए !

मागध : यह मुखौटा नहीं, आपके भविष्य का दर्पण है राजन !

सूत : हम आपके तेजस्वी चेहरे पर आनेवाले प्रताप और पराक्रम की रेखाएँ देखते हैं।

पृथु : बन्द कीजिए यह शब्दाडम्बर...अभी तो मैंने राजा होकर रत्ती-भर काम नहीं किया। अभी से स्तुति कैसी ? *(सब लोगों को सम्बोधित करते हुए)* सुनिए मुनिगण, सुनिए माता सुनीथा, सुनिए ब्रह्मावर्त के निवासियो! आपने मुझे राजा बनाना स्वीकार किया। इसके लिए मुझे स्तुति नहीं, आपका सहयोग चाहिए। वाणी का विलास नहीं, कर्म का उल्लास चाहिए। बिना मेहनत के तारीफ़ मुझे उतनी ही अशोभनीय लगती है जितनी बिना बुराई के निन्दा !

[सहसा बाहर से निषाद का मुखौटा सामने गिरता है।]

गर्ग : निषाद !

सुनीथा : जंघापुत्र !

[कवष का प्रवेश। गम्भीर और व्यस्त]

कवष : हाँ, मैं जंघापुत्र ! आप लोगों को सावधान करने लौटा हूँ।

पृथु : कवष !...ठीक आए। तुम्हारी ज़रूरत है।

कवष : पृथु !

अत्रि : राजन कहो, निषाद !

पृथु : क्या बात है कवष ?

कवष : डाकुओं का जत्था दूसरी ओर चढ़ आया है–

पृथु : आश्रम पर ?

कवष : नहीं, उन्होंने कुछ दक्षिण की ओर सरस्वती पार की और अब वे गाँवों की ओर बढ़ रहे हैं।

मुखिया 1 : गाँवों की ओर ?

मुखिया 2 : डाकू गाँवों की ओर बढ़ रहे हैं !....भागो !

मुखिया 3 : भागो, भागो !

सूत : कहीं वे इधर आ गए तो ?

मागध : हम किधर भागेंगे ?

मुखिया 1 : हमारे कुटुम्ब !

मुखिया 2 : हमारे गाय-बैल !

अत्रि : सबसे पहले आश्रमों की रक्षा हो !

गर्ग : अगर हमारा रास्ता ही बन्द हो गया ?

शुक्राचार्य : राजन्, कोई उपाय सोचिए।

(कोलाहल)

पृथु : शान्त ! शान्त !...आपने मुझे राजा बनाया है तो मेरा आदेश भी सुनिए !...सूत और मागध, आप कोई गुप्त रास्ता जानते हैं ?

सूत : हाँ !

पृथु : इन मुखिया लोगों को उधर से ही ले जाइए !

मागध : कहाँ ले जाएँ ?

पृथु : पूरबी सीमा पर अनूप प्रदेश में।...आप दोनों को वहाँ का अधिपति नियुक्त करता हूँ।

सूत-मागध : जय हो !

मुखिया : हमारे खेत और खलिहान !

पृथु : मैं उनकी रक्षा करूँगा। हर गाँव में दस-दस नौजवान मेरे साथ रहेंगे। आप लोग अनूप प्रदेश को गढ़ बनाइए ! जाइए और वहाँ अपनी भुजाओं के प्राचीर बनाइए।

सूत : भुजाओं के प्राचीर !

मागध : भुजाओं के प्राचीर !

[सूत, मागध और मुखिया लोगों का प्रस्थान।]

सुनीथा : वत्स !

पृथु : माता सुनीथा ! युद्ध के घायलों की सुश्रूषा भी होनी है।

सुनीथा : मैं करूँगी। मैं इसी दिन की प्रतीक्षा में थी। वेन के स्वर की जो धारा धरती में खो गई थी, अब तुम्हारे आदेशों में फूट रही है। यही है हमारा दिशा-संकेत। चलो, दासी !

(प्रस्थान।)

पृथु : और आप लोग, आचार्य, बेखटके आश्रम में यज्ञ और साधना

कीजिए, लेकिन एक निवेदन है...

गर्ग : निवेदन ! राजन, आपके आदेश पतवार हैं। हमारी नाव वैसे ही चलेगी।

अत्रि : हमारे आशीर्वाद आपकी अनुगामिनी छाया होंगे।

शुक्राचार्य : राजन्, हमारे आशीर्वाद का प्रतीक है यह भेंट ! *(धनुष देता है।)* स्वीकार कीजिए, इस धनुष का नाम है आजगव !...एक दिन इन्द्र ने इसी धनुष से सरस्वती, सिन्धु और रावी नदियों के तट पर दस्युओं के नगरों का ध्वंस किया था ! आज आपके हाथों उसी दिशा से आए डाकुओं का संहार होना है।

पृथु : अनुग्रहीत हूँ मुनिवर ! असली धनुष की प्रत्यंचा तो जनपद के लोग हैं, आपका परामर्श उसका आधार है। इसलिए मैं आप लोगों को अपना मन्त्रिमंडल नियुक्त करता हूँ।

गर्ग : मन्त्रिमंडल !

पृथु : आप मुनिवर शुक्राचार्य मेरे पुरोहित मन्त्री हुए। गर्ग मुनि ज्योतिष मन्त्री, अत्रि मुनि अमात्य !...ज़रूरत पड़ने पर मैं परामर्श के लिए आपको आश्रम से बुलाऊँगा।

शुक्राचार्य : हम प्रस्तुत रहेंगे।

गर्ग : यहाँ पर भी आप अकेले न रहें, इसकी व्यवस्था हमने की है।

पृथु : अकेलापन तो, मुनिवर, मेरा राजसी परिधान है।...और फिर कवष मेरे साथ है।

शुक्राचार्य : आचार्य गर्ग का तात्पर्य दूसरा है !...

अत्रि : हम चलते हैं। कल्याण हो राजन ।

(तीनों का प्रस्थान।)

कवष : तुम्हारा मन्त्रिमंडल पहेलियों में बात करता है।

पृथु : तुम भी तो मेरे मन्त्रिमंडल के सदस्य हो, मेरे सेनापति !...यह आजगव धनुष सँभालो !

कवष : पृथु, तुम्हारे मन्त्रिमंडल के मुनियों ने तो मुझे जंघापुत्र घोषित किया है। मुझे तो जंगल की जातियों का सरदार बनना है, तुम्हारा सेनापति नहीं।

पृथु : इन मुखौटों को तुम भी सच मान बैठे ?

कवष : सच मैंने माना है या तुमने ?

पृथु : सच एक ही बात है कि सरस्वती पार के डाकू सारे ब्रह्मावर्त को घेर लेंगे और तब हमारा-तुम्हारा प्यारा हिमालय भी...त्रिगर्त भी... मटियामेट हो जाएगा। इसी चुनौती को मैंने स्वीकार किया है।...मेरा साथ दो कवष !

कवष : वह कहती है कि ये लोग डाकू नहीं हैं।

पृथु : कवष, उर्वी के नाम का जादू मुझे अब विचलित नहीं कर पाएगा। देखते हो यह बन्धन ?...*(कुशा की रस्सी दिखाता है)* कुशा की इस रस्सी की हरेक गाँठ एक वचन है जो मैंने दिया है।

कवष : यानी इस बन्धन और इन मुखौटों को तुम सच मानते ही हो !

पृथु : कवष, सच्चाई एक ही है, हमारा कर्त्तव्य !

कवष : सच्चाई और असलियत में फ़र्क हो सकता है पृथु।...एक असलियत यह है कि उर्वी से थोड़ी देर पहले मेरी बात हुई है।

पृथु : बात हुई है ?

कवष : उसी ने मुझे सावधान किया कि ये लोग गाँवों की ओर बढ़ रहे हैं।

पृथु : और क्या-क्या मालूम है उर्वी को ?

कवष : बुलाऊँ उसे ?...मिलेंगे ?

पृथु : ठहरो !...उर्वी ने तुम्हें सावधान किया ? *(सोचता-सा)* कहीं....कहीं... उर्वी दस्युकन्या तो नहीं है ?...यही तो उसका रहस्य नहीं है जिसे हम इतने बरसों से समझ नहीं पाते थे ?...यही तो कारण नहीं है कि हम लोग उसका भेद जान न सके ?...आर्यों के वैरी डाकुओं की कन्या ?...

कवष : यह क्या पृथु ! तुम भी आर्य नाम की दुहाई देने लगे ? गुरुजी का आदेश क्या हुआ ? छिः !...उर्वी आर्य-विरोधी दस्यु और मैं आर्यों का दास निषाद !

पृथु : मुझे उत्तेजित न करो। कवष, मैं इन डाकुओं का विनाश करने के लिए वचनबद्ध हूँ !

कवष : लेकिन उर्वी कहती है, वे लोग डाकू नहीं हैं। लूटपाट उनका पेशा नहीं है।

पृथु : तब आश्रमों पर उनके हमले ?

कवष : एक ज़माने में ब्रह्मावर्त के आर्यों और इन्द्र ने इनके नगरों को नष्ट किया...सिन्धु, इरावती और सरस्वती के तट पर वे जगमगाते नगर वीरान हो गए। उन्हें डर है कि अब ब्रह्मावर्त के मुनि अपने यज्ञों के नाम पर जंगलों को काट रहे हैं। मिट्टी बहकर सरस्वती की धारा को बन्द कर रही है। इस तरह उनकी बची-खुची खेती ही मटियामेट हो जाएगी।

पृथु : देखता हूँ इतनी थोड़ी-सी देर में तुम्हें उर्वी ने ख़ूब पढ़ाया है।

कवष : चलो पृथु, मैं, तुम और उर्वी सरस्वती की धारा को फिर से बहाने की तदबीरें खोजें और यों इस झगड़े की जड़ ही दूर कर दें !

पृथु : झगड़ा !..इसे तुम झगड़ा कहते हो ?...इतनी देर में यह भी भूल गए कि हमारे घोड़ों की टापों से उड़ी धूल के पीछे भी इन डाकुओं के क्रूर और हिंसक चेहरे आश्रम में अग्नि बरसा रहे थे ? भूल गए कि

तुमने और मैंने उनकी बेरहमी के जाल में तड़पती मछलियों की भाँति आश्रमवासियों को बचाया ! हम लोग तड़ित की भाँति उन काले बादलों को चीरकर टूट पड़े। देखते-ही-देखते बीसियों को तुमने धराशायी किया।...कवष, धनुष की यह प्रत्यंचा मचल रही है, और तूणीर में से वाण निकलने को आकुल हैं !...मैं युद्ध करूँगा !

कवष : युद्ध मैं भी करूँगा।

पृथु : तो यह लो आजगव !

कवष : नहीं ! यह धनुष मेरे लिए नहीं है। मैं जंघापुत्र हूँ। मानस-पुत्र राजन, तुम्हारे साथ कन्धा भिड़ाकर मैं युद्ध नहीं कर सकता।

पृथु : बुरा मान गए मित्र ?...जानते हो, राजा बनने की मेरी एक शर्त यह थी कि तुम मेरे साथ रहोगे ?

कवष : उस शर्त में उर्वी...उर्वी...से सम्बन्ध भी शामिल है क्या ?

पृथु : सम्बन्ध ?...कवष, तुम्हारे स्वर में शंका की यह कैसी आहट ?

कवष : सीधा जवाब दो पृथु !

पृथु : मैंने वचन दिया है कि रक्त की मिलावट नहीं होने दूँगा।... उर्वी...दस्युकन्या है, है न ?

कवष : बात साफ़ हो गई। राजन, मैं चलता हूँ।

पृथु : राजन् ?...कवष !...कहाँ जा रहे हो ?

कवष : यक़ीन मानो, आश्रम का बाल भी बाँका न होने पाएगा ! हम लोग उसके इर्द-गिर्द ही होंगे।

पृथु : लेकिन युद्ध तो यहाँ होगा !

कवष : हमें एक और युद्ध भी लड़ना है ! सरस्वती की धारा को घेरनेवाले रेगिस्तान के विरुद्ध !...

पृथु : और इधर डाकू लोग सारे ब्रह्मावर्त को तहस-नहस कर डालें ? नादान...तुम दस्युकन्या के फेर में पड़े हो !

कवष : *(हँसता है)* ख़ूब !...जैसे तुम्हें उर्वी से भी कोई लगाव नहीं रहा।

पृथु : *(पीठ फेरकर थोड़ा दूर हटता हुआ)* यह मैं कब कहता हूँ कि उर्वी यहाँ से चली जाए ?...मुझे अपने नए उत्तरदायित्व में उसकी भी ज़रूरत है।

कवष : *(कटु स्वर)* तुम्हारा मतलब है अंकशायिनी, लेकिन सहधर्मिणी नहीं ? यही तुम्हारी चाल है, राजा पृथु !
(प्रस्थान)

पृथु : *(हठात् उत्तेजित)* और तुम...जंघापुत्र ? *(कवष की ओर मुड़कर)* तुम ? कवष !...कवष !!...*(उच्च स्वर में)* मैं समझ रहा हूँ तुम लोगों की चाल ! *(ज़ोर से)* जाओ, जाओ लेकिन सावधान ! मेरे पौरुष का जंगल सुलग चुका है और इसकी धधकती हुई आग तुम्हें भी ग्रस

लेगी !...ठीक ही हुआ ! सारे संशय भस्म हो रहे हैं...सारी दुविधाएँ... और मेरा रास्ता साफ़ है...*(धनुष का सन्धान करते हुए)* अकेला हूँ तो क्या—मेरे हाथ सधे हुए हैं।...अकेला ! *(धनुष की टंकार !...तुरन्त बाद पायल की झंकार ! अर्चना का प्रवेश।)* अकेला !

अर्चना : आप अकेले नहीं हैं, राजन !

पृथु : तुम कौन ?

अर्चना : गर्गपुत्री अर्चना !...पिताजी ने कहा था कि आप अकेले नहीं रहेंगे ?

पृथु : अर्चना ! *(दृष्टि अर्चना पर अटक जाती है। तरल स्वर।)*...कौन-से मादक फूल मुसकरा उठे ?

अर्चना : आपके चरणों में ! और *(बराबर जाकर हाथ पकड़ते हुए)* आपके बराबर में मैं भी !...मैं आपकी रानी जो हूँ न ?

पृथु : *(ठगा-सा, विमोहित)* रानी !

अर्चना : मुनियों ने मन्थन करके अमृत निकाला तो उसके लिए पात्र की भी तो कल्पना की !...मैं ही आपके अमृत की कुम्भ हूँ। *(अपने दोनों हाथ पृथु के गले में डालती है। आँखों में आँखें !)*

पृथु : अमृत और कुम्भ !...*(मन्द आविष्ट स्वर)* यह कैसा जादू है कि भुजाएँ फड़कती हैं शत्रु के संहार के लिए भी और कुसुमों की इस वल्लरी को कसकर बाँधने को भी !...चट्टान में कौन-सी दरार तुम्हें मिल गई, हठीली कली ?

अर्चना : *(स्वप्नवत्)* वह छुवन जो पल में गगरी को छलका दे ! कब से बैठी हूँ सँजोए सोने की थाली...

पृथु : नहीं, कोई दरार नहीं !...थिरको मेरी चट्टान पर संहार के सूर्य और तुम भी चपल चाँदनी !...मैं ही डमरू हूँ और मैं ही वंसी !

अर्चना : सोने की थाली और ये दमकती कटोरियाँ। भरा है जिनमें लबालब रस का सागर...पर कोई आता नहीं, आता नहीं !

पृथु : आओ, हिल्लोर उठ रही है ! एक ही उठान में तुम्हारी धरती का आलिंगन...और गगन की हलचल !...एक ही उन्माद में धनुष की टंकार और प्यार का राग ! कोई उलझन नहीं, कोई दुविधा नहीं !... आओ !...

[दोनों आलिंगनबद्ध। नेपथ्य में नगाड़े और डमरू की ध्वनि जिनके बीच वंशी का अनुराग-भरा स्वर। अँधेरा।]

द्वितीय अंक

[प्रकाश नटी और सूत्रधार पर पड़ता है। वे कोने में खड़े हैं।]

सूत्रधार

नटी, देखती हो एक विशाल वृक्ष जिसकी डालें और शाखाएँ फैली हैं इतनी दूर तक कि आँखों की दृष्टि में समा नहीं पातीं।

नटी

जिसकी जड़ों का जाल गुम्बद की गूँजों की तरह अनजानी गहराइयों की टोह लेता ही रहता है। रुकने का नाम नहीं।

सूत्रधार

और उस वृक्ष की ऊँची डालों पर झूम रहे हैं रंग-बिरंगे फूल ! फूल जो न झरते हैं और न फल बनते हैं, न सूखते हैं न बीज ही देते हैं।

नटी

सूत्रधार, कौन हैं ये गन्धहीन, स्वादहीन, निर्बीज, पर मनोरम प्रवंचनाएँ जिन्हें न हम छू सकते हैं, न खा सकते हैं, न धरती पर बो सकते हैं ?

सूत्रधार

देवता ही वे फूल हैं, नटी !

नटी

देवता, जिन्हें आदमी ने ही यह रूप दिया है ?

सूत्रधार

ओ मानव-समाज के विराट वृक्ष ! तुम्हारी अनगिनत आस्थाओं की

डालों पर झूमनेवाले इन फूलों की हम स्तुति करते हैं, पूजन करते हैं, वन्दना करते हैं।

नटी

क्या देवता आदमी की मदद नहीं करते ?

सूत्रधार

यही तो तमाशा है। फूल ऊपर लटके हैं, पर बीज वहाँ नहीं हैं।

नटी

कहाँ हैं वे बीज ? क्या आदिराज पृथु जानता है ?

सूत्रधार

क्या कस्तूरी मृग जानता है कि उसकी नाभि में क्या है ?...वह देखो !

[मंच पर प्रकाश फैल जाता है। पृथु पीठ किए खड़ा है। सूत और मागध उसे सम्बोधित करते हैं।]

सूत : राजन्, अब तो हम आपके पराक्रम की गाथा गा सकते हैं ?

मागध : आपने ब्रह्मावर्त की धरती को डाकुओं से मुक्त कर दिया ! वे दुष्ट कट-मरकर नष्ट हो गए या भाग गए।

सूत : आश्रमों में शान्ति है। एक बरस से यज्ञ और अग्निहोत्र बराबर चल रहे हैं। ऋषि-मुनि धर्म-कर्म में लगे हैं। वर्ण-व्यवस्था स्थित है।

मागध : अद्भुत कौशल से आपने युद्ध किया। इन्द्र ने जैसे वृत्रासुर का वध किया था वैसे आपने असुरों की सन्तानों को मार भगाया ! आपके धनुष की टंकार सरस्वती पार के खँडहरों को ललकार है, पर अब कोई उस ललकार का जवाब देने का साहस नहीं करता।

सूत : हम आपकी यशोगाथा का भूमंडल पर प्रचार करेंगे।

मागध : हमें अनुमति दें, राजन !

पृथु : *(घूमकर उनकी ओर देखता है)* सूत मागध ! यशोगाथा की औषधि हर रोगी पर काम नहीं करती।

सूत : रोगी ?

मागध : राजन्, आपके प्रताप से ब्रह्मावर्त की जनता के सब रोग-शोक समाप्त हो गए।

पृथु : और अगर मैं कहूँ कि रोगी मैं हूँ ?

मागध : आप ?

सूत : परिहास कर रहे हैं, राजन !

पृथु : सुनिए, आप स्तुति कीजिए, लेकिन मेरी नहीं, देवताओं की !

मागध : अश्विनीकुमारों की स्तुति हमने की, जब ज्वर और पीड़ा ने हमारे कुटुम्बों को सताया।

सूत : वरुण, अग्नि और सबसे ऊपर इन्द्र—इन सभी देवताओं की स्तुति हमने की जब राजन, आप शत्रुओं के दलों से घिरे हुए, उनके प्रचंड आघातों का सामना कर रहे थे।

पृथु : पुकारिए इन्द्र को, फिर पुकारिए ! इन्द्र को, वरुण को, अग्नि को, अश्विनीकुमारों को !...पुकारिए और पूछिए कि क्या उनके पास चुनौतियों की वह प्राणवायु है जो मेरी वंशी के स्वरों को फिर से जगा सके ? *(अर्चना का प्रवेश।)*

अर्चना : यह मैं क्या सुन रही हूँ देव ! यह कैसा गगनभेदी उच्छ्‌वास !

सूत : महारानी, हमारा प्रणाम स्वीकार हो।

पृथु : देवी ! अर्चना !...यह प्रलाप तुम्हारे कानों के लिए नहीं था।

अर्चना : असम्भव !...मैं आपकी अर्धांगिनी हूँ। जो बयार आपको छुएगी क्या वह मुझे नहीं झकझोरेगी ?

मागध : देवी, हम लोग महाराज की कीर्ति की ध्वजा को अपनी वाणी के स्तम्भ पर फहराना चाहते हैं।

सूत : क्या हमें अनुमति मिलेगी ?

अर्चना : अवश्य !...आप दोनों जाएँ और आदिराज के पराक्रम की कथा को कोने-कोने में प्रसारित कर दें।

सूत-मागध : जय हो, महारानी !
(प्रस्थान।)

पृथु : *(कुछ मौन के बाद)* अर्चना, यह सब व्यर्थ है।

अर्चना : कीर्तिगान आपके शौर्य के गम्भीर निनाद की ही तो प्रतिध्वनि है।

पृथु : शौर्य !...

अर्चना : वह पराक्रम जिसने एक झटके में ब्रह्मावर्त को उबार लिया !

पृथु : किसी ऊँची चट्टान की कड़ी चढ़ाई तय कर लेने के बाद देखता हूँ पठार, समतल भूमि !...इसका क्या करूँ अर्चना ?...मैं तो चढ़ाई का आदि हूँ।...यह अन्तहीन ऊब जिसने मुझे आ घेरा है।...ऊब ! आते-जाते श्वासों की मरुभूमि !...कण-कण में व्याप्त, जमी हुई ठिरन... क्योंकि हवा ठहर गई है...और हड्डियों को भेदनेवाले सर्द झकोरे आते ही नहीं।

अर्चना : सर्द झकोरे ही रक्त में तेज़ी लाने के लिए काफ़ी नहीं हैं।...*(निकट जाकर स्पर्श करती है।)*

पृथु : प्यार की गुफाओं में भुलाना चाहती हो, अर्चि ?

अर्चना : क्यों नहीं ?...क्या घमासान युद्धों के कोलाहल के बीच भी उन कुंजों में हमने विहार नहीं किया है ?

पृथु : *(मादक सम्मोहन)* तुम्हारा यह राशि-राशि वैभव, अर्चि !...एक ही स्पर्श में युगों का आमन्त्रण !...ओह यह स्पर्श !...यह तुम्हारी देह का सागर...और मैं हूँ कि गहराइयों में खो जाता हूँ...और सागर की तलहटी मिलती ही नहीं...मिलती ही नहीं...। ओह, तुम्हारी देह का सागर, अर्चि !

अर्चना : *(विभोर)* प्रियतम !

पृथु : *(एक झटका-सा)* नहीं !...नहीं अर्चना ! यह पलायन है !

अर्चना : पलायन !...आर्यपुत्र किससे बचकर भागना चाहते हैं ?

पृथु : *(किंचित् उपेक्षा)* तुम समझ नहीं रही हो !

अर्चना : *(ज़िद करती हुई)* किसकी याद बिजली की तरह कौंधकर आपको मुझसे दूर भटकाती है ?

पृथु : *(कुछ समझता-सा)* शक करती हो ?...नादान !

अर्चना : नादान !...यही तो उसने मुझे कहा था !

पृथु : किसने ?

अर्चना : उसने जो सखी न हो पाई।...उर्वी !

पृथु : सालभर पुरानी बात !

अर्चना : आपकी ऊब, मन का यह उचाट ! अब समझी प्रेयसी के पाश के आगे गृहिणी का बन्धन बासी लगता है न !

पृथु : अर्चि ! *(पुनः स्पर्श, पुनः स्निग्ध स्वर)* पुरुरवा और उर्वशी के प्रणय की कथा कहनेवाले क्या जानें कि वशिष्ठ और अरुन्धती के घर के आँगन के कूप का जल कितना मधुर, कितना मादक था !...काश, कोई कवि, कोई गायक उस रागिनी की धड़कन को पकड़ पाता, जिसमें हम दोनों लय-ताल की तरह बह चुके हैं।...

अर्चना : आप राजा हैं !...दाम्पत्य की सेज की पाटियाँ राजा के लिए वैसे ही नाकाफ़ी हैं जैसे उसके राज्य की सीमाएँ !...मुझे ख़ुद ही सोचना चाहिए था।...उर्वी को आपके मन-बहलाव के लिए...

पृथु : *(सरोष और सावेश)*...उर्वी ! उर्वी ! उर्वी !...बन्द करो यह रटन। उस दस्यु कन्या की याद के कोयले भी ठंडे हो चुके हैं।...*(कुछ सँभलकर अर्चना के निकट जाकर)* अर्चि, सुनो !...एक तराजू है मेरा यह तन-मन !...एक पलड़े पर तुम्हारे आलिंगन का सोना और दूसरे पर चुनौतियों का भार !...अगर केवल...केवल प्यार के सम्मोहन में खो जाऊँ तो...तो तराजू के पलड़े चंचल हो जाते हैं !...अर्चि...!

अर्चना : आर्यपुत्र, राजधर्म का भार काफ़ी नहीं है क्या ?

पृथु : राजधर्म !...मन्त्रिमंडल की चखचख, शिकायतों के अम्बार, व्यवस्था की चिन्ताएँ !...इनमें कौन-सी चुनौती है ?...जैसे ज़मीन पर लेटा हुआ व्यक्ति चींटियों के टीलों को देखे और समझे कि वे पहाड़ हैं। ना, ना, अर्चि !...मैं तो सीधे खड़े होकर गगनस्पर्शी हिमाच्छादित शिखरों के आह्वान को मानूँगा...

अर्चना : तो फिर पिताजी की बात ठीक है !...आपका क्षात्रधर्म चक्रवर्ती बनने में है !

पृथु : चक्रवर्ती के युद्ध ?...मैंने किसलिए इतने युद्ध किए, हज़ारों शत्रुओं को मौत के घाट उतारा ?...मुनियों के आश्रमों और ब्रह्मावर्त की रक्षा के लिए।...लेकिन चक्रवर्ती की आकांक्षा के युद्ध तो कोरी नर-हत्याएँ होंगी...! अर्चि, कोई एड़ नहीं जो मेरी आकांक्षा के घोड़ों को गतिशील कर दे !...*(फिर वही स्निग्धता)* इसलिए...पलायन ही सही। तुम्हारी मनभावन, चिरनवीन फुलवारी में पलायन। तुम्हारे जादू-भरे अँधेरे से पलायन !...जानता हूँ मैं अपने से बचकर भाग रहा हूँ...पर...पर...

[आलिंगन और अन्धकार। प्रकाश नटी और सूत्रधार पर टिक जाता है।]

नटी

सूत्रधार, क्या हमें इतनी छूट है कि चींटी के टीलों को छोड़ दें और पहाड़ों की चोंटियों की ओर ही दौड़ें ?

सूत्रधार

हम लोग एक दावत में मेहमान हैं। सैकड़ों व्यंजन हैं—खट्टे, मीठे, नमकीन, पर स्वाद इन व्यंजनों में नहीं है। स्वाद है हमारी अपनी जीभ में !

नटी

क्या पृथु में इतनी समझ नहीं कि अपनी जीभ के स्वाद को पहचान सके ?

सूत्रधार

समझ ?...नटी, समझदारी की कुंजी आदमी के हाथ तब लगती है जब ताले आप ही टूट चुके होते हैं।

नटी

तो फिर, वही ऊब, वही उदासी, वही बेमानी, बेघरबार भटकना !

सूत्रधार

हलचल और चीत्कार की आँधी कभी-कभी आती है और अपने आँचल में ऊब और उखड़े मन को समेट लेती है।

नटी

पर वह भी तो एक पलायन है।

[प्रकाश बाएँ प्रवेश पर ! दासी आती है—वही जो सुनीथा की दासी थी।]

दासी : *(खँखारती है। झिझकते हुए)* महाराज !

[पृथु और अर्चना छिटककर एक-दूसरे से अलग हो जाते हैं।]

अर्चना : क्या है दासी ?

दासी : क्षमा करें देवी !...सूत और मागध बुरी तरह घिर गए हैं और उनकी जान पर ख़तरा है।

पृथु : क्या ?...असम्भव। मैंने डाकुओं के सभी दलों को नष्ट कर दिया ! अब किसकी हिम्मत कि मेरे अनुचरों का बाल भी बाँका करे ?

दासी : डाकू नहीं, देव ! दूर-दूर गाँवों से आई जनता ! सूत और मागध आपकी कीर्तिगाथा गा रहे थे कि...कि...

अर्चना : साफ़ कहो, दासी !

दासी : क्षमा करें महारानी ! जनता ने सूत-मागध को गीत गाने से रोक दिया। वे महाराज के यश के गीत, उनके पराक्रम-गान नहीं सुनना चाहते। वे बहुत बेचैन हैं, तरह-तरह के नारे लगा रहे हैं, उपद्रव करने पर तुले हैं।

पृथु : मैं स्वयं जाकर देखूँगा।...मैं अपनी प्रजा को जानता हूँ।

(तेज़ी से प्रस्थान।)

अर्चना : आख़िर बात क्या है ?

दासी : अकाल, महारानी !...अकाल और भूख !

अर्चना : किस दिशा में अकाल का प्रकोप है ?

दासी : सभी दिशाओं से, दूर-दूर के गाँवों से लोग आए हैं।

अर्चना : आसपास तो ऐसे आसार नहीं दीख पड़ते थे।

दासी : आसार !...वे कहते हैं कि पेड़ के कोटर के भीतर सुलगती आग जैसे बाहर फ़ौरन ज़ाहिर नहीं होती, वैसे हमारी भूख की ज्वाला है। पर उनके नारे, उनकी आँखों का रोष, उस भीतरी ज्वाला का धुआँ है !

अर्चना : पर एक और भी तो धुआँ है। मुनियों के यज्ञों का धुआँ ! वह इस क्षणिक आवेश की गन्दगी को दूर कर देगा।

दासी : देवी, उनकी यही तो शिकायत है कि महाराज पृथु ने जो कुछ किया

है मुनियों के आश्रमों और उनके यज्ञों के लिए।

अर्चना : ये आश्रम और यज्ञ ही तो जनता और उनकी खेती का कल्याण करते हैं।

दासी : देवी, मुनि लोग आहुतियाँ दे रहे हैं, मुनि लोग मन्त्रोच्चारण कर रहे हैं। लेकिन घड़ा रीता होता जा रहा है और उस छेद का पता ही नहीं जिसमें से होकर बूँद-बूँद जल रिसता रहा है।

अर्चना : देवता उस घड़े को रीता नहीं होने देंगे।

दासी : देवता मुनियों के आह्वान को अनसुना कर रहे हैं। मुनियों के मन्त्र...
(गर्ग और अत्रि का प्रवेश।)

गर्ग : मुनियों के ख़िलाफ़ यहाँ भी नारे लग रहे हैं क्या ?

अर्चना : पिताजी !...

गर्ग : देखता हूँ राजमाता सुनीथा तो परलोक चली गईं, लेकिन मुनियों के विरुद्ध षड्यन्त्रों के बीज बोने के लिए अपनी दासी को छोड़ गई हैं।

दासी : क्षमा करें मुनिवर !...मैं तो...

गर्ग : एक दिन अभिशप्त कुशा को धरती में तुम्हीं रोप रही थीं। क्या सच ही शुक्राचार्य तुम्हें रोकना चाहते थे ?

अर्चना : यह कैसे वचन पिताजी ?

गर्ग : अत्रि मुनि से पूछो।

अर्चना : दासी, तुम जाओ।
(दासी का प्रस्थान।)
आपका मतलब है कि शुक्राचार्य का हाथ है इस कोलाहल और उत्तेजना के पीछे ?

अत्रि : नहीं।...लेकिन अगर शुक्रनीति कामयाब नहीं हो रही तो दोष किसका ?...

अर्चना : पर मन्त्रिमंडल के परामर्श तो आप सब लोग मिलकर ही देते हैं।

अत्रि : शुक्राचार्य भृगुवंशी हैं। और भृगुवंशियों की एक आदत आप नहीं जानतीं। मौक़ा पड़ते ही ये सारे अधिकार हथिया लेते हैं। शुक्राचार्य पुरोहित मन्त्री ही नहीं, प्रधानमन्त्री बन बैठे हैं !...अब भुगतें।
(शुक्राचार्य का प्रवेश।)

शुक्राचार्य : देखता हूँ मन्त्रीगण अपनी सलाह अब मन्त्रिमंडल में न देकर यहाँ महारानी के कक्ष में देते हैं।

अत्रि : मन्त्रिमंडल अब कहाँ हैं शुक्राचार्य। *(व्यंग्य)* जहाँ आप हैं वहीं मन्त्रिमंडल है !

शुक्राचार्य : अपनी ज़िम्मेदारी से बचने के लिए क्या बहानों की ज़रूरत है अत्रिमुनि ?

अत्रि : बहाने तो आपको सोचने हैं, भृगुपुत्र, अपने बनाए विधान की दरारों पर पर्दा डालने के लिए।

शुक्राचार्य : पर्दा ! भृगुवंश पर्दा डालता नहीं, पर्दाफाश करता है।

अत्रि : आत्रेय वंश को छिपाना ही क्या जो पर्दाफाश का डर हो ?

शुक्राचार्य : क्यों मेरा मुँह खुलवाते हैं अत्रि ?

[दासी का तेज़ी से प्रवेश।]

दासी : ग़ज़ब हो गया।

अर्चना : क्या हुआ ?

दासी : देवी, राजा घिर गए हैं।

अर्चना : घिर गए हैं ?

दासी : उन्होंने आजगव धनुष अलग उठाकर रख दिया। खड्ग को छुआ तक नहीं !...निहत्थे भीड़ में घुस गए और उस तरफ़ बढ़ने लगे जहाँ सूत और मागध पर भीड़ बेतहाशा प्रहार कर रही थी।

अर्चना : *(उद्वेग से)* प्रहार ?...मैं जा रही हूँ।

गर्ग : अर्चना। तनिक ठहरो !

अर्चना : नहीं पिताजी। आर्यपुत्र के प्राणों पर ख़तरा है। *(जाते हुए)* मुझे जाना है।

[प्रस्थान। पीछे-पीछे दासी।]

गर्ग : अर्चना ?...*(शुक्राचार्य को लक्ष्य कर)*...निहत्था राजा !...शुक्राचार्य, आप क्या सोच रहे हैं ?

शुक्राचार्य : निहत्था और निडर !

गर्ग : हाँ, निडर। और जब वह निडर होता है तो उसके चेहरे पर दीख पड़ती है झुँझलाहट भी और...और प्यार भी। मानो...मानो...

शुक्राचार्य : मानो उस विशाल जनसमूह के स्पर्श से उसे उल्लास मिल रहा हो।

गर्ग : ऐसा ही !...आपको क्योंकर भान हुआ ?

अत्रि : शुक्राचार्य शायद समझ रहे हैं कि कुशा की रस्सी का जो कवच हमने पृथु राजा को दिया, उसका ही जादू काम कर रहा है। किन्तु...

शुक्राचार्य : क्या यह भी याद दिलाने की ज़रूरत है कि वह कवच नहीं था ? वह था हम लोगों और पृथु के बीच अनुबन्ध। मुझे डर है...

गर्ग : डर है कि कहीं राजा को कुछ हो गया तो...

शुक्राचार्य : नहीं गर्ग ! नहीं ! राजा की हत्या की मुझे इतनी चिन्ता नहीं जितनी उसके बच जाने की।

गर्ग : ऐं ?

अत्रि : चतुराई की बात और समझदारी की बात में अन्तर है, शुक्राचार्य।

शुक्राचार्य : अत्रि, उतना नहीं जितना आपने भृगुवंश और अत्रिवंश के बीच कर रखा है।

अत्रि : मैंने या आपने ?

शुक्राचार्य : मुझे डर है कि भृगुवंश और अत्रिवंश ही नहीं, सभी मुनियों का स्वार्थ ख़तरे में पड़नेवाला है।

अत्रि : कैसे ?

शुक्राचार्य : पृथु की शक्ति वेन से बढ़कर हो जाएगी।

गर्ग : नहीं, नहीं। आप वेन की भाँति पृथु की हत्या नहीं कर सकते।

शुक्राचार्य : यह कौन कह रहा है गर्ग ? सुनिए। आपने और हमने जनता को उभारा, उसके गुस्से और आक्रोश को। लेकिन पृथु उसी जनता की कृतज्ञता और उल्लास को पा रहा है इसलिए कि...

अत्रि : इसलिए कि वह निडर है ? हरेक पराक्रमी योद्धा को निडर होना पड़ता है।

शुक्राचार्य : लेकिन यदि एक निहत्था व्यक्ति निडर होता है तो उसकी शक्ति का कोई ठिकाना नहीं रहता।

गर्ग : आपका मतलब क्या है शुक्राचार्य ?

शुक्राचार्य : यक़ीन कीजिए, मैं आपकी दत्तक कन्या के पति को वेन की राह पर नहीं भेजना चाहता।

अत्रि : आप चाहते हैं कि पृथु फिर से हथियारों से लैस होकर अपने पराक्रम की ध्वजा फहराए ?...तो इसका एक ही उपाय है। पृथु आकांक्षा और सामर्थ्य के जिस तुरंग पर इस समय सवार है उसे चक्रवर्ती के पथ पर मोड़ दीजिए।

शुक्राचार्य : लेकिन ब्रह्मावर्त में अकाल ? जनता की भूख ?

अत्रि : भूख की आग का इलाज है वैश्वानर आग, हमारे यज्ञों की अग्नि। ब्रह्मावर्त की भूमि बंजर हो रही है। लेकिन गंगा के उस पार पूरब दिशा में जंगल भरे पड़े हैं।

गर्ग : ठीक। हम लोग राजा से कहें कि वे वैश्वानर अग्नि को गंगा के पूरब की ओर ले चलें। जंगल जलेंगे और खेती के लिए नई धरती मिलेगी।

अत्रि : यही नहीं। सरस्वती पार के अपने नगरों को छोड़कर जो दस्यु गंगा के पूरब भाग गए हैं, उन्हें भी राजा का पराक्रम और वैश्वानर अग्नि का तेज़ समाप्त कर देगा।

शुक्राचार्य : सुनिए। वैश्वानर की अग्नि से अधिक प्रचंड विभीषिका उन्हीं नगरों के खँडहरों में प्रज्ज्वलित हो रही है।

अत्रि : *(चौंककर)* क्या ?

शुक्राचार्य : *(अपने अंगवस्त्र की झोली से मिट्टी की मुद्रा निकालकर दिखाता है)* यह देखिए।

गर्ग : भूचंडिका। दस्युओं की देवी।

अत्रि : जिस पिशाची का पूजन हमारे हवन, हमारी ऋचाओं को बेकार कर देता है !

शुक्राचार्य : हाँ, वही पिशाची फिर से चढ़ रही है, अत्रि मुनि !...और ज्यों-ज्यों उसका उन्माद बढ़ता है, त्यों-त्यों हमारे ब्रह्मावर्त में अकाल भी।

अत्रि : उस विकराल उन्माद को नष्ट करना होगा।

(पृथु का प्रवेश।)

[अत्रि के अन्तिम शब्दों को सुन लेते हैं।]

पृथु : उन्माद नष्ट नहीं किया मैंने, अत्रि मुनि ! मैंने उसका आलिंगन किया। जनता के उन्माद की तरंगें अब शान्त हैं।

अत्रि : आप आ गए राजन।

शुक्राचार्य : आप कुशल से हैं ?

गर्ग : कोई...कोई आघात तो नहीं हुआ आपके ऊपर ?

पृथु : तूफ़ान के आगे डैने फैलाकर उड़ान लेते समय चील को जैसा लगता है, वैसा ही तो मुझे लगा।...मेरे अंग-अंग में स्फूर्ति है। सारी उदासी ग़ायब हो चुकी है। आपको आश्चर्य होगा अत्रि मुनि, मुझे...मुझे...एक अद्‌भुत आह्लाद का अनुभव हो रहा है।

अत्रि : आह्लाद !

पृथु : हाँ, आह्लाद। और *(स्वर बदलते हुए)* क्रोध भी।...जनता की जिस भीड़ को मैं शान्त करके आ रहा हूँ, उसके दुख-दैन्य की कथाएँ सुनकर मुझे करुणा नहीं आई, गुस्सा आया। मैं पूछता हूँ आप लोगों से, क्या मैंने आप लोगों को जो वचन दिए थे कुशा की इस रस्सी की गाँठें बाँधकर, वे पूरे किए या नहीं ?

गर्ग : आपने सब वचन पूरे किए।

पृथु : तो फिर मेरे राज्य में अकाल क्यों है ?...क्या आपके यज्ञों की अग्नि को बुझानेवाले दस्युओं को मैंने नहीं मार भगाया ?

गर्ग : हमारे हवनकुंडों से उठनेवाले धुएँ की लपटें आसमान में बादलों से उलझती रही हैं।

पृथु : क्या वे बादल बरसते नहीं ?

अत्रि : बरसते हैं। हमारे यज्ञ-मन्त्रों को सुनकर ही तो इन्द्र आदेश देते हैं, और वरुण, सूर्य और मरुतगण जल की बौछारें भेजते हैं।

पृथु : तो फिर पैदावार क्यों नहीं होती ? वह सारा जल कहाँ चला जा रहा है ? आपके यज्ञों से उत्पन्न अग्नि जिन जंगलों में जल रही है, वहाँ

की धरती बाद में धान देती क्यों नहीं ? मेरे कानों में उन लोगों का चीत्कार गूँज रहा है। *(आवाज़ बदलकर)*—मिट्टी है उसमें, रस नहीं। पानी है उसमें नमी नहीं। एक ही सत्य है एक ही पुकार—भूख ! भूख !

शुक्राचार्य : उसका कारण भी एक ही है।

पृथु : आप इतनी देर से चुप क्यों थे शुक्राचार्य?

शुक्राचार्य : इसलिए कि मैं चाहता हूँ कि आपका क्रोध और प्रचंड हो। क्रोध ही राजा का तप है।

पृथु : यह मेरा तप नहीं आचार्य, उस जनता का है जिसे मैं शान्त करके आया हूँ और जिसकी पीड़ा ही मेरा क्रोध बन गई है।

शुक्राचार्य : प्रजा की पीड़ा, हमारी चिन्ता, आपका क्रोध, तीनों का एक ही लक्ष्य है राजन, एक ही कारण—भूचंडिका ! धरती की दानवी !

पृथु : कौन है यह भूचंडिका जो मेरे वाणों का शिकार होना चाहती है ?

शुक्राचार्य : राजन् ! सरस्वती, पार के वे डाकू जिन्हें आपने अपने पराक्रम से मार भगाया था, इस वीभत्स चंडिका की उपासना करते थे। *(मुद्रा दिखाता है।)*

पृथु : *(मुद्रा को हाथ में लेकर देखता हुआ)* नंगी नारी-मूर्ति ! जिसकी कुक्षि में से एक वृक्ष निकल रहा है।...छिः !

शुक्राचार्य : सरस्वती-पार किसी खँडहर में छिपे-छिपे कोई इस चंडिका का आह्वान कर रहा है। हमारे ब्रह्मावर्त की धरती पर यही पिशाची चढ़ बैठी है। धरती उन्मत्त हो गई है और उसने अपना सारा रस अन्दर खींच लिया है। तभी तो अकाल है राजन ! अकाल, सूखा और भुखमरी।

पृथु : लेकिन उनके नगर और गाँव तो खँडहर बन गए हैं।

गर्ग : हमारे यज्ञ और अग्निहोत्र बेकार हो रहे हैं।

अत्रि : धरती हमारे मन्त्रों को अनसुना कर रही है।

पृथु : धरती को मेरे धनुष की टंकार सुननी होगी। मैं उसके उन्माद को चूर-चूर कर दूँगा।

शुक्राचार्य : धरती के उन्माद को चूर करने का एक ही तरीका है राजन ! दस्युओं के खँडहरों में होनेवाले उस भयंकर पूजन को नष्ट कीजिए।...कर सकेंगे ?

पृथु : सैकड़ों की भूख और उन्माद मेरे हाथों में शक्ति बनकर बस गया है, आचार्य !

शुक्राचार्य : हमें आपके हाथों की शक्ति में रत्ती-भर भी सन्देह नहीं है। सन्देह है तो आपके मन की दुविधा से।

पृथु : देखता हूँ मेरा मन्त्रिमंडल मेरे मन का प्रहरी भी बनना चाहता है।

शुक्राचार्य : इसलिए कि आपके मन का मीत उस अनुष्ठान का प्रहरी है जिसे आप नष्ट करने जा रहे हैं।

पृथु : कौन ?

शुक्राचार्य : निषाद !

पृथु : निषाद ? कवष ?

अत्रि : शुक्राचार्य, यह आप क्या कह रहे हैं ?

शुक्राचार्य : ठीक कह रहा हूँ अत्रि ! वही कवष जिसे हम लोगों ने अपने आश्रम से निकाल दिया।

पृथु : कवष आपके आश्रम में था और आपने उसे निकाल भी दिया, ये दोनों मेरे लिए नए समाचार हैं।

शुक्राचार्य : हम लोग आपको छोटी-छोटी बातों में उलझाना नहीं चाहते थे।

पृथु : *(कुछ सोचता-सा)* छोटी-छोटी बातें !

अत्रि : निषाद को आश्रम से निर्वासित करना आवश्यक था, राजन !

गर्ग : उसने सरस्वती के जल को अपावन करना चाहा। निषाद हमारे साथ बैठकर यज्ञ करना चाहता था।

अत्रि : अन्तःसलिला धारा का आचमन करके वह मुनिपद को प्राप्त करना चाहता था।

गर्ग : और इसके लिए उसने सरस्वती की तलहटी को खोदकर बालू के नीचे से पानी निकालना चाहा।

अत्रि : आर्यकुल की प्रतिष्ठा को लेकर निषाद को आश्रम से निकालना ही था, राजन !

गर्ग : जाते समय उसने घोषणा की कि वह आश्रम लौटेगा मुनि के रूप में।

शुक्राचार्य : मैंने उसकी आँखों में विकट प्रतिहिंसा की रेखा देखी। और अब मुझे सूचना मिली है कि अनार्य दस्युओं के किसी खँडहर में भूचंडी के भीषण अनुष्ठान का रक्षक है निषाद।

पृथु : कवष इस नंगी नारी-मूर्ति के पूजन की रक्षा करेगा ?

गर्ग : कवष आपके साथ विश्वासघात कर रहा है !

पृथु : मुझे अपने साथ विश्वासघात की चिन्ता नहीं है आचार्य ! लेकिन कवष उस दुराचारिणी को साया दे जिसकी जकड़ में हज़ारों प्रजा तड़पेंगी ! धरती की नसों का ज़हर ताल-तलैया को सुखा दे और कवष उस विषकन्या के विकराल नर्तन को सहारा दे...ऐसा क्यों ? धरती...विषकन्या। धरती...उन्मत्त देवी !...कौन...कौन...है वह ?

शुक्राचार्य : राजन्, आप फिर दुविधा के फेर में पड़ रहे हैं—सँभलिए-सँभलिए।

पृथु : *(उसी धुन में)* उन्मादिनी धरती !...कौन ? और...और...कवष !... *(हठात् सचेत हो जाता है मानो कोई राह मिली हो। स्थिर स्वर)* नहीं

आचार्य ! कोई दुविधा नहीं ! मैं उस विनाश-लीला को नष्ट करूँगा ! मैं भूचंडी का वध करूँगा *(धनुष और खड्ग हस्त में लेकर)* तुम्हारा रक्षक तुम्हें बचा नहीं सकता।–काँपो, थर-थर काँपो, उन्मादिनी धरती, क्योंकि तीनों लोकों में कहीं तुम्हें स्थान नहीं मिलेगा ! चलिए मुझे मार्ग पर छोड़ आइए, शुक्राचार्य ! अँधेरे की ज़ंजीर टूटकर रहेगी। चलिए।

[पृथु के साथ शुक्राचार्य का प्रस्थान। अत्रि को गर्ग रोकता है।]

गर्ग : सुनिए, आचार्य अत्रि, क्या यह ठीक हुआ ?

अत्रि : विलक्षण बुद्धि है शुक्राचार्य की। एक ही झटके में प्रजा के असीम स्नेह और लोकप्रियता से पृथु को दूर फेंक दिया।...भृगुवंशी, तुमसे पार पाना मुश्किल है।

गर्ग : लेकिन उस पिशाचलीला के जादू को राजा का पराक्रम काट भी सकेगा ?

अत्रि : पृथु को जाना ही था गर्ग मुनि ! जाना ही था।

[अर्चना का तेज़ी से प्रवेश।]

अर्चना : कहाँ गए हैं आर्यपुत्र ?

अत्रि : सरस्वती पार रेगिस्तान में अनार्य खँडहरों की ओर।

गर्ग : तुम्हारे योग्य वह यात्रा नहीं है बेटी।

अर्चना : पिताजी, स्त्री की सुकुमारता अलंकार है, बन्धन नहीं। आर्यपुत्र की किस समर-यात्रा में मैं उनके साथ नहीं गई ?

अत्रि : यह समर नहीं है रानी ! इस अभियान में राजा को अकेले जाना है, बिलकुल अकेले।

अर्चना : तब तो मैं निश्चय ही जाऊँगी। मेरे बिना उनके रीते मन में आशंकाओं और दुःस्वप्नों का जमघट होगा। मैं जा रही हूँ। *(जाती है।)*

गर्ग : अर्चि, अर्चि ! *(पीछे-पीछे प्रस्थान।)*

अत्रि : धन्य है शुक्राचार्य, तुम्हारी शुक्रनीति।...प्रजा अब हम लोगों की मुट्ठी में होगी। भृगुवंशी, मानता हूँ तुम्हारा लोहा।

[प्रस्थान और अन्धकार।]

तृतीय अंक

[प्रकाश नटी और सूत्रधार पर केन्द्रित है।]

सूत्रधार

सरस्वती के उस पार, राशि-राशि बालू के टीले—अनगिनत; और बीच-बीच में बीती बातों की याद की तरह छितराई हरियाली !

नटी

वह क्या है जो ऐसे समय भी यात्री की चाल को तेज़ी देता है, आँखों में चमक, मन में स्फूर्ति !

सूत्रधार

एक क़दम !

नटी

एक क़दम !

सूत्रधार

चढ़ाई, ऊँची और कड़ी है। यात्री से कहो, वह चोटी को देखने की भी कोशिश न करे !...केवल एक क़दम, जो सामने है वही ! एक क़दम आगे बढ़ता है तो पौ फटती है।

नटी

नया दिन शुरू होता है।

सूत्रधार

हाँ, हर क़दम एक नया दिन है।

नटी

और अगर रुके ! अगर यात्री को झपकी लग गई तो ?

सूत्रधार

पृथु को झपकी लगी। उसे पता भी न चला कि बालू पर बनते-मिटते उसके पद-चिह्नों का पीछा करते-करते अर्चना कब उसके पास पहुँच गई।

[क्रमशः मंच पर धीमा प्रकाश फैल जाता है। बालू के टीले दीख पड़ते हैं, और नीचे दो आकृतियाँ।]

नटी : थके-माँदे पृथु को पत्नी के स्पर्श-सुख का सहारा मिला।

सूत्रधार : नहीं, इस समय पृथु को सहारा नहीं चाहिए। उसे चाहिए अपने प्रश्न का उत्तर।

[नटी और सूत्रधार पर से प्रकाश लोप हो जाता है। मंच पर स्पष्ट दीख पड़ते हैं—पृथु और अर्चना।]

पृथु : अर्चना, क्या मानी हैं उस विलक्षण सपने के ? मैंने देखा कि मैं उस पिशाचिनी भूचंडी का पीछा कर रहा हूँ, मेरा तीर उस पर छूटने ही वाला है कि सहसा वह रूप बदल लेती है—गौ का रूप।

अर्चना : गौ?

पृथु : हाँ, गौ। और मैं व्याघ्र की तरह उस पर टूटने ही वाला हूँ। वह भाग रही है। सारे भूमंडल, स्वर्गलोक, पाताललोक—तीनों लोकों में कहीं उसे आश्रय नहीं मिलता, क्योंकि मेरा शर उसका पीछा कर रहा है। भयातुर, क्रन्दन करती हुई गौ, और उसके पीछे मैं—आग्नेय नेत्र और खिंची कमान ! शिखरों पर, घाटियों में, सागर पर, वायुमंडल में, पर्त-पर-पर्त—ऊँचे और ऊँचे ! धवल हिमगिरि की मेखला को घेरे हुए मटमैले वायुमंडल में उस गौ का आकार फिर बदल जाता है।

अर्चना : फिर बदल जाता है ?

पृथु : एक स्त्री की आकृति !

अर्चना : वही, नग्न चंडी ?

पृथु : नहीं।

अर्चना : तब ?

पृथु : *(रुककर)* कोई और नारी !...पहचानी-सी और फिर भी अपरिचित-सी। धूमिल भी...और...स्पष्ट भी !

अर्चना : और आप धनुष झुका लेते हैं ?

पृथु : नहीं !...मैं तीर छोड़ना चाहता हूँ, छोड़ नहीं पाता !...और वह... वह...स्त्री कुछ कह रही है। ज़ोर-ज़ोर से—और फिर भी मैं सुन नहीं

पाता !...और...मैं...मैं भी बोलना चाहता हूँ, पर शब्द फूटते नहीं, फूटते नहीं !...एक अजब बेचैनी, क्रोध की, विवशता की...और...तब...तब...तुम !

अर्चना : हाँ, मैं ! मैं जो असलियत हूँ, स्वप्न नहीं।

पृथु : अजीब बात है, अर्चना, कि असलियत खोज की पगडंडियों को ग़ायब कर देती है।...

अर्चना : क्या थे उस मायाविनी के शब्द ?—फटकार या विनती ?...

पृथु : कौन शब्दवेधी बाण उन्हें भेदकर अर्थ निकाल लाएगा ?

अर्चना : अर्थ मैं हूँ, आर्यपुत्र ! सपने में शब्द जो आपने देखे, वे मरीचिका हैं—बालू के ऊपर पानी की झूठी झलक।

पृथु : कवष इस झूठ, इस मरीचिका की रक्षा कर रहा है। क्यों ?

[नेपथ्य में एक समूह-स्वर, पहले अत्यन्त मन्द और दूर। क्रमशः निकट और गम्भीर। लगता है अनेक मज़दूर किसी भीषण प्रयास में लगे हैं और ज़ोर लगाने के लिए लयात्मक सामूहिक शब्द कहते जाते हैं। पर दूर से शब्द स्पष्ट नहीं है, इसलिए ऐसा भी लगता है मानो किन्हीं भीषण मन्त्रों का डरावना गान होता हो।]

अर्चना : आर्यपुत्र ! सुना आपने ?

पृथु : *(मानो जागकर)*...क्या ?...

अर्चना : सुनिए—यह आवाज़ ! *(आवाज़ निकट आ रही है।)*

पृथु : मन्त्र !...पिशाचिनी चंडी के पूजन के मन्त्र !!...अर्चि, यही है वह स्थान ! तुम पीछे आ जाओ ! हम छिपकर देखेंगे।

[पृथु और अर्चना एक तरफ़ कोने में छिपकर खड़े हो जाते हैं अँधेरे में। दूर टीले पर कुछ पुरुषों की पंक्ति। आकृतियाँ 'सिलुएट' की भाँति दीख पड़ती हैं। उन लोगों के कन्धों पर एक लम्बी रस्सी जिसका दूसरा छोर टीले के नीचे होने से अदृश्य है। इसी रस्सी द्वारा मानो कोई भारी पदार्थ खींचा जा रहा है। सबसे आगेवाला व्यक्ति, पंक्ति की ओर मुँह करके हाथों से बढ़ावे के लिए इशारा करता है और स्वर भी उठाता जाता है। आवाज़ें कुछ ऐसी हैं—'हेईसा !... खींचो भाई !...हेईसा !...नीचे झुककर !...हेईसा !... चलता चल, हेईसा !...थोड़ा और, हेईसा... ।' दूसरे कोने में नटी और सूत्रधार पर हलका प्रकाश पुनः पड़ता है।]

नटी

सूत्रधार ! कौन हैं ये लोग क्षितिज के सीने में उभरते बेचैन ख़यालों की तरह ?

सूत्रधार

नटी, ये झुके हैं बेचैनी से नहीं, मेहनत से। कैसी अजब पूजा है यह ?

नटी

कौन है इनका अगुआ जिसकी आवाज़ की लीक पर जुलूस बढ़ रहा है ?

सूत्रधार

कौन है पूजा का पुरोहित ?...लेकिन ये लोग तो रुके नहीं, बढ़े जा रहे हैं, दूर ! क्या पृथु इन पर हमला नहीं करेगा ?

[पंक्ति दूर जाकर ओझल हो जाती है। तीन स्त्रियों का प्रवेश ! पहली, एक भयानक मुखौटा पहने अपने सिर पर एक घड़ा लिए है जिस पर है, भूचंडी की मूर्ति—मोहनजोदड़ो की मृत्तिका। उसके पीछे दूसरी स्त्री जिसके चेहरे को उसके बिखरे बाल छिपाए हैं। उसके पीछे तीसरी स्त्री भी मुखौटे पहने है और चिमटे का-सा वाद्य-यन्त्र लिए जिसे वह हलके-हलके बजाती जाती है।]

नटी

उधर देखो, तीन औरतें। आगेवाली के सिर पर घट और...

सूत्रधार

भूचंडी की मूर्ति ! यही तो है भूचंडी !...और उसके पीछे बिखरे बालों के नीचे किसका उन्मत्त चेहरा छिपा है ? कौन है यह ?

नटी

ये तीनों तो रुक गईं। मूर्ति नीचे रख दी।...देखो-देखो ! यह क्या हो रहा है ?

[घड़े और मूर्ति को बीच में रखकर तीन तरफ़ तीनों स्त्रियाँ बैठ जाती हैं। बालोंवाली स्त्री की पीठ दर्शकों की तरफ़ है। वह घुटनों के बल बैठी है और कमर से ऊपर अपने बदन को घुमाव दे-देकर उसी तरह हिलाती है जैसे गाँवों में 'ओझा' के सामने वह स्त्री जिस पर 'देवी चढ़ती है'। क्रमशः उसका आवेश बढ़ता है, बदन तेज़ी से घूमता है, चिमटे की आवाज़ भी त्वरित होती जाती है और तीसरी स्त्री की ताली की ध्वनि भी।]

सूत्रधार

भूचंडी की पूजा !...चंडी उस स्त्री पर चढ़ गई है। और वह बेतहाशा झूम रही है।

नटी

तेज़ !...और तेज़...भयानक है यह लीला ! पृथु अकेला उस ओर बढ़ रहा है, भृकुटि तनी है, आँखों में बिजली की मौन तड़प !

सूत्रधार

हाथों में खिंची कमान, उँगलियों में आतुर तूफ़ान।

[आराधिकाओं का कोलाहल तीव्र है। पृथु अकेला टीले की ओर बढ़ता है और कड़कती आवाज़ से इस कोलाहल को भेदता हुआ बोलता है।]

पृथु : बन्द करो ! बन्द करो यह पिशाचलीला !

(वे लोग रुकतीं नहीं, न इस ओर ध्यान देती हैं। पृथु और ऊपर चढ़ता है।)

भूचंडी, तेरा काल आ पहुँचा।...

(वही कोलाहल।)

भूचंडी, तेरे सताए हुए, सहस्त्रों भूखों-प्यासों की आहें तेरे कोलाहल को डुबो देंगी !

(वे लोग इस पर भी नहीं थमतीं।)

मायाविनी, तूने सपनों के जाल में मेरे प्रतिशोध की झंझा को रोकना चाहा। लेकिन अब, सावधान ! *(कमान खींचता हुआ)* यह बाण...तेरा काल...

[हठात् दूसरी स्त्री, जो दर्शकों की ओर पीठ किए है, झूमना बन्द करके उठ खड़ी होती है। शेष दोनों स्त्रियाँ अपनी-अपनी ध्वनियाँ बन्द कर देती हैं। पृथु अचकचाकर रुक जाता है।

स्त्री मुड़ती है; केश हटाती है और उसके शान्त, विकारहीन, दर्पशील चेहरे को प्रकाश का ज्योति-मंडल घेर लेता है।]

पृथु : तुम !...तुम उर्वी !

उर्वी : करो मेरा वध।...मेरे ही शरीर में तो देवी समा गई है। वध करो मेरा !

पृथु : देवी ?...यह नग्न मूर्ति ! यह *(घड़े के ऊपर रखी मूर्ति पर प्रखर आलोक)* वीभत्स दानवी जिसकी...जिसकी...उफ़ !

उर्वी : कहो ! कहो ! जिसकी कुक्षि में से वृक्ष निकल रहा है...हाँ, पृथु, मैं इसे ही कह रही हूँ—देवी ! अच्छी तरह देखो, पृथु, यह न पिशाचिनी है, न मायाविनी, न भूचंडिका। यह है...माँ।

पृथु : माँ ?

उर्वी : माँ !...भूमाता, धरती माँ !...जननी जिसकी देह में से कोटि-कोटि

सन्तान के लिए उदय होती है, हरियाली ! कुक्षि में से निकलता हुआ यह हरा-भरा वृक्ष !

पृथु : हरियाली !...*(किंचित् व्यंग्यात्मक हँसी)*...बहुत ख़ूब उर्वी ! हरियाली !... आओ मेरे साथ !...मैं दिखाऊँगा तुम्हें इस माता की करतूत !... हरियाली ?...ब्रह्मावर्त में अब एक ही रंग है—भूरे रंग की मिट्टी, बिना पत्तियों के भूरे वृक्ष, धूप और सूखे-से मुरझाए भूरे मुखड़े!

उर्वी : पानी ?

पृथु : बरसता है, लेकिन टिकता नहीं !

उर्वी : जड़ी-बूटी ?

पृथु : मिलती हैं, पर उनमें रस नहीं।

उर्वी : पशुधन ?

पृथु : चरते-विचरते हैं पशु, पर कहाँ है दूध-घी ?

उर्वी : मैं जानती थी !

पृथु : सबकुछ उसने अपने गर्भ में खींच लिया है जिसे तुम माँ कहती हो। बाहर बचा है केवल क्षुधातुर और दीन प्रजा का करुण क्रन्दन !

उर्वी : पृथु, मैं जानती थी कि यह सब होना है।

पृथु : इस पर भी तुम आई हो यहाँ—इन टीलों के बीच भयंकर मन्त्रों और उच्चाटन द्वारा देवताओं के वरदान को नष्ट-भ्रष्ट करने के लिए ?

उर्वी : नहीं।

पृथु : आश्रमों में यज्ञ का धुआँ उठता है, लेकिन इन्द्र, वरुण, अश्विनी कुमार, मरुत, कोई भी देवता हमारी सहायता नहीं कर पाता !

उर्वी : देवता ?

पृथु : *(न जाने किन भटकी यादों के प्रवाह में)* एक दिन था कि हिमालय की घाटियों में विपाशा के तट पर भोर के तारों की छाया में मेरे साथ तुम भी इन देवताओं का आह्वान करती थीं।

उर्वी : *(बहती-सी, बहकती-सी)* तारों की छाया में !

पृथु : या जब उगते सूरज से होड़ करनेवाला अल्हड़ चाँद अपनी आभा के चँदोवे को समेटता नहीं था !

उर्वी : अल्हड़ चाँद !

पृथु : भूल गई—उर्वी !

उर्वी : *(भावुकता की तरल धारा सहसा बर्फ़ बन जाती है)* राजा पृथु, भूली हुई सुगन्ध के डोरे छोड़ो !

पृथु : *(चौंककर)* ऐं !

उर्वी : ब्रह्मावर्त के महाराज पृथु, तुम्हारे देवता अधूरे हैं !

पृथु : *(किंचित् मौन के बाद कठोर होते स्वर में)* इसलिए कि इस भूचंडी के

नासपुटों से जो विषैली आँधी उठती है, वह देवताओं को उतरने नहीं देती।...मैं इसका विनाश करूँगा।

उर्वी : नहीं, नहीं, राजन ! तुम्हारे देवता अधूरे हैं इसलिए कि आसमान के देवता धरती माँ के कन्धों के बिना पंगु रहेंगे, पंगु, निर्जीव, निर्बल !

पृथु : आर्यों के देवता निर्बल हैं, और...और अनार्यों की यह विद्रूपा माँ शक्तिशाली है ?

उर्वी : तुम राजा हो। आर्य और अनार्य, नाग और निषाद, सभी का ताना-बाना ही तो तुम्हारा राजवस्त्र है। इन्हें मिलाओगे तो समाज का आधार मज़बूत होगा, अलग रखोगे तो समाज भी टूक-टूक होगा और धर्म भी !

पृथु : धर्म !...क्या जो उन्मत्त लीला तुम अभी-अभी कर रही थीं—और, और टीले के ऊपर वे चलती हुईं शक्लें...एक के पीछे एक झुकी हुई छायाएँ—क्या वह सब धर्म का आचरण है ?...उर्वी, दस्युओं के खँडहर में तुम्हारी बुद्धि भी जड़ हो गई क्या ?

उर्वी : हाँ, मैं जड़ हूँ, क्योंकि यह वसुधा, यह धरती, जड़ है और मेरी नस-नस में यह समा गई है !...मेरी बात सुनो, क्योंकि मैं वह नहीं हूँ जिसे तुमने त्रिगर्त में जाना। मैं धरती की आवाज़ हूँ, धरती जो बहुत-कुछ देती है, बहुत-कुछ सहती है...

पृथु : धरती जिसने आज सबकुछ छिपा रखा है—अन्न, पानी, धन, जिसका दिल पसीजता नहीं; सैकड़ों भूखी प्रजा को देखकर—जिसकी बंजर कोख में जीवन का स्पर्श ही नहीं है।

उर्वी : जानते हो क्यों ?...राजन्, मैं बताती हूँ क्यों !...*(ऊँचे टीले पर से क्षितिज की ओर इशारा करती हुई)* वह देखो ! दिगदिगन्त तक फैले हुए ये टीले, ये ढलान, ऊँची-नीची भूमि, कहीं भी समतल नहीं, जगह-जगह पत्थर और शिलाएँ। वर्षा होती है, पानी गिरता है—कभी मूसलाधार, कभी बौछार, लेकिन मिट्टी गीली भी नहीं हो पाती। सब बह जाता है, उपजाऊ मिट्टी और मिट्टी का धन, क्योंकि तुमने और तुम्हारी प्रजा ने ज़मीन को समतल बनाकर उपज करने की तो कोशिश ही नहीं की।

पृथु : उसकी ज़रूरत ही कहाँ पड़ी ? हम लोग तो हर साल वैश्वानर अग्नि से नए जंगल जलाते हैं। जली हुई धरती पर उपज करते हैं।

उर्वी : यज्ञों से जली हुई मिट्टी को शीघ्र वर्षा का पानी बहा ले जाता है तब...

पृथु : तब, फिर यज्ञ, फिर दावाग्नि और फिर नई मिट्टी। यही तो आर्य परम्परा है।

उर्वी : जानती हूँ, यही आर्य-परम्परा है, राजन, इसीलिए ब्रह्मावर्त में सूखा है, अकाल है। तुम भूचंडी का वध करने आए हो। लेकिन भूमाता के जिस वक्ष को जला-जलाकर तुमने सुखा डाला, उसकी आवाज़ तो सुनो !...राजन्, तुम कहते हो धरती ने अपना धन छिपा रखा है, वह बीज को ग्रस लेती है, वह न हरियाली देती है, न दूध !...लेकिन स्वयं तुम लोग क्या करते हो ?—यज्ञों की अग्नि की स्तुतियाँ !

पृथु : यज्ञों की अग्नि में ही तो उपज है। मेरा यह आजगव धनुष यज्ञों का रक्षक है।

उर्वी : राजन्, सबसे बड़ा यज्ञ तुम्हें अब करना है।

पृथु : मुझे ?

उर्वी : हाँ !—उठाओ यह धनुष और इसकी कोटि से उखाड़ो शिलाओं को, ऊँचे-नीचे टीलों को समतल करो। खेती में पानी ठहरेगा। मिट्टी में नमी आएगी। हरियाली फैलेगी। बालू से रुकी हुई नदियों की धाराएँ फिर बह निकलेंगी।...और तब सर्वकाम दुहा गौ की धरती माँ के स्तनों में सैकड़ों मानव-सन्तानों के लिए दूध उतरेगा।

पृथु : गौ !...कौन थी वह गौ जो स्वप्न में मेरे सामने आई ?

उर्वी : तो माँ ने तुम्हें स्वप्न में दर्शन दिए, राजन ? क्या कहा ?

पृथु : क्या कहा, क्यों कहा—यही तो याद नहीं।

उर्वी : मैं बताती हूँ राजन ! धरती माँ ने कहा होगा—मैं गौ हूँ, लेकिन मुझे दुहनेवाला कहाँ है ? और मेरे योग्य बछड़ा और दोहन-पात्र, जिसमें मेरे दूध की धाराएँ एकत्र हों !...तुम राजा हो, प्रजा के नेता हो। तुम्हारा पुरुषार्थ सिर्फ़ युद्ध और संघर्ष में ही तो नहीं है। मैं वसुन्धरा हूँ, मुझे दुहकर अभीष्ट वस्तुओं को निकालने में भी तुम्हारा पुरुषार्थ है और तुम्हारी प्रजा का धर्म है। तुम आर्यकुल के पहले राजा हो। हे राजन, कर्मपुरुष बनो !

पृथु : क्यों भूल गया ये शब्द मैं ? क्यों ?...क्यों ?

उर्वी : इसीलिए तो माँ तुम्हें यहाँ खींचकर लाई है कि तुम देख सको कि वे, जिन्हें तुम अनार्य कहते हो, दस्यु कहते हो, जिनके नगरों को तुमने खँडहर बना दिया—वे कैसे धरती का दोहन करते हैं। तुमने देखा ?

पृथु : वे झुकी हुई शक्लें ?

उर्वी : हाँ, वे लोग सरस्वती की सूखी धारा में एक यन्त्र के द्वारा नहर खोदकर जल निकाल रहे थे।

पृथु : वे दस्यु ?

[कवष और एक अन्य पुरुष का प्रवेश, जिसके सिर पर जल से

भरा एक घड़ा है।]

पृथु : कवष !...

कवष : पृथुराज ! आ गए !

पृथु : मैं तुमसे युद्ध करने आया था, कवष !

कवष : युद्ध ! *(भूचंडी की मूर्ति को उठाता है। दूसरा पुरुष जल को पहले घड़े में डालता है। कवष मूर्ति को पुनः रख देता है। पुरुष ख़ाली घड़े को लेकर चला जाता है।)* इस समय तो मेरे रक्त की अपेक्षा तुम्हें शायद यह जल ज़्यादा कीमती लगे।

पृथु : कवष, उस दिन तुमने मेरा सेनापति बनने से इनकार करके ठीक ही किया। लेकिन आज...

कवष : मेरी सेना तुमने देखी ? सैकड़ों ने मिलकर उस यन्त्र को चलाया और सरस्वती के सूखे वक्षस्थल में नहर की रेखा खिंच गई।

पृथु : तुम्हारी प्रतिज्ञा पूरी हुई कवष ! सरस्वती के अन्तस के पावन जल का आचमन तुमने किया ! आश्रम में मुनिवृन्द तुम्हारा स्वागत करेंगे।

कवष : मुनि ? क्या मुनियों के मन्त्रिमंडल में मुझे बिठाना चाहते हो, राजन ?

पृथु : मन्त्रिमंडल नहीं, पुरुषार्थमंडल ! *(हठात् एक उदात्त आलोक टीले को प्रदीप्त करने लगता है। पृथु का स्वर मानो उस ज्योति का स्रोत है और कवष के शब्द उसके आभामंडल। हरेक वाक्य मानो संकल्प की दृढ़ता और सपनों के उल्लास की टंकार है।)* कवष, भूमिरूपा गौ को दुहने के लिए अनेक मज़बूत हाथ उठेंगे, भिन्न-भिन्न प्रकार का दूध निकालेंगे। अनाज-रूपी दूध को मैं दुहूँगा, हलधर किसान बछड़ा होंगे, हाथों की अंजलि दोहन-पात्र होगा।

कवष : जल-रूपी दूध को मैं दुहूँगा, प्यासे खेतों का बछड़ा होगा, नदी और तालाब पात्र होंगे।

[जैसे-जैसे दोहन-प्रकारों का वर्णन होता है, तैसे-तैसे उर्वी के पीछे एक-एक करके स्त्री या पुरुष घट लेकर वृत्ताकार खड़े हो जाते हैं।]

पृथु : सोना, चाँदी, ताँबा इत्यादि धातुओं को व्यापारी दुहेंगे, शिल्पियों का बछड़ा होगा, अलंकारों का पात्र !

कवष : विलासी लोग मदिरा-रूपी दूध को दुहेंगे, मधुशाला का वत्स होगा, मधुबाला का पात्र !

पृथु : ज्ञानी लोग गुरु को बछड़ा बनाकर, वाणी-रूपी पात्र में वेद-रूपी दूध को दुहेंगे।

कवष : कलाकार लोग गन्धर्व, अप्सराओं को बछड़ा बनाकर कमल-रूपी पात्र में संगीत और सौन्दर्य का दूध दुहेंगे।

पृथु : कौन नहीं होगा दोहक ? सिद्ध और पितृगण, यक्ष और दैत्य, पशु और जीव-जन्तु, वृक्ष और पर्वत ! ओ विश्वरूपा वसुन्धरे ! अपने बाहुबल से मैं तुझे समतल करूँगा, अपने पुरुषार्थ से सबको जुटाकर तेरी अनन्त सम्पदा को मानव-मात्र के लिए प्रस्तुत करूँगा।

उर्वी : गाओ, गाओ उल्लास का गीत, क्योंकि पृथु राजा सूखे और अकाल का चक्रव्यूह तोड़ रहा है। *(उर्वी के पास खड़े स्त्री-पुरुष अत्यन्त मन्द स्वर में गीत की धुन गुनगुनाना प्रारम्भ करते हैं।)*—प्रयास का गीत, क्योंकि धरती की अनन्त सम्पदा का दोहन शुरू हो रहा है, *(गुनगुनाहट बढ़ती है।)* विश्वास का गीत क्योंकि पृथु ने धरती माता की गन्ध पहचान ली है और उसे नया नाम दे रहा है—पृथवी ! पृथवी ! *(गीत मुखर हो उठता है।)*

समूह-गीत

नीला था आसमान, नीला वितान
नील सरोवर में खिली अजान—
अनदेखी सोनजुही !
नशीली थी आँख, रंगों की पाँख
नाहक किसी ने दिया ढाँक—
अनदेखी सोनजुही !
मिली फिर भी टोह, टूटा न मोह,
मिट्टी की गन्ध ! तो कैसा बिछोह ?
धरती की गन्ध बसी मेरे मन में
अनदेखी सोनजुही !

[ज्यों-ज्यों गीत तेज़ होता है, त्यों-त्यों टीले पर के समूह और अन्य व्यक्तियों पर अँधेरा छा जाता है, केवल पृथु दीख पड़ता है। और नीचे कोने में से एक और आकृति उभरती है, एकाकी और सम्भ्रम—अर्चना। समूह-गीत की आवाज़ को लाँघता हुआ अर्चना का स्वर सुन पड़ता है।]

अर्चना : आर्यपुत्र !...आर्यपुत्र, कहाँ खो गए थे आप ?

पृथु : कौन ? अर्चना ? मैं यहाँ हूँ, अर्चना !

[संगीत मन्द हो गया है।]

अर्चना : आर्यपुत्र !...राजन् !

पृथु : आओ, ऊपर आओ ! मैं भी मिल गया और तुम्हारी सखी भी !

अर्चना : *(बढ़ती हुई)* सखी ?

पृथु : उर्वी !...

अर्चना : उर्वी *(ठिठककर रुक जाती है।)* नहीं...नहीं ! *(हाथों से मुँह ढँकती है।)* नहीं !...

[संगीत बन्द । और अँधेरा।]

अन्तराल

[थोड़ी देर बाद प्रकाश नटी और सूत्रधार पर।]

सूत्रधार

दो बरस बीत गए, नटी, दो बरस !

नटी

हाँ, सूत्रधार, इन दो बरसों में क्या से क्या न हो गया !

सूत्रधार

ब्रह्मावर्त की भूमि की कायापलट हो गई। ज़मीन समतल हो गई, मिट्टी की मसें भीगीं, खेतों में धान लहलहाया ! गाँव बसे, कस्बे और पशुशालाएँ भी। खानें सोना उगलने लगीं।

नटी

आश्रम भी तो दो हो गए।

सूत्रधार

हाँ, एक अत्रि मुनि का और दूसरा शुक्राचार्य का, दोनों की सम्पत्ति बढ़ी, धन भी और...

नटी

लालच भी !

सूत्रधार

ऐसा ही होता है नटी ! लेकिन भृगुवंशी और आत्रेयवंशी दोनों की तृष्णा के लिए गुंजाइश है।...सरस्वती की सूखी धारा में जो छोटी-सी नहर कवष ने शुरू की थी, उसका विस्तार हो रहा है और दोनों ही आश्रमों के सैकड़ों लोगों को काम मिला है।

नटी

नहर कहाँ तक खुदेगी ?

सूत्रधार

वहाँ जहाँ दृषद्वती की धार से सरस्वती का संगम था।

नटी

और तब सदा के लिए सरस्वती को दृषद्वती से पानी मिलता रहेगा, नहर के सहारे हर मौसम में खेत भरपूर रह सकेंगे, हर आश्रम में आचमन के मन्त्र गूँजेंगे।

सूत्रधार

बशर्ते कि बरसात में दृषद्वती की धारा सरस्वती से मुँह न मोड़ ले।

नटी

ऐसा न कहो सूत्रधार, ऐसा न कहो।

सूत्रधार

प्याज़ की गाँठ छीलने में जैसे एक के बाद एक पर्त निकलती जाती है, ऐसे ही पृथु के सामने समस्याएँ उभरती जाती हैं।

नटी

पृथु को चैन नहीं, फिर भी उसका मन शिथिल नहीं है, उसका शरीर थका नहीं है।

सूत्रधार

इसलिए कि हर समस्या उसके लिए चुनौती है और हर चुनौती का सामना करते समय पृथु का तन-मन यज्ञ की वेदी बन जाता है। इस बरसात से पहले अगर दृषद्वती की धारा को मोड़नेवाला बाँध तैयार हो जाए तो पृथु का सौवाँ यज्ञ पूरा हो जाएगा।

नटी

पूरा होगा ! तुमने निन्यानबे प्रकार से धरती को दुहा, पृथु ! तुम्हारा सौवाँ अनुष्ठान भी पूरा होगा, चक्रवर्ती पृथु !

सूत्रधार

चक्रवर्ती !...बिना युद्धों के चक्रवर्ती, बिना अश्वमेध के चक्रवर्ती !

[मंच पर क्रमशः उजाला। स्थानेश्वर में पहले अंक की पृष्ठभूमि।

पृथु और अर्चना। पृथु की व्यस्त और मुस्तैद मुद्रा।]

पृथु : रानी, तुमने तो गर्ग मुनि से परसों कह दिया था कि जितने भी आदमी अपने आश्रम के आसपास के गाँवों से जुटा सकें तुरन्त उन्हें बाँध पर भेज दें।

अर्चि : जी !

पृथु : अजब बात है कि अभी तक पहुँचे ही नहीं। उर्वी और कवष के सन्देश पर सन्देश आ रहे हैं कि तुरन्त तीन सौ आदमी भेजो। समय नहीं है। हिमालय में वर्षा के समाचार मिले हैं। इधर आकाश से बूँदाबाँदी शुरू हो गई है। बाँध का थोड़ा ही हिस्सा बनने को रहा है। एक-एक क्षण की देर ख़तरे को निकट ला रही है। क्यों नहीं पहुँचे लोग ?

अर्चि : उनकी कुछ कठिनाई है ?

पृथु : किसकी ?

अर्चि : पिताजी और अत्रि मुनि की।

पृथु : आत्रेय आश्रम के आसपास किसान-प्रजा की तो कमी नहीं।

अर्चि : अत्रि मुनि ने सुना है कि बाँध पर काम करने के लिए जो अनाज किसानों को दिया जा रहा है, उसकी मात्रा से उन्हें सन्तोष नहीं।

पृथु : किसे सन्तोष नहीं ? किसान-प्रजा को या आश्रमवालों को ?

अर्चि : शायद दोनों को।

पृथु : इसीलिए तो मैंने आश्रम को ही अनाज बाँटने का ज़िम्मा दे दिया था। अगर अनाज की मात्रा कम है तो और दें। आश्रम के भंडार में से ही दे दें, मैं पूरा कर दूँगा...लेकिन उन्होंने प्रजा को समझाने की कोशिश की हो तब न ?...

अर्चि : अत्रि मुनि के भाषण तो अत्यन्त प्रभावशाली होते हैं।

पृथु : लेकिन कब ?...आज उनसे कहूँ कि एक बड़ा जुलूस निकालिए—दस्युओं के ख़िलाफ़, तो देखना कैसे जोशीले शब्दों में अपने इलाके की प्रजा का आह्वान करते हैं—पर हमारे सामने तो चुनौती दूसरी ही है।... नहीं, ऐसे कैसे काम चलेगा !...शुक्राचार्य से कहता हूँ...भृगुवंशी आश्रम से ही तीन सौ जन का इन्तज़ाम करें।

अर्चि : क्या वह ठीक होगा ?

पृथु : क्यों ?

अर्चि : आपने भृगुवंशी आश्रम को टोकरियों और कुदालियों के लिए ठेका दे रखा है। अगर उन्हीं के कर्मकार किसानों की तादाद भी बाँध पर बढ़ा दी गई तो भृगुवंशी आश्रम की आमदनी और भी बढ़ जाएगी।

पृथु : आमदनी !...इन आश्रमों को तो बस अपनी आमदनी की फ़िक्र है !... और अगर यह बाँध ठीक समय पर पूरा न हुआ तो ?...नहीं, अर्चि, तुम उन लोगों की वकालत मत करो !...मुझे कवष और उर्वी की बुद्धि और सामर्थ्य में विश्वास है, पर तुरन्त ...उनके पास किसान-मज़दूर पहुँचाने होंगे।

अर्चना : आप स्वयं भी जाइएगा ?

पृथु : अवश्य !...चलो तुम भी। अपनी सखी से मिली नहीं हो इतने दिन से। *(जाने को उद्यत।)*

अर्चना : सखी !

पृथु : *(सोचता-सा लौटकर)* क्या बात है अर्चि ?...तुम उदास ही नहीं, बदली हुई-सी लगती हो।

अर्चना : आप नहीं बदले हैं ?

पृथु : कहीं भी तो नहीं ?...*(फिर मानो समझकर, हँसते हुए)* ओह ! चाहती हो, भुजाओं में भुजा रहें—कुसुमों की लता और वृक्ष !...पगली...*(गाल पर हलकी-सी चपत लगाता है)*...लेकिन यह यज्ञ ? सौवाँ यज्ञ ?

अर्चना : जिसकी आहुति दे रही है—उर्वी !

पृथु : देखो तो सही चलकर—उर्वी और कवष ने क्या-क्या किया है। उन्नत भाल-सा वह विशाल बाँध !—जब वह पूरा होगा और बाढ़ में गरजती दृषद्वती का जल अंकुश लगे गज की तरह आहिस्ता-आहिस्ता सरस्वती की नहर में अग्रसर होगा।...*(हठात् चौंककर)*...अरे, कितनी घड़ी बिता दी मैंने बातों में।...शुक्राचार्य से तुरन्त तीन सौ कर्मकारों का इन्तज़ाम कराना है।

(प्रस्थान।)

अर्चि : एक समय था कि अंकुश मेरे हाथों में था।...क्यों नहीं उठते क़दम मेरे ?...

[अत्रि और गर्ग का प्रवेश।]

गर्ग : कहा तुमने ?

अर्चि : हाँ !...वे गए हैं शुक्राचार्य से कहने।

अत्रि : क्या ?...भृगुवंशी आश्रम से तीन सौ मज़दूर जाएँगे ?

अर्चि : यही कहने गए हैं। बाँध का काम तुरन्त पूरा होना है।

अत्रि : घोर अन्याय है। भृगु आश्रम ही को ठेका मिले सामान तैयार करने का और भृगु आश्रम की ही आमदनी बढ़ाई जाए अतिरिक्त मज़दूरों को भेजकर।

गर्ग : अर्चि, तुमने समझाया नहीं ?

अर्चना : पिताजी, मैं इस विवाद में नहीं पड़ सकती। आर्यपुत्र चिन्तित हैं कि

आप लोगों ने अभी तक मज़दूर नहीं भेजे। बाँध पूरा नहीं हुआ तो सौवाँ यज्ञ भी पूरा नहीं होगा।

(प्रस्थान।)

अत्रि : भृगुवंश की कुटिलता की भी कोई हद होनी चाहिए।

गर्ग : वैसे हम दो सौ आदमियों को तो फ़ौरन भेज ही सकते हैं।

अत्रि : कोई ज़रूरत नहीं।...बल्कि हम उन मज़दूरों को भी वापस बुला लें जो इस समय काम कर रहे हैं।

[शुक्राचार्य का प्रवेश।]

शुक्राचार्य : ज़रूर बुला लीजिए।

गर्ग : शुक्राचार्य, राजा तो सुना है, आप ही से तीन सौ मज़दूरों की माँग करने के लिए गए हैं।

शुक्राचार्य : इसीलिए तो मैं इधर चला आया।

अत्रि : भृगुवंश की चाल को राजा क्या समझेगा ! लेकिन हम समझते हैं, शुक्राचार्य ! तीन सौ मज़दूरों को इकट्ठा वहाँ भेजकर आप हमारे आश्रम के मज़दूरों की दर कम कर देना चाहते हैं।

शुक्राचार्य : क्या बुराई है ! वह सब अनाज मज़दूरों के पास पहुँचता नहीं है।... अत्रि, आपके आश्रम के भंडार में, सुनता हूँ, अब जगह ही नहीं है।

अत्रि : कितनी टोकरियाँ और कुदालियाँ पहुँचाईं आपने शुक्राचार्य ? सुना है जितनी के लिए आपने पेशगी ली थी, उसकी आधी भी नहीं पहुँचीं।... इतना सारा धन हजम करने की शक्ति भृगुवंशियों में ही है, आचार्य !

गर्ग : सुनिए, सुनिए ! शुक्राचार्य ! अत्रिमुनि !...यह सब झगड़ा निपटाया नहीं जा सकता क्या ?

अत्रि : हो जाने दीजिए आज साफ़ बातें !...हमें किस भंडाफोड़ से डर है ? हमारा आत्रेय आश्रम तो जनता के कल्याण के लिए, जनता के कन्धों पर टिका है।

शुक्राचार्य : हूँ !...कितनी जनता को आपने ख़रीद रखा है ?

अत्रि : जनता को ख़रीदने की मुझे ज़रूरत नहीं है। मेरी वाणी की चिनगारी विशाल जन-समुदाय को प्रज्ज्वलित कर सकती है।

शुक्राचार्य : जानता हूँ आप वाग्वीर हैं, ज़बान की तेज़ी ही आपके खड्ग की धार है। लेकिन हे वाग्वीर, क्या उस उद्योगवीर के आगे आपकी चल सकेगी ?

गर्ग : कौन ?

शुक्राचार्य : राजा पृथु, और कौन ?

अत्रि : आप चाहते हैं कि मैं बैठे-बिठाए राजा से झगड़ा मोल लूँ, और आप मज़े से तमाशा देखते रहें ? इतनी मोटी बुद्धि का नहीं हूँ !

शुक्राचार्य : अत्रि मुनि, तो मेरी तीक्ष्ण बुद्धि की बात सुनिए ध्यान देकर ! पृथु को हमने पराक्रमी, वीरश्रेष्ठ और योद्धा के रूप में अभिषिक्त किया ! लेकिन वह बन बैठा है उद्योग-वीर। यह वह राजा नहीं है जिससे हमने कुशा की गाँठों पर वचन लिए थे, जिसके तेज़ बाणों से सैकड़ों दस्यु कट मरे थे। वह भी नहीं जिसने हमारा मन्त्रिमंडल बनाया।

गर्ग : लेकिन हमारे आश्रमों की आमदनी तो बढ़ रही है। धन-धान्य तो हमारे हाथ आ रहा है। चिन्ता क्या है ?

शुक्राचार्य : गर्ग मुनि, चिन्ता ? आत्रेय आश्रम और भृगु आश्रम दोनों अच्छी तरह समझ लें कि दृषद्वती का यह बाँध पूरा होते ही—सौवें यज्ञ की पूर्ति होते ही—राजा पृथु, हम लोगों को दूध की मक्खी की तरह निकाल फेंकेगा। और...उसके मन्त्रिमंडल में होंगे जंघापुत्र कवष और दस्यु-सुन्दरी उर्वी !

अत्रि : *(कुछ समझता हुआ)* हूँ !...आपका मतलब है कि हम लोगों के साथ उसकी जो शर्तें तय हुई थीं...

शुक्राचार्य : जी, उन शर्तों का उसकी नज़र में उस समय क्या मूल्य होगा जब वह जनता द्वारा चुना हुआ राजा बनेगा ?

गर्ग : जनता द्वारा चुना हुआ ?

अत्रि : लेकिन इस समय अगर राजा के विरोध में हम लोग आवाज़ उठाएँ भी तो किस आधार पर ?

शुक्राचार्य : आवाज़ उठाने का मौक़ा आएगा बाद में और उस वक़्त फिर से आपके ओजस्वी भाषणों की ज़रूरत होगी आचार्य अत्रि ! लेकिन इस वक़्त तो तुरन्त एक बात तय हो जाए।

अत्रि : बताइए।

शुक्राचार्य : हम दोनों ही के किसान-मज़दूर और कारीगर बाँध के काम में ढील डाल दें।

गर्ग : लेकिन...लेकिन बाँध नहीं बन पाया तो दृषद्वती सरस्वती से हटकर सदा के लिए यमुना की ओर मुड़ जाएगी।

शुक्राचार्य : हो सकता है।

गर्ग : इसके मानी तो होंगे कि इतनी मेहनत से सरस्वती की धार में जल चालू करने के लिए जिस नहर को बनाया गया है—वह सूखी रह जाएगी !

शुक्राचार्य : रहे सूखी ! आचार्य गर्ग !—साफ़ बात है, आप दो में एक बात चुन लीजिए—अपने परिवार, कुटुम्ब, कन्या अर्चना और आश्रम का भविष्य या सरस्वती की धारा में पानी, जिससे फ़ायदा होगा बस छोटे-मोटे किसानों, निषादों और बचे-खुचे दस्युओं को।

गर्ग : *(अटकता-सा)* अगर दोनों ही बातें हो पातीं !

अत्रि : नहीं हो सकतीं गर्ग !...शुक्राचार्य ठीक कहते हैं। सरस्वती को सूखना ही है। वह नदी नहीं रही; एक ठठरी है जिसे हम ऋषि-मुनियों के आश्रमों के कारण ही इतना मान मिला है !...

शुक्राचार्य : पर अब...अब तो हमारे आश्रमों का भविष्य सरस्वती के तट पर नहीं—पूरब की ओर फैले मैदानों में है। वहीं जलेगी हमारे हवनों, हमारे मन्त्रों की अग्नि, अगर पृथु को राजा बने रहना है तो वैश्वानर अग्नि के आगे-आगे चले, सेना सजाकर, अपने पराक्रम की ध्वजा फहराता हुआ !

गर्ग : तो फिर ?

शुक्राचार्य : चलिए अभी और चुपचाप बाँध के काम में ढील कराइए। नए मज़दूरों के दलों में भी छँटनी कीजिए।

अत्रि : ठीक...

[प्रस्थान के लिए बढ़ते हैं कि सामने से राजा का प्रवेश। हाथ में कुदाली जिसे कन्धे पर टिकाए हुए है। उल्लास और कर्मठता की भंगिमा।]

पृथु : अर्चना ! मेरा घोड़ा तैयार कराओ।...मेरा...*(मुनियों को देखकर)* अरे, आचार्यवृन्द, आप लोग यहाँ हैं ?

गर्ग : राजन्, आपके कन्धे पर...

पृथु : हाँ, मेरे कन्धे पर धनुष नहीं, कुदाली है। इस समय यही मेरा राजचिह्न है, क्योंकि मेरी सैकड़ों प्रजा ने मुझे इसी रूप में स्वीकार किया है।

अत्रि : कौन-सी प्रजा ?

पृथु : आपके आश्रम के आसपास के किसान, मज़दूर, अत्रि मुनि ! और आपके भी शुक्राचार्य ! आप दोनों व्यर्थ चिन्तित थे। वे लोग सब तैयार हो गए तुरन्त बाँध को पूरा करने के लिए। मैंने कुदाली उठाई कि पाँच सौ हाथों में कुदालियाँ ललक उठीं; मैंने मिट्टी ढोने के लिए टोकरी पकड़ी कि पाँच सौ मस्तकों पर टोकरियाँ मुकुट-सी सज गईं !...

शुक्राचार्य : *(हतप्रभ)* पाँच सौ मज़दूर !

पृथु : और भी पाँच सौ तैयार हैं !...वे लोग चल भी दिए बाँध की ओर। हम लोग पहुँचते ही काम में हाथ लगा देंगे और देखते-ही-देखते बाँध पूरा हो जाएगा !...और तब हम लौटेंगे सरस्वती की नई बहती धारा के साथ-साथ ! *(घोड़े की टाप)* यह लीजिए मेरा घोड़ा आ पहुँचा !... अर्चना !...अर्चना !! *(सूत और मागध का प्रवेश)* कौन ?...

गर्ग : सूत-मागध ?

पृथु : तुम दोनों बाँध छोड़कर कैसे आए, सूत-मागध ?

सूत : हम लोग घोड़े दौड़ाते आए हैं क्योंकि...क्योंकि आपको तुरन्त समाचार देना था, महाराज !

पृथु : कैसा समाचार !

मागध : बाँध नहीं रहा महाराज !

पृथु : *(वज्रपात-सा)* क्या ?

गर्ग : क्या कह रहे हो मागध ?

मागध : हिमालय में घनघोर वर्षा के कारण दृषद्वती और यमुना में प्रचंड बाढ़ आई। बाँध के सिर्फ़ एक खंड में मिट्टी डलनी बाक़ी थी। अगर एक सौ आदमी भी और होते तो बाँध पूरा हो जाता और टूटने की नौबत न आती !

पृथु : बाँध...टूट गया !

सूत : दृषद्वती मुड़ गई यमुना की ओर...और नहर सूखी पड़ी है।

पृथु : नहर...सूखी...पड़ी है !!

सूत : सिर्फ़ सौ आदमी और होते...

पृथु : *(वापस आती हुई ज्योति)* सौ नहीं, पाँच सौ आदमी जा रहे हैं, और मैं भी ! उर्वी और कवष के संकेत पर काम फिर चल निकलेगा !... उच्छृंखल नदी की धार, तुझे फिर मुड़ना होगा सरस्वती की ओर !

मागध : कोई संकेत नहीं दे सकेगा, महाराज !

गर्ग : मतलब ?

मागध : उर्वी एक कगार पर खड़ी हुई मज़दूरों को सहारा देने के लिए रस्सी फेंक रही थी ! प्रचंड लहरों के साथ हहराता हुआ जल टकराया और कगार गिर गया।

सूत : उर्वी डूबने लगी ! पलक मारने की देर थी कि किसी विशाल चमकदार मछली की भाँति कवष कूद पड़ा उसे बचाने। हमारी साँसें वापस आईं।

मागध : लेकिन कितनी देर को ?...दूसरा कगार कवष के ऊपर ही टूटा।... दोनों आँखों से ओझल हो गए, महाराज !

पृथु : उर्वी...और...कवष ! *(जड़ीभूत-सा)* दोनों...दोनों !! *(कुदाली हाथ से छिटक जाती है...अर्चना का प्रवेश।)*

अर्चना : आर्यपुत्र ! *(कुछ देर मौन। मुनि लोग एक-दूसरे की ओर देखते हैं।)*

शुक्राचार्य : *(स्पष्ट स्व, लेकिन रुक-रुककर)* देवी, महाराज पृथु को सान्त्वना मत दो !...उन्हें शस्त्र पहनाओ—धनुष, तूणीर, खड्ग !

अत्रि : पूरबी अँचल में शत्रु सिर उठा रहे हैं। आपके पराक्रम की फिर ज़रूरत

है राजा पृथु ! वैश्वानर अग्नि के आगे-आगे चलो। चक्रवर्ती के पथ पर, जंगलों को जलाते हुए, शत्रुओं का संहार करते हुए !... पराक्रमी पृथु !

शुक्राचार्य : *(कुछ मौन के बाद)* आचार्य, आइए ! हम लोग बाहर चलें। आओ, सूत-मागध !

[पृथु और अर्चना को छोड़कर सबका प्रस्थान। थोड़ी देर मौन। अन्धकार के घेरे में ज्योति पृथु और अर्चना पर अटकी है। धीरे-धीरे अर्चना पृथु के कन्धे पर पहले तूणीर और फिर धनुष लटकाती है। पृथु उसकी ओर पलभर को देखता है और फिर उसकी ओर पीठ करके थोड़ा दूर हट जाता है। उसका 'प्रोफाइल' ही दीख पड़ता है।]

पृथु : अर्चना !...थोड़ी देर के लिए मुझे अकेला छोड़ दोगी ?

अर्चना : जितनी देर आप चाहें, आर्यपुत्र !

[उलटे पैर प्रस्थान। थोड़ी देर मौन।]

पृथु : *(धनुष पर हाथ फेरता हुआ)* ठीक ही तो है !...मैं आदिराज पृथु, आर्यों का पहला राजा ! मेरा यही स्वरूप तो सदियों बाद याद किया जाएगा, धनुष-बाण से सुसज्जित देह, खड्ग की चमक से मंडित मुख, शत्रुओं को दहलानेवाले घोर स्वर का विधायक, पराक्रमी विजेता, दस्युओं का विनाशक, प्रजा का नायक, मुनियों का पालक–पृथु...। लोग कहेंगे पृथु अवतार था !...अवतार !...लेकिन इस मुखौटे के नीचे मेहनत के पसीने से चमकता चेहरा कौन जानेगा ? इन हाथों में कुदाली की पकड़ को कौन समझेगा ? किसे ध्यान होगा कि धरती को समतल बनाकर उसे दोहनेवाले हाथ कौन-से थे ? पृथ्वी !...पृथु की पृथ्वी !...कौन समझेगा इन शब्दों को ?...*(टीले पर चढ़ जाता है और ऊपर की ओर दृष्टि करता है।)*...ओ दुविधाओं के देवता, तू, जिसे यज्ञपुरुष कहा जाता है–तू, जिसे जगत् का विधाता कहते हैं–तू परम ब्रह्म ! मैं जानता हूँ कि शक्ति तेरी नहीं, मेरी है ! फिर भी तेरे आगे हाथ फैलाता हूँ। हज़ारों टहनियाँ और शाखाएँ किसी आकाश-वृक्ष पर फैली हैं। मेरी निगाह अन्तरिक्ष के उस अनन्त फल-फूलवाले वृक्ष से हटा दे। पृथ्वी पर जो जीर्ण-शीर्ण पत्ते बिखरे हैं उन्हीं में खोजने दे, उसे जो मेरी सहचरी थी, मेरी प्राण थी...और, और...थी मेरी माँ !...उर्वी, माँ...माँ ! *(रुँधा मन्द होता हुआ कंठ)* माँ !

[अँधेरा। प्रकाश-पुँज नटी और सूत्रधार पर।]

नटी

(गहरी साँस खींचती हुई) युगों के आँगनों में इस आवाज़ की प्रतिध्वनि अनसुनी गूँजती रही, सूत्रधार !

सूत्रधार

(कुछ मौन के साथ) नटी, मुझे अपनी वन्दना पूरी करनी है। याद है अथर्ववेद का वह सूक्त ?

नटी

पृथिवीसूक्त ?

सूत्रधार

सुनाओ तो...

(नटी सस्वर गाती है और उसी के अनुसरण में सूत्रधार अर्थ कहता जाता है।)

नटी

विश्वम्भरा वसुधानी प्रतिष्ठा हिरण्यवक्षा जगतोनिवेशनी।
वैश्वानरं विभ्रती भूमिरग्निं इन्द्र ऋषभा द्रविणे नो दधातु ॥

सूत्रधार

हे विश्व का भरण करनेवाली, रत्नों की खान, सोने से भरपूर मातृभूमि, तुम जगत का आधार हो। हमारे रत्नों का अनुकूल मन से दोहन करो।

नटी

यत्ते मध्यं पृथिवी यच्च नभ्यं यास्त ऊर्जस्तन्वः सम्बभूवुः।
तासु नो धेह्यभिनः पवस्व माताभूमिः पुत्रो अहं पृथिव्याः ॥

सूत्रधार

पृथ्वी के केन्द्र से जो बल, जो शक्ति निकलती है, उस चेतना की प्राणवायु से मैं भी स्फुरित हो जाऊँ। पृथ्वी के आकाश में विचारों के मेघ मँडराते हैं, मैं भी उनके जल से भीग जाऊँ। भूमि माता है और मैं इस पृथ्वी का पुत्र हूँ।

[अन्धकार]

पृष्ठभूमि

समस्याएँ

पिछले दिनों कुछ ऐसी समस्याएँ और उलझनें रह-रहकर मेरे मर्म को छूती रही हैं जिनकी ओर हिन्दी नाटककारों का ध्यान कम ही गया है।

जैसे वह परिस्थिति जिसमें कर्म (यानी एक्शन) में आदमी उपलब्धि नहीं, उपचार खोजता है। क्या पुरुषार्थ भी एक तरह का यथार्थ से बचने के लिए आश्रय (एस्केपिज़्म) है ? और क्या कर्मशील मनुष्य में कल्पना का उद्‌दीपन और अन्तःकरण का विवेक उसकी प्रगति को अवरुद्ध कर देते हैं ?

या आदमी और प्रकृति के साधनों का आपसी रिश्ता। प्रकृति के विराट और रहस्यपूर्ण पहलुओं को देवताओं के रूप में देखकर मानव के स्वर में काव्य और नाटक बहुत फूटे, पर प्रकृति की कोटि-कोटि सम्पदाओं को अपने इस्तेमाल के लिए खोजने और उनका समीचीन उपयोग करनेवाले मानव के संघर्षों और दुविधाओं में जो 'ड्रामा' बिखरा पड़ा है, वह क्या सर्वथा उपेक्षणीय है ?

या किसी भी समाज के विकास में वर्णसंकरता की देन, वैसे ही जैसे संकर (हाइब्रिड) बीज की उन्नत पैदावार को। फिर भी कैसी है वह मूढ़ता जिसके वश होकर मानव ख़ून की मिलावट के विरोध में ख़ून बहाता रहा है ? भारतवर्ष के इतिहास में आर्य और आर्येतर जातियों के सम्मिश्रण की प्रक्रिया भी क्या इन्हीं भँवरों से होकर नहीं गुज़री ?

या समुदाय और राजसत्ता के बीच सम्बन्धों की बुनियाद। राजा में ईश्वरीय तेज़ के आभास के कारण ये सम्बन्ध निर्धारित हुए या समुदाय के साथ राजा का पारस्परिक हित में समझौता हुआ ?

या महत्त्वाकांक्षी पुरुष में कर्म की स्फूर्ति और काम (सेक्स) की बलवती लालसा का सहज सह-अस्तित्व। क्या फ्रायड एवं अन्य मनोविश्लेषकों ने 'लिबिडो' में कामवासना और मनःशक्ति के जिस सामंजस्य को पाया है, उसका संकेत अनेक संस्कृत नाटकों के उन नायकों में नहीं मिलता जो शृंगार रस में सराबोर होते-होते अनायास ही वीर रस से ओत-प्रोत हो जाते हैं ?

इन मामलों को मंच पर प्रस्तुत करने के लिए प्रतीकों का माध्यम मुझे अधिक समर्थ

लगा। ऐसे प्रतीक मुझे मिले एक पौराणिक कथा में। महाभारत और पुराणों में यह कथा इस प्रकार है।

आधार-कथा

अत्यन्त प्राचीन काल में राजा नहीं थे। यह उन दिनों की बात है जब आर्यों को भारत में आए बहुत दिन नहीं हुए थे और हड़प्पा सभ्यता के पुरातन निवासियों से उनका संघर्ष चल रहा था। देवताओं के अनुरोध पर भगवान विष्णु ने अपने तेज़ से विरजा नामक एक ऐसे मानस-पुत्र की सृष्टि की जो मानव-समाज में श्रेष्ठतम पद का अधिकारी हुआ। उसके बाद ब्रह्मावर्त (हरियाणा-पंजाब में सरस्वती का प्रदेश) में चार या पाँच और शासक हुए। पर सभी संन्यासी हो गए; शासन का भार उन्होंने नहीं सँभाला।

चौथे (अथवा पाँचवें—संख्या के बारे में कुछ मतभेद है) का नाम था अंग। अंग की पत्नी का नाम था सुनीथा जिसे 'मृत्यु' की कन्या कहा गया है। उन दोनों का पुत्र हुआ 'वेन'। वेन बचपन से ही उद्दंड और दुर्विनीत था। उसके व्यवहार से तंग आकर अंग एक रात सबकुछ छोड़कर चुपचाप वन को चल दिए।

ब्रह्मावर्त में डाकुओं (दस्युओं, जो शायद हड़प्पा सभ्यता के पुरातन निवासी थे) के डर से अत्रि, भृगु, शुक्राचार्य, गर्ग, वालखिल्य इत्यादि मुनियों ने सुनीथा की राय से वेन को शासक के रूप में स्वीकार किया। वेन बड़ा अत्याचारी था। उसने यज्ञ-हवनादि बन्द करा दिए। वह अपने को ही ईश्वर घोषित करने लगा। उसने ब्राह्मण इत्यादि ऊँची जाति के मुनियों की सलाह को ठुकराया और वर्णसंकरता को बढ़ावा दिया।

तब मुनियों ने अपने मन्त्रों, हुँकारों और मन्त्रपूत कुशा के प्रहारों से वेन को मार दिया।

वेन की माता सुनीथा ने उसके शव को मन्त्रों (और शायद किसी प्रकार के लेपन) से सुरक्षित रखा। इधर ब्रह्मावर्त में फिर दस्युओं के आक्रमण होने लगे। मुनियों को अपने आश्रमों की रक्षा की चिन्ता हो चली।

आख़िर मुनियों ने वेन के शव को लेकर पहले उसकी दाहिनी जंघा का मन्त्रोच्चारण सहित मन्थन किया। उससे एक नाटे कद का मनुष्य उत्पन्न हुआ जिसकी आकृति बेडौल थी, रंग जले हुए खम्भे के समान, आँखें लाल, बाल काले। मुनियों ने उससे कहा—'निषीद' (बैठ जाओ)। इसलिए वह निषाद कहलाया। उसने जन्म लेते ही वेन के सारे पापों को अपने ऊपर ले लिया। उसी के वंशधर पर्वतों और वनों में रहनेवाले निषाद कहलाए।

उसके बाद ऋषि-मुनियों ने वेन की दाहिनी भुजा का मन्थन किया। उससे एक-दूसरा पुरुष प्रकट हुआ जो देवराज इन्द्र के समान रूपवान था, अस्त्र-शस्त्र और आभूषणों से सुसज्जित तेजस्वी और प्रतापी जान पड़ता था। उसका नाम था पृथु। सूत और मागध (स्तुति-पाठकों) ने उसका गुणगान करना प्रारम्भ किया। पृथु ने उन्हें

टोका और कहा कि अभी तो मैंने कोई प्रशंसा के योग्य काम नहीं किया; अभी से मेरा कीर्तिगान कैसे !

तदुपरान्त पृथु ने ऋषि-मुनियों से पूछा कि आप लोगों की मुझे किस प्रकार सेवा करनी है, और किस तरह के प्रयोजनपूर्ण कार्य करने हैं—यह मुझे बताइए। तब शुक्राचार्य आदि मुनियों ने पृथु से कुछ प्रतिज्ञाएँ कराईं जिनमें प्रमुख थीं—मन, वाणी और कर्म से वेद का पालन, वेद में दी गई दंडनीति को चलाना, समस्त प्राणियों के प्रति समभाव रखना परन्तु ब्राह्मणों को दंड न देना, समाज को वर्णसंकरता से बचाना, इत्यादि।

इन वचनों से बँध जाने के बाद ही पृथु मुनियों द्वारा 'राजा' घोषित किया गया। पृथु ही पहला राजा था—'राजा' यानी जो सब लोकों और प्रजा का अनुरंजन करे। पृथु ने अपने मन्त्रिमंडल में शुक्राचार्य को पुरोहित बनाया, गर्ग को ज्योतिषी और सरस्वती-तटवर्ती वालखिल्यगण, अत्रि, आदि मुनियों को अन्य मन्त्रिपद दिए। सूत-मागध से प्रसन्न होकर उन्हें अनूप और मगध देश प्रदान किए। मुनियों ने उन्हें आजगव नामक धनुष भी दिया। पृथु ने डाकुओं को परास्त किया, ब्रह्मावर्त में शान्ति स्थापित की। सरस्वती-तट पर ऋषि-मुनियों के आश्रमों में फिर से यज्ञादि होने लगे।

पृथु की पत्नी का नाम अर्चि था और जब पृथु का वेन के शव से उदय हुआ तभी अर्चि भी उपस्थित हुई।

कुछ दिनों बाद उनके राज्य में दुर्भिक्ष हुआ। धरती अन्नहीन हो गई। भूख के कारण प्रजाजन सूखकर काँटा होने लगे। पृथु को मालूम हुआ कि धरती ने स्वयं ही जान-बूझकर अन्न एवं औषधादि को अपने भीतर छिपा लिया है। अत्यन्त क्रोधित होकर उन्होंने धनुष-बाण उठाया और धरती को मारने के लिए दौड़ पड़े। डरकर धरती गौ का रूप धारण करके चारों दिशाओं, स्वर्गलोक, पाताल, अन्तरिक्ष में भागने लगी। लेकिन पृथु हर जगह उसका पीछा करते रहे और उसे त्रिलोक में कहीं भी त्राण नहीं मिला।

तब धरती ने पृथु के सामने आकर करुण स्वर में निवेदन किया, "मैं निरपराध हूँ। आप मुझे क्यों मारना चाहते हैं ? मुझे नष्ट करके आप अपने को और अपनी प्रजा को कहाँ स्थित करेंगे।" राजा ने कहा, "तू प्रतिदिन हरी घास खा जाती है पर अपने थन का दूध नहीं देती। मैं बाणों से तेरे टुकड़े-टुकड़े करके अपने योगबल से प्रजा को धारण करूँगा।"

धरती ने उत्तर दिया—"आप लोगों ने मेरा पालन और आदर करना छोड़ दिया, कृषि आदि उपायों को भलीभाँति नहीं अपनाया। इसी से मैंने अन्न-औषधादि को अपने में छिपा लिया है। यदि आपको समस्त प्राणियों के अभीष्ट एवं बल की वृद्धि करनेवाले अन्न की आवश्यकता है तो आप मेरे योग्य बछड़ा, दोहन-पात्र और दुहनेवाले की व्यवस्था कीजिए, तभी मैं दूध के रूप में आपको सभी अभीष्ट वस्तुएँ दे दूँगी। एक बात और है। आपको मुझे समतल करना होगा; जिससे वर्षा ऋतु बीत जाने पर भी मेरे ऊपर इन्द्र का बरसाया हुआ जल सर्वत्र बना रहे—मेरे भीतर की आर्द्रता सूखने न पाए।"

पृथु ने धनुष की कोटि द्वारा चारों ओर ऊँचाइयों को उखाड़कर धरती को समतल

किया। इस समतल भूमि में बस्तियों और खेतों इत्यादि का विभाजन किया। मनु को बछड़ा बनाकर अपने हाथों पृथु ने सत्रह प्रकार के धान्यों को दुहा। उनके नेतृत्व में अन्य विज्ञजनों ने तरह-तरह से वसुन्धरा को दुहकर अभीष्ट वस्तुएँ दुह लीं। ऋषियों ने बृहस्पति को बछड़ा बनाकर वाणी इत्यादि के पात्र में वेद को दुहा; देवताओं ने इन्द्र को बछड़ा बनाकर सुवर्णमय पात्र में तीनों प्रकार की शक्तियों को दुहा; दैत्य और दानवों ने प्रह्लाद को पात्र बनाकर लोहे के पात्र में मदिरा-रूप दूध को दुहा; गन्धर्वों और अप्सराओं ने विश्वावसु को बछड़ा बनाकर कमल-रूपी पात्र में संगीत और सौन्दर्य को दुहा। खान, वनस्पति, धातु, तृण—हर तरह की वस्तुओं का धरती में से दोहन हुआ। सर्वकामदुहा वसुन्धरा पृथु के नाम पर ही 'पृथिवी' कहलाई।

इसके बाद पृथु ने सौ अश्वमेध यज्ञों के अनुष्ठानों में हाथ लगाया। उनके 99 यज्ञ तो पूरे हो गए, परन्तु सौवें यज्ञ को इन्द्र ने पूरा नहीं होने दिया। उसने पाखंडी वेश धारण कर अश्वमेध के घोड़े का कई बार हरण किया। पृथु ने इन्द्र का वध करना चाहा। किन्तु ऋषि-मुनियों ने परामर्श दिया कि यज्ञ में इन्द्र की आहुति देकर उसे भस्म कर दिया जाए। तब ब्रह्मा ने पृथु को यह कहकर रोका कि राजन, आप तो मोक्ष धर्म के जाननेवाले हैं। आपको यज्ञानुष्ठानों की ज़रूरत नहीं है।

कुछ ऐतिहासिक तथ्य और अनुमान

पृथु की कथा महाभारत के 'राजधर्मानुशासन पर्व' में संक्षिप्त रूप में दी गई है और भागवत पुराण (चतुर्थ स्कन्ध, 19वाँ अध्याय) तथा विष्णु पुराण में अनेक प्रसंग जोड़कर उसे विस्तृत कर दिया गया है। किन्तु पृथु का उल्लेख ऋग्वेद और अथर्ववेद दोनों में मिलता है। शतपथ ब्राह्मण में उसे पहले राजा की संज्ञा दी गई है। इन्हीं उल्लेखों को महाभारत और पुराणों में सिलसिलेवार आख्यान का रूप दिया गया है।

पृथु की कथा में निषाद और सरस्वती की चर्चा जिस ढंग से की गई है, उसका अनुसन्धान करते-करते मुझे दो तथ्य मिले। एक तो यह कि निषाद शब्द ब्राह्मण या क्षत्रिय पिता और शूद्र माता से उत्पन्न सन्तान के लिए प्रयुक्त होता रहा है।

कवष नामक निषाद का ऋग्वेद और ऐतरेय ब्राह्मण में उल्लेख है। ऋग्वेद के दशम मंडल में कवष के नाम से जल की स्तुति में कई सूक्त हैं। कवष ईलूष का एक दासी से उत्पन्न पुत्र था। ऐतरेय ब्राह्मण के अनुसार सरस्वती-तट पर जब कुछ ऋषि यज्ञ कर रहे थे तब कवष भी उन लोगों के साथ था। किन्तु चूँकि वह दासी-पुत्र था इसलिए मुनियों ने उसे अपने आश्रम से निकाल दिया। निर्वासित निषाद—कवष—रेगिस्तान को चला गया। वहाँ उसने सरस्वती की स्तुति की जिसके फलस्वरूप रेगिस्तान में ही सरस्वती का जल उसके चारों ओर प्रकट हो गया। जब ऋषियों ने निषाद की स्तुति की महिमा देखी तो उन्होंने अपने आश्रम और यज्ञों में उसे शामिल कर लिया।

दस्युओं का ज़िक्र ऋग्वेद में अनेक बार आया है, उन नगरों के सिलसिले में जिनके

विनाश के लिए ऋग्वेद के आर्य बार-बार इन्द्र तथा अन्य देवताओं से प्रार्थना करते हैं। हाल ही में सरस्वती की धारा जिस घाटी में होकर बहती थी, उसके किनारे हड़प्पा सभ्यता के अवशेष मिले हैं जिनमें प्रमुख हैं राजस्थान में सूरतगढ़ के निकट कालीबंगा में हड़प्पा-मोहनजोदड़ो के समान ही एक नगरी के ध्वंसावशेष। मैंने उन ध्वंसावशेषों को देखा है और ऊँचे टीलों पर खड़े होकर सरस्वती की धारा के लुप्त होने के कारणों का अनुमान भी किया है—कैसे ऊपर से बहकर आई हुई मिट्टी ने सरस्वती की धारा को अवरुद्ध किया होगा और क्रमशः कालीबंगा की नगरी का ह्रास होता गया होगा। उत्खनन-अधिकारी श्री थापर ने एक दिलचस्प तथ्य मुझे बताया। भूविशेषज्ञों ने सरस्वती की सूखी धरती में मिट्टी की जाँच करके अनुमान किया है कि प्राचीन सरस्वती में एक और धारा मिलती थी जिसका यमुना की धारा से भी सम्बन्ध था। यही शायद वह दृषद्वती थी जो बाद में यमुना की ओर मुड़ गई और सरस्वती को उसका जल मिलना बन्द हो गया। यह भी सरस्वती के सूख जाने का कारण था।

सरस्वती के रेगिस्तानी क्षेत्र में कालीबंगा इत्यादि स्थानों में उजड़ती हुई बस्तियों के निवासी ही तो वे दस्यु नहीं थे जो सरस्वती के ऊपरी तट पर स्थित आर्यमुनियों के आश्रमों पर हमला करते थे ? उन 'दस्युओं' में मातृपूजा प्रचलित थी। हड़प्पा-मोहनजोदड़ो में प्राप्त मिट्टी की मुद्राओं इत्यादि से इसकी पुष्टि होती है। एक मुद्रा में भूमिदेवी की कुक्षि में से एक वृक्ष निकलता दिखाया गया है—पृथिवी का शस्योत्पादक रूप। मातृपूजा परवर्ती आर्य जीवन में घुल-मिल गई किन्तु उसके आदि-स्वरूप की झाँकी अब भी राजस्थान ही के भीलों की बनाई उन विचित्र और कभी-कभी वीभत्स मूर्तियों में मिलती है जिनकी वे लोग आज भी आराधना करते हैं। (इन मूर्तियों का एक आकर्षक संग्रह उदयपुर के भारतीय लोककला मंडल में द्रष्टव्य है।) राजस्थान ही में माता (अम्बा) की आराधना के समय आराधक अथवा आराधिका पर 'देवी के चढ़ने' की प्रथा और तत्सम्बन्धी संगीत और नृत्य अकसर देखने को मिलते हैं।

यह भी जान पड़ता है कि उन दिनों (शायद ईसवी पूर्व 16वीं-12वीं शताब्दियों के आसपास) तीन प्रकार के युगान्तरकारी परिवर्तन आर्यों के जीवन में हुए। पहला परिवर्तन हुआ उनकी राजनीतिक व्यवस्था में। सत्ता मुनियों और ब्राह्मणों के हाथ में थी, किन्तु अपने आश्रमों की रक्षा के लिए, अपने यज्ञ-अनुष्ठानों की पूर्ति के लिए उन्होंने कबीलों के सरदारों को शासकों के रूप में मंजूर किया। प्रारम्भ में शासक की सत्ता और अधिकारों की रूपरेखा निश्चित न थी। मुनियों और ब्राह्मणों में संघर्ष हुए। शासक हटे भी, किसी-किसी का वध भी हुआ। अन्ततः शासक को राजा का स्वरूप दिया गया और मुनियों और ब्राह्मणों से राजा का सम्बन्ध कुछ निर्धारित कर्त्तव्यों (यानी राजधर्म) के आधार पर निश्चित हुआ। इन सम्बन्धों को ही बाद में 'शुक्रनीति' की संज्ञा दी गई।

दूसरा महान परिवर्तन था आर्यों का भारत की प्राचीन आर्येतर जातियों से सम्पर्क और उन्हें अपने समाज में या भारत के इर्द-गिर्द स्थान देना। हड़प्पा-मोहनजोदड़ो सभ्यता की जातियों के अतिरिक्त भारत में अनेक वन्य जातियाँ भी थीं। आर्यों ने कुछ समुदायों

को ज्यों-का-त्यों ग्रहण किया, कुछ की स्त्रियों से वर्णसंकर सन्तान उत्पन्न कर उन्हें नए, किन्तु प्रायः निम्न वर्ग की मान्यता दी, और कुछ को समाज से सर्वथा बहिष्कृत किया। अनेक वाद-विवाद हुए, खासतौर से वर्णसंकरता की समस्याओं को लेकर। 'निषाद' नाम ही उस वर्णसंकर सन्तान के लिए इस्तेमाल किया गया जिसका पिता आर्य और माता वन्य जाति की थी। मातृपूजन तथा तरह-तरह के रीति-रिवाजों, उत्सवों और पद्धतियों का भी आर्यों के समाज में समावेश हुआ। नाना प्रकार के सम्बन्धों और प्रयोगों को 'लेजिटिमिटाइज्ड' करना (विधिसंगत रूप देना) आसान काम न था। इस प्रक्रिया से जहाँ एक ओर आर्य-समाज में कुछ विविधता आई, वहीं आर्य मनोवृत्ति में जड़ता का भी प्रवेश हुआ।

तीसरी महत्त्वपूर्ण बात थी जमी हुई खेती, बस्तियों और नागरिक सभ्यता के प्रति आर्यों की प्रतिक्रिया और उस तरह के जीवन को क्रमशः अंगीकार करना। आर्य लोग पशुपालन के अभ्यस्त थे और नित्य नए चरागाहों की खोज में ही उन्हें मानव-जीवन की प्रगति के आभास दीखते थे। प्रारम्भ में उनकी खेती का तरीक़ा भी आजकल की नगा तथा कुछ आदिवासी जातियों की 'झूम' पद्धति से मिलता-जुलता था, यानी जंगलों को यथावश्यक जलाना, कुछ बरस पैदावार करना और जब भूमि बंजर हो जाए तो उसे छोड़कर फिर नए जंगल काटना। जंगलों में चरागाहों की खोज करनेवाले आर्यों की यह पद्धति भारत के घने जंगलों में अपनाना कोई आश्चर्य की बात नहीं थी। लेकिन देश के कुछ भागों में इस पद्धति का प्राचीन निवासियों (यानी हड़प्पा-मोहनजोदड़ो सभ्यता के समुदायों) ने रेगिस्तान के बीच नदी-घाटियों में खेती की हरियाली और वाणिज्य का उसी भाँति विकास किया था जैसे उनकी समकालीन दजला-फ़रात और नील नदी की घाटियों की जातियों ने किया था। आबपाशी के तरीक़े और धरती की उर्वरा शक्ति का संचय उनके लिए अनिवार्य थे, पर आर्यों के लिए नए। क्या आर्यों की जंगल जलाने की पद्धति के कारण ही सरस्वती नदी सूखती चली गई ? सम्भव है ऐसा हुआ हो; सम्भव है इसी कारण कुछ अकाल भी पड़े। सूखा भी हुआ और जंगल जलानेवाले ऋषि-मुनियों के समाज को धरती की उपज और विभिन्न सम्पदाओं के विकास के लिए नए तरीक़े भी अपनाने पड़े।

जिस व्यक्ति ने धरती का यों विकास किया, उसकी सम्पदाओं के उपयोग की व्यवस्था की, उसे समतल पर उसकी उर्वरा शक्ति का संचय किया, उसका नाम, महाभारत और पुराणों के अनुसार, 'पृथु' था।

पृथु...वास्तव में एक प्रतीक रहा होगा उन तीनों युगान्तरकारी परिवर्तनों का जिनका ऊपर उल्लेख किया गया है। 'पृथु' और 'पृथ्वी' शब्दों में पहले किसकी कल्पना हुई, यह अनिश्चित होते हुए भी यह तो स्पष्ट ही है कि पुराणकारों ने कहीं तो पृथ्वी को पृथु की कन्या, कहीं उसकी सहचरी पत्नी और कहीं उसकी माता का स्वरूप देकर उस व्यवस्था की ओर संकेत किया जिसने आर्य-जीवन और भारतभूमि की कायापलट कर दी।

विशेष टिप्पणियाँ

विशेष जिज्ञासु पाठकों के मनोरंजनार्थ मैं नीचे टिप्पणियों में नाटक के कुछ ऐसे प्रसंगों की आधार-सामग्री का उल्लेख कर रहा हूँ जिनके बारे में साधारणतया कुछ सन्देह उठ सकता है।

कुशा की रस्सी और हुँकारों द्वारा वेन का वध : महाभारत में (राजधर्मानुशासन पर्व) श्लोक है 'तं प्रजासु विधर्माणं' राग-द्वेष के वशीभूत होकर राजा प्रजाओं पर अत्याचार करने लगा। तब वेदवादी ऋषियों ने मन्त्रपुत्र कुशों द्वारा उसे मार डाला। श्रीमद्भागवत में यद्यपि कुशा का ज़िक्र नहीं है, तथापि ऋषियों के कुपित होकर वेन को मार डालने की घोषणा का स्पष्ट उल्लेख है...'इत्यं व्यवसिता हन्तुमृषयो रूढमन्यव :। निजध्नुहुंकृतैर्वेनं हयमच्युतनिन्दया।' (चतुर्थ स्कन्द। अध्याय 14)। इस प्रकार अपने छिपे हुए क्रोध को प्रकट कर उन्होंने उसे मारने का निश्चय कर लिया। वह तो भगवान की निन्दा के कारण पहले ही मर चुका था, इसलिए केवल हुँकारों से ही उन्होंने उसका काम तमाम कर दिया। एक और भी श्लोक है जिसमें मुनि लोग 'हन्ययां हन्यतामेष पापः प्रकृतिदारुणः' (मार डालो, इस स्वभाव से ही दुष्ट पापी को मार डालो) चिल्लाते हुए अपने क्रोध को प्रकट करते हैं।

इस प्रकार की हुँकारों और वर्तमान नारेबाजी और आन्दोलनों में मुझे काफ़ी साम्य दीख पड़ा। 'मन्त्रपूत कुशाओं' के वध से तो स्पष्टतः रस्सी द्वारा गला घोंटने अथवा कुशाओं के आघातों द्वारा हत्या का ही तात्पर्य हो सकता है।

वेन के शव का सुनीथा द्वारा संरक्षण : श्रीमद्भागवत में कहा गया है 'गतेपुत्रकलेवरम् सुनीथा पालयामास विद्यायोगेन शोचती' (शोकाकुला सुनीथा विद्या और युक्ति के बल से अपने पुत्र के शव की रक्षा करने लगी)। यह कौन-सी विद्या और कौन-सी युक्ति थी जिसके द्वारा सुनीथा ने वेन के शव को सड़ने-गलने से बचा लिया ? सुदूर मिश्र में उन्हीं दिनों और उससे पूर्व मृतक की देह पर एक अद्भुत लेपन द्वारा उसे सुरक्षित रखने की विधि चालू थी। मिस्र के पिरामिडों में प्राप्त हज़ारों 'ममी' इसके सबूत हैं। क्या भागवतकार उसी प्रकार की किसी विधि की ओर संकेत करता है ? सुनीथा को 'मृत्यु' की कन्या कहा गया है। क्या इससे अर्थ है कि वह किसी और देश की कन्या थी जहाँ उसने ऐसी विधियों को सीखा !

देह मन्थन; जंघापुत्र; भुजापुत्र : ऋषि-मुनियों द्वारा वेन की जंघा का मन्थन और उसमें से एक काले कुरूप और नाटे क़द के व्यक्ति का निकलना, इस कथा में वस्तुतः वेन की किसी जारज, वर्णसंकर सन्तान की ओर संकेत है। जाँघ के मन्थन से कोई आशय नहीं हो सकता। वेन का किसी आर्येतर कन्या से सम्बन्ध रहा होगा और उसकी सन्तान आर्य-मुनियों को अस्वीकार्य रही होगी। उसे अपने अधिकार से वंचित करने के लिए वेन की भुजा के मन्थन की युक्ति सोची गई और यों एक आर्यकुल के वीर को वेन का भुजापुत्र घोषित कर राजा के रूप में प्रतिष्ठित किया गया। 'ममन्थुर्दक्षिणं

चोरुमृषयस्तस्य मन्त्रतः। ततोऽस्य विकृतो जज्ञे ह्रस्वांगः पुरुषो भुविः।' तथा 'भूयोऽस्यदक्षिणं पाणिं ममन्थुस्ते महर्षयः। ततः पुरुष उत्पन्नो रूपेणेन्द्र इवापरः।'—महाभारत के ये दो श्लोक तथा इसी प्रकार पुराणों में जंघा और भुजा के मन्थन की प्रक्रिया के वर्णन, तत्कालीन वर्णसंकरता की समस्या को ब्राह्मण ग्रन्थकारों द्वारा छद्‌म रूप में प्रस्तुत करने के तरीक़े हैं।

निषाद; कवष; मरुस्थल में कवष द्वारा सरस्वती का आह्वान : डाउसन की क्लासिकल डिक्शनरी के अनुसार, निषाद शब्द पर्वतों और जंगलों में रहनेवाली जातियों के लिए भी प्रयुक्त होता है और ऐसे जाति-बहिष्कृत व्यक्ति के लिए भी जिसका पिता द्विज जाति का हो और माता शूद्र। वेन की जाँघ से उत्पन्न निषाद ही उनका पूर्वपुरुष माना गया है—'तस्मान्निषादाः सम्भूताः क्रूराः शैलवनाश्रयाः।' (महाभारत)

महाभारत और पुराणों में कवष की कथा का वेन और पृथु की कथाओं से कोई सम्बन्ध नहीं है। कवष का उल्लेख ऐतरेय ब्राह्मण में है। वह दासी-पुत्र था। ऋग्वेद में उसके पिता का नाम ईलूष कहा गया है। सरस्वती-तट पर उसने ऋषि-मुनियों के साथ यज्ञ में हिस्सा लेना चाहा पर दासी-पुत्र होने के कारण उसे सरस्वती के जल से आचमन करने की अनुमति नहीं मिली। तब रेगिस्तान में जाकर उसने तप और स्तुति की; सरस्वती का जल वहीं अवतीर्ण हुआ। इस सिलसिले में ऋग्वेद के दशम मंडल में कवष के नाम से मन्त्रों के नमूने इस प्रकार हैं : "धनशाली जल, मेरा आह्वान सुनो। मेरे आह्वान में यज्ञ के लिए घृतदान किया जाता है और तुम्हारा स्तोत्र किया जाता है।—सब प्रकार का जल आ रहा है। यह धन का आधार और जीव के लिए हितप्रद है।"

कवष ने मरुस्थल में जाकर सरस्वती के जल का आह्वान किया और जल वहाँ प्रकट हुआ—इस प्रसंग में शायद रेगिस्तान तक सरस्वती के जल को किसी प्रकार की नहर द्वारा ले जाने के प्रयास का संकेत है। कालीबंगा के पास मरुभूमि के निकट सरस्वती की सूखी धारा को देखकर मुझे इस संकेत का आभास हुआ। इसीलिए मैंने इस नाटक में वेन के जंघापुत्र निषाद और सरस्वती के जल को प्रकट करनेवाले दासी-पुत्र कवष को एक ही व्यक्ति के रूप में प्रस्तुत किया है।

विज्ञ पाठकों को यह बताने की ज़रूरत नहीं कि नाटक में कवष पृथु के अधूरे पुरुषार्थ का अभीष्ट खंड है; एक ही व्यक्तित्व के दो खंड जो अंशतः एक-दूसरे की प्रतिध्वनि मात्र रह जाते हैं।

सरस्वती-पार के डाकू : ऋग्वेद में दस्युओं और पणियों, दोनों को आर्यविरोधी कहा गया है। ये लोग गाय चुरानेवाले और यज्ञविध्वंसक कहे गए हैं। इन डाकुओं और उन असुरों-राक्षसों से, जिनके नगरों का इन्द्र ने विनाश किया, कोई सम्बन्ध था या नहीं, यह बात ऋग्वेद में स्पष्ट नहीं है। श्रीमद्‌भागवत में बराबर कहा गया है, सरस्वती-तट पर आश्रमों में रहनेवाले मुनिवृन्द दस्युओं से त्रस्त रहते थे। जब वेन जैसा कठोर शासक ब्रह्मावर्त में सत्तारूढ़ हुआ तब ये डाकू लोग सर्प के डर से

भयभीत चूहों की भाँति छिप गए—"निलिल्युर्दस्यवः सद्यः सर्वत्रस्ता इवाखवः।' लेकिन जब वेन मर गया और कोई अंकुश रखनेवाला न रहा तो पुनः इन डाकुओं का आतंक फैल गया और ऋषियों ने सब दिशाओं से धावा करनेवाले डाकुओं के कारण उठी हुई भारी धूल देखी—एवं 'मृशंत ऋषयो धावतां सर्वतोदिशम्। पांसुःसमुत्थितो भूरिश्चोराणाभिलुम्पताम्।'

वे कौन पुर या नगर थे जिनका आर्यों और उनके नेता इन्द्र ने विनाश किया—इस प्रश्न का अनेक विद्वानों ने समाधान करने की चेष्टा की है। मैंने हड़प्पा सभ्यता से पराजित नागरिकों को ही आर्यों का शत्रु माना है, सरस्वती की घाटी में कालीबंगा तथा लगभग अठारह अन्य स्थानों में उस प्राचीन सभ्यता के अवशेषों की प्राप्ति के बाद यह स्पष्ट हो गया है कि आर्यों के आने से पहले सिन्धु, रावी और सरस्वती के तटों पर एक नागरिक सभ्यता लहलहा रही थी जिसे शायद आर्यों ने नष्ट किया। बचे-खुचे लोग भी विवश होकर डाकूवृत्ति की ओर उन्मुख हुए। अन्ततः आर्यों की सभ्यता में उस नागरिक सभ्यता के अनेक तत्त्व और रूप समाविष्ट हो गए।

शुक्राचार्य, अत्रि, गर्ग, इत्यादि : महाभारत के अनुसार शुक्राचार्य ने नीतिशास्त्र को एक हज़ार श्लोकों में संक्षिप्त किया—'अध्यायाना सहस्रेण काव्यः संक्षेपमब्रवीत। तच्छास्त्रममितप्रज्ञो योगाचार्यो महायशाः।' इस उल्लेख के बाद उसी राजधर्मानुशासन पर्व में पृथु के प्रथम राजा बनाए जाने का विवरण है। उस विवरण का द्रष्टव्य अंश वह है जहाँ ऋषि-मुनि पृथु से राजनीति, दंडनीति और राजा के कर्त्तव्यों के बारे में कुछ प्रतिज्ञाएँ कराते हैं। मैंने उन प्रतिज्ञाओं को बहुत-कुछ महाभारत ही के शब्दों में नाटक में शामिल किया है और उन्हें एक तरह के संविधान का स्वरूप दिया है। जब ये प्रतिज्ञाएँ पृथु ने कर लीं तभी वे राजा हुए और ऋषियों ने 'एवमस्तु' कहकर उन्हें आशीर्वाद दिया। नीतिकार शुक्राचार्य इस अनुष्ठान के नेता थे। इसका सबूत यह है कि तुरन्त ही पृथु ने उन्हें अपना पुरोहित बनाया, तथा गर्ग, वालखिल्यादि मुनियों को अन्य पद प्रदान किए—'एवमस्तित्वति वैन्यस्तु तैसक्तो ब्रह्मवादिभिः। पुरोधाश्चाभवत् तस्य शुक्रो ब्रह्मयो निधिः। मन्त्रिणो वालखिल्याश्चं सारस्वत्यो गणस्तथा। महर्षिभगवान गर्गस्तस्य सांवत्सरोऽभवत्।'

शुक्राचार्य के अतिरिक्त पृथु की कथा में अत्रि मुनि का ज़िक्र श्रीमद्भागवत में विशेषतौर से किया गया और यह दिखाया गया है कि जब इन्द्र ने पृथु के अश्वमेध यज्ञों में बाधा डाली तब अत्रि ने ही पृथु को इन्द्र का मुक़ाबला करने के लिए प्रेरित किया। अत्रि प्रेरक और उद्बोधक के रूप में इन कथाओं में प्रस्तुत किए गए हैं और इसीलिए मैंने उनमें आधुनिक वाग्वीर नेताओं से कुछ साम्य पाया। शुक्राचार्य उनकी अपेक्षा कूटनीतिज्ञ और अधिक दूरदर्शी जान पड़े। भृगुवंश और आत्रेयवंश की पारस्परिक स्पर्धा का प्रसंग मैंने वशिष्ठ और विश्वामित्र की सुविदित स्पर्धा के अनुसार गढ़ा है। मनगढ़न्त होते हुए भी इस तरह की स्पर्धा आश्रमों के बीच मुझे स्वाभाविक जान पड़ी। पार्टीबाज़ी नितान्त आधुनिक समस्या नहीं है; मुनियों के बीच इस तरह की दुर्भावना अपनी शक्ति और प्रभाव को जनता में क़ायम रखने के लिए यदा-कदा उठती

रही हो, इसमें कोई आश्चर्य की बात नहीं।

नाटक में जिस तरह बाँध के काम में ढील डालने का स्वार्थवश कुचक्र दिखाया गया है वह एक सत्य घटना पर आधारित है। मेरी जानकारी में कुछ वर्ष हुए, बाढ़ को रोकने के लिए एक बाँध की मरम्मत में एक स्थानीय नेता के दुराग्रह पर इसीलिए ढील-ढाल दी गई कि अगर अधिक मज़दूर भेजे जाते तो उस स्थानीय नेता की पार्टी के मज़दूरों के वेतन में कमी हो जाती।

सूत और मागध : सूत और मागध ने पृथु के प्रगट होते ही उसका स्तुतिगान किया और उनसे प्रसन्न होकर पृथु ने उन्हें अनूप प्रदेश प्रदान किया। यह प्रसंग महाभारत में आता है किन्तु श्रीमद्‌भागवत में इसका अधिक मनोरंजक रूप है। जब इन दोनों ने पृथु की प्रशंसा करनी प्रारम्भ की तो पृथु ने उन्हें टोका। 'वयं त्वविदिता लोके सूताद्यापि वरीमभिः। कर्मभिः कथा मात्मानं गापयिष्याम् बालवत्।'

मैंने सूत-मागध की तुलना आजकल के प्रचारक और विज्ञापन करनेवालों से की है। यों तो प्राचीन ग्रन्थों में स्तुतियों और प्रशंसाओं की सर्वत्र ही भरमार है किन्तु किसी व्यक्ति ने इस तरह के प्रशंसकों को यह कहकर रोका हो कि बिना अवसर के चापलूसी करना ग़लत है, ऐसा प्रसंग मुझे अन्यत्र नहीं दीखा।

अर्चि; अर्चना : पृथु की पत्नी कैसे और कहाँ से आई इस बारे में महाभारत और पुराणों की कथाओं में कोई सूत्र मुझे नहीं मिल पाया। श्रीमद्‌भागवत में इतना ही कहा गया है कि जिस समय वेन की दाहिनी भुजा से पृथु उत्पन्न हुए, उसी समय सब अलंकारों से सुशोभित उनकी रानी भी उपस्थित हो गई। मैंने अर्चि को एक आश्रम-कन्या और गर्ग मुनि की गोद ली हुई पुत्री के रूप में प्रस्तुत किया है। इस तरह की आश्रम-कन्याओं के प्रसंग तो प्राचीन आख्यानों में अनेक हैं जिनमें शकुन्तला का प्रसंग सुविख्यात है।

उर्वी; धरती; पृथ्वी : पृथु की कथा का विलक्षण प्रसंग है धरती का पृथु को उद्‌बोधन। धरती गाय का रूप लेकर पृथु से त्राण लेने के लिए भागी और अन्ततः कातर होकर उसके सामने प्रस्तुत हुई और तब उसने उसे बताया कि क्यों वह अपना धन, सम्पदा और बीज बाहर नहीं ला रही। यह प्रतीक कथा निराली है। पहले तो मैंने इस प्रसंग को स्वप्नदृश्य के रूप में प्रस्तुत करने का विचार किया। किन्तु जब महाभारत और पुराण स्वयं कहते हैं कि पृथु ने धरती को समतल किया और खेती-बाड़ी की समुचित योजना बनाई और विभिन्न प्रकार से पृथ्वी की सम्पदा का उपयोग करने का अनुष्ठान किया तो मुझे लगा कि स्वप्न-दृश्य की अपेक्षा किसी पात्र को प्रतीक के रूप में प्रस्तुत करना अधिक समीचीन होगा।

उर्वी शब्द का अर्थ भी धरती ही है। यह पात्र यथार्थ और प्रतीक, कर्म और कल्पना इन दो ओर-छोर के बीच में विचरता है। उर्वी धरती की आत्मा है। उर्वी पुरुषार्थ को चुनौती है। उर्वी लोकजीवन की अन्तरध्वनि है।

इसलिए उर्वी ही के माध्यम से मैंने लोकगीतों की तान पकड़ने की चेष्टा की ('सोने

की थाली और दमकती हुई कटोरियों' के बिम्ब पर एक मैथिली गीत की छाप है) तथा भूचंडी या देवी की उन्माद लीला और धरती के दोहन का चित्र प्रस्तुत किया।

पृथु : पृथु के कुल के विषय में मैंने अनुमान किया है कि वह हिमालय में व्यास और समतल की घाटियों के बीच त्रिगर्त और कुलूत (जिसे आजकल काँगड़ा और कुल्लू कहते हैं) के किसी आर्यकुल से आया था और वेन के बाद शासक की तलाश करनेवाले मुनियों ने उसमें शासकोचित गुण देखकर उसे वेन का भुजापुत्र घोषित किया। डॉ. वासुदेवशरण अग्रवाल ने अपने 'भारत सावित्री' और 'भारत की मौलिक एकता' ग्रन्थों में त्रिगर्त का उल्लेख किया है। उनके अनुसार काँगड़ा-कुल्लू का इलाक़ा पौराणिक भूगोल का पर्वताश्रयी प्रदेश था। यहाँ के जनपदों में त्रिगर्त अर्थात् रावी-व्यास-सतलज—इन तीन नदी-घाटियों का समस्त प्रदेश मुख्य था। उन्होंने कुलूत के देवप्रस्थ वंश का भी उल्लेख किया है। उसके निकट ही किन्नरों का निवास था जिनमें अनेक प्रकार के उत्सवों और मेलों की परम्परा थी।

पुराणों में पृथु की एक दृढ़संकल्प, सत्य-प्रतीक, महान विजेता, ब्राह्मण भक्त, शरणागत-वत्सल और दंडपाणि अवतारी पुरुष के रूप में प्रतिष्ठा हुई है। लेकिन इससे भी अधिक महत्त्वपूर्ण और प्रामाणिक है उत्पादन बढ़ानेवाला, उसे समतल कर उसकी आर्द्रता का संवर्धन करनेवाला, कृषि और सिंचाई और भूविभाजन का प्रमुख नेता पृथु। महाभारत, पुराण, शतपथ ब्राह्मण इत्यादि में इस पृथु का स्पष्ट विवरण है और मुझे इसी पृथु ने आकृष्ट किया।

लेकिन नाटक में पृथु कुछ और भी है। वह विभिन्न दुविधाओं और खिंचावों का बिन्दु है। हिमालय का पुत्र जो प्रकृति की निश्छल क्रोड़ में खो जाना चाहता है; आर्य युवक जो पुरुषार्थ और शौर्य का पुँज है; निषाद, किन्नर एवं अन्य आर्येतर जातियों का बन्धु जो एक समीकृत संस्कृति का स्वप्न देखता है; दारिद्र्य का शत्रु और निर्माण का नियोजक जिसे चक्रवर्ती और अवतार बनने के लिए मजबूर किया जाता है।...मैं और संकेत नहीं दूँगा कि वह कौन है।

सूत्रधार और नटी : 'कोणार्क' में 'वृन्दा वार्तिक' को मैंने कथानक की पूर्व झाँकी देनेवाले और प्रसंगों के बीच कड़ी के माध्यम के रूप में प्रस्तुत किया था। 'पहला राजा' के 'सूत्रधार' और 'नटी' में यूनानी कोरस, असमियाँ अंकियानाट के सूत्रधार और संगी, तथा पुराण-महाभारत के वैशम्पायन, सूत और शौनक—सभी का थोड़ा-बहुत पुट है। उनके संवादों में किसी प्रकार की समनुरूप दर्शन—कंसिस्टेंट फ़िलॉसफ़ी—खोजना बेकार होगा। अनेक दर्पणखंडों की भाँति बिखरे उनके संवाद जहाँ-तहाँ पात्रों के अन्तस्तल की झाँकी-भर देते हैं। उनकी प्रासंगिकता इतनी स्थूल नहीं है, जितनी अन्तर्वाहिनी।

नाटक के बारे में

शीर्षक

पहला राजा **शीर्षक** कई दृष्टियों से विचारणीय है। महाभारत में एक उल्लेख मिलता है जिसमें कहा गया है कि एक समय था जब न कोई राजा था, न राज्य, न दंड था, न दंडित। प्रजा धर्म का निर्वाह कर परस्पर रहती थी :

नैव राज्यं न राजसीन्नीचदंडो न दंडितः।
धर्म्मेणैव प्रजाः सर्वाः रक्षन्तिस्म परस्परम् ॥

ऋग्वेद (7.34.11) में राजा और राष्ट्र का पहली बार उल्लेख मिलता है :

राजा राष्ट्रानाम् पेशो नदीनामनुत्तमस्मै
क्षत्रं विश्वायु।

अर्थात् राजा विभिन्न व्यवसायों के लोगों को अपने में ऐसे एकत्र करता है जैसे अनेक नदियों को समुद्र। उस समय राजा का चुनाव होता था। उसकी सारी बागडोर विश के हाथ में होती थी जो समिति नामक संस्था के माध्यम से राजकीय प्रश्नों पर विचार करती थी। पर वैदिक काल में ही कई अराजक राष्ट्र भी थे जिनमें वीतिहोत्र नामक जन का उल्लेख मिलता है। इससे भी पीछे जाएँ तो एक स्थिति आदिम साम्यवाद की वह भी थी जब राज्य नाम की संस्था थी ही नहीं। राज्य का उदय भी सम्भवतः अराजक स्थिति से ही हुआ होगा। महाभारत के शान्ति पर्व में अराजकता के दोष गिनाए गए हैं। भीष्म ने स्पष्ट शब्दों में कहा : 'प्रजा में धीरे-धीरे मूर्खता छा गई। दुविधा में पड़ जाने के कारण धर्म का लोप हो गया और प्रजा काम, क्रोध, लोभ तथा चोरी आदि दुर्गुणों से दूषित होकर विवेकहीन हो गई; वाच्य-अवाच्य, भक्ष्य-अभक्ष्य और अगम्यागमन आदि का कुछ भी विचार न रह गया।' इससे देवता भयमान् हुए और ब्रह्मा के पास पहुँचे। ब्रह्मा ने आश्वासन दिया : 'डरो नहीं।' ब्रह्मा ने नीतिशास्त्र रचा और फिर आदेश के अनुसार देवताओं ने विष्णु के पास जाकर श्रेष्ठ मनुष्य की याचना की। विष्णु ने मानस-पुत्र विरजा का सृजन किया। उसने पृथ्वी को स्वीकार नहीं किया और विरक्त हो गया। उसका पुत्र कीर्तिमान हुआ। फिर उसकी वंश-परम्परा में कर्दम, अनंग, अतिबल हुए और उससे मृत्यु की मानसी कन्या सुनीथा से वेन नामक पुत्र हुआ। वेन दुराचारी और अत्याचारी था। फिर उसके पश्चात विष्णु का

आठवाँ वंशज पृथु हुआ जिसने पृथ्वी का भार सँभाला और राजा बना। इस प्रकार वेन की भुजा मथने के बाद पृथु को पहला राजा होने का गौरव मिला।

माथुर ने पृथु की कथा को प्राचीन ग्रन्थों से ग्रहण कर तत्कालीन वातावरण को अपने नाटक में उतारने की पूरी कोशिश की है। वेन की निरंकुशता और उसकी जंघा-मन्थन से उत्पन्न पृथु भारतीय राजसत्ता और उससे मुक्त होने की प्रक्रिया की ओर भी संकेत करता है। पहला राजा पहले मन्त्री की ओर भी इंगित है। वेन के अत्याचार और वेन की जंघा के मन्थन की प्रक्रिया जन-जन के स्वतन्त्रता के लिए संघर्ष का भी प्रतीकार्थ देता है। अराजक स्थिति में पृथ्वी उर्वरा नहीं रह गई थी। हमारा देश विदेशी सत्ता के नीचे स्वयं अकाल की विभीषिका झेलता रहा। स्वतन्त्रता के बाद जब पहले प्रधानमन्त्री ने सत्ता सँभाली तो पृथु के समान ही उनके सामने विभिन्न जातीय सम्प्रदायों की एकता, मन्त्रियों के निजी स्वार्थों और चापलूसों के प्रच्छन्न व्यवहार का अहसास हुआ। इसी सन्दर्भ में जब मुनियों के व्यवहार को नाटक में हेय मानते हैं तो एक बद्ध धारणा से वशीभूत दृष्टि से काम लेने लगते हैं। स्वतन्त्रता के बाद कई त्यागी-तपस्वी (मुनियों जैसे लोग) कई विवादों, स्वार्थों और आशातीत व्यवहारों में लीन हुए। इस का प्रमाण स्वयं नेहरू युग देता है। महाभारत बताता है कि पहले सूत-मागध नहीं थे। पृथु के युग में ही सत्ता के साथ पैदा हुए। हमारे युग में भी नेहरू के साथ ही चापलूसों, चाटुकारों का प्रादुर्भाव हुआ। ऐसा भी सम्भव है कि नेहरू के प्रेम-सम्बन्धों को लेकर नाटककार ने अर्चि और उर्वी की रचना की हो।

मिथक का स्वरूप और प्रयोग

माथुर ने इस नाटक में मिथक का उपयोग किया है। हिन्दी में 'मिथक' शब्द अंग्रेज़ी 'मिथ' (myth) के अर्थ में प्रयुक्त होता है। अंग्रेज़ी में यह शब्द लैटिन 'माइथोस' (mythos) से आया है जिसका अर्थ है—पुराख्यान। उसी के अनुरूप मिथक का अर्थ होता है—पुरावृत्त, दन्तकथा, धर्मगाथा, पुरागाथा या पुराण कथा। जब मनुष्य आदिम अवस्था में था तो उसने जीवन और जगत का अहसास अपने ढंग से अपने विवेक और अनुभवों के आधार पर करने का जो प्रयास किया, वही मिथकों में प्रादुर्भूत होकर रूपायित हुआ है। आज के सन्दर्भ में यह भले ही विचित्र लगे पर तब यह उसका अपना यथार्थ था जो उसने अपने विश्वासों और भावों को लेकर निर्मित किया था। अधिकांश मिथक प्रकृति की शक्तियों तथा युग के नायकों को लेकर रचे गए जिन पर समस्त समुदाय या जाति की आस्था थी। उनके सम्बन्ध में उसका पूरा विश्वास रहा, उन्हें सत्य मानकर स्वीकार किया गया अथवा उनके चारों ओर सत्य का एक आवरण बुन लिया गया। इस प्रकार बुने गए मिथक किसी समाज या सांस्कृतिक इकाई के सामूहिक या जातीय अवचेतन को प्रकट करते हैं। वह उनकी कल्पना की सम्भव उड़ान कही जा सकती है किन्तु आदिम मानव उसे सत्य के आवरण में देखता रहा है।

मिथकों में ऐसे जन-नायकों के क्रियाकलापों की अभिव्यक्ति स्वाभाविक रूप से होती है जो कभी सामाजिक उत्थान या परिवर्तन को दिशा देते हैं। मिथक उनके चरित्र के द्वारा समाज की क्रियाओं, प्रतिक्रियाओं, व्यवस्थाओं तथा मानव-जीवन के रहस्यों को प्रकट करते हैं। मनोविज्ञान और समाज विज्ञान की दृष्टि से वे प्रतीक का कार्य करते हैं। कुल मिलाकर वे समाज की मानसिकता, अवधारणा, ऐन्द्रिय बोध और विचार को व्यक्त करते हैं।

मिथक साहित्य के लिए आधारभूत सामग्री प्रस्तुत करते हैं। हमारे अपने युग में अनेक नाटककार और कथाकार इस ओर अभिमुख हुए हैं। कुछ लोगों का तो यहाँ तक कहना है कि साहित्य स्वयं मिथक से उद्‌भूत हुआ है। जेम्स जॉयस 'यूलीसिस' में और एलियट ने 'वेस्ट लैंड' में इसका सुन्दर प्रयोग किया है। ओ'नील ने 'माउर्निंग बिकम्स एलेक्ट्रा' में तथा येट्स ने अपने कई नाटकों में मिथक का बड़ा सफल प्रयोग कर दिखाया है। बहुत से आधुनिक नाटककार यह मानते हैं कि आधुनिक विचार के साथ पुराने मिथक का बड़ा प्रभावशाली प्रयोग हो सकता है क्योंकि मिथक का प्रभाव सदा जातीय संस्कारों में निहित होता है।

अन्योक्ति और रूपक तत्त्व

इस नाटक को समझने के लिए प्रतीक, बिम्ब और बिम्ब के नाटकीय उपादान को समझना ज़रूरी है। रूपक सामान्यतः वहाँ होता है जहाँ विषय और विषयी (उपमेय और उपमान) में अभेद का आरोप होता है। इसमें सच्चाई अथवा यथार्थ की स्थिति हो न हो, पर किसी सन्दर्भ में वह दोनों की एकता की प्रतीति अवश्य कराता है। समानता का अहसास उसमें मुख्य होता है। पश्चिम में इसके लिए 'मेटाफर' शब्द का प्रयोग होता है जो अलंकार के रूप में ही नहीं वरन् अनेकार्थकता और संकेतात्मक बिम्ब के रूप में व्याख्यायित किया गया है। पहला राजा को कुछ लोगों ने 'ऐलिगरी' अन्योक्ति/अन्यापदेशिक या रूपकात्मक विधा में रखने का प्रयास भी किया है क्योंकि इसमें पृथु पर नेहरू और उनके युग की छाया आरोपित हुई है। नाटक में इस बात के संकेत हैं पर यह संकेतित मानी जाती है और जो लोग इस आधारभूत अभेद से परिचित नहीं होंगे, उनके लिए इसका रूपक तत्त्व गौण ही रहेगा। रचना के बाहर इस नाटक में नेहरू और उनके युग की विषमताओं को पहचानना सम्भव नहीं लगता क्योंकि वह प्रस्तुत नहीं है। केवल अनेकार्थकता के रूप में वह ग्राह्य हो सकता है। यदि ऐसा हो सके तो वास्तविक अर्थ से भिन्न एक और अर्थ को व्यक्त करने की क्षमता की दृष्टि से इसे एक अच्छी रचना का संकेत ही कहा जाएगा।

वस्तुतः पहला राजा के सन्दर्भ में मेटाफर या ऐलिगरी (अन्योक्ति) के बजाय प्रतीक तत्त्व की बात करना ही अधिक उपयुक्त होगा। ऐलिगरी (अन्योक्ति, अन्यापदेशिक) एक शैलीय पद्धति है, पहला राजा में उसे इस रूप में प्रयुक्त नहीं किया गया है।

'ऐलिगरी' अथवा अन्योक्ति में रचना का एक पूरा ढाँचा दूसरा अर्थ द्योतित करता है। पहला राजा में किसी समग्र अर्थ पर बल होने के बजाय घटनाओं और तथ्यों पर बल है। इसलिए इस नाटक में अधिक-से-अधिक अर्थ प्रतीक तत्त्व ही प्रतीयमान किया जा सकता है। रूपक में समानधर्मिता का अहसास होता है, पर प्रतीक में अदृश्य की अभिव्यक्ति पर अधिक बल होता है। बार-बार प्रयुक्त होनेवाले प्रतीक कभी बिम्ब का रूप धारण कर लेते हैं। प्रतीक संकेतपरक होते हैं और दूसरे का संकेतार्थ उभारते हैं। इस दृष्टि से पहला राजा की घटनाएँ, चरित्र और कार्य प्रतीक बनते हैं, पर उन्हें रूढ़ प्रतीक नहीं कह सकते; वे नाटककार द्वारा प्रायोजित प्रतीक मात्र हैं। इस प्रक्रिया में वह अपने वास्तविक संकेत तक पहुँच भी पाता है या नहीं—यह एक बड़ा प्रश्न है। यह इस पर भी निर्भर करता है कि वह एक पूरा नाटकीय बिम्ब उभार भी पाता है या नहीं। इसमें कोई सन्देह नहीं, पहला राजा में पृथु और उसके युग का बिम्ब उभरता है। पर वह बहुत-कुछ ऐन्द्रिय नहीं कहा जा सकता।

कथावस्तु का संयोजन

इस नाटक की संरचना में पौराणिक अथवा ऐतिहासिक सामग्री आधारभूमि प्रस्तुत करती है किन्तु नाटककार का बल मुख्य रूप से समस्याओं पर है। माथुर ने भूमिका में स्वयं कहा है : 'हरेक नाटककार को अपने अनुभव के दायरे में से ही समस्याएँ और परिस्थितियाँ बेचैन करती हैं और उन्हें उजागर करने के लिए वह पात्र और प्रसंग खोजता है।' इस कथन से ऐसा लगता है कि नाटककार के सामने पहले समस्याएँ अथवा विचार थे और उन्हें बाना पहनाने के लिए उन्होंने कथावस्तु की तलाश की। इसीलिए वह अपने नाटक को ऐतिहासिक अथवा पौराणिक नहीं कहना चाहता : मुख्य पात्र और प्रसंग मैंने वैदिक और पौराणिक साहित्य से लिए हैं। इसलिए ही यह नाटक पौराणिक नहीं कहा जा सकता। पृष्ठभूमि के कुछ अंश और सूत्र मोहनजोदड़ो-हड़प्पा सभ्यता की खुदाइयों से सम्बद्ध हैं, पर इसी से यह नाटक ऐतिहासिक नहीं कहा जा सकता। वे 'समस्याओं को प्रकट करने के लिए' नाटक में जूझने की बात करते हैं। साथ ही कहते हैं : 'वे समस्याएँ सर्वथा आधुनिक हैं, वे उलझनें मेरा भोगा हुआ यथार्थ हैं।' स्पष्ट है कि माथुर समकालीन तथ्य को उजागर करने के लक्ष्य से रचना-धर्म में प्रवृत्त हुए। प्रशासनिक सेवा में रहने के कारण उस यथार्थ के वे द्रष्टा और भोक्ता भी रहे हैं। इसीलिए 'भोगा हुआ यथार्थ' बताते हैं, किन्तु पहला राजा को वे यथार्थवादी नाटक मानने से भी इनकार करते हैं। कारण स्पष्ट है क्योंकि नाटक की संरचना का माध्यम यथार्थवादी नहीं है। मिथकीय ढाँचा उसे यथार्थवादी नाटक होने से रोकता है। उसके आधुनिक संकेतार्थ यथार्थ का अहसास अवश्य कराते हैं किन्तु संरचना का आवरण वर्तमान और अतीत का सेतु मात्र बनता है। इस प्रकार के प्रयोग अनेक नाटककारों ने पश्चिम में कर दिखाए हैं। माथुर के अनुसार उनका लक्ष्य 'वर्तमान जीवन

की असंगतियों पर प्रकाश' डालना रहा है।

इस सन्दर्भ में यह जानना भी आवश्यक है कि नाटककार के सामने वर्तमान की कौन-सी असंगतियाँ थीं ? डॉ. दशरथ ओझा ने जब उनसे नाटक की प्रेरणा के बारे में पूछा तो नाटककार का कहना था : 'इस प्रश्न का उत्तर मेरे बन्दी नाटक में छिपा है।' बन्दी में ग्राम-विकास की योजनाओं, उन पर खर्च होनेवाली धनराशि का स्वार्थी लोगों द्वारा हड़पा जाना, अधिकारियों की मिली-भगत, चुनाव, जातिवाद, अन्याय, वैमनस्य जैसी विसंगतियों को आधार बनाया गया है। एक-दूसरे ढाँचे में पहला राजा में इसी प्रकार की युगीन समस्याओं को प्रतीकात्मक अभिव्यक्ति मिलती है जिससे नाटक का कलेवर बुना गया है। नाटक का प्रारम्भ वेन का वध पुरातन और पूर्व शासन से मुक्ति, उसकी जंघा का मन्थन उसी परम्परा से नूतन के सृजन की अहसास कराता है। शुक्राचार्य का यह कथन कि हम नए शासक को निरंकुश न होने देने के लिए विधान से बाँधेंगे, लोकतन्त्र और संविधान की मर्यादा का संकेत देता है। इसके साथ ही सरस्वती नदी के उस पार दस्यु-आक्रमण की भी सूचना मिलती है। इन सूचनाओं और मुनियों के विमर्श और अर्चना और उर्वी के वार्तालाप के बीच सूत्रधार और नटी की दार्शनिक उक्तियाँ कथावस्तु को आगे बढ़ाने में बहुत सहायक नहीं होतीं। किन्तु आगे चलकर कवष और पृथु के वार्तालाप में पृथु के 'पौरुष का जंगल' सुलग उठता है; पर वह संघर्ष में अकेला महसूस करता है, तभी अर्चना आकर कह उठती है—'आप अकेले नहीं हैं।' पृथु उसका आकर्षण महसूस करता है : 'यह कैसा जादू है कि भुजाएँ फड़कती हैं, शत्रु के संहार के लिए भी और कुसुमों की इस वल्लरी को कसकर बाँधने को भी।' दोनों ही आलिंगन-बद्धता के बीच उर्वी के पहले के गाए गीत 'सोने की थाली सँजोए बैठी हूँ मैं/पर कोई आता नहीं...रस का लालची छूता नहीं।' दूसरी ओर अर्चना उस 'छुवन को महसूस करती है जो पल-भर में गगरी को छलका दे।' यहाँ नियति का मार्मिक व्यंग्य उभरकर आया है। काम कर्म को स्फूर्ति देता है किन्तु पृथु का कर्म अन्ततः उपलब्धि नहीं, उपचार की तलाश मात्र बनकर रह जाता है। पुरुषार्थ एक तरह से पलायन का एक मार्ग बन जाता है। वह अर्चना से कहता है : 'किसी ऊँची चट्टान की कड़ी चढ़ाई तय कर लेने के बाद देखता हूँ पठार, समतल भूमि...इसका क्या करूँ ? मैं तो चढ़ाई का आदी हूँ। यह अन्तहीन ऊब जिसने मुझे आ घेरा है...ऊब...कण-कण में व्याप्त जमी हुई ठिरन क्योंकि हवा ठहर गई है...!'

यह स्थिति भी एक नाटकीय विडम्बना को ही जन्म देती है। नाटक के अन्त में पृथु के संवाद में यह पूरी तरह उभरती है। वस्तुतः उसे यह बोध होने में देर नहीं लगती कि मन्त्रिमंडल की चखचख, शिकायतों के अम्बार, व्यवस्था की चिन्ताएँ—इनमें कौन-सी चुनौतियाँ हैं ? तभी उसके सामने भूख और अकाल की चुनौती आती है। उसके अंग-अंग में फिर से स्फूर्ति आती है। उसे कारणों पर क्रोध आता है। वह धरती की दानवी भूचंडिका पर टूट पड़ता है। इसी के साथ मुनिगण निषाद कवष को एक और चुनौती के रूप में प्रस्तुत करते हैं। कवष जनजातियों का प्रतिनिधि है। वह भी 'पृथु

के अधूरे पुरुषार्थ का अभीष्ट खंड है' किन्तु विरोधी और विषम पात्र है। दोनों लोकतन्त्र में सत्ताधारी और सत्ताविहीन, शासक और शासित के प्रतीक हैं। पृथ्वी के दोहन को दोनों इन्हीं दृष्टियों से देखते हैं। पृथु का संघर्ष एक ओर कवष से है, दूसरी ओर मुनियों के निहित स्वार्थ से, तीसरी ओर बाँध जैसी योजनाओं से। अपनी महत्त्वाकांक्षा को लेकर लड़ते पृथु को लगता है जैसे 'हज़ारों टहनियाँ और शाखाएँ किसी आकाश वृक्ष पर फैली हैं और वह कह उठती है, 'मेरी निगाह अन्तरिक्ष के उस अनन्त फल-फूलवाले वृक्ष से हटा' दे !' इससे बड़ी विडम्बना और क्या हो सकती है।

इस नाटक की संरचना का एक आधार एक ओर मन की दुविधा है, दूसरी ओर वह नाटकीय विडम्बना की अन्तःसलिला है जिसका क्षीण प्रवाह मुनियों पर उसके विश्वास किन्तु बदले में उनसे प्राप्त विश्वासघात, कवष और उर्वी के प्रति व्यवहार और अन्त में देवताओं की शक्ति को नकारनेवाले पृथु के दैन्य में दिखाई देता है। एक और दृष्टि से इस नाटक में कथावस्तु में प्रकृति के साधनों के दोहन की बात विशेष महत्त्व रखती है। पृथु और कवष दोनों पृथ्वी के दोहन की बात करते हैं किन्तु दोनों दो वर्गों की दृष्टि का परिचय देते लगते हैं जिसमें पृथु 'अनाज रूपी दूध को मैं दुहूँगा, हलधर किसान बछड़ा होंगे...' कहता है। किन्तु कवष का व्यंग्य दूसरी बात कहता लगता है : 'विलासी लोग मदिरा-रूपी दूध दुहेंगे, मधुशाला का वत्स होगा, मधुबाला का पात्र।'

धरती के दोहन की समस्या आज बड़ी प्रमुख हो गई है। जब पर्यावरण की चर्चा भी नहीं थी, तब माथुर ने 'आदमी और प्रकृति के रिश्ते' को पहचाना। यह महत्त्व की बात कही जा सकती है। स्वयं उन्हीं के शब्दों में, प्रकृति कोटि-कोटि सम्पदाओं को अपने इस्तेमाल के लिए खोजने और उनका समीचीन उपयोग करने वाले मानव के संघर्षों और दुविधाओं में जो ड्रामा बिखरा पड़ा है, वह क्या सर्वथा उपेक्षणीय है ? दोहन का 'ड्रामा' आज समाज में चल रहा है, उस ओर नाटककार का संकेत भी अर्थपूर्ण है। पृथु ने धरती की सम्पदा का संचय किया, किन्तु दोहन की प्रक्रिया में बाँध टूटने जैसी स्थिति का भी पृथु ही 'उत्तरदायी' है। वह 'दुविधाओं और खिंचावों का बिन्दु' प्रकृति के दोहन से उठी समस्याओं के कारण ही बनता है।

कुल मिलाकर पहला राजा की नाट्य-संरचना के ताने-बाने मानव की राग-विराग वृत्ति, विचारशीलता, विभिन्न प्रतीकों आदि के द्वारा बुने गए हैं। इसका हर प्रकरण और पात्र किसी विचार को लेकर निर्मित हुआ है। यहाँ तक कि नटी और सूत्रधार जैसे पात्र भी विचारों के वाहक हैं। उनके संवाद नाटक के विविध प्रकरणों को जोड़ने के लिए प्रयुक्त हुए पर यह जुड़ाव कृति की संरचनात्मक एकता में बहुत सहायक नहीं होता। किन्तु इतना स्पष्ट है कि घटनाओं की व्याख्या में आज के सन्दर्भ को उभारने में उनकी भूमिका महत्त्वपूर्ण है। ऐसा लगता है जैसे नाटककार कथावस्तु के भवन का निर्माण करने में उनका दो स्तम्भों की तरह प्रयोग कर रहा हो। वे नाटक में अनेक बार आ धमकते हैं जिससे नाटक की संरचना में वे भारी पड़ते हैं। कई बार वे दार्शनिक मुद्रा धारण करते लगते हैं। फिर भी यह एक प्रयोग है। उनके संवादों में माथुर के अनुसार

'यूनानी कोरस, असमिया अंकियानाट के सूत्र और संगी, तथा पुराण महाभारत के वैशम्पायन, सूत और शौनक सभी का थोड़ा-बहुत पुट है।' यह पुट नाटक की बुनावट में कई तरह से सहायक होता है। उनसे अतीत की कथा और स्पूतनिक और अपोलो युग के बीच एक सेतु भी बनता है और घटनाक्रम ब्रह्मावर्त में या सरस्वती के उस पार कहाँ घट रहा है, इसकी सूचना भी मिलती है। समय की बीतती अवधि का संकेत भी उन्हीं के द्वारा मिलता है।

दृश्य योजना और अंक-विभाजन

नाटक में दृश्य योजना नहीं है। वह तीन अंकों में विभाजित है। सूत्रधार और नटी के माध्यम से नाटक के क्रिया-व्यापार में गति का कुछ अनुभव होता है। नाटक में सूच्य दृश्य अधिक हैं। यह नाटककार की कथावस्तु सम्बन्धी विवशता का ही परिणाम है। कई दृश्य मंच पर दृश्य रूप में दिखाए ही नहीं जा सकते थे। जहाँ तक प्रारम्भ, मध्य और अन्त का प्रश्न है, नाटक में विकास के त्रिअंकीय सोपान ढूँढ़े जा सकते हैं। किन्तु नाटक विकास के सोपानों पर तीव्रता की अपेक्षा मन्थर गति से आगे बढ़ता है। इसका कारण प्रसंगों और कार्य-कारण सम्बन्धों का अभाव भी कहा जा सकता है।

दृश्यों को परस्पर जोड़ने के लिए प्रकाश और छाया सम्बन्धी निर्देश दिए गए हैं। इसी प्रकार बाँध पर कार्य करनेवाले मजदूरों की छाया आकृतियाँ—सिलुएट—उभारने का सुझाव दिया गया है। नाटक के अन्त में अन्धकार के घेरे में पृथु और अर्चना पर टिके प्रकाश में एक चित्र जैसा प्रस्तुत करने का प्रयास किया है। दृश्य-सज्जा और बदलते दृश्यों के अभाव की पूर्ति के लिए इसी प्रकार लेखक ने नटी और सूत्रधार की नाट्य-रूढ़ि को अपनाया है।

भाषा और संवाद

भाषा संरचना और शिल्प का एक अंग और माध्यम दोनों है। प्रसाद के युग में ऐतिहासिक-पौराणिक नाटकों में नाटक की विषयवस्तु के अनुरूप वातावरण निर्मित करने के लिए संस्कृत शब्दावली को अनिवार्य माना जाता था। माथुर ने इस परम्परा को तोड़ा है। **पहला राजा** में बड़ी मात्रा में अरबी-फारसी के शब्द प्रयुक्त हुए हैं, जैसे—मातम, ख़तरनाक, रोज़मर्रा, बेमसाँ, बेताब, नशा, पैमाने, खुशामद, तारीफ़, नौजवान, असलियत, तदबीरें, बेरहमी, यक़ीन, इर्द-गिर्द, नाकाफ़ी, अम्बार, आसार, ज़ाहिर, पर्दाफ़ाश, ख़िलाफ़, कामयाब, बेतहाशा, साया, ग़ायब, जलूस, तादाद, पेशगी, जबान आदि। यही नहीं, सूत्रधार अंग्रेज़ी तक के शब्दों का प्रयोग करता है। परम्परा से इस विचलन का अर्थ यही है कि नाटककार उस युग की नहीं, आज की भाषा में नाटक लिख रहा है। इस तरह के प्रयोग से वह यथार्थ का भ्रम तोड़ना चाहता है। समाज में जो शब्द प्रचलित हैं, यदि वे अर्थ में एक प्रभाव पैदा करने की क्षमता रखते हैं तो वे कहीं से आए हों, वे नाटककार को

उपयोगी लग सकते हैं। इससे वह नए परिप्रेक्ष्य में सचेत करता है; परम्परा को तोड़ता है क्योंकि उसका लक्ष्य शब्द नहीं अभिप्रेत अर्थ होता है। इसीलिए माथुर ऐसे शब्दों के प्रति आग्रह प्रकट करते हैं। एक और कारण यह भी है कि वे बोलचाल में रचे-बसे शब्द हैं।

शब्दावली

माथुर ने **पहला राजा** में प्रायः सीधी-सरल शब्दावली का प्रयोग किया है किन्तु कई स्थानों पर कथावस्तु, चरित्र और विचार के स्तर पर संस्कृत शब्दों का भी प्रयोग हुआ है। ये शब्द प्राचीन वातावरण को निर्मित करने के लिए आवश्यक कहे जा सकते हैं। यहाँ कुछ ऐसे ही शब्दों का उल्लेख किया जा रहा है :

दस्यु : डाकू, उचक्का, जाति-बहिष्कृत। प्राचीन सन्दर्भों में प्रायः यह शब्द अनार्यों के लिए प्रयुक्त हुआ है।

कुलूत : पहाड़ के क्षेत्र-विशेष का नाम। हिमालय की उपत्यका में सरस्वती और व्यास के बीच का प्रदेश।

ब्रह्मावर्त : सरस्वती और दृषद्वती नदियों के बीच का प्रदेश।

त्रिगर्त : सतलज का पूर्ववर्ती क्षेत्र जो सतलज और सरस्वती के बीच पड़ता था।

विपाशा : व्यास नदी।

सरस्वती : प्राचीन नदी जो अब मरुस्थल में लुप्त हो गई।

निषाद : एक आदिम जाति; वर्ण-संकर जाति जो वनों में निवास करती थी।

वर्ण-संकर : अन्तर्जातीय विवाह सम्बन्धों से जन्मा व्यक्ति या जाति।

अग्निहोत्र : होम की अग्नि, अग्नि में आहुति देना।

भूचंडिका : भू देवी।

शास्ता : शासन करनेवाला।

सूत-मागध : सूत-ब्राह्मण स्त्री से क्षत्रिय द्वारा उत्पन्न पुत्र; रथ चलानेवाला; मागध—क्षत्रिय माता और वैश्य पिता की सन्तान। चारण, बन्दीजन के रूप में ये लोग राजा की प्रशस्ति गाने का व्यवसाय करते थे।

सूत्रधार : रंगमंच का प्रबन्धक; वह पात्र जिसके हाथ में नाटक का सूत्र होता है और प्रस्तावना में प्रमुख कार्य करता है।

नट-नटी : अभिनेता; सूत्रधार के साथ नाटक के प्रवर्तन में वार्तालाप करनेवाले अभिनेता।

आदिराज : पहले राजा पृथु का आस्पद।

वृत्रासुर : एक राक्षस जिसको इन्द्र ने मारा था। वह अन्धकार का मूर्त रूप माना जाता था।

आजगव : शिव का धनुष; पिनाक।

वैश्वानर : अग्नि का विशेषण; वह अग्नि जो परमात्म तत्त्व से परिपूर्ण है।

दंडपाणि : जिसके हाथ में दंड हो; यम का विशेषण।

कुक्षि : कोख; हड़प्पा-मोहनजोदड़ो की एक सील में स्त्री की कोख से वृक्ष निकलता दिखाया गया है। यह पृथ्वी की उर्वरा शक्ति का परिचायक प्रतीक था।

नाटक में भाषा की संरचना संवाद पर भी निर्भर करती है। पहला राजा में भावपूर्ण संवाद ही शिल्पगत प्रयोग की सूचना देते हैं। वे मुख्यतः अर्चना के राग के क्षणों से सम्बद्ध हैं। कहीं उसके संवादों में नाटककार ने शैलीकरण के प्रयोग भी किए हैं, जैसे—

उर्वी : पानी ?

पृथु : बरसता है पर टिकता नहीं।

उर्वी : जड़ी-बूटी ?

पृथु : मिलती हैं पर उनमें रस नहीं।

उर्वी : पशुधन ?

पृथु : चरते-विचरते हैं, पर कहाँ है घी-दूध !

भाषा की शैलीबद्धता के और भी कई प्रयोग प्रभावित करते हैं, जिसके कारण नाटक में एक वातावरण निर्मित होता है। सूत्रधार और नटी के संवाद इसी कोटि के हैं। संघर्ष और भावुकता के क्षणों में पृथु नाटक की काया में आवेग भरता है। सूत-मागधों की भाषा में क्षमता भरी गई है जो नाटक में कथावस्तु को बल देती है। सूत-मागधों की यह भाषा—'आप दुष्टों के लिए दंडपाणि होंगे, आप धर्ममर्यादा के विरोधियों का नाश करेंगे। आप अकेले ही प्रजा का पालन-पोषण और अनुरंजन कर सकेंगे, और इसीलिए हे दृढ़ प्रतिज्ञ, हे लोकनायक राजन, हम आपका अभिनन्दन करते हैं...।' भविष्य के घटनाक्रम का संकेत देती है। इसी प्रकार मुनियों की भाषा पृथु को कुशा की एक-एक गाँठ से बाँधती है। इस प्रकार भाषा की शैलीबद्धता मन्त्र-शक्ति जैसा प्रभाव पैदा करती है। कहीं-कहीं पृथु के संवादों की भंगिमा वेदों की वाणी और शैलीय पद्धति तक ले जाती है। उसकी असहाय वाणी में अन्ततः जो स्वर फूटते हैं वे ऋषि की अर्चना और कामना के स्वर हैं। नाटक के समापन में 'अथर्ववेद' का पृथ्वी सूक्त जैसे नाटक के अन्त को जो शैलीय आयाम प्रदान करता है, वह रचनात्मक प्रतिभा का सूचक कहा जा सकता है।

रंगमंच

रंगानुभूति भी एक तरह से नाटक की संरचना, बुनावट और ढाँचे से जुड़ी हुई सर्जन-क्षमता है। वस्तुतः नाटक की रचनाधर्मिता दृश्यगत अभिव्यक्ति से सम्पृक्त होती है। इसीलिए उसे दृश्यकाव्य की संज्ञा दी जाती है। उसे रंगमंच दृश्यगत आयाम देकर

रूपायित करता है जो उसके साहित्यिक रूप पर निर्भर होने के बावजूद ज़्यादा जीवन्त होता है। पहला राजा का लेखक रंगमंच से सम्बद्ध रहा है और उसने अपने नाटकों के परिशिष्टों और परम्पराशील नाट्य पुस्तक में रंग की विशद चर्चा की है। इस आधार पर यह कहना समीचीन होगा कि माथुर का यह नाटक रंगमंच की आवश्यकताओं के प्रति जागरूक लेखक का लिखा नाटक है।

चरित्र-सृष्टि और चरित्र-चित्रण

जीवन और जगत में जो वैविध्य और वैशिष्ट्य है, नाटककार उसी को चरित्र-चित्रण के रूप में प्रस्तुत करता है। एक युग था जब पात्र या तो सीधे, सपाट, स्थिर या वर्गीय होते थे या फिर वर्तुल, गूढ़ और जटिल। सीधे-सपाट या वर्गीय चरित्र प्रायः घटना-प्रधान या मनोवैज्ञानिक नाटकों की देन हुआ करते थे। इधर बहुत से नाटककार चरित्र को अपना लक्ष्य बनाने के बजाय जीवन के यथार्थ और समस्याओं के प्रस्तुतीकरण पर बल देने लगे हैं। माथुर समस्या और युग के चित्रण को अपना उद्देश्य मानकर चलते हैं, और वे रूपक, ऐलिगरी और प्रतीकात्मकता का भी 'पहला राजा' के कथानक और चरित्रों में समावेश करना अपना लक्ष्य बनाते लगते हैं। अतः चरित्र-चित्रण की प्रक्रिया के लिए बहुत अवसर नहीं मिलता। माथुर के चरित्र न मिथकीय ही रह जाते हैं, न आज के यथार्थ के। 'आज' उनसे ध्वनित मात्र होता है। नाटक के अधिकांश चरित्र अपना एक अर्थ देते हैं। पर उन्हें 'टाइप' भी नहीं कहा जा सकता। वे किसी वर्ग के प्रतिनिधि अवश्य लगते हैं। मुनि आदि इसी कोटि के चरित्र हैं। वेन पुरानी परम्पराओं का बोधक चरित्र है। उसकी माता सुनीथा पुरातन और नवीन के संघर्ष में फँसी नारी है। नाटक में कई व्यक्ति प्रतीक नहीं बन पाए हैं। औरों की तुलना में पृथु, पुरुषार्थ का प्रतीक बनकर भी, व्यक्ति का अहसास दिलाता है। वह मानव ईहा और संघर्ष का द्योतक बनकर आता है। पर वह गूढ़ की अपेक्षा स्पष्ट चरित्र है जिसमें राग का तत्त्व कर्म के लक्ष्य के कारण क्षीण हो गया है। वह सम्बन्धों के बीच मानवीय रूप में जीता है। केवल कर्म और पुरुषार्थ के साथ उसका राग का सम्बन्ध है। स्वयं अपने और अर्चि या उर्वी के साथ भी उसके सम्बन्धों में रोमानी भावुकता नहीं है। कई बार ऐसा लगता है कि 'पहला राजा' के चरित्रों की रचना में नाटककार का ध्यान गुणों, चारित्रिक लक्षणों पर रहा है, रागात्मक वैयक्तिकता पर नहीं।

चरित्रों के मूल में मूल स्वर समस्याओं का है। इसमें चरित्रों के स्वरूप कर्म और परिस्थिति मनुष्य और प्रकृति के संसाधनों, वर्ण-संकरता और दस्यु आक्रामकता, समुदाय और राजसत्ता, कर्म और काम शक्ति के बीच के सम्बन्धों के भीतर से उभरे हैं। एक ओर सरस्वती की जलधारा के सूखने से अकाल की स्थिति है, दूसरी ओर दस्युओं का आक्रमण। एक ओर कर्म है, दूसरी ओर काम। एक का संकेत उर्वी देती है, दूसरी का अर्चना। दोनों आधार तत्त्व बनते हैं। सारी परिस्थितियों में जैसे नियति क्रीड़ा कर रही

है जिसके द्वारा नाटककार व्यक्ति की पीड़ा, विवशता की ही नहीं, जीवन के अर्थ की भी खोज करता दिखाई देता है।

इस नाटक के कुछ पात्रों के चरित्र का परिचय इस प्रकार है :

पृथु : पृथु नाटक का मुख्य पात्र अर्थात् नायक है। उसमें वीरता, पुरुषार्थ, उदारता, साहस, धीरता आदि नायक के सभी गुण हैं। उसे इसीलिए धीरोदात्त नायक कहा जा सकता है। उसका पिता वेन अत्याचारी था। पृथु ने जब राज्य सँभाला तो एक साथ कई समस्याएँ उसके सामने मुँह खोले खड़ी थीं। सरस्वती के उस पार दस्युओं का आक्रमण हुआ था। जनता उदासीन थी किन्तु पृथु के आते ही मुनियों में नई आशा जागती है। वे कहते हैं—'शुभ्र वर्ण का वह आर्यवीर सब तरह से हमारा नया शासक होने योग्य है।...उसके चेहरे पर शासक का तेज़ टपकता है।' मुनियों को विश्वास है कि यह तेज़स्वी युवक ब्रह्मावर्त को दस्युओं से मुक्त कराएगा, भ्रष्ट हुए यज्ञों और अग्निहोत्र की रक्षा करेगा। वह मुनियों के विधान रूपी अंकुश को मान लेता है किन्तु उनकी मनमानी, स्वार्थ और आपसी रागद्वेष से व्यथित रहता है। जनजातियों के नेता कवष को वह अपनी ओर करना चाहता है पर कर नहीं पाता। नई योजनाओं, पृथ्वी के दोहन की नई युक्तियों से काम लेता है, पर पुरुषार्थ के बावजूद, कहीं कोई विफलता उसे झकाझोर कर रख देती है। फिर भी उसके सामने केवल कर्त्तव्य दिखाई देता है। वह दस्युओं से लड़ता है। धनुष और तूणीर से सज्जित वह सदा युद्ध के लिए तैयार दिखाई देता है। वह पृथ्वी से अन्न का दोहन करता है। अकाल और भूचंडिका से लड़ता है; अश्वमेध यज्ञ करता है। वह धरती की काया पलटने का प्रयास करता है। पर मुनियों की स्वार्थपरता उसे प्रवंचित करती है। वह उर्वी को प्रेम का संकेत देता है; पर उर्वी उसके बजाय कवष को चाहती है। अर्चना के मिलन से दस्यु कन्या उर्वी का जादू ठंडा हो जाता है। अर्चना को देखते ही वह भावुक हो उठता है—उसे वह अमृत-कुम्भ की संज्ञा देता है। उसके स्पर्श से वह प्रेम में पुलकित हो उठता है। एक हिलोर का अनुभव करता है : 'एक ही उठान में तुम्हारी धरती का आलिंगन और गगन की हलचल। एक ही उन्माद में धनुष की टंकार और प्यार का राग।' यहाँ कोई दुविधा नहीं, पर अन्ततः मन्त्रिमंडल की चखचख, व्यवस्था की चिन्ताओं में उसे कोई चुनौती नहीं दिखाई देती और उसे संशय और दुविधा घेर उठती है। संशय वर्तमान को लेकर और दुविधा अपने हृदय को लेकर। कर्म और प्रेम के बीच उसका जीवन झूलता रहता है : 'एक तराजू है मेरा तन-मन। एक पलड़े में तुम्हारे आलिंगन का सोना है और दूसरे पर चुनौतियों का भार।' दोनों का सन्तुलन बनाए रखना उसका लक्ष्य है। पर उसे एक अन्तहीन ऊब घेर लेती है। वह स्थितियों के बीच अकेला और दुविधाग्रस्त है। वह उर्वी और अर्चना, दो स्त्रियों में कर्म और काम की प्रेरणा के रूप में फँसा हुआ महसूस करता है। सम्भवतः यही मानव की नियति है। अन्त में वह सत्ता से ऊबता है, पर पृथ्वी से जुड़ता है। अथर्ववेद के पुरुष सूक्त को दुहराता हुआ वह पृथ्वी को माता और अपने को उसका पुत्र मानने की सांत्वना का अनुभव करता है। जैसा कि पीछे कहा जा चुका है, पृथु

का सारा चरित्र नेहरू और उनके युग को उजागर करता है। पृथु युगान्तरकारी परिवर्तन का प्रतीक चरित्र है।

कवष : कवष को वेन का जंघा-पुत्र कहा गया है। वस्तुतः वह जन-जातियों का प्रतिनिधित्व करता है। सम्भवतः उसकी माता निषाद पुत्री थी। उसके प्रति एक भय और घृणा भाव है। मुनि उसे वर्ण-संकर कहते हैं। वह भी समाज के एक वर्ग का नेता है। पृथु उसे अपने साथ मिलाना चाहता है, अपना सेनापति बनने का प्रस्ताव रखता है, पर वह अस्वीकार कर देता है। वस्तुतः कवष आर्य-अनार्य सम्बन्धों का द्योतक है।

मुनि : मुनियों के चरित्र को लेकर कई आशंकाएँ उठाई गई। इस नाटक में मुनि परम्परागत चरित्र का निर्वाह नहीं करते। वे सब स्वार्थपरता के कार्य करते हैं जो मन्त्रिमंडल के नाम पर कलंक हैं। पर भ्रष्टाचार इस युग में कुछ सच्चाई जरूर लगता है। वस्तुतः वे उन बुद्धिजीवी लोगों के प्रतीक हैं जो दूसरों को अपने मन्त्रों और अनुशासनों से बाँधने के प्रयास करते हैं पर स्वयं आदर्श से स्खलित हो जाते हैं। वे वर्गीय चरित्र हैं, पर साथ ही प्रतीक भी है। फिर भी लेखक ने उनके कुलों के संकेत से उनकी प्रकृति को उभारने का प्रयास किया है जैसे—'छिपकर सुनना भृगुवंशियों की आदत है।'

उर्वी : उर्वी धरती का ही रूप है। वह स्वयं कहती है—'मैं धरती को हथेली की तरह जानती हूँ। खुरदरी चमड़ी जिस पर धूल की परत जमी है।' इस पर अर्चना कहती है : 'खुरदरी तो धरती भी है। और धरती की ही भाँति तुम्हारे मुखड़े में रस छलकता है।' अर्चना की तरह ही वह भी पृथु को चाहती है। दोनों को ही पृथु के जीवन में आने की प्रतीक्षा है। उर्वी का यह गीत 'सोने की थाली सँजोए बैठी हूँ मैं/पर कोई आता नहीं'। पर यह गीत सम्भवतः अर्चना पर भी लागू होता है, यद्यपि उर्वी उस गीत को अर्चना की नादानी का गीत मानती है। उर्वी वस्तुतः दो पुरुषों—पृथु और कवष के बीच बँटी है। कवष उसे पा लेता है, पर पृथु उसके लिए चुनौती है। अर्चना पृथु की प्रेरणा है किन्तु उर्वी उसे कार्य में प्रवृत्त करने वाली चुनौती है : 'तुम राजा हो। उठाओ यह धनुष।' 'तुम प्रजा के नेता हो'—आदि शब्दों से वह पृथु को सन्नद्ध करती है।

अर्चना : अर्चना आश्रम-कन्या और मुनि गर्ग की पोषित कन्या के रूप में नाटक में चर्चित हुई है। उसका चरित्र बहुत संक्षिप्त है। उर्वी और अर्चना दो विरोधी चरित्र हैं। एक कर्म की प्रेरणा है तो दूसरी काम की। वह अर्चना के प्रति कटाक्ष दृष्टि रखती है। अर्चना उसे सखी बनाना चाहती है। नाटक में अर्चना के चरित्र की उल्लेखनीय विशेषता यही है कि वह पृथु के आकर्षण और पत्नीत्व की अधिकारिणी बनती है। नाटक का सबसे सरस स्थल वही है जहाँ दोनों में प्रेमपूर्ण संलाप होता है। पृथु उसे अमृत-कुम्भ कहता है। 'यह कैसा जादू है कि भुजाएँ फड़कती हैं शत्रु के संहार के लिए भी, इस वल्लरी को कसकर बाँधने को भी।' अपने को वह चट्टान और उसे हठीली कली की संज्ञा देता है। उसके आलिंगन में पृथु सारी दुविधाओं को भूल जाता है।

पात्रों की प्रतीकात्मकता : प्रतीक पात्र

प्रतीक का अर्थ है किसी अन्य प्रकार की समान लगनेवाली वस्तु द्वारा किसी अन्य वस्तु या विषय का प्रतिनिधित्व करनेवाली वस्तु। कभी अमूर्त वस्तु का प्रतिनिधित्व मूर्त में किया जाता है कभी विषय का, या मूर्त का। प्रतीक किसी क्रिया-व्यापार, विचार या भाव का प्रतिनिधि होता है। प्रतीक में कोई-न-कोई भाव निहित होता है। कुछ प्रतीक परम्परा से ज्ञात होते हैं जैसे सिंह, वीरता का, लोमड़ी चालाकी का। प्रतीक कई कार्य करते हैं, विषय की व्याख्या करना भी उसका एक उद्‌देश्य होता है। चरित्र की व्याख्या करना नाटकीय शैली की एक बहुप्रयुक्त शैलीय युक्ति है। सामान्य जीवन में भी हम जयचन्द, सीता, सावित्री जैस प्रतीकों को व्यक्ति का चरित्र उजागर करने के लिए प्रयोग में लाते हैं। पहला राजा में भी प्रतीकों का प्रयोग हुआ। यह पहले कहा जा चुका है कि पृथु के माध्यम से नेहरू के व्यक्तित्व को उजागर करने का प्रयास हुआ। पृथु का पहला राजा और नेहरू का पहला प्रधानमन्त्री होना कहीं आपस में मेल खाते हैं। इसी प्रकार दोनों की विकास योजनाएँ, मन्त्रिमंडल की विसंगतियाँ, सौ में से एक अश्वमेध का पूरा न होना, दस्यु आक्रमण, युद्ध, एकता के प्रयत्न पर अलगाव की स्थितियाँ, कर्म और काम की प्रवृत्तियाँ और अन्ततः हताशा—इन सब बातों को नेहरू युग के सन्दर्भ में देखा जा सकता है। नेहरू का प्रधानमन्त्रित्व सत्ता हस्तान्तरण का युग था। एक बरसों की पुरानी शासन-प्रणाली अत्याचारी वेन की पौराणिक परम्परा के अनुरूप है। वेन को हुँकारों से मारा जाता है। हुँकारे आजकल की नारेबाजी के प्रतीक हैं। कुशा से मारने के पीछे भी आजकल के सत्ता-विरोधी आन्दोलनों की भूमिका प्रकट की गई है। देह-मन्थन से पुरानी व्यवस्था से नई व्यवस्था को जन्म देने का भाव अभिप्रेत लगता है। शव को सुरक्षित रखने के माध्यम से पुरानी परम्परा को सहसा न छोड़ने की प्रवृत्ति को प्रकट किया गया है। पृथु के आमने-सामने कवष का चरित्र उपस्थित किया गया है। कवष जंगली जातियों के नेता के रूप में प्रतिष्ठित है। माथुर के शब्दों में वह 'पृथु के अधूरे पुरुषार्थ का अभीष्ट खंड है; एक ही व्यक्तित्व के दो खंड जो अंशतः एक-दूसरे की प्रतिध्वनि मात्र रह जाते हैं।'

नाटक में शुक्राचार्य, अत्रि, गर्ग आदि मुनियों के रूप में बुद्धिजीवी नेताओं, मन्त्रिमंडल के सदस्यों की परोक्ष चर्चा लगती है। वे पृथु को विधान से बाँधते हैं, किन्तु भ्रष्ट आचरण भी करते हैं। इसी प्रकार सूत-मागधों की तुलना आजकल के प्रचारकों, प्रशंसकों, चाटुकारों से की जा सकती है।

नारी पात्रों में उर्वी और अर्चना भी प्रतीक पात्रों के रूप में आई हैं। उर्वी शब्द का अर्थ धरती है : नाटक के अन्त में पृथु पृथ्वी को माँ कहकर पुकारता है जबकि धरती के प्रति उसका भाव प्रेम जैसा है। पृथु और उर्वी का आकर्षण विचित्र अनुभव से जुड़ा है। वह उर्वी को अपनी ओर करना चाहता है किन्तु उर्वी कवष की ओर होती दिखाई देती है। इसलिए उसके प्रति एक नपी-तुली उपेक्षा का भाव भी पृथु में मिलता है। उर्वी

भी पृथु की उपेक्षा करती है क्योंकि अर्चना के प्रति उसमें प्रेम-भाव है। वस्तुतः पृथु दो स्त्रियों के बीच बँटा है। दोनों उसकी आवश्यकताएँ हैं। उर्वी उसकी कल्पना, महत्त्वाकांक्षा की प्रतीक है। वह उसके पुरुषार्थ को चुनौती है। वह धरती की आत्मा है। अर्चना काम भावना की प्रतीक है। इस प्रकार पृथु कर्म और कामना के बीच जीता है।

आधुनिकता

कुछ लोग आधुनिकता को आत्म-चेतना से जोड़कर देखते हैं। जहाँ तक पृथु का सम्बन्ध है, वह आत्मचेता पात्र है। सत्ता और संघर्ष के बावजूद वह अकेला, उदास, हताश, सम्बन्धों से कटा हुआ तथा बँधा हुआ और नियति से परास्त महसूस करता है। पृथ्वी का स्वामित्व प्राप्त कर, उत्पादन बढ़ाकर और संघर्षों से उपलब्धि अर्जित करने के बीच भी वह 'खिंचावों और दुविधाओं का बिन्दु है।' वह समीकृत संस्कृति का स्वप्न देखता है किन्तु सारे प्रयासों के बीच भी उदास और असहाय लगता है। उर्वी और अर्चना से उसके सम्बन्ध बहुत सार्थक नहीं बन पाए। उसके माध्यम से नाटककार व्यक्ति की अस्मिता और संकट का बोध कराता है। सबकुछ उसके हाथ में नहीं, वह वस्तुगत अस्तित्व की सूचना देता है। इस प्रकार की मानसिकता अथवा आत्म-सत्ता की अनुभूति आधुनिकता की प्रवृत्ति का द्योतक है।

रचनात्मक स्तर पर पहला राजा में आधुनिकता का समाहार मिलता है। मिथकों को लेकर आधुनिक समस्याओं का चित्रण कई पाश्चात्य नाटककारों का प्रिय विषय रहा है। माथुर ने भूमिका में फ्राई, लॉरिंस, अनुई, बेकेट आदि का उल्लेख करते हुए इस नाटक को इसी दिशा में एक आधुनिक प्रयोग कहा है। भावना के स्तर पर यह नाटक आधुनिक मानव की चिन्ता, चुनौती, अकेलेपन, सम्बन्धहीनता और नियति की विवशता को चित्रित करता है। वह कर्त्तव्य करना चाहता है, पर नियति उसे क्रूर द्वन्द्व में ले जाती है। 'मैं क्या करूँ' उसकी दुश्चिन्ता है और यथेष्ट न कर पाने की विवशता उसकी पीड़ा है। वह आकाश की ओर देखता है; पर धरती से न जुड़ पाना उसका स्वभाव है। दुविधा में पृथु अन्ततः हाथ फैलाते हुए कह उठता है : 'हज़ारों शाखाएँ और टहनियाँ किसी आकाश वृक्ष पर फैली हैं। मेरी निगाह अन्तरिक्ष के उस अनन्त फल-फूलवाले वृक्ष से हटा दे !' और फिर वह 'माता भूमि पुत्रोऽहं पृथिव्याः' की भावना में डूब जाता है।

दशरथ नन्दन

निवेदन

इस नाटक को लिखते समय मेरा प्रधान उद्देश्य यह रहा है कि मैं गोस्वामी तुलसीदास के 'रामचरितमानस' की मुख्य कथा एवं उसके चुने हुए शब्दों, पदों, विचारों और दर्शन को वर्तमान समाज तक इस रूप में पहुँचा सकूँ कि मानस को आसानी से समझा जा सके और साथ ही मूल काव्य के रस एवं भक्ति-तत्व का भी आनन्द उठाया जा सके। उत्तर भारत के ग्रामीण समाज के उन प्रौढ़ों और वयोवृद्ध व्यक्तियों के लिए यह नाटक गैरज़रूरी है मानस की बानी जिनके दैनिक जीवन को सुवासित करती है, उनके सामान्य वार्तालाप को सहज ही अलंकृत करती रहती है। नगरों में भी श्रीराम के निष्ठावान भक्तों, तुलसी की बानी का नियमित श्रवण और उनके मानस का बार-बार पाठ करनेवालों को इसकी अवश्यकता नहीं है। जिन साहित्यिक विद्वानों और मनीषियों ने तुलसीदास की काव्य-प्रतिभा, उसके गुण-दोष विवेचन और भारतीय साहित्य में उसके गौरवपूर्ण स्थान पर लिखा-पढ़ा है, उनके पांडित्यपूर्ण अनुशीलन को भी यह नाटक आकृष्ट नहीं करेगा। बल्कि उनसे तो अपनी धृष्टता के लिए मैं पहले ही क्षमा-याचना करता हूँ।

यह नाटक तो उन असंख्य नगरवासियों तथा नई पीढ़ी के युवजनों, कॉलेजों और विद्यालयों के छात्र-छात्राओं के लिए लिखा गया है जो तुलसीदास का नाम तो जानते हैं, उनकी महत्ता का अभिनन्दन करते हैं, रामकथा की रूपरेखा से भी परिचित हैं; परन्तु जिनके लिए रामचरितमानस की भाषा अनजानी है और जिनकी शिक्षा और अध्ययन में तुलसीदास के कृतित्व के लिए गुंजाइश कम होती जा रही है।

ऐसे लोगों को मानस के सौन्दर्य और सन्देश से परिचित कराने के लिए आधुनिक हिन्दी-खड़ी-बोली में मानस कथा कई बार लिखी जा चुकी है। लेकिन इन कथाओं को पढ़ने पर पाठक मूल रामचरितमानस से नाता नहीं जोड़ पाता। मानस के प्रसंगों की मार्मिकता और उनके शब्दों और काव्य सौन्दर्य की हृदयग्राहिता से पाठक वंचित रह जाता है। दूसरा सर्वविदित तरीका रहा है मानस के चुने हुए अंशों को उपलब्ध करना। प्रायः पाठ्यक्रमों में यही व्यवस्था होती है। नई पीढ़ी के छात्र-छात्राओं का रामचरितमानस से इतना-भर ही परिचय हो पाता है। लेकिन पाठ्य-पुस्तकों और सामान्य पाठकों के लिए संग्रहों में खड़ी बोली में अन्य इतनी सारी विविध सामग्री होती है कि अवधी-बैसवाड़ी की आंचलिकता के फलस्वरूप छात्र-छात्राएँ और सामान्य पाठकवृन्द नाममात्र के लिए ही मानस के उन अंशों को स्वीकार करते हैं। ऐसे ही जैसे पुरी के तट पर

कुछ यात्री बिना नहाए केवल सागर की लहरों का स्पर्श कर पुण्य-लाभ कर लेते हैं। कुछ लोगों का विचार है कि पुरानी हिन्दी के भार को कब तक ढोया जाएगा। जिन्हें मानस-जैसे गौरवग्रन्थों का अध्ययन करना हो वे बशौक उनका अवगाहन करें। अन्य लोगों पर इन्हें लादने की क्या ज़रूरत है ?

किन्तु इसका दूसरा पहलू भी है। 'रामचरितमानस' वह कड़ी है जो नगरवासियों, पढ़े-लिखे लोगों, बुद्धिजीवियों, उच्चवर्गीय समाज को ग्रामों की बहुसंख्यक जनता से जोड़ती रही है। दोनों खंडों को एक व्यापक परम्परा के मिले-जुले वातावरण का आभास देती रही है। क्या इस कड़ी को सर्वदा के लिए टूटने दिया जाए ?

यह मान लेने पर कि कड़ी को टूटने न दिया जाए—सवाल यह उठता है कि मूल मानस की इन वर्गों तक पहुँच कराने का उपयुक्त माध्यम क्या हो ? इस सवाल का एक ही उत्तर नहीं है। अनेक तरीके अपनाए जा सकते हैं, मानस-चतुश्शती के सिलसिले में कुछ प्रयोग किए जा रहे हैं।

मेरा निजी अनुभव है कि यदि रंगमंच पर मानस-जैसे गौरवग्रन्थ प्रस्तुत किए जाएँ तो उनका काव्य-सौन्दर्य, कथा और बुनियादी सन्देश सामान्य दर्शक अधिक आसानी से हृदयंगम कर सकता हैं इसके मनोवैज्ञोनिक कारण हैं। रंगमंच का दृश्यश्रव्य प्रदर्शन प्रेक्षक की समस्त ग्रहणशील इन्द्रियों को एक साथ ही सजग कर देता है। स्नायविकमंडल सचेत हो जाता है। वह प्रेक्षक ही नहीं रहता : जो रहा है उसमें उसे स्वयं हिस्सा लेने का-सा आभास होता है। ऐसी हालत में निरायास ही बहुत-सी बातें उसके मन में ठहर जाती हैं। कथा-प्रसंग और चरित्र-शील ही नहीं, शब्दों और वाक्यों को सजीव और इसलिए स्मरणीय करने का अपूर्व साधन है रंगमंच।

प्रारम्भ में रामलीलाओं का यही उद्‌देश्य रहा होगा। किन्तु कालान्तर में ऐसा प्रतीत होता है कि पात्रों के बीच संवाद मानस के मूल शब्दों में न होकर केवल खड़ी बोली में रूपान्तरित करके लिया जाने लगा। मूल का पाठ भी वाचक करते हैं। उनमें एक वाचक गद्य कहता और पात्र उसे दोहराते हैं। पिछले दिनों माइक्रोफोन आने के बाद यह प्रवृत्ति भी देखी गई है कि पात्र बोलने का अभिनय-मात्र करते हैं। कुछ 'बैकग्राउंड वायस' रेडियो की भाँति एक माइक्रोफोन के चारों ओर बैठे सभी पात्रों की ओर से बोलती है। उनकी स्क्रिप्ट तुलसी के मानस के शब्दों में नहीं होती। प्रायः आधुनिक ही होती है। दिल्ली की पारम्परिक रामलीलाओं में अब यह होने लगा है।

काशी (रामनगर) की रामलीला में परम्पराओं का सावधानी से पालन होता है। रामनगर की रामलीला के कुछ पहलू तो बिलकुल निराले हैं। अन्य किसी भी देश में इस ढंग का नाटक शायद ही होता हो, जिसमें प्रेक्षक-समूह एक ही सांध्य-प्रदर्शन में विभिन्न दृश्यों को देखने के लिए एक मंच से दूसरे मंच को जाता हो। मानस का पाठ करनेवाली मंडली पुरानी पांडुलिपि से बात करती है मशाल की ज्योति में। किन्तु जब मैंने लीला का पाठ (टेक्स्ट) देखा (श्रीमती इन्दु अवस्थी जिनका मनोयोग से अध्ययन कर रही हैं) तो मुझे यह जानकर आश्चर्य हुआ कि उसमें तुलसीदास के मानस के अलावा

केशवदास की 'रामचन्द्रिका' तथा अन्य कवियों की रचनाओं के अंश भी शामिल हैं। निस्सन्देह 'रामचन्द्रिका' के कई संवाद रंगनाट्य के लिए मानस के संवादों की अपेक्षा अधिक गतिपूर्ण और प्रभावशाली जान पड़ते हैं।

जो भी हो, यह मानना होगा कि वर्तमान काल में पारम्परिक रामलीलाओं के प्रदर्शनात्मक अंशों को अधिक प्रतिष्ठा मिल रही है। रावण का पुतला किस रामलीला में सबसे ऊँचा है और कौन वी.आई.पी. उसे अग्नि से प्रज्वलित करता है—इस बात का फ़िक्र दिल्ली की रामलीलाओं के व्यवस्थापकों को ज़्यादा होने लगी है। आगरे की रामलीला में रामचन्द्र की बारात-यात्रा की विशेष शोहरत है। लेकिन इस शोर-शराबे में तुलसीदास की अपनी वाणी अनसुनी रह जाती है। प्रदर्शनात्मक यानी स्पैक्टेकुलर पक्ष अधिक महत्त्वपूर्ण हो गया है।

अनेक नगरों में रात के समय स्टेज पर संवादयुक्त रामलीलाएँ भी होती हैं। इन रामलीला नाटकों के द्वारा रामकथा के सभी प्रसंग आधुनिक भाषा मे प्रस्तुत किए जाते हैं। जहाँ तक मुझे मालूम है, इनकी प्रदर्शन-शैली पारसी थियेटर के नाटकों पर आधारित है। गद्य और पद्य दोनों का संवादों में उपयोग होता है और कथा-प्रसंगों के ये प्रमुख माध्यम रहे हैं और 'मॉस-मीडिया' के युग में भी उनके कार्य में कमी नहीं आई है। यह समाज के लिए श्रेयस्कर है। किन्तु आज कल कथा सुनने के लिए नई पीढ़ी के पढ़े-लिखे युवक-युवतियाँ बडुत कम जाते हैं। फैशनयाफ्ता श्रोताओं और अधेड़ उम्र की महिलाओं की संख्या अधिक होती है। यह आश्चर्य की बात नहीं है।

इन सब परिस्थितियों को देखते हुए मेरे मन में उस विचार का पुनरोदय हुआ जिसका बीज आज से 35-40 वर्ष पूर्व पड़ गया था। छात्रावस्था में मैंने रामचरितमानस के गहन अध्येता स्वर्गीय राजबहादुर लमगोड़ा का एक भाषण सुना, जिसमें उन्होंने बताया कि ध्यान से पढ़ने पर 'अयोध्याकांड' में किसी उत्कृष्ट यूनानी ट्रैजेडी के तत्त्व दीख पड़ेंगे। नाटक का शौकीन मैं था ही। यह विचार मुझे इतना रुचा कि 1938 में मैंने 'रामचरितमानस' के नाटकीयतत्व पर अंग्रेज़ी में एक लेख लिखा जो विजयदशमी के अवसर पर इलाहाबाद के सुप्रसिद्ध पत्र 'लीडर' में छपा। तब से बराबर यह कामना मन में रही कि मानस की भाषा बहुतांश में उपयोग करते हुए नाटक लिखा जाए। (बहुतांश इसलिए कि खड़ी बोली गद्यांशों के सूत के बिना तुलसी की मणियों की माला उस समाज—पढ़े-लिखे नागरिकों तथा छात्र-छात्राओं—के हाथों में ठहर नहीं सकेगी, जिसे आकृष्ट करना मेरा उद्देश्य है।) 'दशरथनन्दन-तुलसी रामलीला' उसी दिशा में एक लघु प्रयास है।

दो और बातें स्पष्ट करना जरूरी है। नाटककार की दृष्टि प्रायः मानस के उन अंशों पर जाती है, जहाँ कथा-प्रसंग रोचक और विस्मयकारी और काव्यगुण हृदयग्राही हैं। लेकिन आधुनिक नाटककार की दुविधा यह है कि गोस्वामी तुलसीदास का अनुपम शिल्प, उनका अजस्र काव्य-प्रवाह, मानस स्वभाव की गहराइयों का निरायास उद्घाटन करने की उनकी क्षमता—इन सब की प्रेरणा न तो यशोलिप्सा थी, न जीविकाभरण, न अपने

किसी सम्पोषक राजा का मनोरंजन। उन्होंने बालकांड में स्पष्ट कहा है कि "निजसन्देह मोह भ्रम हरनी। करऊँ कथा भवसरिता तरनी। बुध बिश्राम सकल जनरंजनि। रामकथा कलि कलुष बिभंजनि।" कौन-सा वह सन्देह, वह भ्रम, वह मोह जो तुलसीदास के मन में व्यापा और जिसके निवारणार्थ उन्होंने यह कथा रची ? कथा का प्रारम्भ ही उन्होंने प्रश्न से किया है जो भरद्वाज मुनि ने याज्ञवल्क्य मुनि से पूछा : "रामु कवन प्रभु पूछउँ तोही। कहिअ बुझाइ कृपानिधि मोही। एक राम अवधेष कुमारा। तिन्ह कर चरित बिदित संसारा। नारि बिरहँ दुख लहेउ अपारा। भयउ रोषु रन रावनु मारा।" और दूसरे राम वे हैं जिनके नाम का अमित प्रभाव है और 'सन्त पुरान उपनिषद गावा। सन्तत जपत सम्भु अबिनासी। सिव भगवान ग्यान गुन रासी।" यही सन्देह सती के मन में उपजा : "बिष्नु जो सुरहित नरतनु धारी। सोउ सर्बग्य जथा त्रिपुरारी। खोजइ सो कि अग्य इव नारी। ग्यसानधाम श्रीपति असुरारी।" लंका के युद्ध क्षेत्र में रावण के मायापाश में राम को बँधा देख गरुड़ के म ' में भी यही सन्देह हुआ–"मोहि भयउ अति मोह प्रभुबन्धन रन महुँ निरखि। चिदानन्द सन्देह राम बिकल कारन कवन।" (उत्तरकांड 68)

इस सन्देह के निवारणार्थ कथा लिखते समय तुलसीदास ने अपने को राम के हाथों सौंप दिया। तुलसीदास का हृदय बन गया रंगस्थली, राम बने सूत्रधार, सरस्वती नर्तकी। बड़ी सुन्दर कल्पना है बालकांड में–"सारद दारु नारि सम स्वामी। राम सूत्रधर अन्तरजामी। जेहि पर कृपा करहिं जनुजानी। कबि उर अजिर नचावहिं बानी। प्रनवऊँ सोई कृपाल रघुनाथा। बसउँ बिसद तासु गुन गाथा।" परिणाम ! कोई भी नाटकीय प्रसंग मानस में से उठाता हूँ। कोई भी 'ह्यूमन इंटरेस्ट' का व्यवहार राम में दीखता है, झट से तुलसीदास की आवाज़ सुनाई पड़ती है। उसी मूल शंका के प्रतिनिधि स्वरूप। राम गुरु के पास पढ़ने जाते हैं और तुलसीदास बोल उठते हैं–"जाकी सहज स्वास श्रुतिभारी। सों हरि पढ़ यह कौतुक भारी।" राम लक्ष्मण को लेकर विश्वामित्र अयोध्या से बाहर निकलते हैं और तुलसीदास याद दिलाते हैं–"कृपा सिन्धु मति धीर अखिल बिस्व कारनकरन।" राम और लक्ष्मण धनुषयज्ञ से एक दिन पहले यज्ञ की सजावट देखकर अपना अचरज प्रकट करते हैं कि तुलसीदास को याद आती है–"लवनिमेष महुँ भुवन निकाया। रचइ आसु अनुसासन माया। भगति हेतु सोइ दीन दयाला। चितवत चकित धनुष मखसाला।"

–और मुझे लगता है कि झंझट में आ पड़ा मैं ! अनास्था की देहरी पर मँडरानेवाले युग का प्राणी मैं, जो अस्वीकारता और भर्त्सना के युग की पीढ़ी के सामने मानस पर आधारित नाटक प्रस्तुत करना चाहता हूँ--किस तरह तुलसीदास की यों बार-बार टोकनेवाली वाणी को नाटकीय ढाँचे में शामिल करूँ ? इस दुविधा का समाधान हुआ। उस अनुसन्धान से जिसमें कतिपय वर्षों से डॉ. दशरथ ओझा और मैं लगे रहे हैं। असम, मिथिला और नेपाल के जिन मध्ययुगीन नाटकों का संग्रह और अध्ययन हम लोग करते रहे हैं उनमें असम के महापुरुष शंकरदेव और उनके शिष्यों द्वारा रचित नाटकों में बार-बार दर्शकों के सम्मुख आकर सूत्रधार उन्हें याद दिलाता है। लेकिन श्रीकृष्ण की लीलाओं को आप

देख रहे हैं, वे और कोई नहीं परब्रह्म चिदानन्द परमेश्वर ही हैं। शंकरदेव और उनके शिष्यों के अंकिया नाटकों का उद्देश्य ही यह था कि नाटकों के माध्यम से वैष्णव सम्प्रदाय का मूल तत्त्व यानी भक्तों के हित में भगवान का मानवीय रूप में लीला-प्रदर्शन उद्भासित हो सके। यही पाति रामलीला में पनपी; वहाँ सूत्रधार का स्थान समाजी द्वारा गाए जानेवाले पदों ने ले लिया। गोस्वामी तुलसीदास का भी उद्देश्य यही था।

इसलिए इस नाटक में गोस्वामीजी के इस उद्देश्य को निभाने की चेष्टा की गई है, आधुनिकता के नाम पर उससे कतराने की नहीं। अत्याधुनिक प्रवृत्ति के पाठकों और दर्शकों से मैं इतना ही कहूँगा कि वे समझ लें कि वे म्युनिख नगर के पास ओवरउडरगाम नामक ग्राम के विश्वविख्यात मंच पर ईसामसीह सम्बन्धी उस 'धार्मिक नाटक'—पैशन प्ले—को देख रहे हैं जो दस वर्ष में एक बार होता है और जिसके टिकटों के लिए दुनियाभर के आधुनिक धर्मनिरपेक्ष व्यक्ति तरसते हैं !

धर्म कहिए, अध्यात्म कहिए, भगवत्भक्ति कहिए, तुलसी-साहित्य, तुलसी का शिल्प, उनकी कला, उनके बिना सारहीन होगी। इसलिए इस नाटक में बिना हिचक उसकी घोषणा की गई है।

अन्तिम बात ! क्या सूत्रधार (जिसके स्थान पर तुलसी और उनके वृन्द को मैंने बिठाया है) रेडियो की देन है ? क्या मजबूरन मैंने सूत्रधार की इतनी प्रधान भूमिका रखी है ? वस्तुतः रेडियो के सूत्रधार या वाचक से सदियों पहले असम के अंकिया नाट, ब्रज की रासलीला और रामनगर (काशी) की रामलीला में सूत्रधार यों बार-बार सामने आकर कथा के सूत्र को सँभालता रहा हैं। मैंने उसी परम्परा को आगे बढ़ाने की चेष्टा की है। झाँकियों की कल्पना भी नितान्त मेरा अन्वेषण नहीं है। केरल के कूडियाट्टम के उन प्रदर्शनों में, जो मन्दिरों के कथाम्बलम में होते हैं, कुछ दृश्य असाधारण होने के कारण मुख्य दृश्य से अलग प्रदर्शित होते हैं—सूत्र रूप में। पात्रों का एक स्थान से दूसरे स्थान पर उसी मंच पर जाना, जैसे विश्वामित्र के साथ राम-लक्ष्मण की यात्रा या राम-लक्ष्मण का जनकपुरी में घूमना—यह भी परम्पराशील रंगमंच की एक सामान्य रूढ़ि है।

मैं नहीं जानता कि इस रचना की ओर विद्वज्जन निगाह भी डालेंगे या नहीं। लेकिन यदि दशहरे के दिनों में रात्रि के समय पारसी थियेटर की शैली में, रामलीला प्रस्तुत करनेवाली मंडलियाँ गोस्वामीजी के शब्दों को सामान्य जानता तक पहुँचाने के विचार से इसे अपना लें तो मुझे सन्तोष होगा। यदि कॉलेजों और स्कूलों में हिन्दी विभाग रामचरितमानस से छात्र-छात्राओं का परिचय कराने के लिए सादे ढंग से ही प्रदर्शन कराएँ या कथाओं में ही अलग-अलग छात्रों मे 'पार्ट' बाँटकर इनका पाठ (ग्रूपरीडिंग) कराएँ तो मानस चतुश्शती के वर्ष में मेरी दृष्टि में यह अत्यन्त व्यावहारिक मानस-अभिनन्दन होगा।—और यदि तुलसी भक्तों और राम भक्तों को यह कागज की नाव रुचे, तो मेरा अहोभाग्य!

बैंकॉक
19 फरवरी, 1974

—जगदीशचन्द्र माथुर

इस नाटक को खेलनेवालों से

मंच निर्देशनों की बहुलता से आप घबराइए नहीं, समझ लीजिए कि आप मेरा लिखा नाटक नहीं खेल रहे। आप तो तुलसीदास के रामचरितमानस को मंच पर प्रस्तुत कर रहे हैं।

इसलिए सबसे महत्त्वपूर्ण बात यह है कि आपका हर पात्र वाक्यों, चौपाई, दोहों इत्यादि का इतना स्पष्ट उच्चारण करे कि प्रत्येक शब्द समझ में आ जाए। गोस्वामीजी के शब्द उभर सकें यही लेखक का उद्देश्य रहा है और यही आपका भी उद्देश्य होना चाहिए।

जिन चौपाई, दोहे इत्यादि के अंश गद्य के साथ जुड़े हैं—मणिप्रवाल की माला की तरह हैं उनमें पद्य का उच्चारण भी गद्य ही की भाँति हो—परिस्थिति-विशेष के अनुसार भाव प्रकट करनेवाले आरोह-अवरोह के साथ। किन्तु जिन समूचे दोहों, चौपाइयों इत्यादि की अपनी सत्ता है और जो भाव-विशेष को उभारने के लिए रखे गए हैं उनको कविता की भाँति किन्तु स्पष्ट बोलना चाहिए। मानस-पाठ की अनेक शैलियाँ हैं। मेरी राय है कि एक ही शैली में पूरे नाटक का पाठ करने से समरसता आ जाएगी और सम्भव है दर्शक ऊब जाए। इसलिए विभिन्न शैलियों में पाठ करने का अभ्यास खासतौर से वृन्दवाचक करें। कोई मुश्किल नहीं है।

मंच का स्केच मैंने दिया है। यह केरल, रासलीला, रामलीला, असम के अंकिया नाट और थाईलैंड की रामायण रामकिंयन (रामकीर्ति) पर आधारित नाटक के मंच को ध्यान में रखकर सुझाया गया है। लेकिन मैं जानता हूँ कि सभी खेलनेवालों के लिए इतने विशाल और विविध स्तरोंवाले मंच को तैयार करना सम्भव न हो सकेगा। इसी भाँति लाइट—आलोक—का जो विधान मैंने रखा है उसकी व्यवस्था सब जगह नहीं हो सकती।

कोई चिन्ता नहीं ! आप बस नाटक के पाठ (टेक्स्ट) को अच्छी तरह याद कराएँ, शब्दों के स्पष्ट उच्चारण पर जोर दें, स्वरसन्धान में नाटकीयता और स्वाभाविकता दोनों का समावेश कराएँ। हो सके तो पोशाक उचित और आकर्षक रखें—इतना ही हो जाए बहुत है। और न हो तो समूह-पाठ (ग्रुपरीडिंग) ही कराइए। जैसे भी हो, रामचरितमानस की वाणी फैले—यही आपके प्रस्तुतीकरण का ध्येय हो।

—जगदीशचन्द्र माथुर

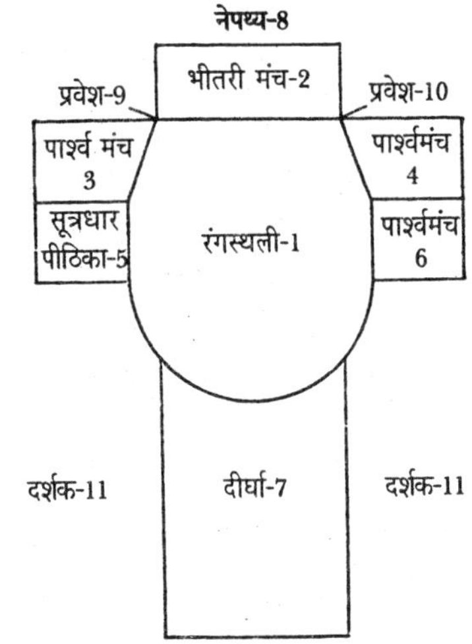

विशेष : 2, 3 और 4 की ऊँचाई सबसे ज्यादा हो। 1, 5 और 6 की उससे कम। 7 की उससे भी कम। दर्शकों का स्थान (प्रेक्षागृह) तो सबसे नीचा होगा ही। भीतरी मंच 2 प्रायः अमानवीय या मनोधर्मी दृश्यों के लिए ही प्रयुक्त होगा। भीतरी मंच पर प्रकाश नीलाभ और मन्द हो तो अच्छा होगा।

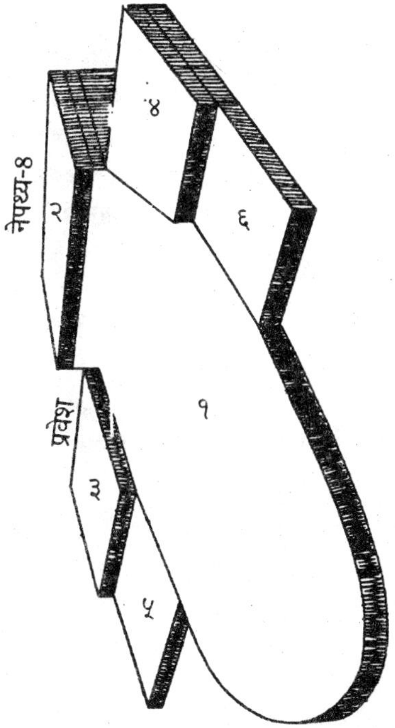

पात्र

तुलसीदास
सूत्रधार
वशिष्ठ
दशरथ
शृंगी
अग्नि
कौशल्या
विश्वामित्र
राम
लक्ष्मण
ताड़का
जनक
सीता
महारानी
शतानन्द
परशुराम
भक्तमंडली
वृन्दवाचक
प्रतिहारी
शिष्य
मुनिगण
वटुक
युवतियाँ
पुरुषगण
बालक
सखियाँ
देवी
सेवक
राजागण
भाट

प्रथम अंक

[गुसाईं तुलसीदास तथा उनके साथ एक भक्त मंडली मंच पर आकर वन्दना-समूह के रूप में खड़े होते हैं। राग-निबद्ध वृन्दगान के रूप में वन्दना करते हैं। प्रत्येक सोरठे को पहले गुसाईंजी स्पष्ट शब्दों में गाते हैं और भक्तमंडली उसी तरह उसे दोहराती है।]

वन्दना

सो. जो सुमिरत सिधि होई गननायक करिबरबदन।
करउ अनुग्रह सोई बुद्धि रासि सुभ गुन सदन ॥1॥

मूक होई बाचाल पंगु चढ़ई गिरिबर गहन।
जासु कृपा सो दयाल द्रवउ सकल कलिमल दहन ॥2॥

नील सरोरुह स्याम तरुन अरुन बारिज नयन।
करउ सो मम उर धाम सदा छीरसागर सयन ॥3॥

कुन्द इन्दु सम देह उमारमन करुना अयन।
जाहि दीन पर नेह करउ कृपा मर्दन मयन ॥4॥
बन्दउँ गुरुपद कँज कृपासिन्धु नर-रूप हरि।
महामोह तम पुँज जासु बचन रविकर निकर ॥5॥

[उसके बाद तुलसीदास एक पीठिका पर बैठते हैं। उनके साथी वृन्द-गायक नीचे आसन पर बैठ जाते हैं। यह स्थान मंच के एक कोने पर दर्शकों के निकट है। (देखिए मंच रूपरेखा का नम्बर 5 भाग।) तुलसीदास के समक्ष प्राचीन ढंग की पांडुलिपि है जिस पर कभी-कभी ही दृष्टि डालने की ज़रूरत पड़ती है।]

तुलसीदास : रामनाम मनिदीप धरु जीह देहरी द्वार।
तुलसी भीतर बाहेरहुँ जौं चाहसि उजियार॥
हे श्रोताओ, हे दर्शको ! मैं अकिंचन् तुलसीदास अपने मुख रूपी द्वार

की देहली पर रामनाम का मणिदीपक रखकर आपके सामने आया हूँ। इस अनुपम दीपक ने मेरे भीतर और बाहर जो उजाला कर दिया है, उस उजाले में मैं एक अलौकिक दृश्य देख पा रहा हूँ। देख रहा हूँ एक विशाल मानस ! ऐसा सरोवर जिसमें 'मधुर मनोहर मंगलकारी' यश का निर्मल और अथाह जल फैला है। किसका है वह यश ?

वृन्दगान : तुलसीदास और मंडली द्वारा

एक अनीह अरूप अनामा।
आज सच्चिदानन्द परधामा॥
व्यापक विश्वरूप भगवाना।
तेहिं धरि देह चरितकृत नाना॥

तुलसीदास : हे श्रोताओ, हे दर्शको ! उस परम कृपालु, शरणागत प्रेमी भगवान ने रघुपति के रूप में भक्तों के हित अनेक लीलाएँ कीं। महामुनियों, कवियों और विद्वानों ने मुझसे पहले उन लीलाओं का विशद वर्णन किया है।...राजा गहरी और चौड़ी नदियों पर पुल बाँध देता है। उसके सहारे छोटी-छोटी चींटियाँ भी पुल को बिना श्रम पार कर लेती हैं। तो ऐसे ही मैं दासानुदास तुलसीदास पुरातन महाकवियों द्वारा वर्णित भगवान की सुहावनी लीलाओं की अनगिनत तरंगों को अपनी अटपटी देशी भाषा की छोटी-सी अंजलि में सहज ही समेट पा रहा हूँ।

झाँकी-1

[मंच के उस भाग पर (नम्बर 5) जहाँ तुलसीदास और उनकी भक्तमंडली बैठी है क्रमशः अँधेरा हो जाता है। भीतरी रंगमंच (नम्बर 2) में नीलाभ उजाला। उसमें देवी-देवताओं—ब्रह्मा, शिव, सरस्वती, नारद, इन्द्र, गणेश इत्यादि के आकार धीरे-धीरे स्पष्ट होते जाते हैं। उनके पीछे एक गौ। गौ के साथ ब्रह्माजी वार्तालाप करते प्रतीत होते हैं। (यदि यह नाटक दिन में खेला जा रहा हो तो नम्बर 5 और नम्बर 1 के बीच एक पर्दा हो जो उस समय हटा दिया जाए।) देवी-देवताओं के चेहरों पर उपयुक्त मुखौटे लगे होने चाहिए। जब तुलसीदास बोलते हैं तब छाया दृश्य में तदनुसार मूकाभिनय होना चाहिए।]

तुलसीदास : *(अँधेरे में से ही)* एक समय की बात है। दुष्टों के अत्याचार से पीड़ित होने पर धरती माता गाय का रूप धारण कर ब्रह्माजी, शिवजी, नारद, इन्द्र तथा अन्य देवी-देवताओं और मुनियों के पास अपना दुखड़ा सुनाने पहुँची।

वृन्द पाठ (मंडली सहित)

अतिसय देखि धर्म कै ग्लानि।
परम सभीत धरा अकुलानी॥
धेनु रूप धरि हृदयँ बिचारी।
गई तहाँ जहँ सुर मुनि झारी॥
निज सन्ताप सुनाएसि रोई।
काहू ते कछु काज न होई॥

किसी से कुछ न हुआ। ब्रह्माजी को एक ही उपाय सूझा--जानत जन की पीर प्रभु भंजहि दारुन बिपति। उन प्रभु को कहाँ जाकर पुकारें ? शिवजी बोले।

वृन्द पाठ

हरि व्यापक सर्वत्र समाना।
प्रेम तें प्रगट होहिं मैं जाना॥
देसकाल दिसि बिदिसिहू माहीं।
कहहु सो कहाँ जहाँ प्रभु नाहीं॥

प्रेम से भगवान ऐसे प्रकट होते हैं जैसे अग्नि, यह समझकर, वे लोग सर्वव्यापी परब्रह्म भगवान की स्तुति वहीं से करने लगे।

[देवी-देवताओं की स्तुति वृन्दगान के रूप में। स्तुति की पहली दो पंक्तियाँ पुरुष स्वर में, उसके बाद की दो पंक्तियाँ स्त्री स्वर में--इसी क्रम से गाई जाती हैं। अन्तिम दो पंक्तियाँ सारा देवी-देवगण समूह मिलकर गाता है। ध्यान रहे कि स्तुति का प्रत्येक शब्द स्पष्ट हो और वाद्य अत्यन्त मन्द। देव-देवीगण हाथ जोड़े स्तुति करते दीख पड़ते हैं।]

स्तुति

पुरुष स्वर : जय जय सुरनायक जन सुखदायक प्रनतपाल भगवन्ता।
गोदिजहितकारी जय असुरारी सिन्धुसुता प्रिय कन्ता॥

स्त्री स्वर : पालन सुर धरनी अद्भुत करनी मरम न जानइ कोई।
जो सहज कृपाला दीनदयाला करउ अनुग्रह सोई॥

पु. स्वर : जय जय अबिनासी सब घट बासी व्यापक परमानन्दा॥
अबिगत गोतीतं चरित पुनीतं माया रहित मुकुन्दा॥

स्त्री स्वर : जेहि लागि बिराग अति अनुरागी बिगतमोह मुनिबृन्दा।
निसि बासर ध्यावहिं गुनगन गावहिं जयति सच्चिदानन्दा॥

पु. स्वर : जेहिं सृष्टि उपाई त्रिबिध बनाई संग सहाय न दूजा।
सो करउ अघारी चिन्त हमारी जानिअ भगति न पूजा॥

स्त्री स्वर : जो भव भय भंजन मुनिमन रंजन गंजन बिपति बरूथा।
मन बच क्रम बानी छाड़ि सयानी सरन सकल सुरजूथा॥

पु. स्वर : सारद श्रुति सेवा रिषय असेषा जा कहुँ कोउ नहिं जाना।
जेहि दीन पिआरे बेद पुकारे द्रवउ सो श्री भगवाना॥

सम्मिलित स्वर : भव बारिधि मन्दर सब बिधि सुन्दर गुनमन्दिर सुखपुँजा।
मुनि सिद्धि सकलसुर परम भयातुर नमत नाथ पदकँजा॥

तुलसीदास : *(अँधेरे ही में से)* और तब निस्सीम अन्तरिक्ष को गुँजायमान करती हुई एक गम्भीर गगन-गिरा सुनाई पड़ी।

[देवलोक के नीले उजाले के ही सुदूर कोने में से निःसृत पहले तो बादलों के गम्भीर गर्जन की ऐसी आवाज़, जो समस्त वातावरण पर छाती हुई-सी जान पड़ती है। वही गर्जन मानो आकाशवाणी में परिवर्तित हो जाती है ?]

आकाशवाणी : जनि डरपहु मुनिसिद्ध सुरेसा।
तुम्हहि लागि धरिहऊँ नरबेसा॥
अंसन्ह सहित मनुज अवतारा।
लेहउँ दिनकर वंस उदारा॥
नारद बचन सत्य सब करिहउँ।
परम सक्ति समेत अवतरिहउँ॥
हरिहउँ सकल भूमि गरुआई।
निर्भय होहु देव समुदाई॥

[भीतरी रंगमंच (नम्बर 5) पर नीला प्रकाश और देवी-देवताओं के आकार धीरे-धीरे गायब हो जाते हैं और तुलसीदास और उनकी मंडली (नम्बर 5) पर प्रकाश केन्द्रीभूत होता है। (दिन के अभिनय में भीतरी रंगमंच और नम्बर 1 के बीच मे पर्दा खिंच जाता है।) तुलसीदास पुनः बोलते हैं।]

(झाँकी-1 समाप्त)

तुलसीदास : गए देव सब निज निज धामा।
भूमि सहित मन कहुँ बिश्रामा॥
वह विश्राम क्या था भगवान के अवतार की प्रतीक्षा थी। ब्रह्माजी ने

देवगणों को आदेश दिए, धरती पर हरिपद की सेवा के लिए अनेक देवता बनचर वानरों का रूप धारण कर वहाँ पहुँच गए।
बनचर देह धरी छिति माहीं।
अतुलित बल प्रताप तिन्ह पाहीं ॥
और यों वे महावी बनचर—हरिमारग चिंतवहिं मति धीरा।

वृन्दवाचक 1 : और हरि ने जन्म कहाँ लिया ?

तुलसी : कोसल प्रदेश में।

वृन्दवाचक 2 : किसके यहाँ ?

तुलसी : अवधपुरी रघुकुल मनि राऊ।
बेद बिदित तेहि दसरथ नाऊँ ॥

वृन्दवाचक 3 : तो क्या उससे पहले राजा दशरथ को कोई पुत्र नहीं था ?

तुलसी : नहीं।
एक बार भूपति मन माहीं।
भई ग्लानि मोरे सुत नाहीं ॥
उन्होंने अपने मन की बात अपने गुरु वशिष्ठजी से कही। अनेक विधि से गुरु ने उन्हें समझाया और कहा—
धरहु धीर होइहहिं सुत चारी।
त्रिभुवन बिदित भगत भय हारी ॥

वृन्दवाचक 4 : भगवान की अनुकम्पा।

वृन्दवाचक 2 : और गुरु वशिष्ठ का आशीर्वाद। कोई उपाय किया वशिष्ठजी ने ?

तुलसी : हाँ,
सृंगी रिषिहि बसिष्ठ बोलावा।
पुत्रकाम सुभ जग्य करावा ॥

वृन्दवाचक : पुत्रेष्टि यज्ञ ?

तुलसी : देखो !

दृश्य एक

[रंगमंच के भाग 1 रंगस्थली—पर प्रकाश होने लगता है और भाग 5 सूत्रधार स्थल पर अन्धकार। प्रकाश हो जाने पर दिखते हैं—शृंगी ऋषि, उनके एक-दो शिष्य, वशिष्ठ, दशरथ तथा कुछ अनुचर। बीच में यज्ञ-कुंड में अग्नि प्रज्वलित। (दिन के अभिनय में व्यवस्था इस प्रकार हो : जब तुलसीदास अन्य वृन्दवाचकों से वार्तालाप कर रहे हों तब भाग 1 पर कथकली के प्रमुख नायकों के अवतरण के पूर्व जैसे होता है, ऐसे ही दो व्यक्ति एक पर्दे को पकड़े हुए रंगस्थली पर आएँ और उस पर्दे के पीछे यज्ञ की सामग्री

तत्परता से रख दी जाए, शृंगी, वशिष्ठ, दशरथ इत्यादि बैठ जाएँ। वाचकवृन्द का संवाद समाप्त होते ही पर्दा हटा लिया जाए। खींचने या ऊपर से अपने आप गिरनेवाले ड्रापकर्टेन की ज़रूरत नहीं है।) होम के मन्त्र शृंगी ऋषि और उनके शिष्य बोल रहे हैं और आहुतियाँ डाल रहे हैं। थोड़ी देर के लिए मौन और रुकने के बाद।]

शृंगी : राजन, अब मैं अन्तिम आहुति देता हूँ। इसके बाद एकाग्रचित्त ध्यानलीन होकर इसी स्थान पर बैठे रहें।

दशरथ : जो आज्ञा मुनिवर *(मन्द स्वर में वशिष्ठ से)* गुरुदेव, क्या कौशल्या को यहाँ नहीं बुलाया जा सकता ?

वशिष्ठ : क्यों, राजन ?

दशरथ : इसलिए कि एकाग्रचित्त होते-होते मुझे लगता है...लगता है कि मैं और कौशल्या 'हम' नहीं हैं।...कोई और दम्पति हैं, और युगों पूर्व...कल्प कल्पान्त पहले...कहीं दूर घने जंगल में घोर तपस्या कर रहे हैं...।

शृंगी : शान्त, राजन !...नेत्र मूँदिए। यज्ञपुरुष अग्निदेव का ध्यान कीजिए।

दशरथ : जो आज्ञा...।

शृंगी : अग्निदेव, दो तेज़ोमय मुख, लपटें जिनकी जटाएँ हैं, चार भुजाएँ, अंकुश जिनका अस्त्र है...। आँख मूँदकर ध्यान करें *(शिष्य से)* उस अलग रखे पात्र को यहाँ लाओ, वत्स।

शृंगी समिधा और घृत पात्र इत्यादि सँजोते हैं।

दशरथ : *(वशिष्ठ से उसी भाँति)* आँखें मूँदते ही गुरुवर वहीं ध्यान चला जाता है।

बरबस राज सुतहि नृप दीन्हा।
नारि समेत गवन बन कीन्हा ॥
मुझे यह क्या हो रहा है, गुरुदेव ?

वशिष्ठ : ये शुभ लक्षण हैं। युगों पहले की घोर तपस्या की स्मृति का उमड़ना शुभ लक्षण है राजन...

दशरथ : लेकिन कौशल्या ?

शृंगी : बुलाइएगा। लेकिन अभी नहीं।

(शृंगी ऋषि की समिधा तैयार हो जाती है।)

शृंगी : राजन! अब मैं समग्र समिधा की यह आहुति अग्निदेव को समर्पित करता हूँ।

[स्वाहा के साथ समिधा यज्ञकुंड में डालते हैं। अग्नि प्रज्वलित होती है। अग्नि के धू-धू होकर ज्वाला के उठने की आवाज़, ज्यों-ज्यों आवाज़ बढ़ती है त्यों-त्यों भीतरी रंगमंच (नम्बर 1) में नीलाभ उजाला और उसमें अग्निदेव का आकार स्पष्ट होता जाता

है। अग्निदेव का मुखौटा तेज़ोमय है, जटाएँ लाल हैं—अग्निशिखाओं की तरह। चार भुजाएँ हैं। एक हाथ में अंकुश है, एक में पात्र-चरु। दो हाथ वरद मुद्रा में हैं। (दिन के अभिनय में बिना नीलाभ उजाले के भी वातावरण पैदा हो सकता है। कथकली के पर्दे की भाँति पर्दे को क्रमशः गिराने और उठाने से वैसा ही आभास हो सकता है।) अग्निदेव भीतरी रंगमंच 1 पर ही रहते हैं। उनका स्वर दूरागत और गम्भीर है, उनके शब्द धीरे-धीरे बोले जाते हैं, लेकिन स्पष्ट हैं। यद्यपि अग्निदेव भीतरी रंगमंच से उतरकर भाग 1 पर नहीं आते तथा जहाँ वे खड़े हैं वह दृश्य यज्ञ-कुंड के ठीक पीछे होने के कारण दर्शकों को ऐसा प्रतीत होता है मानो वे यज्ञ-कुंड में से ही निकले हैं।]

शृंगी : आँखें खोलिए राजन..."प्रगटे अगिनि चरू कर लीन्हें।"
[दशरथ आँखें खोल नतमस्तक करबद्ध हो जाते हैं।]

अग्नि : *(शब्दों के बीच कभी-कभी समिधा के कड़कने की ध्वनि। लेकिन एक-एक शब्द स्पष्ट है।)* अवध नरेश दशरथ ! शृंगी ऋषि की आहुति के आग्रह ने हमें साकार प्रकट किया। हम प्रसन्न हैं। क्या कामना है तुम्हारी ?

दशरथ : भगवन्, आपके साकार दर्शन से मेरे मनोरथ पूरे हो गए। फिर भी— *(वशिष्ठजी की ओर देखते हैं।)*

शृंगी : बोलिए राजन।

दशरथ : भगवन्, मैंने गुरुवर वशिष्ठ से अपने मन की ग्लानि प्रकट की थी।

शृंगी : तो राजन ! वशिष्ठ मुनि के वचन, शृंगी ऋषि की मन्त्र-साधना और तुम्हारी भक्तिपूर्ण याचना पूरे होंगे। यह लो—

यह हबि बाँटि देहु नृप जाई।
जथाजोग जेहि भाग बनाई ॥

[अग्निदेव के हाथों से दशरथ अपने स्थान से आगे बढ़कर चरु—(वह पात्र जिसमें हविष्यान्न से बनी खीर है) ग्रहण करते हैं। आह्लादित होकर दशरथ नेत्र मूँदकर, सिर झुकाकर वन्दना करते हैं।]

दशरथ : मैं क्या कहूँ भगवन! परमानन्द मगन हूँ। मेरे तो हरष न हृदय समाय।...*नीलाभ उजाला कम होता जाता है और अग्निदेव का आकार भी धुँधला। अग्निदेव लुप्त हो जाते हैं। (दिन के अभिनय में नं. 5 का पर्दा खिंच जाता है। दशरथ आँख खोलने पर पुनः बोलना प्रारम्भ करते हैं।)* भगवन् आप...अरे !

शृंगी : अग्निदेव तो अदृश्य हो गए राजन। आपकी मंगल विधि सम्पूर्ण हुई।

वशिष्ठ मुनि, मैं आपकी अतिथिशाला में जाकर वहाँ विश्राम करूँगा। आप राजन से आगे का यथोचित कार्य कराइए। *(प्रस्थान। उनके खड़ाऊँओं की मन्द होती हुई ध्वनि।)*

वशिष्ठ : अब बुलाइए महारानी 'कौशल्या को राजन !

दशरथ : प्रतिहारी, पटरानी को सादर यहाँ ले आओ।

प्रतिहारी : जो आज्ञा। *(जाता है।)*

वशिष्ठ : अग्नि देवता के दिए हुए इस चरु में जो पायस है उसका आधा भाग इस सुवर्ण पात्र में अपने ही हाथों डालें राजन। *(वशिष्ठ एक छोटा सुवर्ण कटोरा आगे बढ़ाते हैं। और दशरथ खीर को उसमें डालना प्रारम्भ करते हैं।)* बस। *(महारानी कौशल्या का प्रवेश। करबद्ध।)*

कौशल्या : आर्यपुत्र आपने मुझे ही बुलाया ? किन्तु कैकेयी और सुमित्रा भी तो झरोखे के उस ओर प्रतीक्षा कर रही हैं। उन्हें भी यहाँ आने का आदेश दें।

दशरथ : ठहरो कौशल्या। ...बैठो।...(दोनों बैठते हैं।) सुनो, जब शृंगी ऋषि के अन्तिम आहुति देते समय मैं उनके आदेशानुसार आँख मूँदकर ध्यानमग्न होने लगा तो मुझे जान पड़ा कि युग-युगों पहले किसी बीहड़ जंगल में तुम और मैं न जाने कैसी अन्तहीन तपस्या में लीन बैठे हैं।

वशिष्ठ : *(कौशल्या को आँख बन्द किए ध्यानलीन होते देखकर)* महारानी, यह क्या ? नेत्र न मूँदिए। यह ध्यानावस्थित होने का मुहूर्त नहीं है। यह देखिए...

कौशल्या : *(तन्द्रिल दूरागत से स्वर में)* हाँ, आर्यपुत्र।...वह दृश्य इस क्षण मेरे भी सामने स्पष्ट होता जा रहा है। देख रही हूँ—अपने कृश शरीर पर मुनियों के परिधान पहने हुए हम लोग केवल कन्दमूल खाकर ब्रह्म सच्चिदानन्द का सुमिरन कर रहे हैं।

दशरथ : *(उसी स्वप्निल स्वर में)* और भी कौशल्या, और भी।...कुछ समय बाद हम कन्दमूल भी त्याग देते हैं। केवल जल पीकर तप कर रहे हैं।...कब तक...कब तक ?

कौशल्या : हज़ारों बरस तक।...छह हज़ार बरस तक...जो...जो छह प्रहर से ही जान पड़ते हैं !

दशरथ : कोई अदृश्य शक्ति हमें दृढ़ इच्छा शक्ति देती है और हम...

कौशल्या : जल भी छोड़ देते हैं।...न भूख, न प्यास लगती है हमें।

दशरथ : केवल वायु के आधार पर रहते हैं।

कौशल्या : केवल वायु का आधार...घोर तप में ऐसे तल्लीन हैं कि सात हज़ार बरस बीतते भी नहीं जान पड़ते आर्यपुत्र !

दशरथ : उसके बाद...उसके बाद भी रानी।

कौशल्या : हाँ, आर्यपुत्र ! उसके बाद भी देख रही हूँ मैं कि...कि हम एक-एक पैर पर खड़े हैं...लगातार।

दशरथ : और...और लगता है हम श्वास भी नहीं लेते। एक पैर पर खड़े हैं, निश्चल, निःश्वास।

कौशल्या : निश्चल, निःश्वास ! दस सहस्र बरस तक !

दशरथ : कोई आता है हमारे पास।

कौशल्या : देवता लोग ! वे आते हैं और...

दशरथ : माँगहु बर बहु भाँति लोभाए।

कौशल्या : किन्तु हम लोग दृढ़ हैं। परम धीर नहिं चले चलाए।

दशरथ : अस्थि मात्र होइ रहे सरीरा।

कौशल्या : तदपि मनांग मनहिं महिं पीरा।

दशरथ : यह क्या...यह क्या...सुनाई पड़ रहा है ?

कौशल्या : एक सर्वव्यापी स्वर।

दशरथ : अलौकिक आकाशवाणी।

कौशल्या : मृतक जिआवनि गिरा सुहाई।

दशरथ : श्रवन रन्ध होई उर जब आई।

कौशल्या : मागु मागु बर भै नभ बानी।

दशरथ : परम गम्भीर कृपामृत सानी।...उसे सुनकर हमारे शरीर प्रफुल्लित हो जाते हैं।

कौशल्या : हमारे हृदय में प्रेम नहीं समाता।

दशरथ : गद्‌गद् होकर दंडवत् होकर हम कुछ कहते हैं।

कौशल्या : जौं अनाथ हित हम पर नेहू।

दशरथ : तौं प्रसन्न होई यह बर देहू।

कौशल्या : जो सरूप बस सिव मन माहीं।

दशरथ : जेहि कारन मुनि जतन कराहीं।

कौशल्या : जो भुसुंडि मन मानस हंसा।

दशरथ : सगुन अगुन जेहि निगम प्रसंसा।

कौशल्या : देखहिं हम सो रूप भरि लोचन।

दशरथ : कृपा करहु प्रनतारतिमोचन।

झाँकी-2

[मंच के भाग 1 पर अँधेरा हो जाता है। भीतरी रंगमंच पर नीलाभ उजाला। उसमें दीख पड़ते हैं तपस्वी और तपस्विनी के वेश में मनु और शतरूपा। वे दंडवत् कर रहे हैं और सामने खड़े हैं भक्त

वत्सल भगवान–कटि में निषंग, बाएँ हाथ में धनुष-बाण, नीले कमल-सा शरीर, शरदमयंक-सा मुख, विधुकर-निकर-विनिन्दक मुस्कान, ललित चितवन, ललाट पर तिलक, चमकता पटल, कुंडल मकर-मुकुट से सुशोभित सिर, उर पर श्रीवत्स, गले में रुचिर वनमाला और आभूषण, केहरी के-से कन्धों पर यज्ञोपवीत–साक्षात् भगवान श्री रामचन्द्र और उनके बराबर में आदि-शक्ति स्वरूपा, छविनिधि भगवती गीता। (दिन के अभिनय में भीतरी रंगमंच 2 और रंगस्थली 1 के बीच का पर्दा खिंच जाता है और यह दृश्य दीख पड़ता है।) यह झाँकी कुछ क्षणों के लिए दिखती है। पुनः रंगमंच 2 पर अँधेरा (या पर्दा) और रंगस्थली 1 पर प्रकाश।]

दशरथ : छबि समुद्र हरि रूप बिलोकी।
एकटक रहे नयन पट रोकी।
चितवहिं सादर रूप अनूपा।

वशिष्ठ : *(बीच में ही रोककर)* तृप्ति न मानहिं मनुसतरूपा !...हाँ राजन ! आप दोनों उस जन्म में मनु और उनकी पत्नि शतरूपा थे। आज आप दोनों के उस महातप और भगवान के वरदान के फलस्वरूप...

दशरथ : *(वैसे ही स्वर में)* वरदान !...हमने कहा–
एक लालसा बड़ उर माही।
सुगम अगम कहि जाति सो नाहीं ॥

कौशल्या : तुम्हहिं देत अति सुगम गोसाईं।
अगम लाग मोहि निज कृपनाई ॥

दशरथ : दानि सिरोमनि कृपानिधि नाथ कहउँ सतिभाउ।
चाहउ तुम्हरि समान सुत प्रभु सन कवन दुराउ ॥

वशिष्ठ : और वह वर मिला !...लेकिन वह सब भूल जाइए महाराज ! भूल जाइए। आप अब...

कौशल्या : कैसे भूल जाएँ गुरुवर। भगवान ने स्वयं कहा था–
मातु बिबेक अलौकिक तोरे।
कबहुँ न मिटहिं अनुग्रह मोरे ॥

वशिष्ठ : देवी, भगवान स्वयं भुला देंगे और अवसर पड़ने पर स्वयं याद दिला देंगे। यही तो भगवान की लीला होने जा रही है। उनकी लौकिक लीला में यदि आपको उस अलौकिक छवि की स्मृति पानी है तो इस समय भूल जाइए कि आप दोनों कभी मनु और शतरूपा थे, जिनके घोर तप से स्वयं भगवान अपनी आदि-शक्ति के साथ प्रकट होकर वह दैवी वरदान आपको दे गए हैं।...अब आप अवध-नरेश दशरथ हैं जिन्होंने सन्तान-प्राप्ति के लिए पुत्रेष्टि यज्ञ करवाया। देवी, अग्नि

देवता द्वारा प्रदत्त इस पायस खीर का आधा भाग अपने पति से सादर ग्रहण करें। उठाइए यह सुवर्ण पात्र राजन, डालिए चरु में से पायस...*(दशरथ पायस डालते हैं...)* धीरे-धीरे।...बस, बस !...प्रतिहारी, देवी कैकेयी और सुमित्रा को बुलाओ।

दशरथ : *(साधारण वाणी)* उन दोनों को किस विधि से देना होगा गुरुवर ?

वशिष्ठ : जैसे-जैसे मैं बताता चलूँ महाराज !...*(कैकेयी सुमित्रा का प्रवेश)* आइए देवी कैकेयी, आइए देवी सुमित्रा ! इधर बैठें। यह लीजिए अपने-अपने सुवर्ण-पात्र।...राजन ! देवी कैकेयी, चरु में से आधा भाग पीजिए... ठीक !...

कैकेयी : अनुग्रहीत हूँ राजन ! गुरुदेव आपकी कृपा हमारा सम्बल है।

वशिष्ठ : देवी कौशल्या, देवी कैकेयी ! अपने पतिदेव के हाथों के नीचे अपने-अपने हाथ रखकर चरुपात्र सम्हालिए।...हाँ...यों।...राजन अब शेष पायस को देवी सुमित्रा के स्वर्णपात्र में डालिए।...चरु खाली हो गया न ?...ठीक। *(सब लोग खड़े हो जाते हैं)* देवियो, इस दैवी प्रसाद को अब आप अन्तःपुर के अपने-अपने कक्ष में जाकर प्रसन्न वदन होकर पान करें।...राजन आपके लिए विश्राम और फिर आतुर परीक्षा।...आइए !

[रानियों का अन्तःपुर की ओर, और दशरथ और वशिष्ठ का दूसरी ओर प्रस्थान।]

(प्रथम दृश्य समाप्त)

तुलसीदास : *(सस्वर पाठ)*

एहि विधि गर्भ सहित सब नारी।
भई हृदयं हरषित सुखभारी॥
मन्दिर महँ सब राजहिं रानी।
सोभासील तेज़ की खानी॥

[दोपहर का समय। न तो अति शीत और न घाम ! शीतल, मन्द, सुरभित वायु बह रही थी। कुसुमित वन-मणियों से भरे गिरिपर्वत, नदियों में अमृत की धाराओं-सा जल। ऐसी पावन घड़ी में अदृश्यरूप हो बिरंचि इत्यादि देवताओं का अवधपुरी में जमघट।]

चैत्रमास, नौमी तिथि, भौमवार गन्धर्वों का गान ! सुमनांजलियों से बिमल गगन छा गया और उसके बाद–

सस्वर वृन्दगान

भए प्रगट कृपाला दीनदयाला कौसल्या हितकारी।
हरषित महतारी मुनिमनहारी अद्‌भुत रूप विचारी॥
लोचन अभिरामा तनु घनस्यामा निज आयुध भुजचारी।
भूषन वनमाला नयन विसाला सोभासिन्धु खरारी॥

तुलसी : जन्म के पूर्व भगवान के उस अद्‌भुत चतुर्भुजी रूप को देखकर कौशल्या माता को पुनः भगवान के वरदान की याद आई और वे बोलीं—

वृन्दवाचक : कह दुई कर जोरी अस्तुति तोरी केहि बिधि करो अनन्ता।
माया गुन ग्यानातीत अमाना वेद पुराना भनन्ता॥
करुना सुख सागर सब गुन आगर जेहि गावहिं श्रुतिसन्ता।
सो ममहित लागी जन अनुरागी भयउ प्रगट श्रीकन्ता॥
ब्रह्मांड निकाया निर्मित माया रोम रोम प्रति बेद कहै।
मम उर सो बासी यह उपहासी सुनत धीर मतिथिर न रहै॥

तुलसी : भगवान ने मधुर मुस्कान के साथ कौशल्याजी को अपनी माया का रहस्य समझाया।

वृन्दवाचक : उपजा जब ग्याना प्रभु मुसुकाना चरित बहुत बिधि कीन्ह चहै।
कहि कथा सुहाई मातु बुझाई जेहि प्रकार सुतप्रेम लहै।

तुलसी : कौशल्या माता का भ्रम दूर हुआ। उन्होंने भगवान से निवेदन किया।

वृन्दवाचक : माता पुनि बोली सोमति डोली तजहु तात यह रूपा।
कीजै सिसुलीला अति प्रियसीला यह सुख परम अनूपा॥

तुलसी : और तब भगवान ने साधारण शिशुओं की भाँति जन्म लेने का व्यवहार किया।

वृन्दवाचक : सुनि बचन सुजाना रोदन ठाना होइ बालक सुरभूषा।
यह चरित जे गावहिं हरिपद पावहिं ते न परई भवकूपा॥

तुलसी : व्यापक ब्रह्म निरंजन निर्गुन बिगत बिनोद।
सो अज प्रेम भगति बस कौसल्या के गोद॥
कौन हैं ये बालक पीत झगुलिया पहने, घुटनों और हाथों के बल इधर-उधर बिचरते हैं ? कौन हैं ये सुन्दर, श्रवन, सुचारु कपोला, अति प्रिय मधुर तोतरे बोला ? क्या ये वही हैं जिन्हें 'सुख सन्देह मोह पर ग्यान गिरा गोतीत' कहा जाता है ? क्या वही परब्रह्म दम्पति परम प्रेमबस कर सिसुचरित पुनीत ?

वृन्दवाचक : परम मनोहर चरित अपारा।
करत फिरत चारिउ सुकुमारा॥
मन क्रम बचन अगोचर जोई।
दसरथ अजिर बिचर प्रभु सोई॥

भोजन करत बोल जब राजा।
नहिं आवत तजि बाल समाजा॥
कौसल्या जब बोलन जाई।
ठुमुक ठुमुक प्रभु चलहिं पराई।।

तुलसी : निगम नेति सिव अन्त न पावा!
ताहि धरै जननी हठि धावा॥

वृन्दवाचक : भयउ कुमार जबहिं सब भ्राता।
दीन्ह जनेऊ गुरु पितु माता॥
गुरुगृह गए पढ़न रघुराई।
अलप काल विद्या सब आई॥

तुलसी : जाकी सहज स्वास श्रुति चारी।
सो हरि पढ़ यह कौतुक भारी॥

वृन्दवाचक : बन्धुसखा संग लेहि बोलाई।
बन मृगया नित खेलहिं जाई॥
जेहिं बिधि सुखी होहिं पुर लोगा।
करहिं कृपानिधि सोई संजोगा॥

तुलसी : व्यापक अकल अनीह अज निर्गुन नाम न रूप।
भगत हेतु नाना विधि, करत चरित अनूप॥

दृश्य दो

[तुलसीदास के अन्तिम शब्दों के साथ ही सूत्रधार-पीठिका पर अन्धकार और रंगस्थली 1 एवं पार्श्वमंच 4 पर प्रकाश। पार्श्वमंच पर विश्वामित्र और उनका एक शिष्य। वे धीरे-धीरे पार्श्वमंच से उतरकर रंगस्थली की ओर चलते हैं। सरयू तट से राजदरबार तक पहुँचने का आभास देने के लिए यह आवश्यक है कि दोनों रंगस्थली के एक सिरे से प्रारम्भ करके उसके आयताकार का भ्रमण करें मानो अयोध्या नगरी की वीथिकाओं और सड़कों पर होकर अपने निर्देश की ओर बढ़ रहे हैं। शिष्य विश्वामित्र के पीछे-पीछे चल रहा है और दोनों में कुछ वार्तालाप होता चलता है। इस बीच रंगस्थली के दूसरे सिरे पर दशरथ और वशिष्ठ तथा कुछ अन्य विप्र आते हैं और आतुर मुद्रा में सामने मुनि के आगमन की प्रतीक्षा कर रहे हैं। उनके ऊपर प्रकाश कम है। विश्वामित्र और शिष्य पर ही विशेष प्रकाश पड़ रहा है और उनके साथ-साथ चलता जाता है। कभी-कभी वे दोनों रुक भी जाते हैं।]

विश्वामित्र : पुत्र!

शिष्य : आज्ञा महाराज।

विश्वा. : इस समय मेरे-जैसे वनवासी तपस्वी का मन भी कुछ अस्थिर है।

शिष्य : इस विभिन्न शोभामयी और सम्पन्न अयोध्या नगरी के वैभव को देखकर किसका मन विचलित न होगा आचार्य ?

विश्वा. : वैभव पर अचरज नहीं पुत्र, मनोरथ की हलचल !

शिष्य : राजा दशरथ को आपके आगमन की सूचना मिल चुकी है। वे आपके सत्कार और आपके मनोरथ को पूरा करने के लिए स्वयं ही उत्सुक होंगे। शीघ्र ही हमारे आश्रम पर अत्याचार करनेवाले हमारी तपस्या और यज्ञ-कार्य में विघ्न डालनेवाले निशाचरों के विनाश की व्यवस्था अवध-नरेश कर देंगे।

विश्वा. : कुछ मनोरथ ऐसे होते हैं, जिन्हें पाने की इच्छा मन को विचलित करती है। पर एक ऐसा मनोरथ भी है जिसके पूरा होने की घड़ी करीब आते ही मनुष्य अपने को तैयार नहीं कर पाता।

शिष्य : मैं समझा नहीं, गुरुवर!

विश्वा. : समझते ही वाणी मौन हो जाती है, पुत्र !

जेहि जानें जग जाई हेराई।
जागें जथा सपन भ्रमजाई॥
बंदउ बालरूप सोई रामू।
सबसिन्धि सुलभ जपत जिसु नामू॥
मंगल भवन अमंगल हारी।
द्रवउँ सो दसरथ अजिर बिहारी॥

शिष्य : मुनिवर ! वे भगवान, श्रुति और वेद जिनका गुणगान करते हैं, ऋषि-मुनि जिनका ध्यान करते हैं, जो अनादि और अनन्त हैं उन भगवान को आप दशरथ के महल में देखेंगे।

विश्वा. : कैसे बताऊँ तुम्हें पुत्र मैं?—सुनो! एक बार पार्वती के मन में यही सन्देह उपजा। शिवजी ने उन्हें बताया—

आदि अन्त कोउ जासु न पावा।
मति अनुमानि निगम अस गावा॥
बिनु पद चलइ सुनइ बिनु काना।
कर बिनु करम करइ बिधि नाना॥
आनन रहित सकल रस भोगी।
बिनु बानी बकता बड़ जोगी॥
तन बिनु परस नयन बिनु देखा।
ग्रहइ थान बिनु बास असेषा॥
असि सब भाँति अलौकिक करनी।
महिमा जासु जाई नहीं बरनी॥

शिष्य : मुनिवर, उपनिषद् पढ़ाते समय आपने परम ब्रह्म की यही व्याख्या तो की थी, अनेक बार।

विश्वा. : *(भाव विभोर तनिक रुककर, मानो घोषणा करते हों।)*
शिवजी ने कहा—
जेहि इमि गावहिं बेद बुध जाहि धरहिं मुनि ध्यान।
सोई दसरथ सुत भगत हित कोसल पति भगवान॥

विश्वा. : राजा दशरथ के महल तक तो हम आ पहुँचे। वह देखिए, आचार्य, आपके स्वागत-सत्कार के लिए स्वयं अवध-नरेश विप्रगण सहित इधर ही आ रहे हैं।

[दशरथ रंगस्थली के आगे के भाग की ओर बढ़ते हैं।]

दशरथ : महामुनि विश्वामित्र ! मेरा प्रणाम स्वीकार करें ?

[दंडवत् करते हैं। अन्य लोग झुककर नमस्कार। विश्वामित्र अपने हाथों से दशरथ को उठाते हैं।]

विश्वा. : प्रजापालक, सुधी शासक राजन ! आपका कल्याण हो।

वशिष्ठ : आपके दर्शन लाभ से मैं कृतकृत्य हूँ, मुनि श्रेष्ठ !

विश्वा. : बन्धुवर वशिष्ठ, बहुत समय बाद आपके सत्संग का यह अवसर मेरे लिए सुखदाई है।

दशरथ : यह समाचार पाकर कि शुभविपिन में साधना और यज्ञादि में लीन कौशिक महामुनि अयोध्या नगरी में पधार रहे हैं, मैं अपने सौभाग्य पर आह्लादित हो गया, महाराज !...आइए, मेरे तुच्छ महल में प्रवेश करके उसे पवित्र कीजिए।

[भीतरी रंगमंच 2 पर प्रकाश। (दिन के अभिनय में रंगस्थली 1 और भीतरी रंगमंच 2 के बीच का पर्दा खिंच जाता है।) पार्श्वमंचों पर से प्रकाश लुप्त। भीतरी मंच पर दशरथ के दरबार का दृश्य। बीच में राजा का सिंहासन। दोनों तरफ़ अन्य आसन। दशरथ विश्वामित्र का हाथ पकड़कर उन्हें अपने सिंहासन पर बिठाते हैं। दूसरी ओर वशिष्ठ, सुमन्त्र तथा अन्य व्यक्ति। प्रतिहारी एवं अनुचर खड़े हैं।]

दशरथ : मुनिवर ! मो सम आजु धन्य नहीं दूजा।
(अनुचर चरण धोने का बरतन और जलपात्र लाते हैं। राजा पात्र में से जल विश्वामित्र के चरणों में डालते हैं।) आपके चरण पखारने और यथोचित पूजन करने का सौभाग्य मुझे मिल रहा है। *(विश्वामित्र आशीर्वाद की मुद्रा में दोनों हाथ उठाते हैं। दूसरे अनुचर कुछ थालियों में दही-शहद का मधुपर्क, मेवाफल इत्यादि लाते हैं। दशरथ एक थाली*

अपने हाथों से विश्वामित्र के सामने रखते हैं और हाथ जोड़कर कहते हैं।) ग्रहण करें महाराज !

विश्वा. : *(एक पात्र उठाकर मुख से पान करते हैं और फिर शिष्य को पकड़ा देते हैं। शिष्य का थाली लेकर प्रस्थान।)* आपका अनन्त कल्याण हो राजन ! आपके इस भव्य भवन में आदर और श्रद्धा से परिपूर्ण आपका सत्कार पाकर हम हृदय से प्रसन्न हैं !...पर... *(चारों ओर देखते हैं)*

वशिष्ठ : *(संकेत समझकर)* राजन, चारों कुमारों को तो मुनि विश्वामित्र के समक्ष प्रस्तुत कीजिए !

दशरथ : मुनिवर के आगमन की अनुकम्पा से मैं इतना अभिभूत हूँ कि उनके पावन चरण-रज से अपने बच्चों तक को वंचित किए रहा। *(प्रतिहारी से)* प्रतिहारी ! राम, लक्ष्मण, भरत, शत्रुघ्न को यहाँ ले आओ।...आप सब ऋषि-मुनियों के आशीर्वाद ही से तो मुझे ये चार बालक प्राप्त हुए हैं।...

विश्वा. : बालक ! *(किंचित् मुसकान और फिर भावविभोर, जिसे दशरथ लक्षित नहीं कर पाते।)*

ग्यान विराग सकल गुन अयना।
सो प्रभु मैं देखत भरि नयना॥

दशरथ : मैं अपने पुत्रों की बात कर रहा था मुनिवर।...

चारिउ सील रूप गुन धामा।
तदपि अधिक सुख सागर रामा॥

बड़े बेटे के आचरण का अनुसरण तीनों करते हैं। मैं और इनकी माताएँ ही नहीं, सारा नगर चारों पर मुग्ध है।

कोसलपुर बासी नर नारि, बृद्ध अरु बाल।
प्रानहु ते प्रिय लागत सब कहुँ रामकृपाल॥

विश्वा. : क्यों नहीं राजन !... *(मानो अपने ही से)* कृपालु राम ! ...राम

राम ब्रह्म चिन्मय अबिनासी।
सर्ब रहित सब उर पुर बासी॥

दशरथ : *(मानो विश्वामित्र की बात सुनी ही न हो)* और बड़े आज्ञाकारी हैं राम।

बेद पुरान सुनहिं मन लाई।
आपु कहहिं अनुजन्ह समुझाई॥
प्रातकाल उठि कै रघुनाथा।
मातु पिता गुरु नावहिं माथा॥

वशिष्ठ : आयसु मागि करहिं पुरकाजा।
देखि चरित हरषइ मन राजा॥

मुनिवर, पिता की भावना आप समझ ही गए होंगे।

विश्वा. : और आप क्या पाते हैं, बन्धुवर ?

वशिष्ठ : राम-जैसा मर्यादाशील, विद्याविनय-निपुण शिष्य पाकर कौन गुरु सन्तुष्ट न होगा ?

विश्वा. : *(दोनों का संवाद दूसरे ही स्तर पर पहुँच जाता है।)* और भी कुछ ?

वशिष्ठ : बन्धु, मैं पुरोहित हूँ, आप संन्यासी हैं।

विश्वा. : क्या मरे तप का फल आप पाते रहे हैं ?

वशिष्ठ : वह देखिए !

[राम और उनके पीछे लक्ष्मण, भरत और उनके पीछे शत्रुघ्न का प्रवेश ! थोड़ी देर के लिए प्रकाश केन्द्रित हो जाता है एक ओर तो राम पर और दूसरी ओर विश्वामित्र पर, जो खड़े हो जाते हैं। ऐसा प्रतीत होता है कि उस मौन क्षण में दोनों के बीच एक अनिवर्चनीय सन्देश का विनिमय होता है। विश्वामित्र की टकटकी लगी है राम के भासमान् स्वरूप पर। विभोर होकर वे आप-ही-आप बोल उठते हैं।]

विश्वा. : *(सस्वर)*

अरुन नयन उर बाहु बिसाला।
नील जलज तनु स्याम तमाला॥
कट पर पीत कसें बर माथा।
रुचिर चाप सायक दुहुँ हाथा॥

[एकटक देख रहे हैं कि दशरथ के बोलने के साथ ही मानो चमत्कार लुप्त होता है। प्रकाश समस्त दरबार पर फैल जाता है।]

दशरथ : अरे आप खड़े क्यों हैं महामुनि ? बैठिए बैठिए।...राम, भरत, लक्ष्मण, शत्रुघ्न—आगे आओ बैठो और कौशिक महामुनि विश्वामित्र के चरण स्पर्श कर उनका आशीर्वाद प्राप्त करो !

[चारों विश्वामित्र के चरण छूते हैं और फिर विनयशील मुद्रा में खड़े हो जाते हैं।]

विश्वा. : आशीर्वाद ! ...राजन मेरे तो नेत्र—

भए मगन देखत मुख सोभा।
जनु चकोर पूरन ससिलोभा॥

दशरथ : जैसे प्रियदर्शी हैं ऐसे ही गुणवान !

विश्वा. : युग-युगों तक इनकी यह शोभा और इनकी मर्यादा जन-जन का मन मोहती रहे—यही तो आशीर्वाद दे सकता हूँ राजन !

दशरथ : अभी तो किशोर हैं।...जाओ पुत्रो, अपनी दिनचर्या पूरी करो। *(चारों*

का प्रणाम करके प्रस्थान)

विश्वा. : *(वशिष्ठ से)* बन्धुवर, यह भी कामना है मेरी, कि अनन्तकाल तक मेरा आशीर्वाद राम के चरणों का अनुगामी बना रहे।

वशिष्ठ : आपका मनोरथ पूरा हुआ, वयस्य ?

विश्वा. : हुआ भी और नहीं भी।

दशरथ : महामुनि, आपने मेरे यहाँ पधारकर जो कृपा की है वह अन्य किसी को नहीं मिली। अब आप अपने आगमन का कारण बताकर अपनी सेवा करने का मुझे अवसर दें।

"कहउ सो करत न लावउँ बारा।"

विश्वा. : राजन, अपने आश्रम के विषय में एक चिन्ता मेरे मन में व्याप रही है ?

दशरथ : ऐसा क्यों मुनिश्रेष्ठ ?

विश्वा. : बात यह है कि जिस वन में मेरा आश्रम स्थित है, जहँ जपजग्य जोग मुनि करहीं—वहाँ मारीच, सुबाहु, ताड़का इत्यादि निशाचर-निशाचरी अत्यन्त विघ्न डालते हैं। उनके अत्याचार से हम सब त्रस्त हैं।

असुर समूह सतावहिं मोही!
मैं जाचन आयउँ नृप तोही ॥

दशरथ : इन पापियों का शीघ्र निराकरण होना आवश्यक है।...मन्त्रिवर सुमन्त्र !

सुमन्त्र : महाराज !

दशरथ : सेना की सबसे बलवान और अनुभवी टुकड़ी को तैयारी का आदेश दें।

वशिष्ठ : सेना से मुनिवर का काम चल जाएगा ?

विश्वा. : नहीं, राजन !

दशरथ : तब ?

वशिष्ठ : *(रुकते हुए, शब्दों पर किंचित् ठहरते हुए, स्पष्ट वाणी)*

अनुज समेत देहु रघुनाथा।
निसिचर बध मैं होब सनाथा ॥
देहु भूप मन हरषित तजहु मोह अग्यान।
धर्म सुजस प्रभु तुम्ह कौं इन्ह कहँ अति कल्यान ॥

[सन्नाटा। दशरथ हतप्रभ और चुप।]

वशिष्ठ : राजन ! मुनिवर विश्वामित्र जैसे अतिथि के वचन सुनकर यों सहसा आपका मौन हो जाना उचित नहीं है। आप रघुवंशी राजाधिराज हैं। यह ठीक नहीं कि आपका "हृदय कम्प मुखदुति कुमुलानी"...उत्तर दें, महाराज।

दशरथ : *(अटकती-सी वाणी, लेकिन शब्द बिलकुल स्पष्ट)*
गुरुदेव !
चौथेपन पायउँ सुत चारी।
बिप्र वचन नहिं कहेहु विचारी॥
हे मुनिश्रेष्ठ ! आप मेरे अतिथि हैं और उस पर भी विप्र !
माँगहु भूमि धेनु धन कोसा।
सर्बस देउँ आजु सहरोसा॥
देह प्रान तें प्रिय कुछ नाहीं।
सोउ मुनि देउँ निमिष एक माहीं।
सब सुत प्रिय मोहिं प्रान कि नाईं।
राम देत नहिं बनई गोसाईं॥
(अन्तिम ऐसे करुण और मार्मिक ढंग से कहे जाते हैं कि क्षणभर को पुनः सन्नाटा) और फिर यह भी तो सोचिए,
कहँ निसिचर अति घोर कठोरा।
कहँ सुन्दर सुत परम किसोरा॥

विश्वा. : *(कुछ विचारकर)* वशिष्ठजी। आप ही अवध-नरेश को आश्वस्त करें। पर इतना कह दूँ। कोशलपति का यह अनुपम सुतस्नेह देखकर मैं गद्गद् हूँ। कैसे भाग्यशाली हैं ये ?...राजन को बता दीजिए आप
सुनि नृपगिरा प्रेम रस सानी।
हृदयं हरष माना मुनि ग्यानी॥

वशिष्ठ : *(दशरथ को समझाते हुए)* राजन पिता के मोह को अलंकार समझिए कवच नहीं। आप क्षत्रिय हैं और आपका कर्त्तव्य है कि मुनियों के आश्रमों पर असुरों का जो अत्याचार हो रहा है उसे बन्द करने के लिए सबसे समर्थ उपाय कीजिए।...राम आपकी दृष्टि में हमेशा शिशु ही रहेंगे, यह मैं समझता हूँ। किन्तु राम पुरुषसिंह हैं, वीर हैं, धीरमति हैं।...मैं उनका गुरु यह जानता हूँ और आप—राम के पिता नहीं—आप अवध-नरेश—आप भी इस सत्य से अपरिचित नहीं।...इसलिए सन्देह का नाश कीजिए।

दशरथ : समझा गुरुदेव ! जो अस्त्र-शस्त्र विद्या आपने राम को दी है वही निशाचरों की आसुरी माया को काट सकती है, सेना नहीं।

वशिष्ठ : यही समझ लीजिए। हो सकता है समय आने पर आपको एक और बात भी याद पड़े।

दशरथ : क्या ?

वशिष्ठ : हरि बिनु मरहिं न निसिचर पापी।

विश्वा. : और भी ! 'प्रभु अवतरेउ हरन भवभारा।'

दशरथ : प्रभु! ...हरि !!...समझा नहीं गुरुदेव ?

वशिष्ठ : किसी दिन किसी घड़ी आपको स्वयं याद आएगी कि मुनियों ने राम के लिए क्या कहा था। इस समय तो दोनों राजकुमारों को आदेश दीजिए और आशीर्वाद !—

[राम और लक्ष्मण का प्रवेश]

दशरथ : आ गए राम ? दोनों सामने तो आओ, मुनि-विश्वामित्र के समीप। सुनो, तुम्हें मुनि विश्वामित्र के साथ उनके आश्रम को जाना है, तुरन्त।

राम : अहोभाग्य, आर्य !

दशरथ : मुनिवर के आश्रम में यज्ञ, तप, योग साधना में जो निशाचर विघ्न डाल रहे हैं उनकी आसुरी शक्ति के विनाश की विद्या गुरु वशिष्ठ ने तुम्हें दी है।

लक्ष्मण : हमारी विद्या का इससे बढ़कर सदुपयोग नहीं है, आर्य ! हमारे तरकश के बाण अभी से आतुर हैं।

राम : मुनिवर ने हमें इस पुण्य कार्य के लिए चुना, इसके लिए अनुग्रहीत हूँ।

दशरथ : तुम क्षत्रिय-पुत्र हो। भुजबल और आत्मबल दोनों का ज्ञान गुरु वशिष्ठ से पा चुके हो। समझ लो कि अब तक प्राप्त शिक्षा का अभ्यास करने और शेष शिक्षा प्राप्त करने ही तुम महामुनि के साथ जा रहे हो !

राम : जो आज्ञा पितृवर।

दशरथ : पितृ ! *(आर्द्र स्वर)* मैं यह कैसे भूल गया कि अवध-नरेश तुम दोनों का पिता भी है ? इधर आओ राम ! इधर आओ लक्ष्मण ! मेरे निकट ! ...तुम्हें हृदय से तो लगा लूँ। *(स्नेहालिंगन)* ...मुनि विश्वामित्र, सुनिए !—

मेरे प्रान नाथ सुत दोऊ।
तुम्ह मुनि पिता आन नहीं कोऊ ॥

(फिर रुककर राम लक्ष्मण)...आओ अपनी जननियों से विदा लेकर मुनिवर के साथ प्रस्थान करो।...आओ।

[दशरथ के साथ राम और लक्ष्मण का प्रस्थान। पीछे-पीछे सुमन्त्र, प्रतिहारीगण अनुचर का प्रस्थान। केवल विश्वामित्र और वशिष्ठ रह जाते हैं। दोनों धीरे-धीरे दूसरी ओर चलते हैं।]

विश्वा. : वशिष्ठजी, कैसे कहूँ ?

सस्वर

स्याम गौर सुन्दर दोऊ भाई।
बिस्वामित्र महानिधि पाई॥
प्रभु ब्रह्मन्य देव मैं जाना।
मोहि हित पिता तजे भगवाना॥

[वशिष्ठ की रहस्यमयी मुस्कान। दोनों का प्रस्थान। भीतरी रंगमंच 2 पर अन्धकार। तुलसीदास और वृन्दवाचक का स्वर]

तुलसी : *(वृन्दवाचकों सहित)*

पुरुषसिंह दोउ बीर हरषि चले मुनि भय हरन।
कृपासिन्धु मतिधीर अखिल बिस्व कारन करन॥

[द्वितीय दृश्य समाप्त]

द्वितीय अंक

[प्रारम्भ में थोड़ी देर के लिए प्रकाशपुँज तुलसीदास और उनकी मंडली पर केन्द्रित रहता है और वे उसी दोहे की पुनरावृत्ति करते हैं जिसे उन्होंने अंक 1 के अन्त में कहा था।]

तुलसी : *(मंडली-सहित सस्वर)*

पुरुषसिंह दोउ बीर हरषि चले मुनि भय हरन।
कृपासिन्धु मतिधीर अखिल बिस्व कारन करन।।

दृश्य एक

[सूत्रधार पीठिका पर अँधेरा और पार्श्व-मंच 3 पर उजाला, जिसमें राम लक्ष्मण और विश्वामित्र दीख पड़ते हैं। रंगस्थली 1 पर भी प्रकाश जो दीर्घ रंगस्थली 7 और भीतरी रंगमंच 2 तक फैला है। भीतरी रंगमंच पर घने जंगल के प्रतीकस्वरूप कुछ झाड़ियाँ (या उनके कट-आउट) भीतरी रंगमंच के वातावरण में एक तरह के त्रास और घुटन का आभास। किन्तु जगह-जगह पुष्प लताएँ इत्यादि।]

विश्वा. : राजकुमार, इस गहन वन को पार करते ही हम आश्रम पहुँच जाएँगे। किन्तु बहुत सतर्क होकर इस जंगल की पगडंडी पर चलना होगा।

लक्ष्मण : अभी तक तो हमारी सतर्कता को चुनौती मिली नहीं मुनिवर !

विश्वा. : राजकुमार, यह मार्ग कुछ भिन्न है।

राम : स्थान रमणीक तो है महामुनि।

विश्वा. : हाँ, रमणीक है और भयावह भी। क्योंकि–*(सतर्कता से भीतरी रंगमंच की ओर देखते हुए)* क्योंकि–*(हठात्)* वह देखिए राजकुमार–उधर...

लक्ष्मण : नारी !...*(धनुष पर हाथ रखते हुए)*

विश्वा. : निशाचरी ताड़का ! हमारे आश्रम के लिए भयंकर अभिशाप !

[भीतरी रंगमंच 2 की एक झाड़ी में से ताड़का निकलती दीख पड़ती है। राक्षसी मुखौटा, प्रज्वलित-से रक्तिम नेत्र, मोटे लाल होंठ, काला शरीर, बड़े नाखून, हाथ में बधिक का-सा अस्त्र ! भीतरी रंगमंच से उतरकर रंगस्थली पर, सामने देखते हुए, धीरे-धीरे आगे बढ़ती है।]

लक्ष्मण : *(तरकश में से बाण निकालते हुए)* भयंकर, नृशंस निशाचरी !...आर्य, आज्ञा दें !

राम : दीन, दुर्भागिनी नारी !...ठहरो लक्ष्मण !

[ताड़का इस बीच दीर्घ रंगस्थली 3 पर पहुँचकर फिर पीछे मुड़ती है। चलते समय वह तरह-तरह की दानवी आवाज़ें निकालती है। जिनमें कभी घुड़की का आभास होता है। कभी अट्टहास का। सहसा उसकी दृष्टि विश्वामित्र, राम और लक्ष्मण पर पड़ती है। घोर पैशाचिक स्वर करती हुई वह पार्श्वमंच 3 की ओर दौड़ती है।]

तुलसी स्वर : चले जात मुनि दीन्हि देखाई।

वृन्द पाठ : चले जात मुनि दीन्हि देखाई।

तुलसी स्वर : सुनि ताड़का क्रोध करि धाई।

वृन्द पाठ : सुनि ताड़का क्रोध करि धाई।

[ताड़का पार्श्व-रंगमंच के सामने आकर खड्ग को इधर-उधर हिलाती है और शरीर को घमंडपूर्ण ढंग से डुलाती है, मानो राम-लक्ष्मण को संघर्ष के लिए आह्वान करती हो।]

विश्वा. : *(राम के पीछे से कन्धे के पास मुख ले जाकर)* राम, उद्धार करो इस अभागिनी का !...अपने चरणों में शरण दो राम !

ताड़का : *(सरोष)* राम !—आगे बढ़ो राम !

[राम उछलकर ताड़का के बराबर से फुर्ती के साथ रंगस्थली 1 में होते हुए भीतरी रंगमंच पर पहुँच जाते हैं। वहाँ धनुष पर तीर चढ़ाते हैं। ताड़का उनका पीछा करते हुए, कर्कश स्वर में 'राम' 'राम' पुकारती हुई वहाँ पहुँच जाती है। कुछ क्षणों के लिए दोनों एक-दूसरे के सामने मानो रुक जाते हैं। उस नीलाभ प्रकाश में एक मानवेतर दृश्य, जिस पर प्रकाश केन्द्रित है। अन्यत्र अँधेरा।]

तुलसी स्वर : एकहिं बान प्रान हरि लीन्हा।
दीन जानि तेहि निज पद दीन्हा॥

[राम धनुष खींचते हैं। एक बाण ताड़का की छाती पर लगता है। वह लड़खड़ाती है, उसके हाथ में से खड्ग गिर जाता है। इधर-उधर दिशाओं में लड़खड़ाने के बाद उसका शरीर राम की ही ओर इस तरह पलटता है कि उसका सिर राम के चरणों पर गिरता है। राम उसके सिर पर धनुष का सिरा टेकते हैं।]

तुलसी और मंडली : *(सस्वर)*

बिबसहुँ जासु नाम नर कहहीं।
जनम अनेक रचित अध दहहीं॥

सादर सुमिरन जे नर करहीं।
भव बारिधि गोपद इव तरहीं॥

[पार्श्व और रंगस्थली 1 तथा दीर्घ रंगस्थली पर इस बीच पुनः प्रकाश। लक्ष्मण भी इसी बीच दौड़कर राम के पास जाकर गले मिलते हैं। थोड़ी देर के लिए विश्वामित्र अकेले विचारमग्न।]

विश्वा. : *(स्वतः)* पापिनी को एक ही बाण द्वारा अपने चरणों में सद्गति देनेवाले दीनदयालु राम मेरे आश्रम के रक्षक हुए हैं। अहोभाग्य ! अहो लीलामय भगवान !

[उतरकर रंगस्थली 1 पर राम की ओर चलते हैं। उधर राम और लक्ष्मण भीतरी रंगमंच से उतरकर विश्वामित्र की ओर आते हैं। राम विश्वामित्र के चरण छूते हैं।]

विश्वा. : *(साधारण स्वर में)* राजकुमार, बन्धुवर वशिष्ठ से निश्चय ही आपने अनुपम धनुर्विद्या प्राप्त की है।

राम : यदि उचित समझें तो हम दोनों को अपनी विद्या भी प्रदान करें मुनिवर !

[तीनों बातें करते हुए दीर्घ रंगस्थली की ओर चलते हैं।]

विश्वा. : राम, लोग कहेंगे कि विश्वामित्र ने—बिद्या निधि कहुँ बिद्या दीन्ही।

राम : नहीं मुनिवर, आप आचार्य हैं। आश्रम के घने जंगलों में राक्षसों के छलछद्म से परिचित हैं। आपकी दी हुई शिक्षा हमारे अभियान के लिए नितान्त आवश्यक है।

[तीनों दीर्घा से पार्श्वमंच 4 की ओर बढ़ते हैं।]

विश्वा. : राजकुमार—जाते लाग न छुधा पिपासा।
अतुलित बल तनु तेज़ प्रकासा॥

ऐसी विद्या राक्षसों के विनाश के अभियान में आप दोनों के काम आ सकेगी।...आश्रम आ ही पहुँचा। अभ्यास करते आपको देर नहीं लगेगी।...*(पार्श्वमंच 4 पर चढ़ते हुए)* आइए आपको वे सब आयुध, अस्त्र-शस्त्र सौंप दूँ जिनका उपयोग आप-जैसे क्षत्रिय कुमारों को ही शोभा देता है। आइए।

[विश्वामित्र, राम और लक्ष्मण का प्रवेश 10 में होकर प्रस्थान। थोड़ी देर के लिए अँधेरा। तुलसीदास और मंडली का स्वर सुनाई पड़ता है।]

तुलसी-स्वर : आयुध सर्व समर्पि कै प्रभु निज आश्रम आनि।
कन्द मूल फल भोजन, दीन्ह भगति हित जानि॥

और दूसरे दिन प्रातःकाल—

वृन्द पाठ : अरुन नयन उर बाहु बिसाला।
नील जलज तनु स्याम तमाला॥

कटि पट पीत कसे बर माथा।
रुचिर चाप सायक दुहु हाथा॥

तुलसी : प्रात कहा मुनि सन रघुराई।

[पार्श्वमंच 4 और 6 तथा रंगस्थली 1 पर प्रकाश। राम और लक्ष्मण पार्श्वमंच 6 पर खड़े हैं। पार्श्वमंच 4 पर विश्वामित्र तथा अन्य मुनि और शिष्य होमकुंड के चारों तरफ़ बैठे हैं। होम के लिए पूरी तैयारी है, समिधा, घृत-पात्र इत्यादि रखे हैं, किन्तु अग्नि प्रज्ज्वलित नहीं की गई है।]

राम : *(विश्वामित्र से नतमस्तक हो)*

लक्ष्मण : निर्भय जग्य करहु तुम्ह जाई। मुनिवर, अब आप निर्भय होकर होम प्रारम्भ करें। आपने कृपा करके जो विद्या हमें प्रदान की है उसके योग्य आचरण का अवसर हमें दें।

एक मुनि : राजकुमार, आप दोनों—स्यामल गौर मृदु बयस किसोरा। लोचन सुखद बिस्वचित चोरा।।
आप राक्षसों का कैसे सामना करेंगे ? वे तो—घोर निसाचर निकट भट समय गनहिं नहिं काहु।

लक्ष्मण : मुनिवर, समर से मुख मोड़ना सिंह शावक नहीं जानते। और फिर हम आए ही इसीलिए हैं। देखें तो सही कैसे हैं निशाचर?

दूसरा मुनि : देखत जग्य निसाचर धावहिं। कराहिं उपद्रव मुनि दुख पावहिं। गाधितनय मन चिन्ता ब्यापी।

विश्वामित्र : हरि बिनु मरहिं न निसिचर पापी॥ *(मुनियों से)* आश्रमवासियो, मैंने जो देखा है वह आपने नहीं देखा। सन्देहमुक्त होकर यज्ञ प्रारम्भ कीजिए। हमारे परित्राण की घड़ी आ पहुँची है।

[विश्वामित्र और उनके साथी मुनि मन्त्रोच्चारण करते हैं और अग्नि प्रज्ज्वलित करके आहुतियाँ डालना प्रारम्भ करते हैं।

राम और लक्ष्मण पार्श्वमंच 6 से उतरकर थोड़ी देर सतर्कता से इधर-उधर देखते हुए रंगस्थली 1 पर घूमते हैं, और फिर राम पार्श्वमंच 6 पर और लक्ष्मण पार्श्वमंच 5 पर वीरासन में बैठ जाते हैं।]

तुलसी-स्वर : होम करन लागे मुनि झारी।
आपु रहे मख कीं रखवारी॥

[क्रमशः पार्श्वमंच पर प्रकाश कम हो जाता है और भीतरी मंच 2 पर बढ़ते प्रकाश में पुनः जंगल का दृश्य। झाड़ियों के पीछे से क्रमशः मुखौटोंवाले अनेक राक्षस झाँकते हैं।]

[मन्त्रोच्चारण जारी है। अँधेरे में से तुलसीदास का स्वर।]

तुलसी-स्वर : सुनि मारीच निसाचर क्रोही।
लै सहाय धावा मुनिद्रोही॥

[भीतरी मंच पर राक्षसों की संख्या बढ़ जाती है। वे लोग रंगस्थली 1 पर उतरना प्रारम्भ करते हैं। तभी हठात् निशाचर समूह को चीरते हुए दो विशालकाय दानव--मारीच और सुबाहु घोर स्वर करते हुए आगे बढ़ते हैं और पार्श्वमंच 4 की ओर दौड़ते हैं। राम फुरती के साथ दौड़कर पार्श्वमंच और मारीच सुबाहु के बीच धनुष ताने खड़े हो जाते हैं। लक्ष्मण भी अपने स्थान से कूदकर पीछे खड़ी राक्षसी-सेना को रोक देते हैं।

एक तरफ़ मारीच, दूसरी तरफ़ सुबाहु, बीच में राम रंगस्थली के आगे के भाग में युद्ध लड़ते हैं। युद्ध की विधि 'स्टाइलाज्ड' है, जैसे प्रायः परम्पराशील रामलीला तथा अन्य प्रदर्शनों में होती है, यानी योद्धाओं का पद-विन्यास, आगे पीछे बढ़ना, चाल और परिक्रमण ताल और लय के साथ होते हैं, स्वाभाविक युद्ध की-सी भगदड़ नहीं होती। मारीच और सुबाहु खड्गों से लड़ रहे हैं, राम के तीर कभी-कभी उन पर आघात करते हुए निकल जाते हैं। उधर लक्ष्मण राक्षसी सेना को अपने बाणों से रोके हुए हैं।

राम, मारीच और सुबाहु लड़ते-लड़ते दीर्घ रंगस्थली 7 पर आ जाते हैं। तीनों के तालयुक्त युद्ध के बीच कभी-कभी एक क्षण के लिए 'टेब्लो' की-सी स्थिरता जान पड़ती है। वस्तुतः इस 'नाट्यधर्मी' युद्ध के पूरे प्रभाव के लिए उपयुक्त क्रम से मृदंग या ढोल पर हलकी थाप दी जानी चाहिए।

थोड़ी देर बाद राम दीर्घा के किनारे पर आ जाते हैं और उनमें और राक्षसों में फासला बढ़ जाता है। तभी मारीच दहाड़कर दीर्घा के दूसरे सिरे से राम की ओर दौड़ता है। राम फुर्ती के साथ एक तीर का फर तोड़ते हैं, उसे धनुष पर चढ़ाकर धनुष को पूरा तानकर छोड़ते हैं। तीर लगते ही मारीच चीत्कार करता हुआ दीर्घा के बाहर दर्शकों के बीच दौड़ता हुआ चला जाता है।]

तुलसी-स्वर : बिनु फर बान राम तेहि मारा।
सात जोजन गा सागरपारा॥

[अब सुबाहु राम की ओर बढ़ता है। राम धनुष पर अग्निबाण चढ़ाते हैं।[1] *सुबाहु ठिठक जाता है। राम उसकी ओर निशाना*

1. 'स्टाइलाज्ड' युद्धों में अकसर ऐसा होता है कि कोई अन्य व्यक्ति योद्धा को शस्त्र बाण इत्यादि पकड़ा दे। ऐसी प्रक्रिया की स्वाभाविकता का प्रश्न परम्पराशील नाट्य में नहीं उठता। इस स्थल पर भी राम को ऐसा बाण पकड़ा दिया जाए जिसमें अग्नि प्रज्वलित है। कोई मुनि ऐसा कर सकते हैं।

बाँधकर बढ़ते हैं। वह पीछे हटता जाता है और दीर्घा से रंगस्थली और फिर भीतरी रंगमंच तक हटता जाता है। यह प्रक्रिया भी उसी तरह तालयुक्त होती है। भीतरी मंच पर पहुँचकर राम अग्निबाण छोड़ते हैं। कड़क के साथ ज्वाला उठने का आभास होता है और घोर चीत्कार के साथ सुबाहु गिर जाता है।

लक्ष्मण और राक्षसी सेना का संघर्ष तीव्रगति से होता है और अनेक राक्षस गिरते और बाकी भागते हैं। लक्ष्मण भीतरी रंगमंच पर राम के पास पहुँच जाते हैं और दोनों गले मिलते हैं।

तुलसी-स्वर : पावक सर सुबाहु पुनि मारा।
अनुज निसाचर कटकु सँघारा॥
मारि असुर द्विज निर्भयकारी।
अस्तुति करहिं देवमुनि झारी॥

[भीतरी मंच पर राम और लक्ष्मण खड़े दीख पड़ते हैं और प्रकाश उन पर केन्द्रित है; अन्यत्र लगभग अँधेरा है, यद्यपि पार्श्वमंच 4 पर विश्वामित्र और मुनिजन हाथ जोड़े वन्दना की मुद्रा में खड़े दिखाई पड़ते हैं। उस समय मुनिवृन्द तुलसी-मंडली और नेपथ्य से एक सामूहिक स्तुति सुनाई पड़ती है, जिस के बीच राम-लक्ष्मण की झाँकी के दर्शन होते हैं।]

[समूह-स्तुति]

मुनि धीर जोगी सिद्ध सन्तत बिमल मन जेहि ध्यावहीं।
कहि नेति निगम पुरान आगम जासु कीरति गावहीं॥
सोई राम ब्यापक ब्रह्म भुवन निकाय पति माया धनी।
अवतरेउ अपने भगत हित निजतन्त्र रघुकुल मन॥

[प्रथम दृश्य समाप्त]

सूत्रधार पीठिका 5 पर पुनः प्रकाश।
अन्यत्र अँधेरा।

तुलसीदास : राम अनन्त अनन्त गुन।
अमित कथा बिस्तार॥
सुनि आचरज न मानिहहिं।
जिन्हके बिमल विचार॥

श्रद्धालु दर्शको, श्रोताओ, मेरा निवेदन सुनें ! अलौकिक है राम की कथा, अगणित हैं राम के चरित, नाना भाँति राम ने अवतार लिए, अपार और अनेक कोटि रामायण हुई। ज्ञानी लोग इस पर आश्चर्य नहीं करते, क्योंकि वे समझते हैं कि—

अगुन अरूप अलख अज जोई।
भगत प्रेम बस सगुन सो होई॥
जो गुन रहित सगुन सोइ कैसे।
जलु हिम उपल बिलग नहिं जैसे॥

फिर भी भ्रमवश हम लोग इस सत्य को भूल जाते हैं।

निज भ्रम नहिं समुझहि अग्यानी।
प्रभु पर मोह धरहिं जड़ प्रानी॥
जथा गगन घन पटल निहारी।
झाँपेउ भानु कहहिं कुबिचारी॥
चितव जो लोचन अँगुलि लाएँ।
प्रगट जुगल ससि तेहि के भाएँ॥
वास्तव में तो शशि एक ही है, दो नहीं।

वृन्दपाठक : सब कर परम प्रकासक जोई।
राम अनादि अवधपति सोई॥
जगत प्रकास्य प्रकासक रामू।
मायाधीस ग्यान गुन धामू॥
जासु सत्यता तें जड़ माया।
भास सत्य इव मोह सहाया॥

तुलसीदास : रजत सीप महुँ भास जिमि।
जथा भानु कर बारि॥
जदपि मृषा तिहुँकाल सोइ।
भ्रम न सकइ कोउ टारि॥

रघुनाथ राम ही की कृपा से यह भ्रम दूर हो सकता है। इसलिए अपने को और आपको मैं अकिंचन बार-बार याद दिलाना चाहता हूँ, नहीं तो इन अद्‌भुत लीलारूपी फलों का छिलका ही हाथ लगेगा रस नहीं। विश्वामित्रजी भी उसी रस के प्यासे थे। और कैसे भगवान लीलाओं का ताँता बाँधे रहें यही जतन करते थे। विश्वामित्रजी के आश्रम में रघुराज राम कुछ दिन और रहे और मुनिवर से अनेक पुरानी कथाएँ सुनते रहे। एक दिन विश्वामित्रजी ने कहा—एक वर्तमान चरित आपको दिखाएँ। मिथिला के राजा जनक धनुष यज्ञ कर रहे हैं। वहाँ चलें।

झाँकी-1

[भीतरी रंगमंच 2 पर हलका नीला प्रकाश। एक ऐसा जंगल जहाँ हरेक वस्तु निश्चल और निष्प्राण जान पड़ती है। विश्वामित्र के

पीछे-पीछे राम और लक्ष्मण का प्रवेश। कोने में एक सुनसान और निर्जीव-सा आश्रम।]

तुलसी-स्वर : धनुषजग्य सुनि रघुकुल नाथा।
हरषि चले मुनिवर के साथा॥
आश्रम एक दीख मग माहीं—

लक्ष्मण : आचार्य यह कैसा विचित्र आश्रम है ? न खग-मृग, न जीव-जन्तु। केवल एक ठिठका-हुआ-सा मौन !

विश्वा. : राजकुमार, सचमुच ही यह आश्रम किसी की प्रतीक्षा में मौन होकर जड़वत् पड़ा है।

[राम कुछ दूर जाकर एक शिला के पास खड़े हो जाते हैं और उसे ध्यान से देखते हैं।]

लक्ष्मण : किसकी प्रतीक्षा में ?

विश्वा. : *(किंचित् हँसकर)* किसकी प्रतीक्षा में !

राम : *(दूर से ही)* महामुनि, यह शिला-मूर्ति किसकी है ? किस स्त्री का स्वरूप है ?

विश्वा. : मुझसे क्यों पूछते हो राम ? क्या तुम्हें ज्ञात नहीं रघुनाथ कि कौन है यह ? और यहाँ क्यों पड़ी है ?

लक्ष्मण : मुझे तो बताइए मुनिवर !

विश्वा. : गौतम ऋषि की स्त्री अहल्या, जिसके साथ इन्द्र ने अपावन व्यवहार किया। पति ने दोनों को शाप दिया। इन्द्र को भयंकर रोग ने ग्रस लिया, अहल्या पत्थर बन गई। *(राम को पुकारकर)* हे राम उद्धार करो इस नारी का, शेष करो उसकी कालकलान्तर की प्रतीक्षा का—

गौतम नारि श्राप बस उपल देह धरि धीर।
चरन कमल रज चाहति कृपा करहु रघुबीर॥

[जिस समय विश्वामित्र बोल रहे हैं धीरे-धीरे भीतरी रंगमंच के उस हिस्से पर भी अँधेरा फैल जाता है जहाँ लक्ष्मण और वे खड़े हैं। केवल उसी स्थल पर प्रकाश केन्द्रित हो जाता है जहाँ राम अहल्या की प्रस्तर-प्रतिमा के पास खड़े हैं। सर्वत्र अन्धकार के बीच एक आलोक पुँज। अनिर्वचनीय सौम्य मुस्कान के साथ राम अपना दाहिना चरण उठाते हैं और प्रतिमा के मस्तक पर थोड़ी देर रखकर हटा लेते हैं। चरण हटते ही अहल्या की मूर्ति में थोड़ी सिहरन के बाद अहल्या हाथ जोड़े हुए श्रद्धावनत् खड़ी हो जाती है। इस प्रक्रिया के साथ-साथ तुलसी का वृन्द सहित स्वर।]

तुलसी-स्वर : *(वृन्द सहित)*

परसत पद पावन सोक नसावन प्रगट भई तप पुँज सही।
देखत रघुनायक जन सुखदायक सनमुख होई कर जोरि रही॥
अति प्रेम अधीरा पुलक सरीरा मुख नहिं आवई बचन कही।
अतिसय बड़भागी चरनन्हि लागी जुगल नयन जलधार बही॥

अहल्या : मैं नारि अपावन प्रभु जग पावन रावनरिपु जन सुखदाई।
राजीव बिलोचन भवभय मोचन पाहि पाहि सरनहिं आई॥
मुनि श्राप जो दीन्हा अतिभल कीन्हा परम अनुग्रह मैं माना।
देखेउँ भरि लोचन हरि भवमोचन इहइ लाभ संकर जाना॥
बिनती प्रभु मोरी मैं मति भोरी नाथ न माँगउँ बर आना।
पद कमल परागा रस अनुरागा मम मन मधुप करै पाना॥
जेहिं पद सुरसरिता परमपुनीता प्रगट भई सिवसीस धरी।
सोई पद पंकज जेहि पूजत अज मम सिर धरेउ कृपाल हरी॥

[प्रकाश लुप्त होता है और ऐसा जान पड़ता है मानो अहल्या गगन की ओर उठ रही हो।]

वृन्द-स्वर : एहि भाँति सिधारी गौतम नारी बार-बार हरि चरन परी।
जो अति मन भावा सो बरू पावा गै पतिलोक अनन्द भरी।।

[भीतरी रंगमंच पर पूर्ण अँधेरा। साथ ही सूत्रधार-पीठिका पर प्रकाश]

[झाँकी एक समाप्त।]

तुलसी. : अस प्रभु दीनबन्धु हरि कारन रहित दयाल।
तुलसीदास सठ तेहि भजु छाड़ि कपट जंजाल॥
हे श्रोताओ, हे दर्शको !

वृन्द सहित : अगुन अखंड अनन्त अनादी।
जेहि चिन्तहिं परमारथ बादी॥
नेति नेति जेहि बेद निरूपा।
निजानन्द निरुपाधि अनूपा॥
सम्भु बिरंचि बिष्नु भगवाना।
उपजहिं जासु अंसतें नाना॥
ऐसेउ प्रभु सेवक बस अहई।
भगत हेतु लीलातनु गहई॥

अहल्या का उद्धार करने के बाद राम, विश्वामित्र, लक्ष्मण तथा आश्रमवासी मुनियों के साथ आगे चले। गंगा तट पर पहुँचे। स्नान किया। दान दिए। फिर चलते-चलते विदेह नगरी पहुँचे और उसकी शोभा लखते हुए नगरी के बाहर एक अमराई में ठहरने का संकल्प किया।

दृश्य दो

[पार्श्वमंच 4 और 6 पर उजाला। विश्वामित्र एवं मुनियों और बटुकों के साथ राम और लक्ष्मण उस स्थली पर अपना-अपना सामान फैला रहे हैं। राम, लक्ष्मण धनुष-तरकश इत्यादि रख रहे हैं, मुनिगण और बटुक मृगछाल, कमंडलु इत्यादि। बीच-बीच में बातें हो रही हैं।]

विश्वा. : राजा जनक की नगरी पसन्द आई, राजकुमार ?

राम : अत्यन्त रमणीक नगरी है मुनिवर !

एक बटुक : कितनी सुन्दर बाटिकाएँ हैं यहाँ ?—गुँजत मंजु मत्तरस भृंगा। कूजत कल बहुबरन बिहंगा।

दूसरा : बरन-बरन बिकसे बनजाता। बिबिध समीर सदा सुखदाता॥

लक्ष्मण : नगर में हाट बाजार भी तो आकर्षक हैं।

एक मुनि : ठीक कहा राजकुमार। जहाँ जाइ मन तहँई लोभाई।

दूसरा मुनि : चारु बजारु विचित्र अँबारी। मनिमय बिधि जनु स्वकर सँवारी॥

एक बटुक : मंगलमय मन्दिर सब केरें। चित्रित जनु रतिनाथ चितेरें॥

एक मुनि : यहाँ के नगरवासी भी बड़े सज्जन जान पड़े।
—पुर नर नारि सुभग सुचि सन्ता।

दूसरा मुनि : धरम सील ज्ञानी गुनवन्ता।

एक बटुक : और राजा जनक का निवास ?

दूसरा बटुक : क्या कहने ! ऐसा अनूप है वह कि बिथकहिं बिबुध बिलोकि बिलासू।

एक बटुक : होत चकित चित कोट बिलोकी। सकल भुवन सोभा जनु रोकी॥

राम : एक और भी तो महल था शोभामय !

लक्ष्मण : तात, वह राजकुमारी सीता का सुन्दर सदन था।—धवल धाम मनि पुरट पट सुघटित नाना भाँति !

एक मुनि : *(विश्वामित्र से)* आचार्य, कई अनुचरों और सैनिकों के साथ कोई इधर आ रहे हैं।

[सचिवों, सेवकों, विप्रों के साथ राजा जनक का प्रवेश।]

विश्वा. : अरे राजा जनक ! आइए !

जनक : *(बैठते हुए)* मेरा अहोभाग्य मुनिवर कि आप इस शुभ अवसर पर मेरी नगरी में पधारे।

विश्वा. : कुशल से तो हैं राजन ?

जनक : आपकी अनुकम्पा है मुनिवर ! आप देख ही रहे हैं कि धनुष-यज्ञ के लिए देश-देश से अनेक नरेश आए हुए हैं। उन्हीं की व्यवस्था में लगा हुआ था कि आपके शुभागमन का समाचार मिला।

विश्वा. : हाँ राजन वह तो हमने देखा--
पुर बाहेर सर सरित समीपा। उतरे जहँ तहँ बिपुल महीपा॥

जनक : आपके पधारने की सूचना मिलते ही मैंने आपके लिए तो नगर के भीतर ही ठहरने की व्यवस्था कर दी है।

विश्वा. : हमारे लिए तो यह अमराई ही भली है राजन, लेकिन--*(राम और लक्ष्मण से)* इधर तो आओ, वत्स।

जनक : *(दोनों की ओर एकटक देखते हुए)*...मैं चकित हूँ, मुनिवर ! आज्ञा दें तो एक प्रश्न पूँछूँ।

विश्वा. : पूछिए।

जनक : कहहु नाथ सुन्दर दोउ बालक।
मुकुल तिंलक कि नृप कुलपालक॥
ब्रह्म जो निगम नेति कहि गावा।
उभय बेष धरि की सोइ आवा॥

मुनिवर बात यह है कि--

सहज विराग रूप मनु मोरा।
थकित होत जिमि चन्द चकोरा॥
ताते प्रभु पूछउँ सति भाऊ।
कहहु नाथ जनि करहु दुराऊ॥
इन्हहि बिलोकत अति अनुरागा।
बरबस ब्रह्म सुखहि मन त्यागा॥

विश्वा. : *(तनिक हँसकर)* राजन ! वचन तुम्हारा न होई अलीका। वास्तव में ये दोनों सब के प्राणप्रिय हैं, रघुकुल-मुनि राजा दशरथ के पुत्र हैं और उन्होंने मेरे हित के लिए इन्हें मेरे साथ भेजा है। राम लखन दोउ बन्धुबर रूप सील बल धाम। मख राखेउ सबु साखि जगु जिते असुर संग्राम॥

जनक : मुनिवर, इन्हें देखकर मेरा शरीर पुलकित है और मन उत्साहपूर्ण। ब्रह्म जीव के समान इन दोनों की एक-दूसरे के प्रति पावन प्रीति है। सुन्दर स्याम गौर दोउ भ्राता। आनँदहू के आनंददाता।...महामुनि मेरा निवेदन स्वीकार करें। इन दोनों राजपुत्रों के साथ आप लोग सभी नगर के अन्दर उस सदन में चलें जहाँ मैंने आपके निवास की व्यवस्था कर रखी है।

विश्वा. : राजन आपकी विनयशीलता आपकी गरिमा के अनुकूल ही है। आपके अनुरोध को टालना सम्भव नहीं।...आप आगे चलें। हम लोग शीघ्र ही पहुँचते हैं। *(जनक के साथ-साथ कुछ दूर जाते हैं।)*

राम : *(लक्ष्मण की ओर देखते हुए)* लक्ष्मण !

लक्ष्मण : आज्ञा तात !

राम : मन-ही-मन मुस्करा कैसे रहे हो ! कोई बात है ?

लक्ष्मण : कुछ नहीं तात !

जनक : सकुचाते हो अनुज !

[विश्वामित्र जनक को पहुँचाकर आते हैं।]

विश्वा. : आप लोग चलने की तैयारी करें। दिन ढलने से पूर्व एक प्रहर रहते हम लोग नए निवास-स्थल पहुँच जाएँ तो ठीक होगा।

राम : नाथ, एक विनती है।

विश्वा. : कहो, राम !

राम : नाथ लखनु पुर देखन चहहीं।
प्रभु संकोच डर प्रगट न कहहीं ॥
जौं राउर आयसु मैं पावौं।
नगर देखाई तुरत लै आवौं ॥

विश्वा. : अपने से छोटे के प्रति नीति निबाहना तुम्हीं जानते हो राम।
धरम सेतु पालक तुम्ह ताता।
प्रेम बिबस सेवक सुखदाता ॥
जाइ देखि आवहु नगरु सुख निधान दोउ भाइ।
करहु सुफल सब के नयन सुन्दर बदन देखाइ ॥

[विश्वामित्र के चरण छूकर दोनों भाई पार्श्वमंच से रंगस्थली 1 पर आते हैं। मुनि लोग सामग्री सँवारने में लग जाते हैं। इधर रंगस्थली 1 और दीर्घा पर प्रकाश तीव्र हो जाता है और पार्श्वमंच 3 पर भी। राम और लक्ष्मण रंगस्थली के एक सिरे से चलकर पार्श्वमंच 3 के नीचे घूमते हुए पार्श्व मंच 5—सूत्रधार पीठिका के निकट से दीर्घा में उतरते हैं और समग्र दीर्घा के किनारे-किनारे घूमते हुए पार्श्वमंच 6 के पास रंगस्थली पर चढ़कर पार्श्वमंच 5 तक वापस आता है। यही नगर-भ्रमण है जिसके दौरान नगरवासी, बच्चे, प्रौढ, स्त्रियाँ, राम-लक्ष्मण को देखने के लिए रास्ते के दोनों ओर जगह-जगह इस तरह आकर बैठ जाते हैं कि वीथियों और राजपथों का आभास होता है। पार्श्वमंच 3 पर कुछ स्त्रियाँ खड़ी हैं। और आपस में वार्तालाप करती हैं। कुछ नगरवासी रंगस्थली के दोनों ओर और कुछ दीर्घा के पार्श्वों में बैठ जाते हैं। दो-चार बच्चे राम-लक्ष्मण के दोनों ओर और पीछे चलने लगते हैं और जिज्ञासावश उनकी ओर देखने लगते हैं। सभी की टकटकी इन दोनों पर लगी है और सभी एक-दूसरे से उनके बारे में बातचीत करते-से जान पड़ते हैं। बच्चे

कभी-कभी उँगली से इशारा करके राम-लक्ष्मण को विभिन्न स्थान बताते हैं। अन्त में दीर्घा से रंगस्थली पर लौटते समय बच्चे उन्हें रंगस्थली के बीच धनुष-यज्ञशाला के विभिन्न अंग दिखाने का अभिनय करते हैं और राम भी लक्ष्मण को बताते हैं। यह सब मौन संकेतमय अभिनय है। किन्तु स्त्रियों का वार्तालाप पार्श्वमंच 3 पर स्पष्ट सुनाई पड़ता है। अन्य नगरवासियों के बोलने का मात्र आभास-सा होता है, मानो एक जनसंकुल नगर का स्वर सुन पड़ता हो।]

तुलसी : मुनि पद कमल बन्दि दोउ भ्राता।
चले लोक लोचन सुखदाता॥

वृन्दपाठ : पीत बसन परिकर कटि माथा।
चारु चाप सर सोहत हाथा॥

[कुछ बालक राम-लक्ष्मण के पीछे लग जाते हैं]

तुलसी : बालक वृन्द देखि अति सोभा।
लगे संग लोचन मनु लोभा॥

वृन्द : तनु अनुहरत सुचन्दन खोरी।
स्यामल गौर मनोहर जोरी॥

[इस बीच कुछ नगरवासी रंगस्थली 1 और दीर्घा के दोनों ओर बैठ जाते हैं और उत्सुकता से राम-लक्ष्मण को देखने लगते हैं।]

तुलसी : देखन नगरु भूपसुत आए।
समाचार पुरबासिन्ह पाए॥
धाए धाम काम सब त्यागी।
मनहुँ रंक निधि लूटन लागी॥

वृन्द : निरखि सहज सुन्दर दोउ भाई।
होहिं सुखी लोचन फल पाई॥

[कुछ युवती स्त्रियाँ पार्श्वमंच 3 पर आकर ऐसे देखती हैं मानो झरोखे से झाँकती हों। प्रकाश उन लोगों पर भी पड़ता है और भ्रमण करते हुए राम-लक्ष्मण का भी साथ देता है।]

तुलसी : जुबती भवन झरोखन्हि लागीं।
निरखहिं रामरूप अनुरागी॥
कहहिं परसपर बचन सप्रीति।

युवती : सचि इन्ह कोटि काम छबि जीती॥
कहहु सखी अस को तनुधारी।
जो न मोह यह रूप निहारी॥

युवती 2 : जो मैं सुना सुनहु सयानी।
ए दोऊ दसरथ के ढोटा।
बाल मरालन्हि के मल जोटा॥
मुनि कौसिक मख के रखवारे।
जिन्ह रन अजिर निसाचर मारे॥

युवती 1 : अच्छा सखि इन दोनों में वह कौन है—
स्याम गात कल कंज बिलोचन ?

युवती 2 : कौसल्यासुत सो सुख खानी।
नामु रामु धनु सायक पानी॥

युवती 3 : और वह—गौर किसोर बेषु बर काछें ?

युवती 2 : लछिमनु नामु राम लघु भ्राता।
सुनु सखि तासु सुमित्रा माता॥

युवती 1 : सखि, राम की छवि देखकर मेरे मन में एक विचार आता है।

युवती 3 : क्या सखि ?

युवती 1 : जोगु जानकिहिं यह बर अहहू।

युवती 4 : बात तो ठीक है।—
जौं सखि इन्हहिं देख नर नाहू।
पन परिहरि हठि करई बिबाहू॥

युवती 2 : वह सब भूल जाओ सखि। राजा जनक ने तो इन्हें देख लिया है। मुनि-समेत इनका सादर सत्कार भी किया है।—
सचि परन्तु पनु राउ न तजई।
बिधिबस हठि अबिबेकहि भजई॥

युवती 1 : यदि विधाता सब की सुनता है, उचित फल देनेवाला है—तो जानकिहि मिलिहि वरएहू।
नाहिन आलि इहा सन्देहू।

युवती 3 : जौं बिधिबस असबनै सँजोगू।
तौ कृतकृत्य होइ सब लोगू॥

युवती 1 : सखि हमरें आरति अति तातें।
कबहुँक ए आवहिं एहि नाते॥

युवती 4 : पर सखि शंकर का धनुष तो बहुत कठोर है। कहाँ वह धनुष और कहाँ—ए स्यामल मृदुगात किसोरा !

युवती 1 : यह तो बड़ी असमंजस की बात है सखी !

युवती 2 : जो मैंने सुना है वह तो सुनो।
सखि इन्ह कहँ कोउ कोउ अस कहहीं।
बड़ प्रभाउ देखतं लघु अहहीं।

परसि जासु पद पंकज धूरी।
तरी अहल्या कृत अघ भूरी।
सो कि रहिहि बिनु सिव धनु तोरे॥
यह प्रतीति परिहरिअ न भोरे।

युवती 4 : तेरी बात सुनकर मन प्रसन्न हो गया। सच तो यह है कि–
जेहिं बिरंचि रचि सीय सँवारी।
तेहिं स्यामल बरु रचेउ बिचारी॥

[युवतियाँ सुमन बिखेरकर चली जाती हैं। दर्शक लोगों का भी क्रमशः प्रस्थान। इस बीच राम और लक्ष्मण दीर्घा से रंगस्थली की ओर मुड़ते हैं, जहाँ बालक उन्हें धनुष यज्ञ के लिए बनाई हुई भूमि-वेदी, बैठने के स्थान इत्याति संकेत करके दिखाते हैं। कभी-कभी इस बहाने दोनों के वस्त्र छूने-पकड़ने का आनन्द उठाते हैं।]

तुलसी : पुर पूरब दिसि गे दोउ भाई।
जहँ धनुमख हित भूमि बनाई॥
पर बालक कहि कहि मृदु बचना।
सादर प्रभुहि देखावहिं रचना॥

बालक 1 : वह देखिए धनुष-यज्ञ भूमि पर विस्तृत विमल वेदिका। *(राम लक्ष्मण उत्सुकता से देखते हैं)*

बालक 2 : और वह विशाल कंचन मंच।

बालक 3 : दूसरी ओर–उधर देखिए–राजाओं के बैठने का स्थान।

बालक 4 : उसके पीछे चारों ओर ऊपरवाला मंच।

बालक 1 : नगरवासी उधर ऊँचेवाले स्थान पर बैठेंगे।

बालक 2 : रंगबिरंगा वह धवल धाम देख रहे हैं ? वहाँ नारियाँ बैठेंगी ?

राम : बहुत सुन्दर है। देखा लक्ष्मण ? कितनी रमणीक रचना है यज्ञ भूमि की ?

लक्ष्मण : तात, प्रत्येक मंच भव्य है, चित्ताकर्षक है। *(दोनों अचरज और सराहनापूर्ण भंगिमा से देखते हैं।)*

तुलसी : धन्य हो प्रभु।
लव निमेष महुँ भुवन निकाया।
रचइ जासु अनुसासन माया॥
भगतिहेतु सोई दीनदयाला।
चितवत चकित धनुष मख साला॥

बालक 1 : हम तो आपको देखकर पुलकित हैं राजकुमार।

बालक 3 : राजकुमार, आपका वस्त्र छू लूँ ?

राम : *(अपना दुकूल बढ़ाकर)* यह लो ! *(बालक उसे छूकर प्रसन्न होता है।)*

बालक 2 : और आपका चरण भी छू लूँ ?

राम : उसकी क्या आवश्यकता है ?

बालक 2 : यों ही। *(झट से राम का एक चरण छू लेता है।)* अरे ! *(हँसता है।)*

लक्ष्मण : क्या बात है ?

बालक 4 : इसे भय था कि राजकुमार का चरण छूते ही कहीं यह आकाश में उड़ न जाए !

बालक 2 : जैसे सुनते हैं कि इनका चरण छूते ही अहल्या नाम की पत्थर की मूर्ति आकाश में उड़ गई थी ! है न ?

राम : *(हँसते हुए)* अच्छा भई, अब तो चलना होगा। अधिक विलम्ब होने से मुनि विश्वामित्र क्रोधित होंगे।

बालक 1 : आपको उनसे डर लगता है ?

राम : हमारे गुरु जो हैं। लक्ष्मण शीघ्र चलो !

[राम-लक्ष्मण पार्श्वमंच और प्रवेश 10 की ओर प्रस्थान करते हैं। बालक वृन्द तनिक सुस्त होकर प्रवेश 9 की ओर चल देते हैं। रंगस्थली पर अँधेरा, और सूत्रधार पीठिका पर उजाला।]

तुलसी : अनोखी है तुम्हारी लीला, राम !

जासु त्रास डर कहुँ डर होई।
भजन प्रभाउ देखावत सोई॥

वृन्द : सभय सप्रेम बिनीत अति सकुच सहित दोउ भाइ।
गुर पद पंकज नाइ सिर बैठे आयसु पाइ॥

तुलसी : रात बीत चली। मुनिवर सोने को चले। तब दोनों भाई उनके चरण दबाने लगे !

वृन्द : जिन्ह के चरन सरोरुह लागी।
करत बिबिध जप जोग बिरागी॥
तेइ दोउ बन्धु प्रेम जनु जाते।
गुरु पद कमल पलोटत प्रीते॥

तुलसी : अति विचित्र रघुपति चरित जानहिं परम सुजान।
जे मातिमन्द बिमोह बस हृदयँ धरहिं कछु आन॥

[अँधेरा और विराम।]

[द्वितीय दृश्य समाप्त]

दृश्य तीन

[सूत्रधार-पीठिका पर प्रकाश। मंच के अन्य भागों पर भी मन्द प्रकाश। भीतरी रंगमंच के बीच छोटा-सा गिरिजा मन्दिर। दीवारें नहीं हैं, स्तम्भों पर स्थित है और देवी की प्रतिमा दीखती है।

रंगस्थली के उस कोने पर जहाँ पार्श्वमंच 3 और भीतरी रंगमंच एक-दूसरे के बहुत निकट हैं, एक छोटा-सा लता-मंडप है जिसमें प्रवेश करने का द्वार दीखता है और बाहर निकलने का द्वार दूसरी ओर है। पार्श्वमंच 4 से पार्श्वमंच 3 तक रंगस्थली पर सांकेतिक तौर पर कुछ फुलवारी की सामग्री। गिरिजा-मन्दिर के निकट भी कुछ झाड़ियों, वृक्षों का सांकेतिक प्रदर्शन। रंगस्थली के बीच भीतरी रंगमंच से लगा एक सरोवर जिसका आभास आयताकार एवं गमला की श्रेणी से दिया जा सकता है।]

तुलसी : समय जानि गु आयसु पाई।
लेन प्रसून चले दोउ भाई॥
भूप बागु बर देखउ जाई।
जहाँ बसन्त रितु रही लोभाई॥

[राम और लक्ष्मण पार्श्वमंच 3 पर आकर वहाँ खड़े होकर वाटिका की शोभा निहारते हैं।]

लक्ष्मण : तात बड़ी सुन्दर वाटिका है यह।—
लगे बिटप मनोहर नाना।
बरन बरन बर बेलि बिताना।

राम : हाँ लक्ष्मण ! राजा जनक ने सुचारु ढंग से यह रमणीक वाटिका बनवाई है।

लक्ष्मण : वह देखिए तात !—
मध्य बाग सरु सोह सुहावा।
मनि सोपान बिचित्र बनावा॥

तुलसी वृन्द सहित : बागु तड़ागु बिलोकि प्रभु हरषे बन्धु समेत।
परम रम्य आरामु यहु जो रामहि- सुख देत॥

लक्ष्मण : तात चलिए कुछ फूल चुनें।

राम : तुमने प्रवेश करते समय मालियों से पूछ लिया था न ?

लक्ष्मण : जी हाँ, मुनिवर के पूजन के लिए फूल चाहिए, ऐसा कहा था।

राम : तब ठीक है।

[दोनों पार्श्व मंच 3 से रंगस्थली पर उतरकर फूल चुनने का अभिनय करते हैं। भीतरी रंगमंच पर विशेष प्रकाश। युवतियों के वृन्दगीत का दूरस्थ स्वर और सखियों समेत सीता का प्रवेश 10 से भीतरी रंगमंच पर प्रवेश। एक सखी थाल में पूजन-सामग्री लिए है जिसे गौरी की मूर्ति के आगे रखकर हाथ जोड़ती है।]

तुलसी : तेहि अवसर सीता तहँ आई।
गिरिजा पूजन जननि पठाई॥

संग सखीं सब सुभग सयानी।
गावहिं गीत मनोहर बानी॥

[सीता और सखियाँ पूजन की मुद्रा में।]

तुलसी : पूजा कीन्हि अधिक अनुरागा।
निज अनुरूप सुभग बरू माँगा।।

[धूप-दीप इत्यादि जलाती हैं। आँख मूँदकर ध्यानमग्न खड़ी हैं। तभी एक सखी पार्श्वमंच 4 पर होकर पार्श्वमंच 6 पर से छिपे-छिपे राम और लक्ष्मण को फूल चुनते देखती हैं।]

तुलसी : एक सखी सिय संगु बिहाई।
गई रही देखन फुलवाई।
तेहिं दोउ बन्धु बिलोके जाई।

[वही सखी दोनों भाइयों को देखकर विह्वल उसी रास्ते से होकर पुनः गिरिजा मन्दिर पहुँचती है।]

तुलसी : प्रेम बिबस सीता पहँ आई।

[सीता और सखियाँ उसे उस दशा में देखकर उत्सुकता से उसे घेरकर उससे प्रश्न करती जान पड़ती हैं।]

तुलसी : तासु दसा देखी सखिन्ह पुलक गात जलु नैन।
कहु कारन निज हरष कर पूछहिं सब मृदु बैन॥

[सूत्रधार-पीठिका पर अन्धकार। कुछ देर कई युवती-स्वर सुनाई पड़ते हैं। तब सीता बोलती हैं।]

सखी 2 : बता न सखी, किसलिए फूली नहीं समाती है तू ?

सखी 1 : *(मुस्कराती हुई सीता से कहती है।)* राजकुमारी
—देखन बागु कुँअर दुइ आए।

सखी 2 : अच्छा ? कैसे हैं वे ?

सखी 1 : बय किसोर सब भाँति सुहाए।

सखी 2 : और भी बता सखी।

सखी 1 : स्याम गौर किमि कहौं बखानी ! राजकुमारी क्या कहूँ ! मेरी तो—
गिरा अनयन नयन बिनु बानी।

सीता : सखी। *(मौन उत्कंठा)*

सखी 2 : राजकुमारी की उत्कंठा पूरी नहीं हुई। कुछ और बता सखी।

सखी 3 : मैं बताऊँ। आली ये तो वे ही राजपुत्र हैं जो कल मुनि विश्वामित्र के साथ आए हैं।

सखी 4 : अच्छा तो ये वही हैं—
जिन्ह निज रूप मोहनी डारी।
कीन्हे स्वबस नगर नर नारी॥

सखी 3 : हाँ वही—बरनत छबि जहँ तहँ सब लोगू।
अवसि देखिअहिं देखन जोगू।

[सीता उत्कंठा और अनुराग से अभिभूत हो दर्शन की इच्छा से आकुल होती जान पड़ती हैं।]

तुलसी स्वर : तासु बचन अति सियहि सोहाने।
दरस लागि लोचन अकुलाने॥

सखी 1 : तब तो राजकुमारी आप भी उन्हें देखें। आइए न !

सीता : किधर सखी ?

सखी 1 : आइए मैं आगे चलती हूँ।

[सब भीतरी रंगस्थली से पार्श्वमंच 4 पर होकर पार्श्वमंच 6 से रंगस्थली पर उतरती हैं।]

तुलसी स्वर : चली अग्र करि प्रिय सखि सोई।
प्रीति पुरातन लखइ न कोई॥
कौन जानता है प्रकृति और पुरुष की उस पुरातन प्रीति को जो युगों की अवधि पार करके बारम्बार विकसती है।

सखी 2 : सखी, राजकुमारी को तो देखो !—
चकित बिलोकति सकल दिसि,
जनु सिसु मृगी सभीत।

[सब हँसती हैं। उनके उतरने पर, कंकणों की ध्वनि।]

लक्ष्मण : तात ! बड़े सुन्दर फूल हैं। *(चुनते हुए)*—

राम : फूल—*(कंकण ध्वनि तीव्र। राम की दृष्टि उधर जाती है।)*

लक्ष्मण : *(उसी तरह फूल चुनते हुए)* आप कुछ कह रहे थे, तात ?

राम : लक्ष्मण, तुमने सुना ?

लक्ष्मण : *(राम की ओर देखते हुए)* क्या ?

राम : कंकन किंकिनि नूपुर धुनि।—

लक्ष्मण : *(राम की दृष्टि का अनुसरण करते हुए)* जी !...उन चरण कमलों में कंकनों की ध्वनि विशेष मधुर है।

राम : मानहुँ मदन दुन्दुभी दीन्ही।
मनसा बिस्व बिजय कहँ कीन्हीं॥

[राम की टकटकी लग जाती है। कुछ समय के लिए राम अनुराग की मूर्ति बने ठगे-से देखते रह जाते हैं। प्रकाश उन पर केन्द्रित है और सीता पर भी यद्यपि सीता उन्हें देख नहीं पाई हैं—लता मंडप की ओट के कारण। उस आह्लादपूर्ण मौन क्षण में तुलसी की तरल वाणी—]

तुलसी स्वर : अस कहि फिरि चितए तेहि ओरा।
सिय मुख ससि भए नयन चकोरा॥
भए बिलोचन चारु अचंचल।
मनहुँ सकुचि निमि तजे दिगंचल॥

वृन्द सहित : देखि सीय सोभा सुखु पावा।
हृदय सराहत बचनु न आवा॥

तुलसी स्वर : जनु बिरंचि सब निज निपुनाई।
बिरचि बिस्व कहँ प्रगटि देखाई॥
सुन्दरता कहुँ सुन्दर करई।
छबि गृहँ दीपसिखा जनु बरई॥
सब उपमा कबि रहे जुठारी।
केहिं पटतरौं बिदेह कुमारी॥

लक्ष्मण : तात के लिए विमोहक और मेरे लिए वन्दनीय पदपंकज धारिणी यह कौन सुन्दरी हैं ?

राम : लक्ष्मण यह वही जनकसिया राजकुमारी है जिसके कारण धनुष यज्ञ हो रहा है। जान पड़ता है—
पूजन गौरि सखी लै आई।
करत प्रकासु फिरइ फुलवाई॥ *(मानो खोए से)*
जासु बिलोकि अलौकिक सोभा।
सहज पुनीत मोर मन छोभा॥

लक्ष्मण : *(मन्दस्मिति)* हूँऽ।...पर बात इतनी ही तो नहीं जान पड़ती, तात !

राम : *(सोच्छ्वास)* सो सबु कारन जान बिधाता।
फरकहिं सुभद अंग सुनु भ्राता॥

लक्ष्मण : समझा, समझा ! ...मुझे तो आपका इस तरह ठगे-से रह जाना ही बहुत भला लगता है, तात !

राम : लक्ष्मण, मैं असमंजस में हूँ।

लक्ष्मण : स्वाभाविक ही है तात !

राम : वह बात नहीं। सुनो !
रघुबंसिन्ह कर सहज सुभाऊ।
मनु कुपन्थ पगु धरइ न काऊ॥
मोहि अतिसय प्रतीति मन केरी।
जेहिं सपनेहुँ परनारि न हेरी॥

लक्ष्मण : लेकिन विदेहकुमारी भी तो शोभा की सीमा ही जान पड़ती हैं।

राम : लक्ष्मण ! यह मुझे क्या हो रहा है ? क्या मैं गुरुओं द्वारा दिखाए पथ से विचलित हो रहा हूँ ?

जिन्ह कै लहहिं न रिपु रन पीठी।
नहिं पावहिं परतिय मनु डीठी॥
मंगन लहहिं न जिन्ह कै नाहीं।
ते नरबर थोरे जग माहीं॥

लक्ष्मण : तात, इस लता-गुल्म में कुछ निराले ही फूल हैं। कुछ इनमें से भी चुनें !

[दोनों लता मंडप में प्रवेश कर वहाँ फूल चुनने लगते हैं।]

सखी 1 : सखी देखो न !...
चितवति चकित चहूँ दिसि सीता।
कहँ गए नृपकिसोर मनु चिन्ता॥

सखी 3 : तो बता क्यों नहीं देती बेचारी को ? ...तू ही तो उन्हें दिखाने राजकुमारी को यहाँ लाई है।

सखी 1 : इसलिए नहीं बताती कि राजकुमारी की यह मुद्रा भी तो मनमोहिनी है--
जहुँ बिलोक मृगसाबक नैनी।
जनु तहँ बरिस कमल सित श्रेनी॥

सखी 4 : मुझे दीख गए। राजकुमारी तनिक इधर आओ !...यहाँ से देखो उस लता की ओट में...वे रहे दोनों स्यामल गौर किसोर सुहाए।

[सीता आतुर हो वहीं से देखने लगती है।]

सखी 1 : सखी, कैसी निराली है राजकुमारी की यह भंगिमा इन दोनों को देखते हुए--
देखि रूप लोचन ललचाने।
हरषे जनु निज निधि पहिचाने॥
थके नयन रघुपति छवि देखें।
पलकन्हिहूँ परिहरीं निमेषें॥

सखी 2 : अधिक सनेहँ देह भै भोरी।
सरद ससिहि जनु चितव चकोरी॥

सखी 3 : देखो, देखो राजकुमारी के नेत्र !

सखी 1 : सखि, मुझे तो लगता है कि--

सखी 2 : क्या ?

सखी 1 : लोचन मग रामहि उर आनी।
दीन्हे पलक कपाट सयानी॥

सीता : सखी ! *(संकोचवश मौन)*

सखी 4 : राजकुमारी तो--
कहि न सकहि कछु मन सकुचानी।

सखी 3 : कौन अचरज की बात है ?...देखो न लता-मंडप से बाहर आने पर कैसे अपूर्व छविमान लग रहे हैं दोनों !
निकसे जनु जुग बिमल बिधु जलदपटल बिलगाई॥

[इसके बाद सखियों में आपस में जो संवाद होता है उसमें एक के बाद एक सखी चौपाइयों की अर्धालियाँ बोलती हैं, स्पष्ट, लेकिन क्रमशः त्वरित गति से, मानो कई शिल्पी जल्दी-जल्दी और मुस्तैदी से, देखते-ही-देखते कोई अत्यन्त सुन्दर मूर्ति गढ़ते हैं और एक के बाद एक छैनी की ध्वनि उस निर्माण की गति का प्रतीक हो।]

सखी 1 : सोभसीवँ सुभग दोउ बीरा।
नील पीत जलजाभ सरीरा॥

सखी 2 : मोरपंख सिर सोहत नीके।
गुच्छ बीच बिच कुसुमकली के॥

सखी 3 : भाल तिलक श्रमबिन्दु सुहाए।
श्रवन सुभग भूषन छबि छाए॥

सखी 4 : बिकट भृकुटि कच घूघरवारे।
नव सरोज लोचन रतनारे॥

सखी 1 : चारु चिबुक नासिका कपोला।
हासबिलास लेत मनु मोला॥

सखी 2 : मुखछवि कहि न जाइ मोहि पाहीं।
जो बिलोक बहु काम लजाहीं॥

सखी 3 : उर मनिमाल कम्बु कल ग्रीवा।
काम कलभ कर भुज बलसींवा॥

सखी 4 : सुमन समेत वाम कर दोना।
साँवर कुँअर सखी सुठि लोना॥

वृन्द-स्वर : केहरि कटि पट पीत धर, सुषमा शील निधान।
देखि भानुकुल भूषनहि बिसरा सखिन्ह अपान॥

तुलसी स्वर : धरि धीरज एक आलि सयानी।
सीता सन बोली गहिपानी॥

सखी 1 : राजकुमारी, *(हाथ पकड़कर)*
बहुरि गौरि कर ध्यान करेहू।
भूपकिसोर देखि किन लेहू॥

[सीता सकुचाती-सी, उत्कंठित-सी उस ओर देखती हैं।]

तुलसी स्वर : सकुचि सीय तब नयन उघारे।
सनमुख दोउ रघुसिंघ निहारे॥

[सीता देखती ही रह जाती हैं। मधुर वाद्यों और चिड़ियों की चहचहाहट—अत्यन्त मन्द पर अनुराग की अद्भुत घड़ी का अनिर्वचनीय स्वर। फिर मौन क्योंकि इस दिव्य अनुराग की चरमाभिक्ति केवल मौन ही तो है। हठात् सीता तरल, खोए-से कंठ से।]

सीता : सखियो, मुझे न जाने कैसा लग रहा है।

सखी 2 : *(चिन्तित)* क्या हुआ, क्या हुआ राजकुमारी ?

सखी 3 : चित्त तो ठीक है ?

सीता : चित्त *(सोच्छ्वास)* चित्त में आह्लाद भी है और क्षोभ भी, सखी।

सखी 4 : क्षोभ, क्यों ? क्या,
नख सिख देखि राम कै सोभा ?

सीता : सुमिरि पितापन मनु अति छोभा।
(शिथिल-सी) और क्या कहूँ सखी !...

सखी 2 : सखियो, राजकुमारी को यों परबस देखकर मुझे भय लगता है !...इन्हें अब ले चलना चाहिए।

[सीता का दूसरा हाथ पकड़कर उन्हें ले जाने की चेष्टा करती है। सीता अटकती-सी, उलझती-सी चलती तो हैं पर–]

सखी 1 : अरी एक पल ठहर। मुझे एक बात तो कह लेने दे।

सखी 2 : किससे ?

सखी 1 : किसी से भी।

सखी 3 : क्या बात ?

सखी 1 : *(ऊँचे स्वर में)* पुनि आउव एहि बेरियाँ काली।
(हँसती है) चलिए राजकुमारी।

सीता : *(सकुचकर)* सखियो, देरी होने पर माँ नाराज होंगी...

सखी 4 : सखी, गूढ़गिरा सुनि सिय सकुचानी।

सखी 3 : कभी सकुचाती हैं और कभी–

सखी 4 : धरि बड़ि धीर राम उर आने।

सखी 2 : धीरज जाते भी तो देर नहीं लगती।
फिरी अपनपउ पितुबस जाने॥

सखी 3 : जानि कठिन सिवचाप बिसूरति।

सखी 4 : चली राखि उर स्यामल मूरति॥

सखी 1 : ये सभी प्रीति के लक्षण हैं सखी। देखो चलते-चलते भी हमारी राजकुमारी किधर देखती हैं।

सीता : सखियो, ये मृग और पंछी कितने सुन्दर हैं; और, और वे वृक्ष ! *(दृष्टि कहीं और है।)*

सखी 1 : देखन मिस मृग बिहग तरु फिरइ बहोरि बहोरि।
निरखि निरखि रघुबीर छबि बाढ़इ प्रीति न थोरि॥

[सीता और सखियाँ पार्श्वमंच 6 और 4 से होते हुए भीतरी रंगमंच में गिरिजा मन्दिर की ओर बढ़ती हैं।]

राम : लक्ष्मण, सुख सनेह सोभा गुनखानी,

इन जानकी को जाते देख मुझे कुछ ऐसा लगता है–

लक्ष्मण : कैसा प्रभो ?

राम : मानो मैं चित्रकार बन गया हूँ।

लक्ष्मण : *(साश्चर्य)* चित्रकार ?

राम : हाँ ! परम प्रेममय मृदु मसि कीन्ही।
चारु चित्त भीतीं लिख लीन्हीं ॥

[सखियों समेत सीता गिरिजा मन्दिर के सामने दीखती हैं। राम और लक्ष्मण का पार्श्वमंच 3 से होकर प्रस्थान। भीतरी रंगमंच पर नीला प्रकाश। अन्यत्र अन्धकार।]

सीता : *(सखियों के साथ सम्मिलित स्वर में।)*

गेय-स्तुति

जय जय गिरिराज किसोरी।
जय महेस मुख चन्द चकोरी ॥
जय गजवदन षडानन माता।
जगत जननि दामिनि दुति गाता ॥
नहिं तव आदि मध्य अवसाना।
अमित प्रभाउ बेदु नहिं जाना ॥
भव भव विभव पराभव कारिनि।
विश्व विमाहनि स्वबस बिहारिनि ॥
पतिदेवता सुतीय महुँ मातु प्रथम तब रेख।
महिमा अमित न सकहिं कहि सहस सारदा सेष ॥
सेवत तोहि सुलभ फल चारी।
वरदायनी पुरारि पिआरी ॥
देवि पूजि पदकमल तुम्हारे।
सुर नर मुनि सब होहिं सुखारे ॥

सीता : *(अकेला स्वर)*
मोर मनोरथु जानहु नीकें।
बसहु सदा उर पुर सबहीं के ॥
कीन्हेउ प्रगट न कारन तेहीं।

[घुटने टेककर मस्तक देवी के चरणों पर रखती हैं। देवी की मूर्ति पर प्रकाश, अन्यत्र कुछ अधिक अँधेरा। मूर्त्ति मुस्कराती है। उसके गले की माला खिसक जाती है। सीता के मस्तक पर देवी हाथ रखती हैं।]

तुलसी स्वर : बिनय प्रेम बस भई भवानी।
खसी माल मूरति मुसुकानी ॥

सादर सियँ प्रसादु सिर धरेऊ।
बोली गौरि हरषु हियँ भरऊ॥

[मौन ! फिर गौरी का दैवी स्वर। यह स्वर मानो नेपथ्य से आ रहा है।]

देवी : सुनु सिय सत्य असीस हमारी।
पूजिहि मनकामना तुम्हारी॥
नारदवचन सदा सुचि साचा।
सो वर मिलिहि जाहिं मनु राचा॥
मनु जाहिं राचेउ मिलिहि सो बरु सहज सुन्दर साँवरो।
करनानिधान सुजान सीलु सनेहु जानत रावरो॥

[सीता और उनकी सखियों के मुखड़ों पर प्रसन्नता। वे बारम्बार गौरी को प्रणाम कर प्रस्थान करतीं हैं।]

तुलसी और उनकी मंडली (छन्द को पूरा करते हुए) : एहि भाँति गौरि असीस सुनि सिय सहित हियँ हरषीं अली।
तुलसी भवानिहि पूजि पुनि पुनि मुदित मन मन्दिर चली॥

[अन्धकार]

[तृतीय दृश्य समाप्त]

तुलसी : हृदय सराहत सीय लोनाई।
गुर समीप गवने दोउ भाई॥
रामु कहा सबु कौसिक पाहीं।
सरल सुभाउ छुअत छल नाहीं॥

और विश्वामित्रजी ने दोनों को आशीष दिया—

सुफल मनोरथ होहुँ तुम्हारे।
राम लखनु सुनि भए सुखारे॥

[दिवस यों बीत गया। रात होते ही पूर्व दिशा में चन्द्रमा सुशोभित हुआ। सांध्य पूजन के बाद एकान्त स्थल में शाश्वत और पुरातन प्रीति के विरही की झाँकी।]

झाँकी-2

[भीतरी रंगमंच पर निरभ्र आकाश में पूर्वदिशा में चन्द्रमा। एक ओर लक्ष्मण निद्रालीन धरती पर लेटे हैं दूसरी ओर राम खड़े हैं। उनका एक पैर किसी छोटी सीढ़ी पर है। ध्यानमग्न चन्द्रमा की ओर देख रहे हैं। उनके मुख का पार्श्व उस नीलाभ आलोक में

विरही-सुलह वेदना से प्रदीप्त जान पड़ता है।]

तुलसी स्वर : प्राची दिसि ससि उयउ सुहावा।
सियमुख सरिस देखि सुषु पावा॥
बहुरि बिचारु कीन्ह मन माहीं।

राम : *(पूरा गले-सा स्वर)*
सीय बदन सम हिमकर नाहीं।
जनमु सिन्धु पुनि बन्धु बिषु दिन मलीन सकलंक॥
सियमुख समता पाव किमि चन्दु बापुरी रंक।
घटइ बढ़इ बिरहिनि दुखदाई।
ग्रसइ राहु निज संधिहिं पाई॥
कोक सोकप्रद पंकज द्रोही।
अवगुन बहुत चन्द्रमा तोही॥
वैदेही मुख पटतर दीन्हे।
होइ दोषु बड़ अनुचित कीन्हे॥

[धीरे-धीरे भीतरी रंगमंच पर प्रकाश कम होता जाता है। राम लक्ष्मण के बराबर लेटे जाते हैं। भीतरी रंगमंच पर अँधेरा। प्रकाश सूत्रधार पीठिका पर।]

तुलसी : यों चन्द्रमा के बहाने सियमुख की छवि की प्रशंसा कर राम ने विश्राम किया। शाश्वत प्रेम के नियन्ता की यह नवोदित अनुराग, मिलनोत्कंठा और विरह-पीड़ा की लीला चिदानन्द परब्रह्म की वह मुस्कान-लहरी ही तो है जिसे वे अपनी ही आदि शक्ति माया के प्रति भक्तों के हित प्रदर्शित करते हैं।...दूसरे दिन—

[भीतरी रंगमंच पर प्रभात की प्रथम छवि का मन्द और बढ़ता हुआ आलोक। पक्षियों की चहचहाहट। पूर्व दिशा के क्षितिज पर सूर्य की किरणें और फिर सूर्योदय! राम उठते हैं और लक्ष्मण भी।]

बिगत निसा रघुनायक जागे।
बन्धु बिलोकि कहन अस लागे॥

राम : उयउ अरुन अवलोकहु ताता।
पंकज कोक लोक सुखदाता॥

लक्ष्मण : *(हाथ जोड़कर)* अरुनोदयँ सकुचे कुमुद उडगन जोति मलीन।
जिमि तुम्हार आगमन सुनि भए नृपति बलहीन॥

[सूर्य आकाश में ऊपर चढ़ता है।]

वह देखिए प्रभु, सारे नक्षत्र जिस अन्धकार को हटा नहीं सके, उसे सहज ही सूर्य ने कैसे दूर कर दिया !

नृप सब नखत करहि उजिआरी।
टारि न सकहि चाप तम भारी॥
कमल कोक मधुकर खग नाना।
हरषे सकल निसा अवसाना॥
ऐसेहिं प्रभु सब भगत तुम्हारे।
होइहहिं टूटे धनुष सुखारे॥

[नक्षत्र लुप्त हो जाते हैं। सूर्य की किरणें प्रखर होती जाती हैं।]

तात अब तो नक्षत्र ही लुप्त हो गए। सूर्य का प्रताप फैल गया। इस बहाने सूर्य ने–

तब भुजबल महिमा उदघाटी।
प्रगटी धनु बिघटन परिपाटी॥

राम : *(मुस्कराकर लक्ष्मण का हाथ पकड़ते हुए)* चलो लक्ष्मण। महाराज जनक के पुरोहित शतानन्दजी मुनिवर विश्वामित्र को धनुष यज्ञ देखने के लिए आमन्त्रित करने आ पहुँचे।

[प्रस्थान। भीतरी रंगमंच पर अँधेरा।]

[झाँकी-2 समाप्त]

[सूत्रधार-पीठिका पर प्रकाश। अन्यत्र, रंगस्थली दीर्घा पार्श्व मंचों और भीतरी रंगमंच पर अँधेरे ही में धनुष-यज्ञशाला के दृश्य के लिए साजसज्जा की जाती है और राजा लोग नरनारी इत्याति उपयुक्त स्थानों पर बैठते जाते हैं। इस बीच तुलसी और उनके वाचकवृन्द का संवाद जारी रहता है।]

तुलसी : पुनि मुनिवृन्द समेत कृपाला।
देखन चले धनुष मख साला॥

जब नगरवासियों को यह पता चला कि दोनों भाई रंगभूमि में आए हैं तो अपने काज को बिसारकर बालक, युवक, वृद्ध सभी नरनारी वहाँ पहुचने लगे। राजा जनक ने उस भारी भीड़ को देखकर अपने सेवकों को बुलाया और कहा–

तुरत सकल लोगन्ह पहिं जाहू।
आसन उचित देहु सब काहू॥...

मृदु वचन कहकर सेवकों ने नर-नारियों को अपने-अपने योग्य स्थानों पर बिठाया। और तब–

राज कुँअर तेहि अवसर आए।
मनहुँ मनोहरता तन छाए॥
गुन सागर नागर बर बीरा।

सुन्दर स्यामल गौर सरीरा ॥
राज समाज बिराजत रूरे।
उडगन महुँ जनु जुग बिधु पूरे ॥

वृन्द 1 : गोस्वामीजी, भगवान राम को विभिन्न लोगों ने किस रूप में देखा ?

तुलसी : जिन्ह कें रही भावना जैसी।
प्रभु मूरति तिन्ह देखी तैसी ॥

वृन्द 2 : योद्धा राजाओं ने क्या देखा ?

तुलसी : देखहिं रूप महा रनधीरा।
मनहुँ बीररसु धरें सरीरा ॥

वृन्द 3 : और दुष्टों ने ?

तुलसी : डरे कुटिल नृप प्रभुहि निहारी।
मनहुँ भयानक मूरति भारी ॥

वृन्द 4 : राक्षस भी तो थे वहाँ ?

तुलसी : रहे असुर छल छोनिपवेषा।
तिन्ह प्रभु प्रगट कालसम देखा ॥

वृन्द 1 : और जनकपुर के निवासीगण ?

तुलसी : पुरबासिन्ह देखे दोउ भाई।
नरभूषन लोचन सुखदाई ॥

वृन्द 2 : स्त्रियों ने ?

तुलसी : नारि बिलोकहिं हरिष हियँ,
निज निज रुचि अनुरूप।
जनु सोहत सिंगार धरि,
मूरति परम अनूप ॥

वृन्द 3 : ज्ञानी पंडितों ने ?

तुलसी : बिदुषन्ह प्रभु विराटमय दीसा।
बहु मुख कर पग लोचन सीसा ॥

वृन्द 4 : जनक राजा के बन्धु-बाँधवों को क्या सूझा ?

तुलसी : जनकजाति अवलोकहिं कैसे।
सजन सगे प्रिय लागहिं जैसे ॥

वृन्द 1 : और मिथिलेश स्वयं तथा उनकी महारानी ?

तुलसी : सहित बिदेह बिलोकहिं रानी।
सिसु सम प्रीति न जाति बखानी ॥

वृन्द 2 : पर योगियों की भावना ?

तुलसी : जोगिन्ह परम तत्त्वमय भासा।
सान्त बुद्ध सम सहज प्रकासा ॥

वृन्द 3 : भक्तों का तो कहना ही क्या।

तुलसी : हरिभगतन्ह देखे दोउ भ्राता।
इष्टदेव इव सब सुखदाता॥

वृन्द 4 : राजकुमारी सीता स्वयं ?

तुलसी : वह मत पूछो !
रामहि चितव भायँ जेहि सीया।
सो सनेहु सुखु नहिं कथनीया॥
उर अनुभवति न कहि सक सोऊ।
कवन प्रकार कहै कवि कोऊ॥

वृन्दपाठ : राजत राजसमाज महुँ कोसलराज किसोर।
सुन्दर स्यामल गौर तन बिस्व बिलोचन चोर॥

[सूत्रधार पीठिका पर अन्धकार। शेष सभी मंचों पर आलोक।]

दृश्य चार

[रंगस्थली 1 में राजाओं के आसान अर्ध वृत्ताकार क्रम में। पार्श्वमंच 4 पर आसनों पर विश्वामित्र सहित राम लक्ष्मण। भीतरी मंच पर जनक, उनकी रानी, पुरोहित शतानन्द इत्यादि। पार्श्वमंच 3 पर सीता, सखियों इत्यादि के लिए स्थान। इधर-उधर सेवक, भाट खड़े हैं। बीच में विशाल मंच पर शिवधनुष। दीर्घा के दोनों ओर दर्शक नर-नारी बैठे हैं। हलका कोलाहल और हलकी लगभग अस्पष्ट संगीत-ध्वनि। लेकिन संवाद का प्रत्येक शब्द स्पष्ट सुनाई पड़ता है।]

जनक : *(सेवकों से)* सब नृपगणों को सादर अपने-अपने स्थान पर बैठा दिया न ?

सेवक : जी महाराज।

जनक : भीड़ बहुत है।

सेवक : किन्तु सभी दर्शक अपने यथोचित स्थानों पर बैठ गए हैं।

जनक : किसी से कटुवाणी तो नहीं बोले ?

सेवक : नहीं महाराज। जैसा आपने कहा था, हम लोगों ने मृदु वचन बोलकर सभी नर-नारियों से विनती की।

जनक : मुनिवर विश्वामित्र और उनके शिष्य दोनों राजकुमार ?

सेवक : *(संकेत करके)* वे रहे, महाराज।

जनक : मुनिवर की अभ्यर्थना तो करूँ।

[पार्श्वमंच 4 की ओर जाते हैं और विश्वामित्र के चरण-स्पर्श करते हैं। राम लक्ष्मण पर विशेष आलोक।]

तुलसी स्वर : मुनि पद कमल गहे तब जाई।

हरषे जनकु देखि दोउ भाई ॥

वृन्द पाठ : सहज मनोहर मूरति दोऊ।
कोटि काम उपमा लघु सोऊ ॥
सरद चन्द निन्दक मुख नीके।
नीरज नयन भावते जी के ॥
चितवन चारु मार मनु हरनी।
भावत हृदय जाति नहिं बरनी ॥

तुलसी : प्रभुहि देखि सब नृप हियँ हारे।
जनु राकेश उदय भएँ तारे ॥

[विशेष आलोक अब रंगस्थली 1 में बैठे राजाओं पर पड़ता है। संवाद और प्रकाश राजाओं की पंक्तियों और राम लक्ष्मण की दिशा में।]

राजा 1 : *(दूसरे से)* देखा तुमने, इन दो राजकुमारों को ?
जहँ जहँ जाहिं कुअँर बर दोऊ।
तहँ तहँ चकित चितव सबु कोऊ ॥

राजा 2 : भई, मुझे तो ऐसा लगता है कि—
बिनु भंजेहुँ भवधनुषु बिसाला।
मेलिहि सीय राम उर माला ॥
अस बिचारि गबनहु घर भाई।
जसु प्रतापु बलु तेज़ गँवाई ॥

राजा 3 : क्या पोंच बात कही तुमने ! *(हँसकर)*
तोरेहुँ धनुषु व्याहु अवगाहा।
बिनु तोरें को कुअँरि बिआहा ॥
एक बार कालउ किन होऊ।
सिय हित सभर जितव हम सोऊ ॥

राजा 4 : व्यर्थ मरहु जनि गाल बजाई।
मनमोदकन्हि कि भूख बुताई ॥

राजा 2 : सुन्दर सुखद सकल गुन रासी।
ए दोउ बन्धु सम्भु उर वासी ॥
करहु जाइ जा कहुँ जोई भावा।
हम तौ आजु जनम फलु पावा ॥

[भीतरी रंगमंच पर विशेष प्रकाश। जनक, जो अपने स्थान पर वापस पहुँच गए हैं, सेवक को बुलाते हैं।]

जनक : *(सेवक से)* सीता की एक सखी को बुलाओ।

सेवक : जो आज्ञा। *(सखी को बुला लाता है।)*

सखी : आज्ञा महाराज !

जनक : राजकुमारी को रंगस्थली में सादर ले आओ।

[सखी तेज़ी से जाती है। दर्शकों में उत्सुकतामय संवाद। प्रकाश दर्शक-पर नारियों की दिशा उनकी आपसी बातचीत सुनाई पड़ती है—सीता के सखियों सहित आते समय सखियों का मंगलगान लेकिन नेपथ्य में तुलसी और वृन्दपाठ तथा नर-नारियों की आपसी बातचीत उसके ऊपर स्पष्ट सुनाई पड़ती है। सखियों सहित सीता प्रवेश 10 से भीतरी रंगमंच पर पिता-माता को प्रणाम कर रंगस्थली 1 की परिक्रमा कर पार्श्वमंच 3 पर स्थान ग्रहण करने चलती है। इस बीच।]

तुलसी सहित : सिय सोभा नहिं जाई बखानी।

वृन्द पाठ : जगदम्बिका रूप गुन खानी॥
जौं पटतरिअ तीय सम सीया।
जगअसि जुबति कहाँ कमनीया॥
गिरा मुखर तन अरध भवानी।
रति अति दुखित अतनु पतिजानी॥
बिष बारुनी बन्धु प्रिय जेही।
कहिअ रमासम किमि बैदेही॥

तुलसी : जौं छबि सुधा पयोनिधि होई।
परम रूपमय कच्छपु सोई॥
सोभा रजु मन्दरु सिंगारू।
मथै पानि पंकज निज मारू॥

तुलसी : राम रूप अरु सिय छबि देखें।
नर नारिन्ह परिहरीं निमेष।

वृन्द पाठ : एहि बिधि उपजै लच्छि जब सुन्दरता सुख मूल।
तदति सकोच समेत कबि कहहिं सीय समतूल॥

स्त्री 1 : राजकुमारी कितनी सुन्दर दीख रही हैं !

स्त्री 2 : देखो देखो—सोह नवल तनु सुन्दर सारी।

स्त्री 3 : और—भूषन सकल सुदेस सुहाए॥

स्त्री 4 : पानिसरोज सोह जयमाला।

स्त्री 1 : राजाओं की निगाह कैसी टिकी है—
अवचर चितए सकल भुआला।

स्त्री 2 : सुन री। सीता यों अपनी सखियों की ओर क्यों देख रही हैं ?

स्त्री 3 : गुरजन लाज समाजु बड़ देखि सीय सकुचानि।
लागि बिलोकन सखिन्ह तन रघुबीरहि उर आनि॥

पहला पुरुष : राजकुमार रामचन्द्र को जितना ही देखता हूँ उतना ही—

दूसरा : उतना ही क्या ?

पहला : *(आहिस्ता से)*

मति हमारि असि देई दुहाई।
हरु बिधि बेगि जनक जड़ताई॥

तीसरा : तुमने मेरे मुँह की बात छीन ली!

एहिं लालसाँ मगन सब लोगू।
बरु साँवरो जानकी जोगू॥

जनक : भाटगण, तनिक इधर आइए।

भाट : जी स्वामी।

जनक : अब आप इस सभा के समक्ष मेरा प्रण घोषित कीजिए।

भाट : महाराज, हम इसी अवसर की बाट जोह रहे थे। *(सोल्लास दूसरे से)* नगाड़ा बजाओ।...*(सभा शान्त)* हे पृथ्वी का पालन करनेवाले उपस्थित राजागण। सुनिए ! पन बिदेह कर कहहिं हम भुजा उठाइ बिसाल। सामने मंच पर स्थित यह शिवधनुष अत्यन्त भारी है, कठोर है, यह सभी जानते हैं ! आपको यह भी विदित होगा कि रावण और बाणासुर जैसे महाबलियों को भी इसे छूने तक का साहस नहीं हुआ। समझ लीजिए कि आप लोगों का भुजाबल तो मानो चन्द्रमा है और यह कठोर धनुष उसे ग्रसनेवाला राहु है !...हमारे स्वामी मिथिलेश जनक की घोषणा है कि–

[पहले एक भांट एक अर्धाली कहता है, फिर दूसरे दोहराते हैं।]

सोइ पुरारि कोदंडु कठोरा।
राजसमाज आजु जोइ तोरा॥
त्रिभुवन जय समेत बैदेही।
बिनहिं बिचार बरइ हठि तेही॥

[क्षणिक विराम के बाद राजा लोग एक-एक करके उठकर इष्टदेव का मनन कर धनुष उठाने और उसे तोड़ने की चेष्टा करते हैं। उस बीच दर्शक नर-नारियों का आपस में वार्तालाप।]

पुरुष 1 : देखो-देखो, कैसे तमतमा कर ये राजा लोग धनुष की ओर जा रहे हैं।

पुरुष 2 : पर एकाध तो अपने आसन से उठा ही नहीं।

पुरुष 3 : वे समझदार हैं, देखो न। वह जो तमककर जोर आजमाने चला था, तनिक भी तो टरका नहीं सका धनुष को।

पुरुष 1 : अरे अरे...एक-दो-तीन...चार...पाँच छह एक-एक करके सभी तो जोर लगा रहे हैं।

पुरुष 2 : देखो एक साथ मिलकर उठाने की चेष्टा भी कर रहे हैं।

पुरुष 4 : जान पड़ता है और भी भारी हो गया वह धनुष–

मनहुँ पाइ भट बाहुबलु अधिकु अधिकु गरुआइ॥

पुरुष 3 : एक साथ तो जुटे सब पर...पर...

पुरुष 1 : डगइ न सम्भु सरासनु कैसें।
कामी बचन सती मनु जैसें ॥

पुरुष 2 : सब नृप भए जोगु उपहासी।
जैसें बिनु बिराग संन्यासी ॥

पुरुष 3 : सभी राजा श्रीहन होकर अपने-अपने स्थान पर बैठ गए। अब क्या होगा ?

पुरुष 1 : होगा क्या ? लौटेंगे अपना-सा मुँह...

पुरुष 2 : चुप ! चुप। महाराज जनक कुछ कह रहे हैं !

पुरुष 4 : शान्त ! शान्त !

[दर्शक समूह चुप होकर जनक की आकुल और रोषमयी वाणी सुनता है।]

जनक : मेरे अतिथियो ! मैं यह क्या देख रहा हूँ ?
दीप दीप के भूपति नाना।
आए सुनि हम जो पनु ठाना ॥
मेरी मनोहर कन्या, महाविजय और अति कमनीय कीर्ति-लाभ के लिए इस धनुष का दमन करनेवाला वीर क्या विधाता ने रचा ही नहीं ? इस धनुष को तोड़ना तो अलग रहा, कोई इसे तिलभर भूमि से भी न छुड़ा सका।
(सावेश)
अब जनि कोउ माखै भटमानी।
वीरबिहीन मही मैं जानी ॥
तजहु आसु निज निज गृह जाहू।
लिखा न बिधि बैदेहि बिबाहू ॥
(रुककर ग्लानि भरे स्वर में)
सुकृत जाइ जो पनु परिहरऊँ।
कुँअरि कुँआरि रहउ का करऊँ ॥
(पुनः आक्रोशपूर्ण स्वर में)
जौ जनतेउ बिन भट भुबि भाई।
तौ पनिकरि होतेउँ न हँसाई ॥

[दर्शकों इत्यादि में मन्द और हताश-से स्वर में बातचीत।]

स्त्री 1 : हाय ! अब क्या हो !

स्त्री 2 : मेरा तो जी राजकुमारी जानकी को देखकर दुखारी हो रहा है।

स्त्री 3 : और दोनों राजकुमार ?

स्त्री 1 : अरे, दोनों में छोटावाला कुछ कह रहा है।

स्त्री 2 : उसका मुख तो देखो !
माखे लखनु कुटिल भइँ भौंहें।
रदपट फरकत नयन रिसौंहें ॥

[राम लक्ष्मण की दिशा में प्रकाश। लक्ष्मण राम को प्रणाम करके बोलते हैं।]

लक्ष्मण : हे तात !...

रघुबंसिन्ह महुँ जहँ कोइ होई।
तेहिं समाज अस कहइ न कोई॥
राजा जनक ने आपके यहाँ होते हुए बड़ी अनुचित वाणी कही है।
...*(सरोष और उच्च स्वर में)*
सुनहु भाकुल पंकज भानू।
कहउँ सुभाउ न कछु अभिमानू॥
जौं तुम्हारि अनुसासन पावौं।
कन्दुक इव ब्रह्मांड उठावौं॥
काचे घट जिमि डारौं फोरी।
सकौं मेरु मूलक जिमि तोरी॥
तव प्रताप महिमा भगवाना।
को बापुरो पिनाक पुराना॥
नाथ जानि अस आयसु होऊ।
कौतुकु करौं बिलोकिअ सोऊ॥
कमलनाल जिमि चाप चढ़ावौं।
जोजन सत प्रमान लै धावौं॥

(कुछ रुककर) हे नाथ, यदि आपके प्रताप के बल से इसे कुकुरमुत्ते की तरह न तोड़ फेकूँ तो आपके चरणों की शपथ है मुझे, मैं फिर कभी धनुष और तरकश को हाथ नहीं लगाऊँगा।

[सभा कुछ देर स्तब्ध। फिर कुछ बातचीत का स्वर।]

पुरुष 1 : *(दूसरे से)* सुना !...

पुरुष 2 : पर...पर...वह देखो। बड़ा भाई क्या कर रहा है ? वह भी कुछ कहेगा क्या ?

पुरुष 3 : ना !...वह तो छोटे भाई को इशारे से शान्त कर रहा है।

सयनहिं रघुपति लखनु नेवारे।
प्रेम समेत निकट बैठारे॥

स्त्री 1 : विश्वामित्र मुनि उठ रहे हैं।

स्त्री 2 : *(भयभीत स्वर)* जा रहे हैं क्या ?

स्त्री 3 : नहीं। बड़े राजकुमार से कुछ कह रहे हैं।

[विश्वामित्र राम को सम्बोधित करके बोलते हैं।]

विश्वामित्र : दशरथनन्दन ! पुरुष सिंह, तुम्हें ही इस संकट का निवारण करना है।

उठहु राम भंजहु भवचापा।
मेटहु तात जनक परितापा॥

स्त्री 1 : खड़े हो गए राम।

स्त्री 2 : पर...पर देखो, मुखड़े से लगता है—
हरष विषादु न कछु उर आवा।

स्त्री 3 : मुझे तो इनका सहज सुभाव से उठना अच्छा लगता है।
ठाढ़ भए उठि सहज सुभाएँ।
ठवनिजुबा मृगराज लजाएँ॥

स्त्री 2 : हे देवताओ ! हे पितरो ! यदि हमारे पुण्यकर्मों का कुछ भी प्रभाव है तो—

स्त्री 2 : तौ सिवधनु मृनाल की नाईं।
तोरहुँ रामु गनेस गोसाईं॥

[सीता की माता महारानी जल्दी से पार्श्वमंच 3 पर सीता के पास जाकर सखियों से कहती हैं।]

महारानी : अरे, तुम सब क्या कर रही हो ? हाय, इतने सारे तो हमारे हितचिन्तक लोग खड़े हैं, लेकिन सब-के-सब मानो कौतुक निहार रहे हैं। अरे कोई जाकर इन दोनों को गुरु विश्वामित्र को समझाता क्यों नहीं ? मेरे पतिदेव भी अपना सयानापन खो बैठे हैं।
रावन बान छुआ नहिं चापा।
हारे सकल भूप करि दापा॥
सो धनु राजकुँअर कर देहीं।
बालमराल कि मन्दर लेहीं॥

सखी 1 : हे रानी, ऐसे तेजवन्त को छोटा नही गिनना चाहिए।
कहँ कुम्भज कहँ सिन्धु अपारा।
सोषेउ सुजसु सकल संसारा॥
रविमंडल देखत लघु लागा।
उदयँ तासु त्रिभुवन तम भागा॥

सखी 2 : छोटा-सा मन्त्र ब्रह्मा-विष्णु-महेश को बस में कर लेता है।

स्त्री 3 : जरा-सा अंकुश महामत्त, गजराज को दबा लेता है।

सखी 1 : देबि तजिअ संसउ अस जानी।
भंजब धनुष राम सुनु रानी॥

महारानी : सखियो, तुम जरा सीता को सम्हालो। न जाने क्या बीत रही है इसके जी पर।

तुलसी : तब रामहिं बिलोकि बैदेही।

वृन्द सहित : सभय हृदयँ बिनवत जेहि तेही॥
मनहीं मन मनाव अकुलानी।
होहु प्रसन्न महेस भवानी॥
नीकें निखि नयन भरि सोभा।

पितु पनु सुमिरि बहुरि मन छोभा॥
बिधि केहि भाँति धरौं उर धीरा।
सिरस सुमन कन बेधिअ हीरा॥
सकल सभा कै मति भै भोरी।
अब मोहि सम्भु-चाप गति तोरी॥
निज जड़ता लोगन्ह पर डारी।
होहि हरुअ रघुपतिहि निहारी॥

सखी 1 : राजकुमारी, परिताप मत करो।

सखी 2 : *(आहिस्ता से)* राजकुमारी, चिन्ता के मारे तुम्हारी आँखें इधर-उधर डोल रही हैं।

प्रभुहि चितई पुनि चितव महि राजत लोचन लोल।
खेलत मनसिज मीन जुग जनु बिधुमंडल डोल॥

सखी 3 : बोलतीं क्यों नहीं राजकुमारी ?
गिरा अलिनि मुख पंकज रोकी।
प्रगट न लाज निसा अवलोकी॥

सखी 2 : लोचन जलु रह लोचन कोना।
जैसें परम कृपन कर सोना॥

[सीता नेत्र मुँदे, ध्यानमग्न]

सखी 1 : *(अन्तरंग स्वर में)* सीता रानी, आपका प्रण तन-मन-वचन से सच्चा है। इसलिए सखी—
जेहि कें जेहि पर सत्य सनेहु।
सो तेहि मिलइ न कछु सन्देहू॥

सखी 2 : आँखें खोलो राजकुमारी, वे तुम्हारी ओर देख रहे हैं।

सखी 3 : सियहि बिलोकि तकेउ धनु कैसे।
चितव गरुड़ लघु ब्यालहि जैसे॥

सखी 2 : देखो, देखो, लक्ष्मण बैठे-ही-बैठे क्या कह रहे हैं ?

सखी 1 : सुनाई नहीं पड़ता, मानो अपने-से बात करते हों।

[लक्ष्मण धरती को अपने पैरों से दबाकर।]

लक्ष्मण : *(मन्द किन्तु आदेशपूर्ण स्वर में)* हे दिशाओं के हाथियो, हे धरती को धारण करने वाले कच्छप शेषनाग, बाराह !
रामु चहहिं संकर धनु रोता।
होहु सजग सुनि आयसुमोरा।
धरहु धरनि धरि धीर न डोरा।

[थोड़ी देर सर्वत्र मौन मानो धरती ठहर गई हो।...राम धनुष उठाते हैं। हठात् गर्जन और प्रकाश। दर्शकों में अचरज।]

पुरुष 1 : यह क्या हुआ ?

पुरुष 2 : कैसी दामिनि दमक।

पुरुष 3 : आकाश में यह गोल-गोल-सा आकार कहाँ से आया ?

पुरुष 1 : वही तो धनुष है।

पुरुष 2 : उठा भी लिया ?

पुरुष 3 : इतना फुरती के साथ कि हम लोग देख भी न पाए।

पुरुष 1 : देखो, देखो, राम अब उसे तोड़ रहे हैं।

[भयंकर कठोर ध्वनि। उसके बाद जय-जय ध्वनि। वाद्य और गान के सम्मिलित स्वर जिसके ऊपर वृन्द-गान सुनाई पड़ता है, लेकिन गान-मंडली पर प्रकाश नहीं।]

वृन्दगान

तुलसी वृन्द : भरे भुवन घोर कठोर रव रबिबाजि तजि मारगु चले।
चिक्करहिं दिग्गज डोल महि अहि कोल कूरम कलमले ॥
सुर असुर मुनि कर कान दीन्हें सकल बिकल बिचारहीं।
कोदंड खंडेउ राम तुलसी जयति बचन उचारहीं ॥

तुलसी : संकर चाप जहाजु सागरु रघुबर बाहुबलु।
बूड़ सो सकल चढ़ा जो प्रथमहिं मोह बस ॥

[क्रमशः ध्वनियाँ मन्द होती जाती हैं। दर्शकों में बातचीत होती है। उधर पुरोहित शतानन्द पार्श्वमंच 3 पर जाकर सखियों और सीता से कुछ कहते हैं।]

पुरुष 1 : धन्य हो ! धन्य हो राजकुमार ! कैसे सहज ही कोदंड तोड़कर धरती पर डाल दिया।

पुरुष 2 : देखो, देखो धनुष टूटते ही—सखिन्ह सहित हरषी अतिरानी। सूखत धान परा जनु पानी।

पुरुष 3 : और महाराज जनक ! सारी चिन्ता छूट गई।
पैरत थकें थाह जनु पाई।

पुरुष 4 : *(हँसकर)* तनिक अन्य राजाओं को तो देखो—
श्रीहत भए भूप धनु टूटे। जैसे दिवस दीप छबि छूटे ॥

पुरुष 1 : मैं तो राजकुमारी सीता को देख रहा हूँ।
सीय सुखहि बरनिअ केहि भाँती।
जनु चातकी पाइ जल स्वाती ॥

पुरुष 2 : और लक्ष्मण—रामहि लखनु बिलोकत कैसें।
ससिहि चकोर किसोरक जैसें ॥

शतानन्द : परिचारिकाओ, राजकुमारी को रघुवंश मणि राम के निकट ले चलो। जयमाल पकड़ाओ।...आगे बढ़ो बेटी !

[सखियों के मंगल-गीत की ध्वनि, जिसकी गतिताल विलम्बित है सीता की धीमी चाल के अनुसार।]

वृन्दगान

वृन्द : संग सखीं सुन्दर चतुर गावहिं मंगलचार।
गवनी बालमराल गति सुषमा अंग अपार॥
सखिन्ह मध्य सिय सोहति कैसें।
छबिगन मध्य महाछबि जैसे॥
करसरोज जयमाल सुहाई।
बिस्वबिजय सोभा जेहिं छाई॥

[राम के समीप जाकर सीता रुकती हैं और चित्र में लिखी-सी रह जाती हैं। गान भी बन्द यद्यपि हलका वाद्यस्वर।]

सखी 1 : राजकुमारी, सामने रघुवीर राम खड़े हैं। अब संकोच न करो।

सखी 2 : पहिरावहु जयमाल सुहाई।

सखी 3 : बेचारी ! प्रेमबिबस पहराई न जाई। *(सखियों की मन्द हँसी)*

सखी 2 : जब उन्हें इतना भी स्पर्श नहीं कर पातीं तो पैर कैसे छुओगी राजकुमारी ?

सखी 4 : समझी नहीं सखी ? गौतमतिय गति सुरति नहीं परसति पग पानि।

सखी 3 : राजकुमारी के इस भय की बात सुनकर तो रघुवंस मणि मुस्करा उठे।

सखी 2 : राजकुमारी, वे मुस्करा रहे हैं। यही अवसर है।

सखी 1 : राजकुमार के चाँद-से मुख से हमारी राजकुमारी के करकमल भयभीत हैं।...गाओ गाओ !...जयमाल पड़ रही है—

[वृन्दगान : उसी धुन में]

गावहिं छवि अवलोकि सहेली।
सियँ जयमाल राम उर मेली॥
महिपाताल नाक जसु ब्यापा।
राम बरी सिय भंजेउ चापा॥
सोहति सीय राम कै जोरी।
छबि सिंगार मनहुँ एक ठोरी॥

[जयमाल पड़ते ही अनेक स्वरों में जयजय ध्वनि। तरह-तरह के वाद्यों के स्वर—कुसुमांजलियाँ-विरुदावलियाँ।—अनेक सम्मिलित स्वर। धीरे-धीरे कम होते हुए गान। वाद्यस्वरों के बीच राजाओं की आपसी कर्कश बातचीत।]

तुलसी : तब सिय देखि भूप अभिलाषे।
कूर कपूत मूढ़ मन माखे॥
उठि उठि पहरि सनाइ अभागे।
जहँ तहँ गोल बजावन लागे॥

राजा 1 : यह भी कोई बात है।

राजा 2 : उठाओ खड्ग ! पहनो कवच !

राजा 3 : क्यों भई, क्यों ?

राजा 4 : छीन लो सीता को। तोरें धनुषु चाड़ नहिं सरई !

राजा 1 : दोनों राजकुमारों को बाँधकर ले चलो। जीवत हमहिं कुँअरि को बरई?

राजा 4 : और महाराज जनक उनकी मदद करें तो ?

राजा 2 : तो भी ? जीतहु समर सहित दोउ भाई।

राजा 4 : कैसी निर्लज्ज बातें कर रहे हैं आप लोग ! उस समय आपकी शूरता कहाँ थी जब धनुष तोड़ना था ? बलु प्रतापु बीरता बड़ाई। नाक पिनाकहिं संग सिधाई।

राजा 3 : देखहुँ रामहि नयन भरि तजि इरिषा मदु कोहु।
लखन रोषु पावकु प्रबल जानि सलभ जनि होहु॥

अन्य राजागण : *(सावेश)* बको मत ! बढ़ो आगे।

[कोलाहल : अनेक स्वर]

सखी : राजकुमारी, उधर चलिए।

[ले जाती हैं।]

पुरुष दर्शक 1 : कैसे बेहया हैं ये लोग !

पुरुष 2 : लक्ष्मण को देखते नहीं।...एक बार ही में सबकी अक्ल ठिकाने लगा देंगे।

पुरुष 3 : अरुन नयन भृकुटी कुटिल चितवत नृपन्ह सकोप ! मनहुँ मत्त गजगन निरखि सिंघकिसोरहिं चोप।

[बढ़ते कोलाहल में प्रतिहारी के स्वर—शान्त ! शान्त...आप लोग बैठें।]

पुरुष 1 : अरे उधर देखो...उधर देखो, प्रवेश द्वार की तरफ़।

पुरुष 2 : यह कौन आ रहा है ? वृषभकन्ध उर बाहु बिसाला। चारु जनेउ माल मृगछाला !

पुरुष 3 : कटि मुनिबसन तून दुइ बाँधें। धनु सर कर कुठारु कल काँधे।

पुरुष 1 : भृगुपति ! परशुराम !

सभी : *(सभीत)* परशुराम !

[कोलाहल कम]

सेवक : हे सभासदो ! हे राजागण ! आप लोग शान्त भाव से अपने-अपने स्थान पर बैठ जाइए। भृगुकुलकमलपतंग परशुरामजी पधारे हैं।
सान्त बेषु करनी कठिन बरनि न जाइ सरूप।
धरि मुनितनु जनु बीररसु आयउ जहँ सब भूप॥
...*(परशुराम का प्रवेश)* आप सब क्षत्रिय राजागण अपने-अपने पिता का नाम लेकर मुनिवर को दंडवत् प्रणाम करें।

[अनेक राजा ऐसा ही करते हैं।]

पुरुष दर्शक 1 : देखो, देखो, कैसे भयभीत होकर विनम्र भाव से पैर छू रहे हैं।

पुरुष दर्शक 2 : परशुराम के आगे कौन क्षत्रिय राजा अकड़ दिखा सकता है।

पुरुष 3 : वह देखो राजा जनक राजकुमारी सीता को लेकर पहुँचे।

पुरुष 1 : परशुराम आशीर्वाद दे रहे हैं।

पुरुष 2 : वह देखो, विश्वामित्र भी आगे बढ़े दोनों राजकुमारों को लेकर।

पुरुष 3 : दोनों मुनि कैसे गले मिल रहे हैं—एक क्षत्रिय रिपु ब्राह्मण ! और दूसरा क्षत्रिय जन्मा ब्राह्मण।

पुरुष 1 : दोनों राजकुमारों को भी आशीष दे रहे हैं।

पुरुष 2 : चलो, यह भी अच्छा हुआ।

[परशुराम बोलते हैं। सभा शान्त।]

परशुराम : विदेहराज जनक ! आपकी इस रंगस्थली में इतनी भीड़ किसलिए है?

जनक : मुनिवर, बात ऐसी है कि मेरी बेटी सीता, जिसे आपने अभी अपना शुभाशीर्वाद दिया है, उसका स्वयंवर था। इसीलिए ये सभी राजागण मेरे अतिथि होकर आए हैं। और इसीलिए सभा में यह सजावट शोभा भी आप देख रहे हैं।

परशुराम : स्वयंवर...हूँऽ !...शोभा सजावट तो खूब ठाठदार है !...पर...उधर यह धनुष क्यों टूटा पड़ा है ?

जनक : जी, मैंने यह प्रण किया था कि जो वीर इस धनुष को तोड़ेगा वही सीता का स्वामी होगा। तो—

परशु. : *(बात काटकर)* देखूँ तो कैसा धनुष है यह...। *(ध्वस्त धनुष के करीब जाते हैं)* अरे ! *(क्रूद्ध स्वर में)* यह तो शिवजी का—मेरे आराध्यदेव का—वही धनुष है। *(सावेश)*

कहु जड़ जनक धनुष कै तोरा।
बेगि देखाउ मूढ़ न त आजू।
उलटउँ महि जहँ लहि तव राजू॥

[राजा जनक चुप ! सभा में तरह-तरह के स्वर जिसमें से सीता की माता के सभीत शब्द सुनाई पड़ते हैं।]

महारानी : हाय ! यह क्या हो रहा है। बिधि अब सँवरी बात बिगारी।

सखी 2 : परशुराम मुनि का स्वभाव तो बड़ा कठोर है।

सखी 1 : राजकुमारी सीता, चिन्ता मत करो ! रघुवीर स्वयं खड़े होकर उत्तर दे रहे हैं।—

हृदयँ न हरषु विषादु कछु बोले श्रीरघुबीर।

राम : नाथ सम्भुधनु भंजनिहारा।
होइहि कोउ एक दास तुम्हारा॥
आयसु काह कहिअ किन मोही॥

परशु. : मेरा दास?...
सेवकु सो जो करै सेवकाई।
अरि करनी करि कअि लराई॥
सुनहु राम जेहिं सिवधनु तोरा।
सहसबाहु सम सो रिपु मोरा॥
सो बिलगाउ विहाइ समाजा।
न त मारे जैहहिं सब राजा॥

लक्ष्मण : *(व्यंग्य-भरे स्वर में)* मुनिवर,
बहु धनुहीं तोरीं लरिकाईं।
कबहुँ न असि रिस कीन्हि गोसाईं॥
एहि धनु पर ममता केहि हेतू।

परशु. : रे नृपबालक कालबस बोलत तोहि न सँभार।
धनुही सम त्रिपुरारि धनु विदित सकल संसार॥

लक्ष्मण : *(हँसकर)*
सुनहु देव सब धनुष समाना।
का छति लाभु जून धनु तोरें।
देखा राम नयन के भोरें॥
छुअत टूट रघपतिहु न दोसू।
मुनि बिनु काज करिअ कत रोसू॥

परशु : *(अपना फरसा दिखाते हुए)* रे शठ, तूने मेरा स्वभाव नहीं सुना क्या?
बालकु बोलि बधउँ नहिं तोही।
केवल मुनि जड़ जानहि मोही॥
बाल ब्रह्मचारी अति कोही।
बिस्वबिदित छत्रिय कुल द्रोही॥
भुजबल भूमि भूप बिनु कीन्ही।
विपुल बार महिदेवन्ह दीन्ही॥
रे महीपकुमार, देख यह फरसा।
मातु पितहि जनि सोचबस करसि महीसकिसोर।
गर्भन्ह के अर्भक दलन परसु मोर अति घोर॥

लक्ष्मण : *(मृदु हँसी, व्यंग्य स्वर)* अहो मुनीस महा भटमानी।
पुनि पुनि मोहि देखाव कुठारू।
चहत उड़ावन फूँकि पहारू॥
सुनिए महाराज...*(तेज स्वर)*
इहाँ कुम्हड़ बतया कोउ नाहीं।
जे तरजनी देखि मरि जाहीं॥

देखि कुठारु सरासन बाना।
मैं कछु कहा सहित अभिमाना॥
आपको भृगुवंशी समझकर, आपके जनेउ को देखकर, आप जो कुछ कह रहे हैं, उसे मैं अपना रिस रोककर सहजा रहा हूँ।...हमारे कुल की रीत है—सुर, महिसुर, हरिजन और गाय—इन पर हम लोग अपनी वीरता नहीं दिखाते।
बधें पाप अपकीरति हारे।
मारतहूँ पापरिअ तुम्हारे॥
...किन्तु मुनिवर,
कोटि कुलिस सम बचनु तुम्हारा।
व्यथ धरहु धनु बान कुठारा॥
इन्हें आप उठाकर रख दीजिए और ब्राह्मण के नाते—
जो बिलोकि अनुचित कहेऊ क्षमहु महामुनि धीर।

परशु. : *(सरोष)* विश्वामित्र, तुम सुन रहे हो ?
कौसिक सुनहु मन्द यहु बालकु।
कुटिल कालबस निज कुल घालकु।
भानबंस राकेस कलंकू।
निपट निरंकुस अबुध असंकू॥
कालकवलु होइहि छन माहीं।
कहउँ पुकारि खोरि मोहि नाहीं॥
तुम्ह हटकहु जौं चहहु उबारा।
कहि प्रतापु बलु रोषु हमारा॥

लक्ष्मण : हे मुनि, आपके सुयश का वर्णन आपके रहते हुए और कौन कर सकता है ?
अपने मुँह तुम्ह आपनि करनी।
बार अनेक भाँति बहु बरनी॥
नहिं सन्तोषु त पुनि कछु कहहू।
जनि रिस रोकि दुसह दुख सहहू॥
बीरब्रती तुम्ह धीर अछोभा।
गारी देत न पावहु सोभा॥
सूर समर करनी करहिं कहि न जनावहिं आपु।
विद्यमान रन पाइ रिपु कायर कथहिं प्रतापु॥
लेकिन आप मुनिवर ?
तुम्ह तौ कालु हाँक जनु लावा।
बार बार मोहि लागि बोलावा॥

परशु. : *(तिलमिलाकर फरसा हाथ में उठा-उठाकर)* सुनो विश्वामित्र,
अब जनि देइ दोसु मोहि लोगू।
कटुवादी बालकु बध जोगू॥
बाल बिलोकि बहुत मैं बाँचा।
अब यहु मरनिहार भा साँचा॥

विश्वा. : क्षमा करें बन्धुवर ! इससे अपराध हुआ।
बाल दोष गुन गनहिं न साधू।

परशु. : विश्वामित्र ! खर कुठार मैं अकरुन कोही।
आगें अपराधी गुरुद्रोही॥
यह उद्धत बालक उत्तर देता जा रहा है फिर भी बिना मारे इसे छोड़ देता हूँ।
उतर देत छोड़उँ बिनु मारें।
केवल कौसिक सील तुम्हारे॥
न त एहि काटि कुठार कठोरें।
गुरहि उरिन होतेउँ श्रम थोरे॥

[विश्वामित्र के मुख पर रहस्यभरी मुस्कान]

तुलसी स्वर : गाधिसूनु कह हृदयँ हँसि मुनिहि हरिअरइ सूझ।
अयमय खाँड़ न ऊखमय अजहुँ न बूझ अबूझ॥

लक्ष्मण : हे भृगुपति परशुराम, आपके शील का क्या कहना ? को नहिं जान बिदित संसारा।
मात पितहिं उरिन भए नीकें।
गुरु रिनु रहा सोचु बड़ जीकें॥
सो जनु हमरेहि माथे काढ़ा।
दिन चलि गए ब्याज बड़ बाढ़ा॥
अब आनिअ ब्यवहरिआ बोली।
तुरत देउँ मैं थैली खोली॥

[परशुराम फरसा उठाकर आघात करने को टूटना-सा चाहते हैं। सभा में खलबली।]

सखी 1 : हाय हाय। अब क्या होगा ?

पुरुष 1 : क्या सच ही संहार कर देंगे ये क्रोधी मुनि ?

पुरुष 2 : पर लक्ष्मण भी डटे खड़े हैं निर्भय।

लक्ष्मण : भृगुवर परसु देखावहु मोही।
बिप्र बिचारि बचउँ नृपद्रोही॥
मिले न कबहुँ सुभट रन गाढ़े।
द्विजदेवता धरहि के बाढ़े॥

[सभा में से 'अनुचित है' 'यह अनुचित है' की मन्द आवाज़ें। राम लक्ष्मण को संकेत करके रोकते हैं और फिर खड़े होते हैं।]

पुरुष 1 : देखो, रामचन्द्र ने छोटे भाई को इशारे से रोक दिया।

एक स्त्री : कैसे शान्त स्वभाव से खड़े होकर बोल रहे हैं रघुपति।

राम : नाथ करहु बालक पर छोहू।
सूध दूधमुख करिअ न कोहू॥
जौं पै प्रभुप्रभाव कछु जाना।
तौ कि बराबरि करत अयाना॥
जौं लरिका कछु अचगरि करहीं।
गुर पितु मातु मोद मने भरहीं॥
करिअ कृपा सिसु सेवक जानी।
तुम्ह सम सील धीर मुनि ग्यानी॥

परशु : हुँऽ। *(लक्ष्मण हलका-सा हँस देते हैं।)* लेकिन फिर हँसा !
फिर हँसा तेरा यह भाई।
राम तोर भ्राता बड़ पापी।
गौर सरीर स्याम मन माहीं॥
कालकूट मुख पयमुख नाहीं।
सहज टेढ़ अनुहरइ न तोही॥
नीचु मीचुसम देख न मोही।

लक्ष्मण : *(हँसते हुए)* सुनहु मुनि ! क्रोध पाप कर मूल।
जेहि बस जन अनुचित करहिं चरहिं बिस्व प्रतिकूल॥
मैं तुम्हार अनुचर मुनिराया।
परिहरि कोपु करजि अब दाया॥
टूट चाप नहिं जुरिहि रिसाने।
बैठिअ होइहिं पाय पिराने॥
जौं अति प्रिय तौं करिअ उपाई।
जोरिअ कोउ बड़ गुनी बोलाई॥

जनक : *(जो अब तक चुपचाप सुन रहे थे, भयभीत-से होकर)* बहुत हुआ राजकुमार लक्ष्मण। मष्ट करहु, अनुचित भल नाहीं।

परशु : *(क्रोध से विक्षुब्ध होकर लेकिन एक प्रकार की हीनता का अनुभव करते हुए जो क्रोधी पुरुष के शक्तिक्षय का द्योतक है)* राम, मैं तेरे ऊपर यह कम अहसान नहीं कर रहा हूँ कि बचऊँ बिचारि बन्धु लघु तोरा। इसका तो—
मन मलीन तनु सुन्दर कैसे।
विषरस भरा कनकघटु जैसे॥

[लक्ष्मण हँसते हैं। किन्तु राम तरेरते नयन से उनकी ओर देखते हैं। प्रभु उनकी विपरीत वाणी को नापसन्द कर रहे हैं, ऐसा जानकर लक्ष्मण वापस गुरु विश्वामित्र के पास जा बैठते हैं।]

राम : *(दोनों हाथ जोड़कर, अति विनीत मृदु शीतल वाणी में।)*

सुनहु नाथ तुम्ह सहज सुजाना !
बालकवचनु करिअ नहिं काना ॥
बररै बालकु एकु सुभाऊ।
इन्हहि न सन्त विदूषहिं काऊ ॥
वास्तव में मुनिवर—
तेहिं नाहीं कछु काज बिगारा।
अपराधी मैं नाथ तुम्हारा ॥
कृपा कोपु बधु बँधव गोसाईं।
मो पर करिअ दास की नाईं ॥
कहिअ वेगि जेहि विधि रिस जाई।
मुनिनायक सोई करैं उपाई ॥

परशु : राम मेरा रोष कैसे जा सकता है, देख तो।

अजहुँ अनुज तब चितव अनैसें ? *(फिर तिलमिलाकर)* मेरा रोष क्या बृथा हो जाए ? नहीं। नहीं।

एहि कैं कंठ कुठारु न दीन्हा।
तौ मैं काह कोपु करि कीन्हा ॥
यह भी कोई बात है ?...
गर्भ स्रवहिं अवनिप रवनि सुनि कुठारगति घोर।
परसु अछत देखउँ जिअत बैरी भूपकिसोर ॥

...उफ़, यह मुझे हो क्या गया है। कैसी...कैसी...मजबूरी ने मुझे जकड़ लिया है ?

बहइ न हाथु दहइ रिस छाती।
भा कुठारु कुंठित नृपघाती ॥
भयउ बाम बिधि फिरेउ सुभाऊ।
मोरे हृदयँ कृपा कसि काऊँ ?

(कुछ शिथिल पर तप्त-से स्वर में) शायद...शायद...

आजु दया दुखु सुसह सतावा !

लक्ष्मण : *(पुनः मन्द हँसी के साथ)* महामुनि, आपकी कृपा रूपी वायु-रोग भी आपकी मूर्त्ति के अनुकूल ही है। बोलत जरत बचन जनु फूला। जब कृपा करते समय ही आपका शरीर जला जाता है, तो क्रोध भएँ तनु राख विधाता।

परशु. : *(जनकजी से)*

देखु जनक हठि बालकु एहू।
कीन्ह चहत जड़ जमपुर गेहू॥
बेगि करहु किन आँखिन्ह ओटा।
देखत छोट खोट नृपढोटा॥

लक्ष्मण : *(मन्द मुस्कान और इतने धीमे स्वर में मानो स्वगत बोलते हों)* मूँदे आँख कतहूँ कोउ नाहीं।

परशु. : *(राम से)* रामचन्द्र !...असली दोषी तो तू है और फिर भी सम्बोधन करता है।
सम्भुसरासनु तोरि सठ करसि हमार प्रबोधु।
मुझे तो ऐसा लगता है कि–
बन्धु कहइ कटु संमत तोरें।
तू छल विनय करसि कर जोरें॥
करु परितोषु मोर संग्रामा।
नाहिं त छाड़ कहाउब रामा॥
छलु तजि करहि समरु सिवद्रोही।
बन्धुसहित न त मारउँ तोही॥

[दर्शकों में कुछ मर्मर ध्वनि]

पुरुष 1 : वाह ! यह कैसी उलटी बात मुनि कह रहे हैं।

पुरुष 2 : पता नहीं, राम चुपचाप इतनी बकवास क्यों सुन रहे हैं ?

पुरुष 3 : उनके भी मन में कुछ तो विचार आता ही होगा।

पुरुष 4 : शायद वे सोचते हों कि–गुनाह लखन कर हम पर रोष !

पुरुष 1 : कहीं-कहीं सीधापन भी दोष हो जाता है।
टेढ़ जानि सब बन्दइ काहू।
वक्र चन्द्रमहि ग्रसइ न राहू॥

राम : हे मुनीश्वर, क्रोध तज दें। आपके कुठार के आगे यह मेरा सिर है।
जेहिं रिस जाइ करिअ सोइ स्वामी।
मोहि जानिअ आपन अनुगामी॥
प्रभुहि सेवकहि समर कस तजहु बिप्रवर रोसु।
वेषु बिलोकें कहेसि कछु बालकहू नहिं दोसु॥
(कुछ रुककर) बात ऐसी है मुनिवर कि लक्ष्मण तो लड़का है ही।
देखि कुठार बान धनुधारी।
भै लरिकहि रिस बीरु विचारी॥
नामु जान पै तुम्हरि न चीन्हा।
बससुभायँ उतरु तेहिं दीन्हा॥
यदि आप अन्य मुनियों की भाँति होते तो हे गोसाईं, यही शिशु

आपकी पदरज अपने सिर पर रखता।
छमहु चूक अनजानत केरी।
चहिअ विप्र उर कृपा घनेरी॥
हे नाथ हम आपके बराबर होने का कैसे धृष्टता कर सकते हैं, कहाँ तो धरती पर चलनेवाले चरण, और कहाँ उन्नत मस्तक ? और फिर—
राममात्र लघु नाम हमारा।
परसु सहित बड़ नाम तोहारा॥
देखिए, हमारा तो एक ही गुण है—धनुष ! और आपके नौ गुण हैं—शम दम तप इत्यादि और—सभी परम पुनीत। विप्रवर,
सब प्रकार हम तुम्ह सन हारे।
छमहु विप्र अपराध हमारे॥

[सभा में कुछ मन्द स्वर]

परशु. : *(वह हँसी जो थोड़े-बहुत अविश्वास, थोड़े-बहुत रोष से उपजती है)* तू भी अपने भाई की भाँति ही टेढ़ा जान पड़ता है।...मुझे निपट ब्राह्मण ही न जान ! सुन तुझे बताता हूँ कि कैसा विप्र हूँ मैं—
चाप स्रुवा सर आहुति जानू।
कोपु मोर अति घोर कृसानू॥
समिधि सेन चतुरंग सुहाई।
महामहीप भए पसु आई॥
मैं एहिं परसु काटि बलि दीन्हे।
समरजन्य जब कोटिन्ह कीन्हे॥
तू ब्राह्मण-मात्र के धोखे से मेरा निरादर कर रहा है। भंजेउ चापु दापु बढ़ बाढ़ा। अहमिति मनहुँ जिति जगु ठाढ़ा।

राम : मुनिवर तनिक विचार करें।
रिस अति बड़ि लघु चूक हमारी॥
छुअतहिं टूट पिनाक पुराना।
मैं केहि हेतु करौं अभिमाना॥
हे भृगुनाथ, यदि हम सचमुच किसी को विप्र कहकर विप्र का निरादर करेंगे तो यह सत्य भी सुनिए कि संसार में ऐसा कौन योद्धा है जिससे डरकर हम अपना मस्तक नवाएँ ?
देव दनुज भूपति भट नाना।
समबल अधिक होउ बलवाना॥
जौं रन हमहि पचारै कोऊ।
लरहिं सुखेन कालु किन होऊ॥
छत्रियतनु धरि समर सकाना।

कुछ कलंकु तेहिं पावँर आना ॥
कहउँ सुभाउ त कुलहि प्रसंसी।
कालहु डरहिं न रन रघुवंसी ॥
(पुनः संयत शान्त स्वर) मुनिवर ऐसी महिमा है ब्राह्मण-वंश की कि जो आप से डरता है वह निर्भय हो जाता है।
बिप्रवंस कै असि प्रभुताई।
अभय होइ जो तुम्हहि डेराई ॥

[एक दैवी शान्ति सभा को आवृत्त कर लेती है। और फिर दैवी वाद्यस्वर जो परिवर्तन का द्योतक है और जो भृगुपति परशुराम के अन्तःकरण में हो रहा है, जिसे एक दैवी संगीत ही अभिव्यक्त कर सकता है।]

परशु : *(बिलकुल भिन्न स्वर)* हे राम !...क्या कहूँ मैं ! लगता है मेरी बुद्धि के पटल उधर गए हैं।...पर फिर ?
...राम रमापति करधनु लेहू।
खैंचहु चाप मिटै सन्देहू ॥

[धनुष पकड़ाते है। अलौकिक सरसराहट की ध्वनि। धनुष आप-ही-आप परशुराम के पास से राम के हाथों में चला जाता है। दर्शक नर-नारियों में आश्चर्य-ध्वनि।]

पुरुष 1 : अरे अरे यह कैसा चमत्कार !

पुरुष 2 : धनुष आप-ही-आप मुनि के हाथों से उड़कर राम के पास पहुँच गया।

पुरुष 3 : अद्‌भुत ! राजकुमार हैं कि देवता ?

स्त्री 1 : देखो ! भृगुपति परशुराम हाथ जोड़ रहे हैं।

दूसरी : अरे, ये तो राजकुमार राम के आगे विनती कर रहे हैं। सुनो, सुनो।

परशुराम : हे राम मैं चमत्कृत हूँ। तन पुलकित है। मेरे हृदय में प्रेम नहीं समाता। आपका अनन्त प्रभाव मैं समझ गया।

[हाथ जोड़कर स्तुति करते हैं।]

स्तुति

जय रघुबंस वनज वन भानू।
गहन दनुजकुल दहन कृसानू ॥
जय सुर विप्र धेनु हितकारी।
जय मद मोह कोह भ्रमहारी ॥
बिनय सील करना गुन सागर।
जयति बचन रचना अति नागर ॥
सेवक सुखद सुभग सब अंगा।

अनुचित बहुत कहेउँ अनंगा।
छमहु छमामन्दिर दोउ भ्राता॥
(प्रस्थान करते-करते) जय जय जय रघुकुल केतू।
जय, जय, जय !...

नर-नारी समूह : जय, जय जय !

[परशुराम का प्रस्थान। दूर तक उनकी आवाज़ सुनाई पड़ती है, जय रघुननन्दन, जय राम रमापति, जय जय जय ! क्रमशः मौन। उल्लास का वातावरण। सब खड़े हैं केवल राम, लक्ष्मण और सीता पर प्रकाश-पुँज केन्द्रित।]

तुलसी : देवन्ह दीनीं दुन्दुभी प्रभु पर बरषहिं फूल।

वृन्द समेत : हरषे पुर नर करि सब मिटी मोहमय सूल॥

जनक : *(आगे बढ़कर राम के समक्ष, लेकिन कुछ नीचे खड़े होते हैं। हाथ जोड़कर)* हे दशरथनन्दन राम, अब आप मेरे जामाता हुए और अवधपति दशरथ मेरे समधी। पर मेरे नयन-पटल खुल गए हैं। मैं देख रहा हूँ—
ब्यापकु ब्रह्म अलखु अबिनासी।
चिदानन्दु निरगुन गुनरासी॥
मन समेत जेहि जान न बानी।
तरकि न सकहिं सकल अनुमानी॥
महिमा निगमु नेति कहि कहई।
जो तिहुँ काल एक रस रहई॥
नयन विषय मो कहु भयउ सो समस्त सुख मूल।
सबइ लाभु जग जीब कहँ भए ईस अनुकूल॥
मैं कछु कहउँ एकबल मोरें।
तुम्ह रीझहु सनेह सुठि थोरें॥
बार बार माँगउ कर जोरे।
मनु परिहरै चरन जनि भोरें॥

[क्रमशः अन्धकार। चतुर्थ दृश्य समाप्त। प्रकाश केवल तुलसीदास और उनकी मंडली पर केन्द्रित रह जाता है।]

तुलसी : प्रभु विवाह जब भयउ उछाहूँ।

वृन्द सहित : सकहिं न बरनि गिरा अहि नाहू॥
कबिकुल जीवनु पावन जानी।
राम सीय जसु मंगल खानी॥
तेहिते मैं कछु कहा बखानी।
करन पुनीत हेतु निज बानी॥
निज गिरा पावनि करन कारन राम जसु तुलसी कह्यौ।
रघुबीर चरित अपार बारिधि पारू कबि कौनें लह्यौ॥

[समाप्त।]

रघुकुल रीति

(रचना-काल 1985)

[शिल्पी रीतिभंजन से रघुकुल रीति-रंजन की नाट्य-यात्रा]

भूमिका

कोणार्क के रचयिता ने कुलरीति-प्रभंजक शिल्पी विशु का समयानुसार चरित्र दिखाकर विसंगति-नाट्यकार के रूप में प्रसिद्धि पाई। शिल्पी विशु, मेघावी शिल्पी धर्मपद की अविवाहिता माँ का अवैध पति है। विशु अपनी विवाहिता पत्नी को त्याग शवर-कन्या सारिका से अवैध यौन-सम्बन्ध स्थापित करता है। सारिका के गर्भवती होने पर कुल-मर्यादा के भय से भाग जाता है। वह अपने मित्र और मन्दिर के नाट्याचार्य सौम्य श्रीदत्त से सारा रहस्य खोलते हुए कहता है—"जब मुझे ज्ञात हुआ कि वह माँ बननेवाली है तो कुछ और कुटुम्ब-रीति के भय ने मुझे ग्रस लिया। नदी पर बढ़ती साँझ की तरह उस भय की तन्द्रा मेरी बुद्धि पर छा गई और मैं भाग आया, सारिका और उसकी अज्ञात सन्तान से बहुत दूर—भुवनेश्वर में—देव-मन्दिर की छाया में कला के आँचल में अपना मुँह छिपाने।"

—'कोणार्क', पुस्तक से

सत्रह वर्षों तक जंगल में निरन्तर भटकनेवाली निराश्रिता अविवाहिता माँ सारिका और उसके बच्चे की स्मृति उसे एक क्षण भी विस्मृत नहीं होती पर कुलरीति-प्रभंजन के भय से वह उन अनाश्रितों के लिए कुछ नहीं कर पाता। यह है विशु के चरित्र का दुर्बल पक्ष। इस रचना के लगभग पच्चीस वर्षों बाद रघुकुल रीति-रक्षक के रूप में राम को वन-वन भटकते दिखाया गया है। सारिका शिशु सहित भटकती है कुलरीति छोड़कर—राम-सीता जंगल में विचरते हैं रघुकुल रीति से नाता जोड़कर।

माथुर साहब की इसी 30 वर्ष की नाट्य-यात्रा के आधार पर उनका अन्तिम नाट्य-सिद्धान्त स्पष्ट किया जाएगा। दशरथ नन्दन और रघुकुल रीति की रचना के पीछे जीवन का जो परिपक्व अनुभव है उसका यहाँ विश्लेषण करना आवश्यक है। माथुर ने 'दशरथ नन्दन' में इनकी ओर संकेत करते हुए लिखा है—"अनास्था की देहरी पर मँडरानेवाले युग का प्राणी मैं, जो अस्वीकारता और भर्त्सना के युग की पीढ़ी के सामने मानस पर आधारित नाटक प्रस्तुत करना चाहता हूँ—किस तरह तुलसीदास की यों बार-बार टोकनेवाली वाणी को 'राम कौन' नाटकीय ढाँचे में शामिल करूँ ? आगे चलकर उन्होंने अपने संशय का समाधान करते हुए लिखा—"इस सुविधा का समाधान हुआ, उस अनुसन्धान से जिसमें कतिपय वर्षों से डॉ. दशरथ ओझा और मैं लगे हुए हैं। असम, मिथिला और नेपाल के जिन मध्ययुगीन नाटकों का संग्रह और अध्ययन

हम करते रहे हैं उनमें असम के महापुरुष शंकरदेव और उनके शिष्यों द्वारा रचित नाटकों में बार-बार सूत्रधार उन्हें दर्शकों के सम्मुख आकर याद दिलाता है कि जिस श्रीकृष्ण की लीलाओं को आप देख रहे हैं वे और कोई नहीं परब्रह्म परमेश्वर ही हैं।''

—'दशरथ नन्दन', पुस्तक से

'प्राचीन भाषा नाटक' की रचना करते समय बार-बार हम दोनों के मन में यह प्रश्न उठा करता था कि असम के कृष्ण-सम्बन्धी अंकिया नाटक की तरह क्या राम की लीलाओं का शंकरदेव की शैली में तुलसीदास की ही वाणी के माध्यम से नाट्याभिनय सम्भव है। पूर्वांचल के मध्यकालीन नाट्य-साहित्य का अध्ययन लगभग दस वर्षों तक चलता रहा। संवत् 2031 में मानस-चतुःशती-समारोह की देशव्यापी योजना बन रही थी। अहिन्दी प्रदेशों में भी तुलसीदास-कृत रामचरितमानस का इतना आदर-सम्मान है, रामलीला का इतना प्रचार है कि सारा देश योजना को सफल बनाने में उमड़ पड़ा। एक दिन मैंने माथुर से आग्रह किया कि रामचरितमानस के आधार पर भारतेन्दु की शैली खड़ी बोली में ही आधुनिक युवा की मनोवृत्ति के अनुरूप नाट्य-संस्करण तैयार होना चाहिए, माथुर का नाट्य-सम्बन्धी अनुभव और उनका मानस से प्रेम सन् 1934 से ही था। वर्षों तक उन्होंने ऑल इंडिया रेडियो के डायरेक्टर-जनरल के रूप में अनेक नाट्य-प्रयोग किए। बिहार में बिदेशिया नाटक और वैशाली के अभिनव नाट्य-प्रयोगों में बड़ी मुस्तैदी से काम किया। इससे लोकनाट्य-परम्परा से भी वे विधिवत् परिचित हो गए थे।

सरकारी और गैरसरकारी कार्यों के लिए अनेक बार विदेशों की यात्रा करने से उन्हें यूरोप, अमेरिका, रूस, जापान आदि देशों के नाट्य-प्रयोगों का प्रत्यक्ष ज्ञान हुआ। फ्रांस और जर्मनी में बेकेट और ब्रेख़्त की नवीन पुरस्कृत कृतियों का अभिनय देखना सुलभ हुआ। मास्को और लेनिनग्राड की नाट्यशालाओं में विविध नाट्य-प्रयोग देखकर वे बहुत प्रभावित हुए। रूस से लौटकर एक बार वे कहने लगे—''पहले मेरी धारणा थी कि रूस सारी परम्पराओं को मिटाने में लगा हुआ है पर वहाँ के नव नाट्य-प्रयोगों को देखकर मेरी धारणा बदल गई है। रूस के प्रसिद्ध नाट्यकारों और नाट्य-निर्देशकों की मान्यता है कि परम्परा हमारे पूर्वजों के पुष्ट कन्धों के समान है, जिसपर चढ़कर ही आज की पीढ़ी पूर्वजों से आगे की सीनरी देख सकती है, छोड़कर नहीं। परम्परा की ज्यों-की-त्यों नकल व्यर्थ है। यदि पुरानी पीढ़ियों के अनुसन्धान हमारे अवचेतन मन में सदा विद्यमान होंगे, तभी हम आगे प्रगति कर सकते हैं।'' माथुर के मन में यह मान्यता धीरे-धीरे इतनी दृढ़ हो गई कि उन्होंने राम की लीलाओं का आधुनिक युग के अनुरूप रूपान्तर करना ही अनिवार्य समझा।

माथुर के हृदय में देशोन्नति की तीव्र भावना सदा हिलोरें लिया करती थी। आई.सी.एस. अधिकारी होने पर भी जब-जब उन्हें जहाँ-कहीं देश के सांस्कृतिक, आर्थिक, राजनीतिक और कृषि-सम्बन्धी तथा सामाजिक स्तर ऊँचा करने का अवसर मिला, वहीं वे पूरी लगन से जुट गए। सन् 1950 में ही उनकी यह धारणा बन गई थी कि 'हमें परम्पराओं की धाराओं की टोह भी लगानी है और उनके लिए मार्ग प्रशस्त

करने में ही हमारा संस्कृति-नवनिर्माण सफल हो सकेगा। एक अन्तःसलिलधारा थी संस्कृत नाट्य-साहित्य में परिलक्षित रंगमंच की, ऐसा रंगमंच जो अपने उत्कर्षकाल में एक अनुपम सामंजस्यपूर्ण संस्कृति का परिचायक था। जिसके विभिन्न अंगों के सन्तुलन में नागरिक जीवन की सर्वांगीणता सन्निहित थी और जिसके प्रतिबन्धों में शताब्दियों के अनुभव से अर्जित ज्ञान नियन्त्रित था। भारतेन्दु हरिश्चन्द्र ने इस परम्परा को उबारा। सदियों के बाद उनकी प्रतिभा की प्रचंड किरणों ने विस्मृति की अभेद्य कारा को खंडित किया और बसन्त के लुभावने समीरण के स्पर्श से हिन्दी-रंगमंच जाग उठा।'

(पटना कॉलेज में भाषण, 1950)

भारतेन्दु के उपरान्त जीवन्त रंगमंच की नववाटिका यथार्थवादियों के द्वारा सर्वथा उपेक्षित कर दी गई। जहाँ नाम उद्यान लगा था उस भूमि पर दो अतिवादी मल्लयुद्ध करने लगे। युवा वर्ग इब्सन और शॉ की नाट्य-पुस्तकों से संसारी लोग के दाँव सीखकर मैदान में आया था। दूसरा ग्रुप आदर्शवादी आर्य समाज का था जो पूर्ण निग्रह (Puritanism) पर बल देता था। इस काल में इन दोनों अतिवादियों से बचकर चलने वाले थे—जयशंकर प्रसाद, लक्ष्मीनारायण मिश्र, प्रेमीजी, सेठ गोविन्ददास इत्यादि। प्रसाद का नाट्य-साहित्य इतना प्रखर हुआ कि कालान्तर में प्रायः सभी नाट्यकारों ने उन्हीं का पदानुसरण करना उचित समझा। पर प्रसाद जैसा न तो किसी का गहन अध्ययन था और न उनकी जैसी मेघा और प्रतिभा। परिणाम यह हुआ कि उस भूमि पर एकमात्र प्रसाद बरगद के विशाल वृक्ष की तरह आज भी खड़े दिखाई देते हैं।

इस तथ्य का निरूपण भारत-स्वातन्त्र्य के आसपास जगदीशचन्द्र माथुर ने बड़ी ही रोचक शैली में इस प्रकार किया है—"यहाँ संकेत के तौर पर इतना कहना काफ़ी होगा कि विचारक्षेत्र में उत्तर प्रदेश के आर्यसमाजी सुधारवादी सिद्धान्त, सामाजिक क्षेत्र में हिन्दी भाषा प्रान्तों के उच्चवर्गीय नेताओं की संस्कृति-शून्यता, राजनीतिक क्षेत्र में स्वतन्त्रता युद्ध के परिणामस्वरूप आदर्शवादी निग्रह (Puritanism) की भावना और भाषा के क्षेत्र में द्विवेदीजी के नेतृत्व में शुद्धता और इतिवृत्तात्मक अभिव्यंजना का आन्दोलन सभी किसी-न-किसी रूप अथवा परिस्थिति में भारतेन्दु की रस-प्रवाहिनी निर्झरणी के लिए मरुस्थल-तुल्य प्राणांतक सिद्ध हुए। इस तरह हिन्दी-रंगमंच के उत्थान का प्रथम प्रयास, जिसका प्राचीन संस्कृत-रंगमंच से लगाव था, अधूरा ही रह गया। बाद में जो नया और चला, उसकी प्रेरणा कहीं और से ही आई और प्रसादजी के नाटक तो एक कल्पनाजन्य रंगमंच को आधार मानकर प्रणीत हुए।"

(पटना कॉलेज का भाषण, सन् 1950)

दशरथ नन्दन के प्रकाशन के उपरान्त माथुर की नाट्यकला, रुचि और उनकी मान्यताओं के सम्बन्ध में अनेक विवाद उठे, कोई इसे परम्परावादी कहता और कोई जननाटकवादी। कुछ युवक भाषा-सम्बन्धी आपत्ति उठाकर इसे मध्ययुगीन नाट्यधारा में परिगणित करने लगे। कतिपय अनास्थावादी इसे अस्वाभाविक, असामयिक और संवेदन-विरुद्ध सिद्ध करने लगे।

माथुर से उक्त सारी आपत्तियों के सम्बन्ध में प्रायः चर्चा होती रहती थी। मैं उन्हीं के आधार पर समाधान प्रस्तुत करने का प्रयत्न करूँगा। परम्परा और प्रगति-सम्बन्धी विवाद का मूल स्वर गिलवर्ड कैनान ने सन् 1913 में तत्कालीन युवा मान्यताओं के आधार पर यह उद्घोषित किया—

All over the world it is being discovered that what was good enough for the fathers is not good enough for the children, and a generation is springing into manhood which demands the right to examine its heritage and to discard everything that finds to be worthless, useless and injurious. This generation is discovering that it is possible to rebel against the sins of its forbears and it is rebelling with all its might.

—*English Drama,* page 9 by Allardyce Nicoll

अर्थात् सभी देशों के युवक अनुभव कर रहे हैं कि पूर्वजों की मान्यताएँ आज व्यर्थ, अनुपयोगी और हानिकर बन गई हैं अतः युवा पीढ़ी को पूर्वपुरुषों के कुकृत्यों के निवारण के लिए पूर्ण शक्ति के साथ तैयार होना है।

सन् 1913 के इस नए विवाद का समाधान लगभग 40 वर्षों के नए-नए परिवर्तनों के उपरान्त प्रत्येक देश ने अपने-अपने ढंग से किया है। इस काल में नए-नए जीवन दर्शनों का विश्व के शिक्षित वर्ग पर प्रभाव पड़ना स्वाभाविक था। फ्रांस को सार्त्र, आइनेस्को, वेकेट ने, रूस और जर्मनी को मार्क्स (Karl Marks) ने, चीन को माओ (Mao) ने, भारत को गाँधी ने, अमेरिका को इमरसन (Emerson) ने सबसे अधिक प्रभावित किया।

माथुर ने इन सबका विधिवत् अध्ययन तो किया ही था, इन देशों में स्वयं जाकर इन नए जीवन-दर्शनों का देश, जाति और समाज पर पड़नेवाले प्रभावों का, भारतीय दृष्टिकोण से प्रत्यक्ष अनुभव भी प्राप्त किया था। वह थाईलैंड, सुमात्रा, जावा, मलेशिया के गाँवों में कृषि-सम्बन्धी प्रयोग के सम्बन्ध में एफ.ए.ओ. की ओर से भेजे गए थे और उन्होंने वहाँ की नाट्य-परम्परा का अध्ययन किया। उन्होंने मास्को और लेनिनग्राद के थिएटरों में होनेवाले नए प्रयोगपूर्ण प्रदर्शनों को देखा। नाट्यकारों और नाट्य-निर्देशकों से मिले। उन दिनों रूस में स्टानिस्लावस्की (Stanislavsky) का आन्दोलन चल रहा था, जिसका सिद्धान्त था कि थिएटर जनता का, जनता से, जनता के लिए नहीं, जनता के साथ प्रदर्शन करता है। उसमें नित्य जीवन की बेकार बातें नहीं होतीं, काम की बातों की कलाकार व्याख्या करता है—

Theatre is not of the people for the people by the people but together with the people.

—*From New Ideas*

Drama should be true to life but should be reworked and interpreted by the artist.

—*Soviet Theatre,* page-9

माथुर को यह सिद्धान्त अपनी परम्परागत रामलीला थिएटर में दिखाई पड़ा। देहातों में शताब्दियों से यह परम्परा चली आ रही है कि ग्रामीण जनता दस-बीस गाँवों में, कभी-कभी पूरे परगने में, सबसे अधिक चरित्रवान, रूपवान, विद्वान परिवार के सुन्दर सुकुमार बालकों को राम, लक्ष्मण, भरत, शत्रुघ्न, सीता का रूप मानकर उनको रामलीला के लिए तैयार करती हैं। चरित्रवान, विद्वान, संस्कृतज्ञ ही व्यास का काम करते हैं। इस प्रकार दशहरे से दो-तीन महीने पूर्व ही वाल्मीकि, तुलसी, केशवदास की रचनाओं के आधार पर संवाद रटाए जाते हैं। समाज का धनीवर्ग (हिन्दू, मुसलमान, सिख, पारसी, ईसाई) चन्दा एकत्र कर खुले मैदान में रामलीला का आयोजन करता हुआ अद्भुत आनन्द का अनुभव करता है। सभी हिन्दू, मुसलमान, राम-लक्ष्मण-सीता को पुष्पांजलि अर्पित करते हुए कृतकृत्य हो जाते हैं। हमारे देहात की रामलीला का सारा प्रबन्ध हम लोगों के मुसलमान जमीन्दार किया करते हैं। सर्वप्रथम वे ही आरती में भाग लेते हुए मूर्ति के चरणों में पुष्प चढ़ाते हैं, तब लीला आरम्भ होती है। देश-विभाजन के उपरान्त उनके कई वंशज पाकिस्तान जाकर बड़े अफसर बने। जो बच गए हैं वे आज भी श्रद्धा-समन्वित भाव से रामलीला में भाग लेते हैं। इससे प्रमाणित होता है कि रूस का नया नाट्यान्दोलन हमारे देश में शताब्दियों से चला आ रहा है। आवश्यकता इतनी ही है कि उसे आधुनिक युवावर्ग के लिए आकर्षक बनाया जाए। इसी उद्देश्य से माथुर अन्य आवश्यक कार्यों को छोड़कर रामकथा को नाटकीय रूप देने में लग गए।

परम्परावाद के विरोधी भारतीय युवक यदि विश्व के आधुनिक विचारों के साथ गिलवर्ड-कैनान को समझाने को कष्ट करें तो सन् 1913 की मान्यता उन्हें बहुत पुरानी और असामयिक प्रतीत हो। परम्परावाद का सबसे बड़ा विरोधी, रूसी युवा-समाज माना जाता था। पर अक्तूबर, सन् 1917 की क्रान्ति के अनन्तर पचास वर्षों के जीवन-अनुभव से उनके विचारों में बड़ा परिवर्तन आया है। रूस का प्रसिद्ध नाट्य-निर्देशक परम्परा और प्रगति की संगति बिठाने के लिए कहता है–

Tradition of the shoulder of your predecessors on which we stand and see farther ahead. In creating something new, the old should be in our subconscious.

—*Soviet Theatre,* New Ideas, page-55

रूसी विचारकों के अतिरिक्त अमेरिका में भी युरिपिडीज (Euripides), एस्किलस (Aeschylus), सोफोक्लीज (Sophocles), शेक्सपियर आदि प्राचीन कृतिकारों का नाट्य-रूपान्तर अभिनयशलाओं में जनप्रिय बन रहा है। अमेरिका के प्रसिद्ध सौन्दर्यशास्त्र और कला-विभाग के प्रोफेसर लारेंस डब्ल्यू हाईमैन इस भौतिकवादी युग में इन प्राचीन कृतियों की लोकप्रियता के कारणों पर प्रकाश डालते हुए लिखते हैं–

They are great because the experiences they depict are too deep and too complex to be reduced to meaning and truth.

—*The Journal of Aesthetic and Art Criticism.* 1981,
page-15 by Prof. Lawrence W. Hyman

अर्थात् ये प्राचीन कृतियाँ इस कारण श्रेष्ठ बनी हैं क्योंकि इनमें गम्भीर चिन्तन और अनाविल अनुभव भरा पड़ा है। इनके द्वारा आज तक सत्य के वास्तविक मर्म को पहचानने का प्रयास किया जा रहा है।[1]

अर्थात् शताब्दियों तक आलोचना के प्रबल प्रहार सहने पर भी जो पुरातन कृतियाँ अक्षयवट के समान मान्य बनी हैं उनमें कोई-न-कोई असाधारण शक्ति होगी ही। उनमें महापुरुषों का ऐसा प्रगाढ़ अनुभव अभिव्यक्त है जिसका विश्लेषण भौतिकवादियों की सामान्य बुद्धि की परिधि के अन्दर समा सकता ही नहीं। प्रत्येक युग का साहसी लौह-पुरुष इन कृतियों के पारसमणि का स्पर्ष करते ही कंचन बन जाता है और वह निर्लिप्त भाव से अपने स्वरूप में स्थित रहता है। कारण यह है कि इलियड, ओडसी, बाइबिल, जेन्दावस्ता, रामायण, महाभारत आदि में जीवन के प्रत्येक अंग एवं पहलू को परिपुष्ट करने की क्षमता है। रूसी नाट्यकार निर्देशक टोवस्टोनोगोवर ने उक्त पुरातन कथानकों पर नया नाट्य-प्रयोग करते हुए इतना ही सावधान किया–

The important thing is to find the contemporary in the theme on its treating, be it a modern play, a classic, a Russian, a foreign play.

—*New Ideas,* 1981, page 55

अर्थात् चाहे नया नाटक हो चाहे क्लासिक, चाहे रूसी हो या विदेशी, किसी भी कृति में प्रदर्शन के समय समसामयिकता का अनुसन्धान ही आवश्यक है। नाट्य-निर्देशक की सफलता इसी पर निर्भर रहती है।

माथुर से इन प्रसंगों पर प्रायः चर्चा होती रहती थी। वह यही कहते थे कि विराट रूप रामकृष्ण-चरित में प्रत्येक युग, प्रत्येक देश के अनुरूप सामग्री विद्यमान है। पर उस विराट ब्रह्म को देखनेवाली आँखें और अन्तरिक्ष से निरन्तर आनेवाले सन्देशों को सुनने वाले कान चाहिए। वे सन्देश हैं क्या ?

इस स्थान पर 'रघुकुल रीति' से मिलनेवाले सन्देशों पर विचार कर लेना चाहिए। इस नाटक में कई मार्मिक प्रसंग हैं–

1. तीन विवाह करनेवाले राजा दशरथ का अन्तिम जीवन।
2. राज्य का मोह, पद-प्राप्ति का प्रयास।
3. जन-हित में राजपद-त्याग।
4. नई रानी की मनोवृत्ति और उसका राजा और राज्य पर प्रभाव।
5. विपत्तिकाल में पत्नी का पति के और सास-श्वसुर के प्रति कर्त्तव्य।
6. समृद्ध परिवार में कूटनीतिज्ञ परिचारिका की भूमिका।
7. युवराज-चयन में राजा, गुरु, मन्त्री, प्रजा का अधिकार एवं दायित्व।

'रघुकुल रीति' में वर्णित उक्त परिस्थितियाँ सभ्य मानव के सामने अतीत में भी थीं तथा आज भी वैसी ही विकराल रूप में हैं, और अनागत में भी बनी रहेंगी। वाल्मीकि और व्यास, कालिदास और तुलसी क्रान्तिदर्शी थे। क्रान्तिदर्शी कवि वही होता

1. प्रो. लारेंस हेमैन, जर्नल ऑफ़ अस्थेटिक एंड आर्ट क्रिटिसिज्म 1981, पृ. 15

है जो देश-काल की सीमा को अतिक्रान्त कर जाए। इसीलिए इन कवियों में प्रत्येक देश, प्रत्येक काल के सभी जीवन-मूल्यों की पहचान पाई जाती है। यहाँ 'रघुकुल रीति' में वर्णित शाश्वत समस्याओं और उनके चिरन्तन समाधानों पर आधुनिक दृष्टि से विचार कर लेना चाहिए।

हमारे देश का सबसे निकट सम्पर्क विदेशों में रूस के साथ है। जार से मुक्ति पाने पर जो दयनीय स्थिति रूस की थी वही ब्रिटिश साम्राज्य के जाते समय भारत की थी पर रूस ने नाट्यशालाओं एवं रेडियो-टेलीविजन के द्वारा द्वितीय महासमर के उपरान्त विश्व में अपना कितना महत्त्व बढ़ाया यह सर्वविदित है। माथुर साहब कहते थे कि 'जनसम्पर्क-माध्यमों के द्वारा रूस-अमेरिका की तरह हम भी देश में अपनी संस्कृति के अनुरूप नवचेतना भरते होते तो डकैती, हत्या, नारी-अपहरण, रिश्वतखोरी, चोरबाजारी, भ्रष्टाचार, राजनीतिक-आर्थिक-भौमिक प्रदूषण, पदलोलुपता, खाद्य पदार्थों की मिलावट, हड़ताल, अकर्मण्यता आदि का प्रकोप न सहना पड़ा होता। वह चरित्र-बल को जीवन में सर्वप्रथम स्थान देते रहे। उनका विश्वास था कि दुराचारी सत्साहित्य-सर्जन में शायद ही सफल हो। चित्तवृत्ति की पावन एकाग्रता के ही क्षणों में सत्साहित्य जन्म लेता है। राग-द्वेष, काम-क्रोध से जर्जरित मनोभूमि में यह बीज अंकुरित होगा ही नहीं। जब पर-कल्याण की भावना से हृदय करुणार्द्र हो जाता है तो समाधि के क्षणों में साहित्य का स्रोत फूट पड़ता है। क्लासिकल इसीलिए सार्वभौम है और सार्वकालिक भी।' सन् 1970 के उपरान्त आधुनिक समस्याओं के समाधान के लिए विदेशी साहित्यकारों का भी ध्यान इसी ओर गया है। यहाँ हम रूस के प्रमुख तीन थिएटरों की नाट्य-प्रवृत्तियों के आधार पर उक्त सातों समस्याओं का विवेचन करेंगे।

रूसी थिएटरों में मास्को आर्ट थिएटर का प्रमुख स्थान है। इसका नया रूप रूसी क्रान्ति के उपरान्त सन् 1920 में सामने आया। नाट्य-निर्देशक ने 50 वर्षों तक इस थिएटर हॉल में देश के अति प्रसिद्ध रंगकर्मी अभिनेता, एवगेनी, रुवेन, एलेकजेई, जिओर्गी, ब्रेख्त आदि के सहयोग से विविध नाट्य-प्रयोग किए। इस थिएटर की विशेषताओं पर प्रकाश डालते हुए सोवियत थिएटर के लेखक लिखते हैं–

"समस्त महाकवियों की कृतियों के आधार पर इस थिएटर में नाट्य-प्रदर्शन किए गए।" (पृ.-16) इन प्रदर्शनों की पद्धति बताते हुए सन् 1981 में प्रधान नाट्यालोचक इरिना मेकरविच (Irina Makervich) लिखते हैं–

It has drawn upon the rich traditions of the ancient, classical and romantic theatre, folk festivals (including mystery plays) and market-place entertainments, such as puppet shows, and also upon everything that is best in the contemporary theatre in the West.

—*Soviet Theatre,* page 5.

सन् 1913 में जो परम्परा-विरोधी आन्दोलन चला था वह धीरे-धीरे मिटता जा रहा है। रूस का यूथ थिएटर (Youth Theatre) सन् 1940 में स्थापित हुआ। इस यूथ

थिएटर (Youth Theatre) ने पुरानी और युवा पीढ़ी का भेद-भाव मिटा दिया है इसके डायरेक्टर का निष्कर्ष है कि–

The audience of the Youth Theatre represents people of all generations. They all find satisfaction here because every performance brings something new.

—*Riga Theatre,* page 30

अर्थात् रूस ने पीढ़ी-विद्रोह की भावना को राष्ट्रप्रेम-भावना में इस रूप में बदल दिया है कि युवा पीढ़ी सबका सन्तोष करने, कुछ नया विचार लाने के लिए लालायित रहती हैं। इस उद्देश्य की पूर्ति में प्राचीन महाकाव्यों का नए रूप में प्रदर्शन सहायक हुआ।

क्लॉसिक्स के आधार पर इसी प्रकार का प्रयास द्वितीय समर के पूर्व और पश्चात् अमेरिका में ही हुआ। मैक्सवैल एंडरसन स्वयं कवि था और अमेरिका के थिएटर के इतिहास में युगप्रर्वतक माना जाता था। उसका कथन है कि विश्व के समस्त श्रेष्ठ नाटक काव्यमय रहे हैं। एंडरसन ने परम्परा और प्रगति को मिलाने तथा पुरानी पीढ़ी और नई पीढ़ी का विद्रोह मिटाने का नया रास्ता निकाला। प्रसिद्ध आलोचक अलेंस डाउनर एंडरसन के सम्बन्ध में लिखते हैं–

Anderson brought to the theatre not only the journalist's and editor's awareness of contemporary events and the poet's depth of feeling and sense of language but also the scholer's knowledge of the heritage of the theatre from Aeschylus to Ibsen.

अर्थात् एंडरसन ने अमेरिकन थिएटर को पत्रकारों एवं सम्पादकों के मत के साथ श्रेष्ठ कवि-सम्मति भी आधुनिकता में समाविष्ट कर एस्किलस से इब्सन तक की परम्परा को कृतियों में समेटा।

समसामयिकता

आधुनिक नाटकों में सामयिक समस्याओं को समाविष्ट करने पर बड़ा बल दिया जाता है। 'रघुकुल रीति' में राजनैतिक, सामाजिक, आर्थिक, पारिवारिक सभी समस्याएँ विद्यमान हैं। पुरानी पीढ़ियों की त्रुटियों के कारण माता-पिता से पुत्र की विद्रोहाग्नि भी इसमें प्रज्वलित है। राजा दशरथ कैकेयी के सौन्दर्य पर मुग्ध होकर अपना तीसरा विवाह करते हैं जिसके परिणामस्वरूप राम जैसे शीलवान पुत्र को निरपराध चौदह वर्ष का बनवास भोगना पड़ता है। भरत और लक्ष्मण माता की इच्छा के विरुद्ध विद्रोह करते हैं पर वशिष्ठ और सुमन्त, देश-हित में इस विद्रोहाग्नि को समझा-बुझाकर शान्त कर देते हैं। राम, पिता और विमाता की अनुचित एवं कठोर आज्ञा को शिरोधार्य कर कर्मयोग के द्वारा अपने को सकुशल प्रशासक बनाने में सफल होते हैं और परम्परागत बहुविवाह की कुप्रथा को एक पत्नीव्रत के निजी आचरण द्वारा सुधार लेते हैं। यह है पिता के कन्धे पर चढ़कर नई पीढ़ी का दूर तक देखना।

वाल्मीकि और तुलसी ने पुरानी पीढ़ी के दोष-निवारण का ऐसा मार्ग निकाला, जिसमें न कहीं रक्तपात है और न वैमनस्य की गन्ध।

विद्रोही भरत माता कैकेयी पर क्रुद्ध होकर माँ को क्या नहीं कहते ! उनका पहला वाक्य है, 'पापिनि सबहिं भाँति कुल नासा। जनमत काहे न मारेसि मोंही, वर माँगत मन भई न पीरा, गिरी न जीह मुँह परेउ न कीरा।' भरत पहली उपाधि माँ को 'पापिनी' की देते हैं। फिर माँ के दुष्कृत्यों का विवरण देते हुए कहते हैं—पापिनी, सब प्रकार से कुल को विध्वंस करनेवाली हो। रघुकुल बच गया होता यदि जन्म के समय मेरी ही हत्या कर दी गई होती। हम सबके प्रिय राम को बनवास का वर माँगते समय तेरी जीभ नहीं गिर गई ! यदि जीभ नहीं गिर गई तो तेरे मुँह में अभी तक कीड़े भी नहीं पड़े !' भरत की समझ में नहीं आता कि यह कैसी विलक्षण स्त्री है ! आज तक इसका स्वभाव किसी ने क्यों नहीं समझा ? भरत कैकेयी से दुखी होकर पूछते हैं—"सच बता, तू है कौन (को तू अहसि सत्य कहु मोही)। कैकेयी को मौन देखकर खिन्न होकर कहते हैं—"चाहे तू जो हो—यक्षिणी, पिशाचिनी, राक्षसी, मानवी, दानवी—अब तू मुख में कालिख लगाकर दूर चली जा !" (जोहसि सो हसि मुख मसि लाई। आँखि ओट उठि बैठइ जाइ।)

ये उदाहरण युवा पीढ़ी के विद्रोह के हैं। अब गोस्वामीजी का कौशल देखिए। भारतीय संस्कृति का मूल मन्त्र है कि जगत की सारी प्रिय, अप्रिय लीला पराशक्ति के द्वारा संचालित होती है। अतः परछिद्रान्वेषण के स्थान पर आत्मनिरीक्षण करो। भरत आत्मनिरीक्षण करते समय माता के प्रति अपने कठोर शब्दों की असारता प्रकट करते हुए कहते हैं कि विधाता को मुझे कलंकित करना ही अभीष्ट था। अतः मेरा जन्म राम-विरोधी नारी के उदर से हुआ। मैं जन्म से ही पातकी हूँ। माँ की व्यर्थ भर्त्सना कर रहा हूँ।

राम विरोधी हृदय ते, प्रगट कीन्ह विधि मोहिं।
मो समान को पातकी, वादि कहौ कछु तोहिं॥

—अयोध्याकांड

शत्रुघ्न का विरोधी हृदय इस तर्क को नहीं मानता। वह नवयुवक इस अग्निकांड को सर्वप्रथम सुलगानेवाली का सुराग लगाता है। पता चलता है कि राजकुल में आग लगानेवाली है मन्थरा दासी। मन्थरा कैकेयी के साथ विवाह के समय दासी के रूप में आई और रानी की मन्त्री बन गई। फिर क्या था ! नई पीढ़ी का पुरानी पीढ़ी के दुष्कर्म के प्रति आक्रोश देखने लायक है। पहला काम शत्रुघ्न करते हैं—कूबरी के कूबर तोड़ने का। कूबरी-कूबर प्रतीक है पुरानी पीढ़ी के असन्तुलित आचरण-शरीर का। इसका भंजन करके ही कुलरंजन सम्भव है। तदुपरान्त शत्रुघ्न कूबरी के केश पकड़कर भूमि पर घसीटते हुए उसकी ऐसी दुर्गति बना देते हैं जिससे वह पुनः समाज में आग लगाने योग्य न रह जाए। इस प्रकार राम, लक्ष्मण, भरत और शत्रुघ्न के चरित्र से नई पीढ़ी का प्राचीन पीढ़ी की त्रुटियों के विरुद्ध विद्रोह दिखाते हुए रघुकुल रीति का विश्लेषण किया गया है। यह विश्लेषण आज भी इतना उपयोगी है जितना सहस्र वर्ष पूर्व मान्य था। आज भी राम

और भरत की तरह राजपद त्याग करनेवाले लालबहादुर शास्त्री इसी देश में पैदा हुए। उन्होंने रेल दुर्घटना में अपना दोष स्वीकार कर मन्त्रीपद का त्याग कर दिया। प्रधानमन्त्री तथा राष्ट्रपति के अनुरोध पर भी राम या भरत की तरह उन्होंने मन्त्रीपद स्वीकार नहीं किया। यह है भारतीय संस्कृति का वास्तविक रूप, जिसकी झाँकी रामायण में ही देखी जा सकती है। यह है रघुकुल रीति की समसामयिकता और कृति की उपादेयता। अमरीकन प्रोफेसर लारेन्स हेमैन डब्ल्यू की श्रेष्ठ कृति-सम्बन्धी सारी शर्तें इस रचना में पाई जाती हैं। वह कहते हैं—"स्थायी साहित्य, सम्मिश्रण और विभेदीकरण में, अन्तःप्रज्ञा और बाह्य विवेचन तथा गुण-स्वभाव से सम्बन्ध रखनेवाले विविध तत्त्वों में सन्तुलन करता चलता है।" वाल्मीकि और तुलसी ने धर्माधर्म के सम्मिश्रण और विभेदीकरण में, पुरानी पीढ़ी और नई पीढ़ी की भावनाओं में ऐसा सन्तुलन दिखाया है कि वह आज तक सर्वमान्य है। जो युवा पीढ़ी इस सार्वकालिक सन्तुलन की उपेक्षा करके केवल एक पक्ष को सर्वस्व मानकर चलती है, वह स्वाभाविक प्रगति मार्ग से हट जाने पर कभी पीछे, कभी दाएँ, कभी बाएँ भटकती रहती है। फिर भी उस भटकानेवाले मार्ग को ही प्रगति-मार्ग मानकर सन्तुष्ट हो जाती है।

प्रतिभाशाली साहित्यकार इसी पथभ्रष्टता से बचने का मार्ग समय-समय पर बताता चलता है। श्रीमद्भागवत और रामायण, महाभारत और रघुवंश महाकाव्य में ऐसे तत्त्व विद्यमान हैं जो क्रान्ति का चिरन्तन सन्देश सुनाते रहते हैं। कालिदास ने राम के विरुद्ध युवा पीढ़ी की प्रजा का विद्रोह शम्बूक वध के प्रसंग में दिखाया है। राम राज्य में शासक वर्ग की सामान्य शिथिलता के कारण साधुवेशधारी एक दुराचारी राजदंड से बचा रहा। उसने तत्कालीन प्रसिद्ध मुनि वाल्मीकि के आश्रम के पास अपना अड्डा जमाया। वह वृक्ष की डाली से उलटा लटककर तपस्या के ढोंग द्वारा जनपद को ठगता रहा। उसी जनपद में एक ब्रह्मविद् का शिशु मरा मिला। उसका युवा पिता राजप्रसाद के सम्मुख मृत शिशु को लिटाकर चीत्कार करने लगा, "हे पृथ्वी, तुम ऐसी शोचनीय बन गई हो; दशरथ से हीन होकर राम के हाथ में पड़ने से अधिकारिक कष्ट पा रही हो।" उसके कहने का आशय यह था कि राम जैसे अयोग्य राजा के राज में प्रजा नित्य अधिक-से-अधिक कष्ट उठाती चली जा रही है। उस युवा की चीत्कार सुनकर प्रजावर्ग में विद्रोह की भावना जाग्रत हो उठी। आनन्द रामायण में तो प्रत्येक वर्ण के मृत शिशु राजप्रासाद के सम्मुख रखे गए हैं। उनमें एक शूद्रकन्या भी है ! कल्पना कीजिए, प्रजावर्ग में कितना क्षोभ उत्पन्न हुआ होगा ! राम यह दृश्य देखकर अवाक् रह जाते हैं। मन्त्रिगणों से परामर्श करने पर भी शिशुहत्या का कोई कारण नहीं जान पड़ा। अतएव राजा राम अत्यन्त चिन्तित होकर अपने को धिक्कारते हैं, और सोचने लगते हैं कि इच्वाकुवंश रघुकुल में ऐसा अनर्थ तो इससे पूर्व कभी हुआ नहीं था। ध्यानावस्थित होकर राम बैठ गए और उन्हें अन्तरात्मा से आकाशवाणी के रूप में, कपटी मुनि का समाचार सुनाई पड़ा। जो कार्य राजराज्य के गुप्तचर नहीं कर पाए थे वह आकाशवाणी ने सम्पन्न किया। राम वाल्मीकि मुनि के आश्रम के समीप उलटे लटके हुए कपटी मुनि को दूर

से देखकर सशंक हो उठे। उन्होंने देखा कि निरन्तर धूम्रपान के कारण इस मुनि के केश धूम्र वर्ण के हो गए हैं। ऐसा प्रतीत होता है कि सतत गाँजा और चरस पीनेवाला यह कपटी मुनि सभी प्रकार के अपचार एवं दुराचार में तल्लीन रहता था। उसकी आँखें लाल वर्ण की थीं। उसके मुख पर किसी प्रकार का भी तपस्वियों जैसा तेज़ नहीं था। दूर से दुर्गन्ध आ रही थी। राम की शंका दृढ़ होती गई। समीप पहुँचकर राम ने उसके पूर्व-परिचय और उसके वर्तमान क्रिया-कलाप का उद्देश्य भी पूछा। कपटी तपस्वी के शब्द-उच्चारण, वंश-परम्परा की भोगमयी शिक्षा-दीक्षा, तपनियम-विरुद्ध तामस तपस्या के ढंग तथा देवोत्सादन के लिए शरीर को कष्ट देने से उन्हें पूरा विश्वास हो गया कि हो न हो, आकाशवाणी से जिस तपस्वी के अपचार[1] और दुराचार के कारण मृत शिशुओं के मृत्यु-निदान का पता चला था वह यही कपटी तपस्वी[2] है। पूर्ण विश्वास हो जाने पर राम ने उसे उचित दंड दिया। आश्चर्य है कि कपटी मुनि के दंडित होते ही जनपद में उल्लास छा गया।

शम्बूक का प्रसंग यहाँ उद्देश्य-विशेषवश लाया गया है। आधुनिक नाट्यकारों ने इस प्रसंग के आधार पर राम को शूद्र-विरोधी, अत्याचारी शासक की उपाधि दे डाली थी। माथुर साहब के साथ इस पर जब चर्चा चलती तो कहते, "मैं दशरथ-नन्दन से शम्बूक वध के सभी मार्मिक प्रसंगों को आधार बनाकर रामकथा का नाटकीय संगीतक तैयार करना चाहता हूँ। अन्तिम कृति में शम्बूक प्रसंग पर विचार करूँगा।" पर हमारा दुर्भाग्य है कि वे केवल राम-वनवास तक की ही कथा का नाट्य रूपान्तर प्रस्तुत कर पाए। उनकी योजना थी कि सम्पूर्ण देश की ग्रामीण जनता एवं विश्वविद्यालय के छात्रों के सम्मुख रूस के नुक्कड़-नाटकों की तरह इनके प्रदर्शन की व्यवस्था कराई जाए। उन्होंने जिस शैली में ये संगीतक लिखे उसमें अनेक सम्भावनाएँ सन्निहित हैं। इस कृति को बन्द, खुले, क्लासरूम, ऊँचे टीले, वाटिका आदि में खेलने की व्यवस्था का पूरा निर्वाह किया गया है। इसकी एक विशेषता यह है कि जनता के चुने अभिनेता और निर्देशक के अतिरिक्त रामकथा-रचयिता तुलसी स्वयं एक पात्र बनकर अभियान में भाग लेते हैं। 'दशरथ-नन्दन' में तुलसी कहीं स्वयं सस्वर पाठ करते हुए, कहीं वृन्द वाचक को संकेत करते हुए, कहीं कथासूत्र जोड़ते हुए, कहीं राम को मन-कर्म-पचन से अगोचर सिद्ध करते हुए, कहीं रामरूप में परमब्रह्म की बाल-लीला करते हुए दिखाई पड़ते हैं। कथाकार तुलसी को अपने नाट्य-नायक राम की अनन्त शक्तिमत्ता में कहीं क्षणभर को सन्देह नहीं होता। आधुनिकता का चश्मा लगाकर देखनेवाले आज के दर्शकों को जहाँ कहीं सन्देह होने से बुद्धिभ्रम होने की सम्भावना होती है वहीं तुलसी उनका भ्रम निवारण करते आ जाते हैं। माथुर साहब अनास्थावादियों की राग-रग पहचानते थे। अतः उन्होंने बड़े कौशल से उनके भ्रम-निवारण का नया मार्ग निकाला।

---

1. राजन प्रजासु ते कश्चिदपचारः प्रवर्तते। (रघु. 15/47)
2. मूढग्राहेणात्मनो यत्पीड्या क्रियते तपः।
   परस्योत्सादनार्थं वा तत्तामसमुदाहृतम्॥ (भ.गी. 17/19)

इन नाटकों की प्रदर्शन-पद्धति पर रंगमंच के प्रकरण में विस्तार से विचार किया जाएगा। यहाँ आधुनिक नाट्यालोचकों और नाट्य-लेखकों की दृष्टि से इन दोनों नाटकों की समीक्षा कर लेनी चाहिए। नए नाट्यालोचक नाटकों की रंगमंचीय समीक्षा पर ही बल दे रहे हैं। कतिपय आलोचक और नाट्यकार तो नाटक को साहित्य की परिधि के बाहर रखना चाहते हैं। तेंदूलकर तो अपनी नाट्यकृतियों में साहित्य की तलाश के सर्वथा विरोधी हैं। उनका कथन है, "नाटक न साहित्य है न समाजशास्त्र। न इतिहास है न धर्मशास्त्र। नाटक केवल नाटक है और कुछ नहीं।" पर पाश्चात्य नाट्यकार इस कला में साहित्य सहित अनेक कलाओं का संगम मानते हैं–

The drama is literature as much as it is architecture or oratory or dance or acrobatics. All of these elements enter into the total work, and you have to measure the contribution of each in your final analysis.

American Drama and Its Critics, page Preface ix by Alans Downer

अर्थात् श्रेष्ठ नाट्यकृतियाँ विविध विद्या, शिल्प, कला एवं ज्ञान का सामंजस्य ऐसे सन्तुलित रूप में करती हैं कि उनसे पूर्ण मानव जीवन का अधिकाधिक रूप अभिव्यक्त होता चले।

प्रो. मार्टिन कहते हैं–

A drama rises in stature and intensity in proportion to the weight of its application to all manners of men. It gains its weight as it deals with more and more of the whole man, not either his subjective or his social life alone, and the Greek was unable to conceive of man or anything else except as a whole.

The Theatre Essays of Arthur Miller, page 54 by Prof. Robert A. Martin

अर्थात् "नाटक जिस अनुपात में मानव जीवन के विविध क्षेत्र को उपयोगी बनाने में समर्थ होगा उसी अनुपात में संवेदनशील बनने के कारण अपनी पद-मर्यादा को बढ़ाता जाएगा। इसका प्रभाव तभी बढ़ता है, जब यह पूर्ण मावन जीवन से सम्बन्ध जोड़ता जाता है न कि केवल उसके वैयक्तिक एवं सामाजिक जीवन से। ग्रीक नाट्यकार इस सिद्धान्त को कभी आँखों में ओझल नहीं करते।"

यद्यपि नाटक विविध कलाओं और शिल्पों से समन्वित रहता है पर विश्व के नाट्येतिहास से यही झलकता है कि श्रेष्ठ नाट्यकृतियाँ निश्चय ही उच्चकोटि के साहित्य गुणों से सम्पन्न होती आई हैं। इसके प्रमाण हैं–ग्रीक, एलिजाबेथिन नाटक, रेसिन, इब्सन, चेखव, बर्नार्ड शॉ, आदि की कृतियाँ :

Anyway, it is very clear from the history of the drama that great plays have always been literary masterpieces, too. The Greeks, the Elizabathans, Racine, Ibsen, Chekhov, Shaw. Great plays have always been great literature.

American Drama and its Critics, page, ix perface, by Alans Downer

हमारे देश में भी अश्वघोष, भास, कालिदास, भवभूति, भारतेन्दु और प्रसाद के नाटक इसके प्रत्यक्ष उदाहरण हैं। जगदीशचन्द्र माथुर भी इसी सिद्धान्त के अनुयायी थे। इसी प्रेरणा से 'दशरथ नन्दन' और 'रघुकुल रीति' की रचना हुई। क्योंकि इनमें युग-युग की भारतीय मनीषा सन्निविष्ट है।

भारतीय मनीषियों ने जीवन को प्रेयस् और श्रेयस् दो भागों में विभाजित किया। प्रेयस् स्वाभाविक है, प्रत्यक्ष है; श्रेयस् श्रम-साध्य और सूक्ष्म है। श्रेष्ठ बनने का अभिलाषी इन दोनों को अतिक्रान्त कर द्वन्द्वातीत बन जाता है। शताब्दियों के उतार-चढ़ाव का इस देश की मनीषा ने परीक्षण करके जो निष्कर्ष निकाला उसने साहित्यिक हृदय को उत्प्रेरित किया। भारतीय हृदय श्रुति-स्मृति, शास्त्र-पुराण, रामायण-महाभारत में; ग्रीक-रोम हृदय प्लेटो और अरिस्टाटल के पॉलिटी पोइटिक्स में, ईसाई हृदय बाइबिल में अभिव्यक्त हुआ। प्रायः सभी देशों को सम्पत्ति और विपत्ति के दिनों में आन्तरिक और बाह्य संघर्ष का सामना करना पड़ा है। उत्थान और पतन का चक्र निरन्तर चलता रहता है; भारतीय मनीषा के अनुसार यह प्रकृति का अकाट्य नियम है। यद्यपि हर देश और हर युग की समस्याएँ अलग हैं पर काम-क्रोध, ईर्ष्या-द्वेष, तृष्णा-एषणा, मद-मात्सर्य का प्रहार सर्वत्र समान हैं। पश्चिम जर्मनी के प्रसिद्ध नाट्यकार एवं नाट्यनिर्देशक प्रो. रोल्फ सम्पूर्ण प्रेयस् प्राप्त समृद्ध देशों की वर्तमान समस्याओं का संकेत करते हुए कहते हैं–

If India has problems of poverty, West Germany has problems of all affluence. Having achieved Germans want to know "What are we living for ?"

Rolf Stahi, Hindustan Times, September ll, 1982

अर्थात् "यदि भारत के सामने निर्धनता के कारण समस्याएँ आती हैं तो पश्चिम जर्मनी के सामने समृद्धि के कारण। सम्पत्ति अर्जित करके जर्मनी आज इस खोज में व्याकुल है कि 'जीवन है क्या ?' 'हम क्यों जीना चाहते हैं' ?"

हमारी पुराकथाएँ इन्द्र-नहुष, रावण-कंस, महिषासुर-भस्मासुर, आदि समृद्ध शक्तिशाली शासकों की सुरुचि एवं कुरुचि से पूर्ण कथाओं से भरी पड़ी हैं। वैभव सम्पन्न होने पर भोगासक्त व्यक्ति स्वयं प्रेयस् के पीछे पागल होकर मानवश्रेयस् को भूल जाता है। जब देश में समृद्धि अत्यधिक बढ़ जाती है तो श्रेय से सर्वथा नाता छोड़कर समाज पूर्णतया भोग में लिप्त हो जाता है। उस स्थिति में वह बड़ा बेचैन-सा रहता है। प्रेयस् अर्थात् उपयोग की समस्त सामग्री के रहते हुए भी अमेरिका और रूस बेचैन क्यों हैं ? देश नैराश्य में क्यों डूबे हैं ?

बेचैनी, नैराश्य, अन्तर्द्वन्द्व, कुंठा, परिवारिक कलह के कारणों पर दोनों शक्तिशाली देशों के विचारक चिन्तित हैं। समृद्ध मानव के अधूरेपन को पूर्णता की ओर अग्रसर करने को वे लालायित हैं।

इससे सिद्ध होता है कि धनी हो या निर्धन, दुर्बल हो या सशक्त, सबके सामने

प्रोफेसर रोल्फ स्टाही का मूल प्रश्न है—हम जीते ही क्यों हैं ? रूस, अमेरिका, फ्रांस, जर्मनी में सर्वत्र चिन्तकों के सामने यही प्रश्न है। इसी से प्रेरित एक रूसी साहित्यकार ने बाइबिल की चरित्र-निर्माणकारी कहानियों को ऐसे रोचक ढंग से लिखा कि वहाँ के धर्म-विरोधी भी पिघल उठे। जब उसकी पांडुलिपि 'द स्टोरीज ऑफ़ बाइबिल' प्रकाशनार्थ सरकारी कमेटी के पास भेजी गई तो सभी सदस्यों ने एक स्वर से उसकी प्रशंसा की और उसे प्रकाशन के योग्य स्वीकार किया। किन्तु अन्त में एक युवा सदस्य के विरोध करते हुए कहा कि बाइबिल शब्द से धर्म और परम्परा की गन्ध आती है। अतः इसका नाम-परिवर्तन अनिवार्य है। घंटों के वाद-विवाद के उपरान्त पुस्तक का नाम 'द मैथॉलॉजी ऑफ़ पीपुल' (The Mythology of People) रखा गया। यह पुस्तक आज प्रत्येक सुशिक्षित परिवार में पाठ्य-ग्रन्थ-सी बन गई है। रूसी रंगकर्मियों ने देश का चरित्र-बल उठाने के लिए ब्रेख्त के नाटकों में केवल गेलीलियो को चुना। रूसी परम्परा और प्रगति के विषय में हम पूर्व विचार कर आए हैं। यहाँ इतना ही कहना पर्याप्त है कि रूस जैसे अनास्थावादी देश में मानव-जीवन के उद्देश्य की नित-प्रति खोज चल रही है। जो भी रचना इस उद्देश्य की पूर्ति में सहायक होती है वही मान्य बन जाती है। यह उद्देश्य एकमात्र चरित्रबल पर निर्भर है।

अमेरिका में भी चरित्र को सशक्त बनानेवाली रचनाएँ सम्मानित हो रही हैं। एपिक के आधार पर महापुरुष-सम्बन्धी नाटक पुरस्कृत किए जा रहे हैं। रूटर के अनुसार, "न्यूयार्क में इस वर्ष महाकाव्य के आधार पर साढ़े आठ घंटे में समाप्त होनेवाले नाटक 'द लाइफ एंड एडवंचर्स ऑफ। निकोलस निक्लेबाइ' को सर्वश्रेष्ठ पुरस्कार दिया गया है।"[1]

उक्त विवेचन से स्पष्ट होता है कि समसामयिकता की दृष्टि से चरित्र-निर्माण का जो कार्य यूरोप, अमेरिका और रूस की प्रतिभासम्पन्न नाट्यकार कर रहे हैं वही कार्य भारत को दृष्टि में रखकर माथुर कर रहे थे। अब उनके रंगमंचीय विचारों को भी समझ लेना चाहिए।

रंगमंचीय व्यवस्था

रामलीला और रासलीला इसी देश में नहीं, इतर देशों के भारतीयों में भी सदा से जनप्रिय रही हैं। इस देश के विभिन्न राज्यों में स्थानीय प्रतिभाएँ समय-समय पर इसको नवीन रूप देती आई हैं। मुस्लिम काल में तुलसी ने रामलीला को, चैतन्य महाप्रभु ने कृष्णलीला को, महापुरुष शंकरदेव ने दोनों को नए-नए रूपों में जनता के सामने रखा। उन्नीसवीं शती

---

1. New York : The life and adventures of Nicholas Nickleby, an eight and half hour British epic that played for 53 performances on Broadway, has won three Tonys, Broadway's highest honours, including the award for best play of the year, Reuter.
—The Statesman, 8 June, 1982

में भारतेन्दु ने, और बीसवीं के पूर्वार्द्ध में महाकवि बल्लतोल ने रामलीला की रंगमंचीय व्यवस्था को नए युग के अनुरूप बनाया। सन् 1951-52 में गीतगोविन्द के आधार नवीन गीति नृत्य-नाटक के अनुसार, रासलीला का अभिनय विदेशों में भी अद्वितीय बनकर पुरस्कृत हुआ। दिल्ली में प्रत्येक वर्ष रामलीलाएँ और रासलीलाएँ लक्ष-लक्ष विदेशियों और भारतीयों को आनन्दित करती हैं। जगदीशचन्द्र माथुर उक्त सभी रूपों में प्रदर्शित रामलीला और रासलीलाओं का प्रत्यक्ष अनुभव प्राप्त करके इस नवीन लीला शैली की खोज कर पाए थे। रामलीला की इस देश में अनेक शैलियाँ हैं, जिनका विस्तृत अध्ययन कई भारतीय एवं विदेशी शोध छात्रों ने प्रस्तुत किया है। प्रसिद्ध अमेरिकन प्रोफेसर नारविन हेन से माथुर की अमेरिकन गोष्ठी में भेंट हुई। प्रो. डॉ. हेन ने रामलीला और रासलीला का आधुनिक दृष्टि से अनुसन्धान किया था। उनके कई सुझाव माथुर को बुद्धिसंगत जान पड़े। डॉ. हेन ने वर्षों भारत में रहकर तुलसीकृत रामचरितमानस और रामलीलाओं का अनुशीलन किया था। महाकवि बल्लतोल से माथुर का घनिष्ठ सम्बन्ध था। दोनों मित्र दशावतार और यक्षगान के प्रशंसक और परिपोषक थे। माथुर महाकवि बल्लतोल की नाट्य-शैली की भूरि-भूरि प्रशंसा किया करते थे। इस प्रकार परिपक्व अनुभव लेकर साठ वर्ष की अवस्था में विरचित यह कृति (रघुकुल रीति) निश्चय ही आधुनिक युग की अपेक्षाओं को आत्मसात् करने के उद्देश्य से लिखी गई होगी। इस विषय पर अन्त में विचार किया जाएगा।

मंचनिर्देशन के सम्बन्ध में माथुर स्वयं लिखते हैं—

"मंचनिर्देशनों की बहुलता से आप घबराइए नहीं, समझ लीजिए कि आप मेरा लिखा नाटक नहीं खेल रहे हैं। आप तो तुलसीदास के रामचरितमानस को मंच पर प्रस्तुत कर रहे हैं। इसलिए सबसे महत्त्वपूर्ण बात यह है कि आपका हर पात्र वाक्यों, चौपाई, दोहों इत्यादि का इतना स्पष्ट उच्चारण करे कि प्रत्येक शब्द समझ में आ जाए। गोस्वामीजी के शब्द उभर सकें, यही लेखक का उद्देश्य रहा है और यही आपका भी उद्देश्य होना चाहिए।

जिन चौपाई-दोहे इत्यादि के अंग गद्य के साथ जुड़े हैं—मणिप्रवाल की माला की तरह हैं—उनमें पद्य का उच्चारण भी गद्य ही की भाँति हो—परिस्थिति विशेष के अनुसार भाव प्रकट करनेवाले आरोह-अवरोह के साथ। किन्तु जिन समूचे दोहों-चौपाइयों की अपनी सत्ता है और जो भाव-विशेष को उभारने के लिए रखे गए हैं उनको कविता की भाँति किन्तु स्पष्ट बोलना चाहिए। मानस-पाठ की अनेक शैलियाँ हैं। मेरी राय यह है कि एक ही शैली में पूरे नाटक का पाठ करने से समरसता आ जाएगी और सम्भव है, दर्शक ऊब जाए। इसलिए विभिन्न शैलियों में पाठ करने का अभ्यास खासतौर से वृन्दवाचक करें। कोई मुश्किल नहीं है।

मंच को स्केच मैंने दिया है। यह केरल, रासलीला, रामलीला, असम के अंकिया नाट और थाईलैंड में रामकिंयन (रामकीर्ति) नाटक के मंचों को ध्यान में रखकर सुझाया गया है। लेकिन मैं जानता हूँ कि सभी खेलनेवालों के लिए इतने

विशाल और विविध स्तरोंवाले मंच को तैयार करना सम्भव न हो सकेगा। इसी भाँति लाइट—आलोक—का जो विधान मैंने रखा है उसकी व्यवस्था सब जगह नहीं हो सकती।

कोई चिन्ता नहीं, आप बस नाटक के पाठ टेक्स्ट को अच्छी तरह याद कराएँ, शब्दों के स्पष्ट उच्चारण पर जोर दें, स्वरसन्धान में नाटकीयता और स्वाभाविकता दोनों का समावेश कराएँ। हो सके तो पोशाक उचित और आकर्षक रखें—इतना ही हो जाए, बहुत है। और न हो तो समूह पाठ (ग्रूपरीडिंग) ही कराइए। जैसे भी हो, रामचरितमानस की वाणी फैले—यही आपके प्रस्तुतीकरण का ध्येय हो।''

('दशरथ नन्दन' की भूमिका)

हम पूर्व में कह आए हैं कि रामचरितमानस पर आधृत इन नाटकों को विशेष प्रकार के दर्शकों और सामान्य जनता में प्रचलित अभिनय शैलियों को ध्यान में रखकर तैयार किया गया। माथुर ने स्वयं ही इनका उल्लेख 'दशरथ नन्दन' में इस प्रकार किया है—

''लेकिन यदि दशहरे के दिनों में रात्रि के समय पारसी थिएटर की शैली में, रामलीला प्रस्तुत करनेवाली मंडलियाँ गोस्वामीजी के शब्दों को सामान्य जनता तक पहुँचाने के विचार से इसे अपना लें तो मुझे सन्तोष होगा। यदि कॉलेजों और स्कूलों में हिन्दी-विभाग रामचरितमानस से छात्र-छात्राओं का परिचय कराने के लिए सादे ढंग से ही प्रदर्शन कराएँ या कक्षाओं में ही अलग-अलग छात्रों में 'पार्ट' बाँटकर इनका पाठ (ग्रुपरीडिंग) कराएँ तो मानस-चतुश्शती के वर्ष में मेरी दृष्टि में यह अत्यन्त व्यावहारिक मानस-अभिनन्दन होगा।''

('दशरथ नन्दन' की भूमिका)

माथुर के उपर्युक्त विचारों और उनके साथ समय-समय पर होनेवाले वार्तालापों, उनके विभिन्न लेखों के आधार पर 'रघुकुल रीति' की अभिनय शैली पर विचार कर लेना चाहिए। इसका उद्देश्य नाट्य-निर्देशकों को मात्र संकेत देना है। आज रंगमंचीय कला विश्व में इतनी द्रुतगति से विकसित होती जा रही है कि उत्तम-से-उत्तम नया रूप भी दो-चार वर्षों में पुराना जान पड़ता है। माथुर की इच्छा थी कि प्रत्येक स्कूल, कॉलेज और विश्वविद्यालय में रामनवमी, दशहरा आदि अवसरों पर इनको अभिनीत किया जाए। मूलतः छात्रों की योग्यता, सुविधा और साधनों को ध्यान में रखकर कतिपय संकेत दिए जा रहे हैं। इन संकेतों को 'रघुकुल रीति' की अभिनय शैली में देखिए। अब माथुर का नाट्यसाहित्य-सम्बन्धी योगदान समझ लेना चाहिए।

माथुर का योगदान

स्वतन्त्र भारत के नेशनल स्कूल ऑफ़ ड्रामा के अधिकारी अलकाजी और ऑल-इंडिया रेडियो के ड्रामा-व्यवस्थापक फाब्री[1] पाश्चात्य विशेषकर एब्सर्ड नाट्य-धारा के विशेषज्ञ थे।

1. फाब्री अंग्रेज़ी दैनिक पत्र स्टेटसमैन के कथा समीक्षक थे।

मूल संस्कृत एवं प्राचीन भारतीय भाषा नाट्य-साहित्य का न इन दोनों ने कभी अध्ययन किया न इस ओर इनकी प्रवृत्ति थी। अंकियानाट, यात्रा, यक्षगान, रामलीला, रासलीला आदि का इन्हें अधकचरा ज्ञान था। इन पर काफ़्का, फ्लावर्ट (Flaubert), स्टेनधाल (Stendhal), गार्डे (Garde), बेकेट और सार्त्र (Sartre), लीविस (Leavis) आदि का इतना गहरा प्रभाव था कि ये दोनों किसी भाव पर शम्भू मित्र, कपिला वात्स्यायन, राघवन और जगदीशचन्द्र की भारतीय परम्परा का महत्त्व समझने को तैयार न हुए। तब माथुर ने सेमिनार में कहा–

"I disagree with Dr. Fabri. I fail to understand that, if the nauseating atmosphere in European works can be tolerated why the Prahasan in our Sanskrit theatre cannot be tolerated by him."

—*On Indian Drama and Theatre,* p. 40

अर्थात् "एब्सर्ड ड्रामा विशेषकर सार्त्र, बेकेट, गार्डे आदि की उबकाई लानेवाली कृतियाँ सहन हो रही हैं तो संस्कृत प्रहसनों में क्या दोष है ?" आश्चर्य है कि जब काफ़्का, बेकेट, फ्लावर्ट, सार्त्र आदि ब्रेख़्त के समाज-सापेक्ष एवं भारतीय शैली के टोटल थिएटर से प्रभावित होकर अपनी व्यक्तिवादी, उन्मुक्त प्रेममयी, निराशाभरी शैली पर पश्चात्ताप कर रहे थे, तब हमारे देश के पाश्चात्य संस्कृति-प्रेमी उबकाई लानेवाले साहित्य में नए स्वाद का अनुभव कर देश को वही चटा रहे थे। दूरदर्शी विश्व-साहित्य के आधुनिकतम साहित्य-सेवी माथुर देश को इसके दुष्परिणामों से आगाह करा रहे थे। उन्होंने बार-बार कहा कि देश, समाज और साहित्य को पतनोन्मुखी बनाने में हमारी वर्तमान विकृत नाट्यालोचन पद्धति का भी दायित्व है। इस विषय पर बोस्टन विश्वविद्यालय के अंग्रेज़ी प्रोफेसर यूजीन गुडहार्ट (Eugene Goddheart) ने विस्तार से विचार किया है। उन्होंने काफ़्का, फ्लाबर्ट (Flaubert) अवॉन्त गार्डे (Avant Garde) आदि के अन्तिम पत्रों, संवादों, लेखों द्वारा सिद्ध किया है कि उन्होंने अपनी भूलें[1] स्वीकार करते हुए कहा कि नाट्यालोचन का स्तर गिरने से नाटक का अधःपतन अवश्यम्भावी है। एफ.आर. लीविस (F.R. Leavis) अपनी कृतियों पर पश्चात्ताप करते हैं। प्रो. गुडहार्ड लिखते हैं–

F.R. Leavis lamented the disappearance of a living tradition that once constituted a surer taste than any individual as such can pretend to.

The Failure of Criticism, Introduction, p. 1

अर्थात् आलोचना के परम्परासिद्ध सिद्धान्तों से सर्वथा दूर होने पर किसी व्यक्ति के सिद्धान्त की क्या कसौटी होगी।

माथुर बार-बार लेखकों, आलोचकों, प्रोफ़ेसरों को सावधान करते रहे कि भारतीय संस्कृति से सर्वथा दूर होकर आधुनिकता के मोह में अन्धाधुन्ध पश्चिम के अनुकरण से न तो नाट्य-साहित्य विकसित होगा और न समाज का हित-साधन।

1. *The Failure of Criticism,* Eugene Goodheart, p. 156, lines 1-7

इसी कारण माथुर ने कालिदास, तुलसी, सूर, कबीर, नानक की परम्परा की आधुनिक दृष्टि से देखते हुए पहला राजा, दशरथ नन्दन और रघुकुल रीति की रचना की। श्रेष्ठ पाश्चात्य नाट्यचिन्तन को भरत, सागर नन्दी, दशरूपककार रामचन्द्र गुणचन्द्र, डॉ. राघवन, आचार्य हज़ारीप्रसाद द्विवेदी आदि की चिन्तनधारा से जोड़ दिया। ब्रेख्त, इलियट, आर्थर मिलर आदि की शैली पर रचनाएँ और आलोचनाएँ प्रस्तुत कीं। इस प्रकार माथुर का योगदान चिरकाल तक हिन्दी नाट्यजगत् को प्रकाश देता रहेगा। उन्होंने आधुनिक विभीषिकाओं और विसंगतियों के उद्घाटन का नहीं अपितु इन्हीं के आधार पर शैली-शिल्प-निर्माण का विरोध किया। यहाँ रघुकुल रीति की रंगमंच शैली पर भी विचार कर लेना चाहिए।

रघुकुल रीति की अभिनय-शैली

'दशरथ नन्दन' में माथुर ने जो नया रंगमंचीय रूप निर्धारित किया था वह उपयुक्त प्रयोक्ता ने मिलने से प्रचलित नहीं हो पाया। नाट्यकार की दृष्टि इसके प्रयोग के लिए मूलतः महाविद्यालयों और साहित्य-प्रेमी अव्यावसायिक नाटक-मंडलियों एवं धार्मिक संस्थाओं की ओर थी। पर इनमें अनुभवी अभिनेता, उत्साही रंग-निर्देशकों और संगठन निपुण व्यवस्थापकों का अभाव होने से 'दशरथ नन्दन' के अभिनीत होने का पूरा अवसर न मिल पाया। यह कृति पूर्णतः गद्यबद्ध भी नहीं थी कि उपयुक्त संगीत के अभाव में भी रंगमंचीय दृश्य-प्रभाव उपस्थित किया जाता। संगीतबद्ध अभिनय व्ययसाध्य है। माथुर किसी ऐसी नाट्य-मंडली से पूर्णतः सम्बद्ध भी न थे जो आर्थिक खतरा उठाते हुए भी प्रदर्शन के लिए तैयार होती। धार्मिक रामलीला के संचालकों में ऐसे आमूल परिवर्तन की न समझ थी, न नवप्रयोग का उत्साह। इन कारणों के अतिरिक्त दोहे-चौपाई-सोरठे आदि को रसभावानुरूप राग, ताल, लयबद्ध करने की सबसे बड़ी कठिनाई थी। माथुर चाहते थे कि कुशल संगीतज्ञ प्रत्येक अवसर के उपयुक्त राग-रागिनियों, ताल-लयों की खोज करके रामलीला को पुरानी पिटी-पिटाई लकीर से बाहर निकालें। पर इन सबके लिए विविध साधन अपेक्षित हैं। आज प्रत्येक साधन धन-सापेक्ष हो गया है। धनवानों की रुचि इस प्रकार के सुरुचिपूर्ण सांस्कृतिक कार्यक्रमों में है भी कहाँ ? छात्रों और प्राध्यापकों को पाश्चात्य शैली की धर्मनिरपेक्ष नाट्यकृतियों की चाह रहती है। अतः 'दशरथ नन्दन' की विधिवत् रंगमंचीय परीक्षा हो नहीं पाई।

'रघुकुल रीति' में माथुर ने 'दशरथ नन्दन' की जटिल रंगमंचीय व्यवस्था पर बल नहीं दिया। 'दशरथ नन्दन के लिए जिस रंगमंच का उन्होंने चित्र खींचा है उसमें 11 भाग हैं। प्रवेश-निर्गमन, सूत्रधार-अभिनेता, नेपथ्य-पार्श्व, मंच-रंगस्थली, भीतरी मंच, रंग-प्रयोक्ता आदि सबके स्थान निर्धारित हैं। इससे प्रतीत होता है कि माथुर इसे बड़ी अभिनयशालाओं में खेलने के लिए लिख रहे थे। उनका अनुमान था कि जिस प्रकार सुशिक्षित आधुनिक धर्मनिरपेक्ष ईसाईजन लक्ष-लक्ष की संस्था में म्युनिख का 'पैशन प्ले' देखने को लालायित रहते हैं, उसी प्रकार रामचरितमानस पर आधृत इस नव-नाट्यकृति को शिक्षित भारतीय संस्कृति-प्रेमी अपनाने का प्रयास करेंगे।

सन् 1974 में एक बार माथुर साहब से मैंने 'दशरथ नन्दन' के अभिनय के सम्बन्ध में चर्चा करते हुए कहा कि "आज का विश्वविद्यालयी छात्र ब्रज और अवधी को पाठ्यक्रम में पढ़ना भी नहीं चाहता; वह इसका अभिनय क्यों करेगा ? यह भाषा बोलचाल की न होने से अब अव्यवहार्य बन गई है। आपने काव्य के भाव भी पात्रों से गद्य में नहीं कहलाए हैं। काशी, रामनगर तथा अन्य स्थलों की लीलाओं में पद्य वृन्द-गान में गाया जाता है और उसका भाव पात्र गद्य में बोलते जाते हैं। तभी जनता समझ पाती है। आपने ऐसा मार्ग क्यों नहीं अपनाया ?"

उनका उत्तर बड़ा ही स्पष्ट था। उन्होंने कहा—"दक्षिण में धार्मिक नाटकों की यही शैली है। तंजौर के ग्राम्य-स्थित मन्दिरों में भी नरसिंह जयन्ती के अवसर पर तेलुगू में प्रह्लादचरितम्, सीमाकल्याणम्, रुक्माङ्गद आदि ऐसे भागवत-मेला नाटक प्रतिवर्ष खेले जाते हैं, जिनकी भाषा चार सौ वर्ष पुरानी है। यद्यपि भाषा दर्शकों की समझ से बाहर है पर संगीत-नृत्य दर्शक को बाँधे रखते हैं। नाटक को भरत मुनि का ऐसा वरदान है कि प्रत्येक व्यक्ति भाषा समझे बिना ही देखता और आनन्द-विभोर होता रहता है। तुलसी की भाषा में जो माधुर्य-भरा भाव और संगीत है वह दर्शकों को बाँधे चलता है, चाहे काव्य का पूरा अर्थ समझ में न आए, क्योंकि राम की कथा सबको ज्ञात है। पूर्व ज्ञान की संगति रंगज्ञान से बिठाना सहज रहता है।" यह थी उनकी नवीन योजना। भागवत मेला की नाट्य-शैली में 150 वर्ष पूर्व वेंकटरमण शास्त्री ने जो परिवर्तन किया उसका प्रयोग पहले तंजौर के छह मन्दिरों में किया गया। उसी नई शैली का क्रमशः प्रचार आन्ध्र एवं तमिल के बाहर सारे देश में आज भी हो रहा है। बड़े-बड़े इंजीनियर, उच्च अधिकारी, सरकारी सत्ताधारी, समृद्ध व्यापारी नर्तन और गायन द्वारा स्त्री पाठ करते हुए आज भी अपनी मोहक नृत्य शैली (कुचिपुड़ि) द्वारा उच्च कोटि के बुद्धिवादियों को घंटों मन्त्र-मुग्ध से मन्दिर में बिठाए रखते हैं।

सम्भवतः 'रघुकुल रीति' में माथुर की दृष्टि इसी पद्धति की ओर थी। इसी उद्देश्य से उन्होंने नृत्य की भी इसमें योजना बनाई है। यह नाटक मूलतः खुले रंगमंच पर शिक्षित-समुदाय द्वारा खेला जा सकता है। इसमें न तो पर्दे की जटिलता है, न प्रकाश की विकट व्यवस्था। सीधा-सादा खुला मंच—पारसी थिएटर की भाँति किसी भी मैदान में ऊँचा टीला देखकर सहज ही तैयार हो सकता है।

इस कृति की दूसरी अभिनय-पद्धति यह है कि विद्यालय की कक्षाओं में समूहगान के द्वारा कविता का और नाटकीय ढंग से गद्य भाग का पाठ कराया जाए। माथुर स्वयं बार-बार अपना यह निष्कर्ष लिखते हैं—

> "मैं जानता हूँ कि सभी खेलनेवालों के लिए इतने विशाल और विविध स्तरोंवाले मंच को तैयार करना सम्भव न हो सकेगा।
>
> इसी भाँति लाइट-आलोक का जो विधान मैंने रखा है उसकी व्यवस्था सब जगह नहीं हो सकती।
>
> कोई चिन्ता नहीं। आप बस नाटक के पाठ टेक्स्ट (1) को अच्छी तरह याद

कराएँ, शब्दों के स्पष्ट उच्चारण पर जोर दें। स्वर-सन्धान में नाटकीयता और स्वाभाविकता दोनों का समावेश कराएँ, हो सके तो पोशाक उचित और आकर्षक रखें—इतना ही हो जाए, बहुत है। और न हो तो समूह पाठ (ग्रुपरीडिंग) ही कराइए। जैसे भी हो, रामचरितमानस की वाणी फैले—यही आपकी प्रस्तुतीकरण का ध्येय हो।''

('दशरथ नन्दन' की भूमिका)

नाट्य-निर्देशकों की सुविधा के लिए इस कृति में भी 'दशरथ नन्दन' में चित्रित रंगमंच उद्धृत किया जा रहा है। जो सुधी रंगकर्मी विधि-विधान से 'रघुकुल रीति' का प्रदर्शन करना चाहें वे इससे सहायता ग्रहण कर सकते हैं।

—दशरथ ओझा

पात्र

सूत्रधार
नटी
वाचक-वृन्द
वशिष्ठ
दशरथ
सुमन्त्र
सचिव
सीता
राम
सेवक
लक्ष्मण
मन्थरा
कैकेयी
कौशल्या
सचिव-पुत्र
सखियाँ

प्रथम अंक

[दुर्गाष्टमी की रात्रि है। यज्ञ-मंडप में मृत्तिका-कलश के ऊपर पात्र में जव, चावल, फूल, फल रखे हैं। जब पर्दा खुलता है तो रंगमंच पर वशिष्ठ, अरुन्धती, विश्वामित्र, वाल्मीकि, अत्रि-अनसूया, भरद्वाज, सुतीक्ष्ण, मरीचि, लोमश, काकभुशुंडि प्रभृति ऋषि-मुनि कुशासन पर बैठे वेदपाठ कर रहे हैं। ब्राह्मण यज्ञ-हवन कर रहे हैं। सूर्य, इन्द्र और अग्नि का स्तवन मधुर स्वर से हो रहा है। मन्त्री सुमन्त्र यज्ञशाला की व्यवस्था में नियुक्त हैं। मुनिगण मृग-चर्म और वल्कलवस्त्र धारण किए हैं। कतिपय मुनि केवल कौपीन पहने हैं। ब्राह्मण कौशेय वस्त्र का अन्तरीय और उत्तरीय धारण किए मन्त्रों के साथ आहुति दे रहे हैं। अब विष्णु प्रतीक यज्ञ-यूप का पूजन और स्तवन होने लगा है।

यह समाप्त होते-होते ऋषि-मुनियों के कमंडलों में और ब्राह्मणों के धातु-पात्रों में गाय का शुद्ध दूध परसा जा रहा है। कन्दमूल फल का आहार प्रत्येक के सामने रखा गया है। सुमन्त्र कुशल कर्मचारियों के साथ अभ्यागतों की परिचर्या कर रहे हैं।

फलाहार के उपरान्त दक्षिणा ग्रहण कर ब्राह्मण वशिष्ठ मुनि से विदा ले मंडप से बाहर जा रहे हैं। वशिष्ठजी एक-एक ऋषि-मुनि से मिल रहे हैं और इस ऋषि-सम्मेलन का निष्कर्ष प्रत्येक को समझाते जा रहे हैं। अरुणिमा होते-होते सम्मेलन समाप्त होता है।

उसी समय रंगमंच पर सूत्रधार और नटी का प्रवेश होता है।]

[सूत्रधार और नटी का स्तुतिमुद्रा में सहगान]

प्रसन्नतां या न गताभिषेकतस्तथा न मम्ले वनवासदुःखतः।
मुखाम्बुजश्री रघुनन्दनस्य मे सदास्तु या मंजुलमङ्गलप्रदा॥
नीलाम्बुजश्यामलकोमलाङ्ग सीतासमारोपितवामभागम्।
पाणौ महासायकचारुचापं नमामि रामं रघुवंशनाथम्॥

[नेपथ्य में वाद्य ढोल हर्षध्वनि]

सूत्रधार : देवी ! यह आनन्द-ध्वनि कैसी ?

नटी : आर्यपुत्र आप नहीं जानते ?

सूत्रधार : क्या ?

नटी : जब तें रामु ब्याहि घर आए।
नित नव मंगल मोद बधाए॥

[अवधवासी वाचक-वृन्द का प्रवेश, वाद्य इत्यादि बजाते हुए]

सूत्रधार : आप लोग कौन हैं ?

वाचक 1 : हम कौन हैं ? *(अपने साथियों को लक्ष्य कर)* बताओ न।

वाचक 2 : किस प्रकार बताएँ आपको ? समझ लीजिए कि हम सब लोग मनिगन हैं।

सूत्रधार : मनिगन ? यानी मूल्यावान हीरे-जवाहर ?

वाचक 3 : हाँ मनिगन हैं जो सुजाती।

वाचक 1 : अमोल, सुन्दर सब भाँती।

नटी : किस सागर की मणियाँ ?

वाचक 2 : सागर है अयोध्या नगरी।

वाचक 3 : चौदह भुवन हैं, पर्वत।

वाचक 1 : पुण्यों के बादल इन पर्वतों से टकराते हैं।

वाचक 2 : और सुख की वर्षा होते ही रिधि-सिधि-सम्पत्ति की नदियाँ उमड़कर सागर में मिल रही हैं।

वाचक 1 : आइए आप भी अवध-अम्बुधि में मिल जाइए।

[सूत्रधार और नटी तथा वाचक आपस में सम्मिलित हो जाते हैं।]

[सहगान]

वाचक वृन्द : भुवन चारिदस भूधर भारी।
सुकृत मेघ बरषहिं सुख बारी॥
रिधि सिधि सम्पति नदीं सुहाई।
उमगि अवध अम्बुधि कहुँ आई॥
मनिगन पुर नर नारि सुजाती।
सुचि अमोल सुन्दर सब भाँती॥
कहिं न जाइ कछु नगर बिभूती।
जनु एतनिअ बिरंचि करतूती॥

वाचक 1 : हम लोग सुखी हैं, क्योंकि दशरथ हमारे राजा हैं।

वाचक 2 : हम लोग सुखी हैं रामचन्द्र का मुखचन्द्र निहारकर।

वाचक 3 : दोनों बातें एक ही हैं क्योंकि—
तिभुवन तीनि काल जग माहीं।
भूरिभाग दसरथ सम नाहीं॥

वाचक 1 : मंगलमूल रासु सुत जासू।
जो कछु कहिअ थोर सबु तासू॥

सूत्रधार : जो अभिलाषा हमारे मन में है क्या उसे हमारे महाराज दशरथ पूरा करते थे।

नटी : पूरी हो या नहीं, अभिलाषा करने में ही हमारा उल्लास है। हम दर्शक

मात्र हैं।

सूत्रधार : हम दर्शक भी हैं और कर्त्ता भी, क्योंकि हम अवध की जनता हैं।

वाचक 1 : अवधपति दशरथ की मनोकामनाएँ हमारे ही मनोरथों से जन्म लेती हैं।

वाचक 2 : उधर देखो। राजा दशरथ प्रमुदितमन राजगुरु वशिष्ठ से मिलने जा रहे हैं। कोई विशेष बात है।

[प्रकाशपुँज पार्श्व मंच पर। राजा दशरथ का आगमन सुन वशिष्ठजी स्वागतार्थ आते हैं। सम्राट वशिष्ठ को प्रणाम करते हैं। मुनि वशिष्ठ सादर उन्हें बैठाते हैं।]

वशिष्ठ : राजन ! आज आपके पुलकित तन से आपका मुदित मन झलक रहा है।

दशरथ : गुरुवर, आपकी कृपा ही मेरे प्रमुदित मन का सम्बल है।

जे गुर चरन रेनु सिर धरहीं।
ते जनु सकल बिभव बस करहीं॥
मोहि सम यहु अनुभयउ न दूजें।
सब पायउँ रज पावनि पूजें॥

वशिष्ठ : राजन ! आप सकल सुकृत मूरति नरनाहू हैं। आपकी बात सुनने को हम उत्सुक हैं।

दशरथ : मुनिवर,

अब अभिलाषु एकु मन मोरे।
पूजिहि नाथ अनंग्रह तोरें॥

वशिष्ठ : आज्ञा दें अवधनरेश। आपकी अभिलाषा पूरी होने में भला क्या विलम्ब होगा ?

दशरथ : हाल ही की बात है मुनिवर। राज-समाज जुड़ा हुआ था। मैंने अपनी आदत के अनुसार हाथ में दर्पण लेकर अपने मुकुट को सीधा किया। सहसा देखता क्या हूँ—

श्रवन समीप भए सित केसा।
भनहुँ जरठपनु अब उपदेसा॥

...बड़ा मनभावन उपदेश था वह।

वशिष्ठ : समझ रहा हूँ राजन ! *(मुस्कराते हैं।)*

दशरथ : *(तल्लीन भाव से)*

नृप जुबराजु राम कहुँ देहू।
जीवन जनम लाहु किन लेहू॥

यही उपदेश मेरे श्वेत केश मुझे सुना रहे थे। मुनिनायक।
भए राम सब बिधि सब लायक।

सेवक, सचिव, सकल पुरबासी।
जे हमार अरिमित्र, उदासी॥
सबहिं राम प्रिय, जेहि विधि मोही।
प्रभु असीस जनु तनु धरि सोही॥

वशिष्ठ : *(मानो स्वयं अपने-आपको सम्बोधित कर रहे हों।)*
सुनु नृप जासु बिमुख पछिताहीं।
जासु भजन बिनु जरनि न जाहीं॥
भयउ तुम्हार तनय सोइ स्वामी।
रामु पुनीत प्रेम अनुगामी॥

दशरथ : *(मानो वशिष्ठ के शब्द सुने ही न हों)* मेरा निवेदन सुनें मुनिश्रेष्ठ !
प्रभु-प्रसाद सिव सबइ निबाहीं।
यह लालसा एक मन माहीं॥
पुनि न सोच तनु रहउ कि जाऊ।
जेहिं न होइ पाछें पछिताऊ॥
नाथ, रामु करिअहिं जुवराजू।
कहिअ कृपा करि करिय समाजू॥

वशिष्ठ : *(कुछ क्षण सोचते हैं। मन-ही-मन मुस्कराते-से हैं। फिर हठात् खड़े होकर चेतन वाणी में)* ठीक है राजन।
बेगि, बिलम्बु न करिअ नृप साजिअ सबइ समाजु।
सुदिन, सुमंगलु तबहिं जब, रामु होहिं जुवराजु॥

[दशरथ और वशिष्ठ बाहर मंच पर आते हैं। सुमन्त्र तथा अन्य वरिष्ठ अधिकारी सामने एकत्र हैं—

मंच के नीचे जनता प्रतिनिधि के रूप में है। सब एक-साथ कहते हैं—

"चिरजीवो अवधपति, जय हो कोशल नरेश।"

परिचारक दो सिंहासन रख देते हैं। राजा और वशिष्ठ बैठ जाते हैं। बाकी लोग भूमि पर बैठते हैं।]

दशरथ : मन्त्रीगण और जनप्रतिनिधियों, ध्यान देकर मेरी बातें सुनें।...बुढ़ापे का सन्देश मुझे अपने श्वेत होते केशों से मिल गया है। इसलिए श्रद्धेय राजगुरु की अनुमति से मैं अपनी एकमात्र अभिलाशा आपको बताना चाहता हूँ। आपको विदित ही है राम रूप गुनशील सुभाऊ। जितने मेरे, उतने आप सबके प्रिय हैं राम। सब तरह से योग्य हैं। हमारे बैरी, हमारे मित्र और हमारे प्रति उदासीन तीनों ही को राम के प्रति स्नेह है। इसलिए—
जौं पाँचहि मत लागइ नीका।

करहु हरषि हियँ, रामहि टीका ॥
सब सचिव और जन प्रतिनिधि *(एकसाथ)*
जिअहु जगतपति बरिस करोरी।

सुमन्त्र : प्रभु, हमारे मन को मुदित करती है आपकी यह प्रिय बानी।

दूसरा स. : अभिमत बिरवँ परेउ जनु पानी।

सुमन्त्र : जग-मंगल भल काजु बिचारा।
बेगिअ नाथ न लाइअ बारा।

दशरथ : आप लोगों के ये वचन सुनकर हमारा मोद भी, बढ़त बौंड़ जनु लही सुसाखा।

सुमन्त्र : अब हम लोगों को तैयारी के लिए आदेश दीजिए।

दशरथ : मुनिवर उपस्थित हैं। वे ही आप सबको आदेश देंगे। इसलिए–
मुनिराज कर जोइ जोइ आयसु होइ।
राम राज अभिषेक हित बेगि करहु सोइ सोइ।

वशिष्ठ : *(विभिन्न सचिवों और कर्मचारियों को आदेश देते हैं।)*
पहली बात।
आनहु सकल सुतीरथ पानी।
औषध, मूल, फूल, फल, पाना ॥

सुमन्त्र : इसकी व्यवस्था तुरन्त हो जाएगी मुनिवर।

वशिष्ठ : चामर चरम बसन बहु भाँती।
रोम पाट पट अगनित जाती ॥
मनिगन मंगल बस्तु अनेका।
जो जग जोगु भूप अभिषेका ॥
ये सभी एकत्र कीजिए।

सचिव : जो आज्ञा महाराज।

वशिष्ठ : राजनगरी अयोध्या में विविध प्रकार के वितान लिए।
सफल रसाल, पूग फल केरा।
रोपहु बीथिन्हु पुर चहुँ फेरा ॥
रचहु मंजु, मनि चौकें चारू।
ध्वजपताक तोरन कलस सजहु तुरग रथ नाग।

सुमन्त्र : *(अन्य कर्मचारियों से)*
सिर धरि मुनिबर बचन सबु निज निज काजहिं लाग।
–चलिए।

[सुमन्त्र तथा अन्य मन्त्रियों का प्रस्थान]

दशरथ : मुनिवर एक विनती और है।

वशिष्ठ : आदेश दें राजन !

दशरथ : राम को अभिषेक के लिए कैसे प्रस्तुत होना है। इसकी सीख तो आप ही उन्हें दे सकते हैं।

वशिष्ठ : वह तो मेरा उत्तरदायित्व है राजन !

[दोनों का दो दिशाओं में प्रस्थान। मंच पर अँधेरा। वाचक वृन्द के वाद्य-वादन और सहगान से वातावरण गूँजने लगता है।]

[सहगान]

वाचक वृन्द : सुनत राम अभिषेक सुहावा।
बाज गहागह अवध बधावा ॥
[वाद्य वादन और नृत्य]
रामराज अभिषेकु सुनि, हियँ हरषे नर नारि।
लगे सुमंगल सजन सब, बिधि अनुकूल बिचारि ॥
[वाद्य वादन और नृत्य]
सुनत राम अभिषेक सुहावा।
खाज गहागह अवध बधावा ॥
[गान-नृत्य क्रमश : मन्द होता जाता है।]
[राम-सीता के कक्ष में प्रकाश-पुँज]

सीता : आर्यपुत्र, क्या आपके भी मंगल अंग फड़क रहे हैं ?

राम : विलक्षण बात है कि हम दोनों को शुभ लक्षणों का अनुभव हो रहा है। मुझे तो लगता है कि...

सीता : कि भरत अपने ननिहाल से शीघ्र लौटनेवाले हैं।

राम : मेरे मन का टोह लगाते तुम्हें देर नहीं लगती, सीते।

सीता : और आपको मेरे।

राम : सीता,
भरत सरिस प्रिय को जग माहीं।
इदूइ सगुन फलु दूसर नाहीं ॥

सीता : जानती हूँ आर्यपुत्र !
अंडन्हि कमठ हृदउ जेहि भाँती।
वैसे ही दिन-रात आपको बन्धु भरत का ध्यान रहता है।

राम : भरत को गए बहुत दिन भी हो गए।
भए बहुत दिन अति अवसेरी।
सगुन प्रतीति भेंट प्रिय केरी ॥

[सेवक का प्रवेश]

सेवक : राजकुमार, गुरु वशिष्ठ पधारे हैं।

राम : सुना तुमने सीते ? अर्घ्य और पूजन-सामग्री प्रस्तुत करो।

[राम द्वार पर जाते हैं ! वशिष्ठ के चरण छूते हैं।]

राम : अहोभाग्य हमारा, गुरुवर !

[सीता थाल में अर्घ्य की सामग्री लाती है। चरण-स्पर्श करके दोनों अर्घ्य देते और पूजन करते हैं। फिर सब अन्दर जाते हैं। गुरु ऊँचे आसन पर बैठते हैं। राम और सीता नीचे।]

राम : *(हाथ जोड़कर)* प्रभो,

सेवक सदन स्वामि आगमनू।
मंगल मूल अमंगल दमनू॥
तदपि उचित जनु बोलि सप्रीति।
पठइअ काज नाथ असि नीती॥

[फिर भी इस बहाने मेरा अनन्त कल्याण ही हुआ।]

प्रभुता तजि कीन्ह सनेहू।
भयउ पुनीत आजु यहु गेहू॥
अब गुरुवर मुझे आज्ञा दें।
आयसु होउ सो करउँ गोसाईं।
सेवकु लहइ स्वामि सेवकाई॥

वशिष्ठ : राम कस न तुम्ह कहहु, अस हंस बंस अवतंस।

तुम्हारे स्नेहस ने वचनों में गुण, शील और स्वभाव समाए हैं। मैं पुलकित हूँ। तुम्हारे प्रेम से। राम सुनो, एक विशेष प्रयोजनवश अवधनरेश ने मुझे भेजा है।

राम : जी।

वशिष्ठ : भूप सजेउ अभिशेक समाजू।
चाहत देन तुम्हहि जुबराजू॥

[राम के चेहरे पर निर्लिप्त प्रभाव। सीता उनकी ओर सस्मित देखती है।]

वशिष्ठ : *(कुछ विराम के बाद)* तुम मौन हो राम ?

राम : गुरुवर का आदेश और पिता की इच्छा का पालन मेरा कर्त्तव्य है।

वशिष्ठ : अभिषेक कल ही होगा।

राम : *(निर्लिप्त)* जी।

वशिष्ठ : इसलिए

राम करहु सब संजम आजू।
जौं विधि कुसल निबाहइ काजू॥

राम : आज्ञा शिरोधार्य है। संयम-साधन की जो भी शिक्षा आपने कृपापूर्वक दी है उसके अनुसार ही आचरण करूँगा, गुरुवर !

वशिष्ठ : राम, तुम तो स्वयं ही संयम के स्वरूप हो। *(उठ खड़े होते हैं।)* चलता

हूँ। अनेक कार्य मुझे भी करने हैं।...*(सीता से)* बेटी !...एक आशीर्वाद देता हूँ।

सीता : *(वन्दनापूर्वक)* प्रभु।

वशिष्ठ : तुम्हारे पति की यह छवि जो हर्ष और विषाद दोनों में एक-सी रहती है—यही छवि सर्वदा मंगल-कल्याण करती रहे।

[राम और सीता वशिष्ठ के चरण स्पर्श करते हैं। वशिष्ठ का प्रस्थान]

सीता : किन्तु आर्यपुत्र के मुख पर हल्की-सी विस्मयरेखा झलकी। सो क्यों ?

राम : सीते, विस्मय इसलिए कि—

जनमे एक संग सब भाई।
भोजन, सयन, केलि, लरिकाई॥
करनबेध, उपबीत बिआहा।
संग संग सब भए उछाहा॥

(रुककर विचारलीन) इन सब बातों में तो हम चारों भाई एक-से रहे पर

बिमल बंस यहु अनुचित एकू।
बन्धु बिहाइ बड़ेहि अभिषेकू॥

सीता : आर्यपुत्र इधर...

[लक्ष्मण का प्रवेश]

राम : कौन ? लक्ष्मण।

लक्ष्मण : तात !... *(राम के चरण छूते हैं।)*

[राम लक्ष्मण को उठाकर गले लगाते हैं। लक्ष्मण सीता के भी चरण छूते हैं।]

सीता : लक्ष्मण, आर्यपुत्र आप भाइयों की ही चर्चा कर रहे थे।

लक्ष्मण : मेरे आनन्द का ठिकाना नहीं है, तात ! नगर की धूमधाम में मेरे उल्लास की धड़कन आप दोनों तक ही पहुँच सकती है।

राम : लक्ष्मण, तुम्हारा स्नेह वैसा ही अपार है जैसा तुम्हारा आनन्द।

लक्ष्मण : सारा नगर आनन्द से विभोर है—

बाजहिं बाजने बिबिध बिधाना।
पुर प्रमोदु नहिं जाइ बखाना॥

[वाचक वृन्द की वाद्यध्वनि पुनः मुखर हो जाती है। प्रकाश पुँज वाचक वृन्द पर। कुछ लोग वन्दनवार इत्यादि से जाने का अभिनय कर रहे हैं।]

वाचक वृन्द : *(सहगान)*

बाजहिं बजाने बिबिध बिधाना।
पुर प्रमोदु नहिं जाइ बखाना॥

हाट, बाट, घर, गलीं, अथाई।
कहहिं परसपर लोग लुगाई॥

वाचक 1 : क्या कहते हैं–

वाचक 2 : कालि लगन भलि केतिक बारा।
पूजिहि विधि अभिलाषु हमारा॥

वाचक 3 : कनक-सिंघासन सीय समेता।
बैठहिं रामु होइ चित चेता॥

वाचक 1 : हे दिव्य लोक के सुरगण ! बताओ कब होइहि काली।

[सूत्रधार और नटी वाचकवृन्द से अलग होकर खड़े होकर अन्तदिया की ओर देखते हैं। मन्द स्वर में।]

सूत्रधार : मत पूछो, देवताओं से क्योंकि–
बिघन मनावहिं देव कुचाली।
तिन्हहि सोहाइ न अवध बधावा।

नटी : चोरहिं चन्दिनि राति न भावा॥

सूत्रधार : यह कौन उतर रहा है हमारे सरोजबिपिन में हिमराती की भाँति ?

[काली छाया का आभास]

नटी : यह किसकी छाया है ?

सूत्रधार : बार-बार गहि चरन सँकोची।
चली बिचारि, बिबुध मति पोची॥
ऊँब निवासु, नीचि करतूती।

नटी : देखि न सकहिं पराइ बिभूती।

सूत्रधार : देवी शारदा सोच रही है कि भविष्य में,
करिहँहि चाह कुसल कबि मोरी।

नटो : *(भयातुर)* ना, ना, इधर मत आओ, देवी, मत आओ।

[मन्थरा का प्रवेश]

वाचक 1 : आप लोग किसे मना रहे हैं। क्या उस कुबड़ी को ?

वाचक 2 : यह तो महारानी कैकयी की दासी मन्थरा है।

वाचक 3 : इधर आओ मन्थरा, हमारे साथ गाओ नाचो।

[मन्थरा अचरज और अविश्वास की मुद्रा में उन्हें देखती है]

[सहगान]

वाचक वृन्द : बाजहिं बाजने बिबिध बिधाना।
पुर प्रमोदु नहिं जाइ बखाना।

[सम्मिलित स्वर में]

गावहिं मंगल कोकिल बयनी।
बिधुबदनी मृग सावक नयनी॥

वाचक 1 : *(हँसते हुए)* हे बिधुबदनी मृगसावकनयनी। गाओ न तुम भी।

मन्थरा : *(स्पष्ट स्वर)* क्यों गाऊँ ? क्या हुआ है ? काहे उछाहूँ ?

वाचक 2 : काहे उछाहूँ ? अरे कुबड़ी-सौभित लखिबिधु बढ़त जनु, बारिधि बीचि बिलासु। ऐसे ही इस शुभ समाचार को सुनकर हमारा उछाह बढ़ रहा है।

मन्थरा : कौन शुभ समाचार ?

वाचक 3 : राम राज अभिषेकु सुनि, हियँ हरषे नर नारि।

मन्थरा : *(अविश्वास की मुद्रा)* राम राज अभिषेक ?

वाचक 1 : हाँ, कल ही तो अवधनरेश राम को युवराज का तिलक देंगे !

वाचक 2 : अरे यह कुबड़ी तो ठगी-सी खड़ी है ?...

वाचक 3 : ले तेरे लिए भी गाना गढ़ लिया। *(गाते हुए)*

दीख मन्थरा नगरु बनावा।
मंजुल मंगल बाज बधावा ॥

वाचक वृन्द : *(सहगान)*

बाजहिं बाजने बिधि बिधाना।
पुर प्रमोदु नहिं जाइ बखाना ॥ *(सहसा मौन)*

मन्थरा : रामतिलक ! कल ! *(सहसा तिक्त मुद्रा में अपनी लकड़ी टेकती हुई और बड़बड़ाती हुई प्रस्थान करती है।)* रामतिलक, रामतिलक...कल रामतिलक !...

[सूत्रधार और नटी को छोड़कर वाचक वृन्द उसके पीछे वाद्य बजाते और—]

दीख मन्थरा नगरु बनावा।
मंजु मंगल बाज बधावा ॥
गावहिं मंगल कोकिल बयनी।
बिधुबदनी मृगसावक नयनी ॥

[गाते और हँसते हुए प्रस्थान]

नटी : कैसी विचित्र मुद्रा थी इस कुबड़ी की !

सूत्रधार : मानो,—रामतिलक सुनि भा उर दाहू ॥

नटी : ऐसे देखती थी मानो—

सूत्रधार : देखि लागि मधु कुटिल किराती।
जिमि गवँ तकइ लेउँ केहि भाँती ॥

नटी : स्वार्थी देवताओ, यह तुमने क्या किया ?

सूत्रधार : हरषि हृदयँ दसरथ पुर आई।
जनु ग्रहदसा दुसह दुखदाई ॥

[दोनों का प्रस्थान]

[प्रकाश मंच 1 पर केन्द्रित। कैकयी का कक्ष। रूपवती रानी

शृंगार-सज्जा का अभिनय करती है। मन्थरा का मलीन मुद्रा में आँसू पोंछते हुए प्रवेश।]

कैकेयी : कौन ? मन्थरा ?

[मन्थरा उत्तर नहीं देती]

कैकेयी : *(मुड़कर उसकी ओर देखती है।)* क्या हुआ ? *(हँसकर)* का अनमनि हसि ?

कैकेयी : वही हुआ होगा *(हँसते हुए)* गालु बड़ तोरे।
दीन्ह लखन सिख असमन मोरे॥

[कैकेयी खड़ी होकर मन्थरा के निकट जाती है। मन्थरा की वही दशा।]

कैकेयी : अरी, बोलती नहीं, आँखों में आँसू, ऊँचे श्वास। क्या बात है ?

मन्थरा : *(कुछ देर बाद, दूर हटकर)*
कल सिख देह हमहि कोउ माई।
गालु करब केहि कर बलु पाई॥

कैकेयी : तो फिर ? कहसि किन ? *(सहसा अनष्टि की आशंका से सभीत स्वर में)*
कुसल रामु महिपालु ?
लखनु भरत रिपुदमनु ?

मन्थरा : रामहि छाड़ि कुसल कहि आजू।
जेहि जनेसु देह जुबरासु॥

कैकेयी : अच्छा ! *(सोल्लास स्वर। मुख पर मुस्कान)*

मन्थरा : भयउ कौसिलहि बिधि अति दाहिन।
देखत गरब रहत उर नाहिन॥

कैकेयी : हूँ ! *(और भी मुस्कराती है।)*

मन्थरा : स्वयं बाहर जाकर देखिए न ?
देखहु कस न जाइ सब सोभा।
जो अवलोकि मोर मनु छोभा॥

कैकेयी : हूँ ! *(स्वर में कुछ आश्चर्य और रोष)*

मन्थरा : *(व्यंग्यात्मक स्वर। दृढ़ होती हुई मुद्रा।)*
पूत बिदेस न सोचु तुम्हारें।
जानतिहहु बस नाहु हमारें॥
नींद बहुत प्रिय सेज तुराई।
लखहु न भूप कपट चतुराई॥

कैकेयी : *(सोल्लास)* सच ?
सुदिनु सुमंगल दायकु सोई।
तोर कहा फुर जेहि दिन होई॥

रामतिलकु जौ साँचिहुँ काली।
देउँ माँगु मन भावत आली॥

मन्थरा : पुरस्कार तो कौशल्या महारानी महारानी दै रही हैं।
भयउ कौसलहि बिधि अति दाहिन।
देखत गरब रहत उर नाहिन॥

कैकेयी : *(समझाते हुए।)*
कौसल्या सम सब महतारी।
रामहि सहज सुभायँ पियारी॥

मन्थरा : बाहर जाकर तो देखिए।
देखहु कस न जाइ सब सोभा।
जो अवलोकि मोर मनु छोभा॥

कैकेयी : प्रान तें अधिक रामु प्रिय मोरें।
तिन्ह कें तिलक छोभु कस तोरें॥
जौं बिधि जनमु देह करि छोहू।
होहुँ राम सिय पूत पुतोहू॥

मन्थरा : पूत बिदेस न सोचु तुम्हारें।
जानति हहु बस नाहु हमारें॥
नींद बहुत प्रिय सेज तुराई।
लखहु न भूप कपट चतुराई॥

कैकेयी : *(प्रताड़ना के स्वर)* चुप रह !
पुनि अस कबहुँ कहिस घरफोरी।
तब धरि जीभ कढ़ावऊँ तोरी॥
(कुछ रुककर) ठीक ही कहा गया कि काने खोरे कूबरे कुटिल कुँचाली जानि।...*(कुछ मुस्कराकर)* उनमें भी विशेष स्त्री और तिस पर दासी। क्या समझी ?...*(निकट जाकर मन्थरा की ठोड़ी उठाकर, मुस्कराते हुए)* सुन।
प्रिय बादिनि सिख दीन्हिउँ तोही।
सपनेहुँ तो पर कोप न मोही॥
अब तू ठीक-ठाक बात बता मुझे।
भरत सपथ तोहि, सत्य कहु, परिहरि कपट दुराअ।
हरष समय, बिसमउ करसि, कारन मोंहि सुनाउ॥

मन्थरा : *(दूर हटकर उसी कटु स्वर में)*
एकहिं बार आस सब पूजी।
अब कछु कहब जीभ करि दूजी॥

फोरै जोगु कपारु अभागा।
भलेउ कहत दुख रउरेहि लागा ॥

कैकेयी : पर मैंने तो तुझे समझाया ही है, दुख थोड़े ही माना है !

मन्थरा : ना ना !
कहहिं झूठि फुरि बात बनाई।
ते प्रिय तुम्हहिं करुइ मैं माई ॥
हमहुँ कहबि अब ठकुर सोहाती।
नाहिं त मौन रहब दिन राती ॥

कैकेयी : परिहास का बुरा मान गई ? मैं तो अकसर तेरे कूबड़ पर तुझे छेड़ती रहती हूँ।

मन्थरा : *(उसी भाँति तिक्त वाणी)*
करि कुरूप बिधि परबस कीन्हा।
बवा सो लुनिअ लहिअ जो दीन्हा ॥

कैकेयी : पगली ! मैं तो मंगल में अमंगल बात करने से तुझे रोक रही थी। आख़िर राम को तो राजा होना ही है।

मन्थरा : कोउ नृप होउ हमहि का हानी।
चेरि छाड़ि अब होब कि रानी ॥

कैकेयी : चेरी नहीं, सखी।

मन्थरा : जारै जोगु सुभाउ हमारा।
अनभल देखि न जाइ तुम्हारा।
तातें कछुक बात अनुसारी।
छमिअ देबि बड़ि चूक हमारी ॥

कैकेयी : *(प्रायश्चितपूर्ण स्वर में मन्थरा के निकट बैठकर)* ऐसा मत कह। तू तो मेरा सुहृद है मन्थरा। तेरी बात मेरी समझ में नहीं आई। राम तो...
मो पर करहिं सनेहु बिसेषी।
मैं करि प्रीत परीछा देखी ॥
पर तेरे मन में कुछ सन्देह है। सो क्यों, यह तो बता।

मन्थरा : तुम्ह पूँछहु मैं कहत डेराऊँ।
धरेहु मोर घरफोरी नाऊँ ॥

कैकेयी : उस परिहास को भूल जा, सखी। बता तेरे पाँव पड़ती हूँ। तेरे मन का सन्देह मेरे मन में घर कर रहा है। तेरे पाँव पड़ती हूँ, जल्दी बता मेरे अजाने हो क्या रहा है ?

मन्थरा : *(अवसर आता देखकर विश्वासोत्पादक स्वर में)*
प्रिय सिय रामु कहा तुम्ह रानी।
रामहि तुम्ह प्रिय सो फुरि बानी ॥

[कैकेयी के निकट बैठती है। फिर अनुभवी स्वर में।]

किन्तु देवी, पहले की बात सदा नहीं रहती।
रहा प्रथम, अब ते दिन बीते।
समउ फिरें रिपु होहिं पिरीते॥
भानु कमल कुल पोषनिहारा।
बिनु जल जारि करइ सोइ छारा॥

कैकेयी : मैंने तो किसी का कुछ बिगाड़ा नहीं मन्थरा।

मन्थरा : जरि तुम्हारि चह सवति उखारी।
रूँधहु कर उपाय बर बारी॥
तुम्हहिं न सोचु सोहगा बल निज बग जानहु राउ।
मन मलीन मुँह मीठ नृप राउर सरल सुभाउ॥

कैकेयी : काह करौं सखि सूध सुभाऊ।
दाहिन बाम न जानउँ काऊ॥

मन्थरा : पर राम महतारी तो बड़ी चतुर हैं।
राजहिं तुम्ह पर प्रेम बिसेषी।
सवति सुभाउ सकइ नहिं देखी॥
कौशल्या सोचती है कि...
सेवहिं सकल सवति मोहि नीकें।
गरबित भरत मातु बल पी कें॥

कैकेयी : पर उन्होंने मुझसे तो कभी कोई कटु बात नहीं की।

मन्थरा : देवी, कपट चतुर नहि होइ जनाई। बड़े गहरे पानी पैठी हैं राम की माता। भरत को ननिहार भेजा, इसमें भी उनका ही मत समझिए।

कैकेयी : अच्छा ?

मन्थरा : और क्या ?
रचि प्रपंचु भूपहि अपनाई।
राम तिलक हित लगन धराई॥

कैकेयी : पर...
जेठ स्वामि सेवक लघु भाई।
यह दिनकर कुलरीति सुहाई॥

मन्थरा : यह कुल उचित राम कहुँ टीका।
सबहि सोहाइ, मोहि सुठि नीका॥
किन्तु देवी, आगिलि बात समुझि डरु मोही।

कैकेयी : *(चिन्तित)* आगिली बात ?...तुझे मेरी सौगन्ध मन्थरा बोल, आगे की किस बात का तुझे भय है ?

मन्थरा : का पूँछहु तुम्ह अबहुँ न जाना।
निज हित अनहित पसु पहिचाना॥
(तनिक रुकती है। बोलते समय कैकेयी पर आँख गड़ा देखती है। कभी निकट आती है, कभी दूर से देखती है कि उसके शब्द कैसा असर कर रहे हैं।) यही देखिए,
भयउ पाखु दिन सजत समाजू।
तुम्ह पाई सुधि मोहि सन आजू॥
मुझे तो दिन-रात आप ही की चिन्ता रहती है क्योंकि,
खाइउ पहिरिअ राज तुम्हारें।
सत्य कहें नहिं दोषु हमारें॥

[कैकेयी की चिन्तापूर्ण उत्सुकता चरमावस्था पर है। मन्थरा के अगले शब्द हथौड़ी की अन्तिम चोट की तरह प्रखर और स्पष्ट हैं जिनका आघात कैकेयी के मुख पर लक्षित होता जाता है।]

मन्थरा : सुनिए।
रामहि तिलक कालि जौं भयऊ।
तुम्ह कहुँ बिपति बीजु बिधि बयऊ॥
(ऊँचा होता हुआ स्वर)
रेख खँचाइ कहउँ बलु भाषी।
भामिनि भइहु दूध कइ माखी॥
कद्रूँ बिनतहि दीन्ह दुखु तुम्हहि कोसिलाँ देव।
भरतु बन्दिगृह सेइहहिं लखनु राम के नेव।।

[कैकेयी सहम जाती है। थोड़ी देर मौन। मन्थरा कैकेयी के निकट आकर उसे सहलाती है।]

कैकेयी : *(शिथिल मुद्रा, मौन स्वर)*
सुनु मन्थरा बात फुरि तोरी।
दहिनि आँखि नित फरकइ मोरी॥
दिन प्रति देखउँ राति कुसपने।
कहउँ न तोहि मोह बस अपने॥
अपनें चलत न आजु लगि अनभल काहुक कीन्ह।
केहिं अघ एकहि बार मोहि दैअँ दुसह दुखु दीन्ह॥

मन्थरा : *(दाँतों तले जीभ दबाकर)* अरे तन पसेउ कदली जिमि काँपी ? रानी धीरज धरहु।

कैकेयी : *(कुछ सँभलकर)*
नैहर जनमु भरब बरु जाई।
जिअत न करबि सवति सेवकाई॥

अरि बस दउ जिआवत जाही।
मरनु नीक तेहि जीवन चाहि॥

मन्थरा : अस कस कहहु मानि मन ऊना।
सुखु सौहागु तुम्ह कहुँ दिन दूना॥
जेहिं राउर अति अनभल ताका।
सोइ पाइहि यहु फलु परिपाका॥

स्वामिनी, जबसे मैंने यह समाचार सुना, भूख न बासर नींद न जामिनी। ज्योतिषियों के पास गई।
पूँछेउँ गुनिन्ह, रेख तिन्ह खाँची।
भरत भुआल होहिं यह साँची॥
भामिनि कर हुत कहौं उपाऊ।

कैकेयी : मन्थरा–
परउँ कूप तुअ बचन पर, सकउँ पूत पति त्यागि।
कहसि मोर दुखु देखि बड़, कस न करब हित लागि॥

मन्थरा : तो स्वामिनी, याद कीजिए।
है तुम्हारी सेवा बस राऊ।

कैकेयी : मेरे वश में अब कहाँ है राजा ?

मन्थरा : स्वामिनि, कहिहु कथा मोहि पाहीं।

कैकेयी : कौन कथा ?

मन्थरा : रथ की टूटी धुरी में अपनी अँगुली लगाकर आपने राजा को संकट में बचाया था। सुधि अहद कि नाहीं ?

कैकेयी : सुधि तो है पर–

मन्थरा : उस समय आपको दो वरदान देने का वायदा राजा ने किया था।
दुइ बरदान भूप सन थाता।
मागहु आज जुड़ावहु छाती॥

कैकेयी : क्या माँगू ?

मन्थरा : सुतहि राजु, रामहि बनबासू।
देहु लेहु सब सवति हुलासू॥

कैकेयी : और यदि राजा मुकरने लगें ?

मन्थरा : उसकी भी एक तरकीब है।

कैकेयी : वह क्या ?

मन्थरा : भूपति राम सपथ जब करई।
तब मागेहु जेहिं बचन न टरइ॥

कैकेयी : अद्‌भुत है तेरी बंद्धि ! यही करूँगी।

मन्थरा : आज रात ही सब कुछ करना है।

होइ अकाजु आजु निसि बीतें।
स्वामिनी तुरत उठो जाओ।
काजु सँवारेहु सजग सबु, सहसा जनि पतिआहु ॥

कैकेयी : *(जाते-जाते)* मन्थरा,
तोहि सम हित न मोर संसारा।
बहे जात कइ भइसि अधारा ॥
जौं विधि पुरब मनोरथु काली।
करौं तोहि चख पूतरि आली ॥

[मन्थरा की आँखों में क्रूर उल्लास की क्षणिक चमक। कैकेयी का प्रस्थान।]

[प्रकाशपुँज वाचक वृन्द पर केन्द्रित। वाद्य-वादन और गान]

वाचक वृन्द : *(सहगान)*
प्रमुदित पुर नरनारि सब सजहिं सुमंगलचार।
एक प्रबिसहिं एक निर्गमहिं, भीर भूप दरबार ॥

वाचक 1 : बालसखा मुनि हियँ हरषाहीं।
मिलि दस पाँच राम पहिं जाहीं ॥

वाचक 2 : कितने आदर से मिलते हैं राम अपने बाल-सखाओं से।

वाचक 3 : को रघुबीर सरिस संसारा।

वाचक 1 : सीलु सनेहु निबाहनिहारा ॥

वाचक 2 : जेहिं जेहिं जोनि करम बस भ्रमहीं।

वाचक 3 : तहँ तहँ ईसु देउ यह हमहीं ॥

वाचक 1 : सेवक हम स्वामी सियनाहू।
होय नात यह ओर निबाहू ॥

वाचक वृन्द : *(सहगान)* प्रमुदित पुर नर नारि सब, सजहिं सुमंगलचार।

[सूत्रधार और नटी एक ओर हटकर खड़े हैं।]

नटी : वटवृक्ष की भाँति अयोध्या नगर अगणित पक्षियों के गीतों से मानो गुँजायमान है।

सूत्रधार : नादान पंछी जानते नहीं।

नटी : क्या नहीं जानते ?

सूत्रधार : कि उधर एक विषवृक्ष उग रहा है।

नटी : विषवृक्ष ?

सूत्रधार : बिपति बीज, बरषा रितु चेरी।
भुइँ भइ कुमति कैकई केरी ॥
पाइ कपट जलु अंकुर जामा।
बर दोउ दल दुख फल परिनामा ॥

नटी : साँझ समय, सानन्द नृप, गयउ कैकई गेहँ।

सूत्रधार : गवनु निठुरता निकट किय, जनु धरि देह सनेहँ।

[प्रकाश कैकेयी के कोप भवन पर : द्वार पर राजा दशरथ आए हैं। दासी और सेवक बाहर खड़े हैं।]

दशरथ : कहाँ है रानी ?

सेवक : *(झिझकता-सा)* महाराज, कोप भवन में।

दशरथ : क्या ? *(पैर शिथिल। विवर्णमुख कोप भवन की ओर बढ़ते हैं।*

[सूत्रधार और नटी की आवाज़ नेपथ्य से सुनाई पड़ती है।]

सूत्रधार : सुरपति बसइ बाहँबल जाकें।
नरपति सकल रहहिं रुख ताकें॥

नटी : सो सुनि तिय रिस गयउ सुखाई।
देखहु काम प्रताप बड़ाई॥

सूत्रधार : सूल कुलिस असि अँगवनिहारे।
ते रतिनाथ सुमन सुर मारे॥

[दशरथ का कोप भवन में प्रवेश। रानी तख़्त पर रूठी पड़ी है। मोटे पुराने कपड़े। आभूषण इधर-उधर पड़े हैं।]

दशरथ : *(कैकेयी के निकट जाकर)* प्रानप्रिया, केहि हेतु, रिसानी ? *(रानी का स्पर्श करते हैं। वह सरोष उनका हाथ झटक देती है और क्रुद्ध नागिन की भाँति उन पर दृष्टि डालकर मुख फेर लेती है।)* यह क्यों ?...
हे सुमुखि, हे सुलोचनि, पिकबचनि !
कारन मोहि सुनाउ, गजगामिनि, निज कोप कर।

[कैकेयी के पार्श्व में बैठकर]

अनहित तोर प्रिया केइँ कीन्हा।
केहि दुइ सिर, केहि जमु चह लीन्हा॥

(सावेश) बोलो किस रंक को नरेश बनाऊँ, किस नृपति को देश निकाला दूँ।

सकउँ तोर अरि अमरउ मारी।
काह कीट बपुरे नर नारी॥

[लेकिन कैकेयी पर इस ओजस्विनी वाणी का कोई प्रभाव नहीं पड़ता। कुछ रुककर, स्नेह-मधुर स्वर में।]

"हे वरोरु ! तुम तो मेरा स्वभाव जानती ही हो। मनु तब आनन चन्द चकोरु।...सब कुछ तुम्हारा ही तो है—परिजन, प्रजा, सुत, मेरे प्राण तेरे वश में है। *(भावाविष्ट स्वर में)*

जौं कछु कहौं कपटु करि तोही।
भामिनि राम सपथ सत मोही॥

[ये शब्द सुनते ही कैकेयी राजा की ओर मुख फेरती है। स्पष्ट मुद्रा तिरोहित हो जाती है। राजा को बढ़ावा मिलता है। उसको पुनः स्पर्श करते हैं। स्निग्ध स्वर में।]

बिहसि मागु मनभावति बाता।

[एक आभूषण उसे पकड़ाते हुए]

भूषन सजहि मनोहर गाता॥
घरी कुघरी समुझि जियँ देखू।
बेगि प्रिया परिहरहि कुबेषू॥

[कैकेयी खड़ी होकर किंचित् हँसती है और आभूषण पहनने लगती है।]

भामिनि भयउ तोर मनभावा।
घर घर नगर अनन्द बधावा॥
रामहिं देउँ कालि जुबराजू।
सजहि सुलोचनि मंगल साजू॥

कैकेयी : *(कपट से अपने असली भाव को छिपाते हुए, स्नेहपूर्ण रूठने का अभिनय)*

मागु मागु पै कहहु पिय, कबहुँ न देहु न लेहु।

[थोड़ा रुककर राजा की उत्सुकता बढ़ाती है]

देन कहेहु बरदान दुइ तेउ पावत सन्देहु।

दशरथ : *(हँसते हुए)* अब समझा तुम्हारे रूठने का मर्म,
तुम्हहि कोहाब परम प्रिय अहई।
थाती राखि न मागिहु काऊ।
बिसरि गयउ मोहि भोर सुभाऊ॥
झूठेहुँ हमहिं दोष जनि देहू।
दुइ कै चारि माँगि मकु लेहू॥

कैकेयी : *(ठुकराते हुए)* परिहास तो नहीं कर रहे ?

दशरथ : परिहास ? *(गम्भीर मुद्रा)* सुनो कैकेयी।
रघुकुल रीति सदा चलि आई।
प्रान जाहुँ बरु बचनु न जाई॥

नहिं असत्य सम पातक पुँजा।
गिरिसम होहिं कि कोटिक गुँजा ?

सत्यमूल सब सुकृत सुहाए।
वेद पुरान बिदित मनु गाए॥

तेहि पर राम सपथ करि आई।
सुकृत सनेह अवधि रघुराई॥

कैकेयी : *(सीधी खड़ी होकर राजा के नेत्रों से नेत्र मिलाकर, एक-एक शब्द को मानो तौलते हुए।)*

सुनहु प्रानप्रिय भावत जी का।
देहु एक बर भरतहि टीका॥

[दशरथ चौंककर कुछ पीछे हट जाते हैं। कैकेयी कृत्रिम विनय की मुद्रा में अपनी बात आगे बढ़ाती है।]

मागउँ दूसर बर कर जोरी।
पुरवहु नाम मनोरथ मोरी॥
तापस वेष बिसेषि उदासी।
चौदह बरिस रामु बनवासी॥

[दशरथ सहमकर बैठ जाते हैं। विवर्णमुख, वाणी अवरुद्ध। माथे पर हाथ रखकर आँख मूँद लेते हैं। चिन्ताग्रस्त—'दामिनि हनेउ मनहुँ तरु तालू'।]

कैकेयी : चुप क्यों हो गए राजन ? *(व्यंग्य से)*

भरतु किं राउर पूत न होंही।
आनेहु मोल बेसाहि कि मोही॥

मेरी बात सुनकर आप तो पीले पड़ गए। मौन साध लिया।

जो सुनि सरु अस लाग तुम्हारें।
काहे न बोलहु बचन सँभारें॥

देहु उतरु अनु करहु कि नाहीं।
सत्यसन्ध तुम्ह रघुकुल माहीं॥

देन कहेहु अब जनि बरु देहू।
तजहु सत्य जग अपजसु लेहू॥

[कटु व्यंग्य के साथ]

सत्य सराहि कहेहु बरु देना।
जानेउ लेइहि मागि चबेना॥
सिबि दधीचि बलि जो कछु भाषा।
तनु धनु तजेउ बचन पनुराखा॥

दशरथ : *(रुद्ध कंठ भरा स्वर)* मेरी प्रीति और विश्वास का हनन करनेवाले ऐसे वचन क्यों बोलती हो प्रिये !

मोरें भरतु रामु दुइ आँखी।
सत्य कहउँ करि संकरु साखी॥

[कुछ प्रकृतिस्थ होते हुए]

लोभु न रामहि राजु कर बहुत भरत पर प्रीति।
मैं बड़ छोट बिचारि जियँ करत रहेउँ नृपनीति॥

कैकेयी : और राम की माता ?

दशरथ : राम सपथ सत कहउँ सुभाऊ।
राम मातु कछु कहेउ न काऊ॥

मैं सबु कीन्ह तोहि बिनु पूँछे।
तेहि तें परेउ मनोरथु छूछे॥

अबसि दूतु मैं पठइब प्राता।
ऐहहिं बेगि सुनत दोउ भ्राता॥

सुदिन सोधि सबु साजु सजाई।
देउँ भरत कहुँ राजु बजाई॥

कैकेयी : और दूसरा बर ?

दशरथ : *(अत्यन्त विनीत स्वर में)* बर दूसर असमंजस मागा।...
रिस परिहास कि साँचेहुँ साँचा।
कह तजि रोषु राम अपराधू।
सबु कोउ कहइ रामु सुठि साधू॥
तुहूँ सराहसि करसि सनेहू।
प्रिय, तुम तो राम की माता हो।
जासु सुभाउ अरिहि अनुकूला।
सो किमि करिहिं मातु प्रतिकूला॥

प्रिया हास रिस परिहरहि, मागु बिचारि बिबेकु।
जेहिं देखौं अब नयन भरि, भरत राज अभिषेकु॥

कैकेयी : रामु साधु तुम्ह साधु सयाने।
राम मातु भलि, सब पहिचाने॥

जस कौसिलाँ मोर भल ताका।
तब फलु उन्हहि देउँ करि साका॥
तस फलु उन्हहि करि साका।

राजन,
देहु कि लेहु अजसु करि नाहीं।
मोहि न बहुत प्रपंच सोहाहीं॥

दशरथ : *(गिड़गिड़ाते से स्वर में)*
जिऐ मीन बरु बारि बिहीना।
मनि बिनु फनिकु जिए दुख दीना॥
कहउँ सुभाउ न छलु मन माहीं।
जीवनु मोर राम बिनु नाहीं॥
समुझि देखु जियँ प्रिया प्रबीना।
जीवनु राम दरस आधीना॥
[प्रचंड क्रोध के आवेग में खड़ी होकर]
कहइ करहु किन कोटि उपाया।
इहाँ न लागिहि राउरि माया॥
होत प्रातु मुनिवेष धरि जौं न रामु बन जाहिं।
मोर मरनु राउर अजस, नृप समुझिउ मन माहिं॥

दशरथ : *(आहत, विवश, दीन अवस्था में कैकेयी के पैर पकड़कर बैठते हैं।)*
मुझ पर दया कर, कैकेयी।
जनि दिनकर कुल होसि कुठारी। मागु माथ, अबहीं देउँ तोही।
पर...पर...राम बिरहँ जनि मारसि मोही।
राखु राम कहुँ जेहि तेहि भाँती।
नाहिं त जरिहि जनम भरि छाती॥

कैकेयी : *(पुनः खड़ी होकर घाव में विष घोलती हुई)*
जौं अन्तहुँ अस करतबु रहेऊ।
मागु मागु तुम्ह केहिं बल कहेऊ॥
दुइ कि होइ एक समय भुआला।
हँसब ठठाइ फुलाउब गाला॥
दानि कहाउब अरु कृपनाई।
होइ कि खेम कुसल रौताई॥

दशरथ : *(शिथिलगात, मस्तक धुनते हुए धरती पर लेट जाते हैं, आर्तस्वर में)*
व्याधि असाध्य है।...राम !...राम !...

कैकेयी : छाड़हु बचनु कि धीरज धरहू।
जनि अबला जिमि करुना करहू॥
[कटु व्यंग्यपूर्ण वाणी में]
तनु तिय तनय धामु धनु धरनी।
सत्यसंघ कहुँ तृनसम बरनी॥

दशरथ : *(मर्मान्तक पीड़ा से व्यथित रुक-रुककर बोलते हैं।)* तेरा कोई दोष नहीं है कैकेयी।

लागेउ तोहि पिसाच जिमि कालु कहावत मोर।
चहत न भरत भूपतहिं भोरें।
विधि बस कुमति बसी जिय तोरें॥

सो सबु मोर पाप परिनामू।
भयउ कुठाहर जेहिं बिधि बामू॥

अब तोहि नीक लाग करु सोई।
लोचन ओट बैठु मुहु गोई।

जब लगि जिऔं कहऊँ कर जोरी।
तब लगि जनि कछु कहसि बहोरी॥

फिरि पछितैहसि अन्त अभागी।
मारसि गाइ नहारू लागी॥

[हठात् दशरथ के मुख पर पीली आभा फैल जाती है और कुछ क्षण के लिए मानो वे किसी अन्य लोक से एकटक दृष्टिपात करते प्रतीत होते हैं।]

एक दिन आएगा जब—सुबस बसिहि फिरि अबस सुहाई।...और...सब गुन धाम राम प्रभुताई।...और—करिहहिं भाई सकल सेवकाई। और...और
होइहि तिहुँ पुर राम बड़ाई।...वह दिन आएगा कैकेयी।...पर...पर...
तोर कलंहु मोर पछिताऊ।
मुएहुँ न मिटिहि न जाइहि काऊ॥

[गहरी श्वास छोड़ते हैं। क्रमशः वह क्षणिक आभा लुप्त हो जाती है। कैकेयी पहली की ही भाँति निठुर बैठी है।]

[अन्धकार]

(प्रथम अंक समाप्त।)

द्वितीय अंक

[नेपथ्य में वाद्यों पर प्रभाती का स्वर। प्रकाशपुँज वाचक वृन्द को आलोकित करता है।]

वाचक 1 : मुझे तो आज के आनन्द की प्रतीक्षा में पूरी नींद नहीं आई ?

वाचक 2 : न मुझे।

वाचक 3 : किसे आई होगी नींद उस रात ? अभिषेक के समय दर्शन की लालसा जो है।

वाचक 2 : कैसी सुन्दर मंगल ध्वनि हो रही है।

वाचक 1 : लेकिन यह क्या ? सूर्य निकल आया पर...

वाचक 2 : महल के द्वार पर भीड़ जुड़ी है सचिवों की, सेवकों की, पर...

वाचक 3 : जागेउ अजहुँ न अवधपति ?

वाचक 1 : कारनु कवनु बिसेषि ?

वाचक 2 : पछिले पहर भूपु नित जागा।
आज हमहि बड़ अचरजु लागा॥

वाचक 1 : वह देखो सुमन्त्र, जो महल के अन्दर गए ?

[प्रकाशपुँज सूत्रधार और नटी पर। वाचकवृन्द आपस में बातचीत करने में व्यस्त रहते हैं।]

नटी : मत जाओ सुमन्त्र, अन्दर, तुम नहीं जानते कि—

सूत्रधार : यह महल तो मानो विपत्ति और विषाद का बसेरा है।

नटी : कपट सयानि रानी ने वहाँ रातभर मसान जगाया है।

सूत्रधार : और भूपति दशरथ ने रातभर विलपते हुए मनाया है कि किसी तरह भोर न हो।

नटी : उदय करहु जनि रवि रघुकुल गुर।
अबध बिलोकि सूल होइहिं उर॥

सूत्रधार : व्याकुल राउ सिथिल सब गाता।
करिनि कलपतरु मनहुँ निपाता॥

नटी : सोच विकल विवरन महि परेऊ।
मानहुँ कमल भलु परिहरेऊ॥

सूत्रधार : सूखहिं अधर जरइ सबु अंगू।
मनहुँ दीन मणिहीन भुअंगू॥

नटी : सरुष समीत दीखि कैकेयी।
मानहुँ मीचुँधरी गनि लेई॥

सूत्रधार : सचिव सभीत सकइ नहिं पूँछी।
बोली असुभ भरी सुभ छूछी॥

[सुमन्त्र भवन से बाहर आते हैं। चिन्तित मुद्रा। अन्य सचिवों से कुछ बातें करते हैं।]

वाचक 1 : अरे सुमन्त्रजी की यह कैसी दशा ?

वाचक 2 : सोच विकल मग परइ न पाऊ।

वाचक 1 : पूँछहिं सकल देखि मनु मारें।

वाचक 3 : सब ठीक हो जाएगा।

वाचक 1 : नहीं कोई बात जरूर है। देखो किधर जा रहे हैं ?

वाचक 2 : गयउ जहाँ दिनकर कुल टीका।

[सुमन्त्र राम के भवन की ओर चले जाते हैं।]

वाचक 3 : राम को राजमहल ले जाने के लिए।

वाचक 1 : तो फिर उद्विग्न क्यों हैं ?

वाचक 2 : भाटों ने पाठ पढ़ना बन्द क्यों कर दिया ?

वाचक 3 : हम लोग मंगलगान क्यों नहीं करते ?

वाचक 1 : कोई उत्तर क्यों नहीं मिलता ?

[सूत्रधार और नटी आपस में]

सूत्रधार : ये लोग नहीं जानते कि–
पढ़हिं भाट गुन गावहिं गायक।
सुनत नृपहि जनु लागहिं सायक॥

नटी : मंगल सकल सोहाहिं न कैसे।
सहगामिनिहि बिभूषण जैसे॥

सूत्रधार : ये लोग नहीं जानते कि एक प्रचंड नदी की बाढ़ में राजा ढह गए।

नटी : कौन नदी ?

सूत्रधार : कुटिल कैकेयी की रोष तरंगिनि।
पाप पहार प्रगट भइ सोई।
भरी क्रोध जल जाइ न जोई।

नटी : दोउ वर कूल कठिन हठ धारा।
भँवर कूबरी बचन प्रचारा॥

सूत्रधार : ढाहत भूप रूप तरु भूला।
चली बिपति बारिधि अनुकूला॥

[प्रकाशपुँज कैकेयी के कोप भवन पर। राम और सुमन्त्र का प्रवेश। मूर्च्छित दशरथ और कैकेयी को देखते हैं।]

नटी का स्वर : करुनामय मृदु राम सुभाऊ।
प्रथम दीख दुखु सुना न काऊ ॥

सूत्रधार का स्वरः तदपि धीर धरि समउ बिचारी।
पूँछो मधुर बचन महतारी।

राम : मोहि कहु मातु तात दुख कारन।
करिअ जतन जेहिं होइ निवारन ॥

कैकेयी : सुनहु राम सबु कारन एहू।
राजहिं तुम्ह पर बहुत सनेहू ॥
देन कहेन्हि मोहि दुइ वरदाना।
मागेउँ जो कछु मोहि सोहाना ॥
सो सुनि भयउ भूप उर सोचू।
छाड़ि न सकहिं तुम्हार सँकोचू ॥

राम : मातुश्री, वे कौन से वरदान हैं जिन्हें सुनकर तात दुखी हुए ?

कैकेयी : इधर आओ राम ! सम्पूर्ण ब्यौरा तुम्हें बताती हूँ।

[राम कैकेयी के निकट जाकर बैठते हैं। कैकेयी उन्हें पूरी कथा सुनाती है। मूकाभिनय। प्रकाशपुँज सूत्रधार नटी पर।]

सूत्रधार : सबु प्रसंगु रघुपतिहि सुनाई।
बैठि मनहुँ तनु धरि निठुराई ॥

नटी : निधरक बैठि कहइ कटु बानी।
सुनत कठिनता अति अकुलानी ॥

सूत्रधार : जीभ कमान बचन सर नाना।
मनहुँ महिप मृदु लच्छ समाना ॥

नटी : जनु कठोरपनु धरें सरीरू।
सिखइ धनुष बिद्या बर बीरू ॥

[प्रकाश पुनः कैकेयी और राम पर। कैकेयी अपनी बात समाप्त कर रही है।]

कैकेयी : सो इस दुविधा में पड़े हैं राजा, और राम तुम चाहे तो उनकी दुविधा दूर कर सकते हो...
सुत सनेहु इत बचनु उत, संकट परेउ नरेसु।
सकहु त आयसु धरहु सिर, मेटहु कठिन कलेसु ॥

राम : *(मृदु और मंजुल वाणी में)*
सुनु जननी सोइ सुतु बड़भागी।
जो पितु मातु बचन अनुरागी ॥

मुनिगन मिलनु बिसेषि बन सबहि भाँति हित मोर।
तेहि महँ पितु आयसु, बहुरि संमत जननी तोर॥

कैकेयी : *(कपटस्नेह जताती हुई)*
सपथ तुम्हार भरत कै आना।
हेतु न दूसर मैं कछु जाना॥
तुम्ह अपराध जोगु नहिं ताता।
जननी जनक बन्धु सुखदाता॥

राम : भरत प्रानप्रिय पावहिं राजू।
बिधि सब बिधि मोहि सनमुख आजू॥
जौंन जाउँ बन ऐसेहु काजा।
प्रथम गनिअ मोहि मूढ़ समाजा॥
सेवहिं अरँडु, कलपतरु त्यागी।
परिहरि अमृत लेहिं बिषु मागी॥
तेउ न पाइ अस समउ चुकाहीं।

कैकेयी : राम सत्य सबु जो कुछ कहहू।
तुम्ह पितु मातु बचन रत अहहू।

राम : अम्ब, एक दुखु मोहि बिसेषी।
निपट विकल नरनायकु देखी॥
थोरिहिं बात पितहि दुख भारी।
होति प्रतीति न मोहि महतारी॥
राउ धीर गुन उदधि अगाधू।
भा मोहि तें कछु बड़ अपराधू॥
जातें मोहि न कहत कछु राऊ।

कैकेयी : *(कुटिलता से)*
पितहि बुझाइ कहहु बलि सोई।
चौथेंपन जेहि अजसु न होई॥
तुम्हसम सुअन सुकृत जेहिं दीन्हे।
उचित न तासु निरादरु कीन्हे॥

[दशरथ की मूर्छा दूर हो रही है। करवट लेते हैं, राम उनके निकट जाते हैं।]

सुमन्त्र : महाराज, राम आए हैं।

[दशरथ नेत्र खोलते हैं। सुमन्त्र उन्हें सम्हालकर बैठाते हैं। राम उनके चरण स्पर्श करते हैं।]

दशरथ : राम !...*(स्नेह-विकल होकर राम को गले लगाते हैं। नयनों से आँसू की धारा बह निकलती है। मुख से शब्द नहीं निकलते। विह्वल मौन के क्षण सीमाहीन प्रतीत होते हैं।*

नटी : सोक बिबस कछु कहै न पारा।
सूत्रधार : पीपर पात सरिस मन डोला।
नटी : अस मन गुनइ राउ नहिं बोला॥
सूत्रधार : *(मन-ही-मन)*, आशुतोष, अवढरदानी बिनती सुनहु सदासिव मोरी।
नटी : क्या ?
सूत्रधार : अजसु होउ जग सुजसु नसाऊ।
नरक परौं बरु सुरपुरु जाऊ॥
सब दुख दुसह सहावहु मोही।
लोचन ओट रामु जनि होंही॥
राम : *(विनीत स्वर में)*
तात कहउँ कुछ करउँ ढिठाई।
अनुचितु छमब जानि लरिकाई॥

अति लघु बात लागि दुखु पावा।
काहुँ न मोहि कहि प्रथम जनावा॥
दशरथ : *(आर्त्त स्वर में)* राम !
राम : तात को देखकर माता कैकेयी से पूछा और उन्होंने सारी बात बताई।
सुनि प्रसंगु भए सीतल गाता।
धन्य जनमु जगतीतल तासू।
पितहि प्रमोदु चरित सुनि जासू॥
चारि पदारथ करतल ताकें।
प्रिय पितु मातु प्रान सम जाकें॥
दशरथ : *(विह्वल)*...राम।
राम : मंगल समय सनेहबस सोच परिहरिअ तात।
हर्षित हृदय से मुझे आज्ञा दीजिए। आज्ञा का पालन कर जन्मफल को प्राप्त कर, मैं शीघ्र ही लौट आऊँगा।
दशरथ : *(विवश और हताश)* राम...
राम : तात आज्ञा दें। माता कौशल्या से विदा माँगने जाता हूँ। तदुपरान्त आपके चरणस्पर्श कर वन को चलूँगा। *(प्रस्थान)*

[प्रकाशपुँज वाचक वृन्द पर]

वाचक वृन्द : *(शोकाकुल स्वर में सहगान)*
नगा ब्यापि गइ बात सुतीछी।
छुअत चढ़ी जनु सब तन बीछी॥

सुनि भए बिकल सकल नर नारी।
बेलि बिटप जिमि देखि दवारी॥

मुख सुखाहिं लोचन स्रवहिं सोकु न हृदयँ समाइ।
मनहुँ करुन रस कटकई उत्तरी अवध बजाइ॥
नगर ब्यापि...

वाचक 1 : कैकेयी। एहि पापिनिहि बूझि का परेऊ ?

वाचक 2 : छाइ भवन पर पावकु धरेऊ।

वाचक 3 : निज कर नयन काढ़ि, चहि दीखा।

वाचक 1 : डारि सुधा, बिषु चाहत चीखा।

वाचक 2 : कुटिल कठोर कुबुद्धि अभागी।

वाचक 3 : भइ रघुबंस बेनु बन आगी।

वाचक 1 : पालब बैठिं पेड़ एहिं काटा।

वाचक 2 : सुख महुँ सोक ठाटु धरि ठाटा।

वाचक 3 : एक बात समझ में नहीं आती !
सदा रामु एहि प्रान समाना।
कारन कवन कुटिलपनु ठाना॥

वाचक 1 : निज प्रतिबिम्बु बरुकु गहि जाई।
जानि न जाइ नारि गति भाई॥

वाचक 2 : राजा ने भी तो ठीक नहीं किया कि बिन बिचारे उस कुमति को वर दे दिया।

वाचक 3 : हाँ ! वरदान को पूरा करने से ही तो राजा स्वयं...
...भयउ सकल दुख भाजनु।
अबला बिबस ग्यानु गुनु गाजनु॥

वाचक 1 : राजा को दोष न दो भाई। शिवि, दधीचि, हरिश्चन्द्र की कहानी याद करो। कैसे उन्होंने अपने वचन का पालन करने के लिए अपना सब कुछ त्याग दिया था।

वाचक 2 : जो हो मुझे तो इसमें भरत की सम्मति भी जान पड़ती है।

वाचक 1 : *(कान-मूँदकर)* ना, ना।
सुकृत जाहिं अस कहत तुम्हारे।
रामु भरत कहुँ प्रानपिआरे॥
चन्दु चवै बरु अनल कन सुधा होइ बिषतूल।
सपनेहुँ कबहुँ न करहिं किछु भरतु राम प्रतिकूल॥

वाचक 3 : *(निश्वास के साथ)* दोष विधाता का है।
का सुनाइ बिधि काह सुनावा।
का देखाइ चह काह देखावा॥

वाचक 1 : लिखित सुधाकर, गा लिखि राहू।

वाचक 2 : बिधि, गति बाम सदा सब काहू।

[सूत्रधार और नटी का स्वागत]

नटी : देख रहे हैं अवधवासियों का विलाप।
जरहिं विषम जर लेहिं उसासा।
कवनि राम बिनु जीवन आसा॥

सूत्रधार : तुमने नए पकड़े हुए हाथी को देखा है ?

नटी : मन वन में, किन्तु पैर जंजीर में बँधे।

सूत्रधार : अगर कोई उसकी जंजीर तोड़ दे तो ?

नटी : *(रुककर)* समझी। राम को तो छूट मिल गई।
मुख प्रसन्नचित्त चौगुन चाऊ।
मिटा सोचु जनि राखै राऊ॥

सूत्रधार : नय गयन्दु रघुबीर मनु, राजु अलान समान।
छूटि जानि बन गवनु सुनि उर अनन्दु अधिकान॥

नटी : गए मातु पहिं राम गोसाईं।
माता कौशल्या को क्या मालूम, क्या घट चुका है।

[प्रकाशपुँज कौशल्या के कक्ष में। राम का प्रवेश। साथ में सचिव-पुत्र हाथ जोड़कर माता के चरणों में मस्तक नवाते हैं। कौशल्या उन्हें आशीर्वाद से हर्षितमन गले लगाती है।]

कौशल्या : राम, कब...कब है आज वह सुमंगलकारी लगन,
जेहिं चाहत नर नारि सब अति आरत एहिं भाँति।
जिमि चातक चातकि तृषित बृष्टि सरद रितुस्वाति॥
आओ तुम्हारी निछावर तो कर लूँ। *(निछावर करने का अभिनय)*। जल्दी तैयार हो जाओ बेटे। तिलक के लिए बहुत से काम होने हैं न।...
तात जाउँ बलि बेगि नहाहू।
जो मन भाव मधुर कछु खाहू॥
पितु समीप तब जाएहु भैआ।
भदू बड़ि बार जाइ बलि मैआ॥

[राम माता कौशल्या के सुखद परम स्नेह-भरे वचनों को सुन रहे हैं। मुख पर कोई विचार नहीं, वही मुस्कान। कुछ विराम के बाद मृदुल वाणी में बोलते हैं।]

राम : माँ !...
पिताँ दीन्ह मोहि कानन राजू।
जहँ सब भाँति मोर बड़ काजू॥
आयसु देहि मुदित मन माता।
जेहिं मुद मंगल कानन जाता॥

जनि सनेह बस डरपसि भोरें।
आनँदु अम्ब अनुग्रह तोरें॥

[कौशल्या का मुख सूख जाता है। कुछ समय के लिए बोल नहीं पाती—मनहुँ मृगी सुनि के हरि नादू।...फिर राम को देखकर धीरज धरकर कहती है।]

कौशल्या : तात पितहि तुम्ह प्रानपिआरे।
देखि मुदित नित चरित तुम्हारे॥
राजु देन कहुँ सुभदिन साधा।
कहेउ जान बन केहिं अपराधा॥

[भरे स्वर में]

तात सुनावहु मोहि निदानू।
को दिनकर कुल भयउ कृसानू॥

सचिवपुत्र : *(राम की ओर देखते हुए)* राजकुमार, आज्ञा हो तो वह दुखद प्रसंग माताजी को मैं बता दूँ।

[सचिवपुत्र द्वारा कौशल्या को समझाने का अभिनय]

[प्रकाशपुँज कैकेयी पर। उसके पास उसकी कुछ समझदार सखियाँ बैठी उसे समझा रही हैं।]

सखी 1 : रानी, हमारा निवेदन सुनिए।

सखी 2 : सदा आपके शील और स्नेह पर हम सब मुग्ध हो रही हैं।

सखी 3 : इसलिए सखी मानकर हमें बताइए कि आप तो—
करहु राम पर सहज सनेहू।
केहिं अपराध आजु बनु देहू॥

सखी 1 : भरतु न मोहि प्रिय राम समाना।
सदा कहहु यहु सबु जगु जाना।

सखी 2 : कबहुँ न कियहु सवति आरेसू।
प्रीति प्रतीति जान सबु देसू॥

सखी 3 : कौशल्या अब काह बिगारा।
तुम्हें जेहि लागि बज्रपुर पारा॥

सखी 1 : जौं परिहास कीन्हि कुछ होई।
तौ कहि प्रगट जनावहु सोई॥

[कैकेयी चुप बैठी आग्नेय नेत्रों से उन्हें देख रही है।]

सखी 1 : भरतहि अवसि देहु जुबराजू।
कानन काह राम कर काजू॥

सखी 3 : नाहिन रामु राज के भूखे।
धरम धुरीन बिषय रस रूखे॥

सखी 1 : अच्छा, हमारी एक सलाह मानिए।
गुर गृह बसहुँ रामु तजि गेहू।
नृप सन अस बरु दूसर लेहू॥
[कैकेयी चुप]

सखी 2 : हाँ हाँ, यह अच्छा रहेगा।
उठहु बेगि सोइ करहु उपाई।
जेहि बिधि सोकु कलंकु नसाई॥ *(कैकेयी चुप)*

सखी 3 : तनिक सोचिए रानी।
राम सरिस सुत कानन जोगू।
काह कहिहि सुनि तुम्ह कहुँ लोगू॥

सखी 1 : और फिर राम के बिना अवध का हाल ऐसा ही होगा, जिमि भानु बिनु दिनु, प्रानु बिनु तनु, चन्द बिनु जिमि जामिनी।

सखी 2 : जौं नहिं लगिहहु कहें हमारे।
नहिं लागिहि कछु तुम्हारे॥
[कैकेयी उसी भाँति क्रुद्ध नेत्रों से उन्हें देखती है—मृगिन्ह चितव जनु बाघिनि भूखी।]

सखी 3 : ये तो कान ही नहीं देती।

सखी 1 : *(उठकर)* उतरु न देह दुसह रिस रूखी।
[सखियाँ लाचार होकर जाते हुए एक-दूसरे से कहती हैं।]

सखी 2 : व्याधि असाध्य है।

सखी 3 : मतिमन्द अभागी।

सखी 1 : राजु करत यहि दैअँ बिगोई।
कीन्हेसि अस जस करइ न कोई।
[प्रकाशपुंज कौशल्या कक्ष में। सचिवपुत्र उन्हें सारा वृत्तान्त सुना चुके हैं।]

सचिवपुत्र : देवी, अब आप जो उचित समझें वही आज्ञा राजकुमार को दीजिए।

कौशल्या : उचित।...*(अलग हटकर स्वमत)*
धरम सनेह उभयँ मति घेरी।
भइ गति साँप छुछुन्दरि केरी॥ *(विचारमग्न)*

राम : माँ।
बरष चारिदस बिपिन बसि, करि पितु वचन प्रमान।
आइ पाय पुनि देखिहउँ, मनु जनि करसि मलान॥

कौशल्या : *(धैर्यसहित)*
तात, जाउँ बलि कीन्हेहु नीका।
पिता आयसु सब धरमक टीका॥

(रुक जाती है) एक चिन्ता है, तुम्हारे बिना भरत का, स्वयं भूपति का और समस्त प्रजा का क्या हाल होगा ?

राजु देन कहि दीन्ह बनु, मोहि न सो दुख लेसु।
तुम्ह बिनु, भरतहि भूपतिहि प्रजहि प्रचंड कलेसु॥

सचिवपुत्र : महादेवी, सभी की चिन्ता आपकी है, किन्तु अपनी ?

कौशल्या : मेरी चिन्ता ?...राम और भरत मेरे लिए एक समान हैं। और राम भी तो मुझे, कैकेयी और सुमित्रा को एकसमान माता मानते हैं।...*(राम से)* राम, तुम्हें केवल पिता ही की नहीं माता कैकेयी की भी तो आज्ञा मिली है।

जौं केवल पितु आयसु ताता।
तौं जनि जाहु जानि बड़ि माता॥

जौं पितु मातु कहेउ बन जाना।
तौं कानन सत अवध समाना॥

सचिवपुत्र : धन्य हो देवी !

कौशल्या : समय आने पर प्रत्येक राजा को बन प्रस्थान करना होता है।

अन्तहुँ उचि नृपहि बनबासू।
किन्तु राम तुम्हारी...तुम्हारी... *(कम्पित स्वर)*
बय बिलोकि हियँ होइ हराँसू॥
पितृ बनदेव मातु बनदेवी।
खग मृग चरन सरोरुह सेवी॥

(गला भर आता है) बड़ भागी बनु अवध अभागी। जो रघुबंस तिलक तुम्ह त्यागी। *(नेत्रों में आँसू। बोल नहीं पाती)*।

राम : जननी धीरज के साथ मुझे विदा दें।

कौशल्या : विदा ! *(रुँधे कंठ से)*

पूत परम प्रिय तुम्ह सब ही के, प्रान प्रान के जीवन जी के।
ते तुम्ह कहहु, मातृ तन जाऊँ।
मैं सुनि बचन बैठि पछिताऊँ॥

[बाँध टूटने लगता है। राम निकट आकर पास बैठकर ढाढ़स बँधाते हुए।]

जी चाहता है राम, तुमसे कहूँ कि...कि...*(दुविधा)* पर...पर *(कुछ शोचमग्न। प्रकृतिस्थ होकर)* नहीं।...यह उचित नहीं होगा।...

जौं सुत कहौं संग मोहि लेहू।
तुम्हरे हृदयँ होई सन्देहू॥
यह बिचारि नहिं करउँ हठ झूठ सनेहू बढ़ाइ।

बस इतना कहती हूँ, कि राम मानि मातृ पर नात, बलि सुरति बिसरि जनि जाइ।

राम : माँ, तुम्हारी स्नेह-स्मृति मेरा सम्बल होगी। आशीर्वाद दो जननी।

कौशल्या : देव पितर सब तुम्हहि गोसाईं।
राखहुँ पलक नयन की नाईं॥
अवधि अम्बु प्रिय परिजन मीना।
तुम्ह करुनाकर धरम धुरीना॥
अस बिचारि सोइ करहु उपाई।
सबहि जिअत, जेहिं भेंटहु आई॥
जाहु सुखेन बनहि बलि जाऊँ।... *(रुँधे कंठ से)*
सब कर आजु सुकृत फल बीता।
भयउ कराल कालु बिपरीता॥

[थोड़ी देर के लिए नीरव। नूपुरों की त्वरित झंकार से नीरव भंग होता है। सीता का व्याकुल अवस्था में प्रवेश।]

कौशल्या : कौन ? सीता।...बैठो बेटी।

[सीता कौशल्या के चरण स्पर्श कर एक ओर बैठ जाती है। सोचती हुई चरण नखों से धरती कुरेदती है तो नूपुर बोलते हैं।]

देखते हो राम, मंजु बिलोचन मोचति बारी।
तात, सुनहु, सिय अति सकुमारी।
सास ससुर परिजनहि पिआरी॥

तुम तो जानते ही हो...

नयन पुतरि करि प्रीति बढ़ाई।
राखेउँ प्रान जानकिहिं लाई॥

कलपबेलि जिमि बहु बिधि लाली।
सीचि सनेह सलिल प्रतिपाली॥

जिअन मूरि जिमि जोगवत रहऊँ।
दीप बाति नहिं, टारन कहऊँ॥

सोइ सिय चलन चहति बन साथा।
आयसु काइ होइ रघुनाथा॥

सिय बन बसिहि तात केहि भाँती।
चित्रलिखित कपि देखि डेराती॥

सुरसर सुभग बनज बन चारी।
डाबर जोगु कि हंसकुमारी॥

अस बिचारि जस आयसु होई।
मैं सिख देउँ जानकिहि सोई॥

एक बात यह भी है कि यदि सीता भवन रहे तो—
मोहि कहँ होइ बहुत अवलम्बा।

राम : माता, आपका कथन ठीक है। *(सीता से)*
राजकुमारि, सिखावनु सुनहू।
आन भाँति जियँ जनि कछु गुनहू॥
आपन मोर नीक जौं चहहू।
बचनु हमार मानि गृह रहहू॥
एहि ते अधिक धरमु नहिं दूजा।
सादर सासु ससुर पद पूजा॥
जब जब मातु करिहि सुधि मोरी।
होइहि प्रेम बिकल मति भोरी॥
तब तब तुम्ह कहि कथा पुरानी।
सुन्दरि समुझाएहु मृदु बानी॥
मैं पुनि करि प्रवान पितु बानी।
बेगि फिरब सुनु सुमुखि सयानी॥
दिवस जात नहिं लागिहि बारा।
सुन्दरि सिखवनु सुनहु हमारा॥
जौं हठ करहु प्रेम बस बामा।
तौ तुम्ह दुखु पाउब परिनामा॥

सीता : *(कौशल्या के चरण स्पर्श कर, हाथ जोड़कर)*
छमबि देबि बड़ि अबिनय मोरी।
दीन्हि प्रानपति मोहि सिख सोई।
जेहि बिधि मोर परम हित होई॥
मैं पुनि समुझि दीखि मन माहीं।
पिय बियोग सम दुखु जग नाहीं॥
मातु पिता भगिनि प्रिय भाई।
प्रिय परवारु सुहृद समुदाई॥
सासु ससुर गुर सजन सुहाई।

सुत सुन्दर सुसील सुखदाई॥
जहँ लगि नाथ नेह अरु नाते।
पिय बिनु तियहि तरनिहु ते ताते॥
जिय बिनु देह, नदी बिनु बारी।
तैसिअ नाथ पुरुष बिनु नारी॥
नाथ, सकल सुख साथ तुम्हारें।
सरद बिमल बिधु बदनु निहारें॥
अस जियँ जानि सुजान सिरोमनि।
लेइअ संग मोहि छाड़िअ जनि॥
राखिय अवध जो अवधि लगि, रहत न जनिअहिं प्रान।
दीनबन्धु सुन्दर सुखद, सील सनेह निधान॥

राम : काननु कठिन भयंकरु भारी,
घोर धामु हिम बारि बयारी।
कुछ कंटक मग काँकर नाना,
चलब पयदेहिं बिनु पदत्राना।
चरन कमल मृदु मंजु तुम्हारे,
मारग अगम भूमिधर भारे।
भूमि सयन, बलकल बसन, असनु कन्द फल मूल।
ते कि सदा दिन मिलहिं सबुइ समय अनुकूल॥
रहहु भवन अस हृदयँ बिचारी,
चन्दबदनि दुखु कानन भारी॥

सीता : बन दुख, नाथ, कहै बहुतेरे,
भय बिषाद परिताप घनेरे।
प्रभु बियोग लवलेस समाना,
सब मिलि होहिं न कृपानिधाना।
मोहि मग चलत न होइहिं हारी,
छिनु छिनु चरन सरोज निहारी।
सबहि भाँति पिय सेवा करिहौं,
मारग जनित सकल श्रम हरिहौं।
पाय पखारि बैठि तरु छाहीं,
करिहउँ बाउ मुदित मन माहीं।
श्रमकन सहित स्याम तनु देखें,
कहँ दुख समउ प्रानपति पेखें।
बार बार मृदु मूरति जोही,
लागिहि तात, बयारि न मोही।

कुस किसलय साथरी सुहाई,
प्रभु सँग मंजु मनोज तुराई।
कन्दमूल फल अमिउ अहारु,
अवध सौध सत सरिस पहारु।
बनदेवी बनदेव उदारा,
करिहिइं सासु ससुर सम सारा।
खग मृग परिजन नगरु बनु, बलकल बिमल दुकूल।
नाथ साथ सुरसदन सम परनसाल सुख मूल॥

राम : किन्तु यह भी जान लो, राजकुमारी, कि वहाँ पर—
नर अहार रजनीचर चरहीं,
कपट बेष बिधि कोटिक करहीं।
ब्याल कराल, बिहग बन घोरा,
निसिचर निकर नारि नर चोरा।
घनघोर बन को याद आने मात्र से बड़े-बड़े धैर्यवान मनुष्य डर जाते हैं।
मृगलोचनि, तुम्ह भीरु सुभाएँ।
हंसगवनि तुम्ह नहिं बन जोगू,
सुनि अपजसु मोहि देइहि लोगू।
मानस सलिल सुधाँ प्रतिपाली,
जिअइ कि लवन पयोधि मराली।
नव रसाल बन बिहरन सीला,
सोइ कि कोकिल बिपिन करीला।

सीता : को प्रभुसँग मोहि चितवनिहारा,
सिन्ध बधुहि जिमि ससक सिआरा।
मैं सुकुमारि नाथ बन जोगू,
तुम्हहि उचित तप मो कहुँ भोगू।
[चरम त्रस्त भाव से]
ऐसेउ बचन कठोर सुनि जौं न हृदय बिलगान।
तौ प्रभु बिषम बियोग दुख सहिहहिं पावँर प्रान॥

राम : *(सीता को एकटक देखते हुए, किंचित्, मुस्कराहट के साथ)* परिहरि सोचु, चलहु बन साथा।
नहिं बिषाद कर अवसरु आजू।
बेगि करिहु बन गवन समाजू॥
[सीता प्रसन्नचित्त खड़ी होती है। राम कौशल्या के चरण छूते हैं।]

कौशल्या : *(आशीर्वाद देते हुए)*

बेगि प्रजा दुख मेटब आई,
जननी निठुर बिसरि जनि जाई।
फिरिहि दसा बिधि बहुरि कि मोरी,
देखिहउँ नयन मनोहर जोरी।
सुदिन सुघरी तात कब होइहि,
जननी जिअत बदन बिधु जोइहि ॥

[राम कौशल्या माता के कन्धे पर स्नेहपूर्ण हाथ फेरते हैं।]

सीता : *(कौशल्या के चरण छूकर)*
सुनिअ माय, मैं परम अभागी,
सेवा समय दैअँ बनु दीन्हा,
मोर मनोरथु सफल न कीन्हा।
तजब छोभु जनि छाड़िअ छोहू,
करमु कठिन, कछु दोसु न मोहू ॥

कौशल्या : *(बार-बार सीता को गले लगाती है।)*
सीता अचल होउ अहिवातु तुम्हारा।
जब लगि गंग जमुन जलधारा ॥

[सीता आशीर्वाद पाकर चली जाती है। राम कक्ष से बाहर निकलते हैं। लक्ष्मण व्याकुल अवस्था में आते हैं और राम के चरण छूकर खड़े हो जाते हैं। कुछ बोल नहीं पाते। ऐसा जान पड़ता है मानो 'देह गेह सब सन तृन तोरें।]

राम : तात, प्रेम बस जनि कदराहू,
समुझि हृदयँ परिनाम उछाहूँ।
भवन भरतु रिपुसूदनु नाहीं,
राउ वृद्ध मम दुखु मन माहीं।
मैं बन जाउँ तुम्हहि लेइ साथा,
होइ सबहि बिधि अवध अनाथा।
गुरु पितु, मातु, प्रजा परिवारू,
सब कहुँ परइ दुसह दुख भारू।
अस जियँ जानि सुनहु सिख भाई,
करहु मातु पितु पद सेवकाई।
रहहु तात असि नीति बिचारी ॥

लक्ष्मण : *(राम के चरणों के निकट बैठकर, आर्त्त स्वर में)*
दीन्हि मोहि सिख नीकि गोसाईं,
लागि अगम अपनी कदराईं।
धरम नीति उपदेसिअ ताही,

कीरति भूति सुगति प्रिय जाही।
किन्तु हे नाथ, मैं सिसु प्रभु सनेहँ प्रतिपाला,
मन्दरु मेरु कि लेहिं मराला ?
गुर पितु मातु न जानउँ काहू,
कहउँ सुभाउ, नाथ पतिआहू।
जहँ लगि जगत सनेह सगाई,
प्रीति प्रतीति निगम निजु गाई।
मोरें सबइ एक तुम्ह स्वामी,
दीनबन्धु उर अन्तरजामी। *(विवशता से)*
नाथ, दासु मैं स्वामी तुम्ह तजहु त काह बसाइ।

राम : *(लक्ष्मण को उठाते और गले लगाते हैं)* लक्ष्मण—
मागहु बिदा मातु सन जाई,
आवहु बेगि, चलहु बन भाई।

[लक्ष्मण का सहर्ष प्रस्थान। प्रकाशपुंज वाचकवृन्द पर केन्द्रित, वे लोग लक्ष्मण को तेजी से जाता हुआ देखते हैं।]

वाचक 2 : वह देखो कैसी तीव्र गति से लक्ष्मण जा रहे हैं, बागुर बिषम तोराइ, मनहूँ भाग मृगु भाग बस?

वाचक 3 : तो लक्ष्मण भी जाएँगे बन को।

वाचक 1 : और सीता भी।

वाचक 2 : यह सब क्या हो रहा है ? क्यों हो रहा है ?

वाचक 3 : भलि बनाइ बिधि बात बिगारी।

वाचक 1 : और हम लोग ? अयोध्या के वासी ?

वाचक 2 : तन कृस मन दुखु, बदन मलीने।

वाचक 3 : बिमल मनहुँ माखी मधु छीने॥

वाचक 2 : कर मीजहिं सिर धुनि पछिताहीं।

वाचक 3 : जनु बिनु पंख बिहग अकुलाहीं॥

[प्रकाशपुँज कैकेयी के कक्ष पर। राजा को सहारा देकर सचिव सिंहासन पर बैठाते हैं। सीता-समेत राम और लक्ष्मण बैठे हैं। वशिष्ठ और सचिव के साथ उनकी पत्नियाँ भी हैं। कैकेयी पहले की भाँति निर्द्वन्द्व बैठी है। मन्थरा मुनियों के वस्त्राभूषण और कमंडल इत्यादि लिए खड़ी है।]

दशरथ : राम ! *(व्याकुल होकर बोल नहीं पाते।)*

राम : *(उठकर)*
पितु असीस आयसु मोहि दीजै।
हरष समय बिसमउ कत कीजै॥

दशरथ : *(उठकर राम को अपने पास बैठाते हैं।)*
सुनहु तात तुम्ह कहुँ मुनि कहहीं।
रामु चराचर नाकय अहहीं। एक बात बताओ।
सुभ अरु असुभ करम अनुहारी,
ईसु देइ फलु हृदयँ बिचारी।
फिर भी भगवान की यह कैसी विचित्र गति है कि–
औरु करै अपराधु कोउ और पाव फल भोगु ?

राम : तात किएँ प्रिय प्रेम प्रमादू,
जसु जग जाइ होइ अपबादू॥

दशरथ : मैं क्या करूँ राम। सोक जनित उर दारुन दाहूँ।
[कैकेयी तमककर उठती है।]

कैकेयी : नृपहि प्रानप्रिय तुम्ह रघुबीरा,
सील सनेह न छाड़िहि भीरा।
भले ही सुकृत सुजसु परलोकु नसाऊ,
पर तुम्हहि जान बन कहिहि न काऊ।
[राम के आगे मुनियों के से वस्त्राभूषण और कमंडल रख देती है।]
अस बिचारि सोइ करहुँ जो भावा।

राम : आपके वचन मेरे लिए अत्यन्त सुखकारी हैं।...मैं प्रस्तुत हूँ।
[राम वस्त्राभूषण उठाते हैं और सीता और लक्ष्मण को देते हैं। तीनों दशरथ के चरणों में प्रणाम करते हैं। राम कैकेयी को भी प्रणाम करते हैं।]
(दशरथ से)
तात करिअ जनि चिन्ता मोरी।
बन मग मंगल कुमल हमारें,
कृपा अनुग्रह पुन्य तुम्हारें।
तुम्हरें अनुग्रह तात कानन जात सब सुखु पाइहों।
प्रतिपालि आयसु कुसल देखन पाय पुनि फिरि आइहों॥
[तीनों का प्रस्थान]

दशरथ : राम ! राम !...*(अचेत होने लगते हैं, फिर मन्द और आर्त्त स्वर में)*
सुमन्त्र !

सुमन्त्र : *(निकट जाकर)* राजन, धैर्य रखें।

दशरथ : सुमन्त्र।
राम चले बन प्रान न जाहीं।
केहि सुख लागि रहत तन माहीं ?

एहितें कवन व्यथा बलवाना।
जो दुखु पाइ तजहिं तनु प्राना॥

[सिसकते हैं]

सुमन्त्र : राजन, आपकी यह अवस्था सारी प्रजा को निराधार कर देगी। आपका धीरज ही अवध की प्रजा का सहारा है।

दशरथ : *(कुछ प्रकृतिस्थ होकर)* लै रघु संग सखा तुम्ह जाहू।
सुठि सुकुमार कुमार दोउ, जनकसुता सुकुमारि।
रथ चढ़ाइ देखराइ वनु फिरहिं गएँ दिन चारि॥

सुमन्त्र : जो आज्ञा महाराज। किन्तु
जो नहिं फिरहिं धीर दोउ भाई।
सत्यसन्ध दृढ़ ब्रत रघुराई ?

दशरथ : तौ तुम्ह बिनय करेहु कर जोरी,
फेरिअ प्रभु मिथिलेस किसोरी।
जब सिय कानन देखि डेराई,
कहेउ मोरि सिख अवसरु पाई।
सासु ससुर अस कहेउ सँदेसू,

[मानो सीता सामने ही खड़ी हों]

पुत्रि फिरिअ बन बहुत कलेसू।
पितुगृह कबहुँ कबहुँ ससुराही।
रहेउ जहाँ रुचि होइ तुम्हारी।

सुमन्त्र : आपके बताए उपाय करूँगा महाराज।

दशरथ : सुमन्त्र, जैसे भी हो,
रामु लखन सिय आनि देखाऊ।
नाहिं त मोर मरनु परनामा।
कछु न बसाइ भएँ बिधि बामा॥

[सुमन्त्र का प्रस्थान। राजा निढ़ाल होकर गिर पड़ते हैं।]

[प्रकाशपुँज सूत्रधार, नटी और वाचक वृन्द पर। अनेक शोकाकुल वासी उनके साथ हैं। वशिष्ठ के भवन के द्वार पर राम, सीता और लक्ष्मण मुनियों के काषाय वस्त्र पहने खड़े हैं।]

वाचक 1 : वशिष्ठजी के द्वार पर खड़े होकर राम याचकों को दान-मान और सन्तोष दे रहे हैं।

[राम द्वारा दान देने का अभिनय]

वाचक 2 : ब्राह्मणों को वर्ष-वर्ष भर को भोजन-सामग्री। *(तदनुकूल अभिनय)*

वाचक 3 : मित्रों को प्रेमसहित परितोष।

वाचक 2 : वशिष्ठ को दास-दासियों सहित सबका भार।

वाचक 1 : लेकिन, राम हमारी ओर तो देखो, विरहदव दाढ़े हम खड़े हैं अवधवासी।

[राम वाचक वृन्द की ओर जाते हैं और बार-बार हाथ जोड़ते हैं।]

राम : सोइ सब भाँति मोर हितकारी।
जेहितें रहें भुआल सुखारी॥

मातु सकल मोरे बिरहँ जेहि न होहिं दुख दीन।
सोइ उपाउ तुम्ह करेहु सब पुर जन परम प्रबीन॥

[राम, सीता और लक्ष्मण रथ पर चढ़ने का अभिनय करते हैं। रथ के प्रस्थान का आभास। अन्धकार फैल जाता है। किन्तु प्रकाश सूत्रधार और नटी पर।]

सूत्रधार : चढ़ि रथ सीय सहित दोउ भाई।
चले हृदयँ अवधहि सिरु नाई॥

नटी : किन्तु अवध की दशा तो देखो।

सूत्रधार : लागति अवध भयावनि भारी।
मानहुँ काल राति अँधियारी॥

नटी : घोर जन्तु सम पुर नरनारी।
डरपहिं एकहिं एक निहारी॥

सूत्रधार : घर मसान परिजन जनु भूता।
सुत हित मीत मनहुँ जमदूता॥

नटी : कहाँ है वह घना और भरा पुरा-बन ?
नगरु सकल बनु गहबर भारी।
खग मृग बिपुल सकल नरनारी॥

सूत्रधार : भस्म हो रहा है वह मनोहर बन क्योंकि—
बिधि कैकेई किराततिनि कीन्हा।
जेहिं दव दुसह दसहुँ दिसि दीन्हो॥

नटी : सहि न सके रघुबर बिरहागी।
चले लोग सब व्याकुल भागी॥

[अन्धकार में लोगों का रथ की दिशा में जाने और उधर से लौटने का आभास।]

सूत्रधार : कोई लाभ नहीं। कोई उपचार नहीं। तमसा नदी तक पीछे लगे। किन्तु रात ही में राम का रथ न जाने किधर चला गया।...
रथ कर खोज कतहुँ नहिं पावहिं।
राम राम कहि चहुँ दिसि धावहिं॥

नटी : मनहुँ बारिनिधि बूड़ जहाजू।
भयउ विकल बड़ बनकि समाजू॥

[प्रकाश वाचक वृन्द पर]

वाचक 1 : तजे राम हम, जौनि कलेसू।

वाचक 2 : धिग जीवनु रघुबीर बिहीना।

वाचक 3 : जौं पै प्रिय बियोग बिधि कीन्हा।

वाचक 1 : तौ कस मरनु न मागें दीन्हा।

सूत्रधार : एहि बिधि करत प्रलाप कलापा।
आए अवध भरे परितापा॥

नटी : बिषम बियोगु न जाइ बखाना।
अवधि आस सब राखहिं प्राना॥

सूत्रधार : राम दरस हित नेम ब्रत, लगे करन नर नारि।
मनहुँ कोक कोकी कमल, दीन बिहीन तमारि।
(सब मिलकर) दीन बिहीन तमारि॥
राम दरस लगि लोग सब, करत नेम उपवास।
तजि तजि भूषन भोग सुख, जियत अवधि की आस।
(सब मिलकर) जियत अवधि की आस।

[अन्धकार]

[द्वितीय अंक समाप्त]

जगदीशचन्द्र माथुर रचनावली-2

[एकांकी नाटक]

जगदीशचन्द्र माथुर रचनावली

[खंड-2]

सम्पादक

सुरेश अवस्थी

राधाकृष्ण प्रकाशन

ISBN 978-81-8361-317-0

जगदीशचन्द्र माथुर रचनावली (खंड-2)

पहला संस्करण : 2009
दूसरा संस्करण : 2021

मूल्य : ₹ 5000 सेट (चार खंडों में)

प्रकाशक
राधाकृष्ण प्रकाशन प्राइवेट लिमिटेड
जी-17, जगतपुरी, दिल्ली-110 051

शाखाएँ : अशोक राजपथ, साइंस कॉलेज के सामने, पटना-800 006
पहली मंजिल, दरबारी बिल्डिंग, महात्मा गांधी मार्ग, प्रयागराज-211 001
36-ए, शेक्सपियर सरणी, कोलकाता-700 017

वेबसाइट : www.radhakrishnaprakashan.com
ई-मेल : info@radhakrishnaprakashan.com

मुद्रक
बी.के. ऑफसेट
नवीन शाहदरा, दिल्ली-110 032

JAGDISHCHANDRA MATHUR RACHNAVALI (Vol. II)
Edited by Suresh Awasthi

बेटे ललित के विवाह के अवसर पर पत्नी प्रेमकान्ता जी के साथ अतिथियों का स्वागत करते हुए, जनवरी 1971

वेल्थी फिशर (विख्यात शिक्षिका), प्रेमकान्ता जी व जगदीशचन्द्र माथुर, 1976, नई दिल्ली

अपने आकाशवाणी भाषण के तुरन्त बाद ब्रिटेन की महारानी एलिजाबेथ को टेप देते हुए, 1961, नई दिल्ली

एफ. ए. ओ. के कार्यकाल (1973-76) में ग्रामीण दौरे पर

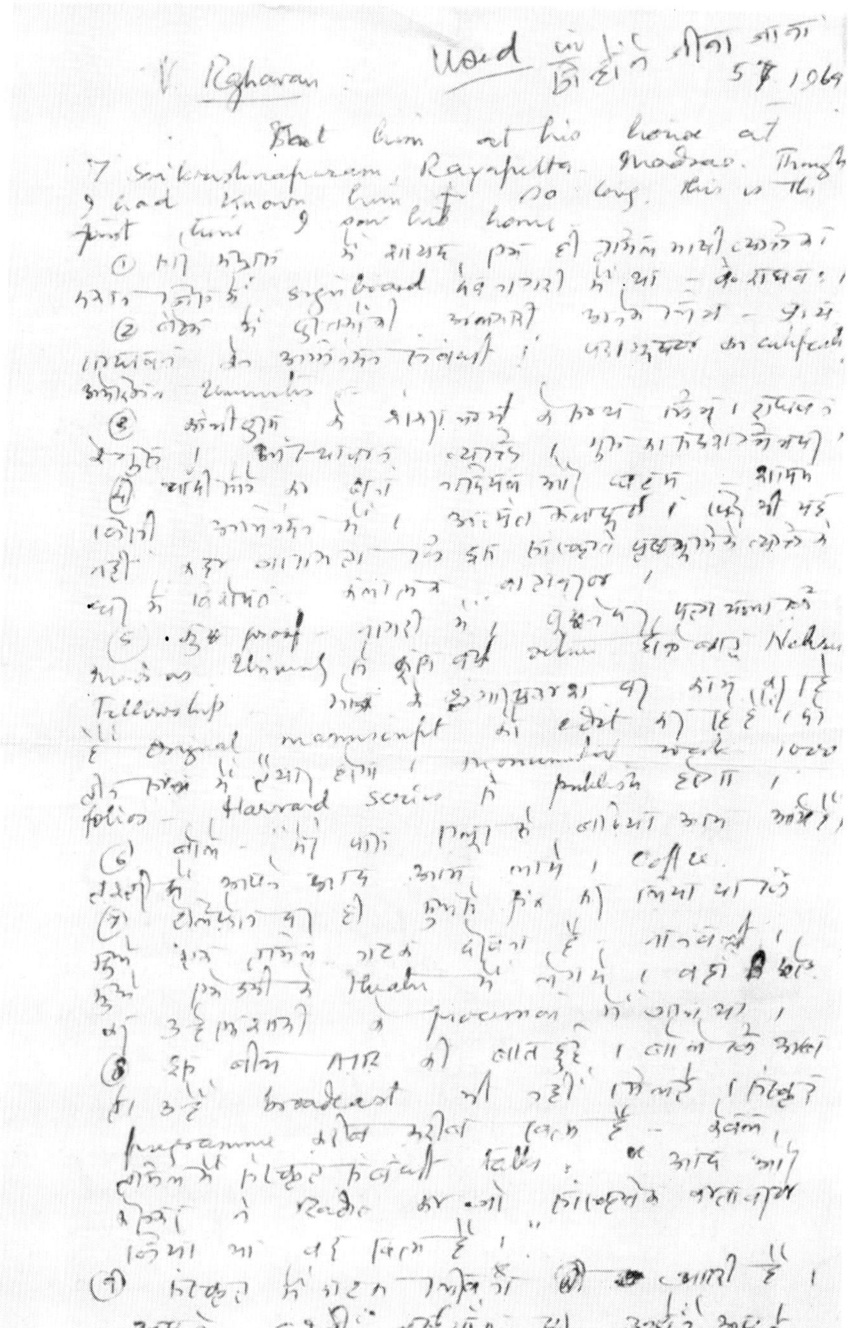

V. Raghavan

Met him at his house at 7 Srikrishnapuram, Royapetta, Madras. Though I had known him for so long, this is the first time I saw his home.

संस्कृत विद्वान डॉ. वी. राघवन से मद्रास में भेंट के बाद, डायरी का एक पन्ना, 1969

अपने बड़े बेटे ललित और उसकी वधू गीता को–
उनके विवाह की पहली सालगिरह पर
अनगिनत शुभाशिषों के साथ

सम्पादकीय

श्री माथुर की रचनावली सम्पादित करने का प्रस्ताव जब राधाकृष्ण प्रकाशन के निदेशक, अशोक महेश्वरी, और श्री माथुर के बड़े बेटे ललित माथुर ने मेरे सामने रखा तो मैंने उसे सहर्ष स्वीकार कर लिया। इसका कारण यह था कि मैं श्री माथुर के नाटकों और उनके नाट्य विषयक लेखन का पाठक और प्रशंसक रहा हूँ। संगीत नाटक अकादेमी में सचिव के पद पर काम करते हुए (1965-75) उनके सम्पर्क में भी आया, जब वे कई वर्षों तक अकादेमी की कार्यकारिणी के सदस्य थे। अकादेमी की योजनाओं और कार्यक्रमों में वे विशेष रुचि लेते थे। आश्चर्य होता है कि प्रशासनिक कार्यों और जिम्मेदारियों के साथ-साथ नाट्य-प्रदर्शनों में उनकी इतनी गहरी रुचि थी कि शाम को प्रायः रंगशाला में दिखाई दे जाते थे।

श्री माथुर के पहले सम्पूर्ण नाटक 'कोणार्क' (सन् 1950) के साथ हिन्दी में एक नए प्रकार के ऐतिहासिक नाटक की परम्परा शुरू हुई। उसकी प्रशंसा में पन्तजी ने नाटक के प्राक्कथन में लिखा : "इसमें प्राचीन, नवीन नाट्य-कला का अत्यन्त मनोरम सामंजस्य है।" यह गुण श्री माथुर के सम्पूर्ण साहित्य का है और उनकी विचारधारा का मूल आधार भी। श्री माथुर सर्जनात्मक प्रतिभा के धनी थे। उन्होंने विद्यार्थी जीवन में ही एकांकी नाटक और लेख लिखना शुरू कर दिया था। उनके आरम्भिक एकांकी 'सरस्वती' जैसे प्रतिष्ठित पत्रिका तथा श्री सुमित्रानन्दन पन्त और श्री नरेन्द्र शर्मा द्वारा सम्पादित 'रूपाभ' में छपे थे। उनको तभी से नाटक के प्रदर्शन में भी रुचि थी। एकांकी : 'भोर का तारा' प्रदर्शन के लिए तब लिखा था जब वे विश्वविद्यालय में थे। उसमें पाठ भी किया था, सहपाठी और मित्र कवि नरेन्द्र शर्मा के साथ। 'भोर का तारा' रंगमंच पर आज तक लोकप्रिय है।

श्री माथुर सृजनात्मक प्रतिभा के धनी थे। वे 14-15 वर्ष की आयु से ही लिखने लगे थे। यद्यपि उनकी ख्याति नाटककार के रूप में है। उन्होंने अपनी विशिष्ट शैली में चरित लेख, ललित निबन्ध और नाट्य-

निबन्ध लिखे हैं। लेखन में उनकी इतनी प्रबल रुचि थी कि उन्होंने जिन विभागों में काम किया उनकी समस्याओं के सम्बन्ध में भी लिखा। इनमें कृषि-विज्ञान, शिक्षा-शास्त्र, प्रौढ़-शिक्षा, साक्षरता, राजभाषा के रूप में हिन्दी की समस्याएँ और बहुजन-सम्प्रेषण के माध्यम (मास-मीडिया) जैसे विषय शामिल हैं। उनकी आरम्भिक रचनाएँ–चाँद, भारत, माधुरी, सरस्वती और रूपाभ जैसी अपने समय की प्रतिष्ठित पत्रिकाओं में छपती थीं।

बिहार में शिक्षा सचिव के पद पर काम करते हुए उन्होंने कई सांस्कृतिक और साहित्यिक संस्थाओं की स्थापना की और उनमें गहरी रुचि ली। बिहार राष्ट्रभाषा परिषद्, नालन्दा पालि-शोध-प्रतिष्ठान, वैशाली प्राकृत्-शोध-संस्थान, मिथिला संस्कृत-शोध-प्रतिष्ठान और वैशाली-संघ उन्हीं की स्थापित की हुई हैं। 1953 में बिहार संगीत नाटक अकादेमी की स्थापना और उसकी द्विभाषिक त्रैमासिक पत्रिका 'बिहार थिएटर' के प्रकाशन का विशेष महत्त्व है। इस सन्दर्भ में यह उल्लेखनीय है कि केन्द्रीय संगीत नाटक अकादेमी की स्थापना एक वर्ष बाद 1954 में हुई। वे जब दिल्ली में विभिन्न विभागों में काम कर रहे थे, तब कई सांस्कृतिक संस्थाओं के सक्रिय सदस्य और मार्गदर्शक रहे। इनमें उल्लेखनीय हैं–संगीत नाटक अकादेमी, ऑल इंडिया फाईन आर्ट्स एंड क्राफ्ट्स सोसाइटी और राष्ट्रीय नाट्य विद्यालय। वे यूनेस्को और एम.ए.ओ. की समितियों के भी सदस्य थे और भारतीय प्रौढ़ शिक्षा परिषद् के उपाध्यक्ष रहे।

अपने विचारों और मूल्यों में श्री माथुर ग्रामीण और नागर, लोक और शास्त्रीय संस्कारों और परम्पराओं के समन्वय के पक्षधर थे। इस पक्षधरता का स्वर उनके साहित्य में भी मुखर है। उन्होंने अपनी रचनाओं की प्रकृति, रचना-प्रक्रिया और अपने विचारों और विश्वासों के बारे में पुस्तकों की भूमिकाओं में बहुत-कुछ लिखा है, जो उनके साहित्य को समझने में सहायक है।

सन् 1941 में आई.सी.एस. में आने के बाद उन्होंने जिन विभागों में काम किया उनसे सम्बन्धित विषयों पर हिन्दी और अंग्रेज़ी दोनों में लिखा। यह विपुल लेखन आज भी रुचिकर और उपयोगी है, और हम इसे रचनावली में सम्मिलित करना चाहते थे, पर कई कारणों से हम ऐसा न कर सके।

एक तो यह पदेन लिखा हुआ है, विशिष्ट सन्दर्भों और अवसरों के लिए, दूसरे साहित्येतर है, और तीसरे, अधिकांश अंग्रेज़ी में है। एक बहुत बड़ा कारण यह भी था कि हम रचनावली को श्री माथुर के साहित्यिक कृतित्व पर केन्द्रित रखना चाहते थे। उनकी पुस्तक 'ड्रामा इन रूरल

इंडिया' भी रचनावली में अनुवाद खंड में सम्मिलित नहीं की गई। इसकी कमी इस बात से पूरी हो गई कि इसी विषय पर उनकी हिन्दी पुस्तक 'परम्पराशील नाट्य' रचनावली के खंड तीन में है।

बहुत सोच-विचार करने और श्री ललित माथुर तथा श्री अशोक महेश्वरी से परामर्श करने के बाद हमने इस लेखन को छोड़ देने का निश्चय किया; एक अपवाद को छोड़कर। मास मीडिया पर उनकी पुस्तक 'बहुजन-सम्प्रेषण के माध्यम' खंड चार में सम्मिलित की गई है। इसका कारण यह है कि इस विषय पर हिन्दी में आज भी साहित्य बहुत कम है।

इस आधार पर रचनावली चार खंडों में प्रकाशित हो रही है। खंड एक में सम्पूर्ण नाटक, खंड दो में एकांकी नाटक, खंड तीन में नाट्य निबन्ध और खंड चार में चरित लेख और बहुजन-सम्प्रेषण के माध्यम।

हम लोगों को इस बात की प्रसन्नता है कि श्री माथुर का लेखन चार खंडों में रचनावली के रूप में पाठकों के पास पहुँच रहा है। किन्तु, इस बात का खेद भी है कि ऐसा उनके निधन के बाद ही सम्भव हो सका है। इसी कारण से उनके कुछ लेखों के बारे में पूरी प्रकाशन-सूचना प्राप्त नहीं हुई।

श्री ललित माथुर और उनके छोटे भाई समीर ने बड़ी लगन के साथ लेखन सामग्री एकत्रित और संयोजित की और श्री अशोक महेश्वरी ने रचनावली के प्रकाशन में व्यक्तिगत रुचि ली, जिससे मेरा काम आसान हो गया। मैं इनके प्रति आभार प्रकट करता हूँ। मेरी पत्नी, डॉ. इन्दुजा अवस्थी ने मेरी बीमारी के दिनों में जो इसमें सहायता की उसके बिना यह असम्भव था।

—सुरेश अवस्थी

एकांकी नाटक

इस खंड के चार भागों में श्री माथुर के एकांकी तथा दो कठपुतली नाटक संकलित हैं : पहले भाग में 'मेरे सर्वश्रेष्ठ रंग एकांकी', दूसरे में उसके पहले के दो एकांकी संकलनों—'भोर का तारा' और 'ओ मेरे सपने'—के वे नाटक जो 'मेरे श्रेष्ठ रंग एकांकी' में नहीं रखे गए, और तीसरे भाग में पत्र-पत्रिकाओं में प्रकाशित एकांकी हैं इनमें 'मेरी बाँसुरी' और 'लव-कुश' जैसी आरम्भिक रचनाएँ भी हैं। इनसे नाटककार के रूप में श्री माथुर के विकास का अनुमान लग सकेगा। चौथे भाग में दो कठपुतली नाटक हैं।

सम्पादन में संकलनों की भूमिकाएँ और परिशिष्ट अपने मूल रूप में यथास्थान रहने दिए गए हैं। इसमें निर्देशकों और अभिनेताओं के लिए प्रदर्शन सम्बन्धी बहुत-ही उपयोगी सुझाव दिए गए हैं। दृश्यबन्ध और रंग-सज्जा का विस्तृत विवरण दिया गया है, और प्रकाश, संगीत, ध्वनि के बारे में निर्देश हैं। अपने सम्पूर्ण नाटकों के समान एकांकियों के प्रदर्शन-पक्ष में भी श्री माथुर की गहरी रुचि थी। उनकी भूमिकाएँ और परिशिष्ट निर्देशक और अभिनेता को सम्बोधित हैं, पाठक को नहीं। हिन्दी में एकांकी का उदय और विकास रंगमंच की माँग से ही सम्बन्धित है। श्री माथुर के कई एकांकी रंगशालाओं में लोकप्रिय रहे हैं। और कई एकांकी पाठ्यक्रमों में स्वीकृत हैं। 'भोर का तारा' और 'रीढ़ की हड्डी' ऐसे ही एकांकी हैं।

श्री माथुर के एकांकियों की संगठना जीवन की सामान्य स्थितियों, छोटी-छोटी घटनाओं, पात्रों की स्पष्ट अवधारणाओं और चुस्त नाटकीय संवादों के गुम्फन से आती है। उनके एकांकियों में घटना और विचार-तत्व का समन्वय भी मिलता है। विचार बीज-रूप में रहकर घटनाओं के सहारे एकांकी को वृक्ष-रूप में पल्लवित करता है।

उन्होंने मेरे श्रेष्ठ रंग-एकांकी के निवेदन में लिखा है, "मोटे तौर पर मेरे एकांकियों को दो वर्गों में विभक्त किया जा सकता है, एक तो वे जो घटना-प्रधान हैं (यथा 'घोंसले', 'खिड़की की राह', 'रीढ़ की हड्डी', 'विजय की वेला') और दूसरे वे जो विचार-प्रधान हैं (यथा 'मकड़ी का

जाला', 'खँडहर', 'बन्दी', 'कलिंग-विजय')। किन्तु यह असम्भव है कि घटना-प्रधान एकांकी विचारशून्य हों, और विचार-प्रधान हों घटनाशून्य। दोनों का अन्योन्याश्रय सम्बन्ध है।''

इस खंड के चौथे और अन्तिम भाग में दो कठपुतली नाटक—'कुँवर सिंह की टेक' और 'गगन सवारी' दिए गए हैं। परम्पराशील नाटक के सभी रूप श्री माथुर को आकर्षित करते थे। राजस्थान की कठपुतली नाट्य-शैली में परम्परा से केवल 'अमर सिंह राठौर' नाटक प्रचलित है। नए विषयों पर दो नाटक लिखकर श्री माथुर ने इस विधा के इस अभाव की पूर्ति की है। ये दोनों नाटक उस समय के प्रसिद्ध कठपुतली कलाकार सागर भट्ट के लिए विशेष रूप से लिखे गए थे। उन्होंने बिहार में इनके बीसों प्रदर्शन किए थे।

अनुक्रम

भाग-4

कठपुतली नाटक

भाग-1

मेरे श्रेष्ठ रंग एकांकी

बन्दी

(रचनाकाल : 1954 ई.)

निवेदन

मेरे एकांकियों के विषय में एक गलतफहमी को दूर करना ज़रूरी है। चूँकि 1955 से 1962 तक मेरा आकाशवाणी से सम्बन्ध रहा इसलिए यह धारणा फैल गई कि मैंने एकांकी रेडियो पर प्रसारण के लिए लिखे। कुछ समालोचकों ने इन एकांकियों का ध्वनिरूपकों के रूप में मूल्यांकन भी किया।

वस्तुस्थिति यह है कि सन् 1936 के आसपास प्रयाग विश्वविद्यालय के म्योर होस्टल के वार्षिकोत्सव के लिए स्वर्गीय प्रोफ़ेसर अमरनाथ झा के संकेत पर मैंने अपने पहले आधुनिक शैली के एकांकी लिखे और उन्हें मंचस्थ किया। सन् 1946 तक मेरा प्रथम एकांकी-संग्रह तैयार हो गया और पटना से प्रकाशित भी हुआ। उन दिनों हिन्दी वालों, ख़ासतौर से इलाहाबाद वालों की, रेडियो पर कोई पूछ नहीं थी। शायद पहली बार 1949 या 1950 में मेरे किसी एकांकी का पटना से प्रसारण हुआ। जब 1955 में आकाशवाणी में मेरी नियुक्ति हुई तो मैंने सभी स्टेशनों को यह आदेश जारी किया जब तक मैं आकाशवाणी का महानिदेशक हूँ तब तक मेरी कोई रचना ब्रॉडकास्ट न की जाए।

उस दशक (सन् 1935 और सन् 1945 के बीच) में इलाहाबाद और लाहौर में हिन्दी-हिन्दुस्तानी एकांकियों का उदय एमेच्योर रंगमंच की माँग के परिणामस्वरूप हुआ। कारण दो थे। हिन्दी रंगमंच पर राधेश्याम पाठक, आगा हश्र इत्यादि के नाटकों के लिए रुचि घटने लगी। विश्वविद्यालयों का दर्शक-समाज भी रतजगा करके लम्बे नाटक देखने के लिए प्रस्तुत न था। तभी अंग्रेज़ी के लघुनाटकों से हम लोगों का प्रथम परिचय हुआ। प्रायः वार्षिक उत्सवों पर विविध समारोह (वैराइटी शो) आयोजित किए जाते थे जिनमें एकाध भाषण, दो नाटक तथा कुछ गानों के लिए समय निकालना पड़ता था। ऐसी परिस्थिति में यदि हिन्दी नाटक को स्थान मिलना था तो एकांकियों की विधा ही उपयुक्त थी। प्रयाग में आधुनिक ढंग के हिन्दी एकांकी सर्वप्रथम स्वर्गीय श्री गणेश प्रसाद द्विवेदी ने लिखे। मैंने उनका एक एकांकी सन् 1935 के नवम्बर में मंचस्थ किया था। उसके बाद ही मैंने भी अपना पहला एकांकी 'मेरी बाँसुरी' लिखा जो 'सरस्वती' में प्रकाशित हुआ। डॉ. रामकुमार वर्मा और भुवनेश्वर प्रसाद के एकांकी भी उन्हीं दिनों लिखे गए, यद्यपि भुवनेश्वरजी के विषय में यह अफ़वाह फैली हुई थी कि वे अंग्रेज़ी से रूपान्तर करने में इतने सिद्धहस्त हैं कि उसकी रचनाओं के मौलिक होने का भ्रम हो जाता है। डॉ. रामकुमारजी हम लोगों में वरिष्ठ थे और उनके एकांकी खूब चल निकले। मैं साल में एक नाटक लिखता, यूनिवर्सिटी

में अभिनीत कराता और पंतजी की कृपा और नरेन्द्र की दोस्ती से 'रूपाभ' में उसका प्रकाशन हो जाता।

सरकारी नौकरी में आने के बाद (सन् 1941) रचना-प्रवाह अवरुद्ध होने लगा यद्यपि यथा-सम्भव मैंने क़लम में ज़ंग न लगने दी। कुछ तो हिन्दी में आधुनिक ढंग के नाट्य-साहित्य की कमी के कारण और कुछ एकांकी-विधा की नवीनता के फलस्वरूप मेरी भी रचनाएँ पाठकों और दर्शकों में लोकप्रिय हो गईं। आश्चर्य मुझे यही है कि अभी तक एकांकी को नाट्य-साहित्य में समादृत स्थान मिलता रहा है। वस्तुतः, एकांकी सम्पूर्ण नाटक का परिशिष्ट है, उसका अनुकल्प (सब्स्टिट्यूट) नहीं। जान पड़ता है कि हिन्दी में कहानी, एकांकी और मुक्तक-काव्य के गठबन्धन के फलस्वरूप एकांकी भी साहित्य के पौर में प्रवेश पा सका है। मेरा अनुमान है कि आधुनिक हिन्दी-रंगमंच के विकास के साथ-साथ सम्पूर्ण नाटकों के लिए माँग बढ़ेगी और आधुनिक नाट्य साहित्य उपन्यास और खंडकाव्य जैसी विधाओं के समकक्ष हो सकेगा। किन्तु अब यह सम्भव नहीं कि इसीलिए एकांकी अपने सद्यःप्राप्त स्थान से पदच्युत हो जाए।

पाठक, दर्शक तथा लेखक की रुचि एक ही हो, यह ज़रूरी नहीं। इस संग्रह में मैंने उन एकांकियों को भी शामिल किया है जो मेरे जाने, रंगमंच पर लोकप्रिय रहे हैं, यद्यपि उनकी लोकप्रियता का कारण सहज ही समझ में नहीं आता। 'रीढ़ की हड्डी' सन् 1939 में एक ही बैठक में लिखा गया। जिस आवेश में आकर मैंने उसे लिपिबद्ध किया, उसमें शिल्प तथा शैली को सँवारने का अवकाश ही न था। क्या इसी कारण इस एकांकी की प्रेषणीयता तीव्र रही है? जो भी हो, विद्यालयों में और रंगमंच पर आज तक उसकी माँग रही है यद्यपि जिस समस्या के आधार पर उसकी रचना हुई उसका हमारे समाज ने कभी का निपटारा कर लिया। 'भोर का तारा' आजकल के पाठक को शायद सेंटीमेंटल जान पड़ें, पर जब कभी देश की सुरक्षा की चुनौती सामने आई इस एकांकी की माँग बढ़ी। मुझे स्वयं 'खँडहर' और 'बन्दी' रुचते रहे हैं, पर इन्हें अभिनीत करने के लिए जैसे कौशल और सावधानी अभीष्ट है वह बहुत कम मंडलियाँ दिखा पाती हैं।

मैंने ऊपर 'आवेश' का ज़िक्र किया है। रासमंडली के नटों से मैंने उनकी सफलता का रहस्य पूछा तो उनका भी उत्तर था—'आवेश'। नाटककार और उपन्यासकार में विशेष अन्तर यही है। नाटककार में बहुत कुछ सामग्री बिसारने की मुस्तैदी भी होनी चाहिए और साथ ही आवेश की मान्यता भी। एकांकीकार शिल्प और आवेश के दो चुम्बकों के बीच अपनी राह बनाता है। एक प्रसंग, एक परिस्थिति, एक चरमबिन्दु—इन सभी के सामंजस्य के लिए एकाग्रता और आवेश अपेक्षित हैं। किन्तु चरित्र के उद्घाटन, संवाद की प्रगति और घटनाचक्र की परिणति के लिए शिल्पी के चयन और लेखनी के लाघव की भी आवश्यकता है। इन दो प्रवृत्तियों के बीच सन्तुलन ही पर एकांकी की प्रभावोत्पादकता निर्भर है।

मोटे तौर पर मेरे एकांकियों को दो वर्गों में विभक्त किया जा सकता है, एक तो वे जो घटना-प्रधान हैं (यथा 'घोंसले', 'खिड़की की राह', 'रीढ़ की हड्डी', 'विजय की वेला') और दूसरे वे जो विचार-प्रधान हैं (यथा 'मकड़ी का जाला', 'खँडहर', 'बन्दी',

'कलिंग-विजय')। किन्तु यह असम्भव है कि घटना-प्रधान एकांकी विचारशून्य हों, और विचार-प्रधान हों घटनाशून्य। दोनों का अन्योन्याश्रय सम्बन्ध है। प्रधानता का आभास एकांकी में इसलिए होता है कि सम्पूर्ण नाटक की अपेक्षा एकांकी में रचयिता के पास घटनाचक्र और विचार-गुम्फन दोनों के समीचीन विस्तार के लिए गुंजाइश नहीं होती। सम्पूर्ण नाटक में अनेक परिस्थितियों के प्रति पात्रों की प्रतिक्रियाएँ एकाधिक विचारधाराओं को अग्रसर करती हैं। एकांकी में प्रायः परिस्थिति एक ही होती है जिसका विकास और चरमोत्कर्ष पात्रों के विशिष्ट रूप को उजागर करता है, उनकी सम्पूर्ण आकृति को नहीं, जैसे पोर्ट्रेट खींचनेवाला पार्श्वचित्र (प्रोफ़ाइल) अथवा निकट से फ़ोकस किया हुआ चित्र प्रस्तुत करे। यदि नाटककार को किसी विशेष विचारधारा अथवा दृष्टिकोण को उभारना अभीष्ट है तो वह परिस्थिति की घटनाओं को गौण रूप देगा। संवाद में ही विचारों के घात-प्रतिघात को ध्वनित करेगा। 'कलिंग विजय' और 'भोर का तारा' और कुछ हद तक 'बन्दी' में ऐसा ही हुआ है। दूसरी विधि है पात्रों के मानस की गहराइयों का संस्पर्श करोना 'मोनोलॉग' द्वारा। पुराने ज़माने में 'स्वगत' ही 'मोनोलॉग' का माध्यम था। अब उसके अलावा, वार्तालाप के बीच ही में पात्रविशेष की विचारधारा को प्रवाहित करते हुए उसके कथन में सूक्ष्म चिन्तन, भावावेश, कल्पना और अवचेतन को इस तरह उभारा जाता है कि थोड़ी देर के लिए कथानक में ठहराव की प्रतीति होती है। 'मकड़ी का जाला', 'खँडहर' और 'बन्दी' में मैंने यही तकनीक अपनाई है। 'मकड़ी का जाला' में तो 'अवचेतन' (जब यह नाटक लिखा गया तब सबकॉन्शस के लिए 'अवचेतन' शब्द का आविष्कार नहीं हुआ था, इसलिए मैंने 'अर्धचेतन' शब्द इस्तेमाल किया है) की अभिव्यंजना के लिए रंगमंच पर धूमिल प्रकाश और छाया का सहारा लिया है।

अनुभव बताता है कि इन दूसरी प्रकार की परिस्थितियों को प्रस्तुत करने के लिए उत्कृष्ट अभिनय-कौशल चाहिए। घटनाओं के उतार-चढ़ाव की न्यूनता के कारण दर्शकों की उत्सुकता कैसे जागृत रखी जा सकती है? मेरे अनुभव में अभिनेताओं को कथोपकथन में इस तरह की विविधता लानी चाहिए कि विचार-प्रधान अथवा कल्पना-प्रधान कथन में एकरसता न आने पाए। वाक्यों के बीच-बीच में रुकना, कहीं स्वर में उत्तेजन, कहीं साधारण बातचीत का आभास, प्रत्येक शब्द स्पष्ट, वाक्य के अन्तिम अंश को उभारना, ऐसे अनेक साधनों से 'मोनोलॉग' ही में 'डायलॉग' का रस उत्पन्न किया जा सकता है। कुछ लोगों ने शिकायत की है कि मेरे इस तरह के संवादों की भाषा कवित्वमयी होती है और इसलिए दर्शक ऊब जाता है, लेकिन मेरी धारणा है कि ऊब इसलिए होती है कि अकसर अभिनेता अपने स्वर को इतना भावाविष्ट कर देते हैं कि भाषा की विविधता तो उभरती ही नहीं, दर्शकों को शब्द भी साफ़ सुनाई नहीं पड़ते। कवितत्वमय संवाद में एक आन्तरिक नाटकीय प्रगति (इनर ड्रामाटिक एक्शन) होती है जिसे उजागर करने के लिए अभिनेता को विशेष प्रयास एवं अभ्यास करने और संयोजन-कला सँवारनी चाहिए। इसी भाँति तो चेखव, जैम्स बैरी और आइरिश नाटककारों की रचनाएँ रंगमंच पर सफल हो सकीं। यदि ऐसा न होता तो आजकल शेक्सपियर के नाटकों का प्रस्तुतीकरण तो असम्भव

ही हो जाता। शेक्सपियर के नाटकों में तो कवित्वमय कथनों की भरमार है। वे अंश ही तो उसके नाटकों को चार चाँद लगा देते हैं। विश्व का कोई अत्याधुनिक देश नहीं है जहाँ शेक्सपियर की रचनाओं के अभिनय न होते हों। मैंने अमेरिका, कनाडा, इंग्लैंड और फ्रांस में शेक्सपियर के गम्भीर नाटकों को आधुनिक ढंग से मंचस्थ होते देखा है। सभी जगह मैंने देखा कि ऐसे कवित्वमय स्थलों पर पात्र विविधतापूर्ण स्वर, बदलती भंगिमाओं, पदों के बीच नाना प्रकार के विरामों का इस्तेमाल करते हैं। परिणामतः लम्बी उत्प्रेक्षाओं एवं अन्य प्रकार के अलंकारों से लदे वाक्य-समूह भी गतिशील जान पड़ते हैं।

मेरा मत है कि नाट्य केवल रोचक प्रदर्शन ही नहीं है, वह साहित्य की एक विधा भी है। उसके साहित्यिक पक्ष को सुरक्षित रखते हुए भी दर्शकों के बीच उसके रोचक पक्ष का उत्कर्ष करने ही में नट और प्रयोक्ता की कला है, वरना चटपटे संवाद और त्वरित घटनाचक्र के सहारे तो दर्शकों का मनोरंजन कोई भी कर सकता है।

इस संग्रह के लिए मैंने तीन नाटक अपनी पुस्तक 'भोर का तारा' में से लिए हैं—'खँडहर', 'रीढ़ की हड्डी' और 'भोर का तारा'। तीन लिए हैं दूसरी पुस्तक—'ओ मेरे सपने' से, यानी, 'भाषण', 'घोंसले' और 'ओ मेरे सपने'। इनके अतिरिक्त दो ऐसे एकांकी हैं जो इधर-उधर पत्र-पत्रिकाओं में तो छपे हैं किन्तु मेरे अपने किसी संग्रह में नहीं—'बन्दी' और 'विजय की वेला'। इस संग्रह में शामिल करते समय मैंने 'बन्दी' के अन्तिम अंश को बदल दिया है। मैं समझता हूँ कि इस तरह उसके चरमोत्कर्ष में वह आन्तरिक गति आ गई है जिसका उल्लेख मैंने ऊपर किया है।

ये एकांकी मेरी रचनाओं में सर्वश्रेष्ठ हैं या नहीं इसका फैसला तो पाठक तभी कर सकते हैं जब वे मेरे मूल संग्रहों को पढ़ें। मुझे (और शायद हिन्दी के सभी एकांकीकारों को) एक शिकायत यह रही है कि प्रायः पाठ्य-पुस्तकों तथा विविध संग्रहों में हम लोगों के जो एकांकी शामिल किए जाते रहे हैं उन्हें ही पढ़ा जाता है। जिज्ञासा तो यह होनी चाहिए कि उन झाँकियों के फलस्वरूप लेखकों की अन्य रचनाओं से परिचय कैसे हो। अनेक छात्र-छात्राओं का मेरे एकांकियों के विषय में ज्ञान मात्र 'रीढ़ की हड्डी' तक सीमित रहा है क्योंकि पाठ्यक्रम के लिए गद्य-संग्रहों में प्रायः यही एकांकी शामिल किया जाता रहा है। यहाँ तक कि अनेक गद्य-संग्रहकर्ता विद्वान भी पुराने विविध संग्रहों में से ही ऐसे ही एकाध एकांकी को अपने नए संग्रहों में रख लेते हैं; सम्पूर्ण पुस्तकों को पढ़ने का कष्ट नहीं उठाते!

जिस तरह मैंने एकांकी लिखने प्रारम्भ किए, हिन्दी रंगमंच प्रायः लुप्तप्राय था। सन् 1960 के बाद से परिस्थिति तेज़ी के साथ बदल रही है। दर्शकों और प्रयोक्ताओं में नई चेतना, अभिनय में परिपक्वता और परिमार्जन, मंच-योजनाओं में आधुनिकता एवं सांकेतिकता—इस बात के सबूत हैं कि हिन्दी रंगमंच तेज़ी के साथ विकासशील है। लेकिन इस भविष्योन्मुखी वातावरण में उस साहस का पुट भी होना चाहिए जो मैंने अमेरिका और यूरोप की नाट्य-मंडलियों में पाया। वे लोग नई प्रयोगात्मक रचनाओं को मंचस्थ करते ही हैं, पुराने नाटकों और एकांकियों को भी उतनी ही तत्परता के साथ प्रस्तुत करते रहे हैं। हमारे यहाँ तो यह कहने का फ़ैशन है कि हिन्दी में नाटक हैं ही नहीं। हार्वर्ड में सत्रहवीं

सदी के एक अल्प-परिचित नाटककार के 'बार्थोलोम्यूज़ फ़ेयर' का अभिनय एक मंडली कर सकती है। हमारे यहाँ भारतेन्दु, बदरीनाथ भट्ट, कृपानाथ मिश्र, लक्ष्मीनारायण मिश्र, जयशंकर प्रसाद के क़रीब भी लोग नहीं फटकते। मंडलियों के पास हिन्दी नाटकों की प्रतियाँ ही नहीं हैं। कोई खोज करे तब न? अस्तु, इतिहास और आगे की पीढ़ियों के हाथ में ही अन्तिम निर्णय रहता है। मुझे विश्वास है कि हिन्दी रंगमंच शीघ्र ही प्रगतिशील होने के साथ-साथ इस साहसिकता का भी परिचय देगा।

क्या मेरे नाटक किसी प्रकार के सन्देश अथवा प्रचार के वाहक रहे हैं? मैं अत्याधुनिकता के उन हामियों में नहीं हूँ जो सर्जनात्मक साहित्य के लिए आदर्श नीति और सन्देशों को अस्पृश्यों की भाँति बहिष्करणीय मानते हैं। किन्तु इस प्रश्न के दो पहलू हैं। एक तो यह कि आधुनिक नाट्य में आदर्श, नीति और सन्देश बाहर से आरोपित न होकर उन पात्रों और परिस्थितियों में समाहित हों जिनकी ओर आकृष्ट होकर लेखक उन्हें अपनी रचना में गूँथता है। दूसरा यह कि आदर्शों और प्रचार की प्रक्रिया इकतरफ़ा नहीं होती; पाठक-दर्शक की मनोदशा पर भी यह निर्भर करता है कि उसे नाटक में किस किस्म के सन्देश की प्रतीति होती है। स्वर्गीय डॉ. के. एम. मुंशी ने मेरे 'कोणार्क' नाटक को पढ़ने के बाद मुझे पत्र लिखा कि मेरे जैसे उस समय के नौजवान लेखक सहज ही नाटकों को वामपन्थी सिद्धान्तों का वाहन बना रहे हैं। लेकिन बीसियों वामपन्थी समालोचकों ने 'कोणार्क' पढ़ा होगा। उन्हें तो यह बात लेशमात्र भी नहीं झलकी, वरना अब तक कभी का 'कोणार्क' रूसी भाषा में अनूदित हो जाता और मुझे भी कुछ रूबलों की आमदनी हो जाती! इसी तरह कुछ लोगों ने मेरे नए नाटक 'पहला राजा' में कृषि-विभाग की नीतियों और प्रोग्रामों का असर देखा। किन्तु क्या सैकड़ों वर्ष पूर्व पुराणों और महाभारत के प्रणेता भी यही प्रचार कर रहे थे जब उन्होंने पृथु की कथा का वर्णन किया? 'पहला राजा' में पृथु के उसी व्यक्तित्व और उसे घेरनेवाली परिस्थितियों को मैंने प्रस्तुत करने की चेष्टा की है! इसी तरह कहीं सूक्ष्मान्वेषी समालोचकों को मेरे एकांकी 'बन्दी' में सामुदायिक विकास योजना और 'घोंसले' में परिवार-नियोजन का प्रचार दीखा इसलिए मैं यह सूचना देना चाहूँगा कि जब मैंने 'बन्दी' लिखा (1954 में) तब मेरा सामुदायिक विकास से कोई सम्बन्ध नहीं था। इसी तरह 'घोंसले' की रचना 1948 के आसपास हुई जब 'परिवार-नियोजन' का कोई ज़िक्र ही न था। एक बात ज़रूर है। मेरी समग्र विचारधारा पर उस दुविधा की बाहरी छाप है जो मेरी पीढ़ी के मध्यवर्ग के शिक्षित समुदाय को ग्रामीण जीवन के विकास-सम्बन्धी आदर्शों की ओर प्रेरित और उसके कटु यथार्थ से भयभीत करती रही हैं। इस मनोवैज्ञानिक तथ्य का संकेत मेरी कई रचनाओं में लक्षित है।

नाट्य-लेखन मेरे लिए जीविका-उपार्जन का साधन नहीं, केवल एक शौक़ रहा है। फिर भी हिन्दी पाठकों और प्रेक्षकों ने मुझे अमित स्नेह दिया। इसीलिए इस संग्रह को मैं सहर्ष और सगौरव प्रस्तुत करता हूँ।

नई दिल्ली

—जगदीशचन्द्र माथुर

पात्र

राय तारानाथ
हेमलता : उनकी पुत्री
बीरेन
आया
चेतराम
लोचन
बालेश्वर उर्फ़ बी.पी. सिन्हा
करमचन्द बरैठा
कुछ आवाज़ें

पहला दृश्य

(उत्तर भारत के एक गाँव में एक बड़े घराने के बँगले का बगीचा। पृष्ठभूमि में मकान की झलक। मकान में जाने के लिए बाईं तरफ़ से रास्ता है और बाहर जाने के लिए दाहिनी तरफ़। समय चैत्र पूनो की सन्ध्या। चाँदनी का साम्राज्य गोधूलि वेला में ही फैल रहा है। राय तारानाथ हेमलता के साथ एक स्थान की ओर संकेत करते हुए आते हैं।)

राय : और यही वह स्थान है जहाँ तुम्हारी माँ पूजा के बाद तुलसी जी को पानी चढ़ाने आती और मैं...

हेमलता : आप तो नास्तिक रहे होंगे, पापा?

राय : तुम्हारी माँ को चिढ़ाने के लिए। लेकिन उनकी श्रद्धा अडिग थी।... और तभी मैं बगीचे के किसी कोने में शायद...वही तो...वह देख़ती हो न पत्थर?

हेमलता : याद है।

राय : क्या याद है?

हेमलता : कि उस पत्थर पर बैठकर आप मुझे सितारों की कथा सुनाया करते थे। *(रुककर मानो कुछ याद आई हो)* पापा, कलकत्ता में सितारों-भरा आसमान मानो मेरे मन के कोने में दुबका पड़ा रहता था, लेकिन यहाँ...*(स्निग्ध स्वर)* गाँव आते ही ऐसे ही खिला पड़ता है जैसे आज इस चैत्र पूनो की चाँदनी!

राय : आसमान भी खिला पड़ता है और तुम्हारा मन भी, बेटी!...*(हँसता है। कुछ रुककर)* बजा क्या है? *(आहिस्ता से)* गाड़ी का तो वक़्त हो गया होगा?

हेमलता : आप भी, पापा! *(रूठकर)* समझते हैं कि मुझे यूँ तो चाँदनी भाती ही नहीं; सिर्फ़...

राय : *(बात पूरी करते हुए)* बीरेन की इन्तज़ारी की घड़ी में ही खिली पड़ती है। *(हँसते हैं)* बुराई क्या है? बीरेन भला लड़का है, इसीलिए तो यहाँ आने का न्यौता दिया है उसे! देखूँ गाँव की आभा उसके मन चढ़ती है या नहीं।

हेमलता : जैसे जन्म से ही शहर की धूल फाँकी हो!

राय : वही समझो! कहता था न कि बचपन में पिता के मरने पर बरेली चला गया और उसके बाद लखनऊ और तब कलकत्ता।

हेमलता : मुझे भी तो आप बचपन में ही कलकत्ता ले गए और अब लाए हैं गाँव पहली बार—

राय : मैं तुम्हें लाया हूँ बेटी या तुम मुझे?

हेमलता : पापा, आते ही मैं तो यहाँ की हो गई। न जाने कितने युगों का नाता जुड़ गया। *(उल्लासपूर्ण स्वर)* यह हमारा घर, पुरानी कोठी, जिसकी दीवार में पड़ी दरारें मुसकान भरे मुखड़े की सिलवटें हैं! ये दूर-दूर तक फैले हुए खेत जिन पर दबे पाँव दौड़ते-दौड़ते हवा उन पर निछावर हो जाती है; और यह चाँदनी जो जितना हँसती है उतना ही छिपाती भी है! *(तन्मय)* कलकत्ता में चैत्र की चाँदनी और ईद के चाँद में कोई अन्तर नहीं होता। लेकिन यहाँ, झोंपड़ियों पर, बाँस के झुरमुटों में, खेत-खलिहान पर, बेहिसाब, बेजुबान बेझिझक चाँदनी की दौलत बिखरी पड़ रही है। ओह, पापा! *(अपरिमित सुखानुभूति का मौन)*

[नेपथ्य से: "हेम बीबी, चाय तैयार है!"]

राय : चाय! इतनी देर में?

हेमलता : आया की ज़िद! कहती है सर्दी हो चली है, थोड़ी चाय पी लो। *(मकान की ओर रुख करके)* यहीं ले आओ, आया, बगीचे में! और दो मूढ़े भी!

राय : *(स्मृति के सागर में उतराते हैं)* सोचता हूँ कि अगर तुम्हारी माँ तुम्हारी तरह बोल या लिख पाती तो वे भी कवि या तुम्हारी तरह आर्टिस्ट होतीं।

हेमलता : अगर माँ बोल पातीं तो आपको कलकत्ता न जाने देतीं।

राय : रोका था। दो-चार आँसू भी गिराए थे। लेकिन क्या तुम सच हीं खयाल कर सकती हो, हेम, कि मैं न जाता? कैसे न जाता? सारे कैरियर का सवाल था। यह ज़मींदारी उन दिनों भरी-पूरी थी लेकिन आखिर को ले न डूबती मुझे अपने साथ।

हेमलता : काश, इस गाँव में ही हाई कोर्ट होता! यहीं आप वकालत करते और यहीं जज हो जाते।

राय : वाह, बेटी! तब तो यहीं वह बड़ा अस्पताल भी होता जहाँ तुम्हारी माँ की लम्बी बीमारी का इलाज हुआ था, और यहीं वह कॉलेज और हाई स्कूल होते जहाँ तुम्हारी शिक्षा-दीक्षा हुई और यहीं वे थिएटर सिनेमा...

(आया का प्रवेश। हाथ में ट्रे। अपनी धुन में बात करती है।)

आया : यही तो मैं कहती थी सरकार! हेम बिटिया की इस देहात में कैसे

तबीयत लगेगी। सनीमा नहीं, थेटर नहीं, क्लब नहीं। *(पीछे की तरफ़ देखकर पुकारती हुई)* अरे ओ चेतुआ! किधर ले गया मेज़?...देहात का आदमी, समझ भी तो मोटी है। *(चेतू एक हाथ में छोटी-सी टेबिल और एक में मूढ़ा लिए हुए आता है।)* उधर रख...हाँ, बस। *(मेज़ पर चाय की ट्रे रख देती है। चाय बनाती हुई)* आपके लिए भी बनाऊँ सरकार?

राय : *(कुछ अनिश्चित-से मूढ़े पर बैठते हुए)* मे...रे...लिए...

आया : *(चेतू को खड़ा देखकर)* अरे, खड़ा क्यों है? दूसरा मूढ़ा तो उठा ला दौड़कर।

चेतराम : अभी लाया जी! *(जाता है।)*

आया : लो बीबीजी, गरम कपड़ा न पहना तो गरम चाय तो लो। *(प्याला पकड़ाती है।)*

हेमलता : तुम तो, आया, समझती हो कि जैसे हम बरफ़ की चोटी पर बैठे हों!

आया : *(दूसरा प्याला बनाते हुए)* नहीं हेम बीबी, देहात की हवा शहरवालों के लिए चंडी होती है, चंडी!

हेमलता : तुम भी तो देहात की ही हो, आया!

आया : अब तीन-चौथाई ज़िन्दगानी तो गुज़र गई आप लोगों के संग। *(चाय का प्याला रायसाहब की ओर बढ़ाते हुए)* लीजिए, सरकार! *(रायसाहब को देखकर कुछ चौंककर)* अरे!

राय : क्यों, क्या हुआ? *(प्याला लेते हैं।)*

आया : आप भी सरकार गज़ब करते हैं। यहाँ खुले में आप यों ही बैठे हैं। *(घर की तरफ़ तेज़ी से बढ़ती है।)*

हेमलता : किधर चली, आया?

आया : *(जल्दी से)* ड्रेसिंग गाउन लेने।...साहब का बैरा कलकत्ता से आता तो ऐसी गफ़लत क्यों होती? *(चली जाती है।)*

राय : हा हा हा! गुड ओल्ड आया! *(चाय पीते हुए)* समझती है कि सारी दुनिया नादान बच्चों का झुंड है और अकेली वह माँ है।

हेमलता : क्या सच उसे देहात नहीं सुहाता, पापा? मैं नहीं मान सकती। मगर...*(चेतू मूढ़ा ले आया है।)* यहीं रख दो मूढ़ा, मेज़ के पास।

राय : मुझे ये पुराने मूढ़े पसन्द हैं। कमर बिल्कुल ठीक एंगिल में बैठती है। *(चेतू को रोककर)* ए, क्या नाम तुम्हारा?

चेतराम : जी, चेतराम!

राय : कहार हो?

चेतराम : मुसहर हूँ, सरकार!

राय : मुसहरों की तो एक बस्ती थी करीब ही कहीं, गन्दी-सड़ी...बाप का नाम?

चेतराम : कमतूराम!...अब गन्दी नहीं है, सरकार!

राय : अरे, तू कमतू का लड़का है?

हेमलता : क्यों नहीं है अब गन्दी बस्ती?

(आया का प्रवेश।)

आया : लीजिए सरकार, ड्रेसिंग गाउन। जब बैठना ही है तो यहाँ खुले में... अरे, तू यहीं खड़ा है, चेतू?

राय : *(ड्रेसिंग गाउन पहनते हुए)* आया, यह तो उसी कमतू का लड़का है जो पन्द्रह बरस पहले यहाँ...

आया : हाँ, सरकार! मैंने तो उसे ही बुलाया था मगर उसने लड़के को भेज दिया। खैर, जाने-पहचाने का लड़का है, चोरी-वोरी करेगा तो पकड़ना मुश्किल नहीं।

हेमलता : तुम तो, आया...

आया : अरे हाँ बीबीजी, अब ये देहाती सीधे-सादे नहीं रहे। हमारे तुम्हारे कान काटते हैं। चेतू, चाय की ट्रे लेकर जल्दी आना। पलँग-वलँग ठीक करने हैं। *(चलते-चलते)* देखूँ, बवर्ची ने खाना भी तैयार करा या नहीं।

(प्रस्थान)

राय : डीयर ओल्ड आया! *(चाय की चुस्की लेता है।)*

हेमलता : चेतराम!

चेतराम : जी, बीबीजी!

हेमलता : मुसहर बस्ती में अब गन्दगी नहीं है! क्यों?

चेतराम : बस्ती ही बह गई, सरकार!

राय : बह गई?

चेतराम : पिछले साल बहुत ज़ोर की बाढ़ आई। हमारी तो बस्ती ही खत्म हो गई। चालीस घर थे। मेरे दादा के पास धनहर खेत था आठ कट्ठा। जैसे-तैसे महाजन से छुड़ाया। वह भी बालू में पड़ गया। और कान्हू काका की चार बकरी थीं! सब पानी...

राय : सरकारी मदद मिली?

चेतराम : बातचीत तो चल रही है...पर अब तो हम लोग पहाड़ी की तलहटी में चले गए हैं। नई टोली बस रही है।

राय : ओ हो, बड़े ज़ोम हैं। लेकिन वहाँ तो ऊसर ज़मीन है। खेती की गुंजाइश कहाँ?

चेतराम : मुसिकल तो हई है सरकार! पर बारी-बारी से दस-दस जन मिलकर तैयार करते हैं। एक बाँध बन जाय तो बेड़ा पार है सरकार!

राय : हिम्मत तो बहुत की तुम लोगों ने!

हेमलता : लेकिन है मुसीबत ही। रोज़ का खाना-पीना कैसे चलता होगा इन लोगों का?

राय : यही, नौकरी-मजूरी। जब मिल जाय।

चेतराम : वह तो हई सरकार! पर अब तो बाँस का काम करने लगे हैं। हाट-बाज़ार में बिक जाता है। इनसे भी बढ़िया मूढ़े बनाने लगे हैं।

राय : अच्छा! लाना भई हमारे लिए भी एक सेट!

चेतराम : ज़रूर सरकार! दादा तो इसी में लगे रहते हैं। रात-दिन। मैंने भी टोकरी बनाना सीख लिया है, रंग-बिरंगी। लोचन भैया को बहुत पसन्द है। कहते हैं सहर में तो बहुत बिकेंगी...

हेमलता : तो तुम्हारे भाई भी है?

चेतराम : *(हँसता है)* न, बीबीजी। लोचन भैया? लोचन भैया तो...सबके भैया हैं! कहते हैं...

राय : जगत भैया!

[नेपथ्य से आया : "चेतू, ओ चेतू!"]

चेतराम : चाय ले जाऊँ, सरकार?

राय : हाँ! और तो नहीं लोगी, हेम?

हेमलता : उँ...हाँ...नहीं! ले जाओ।

(चेतू ले जाता है। राय साहब ड्रेसिंग गाउन की जेब में हाथ डालकर घूमने लगते हैं।)

राय : तो यह है इन लोगों की ज़िन्दगी। गरीब भी और गन्दे भी। उन दिनों तो उस टोली में बिना नाक बन्द किए जाना हो ही नहीं सकता था। बाप इसका मेहनती था। असल में काम करने में पक्के हैं ये लोग, लेकिन हैं जाहिल!

हेमलता : पापा, आपको याद है हमारे आर्ट-मास्टर ने वह तसवीर बनाई थी 'किसान की साँझ'। कन्धे पर हल, आगे बैल, थका-माँदा किसान, साँझ की चित्ताकर्षक रंगीनी में भी निर्लिप्त!

राय : पाँच सौ रुपए दाम रखा था न उन्होंने उसका?

हेमलता : पापा, आपने ग़ौर किया, इस चेतराम की शक्ल उससे मिलती है।...मास्टर साहब कहते थे देहाती ज़िन्दगी और दृश्य में अनगिनत मास्टरपीसेज़ के बीज बिखरे पड़े हैं। एक-एक चेहरे में सदियों का अवसाद है। एक-एक झाँकी में युगों की गहराई। अमृता शेरगिल...

राय : अमृता शेरगिल! भई, उसकी तसवीरों पर तो मातम-सा छाया रहता था।

हेमलता : वह तो अपना-अपना ऐटीट्यूड है। अपनी भंगिमा! लेकिन, पापा, यह तो मानिएगा कि शेरगिल के रंगों में भारत के गाँव की मिट्टी झलक

रही है। पापा, मुझे लगता है जैसे मेरी कूँची, मेरे ब्रुश को यहाँ आकर नई दृष्टि मिली हो। कितने चित्र मैं यहाँ खींच सकती हूँ? पकते हुए गेहूँ के खेत में चकित-सी किसान बाला! रंगबिरंगी बाँस की टोकरियाँ बनाता हुआ इसी चेतराम का बाप! सबेरे की किरन में धुली-धुली-सी गाय को दुहता हुआ ग्वाला...

राय : और यह चाँदनी! *(हँसता है।)* मगर हेम, वह चित्र भी तैयार हुआ या नहीं?

हेमलता : कौन-सा?

राय : अरे, वही...ख़ास चित्र!

हेमलता : पापा, आप तो! *(शर्मीली-सी)* लेकिन बीरेन ने पन्द्रह मिनट भी तो लगातार सिटिंग नहीं दी। इधर से उधर फुदकते फिरते थे!

राय : इस वक़्त भी जान पड़ता है कहीं फुदक ही रहे हैं हज़रत!

हेमलता : आपने भी फ़िज़ूल भेजा ताँगा। जिसके पैर में ही सनीचर हो...

(बीरेन पीछे से हठात् निकलता है।)

बीरेन : सनीचर नहीं, आज तो शुक्र है! कहीं इसी वजह से तो तुम ताँगा भेजना नहीं भूल गई?

हेमलता : बीरेन!

राय : बीरेन? अरे! क्या तुम्हें ताँगा नहीं मिला स्टेशन पर?

बीरेन : नमस्ते, पापाजी! जी, मुझे ताँगा तो नहीं मिला, शायद...

राय : अजब अहमक है यह सईस! रास्ता तो एक ही है।

बीरेन : लेकिन कोई बात नहीं। मेरा भी एक काम बन गया।

राय : सामान कहाँ है?

हेमलता : चेतू! *(पुकारते हुए)* आया, चेतू को भेजना! सामान...

बीरेन : सामान तो चौधरी जंगबहादुर की देख-रेख में स्टेशन ही छोड़ आया हूँ।

राय : यानी मिल गए तुम्हें भी चौधरी जंगबहादुर!

हेमलता : वही न पापा, जो हर गाड़ी पर किसी न किसी आनेवाले को लेने के लिए जाते हैं?

बीरेन : या किसी न जानेवाले को पहुँचाने। मगर यह भी निराला शौक है कि बिला-नागा हर गाड़ी पर स्टेशन जा पहुँचना।

राय : दो ही तो गाड़ी आती हैं इस छोटे-से स्टेशन पर, लेकिन चौधरी की वजह से उस सूने स्टेशन पर रौनक आ जाती है।

बीरेन : जी हाँ, जब तक उनसे मुलाकात नहीं हुई तब तक तो मुझे भी लगा कि पैसिफिक सागर के टापू पर बहक गया हूँ।

हेमलता : यहाँ चौरंगी की चहल-पहल की उम्मीद करना तो बेकार था, बीरेन!

बीरेन : *(ठहाका)* याद है बेकन की वह उक्ति? "भीड़ के बीच में भी चेहरे

गूँगी तसवीरें जान पड़ते हैं और बातचीत घंटियाँ, अगर कोई जाना-पहचाना न हो।" लेकिन तुमने कैसे समझ लिया कि मुझे वीरानापन पसन्द नहीं?...मैं तो चौधरी साहब से भी पल्ला छुड़ाकर भागा।

राय : तो शायद उन्होंने तुम्हें समूची दास्तान सुनानी शुरू कर दी होगी।

बीरेन : जी हाँ, यह बताया कि वह सालभर में एक बार, सिर्फ़ एक बार, कलकत्ता की रेस में बाज़ी लगाने जाते हैं। यह भी बताया कि गवर्नर साहब के जिस डिनर में उन्हें बुलाया गया था उसका निमन्त्रण-पत्र अब भी उनके पास है और यह कि इस गाँव में अब तक जितनी बार कलक्टर आए हैं उनके दिन और तारीख उन्हें पूरी तरह याद हैं।

हेमलता : गज़ब है!

राय : हाँ भाई, याददाश्त चौधरी की लाजवाब है!

बीरेन : याददाश्त की दुनिया में ही रहते जान पड़ते हैं। इसलिए जब उन्होंने स्टेशन पर सामान की देखभाल का ज़िम्मा लिया तब मैंने भी छुटकारे की साँस ली और रास्ता छोड़कर खेतों के रास्ते बस्ती की ओर चल दिया।

(आया का प्रवेश)

आया : बीरेन बाबू पहले गरम चाय पीजिएगा या फिर खाने का ही इन्तज़ाम...!

बीरेन : ओ! हलो आया, कैसी हो?

आया : मैं तो मज़े में ही हूँ। लेकिन आपके आने से हमारी हेम बीबी के लिए चहल-पहल हो गई, वरना तो...

हेमलता : वरना तो क्या? मुझे तो कलकत्ता की चहल-पहल से यहाँ का सूना संगीत ही भाता है।

राय : आया, हेम की उलटबाँसियाँ तुम न समझोगी।

बीरेन : लेकिन, आया, अब मैं इस जंगल में मंगल करनेवाला हूँ।

आया : भगवान् वह दिन भी जल्दी दिखावें! मैं तो हेम बिटिया...

हेमलता : चुप भी हो, आया!

राय : *(ठहाका)* हा, हा, हा!!

बीरेन : मैं दूसरी बात कह रहा था। मेरा मतलब है इस गाँव की कायापलट करना। यह गाँव मेरा इन्तज़ार कर रहा है जैसे, जैसे...

हेमलता : जैसे वीणा के तार उस्ताद की उँगलियों का! *(किंचित् हास)* खूब!

राय : *(हँसते हुए)* हा, हा, हा...। बीरेन, है न मेरी बिटिया लाजवाब?

बीरेन : लेकिन वीणा के सुर में वह मस्ती कहाँ जो एक नई दुनिया के निर्माण में मिलती है।

हेमलता : *(व्यंग्य)* कोलम्बस!

राय : नई दुनिया का निर्माण। यह तो दिलचस्प बात जान पड़ती है, बीरेन! सुनें तो।

बीरेन : जिस रास्ते से—शार्ट कट से, मैं आया हूँ, उससे लगी हुई जो ज़मीन है, थोड़ी ऊँची और समतल, उसे देखकर मेरी तबीयत फड़क गई और मैंने तय कर लिया कि...

आया : बीरेन बाबू!

बीरेन : *(अपनी बात जारी रखते हुए)* कि बिल्कुल आइडियल रहेगी वह जगह ! बिल्कुल मानो उसी के लिए तैयार खड़ी हो।

राय : किसके लिए?

आया : सरकार, बीरेन बाबू की बातें तो सावन की झरी हैं, पर मुझे तो बहुतेरा काम पड़ा है।

हेमलता : *(चंचल)* इन्हें खाना मत देना, आया!

बीरेन : *(उसी धुन में)* मैं कहता हूँ पापाजी, उससे बेहतर जगह...

राय : ना, भई बीरेन! पहले आया का हुक्म मान लो। हेम, कमरा इन्हें दिखा दो, गरम पानी का इन्तज़ाम तो होगा ही। जब तैयार हो जाए, और खाना भी, तो आया, मुझे ख़बर दे देना।

आया : लेकिन इस मौसम में बाहर रहिएगा देर तक तो...

राय : बस, अभी आया! चौधरी साहब इस बीच में आएँ तो दो बात उनसे भी कर लूँगा।

बीरेन : *(जाते-जाते)* लेकिन, पापाजी, आप ग़ौर करके देखिए, ग्रामोद्धार समिति के लिए पहाड़ की तलहटी वाली ज़मीन से मौजूँ और कोई जगह हो ही नहीं सकती! मैंने उन लोगों से...*(प्रस्थान)*

राय : ग्रामोद्धार समिति! खयाल तो अच्छा है। एक ज़माने में मैंने भी... *(सामने देखकर)* कौन? चेतू! अरे, तू यहाँ कैसे खड़ा है?

चेतू : सरकार...*(रुक जाता है।)*

राय : क्या गरम पानी तैयार नहीं?

चेतू : कर आया सरकार! कमरा भी सफा है।

राय : ठीक।

चेतू : सरकार! *(झिझककर रुक जाता है।)*

राय : क्या बात है, चेतू?

चेतू : सरकार, वह तलहटी वाली ज़मीन!

राय : कौन ज़मीन?

चेतू : जी, नए साहब जिसे लेना सोच रहे हैं।

राय : अरे बीरेन! अच्छा वह ज़मीन जहाँ वह ग्रामोद्धार समिति बैठाएँगे।

चेतू : लेकिन सरकार, उस पर तो हम लोग अपना नया बसेरा कर रहे हैं।

आठ-दस बाँस की कोठियाँ *(झुरमुट)* लग जाएँ तो बेड़ा पार हो जाए।

राय : अरे, तुम मुसहरों को क्या! जहाँ बैठ जाओगे, बसेरा हो जाएगा। लेकिन गाँव में जो उद्धार के लिए काम होगा...*(घोड़े की टापों और ताँगें की आवाज़)* यह क्या? ताँगा आ गया क्या? देख भई, बीरेन बाबू का सामान उतार ला। *(चेतू बाहर जाता है, ताँगा रुकने की आवाज़)* चौधरी साहब हैं क्या?

बालेश्वर : *(बाहर ही से बोलता आता है।)* जी, चौधरी साहब ने ही मुझे भेजा है सामान के साथ। मेरा नाम बालेश्वर है, बी.पी. सिन्हा। और ये हैं करम—करमचन्द बरैठा। *(करमचन्द नमस्ते करता है।)* बच्चे बाबू के चचेरे भाई हैं। मैं चौधरी साहब का भतीजा हूँ।

राय : कहाँ रह गए चौधरी साहब?

बालेश्वर : जी ताँगे में आने की वजह से उनके घूमने का कोटा पूरा नहीं हुआ तो फिर से घूमने गए हैं।

राय : *(हँसते हुए)* खूब!

करम. : हम लोगों ने सोचा कि आपका सामान भी पहुँचा दें और आपके दर्शन भी हो जाएँ।

बालेश्वर : बात यह है कि देहात में कोई 'लाइफ़' नहीं।

करम. : जब से शहर से लौटे हैं जान पड़ता है कि बन्दी बन गए। 'ट्रांसपोर्टेशन फॉर लाइफ'!

राय : क्या करते थे शहर में?

बालेश्वर : करमचन्द तो इंटरमीडिएट तक पढ़कर लौट आए और मैं...

करम. : बात यह है कि इम्तिहान के परचे ही बेढंगे बनाए थे किसी ने।

बालेश्वर : मैं तो बी.ए. कर रहा था और एक दफ्तर में किरानी की नौकरी के लिए भी दरख्वास्त दे दी थी मगर सिफ़ारिश की कमी की वजह से...

राय : किरानी? तुम्हारे यहाँ तो कई बीघे खेती होती है।

बालेश्वर : पढ़ाई-लिखाई के बाद भी खेती! 'पढ़े फ़ारसी बेचे तेल!'

करम. : और फिर शहर की लाइफ की बात ही और है। खाने के लिए होटल, सैर के लिए मोटर, तमाशे के लिए सिनेमा।

राय : रहते कहाँ थे?

बालेश्वर : शहर में रहने का क्या? चार अँगुल का कोना भी काफ़ी है।

करम. : शहर की सड़कें यहाँ के बैठकखाने से कम नहीं। वह चहल-पहल, वे रंगीनियाँ!

राय : भई, यह तो तुम लोग गलत कहते हो! मैंने अपने बचपन और जवानी के अनेक सुहाने बरस यहाँ गुज़ारे हैं।

बालेश्वर : तब बात और रही होगी, जज साहब!

करम. : और फिर छोटी उम्र में शहर की मनमोहक ज़िन्दगी से गाँव का मिलान करने का मौका कहाँ मिलता होगा।

राय : मनमोहक!...खैर। आजकल क्या शग़ल रहता है?

करम. : गले पड़ी ढोलकी बजावे सिद्ध। सोचा कुछ पढ़े-लिखे, जानकार लोगों का क्लब ही बना लें।

बालेश्वर : वह भी तो नहीं करने देते लोग।

राय : कौन लोग?

करम. : इन गाँव की पॉलिटिक्स, आपको नहीं मालूम?

राय : यहाँ भी पॉलिटिक्स है?

बालेश्वर : ज़बरदस्त! बात यह है कि मैं और करमचन्द तो ढंग से क्लब चलाना चाहते हैं। एक प्रेसीडेंट, दो वाइस-प्रेसीडेंट, एक सेक्रेटरी, दो ज्वाइंट-सेक्रेटरी, पाँच कमेटी मेम्बर।

करम. : जी हाँ, यह देखिए। *(एक काग़ज़ निकालकर रायसाहब को दिखाता है।)* इस तरह लेटर पेपर छपवाने का इरादा है। ऊपर क्लब का नाम रहेगा और यहाँ हाशिए में सब पदाधिकारियों के नाम और...

बालेश्वर : लेकिन ठाकुरों की बस्ती में दो आदमी हैं, धरमसिंह और किशनकुमार सिंह। कहते हैं दोनों वाइस-प्रेसीडेंट उन्हीं के रहें और कमेटी में भी तीन आदमी। मैंने कहा कि ज्वाइंट सेक्रेटरी ले लो और दो कमेटी के मेम्बर।

राय : वे भी पढ़े-लिखे होंगे?

करम. : जी हाँ, मैट्रिक तक।

राय : तब?

करम. : अपने को लाटसाहब समझते हैं। कहते हैं क्लब होगा तो उन्हीं के मोहल्ले में।

बालेश्वर : भला आप ही सोचिए, हम लोगों के रहते हुए ठाकुरों की बस्ती में क्लब कैसे खुल सकता है?

करम. : आप ही इंसाफ़ कीजिए, जज साहब!

राय : भई, इसके लिए तो तुम बीरेन से बातें करो। यह लो, बीरेन आ गए।

बीरेन : *(हेम के साथ आते हुए)* पापाजी, ग्रामोद्धार समिति वाली वह बात मैंने पूरी नहीं की।

राय : बीरेन, वह बात तुम इन लोगों को समझाओ। यह हैं बालेश्वर उर्फ़ बी.पी. सिन्हा और ये हैं करमचन्द बरैठा। गाँव के पढ़े-लिखे नौजवान! क्लब खोलना चाहते हैं। मैं तो चलता हूँ, देरी हो रही है। हेम बेटी, बीरेन को देर मत करने देना। *(प्रस्थान)*

बीरेन : अच्छा तो गाँव में क्लब स्थापित करना चाहते हैं!

बालेश्वर : जी हाँ! यह देखिए, यह तो हम लोगों का लेटर पेपर और नियमावली का मसविदा। बात यह है कि...

बीरेन : आइए, मेरे कमरे में चलिए। वहाँ इत्मीनान से बातें होंगी। इधर से चलिए। मैं अभी आया।

(बालेश्वर और करमचन्द का प्रस्थान।)

हेमलता : मैं यही हूँ। जल्दी करना, नहीं तो, जानते हो, आया वह ख़बर लेगी कि...

बीरेन : तुम भी चलो न! क्या उमदा मेरी योजना है। सुनकर फड़क जाओगी!

हेमलता : कमरे में चलूँ!? उँह!...देखते हो यह चाँदनी! *(बाहर दूर से सम्मिलित स्वर में गाने की आवाज़)* और सुनते हो यह स्वर, मानो चाँदनी बोलती हो।

बीरेन : *(जाते-जाते शरारत भरे स्वर में)* मैं तो देखता हूँ बस किसी का चाँद-सा मुखड़ा और सुनता हूँ तो अपने दिल की धड़कन!...*(हाथ हिलाते हुए)* टा...टा...! *(प्रस्थान)*

हेमलता : *(मीठी मुसकान)* झूठे!...

(सम्मिलित संगीत स्वर निकट आ रहा है। स्त्री-पुरुष—दोनों का स्वर।)

चननिया छटकी मो का करो राम।
गंगा मोर मइया जमुना मोन बहिनी
चाँद सूरज दूनों भइया
मो का करो राम। चननिया छटकी...
सासु मोर रानी, ससुर मोर राजा
देवरा हवें सहजादा मो का करो राम
चननिया छटकी मो का करो राम।

(गाने के बीच में चेतू का जल्दी से आना और बाहर की तरफ़ चलना।)

हेमलता : कौन, चेतू? कहाँ जा रहे हो?

चेतू : जी...वह...वह...गाना...

हेमलता : बड़ा सुन्दर है!

चेतू : मेरी ही बस्ती की टोली है। हर पूनो की रात को गाँव के डगरे-डगरे घूमती है।

हेमलता : इधर ही आ रही है।

चेतू : सामने वाले डगरे में। वह देखिए। और देखिए उसमें वह लोचन भैया भी हैं।

हेमलता : कहाँ?

चेतू : वह मिर्जई पहने। मैं चलता हूँ बीबी जी। वे लोग मुझे बुला रहे हैं।...*(जाता है।)*

(गाने के स्वर निकट आकर दूर चला जाता है—'मो का करो राम...')

हेमलता : *(अब स्वर मन्द हो गया है।)* 'चननिया छटकी मो का करो राम' ओह, कैसी मनोहर पीर है यह!

आया : हेम बीबी, हेम बीबी! इस ठंड में कब तक बाहर रहोगी?

हेमलता : *(उच्च स्वर में)* अभी आई, आया। *(फिर मन्द स्वर में)* चाँदनी और मैं! मैं और बीरेन! बीरेन! लेकिन यह गाना और वह...वह...लोचन! *(विचारमग्न अवस्था में प्रस्थान।)*

दूसरा दृश्य

(स्थान वही। पन्द्रह रोज़ बाद। समय सबेरे। बाहर से रायसाहब और एक व्यक्ति की बातचीत का स्पष्ट स्वर और फिर थोड़ी देर में ठहाका मार-मारकर हँसते हुए रायसाहब का प्रवेश।)

राय : हा, हा, हा!!! वाह भई, वाह!! सुना, बेटी हेम? हेम!

हेमलता : *(नेपथ्य में)* आई, पापा!

राय : हा! हा! हा!!!

(हेम का प्रवेश। हाथ में एक बड़ा-सा चित्र और ब्रुश।)

हेमलता : क्या बात हुई, पापा?

राय : हेम, हमारे चौधरी साहब भी लाजवाब हैं। अभी तो मुझे फाटक पर छोड़कर गए हैं। सबेरे भी चहलकदमी में इनका साथ न हो तो, मैं तो इस देहात में गूँगा भी हो जाऊँ और बहरा भी।

हेमलता : आप तो आज उनके घर तक जानेवाले थे।

राय : गया तो था यही सोचकर कि थोड़ी देर के लिए उनकी बैठक में भी चलूँ, लेकिन वह बाहर से ही बोले, "वहीं ठहरिए!"

हेमलता : अरे!

राय : कहने लगे, "पहले मैं ऊपर पहुँच जाऊँ तब आप कार्ड भेजिएगा और तब बैठक में जाना मुनासिब होगा! कायदा जो है।"

हेमलता : *(हँसती है)* ऐसी भी क्या अंग्रेज़ियत?

राय : और भी तो सुनो! घर में उनका जो प्राइवेट कमरा है उसमें बाहर एक घंटी लगी है। जिसे भी अन्दर जाना हो तो घंटी बजानी होती है। बिना

घंटी बजाए अगर कोई अन्दर आ गया तो चौधरी साहब उससे बात नहीं करते, चाहे उनकी बीवी हो।

हेमलता : मालूम होता है मनुस्मृति की तरह एटीकेट-संहिता चौधरी साहब छोड़कर जाएँगे।

राय : लेकिन आदमी दिल का साफ़ है और बिल्कुल खरा है, हीरे के मानिन्द। दूसरे के एक पैसे पर हाथ नहीं लगाता।

हेमलता : तभी शायद बीरेन ने उन्हें ग्रामोद्धार समिति का ऑडीटर बनाया है।

राय : बीरेन से कह देना कि चौधरी साहब हिसाब में बहुत कड़े हैं। कह रहे थे कि चूँकि इस संस्था में उनका भतीजा बालेश्वर शामिल है इसलिए इसकी तो एक-एक पाई पर निगाह रखेंगे।

हेमलता : बालेश्वर मुझे पसन्द नहीं। झगड़ालू आदमी है।

राय : झगड़ा तो गाँव की नस-नस में बसा है।

हेमलता : पहले भी ऐसा था, पापा?

राय : था, लेकिन ऐसी हठधर्मी नहीं थी। मैं यह नहीं कहता कि पहले शेर-बकरी एक घाट पर पानी पीते थे लेकिन...लेकिन पहले पढ़े-लिखे नौजवान गाँव में कम थे और...

हेमलता : पढ़े-लिखे नहीं, अधकचरे! टैगोर ने लिखा है न—'हाफ़बेक्ड कल्चर !' लेकिन पापा, क्या सच बीरेन का तूफ़ानी जोश और उनकी पैनी सूझ गाँव में कायापलट कर देगी?

राय : तुम क्या समझती हो?

हेमलता : कह रहे थे न बीरेन उस रोज़, गाँव में क्रान्ति के लिए एक नए दृष्टिकोण की ज़रूरत है, एक नए मानसिक धरातल की...

राय : बीरेन बोलता खूब है! उसी का जादू है।

हेमलता : सैकड़ों की जनता झूम जाती है!

राय : उस दूसरी पार्टी का क्या हुआ? ग्राम सुधार समिति में शामिल हुई या नहीं?

हेमलता : अभी तो नहीं। कल रात बहुत-सा वाद-विवाद चलता रहा। बीरेन देर से लौटे थे। पता नहीं क्या हुआ!

राय : लेकिन आज तो नींव पड़ेगी समिति की।

हेमलता : हाँ। आप नहीं जाइएगा उत्सव में, पापा?

राय : ना बेटी, मैंने तो बीरेन से पहले ही कह दिया कि मैं नहीं जा सकूँगा। मुझे...

(बीरेन का प्रवेश। हाथ में काग़ज़। कुर्ते में बटन लगाता हुआ।)

बीरेन : लेकिन पापाजी, चौधरी साहब तो आ रहे हैं।

राय : उन्हें ठीक स्थान पर बैठाना, नियम के साथ।

बीरेन : *(हँसते हुए)* उनकी पूरी देखभाल होगी। पापाजी, अगर आप वहाँ पहुँच नहीं रहे हैं तो यह देखिए, मेरे भाषण का ड्राफ्ट। *(काग़ज़ पकड़ाता है।)*

राय : तुम तो बिना तैयारी के ही बोलते हो। *(काग़ज़ पढ़ने लगता है।)*

बीरेन : जी हाँ, लेकिन आज तो ग्राम सुधार समिति की समूची योजना को गाँव के सामने रखना है...पढ़िए न!

राय : *(पढ़ते हुए)* बड़ी ज़ोरदार स्कीम है!

बीरेन : जी, आगे और देखिए। *(हेम से)* और हेम, समिति के भवन में जो चित्र टँगेंगे, पूरे कर लिए?

हेमलता : एक तो तैयार-सा ही है।

बीरेन : यह?...बड़े चटकीले रंग हैं, बड़ा मनोहर नाच का दृश्य है।...खूब! लेकिन...ये...इस कोने में अँधेरे में ये कौन लोग हैं?...

हेमलता : तुम क्या समझते हो?

बीरेन : *(रुककर सोचता-सा)* जैसे...निर्वासित...भटके हुए प्राणी!...

राय : *(पढ़ते-पढ़ते)* बीरेन, तुम्हारी ग्राम सुधार समिति में दिमाग़ी कसरत तो बहुत है—पुस्तकालय, भाषण, अध्ययन मंडल...

बीरेन : *(चित्र को अलग रखता हुआ)* वही तो, पापाजी! ग्राम जागृति के मानी क्या हैं? अपनी ज़रूरतों और समस्याओं पर विचार करने की क्षमता! देहात की मूक व्यथा को वाणी की आवश्यकता है। माँग है चुने हुए ऐसे नौजवानों की जो धरती की घुटन को गगन के गर्जन का रूप दे सकें, जो रूढ़ियों के ख़िलाफ़ आवाज़ उठा सकें, जो आर्थिक प्रश्नों से माथापच्ची कर सकें। मैं समिति के पुस्तकालय में मार्क्स, लेनिन से लेकर स्पेंग्लर, रसेल इत्यादि सभी के ग्रन्थों का अध्ययन कराऊँगा। एक नई रोशनी, एक नया मानसिक मन्थन—इंटलेक्चुअल फ़रमेंट!

राय : ठीक, बीरेन, ठीक! बातें तो बहुत होंगी। लेकिन, भई देहात की ग़रीबी और गन्दगी को देखकर तो मन उचाट होता है।

बीरेन : *(जोश के साथ)* यह आपने ठीक सवाल उठाया। ग़रीबी और गन्दगी! पापाजी, इस ग़रीबी और गन्दगी को देखकर मेरा मन क्रोधाग्नि से जल जाता है। वे बेघरबार के बूढ़े-बच्चे, वह भूखे भिखमंगों की टोली, वे चीथड़ों में सिकुड़ी औरतें—इन सबके ध्यान मात्र से दया का सागर उमड़ उठता है। लेकिन दया के सागर में क्रोध के तूफ़ान की ज़रूरत है, पापाजी। तूफ़ान जो न थमना जाने, न चुप रहना। और इस तूफ़ान को कायम रखने के लिए चाहिए कुछ ऐसी हस्तियाँ जो इस क्रोध और दया के क़ाबू में न आकर भी उसी के राग छेड़ सकें। वकील की तरह पूरे जोश के साथ जिरह कर सकें, लेकिन मुवक्किल से अलग भी रह सकें।

हेमलता : *(व्यंग्य)* सरोवर में कमल!

बीरेन : *(उसी जोश से)* हाँ, उसी की ज़रूरत है। जो लोग इस ग़रीबी और गन्दगी की दलदल से दूर रहकर, उसमें फँसी दुनिया के बेबस अरमानों को समाज के सामने मुस्तैदी के साथ चुनौती का रूप दे सकें। *(रुककर भाषण के स्तर से उतरता हुआ)* लेकिन मुझे तो चलना है पापाजी। पहले से जाकर समिति की कुछ उलझनें सुलझानी हैं, जिससे उत्सव के वक़्त फ़साद न हो!...तुम तो थोड़ी देर में आओगी, हेम? तब तक इस चित्र को ठीक-ठाक कर लो। अच्छा तो मैं चला।

(प्रस्थान। कुछ देर नीरव)।

राय : यही तो जादू है बीरेन का।

हेमलता : जादू वह जो सिर चढ़कर बोले।

राय : कभी-कभी मुझे तो देहात में उलझन-सी लगती है। बरसों बाद आया हूँ।...जैसे चश्मा शहर की छोड़ आया हूँ!...और बीरेन है कि आते ही गाँव को अपना लिया।

हेमलता : मालूम नहीं पापाजी, कि उन्होंने गाँव को अपना लिया या...

(चेतू का प्रवेश)

चेतू : सरकार का नाश्ता तैयार है।

राय : *(आते हुए)* अच्छा चेतू! चलता हूँ। *(चलते-चलते चित्र पर निगाह जाती है)* हेम! यह तसवीर तो अच्छी बनी है।

हेमलता : थोड़ा 'टच' करना बाकी है।

राय : नाचनेवालों की टोली में बड़ी लाइफ है, रंग की भी, गति की भी! लेकिन...कोने में यह लोग कैसे खड़े हैं?

हेमलता : आप क्या समझते हैं?

राय : *(सोचता-सा सप्रयास)* जैसे...जैसे सूखे और सूने दरख्त जिन्हें धरती से खुराक ही नहीं मिलती है।

हेमलता : पापा, आप भी तो कवि हैं।

राय : *(हँसता है।)* तुम्हारा बाप भी जो हूँ।...अच्छा, मैं तो चला। *(प्रस्थान)*

हेमलता : *(विचारमग्न)* सूखे और सूने दरख्त!...या निर्वासित और भटके प्राणी!...नहीं...नहीं, कुछ और! *(चेतू से)* चेतू, जरा लाना वह स्टूल, यहीं बैठकर जरा इसे ठीक करूँ।

चेतू : *(स्टूल रखता हुआ)* यह लीजिए। रंग भी यहीं रख दूँ?

हेमलता : लाओ, मुझे दो। अब तो तुम्हें मेरी तसवीर खींचने की झक की आदत हो गई है। *(रंग तैयार करने लगती है।)*

चेतू : जी, बीबीजी!

हेमलता : देखो, थोड़ी देर में यह तसवीर लेकर तुम्हें मेरे साथ चलना है।

चेतू : कहाँ?

हेमलता : बीरेन बाबू की समिति का जलसा जहाँ हो रहा है वहीं, पहाड़ी की तलहटी पर।

चेतू : *(झिझकता हुआ)* बीबीजी, वहाँ मैं नहीं जाऊँगा।

हेमलता : क्यों?

चेतू : बीबीजी, वहाँ हम ग़रीब मुसहर अपना बसेरा करने वाले थे। हम बाँस की पौध लगा रहे थे। मेहनत करके टोकरी बनाते, घर तैयार करते। बाँध होता तो खेत भी...

हेमलता : *(चित्र बनाते-बनाते)* लेकिन ग्रामोद्धार समिति से भी तो आखिर तुम लोगों की तकलीफें दूर होंगी।

चेतू : पता नहीं, बीबीजी! समिति में बहुत देर तक बहसें तो होती हैं। पर...

हेमलता : और फिर बीरेन बाबू के दिल में तुम लोगों के लिए कितना ख़याल है, कितनी दया है!

चेतू : *(किसी अज्ञात प्रेरणा के वशीभूत हो)* हमें दया नहीं चाहिए।

हेमलता : *(चौंककर, मुड़कर उसकी ओर देखते हुए)* दया नहीं चाहिए? चेतू! यह तुमसे किसने कहा?

चेतू : *(कुछ सकपकाकर)* बीबीजी, लोचन भैया कहते हैं कि...

(सड़क पर से सम्मिलित स्वर में नारों की आवाज़।)

'ग्रामोद्धार समिति ज़िन्दाबाद!
बी.पी. सिन्हा ज़िन्दाबाद!
गद्दारों का नाश हो!
ग्रामोद्धार समिति ज़िन्दाबाद!'

(आवाज़ दूर हो जाती है।)

हेमलता : चेतू, यह सब क्या है? *(खड़ी होकर देखने लगती है।)*

चेतू : उत्सव में ही जा रहे हैं। बालेश्वर बाबू की पार्टी के लोग हैं। करमचन्द बाबू इनसे अलग हो गए हैं और ठाकुर पार्टी के लोगों में जा मिले हैं।

हेमलता : कल रात झगड़ा तय नहीं हुआ?

चेतू : पता नहीं...यह देखिए, दूसरी पार्टी के लोग भी जा रहे हैं। कहीं झगड़ा न हो जाय।

(सड़क पर दूसरा दल नारा लगाते हुए सुन पड़ता है।)

'करमचन्द की जय हो!
करमचन्द की जय हो!
ग्रामोद्धार समिति हमारी है।
ग्राम जागृति ज़िन्दाबाद!
स्वार्थी सिन्हा मुर्दाबाद!'

(आवाज़ दूर हो जाती है।)

हेमलता : *(चिन्तित स्वर में)* चेतू, ये लोग तो लाठी लिए हुए हैं।

चेतू : जी हाँ, पहली पार्टी भी लैस थी।

(नेपथ्य से पुकारते हुए आया का प्रवेश।)

आया : चेतू, ओ चेतुआ! देख तो यह क्या फ़साद है?

चेतू : बालेश्वर बाबू और करमचन्द की पार्टियाँ हैं। दोनों बीरेन बाबू के उत्सव में गई हैं।

हेमलता : लाठी-डंडा लिए हुए, आया!

आया : और तू यहीं खड़ा है, चेतुआ! अरे, जल्दी जा दौड़कर, चौकीदार से कह कि थाने में ख़बर कर दें। क्या मालूम क्या झगड़ा हो जाए। जल्दी जा! लाठी चल गई तो बीरेन बाबू घिर जाएँगे।...जल्दी दौड़ जा!

(चेतू जाता है।)

हेमलता : मैं भी जाऊँगी, आया! बीरेन अकेले हैं।

आया : न बीबीजी, तुम्हें न जाने दूँगी। *(जाते हुए चेतू को पुकारते हुए)* चेतू लौटते वक़्त जलसे में झाँकता आइयो। *(हेम से)* हेम बीबी, कहाँ की इल्लत मोल ले ली बीरेन बाबू ने!

हेमलता : उनकी बात तो सब लोग सुनेंगे।

आया : बीबीजी, तुमने अभी तक नहीं समझा गाँव-गँवई के मामलों को। यहाँ भले मानसों का बस नहीं है। अपना तो वही कलकत्ता अच्छा था।

हेमलता : *(झिड़कते स्वर में)* आया, तुम तो बस हर बात में वही शहर की रट...

आया : मैं ठीक कह रही हूँ, बीबीजी। अभी तुम लोगों को पन्द्रह दिन हुए हैं यहाँ आए। देख लो, बड़े सरकार की तबीयत ऊबी-सी रहती है। चौधरी न हों तो एक दिन काटना मुश्किल हो जाए। और तुम हो...

हेमलता : मुझे तो अच्छा लगता है। कई स्केच बना चुकी हूँ।

आया : अरे, तसवीरें तो तुम कलकत्ता में बना लोगी। अनगिनती और इनसे अच्छी।

हेमलता : तुम तो, आया, उलटी बातें करती हो। आखिर हम लोग गाँव की ही औलाद हैं। यह धरती हमारी माँ है। अब हम लोग फिर यहाँ आकर रहना चाहते हैं। इसकी गोदी में आना चाहते हैं।

आया : अब बीबीजी इतनी हुसियार तो मैं हूँ नहीं जो तुम्हें समझा सकूँ। पर इतना कहे देती हूँ कि उखाड़े हुए पौधे की जड़ में हवा लग जाए तो फिर दुबारा ज़मीन में गाड़ना बेकार है। उसके फूल तो बँगले के गुलदस्तों की ही शोभा बढ़ाएँगे।

हेमलता : *(अचम्भित आया को देखती रह जाती है)* आया, तुम्हारी बात... तुम्हारी बात...खौफ़नाक है।

(नेपथ्य से आवाज़ें "इधर...उधर...ले आओ सँभलकर...चेतू, तुम हाथ पकड़ लो इधर...इधर...")

आया : हैं! यह कौन आ रहा है? *(बाहर की ओर देखते हुए)* अरे, यह तो बीरेन बाबू को पकड़े दो आदमी चले आ रहे हैं। घायल हो गए क्या? बाप रे!! *(दौड़कर बाहर की तरफ़ जाती है।)*

हेमलता : *(घबराकर)* बीरेन, बीरेन! *(बँगले की तरफ़ पुकारते हुए)* पापाजी! पापाजी! इधर आइए। *(नेपथ्य से—"क्या हुआ?")* बीरेन घायल हो गए। ओह!

(बेहोश बीरेन को लाठियों के स्ट्रेचर पर सँभाले हुए, चेतू और एक व्यक्ति का प्रवेश जो इस परिस्थिति में भी स्थिरचित्त जान पड़ता है। चेतू की सी ही पोशाक।)

आया : *(घबराई हुई)* चेतू, ये तो बेहोश हैं। हाय राम! *(स्ट्रेचर ज़मीन पर)*

व्यक्ति : घबराइए नहीं।

हेमलता : *(स्ट्रेचर के पास घुटने टेकती हुई)* बीरेन! बीरेन!

(रायसाहब का प्रवेश, घबराहट में।)

राय : क्या हुआ!...यह तो बेहोश हैं।...चेतू, क्या हुआ?

चेतू : सरकार, दोनों पार्टी के लठैत भिड़ गए। बीच में आ गए बीरेन बाबू। वह तो लोचन भैया ने जान पर खेलकर बचा लिया। वरना तो...

व्यक्ति : इन्हें फौरन मकान के अन्दर पहुँचाइए। पट्टी बँधी है।

हेमलता : बीरेन! बीरेन!

राय : आया, जल्दी अन्दर ले चलो।...चेतू, सँभलकर लिटाना। हेम, मेरी ऊपर वाली अलमारी में लोशन है, जल्दी...जल्दी...

(बीरेन को पकड़कर आया, चेतू और हेम जाते हैं।)

राय : और यह लोचन कौन है?

व्यक्ति : मेरा ही नाम लोचन है!

राय : तुमने बड़ी बहादुरी का काम किया। यह लो दस रुपए और ज़रा दौड़ जाओ, थाने के पास ही डॉक्टर साहब रहते हैं।

लोचन : आप रुपए रखें। मैं डॉक्टर के पास पहले ही ख़बर भेज आया हूँ। आते ही होंगे।

राय : *(कुछ हतप्रभ)* तुम...तुम इसी गाँव के हो?

लोचन : हूँ भी, और नहीं भी।...आप बीरेन बाबू को देखें।

राय : *(संकुचित होकर)* हाँ...आँ...हाँ...*(जाते हैं)*

(लोचन कमर में बँधे कपड़े को फाड़कर अपनी बाईं भुजा में बहते हुए घाव पर पट्टी बाँधता है। और तसवीर को सीधा उठाकर रखता और ग़ौर से देखता है। इतने में तेज़ी से हेम का प्रवेश।)

हेमलता : तुम्हारा ही नाम लोचन है?

लोचन : जी!

हेमलता : तुम्हीं ने बीरेन की जान बचाई है। *(प्रसन्न स्वर में)* वे होश में आ गए। हम लोग बड़े एहसानमन्द हैं।

लोचन : *(स्पष्ट स्वर)* जान मैंने नहीं बचाई।

हेमलता : तुम्हारी बाँह पर तो चोट है।

लोचन : जान उन ग़रीब मुसहरों ने बचाई है जिनसे ज़मीन छीनकर बीरेन बाबू ग्रामोद्धार समिति का भवन बनवा रहे हैं। जब समिति के क्रान्तिकारी नौजवान आपस में लाठी चला रहे थे तब ये ही गरीब बीरेन बाबू को बचाने के लिए मेरे साथ बढ़े। *(व्यंग्यपूर्ण मुसकान)* क्रान्ति का दीपक बच गया...!

हेमलता : *(हिचकिचाती हुई)* तुम...आप पढ़े-लिखे हैं?

लोचन : पढ़ा-लिखा? *(वही मुसकान)* हाँ भी और नहीं भी।...अच्छा, चलता हूँ।...हाँ, यह तसवीर आपने बनाई है?

हेमलता : कोई त्रुटि है क्या?

लोचन : नहीं! आपने हमारे नाच की गति को रेखाओं और रंगों में खूब बाँधा है। और...

हेमलता : और?

लोचन : कोने में खड़े छाया में खोए-से ये व्यक्ति...

हेमलता : कैसे हैं?

लोचन : *(बिना झिझक के)* जैसे अपनी ही ज़ंजीरों से बँधे बन्दी!

हेमलता : बन्दी? क्यों?

लोचन : *(वही मुसकान)* यह फिर कभी बताऊँगा।...अच्छा, नमस्ते। *(जाता है।)*

(हेम अचरज में खड़ी रह जाती है। फिर चित्र उठाकर घर की तरफ़ जाती है।)

हेमलता : *(जाते-जाते मन्द स्वर में)* बन्दी !...अपनी ही ज़ंजीरों में बँधे बन्दी...!

तीसरा दृश्य

(वही स्थान। एक हफ़्ते बाद। नौकर लोग मकान से बगीचे में होकर बाहर की ओर सामान लेते जाते नज़र पड़ते हैं। कभी-कभी आया की दबंग आवाज़ सुनाई पड़ती है, कभी चेतू की, कभी और लोगों की—)

"वह बिस्तरा दो आदमी पकड़ो।

"सँभालकर, भई।"

"बक्से में चीनी के बर्तन हैं।"
"जल्दी...जल्दी।"
"यह टोकरी दूसरे हाथ में पकड़ो।"

(घर की तरफ़ से आया का व्यस्त मुद्रा में जल्दी-जल्दी आना। बाहर से चेतू आता है।)

आया : सब सामान लद गया, चेतू?

चेतू : हाँ आया! बस, बड़े सरकार का अटैची रहा है। उनके आने पर बन्द होगा।

आया : कहाँ गए सरकार?

चेतू : चौधरीजी के यहा विदा लेने। सुना है उनकी चोट गहरी है।

आया : जिस गाँव में भतीजा अपने चचा पर वार कर बैठे वहाँ ठहरना धरम नहीं।

चेतू : अभी जमानत नहीं मिली बालेश्वर बाबू को।

आया : अब हमें क्या मतलब। हम तो कलकत्ते पहुँचकर शान्ति की साँस लेंगे।

चेतू : शान्ति!

आया : तू तो बुद्धू है, चेतू। चल कलकत्ते। मौज उड़ाएगा। देखेगा बहार और बजाएगा चैन की बंसी।

चेतू : गाँव छोड़कर? नौकरी ही करनी है तो अपनी धरती पर करूँगा।

आया : अरे, शहर में नौकरी न भी करेगा तो भी रिक्शा चलाकर डेढ़-दो सौ महीना कमाएगा।

चेतू : डेढ़-दो सौ?

आया : हाँ, और रोज़ शाम को सनीमा! होटल में चाय! चकमकाती सड़कें, जगमगाते महल! ठाठ से रहेगा!

चेतू : *(विरक्त मुद्रा)* खाना किराए का, रहना किराए का और बोली भी किराए की!

आया : जैसी तेरी मर्ज़ी। भुगत यहीं देहात के संकट।

चेतू : लोचन भैया तो कह...

आया : *(झिड़कती हुई)* चल, चल, लोचन भैया के वकील! अन्दर जाकर देख, बीरेन बाबू तैयार हों तो सहारा देकर लिवा ला। हेम बीबी तो तैयार हैं?

चेतू : अच्छा *(अन्दर जाता है।)*

आया : *(जाते-जाते)* देखूँ सामान भी ठीक-ठीक लदा है या नहीं। ये देहाती नौकर...*(बाहर जाती है।)*

(थोड़ी देर में राय साहब और लोचन का बातें करते हुए बाहर से प्रवेश।)

राय : भई लोचन, मुझसे यहाँ नहीं रहा जाएगा। अच्छा हुआ जाते वक़्त तुम आ गए। बीरेन ने तुम्हें देखा नहीं। चलते वक़्त उस दिन के एहसान के लिए...

लोचन : मैंने सोचा था कि आप लोग रुक जाएँगे।

राय : रुकना? आया तो इसी विचार से था कि कलकत्ता के बाद देहात में ही दिन काटूँगा। लेकिन एक महीने में देख लिया कि हम तो इस दुनिया से निर्वासित हो चले। बरसों पहले की दुनिया उजड़ गई और मैं जिस समाज में बसंने आया था वह ख़्वाब हो गया। चौधरी भी शायद उसी ख़्वाब के भटके हुए टुकड़े थे। अभी उन्हें देखकर आ रहा हूँ। उस दिन के झगड़े में बालेश्वर ने उन पर लाठी से वार नहीं किया, दिल को भी चकनाचूर कर दिया।

लोचन : बालेश्वर ही गाँव की नई पीढ़ी नहीं है।

राय : *(निराश स्वर)* मैं नहीं जानता कि कौन नई पीढ़ी है। बस, इतना देखता हूँ कि रैयत के सुख-दुख में हाथ बँटानेवाला ज़मींदार, पुरखों के तजुर्बे के रक्षक बुज़ुर्ग, बेफिक्री की हँसी और बड़ों की इज़्ज़त में पले हुए नौजवान—जब ये सब ही नहीं रहे तो गाँव में ठहरकर मैं क्या करूँ? शहर...

लोचन : शहर आपको खींच रहा है, राय साहब!

राय : *(लाचारी का स्वर)* तुम शायद ठीक कहते हो। शहर मुझे खींच रहा है।

लोचन : और आप बेबस खिंचे जा रहे हैं।

राय : *(पीड़ित मुद्रा)* बेबस!...बेबस!...ऐसा न कहो लोचन, ऐसा न कहो!... हम जा रहे हैं क्योंकि...क्योंकि...

(चेतू का सहारा लिए बीरेन का प्रवेश। साथ में हेम भी है।)

बीरेन : पापाजी, अब आप ही की देर है।

राय : *(मानो मुक्ति मिली हो)* कौन? बीरेन, हेम! तैयार हो गए तुम लोग? तो मैं भी अपनी अटैची ले आता हूँ। चेतू, मेरे साथ तो चल।

(घर की तरफ़ प्रस्थान। साथ में चेतू।)

लोचन : *(हेमलता से)* नमस्ते!

हेमलता : कौन?...अच्छा, आप? बीरेन, यही हैं लोचन जिन्होंने उस रोज़ तुम्हें बचाया था।

बीरेन : अच्छा!...उस दिन तो तुम्हें देखा नहीं था लेकिन फिर भी *(ग़ौर से देखते हुए)* तुम पहचाने-से लगते हो।

लोचन : *(मुसकुराते हुए)* कोशिश कीजिए! शायद पहचान लें।

बीरेन : *(सोचता हुआ)* तुम...वह...वह...नहीं-नहीं। वह तो किसी बड़े घराने का लड़का था।

हेमलता : कौन?

बीरेन : मेरा कॉलेज का साथी एल.एस. परमार। तुम्हारी शक्ल बिल्कुल...

लोचन : *(मुसकुराहट)* एल.एस. परमार।...लोचनसिंह परमार।

बीरेन : *(चौककर)* ऐं! परमार...परमार...!!

लोचन : *(अविचलित स्वर में)* हाँ, मैं परमार ही हूँ, बीरेन।

हेमलता : *(विस्मित)* बीरेन, यह तुम्हारे कॉलेज के साथी हैं?

बीरेन : *(लोचन का हाथ पकड़कर)* यक़ीन नहीं होता, परमार, कि इतने दिनों बाद तुम्हें देखूँगा, इस देहाती वेश में, मुसहरों के बीच। कॉलेज छोड़कर तो तुम ऐसे गायब हुए थे कि...

लोचन : *(किंचित् हँसी)* एक दिन मैंने तुम लोगों को छोड़ा था और आज *(रुककर)*...आज तुम जा रहे हो।

बीरेन : परमार, मैं जा रहा हूँ चूँकि मैं अपने आदर्श को खंडित होते नहीं देख सकता।

लोचन : आदर्श? कौन-से वे आदर्श हैं जिन्हें गाँव खंडित करेगा?

बीरेन : क्रान्ति का आदर्श, परमार! मैं भूल गया था कि देहात की मध्ययुगीन ऊसर भूमि अभी क्रान्ति के लिए तैयार नहीं है। उसके लिए ज़रूरत है शहर और कारखानों की सजग और चेतनशील भूमि की!

लोचन : *(तीव्र दृष्टि)* बीरेन, तुम भाग रहे हो।

बीरेन : मैं लाठियों की मार से नहीं डरता, लोचन!

लोचन : तुम भाग रहे हो लाठियों के डर से नहीं बल्कि उन गुटबन्दियों, अन्धविश्वास और झगड़े-फ़साद की दलदल के डर से, जिसे तुम एक छलाँग में पार कर जाना चाहते थे। *(गम्भीर चुनौतीपूर्ण स्वर में)* तुम पीठ दिखा रहे हो, बीरेन!

बीरेन : *(हठात् विचलित)* पीठ दिखा रहा हूँ?...नहीं...नहीं...यह ग़लत है। हम जा रहे हैं, क्योंकि...क्योंकि

(आया का तेज़ी से प्रवेश।)

आया : हेम बीबी! बीरेन बाबू!! अरे, आप लोगों को चलना नहीं है क्या? कहाँ है बड़े सरकार? आप लोग भी ग़ज़ब करते हैं...

(रायसाहब का प्रवेश। साथ में चेतू अटैची लिए हुए।)

राय : यह आ गया मैं। चलो भई, आया! बीरेन, तुम चेतू का सहारा लेकर आगे बढ़ो, पहले तुम्हें बैठना है।

बीरेन : मैं चलता हूँ, परमार! फिर कभी...

लोचन : फिर कभी? *(किंचित् हँसी)* फिर कभी!...

(आया अटैची लेती है। चेतू का सहारा लिए हुए बीरेन बाहर जाता है। पीछे-पीछे आया।)

राय : अच्छा भाई लोचन, हम भी चलते हैं...मुमकिन है तुम्हारा कहना सही हो।

लोचन : काश मैं आपको रोक पाता!

राय : हेम, तुम्हारी तसवीर उधर कोने में रखी रह गई।

हेमलता : अभी लाई, पापा। आप दोनों स्टेशन चलिए। सब लोग एक बार में नहीं जा सकेंगे। मेरे लिए ताँगा स्टेशन से दुबारा भेज दीजिए।

राय : ठीक तो है। अच्छा लोचनसिंह, खुश रहो। *(प्रस्थान)*

लोचन : आप जा ही रही हैं हेमलता जी!

हेमलता : मजबूर हूँ।

लोचन : मैं जानता हूँ। बीरेन का मोह!

हेमलता : मैं बीरेन को यहाँ रख सकती थी, लेकिन...

लोचन : लेकिन?

हेमलता : *(सत्य की खोज से अभिभूत वाणी)* लेकिन एक बात है जिसे न पापा समझते हैं, न बीरेन। पर मैं कुछ-कुछ समझ रही हूँ। पापा गाँव को लौटे प्रतिष्ठा और अवकाश में सराबोर होने। बीरेन ने देहात को क्रान्ति की योजना का टीला बनाना चाहा। और मैं...मैं गाँव की मोहक झाँकी में कल्पना का महल बनाने को ललक पड़ी।

लोचन : महल मिटने को बनते हैं, हेमजी।

हेमलता : यह मैं जानती हूँ, लेकिन हम तीनों यह न समझ सके कि हमारी जड़ें कट चुकी हैं, हम गाँव के लिए बिराने हो चुके हैं!...*(आविष्ट स्वर)* क्या आप इस दुविधा, इस उलझन, इस पीड़ा के शिकार नहीं हुए हैं? एक तरफ़ गाँव और दूसरी तरफ़ नागरिक शिक्षा-दीक्षा और सभ्यता की मजबूत जकड़। उफ, कैसी भयानक है यह खाई जिसने हमारे तन, हमारे मन हमारे व्यक्तित्व को दो टूक कर दिया है? बताइए, कैसे यह दुविधा मिट सकती है? कैसे हम धरती की गन्ध, धरती के स्पर्श को पा सकते हैं? बताइए!...बताइए!

लोचन : आपके प्रश्न का उत्तर मेरे पास है।...यह देखिए, हेमलता देवी। *(कुदाली उठाता है।)*

हेमलता : कुदाली?

लोचन : जी!...यह कुदाली और ये मेहनतकश हाथ, ये ही वह तिलिस्म हैं, जिनसे मैंने उस कारागार को तोड़ने की कोशिश की है।

हेमलता : तोड़ सके?

लोचन : कोशिश जारी है।

हेमलता : हिम्मत तो नहीं टूटी?

लोचन : टूटती है...कभी-कभी!...उस वक़्त...मन की आँखों के आगे छा जाता है...

हेमलता : अँधेरा?

लोचन : अँधेरा नहीं! अँधेरा हो तो कोई दीपक भी जला ले।...अँधेरा नहीं बल्कि मृगमरीचिकाओं का प्रकाश...एक के बाद एक—चमचमाती हुई सतह, और चारों तरफ़ रेगिस्तान। जिधर देखो, जहाँ तक देखो—वही नजारा, वही निमन्त्रण।...चमकती हुई सतहों का निमन्त्रण लपलपाती हुई जीभों की पुकार।...

हेमलता : *(विस्मित)* लोचन बाबू!

लोचन : *(उसी आवेश में)* मानो कहती हों तुम जो थे वह थे मगर अब...अब हम हैं और तुम हो!...तोड़ डालो मिट्टी का वह दीपक जिसे तुम जलाना चाहते थे। उसके तेल में वह तुर्शी नहीं जिसकी रोशनी में रंगीनियों का भुलावा झलके...हम तुम भुलावे देंगे, मनभावन भुलावे, पूरी न होने वाली तमन्नाओं के मखमली भुलावे, अधमरी इच्छाओं का मीना बाज़ार।...मीना-बाज़ार! वैनिटी फ़ेयर! वैनिटी फ़ेयर!!

हेमलता : ठहरो लोचन!

लोचन : डर गईं?

हेमलता : नहीं!...

लोचन : तो...तो आप रुकिएगा! कहिए, रुकिएगा न? यहाँ की गन्दगी और झगड़ों की काई के नीचे धरती की गन्ध और स्पर्श तक पहुँचने के लिए? कहिए—'हाँ'!

हेमलता : नहीं!

लोचन : *(हटकर)* मैं जानता था, हेमलता देवी!

हेमलता : 'हेम' कहो!

लोचन : बीरेन बाबू का हक नहीं छीनूँगा।

हेमलता : उसके बिना भी तुम मेरे बहुत करीब हो, लोचन!

लोचन : खूब!...''होंठों पे हँसी, माथे पे शिकन, इसरार भी है, इनकार भी है।''

हेमलता : इनकार!...केवल इनकार!...इसलिए कि कुछ ही क्षण पहले मैंने समझा था कि जड़ें हमारी ही कट चुकी हैं—गाँव के लिए मैं ही बिरानी हो गई हूँ और धरती के अमृत का घूँट तुमने पिया है। पर...पर बात ऐसी नहीं है। धरती की गन्ध और स्पर्श को पहचानते हुए भी जिन भीतरी सोतों से तुम पानी खींचते हो वे तो पराए हैं। गाँव की धरती के स्वच्छ प्राणी नहीं हो तुम, बल्कि हो तुम भी मेरी ही तरह—बन्दी! बन्दी!

लोचन : *(आहत)* हेम!

हेमलता : चोट लगी न?...मैं जानती थी! लेकिन ज़ंजीर खींचने पर दर्द होता ही है। फिर भी ज़ंजीर खनखनाना ज़रूरी है। ढोंग के परदे को झकझोरना ज़रूरी है।

लोचन : ढोंग?...कौन-सा ढोंग? कैसा ढोंग?...हेमलता...हेम...यह तुम क्या कह रही हो?

हेमलता : ढोंग वही जो तुम्हें अपनी हस्ती से दूर खींचता है, वह जो तुम्हें अपनी असलियत से बचने को मजबूर करता है। *(क़रीब जाकर सहृदय स्वर में)* सुनो!...तुम्हारी बातें डरावनी नहीं थीं!...मैंने उनमें तुम्हारी व्यथा की कथा सुनी...तुम्हारी मजबूरियों का उच्छ्वास, तुम्हारी जकड़ी हुई आत्मा की पुकार, तुम्हारे एकाकी अस्तित्व की कँपकँपाहट!

लोचन : बस करो, हेम!...बस करो! *(हाथों में मस्तक)* इतनी बेदर्दी से गाँठें न खोलो!

हेमलता : (लोचन के कन्धे पर हाथ रखती हुई तरल स्वर में) तुम्हारी इस दुविधा, इस व्यथा में मुझे अपनापन महसूस हुआ, लोचन!

लोचन : *(व्यथित स्वर)* तुम नहीं जानती हेम, मैंने कितना तप किया है अपनी इस कमज़ोरी पर हावी होने के लिए जिसकी ओर तुम्हारा इशारा है। फावड़ा और हल चलाकर, कुदाली के श्रम में अपने को सराबोर करके धरती के भेद को फिर से पाने को आतुर होकर मैंने कितनी लगन से अपने संस्कारों को धो डालने की कोशिश की है।

हेमलता : जानती हूँ। और इसीलिए बाहर की दीवारें तुम तोड़ सके हो—और कारागार तुम्हें उस तरह घेरे नहीं है जैसे मुझे।...लेकिन तो भी, लोचन, तो भी हम दोनों ही बन्दी हैं। मैं अपनी कला, अपने परिवार, अपनी आरामतलबी की, तुम अपने सूक्ष्म और गहन विचारों, अपनी कल्पना ...और अपने संस्कारों के!...और शायद हमें बन्दी बने रहना है।

लोचन : किसलिए? क्यों हम बन्दी रहें?—क्यों? क्यों?

हेमलता : हमें बन्दी रहना है क्योंकि यही ईमानदारी का तकाज़ा है। *(कुछ रुककर)* मैं चलती हूँ, लोचन!...यह तसवीर छोड़े जाती हूँ, तुम्हारे लिए !

लोचन : मुझे मेरी मजबूरियों की याद दिलाने के लिए?

हेमलता : *(जाती हुई)* जो समझो!...पर जब कभी चिनगारी की तपन को सह न सको, तो कलकत्ता का चक्कर लगा लेना!...चिनगारी को दबाना ठीक नहीं! *(प्रस्थान।)*

(लोचन कुछ कहने को उद्यत होता है, हाथ उठाता है। पर फिर रुक जाता है। तसवीर को दोनों हाथों से पकड़कर अपने वक्ष से दूरी पर उठाकर घूरता है।)

लोचन : *(कुछ देर तक घूरने के बाद)* मैं तपिश को सहूँगा!...चिनगारी को लपट बन जाने दूँगा ताकि वह मुझे झुलसा दे।

(चेतराम का प्रवेश। लोचन उसे नहीं देख पाता।)

तसवीर के बन्दी! क्यों तुम बँधे-से खड़े हो हमेशा-हमेशा के लिए?

क्या इसलिए कि...

चेतराम : लोचन भैया!

लोचन : *(अपने ही में मग्न)* क्या इसलिए कि ये ग्रामीण नर्तक नाच सकें, हँस-खेल सकें, खा पी सकें? ओ तसवीर के बन्दी!...तुम्हारी तपन से इन लोगों की राह के झाड़-झंखाड़ भस्म हो जाएँ, लेकिन तुम्हारी ज़ंजीर इनके सिर का भार न बनें...और...और...मंजिल के अन्त में, एक ऐसी दीवार की तरह जिनके सिर पर से छत का बोझ हट गया हो ऐसी अनचाही दीवार की तरह, अपने आप ढह जाएँ।...मैं ढह जाऊँ...मैं...मैं ही तो!

चेतराम : *(आगे बढ़कर तनिक ज़ोर से)* लोचन भैया, आप तसवीर से बातें कर रहे हैं!

लोचन : *(मुड़कर तसवीर रखता हुआ)* चेतराम! *(रुककर)* यक़ीन रखो, चेतराम, मैं घुटने नहीं टेकूँगा। *(चेतराम के कन्धे पकड़ता हुआ)* चाहें ज़ंजीरें मुझे लहूलुहान कर दें, चाहे रास्ते के काँटे मेरे तलुओं को छलनी बना दें।...यह हो नहीं सकता जब तक...जब तक तुम लोगों के बढ़ते क़दमों के लिए मैं अपनी हस्ती मिटाने को तत्पर रहूँगा।...हो नहीं सकता, नहीं-नहीं!

चेतराम : *(मानो अमित करुणा से अभिभूत)* लोचन भैया, अपनी ज़मीन पर नहीं चलिएगा?

लोचन : *(सोते-सोते हठात् जगा हो)* ऐं!

चेतराम : बहुत काम है, भैया! अब तलहटी वाली ज़मीन वापस मिली है तो...

लोचन : *(गहरी आवाज़ में)* ठीक तो है। चलो। खुदाई शुरू करें।

चेतराम : *(अटकती आवाज़ में)* शायद...शायद आपको आराम करना चाहिए, भैया!

लोचन : आराम? *(शुष्क हास)* नहीं, चेतराम! चलो, मुझे अपने पसीने के दर्पण में कभी न मिटने वाली छाया देखनी है! *(कुदाली उठाता है)* चलो!

[अँधेरा!]

घोंसले

(रचनाकाल : 1948 ई.)

पात्र

जगमोहन
विजय
नर्स

(एक बरामदा। बाईं तरफ़ दो कमरों में जाने का रास्ता, दाहिनी तरफ़ अन्यत्र जाने का। सामने एक स्तम्भ और रेलिंग। बाहर की हरियाली श्यामल होकर झलक रही है। दरवाज़ों के ऊपर लिखा है—मेटर्निटी वार्ड। कभी-कभी इधर से उधर नर्स और दाइयाँ तामचीनी के नाना प्रकार के बर्तन लिए, आती-जाती नज़र पड़ती हैं—कभी द्रुत गति से, कभी-कभी आराम से।

समय लगभग सात बजे शाम। पर्दा उठने पर जगमोहन रेलिंग के सहारे दर्शकों की तरफ़ पीठ किए खड़ा दीखता है। बाहर की ओर देख रहा है। सिगरेट पी रहा है और धुआँ फेंक रहा है।

थोड़ी देर में दाहिनी ओर से विजय का प्रवेश। विजय जगमोहन को देखकर चौंक-सा उठता है, ग़ौर से देखता है, फिर क़रीब जाता है।)

विजय : हलो बन्धु!

(जगमोहन मुड़कर देखता है। सुन्दर चेहरा, किन्तु इस समय चिन्ता की रेखाएँ। बिना रिम का फ़ैशनेबल चश्मा, कपड़े भी अच्छे सिले हुए, टाई लेटेस्ट फ़ैशन, लेकिन मुखड़ा कुम्हलाया।)

जगमोहन : *(कुछ अनिश्चित-सा और अनमना-सा)* हलो!

विजय : पहचाना?

जगमोहन : *(हिचकिचाता हुआ)* कोशिश तो कर रहा हूँ।

विजय : कमरा नं. 3, मेगस्ताफा होस्टल, प्रो. करुणाकर की क्लास।

जगमोहन : *(पहचानकर सोल्लास हाथ मिलाता हुआ)* विजय! विजय पहलवान!

विजय : *(हँसता हुआ)* 'खँडहर बता रहे हैं, इमारत बुलन्द थी!' अब कहाँ वह पहलवानी? जब से गामा रिटायर हुआ, हमारी भी तबीयत उचट गई।

जगमोहन : उन दिनों की खुराक ने तो कुछ असर दिखाया है। चार अंडे, सेर भर दूध, चार आउंस मक्खन—सबको घोलकर एक साँस में चढ़ा लेते थे तुम।

विजय : *(फिर वही स्वच्छन्द हँसी)* और वह सोते वक़्त पाव भर मलाई। भई, उसी का तो यह असर है, यह गद्देदार शरीर! लेकिन बाल तो खिचड़ी हो चले। तुम तो यार, जगमोहन, वैसे के वैसे ही हो, खज़ाने का नया रुपया। वही जुल्फ़ें, वही छरहरा बदन, वही नपा-तुला फ़ाल्टलेस सूट, वही सफ़ाचट...*(चौंककर)*...अरे!

जगमोहन : बातूनी तुम भी वैसे ही हो!

विजय : *(वही आश्चर्यभरी मुद्रा)* न होता तो भी तुम्हारी बढ़ी हुई हजामत को देखकर तो बोल ही उठता। भई जगमोहन, तुम्हारी हज़ामत तो वह चिकनी होती थी कि ठोड़ी पर मक्खी भी फिसल पड़े। यह हुआ क्या?

(एक नर्स का एक तामचीनी की ट्रे में सर्जरी के औज़ार लिए हुए प्रवेश। हँसमुख, साँवली, कुछ मोटी, कुछ शोख़। सफ़ेद फ्राक के नीचे स्कर्ट। विजय को देखकर रुक जाती है।)

नर्स : हलो मि. विजय नारायण!

विजय : हलो नर्स! हलो सिस्टर! क्या हाल है?

नर्स : मज़े में। कहिए, आप फिर पहुँचे। कहाँ है मेमसाहब? कमरा मिल गया? इस बार पहले से कंसल्ट करने के लिए भी नहीं आए। क्या बाहर थे आप लोग?

विजय : अरे, नहीं सिस्टर! तुम तो इतनी जल्दी नतीजे पर पहुँच जाती हो। क्या तुम्हारे अस्पताल में और किसी मतलब से आना गुनाह है?

(नर्स हँसती है।)

जगमोहन : *(चिन्तित स्वर में नर्स का ध्यान आकृष्ट करने के लिए)* नर्स?

नर्स : *(जगमोहन पर ध्यान न देती हुई, उसी हँसी भरे स्वर में)* और क्या मतलब होगा, मि. विजय? यहाँ तो फलने-फूलनेवाले ही आते हैं।

विजय : हाँ, और दिवालिए होकर जाते हैं!

नर्स : खूब!...साहब, बच्चे तो दौलत हैं, दौलत...!

विजय : दौलत? सुनो, नर्स! एक बच्चा खुशी का आलम; दो बच्चे खतरे की घंटी; तीन बच्चे बस भई; चार बच्चे खुदा की पनाह; और पाँच बच्चे मा-त-म!!

जगमोहन : *(चिन्तित स्वर)* नर्स!

नर्स : *(हँसती हुई)* आपकी शक्ल से तो नहीं मालूम होता मि. विजय, कि आप खुदा की पनाह माँगते हों। चार लड़कियों के बाप और...

विजय : और-वौर कुछ नहीं। हिन्दुस्तान की आबादी का ठेका हमीं दोनों ने थोड़े ही लिया है।

जगमोहन : नर्स!

नर्स : *(विजय से)* तो फिर कैसे आना हुआ?

विजय : वे अपनी एक सहेली को देखने आई थीं, मिसेज़ मेहरा...!

नर्स : छह नम्बर कमरा।

विजय : हाँ, लौटीं तो बोलीं—चलो, डॉक्टर मधुरानी से अपना 'चेक अप' करा लूँ।

नर्स : तभी ड्यूटी-रूम वे वज़न तोलने की मशीन की माँग हुई। हमारी

डॉक्टरनी साहब को भी वज़न तोलने की मशीन का मर्ज़ है। जुकाम हो तो वज़न लो, दिल की तकलीफ़ हो तो वज़न।...मैं तो उस मशीन के क़रीब नहीं फटकती।

विजय : आज तो कुछ दुबली लग रही हो, नर्स!

नर्स : दुबली! बातें करके ही तो अपना मोटापा कम करती हूँ, मि. विजय। चार मरीज़ों के रिश्तेदारों से झकझक और आधा पौंड वज़न कम।

जगमोहन : नर्स!...क्या मैं पूछ सकता हूँ...?

नर्स : *(मुसकुराती हुई और हाथ की ट्रे को देखती हुई)* अभी नहीं, अभी तो...!

विजय : नर्स, जगमोहन मेरे दोस्त हैं, पुराने दोस्त!

नर्स : तब तो आप इन्हें समझाइए। अरे, मुझे तो यहीं खड़े-खड़े बहुत देर हो गई। *(जाते हुए मुसकुराहट)* आपने तो मेरा बहुत वज़न घटा दिया, मि. विजय! *(दाहिने कमरे में चली जाती है।)*

जगमोहन : नर्स, नर्स!

विजय : क्या बात है, भई जगमोहन!...क्या तुमने अपना पेशा छोड़ा नहीं अभी तक?

जगमोहन : पेशा? कौन-सा पेशा?

विजय : अरे, वही शौकीनी, मुहब्बतबाज़ी?

जगमोहन : इस लड़की से?...तुम भी, विजय...!

विजय : क्यों? मुसकुराती तो अच्छा है।...लेकिन हाँ, वह नहीं जो तुम्हारी उन दिनों की लाड़लियों में थी।...कहाँ-कहाँ गईं वे सब?...तुम तो यार, बहुत सितारे थे उन लोगों के।...सारे अच्छे-अच्छे कटाक्ष तो तुम्हारे ही लिए रिज़र्व थे। हम लोगों का जूठन भी नसीब नहीं होती थी।...कहाँ गई वह रंजना?

जगमोहन : *(कुछ उदासी के भाव से)* सुना शायद उमेश से शादी हो गई।

विजय : उमेश? वह बाँगड़ू?

जगमोहन : इंजीनियर बन गया है।

विजय : और वह दारुलता?

जगमोहन : दारुलता?

विजय : वही न जिसकी किताब तुम्हारी किताब से बदल गई थी और जिसकी साइकिल से तुम्हारी साइकिल टकरा गई थी?

जगमोहन : दारुलता नहीं, तरुलता!...वह तो सुना है अब काली मुखर्जी की बीवी है।

विजय : अरे वह, कालू। वह तो भई, सिवाय पढ़ने और खेलने के और कुछ जानता ही नहीं था। पतलून पहनने का भी तो शऊर नहीं था उसे।

जगमोहन : हाँ, वही। अब एयर-फ़ोर्स में ऊँचा अफ़सर है।

विजय : तब तो 'ए-वन' क्लास की तो सिर्फ़ रेखा ही रह गई।

जगमोहन : वह था न शिवप्रसाद?

विजय : वह रुई की वास्कटवाला? भई, मैं उसे चिढ़ाया करता था कि जब तक तुम यह वास्कट पहनोगे, तब तक तुमसे कोई लड़की शादी नहीं करेगी।...मगर पढ़ने में तेज़ था और नाइट स्कूल चलाने का भी ख़ब्त था शायद उसे।

जगमोहन : रेखा की शादी उसी से हुई है।

विजय : नहीं यार, कहाँ रेखा और कहाँ...

जगमोहन : आई.ए.एस. में गया कमबख़्त...

विजय : यह भी परमात्मा को अच्छा मज़ाक सूझता है। जितनी अच्छी-अच्छी अप्सरा जैसी लड़कियाँ थीं, वे तो चली गईं इन टट्टुओं के साथ और तुम जैसे गन्धर्व, बढ़िया ड्रेस, मनोहर रूप, नए से नए फ़ैशन के अगुआ, बातचीत में निपुण, जो जलसा हो उसी में स्वागत करने के मुंतज़िम, तुम, हमारे छबीले सरदार, यों ही रह गए।...न जाने क्यों हमेशा ऐसा होता है?...ख़ैर, फिर भी तुम्हारी बात दूसरी है। तुम क्या परवाह करते होगे?

जगमोहन : क्यों?

विजय : तुम्हारा तो वह सिद्धान्त था न, 'यदि सभ्यता को बचाना है तो कानून के ज़ोर से शादियों को बन्द कर देना चाहिए। शादी वह दीवार है जो मनुष्य अपनी आत्मा-रूपी अनारकली के चारों तरफ़ चिनता है ताकि वह घुटकर मर जाय।' भई जगमोहन, तुम्हारी वह 'थीसिस' लाजवाब थी, शादी के ख़िलाफ़। पूरी हुई?

जगमोहन : थीसिस? *(खोखली, आत्म-प्रतारणा से भरी हँसी)* थीसिस!

विजय : दो-चार खूसट प्रोफेसर बहुत भड़के थे तुम्हारी उस थीसिस से। लेकिन सारी यूनिवर्सिटी में चर्चा थी उसकी। कभी-कभी तो दोस्त, मुझे तुम्हारी दलीलों की अब भी याद आती है।

जगमोहन : चार लड़कियों का पिता हो चुकने पर भी?

विजय : पछतावा तो, भाईजान, मैं करता ही नहीं। लेकिन *(हँसकर)* प्रतिज्ञाएँ तो अकसर करता रहा हूँ।

जगमोहन : *(विचार-मग्न)* मैंने भी प्रतिज्ञाएँ कीं और तोड़ी हैं।

विजय : सुनो भी! जब दूसरी लड़की हुई तो हम लोगों ने कहा, चलो, पहली के साथ खेलने के लिए सहेली चाहिए। तीसरी हुई तो सोचा, एक 'स्पेयर पार्ट' भी तो हो। जब चौथी का नम्बर आया तो क्या कहकर तसल्ली पाते? कहा कि चलो, शुरू-शुरू में ही इन सब झंझटों से निबट

लें, आगे फुरसत रहेगी। अब, दोस्त, इसी अवस्था में आकर प्राणायाम करने का इरादा है।

जगमोहन : और हर मरतबा तुम इसी अस्पताल में आते रहे हो?

विजय : मेरी बीवी आती रही है और मुझे भी ख़ास मौके पर मौजूद रहना पड़ता है। डॉक्टरों का कहना है कि पति की निकटता के विश्वास से, होने वाली माता की हिम्मत बढ़ती है।

जगमोहन : और...और होनेवाले पिता की हिम्मत?

विजय : तुम्हारी सिगरेट ठंडी हो चली।

जगमोहन : ओह! *(जेब से टिन निकालता हुआ)*...तुम पियोगे?

विजय : नहीं, मैं तो पीता ही नहीं। लेकिन देखता हूँ तुम तो चेन-स्मोकर हो। वह कॉलेज के दिनों वाली पाइप कहाँ गई?

जगमोहन : वह पाइप तो 'डमी' थी, रोब के लिए। अन्दर उसमें कुछ नहीं होता था। *(सिगरेट जलाकर कश लेता है।)*

विजय : लेकिन तुम जँचते खूब थे उसमें। न जाने कितनी तो तुम्हारी उसी धजा पर मरती थीं।

जगमोहन : *बात का रुख़ पलटते हुए)* विजय, लड़कियों की पैदाइश के वक़्त अस्पताल आते थे तो इन्तज़ारी की घड़ी में भी तुमने सिगरेट नहीं फूँकी?

विजय : तबीयत तो करती थी कि सिगरेट क्या घर फूँक डालूँ, यह अस्पताल फूँक डालूँ...

जगमोहन : *(गहरी दिलचस्पी के साथ)* सच?

विजय : क्या पूछते हो! अरे, इसी बरामदे में चहलक़दमी करते-करते मैंने रात के तीन-तीन पहर बिता दिए हैं...बारह का घंटा बजा। सुनसान।...कोई ख़बर नहीं! ड्यूटी-रूम में लाइट, मेटर्निटी-रूम में लाइट, पास के जनरल वार्ड से दो-चार नए बच्चों के रोने की आवाज़। एक का घंटा बजा, वही बात। दो का घंटा बजा, वही काला रेगिस्तान, जिसका कोई अन्त नहीं। याद है न बच्चन की वह पंक्ति–'रात्रि का अन्तिम पहर था, झिलमिलाते थे सितारे'...

जगमोहन : *(पूरा करता हुआ)* 'वक्ष पर युग-बाहु धारे में खड़ा सागर किनारे!'

विजय : अरे, कहाँ सागर का किनारा और कहाँ झिलमिलाते सितारे!...सितारे भी तो मज़ाक में आँख मारते-से दीख पड़ते हैं, मानो कहते हों, 'तो बच्चू, खूब फँसे!'

जगमोहन : *(कुछ रस लेता हुआ)* कभी-कभी तो सोचते होगे कि किस झोंक में यह ग़लती कर डाली।

विजय : गलती?...लगता था कि अहमक़ बन गए–सरासर अहमक़!

जगमोहन : बिल्कुल अपराधी की-सी भावना...

विजय : बिल्कुल! मानो गुस्से में आकर किसी दोस्त को तमाचा मार बैठे हों और बाद में फुरसत से मलाल करने बैठे हों। क्या पूछते हो यार, बड़ी नाज़ुक हालत होती है।

जगमोहन : और कोई तसल्ली देनेवाला भी नहीं।

विजय : तसल्ली?...अरे, यह नर्स जो अभी इतना चहक-चहककर बातें कर रही थी, उस मौक़े पर मुझे ऐसे देखती है, मानो रास्ते का ठीकरा हूँ! डॉक्टरनी आती तो एक नज़र डालकर मुँह फेर लेती है, जैसे नौकरी के उम्मीदवार को मिल-मालिक देखता है। यहाँ तक कि अस्पताल की नौकरानी की आँखों को भी दो टूक नहीं सुहाते।

जगमोहन : यानी मर्द क्या हुआ फैसले का मुन्तज़िर मुद्दालह हो गया।

विजय : बिल्कुल! तुमने मेरे मुँह की बात छीन ली, जगमोहन! लोग कहते हैं, इस मौक़े पर माँ को बड़ी तकलीफ़ होती है, दूसरा जन्म होता है। मैं कहता हूँ, बाप पर जो गुज़रती है, उसका भी किसी ने ख़याल किया है?...इधर से उधर नर्सें जा रही हैं, वह औज़ार गए, वह डॉक्टर की पुकार हुई, कोई इधर आया, कोई उधर गया, लेकिन आप हैं कि खड़े हैं—बुत की तरह, देख रहे हैं—बेकार!

जगमोहन : देख रहे हैं—टुकुर-टुकुर और जला रहे हैं—सिगरेट!

विजय : हाँ जी।...और कभी-कभी उसी पहचानी आवाज़ में कराहें भी सुन पड़ती हैं। लेकिन हम हैं कि कुछ कर भी नहीं पाते। अरे, बीवी अगर बीमार हो तो दवा दे दें, नाराज़ हो तो खुशामद कर लें, उदास हो तो मन-बहलाव कर लें। मगर इस हालत में आप कर ही क्या सकते हैं? क़रीब तक फटकने की इजाज़त नहीं *(जगमोहन को देखता हुआ, रुककर)* क्यों, किस सोच में पड़ गए?

जगमोहन : कुछ नहीं। *(चिन्तित स्वर में)* पर नर्स अभी तक नहीं आई।

विजय : यार, मामला क्या है? किसी झमेले में पड़ गए हो क्या?

जगमोहन : जो भी समझो। *(टालता हुआ)* बड़ी देर कर दी इस नर्स ने।

विजय : जगमोहन बच्चू, हमीं से उड़ते हो...तुमसे ऐसी ग़लती कैसे हो गई?

जगमोहन : कौन-सी ग़लती?

विजय : तुम तो हमेशा कोयल पंछी की तरह रहे थे...घोंसले और अंडों से कोई वास्ता नहीं।

जगमोहन : अरे नहीं, भई अब तो घर का पंछी हूँ। परकैंच परिन्दा!

(नर्स का प्रवेश। जल्दी-जल्दी दूसरी तरफ़ को जाती है।)

जगमोहन : नर्स, नर्स, कोई ख़बर?

नर्स : ख़ास ख़बर है। लेकिन पहले डॉक्टर को बुलाना है। *(बाईं तरफ़ दौड़ते हुए प्रस्थान)*

जगमोहन : ख़ास ख़बर! न जाने क्या मतलब है उसका?

विजय : परेशान होने की बात नहीं। मुझसे पूछो, चार-चार बार...

जगमोहन : मैं तो यार परेशान हूँ। मुँह सूख रहा है, दिल की धड़कन बढ़ रही है। *(सिगरेट जलाता है।)*

विजय : सिगरेट क्यों जलाते हो, और मुँह सूखेगा।

जगमोहन : सिगरेट के बिना तो साँस लेना मुहाल हो रहा है।

विजय : अब समझा।

जगमोहन : क्या?

विजय : क्यों तुम्हारी हज़ामत इतनी बढ़ी हुई है। मैं भी तो कहूँ कि आख़िर माजरा क्या है?

जगमोहन : समझ लो, दो रोज़ से चाय और सिगरेट पर जी रहा हूँ। हलक़ के नीचे रोटी उतारने को तबीयत ही नहीं करती।

विजय : चलो, कोई बात नहीं। ऐसा ही सेवा-भाव बीवी की कृपा-दृष्टि को क़ायम रखता है।

जगमोहन : बीवी की कृपा-दृष्टि! *(म्लान हँसी।)*

विजय : दुनिया जानती है कि दाम्पत्य-जीवन की जो इमारत वर-वधू के रसीले प्यार की बुनियाद पर खड़ी होती है, समय बीतने पर उसे एक सहारे की ज़रूरत पड़ती है, पति-पत्नी की एक दूसरे के लिए चिन्ता और परेशानी का सहारा। प्यार का परिधान ही तो आश्वासन कर आलिंगन बन जाता है। जगमोहन!

जगमोहन : जो चिन्ता मुझे सता रही है, वह दूसरी ही है।

विजय : दूसरी चिन्ता?...ग़ैर-मुमकिन!

जगमोहन : सुनो विजय, जब तुम्हारी श्रीमती को पहली बार अपने माता होने का ज्ञान हुआ तो उसने क्या कहा तुमसे?

विजय : अजब सवाल है तुम्हारा। स्त्री इस समाचार को ज़बान से नहीं, संकेत के द्वारा बताती है, वही संकेत जो उषा की लाजभरी लालिमा में बिखरता है।

जगमोहन : तुम तो, विजय, शायरी करते हो। *(गहरी साँस)* मेरी पत्नी मुझसे बोली—यह सारा क़सूर तुम्हारा है।

विजय : सारा क़सूर?

जगमोहन : जी!

विजय : यह तो भई ज़्यादती थी उनकी।

जगमोहन : ज़्यादती? *(कुछ रुककर)* बहुत दिनों बाद तुमसे मुलाक़ात हुई है

विजय, लेकिन मेरे पुराने और गहरे दोस्त रह चुके हो, इसलिए क्या छिपाऊँ तुमसे। मेरे अनुभव में तो विवाहित जीवन दो हिस्सेदारों का एक बैंक है।

विजय : बैंक?

जगमोहन : हाँ, वह बैंक जिसमें पति गुमसुम हिस्सेदार (Sleeping Partner) होता है, और पत्नी हिस्सेदार भी और मैनेजिंग डायरेक्टर भी।

विजय : *(हँसते हुए)* खूब! मगर स्लीपिंग पार्टनर भी तो कभी-कभी अपने अधिकारों पर अड़ जाता है।

जगमोहन : कौन सिर-दर्द मोल ले! एक दिन की ही बात नहीं है।

विजय : कोई चिन्ता नहीं है। माँ बनी नहीं कि पत्थर का कलेजा भी पिघल जाएगा। डर यही है कि तब तुम्हारा क़तई ख़याल करना न छोड़ दें।

जगमोहन : उसी उम्मीद का तो आसरा है।

विजय : ऐसी भी क्या मायूसी। आख़िर कहाँ की शादी तुमने?

जगमोहन : वह थी न अनिल कुमारी?

विजय : अनिल कुमारी? वही तो नहीं जो एक ही क्लास में तीन बरस तक डटी रही थीं!

जगमोहन : जी हाँ।

विजय : *(उसी धुन में)* वही जिन्हें...*(रुक जाता है।)*

जगमोहन : हाँ-हाँ, पूरी करो बात। वही जिन्हें हम लोग 'अग्नि-बोट' कहते थे।...विजय, उन्हीं से मेरी शादी हुई है। तुम चुप हो।...सोचते होगे कि जगमोहन वहाँ कैसे फँस गया? उसका भी अलग किस्सा है।

विजय : *(कुछ पेशोपेश में)* नहीं-नहीं...फँसना क्यों कहते हो? भई,...हार में जो बिंधा, वही मोती।

जगमोहन : हार नहीं, विजय, गले का रस्सा!

विजय : तुम भी जगमोहन...*(बात मोड़ते हुए)* लेकिन मुझे तो याद नहीं पड़ता कि कॉलेज में तुम्हारे और उनके बारे में चर्चा हुई हो।

जगमोहन : बात तब की है जब तुम युनिवर्सिटी छोड़ आए थे। एक दिन मैटिनी शो देखने देर से पहुँचा, पिक्चर शुरू हो चुकी थी। बाहर था उजाला, अन्दर अँधेरा। दिखाई न दिया किसके बराबर वाली सीट में जा बैठा हूँ। वह गोरी है कि काली, दुबली है या मोटी, टेढ़े स्वभाव की है या गऊ!...लेकिन...लेकिन...विलायती सेंट की भीनी सुगन्ध आ रही थी, सामने पर्दे पर कोई रोमांटिक सीन चल रहा था। और...विजय, मुझे तो तुम जानते ही थे...?

विजय : सोचा, थोड़ी तफ़रीह ही सही...

जगमोहन : सच मानो, मैंने सिर्फ़ हाथ ही दबाया था, लेकिन वे हाथ जो बँधे तो

बस पुरोहित के सामने पाणिग्रहण के बाद ही खुल पाए!

विजय : तो क्या बुरा हुआ? दुनिया में ऐसे ही हाथों-हाथ बिका जाता है।

जगमोहन : *(गहरी साँस)* यहाँ तो अपने ऊपर ऊँची कीमत लगा रखी थी, दोस्त! क्या मालूम था यों...

विजय : आदमी का मोल ही क्या? अब मुझे ही लो...

(नर्स का तेज़ी से प्रवेश)

नर्स : विजय बाबू! बाहर आपकी मेमसाहब आपकी राह देख रही हैं, जल्दी बुलाती हैं।

जगमोहन : *(पुनः चिन्तित स्वर)* नर्स!

विजय : जल्दी बुलाती हैं?

जगमोहन : नर्स, डॉक्टरनी कहाँ हैं?

नर्स : लेबर-रूम में। दूसरे रास्ते से पहुँच गईं। थोड़ा इन्तज़ार कीजिए, अभी आईं। *(तेज़ी से दाहिनी ओर प्रस्थान।)*

विजय : अच्छा, तो जगमोहन, उन्हें मोटर में बैठाकर अभी आया।

जगमोहन : हाँ, दोस्त! तुम्हारी वजह से कुछ तबीयत बहल गई, कुछ आपबीती कह ली। अब फिर अकेले में तो बस, सिगरेट...*(सुलगाता है।)*

विजय : यह घड़ी ऐसी ही होती है, एक-एक मिनट मानो पहाड़ हो... लेकिन...थोड़ी ही देर में...जब ख़बर सुनोगे तो...दिल हल्का हो जाएगा...शायद बल्लियों उछलने लगे। *(मुसकुराते हुए हाथ मिलाता हुआ)* चीरियो! *(प्रस्थान।)*

जगमोहन : *(सिगरेट हाथ में, चेहरे पर अविश्वासपूर्ण मुसकान)* चीरियो! *(कुछ रुककर)* हलका दिल।...वे जमाने ही लद गए जब इधर-उधर फेंकने की ख़ातिर दिल को हलका कर रखा था। *(रेलिंग का सहारा लेकर खड़ा हो जाता है।)* यह नर्स साफ़ जवाब क्यों नहीं देती? कोई कंप्लीकेशन तो नहीं हो गया...? लेकिन कुछ तो कहती।...ये अस्पताल वाले भी अपने को न जाने क्या समझते हैं...लेकिन विजय पर भी तो यही बीती।...क्या आदमी है, चार लड़कियाँ और माथे पर शिकन नहीं।...मैं तो एक की चिल्ल-पों कैसे बर्दाश्त कर पाऊँगा? उफ़!...कैसी मुसीबत है!...*(सिगरेट खत्म हो जाती है, जेब में हाथ डालकर सिगरेट का पैकिट निकालता है। साथ में तार का फार्म निकला चला आता है।)* तार का फार्म?...इनके पापा को फ़ौरन ख़बर भेजनी होगी। *(रेलिंग पर तार का फार्म रखकर फ़ाउंटेनपैन से लिखते हुए)* क्या बुराई है...अभी से लिखकर तैयार रख लूँ...एक शब्द तो जोड़ना होगा, 'सन'...या...'डाटर' *(कुछ रुकता है।)*...बेटा...या बेटी। खूब...*(लिखते हुए)* श्री कान्तिलाल, जगत रोड, कानपुर...*(जिस*

तरफ़ पीठ किए खड़ा है उधर से नर्स का प्रवेश। जगमोहन को लिखते हुए देखकर रुक जाती है और सुनती है।)...ब...धा...ई... नहीं...नहीं...नाती...*(रुकता है)* या नातिन...*(कुछ हँसकर)* मु...बा... र...क। दो...नों...ठीक हैं... ।...जग...मोहन...*(फिर अल्प-हास)* नाती या नातिन!!...

नर्स : *(मुसकुराती हुई आगे बढ़कर)* लाइए, यह मुझे दीजिए...मि. जगमोहन!

जगमोहन : *(चौंककर)* ऐं?

नर्स : आप...अन्दर जाइए...आपकी बुलाहट है।...तार मैं पूरा कर लूँगी।

जगमोहन : तार...तुम्हारा मतलब--

नर्स : *(तार हाथ में लेती हुई)* जी हाँ, जी हाँ! मुझे मालूम है तार में क्या लिखा जाएगा। आप अन्दर जाइए...आपको मालूम हो जाएगा। *(धक्का-सा देकर जगमोहन को अन्दर भेज देती है। फिर तार पढ़ते हुए)* श्री...कान्तिलाल...

(तार का शेष अंश बिना बोले हुए पढ़ती है और एक स्थल पर कलम से संशोधन करती है। इतने में बदहवासी की हालत में विजय का प्रवेश।)

विजय : जगमोहन! जग...*(नर्स को देखकर रुक जाता है। फिर झुँझलाहट के स्वर में।)*

जगमोहन : *(ईषत् मुसकान)* कहिए, मि. विजय नारायण!

विजय : मैं पूछता हूँ नर्स, यह तुमने कैसा मज़ाक किया?

नर्स : मज़ाक? क्यों, मिसेज़ नारायण नहीं मिलीं क्या?

विजय : मिलीं तो! मोटर पर रवाना करके आ रहा हूँ।...लेकिन...तुमने भला मुझे बता क्यों न दिया?

नर्स : मैंने सोचा उन्हीं के मुँह से सुनने में यह बात मीठी लगेगी।

विजय : मीठी। *(तनिक हँसी)* खूब, नर्स!...और मैं जगमोहन से शेखी बघार रहा था कि *(रुककर चारों तरफ़ देखते हुए)*...लेकिन...जगमोहन कहाँ है?

नर्स : अन्दर गए हैं।

विजय : क्यों, सब ठीक है न?

नर्स : यह लीजिए। यही तार जा रहा है उनके ससुर के नाम।

(विजय तार हाथ में लेकर पढ़ता है।)

विजय : श्री...कान्तिलाल...जगत रोड...कानपुर...नाती...*(रुकता है)* नातिन... *(दुबारा)* नाती-नातिन...मुबारक! *(कुछ अचरज से)* नर्स, क्या मतलब?

नर्स : आगे पढ़िए!

विजय : तीनों ठीक है।...तीनों! नर्स!...तीनों?

नर्स : जी...तीनों...यह देखिए, जगमोहन जी वापस आ गए।

(जगमोहन का प्रवेश।)

विजय : *(मतलब समझते हुए)* अरे, वाह भई जगमोहन!...वाह, मेरे शेर!... *(करीब जाकर ज़ोर से हाथ मिलाता हुआ)।* पहली बार ही यह जौहर! इस रफ्तार से तो थोड़े ही दिनों में मुझे भी मात दे दोगे। खिलाओ मिठाई इस बात पर।

नर्स : इनके चेहरे पर तो मुर्दनी छाई है। ज़बान खुलती ही नहीं।

विजय : क्या बोलीं, भाभी साहिबा?

नर्स : कमाल की दिलेर हैं मिसेज़ मोहन।...जब मैंने कहा, दो हैं तो बोलीं...

जगमोहन : *(बात पूरी करता हुआ)* कि इनके सब काम बेढंगे होते हैं।

नर्स : तो आपसे भी वही बात कही?

विजय : एक लड़का और एक लड़की। तराजू के दो बराबर पल्ले।...तुम तो यार, खुशनसीब हो...मैं तो इसी फेर में हूँ कि यह पाँचवीं भी कहीं लड़की हुई तो...

जगमोहन : पाँचवीं? विजय, तुम्हारा मतलब...

विजय : *(मजबूरी के स्वर में)* हाँ, भई!

जगमोहन : खूब! *(ज़ोर से हँसते हुए विजय से हाथ मिलाता है।)* खूब!!

(तीनों ठहाका मारकर हँसते हैं।)

खँडहर

(रचनाकाल : 1943 ई.)

पात्र

नन्दलाल
मकबूल अहमद
यूसुफ
अमीना
नरगिस
नलिनी

पहला दृश्य

(चैत की पूनो की चाँदनी, जो म्युनिसिपल पार्क के इस कोने पर मन भरकर बरस रही है। बाईं ओर एक बेंच तिरछी दिशा में रखी हुई है। सामने पार्क की सीमा की 'रेलिंग' है, जिसके बीच में एक 'विकिट गेट'—दरवाज़ा दीख रहा है। दरवाज़े के ठीक पीछे नीचे उतरने के लिए सीढ़ियाँ हैं। सामने से बाहर जाने वाले व्यक्ति को दरवाज़े से निकलकर नीचे उतरना पड़ता है। उसके भी पीछे दूर पर कुछ अस्पष्ट वृक्ष-समूह और झोंपड़ियों की आकृति नज़र पड़ती है। बेंच के इधर वाले सिरे के पास एक बुझा हुआ म्युनिसिपल लैम्प है, जो चाँदनी के साम्राज्य में अकेला दुखियारा-सा खड़ा है, अँधेरे का खोया-सा प्रतीक। दाहिनी तरफ़ कुछ गमले हैं और कुछ झाड़ियाँ, जो इस स्थान के 'पार्क' नाम को सार्थक करते हैं।

चाँदनी की स्वप्निल आभा से आवृत्त ये सब साधारण पदार्थ आकर्षक और कौतूहलपूर्ण रूप धारण किए हुए हैं।

और इस अलौकिक दृश्य में दाहिनी ओर से बरस पड़ते हैं—एक बाबू। उम्र लगभग अड़तालीस बरस। चश्मा नाक की नोक के सहारे मुश्किल से ठहर पा रहा है। सिर पर गोल काली टोपी, जिस पर मैल और तेल अग्रसर हो चुके हैं। धोती और पैबन्ददार कोट पहने हैं। बगल में फाइलें, चाल में अस्थिरता, चेहरे पर परेशानी। ये हैं बाबू नन्दलाल, जिन्हें अपने चारों ओर फैली चाँदनी से कुछ मतलब नहीं।)

नन्दलाल : *(चारों तरफ़ निगाह डालते हुए आप-ही-आप बड़बड़ाते हैं।)* यहाँ भी नहीं। आख़िर यह यूसुफ मर कहाँ गया?...दफ़्तर में इतनी देर तक मैंने अकेले काम किया और दरवाज़ा बन्द करते वक़्त यह यूसुफ चपरासी नदारद। वहाँ भी देखा, उसकी कोठरी में भी झाँक आया।...सोचा यहाँ पार्क में होगा, मगर उस मरदूद का तो पता ही नहीं।...अजीब मुसीबत है!...अब ताली किसे दूँ?...*(थककर बेंच पर बैठ जाता है, लेकिन दिमाग़ मानो मशीन की तरह चल रहा है और होंठों से आप-ही-आप शब्द निकल रहे हैं, जैसे गन्दे पानी के कुंड में से कभी-कभी आप-ही-आप बुद-बुद उठा करते हैं।)* अब मेरे घर से फाइलों का बंडल कौन लाएगा?...साहब के पास 'ड्राफ्ट' कौन ले जाएगा?...क्या करूँ?...*(सहसा, मानो किसी अनजाने प्रदेश में भटक आने पर अपनी असलियत की याद आई हो।)*...अरे, लेकिन मैं यहाँ

क्यों बैठा हूँ?...*(हड़बड़ाकर उठ खड़ा होता है। फाइलें बेंच पर ही रह जाती हैं।)* घर जो जाना है—घर...।

(पर इसी बीच में वहीं दाहिनी ओर से एक और अधेड़ उम्र के बाबू आ पहुँचते हैं। ये भी उसी ढाँचे में ढले जान पड़ते हैं। पुरानी कत्थई रंग की शेरवानी बदन पर है; सिर पर उसी रंग की किश्तीनुमा टोपी। पाजामा ऐसा, जो न ढीला कहा जा सकता है, न चुस्त। गाल कुछ पिचके हुए हैं। ये हैं मुंशी मकबूल अहमद।)

म. अहमद : घर जाने का नाम भी न लीजिए, बाबू नन्दलाल!

नन्दलाल : कौन? मुंशी मकबूल अहमद? आप इधर कैसे?

म. अहमद : अरे साहब, आप ही के मकान पर तो गया था। दरवाज़ा खटखटाया तो जैसे भिड़ के छत्ते में हाथ दिया हो। आपकी बीवी निकल पड़ीं और बरस पड़ीं।

नन्दलाल : समझी होगी मैं आ गया हूँ।

म. अहमद : यही तो बात थी। लेकिन मुझ पर ज़बान के दो-चार कोड़े लग ही गए। इसीलिए मैंने सोचा कि आपको तलाश करके आगाह कर दूँ। *(बेंच पर बैठते हुए)* आज दफ़्तर में बड़ी देर लगा दी?

नन्दलाल : क्या बताऊँ, मुंशीजी! महीने की आख़िर होने की वजह से आजकल काम ही बहुत रहता है। कई रिटर्न तैयार करने पड़ रहे हैं; कई रिपोर्ट के ड्राफ्ट लिखने हैं। रोज़ देर हो जाती है। साहब इधर नाराज़ रहता है; बीवी की फटकार उधर पड़ती है।

म. अहमद : मुझसे क्या कहते हैं बाबू नन्दलाल; मैं खुद ही भुगते बैठा हूँ। प्रेस की नौकरी आसान नहीं है। दिन-दिन भर प्रूफरीडरी में आँखें फोड़ता हूँ। मालिक की घुड़कियाँ सुनता हूँ। और घर लौटता हूँ शाम के वक़्त तो वही बीवी-बच्चों की बीमारियाँ, वही नौकरानी नदारद और मकानवालों के तकाज़े।

नन्दलाल : क्या कहें साहब, आदत पड़ गई है हम लोगों को इस तरह की ज़िन्दगी की। इसी से तो कुछ मालूम नहीं देता। देखिए, आज ही मेरा साहब मुझ पर बहुत बिगड़ा। एक रिपोर्ट में कुछ ग़लत 'फिगर्स' दे दिए थे। आख़िर मशीन तो हूँ नहीं। मगर साहब बिगड़ा है तो सारा दफ़्तर ही सिर पर उठा लिया। सच कहता हूँ मुंशीजी, मेरे दिल को सख़्त तकलीफ़ पहुँची। ऐसा लगा...ऐसा लगा कि...*(रुक जाता है।)*

म. अहमद : ऐसा लगा कि ज़हर खाकर मर जाऊँ।...यही न?

नन्दलाल : बिल्कुल यही। बिल्कुल यही। जी हुआ कि ज़हर खाकर मर जाऊँ। मगर आपने क़यास खूब किया।

म. अहमद : असल बात यह है कि आज इसी किस्म के मौक़े पर मुझे भी ऐसा ख़याल आया, ठीक यह ख़याल।

नन्दलाल : क्यों! आपकी भी मालिक से झड़प हो गई थी क्या?

म. अहमद : मालिक क्या है, जल्लाद है जल्लाद! आज ही मुआयने के वक़्त एक नए कारीगर ने छुट्टी की दरख़ास्त दी। मेरी ज़बान से निकल गया—'जाने दीजिए।' तो मुझ पर उबल पड़े। 'तुम्हें क्या मतलब!' और फिर बीस बातें सुनाईं। मुझे, जो पन्द्रह बरस से उनके यहाँ काम कर रहा हूँ। मुझसे और ये लफ़्ज़। जी हुआ कि ज़हर खा लूँ।

नन्दलाल : ताज्जुब की बात है, मुंशी मकबूल अहमद! पन्द्रह बरस से आप उस मालिक की नौकरी बजा रहे हैं और अठारह बरस से मैं दफ़्तर में लकीरें पीट रहा हूँ। इस अर्से में न जाने कितने मौक़े आए होंगे, अपने-अपने मालिक से नाइत्तफ़ाकी के। पर मैं हमेशा 'जो हुज़ूर चाहें' यही कहता रहा और आप भी 'सरकार की जो मर्ज़ी'—यही जवाब देते रहे। लेकिन आज ऐसा ख़याल हमारे दिमाग़ में क्यों आया?... क्यों आया? इससे पहले क्यों नहीं आया था?

म. अहमद : आप भूलते हैं, बाबू नन्दलाल। इससे पहले भी—बहुत दिन पहले—ऐसे बाग़ी ख़यालात हमारे दिल में पैदा होते थे। उस वक़्त जब हमें और आपको 'सर्विस' किए ज़्यादा अरसा नहीं हुआ था, जब बचपन हमसे बिछुड़ा न था, जब हम और आप अपने माँ-बाप के लाड़ले थे।

नन्दलाल : आप ठीक कहते हैं, मुंशीजी। तब हमारी ज़िन्दगी में हरापन था, बाँकापन था। तब हम बोल सकते थे, भड़क सकते थे।

म. अहमद : और पाँच-दस बरस में ही वे बातें काफूर हो गईं। परकैंच परिन्दे की मानिन्द हमारे जज़्बात फड़फड़ाकर रह गए।

नन्दलाल : क्या ज़िन्दगी है हमारी! मशीन की तरह एक-सी गति से काम, एक-सी गति से खाना-पीना, सोना, बच्चे पैदा करना और उनकी परवरिश में, तीमारदारी में मर खटना।

म. अहमद : काम पर आते हैं तो किसी उमंग के साथ नहीं; दफ़्तर में मालिक से कभी बिज़नेस के अलावा कोई बात नहीं; घर पर बीवी से फिक्रों के अलावा और कुछ ज़िक्र नहीं। प्यार, मिठास, खूबसूरती—हम लोग इन सबसे हाथ धो बैठे हैं।

नन्दलाल : हम लोग हवा और धूप की नियामतों से दूर अँधेरे में सरकने वाले कीड़े-मकोड़े हैं।

म. अहमद : मगर कभी हमारी भी ज़िन्दगी थी। कभी हमारे भी अरमान थे।

नन्दलाल : कभी, हाँ कभी। मुंशी मकबूल अहमद, आज मुझे उस सुनहरे ज़माने की याद सता रही है। बीस बरस पहले जब एफ.ए. में पढ़ने कॉलेज

में आया था तब मेरे पास तन्दुरुस्ती थी, ताज़ा दिमाग़ था, दिल में फुर्ती थी, चंचलपन था।

म. अहमद : मैं भी प्रेस का काम सीखने से पहले मुंसिफ़ बनने के इरादे रखता था। मेरे जज़्बात समुद्र की लहरों की तरह आसमान को चूमने दौड़ा करते थे। गाँव में नदी के किनारे घंटों खड़ा-खड़ा लहरों के खेल और सूरज की आखिरी झलक देखा करता था। और जब जज़्बात के बवंडर के आगे रुक नहीं पाता था तो शायरी करने बैठ जाता था—शायरी।

(बैकग्राउंड में हल्की वीणा का स्वर।)

नन्दलाल : मुंशी मकबूल अहमद, एक बात पूछूँ?

म. अहमद : क्या?

नन्दलाल : आपने कभी इश्क़ किया है?

म. अहमद : *(अविश्वासभरे स्वर में)* बाबू नन्दलाल!

नन्दलाल : माफ़ कीजिएगा। पता नहीं क्यों, आज ऐसे सवाल ज़बान पर मँडरा रहे हैं।

म. अहमद : शायद आज की रात में जादू है और हम दोनों ही उसके शिकार हैं। ज़बान की बन्दिशें खुल चुकी हैं आप कहे जाइए, बाबू नन्दलाल; रुकिए नहीं!

नन्दलाल : आपको सुनकर ताज्जुब होगा कि मैंने इश्क़ किया है।

म. अहमद : नहीं, बाबू नन्दलाल। आज की रात ताज्जुब करने की नहीं है। इश्क़ मैंने भी किया है।

नन्दलाल : अपनी बीवी से?

म. अहमद : नहीं!

नन्दलाल : तो?

म. अहमद : आप सुन सकेंगे?

नन्दलाल : इसका तो जवाब आप खुद ही दे चुके हैं।

म. अहमद : तो सुनिए! *(गहरी आवाज़ में)* मैंने इश्क़ किया है एक नवाबज़ादी से।

नन्दलाल : मेरी और आपकी राहें करीब-करीब एक-सी रही हैं। मैंने जिसे प्यार किया वह भी एक दौलतमन्द की लड़की थी। उसके बाप अपने शहर के सबसे बड़े कंट्रेक्टर थे।

म. अहमद : कहाँ वे अमीरों की लड़कियाँ और कहाँ हम बाबू लोग! कैसी सपनों की-सी बातें थीं वे।

नन्दलाल : लेकिन आज वे सपने; जैसे सावन के बादलों की तरह उमड़े आ रहे हैं।...मुंशीजी, मैं भी अधेड़ उम्र का हो चला और आप भी, लेकिन आज न जाने क्यों यह न खुलनेवाला भेद होंठों से बरबस निकल पड़ता है।

म. अहमद : रह-रहकर नरगिस के लुभावने चेहरे की याद आ रही है।

नन्दलाल : नरगिस!...कितना खूबसूरत नाम है!

म. अहमद : जैसा नाम वैसी ही सूरत, वैसी ही सीरत। पहली बार ही जो देखा तो आँखें बँधी-की-बँधी रह गईं। यक़ीन नहीं होता, बाबू नन्दलाल कि कभी मुझमें भी कोई जादू था, जो उसे मेरी तरफ़ खींच सका।...मुझमें! हँ-हँ-हँ!!

नन्दलाल : रहा होगा मुंशीजी, ज़रूर आपमें कुछ जादू रहा होगा। वरना मेरी तरफ़ देखिए। एक नई खिलने लाली कली की तरह सुन्दर लड़की क्या मुझ पर रीझ सकती थी? जब मैं उससे मिला तो मैं अल्हड़ था और कुछ झेंपता भी था। और वह? उम्र में छोटी होने पर भी कैसी गहराई थी उसमें! मुझसे कहा था उसके कि प्यार एक ही को किया जा सकता है।

म. अहमद : इस वक़्त, जब हम लोगों की ज़िन्दगी पतझड़ से सूने किए गए पेड़ की तरह रह गई है, इस वक़्त उस प्यार की दुनिया की याद भी अनजानी-सी मालूम देती है। यक़ीन कीजिए बाबू नन्दलाल, किनारों को छूने के लिए बेताब पहाड़ी नदी की तरह नरगिस मेरी तरफ़ बढ़ी और मैं बेबस किनारों की तरह उसके उठान से दूर न भाग सका। मेरे मामा का मकान नवाब साहब के मकान से लगा हुआ था। नवाब साहब ने हमारी जान-पहचान को देखा। न मुझसे कुछ कहा, न उससे। अगली मई-जून की छुट्टियों में जब मैं अपने मामा के यहाँ जाने की तैयारी कर रहा था तभी सुना कि नवाब साहब मय अपनी 'फैमिली' के मसूरी चले गए हैं।

नन्दलाल : मसूरी?

म. अहमद : हाँ, मसूरी। यह सन् '29 की बात है। चन्द रोज बाद सुना कि नरगिस की शादी मसूरी में ही तय हो गई, किसी बड़े व्यापारी के लड़के से।

नन्दलाल : बड़े मज़े की बात है कि सन् '29 की गर्मियों में मैं भी मसूरी में था और वहीं नलिनी से मेरी मुलाकात हुई थी। खैर, वह किस्सा बाद को सुनाऊँगा। आप बताइए कि उसके बाद क्या हुआ?

म. अहमद : हुआ क्या? न मैंने ख़ुदकशी की, न मैं उससे मिला। दुनिया के कारोबार वैसे ही चलते रहे और मैं अपना पेट पालने की फ़िक्र में यहाँ आ गया, अपने मामा के गाँव से सैकड़ों मील दूर। और यहाँ रात के अँधेरे में जैसे रंगीन शाम खो जाती है ऐसे ही कामँ और मेहनत और फ़िक्रों की ज़िन्दगी में वह इश्क़ और उसकी याद ग़ायब हो गए।

नन्दलाल : हाँ साहब, हमें याद भी तो नहीं सताती। यह तो आज ही न जाने

क्यों बरसों के कोहरे के पीछे छिपे मसूरी के उन चन्द दिनों की तसवीर साफ़ झलक रही है।

म. अहमद : मसूरी सैर करने गए हुए थे?

नन्दलाल : हाँ। इस वक़्त तो यक़ीन नहीं आता कि मैं सिर्फ़ सैर की ख़ातिर किसी जगह जा सकता था। इस वक़्त तो सैर करना बेकार-सी बात मालूम देती है। लेकिन तब बेकार और काम की बातों में यह फ़र्क नहीं था। मैं गया था अपने वज़ीफे से बचाए हुए रुपयों से छुट्टियाँ बिताने। एक दोस्त के पास लैंडौर बाज़ार में ठहरा था और अकसर सवेरे लाल टिबे की तरफ़ निकल जाता था और बादलों को छूने वाले बँगलों को देखा करता था, और...

म. अहमद : और?

नन्दलाल : और मुंशीजी, मैं तसवीर भी बनाता था।

म. अहमद : आप?

नन्दलाल : जी हाँ, आज मुझे भी ताज्जुब होता है कि कैसे मैं पेंटिंग कर लेता था। लेकिन तब तो उस शौक में दीवाना था। किसी भी काग़ज़ पर मनमाने रंगों से उन पल-पल बदलने वाले दृश्यों की झलक लाने की कोशिश किया करता था...और वह देखा करती थी।

म. अहमद : नलिनी?

नन्दलाल : जी हाँ, उसका मकान लाल टिबे के पास ही था। एक रोज़ चुपचाप मेरे पीछे आकर खड़ी हो गई, दबे पाँव। न मालूम कितनी देर तक मेरे रंगों के खेल देखती रही और फिर बोली—तुम तो बड़ी अच्छी तसवीर बनाते हो।

म. अहमद : पहले ही रोज़?

नन्दलाल : पहले ही रोज़। मैं चौंक उठा और फिर झेंप गया। लेकिन उसके बाद हम लोगों की दोस्ती हो गई। दिल ने दिल को पहचाना। शोखी भरी अदाएँ, शरारत-भरी नज़रें, उमंग भरे सपने!—क्या ज़माना था!!

म. अहमद : लेकिन उसके बाद?

नन्दलाल : उसके बाद?...हँ-हँ...मुंशीजी, उसके बाद? आतिशबाजी ख़त्म हो जाने के बाद क्या रह जाता है? जले हुए मसाले और आँखों के आगे अँधेरा।

म. अहमद : क्या उस लड़की ने मिलना बन्द कर दिया? मामले का खात्मा कैसे हुआ?

नन्दलाल : वही पुरानी बात। कुछ ही दिनों बाद मुझे मसूरी से वापस जाना पड़ा। रुपए खत्म हो गए। घर से चिट्ठी आई कि माँ बीमार है। भाइयों की परवरिश का भी सवाल था। पढ़ाई मेरी खत्म हो गई और

बाबूगीरी शुरू हो गई। तब से बराबर ज़िन्दगी की सड़क पर चल रहा हूँ—धूल फाँकता हुआ। और उस धूल के गुबार में मसूरी के चार दिन भी धुँधले पड़ते चले गए।

म. अहमद : और नलिनी?

नन्दलाल : क्या पता! अपने पसीने और परेशानियों से उसे क्यों साना जाय!!—यही सोचकर मैंने उसकी चिट्ठियों का जवाब भी न दिया। शायद कुछ ही अर्से बाद उसकी शादी भी हो गई। बड़े बाप की लड़की थी, पति भी कोई बड़ा ही आदमी रहा होगा। *(चुप्पी)*

म. अहमद : *(कुछ देर बाद)* बाबू नन्दलाल, क्या हमारे-आपके ये अरमान यों ही दबे हुए, ठुकराए हुए पड़े रहेंगे?

नन्दलाल : आसमान के कोने में दुबकी हुई बादल की टुकड़ी अपनी बीती हुई गहराई और ढले हुए पानी की याद में सूखती रहती है।

म. अहमद : लेकन आज की रात में मस्ती है, बाबू नन्दलाल!

नन्दलाल : आज की रात चैत की पूनो है।

(नेपथ्य में किसी के गुनगुनाने और ढोलक की आवाज़।)

म. अहमद : यह कैसी आवाज़?

नन्दलाल : कोई इधर ही आ रहा है।

(एक नौजवान का प्रवेश। पोशाक उन ख़ानाबदोश बलूचियों की-सी पहने है जो अकसर शहरों में चाकू-छुरी बेचते नज़र आते हैं। लेकिन शक्ल से बलूची नहीं जान पड़ता। गले में एक ढोलकी लटक रही है जिस पर कभी-कभी उसकी हथेलियाँ थिरक जाती हैं। कुछ मस्ती, कुछ उम्मीद, कुछ उठान से वह गुनगुना रहा है—"आज हमारे मन की रानी प्यार जगाने आएगी।" दोनों बाबुओं को बिना देखे हुए वह विकिट गेट की ओर बढ़ता है।)

म. अहमद : *(उस नौजवान को पुकारते हुए)* ए-ए!

(नौजवान रुक जाता है और उन दोनों पर शान और बेरुखी की नज़र डालता है।)

नौजवान : क्या है?

नन्दलाल : *(पहचानते हुए मकबूल अहमद से)* अरे, यह तो यूसुफ मालूम देता है।

म. अहमद : यूसुफ? आपके दफ्तर का चपरासी?

नौजवान : *(तमककर कुछ नशीली आवाज़ में)* मैं आज चपरासी नहीं हूँ।

नन्दलाल : *(मकबूल अहमद से मन्द स्वर में)* पिए हुए है। *(फिर ऊँचे स्वर में)* वाह भाई यूसुफ! घंटों से तुम्हारा इन्तज़ार कर रहा हूँ और अब तुम कहते हो, चपरासी नहीं हूँ।...यह लो, दफ्तर की ताली।

यूसुफ : बाबू, हमको आज चपरासी मत बोलो। देखते नहीं यह लिबास?

म. अहमद : खानाबदोश का लिबास?

यूसुफ : जश्न का लिबास! *(ढोलक पर थाप लगाते हुए)* आज मैं जश्न पर जाऊँगा। आज चाँदनी है, बाबू!

नन्दलाल : जश्न? लेकिन उसके लिए ये कपड़े क्यों पहन रखे हैं भाई?

यूसुफ : उसके साथ जो नाचना है।

म. अहमद : किसके?

यूसुफ : *(गहरी कोमल आवाज़ में)* अमीना के साथ।

नन्दलाल : *(उत्सुकता से)* यह अमीना कौन है?

यूसुफ : *(विकिट गेट के पीछे पेड़ों और झोंपड़ियों की तरफ़ इशारा करते हुए)* देखते हो वह काफिला?—वह?

म. अहमद : खानाबदोशों का काफिला?

यूसुफ : हाँ, उन्हीं में एक लड़की है—अमीना। *(विभोर)* क्या पूछते हो बाबू, बोलती तसवीर है, बोलती तसवीर!...उसी ने तो मुझे ये कपड़े दिए हैं, वरना उन लोगों के जश्न में कैसे शामिल हो पाता? आज वहाँ नाच गाना है। *(गुनगुनाते हुए)* "आज हमारे मन की रानी..."

नन्दलाल : यूसुफ, यह गाना तो तुम्हारे मुँह से पहले कभी नहीं सुना।

यूसुफ : उसी ने तो सिखाया है। वही तो मेरे मन की रानी है बाबू, और आज रात को—पर नहीं, तुम्हें नहीं बताता, तुम क्या समझो इन बातों को।...अच्छा तो चला!—"आज हमारे मन की..." *(आगे बढ़ता है।)*

म. अहमद : *(न जाने कितना साहस समेटते हुए)* यूसुफ, हम भी आ सकते हैं?

नन्दलाल : *(मानो मकबूल अहमद को उनके पागलपने पर फटकार रहा हो।)* मुंशीजी!

यूसुफ : *(ठहाका मारकर)* हा-हा-हा!—नाचोगे या गाओगे?

म. अहमद : देखेंगे।

यूसुफ : देखोगे? पर...*(नन्दलाल की तरफ़ देखता हुआ)* नन्दलाल बाबू को तो चाँदनी भी पसन्द नहीं।

म. अहमद : लेकि आज पसन्द है। क्यों, बाबू नन्दलाल?

नन्दलाल : *(कुछ दबे स्वर में)* हूँ।

यूसुफ : बहुत?

नन्दलाल : *(आवाज़ कुछ निखर रही है।)* बहुत!

यूसुफ : दिल में मस्ती है?

म. अहमद : बहुत।

यूसुफ : तो चलो...मेरे पीछे-पीछे आओ। जहाँ मैं कहूँ वहाँ खड़े होकर देखते

रहना। बहुत करीब मत आना।...आओ—*(ढोलक पर थाप लगाता हुआ)* "आज हमारे मन की रानी..."

(विकिट गेट से बाहर होकर नीचे की तरफ़ उतरता है। मकबूल और नन्दलाल भी उसके पीछे-पीछे चलते हैं। लेकिन नीचे उतरने से पहले नन्दलाल मकबूल की बाँह पकड़कर उसे रोकता हुआ पूछता है।)

नन्दलाल : मुंशी मकबूल अहमद, क्या सच हम लोग चलें?

म. अहमद : बाबू नन्दलाल, कोई मेरे कानों में कह रहा है कि आज की रात मामूली रात नहीं है। आज हम जो चाहें, कर सकते हैं।

नन्दलाल : मुझे भी ऐसा लगता है मानो बाहर की किरणें अन्दर के अँधेरे को चीर देना चाहती हों।

म. अहमद : हम लोग जाएँगे, यह नाच-गाना देखने जरूर जाएँगे।

नन्दलाल : ज़ंजीरें टूट रही हैं। आज की रात कैसी अनोखी है!

(दोनों स्टेज के पीछे उसी राह से उतर जाते हैं। कुछ देर तक स्टेज खाली रहता है। उनींदा-सा प्रकाश। कुछ समय बाद नेपथ्य से किसी के चलने से आभूषणों की खनक सुनाई देती है। दो स्त्रियों का प्रवेश। एक तो झीना बुरका पहने हैं। दूसरी बलूची खानाबदोश की पोशाक में है। यह दूसरी उद्दाम-यौवना और एक पैनी छुरी की तरह खूबसूरत है—पैनी नाक, चंचल मुद्रा। चाँदनी के नशीले वातावरण की एक अंग जान पड़ती है।)

ब. औरत : तुम यहीं ठहरो। मैं आगे चलती हूँ। जब आवाज़ दूँ तो जिधर मैं जा रही हूँ उसी राह से आना।

बुरकेवाली : ज़्यादा देर तो नहीं लगेगी? यहाँ ज़रा वीराना-सा है।

ब. औरत : डरती हो?

बुरकेवाली : नहीं।

ब. औरत : डरो मत। इस चाँदनी में वीरानापन कैसा? यह तो दिल को आबाद करनेवाली चाँदनी है।

बुरकेवाली : अकेली नहीं रहना चाहती।

ब. औरत : तुम्हें अकेला नहीं रहना होगा।

बुरकेवाली : ऐं? क्या कोई और...

ब. औरत : *(बात काटते हुए)* यहीं ठहरो।

(और फुर्ती से उसी 'विकिट गेट' से बाहर होकर नीचे उतर जाती है। बुरकेवाली कुछ इधर-उधर देखकर अपना बुरका उठा लेती है। शलवार-दुपट्टा पहने है। उम्र करीब अड़तीस वर्ष। ढलती जवानी मगर परिपक्व सौन्दर्य। इस वक़्त उसके चेहरे पर अद्भुत चुनौती,

अवहलेना, उन्माद के भाव झलक रहे हैं जो प्रायः इस उम्र की औरतों में नहीं होते। अगर चाँदनी न होती तो शायद वह एक घरेलू और कामकाजी औरत दिखाई पड़ती। मगर न जाने कैसा जादू है इस दृश्य में कि सभी कुछ असाधारण जान पड़ता है। औरत इधर-उधर इन्तज़ारी के साथ घूमती है, कुछ गुनगुनाती भी है।

कुछ देर बाद नेपथ्य में मोटर रुकने की आवाज़। कोई मोटर का दरवाज़ा खोलता है और उसके बाद बन्द कर देता है। उसके बार एक पुरुष-स्वर—"यही ठहरूँ?" स्त्री स्वर—"न, तुम साहब को क्लब से लेकर बँगले पहुँचो। मैं पैदल वापस जाऊँगी।" पुरुष—"अकेले?" स्त्री—"हाँ, तुम जाओ।" "जो हुक्म!" दरवाज़ा खुलने और बन्द होने एवं मोटर स्टार्ट होने की आवाज़। एक हॉर्न देकर मोटर चली जाती है। थोड़ी देर बार एक स्त्री का प्रवेश। यह पहली वाली से उम्र में कुछ कम है। साड़ी, जम्पर, ज़ेवर—सभी इस बात के द्योतक हैं कि वह एक सम्भ्रान्त महिला है लेकिन आधुनिक बहुत नहीं। चेहरे पर विगत सौन्दर्य के चिह्न हैं, मगर ऐसी शुष्कता भी है जिससे जान पड़ता है कि इसने जीवन में खोया बहुत है, पाया कम। चाँदनी के महीन रेशमी-जाल में प्रवेश करते ही वह भी उस सम्मोहक दृश्य का एक अंग बन जाती है।

बुरकेवाली ने मोटर का वार्तालाप सुनते ही बुरका डाल लिया है।)

न. महिला : *(दबे कदम आगे बढ़कर, सावधानी से धीमे स्वर में)* अमीना! *(बुरकेवाली चौंक उठती है और उसे देखकर नवागत महिला भी)* ओह! तुम कौन?

बुरकेवाली : अमीना यहाँ नहीं है।

न. महिला : तुम भी अमीना को जानती हो।

बुरकेवाली : मैं उसके साथ ही आई थी।

न. महिला : उसने मुझसे भी यहीं मिलने को कहा था।

बुरकेवाली : अमीना ने?

न. महिला : हाँ।

बुरकेवाली : किसलिए?

न. महिला : मैं उसका और उसके साथियों का नाच देखना चाहती हूँ।

बुरकेवाली : इसीलिए तो मैं भी आई हूँ।

न. महिला : तुम कौन हो? बुरका हटा लो। मेरे साथ और कोई नहीं है।

बुरकेवाली : *(बुरका उठाते हुए)* यह बात नहीं। मैं अपने को ज़ाहिर नहीं करना चाहती।

न. महिला : *(उसकी ओर टकटकी लगाकर देखती हुई)* ज़ाहिर!...लेकिन मुझे तो तुम्हारी शक्ल पहचानी-सी जान पड़ती है।

बुरकेवाली : मालूम होता है हम लोग पहले भी कभी मिले हैं।

न. महिला : बहुत पहले।

बुरकेवाली : उस वक़्त जब मैं नरगिस थी।

न. महिला : नरगिस! तुम्हारा नाम नरगिस है?

नरगिस : था! मसूरी में जब मेरी शादी हुई थी उस वक़्त तक।

न. महिला : नरगिस! मसूरी में!!—तुम सन् 1929 के मई-जून में मसूरी गई थीं?

नरगिस : गई थी...*(याद कर)* ओह! तुम्हारा नाम...

न. महिला : नलिनी!

नरगिस : नलिनी! *(क़रीब जाकर नलिनी के दोनों कन्धों पर हाथ रखकर उसे ग़ौर से देखते हुए)* नलिनी!!

नलिनी : *(भावोद्रेक में)* नरगिस!

नरगिस : कितने दिनों बाद!

नलिनी : पन्द्रह बरस से ज़्यादा। तुम बदल गई हो! बहुत।

नरगिस : तुम मुझसे भी ज़्यादा। तभी तो इतनी देन लगी पहचानने में।

नलिनी : कैसे कहूँ, नरगिस! आज तुमसे मिलकर ऐसा मालूम हो रहा है जैसे हफ़्तों बादल रहने के बाद धूप छिटकी हो।

नरगिस : मसूरी में तुम्हारा साथ बिछुड़ने के बाद से मेरी भी तो ज़िन्दगी एक अँधेरी कोठरी की तरह रही है। आज, न जाने क्यों मुझे भी उजाला-सा मालूम देता है।

नलिनी : तुम्हारी तो शादी...

नरगिस : एक रईस से हुई है।

नलिनी : ऐं!...तुम तो शायद कहा करती थीं कि उसके पास रुपया नहीं है।

नरगिस : हाँ, उसके पास रुपया नहीं था।...मगर मेरी शादी उससे कहाँ हुई?

नलिनी : ओह!...नरगिस, तुम भी मेरी तरह शायद खँडहर बनकर ही रह गईं।

नरगिस : जो मैंने झेला है वह शायद तुम पर न बीता हो।

नलिनी : तो क्या तुम्हें ग़रीबी की तकलीफ़ें उठानी पड़ी हैं!

नरगिस : कभी नहीं। जहाँ मेरी शादी हुई है वह इस शहर का रईस घराना है।

नलिनी : तुम्हारे शौहर तुमसे नाराज तो नहीं रहते?

नरगिस : नहीं, उनका तर्ज़ बराबर मिलनसारी का रहा है।

नलिनी : बच्चे?

नरगिस : बच्चे हैं तीन। दो लड़कियाँ और एक लड़का। नलिनी, दुनिया की

नज़रों में मैं तक़दीरवाली और भागवान हूँ। लेकिन क्या बताऊँ तुम्हें, आज मुझे ये सारी बातें फीकी और बेकार लगती हैं।

नलिनी : यही तो मेरा तजुर्बा है, नरगिस। तुम्हें याद होगा मसूरी में मैंने उस भोले और भावुक नौजवान का ज़िक्र किया था।

नरगिस : याद है। और तुम्हारी अठखेलियाँ भी याद हैं। *(हँसी)*

नलिनी : मेरी उससे शादी नहीं हुई। वह बाढ़ की नदी में बहते हुए झाड़ की तरह मेरे किनारे पर कुछ अटका, कुछ उलझा, लेकिन फिर उसी बाढ़ के बहाव में न जाने कहाँ चला गया। मेरी शादी हुई एक और शिक्षित और अमीर कुटुम्ब में। मैं एक बड़े बँगले में रहती हूँ। दर्जनों नौकर हैं, हर तरह का आराम है। मुझे किस सुख की कमी है? कह नहीं सकती। लेकिन...लेकिन...जैसा तुमने कहा अजब फीकापन लगता है, एक ऊब-सी। तबीयत उचट रही है और मन बीते हुए सपनों की ओर दौड़ पड़ता है।

नरगिस : नलिनी, हम लोग बड़े घरों की औरतें हैं। हमको यह सब नहीं सोचना चाहिए।

नलिनी : हाँ नरगिस, तुम ठीक कहती हो। और फिर हम लोगों की अधेड़ उम्र होने आई। हमारे बाल-बच्चे हैं; हमारे ऊपर ज़िम्मेदारियाँ हैं। हमें नेकनामी का ख़याल रखना चाहिए।...इस पर भी...आज...*(रुक जाती है।)*

नरगिस : हाँ, नलिनी, हम लोगों को आज कुछ हो गया है।

नलिनी : लगता है न तुम्हें भी—मानो आज हमें कोई ऐसी चीज़ अपनी ओर खींच रही है जो इन सबसे बढ़कर है, जिससे हम अब तक बचते रहे पर जो आज हमें लाचार किए दे रही है।

नरगिस : इसमें कुछ राज़ ज़रूर है, नलिनी। इधर दो-चार रोज़ से ही चाँदनी में मेरी तबीयत बिखरने-सी लगी थी। कल जब यह खानाबदोश लड़की मेरे मकान में घुस आई तो नौकरों से मैंने उसे निकलवाया नहीं, बल्कि उससे बातें करने की तबीयत उमड़ उठी। और जब उसने आज रात के नाच-गाने का ज़िक्र किया तब तो हया-शर्म छोड़कर उसके साथ आने को मैं बेताब हो गई।

नलिनी : चाकू बेचने के बहाने वह मेरे पास आई थी। एक अजब कशिश है उसमें।

नरगिस : नलिनी, हम लोग पागल तो नहीं हो गए हैं? घर, बच्चे, शौहर सबको छोड़कर इस तरह खानाबदोशों का नाच-गाना देखने के लिए यहाँ...

नलिनी : यह कैसा बचपन है? यह कौन-सी ताक़त है?

नरगिस : नलिनी!

नलिनी : हाँ।

नरगिस : चलो, लौट चलें!

नलिनी : *(अनिश्चित)* लौट चलें?

नरगिस : हम बड़े घरों की औरतें हैं।

(स्टेज के पीछे नेपथ्य से पुरुषों और स्त्रियों के सम्मिलित स्वरों में उसी गीत की कुछ अस्पष्ट ध्वनि सुनाई पड़ती है जिसे हम यूसुफ के मुँह से सुन चुके हैं। सम्मिलित गीत की गति धीरे-धीरे तीव्र होती है, लेकिन इतनी नहीं कि बातचीत सुनाई न दे।)

नलिनी : *(हठात् नरगिस की बाँह पकड़कर)* नरगिस, सुना तुमने?

नरगिस : *(फिर से जादू चढ़ रहा है)* वे लोग गा रहे हैं।

नलिनी : कैसी चंचल तर्ज़ है। *(गुनगुनाती है।)*

नरगिस : *(बड़ी हसरत से)* वे लोग नाचते भी होंगे।

(स्टेज के पीछे मुँह से बजाई हुई सीटी की आवाज़। उसके बाद अमीना का चेहरा और कन्धे दीख पड़ते हैं।)

नलिनी : नरगिस!

अमीना : *(दूर से ही)* आओ, तुम दोनों आ जाओ।

नलिनी : वह बुला रही है, नरगिस

नरगिस : हमें चलना होगा।

(गाने का स्वर तीव्र होता है।)

अमीना : जल्दी आओ! *(दृढ़ स्वर में)* आओ, मेरे पीछे आओ। *(उधर ही वापस जाती है।*

नरगिस : हमें चलाना होगा। *(गाना तेज़ होता जाता है और ये दोनों अमीना की तरफ़ बढ़ती हैं।)* इस पुकार से नहीं भाग सकते।

नलिनी : *(चलते हुए)* कैसी अनोखी रात है यह!

(और स्टेज पर अँधेरा बढ़ने लगता है जिसमें ये दोनों उसी पीछेवाले हिस्से में उतरती हुई नज़र पड़ती हैं। ज्यों-ज्यों अँधेरा गाढ़ा होता जाता है त्यों-त्यों ही उस कोरस के शब्द साफ़ सुनाई पड़ने लगते हैं। गहरी मर्दानी आवाज़ें और बारीक मधुर आवाज़ें मिलकर अजब समाँ पैदा कर रही हैं। ढोलकी पर तेज़ी से थापें पड़ रही हैं। इन ध्वनियों में मिश्रित लेकिन स्पष्ट किन्हीं थिरकते हुए नूपुरों की रुनझुन भी कर्णगोचर होती है। यद्यपि अँधेरे में वे स्त्री-पुरुष नज़र नहीं पड़ते, लेकिन मालूम ऐसा होता है मानो कहीं पास में ही उन लोगों का संगीत और नृत्य हो रहा है।)

सम्मिलित स्वर–

आज हमारे मन की रानी प्यार जगाने आएगी,

धरती में से फूल खिलेंगे जिधर नज़र पड़ जाएगी;
और हवा में मस्तमी होगी ज्योंही वह मुसकाएगी।

स्त्री स्वर–

अरमानों के महल बनेंगे, होंठों में से गीत झरेंगे
नैनों से संदेस उड़ेंगे, ज्योंही वह मुसकाएगी।

सम्मिलित स्वर–

आज हमारे दिल की रानी...

पुरुष स्वर–

चाँद! बादलों में छिप जाओ, बुलबुल! अपने गीत न गाओ,
फूल! न गन्ध यहाँ बिखराओ, रानी तुम्हें लजाएगी।

सम्मिलित स्वर–

आज हमारे दिल की रानी...
धरती में से फूल खिलेंगे...
और हवा में मस्ती होगी...

(गीत की अन्तिम कड़ियाँ जब गाई जाती हैं तब पुनः अँधेरा कम होता जाता है। इसके साथ ही गीत की ध्वनि भी मन्द पड़ती जाती है मानो गाने वाले दूर हट गए हों। चाँदनी की धुँधली आभा फिर से व्याप्त हो जाती है।

और उस अर्धोमीलित चाँदनी में पहले एक पुरुष और स्त्री एक-दूसरे का हाथ पकड़े हुए विकिट गेट के पीछे से ऊपर आते नज़र पड़ते हैं और विकिट गेट के अन्दर आकर स्टेज़ के बीच की ओर बढ़ते हैं–मकबूल और नरगिस। उम्र उनके चेहरों से गायब हो चुकी है। आँखें किसी स्वर्गिक ज्योति से चमक रही हैं; होंठ हिल रहे हैं और न जाने कितनी मीठी बातें कहीं जा रही हैं; लेकिन हम लोगों के कानों तक वे नहीं पहुँच पातीं। हम तो सिर्फ़ देखते हैं किन्हीं अदृश्य अँगुलियों का खेल, जिन्होंने हमारे पहचाने हुए मुर्झाए पौधों को फिर से हरा-भरा कर दिया है।

प्यार की रगों में बँधे मकबूल और नरगिस आगे बढ़ते हैं और फिर दाहिनी ओर से बाहर चले जाते हैं। और उसी क्षण विकिट गेट के पीछे से एक और स्त्री-पुरुष का जोड़ा ऊपर आता है और उसी तरह आगे बढ़ता है। क्या हम-आप नन्दलाल और नलिनी को पहचान सकेंगे? भीनी वसन्ती हवा से हिलने-डुलनेवाली, ओस से धुली पत्तियों की तरह नए जीवन का स्पर्श करते हुए ये दोनों आगे बढ़ते हैं। हाथ एक-दूसरे को टटोल रहे हैं। न जाने

किन मधुर सपनों की बातों में दोनों उलझे हैं। वह भाषा हमारे-आपके कानों के परे की चीज़ है। ये दोनों भी स्टेज की दाहिनी तरफ़ से बाहर चले जाते हैं। इसके बाद चाँदनी और साफ़ हो जाती है। गाने का स्वर और भी मन्द हो जाता है। स्टेज पर कोई नहीं।

(धीरे-धीरे पर्दा गिरता है।)

दूसरा दृश्य

(दूसरे दिन की शाम। जगह वही, समय भी करीब-करीब वही। मगर पूनो के बाद पहली शाम को चाँद उगने से झिझकता है और एक मनहूस अँधेरा फैला रहता है। वैसे ही मनहूस अँधेरे में यह दृश्य बदला हुआ और अपरिचित जान पड़ता है। जो लैम्प पहले रोज़ बुझा पड़ा था, आज अपनी बदसूरत रोशनी को अभिमान से जतला रहा है। उसके अँधेरे उजाले में बेंच पर बैठे हुए नज़र पड़ते हैं बाबू नन्दलाल। वे खोए हुए बरस फिर से चेहरे पर आ गए हैं और माथे पर चिन्ता की रेखाएँ दीख रही हैं। कोट के पैबन्द उस रोशनी में स्पष्ट रूप से झलक रहे हैं। छिपे हुए आनन्द और लुटी हुई मुसकान की याद में चुप बैठे हैं। दाहिना पैर आप-से-आप हिल रहा है।

दाईं ओर से एक और अर्ध-जीवित मूर्ति का प्रवेश। वही पाज़ामा और वही अचकन इस समय कितने मैले और भद्दे मालूम होते हैं। आँखें गड्ढ़ों में धँसी पड़ी हैं और हाथ नीली नसों के जाल में फँसे हैं। चेहरे पर हवाइयाँ और पैरों में लड़खड़ाहट। ये हैं मुंशी मकबूल अहमद। आकर खड़े हो जाते हैं।)

नन्दलाल : कौन? मुंशी मकबूल अहमद?

म. अहमद : मैं ही हूँ, बाबू नन्दलाल।

नन्दलाल : आइए।

म. अहमद : मेरा क़यास ठीक निकला। ख़याल था आप यहीं होंगे।

नन्दलाल : आपने सुन लिया न?

म. अहमद : क्या?

नन्दलाल : ओह!...तो आप नहीं जानते?

म. अहमद : मैं कुछ नहीं जानता। मुझे कुछ नहीं सूझता। आपकी तलाश में आया हूँ, अपना दुखड़ा आपको सुनाने।

नन्दलाल : सुनाइए, मुंशी मकबूल अहमद। आप मुझे अपना दुखड़ा सुनाइए और मैं आपको अपना दुखड़ा सुनाऊँ। *(गहरी साँस)* इसके अलावा हम लोग कर ही क्या सकते हैं?

म. अहमद : मुझे प्रेस की नौकरी से जवाब मिल गया है। पन्द्रह साल से जो

प्रूफ-रीडरी थी, वह अब नहीं रही।

नन्दलाल : हूँ।

म. अहमद : जानते हैं क्यों?

नन्दलाल : क्यों?

म. अहमद : वह मेरे प्रेस के मालिक, ख़ाँ साहेब मुबारक अली ख़ाँ की बीवी निकली।

नन्दलाल : नरगिस?

म. अहमद : हाँ।

नन्दलाल : *(ज़ोर से ठहाका मारकर हँस देता है; कैसी सूखी और बीभत्स हँसी है यह) खूब, बहुत खूब?*

म. अहमद : आप हँसते हैं!

नन्दलाल : हाँ, मैं हँसता हूँ। हँसता हूँ उस गहरे मज़ाक पर जो ख़ुदा ने मेरे और आपके साथ किया है। ह-ह-ह!

म. अहमद : आपके साथ?

नन्दलाल : हाँ, मेरे भी साथ। नलिनी और कोई नहीं, मिसेज़ एच. नारायन है।

म. अहमद : मिसेज़ एच. नारायन? आपके अफ़सर की बीवी?

नन्दलाल : जी। आज सुबह उसे कोठी पर पहुँचाने गया तब पता चला। पहले कभी साहब की कोठी की तरफ़ क़दम भी न बढ़ाए थे, उनकी मिसेज़ को देखना तो दरकिनार। और उसके बाद अपने घर आया। जानता था कि अपनी बीवी की फटकारें पड़ेंगी। बच्चों की चिल्ल-पुकार सुनी। दफ़्तर आया। सिर में दर्द हो रहा था, आँखों में खुमारी थी। 'लंच' के बाद साहब ने अपने कमरे में बुलाया और बोले—"नन्दलाल, तुम बरख़ास्त होना चाहोगे या इस्तीफ़ा दोगे?" और मैं चला आया।

(कुछ देर दोनों चुप रहते हैं।)

म. अहमद : बाबू नन्दलाल, एक बात नहीं समझ पा रहा हूँ।

नन्दलाल : क्या?

म. अहमद : यही कि कल रात के वाक़िआत ख़्वाब थे या आज दिनभर के?

नन्दलाल : काश, आज का दिन ख़्वाब होता!

म. अहमद : तब तो हमारी पिछले पन्द्रह बरसों की सारी ज़िन्दगी ही ख़्वाब होती, सिवा कल रात के।

नन्दलाल : क्या कल की रात वापस नहीं आ सकती?

म. अहमद : कल चाँदनी थी—पूनो की चाँदनी।

नन्दलाल : आज अँधेरा है।

म. अहमद : यूसुफ ने पूछा था, "तुम्हें चाँदनी पसन्द है?" और हमने जवाब दिया, "बहुत।"

नन्दलाल : मालूम है यूसुफ कहाँ है?

म. अहमद : आप क्या उन लोगों के पड़ाव पर फिर गए थे?

नन्दलाल : अभी वहीं से आया हूँ।...वे लोग आज रात ही में दूसरी जग़ह चले जाएँगे। लेकिन यूसुफ उन लोगों के साथ नहीं है।

म. अहमद : नहीं है?

नन्दलाल : और न वह लड़की अमीना। दोनों भाग गए।

म. अहमद : इश्क़?

नन्दलाल : वह तो कल ही उनकी आँखों और तर्ज़ से ज़ाहिर था।

म. अहमद : कल मेरी तवज्जह उधर न थी। कल मेरी दुनिया दिल और यादगारों में बसती थी।

नन्दलाल : ठीक कहते हैं आप। कल हम लोग ज़माने और उम्र की पाबन्दियों के परे थे।

म. अहमद : कल हम एक गहरी और लम्बी नींद से कुछ लम्हों के लिए जागे थे।

नन्दलाल : क्या यह बेरहम नींद कल की तरह फिर हमें कुछ देर के लिए नहीं छोड़ सकती?

(फिर चुप्पी, जिसमें गूँगी हसरतें उठ-उठकर रह जाती हैं।)

म. अहमद : *(हठात् मौन तोड़ते हुए)* बाबू नन्दलाल!

नन्दलाल : जी!

म. अहमद : एक बात हो सकती है, बाबू नन्दलाल।...यूसुफ और अमीना भाग निकले हैं। क्या उसी तरह हम लोग नहीं भाग सकते?

नन्दलाल : हम लोग?

म. अहमद : आप और नलिनी; और मैं और नरगिस?

नन्दलाल : आप क्या कह रहे हैं, मुंशी मकबूल अहमद?

म. अहमद : *(उत्साह के साथ)* मैं ठीक कह रहा हूँ बाबू नन्दलाल! यह हो सकता है। यह होना चाहिए। जब यूसुफ और अमीना भाग सकते हैं तब हम क्यों न भागें? कल रात जो चाँदनी, जो प्यार की दौलत, जो खूबसूरती का आलम हम पर बरसा है, क्या हम उसे यों खो जाने दें?...*(और जोश के साथ खड़े होकर)* नहीं-नहीं यह नहीं हो सकता। उठिए, बाबू नन्दलाल! हम लोग जाएँगे और दिल की दुनिया को आबाद करेंगे।...उठिए!

नन्दलाल : *(अनिश्चित-से स्वर में)* मुंशी मकबूल अहमद!

म. अहमद : आप सोच रहे हैं! *(कुछ रुककर)* हाँ, सोचिए कि क्या और कैसे करना होगा। ज़रूर सोचिए!

('विकिट गेट' के पीछे से दूर से कुछ घंटियों की आवाज़।)

नन्दलाल : सुन रहे हैं आप यह घंटियों की आवाज़? यह उन्हीं खानाबदोशों का

काफिला उठ रहा है।

म. अहमद : अगर हम लोग भी इस काफिले के साथ भाग चलें। *(बैठ जाता है।)*

नन्दलाल : दूर, बहुत दूर। इस बेरहम और बदसूरत ज़माने से दूर, जिसने हमें बरबाद कर दिया है।

(घंटियों की आवाज़ साफ़ सुनाई देती है।)

म. अहमद : आप और नलिनी, मैं और नरगिस! वही अठखेलियाँ, वही तराने!

नन्दलाल : उस दुनिया में जहाँ हमें दिन और रात काम में नहीं पिसना पड़ेगा। जहाँ हम हँसना चाहेंगे, हँस सकेंगे! रोना चाहेंगे, रो सकेंगे।

(घंटियों की ध्वनि दूर होती है।)

म. अहमद : *(दबती आवाज़ में)* काफिला जा रहा है।

नन्दलाल : मुंशी मकबूल अहमद!

म. अहमद : फिर भी हम उठ नहीं पा रहे हैं। *(काँपते स्वर में)* उठ नहीं पा रहे हैं।

नन्दलाल : *(बेबसी से)* कौन-सी वे ज़ंजीरें हैं जो हमें हिलने नहीं देतीं?

म. अहमद : वे ज़ंजीरें, जो कल रात की चाँदनी में टुकड़े-टुकड़े हो गई थीं।

नन्दलाल : फिक्र और ठोकरें और पस्त-हिम्मती की ज़ंजीरें। आज वे फिर हमें जकड़ रही हैं।

म. अहमद : हमारी रोज़ी छिन गई है। हमें अब और कहीं पिसना है।

नन्दलाल : हमारे बच्चे बीमार हैं, बीवियाँ चिड़चिड़ी हैं। हमारी तन्दुरुस्ती बेकार है।

म. अहमद : हम दफ़्तरों की फाइल और डेस्कों से बँधे हैं। उसी आब-हवा में हम जी सकते हैं।

नन्दलाल : चाँदनी की दौलत हमारे लिए नहीं है। प्यार और खूबसूरती के अरमान हमारे लिए सिर्फ़ सपने हैं।

म. अहमद : यूसुफ में हिम्मत थी, वह अमीना को ले जा सका।

नन्दलाल : यूसुफ आदमी है; धरती का बेटा है। लेकिन हम तो बाबू लोग हैं। *(दारुण व्यंग्य-भरे स्वर में)* हमें इज्जत का ख़याल है।

म. अहमद : हमारे पास इज्ज़त है, लेकिन हिम्मत नहीं।

नन्दलाल : हम लोग खँडहर हैं।

म. अहमद : *(भग्न स्वर में)* खँडहर!

(और दोनों एक-दूसरे का हाथ पकड़े एक-दूसरे की बगल में खड़े हैं। हमें सिर्फ़ उनके चेहरों का एक तरफ़ का हिस्सा—'प्रोफ़ाइल' दीख रहा है और चूँकि म्युनिसिपैलिटी का टिमटिमाता हुआ लैम्प उन लोगों के पीछे हैं, इसलिए वे चेहरे 'सिलुएट' की तरह काले नज़र पड़ते हैं। उनकी कमरें झुकी हुई हैं और उनके अंग-अंग से

बेबसी टपक रही है। चेहरे पर ऐसी पीड़ा है जो पूरी तरह बोल नहीं सकती। ये हमारे जीते-जागते ठट्ठर हैं, जिनके प्राणों की तपन न तो बाहरी दुनिया को ही झुलसाती है और न उनको ही जलाकर खाक करती है। ये हैं हमारे समाज के जीते-जी मरने वाले शहीद।

और उधर खानाबदोशों के काफिले से घंटियों की मन्द होती हुई आवाज़ बराबर आ रही है। दिल की आज़ादी और खूबसूरती का काफिला बढ़ रहा है—बढ़ रहा है और इधर मसोसे हुए दिलों के जनाज़े भी नहीं निकल पा रहे हैं।

फैलता हुआ, गाढ़ा होता हुआ अन्धकार।

(पर्दा गिरता है।)

ओ मेरे सपने

(रचनाकाल : 1952 ई.)

पात्र

मगनचन्द
सूरजभान
गोपीनाथ
कंछी
विमला
सरिता

सूचना :

(1) इस एकांकी में जिन फ़िल्मी धुनों की परिहासस्वरूप नक़ल की गई है वे धुनें सन् 1951-52 के आसपास बहुत प्रचलित थीं और उन दिनों पाठक और दर्शक इस परिहास से पूरा आनन्द उठा सकते थे। किन्तु मौसमी कीट-पतंगों की भाँति फ़िल्मीं-धुनें भी चिर-नश्वर होती हैं और आजकल कोई शायद 1951-52 की धुनों को पहचान भी न सके। इसलिए स्टेज पर नाटक को प्रस्तुत करने से पहले यथास्थान उन धुनों की नक़ल उतारकर रखने की चेष्टा कीजिए जिनसे तत्कालीन दर्शक परिचित हों।
(2) इस एकांकी में फ़िल्म-अभिनेताओं या अभिनेत्रियों के नामों का किसी जीवित व्यक्ति या व्यक्तियों से कोई सम्बन्ध नहीं है और न लेखक का आशय किसी भी व्यक्ति पर किसी तरह का आक्षेप करने ही का है।

पहला दृश्य

(स्थान : किसी भी नगर का एक रेस्तराँ, कॉफी-हाउस जहाँ कोई विश्वविद्यालय है। रेस्तराँ के इस हिस्से में तीन-चार मेज़ हैं, हर एक के चारों तरफ़ कुछ कुर्सियाँ। पीछे एक दरवाज़ा है, जिस पर एक पर्दा टँगा है और ऊपर लिखा है—'मैनेजर'। एक नौकर सामान लेकर उसी दरवाज़े से आता-जाता है। बाकी लोगों के लिए आने-जाने का मार्ग दाहिनी ओर है। दीवारों पर विविध भाँति के कैलेंडर और पोस्टर लगे हैं। सन्ध्या बीत चुकी है, लगभग साढ़े आठ बजने को आए हैं। गाहक छँट गए हैं। बचे हैं तीन शौकीन जो आदत से मजबूर होने के कारण रेस्तराँ को घोंसला माने हुए हैं। तीनों युवक हैं। चाय का दौर चल रहा है और बुलन्द आवाज़ में वाद-विवाद भी।)

सूरजभान : नहीं मगनचन्द, नहीं, नहीं! तारिणी का मुक़ाबिला तारा क्या, कोई भी फ़िल्म-एक्ट्रेस नहीं कर सकती। याद नहीं है, जब तारिणी ने परेश की हथेली पर एक पैर और घोड़े पर दूसरा पैर रखकर दो-गाने की लड़ी गाई थी?

गोपीनाथ : वही न? *(गाता हुआ)*
'भोले भोले, मन के घोड़े,
एजी, मुझको उड़ाए चलो![1]

सूरजभान : और तभी घोड़ा भाग निकलता है।

मगनचन्द : तारिणी को लेकर?

सूरजभान : जी नहीं। इसके मानी यह है कि आपने इस फ़िल्म को देखा ही नहीं है।

मगनचन्द : बात यह है सूरजभान, कि उन दिनों छमाही इम्तिहान हो रहे थे।

गोपीनाथ : उससे क्या होता है? हम तो इम्तिहान के दो पेपरों के बीच मैटिनी शो देख चुके हैं।

सूरजभान : मतलब यह कि आप नहीं जानते कि घोड़े के भाग निकलने पर तारिणी कहाँ गिरती है?

मगनचन्द : *(उत्सुकता से)* कहाँ गिरती है?...बताओ न, गोपीनाथ।

सूरजभान : *(विजयोल्लास-सहित)* परेश की गोद में।

मगनचन्द : गोद में?

---

1. प्रसिद्ध फ़िल्मी गीत 'गोरे गोरे, मन के भोले' की तर्ज़ पर।

ओ मेरे सपने—पहला दृश्य

सूरजभान : *(उमंगपूर्ण स्वर)* परेश एक हाथ से उसकी टाँगें सँभालता और दूसरे से उसकी बाँहें पकड़ता है?

मगनचन्द : बाँहें पकड़ता है?

गोपीनाथ : *(दूसरा विजयोल्लास)* और तारिणी सहारा लेने के लिए परेश की गर्दन में हाथ डाल देती है।

मगनचन्द : *(मानो उछल ही पड़ेगा)* गर्दन में हाथ?

सूरजभान : जी! और परेश की ओर हसरतभरी नज़र से देखने लगती है।...बड़ी ही प्यारी सूरत लगती है उन दोनों की उस समय!

मगनचन्द : *(गहन उत्सुकता से)* तब...उसके बाद क्या होता है?

सूरजभान : *(कुछ सोचता-सा)* उसके बाद...

मगनचन्द : *(चरम उत्सुकता से)* हाँ, उसके बाद...

(रेस्तराँ के नौकर कंछी का प्रवेश।)

कंछी : बाबूजी, गरम चिप्स तैयार हैं।

मगनचन्द : *(कुछ झुंझलाहट से)* गरम चिप्स!...उँह!

सूरजभान : *(कुछ आश्वस्त होकर)* गरम चिप्स!

गोपीनाथ : चिप्स!...अच्छा, ले आओ, कंछी।

मगनचन्द : लेकिन गोपी, बताओ न, उसके बाद तारिणी और परेश क्या करते हैं?

गोपीनाथ : उसके बाद...उसके बाद तो वही गाना होता है।

मगनचन्द : *(निराशोच्छ्वास)* गाना! बस?

गोपीनाथ : वही गाना। *(गाता हुआ)*

'मैं तुझको कार ले दूँगा, ओ चन्दा।'[1]

(कंछी चिप्स की तश्तरियाँ रखकर चला जाता है।)

सूरजभान : बस, उसी सीन को देखकर मैंने यह बुशशर्ट पहननी शुरू की...देखते नहीं, तारिणी की तसवीर इसकी पॉकिट पर छपी हुई है। 'दिल के आईने में है तसवीर यार की, जब ज़रा गर्दन झुकाई देख ली!'

मगनचन्द : मैंने भी अपनी पतलून का स्टाइल बदल लिया, जब से तारा को देखा 'फ़व्वारा' फ़िल्म में।

गोपीनाथ : वही न, जिसमें पतलून पहने हुए कीचड़भरे खेतों के बीच से गुज़रती है।

मगनचन्द : क्या अदा है तारा की उस समय! पतलून की जेबों में हाथ, आँखों में अरमान, पैरों में चंचलता और होंठों पर गीत। *(गहरी साँस लेता हुआ)* हाय री तारा! तुझे भूलने के लिए मैं आँखें बन्द करता हूँ *(आँखें बन्द करता है)* तो तेरी वह बाँकी छवि मेरी बन्द आँखों में भी

1. फ़िल्मी गीत 'मैं तुमको प्यार कर लूँगा, ओ चन्दा!' की तर्ज़ पर।

चमककर मेरे दिल में और भी अँधेरा भर देती है। *(बन्द आँखों झूमता है।)* तारा!...तारा!

सूरजभान : और तारिणी। मेरी तारिणी!...हे मधुर तारिणी, तेरी तसवीर की झाँकी लेते ही *(बुशशर्ट पर छपी तसवीर को देखता है।)* मैं इतना मदहोश हो जाता हूँ कि कोई चाहे तो मेरा ऑपरेशन कर दे। *(देखते-देखते आँखें झपक जाती हैं।) तारिणी! तारिणी!*

गोपीनाथ : दोनों-के-दोनों अपनी-अपनी आराध्या के ध्यान में मग्न हैं। अब मैं क्या करूँ?...हाँ, 'फव्वारा' फ़िल्म में हीरो का दोस्त क्या करता है?...क्या करता है?...वह लड़की के बाप यानी सेठ के पास जाकर कहता है—"सेठ, तुम्हारे सीने में दिल है? दिल में खून, खून में रंगत, रंगत में..." लेकिन, लेकिन यहाँ न तो तारा का बाप है, न तारिणी का पापा! तब...तब तो गरम चिप्स की ही एक प्लेट और मँगा लूँ? कंछी! कंछी!

(दाहिनी दरवाज़े से एक अद्यतन सभ्य महिला का प्रवेश। नैसर्गिक सौन्दर्य के होते हुए भी लिपस्टिक, पाउडर इत्यादि का आवरण स्पष्ट है, लेकिन अतिशय नहीं। पोशाक—शलवार, कमीज़, कढ़ी हुई वास्कट या जो भी तत्कालीन फ़ैशन है। कमसिन है या जान पड़ती है, यह तो आजकल के सौन्दर्य-उपादानों की बदौलत हम-आप निश्चित रूप से कह ही नहीं सकते। हाँ, महिला के रूपवती होने में सन्देह की गुंजाइश नहीं है। हाथ में पर्स, नए ढंग का बटुआ है। और नाम रख लेते हैं सरिता।)

सरिता : *(गोपीनाथ के निकट आकर)* क्या आप ही इस रेस्तराँ के मैनेजर हैं?

गोपीनाथ : *(इस अप्रत्याशित सौन्दर्यवर्तुल की लपेट में आता हुआ-सा।)* मैं... मैं...मैनेजर। *(आँखें सरिता पर गड़ी हैं, लेकिन मगनचन्द को एक हाथ से हिलाता हुआ)* मगनचन्द, मगन...!

(मगनचन्द आँखें खोलकर भौंचक्का-सा सरिता की ओर देखता है।)

सरिता : क्या ये मैनेजर हैं?

गोपीनाथ : *(वही दशा)* मैनेजर। *(इस बार सूरजभान को हिलाता है।)* सूरजभान! सूरज...!

सरिता : तो क्या *(सूरजभान की तरफ़ इशारा करती हुई)* ये मैनेजर हैं?

गोपीनाथ : मैं...मैनेजर। *(कंछी आता हुआ दीखता है।)* हाय, मैं...मैनेजर क्यों न हुआ!...कंछी!

कंछी : *(सरिता के निकट आकर)* क्या हुकम है, बीबी जी? चाय लाऊँ?

सरिता : नहीं। हमें एक पैकिट कॉफ़ी की ज़रूरत है। सुना है, इस रेस्तराँ में कॉफ़ी ताज़ा पीसकर सप्लाई की जाती है।

कंछी : जी...जी...हाँ। अन्दर ऑफिस में मैनेजर साहब बैठे हैं। मैं अभी उन्हें ख़बर देता हूँ।

सरिता : मैनेजर साहब ऑफ़िस में हैं?...हूँ। *(गोपी और उसके साथियों पर प्रतारणापूर्ण दृष्टि डालती हुई)* ठहरो, मैं भी चलती हूँ।

(कंछी और सरिता मैनेजर के ऑफ़िस में घुस जाते हैं।)

सूरजभान : गोपी, गोपी! यह मैंने क्या देखा?

गोपीनाथ : काश, मैं मैनेजर होता!

मगनचन्द : गोपी, यह स्वप्न था या सत्य?...ठीक वही सूरत, ठीक वही मुद्रा!

सूरजभान : *(मगनचन्द पर चुनौतीपूर्ण दृष्टि डालते हुए)* क्या मतलब तुम्हारा, ठीक वही सूरत, ठीक वही मुद्रा! क्या तुम समझते हो कि खुशबू की महक की तरह जो यह लड़की यहाँ आई थी वह...

मगनचन्द : ठीक तारा की तरह है! बिल्कुल वही छवि, वही बाँकी मुसकान, वही...

सूरजभान : मगनचन्द, तुम्हारी आँखें हैं या बटन? क्या तुम देख नहीं पाते कि यह जो लड़की बिजली की तरह चमकी और आशा की तरह ओझल हुई, वह और कोई नहीं, हज़ारों की आँखों की ज्योति और मेरी कल्पना की देवी, तारिणी की हू-बू-हू तसवीर थी। अरे, मैंने जो आँखें खोलीं तो समझा कि इस बुशशर्ट वाली तसवीर की छाया किसी शीशे में पड़ रही है!

मगनचन्द : सूरजभान, तुम मेरे दोस्त हो, लेकिन इसके माने यह नहीं कि मैं तुम्हें एक अनिंद्य सुन्दरी की निन्दा करने दूँ। भला जो तारा के अनुरूप है, उसकी तुलना क्या तारिणी-जैसी छिछोरियों से की जानी चाहिए।

सूरजभान : मगनचन्द, याद है 'पोखर की सुन्दरी' फ़िल्म में हीरो ने उस बकवासी का क्या इलाज किया था?

मगनचन्द : क्या किया था?

सूरजभान : उसने उसे बाएँ हाथ से उठाकर उछाल दिया था जिससे वह पेड़ की डाल पर जा अटका था।...आज तारिणी की झलक पाकर मेरे खून में भी वही जोश उमड़ रहा है।

मगनचन्द : सूरजभान, तुम्हारी ये खोखली धमकियाँ मुझे डिगा नहीं सकतीं। मैंने न जाने कितनी बार तारा की खातिर अपना खून बहाया है—अनगिनती सपनों में!

(दोनों एक-दूसरे की ओर संघर्ष-कटिबद्ध मुद्रा से देखते हैं और कमीज़ों की आस्तीनें चढ़ाते हैं। परिस्थिति में तनाव और क्षणभर का नीरव।)

गोपीचन्द : दोस्तो, थोड़ा और, थोड़ा और!...

सूरजभान : *(झुँझलाहट से)* क्या थोड़ा और?

गोपीनाथ : *(सोत्साह)* तुम दोनों थोड़ा और लड़ो। एक-दूसरे पर कुर्सियाँ से वार करो। और तब 'बीस महल' के हीरो की तरह तुम में से एक घायल हो जाएगा। माथे से खून बहने लगेगा।

(नाटकीय मुद्रा।)

मगनचन्द : दोनों के?

गोपीनाथ : किसी एक के।...और तब मैं विश्वासपात्र मित्र की तरह भागा-भागा जाऊँगा, और बुला लाऊँगा उसी खूबसूरत बला को, जो अभी अन्दर गई है। कहूँगा उससे...

मगनचन्द : क्या कहोगे?

गोपीनाथ : कहूँगा—"चलो मेरे साथ और देखो तुम्हारी नादान खूबसूरती ने क्या ग़ज़ब ढाया है।"...बदहवास-सी वह दौड़ी आएगी। बाल बिखरे होंगे, मगर पाउडर जमा होगा। और आते ही वह गिर पड़ेगी।

मगनचन्द : कहाँ?

गोपीनाथ : तुम पर, मगनचन्द...या सूरजभान तुम पर...जो भी घायल होगा... जिसके भी माथे पर से खून बह रहा होगा। *(दोनों अपना-अपना मस्तक सहलाते हैं, शायद खून हो!)* सिर गोद में ले लेगी। आहिस्ता से बालों को सहलाएगी।...शायद खून भी पोंछे।...मैं उसकी तरफ़ दर्द-भरी नज़र से देखता होऊँगा और उसकी डबडबाई आँखें अपने घायल हीरों पर लगी होंगी।...और तब...

सूरजभान : *(चरमोत्सुकता से आप्लावित)* और तब?

गोपीनाथ : और तब, दबे हुए, भीतरी आँसुओं से, गीले गले से, उसका मन्द, जादू भरा स्वर निकलेगा।...वही गाना...अरे वही गाना!

(गाता है।)

इक आम के टुकड़े चार हुए,
इक यहाँ गिरा इक वहाँ गिरा।
पर हाय तुझे क्या मिला सनम,
गुठली भी नहीं, गूदा भी नहीं।
छिलके पे भला क्यों फिसल पड़ा,
मेरा दिल भी तो था, चिकना-सा घड़ा,
चिकना-सा घड़ा, चिकना-सा...।[1]

(गाने के समाप्त होने से पहले ही मैनेजर के दफ्तर वाले दरवाजे से सरिता आती है और पीछे-पीछे चार पैकिट लिए कंछी। गाना

---

1. फ़िल्मी गीत 'इक दिल के टुकड़े हज़ार हुए' की तर्ज़ पर।

सुनकर सरिता कुछ ठिठकती है। तीनों को देखकर कुछ मुसकराती है, फिर आहिस्ता से खखारकर दाहिने दरवाज़े से बाहर निकल जाती है। पीछे-पीछे कंछी।

सहसा उसके ओझल होते हुए दुपट्टे पर सूरजभान और मगनचन्द की निगाह पड़ती है और गीत के जादू से मानो छिटककर खड़े हो जाते हैं और फिर एक साथ गोपी का हाथ पकड़कर झकझोरते हैं।)

सूरजभान : गोपी! गोपी!

(गोपी गाए जा रहा है।)

मगनचन्द : गो...ओ...पी!

गोपीनाथ : *(इस विघ्न से झुँझलाकर गाने को अधूरा रोककर)* क्यों गला फाड़ रहे हो?...सारा मज़ा ही किरकिरा कर दिया।

मगनचन्द : अरे...वह...तो चली गई।

गोपीनाथ : वह?

सूरजभान : नादान दोस्त से दाना दुश्मन अच्छा। न मुझे तारिणी मिली और...

मगनचन्द : न मुझे तारा!

गोपीनाथ : तुम्हारा मतलब है कि जो लड़की अभी कॉफ़ी लेने आई थी वह...वह चली गई?

सूरजभान : जी हाँ।...और आप गाते ही रहे। *(मुँह बनाते हुए)* चिकना-सा घड़ा...चिकना-सा घड़ा।

गोपीनाथ : *(कुछ रुककर)* हूँ! *(सोचता हुआ)* लेकिन...लेकिन यह हो कैसे सकता है?

सूरजभान : क्यों नहीं?

मगनचन्द : तुम भी, गोपी...

गोपीनाथ : (अधिकारपूर्ण स्वर में) क्योंकि ऐसा किसी भी फ़िल्म में नहीं हुआ।...याद करो। हीरोइन सामने से निकल जाए और हीरो के कान पर जूँ भी न रेंगे।

मगनचन्द : तुम अपने को हीरो समझते हो क्या?

सूरजभान : मेंढ़की को भी जुकाम होने लगा।

(कंछी का प्रवेश।)

गोपीनाथ : यह लो, कंछी वापस आ गया।...क्यों भई कंछी, कहाँ गई वह ?

कंछी : कौन, बाबूजी?

गोपीनाथ : अरे वही, जो मैनेजर साहब को पूछ रही थी।

कंछी : यह तो मालूम नहीं, किधर जा रही हैं वह बीबीजी। पर मैं कॉफ़ी के पैकिट उनकी मोटर में रख आया हूँ।

(दूसरी मेज़ पर से ट्रे उठाता है और दीवार पर टँगा झाड़न।)

सूरजभान : मोटर!

मगनचन्द : मोटर! उनकी मोटर!!...कंछी, मोटर चली गई क्या?

कंछी : मेरे सामने तो गई नहीं थी! ड्राइवर तो दीखा नहीं। शायद ख़ुद चलाती हैं।

सूरजभान : ख़ुद चलाती हैं?...मगन, वह मोटर ख़ुद चलाती हैं!

मगनचन्द : और मोटर अभी गई नहीं है, सूरज!...अभी...

सूरजभान : मौक़ा है। बिल्कुल वैसा ही जैसा परेश ने तारिणी के लिए...

मगनचन्द : जैसा मंजन ने माला के लिए...

गोपीनाथ : किस फ़िल्म में?

(लेकिन सूरज और मगन उसकी उपेक्षा ही करते हैं।)

सूरजभान : मगर, अभी चलो!

मगनचन्द : फ़ौरन चलो, सूरज, फ़ौरन!

(दोनों तेज़ी से बाहर की तरफ़ भागते हैं। गोपी पीछे-पीछे पुकारता जाता है।)

गोपीनाथ : अरे भई, मुझे तो बताओ, किस फ़िल्म में? सूरज! ओ मगन, मगन,...

(प्रस्थान)

कंछी : *(प्लेट और प्याले ट्रे में रखता हुआ)* ख़ब्ती हैं तो क्या, इन्हीं बाबुओं की बदौलत तो होटल चलता है।...सबेरे चाय-चिप्स, दोपहर को चाय-चिप्स, शाम को सनीमा से पहले चाय-चिप्स, सनीमा के बाद चाय-चिप्स। सनीमा न देखें तो चाय-चिप्स हज़म कैसे हों?...हमारे भी पैसेवाले माँ-बाप होते तो मज़ा करते।...होटल में चाय-चिप्स उड़ाते और देखते रोज़ सनीमा।...यहाँ तो 'नाइट शो' में पाँच आने का टिकट तक़दीर में लिखा है।...घर पहुँचे तो कमबख़्त घरवाली की समझ में सनीमा नहीं आता।...काटने को दौड़ती है, काटने को।...क्या हीरोइन मिली है हमें भी!...*(भौंड़े स्वर में गुनगुनाने लगता है।)* :

मौसम बहार है।
बीवी बेकार है,
आ जा प्यारी मौत अब तेरा इन्तज़ार है।

(विमल का प्रवेश। पैंट, कमीज़। उम्र लगभग तीस-बत्तीस वर्ष। हाथ में काग़ज़ का पैकिट। चश्मा पहने है। गठा हुआ बदन! रंग-ढंग और व्यक्तित्व आत्मविश्वासपूर्ण। बातचीत में अनायास सहजपन। लेकिन इस समय कुछ भटका-सा जान पड़ता है।)

विमल : ए मिस्टर!

कंछी : *(चौंककर)* जी!

विमल : मैंने कहा, बेरा, इस रेस्तराँ में ताज़ा कॉफ़ी के पैकिट मिलते हैं?

(कंछी सँभलकर अपनी व्यवसाय-बुद्धि पर आ गया है।)

कंछी : जी...जी...हाँ, हुजूर।...मैनेजर साहब आपके सामने ही मशीन में कॉफ़ी पीसकर पैकिट में भर देंगे...इधर चलिए, मैनेजर साहब के कमरे में...*(चलते-चलते)* अभी तो एक बीबीजी चार पैकिट लेकर गई हैं।

विमल : *(रुककर)* गईं?

कंछी : जी, गईं!...क्या हुआ, हुजूर?...*(विमल को वापस होता देख)* ओहो, तो आप भी उन बीबीजी के ही पीछे...

विमल : क्या मतलब तुम्हारा?

कंछी : अजी साहब, अभी-अभी तीन बाबू लोग तो उन्हीं के पीछे-पीछे भागे गए हैं।

विमल : तीन बाबू लोग...क्यों?

कंछी : आप लोग सब जवान आदमी हैं, हमसे क्या पूछते हैं?

विमल : अच्छा, यह बात है। किस तरफ़ गए हैं वे लोग? दरवाज़े पर तो मिले नहीं।

कंछी : मैं तो मोटर पूरब की तरफ़ चंचल स्टोर्स के सामने छोड़ आया था। आप पच्छिम से आए होंगे।

विमल : चंचल स्टोर्स? साड़ियों की दुकान?...अच्छा...अच्छा तो भई, चाय लाओ। *(एक मेज़ के पास बैठ जाता है।)*

कंछी : कॉफ़ी के पैकिट नहीं लीजिएगा?

विमल : अभी नहीं।..कौन हैं वे बाबू लोग?

(नेपथ्य में बातचीत का स्वर सुन पड़ता है।)

कंछी : लीजिए, जान पड़ता है, वे लोग वापस ही आ गए। *(दरवाज़े की ओर झाँकता है।)*

विमल : आ गए। साथ में...

कंछी : *(विमल की तरफ़ देखकर मुसकुराता हुआ)* बीबी जी नहीं हैं।

विमल : नहीं हैं? *(खड़ा होता है। फिर कुछ सोचकर बैठता हुआ)* खैर, तुम चाय लाओ और देखो...एक प्लेट चिप्स भी।

कंछी : जी।

(गोपी, सूरज और मगन का ज़ोर-ज़ोर से बातें करते हुए प्रवेश।)

गोपीनाथ : कंछी! लाओ और तीन प्याला चाय और चिप्स। गए तो थे हॉस्पिटल का खाना खाने, मगर तक़दीर में तो लिखी थी यहाँ की चाय और चिप्स।

(कंछी अन्दर जाता है। विमल सिगरेट पीता हुआ ध्यान से सुनता है।)

सूरजभान : मगन, अगर तुमने ज़रा सूझ-बूझ से काम लिया होता तो हम में से

एक तो उसकी मोटर से धक्का खाकर गिर ही पड़ता। फिर तो उसी की मोटर में हॉस्पिटल ले जाए जाते। उसी के कोमल हाथों से सेवा-सुश्रुषा होती और जैसा 'हड़कल' फ़िल्म में हुआ है, मौत की बीमारी मुहब्बत की बीमारी में तबदील हो जाती।

मगनचन्द : मुझे क्या मालूम था कि वह मोटर को आगे न ले जाकर बैक करके ले जाएगी। आगे ले जाती तो हम लोग मुस्तैद थे ही, ज़रूर टक्कर लगती, मगर वह ज़ालिम तो झट से मोटर बैक करके उड़ा ले गई और हम देखते ही रह गए।...तारा की मोटर तो हमेशा आगे ही जाती है, चाहे रास्ते में आदमी हों, चाहे गधे।

सूरजभान : लेकिन तारिणी तो मोटर बैक करने में इनाम पा चुकी है।

मगनचन्द : फिर वही बात, सूरजभान!...कहाँ राजा भोज...

गोपीचन्द : *(बीच-बचाव करता हुआ)* तुम दोनों ही ने ग़लती की, सूरजभान, मगनचन्द! मुझसे बिना पूछे जब किसी काम में तुम दोनों ने हाथ लगाया, वही बेकार गया।

सूरजभान : तुम बड़े अफ़लातून हो न!

गोपीनाथ : *(इस बात पर कान न देता हुआ)* मगन, 'दिल की सवारी' फ़िल्म की याद है?

मगनचन्द : हाँ। वही न...

गोपीनाथ : हाँ, वही जिसमें हीरोइन अकेले मोटर ले जा रही है। बस, वही तरकीब थी। मैं जाता और एक साथ उस पर हमला करके एक रूमाल से उसका मुँह बाँध देता और दूसरे से उसके हाथ। स्टीयरिंग ह्वील छीन लेता। मोटर तेज़ हो जाती। उसी वक़्त तुम आ पहुँचते।

सूरजभान : कहाँ से?

गोपीनाथ : कहीं से भी। बस, चलती गाड़ी में छलाँग मारकर उसे बचाने की नीयत से तुम पीछेवाली सीट पर बैठ जाते और मुझे छुरा दिखाते। मैं डरकर स्टीयरिंग ह्वील तुम्हारे हवाले कर देता। उस लड़की को तुम मुक्त करते और वह कृतज्ञता भरी आँखों से तुम्हें देखती।

(मगनचन्द और सूरजभान विस्फारित नयनों से एकाग्रचित्त होकर सुन रहे हैं, मानो समूचा व्यापार उनकी आँखों के सामने हो रहा हो।)

गोपीनाथ : उसके बाद जानते हो क्या होता?

मगनचन्द : बताओ न!

गोपीनाथ : उसके बाद सुहावने जंगल के बीच पहुँचकर मोटर का पेट्रोल ख़त्म हो जाता। तुम लोग उतरते। चारों ओर फूल से लदे वृक्ष, भीनी-भीनी हवा, चिड़ियाँ चहक रही होतीं...और उसी समय वह लड़की गाना शुरू

कर देती। अरे, वही गाना—'ओ ओ...'

(गाना शुरू ही करता है कि कोनेवाली मेज़ पर से विमल बोल उठता है।)

विमल : *(अपने ही स्थान से)* लेकिन जनाब, इस सिलसिले में दो बातें आप भूल गए। एक तो यह कि आप में से कोई मोटर चलाना भी जानता है या नहीं?

(इस विघ्न से तीनों चौंक जाते हैं और विमल को देखने लगते हैं। उधर विमल आत्मविश्वास के साथ सिगरेट पीता हुआ, धुएँ के नाना आकार उड़ा रहा है।)

सूरजभान : मोटर चलाना?...मैं तो नहीं जानता।

मगनचन्द : मैं भी तो नहीं।

गोपीनाथ : *(सहसा विघ्नकर्त्ता की उद्दंडता का ध्यान करते ही)* हम लोग मोटर चलाना न जानते सही, लेकिन...*(जरा तेज़ी से)* लेकिन साहब, आप कौन होते हैं दखल देनेवाले?

विमल : *(अपनी कुर्सी से उठकर उन लोगों की मेज़ के निकट आता हुआ और गोपी की बात को अनसुनी करता हुआ)* और दूसरी बात यह है कि उस लड़की के दाँत बड़े तेज़ हैं, बड़े पैने। *(उन लोगों की मेज़ के पास खड़ा होकर)* जो सज्जन उसके मुँह पर कपड़ा बाँधते, उनकी उँगलियों की ख़ैर नहीं!

गोपीनाथ : *(कुछ चिन्तित स्वर में)* उँगलियों को काट लेती!

विमल : *(कृत्रिम गाम्भीर्य)* जी हाँ, हड्डी समेत?

(गोपी कुछ सिहर उठता है। चाय और चिप्स लिए हुए कंछी का प्रवेश। सूरजभान वगैरह की चाय और तश्तरियाँ उस मेज़ पर रखता है और फिर विमल से पूछता है।)

कंछी : हजूर की चाय भी?

सूरजभान : *(सोचता-सोचता नई सूझ के आवेश में)* लेकिन, लेकिन साहब... आपको कैसे मालूम कि उसके दाँत इतने तेज़ हैं, मिस्टर...

विमल : विमल। मेरा नाम विमल है।

मगनचन्द : *(सूरजभान की सूझ से शह पाकर)* हाँ, आपको कैसे मालूम, मिस्टर विमल?

विमल : मुझको कैसे मालूम?...*(कंछी से)* अच्छा भई, मेरी चाय और चिप्स भी इसी मेज़ पर रख दे।...*(उन लोगों से)* क्यों साहब, बैठ सकता हूँ?

तीनों : जी-जी...बैठिए...बैठिए!

(कंछी प्याले और प्लेट रखकर अन्दर चला जाता है। विमल कुर्सी खींचकर उसी मेज़ के पास बैठ जाता है।)

विमल : *(बड़े तपाक से, चम्मच से चाय मिलाता हुआ)* बात यह है कि आप लोगों की तरह मैं भी उसके प्रेम में डूब चुका हूँ,...और मुझे उसके दाँतों के कारनामों का तजुर्बा है।

गोपीनाथ : अच्छा; उसने आपको भी दाँतों से काटा?

सूरजभान : कहाँ काटा?

मगनचन्द : चेहरे पर तो काटने का निशान नहीं दीख पड़ता।

विमल : इतनी तकदीर कहाँ, मिस्टर मगनचन्द! लेकिन उसके दाँतों की तेज़ी मैंने देखी है जबकि दो मोटे अखरोट मेरे देखते-ही-देखते उसके दाँतों के बीच ऐसे चकनाचूर हो गए, जैसे चक्की के पाटों के बीच में धुन।

सूरजभान : *(निराश स्वर में)* अखरोट!

विमल : जी हाँ, छिलके-समेत।

मगनचन्द : *(उसी निराश स्वर में)* अखरोट!...हम तो समझे थे...

विमल : *(लम्बी साँस खींचता हुआ)* काश, वह नौबत आ पाती, मगन बाबू! बात यह है कि मेरे प्रेम के बादल पहाड़ की चोटियों पर सतरंगी छटा दिखाने ही लगे थे कि उनको पकड़ने के लालच में मैंने एक ऐसी नादानी कर डाली कि...बस...

सूरजभान : क्या हुआ?

विमल : क्या बताऊँ! बादल तो गायब हो गए, और रह गया एक नाला, बराबर बहता हुआ पानी—कभी उछलता-कूदता, लेकिन अकसर धीमी रफ़्तार से बहता हुआ।

मगनचन्द : निराश प्रेमी के आँसुओं की धारा!

विमल : अब आप जो समझ लें।

(आँसुओं को रोकने का नाट्य। जेबों में रूमाल टटोलता है, लेकिन मिलता ही नहीं।)

सूरजभान : मेरा रूमाल लीजिए।

(रूमाल पकड़ाता है।)

विमल : *(भरे गले से रूमाल से आँखें पोंछता हुआ)* थैंक यू!...अब कितने रूमाल रखूँ। दर्जनों रोज़ गीले हो जाते हैं।

गोपीनाथ : *(एक प्रसिद्ध फ़िल्मी तर्ज़ को करुण स्वर में गुनगुनाता हुआ)* 'जब याद किसी की आती है...'

मगनचन्द : ट्रेजेडी! दिल दहलाने वाली ट्रेजेडी!

सूरजभान : कौन-सी वह नादानी थी जिसने आपको यह दिन दिखाया?

विमल : वह नादानी...जी, मौक़ा आने पर उसका हाल भी आपको बतलाऊँगा ताकि आप लोगों पर वह न गुज़रे जो मुझ पर गुज़र चुकी है।...लेकिन मुझे विश्वास हैं कि आपको मेरी सीख की ज़रूरत नहीं पड़ेगी।

सूरजभान : क्यों?

विमल : क्योंकि मेरी तरह आप लोगों की शिक्षा अधूरी नहीं रही।

गोपीनाथ : आप तो पहेलियों में बात करते हैं, मिस्टर विमल!

विमल : बात यह है गोपी बाबू कि जब मैं यूनिवर्सिटी में पढ़ता था, तब महीने में एक ही बार सिनेमा देख पाता था!

तीनों : *(एक साथ अचम्भित स्वर में)* महीने में एक ही बार!

मगनचन्द : आप यूनिवर्सिटी में पढ़ते थे या गुरुकुल में?

गोपीनाथ : महीने में सिर्फ एक बार? साहब यक़ीन नहीं होता?

विमल : तो शायद आप यह भी यक़ीन नहीं करेंगे कि उन फ़िल्मों में सिर्फ़ तीन या चार गाने होते थे!

(तीनों आश्चर्य से अवाक् रह जाते हैं।)

सूरजभान : तीन गाने। नामुमकिन।

मगनचन्द : पूरे तीन घंटे की फ़िल्म में गाने महज़ तीन या चार?...जनाब, बीस गाने से कम की फ़िल्म तो दिखाई ही नहीं जा सकती।

गोपीनाथ : सुना है, सेन्सर बोर्ड अब पच्चीस गाने से कम की फ़िल्म पास ही नहीं करेगा।

विमल : रोना तो यही है कि उस ज़माने में ऐसा कोई सेन्सर बोर्ड ही नहीं था।...यही नहीं, उन फ़िल्मों के हीरो-हीरोइन भी होते थे, बिल्कुल रोज़मर्रा की ज़िन्दगी में पाए जानेवाले लोग।

सूरजभान : क्या मतलब? क्या ज़मींदार के लड़के और ग्वाले की लड़की की प्रेम-कहानी नहीं होती थी?

विमल : जी नहीं।

मगनचन्द : और सेठ की लड़की और ताँगेवाले की मुहब्बत?

विमल : वह भी नहीं।

गोपीनाथ : और मिल-मालिक की इकलौती लड़की और बेकार ग्रेजुएट का प्यार?

विमल : बिल्कुल नहीं साहब, बिल्कुल नहीं। मैंने कहा न, रोज़ाना की ज़िन्दगी की तसवीरें थीं बस।

सूरजभान : तब तो उन फ़िल्मों में चाँदनी रात में हीरोइन तैरने की पोशाक भी नहीं पहनती होगी?

विमल : तैरने की पोशाक? आपका मतलब साड़ी वगैरह ग़ायब? वह तो कभी नहीं।

मगनचन्द : और हीरोइन के जन्मदिन पर उसका अमरीकी नाच भी नहीं होता होगा?

विमल : कहाँ साहब, ये सब नज़ारे कहाँ नसीब होते थे हम लोगों को!...बड़ी दक़ियानूसी फ़िल्मों का जमाना था वह!

(तीनों अचरज में एक-दूसरे का मुँह देखते हैं।)

गोपीनाथ : तब आप किस मुँह से मुहब्बत करने चले थे, विमल साहब?

मगनचन्द : मिस्टर विमल, भला प्रेम के मैदान में आप कैसे सफल हो सकते थे ? आप तो बिल्कुल आउट ऑफ़ डेट हैं।

गोपीनाथ : आपने तो असली ज़िन्दगी देखी ही नहीं।

विमल : असली ज़िन्दगी। *(सोचता हुआ)* कहते तो आप ठीक हैं।

गोपीनाथ : आपको इस मैदान से रिटायर हो जाना चाहिए।

विमल : *(पराजित मुद्रा)* वह मैदान तो मेरे लिए पहले से ही बन्द हो गया। मनसूबे मिट्टी हो गए।...बस एक तमन्ना बाक़ी है।...

सूरजभान : वह क्या?

विमल : वह यह कि आप-जैसे मंजे हुए खिलाड़ियों के कुछ काम आ सकूँ।

गोपीनाथ : आप सच कहते हैं?

विमल : हाथ कंगन को आरसी क्या?

मगनचन्द : तो देखिए, हम लोगों का सन्देशा उस लड़की तक पहुँचा दीजिए।

विमल : सन्देशा क्या, मैं तो आपकी उससे आज ही मुलाक़ात करा सकता हूँ।

(तीनों खुशी से उछल पड़ते हैं।)

सूरजभान : घर तो जानते ही होंगे?

विमल : अच्छी तरह। लेकिन इस वक़्त रात हो चली है, पिछवाड़े से जाना ठीक होगा।

मगनचन्द : 'आसमानी घटा' फ़िल्म में हीरो-हीरोइन के बँगले के पिछवाड़े जाकर मैंडोरिन बजाता है।'

सूरजभान : गोपी के पास है तो सही बैंजो।...आज की मरम्मत कराई है।

गोपीनाथ : वह रखा है। *(कोने से बैंजो उठा लाता है)* साथ में ले चलूँगा। *(बैंजों पर आघात करते हुए)* और गाऊँगा दर्दभरी आवाज़ में वही गाना...

सूरजभान : 'बेवफ़ा' फ़िल्म का हीरो-हीरोइन के लिए एक प्रेजेंट लेकर जाता है। मैं सोचता हूँ कि एक ज़ेवर या साड़ी ले चलूँ।

विमल : साड़ी का ख़याल बुरा नहीं। पास में दुकान भी है, चंचल स्टोर्स।

सूरजभान : ठीक। अभी साड़ी लेते चलेंगे।

मगनचन्द : और मैं? मुझे भी तो कुछ करना चाहिए।

विमल : मेरी सलाह मानें तो बातचीत की ज़िम्मेवारी आप अपने ऊपर लीजिए।

मगनचन्द : आप ठीक कहते हैं।...मेरी बातों में शहद की मिठास होगी, कृष्ण की वंशी का जादू होगा और होगी प्रेम-वीणा की झंकार जिसे सुनकर उसकी हृदय-कमलिनी ऐसे ही खिल पड़ेगी, जैसे तारा अँगड़ाइयाँ लेती है।

सूरजभान : फिर वही बात।...तारिणी की अँगड़ाइयों की तारीफ़ तो 'फ़िल्मेशिया'

का सम्पादक हमेशा करता है, और तुम लिए फिरते हो तारा को!

विमल : *(बीच-बचाव करते हुए)* देखिए, मिस्टर सूरजभान! सुनिए मिस्टर मगनचन्द! आप लोग तो इन मामलों में माहिर ठहरे। मैं आप लोगों को क्या सीख दूँ।...लेकिन इस लड़की के स्वभाव को जानता हूँ इसलिए...

गोपीनाथ : हाँ-हाँ, कहिए-कहिए। हमें तो आपके तजुर्बे से लाभ उठाना है।

विमल : जी हाँ। मेरा मतलब यह है कि तारिणी या तारा किसी की भी तारीफ़ आपने उस लड़की के सामने की तो डर है कि सब किया-कराया चौपट हो जाएगा।

सूरजभान : मैं समझ गया।...कोई भी हीरोइन दूसरी हीरोइनों की तारीफ़ नहीं सुन सकती।

मगनचन्द : मैं भी यही सोच रहा था।

विमल : बिल्कुल ठीक।...देखिए, कितनी जल्दी आप समझ गए इस बात को, आजकल की फ़िल्मों से बुद्धि कितनी तेज़ हो जाती है, वह इस बात का सबूत है। चलिए! *(उठते हुए)* टैक्सी से ही चलना होगा।

गोपीनाथ : हाँ, हर फ़िल्म के हीरो के पास टैक्सी या अपनी मोटर होती है।

(खड़ा हो जाता है।)

मगनचन्द : आज हम लोगों को सच्चे मानी में फ़िल्मी हीरो बनने का मौक़ा मिल रहा है।

(खड़ा हो जाता है।)

सूरजभान : आज सारी फ़िल्मी दुनिया का रोमांस हमारी मुट्ठी में आया ही चाहता है।

(खड़ा हो जाता है)

(ज्यों ही सब लोग प्रस्थान के लिए उद्यत होते हैं, त्योंही कंछी का प्रवेश।)

कंछी : बाबूजी, मैनेजर पूछ रहे हैं कि और चाय-चिप्स चाहिए आप लोगों को? अब होटल बन्द करने का बखत...

गोपीनाथ : चाय-चिप्स!...कंछी, आज हम लोग और चाय-चिप्स नहीं लेंगे। आज हम लोग मुहब्बत की मंज़िल के राहगीर हैं।

कंछी : राहगीर।...बाहर जा रहे हैं क्या?

गोपीनाथ : एक नई दुनिया में, एक अनूठे तजुर्बे की खोज में...

कंछी : *(सिर खुजलाता हुआ)* और पैसे बाबूजी?

सूरजभान : क्या बेमौके बात करते हो, कंछी? जानते नहीं हमारा हिसाब...

कंछी : मैं समझा, शायद लौटकर आना कब हो...

विमल : मेरे कितने पैसे हुए कंछी?

मगनचन्द : नहीं विमल साहब, आप हमारे मेहमान हैं। कंछी, हमारे हिसाब में लिखो।

विमल : यह तो ज़रूरी नहीं जान पड़ता। *(बटुआ जेब में वापस रखता हुआ)* खैर...अब आप मानते ही नहीं तो...थैंक यू!

सूरजभान : चलिए, पहले साड़ी खरीदनी है।

(चारों का दाहिने दरवाजे से प्रस्थान। कंछी थोड़ी देर सिर खुजलाता रह जाता है और फिर चाय के बर्तन ट्रे में रखते हुए आप-ही-आप बड़बड़ाता है।)

कंछी : अब तक तो तीन ही थे, अब एक और मिल गया।...क्या ज़माना है? दूध के दाँत टूटे नहीं कि चले मुहब्बत करने।...हमारी घरवाली-सी बबुआइन मिले तो छठी का दूध याद आ जाए, छठी का।...

(पर्दा गिरता है।)

दूसरा दृश्य

(एक मकान का पिछवाड़ा। दो ऊँची खिड़कियाँ जो आदमी की ऊँचाई से ऊपर हैं। एक खिड़की बन्द है, एक खुली। मकान के आगे खुली जगह में कुछ झाड़ियाँ, कुछ छोटे गमले, और एक बड़ा गमला लोहे के पीपेवाला, ये सब वस्तुएँ छितराई पड़ी हैं। बड़े गमले का सहारा लेकर कभी-कभी पात्र बैठ जाते हैं, किन्तु वह दीवार से हटकर रखा है। खुली खिड़की में से मन्द रोशनी आ रही है।

विमल के पीछे-पीछे गोपीनाथ, सूरजभान और मगनचन्द का दबे-पाँवों प्रवेश। सूरजभान के हाथ में साड़ी का खूबसूरती से बँधा हुआ बंडल है। गोपीनाथ बैंजो लिए हुए है और मगनचन्द एक काग़ज़ जिसे कभी-कभी वह ग़ौर से देखता है। चारों आपस में बातचीत कुछ दबे स्वर में करते हैं, लेकिन बाद में स्वर अनजाने ही खुल जाता है।)

विमल : बस, इसी जगह ठीक रहेगा।

गोपीनाथ : अगर सोती हुई तो...

विमल : आपके मधुर संगीत को सुनकर जग उठेगी।

गोपीनाथ : *(बैंजो बजाने की चेष्टा करता हुआ)* 'उठ जाग मुसाफिर'...

विमल : ऐसे नहीं...और अभी नहीं।

गोपीनाथ : और कोई तरीका ही नहीं उसे खिड़की पर बुलाने का...खिड़की बहुत ऊँची है।

सूरजभान : पहले झाँक तो लें कि अन्दर है या नहीं। *(दाहिनी ओर को जाता हुआ)* इस तरफ़ ही तो है दरवाज़ा।

विमल : उधर जाने की ज़रूरत नहीं। ज़रूर अन्दर ही होगी।

मगनचन्द : तुम भी कैसी बेमज़ा बात करते हो, सूरजभान! दरवाज़ा! दरवाज़ा!

अरे कैसा रोमांटिक मौक़ा है खिड़की से उसकी झलक लेने का, उससे दो मीठे बोल बोलने का! बिल्कुल रोमियो और जूलियट! मेरे पहले शब्द भी वही होंगे—'काश मैं तेरे हाथ का दस्ताना होता!'

विमल : दस्ताना वह पहनती ही नहीं। दस्ताने से उसे चिढ़ है।

मगनचन्द : ऐं!...*(हाथवाले काग़ज़ को घबराहट से देखता हुआ)* तो...तो... मुझे अपने शब्द बदलने होंगे।...यह तो एक नई मुसीबत खड़ी हो गई...

सूरजभान : अब कैसे हो?...एक मुश्किल और भी तो है। खिड़की देखो कितनी ऊँची है? हाथ ही नहीं पहुँचता।...साड़ी का पैकट कैसे पकड़ाऊँगा?

(चिन्तित मुद्रा)

गोपीनाथ : असल में यह ट्यून ठीक नहीं बैठ रहा। *(घबराहट में बैंजो पर आघात करता हुआ)* कोई दूसरी...

विमल : *(उन तीनों की घबराहट को तोड़ता हुआ)* देखिए मि. गोपीनाथ! मि. सूरजभान, सुनिए। आप भी मि. मगनचन्द...आप तीनों इस समय 'नर्वस' हो रहे हैं! यानी आपकी सिट्टी गुम होनेवाली है।...रोकिए, वरना *(कन्धे हिलाकर)* लुटिया ही डूब जाएगी।

मगनचन्द : *(कुछ लड़खड़ाती आवाज़)* ऐं...जी...

गोपीनाथ : लेकिन, लेकिन अब क्या हो?

विमल : सुनिए...जैसे भक्त लोग अपने इष्टदेव का ध्यान करके शान्ति पाते हैं, वैसे ही आप लोग भी ध्यान कीजिए किसी-न-किसी फ़िल्मी हीरो का। जरूर शान्ति और हिम्मत मिलेगी। कीजिए ध्यान!

सूरजभान : *(जैसे डूबते तिनके का सहारा मिला हो)* मेरे तो दिल पर तारिणी और दिमाग़ पर परेश खिंचे हैं। उन दोनों के मधुर मिलन का चित्र आँखों के सामने झलक रहा है। अहा! क्या सुन्दर युगल मूर्ति है, क्या अनुपम दृश्य है।

(आँखें बन्द करके झूमने लगता है।)

मगनचन्द : और मैं? मैं वही सपना देखता हूँ जो महीप कुमार ने चट्टान पर सिर रखकर रोते-रोते सो जाने पर देखा था।...वह देखता है, तारा बादलों और तारों के बीच सफेद खच्चर पर बैठकर उड़ रही है। खच्चर आसमान से नीचे उतरता है और महीप कितने प्यार से उसकी झब्बेदार पूँछ को दुलारता है, सहलाता है, *(हाथ से सहलाने का संकेत करता है)* अहा! कैसा अपूर्व सपना है यह, कैसा मधुर!

(मगनचन्द तन्मय हो आँखें बन्द कर स्वप्न का रसास्वादन करता है। इस बातचीत के दौरान में विमल खिसककर दाहिनी तरफ़ चला जाता है। उसके प्रस्थान से ये लोग अपरिचित हैं।)

ओ मेरे सपने—दूसरा दृश्य

गोपीनाथ : मुझे भी याद आ रहा है वह गाना, वह तराना, जो रेलगाड़ी छूट जाने पर मंजन गाता है, प्लेटफ़ार्म पर चहलकदमी करते हुए। अरे, वही गाना, वह तो आपने भी सुना होगा, मि. विमल! *(पीछे मुड़कर देखता है।)* अरे, मि. विमल कहाँ गए? मि. विमल! *(सूरजभान और मगनचन्द को झकझोरते हुए)* सूरजभान!...अरे, मगन, उठो, उठो! वह विमल साहब तो हैं ही नहीं।

सूरजभान : हैं ही नहीं। *(कुछ उनींदा-सा)* अगर अब नहीं है तो पहले भी नहीं रहे होंगे।

गोपीनाथ : तो क्या हम लोग सपना देख रहे थे?

मगनचन्द : मैं तो देख ही रहा था।

सूरजभान : अरे, वह खच्चरवाला सपना नहीं। मैं कहता हूँ कि क्या मि. विमल सपने की चिड़िया थे जो उड़ गए?

सूरजभान : *(कुछ वैसी ही धुन में)* लेकिन यह कैसे हो सकता है? यह साड़ी जो मेरे हाथ में है यह तो असलियत है और अगर यह असलियत है तो हमारा इस स्थान पर मौजूद होना भी ख़्वाब नहीं हो सकता।

मगनचन्द : तुम ठीक कहते हो। यह कैसी अनहोनी बात है! इस समय तो हम लोग 'इंस्पायर्ड' हैं, हमारे दिलों में मस्ती है।...और मेरे दिमाग़ में प्रेम-भाषण भी तैयार है, बिल्कुल!

गोपीनाथ : और मेरा 'बैंजो' भी बजने के लिए उतावला है।

सूरजभान : और यह साड़ी? बिना परिचय के साड़ी कैसे दूँगा?

गोपीनाथ : ऐसे समय में मि. विमल का ग़ायब होना खतरे से खाली नहीं है।

मगनचन्द : खिड़की पर कोई नहीं आया।

सूरजभान : कोई नहीं!...वहाँ भी कोई नहीं, यहाँ हमारे पास भी कोई नहीं।

(तीनों कुछ भयभीत होकर क़रीब-क़रीब आ जाते हैं और कुछ रुक-रुककर और आहिस्ता से बोलते हैं। यह वह भय है, जिसमें उन्हें कुछ रस भी मिलता है।)

गोपीनाथ : चारों तरफ़ सन्नाटा है।

मगनचन्द : रात ज़्यादा हो गई है।

गोपीनाथ : अगर यह बैंजो तलवान बन जाय।

सूरजभान : और यह साड़ी का पैकिट ढाल।

मगनचन्द : तो हम लोग अपना जौहर दिखा दें।

सूरजभान : तीन घोड़े हों तो हम लोग भाग निकल सकते हैं।

गोपीनाथ : दो से भी काम चल सकता है। 'पाताल की सुन्दरी' फ़िल्म में...

मगनचन्द : *(लगाम पकड़ने की भंगिमा)* सरपट-सरपट हम दौड़ते नज़र आएँ।

सूरजभान : और दुश्मन पीछा करता हो!

मगनचन्द :
गोपीनाथ : *(आविष्ट स्वर)* दुश्मन!

सूरजभान : *(मानो पीछे ही हो)* दुश्मन!!

(तीनों एक-दूसरे से सटे हुए दर्शकों की तरफ़ मुँह किए खड़े हैं, और उन्हें नहीं मालूम है कि पीछे क्या हो रहा है। सहसा दाहिनी तरफ़ से किसी के गुनगुनाने की आवाज़। 'जिया भरमाय' की तर्ज़। तीनों यह सुनकर और भी सटकर खड़े हो जाते हैं। लेकिन पीछे मुड़कर नहीं देखते।)

गोपीनाथ : सुनो...सुनो!

मगनचन्द : हमारा पीछा हो रहा है।

सूरजभान : दुश्मन!

गोपीनाथ : नहीं-नहीं!...गाना!

(नेपथ्य में गाने का स्वर और किसी के चलने की आवाज़ आती है।)

सूरजभान : *(बिना मुड़कर देखे हुए)* कोई चल रहा है।

मगनचन्द : कोई इधर ही आ रहा है।

(पगध्वनि बिल्कुल निकट।)

गोपीनाथ : औरत की आवाज़?

सूरजभान : ऐं, औरत!!

(गुनगुनाते हुए सरिता का प्रवेश। तीनों को अपनी तरफ़ पीठ किए खड़े देख, ठिठककर खड़ी हो जाती है और गुनगुनाता बन्द कर देती है।)

मगनचन्द : औरत!

सरिता : *(कुछ हँसते हुए)* जी हाँ, औरत। आप लोग कैसे मर्द हैं जो पीठ मोड़े खड़े हैं? एक औरत का स्वागत नहीं करते?

(तीनों आहिस्ता-आहिस्ता और साथ-साथ पीछे की ओर मुड़ते हैं और सरिता को देखते ही चौंक पड़ते हैं।)

तीनों : आप!!!

सरिता : जी हाँ, मैं! मेरा नाम सरिता है।

सूरजभान : आप...आप खिड़की से...

सरिता : *(मुसकुराते हुए)* जी नहीं, दरवाज़े से आई हूँ। खिड़की तो...

गोपीनाथ : *(निराश स्वर)* दरवाज़े से...

मगनचन्द : लेकिन...लेकिन हम लोग तो खिड़की के लिए तैयार होकर आए थे।

सरिता : तैयार?...*(कुछ हँसकर)*...समझी। आपलोग शमा की झुलस से डरकर दूर भागने वाले परवाने हैं।

(तीनों हँस देते हैं और फिर एक-एक करके जवाब देने की कोशिश करते हैं।)

गोपीनाथ : परवाने...आप...मैंने...कहा...सूरजभान...

सूरजभान : वही...वही...क्या...क्या था...मगन...

मगनचन्द : शमा...मेरे कहने का मतलब...

सरिता : क्या मतलब आपके कहने का?

मगनचन्द : मेरा मतलब कि शमा बोलने लगे तो...

सरिता : तो?

मगनचन्द : तो उससे दूर रहना ही ठीक!

सरिता : ठीक...बिल्कुल ठीक! आप तो बाजी मार ले गए। मि....

मगनचन्द : मगनचन्द।

सरिता : मिस्टर मगनचन्द, आप तो फ़िल्मी जवाब देने में कुशल हैं।

मगनचन्द : फ़िल्म तो मेरी रग-रग में...

गोपीनाथ : *(सरिता का ध्यान आकृष्ट करते हुए)* लेकिन आपने मेरा गाना... फ़िल्मी गाना...तो सुना ही नहीं। मेरा नाम गोपीनाथ है। ही-ही-ही!

सूरजभान : और मेरा सूरजभान। मुझे भी तो *(पैकिट को आगे की तरफ़ बढ़ाता हुआ)* कुछ अपनी सेवा करने का मौक़ा दीजिए। ही-ही-ही!

सरिता : अच्छा तो आप तीनों ही फ़िल्मों फौज के रंगरूट...*(कुछ रुककर)* बहादुर हैं, और आप तीनों ही मुझसे...

तीनों : *(एक साथ खीसें निपारते हुए)*...जी...ही-ही-ही! जी...

सरिता : लेकिन देखिए मि. गोपीनाथ, मि. सूरजभान, आप भी। और मि. मगनचन्द!...देखिए, आप लोग जानते ही हैं; हर फ़िल्म में एक हीरोइन होती है, एक हीरो और एक विलेन—दुष्ट। जैसे देवताओं की दुनिया में ब्रह्मा, विष्णु, महेश, ऐसे ही फ़िल्मी दुनिया में यह त्रिमूर्ति सत्य-सनातन से होती आई है। मगर यहाँ हम लोग चार हैं, चार।

मगनचन्द : लेकिन...लेकिन...आप तो हम में से हर एक के लिए अलग-अलग हीरोइन हैं। मुझे तो आप तारा की प्रतिमा दीख पड़ती हैं।

(सरिता का मुँह फूल जाता है।)

सूरजभान : और मेरे लिए तो आप ही तारिणी हैं। तारिणी!

(सरिता भड़कने ही वाली है।)

गोपीनाथ : और मेरे...

सरिता : बस, बस, बस। अगर आप लोगों ने तारा-तारिणी वग़ैरह से मेरा मुक़ाबला करके मेरा अपमान किया तो याद रखिए, आप लोगों की यह शमा परवानों से बोलती ही नहीं, उन्हें झुलसा भी देती है!

(तीनों सकपकाकर चुप हो जाते हैं और रुँआसे होकर एक-दूसरे की सूरत देखने लगते हैं। थोड़ी देर सन्नाटा रहता है, फिर

मुसकुराकर, कुछ हँसकर शिशिर के उस मौन को पिघलाती हुई वसन्त की वातास-सी सरिता बोलती है।)

सरिता : आप लोग डर गए? *(वही मोहक हँसी)* बड़े भोले हैं।...*(चील की भयावह छाया के हट जाने पर जैसे खग-शावक अपनी नन्हीं गर्दन उठाते हैं, ऐसे ही तीनों धीरे-धीरे सरिता की ओर मुड़कर देखते हैं।)*...बड़े भोले, बड़े नादान हैं आप लोग! कभी-कभी तो आप लोग मुझे बिल्कुल बच्चे लगते हैं, बच्चे!

गोपीनाथ : *(स्तब्ध)* बच्चे!

सूरजभान : *(उलाहने के स्वर में)* ऐसे कहकर आप हमें ज़लील न करें, सरिता जी!

सरिता : ज़लील!

मगनचन्द : किसी भी हीरो को उसकी हीरोइन बच्चा कहे तो उसे जीते-जी मरा हुआ समझिए।

सरिता : जीते-जी मरना ही तो प्रेम की पराकाष्ठा है।

सूरजभान : हम आपके लिए मरने को भी तैयार हैं, हमारी इष्टदेवी!

(घुटने टेककर याचना की मुद्रा।)

मगनचन्द : और जीने को भी, हमारी हृदय-सम्राज्ञी!

(घुटने टेककर प्रणय-मुद्रा)

गोपीनाथ : आज्ञा दें, प्रणय-देवी! मैं अद्भुत प्रेम-संगीत की धारा बहा दूँ।

(गोपीनाथ घुटने टेककर बैंजो पर कुछ आघात करता है और कुछ तीव्र स्वर उस क्षणिक मौन को और भी नीरव कर देते हैं। कुछ ही क्षण बाद सरिता खिलखिलाकर हँस पड़ती है, किन्तु वे तीनों विवश बन्दी की भाँति घुटने टेके ही बैठे रहते हैं।)

सरिता : *(हँसते हुए)* वाह, वाह, वाह! क्या अपूर्व दृश्य है! मैं तो क्या देवलोक की अप्सरा भी आए तो भी आप लोगों की झोली भर दे।...लेकिन मैं अपने तीन टुकड़े तो नहीं कर सकती।...इसलिए मेरे अनोखे प्रेमियो, जैसे मैं कहती हूँ वैसा करो।...मैं यहाँ बैठ जाती हूँ। *(बीचवाले बड़े पीपे को साफ़ कर बैठ जाती है।)* और तुम लोग एक-एक करके निकट आओ और अपने प्रेम का प्रदर्शन करो! बातों से, गीत से, या भेंट देकर, जैसे भी चाहो!...और फिर मैं तुममें से एक को पसन्द कर लूँगी, जो भी मुझे अच्छा लगेगा। क्यों, ठीक है न, मेरे परवानो?...और...सुनो, मेरा 'तुम' कहकर पुकारना बुरा तो नहीं लगता?

सूरजभान : बड़ा मीठा लगता है—तुम!

मगनचन्द : *(विभोर)* तुम!

गोपीनाथ : हम भी अपनी इष्टदेवी को 'तुम' कहना चाहेंगे।

सरिता : शौक़ से...अच्छा तो मगनचन्द, पहले तुम आगे बढ़ो। तुम्हारी प्रेम-पगी वाणी सुनने को मेरा मन मचल रहा है।

(मगनचन्द आगे बढ़ता है और जल्दी-जल्दी जेब से काग़ज़ निकालकर पढ़ता है और फिर सरिता के निकट जाकर नीचे बैठ जाता है, घुटने टेककर! बाकी दोनों अपने-अपने स्थान पर खड़े हो जाते हैं। सरिता विमुग्ध नायिका की मुद्रा से मगनचन्द को देखती है और ठोड़ी पर हाथ टेककर ध्यान से सुनती है। मगनचन्द लड़खड़ाती-सी आवाज़ में प्रारम्भ करता है। ज्यों-ज्यों वह जोश में आता है त्यों-त्यों हाथ और चेहरे से नाटकीय संकेत करता जाता है।)

मगनचन्द : काश मैं तुम्हारे हाथ का...द...*(रुक जाता है)* काश मैं तुम्हारे मन का मोती होता तो तुम मुझे सँजोकर रखतीं। लेकिन तुमने तो मुझे आँख का आँसू भी न रखा, न ढलने दिया, न बरसने दिया!...क्या मालूम, तुम्हारी आँखों में मेरा बसेरा है भी या नहीं। लेकिन...मेरे दिल में बसेरा है तुम्हारी मोहिनी मूरत का...और...और एक धू-धू करती हुई चिता का, मेरे अरमानों की चिता!...आह!...तुम माँ-बाप की ज़िद के कारण किसी और के गठबन्धन के जाल में फँस रही हो...लो, मैं भी कूदता हूँ...कूदता हूँ इस अथाह सागर में, आ जाओ सागर की लालची लहरो, लपेट लो मुझे, बुझा दो मेरी धधकती हुई चिता को और हमेशा के लिए शान्त कर दो! मेरे जीवन-प्रदीप को। आह! ऊह! ऐह!!... ओह!!...

सरिता : ठहरो, मगनचन्द! ठहरो! भई, यह तो ट्रेजेडी है, और ट्रेजेडी से मेरी तबीयत बहुत घबराती है, प्रेम उमड़ना तो दूर रहा!...वैसी बातें कहो न...जैसी...'चुलबुली' फ़िल्म में छलिया ने कही हैं।

मगनचन्द : *(सिटपटाता हुआ)* जी...जी...जी...मैंने कहा...

सरिता : क्यों, क्या छलिया से तुम कुछ कम हो?

मगनचन्द : कम...ही-ही-ही...। कम? बिल्कुल नहीं।

सरिता : तो फिर...करो न कोशिश।

मगनचन्द : *(जोश में आकर)* मुझे कोशिश करने की ज़रूरत ही नहीं, मेरी बिजली!...कोयल बोल रही है।...बादल है, बरसा नहीं; आम है, बौर नहीं...तुम हो, पीतम नहीं।...यह इधर तो देखो, इधर कौन खड़ा है? मैं...मैं हूँ तुम्हारी बहार, तुम्हारा घनश्याम!...इधर आओ।...आओ न!...क्या कहा, मैं बड़ा वैसा आदमी हूँ!...पर तुम भी तो बड़ी वैसी हो, मेरी सजनी!...देखो, क्या है? पान? ऊँहूँ!...यह है 'हार्ट', दिल। यही तो तुम मेरा छीन बैठी हो। और यह क्या है? तीर?...ऊँहूँ!...यह है प्रेम का कीड़ा। यही तो मेरे दिल को खा रहा है।

सरिता : *(अस्वीकृति सूचक सिर हिलाती हुई)* नहीं, नहीं, मिस्टर मगनचन्द! तुमसे काम नहीं चलेगा। भले आदमी हो! प्यार के शौकीन भी। मगर अभी कच्चे हो।...मालूम होता है, तुम सिर्फ़ मैटिनी शो देखते हो, तभी तुम्हारे रंग कुछ फीके हैं।

मगनचन्द : *(रुँआसा-सा होकर)* मगर मैं तो कई 'नाइट-शो' देख चुका हूँ।

सरिता : तो मैटिनी से लेकर लगातार एक बैठक में आधी रात तक तीन-शो देखने की आदत डालो। तब कुछ पक्के बनोगे, मेरे नन्हें दोस्त!... अच्छा, अब ज़रा मि. गोपीनाथ को आने दो। *(मगन शिथिल अंग और निस्तेज चेहरा लेकर उठ खड़ा होता है।)* इतने मायूस न बनो मगन ! तुम भी मेरे कुछ-न-कुछ तो काम आओगे ही।

(मगन एक तरफ़ खड़ा हो जाता है।)

गोपीनाथ : *(बैंजो पर झंकार करता हुआ आगे बढ़कर)* मायूसी का इलाज गाना है बल्कि यों कहना चाहिए कि गाना ही रोना है और रोना ही गाना है। ऐसा आजकल की हर हिन्दुस्तानी फ़िल्म हमें सिखाती है।

सरिता : *(लुभावनी भंगिमा के साथ)* अच्छा तो तुम मुझे गाकर रिझाओगे, गोपीनाथ।

गोपीनाथ : *(घुटने टेककर बैठता हुआ)* ऐसे ही जैसे गाफ़िल' फ़िल्म में करोड़ कुमार चलती गुलकन्द को रिझाता है!

सरिता : सुनें!

गोपीनाथ : *(गाता है)* हम तुमसे दुलत्ती खा के सनम
न इधर के रहे, न उधर के रहे।
पर दिल है हमारा इस्पाती,
ये झटके हज़ारों सह लेगा।[1]

सरिता : बस, बन्द करो, बन्द करो!

(गोपी सकपकाकर रुक जाता है। सरिता उसके हाथ से बैंजो बड़े अन्दाज़ से ले लेती है और फिर नर्म, मधुर वाणी में बोलती है।)

गोपीनाथ, तुम्हारा बाजा तो अच्छा है; सितार, तानपुरे की तरह दक़ियानूसी नहीं। गाना भी तुमने नफ़ीस छाँटा, लेकिन बुरा न मानना, तुम्हारी शक्ल में करोड़कुमार की चमक नहीं, *(गोपीनाथ अपने चेहरे पर हाथ फेरता है।)* शीशा होता तो दिखाती।...और फिर *(प्यार से गोपीनाथ की नाम पकड़कर हिलाती हुई)* तुम्हारी आवाज़ भी...मर्दानी कम है।...*(गोपीनाथ निराश होकर उठ खड़ा होता है।)* मायूस न हो गोपीनाथ, तुम भी मेरे कुछ-न-कुछ तो काम आओगे ही।

---

1. फ़िल्मी गीत 'हम तुमसे मुहब्बत करके सनम' की तर्ज़ पर।

सूरजभान : सरिता देवी, अब तो तुम्हें मुझे ही हीरो बनाना होगा।

सरिता : क्यों? *(मोहक मुसकुराहट)* क्या इसलिए कि अब तुम ही रह गए, सूरजभान!

सूरजभान : इसलिए कि 'स्टंट' फ़िल्मों के हीरो की तरह मैं बोलकर नहीं, गाकर नहीं, बल्कि कुछ करके तुम्हारा मन रिझाऊँगा।

सरिता : रिझाओ!

सूरजभान : *(छलाँग मारकर सरिता के निकट पहुँचता है। झटके से साड़ी के पैकेट को खोलता है और घुटने टेककर सरिता के सामने रखता है।)* यह लो।

(सरिता हर्षातिरेक से चीखकर साड़ी को उठाती है और तह खोलकर लटकाकर साड़ी को देखती है।)

सरिता : साड़ी! उफ़, कितनी खूबसूरत है। कितनी शोख़ है।...लवली!... बिल्कुल मेरी पसन्द का डिज़ाइन।...और रंग भी वही।...कैसे तुम जान गए सूरज बाबू कि मेरी यही पसन्द है।

सूरजभान : *(गर्वोल्लास से खड़ा होकर)* मेरे दिल से पूछो, सरिता देवी, मेरे दिल की धड़कन से, मेरी हीरोइन!

सरिता : *(उच्छ्वसित)* तुम...तुम...तो...सच...

सूरजभान : तुम्हारा हीरो हूँ।

(मकान के भीतर से किसी के खाँसने की आवाज़। सरिता कुछ चौंक उठती है।)

सरिता : हीरो! *(फिर खाँसने की आवाज़)* अच्छा...पहनकर दिखाऊँ?

सूरजभान : इससे बढ़कर मेरा क्या इनाम होगा, मेरी हीरोइन!

सरिता : मगर मकान के अन्दर कैसे जाऊँ?

सूरजभान : हमारे सिर-आँखों पर से...

सरिता : ठीक कहा तुमने। अगर तुम 'स्टंट' फ़िल्म के हीरो हो तो मैं 'स्टंट' फ़िल्म की हीरोइन से कम क्या बनूँ।...दरवाज़े से जाने में क्या मज़ा? तुम लोगों की पीठ और कन्धों पर से खिड़की में कूद जाऊँगी।

मगनचन्द : पीठ!

गोपीनाथ : कन्धे!

सरिता : तुम दोनों को भी तो मेरे कुछ काम आना है?

सूरजभान : हम लोग तुम्हारे लिए ठीक वैसी ही सीढ़ी बना देंगे, जैसी 'बूमभड़ाका' फ़िल्म में तीनों बहादुर बनाते हैं।...मगनचन्द, तुम ज़रा झुककर बैठ जाओ। *(दीवार के साथ घुटने टेककर और पीठ झुकाकर मगनचन्द बैठता है।)* और उसके बाद...

गोपीनाथ : *(जिसे अब लुत्फ़ आने लगा है।)* मैं? मैं कुछ झुककर खड़ा हो जाता हूँ।

(मगन के बराबर थोड़ा झुककर खड़ा होता है, जिससे सीढ़ी का दूसरा सोपान बन जाता है।)

सूरजभान : और उसके बाद मैं सीधा खड़ा हो जाता हूँ।

(गोपीनाथ के बराबर और खिड़की के ठीक नीचे खड़ा हो जाता है। तीनों के चेहरे दर्शकों की ओर हैं। ज़ाहिर है कि तीनों को इस स्थिति से कोई शिकायत नहीं है, बल्कि कुछ रस ही मिल रहा है।)

सूरजभान : तो हो गई सीढ़ी तैयार!

मगनचन्द : सरिताजी, आओ, और सबसे पहले मेरी पीठ पर अपने चरण-कमल रखो!

सरिता : शाबाश, मगन बाबू, यही स्पिरिट होनी चाहिए। तुमने अपनी मायूसी को तिलांजलि दे दी। *(मगन की पीठ पर दीवार से सहारा लेती है। बग़ल में साड़ी)* देखा, ज़रा मजबूती से बैठे रहना।

मगनचन्द : तुम कतई चि-चि *(सरिता दूसरा क़दम रखकर जमकर खड़ी होती है, जिससे मगनचन्द की आवाज़ कुछ दब जाती है।)*...न्ता...न करो।

सरिता : अब तुम्हारा नम्बर है, गोपी बाबू!

(एक क़दम गोपी की पीठ पर रखती है।)

गोपीनाथ : हम लोगों को इस समय अपूर्व आ...*(सरिता दोनों पैर रखकर जमकर खड़ी होती है और वही हाल गोपी का भी होता है।)* ऊँ...आ...नन्द मिल रहा है।

सरिता : लो सूरज बाबू अब आख़िरी मंज़िल है। *(सूरजभान के कन्धे पर पैर रखती है।)*

सूरजभान : ऐसे रोमांटिक क्षण कितने नौजवानों को नसीब होते हैं! तुम्हारे चरण क्या हैं, फू...*(वही हाल)* ऊँ...फू...ल हैं, फूल!...

सरिता : लो, आ गई खिड़की। *(खिड़की में कूद जाती है। कूदने की आवाज़ आती है।)*

सूरजभान : पहुँच गईं?

सरिता : *(कमरे में से ही)* हाँ, पहुँच गई।

मगनचन्द : अहा! इस एडवेंचर ने तो मेरे सारे ग़म को दूर कर दिया।

गोपीनाथ : कितना सुन्दर रोमांस! कितना अनूठा! नाज़ुक-सी कली हमारे शरीर को छूती हुई निकल गई। अहा!

सूरजभान : तुमने साड़ी बदली, सरिता देवी?

सरिता : *(भीतर से ही)* बदल रही हूँ।

सूरजभान : *(दोनों की तरफ़ उल्लास के साथ देखकर और हाथ मलता हुआ)* इस साड़ी में हमारी हीरोइन कैसी मनमोहक लगेगी।

मगनचन्द : *(आहिस्ते से)* जैसे तारा की मुसकान!

सूरजभान : *(आहिस्ते से)* या तारिणी की चितवन।...हा-हा-हा। मिलाओ हाथ।

गोपीनाथ : यानी आज से तारा और तारिणी की झड़प बन्द।

सूरजभान : बिल्कुल।...क्यों न, मगनचन्द!

मगनचन्द : तुम्हारी जीत को मैं अपनी हार नहीं समझता।

सूरजभान : आज से तारा और तारिणी का संगम हो गया।

गोपीनाथ : आज हम रोमांस की उस सतह पर है, जहाँ मेरा-तेरा का भेद ही मिट गया है।

सूरजभान : अहा, यह साड़ी और वह मुखड़ा। *(पुकारते हुए)* सरिता देवी, तैयार हो गईं?

सरिता : *(भीतर से ही)* हाँ, हो तो गई, लेकिन...

सूरजभान : लेकिन...खिड़की पर तो आओ।

सरिता : कोई मुझे आने नहीं देता।

सूरजभान : आने नहीं देता!

सरिता : ज़बरदस्ती रोक रहा है।

सूरजभान : *(तैश में आता हुआ)* ऐं! यह किसकी मज़ाल?...*(मगन और गोपी से)* दोस्तो, हमारी हीरोइन ख़तरे में है!

गोपीनाथ : ख़तरे में?

मगनचन्द : मकान को घेर लो। हम अन्दर घुस पड़ेंगे!

सरिता : *(वहीं से)* दरवाज़ा अन्दर से बन्द कर लिया है।

सूरजभान : ऐं! दरवाज़ा भी अन्दर से बन्द?...कुछ परवाह नहीं दोस्तो, हम खिड़की पर से ही हमला करेंगे। यही मौका है बहादुरी का!

मगनचन्द : *(दीवार के पास जाकर झुकता हुआ)* मैं तैयार हूँ, चढ़ो मेरी पीठ पर, गोपी।

गोपीनाथ : अत्याचारी के हाथ में हमारी हीरोइन!

सूरजभान : मैं उसका खून चूस लूँगा, खून!

(तीनों ऊपर चढ़ने का उपक्रम करते हैं। इतने में खिड़की पर विमल की शक्ल दिखाई पड़ती है।)

विमल : ठहरिए दोस्तो, ठहरिए। इतना गुस्सा नहीं।

सूरजभान : *(तीनों एक साथ)* कौन!

मगनचन्द : विमल!!

गोपीनाथ : मि. विमल!!

विमल : जी हाँ, मैं ही हूँ, विमल।

सूरजभान : आप?

मगनचन्द : आप? वहाँ?

गोपीनाथ : आप?

विमल : जी हाँ, मैं, मैं, मैं!...इस बेदर्दी से मुझे न घूरिए! वैसे ही बहुत-कुछ भुगत रहा हूँ। जब से यह साड़ी मिली है, कह रही हैं—तुमने क्यों नहीं दिलवाई ऐसी साड़ी? तुम तो चंचल स्टोर से चकमा देकर भाग आए, जब मैं कॉफ़ी लेने गई।...अब भला आप ही बलाइए, साहब...

सूरजभान : लेकिन यह आप किसकी बातें कर रहे हैं, मि. विमल?

विमल : मैं बातें कर रहा हूँ अपनी बीवी की!...आप लोग नहीं मिले मेरी पत्नी से...इधर आओ सरिता, मेरे नए-नए दोस्तों के तो दर्शन करो।

तीनों : *(आश्यर्चान्वित)* सरिता!!

सरिता : *(खिड़की के पास आकर। नई साड़ी पहने है)* नमस्ते!

सूरजभान : स...रि...ता देवी आपकी पत्नी!

मगनचन्द : अभी...अभी तो हमने इन्हें खिड़की के ज़रिए ऊपर भेजा है।

गोपीनाथ : एक मिनट में शादी हो गई?

सूरजभान : झूठ, सरासर झूठ!!

विमल : एक मिनट?...अरे साहब, एक मिनट नहीं, चार बरस।...पूरे चार बरस होने को आए मेरी-इनकी शादी को। क्यों, सरिता?

सरिता : इस अप्रैल में पूरे चार बरस हो जाएँगे।

मगनचन्द : चार बरस!

गोपीनाथ : शादी! सरिता देवी और शादी!!

सूरजभान : यह नहीं हो सकता। यह नहीं...

विमल : अरे जनाब, यह सरिता देवी, यानी मेरी बीवी दो बच्चों की माँ भी है।

सूरजभान : *(चीख उठता है।)* दो बच्चों की!

सरिता : जी हाँ। अभी सो रहे हैं दोनों।

विमल : एक लड़का, एक लड़की।

सरिता : अगर आप चुपचाप दबे-पाँव आने का वादा करें तो दिखा दूँ दोनों को। बड़े भोले हैं, आपके ही जैसे।

विमल : हाँ-हाँ आइए! मैं दरवाज़ा खोलता हूँ। सरिता! चलो, तुम बैठक की बत्ती जलाओ।

(दोनों खिड़की से ग़ायब हो जाते हैं और थोड़ी देर में दूसरी जगह रोशनी भी होती है। तीनों हतूबुद्धि से खड़े हैं और थोड़े मौन के बाद बोलते हैं।)

सूरजभान : *(भर्राए गले से)* मगन भाई! गोपी भाई! हम लुट गए।

मगनचन्द : हमारे रोमांस का महल ढह गया!

सूरजभान : हमारा चमकता हुआ सोना मिट्टी हो गया।

मगनचन्द : यह क्या हो गया? कैसे हो गया?

सूरजभान : *(विक्षिप्त, दोनों हाथ उठाकर)* ओ मेरे सपने! कहाँ है तू? लौट आ मेरे सुनहले सपने, लौट आ।

गोपीनाथ : *(जो अब तक गहन चिन्ता में लीन था, ठोढ़ी हाथ से पकड़े हुए खीझ की मुद्रा में)* लेकिन सूरजभान!...मगनचन्द! सुनो...मुझे इसमें कुछ ग़लती मालूम होती है।

सूरजभान : ग़लती?

मगनचन्द : क्यों?

गोपीनाथ : क्योंकि...क्योंकि किसी भी फ़िल्म में ऐसा नहीं हुआ। हुआ ही नहीं। ज़रा याद करो।

मगनचन्द : *(सोचता हुआ)* तुम कहते तो ठीक हो।

गोपीनाथ : जब फ़िल्म में ही नहीं हुआ, तब ऐसी बात हो कैसे सकती है?

मगनचन्द : नहीं हो सकती?

सूरजभान : नहीं!

मगन, गोपी : नहीं, बिल्कुल नहीं!

सूरजभान : *(आँखों में चमक और उत्साह)* नहीं...तब...तब...तो हमारे सपनों को हमसे कोई नहीं छीन सकता।

मगन, गोपी : कोई नहीं छीन सकता।

(तीनों के चेहरे विश्वास और आशा से दीप्त हो उठते हैं और वे एक ही तरफ़ देखने लगते हैं, मानो वहाँ से आशा की किरण आती हो। आइए, हम-आप इन्हें अब छोड़ दें)

(पर्दा गिरता है।)

भोर का तारा

(रचनाकाल 1937 ई.)

पात्र

शेखर : उज्जयिनी का कवि
माधव : गुप्त साम्राज्य का एक राज्य कर्मचारी (शेखर का मित्र)
छाया : शेखर की प्रेयसी, बाद में एक पत्नी।
स्थान : गुप्त साम्राज्य की राजधानी उज्जयिनी में साधारण कवि का गृह।
समय : सन् 455 ई. के आसपास

पहला दृश्य

कवि शेखर का गृह। सब वस्तुएँ अस्तव्यस्त। बाईं ओर एक तख़्त पर मैली फटी हुई चद्दर बिछी है। उस पर एक चौकी भी रखी है और लेखनी इत्यादि भी। इधर-उधर भोजपत्र बिखरे हुए पड़े हैं। एक तिपाई भी है जिस पर कुछ पात्र रखे हुए हैं।

पीछे की ओर एक खिड़की है। बायाँ दरवाज़ा अन्दर जाने के लिए है और दायाँ बाहर से आने के लिए। दीवारों में कई आले या ताक हैं, जिनमें दीपदान या कुछ और वस्तुएँ रखी हैं।

शेखर कुछ गुनगुनाते हुए टहलता है या कभी-कभी तख़्त पर बैठकर कुछ लिखता जाता है। जान पड़ता है वह कविता बनाने में संलग्न है। तल्लीन मुद्रा। जो कुछ वह कहता है उसे लिखता भी जाता है।

शेखर : 'अँगुलियाँ आतुर तुरत पसार
खींचते नीले पट का छोर...
(दुबारा कहता है, फिर लिखता है।)
टंका जिसमें जाने किस ओर...
स्वर्ण कण...स्वर्ण कण...
(पूरा करने के प्रयास में तल्लीन है, इतने में बाहर से माधव का प्रवेश। सांसारिकता का भाव और जानकारी उसके चेहरे से प्रकट है। द्वार के पास खड़ा होकर थोड़ी देर तक वह कवि की लीला देखता रहता है। उसके बाद–)

माधव : शेखर!

शेखर : *(अभी सुना ही नहीं। एक पंक्ति लिखकर)* 'स्वर्ण-कण प्रिय को रहा निहार।'

माधव : शेखर!!

शेखर : *(चौंककर)* कौन? ओह, माधव! *(उठकर माधव की ओर बढ़ता है।)*

माधव : क्या कर रहे हो, शेखर?

शेखर : यहाँ आओ, माधव, यहाँ। *(उसके कन्धों को पकड़कर तख़्त पर बिठाता हुआ)* यहाँ बैठो। *(स्वयं खड़ा है।)* माधव, तुमने भोर का तारा देखा है कभी?

माधव : *(मुसकुराते हुए)* हाँ! क्यों?

शेखर : *(बड़ी गम्भीरतापूर्वक)* कैसा अकेला-सा, एकटक देखता रहता है? जानते हो क्यों?...नहीं जानते! *(तख़्त के दूसरे भाग पर बैठता हुआ)* बात यह है कि एक बार रजनीबाला अपने प्रियतम प्रभात से मिलने चली, गहरे नीले कपड़े पहनकर, जिसमें सोने के तारे टँके थे। ज्योंही निकट पहुँची, त्योंही लाज की आँधी आई और बेचारी रजनी को उड़ा लें चली। *(रुककर)* फिर क्या हुआ?

माधव : *(कुछ उद्योग के बाद)* प्रभात अकेला रह गया?

शेखर : नहीं। उसने अपनी अँगुलियाँ पसारकर उसके नीले पट का छोर खींच लिया।—जानते हो, यह भोर का तारा है न, उस छोर से टँका हुआ सोने का कण है, एकटक प्रियतम प्रभात को निहार रहा है।...क्यों?

माधव : बहुत ऊँची कल्पना है! लिखे चुके क्या?

शेखर : अभी तो और लिखूँगा। बैठा ही था कि इतने में तुम आ गए...

माधव : *(हँसते हुए)* और तब तुम्हें ध्यान हुआ कि तुम धरती पर ही बैठे थे, आकाश में नहीं। *(रुककर)* मुझे कोस तो नहीं रहे हो, शेखर?

शेखर : *(भोलेपन से)* क्यों?

माधव : तुम्हारी परियों और तारों की दुनिया में मैं मनुष्यों की दुनिया लेकर आ गया।

शेखर : *(सच्चेपन से)* कभी-कभी तो मुझे तुममें भी कविता दीख पड़ती है?

माधव : मुझमें?...*(ज़ोर से हँसकर)* तुम अठखेलियाँ करना जानते हो?... *(गम्भीर होते हुए)* शेखर, कविता तो कोमल हृदयों की चीज़ है। मुझ जैसे काम-काजी राजनीतिज्ञों और सैनिकों के तो छूने-भर से मुरझा जाएगी। हम लोगों के लिए तो दुनिया की और ही उलझनें बहुत हैं।

शेखर : माधव, तुमने कभी यह भी सोचा है कि इन उलझनों से बाहर निकलने का मार्ग भी हो सकता है?

माधव : और हम लोग करते ही क्या हैं? रात-दिंन मनुष्यों की नई-नई उलझनें सुलझाने का ही तो उद्योग करते रहते हैं।

शेखर : यही तो नहीं करते। तुम राजनीतिज्ञ और मन्त्री लोग बड़ी संजीदगी के साथ अमीरी-गरीबी, युद्ध और सन्धि की समस्याओं को हल करने का अभिनय करते हो परन्तु मनुष्य को इन उलझनों के बाहर कभी नहीं लाते। कवि इसका प्रयत्न करते हैं पर तुम उन्हें पागल...

माधव : कवि?...*(अवहेलनापूर्वक)* तुम उलझनों से बाहर निकलने का प्रयास नहीं करते, तुम उन्हें भूलने का प्रयास करते हो। तुम सपना देखते हो कि जीवन सौन्दर्य है, हम जागते रहते हैं और देखते हैं कि जीवन कर्तव्य है।

शेखर : *(भावुकता से)* मुझे तो सौन्दर्य ही कर्तव्य जान पड़ता है। मुझे तो जहाँ

सौन्दर्य दीख पड़ता है, वहाँ कविता दीख पड़ती है, वहीं जीवन दीख पड़ता है। *(स्वर बदलकर)* माधव, तुमने सम्राट् के भवन के पास, राज-पथ के किनारे उस अन्धी भिखमंगी को कभी देखा है?

माधव : *(मुसकुराहट रोके हुए)* हाँ।

शेखर : मैं उसे सदा भीख देता हूँ। जानते हो, क्यों?

माधव : क्यों? *(कुछ सोचने के बाद)* 'दया सज्जनस्य भूषणम्।'

शेखर : दया? हूँ! *(ठहरकर)* मैं तो उसे इसलिए भीख देता हूँ क्योंकि, मुझे उसमें एक कविता, एक लय, एक व्यथा झलक पड़ती है। उसका गहरा झुर्रियोंदार चेहरा, उसके काँपते हुए हाथ, उसकी आँखों में बेबस गड्ढे *(एक तरफ़ एकटक देखते हुए मानो उस मानसिक चित्र में खो गया हो)* उसकी झुकी हुई कमर—माधव, मुझे तो ऐसा जान पड़ता है मानो किसी शिल्पी ने उसे इस ढाँचे में ढाला हो।

माधव : *(इस भाषण से उसका अच्छा-ख़ासा मनोरंजन हो गया जान पड़ता है। खड़े होकर शेखर पर शरारत भरी आँखें गड़ाते हुए)* शेखर, टाट में रेशम का पैबन्द क्यों लगाते हो! ऐसी कविता तो तुम्हें किसी देवी की प्रशंसा में करनी चाहिए थी।

शेखर : *(सरल भाव से)* किस देवी की?

माधव : *(अर्थपूर्ण स्वर में)* यह तो उसके पुजारी से पूछो।

शेखर : मैं तो नहीं जानता किसी पुजारी को।

माधव : अपने को आज तक किसी ने जाना है, शेखर? *(हँस पड़ता है। शेखर कुछ समझकर झेंपता-सा है।)*...पागल!...*(गम्भीर होकर बैठते हुए)* शेखर, सच बताओ, तुम छाया को प्यार करते हो?

शेखर : *(मन्द, गहरे स्वर में)* कितनी बार पूछोगे?

माधव : बहुत प्यार करते हो?

शेखर : माधव, जीवन में मेरी दो ही तो साधना हैं...*(तख़्त से उठकर खिड़की की ओर बढ़ता हुआ)* छाया का प्यार और कविता।

(खिड़की के सहारे दर्शकों की ओर मुँह करके खड़ा हो जाता है।)

माधव : और छाया?

शेखर : *(वही गहरा स्वर)* हम दोनों नदी के दो किनारे हैं, जो एक-दूसरे की ओर मुड़ते हैं, पर मिल नहीं पाते।

माधव : *(उठकर शेखर के कन्धे पर हाथ रखते हुए)* सुनो शेखर, नदी सूख भी तो सकती है।

शेखर : नहीं माधव, उसके भाई देवदत्त से किसी भी तरह की आशा करना व्यर्थ है। मेरे लिए तो उसका हृदय सूखा हुआ है।

माधव : क्यों?

शेखर : तुम पूछते हो क्यों। तुम तो सम्राट् स्कन्दगुप्त के दरबारी हो। देवदत्त एक मन्त्री हैं। भला एक मन्त्री की बहन का एक मामूली कवि से क्या सम्बन्ध?

माधव : मामूली कवि! शेखर तुम अपने को मामूली कवि समझते हो?

शेखर : और क्या समझूँ? राजकवि?

माधव : सुनो शेखर, तुम्हें एक समाचार सुनाता हूँ।

शेखर : समाचार?

माधव : हाँ! मैं कल रात राजभवन गया था।

शेखर : इसमें तो कोई नई बात नहीं, तुम्हारा तो काम ही यह है।

माधव : नहीं, कल एक उत्सव था। स्वयं सम्राट् ने कुछ लोगों को बुलाया था। गाने हुए, दावत हुई। एक युवती ने बहुत सुन्दर गीत सुनाया। सम्राट् तो उस गीत पर रीझ गए।

शेखर : *(उकताकर)* आखिर तुम यह सब मुझे क्यों सुना रहे हो, माधव?

माधव : इसलिए कि सम्राट् ने उस गीत बनाने वाले का नाम पूछा। पता चला कि उसका नाम था—शेखर।

शेखर : *(चौंककर)* क्या?

माधव : अभी और तो सुनो! उस युवती ने सम्राट् से कहा कि अगर आपको यह गाना पसन्द है तो इसके लिखने वाले कवि को दरबार में बुलाइए। अब कल से वह कवि महाराजाधिराज सम्राट् स्कन्दगुप्त विक्रमादित्य के दरबार में जाएगा।

शेखर : मैं?

माधव : *(अभिनय करते हुए, झुककर)* श्रीमान, क्या आप ही का नाम शेखर है?

शेखर : मैं जाऊँगा, सम्राट् के दरबार में? माधव, सपना तो नहीं देख रहे हो?

माधव : सपने तो तुम देखा करते हो।...लेकिन अभी मेरा समाचार पूरा कहाँ हुआ है?

शेखर : हाँ, वह युवती कौन है?

माधव : अब यह भी बताना होगा? तुम भी बुद्धू हो। क्या इसी बूते पर प्रेम करने चले थे?

शेखर : ओह!...छाया? *(माधव का हाथ पकड़ते हुए)*...तुम कितने...कितने अच्छे हो!

माधव : और सुनो! सम्राट् ने देवदत्त को आज्ञा दी है कि वह तक्षशिला जाकर वहाँ के क्षत्रप वीरभद्र के विद्रोह को दबाएँ। आर्य देवदत्त के साथ मैं भी जाऊँगा, उनका मन्त्री बनकर। समझे?

शेखर : *(स्वप्न-से में)* तो क्या सच ही छाया ने कहा? सच ही?

माधव : शेखर, आठ दिन बाद आर्य देवदत्त और मैं तक्षशिला चल देंगे।... उसके बाद...उसके बाद छाया कहाँ रहेगी? भला बताओ तो?

शेखर : माधव!...*(माधव हँस पड़ता है।)* इतना भाग्य? इतना? विश्वास नहीं होता।

माधव : न करो विश्वास!...लेकिन भलेमानस, छाया क्या इस कूड़े में रहेगी? ये बिखरे हुए काग़ज़, टूटी चटाई, फटे हुए वस्त्र! शेखर, लापरवाही की सीमा होती है।

शेखर : मैं कोई इन बातों की परवाह करता हूँ?

माधव : और फिर?

शेखर : मैं परवाह करता हूँ फूल की पंखुड़ियों पर जगमगाती हुई ओस की, *(भावोद्रेक से)* सन्ध्या में सूर्य की किरणों को अपनी गोदी में समेटने वाले बादल के टुकड़ों की, सुबह को आकाश के कोने पर टिमटिमाने वाले तारे की...

माधव : एक चीज़ रह गई।

शेखर : क्या?

माधव : जिसे तुम दिन में वृक्षों के नीचे फैली देखते हो। *(उठकर खड़ा हो जाता है।)*

शेखर : वृक्षों के नीचे?

माधव : जिसे तुम दर्पण में झलकती देखते हो।

शेखर : दर्पण में?

माधव : जिसे तुम अपने हृदय में हमेशा देखते हो। *(निकट आ गया है।)*

शेखर : *(समझकर बच्चों की तरह)* छाया!

माधव : *(मुसकुराते हुए)* छाया?

दूसरा दृश्य

(उज्जयिनी में आर्य देवदत्त का भवन, जिसमें अब शेखर और छाया रहते हैं। कमरा सजा हुआ और साफ़ है। दीवारों पर कुछ चित्र खिंचे हुए हैं। कोने में धूपदान है। सामने तख़्त पर चटाई और लिखने-पढ़ने का सामान है। बराबर में एक छोटी चौकी पर कुछ ग्रन्थ रखे हुए हैं। दूसरी ओर एक पीढ़ा है जिसके निकट मिट्टी की, किन्तु कलापूर्ण, एक अँगीठी रखी हुई है। दीवार के एक भाग पर एक अलगनी है जिस पर कुछ धोतियाँ इत्यादि टँगी हैं।)

छाया : *सौन्दर्य की प्रतिमा, चांचल्य और उन्माद और गाम्भीर्य का जिसमें स्त्री-सुलभ सम्मिश्रण है—गृहस्वामिनी होने के नाते कमरे की सब*

वस्तुएँ ठीक-ठीक स्थान पर सम्हालकर रख रही है। साथ ही कुछ गुनगुनाती भी जाती है। जाड़ा होने के कारण तापने के लिए उसने अँगीठी में अग्नि प्रज्वलित कर दी है। कुछ देर बाद वह पीढ़े पर बैठकर अँगीठी को ठीक करती है। उसकी पीठ द्वार की ओर है। अपने कार्य और गान में इतनी संलग्न है कि उसे बाहर पैरों की आवाज़ नहीं सुनाई देती।

गीत

प्यार की है क्या यह पहचान?
चाँदनी का पाकर नव स्पर्श, चमक उठते पत्ते नादान
पवन को परस सलिल की लहर, नृत्य में हो जाती लयमान
सूर्य का सुन कोमल पदचाप, फूट उठता चिड़ियों का गान
तुम्हारी तो प्रिय केवल याद, जगाती मेरे सोए प्राण
प्यार की है क्या यह पहचान?

(धीरे से शेखर का प्रवेश। कन्धे और कमर पर ऊनी दुशाला है, बगल में ग्रन्थ। गले में फूलों की माला है। द्वार पर चुपचाप खड़ा होकर मुसकुराते हुए छाया का गीत सुनता है।)

शेखर : *(थोड़ी देर बाद, धीरे से)* छाया! *(छाया नहीं सुन पाती है। गाना जारी है, फिर कुछ समय बाद)* छाया!!

छाया : *(चौंककर खड़ी हो जाती है। एक साथ मुख फेरकर)* ओह!

शेखर : *(तख़्त की ओर बढ़ता हुआ)* छाया, तुम्हें, एक कहानी मालूम है?

छाया : *(उत्सुकतापूर्वक)* कौन-सी?

शेखर : *(छोटी चौकी पर पहले तो अपनी बगलवाला ग्रन्थ रखता है और फिर उस पर दुशाला रखते हुए)* एक बहुत सुन्दर-सी।

छाया : सुनें, कैसी कहानी है।

शेखर : *(बैठकर)* राजा के यहाँ एक कवि रहता था। युवक और भावुक। राजभवन में सब लोग उसे प्यार करते थे, राजा तो उस पर निछावर था। रोज़ सुबह राजा उसके मुँह से नई कविता सुनता, नई और सुन्दर कविता।

छाया : हूँ? *(पीढ़े पर बैठ जाती है, चिबुक को हथेली पर टेकती है।)*

शेखर : परन्तु उसमें एक बुराई थी।

छाया : क्या?

शेखर : वह अपनी कविता केवल सुबह के समय सुनाता था। यदि राजा उससे पूछता कि तुम दोपहर या सन्ध्या को अपनी कविता क्यों नहीं सुनाते तो वह उत्तर देता, "मैं केवल रात के तीसरे पहर में कविता लिख सकता हूँ।"

छाया : राजा उससे रुष्ट नहीं हुआ?

शेखर : नहीं। उसने सोचा कवि के घर चलकर देखा जाए कि इसमें रहस्य क्या है। रात का तीसरा पहर होते ही राजा वेश बदलकर कवि के घर के पास खिड़की के नीचे बैठ गया।

छाया : उसके बाद?

शेखर : उसके बाद राजा ने देखा कि कवि लेखनी लेकर तैयार बैठ गया। थोड़ी देर बाद में कहीं से बहुत मधुर, बहुत सुरीला स्वर राजा के कान में पड़ा। राजा झूमने लगा और कवि की लेखनी आप-से-आप चलने लगी।

छाया : फिर?

शेखर : फिर क्या? राजा महल को लौट आया और उसके बाद उसने कवि से कभी यह प्रश्न नहीं पूछा कि वह सुबह ही क्यों कविता सुनाता था। भला बताओ तो क्यों नहीं पूछा?

छाया : बताऊँ?

शेखर : हाँ।

छाया : राजा को यह मालूम था कि उस गायिका के स्वर में ही कवि की कविता थी। और बताऊँ? *(खड़ी हो जाती है।)*

शेखर : *(मुसकुराते हुए)* छाया, तुम...

छाया : *(टोककर शीघ्रता और चंचलता के साथ)* यह गायिका और कोई नहीं, उस कवि की पत्नी थी। और बताऊँ? उस कवि को कहानी सुनाने का बहुत शौक़ था, झूठी कहानी। और बताऊँ? उस कवि के बाल लम्बे थे, कपड़े ढीले-ढाले, गले में उसके फूलों की माला थी, माथे पर...

(इसी बीच में शेखर की मुसकुराहट हल्की हँसी में परिणत हो गई है, यहाँ तक कि इन शब्दों तक पहुँचते-पहुँचते दोनों ज़ोर से हँस पड़ते हैं।)

शेखर : *(थोड़ी देर बाद गम्भीर होते हुए)* लेकिन छाया, तुम्हीं बताओ तुम्हारे गान, तुम्हारी प्रेरणा, तुम्हारे प्रेम के बिना मेरी कविता क्या है? तुम तो मेरी कविता हो!

छाया : *(बड़े गम्भीर, उलाहना भरे स्वर में)* प्रत्येक पुरुष के लिए स्त्री एक कविता है।

शेखर : क्या मतलब तुम्हारा?

छाया : कविता तुम्हारे सूने दिनों में संगीत भरती है; स्त्री भी तुम्हारे ऊबे हुए मन को बहलाती है। पुरुष जब जीवन की सूखी चट्टानों पर चढ़ता-चढ़ता थक जाता है तब सोचता है—'चलो थोड़ा मन-बहलाव

ही कर लें।' स्त्री पर अपना सारा प्यार अपने सारे अरमान निछावर कर देता है, मानो दुनिया में और कुछ हो ही न। और उसके बाद जब चाँदनी बीत जाती है, जब कविता भी नीरव हो जाती है, तब पुरुष को चट्टानें फिर बुलाती हैं और वह ऐसे भागता है मानो पिंजड़े से छूटा हुआ पंछी! और स्त्री के लिए फिर वही अँधेरा, फिर वही सूनापन!

शेखर : *(मन्द स्वर में)* छाया, तुम मेरे साथ अन्याय कर रही हो।

छाया : क्या एक दिन तुम मुझे भी ऐसे छोड़कर न चले जाओगे?

शेखर : लेकिन छाया, मैं तुम्हें छोड़कर कहाँ जा सकता हूँ?

छाया : उहूँ, मैं नहीं मान सकती।

शेखर : सुनो तो, मेरे लिए जीवन में ऐसी सूखी चट्टानें थोड़े ही हैं। मेरी कविता ही मेरी हरी-भरी वाटिका है। मैं उसे प्यार करता हूँ क्योंकि मुझे उसमें सौन्दर्य दीखता है। मैं तुम्हें प्यार करता हूँ क्योंकि मुझे तुम्हारे हृदय में सौन्दर्य दीखता है। जिस रोज़ मैं तुमसे दूर हो जाऊँगा, उस रोज़ मैं सौन्दर्य से दूर हो जाऊँगा। *(कुछ रुककर)* मेरी कविता मर जाएगी।

छाया : नहीं शेखर, मैं मर जाऊँगी, किन्तु तुम्हारी कविता रहेगी, बहुत दिन रहेगी।

शेखर : मेरी कविता...*(कुछ देर बाद)* छाया, आज मैं तुम्हें एक बड़ी विशेष बात बताने वाला हूँ—एक ऐसा भेद, जो अब तक मैंने तुमसे छिपा रखा था।

छाया : रहने दो, तुम सदा ऐसे भेद और ऐसी कहानियाँ सुनाया करते हो।

शेखर : नहीं।...अच्छा तनिक उस दुशाले को उठाओ। *(छाया उठाती है।)* उसके नीचे कुछ है। *(छाया उस ग्रन्थ को हाथ में लेती है।)* उसे खोलो...क्या है?

छाया : *(आश्चर्यान्वि होकर)* ओह! *(ज्यों-ज्यों छाया उसके पन्ने उलटती जाती हैं, शेखर की प्रसन्नता बढ़ाती जाती है।)* 'भोर का तारा'। यह तुमने कब लिखा? मुझसे छिपाकर?

शेखर : *(हँसते हुए। विजय का-सा भाव)* छाया, तुम्हें याद है उस दिन की, जब माधव के साथ मैं तुम्हारे भाई देवदत्त से मिलने इसी भवन में आया था?

छाया : *(शेखर की ओर थोड़ी देर देखकर)* उस दिन को कैसे भूल सकती हूँ शेखर! उसी दिन तो भैया को तक्षशिला जाने की आज्ञा मिली थी, उसी दिन तो उन्होंने तुम्हें और मुझे माताजी का वह पत्र दिखाया था, जिसने हम दोनों को सर्वदा के लिए बाँध दिया।

शेखर : हाँ छाया, उसी दिन, उसी दिन, मैंने इस महाकाव्य को लिखना आरम्भ किया था। *(गहरे स्वर में)* आज वह समाप्त हो गया।

छाया : शेखर, यह हमारे प्रेम की अमर स्मृति है।

शेखर : उसे यहाँ लाओ। *(हाथ में लेकर चाव से खोलता हुआ)* 'भोर का तारा'। छाया, यह काव्य बड़ी लगन का फल है। कल मैं इसे सम्राट् की सेवा में ले जाऊँगा। और फिर, जब मैं उस सभा में इसे सुनाना आरम्भ करूँगा, तब, तब सारे उज्जयिनी की आँखें मेरे ऊपर होंगी। महाकाव्य, महाकाव्य! उस समय सम्राट् गद्‌गद हो जाएँगे और मैं कवियों का सिरमौर हो जाऊँगा। छाया, बरसों बाद दुनिया पढ़ेगी कविकुल-शिरोमणि शेखर कृत 'भोर का तारा'—हा, हा, हा! *(विभोर हो जाता है)*

(छाया उसकी ओर एकटक देख रही है। सहसा उसके चेहरे पर चिन्ता की रेखा खिंच जाती है। शेखर हँस रहा है।)

छाया : शेखर! *(वह हँसे जा रहा है।)* शेखर! *(शेखर की दृष्टि उस पर पड़ती है।)*

शेखर : *(सहसा चुप होकर)* क्यों छाया, क्या हुआ तुमको?

छाया : *(चिन्तित स्वर में)* शेखर! *(चुप हो जाती है।)*

शेखर : कहो।

छाया : शेखर, तुम इसे सम्हालकर रखोगे न?

शेखर : बस, इतनी ही-सी बात?

छाया : मुझे डर लगता है कि...कि...कहीं यह नष्ट न हो जाए, कोई इसे चुरा न ले जाए, और फिर तुम...

शेखर : हा-हा-हा, पगली! ऐसा क्यों होने लगा? सोचने से ही डर गई? छाया, छाया, तेरे लिए तो आज प्रसन्न होने का दिन है, बहुत प्रसन्न!...इधर देखो छाया, हम लोग कितने सुखी हैं? और तुम? जानती हो, तुम कौन हो? तुम हो तक्षशिला के अधिपति देवदत्त की बहन और उज्जयिनी के सबसे बड़े कवि शेखर की पत्नी!...तक्षशिला का अधिपति और उज्जयिनी का कवि। हँ-हँ-हँ!...क्यों, छाया?

छाया : *(मन्द स्वर में)* तुम सच कहते हो शेखर, हम लोग बहुत सुखी हैं।

शेखर : *(मग्नावस्था में)* बहुत सुखी!

(सहसा बाहर कोलाहल। घोड़े की टापों की आवाज़। शेखर और छाया छिटककर चैतन्य खड़े हो जाते हैं। शेखर द्वार की ओर बढ़ता है।)

शेखर : कौन है?

(सहसा माधव का प्रवेश। थकित और श्रमित। शस्त्रों से सुसज्जित।

पसीने से नहा रहा है। चेहरे पर भय और चिन्ता के चिह्न हैं।)

शेखर और

छाया : माधव!

शेखर : माधव, तुम यहाँ कहाँ?

माधव : *(दोनों पर दृष्टि फेंकता हुआ)* शेखर, छाया! *(फिर उस कमरे पर डरती-सी आँखें डालता है मानो उस सुरम्य घोंसले को नष्ट करने से भय खाता हो। कुछ देर बाद बड़े प्रयत्न और कष्ट के साथ बोलता है।)* मैं तुम दोनों से भीख माँगने आया हूँ।

(छाया और शेखर के आश्चर्य का ठिकाना नहीं है।)

छाया : भीख माँगने, तक्षशिला से?

शेखर : तक्षशिला से? माधव, क्या बात है?

माधव : *(धीरे-धीरे, मजबूती के साथ बोलना प्रारम्भ करता है, परन्तु ज्यों-ज्यों बढ़ता जाता है, त्यों-त्यों स्वर में भावुकता आती जाती है।)* हाँ, मैं तक्षशिला से ही आ रहा हूँ। यहाँ तक कैसे आ गया, यह मैं नहीं जानता। हाँ, यह जानता हूँ कि आज गुप्त साम्राज्य संकट में है और हमें घर-घर भीख माँगनी पड़ेगी।

शेखर : गुप्त साम्राज्य संकट में! क्या कह रहे हो, माधव?

माधव : *(संजीदगी के साथ)* शेखर, पश्चिमोत्तर सीमा पर आग लग चुकी है। हूणों का सरदार तोरमाण भारतवर्ष पर चढ़ आया है।

छाया : *(भयाक्रान्त होकर)* तोरमाण!!

माधव : उसने सिन्धु नदी को पार कर लिया है, उसने अम्भी राज्य को नष्ट कर दिया है। उसकी सेना तक्षशिला को पैरों तले रौंद रही है...

छाया : *(सहसा माधव के निकट जाकर, भय से कातर हो उसकी भुजा पकड़ती हुई।)* तक्षशिला?

माधव : *(उसी स्वर में)* सारा पंचनद आज उसके भय से काँप रहा है। एक के बाद एक गाँव जल रहे हैं। हत्याएँ हो रही हैं, अत्याचार हो रहा है। शीघ्र ही सारा आर्यावर्त पीड़ितों के हाहाकार से गूँजने लगेगा। शेखर, छाया—मैं तुमसे भीख माँगता हूँ—नई भीख माँगता हूँ—सम्राट् स्कन्दगुप्त की, साम्राज्य की, देश की, इस संकट में मदद करो। *(बाहर भारी कोलाहल। शेखर और छाया जड़वत् खड़े हैं।)* देखो, बाहर जनता उमड़ रही है। शेखर, तुम्हारी वाणी में ओज है, तुम्हारे स्वर में प्रभाव। तुम अपने शब्दों के बल पर सोई हुई आत्माओं को जगा सकते हो, युवकों में जान फूँक सकते हो। *(शेखर सुने जा रहा है। चेहरे पर भावों का आवेग। मस्तक पर हाथ रखता है।)* आज साम्राज्य को सैनिकों की आवश्यकता है। शेखर, ओजमयी कविता के द्वारा तुम गाँव-गाँव

में जाकर वह आग फैला दो जिससे हज़ारों और लाखों भुजाएँ अपने सम्राट् और अपने देश की रक्षा के लिए शस्त्र हाथ में ले लें। *(कुछ रुककर शेखर के चेहरे की ओर देखता है। उसकी मुद्रा बदल रही है, जैसे कोई भीषण उद्योग कर रहा हो।)* कवि, देश तुमसे यह बलिदान माँगता है।

छाया : *(अत्यन्त दर्द-भरे करुण स्वर में)* माधव, माधव!!

माधव : *(मुड़कर छाया की ओर कुछ देर देखता है, फिर थोड़ी देर बाद)* छाया, उन्होंने कहा था, "मेरे प्राण क्या चीज़ हैं, इसमें तो सहस्रों मिट गए और सहस्रों को मिटना है।"

शेखर : *(मानों नींद से जगा हो।)* किसने?

माधव : आर्य देवदत्त ने अन्तिम समय।

छाया : *(जैसे बिजली गिरी हो)* माधव, माधव, तो क्या भैया...।

माधव : उन्होंने वीरगति पाई है, छाया।

(छाया पृथ्वी पर घुटनों पर गिर जाती है। चेहरे को हाथों से ढँक लिया है, इस बीच में माधव कहे जाता है। शेखर एक-दो बार घूमता है। उसके मुख से प्रकट होता है मानो डूबते को सहारा मिलनेवाला है।

तक्षशिला से चालीस मील दूर विद्रोही वीरभद्र की खोज में वह हूणों के दल के निकट जा पहुँचे। वहाँ उन्हें ज्ञात हुआ कि वीरभद्र हूणों से मिल गया है। उसके बीस सैनिक आगे हूणों में फँसे हुए थे। वे तक्षशिला लौट सकते थे और अपने प्राण बचा सकते थे। परन्तु एक सच्चे सेनापति की भाँति उन्होंने अपने सैनिकों के लिए अपने प्राण संकट में डाल दिए और मुझे तक्षशिला और पाटलिपुत्र को चेतावनी देने के लिए भेजा। मैं आज...

माधव सहसा रुक जाता है, क्योंकि उसकी दृष्टि शेखर पर जा पड़ती है। शेखर चौकी के पास खड़ा है। उसके चेहरे पर दृढ़ता और विजय का भाव है। बाहर कोलाहल कम है। शेखर अपना हाथ बढ़ाकर अपने ग्रन्थ 'भोर का तारा' को उठाता है। इसी समय माधव की दृष्टि उस पर पड़ती है। शेखर पुस्तक को कुछ देर चाव से, बिछुड़न से, प्रेम से देखता है। उसके बाद आगे बढ़कर अँगीठी के निकट जाकर उसमें जलती हुई अग्नि को देखता है और धीरे-धीरे उस पुस्तक को फाड़ता है। इस आवाज़ को सुनकर छाया अपना मुख ऊपर को करती है।)

छाया : *(उसे फाड़ते हुए देखकर)* शेखर!

(लेकिन शेखर ने उसे अग्नि में डाल दिया है। लपटें उठती हैं।

छाया गिर-गिर पड़ती है। शेखर लपटों की तरफ़ देखता है, फिर छाया की ओर दृष्टिपात करता है, एक सूखी हँसी के बाद बाहर चल देता है। कोलाहल कम होने के कारण उसके पैरों की आवाज़ थोड़ी देर तक सुनाई देती है।)

(माधव द्वार की ओर बढ़ता है।)

छाया : *(अत्यन्त पीड़ित स्वर में)* माधव, तुमने तो मेरा प्रभात नष्ट कर दिया।

(माधव उसके ये शब्द सुनकर बाहर जाता-जाता रुक जाता है। मुड़कर छाया की ओर देखता है और पीछे की खिड़की के निकट जाकर उसे खोल देता है। इससे बाहर का कोलाहल स्पष्ट सुनाई देता है। शेखर और उसके साथ पूरे जनसमूह के गाने का स्वर सुन पड़ता है—)

अभय जाग जनता जनार्दन!
कहाँ हैं भयंकर तरंगें, कहाँ सो रहा क्रुद्ध गर्जन?
महोदधि तनिक तो उमड़ तू, बुलाता तुझे मैं प्रभंजन।
अभय जाग जनता जनार्दन!

(शेखर का स्वर तीव्र है। माधव खिड़की को बन्द कर देता है। पुनः शान्ति। इसके बाद मन्द परन्तु दृढ़ स्वर में बोलता है।)

माधव : छाया, मैंने तुम्हारा प्रभात नष्ट नहीं किया। प्रभात तो अब होगा। शेखर तो अब तक भोर का तारा था। अब वह प्रभात का सूर्य होगा।

(छाया धीरे-धीरे अपना मस्तक उठाती है।)

(पर्दा गिरता है।)

भाषण

(रचनाकाल : 1949 ई.)

पात्र

मोहिनी
बेरा
रहीम
भोला सिंह
हरीश नन्दन
हेडमिस्ट्रेस
लेडी साहिबा की आवाज़
गीत गानेवाली लड़कियाँ

पहला दृश्य

(मि. हरीश नन्दन दानापुर के सब-डिवीज़नल ऑफ़िसर—या आजकल की भाषा में उप-मंडलाधीश—के मकान का गोल कमरा। समय सन्ध्या। कमरे की बनावट उस ज़माने की है, जब गोल कमरा गोल हुआ करता था। दर्शकों को सामने की बे-विंडो यानी तीन खिड़कियाँ नज़र आती हैं। और इन खिड़कियों की दोनों तरफ़ एक एक द्वार! द्वार और खिड़कियों के पीछे बरामदा है और उसके पीछे बागीचा, जिसकी अस्पष्ट झलक मिलती है। खिड़कियों से सटी गद्देदार बेंच है जिस पर बैठकर उपवन की बहार और आगत व्यक्तियों की झाँकी ली जा सकती है।

कुछ नीची कुर्सियाँ, एक कौच, कुछ छोटी मेज़ें, एक तरफ़ किताबों की आलमारी, दूसरी तरफ़ एक ऊँची मेज़ जो लैम्प रखने के काम आती है, दो क़ालीन, दो फूलदान, ऐश-ट्रे—यही इस गोल कमरे का फ़र्नीचर है; दीवारों पर कुछ तसवीरें भी हैं, एक तसवीर ऊँची मेज़ पर भी है।

अँधेरा होने के कारण खिड़की के पास बैठी हुई युवती महिला का चेहरा साफ़-साफ़ नज़र नहीं आता है, लेकिन मिसेज़ हरीश नन्दन या मोहिनी, सुन्दरी है, इसमें सन्देह की गुंजाइश नहीं। इन्तज़ारी की ऊब से बचने के लिए या किसी और कारणवश बुनाई के द्वारा दिल-बहलाव कर रही है। नेपथ्य में पेट्रोमेक्स लैम्प में गैस भरने की आवाज़, जिसे मोहिनी कान लगाकर सुनती है।)

मोहिनी : नहीं जलता, बेरा?

बेरा : *(नेपथ्य से)* जी नहीं! अकसर ऐसे ही धुक-धुक कर रह जाता है। आजकल के पेट्रोमेक्स भी तो बेकार...

मोहिनी : तो लालटेन ही ले आओ...

(बेरा लालटेन रख देता है और फिर बाएँ दरवाज़े से चला जाता है। गोल कमरा अर्ध-विकसित सौन्दर्य से जगमगा उठता है। उसी समय एक अर्दली प्रवेश करता है। यह है रहीम जैसाकि आप बाद के वार्तालाप से समझ जाएँगे।

रहीम का परिचय उसकी बातचीत से ही मिल जाता है। ठोड़ी पर हल्की दाढ़ी, आँखों में ज़माने की गर्दिश, छरहरे बदन पर अक्षय सत्ता की वर्दी जो 15 अगस्त, 1947 के तंग दर्रे में से भी अछूती निकल आई। सिर पर पगड़ी, जिसका झब्बा ओहदे का

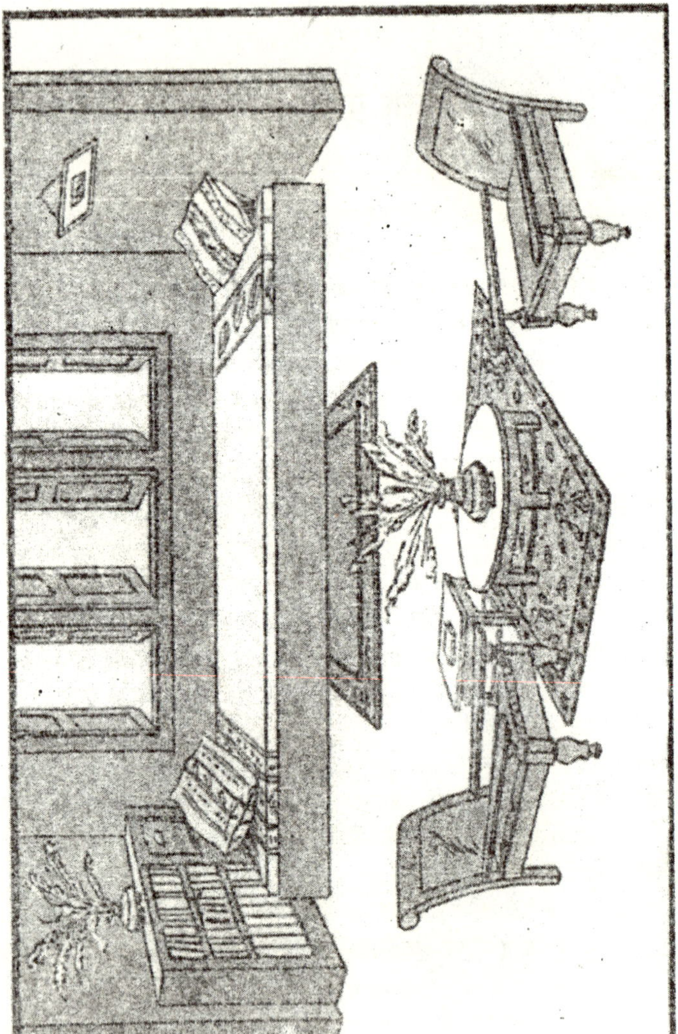

भाषण—पहला दृश्य

प्रतीक है और ज़बान पर सरस्वती—वीणावादिनी नहीं, बल्कि वह जो मन्थरा की जिह्वा पर आरूढ़ हुई थी—ऐसा है रहीम अर्दली। जैसे दूकान को साइनबोर्ड की ज़रूरत होती है ऐसे ही अफ़सर को अर्दली की। रहीम मामूली साइनबोर्ड नहीं है उसकी चमक ज़माने के साथ बढ़ती ही गई है। अफ़सर आए और चले गए, लेकिन दानापुर कचहरी के इस साइनबोर्ड की आभा वैसी ही है।)

रहीम : मेम साहब!

मोहिनी : किसको खोजते हो, चपरासी?

रहीम : एक बूढ़ा आपसे मिलना चाहता है। बाहर खड़ा है।

मोहिनी : बूढ़ा? मैं किसी बूढ़े को नहीं जानती?

रहीम : वह तो कहता है कि मेम साहब से दो बात किए बिना...

मोहिनी : मेम साहब? कौन मेम साहब?

रहीम : हुजूर...

मोहिनी : चपरासी, मैं मेम साहब नहीं हूँ!

रहीम : जी!

मोहिनी : मुझे मेम साहब कहकर मत पुकारना! समझे!

रहीम : लेकिन, हुजूर, इस कोठी में तो बराबर मेम साहब लोग का ही ठिकाना रहा है। *(मोहिनी की मौन उत्सुकता से मानो बढ़ावा पाकर)* बीस बरस से चपरासी हूँ हुजूर, अंग्रेज़ों का ज़माना भी देखा है और अब हिन्दुस्तानियों का भी! मैस्कट साहब की शादी भी यहीं हुई थी। आप ही की तरह उनकी भी नई दुलहिन आई थी। और वही खन्ना साहब स्टेशन से यहाँ तक मय मेम साहब के हाथी पर आए थे और इक़बाल हुसेन साहब भी यहाँ एस.डी.ओ. थे और उनकी बेगम साहिबा...

मोहिनी : क्या वे सभी मेम साहब कहलाती थीं?

रहीम : और दूसरा नाम तो इस कोठी में फबता ही नहीं है, हुजूर! यहाँ के लोगों की घरवाली को मालकिन भी कहते हैं...

मोहिनी : ओह 'नो', मालकिन तो भद्दा-सा लगता है।

रहीम : जी हाँ, और फिर बेगम साहिबा...

मोहिनी : नहीं, वह भी ठीक नहीं। हमारे पड़ोसी मौलवी साहब की बेगम साहिबा के मुँह से पान की पीक ही निकलती रहती थी!

रहीम : कश्मीरियों में रानी साहिबा कहने का रिवाज़ है, लेकिन...

मोहिनी : नहीं, नहीं। वह तो किस्से-कहानियों में कहा जाता है!

रहीम : तो हुजूर, हमेशा यह क़ायदा चला आया है, अफ़सरों की बीवियाँ मेम साहब ही कहलाती रही हैं—इसी में उनका रुतबा है!

मोहिनी : *(किंचित पराजित स्वर में)* मेम साहब!

रहीम : जी हाँ, अंग्रेज़ों ने बहुत सोच-समझकर ये सब नाम रखे थे हुज़ूर! देखिए न, इस लफ्फज़ 'मेम साहब' में साहब शामिल होने की वजह से क्या रोब, क्या हुकूमत आ गई है। क्या बताऊँ, हुज़ूर, अब वे हुकूमत के दिन ही लद गए? हुज़ूर के साहब...तो, परमात्मा की दुआ से...सूरत से ही अफ़सरी टपकती है, लेकिन ज़माने ने भी कैसा पलटा खाया है! इस कोठी में जब मैस्कट साहब...

मोहिनी : *(खिड़की की ओर देखते हुए)* चपरासी, तुम बात बहुत करते हो और देख-भाल कम! यह देखो कौन मकान में घुसा चला आ रहा है!

रहीम : *(जो निष्प्रभ होना जानता ही नहीं)* माफ़ी हुज़ूर! *(मुस्तैदी से दरवाज़े के निकट आ पहुँचे किसी व्यक्ति को सम्बोधित करके)* अरे, यह तो वही बूढ़ा है! अबे, यह क्या हिमाक़त है? तुझसे कहा था बाहर ही बैठियो...चल निकल!

(लेकिन वह व्यक्ति अन्दर आ ही पहुँचता है। नाटे क़द का ग्रामीण, आयु पचपन वर्ष के करीब, आँखों और चाल-ढाल में बेबसी, आते ही मोहिनी के पैरों पर गिर पड़ता है।)

मोहिनी : अरे, अरे...यह मेरे पैर क्यों पकड़ रहा है? चपरासी, चपरासी, इसे उठाओ! कहाँ की मुसीबत आ पड़ी!

आगन्तुक : दया कीजिए! मुझे बचाइए! हज़ूर, हज़ूर!!

मोहिनी : अरे भई, इसे उठाओ भी...*(रहीम काफ़ी मेहनत से उसको उठाता है।)* अरे, यह तो रो रहा है!

रहीम : हुज़ूर, मुसीबत का मारा हुआ है।

मोहिनी : क्या हुआ इसे?

रहीम : बताता क्यों नहीं, भोला सिंह? बोल!

भोला सिंह : बेमौत मर जाऊँगा, हुज़ूर! दया कीजिए...*(रहीम की ओर उम्मीद से देखता है।)*

रहीम : बात यह है हुज़ूर कि इस ग़रीब को इसके दुश्मन बहुत परीशान कर रहे हैं।

भोला सिंह : मिनट भर को चैन नहीं है। सरकार, जुलम का कोई ठिकाना नहीं! झूठे मुक़दमे में फँसा लिया गया हूँ! जायदाद ले ली सो अलग...

मोहिनी : किसने?

रहीम : इसके दुश्मनों ने! सब इसके रिश्तेदार हैं, लेकिन आज जान के गाहक बने हुए हैं!

भोला सिंह : सरकार मर जाऊँगा। सारे इलाके में कोना भर भी सरन नहीं मिलती! दुश्मन हाथ धो के पीछे पड़े हैं।

मोहिनी : तो क्या सारे इलाके में कोई इसको सहारा नहीं दे सकता?

रहीम : सहारा तो बस एक ही जगह से मिल सकता है!

मोहिनी : यानी?

रहीम : बोलता क्यों नहीं बे?

भोला सिंह : हजूर, साहब के ही इजलास में मुक़दमा है—बेमौत मर जाऊँगा।

रहीम : जी हाँ, हुज़ूर, आपके मुँह से सही बात साहब के कानों पड़ जाएगी तो बेचारे का उद्धार हो जाएगा।

मोहिनी : हाँ-हाँ, जब बेचारे पर इतनी मुसीबत है तो मैं उनसे कह दूँगी! ग़रीब की मदद होनी चाहिए।

भोला सिंह : हुज़ूर की उमर दिन दूनी रात चौगुनी हो, हुज़ूर की गोद में जल्दी ही चाँद-सा बच्चा...

मोहिनी : *(झुँझलाहट से)* यह क्या वाहियात बकता है बूढ़े...

रहीम : हुज़ूर, वह भी दिन देखने को...

(बाहर मोटर की आवाज़ सुनकर आतुर हो मोहिनी उठ खड़ी होती है।)

मोहिनी : यह लो मोटर आ गई! *(दरवाज़े की ओर बढ़ती हुई)* चपरासी, क्या नाम है इसका?

भोला सिंह : हुज़ूर, भोला सिंह, मौज़ा बिक्रमपुर, थाना सरीता...

मोहिनी : ठीक है...मैं साहब से बात करूँगी। चपरासी, तुम इसे रोके रखना।

(दाहिने दरवाज़े से मोहिनी का प्रस्थान। रहीम की मुद्रा बदलती है।)

रहीम : *(आहिस्ता, किन्तु कर्कश स्वर में)* निकाल ये पाँच का नोट!

भोला सिंह : अभी काम तो पूरा होने दो चपरासी जी!

रहीम : लगाऊँगा एक धौल तो अक्ल ठिकाने आ जाएगी। मुझे ही चकमा देता है!

भोला सिंह : देखिए, कोई आ रहा है।

रहीम : तो चल बाहर! उधर से नहीं, इधर से! छोड़ूँगा नहीं!

(बाएँ दरवाज़े से भोला को घसीटते हुए ले जाता है। थोड़ी देर बाद दाहिने दरवाज़े से बातें करते हुए हरीश और मोहिनी का प्रवेश। कहते हैं नया मुसलमान अल्लाह ही अल्लाह पुकारता है; नया अफ़सर भी काम ही काम की रट में एक अनोखी स्फूर्ति का अनुभव करता है। हरीश अपनी सफ़ाई देने में वही कौशल दिखा रहा है जो मुद्दालह की ओर से बहस के वक़्त नया वकील दिखाता है।)

हरीश नन्दन : भाई, माफ़ करना। क्या करूँ, यह काम ऐसा आ पड़ा कि रुक जाना पड़ा। वरना शुरू में ही नई दुलहिन को इस तरह अकेलेपन की बेबसी में...

मोहिनी : *(चौंककर रुकते हुए)* शुरू में ही?...तो क्या बाद में यह रोज़मर्रा का दस्तूर हो जाएगा?

हरीश नन्दन : *(जल्दी से)* नहीं, नहीं! *(कुर्सी पर बैठकर टाई खोलते हुए)* थोड़ा बहुत काम तो लगा ही रहता है फिर भी इस वक़्त तक तो हमेशा कचहरी से फुरसत मिल ही जाया करेगी।

मोहिनी : *(रूठते हुए)* समझ गई! आज तो देरी का रिहर्सल था!

हरीश नन्दन : अरे, सुनो तो! देरी किस वजह से हुई, यह तो सुनो...? तबीयत फड़क जाएगी!

मोहिनी : क्या इस बेकार शहर में बिजली लगने वाली है?

हरीश नन्दन : बिजली? हाँ, तुम्हें बड़ा अजीब-सा तो लगता होगा! कहाँ कानपुर की चहल-पहल और कहाँ यह लालटेन की रोशनी!

मोहिनी : वह तुम्हारे पेट्रोमेक्स लैम्प का तो हार्ट फेल कर गया। *(हँसकर)* बड़ी मिन्नतें की, लेकिन न जाने कैसा दिलजला है?

हरीश नन्दन : *(शरारत-भरी मुसकान)* तुम्हें देखकर शरमा रहा होगा!

मोहिनी : तुम्हारे ही सामने कौन से जौहर दिखाता है? बेरा कह रहा था कि अकसर यही हाल रहता है!

हरीश नन्दन : *(अपने उत्साह पर अफ़सरियत की लगाम लगाते हुए)* देखो, लाट साहब के सामने बिजली का ज़िक्र करूँगा! शायद कुछ...

मोहिनी : लाट साहब?

हरीश नन्दन : वही तो बता रहा था कि देरी क्यों हुई। यहाँ लाट साहब आने वाले हैं, सूबे के गवर्नर और उनकी लेडी! आज ही ज़रूरी चिट्ठी मिली है और प्रोग्राम भी! ज़िक्र तो पहले से चल रहा था। आज हुकुम आ गया। दस तारीख़ को आ जाएँगे।

मोहिनी : आठ दिन ही तो रह गए हैं।

हरीश नन्दन : हाँ, सभी इन्तज़ाम करने हैं इस बीच में।

मोहिनी : *(दिलचस्पी बढ़ रही है)* चलो, कुछ चहल-पहल हो जाएगी।

हरीश नन्दन : हाँ, तुम्हारे भी ज़िम्मे कुछ काम रहेगा।

मोहिनी : चाय-पार्टी का बन्दोबस्त करना है? मीनू तो अभी बनाए लेती हूँ... हमारा प्रेज़ेंट्स वाला टी-सेट अच्छा रहेगा...लेकिन बेरा की शक्ल तो देखो।

हरीश नन्दन : चाय-पार्टी का तो अभी तय नहीं हुआ है।

मोहिनी : तब? मेरे ज़िम्मे और कौन-सा काम हो सकता है?...*(सहसा गृहिणी के कर्तव्य को याद करते ही पुकारती है।)* बेरा...चाय ले आओ। जल्दी !

बेरा : *(नेपथ्य से)* जी, तैयार है!

हरीश नन्दन : *(बात जारी रखते हुए)* बात यह है कि गवर्नर साहब को तो मैं ले

जाऊँगा देहात; एक इलाके का मुलाहिज़ा कराना है और एक नए बाँध की ओपनिंग भी! और लेडी साहब को पहुँचा दूँगा अस्पताल! वहाँ तुम उनका स्वागत करना और अस्पताल दिखा देना!

मोहिनी : बड़ा आलीशान है न तुम्हारा अस्पताल!

हरीश नन्दन : पुराना क़ायदा है, गवर्नर साहब लोगों से हाथ मिलाते हैं और उनकी बीवी अस्पताल देखती हैं और लड़कियों के स्कूलों में इनाम बाँटती हैं!

मोहिनी : स्कूल?

हरीश नन्दन : हाँ, उसके बाद तुम उन्हें लड़कियों के स्कूल में ले जाना!

मोहिनी : लेकिन आजकल तो इनाम बाँटने का वक़्त ही नहीं है! इम्तेहान तो अभी हुए नहीं होंगे।

हरीश नन्दन : अरे, जब पिया आए तभी सावन! जलसा तैयार करने में क्या लगता है!

बेरा : *(ट्रे लेकर आता है।)* चाय, हुजूर!

मोहिनी : रख दो यहीं! *(हरीश से)* आज कैसी चाय लोगे?

हरीश नन्दन : गहरी! दिमाग़ पर ज़ोर पड़ा है! *(मोहिनी हँसती है।)* अब तुम्हें भी गहरी चाय की ही ज़रूरत पड़ेगी!

मोहिनी : मेरा दिमाग़ मेरे काम के लिए तैयार है, बिना चाय के ही!

हरीश नन्दन : तो ठीक है! अभी से अपना भाषण लिखना शुरू कर दो!

मोहिनी : भाषण?

हरीश नन्दन : हाँ, जलसे के मौक़े पर तुम्हें भाषण देना है।

(मोहिनी चौंक पड़ती है।)

मोहिनी : मुझे भाषण देना है। *(आँखें हरीश पर हैं और हाथ में दूध का जग है, जो प्याले पर निछावर हो रहा है।)*

हरीश नन्दन : हें हें सारा दूध ही उँड़ेले दे रही हो! ऐसी क्या क़यामत आ गई!

मोहिनी : क़यामत नहीं तो क्या...तुमने तो मुझे डरा ही दिया। अब बनाओ तुम्हीं अपनी चाय! *(ट्रे हरीश की तरफ़ सरका देती है।)*... भाषण!...भई, यह सब मुझसे नहीं होगा...और फिर मैं क्यों भाषण दूँ? मुझसे और स्कूल से क्या मतलब?

हरीश नन्दन : मतलब? वाह, तुम तो उसकी मैनेजिंग कमेटी की प्रेजिडेंट हो! *(चाय बनाने लगता है।)*

मोहिनी : खूब! मुझसे तो किसी ने पूछा नहीं कि मुझे स्कूल की प्रेजिडेंट बनना है!

हरीश नन्दन : अफ़सर की बीवी से पूछा नहीं जाता, हर एस.डी.ओ. की बीवी स्कूल की प्रेजिडेंट रही है सो तुम्हें भी...

मोहिनी : यह ख़ूब, मार-मारकर हकीम...

हरीश नन्दन : यह लो चाय, गहरी! *(हँसता है।)* भाषण तैयार करने में मदद देगी!

मोहिनी : भई, मुझे तो बुख़ार चढ़ जाएगा।

हरीश नन्दन : अरे, भाषण जमाने में क्या लगता है! दो-चार वकील-मुख़्तार तो पहले से तय कर रखूँगा! ठीक-ठीक मौक़ों पर ताली बजावेंगे। तुम्हारा दिल भी बढ़ जाएगा और भूले हुए वाक्य याद करने का वक़्त भी मिल जाएगा।

मोहिनी : लड़कियों के स्कूल में वकील-मुख़्तार?

हरीश नन्दन : हाँ! यह तो तुमने ठीक ही कहा! वहाँ तो सख़्त पर्दा है...*(सोचता है)* खैर, उसका भी इन्तज़ाम हो जाएगा...

मोहिनी : *(शरारत से)* एस.डी.ओ. के लिए क्या मुश्किल है...लेकिन मेरा भाषण तो तैयार कराओ!

हरीश नन्दन : देखो, भाषणों का भी एक नुस्खा होता है। पहले खुशामद की चाशनी उठाओ, उसके ऊपर थोड़ा-सा स्कूल की खूबियों का सफ़ूफ़ फैलाओ, फिर चन्द ज़रूरी माँगों के छींटे डालकर, जोश का जुशांदा दो; और बस हो गई तैयार स्पीच!

मोहिनी : और जिसने इस भाषण का घूँट पिया वह तो बस हो गया नीलकंठ! मामूली ज़हर थोड़े ही है!

(बेरा आकर कोने में खड़ा हो जाता है।)

हरीश नन्दन : तुम भी क्या बातें करती हो। थोड़े दिन में तो तुम्हें ही मज़ा आने लगेगा इसमें! *(बेरा को देखकर)*...क्यों बेरा, अभी तो हम लोग चाय पी रहे हैं!

बेरा : *(कुछ हिचकिचाहट के साथ)* जी, वह...वह बाहर खड़ा इन्तज़ार कर रहा है।

हरीश नन्दन : कौन?

मोहिनी : अरे, हाँ! वह तो मैं भूल ही गई...देखो जी, तुम कैसे अफ़सर हो! एक बेचारे दुखियारे बूढ़े का भला भी नहीं कर सकते?

हरीश नन्दन : यह खूब रही! कोई भलेपन का ख़ज़ाना मेरे पास थोड़े ही है जो बाँटता फिरूँ!

(बेरा बाहर चला जाता है।)

मोहिनी : अभी तो ऐसी बातें कर रहे थे मानो आकाश में पैबन्द ही लगा दोगे!

हरीश नन्दन : बताओगी भी कुछ!

मोहिनी : तुम्हारे यहाँ कोई थाना है सरीता?

हरीश नन्दन : है तो!

मोहिनी : उसमें एक गाँव है बिक्रमपुर?

हरीश नन्दन : वह भी है।

मोहिनी : वहीं का है वह बेचारा!

हरीश नन्दन : थाना सरीता, मौजा बिक्रमपुर...*(सोचता है।)* अरे, भोला सिंह तो नहीं?

मोहिनी : यही तो नाम बताया था उसने!

हरीश नन्दन : *(ठहाका मारकर हँसता है।)* हा-हा-हा...भोला सिंह बेचारा? हा-हा-हा...

मोहिनी : हँस रहे हो? बड़ा ग़रीब है।

हरीश नन्दन : भोला सिंह ग़रीब?...हा-हा-हा!

मोहिनी : बड़ा दुखियारा है बेचारा।

हरीश नन्दन : भोला सिंह दुखियारा?...हा-हा-हा!

मोहिनी : मैं कहती हूँ और चाहे जो करो, उस ग़रीब की जायदाद मत लुटने देना !

हरीश नन्दन : जायदाद!...अरे वह इतना मालदार है कि हमें-तुम्हें ख़रीदकर रख दे।

मोहिनी : वह? चीथड़े तो पहने था...

हरीश नन्दन : रईस की तरह आता तो तुम उस पर पसीजती थोड़े ही। आया होगा अपने मुकदमे की सिफ़ारिश कराने।

मोहिनी : तुम्हें कैसे मालूम?

हरीश नन्दन : वह है नम्बरी मुक़दमेबाज़, सारा इलाका जानता है।

मोहिनी : चपरासी तो कहता था कि उसके दुश्मनों ने उसे फँसा दिया है!

हरीश नन्दन : फिर यह चपरासी बदमाशी करने लगा। *(ज़ोर से आवाज़ देकर)*... रहीम!

मोहिनी : *(नेपथ्य से वही मुस्तैद आवाज़)* आया, हुजूर!

हरीश नन्दन : उसी भोला सिंह से उलझ रहा होगा।

(रहीम आता है और अदब से सलाम देता है।)

हरीश नन्दन : देखो जी रहीम, यह जानते हुए कि भोला सिंह पुराना मुक़दमेबाज़ है, तुमने उसे अन्दर क्यों आने दिया?

रहीम : *(जैसे इस प्रश्न का इन्तज़ार कर रहा हो)* हुज़ूर मैं तो उसे रोक ही रहा था कि कमबख़्त यहाँ आ पहुँचा। बात यह है हुज़ूर कि मेम साहब का दिल तो दया से भरपूर है। दूसरे की मुसीबत देखकर ज़रा-सी देर में पसीज जाती हैं। *(तीर निशाने पर ठीक बैठा है।)* यही तो ऊँचे घराने की निशानी है! सारे इलाके में मेम साहब के मिज़ाज की शोहरत है; घर-घर में गुनगान हो रहे हैं! यों तो हुज़ूर का वैसे ही बहुत इक़बाल है, लेकिन मेम साहब के मिज़ाज और दरियादिली ने उसमें चार चाँद लगा दिए हैं। हम लोगों का भी भाग ऊँचा है कि ऐसी मेम साहब की ख़िदमत का मौक़ा...

हरीश नन्दन : *(झुँझलाहट, मीठी झिड़की में तबदील हो गई है)* अच्छा, अच्छा जाओ ! आगे से ऐसी ग़लती न करना! उसे चलता करो!

(रहीम लम्बा सलाम झुकाकर अदब के साथ बाहर जाता है।)

मोहिनी : बड़ा ही बातूनी है।

हरीश नन्दन : लेकिन तबीयत तो उसने मेरी खुश कर दी!

मोहिनी : *(जानकारी की मुसकान)* बड़ी जल्दी...

हरीश नन्दन : *(मोहिनी की कुर्सी के पीछे जाकर उसके बालों को उँगलियों में उलझाते हुए)* तुम्हारी तारीफ़ सुनकर मेरा सीना चौड़ा हो जाता है।

मोहिनी : *(बालों को छुड़ाती हुई, हँसकर)* हटो भी!

हरीश नन्दन : लोग ठीक कहते हैं, साहब को खुश करना हो तो मेम साहब से शुरुआत करो! पहले मैं इस बात को नहीं मानता था!

मोहिनी : अब क्या तुम भी मुझे मेम साहब कहोगे?

हरीश नन्दन : क्या बुराई है? हमारे एक दोस्त और उनकी बीवी एक-दूसरे को डार्लिंग कहते थे सबके सामने। 'डार्लिंग, वह किताब तो उठा दो!'...'डार्लिंग, आज तरकारी में नमक ज़्यादा है!'...'डार्लिंग, कोट में बटन...

मोहिनी : गोया कि 'डार्लिंग' क्या हुआ...घिसा हुआ पैसा हो गया?

हरीश नन्दन : घिसा हुआ पैसा!...क्या पते की बात कही है तुमने! कुछ लोग रोमांस को रोज़ाना की ज़िन्दगी में भिड़ाकर घिसा हुआ पैसा ही बना देते हैं।

मोहिनी : असली रोमांस नहीं, नकली रोमांस! केमिकल गोल्ड, लेकिन रोज़ाना के जीवन में से असली रोमांस का बहिष्कार करोगे तो मुक़दमों की मिसलों में ही फँसे रह जाओगे। न भई, ऐसी बातें कहकर मुझे न डराओ!

हरीश नन्दन : यह बात नहीं। *(रुककर)* सुनो, आज तो एक रोमांटिक प्रस्ताव लेकर आया हूँ! चलो मेरे साथ दौरे...

मोहिनी : मोटर से या रेल से?

हरीश नन्दन : कुछ दूर मोटर से, फिर हाथी से, फिर पैदल और लौटते वक़्त नाव से! कहो, क्या एडवेंचर का नुस्ख़ा मौजूद है!...हो तैयार?

मोहिनी : क्यों नहीं! *(फिर याद आते हुए)*...लेकिन...वह भाषण?

हरीश नन्दन : लाट साहब वाला?...उसका इन्तज़ाम लौटने पर होगा! तुम बेफ़िक्र रहो।

मोहिनी : तुम जानो। मर्ज़ तुमने दिया है तो दवा भी तुम्हें ही करनी है!

हरीश नन्दन : लो, रोमांस तो तुम बिगाड़ रही हो?

मोहिनी : कैसे?

हरीश नन्दन : एक बढ़िया से शेर को तुमने यों ही उँड़ेल दिया। असली चीज़ तो यह है–

'तुम्हीं ने दिया है दर्दे दिल तुम्हीं...'

(पर्दा गिरता है)

दूसरा दृश्य

(दानापुर गर्ल्स मिडिल स्कूल का पीछेवाला बरामदा। बरामदे के पीछे कुछ सीढ़ियाँ हैं और तीन दरवाज़े, जिसमें बीचवाला बन्द है। इन दरवाज़ों के पीछे एक हॉल है जिसमें स्कूल का पारितोषिक-वितरण-उत्सव हो रहा है। सभा की कार्रवाई सुनाई पड़ती है।

बरामदे में एक कुर्सी और एक बेंच पड़ी है। कुर्सी पर हरीश नन्दन कुछ चिन्तामयी उत्सुकता में बैठे हुए हैं, महिलाओं का जलसा होने के कारण उन्हें इस पिछवाड़े के बरामदे में गवर्नर साहब की लेडी साहबा के भाषण के अन्तिम शब्द सुनाई पड़ते हैं।)

लेडी साहबा : और मैं उम्मीद करती हूँ कि आप लोगों के स्कूल की तरक्की बराबर होगी और थोड़े दिन बाद यह मिडिल स्कूल हाई स्कूल बन जाएगा।

(ताली...थोड़ी देर में हारमोनियम की आवाज़ सुनाई पड़ती है। फिर घबराई हुई हालत में हेडमिस्ट्रेस प्रवेश करती है–अधेड़ उम्र, रंग साँवला, चश्मा, साड़ी पहनने का ढंग पुराना। जिस ढंग में मर्दों से बात करती है, उसे देखकर एक नई प्रकार की नायिका का आभास होता है–'अज्ञात-प्रौढ़ा'! लेकिन इस समय घबराई हुई है।)

हेडमिस्ट्रेस : सर, सर!...वह तबलेवाली अध्यापिका जाने कहाँ चली गई?

हरीश नन्दन : क्या? स्वागत-गान पर तो मौजूद थी और अब आख़िरी में ग़ायब? रहीम, रहीम!...कहाँ मर गया?

हेडमिस्ट्रेस : अब कैसे होगा?

हरीश नन्दन : देखिए, कोशिश तो करता हूँ...क्या करूँ आपका जनाना जलसा है, वरना तबला तो मैं ही बजा लेता!

हेडमिस्ट्रेस : सर, सर। देर हो रही है।

हरीश नन्दन : *(मजबूरन)* अच्छा, तबला, यहीं ले आइए! मैं यहीं से बजाता रहूँगा!

हेडमिस्ट्रेस : सर, आपकी बड़ी मेहरबानी है। आप ही की वजह से...

हरीश नन्दन : *(झुँझलाहट में)* अच्छा-अच्छा वक़्त खराब न कीजिए। *(हेडमिस्ट्रेस जाती है।)* जब कोई और चारा ही नहीं!...

रहीम : *(तेज़ी में आकर सलाम झुकाता हुआ)* हुज़ूर ने बुलाया था?

हरीश नन्दन : कहाँ चला गया था? हमेशा ज़रूरत के वक़्त ग़ायब मिलते हो। देखो, थोड़ी देर के लिए किसी को इधर मत आने दो!

रहीम : जी, हुज़ूर!

हरीश नन्दन : तुम भी न आओ!

रहीम : जी, हुज़ूर!

(रहीम कुछ हक्का-बक्का होकर बाहर जाता है। थोड़ी देर में दोनों हाथों में मुश्किल से तबले थामे हुए हेडमिस्ट्रेस का प्रवेश, हरीश

भाषण—दूसरा दृश्य

के पास तबला रख देती है। हरीश जोश में आकर तबले पर थोड़ा हाथ चलाते हैं।)

हेडमिस्ट्रेस : वही छोटी-सी चीज़ है, किन शब्दों में करें बखान...

हरीश नन्दन : तिताला या कहरवा?

हेडमिस्ट्रेस : जी, ताल? *(कुछ फेर में पड़कर, फिर साफ़ स्वर में)* जी, जिस ताल में चाहें बजा लीजिए!

हरीश नन्दन : जिस ताल में चाहें? *(चिढ़कर)* आप अध्यापिका जी कुछ जानती भी हैं?...तबला भी कोई चपत है कि जिस गाल पर चाहे लगा दीजिए!

हेडमिस्ट्रेस : *(सकपकाती हुई)* जी, वह संगीत की अध्यापिका दूसरी हैं...! क्या करूँ, वह...लीजिए, लड़कियों ने शुरू भी कर दिया! *(झट से अन्दर घुस जाती है। नेपथ्य से गाना कोरस...अलग-अलग स्वरों की अलग-अलग गति जैसे स्लोसाइक्लिंग रेस में दौड़ने वाली साइकिलें! हरीश तबले पर ताल जमाने की कोशिश करते हैं, मगर आसान नहीं है।)*

किन शब्दों में करें बखान
हो तुम हम सब के मेहमान
सदा रें हम पर श्रीमान...

(लड़कियाँ रुक जाती हैं...फिर...) नहीं, नहीं...

सदा रहे हम पर हे मात,
कृपा-दृष्टि तेरी, हे मात
कब होवे नैया ये पार
किन शब्दों...

(हरीश मज़बूरन आधे गीत में ही तबला छोड़ देते हैं। चेहरे पर सख़्त झुँझलाहट। नेपथ्य से तालियों की आवाज़। थोड़ी शान्ति के बाद मोहिनी के खखारने की आवाज़। हरीश हठात् चैतन्य हो जाता है। जल्दी-जल्दी जेब से एक काग़ज़ निकालता है। इतने में रहीम आता है।)

रहीम : हुजूर!

(झुँझलाहट से हरीश उसकी ओर मुड़ते हैं।)

रहीम : हुजूर, वह तबलेवाली...

हरीश नन्दन : *(होंठों पर उँगली रखकर आहिस्ता स्वर में)* चुप, चुप! मेम साहब बोल रही हैं!

रहीम : मेम साहब...

हरीश नन्दन : बोल रही हैं, भाषण दे रही हैं!

(नेपथ्य से भाषण आरम्भ होता है, आवाज़ में थोड़ी लड़खड़ाहट। भावोन्मेष नहीं है, यद्यपि ख़त्म करने की जल्दी तो है ही।)

मोहिनी : श्रीमती सभानेत्री महोदया, महिलाओ और बालिकाओ! इस स्कूल की मैनेजिंग कमेटी की ओर से मैं आप लोगों को हृदय से धन्यवाद देती हूँ, विशेषतः सभानेत्री महोदया को, जिनकी असीम अनुकम्पा और अनुपम गुणों का हम वर्णन नहीं कर सकते!

(हरीश इस वाक्य की स्पष्ट और सफल समाप्ति पर काफ़ी खुश जान पड़ते हैं, लेकिन सहसा कुछ याद आ जाने पर रहीम की ओर उन्मुख होकर)

हरीश नन्दन : *(आहिस्ता से)* रहीम, उसका इन्तज़ाम किया न?...वही। *(हथेलियाँ मिलाकर संकेत करता है।)*

रहीम : *(और भी आहिस्ता से)* जी हुज़ूर, सब ठीक है।

(भाषण जारी हो गया है।)

हरीश नन्दन : *(उसी तरह)*...तुम ज़रा खुद जाकर देख आओ!

(रहीम जाता है, उधर भाषण जारी है।)

मोहिनी : लाट साहब की धर्मपत्नी होते हुए भी आपने इतना कष्ट उठाया कि इस नन्ही-सी संस्था में पधारीं! यही इस बात का द्योतक है कि शिक्षा और बच्चों की प्रगति में आपकी दिलचस्पी है।

(हरीश के हाथ ताली बजाने के लिए उठते हैं, लेकिन जान पड़ता है सभा के लिए वह वाक्य अधिक मुश्किल साबित हुआ। जो भी हो करतल-ध्वनि की अनुपस्थिति से हरीश को कुछ निराशा तो अवश्य हुई है। खैर, शायद आगे चलकर ढंग ठीक हो, इसलिए हरीश हाथ वाले कागज़ को, जिसमें शायद भाषण की प्रतिलिपि है, ग़ौर से पढ़ते हैं और मिलान करते जाते हैं।)

मोहिनी : इस छोटे नगर में आप-जैसी सम्मान्य महिलाओं के तो दर्शन ही नहीं होते और...

(नेपथ्य से किसी एक व्यक्ति के ताली बजाने की आवाज़ आती है, हरीश चौंक उठते हैं। थोड़ी देर तक वह ताली अकेली ही बजती रहती है, फिर कुछ बच्चों की तालियों की ध्वनि उसमें मिल जाती है। लेकिन अध्यापिकाओं के स्वर...'चुप, चुप...बन्द करो...!' इत्यादि के बाद फिर से सभा-भवन शान्त हो जाता है। कुछ खखारने के बाद मोहिनी पहले से कम विश्वास-भरे स्वर में भाषण जारी रखती है। हरीश की गति इस दौरान में साँप-छछूँदर की-सी हो जाती है। चेहरे पर बेहद परेशानी, घुटने पर हाथ पटकते हैं, बाहर की ओर भी कदम बढ़ाते हैं, फिर लाचारी के साथ कुर्सी पर बैठ जाते हैं और कान लगाकर सुनते हैं।)

मोहिनी : और इसीलिए हम उचित रीति से आपका सत्कार नहीं कर पाए।

आशा है आप हमारी कमियों की ओर ध्यान न देंगी। अब मैं इस पाठशाला के छोटे-से किन्तु कठिनाइयों से बिंधे जीवन का थोड़ा-सा ज़िक्र करके अपना भाषण समाप्त करूँगी।

(फिर वही अकेली ताली, जिसकी प्रत्येक ध्वनि हरीश के कोनों में बिच्छू के डंक की तरह लगती है और वह रह-रहकर कुर्सी से उछल-सा पड़ता है। कभी माथे को पकड़ता है, कभी बाहर की ओर भागता है।)

हरीश नन्दन : *(दबी आवाज़)* रहीम, रहीम...वह भी कमबख़्त वहीं जाकर मर गया ! सब ढेर कर दिया।

मोहिनी : *(फिर खखारकर कुछ हिम्मत के साथ)* माफ़ कीजिएगा। आप लोग शायद उकता गई हैं, लेकिन मैं थोड़ी ही देर में समाप्त कर दूँगी...

(फिर वही ताली, और इस बार बच्चों की करतल-ध्वनि भी शामिल हो जाती है। अध्यापिका जी 'चुप-चुप' कहकर शान्त करती हैं। हरीश फिर बेताबी से पुकारता है, 'रहीम! रहीम!' काग़ज़ हाथ से गिर गया है। मोहिनी भी इन विघ्न-बाधाओं की आदी हो गई जान पड़ती है।)

मोहिनी : तो मैं कह रही थी, इस पाठशाला का जीवन छोटा ही है! दो बरस के अन्दर ही यहाँ की लड़कियों ने कितनी उन्नति कर ली है, इसका तो नमूना आप लोग देख ही चुके हैं! सभानेत्री महोदया ने स्वयं अपने भाषण में इन लड़कियों के काम और स्कूल की पढ़ाई का उल्लेख करने की कृपा की है।

(करतल-ध्वनि के लिए रुकती है, हरीश भी उत्सुकता से कान लगाए बैठा है, मगर हाय री नाउम्मेदी! एक भी ताली नहीं बजती।)

: इसलिए हमारा इतना साहस है कि हम उन्हीं के सम्मुख अपनी माँगें भी पेश करें। दुर्भाग्यवश न इस स्कूल का अपना मकान है *(फिर वही ताली)* न बैंक में स्कूल के नाम कोई बड़ी रकम ही जमा है, *(ताली)* और न स्टाफ़ ही काफ़ी है! *(ताली)* मतलब यह है कि स्कूल क्या है, एक अनाथ बच्चा है।

(इस बार ताली ज़ोर से बजती है, बच्चे भी शामिल हो जाते हैं। हरीश साहब बेक़रार होकर चिल्ला उठते हैं, 'बन्द करो, बन्द करो!' नेपथ्य में कुछ हलचल-सी होती है, मोहिनी कुछ लड़खड़ाकर रुक जाती है। उद्विग्न मुद्रा में हेडमिस्ट्रेस का प्रवेश।)

हेडमिस्ट्रेस : सर, सर! आख़िरी पन्ना!

हरीश नन्दन : आख़िरी पन्ना?

हेडमिस्ट्रेस : जी, मेम साहब की स्पीच का आख़िरी पन्ना शायद आपके पास ही रह गया!

हरीश नन्दन : ग़ज़ब!...*(भाषण की प्रति के लिए अपनी सभी जेबों में हाथ डालते हैं, लेकिन वहाँ नहीं है।)* पहले से सोच-समझकर देखा भी नहीं! आप लोग भी खूब हैं। *(कुर्सी के ऊपर तलाश करते हैं।)*

हेडमिस्ट्रेस : सर, सर, देरी हो रही है!

हरीश नन्दन : यहीं तो था मेरे हाथ में। अभी तो पढ़ रहा था मैं...

हेडमिस्ट्रेस : वह तो नहीं है, ऊपर वाली जेब में?

हरीश नन्दन : जी, वह...वह मेरा रूमाल है!...हाँ, यह रहा...*(हेडमिस्ट्रेस के पैर के नीचे दबे हुए काग़ज़ों पर निगाह पड़ जाती है।)* आप ख़ुद तो दबाए खड़ी हैं!

(हेडमिस्ट्रेस घबराकर पैर के नीचे से काग़ज़ों को उठाने के लिए झुकती हैं और उसी क्षण हरीश भी, दोनों का सिर टकरा जाता है। हेडमिस्ट्रेस घबराकर सिर उठाती हैं।)

हेडमिस्ट्रेस : माफ़ कीजिएगा, सर!

(न जाने क्या समझकर हेडमिस्ट्रेस झेंपकर कुछ मुसकुरा भी देती हैं।)

हरीश नन्दन : *(झल्लाकर काग़ज़ उठाकर उसमें से आखिरी पन्ना फाड़कर हेडमिस्ट्रेस को थमाते हुए)* लीजिए, लीजिए, फ़ौरन जाकर मेम साहब को दे दीजिए, फ़ौरन!

(इससे पहले कि हरीश अपनी बात पूरी करे, नेपथ्य से मोहिनी की आवाज़ आती है।)

मोहिनी : इतने शब्दों...इतना...इतना कहकर मैं अपना भाषण समाप्त करती हूँ...और...और आप सबको—सब महिलाओं को धन्यवाद देती हूँ!...

(हरीश और हेडमिस्ट्रेस एक-दूसरे की ओर देखते हैं। हरीश के चेहरे पर अपरिमित व्यथा है।)

हेडमिस्ट्रेस : खत्म भी हो गया! उफ़!

(तेज़ी से हॉल में घुस जाती है। थोड़ी देर बाद नेपथ्य से हेडमिस्ट्रेस की आवाज़ आती है।)

मोहिनी : अब जलसा समाप्त हो गया है...देखिए, आप लोग अपने-अपने स्थान पर बैठी रहिए! जब तक लेडी साहबा हॉल के बाहर न पहुँच जाएँ! शोर न मचाइए...बीच वाली महिलाएँ कृपया रास्ता दें!...जी, इधर से...इधर से...

(नेपथ्य की हलचल कम होती जाती है।)

हरीश नन्दन : *(आप ही आप)* औरतों का जलसा और बीस खटराग!...गवर्नर साहब का मामला है। जो भी दोष हो अफ़सर के मत्थे!...कहाँ का झंझट मोल

ले लिया मैंने भी!

(रहीम का प्रवेश।)

रहीम : हुज़ूर, लेडी साहबा बहुत ख़ुश-ख़ुश जा रही हैं!

हरीश नन्दन : लेडी साहबा ख़ुश और ख़फ़ा तो बाद में होंगी, पहले तुम मुझे बताओ कि किस अहमक़ ने मेम साहब की स्पीच के दरम्यान ताली बजवाने का इन्तज़ाम किया था?

रहीम : जैसा हुज़ूर ने फ़रमाया था...

हरीश नन्दन : जैसा हुज़ूर ने फ़रमाया था! *(तैश में)* क्यों, मैंने यह फ़रमाया था कि जब मेम साहब रोएँ तो ताली बजे?

रहीम : मेम साहब रोएँ? हुज़ूर, मेम साहब...

हरीश नन्दन : हाँ, हाँ, मेम साहब स्कूल का दुखड़ा तो रो ही रही थीं और उधर ज़ोरों के साथ ताली बज रही थी!...और...और जब वह लेडी साहबा की तारीफ़ कर रही थीं, तब सारा हॉल गुमसुम, जैसे साँप सूँघ गया हो...कुछ अक़्ल भी है तुम लोगों में? कहाँ है वह?

रहीम : हुज़ूर, बाहर ही हैं!

हरीश नन्दन : बुलाओ, इसी दम बुलाओ!

रहीम : हुज़ूर, कसूर...

हरीश नन्दन : मैं कहता हूँ, फ़ौरन उसे हाज़िर करो!

(रहीम भीगी बिल्ली-सा बाहर जाता है और थोड़ी देर में एक बुरकेवाली औरत को साथ में किए आता है। इस बीच में हरीश गुस्से में कभी कुर्सी पर बैठता है, कभी घूमता है। बुरकेवाली ज़रा क़द्दावर जान पड़ती है और कुछ झुकी-सी पड़ती है।)

यही है क्या? *(बुरकेवाली से)* बुरका तो ऐसा ताना है जैसे तम्बू हो, मगर दिमाग़ की तीलियाँ भी कुछ कसी होतीं...

रहीम : हुज़ूर, बात यह थी...

हरीश नन्दन : बात क्या थी? क्या जो काग़ज़ मैंने दिए थे, उसमें मेम साहब का भाषणं लिखा हुआ नहीं था?

रहीम : जी, था तो...

हरीश नन्दन : क्या उसमें लाल पेंसिल से उन स्थानों में निशान नहीं लगे थे जहाँ तालियाँ बजानी थीं?

रहीम : जी, थे तो, लेकिन...

हरीश नन्दन : लेकिन क्या?...बुरके के अन्दर शायद इतना अँधेरा था कि लाल निशान सफ़ेद हो गए!

रहीम : हुज़ूर, असल बात यह है कि इसे पढ़ना-लिखना आता ही नहीं!

हरीश नन्दन : *(मानो उबल पड़ता हो)* क्या, पढ़ना-लिखना ही नहीं आता?

तो किसने इसे तय किया था? *(बुरकेवाली से)* कितने रुपए मिले हैं तुम्हें?

रहीम : हुज़ूर...

हरीश नन्दन : बताओ कितने रुपए मिले हैं?...*(जवाब नदारद!)*...क्या मुँह में ताला लगा है! जवाब दो!

(उन्मुक्त विहंग की भाँति उल्लासपूर्ण गति से स्मितवदना मोहिनी का प्रवेश।)

मोहिनी : किस पर गरम हो रहे हो? वहाँ नहीं चलोगे?

हरीश नन्दन : कहाँ?

मोहिनी : *(बुरकेवाली पर निगाह पड़ते ही कुछ चकित-सी रह जाती है।)* अरे, यह तो वही है?

हरीश नन्दन : हाँ, यह वही है जिसने एक नहीं, सात दफ़े तुम्हारे भाषण के बीच में बेमौजू ताली बजाई थी! अहमक़! जाहिल!...

मोहिनी : हाँ, भई, भद्द तो इसने करा ही दी, हालाँकि...

हरीश नन्दन : भद्द! अरे, इस कमबख़्त ने नाक कटवा दी, लेडी साहबा के सामने! कैफ़ियत पूछता हूँ तो जवाब नदारद...देखूँ तो इस ज़ाहिल की सूरत! रहीम, खोल दो इसका बुरका...

मोहिनी : हें-हें, यह क्या ग़ज़ब करते हो? इतनी बेइज़्ज़ती क्यों करते हो इस बेचारी की?

हरीश नन्दन : बेचारी?...यह बेचारी नहीं है *(बुरकेवाली के करीब जाकर उसका बुरका फुर्ती के साथ खोलते हुए)* यह है बेचारा! मूँछोंवाला बेचारा!

बुरका-फ़ाश होते ही नज़र पड़ता है गंगा-जमुनी मूँछोंवाला एक पुरुष, करुणा और विनम्रता का मूर्तमान स्वरूप! हाथ जोड़कर याचना की मुद्रा में खड़ा है। हरीश बुरका खोलते वक़्त उसकी तरफ़ न देखकर मोहिनी की ओर देखता है, ऐसे ही जैसे कोई कलाकार अपनी अनुपम कलाकृति की प्रशंसोन्मुख दर्शकों को दिखा रहा हो! लेकिन मोहिनी उसके चेहरे को देखकर चौंक पड़ती है।)

मोहिनी : अरे, इसका चेहरा तो देखो! यह तो वही बुड्ढा जान पड़ता है जो उस रोज़ अपने मुकदमे की सिफ़ारिश के लिए बँगले पर...

हरीश नन्दन : *(बुरकेवाले की तरफ़ देखता हुआ पीछे हटता जाता है)* यह भोला सिंह है? भो...ला...सिं...ह *((कुर्सी के पास पहुँचकर रुक जाता है और रहीम की ओर आँखें गड़ाकर देखता है।)* रहीम, यह तो भोला सिंह है?

रहीम : जी...जी...हुज़ूर...

हरीश नन्दन : वही भोला सिंह, जिसका मुकदमा मैंने खारिज कर दिया था?

भोला सिंह : *(ऐसे स्वर में जिसमें व्यंग्य की गन्ध भी नहीं है)* हुज़ूर के इक़बाल से जज साहब की अदालत से मुक़दमा तो बहाल हो गया!...

हरीश नन्दन : हूँ...तो तुमने हमसे बदला लेने और हमें ज़लील करने का यह तरीका सोचा? क्यों?

भोला सिंह : *(बहुत आजिज़ी के साथ)* नहीं हुज़ूर, आप ऐसा सोचिएगा तो मैं कहीं का नहीं रहूँगा। जज साहब की अदालत से हो, चाहे हाई कोरट से, हुज़ूर की निगाह के बिना तो इस इलाके में एक पत्ता भी नहीं खड़क सकता।

हरीश नन्दन : तो फिर तुम्हारे इस बेहूदेपन की वजह?

भोला सिंह : हुज़ूर, मैं तो आया था सलाम करने, रहीम भाई ने बताया कि पाँच मिनट के लिए किसी की ज़रूरत है। बुरका लगाकर ताली बजाना है। मैंने सोचा, हुज़ूर और मेम साहब की खिदमत का इससे अच्छा मौक़ा कब मिलेगा? मुझे क्या मालूम था कब ताली बजानी है? जब देखा सब लोग चुप हैं, कुछ चहल-पहल चाहिए, तभी ताली बजा दी!

(मोहिनी यह सब सुनते-सुनते, मुँह में रूमाल दबाकर हँसी रोकती हुई कुर्सी पर बैठ जाती है।)

रहीम : कुसूर इसका नहीं है। असल में मौक़े पर कोई और आदमी तैयार ही नहीं हो रहा था!

हरीश नन्दन : रहीम, तुमको आदमी तैयार कराने के लिए नाज़िर जी ने कितने रुपए दिए थे?

रहीम : *(हिचकता हुआ)* हुज़ूर...एँ...

हरीश नन्दन : कितने रुपए दिए थे? *(कड़ककर)* जवाब दो!

रहीम : हुज़ूर, पच्चीस!

हरीश नन्दन : और वे पच्चीसों रुपए तुम्हारी जेब में गए? भोला सिंह ने तो मुफ़्त काम किया होगा! यही बात थी न?

रहीम : हुज़ूर...हूँ...

हरीश नन्दन : रहीम!

रहीम : हुज़ूर!

हरीश नन्दन : कितने बरस से तुम अर्दली हो?

रहीम : हुज़ूर...पन्द्रह बरस होने आए।

हरीश नन्दन : आज से तुम अर्दली से हटकर दफ़्तर का काम करोगे! न रहेगा बाँस, न बजेगी बाँसुरी!

रहीम : इस बार माफ़ी दी जाए हुज़ूर, सरकार का...

हरीश नन्दन : मैं कुछ नहीं सुनना चाहता...चले जाओ मेरी आँखों के सामने से...

रहीम : हुज़ूर...

हरीश नन्दन : अभी, इसी दम!

(दोनों जाते हैं।)

: बेईमान कहीं का...मट्टी का ख़्वार करा दी...

मोहिनी : *(हँसते हुए)* अरे भई, तुम तो बेकार इतना बिगड़ रहे हो! ऐसी तो कोई बात हुई नहीं है कि तुम इतना आपे से बाहर हो जाओ!

हरीश नन्दन : खूब! यानी आप हँस रही हैं!...

मोहिनी : बात ही हँसने की है...मुझे तो गुमान तक नहीं हुआ कि देवियों के जलसे में बुरके के अन्दर यह देवता विराजमान हैं!...अगर थोड़ी अक़्लमन्दी से इसने काम लिया होता तो सब मामला बना-बनाया था!

हरीश नन्दन : वही तो मलाल है। इतना अच्छा प्लान था! सब ढेर हो गया! क्या करें, तक़दीर ही में लाट साहब की नाराज़गी लिखी थी...

मोहिनी : इतने मायूस न बनो!

हरीश नन्दन : *(खीझ के साथ)* तुम तो बहुत खुश मालूम देती हो!

मोहिनी : मेरी बात पूरी सुनो तो तुम भी खुश हो जाओगे!

हरीश नन्दन : सुनें।

मोहिनी : लेड़ी साहबा बहुत खुश थीं।

हरीश नन्दन : उस अटपटे भाषण के बावजूद?

मोहिनी : भाषण से ही तो बहुत प्रसन्न हुई। बोलीं कि जब मैं तुम्हारे बराबर थी तो मैं तो एक वाक्य भी पूरा नहीं बोल सकी, किसी दूसरे से पढ़वा दिया था अपना भाषण। तुमने तो बहुत मज़े का भाषण दिया है।

हरीश नन्दन : *(आँखों में चमक)* सच!

मोहिनी : फिर कुछ शक्ल-सूरत की तारीफ़ करने लगीं, बोलीं कि तुम्हारे मियाँ बहुत लकी *(भाग्यवान)* हैं।

हरीश नन्दन : *(जैसे बाँछें खिली हों)* सच?

मोहिनी : *(कुछ शरमाकर)* क्योंकि उन्हें तुम्हारी जैसी बीवी मिली है। सर्विस में ऐसी बीवी होना तरक़्क़ी की उम्मीद बढ़ा देता है।

हरीश नन्दन : मोहिनी, यह तो कमाल की बात हो गई! हो सकता है लाट साहब कुछ मुझमें दिलचस्पी लेने लगें!...

मोहिनी : वही तो लेडी साहबा कहने लगीं कि राजधानी में बुजुर्ग महिलाएँ तो कई हैं! ज़रूरत है कुछ कम उम्र के जोड़ों की...

हरीश नन्दन : *(हाथ-पर-हाथ मारकर)* मार ली बाज़ी! राजधानी के सेक्रेटेरिएट में अकसर जगह खाली होती रहती है...या...या लाट साहब के निजी दफ़्तर में भी कुछ ऊँचे ओहदे हैं...वहाँ पहुँचने पर तो तुम्हें भी लेडी साहबा के कुछ काम आने का मौक़ा मिल जाएगा!

मोहिनी : तो फिर जल्दी चलो!

हरीश नन्दन : तुम तो समझ बैठीं कि लाट साहब अभी हमारे हाथ में हुकुम दे देंगे!

मोहिनी : मैं कह रही थी कि स्टेशन चलो...

हरीश नन्दन : *(घड़ी देखता हुआ)* लाट साहब की गाड़ी तो दो घंटे बाद आती है!

मोहिनी : लेडी साहबा ने कहा है कि तुम लोग जल्दी आ जाओ। चाय हमारे सैलून में ही पीना।

हरीश नन्दन : भई वाह मोहिनी! *(कमर में हाथ डालकर झूमते हुए)* तुमने तो मेरा मामला ही साध दिया!

मोहिनी : *(कमर छुड़ाते हुए)* हटो भी! क्या बचपना करते हो!...

हरीश नन्दन : लाट साहब कह रहे थे कि हम लोग बिल्कुल बच्चे लगते हैं!

मोहिनी : तभी शायद बातों-बातों में लेडी साहब ने मेरी उम्र भी पूछ ली! मैंने कहा 19...

हरीश नन्दन : *(कुछ चौंककर)* 19?

मोहिनी : हाँ, 19 बरस...क्यों, सोच में पड़ गए?

हरीश नन्दन : तुमने कहा तुम्हारी उम्र 19 बरस है?

मोहिनी : तो क्या गलत कहा? देखो पैदाइश का सन्...

हरीश नन्दन : मोहिनी, सच बताओ, तुम्हारी उम्र 19 बरस ही है?

मोहिनी : यह लो! यह बात तो तुम्हें शादी होने से पहले पूछ लेनी चाहिए थी। देखो पैदाइश का सन्...

हरीश नन्दन : मोहिनी, तुम्हें ठीक याद है?

मोहिनी : यह खूब रही! बातें पूरी सुनते नहीं, अपनी ही कहे चले जा रहे हो! देखो पैदाइश का सन्...

हरीश नन्दन : *(कन्धे हिलाकर कुर्सी पर बैठते हुए)* कुछ भी हो, मैंने तो तुम्हारी उम्र 22 बरस बता दी!

मोहिनी : *(कुंचित-भ्रू)* 22 बरस बता दी! किसे?

हरीश नन्दन : लेडी साहबा को!

मोहिनी : *(रोष बढ़ रहा है)* तुमने लेडी साहबा को मेरी उम्र 22 बरस बताई? कब?

हरीश नन्दन : उन्हें अस्पताल लाते वक़्त मोटर में!

मोहिनी : *(उबलकर)* तुम्हें शर्म तो न आई होगी मुझे बुढ़िया बनाते वक़्त!

हरीश नन्दन : बुढ़िया?

मोहिनी : बुढ़िया नहीं तो क्या! मैं 22 बरस की लगती हूँ? *(भाव और शब्द एक प्रवाह में!)* ज़लील करने का और कोई तरीका नहीं मिला था तुम्हें? यह कौन जन्म का बदला लिया है?...तुम्हें मेरी यह क़दर करनी थी तो शादी से पहले क्यों न कह दिया था? तुम्हारे लिए किसी बुढ़िया बीवी का ही इन्तज़ाम कर देती! मेरी यह बेइज्ज़ती तो न होती--चार जनों के सामने!

हरीश नन्दन : अरे भई, मेरा मतलब...

मोहिनी : अब मैं कौन-सा मुँह दिखाऊँगी लेडी साहबा को? वह भी सोचेंगी कि कैसी बीवी है और कैसे मियाँ? मैं पूछती हूँ कि तुम्हें कौन-सी बात दीखी मेरे अन्दर जो तीन बरस तुमने जोड़ दिए मेरी उम्र में? चेहरा? आँखों की नज़र? *(रुआँसी)* मेरा तो जी करता है अपने घर चली जाऊँ? तुम्हारे यहाँ रहकर तो फ़िकर ही में आदमी मर जाय! देहात की ज़िन्दगी, मकान है तो सौ साल पुराने, चपरासी हैं तो पच्चीस साल पुराने, फर्नीचर पुराना, सारी ज़िन्दगी पर पुरानापन छाया हुआ है। इसमें तुम्हें सूझेगा क्या? बुढ़ापा!

हरीश नन्दन : मैं कहता हूँ सुनोगी भी...

मोहिनी : ऐसे भी आदमी हैं जो अपनी बूढ़ी बीवियों को भी जवान दिखाने की कोशिश में लगे रहते हैं। मिस्टर अरुण को ही देखो, उनकी बीवी से जब पूछो तो उम्र बताएँगी 26 बरस! न जाने कब से वह अपनी आयु 26 बरस बताती आ रही हैं मगर मजाल क्या कि मिस्टर अरुण ने कभी चूँ भी की हो!

हरीश नन्दन : लेकिन मिस्टर अरुण के बाल सफ़ेद हो चले हैं!

मोहिनी : उससे क्या होता है? दिल तो उनका बूढ़ा नहीं हुआ। मगर तुम तो कभी-कभी ऐसी बातें करते हो, जैसे भीतर से बूढ़े हो चले! दिल में उमंग रखो तो बाहर की झुर्रियाँ जेल के सींकचे नहीं बन सकतीं, अरमानों को रंगीन रखो तो बालों की सफ़ेदी जवानी का सफ़ेद कफ़न नहीं बन सकती। मैं पूछती हूँ, आदमी बुजुर्ग बनने के लिए क्यों आतुर हो? बुजुर्गीयत तो प्रतिध्वनि है कमज़ोर, धीमी होती हुई आवाज़ की, जो समस्याओं की चट्टानों से टकराकर बेबसी के साथ, सिसकती-सी वापस आती है। मैं चाहती हूँ हमारा जीवन बुलन्द आवाज़ों की झड़ी हो, एक के बाद एक जानदार आवाज़ जो उन चट्टानों को ढाहती चले, उनसे टकराकर वापस न आए...!

हरीश नन्दन : *(जिसने अब अपने को सम्हाल लिया है और इस भाषण को मुसकान-मिश्रित संजीदगी के साथ सुनता रहा है।)* हियर, हियर...हियर...हियर!

(ताली बजाता है। नेपथ्य से भी तालियों की आवाज़ आती है। हरीश फिर ताली बजाता है और दुबारा नेपथ्य से तालियों की आवाज़ें आती हैं।)

: कौन? हेडमिस्ट्रेस हैं क्या?

(हेडमिस्ट्रेस का प्रवेश।)

हेडमिस्ट्रेस : सर, वह अख़बारवाले बाबू आए हैं, और मेम साहब के भाषण की रिपोर्ट माँगते हैं!

हरीश नन्दन : उनसे बोलिए कि हम एक नहीं दो-दो भाषणों की रिपोर्ट देंगे।

मोहिनी : दो-दो?

हरीश नन्दन : हाँ, मोहिनी, तुम्हारा दूसरा वाला भाषण भी लाजवाब रहा है! क्यों हेडमिस्ट्रेस साहबा, आपको तो पसन्द आया न? आपने तो तालियाँ भी बजाईं?

मोहिनी : तो आप छिपकर हम लोगों की बातें सुन रही थीं?

हेडमिस्ट्रेस : *(कुछ हिचकिचाकर, कभी हरीश, कभी मोहिनी की तरफ़ देखती हुई)* जी, जी...मैंने समझा...समझा...कि...

मोहिनी : आपने खूब समझा...आप लोग...

हरीश नन्दन : कोई बात नहीं हेडमिस्ट्रेस साहबा, अख़बारनवीस से कह दीजिए कि हमारे बँगले पर मिलें। *(हेडमिस्ट्रेस छुटकारा-सा पाकर पृष्ठ-द्वार की ओर जाती हैं।)*

हरीश नन्दन : और देखिए, हमारी मोटर इधर पीछे की तरफ़ ही भेज दीजिए!

(हेडमिस्ट्रेस का प्रस्थान।)

: क्यों बिगड़ती हो? तुम्हारा दूसरा वाला भाषण इतना ज़ोरदार रहा कि थोड़ी देर और बोलतीं तो यहाँ हज़ारों की भीड़ ही जमा हो जाती!...बस मोहिनी, मैंने तय कर लिया?

मोहिनी : क्या तय कर लिया?

हरीश नन्दन : यही कि अगले इलेक्शन में तुम्हें असेम्बली की सीट के लिए खड़ा किया जाएगा। गाँव-गाँव में तुम्हारे ज़ोरदार भाषण होंगे, हज़ारों की तादाद में स्त्री और पुरुष जमा होंगे। लाखों पोस्टर तुम्हारी तसवीरों के साथ बँटेंगे और फिर एक दिन घोषणा होगी—श्रीमती मोहिनी नन्दन एम....एल.....ए....

(रहीम का प्रवेश।)

मोहिनी : धत्...

रहीम : हुजूर, मोटर आ गई है।

हरीश नन्दन : रहीम, हम आज बहुत खुश हैं। और मेम साहब भी।

रहीम : हुजूर!

हरीश नन्दन : इसलिए मेम साहब की मंशा है कि तुम फिर से अर्दली के काम पर बहाल किए जाओ!

मोहिनी : मेरी मंशा?

रहीम : हुज़ूर का इक़बाल दिन दूना रात-चौगुना हो!...ये काग़ज़ात मोटर में रख दूँ, हुज़ूर?

हरीश नन्दन : हाँ!

(रहीम का प्रस्थान।)

चलो मेरी होनेवाली एम.एल.ए., लेडी साहबा की चाय पर जाना है।

मोहिनी : बातों को टालना तो तुम खूब जानते हो। बात तो हो रही थी कुछ, और तुमने छेड़ दी दूसरी तान...

हरीश नन्दन : अरे, वह बात? वह तो मैं लेडी साहब से कह दूँगा कि मैंने 22 तो अपनी उम्र बताई थी, तुम्हारी वही 19 है! कह दूँगा मैं उनके सवाल को ग़लत समझा था!

मोहिनी : *(आगे चलते हुए)* तुम अकसर बातों को ग़लत समझते रहते हो...

हरीश नन्दन : लेकिन...मोहिनी! *(रुकता है।)* मोहिनी!...एम.एल.ए. बनने के लिए तो...

मोहिनी : रुपया चाहिए। यही न?

हरीश नन्दन : रुपए की बात कौन कर रहा है?

मोहिनी : तो?

हरीश नन्दन : रुपया नहीं! उम्र चाहिए!

मोहिनी : कितनी?

हरीश नन्दन : कम-से-कम...

मोहिनी : कम-से-कम?

हरीश नन्दन : पच्चीस!

मोहिनी : पच्चीस?

हरीश नन्दन : और तुम्हारी उम्र है—उन्नीस बरस!—महज़ उन्नीस बरस!!

(दोनों एक-दूसरे की ओर देखते हैं। हरीश किंचित् हँसता है, मोहिनी भी हँसती है। धीरे-धीरे दोनों अट्टहास में शामिल हो जाते हैं।)

(पर्दा गिरता है।)

विजय की वेला

(रचनाकाल : 1950 ई.)

पात्र

कुँवर सिंह	: 1857 के ग़दर के सेनानी। बिहार में जगदीशपुर के महाराज
अमर सिंह	: कुँवर सिंह के छोटे भाई
हरकिशुनसिंह	: कुँवर सिंह के वफ़ादार साथी
नाथू सरदार	: शिवापुर घाट पर मल्लाहों का सरदार
भीमा	: एक मल्लाह
मैकू	: दूसरा मल्लाह
पुरोहितजी	: कुँवर सिंह के राजपुरोहित
विश्वनाथसिंह	: अमर सिंह का हरकारा (सन्देशवाहक) चोबदार
समय	: 21 अप्रैल, 1858
स्थान	: बलिया से सात मील पूर्व गंगा का दक्षिणी तट

पहला दृश्य

(मल्लाहों के सरदार की झोंपड़ी के सामने गंगा से कुछ हटकर नाथू सरदार खड़ा है। भीमा मल्लाह का प्रवेश)

भीमा : सरदार, सरदार!

सरदार : आ गए, भीमा! काम पूरा हुआ?

मैकू : बिल्कुल! देखो, ये चार नावें किनारे पर भी आ लगीं!

सरदार : मैकू!

मैकू : जी, सरदार!

सरदार : सिपाहियों को गाँव का सीधा रास्ता बता दे। और देख, ज्यों ही महाराज की नाव नज़र पड़े, तुरन्त मुझे ख़बर दी जाए। *(मैकू का प्रस्थान)* कुल चालीस नावें होंगी, भीमा!

भीमा : छोटी-बड़ी सब मिलाकर? पानी में से निकालते-निकालते दम फूल गया।

सरदार : न डुबाते, तो फिरंगी जर्नैल गोलियों से नावों को बेकार कर देता।

भीमा : महाराज ने भी उसे ऐसा छकाया है कि याद रक्खेगा जन्मभर। मगहर की लड़ाई जीतकर बहुत इतरा रहा था। क्या नाम है उसका, सरदार?

सरदार : डगलस! शिवापुर घाट पर तुमने उसे देखा था क्या?

भीमा : उसे भी और जो दूसरा फिरंगी जर्नैल है न, उसे भी।

सरदार : लुगार्ड। तौंसी नदी के पुल पर महाराज के बाँकुरों ने उसका नाकों दम कर दिया।...इन फिरंगियों को लाज भी तो नहीं है तनिक भी! घाट पर तो बड़ा जुलम ढाया होगा।

भीमा : मगहर गाँव से सीधे शिवापुर घाट ही आ धमके दोनों। समझा, कुँवर सिंह घाट पर ही पहुँचे होंगे। लेकिन वहाँ कौन था? डगलस बोला—मल्लाहों का सरदार किधर है?

सरदार : तब?

भीमा : सरदार, मैंने सोचा, एक दिन तुम्हारी गद्दी मुझे मिलनी है। क्यों न श्रीगणेश कर दूँ।

सरदार : *(मीठी झिड़की)* बदमाश! कोई साथ में था?

भीमा : वही महाराज का दूत।

सरदार : हरकिशुनसिंह?

भीमा : हाँ, दाढ़ी और गेरुए कपड़ों में पूरा साधू लग रहा था। उसे देखते ही फिरंगी जर्नैल बोला—इन साधुओं से होशियार रहने की ज़रूरत है। हरकिशुन बोला—धर्मदाता, आप जो कुछ कहें, हमें जो कम्पनी के राज में सुख है, वह भला और कहाँ मिलेगा?

सरदार : साहब तो खुश हो गया होगा?

भीमा : आपस में कानाफूसी करने लगे। फिर बोला—साधू बाबा, तुम्हारा गाँव का लोग गरीब है। कुँवर सिंह को पकड़ेगा, तो मालामाल होगा। कम्पनी-सरकार की तरफ़ से पच्चीस हज़ार रुपया इनाम है।

सरदार : फिरंगी लालच देता था!

भीमा : मैंने कहा हुज़ूर, यहाँ तो कुँवर सिंह आया नहीं है और आएगा भी, तो एक नाव भी उसके हाथ नहीं लगेगी। सब हुज़ूर के हुक्म से पानी के नीचे हैं।

सरदार : भीमा, सिपाही लोगों को उतारने पर मल्लाहों को क्या हुक्म है?

भीमा : जैसा सरदार ने कहा था। सब नावें इसी किनारे रहेंगी और रात-रात में उस पार वापस होकर फिर डुबा दी जाएँगी।

सरदार : गंगा मैया शान्त रहें, तो सब काम पूरा हो जाएगा। देखते हो उधर—पच्छिम की तरफ़—उस किनारे।

भीमा : हाँ, बहुत धूल है।

सरदार : पछाँह की आँधी है। अभी तो दूर है, पर...

भीमा : लेकिन, अब तो करीब-करीब सभी नावें पार हो चुकीं। यह देखो न!

सरदार : हाँ, पर महाराज अभी तक नहीं आए।

भीमा : महाराज अब बन्दोबस्त आप ही देखते हैं। सारी फौज को उतारकर खुद नाव पकड़ेंगे। इस उमर में और यह हिम्मत! सुना है, अस्सी बरस के हो चुके।

सरदार : एक पखवारे से बराबर लड़ाई हो रही है, अतरौलिया, आजमगढ़, मगहर—हर जगह कुँवर सिंह, हर जगह वह तूफ़ान, मगर गंगा मैया ने कैसी शक्ति उस बूढ़े कुँवर सिंह के बदन में फूँक दी है। बिजली की जोत है कि पल में चकाचौंध कर दे! सावन की झड़ी है कि जो थकने का नाम ही न ले!

भीमा : एक बात कहूँ सरदार, धरती से आसमान तक बादल घुमड़ते हैं, तो बिजली कड़कती है। राजा कुँवर सिंह के पीछे भोजपुर के किसानों, मल्लाहों, ग्वालों और रैयत का बल है। ग़रीबों का राजा कुँवर सिंह अमृत का घूँट पिए है, उसे बुढ़ापा छू नहीं सकता। सरदार तुमने वह गीत सुना है?

सरदार : कौन-सा?

भीमा : 'राजा कुँवर सिंह का राज'।

सरदार : कुँवर सिंह के गीत को आजकल बच्चे-बच्चे की ज़बान पर हैं—

भीमा : *(गाने के स्वर में।)*

राजा कुँवर सिंह का राज,
कि जिसमें सिरजे सबके काज।
कि जिसमें दीन बने सरताज,
और धरती के भूले लाल।
कि जिनके छूने में थी लाज,
ताज पर इठलाते हैं आज।
राजा कुँवर सिंह का राज!!

सरदार : भीमा, तेज़ नाव पर पतवार के साथ यह गाना अच्छा रहेगा। *(गुनगुनाता है।)*—
'राजा कुँवर सिंह का राज!'

भीमा : सरदार, महाराज के उतरने की अभी तक ख़बर नहीं आई।

सरदार : पच्छिम वाला तूफ़ान बढ़ रहा है। देखते हो वह? बादल गहरा होता जा रहा है।

भीमा : अब तक उन्हें आ जाना चाहिए था।

सरदार : शायद चलते-चलते फिरंगी की आँखों में कुछ और धूल झोंकने का इन्तज़ाम करते हों।

भीमा : अभी तो दोनों फिरंगी जर्नैल बलिया घाट पर ही आँखें मल रहे थे।

सरदार : हाँ, वह बात तो पूरी ही नहीं की तुमने, भीमा! शिवाघाट से फिरंगियों को टलाया कैसे?

भीमा : राजा कुँवर सिंह की बुद्धि की क्या तारीफ़ करूँ सरदार, कटार की धार-सी पैनी है। हरकिशुन को साधू बनाकर भेजा, जानते हो किसलिए?

सरदार : क्यों?

भीमा : हरकिशुन ने गाँव-गाँव में ख़बर उड़ा दी कि नावें तो मिल नहीं रहीं, इसलिए कुँवर अपनी फौज के साथ बलिया घाट पर हाथियों पर गंगा पार करेंगे।

सरदार : फिरंगी ने सब सुना होगा।

भीमा : सब सुना और फिर हरकिशुन ने दोनों जर्नैलों के सामने भी यही बात कही! बस फिर क्या था? दोनों जर्नैलों ने बलिया घाट की तरफ़ घोड़े दौड़ा दिए। वहाँ छिपकर दाव लगाए बैठे हैं कि कब कुँवर सिंह के हाथी गंगा पार करें और कब उन्हें ठिकाने लगाएँ।

सरदार : *(हँसते हुए)* खूब! ओर, इधर शिवाघाट पर मैदान साफ़ हो गया और राजा कुँवर सिंह नावों पर गंगा पार करते आ पहुँचे। खूब छकाया!

भीमा : सरदार, यह उस पच्चीस हज़ार रुपए के लालच का जवाब है, जिसके सब्ज़बाग़ फिरंगी दिखा रहा था।

सरदार : कौन ऐसा कमबख़्त होगा जो अपनी आत्मा को उस रुपए पर बेचेगा।

भीमा : ऐसों की भी कमी नहीं सरदार, गाजीपुर के गुमाश्ते का हाल तो सुना होगा?

सरदार : वह बदमाश भाग कैसे निकला?

भीमा : महाराज तो उसे लात मारकर भगा रहे थे। बोले, "तू समझता है, तू मुझसे कुछ छिपा सकता है? सुन, गाजीपुर के किले में छत्तीस गोरे हैं, दो तोपें हैं और तेरे जैसे बुद्धुओं की दौलत।" थर-थर काँपने लगा। पर...

(मैकू का हाँफते हुए प्रवेश।)

मैकू : सरदार, सरदार!

सरदार : क्या है मैकू? महाराज की नाव दीख रही है क्या?

मैकू : अभी तो नहीं; पर अब तो उन्हीं की नाव रह गई है। मगर...मगर सरदार, एक नाव गायब है!

सरदार : गायब?

मैकू : जी हाँ!

सरदार : किसकी?

मैकू : वही गाजीपुरवाले मल्लाह की। उसके साथ और नावें शिवापुर के साथ-साथ चलीं। सब आ गईं। बस वही एक नहीं आई।

सरदार : भीमा, कुछ दाल में काला है!

भीमा : कितनी देर से गायब है?

मैकू : वह तो पहले ही खेवे में साथ चली थी; पर पता अब चला। देर हो गई, पछाँह की तरफ़ गई है।

भीमा : पछाँह...बलिया घाट को।...सरदार! सरदार!

(दूर से कुछ गोलियों की आवाज़।)

सरदार : भीमा, कुछ सुना?

भीमा : गोलियाँ?

सरदार : भीमा, वह पछाँह का तूफ़ान नहीं था। वह थी फिरंगी की फौज।... वह देखो।

(फिर गोलियों की आवाज़ और स्पष्ट।)

मैकू : सरदार, सरदार, वह देखिए नाव...अकेली नाव।

सरदार : हाँ, महाराज ही हैं! *(गोली)* गोली चल रही है...नाव पर निशाना है।

भीमा : अगर मल्लाह को गोली लगी तो...*(फिर बौछार।)*

मैकू : और अगर महाराज को लगी!...सरदार, कुछ करना है। सिपाही लोग कुछ न कर सकेंगे इस मौक़े पर।

सरदार : मैं जाता हूँ...*(गोलियों की आवाज़)*

भीमा : किधर?

सरदार : नदी में तैरकर साथ में रस्सी ले जाऊँगा। तुम किनारे से खींचना।

भीमा : नहीं सरदार, तुम यहीं ठहरो, तुम्हारे बिना इधर का काम बिगड़ सकता है। मैकू, यह लो रस्सा! मैं कमर से बाँधकर तैरता हूँ। ज़रूरत होगी, तो नाव से बाँध दूँगा और तुम लोग खींचते जाना! महाराज को बचाना है?

(भीमा जाता है। गोलियों की आवाज़। फिर पानी में छपाका।)

सरदार : मैकू, यह उसी गाजीपुर वाले मल्लाह की करतूत है। उसी के इशारे पर फिरंगियों की फौज बलिया से लौट पड़ी।

मैकू : हाथ तो कुछ नहीं लगा!

सरदार : अगर महाराज पहुँच जाएँ तभी तो!...भीमा आगे बढ़ निकला है। रस्सी इसी खूँटे से बाँध दे, मैकू और तू किनारे पर जाकर मल्लाहों को रस्सी पर लगा दे।

(एकाध गोली की आवाज़ जब-तब सुनाई पड़ती है।)

मैकू : *(खूँटे से रस्सी बाँधते हुए)* गोलियों की बौछार कम हो गई, सरदार।

सरदार : नाव करीब आ गई है। फिरंगी की गोली कहाँ तक पहुँचेगी? मैकू, मैकू, जल्दी दौड़, भीमा इशारा कर रहा है।...दौड़, ला, यह रस्सी मुझे दे। उतर जा पानी में।

(मैकू का दौड़ते हुए जाना।)

सरदार : मैकू, शाबाश! *(रस्सी हाथ में ले लेता है।)*

सरदार : हे गंगा मैया, बड़े-बड़े तूफ़ानों में तेरे आँचल को पकड़कर नैया पार की है। क्या अब तेरा सहारा न मिलेगा! गंगा मैया, गंगा मैया, तेरी जय हो, तेरी जय हो!

(घोड़े की टाप।)

सरदार : कौन?

अश्वारोही : महाराज कहाँ हैं?

सरदार : आप कौन हैं?

अश्वारोही : जगदीशपुर से मैं आ रहा हूँ। पड़ाव पर मालूम हुआ, महाराज घाट पर उतर रहे हैं। अभी उतरे नहीं?

सरदार : गंगा मैया की कृपा रही, तो पलभर में उतरे जाते हैं। देख रहे हैं यह नाव?

अश्वारोही : क्यों?

सरदार : गोलियों की बौछार झेलते हुए आए हैं।

अश्वारोही : गोलियाँ! तो हमारी फौज पड़ाव पर क्यों है?

सरदार : यह फौज के इस पार उतर जाने के बाद हुआ है।

अश्वारोही : इधर ही आ रहे हैं...एक ओर हरकिशुनसिंह और दूसरी ओर...

सरदार : भीमा मल्लाह—मेरा मल्लाह...इधर आइए सरकार, इधर।

(पानी की छप-छप। कुँवर सिंह का प्रवेश। घायल! थोड़ा रुक-रुककर बोलते हैं, किन्तु स्वर में फिर भी दृढ़ता है।)

कुँवर सिंह : नाथू सरदार, तुम्हारा यह भीमा मल्लाह बहुत दिलेर हैं। इसी की बदौलत हम किनारे पर आ सके।

सरदार : महाराज, जो आपके कुछ काम आ सके, वह भाग्यवान है।

हरकिशुन : महाराज, आपको यहाँ कुछ देर रुकना ज़रूरी है।

कुँवर सिंह : खून देखकर डरते हो, हरकिशुन!

हरकिशुन : दोनों चोटें गहरी हैं।

कुँवर सिंह : जाँघ का जख़्म तो गहरा नहीं है। रक्त बन्द हो गया। लेकिन बाँह को तुमने बेकार बाँधा।

हरकिशुन : दर्द ज़्यादा है क्या?

कुँवर सिंह : यह हाथ बेकार हो गया हरकिशुन हड्डी अलहदा हो गई है, मांस लटक रहा है। फिरंगी की गोली...

हरकिशुन : यहाँ कोई ज़र्राह भी तो नहीं।

सरदार : सरकार रात-भर यहाँ आराम करें। मैं वैद्य के लिए आदमी दौड़ाता हूँ।

कुँवर सिंह : नाथू, सरदार, तुम लोग दिलेर हो; लेकिन अकल मोटी है। मैं और मेरी फौज के आदमी यहाँ रहेंगे, तो भोर होते ही गाजीपुर से फिरंगियों का स्टीमर आ पहुँचेगा।

सरदार : लेकिन आपको तकलीफ...!

कुँवर सिंह : तकलीफ नाथू सरदार, तुमने नशा किया है कभी?

भीमा : सरदार अकसर करते हैं?

कुँवर सिंह : मुझे भी एक साल से नशा है। फिरंगियों ने मुझे एक नया चस्का दे दिया। जवानी में जो तलवार, जो मस्ती, घोड़े काम नहीं आ सके, आज उन्हीं लहरों पर सवार हो आसमान छू रहा हूँ।

सरदार : महाराज की जीत का हर जगह जय-जयकार है।

कुँवर सिंह : जीत और हार क्या है! युद्ध भी एक हुनर है, कला है। आँख मूँदकर शत्रु से भिड़ जाना युद्ध-कला नहीं। असली हुनर है शतरंजी चालों में, मात-पर-मात देने में। इन फिरंगी जर्नैलों को छकाने में जो मज़ा आता है, उसके आगे सब नशे फीके हैं। तुम कहते हो, मैं घायल हूँ। मैं

कहता हूँ, कलावन्त अपना हुनर दिखाने में चोट खा जाए, तो उसकी वह चोट सिंगार हो जाती है।

भीमा : राजा कुँवर सिंह की दिलेरी जवानों को नीचा दिखाती है।

कुँवर सिंह : मल्लाह, तुम मेरी खुशामद तो नहीं कर रहे हो?

भीमा : हम देहाती आदमी दरबारी खुशामद करना क्या जानें, मालिक! जो दिल में है सो आगे रख दिया।

कुँवर सिंह : तुम्हारे दिलों में ही मेरा दरबार है। तुम खुशामद न करना भाई! तुम कहते हो, मैं बहादुर हूँ। मैं मौत से डरता नहीं; मगर मौत को न्योता भी नहीं देता। आगे बढ़ना भी जानता हूँ और मौक़े पर कदम पीछे भी हटा सकता हूँ। मेरी दिलेरी के पीछे दिमाग़ है, कोरा दिल ही नहीं। हरकिशुन!

हरकिशुन : जी, आप थोड़ा लेट जाएँ। मैं डोली का बन्दोबस्त करता हूँ।

कुँवर सिंह : डोली! मुझे मेरे बुढ़ापे की याद न दिलाओ, हरकिशुन! कितनी देर का रास्ता होगा?

हरकिशुन : जगदीशपुर का! यही कोई...

अश्वारोही : *(जो अब तक चुप खड़ा हुआ था)* महाराज, घोड़े से रात-भर का रास्ता है, डोली में देर लगेगी।

कुँवर सिंह : तुम कौन हो?

अश्वारोही : मैं अभी जगदीशपुर से आया हूँ महाराज ही के पास।

कुँवर सिंह : *(बैठकर)* तुम जगदीशपुर से आए हो मेरे पास और अब तक चुपचाप खड़े ही रहे! तुम्हारा नाम?

अश्वरोही : विश्वनाथसिंह! यह खरीता भी लाया हूँ।

कुँवर सिंह : किसने भेजा है?

विश्वनाथ : कुँअर अमर सिंह ने।

कुँवर सिंह : पढ़ो, हरकिशुन! अमर सिंह क्या लिखता है?...विश्वनाथ तुम कुँवर सिंह को नहीं जानते हो। नालायकी के लिए गोली से उड़ा देता हूँ।

विश्वनाथ : खता हुई महाराज, मैंने समझा महाराज घायल हैं।

कुँवर सिंह : फिर वही बात। जिस भाई से दस महीने से बिछुड़ा हुआ हूँ, उसकी चिट्ठी पढ़ने के लिए अच्छा होने तक इन्तज़ार करूँ! जगदीशपुर वापस पहुँचने के लिए मैंने आजमगढ़ छोड़ा, गाजीपुर पर हमला नहीं किया और गंगा पार करने के लिए यह सब जाल रचा...

हरकिशुन : वह तो अब तक जगदीशपुर पहुँच गए होंगे!

कुँवर सिंह : कौन अमर सिंह? क्या यही लिखा है? पूरी बात कहो, हरकिशुन!

हरकिशुन : फिरंगी जगदीशपुर में नहीं है। कुमार अमर सिंह आज शाम ही दलबल सहित वहाँ पहुँच रहे हैं। दक्खिन का सारा इलाका हाथ में आ गया

है। आपके पहुँचने भर की देर है। भोजपुर की सारी रैयत जगदीशपुर के झंडे के नीचे फिर जमा हो रही है। आजमगढ़ की लड़ाई की चर्चा से महाराज का असर दिन दूना, रात चौगुना बढ़ रहा है।

कुँवर सिंह : और, फिरंगी?

हरकिशुन : आरा में ही हैं। जंगल की वजह से हिम्मत नहीं पड़ती; मगर हमले की तैयारी ज़ोरों से कर रहे हैं। जासूसों ने ख़बर दी है।

कुँवर सिंह : क्या?

हरकिशुन : कर्नैल लेग्रांड नामक अफ़सर एक-दो दिन में ही हमला करनेवाला है। जंगल के किनारे पर रसद का सामान पहुँचाया जा रहा है।

कुँवर सिंह : तो हम अभी रवाना होंगे। अभी कूच का डंका बजाओ। सबेरे तक पहुँचना है। तुम लोग जाओ, पड़ाव पर तैयारी करो। लेकिन ज़रा ठहरो। हरकिशुन!

हरकिशुन : जी!

कुँवर सिंह : कुहनी की चोट ने इस हाथ को बेकार ही नहीं किया है, सारे बदन में ज़हर फैलाना शुरू कर दिया है।

हरकिशुन : तकलीफ ज़्यादा है?

कुँवर सिंह : धीरे-धीरे बढ़ रही है। अगर कुछ इन्तज़ाम न हुआ, तो रातभर सफ़र करना मुश्किल हो जाएगा।

हरकिशुन : फौज को आगे बढ़ने दें। महाराज पीछे चलें।

कुँवर सिंह : तुम नहीं समझते हो, हरकिशुन! मेरे जगदीशपुर फौरन पहुँचने में ही हित है। जगदीशपुर के उजड़े महल मुझे बुला रहे हैं, मैं बेताब हूँ फिरंगी से बदला लेने के लिए। उसने मेरा मन्दिर ढहाया! उसने मेरे भोजपुर की गरीब रैयत को सताया, जिनके अरमानों का मैं आईना हूँ! मैं नहीं रुक सकता।

हरकिशुन : लेकिन बदन में फैलता हुआ यह ज़हर? महाराज, तो घोड़े पर देर तक चढ़ भी नहीं सकेंगे।

कुँवर सिंह : उसका इलाज है। जिस भुजा को फिरंगी की गोली ज़हरीला बना रही है, यह गलती हुई, सड़ती हुई भुजा, इसे अलग करना होगा।

भीमा : सरदार—महाराज!

हरकिशुन : यह आप क्या कह रहे हैं, महाराज!

कुँवर सिंह : तुम किसी हक़ीम से पूछ लो। गलते हुए अंग को अलहदा करना ही बुद्धिमानी है। और, फिर यह भुजा, जिसे फिरंगी की गोली अपवित्र बना चुकी है...है तुममें कोई माई का लाल, जो एक ही बार में इस भुजा को अलग कर दे? तुम, नाथू सरदार? नहीं। तुम, विश्वनाथ? तुम भी नहीं। भीमा? कोई नहीं। हरकिशुन, उठाओ खड्ग, मेरे मुँह

से आह भी न निकलेगी।

हरकिशुन : मालिक पर हाथ उठाऊँ? महाराज, यह मुझसे न होगा।

कुँवर सिंह : अच्छा, तो यह काम मुझे ही करना पड़ेगा। *(तलवार निकालता हुआ)* तुम न सही, मेरी प्यारी तलवार तो मेरा कहना मानेगी ही। इसकी तेज़ धार का पानी फिरंगी के लगाए धब्बे को झट से धो देगा।

विश्वनाथ : तो क्या महाराज अपने हाथों...?

हरकिशुन : यहाँ नहीं, आओ मेरे साथ गंगा मैया के किनारे। उन्हीं की मँझधार में यह गोली लगी थी, उन्हीं की धारा में यह भुजा भी अर्पित करूँगा। आओ, घोड़ा भी वहीं ले आओ।

(कुँवर सिंह और उनके साथी जाते हैं। पदध्वनि। भीमा सरदार को रोक लेता है।)

भीमा : सरदार!

सरदार : भीमा, महाराज को रोकने की शक्ति मुझमें तो क्या, देवताओं में भी नहीं है।

(नेपथ्य से कुँवर सिंह की आवाज़।)

कुँवर सिंह : गंगा मैया, तुम्हारे इस बेटे ने बहुतेरी ख़ून की नदियाँ बहाई हैं। आज एक अनोखी भेंट लो माँ, फिरंगी की गोली से अपवित्र किए इस शरीर को पवित्र करो। माँ, मुझे शक्ति दो। तुम्हारा यह जल हाथ में लेकर शपथ खाता हूँ, जब तक तन में जान है, यह देश-सेवा में लगा रहेगा। तो यह भेंट लो, माँ, जब गंगा मैया की!

भीमा : राजा कुँवर सिंह की जय!

सरदार : रणबाँकुरे कुँवर सिंह की जय!

हरकिशुन : महाराज!

(घोड़ों की टापों का स्वर)

भीमा : *(सभीत स्वर में)* सरदार, सरदार, वह देखो।

सरदार : कैसी ऊँची लहर है।

भीमा : माँ गंगे उमड़ रही हैं।

सरदार : उमड़ो माँ, उमड़ो। ऐसी भेंट और कब मिलेगी तुम्हें, माँ!

कुँवर सिंह : तुमने मेरी भेंट स्वीकार की, माँ, माँ, माँ!

दूसरा दृश्य

(पाँच दिन बाद। जगदीशपुर में राजा कुँवर सिंह का महल। दूर से शहनाई की आवाज़ सुनाई दे रही है जो कभी-कभी बन्द हो जाती है। कुछ लोग खड़े हैं। अमर सिंह का प्रवेश।)

अमर सिंह : यह शहनाई! ओह...

चोबदार : बन्द करो यह शहनाई, महाराज को आराम की ज़रूरत है।

हरकिशुन : स्वयं महाराज की आज्ञा है कि शहनाई बजेगी।

अमर सिंह : कौन, हरकिशुन? तुम भी महाराज के हठ को नहीं रोकते?

हरकिशुन : आप जो उनके भाई हैं कुमार अमर सिंह, आपकी बात वे नहीं मानते, तो मैं भला...

अमर सिंह : उनका कहना है अमर सिंह न भी होता, तो भी मेरे भइयों की कमी नहीं।

हरकिशुन : लेकिन, आपकी दिलेरी का वे लोहा मानते हैं। गंगा के तट पर आपके जगदीशपुर पहुँचने की बात सुनी, तो यहाँ आने के लिए बेताब हो उठे।

अमर सिंह : हरकिशुन, मैं दंग हूँ। दादा ने यह लोहे का बदन, यह न थकनेवाला दिमाग कहाँ से पाया! रात-ही-रात घोड़े पर चलकर यहाँ पहुँचे। कटी भुजा, घायल बदन, न नींद, न आराम। और यहाँ आते ही दूसरे दिन फिरंगियों से वह घमासान लड़ाई!

हरकिशुन : महाराज की यह सबसे बड़ी विजय थी। सैकड़ों गोरे सिपाही मारे गए। सारी रसद हमारे हाथ आई।

अमर सिंह : अब फिरंगी इस इलाके में मुँह न दिखा सकेंगे।

हरकिशुन : कर्नैल लेग्रान्द के मारे जाने से फिरंगियों की इज़्ज़त में भारी बट्टा लगा है।

अमर सिंह : दादा की यह सूझ अनोखी थी कि पहले दुश्मन को जंगल में दूर तक घुस जाने दो और फिर हठात् तीनों तरफ़ से छापा मारो। यह जंगल जगदीशपुर का कवच है।

हरकिशुन : कुमार साहब, जो तात्या टोपे नहीं कर सके, नानासाहब नहीं कर सके, वह राजा कुँवर सिंह और अमर सिंह ने कर दिखाया। आठ महीने हुए, मैंने दानापुर के सिपाहियों के सामने जो शपथ आप दोनों भाइयों को दिलवाई; वह आज पूरी हुई।

(चोबदार का प्रवेश।)

चोबदार : मालिक, पुरोहितजी पधारे हैं।

अमर सिंह : पुरोहितजी! आने दो। *(चोबदार जाता है।)* हरकिशुन, उस दिन जब हम लोगों ने फिरंगियों के विरुद्ध बग़ावत का झंडा उठाया, तब पुरोहितजी के शब्दों ने यज्ञ में आहुति का काम किया था।

(पुरोहितजी का प्रवेश।)

पुरोहितजी : कैसे हैं, महाराज! मेरे पास आज्ञा पहुँची, तुरन्त बुलाया है।

अमर सिंह : आपको महाराज ने बुला भेजा? पता नहीं उनकी क्या मर्ज़ी है।

पुरोहितजी : एक दिन उन्होंने मुझ ब्राह्मण की आज्ञा शिरोधार्य की थी और फिरंगियों के विरुद्ध विद्रोह की अग्नि प्रज्वलित की। आज मेरी इच्छा उनके अधीन है।

हरकिशुन : पुरोहितजी, हम लोगों ने तो रोहतासगढ़ से रीवाँ, कानपुर और अवध की ख़ाक छानी; किन्तु आपको भी जंगलों और खँडहरों में भटकना पड़ा।

पुरोहितजी : मैंने क्या झेला यजमान, जो भोजपुर के बच्चे-बच्चे ने झेला! स्वतन्त्रता देवी बलिदान चाहती है। किन्तु जाने दो, वह एक दुःस्वप्न था, जिसके बिना आज का प्रभात कहाँ से होता!

अमर सिंह : जगदीशपुर के महल पर, कम्पनी के झंडे के स्थान पर, यह राजपूती चिह्न देखकर आपको सन्तोष हुआ, पुरोहितजी?

पुरोहितजी : एक दिन फिरंगियों के अत्याचारों को देखकर महासन्ताप हुआ था, महल के वृक्षों पर लाशें टाँगी गई थीं, मन्दिर को बारूद से उड़ा दिया गया था! और आज? आप दोनों भाइयों के शौर्य और प्रताप से फिरंगी किंकर्तव्यविमूढ़ हैं।

हरकिशुन : महाराज ने इस समय हम सबको क्यों बुलाया है, कुमार साहब?

पुरोहितजी : बाहर बहुत-सी प्रजा खड़ी है, रैयत, किसान, मल्लाह। किसी ने सभी को बुलवा दिया है।

अमर सिंह : दादा हमेशा रहस्यपूर्ण बातें करते हैं।

हरकिशुन : जब गंगा के तट पर उन्होंने अपनी भुजा काटी, तो मुझे लगा जैसे...

पुरोहितजी : क्या लगा, हरकिशुनसिंह...

हरकिशुन : जैसे गंगा माँ उन्हें बुलाती हो।

पुरोहितजी : गंगा माँ का आह्वान!...

अमर सिंह : आपका क्या अनुमान है, पुरोहितजी?

पुरोहितजी : माँ का आह्वान, आह्वान!

अमर सिंह : जगदीशपुर का सिंह घायल है।

हरकिशुन : आज जब उसकी दहाड़ से सारा प्रान्त थरथराता है...

पुरोहितजी : आज जब उसकी पताका विस्तीर्ण गगन में फहरा रही है! कुमार अमर सिंह, आपके कन्धे मज़बूत हैं न?

अमर सिंह : लेकिन पुरोहितजी, मैंने समझा था कि दादा काल और उम्र के बन्धनों से परे हैं।

पुरोहितजी : आपने ठीक सोचा था कुमार साहब, उनके यश के उत्तुंग शिखर तक काल की पददलित धूल नहीं पहुँच सकती थी।

हरकिशुन : इधर ही आ रहे हैं।

अमर सिंह : कौन, महाराज?

हरकिशुन : घायल शेर।

(कुँवर सिंह का प्रवेश। स्वर में शिथिलता।)

पुरोहितजी : महाराजधिराज, राजपूत कुलशिरोमणि कुँवर सिंह की जय हो! महाराज, इस अवस्था में आपको बाहर आना उचित नहीं।

कुँवर सिंह : कौन? पुरोहितजी! आप आ गए?

अमर सिंह : तोषक मँगाऊँ?

कुँवर सिंह : मँगाओ! और, पिताजी का दिया पुराना खड्ग भी! पुरोहितजी, देखा मेरा यह लिबास?

पुरोहितजी : महाराज का प्रताप द्विगुणित होकर चमक रहा है इस राजसी वेशभूषा में।

कुँवर सिंह : जानते हो हरकिशुन, आज मैंने यह ठाठ क्यों रचा है? नहीं जानते!

(तोषक लाया जाता है और चौकी पर रख दिया जाता है। कुँवर सिंह बैठते हैं।)

हरकिशुन : महाराज, थोड़ा लेट जाएँ।

कुँवर सिंह : यह लिबास लेटने के लिए नहीं है, हरकिशुन! अमर सिंह, अमर सिंह!

अमर सिंह : हाँ भैया!

कुँवर सिंह : मैंने कुछ और लोगों को भी बुलाया था।

पुरोहितजी : बाहर सब महाराज के दर्शन की प्रतीक्षा में हैं।

हरकिशुन : भोजपुर के सब परगनों के जेठरैयत आए हैं, महाराज!

कुँवर सिंह : बुलाओ उनको!

अमर सिंह : यहाँ?

कुँवर सिंह : हाँ, यह महल जितना मेरा और तुम्हारा है, उतना ही उनका भी।

(चोबदार जाने को उद्यत।)

कुँवर सिंह : और, चोबदार, उन्हें भी बुलाओ! क्या नाम था उस मल्लाह का, हरकिशुन?

हरकिशुन : नाथू सरदार!

कुँवर सिंह : हाँ, और वह जिसने नाव खींची थी।

हरकिशुन : भीमा मल्लाह!

कुँवर सिंह : दोनों को बुलाओ!

(चोबदार का प्रस्थान)

पुरोहितजी : महाराज, आपका भुजा बहुत अधिक सूज रही है। आप विश्राम करें।

कुँवर सिंह : पुरोहितजी, आठ महीने पहले आपने एक मदिरा का घूँट पिलाया था।

पुरोहितजी : राजपूती आन का घूँट! विदेशियों से प्रतिशोध लेने की मदिरा का घूँट!

कुँवर सिंह : पुरोहितजी, नशा उतर रहा है। बुढ़ापे के बन्धन जो टूक-टूक हो गए

थे, फिर से जुड़ गए हैं!

अमर सिंह : *(रुँधे गले से)* दादा, दादा!...

कुँवर सिंह : छिः, अमर सिंह! तुम्हारी आँखों में आँसू? आज तो मेरी विजय की वेला है, आज तो फिरंगी के अरमानों की क़ब्र पर मेरा सिंहासन जम रहा है। और, तुम्हारी आँखों में आँसू? इधर देखो, ये रैयत, मल्लाह, ग्वाले...

(चोबदार के साथ जेठरैयतों, मल्लाहों और ग्वालों का प्रवेश।)

अमर सिंह : दादा, कौन-सी शक्ति है, जिसने आपके प्राणों में अटूट साहस का तूफ़ान फूँक दिया था? मुझे भी उसका वरदान दीजिए।

कुँवर सिंह : वह देखो अमर सिंह, जेठरैयत, मल्लाह, किसान! यही हैं वह शक्ति, जिसके बल पर कुँवर सिंह भोजपुर का राजा है। यही है वह तुरही, जिसकी आवाज़ मेरे गले से निकलती थी और फिरंगी भाग निकलते थे। अमर सिंह, नेह के बिना ज्योति कैसी, प्रजा के बिना राजा कैसा? इनका साथ न छोड़ना, भैया!

अमर सिंह : दादा, मैं समझ रहा हूँ।

कुँवर सिंह : शहनाई क्यों बन्द कर दी? बजाओ। *(मन्द रुदनपूर्ण लय में शहनाई की दूर पर आवाज़)* और, पुरोहितजी, तिलक लगाइए!...लगाइए! आप लोग चुप हैं। कुँवर सिंह का राजतिलक और यह चुप्पी? हरकिशुन...हाँ...भीमा मल्लाह!

भीमा : महाराज!

कुँवर सिंह : तुम्हारे राजा का तिलक है और तुम गीत न सुनाओगे...नाथू सरदार, हमारा हुक्म है—आज पतुरिया का नाच नहीं होगा। आज होगा मल्लाहों का वह गीत जिसके बल पर कुँवर सिंह राजा बना, वह जो धरती की आवाज़ है—

(भीमा और उसके साथी बहुत हल्के स्वर में गाते हैं।)

राजा कुँवर सिंह का राज,
कि जिसमें सिरजे सबके काज
कि जिसमें दीन बने सरताज...
और धरती के भूले लाल,
कि जिनके छूने में भी लाज।

कुँवर सिंह : और, और ज़ोर से!

(स्वर तीव्र।)

ताज पर इठलाते हैं, आज,
राजा कुँवर सिंह का राज।

कुँवर सिंह : अमर सिंह!

अमर सिंह : दादा!

कुँवर सिंह : सुनी वह आवाज़, गंगा मैया की आवाज़?

अमर सिंह : सुन रहा हूँ।

कुँवर सिंह : अमर सिंह, फिरंगी को छोड़ना मत।

अमर सिंह : नहीं छोड़ूँगा। मैं आरा पर हमला करूँगा, दादा!

कुँवर सिंह : कल ही...

अमर सिंह : कल ही, दादा!

(स्वर तीव्र हो रहा है।)

कुँवर सिंह : गंगा मैया, तुम भुजा से सन्तुष्ट नहीं, तो लो...।

अमर सिंह : दीपक बुझ रहा है!

(स्वर मन्द होता जाता है।)

अमर सिंह : दादा! दादा!!

(पटाक्षेप और गाने की गूँज जारी।)

रीढ़ की हड्डी

(रचनाकाल : 1939 ई.)

पात्र

उमा	:	लड़की
रामस्वरूप	:	लड़की का पिता
प्रेमा	:	लड़की की माँ
शंकर	:	लड़का
गोपालप्रसाद	:	लड़के का पिता
रतन	:	रामस्वरूप का नौकर

पहला दृश्य

(मामूली तरह से सजा हुआ एक कमरा। अन्दर के दरवाज़े से आते हुए जिन महाशय की पीठ नज़र आ रही है, वह अधेड़ उम्र के मालूम होते हैं। एक तख़्त को पकड़े हुए पीछे की ओर चलते-चलते कमरे में आते हैं। तख़्त का दूसरा सिरा उनके नौकर ने पकड़ रखा है।)

बाबू : अबे, धीरे-धीरे चल।...अब तख़्त को उधर मोड़ दे...उधर।...बस, बस।
(तख़्त के रखे जाने की आवाज़ आती है।)

नौकर : बिछा दें, साहब?

बाबू : *(ज़रा तेज़ आवाज़ में)* और क्या करेगा? परमात्मा के यहाँ अक्ल बँट रही थी तो तू देर से पहुँचा था क्या?...बिछा दूँ सा'ब!...और यह पसीना किसलिए बहाया है?

नौकर : *(तख़्त बिछाता है।)* ही-ही-ही।

बाबू : हँसता क्यों है?...अबे, हमने भी जवानी में कसरतें की हैं। कलसों से नहाता था लोटों की तरह। यह तख़्त क्या चीज़ है?...उसे सीधा कर...यों...हाँ, बस। और सुन, बहूजी से दरी माँग ला, इसके ऊपर बिछाने के लिए।...चद्दर भी, कल तो धोबी के यहाँ से आई है, वही।
(नौकर जाता है। बाबू साहब इस बीच में मेज़पोश ठीक करते हैं। एक झाड़न से गुलदस्ते को साफ़ करते हैं। कुर्सियों पर भी दो-चार हाथ लगाते हैं। सहसा घर की मालकिन प्रेमा का आना। गन्दुमी रंग, छोटा क़द। चेहरे और आवाज़ से ज़ाहिर होता है कि किसी काम में बहुत व्यस्त है। उनके पीछे-पीछे भीगी बिल्ली की तरह नौकर आ रहा है—खाली हाथ। बाबू साहब—रामस्वरूप दोनों की तरफ़ देखने लगते हैं।)

प्रेमा : मैं कहती हूँ, तुम्हें इस वक़्त धोती की क्या ज़रूरत पड़ गई! एब तो वैसे ही जल्दी-जल्दी में...

रामस्वरूप : धोती?

प्रेमा : हाँ, अभी तो बदलकर आए हो, और फिन न जाने किसलिए...

रामस्वरूप : लेकिन तुमसे धोती माँगी किसने?

प्रेमा : यही तो कह रहा था रतन।

रामस्वरूप : क्यों बे रतन, मेरे कानों में डाट लगी है क्या? मैंने कहा था—धोबी के यहाँ से जो चद्दर आई है, उसे माँग ला।...अब तेरे लिए दूसरा दिमाग कहाँ से लाऊँ। उल्लू कहीं का!

प्रेमा : अच्छा, जा, पूजावाली कोठरी में लकड़ी के बक्स के ऊपर धुले हुए कपड़े रखे हुए हैं न, उन्हीं में से एक चद्दर उठा ला।

रतन : और दरी?

प्रेमा : दरी यहीं तो रखी है, कोने में। यह पड़ी तो है।

रामस्वरूप : *(दरी उठाते हुए)* और बीबीजी के कमरे में से हारमोनियम उठा ला, और सितार भी!...जल्दी जा!

(रतन जाता है। पति-पत्नी तख़्त पर दरी बिछाते हैं।)

प्रेमा : लेकिन वह तुम्हारी लाड़ली बेटी तो मुँह फुलाए पड़ी है।

रामस्वरूप : मुँह फुलाए?...और तुम उसकी माँ किस मर्ज़ की दवा हो? जैसे-तैसे करके तो वे लोग पकड़ में आए हैं। अब तुम्हारी बेवकूफ़ी से सारी मेहनत बेकार जाय तो मुझे दोष मत देना।

प्रेमा : तो मैं ही क्या करूँ? सारे जतन करके तो हार गई। तुम्हीं ने उसे पढ़ा-लिखाकर इतना सिर चढ़ा रखा है। मेरी समझ में तो ये पढ़ाई-लिखाई के जंजाल आते नहीं। अपना ज़माना अच्छा था। 'आ-ई' पढ़ ली, गिनती सीख ली और बहुत हुआ तो 'स्त्री-सुबोधिनी' पढ़ ली। सच पूछो तो 'स्त्री-सुबोधिनी' में ऐसी-ऐसी बातें लिखी हैं—ऐसी बातें कि क्या तुम्हारी बी.ए., एम.ए. की पढ़ाई में होंगी। और आजकल के तो लच्छन ही अनोखे हैं।

रामस्वरूप : ग्रामोफ़ोन बाजा होता है न?

प्रेमा : क्यों?

रामस्वरूप : दो तरह का होता है। एक तो आदमी का बनाया हुआ। उसे एक बार चलाकर जब चाहे रोक लो। और दूसरा परमात्मा का बनाया हुआ। उसका रिकार्ड एक बार चढ़ा तो रुकने का नाम नहीं।

प्रेमा : हटो भी! तुम्हें ठिठोली ही सूझती रहती है। यह तो होता नहीं कि उस अपनी उमा को राह पर लाते। अब देर ही कितनी रही है उन लोगों के आने में।

रामस्वरूप : तो हुआ क्या?

प्रेमा : तुम्हीं ने तो कहा था कि ज़रा ठीक-ठीक करके नीचे लाना। आजकल तो लड़की कितनी ही सुन्दर हो, बिना टीमटाम के भला कौन पूछता है? इसी मारे मैंने तो पौडर-वौडर उसके सामने रखा था। पर उसे तो इन चीज़ों से न जाने किस जनम की नफ़रत है। मेरा कहना था कि आँचल में मुँह लपेटकर लेट गई। भई, मैं तो बाज़ आई तुम्हारी इस लड़की से।

रामस्वरूप : न जाने कैसा इसका दिमाग़ है। वरना, आजकल की लड़कियों के सहारे तो पौडर का कारोबार चलता है।

प्रेमा : अरे, मैंने तो पहले ही कहा था इंट्रेंस ही पास करा लेते—लड़की अपने हाथ रहती, और इतनी परेशानी न उठानी पड़ती। पर तुम तो...

रामस्वरूप : *(बात काटकर)* चुप, चुप!...*(दरवाज़े में झाँकते हुए)* तुम्हें कतई अपनी ज़बान पर काबू नहीं है। कल ही यह बात बता दी थी कि उन लोगों के सामने ज़िक्र और ढंग से होगा। मगर तुम तो अभी से सब कुछ उगले देती हो। उनके आने तक तो न जाने क्या हाल करोगी।

प्रेमा : अच्छा बाबा, मैं न बोलूँगी। जैसी तुम्हारी मर्ज़ी हो, करना। बस मुझे तो मेरा काम बता दो।

रामस्वरूप : अच्छा तो उमा को जैसे हो तैयार कर लो! न सही पौडर। वैसे कौन बुरी है। पान लेकर भेज देना उसे। और, नाश्ता तो तैयार है न? *(रतन का आना)* आ गया रतन?...इधर ला, इधर। बाजा नीचे रख दे। चद्दर खोल।...पकड़ तो ज़रा उधर से। *(चद्दर बिछाते हैं।)*

प्रेमा : नाश्ता तो तैयार हैं। मिठाई तो वे लोग ज़्यादा खाएँगे नहीं। कुछ नमकीन चीज़ें बना दी हैं। फल रखे ही हैं। चाय तैयार है, और टोस्ट भी। मगर हाँ, मक्खन? मक्खन तो आया ही नहीं।

रामस्वरूप : क्या कहा? मक्खन नहीं आया? तुम्हें भी किस वक़्त याद आई है। जानती हो कि मक्खन वाले की दुकान दूर है, पर तुम्हें तो ठीक वक़्त पर कोई बात सूझती ही नहीं। अब बताओ, रतन मक्खन लाए कि यहाँ का काम करे। दफ़्तर के चपरासी से कहा था आने के लिए, सो नख़रों के मारे...

प्रेमा : यहाँ का काम कौन ज़्यादा है? कमरा तो सब ठीक-ठाक है ही। बाजा-सितार आ ही गया। नाश्ता यहाँ बराबर वाले कमरे में 'ट्रे' में रखा हुआ है सो तुम्हें पकड़ा दूँगी। एकाध चीज़ खुद ले आना। इतनी देर में रतन मक्खन ले ही आएगा।...दो आदमी ही तो हैं?

रामस्वरूप : हाँ, एक़ तो बाबू गोपाल प्रसाद और दूसरा खुद लड़का है। देखो, उमा से कह देना कि ज़रा करीने से आए। ये लोग ज़रा ऐसे ही हैं, गुस्सा तो मुझे बहुत आता है इनके दक़ियानूसी ख़यालों पर। खुद पढ़े-लिखे हैं, वकील हैं, सभा-सोसाइटियों में जाते हैं, मगर लड़की चाहते हैं ऐसी कि ज़्यादा पढ़ी-लिखी न हो।

प्रेमा : और लड़का?

रामस्वरूप : बताया तो था तुम्हें। बाप सेर है तो लड़का सवा सेर। बी.एस-सी. के बाद लखनऊ में ही तो पढ़ता है मेडिकल कॉलेज में। कहता है कि शादी का सवाल दूसरा है, तालीम का दूसरा। क्या करूँ, मज़बूरी है।

मतलब अपना है, वरना इन लड़कों और इनके बापों को ऐसी कोरी-कोरी सुनाता कि ये भी...

रतन : *(जो अब तक दरवाज़े के पास चुपचाप खड़ा हुआ था, जल्दी-जल्दी)* बाबूजी, बाबूजी!

रामस्वरूप : क्या है?

रतन : कोई आते हैं।

रामस्वरूप : *(दरवाज़े से बाहर झाँककर, जल्दी मुँह अन्दर करते हुए)* अरे, ए प्रेमा, वे आ भी गए। *(नौकर पर नज़र पड़ते ही)* और तू यहीं खड़ा है, बेवकूफ! गया नहीं मक्खन लाने?...सब चौपट कर दिया!...अबे उधर से नहीं, अन्दर से दरवाज़े से जा। *(नौकर अन्दर जाता है।)*...और तुम जल्दी करो, प्रेमा! उमा को समझा देना, थोड़ा-सा गा देगी।

(प्रेमा जल्दी से अन्दर की तरफ़ जाती है। उसकी धोती ज़मीन पर रखे हुए बाजे से अटक जाती है।)

प्रेमा : उँह! यह बाजा, वह नीचे ही रख गया है कमबख़्त!

रामस्वरूप : तुम जाओ, मैं रखे देता हूँ।...जल्दी।

(प्रेमा जाती है। बाबू रामस्वरूप बाजा उठाकर रखते हैं। किवाड़ों पर दस्तक।)

रामस्वरूप : हँ-हँ-हँ। आइए, आइए!...हँ-हँ-हँ।

(बाबू गोपालप्रसाद और उनके लड़के शंकर का आना। आँखों से लोकचतुराई टपकती है। आवाज़ से मालूम होता है कि काफ़ी अनुभवी और फितरती महाशय हैं। उनका लड़का कुछ खीस निपोरने वाले नौजवानों में से है। आवाज़ पतली है और खिसियाहट-भरी। झुकी कमर इनकी खासियत है।)

रामस्वरूप : *(अपने दोनों हाथ मलते हुए)* हँ-हँ, इधर तशरीफ लाइए—इधर।

(बाबू गोपालप्रसाद बैठते हैं, मगर बेंत गिर पड़ता है।)

: यह बेंत!...लाइए, मुझे दीजिए। *(कोने में रख देते हैं। सब बैठते हैं।)* हँ-हँ!...मकान ढूँढ़ने में कुछ तकलीफ तो नहीं हुई?

गोपालप्रसाद : *(खँखारकर)* नहीं। ताँगेवाला जानता था।...और फिर हमें तो यहाँ आना ही था। रास्ता मिलता कैसे नहीं?

रामस्वरूप : हँ-हँ-हँ। यह तो आपकी बड़ी मेहरबानी है। मैंने आपको तकलीफ तो दी...

गोपालप्रसाद : अरे नहीं साहब! जैसा मेरा काम वैसा आपका काम। आखिर लड़के की शादी तो करनी ही है। बल्कि यों कहिए कि मैंने आपके लिए ख़ासी परेशानी कर दी।

रामस्वरूप : हँ-हँ-हँ! यह लीजिए, आप तो मुझे काँटों में घसीटने लगे। हम तो

आपके—हँ-हँ...सेवक हैं। हँ-हँ! *(थोड़ी देर बाद लड़के की तरफ़ मुखातिब होकर)* और कहिए, शंकर बाबू, कितने दिनों की और छुट्टियाँ हैं?

शंकर : जी, कॉलेज की तो छुट्टियाँ नहीं हैं। 'वीक-एंड' में चला आया था।

रामस्वरूप : तो आपके कोर्स खत्म होने में तो अब साल-भर रहा होगा?

शंकर : जी, यही कोई साल-दो साल।

रामस्वरूप : साल-दो साल?

शंकर : हँ-हँ-हँ!...जी, एकाध साल का 'मार्ज़िन' रखता हूँ।

गोपालप्रसाद : बात यह है साहब कि यह शंकर एक साल बीमार हो गया था। क्या बताएँ, इन लोगों को इसी उम्र में सारी बीमारियाँ सताती हैं। एक हमारा ज़माना था कि स्कूल से आकर दर्जनों कचौरियाँ उड़ा जाते थे, मगर फिर जो खाना खाने बैठते तो वैसी-की-वैसी भूख!

रामस्वरूप : कचौड़ियाँ भी तो उस ज़माने में पैसे की दो आती थीं।

गोपालप्रसाद : जनाब, यह हाल था कि चार पैसे में ढेर-सी बालाई आती थी। और अकेले दो आने की हज़म करने की ताकत थी, अकेले! और अब तो बहुतेरे खेल वगैरह भी होते हैं, स्कूलों में। तब न कोई बालीबॉल जानता था, न टेनिस, न बैडमिंटन। बस कभी हॉकी या कभी क्रिकेट कुछ लोग खेला करते थे। मगर क्या मज़ाल कि कोई कह जाए कि यह लड़का कमज़ोर है।

(शंकर और रामस्वरूप खीस निपोरते हैं।)

रामस्वरूप : जी हाँ, जी हाँ! उस ज़माने की बात ही दूसरी थी। हँ-हँ!

गोपालप्रसाद : *(जोशीली आवाज़ में)* और पढ़ाई का यह हाल था कि एक बार कुर्सी पर बैठे कि बारह घंटे की 'सिटिंग' हो गई, बारह घंटे! जनाब, मैं सच कहता हूँ कि उस ज़माने का मैट्रिक भी वह अंग्रेज़ी लिखता था फर्राटे की कि आजकल के एम.ए. भी मुकाबिला नहीं कर सकते।

रामस्वरूप : जी हाँ, जी हाँ! यह तो है ही।

गोपालप्रसाद : माफ़ कीजिएगा, बाबू रामस्वरूप, उस ज़माने की जब याद आती है, अपने को ज़ब्त करना मुश्किल हो जाता है।

रामस्वरूप : हँ-हँ-हँ!...जी हाँ, वह तो रंगीन ज़माना था, रंगीन ज़माना! हँ-हँ-हँ!

(शंकर भी ही-ही करता है।)

गोपालप्रसाद : *(एक साथ अपनी आवाज़ और तरीका बदलते हुए)* अच्छा तो साहब, फिर 'बिज़नेस' की बातचीत हो जाए।

रामस्वरूप : *(चौंककर)* 'बिज़नेस'?—बिज़...*(समझकर)* ओह!...अच्छा, अच्छा। लेकिन ज़रा नाश्ता तो कर लीजिए। *(उठते हैं।)*

गोपालप्रसाद : यह सब आप क्या तकल्लुफ करते हैं!

रामस्वरूप : हँ-हँ-हँ! तकल्लुफ किस बात का! हँ-हँ-हँ! यह तो मेरी बड़ी तकदीर

है कि आप मेरे यहाँ तशरीफ लाए, वरना मैं किस काबिल हूँ। हँ-हँ!...माफ़ कीजिएगा ज़रा, अभी हाज़िर हुआ। *(अन्दर जाते हैं।)*

गोपालप्रसाद : *(थोड़ी देर बाद दबी आवाज़ में)* आदमी तो भला है। मकान-वकान से हैसियत भी बुरी नहीं मालूम होती। पता चले, लड़की कैसी है।

शंकर : जी...

(कुछ खँखारकर इधर-उधर देखता है।)

गोपालप्रसाद : क्यों, क्या हुआ?

शंकर : कुछ नहीं।

गोपालप्रसाद : झुककर क्यों बैठते हो? ब्याह तय करने आए हो, कमर सीधी करके बैठो। तुम्हारे दोस्त ठीक कहते हैं कि शंकर की 'बैकबोन'...

(इतने में बाबू रामस्वरूप आते हैं, हाथ में चाय की ट्रे लिए हुए। मेज़ पर रख देते हैं।)

गोपालप्रसाद : आख़िर आप माने नहीं।

रामस्वरूप : *(चाय प्याले में डालते हुए)* हँ-हँ-हँ! आपको विलायती चाय पसन्द है या हिन्दुस्तानी?

गोपालप्रसाद : नहीं-नहीं साहब, मुझे आधा दूध और आधी चाय दीजिए। ज़रा चीनी भी ज़्यादा डालिएगा। मुझे तो भाई यह नया फैशन पसन्द नहीं। एक तो वैसे ही चाय में पानी काफ़ी होता है, और फिर चीनी भी नाम के लिए डाली जाए तो ज़ायका क्या रहेगा?

रामस्वरूप : हँ-हँ, कहते तो आप सही हैं। *(प्याला पकड़ाते हैं।)*

शंकर : *(खँखारकर)* सुना है, सरकार अब ज़्यादा चीनी लेनेवालों पर 'टैक्स' लगाएगी।

गोपालप्रसाद : *(चाय पीते हुए)* हूँ। सरकार जो चाहे सो कर ले; पर अगर आमदनी करनी है तो सरकार को बस एक ही टैक्स लगाना चाहिए।

रामस्वरूप : *(शंकर को प्याला पकड़ाते हुए)* वह क्या?

गोपालप्रसाद : खूबसूरती पर टैक्स! *(रामस्वरूप और शंकर हँस पड़ते हैं।)* मज़ाक नहीं साहब, यह ऐसा टैक्स है जनाब कि देनेवाले चूँ भी न करेंगे। बस शर्त यह है कि हर एक औरत पर यह छोड़ दिया जाए कि वह अपनी खूबसूरती के 'स्टैंडर्ड' के माफिक अपने ऊपर टैक्स तय कर ले। फिर देखिए, सरकार की कैसी आमदनी बढ़ती है।

रामस्वरूप : *(ज़ोर से हँसते हुए)* वाह-वाह! खूब सोचा आपने! वाकई आजकल खूबसूरती का सवाल बेढब हो गया है। हम लोगों के ज़माने में तो यह कभी उठता भी न था। *(तश्तरी गोपाल की तरफ़ बढ़ाते हैं।)* लीजिए।

गोपालप्रसाद : *(समोसा उठाते हुए)* कभी नहीं साहब, कभी नहीं।

रामस्वरूप : *(शंकर की तरफ़ मुखातिब होकर)* आपका क्या खयाल हैं, शंकर बाबू?

शंकर : किस मामले में?

रामस्वरूप : यही कि शादी तय करने में खूबसूरती का हिस्सा कितना होना चाहिए!

गोपालप्रसाद : *(बीच में ही)* यह बात दूसरी है बाबू रामस्वरूप, मैंने आपसे पहले भी कहा था, लड़की का खूबसूरत होना निहायत ज़रूरी है। कैसे भी हो, चाहे पाउडर वगैरह लगाए, चाहे वैसे ही। बात यह है कि हम-आप मान भी जाएँ, मगर घर की औरतें तो राज़ी नहीं होतीं। आपकी लड़की तो ठीक है?

रामस्वरूप : जी हाँ, वह तो अभी आप देख लीजिएगा।

गोपालप्रसाद : देखना क्या। जब आपसे इतनी बातचीत हो चुकी है, तब तो यह रस्म ही समझिए।

रामस्वरूप : हँ-हँ, यह तो आपका मेरे ऊपर भारी एहसान है। हँ-हँ!

गोपालप्रसाद : और ज़ायचा *(जन्मपत्र)* तो मिल ही गया होगा?

रामस्वरूप : जी, ज़ायचे का मिलना क्या मुश्किल बात है। ठाकुरजी के चरणों में रख दिया। बस, खुद-ब-खुद मिला हुआ समझिए।

गोपालप्रसाद : यह ठीक कहा आपने, बिल्कुल ठीक। *(थोड़ी देर रुककर)* लेकिन हाँ, यह जो मेरे कानों में भनक पड़ी है, यह तो गलत है न?

रामस्वरूप : *(चौंककर)* क्या?

गोपालप्रसाद : यही पढ़ाई-लिखाई के बारे में!...जी हाँ, साफ़ बात है साहब, हमें ज़्यादा पढ़ी-लिखी लड़की नहीं चाहिए। मेम साहब तो रखनी नहीं, कौन भुगतेगा उसके नख़रों को। बस हद से हद मैट्रिक-पास होनी चाहिए...क्यों, शंकर?

रामस्वरूप : जी हाँ, कोई नौकरी तो करानी नहीं।

रामस्वरूप : नौकरी का तो कोई सवाल ही नहीं उठता।

गोपालप्रसाद : और क्या साहब! देखिए, कुछ लोग मुझसे कहते हैं कि जब आपने अपने लड़कों को बी.ए., एम.ए. तक पढ़ाया है तब उनकी बहुएँ भी ग्रेजुएट लीजिए। भला पूछिए इन अक्ल के ठेकेदारों से कि क्या लड़कों की पढ़ाई और लड़कियों की पढ़ाई एक बात है। अरे, मर्दों का काम तो है ही पढ़ना और काबिल होना। अगर औरतें भी वही करने लगीं, अंग्रेज़ी अखबार पढ़ने लगीं और 'पालिटिक्स' वगैरह पर बहस करने लगीं तब तो हो चुकी गृहस्थी। जनाब, मोर के पंख होते हैं, मोरनी के नहा; शेर के बाल होते हैं, शेरनी के नहीं।

रामस्वरूप : जी हाँ, और मर्द के दाढ़ी होती है, औरत के नहीं...हँ-हँ-हँ!

(शंकर भी हँसता है, मगर गोपालप्रसाद गम्भीर हो जाते हैं।)

गोपालप्रसाद : हाँ, हाँ। वह भी सही है। कहने का मतलब यह है कि कुछ बातें दुनिया

में ऐसी हैं जो सिर्फ़ मर्दों के लिए हैं। और ऊँची तालीम भी ऐसी चीज़ों में से एक है।

रामस्वरूप : *(शंकर से)* चाय और लीजिए।

शंकर : धन्यवाद। पी चुका।

रामस्वरूप : *(गोपालप्रसाद से)* आप?

गोपालप्रसाद : बस साहब, अब तो ख़त्म ही कीजिए।

रामस्वरूप : आपने तो कुछ खाया ही नहीं। चाय के साथ 'टोस्ट' नहीं थे, क्या बताएँ, वह मक्खन...

गोपालप्रसाद : नाश्ता ही तो करना था साहब, कोई पेट तो भरना था नहीं। और फिर टोस्ट-वोस्ट मैं खाता भी नहीं।

रामस्वरूप : हँ-हँ! *(मेज़ को एकतरफ़ सरका देते हैं। फिर अन्दर के दरवाज़े की तरफ़ मुँह करके ज़रा ज़ोर से)* अरे, ज़रा पान भिजवा देना...सिगरेट मँगवाऊँ?

गोपालप्रसाद : जी नहीं।

(पान की तश्तरी हाथों में लिए उमा आती है। सादगी के कपड़े। गर्दन झुकी हुई। बाबू गोपालप्रसाद आँखें गड़ाकर और शंकर आँखें छिपाकर उसे ताक रहे हैं।)

रामस्वरूप : हँ-हँ!...यही, हँ-हँ, आपकी लड़की है। लाओ बेटी, पान मुझे दो।

(उमा पान की तश्तरी अपने पिता को देती है। उस समय उसका चेहरा ऊपर को उठ जाता है और नाक पर रखा हुआ सोने की रिमवाला चश्मा दीखता है। बाप-बेटे चौंक उठते हैं।)

गोपालप्रसाद और शंकर : *(एक साथ)* चश्मा!!!

रामस्वरूप : *(ज़रा सकपकाकर)* जी, वह तो...वह पिछले महीने में इसकी आँखें दुखनी आ गई थीं, सो कुछ दिनों के लिए चश्मा लगाना पड़ रहा है।

गोपालप्रसाद : पढ़ाई-वढ़ाई की वजह से तो नहीं है कुछ?

रामस्वरूप : नहीं साहब, वह तो मैंने अर्ज़ किया न।

गोपालप्रसाद : हूँ। *(सन्तुष्ट होकर कुछ कोमल स्वर में)* बैठो, बेटी।

रामस्वरूप : वहाँ बैठ जाओ उमा, उस तख़्त पर, अपने बाजे-वाजे के पास।

(उमा बैठती है।)

गोपालप्रसाद : चाल में तो कुछ खराबी है नहीं। चेहरे पर भी छवि है।...हाँ कुछ गाना-बजाना सीखा है?

रामस्वरूप : जी हाँ, सितार भी और बाजे भी। सुनाओ तो उमा, एकाध गीत सितार के साथ।

*(उमा सितार उठाती है। थोड़ी देर बाद मीरा का मशहूर गीत 'मेरे

तो गिरधर गोपाल दूसरा न कोई' गाना शुरू कर देती है। स्वर से ज़ाहिर है कि गाने का अच्छा ज्ञान है। उसके स्वर में तल्लीनता आ जाती है, यहाँ तक कि उसका मस्तक उठ जाता है। उसकी आँखें शंकर की झेंपती-सी आँखों से मिल जाती हैं और वह गाते-गाते एक साथ रुक जाती है।)

रामस्वरूप : क्यों, क्या हुआ? गाने को पूरा करो, उमा।

गोपालप्रसाद : नहीं-नहीं साहब, काफ़ी है। लड़की आपकी अच्छा गाती है।

(उमा सितार रखकर अन्दर जाने को बढ़ती है।)

गोपालप्रसाद : अभी ठहरो, बेटी!

रामस्वरूप : थोड़ा और बैठी रहो, उमा!

(उमा बैठती है।)

गोपालप्रसाद : *(उमा से)* तो तुमने पेंटिंग-वेंटिंग भी सीखी है?

(उमा चुप।)

रामस्वरूप : हाँ, वह तो मैं आपको बताना भूल ही गया। यह जो तसवीर टँगी हुई है, कुत्तेवाली, इसी ने खींची है। और वह उस दीवार पर भी।

गोपालप्रसाद : हूँ यह तो बहुत अच्छा है। और सिलाई वगैरह?

रामस्वरूप : सिलाई तो सारे घर की इसी के जिम्मे रहती है, यहाँ तक कि मेरी कमीज़ें भी। हँ-हँ-हँ!

गोपालप्रसाद : ठीक!...लेकिन, हाँ बेटी, तुमने कुछ इनाम-विनाम भी जीते थे?

(उमा चुप। रामस्वरूप इशारे के लिए खाँसते हैं लेकिन उमा चुप है, उसी तरह गर्दन झुकाए। गोपालप्रसाद अधीर हो उठते हैं और रामस्वरूप सकपकाते हैं।)

रामस्वरूप : जवाब दो, उमा। *(गोपाल से)* हँ-हँ, ज़रा शरमाती है। इनाम तो इसने...

गोपालप्रसाद : *(ज़रा रूखी आवाज़ में)* ज़रा मुँह तो खोलना चाहिए।

रामस्वरूप : उमा, देखो, आप क्या कह रहे हैं। जवाब दो न।

उमा : *(हल्की लेकिन मज़बूत आवाज़ में)* क्या जवाब दूँ, बाबूजी! जब कुर्सी-मेज़ बिकती है तब दुकानदार कुर्सी-मेज़ से कुछ नहीं पूछता, सिर्फ़ खरीदार को दिखला देता है। पसन्द आ गई तो अच्छा है, वरना...

रामस्वरूप : *(चौंककर खड़े हो जाते हैं।)* उमा, उमा!

उमा : अब मुझे कह लेने दीजिए, बाबूजी।...ये जो महाशय मेरे खरीदार बनकर आए हैं, इनसे ज़रा पूछिए कि क्या लड़कियों के दिल नहीं होता? क्या उनको चोट नहीं लगती? क्या वे बेबस भेड़-बकरियाँ हैं, जिन्हें कसाई अच्छी तरह देख-भालकर खरीदते हैं?

गोपालस्वरूप : *(ताव में आकर)* बाबू रामस्वरूप, आपने मेरी इज्ज़त उतारने के लिए

मुझे यहाँ बुलाया था?

उमा : *(तेज़ आवाज़ में)* जी हाँ, और हमारी बेइज़्ज़ती नहीं होती जो आप इतनी देर से नाप-तोल कर रहे हैं? और ज़रा अपने इन साहबज़ादे से पूछिए कि अभी पिछली फ़रवरी में ये लड़कियों के होस्टल के इर्द-गिर्द क्यों घूम रहे थे, और वहाँ से कैसे भगाए गए थे!

शंकर : बाबूजी, चलिए।

गोपालप्रसाद : लड़कियों के होस्टल में?...क्या तुम कॉलेज में पढ़ी हो?

(रामस्वरूप चुप।)

उमा : जी हाँ, मैं कॉलेज में पढ़ी हूँ। मैंने बी.ए. पास किया है। कोई पाप नहीं किया, कोई चोरी नहीं की, और न आपके पुत्र की तरह ताक-झाँककर कायरता दिखाई है। मुझे अपनी इज़्ज़त–अपने मान का ख़याल तो है। लेकिन इनसे पूछिए कि ये किस तरह नौकरानी के पैरों पड़कर अपना मुँह छिपाकर भागे थे।

रामस्वरूप : उमा, उमा!!

गोपालस्वरूप : *(खड़े होकर गुस्से में)* बस, हो चुका। बाबू रामस्वरूप, आपने मेरे साथ दग़ा किया। आपकी लड़की बी.ए. पास है, और आपने मुझको कहा था कि सिर्फ़ मैट्रिक तक पढ़ी है। लाइए, मेरी छड़ी कहाँ है। मैं चलता हूँ। *(छड़ी ढूँढ़कर उठाते हैं।)* बी.ए. पास! उफ़्फ़ोह! गज़ब हो जाता! झूठ का भी कुछ ठिकाना है। आओ, बेटे, चलें। *(दरवाज़े की ओर बढ़ते हैं।)*

उमा : जी हाँ, जाइए, ज़रूर चले जाइए! लेकिन घर जाकर ज़रा यह पता लगाइएगा कि आपके लाड़ले बेटे की रीढ़ की हड्डी भी है या नहीं–यानी बैकबोन, बैकबोन!

(बाबू गोपालस्वरूप के चेहरे पर बेबसी का गुस्सा है और उनके लड़के के रुलासापन। दोनों बाहर चले जाते हैं। बाबू रामस्वरूप कुर्सी पर धम् से बैठ जाते हैं। उमा सहसा चुप हो जाती है। लेकिन उसकी ख़ामोशी सिसकियों में तबदील हो जाती है।)

(प्रेमा का घबराहट की हालत में आना।)

प्रेमा : उमा, उमा...रो रही है?

(यह सुनकर रामस्वरूप खड़े होते हैं। रतन आता है।)

रतन : बाबूजी, मक्खन!

(सब रतन की तरफ़ देखते हैं और पर्दा गिरता है।)

भाग-2

एकांकी संकलन

दूसरे संस्करण के विषय में

मौलिक साहित्य युग के इतिहासकार के लिए उपयोगी सामग्री का काम देता है। जब ये नाटक लिखे गए (यानी 1937-41) तब से युग ही बदल गया। इन नाटकों की शैली और आत्मा में उस ज़माने की प्रतिध्वनि मिलेगी। फिर भी कुछ समस्याएँ शाश्वत हैं और आदर्शवादिता भी बुद्धिवाद की जंग के बावजूद, प्रत्येक युग में किसी-न-किसी रूप में निखर ही पड़ती है। शायद इसीलिए इस संग्रह के नाटकों की बराबर माँग रही है—पाठकों के बीच में रंगमंच के लिए भी।

कुछ शब्दों में हेर-फेर अनिवार्य था! अन्तिम नाटक में जोशीले गीत की कड़ियाँ भी बदल दी हैं। शेष ज्यों-का-त्यों है। परिशिष्ट में एक खंड और जोड़ दिया गया है। इन नाटकों की रचना जिन परिस्थितियों में हुई उनकी कथा रोचक तो है ही, भले ही उनका कोई निजी महत्त्व न हो।

नई दिल्ली
30 अक्तूबर 1956

—जगदीशचन्द्र माथुर

अपनी सफ़ाई में

एक सरकारी नौकरीपेशा व्यक्ति यदि साहित्य के क्षेत्र में अपने को पहले पहल विदित करने में हिचके तो कोई आश्चर्य नहीं। आज से सात बरस पूर्व छात्र-जीवन में जब अपने कुछ नाटकों को संग्रह-रूप में प्रकाशित करने का मैंने इरादा किया था, तभी यदि इस काम को पूरा कर लेता तो हिम्मत की इतनी कमी शायद न जान पड़ती। अब तो अपने को एक अनजाने-से प्रदेश में, दबे पाँवों, भीतहृदय-सा प्रवेश करता हुआ पाता हूँ।

मेरे ये नाटक 1937 और 1943 के बीच में लिखे गए थे। तब से हिन्दी-साहित्य द्रुतगति से बराबर विकासोन्मुख रहा है, अनगिनती आदर्श और भावनाएँ तिरोहित हो गए हैं, अनगिनती ही इस बीच में उत्पन्न होकर हमें उलझा रहे हैं। कह नहीं सकता कि इन नाटकों में गुँथे विचार इस भाग-दौड़ में गतिशील साबित हुए हैं या नहीं।

इतना अवश्य है कि इनमें से अधिकतर नाटक जिस रंगमंच को लक्ष्य करके लिखे गए थे उसके लिए जो भी सामग्री प्रस्तुत की जाय, कम रहेगी, नई रहेगी। 1937 में श्रद्धेय गुरु डॉ. अमरनाथ झा के आग्रह से प्रयाग विश्वविद्यालय के म्योर होस्टल के रंगमंच के लिए मैंने 'भोर का तारा' लिखा और सफलतापूर्वक स्टेज पर प्रदर्शित भी किया। तभी मैंने सोचा कि हिन्दी साहित्य और हिन्दुस्तानी समाज के इस उपेक्षित अंग के निर्माण के लिए जो कुछ हो सकेगा, करने का प्रयास करूँगा। सपने बहुत देखे, पर अभी तो एक खंडमात्र उपस्थित कर रहा हूँ।

जितने ही ये नाटक रंगमंच पर खेले जाएँ, उतना ही मैं अपने को सफल समझूँगा। लेकिन रंगमंच-विधायकों से लेखक-समाज की ओर से एक विनती अवश्य करूँगा : किसी भी नाटक को स्टेज करने से पहले उसके लेखक को सूचित करके उसकी अनुमति ले लेना एक साधारण शिष्टाचार है। हाल ही में दिल्ली-प्रान्तीय हिन्दी-साहित्य-सम्मलेन के अवसर पर 'भोर का तारा' का अभिनय हुआ; लेकिन प्रबन्धकर्त्ता महोदय ने मुझे सूचित करना तो दरकिनार, अपने छपे हुए प्रोग्राम में लेखक का नाम तक नहीं दिया!

हिन्दुस्तानी रंगमंच की वर्तमान गतिविधि को दृष्टिकोण में रखते हुए मैंने परिशिष्ट में रंगमंच सम्बन्धी कुछ आवश्यक बातों का विवेचन किया है और हरेक नाटक पर अलग-अलग भी थोड़ा-बहुत प्रकाश डाला है। मैं समझता हूँ कि यह परिशिष्ट नौसिखियों के लिए तो अवश्य उपादेय सिद्ध होगा और मुझे आशा है कि कोई भी निर्देशक परिशिष्ट

में दिए हुए सुझाव पर ध्यान दिए बिना किसी नाटक का अभिनय न कराएँगे।

बिहार के सुविख्यात कलाकार श्री उपेन्द्र महारथी ने कवर पेज के चित्र में मेरी असामान्य कल्पना को जो अविकल रूप दिया है उसके लिए मै। उनका अनुग्रहित हूँ।

–जगदीशचन्द्र माथुर

बिहार सेक्रेटेरिएट, पटना
27 जनवरी, 1947 ई.।
(वसंत पंचमी)

मकड़ी का जाला

(एकांकी संकलन : *भोर का तारा* से)

(रचनाकाल : 1941 ई.)

पात्र

भोलानाथ
क्लर्क
चन्द्रभान
एक छाया मूर्ति,
एक अदृश्य आवाज़

(स्टार ट्रेडिंग कम्पनी के मैनेजिंग डाइरेक्टर मि. भोलानाथ का घर का ऑफिस जो कभी-कभी सिटिंग रूम का भी काम दे देता है। कमरा उसी तरह सजा हुआ है जैसा एक ऊँची तनख्वाह पानेवाले ऐसे अफ़सर का होता है जिसे मकान सजाने का कोई ख़ास शौक़ नहीं है। सामनेवाली दीवार पर दाहिनी ओर खिड़की में नीला पर्दा। तरह-तरह के कैलेंडर टँगे हुए हैं, मानो इस बात की घोषणा करते हों कि मि. भोलानाथ इतनी सारी कम्पनियों में हिस्सेदार हैं। घड़ी भी है। आगे की तरफ़ ऑफिस टेबिल है, लेकिन सेंटर में नहीं—कुछ बाईं तरफ़। दो-चार अच्छी पालिशदार कुर्सियाँ रखी हैं। खिड़की के पास एक छोटी मेज़ पर रेडियो-सेट है।

मि. भोलानाथ ऑफिस-चेयर पर बैठे हैं, बाएँ हाथ में सिगरेट और दाहिने में फ़ाउंटेनपेन। उमर कोई 45 वर्ष। माथे पर झुर्रियाँ, चेहरे से व्यावसायिकता और अनुभवशीलता टपकती है। पास में खड़े हुए क्लर्क काग़ज़ात दिखा रहे हैं और भोलानाथ दस्तख़त करते जा रहे हैं।)

भोलानाथ : कुछ और काग़ज़ात हैं क्या? *(घड़ी देखकर)* थोड़ी देर में रेडियो पर मार्केट रिपोर्ट और न्यूज आती होंगी। उन्हें सुनना है।

क्लर्क : जी, काग़ज़ात तो सब खत्म हो गए...। लेकिन बाहर वह साहेब बैठे हुए हैं मिलने के लिए।

भोलानाथ : कौन?

क्लर्क : वही मि. चन्द्रभान जिन्हें आप कम्पनी की कानपुर वाली एजेंसी में असिस्टेंट मैनेजर बनाने का विचार कर रहे हैं।

भोलानाथ : अरे वह कालिज का निकला हुआ नौजवान! हाँ, उसे जरूर बुलाओ *(घड़ी देखता हुआ)* थोड़ी देर के लिए। अच्छा आदमी है, स्मार्ट है। कम्पनी के काम का साबित होगा। लेकिन कुछ ख्वाबी दुनिया में रहता जान पड़ता है। समझे हुए है कि ज़िन्दगी में शायरी भी ज़रूरी है। ह ह ह! इसलिए बुलाया था कि उसे कुछ असलियत का ज्ञान करा दिया जाय। और मुझे लुत्फ भी आता है ऐसे नौजवानों को ठोस दुनिया से टकराते देखकर।

क्लर्क : *(इसी बीच में फाइल को बन्द कर बगल में दबाता हुआ)* तो भेजूँ?

भोलानाथ : हाँ, हाँ।

(क्लर्क का प्रस्थान। भोलानाथ दूसरी सिगरेट जलाते हैं। चन्द्रभान का प्रवेश। गोरे रंग का सुशील युवक। सूट पहने हुए

है। न वह केवल कल्पना के लोक में विचरण करनेवाला कवि है और न एक चलता-पुरजा हजरत क़िस्म का नौजवान। वह एक निर्मल युवक है जिसके चेहरे से बुद्धिमत्ता टपकती है और आशा, आकांक्षा, अभिलाषा जिसकी सहज मुसकान को आकर्षक और निष्कलंक बनाए हुए है। उसकी आँखों में उज्ज्वल भविष्य नाच रहा है। भोलानाथ किंचित् मुसकुराते हुए उसकी ओर देखता है।)

भोलानाथ : आइए, आइए मि. चन्द्रभान। बैठिए। *(चन्द्रभान बैठता है।)* स्मोक कीजिएगा।

चन्द्रभान : अभी शुरू तो नहीं किया है।

भोलानाथ : यह भी अच्छा ही है...। लेकिन मेरा तजुर्बा है कि अलावा सोसाइटी में, कंसेंट्रेशन की खातिर भी सिगरेट पीना कभी-कभी ज़रूरी हो जाता है।

चन्द्रभान : जी हाँ, मैंने बहुत-से बड़े आदमियों को किसी-न-किसी तरह का स्मोक करते देखा है।

भोलानाथ : आप भी बड़े आदमी बनने का अरमान रखते हैं।

चन्द्रभान : अरमान किसके नहीं होते? लेकिन, हाँ, अगर आप की मेहरबानी रही तो शायद कुछ उन्नति कर सकूँ।

भोलानाथ : तो उन्नति के लिए जो साधन ज़रूरी हैं, उन पर आप अमल करेंगे?

चन्द्रभान : जी हाँ! जरूर कोशिश करूँगा।

भोलानाथ : मुझे आपसे बहुत उम्मीद है। आपके कैरियर और सार्टिफिकेट्स को देखते हुए ही मैंने आपको रखा है। मैं नए आदमियों को मौका देना चाहता हूँ। उनमें जोश होता है काम के लिए। कानपुर एजेंसी की असिस्टेंट मैनेजरी जिम्मेदारी का काम है। एक मुनासिब आदमी के लिए 'राइज़' करने के अच्छे मौके हैं। आप जल्दी ही मैनेजर तक बन सकते हैं।

चन्द्रभान : मैं आपका बहुत आभारी हूँ। मुझे उम्मीद है कि मुझे आपसे हमेशा सीख मिलती रहेगी।

भोलानाथ : सीख! आपको मैं जरूर सीख देता रहूँगा। इसलिए तो आपको बुलाया है कि इब्तिदा आज ही कर दी जाय *(बनी हुई आवाज़ में)* आपके जैसे नौजवानों को राह दिखाने में मुझे बहुत सन्तोष मिलता है...। लेकिन एक शर्त है।

चन्द्रभान : शर्त?

भोलानाथ : जी हाँ, शर्त। और वह यह कि अगर आप रंगीन चश्मे पहनने के आदी हों तो उन्हें उठाकर रख दीजिए। खुली धूप में नंगी आँखों से चीजों को देखने की आदत डालिए।

चन्द्रभान : रंगीन चश्मे?

भोलानाथ : आप समझे नहीं। आपने तो अपनी दरख्वास्त में लिखा था कि कविता करने में आपको कुछ इनामात मिल चुके हैं।

चन्द्रभान : कविता तो क्या, हाँ कभी-कभी उमंगें आने पर तुकबन्दियाँ कर लेता हूँ।

भोलानाथ : तो सुनिए। उन उमंगों का अब आपको साथ छोड़ना पड़ेगा।

चन्द्रभान : लेकिन उनका मेरे काम पर तो कोई बुरा असर नहीं पड़ सकता। अगर मैं हवा से हिलती पत्तियों की पुकार सुनता रहूँ या चाँद से अठखेलियाँ करनेवाले बादलों से मोहित होता रहूँ तो इसमें कोई बुराई तो नहीं।

भोलानाथ : मि. चन्द्रभान, अगर मेरी जगह कोई और मैनेजिंग डाइरेक्टर होता तो इस बात को सुनकर आपको जगह तो क्या, बैठने भी न देता।

चन्द्रभान : *(सकपका कर)* आई एक सॉरी, सर!

भोलानाथ : *(वही बनी हुई मुसकुराहट)* लेकिन मैं आपसे नाखुश नहीं हूँ। मैं चाहता हूँ कि आप जैसे युवकों को ठीक राह दिखला सकूँ। एक जमाना था कि मैं भी आप ही की तरह सपनों की दुनिया में बसेरा लेता था। लेकिन अब मैं जानता हूँ कि यह सब फ़िज़ूल है। ये थोथी बातें हैं। अगर तुम पत्तियों की पुकार सुनते रहे या बादल के टुकड़ों और गीत के स्वरों पर मोहित होते रहे तो बुरी तरह ठोकर खाओगे, बुरी तरह। तुम नौकरी करने आए हो कोई खिलवाड़ करने के लिए नहीं। कविता, प्यार, गीत...छिः; जानते हो तुम ज़िन्दगी के द्वार पर खड़े हो।

चन्द्रभान : *(कुछ दबता हुआ)* जानता हूँ।

भोलानाथ : और भला बताओ तो, तुम ज़िन्दगी को क्या समझते हो?

चन्द्रभान : *(हिचकता हुआ)* क्या समझता हूँ...?...मैं समझता हूँ–

भोलानाथ : कि वह एक सुन्दरी देवी है जिसका प्रेम पाने के लिए तुम पूजा करते हो। यही न?

चन्द्रभान : ...*(चुप)*

भोलानाथ : ह ह ह! तुम भूलते हो। ज़िन्दगी तो एक कठोर मालिक की तरह है जिसके दिल में दया नहीं है, जो सिर्फ काम लेना जानता है, मिन्नतें जिस पर असर नहीं कर सकतीं, गाने और रोने पर जो मोहित्त नहीं होता। मि. चन्द्रभान, तुम्हें ताज्जुब हो रहा है?

चन्द्रभान : मुझे...मुझे डर लग रहा है।

भोलानाथ : डर...हा हा हा। डरो, हाँ, खूब डरो। डरकर ही जीवन की गति को समझा जा सकता है। डरते हुए, सँभलते हुए कदम बढ़ाओ। उमंगों के लिए यहाँ जगह नहीं है। समझो कि जीवन एक मशीन की तरह है। तुम्हारा काम नियत है, तत्परता के साथ बिना विचलित हुए सीधी

सड़क पर बढ़े जाओ। रास्ते के फूलों पर न मचलो, हवा चाहे मस्त हो, तुम बेख़बर न बनो, चिड़ियाँ चाहे कितना चहकें, तुम उन पर कान न दो। मेरे दोस्त समझदार बनो, दूरदर्शी बनो। The world belongs to the prudent.

चन्द्रभान : और दिल?

भोलानाथ : दिल तुमसे अलग हस्ती नहीं रखता। तुम उसे अपनी मशीन का हिस्सा बना सकते हो। बनाना पड़ेगा। भावुकता को दबाना पड़ेगा। तुम्हें राइज़ करना है। जो जितना ही अपने जज़्बात को दबा सकता है उतनी ही तरक्की कर सकता है। समझो? जज़्बात को दबाओ।

चन्द्रभान : मि. भोलानाथ, मुझे सोचने का वक़्त दीजिए।

भोलानाथ : मि. चन्द्रभान, आप कितना ही सोचें, इस नतीजे से आप बच नहीं सकते।

चन्द्रभान : *(कुछ घबराकर)*...मैं...अभी तो इजाज़त चाहूँगा।

भोलानाथ : *(मानो कोई उन्माद चढ़ा हो)* आप बच नहीं सकते। जाला तन गया है। इसके महीन रेशों से छुटकारा पाना नामुमकिन है। आप तड़पिएगा, हाथ-पैर पटकिएगा, लेकिन बाहर नहीं निकल सकेंगे। *(चन्द्रभान के चेहरे पर आँखें गड़ाकर)* नामुमकिन है।

चन्द्रभान : *(घबराकर खड़ा होता हुआ)* माफ़ कीजिए। मेरी तबीयत परेशान हो रही है।...मैं जाना चाहूँगा। *(जल्दी से प्रस्थान)*

भोलानाथ : *(गहरी साँस लेकर)* और मैं हूँ उस जाले की मकड़ी। *(इस्पाती हँसी)* खूब तड़पेगा। खूब ज़ोर लगाएगा। लेकिन आखिर मुझसे बचकर कहाँ जाएगा? रात का कीड़ा धूप में आ भटका है। झुलस जायगा, झुलस।

(रेडियोसेट ऑन कर देता है। मार्केट रिपोर्ट सुनाई जा रही है। भोलानाथ एक कुर्सी पर बैठकर दूसरी को पैर फैलाने के लिए घसीट लेता है और आराम से टाँगें पसारकर आधा लेटा, आधा बैठा रेडियो सुनता है। थोड़ी देर में एकाध जमुहाई लेता है।)

रेडियो की आवाज़ : "...हापुड़ गेहूँ, तैयार 3 रुपये 10 आने, भादों का 3 रुपये 10।। आने, लायलपुर गेहूँ तैयार 3 रुपये 8।। आने।

कपास की रेट बाज़ार खुलने पर 281 से 181।। थी। बंद होते वक़्त भड़ौंच कपास की रेट 279।। रह गई।

अन्तर्राष्ट्रीय परिस्थिति का बाज़ार भाव पर काफ़ी असर पड़ा। यह दिल्ली है। अभी तक आप हिन्दुस्तानी में बाज़ार भाव सुन रहे थे। अब थोड़ी ही देर में आपको हिन्दुस्तानी में ख़बरें सुनाई जाएँगी।"

(हल्के बाजों की आवाज़। भोलानाथ इस बीच में दो-चार बार जमुहाई ले चुका है। आँखों में खमारी है।)

"अब आप हिन्दुस्तानी में ख़बरें सुनिए। ये ख़बरें दिल्ली, बम्बई, कलकत्ता, लाहौर, लखनऊ, पेशावर से एक साथ सुनाई जा रही हैं। आज के बुलेटिन की ख़ास-ख़ास ख़बरें ये हैं। पूर्वी मोर्चे पर रूस की फौजों का एक ज़बरदस्त धावा। अंग्रेज़ी समुद्री बेड़े द्वारा नार्वे पर हमले की कोशिश। लीबिया के मैदान में लड़ाई ज़ोरों पर। अमेरिका के विदेशी मुआमलात के वजीर का अहम बयान।...पूरबी मोर्चे पर लड़ाई की जो-जो ख़बरें आज तक आई हैं उनसे साफ़ जाहिर है कि दुश्मन को काफ़ी नुक़सान—

(धीरे-धीरे कमरे के वातावरण में परिर्वतन होता जान पड़ता है। रेडियो के शब्द धीमे हो जाते हैं मानो कहीं दूर से आवाज़ आ रही हो। थोड़ी देर में वे शब्द बिलकुल सुनाई नहीं पड़ते और उनकी जगह एक हल्की अद्‌भुत संगीत-ध्वनि कर्णगोचर होती है। जितने समय में ये परिवर्तन होते हैं, उस बीच में भोलानाथ बिलकुल सो जाता है। उसका सिर एक तरफ़ को लुढ़क जाता है। एकाध खुर्राटे भी लेता है।

एक हल्का नीला प्रकाश कमरे को आवृत्त कर लेता है। उस कुहासे में कमरे के सारे पदार्थ अस्पष्ट और अपरिचित से जान पड़ते हैं। ज्यों-ज्यों वह नीला प्रकाश गहरा होता जाता है त्यों-त्यों रेडियो की संगीत-ध्वनि में से एक और ही आवाज़ सुनाई पड़ने लगती है। यह आवाज़ पहली आवाज़ से बिलकुल भिन्न है, मानो किसी और लोक से आ रही हो। पहले उसके शब्द अस्पष्ट और अर्थहीन जान पड़ते हैं, लेकिन नीले प्रकाश के बढ़ने के साथ ही वे शब्द भी स्पष्ट होते जाते हैं।

भोलानाथ उन शब्दों को सुनकर चौंकता नहीं है। वह पहले तो आँखें बन्द किए ही और बाद में आँखें अधखुली किए उत्तर दिए जाता है, बिना हिले। उसके व्यवहार से कोई असाधारणता नहीं प्रकट होती। वह भी मानो उस अचेतन दृश्य का एक भाग बन गया है।

बात यह है कि यह सारा परिवर्तित दृश्य उस कमरे को चेतना के लोक से उठाकर अर्धचेतनता के लोक में पहुँचा देता है जिसमें कोई बात विचित्र नहीं जान पड़ती।

और कोई शब्द न मिलने के कारण हम रेडियो से निकली हुई इस नई आवाज़ को 'अर्द्धचेतन' कहेंगे।)

अर्द्धचेतन : खुश...जीत...और...। तुम...समझते हो भोलानाथ कि तुमने एक और विजय पाई, एक और नादान युवक के सपनों को भंग किया, सुन्दरता के मन्दिर के एक और उपासक को भ्रष्ट कर दिया।

भोलानाथ : *(बन्द आँखें, कुछ नाक की-सी आवाज़)* तुम मुझसे कह रहे हो?

अर्द्धचेतन : हाँ मैं तुमसे कह रहा हूँ। तुम ताज्जुब तो नहीं कर रहे हो?

भोलानाथ : मैं ताज्जुब किसी बात पर नहीं करता। तुम जो कुछ कहना चाहते हो कहो, मैं सुनूँगा।

अर्द्धचेतन : क्या सच ही तुम मेरी बात सुनोगे...तुम झूठ बोल रहे हो। दिन में न जाने कितनी बार मैं अनगिनती बातें करना चाहता हूँ; लेकिन तुम कान तक नहीं देते। उस दिन जब तुम्हारे बाग में कामिनी के पेड़ अपने फूल गिरा-गिरा कर मखमली घास पर सफ़ेद चादर बिछा रहे थे, तब मैंने तुमसे कुछ कहना चाहता था लेकिन तुमने न सुना। एक और रोज पच्छिम दिशा को घेरती हुई साँझ के अँचल में पड़ी हुई पोखर के आइने को देखकर मैंने अपनी बात छेड़ी, लेकिन तुमने मुझे झिड़क दिया। उस दिन पहाड़ी की कन्दराओं में से निकलती हुई बंसी की स्वर मैंने तुम्हें सुनाना चाहा; लेकिन तुम दामन-सा छुड़ाकर भागे।

भोलानाथ : लेकिन तुम सोचो तो। मैं कामकाजी आदमी, मुझे यह सब सुनने की इच्छा कहाँ?

अर्द्धचेतन : तुम फिर झूठ बोल रहे हो। तुम्हारे पास इच्छा है, तीव्र लालसा है; लेकिन तुम उसे दबाते हो। तुम उठते हुए तूफ़ान को रोकने की चेष्टा करते हो, सागर की चढ़नेवाली लहरों के आगे बाँध लगाते हो। और फिर तुम्हें घमंड होता है यह सोचकर कि तुमने इन्हें थाम लिया।

भोलानाथ : तुम यह सब मुझे क्यों सुना रहे हो?

अर्द्धचेतन : इसलिए कि आज तुम्हें सुनना पड़ रहा है। आज तुम मेरे दास हो। आज वह रुका हुआ तूफ़ान दुगुनी तेजी से चलेगा। वे लहरें तुम्हें अपनी भुजाओं में समेटकर ही दम लेंगी। तुम सोचते हो कि तुम्हारी जीत हुई कोमल कल्पना की उस मूर्ति पर। लेकिन सचमुच तो आज तुम्हारी भारी हार है, क्योंकि आज तुम्हारी भावुकता जाग रही है।

भोलानाथ : यह कैसे कहते हो तुम? देखा नहीं किस सफ़ाई से, कितने थोड़े समय में मैंने इस लड़के चन्द्रभान को झूठ और सपनों की दुनिया से वास्तविकता की दुनिया में ला दिया।

अर्द्धचेतन : हा, हा, हा! खूब।...अच्छा एक बात पूछता हूँ, ईमानदारी से बताना ईमानदारी से। तुम्हें इस युवक के सपने टूक-टूक करने से आनन्द मिला; क्यों मिला?

भोलानाथ : क्यों मिला?...क्यों...क्योंकि मैंने इसकी आँखें खोल दीं।

अर्द्धचेतन : वाह रे परोपकारी!...भोलानाथ तुम फिर झूठ बोल रहे हो। सोचो, सोचो, क्या यह आनन्द तुम्हें इसलिए नहीं आता कि यह तुम्हारी भूखी आत्मा की माँग पूरी करता है, उस आत्मा की जिसे तुमने इतने दिनों सच्चे आनन्द के लिए तरसाया है? सोचो!

भोलानाथ : यह कौन ऐसी बातें मुझे सुना रहा है? मैं नहीं सुनना चाहता, नहीं।

अर्द्धचेतन : सुना रहा हूँ, मैं। मैं वही हूँ जो एक दिन तुम थे। मैं तुम ही हूँ, और इसलिए मेरी बातें तुम्हें सुननी पड़ेंगी। भोलानाथ, तुम बच नहीं सकते। मकड़ी का जाला तन रहा है, और तुम उसमें बेबसी से टँग रहे हो। कीड़े!

भोलानाथ : ओह यह झूठ है, यह गलत है।...मैं स्टार ट्रेडिंग कम्पनी का मैनेजिंग डाइरेक्टर, बीसियों कम्पनियों का हिस्सेदार, स्टील कार्पोरेशन का मेम्बर, मैं भोलानाथ। मैं वह हूँ जिसने उन्नति और सफलता का आदर्श समाज को दिखाया है। गरीबी के खन्दक से मैं अमीरी के महल की चोटी तक पहुँच चुका हूँ। मैं सफल हूँ, कर्मठ हूँ, भित्ति की तरह अचल हूँ, नियमों पर चला हूँ। मैं असलियत को पहचानता हूँ।

अर्द्धचेतन : कह चुके भोलानाथ? काले बादल पर चूना पोत चुके? तो लो सुनो। तुम पापी हो, समझे पापी।

भोलानाथ : पापी?

अर्द्धचेतन : हाँ, क्योंकि यह सब पाने के लिए तुमने अपनी सबसे बड़ी निधि को नष्ट किया। तुमने अपने दिल से प्यार को निर्वासित कर दिया, संगीत को फेंक निकाला, सौन्दर्य-दृष्टि को अन्धा कर दिया। और तुम समझे कि इस तरह तुम भावों के बहाव को हमेशा के लिए दबा सकोगे।

भोलानाथ : रुको, थोड़ा रुको।

अर्द्धचेतन : हा हा हा।...लेकिन तुमने यह न जाना कि बहाव रुकने पर झील बन जाता है जो किसी-न-किसी दिन बाँध को तोड़-फोड़कर फिर वह निकलती है। रूप बदला है, वस्तु नहीं। पानी की प्यास अब शराब की प्यास बन गई है, लेकिन प्यास मरी नहीं। जो खुशी तुम्हें उस बेचारे युवक को तड़पाने में मिली है, वह उसी का बिगड़ा हुआ, सड़ा हुआ रूप है जो एक दिन तुम्हें फूलों से, तितलियों से, आसमान में हंसों की तरह तैरते हुए बादलों से, युवती की मुसकान से, प्यार के चुम्बन से, मिलती थी।

भोलानाथ : उफ्, बन्द करो, बन्द करो। क्या तुम मुझे रुलाकर ही छोड़ोगे?

अर्द्धचेतन : काश, तुम रो सकते! काश तुम्हारे सूखे हुए दिल पर भावों के बादल घहराकर बरस पड़ते। उस सावन की बरसात में वे मोर नाचते जिन्हें

अब तक तुमने पिंजड़े में बन्द कर रखा है। वह पपीहा बोलता जिसकी बोली तुमने बेकार कर रखी है।...भोलानाथ, भोलानाथ सुनो, क्या तुम इस स्वर,गीत को पहचानते हो?

(कहीं से, उस नीले अर्द्धप्रकाश के किसी कोने में से एक स्त्री के गुनगुनाने का और फिर स्पष्ट स्वर सुनाई पड़ता है।)

अर्द्धचेतन : पहचानते हो?

(वह स्वर एक मधुर गीत में परिणत हो जाता है।)

गीत

रे मन की कहानी आँखों से सुनाओ।
खुशबू की ज़बानी फूलों को बताओ।
जो गन्ध न बिखरी तो
फूलों ने हँसा ही क्यों?
बरसाए न जो चाँदी
वह चाँद उगा ही क्यों?
है आज खुली वाणी मत रोक लगाओ।
रे मन की कहानी आँखों से सुनाओ।

(यद्यपि गीत के शब्द बन्द हो जाते हैं, तथापि स्वर जारी रहता है। भोलानाथ सुनता है, बेबस होकर। वह कुछ कहना चाहता है लेकिन जबान चलती नहीं, उस स्वर के बैकग्राउंड में 'अर्द्धचेतन' फिर बोलना शुरू कर देता है। लेकिन अब उस स्वर में प्रतारणा नहीं है, तरस है, करुणा है।)

अर्द्धचेतन : याद करो, भोलानाथ, याद करो। बीस बरस पहले की बात जब तुम्हारे भी दिल था, तुम भी रो-हँस सकते थे। तभी तो यह गाना सुना था, सड़क के किनारे शाम को घूमने जाते वक़्त उस छोटे से बँगले से यह स्वर सुन पड़ा था। तुम रुके और बाजा बन्द हो गया। आँखें मिलीं और न जाने कितने युगों के सन्देसे कह गईं। और फिर वही घंटों की बातचीत, वही मिलन का आह्लाद, वियोग का विषाद, वही नासमझी की चिट्ठियाँ, वही चोरी का नटखटपन!...*(मालूम होता है जैसे भोलानाथ की आँखों से आँसू बह रहे हों।)* रोते हो, भोलानाथ? हाँ रोओ, जवानी की उन उमंगों के लिए जिन्हें तुमने अब उन्नति के मार्ग में बैलों की तरह जोत रखा है।...उन्नति, हाँ उसी उन्नति की प्रबल इच्छा ही...तो तुम्हारे दिल में उस वक़्त उठी थी; क्योंकि तुम गरीब थे और तुममें योग्यता थी। तुमने सोचा पहे अमीर बन लूँ और फिर प्रेम भी करूँगा, सुन्दरता को पहचान लूँगा।...और तुमने उस वैभव को तिलांजलि दे दी। प्यार के सोते सूख गए, फूलों की रंगत उड़ गई।

ज़िन्दगी एक रेगिस्तानी सड़क बन गई जिस पर अन्धे होकर तुम आगे बढ़ते ही रहे...और उस रेगिस्तान में *(हल्के स्वर में)* कमला के आँसू बरसों तक टप-टप टपकते रहे, बेकार, बरबस!

भोलानाथ : *(काँपते स्वर में)* क्या नाम बताया तुमने?

(बैकग्राउंड म्यूजिक तीव्र)

अर्द्धचेतन : कमला। क-म-ला। याद आया? वे अरुण अधर, वह नागिन-सी वेणी, वे पहेली बूझनेवाली आँखें, वह कपोतिनी-सी गर्दन, वे...।

(ज्यों-ज्यों वे शब्द बोले जाते हैं, त्यों-त्यों बैकग्राउंड म्यूजिक तीव्र होती जाती है, और कमरे के बाएँ कोने में अन्धकार में से एक अपर लोक की-सी मूर्ति उसी हल्के नीले प्रकाश से मंडित दृष्टिगोचर होती है—पहले अस्पष्ट फिर क्रमशः कुछ स्पष्ट होती हुई। उसकी नील साड़ी उस वातावरण से ही उत्पन्न हुई जान पड़ती है। वह अर्धोन्मीलित प्रकाश उस नारी मूर्ति के सौन्दर्य को द्विगुणित कर रहा है। धीरे-धीरे वह कमरे के एक कोने से दूसरे कोने की ओर सरक रही है। उसके नेत्र भोलानाथ पर गड़े हुए हैं। गीत का स्वर तीव्र हो रहा है—"रे मन की कहानी आँखों से सुनाओ।")

: देख पाते हो भोलानाथ? वही मुसकान, वही—

(भोलानाथ देखता है। बोलना चाहता है, बोल नहीं पाता। उठना चाहता है, उठ नहीं पाता! उधर वह मूर्ति पुनः अन्धकार की ओर बढ़ रही है। उस मुसकान में गहरा विषाद है, उन आँखों में अपलक निमन्त्रण। गीत का स्वर ऊँचा उठकर फिर धीरे-धीरे नीचे गिरने लगता है। सहसा मालूम होता है मानो भोलानाथ भीषण प्रयास कर रहा हो। आखिर मुँह से आवाज़ निकल ही पड़ती है और वह चिल्लाकार उठ खड़ा होता है।)

भोलानाथ : कमला, कमला! ठहरो मैं भी चलता हूँ। ठहरो, ठहरो—

(लेकिन स्वप्न टूट जाता है। कमरे का नीला प्रकाश और वह मूर्ति जादू के तमाशे की तरह एक पल में गायब हो जाते हैं। अब तो कमरे भर में वही साधारण पीली रोशनी है। उसी क्षण में वह गाने का स्वर और वह विचित्र आवाज़ भी न जाने कहाँ विलीन हो जाते हैं। उनके स्थान पर रेडियो में से वही ख़बरों का प्रोग्राम जारी है।

रेडियो—"...और इसके बाद हमारे फ़ौजी दस्तों ने दुश्मन के 35 ज़बरदस्त टैंकों को बर्बाद कर डाला। दुश्मन के जिन बममार हवाई जहाजों ने कल हमला किया था, उनमें से चार को हमारे शिकारी हवाई जहाजों ने और छह को ज़मीनवाली तोपों ने बरबाद

कर डाला। ख्याल किया जाता है कि दुश्मन को अब तक—

और भोलानाथ हक्का-बक्का खड़ा है। उसकी आँखें चौंधिया जाती हैं। माथे पर पसीना चमक रहा है। वह हाथों से आँखों को मीचता है। एक बार, दूसरी बार। फिर सिर को पकड़कर किंकर्तव्यविमूढ़ खड़ा रहता है। रेडियो की तरफ़ अचरज-भरी दृष्टि से देखता है। फिर उसके पास जाकर करीब से देखता है। झुँझलाकर उसे बन्द कर देता है।)

(क्लर्क का प्रवेश। फाइल हाथ में है।)

भोलानाथ : बाबू, यहाँ कोई आया था, थोड़ी देर हुई।

क्लर्क : जी, मैं ही हाज़िर हुआ था, लेकिन आपको सोता हुआ देखकर लौट गया।

भोलानाथ : तुम आए थे, तुम?

क्लर्क : जी हाँ, बात यह थी कि वह बाबू साहब मिस्टर चन्द्रभान फिर आए हैं और कहते हैं कि वह नौकरी करने के लिए तैयार हैं।

भोलानाथ : *(आवेश में)* उससे कह दो कि अगर उसे बचना है तो वह दूर भाग जाय—दूर बहुत दूर!

क्लर्क : *(विस्मित)* जी!

भोलानाथ : *(भोलानाथ कुछ देर चारों ओर निगाह डालता है और फिर कुर्सी पर बैठता है। लाचारी की दृष्टि क्लर्क पर डालता है। मेज़ पर दोनों हाथों पर सिर रखकर सोचता है। उसका भावावेश गायब हो चुका है, आखिर मन्द, रुग्ण स्वर में बोलता है।)* मि. चन्द्रभान से कह दो कि कल दस बजे कम्पनी के दफ्तर में मिलें। काम की तफ़सील समझा दी जाएगी। *(कुछ रुककर)* और..., जाओ।

(क्लर्क अविश्वास से मालिक की तरफ़ देखता हुआ दबे पाँव बाहर जाता है।)

भोलानाथ : *(हाथों पर सिर रखकर सिसकता है।)* मकड़ी...का...जाला।

(पर्दा गिरता है।)

कलिंग विजय

(एकांकी संकलन : *भोर का तारा* से)

पात्र

अशोक : सम्राट्
रेखा : महामात्य राधा गुप्त की पुत्री एवं अशोक की प्रेयसी
नन्दिनी : रेखा की दासी
गायिका

स्थान : कलिंग की राजधानी में एक भवन।
समय : 261 ई. पूर्व—कलिंग-विजय के दूसरे दिन की सन्ध्या।

(भवन अच्छी तरह सजा हुआ है। एक बड़ी-सी चौकी दीवार से लगी हुई रखी है, उस पर सुन्दर कालीन और तोषक रखे हुए हैं। पीछे की ओर खिड़की है। मूढ़े के ढंग के कई उपादान रखे हुए हैं। इधर-उधर धूप-दान रखे हैं और एक तिपाई पर दीपक जल रहा है।

नन्दिनी सब वस्तुएँ सजाकर ठीक रखने में लीन है। कभी तकिया ठीक करती है, कभी चादर बिछाती है, कभी दूसरे दीपक को पहले की सहायता से जलाती है। खिड़की के पर्दे खोलती है। बीच-बीच में वह गायिका से बातें करती जा रही है। गायिका उत्सुकता से प्रश्नों की झड़ी लगा रही है।)

गायिका : तो सम्राट् यहाँ आएँगे?

नन्दिनी : हाँ—*(संलग्न है)*

गायिका : अभी?

नन्दिनी : हाँ, अभी।

गायिका : मैं उनसे मिल नहीं सकती?

नन्दिनी : गायिकाओं के लिए स्थान नियत है।

गायिका : कहाँ?

नन्दिनी : बराबरवाले कमरे में। तुम्हें वहीं बैठकर गाना होगा।

गायिका : और सम्राट् यहाँ बैठकर सुनेंगे। बड़ी अनहोनी-सी बात है! संगीत में केवल स्वर ही तो नहीं होता।

नन्दिनी : संगीत के स्वर में ही सब कुछ हो सकता है। तुम्हारी कला की परख तो इसी में होगी।

गायिका : तो क्या सम्राट् कला के पारखी हैं?

नन्दिनी : कला के पारखी भी हैं और सौन्दर्य के भी। इन दोनों का संयोग अनुचित है।

गायिका : क्यों?

नन्दिनी : यह कुमारी रेखा से पूछो। तभी तो उन्होंने गायिकाओं के लिए स्थान नियत किया है।

गायिका : तो आज कुमारी रेखा सम्राट् को कलिंग विजय पर बधाई देंगी?

नन्दिनी : और फिर यह तैयारी किसलिए! धनुष आज तीर को बधाई दगा। यह सम्राट् की विजय नहीं, कुमारी रेखा की विजय है।

गायिका : यह कैसी पहेली है? सम्राट् प्रधानमन्त्री के अतिरिक्त और किसकी सलाह लेते हैं?

नन्दिनी : गायिका, तुम अधिक जानना चाहती हो? यह पाटलिपुत्र के राजमहल की बातें हैं, तुम नहीं समझ सकोगी।

गायिका : तो क्या कलिंग-विजय प्रधानमन्त्री की सलाह से नहीं हुई है?

नन्दिनी : कलिंग-विजय क्या, सम्राट् के सभी युद्धों, उनकी सारी योजनाओं में प्रधानमन्त्री राधागुप्त की पुत्री कुमारी रेखा का हाथ है, समझीं?

गायिका : राज-कुटुम्ब की हत्याओं में भी?

नन्दिनी : हाँ, अब कौन है जो अशोक से पाटलिपुत्र की गद्दी छीन सके। राह के सभी काँटे तो दूर हो गए। शत्रु सामन्त मौत के घाट उतार दिए गए। एक भाई सुमिशा तक्षशिला में पड़े हैं, और दूसरे वीतशोक को देश-निकाला है। यह सब क्या प्रधानमन्त्री की सलाह से हुआ है?

गायिका : तो?

नन्दिनी : सम्राट् को बढ़ावा देनेवाली केवल एक शक्ति है—कुमारी रेखा के वचनों को शक्ति, नारी-शक्ति!

गायिका : यह कैसी नारी-शक्ति है जिसके कारण मानव-रक्त बहे?

नन्दिनी : रक्त? हँ हँ हँ! *(गम्भीर होकर)* गायिका, कुमारी रेखा की आँखों में एक दूसरा रक्त है, आकांक्षा का रक्त, सारे भारतवर्ष की महारानी बनने का रक्त *(रुक जाती है—बाहर पदचाप)* यह लो सम्राट् और कुमारी रेखा आ भी पहुँचे। तुम जाओ! *(इशारा करती हुई)* इसी कमरे में बैठो। वीणा लाई हो?

गायिका : मैं वैसे ही गाती हूँ।

नन्दिनी : अच्छा तो बैठो। जब मैं कहूँ तब गाना आरम्भ कर देना—अपने उसी सुरीले ढंग में।

(गायिका का बाईं ओर प्रस्थान। नन्दिनी एक तरफ़ खड़ी हो जाती है—सम्राट् और रेखा दाहिनी ओर से आते हैं। नन्दिनी का झुककर प्रस्थान।)

सम्राट् : और, रेखा, जानती हो उसके अन्तिम शब्द क्या थे? उसके अन्तिम शब्द थे—'चंडाशोक, एक दिन तुम अपने शत्रुओं के ही दास बनोगे!'

रेखा : इतनी हिम्मत?

अशोक : दूसरे क्षण उसका मस्तक मेरे पैरों पर लोट रहा था, लेकिन कितने भयानक शब्द थे वे—सूने मसान की तरह भयानक!

रेखा : पानी के बुलबुले की तरह क्षणिक!—छिः सम्राट्। गिरती हुई दीवार भी घोर शब्द करती है। पर उसके बाद रहता क्या है—मिट्टी का ढेर!

अशोक : मिट्टी का ढेर—*(मन्द स्वर में)*...उपेन्द्र...मिट्टी का ढेर...

रेखा : और फिर उपेन्द्र के शब्दों का अब अर्थ ही क्या है? सम्राट्! आपका अब शत्रु है ही कौन जिसके आप दास हो सकें?

अशोक : *(मानो जागकर)* ठीक कहा रेखा तुमने! मेरा अब शत्रु है ही कौन ? गान्धार से लेकर केरल तक, कामाख्या से सौराष्ट्र तक, सारा भारतवर्ष आज चंडाशोक के नाम से काँपता है। कलिंग—आँख की किरकिरी की तरह खटकनेवाला कलिंग भी अब मेरी हथेली में है।

रेखा : तो उपेन्द्र के सारे सम्बन्धी नष्ट हो गए—सम्राट्?

अशोक : हाँ! *(बैठते हुए)* सिवा उसकी बहन के। कलिंग की राजकुमारी अभी तक अशोक की नज़र से परे है।

रेखा : सम्राट् उस पर नज़र डालना चाहते हैं क्या?

अशोक : तुम्हें ईर्ष्या हो चली, रेखा? *(हँसता है।)*—सुना है वह तो कभी की बौद्ध भिक्षुणी हो गई।

रेखा : वह शत्रु-कन्या है सम्राट्! उसके भाई की अन्तिम शब्दों के अनुसार आप उसके दास हो सकते हैं।

अशोक : अभी तो तुम कह रही थीं कि मेरा शत्रु है ही कौन! लेकिन इस हिसाब से तो मेरा सबसे बड़ा शत्रु मेरे निकट ही है।

रेखा : निकट?

अशोक : हाँ! इतना निकट कि अपने घने केश-पाश में उलझाकर चाहे जब मुझे दीन-हीन कर दे।

रेखा : *(समझकर)* सम्राट् को यह दीनता अखरती तो नहीं?

अशोक : लू से झुलसे हुए पेड़ से पूछो कि उसको सावन की मीठी हवा के आगे झुकना अखरता है? *(रुककर)* जानती हो मैं कहाँ से आ रहा हूँ?

रेखा : राजमहल से?

अशोक : नहीं, बन्दी-गृह से। तुम्हारे पिता, प्रधानमन्त्री, मेरे साथ थे। यदि वे न होते तो शायद उन हज़ारों बन्दियों को देखना मेरे लिए असम्भव हो जाता। उस नरक के बाद यह सुख, यह शान्ति, यह सौन्दर्य कितने भले जान पड़ते हैं!

रेखा : सम्राट् कोमल हृदय हैं।

अशोक : *(खड़ा होता हुआ)*—मैं कोमल हृदय?...रेखा! जानती हो, आर्यावर्त मुझे चंडाशोक, प्रचंड निर्दय, निर्मम अशोक—कोमल हृदय!...जिस दिन मैंने आकांक्षा की ज्वाला को अपने हृदय में स्थान दिया, उसी दिन अपने हृदय को पत्थर की दीवारों से बाँध दिया। समझीं?

रेखा : सम्राट्! उच्चाकांक्षा की ज्वाला को धधकाए रखना विरलों का ही काम है। साधारण मनुष्य जिनमें कोई अपनापन नहीं, शक्ति नहीं, वे क्या समझें उच्चाकांक्षा किसे कहते हैं?

अशोक : *(खिड़की के सहारे खड़ा होकर बाहर देखता हुआ)* और जो साधारण नहीं हैं, वे ही क्या समझ पाते हैं? *(बाहर कुछ देखकर)*...वह देखो एक और तारा टूटा।

रेखा : टूटने दीजिए सम्राट्! हम-आप उसे रोक नहीं सकते!

अशोक : सुनो रेखा! तुम मानोगी नहीं, लेकिन मुझे कभी-कभी यह आकाश और उसके तारे ठीक इस जगत और उसके जीवों के प्रतिबिम्ब जान पड़ते हैं।

रेखा : *(उपहासपूर्ण स्वर में)* कविता भी क्या अच्छी चीज है—सम्राट्!

अशोक : *(मानो सुना ही न हो)* देखती हो न! इन लाखों-करोड़ों स्थिर तारों में से एकाध कैसे आप-ही-आप, अरमानों से तड़पकर, तेजी से दौड़ पड़ते हैं।

रेखा : जब वे चमकते हैं तो आकाश आलोकित हो उठता है।

अशोक : लेकिन उसके बाद, उसके तुरन्त बाद! अरमानों की आग का वह टुकड़ा लोहे के आकाश से टकराकर चूर-चूर हो जाता है। और...और वे सीधे-सीधे करोड़ों तारे चुपचाप इस खेल को देखते रहते हैं।... *(गहरी साँस लेकर बैठता हुआ)* रेखा! हमारे अरमान और हमारी आकांक्षाएँ हमें मिटाने के लिए पैदा होती हैं।

रेखा : सम्राट्! आप तो कविता कर चुके; अब मैं भी करूँगी। सुनिए, आकाश में जहाँ सैकड़ों छोटे-छोटे तारे हैं, वहाँ एक चन्द्रमा भी होता है।

अशोक : इसका अर्थ! *(समझता हुआ)*...ओह!...अच्छा! *(हँसता है।)*

रेखा : और देखिए, धरती पर कुमुदिनी भी होती है। अब चन्द्रमा को चाहिए कि अपनी कोमल किरणों से कुमुदिनी को जगा दे। लेकिन वह कैसा चन्द्रमा, जो आते ही काले बादलों के पीछे छिपकर उसे और भी मुरझाए। कहिए कैसी रही सूझ?

अशोक : सूझ तो बुरी नहीं, लेकिन तुम कविता के प्रति निठुर हो।

रेखा : और आप मेरे प्रति निठुर हैं।

अशोक : अशोक रेखा के प्रति निठुर हो, यह कैसे हो सकता है? जिसकी इच्छा-पूर्ति के लिए मैंने कलिंग पर चढ़ाई की थी, जिसके मनोरंजन के लिए मैंने पाटलिपुत्र को एक-से-एक भव्य महलों से भर दिया, जिसके क्रोध के कारण मैंने अपने छोटे भाई वीतशोक को राजधानी से निर्वासित किया।

रेखा : *(चौंककर)* बस, सम्राट्! वीतशोक की याद दिलाकर सूखे घाव को हरा न कीजिए।...अब भी उस दिन की याद करते ही काँप उठती हूँ।

अशोक : आज इस बात को दो वर्ष होने को आए। सच बताओ, क्या वीतशोक ने सचमुच तुम्हारे साथ नीचता का व्यवहार...।

रेखा : आपको विश्वास नहीं हुआ?—अब तक? यह भाई की ममता है या मेरा उलाहना? सम्राट्, मेरे पास जो कुछ था—अपना हृदय, अपने अरमान, अपना प्रेम, सब आपके चरणों पर निछावर कर दिया। यदि आपको ठुकराना ही है तो एक बार ज़ोर से ठोकर क्यों नहीं मार देते? यों जला-जलाकर मेरा अपमान न कीजिए।

अशोक : ओ!...तुम रूठ गईं? मैंने तो यों ही पूछा था, क्योंकि कभी-कभी जाने क्यों मुझे भय होता है कि उसे निर्वासित कर मैंने उसके साथ अन्याय तो नहीं किया। अभी मैंने गुप्त दूतों से सुना था कि ताम्रलिपि के पास एक बौद्ध विहार में भिक्षु हो गया है। मैंने सोचा कि शायद मैंने उसके चरित्र के विषय में ग़लत अनुमान किया हो और तुमने भी...*(सहसा रेखा की ओर देखकर)*—रेखा यह क्या कर रही हो?

रेखा : कुछ नहीं। इस हार के फूल मसल रही हूँ।

अशोक : कौन सा हार?

रेखा : मैंने पिरोया था...आज।

अशोक : आज!...ओह!...तो लाओ मुझे दो न।

रेखा : किसलिए दूँ?

अशोक : किसलिए?...दूँ। *(सोचकर)* मेरी कलिंग-विजय के लिए।

रेखा : *(अर्थ भरे स्वर में)* बस! इसीलिए?

अशोक : रेखा!

रेखा : सम्राट्, याद है आपको एक बार चाँदी-सी चमकती हुई गंगा की लहरों पर हम लोग नौका-विहार के लिए निकले थे। तब आपने अपने विशाल राजभवन की ओर देखकर कहा था—'रेखा! न जाने कब तुम इस भवन को सुशोभित करोगी?' याद है, मैंने क्या उत्तर दिया था?

अशोक : याद है!

रेखा : मैंने कहा था कि जब आप सारे भारतवर्ष के चक्रवर्ती सम्राट् हो जाएँगे, तभी मैं भी महारानी हो सकूँगी। *(रुककर)*..आज कलिंग-विजय के बाद आपके समान आर्यावर्त में कोई सम्राट् नहीं है।

अशोक : तुम्हारा संकेत समझ रहा हूँ, रेखा!

रेखा : तो फिर क्या यह हार आज हम दोनों को सदा के लिए बाँध न देगा?—*(आतुरता के साथ)*—सम्राट्, आज हमारे निस्सीम सुख की रात्रि है। आज हमारे उपवन में वसन्त छाया है। आज मेरे जीवन की साधना सफल हो रही है। न जाने कब से इस क्षण की बाट जोह रही थी! मेरा हार स्वीकार करो, अशोक।

अशोक : ठहरो।

रेखा : ठहरूँ?

अशोक : रेखा, तुम्हारे सुख में मेरा सुख है, तुम्हारे आनन्द में मेरा आनन्द है। पर...आज न जाने क्यों मेरे हृदय में कोहरा-सा छाया हुआ है। रह-रहकर उपेन्द्र के अन्तिम शब्द कानों में गूँज उठते हैं; रह-रहकर उन सहस्रों कैदियों का चित्र मेरी आँखों के सामने खिंच जाता है, रह-रहकर वीतशोक के निर्वासन का दृश्य याद आ जाता है। कह नहीं सकता क्यों अनमना हो रहा हूँ।...रेखा! मैं अपने-आपको भूलने आया हूँ, रात्रि के अँचल में अपनी मलिनता खोने।...कोई गायिका नहीं है?

रेखा : *(उसाँस लेकर)* सम्राट्, आपकी यह निगोड़ी कल्पना मेरी सबसे बड़ी बैरिन है। *(कुछ सँभलकर)*...ए, नन्दिनी...नन्दिनी।

(नन्दिनी का प्रवेश)

रेखा : वह नई गायिका आई है?

नन्दिनी : जी, वह तो आप ही आ गई।

रेखा : उससे कहो कि सम्राट् उसका गाना सुनेंगे।

(नन्दिनी का बाईं ओर को प्रस्थान)

अशोक : और सुनो! *(नन्दिनी रुक जाती है)* उससे कहो कि ऐसा गीत गाए जो हृदय को गुदगुदा दे—प्यार का राग—नए वसन्त को कोयल का राग।

(नन्दिनी जाती है।)

रेखा : इस गायिका का स्वर अत्यन्त मधुर है। आज यहीं मेरे भवन के पास राज-मार्ग पर आप-ही-आप गा रही थी। मैंने बुलाया। तुरन्त तैयार हो गई, मानो मेरी बाट जोह रही हो!

अशोक : हूँ!

(इतने में बाएँ नेपथ्य से अत्यन्त सुरीले स्वर में गाना—)

गीत

अमल, तरल, मधुर, चपल, प्यार का सुराग री।
सजल पवन परस विटप, मर्मर ध्वनि जाग री।
पुलक रोम, पलक चपल, गति मय कल गात गात।
नवल सरित-युवति चली, सजल शिला पात पात।
पिघल, पिघल हिमगिरि उर, बहता बन बाग री।
अमल, तरल, मधुर, चपल, प्यार का सुराग री।

(अशोक विभोर होकर सुनता है। गीत सहसा बन्द हो जाता है।)

अशोक : *(मानो स्वप्न से जागकर)*—कितना सुन्दर है, कितना मधुर—'अमल, तरल, मधुर, चपल, प्यार का सुराग री!' रेखा! इसके गायन में तो

प्रभात के पक्षियों की-सी नवीनता है, नूपुर की-सी चंचल ध्वनि! तुमने उसे कमरे में क्यों बिठा रखा है? यहाँ बुलाओ न!

रेखा : गायिका को देखने से उसका स्वर-माधुर्य घट जाएगा सम्राट्!

अशोक : *(हँसते हुए)*—फिर वही ईर्ष्या? तुम मुझे कमजोर समझती हो!

रेखा : नहीं, अपने को!

अशोक : कुछ भी हो, उसके गाने में तल्लीनता है, विभोर हृदय की झंकार।... एक बात सोचता हूँ मैं, रेखा!

(नन्दिनी का प्रवेश)

रेखा : और?

अशोक : हाँ अवश्य! *(नन्दिनी का प्रस्थान)* एक बात सोचता हूँ मैं। क्या इस गायिका के आनन्दित स्वर के पीछे सच ही एक ऐसा हृदय है—जो हर्ष से फूला न समाता हो? क्या उषा और संध्या की किरणों को छूकर जो चिड़िया बरबस गा उठती हैं—वे सभी सुखी हैं?...कौन जाने रेखा, उसके इस सुहावने गीत के नीचे एक जर्जर और पीड़ित हृदय छिपा हो?...कौन जाने?

(पुनः नेपथ्य से गाने का स्वर। प्रत्येक पद के बार स्वर रुक जाता है। इस बार स्वर में एक हल्की वेदना है मानो बीते करुण अनुभव की कहानी सुना रही हो—)

गीत

सुना मेरी वंशी वह तान!
करुण उस गाथा के सोपान।
वसन्ती वैभव का विस्तार, सुना, कैसे सागर के पार
सरस फूलों का सुन्दर देश, भ्रमर जिनका नृप अतुल, उदार
सुरभि सुमनों की उसकी प्राण!
सुना मेरी वंशी वह तान!

(गीत रुकता है।)

अशोक : रेखा—स्वर बदल गया है। तुम सुन नहीं रही हो।

(रेखा चुप, फिर गीत चलता है।)

भ्रमर का सुन कर मधुर निनाद, गन्ध का पा मधुमय सन्देश
पवन की चंचल, लहरी एक, पार कर अनजाने से देश।
खोजती पहुँची उस उद्यान!
सुना मेरी वंशी वह तान!

(गीत रुकता है।)

अशोक : यह तो कहानी-सी जान पड़ती है।

रेखा : मुझे नहीं मालूम था कि यह गायिका इतनी चतुर है।

अशोक : और सुनें।

(गीत पुनः)

भ्रमर का देखा उसने रूप, भ्रमर का देखा सुन्दर वेश
कहा 'प्रिय चलो हमारे साथ, और जीतो तुम देश विदेश–
करो नव सुमनों का रस पान'
सुना मेरी वंशी वह तान!

(फिर गीत रुकता है।)

अशोक : उसके बाद?

(हाथ पर ठोड़ी रखकर बैठता है।)

रेखा : लेकिन सम्राट्, यह गीत तो बड़ा अटपटा-सा जान पड़ता है।

अशोक : उसके बाद?

(गीत पुनः चल निकलता है–स्वर में तीव्रता)

अरे, क्या था कोई अभिशाप, अरे क्या मायाविनि का जाल
कि जो आकांक्षा का बन दास शान्ति सुन्दरता का बन काल
भ्रमर ने विश्व विजय ली ठान।
सुना...!

अशोक : फिर क्या हुआ?

रेखा : आप तो ऐसे सुन रहे हैं मानो आकाशवाणी हो।

अशोक : सुनो रेखा, निश्चय ही इसमें कुछ भेद है।

रेखा : *(चौंककर)* क्या?

(गीत फिर आरम्भ हो जाता है।)

ध्वंस करता फूलों के पंख, छेदता कलियों के लघुगात
मसलता किंशुक पीत पराग, करोड़ों जीवों पर आघात
रुधिर से लाल चला नादान।
सुना...!

अशोक : ओह!

रेखा : मैं उसे बन्द कराती हूँ। नन्दि...

अशोक : ठहरो!

रेखा : नन्दिनी!

(गायिका का प्रवेश)

रेखा : कौन तुम गायिका? मेरी आज्ञा के विरुद्ध।

(गायिका आगे बढ़ रही है।)

अशोक : ठहरो रेखा!

रेखा : नन्दिनी, नन्दिनी...

(गायिका अशोक को लक्ष्य करके गाना आरम्भ कर देती है, कुछ अर्थ भरे स्वर में।)

कहाँ वह मधुर मधुरतम राग? कहाँ वह यौवन वारि-विलास?
कहाँ ऊषा रंजित मधुहास? एक बस अभिलाषा की प्यास?-
बने हो पुष्पराज पाषाण!
सुना मेरी वंशी वह तान!

(नन्दिनी का प्रवेश!)

रेखा : *(अत्यन्त क्रोध में)* नन्दिनी! यह मेरी आज्ञा के बिना यहाँ कैसे आई? ले जाओ इसे!

(नन्दिनी उसकी ओर बढ़ती है।)

गायिका : मैं नहीं जा सकती। मैं सम्राट् से बातें करूँगी...

रेखा : इतना साहस!

(उठना चाहती है, अशोक रोकते हैं।)

अशोक : ठहरो रेखा—*(नन्दिनी से)*—नन्दिनी, उसे छोड़ दो! *(नन्दिनी छोड़कर जाती है। गायिका से)*—गायिका! कौन हो तुम?...सच बताओ, मेरी हत्या करने भेजी गई हो क्या तुम?...तो तुम भूलती हो। *(छाती में से कटार निकालकर)*...देखती हो यह कटार?

(खड़ा हो जाता है।)

गायिका : सम्राट् मेरी गर्दन आपके सामने है। *(झुकाकर)* आप वार कर सकते हैं। जहाँ रक्त का सागर आपने बहाया, वहाँ एक बूँद और बहाने से न चूकिए।

अशोक : हूँ! *(बैठ जाता है।)*...तो क्या तुम्हारे गीत का निर्दय फूलों का राजा-भ्रमर—मैं ही हूँ?

गायिका : मेरा गीत तो कहानी है। सम्राट्! आपका जीवन कठोर सत्य है।

रेखा : यह क्या सुन रहे हैं सम्राट् आप?

अशोक : कठोर सत्य!...गायिका तुम जानती हो, किससे बातें कर रही हो?

गायिका : जानती क्यों नहीं।...मैं बात कर रही हूँ पाटलिपुत्र के राजा से—जो कल ही एक लाख निर्दोष मनुष्यों का रक्त बहाकर भारतवर्ष का सम्राट् हुआ है।

रेखा : क्या?

गायिका : कुमारी—युद्ध क्षेत्र में अब भी सैकड़ों मनुष्य तड़फड़ा रहे हैं; अब भी अधमरे घायलों की कराहों से आकाश गूँज रहा है।...सुना आपने सम्राट्!

रेखा : पागल हो क्या, गायिका?

गायिका : मेरे साथ चलिए! मैं आपको दिखाऊँगी, मृत्यु का तांडव-नृत्य! आपके हृदय है, उसमें रक्त है, वैसा ही रक्त और वैसे ही सहस्रों हृदय धूल में सने पड़े हैं। सच बताइए सम्राट्, क्या यही आपकी विजय है?

अशोक : मेरी विजय?

गायिका : सम्राट्, कलिंग की राजधानी उजड़ी पड़ी है। कलिंग का हरा-भरा देश वीरान पड़ा है। सच बताइए—क्या यह आपकी विजय है?

अशोक : मेरी विजय!!

गायिका : और सुनिए सम्राट्, एक लाख से ऊपर युवकों की लाशें मैदान में पड़ी हैं, सहस्रों आपके बन्दी-गृह में सड़ रहे हैं। और जो बचे हैं, उनकी आत्माएँ झुलस चुकी हैं—मर चुकी हैं। बताइए इसी में आपकी विजय है?

रेखा : बौद्धों की दुर्बल नीति किसी और को समझाना गायिका! सम्राट् को परामर्श देना तुम्हारा काम नहीं है।

अशोक : कहे जाओ गायिका, अशोक की आँखें खुल रही हैं।

रेखा : यह क्या कह रहे हैं, सम्राट् एक तुच्छ भिखारिनी की बातों में पड़कर?

गायिका : सम्राट्, आपकी जीत ही में आपकी सबसे भारी हार है। आपने कलिंग की धरती को जीता है, उसकी आत्मा को नहीं।

रेखा : आत्मा को जीतना ऋषियों का काम है। जिनके पास भुज-बल है,वह मर भी सकते हैं और मार भी।

गायिका : भुज-बल? सम्राट् ने किस भुजबल का उपयोग किया था? उन हज़ारों सैनिकों का ही तो जिन्हें आप पाटलिपुत्र से लाए थे। उनसे पूछिए क्या इस हत्या को वे जी से चाहते हैं।

रेखा : चाहना और सोचना सैनिकों का कर्तव्य नहीं है। उनका तो कर्तव्य है—लड़ना, मरना, और मारना।

गायिका : एक बात रह गई—कुमारी!...भूल जाना! भूल जाना कि शत्रु के भी एक नन्हा-सा प्यारा गाँव है, स्वप्न-सी मधुर स्त्री, गुलाब-सा कोमल बच्चा है।...लेकिन, सम्राट्! आपको सैनिकों के भी तो हृदय में प्यार है। धनुष खींचते समय क्या यह प्यार उमड़ेगा नहीं? अपने शत्रु पर हाथ चलाते समय क्या उसका दिल दुखेगा नहीं? कितना भयानक विचार है यह!

अशोक : *(अत्यन्त करुण स्वर में)* मेरा दिल तो नहीं दुखता, गायिका।

रेखा : आपको हो क्या गया है—यह दुर्बलता एक सम्राट् को शोभा नहीं देती।

गायिका : कुमारी, क्या सम्राट् मनुष्य नहीं होते?

रेखा : मनुष्यता के माने कायरता नहीं है। अशोक साहसी हैं—वीर हैं!

अशोक : रेखा, मैं साहसी हूँ—क्या इसीलिए मेरा दिल दूसरों के लिए न दुखेगा?

रेखा : सम्राट्!!

अशोक : दुखेगा क्यों नहीं सम्राट्, आपका दिल भी दुखेगा। हिमालय के पाषाण-हृदय में से शीतल नदियाँ बह निकलती हैं।

रेखा : गायिका! मैं जानना चाहती हूँ कि तुम किस अधिकार से आर्यावर्त के सम्राट् को उपदेश देने आई हो।

गायिका : अधिकार? मेरा तो वही मनुष्यता का अधिकार है। मेरा तो वही एक सन्देश है।

रेखा : क्या?*)*

गायिका : *(प्रत्येक शब्द पर ज़ोर देते हुए)* मनुष्य दूसरों को मारने के लिए पैदा नहीं हुआ, दूसरों के लिए जीने के हेतु पैदा हुआ है!

अशोक : *(थोड़ी देर सबके चुप रहने के बाद)* सुनती हो, रेखा!...*(मन्द स्वर में)* मैं तो अब तक अपने लिए जीता रहा, बिलकुल अपने लिए।

रेखा : जो अपने लिए जी सकते हैं, वही दूसरों का पालन कर सकते हैं।

गायिका : तुम भूल रही हो कुमारी! जो अपने लिए जीते हैं, वे दूसरों का पालन नहीं कर सकते—केवल दूसरों की दया के पात्र हो सकते हैं।

अशोक : दया!

गायिका : हाँ सम्राट्, आप आज दया-पात्र हैं, एक भिखारी से भी ज़्यादा। जानते हैं क्यों? क्योंकि आप को कोई प्यार नहीं करता। आप अकेले हैं।

रेखा : बस, गायिका—मूर्खता की भी कोई सीमा होती है, और सहनशीलता की भी।

अशोक : *(अपने आप दुहराता हुआ)* मुझे कोई प्यार नहीं करता, मैं अकेला हूँ? यह क्या सच है, गायिका?

गायिका : बिल्कुल सच; आप को कौन प्यार करता है? आप तो आकांक्षा के पुजारी हैं, पतझड़ के पेड़ की तरह अकेले, पत्ते भी जिसका साथ नहीं देते।

रेखा : हँ...हँ...हँ...हँ...कैसी विचित्र बात है। भारतवर्ष के सम्राट् अशोक अकेले हैं।...उन्हें कोई प्यार नहीं करता...हँ...हँ...हँ...। कैसी अनोखी बात है! हँ...हँ...। *(सहसा गम्भीर होकर)* लेकिन उनकी करोड़ों प्रजा क्या मर गई है?

गायिका : प्रजा? प्रजा उन्हें प्यार नहीं करती, उनसे डरती है।

अशोक : *(स्वप्न से)* प्रजा...मुझसे...डरती है।

रेखा : *(गायिका की ओर कदम बढ़ाकर)* और उनके विश्वस्त मन्त्री और सेनापति?

गायिका : जो केवल आज्ञा मानना और सलाह देना जानते हैं, वे अशोक को प्यार क्या करेंगे!

अशोक : *(करुण स्वर में)* रेखा!

रेखा : *(जो अब गायिका के ठीक निकट पहुँच गई है—उसे घूरते हुए)* और...,और...और मैं?

गायिका : तुम?

रेखा : हाँ मैं! उद्दंड नारी! बताओ—क्या मैं भी सम्राट् को प्यार नहीं करती? बताओ...बताओ?

अशोक : रेखा, रेखा, मैं तो तुम्हें प्यार करता हूँ, मैं तुम्हें प्यार करता हूँ।

गायिका : लेकिन सम्राट्, कुमारी रेखा आपको प्यार नहीं करती।

अशोक : क्या?

रेखा : झूठ...झूठ...बिल्कुल झूठ!

(पीछे हट जाती है, मानो धक्का लगा हो।)

गायिका : कुमारी रेखा! गुस्सा करना व्यर्थ है। मैं सब कुछ जानती हूँ, सब कुछ!

अशोक : क्या जानती हो तुम गायिका? रेखा का प्यार मेरी एकमात्र निधि है। उसे तो मुझसे न छीनो!

रेखा : आप उससे भीख माँग रहे हैं, सम्राट्?

अशोक : मुझे कुछ नहीं सूझ पड़ रहा है। रेखा...जैसे रास्ता भूल गया हूँ।... गायिका...गायिका! बताओ न क्या जानती हो तुम?

गायिका : तो सुनिए सम्राट्, मैं जानती हूँ कुमारी रेखा की केवल एक लालसा है, एक अभिलाषा—भारत की साम्राज्ञी होना और उसके लिए केवल एक साधन है, एक—आपके प्रेम की विजय!!

रेखा : सुन रहे हैं सम्राट् इस पागल औरत का प्रलाप?

(अशोक चुप है।)

गायिका : हाँ, सुनिए मेरा प्रलाप! अवश्य सुनिए! रेखा कुमारी की धधकती हुई लालसा का हाल सुनिए। उनकी आकांक्षा जिसमें उनका सारा प्रेम, सारी मानवता भस्म हो जाती है, जिसके मार्ग में आनेवाले सभी रोड़ों को, चाहे वह निर्दोष देश हों, चाहे निकट-से-निकट सम्बन्धी—

रेखा : *(तेजी से उठकर—गायिका के सम्मुख जाकर उसे टोकते हुए)* चुप हो, मूर्ख नारी! क्या तू भी मेरी ज्वाला में भस्म होना चाहती है?...सम्राट् पर मेरा हक कोई नहीं छीन सकता—कोई नहीं—मैं कहती हूँ, कोई नहीं। तू कौन है जो मेरी शक्ति को चुनौती...

अशोक : *(बीच में ही बोल पड़ता है)*—रेखा, रेखा!!

गायिका : शक्ति? रक्त बहानेवाली नारी शक्ति...?...अच्छा तो सुनो, रेखा कुमारी—मैं गायिका नहीं हूँ—मैं आ रही हूँ, ताम्रलिप्ति से।

अशोक : ताम्रलिप्ति?

(रेखा चौंककर पीछे हट जाती है।)

गायिका : हाँ, सुदूर गौड़ प्रदेश में ताम्रलिप्ति से। वहाँ एक बौद्ध मठ है। नगर के बाहर। उसी मठ में एक भिक्षु रहता है। बड़ा सौम्य, बड़ा शान्त

भिक्षु है वह। उसके मुख से तेज टपकता है। पहले वह राजकुमार था; राजा का छोटा भाई, जिसमें वह विश्वास रखते थे, जिसे सदा प्यार करते थे; लेकिन एक दिन राजा की प्रेयसी ने उस पर दोष लगाया—चरित्र-हीनता का। और...और राजा ने उसे निकाल दिया। उस भिक्षु का नाम है—वीतशोक।

अशोक : वीतशोक!•

रेखा : वीतशोक!

(रेखा और पीछे हट जाती है।)

गायिका : चौंकिए मत सम्राट्, आप स्वयं नहीं जानते कि आपने क्यों अपने प्यारे भाई वीतशोक को देश-निकाला दिया।...क्या वे चरित्र-भ्रष्ट थे? झूठ! *(अपनी चोली से एक काग़ज़ निकालते हुए)* यह लीजिए। इस पत्र के अक्षर आप पहचानते हैं?

(अशोक को वह पत्र देती है; रेखा उस पत्र की ओर झपटती है। पर गायिका फुर्ती से अशोक के हाथ में दे देती है।)

रेखा : *(काँपते हुए स्वर में)* सम्राट्, यह असत्य है, यह झूठ है।...ओह!

अशोक : ठहरो, रेखा—

(सम्राट् पढ़ते हैं, रेखा सुनते ही अपना मुँह हाथों से ढक लेती है। गायिका दूर हटकर खिड़की के पास खड़ी हो जाती है।)

'वीतशोक,

एक म्यान में दो तलवारें नहीं रह सकतीं। सम्राट् की कृपा-पात्र या तो मैं बनूँगी या तुम! तुम्हारा भला इसी में है कि तुम सुमिशा की तरह स्वयं पाटलिपुत्र के बाहर चले जाओ। नहीं तो मुझे और साधनों का उपयोग करना पड़ेगा।

तुम्हारी,
—रेखा।'

अशोक : *(साँस खींचकर)* मैं ये अक्षर पहचानता हूँ। *(पत्र को मोड़ता है। सब लोग चुप और निश्चल हैं। रेखा भी शान्त है। कुछ देर बाद)*—यह तुमने क्या किया, रेखा?...झूठ बोलकर मुझसे भीषण पाप कराया। ओह...रेखा!

रेखा : सम्राट्, मैंने जो कुछ किया उसमें आपका हितचिन्तन था। आप की उन्नति के लिए वीतशोक का हटना आवश्यक था, और...

अशोक : रेखा, रेखा, तुमने मेरे साथ अन्याय किया। घोर अन्याय! उफ, मैं कैसे इस कलंक को धो सकूँगा?

रेखा : सम्राट् मैं आपनी सफ़ाई नहीं दूँगी। मैंने जो कुछ किया, आगा-पीछा विचारकर किया था। आप समझते हैं कि मैंने आप के साथ अन्याय

किया। मैं समझती हूँ कि मैंने भारतवर्ष के सम्राट् की उन्नति में कोई कसर नहीं उठा रखी। कौन ठीक था—समय इसकी परीक्षा करेगा। लेकिन एक बात का समय आज आ गया! मुझे जाना होगा आपके पास से!

अशोक : रेखा...तुम जाओगी? मुझे छोड़कर?...कहाँ जाओगी, रेखा!

रेखा : कहीं भी; किन्तु यहाँ अब न रह सकूँगी। गाँठ लगाने पर भी टूटी हुई रस्सी एक नहीं हो सकती।...अब तक आपके ऊपर मेरा पूरा अधिकार था, पर आज...

अशोक : *(आग्रह के साथ)* लेकिन रेखा! मैं तो तुम्हें प्यार करता हूँ—अब भी...अब भी...।

रेखा : मुमकिन है। किन्तु जिस सन्देह का बीज आज पड़ा है, वह किसी भी दिन फूल-फल सकता है। और सम्राट्, यह भिक्षुणी ठीक कहती है—रेखा पैदा हुई है शासन करने के लिए—शक्ति के लिए। जहाँ मेरी शक्ति और अधिकार तनिक भी घटते हैं, वहाँ अधिक ठहरना मैं व्यर्थ समझती हूँ।

अशोक : तुम यह क्या कह रही हो रेखा? मेरा प्रेम, मेरी लगन, मेरी साधना—क्या सबको ठुकराकर...?

रेखा : सम्राट्, मेरी आत्मा में आँधी, भीषण आँधी चलती रहती है। ऐसी ज़बरदस्त आँधी, जिसके आगे प्रेम के कोमल किंशुक ठहर नहीं सकते। मैं इस तूफ़ान के बल पर जीती हूँ।...एकबारगी मुझे धोखा हुआ। सच्चे खिलाड़ी की तरह मुझे अपनी पराजय माननी है। मैं मानूँगी...सम्राट् मुझे आज्ञा दीजिए।

अशोक : तुम्हें जाने की आज्ञा दूँ?...यह क्या हो रहा है, रेखा?...भिक्षुणी—भिक्षुणी...!

गायिका : एक बात सुनो कुमारी रेखा, तुम्हारी यह आँधी रुककर शीतल समीर भी तो हो सकती है!

रेखा : यह असम्भव है। यही आँधी मेरा जीवन है। मैं जा रही हूँ सम्राट, जहाँ भी मेरी आँधी के लिए नया मार्ग मिलेगा, नए जंगल, नए वृक्ष—

(प्रस्थान—तेजी से)

अशोक : रेखा...*(उठते हुए)*...रेखा...रेखा...। ओह भिक्षुणी! यह तुमने क्या किया! इससे तो अच्छा यही था कि तुम मुझे अपने झूठे स्वप्न में रहने देतीं।

गायिका : आपका स्वप्न आपको फिर मिल सकता है।

अशोक : वह मेरे प्रेम का स्वप्न था, भिक्षुणी।...तुम्हीं ने तो कहा था—मैं अकेला हूँ।...हाँ मैं अकेला हूँ। अब...मेरे प्यार का एकमात्र केन्द्र तुमने छीन लिया।...मैं भारतवर्ष का सम्राट्—कितना दयनीय हूँ।

गायिका सम्राट्, इधर देखिए। आज आपके बन्धन टूट गए।

अशोक : प्रेम के बन्धन।

गायिका : नहीं घृणा के बन्धन—लालसा के बन्धन।

अशोक : परन्तु मेरी लालसा अमर है।

गायिका : उसे अमर ही रहने दीजिए। आपकी लालसा अमर रहेगी तो आपका प्रेम भी अमर रहेगा। आज आपसे संसार इन दोनों की भीख माँगता है।

अशोक : यह क्या कह रही हो, भिक्षुणी?

गायिका : सम्राट्, आपके टूटे हुए स्वप्न के खँडहरों में आज मैं एक नया स्वप्न देख रही हूँ, नए जीवन का स्वप्न, नए उल्लास का, नई दुनिया का स्वप्न।

अशोक : परन्तु देवी! मेरी दुनिया तो उजड़ चुकी है।

गायिका : वह तो संकीर्ण, स्वार्थपूर्ण दुनिया थी। लेकिन एक और भी तो दुनिया है, सम्राट्, उन जगमगाते हुए तारों की, हँसती हुई नदियों की दुनिया।... यह पृथ्वी कितनी सुन्दर है—कितनी सुहावनी—सम्राट्!...लेकिन आज, आज इस मनोरम जगतीतल पर एक पिशाच घूम रहा है!

अशोक : पिशाच?

गायिका : हाँ। युद्ध का पिशाच, नरहत्या का पिशाच।...सम्राट्, इस सुन्दर संसार में आज अकेला मुनष्य असुन्दर है, हत्यारा है, अभागा है।

अशोक : ओह भिक्षुणी इतनी जिम्मेदारी मैं नहीं सह सकूँगा।

गायिका : सम्राट्, इन रक्त की नदियों के पीछे, इस हाहाकार और अत्याचार के उस पार, मैं एक नई दुनिया का स्वप्न देखती हूँ—कलिंग की उजड़ी हुई धरती में एक नई सृष्टि।...आप भी देखिए सम्राट्, उस ओर चिताओं के परे आहों के ऊपर—देखिए न!

अशोक : लेकिन, देवि! मेरी लालसा, मेरी अतृप्त आकांक्षा!! मैं न देख सकूँगा...नहीं...नहीं!

गायिका : क्यों नहीं सम्राट्? आपकी लालसा, आपके अरमान, आपकी शक्ति, आपका प्यार—सब आज से उस अनोखे चित्र का निर्माण करेंगे।... फिर कोशिश कीजिए, क्या आप उस स्वप्न को नहीं देख पाते।

अशोक : मैं कोशिश करूँगा, देवि!

गायिका : मैं तो देख रही हूँ, सम्राट्, उज्ज्वल प्रभात, भगवान् बुद्ध की करुणामयी किरणों से आलोकित प्रभात!...मैं देख रही हूँ भारतभूमि के कोने-कोने में उनके पावन सन्देश का प्रचार; आर्यावर्त के हर एक नगर में शिलालेख और स्तम्भ, और...और मैं देख रही हूँ सदियों बाद, संसार के हृदय-मन्दिर में अशोक की प्रतिमा...सच्चे धर्म के पुजारी की प्रतिमा...*(रुककर)* मुझे निराश करेंगे सम्राट्?

अशोक : *(विस्मित)* देख रहा हूँ, देवि—मैं भी देख रहा हूँ, मेरी आत्मा धुल रही है, मेरा कलंक धुल रहा है। भिक्षुणी...भिक्षुणी! कैसा उज्ज्वल प्रभात है यह!...

(निस्तब्धता)

गायिका : रात बीत रही है, सम्राट्। मुझे जाना है।

अशोक : *(सहसा)* क्या कहा?

गायिका : रात बीत रही है, मुझे जाना है।

अशोक : लेकिन, लेकिन...तुमने मुझे नया मार्ग दिखाया—कैसे इस अहसान को चुकाऊँगा?

गायिका : विश्व-सेवा के द्वारा—

अशोक : अपनी सेवा का भी मुझे अवसर दो, देवि!

गायिका : मेरी सेवा? भिक्षुणी की क्या सेवा?

अशोक : कुछ भी नहीं?

गायिका : कुछ भी...*(मानो याद आई हो)*...हाँ एक काम है।

अशोक : *(आतुर होकर)* कहो!

गायिका : आप मेरे लिए एक भाई ला दीजिए! ला सकेंगे?

अशोक : *(विस्मित)* भाई?

गायिका : हाँ! भाई।...मेरा भी एक भाई था, परन्तु कल वह आपके कलिंग-युद्ध में मारा गया।

अशोक : *(मानो बिजली छू गई हो)* सच बताओ, तुम कौन हो?

गायिका : थी।...कलिंग की राजकुमारी। अब एक भिक्षुणी हूँ।

अशोक : *(गिर पड़ता है घुटनों पर अपने हाथों से मुँह ढकता हुआ)* कलिंग की राजकुमारी...राजकुमारी।...*(रुँधे गले से)* ओह!...मैं तुम्हारे भाई का हत्यारा हूँ? हत्यारा...!!

गायिका : नहीं सम्राट्। आप ही मेरे भाई हैं *(रुँधे गले से अशोक के कन्धे पकड़ते हुए)* उठो मेरे भाई! उठो मेरे अशोक। *(अशोक खड़ा होता है।)*...मेरे भाई!

अशोक : मेरी...बहन!

गायिका : कहो, कहो, गाकर कहो, ज़ोर से कहो—बुद्धं शरणं गच्छामि, संघं शरणं गच्छामि, धर्मम् शरणं गच्छामि!!

अशोक : बुद्धं शरणं गच्छामि, संघं शरणं गच्छामि, धर्मम् शरणं गच्छामि!!!

(पर्दा गिरता है।)

परिशिष्ट-1

संवेदनशील अभिनय के द्वारा ही उस वातावरण और अनुभूति का उत्थान हो सकता है जिनके बिना अच्छे-से-अच्छे नाटककार की कृति रंगमंच पर प्राणहीन जान पड़ेगी। यूरोप में तो प्रायः रंगमंच की कसौटी पर कसे जाने के उपरान्त ही नाटक प्रकाशित किए जाते हैं; भारतवर्ष में भी जब सामाजिक जीवन में रंगमंच का अपना स्थान था और सामूहिक मनोविनोद की भावना तिरोहित नहीं हो गई थी, कवि, सूत्रधार और अभिनेता का अटूट गठबन्धन था। आज दिन हम उस धरोहर से भी वंचित हैं और यूरोप से भी अधकचरा ज्ञान ही उधार ले सके हैं। फलतः एक ओर तो हमारा नाट्य-साहित्य है जिसकी जड़ें गीता के संसाररूप अश्वत्थवृक्ष की भाँति ऊर्ध्वमुखी हैं, और दूसरी ओर हमारा नाममात्र का रंगमंच है, कठपुतिलियों के तमाशे की तरह कृत्रिम और सांस्कृतिक अनुभूतियों से शून्य! इसलिए मेरे विचार में एक हिन्दी नाटककार का यह कर्तव्य है कि अपनी कृतियों को जनता के सम्मुख रखते समय उनके रंगमंच सम्बन्धी पहलू पर कुछ प्रकाश अवश्य डाले जिससे साहित्य और कला के बीच इस वैषम्य का कुछ तो निवारण हो सके।

इस संग्रह के कुछ नाटक तो स्टेज पर खेले जा चुके हैं; उनके अभिनय के विषय में जो झुझाव नीचे दिए गए हैं, उन्हें आजमाया जा चुका है। यद्यपि कहीं-कहीं कलात्मक और स्वाभाविक रंगमंच का श्रीगणेश हो गया है और प्रयाग में तो अर्से से उच्च कोटि के अभिनय दीखते रहे हैं, तथापि अभी इस बात की गुंजाइश है कि रंगमंच सम्बन्धी कुछ बुनियादी बातों पर ज़ोर डाला जाए, उन्हें दोहराया जाए।

इन बुनियादी बातों में से एक यह है कि रंगमंच पर पुरानी थिएट्रिकल कम्पनियों के स्टेज की तरह सजावट और पर्दे की भरमार करना अपरिपक्व और कलाविहीन रुचि का द्योतक है। अब भी परियों, फ़व्वारों और चाँदनी चौक की टावर के सीन-सीनरियों से सुशोभित स्टेज नज़र पड़ जाते हैं। नाटक का दृश्य चाहे जहाँ का हो, नायक-नायिका चाहे अपने शयनकक्ष में प्रेमक्रीड़ाओं का अभिनय कर रहे हों, लेकिन पीछे वही चाँदनी-चौक का पर्दा झलकता रहता है! असल में तो वस्तुस्थिति को प्रदर्शित करना ही रंगमंच-निर्देशक का ध्येय होना चाहिए और इसके लिए देश,काल उस युग की प्रथाओं और पात्रों की अपनी स्थिति को ध्यान में रखते हुए, लेखक द्वारा बताए हुए सभी पदार्थों

या उनकी नक़ल को रंगमंच पर उपस्थित करना आवश्यक है। ऐसी तैयारियाँ सब जगह सम्भव नहीं, विशेषतः सार्वजनिक संस्थाएँ इतना आयोजन नहीं कर सकतीं। ऐसी परिस्थिति में बिना किसी आडम्बर और बेकार की सजावट के, एक सीधे-सादे स्टेज को तैयार किया जा सकता है। ऐसे स्टेज की यवनिका (ड्रापसीन) के लिए एक रंग का—हो सके तो गहरे नीले रंग का—कपड़ा टाँगा जा सकता है। टेनिस के पर्दे ऐसे मौक़ों पर अच्छा काम देते हैं। उस पर सफ़ेद काग़ज़ों को काटकर या खरिया (चॉक) से कलापूर्ण डिज़ाइन अंकित किए जा सकते हैं। ऊपर से नीचे गिरनेवाले पर्दों की अपेक्षा दोनों तरफ़ उठ जाने वाले या एक तरफ़ खिंच सकनेवाले पर्दे अधिक सुगम होते हैं। साइडबोर्ड पर भी किसी तरह के चित्रों की आवश्यकता नहीं है। स्टेज की और सजावट भी लेखक द्वारा कल्पित दृश्य के विपरीत न हो। ऑफ़िस के कमरे में शोख़ तसवीरें न टाँगी जाएँ या मौर्यकालीन कक्ष में आधुनिक सोफ़े न रखे जाएँ। रोशनी का कलापूर्ण-प्रबन्ध उत्तम अभिनय को चार चाँद लगा देता है। जहाँ बिजली है वहाँ भिन्न-भिन्न दृश्यों के 'मूड' के अनुसार भिन्न-भिन्न पावर और रंगों के बल्ब होने चाहिए। जहाँ बिजली नहीं है वहाँ केवल गैसबत्ती के ही आसरे नहीं रहना चाहिए; कभी-कभी मोमबत्तियों या साधारण दीपक के मन्द किन्तु रहस्यपूर्ण आलोक का अत्यन्त सुन्दर प्रभाव होता है। 'ग्रीनरूम' यानी तैयारी का कमरा स्टेज के इतने निकट न हो कि दर्शकों को वहाँ की हलचल सुनाई पड़ती रहे। हम लोगों के ग्रीनरूम की दशा एक मछली बाज़ार की-सी होती है; अपनी-अपनी ढपली अपना-अपना राग। किसी को पाउडर की फ़िक्र है; किसी की पोशाक अधूरी है, कोई जल्दबाजी में अपना 'पार्ट' याद कर रहा है और पर्दे की दूसरी घंटी बज चुकी है! ये बातें अधपकी तैयारी की द्योतक हैं। एक अच्छा निर्देशक नाटक के रिहर्सल में केवल पात्र-पात्रियों से ही अभ्यास कराकर सन्तुष्ट न होगा। वह यह भी देखेगा कि उसके साथ काम करनेवाले और सभी लोग मुस्तैद हैं या नहीं। क्या पर्दे की डोरी खींचनेवाले को मालूम है कि ठीक किस वाक्य के बाद पर्दा गिरेगा? क्या 'मेकअप' के सब उपादान और कपड़े मौजूद हैं? क्या नेपथ्य से आवाज़ देनेवाला व्यक्ति अपनी ड्यूटी जानता है? क्या ग्रीनरूम में सब ज़रूरी चीजें ऐसे स्थानों पर रखी हुई हैं कि मौका पड़ते ही मिल जाए? आशय यह है कि इन सभी कामों का विभाजन—'डिविजन ऑव ड्यूटीज़'—उसी दिन होना चाहिए जिस दिन पात्र-पात्रियों को स्थिर किया जाए और इनका भी बाकायदा रिहर्सल होना चाहिए। हरेक छोटी-से-छोटी बात के लिए कोई-न-कोई आदमी उत्तरदायी होना चाहिए और निर्देशक को चाहिए कि अपने पास 'ड्यूटीज़' की फ़ेहरिस्त रखे। एक छोटी-सी बात की जिम्मेवारी किसी पर न होने से कैसी ज़बरदस्त भूल हो सकती है, इसका एक नमूना अपने ही अनुभव से दूँ। 'भोर का तारा' के एक अभिनय में मैं स्वयं माधव का पार्ट कर रहा था। निर्देशक भी मैं ही था; इसलिए और लोगों के 'मेकअप' वगैरह की देखभाल मैं ही कर रहा था लेकिन यह देखनेवाला कोई न था कि मैं भी ठीक ढंग से जा रहा हूँ या नहीं। दूसरे दृश्य में स्टेज पर जाने से पहले जल्दी-जल्दी प्रतिलिपि को देख रहा था। उसी क्षण मेरी पुकार हुई। स्टेज पर पहुँचा

लेकिन चश्मा आँखों पर ही था। गनीमत यह हुई कि दर्शकों में बहुत से लोग इसी खयाल में रहे कि शायद गुप्तकाल में चश्मा पहना जाता था!

एक शब्द अभिनय-कला के विषय में भी। इसमें कोई सन्देह नहीं कि उच्च कोटि के अभिनय के लिए ईश्वर प्रदत्त प्रतिभा की आवश्यकता है लेकिन और कलाओं की भाँति इसमें भी अभ्यास से बहुत कुछ हो सकता है। पुराने ढंग के ड्रामों में लोग 'प्रौम्प्टर' का बहुत अधिक सहारा लेते थे। एकांकियों में तो इसकी जरूरत ही नहीं पड़नी चाहिए। बहुत-से निर्देशक नाटक के बड़े-बड़े पात्र-पात्रियों की तो फ़िक्र करते हैं, परन्तु यह नहीं सुध लेते कि छोटे "पार्ट" ऐसे व्यक्तियों को दिए गए हैं या नहीं जो उन्हें ठीक से अदा कर सकें। भद्दी तरह अदा किया हुआ छोटा पार्ट भी नाटक के लिए आँख की किरकिरी बन सकता है। 'मकड़ी का जाला' में क्लर्क दो-चार शब्द ही बोलता है और केवल मुख्य पात्रों को एक दूसरे के निकट लाना ही उसका काम है। पर यदि उसका अभिनय निम्न श्रेणी का होता है तो यही जान पड़ेगा कि दो सोने की कड़ियों को एक लोहे की कड़ी से जोड़ा गया है! सफल अभिनेता वही है जो अपने निजी व्यक्तित्व को भुलाकर पात्र के व्यक्तित्व की सृष्टि कर सकता है। सिद्धहस्त पाश्चात्य अभिनेता पॉल मुनी की तीन फ़िल्मों ('गुड अर्थ, 'एमिल ज़ोला' और 'हडसनवे') को देखने के बाद यह विश्वास नहीं होता कि तीनों के नायक का पार्ट एक ही व्यक्ति ने किया है। दूसरी ओर हमारे लोकप्रिय अभिनेता मोतीलाल को देखिए; चाहे जो फ़िल्म हो, चाहे कैसा पात्र, मगर उनकी धजा, उनके हाव-भाव वही एक-से मिलेंगे। इस विषय में रंगमंच और फ़िल्म की कसौटी एक ही है। हाँ, रंगमंच के अभिनय के बारे में विशेषतः कुछ दकियानूसी विचार हैं, जिनका निवारण करना भी ज़रूरी है। पारसी थियेटर की एक देन यह धारणा थी कि एक्टर को कभी अपनी पीठ दर्शकों को नहीं दिखानी चाहिए। इसका परिणाम कभी-कभी बड़ा हास्यास्पद होता था। वास्तव में तो अभिनेता को ठीक उसी भाँति हिलना-डुलना, हँसना-रोना और बातें करना है जिस भाँति उन परिस्थितियों में कोई भी मनुष्य स्वभावतः करेगा। लेकिन स्वाभाविकता का आरोपण अभ्यास के द्वारा ही हो सकता है। अभिनेता को यह अभ्यास करना है कि किस मौके पर वह स्टेज के किस तरफ़ खड़ा हो, एक वाक्य के किस अंश को बोलते समय वह किसकी ओर चेहरा करे, किस समय हँसे, किस समय मुसकुराकर रह जाए और कब गम्भीर मुद्रा धारण किए रहे। ऊपर लिखे नियमों का पालन तभी हो सकता है जब तीन-चार रिहर्सल उसी स्थान पर हों जहाँ नाटक का प्रदर्शन होना है और कुछ लोग रिहर्सल के वक़्त सबसे पिछली सीटों पर बैठकर देखें और सुनें, और कमियों की ओर अभिनेताओं का ध्यान आकृष्ट करें।

मेरा अपना विचार है कि भारतवर्ष में संगीतविहीन रंगमंच जम नहीं सकता। हम लोग स्वभावतः भावुक, संगीतप्रिय और किसी हद तक 'रोमांटिक' जाति हैं। आधुनिकतम पाश्चात्य नाटकों में भी यद्यपि गाने तो नहीं के बराबर होते हैं तथापि भावों का आरोह-अवरोह दिखाने के लिए 'बैकग्राउंड म्यूजिक' प्रायः रखा जाता है। नाटक में जहाँ भी भावनाओं के संघर्ष या उत्कर्ष के कारण वातावरण वाणी की सतह के ऊपर

उठता है, वहाँ वायलिन अथवा सितार की हल्की ध्वनि बहुत प्रभावोत्पादक होती है। गीतों की तर्ज़ आकर्षक और सुगम तो अवश्य हो;—आलापों और तानों की जरूरत नहीं है। पर चलताऊ फ़िल्मी तर्ज़ें सुरुचि पर आघात कर रही हैं। उनकी अपेक्षा सुन्दर राग-रागनियों (यथा बहार, आसावरी, बागेश्री, जैजैवन्ती इत्यादि) के मिश्रित अथवा परिवर्धित रूप कहीं अधिक कर्णप्रिय हो सकते हैं। जो भी तर्ज़ हो गानेवाले को अभ्यास पूरा-पूरा होना चाहिए। बेसुरे और नीरस गाने की अपेक्षा गीत को साधारण कविता की तरह पढ़ देना श्रेयस्कर है।

पोशाक के नाम पर हमारे रंगमंच पर बड़ी मनमानी चलती है। बहुत लोगों को यह भ्रम है कि स्टेज पर तो हमेशा भव्य और शानदार पोशाक होनी चाहिए। मुझे याद है, पन्द्रह वर्ष पहले स्कूल में पं. राधेश्याम पाठक के 'वीर अभिमन्यु' का अभिनय करते समय हम लोग चमाचम शेरवानियों, राजपूतानी साफ़े और चूड़ीदार पाजामे पहनकर रोब के साथ स्टेज पर इठलाया करते थे! दक्ष निर्देशक यदि प्राचीन युग का प्रदर्शन करता है तो उस काल के चित्र और मूर्तियों का अध्ययन करके यथासाध्य वैसी ही वेशभूषा उपस्थित करेगा। यदि आधुनिक समाज का दृश्य है तो जिस वर्ग का पात्र है उसी के अनुरूप कपड़े भी हों। इसके माने यह नहीं कि सर्वदा बाहर से खर्चा करके ही इन्तजाम किया जाय। साधारण स्थिति के घरों में जैसी रेशमी और रंगीन साड़ियाँ, पुराने कुर्ते और कोट, कमीजें इत्यादि होते हैं—उन सभी से काम चल सकता है। पट्ठे, काग़ज़ और चमकदार रंगीन पन्नी इत्यादि से जेवर बनाए जा सकते हैं! सूझ और कलात्मक बुद्धि से यदि काम लिया जाए तो मामूली चीजों से ही अच्छा-से-अच्छा 'मेकअप' तैयार किया जा सकता है।

एक भारी समस्या हमारे देश में है स्त्री पात्र के लिए पुरुषों द्वारा अभिनय। जिस समय भारतवर्ष में उन्नत रंगमंच था और 'मृच्छकटकम्' और 'स्वप्नवासवदत्ता' प्रदर्शित किए जाते थे, तब यह समस्या नहीं उठी। आज कल तो समाज की परिस्थिति ही ऐसी है कि नायिका तो क्या दासी के पार्ट के लिए भी कमसिन और स्त्रैण भाव-भंगिमावाले युवकों की खोज करनी पड़ती है। आखिर कब तक इस कृत्रिमता को हम लोग सहते रहेंगे? उड़ीसा में मैंने एक नए रंगमंच का उदय होते देखा और मुझे यह देखकर आश्चर्य हुआ कि वहाँ अभिनेत्रियों की कमी न थी। शायद ही कोई ऐसा नाटककार हो जिसे उभयलिंगी पात्र-पात्रियों द्वारा अपनी कृति का प्रदर्शन होते देखकर सन्तोष होगा!

नाटक में रस-निर्माण केवल नाटककार और अभिनेताओं द्वारा ही नहीं होता; दर्शकों और कर्त्ताओं में पारस्परिक रागात्मक सम्बन्ध स्थापित होने से ही रस परिपाक होता है। हमारे यहाँ प्रायः समझदार और क्षमाशील दर्शकों की कमी रहती है। मेरा अनुभव है कि शहरों के कॉलेज-छात्रों और बाबुओं की अपेक्षा ग्रामीण दर्शक कहीं अधिक उदार और नियन्त्रित होते हैं। अगर नाटक की भावना को समझ न सकें तो कम-से-कम चुप तो बैठे रहें। रुचि परिमार्जन की भी आवश्यकता है। यह सब कुछ

धीरे-धीरे हो रहा है और मुझे तो विश्वास है कि सिनेमा की बाढ़ के होते हुए भी हम लोग एक सुसंगठित और प्रभावशाली हिन्दुस्तानी रंगमंच का स्वप्न देख सकते हैं।

अब इस संग्रह के नाटकों के रंगमंच-सम्बन्धी पहलुओं पर विचार कर लिया जाय।

मकड़ी का जाला

इस नाटक का अच्छा अभिनय केवल ऐसे रंगमंच पर हो सकता है जहाँ बिजली और रेडियोग्राम उपलब्ध हों। रेडियो सेट को माइक्रोफोन से जोड़कर एक आदमी को स्टेज के पीछे से बोलना होगा। रेडियो को दर्शकों से दूर रखिए। स्टेज के ऊपर दो तरह के बल्ब होने चाहिए। एक तो साधारण जो स्वप्न-दृश्य प्रारम्भ होने तक जलते रहें और दूसरे नीले। साधारण बल्बों का स्विच बन्द करते समय ही धीरे-धीरे नीले बल्बों के स्विचों को ऑन करना होगा जिससे जागरण से स्वप्नावस्था की ओर क्रमशः परिवर्तन का आभास हो। कमला की स्वप्न-मूर्ति की झलक ऐसे दिखाई जा सकती है: पीछे वाले पर्दे से लगभग डेढ़-दो फुट के फ़ासले पर स्टेज से चार फीट की ऊँचाई तक एक झीना नीला पर्दा तार के सहारे फैला रहना चाहिए और दोनों पर्दों के बीच के हिस्से में एक कम पावर का बल्ब होना चाहिए जो उसी वक़्त जलाया जाय जब कमला की मूर्ति का प्रवेश हो। कमला की मूर्ति बैकग्राउंड और झीने पर्दे के बीच के हिस्से में एक ओर से दूसरी ओर बढ़नी चाहिए; उसका चेहरा ही झीने पर्दे के ऊपर रहेगा, बाकी अंग उसके पीछे झलकेंगे। पिछले पर्दे और झीने पर्दे का रंग एक ही होना चाहिए जिससे स्वप्न-दृश्य प्रारम्भ होने तक दर्शकों को कोई सन्देह न हो।

मुमकिन है कोई कुशल निर्देशक बिना इन साधनों के भी उस वातावरण को प्रस्तुत कर सके जिस पर नायक के अर्धचेतन व्यक्तित्व का प्रदर्शन निर्भर है। समीचीन वातावरण की योजना के अभाव में यह नाटक भद्दा जान पड़ेगा।

कलिंग विजय

यह नाटक एक कॉलेज की लड़कियों के वार्षिकोत्सव के लिए लिखा गया था और इसीलिए इसमें स्त्री-पात्रों की बहुलता है। रेखा की वेश-भूषा और भाव भंगिमा के लिए अवनीन्द्रनाथ ठाकुर के सुप्रसिद्ध चित्र तिष्यरक्षिता को देखिए। साँची-स्तूप पर उत्कीर्ण मूर्तियों में भी मौर्यकालीन वेश-भूषा लक्षित है। नाटक के दोनों गीत एक दूसरे से गति और रस संचार में भिन्न हैं। पहले की लय द्रुत और चंचल होनी चाहिए। दूसरे के शब्द बहुत साफ़ हों; बाजे की ध्वनि बहुत मन्द हो, जिससे भिक्षुणी का संकेत हरेक दर्शक समझ ले। जिस समय भिक्षुणी अशोक को नवीन भारतवर्ष का स्वप्न दिखाती है उस समय स्टेज पर प्रकाश कुछ कम होना चाहिए।

इस नाटक के अभिनय में किसी तरह की कठिनाई नहीं होनी चाहिए।

खँडहर

इस नाटक में निम्न मध्यवर्ग के दैनिक जीवन की दयनीयता के उभार के लिए एक असाधारण परिस्थित की कल्पना की गई है, चाँदनी का जादू जिसका माध्यम है। नन्दलाल और मकबूल अहमद के 'मेकअप' में कलक्टरी और बैंकों के कम तनख़्वाह पानेवाले पुराने किस्म के क्लर्कों की वेश-भूषा और मुख-मुद्राओं की अनुरूपता लानी चाहिए। स्टेज पर पार्क के कोने का दृश्य दिखाने के लिए गमलों, वृक्ष की शाखाओं और पत्तियों से काम चलाया जा सकता है। रेलिंग पेंट की जा सकती है या कपड़े और 'कार्डबोर्ड' की मदद से दिखाई जा सकती है। पीछेवाले पर्दे पर यदि दूर की झाड़ियों और झोपड़ी का सीन हो तो अच्छा है, लेकिन उसके बिना भी काम चल सकता है। पीछेवाले पर्दे और रेलिंग के बीच में जो फ़ासला हो, वहाँ की सतह स्टेज से नीची होनी चाहिए जिससे यह आभास हो कि पात्र नीचे उतर रहे हैं। म्युनिसिपैलिटी के लैम्प की नकल के लिए प्लाइवुड या कार्डबोर्ड का सहारा लेना होगा, किन्तु यदि असली लैम्प मिल सके तो और भी अच्छा है। यूसुफ और अमीना की पोशाक और चाल-ढाल के विषय में नाटक में पूरे संकेत मौजूद हैं। नाटक की बहुत-कुछ सफलता कोरस के ऊपर निर्भर है। प्रारम्भ में कोरस गानेवाले स्टेज से दूर हों और उनका स्वर मन्द। खाली स्टेज होने पर अन्धकार और कोरस के तीव्र होते हुए स्वरों द्वारा दर्शकों की कल्पना-शक्ति को उत्तेजित करना है जिससे वे, खानबदोशों के पड़ाव पर जो कुछ हो रहा है, उसकी कल्पना कर सकें। ऊपर दिए हुए स्टेज के रेखाचित्र से काफ़ी मदद मिल सकती है।

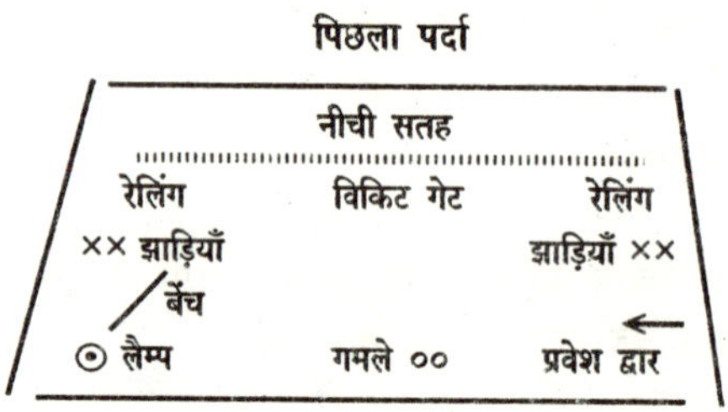

यह नाटक खुले रंगमंच पर भी आसानी से खेला जा सकता है।

रीढ़ की हड्डी

यह नाटक हिन्दू मध्यवर्ग की एक छोटी किन्तु विषम समस्या पर प्रकाश डालता है। स्टेज पर एक साधारण गृहस्थी के दृश्य को दिखाने के लिए फ़र्नीचर वग़ैरह बहुत मामूली ढंग का हो। बातचीत में घरेलूपना होना चाहिए। उमा को उस वक़्त तक जब तक कि वह गाना नहीं गाती है, अपनी आँखें और गर्दन झुकाकर रखनी चाहिए और सिर पर साड़ी का पल्ला। बाबू रामस्वरूप की 'हँ-हँ' बहुत स्वाभाविक तरीके से होनी चाहिए।

शंकर की कमर थोड़ी झुकी-सी हो और उसकी चेष्टाओं में उसका हीन व्यक्तित्व झलकना चाहिए। नाटक के आखिर में नौकर के ये शब्द 'बाबूजी मक्खन' एक भारी व्यंग्य का असर रखते हैं, बशर्ते कि दर्शकों को साफ़-साफ़ सुनाई दे।

भोर का तारा

यह नाटक कई बार खेला जा चुका है और प्रायः सफल ही हुआ है। प्रथम दृश्य में शेखर और माधव की बातचीत एक कवि-सुलभ सतह पर की जाती है और इसलिए एकाध अभिनय में दोनों अभिनेता इतने मग्न हो गए कि उनके शब्द भी दर्शकों को सुनाई न पड़े। जहाँ वार्तालाप पर ही नाटक की गति निर्भर रहती है वहाँ स्वर उच्च और साफ़ होना आवश्यक है लेकिन गहराई और कोमलता को लिए हुए। द्वितीय दृश्य में छाया का गीत आह्लादपूर्ण स्वर में होना चाहिए। उस दृश्य के अन्त में समरगान उच्च और सम्मिलित स्वर में सुन पड़ना चाहिए। कई अभिनयों में इस पर काफ़ी ज़ोर नहीं दिया गया।

वेश-भूषा के लिए अजन्ता के चित्रों और प्राचीन मूर्तियों से मदद मिल सकती है। शेखर जो महाकाव्य दिखाता है वह आजकल की पुस्तकों के आकार का न हो, बल्कि ऐसा हो जैसी कथा बाँचनेवाले पंडितों की पोथियाँ होती हैं। पुस्तकों को अँगीठी में डालते ही कुछ लपट-सी उठे। उसके लिए कपूर को भी साथ में डाला जाए तो ठीक होगा। कुछ ऐसे 'कैमिकल' भी मिलते हैं जिन्हें कागज़ पर लेप कर कोयले पर डालने से लपट पैदा हो सकती है। वैसे पुस्तक फाड़ने भर से काम चल सकता है। यह तो शेखर के हृदय-परिवर्तन का प्रतीकमात्र है।

परिशिष्ट-2

कला-कृतियों की मूल प्रेरणा कहाँ और कैसे मिली है, इस बारे में एक दिलचस्प किस्सा शान्तिनिकेतन के आचार्य श्री क्षितिमोहन सेन के मुँह से सुना। रवि बाबू की एक अत्यन्त मनोरम कविता में कल्पना की गई है, उस स्वर्णिम प्रभात की जो आते-आते झिझकता है। बड़ी सलोनी कल्पना है वह। किन्तु वह कल्पना मैंने तब की जब गुरुदेव के समीप आचार्य क्षितिमोहन बैठे हुए किसी विषय पर बातचीत कर रहे थे। कक्ष शायद उत्तरायण का था। इतने में गुरुदेव के लिए दूध लेकर उनका नौकर आया। दरवाजे पर खड़ा होकर झिझका, फिर निकट आया, फिर झिझका, वापस गया और पुनः निकट आया। उसकी द्विविधा बड़ी हास्यास्पद थी और गुरुदेव बोल उठे "तू कभी निकट आता है, कभी दूर जाता है तू तो मानो वधू बन गया है।" उसी रात वह कविता लिखी गई जिसमें निशा को झकझोरने वाले झंझावात के बाद झिझकते हुए प्रभात के आगमन का वर्णन था।

मैं समझता हूँ कि अधिकतर लेखकों और कवियों को ऐसे ही अनुभव हुए होंगे। अकसर घूरे पर ही नयनाभिराम फूल विकसते हैं। सन् 1935 में प्रयाग से जहाँ मैं पढ़ रहा था, छुट्टियों में घर आया। रेलवे स्टेशन से हमारा कस्बा चार मील दूर है। रेलगाड़ी सवेरे चार बजे पहुँचती थी और वहाँ से चार मील नापने के लिए उन दिनों इक्के का ही सहारा था। इक्का खुला होता था और सड़क पर गड्ढ़े होने के कारण फूँक-फूँककर कदम रखता था। ऐसे समय मन और आँखों को फुरसत मिली और निरभ्र वातावरण में कल्पना विचरने लगी। ब्रह्ममुहूर्त्त में आकाश के पूर्वी कोने में हल्की बहुत हल्की ज्योति-धूलि फैलती-सी दीख पड़ी और पूर्वी गगन का सम्राट् जान पड़ा वह तारा। चार मील की इक्के की यात्रा समाप्त होते-होते ज्योति-धूलि एकाकी तारे की ओर अग्रसर हो जाती। क्षितिज की आभा फैलती ही जाती और तारा आभाहीन होता जाता। क्यों? जवाब में मैंने वह गीत लिखा जिसकी कड़ियाँ 'भोर का तारा' एकांकी के प्रथम दृश्य में नायक के मुँह से सुनाई देती हैं और यों न सिर्फ 'भोर का तारा' नाम की सृष्टि हुई, बल्कि नाटक के नायक का चित्र भी मन-मानस में उभरा।

दो वर्ष बाद म्योर हॉस्टल के वार्षिक अधिवेशन के लिए दूसरी बार एकांकी लिखने की माँग मुझसे की गई, तब वह गीत और उस समय का अद्भुत वातावरण जो कहीं उपेक्षित पड़े थे, दोनों को मैंने सँवारा और 'भोर का तारा' की रचना हुई। म्योर हॉस्टल

में हमारे जमाने में नायिका का पाठ जो छात्र लेता था, वह अल्मोड़ा में उदयशंकर से नृत्य की शिक्षा पा चुका था। इसलिए मूल नाटक में छाया गाती नहीं, नृत्य करती है। प्रकाशन के समय 'प्यार की क्या है यह पहचान' गीत अन्य लोगों के सुभीते के लिए रख दिया गया। मूल नाटक में एक दृश्य और था जिसमें छाया के भाई को, तक्षशिला के निकट, शिविर में दिखाया गया था। कभी-कभी लगता है कि यदि उस दृश्य को प्रकाशित नाटक में भी रख लेता तो अच्छा होता किन्तु अब तो उसकी प्रति भी नहीं मिलती।

माधव का पार्ट मैं स्वयं खेलता था और शायद बहुत कुछ अपनी तात्कालिक मनःस्थिति का प्रतिबिम्ब उस पात्र में जाने-अनजाने हो गया। बचपन में द्विजेन्द्रलाल राय के नाटकों के अनेक ओजस्वी अंक मुझे कंठस्थ थे और इससे पहले देशभक्ति की भावना से परिपूर्ण भूमिका में मुझे उतरने का अवसर मिला था। माधव की भूमिका में कभी-कभी मैं इतने आवेश में बोलता था कि रिहर्सल के समय स्वर्गीय गुरुवर डॉ. अमरनाथ झा को मेरे ऊपर लगाम लगानी पड़ती थी। 'भोर का तारा' के प्रथम संस्करण में शेखर बाहर जाकर जो गीत गाता है, वह द्वितीय संस्करण में दिए गए गीत से भिन्न था। प्रथम संस्करण का गीत था 'नक्कारे पर डंका बजा है, तू शस्त्रों को अपने सम्हाल। बुलाती है वीरों की तुरही...तू उठ...।' इस गीत के शब्द ट्रेड यूनियन कांग्रेस के मार्चिंग गीत से मिलते-जुलते थे और जब मैंने उस नाटक को अपने एक कवि मित्र को सुनाया तो उन्होंने कहा, "यानी इस किस्म की बेढंगी कविता तुम्हारा देशभक्त नायक करने लगा।" मित्र की बात मुझे जँची और इसलिए अब लगभग बीस वर्ष बाद उस गीत की शब्दावली बदल डाली है। तबीयत तो यह चाही कि नायक का नाम शेखर भी बदल दूँ। सन् '37 में शेखर बड़ा नया-नया और आकर्षक लगता था, अब तो फ़िल्म एक्टर से लेकर दुकानदार तक इस नाम को गले लगाए हुए है। खैर—

'कलिंग विजय' की रचना कुछ दूसरी ही परिस्थिति में हुई जिसका इशारा मैंने प्रथम परिशिष्ट में कर दिया है। क्रास्थवेट कॉलेज में मेरी मौसेरी बहन पढ़ती थी। बात सन् '38 की है। वहाँ के वार्षिक अधिवेशन के लिए हिन्दी-नाटक की माँग उसने की। उस जमाने में एकांकी क्या, रंगमंच के लिए बड़े नाटक भी खोजे से नहीं मिलते थे। मुझसे कहा गया, "पुरुष पात्र केवल एक हो, स्त्री पात्र अनेक! गाने अवश्य हों, वेश-भूषा प्राचीन हो तो रंगमंच पर अच्छा लगेगा। इसलिए नाटक प्राचीन भारत की पृष्ठभूमि में हो। एक सप्ताह में नाटक तैयार हो जाए।' एम.ए. का इम्तहान निकट आ रहा था लेकिन वादा कर चुका था। घर में हरप्रसाद शास्त्री के लिखे 'भारत का इतिहास' की एक प्रति हाथ लगी। अशोक वाला अध्याय पढ़ा और उसमें उसके अमात्य राधागुप्त की चर्चा भी पाई। अवनीन्द्रनाथ ठाकुर के 'तिष्यरक्षिता और बोधि वृक्ष' वाले चित्र की याद ताज़ी थी और यों 'कलिंग विजय' की रचना हुई। अभिनय और रिहर्सल के समय मुझे जाने की तो इजाजत नहीं मिली, वह ज़माना दूसरा था और लड़कियों के कॉलेज में नवयुवकों का स्वागत शायद ही कभी होता था। लेकिन सुना कि अभिनय अच्छा

हुआ सिवाय इसके कि जिस लड़की ने भिक्षुणी का पार्ट किया था वह ऐन मौके पर अपने साथ वह पत्र ले जाना भूल गई थी जो उसे अशोक को देना था। चुनाँचे इस द्विविधा को दूर करने के लिए पर्दा डाल दिया गया और फिर से पर्दा उठा नाटक जारी रखने के लिए। तब दर्शकों में समालोचना की वह वक्र दृष्टि नहीं थी, जो आज के दिनों दीख पड़ती है।

नाटक का प्रथम प्रारूप मैंने पन्तजी को पढ़कर सुनाया। उन दिनों, जैसे आजकल, वे नए लेखकों को प्रोत्साहन दिया करते थे। मुझे पता नहीं इस नाटक को सुनने के बाद उन्होंने क्या कहा, लेकिन शायद पसन्द किया। 'रूपाभ' नाम से जो मासिक पत्र वे और नरेन्द्र शर्मा निकालते थे, उसके लिए नाटक मंजूर कर लिया।

नाटक का पहला नाम था 'फूलों का राजा' और मेरा ख़याल है वह अत्यन्त सुन्दर नाम था और उपयुक्त भी। लेकिन न जाने क्यों 'रूपाभ' में उसे प्रकाशित करते समय उसका नाम बदल दिया 'जय पराजय'। फिर तो ऐसी द्विविधा बढ़ी कि पुस्तक प्रकाशित होते समय दुबारा उसका नाम बदला, 'कलिंग विजय'। मेरे नाटकों के नांमों के विषय में मेरी पत्नी मुझे बहुत नादान मानती हैं। शायद उनका विचार सही है।

'कलिंग विजय' बहुत दिनों तक लड़कियों के कॉलेज और स्कूलों का कंठहार बना रहा और न जाने कितनी संस्थाओं में इसका अभिनय हुआ। बहुत दिनों बाद जब पुस्तक प्रकाशित हुई, मेरे एक मित्र की पत्नी ने पढ़ने के लिए पुस्तक की एक प्रति माँगी और बाद में आकर कहा, "अरे मुझे नहीं मालूम था कि आप ही वह लेखक हैं जिनके 'जय-जराजय' का हमने 1940-41 में अभिनय किया था।" तो मैंने पूछा, "अगर मालूम होता तो" इसका उत्तर नहीं मिला। मेरी पत्नी निकट ही बैठी थीं!

'रीढ़ की हड्डी' अभिनय के विचार से अब तक मेरा सबसे लोकप्रिय एकांकी रहा है। लोकप्रियता का सर्वमान्य मापदंड तो कोई है नहीं, सम्भवतः इस एकांकी की भाषा का सहज प्रवाह सुविधाजनक है। उसमें पुरुष और स्त्री पात्रों का बराबर का सन्तुलन है। शायद कुछ कथानक की ध्वनि में खरापन जो निजी अनुभव को साधारण अनुभव से स्वीकृत कर देता है।

'रीढ़ की हड्डी' की कथा एक सच्चे अनुभव पर आधारित है। वह ठेस ऐसी लगी कि मैं तिलमिला उठा। आज तो लड़के और लड़कियों में समानता का भाव पहले की अपेक्षा कहीं अधिक है, लेकिन उस समय ऐसी परिस्थिति, जिसका इस एकांकी में निराकरण किया गया है, अकसर पैदा हो जाती थी। जिस घटना का मुझे अनुभव था उसका कलाइमेक्स कहीं अधिक दयनीय था। 'रीढ़ की हड्डी' में तो उमा को अपना गुब्बार निकालने का मौका मिल जाता है, लेकिन सच्ची घटना में वह सब नहीं हुआ और घुटन ज्यों-की-त्यों रह गई। उस निःस्वर घुटन को आवाज़ देने के लिए ही मैंने यह नाटक लिखा। चोट की ताज़गी और आवेश से अभिभूत होकर मैंने यह नाटक एक दिन में ही लिख डाला था। मुमकिन है इसी कारण इसमें ऐसी भावगरिमा (Intensity) आ गई जो कथानक की चौखट में बिल्कुल ठीक-ठीक जड़-सी गई हो।

नाम का झंझट इस एकांकी के साथ भी लगा रहा। जब मैंने उसे लिखा तो नाम रखा 'बैकबोन', क्योंकि अंग्रेज़ी में 'बैकबोन' के जो लाक्षणिक अर्थ होते हैं वह उसके हिन्दी पर्याय 'रीढ़ की हड्डी' में नहीं है। संग्रह में प्रकाशित होने के पूर्व श्री शिवपूजन सहाय जी ने इस नाटक को अपने मासिक पत्र 'हिमालय' के लिए स्वीकृत किया और छापते समय उसका टाइटिल बदल दिया 'रीढ़ की हड्डी'। अब तो यही नाम मत्थे पड़ गया। बहुत दिनों बाद राजा राधिका रमण प्रसाद सिंह ने बताया कि भोजपुरी भाषा में 'रीढ़ की हड्डी' उसी लाक्षणिक अर्थ में प्रयुक्त होती है जो अंग्रेज़ी में प्रचलित है। शिवपूजन सहाय जी भी भोजपुरी क्षेत्र के निवासी हैं ओर तब उनके सम्पादन का रहस्य समझ में आया।

रंगमंच के लिए इस नाटक की लोकप्रियता का एक उदाहरण यह है कि अन्तरविश्वविद्यालय युवक महोत्सव की नाटक प्रतियोगिता में दो या तीन विश्वविद्यालयों की ओर से यह नाटक प्रस्तुत किया गया था। यह मैं कह दूँ कि पुरस्कार एक को भी नहीं मिला। फिर भी लोग कहते हैं कि रंगमंच पर यह नाटक प्रायः रोचक ही होता रहा है।

1940 में कठिन परीक्षा के उपरान्त मैं इंडियन सिविल सर्विस में आया। आई.सी. एस. की परीक्षा उस जमाने में कठिनतम परीक्षा मानी जाती थी और उसमें सफलता प्राप्त करना, प्रशंसा, ईर्ष्या और सन्तोष तीनों ही प्रकार की भावनाओं को भिन्न-भिन्न लोगों में जगा देता था। मेरे साथ मेरे मित्र भूपाल प्रसाद बागची भी सफल हुए। उनसे पहले पहल मुलाकात हुई थी और कुछ दिनों बाद एक पत्र में मैंने उनको लिखा था कि स्वप्न-सुन्दरी की भाँति आई.सी.एस. के अनेक नायक वरों के बीच हम लोगों ने उसे प्राप्त कर लिया। उसके उत्तर में उन्होंने मुझे लिखा कि आई.सी.एस. स्वप्न-सुन्दरी नहीं, कठिन और निर्मम कर्तव्यशिला के तुल्य है। मैंने स्वप्न-सुन्दरी की कल्पना मजाक के तौर पर की थी, किन्तु बागची महोदय के गम्भीर उत्तर ने भावों और कल्पना की नई शृंखला पैदा कर दी और सरकारी अफ़सर की ज़िन्दगी का एक भयावह रूप मेरी आँखों के सामने नाचने लगा। उन दिनों कुछ तत्कालीन अंग्रेज़ी नाटक पढ़ने को मिले जिनमें सफल जीवन (careerism) और भाव प्रवणता के विपर्यय की व्याख्या की गई थी। आई.सी.एस. की ट्रेनिंग प्रारम्भ होने में कुछ महीने बाकी थे और मैं एक अनुपम बेकारी के मजे उड़ा रहा था, ऐसा निठल्लापन जिसमें आगे की कोई चिन्ता ही न थी। तब मानो उज्ज्वल भविष्य के लावण्य पर से कुदृष्टि के निवारण के रूप में एक कालिमापूर्ण कल्पना मेरे मन में घहराने लगी और यों 'मकड़ी का जाला' की रचना हुई। क्या बाद के अनुभवों से मैंने अपनी आशंकाओं को सही पाया? कुछ मानी में हाँ। काम और उत्तरदायित्व की जंजीरें कभी-कभी कदम को भारी कर देते हैं और हल्के दिल से, स्वच्छन्द वातावरण में हँसने या गाने की फुरसत नहीं मिलती। कभी-कभी जान पड़ता है इच्छा ही नहीं होती। लेकिन एक बात जिसका आभास उस समय मुझे नहीं हुआ था और जिसको अनेक कवि-सुलभ प्रवृत्ति के लोग सरकारी या व्यवसायी जीवन में आने

के उपरान्त भूल जाते हैं, वह है काम और कर्मठता में, असलियत से संघर्ष में, मानव के विभिन्न रूपों के दर्शन में और अपने ऊपर रखी हुई जिम्मेदारियों को पूरा करने में, एक अनिवर्चनीय आह्लाद, सन्तोष और गति की अनुभूति! लेकिन 'मकड़ी का जाला' जिस समय लिखा, उस समय ऐसा सन्तुलित अनुभव न था। यों भी सन्तुलित अनुभव में एक खतरा रहता है। सन्तुलन और हृदयग्राही भाव-प्रकाशन मेल नहीं खाते। थोड़ी बहुत विशृंखलता, थोड़ा बहुत आवेश, थोड़ी बहुत सन्तुलनहीनता, इनके बिना मेरे जैसे साधारण जीवों के लिए सौन्दर्य की सृष्टि करना कठिन है। लेकिन सरकारी जीवन में बराबर सन्तुलन का आग्रह रहा और यों साहित्य सृजन के स्रोत सूखते से जान पड़ते हैं। शायद कभी इस वैषम्य,इस भ्रमजाल का निराकरण हो सके।

'मकड़ी का जाला' में एक ओर, विस्तृत गगन के छोर में महादेवी जी की, बादलों की टुकड़ी के तुल्य, किसी विस्मृत अनुरागानुभूति की छाया भी दुबकी पड़ी है। उसका जिक्र यहाँ नहीं करूँगा। इस नाटक का अभिनय कम ही हुआ है, लेकिन जहाँ हुआ है, वहाँ इसके वातावरण ने दर्शकों के हृदय पर गहरी छाप छोड़ी। स्वप्न के माध्यम से पिछली घटनाओं या अर्धचेतन मनःस्थिति का निराकरण इससे पहले हिन्दी नाटकों में शायद ही किया गया हो। इस विचार से एक नए टेकनिक का प्रयोग इस एकांकी में किया गया। पिछले दिनों तो अनेक नाटकों में इस टेकनिक का व्यवहार किया गया और रेडियो रूपकों में तो प्रायः इसी का सहारा लिया जाता है। उन दिनों श्री भगवतीचरण वर्मा थे। 'मकड़ी का जाला' का प्रथम प्रकाशन उसी साप्ताहिक के एक अंक में हुआ था। इस नाटक में किसी ढंग के परिवर्तन या संशोधन करने की इच्छा या आवश्यकता मुझे पीछे कभी नहीं हुई।

दैनिक जीवन की नीरसता और सौन्दर्य और भावलोक का आकर्षण—इस द्वन्द्व की कथा रह-रहकर मेरी थोड़ी बहुत रचनाओं में उभर पड़ी है। 1936 में 'मेरी बाँसुरी' नाम से एक अपरिपक्व-सा एकांकी मैंने रंगमंच के लिए लिखा था जो सरस्वती में प्रकाशित हुआ था। उसमें इस द्वन्द्व की ध्वनि प्रखर है, किन्तु उसके बाद कई बार यहाँ तक कि मेरे पिछले नए एकांकियों में भी यह राग सस्वर हो उठा है। 'खँडहर' में इस द्वन्द्व को साकार करते समय निम्न मध्यवर्ग की आर्थिक समस्याएँ भी सामने आ गईं।

सन् 1942-43 में संबलपुर नगर में नया-नया असिस्टेंट मजिस्ट्रेट होकर पहुँचा था। आज की तरह दफ्तर की दीवारों का मोह मन पर नहीं चढ़ा था। काम का ढंग भी दूसरा था। अंग्रेजों की हुकूमत में क्लब और टेनिस को सरकारी अफसरों के लिए अनिवार्य माना जाता था।

टेनिस खेलकर बँगले को लौटते समय रास्ते में कचहरी के पास से गुजरना पड़ता था। अकसर देखता कि कचहरी के किरानियों वाले कमरे में बत्ती टिमटिमाती रहती है और एक बड़े बाबू कुछ-न-कुछ काम करते रहते हैं। एक दिन कलक्टर साहब के साथ उस रास्ते से लौट रहा था। उन्होंने रोशनी देखी और फिर दफ्तर के कमरे में जाकर

बड़े बाबू से कहा, "मालूम होता है आप मुझे दिखाने की खातिर इतनी देर तक काम करते रहते हैं।"

बात शायद सही थी, चूँकि कलक्टर साहब तजुर्बेकार आदमी थे और उन सभी तरीकों से परिचित थे जो दफ्तरों में चलते हैं। लेकिन मैं नया रंगरूट था और मुझे कलक्टर साहब के व्यवहार में रूखापन और बड़े बाबू की सकपकाहट में दयनीयता दीख पड़ी। और मैंने सोचना शुरू किया कि शायद कभी इन बड़े बाबू के जीवन में भी रूमानी अनुभव का कारवाँ गुजरा होगा, कभी सरस बरसात घहरायी होगी, कभी रंगीनियों के सपने और असलियत में भेद न रहा होगा। लेकिन आज वे बड़े बाबू कितनी जंजीरों में जकड़े पड़े हैं और झिड़कियाँ सुनते हैं और शायद दुख महसूस करने की उनकी ताकत भी गायब हो चुकी है।

संबलपुर उन दिनों एक अछूता जिला था। वहाँ की आदिवासी और मिश्रित आदिवासी जनता में संगीत और नृत्य के लिए सहज और स्वाभाविक अनुराग था। देहात और जंगल में दौरे पर जाते समय न जाने कितने नृत्य समूह दीख पड़ते थे। उस उल्लास और दफ्तर के अधेड़ बाबू के रेगिस्तानी जीवन में जो विपर्यय दिख पड़ा, उसमें मुझे एक वातावरण-प्रधान नाटक के बीज जान पड़े।

उन दिनों मैंने क्लब की लाइब्रेरी से लेकर जेम्स वेरी के सारे नाटक पढ़ डाले थे और उनकी काव्यमय शैली से बहुत प्रभावित हुआ था। उस शैली की छाया इस एकांकी में स्पष्ट है।

'खँडहर' में जो नृत्य-गीत खानाबदोश युवक-युवतियाँ गाती हैं उसकी भी अपनी कहानी है। 1941 में आई.सी.एस. की ट्रेनिंग के लिए अंग्रेज और हिन्दुस्तानी अफ़सर एक कैम्प में देहरादून में रहते थे। अकसर वहाँ रात के खाने के बाद गाना-बजाना शुरू होता था और हमारे विदेशी मित्र झूम-झूमकर मौज के साथ गाने गाते थे और हम हिन्दुस्तानी लोग टुकुर-टुकुर देखा करते थे। कुछ हिन्दुस्तानी अफ़सर ऐसे थे जिनकी शिक्षा-दीक्षा विदेशी वातावरण में होने के कारण उन्हें इन गीतों का अभ्यास था और उसमें शामिल हो पाते थे। लेकिन यह सोचकर मुझे बड़ा क्षोभ होता था कि हम लोगों के पास ऐसे कोई गीत नहीं हैं जिन्हें मिलजुलकर सानन्द हम गा सकें। ऐतिहासिक कारणों से भारतवर्ष के मध्ययुग में संगीत की मूल प्रेरणा भक्ति भावना रही और यद्यपि मुगल दरबार में भारतीय संगीत को अपनाकर उसका उत्तरोत्तर विकास किया गया तथापि गीतों की शब्दावली के सम्बन्ध में वे उदासीन ही रहे। परिणाम यह हुआ कि समाज-गीत भी केवल भक्ति सूचक शब्दावली का अनुसरण करते रहे। शास्त्रीय संगीत से शब्दों का महत्त्व उठ गया। संगीत गायकों की बपौती बनकर रह गया, सर्वसाधारण के अभ्यास की चीज नहीं। जब तक नगरों और देहातों के जीवन में सम्पर्क बना रहा तब तक देहात के लोकगीतों ने उस कमी को पूरा किया। लेकिन शहर की साधारण जनता, उन लोकगीतों से विमुख होती गई और एक ऐसा समय आ गया जब नगर की जनता, ख़ासकर मध्यवर्ग के लोगों के लिए ऐसा संगीत रह ही नहीं गया, जिसका वे

स्वयं अभ्यास कर सकें, जिसमें वे अपने आप को सराबोर कर सकें, जो उनके सामूहिक जीवन को बाँधने के लिए एक सूत्र का काम दे। अब यहाँ तक नौबत आ पहुँची है कि ज्योंही कोई व्यक्ति किसी उत्तरदायित्व के स्थान पर पहुँच जाता है या युवावस्था को पार कर लेता है त्योंही उसके लिए उल्लासपूर्ण गाना-बजाना छिछोरापन मान लिया जाता है। विदेशों में यह बात नही। शायद वर्षों तक परतन्त्रता के कारण चिन्तनशील और संवेदनशील मध्यवर्ग के जीवन में उल्लास के लिए कोई स्थान ही नहीं था। अब तो परिस्थिति बदल गई है, लेकिन अब भी नगरों के मध्यवर्ग के लोगों की पार्टियों में सिवाय बेकार की गप-शप या ब्रिज खेलने के सामूहिक मनोविनोद का कोई भारतीय साधन ही नहीं है।

1941-42 में तो बात ही दूसरी थी। लेकिन अपने विदेशी मित्रों के बीच में हिन्दुस्तानियों की हीनता का यह भाव मुझे बहुत अखरा और उन्हीं दिनों मैंने कुछ विनोदशील परिहासपूर्ण सामूहिक गीत लिखने की चेष्टा की। 'आज हमारे मन की रानी' यह गीत उन्हीं दिनों लिखा गया और कभी-कभी हम लोगों की रात-रात भर की बैठकों में गाया भी गया।

अब दो वर्ष बाद 'खँडहर' की रचना हुई त. इस गीत को पुरानी फाइलों से निकाला। 'खँडहर' के वातावरण में गीत अच्छा बन पड़ा।

असल बात यह है कि जाने-अनजाने मैंने अपने लगभग प्रत्येक नाटक में एक-न-एक गीत अवश्य रख दिया है। वक्रदृष्टि-समालोचक को भी ये गीत एकांकियों के वातावरण से बेमेल नहीं जान पड़ेंगे। हाँ एकांकियों में संगीत रहे या नहीं, इस बारे में सिद्धान्ततः विरोध हो सकता है। मेरी बराबर यही धारणा रही है कि भारतीय रंगमंच के लिए संगीत आवश्यक है। लेकिन इन गीतों के कारण अकसर मेरे नाटकों के अभिनय में कठिनाई पड़ती है। प्राचीन काल में भले ही भारतवर्ष में सभी युवक और युवतियाँ गाना-बजाना जानती हों, लेकिन अब तो अनेक अभिनेता और अभिनेत्रियाँ ऐसे हैं जिन्हें संगीत से कोई मतलब ही नहीं। मैं तो समझता हूँ कि भारतवर्ष का राष्ट्रीय-रंगमंच लोक नाटकों के आधार पर बनेगा और लोक नाटकों में बराबर गीत और शब्दों का सम्मिश्रण रहता है, गीत अधिक, संवाद कम।

मुझे अपने इस नाटक 'खँडहर' से विशेष अनुराग रहा है और अकसर मैंने इसे अपने सर्वप्रिय एकांकी की संज्ञा दी है। कुछ वर्ष हुए किन्हीं डॉ. कौमुदी ने इस नाटक का अंग्रेज़ी अनुवाद भी किया था जो अभी तक अप्रकाशित है। लेकिन मैं समझता हूँ कि जिस सामाजिक व्यंग्य की ओर मैंने इस नाटक में इशारा किया है, वह धीरे-धीरे एक ऐतिहासिक तथ्यमात्र रह गया है। नवीन युग के किरानी उस यातना के भागी नहीं हैं, जैसे 15-20 वर्ष पहले के किरानी सह लेते थे। आर्थिक कठिनाइयों के बावजूद नए वर्ग के निम्न मध्यवर्ग में, कम-से-कम दिल्ली जैसे स्थान में, जीवन के उल्लासपूर्ण पहलू की तरफ़ रुझान दीख पड़ता है। शनिवार और रविवार की सन्ध्या को दिल्ली के इंडिया गेट और कनाट सर्कस के आस-पास इसी निम्न मध्यवर्ग के अनेक जोड़े विनोद और

स्फूर्ति का अनुभव करते दीख पड़ते हैं। शायद मैंने अधिक गुलाबी खाका खींच दिया। शायद नगरों का मध्यवर्ग उल्लास की देहरी पर है, अन्दर नहीं घुस पाया है। जो भी हो 'खँडहर' का सूना वातावरण बहुत कुछ बीते युग की प्रतिध्वनि मात्र है—उसी तरह जिस तरह अनेक वामपंथी कवियों के आग्नेय गीत।

मेरी रचनाओं का इतना महत्त्व नहीं कि उनके बारे में अधिक पन्ने रँगूँ। मेरे मित्र कहते हैं, बीस वर्ष पहले जब इनमें से अधिकतर नाटक लिखे गए थे, उनको मुझसे बहुत उम्मीद थी। अब मैं काम-काज की उलझन में लग गया और वे उम्मीदें खत्म हो रही हैं। फिर भी चर्चा अब अधिक है, रचनाओं का मान अब ज़्यादा है और इस व्यंग्य को देखकर मुझे हँसी आती है। सन् '39-40 में मुझे अपने एकांकी-संग्रह को छापने के लिए प्रकाशक ही नहीं मिलते थे। पांडुलिपियों की एक प्रति तो एक कवि मित्र के पास से खो गई जो स्वयं उन्हें प्रकाशित करना चाहते थे। दूसरी को मैंने भेजा तत्कालीन उत्तर प्रदेश की सरकार के पास जो उस समय कुछ हिन्दी-उर्दू नाटकों को प्रकाशित करना चाहती थी। जवाब नहीं आया तो मैंने अत्यन्त रोषपूर्ण पत्र लिखा। इसका उत्तर मिला पंडित श्रीनारायण चतुर्वेदी से, जो उस समय उत्तर प्रदेश सरकार के अधिकारी थे और जो इस विषय की देखभाल कर रहे थे। उत्तर उतना ही विनम्र था जितना मेरा पत्र उद्दंड। बहरहाल, पुस्तक के छपने की नौबत नहीं आई और पांडुलिपि ज्यों-की-त्यों पड़ी रही।

एक और मजेदार बात हुई। उन दिनों आकाशवाणी का हिन्दी के प्रति क्या रुख था, यह तो सर्वविदित है। मुझे तो उन दिनों ए.आई.आर. के दरवाज़े पर भटकने की भी आशा न थी। एक मित्र ने कहा 'भोर का तारा' भेजो, शायद प्रसारित हो जाए। बड़ी हिम्मत करके लखनऊ रेडियो स्टेशन पहुँचा और अत्यन्त झिझक के साथ वहाँ के स्टेशन डाइरेक्टर से बातचीत की, जो आजकल भारत सरकार के किसी अन्य विभाग में उच्च वर्ग अधिकारी हैं। पांडुलिपि तो उन्होंने रख ली किन्तु भाषा के विषय में कुछ बातें कह ही दीं। लखनऊ रेडियो स्टेशन पर शायद उन दिनों हिन्दी के जानकार कोई थे ही नहीं। एक उर्दूदाँ सज्जन ड्रामे के इंचार्ज थे और जाहिर है कि उन्हें 'भोर का तारा' में कोई दिलचस्पी नहीं होती। चुनाँचे मेरी आशंका सही निकली और न तो नाटक प्रसारित हुआ और न उसकी पांडुलिपि ही वापस की गई। जहाँ तक मुझे याद है सन् 1947 तक आकाशवाणी से ऐसे हिन्दी नाटक बहुत कम प्रसारित होते थे, जिनमें प्राचीन भारत की झलक हो या जिनकी भाषा बोलचाल की भाषा से तनिक भी हटी हुई हो। उन दिनों आकाशवाणी मेरे लिए सच ही गगनगामी चन्द्रमा के तुल्य रहा जिसे स्पर्श करने का साहस ही न हो पाता था। सन् 47 तक आकाशवाणी से मेरे जैसे लेखकों की जितनी उपेक्षा थी, सन् 47 तक के बाद उतना ही उसने हम लोगों को प्रोत्साहन भी दिया।

'भोर का तारा' संग्रह की सबसे पहली पांडुलिपि में एक नाटक और था जिसे मैंने मोपाँसा की प्रसिद्ध कहानी 'दि नेकलेस' के आधार पर लिखा था। चूँकि वह मूल प्रति

ही खो गई है, इसलिए उस एकांकी का भी लोप हो गया। मोपासाँ की उस कहानी के अनुवाद तो अनेक हुए हैं, लेकिन मैं समझता हूँ कि जो एकांकी मैंने लिखा था जिसे लिखने में मुझे दो रोज लगे थे, रंगमंच के लिए बड़ा उपयुक्त होता।

इस निबन्ध में आत्मप्रशंसा का जो पुट आ गया है, वह जान-बूझकर नहीं। मेरा मतलब आत्म-कहानी लिखने का न था, पर चर्चा कुछ ऐसी हो गई है। बेनीपुरीजी से मैंने एक बार पूछा था कि अपनी संगृहीत रचनावली को आप स्वयं ही प्रकाशित क्यों कर रहे हैं। उन्होंने जवाब दिया, क्या मालूम बाद में कोई करे या न करे। समझ लीजिए कि इन एकांकियों की चर्चा भी शायद ऐसे ही हुई।

खिड़की की राह

(एकांकी संकलन : *ओ मेरे सपने से*)

(रचनाकाल : 1953 ई.)

निवेदन

हिन्दी साहित्य के गम्भीर पाठकों और सुधी समालोचकों को "कोणार्क' के बाद शायद मेरे ये एकांकी हलके जँचें। न इन नाटकों में कोई गहन दर्शन है, न किन्हीं प्रबल प्रेरणाओं का आघात-प्रतिघात, न किन्हीं उदात्त आदर्शों की आवेशपूर्ण अभिव्यंजना!

एक बार तबियत आई कि क्यों न कुछ ऐसे रूपक लिख डालूँ जिन पर किसी उद्देश्य-विशेष के आग्रह की छाप न हो! कुछ दिल-बहलाव हो जाय!–अपना अधिक, दूसरों का कम या ज़्यादा, जैसा वे समझें।

किन्तु कौन ऐसा लेखक होगा जिसकी कलम पर सामाजिक समस्याएँ सवार न होती हों, अनजाने ही या डंके की चोट के साथ? शुद्ध मनबहलाव भी ऐसी ही मरीचिका है, जैसी शुद्ध कला। सो इन नाटकों में भी आपको कहीं बिल्कुल स्पष्ट, कहीं संकेतों के रूप में, सामाजिक विषमताओं का निदर्शन ओर उन पर व्यंग्य, मिलेगा। नवीनता यही है कि यहाँ जिन कमजोरियों का खाक़ा खींचा गया है उन पर मैंने खड्गहस्त और कुंचित-भ्रू होकर प्रहार नहीं किया है, बल्कि उनके अतिरंजित स्वरूप–केरिकेचर– को सामने रखकर पाठक और दर्शक को उनके बेडौलपन से परिचित कराना चाहा है। मेरी धारणा है–मुमकिन है यह धारणा गलत हो–कि कभी-कभी मानसिक और सामाजिक रोगों का जितना ही हास्यास्पद रूप दिखाया जाता है,उतना ही अधिक उसके निदान की ओर समाज का ध्यान आकृष्ट हो जाता है। इसीलिए मैंने इन्हें "नटखट नाटक" नाम दिया है–ऐसे नाटक जिनमें पात्रों के साथ कुछ छेड़छाड़, कुछ चुहल, कुछ शरारत तो की गई है, लेकिन उनको बिल्कुल स्याह या बिल्कुल सफ़ेद नहीं रँगा गया।

पाठक यह न समझें कि इन नाटकों की रचना किसी पूर्व-निश्चित योजना के फलस्वरूप हुई है। असल में ये एक व्यस्त सरकारी जीवन के कोनों में दुबके हुए दो चार फुरसत के क्षणों की देन हैं। सन् '48 से सन् '52 तक के दौरान में कभी सरकारी कामकाज की थकान मिटाने के लिए और कभी यों ही ये रचनाएँ 'बिखर पड़ीं'। थोड़े बहुत संशोधन के बाद उन्हीं का यह संग्रह प्रस्तुत कर रहा हूँ।

परिशिष्ट वाला निबन्ध–"मैं भी खेल चुका हूँ" पटने की मासिक पत्रिका "नई धारा" के रंगमंच-विशेषांक के लिए लिखा गया था और शायद इस संग्रह के वातावरण से मेल खाता है।

नाटक खेलनेवालों से

यदि आप रंगमंच पर किसी नाटक को (चाहे वह इस संग्रह का हो, या अन्य कोई) प्रस्तुत करने जा रहे हैं तो मेरा सुझाव है कि कृपया निम्नलिखित प्रश्नावली अपने और अपने सहकर्मियों के सामने रखें—

1. क्या आपके पात्रों को अपना-अपना अंश याद है या वे प्रॉम्प्टर के आसरे काम चलाते हैं?
2. क्या आपने रंगशाला की सबसे पीछे वाली बेंच पर बैठकर नाटक का वार्तालाप सुना है? यदि हाँ, तो क्या वहाँ से प्रत्येक अभिनेता का प्रत्येक शब्द साफ़-साफ़ सुनाई देता और समझ पड़ता है?
3. क्या आपके अभिनेता या अभिनेत्रियाँ सारे नाटक के दौरान में एक ही स्वर में तो नहीं बोलते? क्या वे लोग स्वाभाविक ढंग से रुकते, अटकते, उठते-बैठते, असली स्त्री-पुरुषों की तरह बातें करते हैं या किताबी नर-नारियों की तरह?
4. क्या रंगमंच पर फ़र्नीचर इत्यादि इस तरह तो नहीं रखे हुए हैं कि पात्रों की शक्ल ही छिप जाय और छोटे-से रंगमंच पर भीड़ ही भीड़ नज़र पड़े?
5. क्या आपका पर्दा ठीक वक़्त पर बिना अटके हुए गिर जाता है? उसका अभ्यास कई बार किया गया है या नहीं?
6. पात्रों के कब आना और प्रस्थान करना है—इसका पक्का अभ्यास है या नहीं?
7. कौन ग्रीनरूम का जिम्मेदार होगा, कौन रौशनी का, कौन पर्दा उठाने-गिराने का, कौन मेहमानों को बैठाने का—इन तथा अन्य कर्तव्यों का विभाजन हो गया है या नहीं? इन लोगों ने अपने अपने काम का यथोचित अभ्यास कर लिया है या नहीं?
8. क्या आपके अभिनय के नोटिस में पहले से ही यह स्पष्ट लिख दिया गया है या नहीं कि 6 बरस से कम उम्र के बच्चों को दर्शक माँ-बाप अभिनय के वक़्त न लाएँ, क्योंकि उनके रोने अथवा अन्य चेष्टाओं से विघ्न होता है?
9. क्या आपने उतने ही लोगों को बुलाया है जितनी आपके पास सीटें हैं, या अन्धाधुन्ध निमन्त्रण भेज दिए हैं? देर से आनेवाले 'बड़े लोगों' के लिए कुछ फालतू कुर्सियाँ भी आपने अलग रखी हुई हैं या नहीं?

10. क्या आपका 'शो' टिकट खरीदनेवालों को दिखाया जाएगा या निमन्त्रण पानेवालों को? यदि टिकट बेचे जा रहे हैं तो आपका कर्तव्य है कि पहले लेखक की अनुमति प्राप्त कर लें और अपनी आमदनी से उसे रॉयल्टी देने के लिए प्रस्तुत रहें। यदि 'शो' मुफ़्त है और निमन्त्रण-पत्र भेजे जा रहे हैं, तो भी लेखक को पहले से सूचित अवश्य कर दीजिए।

अनुभवी निर्देशकों को उल्लिखित संकेतों में कोई नवीनता शायद न झलके। लेकिन मैंने अकसर अच्छे-भले नाटकों को इसीलिए रंगमंच पर ढेर होते देखा है कि निर्देशकों और अभिनेताओं ने इन साधारण-सी दीखनेवाली बातों पर ध्यान नहीं दिया। मैंने अपने सामने अपने ही नाटकों की हत्या होती देखी है और आप मेरी तकलीफ़ का अन्दाज़ कर सकते हैं। इसलिए मेरा यह आग्रह है कि इन संकेतों को छोटा मुँह बड़ी बात न समझें।

एक बात और। इस संग्रह के नाटक के साथ मैंने एक चित्र दिया है, जिसमें रंगमंच की स्थिति दिखाने की चेष्टा की गई है। हो सके तो तदनुसार अपनी 'सेटिंग' तैयार कीजिए। लेकिन उससे भी सरल और अधिक प्रभावोत्पादक सेटिंग आप देना चाहें तो मुझे कोई आपत्ति न होगी।

—लेखक

पात्र

दिलीप
चन्दू
प्रवीण
उर्मिला

(कमरे की दीवारें आसमानी रंग की हैं और उसमें पर्दे, पलंग-पोश, मेज़-पोश, कुर्सियों की गद्दियाँ भी लगभग उसी रंग से मेल खाती हैं। सामनेवाली दीवार में दाहिनी ओर एक चौड़ी और नीची खिड़की है, जिसके नीचे एक छोटा स्टूल है! बाएँ कोने में एक लकड़ी के फ्रेम वाला पर्दा इस प्रकार रखा है कि उसकी आड़ में कपड़े वगैरह बदलने का प्रबन्ध रहे। पर्दे और खिड़की के बीच में एक फैशनेबल पलंग है, जिस पर एक सुन्दर पलंगपोश बिछा है! एक वार्ड्रोब के ढंग की आलमारी भी है और इधर-उधर कुछ कुर्सियाँ और छोटी मेज़ें हैं, फूलदान भी है। बाईं तरफ़ बाथरूम में जाने का रास्ता है और दाहिनी तरफ़ बाहर के कमरे में जाने का। पर्दा उठने पर कमरे में बहुत हल्का प्रकाश जान पड़ता है क्योंकि बिजली बन्द है और खिड़की में से ही बरामदे के बल्ब की रोशनी आ रही है। बल्ब और बरामदे के खम्भे का अंश खिड़की में दीख पड़ता है, जिससे मालूम होता है कि खिड़की के पीछे बरामदा है। कमरे में कोई नहीं है। बाथरूम की ओर कुत्ते के ज़ोर-ज़ोर से भूँकने की फिर कुछ टकराने की आवाज़ आती हैं कुछ देर बाद बदहवासी की हालत में दिलीप का प्रवेश। चुस्त पाजामा, बन्द गले का कोट, जिसके बटन ऊपर से खुले हुए हैं। हाथ में वायलिन का केस)

दिलीप : मैं कहता हूँ जनाब कि अगर आपको एक आर्टिस्ट को बुलाना था तो बाहर कुत्ता क्यों रखा और वह भी इतना खूँख़ार! *(चारों तरफ़ देखकर)* अरे यहाँ तो कुछ भी नहीं...यह कैसी दावत है? प्रिंसिपल साहब ने कहाँ फाँस दिया? *(पलंग पर बैठता हुआ)* जब कुत्ता ऐसा है तो मालिक कैसे होंगे?

(दाहिनी ओर से चन्दू का प्रवेश। पोशाक बेरा की, यानी पाजामा, अचकन, कमरबन्ध और पगड़ी कन्धों पर झाड़न। आते ही स्विच दबाते समय दिलीप की ओर पीठ करके खड़ा होता है तभी दिलीप खखारता है और चन्दू चौंककर घूमता है।)

चन्दू : कौन?

(घूमकर देखता है।)

दिलीप : *(पलंग पर से उठता हुआ)* मैं ही हूँ!—मैं!

चन्दू : लेकिन...लेकिन आपको मैंने पहले इस घर में नहीं देखा। आप...

(दिलीप बात काट देता है और बराबर ऐसा करता है।)

दिलीप : तुम इस घर के नौकर हो न?

चन्दू : जी, बेरा हूँ!...लेकिन आप...

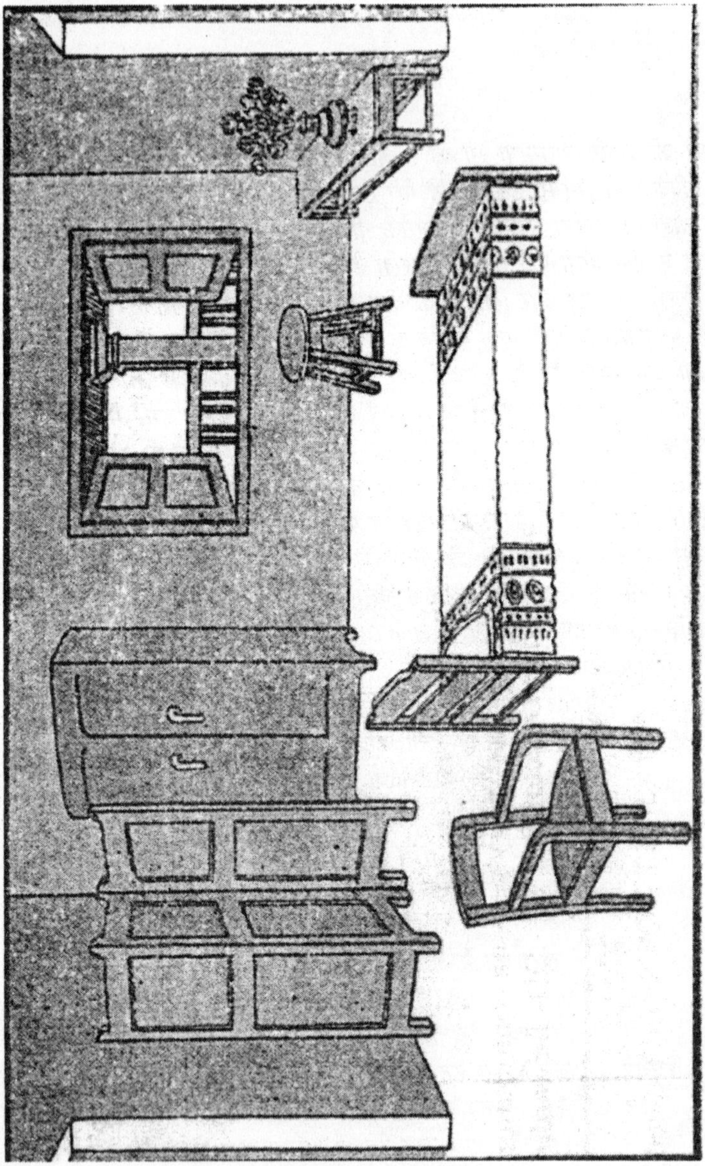

खिड़की की राह–प्रवीण के सोने का कमरा

दिलीप : आज यहाँ छोटी-सी दावत है न?

चन्दू : जी दावत है तो! लेकिन आपको...

दिलीप : तो कहाँ है वह दावत?

चन्दू : गोल कमरे में। यह तो पलंग-कमरा है।...लेकिन...लेकिन आप हैं कौन, आपका नाम, आपका...

दिलीप : वाह भई! तुम्हारे मालिक का खूँख़ार कुत्ता भी नाम पूछता है और तुम भी! उससे बचकर तो पलंग-कमरे में घुसा पर तुमसे बचना मुश्किल है।

चन्दू : लेकिन यह तो बताइए कि आप कौन...

दिलीप : उफ़! तुमने तो नाक में दम कर दिया!...देखते हो यह वायलिन?

चन्दू : बाजा?

दिलीप : हाँ बाजा!...सुनो दोस्त मैं बाजा बजाता हूँ, तुम हाज़िरी बजाते हो!...हम तुम दोनों आर्टिस्ट हैं।...मिलाओ हाथ इसी बात पर।

(चन्दू का हाथ पकड़कर हिलाता है।)

नेपथ्य से : बेरा, बेरा!

चन्दू : ग़ज़ब हो गया! अरे हाथ छोड़िए! साहब आवेंगे तो कहेंगे, अपने यारों को बेडरूम में बुलाता हूँ!

दिलीप : तो मुझे गोल कमरे में पहुँचाओ न!

नेपथ्य से : बेयरा, बेयरा!

(किसी के आने की पद-चाप)

चन्दू : आया हुजूर!...अच्छा चलिए इधर से!

दिलीप : खिड़की में से? यह भी ठीक! *(खिड़की की तरफ़ बढ़ता हुआ)* जानते हो दोस्त, समाज किसके काबू में आता है।

(खिड़की के उस पार कूद जाता है।)

चन्दू : *(वायलिन केस पकड़ाते हुए)* यह लीजए अपना बाजा!

दिलीप : *(झाँकता हुआ)* समाज उसके आगे झुकता है जो खिड़की की राह कूदकर उसे दबा सके। जिसने दरवाजा पकड़ा, वह तो उसका गुलाम है, गुलाम! समझे?

(ग़ायब हो जाता है।)

चन्दू : अजब आदमी है!

(खिड़की बन्द करता है। प्रवीण का प्रवेश। सूट पहने हैं, शक्ल सूरत में भव्य, बातचीत करते समय दोनों हाथ मलने की आदत है।)

प्रवीण : कौन अजीब आदमी है जी बेयरा?...आओ उर्मिला, तुम्हारी मुलाकात इस घर के स्तम्भ से कराऊँ!

(उर्मिला का प्रवेश। सुन्दर, इकहरा, प्रफुल्ल बदन)

: यह है मेरा बेयरा!

चन्दू : सलाम हुजूर!

उर्मिला : सलाम!

प्रवीण : काम अच्छा करता है और उम्मीद है आगे भी करेगा।

उर्मिला : ए बैचलरस बियरर! *(दोनों हँसते हैं)* क्या नाम तुम्हारा?

चन्दू : चन्दू!

प्रवीण : अच्छा, चन्दू! गोल कमरे में जाकर देखो, अगर कोई बाबू म्यूजिक कॉलिज से आए हों तो उनसे कहना कि मेहमानों के आते ही कुछ चीज़ शुरू कर दें।

चन्दू : *(प्रश्न सूचक मुद्रा)* चीज़ शुरू कर दें?

प्रवीण : हाँ, गाना-बजाना शुरू कर दें।

चन्दू : बजाना!...बाजा!...बाजा...तो...वह...बाबू...

प्रवीण : हाँ, और देखो खाने की मेज़ को ठीक वैसे तैयार कर दो जैसे मैंने बताया है। समझे?

चन्दू : हुजूर!

(प्रस्थान)

उर्मिला : देखती हूँ बड़ी तैयारियाँ हैं। मैंने तो समझा था मुझे ही डिनर पर बुलाया है!

प्रवीण : उर्मिला यह डिनर ही नहीं, 'इंट्रोडक्शन नाइट' भी है।

उर्मिला : न बाबा! कॉलेज की इंट्रोडक्शन नाइट मुझे अब भी याद है!

प्रवीण : वह नहीं! तुम्हें इस शहर में आए एक ही हफ्ता हुआ है! सोचा तुम्हें आज अपने दोस्तों से ही मिला दूँ!

उर्मिला : मुझे पहले से बता दिया होता तो...

प्रवीण : तो क्या?

उर्मिला : साड़ी तो बदल आती!

प्रवीण : उसके लिए सब इन्तजाम है! यह देखो उर्मिला!

(आलमारी खोलकर एक केस निकालता है, उसे खोलकर एक कीमती साड़ी दिखाता है।)

उर्मिला : ओ! हाऊ लवली!!

प्रवीण : और यह पेटीकोट और ब्लाउज़ और ब्रेसिया!

उर्मिला : प्रवीण तुम बड़े नटखट हो!

प्रवीण : तुम तो जानती ही हो कि मेरा कोई काम अधूरा नहीं होता। देखो यह नेकलेस इस साड़ी के साथ कैसी जाएगी?

(नेकलेस निकालता है।)

उर्मिला : यह सब मेरे लिए?

प्रवीण : यह भी तो...

उर्मिला : पाउडर बॉक्स! और हर एक चीज़ मेरे मनचाहे रंग की!!

प्रवीण : रंग? तुमने बैठक के पर्दे और सोफ़ा सेट पर गौर किया?

उर्मिला : हाँ, सभी गुलाबी रंग के हैं। और देखती हूँ कि इस बेडरूम में आसमानी की ही बहार है! प्रवीण, मुझे न मालूम था तुम्हारे अन्दर कलाकार भी मौजूद है!

प्रवीण : जब मेरी प्रियतमा आर्टिस्ट हो तो मैं इतना भी न करूँ? देखो, दीवारों पर मैंने इतनी सब जगह छोड़ दी है तुम्हारी पेंटिंग्ज़ के लिए! सोच लो कहाँ कौन सी तसवीर टँगेगी।

उर्मिला : जान पड़ता है शीघ्र ही तुम्हारी भी पेंटिंग्ज़ यहाँ टँगेगी!

प्रवीण : मैं और पेंटिंग! *(हँसता है)* लेकिन उर्मिला एक तरह से तुम्हारा कहना ठीक है! मैं भी आर्टिस्ट हूँ...दी आर्टिस्ट इन लाइक *(खिड़की के सहारे खड़ा होता है और तैयार किए हुए भाषण के ढंग से बोलता है)* संगतराश की तरह मैं नाप-जोखकर, चुन-चुनकर अपने जीवन का डिजाइन तैयार करता हूँ, मेरा हर एक दिन जौहरी की माला की लड़ियों की तरह है, साफ़ सुथरा; मैं माली की तरह अपने चारों ओर फूल-पौधों को तराश कर, सँवार कर, रखना पसन्द करता हूँ...मैं...

उर्मिला : उफ़्फोह, आज तुम बोली भी अनोखी बोल रहे हो! संगतराश, जौहरी, माली!! *(हँसती है)* जान पड़ता है यह मेरी भी इंट्रोडक्शन नाइट है और तुम्हारी भी!

प्रवीण : *(वही स्वर)* शायद तुम ठीक कह रही हो, उर्मिला! अभी तक शायद मैं तुम्हारे लिए कुछ पहेली-सी बना रहा था! लेकिन...

उर्मिला : हम दोनों बराबर एक दूसरे के लिए, पहेली-सी बने रहें और रोज़ नई पहेलियाँ सुलझाते रहें, इसी में तो आकर्षण है!

प्रवीण : शादी के बाद भी, उर्मिला?

उर्मिला : तभी तो हमारा विवाहित जीवन हरा-भरा और सरस रहेगा!

प्रवीण : हूँ! *(रुक जाता है)* लेकिन शादी के पहले एक दूसरे को समझ लेना भी ठीक ही है!

उर्मिला : जिस दिन समुद्र के किनारे हम दोनों ने एक दूसरे का हाथ पकड़ा, उसी दिन हम एक दूसरे को समझ गए थे न?

प्रवीण : उर्मिला, जिस तरह मैं तुम्हारा अनन्य प्रेमी रहा हूँ, वैसे ही मैं एक आदर्श पति बनना चाहता हूँ!

उर्मिला : कैसे तुम्हें बताऊँ कि मैं अपने को कितनी भाग्यवती समझती हूँ?

प्रवीण : बीसियों किताबों में पढ़ चुका हूँ कि पति के स्वार्थपरता और नासमझी के कारण वैवाहिक जीवन असह्य हो जाता है। छोटी-छोटी बातों की

विषमता सारे दाम्पत्य-जीवन को विषमय बना देती है। सो मैं वैसा अवसर ही न आने दूँगा उर्मिला।

उर्मिला : यदि ऐसे अवसर आएँगे, तो भी हम लोगों को कोई शक्ति अलग नहीं कर सकती!

प्रवीण : बचपन से ही मैंने यह सबक सीखा कि जो समाज के ढाँचे में अपने को ढाल सके सफलता उसी की है! समाज फूल है तो कुटुम्ब फल! पति और पत्नी के उत्तरदायित्व के लिए मैंने अपने को ट्रेन किया है!

उर्मिला : *(कुछ मुसकुराकर)* सुनूँ तो कौन सी वह सुन्दरी थी जिससे तुम्हें ट्रेनिंग मिली?

(हँसती है।)

प्रवीण : मज़ाक न करो उर्मिला! जब कभी मैं जीवन के आदर्श की सतह पर से बातें करता हूँ। तब मज़ाक मुझे आँख की किरकिरी-सा लगता है!

उर्मिला : सॉरी प्रवीण, वेरी सॉरी!

प्रवीण : लेकिन इस बहाने मुझे एक महत्त्वपूर्ण बात कहने का मौका मिला। दाम्पत्य जीवन की सबसे बड़ी जिम्मेवारी यही है कि पति अपने प्रति पत्नी का विश्वास कायम रख सके! मैं तुम्हें कभी शिकायत का मौका न दूँगा उर्मिला!

(बाहर से वायलिन पर अत्यन्त सुन्दर, बहार रागिनी की ध्वनि)

उर्मिला : यह बाहर से वायलिन की आवाज़ कैसे आ रही है?

प्रवीण : मैंने सोचा, पार्टी में कुछ संगीत भी रहे। सो, म्यूज़िक कालिज के प्रिंसिपल से एक आदमी को भेजने के लिए कह दिया था। वही होगा। *(खिड़की खोलता है। स्पष्ट और सुमधुर बहार रागिनी का स्वर)* जान पड़ता है सब लोग आ गए!

उर्मिला : बड़ा सुन्दर वायलिन बजा रहा है!

प्रवीण : तुम्हें क्लासिकल संगीत पसन्द है न? मैं तो उसका सिर-पैर कुछ जानता नहीं हूँ, लेकिन तुम्हारे लिए तरह-तरह के रिकार्ड मँगा कर रख रहा हूँ...फैयाज़ ख़ाँ, हीराबाई बड़ोदकर, रविशंकर वगैरह, वगैरह!

उर्मिला : प्रवीण मुझे कभी-कभी लगता है...

प्रवीण : क्या?

उर्मिला : लगता है कि क्या मैं तुम्हारे योग्य भी हूँ!

प्रवीण : योग्य...

(वायलिन बन्द हो जाता है और कुछ खटपट की आवाज़ आती है।

: हैं! यह वायलिन एक साथ बन्द कैसे हो गया? और यह आवाज़! कुछ गड़बड़ जान पड़ता है! चलूँ देखूँ!

उर्मिला : मैं भी चलूँ?

प्रवीण : ऐसे नहीं, इस कोने में जो पर्दा है न, उसके पीछे जाकर यह नई साड़ी और ज़ेवर पहन लो। तभी अपने दोस्तों से तुम्हारा परिचय कराऊँगा।

(बैठक से भगदड़ की आवाज़ आती है।)

: देखूँ क्या मामला है।

[प्रवीण का प्रस्थान। उर्मिला कुछ पसोपेश में कुछ सोचती-सी साड़ी, ब्लाउज़, जेवर उठाकर देखती है। फिर पर्दे के पीछे चली जाती है। थोड़ी देर बाद बरामदे में कुछ हलचल और फिर खिड़की में से दिलीप कुछ परेशानी में झाँकता नज़र पड़ता है। देखता है कि कमरे में कोई है तो नहीं। फिर कूदकर अन्दर आ जाता है और खिड़की बन्द कर लेता है। फिर दाहिना दरवाज़ा बन्द कर सिटकिनी लगा देता है।]

दिलीप : *(दबे स्वर में)* बस अब इधर बाथरूम की तरफ़ से रफ़ू-चक्कर हो जाता हूँ।

(बाथरूम की ओर बढ़ता है, ज्योंही पर्दे के बराबर से निकलता है एक साड़ी उसके ऊपर आ पड़ती है।)

दिलीप : ऐं साड़ी! *(ब्लाउज़ आ पड़ता है)* यह क्या, ब्लाउज़? हे परमात्मा! अब खैर नहीं! देखूँ, इस पर्दे के पीछे कौन है।

(पर्दा थोड़ा हटाकर झाँकता है। उर्मिला चीखती है। पीछे हट जाता है।)

दिलीप : आई बेग योर पार्डन! क्षमा कीजिए देवी जी!

(सकपकाकर बाथरूम की तरफ़ जाता-जाता रुक जाता है। उर्मिला थोड़ी देर में गुस्से में बाहर आती है।)

उर्मिला : आप आदमी हैं या हैवान? देखते नहीं हैं कि एक महिला कपड़े बदल रही है और आप अन्दर घुसे चले आ रहे हैं?

दिलीप : माफ़ कीजिएगा, मैंने समझा कि यह बैचलर का कमरा है!

उर्मिला : आख़िर आप हैं कौन?

दिलीप : अगर मैं पूछूँ कि आप कौन हैं तो गुस्ताखी तो नहीं होगी?

उर्मिला : *(अनसुनी-सी)* जी?

दिलीप : बात यह है कि मैंने सुन रखा था कि इस घर के मालिक कुँआरे हैं! मुमकिन है मैंने गलत सुना हो!

उर्मिला : *(अवहेलना भरे स्वर में)* जी! *(दरवाज़े के क़रीब जाकर धक्का लगाती हुई)* यह दरवाज़ा आपने बन्द किया है?

दिलीप : जी! उसे खोलिए मत! *(फिर उसी स्वर में)* तो आप लोगों का गन्धर्व-विवाह...

उर्मिला : *(सरोष)* जी नहीं! न हमारा विवाह हुआ है, न गन्धर्व विवाह! आपसे मतलब?

दिलीप : ठीक!

(गहरी साँस लेता है।)

उर्मिला : इसके क्या मानी?

दिलीप : यही कि अब मुझे इतमीनान है!

उर्मिला : आपका इतमीनान तो अभी ठिकाने किए देती हूँ! *(खिड़की की ओर जाकर)* यह खिड़की भी आपने ही बन्द की है?

(खोलने का प्रयत्न करती है।)

दिलीप : हैं, हैं, उसे न खोलिए!

उर्मिला : खिड़की को भी न खोलूँ, दरवाजे को भी न खोलूँ, *(रुककर)* क्यों?

दिलीप : इसलिए कि जहाँ आपने इन्हें खोला, वहाँ मैं बाथरूम की राह से रफू-चक्कर हुआ! और मेरे यहाँ से चले जाने से आपका मतलब पूरा नहीं होगा!

उर्मिला : मेरा मतलब?

दिलीप : आपका तो मतलब यही है न कि मुझ मि.—क्या नाम उनका—मि.—

उर्मिला : प्रवीण चन्द्र!

दिलीप : जी, मुझे मि. प्रवीण चन्द्र के हवाले कर दें, यही न?

उर्मिला : जितनी देर से आप बातों में उलझे हैं, उतनी देर में आप यहाँ से भाग सकते थे!

दिलीप : आपकी शंका ठीक है! *(बैठता हुआ)* मगर असल बात यह है कि मैं यहाँ से जाना नहीं चाहता!

उर्मिला : हूँ! इसके बाद आप कहेंगे कि आप मुझसे प्रेम करते हैं!...

दिलीप : इतनी जल्दी नहीं मिस...

उर्मिला : उर्मिला!

दिलीप : जी! मिस उर्मिला इतनी जल्दी नहीं! मुझे थोड़ा वक़्त तो दीजिए!

उर्मिला : आप न सिर्फ बदतमीज़ हैं, बल्कि अपने आपको कुछ समझते भी हैं!

दिलीप : यदि आपने भी मेरी तरह एक-एक करके चार मूर्खों के मुँह पर तड़ातड़ चार चपत लगाए होते तो आप भी अपने आपको कुछ समझतीं!

उर्मिला : चार मूर्ख कौन?

दिलीप : आपके मि. प्रवीणचन्द्र के चार दोस्त, जो उनकी बैठक में विराजमान थे!

उर्मिला : *(आश्चर्य से)* आपने उनको चपत लगाए?...आप हैं कौन मि.—

दिलीप : मिस्टर दिलीप कुमार! सुनिए मिस...उर्मिला *(रुककर लाचारी के स्वर में)* लेकिन क्या फायदा? कहीं आपके भी कान उन्हीं लोगों की तरह संगीत के लिए बहरे हुए...कहीं...

उर्मिला : संगीत!...तो क्या आप ही थोड़ी देर हुए वायलिन पर बहार बजा रहे थे?

दिलीप : *(आवेशपूर्ण उत्साह से उर्मिला का हाथ पकड़कर मानो उससे पहली जान पहचान हो!)* वायलिन पर बहार!...सच? तो क्या सच आप राग-रागिनियाँ समझती हैं? उफ़्फोह! आपने अब तक बताया क्यों नहीं?

उर्मिला : *(हाथ छुड़ाते हुए)* अगर बता देती तो आप क्या करते?

दिलीप : क्या करता? कह नहीं सकता! शायद अपनी अधूरी रागिनी को पूरी करता! सच कहता हूँ मिस उर्मिला, उस रागिनी को तोड़ते हुए मेरा दिल टुकड़े-टुकड़े हो रहा था! लेकिन मजबूरी! मैं तो बहार की मौजों में बहा जा रहा था, समाँ बँधने वाला था, पर वे चार अहमक बातें किए जा रहे थे, लगातार वे ही छिछली ओछी बातें, वही बेहूदेपन की हँसी! और मुझसे कला की यह बेक़दरी देखी न गई। वायलिन एक तरफ़ रखकर उन लोगों के पास रखा और बिना कुछ पूछे और कहे, मैंने चार तमाचे चारों के मोटे-मोटे गालों पर रसीद किए! कहिए ठीक किया न?

उर्मिला : *(हँसी दबाते हुए)* ताज्जुब है कि उन लोगों ने आपको घेर कर वहीं आपकी ख़बर नहीं ली!

दिलीप : जब तक कि वे सँभलें, मैं चम्पत हो चुका था! वे मेरे पीछे बाहर की ओर भागे और मैं उन्हें चकमा देकर चला आया इधर, इस इरादे से कि पिछवाड़े से रफू-चक्कर हो जाऊँगा! लेकिन आपने तो मेरा प्रोग्राम ही ढेर कर दिया!

(पलंग पर रखी हुई एक पुस्तक उठा लेता है और उसके पन्ने उलटने लगता है। क्षणिक मौन, जिसमें उर्मिला अनायास दिलीप की ओर पल भर की ईषत् मुसकानपूर्ण दृष्टिपात करती है। लेकिन तुरन्त ही सम्हलकर, जैसे कुछ याद आया हो—)

उर्मिला : अच्छा, तो अब आप जा सकते हैं, क्योंकि मुझे लगता है कि वे इधर ही आ रहे हैं और तब मुझे दरवाज़ा खोलना ही होगा!

दिलीप : वे?

उर्मिला : मि. प्रवीण चन्द्र!

दिलीप : मि. प्रवीण चन्द्र! ओह! मिस उर्मिला, जिस व्यक्ति के दोस्त ऐसे वहशी हैं कि उनके सामने एक मधुर और कलापूर्ण रागिनी बजे और वे सुनना तो अलग, चुप भी न रहें, मेढ़कों की भाँति टर्र...टर्र करते रहें...ऐसे व्यक्ति के साथ आपको अकेला छोड़ दूँ? नामुमकिन!...ऐसे व्यक्ति की तो छाया भर आपके कलाप्रिय हृदय की पंखुड़ियों को कुम्हला देगी, टुकड़े-टुकड़े कर देगी!

उर्मिला : मि. दिलीप कुमार, शायद आप नहीं जानते कि मि. प्रवीण चन्द्र से शीघ्र ही मेरी शादी होनेवाली है।

दिलीप : शादी! आपकी, *(रुकता है, फिर उर्मिला की ओर देखता है। मानो उस दृष्टि में उसे किसी नूतन रहस्य का आभास मिला हो, ऐसी मुसकुराहट के साथ)* हाँ, यदि आपकी उनके साथ शीघ्र ही शादी होनेवाली है तब तो मेरा और आपका अकेले बन्द कमरे में उनके द्वारा पाया जाना शायद ठीक न होगा!...अच्छा तो मैं चलता हूँ–

उर्मिला : *(सहसा मानों आग्रह के साथ)*...आ...आप...सच ही जा रहे हैं?

दिलीप : जी! नमस्ते!

उर्मिला : *(कुछ रुककर)* नमस्ते!

(दिलीप का बाथरूम की ओर से प्रस्थान। उर्मिला उसको जाते हुए देखती है और जब उसकी पीठ मुड़ जाती है, तब मानो उसको रोकने के लिए इशारा-सा करती है, मगर हाथ उठा ही रह जाता है! कुछ देर तक ध्यान मग्न! फिर उठती है और खिड़की खोलती है! इसी समय बाईं ओर से दिलीप का पुनःप्रवेश।

दिलीप : मिस उर्मिला!

उर्मिला : *(सिर घुमा कर)* आप फिर आ गए?

दिलीप : देखिए, एक तो इसी तरफ़ प्रवीण बाबू का खूँख़ार कुत्ता घूम रहा है! दूसरे, जब मेरी जान से भी प्यारी वस्तु यहाँ रह गई तो जाना फ़िज़ूल था!

उर्मिला : *(सस्मित)* सुनूँ तो कौन है आपकी सबसे प्यारी वस्तु?...

दिलीप : *(बनावटी हिचकिचाहट से)* मेरा मतलब...मेरा मतलब तो...मेरा मतलब तो महज...महज अपने वायलिन से था!

उर्मिला : *(निराश स्वर)* ओ!

दिलीप : भला मिस उर्मिला, एक म्यूजिशियन अपनी साज़ को बेक़दरों के घर में कैसे छोड़कर जा सकता है?

(बाहर से कोई दरवाज़े पर दस्तक देता है।)

उर्मिला : *(चिन्तित स्वर)* आपका वायलिन आपको भी ले डूबेगा और मुझे भी! सुनिए, प्रवीण बाबू आ गए!

दिलीप : आप दरवाज़ा खोल दीजिए; मैं जा रहा हूँ!...*(जाते-जाते रुक जाता है)* लेकिन एक बात है।

उर्मिला : जल्दी कीजिए!!

दिलीप : थोड़ी देर के लिए इस पर्दे के पीछे खड़े होकर ज़रा प्रवीण बाबू की आवाज़ तो सुन लूँ। फिर उधर ही से बाथरूम के रास्ते से बाहर हो जाऊँगा? आपको कोई एतराज़ तो न होगा!

उर्मिला : आप कायर भी हैं!

(फिर दस्तक "उर्मिला, उर्मिला!")

दिलीप : *(हँसता हुआ)* यह तो बाद में पता चलेगा के कौन कायर है *(पलंग वाली पुस्तक हाथ में लेकर उसी पर्दे के पीछे चला जाता है, जिसके पीछे उर्मिला ने कपड़े बदले थे।)*

उर्मिला : खूब!

(प्रवीण का प्रवेश)

प्रवीण : उर्मिला, मुझे क्षमा करो! मैं बहुत शर्मिन्दा हूँ कि इतनी देर तक तुम्हें अकेला छोड़कर मकान के बाहर चला गया! क्या कहूँ अजब गड़बड़झाले में पड़ गया!

उर्मिला : मैंने तो समझा कि कालिज की ही तरह यहाँ भी 'इंट्रोडक्शन नाइट' होनेवाली है!

प्रवीण : अरे, भई, एक पागल की हरकतों ने मेरा सारा प्रोग्राम चौपटकर दिया !

उर्मिला : पागल?

(पर्दे की तरफ़ देखती है।)

प्रवीण : हाँ, म्यूजिक कॉलेज के प्रिन्सिपल ने न जाने किस हैवान को वायलिन बजाने के लिए भेज दिया था! मैंने तो अब तक उसकी शक्ल भी नहीं देखी!

उर्मिला : वायलिन तो अच्छा बजा रहा था!

प्रवीण : लेकिन उस जाहिल को कया हक था कि मेरे चारों दोस्तों के मुँह पर तमाचे लगाकर चलता बने? उर्मिला, मेरे चारों दोस्त नाराज़ होकर चले गए! मैं उस कम्बख्त के पीछे-पीछे भागा, लेकिन वह ऐसा ग़ायब हुआ कि दूर तक नामोनिशान भी नहीं!

उर्मिला : जब आपने उसकी शक्ल ही नहीं देखी तो ढूँढ कैसे पाते?

प्रवीण : उर्मिला, मैं उस वक़्त बहुत परेशान था *(ऊँचे स्वर में)* बेरा...बेरा...

चन्दू : *(नेपथ्य से)* आया हुजूर!

(बेरा का प्रवेश)

प्रवीण : कुछ पता लगा?

उर्मिला : नहीं हुजूर! बहुत तेज़ भागा मालूम देता है! लेकिन अपना बाजा छोड़ गया है, ले आऊँ?

प्रवीण : अबे अहमक, मैं बाजे को क्या करूँगा, गधा! *(गुस्से पर लगाम लगाता हुआ उर्मिला से)* मुझे माफ़ करो, मैं इस वक़्त आपे में नहीं हूँ उर्मिला!

उर्मिला : कुछ दवा ले लो...एसप्रीन वगैरह!

प्रवीण : दवा से ज़्यादा मुझे मानसिक दवा की ज़रूरत है! *(पलंग पर कुछ खोजता है)* बेरा, वह किताब कहाँ गई?

उर्मिला : वही जो आप रोज़ सवेरे पढ़ते हैं? यहीं रखी हुई थी हुजूर!

(पलंग पर खोजता है।)

प्रवीण : देखो उधर पर्दे के पीछे तो नहीं पड़ी हुई है?

(चन्दू पर्दे की ओर बढ़ता है। उर्मिला झट से उसे मना करती हुई बोलती है।)

उर्मिला : नहीं, नहीं, किताब वहाँ नहीं है।

(चन्दू रुककर उसकी ओर देखता है।)

प्रवीण : तो क्या तुमने वह किताब देखी है?

उर्मिला : हाँ हाँ...वही न? यहीं पड़ी हुई थी। ए...ए...क्या नाम है उसका...?

(सहसा पर्दे के पीछे से दिलीप निकलता है, हाथ में पुस्तक लिए हुए। चेहरे पर मुसकुराहट)

प्रवीण : पुस्तक का नाम है, "सफल जीवन की कुंजी"! माफ़ कीजिएगा, जनाब, आपकी यह गीता मैंने आपके पलंग पर से उठा ली थी...बड़ी लाजबाब चीज़ है! आप शायद उसके तीसरे अध्याय का ख्याल कर रहे हैं?...लीजिए आपके काम की चीज़ पढ़कर सुनाए देता हूँ। *(पढ़ता है)* 'विवाहित जीवन में पुरुष को अपने मिज़ाज पर काबू रखना बहुत ज़रूरी है क्योंकि परेशान मिज़ाज वाला पुरुष अपनी स्त्री को न तो सन्तुष्ट कर पाता है और न उस पर ठीक तौर पर काबू रख सकता है। जैसा हम पहले कह आए हैं, विवाहित जीवन भी एक कला है। पुरुष को संगतराश की तरह नाप-जोखकर, चुन-चुनकर अपने जीवन का डिज़ाइन तैयार करना है, उसका हर एक दिन जौहरी की माला की लड़ियों की तरह है, माली की तरह उसे अपने...'

उर्मिला : अरे,...ठीक यही शब्द तो प्रवीण बाबू ने मेरे सामने आज कहे थे!

चन्दू : *(जो अब तक सकपका कर सब कुछ देख सुन रहा था)* अरे हुजूर, यह तो वही आदमी है!

प्रवीण : कौन?

दिलीप : ठहरो, दोस्त, मैं खुद ही बताए देता हूँ! बात यह है प्रवीण बाबू कि मैं और आपका नौकर पुराने दोस्त हैं, फेलो आर्टिस्ट्स!

उर्मिला : तो यह किताब तुम्हारे हाथ में कहाँ से आई? तुम...तुम आए कहाँ से? उर्मिला, तुम्हें मालूम है?

चन्दू : अरे हुजूर, यही तो वह बाजे वाला है।

प्रवीण : बाजे वाला?

दिलीप : *(चन्दू से)* उफ्फोह, दोस्त! तुमने तो सारा मज़ा ही किरकिरा कर दिया! मैं तो वही बात बतानेवाला था, लेकिन ज़रा तकल्लुफ़ के साथ, जरा कलापूर्ण ढंग से! *(प्रवीण बाबू से)* प्रवीण बाबू, मैं ही आज रात

का हीरो हूँ। मैंने ही आपके दोस्तों के मोटे-मोटे गालों पर चार भरपूर तमाचे लगाए हैं और मुझे खुशी है कि इस तरह मैंने जहालत के ख़िलाफ़ खूबसूरती की ओर से बगावत का झंडा उठाया! क्यों, ठीक है न मिस उर्मिला? आप तो पहले से ही मेरी बात को मानती हैं!

प्रवीण : पहले से? तो क्या तुम इस शख्स को पहले से जानती थीं उर्मिला?

उर्मिला : *(कुछ रुककर)* हाँ, मैं इस शख्स को बहुत पहले से जानती हूँ, इतना पहले से कि यह भी याद नहीं पड़ता कि कब मैं इन्हें नहीं जानती थी!

दिलीप : *(विस्मित)* ऐं?

उर्मिला : *(दिलीप की ओर विजय भाव से देखती हुई)* जी!

(प्रवीण इस आघात से मानो आहत हो निश्शब्द हो जाता है। थोड़ी देर के लिए सब लोग चुप हैं। फिर इस अस्वाभाविक शान्ति को तोड़ता हुआ चन्दू खखारता है।)

चन्दू : हुजूर, इनका बाजा ले आऊँ?

प्रवीण : *(मानो जागा हो)* ऐं, बाजा! हाँ, इनका वायलिन ले आओ। *(चन्दू जाता है)* उर्मिला, क्या में एक सवाल तुमसे पूछ सकता हूँ? *(उर्मिला चुप)* एक ऐसे विचित्र व्यक्ति से इतनी पुरानी जान-पहचान होने पर भी तुमने मुझसे इनका अब तक ज़िक्र भी करना मुनासिब नहीं समझा! सो क्यों?

उर्मिला : अगर मैं तुम्हें यह बता भी देती तो क्या इससे तुम्हारे निश्चय में कोई अन्तर हो जाता?

दिलीप : सवाल यह नहीं है उर्मिला देवी! सवाल यह है कि इस किताब—"सफल जीवन की कुंजी"...के पाँचवें अध्याय में लिखा है कि *(पढ़ते हुए)* "पुरुष और स्त्री को एक दूसरे से कोई भेद नहीं छिपाना चाहिए।" जब आप लोगों की एक दूसरे से शादी होनेवाली है तो प्रवीण बाबू आपसे यह कैसे उम्मीद कर सकते थे कि आप उनसे इस लम्बी... इतनी लम्बी जान-पहचान का जिक्र ही न करेंगी? क्यों प्रवीण बाबू मैंने आपकी बात को ठीक समझा न?

उर्मिला : *(कृत्रिम झुँझलाहट से)* जी, आप इनकी बात भी ठीक तरह से समझते हैं और मेरी भी! यानी आप खूब हैं!

दिलीप : हँ, हँ, हँ! उर्मिला देवी, आप तो जानती ही हैं कि स्त्री और पुरुष के जीवन को समझना मेरा एक तरह से पेशा हो गया है! ख़ास तौर से स्त्रियों को तो सिर से पैर तक समझे हुए हूँ!

प्रवीण : सिर से पैर तक?

दिलीप : जी हाँ, दिल तक ही नहीं बल्कि...

उर्मिला : आखिर आपकी मंशा क्या है?

दिलीप : मेरी मंशा? अगर आप पूछती हैं तो उत्तर देना मुश्किल है, लेकिन अगर प्रवीण बाबू पूछते हैं तो मेरी मंशा है, अपना वायलिन लेकर मैं रवाना हो जाऊँ। अच्छा तो प्रवीण बाबू, बाहर से वायलिन लेकर मैं चलता हूँ।

(चलने का उद्यत)

प्रवीण : ठहरिए, अभी ठहरिए, और थोड़ा बैठ जाइए। *(दिलीप बैठता है)* हालाँकि मुझे आपका नाम नहीं मालूम है तो भी...

दिलीप : दिलीप कुमार!

प्रवीण : मि. दिलीप कुमार, आपने मेरे दोस्तों को चपत लगाकर मुझे सख़्त तकलीफ पहुँचाई, लेकिन एक तरह से आपने मेरा उपकार भी किया है।

दिलीप : उपकार? तो क्या आप अच्छे संगीत की इज़्ज़त करने लगेंगे?

प्रवीण : संगीत? साहब, संगीत से मेरा कोई सम्बन्ध नहीं!

दिलीप : अगर मेरी वजह से कला की इज़्ज़त करना भी आप न सीखें तो भला मैंने आपका क्या उपकार किया?

प्रवीण : मेरा इशारा उर्मिला और मेरे सम्बन्ध की ओर है। *(उर्मिला से)* उर्मिला, जीवन में जानबूझ कर मैं जोखिम लेना पसन्द नहीं करता और—*(कुछ रुककर)*...और मि. दिलीप कुमार के कारण एक बात साफ़ हो गई कि मेरा और तुम्हारा विवाह एक बड़े जोखिम वाला सौदा होगा!

उर्मिला : मनुष्य का तो सारा जीवन ही जोखिमों से भरपूर है।

प्रवीण : लेकिन, उर्मिला देवी, इस पुस्तक यानी, "सफल जीवन की कुंजी" के छठे अध्याय, पृष्ठ छयानबे पर लिखा है *(पढ़ता हुआ)* 'याद रखो, विवाहित जीवन में जोखिम लेना फूस के छप्पर पर आतिशबाजी से खिलवाड़ करने के मानिन्द है! ज़िन्दगी का सबसे बड़ा उसूल...'

प्रवीण : मि. दिलीप कुमार, मुझे शक होता है कि शायद आप इस बेशक़ीमती किताब का मखौल उड़ा रहे हैं!

दिलीप : इसे आप मखौल कहते हैं? अरे, साहब मैं तो इसे एक ही निगाह में पढ़ गया और तभी खोज-खोजकर इसके मोती आपके सामने रख रहा हूँ।

प्रवीण : और मुझे एक और शक हो रहा है। मालूम होता है कि आप उर्मिला से प्रेम करते हैं और उर्मिला आप से!

दिलीप : *(पुस्तक के पन्ने जल्दी-जल्दी उलटता हुआ)* प्रवीण बाबू, आपकी इस अनोखी बात का तो हवाला इस किताब में कहीं नहीं मिलता, कहीं भी नहीं!

उर्मिला : आप इस किताब को इसके पुजारी को लौटा दीजिए!

दिलीप : *(चौकन्ने का अभिनय)* यानी...आप भी इनके सन्देह को सच मानती हैं...

उर्मिला : चुप रहिए! *(खड़ी होकर प्रवीण से)* प्रवीण, तुम समझते हो कि इस तरह मेरे मत्थे दोष मढ़कर और खुद नादान बने रहकर तुम दुनिया को धोखा दे सकोगे और विवाह के बाद मुझे हमेशा के लिए दबा कर रख सकोगे, अपनी पवित्रता और नेकनीयत के ढकोसले के नीचे!

दिलीप : ठहरिए, जरा...

उर्मिला : और शायद तुम्हारी इतनी हिम्मत इसलिए भी है कि मैं एक आधुनिक और ऐशपसन्द लड़की इस साधारण म्यूज़िक मास्टर से शादी करने का तो विचार भी मन में नहीं लाऊँगी? यही न तुम्हारी चाल है?...लेकिन मैंने तय किया है, अभी-अभी तय किया है कि इसी शख्स के साथ शादी करूँगी, चाहे इनके पास कानी-कौड़ी भी न हो।

दिलीप : *(शरारत भरी मुद्रा)* और मेरी भी तो मर्जी पूछ ली जाय!

उर्मिला : आप चुप रहिए!

प्रवीण : *(विनीत स्वर में मानो आवरण हट गया हो)* उर्मिला...उर्मिला...मैं भी तो तुम से प्रेम करता हूँ।

उर्मिला : *(हेय भाव से)* हूँ! *(बैठती है)* पुराने ज़माने में कापालिक योगियों को अपनी योगसाधना पूरी करने के लिए आखिर में एक कुमारी की ज़रूरत पड़ती थी! ऐसे ही शायद तुम्हें मेरे प्रेम की ज़रूरत है! जीवन के किनारे से तुमने कुछ कांच के टुकड़े उठा लिए हैं, जिन्हें तुम आदर्श कहते हो और जिन्हें जोड़-जोड़कर तुम अपने लिए एक दर्पण सा बना रहे हो। क्या उस दर्पण की तुम्हारी छायामूर्ति को मैं असलियत समझूँ? तुम प्रेम करते हो, मुझ से नहीं, उस छाया-मूर्ति से जो तुम्हारा कार्टून है! लेकिन मैं तो आदमी से शादी करना चाहती हूँ, कार्टून से नहीं!

दिलीप : उर्मिला देवी! मैं आपको जान-बूझकर जोखिम का काम नहीं करने दूँगा। मैं तो फक्कड़ हूँ! ज़िन्दगी मेरे लिए एक बहाव है, बस!

उर्मिला : मेरे लिए भी! हम दोनों इस बहाव में बहेंगे, तिनकों की तरह नहीं, नौकाओं की तरह जो लहरों पर आरूढ़ होती हैं!

प्रवीण : मेरी बर्दाश्त की सीमा गुज़र चुकी है! उर्मिला, मेरे मकान में मेरी ही भेंट की हुई साड़ी और जेवर पहनकर, तुम मेरे ही सामने इस गलियों में भटकनेवाले व्यक्ति से साँठ-गाँठ लगा रही हो!

दिलीप : यह क्या, प्रवीण बाबू? आप और इस तरह जामे से बाहर? आपने तो इस *(किताब उठाता हुआ)* किताब की लुटिया ही डुबो दी!

उर्मिला : जेवर? *(नेकलेस निकालती हुई)* यह लो अपना नेकलेस! *(पलंग पर फेंकती है)* और...

दिलीप : ठहरो उर्मिला! *(मुस्कराता हुआ)* साड़ी बाद में भिजवा देना!

प्रवीण : मैं कहता हूँ—

(चन्दू का प्रवेश।)

चन्दू : हुजूर...वे लोग बाजा लाने नहीं देते!

प्रवीण : कौन लोग?

चन्दू : चारों मेहमान! वापस आ गए हैं और कहते हैं...

(अटक जाता है।)

प्रवीण : बात पूरी करो चन्दू!

चन्दू : कहते हैं कि बाजे वाले बाबू की अक्ल दुरुस्त किए बिना हम यह बाजा नहीं छोड़ेंगे!

प्रवीण : *(मानो सिकन्दर पोरस से बात कर रहा हो)* कहिए मि. दिलीप कुमार, क्या खयाल है? न्याय की माँग मानकर आप को उन लोगों के हवाले करूँ या—

उर्मिला : या?

दिलीप : उर्मिला के नाम पर तरस खाकर छोड़ दूँ? यही न कहनेवाले थे प्रवीण बाबू? तो साहब आपके तरस का यहाँ कोई भूखा नहीं है! आप जाइए और अपने अरमान पूरे कीजिए! बन्दा हाज़िर है!

प्रवीण : *(तैश में)* यह बात है!...बाद में न झींकना उर्मिला कि तुम्हारे प्रेमी को बचाया नहीं! लेकिन लातों के भूत बातों से नहीं मानते! मेरे ही घर में और यह शेखी...

(तेजी से जाता है, चन्दू भी पीछे-पीछे उन दोनों की तरफ़ देखते हुए जाता है।)

दिलीप : आ गए न अपनी असलियत पर! कच्चा रोगन कब तक ठहरेगा?

उर्मिला : *(चिन्तित स्वर)* लेकिन...लेकिन अब क्या होगा?

दिलीप : मामला बेढब है!...वे पाँच और मैं अकेला!...हड्डी पसली का पता नहीं रहेगा!

उर्मिला : *(हाय री, नारी!)* मुझे डर लग रहा है।

दिलीप : सामने के दरवाजे से वे लोग आ रहे हैं! बाथरूम की तरफ़ खूँखार कुत्ता—

उर्मिला : (भयातुर) वे लोग आ रहे हैं...ओह!

(दिलीप के पास सटकर खड़ी हो जाती है और उसकी बाँह पकड़ लेती है।)

दिलीप : बस एक ही रास्ता है! *(उर्मिला की बाँह पकड़कर खिड़की की तरफ़ ले जाता हुआ)* चलो, उर्मिला!

उर्मिला : कहाँ?

दिलीप : खिड़की की राह! *(खिड़की खोलकर उर्मिला को सहारा देकर खिड़की के पार उतारता हुआ)* जल्दी चलो!

(स्वयं खिड़की के पार उतरता है।)

उर्मिला : *(हँसते हुए)* मैंने ठीक कहा था।...

(दोनों अब खिड़की के उधर हैं।)

दिलीप : कि मैं कायर हूँ *(हँसी)* लेकिन क्या रुक्मिणी ने कृष्ण को कायर कहा या संयोगिता ने पृथ्वीराज को? *(फिर हँसकर)* चलो!

(दोनों की बातचीत की आवाज़ धीमी होती जाती है, क्योंकि वे चले जा रहे हैं और कमरा खाली है।)

उर्मिला : आपका वायलिन! जान से प्यारा!!

दिलीप : वायलिन! *(प्रसिद्ध गीत के स्वर में)* तुम हो मेरे संग, वीणा है मेरे संग–

उर्मिला : *(उसी तान में)* "आगे बढ़ा कदम!"

(दोनों हँसते हुए ग़ायब हो जाते हैं और उस तरफ़ हँसी की प्रतिध्वनि गूँजती-सी जान पड़ती है!)

(पर्दा गिरता है।)

कबूतरख़ाना

(एकांकी संकलन : *ओ मेरे सपने से*)

(रचनाकाल : 1953 ई.)

पात्र

कंचन
रतन

(एक मध्यवर्ग के घर की बैठक, जिसे नए फैशन की भाषा में गोल कमरा कह सकते हैं।

कमरे की सजावट, फर्नीचर और उपादानों की फेहरिस्त देना बेकार है, क्योंकि आप अनुमान कर ही सकते हैं। दूसरे, शायद आप यह जानने के लिए बेकरार होंगे कि कमरे में बैठा कौन है?

आपकी बेकरारी उचित ही है, क्योंकि कमरे में एक सुन्दरी बैठी है और उम्र भी उसकी 25 वर्ष से कम ही है।

नए फैशन की पोशाक और भाव-भंगिमा, लेकिन अधिक नहीं, कुछ संयम के साथ, मानो बढ़ती नदी ने अपनी सीमा पहचानी हो।

सोफ़े के एक किनारे में बैठी हुई वह किस आकार के शरीर के लिए स्वेटर बुन रही है, यह इतने फासले से कहना कठिन है, लेकिन आँखें और अँगुलियाँ ऊन पर हैं। पर कान?

आहट?

वह पहचानी-सी पग-ध्वनि, वह परिचित-सी मुसकान! मुसकान! हाथों से ऊन और सलाइयों का साथ छूट जाता है और सुन्दरी उठ खड़ी होती है। स्निग्ध सरोवर की मन्थर लहरी-सी उत्सुकता उस "छपी-सी पी-सी मुसकान" से हिलमिल गई है। नेपथ्य से पुरुष-स्वर:)

पुरुष : अरे भई कंचन, यह बनकर आ गया है।

कंचन : *(दरवाजे की ओर बढ़ती हुई)* क्या?

(पुरुष का प्रवेश—कोट, पैंट, टाई और दफ़्तर से लौटते अफ़सर की मुद्रा—सभी इस बात को घोषित करते हैं कि पुरुष और कोई नहीं, कंचन का पति है। रहा नाम, सो आधुनिक गृहिणी से भी आप पति का नाम तो सुन नहीं पाएँगे। अतः काम चलाने के लिए हम लोग उसका नाम रतन रख लेते हैं। वैसे कंचन और रतन इन दो नामों का जोड़ा बुरा नहीं है। और चाहिए ही क्या? लेकिन।...खैर, थोड़ी देर में आपको सभी कुछ मालूम हो जाएगा।)

(रतन आता है और इससे पहले कि कंचन को शिकायतों का खजाना खोलने का मौका दे, उसकी बढ़ती उत्सुकता से लाभ उठा लेना चाहता है।)

रतन : *(सोफ़े पर बैठकर, टाई खोलते हुए)* यही।

कंचन : *(जिसकी उत्सकुता झुँझलाहट में बदल रही है)* यही, यही क्या कर रहे हो। कुछ बताओगे भी!

रतन : *(ऊँचे स्वर से दरवाज़े की ओर पुकारते हुए)* ए चपरासी ज़रा यहाँ लाना।

(वर्दी पहने दफ्तर का चपरासी हाथ में लकड़ी का एक डब्बा लिए आता है। डिब्बा एक हाथ लम्बा, लेकिन मुश्किल से छह इंच चौड़ा होगा और उसमें तीन खाने हैं। ढकना नहीं है, इसलिए डिब्बे की शक्ल दफ्तरों में पाए जानेवाले 'रैक' की तरह है जिसमें अफ़सर लोगों के लेटर पैड, लिफाफ़े इत्याति रखे जाते हैं। चपरासी उसे कालीन पर रतन के सामने रखता है।)

रतन : हाँ, यहीं रख दो। *(कंचन की तरफ़ गर्व भरी दृष्टि से देखकर)* देखा, मेरा दिमाग!

कंचन : यह क्या कबूतरख़ाना बनवा लिया है। पैसे फालतू हैं क्या?

रतन : कबूतरख़ाना नहीं; यह है "बिल-खाना"!

कंचन : "बिल-खाना"?

रतन : हाँ, देखो यह जो पहना खाना है, इसमें रखा करो वे सब 'बिल' जिन्हें महीने में चुकाना है; इस बीच वाले खाने में जो बिल चुका दिए गए हैं, उनकी रसीदें और इस तीसरे खाने में, बीमे की पॉलिसी और बैंक की नोटिस। समझीं?

कंचन : समझी तो...लेकिन।

रतन : और देखो, बाहर लिख भी दिया है—Unpaid bills, Paid up bills notices बस! आँखें मूँदकर जिस खाने की जो चीज़ है, उसी में डाल दो। न कागज़ खोने की दिक्कत, न मेज़ पर कूड़ा।

(खड़ा हो जाता है।)

कंचन : अच्छा तो लो, अभी से शुरुआत किए देती हूँ। *(कोने में रखी मेज़ पर कागज़ों का गट्ठर उठा लाती है और फिर डिब्बे के पहले खाने में डालते हुए)* यह लो—ये और ये...और ये ये...

रतन : हें, हें *(निकट जाकर कलाई पकड़ता है)* सभी कागज़ पहले ही खाने में डाले दे रही हो। क्या इन सभी बिलों के रुपए इसी महीने में चुकाने हैं?

कंचन : जी!...और यह लो तीसरे खाने की चीज़ें...बीमे की नोटिस, मोटरकार की किस्त की नोटिस और बैंक के ओवरड्राअल की नोटिस और...

रतन : ठहरो! आख़िर बीचवाले खाने में भी तो कुछ डालती जाओ।

कंचन : रसीदें? यही दो तीन रसीदें हैं—सो रखे देती हूँ, लो!

रतन : बस तीन? तब यह खाना फ़िज़ूल ही बनवाया।

कंचन : और क्या! अब तो इसके कारीगर का भी बिल देना पड़ जाएगा। *(व्यंग्यमयी हँसी)*

रतन : *(तैश में आकर)* तो लाओ चेकबुक। आज ही सब रुपए बेबाक किए देता हूँ।

कंचन : चेकबुक? चेक काटते समय तो तुम्हें बहुत अच्छा लगता है। *(वही व्यंग्यपूर्ण स्वर)*

रतन : मुझे क्या, मेरा लिखा हुआ चेक बैंकवालों को भी पसन्द आता है। उस रोज एजेंट कह रहे थे कि मेरा दस्तखत बड़ा सुडौल और रोबीला है।

कंचन : क्या कहने! लेकिन उस दस्तखत का ज़ोर नहीं चलने का, महीने का आखिर है और एकाउंट (Account) देखो तो बिल्कुल सिफ़र।

रतन : *(मानो गगन-गामी भानु धरती पर जा पड़ा है)* बड़ी मुश्किल है!...मैं समझता हूँ कि तुम्हारा जो यह वायलिन *(कोने की ओर इशारा करते हुए)* इतने दिनों से बेकार पड़ा है, उसे बेचकर कुछ बिल क्यों न चुका दिए जाएँ।

कंचन : खूब!–तुम्हारी जेब में यह जो फ़ाउंटेन पेन (Fountain Pen) है, इसे ही क्यों नहीं बेच डालते–सोने की निब और क्लिप है–अच्छे दाम आ जाएँगे।

रतन : जानती हो इस फ़ाउंटेन पेन से मैंने कितने बड़े-बड़े काम किए हैं।

कंचन : हूँ–फाइलों पर दस्तख़त, और क्या?

रतन : जनाब, इस फ़ाउंटेन पेन से मैंने तुम्हारे बगीचे में बैठकर कई तसवीरें बनाई थीं। *(कुछ रुक कर)* बहुत पहले।

कंचन : बहुत पहले–जब मैं तुम्हें इस वायलिन पर धुन सुनाया करती थी। *(क्षणिक मौन और फिर जान पड़ता है, मानो पुरानी याद की कन्दरा में से उसके स्वर की प्रतिध्वनि आती हो।)*

रतन : हाँ, बहुत पहले!...क्या सच ही बहुत पहले?

कंचन : *(स्त्री-सुलभ उपालम्भ के स्वर में)* तुम तो ऐसे बातें कर रहे हो, जैसे अभी से हम लोग बुड्ढ़े हो चले।

रतन : मैं क्या ग़लत कह रहा हूँ–तुम सच ही अपने सारे हुनर भूल गई हो। यही वायलिन लो। कभी बजाती हो इसे? पड़ा-पड़ा अपने करम को रोता रहता है बेचारा!

कंचन : उफ्फोह! तुमने ही कौन से अपने शौक जारी रखे हैं? इस फ़ाउंटेन पेन से अब कितनी तसवीरें बनाते हो? *(आवाज़ में जो तेजी है अब उसके पीछे बेकार इन्तजारी के घंटों की बेबस याद है और इसलिए*

असलियत भी) खामख्वाह की बातें! रोज तो ऑफ़िस से सात बजे शाम को लौटते हो। इतवार का दिन मुलाकातों में बीत जाता है। वही दिन भर काम की रटना! तुमको तो काम से शादी करनी चाहिए थी!

(सोफ़े पर बैठकर बुनना उठा लेती है।)

रतन : *(पुरुषोचित अहम्मन्यता के साथ चुटकी बजाते हुए और सोफ़े के किनारे पर पैर टेककर)*—अच्छा तो सुनो, मेरी एक सूझ। कल है छुट्टी, तुम उठाओ अपना वायलिन और मैं सँभालता हूँ अपना फ़ाउंटेन पेन और हम लोग अभी चलते हैं पिकनिक के लिए—आज रात और कल दिन भर रहे यही शग़ल *(मानो दुनिया जीत ली)* तुम भी क्या कहोगी!

कंचन : *(अविश्वासपूर्ण जिज्ञासा)* कहाँ चलोगे पिकनिक के लिए?

रतन : जहाँ तुम कहो।

कंचन : *(व्यंग्य और प्यार की सीमाएँ जहाँ मिलती हैं, वहाँ खेलनेवाली मुसकान के साथ)* बड़ा शौक चर्राया एक साथ!

रतन : खैर! जी तो तुम्हारा भी कर रहा है, लेकिन यों ही नहीं जाना चाहती हो। बहाना ढूँढ रही हो जाने का।

(दूर को हट जाता है। कुछ कूटनीतिज्ञता भी तो चाहिए न!)

कंचन : *(पिघलते हुए)* कल किस बात की छुट्टी है?

रतन : ठीक याद नहीं।...आज 28 तारीख है न?...

(कल कोई छोटा-मोटा त्योहार है, उसी की शायद छुट्टी है।... चलना है तो अभी चलो...सोच क्या रही हो ?)

कंचन : कल 29 तारीख है...29! *(हठात्)* चलो...ज़रूर चलो *(सावेश)* ज़रूर, ज़रूर...

रतन : हैं! यह एक साथ बिजली क्यों चमकी?

कंचन : तुम तो यों ही हो।...*(शब्दों पर ज़ोर देते हुए)* कल 29 नवम्बर है...आया कुछ समझ में?

रतन : 29 नवम्बर! 29 नवम्बर!! *(कुछ सोचता है)* हाँ, हाँ *(अट्टहास)* यानी कल पाँच बरस हो जाएँगे हम लोगों की शादी को?...खूब सूझी तुम्हें! मैं तो भूल ही गया था। तुम्हारी याददाश्त क्या है—डायरी के पन्ने हैं।

कंचन : तुम तो कुछ मिनट पहले बुड्ढे बने जा रहे थे!

रतन : मैं गलती पर था। *(समाँ बदल रहा है)*...चलो!...यह पाँच वर्ष नहीं, पाँच दिन बीते हैं। जीवन के सामने है—पीछे नहीं...यह पिकनिक भी क्या मौके से आया। चलो, कैमरा ले चलना।

कंचन : कैमरा क्यों? *(कल्पना जागृत हो चली और अविश्वास की बदली गायब हो गई)* इस बार तो तुम फ़ाउंटेन पेन से तसवीर बनाना पहले की तरह!

रतन : ठीक! तो फिर ग्रामोफोन की भी ज़रूरत नहीं। तुम्हीं वायलिन पर कोई पुरानी ट्यून छेड़ना। *(मस्ती के स्वर में)* "...खूब गुज़रेगी...जो मिल बैठेंगे दीवाने दो!"

कंचन : और यह...*(शरारत की मुसकान)* यह जो कबूतरख़ाना तुमने बनवाया है? यह भी जाएगा साथ में?

रतन : यह बिलों का गट्ठर? यह मुसीबतों का बस्ता?

कंचन : छोड़ जाऊँ इसे?

रतन : *(कुछ सोचकर)* नहीं, यह भी साथ में जाएगा।

कंचन : *(मतभेद का कोई सवाल ही नहीं)* वहीं फुरसत से बैठकर हिसाब-किताब भी कर लेंगे।

रतन : हाँ, यह पिकनिक तो 'माइलस्टोन' है, हम लोगों की ज़िन्दगी का। और ज़िन्दगी को कोरा,सपना समझना भी इतनी ही बेवकूफ़ी है जितना उसे केवल संघर्ष—कठिनाइयों की मंजिल समझना।

कंचन : *(वायलिन उठाते हुए)* अब लगे झाड़ने फिलासफी।

रतन : ठीक कह रहा हूँ। यही तो ज़िन्दगी है—पथरीली चट्टानों और रसभरे बादलों का संयोग।

कंचन : कभी-कभी तो तुम सच ही चट्टान-से लगने लगते हो।

रतन : और तुम? बादल!

(कंचन के दोनों हाथ पकड़कर आँखें आँखों में डालते, प्रसिद्ध फ़िल्मी तर्ज की नकल में—)

"धीरे-धीरे आ रे बादल...धीरे..."

(खींच कर ले जाता हुआ दीखता है, कौन जाने कहाँ? पर कमरे का कोना-कोना मुखरित हो गया है और यदि पर्दा नहीं गिरेगा, तो सोफ़ा, कालीन और आतिशदान पर रखे खिलौने भी गा उठेंगे—इसलिए—)

(पर्दा गिरता है।)

कुछ रंगमंचीय अनुभव

रंगमंच का चस्का मुझे बचपन में ही लग गया था। कौन-सा नाटक पहले-पहल देखा, यह तो निश्चित रूप से नहीं कह सकता, लेकिन अपने सर्वप्रथम अभिनय की याद ताज़ा ही है। बात शायद सन् '25 की है जब मेरा वर्णमाला से परिचय नया ही था। मेरे अन्तरंग बन्धु नरेन्द्र (आजकल हिन्दी के सुप्रसिद्ध कवि श्रीनरेन्द्र शर्मा) स्कूल में मुझसे तीन-चार कक्षा आगे थे, लेकिन कद और चंचलता के नाते मेरा उनका जोड़ा शुरू में ही कायम हो गया। इस दोस्ती की बुनियाद पड़ी इसी अभिनय में। स्कूल के वार्षिकोत्सव के लिए तैयारियाँ हो रही थीं। तभी किन्हीं अध्यापक महोदय ने सोचा कि एक लघु नाटक में मेरा भी पार्ट रहे। आवृत्ति यानी 'रेसिटेशन' में कई बार सिक्का जम चुका था; झिझक शायद ही कभी हुई हो; इसलिए इस नए खेल में बड़े चाव और उत्सुकता के साथ मैं शामिल हो गया। तय हुआ कि बदरीनाथ भट्ट के प्रहसन 'चुंगी की उम्मीदवारी' के दो दृश्यों को खेला जाय। अभी कुछ दिन हुए 'चुंगी की उम्मीदवारी' का एक नया संस्करण देखने को मिला। लेकिन मेरे मन में तो उसकी वही प्रति बस गई है—गुटिका साइज की, पुराने ढंग के टाइप में छपी, काले कवर की पुस्तक। उस जमाने के लिए वह एक अप-टू-डेट नाटक था। उसमें न शेर थे, न जोशीले भाषण। साधारण बोल-चाल की भाषा या कहीं-कहीं विद्रूप और व्यंग्य का फव्वारा। चरित्र-चित्रण कहीं-कहीं तो बिलकुल यथार्थानुकूल था, कमजोरियों और स्वभावजनित कारनामों का यथातथ्य खाक़ा खींचा गया था। लेकिन जैसा प्रहसनों में होता है, कुछ पात्र किसी ख़ास कमजोरी या बहक या सनक या आदत के मूर्तमान स्वरूप हो गए थे। ऐसे पात्र अतिरंजना की प्रचुरता में पनपते हैं और प्रायः उसी में अपना अस्तित्व भी खो बैठते हैं। लेकिन यदि उनमें से कोई एक परम्परा की पहल की कड़ी बन गया तो समझ लीजिए अमर भी हो गया। संस्कृत के जिस नाटककार ने सबसे पहले पेटू पंडित की कल्पना की, वह बड़ा भाग्यवान् था, क्योंकि उसकी कृति कई पीढ़ियों तक रसज्ञों का कंठहार बनी रही। इसी तरह बेन जान्सन के जमाने में कंजूस का बोलबाला था; शेरिडन और गोल्डस्मिथ के युग में फैशन के भूत परसबकी नज़र थी; कुछ भारतीय देहाती नाटकों में विवाहोत्सुक वृद्ध लोकप्रिय नायक रहा है। बदरीनाथ भट्ट के अतिरंजना शैली में कई मौलिक पात्रों की सर्जना की, लेकिन परिवर्तनप्रिय इस युग ने उन्हें अपनाया नहीं और 'चुंगी की उम्मीदवारी' के सेठ जी और शकूर मियाँ हमारी स्मृति में संस्था के रूप में स्थापित न हो पाए।

इसीलिए उस नाटक से अधिक प्रभावोत्पादक पात्र वे थे जिन्हें गढ़ने में भट्ट जी ने प्रयासहीन कौशल से काम लिया था—उम्मीदवारों के पैरवीकार, परेशान वोटर, खुशामदी टट्टू इत्यादि इत्यादि, वे लोग 'कारटून' नहीं थे; दैनिक अनुभव में पाए जाने वाले व्यक्तियों की छाया थे। मुझे एक पैरवीकार का 'पार्ट' दिया गया। नाम था कन्हैया, काम था अपने उम्मीदवार मामाजी के लिए वोट माँगते-माँगते, अपने कोमल शरीर की द्रुतगामिनी क्षीणता पर अफ़सोस करते-करते प्रतिपक्षी के पैरवीकार से भिड़ जाना। वह मुठभेड़ ही उस दृश्य का चरमोत्कर्ष थी। प्रतिपक्षी के पार्ट के लिए नरेन्द्र को चुना गया था। उन्हें एक बहरे पैरवीकार का पार्ट करना था जो रुपए देकर 'वोट' खरीद रहा था। उनके साथ झड़प होते-होते मुझे उनके रुपयों की थैली लेकर भागना था। लेकिन नरेन्द्र इन सब मामलों में हमेशा मुझसे अधिक फुर्तीले रहे हैं! अतः नाटककार की मंशा के बावजूद, उस मुठभेड़ में उन्होंने थैली से हाथ धोना मंजूर नहीं किया। मुमकिन है अभिनय की मुठभेड़ असली मुठभेड़ में तबदील हो जाती, लेकिन नाटककार ने गालियों का इतना मनोरंजक संग्रह किया था कि हम दोनों और दर्शकों का ध्यान उधर बँट गया। उस वार्तालाप का कुछ नमूना यह है—

क. : शक्ले-हैवान!
व. : बेईमान!
क. : चोर!
व. : सीना ज़ोर!
क. : कंजूस!
व. : मक्खीचूस!
क. : मनहूस!
व. : उस्तखद्दूस!
क. : विलायती बिल्ली!
व. : हिन्दुस्तानी तिल्ली!
वगैरह-वगैरह।

इस प्रथम प्रहसन के बाद हास्य-प्रधान नाटक में मैंने शायद एकाध बार और हिस्सा लिया होगा। सुदर्शन के 'ऑनरेरी मजिस्ट्रेट' नामक प्रहसन को हम दोनों ने खेला था। बहुत दिन बाद प्रयाग-विश्वविद्यालय फ्राइडे क्लब द्वारा अभिनीत 'मर्चेंट ऑव वेनिस' से सम्बद्ध एक रूपक में भी मुझे लांसलाट गोबो नामक विदूषक का पार्ट लेना पड़ा था, जिसका ज़िक्र आगे करूँगा। लेकिन स्वभावतः मैंने अपने को कॉमिक पात्रों के अयोग्य पाया। स्वभावतया योग्यता और रुझान का ध्यान प्रायः हमारी एमेच्योर नाटक मंडलियाँ पात्रों के चुनाव में कम ही रखती हैं। सोचा जाता है कि जो भी रंगमंच पर उतर सका वह किसी भी पात्र के लिए अच्छा अभिनेता है। सिनेमा में तो ऐसी गलती अकसर की जाती है। मोतीलाल को एक करुणार्द्र रोमांटिक नायक के रूप में देखकर न रुलाई आती है, न हँसी। पृथ्वीराज के नाटक 'कलाकार' में चपल पहाड़ी लड़की की भूमिका में उज़रा

मुमताज़ बिलकुल नहीं जँची, चूँकि उनका व्यक्तित्व गद्दार की नायिका जैसी अन्तर्द्वन्द्व पूर्ण भूमिका में अधिक उभरता है।

प्रहसन के अभिनय में कुछ हद तक अपने को भूलने की क्षमता अधिक अपेक्षित है। गम्भीर भूमिका में अभिनेता के लिए निजी भावनाओं और वार्तालाप में अन्तर्हित भाव-प्रवाह के बीच तादात्म्य स्थापित करना इतना कठिन नहीं होता। शायद उसका एक कारण यह है कि गम्भीर पात्र की समीचीन अभिव्यक्ति के लिए बाह्य उपकरणों, वातावरण और अन्य पात्रों के ऊपर इतना निर्भर नहीं रहना पड़ता जितना निजी भावोन्मेष पर।

जो भी हो, मुझे यह समझने में देर नहीं लगी कि मैं विदूषक के रूप में प्रभावपूर्ण अभिनय नहीं कर सकता। कुछ दिनों बाद नरेन्द्र और मैं कुश और लव की भूमिका में उतरे। नाटक किसका लिखा हुआ था यह अब याद नहीं पड़ता, लेकिन 'लवकुश' की कहानी से मैं इतना प्रभावित हुआ कि मेरी सर्वप्रथम रचनाओं में से एक एकांकी इसी विषय पर है जो 1930 या 1931 में प्रयाग की मासिक पत्रिका 'सेवा' में प्रकाशित हुआ था। मेरी फ़ाइल में उस प्रारम्भिक रचना का विशिष्ट स्थान है।

'लवकुश' का जो अभिनय मैंने और नरेन्द्र ने किया था, वह उससे पहले की बात है। अभिनय सफल हुआ था इतना मुझे याद है, लेकिन उसमें सबसे मज़ेदार बात शायद यह थी कि कुश(नरेन्द्र) तो गोरे थे, लव (मैं) साँवला और जो मित्र रामचन्द्र बने थे वह बिलकुल स्याह थे, ऐसे काले के पाउडर इत्यादि भी उस नीलावृत्त घनसगूह की प्रगाढ़ कालिमा को हल्का न कर सके! असल में स्कूलों के अभिनय में यदि प्रसाधनों और चमक-दमकपूर्ण पोशाकों का कम ही इस्तेमाल किया जाय तो अच्छा है। उन दिनों तो रंग-बिरंगी पोशाकों और चमकते आभूषणों के बिना नाटक खेला ही नहीं जा सकता था। नाटककार भी पोशाक प्रसाधन के विषय में कोई आदेश नाटक में नहीं देते थे, क्योंकि पोशाक के विषय में कुछ सर्वस्वीकृत 'सिद्धान्त' थे। राजा चाहे पौराणिक युगों का रहे चाहे राजपूत युग का, पहनेगा वह चूड़ीदार पाजामा, बूटेदार अचकन, राजस्थानी साफ़ा और कमरबन्द! आधुनिक यथार्थवादी अभिनय के युग में ये बातें हास्यास्पद लगती हैं। लेकिन यूरोप के मध्ययुगीन लोक-रंगमंच में और भारतवर्ष में कथकली इत्यादि अभिनयों में पोशाक के विषय में कुछ परम्पराएँ स्थापित हो गई थीं। यदि ऐसा न हो, तो लोक-रंगमंच तो चल ही नहीं सकता, क्योंकि लोक-रंगमंच अलग-अलग नाटककारों के ऊपर निर्भर नहीं करता; वह तो परम्परा और लोकाभिव्यक्ति के सहारे विकसता है। लोक-रंगमंच की इस प्रवृत्ति का प्रभाव हमें संस्कृत नाट्य-शास्त्रों में पात्रों के वर्गानुसार उनकी वेश-भूषा में रंग के चुनाव के उल्लेख में मिलता है। यूनानी नाटक के अभिनय में तो दर्शक पोशाक की कुछ विशेषताओं से फौरन पहचान लेते थे कि रंगमंच पर कौन पात्र आया। एस्किलस के शायद सबसे पहले नाटक 'दि सप्लाइंट्स' में ही यह परम्परा स्थापित हो गई थी कि नायक यदि वह राजा है, तो ऊँचे तले और एड़ी के जूते पहनेगा और उसके सिर पर 'ओंकस' नामक जूड़ा होगा, जिससे उसके व्यक्तित्व का रोब झलके! लेकिन जैसा मैंने ऊपर कहा, इस परम्पराओं की बुनियाद

लोक-रंगमंच में पड़ी थी। परन्तु पारसी थियेट्रिकल कम्पनियों के असर से हम लोग पोशाकों और प्रसाधनों की जो रीति मानते थे, उसका तो एकमात्र आधार थी भड़कीलेपन से दर्शकों को चकाचौंध कर देने की इच्छा। जो जितनी ही कीमती पोशाक पहनता था,उतना ही उसका रोब रहता था। न जाने कितने रईसों के घरों की खाक पोशाकों की खोज में हम लोग छाना करते थे।

'लवकुश' के बाद, 'चन्द्रहास' की भूमिका में मुझे उतरने का अवसर मिला। उसमें भी नरेन्द्र मेरे साथ थे। उसकी खूबी थी ब्रजभाषा के कुछ मनोहर दोहे, सवैये और छन्द, जिनकी छटा गद्यमय वार्तालाप को आकर्षक बना देती थी। वे छन्द मुझे बरसों तक याद रहे और हिन्दी कविता में मेरी अभिरुचि उन्हीं के द्वारा आरम्भ हुई। संस्कृत नाटकों की शैली में भारतेन्दु युग के नाटकों में हम इस प्रकार के छन्दों की बहुलता पाते हैं, जो कोरे पद्यांश ही नहीं नाटकों के अलंकार हैं। उनकी अस्वाभाविकता अखरती नहीं, नाटक को चार चाँद लगा देती है। अत्याधुनिक पाश्चात्य नाटकों की गतिविधि से मालूम पड़ता है कि रंगमंच का तथाकथित यथार्थाग्रह कोई अच्युत सिद्धान्त नहीं। क्रिस्टोफर फ्राई और टी.एस. इलियट ने अंग्रेज़ी यथार्थवादी नाटकों की धारा को पलट ही दिया और अब तो खूब धड़ाके के साथ रंगमंच पर काव्यात्मक नाटक खेले जा रहे हैं। रही कृत्रिमता की बात, तो उसके जवाब में पूछा जा सकता है कि यदि बर्नार्ड शॉ के पात्रों द्वारा बोलचाल से कहीं ऊँचे स्तर की भाषा में, जीवन के गहन तत्त्वों का लम्बे वाक्यों में प्रतिपादन हमें अस्वाभाविक नहीं जान पड़ता, तो भारतेन्दु के पात्रों के अर्थगाम्भीर्य और सशक्त सौन्दर्यपूर्ण दोहों से हम क्यों भड़क उठते हैं? क्या इसीलिए कि एक गद्य है और दूसरा पद्य? वस्तुतः तो दोनों काव्य हैं और दोनों का नाटक की आत्मा में महत्त्वपूर्ण स्थान है। अस्वाभाविकता का पुट तो उस समय आता है, जब इन काव्यांशों का स्थान कोरे पद्य ले लेते हैं। राधेश्याम, आगा हश्र काश्मीरी और बेताब इत्यादि के नाटकों के शेर कविता नहीं, अलंकार नहीं, केवल पद्य हैं जिसके द्वारा अभिनेता को अपने हाथ-पैर चमकाने और अपने स्वर की प्रखरता प्रकाशित करने का मौका मिलता था। हिन्दी नाटकों के ह्रास और उसमें से 'साहित्यिकता' के तिरोहण का एक प्रमुख कारण यही था कि भारतेन्दु-युग के काव्यात्मक शैली के दोहों, सवैयों, छन्दों का स्थान पारसी थीएट्रिकल युग के 'बतंगड़ों' अशआर ने ले लिया। न उनमें उर्दू अशआर की व्यंजना थी और न हिन्दी कविता की मार्मिकता। थी एक सस्ती भावुकता और उत्तेजना जिसका नमूना है 'वीर अभिमन्यु' का यह चरण :—

"जिस व्यूह के मुखद्वार का तू नागराज है।
वह व्यूह और व्यूह की सब शान तोड़ दूँ।"

(ताली और 'वाह-वाह।)

लेकिन उस जमाने में तो इसी का बोलबाला था और मुझे यह मानने में क़तई संकोच नहीं कि इस शैली के अभिनेताओं में अपने जिले में मेरा एक प्रधान स्थान था। राधेश्याम जी का 'वीर अभिमन्यु' नाटक उन दिनों का शायद सबसे लोकप्रिय नाटक

था, और उसमें अभिमन्यु की भूमिका में मेरा अभिनय बहुत पसन्द किया जाता था। यहाँ तक कि 1932 में जब मैं हृषिकेश में एक स्काउट कैम्प में गया हुआ था (जिसके अधिष्ठाता थे पं. श्रीराम वाजपेयी) तब बाबा काली कमलीवाले ने ख़ास तौर से हम लोगों से यह नाटक कराया और उसकी बड़ी 'वाहवाही' हुई। उस पात्र का अभिनय करते समय मुझे एक नशा-सा चढ़ जाता था, जिसमें न यह खयाल रहता था कि मैं 'मैं' हूँ या 'अभिमन्यु'। बहरहाल उस नाटक का वह अंश जिसमें अभिमन्यु घेर कर मारा जाता है, मेरी माँ कभी नहीं देख पाती थी, बीच ही से उस कर चली जाती थीं। हमारे एक मित्र और अध्यापक श्री लक्ष्मण प्रसाद भारद्वाज उस नाटक में अर्जुन का पार्ट इस खूबी से अदा करते थे कि दर्शकों के आँसू मुश्किल से रुक पाते और जिस समय वह भर्राई आवाज़ में कहते "जाग जाओ चमगादड़ो"...उस समय दर्शक भवन में एक सन्नाटा-सा छा जाता और सारा जन-समूह कंठावरुद्ध हो जाता। इसमें कोई सन्देह नहीं कि राधेश्याम का 'वीर अभिमन्यु' अपने जमाने की एक संस्था था और उसकी उत्तेजनापूर्ण शैली उस युग के नवयुवकों को बहुत भाती थी। नरेन्द्र उस नाटक में प्रायः श्रीकृष्ण का पार्ट किया करते थे। उसके बाद ही से नरेन्द्र धीरे-धीरे उत्तेजनापूर्ण अभिनय से दूर हटकर सुकुमार और कमनीय अभिनय की ओर खिंच गए जिसके लिए वे रूपरंग से पूरी तरह उपयुक्त भी थे। वे मुझसे चार साल पहले ही प्रयाग विश्वविद्यालय में आ गए थे और वहाँ हिन्दू बोर्डिंग हाउस में स्त्री-पात्रों के अभिनय के लिए उनकी प्रायः माँग रहा करती थी। 1934 में शायद उन्होंने अपना अन्तिम अभिनय श्री लक्ष्मीनारायण मिश्र के 'संन्यासी' में किया था। उस अभिनय में 'पार्ट' लेने वाले व्यक्तियों में आजकल के प्रगतिशील कवि केदारनाथ अग्रवाल और भूले हुए साहित्यिक वीरेश्वर सिंह भी थे।

वीर अभिमन्यु के बाद स्कूल में और भी नाटक हम लोगों ने खेले, लेकिन और किसी में मैं इतना सफल नहीं हुआ। उन्हीं दिनों द्विजेन्द्रलाल राय के नाटकों से मेरा परिचय हुआ और उन पर मैं इतना मुग्ध हो गया कि एकाध नाटक के कई पृष्ठ मुझे कंठाग्र थे। चूँकि द्विजेन्द्रलाल राय के नाटकों में शेर नहीं थे इसलिए हमारे नगर में तो उनका 'चलना' मुश्किल था, लेकिन मैं प्रायः दूसरे नाटकों में अपने 'पार्ट' के बीच में डी.एल. राय के कुछ वाक्य अपने आप ही शामिल कर लेता था। शायद मेरी नाट्यरचना का प्रथम प्रयास यही प्रक्षेप थे! मुझे खूब याद है कि एक बार जब हम लोग किन्हीं साधारण लेखक के 'दुर्गादास' का अभिनय कर रहे थे, तो मैंने इसी नाम के डी.एल. राय के नाटक में से चन्द वाक्य अपने पार्ट में जोड़ लिए थे। मैं दुर्गादास के भाई की भूमिका में था। मेरे अभिनय का प्रभाव उन वाक्यों से द्विगुणित हो जाता, लेकिन मेरी निराशा का अन्दाज़ कीजिए कि जहाँ वे वाक्य मुझे कहने थे, वहीं उससे पहलेवाला वाक्य दुर्गादास महोदय भूल गए! मैं अपने आप उसे कह भी नहीं सकता था, क्योंकि मेरे पहले शब्द थे–'अनुमान! इसे आप अनुमान कहते हैं, भाई साहब?"

द्विजेन्द्रलाल राय के अतिरिक्त एक और प्रभाव मेरे ऊपर पड़ा जिसने रंगमंच-सम्बन्धी मेरी धारणाओं को धीरे-धीरे बदल दिया। प्रारम्भ से ही हम लोग अंग्रेज़ी

के कुछ 'डायलॉग' (संवाद) स्कूल के उत्सवों के अवसर पर उपस्थित किया करते थे। उनमें से कुछ एकांकियों के रूप में होते थे। फ्लोरा स्टील नामक लेखिका का एक संग्रह भारतीय इतिहास की झाँकियों के रूप में था। इसके नाटक हम लोगों को बहुत प्रिय थे। संवादों की शैली भावात्मक होते हुए भी छिछली न थी। उन्हीं दिनों मैंने स्वयं अंग्रेज़ी में एक लघु नाटक उस अंग्रेज़ी कविता के आधार पर लिखा जिसमें केसेबियाँका नामक वीर बालक जलते हुए जहाज पर अपने स्थान को न छोड़क कर्तव्य-पालन में अपने प्राण की आहुति दे देता है। हम लोगों ने स्कूल में उस अंग्रेज़ी नाटिका का प्रदर्शन भी किया; दुर्भाग्यवश मेरे पास उसकी एक भी प्रति नहीं रह गई है। सन् '32 में मुझे शेक्सपियर के 'ऐज़ यू लाइक इट' के उस दृश्य का अभिनय करने का अवसर मिला जिसमें जाक्स का वह अमर भाषण है—"आल द वर्ल्ड्ज ए स्टेज।" इन अंग्रेज़ी नाट्यदृश्यों को प्रस्तुत करने में हम लोगों को न तो बहुत भव्य स्टेज तैयार करना पड़ता और न अभिनय में विशेष उत्तेजना दिखानी पड़ती। 'वीर अभिमन्यु', 'ईश्वर भक्ति' और 'चन्द्रहास' इत्यादि के लिए तो रंगबिरंगे पर्दों इत्यादि के बिना काम ही न चलता था। लेकिन अंग्रेज़ी सीन-सिनरी उपस्थित करने के साधन न होने के कारण उन्हें हम प्रायः खुले रंग-बिरंगे पर्दे पर ही खेला करते। इस तरह अभिनय पर अधिक ज़ोर डालना पड़ता और ऊपरी टीम-टाम पर कम।

आगे चलकर सन् 1933 में जब इलाहाबाद के यूइंग क्रिश्चियन कालिज में पहुँचा तब मुझे पहले-पहल अभिनय की आधुनिक-कला को समझने का अवसर मिला। हमारे अंग्रेजी के अध्यापक श्री बिस्वास ने शेक्सपियर के 'जूलियस सीज़र' और 'मर्चेंट ऑव वेनिस' से कुछ चुने हुए दृश्यों के अभिनय का आयोजन किया। यवनिका के लिए टेनिस क्लब के पर्दे इस्तेमाल किए गए। पोशाक तैयार करने में अमेरिकन अध्यापकों ने मदद दी। किन्तु हम लोगों को विशेष तैयार किया गया अभिव्यक्ति और 'एक्टिंग' में। श्री बिस्वास स्वयं सिद्धहस्त अभिनेता थे। रिहर्सल बहुत दत्तचित्त होकर कराते और हम लोगों को अपने-अपने 'पार्ट' का खूब अभ्यास करना पड़ा। मुझे 'जूलियस सीज़र' के प्रसिद्ध फ़ोरम सीन में मार्क एंटनी की भूमिका मिली और आज तक मुझे मार्क एंटनी के भाषण के वे शब्द स्फुरित कर देते हैं जिसमें वह सीजर के हत्यारों के विरुद्ध आवाज़ उठाते समय कहता है, "दोस्तो, रोम निवासियो औरप्यारे देशवासियो! मैं सीज़र को दफ़नाने आया हूँ, उसका गुणगान करने नहीं...!" उस भाषण का अभ्यास करते समय बिस्वास साहब से एक बड़े काम की बात मैंने सीखी जिसे स्वर-वैचित्र्य का नाम दिया जा सकता है। उन्होंने बताया कि नाटक में अभिनेता को प्रत्येक वाक्य या वाक्यांश को निजी सत्ता देनी है। जहाँ लम्बे भाषण हों वहाँ तो विविधता यों भी आवश्यक है। एक ही लय, एक ही स्वर में चार-पाँच वाक्यों को लगातार नहीं बोलना चाहिए। अभिनेता की परिस्थिति थोड़ी बहुत संगीत-साधक से मिलती-जुलती है। उसे न सिर्फ़ जीवन के एक अंश का प्रदर्शन करना है, बल्कि साथ ही, एक कलात्मक सृष्टि भी करनी है। यानी एक-एक वाक्य के अर्थ और महत्ता को समझकर उसको इस तरह बोलना

है कि अन्य वाक्यों से यह भिन्न हो। कहीं-कहीं तो भिन्न शब्दों का 'नाद रूप' स्थिर करना आवश्यक हो जाता है। मार्क एंटनी के भाषण में तीन जगह हत्यारों के लिए यह वाक्य कहा गया है "वे लोग, वे सब लोग, भलेमानस हैं।" (दे आर ऑल ऑल जेंट्लमेन)। पहली बार इस वाक्य के 'वे लोग' शब्दों पर ज़ोर डालना था, दूसरी बार 'भलेमानस' पर और तीसरी बार "हैं" पर। इस तरह क्रमिक विकास से स्वर-वैचित्र्य द्वारा शेक्सपियर के गहरे व्यंग्य को अभिव्यक्त किया जा सकता है।

गत वर्ष पृथ्वीराज ने मुझे बताया कि 'पठान' में उन्होंने सामूहिक रूप से स्वर वैचित्र्य के सिद्धान्त को प्रस्तुत किया है। कुछ स्थलों में छह-सात पात्र एक के बाद एक, ऐसे स्वर में बोलते हैं कि सम्पूर्ण सप्तक के आरोह या अवरोह का आभास होता है। कहना नहीं होगा कि संगीतानुगामी इस कलात्मक प्रदर्शन को स्वाभाविक रूप में उपस्थित करने के लिए अभ्यास और परिश्रम की आवश्यकता है।

'जूलियस सीजर' के अभिनय की तैयारियाँ ख़ास तौर से हम लोगों ने इसलिए की थीं कि हमारे उत्सव के मुख्य अतिथि उस रोज प्रयाग विश्वविद्यालय के सुविख्यात विद्वान प्रोफ़ेसर अमरनाथ झा थे। दुर्भाग्यवश झा साहब जब तक पहुँचे, मेरा 'पार्ट' खत्म हो चुका था, और मैं उन्हें अपना हुनर दिखा ही न सका। उसके दो वर्ष बाद यानी सन् 1935 में मुझे झा साहब की वरद छाया में विद्याभ्यास का अवसर मिला और तभी उन्हीं के आग्रह से मुझे पुनः नाट्य-रचना की ओर झुकना पड़ा। म्योर होस्टल, जिसके वे उन दिनों वार्डन थे, प्रति वर्ष दीक्षान्त महोत्सव पर अंग्रेज़ी नाटकों को प्रस्तुत किया करता था। मैंने हिन्दी नाटक के भी अभिनय का प्रस्ताव किया। झा साहब तो राजी हो गए लेकिन शर्त रखी कि नाटक 45 मिनट से ज़्यादा का नहीं होना चाहिए। उन दिनों हिन्दी में एकांकी नाटकों का चलन नहीं था।

भुवनेश्वर प्रसाद का 'कारवाँ' शायद उसके कुछ महीने बाद प्रकाशित हुआ। हिन्दी में एकांकीकार शायद अकेले स्वर्गीय गणेशप्रसाद द्विवेदी थे। (रामकुमार जी उन दिनों कवि के रूप में ही समादृत होते थे।) मैंने माधुरी में उनका एकांकी 'पर्दे का अपर पार्श्व' पढ़ा तो रंगमंच के विचार से खेलने योग्य जँचा। उन्हीं दिनों सुना कि वह नाटक द्विवेजी जी के संग्रह 'सोहाग विन्दी' के नाम से इंडियन प्रेस से छप रहा है। मैं इंडियन प्रेस जा पहुँचा और उस पुस्तक की पहली प्रति मैंने ही खरीदी। अभिनय की तैयारियाँ शुरू हो गईं। मैं उस नाटक का निर्देशक और 'प्रॉम्प्टर' था, लेकिन स्वयं रंगमंच पर नहीं उतरा। म्योर होस्टल में वह हिन्दी नाटक का पहला अभिनय था और प्रयाग में एकांकी के सर्वप्रथम अभिनयों में से एक। समस्यामूलक और घटनाशून्य होते हुए भी वह नाटक काफ़ी प्रशंसित हुआ और मुझे अपने उस नूतन प्रयोग से प्रोत्साहन भी मिला और उपयोगी अनुभव भी।

जिन दिनों उस एकांकी का रिहर्सल हम कर रहे थे, द्विवेदी जी को सूचना मिली कि हम लोग उनके नाटक का अभिनय कर रहे हैं। वे बेचारे स्वयं म्योर होस्टल आए और अपने सुझाव उन्होंने हमे दिए। तभी मैंने समझा कि प्रायः उत्साही आयोजकगण

नाटककार की पूर्व अनुमति लिए बिना अभिनय पर जो जुट जाते हैं, उसमें नाटककार का वे कितना भारी अपमान करते हैं।

एक वर्ष बाद सन् 1936 के वार्षिकोत्सव के लिए झा साहब ने स्वयं हिन्दी एकांकी की माँग की और तब मैंने आधुनिक शैली में अपना पहला एकांकी 'मेरी बाँसुरी' लिखा। लिखने से पूर्व मैंने अभिनेताओं की फेहरिस्त बना ली और उनके व्यक्तित्व को मद्देनज़र रखते हुए ही अपने नाटक के पात्रों की सृष्टि की। फलस्वरूप अभिनय में हम लोगों को कुछ आसानी हो गई। रिहर्सल के समय अकसर झा साहब स्वयं आ जाते। हर अभिनय से मैंने कुछ-न-कुछ सीखा। 'मेरी बाँसुरी' में एक भावुक आदर्शवादी नवयुवक का पार्ट मुझे करना था, लेकिन कहीं-कहीं भावुकता के आवेश में आकर मैं बहुत उत्तेजित हो जाता था। झा साहब ने लगाम खींची और मैंने जाना कि भावावेश का अभिनय भी तभी प्रभावोत्पादक होता है जब उद्वेलन का संकेत हो, झंझा नहीं। पटने में कोई अभिनय पिछले दो वर्षों में देखने को मिले हैं और प्रायः सभी में मुझे यह दोष दिखा कि भावुक पात्र पूरे नाटक के दौरान में एक विचित्र आवेश में रहते हैं; हर वाक्य में तनाव (टेंशन), "शब्द-शब्द है सुधि का दर्शन, चरण-चरण है आह।" आखिर इतनी अनियन्त्रित और सर्वव्यापिनी उत्तेजना की ज़रूरत क्या है? रोज़ाना की बातचीत में अकसर हम लोग उत्तेजित हो जाते हैं, लेकिन यह तो नहीं होता कि पूरे घंटे भर कम्पित स्वर और आवेशपूर्ण मुद्रा में बोलते रहें। और फिर उसी स्तर पर बराबर बोलते रहने के कारण जो वस्तुतः उत्तेजनापूर्ण स्थल है, उनका पूरा-पूरा प्रभाव लक्षित नहीं हो पाता। कांच-खंडों की लड़ी में असली हीरा खो जाता है।

जिस उत्सव पर 'मेरी बाँसुरी' का अभिनय हुआ उसमें इलाहाबाद के तत्कालीन कमिश्नर श्री वी.एन. मेहता मुख्य अतिथि थे और उन्होंने लेखक और निर्देशक को एक पुरस्कार देने की घोषणा भी की। किन्तु कुछ महीने बाद उनकी मृत्यु ही हो गई और मुझे घोषणा मात्र से सन्तुष्ट हो जाना पड़ा। उसके बाद से प्रयाग में मुझे कई नाटक लिखने और खेलने के अवसर मिलते रहे। 1937 में 'भोर का तारा' लिखा और वह रंगमंच पर खूब जमा। उसके पहले अभिनय में ही मैं गुप्तकालीन पात्र बनकर मय चश्मे के रंगमंच पर जा पहुँचा! भाग्यवश यह वैषम्य दर्शकों को उस समय नहीं खटका लेकिन एक दूसरे अवसर पर मुझे इस लापरवाही के लिए बड़ी लताड़ पड़ी। फ्राइडे क्लब ने मर्चेंट ऑव वेनिस का काल्पनिक छठा अंक खेला; शेक्सपियर ने तो पाँच ही अंकों का नाटक लिखा है। हमारे अंग्रेज़ी के प्राध्यापक डॉ. दस्तूर ने छठा अंक लिखकर यह अनुमान करने की चेष्टा की कि शेक्सपियर के पात्रों पर उसके बाद क्या बीती होगी। मुझे विदूषक 'लांसलाट गोबो' का पार्ट दिया गया। अंग्रेज़ी नाटकों में विदूषक को मूर्ख (फूल) के नाम से सम्बोधित किया जाता है। जब मैं अपना अभिनय करके, ग्रीनरूम में वापस पहुँचा, तो डॉ. दस्तूर थोड़ी देर बाद आए और कहने लगे—"ओ फूल, फूल!" (अरे मूर्ख, मूर्ख!) मैं समझा कि मुझे विदूषक का सफल अभिनय करने पर बधाई दी जा रही है! लेकिन जब दस्तूर साहब ने उन शब्दों को दोहराया, तो मैंने देखा कि उनकी

मुद्रा बधाई या आशीर्वाद देनेवाले गुरुजन की नहीं है। वह तो मुझे नाटकवाला 'मूर्ख' नहीं, असली मूर्ख बना रहे थे! मालूम हुआ कि मैंने वाकई बड़ी मूर्खता की थी और 15वीं सदी के वेनिस में 20वीं सदी का चश्मा पहने जा पहुँचा था।

1935 से 1939 तक मुझे एमेच्योर रंगमंच के सभी विषयों का अनुभव हुआ। मैं कई नाटकों के आयोजन में केवल प्रॉम्पटर रहा था, कुछ में निर्देशक, कुछ में अभिनेता और नाटक तो लिखे ही। सन् '38 में अपनी बहन के कॉलेज के वार्षिकोत्सव के लिए कलिंग-विजय लिखा जिसमें मुझसे माँग की गई कि पुरुष पात्र एक से ज़्यादा न हो; गाने हों, प्राचीन वेश-भूषा हो! मेरी बहन के कॉलेजवालों ने मुझे आमन्त्रित तो नहीं किया, लेकिन सुना कि अभिनय बहुत अच्छा रहा; पर एक कसर रह गई। एक पात्री को अपनी कंचुकी में से एक पत्र निकालकर सम्राट् अशोक को देना था, लेकिन वह बेचारी पत्र ले जाना ही भूल गई, बस सम्राट् हैं कि प्रतीक्षा कर रहे हैं, और पात्री है कि पत्र देने की घोषणा करने के बाद निष्क्रिय खड़ी है! समझ लीजिए कि कोरिया की संधिवार्ता का-सा गतिरोध हो गया! खैर, मेरी बहन ने जल्दी से पर्दा गिरा दिया और पत्र पकड़ा देने के बाद उठा दिया। दर्शक समझे की शायद नाटककार की प्रतीकवादी योजना है!!

उसके बाद भी नाटक तो कई लिखे और उनका अभिनय तो यत्र-तत्र होता ही रहा है, किन्तु सरकारी नौकरी में इतना अभिनय करना पड़ता है कि रंगमंच के अभिनय की गुंजाइश ही नहीं! अब पिछले दो वर्षों से लोक-रंगमंच के आयोजन की बीड़ा उठाया है। उसके अनुभव अभी हो ही रहे हैं और उनकी अपनी कथा है जिनका विवरण फिर कभी लिखूँगा।

हिन्दी रंगमंच के भविष्य के विषय में मेरी क्या धारणाएँ हैं यह मैं 'कोणार्क' के परिशिष्ट में लिख चुका हूँ। जहाँ एक ओर पृथ्वीराज जैसे महान कलाकार उच्च कोटि के और सर्वसाधन-सम्पन्न व्यावसायिक रंगमंच की स्थापना कर रहे हैं, वहाँ दूसरी ओर अव्यावसायिक (एमेच्योर) अभिनेताओं और निर्देशकों को भी इस पुण्य-यज्ञ में योगदान देते रहना है। विद्यालयों में ही नहीं, क्लबों और सामाजिक संस्थाओं को भी नाट्यशालाएँ स्थापित करनी चाहिए और साहस के साथ अभिनेय न समझे जानेवाले नाटकों को प्रदर्शित करना चाहिए। पटने ही का अंग्रेज़ी नाटक क्लब (जिसमें अधिकतर भारतीय सदस्य हैं) "क्लिओपेट्रा" और "टाइम हैज़ अ स्टॉप" जैसे 'कठिन' नाटकों का अभिनय कर सकता है, लेकिन हमारी हिन्दी नाट्यमंडलियाँ स्वप्नवासवदत्ता अथवा भारतेन्दु, प्रसाद इत्यादि के नाटकों के नाम से ही दूर भागती हैं। हम लोग नाटककार के साथ न्याय नहीं करते। मेरा तो विचार है कि ये अव्यावसायिक नाटक मंडलियाँ बड़े रंगमंच के लिए प्रयोगशालाओं के तुल्य होनी चाहिए! हमारे छोटे-मोटे अनुभव, हमारी भूलें, हमारी सफलताएँ पृथ्वीराज और शिशिर भादुड़ी के लिए पथ प्रदर्शक बनें—इस विश्वास और कामना ही से प्रेरित होकर मैंने भी अपने इन साधारण अनुभवों को लिपिबद्ध करने का दुस्साहस किया है।

—**जगदीशचन्द्र माथुर**

भाग-3

स्फुट एकांकी

(पत्र-पत्रिकाओं में प्रकाशित)

मेरी बाँसुरी

(एक मामूली तरह से सजा हुआ कमरा। बीच में एक चौकोर मेज़ जिस पर कुछ पुस्तकें और एक टेबिल-लैम्प रखा है। सन्ध्या का बढ़ता हुआ अँधेरा। कमरे में अब तक प्रकाश हो जाना चाहिए था; परन्तु एक दुबला पतला साँवले रंग का नवयुवक आराम कुर्सी पर अकेला बैठा पढ़ने में तल्लीन है। पुस्तक में खोया-सा होने पर भी कुछ वाक्य उस पर अत्यन्त प्रभाव डालते जान पड़ते हैं। पेंसिल से कुछ लिख लेने के बाद वह गम्भीर स्वर में पढ़ता है—)

प्रेम तो वह है जिसमें एक ही विश्वास—
"तुम न जानो, प्राण, पर मैं ही सहूँ अब त्रास।"
स्वयं तप तप प्रेम पीड़ा है मिली अनमोल।
आज प्रेमी के लिए क्या त्याग का है मोल।

(पुस्तक धीरे-धीरे बन्द होती है, वह सीधा बैठ जाता है और पासवाली मेज़ पर उसे आहिस्ता से रख देता है। हाथ किताब पर है, और आँखें—सोचती-सी आँखें—सामने ज़मीन पर गड़ी हैं।)

गहरे भाव भरे स्वर में फिर कहता है—
"आज प्रेमी के लिए क्या त्याग का है मोल।"

(हाथ पुस्तक पर हट गया है। कुर्सी की पीठ पर झुकते हुए मन्द होते हुए स्वर में—)

"आज प्रेमी के लिए क्या त्याग का है मोल।"
गहरी साँस, तल्लीन मुद्रा।

(बाहर किसी के चलने की आवाज़। दाएँ दरवाजे से उस अन्धकार में एक चंचल प्रकाशमान आकृति का गुनगुनाते हुए प्रवेश।)

निरंजन : कौन है? *(टटोलकर 'स्विच आन' करता है। कमरा जगमगा उठता है।)* उफ़्फोह! तुम हो, निर्मल। इस अँधेरे में क्या ख़्वाब देख रहे हो? *(मेज़ पर टोप रखता है।)*

निर्मल : हाँ, देख रहा था तुम्हारी 'पिकनिक' का (शुष्क हास।)

निरंजन : *(कोट कुर्सी पर रखकर, टाई खोलता हुआ)* क्या पूछते हो यार 'पिकनिक' भी क्याा थी, 'रोमांस' का एक पृष्ठ, छायालोक का अनूठा अनुभव। *(टाई खोलकर, कोट उठाता हुआ)* अच्छा साहब, आप क्यों नहीं गए?

निर्मल : यही तो आज दिन भर सोचता रहा।

निरंजन : देखो निर्मल, यह सब ख़ब्त छोड़ो, अगर तुम्हें आदमी बनना है तो! सोसायटी में प्रवेश होने के यही तो मौक़े हैं।

निर्मल : हूँ! *(उसका व्यक्तित्व अब दबता-सा मालूम होता है।)*

निरंजन : हूँ, क्या खाक! *(कोट कन्धे पर डालते हुए)* कितनी बार तुम्हें सब लोगों के सामने मज़ाक की सामग्री बनना पड़ा, कितनी बार तुम्हें बेवकूफ़ बनाकर पाठ दिया गया, मगर तुम वैसे के वैसे ही रहे! अरे भाई, इस किताबी दुनिया के बाहर भी तो कुछ है।

निर्मल : *(नीचा मुँह किए हुए)* निरंजन भाई, किताबी कीड़ा तो मैं नहीं हूँ।

निरंजन : उँह! फिर वही बात। *(निरंजन बाएँ दरवाजे की ओर बढ़ता है)*... आदमी तो बस सुधाकर है, कॉलेज में किसी से किसी बात में पीछे नहीं है। ऊँचे से ऊँचे समाज में उसकी पहुँच है। बातचीत में दक्ष, व्यक्तित्व प्रभावशाली। जहाँ पहुँचता है, मालूम पड़ता है, एक भारी कमी पूरी हो गई।*(कहते कहते बाईं ओर को प्रस्थान)*

निर्मल : सुधाकर! सचमुच सुधाकर विजेता है। सफल जीवन का उजला नमूना है।...और तुम निर्मल?...पराजित! *(आत्म-प्रतारणा-द्योतक हास्य)* सफल जीवन!...तुम्हारी सफलता किसमें है? तुम्हारा अस्तित्व किस साधना के लिए है? *(कुछ रुककर)*...सा-ध-ना!...वह भी तो नहीं। *(माथा हथेलियों पर टिका लेता है। गहरी शान्ति।)*

(कुछ देर के बाद बाहर से अख़बार बेचनेवाले की आवाज़—"पंच अख़बार," "पंच अख़बार!" "सनसनीदार ख़बर! 75 हज़ार की रक़म ग़ायब!! भोलानाथ बैरिस्टर के यहाँ चोरी!!" आवाज़ दूर चली जाती है। निर्मल चौंकता है; कुछ, सोचकर उठता है, खिड़की खोलकर पुकारता है—"अख़बारवाले, ओ, अख़बारवाले!" लेकिन वह बहुत दूर निकल गया है। लाचार हो कुर्सी की ओर बढ़ता है।)

निर्मल : चोरी! भोलानाथ के यहाँ चोरी! *(विचारमग्न कुर्सी पर बैठ जाता है। कुछ सोचकर सहसा उठता है। कोट पहनते हुए)* ए...निरंजन!

निरंजन : *(भीतर से)* हाँ।

निर्मल : मैं ज़रा जा रहा हूँ, थोड़ी देर के लिए।

निरंजन : किधर?

निर्मल : इधर...*(कुछ अस्थिर-सा)* एबट-रोड को।

निरंजन : अच्छा।

(निर्मल दाईं तरफ़ चला जाता है। उसी ओर—बाहर से—एक बारीक स्वर में "गुडनाइट सुधाकर!" निर्मल ठिठककर रुक जाता है। एक सुन्दर और प्रभावशाली नवयुवक का प्रवेश। टेनिस किट

पहने है। बल्ला हाथ में है। चेहरे पर मुसकुराहट।)

सुधा. : हेलो मिस्टर! रुक क्यों गए? जाओ *(निर्मल कुछ विमूढ़-सा होकर आगे बढ़ता है। बाहर से बारीक हँसी)* ओह!...अब समझा।...हा, हा, हा! अरे भई, जाओ भी। ऐसा भी क्या झेंपना।

(निर्मल तेजी से बाहर जाता है। बाहर से, उसी बारीक हँसी के साथ शोख़ी भरे स्वर में)—"सुधाकर, तुम बड़े नटखट हो।"

सुधा. : ऐसा?...हा, हा, हा! *(खूब हँसता है। बल्ला मेज़ पर रखते हुए)* ऐसे भी लोग हैं!...हा, हा, हा! समाज के निर्दोष, निकम्मे अंग जिनके निकम्मेपन में ही उनकी ज़िन्दगी है।...हा, हा, हा!

(उसकी हँसी के बीच में ही बाईं ओर से गाने का स्वर। वह कान लगाकर सुनने लगता है। फिर स्वर पहचान कर, थोड़ा मुस्कराता हुआ बल्ला 'प्रेस' में रखता है। कपड़े बदलकर गाते हुए निरंजन का प्रवेश।)

निरंजन : *(सुधाकर को देखकर)*—आख़िर आप आ गए?

सुधा. : और आप? आप तो यहाँ पहले से ही मौजूद हैं, मस्ती की तान मिलाने के लिए।

निरंजन : और क्या!...अरे भाई देर में आने का सबब तो तुम्हारे साथ हो सकता है; हम तो ग़रीब आदमी ठहरे।

सुधा. : उफ्फोह! आप मज़ाक़ भी कर लेते हैं? *(हँसी)* मगर भाई साहब, ऐसे सबब पैदा करने के लिए भी तो कुछ दम, कुछ योग्यता की ज़रूरत है। या ऐरे-ग़ैरे तुम्हारे महाशय निर्मल की तरह के लोग—

निरंजन : क्यों? उन हज़रत से अभी मुठभेड़ हुई है क्या?

सुधा. : हाँ भाई! *(मेज़ पर बैठते हुए। निरंजन आराम कुर्सी पर बैठ जाता है।)* जा रहे थे कहीं बाहर! उधर से मैं निकल आया मिस किचलू के साथ—आज मेरी पार्टनर थीं। 6 सेट खेले। दरवाज़े पर मिस किचलू को देखना था कि इन महाशय की हिम्मत पस्त हो गई—हा, हा, हा! चेहरा जैसे पहाड़ी सेब हो गया हो।...हा, हा, हा! क्या ये भी लोग हैं?

निरंजन : आज तो ऐसे मालूम हो रहे थे, मानो कवि की कल्पना में डूबे हों।

सुधा. : या पागल के स्वप्नों में। *(दोनों हँसते हैं।)*

निरंजन : या प्रेमी की चिन्तन में। *(दुबारा हास्य)*

सुधा. : प्रेमी? अरे राम भजो! प्रेम और ये! स्वयं कामदेव इन पर बाण चलाने आए तो ख़ासतौर से पैना करना पड़ेगा। ये बातें तो हमसे पूछो, जो जीवन को जीवन मानते हैं, तपस्या नहीं।

(बातचीत में गम्भीरता आ जाती है।)

निरंजन : तुम भी खूब हो, सुधाकर। इन मामलों में मैं तुम्हारे आदर्श का क़ायल हूँ।

सुधा. : *(सिगरेट का बक्स उठाते हुए)* निरंजन, जब हम मानते हैं कि मनुष्य का जीवन स्वयं समाज की देन है, उसका होना समाज के कारण ही सम्भव है, तब *(सिगरेट जलाते हुए)*—तब यह कहाँ की बुद्धिमानी है कि हम उसकी प्रगति और कमजोरियों से अछूते रहने का प्रयत्न करें? मैं तो भाई, अपने सामाजिक व्यक्तित्व को अपने भीतरी व्यक्तित्व के अधीन नहीं रखना चाहता। मेरे लिए तो दोनों एक हैं। प्रेम और 'रोमांस' के जिन रूपों का मैं पुजारी हूँ, उन्हें मैं अपने सामाजिक व्यक्तित्व की रक्षा के लिए ज़रूरी समझता हूँ। अब चाहे लोग मुझे आवारा कहें, चाहे शरीफ़ बदमाश!

निरंजन : उँह! लोग भी तो आख़िर समाज के ही हैं, और समाज अपनी संस्कृति के लिए तुम्हारी भाँति के युवकों का सहारा लेता है।... मगर...सुधाकर,...मेरा तो ख़याल था कि तुम्हें अब ऐसा सोचने की नौबत ही न आएगी!

सुधा. : *(धुआँ उड़ाते हुए)* उम्मीद तो ऐसी ही है।

निरंजन : *(दबी हुई उत्सुकता से)* तो क्या तुम जो छुट्टियों में प्रभात के यहाँ गए थे—

सुधा. : *(सिगरेट की राख झाड़ते हुए)* हाँ, हाँ, बनारस का यह ट्रिप भी खूब रहा। ये तुम्हारे दोस्त निर्मल भी तो कुछ दिनों के लिए वहाँ गए थे। प्रभात ने बुलाया था।

निरंजन : पता नही, प्रभात इसकी इतनी क्यों क़द्र करता है।

सुधा. : जानते हो, वहाँ इनका क्या हाल हुआ। प्रभात को छोड़कर सब इस बेचारे को सिर्फ़ एक दृष्टि से देखते थे, और वह थी दया की!

निरंजन : उर्मिला भी?

सुधा. : और क्या उर्मिला इन्हें प्यार करती? *(अभिमान-भरी हँसी)* उर्मिला के प्रेम का एक दूसरा अधिकारी वहाँ मौजूद था।

निरंजन : *(कुछ समझते हुए)* हूँ!...फिर? उस अधिकारी के प्रयत्न कुछ सफल भी हुए?

सुधा. : निरंजन, उसके प्रयत्न यदि कभी असफल होंगे तो उससे पहले उसकी हस्ती को मिटा देंगे। समझे?...मैं किसी काम में हाथ डालता हूँ तो निराशा का स्वाद लेने के लिए नहीं, आई केम, आई सा, आई कांकर्ड।—हँ, हँ, हँ!!

(जूलियस सीज़र की प्रसिद्ध उक्ति "मैं आया, मैने देखा और मेरी विजय हो गई।")

निरंजन : *(साथ में हँस लेता है, परन्तु उत्सुकता के भार से चुप हो जाता है और*

फिर बोलता है।) यही तो!...तो इसका अर्थ यह है कि उर्मिला अब शीघ्र ही—

सुधा. : हाँ, कोई ख़ास अड़चन तो नहीं मालूम होती। *(निर्लिप्त भाव से)* हम दोनों एक दूसरे को चाहते हैं। उर्मिला शिक्षिता है, वह प्रेम का अर्थ जानती है और ज़िन्दगी का भी। प्रभात की तरह जीवन की वास्तविकताओं से न वह बचना चाहती है, और न मैं। फिर हमें निर्णय करने में क्या कठिनाई पड़ती?

निरंजन : ख़ूब! इस सफलता पर मैं तुम्हें बधाई देता हूँ, कमाल है, भाई! ज़िन्दगी के सबसे बड़े सवाल पर उदासीन ढंग से बात करना तुम्हीं जानते हो।

सुधा. : *(अहंकारपूर्ण हास्य)* ज़िन्दगी का बड़ा सवाल! सबसे बड़ा सवाल तो निरंजन, दूसरा ही है।

निरंजन : *(जैसे कोई बात याद आई हो)* हाँ, यह तो बताओ, जब तुमने इतने बड़े आदमी की लड़की से विवाह की ठानी है, तब धनदेवता की पूजा का भी तो प्रबन्ध किया ही होगा। तुम तो उस रोज़ कह रहे थे कि तुम्हारे पिता—

सुधा. : *(टोककर)* हाँ, हाँ, वह सब सही है; और उसके साथ यह भी सही है कि सुधाकर किसी से नीची हैसियत में नहीं रहता। *(उठकर घूमने लगता है।)*

निरंजन : सो तो मैं जानता हूँ, मगर नई ज़िम्मेदारी जो तुम मोल लेने जा रहे हो!—

सुधा. : *(रुककर, कुछ अस्थिर हो जाता है।)* हाँ!...इसके लिए...इसके लिए...*(बनावटी खाँसी।)* ...सब हो जाएगा। *(कुछ देर रुकता है)*... निरंजन मेरे लिए धनदेवता की बड़ी से बड़ी पूजा बाएँ हाथ का खेल है। आज इस नगर का ऊँचा से ऊँचा समाज मेरे प्रभाव को मानता है। *(कुछ जोश में आकर)* निरंजन, दुनिया का सम्मान पाने के लिए सिर्फ़ एक बात की ज़रूरत है कि वह बेवक़ूफ़ बनाई जाए।

निरंजन : *(चौंककर)* सुधाकर!

सुधा. : चौंको मत। मैं सच कहता हूँ, बड़ा बनने के लिए समाज को अन्धा बनाने की आवश्यकता है। जानते हो, समाज क्या चाहता है। कोई उस पर बरबस हुकूमत करे। स्त्री क्या चाहती है? एक ज़बरदस्त प्रेमी जिससे डरते हुए वह उसकी ओर खिंच आए! दोस्त क्या चाहते हैं? चमक-दमक और धाक! जन-समाज के इस उमड़ते हुए समूह में आगे बढ़ने के लिए बरबस रास्ता बनाना पड़ता है, और इसके लिए दोनों ओर धक्का देना ज़रूरी है। यही मेरा उद्देश्य है और यदि इस

मार्ग में किसी तरह का आदर्शवाद आता है तो मैं उसे ठुकरा देना चाहता हूँ।

(इतने में बाँसुरी की मधुर ध्वनि सुनाई पड़ती है। निरंजन को जैसे छुटकारा मिला हो।)

निरंजन : यह लो प्रभात आ रहा है। *(बाँसुरी का स्वर निकट आकर बन्द हो जाता है।)* कुछ अजब लावारिसी ढंग का जीव है। न दीन की सुध है—

(सहसा प्रभात का प्रवेश। हाथ में बाँसुरी। धोती, कुर्ता, दुशाला सभी उसकी निर्द्वन्द्वता की गवाही दे रहे हैं।)

प्रभात : न दुनिया की। हा, हा, हा! चौंक गए? मैं सब सुन रहा था। *(कमरे में फिर वही निस्तब्धता। प्रभात शायद इसका आदी नहीं है।)* अच्छा, सुनोगे मेरी लावारिसी बाँसुरी?

(वही मधुर स्वर फिर फूट पड़ता है। प्रभात धीरे-धीरे बिल्कुल तन्मय हो जाता है परन्तु सुधाकर इसे बिल्कुल नापसन्द करता है।)

सुधा. : प्रभात! *(यह अधिकारपूर्ण आवाज़ भी व्यर्थ जाती है। और ऊँचे स्वर में)* प्रभात!

(फिर वही परिणाम! सुधाकर अब अधिक नहीं सह सकता। सहसा उठता है और प्रभात के मुँह से बाँसुरी निकालकर फेंक देता है। प्रभात की मुद्रा एकदम गम्भीर हो जाती है।)

प्रभात : *(दृढ़ता के साथ)* क्या चाहते हो तुम?

सुधा. : *(मानो इस प्रश्न के लिए प्रस्तुत न था, सचेत होकर)* प्रभात, मैं तुम्हारा यह ऊलजलूलपना नहीं सह सकता। जीवन—

प्रभात : *(ज़ोर से टोककर)* जीवन! *(कुर्सी पर बैठते हुए)* सुधाकर, तुम चाहते हो, मैं तुमसे जीवन की समस्याओं पर बातचीत करूँ। यह लो, तुम्हारी सबसे बड़ी समस्या तो यही है न—उर्मिला का तुम्हारे साथ विवाह का निश्चय। सो मैं उसके बड़े भाई की हैसियत से इस सम्बन्ध पर प्रसन्न हूँ, बहुत प्रसन्न! उसके इस निश्चय के पहले तो मुझे कुछ कहने का हक़ भी था; अब तो केवल एक हक़ है प्रसन्न होने का; सो मैं—

निरंजन : *(टोककर)* तुम तो पागल हो, प्रभात। जीवन की किसी भी समस्या पर तुम संजीदगी के साथ विचार नहीं करना चाहते।

प्रभात : संजीदगी के साथ विचार! *(गम्भीर होते हुए)* मैं सच कहता हूँ, निरंजन, तुम लोग जीवन की समस्याओं पर दार्शनिकों की तरह इतमीनान और संजीदगी के साथ विचार और बहस भले ही कर लो,

पर जीवन क्या है, इसका सच्चा अनुभव करने का कभी प्रयत्न नहीं करते। कभी नहीं।

सुधा. : तुम मेरे लिए यह बात कह रहे हो? *(उपेक्षापूर्ण हँसी। उसके बाद गम्भीर स्वर में)* तुम भूल जाते हो कि समाज का मुखिया बनने के लिए मुझे जीवन का अनुभव करना पड़ा है—बहुत गहरा अनुभव।

प्रभात : *(तुरन्त)* समाज का मुखिया बनने के लिए तुम्हें केवल दो बातें करनी पड़ी हैं—कुछ लोगों का मनोरंजन और उनकी पेट-पूजा। बस!

सुधा. : *(विरोध के स्वर में)* प्रभात—

प्रभात : सफ़ाई देने की ज़रूरत नहीं है, सुधाकर। मैं भी समझता हूँ, तुम भी समझते हो, इस समाज के नेतृत्व के लिए चमक-दमक की ज़रूरत है, आकर्षण की आवश्यकता है, मनमोहक मुसकान और मीठे, अर्थहीन शब्दजाल की ज़रूरत है। तुम्हीं तो उस रोज कह रहे थे कि आज के समाज में धाक उसी की है जो 'डिनर टेबिल' का सरताज हो सकता है।

सुधा. : अब भी कहता हूँ। मगर इसके साथ यह भी कहता हूँ *(सिगरेट बुझाते हुए)* कि इसी धाक में जीवन का सच्चा अनुभव शामिल है।

प्रभात : *(घृणापूर्ण स्वर में)* जीवन का सच्चा अनुभव! पागल हुए हो, सुधाकर? अँगरेज़ी शिक्षा और संस्कृति में पले हुए, ड्राइंगरूमों और सिनेमाघरों के कोचों पर कल्पनामय सुख और दुख, रुदन और हास, प्रेम और बैर के तमाशों से अपना मनोरंजन करनेवाले मुट्ठीभर सिद्धान्तवादियों के चोचलेपूर्ण दिनों में तुम जीवन का सच्चा अनुभव देखते हो? *(कुछ रुककर)* सागर की घोर गर्जन करनेवाली चंचल लहरें उसके हृदय को नहीं जानतीं। जीवन का सच्चा अनुभव उन्हें नहीं होता जो उसके बारे में गहरी दार्शनिक बातें करते हैं, बल्कि उन्हें जो उसकी गहराई में स्वयं अपने आपको डुबो देते हैं। लेकिन सुधाकर *(स्वर बदलता है)*, हमारा और तुम्हारा समाज तो डूबा हुआ है।—एक छिछोरेपन में। *(बाहर किसी के तेज़ चलने की आवाज़)* एक—*(निर्मल का तेज़ी से प्रवेश। अपनी घबराहट और परेशानी को छिपाने का वह उद्योग तो बहुत करता है, परन्तु वह उसके चेहरे पर साफ़ लक्षित है।)* कौन, निर्मल? क्या बात है?

निर्मल : *(आगे बढ़ता हुआ; हाथ बटन पर है।)* अ...अ...कुछ भी तो नहीं। अ...अ...ज़रा अपने कमरे में जा रहा हूँ—

निरंजन : तो जाइए; आख़िर आप—*(निर्मल का बाएँ दरवाज़े से प्रस्थान)*...कुछ अजब शख़्स है।

प्रभात : कुछ घबराया-सा मालूम होता है।

निरंजन : वह घबराया-सा रहता कब नहीं है। *(सुधाकर की उपेक्षापूर्ण हँसी)* हम तो उसे हमेशा से ऐसा देखते चले आए हैं।

सुधा. : तुम लोगों ने कभी उसे समझने की कोशिश नहीं की।

निरंजन : जी हाँ, उसे आप ही समझने की कोशिश करें। जिस आदर्श समाज का आप चित्रण कर रहे हैं, ये उसी के लायक़ हैं।

सुधा. : गए कहाँ थे?

निरंजन : ठीक मालूम नहीं। कुछ एबट रोड-सा कह रहे थे।

सुधा. : *(ज़रा चौंककर)* एबट रोड? मिस्टर भोलानाथ के यहाँ?...हूँ।

(बाहर से घंटी की आवाज़।)

प्रभात : कौन है, भाई, जो इस वक़्त मिलने आया है? *(निरंजन खिड़की की ओर बढ़ता है।)* दीखता है खिड़की में से कुछ, निरंजन?

निरंजन : *(खिड़की से बाहर झाँकते हुए)* पुलिस-सी मालूम पड़ती है।

सुधा. : पुलिस? *(मानो धक्का लगा हो। अपने चारों ओर देखता है।)*

प्रभात : पुलिस? यहाँ इस वक़्त? *(दुबारा घंटी बजती है।)*

निरंजन : देखता हूँ बाहर जाकर । आख़िर बात क्या है?

निरंजन दाएँ दरवाज़े से बाहर जाता है। बाईं ओर से सहसा निर्मल का प्रवेश। वह अब अधिक स्थिर जान पड़ता है।

निर्मल : कौन है, प्रभात?

प्रभात : *(उस पर तेज़ निगाह डालते हुए)* पुलिस, निर्मल!

निर्मल : आ गई पुलिस?

सुधा. : *(चौंककर)* इसका क्या मतलब निर्मल?

(परन्तु इससे पूर्व कि निर्मल कुछ कहे, पुलिस के दरोग़ा का निरंजन और दो कांस्टेबिलों के साथ प्रवेश। दरोग़ा की मूँछें तनी हुई हैं; बेत हाथ में, आवाज़ में अनुभव और अधिकार है। उसके आने पर प्रभात मेज़ के सामने आ जाता है। सुधाकर ज़रा पीछे एक कुर्सी पर हाथ टेके खड़ा है। उसके चेहरे से अस्थिरता लक्षित होती हैं केवल निर्मल बाईं ओर के कोने में किताबों की अलमारी के निकट अन्धकार में दोनों हाथ बग़ल में दाबे खड़ा है। निरंजन आगे बढ़कर पूछता है।)

निरंजन : लेकिन आपके यहाँ आने का मतलब?

दरोग़ा : यही कि हमें सुराग़ लगा है कि चोर इसी लॉज में मौजूद है।

प्रभात : चोर? चोरी कहाँ हुई है?

दरोग़ा : मिस्टर भोलानाथ बैरिस्टर के यहाँ 75 हज़ार की मोटी रक़म यों ही नहीं छोड़ी जा सकती, साहबान।

सुधा. : *(लड़खड़ाते हुए)* आप गलत जगह आए हैं...दरोग़ा...साहब।

दरोग़ा : *(जैसे इस प्रश्न के लिए तैयार बैठा है)* बिलकुल सही जगह आया हूँ, जनाब। मेरे पास सुबूत मौजूद है कि मुलज़िम इसी मकान में है। *(निरंजन और प्रभात एक-दूसरे की ओर देखते हैं। सुधाकर ठंड से बचने के लिए शायद हाथ जेब में ले जाता है।)* आप लोग सब भले आदमी हैं, समझदार हैं; इसलिए मैं नहीं चाहता कि मुझे आप लोगों के कमरों और जिस्म की तलाशी लेनी पड़े, इससे पहले...

निरंजन : जिस्म की तलाशी?

प्रभात : क्या कह रहे हैं, दरोग़ा साहब? आप भूल जाते हैं कि इस मकान में रहनेवाले सब साहब ऊँचे ख़ानदान...

दरोग़ा : वह तो मैंने अर्ज़ किया न। इसकी नौबत ही क्यों आए? इससे पेश्तर ही आप मुलज़िम को हमारे हवाले कर दें तो मुझे आप लोगों को तकलीफ़ ही क्यों देनी पड़े। मैं तो ख़ुद ही शरीफ़ ख़ानदान के नौजवानों को परेशान नहीं करना चाहता।

(यह कहते कहते कुर्सी पर अपना एक पैर रख देता है और घुटने पर हल्के से बेंत मारने लगता है। सब लोग चुप हैं। उस रहस्यमयी शान्ति में उसके बेंत की आवाज़ बड़ी एकाकी और डरावनी मालूम होती है।)

प्रभात : यक़ीन? *(मौन तोड़ते हुए)* लेकिन आप हम लोगों का यक़ीन...

दरोग़ा : यक़ीन? *(हँसकर)* शायद आप नहीं जानते कि पुलिस में आदमी को अपना यक़ीन करने में भी ख़ौफ मालूम देता है।...*(कुछ देर बाद)* मेहरबानी करके जल्दी कीजिए। मेरे कांस्टेबिल मकान को घेरे हुए मेरे हुक्म का इंतज़ार कर रहे हैं।

(प्रभात लाचारी-सी जानकर घूमने लगता है। निरंजन कुछ न समझकर कभी दरोग़ा की ओर देखता है, कभी कमरे के दूसरे व्यक्तियों की ओर। सुधाकर अपना होंठ दाँतों से दबाए हुए अपने चारों ओर देखता है।)

निरंजन : लेकिन—

दरोग़ा : *(सख़्त होते हुए)* मेरे पास ज़्यादा वक़्त नहीं है, जल्दी कीजिए। *(कमरे के बाएँ कोने से 'खड़-खड़' की ध्वनि। सुधाकर कुछ आगे बढ़ता है।)* तो क्या आप लोग मुझे मजबूर कीजिएगा?

सुधा. : *(बड़ी कठिनाई से)* दरोग़ा...जी...।

दरोग़ा : *(तेज़ आवाज़ में)* अच्छा, कांस्टेबिल!

(सहसा बाएँ कोने से पुस्तक गिरने की आवाज़ आती है। निर्मल तेज़ी से आगे बढ़ता है। उसके चेहरे पर दृढ़ता है, तेज है, अधिकार है।)

निर्मल : ठहरिए दरोग़ा साहब। *(इस स्वर में इतनी शक्ति है कि एकबारगी दरोग़ा भी रुक जाते हैं।)* तलाशी लेने की ज़रूरत नहीं है। *(आगे बढ़ता है; मज़बूती के साथ)* मुलज़िम आपके सामने खड़ा है।

निरंजन और प्रभात : *(एक साथ)* निर्मल!

निर्मल : *(इन लोगों की ओर बिलकुल ध्यान न देता हुआ)* दरोग़ा जी, मुझे गिरफ़्तार कीजिए। भोलानाथ बैरिस्टर के 75 हज़ार रुपए मैंने चुराए हैं। मैं उनके यहाँ आता जाता था, क्योंकि वे मेरे ही शहर के रहने वाले हैं। मुझे रुपए की ज़रूरत पड़ी, मौक़ा मिला और मैंने सेफ़ का ताला तोड़ा। *(कुछ रुककर)* मुझे गिरफ्तार कीजिए।

दरोग़ा : शुक्रिया! *(पीछे घूमकर)* कांस्टेबिल! इनको हथकड़ी पहनाओ।

(कांस्टेबिल उन बढ़े हुए हाथों में हथकड़ी डालता है। दरोगा सन्तुष्ट-सा होकर कमरे के और पात्रों की ओर मुँह करके उत्तर की आशा से कहता है।)

दरोगा : बाबू साहब, हम लोगों को तो अपना फ़र्ज़ अदा करना पड़ता है। मेरी मंशा आप लोगों को परेशान करना थोड़े ही था, मगर ऐसे मौक़ों पर ढील देने से हम लोगों का काम नहीं बन सकता। मामला संगीन हैं यही नौजवान अगर पहले से बता देता तो मुझे यह सब कहने की ज़रूरत ही न पड़ती।

प्रभात : *(स्वप्न से में)* निर्मल!

दरोग़ा : *(कांस्टेबिल से)* ए...हो गया? *(और लोगों से)* अच्छा अब इज़ाजत चाहूँगा। मुमकिन है कल, सुबह तहक़ीक़ात के सिलसिले में दुबारा आप लोगों को तकलीफ़ देनी पड़े।...आदाब!...*(कांस्टेबिल से)* चलो...

(प्रस्थान। उसके पीछे बँधे हुए हाथों से निर्मल भी चलता है। जाते-जाते वह एक बार रुक कर एक अजीब दृष्टि उस खिड़की की ओर डालता है जिसके निकट सुधाकर खड़ा है। उसके बाद एक गहरी साँस लेकर चल देता है। कांस्टेबिलों के पैरों की आवाज़ कुछ देर तक सुनाई देती है।)

प्रभात : *(उसी भाँति—कुर्सी पर बैठते हुए)* निर्मल!

निरंजन : कुछ समझ में नहीं आता; निर्मल और चोरी! मालूम होता है, 'फ़िट' में कर बैठा होगा।...*(प्रभात से कुछ उत्तर न पाकर)*...क्यों क्या ख़याल है तुम्हारा, सुधाकर?

(सुधाकर एक बार मुड़कर निरंजन की ओर देखता है। उसके मुख पर पराजय का भाव है।)

सुधा. : निरंजन,...मेरी, तबीयत ख़राब है—*(आधी-सी बात कहकर हठात् बाईं*

ओर को चल देता है। निरंजन हक्का-बक्का-सा देखता है। प्रभात एकबारगी सिर उठाकर जाते हुए सुधाकर पर दृष्टि डालकर पुनः विचारमग्न हो जाता है।)

निरंजन : यह सब क्या हो रहा है? कुछ भी तो समझ में नहीं आता। *(कुछ रुककर)* प्रभात, तुम तो कुछ जवाब नहीं देते।

प्रभात : *(मन्द स्वर में, जैसे बहुत दूर से बोल रहा हो।)* मैं कुछ भी जवाब नहीं दे सकता।

निरंजन : *(मानो झिड़की खाई हो)* सोने नहीं चलोगे?

प्रभात : नहीं।

(निरंजन का बाईं ओर को प्रस्थान)

प्रभात : *(माथे को दोनों हथेलियों से दबाकर)* मेरा यह भी अनुमान ग़लत निकला। निर्मल, तम एक गुत्थी और उलझा गए। *(मन्द स्वर में)* कितना कठिन है इसे सुलझाना।

(कुछ देर बाद बाहर से घंटी बजने की आवाज़)

प्रभात : *(उसी दशा में)* कौन है? अन्दर आ जाओ।

(उर्मिला का प्रवेश। सुन्दर मुख पर थकान और अस्थिरता के चिह्न। हाथ में 'लेडीज पाउच' (बटुआ) है। कमरे के अन्दर आते ही चारों ओर देखती है और फिर प्रभात को देखकर ठिठक जाती है। प्रभात को अभी उसका आना मालूम नहीं हुआ है।)

उर्मिला : *(थोड़ी देर बाद)* भैया!

प्रभात चौंक कर उठ खड़ा होता है।

प्रभात : उर्मिला! तुम! तुम इस समय कहाँ से आ रही हो?

उर्मिला : *(आगे बढ़ती हुई अविचलित भाव से)* बनारस से।

प्रभात : बनारस से अकेली?

उर्मिला : अकेली। *(सहसा भावुकता के साथ रूमाल को अँगुलियों में लपेटते हुए)* भैया, उस चिट्ठी के मिलने के बाद मेरे लिए एक मिनट भी रुकना दूभर था।

प्रभात : चिट्ठी? कौन-सी चिट्ठी? अच्छा, बैठो तो। *(उर्मिला आराम कुर्सी पर बैठती है। प्रभात अपनी कुर्सी निकट सरकाकर बैठता है।)* हाँ, अब बताओ, क्या बात है।

उर्मिला : *(आँखें नीची। अँगुलियाँ नाखूनों को कुरेद रही हैं।)* भैया, मैंने छुट्टियों वाला अपना निश्चय बदल दिया है।

प्रभात : हूँ। क्यों?

उर्मिला : मैं गलती पर थी। उस दिन तुम्हारे इतना कहने पर भी मैंने उन्माद को दूर कर अपने निर्णय पर दुबारा विचार नहीं किया। मैं अन्धी हो

रही थी! *(काँपते हुए स्वर में)* मुझे नहीं मालूम था कि सुधाकर बाबू इतने...इतने अच्छे निकलेंगे!

प्रभात : यह क्या कह रही हो उर्मिला?

उर्मिला : मैंने उन्हें गम्भीर समझा था। मुझे उनकी आधुनिकता में गहराई दीख पड़ी थी। प्रेम के सम्बन्ध में उनके विचारों पर मैं उनकी आत्मा की छाप देखती थी। पर आज मुझे मालूम हुआ कि वह सब दिखावा था।

प्रभात : मैंने खुद सुधाकर को कभी गम्भीर नहीं समझा। लेकिन इस सबका तुम्हारे पास क्या सबूत है?

उर्मिला : सबूत? *(कुछ रुक कर। मुख नीचा करके)* भैया, वे एक दूसरी—

प्रभात : *(भावनाओं के वेग को रोक कर अविचलित भाव से)* हूँ!...वह कौन है?

उर्मिला : यहाँ के भोलानाथ बैरिस्टर की *(प्रभात चौंकता है)* लड़की सुनन्दा। वह बचपन में मेरे साथ पढ़ी थी। वह नहीं जानती थी कि सुधाकर बाबू हमारे यहाँ आते-जाते हैं। इसलिए उसने अपने प्रथम प्रेम के अनुभव मुझे लिखकर भेजे। वह चिट्ठी मुझे आज तीसरे पहर मिली। मेरा रोम रोम जल उठा। मैं, समझ न सकी कि एक पुरुष इतना नीच हो सकता है। मैंने सोचा इसका एकमात्र उपाय है उन्हें ज़लील करना। *(आवेश से)* नारी को खिलौना समझनेवाले इन हृदयहीनों को दंड देने में तुम मेरी मदद करो, भैया!

प्रभात : शान्त होओ, उर्मिला! *(खड़े होते-होते बोलता है।)* तुम्हारी पीड़ा को मैं समझता हूँ, मगर—*(सहसा कुछ याद आने पर)*। हाँ, यह चिट्ठी किस तारीख़ की लिखी हुई है?

उर्मिला : परसों शाम की। क्यों?

प्रभात : एक बात तो मैंने तुम्हें बताई ही नहीं *(मेज़ के सहारे खड़ा होकर)*। इन्हीं भोलानाथ बैरिस्टर के यहाँ, शायद कल भारी चोरी हो गई है, जिसके अपराध में पुलिस अभी मेरे दोस्त निर्मल को गिरफ्तार कर ले गई है। उसने अपना अपराध स्वीकार किया है।

उर्मिला : निर्मल! वही जो छुट्टियों में हमारे यहाँ गए थे?

प्रभात : हाँ, वही। बेचारा—*(नेपथ्य में गोली चलने की आवाज़)* हें! यह आवाज़ कैसी?...निरंजन! सुधाकर!!...*(उर्मिला से)* तुम ज़रा यहीं ठहरो; मैं अभी आता हूँ। *(बाईं ओर को प्रस्थान)*

उर्मिला : निर्मल बाबू ने चोरी की?

(कुछ देर विचारमग्न बैठी रहती है। फिर समय बिताने के ख़याल से पास की मेज़ पर रखी हुई पुस्तक उठा लेती है और उसे पढ़ने

लगती है। कोई पंक्ति उसका ध्यान आकृष्ट कर लेती है। दुबारा पढ़ती है। फिर ज़ोर से पढ़ती है।)

"आज प्रेमी के लिए क्या त्याग का है मोल।"

—निर्मल कुमार।

(उर्मिला बार-बार इसी पंक्ति को पढ़ती है। उसके चेहरे पर हवाइयाँ उड़ रही हैं। निरंजन प्रवेश करता है।)

निरंजन : प्रभात भाई, उसकी मेज़ पर यह पत्र मिला है। तुम्हारे नाम है।

प्रभात : *(भर्राई आवाज़ में)* पढ़ो। क्या लिखा है?

(निरंजन पढ़ता है। ज्यों-ज्यों निरंजन पत्र पढ़ता जाता है, प्रकाश धीमा होता जाता है। प्रभात के चेहरे की मुद्रा भी बदलती जाती है।)

"मेरे दोस्त प्रभात,

मेरे पास और कोई चारा न था। मैंने समाज के जिस रूप को सच्चा समझा था और जिसके लिए मैंने तुमसे हमेशा लड़ता रहा, जब उस रूप की सबसे बड़ी कमज़ोरी ज़ाहिर हो गई तब मेरे लिए जीना वृथा था। भोलानाथ बैरिस्टर के 75 हज़ार रुपए मैंने चुराये थे, निर्मल ने नहीं। उनकी लड़की सुनन्दा से इसीलिए मैंने प्रेम का स्वाँग रचा। तुम्हें और उर्मिला को धोखा देने के लिए मैंने क्या नहीं किया? लेकिन मुझे नहीं मालूम था कि मेरे यथार्थवाद से भी एक ज़बरदस्त शक्ति आत्मबलिदान मौजूद है। निर्मल आत्मबलिदान की ज्वाला है। तुम उर्मिला को लिख देना कि प्रेम की सच्ची साधना मैं नहीं कर सका। मैं नीच हूँ, बहुत नीच। प्रेम का सबक़ निर्मल से सीख सकता था, परन्तु त्याग की उस लपट से मैं भय खाता हूँ।...मैं...नहीं...जी सकता...मैं...नहीं...।"

प्रभात : *(पागल की तरह)* निरंजन! निरंजन, मेरी बाँसुरी कहाँ है।...कहाँ है...मेरी बाँसुरी?...*(निरंजन पत्र पढ़ना छोड़कर प्रभात की ओर बढ़ता है।)* तुम लोग सब दुष्ट हो। मेरी बाँसुरी।...

निरंजन : *(उसे पकड़कर)* प्रभात, पागल न बनो। प्रभात?

प्रभात : कहाँ है, मेरी बाँसुरी—कहाँ है बताओ मेरी बाँसुरी।

(सरस्वती संख्या-3, भाग-38 में प्रकाशित।)

लवकुश

प्रथम दृश्य

(स्थान—बाल्मीकि मुनि की तपोभूमि। लवकुश का वीणा सहित गाते हुए प्रवेश। दूसरी ओर से मुनि बालकों का आना।)

लवकुश : कर नित करहिं राम पद पूजा।
रामभरोस हृदय नहिं दूजा॥

मुनिबालकगण : कर नित करहिं राम पद पूजा।
रामभरोस हृदय नहिं दूजा॥

कुश : भाइयो, आज यहीं तक रामायण होगी। अब या तो कोई खेल होना चाहिए या धनुषबाण से लक्ष्य-भेदन करना चाहिए। बोलो, क्या चाहते हो?

(लव को छोड़कर)

सब बालक : खेल, खेल। खेल ही होवे।

लव : नहीं! आज लक्ष्य-भेदन होगा। इसमें कुछ वीरता भी है। खेल में सिर्फ़ दौड़ना ही पड़ता है।

एक बालक : तुम अपनी वीरता की ही शान बघारा करते हो। दूसरों की राय तो सुनते नहीं। अपनी—

लव : और तुम लोग अपनी कायरता और डरपोकपना ही दिखाया करते हो, तभी तो धनुषबाण से भागते हो। लक्ष्य-भेदन करना आता नहीं है तो खेल-खेल करते रहते हो। तारीफ़ तो ज़ब है, जब उस फल को तीर से गिरा दो। तब जानें तुम कैसे वीर हो।

कुश : अच्छा, अच्छा! ठहरो । आज लव की ही बात मानी जाएगी। उस फल का लक्ष्य-भेदन आज करना चाहिए। देखें कौन करता है। अपने अपने धनुषबाण उठाओ और लक्ष्य-भेदन शुरू कर दो। देवदत्त! पहले तुम करो।

देवदत्त निशाना मारता है। वह चूक जाता है। फिर दूसरा बालक मारता है। वह भी असफल होता है। इस प्रकार लगभग सभी निशाना मारते हैं, परन्तु चूक जाते हैं। अन्त में लव लक्ष्य-भेदन कर देते हैं।

कुश : शाबाश लव। तुम्हीं जीते।

देवदत्त : एक जड़ वस्तु का भेदन करके लव ने क्या कर लिया। वीरता तो जब ज्ञात होती है जब वे एक सजीव वस्तु को भेदते।

लव : देवदत्त! तुम मेरा अपमान करते हो। एक सजीव वस्तु क्या एक पूरी सेना का मैं सामना कर सकता हूँ। वह दिन भूल गए जब—

देवदत्त : देखा जाएगा। परन्तु...वह क्या वस्तु है? *(अँगुली से दिखलाकर)* वह सफेद सी दूर पर?

लव : हाँ, दिखलाई तो पड़ती है।...चलती सी मालूम होती है। चलो उसे चलकर देखें। *(धनुषबाण उठा लेता है।)*

कुश : क्या करोगे जाकर। कुछ होगा। तुम्हें क्या मतलब। चलो, आश्रम चलें। गुरुजी क्रोधित होंगे।

लव : नहीं मैं तो जाऊँगा ही। तुम आश्रम जाओ और गुरुजी से कह दो कि मैं थोड़ी देर में आऊँगा। *(लव का कुछ बालकों के साथ प्रस्थान)*

कुश : कैसा पागल है यह बालक। विद्युत की चमक के समान इसकी चपलता, सिंह शावक के समान इसकी निर्भयता और महादेव की सी इसकी सरलता, यह सब एक लव में ही समावेशित हैं। *(सहसा चिन्तित होकर)* आह, यदि वास्तव में कोई हमारे पिता होते तो उन्हें कितना आनन्द होता...

(कहते हुए प्रस्थान)

द्वितीय दृश्य

(स्थान—वही जंगल। एक विशाल श्वेत घोड़ा घास चर रहा है। वह बहुत सजा हुआ है। लव और उसके मित्रों का भागते हुए प्रवेश।)

लव : अहा! यह तो बहुत सुन्दर घोड़ा है। इसको पकड़ना चाहिए, आज इसकी सवारी ही सही।

एक बालक : लव, यह घोड़ा किसी राजा का मालूम होता है, किसी तरह यहाँ आ गया है। तुम इसको मत छुओ, अन्यथा व्यर्थ कष्ट उठाना पड़ेगा।

लव : कुछ भी हो, हम तो...

नेपथ्य : यह घोड़ा मर्यादा पुरुषोत्तम श्रीरामचन्द्र जी महाराज के अश्वमेध यज्ञ का है। अतः इसको पकड़नेवाला चक्रवर्ती महाराज का बैरी एवं अपराधी होगा। जिस मनुष्य को अपनी वीरता का अत्यधिक अभिमान हो, जो मनुष्य अपनी मौत स्वयं बुलाना चाहता हो, वही इसके पकड़ने का दुस्साहस करे।

लव : उफ़! खून को उबालने वाले शब्द हैं ये? घमंड एवं गर्व से परिपूर्ण इस

ललकार को सुनकर किस वीर की भुजाएँ न फड़क उठेंगी, किस मुर्दे के हृदय में वीरता का संचार न होगा। *(नेपथ्य की ओर मुँह करके)* ऐ घमंडियो! तुम्हारे अभिमानी राजा के इस घोड़े को मैं हाथ में लेता हूँ और अभी उनके गर्व को चूर्ण करता हूँ। आओ, कौन मेरे सम्मुख आता है? कौन मेरे बाणों का शिकार बनता है?

देवदत्त : लव! क्यों शेर की माँद में हाथ डालते हो? वह देखो। कितने भयंकर, अस्त्र-शस्त्रधारी सैनिकगण इस ओर आ रहे हैं। चलो, आश्रम को भाग चलें और अपनी जान बचाएँ।

लव : *(पैर पटककर)* भाग जाओ कायरो! अपनी माता का दूध लजानेवालो! तुम कितना ही कहो परंतु प्राण रहते लव इनको बिना हराये नहीं जा सकता। आज मेरी वीरता और इनके अभिमान का निपटारा होगा।

आज देखी जाएगी, अभिमान की भी सारता।
इस गर्व और वीरत्व में है, कौन देखें हारता॥

जाओ, मुझे अकेले मैदान में लड़ने दो और तुम इस घोड़े को घेर कर ले जाओ।

(बालकों का प्रस्थान। कुछ सैनिकों का प्रवेश)

पहला सैनिक : ऐ बालक, तुम बचना चाहते हो तो बतलाओ, वह श्वेत घोड़ा कहाँ गया?

लव : बचना? *(हँसकर)* पहले तुम्हीं बचो। वह घोड़ा मैंने ले लिया है और मैं ही तुम्हारा और तुम्हारे महाराज का गर्व चूर्ण करूँगा। बोलो, क्या करोगे मेरा?

द्वितीय सै. : ऐ बकवादी बालक! क्यों मृत्यु के मुख में जाना चाहता है? जिन रघुपति की वीरता एवं प्रताप के कारण सारा संसार उनका लोहा मानता है, जिन राम की अपूर्व शक्ति से त्रिभुवन थर्राता है, ऐसे राम की सेना का सामना तू क्यों अपने प्राणों को जोखिम में डालकर करना चाहता है? क्या यह भी जानता है कि—

द्वीप सातों में नहीं है शूर कोई इस समय
युद्ध ठाने राम से जो और पकड़े यह सुहय॥

लव : ऐसा शूर, ऐ पक्षपातियो! है और अभी यहीं है।

तृतीय सै. : कौन है वह जो काल का ग्रास बनना चाहता है?

लव : *(छाती ठोककर)*—

ऐ मानियो, देखो इधर, मैं ही करूँगा सामना।
कोशिश करूँगा मैं यही, पूरी न हो तव कामना॥

प. सै. : उफ़, इतना अभिमान, इतना गर्व! ऐसा सरल और सुबोध दीखनेवाला बालक और इतनी उद्‌दंडता और धृष्टता से परिपूर्ण इसकी बातें? ऐ

मुनि-बालक! इधर देख! अब भी तू यदि बचना चाहता है, अब भी तू यदि तपोभूमि में निवास करनेवाले मुनियों की अशांति का कारण बनना नहीं चाहता तो अपने इस हठ को त्याग, धनुषबाण को फेंक अपनी माता की गोदी में जाकर प्राण बचा! अन्यथा—

लव : अन्यथा, क्या? क्या मुझे अस्त्र-शस्त्रों की धमकी दिखाते हो? याद रखो! अपनी जान बचाने के लिए तुम्हें इन्ही शस्त्रों को फेंककर अपने शिविर का आश्रय लेना होगा! आ जाओ दुष्टो! मेरा सामना करो। *(धनुष पर बाण चढ़ाकर मारता है)* लो यदि वास्तविक वीर हो तो इस शर को रोको।

द्वि. सै. : अच्छा मुनि कुमार! तू हठ करता है तो आ।

(सेना और लव का युद्ध। सैनिकों का मैदान छोड़कर भाग जाना।)

लव : ऐ घमंडी सैनिको! वह शूरता अब कहाँ गई? तुम जिधर भागकर जाओ उस ओर मैं भी जाऊँगा और दर्प करने का मज़ा तुम्हें शीघ्र चखाऊँगा।

(तेजी से प्रस्थान)

तृतीय दृश्य

(स्थान—तपोभूमि के समीप जंगल। कुश अपने बचे हुए साथियों सहित लौटकर जा रहे हैं। इतने में लव के साथी पीछे से दौड़कर आते हैं।)

लव का एक साथी : *(कुश को पुकारता हुआ)* भाई कुश! कुश!! तनिक ठहरिए तो—

कुश : *(पीछे देखकर)* अरे यह कौन, देवदत्त क्या हुआ? हाँफ क्यों रहे हो? जल्दी बताओ, क्या बात हुई?

देव. : भाई कुश बड़ी भयानक बात हुई। लव ने *(हाँफता है।)*

कुश : कहो कहो! लव को क्या हुआ? ठीक ठीक बतलाओ।

देव. : भाई जी! लव बहुत उद्‌दंड और निर्भय है। जब हम और वे उस श्वेत वस्तु को देखने गए तो ज्ञात हुआ कि वह तो एक घोड़ा है—बस, फिर...

कुश : हाँ, हाँ—बतलाओ! फिर क्या हुआ?

देव. : फिर लव ने उस घोड़े को लेने का विचार किया। हमने मना भी किया, परन्तु वह न माना। इतने में दूर से आवाज़ आई कि वह घोड़ा किसी रामचन्द्र राजा के अश्वमेध यज्ञ का है। इस पर तो लव उसको लेने को और भी उत्सुक हो गया और हमारे बहुत मना करने पर भी हमें

उस घोड़े को ले आने का आदेश देकर, स्वयं आए हुए सैनिकों से बातें करने लगा और...*(भयभीत होता है)*

कुश : बोलो; डरते क्यों हो?...अच्छा ज्ञानेन्द्र, तुम बतलाओ। आगे क्या हुआ? *(स्वगत)* हृदय मत धड़क। धैर्य की परीक्षा है। सहनशीलता की कसौटी पर कसकर खरा सिद्ध होना है।

ज्ञानेन्द्र : फिर हमने छिपकर देखा कि वह वीर निर्भयता से उनका सामना करने लगा। सैनिकगण जोश में आकर उस अकेले पर वार पर वार करने लगे। परन्तु सियारों के बीच में सिंह के समान वह अद्वितीय शूर उनमें से प्रत्येक को अपने बाणों का स्वाद चखाने लगा। उफ़ कितना भयानक था वह दृश्य!! अकेला लव उन वीर योद्धाओं के सम्मुख दीवार की भाँति खड़ा हुआ था। उसके शरीर में यद्यपि बाणों के द्वारा सैकड़ों घाव हो गए थे, उसके ऊपर असंख्य खड्गों के असहनयीय वार हो रहे थे और उसके कोमल शरीर को यद्यपि हज़ारों दुष्ट घेरे हुए थे, फिर भी उस तेजस्वी वीर बालक ने अपने शौर्य को प्रकट करने में कुछ कसर न छोड़ी। जिस समय उसके धनुष से बाण निकलते थे यह पता भी न चलता था कब कौन सा शर गया। काले सर्प के समान लहराते हुए वे बाण शत्रुओं के शरीर को छिन्न-भिन्न करते थे। आह! भाई कुश!! क्या ही अच्छा होता यदि तुम भी—

कुश : बस ज्ञानेन्द्र बस!! इतना काफ़ी है। मैं सब समझ गया। *(उद्वेलित होकर)* उफ़! मेरे लव-प्यारे लव पर यह अत्याचार!! यह शक्ति...यह धनुष बाण फिर किस दिन काम आएँगे? किस दिन इनकी शक्ति की परीक्षा होगी? आह! मेरा छोटा भाई शत्रुओं के बीच में घिरा हो और मैं यहाँ उस कथा को सुनकर भी निश्चल खड़ा रहूँ! धिक्कार है मुझे और मेरे बल को, हे मित्रो! आकाश और पृथिवी, वन और तपोभूमि, वृक्ष और पत्ती तथा प्रकृति और परमात्मा साक्षी है कि मैं यदि उन अभिमानी दुष्टों का इस उद्दंडता का फल न चखाऊँ तो सीता का पुत्र न कहाऊँ। लव—डटे रहो। मैं आ रहा हूँ तुम्हारी सहायता के लिए और इन दुष्टों के दम्भ मर्दन के लिए।

(तेज़ी से जाता है।)

चतुर्थ दृश्य

(भगवान राम, शत्रुघ्न, चन्द्रकेतु, हनुमान आदि वीर खड़े हैं।)

राम : देखो शत्रुघ्न! कितना समय हो गया। हमने सेनापति के साथ

अश्वमेध के घोड़े के पीछे सैनिकों का एक दल भेजा था, परन्तु उनका पता भी नहीं है। क्या कारण है? कदाचित् कोई असाधारण घटना तो घटित नहीं हुई।

शत्रुघ्न : महाराज! आपके असीम प्रताप और शूरता के सम्मुख कौन उठने का साहस करेगा? मुझे विश्वास है कि वह घोड़ा स्वच्छन्दता से घूमकर आ जाएगा। इतना ही क्यों, मैं तो समझता हूँ कि वह—

राम : यह तो ठीक है शत्रुघ्न, परन्तु तुम जानते हो कि कभी-कभी महान कहलानेवाली शक्ति को महत्तर शक्ति का सामना करना पड़ता है। उस समय निस्सन्देह अपने बड़प्पन की बातें करना कोरे गप्पें रह जाएँगी। फिर मैं यह भी तो चाहता हूँ कि जल्दी ही इस कार्य से निवृत्त हो तो अच्छा है। सीता के अभाव से यह उत्सव नीरस मालूम होता है और इसे समाप्त कर देने की इच्छा होती है।

शत्रुघ्न : महाराज! चिन्ता की कोई आवश्यकता नहीं। अब आगे की बात सोचिए, क्योंकि—*(नेपथ्य से त्राहि-त्राहि, भागो-भागो की आवाज़ आती है।)* हैं? यह कैसी आवाज़ है!! चन्द्रकेतु! तनिक देखो तो। *(चन्द्रकेतु का प्रस्थान, फिर वही आवाज़)* न जाने क्या घटना हो गई। महाराज का अनुमान कहीं सत्य न हो जाए।

(सैनिकों का भागते हुए प्रवेश। बारम्बार 'बचाइए, बचाइए' कहते हैं। इनका पीछा करते हुए लवकुश भी आते हैं और सहसा रुक जाते हैं।)

सेनापति : महाराज! हमें बचाइए!! इन बालकों के तीक्ष्ण बाणों ने हमें आकुल कर दिया।

(सब राम के पैरों पर गिरते हैं। शत्रुघ्न और चन्द्रकेतु बाण निकालकर मारने की तैयारी करते हैं।)

राम : ठहरो शत्रुघ्न! ज़रा सोच-विचार कर काम करो। *(वे दोनों रुक जाते हैं। राम लव-कुश से कहते हैं।)* बालको! तुम कौन हो? ऐसी तपोभूमि में तुम जैसे बालक निवास करते हैं--यह हमने स्वप्न में भी न सोचा था। ऐसी उत्तम विद्या तुमने किससे सीखी?

लव : महाशय! आप और हम युद्ध-भूमि में उपस्थित हैं। ऐसे स्थान पर परिचय पूछने की क्या आवश्यकता है। बस, धनुषबाण उठाइए, फिर तो वास्तविक परिचय स्वतः हो जाएगा।

राम : उत्साही बालक तुम निस्सन्देह वीर हो। तुम्हारे वचनों से स्वभावतः ओज टपकता है। फिर भी अपने नाम-ग्राम से हमें वंचित न रखो।

कुश : महाशय! यों तो युद्धक्षेत्र में परिचय धनुषबाण से ही होता है, फिर भी आपके आग्रह को देखकर अपने विषय में कुछ बताए देते हैं। मेरा

नाम कुश और मेरे इस लघु भ्राता का नाम लव है। हम दोनों बाल्मीकि मुनि के आश्रम में निवास करते हैं। वे ही हमारे गुरु, शिक्षक तथा अभिभावक हैं और हमारी माता...*(ठहरकर)* किन्तु नहीं गुरुजी ने मना कर दिया हैं।

राम : *(उत्सुकता से)* बतलाओ बालक! कौन देवी तुम्हारी माता हैं। (स्वतः) बिल्कुल वैसा ही मुखड़ा, वैसा ही हाव-भाव और वैसा ही प्रकृति। कहीं...खैर जाने दो हृदय! धड़कता क्यों है? स्थिर हो! हैं, यह क्यों! मेरा दिल आप ही आप क्यों खिंच रहा है? क्यों उस ओर बहा जा रहा है? यह कैसा स्वाभाविक प्रेम! (कुश से) हे बालक रुक क्यों गए? कहो, मुझे अपना पूरा हाल सुना दो। मेरी उत्सुकता की पूर्ति करो।

लव : महाराज! मैं फिर कहता हूँ कि युद्धभूमि में हमारे परिचय के लिए आपको चिन्तित न होना चाहिए। आइए, रणक्षेत्र में आइए। शस्त्र हाथ में लीजिए।

बाल्मीकि : ठहरो पुत्रो, ठहरो। (लव कुश रुक जाते हैं।) सम्राट् राम! देखा आपने इनकी वीरता और निर्भयता!! आज तुम्हारे इस वृहद् सैन्य को यही दो बालक ललकार रहे थे और इन्होंने ही सबको हरा दिया। अकेले इन्हीं बालवीरों ने तुम्हारी सेना के वीरों को आकुल कर दिया और इन्हीं बालकों की रणदक्षता से तुम भी चकित हो गए। इसका कारण जानोगे?

राम : *(अवश्य, मुनिवर!)*

लव : तो लो, राम! आज तुम सीता द्वारा उत्पन्न अपने पुत्र लव कुश को आशीर्वाद दो और वत्स कुश और लव! आगे आओ। (लव और कुश आगे आते हैं) अपने पिता की चरण रज लो। आज तक जिनकी कीर्त्ति को तुम गान करते थे, उन्हीं अपने पूज्य पिता राम को प्रत्यक्ष देखते हो। इनके चरणों पर गिरो। (राम अवाक् होकर आगे बढ़ते हैं। लव कुश उनके चरणों पर गिरते हैं। राम आशीर्वाद देते हुए उन्हें मन्त्र-मुग्ध की तरह देखते हैं।)

(पर्दा गिरता है।)

(सेवा, नवम्बर 1932)

वीरोद्गार

स्थान : दुर्ग के ध्वंसावशेषों में एक गुप्त स्थान।

समय : मध्याह्न।

(शिवाजी के साथी, तानाजी, श्रीधर स्वामी येसाजी इत्यादि खड़े हुए बातें कर रहे हैं। दीवार पर तलवार, ढाल, धनुष-बाण, कटार आदि अस्त्र-शस्त्र टँगे हैं। धूप के कारण कुछ शस्त्र चमक रहे हैं।)

श्रीधर : तो क्या यह ठीक है कि शिवाजी ने उस दुर्ग पर आक्रमण करने का विचार कर लिया है?

ताना : अब इसमें सन्देह ही क्या। वे एक बार विचार करने के बाद टालना चाहते हैं, जानते ही नहीं। इरादा करने के पूर्व ही आगा-पीछा करते हैं और जब एक बार सोच लिया तो पैर रखना उनके लिए अपमान है।

श्रीधर : परन्तु शिवाजी भी खूब हैं। वीरता की सजीव मूर्ति, उमंग और उत्साह से भरपूर। डरना तो सीखा ही नहीं है। सोचो तो, इस विशाल दुर्ग पर केवल 200 सेना से अधिकार करने का साहस कौन कर सकता है?

येसाजी : यही तो उनका गौरव है, स्वामीजी। यह हम लोगों का सौभाग्य है कि हम लोगों के बीच में शिवाजी जैसे वीर और उत्कट साहसी पुरुष का आविर्भाव हुआ है।

ताना : उनके आविर्भाव की आवश्यकता थी। हिन्दू जाति की इस दयनीय पतितावस्था में एक ज्योतिर्मय पुंज की आवश्यकता थी, जो पतन के इस तिमिर को दूर कर दे, जो हमारी अवस्था का ध्यान दिला कर फिर स्फूर्ति का संचार करे। *(कुछ ठहरकर)* कितना समय दिया था, मालो जी?

मालोजी : ठीक दोपहर को आने के लिए कह गए थे। अब तक तो लौट आना चाहिए था। कहीं किसी शत्रु से तो नहीं भिड़ गए। उनका...

(नेपथ्य से—तो क्या तुमने मुझे बिल्कुल झगड़ालू समझ लिया है?)

येसाजी : *(हँसकर)* अच्छा, आप तो आ गए।

शिवाजी : *(प्रवेश करके)* क्या बातें हो रही थीं, तानाजी?

शिवाजी : जीवन? इसे जीवन न कहो, तानाजी। क्षुद्र से क्षुद्र कीट में भी आत्माभिमान की मात्रा रहती है, पशुओं तक में स्वातन्त्र्य भाव विद्यमान है, पर हम पतित हिन्दुओं में से यह गुण लुप्त हो गए हैं।

यह जीवन है। खा-पीकर जैसे-तैसे कालक्षेप तो सभी कर लेते हैं, पर मानवत्व के उच्चतम गुणों की प्राप्ति और प्रदर्शन भी तो आवश्यक हैं, और इनका उत्पादन होता है स्वतन्त्रता की भावना से। वही भावना तो हम में नहीं है। हमारा है ही क्या?

येसाजी : महाराज, अत्याचारों की भी कुछ सीमा होती है। इस वज्रघात का कभी अन्त नहीं होगा।

शिवाजी : अन्त क्यों नहीं होगा येसाजी? जानते हो, इन अत्याचारों ने पीड़ितों को जाग्रत कर दिया है। ऐसा जागृति में वह स्फूर्ति और वह आज होता है जो बरसों की सोई हुई आत्मा को चेतन कर देता है। मित्रो, आज भी प्रलयंकर वज्राघात हो रहा है, क्या अन्य धर्मियों के द्वारा हमारी जन्मभूमि महाराष्ट्र पर भारत भूमि पर निरंकुशता का जो प्रदर्शन हो रहा है, वह सहनीय है? क्या निर्दयताओं से सभ्यताभिमानी सर्वोच्च हिन्दू जाति का यह मानमर्दन परिसीमा को प्राप्त नहीं हो गया है? और क्या अबलाओं, गौ और ब्राह्मणों पर यह जो अन्याय का कुठाराघात हो अब खटकता है। देखो और सुनो। पीड़ित हिन्दुओं के आर्तनाद से भारतवर्ष का समस्त वायु गूँज रहा है अरे इन वेदनामय, सूखे टटके हुए चेहरों को देखो—अन्याय और अत्याचार के थपेड़ों ने इनकी स्वीथावक क्रान्ति का अपहरण कर लिया है। *(उद्वेलित होकर) कहाँ है वह हिन्दू जाति जो विश्व को समस्त उन्नत जातियों में* सबसे पवित्र, सबसे सभ्य, सबसे उच्च समझी जाती थी? उफ, कहाँ है वह सुखद काल जब हम इसी भारत माँ को अपनी मान कर, इसके आनन्ददायक क्रोड़ में स्वच्छन्दता से कालक्षेप करते थे? यह कष्ट-सहन की सीमा है अपमान का अवसर है, हमारी झूठ दुर्बलता की परिधि।

ताना : ठीक कह रहे हैं। आपके इन शब्दों में जितना प्रोत्साहन है उतना ही सत्य भी। सचमुच ही हम पतन के गर्त को प्राप्त होते हैं। उद्देश्य ? जाति-समाज सबकी दशा दयनीय है, आँसू बहाने योग्य है। निर्दयता की चक्की में हम बहुत कुछ पीस चुके हैं, पाप का घड़ा इतना लबालब भर गया है कि अब टूटने में देर नहीं। बस, यही उपयुक्त समय है। आत्माभिमान के प्रेमियो! अपने शंख रव के साथ-साथ अभी—इसी शुभ प्रभात में अलख जगाना प्रारम्भ कर दो। छोड़ दो, वह तान छेड़ दो। जिसे सुन माताएँ अपने बच्चों को तुम्हारी झोली में न डाल दें, गृहिणी अपने पतियों को उत्सर्ग कर दें, बहनें अपने भाइयों के राखी बाँधना प्रारम्भ न करें।

शिवाजी : तानाजी, भगवती भवानी की आज्ञा है और सन्देश भी यही है कि मैं

अपने आपको समर्पित कर दूँ।...हाँ मैं समर्पित करूँगा—स्वदेश के त्याग-मन्दिर में अपनी यह तुच्छ पुष्पांजलि की भेंट करूँगा। मेरे सुख-दुख के साथियो, तुम्हारी सहायता की दरकार है, तुम्हारी ही हामी की आवश्यकता है।

श्रीधर : आप भूल रहे शिवाजी। एक और वस्तु की आवश्यकता है।

ताना : आप गुरु! जिस महान अनुष्ठान के आयोजन में आप हाथ लगा रहे हैं, उसकी सिद्धि के लिए गुरु-द्वारा पथ-प्रदर्शन की भी तो आवश्यकता है। गुरु प्रकाश-स्तम्भ के तुल्य सदुपदेश देगा, आपत्तियों में सान्त्वना प्रदान करेगा। गुरु के बिना आपका यह उत्कट त्याग, यह उबलता हुआ उत्साह, यह महान आयोजन पूर्णतया सफल न होगा।

(बेना बाई का प्रवेश)

बेना : असफल क्यों होने लगा, स्वामीजी? अपनी सृष्टि का कुछ ऐसा अनुक्रम विधाता ने रखा है कि कर्ता और प्रेरक दोनों का उत्पादन एक ही काल में करता है। उन दोनों के समुद्योग से जो अग्नि उत्पन्न होती है, वह उन्नयन के मार्ग में पड़नेवाले कंटकों को भस्मीभूत कर देती है। शिवजी की शक्ति और उत्साह को बढ़ाने के लिए जिस गुरु की आवश्यकता है वह भी उत्पन्न हो चुका है। अब भी बिना प्रकट हुए जो शक्ति शिवजी की वृत्तियों का परिचालन कर रही है, वह भी उसी महान आत्मा की प्रेरणा है।

ताना : आप कौन हैं, देवि? क्या सचमुच ही शिवजी के गुरु का आविर्भाव हो चुका है?

बेना : मैं? मैं उसी महापुरुष के संदेश को महाराष्ट्र के घर-घर सुनानेवाली—उनकी एक सेविका बेना बाई हूँ।

श्रीधर : क्या, बेना बाई! वही बेना बाई जिसने आज अपने संकीर्तनों-द्वारा समस्त देश को जाग्रत कर दिया—जिसने जाति की रग-रग में, कण-कण में स्वाभिमान की भावना का समावेश कर दिया है? धन्य हो, देवि! आज तुम मुझे गुरु का परिचय कराने आई हो—यह तुम्हारा महान उपकार है। बताओ महाराष्ट्र की कर्मयोग प्रचारिके, बताओ वे मेरे इष्ट देव, गुरु, कौन हैं?

बेना : समर्थ श्रीरामदास। शिवाजी, अन्तर्चक्षु खोलो। आत्मगौरव के उपासक, स्वतन्त्रता मन्दिर के पुजारी को देखो। वह देखो, तुम्हारे मस्तक पर रक्षक की भाँति कर-कमल पसारे तुम्हें कौन आशीर्वाद दे रहा है? *(धीरे-धीरे स्थान तिमिरावृत्त हो उठता है। अन्धकार के बीच में आलोक का क्षीण विन्दु दृष्टिगोचर होता है। क्रमशः उसका आकार बढ़ता जाता है। विस्तृत आलोक में ही समर्थ श्री रामदास की अस्पष्ट*

सी मूर्ति की झलक मात्र सी मिलती है। कुछ क्षण उपरान्त वह विलीन हो जाती है। पुनः पूर्वावस्था) कैसी सौम्य, शान्त मधुर मूर्ति थी! बस, यही तुम्हारे गुरु थे। सुनोगे, उनके पवित्र सन्देश को सुनोगे? अच्छा, सन्यासिनियो! *(कुछ सन्यासिनियों का प्रवेश) तनिक उस पवित्र सन्देश को तो सुनाओ।*

(सन्यासिनियाँ अर्ध गोलाकार आकृति में खड़ी हो जाती हैं। बेना बाई बीच में खड़ी हैं। सब मिलकर गाती हैं।)

गीत

जाग्रत हो स्वदेश के प्राण
आज गूँजती नभमंडल में आहों की दुखमयी तान।

(सेवा, फ़रवरी-मार्च 1934)

वैशाली दिग्दर्शन

(गुनगुनाते हुए पथिक का प्रवेश–)

...खोजता हूँ–
खोजता हूँ मौन धरती में निमन्त्रण
जो युगों की याद में गुम
गन्ध सा
खँडहरों के दलित कुसुमों पर लुभाता
राह खोए मुझ भ्रमर को।
खोजता हूँ–
स्मृति सौरभ रज्जु को लेकर सहारा
खोजता हूँ...खोजता हूँ– *(फिर गुनगुनाता है)*

(एक ग्रामीण का प्रवेश)

ग्रामीण : तुम कौन?

पथिक : मैं! पथिक।...यात्री।

ग्रामीण : यात्री? बसाढ़ में यात्री? क्या यह तीर्थस्थान है। तुम यहाँ यात्रा करने आते हो?

पथिक : बसाढ़? यह जगह है?

ग्रामीण : वाह भाई, इतना भी नहीं जानते? यह है मुजफ्फरपुर जिसका गाँव बसाढ़।

पथिक : हूँ।...मैं बसाढ़ के इन खँडहरों, इस भग्न गढ़, इन सूखे तालों में अपने खोये हुए तीरथ को खोज रहा हूँ, भाई!

ग्रामीण : कौन तीरथ?

पथिक : वैशाली! जिसे तुम बसाढ़ कहते हो, पहले वह वैशाली नगरी थी।
'वैशाली इतिहास-पृष्ठ पर अंकन अंगारों का,
वैशाली अतीत-गह्वर में गुंजन तलवारों का,
वैशाली! जन का प्रतिपालक, गण का आदि विधाता।
जिसे ढूँढ़ता देश आज, उस प्रजातन्त्र की माता।''

ग्रामीण : मैं तो यह सब नहीं जानता!

पथिक : मैं तुम्हें दिखाऊँगा। चलोगे मेरे साथ?

ग्रामीण : कहाँ?

पथिक : दूर–सदियों पीछे। मैं समय का पथिक हूँ। अपनी पलकों के पाँवड़ों

से युगों को नापता हूँ। मेरे साथ चलो—आज से ढाई साल वर्ष पूर्व, जब गंगा, गंडक हिमाचल से आबद्ध इस सुरम्य प्रान्त में लिच्छवि निवास करते थे। यह एक तेजस्वी क्षत्रिय जाति थी जिसने वैशाली में ईसा से लगभग 700-800 वर्ष पूर्व जनतन्त्र को चलाया; यों तो पुराणों के अनुसार सूर्यवंशी राजा इक्ष्वाकु के वंशज राजा विशाल ने इस नगरी की स्थापना की थी। वाल्मीकीय रामायण में भी लिखा है कि विश्वामित्र के साथ जनकपुरी जाते हुए राम और लक्ष्मण ने दूर से वैशाली के उन्नत शिखरों और भव्य भवनों को देखा। परन्तु लिच्छवियों द्वारा वैशाली का उत्थान हुआ। महाभारत के समर के उपरान्त जब उत्तरी भारत की राज्यप्रणाली खंड-खंड हो रही थी, उस समय गंडक-घाटी में नौगण या जनतान्त्रिक जातिसमूहों का राज्य था जिनमें थे वैशाली के लिच्छवि और कुशीनगर के मल्ल।...इन नौ गणों को एक सूत्र में बाँधनेवाला संघ वज्जिसंघ कहलाता था। वैशाली इसी वज्जिसंघ का केन्द्र थी। वज्जिसंघ ने नौ गणों को अतिरिक्त शासन में पूरी आज़ादी दे रखी थी। केवल बाहरी आक्रमण और विदेशी नीति का अधिकार संघ के हाथ में था। संघ में सब गण बराबर थे, न कोई सम्राट् था, न कोई महाराजाधिराज।

ग्रामीण : उस समय भी पंचायती राज था क्या पथिक?

पथिक : हाँ, आज हम उसे भूल गए हैं। लेकिन उन नौगणों में से वैशाली के लिच्छविगण की शासनप्रणाली सबसे अधिक सुव्यवस्थित थी। उस समय वैशाली में लिच्छवियों के 7707 कुटुम्ब थे; हरेक कुटुम्ब का प्रमुख व्यक्ति गणसभा का सभासद होता था और गण राजन् इसके सदस्य थे और प्रायः गणसभा इन्हें चुना करती थी। अष्टकुलकों में से प्रत्येक का अलग-अलग रंग था, विशेष उत्सवों और अवसरों पर हरेक अष्टकुलक उसी रंग के वस्त्र आभूषण पहनकर उसी रंग के घोड़े पर सवार होकर जाते। जब गणसभा की बैठक होती तो उसे गणसन्निपात कहा जाता और उस बैठक के स्थान—सभाभवन—का नाम था संस्थागार। संस्थागार के निकट ही एक पुष्करिणी थी—'अभिषेक-पुष्करिणी' जिसमें केवल गणराजन् ही स्नान करने के अधिकारी थे। जब नए गणराजन् का अभिषेक होता, तब बड़े समारोह के साथ वह इस पुष्करिणी में स्नान करता।...देखते ही वह पुष्करिणी?...

ग्रामीण : वह? वह तो 'खरौना पोखर' है।

पथिक : वहीं अभिषेक-पुष्करिणी थी भाई! उसके दोनों तरफ़ जो टीले देखते हो वहाँ उन्नत शिखरोंवाले भवन थे, जहाँ लिच्छवी ललनाएँ बैठकर अभिषेकोत्सव देखती थीं।

(रुक जाता है। उस नीरव में वइणा के कुछ मन्द स्वर जो क्रमशः तीव्र होते जाते हैं और उसमें और वाद्यों का संगीत भी मिलता जाता है।)

ग्रामीण : कहो पथिक रुक क्यों गए?

पथिक : तुम्हें कुछ दीखता है? वह भवनों की रूपरेखा।

ग्रामीण : हाँ–आँ।...संस्थागार, पुष्करिणी, जैसे बादलों के पीछे चाँद–

पथिक : अभिषेक-पुष्करिणी–वे भवन, वह जनसमूह–*(वाद्यस्वर तीव्र हो रहा है।)*

ग्रामीण : यह क्या हो रहा है, पथिक! यह कैसा चमत्कारपूर्ण दृश्य!

पथिक : सदियों के पर्दे उठे हैं।...समय का पंछी हमें उड़ाए लिए जा रहा है–ढाई हज़ार बरस पूर्व। वह देखो...ढाई हज़ार वर्ष पूर्व लिच्छवियों का अभिषेकोत्सव।–

(वाद्य-स्वर घोर निनाद में परिणत हो जाता है–तुरीयगति से।)
(कोलाहल, फिर एक उच्च स्वर।)

प्रतिहारी : "सावधान, सावधान, सर्वगुणसम्पन्न लिच्छिविगणाधिपति अष्टकुलक पधारते हैं। सबसे आगे आज के अभिषेकपात्र उपराजन् महालि हैं, जिन्हें गणसन्निपात ने गणराजन् चुना है। महानायक दीखा देंगे। आर्यमहालि लिच्छविगण के प्रति प्राण प्रतिष्ठा की शपथ लेंगे। उनके बाद युवक-युवतियों का यूथनृत्य होगा।–सावधान!

(तुरही का स्वर)

अभिवादकगण : "पीतास्या, पीतरथा, पीतरश्मि प्रत्योदमुष्णीशा।
पीता च पंचककुदा पीता वस्त्रा अलंकारा।
नीलास्या, नीलरथा, लीलरश्मि प्रत्योदमुष्णीशा।
नीला च पंचककुदा नीला वस्त्रा अलंकारा।

(कोलाहल, फिर महानायक चेटक बोलते हैं।)

चेटक : आर्यमहालि! आपको सुदूर तक्षशिला में शिक्षा प्राप्त करने भेजा गया था। वहाँ आपने वैशाली का नाम ऊँचा किया। आपकी उस कीर्ति और आपके गुणों पर मुग्ध होकर गणसभा ने आपको गणराजन् निर्वाचित किया है। इस पुष्करिणी में स्नान करने के पूर्व आपको हमारी परम प्रिय नगरी के इन सब नर-नारियों के सामने वह व्रत लेना है, जो आपको इस अभिषेक के उपयुक्त बनाएगा। भन्तेगण सुनें। आर्यमहालि के वचन सुनें।

महालि : "मैं, क्षुद्र का पुत्र महालि, प्रतिज्ञा करता हूँ कि मैं लिच्छवी मर्यादाओं का सर्वदा पालन करूँगा, गणसभा में एकमत होकर आचरण करूँगा, वज्जियों की प्राचीन संस्थाओं का सम्मान करूँगा, वृद्धों और बड़े बूढ़ों

का उचित आदर करूँगा। स्त्रियों और बालिकाओं पर बलप्रयोग नहीं करूँगा। वज्जीन के चैत्यों की प्रतिष्ठा करूँगा, अपने अर्हतों को उचित रक्षण करूँगा ओर कठोर एवं श्रमशील जीवन बरतूँगा।...''

चे. : धन्य हो गणराजन् महालि! यही लिच्छवियों की सच्ची मर्यादा है, जिसके लिए वैशाली युगों-युगों तक प्रसिद्ध रहेगी। अब आप पुण्यसलिला पुष्करिणी में स्नान करें और हमारी नगरी की पताका को, जिस पर सिंह का लिच्छवि चिह्न अंकित है, प्रणाम करें।

(सम्मिलित स्वर–''हम उसे कुचल देंगे''–)

चे. : अवश्य! अभी गणसन्निपात होगा। सब लोग संस्थागार में चलें *(कोलाहल)*। और सुनिए। हमारे नए गणराजन् महालि, जिनका अभी अभिषेक हुआ है, सुदूर तक्षशिला में सैन्यशिक्षा प्राप्त कर चुके हैं। गण की ओर से युद्ध का भला उन्हें ही होगा।

महालि : मैं प्रस्तुत हूँ, महानायक! जय लिच्छविगण की जय! *(सम्मिलित स्वर–''जय लिच्छविगण की जय''।)*

चे. : आर्य महालि, आप सबके साथ संस्थागार चलें। मैं अभी आता हूँ। *(जयध्वनि)* वासव! तुम किस मार्ग से आए?

वा. : उत्तर पथ से। पहले कुंडग्राम गया। सोचा, आप वहाँ हों।

चे. : कुंडग्राम में बहन त्रिशला के पास मैं बहुत दिनों से नहीं गया हूँ।

वा. : तब तो आपको एक नूतन समाचार न मालूम होगा?

चे. : क्या?

वा. : आपकी बहन त्रिशला का पुत्र शुभ घड़ी में आया? जब सारी वैशाली में वीर भाव छाया हुआ है। जानते हो वासव! मैं उसका क्या नाम रखूँगा?...महावीर!

चे. : महावीर?

वा. : हाँ! लिच्छविपुत्र महावीर। उसके हाथों सारे भूखंड में वैशाली का प्रताप फैलेगा। महावीर वर्धमान।

(वाद्यसंगीत जो धीरे-धीरे मन्द हो जाता है। पट परिवर्तन।)

ग्रामीण : पथिक, तो क्या सच ही इस महावीर ने अपने भुजबल और वीतराग से सारे भूखंड को वैशाली कर दिया?

पथिक : हाँ, लेकिन भुजबल से नहीं, आत्मबल से। ये ही वे महावीर स्वामी थे जिनके द्वारा बढ़ाए गए जैनधर्म को आज के दिन भी भारतवर्ष में हज़ारों स्त्री-पुरुष मानते हैं। ये जैनों के 24वें तीर्थंकर माने जाते हैं। इन्होंने श्री पार्श्वनाथ के मत को अपनाकर उसे परिष्कृत रूप दिया। तुम्हारे इस गाँव से सटा जापे वासुकुंड गाँव है, वही तब कुंडग्राम कहलाता था और यहीं उनका जन्म हुआ। तीस वर्षों तक सांसारिक

जीवन बिता कर फिर वह श्रमण बनकर निकल पड़े। सारा वज्जी और मगध प्रदेश उनके उपदेशों से अनुप्राणित हो चला। लेकिन वैशाली को वे न भूले और बहुत बार वे वर्षावास करने कुंडग्राम भी आए। उस समय वैशाली के प्रमुख और समृद्धिशाली व्यक्ति उनके शिष्य थे—सेनापति सिंह, श्रेष्ठि आनन्दगाथापति, इत्यादि। जब मैं वासुकुंड को देखता हूँ तो मुझे ऐसा आभास होता है, मानो अब भी उनके शिष्य उनके चरणों में बैठे हैं और उनके उपदेशामृत का पान कर रहे हैं।

(संगीत ध्वनि, पट परिवर्तन)

महावीर

वर्धमान : सेनापति सिंह, आज कल तुम व्यस्त रहते हो।

सिंह : मैं कितना भी व्यस्त रहूँ, आपके उपदेश मुझे चिन्ता से मुक्त करते रहेंगे।

महा. : सेनापति सिंह, सुनो! मैं नहीं, तुम्हारी आन्तरिक शक्ति ही तुम्हें मुक्त करेगी। जीव स्वावलम्बी और स्वतन्त्र है। वह अनन्त चतुष्ट्य से परिपूर्ण है और अनन्त सामर्थ्यवान है। परन्तु वह इस अपनी अनन्त सामर्थ्य को स्वयं ही नहीं पहचानता। जिस दिन पहचान जाता है, उसी दिन से क्लेशमय बन्धनों से विमुक्त हो जाता है। इसको पहचानो। अपने में ही नहीं, जगत् के कोने में।

सिंह : हे नातपुत्त! मैंने आज संस्थागार में कुछ लिच्छवियों को यह कहते सुना कि राजगृह से शाक्यश्रमण गौतम आए हैं और कल्याण नूतनपथ प्रदर्शन कर रहे हैं।

महा. : तुम श्रमण गौतम के पास जाना चाहते हो?

सिंह : यदि नातपुत्त की आज्ञा हो तो।

महा. : सेनापति, तुम एक ही पथ पर रहो, तो अच्छा है। श्रमणगौतम तो कर्मफल को, मुक्ति को मानते नहीं! उनके सिद्धान्त तुम्हें विचलित कर देंगे। जब तक तुम स्वस्थ हो, तुम्हारी इन्द्रियों में शक्ति है, तब तक मेरे बताए धर्म पर आचरण करते रहो, तुम्हें शान्ति मिलेगी।

जरा जाव न पीडेइ वाही छाव न बड्ढइ,
जाविन्दिया न हायन्ति, ताव धर्म्म समायरे।

(संगीत ध्वनि-पट परिवर्तन)

ग्रामीण : पथिक, यह श्रमण गौतम कौन थे, जिन्होंने वैशाली के सेनापति को अपनी ओर आकृष्ट किया?

पथिक : ये थे महात्मा गौतमबुद्ध, जिनके बौद्धधर्म की ज्योति सारे एशिया में फैली थी। वैशाली नगरी में तो उस समय जितने होते थे, सभी के लिए जगह थी। गौतमबुद्ध का नाम सुना, तो लिच्छवियों ने बड़े आग्रह

के साथ उन्हें बुलाया और कहते हैं कि चरण रखते ही वैशाली में जो महामारियाँ छायी हुई थीं, सब गायब हो गईं। फिर तो वे अकसर वैशाली आने लगे। वह अशोक का सिंह-स्तम्भ देखते हो?

ग्रामीण : हम लोग तो उसे भीम सेन की लाठी कहते हैं।

पथिक : भाई वह राजा अशोक का बनवाया हुआ स्तम्भ है—उसी जगह जहाँ बुद्ध भगवान् अकसर ठहरा करते थे। और देखो यह टीला है न। वह टीला एक स्तूप था, जिसके नीचे भगवान् बुद्ध के शरीर का एक अंश दबा कर रखा गया था।

ग्रामीण : अच्छा?

पथिक : हाँ भाई! बुद्ध भगवान् को वैशाली और उसके लिच्छवि बहुत प्रिय थे। एक दिन की बात है, वैशाली के निकट महावन में भगवान् बुद्ध ध्यानावस्थित बैठे हुए थे और उनके निकट थे एक वृद्ध लिच्छवि महानाम। इतने में कुछ उच्छृंखल लिच्छवि युवकों का समूह गाते हुए, शोर मचाते हुए आखेट के लिए वहाँ आया।

(संगीत। पट परिवर्तन)

महानाम : देखिए तथागत, ये उच्छृंखल लिच्छवि युवक कितना ऊधम मचा रहे हैं। भला इनसे क्या आशा करें कि ये तथागत के धर्म की शरण लेंगे।

बुद्ध : ठहरो महानाम! इन्हें आने दो। *(कोलाहल कम हो जाता है, बुद्ध के पास आते ही वे चुप हो जाते हैं।)* आओ भाई, बैठो। अभय, यहाँ आओ, माणिक्य बैठो न। भद्र बैठ जाओ। *(कुछ देर ठहरकर)* महानाम! अब बोलो क्या कह रहे थे तुम?

महानाम : मैं अचरज में पड़ गया हूँ। ये लिच्छवि युवक जिनकी उच्छृंखलता शान्त हैं वे इस समय अपना उपाधिपूर्ण स्वभाव तेज कर, धनुष बाण त्याग करके उनके निकट कितने शान्त और सौम्य हो बेठे हैं। यह अमिताभ के अनन्त प्रकाश का प्रभाव है।

बुद्ध : महानाम! इनकी उच्छृंखलता से त्रस्त मत होओ। ये लिच्छवि युवक तुम्हारी वैशाली नगरी के प्राण हैं। जानते हो क्यों? एक बात मगधमन्त्री वर्षकार ये मुझसे परिश्रमी और उत्साही हैं, आलस्य का इनमें नाम नहीं है। कठोर जीवन के आदी हैं। जब तक उनमें ये गुण हैं, तब तक उनकी पराजय सम्भव नहीं।

महानाम : और भगवान्! यहाँ की युवतियाँ? वैशाली की युवतियाँ तो सागर की फेनिल लहरों की भाँति नृत्य और आमोद-प्रमोद में रहती हैं।

बुद्ध : जिस युवती समाज की शिरोमणि अम्बापाली जैसा रत्न है, वह सम्मान का पात्र है।

महानाम : अम्बापाली? गणिका?

(*अम्बापाली का प्रवेश*)

अम्बा : हाँ, अम्बापाली गणिका। वैशाली की सौन्दर्य-महिषी, अम्बापाली। तथागत को मेरा प्रणाम स्वीकार हो।

उल्लसित क्यों न होऊँ भगवन्! आज तथागत मेरे घर—अम्बापाली के आम्रकानन में—पधारेंगे। आज मेरा गौरव सीमाहीन है। कल जब तथागत ने मेरा निमन्त्रण स्वीकार किया, तो लौटते समय वैशाली के राजपथ पर चार-पाँच गणराज्यों के रथों से मेरा रथ अटक गया। मैंने सारथी से कहा—रथ आगे बढ़ाओ। गणराजन् बोले—"गणिका की इतनी स्पर्धा।" मैंने जवाब दिया—"हाँ, जिसके यहाँ तथागत पधारेंगे, उसका रथ पवन की होड़ लेगा।" वे अहंकार से हँसे और बोले, "तथागत और गणिका के यहाँ! उन्हें आमन्त्रित करने तो हम जा रहे हैं।"

बुद्ध : भद्रे, वे गणराजन् मेरे पास आए थे।

अम्बा : (*चिन्तित स्वर*) भगवन् मेरे निमन्त्रण को ठुकरा कर कहीं आप यहाँ तो न जाइएगा।

बुद्ध : नहीं! तथागत वचनबद्ध है। मैंने उनका निमन्त्रण अस्वीकार कर दिया।

अम्बा : अवश्य आएँ। राजपुत्रों के स्वागत में अम्बापाली कुशल है।

बुद्ध : आज वे राजपुत्र की तरह नहीं, एक भिक्षु के पीछे आ रहे हैं।

अम्बा : जिसके अमूल्य भिक्षा पाने को जम्बूद्वीप आतुर रहता है, उसे मैं भिक्षु कैसे समझूँ?

बुद्ध : तुम्हारा अवाक्-चातुर्य धन्य है, भद्रे! तुम्हारी यह जन्मभूमि वैशाली धन्य है। वैशाली ने तथागत को क्रय कर लिया है। इसके सुरम्य भवन, इसके गगनचुम्बी चैत्य, इसके निवासियों की उदारता—सभी में मुझे अनुपम आकर्षण लगता है। वैशाली में तथागत को प्रचारक। युग युगों तक धम्म की परिणति, धम्म के सच्चे अनुयायी, कृतज्ञजन, तथागत की अवधारणा और तथागत के धम्म के प्रचारक। युगों तक तथागत की स्मृति में वैशाली संयुक्त रहेगी।

(*वाद्य संगीत। पट परिवर्तन।*)

ग्रामीण : ऐसी जो वैशाली नगरी की पथिक थी, पथिक, उस पर तो कोई नहीं हाथ लगा सकता था।

बुद्ध : वह एक करुण कहानी है, भाई! मगध को लिच्छवियों ने बुरी तरह हराया। लेकिन उन्होंने अपनी प्राचीन प्रथा के अपने महानायक चेटक की पुत्री छलना का विवाह भी बिम्बिसार से कर दिया। छलना का पुत्र हुआ अजातशत्रु—निर्मम, निष्ठुर, महत्त्वाकांक्षी सम्राट् जिसने अपने पिता को बन्दी किया। अपनी माँ के घरवालों को क्यों छोड़ता?

लिच्छवियों पर आक्रमण करने के लिए लड़े। उसने पाटलिपुत्र में विशाल दुर्ग बनवाया। पहला आक्रमण तो निष्फल रहा, क्योंकि लिच्छवि एकमत होकर जनतन्त्र के लिए लड़े। लेकिन दूसरी बार उसने अपने मन्त्री वर्षकार को लिच्छवियों के बीच फूट डलवाने के लिए भेजा और इस तरह वैशाली को युद्ध किए बिना ही पराजित कर दिया।

ग्रामीण : क्या तभी से वह दशा हुई जो आज है?

पथिक : नहीं। यद्यपि वज्जिसंघ की राजनीतिक शक्ति नष्टप्राय हो गई, तथापि लिच्छवि-जाति का शौर्य और प्रताप सदियों तक उत्तर भारत को प्रभावित करता रहा। बुद्ध के मरने के सौ वर्ष बाद वैशाली में बौद्ध भिक्षुओं की द्वितीय धर्म-सभा हुई। अन्य राज्यों के नृप लिच्छवि कुटुम्बों से विवाह सम्बन्ध स्थापित करने को इच्छुक रहे और यहाँ तक कि ईसा की चौथी शताब्दी में साम्राज्य के संस्थापक चन्द्रगुप्त ने एक लिच्छवि कुमारी से विवाह किया। उसके पुत्र ने तो अपने सिक्कों पर अपना नाम खुदवाया—

ग्रामीण : पथिक, हमारे यहाँ तो कई सोने के सिक्के मिले हैं, बड़े सुन्दर!

पथिक : वे गुप्त सम्राट् के ही हैं। तुमने एक सिक्का देखा होगा, जिसमें सम्राट् चन्द्रगुप्त विक्रमादित्य एक धनुष लिए खड़े हैं। इन्हीं सम्राट् के समय में चीन से एक यात्री आया—फाह्यान।

(घंटों की ध्वनि)

फा. : "यही वैशाली है?"

स्वर : हाँ, इधर से आओ यात्री। तुम चीन देश से कब चले थे?

फा. : कई बरस हुए। भिक्खु, यह कौन भवन है?

स्वर : कुटागारशाला। यहीं तथागत प्रायः निवास करते थे और उपदेश देते थे। यह तुम लिख रहे हो यात्री?

फा. : हाँ, लिख रहा हूँ, जिससे मेरे देश के निवासी वैशाली की दिव्यनगरी की शोभा का अन्दाज़ा लगा सकें। और बताओ, भिक्खु, इस पावन नगरी का माहात्म्य और बताओ।

(घंटों की ध्वनि। पट परिवर्तन)

पथिक : दो साल बाद उसी उड़ीसा में एक और यात्री वैशाली की दिव्यनगरी की शोभा का अन्दाज़ा लगा सका। और बताओ, भिक्खु, इस पावन नगरी का माहात्म्य और बताओ। जो यहाँ आया उसका नाम था—ह्वेनसांग। उसने लिखा है—

(अन्य स्वर में—)

(इस देश की भूमि उत्तम और उपजाऊ है। फल और फूल अधिक होते हैं। प्रकृति स्वाभाविक और सह्य है तथा मनुष्यों का आचरण

शुद्ध और सच्चा है। ये लोग विद्या की प्रतिष्ठा करते हैं। विरोधी और बौद्ध दोनों मिल-जुलकर रहते हैं।)

ग्रामीण : पथिक!

पथिक : हाँ!

ग्रामीण : क्या वैसी वैशाली फिर नहीं होगी?

पथिक : भाई! उसी की खोज में इन खँडहरों में मारा-मारा फिर रहा हूँ। इस लिच्छवि भूमि की पवित्र धूलि, इसकी ये ध्वस्त मूर्तियाँ, यह अकेला अशोक-स्तम्भ, ये सूदखोर ताल सभी ने बीते हुए वैभव की कहानियाँ बिखेरी हैं।

ग्रामीण : उसमें एक और चीज छिपी है।

पथिक : क्या?

ग्रामीण : आनेवाले वैभव के सपने!

पथिक : तुम्हारी बात नहीं समझा, भाई।

ग्रामीण : पथिक! मैं एक साधारण ग्रामणी हूँ। लेकिन तुमने आँखें खोल दीं। तुमने मुझे बताया कि मैं किस विशाल धरोहर का उत्तराधिकारी हूँ। तुमने मुझे युगों का सिंहावलोकन कराया। अतः मैं तुम्हारी खोज पूरा करूँगा। मैं भविष्य के गौरवमय युग का निर्माण करूँगा। मैं इन खँडहरों की नींव पर नई वैशाली को खड़ा करूँगा। मैं लिच्छिवियों की सन्तान हूँ—वह कल जिसे नष्ट नहीं कर सकता, जिसे सदयों की धूलि छिपा नहीं सकती। मैं वैशाली की अमर ज्योति हूँ—जनशक्ति और गणतन्त्र की निर्भय आवाज़ हूँ। आओ मेरे साथ। गाओ मेरे संग—

(सम्मिलित स्त्री पुरुष स्वर में—)

''जय लिच्छविगन! जय क्षत्रिय-प्राण!
''जय जय वैशाली गणमान।
सिंहों के पूत, यौवन के दूत।
इक-सम वैशाली सन्तान।
जय-जय वैशाली गणमान।

(वैशाली अभिनंदन ग्रंथ : 1948)

सुपरबॉय यानी चमत्कारी बालक

सूत्रधार : कौन है जो सुपरमैन को नहीं जानता? सुपरमैन का बदन चट्टानों-सा मज़बूत है, वह हवा में उड़ सकता है, गहरे पानी में मगरमच्छ को हरा सकता है, अपनी ताकत से बीसियों बदमाशों को चारों खाने चित्त कर सकता है। सुपरमैन आजकल का हीरो है।

(लेकिन आज से हज़ारों बरस पहले एक सुपरबॉय भी था—सुपरबॉय यानी चमत्कारी बालक।

क्या आप जानते हैं कि वह बालक कौन था? क्या थे उसके करतब? कितनों को उसने पछाड़ा? किस-किसको उसने बचाया? अरे, सुपरबॉय तो यहाँ ही आ पहुँचा।)

(सुपरबॉय का आना)

सुपरबॉय, तुम्हारे सिर पर क्या है?

सुपरबॉय : मोर मुकुट।

सूत्रधार : और कमर में?

सुपर. : काछनी।

सूत्र. : और बदन पर?

सुपर. : पीताम्बर।

सूत्र. : पैरों में?

सुपर. : पैजनियाँ। *(छम छम करता है।)*

सूत्र. : और हाथों में?

सुपर. : मुरली! *(सुनो, बंसी बजाता है।)*

सूत्र. : और हो तुम तो कन्हैया ही। कन्हैया!

सुपर. : कोई मुझे कन्हैया कहता है, कोई कान्हा। कोई नन्दलाल, कोई देवकीनन्दन, कोई मुरलीधर, कोई श्यामसुन्दर। मगर एक नाम मुझे सबसे प्यारा लगता है—गोपाल।

सूत्र. : गोपाल! तो क्या तुम ग्वाले हो?

सुपर. : हाँ, ग्वाला हूँ, ग्वालबाल का सरदार हूँ।

सूत्र. : अरे, तब भला तुमने क्या करतब किए होंगे?

सुपर. : वाह जी, वाह! सुनो, मैंने एक नाग को पछाड़ा।

सूत्र. : नाग को कैसे?

सुपर. : ऐसे? *(नाचता है)* ता थेइ ता थेइ था!

सूत्र. : नाग को कैसे?

सुपर. : नाचकर! हाँ जी। उसके सिर पर नाच कर। और मैंने जंगल की आग को खत्म कर दिया।

सूत्र. : वह कैसे?

सुपर. : ऐसे। *(मुँह चौड़ा कर देता है।)*

सूत्र. : पी गए? आग को पी गए?

सुपर. : हाँ हाँ!...और सुनो! मैंने बादलों के देवता को छका दिया।

सूत्र. : बादलों के देवता यानी इन्द्र जो पानी बरसाते हैं?

सुपर. : पहाड़ को छाता बनाकर मैंने इन्द्र का पानी रोक दिया ।

सूत्र. : कैसे?

सुपर. : ऐसे *(कानी उँगली ऊपर उठाता है और पैर तिरछे करता है।)*

सूत्र. : गोपाल तुम्हारी साथी ग्वाल कहाँ गए?

सुपर. : उन्हीं को खोजता आया हूँ! जरा-सी मुझे देर क्या हो गई, ये खिलाड़ी भाग गए। लो मैं भी छिप जाता हूँ। इस पेड़ के ऊपर। इधर ही आ रही है चंडाल चौकड़ी। पेड़ पर चढ़ जाता है।

(चार ग्वाले आते हैं।)

श्रीदामा : कन्हैया! कन्हैया!!

सुबल : कहाँ रह गया भैया?

बंशु : बुलाती है गैया।

मनसुखा : कहाँ है चरैया?

श्रीदामा : नहीं आता तो न सही। आओ खेलें ऐसा खेल।

सुबल : मैं बन जाता हूँ भेड़।

बंशु : मैं चरवाहा—चिक् चिक् चिक् *(पेड़ पर चढ़ जाता है। चार ग्वाले आते हैं। डंडा लेकर मेड़ के पीछे लग जाता है।)*

मनसुखा : और मैं हूँ चोर, भेड़ का चोर...इश...इश...इश...

(दबे पाँव पीछे-पीछे जाता है।)

श्रीदामा : तो मैं भी हूँ कोतवाल—राजा कंस का कोतवाल! चोरों का हूँ मैं काल।

(पीछे-पीछे जाता है।)

(सुपरबॉय पेड़ की डाल पर से नीचे कूदता है।)

सुपर. : वाह जी वाह! चोरों का गुरुघंटाल तो मैं हूँ—माखनचोर। और बन गया नकली चोर यह ग्वाला! लो, मैं भी बजाता हूँ मुरली। भागती आएगी सारी मंडली! *(कुछ रुककर दूसरी तरफ़ देखता है।)*... लेकिन...लेकिन यह कौन आ रहा है। ऊँचा जैसे आसमान, हँसता है जैसे शैतान, चलता है जैसे हैवान! *(पेड़ पर फिर से चढ़ता है।)* पेड़ पर छिप कर देखता हूँ

(व्योमासुर आता है।)

व्योम. : *(गरज कर हँसता है।)* हा हा हा! ही ही ही। हो...हो...हो! मेरा नाम व्योमासुर—व्योम यानी आसमान, असुर यानी राक्षस।...देखो मेरे हाथ *(बड़े-बड़े हाथ उठाता है।)* चाहूँ तो आसमान के बादलों को छू लूँ। और चाहूँ तो *(हाथ गिराकर झुक जाता है)*...बन जाऊँ नन्हा नादान जैसे भेड़!...मेरे मालिक राजा कंस ने मुझे भेजा है कि एक उत्पाती, बदमाश छोकरे को अपने हाथों में *(दोनों हाथों को मलता है)* ऐसे पीस दूँ जैसे एक मच्छर को।....*(सामने की तरफ़ देखता है, एक हाथ को आँखों के ऊपर रखकर)*...अरे, छोकरों की एक मंडली तो इधर आ रही है।...शायद इन्हीं में हो वह बदमाश कान्हा! लो, मैं भी बन जाता हूँ भेड़ और फैलाता हूँ अपना जाल।

(भेड़ बनकर में में करने लगता है।)

(अंशु का प्रवेश जो चरवाहा बना था)

अंशु : मेरी तो यह रही! मैं तो समझा था कि सचमुच चोर ने बाजी ली। चिक् चिक्!

(मनसुखा यानी चोर को पकड़े हुए श्रीदामा यानी कोतवाल का आना।)

श्रीदामा : यह लो चरवाहे। यह रहा तुम्हारी भेड़ का चोर। यह...अरे भेड़ तो यहाँ मौजूद है, तो इसने चुराया किसे?

मनसुखा : यह कैसा माजरा? भेड़ को तो मैं उधर छिपाकर आया था, यहाँ किस रास्ते से आ गई यह, यह?

(भेड़ रूपी व्योमासुर में में करते हुए बाहर की ओर भागता है।)

अंशु : अरे, अरे, भेड़ फिर भागी।...चिक् चिक् चिक्।

(पीछे-पीछे बाहर जाता है।)

श्रीदामा : चलो, चलो, मजा आ गया खेल में।

मनसुखा : *(ये दोनों भी उसके पीछे उछलते-कूदते जाते हैं। उसके बाद सुपरबॉय उतरता है पेड़ पर से)*

सुपर. : मजा नहीं आया, आई है मौत। मेरे भोले दोस्तों, तुम्हें क्या मालूम भेड़ की खाल में भेड़िया आया है, कंस का नया दूत!...

(में में करते हुए सुबल का प्रवेश)

सुबल : में में में...*(खड़ा होकर)* इतनी देर से में में कर रहा हूँ, मगर कोई सुनता ही नहीं। क्या खेल खत्म हो गया?...

(सुपरबॉय को देखकर) अरे कौन कन्हैया?

सुपर. : हाँ सुबल! अब छोड़ो भेड़ का खेल। करना है युद्ध बेमेल!

सुबल : युद्ध किसके साथ?

सुपर. : बड़ा पाजी असुर आया है इस बार।

सुबल : असुर? बाप रे!

सुपर. : ऊँचा इतना जो आसमान को छू ले।

सुबल : अब क्या होगा कन्हैया?

सुपर. : चढ़ जाओ मेरी पीठ पर।

(सुबल कृष्ण की पीठ पर चढ़ जाता है।)

सुबल : अब क्या करोगे?

सुपर. : तुम्हें लेकर चढ़ता हूँ पेड़ पर।

सुबल : फिर?

सुपर. : एक पेड़ से दूसरे पेड़ पर। दूसरे से तीसरे पर, तीसरे से चौथे, और ऐसे करके पहुँचते हैं वहाँ—

सुबल : कहाँ?

सुपर. : जहाँ व्योमासुर हमारे साथियों की चटनी बनाने की तैयारी कर रहा है। चलो, पकड़ लो मेरी बंसी।

(सुबल को लेकर पेड़ पर चढ़ता है।)

(पीछे का पर्दा उठता है और एक गुफा का मुँह दिखाई पड़ता है।)

(थोड़ी देर में व्योमासुर-भेड़ आता है और 'में में' करके गुफा के अन्दर घुस जाता है। फिर श्रीदामा अंशु और मनसुखा आते हैं। और खेल का गीत गाते हैं।)

गीत

अंशु : चिक् चिक् चिक् मैं हूँ चरवाहा!
वाह, वाह, वाह, हाँ जी हूँ मैं हरवाहा!

मनसुखा : चरवाहे की अक्ल ऐसी जैसे नीम की पत्ती।
चरने जिसको आया चोर, मारूँगा दुलती।

अंशु : चिक् चिक् चिक् मैं हूँ चरवाहा!
वाह, वाह, वाह, हाँ जी हूँ मैं हरवाहा!

श्रीदामा : चोर अँधेरा बनकर आया, मैं हूँ लेकिन बत्ती।
कोतवाल हूँ कंसराज का छोड़ूँगा ना मैं रत्ती।

अंशु : चिक् चिक् चिक् मैं हूँ चरवाहा!
वाह, वाह, वाह, हाँ जी हूँ मैं हरवाहा!

(गाना गाकर इधर-उधर देखने लगते हैं भेड़ को।)

अंशु : अरे मेरी भेड़ कहाँ गई। *(गुफा में से भेड़ की आवाज़ में में सुनकर अन्दर घुसता है।)* गुफा के अन्दर से बोलती है। शाबाश मेरी भेड़।

मनसुखा : अरे मेरी चोरी का माल तो अन्दर से पुकार रहा है।...अब आया मेरे

हाथ। *(अन्दर जाता है।)*

श्रीदामा : अरे, चोरी और सीनाजोरी। गुफ़ा के अन्दर ही लगाऊँगा हथकड़ी। *(अन्दर जाता है।)*

(थोड़ी देर बाद गुफा के बाहर व्योमासुर आता है, भेड़ नहीं असली व्योमासुर—लम्बा शरीर, लम्बे हाथ, भयानक मुँह। जल्दी से बाहर रखे हुए एक भारी पत्थर को उठाकर गुफा का मुँह बन्द कर देता है।)

ग्वाले : *(अन्दर से चिल्लाते हुए)* अरे यह क्या हुआ। बचाओ, बचाओ।... बचाओ।

व्योमा : *(दोनों हाथ मलता है मजे के साथ)* हा, हा, हा! हो...हो...हो! ही...ही...ही...। हो गया काम पूरा। ग्वालों के साथ फँस गया बदमाश छोकरा!...हो...हो...हो...! राजा कंस ने भी क्या मामूली-सा काम मुझे दिया था। हा...हा...हा...। कहाँ मैं आसमान को थर्रानेवाला व्योमासुर, और कहाँ यह तिनका! ही...ही...ही...। चलो हमारे राजा कंस के कान पर भनभनाने वाले मच्छर की बोली बन्द हुई!

बैठ गुफा में बच्चू बाल!
अब दिखला तू अपनी चाल!

(इतने में गुफा के ऊपरवाली चट्टान पर से सुपरबॉय अपनी पीठ पर सुबल को लादे हुए कूदता है व्योमासुर के ऊपर और कन्धे पकड़ जकड़ लेता है।)

सुपर. : आया हूँ मैं तेरा काल।
कर दूँगा मैं हाल हवाल।

व्योमा : अरे, अरे, अरे।

(ज़ोर लगाकर सुपरबॉय को नीचे गिरा देता है। सुबल अलग खड़ा हो जाता है।)

सुपर. : *(खड़ा होकर)* हाँ हाँ! तुझे बताता हूँ झटपट!

(सुपरबॉय व्योमासुर के ऊपर फिर से चढ़ जाता है। दोनों में कुश्ती-सी होती है और सुपरबॉय व्योमासुर के गले को भींचना शुरू करता है।)

व्योमा : अरे मारा, अरे मारा, मारा रे मारा।

सुपर. : जा जा नरक में जाकर अपने कंस राजा के लिए जगह तैयार कर।

(व्योमासुर ज़मीन पर गिर पड़ता है। सुबल दबते-दबते बचता है।)

सुबल : बाप रे। कितना भारी है यह राक्षस।...कन्हैया, हमारे साथी कहाँ है?

सुपर. : इस गुफा के अन्दर!

सुबल : गुफा के मुँह पर तो इतना बड़ा पत्थर है कि इसे तो सौ आदमी भी

नहीं हटा पाएँगे।

सुपर. : यह लो *(पत्थर को आसानी से हटाता है।)* हट गया पत्थर। *(अन्दर से तीनों दौड़े हुए आते हैं।)*

तीनों : हम तो मर गए थे। साँस घुट रही थी। हमको किसने बचाया? हमको किसने उबारा?

सुबल : सुनो, सुनो भाइयो। यह जो कन्हैया है न, इसने ही इस विशाल राक्षस को मार गिराया, चुटकियों में, और पलभर में गुफावाले पत्थर को भी हटा दिया।

तीनों : उफ्फोह। कन्हैया तुम कौन हो, तुम क्या हो? क्या तुम ही मुरली बजानेवाले हमारे गोपाल हो?

कृष्ण : हाँ हाँ! लाओ मेरी मुरली! मैं तो वही मुरली बजानेवाला गोपाल हूँ। *(मुरली बजाता है।)*

सूत्रधार : *(नेपथ्य से)* तो देखा आपने। आजकल के सुपरमैन से हज़ारों बरस पहले एक सुपरबॉय के चमत्कार! कोई कहता है इन्हें कन्हैया, कोई माधव! कोई कहता है इन्हें गोपाल, कोई मुरलीधर।...मगर मैं कहता हूँ इन्हें सुपरबॉय! जी हाँ, बोलिए सुपरबॉय श्रीकृष्ण की जय।

(अप्रकाशित)

(बच्चों के लिए 1962 के प्रारम्भ में लिखित 1962 में इसका मंचन बेटों और बेटों के दोस्तों द्वारा। उन दिनों बच्चों में सुपरमैन और सुपरबॉय के कॉमिक्स के प्रति रुचि। उसी साल बालक कृष्ण का सुपरबॉय के रूप में इस कठपुतली नाटिका में रूपान्तरित किया गया था।)

वैशाली लीला

संरचना और संवाद : जगदीशचन्द्र माथुर
लोकगीत : श्रीमती विन्ध्यवासिनी देवी
कथा-सामग्री : डॉ. योगेन्द्र मिश्र कृत 'वैशाली की झाँकी'
सम्पादन : डॉ. योगेन्द्र मिश्र

आवश्यक सूचना और निर्देश

इस 'वैशाली-लीला' की संरचना और संवाद-लेखन जगदीशचन्द्र माथुर द्वारा हुआ है। इसके बीच श्रीमती विन्ध्यवासिनी देवी के गीत-संग्रह से लिए गए हैं। इसकी कथा डॉ. योगेन्द्र मिश्र की पुस्तक 'वैशाली की झाँकी' से ली गई है। मुद्रणकाल में संभवतः संवाद लेखक की अनुपस्थिति के कारण इसका सम्पादन डॉ. योगेन्द्र मिश्र द्वारा हुआ है।

इस 'वैशाली-लीला' का प्रदर्शन वैशाली-महोत्सव के लिए ही होना चाहिए, क्योंकि यह इस अवसर के लिए ही लिखी गई है।

इन गीतों और संवादों का उद्देश्य यह है कि वैशाली-महोत्सव में आनेवाली साधारण जनता वैशाली की कथा गीतों के रूप में ग्रहण कर ले। साथ ही उसे प्राचीन इतिहास की झाँकियाँ भी मिल सकें।

वैशाली-लीला महोत्सव के खुले रंगमंच पर होती है। इसके प्रदर्शन की विशेष पद्धति है। इसमें पर्दे इत्यादि नहीं लगाए जाते। रोशनी कभी मंच पर, कभी कथावाचक और गानेवाले यात्रियों पर डाली जाती है। प्राचीन दृश्य झाँकियों के रूप में दिए गए हैं। कथावाचक और गानेवाले यात्री मंच की एक तरफ़ बराबर रहते हैं। एक माइक्रोफोन उनके पास बराबर रहेगा और रोशनी भी उन पर पड़ती रहेगी। जब कोई झाँकी मंच पर दिखाई जाएगी, तब मंच पर प्रकाश डाला जाएगा। मंच पर दूसरा माइक्रोफोन रहेगा। इस तरह यह लीला बराबर चलती रहेगी और जब कथावाचक अपने संवाद करेगा तब आगे आनेवाली झाँकी के लिए पात्र मंच पर एकत्र हो जाएँगे। यह लीला दिन में भी हो सकती है, क्योंकि मंच पर से दर्शक का ध्यान समय-समय पर कथावाचक और यात्रियों के ऊपर पड़ता रहेगा। इसलिए विशेष तौर से गीत रखे गए हैं।

झाँकियों में भाग लेनेवाले पात्रों की विशेष वेशभूषा प्राचीन काल की होनी चाहिए। उदाहरणार्थ, जब लिच्छवि घोड़ों पर आते हैं, तब वह दृश्य काग़ज़ और बाँस के बने हुए कर्ची-घोड़ों की शैली में दिखाना चाहिए।

वेषभूषा इत्यादि के लिए श्री उपेन्द्र महारथी से निर्देशन लेना चाहिए।

गीतों की धुनों के लिए श्रीमती विन्ध्यवासिनी देवी से निर्देशन लेना चाहिए।

पात्र परिचय : चर्चानुसार/प्रवेश प्राचीन पात्र

बुद्ध	:	बौद्ध धर्म के प्रवर्तक। गणधर्म के समर्थक संन्यासी का वेष रहेगा।
आनन्द	:	भगवान् बुद्ध के प्रिय शिष्य। संन्यासी का वेष रहेगा।
अजातशत्रु	:	मगध का राजा। इसकी राजधानी राजगृह में थी।
वर्षकार	:	मगधराज वैदेहीपुत्र अजातशत्रु का महामन्त्री।
गणराजा	:	वैशाली गणतन्त्र के प्रमुख सदस्य। मंच पर कई गणराजा रहेंगे, जिनमें तीन को बोलना है। ये तीन हैं :
पहला गणराजा	:	
दूसरा गणराजा	:	ये उपस्थित रहेंगे, किन्तु इन्हें बोलना नहीं है।
तीसरा गणराजा	:	
अन्य गणराजा	:	
महोत्तरक	:	गणराजाओं अर्थात् प्रमुख सदस्यों की समिति का प्रधान। वह बीच में बैठा है। कई अन्य गणराजा भी वहाँ हैं, जिनकी चर्चा ऊपर की जा चुकी है या नीचे की जा रही है।
सेनापति	:	यह मंच पर देखा जाएगा, यद्यपि इसे बोलना नहीं है।
भंडागारिक	:	यह मंच पर देखा जाएगा, यद्यपि इसे बोलना नहीं है।
कर्मचारी (प्रवेणि पुस्तकाधिकारी)	:	एक तरफ़ प्रवेणिपुस्तक *(दंडविधान का ग्रन्थ)* लिए हुए खड़ा है। उसकी पुस्तक काग़ज़ की न होकर तालपत्रों की होगी, यह ध्यान रहे।
दूसरा कर्मचारी (शलाकाधिकारी अथवा **शलाका-कर्मचारी)**	:	दूसरी ओर विभिन्न रंगों की शलाकाएँ सँभाले हुए खड़ा हुआ है। इसे बोलना नहीं है, किन्तु दूसरी झाँकी के अन्त में कार्यतत्परता दिखलानी है।
महालि	:	लिच्छविकुमारों की शस्त्र-शिक्षा के आचार्य। वैशाली के पश्चिम नगरद्वार के रक्षक। ये नेत्रहीन थे; इसी प्रकार

दिखाया जाना है।

नगरवासी और प्रियजन : भगवान् महावीर के पीछे कुंडपुर के नगरवासियों और प्रियजनों का एक जुलूस चलता है। ये मंच पर देखे जाएँगे और भगवान् महावीर द्वारा सम्बोधित होंगे। इन्हें स्वयं नहीं बोलना है।

महावीर : जैन धर्म के चौबीसवें तीर्थंकर। गणधर्म के समर्थक। तीसरी झाँकी के पहले भाग में वे वस्त्र और आभूषण पहने रहेंगे; दूसरे भाग में संन्यासी का वेष रहेगा।

सेवक : कुंडपुर के राजकुमार वर्धमान महावीर का सेवक। उपयुक्त वेष।

ग्वाला : कमीरग्राम का निवासी ग्वाला। जीविकारूप वेष रहेगा। उसके दो बैल थे, जिन्हें मूर्तियों के द्वारा दिखाया जाना है।

इन्द्र : देवताओं का राजा इन्द्र। पदानुरूप वेष।

अम्बापाली : वैशाली की परम सुन्दरी गणिका।

लिच्छवि या
पहला लिच्छवि : वैशाली गणतन्त्र का सदस्य। जब लिच्छवि घोड़ों पर आते हैं, तब वह दृश्य काग़ज़ और बाँस के बने हुए कर्ची-घोड़ों की शैली में दिखाना चाहिए।

दूसरा लिच्छवि या
अन्य लिच्छवि : कुछ अन्य लिच्छवि घोड़ों पर आते हैं, तब वह दृश्य काग़ज़ व बाँस के बने हुए कर्ची-घोड़ों की वैशाली में दिखाना चाहिए।

फाहियान : चीन का प्रसिद्ध बौद्ध यात्री (पाँचवी सदी ईसवी)

भिक्षु : बौद्ध धर्मावलम्बी भिक्षु।

ह्वेनसांग : चीन का प्रसिद्ध बौद्ध (सातवीं सदी ईसवी)।

श्रमण : बौद्ध धर्मावलम्बी भिक्षु।

आधुनिक पात्र

कथावाचक : एक ऊँची चौकी पर बैठता है। पीली पगड़ी, माथे पर तिलक, पंडितों का पहनावा, माला इत्यादि। हाथ में कथाग्रन्थ, जैसा सत्यनारायण पूजा का होता है।

यात्री : कुछ यात्री हैं : किसी के कन्धे पर गठरी, किसी के गंगाजली। इसमें एक उनका नेता होगा, जो साधारणतया कथावाचक से संवाद करेगा। 'यात्री' (एकवचन) से वही समझा जाना चाहिए। उसके अतिरिक्त होंगे :

पहला यात्री	:	(पृष्ठ 358, 359),
दूसरा यात्री	:	(पृष्ठ 358, 359, 360),
तीसरा यात्री	:	(पृष्ठ 358, 359),
चौथा यात्री	:	(पृष्ठ 359);
अन्य यात्री	:	मंच पर जगह रहने पर कुछ अन्य यात्री भी रह सकते हैं। इन्हें बोलना नहीं है। हाँ, गीत में भाग लेना है।
मैकेनिक	:	मैकेनिक के उपयुक्त वेष में।
विशेषज्ञ	:	कृषिविद्या और मत्स्यपालन विद्या का विशेषज्ञ।
नौजवान	:	पढ़ा-लिखा नौजवान, जो खेती में दिलचस्पी रखता है।
एक मछुआ या पहला मछुआ	:	मछुआ या मल्लाह। उपयुक्त वेष रहेगा।
दूसरा मछुआ	:	

(एक ऊँची चौकी पर कथावाचक बैठता है। पीली पगड़ी, माथे पर, पंडित का पहनावा, माला इत्यादि। हाथ में कथाग्रन्थ, जैसा सत्यनारायण पूजा का होता है। कथाग्रन्थ खोलता है।)

गीत

आयल वैशाली मेला, बसन्ती चुनरिया रँगा दे।
अमवा के डांर पर झूमे मजरिया
जनता करे जयकार हो, बसन्ती चुनरिया रँगा दे।
गाँव-गाँव फुलायल मस्ती के फुलवरिया
डोले बसन्ती बयार हो, बसन्ती चुनरिया रँगा दे।
सिंहवाला खम्भा पै बिहंसे इंजोरिया
पोखर खरौना गुलजार हो, बसन्ती चुनरिया रँगा दे।
महावीर बुद्ध जे आयल दुई सनेहिया
तीरथ बनौलन वैशाली हो, बसन्ती चुनरिया रँगा दे।

यात्री : प्रणाम, कथावाचक जी।

कथावाचक : प्रणाम। कैसी यात्रा को निकले हैं आपलोग?

यात्री : तीरथजात्रा को। आप भी चलिए न।

कथावाचक : हमारा तीरथ तो यहीं है भाई।

यात्री : यहाँ कौन तीरथ है कथावाचक जी?

कथावाचक : वैशाली।

यात्री : वैशाली? वैशाली मेले का गीत तो हम गा ही रहे थे। पर वैशाली में कौन-सी गंगा बहती है कथावाचक जी, सवर्गगंगा, या बाणगंगा, या पातालगंगा?

कथावाचक : यहाँ तो लुप्त गंगा बहती है।

यात्री : लुप्त गंगा?

कथावाचक : यह वह गंगा है जो सैकड़ों वर्ष हुए लुप्त हो गई और अब फिर से फूट रही है।

यात्री : पहेली मत बुझाइए कथावाचक जी। साफ़-साफ़ बताइए।

कथावाचक : सुनिए। सदियों पहले वैशाली एक गणतन्त्र यानी पंचायती राज की राजधानी थी।

यात्री : राजधानी?

कथावाचक : हाँ। यहाँ के लोग लिच्छवि या वज्जी कहलाते थे। लिच्छवि लोगों में कोई एक राजा नहीं था। सभी मिल-जुलकर संस्थागार यानी सभाघर में बैठकर विचार करते थे और यों राज्य का काम चलता था। यही वह गणतन्त्र की गंगा थी, जो बाद में लुप्त हो गई और अब फिर गाँव-गाँव में फूट रही है, ऐसे ही जैसे पोखर और तालाब में धरती की भीतरी धारा का जल प्रकट हो जाता है।

यात्री : तब तो कथावाचक जी, इस वैशाली तीरथ का पूरा महात्तम बताइए। इस लुप्त गंगा की धारा के दर्शन कराइए।

कथावाचक : अच्छा तो भाइयो, बैठ जाइए। *(सब बैठ जाते हैं।)* आपको बताता हूँ वैशाली का महात्म्य, अपनी वाणी में नहीं, भगवान् बुद्ध की वाणी में। आज से करीब ढाई हज़ार वर्ष पहले की बात है–

पहली झाँकी

(मंच पर प्रकाश। कथावाचक मंच पर के दृश्य का वर्णन करता है।)

(भगवान् बुद्ध राजगृह के गृध्रकूट पर्वत पर बैठे हैं। उनके शिष्य आनन्द खड़े हुए पंखा झल रहे हैं। सामने मगधराज का महामन्त्री वर्षकार अभी-अभी आकर बैठा है, रथ नीचे ही छोड़कर पैदल पर्वत पर पहुँचा है।)

वर्षकार : मैं मगध का महामन्त्री वर्षकार श्रमण गौतम को प्रणाम करता हूँ। अपने नरेश अजातशत्रु की ओर से आपके चरणों में वन्दना और एक जिज्ञासा लेकर आया हूँ।

बुद्ध : मगधराज अजातशत्रु कुशल से तो हैं?

वर्षकार : कुशल से हैं भी और नहीं भी।

आनन्द : महामन्त्री तथागत तो सब प्राणियों का कल्याण ही चाहते हैं।

वर्षकार : श्रमण आनन्द अजातशत्रु भी अपनी चिन्ता से छुटकारा पाने के लिए ही श्रमण गौतम की सलाह माँगते हैं।

बुद्ध : कौन सी चिन्ता?

वर्षकार : वैशाली के वज्जियों ने हमारे नरेश को बहुत तंग कर रखा है। गंगा के घाट पर जो व्यापार होता है, उसके आधे पर हमारा अधिकार है और बाकी आधे पर वज्जियों का। पर वे लोग मिल-जुलकर इस मुस्तैदी से सारे व्यापार को हथिया लेते हैं कि मगध नरेश को कुछ भी नहीं मिल पाता। वैशाली के वज्जिगण ढीठ मच्छर की भाँति अजातशत्रु के कानों के पास भनभनाकर उन्हें उत्तेजित कर रहे हैं।

आनन्द : महामन्त्री, तथागत को वैशाली निवासियों और उस नगरी के चैत्यों, वनों एवं सरोवरों से विशेष प्रेम है।

वर्षकार : मगध नरेश यह बात जानते हैं। और इसीलिए वैशाली पर आक्रमण करने के पहले तथागत से सही-सही बात पूछना चाहते हैं।

आनन्द : आक्रमण?...भगवन् आपने सुना?

बुद्ध : आनन्द, क्या वैदेहीपुत्र अजातशत्रु उस वैशाली पर आक्रमण करेगा, जहाँ से उसकी जननी आई थी।

वर्षकार : भगवन्, मगधनरेश वज्जियों की उद्दंडता अब और सहन नहीं कर सकते। उन्होंने घोषणा की है कि मैं इन वैभवशाली वज्जियों का विनाश करूँगा, उनकी सत्ता को छिन्न-भिन्न कर दूँगा, विपत्ति के बादलों की तरह उन पर टूट पड़ूँगा।

आनन्द : भगवन्, आप मौन हैं।

वर्षकार : क्या तथागत वैशाली के वज्जियों के साथ अपनी मित्रता निबाहना चाहते हैं?

बुद्ध : तथागत के आगे सभी मित्र हैं। किन्तु आनन्द, महामन्त्री अपने राजा को समझाएँ कि वे वैशाली पर चढ़ाई करने का विचार त्याग दें।

आनन्द : सुना आपने महामन्त्री?

वर्षकार : लेकिन क्यों भगवन्? वैशाली के वज्जियों में ऐसी कौन सी शक्ति है जो अजातशत्रु के पथ को रोक सके?

आनन्द : भन्ते, उस शक्ति का रहस्य मैं भी नहीं समझ पा रहा हूँ।

बुद्ध : आनन्द, क्या वैशाली के वज्जिगण बराबर अपनी सभाएँ करते हैं, और उनकी सभाओं में भरपूर सदस्य जमा होते हैं?

आनन्द : जी, भगवन्, मैंने सुना है कि वज्जियों की सभाएँ बराबर होती हैं, और उनमें सभी सदस्य सम्मिलित होते हैं।

बुद्ध : जब तक ऐसा होता रहेगा, तब तक वे उन्नति ही करेंगे, गिरेंगे नहीं। अब दूसरा प्रश्न सुनो आनन्द। क्या वैशाली के वज्जी मिल-जुलकर सभाएँ करते हैं? क्या वे मिल-जुलकर मेहनत करते हैं? क्या वे मिल-जुलकर अपने राष्ट्रीय कर्तव्यों को पूरा करते हैं।

आनन्द : यही तो मैंने सुना है भगवन्, कि उनका मेलजोल अटूट है।

बुद्ध : यदि वे इसी तरह मिले जुले रहे, तो उनका अनिष्ट नहीं हो सकता, उनकी वृद्धि ही होती रहेगी।...आनन्द, बताओ तो कि वज्जी अपनी सभा द्वारा बनाए हुए नियमों के विरुद्ध तो आज्ञा जारी नहीं करते? नियमों का उच्छेद तो नहीं करते? पुराने नियमों का पालन करते हैं।

आनन्द : मैंने तो यही सुना है भगवन् कि वैशाली में सब काम नियमों और कानून के अनुसार होते हैं।

बुद्ध : तो आनन्द, जब तक वहाँ नियमों का पालन होता रहेगा, तब तक वैशाली की उन्नति पर आँच नहीं आ सकती।...चौथा प्रश्न आनन्द। क्या तुम्हें मालूम है कि वज्जी लोग अपने बड़े-बूढ़ों का आदर-सत्कार करते हैं और उनके वचनों को भली भाँति सुनते हैं।

आनन्द : यह बात भी वैशाली के लोगों के बारे में सुनी जाती है।

बुद्ध : आनन्द, जब तक वे ऐसा करते हैं, तब तक उनकी किसी प्रकार की हानि नहीं हो सकती। आनन्द क्या वज्जी लोग कुटुम्बों की महिलाओं और कुमारियों के प्रति उचित व्यवहार करते हैं? उनकी इज्जत का ध्यान रखते हैं?

आनन्द : जी हाँ, इस व्यवहार के लिए वे प्रसिद्ध हैं।

बुद्ध : इस मर्यादा को निबाहनेवाले वैशाली के लिच्छवि बराबर बढ़ते ही रहेंगे, आनन्द।...अब छठा प्रश्न सुनो आनन्द। क्या तुम जानते हो कि वैशाली में धार्मिक स्थानों की भली-भाँति रक्षा होती है और उनके खर्चे की भी पूरी व्यवस्था है?

आनन्द : जी, मैंने सुना है कि चैत्यों और देवस्थानों का समुचित संरक्षण होता है।

बुद्ध : आनन्द, जब तक वे इस कर्तव्य की ओर सजग हैं, तब तक कोई उनका बाल बाँका नहीं कर सकता। तथागत के अन्तिम प्रश्न का उत्तर दो आनन्द। क्या वैशाली में आने-जानेवाले महन्तों, साधु-सन्तों और तीर्थयात्रियों की सुविधा और रक्षा का ध्यान वज्जी लोग रखते हैं?

आनन्द : भगवन्, मैं जानता हूँ कि वज्जी लोग बराबर ऐसा करते हैं।

बुद्ध : आनन्द, जब तक वे ऐसा करते रहेंगे, तब तक आगे ही बढ़ते रहेंगे, पीछे नहीं गिर सकते।...महामन्त्री को बता दो, आनन्द, कि वैशाली के संघटन की बुनियाद में यही सात अपरिहार्य नियम हैं। ये ही उनकी शक्ति के पुंज हैं।

वर्षकार : समझ गया भगवन्। इनमें से एक नियम ही वज्जियों की शक्ति के संवर्धन के लिए काफ़ी है, सात का तो कहना ही क्या? इन सात दीवारों से घिरी वैशाली नगरी को पराजित करना आसान नहीं है।

(मंच पर से प्रकाश हट जाता है।)

कथावाचक : तो भाई, यही इस तीरथ का महात्म्य है। इन सात नियमों की धारा में गंगा मैया के से ही गुण हैं।

यात्री : बहुत भारी महात्तम है, कथावाचक जी। हम लोग गीत गा-गाकर इसका प्रचार करेंगे। सुनिए।

गीत

कहत आनन्द से गौतम बतिया हे
लिच्छवियन के हई चरित्र महनवा हे लिच्छवियन के।
एके जगहिया जाले करिहेन जुटनवा
तब ले कहिओ होखी ना
हुनका कौनो नुकसनवा हे से कहिओ होखी ना।
मिलीजुली करिहें न राजकलेअनवाँ हे
से मानिहेन ना आपन सभवा के कनुनवाँ हे
से मानिहेन ना।
करिहेन न कोई काज सभवा के विरुधवा
तब ले कहिओ होखी ना
हुनका कौनो नुकसनवा हे से कहिओ होखो ना।
जौ ले लिच्छविया के रहत सात गुणमा हे
करिहेन न कोई हुनकर नुकसनवा हे
से करिहेन न

कथावाचक : धन्य, धन्य हैं आप लोग। आपके गीतों में वैशाली का गौरव बोलता है। अब सुनिए, वैशाली के वज्जी कैसे अपनी सभाएँ करते थे, न्याय का व्यवहार करते थे, महत्त्वपूर्ण बातों पर निश्चय करते थे। एक दिन की बात है–

दूसरी झाँकी

(मंच पर प्रकाश और दूसरा दृश्य जिसका कथावाचक वर्णन करता है।)

(वैशाली के संस्थागार में गणराजाओं अर्थात् प्रमुख सदस्यों की समिति की बैठक हो रही है। महोत्तरक यानी प्रधान बीच में बैठे हैं। सेनापति और भांडागारिक भी हैं। एक तरफ़ प्रवेणिपुस्तक-दंडविधान का ग्रन्थ लिए हुए एक कर्मचारी खड़ा है और दूसरी ओर विभिन्न रंगों की शलाकाएँ सँभाले दूसरा कर्मचारी। किसी गम्भीर विषय पर महोत्तरक बोल रहे हैं, और अन्य गणराजा भी अपने विचार प्रकट कर रहे हैं।)

महोत्तरक : भन्तेगण, सुनें। हमारे नगर की अभिषेक-मंगल-पुष्करिणी हमारी पुनीत निधि है, क्योंकि इसी में स्नान करके हमारे सभासद् राजाओं का अभिषेक होता है। इसके जल को लिच्छवियों के अतिरिक्त और कोई नहीं छू सकता। इसलिए इसके ऊपर हमने लोहे का जाल बिछा रखा

है, जिससे उड़ते हुए पंछी इसमें चोंच न डुबो सकें। इसकी रक्षा के लिए हमने कड़ा प्रहरी नियुक्त कर रखा है। फिर भी...

पहला गणराजा : फिर भी कितनी लज्जा की बात है कि कोसल का राजसेनापति बन्धुल मल्ल अपनी गर्भवती स्त्री मल्लिका को इसी मंगल-पुष्करिणी में चुपके से स्नान कराके ले गया और हमारे प्रहरी कुछ भी न कर सके।

महोत्तरक : हमारे प्रहरी भारी संख्या में मारे गए। इसी दुर्घटना पर विचार करने के लिए हम लोग संस्थागार में एकत्र हुए हैं।

दूसरा गणराजा : विचार करने की गुंजाइश ही कहाँ है? बन्धुल मल्ल चुपके से यहाँ आ सका, क्योंकि हमारे कुमारों को शिक्षा देनेवाले आचार्य महालि ने उसी नगरद्वार से उसे अन्दर प्रवेश करा दिया, जो हमलोगों ने उन्हें उनके भरण-पोषण के लिए दिया है।

पहला गणराजा : महालि हमारे राज्य के पुराने स्तम्भ हैं। धनुर्विद्या में अपने कौशल का प्रदर्शन करते हुए उनकी आँखें बेकार हो गईं। इसीलिए उन्हें सेनापति न बनाकर आचार्य का पद दिया गया और उनके भरण-पोषण के लिए एक नगर-द्वार की आय दी गई।

तीसरा गणराज : लेकिन आचार्य महालि बन्धुल मल्ल और कोसलनरेश प्रसेनजित् के पुराने मित्र हैं। तीनों ने तक्षशिला में साथ-साथ विद्या पाई थी। हमारा विश्वास है कि महालि ही अपराधी हैं और उन्हें दंडित किया जाए।

महोत्तरक : ठहरिए। वैशाली नगरी में किसी को 'अपराधी' कह देने मात्र से अपराधी नहीं माना जाता। यह किसी निरंकुश राजा का शासन नहीं है।...हमारे दंडविधान की पुस्तक प्रवेणिपुस्तक सभा में मौजूद है।...प्रवेणिपुस्तकाधिकारी नियमावली देखकर बताएँ कि अब तक इस मामले में यथोचित कार्रवाई हुई है या नहीं।

कर्मचारी : जी हाँ, सबसे पहले आचार्य महालि के विरुद्ध आरोप पर विनिश्चय-महामात्य ने जाँच-पड़ताल की, फिर व्यावहारिक ने, उसके बाद सूत्रधार ने, तदुपरान्त अष्टकुलक ने फिर सेनापति ने। और अन्त में उपराज ने विचार करने के बाद आपके पास यह मामला भेजा है।

दूसरा गणराजा : आपको दंड देना है, क्योंकि इन सभी अधिकारियों का यही निष्कर्ष है कि बन्धुल मल्ल के साथ मित्रता निबाहने के लिए महालि ने उन्हें अपने नगरद्वार से होकर अन्दर आने दिया।

महोत्तरक : क्या आचार्य महालि ने आरोप के विरुद्ध अपनी ओर से कोई सफ़ाई दी?

पहला गणराजा : सभी अधिकारियों के सामने वे चुप रहे।

तीसरा गणराजा : कहते क्या? ऐसे अपराधी को तो कुछ कहने का हक ही नहीं है।

महोत्तरक : प्रवेणिपुस्तक क्या कहती है अपराधी के अधिकारों के बारे में।

कर्मचारी : प्रवेणिपुस्तक के अनुसार अपराधी चाहे सफ़ाई दे या न दे, न्यायाधीश का यह कर्तव्य है कि वह अपराधी को अपनी बात कहने का अवसर दे।

महोत्तरक : तो हम आचार्य महालि को यह अन्तिम अवसर देते हैं कि उन्हें अपने ऊपर लगाए गए आरोप के बारे में जो कुछ कहना है, सभा के सम्मुख कह दें।

महालि : महोत्तरक जी, मैं आपका आभारी हूँ। मैंने जानबूझकर विनिश्चय-महामात्य और अन्य अधिकारियों के सामने सफ़ाई नहीं दी। क्योंकि, एक तो मैं देखना चाहता था कि कुछ होने पर भी वैशाली-निवासी अपने नियमों का पालन करते हैं या नहीं; दूसरे, मैं मंगलपुष्करिणी के प्रहरियों की असावधानी का उल्लेख केवल इस सभा में करना चाहता था।

तीसरा गणराजा : क्या बन्धुल मल्ल आपका मित्र नहीं है?

महालि : है। हमलोगों ने तक्षशिला में साथ-साथ शिक्षा पाई थी।

दूसरा गणराजा : क्या आपने अपने नगरद्वार से उसे और उसकी पत्नी को प्रविष्ट नहीं कराया?

महालि : हाँ, वे दोनों पुरानी मित्रता के नाते मुझसे मिलने वैशाली आए और मेरे द्वार से ही नगर में घुसे। किन्तु उस समय उनका विचार मंगलपुष्करिणी में स्नान करने का नहीं था।

तीसरा गणराजा : पुष्करिणी में स्नान करने का विचार उनके मन में कैसे उठा।

महालि : मैंने ही उन्हें इसके लिए प्रेरित किया।

महोत्तरक : आपने, आचार्य महालि? आपने ऐसा क्यों किया?

महालि : क्योंकि मैं आचार्य हूँ और मेरा काम है शिक्षा देना।

दूसरा गणराजा : यह कैसी विपरीत शिक्षा?

महालि : भन्तेगण, सुनें। कई महीनों से मैं सुन रहा था कि मंगलपुष्करिणी के प्रहरी रात के समय मद्यपान करके अपने कर्तव्य से विमुख हो जाते हैं। कई बार मैंने स्वयं पुष्करिणी के तट पर इन लोगों की लीलाएँ जानने-सुनने का प्रबन्ध किया। अभिषेक-पुष्करिणी के जल को किसी ने इसके पूर्व छूने का भी साहस नहीं किया था। इसलिए लिच्छविकुमार समझ बैठे थे कि उसकी रक्षा अपने आप ही हो जाएगी। एक ही उपाय था उन्हें अपने कर्तव्य की ओर सचेत करने का। और वह था उनके आत्मसम्मान पर ऐसी करारी चोट करना कि वे आगे के लिए कार्य-तत्पर हो जाएँ।

दूसरा गणराजा : लेकिन चेतावनी देने के साथ-साथ आपने इतने सारे लिच्छविकुमारों को बन्धुल मल्ल के हाथों मर जाने दिया!

महालि : उनकी हत्या नहीं होती यदि वे लोग मेरी बात मान लेते और बन्धुल मल्ल का पीछा नहीं करते। बन्धुल मल्ल प्रचंड योद्धा है, कुशल रथचालक है, अच्छा निशानेबाज है। उसके साथ एक हज़ार तीरन्दाज फौज भी थी। उसका पीछा करने के लिए मदहोश लिच्छविकुमार सर्वथा अनुपयुक्त थे।

दूसरा गणराजा : मैं अपना आरोप वापस लेता हूँ। आचार्य महालि ने जो शिक्षा लिच्छविकुमारों को दी, उसकी जरूरत थी।

तीसरा गणराजा : किन्तु मेरा विचार है कि महालि अपने अधिकार से आगे बढ़ गए। उन्हें चाहिए था कि प्रहरियों की असावधानी की शिकायत सेनापति से करते।

महालि : मेरा काम शिकायत करना नहीं, सीख देना है।

महोत्तरक : भन्तेगण, जान पड़ता है इस विषय पर दो भिन्न मत हैं। इसलिए संस्थागार के नियमों के अनुसार मैं घोषणा करता हूँ कि सभी सदस्य अपना मत प्रकट करें। कर्मचारी दो रंगों की शलाकाएँ लेकर आपके सम्मुख आएँगे। जो लोग आचार्य महालि को निर्दोष समझते हैं वे लाल शलाका उठा लें, जो उनके विरुद्ध पुनः जाँच-पड़ताल कराना चाहते हैं वे नीली शलाका उठाएँ। बाद में दोनों तरह की शलाकाओं को गिनकर सभा का निश्चय घोषित होगा। शलाका-कर्मचारी आगे बढ़ें।

(मंच पर से प्रकाश हट जाता है।)

कथावाचक : देखा आपने कि ढाई हज़ार वर्ष पहले वैशाली की सभाओं में किस अच्छे ढंग से कार्रवाई होती थी। इसीलिए तो बुद्ध भगवान् ने वज्जि-सभा को देवताओं की सभा के समान कहा था।

यात्री : कथावाचक जी, वैशाली की सभा का गुणगान हम भी करते हैं। सुनिए—

गीत

वैशाली के हमरा कहानी समझावऽ हो बटोहिया।
रहे इहाँ भइया हो राज पनचाइती से
हमनी के गेली भुलाय हो सनेहिया।
गणसभा रहे नाम हुनकर सभवा के
संथागार भवन कहाय हो सनेहिया।
रहे एगो पोखर नाम मंगल पुष्करिणी से
आज से खरौना कहलाय हो सनेहिया।
ओकर उपयोग गणराजन करैत रहे
अभिषेक बेर में नहाय हो सनेहिया।

कथावाचक : आप लोगों के गीत मेरी कथा की गंगा के आगे बढ़ाने के लिए भगीरथ

के समान हैं। सुनिए वैशाली की एक और कथा। वैशाली में योद्धा तो हुए ही, पर एक ऐसे भी वीर हुए जिन्होंने भुजबल से नहीं, अस्त्रशस्त्र से नहीं, वरन् आत्मबल से अपना प्रताप फैलाया। देखिए और सुनिए वर्धमान महावीर की कथा—

तीसरी झाँकी
(पहला भाग)

(मंच पर प्रकाश। कथावाचक मंच के दृश्य का वर्णन करता है।)

(जैनों के चौबीसवें तीर्थंकर भगवान् महावीर वैशाली के कुंडपुर ग्राम के राजकुमार थे। तीस वर्ष की आयु तक वैभवपूर्ण गृहस्थ जीवन बिताने के बाद प्रव्रज्या यानी संन्यास ग्रहण करने के लिए बाहर निकले। उनके पीछे नगरवासियों और प्रियजनों का एक जुलूस चला। एक उद्यान में, जिसे ज्ञातखंडवन कहते थे, वर्धमान महावीर पालकी से एक अशोक वृक्ष के पास उतरे हैं।)

महावीर : मेरे प्रियजनो और नगरवासियो, अब आप अपने-अपने स्थानों को लौट जाइए। मुझे सब तरह के बन्धनों, सब तरह की ग्रन्थियों का त्याग कर निर्ग्रन्थ होना है। मैं अपने वस्त्रों और आभूषणों को अलग करता हूँ। यह लीजिए, पाँच मुट्ठियों में समेटकर मैं अपने लम्बे केशों का भी लुंचन करता हूँ। आगार को छोड़कर अनागरिक बनता हूँ। इसलिए आपलोग मुझे विदा कीजिए। अब मैं केवल ज्ञान प्राप्त कर तीर्थंकर होना चाहता हूँ।

सेवक : स्वामी, इस उद्यान में ही तपस्या करें तो आपकी सेवा करने का अवसर हमें मिलता रहेगा।

महावीर : नहीं, मैं यहाँ से कर्मारग्राम जाऊँगा और वहीं सन्ध्या से ध्यान करूँगा। अब तुम मेरी चिन्ता न करो और लौट जाओ।

(दूसरा भाग)

(प्रकाश मंच के इस हिस्से से हटकर दूसरे हिस्से पर पड़ता है। कथावाचक इस दृश्य का वर्णन करता है।)

कथावाचक : कर्मारग्राम। निर्ग्रन्थ महावीर ध्यानमग्न बैठे हैं। एक ग्वाला अपने बैल वहीं छोड़कर चला गया। थोड़ी देर बाद आया। "अरे, बैल कहाँ गए?...'हे देवार्य, क्या आपको मालूम है कि मेरे बैल कहाँ गए?'...

ये तो उत्तर नहीं देते।...शायद बैल यहाँ से चले गए।'' ग्वाला रात भर इधर-उधर बैलों को खोजता फिरा। बैल तो महावीर के निकट ही थे, पर ध्यानमग्न होने के कारण उन्होंने ग्वाले के प्रश्न को सुना ही नहीं था। रात-भर की खोज के बाद ग्वाला वहीं लौटकर आता है।

ग्वाला : अरे, ये बैल तो यहीं थे।...ऐ श्रमण, तुमने जान-बूझकर मुझे तंग करने के लिए यह नहीं बताया कि बैल तुम्हारे पास ही थे। तुम बड़े बदमाश आदमी जान पड़तें हो। मुझे रात-भर भटकाया। तुम्हें दंड दूँगा। समझ क्या रखा है? इन्हीं बैलों की रास से तुम्हारी ख़बर लेता हूँ।

(इन्द्र का प्रवेश)

इन्द्र : रुको, नादान गोप, रुको।

ग्वाला : तुम कौन हो जी, मुझे रोकनेवाले?

इन्द्र : मैं इन्द्र हूँ। देवराज इन्द्र।

ग्वाला : इ...इन्द्र।...

इन्द्र : इन्द्र। तेरी उद्दंडता की भनक पाते ही मैं देवलोक से प्रकट हुआ हूँ। दुरात्मन्, तुझे इतना भी नहीं मालूम कि किसके ऊपर तू हाथ चला रहा है?

ग्वाला : मुझे कुछ नहीं मालूम भगवन्।

इन्द्र : अरे, ये वैशाली कुंडपुर के गणराज सिद्धार्थ के दीक्षित पुत्र वर्धमान हैं। इनके कैवल्य ज्ञान प्राप्त कर लेने से सारे विश्व का कल्याण होगा। तू इन पर प्रहार करके महापाप का भागी होगा। मूढ़ पश्चात्ताप में ही तेरा त्राण है।

ग्वाला : क्षमा...देवार्य...क्षमा।

इन्द्र : भगवन्, मैं देवराज इन्द्र आपको प्रणाम करता हूँ।...भन्ते, बारह वर्षों तक जो विकट साधना आप करेंगे, उसमें तरह-तरह के उपसर्ग और विघ्न होनेवाले हैं। इसलिए मुझे आज्ञा दीजिए कि आपकी सेवा में रहकर मैं आपके कष्टों का निवारण किया करूँ।

महावीर : देवेन्द्र, जो तुम कह रहे हो वह न हुआ है और न होगा। सब बन्धनों का त्याग करनेवाले साधकों को न तो देवताओं की न राजा की सहायता की आवश्यकता है और न असुरों के राजा की। कैवल्यज्ञान के प्राप्त करने के लिए हमारे जैसे अर्हन्त के पास तो एक ही साधन है, और वह है अपना ही उद्यम, अपनी ही शक्ति, अपना ही पुरुषार्थ। ऐसा ही सर्वदा हुआ है, आज भी होता है और भविष्य में भी होगा। निर्वाण-पथ का पथिक अकेला ही अपने पुरुषार्थ के बल पर अग्रसर होगा। इसलिए देवराज, तुम मेरी चिन्ता मत करो।

(प्रकाश मंच से लुप्त हो जाता है।)

कथावाचक : सुना आपने? सच्चा वीर वही है जो अपने ही परिश्रम अपने ही उद्योग का धनी है।

ग्वाला : हमारा गीत भी सुनिए।

गीत

इन्द्रदेव कैलन बन्दनवा, कहलन सुनलऽ कहनवाँ।
तोहरा पर रहतो भगवनूवाँ, बारह बरीस ले विघनवाँ।
सेवा करेले आगेआ देहु, हमरा के भगवान्।
दुखवा के सब दूर भगायब होखी तोर कलेआन।
एतना बात के सुनते कहलन, महाबीर भगवान्।
अइसन भेल न कबही होखी, गावत बेद पुरान।
देव देवेन्दर के सहारे होयत, न केवल गेआन।
अपन उद्यम बल पुरुषारथ से पावल नर निर्वान।

कथावाचक : भाइयो, अब तक आपने वैशाली के पुरुषों की ही कथा सुनी। अब सुनिए वहाँ की महिलाओं की गाथा।

यात्री : कोई देवी उतरी थी क्या वैशाली में कथावाचक जी?

कथावाचक : देवी नहीं, अप्सरा।

यात्री : अप्सरा? वह जो देवलोक में इन्द्र के दरबार में गाती-नाचती थी?

कथावाचक : उससे कम नहीं। दिव्य सुन्दरी, नगरमणि, अम्बापाली—

चौथी झाँकी

(मंच पर प्रकाश। अम्बापाली के उपवन का दृश्य, जिसका कथावाचक वर्णन करता है।)

(अम्बापाली, वैशाली की अभिरूपदर्शनीय परम रूपवती कुमारी, जिसे लिच्छवि गणराजाओं ने अपने नगर की सुन्दरियों में से सर्वोत्कृष्ट रत्न मानकर चुना था। अम्बापाली जिसके नृत्य, गीत और वाद्यवादन चतुर्दिक् रसज्ञों का मन मोह लेते थे। अम्बापाली जिसने कला, वैभव, ताल और लय में ही जीवन को समझा। वही अम्बापाली तथागत भगवान् बुद्ध का उपदेश सुन रही है।)

(इस स्थान पर अम्बापाली का नृत्य भी होता है।)

बुद्ध : यही तथागत की धारणा है कि दुख की उत्पत्ति राग से है। जरा, व्याधि और मृत्यु अवश्यम्भावी हैं। सो दुख का निवारण किसी अन्य सत्ता के आश्रय से नहीं होगा। उसके लिए संयम और प्रज्ञा चाहिए। समय उसी का सार्थक है जो मध्यम मार्ग का अवलम्बन करे : जो न तो शरीर को रागों में लिप्त हो जाने दे और न तप के नाम पर

असाध्य कष्टों का प्रदर्शन करे।

अम्बापाली : क्या नारी भी मध्यम मार्ग का अवलम्बन कर सकती है भगवन्?

बुद्ध : तथागत ने इसी वैशाली में महाप्रजावती गौतमी के आग्रह पर स्त्रियों को धर्म-विनय में प्रव्रजित होने की अनुमति दी थी।

अम्बापाली : किन्तु जो नारी राग और ताल से ही जीवनयापन करती है उसके लिए द्वार खोल सकेंगे भन्ते!

बुद्ध : अम्बापाली, तुम्हारा यह उद्यान मनोहर है।

अम्बापाली : भन्ते, उद्यान आज जिस मूल गन्ध से सुवासित है वह इसके पुष्पों की गन्ध नहीं है।

बुद्ध : तुम वाक्‌प्रवीण हो, भद्रे।

अम्बापाली : आपने महाप्रजावती गौतमी का अनुरोध माना। मेरी भी एक विनती स्वीकार करेंगे भगवन्?

बुद्ध : जानती हो अम्बापाली, गौतमी ने कहा था,'जैसे प्रसाधन करने के बाद कोई नवयौवना विलासिनी तरुणी उत्पलों, जूहियों और मोतियों की मालाओं को अपने सिर पर धारण करती है, उसी तरह मैं अपने केशों को कटाकर उनके स्थान पर आठ गुरुधर्मों को अंगीकार करती हूँ।'

अम्बापाली : भगवन्, उस समय तक महाप्रजावती गौतमी की माला के फूल सूख चुके थे।

बुद्ध : तुम्हारा संकेत समझ रहा हूँ भद्रे। पर याद रखो, काले भ्रमर के सदृश्य तुम्हारे ये घुँघराले बाल किसी दिन जीर्ण सन के समान हो जाएँगे; नीचले रंगी उज्ज्वल मणियों के समान तुम्हारे ये विस्तृत नयन शोभाहीन हो जाएँगे; वनचारिणी कोकिला की मधुर कूक-सी तुम्हारी मीठी बोली भर्राने लगेगी; अलंकारों से विभूषित तुम्हारे सुन्दर हाथ और हलके रूई के फाहे के समान तुम्हारे सुकोमल पैर झुर्रियों से भर जाएँगे; और तुम्हारा यह उज्ज्वल शरीर बिना लिपेपुते और बिना रखवाली के घर की तरह गिरने लगेगा।

अम्बापाली : भन्ते, यह तो मानिएगा कि किसी सुन्दरी गणिका ने अपने यौवन और सज्जा की प्रताड़ना ऐसे सन्तोष से नहीं सुनी जैसे आज मैंने सुनी है।

बुद्ध : भद्रे, मानता हूँ।

अम्बापाली : तो मेरा एक अनुरोध भी मानिए।

बुद्ध : कहो।

अम्बापाली : भन्ते, भिक्षु संघ के साथ मेरे यहाँ भोजन ग्रहण करें और यह आम्र वन स्वीकार करें।

बुद्ध : स्वीकार है भद्रे। तथागत वचनवद्ध है।

पाँचवी झाँकी

(प्रकाश मंच के इस हिस्से से हटकर दूसरे हिस्से पर पड़ता है, जहाँ का वर्णन कथावाचक इस प्रकार करता है।)

कथावाचक : वैशाली में भगवान् बुद्ध ज़्यादातर महावन की कूटागारशाला में अथवा अम्बापाली के उद्यान में ठहरा करते थे। समय बीतता गया और उनके अनुयायी बढ़ते गए। देखते-देखते उनके जीवन का अन्तिम वर्ष आ पहुँचा। वैशाली पहुँचकर वे अम्बापाली के उद्यान में ठहरे। उन्होंने अम्बापाली गणिका के यहाँ अगले दिन के भोजन का निमन्त्रण स्वीकार किया। वैशाली के लिच्छवि कुलपुत्रों से सुना भगवान् बुद्ध वैशाली आए हैं और अम्बापाली के उद्यान में विहार करते हैं। इस समय लिच्छवि गणराज भाँति-भाँति के रंगों के वस्त्राभूषण पहनकर और उन्हीं रंगों के घोड़ों पर चढ़कर आए। कोई नीले रंग के अलंकार वस्त्र पहनकर आए, कोई पीले, कोई लाल, कोई सफेद।

नीलाश्वा नील रथा नीला रश्मिप्रतोदमुष्णीषा।
नीला च पंच ककुदा नीला वस्त्रा अलंकाराः।
पीताश्वा पीत रथा पीता रश्मिप्रतोदमुष्णीषा।
पीता च पंच ककुदा पीता वस्त्रा अलंकाराः॥
लोहिता अश्वा रथा च लोहिता रश्मिप्रतोदयष्टी च।
लोहित च पंच ककुदा लोहित वस्त्रा अलंकाराः॥
श्वेताश्वा श्वेत रथा श्वेत रश्मिप्रतोदयष्टी च।
श्वेता च पंच ककुदा श्वेता वस्त्रा अलंकाराः॥

उधर ये लिच्छवि गणराज आते हैं और उधर अम्बापाली अपने रथ पर चढ़कर चलती है। यह देखिए अम्बापाली का रथ किस तेजी से जाकर तरुण लिच्छवियों के रथ के धुरे से टकराता है।

(अम्बापाली और लिच्छवियों का रंगमंच पर प्रवेश।)

लिच्छवि : अम्बापाली

(तू क्यों हमारे रथ के धुरे से धुरा, चक्के से चक्का, जूए से जूआ टकराती है?)

अम्बापाली : इसलिए कि मैं बहुत उल्लसित हूँ।

लिच्छवि : तुम्हारे उल्लास का कारण?

अम्बापाली : मैं क्यों बताऊँ? सारथी रथ आगे बढ़ाओ।

लिच्छवि : *(रोकते हुए)* गणिका, तेरी इतनी स्पर्धा?

अम्बापाली : आज मेरा गौरव सीमाहीन है, क्योंकि तथागत मेरे यहाँ भोजन के लिए पधारेंगे।

लिच्छवि : तथागत ने तुम्हारा निमन्त्रण स्वीकार किया?

अम्बापाली : इसीलिए तो मेरा रथ पवन से होड़ ले रहा है।

लिच्छवि : हम तुम्हें सौ हज़ार मुद्राएँ देंगे। यह निमन्त्रण हमें सौंप दो। हम तथागत को बुलाएँगे।

अम्बापाली : आर्यपुत्रो, यदि आप सारी वैशाली भी मुझे दें, तो भी मैं निमन्त्रण का गौरव अपने हाथों से नहीं जाने दूँगी।...और सुनिए। कल से मैं यह अम्बापाली-कुंज भिक्षु-संघ को सौंप रही हूँ।

(प्रकाश मंच पर से लुप्त हो जाता है।)

कथावाचक : लिच्छवि गणराज अपने हाथ मलते रह गए। और अम्बापाली के हर्ष का कोई ठिकाना नहीं रहा।

यात्री : यह तो बड़ी सुन्दर कथा है। सुनिए इस कथा पर हमारे गीत के साथ अम्बापाली के आनन्द का गीत।

गीत

मोरे जीवन में शुभ दिन आयल हो
काल्ह मोरे घरवा अयतन तथागत।
सुधि बुधि हमरो भुलायल हो
मोरे मन के कुसुमिया फुलायल हो
गणराजन के रथवा से रथवा
जूआ से जूआ और चकवा से चकवा
धुरवा से धुरवा औझरायल हो
जीवन के सपन मुस्कायल हो
मोसे पूछत आज लिच्छवी कुमार सब
अम्बापाली अइसे काहे करतः आज
काहे तोर रथ टकरायल हो
मनमा तोर काहे के इतरायल हो
पवन से होड़ लेत मोर रथवा
कल जेमिहल गौतम मोर भतवा
मन के इजोरिया उग आयल हो
ज़िन्दगी के अन्हरिया बुझायल हो
सहस्र हज़ार देव तोरा टकवा
अरत करत तोसे दे दऽ इ भतवा
जियरा हमार हुलसायल हो
मनमा में तथागत समायल हो
जनपद सहित वैशाली के सुखवा
देबऽ कुमार नहीं देवई इ भतवा

भाग उदय होई आयल हो
एकरे में जिनिगिया फुलायल हो

कथावाचक : बहुत सुन्दर। आपने अम्बापाली के उल्लास का गीत तो गाया; लेकिन लिच्छवि लोग रंग-बिरंगे कपड़े पहने जिस ढंग से भगवान् बुद्ध से मिलने आए थे, उसका भी तो गीत सुनाइए।

यात्री : सुनिए।

गीत

नीले-नीले बसन पहिरि के लिच्छविया
डगरिया में नीले-नीले घोड़वा चढ़ि आए।
हरिअर लाल रंग बसन पहिरि के
डगरिया में ओही रंग घोड़वा चढ़ि आए।
उज्जर मजीठ और सोवर्ण रंग बसन
डगरिया में ओही रंग घोड़वा चढ़ि आए।
जौने-जौने रंगवा के घोड़ा चढ़ि अयलन
डगरिया में ओही रंग सजवा सजाए।
ओही-ओही रंगवा के भूषण बसनवाँ
डगरिया में ओही रंग पगड़िया पेंहि आए।
ओही रंग के छड़िया पर छिटके किरिणिया
डगरिया में ओही रंग मणिया लगाए।
ओही रंग के पौऊँआ में पेंहले खड़ऊँआ
डगरिया में ओही रंग छतरिया लगाए।

कथावाचक : भाई, उल्लास के गीत आपने बहुत गाये। लेकिन अब सुनिए एक करुण कहानी। ऐसी जो वैशाली नगरी थी : भगवान् महावीर की जन्मस्थली, भगवान् बुद्ध की कर्मस्थली, गणतन्त्र का गौरव, जिस वैशाली पर कोई हाथ नहीं लगा सकता था, उसके पतन की कथा सुनिए।

यात्री : सुनाइए कथावाचकजी, सुनाइए। किस महाभारत ने इस हरे-भरे उपवन को उजाड़ दिया?

कथावाचक : महाभारत बाहर का नहीं था, वैशाली के लिच्छवियों का मन ही कुरुक्षेत्र बन गया।

यात्री : कैसे?

कथावाचक : अजातशत्रु के मन्त्री वर्षकार ने ही लिच्छवियों के गणतन्त्र की दुर्बलता पर कुठाराघात किया।...यह देखिए—

छठी झाँकी

(अजातशत्रु और वर्षकार पर प्रकाश पड़ता है। कथावाचक मंच पर के दृश्य का वर्णन करता है।)

(भगवान बुद्ध से वैशाली की शक्ति के सात नियमों की कथा सुनने के बहुत महीने बाद वर्षकार अजातशत्रु से बात कर रहा है।)

अजातशत्रु : समझा... ।...लेकिन महामात्य, आप इतने अनुभवी और कुशल मन्त्री होते हुए भी अभी तक लिच्छवियों की जड़ खोखली करने की कोई तदबीर नहीं निकाल सके!

वर्षकार : आपने मुझे तदबीर निकालने का अवसर ही कहाँ दिया, महाराज? क्षमा करें देव, आप तो भुजबल और सैन्यशक्ति को ही आजमाते रहे। कई बार युद्ध छिड़ा। मुझे और अमात्य सुनीथ को आदेश हुआ कि पाटलिग्राम में विशाल दुर्ग का निर्माण करो। वह भी प्रस्तुत हो गया। किन्तु देव, मैं बराबर सोच रहा था कि हमारे सम्राट् दसानन के दस मस्तकों पर ही प्रहार करते हैं, पर नाभि में स्थित अमृतघट पर नहीं। हज़ारों लिच्छवि युद्ध में मर-कट जाएँगे। किन्तु जब तक शक्ति का उजस्र स्रोत सुरक्षित है, तब तक वज्जिगण की सत्ता नहीं मिटेगी, महाराज।

अजातशत्रु : वर्षकार, मैं आपको मौका देता हूँ। थोड़े समय के लिए मेरी भुजा विश्राम लेगी। आपकी बुद्धि का खेल हम देखेंगे। क्या तरकीब सोची है आपने?

वर्षकार : कल ही मन्त्रिपरिषद् की सभा बुलाइए। मैं वहाँ सबके सामने वैशाली के लिच्छवियों की तरफ़दारी करूँगा। आप मुझ पर कुपित होकर मेरे केश कटवाकर राज्य से निर्वासित कर दीजिएगा।

अजातशत्रु : वज्जियो को यह जानकर हर्ष ही होगा वर्षकार।

वर्षकार : हाँ। और मैं उनके उस हर्ष से लाभ उठाऊँगा। मैं वैशाली जा पहुँचूँगा और उनका विश्वासपात्र बन जाऊँगा। और तब थोड़े दिनों बाद आप देखिएगा मेरी बुद्धि का करतब।

(प्रकाश मंच पर से लुप्त हो जाता है और कथावाचक अपनी कथा जारी रखता है।)

कथावाचक : यों कुटिल मन्त्री वर्षकार सीधे-सादे स्वभाववाले लिच्छवियों का कृपापात्र बन गया। लिच्छवि राजकुल के युवक उसके पास आते और वह उनसे एक-दूसरे की बुराई करता। सब उसके वाग्जाल के भुलावे में आ गए। आपस में लड़ने लगे, और गणतन्त्र की जड़ें खोखली होने लगीं। जिन सद्गुणों पर भगवान् बुद्ध मोहित थे, उन्हीं को लिच्छवि

भूल बैठे। शक्ति का ह्रास होने लगा। ठीक उसी समय अजातशत्रु ने पुनः प्रहार किया, और वैशाली को पराजित कर ही दिया।

यात्री : क्या तभी से वैशाली की वह दशा हुई, जो आज है?

कथावाचक : नहीं। यद्यपि वज्जि-संघ की राजनीतिक शक्ति नष्टप्राय हो गई, तथापि लिच्छवि जाति का शौर्य और प्रताप सदियों तक उत्तर भारत को प्रभावित करता रहा। बुद्ध के मरने के सौ वर्ष बाद वैशाली में 700 बौद्ध भिक्षुओं की द्वितीय धर्मसभा हुई। अन्य राज्यों के नृप लिच्छवि कुटुम्बों से विवाह-सम्बन्ध स्थापित करने को इच्छुक रहे। यहाँ तक कि ईसा की चौथी शताब्दी में गुप्त साम्राज्य के संस्थापक चन्द्रगुप्त प्रथम ने एक लिच्छवि कुमारी कुमारदेवी से विवाह किया। उसके पुत्र समुद्रगुप्त ने तो अपने सिक्कों पर खुदवाया 'लिच्छविदौहित्र'।

यात्री : कथावाचक जी, हमारे यहाँ तो कई सोने के सिक्के मिले हैं, बड़े सुन्दर।

लिच्छवि : वे गुप्त सम्राटों के ही हैं। तुमने एक सिक्का देखा होगा, जिसमें सम्राट् चन्द्रगुप्त विक्रमादित्य एक धनुष लिए खड़े हैं। इन्हीं सम्राट् के समय में चीन से एक यात्री आया, फाहियान।

सातवीं झाँकी

(मंच पर प्रकाश। चीनी यात्री फाहियान और वैशाली का एक बौद्ध भिक्षु)

फाहियान : यही वैशाली है?

भिक्षु : हाँ, इधर से आओ यात्री। तुम चीन देश से कब चले थे?

फाहियान : कई बरस हुए। भिक्षु, यह कौन भवन है?

भिक्षु : कुटागारशाला। यहीं तथागत प्रायः विहार करते और उपदेश देते थे। कैसा रमणीक भवन है! यह तुम लिख रहे हो यात्री?

फाहियान : हाँ, लिख रहा हूँ, जिससे मेरे देश के निवासी वैशाली की दिव्य नगरी की शोभा का अन्दाज़ लगा सकें। और बताओ, भिक्षु, इस पावन नगरी का माहात्म्य और बताओ।

भिक्षु : यह देखते हो न स्तूप? यह उसी स्थान पर स्थित है, जहाँ से तथागत भगवान् बुद्ध ने वैशाली के निवासियों से अपने निर्वाण के पूर्व विदा ली थी। अपने समूचे शरीर को दिग्गज की भाँति घुमाकर भगवान् ने वैशाली की अन्तिम झलक ली और बोले, "आज मैंने अपने पार्थिव जीवन का अन्तिम पुण्यकर्म किया है।" सारी वैशाली की जनता शोक से विह्वल हो उठी।

फाहियान : कैसी पावन भूमि है यह! कितनी गाथाएँ इसके कण-कण में लिपटी पड़ी हैं! तथागत मुझे शक्ति दें कि मैं अपने चीनी बन्धुओं तक इन रजकणों की किंचितमात्र आभा भी पहुँचा सकूँ।

(प्रकाश लुप्त हो जाता है। कथावाचक और यात्री।)

कथावाचक : दो सौ तीस साल बाद उसी चीन देश से एक और यात्री वैशाली आया और उसका नाम था ह्वेनसांग।

आठवीं झाँकी

(पुनः मंच पर प्रकाश। चीनी यात्री ह्वेनसांग और वैशाली का एक श्रमण।)

ह्वेनसांग : यहाँ तो मैं कई दिन ठहरूँगा, श्रमण। मुझे वैशाली के विषय में बहुत-कुछ जानना है। किन्तु मुझे यहाँ भग्नावशेष बहुत दीख पड़ते हैं। क्या कारण है?

श्रमण : पश्चिमोत्तर से बर्बर जातियों का आक्रमण। यह तो सम्राट् हर्ष की कृपा है कि धर्मजीवी व्यक्ति पुनः पुण्यकार्य में प्रेरित हो सके।

ह्वेनसांग : मैं देखता हूँ कि वैशाली में सभी धर्मों के अनुयायी अपनी-अपनी उपासना में लगे हैं। सभी बौद्ध नहीं हैं।

श्रमण : यही तो वैशाली की विशेषता है बन्धु। स्वयं तथागत के समय में निगंठ नातपुत्त का उपदेश चलता था। उनके अनुयायी अब अपने को जैन कहते हैं। और भगवती के मन्दिर तो तुमने देखे ही होंगे। विष्णु के अनेक रूपों की उपासना भी होती है। नगर की प्राचीरों के मुख्य द्वारों पर चतुर्मुखी पशुपतिनाथ की मूर्तियाँ भी स्थापित हैं।

ह्वेनसांग : किन्तु जब तक सम्राट् अशोक का बनवाया हुआ यह सिंह-स्तम्भ कायम है, तब तक तथागत के धर्मचक्र की ज्योति भी विकीर्ण होती रहेगी। कैसी तेजोमयी है इस सिंह की मुद्रा!

श्रमण : ह्वेनसांग, सुनाओ तो मुझे कि तुमने हम लिच्छवियों के विषय में और क्या लिखा है?

ह्वेनसांग : सुनो! "इस देश की भूमि उत्तम और उपजाऊ है। फल और फूल अधिक होते हैं। प्रकृति स्वाभाविक और सह्य है, तथा मनुष्यों का आचरण शुद्ध और सच्चा है। ये लोग धर्म, प्रेम और विद्या की बड़ी प्रतिष्ठा करते हैं। विरोधी और बौद्ध दोनों मिल-जुलकर रहते हैं।"

(प्रकाश मंच पर से लुप्त हो जाता है तथा यात्री और कथावाचक पर पड़ता है।)

कथावाचक : तो भाई, यही सन्देश है वैशाली के इतिहास का—सबके साथ मेल-भाव

के साथ रहना, सब धर्मों की इज्जत करना, मेहतन और सच्चाई का आचरण करना।

यात्री : वैशाली का यह सन्देश तो हमारे जमाने के महात्मा गांधी के सन्देश से मिलता-जुलता है।

कथावाचक : इसमें क्या सन्देह है? गांधीजी भी तो वैशाली से उत्तर चम्पारण गए थे जैसे ढाई हज़ार वर्ष पहले भगवान् बुद्ध वैशाली के उत्तर कुशीनगर गए थे। उसी कुशीनगर में भगवान् बुद्ध का देहान्त हुआ और वे वैशाली नहीं लौटे।

यात्री : सुनिए हमारा गीत।

गीत

उत्तर दिसवा में कुसीनगरवा हो
कुसीनगरवा हो
ओतही से अयतन भगवान् रे की।
बुद्ध भगवान् नहीं लौटी के अयलन
लौटी के अयलन
हुनकर बराबर इन्तजार रे की।
अपने न अयलन बुद्ध फिर बइसलिया हो
फिर बइसलिया हो
हुनकर अमर बतिया आयल रे की।
जाही दिसी गेलन बुद्ध तजी बइसलिया हो
तजी बइसलिया हो
ओतही से गांधी देलन समाद रे की।
पहिला सन्देसवा बापू उत्तरे से देलन हो
उत्तरे से देलन हो
ओही दिसी जिला चम्पारण रे की।
सत्य अहिंसा के सुगम सुपथवा हो
सुगम सुपथवा हो।
बुद्ध के अमर बतिया छायल रे की।
गणदेवता के मिली कयलन पूजनवा हो
कयलन पूजनवा हो
देसवा में सुखवा लहरायल रे की।

कथावाचक : जानते हो भाई, क्योंकि हमारे इस वैशाली के मेले में इतना उल्लास है? क्या तुम लोग भविष्य की ओर हिम्मत के साथ, आशा के साथ, टकटकी लगाए हुए हो?...इसलिए कि तुमलोग प्राचीन वैशाली के

लिच्छवियों की सन्तान हो।

यात्री : हम देहाती हैं।

कथावाचक : हाँ, तुम...और विशाल उत्सव में शामिल होनेवाले ये सब स्त्री-पुरुष। तुम लोगों की आँखों और आवाज़ों में वैशाली के पूरे वैभव की कहानी चमक रही है।

यात्री : यह बात है। तब तो हम अपनी आवाज़ उठाएँगे।

कथावाचक : आवाज़ ही नहीं, मेहनत के लिए अपने हाथों को उठाओ हर एक के लिए अपने मन को मिलाओ।

एक यात्री : अच्छा तो कथावाचक जी, अब हमारा भी खेल देखिए।

दूसरा यात्री : अगर हम लिच्छवियों की सन्तान हैं, तो देखिए हम कैसे मिल-जुलकर नया भारत बनाने की कोशिश कर रहे हैं।

कथावाचक : कैसे बनाओगे नया भारत? क्या तुम्हारी पंचायत ही में वैशाली की संस्थागार होगा? क्या वोटों की पर्चियाँ डालकर नया भारत बनाओगे?

एक यात्री : वह भी करेंगे? लेकिन आप ही ने तो कहा था कथावाचकजी, कि वैशाली की बुनियाद थी मेहनत और पैदावार।

कथावाचक : थी।...किन्तु अब?

दूसरा यात्री : अब?...यह देखिए—

(मंच पर प्रकाश। यात्री अपनी उसी पोशाक में मंच के केन्द्र में आते हैं।)

एक यात्री : तो बन गई भई, दस छोटे किसानों की टोली।

दूसरा यात्री : लगाओ भई, हाथ इस ट्यूबवेल में।

तीसरा यात्री : मेकेनिक बाबू जैसे कहें वैसे ही करो। कितनी गहराई तक जाना है मेकैनिक बाबू?

मेकैनिक : 150 फुट।

एक यात्री : बस?...यह देखिए—

("हेदूसा हेदूसा" तथा बिजली की ड्रिलिंग मशीन की आवाज़।)

दूसरा यात्री : फूटा! फूटा! पानी का स्रोत फूट निकला!

(हर्ष ध्वनि)

(थोड़ी देर में एक विशेषज्ञ का प्रवेश।)

विशेषज्ञ : अरे भाई, यों पानी बहने दिया, तब तो हो चुकी खेती।

एक यात्री : क्या मतलब?

विशेषज्ञ : धरती को एक बराबर करो; थोड़ी ढलान दो, जिससे पानी रिस भी जाए और जमा होकर कीचड़ भी न बने।

दूसरा यात्री : पर मेरे खेत की मेड़?

तीसरा यात्री : और मेरे?

चौथा यात्री : और मेरे?

विशेषज्ञ : बात तो तुम्हारी ठीक है। दो-दो, तीन-तीन एकड़ ज़मीन, और इस्तेमाल करना है ट्यूबवेल के धारावार पानी का।...तो एक मेरी बात मानोगे?

दूसरा यात्री : सुनें तो पहले।

विशेषज्ञ : यही कि सब खेतों का इकट्ठा नक्शा बनाकर उसी में चौहद्दी बना दो। बस मेड़ रहे न रहे, ज़मीन का रकबा तो रहेगा।

तीसरा यात्री : और ज़्यादा पानी कहाँ जाएगा?

विशेषज्ञ : उसके लिए नालियाँ बनानी होंगी, पर जैसे मैं बताऊँ वैसे ही। यह देखो—

(सब लोग विशेषज्ञ को घेरकर काम में लग जाते हैं। कुछ समय बाद एक नौजवान और पढ़े-लिखे किसान का प्रवेश। पीठ पर कुछ बोरे।)

दूसरा यात्री : फिर ले आए कॉलेज से किताबें?

नौजवान : नहीं।

तीसरा यात्री : नहीं?

दूसरा यात्री : तब यह बोझा क्या है?

नौजवान : बीज।...नई किस्म के गेहूँ के बीज। चौगुनी पौध होगी, चौगुनी। और केमिकल खाद, और कीटनाशक सामान।

एक यात्री : इन सबका हमारे जौ के लिए क्या होगा? हम तो यहाँ सदियों से जौ उगा रहे हैं।

विशेषज्ञ : अब उगाइएगा गेहूँ, और दो और फसलें : सावनी मूँग, सोयाबीन और चाहें तो नई किस्म का जौ भी और आलू भी।

दूसरा यात्री : उसी ज़मीन पर?

विशेषज्ञ : हाँ, पर मेहनत करनी होगी। देखो, धरती के अन्दर से लगातार पानी निकलता है। ऐसे ही लगातार काम करने की शक्ति हम सब रखते हैं...किसान, नौजवान, औरतें, बच्चे!

एक मछुआरा : पर बाबू, इन बावन पोखरों के पानी का क्या होगा?

विशेषज्ञ : बावन पोखर?

दूसरा मछुआरा : हाँ बाबू, वैशाली में बावन पोखर हैं।

विशेषज्ञ : ठीक।...भगवान् के प्रथम अवतार का ठिकाना हो गया।

एक मछुआरा : अवतार?

विशेषज्ञ : हाँ, पहला अवतार यानी मछली।

एक मछुआरा : अरे, सो तो हम मछुए कभी-कभार पकड़ते ही हैं। पर उतने से तो काम नहीं चलेगा।

विशेषज्ञ : आओ, हम लोग एक पक्का तालाब बनाएँ। उसमें नए ढंग की मछलियाँ तैयार करें।

दूसरा मछुआरा : तैयार करें? अरे, कहीं मछलियाँ भी खेत में आनेवाली फसल हैं?

विशेषज्ञ : देखो तो सही विज्ञान के करिश्मे। बावन पोखरों में मनों मछलियाँ जनमेंगी और फिर तुम लोगों के लिए भी साल-भर का इन्तजाम होगा।

(सब काम में लगते हैं। मन्द किन्तु त्वरित संगीत।)

कथावाचक : समझा, भाई, समझा।...बनेगा। नया भारत जरूर बनेगा। हमेशा-हमेशा के लिए इस तीरथ की बुनियाद तम्हारे ही हाथों पड़ रही है। गाओ, मेरे भाइयो, फिर से गाओ।

सब : *(मिलकर गाते हैं।)*

गीत

वैशाली के सुभ दिन आज फिर से आयल सखिया
चल चल वैशाली आज दरसन करेला सखिया।
बरस बीतल आज सुख दिन आयल
वैशाली के उस जग में छायल
सब नगरी के सिरताज फिर से देखब सखिया।
महावीर जी इहें जनमलन
बुद्ध तथागत कुछ दिन बसलन
पुण्यभूमि के दरसन आज फिर से करब सखिया।
राजतन्त्र से दुनिया दहकल
प्रजातन्त्र जुग एई में चमकल
एही नगरी के कोटि प्रणाम नित करब सखिया।

भाग-4

कठपुतली नाटक

दो बातें

1

सन् सत्तावन के बहादुर नेताओं में किसी की कथा इतनी चमत्कारपूर्ण, इतनी सनसनीखेज, इतनी विशाल और विस्तृत नहीं है जितनी कुँवर सिंह की। उस पर नाटक रचना कुछ ऐसा ही बचपना है जैसे हाथी की पीठ पर रूई का फाहा रखना।

रचना का प्रारम्भ बच्चों के खेल की भाँति ही हुआ। कठपुतलियों के कलाकार सागर के लिए पिछले साल मैंने एक कहानी उसी की शैली में तैयार की। कठपुतलियाँ सागर ने बनाईं, गीत और वार्ता मैंने।

कुछ महीने बाद बिहार की मोदमंडलियों ने उसी कथा को खुले रंगमंच पर उतारा बिहार में और बाहर भी। नन्हें पहाड़ी झरने ने धारा का रूप ले लिया।

इस वर्ष कुँवर सिंह जयन्ती के अवसर पर प्रदर्शन और प्रकाशन के लिए इसे विशेष रूप से सँवारा-सुधारा। नाटक बन गया।

लेकिन है यह पहाड़ी धारा ही; न इसमें अंकों और दृश्यों के बन्धन हैं, न विद्वानों की भाषा का सौष्ठव और न जीवन के आगे वह स्पष्ट दर्पण जिसकी झलक आजकल नाटक की जान मानी जाती है।

जिस देहाती रंगमंच की अटपटी बोली में युग-युग से जनता-जर्नादन का व्यापक स्वर स्पन्दित है उसी की रूपभंगिमा में पिरोया, उसी की धूलिधूसरित कांचन-मणियों से जटित, यह एक प्रयोग मात्र है।

2

यह कहकर कि यह नाटक केवल मेरी ही कलम और बुद्धि की रचना है, मैं धोखा न दूँगा।

तीन-चार बरस से कुँवर सिंह के कुटुम्ब के निकट-सम्बन्धी और भोजपुरी साहित्य के अध्येता श्रीदुर्गाशंकर सिंह मुझे उनके जीवनवृत्त-सम्बन्धी लोक-प्रचलित कथाएँ और लोकगीत देते रहे हैं। इस नाटक के सभी भोजपुरी गीत उन्हीं की देन हैं, कथा पर भी उनके द्वारा संकलित किंवदन्तियों की छाप है। मैं उनका हृदय से अनुग्रहीत हूँ।

नाटक की कथा का मैंने इतिहास से बिछोह नहीं होने दिया है। इसके लिए मैं

पटना कालिज के सुयोग्य इतिहासज्ञ डॉ. कालीकिंकर दत्त और जायसवाल इंस्टीट्यूट के उनके सहयोगी अनुसन्धान-कर्ताओं का आभारी हूँ। उन्होंने मुझे बहुत-सी दुर्लभ सामग्री देकर कथा की अनेक कड़ियाँ पूरी करने में मदद दीं। कुछ प्रसंग तो इस नाटक में ऐसे हैं जो अब तक अज्ञात थे।

श्री मथुरा प्रसाद दीक्षित की पुस्तक 'बाबू कुँवर सिंह' से मैंने कुछ छन्द लिए हैं; सावरकर के 'भारतीय विद्रोह के इतिहास' से कुछ विविध सामग्री। दोनों के प्रति आभार-प्रदर्शन करना मेरा शुभ कर्तव्य है।

ऐसी रचना को यदि कोई स्पष्टवादी आलोचक भानुमती का पिटारा कहे तो मैं बुरा न मानूँगा।

23 अप्रैल, 1955 ई.

--कुँवर सिंह जयन्ती
जगदीशचन्द्र माथुर

नाटक खेलनेवालों से

यह नाटक अनेक पर्देवाले शहरी रंगमंच के लिए नहीं लिखा गया है। न इसमें पर्दे बदलने की जरूरत है, न सेटिंग तैयार करने की।

यह है खुला रंगमंच, पीछे बाँस, चटाई और फूस का बना पर्दा। *(यदि आप कपड़े का पर्दा टाँगना चाहें तो टाँग सकते हैं। लेकिन उस पर सीनरी न बनाइए, केवल कलापूर्ण डिजाइन खींच दीजिए।)*

दोनों ओर, कुछ आगे हटकर चटाई की दो ओट हैं। ये ओट इस नाटक के बहुत काम की हैं।

बाईं ओट में ढोलक और सारंगीवाले बैठे हैं। वे बराबर वहाँ बैठे रहेंगे, चूँकि अकसर नाटक में संगीत चलता है।

सूत्रधार और उसके साथी बीच में खड़े हैं। यहाँ साथी स्त्री है—सखी, जैसे संस्कृत नाटकों में नटी होती थी, या कठपुतली के तमाशे में भाटन। लेकिन साथी पुरुष भी हो सकता है। नाटक में उससे कुछ अन्तर पड़ेगा।

सूत्रधार और साथी का संवाद और उनके गीत, कथा का सूत्र जारी रखते हैं; जब नाटक के पात्र ओट के पीछे *(यानी नेपथ्य)* से आते हैं तो सूत्रधार और साथी दाहिनी ओट के आगे खड़े हो जाते या बैठ जाते हैं। ज्योंही पात्र चले जाते हैं, त्योंही सूत्रधार और साथी अपने संवाद और गीतों द्वारा कथा की धारा को बढ़ाते हैं। वही इस नाटक की रीढ़ हैं।

नाटक के कुछ दृश्य रंगमंच पर न होकर नेपथ्य में होते सुन पड़ते हैं और सूत्रधार और साथी उनकी ओर इशारा करके कुछ ऐसे चित्र खींचते हैं जैसे संजय ने धृतराष्ट्र की बन्द आँखों के आगे खींचे थे।

पात्रों की वेश-भूषा के लिए आप सीधी-सादी उन्नीसवीं सदी की वेश-भूषा रख सकते हैं। सावरकर के 'भारतीय विद्रोह के इतिहास' में ऐसे अनेक चित्र हैं जिनके वेश-भूषा निर्धारित करने में मदद मिलेगी।

रंगमंच की सजावट के लिए गेरू और चूने के रंगों का इस्तेमाल कीजिए और अल्पना के डिजाइन खींचिए। यह कोशिश न कीजिए कि महल या जंगल या गंगा का किनारा दिखाया जाए। वे दृश्य सूत्रधार की बातों में आप ही खिंच जाते हैं।

मंच दर्शकों के बीच में आगे की तरफ़ आ जाए तो अच्छा ताकि तीन ओर से दर्शक

देख सकें। यह भी देहाती रंगमंच की विशेषता है।

असल में लोक रंगमंच हर तरह से दर्शकों और अभिनेताओं के बीच की दीवार को दूर करता है। उनमें घुल-मिल जाता है। इस बुनियादी सिद्धान्त को याद रखिए।

—लेखक

कुँवर सिंह की टेक

(रचनाकाल : 1955 ई.)

(खुला रंगमंच। केवल एक पर्दा पीछे है। आगे, रंगमंच के दोनों ओर खम्भे के ढंग की दो ओट हैं, जिनके सामने ढोलक-झाँझवाले बैठे हैं। रंगमंच बराबर खुला रहता है।

सूत्रधार और उसका साथी गाते हुए आते हैं और रंगमंच के आगे खड़े होते हैं। रंग-बिरंगी पोशाक।)

सूत्रधार : आज मनाता सारा भारत वीरों का त्योहार
आज़ादी की खुशियों से है दिल का भरा भंडार।
रुको भाइयो, थामो कुछ पल अपना नया तराना।
जिन लोगों ने अलख जगायी, देखो उनका बाना॥

साथी : कौन जमाने का यह बाना, कब वह अलख जगी थी?

सूत्र. : सन् सत्तावन की नव ज्वाला घर-घर में सुलगी थी।

साथी : सन् सत्तावन की तो मैंने कथा सुनी अनेक।
मागी फौज फिरंगी की जब वीर जवानों की लख्र टेक।

सूत्र. : जवान नहीं बूढ़ा।

साथी : *(अचरज में)* बूढ़ा?

सूत्र. : हाँ, पचहत्तर बरस का बूढ़ा!

साथी : तब तो वह जाता होगा तीरथ?

सूत्र. : उसका तीरथ तो था शेरों का शिकार।

साथी : या जपता होगा सुमिरनी?

सूत्र. : उसकी सुमिरनी थी खड्ग की धार।

साथी : या सोता होगा तोशक के सहारे?

सूत्र. : तोशक कैसी? हरदम घोड़े पै सवार।

साथी : शेर का शिकार, खड्ग की धार, घोड़े पै सवार? भाई, ऐसा बूढ़ा न तो देखा, न सुना। कौन-सी धरती का था वह लाल?

सूत्र. : इसी धरती का—इसी भारत माँ का सपूत!

साथी : और कौन गाँव का था वह वासी?

सूत्र. : गाँव था जगदीशपुर, सूबा था बिहार।

साथी : कौन नाम था उसने पाया?

सूत्र. : नाम बाबू कुँवर सिंह, जिस पर रैयत थी निछावर।

साथी : ज़मींदार पर रैयत निछावर!

सूत्र. : हाँ, ऐसा ही अनोखा था वह ज़मींदार, जो लाखों की दौलत, देता दीनों पर निसार।

साथी : फिरंगी के दाँत तो उस दौलत पर लगे होंगे?

सूत्र. : हाँ, उस समय तो फिरंगी का काम ही था हिन्दुस्तानी की लूट-खसोट। तभी...

साथी : तभी क्या हुआ?

सूत्र. : *(गाते हुए)* तभी हिन्द में जाग उठा तूफ़ान।

दोनों : *(मिलकर गाते हुए)* तभी हिन्द में जाग उठा तूफ़ान।

सूत्र. : *(गाते हुए)* तख़्त फिरंगी का उलटाने उमड़ा हिन्दुस्तान।

साथी : हिन्द में जाग उठा तूफ़ान।

सूत्र. : बैरकपुर में मंगल पांडे का होना बलिदान।
चिनगारी मेरठ में पहुँची, चमक उठा आसमान।
चमक उठा था आसमान औ' धरती भी थी डोली।
दिल्ली से ले कानपुर तक सुन पड़ती यह बोली।
''सुन लो, जालिम अँगरेजों को मार भगाना है ईमान।
देश-धरम है जिसने लूटा उस पर टूट पड़ो बलवान!''

दोनों : हिन्द में जाग उठा तूफ़ान।

सूत्र. : सुन यह नारा सम्हल गए तब दानापुर के वीर जवान
घबड़ाया पटने का अफ़सर टेलर साहब जिसका नाम।
डरा कहीं, जो कुँवर सिंह ने ली बन्दूकें तान।
उठ जाएगा राज फिरंगी, मिट जाएगी शान।

दोनों : हिन्द में जाग उठा तूफ़ान।

साथी : क्या किया कुँवर सिंह ने, यह तो बताओ। घुटने टेके या सीना ताना, यह तो दिखाओ।

सूत्र. : अच्छा तो इधर आओ मेरे साथी! *(दोनों बाईं ओट के आगे खड़े हो जाते हैं। बीच का रंगमंच खाली हो जाता है।)* यहाँ और वह देखो—*(दाहिने नेपथ्य की ओर इशारा करते हुए)* वह—बाबू कुँवर सिंह का महल। जैसे गाछों में बरगद, वैसे ही महलों में जगदीशपुर के बाबू कुँवर सिंह का महल, सैकड़ों पंछियों का बसेरा, सैकड़ों का आसरा।

(दाहिनी तरफ़ से राजपूती लिबास में एक तीस बरस के जवान का आना।)

साथी : अरे, यह कौन आया महल की तरफ़ से? तनी भँवे, उमेठी मूँछें, खड्ग पर हाथ! *(दूसरी ओर से एक और युवक का प्रवेश)* और, यह दूसरा कौन आया?

सूत्र. : *(साथी को अपनी ओर खींचते हुए)* सुनो! सुनो इनकी बातें! देखो!

देखो इनका जौहर!

पहला जवान : क्या बात है हरकिशन सिंह? कोई ख़बर आई?

हरकिशन : इन्तजारी में हूँ रितुभंजन बाबू!

रितुभंजनसिंह : अब तक तो रणदलन सिंह को आ पहुँचना चाहिए था।

हरकिशन : जी मुझे फिकर हो चली।

रितुभंजनसिंह : कोई आ तो रहा है *(साठ बरस के एक रोबीले व्यक्ति का बाईं ओर से आना।)*

हरकिशन : सहसराम के बाबू निशान सिंह हैं।

रितुभंजनसिंह : हमलोगों का साथ देंगे?

निशान : *(निकट आकर)* क्यों नहीं। तभी तो आया हूँ। आपको तो याद भी न होगी, रितुभंजन बाबू! मेरा और बाबू कुँवर सिंह का बहुत पुराना साथ है।

रितुभंजनसिंह : काका ने बताया है।

निशान : आरा से कोई ख़बर आई?

रितुभंजनसिंह : अभी नहीं। उसी के इन्तजार में हैं।

हरकिशन : रणदलन के साथ मुझे जाना चाहिए था। आजकल रास्ता जोखिम का है!

रितुभंजनसिंह : जोखिम! ओखली में सिर दिया तो मूसल से क्या डर!

हरकिशन : वह तो ठीक है। लेकिन, अभी से कोई बात जाहिर हो गई, तो बड़े सरकार पर आँच आ जाएगी।

निशान : कहाँ गए बड़े सरकार? आज तो शिकार के लिए जितौरा जाने की बात थी।

रितुभंजनसिंह : अभी तो नए मन्दिर गए हैं, पुरोहितजी के साथ।

हरकिशन : यह नया मन्दिर बड़ा आलीशान बना है। युग-युग तक बाबू साहब की कीर्ति रहेगी।

रितुभंजनसिंह : यह सुनो घोड़े की टाप! कोई आता है।

हरकिशन : सरकार आते हैं क्या?

निशान : *(बाईं तरफ़ बढ़कर देखता हुआ)* नहीं...यह तो...यह तो रणदलन जान पड़ता है। *(पुकारता है)* रणदलन?

रणदलन : *(नेपथ्य से)* आया भाइयो!

रितुभंजनसिंह : पसीने से बेहाल है, चेहरे पर हवाइयाँ उड़ रही हैं। *(रणदलन का आना। नौजवान। घोड़े की तेज़ सवारी के कारण हाँफ रहा है।)*

(जितौरा नामक स्थान में कुँवर सिंह ने एक शिकारगाह बनवाया था।)

रणदलन : परनाम रितुभंजन बाबू! परनाम बाबू निशान सिंह!

रितुभंजनसिंह : परनाम।

निशान : परनाम! कुछ सुस्ता लो!

हरकिशनसिंह : क्या ख़बर लाए आरा से?

रणदलन : ख़बर अच्छी नहीं है, भइया! बड़े सरकार के आम मुख़्तार...

रितुभंजनसिंह : मुंशी कालीप्रसाद। क्या हुआ उन्हें?

रणदलन : उन्हें गिरफ्तार कर लिया गया।

निशान : अरे किसने किया गिरफ्तार?

रणदलन : आरा के कलक्टर ने। सरकार के आरावाले मकान की तलाशी भी ली।

रितुभंजनसिंह : ग़ज़ब हो गया!

निशान : फिरंगी ने नाग के बिल में हाथ डाला है।

हरकिशन : चलो महल को! बड़े सरकार आते ही होंगे।

रितुभंजनसिंह : ठहरो, *(बाईं तरफ़ इशारा करते हुए)* वह देखो, सरकार यही आते दीखते हैं।

निशान : नहीं, यह तो राजपुरोहित पंडित टूड़ी मिश्र हैं और साथ में...

हरकिशन : साथ में कविवर रामजी हैं।

(राजपुरोहित और राजकवि का आना)

रितुभंजनसिंह : परनाम पुरोहितजी!

पुरोहित : आयुष्मान् भव! आप नहीं आए आज मन्दिर के तीसरे वार्षिकोत्सव में? बड़ा आनन्द रहा।

हरकिशन : बड़े सरकार के आने में कितनी देरी है?

पुरोहित : बस, आ चले। आज तो कवि रामजी ने बड़े सरकार की तबीयत खुश कर दी।

रितुभंजनसिंह : कैसे?

पुरोहित : शिव-मन्दिर की महिमा में छप्पय सुनाकर। सुनाइए न कविवर इन लोगों को भी एकाध बानगी।

रामकवि : पुरोहितजी की जो आज्ञा! लीजिए, सुनिए...

पूरब दिसि श्री जगन्नाथ स्थायी छबि सोहै,
पश्चिम राधाश्याम रासमंडल मन मोहै,
उत्तर सीतानाह तिलक राजस छबि साजे,
दक्खिन शंकर व्याल सहित मृगराज विराजे।
कवि राम कहै कौ लों कहो, मन लागे बहु जापते।
नर एक बार चित दै भखै, छुट जाहि त्रय तापते॥

और सुनिए–

(हठात् बाईं ओर से बाबू कुँवर सिंह का प्रवेश। 75 बरस की

आयु, पर कमर सीधी। लम्बा इकहरा बदन, गोरा रंग, नुकीली नाक, तेजस्वी नेत्र, गलमुच्छे घने और मूँछें हल्की। चपकन, साफा, तलवार।)

कुँवर सिंह : ठहरिए राम कवि। मन्दिर की कीर्ति हो चुकी। यहाँ दूसरी चर्चा होगी।

हरकिशन : बड़े सरकार!

पुरोहित : जय हो बड़े सरकार की।

कुँवर सिंह : कब आए निशान सिंह, सहसराम से?

निशान : आज ही आया बाबू साहब! आपका हुकुम मिलते ही चल पड़ा।

कुँवर सिंह : रणदलन, आरा से क्या ख़बर लाए?

रणदलन : ख़बर अच्छी नहीं है। सरकार के आरावाले मकान की कलक्टर ने तलाशी ली।

कुँवर सिंह : अच्छा! बात यहाँ तक बढ़ गई!

रणदलन : मुंशी काली प्रसाद को गिरफ्तार करके ले गए। और... *(रुक जाता है।)*

कुँवर सिंह : कहो, कहो। रुक क्यों गए?

रणदलन : सरकार! फिरंगी कलक्टर ने जाते-जाते यह भी कहा—मैं बाबू कुँवर सिंह को भी गिरफ्तार करूँगा और उन्हें फाँसी पर लटका दूँगा।

रितुभंजनसिंह : फिरंगी की यह शेखी! काकाजी, अब यह सब नहीं सहा जाता।

निशान : चींटी के पर निकलने लगे हैं। फिरंगी का जुलूम तलवार के ज़ोर से ही रुकेगा सरकार।

कुँवर सिंह : सब्र करो...मुझसे ज़्यादा तुमलोग नहीं जानते फिरंगी की चाल को। रणदलन, और भी कुछ देखा?

रणदलन : सरकार, लौटती बेला, यहीं जगदीशपुर के पास एक पालकी देखी और आठ-दस कम्पनी के सिपाही।

कुँवर सिंह : कितनी देर की बात है?

रणदलन : यही आध घंटा हुए।

निशान : बन का गीदड़, जाएगा किधर?

कुँवर सिंह : निशान सिंह, एक दिन जंगल भी घेरना होगा, लेकिन तुम जानते हो; शिकार का हाँका समय देखकर किया जाता है।...पहले देखो तो यह पालकी है किसकी? *(निशान सिंह बाहर की तरफ़ चलता है।)* लेकिन ठहरो...वह पालकी और सवार तो इधर ही आते दीखते हैं।

हरकिशन : जीवन सिंह कुछ ख़बर ला रहे हैं।

(जीवन सिंह का आना।)

कुँवर सिंह : जीवन सिंह, यह किसका डेरा आ रहा है?

जीवन : सरकार, पटने से डिप्टी मौलवी अजीमुद्दीन हुसेन आए हैं।

रितुभंजनसिंह : सवारों के साथ हैं। न मालूम, क्या नीयत है!

हरकिशन : सरकार, कोठी के अन्दर ही उनसे मुलाकात करना ठीक होगा।

निशान : मौलवी साब के सवारों को तो हमलोग ठिकाने लगा देंगे।

कुँवर सिंह : नहीं, हम यहीं मिलेंगे। मौलवी अजीमुद्दीन मेरे बचपन के साथी हैं। फिरंगी के डिप्टी हैं तो क्या? जीवन सिंह, उन्हें यहीं बुलाओ।

(जीवन सिंह का प्रस्थान)

पुरोहित : सरकार, लक्षण अच्छे नहीं हैं।

कुँवर सिंह : मैं जानता हूँ पुरोहितजी, मौलवी अजीमुद्दीन किसी गहरे मतलब से यहाँ भेजे गए हैं। लेकिन...हमारी तरफ़ से...कोई हरकत ऐसी न हो, जो शक हो जाए।

(मौलवी अजीमुद्दीन का जीवन सिंह के साथ आना।)

अजीमुद्दीन : आदाब साहब बहादुर को ख़बर मिली है कि आपकी तबीयत कुछ खराब है। उन्हीं का पैगाम लेकर आया हूँ।

कुँवर सिंह : हाँ-हाँ, तबीयत तो, आप जानें, ऐसी ही रहती है। अब मेरी उम्र भी तो पचहत्तर से ऊपर हो चली, मौलवी साहब!

अजीमुद्दीन : जी हाँ, वही तो टेलर साहब का ख्याल हुआ। उन्होंने यही परवाना देकर भेजा है।

कुँवर सिंह : लाइए परवाना। *(डिप्टी साहब के हाथ से परवाना लेते हैं।)* पुरोहितजी, पढ़िए, क्या लिखा है टेलर साहब ने?

पुरोहित : *(पढ़ते हुए)* लिखा है कि बाबू साहब, अब आपकी आयु ज़्यादा हो गई। स्वास्थ्य अच्छा नहीं रहता। कुछ दिन मेरे पास पटने आकर रहें। मैं आपकी भली-भाँति देखभाल करूँगा।

कुँवर सिंह : *(कुछ सोचकर)* मौलवी साहब, तो आप, साहब का न्योता लेकर आए हैं? *(कुछ हँसकर)* यह काम तो किसी नाई के हाथ होना चाहिए था।

अजीमुद्दीन : आपका मजाक मुझे पुरानी दोस्ती की याद दिलाता है।...समझ लीजिए, फिरंगी का नाई बनकर ही आया हूँ।

कुँवर सिंह : लेकिन मौलवी साहब, हजामत तो फिरंगी ही आजकल बना रहा है आपलोगों की। *(सब लोग हल्का सा हँस पड़ते हैं।)*

अजीमुद्दीन : छोड़िए उन बातों को बाबू साहब!...कहिए, मुझे क्या जवाब मिलता है?

कुँवर सिंह : *(गम्भीर होकर)* जवाब?...*(सोचकर)* साहब बहादुर को मेरा सलाम अर्ज़ कीजिएगा और कहिएगा कि साहब बहादुर ने ठीक ही सुना है कि मेरी सेहत अच्छी नहीं है। ऐसी हालत में हकीम-वैद्य मुझे जगदीशपुर से बाहर कैसे जाने देंगे? जब तबीयत ठीक हो जाएगी, तब खुद पटने पहुँचकर साहब बहादुर की खिदमत में हाज़िर हो जाऊँगा।

अजीमुद्दीन : *(रुककर)* बाबू साहब, अच्छी तरह सोच-समझ लीजिए।

कुँवर सिंह : इस हालत में और क्या अर्ज करूँ?

अजीमुद्दीन : तब तो मुझे चलना होगा।

रणदलन : एकाध रोज आराम करके जाइए।

अजीमुद्दीन : नहीं, बाबू साहब, वह तो फिर कभी।...*(जीवन सिंह से)* मँगाओ भई पालकी। *(जीवन सिंह जाता है।)* लेकिन, जाने से पहले एक बात कह दूँ?

कुँवर सिंह : फरमाइए।

अजीमुद्दीन : बाबू कुँवर सिंह, कमिश्नर साहब का न्योता ठुकराना आपके हक में अच्छा नहीं है।...अच्छा, तो चलता हूँ।

कुँवर सिंह : ठहरिए, मौलवी साहब!...देखिए, आप मेरे पुराने दोस्त हैं, उस वक़्त से जब आप अँगरेजों के डिप्टी नहीं थे। लाइए अपना हाथ। *(मौलवी साहब का हाथ पकड़ते हैं।)* पुरानी दोस्ती के नाम पर, सच्चाई से, ईमान से मुझे बताइए कि टेलर साहब पटने में मुझे गिरफ्तार करने के लिए ही बुला रहा है? देखिए, उसने ज़मींदार उलत्फ अली के साथ क्या सलूक किया? गया के ज़मींदार अब्दुल करीम ख़ाँ पर क्या बीती? बताइए, क्या मुझे पटने बुलाकर कोई ऐसी ही हरकत नहीं की जाएगी?...बोलिए।

अजीमुद्दीन : बाबू साहब!...*(चुप हो जाते हैं।)*

कुँवर सिंह : आप चुप हो गए, मौलवी साहब!...मैं समझ गया। आपका दिल साफ़ है।...आपकी आँखों में आँसू हैं।...जाइए!

अजीमुद्दीन : *(भरी आवाज़)* बाबू कुँवर सिंह, खुदा आपके ऊपर मेहरबानी करे! ज़माना नाज़ुक है।...हिन्दुस्तान में आग लगी है।...*(जाते हुए)* अच्छा, खुदा हाफिज़! *(जाते हैं।)*

निशान : सरकार, कूच का डंका बजाने का हुकुम हो।

रितुभंजनसिंह : इस वक़्त की एक चोट लोहार की चोट होगी—सुनार की सौ चोटों से बढ़कर।

कुँवर सिंह : आपका क्या विचार है, पुरोहित जी?

पुरोहित : सरकार, आप सोच-विचार कर जो करेंगे, वही उचित होगा। जल्दबाजी नहीं होनी चाहिए। हड़बड़ी के बियाह, कनपटी में सेनुर।

कुँवर सिंह : बिल्कुल ठीक पुरोहितजी! मेरठ में बलवाइयों ने यही गलती की थी।

रितुभंजनसिंह : लेकिन, इस जवाब के बाद फिरंगी कमिश्नर का शक पक्का हो जाएगा।

कुँवर सिंह : जानता हूँ। लेकिन टेलर साहब को यह तो नहीं मालूम है कि कुँवर सिंह की जड़ें कौन धरती में फैली हैं।

पुरोहित : जी सरकार! वह तो यही समझता होगा कि बाबू साहब बिगड़े ज़मींदार हैं, एक घुड़की में ठीक हो जाएँगे। लेकिन, सरकार के हाथ में बिहार भर के बलवे की बागडोर है, यह वह नहीं जानता।

कुँवर सिंह : मैं चाहता हूँ कि अभी वह कुछ दिन और गफलत में रहे। इसलिए मैं जाऊँगा अब जितौरा को, शिकार करने।

रितुभंजनसिंह : शिकार।

निशान : शिकार!

कुँवर सिंह : हाँ, अभी तो जानवरों का ही शिकार करना है। दलभंजन भी साथ में जाएगा।

हरकिशन : लेकिन सरकार...

कुँवर सिंह : तुम, हरकिशन, दानापुर के सिपाहियों की बात सोच रहे हो न?

हरकिशन : जी सरकार!

कुँवर सिंह : रणदलन, तुम बहुत तो नहीं थके हो?

रणदलन : थकान? सरकार ने तो कुछ काम ही नहीं दिया। ओस चाटने से प्यास कहाँ जाएगी?

कुँवर सिंह : बहुत ठीक। तुम और हरकिशन फौरन अपने घोड़े कसो और चुपचाप दक्खिन की राह से दौड़ जाओ दानापुर। पता लगाओ कि सिपाहियों की क्या तैयारी है।

हरकिशन : गोइन्दे ने ख़बर दी है कि वे सरकार के इशारे का ही इन्तजार कर रहे हैं।

कुँवर सिंह : ठीक-ठीक, पूरा ब्योरा पता लगाओ। कुँवर सिंह कच्चे मामले में हाथ नहीं डालता।...याद रखना, सावन के आखिर तक काम पूरा होना है।

हरकिशन : जो हुकुम! *(हरकिशन और रणदलन चल पड़ते हैं।)*

कुँवर सिंह : कोई ख़ास बात हो तो गोइन्दे के जरिए जितौरा ख़बर भेजना।... *(निशान सिंह से)* निशान सिंह, सहसराम से चलते समय छोटानागपुर से तुम्हारे पास कोई ख़बर आई थी?

निशान : राँची की देशी फौज के बीच बलवाई रोटी पहुँच गई है।

(गोइन्दा जासूस सन् सत्तावन में विद्रोही अपने गुप्त सन्देश रोटी के रूप में भेजते थे।)

कुँवर सिंह : और रामगढ़?

निशान : अभी ख़बर नहीं मिली है?

कुँवर सिंह : तो तुम सहसराम वापस जाओ और दौड़ा दो अपने आदमी छोटानागपुर को। रामगढ़ और डोरंडा के ज़मींदार साथ देंगे।

रितुभंजनसिंह : वे लोग गोतिया हैं।

कुँवर सिंह : गोतिया हों या न हों, जो फिरंगी का दुश्मन है वही मेरे मन का मीत है। निशान सिंह, गफलत न हो।

निशान : चप्पे-चप्पे की ख़बर रखूँगा सरकार! *(चलता है।)*

कुँवर सिंह : और याद रखना—सावन की झड़ी के साथ हमलोगों को यहीं मिलना है। *(निशान सिंह का प्रस्थान)*

रामकवि : सरकार, इस सावन में बादल न गरजेंगे, वीरों की हुँकार होगी! बिजली न चमकेगी, तलवारों की चकाचौंध होगी!

कुँवर सिंह : राम कविजी! पुरोहितजी! आप लोगों को भी सिपुर्दगी का काम है।

पुरोहित : आज्ञा सरकार!

कुँवर सिंह : बिठूर में धुँधुपन्त नाना साहब और झाँसी में रानी लक्ष्मीबाई, दोनों के पास सन्देश भेजने हैं। तैयार कीजिए शुद्ध भाखा में। कहिए कि कुँवर सिंह अपने इकरार पर कायम हैं।

रितुभंजनसिंह : और, लखनऊ के नवाब को?

कुँवर सिंह : वाजिदअली शाह आरामतलब हैं; लेकिन परवाना उनके पास भी जाएगा और आजमगढ़ में सिकन्दरपुर के पठान शेख सादुल्लाह के पास भी।

पुरोहित : सरकार, हम लोग चलते हैं। हथेली पर सरसों न जमे। काम जल्दी का है।

कुँवर सिंह : जाइए! हरकारे के साथ परवाने जितौरा भेजिए। मुहर देनी है।...और देखिए, सावन का मुहूर्त्त न भूलिएगा।

रामकवि : सरकार, वीरों का मुहूर्त्त ही शुभ मुहूर्त्त है।

पुरोहित : समय आने पर तिथि भी देखूँगा सरकार! *(दोनों जाते हैं।)*

कुँवर सिंह : और जीवन सिंह!

जीवन : हुकुम।

कुँवर सिंह : सावन के लिए धरती तैयार करनी है।

जीवन : जी सरकार!

कुँवर सिंह : मेरी धरती है भोजपुरी रैयत। हरवाहे, ग्वाले, मल्लाह, मजूरे। राजे-महाराजों के हाथों फिरंगी की जड़ नहीं कटेगी; उसे तो परजा का बल मारेगा।

जीवन : हाँ, सरकार! जहाँ सुई ना समाय, तहाँ फार घुसि जाय।

कुँवर सिंह : जाओ, गाँव-गाँव में कानों-कान ख़बर कर दो, बूढ़ा कुँवर सिंह फिरंगी से लोहा लेगा। तलवार कुँवर सिंह की है, हाथ परजा के!

जीवन : जाता हूँ सरकार! सावन की झड़ी लगते ही हाज़िर हो जाऊँगा। *(जाता है।)*

रितुभंजनसिंह : काका! अमर सिंह काका को ख़बर भिजवाई?

कुँवर सिंह : नहीं।...उसे क्या मालूम नहीं है कि मैं उसका भाई इस बुढ़ापे में यह

यात्रा कर रहा है।

रितुभंजनसिंह : फिर भी। शायद ख़बर की राह देखते हों!

कुँवर सिंह : ना रितुभंजन! उज्जैनी खानदान का खून एक-न-एक दिन आप ही अमर सिंह की नसों में खौलेगा। आओ मेरे साथ। *(दोनों जाते हैं।)*

(सूत्रधार और उसका साथी सामने आते हैं।)

सूत्र. : गाँव-गाँव के पंच सुने कुँवर सिंह की गोहार।

साथी : कौन गोहार?

सूत्र. : गाइ गोहार, त्रिया गोहार, धरम गोहार। यही थी धर्म-गोहार।

साथी : क्या कहा पंचों ने?

सूत्र. : पंचों ने पूछा कि काहे बूढ़े दादा कुँवर सिंह ने फिरंगी पर तलवार उठाई है?

साथी : जवाब क्या मिला पंचों को?

सूत्र. : लो सुनो, फिरंगी का जुल्म और कुँवर सिंह की आन की कथा—

(गोहार आह्वान।)

बिरहा[1]

बबुआ वोहि दिन दादा ले ली तरुअरिआ हो ना।
बबुआ धनवा धरम अवरु गइया पर ना।
बबुआ विधवा ओ राँड़ि के बिरितिया पर ना।
बबुआ भाई औ' बिहिनिया के इजतिया पर ना।
बबुआ बाप अवरु दादा के कीरितिया पर ना।

बबुआ वोहि दिन दादा ले ली तरुअरिआ हो ना।
बबुआ मरने मराठा जुझल सिखवा हो ना।
बबुआ पेसवा के पूतवा गुलमवा हो ना।
बबुआ दिल्लपति भइले कँगलवा हो ना।
बबुआ मँगलो पर मिले नाही भीखिया हो ना।

बबुआ वोहि दिन दादा ले ली तरुअरिआ हो ना।
बबुआ बीछिया बिचइली जाइ दिन तोपवा हो ना।
बबुआ जंग खाई गइले बन्दुकवा हो ना।
बबुआ हँसुआ गढ़इले तरुअरिया हो ना।
बबुआ तेजि देले लाठी भोजपुरिया हो ना।

बबुआ वोहि दिन दादा ले ली तरुअरिआ हो ना।
बबुआ असी हो बरीस के उमरिया हो ना।

---

1. यह बिरहा शाहाबाद में प्रचलित एक लोकगीत है।

बबुआ थर-थर काँपे जेकर मुड़िया हो ना।
बबुआ बगुला के पाँख अइसन केसिया हो ना।
बबुआ गिरि गइली जाइ दिन बतीसिया हो ना।
बबुआ वोहि दिन दादा ले ली तरुअरिआ हो ना।

साथी : सुनकर बूढ़े की गोहार, क्या ली पंचों ने तलवार?

सूत्र. : हाँ जी, गाँव-गाँव में बनती टोली,
गाँव-गाँव में ढलती गोली।

साथी : और दानापुर के वजीर सिपाही?

सूत्र. : हरकिशन और रणदलन दानापुर पहुँच देखें देसी पलटन के ढंग। फिरंगी ने चरबी के टोंटे चलाए तो देसी पलटन का हवलदार बोला।

साथी : क्या बोला?

सूत्र. : बोला कि :–

पँवारा[1]

"भोजपुर माँ इस बाबू हैं। कुँवर सिंह वाके नाम।
बड़े सुरमा बाबू है। बड़े कड़ूआ बाबू हैं।
अँगरेज का अदब माने ना। साहब का हुकुम माने ना।
लाली आँख हैं। कड़ी-कड़ी मोछ हैं।
लिख परवाना भेजे हैं। सुन हवलदार मेरी बात!
मैं अँगरेज से बिगड़ा हूँ। सुन हवलदार मेरी बात!
मैं अँगरेज से बिगड़ा हूँ। मेरी मदत पर आओ काम।"

साथी : दानापुर का अँगरेज जर्नैल तो देसी पलटन के रंग-ढंग देखकर घबड़ाया होगा?

सूत्र. : उसका हाल मत पूछो। भीतर तो थरथर काँपे, बाहर हुकुम चलावे।
25 जुलाई के बिहान को गोरे अफ़सर ने दिया हुकुम।
देसी पलटन रख दे हथियार, नहीं होगा बड़ा जुलम।

साथी : तब क्या हुआ?

सूत्र. : बस, बिगड़ उठी देसी पल्टन औ' पनपनावत गोलियाँ।
जनरल भागा, गोरे भागे, देख सिपाहियों की टोलियाँ।
दानापुर से आरा लौं हैं आज़ादी की बोलियाँ।

साथी : इस बीच में जगदीशपुर में क्या हो रहा था?

सूत्र. : जगदीशपुर में? आओ देखें जगदीशपुर में क्या होता है दो दिन बाद, 27 जुलाई को। *(सूत्रधार और साथी हटकर दाहिनी ओर के आगे खड़े हो जाते हैं।)* यह देखो, जीवन सिंह और निशान सिंह दौड़े-दौड़े आ रहे हैं। क्या मामला है?

1. यह पँवारा जगदीशपुर की पँवरिया टोली के खुदादीन मियाँ का है।

(निशान सिंह और जीवन सिंह का तेज़ी से आना)

निशान : क्या बात है जीवन सिंह?

जीवन : *(बाईं ओर इशारा करते हुए)* दूर पर कुछ सवार आते दीखते हैं।

निशान : यह कौन मौत के मुँह में चला आ रहा है? मालूम नहीं कि सारा जगदीशपुर एक मोर्चा है।

जीवन : कोने-कोने में बारूद बन रही है।

निशान : बन्दूकें ढल-ढलकर तैयार हैं।

जीवन : बीस हज़ार जवानों के रसद हैं।

(रितुभंजनसिंह आता है।)

रितुभंजनसिंह : जीवन सिंह, निशान सिंह! दानापुर के गोइन्दे से बातें हुईं?

निशान : नहीं तो! लेकिन रितुभंजन बाबू! वह देखिए, सामने कुछ सवार आ रहे हैं।

रितुभंजनसिंह : वह तो गोइन्दा कहता था कि जगदीशपुर की ओर कुछ सवार आ रहे हैं।

जीवन : वे आ पहुँचे, पर हमारे जवान उसे रोकते क्यों नहीं?

निशान : ये लोग दोस्त हैं या दुश्मन?

(नेपथ्य से आवाज़ "दोस्त! हमेशा के दोस्त!")

रितुभंजनसिंह : कौन? हरकिशन! रणदलन! आ पहुँचे? *(हरकिशन और रणदलन के साथ हवलदार रहीम ख़ाँ और देसी पलटन के कुछ और सिपाहियों का आना। बन्दूक-तलवार से लैस।)*

हरकिशन : जी हाँ, हमलोग आ पहुँचे। परनाम रितुभंजन बाबू! परनाम बाबू निशान सिंह!

निशान : परनाम।

रितुभंजनसिंह : ये कौन हैं?

हरकिशन : ये हैं हवलदार रहीम ख़ाँ, दानापुर की बागली पलटन के सरदार!

निशान : तो पलटन चल पड़ी?

हरकिशन : हाँ, दानापुर के सिपाहियों ने आज़ादी की बाट ली। आरा पर कब्जा किया, फिरंगी राज पलट दिया। कहाँ हैं सरकार?

रितुभंजनसिंह : अभी नहीं लौटे जितौरा से।

रहीम ख़ाँ : मैं और हमारे तीन हज़ार सिपाही बाबू साहब से मिलने के लिए बेकरार हैं।

रणदलन : बस, उनके हुकुम की देरी है। सारे भोजपुर में सिपाही छा जाएँगे।

जीवन : यह लीजिए, पुरोहितजी भी आ पहुँचे।

(पुरोहितजी का आना।)

निशान : कहिए पुरोहितजी, सरकार आ रहे हैं?

पुरोहित : वे देखिए आ पहुँचे।

जीवन : आ गए, आ गए! बड़े सरकार आ गए! जय, जय बाबू कुँवर सिंह की!

(कुँवर सिंह का आना)

सब लोग : *(मिलकर)* जय बाबू कुँवर सिंह की!

कुँवर सिंह : अच्छा, तुमलोग सब आ गए? *(एक-एक करके सबका नाम लेते हैं और वे लोग सर झुकाते हैं।)* पुरोहितजी, रितुभंजन, निशान सिंह, हरकिशन, रणदलन, जीवन सिंह!

पुरोहित : आज ही का तो दिन था, सरकार! सावन की यही तिथि।

हरकिशन : और, हमारे साथ आई है सावन की झड़ी, दानापुर के सिपाहियों की लड़ी।

कुँवर सिंह : मुझे सब मालूम हो गया है, हरकिशन! आओ भाई हवलदार रहीम ख़ाँ! मैं तुमलोगों की क्या खिदमत कर सकता हूँ।

रहीम : *(आगे बढ़कर झुककर सलाम करता हुआ)* हुजूर, गोरों के जुलुम से सारा हिन्द बेकरार है। यह हमारा देश है, आपका देश है। सारे हिन्दुस्तानियों का देश है। हमने कसम खा ली है—या तो गोरों को भगा देंगे या मर कटेंगे।...आप इस इलाके के सबसे बड़े बुजुर्ग हैं। आप हमारे सरदार बनिए। इस इलाके के राजा बनिए। हमारा खून हाज़िर है।

कुँवर सिंह : पुरोहितजी, क्या कहते हैं?

पुरोहित : सरकार। राह बतावे से आगे चले। आप राजपूत कुल-शिरोमणि हैं। धर्म की मर्यादा के लिए, देश की स्वाधीनता के लिए बढ़ाइए कदम, सँभालिए खड्ग। लड़ना और मरना क्षत्रिय का धर्म है। संसार आपकी ओर टकटकी लगाए देख रहा है। भोजपुर की प्रजा आपके संकेत की प्रतीक्षा में खड़ी है।

कुँवर सिंह : अच्छा, तो भोजपुर की परजा की आज्ञा और अपने सिपाही भाइयों की मंशा मेरे सिर-आँखों पर है। पुरोहितजी, लगाइए मेरी टीका और दीजिए मुझे शपथ!

(पुरोहितजी टीका लगाते हैं। लोग जय-जयकार करते हैं।)

सब लोग : जय! जय, राजा कुँवर सिंह की जय!

कुँवर सिंह : भाइयो, कुँवर सिंह आज फिरंगी के खिलाफ तलवार उठाता है। यह तलवार म्यान में जाएगी मेरी चिता के साथ। देसी पलटन के सिपाहियो! आज से तुम मेरे दोस्त और मैं तुम्हारा साथी। हम सब मिलकर फिरंगी को मार भगाएँ और हिन्दुस्तानी सल्तनत चालू करें।

रहीम : आप हुक्म दें सरकार! हमारी जान हाज़िर है।

कुँवर सिंह : रहीम ख़ाँ, तुम अपने रिसाले के सिपहसालार बनाए गए। निशान

सिंह, तुम हमारी समूची सेना के सेनापति रहोगे। रितुभंजन, तुम हमारे प्रधानमन्त्री और हरकिशन सिंह, तुम हमारे युद्ध-मन्त्री। रणदलन, तुम हमारे खुफिया मन्त्री बनाए गए। जो भी परजा गरीब-अमीर इस धर्म-युद्ध में साथ देगी, सभी के लिए हमारी धन-दौलत निछावर है।

सब लोग : जय हो, राजा कुँवर सिंह की जय हो!

रणदलन : आरा से आते वक़्त गोइन्दे ने ख़बर दी कि एक गोरी पलटन कप्तान डनबर के मातहत आरा की तरफ़ बढ़ रही है।

कुँवर सिंह : निशान सिंह, तुम कुछ छटे हुए जवानों को लेकर दानापुर से आरा की सड़क की ओर सीधे चलो। मैं रहीम ख़ाँ के साथ आरा होते हुए गाँगी नाले के पास मिलूँगा।

निशान : जो हुकुम!...आज मौका आया है सरकार!

कुँवर सिंह : रितुभंजन, तुम जगदीशपुर का इन्तजाम करके आरा पहुँचो। हरकिशन, तुम मेरे साथ चलो। चलो मेरे बहादुर साथियो, मैं बूढ़ा हूँ, लेकिन अकेला नहीं। दस की लाठी एक का बोझ। चलो।

सब लोग : जय, जय, राज कुँवर सिंह की जय!

(सबका जाना)

(सूत्रधार और साथी आगे आते हैं।)

सूत्र. : ले ली हाँ कृपाण जब राजा कुँवर सिंह
दाहिना अलग भुज फरकत बा फर्र फर्र।
सात सौ सेना के समेटि के समीप कैली
जनता फिरंगी सब बात पूछत डर्र डर्र।
सखावत कहत हथियारन के तैयारी देखि
कूटनन के घर के कपाट लाग ढर्र ढर्र।
चढ़ि के तुरंग रन घूमे अब उज्जैन वंश
देखि के सरूप ओकर डर काँपै थर्र थर्र।

साथी : दल-बल के साथ कुँवर सिंह आरा पहुँचे तो पहले तो खजाना लूटा होगा?

सूत्र. : कुँवर सिंह राजा थे, लुटेरे नहीं। खजाने पर उन्होंने पहरा लगवाया; सरकारी काग़ज़-पत्तर को ठिकाने से रखवाया।

साथी : आरा में जो फिरंगी औरत-बच्चे थे, उन्हें तो मार डाला होगा?

सूत्र. : कुँवर सिंह योद्धा थे, हत्यारे नहीं। फिरंगी औरत-बच्चों पर उन्होंने आँच नहीं आने दी। उन्हें संकट से दूर पहुँचवा दिया।

साथी : और, आरा के फिरंगी मर्द?

सूत्र. : वे सब जा छिपे आरा के जज की कोठी में। कुँवर सिंह ने कोठी के चारों ओर घेरा डलवा दिया। आना-जाना बन्द।

साथी : उन सबका काम तमाम क्यों न कर दिया?

सूत्र. : उनको तो जब चाहे चटनी बना सकते थे। लेकिन पहले तो डनबर से जूझना था।

साथी : अरे, हाँ, डनबर तो आरा की सड़क पर जा रहा होगा? वहाँ क्या हुआ ?

सूत्र. : अच्छा, तो इधर आओ! दिखाएँ तुम्हें 30 जुलाई का माजरा। *(दोनों हटकर दाहिनी ओट के आगे खड़े हो जाते हैं।)* वह देखो, गाँगी नाले के पास सड़क के दोनों ओर घना जंगल। अँधेरी रात। यहीं तो कुँवर सिंह और निशान सिंह की फौज मिल गई थी। कहाँ गए सब? *(एक तरफ़ से कुछ अँगरेज अफ़सर और सिपाही आते हैं और दोनों तरफ़ होशियारी से देखते हुए बढ़ते हैं।)* यह देखो, गोरों की पलटन किस मुस्तैदी से आगे बढ़ती है।

साथी : यह आगे कौन है?

सूत्र. : यही तो कप्तान डनबर है। सोच रहा है, मार लिया हाथ। अब भला कुँवर सिंह की फौज कहाँ आ पाएगी? आरा हमारा होगा और कुँवर सिंह को देंगे फाँसी।

(गोरी पलटन चली जा रही है।)

साथी : तो डनबर साफ़ निकल गया?

सूत्र. : डनबर बेचारा! अरे, ढोंड़ के मन्तर जाने ना, गेहुँअन माथा हाथ!

साथी : तो क्या आरा पहुँच के पकड़ा गया?

सूत्र. : नहीं भाई, देखो तो करतब। वह देखो सड़क पर फिर आई गोरी पलटन।

(गोरी पलटन के सिपाही फिर आते-जाते दीख पड़ते हैं।)

चलो चलो, भाई, चलो।...ऐं! यह पत्ता कैसे खड़का?...कुछ नहीं, आगे बढ़ो। बढ़ो।...मगर यह आवाज़ कैसी? गोली? अरे गोली? *(पलटन रुककर चारों ओर देखती है।)* बचो, बचो, दोनों ओर से गोली।...अरे, जंगल में से ये शेर निकल पड़े क्या? नहीं, ये तो हिन्दुस्तानी सिपाही हैं। *(कुछ हिन्दुस्तानी सिपाही निकलते हैं और मार-काट होती दीखती है।)* दनादन गोलियाँ और छपाछप तलवार चलाते निकल पड़े जंगल में से।...घेर लिया गोरों को, जंगल ही बन गया दुर्ग, सड़क ही हो गई कुरुक्षेत्र।

(लड़ाई करते-करते सिपाही निकल जाते हैं!)

साथी : यह तो खूब हुई फिरंगी की मिट्टी ख्वार।

सूत्र. : सुनो!

कवित्त

एक-एक पेड़ पीछे एक-एक वीर जवान
तेजा संगीन खाड़ा गहे छिपि बइठल नू।

दन्न-दन्न गोली चले धायँ-धायँ तोप
झम्म पानी पड़े मेघ घहरि लौका लौकल नू!
भेल घमासान फिरंगी सेना आगे बढ़लि।
मार संगीन सुरू होखल तेजा चमकल नू।
बनि आइ रंग जब वीर कुँवर गरजल जब
बिजुली अस तरुआरि चमचमाइ लरजल न॥

(कुँवर सिंह तलवार चलाते और डनबर से लड़ते हुए आते दीखते हैं।)

साथी : वाह! वाह! वीर कुँवर सिंह का जौहर! यह देखो, डनबर पर होता है वार! वह भागा!

(कुँवर सिंह डनबर को मारते चले जाते हैं।)

सूत्र. : और भी सुनो :–

बिरहा

बाबू कुँवर सिंह पच्छिम से जब गाँगी अइले
गोरन के दिल बइठल ना।
लोहा के जामा सिअवले कुँवर सिंह
तम्मन बन्द लगवले ना।
ढाल तरुअरिया के कवल ठिकाना
गोली दउरजन चलवले ना।
बाबू कुँवर सिंह पच्छिम से जब गाँगी अइले
गोरन के दिल बइठल ना।

(नेपथ्य से आवाज़ें–मारा गया, मारा गया, डनबर मारा गया। जय हो बाबू कुँवर सिंह की, जय हो! जय)

सूत्र. साथी : जय हो, वीर कुँवर की जय हो!

(यह कहते हुए दोनों रंगमंच के सामने आते हैं।)

सूत्र. : बस, अब तो बज गई सारे भोजपुर में जीत की डुग-डुगी। *(पीछे से एक गाड़ीवाला डंका बजाते हुए आता है और चला जाता है।)* सुनो भाई किसानो, सुनो भाई रैयत, सुनो भाई ग्वाले! *(डुगडुगी)* आज से हमारे-तुम्हारे, सारे परजा के राजा हुए कुँवर सिंह!...आ जाओ उनके झंडे के नीचे। यहाँ सब एक हैं। बड़ों का मान, छोटों का ध्यान।

(दोनों मिलकर गाते हैं।)

गीत

खूब बजेगा, खूब बजेगा आज जीत का डंका।
कट जाएगा, कट जाएगा अन्धकार का घेरा।
जग जाएगा, जग जाएगा जीवन मेरा तेरा।

बोल उठेगा, बोल उठेगा आज हिन्द का नारा।
खूब खिलेगा, खूब खिलेगा फूल खुशी का चंगा।
खूब बजेगा, खूब बजेगा आज जीत का डंका।

साथी : क्यों जी, यह सब सुनकर तो फिरंगी के कटे पै नोन लगा होगा ?

सूत्र. : फिरंगी लाट तो हो गया पानी पानी। उसने भेजा नया इक अफसर, नाम था जिसका आयर। बड़ी-बड़ी तोपें लेकर चढ़ा वह आरे पै।

साथी : फिर लड़ाई हुई?

सूत्र. : बीबीगंज में हुई लड़ाई, पर आयर के पास थीं तोपें और कुँवर सिंह के जवानों के हाथ में तेग और तलवार।

साथी : तो क्या पीछे हटना पड़ा?

सूत्र. : पीछे तो न हटते। मगर, सुना है कि कुछ अपने ही आदमियों ने दगा दी।

साथी : अपने आदमी कौन?

सूत्र. : लोग तो कहते हैं हरकिशन सिंह दुश्मन से जा मिले।

साथी : हरकिशन! उनके अपने मुसाहिब!

सूत्र. : हाँ, सुनो बीबीगंज की लड़ाई का हाल जो तोफाराय कह गए हैं।
खपाखप छूरि चललि छपाछप मूड़ि कटलि
टहकते सोनित के नदी के धार बहलि नू।
चमकल उज्जैनी नेजा तीखा दुधारी तेगा
वीर सिरोमनि कुँवर सेना ललकारल नू।
इन्द्र डरे भाग गइल जमराज दौड़ि आइल
खप्परलै डाकिनी नाचे नाच लागलि नू।
झूमत कुँवर बाँका वैसे रन बीच जैसे
कोपित सिंह दहड़त हाथी दल पइठल नू।

साथी : तब क्या किया आयर ने?

सूत्र. : हारत देखलसि जो आयन चालाक तब
पीछे से घुमा के दुतरफ़ी वार कैलसि नू।
जंगल के दूनो ओर जंग जुझार छिड़ल
वीर सेनानी दूनो हाथ लोहा फकलसि नू।
गजरा-मुरई अस कटे लागल गोरा-सिक्ख
लोथि पै लोथि गिरल ढेरि काटि कैलसि नू।
हार फिरंगी होइत गोला ना सहाय होइत
हरकिशुन दगा कुँवर के ना कैलसि नू।

साथी : यह देखकर तो बाबू कुँवर सिंह के दिल को बहुत धक्का पहुँचा होगा?

सूत्र. : हाँ, उन्होंने आरा छोड़कर जगदीशपुर में ही अपना मोर्चा बनाया।

साथी : हरकिशुन को क्या दोष दें? कुँवर सिंह के अपने भाई अमर सिंह ने भी तो उनका साथ न दिया।

सूत्र. : अमर सिंह की कहानी निराली है।

साथी : क्या वे लड़ाई में शामिल हुए?

सूत्र. : सुनो तो! आयर की जीत के बाद लोग अपने कुटुम्ब के स्त्री-बच्चों को मायके पहुँचाने लगे। अमर सिंह भी चले। *(नेपथ्य की तरफ़ इशारा करते हुए)* वह देखो, आगे-आगे पालकी और पीछे-पीछे घोड़े पै अमर सिंह। क्या रोबीला जवान है।

साथी : अरे, ये रुक क्यों गए कुएँ के पास?

सूत्र. : सुस्ताते होंगे। देखो, कुएँ पर क्या होता है?

साथी : तीन अहीरिन पानी भरती हैं।

सूत्र. : सुनते हो उनकी बातें?

साथी : क्या अमर सिंह की बातें करती हैं?

सूत्र. : सूनो :—

(नेपथ्य से एक स्वर—"बाबू कुँवर सिंह त लड़ाई लड़ तानी। ई बाबू कहाँ जा तानी?"

दूसरा स्वर—"अरे! सब कुकुर कासी जैहें त पत्तल के चाटी ?")

साथी : बाप रे! यह तो अमर सिंह की भारी बेइज्जती हो गई। देखो, कैसे मुँह लटक गया।

सूत्र. : और सुनो! तीसरी अहीरिन क्या कहती है :—

(नेपथ्य से तीसरा स्वर—"ई का लड़िहन, धाँधीतर के चिलम पीअनहार।" सबके हँसने का स्वर।)

साथी : इसके क्या मानी?

सूत्र. : मतलब कि ये क्या लड़ेंगे। ये तो धाँधी नाम की झाड़ी की छाया में बैठकर गाँजे की चिलम पीनेवाले हैं। लड़ाई से क्या मतलब इन्हें?

साथी : यह बात तो लग गई अमर सिंह के कलेजे में। देखिए, घोड़ा मोड़ रहे हैं।

सूत्र. : हाँ, कहारों को हुकुम देते हैं, तुम ले जाओ पालकी। हम जाते हैं जगदीशपुर को, दादा के पास।

साथी : यह काम हुआ है कुँवर सिंह के भाई के लायक। देखें, अब जगदीशपुर पहुँचकर ये क्या करते हैं।

सूत्र. : आओ इधर *(एक तरफ़ ओट के आगे खड़े हो जाते हैं, मंच के किनारे)* देखें जगदीशपुर का हाल। यह देखो! जगदीशपुर गाँव बन गया है किला। गढ़ी के चारों तरफ़ धूस[1] लग गई है। कहीं बन्दूक ढल रही

1. धूस कच्ची दीवार या मेड़।

है, कहीं बारूद बन रही है। शाहाबाद, छपरा, गाजीपुर, बलिया, सारे इलाके के देहाती जवान इकट्ठा हो गए हैं; किसी के हाथ में तलवार, किसी के लाठी। सभी मुस्तैद जान निछावर करने को।

साथी : ये कौन आए? *(दो चोबदार मूढ़ा कुरसी लेकर आते हैं)*

सूत्र. : चोबदार!

साथी : मूढ़ा कुरसी क्यों लगाते हैं?

सूत्र. : दरबार होगा राजा कुँवर सिंह का।

साथी : ये कौन आए? *(निशान सिंह, रितुभंजन सिंह आदि का आना और बैठना।)*

सूत्र. : ये हैं मुसाहिब लोग जिनके चेहरे पर है रोब।

साथी : और ये? *(जीवन सिंह, रणदलन और कुछ लोगों का आना और बैठना।)*

सूत्र. : ये हैं जागीरदार, बैठे हैं ख़बरदार!

साथी : और ये? *(रहीम ख़ाँ और सिपाहियों का आना और बैठना या खड़ा रहना।)*

सूत्र. : ये हैं देसी पलटन के सिपाही जिन्होंने आज़ादी है चाही।

साथी : और इधर? *(कुछ किसानों का आना और खड़े हो जाना)*

सूत्र. : इधर खड़े रैयत और किसान, जिनको आज मिला सम्मान। *(कुँवर सिंह का प्रवेश। साथ में पुरोहित टुड़ी मिश्र और शिव कवि। सब लोग खड़े हो जाते हैं।)*

पुरोहित : बोलिए—राजपूत-कुलशिरोमणि कुँवर सिंह की जय!

सब लोग : *(मिलकर)* राजा कुँवर सिंह की जय!

(कुँवर सिंह और सब लोग बैठ जाते हैं।)

पुरोहित : पृथ्वीनाथ, एक दिन राम कविजी ने मन्दिर की प्रशंसा का छप्पय सुनाया था। आज शिव कवि से अपनी कीर्त्ति सुनिए।

कुँवर सिंह : सुनाइए। हमारी कीर्त्ति तो हमरी परजा की कीर्त्ति है।

शिव कवि : राजा कुँवर सिंह का राज।
कि जिसमें सिरजे सबके काज।
कि जिसमें दीन बने सरताज।
और धरती के भूले लाल।
कि जिनके छूने में थी लाज।
ताज पर इठलाते हैं आज।
राजा कुँवर सिंह का राज।

सब लोग : धन्य! धन्य हो!

कुँवर सिंह : हम बहुत प्रसन्न हुए शिव कवि! यह लीजिए मुहर।

शिव कवि : दीनानाथ, दास की वाणी इस धर्मयुद्ध की गाथा गाते-गाते ही मौन होगी।

जीवन सिंह : सरकार, गाजीपुर का एक सँपेरा अपना खेल दिखाना चाहता है।

कुँवर सिंह : अवश्य देखेंगे उसका खेल।

(सँपेरा आता है और खेल दिखाता है।)

कुँवर सिंह : शाबाश! शाबाश!!

जीवन : और सरकार, यह है भोजपुरी पँवरिया।

(घेरदार जामा, पगड़ी, दुपट्टा और पाजामा पहने हाथ में तलवार लिए पँवरिया का आना।)

पँवरिया : सलाम सरकार! हुजूर के सिपाहियों की तेग-तलवार में जो जौहर है, वही ताबेदार के हाथ की सफ़ाई में भी देखिए। *(नेपथ्य की ओर देखकर)* अरे भई नगाड़ेवाले! सो गया क्या? बजा तो जरा डंका, जिसे सुन चौंक उठे गोरों की लंका। *(नगाड़ा बज उठता है।)*

पँवारा

"सुर मदरता जियरे का, धन का दरदा नीदान।
मर्द भँवरा लाज के डरिये, कुल में आवे हान॥
सुरमा पाँच ही भलेजी, कादर छोड़िए पचास।
अस परे सिर आपना सुरमा छोड़ पराय न आन॥
मर्द पँवारा चले निदान।
बाजन बाजे, गड़ा निसान॥

और सुनिए महाराज, अपनी वीरता कथा–

"आरा से जो चले कुँवर सिंह पटना जाकर ठीक,
पटना के मजिस्टर बोले करो कुँवर को ठीक।
अतुना बात जब सुने कुँवर सिंह तेग तरुआर चलाई,
गली-गली मजिस्टर रोये लाट गए घबड़ाई।
मर्द पँवारा चले निदान।
बाजन बाजे गड़ा निसान।"

कुँवर सिंह : वाह भई, वाह! खूब तुकबन्दी की है। और तलवार का नाच तो फौजी जवानों को मात करता है। ले यह अपना इनाम। *(पँवरिया इनाम लेकर सलाम करता है। इतने में एक गोइन्दा आकर रितुभंजन के कान में कुछ कहता है।)*

रितु. : महाराज! गोइन्दा ख़ास ख़बर लाया है।

कुँवर सिंह : अच्छा रितुभंजन! बाकी खेल फिर देखेंगे। आप लोग जा सकते हैं। *(सब लोग खड़े होते हैं।)* निशान सिंह, रहीम ख़ाँ, रणदलन, जीवन सिंह! आप लोग ठहरें। और आप भी पुरोहितजी! *(बाकी सब लोग*

---

1. यह खेल केवल कठपुतली के तमाशे के बीच में दिखाया जा सकता है।

जाते हैं।) रितुभंजन, यह गोइन्दा तो पच्छिम से आया है न?

रितु. : जी! बिठुर का समाचार लाया है।

कुँवर सिंह : नाना साहब के यहाँ से? हमारा परवाना उन्हें मिला?

रितु. : जो, तीन हफ्ते के लिए कानपुर से उन्होंने फिरंगी का राज उठा दिया।

कुँवर सिंह : यह तो हमने सुना था कि 28 जून को उनका राजतिलक भी हुआ।

रितु. : लेकिन, एक पखवारे के बाद हवलौक जर्नैल ने कानपुर को फिर से हथिया लिया।

निशान : महाराज, अवध का गोइन्दा कहता था कि हवलौक लखनऊ पर चढ़ाई कर रहा है।

कुँवर सिंह : झाँसी की क्या ख़बर है?

रितु. : महारानी लक्ष्मीबाई का प्रताप फैल रहा है। वे भी नाना साहब पेशवा से मिलने बिठूर आ रही हैं। ग्वालियर से बलवाई सेना भी बिठूर की तरफ़ चल पड़ी है?

रहीम ख़ाँ : और दिल्ली?

रितु. : बादशाह की सल्तनत है। एक के बाद एक जर्नैल घेरा डालने आता है; लेकिन अभी तक तो दिल्ली पर बादशाह का झंडा फहरा रहा है। शाहजादा जवाँबख्त ने भी अपना परवाना बिठूर भेजा है।

कुँवर सिंह : बिठूर! बिठूर में ही इस समय आज़ादी की लड़ाई का पूरा फैसला होगा।

रितु. : इसीलिए नाना साहब ने आपको भी वहाँ बुलाया है, फौरन।

कुँवर सिंह : आप क्या कहते हैं, पुरोहितजी!

पुरोहित : महाराज, मेरी तुच्छ बुद्धि के अनुसार इस अवसर पर आपका वहाँ जाकर इस धर्मयुद्ध के दूसरे नेताओं से मिलना आवश्यक है। फिरंगी राज सबके मिलने पर ही उठेगा।

निशान : दस मिली के करीं काज, हारी जीतीं नाहीं लाज।

रितु. : रास्ता जोखिम का है।

कुँवर सिंह : रास्ते में रीवाँ के हुरमत अली और हरचन्द राय तो हमें मदद देंगे।

रण. : उसके बाद कालपी तक रास्ता साफ़ है।

कुँवर सिंह : तो पहले कालपी ही चलें।

पुरोहित : अवश्य जाएँ महाराज! मेरा ज्योतिष कहता है कि आपके हाथों अभी अनन्त यश होना है। पश्चिम और उत्तर, दोनों दिशाओं में आपका भरपूर सम्मान होगा। आज हिन्दुतानियों के दो ही तो सफल सेनानी हैं, आप और तात्या टोपे।

कुँवर सिंह : *(खड़े होकर)* तो हम चलेंगे। लेकिन यहाँ फिरंगी आयर से मोर्चा कौन लेगा?

निशान : आप निश्चिन्त रहें। आयर से मैं भुगत लूँगा।

कुँवर सिंह : लेकिन निशान सिंह, तुम मेरे सेनापति हो, तुम्हारा मेरे साथ होना ज़रूरी है।

रहीम : ताबेदार को हुकुम दें, सरकार!

कुँवर सिंह : रहीम ख़ाँ, कालपी में देसी पलटन से मुलाकात के वक़्त तुम्हारे बिना कैसे काम चलेगा? और फिर लखनऊ अगर जाना पड़ा तो तुम्हारी मौजूदगी से फायदा होगा।

रितु. : आयर दुलार के जंगल के बाहर अपनी तोपें जुटा रहा है। हम लोगों की जगदीशपुर में पूरी तैयारी है।

कुँवर सिंह : रितुभंजन, आयर से जूझने के लिए तुम्हें छोड़ सकता था। लेकिन यह मत भूलो कि मैंने बुढ़ापे में फिरंगी के खिलाफ तलवार उठाई है।

पुरो. : बुढ़ापे में भी महाराज का तेज चकाचौंध करता है।

कुँवर सिंह : पुरोहितजी, मैं दूर जा रहा हूँ, इस उमर में। अगर रितुभंजन को यहाँ छोड़ूँ, तो साथ में मौके-बे-मौके के लिए कोई भाई-भतीजा न रहेगा।

पुरोहित : ऐसे अशुभ विचार मन में न लाएँ, महाराज!

कुँवर सिंह : मैं अपनी सेना को भट्ठी में नहीं झोंकना चाहता अपने पीछे। बस, जरूरत है किसी ऐसे की, जो दिन भर के लिए आयर फिरंगी की फौज को उलझाए रखे। इस बीच मैं फौज को लेकर रीवाँ की राह पकड़ूँगा।...पुरोहितजी...पुरोहितजी...अफ़सोस, जब तक मेरी जवानी थी, तब तक फिरंगी न बिगड़ा, वरना दिखाता अपना जौहर।

पुरो. : महाराज, आपकी इच्छा अवश्य पूरी होगी।

निशान : *(नेपथ्य की ओर देखते हुए)* यह क़ौन आया सफेद घोड़े पर?

रितु. : सफेद घोड़ा?...अरे, यह तो, यह तो...

निशान : अमर सिंह जान पड़ते हैं।

कुँवर सिंह : अमर सिंह!

(अमर सिंह का तेजी से आना।)

अमर : हाँ, भइया, मैं ही हूँ।

कुँवर सिंह : क्यों आया है अमर सिंह, अपने बूढ़े भाई से मखौल करने?

अमर : *(कुँवर सिंह के पैरों पड़ता हुआ)* मुझे माफ़ करो भइया! मुझसे भूल हुई। इस धर्मयुद्ध में आपका साथ न देना महापाप है।

कुँवर सिंह : उठो अमर! मैं जानता था, एक-न-एक दिन खानदानी खून उफनेगा।

पुरोहित : बाबू अमर सिंह, आप ठीक अवसर पर आए। अब महाराज निश्चिन्त होकर फौज के साथ नाना साहब पेशवा के पास जा सकेंगे।

अमर : भइया, फौज आप ले जाएँ पेशवा के पास। मेरे पास छोड़ जाएँ तीन दस्ते। मैं सम्हालूँगा आयर फिरंगी को, जब तक आप पहुँचें सहसराम।

कुँवर सिंह : तुम उसे दुलार के जंगल पर रोके रहो। मगर जगदीशपुर...

पुरोहित : जगदीशपुर की फिकर न करें महाराज! अगर फिरंगी आएगा तो सब लोग पराह शुरू कर देंगे। मैं रहूँगा शिवमन्दिर पर। भगवान् की इच्छा होगी तो इस ब्राह्मण को भी वीरगति मिलेगी।

कुँवर सिंह : नहीं पुरोहितजी, मैं लौटूँगा जगदीशपुर, जरूर लौटूँगा।

अमर : भइया, मैं जंगलों में आपकी राह देखूँगा और फिरंगी को चैन न लेने दूँगा।

कुँवर सिंह : हाँ, जंगल को न छोड़ना भइया!

अमर : जंगल हमारी जननी है, जिसके आँचल में हमें आसरा मिलता है, जंगल की हद हमारी लछमन-रेखा है, फिरंगी रावण जिसे पार नहीं कर पाता।

पुरोहित : धन्य हो बाबू अमर सिंह! धन्य हो!

कुँवर सिंह : मेरे बहादुर भाई हमलोग चाहते हैं। परमात्मा तुम्हारी मदद करे। छोड़ता हूँ जगदीशपुर, लेकिन फिर मिलेंगे इसी जगदीशपुर में।

अमर : हाँ भइया, जरूर मिलेंगे, जगदीशपुर में।

और सब : जय-जय, जगदीशपुर-नरेश की जय! जय जय, कुँवर अमर की जय!

(सबका तेजी से जाना)

(सूत्रधार और साथी का सामने आना। जब वे लोग गाते और बातें करते हैं तब पीछे से चोबदार चुपचाप मूढ़े कुर्सी उठा ले जाते हैं।)

सूत्र. : *(गाते हुए)* आज के बिछुड़े, मिलेंगे, कल मिलेंगे।

साथी : आज के बिछुड़े मिलेंगे, कल मिलेंगे।

सूत्र. : आज तो बस खड्ग के साथी बनेंगे।

साथी : आज तो बस खड्ग के साथी बनेंगे।

सूत्र. : दोनों भाई खड्ग के साथी, दोनों भाई जंगल के वासी। एक राम, दूसरा भरत। फिरंगी रावण का ये काल।

साथी : फिरंगी आयर से अकेले अमर सिंह ने कैसे लोहा लिया?

सूत्र. : सुनो एक पँवारा—

पँवारा

दुलउर में मैदान बनाए, बदों फिरंगी टेक।
चढ़के दौड़ा आयर मेजर, लिया अमर सिंह टेक।
मर्द पँवारा चले निदान।
बाजन बाजे गड़ा निसान।
तब ले अमर सिंह बोला का?
सुन भैया तू मेरी बात।
चढ़ घोड़े पै जंगल जाव।
मैं अँगरेज को देखूँगा।
ई अमर सिंह जोड़े का?

सवाप धैला पानी मँगवाय
सिर से गोसल किया बनाय।
चनन लगौलन आठों अंग।
अगतर बगतर पेन्हे जाय।

बारह गज के माँगे थान। ऐंठ कमर बाँधे तलवार।
कमैत घोड़ा ले मँगवाय। कूद के घोड़ा हो असवार।

साथी : बाबू अमर सिंह की यह आन-बान देखकर तो फिरंगी चकित रह गया होगा?

सूत्र. : हाँ जी, जंगल से निकलकर वह छापा मारा कि आयर देखता रह गया। तोप में जाकर वह काँटा मारा कि तोप का मुँह बन्द हो गया।

साथी : वाह रणबाँकुरे अमर सिंह!

सूत्र. : और सुनो—

पँवारा

ई बाबू ने ज़ोर किया। जा गोल में गइल समाय।
बाएँ तलवार फेरे जाय। दाएँ तलवार फेरे जाय।
सवा हाथ का तेगा है। दाहिने बाबू देय घुमाय।
पगड़ी का फेन उतराय। खून की नदी बहती जाय।

साथी : मगर तोपों के आगे भला कहाँ तक चली होगी!

सूत्र. : अमर सिंह का मतलब ही दूसरा था।

साथी : क्या?

सूत्र. : उन्होंने देखा जब भइया हो गए पार, तो झट से लगाई ऐंड़ और पकड़ी जंगल की राह।

साथी : जगदीशपुर में क्या हुआ?

सूत्र. : फिरंगी का जुलुम। आयर फिरंगी ने जलाया महल और तोड़ा मन्दिर।

साथी : मन्दिर? बाबू कुँवर सिंह की कीर्ति!

सूत्र. : मन्दिर तोड़कर उसने बाबू साहब की कीर्ति और भी उजली कर दी और अपना मुँह कर दिया काला।

साथी : उनकी कीरत तो बूढ़े-बच्चे सबकी जबान पर थी।

सूत्र. : उन्हीं का नाम ले-लेकर जगदीशपुर और दलीपपुर से बूढ़े, बच्चे, स्त्री सब जंगल को पराह[1] कर गए।

साथी : सुनो, उस समय जंगल में बाबू साब के नाम पर कैसी होली गाई जाती थी।

---

1. पराह घर-बार छोड़कर अनेक व्यक्तियों का जंगल चले जाना।

होली

बाबू कुँवर सिंह तुम्हरे राज बिनु अब न रंगइबो केसरिया।
इतते अइले घेरि फिरंगी, उतते कुँवर दुहु भाई।
गोला बारुद के चले पिचकारी बिचवाँ में होत लड़ाई।
बाबू कुँवर सिंह तुम्हरे राज बिनु अब न रंगइबो केसरिया।
पर इस बीच दोनों भाई फिरंगी से होली तो खेलते रहे?

सूत्र. : हाँ जी! पूरब का मोर्चा शेरघाटी से सहसराम तक सम्हाला अमर सिंह ने और पच्छिम में बाँदा और कालपी तक पहुँचे कुँवर सिंह। रीवाँ के राजा से कुँवर सिंह ने वसूला जुरमाना और फिर पहुँचते हैं बिठूर।

साथी : बिठूर पेशवा नाना साहब और ताँतिया टोपी के पास?

सूत्र. : हाँ, वह देखो *(नेपथ्य की ओर इशारा करते हुए)* बिठूर के महल में सलाह कर रहे हैं नाना साहब, ताँतिया टोपी और कुँवर सिंह।

साथी : *(नेपथ्य की ओर देखता हुआ)* वे लोग कुँवर सिंह की बात को ध्यान से सुन रहे हैं।

सूत्र. : सुनो–

(नेपथ्य में कुँवर सिंह का स्वर–नाना साहब, हमारे यहाँ कहावत है–सोझ अँगुरी घी ना आवे। इसलिए फिरंगी की तोपों का मुकाबला टेढ़ा छापा मारकर ही हो सकता है।

ताँतिया का स्वर–लेकिन, इस वक़्त ग्वालियर की फौज आ मिली है। हम आमने-सामने भिड़ सकते हैं।

नाना का स्वर–फिरंगी की आधी फौज लखनऊ में फँसी है। कुँवर सिंह का स्वर–लखनऊ की फौज पर हमलोग पीछे से छापा मारें। फिरंगी भाग खड़ा होगा।)

साथी : क्या पते की बात कही है राजा कुँवर सिंह ने। उन लोगों ने कुँवर सिंह की सलाह मानी?

सूत्र. : नहीं भाई! ढेर जोगी मठ उजाड़। बीस साल देनेवाले मामला बिगड़ा। कानपुर में हुई लड़ाई। हिन्दुस्तानी लड़े खूब, मगर तोपों के आगे एक न चली।

साथी : तब कुँवर सिंह ने कौन सी राह पकड़ी? दिल्ली की?

सूत्र. : ना। दिल्ली पर तो फिर अँगरेज का कब्जा हो गया था। वे पहुँचे लखनऊ।

साथी : नवाब के पास?

सूत्र. : हाँ। *(नेपथ्य की ओर इशारा करते हुए)* यह देखो जुड़ा हुआ है नवाब का दरबार।[1] इस धुँआधार और खूनी जमाने में भी होता है जश्न और

---

1. कठपुतली के तमाशे में दरबार का यह दृश्य रंगमंच पर सामने ही होगा। साधारण नाटक में नेपथ्य में भी हो सकता है और सामने भी।

नाच! *(नाच और संगीत का स्वर सुन पड़ता है।)*

साथी : नवाब साब ने राजा कुँवर सिंह को अपने बराबर में बैठा रखा है। प्रेम से हाथ पकड़े हैं।

सूत्र. : हाँ जी, कुँवर सिंह के मुखड़े का तेज नवाब के हीरे-जवाहरात से कम थोड़े ही है। सुनो, सुनो!

(नेपथ्य से गाने का स्वर—"आज बजती है अनोखी शहनाई।
आज होती है बहादुर की बड़ाई।
शमशीर जो फिरंगी के लहू में भींजी।
आज निखरी है उसी की तरुनाई॥)

साथी : वाह भाई वाह! खूब कहा! *(गाना बन्द हो जाता है।)*

सूत्र. : सुनो, कुँवर सिंह बोल रहे हैं।

(नेपथ्य—कुँवर सिंह—नवाब साहब इजाजत दीजिए।

नवाब : किधर जाने का इरादा है, राजा साहब?

कुँवर सिंह : जगदीशपुर। मेरा जगदीशपुर मुझे बुला रहा है।

नवाब : जरूर जाइए! फिरंगी से उसे निजात दिलाइए। और मेरी तरफ़ से यह खिल्लत मंजूर कीजिए। राजा कुँवर सिंह, आपकी बहादुरी और जाँनिसारी से खुश होकर हम आजमगढ़ और भोजपुर का तमाम इलाका आपको सुपुर्द करते हैं।

कुँवर सिंह : मैं आपका बहुत शुक्रगुज़ार हूँ।

नवाब : और यह लीजिए बारह हज़ार की रकम रास्ते खर्च के लिए। एक हुंडी भी मंजूर कीजिए। राय मानसिंह इसे देखते ही आपको सोलह हज़ार रुपदे दे देंगे।

कुँवर सिंह : इस आड़े वक़्त में जो मदद आप कर रहे हैं, वह मैं कभी न भूलूँगा।

नवाब : जाइए, खुदा हाफ़िज।

कई आवाज़ें : *("जय बाबू कुँवर सिंह की जय!")*

साथी : इसके बाद क्या हुआ?

सूत्र. : कुँवर सिंह मय निशान सिंह वगैरह के बढ़ते हैं पूरब की ओर। पहले अजुध्याजी और फिर आजमगढ़।

साथी : और फिरंगी?

सूत्र. : फिरंगी से होता है आँख मिचौनी का खेल। फिरंगी चाहता है कि कुँवर सिंह गंगा पार करके जगदीशपुर न पहुँचें और कुँवर सिंह फिरंगी की आँख में धूल झोंककर गंगा की तरफ़ बढ़ते हैं। फिरंगी लाट भेजता है भारी फौज, भारी तोप भारी जर्नैल।

साथी : बड़ी घमासान लड़ाई हुई होगी?

सूत्र. : एक नहीं चार-चार। आजमगढ़ और अतरौलिया के पास दो-दो

लड़ाइयों में कुँवर सिंह ने छक्के छुड़ा दिए फिरंगियों के। आजमगढ़ से बलिया तक जाल फैला दिया भोजपुरी जवानों का। उसकी छीनी तोपें, रसद छीनी। छापे मार-मारकर नाक में दम कर दिया।

साथी : यह सब हुआ कैसे?

सूत्र. : भाई, गाँव-गाँव कुँवर सिंह के साथ था। किसान रैयत, मल्लाह ग्वाले, मुसहर, पासी, छोटी-बड़ी सब कौम।

साथी : तब तो फिरंगी ने कोई और चाल चली होगी।

सूत्र. : आओ देखें क्या होता है।

(दोनों हटकर एक ओट के आगे खड़े होते हैं।)

यह देखो गंगा का किनारा। शिवपुर घाट, बलिया से कुछ दूर।

साथी : ये दोनों कौन आ रहे हैं? *(दो मल्लाह आते हैं।)*

सूत्र. : एक तो है भीमा, मल्लाहों का सरदार और दूसरा है मैकू मल्लाह।

साथी : और, यह देखो, यह तो सरकारी डुगडुगीवाला मालूम पड़ता है।

(डुगडुगीवाला आता है।)

डुगडुगीवाला : खलक खुदा का, मुलक कम्पनी का, हुक्म बड़े लाट का—जो कोई आदमी बागी ज़मींदार कुँवर सिंह वल्द साहबजादा सिंह साकिन जगदीशपुर को जिन्दा या मरा हुआ कम्पनी बहादुर के सामने हाज़िर करेगा, उसे पच्चीस हज़ार रुपये का इनाम दिया जाएगा...

(डुगडुगी बजाता है। दुबारा वही बात कहता हुआ चला जाता है।)

मैकू : पच्चीस हज़ार रुपए!

भीमा : फिरंगी सरकार लालच दिखाती है। जानती नहीं, गरीबों का राजा कुँवर सिंह अमृत का घूँट पिए हैं। हम बाल भी बाँका नहीं होने देंगे। मैकू, सब नाव पार लग गई?

मैकू : हाँ, भीमा! बस, महाराज का हाथी अभी नहीं आया। सिपाही लोग तो गंगा पार हो गए। महाराज की देर है।

भीमा : गंगा मैया ने कैसी शक्ति फूँक दी है बूढ़े कुँवर सिंह के शरीर में। बिजली की जोत है कि पल में चकाचौंध कर दे। सावन की झड़ी है कि जो थमने का नाम ही न ले।

मैकू : *(नेपथ्य की ओर देखता हुआ)* हाथी! हाथी!! महाराज का हाथी!!!

भीमा : चल मैकू। फुरती का काम है।

(दोनों दौड़ते जाते हैं। सूत्रधार और साथी सामने आते हैं।)

सूत्र. : तेज चाल से आया हाथी।[1] जिस पै कुँवर सिंह औ' साथी।
फिरंगी की आँखों में धूल डालकर आते गंगा-कूल।

---

1. कठपुतली के तमाशे में इस स्थान पर हाथी पर चढ़कर कुँवर सिंह आते दिखाए जाएँगे। साधारण नाटक में सूत्रधार की बातों से दृश्य बताया जाएगा।

दोनों माँझी करें जुहार। कहते नैया है तैयार।
गंगा पार करें सरकार!

साथी : तो क्या कुँवर सिंह हाथी से उतर रहे हैं?

सूत्र. : नहीं, वे कहते हैं–
पीछे आता फिरंगी जर्नैल। मेरी गंगा ही में गैल।
पार हो जाना है पल में। डाल दो हाथी ही जल में।

साथी : वह देखो, हाथी चल पड़ा गंगाजी में।

सूत्र. : सेत कमल पै भौंरा डोले, गज तैरे गंगा की धार।
कुँवर सिंहजी तापै सोहें, धूप बीच चमकै तलवार।

साथी : लो भाई, अब तो कुँवर सिंह पहुँच ही जाएँगे जगदीशपुर, लेकिन भीमा मैकू क्या बात करते आ रहे हैं? *(सूत्रधार और साथी ओट में हट जाते हैं।)*

(भीमा और मैकू का आना)

मैकू : चलो, काम पूरा हुआ।

भीमा : मैकू, हाथी को अगर फिरंगी ने देख लिया, तो गज़ब हो जाएगा।

मैकू : *(भीमा की बाँह पकड़कर)* सुनो भीमा, सुनो! घोड़े की टाप।

भीमा : मालूम होता है, फिरंगी जर्नैल आ पहुँचा।

मैकू : तब?

भीमा : मैकू फिरंगी नाव माँगेगा।

मैकू : बस, एक ही नाव है?

भीमा : घोड़े पास आ रहे हैं। तू जा घाट पर नाव के पास और–

मैकू : और? जल्दी बताओ।

भीमा : जब मैं बोलूँ 'हरगंगा' तो ले जाना नाव उस पार।

(घोड़ों[1] की आवाज़)

मैकू : और तुम?

भीमा : जा जा। वे लोग आ पहुँचे। *(मैकू का जाना।)*

(दो अँगरेज अफ़सर आते हैं।)

डगलस : ए काला आडमी! इढर सुनो। हम जनरल डगलस हैं।

भीमा : जी सरकार!

डगलस : और ये साहब हैं लुगार्ड।

भीमा : जी सरकार!

डगलस : और टुम कौन हय?

भीमा : मैं हुज़ूर?

---

1. कठपुतली क तमाशे में ये दोनों घोड़े पर ही आते दिखाई देंगे।

लुगार्ड : बागी हय? हम गोली से उड़ा देगा।

भीमा : हुजूर, मैं तो गरीब रैयत हूँ।

डगलस : हम कुँवर सिंह को पूछटा। तुमको मालूम कुँवर सिंह किढ़र गया?

भीमा : कुँवर सिंह? साहब, इस नाम का कोई आदमी इधर नहीं आया।

डगलस : कुँवर सिंह को पकड़ेगा टो पच्चीस हज़ार रुपया इनाम, बचाएगा टो मौट।

भीमा : हमको कुछ नहीं मालूम गरीब-परवर!

लुगार्ड : डगलस साहब, एलिफेंट्स फुटप्रिंट। यहाँ हाथी के पैर का निशान है।

डगलस : ठीक बटाओ। यहाँ हाथी आया?

भीमा : हुजूर नहीं!

लुगार्ड : देयर देयर। गंगा में हाथी—मालूम होटा कुँवर सिंह।

डगलस : तुम झूठ बोलटा ठा, काला आडमी? हम टुमको शूट कर देगा। जल्दी नाव लाओ। हम हाथी का पीछा करेगा।

भीमा : यहाँ कोई नाव नहीं है।

डगलस : हम घाट पर जाएगा।

भीमा : घाट पर? ओ मैकू! हर गंगा। हर गंगा!!

लुगार्ड : बागी, बागी, यह भी बागी है। शूट हिम, शूट हिम। *(भीमा बाहर भागता है, लुगार्ड गोली मारता है। भीमा के आह करके गिरने की आवाज़। डगलस और लुगार्ड दोनों तेजी से बाहर जाते हैं।)*

सूत्र. : *(सामने आकर)*—

भीमा हुआ शहीद साहब की गोली खाकर।
साहब पहुँचे घाट मिली न नाव, न चाकर।
फिरंगी देख रहे मजबूर, रोक ले हाथी को कैसे।
उठाई डगलस ने बन्दूक निशाना लेकर ही तैसे।

साथी : *(नेपथ्य की ओर इशारा करते हुए)* वह देखो! गोली चली!

सूत्र. : डगलस की गोली चलती है, कुँवर सिंह गिर पड़ते हैं।[1]

साथी : कहाँ? कहाँ?

सूत्र. : गंगा मैया की धारा में।

साथी : कहीं डूब न जाएँ।

सूत्र. : नहीं, नहीं, वे गिरते हैं मैकू मल्लाह की नाव पर।

साथी : वाह भई मैकू ! ठीक मौके पर आया है तू मालिक के काम।

सूत्र. : वह देखो, मैकू नाव में कुँवर सिंह को बिठाकर उस पार ले चला। फिरंगी जर्नैल मुँह देखते ही रह गए। घोड़े मोड़कर वापस होते हैं।

---

1. कठपुतली के तमाशे में यह दृश्य रंगमंच पर होता दिखाया जा सकता है।

साथी : नाव पहुँच गई उस पार। वहाँ कई लोग खड़े हैं। कौन हैं?

सूत्र. : वही संकट के साथी, निशान सिंह, रितुभंजन, रहीम ख़ाँ, रणदलन। आओ देखें, क्या हो रहा है।

(ओट में खड़े हो जाते हैं।)

(मैकू का सहारा लिए हुए कुँवर सिंह आते हैं। साथ में निशान सिंह, रितुभंजन, रहीम ख़ाँ, रणदलन और कुछ लोग।)

रहीम ख़ाँ : सरकार, हम लोगों की तकदीर थी जो आप बच आए।

कुँवर सिंह : हमारी तकदीर। लेकिन उससे ज़्यादा इन मल्लाहों की दिलेरी। वरना गंगा मैया की गोद में होते इस समय।

मैकू : सरकार, गरीब के राजा हैं। यह शरीर इसी दिन के लिए बना था।

रितुभंजनसिंह : महाराज, अमर सिंह काका का गोइन्दा आया है।

कुँवर सिंह : आ गया? क्या कहता है?

रितुभंजनसिंह : कल उन्होंने जगदीशपुर को फिर से जीत लिया।

कुँवर सिंह : शाबाश अमर सिंह, शाबाश मेरे भाई! तूने मेरी मनोकामना पूरी कर दी।

निशान : यह भी ख़बर आई है कि कल सवेरे ही नया अंग्रेज कप्तान आरा से जगदीशपुर पर हमला करने के लिए रवाना होगा।

कुँवर सिंह : तब तो हमें फौरन कूच करना है। सवेरे की लड़ाई से पहले जगदीशपुर पहुँच जाना है। लाओ घोड़े। इसी दम।

मैकू : मगर, सरकार तो घायल हैं।

कुँवर सिंह : घायल! मैकू मल्लाह, तुम नहीं जानते कि कलावन्त अपना हुनर दिखाने में चोट खा जाए, तो वह चोट उसका सिंगार बन जाती है।

रहीम ख़ाँ : मगर हुज़ूर, आपकी जखमी भुजा से तो सारे बदन में जहर फैल जाएगा। रात भर सफर कैसे करेंगे?

कुँवर सिंह : रहीम ख़ाँ, यह तुमने ठीक कहा। जिस भुजा को फिरंगी की गोली जहरीला बना रही है, उस सड़ती-गलती हुई भुजा को अलग करना होगा।

निशान : यह आप क्या कह रहे हैं, महाराज?

कुँवर सिंह : ठीक कह रहा हूँ। फिरंगी की गोली से बिंधी भुजा कुँवर के शरीर का अंग नहीं रह सकती।...है तुममें कोई माई का लाल, जो एक ही वार में इस भुजा को अलग कर दे?...तुम रणदलन?

रणदलन : मालिक पर हाथ उठाऊँ? महाराज, यह मुझसे नहीं होगा।

कुँवर सिंह : तुम मैकू? नहीं। रहीम ख़ाँ तुम भी नहीं? निशान सिंह? नहीं। रितुभंजन,

उठाओ खड्ग, मेरे मुँह से आह भी न निकलेगी।

रितुभंजन : न काका, और कुछ हुक्म दें, यह नहीं।

कुँवर सिंह : अच्छा, तो यह काम मुझे ही करना पड़ेगा। *(तलवार उठाते हैं।)* तुम लोग न सही, मेरी प्यारी तलवार तो मेरा कहना मानेगी ही। इसकी तेज धार का पानी फिरंगी के लगाए धब्बे को झट से धो देगा।

रहीम :
रितुभंजनसिंह : *(एक साथ)* सरकार यह क्या कर रहे हैं?

कुँवर सिंह : गंगा मैया, तुम्हारे इस बेटे ने बहुतेरी खून की नदियाँ बहायीं। आज एक अनोखी भेंट लो माँ! फिरंगी की गोली से अपवित्र इस शरीर को पवित्र करो। यह लो मेरी भुजा। *(खड्ग से भुजा पर वार करते हुए बाहर जाते हैं।)*

रितुभंजनसिंह : काका! काका! *(पीछे जाते हैं।)*

सूत्र. : *(जाते हुए)* जय-जय वीर शिरोमणि कुँवर सिंह की जय! *(जाना। सूत्रधार और साथी गाते हुए मंच पर आते हैं।)*

गीत

सूत्र. : जय हो! वीर कुँवर की जय हो!

साथी : जब तक गंगाजी में जल हो।
जय हो! वीर कुँवर की जय हो!

सूत्र. : जब तक गंगाजी में जल हो।
तब तक खून बने सिन्दूर।
सुहागिन गंगा का सिन्दूर।

दोनों : जय हो! वीर कुँवर की जय हो!

सूत्र. : वीर दुनिया में मरे अनेक।
गगन में तारे भरे अनेक।
चाँद तो लेकिन है बस एक।
निराली कुँवर सिंह की टेक।

सूत्र. : जय हो! वीर कुँवर की जय हो!

साथी : जब तक गंगाजी में जल हो।
जय हो! वीर कुँवर की जय हो!

सूत्र. : बोलो भाइयो—
कुँवर सिंह की जय!
भारतमाता की जय!
जय हिन्द!

जगदीशचन्द्र माथुर रचनावली-3
[नाट्य निबन्ध]

जगदीशचन्द्र माथुर रचनावली

[खंड-3]

सम्पादक
सुरेश अवस्थी

राधाकृष्ण प्रकाशन

ISBN 978-81-8361-317-0

जगदीशचन्द्र माथुर रचनावली (खंड-3)

पहला संस्करण : 2009
दूसरा संस्करण : 2021

मूल्य : ₹ 5000 सेट (चार खंडों में)

प्रकाशक
राधाकृष्ण प्रकाशन प्राइवेट लिमिटेड
जी-17, जगतपुरी, दिल्ली-110 051

शाखाएँ : अशोक राजपथ, साइंस कॉलेज के सामने, पटना-800 006
पहली मंजिल, दरबारी बिल्डिंग, महात्मा गांधी मार्ग, प्रयागराज-211 001
36-ए, शेक्सपियर सरणी, कोलकाता-700 017

वेबसाइट : www.radhakrishnaprakashan.com
ई-मेल : info@radhakrishnaprakashan.com

मुद्रक
बी.के. ऑफसेट
नवीन शाहदरा, दिल्ली-110 032

JAGDISHCHANDRA MATHUR RACHNAVALI (Vol. III)
Edited by Suresh Awasthi

बैंकाक में, 1975

एफ. ए. ओ. की मीटिंग में भारत का प्रतिनिधित्व करते हुए, रोम, इटली, 1966

विवाह के बाद पत्नी प्रेमकान्ता जी के साथ, 1944, हाजीपुर

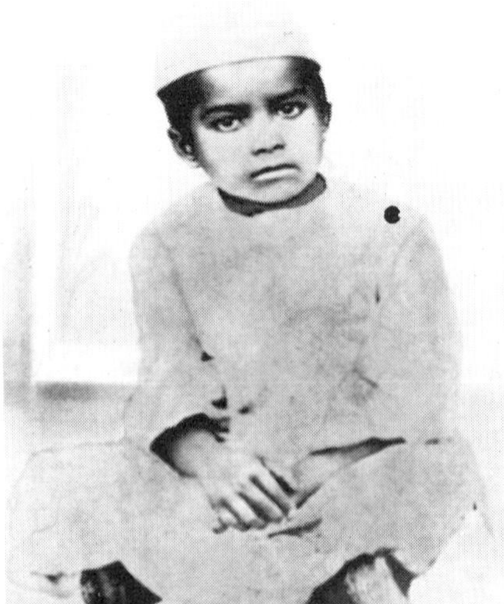

बाल्यावस्था में, 1920, खुर्जा

बी.ए. की डिग्री के साथ, 1937, इलाहाबाद

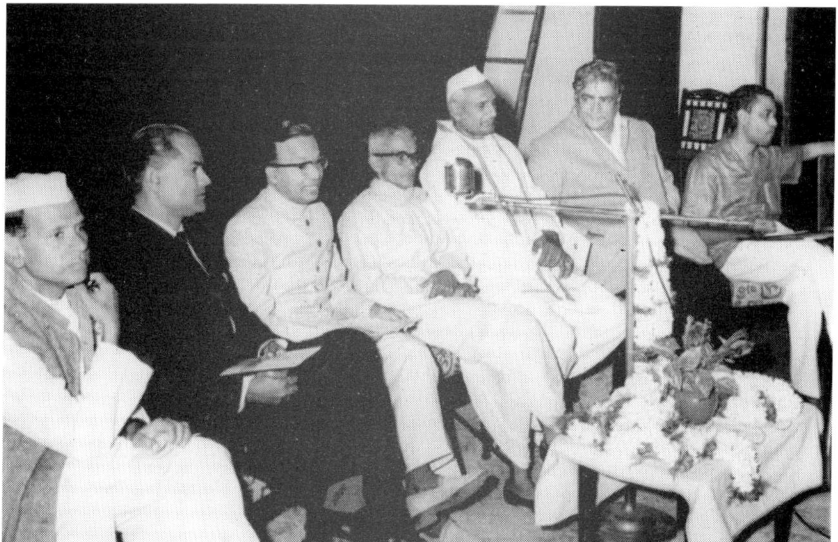

एक गोष्ठी में (बायें से) विष्णु प्रभाकर, लक्ष्मीनारायण लाल, जगदीशचन्द्र माथुर, लक्ष्मीनारायण मिश्र और पृथ्वीराज कपूर

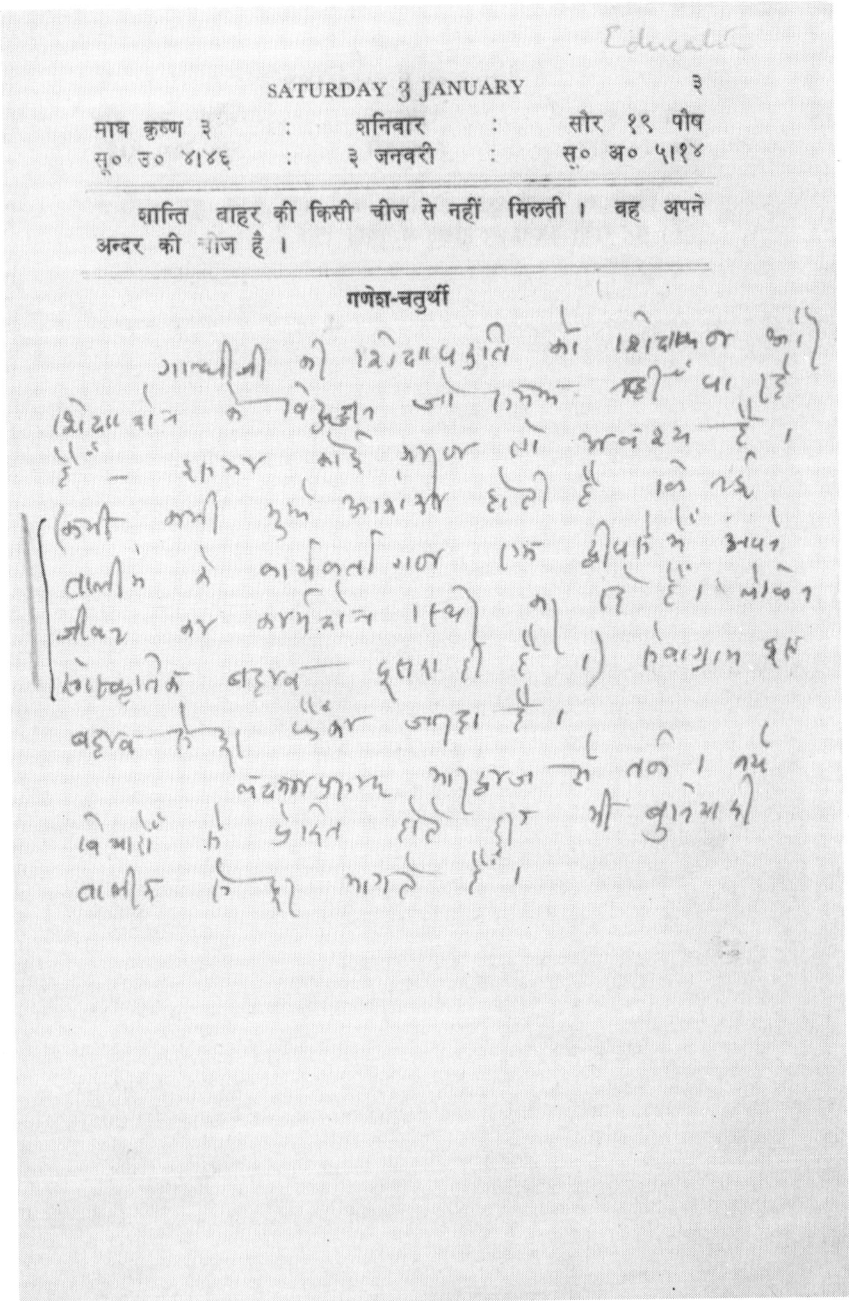

SATURDAY 3 JANUARY ३

माघ कृष्ण ३ : शनिवार : सौर १९ पौष
सु० उ० ४१४६ : ३ जनवरी : सु० अ० ५११४

शान्ति बाहर की किसी चीज से नहीं मिलती। वह अपने अन्दर की चीज है।

गणेश-चतुर्थी

नई तालीम पर कुछ विचार —हस्तलिखित नोट, 1952

सम्पादकीय

श्री माथुर की रचनावली सम्पादित करने का प्रस्ताव जब राधाकृष्ण प्रकाशन के निदेशक, अशोक महेश्वरी, और श्री माथुर के बड़े बेटे ललित माथुर ने मेरे सामने रखा तो मैंने उसे सहर्ष स्वीकार कर लिया। इसका कारण यह था कि मैं श्री माथुर के नाटकों और उनके नाट्य विषयक लेखन का पाठक और प्रशंसक रहा हूँ। संगीत नाटक अकादेमी में सचिव के पद पर काम करते हुए (1965-75) उनके सम्पर्क में भी आया, जब वे कई वर्षों तक अकादेमी की कार्यकारिणी के सदस्य थे। अकादेमी की योजनाओं और कार्यक्रमों में वे विशेष रुचि लेते थे। आश्चर्य होता है कि प्रशासनिक कार्यों और जिम्मेदारियों के साथ-साथ नाट्य-प्रदर्शनों में उनकी इतनी गहरी रुचि थी कि शाम को प्रायः रंगशाला में दिखाई दे जाते थे।

श्री माथुर के पहले सम्पूर्ण नाटक 'कोणार्क' (सन् 1950) के साथ हिन्दी में एक नए प्रकार के ऐतिहासिक नाटक की परम्परा शुरू हुई। उसकी प्रशंसा में पन्तजी ने नाटक के प्राक्कथन में लिखा : "इसमें प्राचीन, नवीन नाट्य-कला का अत्यन्त मनोरम सामंजस्य है।" यह गुण श्री माथुर के सम्पूर्ण साहित्य का है और उनकी विचारधारा का मूल आधार भी। श्री माथुर सर्जनात्मक प्रतिभा के धनी थे। उन्होंने विद्यार्थी जीवन में ही एकांकी नाटक और लेख लिखना शुरू कर दिया था। उनके आरम्भिक एकांकी 'सरस्वती' जैसे प्रतिष्ठित पत्रिका तथा श्री सुमित्रानन्दन पन्त और श्री नरेन्द्र शर्मा द्वारा सम्पादित 'रूपाभ' में छपे थे। उनको तभी से नाटक के प्रदर्शन में भी रुचि थी। एकांकी : 'भोर का तारा' प्रदर्शन के लिए तब लिखा था जब वे विश्वविद्यालय में थे। उसमें पाठ भी किया था, सहपाठी और मित्र कवि नरेन्द्र शर्मा के साथ। 'भोर का तारा' रंगमंच पर आज तक लोकप्रियं है।

श्री माथुर सृजनात्मक प्रतिभा के धनी थे। वे 14-15 वर्ष की आयु से ही लिखने लगे थे। यद्यपि उनकी ख्याति नाटककार के रूप में है। उन्होंने अपनी विशिष्ट शैली में चरित लेख, ललित निबन्ध और नाट्य-

निबन्ध लिखे हैं। लेखन में उनकी इतनी प्रबल रुचि थी कि उन्होंने जिन विभागों में काम किया उनकी समस्याओं के सम्बन्ध में भी लिखा। इनमें कृषि-विज्ञान, शिक्षा-शास्त्र, प्रौढ़-शिक्षा, साक्षरता, राजभाषा के रूप में हिन्दी की समस्याएँ और बहुजन-सम्प्रेषण के माध्यम (मास-मीडिया) जैसे विषय शामिल हैं। उनकी आरम्भिक रचनाएँ—चाँद, भारत, माधुरी, सरस्वती और रूपाभ जैसी अपने समय की प्रतिष्ठित पत्रिकाओं में छपती थीं।

बिहार में शिक्षा सचिव के पद पर काम करते हुए उन्होंने कई सांस्कृतिक और साहित्यिक संस्थाओं की स्थापना की और उनमें गहरी रुचि ली। बिहार राष्ट्रभाषा परिषद्, नालन्दा पालि-शोध-प्रतिष्ठान, वैशाली प्राकृत्-शोध-संस्थान, मिथिला संस्कृत-शोध-प्रतिष्ठान और वैशाली-संघ उन्हीं की स्थापित की हुई हैं। 1953 में बिहार संगीत नाटक अकादेमी की स्थापना और उसकी द्विभाषिक त्रैमासिक पत्रिका 'बिहार थिएटर' के प्रकाशन का विशेष महत्त्व है। इस सन्दर्भ में यह उल्लेखनीय है कि केन्द्रीय संगीत नाटक अकादेमी की स्थापना एक वर्ष बाद 1954 में हुई। वे जब दिल्ली में विभिन्न विभागों में काम कर रहे थे, तब कई सांस्कृतिक संस्थाओं के सक्रिय सदस्य और मार्गदर्शक रहे। इनमें उल्लेखनीय हैं—संगीत नाटक अकादेमी, ऑल इंडिया फाईन आर्ट्स एंड क्राफ्ट्स सोसाइटी और राष्ट्रीय नाट्य विद्यालय। वे यूनेस्को और एम.ए.ओ. की समितियों के भी सदस्य थे और भारतीय प्रौढ़ शिक्षा परिषद् के उपाध्यक्ष रहे।

अपने विचारों और मूल्यों में श्री माथुर ग्रामीण और नागर, लोक और शास्त्रीय संस्कारों और परम्पराओं के समन्वय के पक्षधर थे। इस पक्षधरता का स्वर उनके साहित्य में भी मुखर है। उन्होंने अपनी रचनाओं की प्रकृति, रचना-प्रक्रिया और अपने विचारों और विश्वासों के बारे में पुस्तकों की भूमिकाओं में बहुत-कुछ लिखा है, जो उनके साहित्य को समझने में सहायक है।

सन् 1941 में आई.सी.एस. में आने के बाद उन्होंने जिन विभागों में काम किया उनसे सम्बन्धित विषयों पर हिन्दी और अंग्रेज़ी दोनों में लिखा। यह विपुल लेखन आज भी रुचिकर और उपयोगी है, और हम इसे रचनावली में सम्मिलित करना चाहते थे, पर कई कारणों से हम ऐसा न कर सके।

एक तो यह पदेन लिखा हुआ है, विशिष्ट सन्दर्भों और अवसरों के लिए, दूसरे साहित्येतर है, और तीसरे, अधिकांश अंग्रेज़ी में है। एक बहुत बड़ा कारण यह भी था कि हम रचनावली को श्री माथुर के साहित्यिक कृतित्व पर केन्द्रित रखना चाहते थे। उनकी पुस्तक 'ड्रामा इन रूरल

इंडिया' भी रचनावली में अनुवाद खंड में सम्मिलित नहीं की गई। इसकी कमी इस बात से पूरी हो गई कि इसी विषय पर उनकी हिन्दी पुस्तक 'परम्पराशील नाट्य' रचनावली के खंड तीन में है।

बहुत सोच-विचार करने और श्री ललित माथुर तथा श्री अशोक महेश्वरी से परामर्श करने के बाद हमने इस लेखन को छोड़ देने का निश्चय किया; एक अपवाद को छोड़कर। मास मीडिया पर उनकी पुस्तक 'बहुजन-सम्प्रेषण के माध्यम' खंड चार में सम्मिलित की गई है। इसका कारण यह है कि इस विषय पर हिन्दी में आज भी साहित्य बहुत कम है।

इस आधार पर रचनावली चार खंडों में प्रकाशित हो रही है। खंड एक में सम्पूर्ण नाटक, खंड दो में एकांकी नाटक, खंड तीन में नाट्य निबन्ध और खंड चार में चरित लेख और बहुजन-सम्प्रेषण के माध्यम।

हम लोगों को इस बात की प्रसन्नता है कि श्री माथुर का लेखन चार खंडों में रचनावली के रूप में पाठकों के पास पहुँच रहा है। किन्तु, इस बात का खेद भी है कि ऐसा उनके निधन के बाद ही सम्भव हो सका है। इसी कारण से उनके कुछ लेखों के बारे में पूरी प्रकाशन-सूचना प्राप्त नहीं हुई।

श्री ललित माथुर और उनके छोटे भाई समीर ने बड़ी लगन के साथ लेखन सामग्री एकत्रित और संयोजित की और श्री अशोक महेश्वरी ने रचनावली के प्रकाशन में व्यक्तिगत रुचि ली, जिससे मेरा काम आसान हो गया। मैं इनके प्रति आभार प्रकट करता हूँ। मेरी पत्नी, डॉ. इन्दुजा अवस्थी ने मेरी बीमारी के दिनों में जो इसमें सहायता की उसके बिना यह असम्भव था।

–सुरेश अवस्थी

नाट्य निबन्ध

इस खंड में श्री जगदीशचन्द्र माथुर का नाटक और रंगमंच सम्बन्धी विवेचनात्मक लेखन दिया गया है। यह सामग्री तीन भागों में दी गई है—पहले भाग में उनकी पुस्तक 'परम्पराशील नाट्य' और दूसरे भाग में 'प्राचीन भाषा नाटक संग्रह' की भूमिका का वह अंश जो श्री जगदीशचन्द्र माथुर का लिखा हुआ है, और जिसमें प्राचीन भाषा-नाटक तथा रंगमंच के उदय और भाषा नाटक के साहित्यिक वैभव का विवेचन किया गया है। तीसरे भाग में स्फुट नाटक समीक्षाएँ और नाट्य निबन्ध दिए गए हैं, जो पत्र-पत्रिकाओं में छपे हैं। इनमें दो लेख और सम्मिलित किए गए हैं : 'उदय की बेला में हिन्दी रंगमंच और नाटक' जो 'कोणार्क' में परिशिष्ट-2 के रूप में छपा है, और 'हिन्दी नाटक : अखिल भारतीय माध्यम के रूप में जो 'शारदीया' में परिशिष्ट के रूप में। इसका कारण यह है कि इन लेखों का उन नाटकों से कोई सम्बन्ध नहीं है, ये स्वतन्त्र निबन्ध हैं।

एक सफल नाटककार होने के साथ-साथ श्री माथुर ने हिन्दी और पारम्परिक नाटक और रंगमंच के विविध पक्षों पर भी लिखा है। उन्होंने परम्पराशील नाट्य पर दो पुस्तकें लिखीं—एक हिन्दी में—'परम्पराशील नाट्य (1960) और एक अंग्रेजी में 'ड्रामा इन रूरल इंडिया' (1964)। देश के विविध सांस्कृतिक क्षेत्रों में प्रचलित लोक नाट्य-रूपों और प्रदर्शन शैलियों का श्री माथुर का विवेचन अखिल भारतीय परिप्रेक्ष्य का है। वह विवेचन रूपगत न होकर विषयानुसार है, जिससे पाठक को पारम्परिक नाट्य की अखिल भारतीय झाँकी मिलती है।

अनुक्रम

तृतीय भाग : स्फुट निबन्ध

प्रथम भाग : परम्पराशील नाट्य

1. उद्गम और विकास

प्रस्तावना

भारतीय नाट्य-सम्बन्धी जो दृष्टिकोण और सामग्री इस पुस्तक में प्रस्तुत की गई है, उनमें बहुत कुछ नया है। यद्यपि मैंने **प्राचीन भाषा नाटक-संग्रह** की भूमिका में और उससे भी पहले अपनी अंग्रेजी-पुस्तक **ड्रामा इन रूरल इंडिया** के कतिपय प्रसंगों में इनमें से कुछ विशेषताओं पर विचार किया है, तथापि बाद में पाए गए तथ्यों के साथ इनका एक स्थान पर विवेचन पहली बार इसी पुस्तक में हिन्दी-पाठकों के समक्ष उपलब्ध है।

मेरा अध्ययन एक शौक़-हॉबी-की तरह मुझ पर हावी हुआ। अध्ययन के दौरान, और बिहार राष्ट्रभाषा-परिषद में दिए गए भाषणों को पुस्तक का रूप देते समय भी कुछ नए तथ्य मेरे सामने आए, जिनसे संकेत पाकर कुछ मान्यताएँ मेरे मन में उभरीं। ये तथ्य और मान्यताएँ सागर की हिलोरों द्वारा तट पर छोड़े गए शंखों और कौड़ियों की भाँति इन पुस्तक के विवरणात्मक कलेवर के इर्द-गिर्द टिक गए हैं। कहीं इन विवरणों की सैकत-राशि में इन पर निगाह न पड़े, इसलिए प्रारम्भ में ही उल्लेख किए देता हूँ।

मेरी मान्यता है कि जो आंचलिक नाट्यविधाएँ भारतवर्ष में आजदिन प्रचलित हैं, उन्हें 'लोकनाट्य' का नाम देना सही नहीं है। उनका साहित्य और उनकी प्रस्तुतीकरण-पद्धतियाँ लोककला की अपेक्षा कहीं अधिक परिमार्जित और अलंकृत हैं। रंगमंच और नाटक के अन्य रूपों से इसका पार्थक्य इनके परम्परानुगामी (ट्रेडिशनल) होने में है। अतः, मैंने इन्हें 'परम्पराशील नाट्य' मानकर इनका अध्ययन किया है।

यद्यपि जनसाधारण के बीच नाना प्रकार के नाट्य-प्रदर्शन आदिकाल से और संस्कृत-नाट्य के गौरवकाल में भी होते रहे थे, तथापि रासलीला, अंकिया नाट, जात्रा, भागवतमेल, सांग इत्यादि वर्तमान लोकप्रिय शैलियों का उद्भव और विकास संस्कृत (क्लासिकल) नाट्य के ह्रासकाल में एक ऐसी नृत्य-संगीत-संवाद और मिश्रित शैली से हुआ, जिसका लक्षणकारों ने तो उल्लेख नहीं किया है, लेकिन जिसके लिए नाटककारों एवं अन्य लेखकों ने 'संगीतक' शब्द का व्यवहार किया है।

संस्कृतेतर भाषाओं में संगीतकारों का उद्‌भव, लगभग एक हजार वर्ष हुए प्रारम्भ हुआ, और इनके विकास की धारा प्रायः दक्षिण के क्षेत्रों से उत्तर की ओर आई। इस प्रक्रिया का नाता भक्ति-सम्प्रदाय से विशेषतः रहा है, जो स्वयं दक्षिण से उत्तर की ओर बढ़ा। जयदेव के गीतगोविन्द की शैली ने संगीतक को देशव्यापी प्रदर्शन-विधा के रूप में स्थापित किया। केरल के कुलशेखरवर्मन्, मिथिला-नेपाल के हरसिंहदेव, असम के शंकरदेव, ब्रज के नारायण भट्ट, बंग के रूपगोस्वामिन्, आन्ध्र के सिद्धेन्द्रयोगी और तंजोर के रघुनाथ नायक भाषा-नाट्य के मुख्य प्रवर्त्तक माने जा सकते हैं।

भाषा-नाट्य के विकास को पिछले एक हजार वर्षों में चार चरणों में विभक्त किया जा सकता है—पहला, राजदरबार-केन्द्रित, संस्कृत और भाषा-मिश्रित नाटकों का युग : लगभग 1000 ई. से 1500 ई. तक; दूसरा भक्तिप्रधान वैष्णव नाटकों का युग : 1500 ई. से 1650 ई. तक; तीसरा आंचलिक विशेषताओं एवं लोक-संस्कृति से प्रभावित नाटकों का युग : 1650 ई. से लगभग 1800 ई. तक; और चौथा सामाजिक प्रतिक्रियाओं और परम्परा के समन्वय पर आश्रित नाटकों का युग : 1800 ई. से आज पर्यन्त। सामाजिक चेतना, राजनीतिक परिस्थिति और अभिव्यंजना-शैली के बदलते आयाम इन सभी युगों की प्रगति के प्रेरक थे।

भक्तियुगीन भाषा-नाटकों के रचयिताओं ने रंगशाला और नाट्य की जनसाधारण के बीच भागवत धर्म के सन्देश का माध्यम बनाया। ऐसा करने के लिए उन्होंने एक विशेष सम्प्रेषण-पद्धति (कम्युनिकेशन टेकनीक) का इस्तेमाल किया। इस सम्प्रेषण-पद्धति का आधार था रस-प्रक्रिया का चरमोत्कर्ष, जिसमें भावविह्वलता और पुनरुक्ति इत्यादि के फलस्वरूप अहं के अस्थायी लोप की मनोदशा में आध्यात्मिक सन्देश को प्रेक्षक आसानी से ग्रहण कर सकता था। इस सम्प्रेषण-पद्धति का अन्य परम्पराशील विधाओं पर भी प्रभाव पड़ा।

यद्यपि भरत के नाट्य-शास्त्र में सभी नाट्य को सोद्देश्य एवं धर्म और नीति के सन्देश का वाहक माना गया है, तथापि संस्कृत-नाटककारों ने प्रायः इस कर्त्तव्य को निबाहने का प्रयास नहीं किया। परम्पराशील भाषा-नाटकों ही में भरत द्वारा निर्दिष्ट नाट्य-उद्देश्य को सार्थक करने की चेष्टा की गई। अतः, परम्पराशील नाट्य ही 'पंचम वेद' कहलाए जाने के अधिकारी हैं।

मैंने बिहार-राष्ट्रभाषा-परिषद् के निमन्त्रण पर ये भाषण फरवरी 1966 ई. में दिए थे। पुस्तक का रूप देते समय मैंने तीन प्रकार की नवीन सामग्री मूल पांडुलिपि में सम्मिलित कर दी है : एक तो परम्पराशील नाट्य

के इतिहास का यथासम्भव क्रमबद्ध ब्योरा; दूसरे, वैष्णव नाटककारों की रसान्वयी सम्प्रेषण-पद्धति का विवेचन और तीसरे, परम्पराशील नाट्य-साहित्य (लिखित और मौखिक) के कुछ नमूने। इन नमूनों में कुछ, जैसे मेलात्तूर का भागवतमेल, शायद पहली बार हिन्दी-पाठकों के सामने आए हैं।

मूल भाषणमाला में, इस भाँति, अनेक बाद में चुने गए सुमन गुँथ गए हैं। मुझे आशा है कि यों पुस्तक की उपयोगिता तो बढ़ी ही है, उसकी रोचकता में भी कमी नहीं हुई है।

ग्रन्थ की एक विशेषता की ओर पाठकों का ध्यान और दिलाना चाहूँगा। प्रायः भारत के विभिन्न अंचलों में प्रचलित संगीत, शिल्प, नाट्य एवं अन्य सांस्कृतिक विधाओं का प्रादेशिक क्रम में ही विवरण पुस्तकों और लेखों में होता रहा है। उनका अखिल-भारतीय दृष्टि से विश्लेषण नहीं हो सका है। यह मेरा सौभाग्य रहा कि अपने देश के अनेक भागों में जाकर वहाँ के परम्पराशील नाट्य को देखने और उसका अध्ययन करने के अवसर मुझे मिलते रहे। परिणाम यह हुआ कि मेरा दृष्टिकोण एकांगी नहीं रह सका। किसी नाट्य-प्रदर्शन को मैं देखता, तो तुरन्त उसके विभिन्न अंगों की तुलना मैं अन्यत्र देखे हुए प्रदर्शनों के अंगों से करने लगता। शब्दशास्त्री जैसे पर्यायों की खोज करते हैं, वैसे ही मैं भारतवर्ष के विभिन्न आंचलिक नाट्य-शैलियों में साम्यों की खोज करता रहा हूँ। अतः, इस ग्रन्थ में प्रादेशिक क्रम से नाट्य-विधाओं का विवरण न करके मैंने सामान्य विशेषताओं के वर्गों में सामग्री जुटाई है। मैं इसे अपनी विशेष उपलब्धि मानता हूँ। मेरे संस्कार ऐसे बन गए हैं कि अपने देश की विविधताओं के मूल एवं अभिव्यक्ति में मुझे सहज ही साम्य की प्रतीति हो जाती है। यह ग्रन्थ मेरे इन्हीं संस्कारों का प्रतीक है।

बिहार राष्ट्रभाषा परिषद् से मेरा बहुत पुराना नाता है, आत्मीयता का नाता। परिषद् ने अनेक उपेक्षित विषयों पर ग्रन्थ-प्रकाशन और भाषणों का आयोजन कर हिन्दी के भंडार की अभिवृद्धि की है। मुझे भी इस यज्ञ का सहभागी बनाकर परिषद् ने मुझे जो सम्मान दिया है उसके लिए मैं उसके अधिकारियों का बहुत कृतज्ञ हूँ।

नई दिल्ली
23 जनवरी, 1969

–जगदीशचन्द्र माथुर

पंचम वेद : क्या और कैसे ?

भरत मुनि ने नाट्यशास्त्र को पंचम वेद के रूप में प्रतिष्ठित करते हुए तीन बातों पर जोर दिया है। एक तो यह कि चूँकि शूद्र तथा वन्य जातियों के लोग वेद-पाठ से वंचित थे, इसलिए ऐसे वेद की आवश्यकता पड़ी, जो सभी वर्गों की जनता के लिए उपादेय हो। दूसरी बात यह कि नाट्य में ऋग्वेद से पाठ, सामवेद से गीत, यजुर्वेद से अभिनय और अथर्ववेद से रस का संग्रह किया गया। भरत की तीसरी स्थापना यह थी कि नाट्य सभी प्रकार की कलाओं, शिल्प तथा ज्ञान से सम्पन्न होने के कारण पंचम वेद कहलाने योग्य है। इस विषय में नाट्यशास्त्र में एक रोचक प्रसंग है। देवताओं के कहने पर भरत मुनि ने नाट्य का विधान किया। भरत मुनि ने जब पहले नाटक 'देवासुर-संग्राम' का प्रयोग प्रस्तुत किया और उसमें दैत्यों पर देवताओं की विजय को प्रदर्शित किया, तब दैत्यों ने विघ्न करके अदृश्य शक्तियों के सहारे नटों की स्मरण-शक्ति, गति और चेष्टा को जड़ीभूत कर दिया। जैसे-तैसे करके इन्द्र के 'जर्जर' नामक शस्त्र-विशेष से इन विघ्नों का शमन किया गया। जब दूसरी बार प्रयोग हुआ और उसके लिए रंगशाला तैयार कर दी गई, तब प्रदर्शन के पहले ब्रह्माजी ने समझौते के तौर पर दैत्यों के नेता विरूपाक्ष को बुलाकर उससे बातचीत की और तब उन्होंने आश्वासन दिया कि नाटक केवल देवताओं या दैत्यों के लिए ही नहीं होगा, बल्कि त्रैलोक्य-भर के भावों को प्रकट करेगा तथा गृहस्थों, दैत्यों, राजाओं और ऋषियों के चरित्र को प्रदर्शित करेगा। उसमें कहीं धर्म और लोकोपदेश, कहीं क्रीड़ाएँ, कहीं धनप्राप्ति, कहीं शान्ति-प्रचार और कहीं युद्ध दिखाए जाएँगे। वह सभी प्रकार के लोगों के लिए धर्मप्रद, यशःप्रद, आयुष्प्रद, हितकर, बुद्धिविकासक और लोकोपदेशक होगा।

यद्यपि भारतवर्ष में नाट्य का यह विविध रूप सिद्धान्ततः मान्य रहा, तथापि संस्कृत-नाटकों की परम्परा प्रायः उच्च वर्ग तथा राजकुल के लोगों के मनोरंजन करने में विशेष बलवती रही। जातिगत भेदों का पालन तो नहीं किया गया, किन्तु नाटकों का पूरी तरह से आनन्द उठाने के लिए प्रेक्षकों को सहृदय के गुण प्राप्त करने पर जोर दिया जाने लगा। सहृदय साहित्य तथा कला का मर्मज्ञ होता है और इसके लिए न केवल अभ्यास, अपितु वंशगत संस्कारों की भी आवश्यकता पड़ती है। इसका फल यह हुआ कि धीरे-धीरे संस्कृत-नाटक सीमित वर्ग का प्रतिबिम्ब बनता चला गया और उसे अंशतः ही पंचम वेद की संज्ञा दी जा सकती थी।

संस्कृत-नाटक के पंचम वेद होने में दूसरी कठिनाई यह पड़ी कि उच्च वर्ग के लोगों के लिए मनोरंजन के साथ नाटक का सोद्‌देश्य रूप प्रस्तुत नहीं हो सकता था। इस दुविधा का निवारण संस्कृत-कथाकारों ने नाटकों के अन्त में 'भरतवाक्य' द्वारा किया। सबका कल्याण, शुभ और शान्ति का विस्तार, इन सद्‌विचारों के साथ नाटक की समाप्ति होती और यही मंगलकामना नाटक का उद्‌देश्य समझी जाती थी। नाटक के प्रधान कलेवर में किसी प्रकार के मत-स्थापन की गुंजायश नहीं देखी गई। शायद यही कारण है कि प्रायः संस्कृत-नाटकों में विचार-तत्त्व अध्यात्म-विश्लेषण और जीवन-दर्शन का अभाव-सा प्रतीत होता है। दो ही अपवाद मिलते हैं। एक तो अश्वघोष के बौद्ध-धर्मावलम्बी नाटक और दूसरा कृष्ण मिश्र का 'प्रबोधचन्द्रोदय'। इन दोनों के बीच लगभग एक हजार वर्ष तक, भास से राजशेखर तक जितने नाटक हुए, उन्होंने प्रायः सोद्‌देश्य साहित्य से अपने को बरी रखा।

सर्वसाधारण का मनोरंजन और नीति तथा धर्म का उद्‌देश्य, ये दो लक्षण जो भरत ने पंचम वेद के लिए स्थिर किए थे, संस्कृत की प्रधान नाट्‌यधारा में प्रतिबिम्बित नहीं हुए। किन्तु, भरत मुनि के सिद्धान्त सामान्य अनुभव पर आधारित थे और उनकी अभिव्यक्ति कहीं-न-कहीं होनी ही थी। अतः, संस्कृत की प्रधान नाट्‌यधारा जब क्षीण होने लगी, उससे कुछ पहले ही जनसाधारण के मानस से मनोरंजन और शिक्षा से अनुप्राणित विभिन्न शैलियों का उदय होने लगा। इन शैलियों का विवेचन लक्षण-ग्रन्थों में बहुत कम हुआ। लक्षणकारों की प्रवृत्ति तो यह रही थी कि रूढ़ विधाओं से विभिन्न यदि कोई नए प्रकार का नाट्‌य-प्रयोग प्रस्तुत होता, तो वे तुरन्त उसे अपने वर्गों की संख्या में जोड़ देते। इस तरह शास्त्र-सम्मत परिवेश का अतिक्रमण नहीं हो पाता। किन्तु 11वीं और 12वीं शताब्दी तक आते-आते संस्कृत-नाट्‌यधारा कुछ क्षीण हो गई। राजप्रासाद उजड़ने लगे। सहृदय संरक्षकों की संख्या न्यून होती चली। अतः, लक्षणकार भी अपनी संग्रह-शक्ति खो बैठे।

ऐसी परिस्थिति में वही नाट्‌य-प्रदर्शन पनप सका, जो राजप्रासाद पर कम आश्रित था मन्दिर और धर्म-स्थानों पर अधिक, जो मेलों और उत्सवों में जन-मनोरंजन करके पुष्ट हो सकता था, जो लक्षणकारों द्वारा स्थापित सिद्धान्तों की उपेक्षा कर सकता था और जिसमें वस्तुतः विभिन्न कलाओं का प्रयोग होता था। पंचम वेद से मेरा तात्पर्य इसी नाट्‌यशैली से है, जो संस्कृत-नाट्‌यधारा के अवनति-काल में सारे भारतवर्ष में प्रगतिशील हुई। यह नाट्‌य आज भी हमारे देश के विभिन्न क्षेत्रों में सक्रिय है। आज भी इसका प्रभाव उन नाटकों से कहीं अधिक व्यापक है, जो नगरों के भव्य और उच्च वर्ग के लोगों का मनोरंजन करते हैं अथवा जिन्हें साहित्यिक नाटक कहा जाता है।

इन क्षेत्रीय और जनप्रिय नाटक-शैलियों को प्रायः लोकनाटक के नाम से आजकल सम्बोधित किया जाता है। किन्तु, लोकनाटक शब्द अंग्रेजी के 'फोक ड्रामा' से उधार लिया गया है। 'आक्सफोर्ड कम्पेनियन ऑव ड्रामा' के अनुसार 'फोक प्ले', यानी लोकनाटक ऐसा नाट्‌य-मनोरंजन है जो ग्रामीण उत्सवों पर ग्रामवासियों द्वारा स्वयं प्रस्तुत

किया जाता है और प्रायः अशिष्ट और देहाती होता है। योरोप के लोक-नाटक आदिम जीवन में लोकोत्सवों में प्रारम्भ हुए थे। उनमें मृत्यु, पुनर्जन्म, तथा स्थानीय महापुरुषों के विवरण, नटों के खेल इत्यादि होते थे। इंग्लैंड में 'ममर्स प्ले' को लोकनाटक कहा जाता है। '

स्पष्ट है कि भारतवर्ष की क्षेत्रीय नाट्यशैलियाँ प्रायः इस प्रकार के लोक-नाटक से कहीं ऊँचे स्तर के प्रदर्शन और साहित्य से सम्पन्न हैं। अतः, उन्हें लोकनाटक की संज्ञा देना समीचीन नहीं जान पड़ता। उनमें कई शैलियाँ कला की दृष्टि से उत्कृष्ट हैं। मेरे विचार में इन शैलियों को 'परम्पराशील नाट्य' कहना अधिक उपयुक्त होगा। यह नाट्यशैली एक लम्बी परम्परा का वर्तमान स्वरूप है। इसके रंगमंच और साहित्य दोनों ही बहुत कुछ उस विधि और सोद्देश्य कला के प्रतीक हैं, जिसका संकेत भरत के नाट्यशास्त्र में मिलता है और जिसका विशेष विकास मध्ययुग के संस्कृत-नाटक के अवनति-काल में हुआ। यही नाट्य-शैली पंचम वेद की संज्ञा की अधिकारिणी जान पड़ती है। आज देश में पुनः इस पंचम वेद के प्रति जागरूकता की आवश्यकता है। हमारी नागरिक सभ्यता में पाश्चात्य प्रभाव के फलस्वरूप एकसूत्रता का समावेश हुआ। इस एकसूत्रता का धड़ राजनीतिक एकता है। किन्तु, राजनीतिक एकता अपने में यथेष्ट नहीं। सांस्कृतिक सन्तुलन लोक-जीवन की एकता का सम्वर्द्धन करता है। परम्परागत नाट्य में कई ऐसी विशेषताएँ हैं, जो भारतवर्ष के विभिन्न क्षेत्रों को एक-दूसरे से बाँधती हैं। परम्परागत नाट्य का दूसरा महत्त्व इस बात में है कि नागरिक नाट्य की अपेक्षा वह देश की असंख्य जनता के कहीं अधिक समीप है। आज जब भारतवर्ष में जनसाधारण को देशव्यापी प्रगति में शामिल करना अभीष्ट है, ऐसी सांस्कृतिक विधाओं को प्रोत्साहन मिलना चाहिए, जिसमें सामान्य जनता एकात्मीयता की अनुभूति कर सके। यही नहीं, सोद्देश्य नाट्य राष्ट्रनिर्माण की घड़ी में विशेष महत्ता रखता है। सोद्देश्यता नागरिक साहित्य में प्रायः अप्रासंगिक हो जाती है, जैसा संस्कृत-नाटक में हुआ और जैसा आज दिन भी हम देखते हैं। किन्तु, 'परम्पराशील नाट्य' में वही सोद्देश्यता बहुत स्वाभाविक प्रतीत होती है।

मुझे लगभग 24 क्षेत्रीय नाट्यशैलियों की जानकारी प्राप्त करने का अवसर मिल चुका है। इनमें प्रमुख हैं—रासलीला, रामलीला, असम के अंकिया नाट, बिहार के कीर्त्तनियाँ नाट और बिदेसिया, बंगाल की यात्रा, मध्यप्रदेश के माँच, राजस्थान के ख्याल और रम्मत, गुजरात के भवई, महाराष्ट्र का तमाशा, कर्णाटक का दोडाट्टा, आन्ध्रप्रदेश का कुचिपुडि, तमिलनाडु का भागवत मेल, मैसूर का यक्षगान, केरल का कूडियाट्टम और चविट्टू, हिमाचल प्रदेश का करियाला, उत्तरप्रदेश, हरियाणा और पंजाब के नौटंकी और सांग तथा कश्मीर का भाँड़जश्न।

आश्चर्य है कि हमारे देश की इस विशाल और विविध सांस्कृतिक अभिव्यंजना का भली-भाँति विवेचन नहीं हुआ है। लोकनृत्य में तो अभिरुचि बढ़ी है, शायद इसलिए कि लोकनृत्य में भाषा की बाधा नहीं है। शास्त्रीय नृत्य यथा भरत-नाट्य, कत्थक इत्यादि

की ओर भी विद्वानों का ध्यान गया है; किन्तु यह नहीं समझा गया कि वस्तुतः शास्त्रीय नृत्य परम्परागत नाट्य शैलियों के खंड-मात्र हैं। उनका सही प्रयोग नाट्य-कथाओं के प्रदर्शन में ही होता था। भरत-नाट्य का वास्तविक रूप भागवत-मेल में मुखर हो पाता है।

परम्पराशील नाट्य की सामान्य विशेषताएँ

परम्परागत नाट्य के दो पहलुओं की ओर मैंने संकेत किया। एक तो उनका देशव्यापी एकता का सूत्र होना और दूसरे उनमें जनसाधारण को संचालित और प्रेरित करनेवाली प्रवृत्तियों की प्रधानता। ऊपर जिन क्षेत्रीय नाट्यशैलियों का जिक्र हुआ है, उनमें निम्नांकित सामान्य विशेषताएँ पाई जाती हैं, जिनके कारण उन्हें हमारे देश की संस्कृति का सार्वभौमिक स्वरूप माना जा सकता है और विविधता में एकता का प्रतीक :

1. दक्षिण और पूर्वी भारत के परम्परागत नाट्यों में एक ही प्रकार के पौराणिक कथानकों का प्रयोग हुआ। नृसिंहावतार, श्रीकृष्ण-लीला, रामचरित, महाभारत के दृश्य—ये कथाएँ असम से केरल तक सभी प्रकार के नाट्यों में मिलती हैं।
2. संगीत, नृत्य और संवाद तीनों ही परम्परागत नाट्यशैली के अनिवार्य अंग हैं और उनके सम्मिश्रण से ही सौन्दर्य-बोध और ज्ञान प्राप्त होते हैं।
3. यद्यपि हर क्षेत्रीय नाट्य में क्षेत्र की प्रमुख भाषा का प्रयोग हुआ है, तथापि लगभग सभी में सुसंस्कृत तथा ग्रामीण भाषाओं का विचित्र संयोग दीख पड़ता है। प्रेक्षक को एक साथ ही उच्च कोटि की साहित्यिकता तथा ग्रामीण स्वच्छन्दता का अनुभव होता है।
4. इन नाट्यशैलियों में जो संगीत प्रयुक्त हुआ है, वह रागानुबद्ध होता है, यद्यपि एक ही नाम से रागों के विभिन्न स्वर-विधान मिलते हैं। आश्चर्य यह है कि कर्णाटक और दक्षिण भारत में प्रचलित कुछ रागों की प्रतिध्वनि उत्तर बिहार और असम के नाट्य रागों में मिलती है। देशी और मार्गी दोनों प्रकार के राग क्षेत्रीय नाटकों में प्रायः पाए जाते हैं।
5. वेशभूषा में भी बहुत कुछ साम्य दीख पड़ता है। लम्बे अंगवस्त्र कश्मीर में भी हैं और तमिलनाडु में भी। मुखौटे तो देश-भर में व्यवहृत होते हैं।
6. इन नाटकों में संवाद (विशेषतः पश्चिमी प्रदेशों में) प्रश्नोत्तर-पद्धति का उपयोग करते हैं। यह पद्धति वेदकालीन साहित्य से महाभारत के यक्ष-युधिष्ठिर-संवाद तथा विविध बौद्ध और जैन साहित्य तक में प्रवाहित होती हुई प्रादेशिक नाट्यों में परिपुष्ट हुई है।
7. लगभग प्रत्येक परम्पराशील नाट्य में प्रारम्भिक अंश, जिसे भरत-नाट्य-शास्त्र में पूर्वरंग कहा गया है, विशेष महत्त्व रखता है। वस्तुतः, पूर्वरंग इन नाट्यों का सबसे व्यापक चिह्न है।

8. लगभग सभी परम्परागत नाट्यों में सूत्रधार केवल प्रारम्भ में ही नहीं, बराबर किसी-न-किसी रूप में मौजूद रहता है। सूत्रधार नाटक की कथा को अग्रसर करता है और दर्शकों एवं कथा के बीच कड़ी का काम करता है। प्रायः सूत्रधार के साथ-साथ विदूषक भी किसी न किसी नाम से इनमें अधिकतर नाट्यों में विद्यमान है।
9. परम्परागत मंच की यह विशेषता है कि इसमें अभिनय रूढ़िगत होता है। मुद्राओं का प्रयोग भाषा को स्पष्ट करने के लिए होता है और बोली विशेष स्वराघात के अनुसार होती है।

ये सभी विशेषताएँ परम्परागत प्रादेशिक नाट्यों को एक सूत्र में बाँधती हैं और इस तरह सारे भारतवर्ष के एक रंगमंच का बोध होता है। उसी प्रकार इस रंगशाला का सम्पर्क जनसाधारण के जीवन से भी बहुत निकट का है। इस बात की पुष्टि निम्नांकित विशेषताओं से होती है–

1. ये सब प्रदर्शन थोड़े ही खर्चे में किए जा सकते हैं और निर्धन-से-निर्धन व्यक्ति का ऐसा मनोरंजन हो पाता है, जिसमें संगीत भी है, नृत्य भी और संवाद भी।
2. यद्यपि ये सब शैलियाँ परम्परागत हैं, तथापि बदलते युग के अनुसार समस्याओं का समावेश इन नाट्यों में होता चलता है। सांग, नौटंकी और कूडियाट्टम में कथानकों अथवा प्रसंगों द्वारा समसामयिक जीवन पर प्रकाश डाला जाता है।
3. लगभग सभी नाट्यों से जनसाधारण को जीवन की नीतिशिक्षा मिलती है। कोई भी ऐसा अवसर खोया नहीं जाता, जिसमें किसी-न-किसी प्रकार की शिक्षा की ओर प्रेक्षकों का ध्यान खींचा जा सके।
4. यद्यपि पौराणिक नाट्यों में अनेक अवतारी पुरुषों का चरित्र प्रदर्शित होता है, तथापि अनेक प्रादेशिक नाट्य साधारण कुल में पैदा हुए नायकों को प्रस्तुत करते हैं। राजस्थान के ख्याल में तेजाजी का चरित्र इसकी पुष्टि करता है।
5. नाट्यों में सामाजिक जीवन पर छींटाकशी की जाती है और जनसाधारण के उग्र व्यंग्य की अभिव्यक्ति होती है। हिमाचल के 'करियाला' और कश्मीर के 'भाँड़जश्न' में इसके अनेक उदाहरण मिलेंगे।
6. पौराणिक गाथाओं के अतिरिक्त इन नाट्यों में प्रेमाख्यानों का प्रचुर स्थान है। प्रेम का जो स्वरूप इन नाट्यों में मिलता है, वह स्वच्छन्द इन्द्रिय-सुखबोधक और निर्बाध है।
7. इन नाट्यों के प्रदर्शन में प्रेक्षक और नट दोनों का निकट सम्बन्ध होता है और प्रायः दर्शक भी प्रदर्शन में हिस्सा लेते हैं। प्रेक्षकों और नाट्य के बीच में यह तारतम्य नागरिक जीवन के लिए एक अनूठी वस्तु है।

बहुजन-सम्प्रेषण का माध्यम

परम्पराशील नाट्य में भरत के मूल उद्देश्य की पूर्ति हुई, यानी, सार्वभौमिक भावों की अभिव्यक्ति, सभी वर्गों के लोगों के चरित्र का प्रदर्शन तथा सर्वसाधारण के हित, सुख और उपदेश का सम्वर्द्धन। बुद्ध का वचन बहुजनहिताय, बहुजनसुखाय परम्पराशील नाट्य पर निस्सन्देह लागू होता है। संस्कृत नाट्य इस उद्देश्य की ओर जागरूक होते हुए भी उसे पूरा करने में इसलिए असमर्थ रहा कि उसकी पद्धति उद्देश्य के अनुरूप न रह सकी। बात यह है कि जिस समय किसी उद्देश्य-विशेष का निरूपण किया जाता है, उस समय जो पद्धति और साधन उसकी पूर्ति के लिए यथेष्ट समझे जाते हैं, यह जरूरी नहीं कि बाद के युग में भी वही पद्धति और साधन सार्थक रहें। परम्पराशील नाट्य की परम्पराएँ बदलती रही हैं। यह लिखित शास्त्र में बँध नहीं रहा। अतः, सार्वभौमिक भावों की अभिव्यक्ति, विभिन्न वर्गों के चरित्रों के प्रदर्शन और लोकोपदेश के निरूपण के लिए यह नाट्य बहुजन-सम्प्रेषण, यानी 'मास कम्युनिकेशन' का माध्यम बन गया।

बहुजन-सम्प्रेषण का सिद्धान्त आधुनिक समाज-विज्ञान की देन है। किन्तु, अनेक युगों में अनेक प्रकार के बहुजन-सम्प्रेषण-साधनों (मीडिया ऑव मास कम्युनिकेशन) का व्यवहार होता रहा है। भारतवर्ष में पिछले एक हजार वर्ष में विकसित परम्पराशील आंचलिक नाट्यशैलियाँ बहुजन-सम्प्रेषण-माध्यम के विशिष्ट उदाहरण हैं। वर्तमान युग के बहुजन-सम्प्रेषण उपकरणों से भारतीय परम्पराशील नाट्य दो दिशाओं में कुछ पृथक् है। एक तो यह कि उसमें अभिनय, नृत्य, संगीत और संवाद के यथावश्यक सम्मिश्रण द्वारा प्रेक्षकों में रसानुभूति का बीजारोपण किया जाता है, जबकि आधुनिक माध्यमों में रस-निष्पत्ति नहीं, वरन् चमत्कार की प्रधानता है और शील की व्यक्तिगत विशेषताओं (इंडिविजुएलिटी ऑव कैरेक्टर) पर अधिक जोर दिया जाता है। दूसरा अन्तर यह है कि परम्पराशील नाट्य मानवमात्र के लिए व्यवहार के मानदंड और चिंतन तथा अभिव्यक्ति के औचित्य की ओर संकेत करता है, जबकि आधुनिक बहुजन-सम्प्रेषण नीतिपरकता से आच्छन्न नहीं हो सकता। विघटित मूल्यों के युग में नैतिक आदर्श अमूर्त ही नहीं, कृत्रिम प्रतीत होते हैं।

कदाचित् इसी अन्तर के कारण परम्पराशील नाट्य बहुजन-सम्प्रेषण के स्तर से उठकर पंचम वेद की श्रेणी में आ जाता है। लोक-कल्याण की भावना से प्रेरित इन विधाओं को चतुर्वेद की प्रतिष्ठा भले ही नहीं मिली, प्रभुविष्णुता और आदर्शों के प्रति लगाव इनमें चतुर्वेद से कम नहीं है। इनके विकास की कहानी भारतवर्ष के सांस्कृतिक इतिहास का एक उपेक्षित अध्याय है।

ऐतिहासिक पृष्ठभूमि और संगीतक

परम्पराशील प्रादेशिक नाट्य के जो रूप आजकल देश में प्रचलित हैं, वे लक्षण-ग्रन्थों में दिए गए रूपकों और उपरूपकों के किसी वर्ग-विशेष से मेल नहीं खाते। कीथ ने अपने संस्कृत-नाट्य के इतिहास ('द संस्कृत ड्रामा') में 'इर्रेगुलर प्लेज' यानी वर्गातीत नाटकों का जिक्र किया है। भारत में शास्त्रनिर्माताओं का तरीका यह रहा है कि ज्यों ही कोई रचना विहित परिपाटी से अलग प्रतीत हुई, त्यों ही उसके लिए कोई नया नाम और वर्ग प्रस्तुत कर दिया गया। भरत के बाद अभिनवगुप्त, धनंजय, सागरनन्दी, रामचन्द्रगुणचन्द्र, शरदातनय, नन्दिकेश्वर इत्यादि विद्वानों ने इसी भाँति रूपकों की संख्या में अभिवृद्धि की। वर्तमान प्रादेशिक भाषा-नाट्य की कुछ विशेषताएँ इन उपरूपकों में मिलती हैं, किन्तु किसी एक उपरूपक को वर्तमान आंचलिक नाट्य का उद्गम नहीं माना जा सकता। 'उल्लाप्य' नामक उपरूपक में अंक एक ही कहा गया है, विषयवस्तु पौराणिक और संवाद में गीतों की बहुलताएँ मानी गई हैं। रासक में विनोद का प्राधान्य, उच्च कुल का मूर्ख नायक, उच्च कुल की विदुषी नायिका, एक अंक और पाँच पात्र बताए गए हैं। 'श्रीगदित' नामक उपरूपक में संवाद अंशतः गाया जाता है और शेष वाचित होता है। हल्लीस में भी एक अंक और संगीत तथा नृत्य का बराबर प्रदर्शन होना चाहिए।

इन उपरूपकों के उदाहरण लिखित रूप में अप्राप्य हैं। इसलिए यह कहना कठिन है कि कहाँ तक प्रादेशिक परम्पराशील नाट्य की रूपरेखा इन लक्षणों पर आधारित है। कुछ प्रादेशिक नाटकों के नाम कतिपय रूपकों के वर्गों से मिलते-जुलते हैं, किन्तु लक्षणों में साम्य नहीं है। उदाहरणतः कश्मीर का 'भाँड़जश्न' संस्कृत-रूपक भाण की याद दिलाता है। किन्तु, कश्मीरी भाँड़ बहुपात्री और गीत तथा नृत्यों से भरपूर नाट्य है, जबकि संस्कृत-भाण एकपात्री गद्य-प्रधान विधा है, जिसमें पात्र नेपथ्य की ओर उन्मुख होकर विभिन्न कल्पित पात्रों से वार्तालाप करता है। संस्कृत-भाण और आगरा एवं लखनऊ के नवाबी जमाने के भाँड़-प्रदर्शनों में बहुत कुछ साम्य है, दोनों के कलाकार प्रत्युत्पन्नमति और विनोदशील होते हैं, किन्तु आगरा-लखनऊ के भाँड़ उस नेपथ्य-शैली का अनुसरण नहीं करते, जो चतुर्भाणी की विशेषता है। आन्ध्र के भागवत-मेल नृत्य-गीत-नाट्य को 'वीथिनाटकम्' भी कहा जाता है। 'वीथी' रूपकों का एक प्रकार भी है, जिसमें एक अंक और दो पात्रों तथा परिहास, व्यंग्य, श्लेष इत्यादि का विधान

है और इसलिए दोनों की शैली भिन्न ही मानी जाएगी। असम के मठों में प्रस्तुत किए जानेवाले 'अंकिया नाट' का नाम रूपकों के एक विभेद 'अंक' से मिलता है, किन्तु दोनों एक नहीं हैं; क्योंकि संस्कृत अंक में करुण रस प्रधान होता है, अंकिया-नाट में अनेक रसों की परिस्थितियाँ दिखाई गई हैं, और गीत एवं नृत्य की बहुलता तो है ही।

तब वे कौन परम्पराएँ थीं, जिनके आधार पर वर्तमान आंचलिक नाट्य और रंगमंच को परम्पराशील माना जाए ? मेरी धारणा है कि इन परम्पराओं का विकास मध्ययुग में हुआ और पिछले लगभग पाँच सौ वर्षों से यह धारा अपने विभिन्न रूपों में देश के विभिन्न भागों में प्रवाहित होती रही है, क्षेत्रीय वर्ण और स्वरों को ग्रहण करते हुए भी इन नाट्य-शैलियों में कतिपय सामान्य विशेषताएँ हैं, जो मध्ययुग की देशव्यापी परिस्थितियों में प्रकट हुईं। आगे मैं उनका उल्लेख करूँगा। किन्तु, उसके पूर्व मैं एक ऐसी प्रदर्शन-शैली का जिक्र करना चाहता हूँ, जो संस्कृत नाट्य के मध्याह्न में ही प्रकट हो गई थी, किन्तु परवर्ती लक्षणकारों ने जिसकी उपेक्षा की है। इस विधा का नाम है 'संगीतक'। मेरा विचार है कि 'संगीतक' ही वर्तमान आचलिक नाट्य-शैली का मूल है, और यद्यपि उत्तर भारत में 'सांग' और 'संगीत' नामों में प्रचलित ग्रामीण नाटकों में ही 'संगीतक' नाम की प्रतिध्वनि रह गई है, तथापि अन्य नामों से भी अभिहित नाट्य-शैलियाँ यथा जात्रा, माँच, रासलीला, भागवत-मेल, तमाशा, कूटियाट्टम इत्यादि—सभी 'संगीतक' के परवर्ती स्वरूप हैं।

परम्पराशील नाट्य का उद्गम : संगीतक

पहले 'संगीतक' शब्द के प्रयोग पर विचार कर लिया जाए। 'संगीतक' और 'संगीत' में अन्तर है। संगीत शब्द प्रायः वाद्यसहित वृन्दगान के लिए प्रयुक्त हुआ है। **रघुवंश** में 'सङ्गीतमृदङ्गघोष' (13/180) और **मेघदूत** में 'सङ्गीताय प्रहतभुरजा' (उत्तरमेघ, 1) ये उल्लेख मिलते हैं। भागवतकार ने भी गन्धर्वों द्वारा सुकंठ से संगीत के गाने का उल्लेख किया है—'जगुः सुकण्ठ्यो गन्धर्व्यः सङ्गीतसहभर्तृकाः' (भागवत, 10/84/46)। किन्तु, संगीतक में सहगान और सहवाद्य-वादन के अतिरिक्त नृत्य, गीत, संवाद ये सभी तत्त्व मिलते हैं और जब रंगशाला में प्रेक्षकों के सम्मुख इनका प्रदर्शन हो तभी उन्हें संगीतक कहा गया है। संगीत तो प्रेक्षागृह के अतिरिक्त भी प्रस्तुत होता था, किन्तु संगीतक के लिए रंगशाला में प्रदर्शन अनिवार्य था।

अभिनय में संगीत के समावेश का संकेत तो **नाट्यशास्त्र** के चतुर्थ अध्याय में ही मिलता है। महादेव ने भरतमुनि द्वारा प्रस्तुत 'अमृतमंथन' देखने के पश्चात् कहा कि उसके पूर्वरंग के शुद्ध अभिनय में करण, अंगहार इत्यादि नृत्य के प्रकार और वर्द्धमानक, आसारित गीत और महागीत को जोड़ देने से यह 'चित्रसंज्ञक' अभिनय हो जाएगा (भरतनाट्यशास्त्र, चतुर्थ अध्याय, 15/16)। किन्तु, इस संकेत के बावजूद संस्कृत-नाट्य-साहित्य के गौरव-ग्रन्थों में गीत और नृत्य अल्प मात्रा में हैं, और जहाँ तक उपरूपकों

का सम्बन्ध है, उनके लक्षणों में संगीत का उल्लेख होते हुए भी लिखित साहित्य में उनके उदाहरण नहीं मिल पाते। कालिदास ने **मालविकाग्निमित्र** में चार पदों से युक्त गीत दिया है और **शाकुन्तल** में भी। **मृच्छकटिक** में नेपथ्य से रेभिल द्वारा गाए गए राग का उल्लेख है।

ऐसा प्रतीत होता है कि नाटकों में गीत और नृत्य का आरोपण एक नई प्रवृत्ति का द्योतक था। रंगमंच के प्रोड्यूसर, यानी प्रयोक्ता ऐसे नाट्य की माँग करने लगे, जिनमें प्रदर्शन-योग्य तत्त्वों की बहुलता हो। हमें संगीतक का सर्वप्रथम उल्लेख वररुचिकृत **उभयाभिसारिका** नामक भाण में मिलता है। यह भाण चतुर्भाणी-संग्रह में शामिल है और इसका रचनाकाल शायद चौथी-पाँचवीं शताब्दी ईसा के आसपास हो। **उभयाभिसारिका** में सागरदत्त सेठ के पुत्र कुबेरदत्त ने विट के पास एक सन्देश भेजा और उसने नारायणदत्ता नामक अभिनेत्री से अनबन का कारण बताते हुए कहा—'मैंने **मदनाराधन** नामक संगीतक में रस के अनुसर किए गए मदनसेना के अभिनय की तारीफ की, तो नारायणदत्ता को नहीं रुची। इसीलिए वह कुपित है।' इस भाण में **मदनाराधन** के अतिरिक्त **पुरन्दरविजय** नामक संगीतक का भी उल्लेख है। इन अवतरणों में संगीतक के रसाभिनय का जिक्र किया गया है। रसाभिनय से ऐसे अभिनय का तात्पर्य है, जिसमें गीत की जातियों के समीचीन प्रदर्शन द्वारा नाटकीय रस का उद्रेक होता हो। कालिदास के **मालविकाग्निमित्र** नाटक में 'संगीतक' का दो स्थलों पर उल्लेख है—'हन्त प्रवृत्तं सङ्गीतकम्' (मालविका., 1/1/2) और 'प्रारभ्यतां सङ्गीतकम्' (मालविका. 1/20/21)। बाणभट्ट की **कादम्बरी** में राजभवनों में संगीतकारों के लिए एक अलग 'संगीतकगृह' नामक स्थान का उल्लेख है, जहाँ मृदुध्वनि से ठनकते हुए मृदंगों का शब्द सुनाई पड़ता था। उसके बाद ग्यारहवीं शताब्दी में यादवप्रकाश की वैजयन्ती में संगीतक की विशेषता का वर्णन हुआ है। पन्द्रहवीं शताब्दी में शुभंकर के ग्रन्थ **संगीतदामोदर** में संगीतक की व्याख्या मिलती है :

तालवाद्यानुगं गीतं नटीभिर्यत्र गीयते।
नृत्यस्यानुगतं रङ्गं तत् सङ्गीतकमुच्यते॥

जिस प्रदर्शन में ताल-वाद्यों के अनुसार नटियाँ गाती हैं और रंगशाला में नृत्य प्रस्तुत करती हैं, उसे 'संगीतक' कहा जाता है। यहाँ संगीतक के पाँच तत्त्व स्पष्ट हैं—गीत, वाद्य, नृत्य, रंगशाला और नट-नटी।

शुभंकर द्वारा की गई व्याख्या से यह प्रतीत होता है कि चौदहवीं और पन्द्रहवीं शताब्दी तक संगीतक का स्वरूप बहुत कुछ स्पष्ट हो चला था और मध्ययुग में उसके ग्रहण किए जाने में एक ही कमी थी—संवाद, विशेषतः गद्य-संवाद की। इसी समय मिथिला, नेपाल और असम में भाषा-संगीतकों की रचना प्रारम्भ हुई, जिनमें इस कमी को पूरा किया गया। भाषा-संगीतकों में सबसे पुराना उमापति उपाध्याय का **पारिजातहरण** माना जाता है। हाल ही में ज्योतिरीश्वर ठाकुर के पूर्वपरिचित संस्कृत-प्रहसन **धूर्त्तसमागम** का भाषारूपान्तर डॉ. उमेश मिश्र और डॉ. जयकान्त मिश्र ने

सम्पादित किया है, शायद यह भाषारूपान्तर भी 14वीं शताब्दी के प्रारम्भ में मिथिला के उन्हीं कर्णाटनरेश हरसिंह देव के दरबार के लिए प्रस्तुत किया गया था, जिनके आदेश पर उमापति उपाध्याय ने **पारिजातहरण** लिखा। संगीतक शब्द का व्यवहार ज्योतिरीश्वर ठाकुर ने भी **धूर्तसमागम** की संस्कृत-प्रति में किया है—'तत् प्रेयसीमाहूय सङ्गीतकमवतरामि।' इसके बाद 15वीं शताब्दी में विद्यापति के **गौरक्ष विजय** नामक भाषा-नाटक में भी संगीतक शब्द का स्पष्ट प्रयोग मिलता है :

भनई विद्यापति पुरवथु आसा। मंगल करहू देव दिगवासा।
अलमतिविस्तरेण। ततो नटीमाहूय सङ्गीतकमवतारयामि॥

मिथिला में ज्योतिरीश्वर ठाकुर, उमापति उपाध्याय और विद्यापति और असम में शंकरदेव, माधवदेव, गोपालअता इत्यादि ने संवाद के सहित इस प्रदर्शनमूल विधा की कल्पना की। उन्होंने उसे संगीत-मात्र के प्रस्तुतीकरण के दायरे से बाहर निकालकर काव्य के प्रमुख तत्त्वों के लिए वाहन बनाया। यों चौदहवीं, पन्द्रहवीं और सोलहवीं शताब्दी में लगभग सारे भारतवर्ष में संगीतक-शैली की ओर कवियों और प्रयोक्ताओं का ध्यान आकृष्ट हुआ।

संगीतक-शैली की उद्भावना पूर्व-मध्ययुगीन भारतवर्ष में कतिपय सामाजिक और राजनीतिक परिस्थितियों के कारण हुई। जिस समय संस्कृत-नाटक ह्रासोन्मुखी हो रहा था, उस समय चार बातों का जनता की मनोवृत्ति और कला एवं साहित्य के विधायकों पर विशेष प्रभाव पड़ा। प्रथम तो यह कि पुराणों के आधार पर भागवत धर्म के प्रति आस्था जनसाधारण के बीच बढ़ती ही गई। यह भागवत धर्म केरल से हिमाचल तक सारे देश में ठीक उन दिनों में छा गया, जिन दिनों उत्तर भारत में तीव्र गति से मुसलमानी राज्य विस्तृत हो रहा था। भागवत धर्म ने त्रस्त समाज को आश्रय दिया और इस तरह मनोरंजन और साधना दोनों एक ही पथ पर आ मिले। दूसरे, इसी पूर्व-मध्ययुग में (दसवीं से सोलहवीं शताब्दी तक) देश के कुछ भागों में रंगमंच को राज्य का आश्रय मिलना कम होता चला गया और इसके फलस्वरूप मन्दिरों, धार्मिक स्थानों, मेलों इत्यादि में अनौपचारिक रूप से नाट्य-प्रदर्शन अधिकाधिक होने लगे। किन्तु, इसी युग में देश के कुछ कोनों में हिन्दू-नरेशों ने न केवल नाट्य-प्रदर्शन को आश्रय दिया, वरन् स्वयं नई नाट्य-विधाओं के विकास में नेतृत्व दिया। वस्तुतः, इन राज्यों में ही महल और मन्दिर का सम्मिलित संरक्षण पाकर संगीतकारों का स्वरूप निखर सका। तीसरे, इसी युग में क्रमशः संस्कृत का ज्ञान जनसाधारण में कम होने लगा और नाट्य में प्रेषणीयता बढ़ाने के लिए देशी भाषा में गीतों का समावेश किया जाने लगा। **विक्रमोर्वशी** के चतुर्थ अंक की एक विशेष पांडुलिपि का विद्वानों ने जिक्र किया है। इसमें कुछ अपभ्रंश-गीत दिए गए हैं। डॉ. कीथ और डॉ. हीरालाल जैन ने इन 16 पदों की भाषा के आधार पर इन्हें हेमचन्द्र के बाद और **प्राकृतपैंगलम्** के पूर्व की रचना माना है, यानी 12वीं शताब्दी के लगभग। जान पड़ता है कि जनसाधारण के मनोरंजन और नट-नटियों की सुविधा के लिए अपभ्रंश में ये गीत रखे गए। उन दिनों अपभ्रंश में चर्यापदों के गीत तो प्रचलित

थे ही। उसी ढंग के भाषा-गीतों को संस्कृत-प्राकृत नाटकों में शामिल किया जाने लगा।

इस युग की चौथी विशेषता थी जयदेव के **गीतगोविन्द** की प्रस्तुतीकरण-शैली। जयदेव का **गीतगोविन्द** भारतवर्ष की नाट्य-परम्परा में एक लोकप्रवर्त्तक काव्य के रूप में अवतीर्ण हुआ। श्रीमद्भागवत के दशम खंड के रास-प्रसंग को नृत्य और संगीत में सम्बद्ध करके जयदेव ने न सिर्फ दृश्य-प्रबन्ध का विकास किया, वरन् एक नूतन संवाद-पद्धति को भी प्रचलित किया, जिसमें संलाप और सूत्रधार प्रधान होते हैं। इस पद्धति में सूत्रधार को बराबर उपस्थित रहना पड़ता है : पहले सूत्रधार द्वारा मंगलाचरण तथा सूचना, उसके बाद अन्य पात्रों द्वारा ध्रुवपद-सहित संलाप। इसमें सुविधा यह थी कि जब सूत्रधार स्तुति और सूचना-बोधक श्लोकों को बोलता था तब आगे आनेवाले संलाप के लिए पात्र तैयार हो सकता था। इस अवकाश की जरूरत इसलिए भी थी कि हर कथन, गीत तथा संलाप को गान एवं नृत्य के साथ प्रस्तुत किया जाता था। इस सुविधा के कारण केरल से असम तक, सौराष्ट्र से उत्कल तक **गीतगोविन्द** मन्दिरों और राजप्रासादों में खेला जाने लगा।

भाषा-संगीतकों का विकास : प्रथम चरण
(लगभग 1000 ई. से 1500 ई. तक)

केरल, मिथिला-नेपाल, असम, उड़ीसा, ब्रजमंडल एवं आन्ध्र-कर्णाटक में अनुकूल स्थानीय परिस्थितियों और नेतृत्व के फलस्वरूप इस विधा का विकास हुआ और इन्हीं क्षेत्रों से इनका विस्तार सन्निकट भाषा-क्षेत्रों में हुआ। भाषा-संगीतकों को स्थानीय नाम दिए गए और कालान्तर में नामों और भाषाओं के पार्थक्य के कारण इन शैलियों की मूलभूत एकता ओझल हो गई। किन्तु, उत्थान के प्रथम चरण में इनके विकास की प्रवृत्तियाँ प्रायः एक-सी ही थीं। उदाहरणतः, लगभग इन सभी क्षेत्रों में भाषा-संगीतकों के उन्नायकों ने कुछ लोक-प्रचलित नृत्य और गान-शैलियों को उन संस्कृत-उपरूपकों इत्यादि पर आरोपित किया, जो शास्त्रसम्मत थे या उन संगीतकों पर, जो नागरिक और अभिजात वर्गीय जीवन में पसन्द किए जाते थे। लोकशैलियों और नागरिक शैलियों का यह सम्मिश्रण एक देशव्यापी प्रवृत्ति के रूप में प्रकट हुआ। इस प्रवृत्ति का उद्भव आप-ही-आप नहीं हुआ। इसे आयोजित और रूपायित करने का श्रेय इनमें से, हर क्षेत्र के कतिपय प्रतिभावान व्यक्तियों को है, जिन्हें आज की भाषा में सांस्कृतिक नेता कहा जा सकता है। ये महापुरुष या तो काव्यरसज्ञ सन्त और धार्मिक नेता थे या सहृदय और रसिक राजा एवं राजपुरुष। दोनों ही बिखरी शृंखलाओं को एकत्र करने में समर्थ थे और यथावसर उपकरण और व्यक्तियों को जुटा सकते थे।

तीसरी उल्लेखनीय बात यह थी कि भाषा-संगीतकों के ये उन्नायक न केवल साहित्य में पारंगत थे, वरन् प्रदर्शन-विधाओं (रंगशाला, संगीत, नृत्य इत्यादि) में भी असाधारण रूप से कुशल थे। ये लोग संरक्षक-मात्र और सहृदय ही नहीं थे, कविकर्म

से ही परिचित नहीं थे, वरन् जिन्हें आजकल 'प्रोड्यूसर'—प्रयोक्ता कहा जाता है, उनकी श्रेणी में भी शामिल थे। रसज्ञ, कवि, गायक, सूत्रधार एवं प्रयोक्ता के विविध ज्ञान और कृतकर्म में से अनेक में जो एक साथ कुशल थे, वैसे गुणीजनों के प्रयास से जिस शैली का विकास हुआ, वह स्वभावतः बहुरंगी, प्रयोगशील और प्रेक्षागृह की बदलती आवश्यकताओं के सर्वथा अनुकूल थी। नवीन प्रयोगों को प्रेरित करने की क्षमता सन्तों अथवा राजाओं एवं पुरुषों को ही हो सकती थी; क्योंकि रंगशाला में प्रदर्शन के साधन वे ही लोग प्रस्तुत करा सकते थे।

भाषा-संगीतकों के उत्थान के प्रथम चरण में केरल के राजा कुलशेखरवर्मन का नाम सर्वप्रथम आता है। दसवीं शताब्दी में ही उन्होंने संस्कृत नाटकों को जनसाधारण के लिए बोधगम्य बनाने के विचार से मूल नाटकों के साथ स्थानीय भाषा में छायानुवाद रंगशाला ही में प्रस्तुत करने की परम्परा चलाई, जिसे 'कूटियाट्टम' की संज्ञा दी गई। 'कूटियाट्टम' का शाब्दिक अर्थ है मिला-जुला अभिनय और इस नाम में ही कुलशेखरवर्मन का उद्‌देश्य अभिहित है। उस समय केरल के जनसाधारण में मुटियेट्टु, तीयाट्टु, पुराट्टु, यात्रकलि इत्यादि लोक-प्रदर्शन प्रचलित थे। इनकी एक विशेषता थी, विदूषक का तत्कालीन समाज पर व्यंग्य। इन लोकविधाओं के विकास में नम्बूदिरी ब्राह्मणों का विशेष हाथ था। इधर मन्दिरों में चाक्यार नामक नटों का एकपात्री नृत्याभिनय लोकप्रिय हो चला था, जिसका विवरण सुविख्यात तमिल गौरव-ग्रन्थ 'शिलप्पधिकारम्' में भी मिलता है। चाक्यार चम्पू और भाण की शैली में अकेले ही अनेक पात्रों का अभिनय करता है एवं अनेक ग्रन्थों से पद्य और कथाएँ उदधृत कर दर्शकों का मनोरंजन करता है। चाक्यार के एकपात्री अभिनय को 'कूत्तु' कहा जाता है।

ऐसा जान पड़ता है कि कुलशेखरवर्मन ने लोक-प्रचलित पुराट्टु इत्यादि से विदूषक की शैली और मन्दिरों से चाक्यार की सामाजिक टिप्पणी-मूलक शैली का संस्कृत-नाट्य-प्रदर्शन के लिए उपयोग किया। उन्होंने अपने ब्राह्मण-मन्त्री तोलन को अपनी मिश्रित शैली की निर्देशन-विधियों को लिपिबद्ध करने का आदेश दिया। तोलन ने अपने ग्रन्थ **'वांग्येय-व्याख्या'** में इन नई पद्धति का विवेचन किया। भरत ने नाट्य की भूमिका-स्वरूप जिस रूप में पूर्वरंग का आयोजन किया था, उसमें कुलशेखरवर्मन ने लोकनाट्य के चाक्यार और विदूषक का मिश्रण किया। यही नहीं, मूल संस्कृत-नाटक में भी चाक्यार को विदूषक की भूमिका में प्रस्तुत कर उन्होंने स्थानीय भाषा में टिप्पणी, व्याख्या एवं सामाजिक परिहास की पद्धति का संस्कृत-नाट्य-प्रदर्शन में समावेश कर दिया। 'कूट्टियाट्टम' में अकेला चाक्यार कई रात्रियाँ पूर्वरंग में ही गुजार देता है, और मुख्य नाटक-प्रदर्शन अन्तिम तीन रजनियों में होता है। विदूषक नाटक के प्रसंगानुसार समसामयिक सामाजिक जीवन और समस्याओं का विश्लेषण कर देता है। भाष, श्रीहर्ष और स्वयं कुलशेखरवर्मन के संस्कृत-नाटकों को इस मिश्रित रूप में प्रस्तुत करने की प्रणाली तब से बराबर केरल में त्रिचूर के मन्दिरों की रंगशालाओं में चालू रही है। कुलशेखरवर्मन का **'सुभद्राधनंजय'** नाटक बहुत प्रसिद्ध है। इन रंगशालाओं को

'कूथाम्बलम्' कहा जाता है। अभिनय में भरत द्वारा निर्दिष्ट आंगिक, वाचिक, आहार्य और सात्वती प्रकारों का यथाविधि पालन किया जाता है। हस्तमुद्राओं द्वारा संवाद के प्रत्येक पद्यांश का निरूपण किया जाता है। 'कूथाम्बलम्' का निर्माण भी विकृष्ट मध्यम कोटि के मंडप के आधार पर होता है।

इस तरह भाषा-नाटकों का आदिस्वरूप सुदूर दक्षिण में प्रकट हुआ। कुलशेखरवर्मन के इस प्रयोग की तीव्र समालोचना भी हुई और प्राचीनता के पोषक एक पंडित ने तो 'नटांकुश' नामक ग्रन्थ इस नवीन प्रयोग के विरोध में लिखा और संस्कृत-नाटकों में इस पकार अप्रासंगिक भाषा-तत्त्वों के शामिल किए जाने की भर्त्सना की। विजय अन्ततः कुलशेखरवर्मन की ही रही; क्योंकि जिस प्रयोग का उन्होंने सूत्रपात किया, वह वस्तुतः एक देशव्यापी प्रवृत्ति का द्योतक था।

आजकल जिन प्रदेशों को कर्णाटक और आन्ध्र कहा जाता है, वहाँ द्वितीय चालुक्य-वंश (लगभग 1100 ई. से 1360 ई.) के राज्यों में संस्कृत से तत्कालीन क्षेत्रीय- भाषाओं के नाटकों अथवा उनके पदों के अनुवाद होने लगे थे। इसका एक प्रमाण नागवर्मा द्वितीय (1145 ई.) के ग्रन्थ **काव्यावलोकन** में मिलता है, जहाँ विक्रमोर्वशी (अंक 1, श्लोक 3) तथा **नागानन्द** एवं **मालतीमाधव** से कतिपय पद्य स्थानीय भाषा (जो अब कन्नड़ कहलाती है) में उद्‌धृत किए गए हैं। साथ ही, इसी युग में कुछ देश्य प्रदर्शन-शैलियों का भी कर्णाटक में विस्तार होता गया। 9वीं शताब्दी में ही नृपतुंग ने अपने **कविराजमार्ग** नामक ग्रन्थ में 'नालपगरन' शैली का उल्लेख किया है, जिसे कुछ विद्वान 'देश्य प्रकरण' का स्वरूप मानते हैं (दे. डॉ. एच. के. रंगनाथ : **दि कर्णाटक थिएटर**)। 12वीं शताब्दी में यक्कलगान का भी कर्णाटक में उल्लेख मिलता है, जो बाद में यक्षगान कहलाने लगा। काकतीय राजाओं ने वीर शैवमन्दिरों में विशेष मंडपों का निर्माण कराया, जिसमें वीर शैवमत का निरूपण करनेवाले नृत्य-नाटकों का प्रदर्शन होता था (दे. 'कुचिपुडि भागवतम्' पर संगीत-नाटक-अकादमी के लिए श्रीनटराज रामकृष्ण का लेख)। ऐसा जान पड़ता है कि यही वीर शैवमताग्रही यक्षगान बाद में भागवत यक्षगानों में परिवर्तित हो गए; क्योंकि इस बीच तेजी के साथ भागवत धर्म का विस्तार हुआ। कन्नड़ कवि और विद्वान श्री डी.आर. वेन्द्रे का अनुमान है कि 12वीं शताब्दी से 17वीं शताब्दी की अवधि में कर्णाटक में नृत्य-नाटकों का विशेष विकास हुआ।

कर्णाटक-आन्ध्र-क्षेत्र में इस शैली की प्रगति के साथ-साथ उत्तरी भारत के पूर्वोत्तर अंचल यानी मिथिला और नेपाल में भी इस देशव्यापी प्रवृत्ति (यानी नाट्य में भाषा का उपयोग और नृत्य-संगीत और संवाद का सम्मिलित प्रयोग) का विकास हुआ। ग्यारहवीं शताब्दी के अन्त में चालुक्यवंशीय नरेश सोमेश्वर प्रथम और उनके पुत्र विक्रमादित्य षष्ठ ने उत्तरी भारत पर कई आक्रमण किए और ऐसा अनुमान किया जाता है कि विक्रमादित्य ने गौड़ और मिथिला को भी आक्रान्त किया। इन चालुक्य-नरेशों के एक सामन्त थे—नान्यदेव, जिन्होंने स्वरचित भरतनाट्यशास्त्र की टीका में अपने को

'सामन्ताधिपति' और 'कर्णाटकुलभूषण' कहा है। इन्हीं नान्यदेव ने अपने चालुक्यस्वामी की छत्रच्छाया में मिथिला को हस्तगत किया और कुछ समय बाद चालुक्य-स्वामित्व से छुटकारा पाकर सन् 1097 ई. के आसपास मिथिला में कर्णाट-वंश की स्थापना की (दे. हिस्टरी ऑफ मिथिला : उपेन्द्र ठाकुर)। इसकी राजधानी अरसे तक सिमराँव नामक स्थान में थी, जो आजकल चम्पारण जिले और नेपाल की सीमा पर पड़ता है। इस कर्णाट-वंश का राज्य लगभग 226 वर्ष मिथिला में और उसके बाद नेपाल में रहा। इस अवधि में मिथिला-नेपाल का कर्णाटक-आन्ध्र के साथ सांस्कृतिक सम्बन्ध परिपुष्ट हुआ। स्वयं नान्यदेव द्वारा की गई भरतनाट्यशास्त्र की टीका में अनेक दाक्षिणात्य राग-रागनियों का सविस्तार विवरण है। दाक्षिणात्य संस्कृति के प्रभाव और उसके साथ आदान-प्रदान के अनेक प्रमाण मिले हैं, जिनका आगे जिक्र किया जाएगा।

मिथिला-नेपाल के कर्णाटवंश के सबसे प्रसिद्ध राजा थे हरसिंहदेव (अनेक विद्वान हरिसिंहदेव नाम को सही मानते हैं)। इनका समय 1307 से लगभग 1330 ई. तक माना जाता है। इनके राज्यकाल की सबसे प्रामाणिक तिथि है सन् 1324 ई., जब ग्यासुद्दीन तुगलक ने इनकी राजधानी पर आक्रमण किया और इन्हें नेपाल भागकर वहाँ अपने राज्य का विस्तार करना पड़ा। यही हरसिंहदेव मिथिला-नेपाल में भाषा-संगीतकों की शैली के उन्नायक थे। हाल तक इस शैली के नाट्य-प्रदर्शन मिथिला में 'कीर्त्तनिया नाच' और नेपाल में 'कातिक नाच' के नामों से विदित रहे हैं।

हरसिंहदेव का दक्षिण राज्यों से पत्र-व्यवहार और सम्पर्क रहा (जैसा चंडेश्वर ठाकुर के **राजनीतिरत्नाकर** से जान पड़ता है) और मेरा अनुमान है कि कर्णाटक-आन्ध्र तथा केरल में संस्कृत-नाटकों के प्रदर्शन में भाषा-पदों अथवा टिप्पणी के आरोपण की नूतन पद्धति से वे प्रभावित हुए। हरसिंहदेव के राजदरबार की दो विभूतियों ने अपने संरक्षक के आदेश पर उत्तरी भारत के सर्वप्रथम भाषा-संगीतकों की रचना की। ये थे उमापति ठाकुर और कविशेखराचार्य ज्योतिरीश्वर ठाकुर। उमापति ठाकुर का **पारिजातहरण** नाटक और ज्योतिरीश्वर ठाकुर का **भाषाधूर्त्तसमागम** दोनों कृतियाँ भारतीय नाट्य के इतिहास में युगान्तरकारी प्रयोग थे, जिनका प्रभाव भाषा-संगीतकों पर जयदेव के **गीतगोविन्द** के बाद सबसे अधिक व्यापक रहा है। **पारिजातहरण** अब तक प्राप्त ऐसा प्रथम सम्पूर्ण नाटक है, जिसमें संस्कृत-प्राकृत-संवाद के साथ-साथ पात्र-पात्री भाषा में गीत गाते हैं और ये गीत नाटक के अभिन्न अंग हैं और मूल लेखक की ही रचना हैं। **भाषाधूर्त्तसमागम** (जिसके अनुन्सधान में डॉ. जयकान्त मिश्र ने स्पृहणीय कार्य किया है) इसलिए महत्त्वपूर्ण है कि मूल संस्कृत **धूर्त्तसमागम** प्रहसन के रचयिता कविशेखराचार्य ज्योतिरीश्वर ठाकुर ने स्वयं अपने ही प्रहसन में बाद में भाषा-गीतों का आरोपण किया। अनेक गीतों में उनका नाम भी मिलता है।

उमापति ने **पारिजातहरण** में जिस तरह भाषागीतों का समावेश किया, यह नाटक के इस अवतरण में लक्षित है :

श्रीकृष्ण : (बद्धांजलिः) *प्रिये प्रसीद। मानिनि।*

(मालवरागे गीतम्)

अरुन पुरुब दिसि बहिल सगरि निसि गगन मगन भेल चन्दा।
मुनि गेलि कुमुदिनि तइओ तोहर धनि मूनल मुख अरबिन्दा॥

(एतस्मिन्नर्थे श्लोकः)

रुचिर्गलति कौमुदी शशिनि कौमुदी हीयते
वदन्ति कमलन्ततः शृणु समन्ततः कुक्कुटाः।
पुरोदिगतिरोहिता परितिरोहितास्तारकाः
कथं तव वरोरुहे मुखसरोरुहे मुद्रणम्॥

मानिनि।

अबगुन परिहरि हरखि हेरु धनि मानक अबधि बिहाने।
हिमगिरि-कूमरि चरन हृदय धरि सुमति उमापति भाने॥

(अथवा केदाररागे गीतम्)

मानिनि मानह जउँ मोर दोसे।
सांति करह बरु न करह रोसे॥
भौंह कमान बिलोकनि बाने।
बेधह बिधुमुखि कय समधाने॥
पीन पयोधर गिरिबर साधी।
बाहुपास धनि धरु मोहि बाँधी॥
की परिनति भय परसनि होही।
भूखन चरन कमल देह मोही॥
सुमति उमापति भन परमाने।
जगमाता देइ हिन्दुपति जाने॥

सत्यभामा : (प्रणमयोत्थाय)

(केदाररागे गीतम्)

ताहि अवसर ताहि ठाम। माधव। किये बिगरल मोर नाम॥
आव कि करब परकार। माधव। अपजस भरल संसार।
सबहु पाओल अबकास। माधव। जग भरि कर उपहास॥
कोन परि सखि समसाथ। माधव। उपर करब हम माँथ॥
जाहि देखि हसलहु कालि। माधव। से आब देअ करतालि॥
परम करम मोर बाम। माधव। सकर तकर परिनाम॥
सुमति उमापति भान। माधव। सुपहु करब समधान॥
हिन्दूपति जिउ जान। माधव। महेसरि देइ बिरमान॥

(इति मूर्च्छति)

श्रीकृष्ण : (उत्थाप्य) *प्रिये समाश्वसिहि।*

सत्यभामा : (आश्वास्य) *अज्जउत्त आसासो विमे लज्जा अरो।*

इस अवतरण में संस्कृत-प्राकृत-संवाद में जनसाधारण के लिए रुचिकर, लयताल-पूर्ण गीतात्मकता का समावेश अप्रत्याशित रूप से परिमार्जित और स्वाभाविक प्रतीत होता है और विश्वास नहीं होता कि यह इस प्रकार का प्रथम प्रयोग था।

ज्योतिरीश्वर ठाकुर के **'भाषाधूर्त्तसमागम'** में इस शैली की सन्धिकालीन प्रयोगात्मकता का अधिक आभास होता है; क्योंकि कवि ने अपनी ही मूल संस्कृत-प्राकृत-रचना में भाषागीतों का समावेश किया है :

असज्जाति : (अनंगसेनामानीय स्वसन्निधावुपवेश्य तदीयकरे हृदयं निधाय सप्रमोदम्)

विकचकमलकोषश्रीरियं काम्यकान्ति–
हिमकरकरजाताच्चन्द्रकान्ताद्धि शीतः।
मृगमदघनसारामोदसौरभ्यभव्यो
हरित मदनतापं कोमलः पाणिरस्याः॥

(क्षणं विचार्य्य पुनरुच्चैर्विहस्य)

भो वादिनावेतद्राज्यक्षेत्रे धूर्त्तयोरिव युवयोर्विवादः। तथा हि–

नैषा त्वदीया भवतोपि नेय।
मत्सन्निधिष्ठा सुभगामदीय।
स्वप्नेपि पूर्व्वं मयि ज्ञातकेलि–
स्ततोपि हेतोः खलु वल्लभा में॥

देशाषरागे॥ एकतालिताले॥

तोहारे ओ नहि के सनातक भगव तोहरि नहि नारी।
हमारेए हमरा लग अछ बैसलि परतष हलिअ बिचारी॥ ध्रुवं॥
परुकाँ सपने हमे अवलोकलि हमरि तेहि के न जाने।
हारल भगव सनातके दुहु जने तन्हि असजातिक थाने॥
कविशेषर जोतिक एहु गावे राए हरसिंह बुझ भावे॥

विदूषक : (अनंगसेनामालोक्य जनान्तिकं) ऐसो भिस्सो बुद्धो भअवं णिद्धणो सणादगे मिच्छारआओ ता एदाणं समागमं परिहरिअ। अम्हसमागमेण तुम्ह योव्वणं सफलं भोदु–

(इत्यात्मानं दर्शयति)

अनंगसेना : (सस्मितं) *कधं धुत्तसंगतए फलहलणं सम्वुत्तं।*

विश्वनगर : (सवैराग्यं) *कोलावरागे। परिमच ताले॥*

अरे रे सनातन तोरिहि कुमान्ति।
अनंगसेना हरि लेल असजाति॥ ध्रुव॥
कतए विचार कराओल आनि।
जन्हिक चरित सुन मूलनाशक जानि।
हेरित हि हरि धन लए गेल चोर।

हाथक रतन हरायल मोर।
कके होएबह हरि अनुरागे।
जोंकक अनाग गोतल न लागे।
कविशेखर जोति एहु गाव।
राय हरसिंह बूझए रस भाव॥

विश्वनगर : वत्स दुराचार न हि जलौकसामंगे जलौका लगति। मूलनासकस्यायं विचारः तदेहि सुरप्रियास्थानं गच्छावः।

(इति निष्क्रान्तौ द्वाविति।)

जिस भाँति केरल के कुलशेखरवर्मन ने अपने ब्राह्मण-मन्त्री तोलन को अपने मनोनुकूल नई नाट्य-विधा का निरूपण करने के लिए आदेश दिया, उसी भाँति जान पड़ता है कि हरसिंहदेव ने ज्योतिरीश्वर ठाकुर को रंगशाला की नवीन आवश्यकताओं और विधाओं पर निर्देशन लिपिबद्ध करने के लिए प्रेरित किया। ज्योतिरीश्वर ठाकुर ने ये निर्देशन भाषा में दिए, संस्कृत में नहीं। उनका **वर्णरत्नाकर** मध्ययुगीन भाषा में तत्कालीन समाज और कलाओं का दर्पण है। **वर्णरत्नाकर** के छठे कल्लोल में नटों, नटियों, विद्यावन्तों इत्यादि का जो दर्णन है, वह जान पड़ता है, उस समय के नट-नटियों के लिए एक प्रकार का मैनुअल या निर्देश-पत्रिका है और यह स्वाभाविक ही है कि यह निर्देश-पत्रिका 'भाषा' में लिखी गई। **'धूर्त्तसमागम'** की मूल संस्कृत-प्रति में ज्योतिरीश्वर ठाकुर ने 'संगीतक' शब्द का व्यवहार किया है : 'तत् प्रेयसीमाहूय संङ्गीतकमवतरामि'। ऐसा प्रतीत होता है कि कवि ने इस प्रहसन की रचना इसे संगीतक-पद्धति में प्रदर्शित करने के लिए ही की थी।

ज्योतिरीश्वर ठाकुर और उमापति की रचनाओं का कितना व्यापक प्रभाव पड़ा, इसका एक प्रमाण यह है कि दक्षिण में **धूर्त्तसमागम** और **पारिजातहरण** दोनों ही रचनाएँ लोकप्रिय हुईं। विजयनगर के नरेश नरसिंह राय (जिनका समय सन् 1478 ई. के आसपास माना जाता है) के दरबार में **धूर्त्तसमागम** का अभिनय हुआ था, यद्यपि यह ज्ञात नहीं कि अभिनय मूल संस्कृत-प्रहसन का हुआ था अथवा भाषागीत-मिश्रित प्रहसन का (दे. श्रीशालेतूर का 'सोशल एंड पोलिटिकल लाइफ इन द विजयनगर एम्पायर')। विजयनगर के राजदरबारों में अवश्य ही भाषा-संगीतकों का प्रचार हुआ और विशेषतः कृष्णदेवराय के राज्यकाल में इस शैली को प्रोत्साहन मिला। किन्तु, ऐसा जान पड़ता है कि दक्षिण के राजदरबारों में इस शैली के प्रचार के बावजूद इसे प्रयोक्ता की प्रदर्शन-विधा ही माना जाता था। नाट्यकारों ने इस तरह की रचनाएँ प्रस्तुत करना शुरू नहीं किया था (दे. श्रीकुन्दनगर का निबन्ध : 'डिवेलपमेंट ऑव कन्नड़ ड्रामा' : बम्बई रॉयल एशियाटिक सोसायटी।)

मिथिला-नेपाल में ज्योतिरीश्वर ठाकुर और उमापति ठाकुर ने इस शैली को नाट्य-साहित्य का अभिन्न अंग बना दिया। **वर्णरत्नाकर** निस्सन्देह रंगशाला और नाटककारों के बीच कड़ी बनी और यों मिथिला-नेपाल में जो नाट्य-परम्परा स्थापित हुई, वह 14वीं

शताब्दी से 19वीं शताब्दी के मध्य तक निरन्तर प्रवाहित होती रही। यह सिलसिला इसलिए जारी रह सका कि इस क्षेत्र में एक के बाद एक हिन्दू-राजवंश या तो स्वाधीन या दिल्ली-जौनपुर के संरक्षण में लगभग स्वाधीन रूप में कायम रहे। हरसिंहदेव के नेपाल चले जाने के बाद नेपाल में सन् 1353 ई. से लगभग 1556 ई. तक ओइनवर-वंश का ब्राह्मण-राजवंश रहा, जिसने कर्णाट-वंश की धरोहर को जारी ही नहीं रखा, वरन् उसे समृद्ध किया। इसी ओइनवर-वंश के संरक्षण में विद्यापति (लगभग सन् 1360 से 1448 ई.) की प्रतिभा ने उत्तरी भारत को चमत्कृत किया और सन्धिकालीन भाषा-साहित्य को संस्कृत-साहित्य के समकक्ष ला बिठाया। विद्यापति के भाषा-नाटक **गोरक्ष-विजय** की पांडुलिपि स्वर्गीय महामहोपाध्याय डॉ. उमेश मिश्र और उनके सुपुत्र डॉ. जयकान्त मिश्र के सत्प्रयास से हाल ही में प्रकाश में आई है (गोरक्षा-विजय नाटक : विद्यापति; अखिल भारतीय मैथिली साहित्य समिति, तीरभुक्ति, इलाहाबाद-2)। इसमें उमापति और ज्योतिरीश्वर की पद्धति में संस्कृत-प्राकृत-संवादों के साथ राग-रागिनी-बद्ध भाषागीतों का समावेश किया गया है। उपलब्ध पांडुलिपि में 25 गीत हैं। भाषा-नाट्य के इतिहास में इस नाटक की महता के दो अन्य कारण हैं। एक तो विद्यापति ने इस शैली के रंग-प्रदर्शन के लिए 'संगीतक' शब्द का व्यवहार किया है। नान्दी के बाद ही सूत्रधार कहता है : 'अलमतिविस्तरेण। ततो नटीमाहूय सङ्गीतकमवतारयामि।' स्पष्ट है कि 15वीं शताब्दी के प्रारम्भ तक यह शब्द रंगशाला के प्रेक्षकों के बीच इतना प्रचलित हो गया था कि विद्यापति ने बिना झिझक के उसका उल्लेख किया है। दूसरी महत्त्वपूर्ण बात यह है कि नाटक में दक्षिण के नटों और उनकी नृत्यविधि को शामिल किया गया है। तेलंग देश के नट अपना साभिनय नृत्य प्रदर्शित करते हैं, गीत गाते हैं और राजा उन्हें अपने यहाँ रखना भी चाहता है। निम्नलिखित उद्धरण में (जिसके कुछ शब्द लुप्त हैं) राजा मीननाथ के विलास का वर्णन है और उसके बाद तेलंग देश के नटों का :

(राजा कामपीडितोत्पलनयनां स्पृशति कामपि पश्यति कामालिङ्गति च।)

॥ मालवरागे ॥

कुच हास न कुसुम वास॥
मुदित मदन तिमिर हास।
खंजन लोचनि कमल मुखी।
मुख देखि मने परम सुखी॥ ध्रुवं॥
खेल नरपति युवति संगे।
काहु आलिंगए काहु निहार। काहु लिलोपन मलाञे मार॥
काहु बुझाव बिसेषि सिनेह। पुलके मुकुल मंडित देह॥
बहुल कामिनि एकल कंत। कृष्ण पति आएल सयन तंत॥
रूपे से नागर नागर रससिंगार। कौतुके गाव कविकंठहार॥

(ततः अपटीक्षेपेण प्रतिहारी प्रवेशः)

(प्रतिहारी)—अहो अहो महाराओ, तेलंग...एदौ नटे तिट्ठद। यथा आँणवेदि।

॥ मलारी रागे ॥

तेलंग देसकेँ नट चऔ तुरंग।
नाच में चाह मांडि रस रंग॥
... ...
दखिन देशकेँ देखब नाञ्च॥ ध्रुवं॥
कह प्रतिहारी अवसर आए।
बात जनाब भूमि सिर लाए।
निते निते वे दिवस सुख जाए।
नाट्य लावे संसारक सार।
भनई विद्यापति कवि कंठहार॥

राजा : सत्वरं तौ नटो प्रवेशय।

(यथाकृतवति अपटीक्षेपेण तथा निर्दिष्टौ नटो प्रविशतः।)

नटौ : *नृपं प्रणमतः। राजा सोत्साहं आज्ञापयति*

राजा : अरे नटौ कस्मात् युवां।

नटौ कथयतः : दक्षिण्देशादागताविति।

राजा : तर्हि नृत्य।

(तौ तथा कुरुतः)

॥ बरडीरागे ॥

तांडव लास अन्त भल नाचसि।
चारिहु अंग समासे।
ज गावसि से चित्र देखावसि।
जे भावसि से बोले॥ ध्रुवं॥
तोरे गुनेर...

॥ मलारी ॥

राजा : *रहिह नटवहु हमरा सेवा।*
जे तुअ मनोरथ से हमे देवा॥...इत्यादि।

विद्यापति का यह नाटक सन् 1416 ई. के आसपास रचा गया और राजा शिवसिंह की आज्ञा से खेला गया। यह स्पष्ट है कि उस समय तक अनेक राजदरबारों में संस्कृत-प्राकृत-नाटकों में भाषागीतों का समावेश और नृत्य-गीत-बहुल प्रदर्शन की पद्धति का प्रचार यत्र-तत्र हिन्दू-राजदरबारों में हो चला था, विशेषतः मिथिला-नेपाल में प्रसूत संगीतक-शैली की सफलता के फलस्वरूप। दो अन्य क्षेत्रों में इस शैली का विकास हुआ जान पड़ता है--उत्कल और विजयनगर-राज्य। जैसा ऊपर कहा गया है, विजयनगर (आन्ध्र-कर्णाटक) में भाषा-संगीतक की कोई तत्कालीन (16वीं शताब्दी से पहले की) रचना नहीं मिलती, यद्यपि ज्योतिरीश्वर के प्रहसन के अभिनय का उल्लेख है और विद्यापति के नाटक से यह भी स्पष्ट हो जाता है कि उस क्षेत्र से नट लोग उत्तर भारत

के राजदरबारों में भाषासंगीतकों के अभिनय में हिस्सा लेते थे। किन्तु, उत्कल में हरसिंहदेव द्वारा प्रेरित शैली का एक लघु, किन्तु रोचक उदाहरण मिलता है। सन् 1435 ई. के आसपास उत्कल-नरेश गजपति कपिलेन्द्रदेव ने अपने संस्कृत-प्राकृत **परशुरामविजयव्यायोग** में निम्नलिखित भाषागीत सम्मिलित किया :

राजा : देवि किमद्य रात्रौ स्वप्न उपलब्धः ?

चन्द्रवदना : अज्ज शुणिअदु। *(गीताभिनय करिबा)*

गीत

अमर रागेण गीयते

केवण मुनिकुमर परशु दक्षिण कर

वामेण साहे धनुशर ना।

कोपेण बोलइ बीर तसु से मो बधिलु तात

आज तोर छेदिवइ माथ ना।

शुण राजन हो किए तोर राज्ये ब्रह्म बधे ना ॥ 1 ॥

ये तो चन्द्रबदन मेघे ढांकिला जहन

ताहा देखि बिकल मो मन ना।

आबर देखइ अरष्टि राज्यो तो रुधिर वृष्टि

पुर बेढि रोदन्ति शृगाल ना।

शुण राजन हो किए तोर राज्ये ब्रह्म बधे ना ॥ 2 ॥

भाषा-संगीतकों के उत्थान के प्रथम चरण (लगभग सन् 1000 से 1500 ई. तक) में हिन्दू-राजदरबारों के नेतृत्व में केरल, आन्ध्र-कर्णाटक, मिथिला-नेपाल और उत्कल—इन अंचलों में जो शैली प्रचलित हुई, उसकी विशेषताएँ तीन थीं—राजमहल का वातावरण, जयदेव के प्रभाव से नृत्यसंगीत का आकर्षक समावेश और संस्कृत-प्राकृत मूल के बीच भाषा-गीतों का आरोपण। उत्थान के द्वितीय चरण में, जो लगभग सन् 1500 से 1650 ई. तक माना जा सकता है, भाषा-संगीतक न केवल अन्य अंचलों में प्रतिष्ठित हुए, उनका निजत्व भी निखरा। इस द्वितीय काल में सबसे बड़ा परिवर्तन यह हुआ कि भागवत धर्म—विशेषतः वैष्णव मत—के सन्त प्रचारकों ने भाषा-संगीतकों को भगवान की लीलाओं के प्रदर्शन तथा धर्म एवं नीति के सन्देश का माध्यम बनाया। इस युगान्तरकारी प्रयोग का सारे देश पर व्यापक प्रभाव पड़ा और आज तक परम्पराशील नाट्य के अनेक आंचलिक रूप उन महान सन्तों की वाणी से स्पन्दित तथा उनसे प्राप्त कलाविधान से अलंकृत हैं।

परम्पराशील नाट्य और वैष्णव सन्त : द्वितीय चरण

(लगभग सन् 1500 से 1650 ई. तक)

सन् 1500 ई. के आसपास दो परिस्थितियों के फलस्वरूप सन्तों ने भाषा-संगीतक को

अपनाया। एक तो मन्दिरों में जो देवदासियाँ भगवान के विग्रह के सम्मुख और मंडपों में पूजन-नृत्य करती थीं, उन्हें यह छूट भी मिल गई थी कि वे राजदरबार के नृत्य-संगीत-आयोजनों में भी हिस्सा ले सकें। इस छूट के कारण धार्मिक नृत्य-संगीत की पावनता कलंकित हो चली थी। आन्ध्र में इसके प्रतिक्रियास्वरूप कुछ निष्ठावान् ब्राह्मण आचार्यों ने धार्मिक विषयों पर नृत्यरूपकों को प्रस्तुत करने के लिए मंडलियाँ बनाईं, जिन्हें बाद में नाट्यमेल या भागवत-मेल की संज्ञा दी गई। एक प्रमुख शर्त यह थी कि इन प्रदर्शनों में कोई नारी भाग नहीं ले सकती थी। इस प्रकार के भागवत-मेल का सर्वप्रथम उल्लेख सन् 1502 ई. के आसपास भी मिलता है, जब एक भागवत-मंडली ने विजयनगर के वीरनरसिंहराय के सम्मुख एक अभिनय प्रस्तुत किया (दे. 'कुचिपुडि भागवतम्' पर अंग्रेजी-निबन्ध : ले. श्रीनटराज रामकृष्ण, संगीत-नाटक-अकादमी)। उत्कल में 'गोटिपुअ' कहलानेवाले बालकों को पात्र-पात्री बनाकर मन्दिरों के बाहर संगीतनृत्याभिनय प्रदर्शित किए जाने लगे। ब्राह्मण आचार्यों ने इस भाँति एक सर्वथा नवीन परम्परा स्थापित कर दी; उन्होंने रंगमंच का बहिष्कार न करके उसे स्वयं हस्तगत करने की चेष्टा की और यद्यपि मन्दिरों में होनेवाले देवदासियों के पूजन-नृत्य को वे समाप्त नहीं कर सके, तथापि उन्होंने जनता के सम्मुख एक उतनी ही रोचक, किन्तु कहीं अधिक संयमशील और धार्मिक भवनाओं से ओतप्रोत नाट्य-पद्धति प्रस्तुत कर दी। इसके विपरीत पश्चिमी भारत के जैनमन्दिरों में 11वीं से 14वीं शताब्दियों में जैनरासकों में गान और नृत्य की बहुलता के कारण मन्दिरों में नैतिक पतन की आशंका से उनका प्रदर्शन बन्द कर दिया गया। शायद इसीलिए जैनमत की लोकप्रियता अवरुद्ध हो गई और रासक गेय पद्धति-मात्र रह गए (दे. रास और रासान्वयी काव्य : डॉ. दशरथ ओझा और डॉ. दशरथ शर्मा)।

आन्ध्र-कर्णाटक में भागवतलु सन्तों द्वारा प्रेरित भाषा-संगीतकों को भागवतम् कहा जाने लगा। विजयनगर के कृष्णदेवराय के राज्य में (लगभग सन् 1507 से 1530 ई. तक) भागवतम्-पद्धति का विशेष उत्कर्ष हुआ और कृष्णा नदी के तट पर कुचिपुडि नामक अग्रहारम् में कुछ भक्त ब्राह्मणों ने इस शैली का विकास किया। कृष्णदेवराय के राजदरबार की रंगशाला पर भी भागवतलु सन्तों का प्रभाव पड़ा होगा। उनके दरबार में 'थयीकोंड' नाटक के अभिनय का विवरण मिलता है, जिनमें नगय्या नामक नट ने अपनी कला दिखाई थी। श्रीनटराज रामकृष्ण ने कृष्णदेवराय की पुत्री द्वारा रचित 'मारीचि-परिणय' नामक यक्षगान का उल्लेख किया है। निस्सन्देह, रंगशाला को धार्मिक रूप दिए जाने में आन्ध्र-कर्णाटक के सन्तों का ही प्रमुख हाथ था और ऐसा करने में उन्हें सुविधाएँ और प्रोत्साहन विजयनगर-नरेशों से मिले।

इस शैली के उत्कर्ष की दूसरी परिस्थिति यह थी कि भागवत धर्म और जयदेव के 'गीतगोविन्द' के प्रचार के साथ-साथ देश के विभिन्न भागों में कतिपय सन्तों के मन में भगवान कृष्ण की जन्मभूमि और लीलास्थली ब्रजमंडल—को देखने और उसमें बसने की लालसा जाग्रत हो गई। क्यों सन् 1500 ई. के आसपास ही ब्रजमंडल की यात्रा का

यह अभियान देश के विभिन्न भागों के सन्तों ने शुरू किया, यह इतिहास का एक रहस्य है। यद्यपि इससे 600 से 700 वर्ष पूर्व यानी 8वीं-9वीं शताब्दी में निम्बार्काचार्य ने ब्रज आकर वहाँ भक्ति-आन्दोलन का सूत्रपात किया था, तथापि उसके बाद इतने लम्बे अरसे तक बाहर से आनेवाले सन्तों की परम्परा बन्द हो गई थी। हमारे विषय के लिए सन् 1500 ई. के आसपास की यात्राएँ ही विचारणीय हैं। इन सन्तों की धार्मिक यात्राओं की तिथियाँ धार्मिक प्रेरणाओं और नाट्य-प्रवृत्तियों के इतिहास में विशेष महत्त्व रखती हैं। सबसे पहले सन् 1481 ई. में असम के महापुरुष शंकरदेव अपनी 12 वर्ष की तीर्थयात्रा पर अपने 17 साथियों के साथ निकले और मथुरा एवं ब्रजमंडल में शायद सन् 1490 ई. के आसपास उन्होंने प्रवास किया। (इसके साठ वर्ष बाद सन् 1550 ई. में शंकरदेव ने पुनः यात्रा सम्पन्न की और इस बार 120 भक्तों की विशाल टोली के साथ)। शंकरदेव द्वारा स्थापित वैष्णव-सम्प्रदाय 'एकसरनिया' मत के नाम से विख्यात है। शंकरदेव की यात्रा के बाद निम्नलिखित सन्तों का ब्रज में आगमन-काल, प्रवास, मत-स्थापन इत्यादि विचारणीय है :

- उत्कल और बंग से श्रीमाधवेन्द्रपुरी (महाप्रभु चैतन्य के गुरु के पुत्र) 15वीं शताब्दी के अन्तिम काल में (माधव-सम्प्रदाय)।
- आन्ध्र से श्रीवल्लभाचार्य। सन् 1493 ई. के आसपास (पुष्टिमार्ग)।
- गौड़ से महाप्रभु चैतन्य देव। सन् 1520 ई. के आसपास। (महाप्रभु ने बाद में लगभग 25 वर्षों में अपने 6 प्रमुख शिष्यों को ब्रज के उद्धार के लिए भेजा, जिनमें रूपगोस्वामी का नाम इस सन्दर्भ में विशेष उल्लेखनीय है।)
- महाप्रभु हितहरिवंश : (वृन्दावन में) सन् 1533 ई. (राधावल्लभ सम्प्रदाय)।
- ओरछा से श्री हरीराम व्यास : सन् 1534 ई. के लगभग।
- गुजरात से स्वामी हरिदास : सन् 1543 ई. के आसपास।
- आन्ध्र से श्रीनारायण भट्ट : सन् 1545 ई. के लगभग।

यों दक्षिण, पूर्व और पश्चिम से सन्तवृन्द इन पचास वर्षों में ब्रजमंडल में पधारे और वहाँ भगवान के स्तवन और लीलागान का अद्भुत वातावरण बन गया। ये सन्त अपने-अपने क्षेत्रों से संगीत, नृत्य और नाट्य की परम्पराओं को ब्रज में लाए और वहाँ के वातावरण में या वहाँ से प्रेरणा पाकर इन पद्धतियों को प्रयोग में लाने का अवसर उन्हें मिला। इस प्रेरणा का प्रमुख रूप, ब्रजस्थली की भाषा और ब्रजमंडल का रास-नृत्य (या मंडलाकार नृतन, जिसका मूल था हल्लीशक नृत्य) था। ब्रजमंडल की भाषा भगवान कृष्ण की लीलास्थली की भाषा होने का कारण तत्कालीन भागवत और वैष्णव नाटकों के लिए विशेष श्रद्धा का पात्र बनी और विभिन्न क्षेत्रीय भाषाओं में ब्रज की शब्दावली ग्रहण की गई।

ब्रज की मूलगन्ध को बाहर से आए सन्तों ने वाणी और रूप दिए। अपने-अपने क्षेत्रों के परम्परागत अलंकरणों से उन्होंने अपनी प्रेरणा की दिव्यमूर्ति को विभूषित किया। तेलंग देश से आए वल्लभाचार्य ने मथुरा में एक रास का आयोजन किया माथुर

चतुर्वेदी बालकों के स्वरूप बनाकर। किन्तु, वह, मंडलाकार नृत्य का प्रयोजन था, नाट्य और अभिनय नहीं। वैष्णव सन्तों की परम्परा में भगवान की लीला पर केन्द्रित सर्वप्रथम भाषा-नाट्य असम में, महापुरुष शंकरदेव ने सन् 1518 ई. में लिखा, यानी अपनी ब्रजयात्रा से लौटने के 22 वर्ष पश्चात्। इसका नाम था **कालियदमन-यात्रा** (असम में ऐसा भी विश्वास है कि **कालियदमन-यात्रा** के पूर्व शंकरदेव ने **चिह्नयात्रा** नामक रंगप्रदर्शन का भी आयोजन किया था, किन्तु उसकी विषयवस्तु इत्यादि सम्बन्धी कोई सामग्री उपलब्ध नहीं है।) **कालियदमन-यात्रा** में सन्तों द्वारा प्रेरित भाषा-नाट्यधारा की विशेषताओं की प्रारम्भिक झाँकी मिलती है। सूत्रधार द्वारा कृष्ण के नृत्य का वर्णन देखिए :

ध्रुव : *काला कानु नाचे चरन चलाइ।*
करतु कौतुक नृत्य केशव, अरुण चरण चलाय रे।
देवमुनि सिरे सिरिख बरिखे हरिखे हरिगुण गाय रे।

पद : *काल कालिक माथे चढ़ि भाँड़ पीड़ि क्रीड़ि कानु नाचे रे।*
मृदंग दिमि दिमि नाथ दुंदुभि सिद्ध सव बाय काचे रे।
... ...

"ऐसन जगतक परमगुरु नारायण श्री गोपालक भार सहि न पारि, कालि अचेत भेल। परम पीड़ात घाड़ ओलमल, नाके मुखे रुधिर छान्दे, महादुखे अन्धकार देखे, जत मद गर्व-दम्भ सर्पक सब चूर भेल। वाक्य मुखे हरल। ऐसन परम गुरुक आपद औषध पाइ, कालिक मन निर्मल भेल। नयनर नीर निझुरय, कृष्णक परम ईश्वर पुरुष मने सरन लेलइ।"

बाद में जब कृष्ण कालिय-दमन करके बाहर आकर माता-पिता से मिलते हैं, उस समय का संवाद इस प्रकार है :

"**सूत्रधार** : ऐसन परकारे, कालिक दमिए, ह्रदहन्ते दूर करिकहु, श्रीकृष्ण कौतुके कालिन्दि तीरे आवल। देखि आनन्दे गोपीसब जय कृष्ण बुलि बेढ़ल। मुख पंकजक जैसे नयन भ्रमरे पान करैछे। नन्दजषोदा बाहुमेलि, गले बाँधि धरल। घने-घने सिर सुंघि लोतके सरीर तियावल। गद्गद वाक्य बोलत।

यशोदा : आहे, पुता, कि निमिते, ह्रनदक माझे झाम्प देलह। अः हामाक मारिते चाअल ? तोहारि सन्तापे आजु प्रान छाड़ल होइ।

सूत्र. : ओहि बूलि, मृतकपुत्रक पाइ, परमानन्दे नन्द जषोदा रहल तदनन्तर कृष्णक प्रभाव जानि, हासि हासि आसि बलभद्रै आलिंगि धरल। ऐसन परकारे कृष्णक आबरि कौतुक हासिते मातिते, दिवस अवसान भेल। राति मिलल। ताहे पेखि श्रीकृष्ण बोलल

श्रीकृष्ण : हे माता, हे पिता, हे गोपगोपीसब, आज रात्रि ब्रज जाइते पारए नाहि। जब सबेहि भल्ल देखह, तबे स्थाते रजनी बंचह॥"

महापुरुष शंकरदेव ने छह नाटक लिखे—**कालियदमन-यात्रा, पत्नीप्रसाद, केलिगोपाल, रुक्मिणीहरण, पारिजातहरण** और **रामविजय।** उन्होंने उमापति उपाध्याय, ज्योतिरीश्वर ठाकुर और विद्यापति द्वारा प्रवर्त्तित भाषा-संगीतकों पर ब्रजमंडल के भावभीनी, भक्ति मूलक और नीतिपरक वातावरण को आरोपित किया। संगीतक में गद्य-संवादों को भी भाषा ही में निबद्ध किया, संस्कृत-प्राकृत में नहीं। जिस भाषा का व्यवहार नाट्य में किया गया वह शुद्ध असमिया-क्षेत्र की नहीं थी, वरन् एक सार्वदेशिक भाषा थी, जिसमें मिथिला, काशी और ब्रज की तत्कालीन भाषाओं का मिश्रण था। असमिया के सुविख्यात विद्वान स्वर्गीय विरंचिकुमार बरुआ ने अपनी पुस्तक **शंकरदेव द सेंट ऑव आसाम** में इस बात पर आश्चर्य प्रकट किया है कि शंकरदेव ने क्यों इस प्रकार की मिश्रित भाषा का नाटकों ही में व्यवहार किया, जबकि उनकी अन्य रचनाएँ असम की स्थानीय भाषा में थीं। किन्तु, हमारे विवेचन से यह बात स्पष्ट हो जाती है कि उन्हें भाषा-नाट्य की परम्परा मिथिला-नेपाल से और भक्तिमूलक नाट्य की प्रेरणा ब्रज से उपलब्ध हुई और ऐसा प्रतीत होता है कि ऐसी मिश्रित भाषा ही उस समय के वैष्णव-नाट्य का माध्यम बनी।

शंकरदेव प्रयोक्ता थे, अभिनय, नृत्य और संगीत के पंडित थे, स्वयं अपने नाटकों को प्रस्तुत करते थे। उन्होंने रंगशाला को भी नया मोड़ दिया। सूत्रधार को शंकरदेव ने प्रस्तावना की सीमित परिधि से बाहर निकालकर आद्योपान्त नाटक के निर्वाहकर्ता तथा प्रेक्षकों के सम्बोधक का रूप दिया। इस तरह सूत्रधार के मुख से वे भक्ति और नीति के सन्देश को प्रस्तुत कर सके। शंकरदेव द्वारा प्रवर्तित यह सर्वथा नवीन शैली 'अंकिया नाट' के नाम से विख्यात थी। यद्यपि उनके सभी नाटक एक अभूतपूर्व प्रयोग थे, तथापि **कालियदमन-यात्रा** का प्रभाव बंगाल पर इतना गहरा पड़ा कि कई सौ वर्ष तक बंगाल में जात्रा नाटक को 'कालियदमन-यात्रा' नाम से पुकारा जाता रहा। (इस बात का उल्लेख डॉ. दशरथ ओझा ने 'बंगदर्शन', 'फाल्गुन', संख्या 1289 के आधार पर अपनी पुस्तक **हिन्दी नाटक : उद्भव और विकास** में किया है।)

शंकरदेव (सन् 1449 से 1568 ई. तक) के बाद उनके एकसरनिया वैष्णव-सम्प्रदाय के कुछ प्रतिभावान सन्तों ने अपने अंकिया नाटों की रचना की, जिसमें उनके शिष्य माधवदेव (सन् 1489 से 1596 ई.), गोपाल आता (लगभग सन् 1533 से सन् 1608 ई.), रामचरण ठाकुर (सन् 1521 से 1600 ई.), द्विजभूषण (सन् 1507 से 1577 ई.) और दैत्यारि ठाकुर (लगभग सन् 1564 से 1632 ई.) प्रमुख थे। इनमें माधवदेव का कृतित्व इसलिए महत्त्वपूर्ण है कि उन्होंने ही सबसे पहले कृष्ण की बाल-लीलाओं को नाट्य का विषय बनाया। ब्रज की जिन रास-लीलाओं से हम आजदिन परिचित हैं, उनकी रचनाओं से पहले ही सन् 1538 ई. में माधवदेव ने **'अर्जुन भंजन-लीला'** को **भागवत, हरिवंश** और **बिल्वमंगलस्तोत्र** के आधार पर लिखा। उसके बाद **चोरधरा, भूमिलुटिया, पिम्पिर गुछुवा** और **भोजनविहार**—ये लघु नाट्य रचे, जिन्हें 'झुमुरा' कहा जाता है। मूल संस्कृत-श्लोकों का विस्तार कर इन रचनाओं में माधवदेव ने अद्भुत

लालित्य की सृष्टि की। कृष्ण अन्य गोपियों के यहाँ दही की चोरी करते पकड़े जाते हैं, तो यशोदा उनकी भर्त्सना करती हैं :

"**यशोदा** : हे पुता तोहारि बाप नन्द सब गुवालक राजा। हामु ताहेर पत्नी। हामार उदरे जनमि तुहु ऐसन दुर्जन भेलि ! हामार गृहे दधि नाहि, दूध नाहि ? लवनु नाहि ? सन्देस नाहि ? कौन वस्तु नाहि ? तोहाक हामु खाइते नाहि देसि ? तुहुकि भोजन नाहि करत ? कांगाल छवाल जैसन तुहु बेड़ान। आज तोहाक हामु सिखा देवब !"

भोजनविहार झुमुरा में यशोदा कृष्ण को प्रातः काल इन मधुर स्वरों में जगाती है :

प्रातस समये, जसोदा जननि, मुख चुम्बित स्याम जगावन को।
उठ मेरे लाल, मदनगोपाल, आवे तेरे गोवाल बुलावन को।
अब रुटिया लेहु, माखन चंच पूरी, मुरुलि लेहु स्याम बजावन को।
वृन्दावने जाहि, आनन्द करि, यमुना तटे धेनु चरावन को।

आश्चर्य की बात यह है कि झुमुरा और बाल-लीलाओं की रचना माधवदेव के अतिरिक्त असम में अन्य किसी अंकिया नाटककार ने नहीं की। इस शैली की परिणति हुई ब्रजमंडल में ही। क्या शंकरदेव की दूसरी यात्रा में ब्रज में ही उनके दल ने (जिसमें 120 व्यक्ति शामिल थे) शंकरदेव और माधवदेव के अंकिया नाटों और झुमुराओं का अभिनय किया ? इसका कोई प्रमाण नहीं मिलता। मेरी धारणा है कि शंकरदेव और माधवदेव ने ब्रज से जो पाया, उसके आभार-प्रदर्शन के लिए अपनी रंगशाला की छवि वहाँ अवश्य दिखाई होगी। और यह भी सम्भव है कि इन झुमुराओं के प्रदर्शन का ब्रज की रासलीला पर कुछ प्रभाव पड़ा।

जैसा ऊपर कहा जा चुका है, तत्कालीन ब्रजमंडल देश के विभिन्न भागों से आनेवाले सन्तों की भक्ति-भावना, कल्पना और सात्विक उल्लास का केन्द्र हो गया था। इनमें से दो सन्तों ने 'रासलीला' और भाषा-संगीतकों का ब्रजमंडल में सूत्रपात किया—आन्ध्र (गोदावरी-तट) के ब्राह्मण नारायणभट्ट (जन्म सन् 1531 ई.; ब्रज में आगमन सन् 1546 ई.) और गौड़ के रूपगोस्वामी (लगभग सन् 1470 से 1554 ई. तक) अथवा उनके शिष्य जीवगोस्वामिन् (सन् 1511 से 1596 ई.)। यद्यपि रास-नृत्य का प्रदर्शन स्वयं वल्लभाचार्य ने मथुरा में किया था और बाद में वृन्दावन में हितहरिवंश और करहला ग्राम में घमंडदेव ने, तथापि रासलीला यानी अभिनय, संवाद, नृत्य और भाषागीतों से सम्पन्न रंग-पद्धति का ब्रज में आयोजन पहले-पहल नारायणभट्ट ने ही किया। वे बरसाने के पास ऊँचाग्राम में आकर बसे, श्रीकृष्ण की लीला-स्थलियों का उन्होंने निर्धारण किया और उन लीला-स्थलियों में ही उपयुक्त अनुकरण-लीलाओं का रंग- प्रदर्शन करने का विचार किया। इसके लिए उन्होंने करहला ग्राम के ही दो भाइयों खेमकरण और उदयकरण को अपना शिष्य बनाया और

वहीं के एक नर्तक (जिसका नाम वल्लभ था और जो दिल्ली में बादशाही नौकरी में रह चुका था) से नृत्यायोजन में सहायता ली। यही नहीं, उन्होंने **ब्रजोत्सवचन्द्रिका** नामक अपने ग्रन्थ में लीलाओं की एक क्रमबद्ध उत्सव-माला के लिए सविस्तार निर्देश दिए। इसके अन्तर्गत निर्दिष्ट तिथियों पर विभिन्न स्थानों में लीलाओं के आयोजन के लिए आदेश दिए गए थे। यह लीलोत्सवमाला (जिसका केन्द्र बरसाना ग्राम है) आजकल 'बूढ़ी लीला' के नाम से विदित है और अब भी नारायणभट्ट के निर्देशानुसार ही विभिन्न स्थलों में भाद्रपद में सम्पन्न की जाती है। लीलाओं की कथाओं का नारायणभट्ट ने अपने **प्रेमांकुर** नामक संस्कृत-नाटक में वर्णन किया; यथा जन्मलीला, दानलीला, मगरोकनी-लीला, पारस्परिक गालिदान-लीला, वनविहार-लीला, साँझी-लीला, पुष्पचयन-लीला, निकुंजरचना-लीला, निकुंजभेद-लीला इत्यादि। (देखिए : कुँवर चन्द्रप्रकाशसिंह की **हिन्दी-नाट्य-साहित्य और रंगमंच की मीमांसा।** इन लीलाओं की विषयानुक्रमणिका गोस्वामी जानकीप्रसाद भट्ट-विरचित 'श्रीश्रीनारायणभट्टचरितामृतम्' में दी गई है।)

तात्पर्य यह है कि नारायणभट्ट के **ब्रजोत्सवचन्द्रिका** और **प्रेमांकुर** ग्रन्थों में ही वर्तमान रासलीला का आदिस्वरूप निर्धारित हुआ। जिस तरह शंकरदेव द्वारा निर्दिष्ट अंकिया नाट की परम्परा का पालन असम के सत्रों में बराबर होता रहा, उसी भाँति नारायणभट्ट द्वारा प्रवर्तित लीलोत्सवमाला को करहला और बरसाना-क्षेत्र के रासधारी आजतक अपना पुण्य-कर्तव्य मानकर निबाहते रहे हैं। बाद में रासलीलाओं का रूप तो विकसित हुआ ही, अवसर और स्थल की जो सीमाएँ नारायणभट्ट ने निर्धारित की थीं, उनके अतिरिक्त मथुरा इत्यादि नगरों में रासलीलाओं का प्रदर्शन होने लगा। मेरा अनुमान है कि इन परवर्ती रासलीलाओं की अपेक्षा नारायणभट्ट द्वारा प्रवर्तित बरसाना-क्षेत्र की रासलीलाओं की शृंखला (जिन्हें इंग्लैंड की मध्ययुगीन 'मिस्टरी-मिरैकिल साइकल' के तुल्य माना जा सकता है) जब पुरानी हो चली, तब उसे 'बूढ़ी लीला' के नाम से पुकारा जाने लगा। मुझे बरसाने की साँकरीखोर में 'दधिभांडभंजन-लीला' को देखने का अवसर मिला था, जो 'बूढ़ी लीला' शृंखला की एक कड़ी है। उसमें पर्व एवं रंग-प्रदर्शन का जो विलक्षण मिश्रण है, वह अन्यत्र मैंने नहीं देखा। दो पहाड़ियों के बीच एक सँकरी घाटी है। एक पहाड़ी पर जो मंडप बना है, उसमें श्रीकृष्ण सखाओं-सहित खड़े होते हैं, दूसरी पर राधिका गोपियों सहित। दोनों में वार्तालाप होता है। राधिका और सखियाँ दही के मटके मस्तक पर रखकर घाटी में उतरती हैं। श्रीकृष्ण और सखा डंडे लेकर सामने आते हैं और दान माँगते हैं। झगड़ा होता है। डंडे से दही की मटकी फोड़ी जाती है। दही बिखर जाता है और दर्शक-समूह उसे प्रसाद-स्वरूप ग्रहण करने के लिए उमड़ पड़ते हैं। दर्शक पहाड़ियों के ढाल पर से इस लीला का प्रेक्षण करते हैं, उच्चस्वर में गाए जानेवाले गीत-संवाद सुनते हैं। एक पुराने ब्रजवासी ने मेरे शहरी लिवास और तटस्थता को लक्ष्य करके कहा कि महोदय, इस लीला का रसास्वादन करना है, तो इस वातावरण में रम जाओ। यहाँ दर्शकों और

लीलाकारों में अन्तर नहीं रहता। यहाँ तो सब एक ही रस में निमग्न हैं।[1]

यदि नारायणभट्ट ने पर्व और नाट्य का गठबन्धन कर रासलीला के वर्तमान स्वरूप का सूत्रपात किया, तो चैतन्यमत के दूसरे सन्त रूपगोस्वामिन् (एवं सम्भवतः उनके भी शिष्य जीवगोस्वामिन्) ने शास्त्रसम्मत नाट्य की परम्परा का वैष्णव-नाट्य में उसी भाँति प्रयोग किया, जैसे महापुरुष शंकरदेव ने असम में। **गोविन्दहुलास नाटक,** जिसे श्रीकुँवर चन्द्रप्रकाशसिंह ने सम्पादित किया है, रूपगोस्वामी (लगभग सन् 1470 से 1554 ई. तक) के संस्कृत नाटक **विदग्धमाधव** का भाषा-रूपान्तर है (देखिए : **हिन्दी-नाट्य-साहित्य और रंगमंच की मीमांसा**—कुँवर चन्द्रप्रकाशसिंह)। रूपगोस्वामी ने सन् 1517 ई. के आसपास महाप्रभु चैतन्य के आदेश पर इस संस्कृत-नाटक की रचना की और सन् 1532 ई. के आसपास यह पूरा हुआ। (इसका दूसरा अंश **ललितमाधव** के नाम से सन् 1537 ई. में पूरा हुआ।) **विदग्धमाधव** का भाषा-रूपान्तर **गोविन्दहुलास** नाटक, जो श्रीकुँवर चन्द्रप्रकाशसिंह के सदुद्योग से हाल ही में प्रकाश में आया है या तो स्वयं रूपगोस्वामी की रचना है या उनके शिष्य और भतीजे **जीवगोस्वामी** की, जिनका अधिकतर जीवन काशी और वृन्दावन ही में बीता (समय लगभग सन् 1511 से 1596 ई. तक)। **गोविन्दहुलास** रासलीलाओं की अपेक्षा अधिक 'साहित्यिक' रचना है, एवं मिथिला-नेपाल में ज्योतिरीश्वर, उमापति और विद्यापति द्वारा विकसित धारा के अधिक निकट है, यद्यपि भाषा की दृष्टि से ब्रजक्षेत्र की टकसाली भाषा के निकट है :

ताते माधव माधुरी चरित मधुर रस प्याइ।
विरह अटपटों चटपटों लीजों जीउ जीवाइ॥
यह अग्या मोको दई उमाकंत भगवंत।
रिद्धि सिद्धि सब जगत गुरु पूरन करन समंत॥

चाहे **गोविन्दहुलास** नाटक को स्वयं रूपगोस्वामी ने लिखा, चाहे उनके शिष्य जीवगोस्वामी ने, इसकी प्रेरणा रूपगोस्वामी की ही थी और इस भाषा-संगीतक की महत्ता इसलिए विशेषतः बढ़ जाती है कि रूपगोस्वामी ने **नाटकचन्द्रिका** नामक नाट्य-शास्त्र का ग्रन्थ भी लिखा और **गोविन्दहुलास** पर उनके सिद्धान्तों की छाप स्पष्ट है। रूपगोस्वामी ने ही पहली बार दानलीला की कथा प्रवर्तित की और उस पर संस्कृत में **दानकेलिकौमुदी** नामक भाणिका की रचना की। उन्होंने ही कृष्ण के युवती-वेश धारण करने की तथा होली की लीलाओं का समावेश किया और जीवगोस्वामी ने भारलीला और नौकालीला का। (देखिए : ए हिस्टरी ऑव ब्रजबुलि : डॉ. सुकुमार सेन)। तात्पर्य यह कि एक ओर तो रूपगोस्वामी ने **नाटकचन्द्रिका** तथा सम्भवतः **गोविन्दहुलास** नाटक की रचना कर परम्पराशील नाट्य का साहित्यिक पक्ष पुष्ट किया और दूसरी ओर कृष्ण

1. नारायणभट्ट ने **ब्रजोत्सवचन्द्रिका** में इस लीला का विधान इन शब्दों में किया है—"ततः भाद्रशुक्लत्रयोदश्यां प्रातःसमये सांकरी खोरिमायातौ द्वौ पर्वतोपरिस्थितां लीलां कथयन्तौ। ततस्तस्यां सांकरी खोर्यां राधागोपीभिः सार्द्धं दधिभाजनं मस्तकोपरि निधाय विष्णुनामपर्वतात्पूर्वभागतस्तवयाती। ततः श्रीकृष्णः वेत्रहस्तेन स्थित्वा दानं ययाचे। मध्याह्नपर्यन्तं लीलाकृतास्तत्पश्चाद्दधिभाण्डं भङ्क्त्वा दधि भक्ष्ये।"

और राधा की कथा में कुछ ऐसे रोचक प्रसंगों का समावेश किया, जिन्हें ब्रज की रासलीला-रंगशाला ने सोल्लास अपना लिया। यहाँ यह कहना अप्रासंगिक न होगा कि रूपगोस्वामी के पूर्वज भी दक्षिण (कर्नाटक) से आए थे। (दे. ए हिस्टरी ऑव ब्रजबुलि : डॉ. सुकुमार सेन)।

नारायणभट्ट द्वारा प्रवर्तित रासलीला का विकास अष्टछाप के कवियों द्वारा हुआ। अष्टछाप का साहित्य मुक्तक रूप में था। लेकिन इन, स्फुट पदों में लीला-प्रदर्शन के लिए प्रचुर सामग्री थी। इसीलिए, सूरदास (सन् 1550 ई. के आस पास) के पद विभिन्न बाल-लीलाओं के आधार पर बने, कुम्भनदास के पदों ने विरह और दानलीला के लिए सामग्री दी, परमानन्ददास का आँखमिचौनी-लीला पर प्रभाव पड़ा। नन्ददास की **रासपंचाध्यायी** और **भ्रमरगीत** के पदों ने महारासलीला और उद्धव-गोपी-संवाद को अलंकृत किया। ऐसा जान पड़ता है कि उस समय तक सांगोपांग लीलाएँ लिखने का रिवाज नहीं था। लीलापदों को रासधारी शृंखलाबद्ध करते थे और आशु-संवाद इन पदों को जोड़नेवाली कड़ी होते थे। कौन पद लिए जाएँगे और किस स्थान पर व्यवहृत होंगे, इसका निर्णय रासधारियों के हाथ में था।

सन् 1570 ई. के आसपास हरिराम व्यास ने पहले-पहल लीला-नाटक लिखने की पद्धति चलाई। मेरा अनुमान है कि उन्हें इसकी प्रेरणा रूपगोस्वामी के **भक्तिरसामृतसिन्धु** नामक ग्रन्थ से मिली, जिसमें राधा और कृष्ण के छद्मवेश धारण करने के प्रसंग का सर्वप्रथम उल्लेख है। (देखिए : ए हिस्टरी ऑव ब्रजबुलि : डॉ. सुकुमार सेन)। हरिराम व्यास के पदों के प्रारम्भ में पात्रों के नाम नाटकीय पद्धति से दिए गए हैं और कुछ विद्वानों का विचार है कि **गोरे ग्वाललीला**, जिसका आधार ही छद्मवेश है, सबसे पहले हरिराम व्यास ने ही लिखी।

अकबर के राज्यकाल में (सन् 1556 से 1605 ई.) रासलीला का उत्कर्ष तो हुआ ही, अयोध्या और काशी में रामलीला के वर्तमान रूप का भी सूत्रपात हुआ, जिसके कर्णधार थे स्वयं गोस्वामी तुलसीदास और उनके साथी काशी के प्रसिद्ध मेघा भगत। तुलसीदास ने अयोध्या में चैत्र मास में और काशी में आश्विन मास में रामलीला की परिपाटी चलाई, किन्तु कुछ समय बाद अयोध्या की रामलीला की परम्परा समाप्त हो गई। रामलीला रंगशाला में लीलास्थलियों का वह रूप अधिक व्यापक और स्थायी हो गया, जिसे कृष्णलीला के लिए केवल नारायणभट्ट द्वारा प्रवर्तित 'बूढ़ी लीला' में ही कायम रखा जा सका। यद्यपि अनेक विद्वानों ने रामलीलाएँ विभिन्न नामों से लिखीं (यथा प्राणचन्द का **रामायण महानाटक** और हृदयराम का **हनुमन्नाटक**), तथापि गोस्वामी तुलसीदास के **रामचरितमानस** के नाटकीय तत्त्व इतने महान थे कि रामलीला का बहिरंग और अन्तरंग दोनों ही रामचरितमानस के विशाल मानस में समा गए। रामलीला का प्रचार राजस्थान में भी बाद में हुआ।

इस तरह हम देखते हैं कि परम्पराशील नाट्य अथवा भाषा-संगीतकों के द्वितीय उत्थान-चरण में आन्ध्र-कर्णाटक के भागवतमेल से प्रारम्भ होकर सन्तनाट्यों की धारा

उत्तर की ओर बढ़ी। ब्रजमंडल में सन्तों के समागम के फलस्वरूप जो वातावरण उत्पन्न हुआ, उसकी सर्वप्रथम अभिव्यक्ति असम में हुई। उसके बाद ब्रजमंडल में रासनृत्य के प्रयोगों के उपरान्त अनुकरणात्मक लीलाओं का प्रादुर्भाव हुआ। रामलीलाओं का प्रचार भी हुआ। परम्पराशील नाट्य राजमहल के वातावरण से हटकर भक्ति-भावना का पोषक एवं नीतिपरकता का समर्थक बन गया। रंगशाला में से नर्तकियों को बहिष्कृत किया गया, यद्यपि दक्षिण के मन्दिरों में देवदासियों द्वारा देवस्तुति के नृत्यों की परम्परा जारी रही। नारी-पात्रों का अभिनय किशोरों और बालकों द्वारा किया जाने लगा। सूत्रधार का दायरा बढ़ा दिया गया। वह नाटक की पूरी अवधि में रंगशाला में मौजूद रहने लगा और विभिन्न नामों से (यथा रासलीला में समाजी नाम से) प्रेक्षकों और रंगमंच के बीच सम्प्रेषण का माध्यम बन गया। ध्रुव और पद की जिस गान-पद्धति का रंगशाला में प्रयोग जयदेव ने किया था, वह परम्पराशील नाट्य का मेरुदंड बन गई। उत्तर और दक्षिण की राग-रागनियों को विविध तालों में निबद्ध करके आचार्य लोग नाटकों में उनका प्रचुर उपयोग करने लगे। उत्तर भारत में इसके फलस्वरूप संगीत की एक शैली ध्रुपद नाम से ब्रजमंडल में ही लोकप्रिय हो गई। सन्तों ने जिस नाट्य-शैली का विकास किया, वह लक्षणग्रन्थों के दायरे के बाहर थी। अतः, कुछ सन्तों ने उसे स्थायित्व देने के लिए निर्देशन-ग्रन्थों की भी रचना की, जैसे नारायणभट्ट के **ब्रजोत्सवचन्द्रिका** और **प्रेमांकुर** तथा रूपगोस्वामी के **नाटकचन्द्रिका** और **भक्तिरसामृतसिन्धु**। भाषा-नाट्य-साहित्य की यह प्रवृत्ति उत्थान के प्रथम चरण के **बांग्येय व्याख्या** और **वर्ण-रत्नाकर** जैसी रचनाओं के अनुसरण में थी।

तृतीय चरण : सन् 1650 से 1800 ई.

उत्थान के तृतीय चरण (लगभग सन् 1650 से 1800 ई. तक) में भाषा-संगीतकों का क्षेत्रीय रूप विकसित हुआ। ज्यों-ज्यों मुगल-साम्राज्य के ओर-छोरों में हिन्दू-राज्य स्थापित होते गए, त्यों-त्यों उन राज्यों के केन्द्र-स्थानों में भाषा-संगीतकों को वहीं के वातावरण के अनुकूल विशेषताओं को गहरा करने का अवसर मिला। सुदूर दक्षिण में तंजोर और मैसूर के राज्य, पश्चिम में मराठा-राज्य, राजस्थान और बुन्देलखंड में छोटी-छोटी रियासतें इन आंचलिक और परम्पराशील नाट्य-शैलियों के केन्द्र बन गए। कुछ मुस्लिम-राज्य भी जो मुगल-सल्तनत के दायरे के बाहर थे, भाषा-नाट्य को प्रोत्साहन देने लगे; यथा गुजरात, मालवा और कश्मीर। यों क्षेत्रीय रंगतों के अतिरिक्त इस युग के भाषा-रंगमंच में मुसलमानी वेशभूषा तथा राजदरबार की तहजीब, परिहास इत्यादि का समावेश भी होने लगा, जिनका प्रभाव आजकल भी इन शैलियों पर दीख पड़ता है। इस युग की तीसरी विशेषता थी ध्रुव और पद की शास्त्रीय गान-शैली के साथ-साथ लोकधुनों का भाषा-संगीतकों में प्रवेश, जिनके कारण न केवल इनकी गतिशीलता बढ़ गई, वरन् जनसाधारण से लगाव भी। चौथी विशेषता थी इस युग के परम्पराशील नाट्य की

विषयवस्तु में वीरगाथाओं एवं प्रेमकथाओं का आरोपण, जिनमें से कुछ तो ऐतिहासिक व्यक्तियों के विषय में थीं और अधिकतर लोकमानस की उपज थीं।

दक्षिण में विजयनगर-साम्राज्य के ध्वंस (सन् 1565 ई.) के बाद जो छोटे राज्य स्थापित हुए, उनमें तंजोर के नायक-वंश ने परम्पराशील रंगमंच को विशेष बढ़ावा दिया, और यक्षगान और वीथिनाटकम् उनके संरक्षण में ही एक ऐसे प्रदर्शन के रूप में पल्लवित हुए, जो उच्च और साधारण दोनों ही वर्गों के लिए प्रिय और रोचक बन सका (दे. द फोक थिएटर ऑव आन्ध्रप्रदेश : श्री एस.वी. जोगाराव का अंग्रेजी लेख, 'नाट्य', वर्ष 6, संख्या 4, 1962 ई.)। 16वीं शताब्दी के अन्त में अच्युतप्पा नायक नामक तंजोर नरेश ने तमिलनाडु के मेलात्तूर नामक गाँव में 501 भागवतुलु ब्राह्मण-परिवारों को आन्ध्र के कुचिपुडि-क्षेत्र से ला बसाया और उन्हें भागवत-पद्धति के भाषा-संगीतक प्रस्तुत करने के लिए प्रेरित किया। मेलात्तूर ग्राम के ये नाटक ही बाद में वीथिनाटकम् अथवा तेरुकूथु एवं भागवतमेल के नाम से विख्यात हुए। साथ ही, नायक-वंश ने पौराणिक नाटक ही नहीं, जीवनवृत्त-नाटकों एवं अन्य विधाओं का विकास किया। नायक-वंश के विजयराघव नायक (सन् 1633 से 1673 ई. तक) नामक नरेश ने अपने पिता रघुनाथ नायक की दिनचर्या को आधार मानकर **रघुनाथअभ्युदयम्** नामक नाटक लिखा। उसकी रानी रंगजम्मा ने स्वयं अपने पति को लक्ष्य कर **मन्नारदासविलासम्** नामक नाटक लिखा, जिसके रंगमंच पर प्रदर्शन में आंगिक अभिनय पर विशेष ध्यान दिया गया। रंगजम्मा के नाटक में पाँच भाषाओं का प्रयोग हुआ है, नाना प्रकार के पात्रों का समावेश है और नृत्य एवं नृत्त के अतिरिक्त रसाभिनय पर विशेष जोर दिया गया है। विजयराघव नायक के दरबार में ही क्षेत्रय्या नामक प्रतिभाशाली कवि और नाट्याचार्य ने कथावस्तु में पदों को शामिल करके सात्विक अभिनय के लिए गुंजाइश कर दी। उन्होंने 4000 के लगभग पदों की रचना की। उनसे पूर्व नृत्त के प्रकार तो थे, किन्तु 'पदम' की पद्धति नहीं थी (दे. **कुचिपुडि भागवतम्** पर संगीत-नाटक-अकादमी के सन् 1956 ई. के सेमिनार के लिए अंग्रेजी-लेख)। पुरुषोत्तम दीक्षित ने **तंजपुरन्नदाना महानाटक** में विजयराघव के दरबार के एक ब्राह्मण के एक नर्तकी के प्रति हास्यास्पद अनुराग का खाका खींचा। विजयराघव के दरबार के नाटकों की एक विशेषता यह भी थी कि यद्यपि वे तेलुगु-भाषा में यक्षगान की शैली में निबद्ध थे, तथापि उनमें से कुछ में स्थानीय तमिल-क्षेत्र की लोकप्रिय विधा 'कुरुवंजी' के पात्रों का समावेश किया गया (दे. द फोक थिएटर ऑव आन्ध्रप्रदेश : लेखक एस.वी. जोगाराव : 'नाट्य', वर्ष 6, संख्या 4, 1962 ई.)। निस्सन्देह, विजयराघव नायक का भाषा-संगीतकों के इतिहास में उतना ही महत्त्वपूर्ण स्थान है, जितना कुलशेखरवर्मन् और हरसिंहदेव का।

इधर आन्ध्र-क्षेत्र में गोलकुंडा के नवाब अबुल हसन तनाशा (सन् 1672 से 1685 ई.) ने कुचिपुडि ग्राम के सन्त सिद्धेश्वर योगी को अपने अग्रहारम् में ही भागवत-नाटकों के अभिनय की उन्नति के लिए एक सनद प्रदान की। नवाब के दो मन्त्री अक्कन्ना और मदन्ना अपनी एक नाटक-मंडली भी रखे हुए थे। योगी सिद्धेन्द्र

ने ही कुचिपुडि में सत्यभामा के वृत्त को लेकर 'भामाकलापम्' और एक ग्वालिन के वृत्त के आधार पर 'गोल्लकलापम्' नामक कथाओं को संगीतकों में प्रस्तुत किया। इन 'कलापों' में एक ओर शृंगार और अध्यात्म का चरमोत्कर्ष है, दूसरी ओर लोक-प्रचलित विदूषक पात्र-पात्रियों का भी प्रवेश है, यथा 'भामाकलापम्' में माधवी और 'गोल्लकलापम्' से सुंकरी कोंडय्या।

सारे दक्षिण में उन दिनों मिश्रित शैलियों में नाटकीय प्रयोग राजा-महाराजाओं की दिलचस्पी के कारण हो रहे थे। मैसूर-नरेश कंठीरव नरसराज (सन् 1704 से 1713 ई.) ने चार भाषाओं (तेलुगु, कन्नड़, तमिल और प्राकृत) में एक कुरुवंशी की रचना की। शिवजी की मृत्यु के बाद तंजोर में शाहजी (सन् 1684 से 1712 ई.) और उनके बाद अनेक मराठा राजाओं ने (जिनमें सर्फोजी द्वितीय, सन् 1798 से 1832 ई., का नाम विशेष उल्लेखनीय है) तेलुगु, तमिल, मराठी, कन्नड़, हिन्दी--इन सभी भाषाओं में संगीतकों की रचना करवाई। तंजोर में पांडुलिपियों के सरस्वती महल-संग्रहालय में मुझे दो ऐसे संगीतकों की पांडुलिपियाँ देखने को मिलीं, जिनकी भाषा ब्रज है। लिपि तेलुगु और संगीत कर्णाटकी। इनमें से एक **वंशीधरविलासनाटकम्** की विषयवस्तु रूपगोस्वामी के **विदग्धमाधव** नाटक (और **गोविन्दहुलास नाटक**) से मिलती-जुलती है। सर्फोजी ने तंजोर में एक ऐसी नाट्यशाला बनवाई, जिसका ध्वनि-विधान (एकूस्टिक) आधुनिक इंजीनियरों के लिए भी चुनौती है।

वस्तुतः, मराठा राजा और सरदार उत्तर और दक्षिण की आंचलिक नाट्य-विधाओं को एक-दूसरे के निकट लाने के साधन बने; क्योंकि 18वीं सदी में मराठा-राज्य दिल्ली से तंजोर तक, बड़ौदा से उड़ीसा तक फैलता रहा था। महाराष्ट्र में 'तमाशा' रंगमंच का विकास उत्तर और दक्षिण के इसी मेल का परिणाम था। कर्णाटक की 'दौडाट्टा' और 'सन्नाटा' पद्धतियाँ भी इसी युग में विकासशील हुईं और सन्नाटा के संगीत में हिन्दुस्तानी संगीत की राग-रागनियों (भैरवी मुलतानी) का समावेश (दे. द कर्णाटक थिएटर : डॉ. एच.के. रंगनाथ) मराठा-शासकों के कारण ही हुआ।

लेकिन, मराठों के प्रभाव के बावजूद परम्पराशील नाट्य के इस युग में मुख्यतः आंचलिक विशेषताओं का निखार हुआ। मैसूर के चिक्कदेवराज के दरबारी कवि नरसिंहार्य ने सन् 1680 ई. में आधुनिक कन्नड के प्रथम नाटक **मित्रवृन्दगोविन्द** की रचना की। सन् 1690 ई. में आधुनिक मराठी का प्रथम नाटक **श्रीलक्ष्मीनारायणकल्याणम्** लिखा गया। केरल में कालीकट और कोचीन के नरेशों की आपसी स्पर्द्धा के फलस्वरूप 'कथकली' और 'कृष्णाट्टम' का विकास हुआ। यद्यपि ये दोनों पद्धतियाँ नाट्य के वर्ग में न आकर नृत्य की अभिनयात्मक अभिव्यक्ति मानी जाएँगी, तथापि कुलशेखरवर्मन द्वारा प्रवर्तित कूटियाट्टम्-नाट्य का जो रूपान्तर 17वीं-18वीं शताब्दियों में हुआ, कथकली और कृष्णाट्टम् उसका ही परिणाम थीं। मालाबार के तट पर पुर्तगाल से आए हुए ईसाइयों ने भी इसी युग में 'चविट्टु नाटकम्' नामक शैली में ईसाई-मत की वीरगाथाओं को प्रस्तुत किया।

उत्तर में राजस्थान की रियासतों को 18वीं सदी में मुगल-साम्राज्य के ह्रास के कारण सांस्कृतिक उत्कर्ष के लिए फुरसत मिली। चित्तौर और घोसुंडा में 'तुर्राकिलिंगी' नामक पद्यसंवाद-शैली उत्पन्न हुई और बाद में राजस्थानी 'माँच' शैली का नाट्य तुर्राकिलिंगी के प्रभाव से ही चित्तौर में विकसित हुआ। 18वीं सदी के प्रारम्भ में ही राजस्थानी 'ख्याल' का उदय हुआ (दे. श्रीदेवीलाल सामर का लेख 'द ट्रेडिशनल थिएटर ऑव राजस्थान', 'नाट्य' 1962, संगीत-नाटक-अकादेमी) और मेरा अनुमान है कि जिस किशनगढ़-रियासत में 18वीं सदी में चित्रकला की अभूतपूर्व अभिव्यक्ति हुई, वहीं के नरेशों ने ख्याल-मंडलियों को विशेष प्रोत्साहन दिया। 'ख्याल' की दो शैलियाँ प्रधान मानी जाती हैं—कूचामन की शैली और शेखावट की शैली। बीकानेर और जैसलमेर में 'रम्मत'-पद्धति के ख्यालों में अभिनय और नाटकीय परिस्थितियों पर विशेष ध्यान दिया गया।

राजस्थान के ख्यालों में वीरगाथाओं और प्रेमकथाओं की प्रधानता और उनके संगीत में राजस्थानी लोकगीतों की धुनों और तालों का समावेश—ये दो विशेषताएँ उन्हें भक्ति-प्रधान-नाट्य शैलियों से पृथक सत्ता प्रदान करती हैं। यही बात मालवा के माँच और पंजाब एवं हरियाणा के स्वाँग और सांगीत पर लागू होती है, जिनका विकास इसी युग में हुआ। हरियाणा और पंजाब के प्रारम्भिक स्वाँगों पर अनेक प्राचीन वीरगाथाओं का प्रभाव दीख पड़ता है। कैप्टन टेम्पिल ने गुरु गुग्गा, सीला दाई, राजा गोपीचन्द और राजा नल स्वाँगों का विवरण दिया है। (दे. द लेजेंड ऑव द पंजाब : कैप्टन टेम्पिल, बम्बई 1884 ई.) लेकिन, वीरगाथाओं में सबसे अधिक प्रसिद्ध गाथा थी राजा रसालू की। स्वाँगों का प्रदर्शन ब्राह्मण नटों द्वारा किया जाता था और उनमें पौराणिक प्रसंगों एवं स्थानीय शौर्यकथाओं का सम्मिश्रण होता था।

कश्मीर की घाटी में भी इसी युग में या इससे कुछ पूर्व परम्पराशील नाट्य का विकास कुछ दूसरी परिस्थिति में हुआ। यों तो 14वीं शताब्दी ही में उदारहृदय और रसमर्मज्ञ मुसलमान राजा जैनुल आब्दीन ने अपने दरबार में संगीतज्ञों और नटों को विशेष प्रोत्साहन दिया, किन्तु कश्मीर की विशेष नाट्य-विधा 'भाँड़-पथ्र' का विकास परवर्ती राजाओं अलीशाह और हसनशाह की राज्यावधि के बाद हुआ जान पड़ता है। अलीशाह और हसनशाह ने कर्नाटक से कुछ गायकों को अपने दरबार में बुलाया और इसके फलस्वरूप अनेक कर्नाटक राग-रागनियाँ कश्मीर की 'मुकाम'-पद्धति में सम्मिलित कर दी गईं। परम्पराशील नाट्य के ऐतिहासिक विवेचन में बार-बार दक्षिण द्वारा उत्तर को प्रदत्त इस प्रकार के सांस्कृतिक नेतृत्व के सबूत मिलते हैं। इसके कुछ समय बाद सदफ भाँड़ नामक कलाकार बाहर से कश्मीर आया और उसने ही 'भाँड़-जश्न' नामक नाट्य-शैली को जारी किया (दे. 'भाँड़ पथ्र' पर श्री के.के. बारू का अंग्रेजी-लेख, 'नाट्य', संगीत-नाटक-अकादेमी, 1962 ई.)।

यद्यपि असम में महापुरुष शंकरदेव द्वारा स्थापित सत्रों में अंकिया नाटों की परम्परा अपने मूल रूप में ही बराबर चलती रही, तथापि **कालियदमनयात्रा** एवं **पारिजातहरण** नाटक का प्रभाव बंगाल और पूर्वी बिहार पर अत्यन्त व्यापक रूप से पड़ा। 18वीं शतब्दी

के अन्त तक बंगाल में 'जात्रा' परम्पराशील नाट्य की प्रमुख विधा के रूप में स्वीकृत हो गई और उसमें पौराणिक धर्मप्रधान कथानकों के अतिरिक्त, लोकप्रचलित प्रेमकथाओं का भी समावेश होने लगा। मिथिला के विद्यापति के संरक्षक ओइनवारवंशीय राजाओं के उपरान्त दरभंगा के महेश ठाकुर ने राजवंश के कीर्त्तनियाँ नाटकों की परम्परा जारी रखी। यद्यपि कथावस्तु पर पौराणिक वातावरण का प्रभाव था, तथापि मिथिला का कीर्त्तनियाँ रंगमंच 17वीं-18वीं शताब्दियों में संस्कृत-नाट्यपद्धति की ओर अधिक उन्मुख रहा।

ब्रज की रासलीला इस युग में लोक-संस्कृति के अधिक निकट आई। इसका प्रधान श्रेय चन्दसखी नामक कवि को है, जिनका जन्म सन् 1643 ई. के आसपास माना जाता है। इन्होंने अपनी **चन्द्रावली-लीला** में श्रीकृष्ण की चन्द्रावली नामक गूजरी को छलने के लिए की गई छद्मलीला का कथानक लिया। लोकजीवन से उन्होंने पात्र और कथानक ही नहीं लिए, वरन् लोकधुनों को भी लीला-संगीत में शामिल किया। यह एक साहसपूर्ण प्रयोग था, जिसने परवर्ती लीला-साहित्य पर व्यापक प्रभाव डाला, यद्यपि यह भी मानना होगा कि लोकधुनों के प्रवेश के फलस्वरूप रासलीला का स्वरूप उतना अक्षुण्ण न रह सका, जितना असम के अंकिया नाट का रहा है। चन्दसखी के बाद रासलीला के उत्थान के इस युग में सर्वाधिक महत्त्वपूर्ण नाम चाचा हितवृन्दावनदास का है, जिन्होंने सम्प्रदाय से निकट सम्पर्क रखते हुए भी रासलीला को पूर्णतः ब्रज के जनजीवन का दर्पण बना दिया। उन्होंने लगभग 27 छद्मलीलाओं की रचना की, और इसके अतिरिक्त साधारण ब्रज-परिवारों में होनेवाली रीतियों एवं उत्सवों को भी लीला-साहित्य का आधार बनाया। **गौनेवारीलीला, दुलरीलीला, बनजारौंलीला** इत्यादि ने रासलीला की परम्परा ही बदल दी, उसमें एक तरह की स्फूर्ति, लचक और आत्मीयता का समावेश हो गया, जो रासलीला के मात्र धर्मप्रधान और साम्प्रदायिक स्वरूप में सम्भव न थी। चाचा हितवृन्दावनदास ने कथोपकथन और गद्यांश को रासलीला में महत्त्वपूर्ण स्थान देकर उसके नाटकीय तत्त्व की अभिवृद्धि की। वर्तमान रासलीला का रूप वस्तुतः चाचा हितवृन्दावनदास द्वारा ही स्थिर किया गया था।

वर्तमान युग में परम्पराशील नाट्य (सन् 1800 ई. के बाद)

उन्नीसवीं सदी के आंचलिक नाट्य और रंगमंच में कोई आमूल परविर्तन नहीं हुआ। यह कहा जा सकता है कि आजकल जो परम्पराशील नाट्य-शैलियाँ पाई जाती हैं, उनकी रूपरेखा अट्ठारहवीं सदी और उससे पहले ही निर्धारित हो गई थी। किन्तु, उन्नीसवीं सदी में एक लम्बे अरसे के लिए देश में शान्ति होने के कारण इन कलाकारों को प्रदर्शन के लिए अनेक अवसर मिलते रहे। छोटे-मोटे राज्यों में उनके संरक्षण और निर्वाह का आयोजन भी हो गया। जमींदारी-प्रथा के फलस्वरूप बंगाल और अन्य पूर्वी सूबों में एक ऐसा अभिजात-वर्ग पैदा हो गया, जो नृत्य-संगीत-कलाओं में दिलचस्पी ले सकता था।

किन्तु, साथ-साथ पाश्चात्य संस्कृति के प्रभाव से उन्नीसवीं सदी के मध्य में क्षेत्रीय भाषाओं में नई नाट्यशैली के प्रयोग सामने आने लगे। उससे पूर्व बंगाल में जात्रा-रंगमंच में प्रदर्शन के कुछ पाश्चात्य तरीके अपनाए जाने लगे। लखनऊ में इन्दरसभा का प्रयोग साँग रासलीला पर पाश्चात्य ओपेरा-शैली के आरोपण द्वारा किया गया। बम्बई और कलकत्ता में पारसी थियेटर का सूत्रपात हुआ। किन्तु, इस सभी प्रयोगों की जड़ें परम्परागत नाट्य-शैली से अलग हटी हुई नहीं थी। आज जो पार्थक्य हम आधुनिक नागरिक रंगमंच और परम्पराशील आंचलिक रंगमंच के बीच देखते हैं, वह तब तक उत्पन्न नहीं हुआ था।

उन्नीसवीं सदी में और बीसवीं सदी के प्रारम्भिक दो दशकों में परम्पराशील रंगमंच समर्थ और व्यापक रहा और उसमें नई-नई रचनाएँ भी होती रहीं। साँग, नौटंकी, जात्रा, माँच, भागवतमेल, दौडाट्टा—ये सभी जनमानस के बीच एक तत्पर सांस्कृतिक प्रवृत्ति के रूप में विहरते रहे। इस युग में परम्पराशील नाट्य परिवर्तनशील सामाजिक चेतना से प्रभावित होता रहा है, यद्यपि यह प्रभाव प्रायः अपरोक्ष रूप में ही पड़ा है। उदाहरणतः, रासलीला में महात्मा प्रेमानन्द ने प्रवचन गूँथने की प्रणाली चलाई, जो आर्यसमाज के उपदेशों की भाँति दर्शक समाज को सीधे सम्बोधित करते हुए भी ब्रज के माधुर्य और शब्दावली से सम्पृक्त हैं। श्रीकृष्ण की लीलाओं के अतिरिक्त चैतन्य महाप्रभु के जीवनचरित पर आधारित रासलीलाओं का प्रदर्शन भी एक नवीनता ही है। जमींदारों और सत्ताधारियों के अत्याचार से प्रपीड़ित जनता की भावनाओं को राजस्थान के ख्याल, मालवा के माँच और गुजरात की भवई में मार्मिक कथा-प्रसंगों द्वारा प्रतिबिम्बित किया जाने लगा। सामाजिक कुरीतियों (यथा, वृद्ध-विवाह) पर भी प्रखर आघात हिमाचल की 'करियाला' और बिहार की 'बिदेसिया' इत्यादि नाट्य-विधाओं में होने लगा। जातिगत भेदभाव का विरोध अक्सर परम्पराशील नाट्य में हुआ है और तमाशा एवं भवई के विकास में इस भेदभाव के विरुद्ध विद्रोह की भावना का विशेष हाथ रहा। ख्याल, माँच और नौटंकी के कई हीरो तथाकथित निम्न जातियों से ही लिए गए। परम्पराशील नाट्य का इस युग के नागरिक साहित्य से सम्बन्ध टूट ही-सा गया।

बीसवीं सदी में पाश्चात्य शिक्षा के प्रभाव तथा सुधारवादी आन्दोलनों के फलस्वरूप जिस निम्न मध्यवर्ग के हाथ में सामाजिक चेतना का नेतृत्व आया, उस वर्ग ने परम्पराशील रंगमंच और कला की उपेक्षा की। उसका साहित्य भी एक ओर तो पाश्चात्य धरोहर से सम्बद्ध था और दूसरी ओर उसका नैतिक दृष्टिकोण उल्लास और रसानुभूति के प्रतिकूल पड़ता था। निम्न मध्यवर्ग की इन प्रवृत्तियों को देश के स्वातन्त्र्य आन्दोलन ने और तीव्र कर दिया। परिणाम यह हुआ कि जिस मध्ययुगीन वातावरण में परम्पराशील आंचलिक नाट्य-शैलियाँ विकसित हुई थीं, उनके प्रति इस निम्न वर्ग का कोई अनुराग नहीं था। एक नई नागरिक संस्कृति ने जन्म लिया और उसके साथ ही परम्परा और ग्राम्य संस्कृति से परिवेष्टित इस रंगमंच को भी गौण स्थान मिलने लगा। अब यह परिस्थिति आ गई है कि परम्पराशील रंगमंच और नाट्य के समीचीन मूल्यांकन के लिए

हमें पाश्चात्य विद्वानों द्वारा लोक-संस्कृति की प्रतिष्ठा की दुहाई देनी पड़ती है।

परम्पराशील नाट्य और रंगमंच की ऐतिहासिक पृष्ठभूमि में हमें इसके वर्तमान रूप का आधार ज्ञात हो जाता है। स्पष्ट है कि इस नाट्य और रंगमंच में दो हजार वर्षों की नाट्य-परम्परा के खंडित अंश यत्र-तत्र बिखरे पड़े हैं। एक ओर तो भरत द्वारा निर्देशित पूर्वरंग के तत्त्व, दूसरी ओर जयदेव द्वारा प्रचलित संलाप और सूत्रधार की शैली, एक ओर भागवतधर्म के अवतारी पुरुषों की कथाएँ और दूसरी ओर मुगल-दरबार के परिहास और विनोद, एक ओर हस्तमुक्तावली में दी गई मुद्राओं का चमत्कार, दूसरी ओर सत्रहवीं शताब्दी की वेश-भूषा। मार्के की बात यह है कि इन विभिन्न तत्त्वों से मिश्रित शैलियाँ अपने निजत्व का अब तक निर्वाह कर सकीं और उनमें से कुछ ने अपनी परम्परा अक्षुण्ण रखी।

2. सामान्य विशेषताएँ

कथावस्तु और सामाजिक उद्देश्य

तीन प्रकार की कथावस्तु परम्पराशील नाट्यों या भाषा-संगीतकों में मिलती है। एक तो सारे देश के प्रेक्षकों की पौराणिक कथाओं और पात्रों में विशेष अभिरुचि इन नाटकों में प्रतिबिम्बित होती रही है; दूसरे, सामाजिक और आर्थिक परिस्थितियों की प्रतिक्रिया-स्वरूप यथार्थ जीवन को प्रदर्शित करनेवाली कथाएँ भी प्रायः प्रारम्भिक रूप में कुछ नाटकों का आधार रहीं हैं। तीसरे, प्रेम और शौर्य की कथाएँ, जिनका निरन्तर प्रवाह जनजीवन को सिंचित करता रहा है, कुछ नाट्य-शैलियों में विशेषतः पाई जाती हैं।

प्रेमाख्यान और शौर्य-कथाएँ

प्रेमाख्यान तथा शौर्य की कथाएँ, जिनका 'कथासरित्सागर' में एक विशाल और मनोरंजक संग्रह है, वैदिक काल से ही भारतीय जीवन में प्रचलित रही हैं। धार्मिक आन्दोलन आए और चले गए। आक्रमणकारियों और शासकों का भी आना-जाना बना रहा, किन्तु ये कथाएँ बराबर लोकप्रिय रहीं, यद्यपि इनके नायक-नायिकाओं के नाम और पृष्ठभूमि बदलती रहीं। उत्तर भारत में भागवतधर्म के प्रचार के बाद पश्चिमी देशों में विशेषतः मालवा और राजस्थान में कुछ प्रेमाख्यानों को सूफी और वैरागी विचारों को व्यक्त करने के लिए साधन बनाया गया।

प्रेमाख्यानों की उत्कृष्ट परम्परा दिल्ली और आगरा के आसपास 'साँग' और 'सांगीत' में विशेषतः विकसित हुई। पंजाब में शालिवाहन राजा रसालू की कथा का साँग, प्राचीन युग में सियालकोट के आसपास विभिन्न जातियों के संघर्ष की कथा को एक प्रेमाख्यान के रूप में चालू किए हुए था। नौटंकी, जो अब साँग का ही एक पर्याय मानी जाती है, वस्तुतः कथा-विशेष की नायिका का नाम है। नौटंकी मुलतान की शाहजादी थी, जिसके सौन्दर्य की ख्याति दूर-दूर तक फैली हुई थी। पास ही एक रियासत में भूपसिंह और फूलसिंह दो भाई थे। फूलसिंह बिनब्याहा था, सुन्दर और स्वस्थ नौजवान। भोजन के विषय में भाभी से लड़ाई हुई। भाभी ने ताना दिया कि ऐसी शान है, तो नौटंकी से शादी क्यों नहीं कर लेते ! फूलसिंह घोड़े पर सवार होकर मुलतान चल दिया, यद्यपि नौटंकी का पिता मुलतान का बादशाह अपनी क्रूरता के लिए कुख्यात था। शहर के बाहर बगीचे में दोनों ठहरे। मालिन नौटंकी के लिए माला बना रही थी।

फूलसिंह बड़ा दक्ष मालाकार था और उसने झट से बड़ी सुन्दर माला बना दी, जिस पर नौटंकी मोहित हो गई। मालिन ने कहा कि उसके भतीजे ने गुजरात की एक लड़की से शादी की है और उसी ने माला बनाई है। शाहजादी ने हुक्म दिया कि लड़की उसके पास लाई जाए। फूलसिंह स्त्री-वेश में नौटंकी के पास पहुँच जाता है। वह उससे भी भैनाचारी करना चाहती है और रात में साथ सोने के लिए आग्रह करती है। फूलसिंह उससे पूछता है कि वह शादी क्यों नहीं कर लेती। वह कहती है कि मेरे योग्य कोई पुरुष ही नहीं। यदि तुम पुरुष होती, तो हमलोगों का जोड़ा अच्छा रहता। फूलसिंह उससे कहता है कि अपने इष्ट देवता का स्मरण करो, ताकि दोनों में कोई एक पुरुष बन जाए। नौटंकी वैसा ही करती है और तब फूलसिंह अपने पुरुष-वेश में प्रकट हो जाता है। दूसरे दिन एक दासी बादशाह को सूचना दे देती है। फूलसिंह पकड़ा जाता है और उसको फाँसी की सजा होती है। नौटंकी एक हाथ में तलवार और दूसरे हाथ में ज़हर का प्याला लिए हुए फाँसी के स्थल पर पहुँचती है और फूलसिंह को छुड़ा लेती है। उसकी वीरता पर मुग्ध होकर बादशाह दोनों की शादी कर देता है।

नौटंकी की कथावसतु में रोमांच और प्रेम के तत्त्व इस तरह से मिश्रित थे कि यह साँग हिन्दी-प्रदेशों में तुरन्त लोकप्रिय हो गया। उसी ढंग की परिस्थितियों पर और भी साँग रचे गए—जैसे हाथरस के नत्थाराम द्वारा रचित **स्याहपोश**। इसमें सीरिया के वजीर की पुत्री जमाल और हैरात के गबरू सैयद की प्रेमकथा है। इस नाटक में प्रेम के अतिरिक्त दोस्ती के आदर्श को भी बहुत ऊँचा उठाया गया है। नत्थाराम ने हाथरस में और दीपचन्द एवं लक्ष्मीचन्द ने हरियाणा में प्रेमाख्यानों पर आधारित कई नाटक लिखे, जिनमें **पद्मा, खुदादोस्त, सारन्दे, चन्द्रकिरण** और **कुँवर निहालदे** विशेष उल्लेखनीय हैं। इनमें से अनेक में मालिन, विश्वासी मित्र, जल्लाद इत्यादि पात्र हम पाते हैं और कुछ करिश्मों का भी उल्लेख होता है। पिछले दिनों राजकुमारों और शाहजादियों से हटकर प्रेमकथा मध्यवर्ग के युवक-युवतियों पर केन्द्रित हो गई है। **रँगीली रेश्मा** रूपनगर गाँव के जमींदार के पुत्र रणवीर और कुंडनपुर गाँव की रेश्मा नामक लड़की के दुखान्त प्रेम पर आधारित साँग है। **लीलोचमन** में भारत-विभाजन के फलस्वरूप त्रस्त हिन्दू और मुसलमान प्रेमियों की दुखान्त कथा है।

राजस्थान के ख्याल और मालवा के माँच के प्रेमाख्यानों में कुछ ऐसे गीत-तत्त्व हैं और साथ ही नीतिपरकता भी, जो साँग और नौटंकी की कथाओं में नहीं हैं। वीरों के देश राजस्थान के भाटों और कवियों ने वीरता, आत्मबलिदान और उच्च मनोवृत्ति की कथा को जीवित रखा है। किन्तु विशेषता यह है कि राजस्थान के 'ख्याल' नाट्यों में उन इतिहास-प्रसिद्ध राजपूत राजाओं की कथाएँ कम हैं, जिनका गुणगान राजदरबार के भाटों ने किया है। ऐसा जान पड़ता है कि सामान्य दर्शकों ने उन वीरों की कथाओं में अधिक अभिरुचि दिखाई, जो निर्धन और दलित जातियों की सेवा के कारण विख्यात हो गए। तेजाजी ऐसे ही एक वीर थे। बचपन में शादी हो गई, लेकिन समधियों में वैमनस्य के कारण उसने अपनी वधू को कभी देखा ही नहीं और न उसे मालूम था कि

उसकी शादी हो चुकी है। भाभी से कहा-सुनी के बाद यह रहस्य जाहिर होता है और तेजाजी चल देते हैं अपने पत्नी को लाने। रास्ते में एक साँप को वनाग्नि से बचाता है, किन्तु साँप उसको काटना चाहता है; क्योंकि उसने उसे मर जाने नहीं दिया। तेजाजी, यह वायदा करके कि पत्नी से मिलने के बाद वह लौटेगा, चल देता है। अनेक विघ्नों के उपरान्त पत्नी से मिलन की घड़ी आ जाती है, किन्तु तभी खबर आती है कि गरीब ग्वालों की गायों को कुछ गूजर जबरदस्ती उठा ले गए हैं। तेजाजी दस्युओं से युद्ध करके गउओं को बचा लेता है, लेकिन क्षत-विक्षत हो जाता है। मरणावस्था में उसे याद आती है सर्प को दिए गए वचन की। सर्प कहता है कि कहाँ काटूँ, तुम्हारे तो सारे बदन में घाव भरे हुए हैं। तेजाजी अपनी जीभ प्रस्तुत कर देता है। साँप उसको मरते समय वर देता है कि उसकी कीर्ति सारे देश-भर में गाई जाएगी।

तेजाजी की कथा राजस्थान और मालवा में ख्याल और माँच के दलों द्वारा बराबर प्रस्तुत की जाती है। आत्मोत्सर्ग का जैसा आदर्श इस कथा में है, उससे मिलता-जुलता स्त्री के सतीत्व का आदर्श गुजरात के भवई के **जस्माओदन** नामक नाट्य में भी है। मालवा के माँच **राजा भरथरी** की कथा में सांसारिक प्रेम की निष्फलता और गुरु के प्रति श्रद्धा का पाठ वर्णित है।

प्रेमाख्यान की कथावस्तु में हमें चार विशेषताएँ दृष्टिगत होती हैं। प्रथम तो इनमें से अधिकतर नाटक दुखान्त हैं। वर्तमान फिल्मों के समर्थक प्रायः कहा करते हैं कि जन-साधारण को सुखान्त मनोरंजन चाहिए। वस्तुतः, ग्रामीण समाज में प्रचलित कथाएँ प्रायः वेदनासम्पृक्त होती हैं। किन्तु, यह वेदना निरर्थकता को घोषित नहीं करती। इसमें एक तरह की चिरन्तन गति है, हर आँसू में एक तरह की उपलब्धि है, हर व्यथा में पावक का गुण है। दूसरे, इन कथाओं में प्रेम उच्चादर्शों से प्रेरित होते हुए भी इन्द्रियासक्ति से दूर नहीं भटकता। गीतों एवं संवाद में वासना का उत्तेजन करनेवाले प्रसंग स्वच्छन्दता से दिए जाते हैं। तीसरे, उपदेशात्मक प्रसंग इन कथाओं में इतनी सहजता से समाविष्ट हैं कि जान पड़ता है कि दर्शक उपदेश की उपेक्षा करते हों। **स्याहपोश** नामक साँग में गबरू फाँसी की रस्सी के नीचे खड़ा होकर अपनी पत्नी को विधवा होने के बाद पावन जीवन व्यतीत करने की शिक्षा देता है। स्पष्ट है कि इन अवतरणों को बड़े-बूढ़े उसी भाँति दोहराते होंगे, जिस तरह युवक वासनाजन्य गीतों को। चौथी बात यह है कि इन कथाओं में आत्मोत्सर्ग और आदर्शप्रियता शृंगारिकता के समतुल्य ही दर्शकों को प्रभावित करती है। दोस्ती निबाहना, त्रस्त जनता की सहायता करना, दिए गए वचन का पालन करना—ये ऐसे बुनियादी सिद्धान्त हैं, जिनके आधार पर जन-जीवन की आस्था खड़ी है और जो ग्रामीण वातावरण के स्वार्थ और काहिली के बावजूद, सार्थक हैं।

पौराणिक प्रसंग और भागवत धर्म

प्रेमाख्यान आंचलिक नाट्य के उतने व्यापक रूप से कथानकों के उद्‌गम नहीं हैं, जितने

पौराणिक प्रसंग। वस्तुतः, आंचलिक नाट्य का कलेवर सबसे अधिक मात्रा में पुराणों और कथाओं से पोषित है। संस्कृत-नाटकों ने भी पात्र और कथाबीज पुराणों और रामायण-महाभारत से ग्रहण किए, जैसे यूनान और रोम के नाटकों ने उन देशों के प्राचीन आख्यानों से; किन्तु पुरावृत्तों से विचार या दृष्टिकोण नहीं लिए गए। पूर्वमध्य युग में जब परम्पराशील आंचलिक नाट्य-शैलियाँ विकसित हुईं, तब समाज में दो प्रतिक्रियाएँ उदित हुईं। एक तो उन तथाकथित धार्मिक कृत्यों के विरुद्ध, जो शाक्तों, तान्त्रिकों और वाममार्गियों द्वारा फैलाए गए थे और दूसरे, संस्कृत के राजदरबार-सम्बन्धी नाटकों में वर्णित उच्चवर्गीय समाज के अनैतिक आचरणों के विरुद्ध। भागवत धर्म इन दोनों प्रतिक्रियाओं का मूर्त और लोकसंग्रही रूप था। जो नाट्य उस वातावरण में पला और पनपा, उसे भागवत धर्म से पात्र और कथाएँ तो मिली हीं, आदर्श, नीति और भक्ति-प्रेरणा का कलेवर भी प्राप्त हुआ। भागवत धर्म के लिए भी यह हितकर परिस्थिति थी; क्योंकि रंगशाला और नाट्य भक्ति-सन्देश के माध्यम बन गए। मुस्लिम-राज्य में धर्म का सम्वर्धन राजदरबार से हटकर रंगशाला का उत्तरदायित्व हो गया। रासलीला, रामलीला, कुचिपुडि, अंकिया नाट, जात्रा, दशावतार इत्यादि ने ही भागवत धर्म को जन-साधारण के बीच स्थिर रखा, उसका विस्तार किया। वल्लभाचार्य, चैतन्य और शंकरदेव ने बहुजन-सम्प्रेषण (मास कम्युनिकेशन) के ये ही साधन इस्तेमाल किए। बौद्धधर्म के लोकमानस से उठ जाने का कारण केवल यही नहीं था कि उसे जो राजकीय संरक्षण प्राप्त था, वह लुप्त हो गया, बल्कि यह भी कि उसे ऐसे प्रतिपक्षी, यानी भागवत धर्म से मुकाबिला करना पड़ा, जिसके पास विशाल जनता पर प्रभाव डालने के अत्यन्त रोचक, दृश्य-श्रव्य साधन (ऑडियो-विजुअल एड) मौजूद थे—नाटक, नृत्य, संगीत, कठपुतली इत्यादि। मुसलमान-शासन के बावजूद भागवत धर्म परम्पराशील रंगमंच के कारण जनमानस में 400 वर्ष से बराबर प्रतिष्ठित रहा और आज भी उसका प्रभाव बाकी है।

भागवत धर्म की कथाएँ देश के एक छोर से दूसरे छोर तक आंचलिक परम्पराशील नाट्यों में प्रचलित हैं। हिरण्यकशिपु और नृसिंह का वृतान्त आन्ध्र, तमिलनाडु, अंकिया नाट और मथुरा की नृसिंहयात्रा में दिखाया जाता है। इस कथा का नाटकीय तत्त्व हिरण्यकशिपु के मद और घमंड के विस्तार और हनन में विद्यमान है। वस्तुतः, भागवत धर्म के नाट्य में दर्प और घमंड को इसलिए इतनी अतिशयोक्ति के साथ प्रदर्शित किया जाता है कि उनकी तुलना में भगवद्भक्ति के विनय और शालीनता का प्रभाव प्रेक्षकों पर गहरा पड़े। **परशुराम-विजय, रावण-वध, रुक्मिणी-हरण** इत्यदि नाटकों में परशुराम, रावण और रुक्म का चित्रण इसीलिए बड़ी सशक्त भाषा में और उनका अभिनय बड़े ओजस्वी ढंग से किया जाता है। प्रायः सबसे अधिक अनुभवी और सिद्धहस्त अभिनेता इन भूमिकाओं में उतरते हैं।

इस प्रचंड वातावरण के अतिरिक्त भागवत नाटकों में मधुर और आत्मीय वातावरण का भी प्रत्यक्षीकरण है। **पारिजातहरण** कई शैलियों में लोकप्रिय कथावस्तु है। कृष्ण उसमें

एक सामान्य गृहस्थ के रूप में प्रतीत होते हैं, जो अपनी दो पत्नियों—रुक्मिणी और सत्यभामा के पारस्परिक विवाद को रोक नहीं पाते। विशेषतः, सत्यभामा का चरित कुचिपुडि में इतने कौशल के साथ प्रस्तुत किया जाता है कि वहाँ एक नई अभिव्यंजना-शैली प्रचलित हो गई है, जिसे **भामाकलापम्** कहा जाता है और जिसे प्रस्तुत करने के लिए अत्यन्त उच्चकोटि के अभिनय की आवश्यकता होती है।

बालकृष्ण की छवि मथुरा-वृन्दावन की रासलीलाओं और असम के झुमरा नाटों में रूपायित हुई है। दानलीला का सर्वप्रथम प्रस्तुतीकरण असम के माधवदेव के एक झुमरा में हुआ। उसके बाद ब्रज में तो लीलाओं की बाढ़ सी आ गई। जनसाधारण के बीच भगवान का मनमोहक रूप दिखाकर लीलाकार भक्त और भगवान से इतना अन्तरंग सम्बन्ध स्थापित कर देते हैं कि भक्त को भगवान का स्पर्श सहज सम्भाव्य जान पड़ता है। आदिशक्ति की स्रोत भगवती का मातृस्वरूप दुर्गा और चंडी के रूप में बंगाल के जात्रा-नाटकों में उद्भासित है। चंडीमंगल जात्रा में दुर्गा के अपने पितृगृह लौटने की कथा को ऐसे सरल और भावुक ढंग से प्रस्तुत किया जाता है, मानो बंगाल की किसी सामान्य गृहस्थी में कन्या के घर लौटने की झाँकी हो। आज भी वैष्णव-सम्प्रदाय जात्रा का अपने मत के प्रचार के लिए अत्यन्त प्रभावोत्पादक पद्धति से उपयोग करता है। आधुनिक जात्राओं में चैतन्य महाप्रभु के चरित से सम्बद्ध जात्रा अत्यन्त मनोहारिणी है।

सामाजिक प्रसंग

प्रेमाख्यानों और पुराणवृत्तों के अतिरिक्त परम्पराशील आंचलिक नाट्य, समाज की आलोचना करनेवाली प्रसंगों का भी उपयोग करते हैं। वस्तुतः, भारतीय ग्रामीण की विनोद-प्रवृत्ति, ठोस बुद्धि और तीखी प्रतिक्रियाएँ इन प्रसंगों में निखरती हैं। सम्भवतः, ऐसे आलोचनामूलक सामाजिक प्रसंगों का समावेश उस परम्परा का द्योतक है, जो संस्कृत-नाटकों के युग में भाणों और प्रहसनों में निहित है। चूँकि ग्राम का वातावरण विलम्ब से परिवर्तित होता है, इसलिए भाण और प्रहसन की भंगिमाएँ बाद में चलती रही और आज भी वे परिहास, जो नगरों में पुराने पड़ गए हैं, आंचलिक नाट्य में जारी हैं।

हिमाचल-प्रदेश का 'करियाला' नामक नाट्य इस बात का सबूत है कि ग्रामीण समाज बदलती हुई आर्थिक और सामाजिक समस्याओं से परिचित है। करियाला-नाट्य में एक से अधिक छोटे-छोटे प्रहसन होते हैं, जिन्हें स्वाँग कहा जाता है। (यह उत्तर प्रदेश, पंजाब के स्वाँग या साँग से भिन्न है।) साहूकार का स्वाँग, नम्बरदार का स्वाँग, गड़ेरिए का स्वाँग, थानेदार का स्वाँग, साहब और मेम का स्वाँग, इसमें हिमालय के सामान्य ग्रामीण की दृष्टि में सामाजिक विषमताओं के चित्र खींचे जाते हैं। साधुओं के स्वाँग में साधुओं की एक मंडली किसी गाँव में पहुँचती है और मुखिया के अनुरोध पर ग्रामवासियों को उपदेश देती है, जिसमें प्रज्ञा और दम्भ का अद्भुत मिश्रण है। एक ओर

तो वे लोग ज्ञान और ध्यान की बातें करते हैं और दूसरी ओर मुखिया से दूध, दही और ईंधन की माँग करते हैं। प्रमुख साधु अपने शिष्य से गंगाजल लाने को कहता है। गंगाजल आने पर साधुओं में इस बात पर तकरार होती है कि कौन पहले स्नान करे। यह उस विवाद की प्रतिध्वनि है, जो कुम्भ मेले में त्रिवेणी-स्नान के विषय में साधु-मंडलियों के बीच छिड़ा करता है और जिस पर अक्सर लोहू-लुहान हो जाता है। 'डायन का स्वाँग' में एक ग्रामीण एक ऐसी स्त्री को, जिसके डायन होने का सन्देह है, भाभी नाम से सम्बोधित करता है। डायन शीशे के सामने खड़ी होकर अपने को सँवार रही है। 'भाभी, क्या कर रही हो ?' 'मैं मधुमक्षी में पार्ट करने की तैयारी कर रही हूँ।' उन दिनों 'मधुमती' नाम की पुरानी फिल्म हिमाचल के गाँवों तक पहुँच गई थी और 'करियाला' के कलाकार ने मधुमती को मधुमक्षी बनाकर व्यंग्य किया है। बूढ़े से ब्याह पर स्वाँग तो कटाक्ष और तीव्र परिहास से भरपूर है।

बूढ़े के ब्याह का कथानक बिहार के 'बिदेसिया' नाटकों में भी विशेष प्रिय रहा है। जैसा बिहार में सर्वविदित है **भिखारी ठाकुर** की नाट्यशैली का नाम उनके प्रारम्भिक नाटक **बिदेसिया** के आधार पर पड़ा, जिसमें विदेश का अर्थ है कलकत्ता, जहाँ एक युवती का पति रोजगार के लिए जाता है और अन्य स्त्री के फेर में पड़ जाता है। भोजपुरी-क्षेत्र से अगणित ग्रामीण कलकत्ता में तरह-तरह की नौकरियों के लिए जाते हैं, अतः इस विरहिणी बाला की करुण वियोग-कथा मानो सामान्य अनुभूति की प्रतिध्वनि हो गई और चूँकि इसकी अभिव्यंजना सहज, सीधी और मुहावरेदार है, इसलिए थोड़े ही समय में वह स्त्री-पुरुषों के कंठ में व्याप्त हो गई। **बिदेसिया** के बाद भिखारी ठाकुर ने अनमेल विवाह को अपने नाटकों की विषय-वस्तु बनाया। सामाजिक समस्याओं पर केन्द्रित इन नाटकों में संवाद उदात्त और अश्लील इन दोनों के बीच डोलता है। अभिनेता को उपदेशात्मक मुद्रा से वासनापूर्ण मुद्रा में बदलते क्षण की देर नहीं लगती और दोनों ही रूप में प्रेक्षक मानो उसके इशारे पर नाचते हैं।

भिखारी ठाकुर की अपेक्षा महाराष्ट्र के फट्टे बापूराव, जिनका देहान्त सन् 1947 ई. में हुआ, अधिक सुसंस्कृत और पढ़े-लिखे थे। उनका व्यक्तिगत जीवन भी एक नाटक ही था; एक अछूत लड़की के प्रेम के कारण उन्होंने अपने समाज को तिलांजलि दी और महाराष्ट्र के विख्यात 'तमाशा' नामक आंचलिक नाट्य की एक मंडली के नेता बन गए। फट्टे बापूराव द्वारा विरचित तमाशा **मिट्ठारानी** में एक ऐसी राजकुमारी की कथा है, जो अपने निर्धन प्रेमी की खातिर महलों का राजसुख छोड़कर दर-दर की भिखारिन होना स्वीकार करती है। 'तमाशा' में समसामयिक समाज पर टीका-टिप्पणी के अनेक अवसर होते हैं। प्रायः परम्परागत 'तमाशा' में मूलकथा एक ऐसे नायक को चित्रित करती है, जो अपने मूढ़ मित्र के साथ पहली बार नगर में जाता है और वहाँ एक वेश्या से मुलाकात करता है। वेश्या चतुर है और दोनों के संवाद में प्रश्नोत्तर की छाप है, जो हमारे यहाँ महाभारत-काल से ही लोक-साहित्य की परम्परा रही है और जिसमें वर्तमान समाज पर छींटाकशी करने के अनेक अवसर मिल जाते हैं।

वस्तुतः, समाज की बदलती परिस्थितियों के प्रति परम्परागत नाट्य हमेशा जागरूक रहा है। सन् 1904 ई. में प्रकाशित लखनऊ के गजेटियर में लखनऊ में खेलनेवाली एक कश्मीरी मंडली का विवरण दिया गया है। यह मंडली अपने प्रहसनों में अंग्रेजी राज की कचहरियों, पुलिस के अफसरों और गोरे साहबों के कुत्सित घरेलू और सामाजिक जीवन का धड़ल्ले से खाका खींचती थी। 19वीं सदी में जॉन मैलकम ने मालवा में बालुबा नामक ब्राह्मण द्वारा प्रदर्शित एक माँच का विवरण दिया है। बालुबा के प्रहसन में न केवल गणेश, शिव तथा दशावतार को प्रस्तुत किया जाता था, अपितु जिले के नए कारिन्दे की करतूतों का भी व्यंग्य चित्र अभिनीत होता था। किस तरह से गाँव का पटेल कारिन्दे की नजर में ऊँचा उठने के लिए ग्रामवासियों की उपेक्षा करता है और स्वयं जलील हो जाता है, यह कथा ग्रामीण प्रेक्षकों में विशेष लोकप्रिय थी। मैलकम के वर्णन से यह स्पष्ट है कि आंचलिक नाट्य, समाज की निकटतम समस्याओं को अपने प्रदर्शन की विषयवस्तु बनाने से हिचकता नहीं था।

मैलकम के विवरण की ही भाँति कर्णाटक में हुबली के गुरु सिद्ध द्वारा रचित एक नाटक का वर्णन मिलता है, जिसके संवाद में अंग्रेज-सरकार ने जो नया कर लगाया था, उसकी तीखी समालोचना थी।

वर्तमान नागरिक और साहित्यिक नाटक तो एक अन्तर्द्वन्द्व से उद्वेलित है– एक ओर तो सामाजिक समस्याओं का खिंचाव और दूसरी ओर विकृत व्यक्तित्व के अचेतन मानस का आग्रह। परम्परागत आंचलिक नाट्य इस दुविधा से मुक्त है। वह बिना अंकुश के मनोरंजन कर सकता है, और उसी भाँति बिना संशय या हिचकिचाहट के उपदेश भी देता है। वह समाज में अपनी सार्थकता को भली-भाँति समझता है और जानता है कि उसकी लोकप्रियता मनोरंजन और उपदेश के सामंजस्य पर निर्भर है।

पात्राभिनय, गान, नृत्य और रस-निरूपण

भारतीय नाट्य-सिद्धान्त में अभिनय न तो अनुकरण करता है, न उत्पत्ति, उसका उद्देश्य है व्यंजना के माध्यम से रस की अनुभूति देना। व्यंजना के लिए अनुभवों, संचारी इत्यादि की आवश्यकता होती है। नट मुद्राओं, वाणी, मुखाकृति तथा वेशभूषा द्वारा पात्र-विशेष के शील का प्रत्यक्षीकरण करता है और इस तरह दर्शकों के साथ एक तरह का सम्प्रेषण स्थापित हो जाता है।

पात्र-परिपाटी

आंचलिक नाट्य में रूढ़ पात्रों के होते हुए भी विविधता इसलिए सम्भव हो सकती है; क्योंकि एक ही पात्र एक-से अधिक रसों का वाहक हो सकता है। विविधता का आधार रस है, न कि यथार्थ जीवन की अनुकृति। दूसरी बात यह है कि इन नाटकों के प्रायः मौखिक होने के कारण यह अनिवार्य हो जाता है कि पात्रों का व्यवहार वर्गविशेष के गुणों को अभिव्यक्त करे। इसी को अंग्रेजी में 'स्टाक कैरेक्टर' कहते हैं। इस तरह के पात्रों में रूढ़ियाँ केवल रूपरेखा का काम करती हैं; उस रूपरेखा के दायरे में नट अपनी मौलिक प्रतिभा द्वारा पात्र का चित्र पूरा कर सकता है। इस तरह एक ओर तो शास्त्रसम्मत रूपरेखा और दूसरी ओर व्यक्तिगत मौलिक प्रतिभा के सामंजस्य से इन नाटकों के पात्र चटकीले रंगों में उभरते हैं।

फिर भी, कुछ आंचलिक नाट्य-शैलियाँ अधिक शास्त्रसम्मत हैं। केरल के 'कुटियाट्टम्' में मुद्राएँ अक्सर अलग-अलग शब्दों के अर्थ प्रत्यक्ष करती हैं। अभिनेता प्रत्येक शब्द का स्पष्ट उच्चारण करता है और उस शब्द के उपसर्ग और प्रत्यय का मुद्राओं द्वारा प्रत्यक्षीकरण किया जाता है। **बालिवधनिका** नामक नाटक के प्रदर्शन में सुग्रीव पहले तो अपने ताल, गति और अभिनय से यह स्थापित करता है कि वह बानर है। कभी वह वृक्ष की शाखाओं को पकड़कर हिलाने की भंगिमाएँ करता है, पत्तियों को तोड़ फेंकता है, बार-बार दाँत निकालकर दिखाता है, अपने सिर और नितम्ब को खरोंचता है और तरह-तरह के शब्द करता है। तदुपरान्त, मुद्राओं द्वारा सुग्रीव के राजा होने की स्थापना की जाती है। मुख-मुद्रा को केरल में 'स्तौभ' कहते हैं, इसमें नेत्र, भ्रू, अधर और कपोल को अलग-अलग हिलाया जाता है। इस संश्लिष्ट अभिनय के लिए

चाक्यार जाति के लोग बचपन से ही प्रशिक्षण पाते हैं। इस समय केरल में लगभग 6 चाक्यार-परिवार हैं। इसी परम्परा में नाम्बियार लोग मृदंग-वादन करते हैं और उनकी स्त्रियाँ, जिन्हें नान्यार कहा जाता है, कूटियाट्टम् में स्त्रियों का अभिनय करती हैं तथा अन्य पात्रों के नृत्याभिनय के साथ सस्वर गाती भी हैं।

अन्य प्रकार के नाट्यों में भी इस तरह अभिनय का उत्तरदायित्व बाँटा जाता है। तमिलनाडु-राज्य के मेलात्तूर गाँव में वर्ष में एक बार भागवतमेल नामक जो पौराणिक नाटक प्रस्तुत किए जाते हैं, उनके विभिन्न पात्र गाँव के विशेष कुटुम्बों द्वारा ही अभिनीत हो सकते हैं। उदाहरणतः, एक ही कुटुम्ब से हर वर्ष हरिश्चन्द्र की भूमिका में उतरनेवाला व्यक्ति लिया जाता है। उस कुटुम्ब में पीढ़ी-दर-पीढ़ी पितामह, पिता और पौत्र सभी ने अपने-अपने जमाने में हरिश्चन्द्र का ही पार्ट लिया होगा। यों, वे लोग उस पात्र के विशेषज्ञ बन जाते हैं। इसी भाँति हिरण्यकशिपु, चन्द्रमती, लीलावती के भी अलग-अलग कुटुम्ब हैं। कुटुम्ब का यह धर्म है कि वह पात्र-विशेष के लिए व्यवस्था करे, नहीं तो अनिष्ट की आशंका है। अनिष्ट का भय आज दिन क्षीण होता जा रहा है। गाँव के अनेक युवक शहरों में क्लर्क इत्यादि की नौकरी करने लगे हैं और अक्सर इस वार्षिक पर्व को सम्पन्न करने में कठिनाई होने लगी है। आज से लगभग चार सौ वर्ष पूर्व इस गाँव में यह परम्परा स्थापित हुई थी, जब ये परिवार आन्ध्र से लाकर यहाँ बसाए गए थे। मद्रास-अकादमी के कुछ उत्साही कार्यकर्ता इस परम्परा को चालू रखने के लिए प्रयत्नशील हैं।

असम के सत्रों और मठों में भी अभिनेताओं से अपना उत्तरदायित्व निबाहने के लिए इस प्रकार का अंकुश अब नहीं रह गया है। 15वीं-16वीं शताब्दियों में जब महापुरुष शंकरदेव ने वैष्णव मठों की स्थापना की, तब ये मठ आर्थिक दृष्टि से लगभग स्वावलम्बी थे और हरेक मठ से सम्बद्ध परिवार अथवा ब्रह्मचारी भक्त के कुछ धर्म निर्धारित थे। उनमें से एक धर्म था अंकिया नाट में भाग लेना। मठ अब आर्थिक दृष्टि से स्वतन्त्र नहीं रह गए हैं और उनके कुछ सदस्य नगरों में नौकरी करने लग गए हैं। फिर भी, मेलात्तूर की अपेक्षा असम के सत्रों में अब भी परम्परा अधिक सजीव और सशक्त है। उसका एक कारण यह भी है कि अभिनय के निर्देशन प्राचीन पोथियों के दिए गए हैं, और मठ के मुख्य अधिकारियों, मुख्य गायकों और वाद्यकारों का अनुशासन विधिवत् जारी है।

कुछ आंचलिक नाट्य-शैलियों में रस-विशेष के उत्कर्ष के लिए नटों को विविध कलाओं में दक्षता प्राप्त करनी होती है। कर्णाटक के 'यक्षगान' में वीर-रस पर अधिक जोर दिया जाता है, नट को अक्सर भारी पोशाक पहनकर युद्ध का अभिनय करना पड़ता है, अतः उसे हृष्ट-पुष्ट होने के लिए व्यायाम करना होता है। ब्रज की रासलीला में, चूँकि कृष्ण के बालचरित अथवा किशोर-क्रीड़ाओं का प्राधान्य है, इसलिए अल्पवय के बालकों से ही अभिनय कराया जाता है। जहाँ स्वर में प्रौढ़ता आई, बालनायक समाजियों, यानी गायकों की पंक्ति में शामिल हो जाता है। बालकों से मुद्राओं और संकेतों का अभिनय

प्रायः मुश्किल होता है, अतः वाणी और संवाद के चटपटेपन पर अधिक जोर दिया जाता है।

वाचिकाभिनय

प्रेमाख्यानी नाटकों में, विशेषतः जो पौराणिक वृत्तों पर आधारित नहीं हैं, करुण रस का अभिनय विशेष महत्त्वपूर्ण है। उदाहरणतः यद्यपि नौटंकी में सांकेतिक अभिनय का अभाव है, तथापि व्यथा की अभिव्यक्ति अत्यन्त प्रभावोत्पादक ढंग से की जाती है। किन्तु, नौटंकी और साँग में नट एक प्रकार के संकेत का व्यवहार बराबर करते हैं : सम्भाषण में जब एक व्यक्ति बोलता है, तब दूसरा व्यक्ति बीच-बीच में एक उँगली उठा-उठाकर मानो बात समझने का संकेत देता जाता है। संवादों के बीच इस तरह के संकेतों की परिपाटी शायद एकरसता को दूर करने के लिए व्यवहृत होती है। साँग में एकसरता दूर करने के लिए पात्र एक विशेष क्रम से मंच पर अपना स्थान भी बदलते रहते हैं और प्रेक्षक हर तरह से प्रत्येक पात्र को देख सकते हैं।

प्रवचनात्मक अभिनय (अंग्रेजी में जिसे 'डिक्लेमेटरी' कहते हैं) राजस्थान, मालवा और उत्तरप्रदेश के नाट्यों की विशेषता है। संवाद के प्रत्येक अंश का उच्च तथा घोषणापूर्ण स्वर में वाचन किया जाता है और जान पड़ता है कि नट हर घोषणा के बाद आह्लाद और तृप्ति का अनुभव करता है। इन प्रादेशिक नाट्यों में प्रायः सभी नट ऊर्ध्व स्वर में उच्चारण करते हैं। इसके दो कारण जान पड़ते हैं—एक तो इन मंडलियों में अक्सर एक ही व्यक्ति को कभी पुरुष और कभी स्त्री-पात्र का अभिनय करना होता है। अतः, ऋषभ के स्थान पर निषाद स्वर अधिक उपयुक्त रहता है। दूसरे, ऊर्ध्व स्वर का विस्तार अधिक दूर तक होता है। माइक्रोफोन-युग से पहले की इन मंडलियों को यह ध्यान रखना पड़ता है कि दूर-दूर तक श्रोता उनके संवाद को सुन सकें।

पश्चिम प्रदेशों के आंचलिक नाट्य, यानी गुजरात के 'भवई' और महाराष्ट्र के 'तमाशा' में करुण रस की अपेक्षा हास्य रस का उत्कर्ष देखा जाता है। 'भवई' में विभिन्न प्रकार के व्यक्तियों के व्यवहार और आदतों का सजीव चित्र प्रस्तुत करने के लिए प्रायः अनेक लघु एकांकी अभिनीत होते हैं। ये एकांकी 'वेश' कहलाते हैं। प्रत्येक 'वेश' में नृत्य और क्षिप्र संवाद का ताँता सा बँधा रहता है और प्रश्नोत्तर-माला द्वारा प्रेक्षकों की उत्सुकता बनी रहती है। महाराष्ट्र के तमाशा में तो प्रश्नों की झड़ी-सी लग जाती है, और कुछ कूट-प्रश्न महाभारत में यक्ष द्वारा युधिष्ठिर से पूछे गए प्रश्नों की याद दिलाते हैं।

वस्तुतः, आंचलिक नाट्य के अभिनय में परम्परागत निर्देशों और प्रत्युत्पन्नमति का सम्मिश्रण होता है। परम्परागत निर्देशों का पालन गम्भीर प्रसंगों पर होता है कि तारीफ यह है कि वही नट जब समसामयिक जीवन के यथार्थ-द्योतक प्रसंग पर आता है, तब आशुकवि की भाँति आवश्यकतानुसार यथार्थमूलक संवाद की सृष्टि करता चलता है।

चैतन्य महाप्रभु के जीवन पर जात्रा में मैंने एक ही अभिनेता को दोनों प्रकार का अभिनय करते देखा है। बिदेसिया के भिखारी ठाकुर भी इसी भाँति दो स्तरों पर सहज ही अभिनय कर लेते हैं। दो स्तरों के अभिनय और संवाद की प्रणाली जयदेव के समय से ही आंचलिक रंगशालाओं में आ गई थी। जैसा मैंने पहले कहा है, जयदेव के **गीतगोविन्द** से संलाप-शैली का विकास हुआ। यथार्थमूलक कथनोपकथन दूसरी प्रकार की संवाद-शैली थी। 'जात्रा', 'बिदेसिया' और बिहार के 'कीर्त्तनियाँ' एवं 'बिदापत नाच' में इस प्रकार गाम्भीर्य और लालित्य का जो सम्मिश्रण पाया जाता है, उसका मध्ययुगीन स्वरूप मैंने असम के अंकिया नाटों में देखा।

सूत्रधार और विदूषक

परम्पराशील नाट्य के अभिनेता को एक से अधिक प्रकार की दक्षता प्राप्त करना आवश्यक है। इन मंडलियों में सबसे अधिक पारंगत सूत्रधार को होना पड़ता है। संस्कृत-नाटकों में सूत्रधार प्रस्तावक का काम करता है, किन्तु आंचलिक नाट्य में सूत्रधार प्रस्तावक भी है और वाचक भी। वह घोषणा करता है और साथ ही नाट्य के मार्मिक स्थलों को स्पष्ट करने के लिए कभी-कभी टिप्पणी भी देता जाता है। तमिलनाडु के 'वीथिनाटकम्' में सूत्रधार को 'कट्टियंगरन' कहते हैं और वह प्रत्येक प्रधान पात्र का प्रारम्भ में परिचय देता है। यह परिचय मुद्राओं और संकेतों द्वारा गीत का अर्थ स्पष्ट करते हुए दिया जाता है।

भवई में सूत्रधार को नायक कहते हैं। उत्तरप्रदेश के 'नकल' और 'भगत' नामक प्रदर्शन में सूत्रधार को 'खलीफा' नाम से सम्बोधित किया जाता है। खलीफा प्रारम्भ में रंगशाला में आकर नाटक की रूपरेखा समझा देता है और फिर एक स्थान पर बैठकर बराबर अभिनय के लिए निर्देशन देता रहता है। आगरा की भगत-शैली में खलीफा के पद की विशेष प्रतिष्ठा है। नगर के विभिन्न भागों में मंडलियाँ हैं और उनके अलग-अलग खलीफा। यदि कोई नट खलीफा बनाना चाहता है, तो पहले तो वह अन्य खलीफाओं के पास इलायची भेजता है। फिर, सब खलीफाओं के मुहल्ले में जाकर उनके सम्मुख किसी पद का वाचन करता है, जिसके उत्तर में वे भी पद प्रस्तुत करते हैं। इस तरह अलग-अलग स्थानों में जाकर उसे अपनी योग्यता से प्रभावित करना पड़ता है। जब अन्य खलीफा लोग उसे अपनी श्रेणी में स्वीकार कर लेते हैं, तब पगड़ी बाँधने की रस्म अदा की जाती है।

फिर भी, सूत्रधार की सबसे सुसंस्कृत और प्रभावशाली परम्परा असम के अंकिया नाट में ही मैंने देखी। शायद इसका एक कारण यह है कि अंकिया नाट लिखित रूप में उपलब्ध हैं और उनमें सूत्रधार के लिए उपयुक्त पाठ स्थिर हैं। इसीलिए, अंकिया रंगशाला में सूत्रधार की पोशाक भी अन्य आंचलिक रंगमंच की अपेक्षा अधिक परम्परागत है : सफेद पाजामा, जिसे 'चूड़ी' कहते हैं, 'गाठी सेला' नामक जामा, जिसकी

बाँह ढीली और लम्बी होती हैं और रंग गुलाबी, 'गाठीकापड़' नामक कमरबन्द और सिर पर पगड़ी। हर पात्र-प्रवेश पर सूत्रधार ही सूचना देता है। उसकी घोषणाएँ और टिप्पणियाँ विशेष परिपाटी के अनुसार ही होती हैं। ऐसा प्रतीत होता है कि शंकरदेव ने इस प्रकार के सूत्रधार की सृष्टि भागवत-पाठ करनेवाले कथाकार पंडितों के अनुसरण में की। वस्तुतः, शंकरदेव ने अपने नाटकों द्वारा भागवत की कथाओं को केवल श्रव्य-पाठ की जगह दृश्य-श्रव्य के प्रदर्शन में प्रस्तुत किया। इस तरह कथाकार पंडित ही सूत्रधार के रूप में अवतीर्ण हुआ। सूत्रधार का यह उद्बोधक रूप वस्तुतः शंकरदेव की मौलिक सृष्टि थी।

सूत्रधार की ही भाँति आंचलिक रंगमंच का एक दूसरा रूढ-पात्र (स्टॉक-कैरेक्टर) है विदूषक। अक्सर एक विधा के सब नाटकों में विदूषक का नाम एक ही होता है। कर्णाटक के प्रत्येक 'दौडाट्टा' नाट्य में सूत्रधार 'अडासोगु' के नाम से पुकारा जाता है। बढ़ा हुआ पेट, लम्बी मूँछें, हाथ में छड़ी–ऐसे रूप में वह मंच पर आता है। मालवा के माँच में विदूषक का नाम है–शेरमारखाँ। वह प्रायः नाटक के नायक के साथ रहता है। चाहे नाटक का नायक राजा भरथरी हो, उसका विनोदशील संगी शेरमारखाँ ही कहलाएगा। शेरमारखाँ केवल विदूषक ही नहीं है। कभी-कभी वह नायक के स्थान पर भी काम करता है। इस तरह एक पात्र द्वारा दूसरे का भार सँभालने को 'तलवार देना' कहा जाता है। नायक की भूमिका करनेवाला नट जब थक जाता है, तब वह अपनी तलवार शेरमारखाँ को थमा देता है और इसके अर्थ हैं कि उस नट के लौटने तक शेरमारखाँ ही नायक का पार्ट करेगा। रासलीला में विदूषक 'मनसुखा' कहा जाता है। ग्वालबालों में वह हँसोड़ होता है और प्रायः गोपियाँ उसे ही छेड़ती हैं।

नायक के साथ विदूषक की परम्परा संस्कृत के गौरव-ग्रन्थों से आई है और प्राचीन राजदरबारों में नर्मसचिव के समान ही रंगशालाओं में स्वीकृत हुई। केरल का कूट्टियाट्टम् संस्कृत-रंगशाला के सबसे अधिक निकट होने के कारण उसमें विदूषक भोजन-प्रेमी ब्राह्मण के रूप में प्रदर्शित किया जाता है। वह बराबर नायक के साथ रहता है और नायक जो संवाद संस्कृत में कहता है, उसका सटिप्पण छायानुवाद वह मलयालम में करता जाता है। उसकी टिप्पणी में मूल के अन्यान्य अर्थ लगाए जाते हैं। राजदरबार के लोगों का खाका खींचा जाता है, ब्राह्मणों की छीछालेदर की जाती है और सामाजिक कुरीतियाँ अथवा राजनीतिक अभिसन्धियों का भी भंडाफोड़ होता है। विदूषक मंच पर जाते समय अपने कान में पान का बीड़ा लगा लेता है। ऐसा करने पर वह राजदंड से परोक्ष माना जाता है। प्रेक्षकों में जिसकी चाहे, वह आलोचना कर सकता है। किसी को यह अधिकार नहीं है कि विदूषक की बात पर उसे दंडित करने की चेष्टा करें। कला और साहित्य में पारंगत होने के कारण विदूषक अलंकारों और शब्द-चातुर्य द्वारा अपनी आलोचना को रोचक और अनुरंजित रूप दे सकता है। बोलते समय विदूषक मुँह में कुछ चबाता भी रहता है। कभी-कभी अपने यज्ञोपवीत को ठीक करता है, कभी अपनी

शिखा को सँवारता है, कभी अपने अंगवस्त्र को निचोड़ने का अभिनय करता है। प्रायः वह नासिका-स्वर में बोलता है।

मेलात्तूर के भागवतमेल में, जो मन्दिरों के सम्मुख खेला जाता है, विदूषक को 'कोनंगी' कहते हैं और वह प्रायः एक वैष्णव-भक्त का अंतिरंजित स्वरूप होता है। कोनंगी का अर्थ है वक्र, उसकी टोपी टेढ़ी होती है और मस्तक पर वैष्णव-तिलक, लम्बी दाढ़ी, नीला जामा, एक हाथ में माला, दूसरे में दर्शकों की कुदृष्टि से बचाव के लिए एक धवल वस्त्र, जिसके सिरे पर लाल रंग का दूसरा वस्त्र बँधा रहता है। कानंगी अभिनय के बीच में दर्शकों को शान्त रहने का आदेश देता चलता है।

नटों की परम्पराएँ और व्यवसाय

प्रायः अधिकतर आंचलिक नाट्य में स्त्री-पात्रों की भूमिका में पुरुष ही उतरते हैं। मध्ययुग में दो परिस्थितियों के कारण शायद यह परम्परा चल पड़ी; क्योंकि प्राचीन युग में तो संस्कृत-रंगमंच पर निस्सन्देह स्त्रियाँ अभिनय करती थीं। पहली बात तो यह हुई कि मन्दिरों में नृत्य-नाट्य के प्रदर्शन के लिए जो देवदासियाँ अथवा नटियाँ रहती थीं, उनकी उपस्थिति के कारण मन्दिरों का वातावरण दूषित होने लगा। राजप्रासादों में जो रंगशालाएँ थीं, वहाँ तो नटियों के प्रेमचक्र की वार्ताओं से कोई विशेष अन्तर नहीं पड़ा। आठवीं शताब्दी में दामोदर गुप्त के 'कुट्टनीमतकाव्य' में नटी समाज का विशद वर्णन है। किन्तु, राजप्रसादों की रंगशाला के ह्रास के बाद मन्दिरों में नटियों का जमाव होने लगा, तब कुछ समय उपरान्त मन्दिरों का वातावरण बदलने की जरूरत पड़ी। उन्हीं दिनों दक्षिण में 'भागवतरों' और उत्तर में भक्तों और सन्तों ने मन्दिर की रंगशालाओं को अपने हाथ में लिया। उन्हीं दिनों भागवत धर्म पर आश्रित सम्प्रदायवादी नाटकों का उत्कर्ष हुआ। भागवतरों और भक्तों ने स्त्री-पात्रों के पुरुषों द्वारा सम्पन्न किए जाने की व्यवस्था चालू की।

दूसरी परिस्थिति मुसलमानी राज्य की स्थापना के कारण पैदा हुई। फारसी परम्परा में नृत्य के लिए किशारों को ही पसन्द किया जाता था। मुस्लिम-राज्यकाल में स्थानीय नटियों के लिए खुलेआम प्रदर्शन करना वैसे भी कठिन होता चला गया। दिल्ली के आसपास जिन शैलियों का विकास हुआ—साँग, नौटंकी, ख्याल, माँच इत्यादि, उन पर मुस्लिम-संस्कृति का प्रभाव पड़ा ही और यों स्त्री-पात्रों की भूमिका में पुरुषों और बालकों के उतरने की पद्धति चालू हो गई।

इस सामान्य परिपाटी के कुछ अपवाद भी हैं। कुट्टियाट्टम् में स्त्री-पात्र नान्यार-कन्याओं द्वारा ही लिए जाते हैं। महाराष्ट्र के 'तमाशा' में भी स्त्रियाँ ही नटी का काम करती हैं। मिथिला का जट-जटिन-संवाद तो सर्वथा स्त्रियों का ही मनोरंजन और उनकी ही रंगशाला है।

परम्पराशील रंगमंच में नटों के व्यवसाय और उनके प्रशिक्षण की परिस्थिति

सन्तोषजनक नहीं कही जा सकती। उत्तर कर्नाटक में 10वीं सदी में विरचित **सभालक्षण** नामक ग्रन्थ में नटों की शिक्षा के लिए कुछ आदेश दिए गए हैं। मिथिला में ज्योतिरीश्वर ठाकुर के **वर्णत्नाकर** का जिक्र मैं पहले ही कर चुका हूँ। केरल में **अट्टप्रकार** नामक ग्रन्थ में पद्य-संवादों को मुद्राओं और अभिनयों द्वारा प्रकट करने की पद्धति समझाई गई है। किन्तु, ग्रन्थों की अपेक्षा गुरु के निर्देशन में नट अपनी शिक्षा पाते हैं। केरल के ईसाई-नाट्य 'चविट्टु' के लिए नाना प्रकार के अस्त्र-शस्त्रों का संचालन और विविध व्यायाम सीखने होते हैं।

दक्षिण में नटों की शिक्षा-प्रणाली जितनी विधिवत् है, उतनी उत्तर में नहीं। साँग, माँच, ख्याल इत्यादि में प्रदर्शन के समय ही नौसिखिया गुरु से आदेश पाता है। हाँ, ब्रज की रासलीला में बालकों की शिक्षा की कुछ अधिक ब्योरेवार व्यवस्था है, विशेषतः गान-पद्धति की।

नटों का व्यवसाय अनिश्चित ही माना जाएगा। अधिकतर मंडलियों में भोजन और कपड़े की व्यवस्था होती है और थोड़ा-बहुत ऊपर से द्रव्य दिया जाता है। तमाशा में खेल के बाद थारी फिराने की प्रथा है। आगे की पंक्ति में बैठे हुए दर्शक प्रायः गीतों की पुनरुक्ति कराते हैं और प्रतिस्पर्द्धा में बीसियों रुपए निछावर कर देते हैं। रासलीला और रामलीलाओं में प्रदर्शन के बाद आरती होती है और उस समय प्राप्त दक्षिणा नटों में बाँटी जाती है।

नाट्य-संगीत

परम्पराशील नाट्य में गान भावाभिव्यंजना का मुख्य साधन है, गद्य-संवाद कार्य-व्यापार को आगे बढ़ाने का माध्यम तथा नृत्य अलंकरण द्वारा वातावरण का प्रेरक। इन तीनों के यथोचित सम्मिश्रण से ही इस नाट्य की उद्भावना होती है। पाश्चात्य देशों में ड्रामा, बैले और ओपेरा—ये तीन विभिन्न विधाएँ पिछले तीन सौ वर्षों में विकसित हुई हैं। हमारे यहाँ हाल तक इस तरह का विभक्तीकरण था ही नहीं। भारतवर्ष में मिश्रित विधा के प्रचलन का एक तो कारण है हमारे जीवन-दर्शन में सामंजस्य की प्रधानता और दूसरे, हमारे कला-सिद्धान्त में रस का सर्वसंग्रही उद्देश्य। किन्तु, सिद्धान्तपरकता के अतिरिक्त व्यावहारिक दृष्टिकोण से भी कलाकारों और प्रेक्षक-समाज दोनों को गान, संवाद और नृत्य के सम्मिश्रण में ही सुविधा रही है। बात यह है कि प्रायः सभी आंचलिक नाट्यों में लिखित सामग्री (स्क्रिप्ट) सम्पूर्ण नहीं होती। साँग, नौटंकी और जात्राएँ तो अब भी लिखी जाती हैं, किन्तु प्रायः नाटक का सम्पूर्ण रूप स्मृति और आशुशक्ति पर अवलम्बित रहता है। पीढ़ी-दर-पीढ़ी कंठों से यह गीत मुखर होते रहते हैं। संवाद यथावसर जोड़ लिया जाता है। मौखिक पद्धति में आसानी यह है कि प्रेक्षकों की बदलती अभिरुचि के अनुसार गीतों की धुनें और छवियाँ भी बदली जा सकती हैं। यानी, परम्परा को कायम रखने के साथ उनकी ग्रहणशीलता नहीं खोई जाती। दूसरे

मन्दिरों और मठों के कलाकारों को छोड़कर अधिकतर नट-नटी सुसंस्कृत और ज्ञानी होते हुए भी लिखने से अनभिज्ञ होते हैं, और उनके लिए गीतों को याद रखना आसान होता है। तीसरे, इन नाट्यों का प्रदर्शन प्रायः गाँवों में होता है, जहाँ हाल तक यातायात की सुविधाएँ अत्यन्त सीमित थीं। अतः, रंगप्रदर्शन यदि रात्रि में भोजन के बाद प्रारम्भ होता था, तो उसका रात-भर चलते रहना जरूरी था। ताकि दर्शन-समाज—विशेषतः स्त्रियों को मध्यरात्रि में दूर-दूर पैदल न लौटना पड़े। नाटक यदि केवल संवाद और कथानक पर ही आश्रित रहे, तो दो-तीन घंटों में ही समाप्त हो जाए। अतः, नृत्य और गीतों का प्राचुर्य, छोटे कथानक के दायरे को भी विस्तृत कर देता है एवं दर्शकों की सुविधा और तृप्ति दोनों ही उपलब्ध हो जाते हैं। चौथी बात यह है कि जिस मध्य युग में ये नाट्य-शैलियाँ पनपीं, वह सामन्तों और राजा-महाराजाओं का युग था, जो अपने धन और संरक्षण द्वारा अपने तथा अपने वर्ग के लोगों का मनोरंजन के लिए बड़े-से-बड़े नर्तकों और गायकों को रख सकते थे। मध्ययुग के भारतीय समाज में यह विशेषता थी कि उच्च वर्ग के लोगों ने अपने मनोरंजन के लिए कक्ष-कला (चेम्बर आर्ट) को ही प्रोत्साहन दिया, सामान्य कला की उपेक्षा की; संगीत दीवाने खास की चीज हो गई, दीवाने आम की नहीं। जिस विशाल परिप्रेक्ष्य में प्राचीन नृत्य और संगीत का उल्लास उमड़ता था, उसकी छोटी-छोटी टुकड़ियों को अन्तःपुर के नाजुक नूपुरों में परिवर्तित कर दिया गया। परिणाम यह हुआ कि जनसाधारण को संगीत और नृत्य का रसास्वादन कराने का उत्तरदायित्व परम्पराशील नाट्य पर पड़ा। अतः, इन नाट्यों के कथानक की आवश्यकताओं के बिना भी संगीत और नृत्य का प्रचुर समावेश होता गया और यों सर्वसाधारण के मनोरंजन और कला की माँग पूरी की गई।

फिर भी, यह विचार गलत होगा कि परम्पराशील नाट्यविधाओं में संगीत केवल भरती का ही होता है। संगीत की कर्मगत उपयोगिता (फंक्शनल यूज) भी है। मृदंग और ढोलक को ही लें। नगाड़े और मृदंग की ठनक दर्शकों को एकत्र करने का आमन्त्रण और प्रदर्शन के प्रारम्भ की घोषणा होती है। दूसरे, दृश्य-परिवर्तन के लिए पर्दे तो होते ही नहीं, ढोलक एवं अन्य पुष्कर-वाद्य ही पात्रों को एक प्रसंग से दूसरी, एक संवाद से दूसरे की ओर मुड़ने का संकेत देते हैं। यह संकेत-प्रणाली कहीं-कहीं काफी जटिल होती है। तीसरे मृदंग और ढोलक के स्वर संवाद के स्वरों की अनुगूँज (कन्फर्मेशन ऑव बिट्स ऑव ए डायलॉग) का काम भी करते हैं। भावाविष्ट वाक्य के बाद वादक नगाड़े पर एक टुकड़ी में उसी की पुनरुक्ति करता है, गीत की झड़ी में सन्निहित ताल को मानो मृदंग की थाप सुस्पष्ट करती है। साँग और नौटंकी में तो अक्सर नगाड़े ओर ढोलकी की ताल में मानवीय स्वर की गति प्रतिबिम्बित होती है। खड्गों की टकराहट, घोड़ों की टापें मानो मृदंग में ही प्रतिध्वनित होती हैं। तात्पर्य यह है कि तालसंगीत आंचलिक नाट्य में संवाद का विस्तार है, उसका दीर्घीकरण (एक्सटेंशन ऑव द डायलॉग) है।

अब गीतों को लीजिए। अनेक नाट्यों का अध्ययन करने के बाद मुझे रंग-गान के दो प्रकार दीख पड़े—एक तो वार्तिक (यानी नैरेशन) और दूसरा गीत्यात्मक (यानी

लिरिकल)। वार्त्तिक गान के रागों की संख्या एक नाट्य में एक या दो से अधिक नहीं होती। उसे एक तरह से नाटक-विशेष की मूल धुन कह सकते हैं। वार्त्तिक-गान का व्यवहार सूत्रधार नाटक के विभिन्न अंगों को जोड़नेवाली कड़ी के लिए करता है, कभी-कभी जैसे रासलीला में दो पात्रों के बीच प्रश्नोत्तरी के लिए भी वार्त्तिक-गान का ही प्रयोग होता है। गीति-प्रधान (यानी लिरिकल) गान अनेक होते हैं और विविध रागों में निबद्ध। एक नाटक में बीस-तीस राग तक मैंने पाए हैं। ये गीत पात्र या परिस्थिति के अनुकूल रस का उत्कर्ष करते हैं और साथ ही कथन-गीत या वार्तालाप का काम भी करते हैं।

प्राचीन काल से ही देशी, यानी स्थानीय और मार्गी, यानी शास्त्रीय रागों का भेद रहा है और परम्पराशील नाट्य-विधाओं में दोनों प्रकार के रागों का व्यवहार होता रहा है। इस समय तो जिन रागों को देशी कहा जाता है, वे भी उतने ही शास्त्रीय प्रतीत होते हैं, जितने शास्त्रीय राग; यथा मारवा, काँगड़ा, सोरठ, गूंजरी। निस्सन्देह अंचल विशेष में जनसाधारण में प्रचलित धुनों को ही नाट्य के प्रयोजन के लिए थाटों में बाँधा गया। कालान्तर में आज ये राग में उतने ही अभिजात प्रतीत होते हैं, जितने बागेश्वरी, आसावरी, भैरव इत्यादि। यह प्रक्रिया लोकनाट्यों में बराबर चलती रही है। मुझे सन् 1880 ई. के आसपास की, ब्रजभाषा में लिखे एक रूपक की, पांडुलिपि मिली है, जिसमें तत्कालीन प्रचलित धुनों के आधार पर गीत निबद्ध हैं। अब भी नौटंकियों और बिदेसिया इत्यादि नाट्यों में राग के नाम के स्थान पर 'धुन' या 'तर्ज' का उल्लेख होता है, यथा : 'तर्ज राधेश्याम' अथवा 'मेरे मौला बुला लो मदीने मुझे।' लेकिन, धुनों को रागनिबद्ध करने की यह प्रथा इतनी पुरानी और मँजी हुई है कि वर्तमान धुनों को यदि छोड़ दें, तो अन्य लगभग सभी देशी धुनें नाट्यनिबद्ध होने के बाद कालान्तर में शास्त्रीय रागों के समान ही विधिवत् और अलंकृत हो गईं, चलती तर्जें भी नाट्य की गीतमाला में गुँथने के उपरान्त संगीत की स्थायी सम्पत्ति बन गईं। इसीलिए, दक्षिण भारत में भागवतमेल का संगीत उतना ही उत्कृष्ट और पाण्डित्यसूचक माना जाता है, जितना अन्य शास्त्रीय संगीत।

किन्तु नाट्य-गान और शास्त्रीय गान में एक बुनियादी अन्तर यह है कि उत्तर भारत में शास्त्रीय गान में स्वर का अलंकरण, तान, मुरकियाँ, मूर्च्छना इत्यादि प्रधान हो गए और शब्द और अर्थ गौण माने जाने लगे। मुगल-काल में राग का प्रत्यक्षीकरण इन अलंकारों का प्रदर्शन ही माना जाने लगा। जो उस्ताद बारीकी और सफाई के साथ अपने स्वरों से जितने ही अधिक चमत्कार प्रस्तुत कर सकता, वह उतना ही ऊँचा कलावन्त समझा गया। आज दिन हम रागों की ख्याल-पद्धति में ही शास्त्रीय संगीत का परिपाक मानते हैं। परिणाम यह है कि उस्ताद और गुणी शब्द और अर्थ की महत्ता के प्रति उदासीन हो गए। गीत की पंक्तियाँ इतनी गौण हो गईं कि 'गावत राग हम्मीर' इन तीन शब्दों के सहारे ही समूचे राग हम्मीर की रूपरेखा प्रस्तुत की जाने लगी। परन्तु, अधिकतर रागों का मूल उद्देश्य रस-विशेष को प्रकट करना था और इसके लिए पद्य

के आशय को समझना अनिवार्य था। ख्याल-पद्धति और ध्रुवपद-पद्धति में यही मौलिक अन्तर है।

यहाँ 'ध्रुव' शब्द पर कुछ विचार करना जरूरी जान पड़ता है। परम्पराशील नाट्यों में ध्रुव शब्द प्रायः टेक या स्थायी के लिए प्रयुक्त हुआ है। जयदेव के गीतगोविन्द में 'ध्रुव' का अत्यन्त स्पष्ट निर्देशन मिलता है और उसके बाद जो संगीतक लिखे गए, उनमें गीतों की पहली दो पंक्तियाँ 'ध्रुव' कही गई हैं और बाकी पंक्तियाँ 'पद'। असम के अंकिया नाट और मिथिला एवं नेपाल की कीर्त्तनियाँ नाटकों में ध्रुव और पद का यह क्रम निरन्तर दीख पड़ता है। इसी पद्धति का पालन दक्षिण के भागवतमेल नाटकों में, जो आन्ध्र और तमिलनाडु में प्रचलित हैं, पाया जाता है। तंजौर की सरस्वतीमहल-लाइब्रेरी में मुझे 18वीं सदी में रचे गए दो ऐसे गद्य-नाटकों की पांडुलिपियाँ देखने को मिलीं, जो ब्रजभाषा में रचे गए थे, यद्यपि लिपि उनकी तेलुगु है और शायद उन्हें रंगशाला में प्रस्तुत करनेवाले नट-नटी तमिलनाडु-निवासी रहे होंगे। इनमें टेक के लिए 'दरवु' शब्द लिखा गया है जो ध्रुव का ही अपभ्रंश है। मेलात्तूर ग्राम के नाट्य में भी ध्रुव के लिए 'दरवु' शब्द और गीत की अन्य पंक्तियों के लिए 'पद' का व्यवहार होता है। मेरा अनुमान है कि जयदेव के गीतगोविन्द की लोकप्रियता के फलस्वरूप 11वीं से 15वीं शताब्दी के बीच रंगप्रदर्शन के लिए नाट्य-गीतों में ध्रुव और पद का यह क्रम इतना व्यापक हो गया कि जब मुगल-दरबार में खयाल-पद्धति का विकास हुआ, तब प्राचीन शब्द-प्रधान राग-पद्धति को 'ध्रुवपद' की संज्ञा दी गई है। इस 'ध्रुवपद-पद्धति' के आकार को अक्षुण्ण रखने के लिए उसे तानों से मुक्त रखा गया। इसी तरह शब्दों का सम्यक् उच्चारण हो सकता था। स्पष्ट है कि ध्रुपद में शब्दों के सही उच्चारण पर जोर उनके नाट्यमूलक उद्‌भव के कारण ही है।

भरत के नाट्यशास्त्र में एक शब्द मिलता है—'ध्रुवा'। डॉ. राघवन का कथन है कि ध्रुवा पात्रों के प्रवेश और निष्क्रान्ति के अवसर पर गायक-मंडली द्वारा गाए जाते थे। कभी-कभी ध्रुवा किसी विशेष नाट्यसन्धि को स्पष्ट करने के लिए, कभी किसी प्रसंग को अग्रसर करने के लिए और कभी कथानक में तनाव की परिस्थिति को ढील देने के लिए और कभी कथानक में रिक्त अवधि को पूरा करने के लिए ध्रुवागीतियों का गान होता था। मेरा विचार है कि ध्रुवा शब्द उन गानों के लिए उपयुक्त होता था, जो गायक-मंडली गाती थी और ये गान उन गीतों से भिन्न थे जो पात्राभिनय करनेवाले नट-नटी स्वयं संवाद के रूप में गाते थे। शायद जिन्हें मैंने अन्यत्र वार्त्तिकगान कहा है, वही ध्रुवा थे और जिन्हें गीतिप्रधान गान कहा है, वही ध्रुवपद थे। कालान्तर में यह अन्तर धुँधला पड़ गया है।

फिर भी, किसी-न-किसी प्रकार की 'टेक' का सहारा सर्वदा नाट्य-प्रदर्शन में अनिवार्य रहा। उत्तरप्रदेश, राजस्थान और मालवा के नाट्यों में ये टेक गान-मंडली ही उठाती है। कुछ शैलियों में टेक के स्थान पर कुछ ध्वनियाँ बार-बार गाई जाती हैं, जिन्हें अंग्रेजी में 'ड्रोन' कह सकते हैं और जो तानपूरे पर बजाए जानेवाले समस्वर के समान

होती हैं। राजस्थान के ख्याल-नाट्य में अभिनेता प्रायः 'मेरे भैया' इन शब्दों को एक धुन के रूप में बार-बार दुहराता है। महाराष्ट्र के 'तमाशा' नाट्य में गान-मंडली 'जी जी जी' इस शब्द की धुन की इतने ऊर्ध्व स्वर में पुनरुक्ति करते हैं कि उसमें और उनके एकतारे के स्वर में कोई अन्तर नहीं जान पड़ता है।

आंचलिक नाट्यों में गीतों के छन्द लय और गति के अनुसार उन्हें तीन वर्गों में बाँटा जा सकता है—भक्तिगान वा वैष्णवगान, जैसे बंगाल की जात्रा के कीर्त्तन; वीरगान, जैसे महाराष्ट्र का पवाड़ा (जो बिहार के पवाड़े से मिलता-जुलता है।) और शृंगारमूलक गान, जैसे राजस्थान की लावनी। तीनों प्रकार के गीतों में उनके भावना के अनुकूल छन्दों और शब्दालंकारों का प्रयोग होता है। वैष्णव-नाट्यकारों ने, जिनमें असम के सन्त और ब्रज की रासलीलाओं के रचयिता भक्त प्रमुख हैं, वर्णों के ध्वनि-प्रयोग पर विशेष ध्यान दिया।

नृत्य के प्रयोग

गान के इस पक्ष का नाट्य के नृत्य से विशेष सम्बन्ध है। परम्पराशील नाट्य में नृत्य का प्रयोग प्रायः तीन परिस्थितियों में किया जाता है—(1) किसी प्रसंग या दृश्य को अधिक प्रभावकारी बनाने के लिए या यों ही प्रेक्षकों के सामने एक चमत्कारपूर्ण प्रदर्शन करने के लिए, (2) कथनोपकथन के किसी अंश को प्रदीप्त करने के लिए, जिसमें नृत्य को या तो संवाद में गूँथा जाता है या कथन के बाद उसका विस्तार करने के लिए प्रस्तुत किया जाता है और (3) पात्रों के प्रथम प्रवेश पर उनके शील का परिचय देने के लिए।

भारतवर्ष के विभिन्न आंचलिक नाट्य में मैंने दृश्य-नृत्य, कथन-नृत्य और प्रवेश नृत्य, इन तीन विधाओं को किसी-न-किसी रूप से प्रस्तुत किए जाते देखा है। यह तो मैं नहीं कह सकता कि कला की दृष्टि से सभी रंग-प्रणालियों के नृत्य मनोरम हैं। पंजाब और पश्चिमी उत्तरप्रदेश के साँग और सांगीत तथा नौटंकी के नृत्य मुझे कला की दृष्टि से अत्यन्त हीन जँचे। रासलीला के नृत्य भी इस नाट्य-परम्परा के साहित्यिक पक्ष की उत्कृष्टता को देखते हुए चलताऊ जान पड़े। नृत्य की परम्परा तो दक्षिण और पूर्वोत्तर प्रदेशों में सर्वाधिक शास्त्रसम्मत और चमत्कारपूर्ण जान पड़ती है।

दृश्य-नर्त्तन की ग्राम-सुलभ बानगी पूर्णिया जिले के 'बिदापत नाच' नामक नाट्य-शैली में भी मिलती है, यद्यपि उसकी महत्ता किसी प्रकार के कलात्मक सौन्दर्य में नहीं, अपितु नाट्य में है, नर्त्तन के दृश्य-पक्ष की स्थापना करने में है। 'बिदापत नाच' के पारिजातहरण-लीला के प्रारम्भ में पहले रास होता है। सूत्रधार से विदूषक पूछता है कि पारिजात-लीला तो कृष्ण के द्वारका-काल की कथा है, उसमें रास कैसे ? सूत्रधार उत्तर देता है कि हरेक नाट्य से पहले भगवान की नृत्यलीला होनी जरूरी है। जैसे मैंने अन्यत्र कहा है, दृश्य-नृत्य, किसी प्रसंग-विशेष के भाव को और भी सजीव और सारगर्भित रूप में प्रकट करने के लिए भी किए जाते हैं। केरल में ईसाइयों के

चविट्टुनाटकम् में क्रुसेडों के जमाने में ईसाई वीरों और मुसलमान-विजेताओं के द्वन्द्वयुद्ध दिखाए जाते हैं। जब सलादीन और चार्लमैन की सेनाओं की मुठभेड़ होती है, तब नट अपने पदाघातों के क्रम में युद्ध का वातावरण उपस्थित कर देते हैं। वस्तुतः, युद्धदृश्यों का प्रदर्शन प्रायः सभी आंचलिक नाट्य में नृत्य की तालों और मुद्राओं द्वारा ही होता है।

कथन-नृत्य परम्पराशील नाट्य की रीढ हैं और उनका आधार है भरत के नाट्यशास्त्र के चतुर्थ अध्याय में दिए गए निर्देश। नाट्यशास्त्र में हस्तमुद्राओं को करण कहा गया है और प्रत्येक करण एक-न-एक बिम्ब का परिचायक है। करणों के समुदायों को 'अंगहार' की संज्ञा दी गई है, जिनकी संख्या 32 है। मुखमुद्राओं को अभिनय कहा गया है। नृत्य का चौथा अंग या आधार है ताल। इन चारों अंगों का उपयोग कुछ ऐसे ही होता है, जैसे वाक्यों में शब्दों, पदों इत्यादि का और वाक्यों की भाँति नृत्य अर्थ के वाहक हैं। कथन-नृत्य का सबसे सार्थक और संश्लिष्ट उपयोग आन्ध्रपदेश के कुचिपुडि नाट्य में देखा गया है। उनके भामाकलापम् में एक ही प्रसंग और एक ही रस की निष्पत्ति मुख्यतः नृत्य के द्वारा होती है, कुछ ऐसे ही, जैसे फिल्म में 'क्लोज-अप' के द्वारा भावों की परिस्थितियों को दिखाया जा सकता है। कथन-नृत्य में कभी पदक्षेप की क्षिप्र अथवा मन्थर गति से भी कथन की पुष्टि की जाती है। गुजरात की भवई में रँगीला-रँगीली इसी प्रकार का नर्त्तन करते हैं, जो कत्थक से थोड़ा-बहुत मिलता-जुलता है।

प्रवेश-नृत्य का एक उल्लेखनीय उदाहरण है कश्मीर के 'भाँड़जश्न' का नृत्य बादशाह रंगशाला में आता है, उसके पीछे-पीछे उसके दरबारी, एक जमींदार, सेनापति, सिपाही इत्यादि। हरेक पात्र की गति और चलने की भंगिमा उसके चरित्र को व्यक्त करते हैं। उनकी हस्तमुद्राओं में कुछ शास्त्रीय करणों के चिह्न भी दीख पड़ते हैं। प्रवेश करने के बाद पात्र जोड़ियों में दोनों तरफ घूम जाते हैं, प्रत्येक के हाथ में कपड़ा होता है, जिसे 'पल्लव' कहते हैं। इसके बाद सब पात्र वृत्त बनाकर खड़े हो जाते हैं।

भाँड़जश्न की अपेक्षा कूटियाट्टम् और असम के अंकिया नाट में प्रवेश-नृत्य कहीं अधिक संश्लिष्ट और कलापूर्ण होते हैं। दोनों में ही पात्रों का यह प्रयास रहता है कि वे अपनी गति और भंगिमा द्वारा अपनी स्वभावगत विशेषताओं को प्रेक्षक तक पहुँचा दें। **रुक्मिणीहरण** नाट में कृष्ण और रुक्मिणी संग-संग प्रवेश करते समय जो नृत्य करते हैं, उसमें करणों और मुद्राओं द्वारा श्रीकृष्ण के प्रारम्भिक जीवन, गोकुल में उनके पराक्रम इत्यादि की गाथाओं का प्रत्यक्षीकरण होता है। उसी नाटक में जब रुक्मिणी के माता-पिता प्रवेश करते हैं, उनकी गम्भीर गति में उनके वय और गाम्भीर्य की सूचना मिलती है, थोड़ी देर बाद उनका उद्धत पुत्र रुक्म प्रवेश करता है, तो उसके प्रवेश-नृत्य की ताल तीव्र और उसका पदाघात तेज और कठोर होता है। नृत्य स्वभाव को सहज ही प्रकट कर देता है, वाणी के पहले ही।

कुछ नाट्यों में प्रवेश-नृत्यों को जानबूझकर विस्तार के साथ प्रस्तुत किया जाता है और जैसे **रुक्मिणीहरण** में प्रवेश-नृत्य में कृष्ण के पूर्वचरित का चित्रण किया गया

है। ऐसे ही लगभग हर पात्र के पूर्वचरित और स्वभाव को नृत्य द्वारा ब्योरे के साथ चित्रित किया जाता है। इसका एक परिणाम यह हुआ कि इस तरह के नाट्य में संवाद की महत्ता कम हो गई। कथानक का स्पष्टीकरण भी जरूरी नहीं रह गया। रंगप्रदर्शन का मुख्य उद्देश्य रह गया अभिनय, ताल और पदक्षेप के माध्यम से नायकों के चरित-प्रसंगों और शील का निरूपण और गायक-मंडली द्वारा तद्विषयक गान। इन नृत्याभिनयों में नृत्य ही प्रश्नोत्तर का रूप लेते हैं और प्रायः दो नर्तकों में बलप्रदर्शन, स्पर्द्धा का उत्कर्ष, एक दूसरे के लिए अपशब्द ये सभी नृत्यमाला के रूप में प्रस्तुत किए जाते हैं। आजकल जिस कथकली नृत्य की इतनी चर्चा है, वह वस्तुतः सम्पूर्ण नाट्यों के प्रवेश-नृत्यों की शृंखला-मात्र हैं।

कथकली और आजकल जिसे भरत-नाट्य कहा जाता है, तथा कत्थक नृत्य इन तीनों के वर्तमान रूप कितने ही सुन्दर और कलापूर्ण हों, पर हैं तो आखिर खंड-मात्र ही। उनका वास्तविक स्वरूप नाट्य में ही प्रत्यक्ष हो सकता है; क्योंकि परम्पराशील नृत्य, वस्तुतः परम्पराशील नाट्य का ही अंग है, इससे पृथक् उसकी सत्ता समीचीन नहीं कही जा सकती।

रस-निरूपण और सम्प्रेषण-पद्धति

भाषानाटक कई प्रकार के प्रेक्षकों को लक्ष्य करके रचे गए। सहृदय कलामर्मज्ञ और रुचिसम्पन्न दर्शकों का मनोरंजन और रसप्लावन के लिए शास्त्रसम्मत भावानुभाव-प्रदर्शन और रसप्रेरक स्थितियों की योजना की गई। दूसरे प्रकार के प्रेक्षक थे वैष्णव-सम्प्रदाय के अनुगामी भक्तजन, जिनकी प्रवृत्ति भगवद्-रति की ओर उन्मुख थी और नाटककार का उद्देश्य था उनकी वृत्तियों को सचेत करके रसानुभूति के माध्यम से उनकी भगवद्भक्ति को पुष्ट करना। स्थूल शृंगार के प्रदर्शन को आध्यात्मिक रसानुभूति का माध्यम बनाना। यह वैष्णव नाटककारों का अद्भुत और अभूतपूर्व प्रयास था और उनकी अनुपम उपलब्धि भी। यह कैसे हो पाया ?

भरत के अनुसार नाट्य-रस की विशेषता यह है कि उसमें भाव को नाना प्रकार के अभिनय से सम्बद्ध करके रस की अभिव्यक्ति वैसे ही की जाती है, जैसे नाना प्रकार के भोजन-पदार्थों को मिलाकर व्यंजन पैदा किए जाते हैं। जिस तरह व्यंजनों से स्वाद का आनन्द मिलता है, उसी भाँति अभिनय-समन्वित भावों में रसास्वादन का आनन्द प्राप्त होता है। नाट्यशास्त्र के अध्याय 6 के श्लोक, संख्या 33, 34 और 35 में अभिनय से सम्बद्ध भावाभिव्यक्ति द्वारा रस की निष्पत्ति विचारणीय है। 'भावाभिनयसम्बंद्धात्', 'भावयन्ति, रसाभिनयैः सह'—इन पदों में अभिनय और भाव के अन्योन्याश्रय सम्बन्ध पर बल दिया गया है। नाट्य-रस का संचार भाव और अभिनय के समन्वय से सम्भव है, अन्यथा नहीं।

परवर्ती लक्षणकार और रससिद्धान्त के अधिकतर आचार्य भरत द्वारा निर्दिष्ट

भाव और अभिनय के समन्वय से दूर हट गए। उन्होंने काव्य-रस के आस्वादन को आत्मानन्द अथवा आध्यात्मिक तल्लीनता के समान माना। डॉ. नगेन्द्र के अनुसार[1] आत्मवादी मत के पोषक इन विद्वानों की दृष्टि में काव्यानन्द उसी भाँति निर्विशिष्ट होता है, जैसे ब्रह्मानन्द, यानी उसमें आस्वादन की विविधता, हर्ष, भय, रति इत्यादि विभिन्न भावों की पृथक्-पृथक् अनुभूति के स्थान पर एक निर्विशिष्ट आनन्द की प्राप्ति होती है। यह निर्विशिष्ट आनन्द ही रस का चिन्मय अंग है, जिसका रसानन्द में प्राधान्य होता है और जिसकी अपेक्षा उसमें मृण्मय अंश कम होता है। मेरा अनुमान है कि इस आत्मवादी मत में वैविध्य के परिहार पर जो जोर दिया गया है, उसका तात्पर्य भावों की विविधता के एकीकरण से नहीं होना चाहिए था, वरन् प्रेक्षक के व्यक्तिगत इन्द्रियबोध के लोप से। नाट्य में जिन भावों का सम्प्रेषण किया जाता है, प्रेक्षक के मानस में उनका उदय और उत्कर्ष उसकी अपनी इन्द्रियों की प्रक्रियाओं द्वारा नहीं होता। वस्तुतः, कवि द्वारा प्रस्तुत शब्द-सौन्दर्य एवं नट द्वारा प्रस्तुत अभिनय-कला दोनों मिलकर ही उसे रति इत्यादि भावों की चरम अनुभूति करा देते हैं। चूँकि अपनी निजी इन्द्रियों के साधन के बिना प्रेक्षक को भावोल्लास की प्राप्ति होती है, इसलिए उसके व्यक्तित्व की पृथक् सत्ता का बोध प्रेक्षागृह में उसे नहीं रहता। सभी प्रेक्षक मानो एक सामान्य मानसिक वातावरण में रम जाते हैं। इसे ही साधारणीकरण कहा जाता है। विविधता के परिहार से यही तात्पर्य है कि प्रेक्षकों की विविध अनुभूतिशील सत्ताएँ एक साधारणीकृत भावबोध में समा जाएँ। यही रसानन्द की निर्विशिष्टता है।

लेकिन, इसका आशय यह नहीं है कि जिन विभिन्न भावों को कवि और नट प्रेक्षक तक पहुँचाते हैं, उनकी अपनी विशेषताएँ ही रसानन्द की घड़ी में गायब हो जाती हैं। आत्मवादी पंडितों ने हर्षादि आठों भावों की चरम अनुभूति को एक ही प्रकार का 'आनन्द' माना। भरत के शब्द 'हर्षादि' में उन्होंने 'आदि' की अवहेलना कर रति, भय, जुगुप्सा इत्यादि भावों की विशिष्टता को भुलाकर 'हर्ष' को आध्यात्मिक तल्लीनता अथवा चिदानन्द का लगभग पर्याय ही मान लिया। उन्होंने रसानन्द के चिन्मय अंश की प्रधानता का अर्थ लगाया—भावों की विविधता का लोप। यह भ्रम था। रस की चिन्मयता के माने हैं प्रेक्षक की अनुभूति में उसकी इन्द्रियजन्य प्रक्रिया का अभाव। व्यक्तिगत इन्द्रियबोध न होने के कारण ही व्यक्ति (प्रेक्षक) की सत्ता प्रेक्षागृह के सामान्य अथवा साधारणीकृत बोध में समाविष्ट हो जाती है। पर, प्रत्येक भाव की विशिष्टता बराबर रहती है। यह विशिष्टता कवि और नट की कला के सामंजस्य की देन है। वस्तुतः, दृश्यकाव्य में स्थूलता और विविधता बराबर रहती हैं। अभिनय द्वारा भावों की अभिव्यक्ति करते समय नट अपने अंगों और कतिपय इन्द्रियों के संचालन से विभाव, अनुभाव, संचारी इत्यादि का नियोजन करता है। वाणी और स्वर, मुद्रा और अंगप्रक्षेप ये सभी अर्थ-विशेष और भाव-विशेष को अभिव्यक्त करने के लिए तदनुकूल प्रस्तुत

1. डॉ. नगेन्द्र : रससिद्धान्त, पृ. 113।

किए जाते हैं। प्रेक्षक के हृदय में जो उद्वेग इसके परिणामस्वरूप उदय होता है, वह भी उसी भाव-विशेष का परिचायक होता है। आत्मवादी रस-पंडितों का अभिनय-कला से व्यावहारिक सम्पर्क कम होने के कारण नाट्य के स्थूल और विविध उपकरणों की महत्ता को उन्होंने नहीं समझा। अतः, भरत द्वारा निर्दिष्ट रसानन्द की इस कलात्मक आधारशिला की उन्होंने उपेक्षा की और उसे आध्यात्मिक उपलब्धि का रूप देने लगे।

नाट्य-रस अपने में आध्यात्मिक उपलब्धि नहीं है, किन्तु मध्ययुग के उन सन्त और वैष्णव नाटककारों ने, जिनकी शैलियाँ वर्तमान परम्पराशील नाट्य का बहुत बड़ा अंग हैं, उसे आध्यात्मिक सन्देश का साधन बनाया। नाट्यानन्द अथवा नाट्य-रस के आस्वादन की प्रक्रिया और उसके प्रभावस्वरूप प्रेक्षागृह में भावलोक के साधारणीकरण का उन्होंने अद्भुत उपयोग किया और यों नाटक को आध्यात्मिक प्रेरणा का माध्यम बनाने की एक ऐसी पद्धति कायम की, जिसकी आत्मवादी रसपंडितों ने भी कल्पना नहीं की थी। उन्होंने देखा कि नाटक के प्रदर्शन में कवि के शब्दसौष्ठव एवं नट के अभिनय-कौशल से जो रस-प्रवाह होता है, वह प्रेक्षक के मानस में एक ही साथ दो तरह की स्थिति उत्पन्न कर देता है : एक तो कला के स्थूल सौन्दर्य से स्फुरित चेतना, और दूसरी (साधारणीकरण के परिणामस्वरूप) अहं की विलुप्ति।

"यह विलक्षण मनः स्थिति, जिसमें एक ओर तो भौतिक अनुभूति सजगता की चरमावस्था पर होती है और दूसरी ओर प्रेक्षण का अहं—अपनी पृथकता का बोध, एक साधारणीकृत अनुभूति में थोड़े समय के लिए विलय हो जाता है, अध्यात्म के बीजारोपण के लिए उर्वरा भूमिका होती है। मध्ययुगीन सन्तों ने रस-प्रक्रिया की इस उपलब्धि से फायदा उठाया। उन्होंने नाट्य-रस के फलस्वरूप अहं के अस्थायी लोप या 'सस्पेन्शन' को भक्ति-प्रेरणा, आध्यात्मिक विलास और अलौकिक भगवत्स्वरूप के दर्शन के लिए एक 'बेस' यानी भूमिका माना। रसानुभूति को इस भूमिका से ऊपर उठाकर प्रेक्षक की भगवद्रति में प्रेरणा ही वह 'ब्रह्मानन्द'-सहोदर अनुभूति है, जिसे कुछ विद्वानों ने भक्तिरस की संज्ञा दी है। 'भक्तिरस' एक अलग रस है या नहीं, इस पर काफी चर्चा हुई है और विद्वानों में इस विषय पर मतभेद है। जहाँ तक नाट्य का सम्बन्ध है, हमारे विचार में भक्तिरस एक पृथक् नाट्यरस नहीं है। वह तो विभिन्न रसों के परिपाक के फलस्वरूप सजग उस मानसिक स्थिति का भगवदुन्मुख होना है, जिसमें अहं के लोप का आभास होता है। शृंगार, वीर, करुण इत्यादि रसों का आस्वादन भगवदुन्मुखता के लिए भूमिका है, सोपान है, परिणति नहीं। सन्त नाटककारों ने रसास्वादन को साधन माना, साध्य नहीं। उनका साध्य उसके बाद आता है। इसलिए जिस 'ब्रह्मानन्द-सहोदर' की इतनी चर्चा होती रही है, वह वस्तुतः रसानुभूति के उपरान्त भगवदुन्मुखता तन्मय स्थिति है।"[1]

परम्पराशील नाट्य की भक्तिप्रधान शैलियाँ (रासलीला, भागवतमेल, अंकियानाट

---

1. यह उद्धरण मैंने अपने 'भाषानाटक संग्रह' की भूमिका से लिया है। देखिए : 'प्राचीन भाषानाटक संग्रह' : सं. श्रीजगदीशचन्द्र माथुर और डॉ. दशरथ ओझा, हिन्दी-विद्यापीठ, आगरा-विश्वविद्यालय।

इत्यादि) इसी भगवदुन्मुखी लवलीनता को लक्ष्य मानकर प्रेक्षक को रसनिमग्न करती हैं। इसलिए, प्रत्येक स्थल पर किसी-न-किसी भाव को बार-बार दुहराकर, शब्दालंकारों, मुद्राओं, गान, नृत्य इत्यादि उपकरणों से प्रदीप्त कर प्रेक्षक को भावविह्वल किया जाता है। आधुनिक दृष्टि से जो गीतमय संवाद हमें अतिशयोक्तिपूर्ण और पुनरुक्तियों से दुषित जान पड़ता है, वह वैष्णव और सन्त-नाटककारों की दृष्टि में एक अनिवार्य साधन है। राधाकृष्ण की उद्दाम शृंगारलीला, हिरण्यकशिपु का प्रचंड रोष, कृष्ण के कालियह्नद में कूद जाने पर यशोदा का विलाप—ये सभी प्रेक्षक को उस मनोदशा में ले जाने के तरीके हैं, जहाँ एक ओर तो यह कलात्मक सौन्दर्य से झूमने लगता है और दूसरी ओर अपने अहं को भूल जाता है। ऐसी स्थिति पैदा कर लेने पर भक्त नाटककार झट से भगवान का गुणानुवाद और भवद्भक्ति की महिमा का—(प्रायः सूत्रधार अथवा समाजी के मुख से, अथवा अन्य किसी पात्र के मुख से)—बखान करवाता है। उस मनः स्थिति में प्रेक्षक उस सन्देश को सहज की ग्रहण कर पाता है, जैसे वर्षा से गीली की गई धरती में बीज डालने से प्रस्फुटन आसानी से हो जाता है।

भक्त नाटककारों ने रसनिरूपण को एक तरह की सम्प्रेषण-पद्धति (कम्यूनिकेशन प्रोसेस) बनाकर अपने सन्देश को प्रेक्षकों तक पहुँचाया। नाट्य द्वारा शिक्षा प्रदान का यह एक अनूठा प्रयोग था, अनूठा इसलिए कि सन्देश देने की प्रक्रिया काव्य-गुण के उत्कर्ष के विपरीत नहीं थी। शुष्क सन्देश और उद्बोधन का ताँता लगाकर रति, शौर्य, हास्य इत्यादि के प्रवाह को अवरुद्ध नहीं किया गया, वरन् भावोदधि के भीषण उद्वेलन और मन्थन द्वारा ही भक्ति और ज्ञान का अमृत प्रस्तुत किया गया। भक्त नाटककारों की इस सम्प्रेषण-पद्धति का प्रभाव अन्य परम्पराशील नाट्यविधाओं पर भी पड़ा। इस पद्धति के सन्दर्भ में परम्पराशील नाट्य में चरम भावुकता और घोर रसप्लावन के बीच उपदेशों और स्तुतियों के द्वीपों की स्थिति इतनी अस्वाभाविक नहीं लगती, जितनी प्रायः समझी जाती है।

रंग-व्यवस्था

रंगशालाओं की स्थिति

परम्पराशील नाट्य की रंगस्थली के विवरण में सबसे पहले मन्दिर और देवस्थान का उल्लेख अपेक्षणीय है। मन्दिर भारतीय समाज में केवल पूजन का केन्द्र नहीं रहा है, बल्कि सामुदायिक जीवन, मनोरंजन तथा कला-सौन्दर्य का भी। मन्दिर में कलाओं की अभिव्यक्ति द्वारा रसनिमज्जित भक्त-हृदय धर्म और नीति के उद्‌देश्य को प्राप्त करने के लिए अधिक सजग और सचेत हो जाता है।

जिस भाँति प्राचीन मन्दिरों की बाहरी भित्तियों तथा प्रकारम् पर तो अनेक प्रकार की मूर्तियाँ और चित्र अंकित रहते थे, किन्तु भगवान की मूर्तिवाले गर्भगृह में नितान्त सादगी और अलंकरण-विहीनता होती थी, उसी प्रकार मन्दिर के बाहरी हिस्से में नट-मन्दिर में तो नाट्य और संगीत के विविध स्वर झंकृत होते रहते थे, जबकि गर्भगृह के निकट मन्त्रोच्चार और आरती का ही निर्घोष सुन पड़ता था। इसी दर्शन के आधार पर मन्दिरों में रंगशाला का निर्माण हुआ। धारवाड़ में मुगुड नामक स्थान में एक मन्दिर में सन् 1045 ई.का एक शिलालेख है, जिसमें श्रीमान महासामन्त मार्तण्डय्या द्वारा नाट्यशाला बनाए जाने का उल्लेख है। ग्यारहवीं सदी से उन्नीसवीं सदी तक बराबर दक्षिण भारत के मन्दिरों में नट-मंडप बनाने की परम्परा रही। जयदेव के गीतगोविन्द के प्रदर्शन की परम्परा ने मन्दिरों और रंगशाला का यह नाता स्थायी कर दिया। श्रीमद्‌भागवत से प्रसंगों को नृत्य-नाट्य में प्रस्तुत करना मन्दिर की कार्यप्रणाली का अभिन्न अंग बन गया।

आजकल नाट्य-प्रदर्शन के लिए रंगशालाएँ विशेषतः केरल में त्रिचूर के मन्दिरों में 'कूथाम्बलम्' के नाम से विख्यात हैं। असम के मठों में रंगशाला का नाम 'भाओनाघर' अथवा 'रभा' होता है। कूथाम्बलों की परम्परा कुलशेखरवर्मन् द्वारा दसवीं शताब्दी में प्रारम्भ की गई। कूथाम्बलम् लकड़ी अथवा पत्थर के बने मंडप होते हैं और प्रायः लकड़ी, बाँस, खर इत्यादि से बनाए जाते हैं। ब्रजक्षेत्र में रासलीलाओं के लिए भी मन्दिरों के निकट छोटे रासमंडप बनाने की प्रथा वर्षों से रही है और वृन्दावन में स्थान-स्थान पर इस तरह मंडप बने हुए हैं। बरसाना और नन्दगाँव में गर्भगृह के सामने ही मंडप में कभी-कभी लीलाओं का अभिनय होता था। तंजौर के निकट मेलात्तूर गाँव में

नृसिंह-मन्दिर के सामने जो गली है, वहीं पर रंगशाला प्रति वर्ष बनाई जाती है। बंगाल में जात्रा का प्रदर्शन प्रायः मन्दिरों के ही अहाते में होता है। गुजरात की भवई के कुछ प्रदर्शन आबू के निकट अम्बाजी के मन्दिर में किए जाते थे। इसी भाँति हिमालय के करियाला-नाट्य की व्यवस्था कभी-कभी स्थानीय लोक-देवता (जिन्हें 'बलराज' अथवा 'बिज्जू देवता' कहा जाता है) के मन्दिर के निकट खेला जाता है।

मन्दिरों की रंगशालाओं में यह आवश्यक नहीं है कि केवल धार्मिक या साम्प्रदायिक नाट्यों का ही अभिनय हो। किन्तु, प्रायः यह अनिवार्य होता है कि नाट्योत्सव के पहले और बाद में जिस देवता के मन्दिर के पास अभिनय हो रहा है, उसके पूजन की विशेष व्यवस्था हो। प्रायः मूर्ति को शोभायात्रा के साथ नाट्योत्सव के पहले बाहर लाया जाता है और उसके सम्मुख ही प्रदर्शन होता है। केरल और असम में ही विशेषतः मन्दिरों का सीधा उत्तरदायित्व इन नाट्यों के प्रदर्शन के विषय में होता है। अन्यत्र मन्दिरों से विशेष संरक्षण प्राप्त नहीं होता और नाट्योत्सव का आयोजन करनेवालों को धन इत्यादि की व्यवस्था करनी पड़ती है।

मन्दिरों के बाद ग्रामीण मेलों और उत्सवों के अवसर पर प्रायः आंचलिक नाट्य अभिनीत होते हैं। बिहार के सोनुपर मेले में तो बहुत पुराने जमाने से परम्पराशील नाटक प्रस्तुत करने की प्रथा रही है। प्रसिद्ध कलामर्मज्ञ और इतिहासकार श्री ओ.सी गांगुली का कथन है कि भगवान बुद्ध के समय में भी मगध के मेलों में नाट्य-प्रदर्शन होता था। यहाँ तक कि एक मंडली ने आनन्द से भगवान बुद्ध के जीवन पर आधारित नाटक-प्रदर्शन करने की अनुमति माँगने की भी धृष्टता की थी।

शामियानों तथा तम्बुओं में मेलों के अवसर पर रंगशाला बनाने की प्रथा महाराष्ट्र में रही है और दिल्ली में निजामुद्दीन के उर्स पर भी इस प्रकार के प्रदर्शन देखे गए हैं।

मेलों के अतिरिक्त विवाहोत्सव, पुत्रजन्म तथा इसी प्रकार के पारिवारिक प्रयोजनों के लिए भी पारम्परिक नाट्यों का प्रदर्शन होता रहा है। उत्तरप्रदेश और पूर्वी पंजाब में साँग और संगीत संरक्षकों के घरों के सामने तथा बरामदों में दिखाए जाते हैं। ब्रज की रासलीला-मंडलियों को तो दूर-दूर तक विवाह तथा अन्य प्रकार के उत्सवों के लिए ठेके मिलते हैं। बीस वर्ष पहले तक रासलीला-मंडलियाँ रंगून में भी लीला-प्रदर्शन के लिए जाया करती थीं। बिदेसिया तथा भोजपुर-क्षेत्र की अनेक मंडलियों की आमदनी हावड़ा के आसपास प्रदर्शन से ही होती है। इन ठेकों पर काम करनेवाली मंडलियों के लिए थियेटर-हॉल नहीं होते। मुझे केवल दो ही थियेटर-भवन का ज्ञान है, जिन्हें परम्पराशील नाट्य-मंडलियों के लिए उपलब्ध किया जाता है। पूना में एक मुसलमान सज्जन अब्दुल जम्बा महाराष्ट्र की तमाशा-मंडलियों के लिए एक रंग-भवन रखे हुए हैं। वर्षाकाल में जब तमाशा-मंडलियाँ विभिन्न नगरों में जाकर खेल नहीं दिखा सकतीं, तब अब्दुल जम्बा के रंगभवन में ही एक के बाद एक तमाशों के प्रदर्शन होते हैं। दूसरा ऐसा भवन मद्रास नगर के बाहर एक उपनगर में है, जहाँ मैंने 'मदुरा बॉयज' नामक एक पुरानी मंडली

द्वारा प्रस्तुत पौराणिक नाटक देखा। तमिलनाडु की ये मंडलियाँ परम्परागत आंचलिक नाट्य से कुछ भिन्न पारसी थियेटर-परम्परा में अपने खेल दिखाती हैं।

परम्पराशील रंगशाला की एक सामान्य विशेषता यह है कि प्रायः बैक-ग्राउंड और सीनरी इन रंगशालाओं में होते ही नहीं। सम्भव है, यदि मध्ययुग में राज्य का सरंक्षण प्राप्त होता, तो यहाँ यूरोप की तरह सीन-सीनरीवाली रंगशाला विकसित हो जाती। किन्तु, इस तरह की भव्यता के साधनों के अभाव में परम्पराशील नाट्य में दो प्रकार का आन्तरिक सौन्दर्य विकसित हुआ। एक तो यह कि साधारण-से-साधारण नाट्य में भी शब्द-सौन्दर्य और अर्थ-चमत्कार पर जोर डाला गया और इस तरह परम्पराशील नाट्य परवर्त्ती भड़कीले नाट्य की अपेक्षा अधिक काव्यात्मक रहे। दूसरे, सादे बैक-ग्राउंड के कारण वेश-भूषा में बहुरंगी चमत्कार प्रस्तुत किया जाने लगा और गीत और नृत्य द्वारा द्रष्टव्य को आकर्षक बनाने की चेष्टा होती रही।

रंगशालाओं के प्रकार और अंग

परम्पराशील नाट्य के प्रेक्षक प्रायः खुले स्थानों में बैठते हैं, अथवा ऐसे मंडपों में जो चारों तरफ से बन्द नहीं होते। भरत द्वारा निर्दिष्ट नाट्य-मंडप का कोई उदाहरण न रहने के कारण हम इन परम्पराशील नाट्यों के प्रदर्शन से ही प्राचीन वातावरण का कुछ अनुमान कर सकते हैं। उत्तर कर्नाटक में यक्षगान की एक शैली का नाम है 'बयलाट'। बयालु का अर्थ है खुला हुआ स्थान और आट के मानी है खेल अथवा लीला। कश्मीर और हिमाचल में शीत होते हुए भी प्रायः नाट्य-प्रदर्शन खुले में ही होते हैं। किन्तु, हिमाचल के 'करियाला' में प्रायः दर्शकों के निकट अग्नि जलाकर रखी जाती है और वहीं मृदंग और ढोल बजानेवाले बैठकर अपने साजों को ठीक करते रहते हैं।

अन्यत्र असम के रभा तथा भाओनाघर का उल्लेख हुआ है। शायद भाओनाघर सबसे अधिक विधिवत निर्मित रंगशाला है। लगभग सौ गज लम्बे और 20 गज चौड़े इस मंडप की छत दुहरी होती है, स्तम्भ लकड़ी के होते हैं। छत के भीतरी भाग को कपड़े से ढका जाता है। मंडप की भूमि कच्ची, किन्तु अच्छी तरह पुती हुई होती है। स्तम्भों को पाँच फुट की ऊँचाई तक कपड़ों से अलंकृत किया जाता है।

मंडप के एक ओर कुछ ऊँचाई पर थापना, यानी वह स्थान होता है, जहाँ भागवत ग्रन्थ रखा रहता है। दूसरी ओर गायन-बायन, यानी गायकों और वाद्यकारों की मंडली बैठती है। बीच में 40 गज की आयताकार भूमि को रंगस्थली कहा जाता है, जिसके दो ओर दर्शक बैठते हैं। अभिनेतागण उस तरफ से प्रवेश करते हैं, जिधर गायन-बायन-मंडली बैठती है। रंगस्थली के ऊपर एक चन्दोवा तना रहता है। नाटक में विभिन्न स्थानों को दिखाने के लिए रंगस्थली के दोनों ओर छोटी-छोटी चौकियाँ रखी रहती हैं। उदाहरणतः, एक चौकी द्वारकापुरी की, दूसरी कुंडनपुर की, तीसरी मथुरा की इत्यादि। जब दूत कुंडनपुर से द्वारका जाता है, तब एक चौकी से दूसरी चौकी तक यात्रा इस

भाँति करता है मानो कोसों का सफर कर रहा है। भाओनाघर की रंगस्थली की यह पद्धति यूरोप में मध्ययुग में जो साम्प्रदायिक चर्च नाटक खेले जाते थे, उनकी रंगस्थली की शैली के समान है। इसका विवरण **एलर्डाइस निकल** ने अपने ग्रन्थ **वर्ल्ड ड्रामा** में किया है और उसमें दिए गए चित्र से असम के भाओनाघर की रंगस्थली बहुत मिलती-जुलती है।

तमिलनाडु में मेलात्तूर की रंगशाला में गली को लगभग सौ गज तक नारियल के छप्पर से ढक दिया जाता है। हिमाचल में दो पहाड़ियों के बीच खुले स्थान को अखाड़ा बनाया जाता है और वहीं अग्नि जलाकर अभिनय होता है। दर्शक तीन ओर बैठते हैं और बीच में नटों के आने-जाने के लिए वीथि छोड़ी जाती है। हिमाचल के अखाड़ा की भाँति ही पूर्णिया जिले में 'बिदापत नाच' में अभिनय के स्थान को रंगस्थली कहा जाता है। जात्रा में मंच थोड़ा ऊँचा होता है और उसके चारों ओर दर्शक बैठते हैं।

उत्तर प्रदेश और दिल्ली में रामलीला का जो प्रदर्शन होता है, उसकी रंगस्थली कहीं अधिक विशाल होती है, चूँकि प्रेक्षकों की संख्या भी उसी अनुपात में अधिक होती है। उत्तरप्रदेश में रामलीला के लिए लगभग पाँच सौ गज की आयताकार भूमि के चारों ओर खेमे लगा दिए जाते हैं, इसे बाड़ा कहते हैं। बाड़े के अन्दर चित्रकूट, लंका, पंचवटी इत्यादि के लिए अलग-अलग स्थान नियत होते हैं। इस तरह नाट्य-गति और व्यापार का एक विविध और प्रभावकारी चित्र प्रेक्षक के सामने आ जाता है। दिलली के परम्पराशील रामलीला में 6 फुट से कुछ ऊँचा मंच बनाया जाता है। मंच लगभग सौ गज लम्बे और तीस गज चौड़े पथ के रूप में होता है। बल्लियों पर तख्ते बाँधकर इसका निर्माण किया जाता है। एक सिरे पर लंका और दूसरे सिरे पर चित्रकुट। प्रेक्षक लम्बाई के दोनों ओर खड़े या बैठे रहते हैं।

रामलीला की विशाल रंगस्थली के मुकाबिले मालवा और राजस्थान की माँच-शैली की भव्यता का आधार है एक ही मंच पर अनेक स्तरों का प्रदर्शन। माँच संस्कृत के मंच की अपभ्रंश है। इसके लिए करीब 10-12 फुट ऊँचा मंच तैयार किया जाता है। **जॉन मैलकम** ने उन्नीसवीं सदी में माँच के जो प्रदर्शन उज्जैन के पास देखे, उसमें उन्होंने 'तीन-खन का खेल' नामक माँच का उल्लेख किया है। चौमुहाने पर एक तिमंजिला मंच खड़ा किया गया था। सबसे नीचे की मंजिल पर घर के भीतरी कक्ष में चौपड़ खेलने का अभिनय दिखाया जा रहा था। बीचवाली मंजिल पर एक नृत्य हो रहा था और सबसे ऊपर गंजफा के खेल दिखाए जा रहे थे। यद्यपि आजकल माँच में इस तरह की तीन मंजिलें नहीं दिखाई जाती हैं, तथापि मंच काफी विशाल होता है और उसके ऊपर विविध रंग के चँदोवे ताने जाते हैं। राजस्थान में माँच से मिलता-जुलता 'तुर्रा किलिंगी' नामक एक नाट्य होता है, जिसके लिए ऐसा मंच बनाया जाता है, जिसके दो तरफ ऊँचे महल और बीच में खुला युद्धस्थल होता है। दो स्तर के इस भाँति के मंच बनाने की शैली उत्तर भारत के अनेक नाट्यों में पाई जाती है। नौटंकी और संगीत के मंच में भी चारों तरफ एक नीचे स्तर का मंच होता है, जो ऐसे दृश्यों में विशेष काम आता है, जहाँ गायक

गली से मकान पर कमन्द फेंककर चढ़ जाता है।

किसी भी परम्पराशील रंगशाला में उस तरह का पर्दा नहीं होता, जैसा आधुनिक नागरिक रंगमंच में। संस्कृत-रंगमंच पर यवनिका और पटी को लेकर विद्वानों में अक्सर चर्चा रही है। यवनिका 'ड्रॉप कर्टेन' के ढंग का पर्दा नहीं होता। उसे तो दो व्यक्ति उस समय लेकर खड़े होते हैं, जब किसी प्रधान पात्र या पात्री का प्रथम प्रवेश होनेवाला होता है। पात्र स्वयं भी पर्दे को ऊपर के छोर पर पकड़े रहता है। प्रवेशगीत गाया जाता है, जिससे दर्शकों की उत्सुकता बढ़ जाती है। तब धीरे-धीरे करके पात्र का प्रथम दर्शन होता है। इसी को परम्पराशील रंगशाला में यवनिका- उत्थापन कहते हैं। आजकल ब्रज की रासलीला में लीला प्रारम्भ करने के पहले मुख्य पात्र-पात्री, राधा-कृष्ण आदि की झाँकिया बहुत कुछ इसी प्रकार दिखाई जाती हैं। किन्तु, रासलीला में एक पृष्ठभूमि का पर्दा भी टँगा रहता है। इसे 'पिछवई' की संज्ञा दी गई है। असम के अंकिया नाट में जो यवनिका सामने लाई जाती है उसे आड़-कापड़ कहते हैं। यहाँ मैं उत्तर बिहार के 'बिदापत नाच' का भी उल्लेख करना चाहूँगा। जिस तरह से यवनिका-उत्थापन के समय असम, केरल एवं अन्य स्थानों में गान और वाद्य-वादन होते हैं, उसी तरह एक प्रारम्भिक वाद्य-वादन 'बिदापत नाच' में भी होता है। मजे की बात यह है कि इसे स्थानीय बोली में 'जमीनिका' कहते हैं। कहने की आवश्यकता नहीं कि यह शब्द यवनिका का अपभ्रंश है।

स्पष्ट है कि परम्पराशील नाट्य में पर्दा दर्शकों और मंच एवं पात्रों के बीच व्यवधान नहीं है। वह या तो किसी प्रधान पात्र का परिचय देने में व्यवहृत होता है अथवा किसी देवी-देवता की स्तुति के लिए।

रंगस्थली पर पात्रों के प्रवेश की पद्धति लगभग सभी आंचलिक नाट्यों में शोभायात्रा का स्वरूप लेती है। उत्तरप्रदेश की रामलीला में तो यह शोभायात्रा ही मुख्य नाटक की अपेक्षा अधिक महत्त्वपूर्ण बन गई है। किन्तु, पात्र का सबसे समीचीन तरीका हिमाचल के करियाला तथा कश्मीर के भाँड़जश्न में देखा जाता है। करियाला में पात्र प्रेक्षकों के बीच में होकर जाते हैं और उनसे परिहास भी करते जाते हैं।

दर्शकों के बैठने के लिए नाट्यशास्त्र में जो ब्योरेबार निर्देशन दिए गए हैं, उनका पालन केवल एक आंचलिक रंगशाला में हमने देखा। माँच में रंगशाला का दाहिना भाग वयोवृद्ध दर्शकों के लिए निश्चित होता है। ठीक सामने चार खम्भे होते हैं, जिन्हें बाँदी के खम्भे कहते हैं और जहाँ अफसरों और राजपुरुषों के लिए स्थान नियुक्त होता है। करियाला में स्त्रियाँ एक तरफ बैठती हैं और पुरुष दूसरी तरफ। रामलीला में बाड़े के चारों और कुछ मचान खड़े किए जाते हैं, जिनपर स्त्रियाँ बैठती हैं। उड़ीसा के गंजाम जिले में प्रह्लादनाटक के प्रदर्शन में दो मंडलियाँ अभिनय करती हैं और उन दोनों मंडलियों के बीच दर्शक बैठते हैं। इस तरह हम देखते हैं कि परम्पराशील रंगशाला में भेदभाव बहुत कम है और दर्शकों और नटों के बीच एक तरह की आत्मीयता है, जो नागरिक रंगशाला के औपचारिक वातावरण में लुप्त हो गई है।

प्राचीन नाट्यशास्त्र में 'ग्रीन रूम' के लिए नेपथ्य और सज्जागृह ये दो शब्द प्रयुक्त

हुए हैं। मैंने बयलाट यक्ष-गान में जो सज्जागृह देखा, वह एक तम्बू की तरह का था—मंच से लगभग दस गज दूर। उसके कोने में स्वस्तिका खिंची थी, नारियल, चावल आदि रखे थे। स्वस्तिका के निकट किरीट भी था। असम के अंकिया नाट में 'ग्रीन रूम' को 'छघर' कहते हैं, जो छद्मगृह का अपभ्रंश है। 'छघर' से पात्र गायन-बायन के पास होते हुए रंगस्थली में जाते हैं। प्रायः उत्तर भारत के अन्य नाट्यों के प्रदर्शन में 'ग्रीन रूम' को अलग करने की प्रथा नहीं है। गायक-वृन्द के निकट ही वे पात्र बैठे रहते हैं, जिन्हें बाद में प्रवेश करना होता है।

रंगशाला में गायकों और वाद्यकारों की मंडली के लिए स्थान की विशेष महत्ता है; क्योंकि पर्दा और औपचारिक दृश्य-परिवर्तन के अभाव में गीत और वाद्य-वादन ही कथासूत्र को शृंखलाबद्ध करते हैं तथा प्रसंगों के बीच कालावधि में पूरक का काम करते हैं। सूत्रधार इस मंडली का अभिन्न अंग होता है और कहीं-कहीं उसका प्रमुख भी। गुजरात की भवई में दो नटों को आदेश मिलता है कि एक वृत्ताकार मंच तैयार करें जिसे 'पौढ़' कहा जाता है और जिस पर गान-मंडली बैठती है। असम के अंकिया नाट में इस मंडली के लिए अत्यन्त समीचीन शब्द है—गायन-बायन। असम के भाओनाघर के एक सिरे पर तो भागवतग्रन्थ रखा रहता है और दूसरे सिरे पर एक गद्दे पर गायन-बायन बैठते हैं। दोनों के बीच में एक लम्बे पथ की भाँति रंगस्थली होती है। सूत्रधार अपनी घोषणाओं और प्रवचनों के बाद गायन-बायन के निकट ही जा बैठता है। रासलीला के छोटे-से मंडप में गायक और वाद्यकार, जिन्हें समाजी कहा जाता है, रंगस्थली में ही बैठते हैं, ताकि बाल-नटों को निर्देशन देने में सुविधा हो। माँच-रंगमंच पर ठीक पीछे एक स्थान गायक-मंडली के नियत है, जिसे टेक-का-पाट कहते हैं, यानी वह पाट, जहाँ से नाट्यगीतों की टेक उठाई जाती है। वस्तुतः यह टेक ही वह अदृश्य, किन्तु श्रव्यसूत्र है, जो नाटक की गति को संचालित करता है। यह टेक महाराष्ट्र के 'तमाशा' में इतनी जरूरी है कि वहाँ गायक-मंडली नट-नटियों के ठीक पीछे खड़ी होकर ही गीत की रीढ़ को सँभाले रहती है। दक्षिण की तो लगभग सभी नाट्यशैलियों में गायकवृन्द अभिनेताओं की पृष्ठभूमि की भाँति खड़े रहते हैं। यही कश्मीर के रंगमंच की परिपाटी है। किन्तु साँग, नौटंकी में गुरु अथवा उस्ताद अपनी मंडली के साथ मंच पर या उसके निकट बैठते हैं। यात्रा में भी यही नियम है और शायद रवीन्द्रनाथ ठाकुर ने अपनी नृत्य-नाटिकाओं में मंच पर ही बैठने का नियम यात्रा की पद्धति के अनुसरण में निर्धारित किया।

सेटिंग और मंच-व्यवस्था

मंच पर गान-मंडली की उपस्थिति के कारण कुर्सी इत्यादि, या स्टेज प्रापर्टी के लिए स्थान नहीं रहता। वैसे भी अधिकतर पात्र खड़े ही रहते हैं, राजा आ ऋषि-मुनि के लिए आसन की व्यवस्था कभी-कभी की जाती है। अंकिया नाट में विभिन्न स्थानों के लिए जो चौकियाँ रखी रहती हैं, उन पर मुख्य पात्र संवादों के बीच बैठ जाते हैं। चैतन्य महाप्रभु

के जीवन पर आधारित जात्रा में शयनगृह के नाम पर एक पलंग-मात्र बिछा दिया जाता है। वस्तुतः, परम्पराशील नाट्य में वाणी, गीत और वेशभूषा द्वारा रसनिष्पत्ति का आविर्भाव किया जाता है, मंच पर स्थान-विशेषसूचक पदार्थों के यथातथ्य अथवा सांकेतिक नियोजन से वातावरण उत्पन्न करने की चेष्टा नहीं होती। किन्तु, फिर भी साधारण प्रेक्षकों में विस्मय और आह्लाद की उद्‌भावना के लिए उन रंगशालाओं में, जिन्हें राज्याश्रय अथवा देवालयों से सरंक्षण प्राप्त होता रहा, चमत्कारपूर्ण प्रदर्शन किए जाते हैं। केरल के कूटियाट्टम् में कुछ पहले तक गरुड़ की उड़ान के लिए कुछ यन्त्र तैयार किए जाते थे। नौटंकी में स्याहपोश के अभिनय में फाँसी का दृश्य अत्यन्त चमत्कारपूर्ण होता था। अंकिया नाट में रंगस्थली पर श्रीकृष्ण रथ पर चढ़कर आते हैं, जिसमें कागज और कूट के घोड़े के भीतर बैठे लोग उसे संचालित करते हैं। फिर भी, ये चमत्कारदृश्य अपवादस्वरूप हैं। आंचलिक नाट्यों की सामान्यतः प्रवृत्ति यह है कि नाटक की मूल प्रेरणा और संवाद का सीधा सम्प्रेषण प्रेक्षक तक किया जाए, उसमें व्यवधान कम-से-कम हो।

जब तक गैस के हंडों और हाल ही में बिजली ने परम्पराशील रंगशाला पर धावा नहीं बोला था, तब तक दीपक अथवा मशाल के मन्द प्रकाश में पात्रों के रंग-बिरंगे और गहरे प्रसाधन अत्यन्त आकर्षक रूप में प्रदीप्त होते थे। दक्षिण भारत में कहीं-कहीं अब भी दीपक की ज्योति की पूर्णतया उपेक्षा नहीं हुई है। केरल के नाटकों और कथकली-नृत्य-प्रदर्शन में अब भी पीतल का विशाल स्तम्भ मंच को सुशोभित करता है, चाहे हॉल में बिजली के बल्ब जगमगाते हों। दीपक की एक लौ दर्शकों की ओर उन्मुख होती है और दूसरी अभिनेताओं की ओर। कर्नाटक के 'यक्षगान' एवं 'बयलाट' में नट के दोनों ओर मशाल लिए हुए दो अनुचर खड़े रहते हैं, और नट जैसे-जैसे आगे-पीछे चलता है, वैसे ही मशालधारी परिचायक भी। कर्नाटक से सैकड़ों मील दूर असम में भी मशालों का रंगशाला में प्रयोग होता है, किन्तु अधिक कलापूर्ण ढंग से। जब किसी प्रधान पात्र का प्रवेश होता है, तब दो व्यक्ति लकड़ी का मेहराब लेकर खड़े होते हैं, जिसके नीचे से पात्र प्रवेश करता है। इस मेहराब पर चार-पाँच छोटी-छोटी मशालें लगी होती है और ज्योंही पात्र उसके नीचे से गुजरता है, उसके चेहरे का प्रसाधन, उसकी आकृति और वेशभूषा जगमगा उठते हैं, सैकड़ों प्रेक्षक पलभर में पात्र और उसके शील एवं प्रवृत्तियों को पहचान लेते हैं।

परम्पराशील आंचलिक रंगशाला का यह मन्द मधुर स्मिति-सा प्रकाश अब बिजली द्वारा आक्रान्त हो रहा है। बिजली बुरी वस्तु नहीं है, किन्तु उसके कलापूर्ण उपयोग के लिए सुरुचि और कौशल की दरकार है, जो सहज उपलब्ध नहीं। मैंने तमिलनाडु के अत्यन्त शास्त्रसम्मत और प्राचीन शैली के अभिनयों पर भद्‌दे रंगों के स्लाइड्ज का प्रकाश पड़ते देखा है। बात यह है कि जनसाधारण के जीवन में, विशेषतः गाँवों के वातावरण में, किसी भी प्रकार के नूतन साधन अपने में एक चमत्कार, एक तरह का जादू है। और जादू-टोना जनसमुदाय को स्वभावतः आकृष्ट करता है। बिजली का जादू

रंगशाला ही नहीं, मन्दिरों के ऊपर भी चढ़ रहा है। मैंने मदुरा के मीनाक्षी-मन्दिर में, ठीक गर्भगृह में 'निअन लाइट' के स्तम्भ देखे हैं, जिनपर अंग्रेजी में 'निअन लाइट कम्पनी' का नाम भी अंकित था। मुझे लगा, मानो मीनाक्षी की सुन्दर आँखों में किरकिरी जा पड़ी हो !

वेशभूषा और पूर्वरंग

वेशभूषा और प्रसाधन

परम्पराशील नाट्य में भरत-नाट्यशास्त्र के दो अंगों का विशेष महत्त्व है। एक तो है आहार्य-अभिनय, यानी वेशभूषा और अंगराग द्वारा पात्र के चरित्र को प्रकट करना। दूसरा है पूर्वरंग, यानी मुख्य नाटक के प्रारम्भ होने से पहले स्तुति, प्रस्तावना, परिचय, पूजन इत्यादि की प्रक्रियाएँ।

वेशभूषा और अंगराग का ध्येय यथातथ्य का चित्रण करना नहीं है। पात्र के चरित्र के अनुसार रंगों का विधान, उसकी प्रवृत्तियों के अनुकूल वस्त्रों का आयोजन शास्त्र-सम्मत विधि से किया जाता है। इस तरह का रूढ़िगत आहार्य नियोजन दक्षिण के परम्पराशील नाट्य में अधिक पाया जाता है। फिर भी रूढ़ियाँ तो देश-भर में व्याप्त हैं। भरत के अनुसार विदूषक हाथ में वक्रदंड लिए होता है। राजस्थान के ख्याल नाट्य में तेजाजी का बन्धु, जो विदूषक ही है, इसी ढंग की लकड़ी साथ में रखता है। कश्मीर में विदूषक को मसखरा कहते हैं और वह भी एक टेढ़ी लकड़ी अपने साथ रखता है। केरल के कूटियाट्टम् में विदूषक की सज्जा बड़ी सावधानी से की जाती है—मुख, बदन और भुजाओं पर चावल का आटा रँगा होता है; मस्तक, नासिका, कपोल पर लाल रंग लगा होता है; आँखों में गहरा काजल, जो कानों तक फैला होता है; कुछ मूँछ ऊपर उठी हुई और एक नीचे गिरी हुई। उसके पास भी उसी ढंग का टेढ़ा दंड होता है।

वेशभूषा में विविधता दो कारणों से आई है। एक तो मध्ययुग में मुसलमानी प्रभाव से लम्बे जामे पहनने की प्रथा चल निकली और दूसरे हिमालय और कश्मीर में सरदी के कारण सारे शरीर को ढकनेवाले वस्त्र पहने जाने लगे। किन्तु, भारी और भव्य पोशाक ऐसे प्रदेशों में भी पहनी जाती है, जहाँ की जलवायु अधिक शीत नहीं है। वेशभूषा और अंगराग के विषय में कितनी तैयारी की आवश्यकता होती है, इसका एक नमूना कर्नाटक के यक्षगान में मिलता है। वहाँ के एक पात्र, बन्नदावेश, की तैयारी में घंटों लगते हैं। डॉ. रंगनाथ ने यक्षगान की वेशभूषा के विषय में अपने ग्रन्थ (द कर्नाटक थियेटर) में ब्योरेवार वर्णन दिया है, जो यहाँ अप्रासंगिक न होगा : "यदि यम अथवा नृसिंह की भूमिका हो अथवा किसी राक्षस की, तो नट की कमर को बृहदाकार करने के लिए वस्त्रों अथवा साड़ियों से शरीर को लपेट दिया जाएगा। पात्रों की आन्तरिक

विशेषताओं को प्रदर्शित करने के लिए उपयुक्त रंगों के जामे (ढीले वस्त्र) पहराए जाते हैं, दैत्य के लिए काले और राजाओं, देवताओं और महानायकों के लिए कत्थई। उसके ऊपर शीशे के टुकड़ों से अलंकृत कढ़ाईवाली वास्कट पहनी जाती है। आभूषणों में प्रायः मोती और मूँगा के कंठहार और मालाएँ, मोहनी पर भुजकीर्ति, कलाई पर तोल पावड़ा, भुजाओं पर सोने की पत्ती, सिर पर मुकुट, कानों में कर्णफूल, कमर से 'दगले' नामक कढ़ाईदार वस्त्र लटकता रहता है और पैरों में नूपुर। शिरस्त्राण और मुकुट नाना आकार-प्रकार के होते हैं। सबसे ऊँचे मुकुट 'बट्टालु किरीट' कहलाते हैं, आभामंडल-सहित ये मुकुट दशरथ और धर्मराज जैसे महत् पात्रों द्वारा धारण किए जाते हैं। राम और अर्जुन जैसे पात्र 'पौम्बे किरीट' पहनते हैं, शूर्पणखा इत्यादि राक्षसी मोरपंखों से सुसज्जित 'राक्कसी किरीट' धारण करते हैं, और हनुमान के मुकुट को 'हनुमन्तन किरीट' कहा जाता है। सफेद और काले कपड़े से बने और चाँदी की जरी और मोरपंख से अलंकृत आभामंडल को 'सिरिमुडि' कहते हैं और कृष्ण एवं अभिमन्यु जैसे पात्र इसे धारण करते हैं। मुख-प्रसाधन के लिए रंगों का चुनाव अत्यन्त सावधानी से किया जाता है। देवताओं का रंग रक्तिम श्वेत होता है।...कृष्ण का प्रसाधन मनोरम नीले रंग से किया जाता है। पहले समय में मूल रंगों को स्थानीय उपलब्ध रंग-पदार्थों (जैसे आरडाल, इंगलीका कडिगे, बलप) से तैयार किया जाता है। रंगों के इस मूल स्तर, यानी जमीन पर ही पात्र की चरित्रगत विशेषताओं को लाल और सफेद रंगों में अंकित किया जाता है।... नृसिंह, रावण, चंडी और यम जैसे प्रचंड या भव्य पात्रों की नासिका को कपास लगाकर ऊँचा उठा दिया जाता है, नेत्र वास्तविक आकार से तिगुने बड़े जान पड़ते हैं, और सफेद बूँदों की लड़ी चेहरे के चारों ओर एक फ्रेम की भाँति अंकित कर दी जाती है।"[1]

दक्षिण भारत की अनेक नाट्यशैलियों में इस तरह के रूढ़िगत प्रसाधन और वेशभूषा का व्यवहार आजतक होता रहा है। उत्तर भारत का रंगमंच वेशभूषा-परम्परा का बराबर पालन नहीं कर सका और इसलिए उसमें एक-दो प्रमुख पात्रों की ही वेशभूषा मूल रूप में कायम रह सकी। ब्रज की रासलीला में कृष्ण और उत्तरप्रदेश की रामलीला में राम को जिस तरह के जामे और चूड़ीदार पाजामे पहनाए जाते हैं, वे मुगलकालीन अथवा राजपूत-राजाओं के वस्त्रों से विशेष भिन्न नहीं हैं।

रूढ़ियाँ और विविधता

वेशभूषा और अंगराग एवं प्रसाधन के विषय में निम्नांकित सामान्य विशेषताएँ परम्पराशील नाट्यविधाओं में दीख पड़ती हैं :

1. अधिकतर आंचलिक नाट्यों में चटखीले रंग के कपड़े व्यवहार में लाए जाते हैं। इस तरह ग्रामों में जहाँ प्रकाश कम होता है, पात्रों को दूर से पहचाना जा सकता है।

---

1. दे. 'द कर्नाटक थियेटर' : डॉ. एच.के. रंगनाथ।

2. उत्तर और दक्षिण दोनों ही नाट्यविधाओं में रूढ़िगत वेशभूषा का प्रयोग होता है। फिर भी, उत्तर के कुछ नाट्यों में यथार्थ शैली के वस्त्र भी प्रयोग में आने लगे हैं।
3. देश-भर में मुखौटे रंगमंच पर काम में लाए जाते हैं। पौराणिक नाटकों में राक्षसों, गन्धर्वों इत्यादि के लिए मुखौटे लगाए जाते हैं। दक्षिण भारत में उत्तर की अपेक्षा मुखौटे अधिक कलापूर्ण और शास्त्र-सम्मत रंगों से अलंकृत होते हैं। कूटियाट्टम्-नाट्य के नृसिंह का मुखौटा दो फुट से अधिक दीर्घ आकार का है और उसके दर्शन-मात्र से अलौकिक शक्ति का आभास होता है।
4. रूढ़िगत वेशभूषा के साथ-साथ जो पात्र दैनिक जीवन के प्रतिबिम्ब हैं (यानी साधु, भिखारी, नाई, पुजारी इत्यादि) उनकी वेशभूषा यथार्थ का द्योतक है।
5. अंगराग और वेशभूषा में जो सामग्री इस्तेमाल होती है, वह प्रायः स्थानीय कलाकार और शिल्पी ही प्रस्तुत करते हैं। इस तरह परम्पराशील नाट्य-प्रदर्शन के बहाने स्थानीय हस्तशिल्पियों को अपनी दक्षता दिखाने का अवसर मिलता है। दूसरे शब्दों में रंगशाला अन्य ललित-कलाओं को प्रोत्साहन देती है, उनका विकास करती है।
6. इस विशाल देश के विविध क्षेत्रों के पात्र यद्यपि कई प्रकार के कपड़े पहनते हैं, तथापि उनमें अनेक बातों में साम्य भी है। इस साम्य का आधार परम्पराशील नाट्यों का पौराणिक उद्गम है।

पूर्वरंग के प्रकार

भरत-नाट्यशास्त्र के समय से आजतक पूर्वरंग की परम्परा आंचलिक रंगमंच में जिस तरह प्रवाहित होती रही है, वह निश्चय ही आश्चर्य का विषय है। भरत ने रंगपूजन और पूर्वरंग का जो भेद किया है, वह आंचलिक नाट्यों में स्पष्ट तो नहीं है। फिर भी, उसमें कुछ ऐसी विशेषताएँ हैं, जो अभी तक मौलिक रूप से दृष्टिगत होती हैं। केरल के कूटियाट्टम् में पहले मृदंग-वादन होता है, तदुपरान्त नान्दी-श्लोक के बाद मंच पर पवित्र जल छिड़का जाता है। उसके बाद सूत्रधार विशेष भंगिमा में, जिसे 'क्रियाचवट्टु' कहा जाता है, नृत्य करते हुए रंगस्थली पर जाता है और कुछ पदों का पाठ करता है। उसके बाद मुख्य विषयवस्तु की स्थापना होती है। स्थापना के अर्थ हैं मुख्य पात्रों का परिचय देना। उसके बाद विदूषक दर्शकों के सामने पुरुषार्थ का वर्णन करता है और प्राचीन धर्म, अर्थ, काम और मोक्ष के स्थान पर विनोद, वंचना, अशन और राजसेवा को पुरुषार्थ बताता है। इसके पश्चात् ही मुख्य नाटक प्रारम्भ होता है। हाल तक ही इस सम्पूर्ण पूर्वरंग में पाँच दिन लग जाते थे।

ऐसा जान पड़ता है कि कूटियाट्टम् में विदूषक और सूत्रधार को अपना कौशल दिखाने के लिए पूर्वरंग पर इतना समय दिया जाता है। असम के अंकिया नाट में भी

शायद वहाँ की आदिम जातियों के कलाकारों को प्रोत्साहन देने के लिए, शंकरदेव ने प्रारम्भ में मृदंग-वादन पर इतना जोर दिया। मैंने अंकिया नाट का जो पूर्वरंग देखा था, उसका विवरण मैं अन्यत्र प्रस्तुत करूँगा।

इन दो प्रकार के पूर्वरंगों के अतिरिक्त अन्य सभी प्रकार की नाट्यशैलियों में किसी-न-किसी देवी-देवता का पूजन प्रारम्भ में अवश्य होता है। 'भवई' में गणपति की पूजा होती है और काली की भी। 'भागवतमेल' में भी गणेश का पूजन होता है तथा महाराष्ट्र में भी। 'सांगीत' और 'बिदेसिया' में सरस्वती, दुर्गा और गणेश तीनों की स्तुति होती है। गणेश के पूजन का रहस्य यह है कि जब भरत मुनि के प्रथम नाट्य-प्रयोग में विघ्न हुआ, तब शिवजी के गणों ने जाकर उनकी रक्षा की और इसीलिए गणेश का पूजन आज तक अनिवार्य समझा जाता है। कश्मीर का 'भाँडजश्न' यद्यपि मुसलमान-कलाकारों द्वारा खेला जाता है, तथापि उसमें भी प्रारम्भ में परमात्मा की वन्दना के बाद संस्कृति-मन्त्रों की नकल में कुछ पूजापाठ होता है। इस पूजापाठ में विदूषक भी कुछ परिहास करता है। पूर्वरंग का यह परिहास भरत के नाट्यशास्त्र में ही वर्णित है। नाट्यशास्त्र के पंचम अध्याय के 134वें श्लोक में कहा गया है कि सूत्रधार और पारिपार्श्विक नान्दी-पाठ के उपरान्त एक दूसरे से बातचीत प्रारम्भ करें, तभी विदूषक अकस्मात् उपस्थित होकर बे-सिर-पैर की बात छेड़ दें, जिसे सुनकर दोनों को हँसी आ जाए। पूर्वरंग में इस तरह तीनों व्यक्तियों में वार्तालाप 'त्रिगत' कहलाता है। आश्चर्य यह है कि त्रिगत-जैसी ही प्रथा पूर्णिया जिले के 'बिदापत नाच' नामक शैली में आज भी विद्यमान है। वहाँ भी प्रस्तावना के समय विदूषक इसी भाँति उल्टे अर्थवाली बात छेड़ देता है। इन अशिक्षित ग्रामीणों में नाट्यशास्त्र के नियम चालू रहे, यह इस बात का प्रमाण है कि आंचलिक रंगमंच की परम्परा बहुत प्राचीन है और विद्वान लक्षणकारों के बिना ही ये जनमानस में अनवरत प्रवाहित होती रही है।

हिमाचल के 'करियाला' की प्रस्तावना में विदूषक एक स्त्री-पात्र के साथ नाचता हुआ उपस्थित होता है। स्त्री-पात्र को 'चन्द्रावली' कहते हैं। दोनों हास्यपूर्ण मूकाभिनय करते हैं और गान-मंडली के सहगान को मुद्राओं से प्रत्यक्ष करते हैं। उत्तरप्रदेश के नक्कालों के पूर्वरंग में विदूषक एक दूसरे नट को घोड़ा बनाकर लाता है और दर्शकों को अपने नायाब घोड़े के गुणों से परिचित कराता है। जैसा अंग्रेजी-नाट्य के विद्वान जानते हैं, पाश्चात्य देशों में भी विदूषक घोड़े को लेकर नाना प्रकार के अश्लील मजाक करता है, जिससे अंग्रेजी में एक मुहावरा चल पड़ा है--'हॉर्स प्ले।'

पूर्वरंग में वाद्य-वादन, स्तुति और परिहास के अतिरिक्त चौथा अंग होता है मंच की तैयारी की रस्म। नाट्यशास्त्र में सूत्रधार द्वारा मंच पर पवित्र जल के छिड़के जाने का विधान है। मध्यप्रदेश में माँच के प्रारम्भ में एक भिश्ती आता है और अपने वंश की कथा कहने के बाद मशक से जल छिड़कने का अभिनय करता है। उसके बाद फर्राश आता है और उसी भाँति अपनी वंशावली का गीत गाकर फर्श बिछाने का अभिनय करता है।

पूर्वरंग का पाँचवाँ और शायद सबसे महत्त्वपूर्ण अंग है प्रस्तावना। संस्कृत-नाटकों में नाटक की विषयवस्तु-सम्बन्धी प्रस्तावना सूत्रधार और नटी के संवाद के रूप में होती है। उत्तर कर्नाटक के 'दोड्डाता' में यही संवाद प्रधान गायक, यानी भागवतर और सारथी के बीच होती है। दक्षिण के इस नाट्य में सारथी और उत्तर के नक्कालों में घुड़सवार का पूर्वरंग में उपस्थित होना किसी अज्ञात, किन्तु एक ही परम्परा का द्योतक है। माँच में नाटक की घोषणा (जिसे नाट्यशास्त्र में 'प्ररोचन' कहा गया है) चोपदार द्वारा की जाती है। तमिलनाडु के भागवतमेल से पात्रों का परिचय सूत्रधार और विदूषक (जिसे कट्टियक्करण कहते हैं) के बीच चटपटे संवाद द्वारा दिया जाता है। उत्तरप्रदेश के मुजफ्फरनगर की नकल-शैली में प्रमुख पात्र एक-एक करके अपना परिचय देते हैं और तदुपरान्त खलीफा सम्पूर्ण नाटक की विषयवस्तु का परिचय देता है।

पूर्वरंग के उद्‌देश्य

परम्पराशील नाट्य के पूर्वरंग के इस संक्षिप्त विवरण में यह प्रतीत होता है कि पूर्वरंग के दो प्रमुख उद्‌देश्य इन कलाकारों को प्रेरित करते हैं। पहला तो यह कि पूर्वरंग के विभिन्न प्रदर्शनों द्वारा दर्शन-समाज को जुटाया जाता है, उनमें उत्सुकता उत्पन्न की जाती है। दूसरा यह कि पूर्वरंग उन सभी सहयोगियों, शिल्पियों, श्रमिकों इत्यादि के प्रति रोचक ढंग से कृतज्ञता-ज्ञापन होता है, जिनके कारण रंग-प्रदर्शन सम्भव हो जाता है। जैसे, आजकल सिनेमा में, प्रारम्भ में 'क्रेडिट' दिखाए जाते हैं और उन लोगों का उल्लेख होता है, जिन्होंने फोटोग्राफी, गान, डॉइरेक्शन इत्यादि में सहायता की, उसी भाँति परम्पराशील नाट्य में सारथी, भिश्ती, फर्राश से लेकर गायक, वादक, नर्तक और विदूषक तक का भी परिचय दिया जाता है। अन्तर इतना है कि इन परम्परागत नाट्यों में कलाकार और सहयोगी गुमनाम रहते हैं, उनके व्यवसाय का ही उल्लेख होता है। अगणित गुमनाम कलाकारों के कंठ और स्वरों में अलंकृत इस विनीत नाट्य-शैली का प्रथम गगनव्यापी निर्घोष प्रेक्षक-समाज में उल्लास की तरंगें उद्वेलित कर देता है। इस पूर्वरंग का प्रतीक है मृदंग। मृदंग भारतवर्ष की आर्येतर आदिम जातियों का प्रतीक है। जब मृदंग पर थाप पड़ती है, तब मानो धरती झूम उठती है और आदिम पृथ्वीपुत्र को आह्वान मिलता है। मेरा अनुमान है कि भरत मुनि ने नाट्य की योजना में आर्य-संस्कृति और आदिम जातियों की कला का सामंजस्य स्थापित किया और पूर्वरंग के विभिन्न अंग इस सामंजस्य के स्वरूप हैं। पूर्वरंग में मृदंग को जो विशेष स्थान दिया गया है, वह आर्यजातियों द्वारा आदिम जातियों के कला और कौशल का अभिनन्दन है।

3. चयनिका

कुछ रंग-प्रदर्शनों की झाँकियाँ

परम्पराशील नाट्यों का दर्शक, दर्शक-मात्र नहीं होता, वह तो उस उत्सवपूर्ण वातावरण का अंग बन जाता है, जो नट, गायक और वाद्यकार अपने कला-कौशल से उत्पन्न कर देते हैं। वह झूमता ही नहीं, कभी-कभी बोल भी उठता है; विभोर ही नहीं होता, कभी-कभी स्वयं नट बन जाता है। मैंने अनेक ग्रामों में परम्पराशील नाट्याभिनय देखे हैं। किन्तु अन्य मध्यवर्गीय, नागरिक सभ्यता-पोषित लोगों की भाँति मेरे भी संस्कार ऐसे हैं कि उस उल्लासपूर्ण वातावरण का अंग नहीं बन सका, दर्शक ही बना रहा, उनमें घुल-मिल नहीं पाया, पर्यवेक्षक की भाँति झिझक और शिष्टता की जंजीरों में बँधा रहा। किन्तु, इस परिस्थिति से एक लाभ मैंने उठाया : तटस्थ रहकर मैं उन अभिनयों की विशेषताओं को गौर से देख सका, उनके बारे में कुछ ऐसी सामग्री तुरन्त ही लिख सका, जो प्रायः ग्रन्थों में उपलब्ध नहीं।

सन् 1944 ई. में एक बार उत्तर बिहार के हाजीपुर-सबडिवीजन के एक गाँव में दौरा करते समय अकस्मात् मुझे हरिजनों की बस्ती में 'जालिमसिंह' नामक ग्रामीण नाट्य का प्रदर्शन देखने को मिला। उसके अपरिष्कृत बहिरंग के बावजूद मेरे ऊपर उक्त कथानक की सामाजिक चेतना और गान-पद्धति की प्रेषणीयता का गहरा प्रभाव पड़ा और इस तरह परम्पराशील नाट्यों के प्रति मेरे मन में वह जिज्ञासा जागरित हुई, जिसने आजतक मेरा पीछा नहीं छोड़ा है। उसके बाद मैंने देश के विभिन्न भागों में आंचलिक नाट्यों के अभिनय देखे और उन पर नोट्स लिखे। पर, अठारह वर्ष बाद, सन् 1962 ई. के ग्रीष्म में, मसूरी में कुछ इसी तरह मुझे पुनः एक अनौपचारिक प्रदर्शन में अनामन्त्रित प्रेक्षक बनने का अवसर मिला और हाजीपुर के उस अनुभव की याद ताजी हो गई। हमलोग मसूरी में थे और किसी थियेटर में लखनऊ से आई हुई एक शहरी पार्टी द्वारा प्रस्तुत आधुनिक शैली का नाटक देखने गए हुए थे। उस नाटक की कृत्रिम शैली में न तो आधुनिक नाटकों का गतिमय समावेश था और न परम्परा के रंग। मन उचाट हो गया और हम लोग माफी माँगकर बाहर निकल आए। मध्यरात्रि हो चुकी थी, हवा में थोड़ी सिरहन थी, किन्तु मसूरी की मालरोड का वायुमंडल शाम को घूमनेवाले बने-ठने पुरुषों और नारियों की निरर्थक वाणी के कोलाहल से छुटकारा पाकर निर्मल हो गया था। सहसा दूर से घाटियों और कन्दराओं में से आती हुई किसी अनजानी पुकार की भाँति ढोलक की आवाज सुनाई पड़ी। मैं अपने मित्रों से विदा माँगकर उस ध्वनि के

सूत्र का सहारा लेकर एक चौक में जा पहुँचा, जहाँ मसूरी के कुलियों, रिक्शावालों, नौकरों, होटल के बेयरों इत्यादि के बड़े दर्शक-समूह से घिरी हुई एक साँग-मंडली मस्त होकर अभिनय कर रही थी। थियेटर के घुटे-घुटे-से वातावरण और कृत्रिम रंगविधान के बाद उस सादगी ने मुझे मोह लिया। न कोई सीन-सीनरी, न कोई मंच, वाद्यों के नाम पर ढोलकी और हारमोनियम, पोशाक भी बहुत कम, मानो दर्शकों में से ही कुछ लोग अपने यथार्थजीवन को नाटक का रूप दे रहे हों। नाटक में कौतुक और नीति का विलक्षण मिश्रण था। एक सोलह बरस की कन्या के लिए किसी बीस वर्षीय वर की तलाश हो रही है, विदूषक सलाह देता है—क्यों न दस-दस बरस के दो वर खोज लिए जाएँ ! बाद में कन्या का पिता जब भावी वर का टीका करने जाता है, तब वही विदूषक अत्यन्त गरिमापूर्ण स्वर में व्याख्या करता है—"सुनो ! टीके तीन तरह के होते हैं। एक तो वह टीका, जो भगवान के मन्दिर में पूजा के बाद तुम अपने मस्तक पर लगाते हो। दूसरा वह, जो विवाह के पूर्व कन्या की ओर से भेंट इत्यादि के साथ मंगलसूचक चिह्न तुम्हारे माथे पर लगाया जाता रहा है। और, तीसरा वह, जो किसी दुष्कर्म के फलस्वरूप समाज के अदृश्य हाथों से ऐसी स्याही में लगता है, जो छुड़ाए नहीं छूटता, वह है कलंक का टीका ! और भाई मेरे, उस टीके से हमेशा बचना !"

रिक्शावालों के बीच खड़े होकर जब मैंने यह व्याख्यान सुनी, तब आंचलिक नाट्य के सामाजिक सामर्थ्य से प्रभावित हुए बिना नहीं रहा गया और मुझे लगा कि हम सामाजिक चेतना के एक अत्यन्त सशक्त माध्यम की उपेक्षा करते रहे हैं।

सन् 1944 ई. में हाजीपुर में 'जालिमसिंह' के खेल और सन् 1962 ई. में रिक्शावालों के मनोरंजनार्थ वह साँग—इन दो तटों के बीच मेरे अनुभवों की जो धारा बहती रही है, उसकी दो-चार हिलोरों का स्पर्श पाठकों को कराने का प्रयास करूँगा।

पौराणिक रंगशाला : कर्नाटक का 'दोड्डाता'

कर्नाटक में धारवाड़ के निकट पौराणिक नाट्य 'दोड्डाता' का अभिनय देखने का अवसर सन् 1958 ई. के आसपास मुझे मिला। कर्नाटक में लगभग 20 दोड्डाता-मंडलियाँ हैं। मंडली के प्रमुख को 'भागवतर' कहते हैं। मंच के नाम पर एक चौकी और उसपर एक चन्दोबा था। पूर्वरंग के गणपति-पूजन और सरस्वती-वन्दना के लिए भागवतर के वन्दन-गान के साथ दोनों देवी-देवता के प्रवेश हुए। तदुपरान्त, सारथी आया ऐसी नृत्य-भंगिमा में, जिसमें अदृश्य घोड़े, लगाम और रथ का आभास होता था। सारथी भागवतर से पूछता है :

> 'काहे तुमलोग गाँव में शोर मचा रहे हो ?'
> 'शोर नहीं मचा रहे, हम तो भागवत-कथा दिखाने जा रहे हैं।'
> 'मुझे भी अपनी मंडली में शामिल करोगे ?'
> 'हाँ, हाँ, तुम्हें राजदरबार में दूत का काम दे सकते हैं।'

'पर, जो तनख्वाह मिलेगी, उसका क्या करोगे ?'

'मैं सुँघनी खरीदूँगा और यों नाक में लगाकर और इस तरह...आक् छी... छीकूँगा।'

इधर यह प्रस्तावना हो रही है, उधर अर्जुन मंच के एक कोने पर आकर समाधि-मुद्रा में बैठ जाता है। सारथी उसके पास जाकर पूछता है—"ऐ ! कौन हो तुम, काठ की तरह बैठे क्या कर रहे हो ?" अर्जुन उत्तर देता है कि वह पांडवों में विख्यात वीर अर्जुन है और भगवान शिव के लिए तपस्या कर रहा है। एक नृत्य के बाद सारथी तो मंच से चला जाता है। शिव (व्याघ्र-छाल और त्रिशूल-सहित) और पार्वती (साड़ी, मेखला और किरीट पहने) प्रवेश करते हैं। पार्वती शिव से मनुष्य-मात्र के दुख का कारण पूछती हैं, शिव अध्यात्म की व्याख्या करते हैं, दुख-सुख का रहस्य समझाते हैं। इधर गान-मंडली (जिसे दोड्डाता में 'हिम्मेल' कहा जाता है) शिवस्तुति करती है, और पार्वती की भूमिका करनेवाला नट भी उस स्तुति में सम्मिलित होता है एवं नृत्य भी करता है। मजे की बात यह कि पार्वती के नृत्य में थोड़ी देर के लिए शिव भी शामिल हो जाते हैं। पुनः संवाद, जिसमें कर्नाटक के लिंगायत-सम्प्रदाय के सिद्धान्त में शिवभक्ति की महिमा का वर्णन होता है। एक बात और। जब पार्वती शिवस्तुति का गान और नृत्य करती हैं, तब बीच-बीच में रुक-रुककर कहती हैं—"हे महादेव ! सुनिए, मैं आपकी महिमा का वर्णन कर रही हूँ।" शिव उत्तर देते हैं—"हे प्रिये कहती जाओ, मैं सुन रहा हूँ।" जान पड़ता है कि नटों को विराम देने के लिए यह प्रथा अपनाई जाती है।

पार्वती थोड़ी देर बाद अर्जुन को समाधिस्थ देखकर शिव से कहती हैं—"इस बेचारे को वरदान दीजिए।" पर, इस बीच नारद जी आते हैं—लम्बा अंगवस्त्र, जिसे 'कपिनी' कहा जाता है, एक हाथ में करताल, दूसरे में माला। अपने भजन में विष्णु के दशावतार का वर्णन करते हैं और शिव को बतलाते हैं कि अर्जुन इन्द्र-पद की प्राप्ति के लिए तपस्या नहीं कर रहा है, वरन् शिव को प्रसन्न करने के लिए।

शिव किरात का वेश धारण करते हैं और अर्जुन की ओर अग्रसर होते हैं। तभी मंच के बाहर से गान-मंडली एक वाराह का कपड़े का पुतला मंच पर फेंक देती है। अर्जुन और शिव दोनों एक साथ अपने बाण से वाराह पर निशाने लगाते हैं और दोनों ही उसके शव को हस्तगत करने बढ़ते हैं। उसके बाद आक्रोशमय संवाद, गीतों में और गद्य में भी—"हे किरात, तेरी यह धृष्टता ! जानता नहीं, मैं पांडुपुत्र वीर अर्जुन हूँ ?" द्वन्द्वयुद्ध होता है, बाहर से कुछ व्यक्ति दोनों को तीर पकड़ाते हैं, भागवतर समरगान गाते हैं—तीव्र गति, स्पष्ट ताल, जिसके अनुसार दोनों पात्र पदक्षेप करते हैं, धनुष खींचते हैं। स्वर, ध्वनि, ताल और मुद्राओं का ऐसा सामंजस्य उपस्थित होता है, मानो हम युद्धस्थल पर पहुँच गए हों। कभी-कभी दोनों योद्धा घुटने टेककर बैठे मूर्त्ति-समान (स्टेचुस्क) मुद्रा में दीखते हैं। उस छोटे-से मंच पर एक और द्वन्द्वयुद्ध का आभास (इल्यूजन) देने के ये ही तरीके थे।

अर्जुन पराजित हो जाता है और हताश स्वर के गान में कहता है—"मैंने तपस्या की एकाग्रता को भग्न किया, इसीलिए पराजित हुआ हूँ।" किरात व्यंग्यपूर्ण स्वर में

कहता है—“कौन है वह निष्क्रिय देवता, जिसकी आराधना तुम कर रहे थे ? चलो, उसे भी ठिकाने लगा दूँ।” अर्जुन तिलमिला उठता है और शिवलिंग के सामने फूल चढ़ाने लगता है। यह देखकर वह अचरज में पड़ जाता है कि इधर वह शिवलिंग पर फूल चढ़ाता है, उधर किरात के चरणों के आगे फूल गिरते जाते हैं। गान-मंडली का एक सदस्य मंच पर दर्शकों के सामने ही किरात के चरणों पर फूल डालने लगता है, पर दर्शकों के ऊपर चमत्कार का जो प्रभाव पड़ रहा है, उसमें इस बात से कोई अन्तर नहीं होता। अर्जुन को ज्ञान होता है कि उसे पराजित करनेवाले किरात स्वयं शिवशम्भु हैं। उनके चरणों पर झुककर पाशुपत अस्त्र की याचना करता है। पार्वती भी उस पर प्रसन्न होकर पीठ पर वरद हस्त रखती हैं। नाटक के अन्त में सब पात्र मिलकर मंगलमय गीत गाते हैं, जिसमें भरतवाक्य के ही समान विश्व और समाज के लिए शान्ति और कल्याण का आह्वान होता है।

इस अभिनय के बहिरंग में कुछ विशेषताएँ थीं। कथा की सन्धियों के अवसर पर सारथी और सूत्रधार मंच पर अनेक बार आए। वाद्यों का नाद प्रायः भागवतर की पंक्तियों के अनुसरण में स्वर-विस्तार करता था। नटों की हस्तमुद्राओं में वैचित्र्य था; स्त्री-पात्र हाथों को ऊपर से नीचे लाते समय एक चक्कर-सा बनाते थे, पुरुष-पात्र अपने हाथों को नीचे लटकाए रहते थे—हथेलियों को दर्शकों की ओर किए हुए। मुख्य नाटक के बीच में एक लघु प्रहसन भी था, एक महाजन के विषय में। किन्तु, प्रहसन के साथ भागवतर ने कोई गीत नहीं गाया, विदूषक (जिसे 'आडोसोगु' कहते हैं) को स्वयं ही गाना भी पड़ा और संवाद भी बोलना पड़ा।

किरातार्जुनीय की कथा माघ की कथा पर आधारित होते हुए भी कहीं-कहीं नवीन नाटकीय तत्त्वों से सम्पन्न है। वस्तुतः, किरात और अर्जुन की कथा, भारतवर्ष के विभिन्न क्षेत्रों में आंचलिक कलाकारों का प्रिय विषय रही है। मैंने 'दोड्डाता' से भी पहले हजारीबाग के गोला थाने के पास कुम्हार आदिवासियों की एक मंडली द्वारा प्रस्तुत 'किरातार्जुनीय' नृत्य-नाट्य देखा था, जिससे मैं इतना प्रभावित हुआ कि कुछ समय बाद मैंने उस मंडली को दिल्ली लोकनृत्य-समारोह में भेजा था। मेरा अनुमान है कि किरात और अर्जुन की कथा की लोकप्रियता का कारण यह है कि वह आदिम जातियों और आर्यों की संस्कृतियों के आदान-प्रदान का प्रतीक है, संघर्ष के बाद सामंजस्य और विनिमय का चिह्न है। दूसरे, इस प्रदर्शन में एक ओर तो भागवत के पौराणिक वृत्त और दूसरी ओर आदिम जातियों के सामरिक नृत्य और वाद्य-वादन को सम्मिलित करने का अवसर मिलता है।

कश्मीर का 'भाँडजश्न' अथवा 'पथ्र'

कश्मीर का 'भाँडजश्न' नामक परम्पराशील रंगशाला के नाट्यों को 'पथ्र' कहते हैं, जो संस्कृत-शब्द 'पात्र' का अपभ्रंश जान पड़ता है। भाँड तो संस्कृत भाण से ही निकला

है, यद्यपि पथ्र परिहासपूर्ण होते हुए भी संस्कृत के भाणरूपक से भिन्न है। श्रीनगर से 16 मील दूर वहथोर नामक ग्राम में मैंने मुसलमान-कलाकारों द्वारा प्रस्तुत 'दरदपथ्र' नामक नाट्य देखा। सबसे पहले हुआ पूर्वरंग, जिसमें पूजापाठ भी था, और जो संस्कृत-मन्त्रों की अनुकृति जान पड़ा। शोभायात्रा में गान-मंडली के तालों पर धीरे-धीरे चलता हुआ उत्तरप्रदेश का दरद सेनापति आता है। शरीर पर जामा, दाएँ हाथ में पल्लव (यानी बड़ा रूमाल), बाएँ में तबरजीन, जो कुल्हाड़े के ढंग का अस्त्र है। उसके पीछे-पीछे पंक्तियों में उसके सैनिक इत्यादि हैं, जो हाथों में पल्लव और हथियार लिए हुए हैं।

थोड़ी देर बाद एक कनात लिए हुए दो अनुचर आते हैं। उनके पीछे दरद देश का आक्रमणकारी बादशाह और उसकी दो प्रेमिकाएँ हैं, जिन्हें माशूका कहा जाता है। गान-मंडली उच्च स्वर में वृन्दगान करती है, और तब (बहुत कुछ उसी भाँति, जैसे कथकली में और असम के कुटियाट्टम् में) कनात हटाकर हमें तीनों प्रमुख पात्रों के दर्शन होते हैं। अनुचर कनात को ऊपर उठाकर चन्दोवा बना देते हैं। बादशाह चमकता हुआ साफा, रंग-बिरंगा कमरबन्द और कढ़ा हुआ जामा पहने हुए माशूकाओं का हाथ पकड़े आगे बढ़ता है। तब विदूषक, जिसे मसखरा कहते हैं, मस्त भंगिमा में आगे बढ़ता है, मानो बादशाह की उपस्थिति का उसे कोई भान न हो। मसखरों की वेशभूषा साधारण कश्मीरी ग्रामवासी की-सी है। हठात् बादशाह को देखकर भयाक्रान्त होकर जब वह भागता है, तब दर्शक खिलखिलाते हैं। दूसरा देहाती आता है और वैसे ही किंकर्तव्यविमूढ़ हो जाता है। उसके बाद तीसरा भी। क्रूर आक्रमणकारी के प्रभाव को दिखाने की अत्यन्त रोचक पद्धति अपनाई गई। चौथा देहाती तो अनजाने ही उस बादशाह के सामने पहुँचकर जिस तरह काँपने लगता है कि उसमें उच्चकोटि का अभिनय दीख पड़ता है।

बादशाह से डरते हुए भी ग्रामीण माशूकाओं की ओर आकृष्ट होते हैं और उनसे प्रेम करने और उन्हें चुम्बन करने की चेष्टा करते हैं। बादशाह रोष में आकर अपना कोड़ा चलाता है। क्रोध के अभिनय में वह जिस तरह अपने स्कन्ध हिलाता है, उसका कथकली में रावण के अभिनय से साम्य है। दरद बादशाह किसानों पर कोड़ा चलाता है, उन पर अत्याचार करता है, मदिरा पीकर मदहोश हो जाता है, माशूकाओं के गले और कमर में हाथ डाले झूमता है। किसान दूर से देख-देखकर टिप्पणी करते जाते हैं और जब बादशाह नशे में बिल्कुल अचेतन हो जाता है, तब वे चुपके से एक-एक करके माशूकाओं को उड़ा ले जाते हैं। कामुक बादशाह होश में आने पर अपनी प्रेमिकाओं को पाने के लिए कोड़े फटकारता है, एक-एक करके ग्रामवासियों से प्रश्न करता है। इन सवाल-जवाबों में अनेक नाटकीय तत्त्व दीखे। बादशाह ने पूछा—'मेरे माशूक को देखा है ?' किसान बोला—'माशूक कौन बला होती है ? क्या उसके शरीर है या केवल जंघा है ?' एक किसान कहता है—'मैं तुम्हारे कान में बताऊँगा कि तुम्हरी माशूका किधर है।' पर, जब अपने होंठ बादशाह के कानों के पास ले जाता है, तब ठठाकर हँसने लगता है ? क्यों ? इसलिए कि बादशाह के कानों के बाल उसके होठों में गुदगुदी पैदा करते हैं। इस तरह की भाँति-भाँति की धमाचौकड़ियों के बाद एक ग्रामीण बादशाह

को समझाता है कि एक ही शर्त पर तुम्हारी माशूका तुम्हें मिल सकती है कि तुम हम किसानों पर अत्याचार करना छोड़ दो और मेल-भाव से रहो। बादशाह लिखकर अपनी घोषणा देता है और उसे अपनी प्रेमिकाएँ वापस मिल जाती हैं। अन्त में एक सामूहिक नृत्य होता है।

कथानक तो हल्का ही था। लेकिन, कश्मीरी समाज और इतिहास की प्रवृत्तियों पर इससे प्रकाश पड़ता है। बादशाह और उसके दल के लोगों का दर्प और बनावट तथा कश्मीरी किसान की सादगी और विनोद-वृत्ति—इन दोनों का विपर्यय तरह-तरह से दरसाया गया। भाषा प्रायः कश्मीरी होते हुए भी उसमें फारसी, पंजाबी, हिन्दी और उर्दू के अनेक वाक्य थे। संवाद का आशुगुम्फन अत्यन्त सहजभावेन होता था। नट अक्सर सीधे प्रेक्षकों को सम्बोधित करते थे। यह अभिनय दिन में हुआ था। मंच नहीं था, दर्शक तीन ओर बैठे और खड़े थे।

एक ईसाई रंगशाला : 'चाविट्टु नाटकम्'

कश्मीरी मुसलमानों का यह खेल इस बात का प्रमाण है कि मजहबी बन्धनों के बावजूद राजदरबार से बाहर साधारण कलावन्त रंगशाला और नाट्य की ओर आकृष्ट हुए। लखनऊ और आगरा की नक्काल-मंडलियाँ ऐसी दूसरी विधा हैं, जिनमें मुसलमान कलाकार काम करते हैं। किन्तु, ईसाई-समाज का एक ही परम्पराशील नाट्य भारतवर्ष में प्रचलित है। वह है मलाबार का 'चाविट्टु नाटकम्।' यों, 16वीं-17वीं सदी में इटैलियन यात्री मानुची ने पांडिचेरी के पास एक चर्च में एक नाटक देखा और उसका विवरण लिख छोड़ा; किन्तु शायद वह परम्परा लुप्त हो गई। परन्तु, 'चाविट्टु नाटकम्' भी 16वीं सदी में पुर्तगाली शासकों ने मलाबार के हिन्दू-नाट्यों की स्पर्द्धा में चलाया। इसमें 'क्रूजेडो' के जमाने में जेरूसलम के पास सलादीन और यूरोप के बादशाह चार्ल्स की सेनाओं के संघर्ष का दृश्य दिखाया जाता है। पोशाक में मध्ययुगीन यूरोपीय प्रभाव स्पष्ट है। चमक-दमक और भव्यता प्रचुर मात्रा में थी। 'चाविट्टु नाटकम्' के नटों के लिए प्रशिक्षण की विशेष व्यवस्था होती है। मुझे आश्चर्य है कि इस पूर्णतः भारतीय ईसाई नाट्य-परम्परा के विषय में बहुत कम जानकारी है।

वैष्णव रंगशाला : असम का 'अंकिया नाट'

इस पुस्तक में असम के अंकिया नाट का अनेक स्थलों पर जिक्र आया है। मेरा अनुमान है कि परम्पराशील रंगशाला की सबसे अधिक सिलसिलेवार परम्परा अंकिया नाट में ही रही है। इस शैली का प्रवर्तन शंकरदेव ने बड़ी सूझ-बूझ और योजना के साथ किया और यद्यपि अब यह एक उपेक्षित शैली है, तथापि परम्पराशील नाट्य के इतिहास में इसका विशेष स्थान है।

मैंने असम-घाटी के नवगाँव नामक नगर से 8-10 मील दूर बड़दोवा नामक स्थान में शंकरदेव-विरचित 'रुक्मिणीहरण नाट' के कतिपय अंशों का अभिनय सन् 1959 ई. में देखा। मैं अंकिया नाट की रंगशाला (जिसे 'भाओनाघर' कहते हैं) का वर्णन पहले ही कर चुका हूँ। भाओनाघर में रंगस्थली के खेलों और दर्शकों के लिए आसन बिछा दिए गए थे, जिन्हें सत्र, यानी मठ के भक्त ही बुनते हैं और जिन्हें 'कठ' कहा जाता है। वहीं पर हम लोग बैठे। इस प्रदर्शन के पूर्वरंग में मुझे एक विराट् परम्परा और कलात्मकता का आभास हुआ और यह भी स्पष्ट हुआ कि महापुरुष शंकरदेव ने भरत-नाट्यशास्त्र के आदेशों को अंशतः पालन करने की चेष्टा की थी। नाट्यशास्त्र के अनुसार सबसे पहले प्रत्याहार होता है, यानी गान और वाद्यों द्वारा नाटक की भूमिका तैयार करना। पाश्चात्य रंगमंच में इसे 'प्रोलॉग' की संज्ञा दी जाती है। अंकिया नाट में यह एक विराट् प्रक्रिया है। हमने देखा कि दोहर पर बड़बायन (मुख्य वाद्यकार) और बड़गायन (मुख्य गायक) बैठे। उनके दोनों ओर गायक बैठे, जिनके हाथ में पीतल के बड़े-बड़े झाँझ थे। इन झाँझों को वहाँ 'भोताल' कहा जाता है। हमें बताया गया कि 'भोताल' एक तिब्बती वाद्य के आधार पर बनाए गए थे और इसलिए शायद इनका मूल नाम 'भोटताल' था। गायकों के पार्श्व में कुछ नगाड़े रखे हुए थे, जो मुख्य नाटकों के समय कथानक की सन्धिविशेष अंकित करने के लिए बजाए जाते थे। सामने जो लीलास्थली थी, उसमें एक दूसरे के सामने दो पंक्तियों में बायन बैठे। दर्शक की ओर उनकी पीठ थी। दोनों पंक्तियों के आगे एक व्यक्ति 'अरिया' यानी मशाल लिए हुए था। बायनों की गरदनों से खोल (जो यहाँ के विशेष प्रकार के ढोल होते है) टँगे हुए थे। हर बायन सफेद धोती, कुरता अथवा चपकन तथा सफेद पगड़ी पहने हुए था। कमर में दुशाला बँधा हुआ था, उसे 'गाठी-कापड़' अथवा 'गुसाईं-कापड़' कहते हैं। वाद्यकार अपने पैरों में नूपुर भी पहने हुए थे। हर वाद्यकार के लिए एक कठ अथवा आसन था। नृत्य प्रारम्भ होने पर वे आसन हटा दिए गए।

इन धवल श्रेणियों को देखकर सारे दर्शक-समाज में उत्सुकतापूर्ण शान्ति छा गई। बायनों ने इनके उपरान्त अपने खोलों पर जो प्रदर्शन किया, उसे 'धेमाली' के नाम से पुकारा जाता है। धेमाली ही अंकिया नाट का पूर्वरंग है। किन्तु, जिस तरह के तालों में धेमाली की रचनाएँ निबद्ध हैं, उसका ब्रज-मंडल के धमार से बहुत कुछ साम्य है। हो सकता है कि महापुरुष ने अपने लम्बे ब्रज-प्रवास में अनेक धमारों को सुनने के बाद खोल पर धेमालियों का रूप निश्चित किया। किन्तु, इसके साथ-साथ यह भी स्पष्ट है कि अंकिया नाट के ताल-वाद्यों का प्रदर्शन मूलतः असम की प्राचीन वन्य जातियों की कौशलपूर्ण ताल-परम्परा पर आधारित है। जो प्रदर्शन हमने देखा, उसमें लगभग 20 वाद्यकार थे। किन्तु, हमें बताया गया कि प्रत्येक धेमाली में 50 खोल बजानेवाले होते हैं। ऐसा प्रतीत होता है कि महापुरुष ने अपने समन्वयात्मक दृष्टिकोण से इन नाट-योजनाओं में वन्य तथा अर्द्ध-वन्य जातियों की लोककला को भी समाविष्ट करने की

चेष्टा की। असम की इस नाट-परम्परा के बराबर अन्य किसी नाट्य-परम्परा में खोल-वादन को इतना महत्त्व नहीं दिया जाता। धेमाली जन-जीवन के विराट् तत्त्व का महान स्वरूप है।

सहसा नगाड़े पर संकेत हुआ। इस संकेत को सुनते ही बायनों की दोनों पंक्तियाँ उठ खड़ी हुईं और फिर थापना की ओर (जहाँ श्रीमद्भागवत की प्रति स्थापित थी) ये लोग बढ़े और बहुत ही गम्भीर गति से खोलों पर निनाद प्रारम्भ हुआ। श्रीमद्भागवत के प्रति इस भाँति आराधना प्रारम्भ करने के बाद बायन-मंडली उस तरफ मुड़ी, जहाँ सत्र, यानी मठ के प्रमुख बैठे थे। इस गति को गुरुधाप अथवा गुरुघेटा कहते हैं। श्रीमद्भागवत की आराधना तथा गुरु की अभ्यर्थना दोनों करते समय बायन-मंडली के सभी वाद्यकार एक साथ अपने दाहिने हाथ का स्पर्श करते थे।

धेमाली, यानी सामूहिक खोल-वादन एवं गान में विशेष क्रमानुसार कई रचनाएँ (हिन्दुस्तानी संगीत-पद्धति में जिन्हें बंदिश कहा जाएगा) प्रस्तुत की जाती हैं। हमारे सामने जो धेमाली प्रदर्शित हुई, उसमें पहली रचना थी 'कारू धेमाली' अथवा 'सारू धेमाली'। यह विलम्बित गति में एक लघु रचना थी। तदुपरान्त, 'बड़ धेमाली' बड़ी प्रभावशाली और गम्भीर गति में बजाई गई। तीसरी रचना का नाम था 'घोषा धेमाली', जिसमें राग सलोनी में एक वृन्दगान भी निबद्ध था। द्रुत गति का प्राधान्य था और चरमोत्कर्ष भी। घोषा वस्तुतः कीर्तन हैं, जिनको शंकरदेव के शिष्य माधवदेव ने रचा, और जिन्हें 'नाम-घोषा' भी कहते हैं।

पहले कहा जा चुका है कि वाद्यकारों की पंक्तियों के एक सिरे पर एक व्यक्ति 'अरिया' यानी मशाल लेकर खड़ा हुआ था, मानो बायनों को रास्ता दिखाता हो। घोषा धेमाली के बाद वह व्यक्ति चला गया, मानो मार्ग-प्रदर्शन की आवश्यकता नहीं रही। घोषा के उपरान्त 'मुड़ाखोला' नामक चमत्कारपूर्ण प्रदर्शन हुआ। बड़बायन, यानी प्रमुख वाद्यकार लीलास्थली के केन्द्र में आया। लगभग दस खोल उसके चारों ओर भिन्न-भिन्न ढंग से रखे गए, कुछ को तो तीन-चार व्यक्ति लटकाए हुए थे। इन सभी खोलों पर बड़बायन ने बड़ी सफाई, कौशल और तीव्रगति से वादन किया और उसके लाघव को देखकर दर्शक-समाज चकित रह गया। इस पर मठ के सत्राधिकारी ने बड़बायन को पुरस्कार-स्वरूप एक निर्माल्य और एक कलापूर्ण पुनीत वस्त्र दिया। मुख्य गायक, यानी बड़गायन को भी इसी प्रकार का पुरस्कार दिया गया और अन्य सभी बायनों और गायनों को भी निर्माल्य दिए गए।

उसके बाद सभी बायन (वाद्यकार) शरासन में बैठे और अपने-अपने खोल को उन्होंने खड़ा कर दिया, तबले की तरह। कई चित्ताकर्षक रचनाएँ त्वरित गति से उन्होंने उसी भाँति बैठे हुए प्रस्तुत कीं। अन्त में 'नवधेमाली' नामक रचना में बायनों ने एक चक्राकार नृत्य किया और नृत्य के साथ-साथ वे लोग खोल भी बजाते रहे।

मुझे बताया गया कि हमारी सुविधा के विचार से धेमाली केवल 45 मिनट तक ही प्रदर्शित की गई, वरना दो घंटे से कम की अवधि में धेमाली का सम्पूर्ण और विधिवत्

प्रदर्शन नहीं हो सकता। धेमाली में दो विशेषताएँ थीं। एक तो खोल बजाने के साथ-साथ उन्हीं हाथों से बायन लोग नाना प्रकार की हस्तमुद्राएँ भी दिखाते थे। ये मुद्राएँ निश्चय ही **हस्तमुक्तावली** में दिए गए निर्देशनों के अनुसार थीं। दूसरे बायनों के पैरों में बँधे नुपूर बराबर तालों के संकेत दे रहे थे, उन्हें अलंकृत कर रहे थे। तालनृत्य का ऐसा सम्मोहक सामूहिक स्वरूप हमने अन्यत्र नहीं देखा। धेमाली का यह कार्यक्रम दूर-दूर से दर्शकों को आमन्त्रित तो करता ही है, जो लोग मंडप में आ गए, उनकी चित्तवृत्तियों को मूल नाटक के लिए सावधान कर देता है। वातावरण के निर्माण में धेमाली का वही स्थान है, जो पाश्चात्य 'ओपेरा' में 'ओवर्चर' का।

इसके बाद मुख्य अभिनय प्रारम्भ हुआ। रंगस्थली से बायनों का समूह चला गया और वे गायनों के पीछे जाकर बैठ गए। गायन-बायन के बाईं ओर जहाँ 'छघर' (नेपथ्य-गृह) था, दो व्यक्ति लकड़ी का एक सुचित्रित तोरण या मेहराब लेकर खड़े हो गए। तोरण के नीचे दो और व्यक्ति एक पर्दे को फैलाकर खड़े हुए। यही पर्दा 'आड़-कापड़' था, जिसका उल्लेख हम पहले कर चुके हैं। तोरण पर कई मशालें एक साथ जला दी गईं और ऐसा प्रतीत हुआ कि किसी मेहराब में ऊपर लपटों की पाँत लगा दी गई हैं। पर्दे के पीछे से एक संस्कृत-स्तोत्र सुन पड़ा और उसके बाद पर्दे को अपने हाथों से एक ओर हटाकर सूत्रधार सामने आया। जिस समय सूत्रधार पर्दे से बाहर होकर तोरण के नीचे से गुजर रहा था, उस समय तोरण पर जलाई गई मशालों या अरिया की उपयोगिता प्रकट हुई। प्रथम प्रवेश के समय ये ज्योतिपुँज पात्र की आकृति, भाव-भंगिमा और 'मेकअप' इत्यादि को सारे दर्शक-समाज के लिए प्रदीप्त कर देते हैं। यह एक तरह का ज्योतित परिचय है और प्रधान पात्र-पात्रियों के लिए ही इसका विधान है। इस ज्योतित तोरण को 'अग्निघेर' कहते हैं। जान पड़ता है कि लोक-नाटकों के पात्रों के निकट मशाल लेकर खड़े होने की जो पद्धति थी, उसी का कलात्मक रूप है 'अग्निघेर'।

सूत्रधार नृत्य करते हुए रंगस्थली की ओर बढ़ा। सूत्रधार की वेशभूषा इस नाट्य-पद्धति की प्राचीनता का द्योतक है। नीचे मध्ययुगीन लहँगे के ढंग का लहरेदार वस्त्र था, जिसे 'घूरी' कहते हैं। इसका रंग सफेद था। ऊपर गुलाबी रंग का एक जामा था--जामे की आस्तीन लम्बी ढीली थी। इस जामे को 'गाठी-सेला' कहते हैं। कमरबन्द को 'गाठी-कापड़' कहते हैं। सिर पर एक रंगीन पगड़ी थी। यह पोशाक शंकरदेव के समय से ही अपरिवर्तित है और इन नाटकों में सूत्रधार के महत्त्व की सूचक है।

सूत्रधार के लीलास्थली में आते ही गायन-बायन ने नान्दी-पाठ प्रारम्भ कर दिया। नान्दी के विभिन्न अंशों—देवी-देवताओं के स्वरूपों और उनके क्रिया-कलापों को सूत्रधार अपनी हस्तमुद्राओं द्वारा प्रदर्शित कर रहा था। मुद्राओं का अत्यन्त रोचक और सजीव प्रयोग नान्दी-पाठ के बाद 'भटिमा' में सूत्रधार ही करता है। भटिमा एक तरह का स्तवन है और इसका पाठ लयपूर्ण तो होता है, किन्तु प्रायः रागनिबद्ध नहीं। इसमें नाटक के नायक, यानी श्रीकृष्ण के पराक्रम और उनकी लीलाओं का प्रशंसात्मक वर्णन था। सूत्रधार

बोलता भी था और परम्परागत और शास्त्रोक्त ('हस्तमुक्तावाली' के अनुसार) मुद्राओं का भी प्रयोग करता था। श्रोताओं और दर्शकों से बोलते समय तो वह दाहिनी भुजा की कोहनी को बाईं हथेली पर टेककर दाहिने हाथ को आशीर्वाद-मुद्रा में हिलाता था।

इसके बाद थोड़ी देर के लिए कई वाद्य एक साथ बजाए गए और सूत्रधार ने संगी से पूछा कि 'हे संगी कौन वाद्य बज रहा है।' संगी ने उत्तर दिया कि 'देवदुंदुभी बजती है।' सूत्रधार ने घोषित किया कि तब तो स्वयं परमेश्वर श्रीकृष्ण पधारते हैं। हमने देखा कि सूत्रधार के पास कोई संगी नहीं खड़ा हुआ था। बाद में हमें बताया गया कि बड़गायन ही इस प्रश्नोत्तरी में संगी के रूप में हिस्सा लेता है, वह अपने स्थान से उठता नहीं है, वहीं बैठे-बैठे बोलता रहता है। यहाँ दो विशेषताएँ द्रष्टव्य हैं : एक तो यह कि संस्कृत-नाटकों की नटी के स्थान पर पुरुष 'संगी' का विधान किया गया है। दूसरे यह कि वाद्यों के प्रखर वादन से नायक और नायिका के आगनम की सूचना दी जाती है। इस तरह सूत्रधार और प्रमुख नायक तथा उसके माध्यम से नेपथ्यगृह के बीच तारतम्य रहता है। सूत्रधार ने नायक के प्रवेश के विषय में इसके अतिरिक्त एक विरुदपूर्ण घोषणा की और कहा कि 'सभासद लोग, जिन श्रीकृष्ण का स्तवन मैंने किया है, वे इस सभा में पधारते हैं, उनकी लीलाओं को शान्त रहकर देखो और सुनो।' हमने देखा कि सूत्रधार इस भाँति दर्शकों पर अनुशासन भी रख पाता था और बार-बार दत्तचित्त होकर देखने और सुनने का अनुरोध करके उनका ध्यान कथा की ओर खींच पाता था।

श्रीकृष्ण के आगमन के लिए उसी तरह 'अग्निघेर' और 'आड़-कापड़' की व्यवस्था हुई, जैसे सूत्रधार के प्रवेश पर हुई थी। उद्धव का हाथ पकड़े श्रीकृष्ण लीलास्थली की ओर बढ़े। कृष्ण लाल रंग की धोती और कुरता पहने थे, सिर पर मुकुट और वक्ष पर 'तंगाली' नामक रंग-बिरंगा और सुन्दर अंगवस्त्र कसा हुआ था। हाथ भी लाल रंग में रँगे थे और एक हाथ में चक्र था। नूपुर भी पहने थे। लीलास्थली में आते समय कृष्ण (और उनके साथ उद्धव) ने 'प्रवेश-नृत्य' किया और उस नृत्य के साथ-साथ गायन-बायन ने उनकी महिमा में गीत गाया। गीत में जिस रूप, भंगिमा इत्यादि का वर्णन था, उसे कृष्ण और उद्धव नृत्य-मुद्राओं द्वारा प्रकट कर रहे थे—'नटवर बैसे', 'बदनइन्दु रुचि ईसत हासा', 'नयन पंकज', 'भुज लम्बित जानु' इत्यादि।

इस नृत्य के बाद सूत्रधार (जो गायन-बायन के निकट बैठ गया था) पुनः आगे आकर बोला कि 'हे सभासद लोग, इस प्रकार श्रीकृष्ण प्रवेश करके एक तरफ (एक पासहुया) विराजमान हो गए। अब तुम लोग रुक्मिणी का प्रवेश देखो और सुनो।' श्रीकृष्ण और उद्धव एक-दूसरे का हाथ पकड़े हुए आगे बढ़े और लीलास्थली के एक किनारे एक चौकी पर, जिसपर छोटा-सा मंडप तना था, बैठ गए। यह मंडप द्वारका के राजभवन का सूचक था और इसके आगे एक गदाधारी द्वारपाल भी खड़ा हो गया। इस मंडप के ढंग के तीन और मंडप थे। एक तो भीष्मक की राजधानी कुंडिनपुर में राजदरबार का द्योतक था, दूसरा उन्हीं के रनिवास का और तीसरा भवानी-मन्दिर का। सूत्रधार

ने फिर संगी से पूछा—'कौन वाद्य बजा ?' उत्तर मिला—'देववाद्य।' सूत्रधार ने रुक्मिणी के सखियों-सहित आगमन की घोषणा की। पुनः वही अग्निघेर और आड़-कापड़ तथा प्रवेश नृत्य और गायन-बायन द्वारा प्रवेश-गीत। रुक्मिणी के साथ तीन सखियाँ थीं। वे मेखला पहने थीं (कमर के नीचे के अंगों को ढकनेवाली असमिया साड़ी) और ऊपर कंचुकी और चादर। सोने-चाँदी के अलंकार और चूड़ियाँ भी थीं। दोनों ही प्रवेश नृत्यों में सख्य-भाव दीख पड़ा। रुक्मिणी सखियों-सहित रनिवासवाले मंडप में बैठ गई।

सूत्रधार ने कथासूत्र को आगे बढ़ाते हुए सुरभि नामक भिक्षुक भाट के कुंडिनपुर से द्वारका आने की सूचना दी। भाट साधारण व्यक्ति था, अतः इस प्रवेश के साथ 'अग्निघेर' और 'आड़-कापड़' की व्यवस्था नहीं थी। भाट लाल पगड़ी और पीली धोती पहने हुए था और एक हाथ में कमंडल और दूसरे में कागज का बना छाता लिए हुए था। उसकी वेशभूषा और भाव-भंगिमा में समसामयिक यर्थाथता थी, जबकि प्रमुख पात्र-पात्रियों में परम्परा का अनुसरण। इस तरह एक ही परिस्थिति में दो विभिन्न रसों का संचार जान पड़ता। सुरभि भाट ने श्रीकृष्ण को अपना परिचय दिया और दोनों के बीच लघु संवाद के बाद सुरभि ने रुक्मिणी के रूप-गुण-वर्णन का पाठ किया। ऐसे पाठ को 'भटिमा' कहते हैं। हमने देखा कि कृष्ण-सुरभि का संवाद गद्य में था और 'भटिमा' पद्य में। संवाद का उच्चारण लय के साथ किया जाता था और हर तीन-चार शब्दों के बाद लघु विराम था और वाक्य समाप्ति पर दीर्घ विराम। मेरा अनुमान है कि इस उच्चारण-पद्धति द्वारा प्रत्येक शब्द श्रोताओं पर स्पष्ट हो जाता था, यद्यपि यह लयात्मकता अस्वाभाविक जान पड़ती थी। भटिमा छन्दोबद्ध होते हुए भी गाई नहीं जाती। काव्यगुण हृदयग्राही थे ('बन्दुलि अधिक अधर करु कांति। ओतिम मोतिम दसनक पांति'।) और श्रीकृष्ण जिस भाँति इस वर्णन को सुनकर विह्वल हुए, उसमें रसनिष्पत्ति के अनेक तत्त्व, संचारी, व्यभिचारी, भावानुभाव इत्यादि की प्रगति दीख पड़ी।

इसी भाँति सूत्रधार की घोषणा के बाद द्वारका के कुंडिनपुर-रनिवास में दूसरे ब्राह्मण भाट हरिदास का आगमन दिखाया गया और रुक्मिणी के सामने श्रीकृष्ण का रूप-गुण वर्णन। रुक्मिणी ने श्रीकृष्ण के प्रेम में विह्वल होकर जो गीत गाया, उसमें विरहोत्कंठिता नायिका के लक्षण स्पष्ट थे। सखियों के साथ वार्तालाप लय के साथ कहा गया, न कि स्वाभाविक वार्तालाप की तरह। वस्तुतः, प्रायः सभी गद्य वार्तालाप की शैली में कहे गए—एक-एक शब्द स्पष्ट, हरेक वाक्य कुछ पदों में विभक्त और हर पद के बाद लघु विराम।

सूत्रधार ने आगे आकर सूचना दी कि कुंडिनपुर के नरेश भीष्मक पधारते हैं। राजा भीष्मक और रानी शशिप्रभा का प्रवेश उन दोनों के पद और आयु के अनुकूल था। उन लोगों ने नृत्य नहीं किया, वरन मन्थर और राजोचित गति से आगे बढ़े। भीष्मक की वेशभूषा थी धोती, लम्बी चपकन, जिसपर सलमे-सितारे का काम था, तथा राजसी पगड़ी। साथ में ज्ञातिलोग (अर्थात्, राजा के पार्षद) भी आए। संवाद में राजा और राजमहिषी ने रुक्मिणी का विवाह श्रीकृष्ण से करने का निश्चय प्रकट किया। रुक्मिणी

की सखी लीलावती पास खड़ी थी और फिर वह रनिवास के मंडप में गई और यह शुभ समाचार रुक्मिणी को सुनाया। सूत्रधार ने कहा कि आप लोग देखिए कि इस समाचार को सुनकर कैसे आनन्दमग्न हो रुक्मिणी नृत्य करती हैं। उसी रंगस्थली के एक ओर राजसभा और पार्श्व में रुक्मिणी का सोल्लास नृत्य और गान हुआ।

सूत्रधार की घोषणा के बाद भीष्मक के पुत्र रुक्म का प्रवेश हुआ। उसकी प्रवेश-भंगिमा और चाल बिल्कुल भिन्न थी। वह जमीन पर जोर-जोर से पदाघात करता हुआ अपने खड्ग को हिलाता हुआ आया। स्पष्ट है कि पात्र की चारित्रिक विशेषताओं के अनुसार प्रवेश-मुद्राओं का निर्धारण अंकिया नाट-पद्धति का महत्त्वपूर्ण अंग है और उनके द्वारा विभिन्न रसों का संचार सहज ही हो जाता है। रुक्म का दर्प उसकी कर्कश वाणी और उद्दंड चेष्टाओं में लक्षित था। पिता-पुत्र का संवाद और स्वयंवर का निश्चय—इसे सुनकर सखी ने रुक्मिणी को दुख-समाचार दिया। उल्लासपूर्ण नृत्यगान के विपरीत विरहतापमग्ना रुक्मिणी का दूसरा नृत्य, उसकी गिर-गिर पड़ने की भंगिमा, सभी ने दर्शकों की भावभूमि को पुनः बदल दिया। आधुनिक दृष्टिकोण से विलाप-गान लम्बे और अस्वाभाविक जान पड़े, किन्तु दर्शकों पर उनका प्रभाव स्पष्ट था। रुक्मिणी की विभिन्न मुद्राओं और चेष्टाओं का वर्णन सूत्रधार बार-बार सामने आकर करता था। इधर भीष्मक इत्यादि दूसरे मंडप में बैठ गए थे। मैंने देखा कि एक ओर तो रुक्मिणी का विप्रलम्भ-गान हो रहा था और दूसरी ओर स्वयंवर के लिए आनेवाले राजाओं के लिए आसन रखे जा रहे थे।

करुण रस के प्रवाह में लघु विराम के तुल्य एक विनोदपूर्ण परिस्थिति का आरोपण हुआ। रुक्मिणी सखी से कहती है कि हमारे शुभचिन्तक वेदनिधि ब्राह्मण को बुला लाओ। यद्यपि लिखित नाटक में वेदनिधि की चारित्रिक विशेषताओं अथवा व्यवहार का कोई संकेत नहीं है, तथापि अभिनय में उसे परिहास और विनोद के माध्यम के रूप में प्रस्तुत किया गया। रुक्मिणी अपनी व्यथा का वर्णन करती है उसी परम्परागत लयात्मक ढंग से; किन्तु वेदनिधि उत्तर देती है रोजाना की बातचीत के ढंग से। उसकी भंगिमा, उच्चारण, मुद्राएँ, समसामयिक जीवन से मेल खाती हैं। रुक्मिणी का वेदनिधि को द्वारकापुरी भेजना, वेदनिधि की लम्बी यात्रा, उसका श्रीकृष्ण से निवेदन, उसके कुंडिनपुर लौटने में विलम्ब, रुक्मिणी की बेताबी, विरह-वेदना और बार-बार मूर्च्छित होना—इन सारे प्रसंगों के प्रस्तुतीकरण में दो विभिन्न रसों—करुण और हास्य का अद्भुत विपर्यय ('कंट्रास्ट') दिखाया गया। कभी दर्शकों के मन में तनाव होता, कभी ढील। वेदनिधि कुंडिनपुर से द्वारका जाता है, तो लीलास्थली में एक मंडप के पाँच गज के फासिले में कई बार ऐसे चक्कर लगाता, मानो मीलों चल रहा हो और कभी दौड़ता, कभी हाँफता, कभी थकान का आभास देता। दर्शकों का खासा मनोरंजन हो रहा था।

इस बीच रंगस्थली में एक-एक करके राजा लोग स्वयंवर के लिए आए। हरेक राजा के प्रवेश का ढंग निराला था और इस प्रदर्शन में बहुत कुछ 'पैंटोमाइम' (मूकाभिनय) की झलक दीख पड़ी। वस्तुतः, चेष्टाओं द्वारा पात्र के व्यक्तित्व की

अभिव्यक्ति भारतीय अभिनय-शैली का विशेष अंग है।

यहाँ सम्पूर्ण कथानक का विवरण करना तो अनावश्यक होगा, किन्तु प्रदर्शन में कुछ स्थल मनोरंजक और उल्लेखनीय थे। श्रीकृष्ण स्वयंवर में आने के लिए राजी हो जाते हैं। मंडप से उठकर कृष्ण 'छघर' (नेपथ्य-गृह) में गए। वहाँ से कागज, कूट और कपड़े का बना हुआ रथ दर्शकों के पीछे से थापना के निकट से लाया गया है। यह चमत्कारपूर्ण प्रदर्शन (स्पेक्टेटिकल) का नमूना था और नाटक तथा शिल्पकला के परम्परागत सम्बन्ध का उदाहरण। सूत्रधार रथ की तीव्र गति का वर्णन करता है और वेदनिधि ब्राह्मण तेजी को सहन न कर सकने से अचेत हो जाने का अभिनय करता है। यह बड़ा रोचक प्रसंग था।

इधर भवानी की पूजा के लिए रुक्मिणी जाती है और पूजन भी यथावत् दिखाया गया। जब पूजन के बाद रुक्मिणी सखियों-सहित राजसभा में आई, तब उसके सौन्दर्य से विमोहित होकर राजे लोग जैसा व्यवहार करते हैं, उसका सूत्रधार वर्णन करता है और तदनुसार राजे लोग चेष्टाएँ करते हैं। वर्णन और अभिनय का यह तारतम्य कुशलता से निबाहा गया और इस प्रसंग में दर्शक-समाज का मनोरंजन भी होता है। सखियों-सहित रुक्मिणी के मन्दिर और राजदरबार में जाने की गति भी एक तरह का मन्थर-नृत्य जान पड़ता है। और उस समय भी गायन-बायन गीत गाते हैं—**रंगिनी सखि संगिनी बाला। चललि जैसे चाँदकेरि कला।** इस तरह चलने के ढंग को लीलागति में चलना कहा जाता है।

सभा के बीच में से कृष्ण के रुक्मिणी को हरकर रथ की ओर ले जाने पर शिशुपाल एवं अन्य राजाओं की उत्तेजना को दिखाने के लिए वह विशाल रंगस्थली विशेष उपयुक्त थी। युद्ध का प्रदर्शन प्रभावशाली था; क्योंकि द्वन्द्वयुद्धों की चेष्टाओं के अनुसार वाद्यकार लय और ताल देते जाते थे, गायक बीच-बीच में घोर युद्ध का गीतों में वर्णन करते थे और सूत्रधार नवीन प्रसंग की घोषणा करके कथानक को आगे बढ़ाता जाता था। द्वन्द्वयुद्ध में योद्धा गोलाकार दायरे में युद्ध कर रहे थे। विजयोपरान्त रुक्मिणी के निवेदन पर कृष्ण ने रुक्म को मारा तो नहीं, किन्तु जिस भाँति उसकी दाढ़ी उखाड़कर उसके मुख पर कालिख पोती—इस प्रसंग ने रौद्र रस के बाद पुनः हास्य रस का संचार किया। तदुपरान्त रुक्मिणी-श्रीकृष्ण मिलन में शृंगार रस उमड़ा। विवाह-प्रसंग में ब्रह्मा का रुक्मिणी के सौन्दर्य से विमोहित होकर मूर्च्छित होना—यह पुनः हास्य का प्रेरक हो गया। इस भाँति रौद्र, हास्य और शृंगार रस के एक साथ संचार के फलस्वरूप कथानक में नवीनता न होने के बावजूद अनेक तालों और लयों में अभिनय की विविधता प्रतिबिम्बित थी। इस तरह दर्शक-समाज का ध्यान अभिनय-केन्द्रित रहा।

अन्त में मुक्तिमंडल का पाठ हुआ, जिसे भरतवाक्य और श्रीकृष्ण के स्तवन का सम्मिश्रण कह सकते हैं। भटिमा की भाँति ही इसका पाठ किया गया—लयात्मक काव्य पाठ, न कि तालयुक्त गान। हर चतुर्थ पंक्ति थी—**सोहि करत नित्य मुकुति तोहार;** और इस पर बायन लोग हर बार खोल पर ताल देते थे।

अभिनय के उपरान्त एक और संस्कार सम्पन्न हुआ, मुख्य अतिथि को आशीर्वाद। यह भी गायन-बायन द्वारा प्रस्तुत किया गया। मुख्य अतिथि ने सत्र के लिए भेंटस्वरूप कुछ द्रव्य दिया। तदुपरान्त, गायन-बायन ने पुनः कल्याणसूचक गीत गाया और मुख्य अतिथि को पीतल के पात्र में (जिसे 'सराई' कहते हैं) ताम्बूल दिया गया। इस तरह उस रात्रि का अभिनय समाप्त हुआ। मुझे बताया गया कि नाटक को अंशतः प्रस्तुत करना परम्परा का दंडनीय उल्लंघन है और चूँकि उस रात्रि का अभिनय सांगोपांग नहीं था, इसलिए प्रायश्चित-स्वरूप पुनः नाटक का अभिनय सुविधानुसार किया जाएगा।

मध्ययुगीन भाषा-नाटकों के रंगमंच का मूल रूप असम में इसलिए अक्षुण्ण रह सका कि वह धार्मिक परम्परा का एक अंग बन गया और सत्रों जैसी सुव्यवस्थित और बहुत कुछ सम्पन्न संस्था के संरक्षण में अभिनय का ताँता चलता रहता।

मिथिला और नेपाल की उपत्यका में, जहाँ उत्तरी भारत के भाषा-रंगमंच का प्रारम्भिक उत्थान हुआ था, यह रंगमंच तब तक ही जीवित रहा, जब तक इस क्षेत्र में हिन्दू-राज्य प्रभावशाली रहे। वर्तमान दरभंगा-राज में 19वीं सदी के अन्त तक कीर्त्तनियाँ नाटकों के प्रस्तुत किए जाने का उल्लेख मिलता है। दरभंगा-राज के वर्तमान महल में एक नाट्यगृह भी है। किन्तु, इस समय न तो कीर्त्तनियाँ नाटक प्रस्तुत करनेवाली कोई सुव्यवस्थित मंडली ही है और न संरक्षण ही उपलब्ध है। 19वीं सदी के अन्त तक आते-आते यह रंगमंच अपने मूल रूप को अक्षुण्ण रख सका, यह भी संदिग्ध है। असम के मठों में रंगमंच धार्मिक प्रतिबन्धों के फलस्वरूप बाहरी सांस्कृतिक प्रभावों से अछूता रहा; परन्तु मिथिला और नेपाल में 17वीं सदी तक राज्य-संरक्षण के अन्तर्गत रंगमंच राज-दरबार की रुचि के अनुकूल परिवर्तित होता रहा होगा। जो नाट्यगृह मैंने दरभंगा-राज के महल में देखा, वह बहुत पुराना नहीं है और उस पर 19वीं सदी का पाश्चात्य प्रभाव लक्षित होता है।

अतः, मध्ययुगीन रंगमंच के स्वरूप का अनुमान हम असम के अंकिया नाटक के अतिरिक्त, उसी क्षेत्र की कतिपय स्थानीय लोक-परम्पराओं से ही कर सकते हैं। मुझे अब तक दो ही ऐसी स्थानीय लोक-विधाओं के अस्तित्व की जानकारी मिली है, जो मध्ययुगीन रंगमंच की प्रतिध्वनि मानी जा सकती हैं। एक तो नेपाल का 'कातिक नाच' और दूसरा पूर्णिया जिले के ग्रामीण अंचल का 'बिदापत नाच'। आंचलिक अथवा ग्रामीण कला की यह विशेषता रही है कि वह न तो संरक्षक राजाओं की बदलती रुचियों का ही अनुमोदन करती है और न धार्मिक प्रतिबिम्बों के कारण बाहरी प्रभावों से सर्वथा विलग रहती है। इसीलिए, उसमें पुरातन की मणियाँ भी, धूलधूसरित ही सही, मिल जाती हैं, और नए अंलकार का भी अभाव नहीं होता। यदि कमी है, तो परिष्कार, सज्जा और सुसंस्कृत साहित्य की। भोंड़े और अव्यवस्थित लोक-रंगप्रदर्शन में भी अध्येता को मध्ययुगीन रंगमंच की धरोहर के दर्शन हो सकते हैं, यह 'बिदापत नाच' के निम्नलिखित वर्णन से सिद्ध हो जाता है।

बिदापत नाच : उत्तर बिहार की अल्प-परिचित प्रदर्शन-विधा

बिहार के पूर्णिया जिले में 'बिदापत नाच' इस नाम से एक आंचलिक नाटक की परम्परा है। इसमें मध्ययुगीन मिथिला के कीर्त्तनियाँ नाटक तथा असम के अंकिया नाट, दोनों की झलक दीख पड़ती है। मंडलियों में प्रायः किसान और मजदूर होते हैं—अधिकतर हरिजन-वर्ग के।

सन् 1960 ई. में पूर्णिया जिले के झिरवा गाँव में आकाशवाणी, पटना-केन्द्र की ओर से श्री फणीश्वरनाथ 'रेणु' ने उस गाँव की एक मंडली द्वारा प्रस्तुत 'पारिजातहरण' नामक नाटक के कुछ अंशों के रिकार्डिंग किए। उस सिलसिले में 'बिदापत नाच' की पद्धति के विषय में कई रोचक बातें ज्ञात हुईं, 'पारिजातहरण' नामक नाटक विद्यापति का लिखा नहीं, बल्कि उमापति उपाध्याय का लिखा हुआ है। मिथिला और नेपाल के कीर्त्तनियाँ नाटकों में यह काफी पुराना है और इसका रचनाकाल सन् 1325 ई. के आसपास माना जाता है। 'पारिजातहरण' के ही नाम से महापुरुष शंकरदेव ने असम में 15वीं सदी के आसपास एक दूसरा नाटक लिखा, जो रंगमंचीय तत्त्वों में उमापति उपाध्याय के नाटकों की अपेक्षा अधिक समृद्ध है। झिरवा गाँव के जनकदास की मंडली ने जो 'पारिजातहरण' खेला, उसके लेखक का नाम वे नहीं दे सके। किन्तु, जान पड़ता है कि उसमें दोनों ही नाटकों का सम्मिश्रण है। मंच और अभिनय-परम्परा में असमिया अंकिया नाट का प्रभाव अधिक स्पष्ट है। किन्तु, चूँकि कीर्त्तनियाँ नाटक के अभिनय की कोई और परम्परा ज्ञात नहीं है, इसलिए पूर्णिया जिले की इस परम्परा में ही शायद कीर्त्तनियाँ के अवशिष्ट चिह्न विद्यमान हैं।

मंडली के नेता जनकदास हैं और अन्य उपनेता मूँगीलाल हैं और मोहनलाल। नेता को 'मूलगाइन' कहते हैं। ध्यान देने की बात है कि असमिया अंकिया नाट में भी प्रधान नायक को मूलगाइन कहते हैं। असमिया अंकिया नाट में वाद्यकार के लिए एक और शब्द है बायन। सम्भव है, यहाँ भी यह शब्द प्रचलित रहा हो। 'मूलगाइन' के साथियों को 'समाजी' भी कहा जाता है।

जिस स्थान पर पात्र अपनी सज्जा करते हैं, उसे यहाँ 'साज-घर' कहा जाता है। इसकी तुलना असमिया-नाटक के 'छघर' या 'छद्मगृह' से की जा सकती है।

नाटक प्रारम्भ होने से पहले मृदंग और खोल के ऊपर काफी देर तक सामूहिक वादन होता है। इसे यहाँ वाले 'जमीनिका' कहते हैं। 'जमीनिका' का अर्थ है भूमिका और निश्चय ही यवनिका-उत्थान में जो वाद्यवादन और गान होता है, उसी का नाम यहाँ 'जमीनिका' होगा।

'जमीनिका' के बाद नाटक के प्रारम्भ में भगवती-वन्दना और तदुपरान्त अन्य देवताओं की वन्दना होती है। भगवती-वन्दना विद्यापति-रचित है और चूँकि प्रत्येक नाटक के प्रारम्भ में यह वन्दना प्रस्तुत की जाती है, इसलिए यह जान पड़ता है कि इस प्रकार के नाटकों को गाँव में 'बिदापत नाच' कहने लगे। इस वन्दना का नेतृत्व भी

मूलगाइन करते हैं। मृदंग प्रायः मौन रहता है और शब्द बहुत स्पष्ट। सभी वन्दनाएँ वर्तमान लोकगीतों के स्तर से उच्च जान पड़ीं। भगवती-वन्दना के बाद गुरु-वन्दना और लक्ष्मी-वन्दना भी कही गई।

इसके उपरान्त, 'पारिजात नाटक' का परिचय दिया जाता है बिकटा, यानी विदूषक तथा नायक के बीच एक संक्षिप्त संवाद के माध्यम से। इस संवाद में नायक विदूषक को बताता है कि हम लोग भड़ैती करने के लिए जमा नहीं हुए हैं, बल्कि 'पारिजातहरण' नाटक दिखाने के लिए। विदूषक पारिजात को 'परजात' समझता है और कहता है तुमलोग हमारी जात बदलने के लिए आए हो ?

कुछ इसी ढंग की छेड़छाड़ के बाद 'गणेश-सुमिरन' गाया जाता है। विघ्नहरण देवता गणेशजी का स्मरण प्रायः सभी लोकनाटकों में किया जाता है—चाहे दक्षिण भारत में, चाहे उत्तर भारत में।

बिकटा को घुँघरुओं की आवाज सुनाई पड़ती है। पूछने पर नायक उसको बताता है कि राधिकाजी सखियों के साथ आ रही हैं। 'पारिजातहरण' में राधिकाजी सखियों के साथ आ रही हैं, यह कैसी अजीब बात है। नायक समझाता है कि हमारे किसी भी नाटक में रासनृत्य होना आवश्यक है और रासनृत्य राधिकाजी और उनकी सखियाँ ही कर सकती हैं। राधा और उनकी सखियाँ आती हैं और तब एक सामूहिक नृत्य के साथ दो पद, जिन्हें विद्यापति के पद कहा गया है, नृत्य के साथ-साथ गाए जाते हैं। दो पदों में से एक तो निश्चय ही विद्यापति का है। यह भी स्पष्ट है कि इन पदों का साम्य आजकल की होली और चैती धुनों से है।

यह रासनृत्य एक दूसरी प्राचीन परम्परा का अवशिष्ट चिह्न है। निस्सन्देह, जयदेव के 'गीतगोविन्द' ने जिस तरह के रासनृत्यों की परम्परा चालू की, वह विकृत रूप में ही सही, इन कलाकारों ने अपने ढंग से सुरक्षित रखी है। ध्यान देने योग्य बात यह है कि 'बिदापत नाच' में विद्यापति के नाम, जयदेव के वृन्दगान तथा असमिया-अंकिया नाट एवं मैथिली कीर्त्तनियाँ नाटक सभी का सम्मिश्रण है।

अब 'पारिजातहरण' नाटक का मुख्य कथानक प्रारम्भ होता है। कृष्ण आते हैं और उनके थोड़ी देर बाद नारद। इन दोनों के प्रवेश की कथा कविता में कही जाती है। नारद का सिर घुटा हुआ है, धोती पहने हुए हैं और हाथ में छिपाकर पारिजात का फूल लिए हुए हैं। कृष्णजी के पीछे-पीछे जरी की साड़ी पहने हुए रुक्मिणीजी का प्रवेश होता है। पद्य के बीच-बीच में गद्य में संवाद चल पड़ता है।

कृष्ण पूछते हैं कि किस कारण हमारे चारों ओर एक दैवी सुगन्ध फैल गई ? नारद हाथ खोलते हैं और अपने हाथ में छिपाए हुए पारिजात के फूल को सामने कर देते हैं। पारिजात की प्रशंसा में सामूहिक गीत गाया जाता है। नारद कृष्णजी को फूल अर्पित कर देते हैं। कृष्ण पूछते हैं कि यह फूल किसे दूँ। नारद का उत्तर है कि फूल लेने के लिए तो सत्यभामा जी ने कहा था, किन्तु चूँकि रुक्मिणीजी यहीं मौजूद हैं, तो फूल क्यों न उन्हीं को दे दिया जाए।

कृष्ण पारिजात-पुष्प को रुक्मिणी के हाथ में दे देते हैं।

रुक्मिणी अपने को धन्य मानती है। गीतों के सहारे कथा आगे बढ़ती है। इधर लीलास्थली पर सत्यभामा की दासी जाती है और उसके कानों में भनक पड़ती है कि पारिजात-पुष्प रुक्मिणी को दे दिया गया है।

रुक्मिणी शब्द का उच्चारण 'रुकुनि', इस रूप में किया गया है। ध्यान देने योग्य बात यह है कि असमिया नाटक के कुछ गीतों में भी 'रुकुनि' रूप का ही व्यवहार होता है।

सत्यभामा का प्रवेश और कुछ झिझक के बाद, मन्थरा की भाँति दासी, सत्यभामा को पूरी कथा सुनाती है और उसके कान भरती है।

सत्यभामा क्रुद्ध होकर नारद को बुलाने को कहती है। नारद पहले से ही मौजूद हैं और कहते हैं कि यह सब कृष्ण की नासमझी है। पारिजात उन्हें रुक्मिणी को नहीं देना चाहिए था। सत्यभामा कोप-भवन में चली जाती है।

कृष्ण का प्रवेश और नारद का उन्हें सारी कथा सुनाना। नारद कहते हैं कि यह फूल आप सत्यभामा को दे दीजिए। वे कोप-भवन में पड़ी हैं। कृष्ण रुक्मिणी की ओर देखते हैं। रुक्मिणी कहती हैं कि हे मुरारि, मैं हरगिज यह फूल नहीं दूँगी।

इसके उपरान्त कृष्ण रंगस्थली में सत्यभामा के पास जाते हैं, जहाँ वे अपने आभूषण इधर-उधर फेंके बैठी है। मूलगाइन सत्यभामा के रूठने और कृष्ण का उन्हें मनाने का बड़ा सजीव वर्णन गीत के रूप में करता है। कृष्ण-सत्यभामा-संवाद इस नाटक का उल्लेखनीय अंश है--पहले गद्य में, बाद में गीतों में।

कृष्ण वायदा करते हैं कि पारिजात का फूल क्या, वे पारिजात-वृक्ष ही सत्यभामा के लिए लाकर उपस्थित कर देंगे। सत्यभामा प्रसन्न हो जाती है और फिर आभूषण पहनते हुए भवानी की वन्दना करती है। इस वन्दना-गीत की धुन में राजस्थानी लोकगीतों की स्पष्ट प्रतिध्वनि है।

कृष्ण नारद को गद्य में आदेश देते हैं कि वे इन्द्रपुरी जाकर इन्द्र से पारिजात-वृक्ष देने का अनुरोध करें। नारद सन्देह प्रकट करते हैं, लेकिन कृष्ण के बार-बार कहने पर चल देते हैं।

कृष्ण का सन्देश सुनकर इन्द्र उनके अहंकार की भर्त्सना करते हैं। गद्य और गीत में संवाद चलता है। इन्द्र कहते हैं कि वे किसी भी हालत में पारिजात-वृक्ष देने को तैयार नहीं हैं।

जब नारद कृष्ण के पास वापस जाते हैं, तब कृष्ण पूछते हैं कि क्या हुआ ? नारद कहते हैं कि मत पूछो, मत पूछो। इन्द्र ने तो हमारी जीभ पकड़कर खींचने की धमकी दी।

मूलगाइन संगीत में कृष्ण के क्रोध का वर्णन करते हैं और यहाँ पर मृदंग की जगह खोल का प्रयोग होता है।

कृष्ण गरुड़ को आज्ञा देते हैं कि सेना तैयार करो। इसके उपरान्त रंगस्थली में कृष्ण की सेना का आगमन होता है। मूलगाइन इस सेना का वर्णन करते हैं और यहाँ

पर गद्य में बोलते हैं। मार्के की बात यह है कि गद्य में मूलगाइन द्वारा वर्णन कुछ वैसी ही शैली में किया जाता है, जैसे अंकिया नाटकों के सूत्रधार द्वारा।

कृष्ण की सेना मुखौटे पहने हुए जाती है। इसी तरह के मुखौटे इन्द्र तथा अन्य देवताओं के लिए असमिया के 'भाओनाघर' में मिलते हैं। दक्षिण भारत के नाट्यों में पात्रविशेष मुखौटे धारण करते हैं। उस समय सामाजिक जो गीत गाते हैं, उसकी गति त्वरित है और यहाँ 'मार्चिंग साँग' की-सी ध्वनि मिलती है। इस धुन की कुछ लटक वैशाली के मछुआ लोगों के गीतों में भी मिलती है।

इसके बाद रंगस्थली पर एक वृक्ष की डाली दीख पड़ती है। यह पारिजात-वृक्ष है। मुखौटा पहने एक दूत खड़ा है, जो उसकी रक्षा कर रहा है। कृष्ण की सेना उसको मार भगाती है।

दूत इन्द्र के पास जाकर शिकायत करता है। इन्द्र अब अपनी सेना लेकर निकलते हैं और साथ में शची भी हैं।

एक तरफ इन्द्र, शची और उनकी सेना तथा दूसरी ओर कृष्ण, सत्यभामा तथा उनकी सेना। मूलगाइन गद्य में बताता है कि अब सत्यभामा और शची 'कैसन जवाब देत हैं, ये जवाब सवाल सुनिया।' युद्ध होने से पहले सत्यभामा और शची का एक दूसरे को जली-कटी सुनाना नाटक का रोचक प्रसंग है। मिथिला के गाँवों में औरतों का हाथ चमका-चमकाकर लड़ने का अभिनय इस स्थल पर मिलता है।

तदुपरान्त इन्द्र और उपेन्द्र (कृष्ण) का युद्ध शुरू होता है। युद्ध के साथवाला संगीत अत्यन्त उपयुक्त है। युद्ध में भाग लेनेवाले लोग मुखौटा पहने हुए हैं।

इन्द्र का वज्र विफल होता है। इन्द्र शंकर का ध्यान करता है। शंकर भगवान मय गणों के रंगस्थली पर जाते हैं। गण मुखौटा पहने हुए हैं। गणों का नृत्य 'शंकर भोले !'–इन शब्दों के साथ मेल खाता है।

शंकर डमरू बजाकर दोनों को आदेश देते हैं कि इन्द्र और विष्णु तो भाई-भाई हैं, झगड़ा क्यों होता है। इन्द्र कहते हैं कि विष्णु हमें भाई मानें तब तो ?

शंकर कहते हैं कि इसमें गलती तुम्हारी है, तुम क्षमा माँगो। साथ ही, शंकर रुक्मिणी और सत्यभामा को भी समझाते हैं। अन्त में इन्द्र और उपेन्द्र गले मिलते हैं और मंगलगान के रूप में मूलगाइन गाते हुए कहते हैं कि जो 'पारिजातहरण' की इस कथा को सुनेगा, उसका जीवन सफल होगा। इसकी तुलना असम के शंकरदेव के नाटकों के अन्त के पदों से की जा सकती है। इस अन्तिम पद में गुणीजनों के प्रति भी कुछ शब्द कहे जाते हैं।

इस अभिनय की दो-चार बातें विचारणीय हैं–

(क) नाटक मंच पर नहीं, बल्कि दर्शकों के बीच एक लीलास्थली में प्रस्तुत किया गया, जिसके दोनों ओर दर्शक बैठे हुए थे। 'साजघर', यानी 'ग्रीन रूम' कुछ दूरी पर होता है।

(ख) गीतों का साहित्य-पक्ष तो उत्कृष्ट है ही, उनके रागों में विविधता और नाटक की परिस्थिति और गति के अनुसार तालों का प्रयोग है।

(ग) नाटक किसका लिखा हुआ है, यह ग्रामीण कलाकारों को ज्ञात नहीं; किन्तु उसके पद निश्चय ही मध्ययुगीन साहित्य की परम्परा में हैं।

(घ) गद्य कुछ तो परम्परागत और कुछ समसामयिक होता है। परम्परागत गद्य वह है, जिसमें मूलगाइन सूत्रधार की भाँति किसी परिस्थिति-विशेष में दर्शकों को सम्बोधित करता है, जैसे कृष्ण की सेना के आगमन के समय मूलगाइन द्वारा सेना का वर्णन। दूसरी तरह के गद्य का प्रयोग उस समय होता है, जिस समय कथानक में किसी नई घटना अथवा मोड़ का संकेत करना अभीष्ट है। उदाहरणतः, जब कृष्ण नारद को इन्द्रपुरी भेजते हैं, तब 'ऐक्शन' को आगे बढ़ने के लिए गद्य का प्रयोग किया जाता है। दूसरे शब्दों में गद्य कथानक की प्रगति का वाहन है।

(ङ) युद्ध अथवा अन्य प्रकार की तीव्र भावना के उन्मेष की ओर दर्शकों का ध्यान आकृष्ट करने के लिए कभी-कभी एक साथ मृदंग पर थाप दी जाती है, जैसे नारद की बात सुनने पर इन्द्र जब आवेश में आता है, तब मृदंग की थाप सुन पड़ती है। यह तरीका लगभग सभी प्रकार के परम्पराशील नाटकों में दृष्टिगोचर होता है, किन्तु खासतौर से नौटंकी में। नाटक के प्रारम्भ में प्रस्तावना, वन्दना और अन्त में मंगलगायन, इस परम्परा का सम्बन्ध पुरातन संस्कृत-नाटकों से स्थापित करता है। इसमें कोई सन्देह नहीं कि 'बिदापत नाच' में मिथिला के कीर्त्तनियाँ नाटक और असम के अंकिया नाटकों की परम्परा विकृत रूप में ही सही, विद्यमान है।

परम्पराशील रंगशाला का विस्तार हमारे देश की विशाल सीमाओं और विविध रंगतों के अनुकूल ही है और जितने प्रदर्शन मैंने देखे हैं, उनसे मुझे उसका स्पर्श-मात्र ही मिल सका। फिर भी, यदि मैं उन सभी प्रकार के प्रदर्शनों का विवरण दूँ, जो मैं देख सका हूँ, तो अलग ग्रन्थ की ही व्यवस्था करनी पड़ेगी। रासलीला, जात्रा, भवई, तमाशा, रामलीला इत्यादि सुप्रसिद्ध विधाओं के रंगमंच के विवरण के लिए तो अलग-अलग ग्रन्थ चाहिए। अतः यहाँ मैंने कुछ बानगी ही प्रस्तुत की है।

एक बात स्पष्ट कर देना आवश्यक है। यह जरूरी नहीं कि इन रंग-प्रदर्शनों से सभी पाठकों का मनोरंजन हो सके। परम्पराशील रंगशाला शहरी जीवन के अभ्यस्त के लिए प्रस्तुत नहीं है, उसे निश्चय ही उलझन महसूस होगी। दूसरे, लगभग सभी परम्पराशील रंग-प्रदर्शनों में एक ओर बेहद सादगी और बाल-सुलभ रूपरेखा होती है और दूसरी ओर परम्परा से प्राप्त सांकेतिकता और परिपक्वता। अक्सर आधुनिक शिक्षित नगरवासी प्रेक्षक इन रंगशाला के उसी सरल और अपरिष्कृत प्रतीत होनेवाले बाह्य को देख पाता है; क्योंकि परिपक्व और सांकेतिक अभिव्यंजना को समझने के लिए जिस सहानुभूति और सहृदयता की आवश्यकता है, उसके लिए प्रयास और संस्कार अपेक्षित हैं।

परम्पराशील नाट्य-साहित्य के नमूने

परम्पराशील नाट्य-साहित्य न पूर्णतः मौखिक है और न पूर्णतः लिखित। वस्तुतः मौखिक लोक-साहित्य और लिखित साहित्य के छोरों के बीच इन नाट्यों की सामग्री कहीं सर्वांगपूर्ण पांडुलिपियाँ, कहीं रंग-संकेतों से विहीन संवाद-लिपियों, कहीं केवल गीत-संग्रहों और कहीं मौखिक रूप में बिखरी पड़ी हैं। भाषा क्षेत्रीय और आंचलिक है और कहीं-कहीं स्थानीय। अतः, इन नाटकों का साहित्यिक मूल्यांकन उस तुलनात्मक पद्धति से नहीं किया जा सकता, जो मैंने परम्पराशील रंगशाला, कथावस्तु एवं संगीत-नृत्य के विवरण में अपनाई है। अतः, यहाँ मैं कुछ नाटकों से ऐसे प्रसंगों को नमूने के तौर पर दे रहा हूँ, जिनसे पाठकों को स्वयं इनकी साहित्यिक और काव्यात्मक विशेषताओं का आभास मिल सके। अन्त में, मैंने एक ऐसी प्रदर्शन-विधा (उत्तर बिहार का 'जट-जटिन') का विवेचन किया है, जो अन्य परम्पराशील-नाट्य विधाओं की तुलना में लोक-साहित्य पर ही मूलतः आधारित है।

मेलात्तूर का भगवत-मेल

भागवत-मेल का सर्वप्रिय नाटक है 'प्रह्लादचरित' अथवा 'नृसिंहावतार'। इसके दो प्रसंग (मूल और हिन्दी-अनुवाद) उसी रूप में दिए जा रहे हैं, जिसमें मैंने उसका अभिनय मेलात्तूर ग्राम में देखा था। मूल में 'वचन' को छोड़कर अन्य अंश पद्य में हैं, किन्तु हिन्दी-अनुवाद समूचा गद्य में है।

हिरण्यकशिपु, लीलावती और प्रह्लाद के प्रथम प्रवेश का दृश्य

वचनम् : अन्तट त्रिलोककण्टकुण्डैन हिरण्यकशिपु वच्चे मार्गम्बु पराक् ॥

वचन : अब त्रिलोककण्टक हिरण्यकशिपु का आगमन है। सावधान !

दरुवु-देवगान्धारि आदि : वेडलेनम्मा हिरण्यासुरुडिदिगो वेट्क मीरग निपुड्डु ॥ आ ॥ कडुवडिदनुजुलुजेरि अटुकम्मु कोनि मुदमु मीरि अड्डगडुगुकु मड्डुगुलु परुवग घरलो नमितपराक्रम विक्रमु डनगा ॥ चा ॥ असुरमन्त्रु लिरुगडल हस्तलागीयगानु असमान चामरमु लौसुगा वीवगानु वसुमति लोपलनु सर्टिव्वरुगलरे अनुचुनु इतनि दशदिसलनु चाल पोगडगनु दानव घौरेयुडु तानगुचुनु वसुधांतल मल्लोलरेमै अदरग वैरुलेल्ल गुमुलुगूडि बदरग ॥

दरुवु–देवगान्धरि-आदि : अब यही, यही, कान्ति से चमकनेवाला हिरण्यकशिपु आ गया है। उसके आगमन की पद्धति देखें :

बहुत-से असुरों से घिरे हुए, वह बार-बार सोल्लास इस भाँति घोषणा करता है–"भूमि पर मैं ही अमित पराक्रम विक्रम हूँ।" अपने दोनों तरफ उन असुर-मन्त्रियों से, जिनके हाथों से अनुपम चँवर डुलाई जा रही हैं, वह यह भी पूछ लेता है कि मेरे समान इस भूमि पर और कोई हो सकता है ? दसों दिशाओं के लोगों से प्रशंसित, वह घोर दानव वसुधातल को कम्पित कर सभी शत्रुजनों को भगाते हुए आ रहा था।

वचनम् : अन्तट हिरण्यकशिपु पट्टपु राणियैन लीलावती वच्चे मार्गम्बु एविधान नष्टेनु ॥

वचन : तदनन्तर हिरण्यकशिपु की पट्टमहिषी लीलावती पधारती है। उसका विधान यों है :

द्विपदा : अरितमु खमु सौर गुरुर्सांत मारुवरुनि अन्दमुगरु घरमुद्दगारु सरसिजम्बुलनेलुचाल नेत्रमुलु मारुनि चापम्बुलु मगुव कनुबोम्मलुतुलु-कुनीलम्बुलु तरुणि मुंगुरुलु चेलि चिलुक पलुकुलु चिन्दुतेनेयुलु अलरुकेम्पुलु ठालु अतिवौडुठीलु अलमले मोग्गलु अमरु वज्रमुलु दाडिमवित्तुलु तगुनु दन्तमुलु पैडिरे कुलकान्ति बरगुचेक्किवकु अनंगनु दूजोगअलचद्ररेखा बंगारु कुसुममु पडति नासिकमु मेरु गेपिन शंखम्बू मेलति गलम्बु तरुचयिन कोण्डलु दनितकुम्ममुलु अपरंचि कुंडलु अति वे स्वनु गवयु चपलाक्षि नुगारु चीमलबारु सैकतम्बुलनेलु सतिजघनमु नयमोप्प रम्भलु ननबोणि तोडलु केन्दामरल वण्टि गरित पादुमुलु सुन्दरु ललोमेलु सुगुणालवाल पम्मिन प्रभनोप्पु बङ्गारु बोम्म बोम्मककादिदि कलुव पूवुलबन्ति बन्तिकादिदि पंचंबाणुनि दन्ति दन्तिकादिदि मुट्ठुमेटि राहंस हंसकादिदि मंचि अमृतम्नु सोन सोनकादिदि कम्मचुण्टिय तेने तेनेकादिदि चाल तीरयिन चेलुव चेलुवकादिदि विकसिंचु चेंगलुव कलुवकादिदि अल्ल कन्दर्पशरमु शारमुकादिदि वाणि रसिंवचु वीणा कीण्कादिदि सर्वविद्यल चाण चाणकादिदि यल्ल सम्पगिं रेम्म रेम्मकादिदि चाल शृंगारकोम्म कोम्मकादिदि मुट्टु कुलिकेटि प्रतिमे प्रतिमेकादिदि अल्ल ! पगडम्पुलतिके लतिकेकादिदि रूपलावण्य सरमु सरमुकादिदि नवरसम्बुल सरणि सरणिकादिदि मंचि जव्वाजि भरणि भरणिकादिदि चालभागयिन तरुणि तरुणि लीलावती दनरगवे डलेन ॥

द्विपदा : देवगुरु की पत्नी के उपपति चन्द्र के समान मुखकान्तिवाली, कमलों पर शासन करनेवाले जिसके नेत्र हैं, मदनचाप जैसे भ्रुव, इन्द्रनील मणि की छवि जैसे नील अलक, शुक-शावक के समान मधुमय वाणी, चमकीले पद्मराग के समान अधर, मल्लिका मुकुल, वज्र और दाड़िमबीज के समान चमकनेवाले दन्त, शोभायुक्त स्वर्णपत्र जैसे कपोल, चम्पा के फूल के समान नासिका, शाणोल्लीढ शंख के समान ग्रीवा, निबिडगिरि जयकुम्भ तथा स्वर्णकुम्भ जैसे स्तनयुग्म, चींटियों की पंक्ति जैसी रोमावली, सैकतराशि के समान जघन, रम्भा-स्तम्भ के सामन ऊरु, रक्तकमल के समान पादतल। महिलोचित उत्तम गुणों की राशि यह नारी मानो शोभायुक्त सुवर्णबिम्ब है। नहीं, नहीं सुवर्णबिम्ब

नहीं है। फिर क्या है ? कुमुद-सुमनों की पंक्ति है। वह भी नहीं। शायद, मन्मथ की हस्तिनी हो। हस्तिनी भी नहीं। क्या उत्कृष्ट कान्तिवाली विद्युत है ? यह विद्युत भी नहीं, तो और क्या हो सकती है ! सुन्दर राजहंस है। अरे ! वह भी नहीं ! अब मालूम हुआ अमृत की धारा ही है ! आखिर यह भी मिथ्या उपमा ठहरी। वस्तुतः यह तो मधु है। नहीं, नहीं, यह मधु भी नहीं, सौन्दर्य समुच्चय होगा। वह भी नहीं, मानो वह लोकप्रसिद्ध मन्मथ बाण है। क्या वह बाण हो सकती है ? नहीं, नहीं, फिर क्या है ? वह तो सरस्वती की वीणा है। वह भी नहीं। सभी विद्याओं की कसौटी है। अरे ! रे ! कसौटी नहीं। अब जान पड़ा कि वह तो सम्पंकि-लता है। वाह ! वह भी नहीं। शृंगार-रसमयी रमणी है। नहीं, नहीं। इसमें सन्देह नहीं हो सकता कि यह तो लावण्यवती प्रतिमा ही है। वह भी नहीं, तो प्रवाल की लता है क्या ? वह भी नहीं। रूप-लावण्य का तड़ाग है। नहीं, नहीं शायद नवरसों की सरणि होगी। वह भी नहीं। सुगन्ध द्रव्यों का भंडार-जैसी लगती है। सत्य तो यह है कि यह सुन्दर तरुणी लीलावती है, जो अपने पति की ओर बढ़ रही है।

वचनम् : अवुरा ईविधम्बुन अद्दम्पु नेगडु निद्दुम्पु मद्दुचेक्किक्कु दिक्कु विदिक्कुल तलुक्कु तलुकंचु पिक्कटिल्ल सक्कनि लीलावतिरमणि मन मगनि कडकु वच्चे मार्गम्नु पराक ॥

वचन : वाह ! मुकुर की तरह स्वच्छ कपोलवाली, चारों तरफ छाई हुई कान्ति से चमकनेवाली लीलावती अपने पति के समीप आ रही है। आगमन का ढंग देखिए :

अठाणा आदि : वच्चे निदिगो लीलावती रमणी अलिनील वेणी ॥ अ ॥ भुत्सटगा दनुज चेलुलु कोलुवग मुदमु मीर दनुजन्दुनि वद्दिकि ॥ च ॥ चिगिलि नुदुट तिलक युकलुकुग चेलुवु देरमुं गुरल दुस्जारग मकरंगुनि चिलुकवले मुद्दु गारक मगनिपैनि कडुमोहमु मीरग ॥

अठाणा आदि : असुर-बालिकाओं से घिरी हुई, भौरों के तुल्य काले केशवाली लीलावती अपने पति दनुजेन्द्र के पास बड़े व्यामोह और हर्ष के साथ आ गई है। ललाट में तिलक, माथे पर हिलनेवाली अलक से अलंकृत, वह सुन्दरी मदन के शुक के समान आकर्षक है।

वचनम् : अवुरा ईविधम्बुन हिरण्यकशिपु तनयुण्डैन प्रह्लादुडु वच्चे मार्गम्बु एविधा नण्टेनु ॥

वचन : अहो ! विस्मय !! हिरण्यकशिपु के पुत्र प्रह्लाद की प्रवेश-पद्धति का वर्णन यहाँ है—

द्विपद : आगमनिखिलवेदान्त वेद्युण्डु भागवतुललोन परमपूज्युण्डु सकलविवेकुण्डु साधु सज्जनुडु अलकंकचित्तुण्डु निखिल सेवकुण्डु परमवैष्णव भक्तिपरिपूर्णु डितडु सरस सज्जनुलकु साधुवैनाडु नयगुणशीलुण्डु नामतत्परुडु मयिमरयि निद्रलो स्मरणले जेसु सौन्दर्य-गात्रुण्डु जगदेकहितुडु इन्दिरा रमणुनि यलमि नेल्लपुडु भजियिम्पुनिचु चाल भक्तितो मिगुल आजगमुलु कोनियाड दृढ़चित्तुडनुचु भजियिम्पुनुचु चाल भक्तितो मिगुल आजगमुलु कोनियाड दृढ़चित्तुडनुचु परमुन मदिनेचि परमपावनुडु परिवडिचु नुदेंच प्रह्लादु डिपुडु ॥

द्विपद : निखिलागमवेदान्तविद्, भागवतों से परमपूजित, बुद्धिमान, साधु, सज्जन, अकलंकहृदय, समाजसेवक, परम वैष्णव, भक्तिपरिपूर्ण, शरणागतों का रक्षक, भगवान का पूजन करनेवाला, शरीर को भूलकर नींद में भी भगवान का स्मरण करनेवाला, देखने में सौन्दर्य का मूर्त्तिमान् स्वरूप, भक्ति के कारण सारे संसार के लोगों से वन्द्य दृढ़चित्त, अन्तस्तल में परमात्मा का मनन करने से अत्यन्त परिशुद्ध प्रह्लाद द्रुतगति से आ रहा है।

वचनम् : अन्तट हरिभक्ति शिरोमणियैन प्रह्लादुडु वच्चेमार्गम्बु पराक् ॥

वचन : हरिभक्त-शिरोमणि प्रह्लाद आ रहा है। सावधान ! उसके प्रवेश की रीति यों है :

दरुवु-भैरवि-आदि : प्रह्लादुडु चनुदेंच निदिगो भक्तिमीरगानु। आह्लादकरमुन तन सखु लेन्दरिकी परमुन देलुपुचु बाह लालितमुग भावतुललो परमपूज्युडनि जनुलु पोगडग। निनिधनि निधध पमनिध पमगरिगम पधम पमगरिगम पमपा ॥ 2 ॥

परमगरिगम पधधनि सग रिसनिध निपधनि सनिधपम धपम गिरगम पधा ॥

अडुगडुकु कुतन मयि मरचि यपुडु हरिहरि हरियनि पलुकुचता ॥ 2 ॥

दरुवु-भैरवि-आदि : अत्यन्त भक्ति और आनन्द के साथ अपने बन्धुओं को परमात्मा का परिचय कराते हुए, वह जिसे सब 'भागवतों से परमपूजित' कहते हैं, बार-बार शरीर को भूलकर तन्मयता से 'हरि-हरि-हरि' बोलनेवाला, 'भूमि पर सब हरिमय है, हरिनाम ही तारक मन्त्र है', ऐसा भली भाँति समझनेवाला, बड़े लोगों की प्रशंसा पाते समय 'दासोऽहं' (आपका दास हूँ) कहते हुए बार-बार नमन करनेवाला प्रह्लाद पिता के पास आ गया।

हिरण्यकशिपु और प्रह्लाद के अन्तिम संवाद का अंश

हिरण्य-प्रह्लाद-संवादमु-सीसमु

हि.—मिरा बालका यन्दुकुनू जेडियवु नामाट मीरेदि न्यायमटरा।

प्रा.—पालकडलिलोन पवलिंचि युन्नट्टिजगदीशुडुण्डगा जडियनेला।

हि.—राक्षसकुलमल्ल रक्षिन्तु वनियुण्ट इट्लौ दुयनुचु ने नेरुगलरा।

प्र.—अखिलाण्ड कोटिनाय कुडैन मुरहरि चेरि नीकुलमु रक्षिम्पगलडु।

हि.—गरुड़ किन्नरयक्ष गन्धर्वुलिटु वच्चि पेप्पुतो निनु विटुविम्पगलरा।

प्र.—कडिमि वेल्पुलकेल्ल धनुडैन वेन्नण्डु पेम्पुतो न ननु विटुविम्पगलु।

हि.—मुल्लोक मुलवारु मुन्दुनिल्वग लेरु येन्दु बोदुवु नीकु यवरुदिक्कु।

प्र.—मुल्लोकमुलकादिमूलमै वेलशिल्लु दन्तीन्द्रिवरुदुड़ तनकुदिक्कु।

हि.—(गी) लेडि बेब्बुलितो नेदुनिचिंनदलु नीवु प्रतिभाटलाड वच्चे वदेरा।

प्र.—आव चिन्नदैतेनु कारम्बु पोना इकनु तारु माराडिते विननु पोरा।

हिरण्य-प्रह्लाद-संवादमु-सीसमु

हि.—रे बालक ! क्यों व्यर्थ अपने को गँवाते हो ? मेरी बात की उपेक्षा करना उचित है क्या ?

प्र.—क्षीर-वारिधि पर शयन करनेवाले जगदीश की कृपा से मेरा कभी कुछ भी नहीं बिगड़ता।

हि.—मैंने समझा कि तुम राक्षस-कुल की रक्षा करोगे। किन्तु मैं नहीं जानता था कि तुमें इस तरह बेकार सिद्ध होगे।

प्र.—अखिलाण्डकोटिनायक, श्री मुरहरिजी तुम्हारे कुल की रक्षा करेंगे।

हि.—गरुड़-किन्नर-यक्ष-गन्धर्व आदि देव यहाँ आकर क्या तुम्हें छुड़ाएँगे ?

प्र.—शूरवीर, देवों के भी देव, विष्णु गौरव-सहित यहाँ आकर जरूर छुड़ाएँगे।

हि.—तीनों लोकों में रहनेवाले सभी लोग मेरे सामने टिक नहीं सकते। तुम कहाँ जाओगे ? कौन तुम्हारी रक्षा करेगा ?

प्र.—तीन लोकों के आदि पुरुष, दन्तीन्द्र वरदायक मेरी रक्षा करेंगे।

हि.—मेरे साथ तुम्हारा यह तर्क, बाघ के साथ हरिणी की बातचीत के समान है।

प्र.—राई आकार में बहुत छोटी है, तो भी अपने स्वभाव को दिखाती ही रहती है। छोड़ती नहीं।

दरुवु-पन्तुवराली-आदि

हि.—एरा ओरि बालका यन्दुकुनु जडियवु मेरगादु नामाटलु मीरुटनीकु ॥ 1 ॥
प्र.—क्षीरवारिधिलोन शेषुनि पवलिंचु सारसनाभु डुण्डंग सडियनेटिके ॥ 2 ॥
हि.—दानवकुलमुनेल्ल पूनि रक्षिन्तु वनुचुनेनिंचियुण्टि निटुल नेरुग नैतिरा ॥ 3 ॥
प्र.—मानितसुगुण शीलुडैन भक्तपावनुडु श्री नाथुडु कुल मेल्ल चेलग जेशुरा ॥ 4 ॥
हि.—तडयक सिद्धसाध्य गन्धर्वयक्ष दिविजुलु बडियकुमनुचु निन्नु विडिविम्पगलरा ॥ 5 ॥
प्र.—कडिमी देवतुलकेल्ल कान्तुडैन मुरहरि नुडियमनुचुजन्नु विडिविम्पगलडु ॥ 6 ॥
हि.—ब्रह्मादि सुरुलना बलिमि किम्पवेरतुरु इम्महि नेन्दु पोदुवु यन्वरुदिक्कु ॥ 7 ॥
प्र.—ब्रह्मादि सुरललेल्ल पालिंचु दयापरुडु कम्मविल्तु जनकुडौ श्री कान्तुड़ दिक्कु ॥ 8 ॥

दरुवु-पन्तुवराली-आदि

हि.—रे बालक ! तू इस तरह क्यों अपना जीवन बेकार करता है ? मेरी बात की उपेक्षा करना उचित है क्या ?

प्र.—क्षीर-वारिधि में पन्नगशयन, भगवान् विष्णु मेरी रक्षा के लिए तैयार हैं, इसीलिए मेरा कोई भी कुछ बिगाड़ नहीं सकता।

हि.—मैंने समझा कि तुम दानव-कुलों की रक्षा करोगे। मैं नहीं जानता था कि इस तरह तुम्हारी जिन्दगी बेकार होगी।

प्र.—सगुण-शील-भक्त-पालक, श्रीनाथजी तुम्हारे कुल की रक्षा करेंगे।

हि.—क्या सिद्ध-साध्य-गन्धर्व-यक्ष आदि देवता पौरुष के साथ कष्टों से तुझे छुड़ाएँगे ?

प्र.—देवता सार्वभौम मुरहरिजी सूचना के बिना ही मुझे जरूर छुड़ाएँगे।

हि.—मेरे भुजबल से ब्रह्मादि देव भी डरते हैं। इस भूमि पर तुम कहाँ जाओगे ? आश्रय कौन देगा ?

प्र.—ब्रह्मादि देवों का भी रक्षक मन्मथजनक, श्रीकान्त ही मेरा आश्रय है।

इन अवतरणों में गीत, नृत्य और वार्ता की उसी सम्मिश्रित शैली का विधान लक्षित होता है, जो पूर्व-मध्ययुग में उत्तर और दक्षिण, दोनों के ही विभिन्न अंचलों में वैष्णव सन्तों द्वारा प्रचलित की गई।

उत्तर प्रदेश की नौटंकी

जैसा अन्यत्र बताया जा चुका है, नौटंकी एक नाटक-विशेष का नाम है, जिसकी शैली सांगीत की है। इसकी लोकप्रियता के कारण सांगीत शैली का ही दूसरा नाम 'नौटंकी' प्रचलित हो गया। नौटंकी की कथा मैंने अन्यत्र दे दी है। निम्नलिखित प्रसंग पंडित नत्थाराम शर्मा गौड़ (हाथरस) द्वारा प्रस्तुत 'संगीत नौटंकी शहज़ादी उर्फ़ अय्यारा औरत' से उद्धत है और खड़ी बोली के लोकपक्षीय काव्य का आकर्षक उदाहरण है। इसमें कुछ गीत उस्ताद इन्दरमन के बनाए हुए हैं। इनके काव्य-प्रवाह और संवाद की झड़ी दोनों ही निराली प्रतिभा के द्योतक हैं।

दो. : *विविध भाँति के गुल खिले, भँवर रहे गुंजार।*
मानों मास बसन्त ने, कियौ शुभग शृंगार॥
ग. : *अद्‌भुत शुभग शृंगार बनाया बसन्त ने।*
जलवा ये अपना आइ दिखाया बसन्त ने॥
नरगिस की लो सब्जी से ज़मीं ऐसे छा रही।
मख़मल का फर्श गोया बिछाया बसन्त ने॥
बेला जूही चमेली का पहना मनों गहना।
हीरे की दमक को भी लजाया बसन्त ने॥
ये गुल गुलाब मुनियाँ गुल तुरे फबा यों।
मणिक मणी चुन्नी को हराया बसन्त ने॥
चम्पा कनेर गेंदा सूरजमुखी खिला।
पुखराज गो मेदक को भगाया बसन्त ने॥
ये मोतिया निवाड़ा गुलशब्बो केवड़ा।
शुभ केतकी का गहना सजाया बसन्त ने॥
बन ठन के बैठा बगीचे छाई यों बहाली।
निज हुस्न से कमर को छिपाया बसन्त ने॥
कोकिला चातक बोलते भौंरा का यों गुँजार।
मानों साज लेकर राग को गाया बसन्त ने॥
दिल को खुशी हुई है अजब चमन देखकर।
तबियत मेरी को आज फँसाया बसन्त ने॥

मालिन का

दो. : भवन मेरे के सामने, है खाली दालान।
टिकौ वहीं आराम से, ऐ परदेशी ज्वान॥

चौ. : ऐ परदेशी ज्वान न मानों ख़ौफ़ किसी का मन में।
मत पाऔ तक़लीफ़ करौ जो हुक्म बजाऊँ छन में॥
शुचि गुलाब बेला के अब चुनने को तुरत सुमन में।
नौटंकी का हार बनावत हित जाऊँ गुलशन में॥

दो. : बनाऊँ हार निराला। ये गुल चुन-चुनकर आला
जल्द बँगले जाऊँगी।

फूलसिंह का

दो. : कर तयार खाना मुझे, एफ़ मुहर दूँ तोय।
गूँथूँ तुझसे शुभग शुचि, जरा फूल दे मोय॥

चौ. : ज़रा फूल दे मोय देखना शोभा मेरी गुथन की।
साँचे की सी ढली कलीघर जोड़ूँ जटित सुमन की॥
पहने हार नारि शहज़ादी छिपै कान्ति हीरन की।
होय चौगुनी जोति तुरत नौटंकी के जोवन की॥

दो. : हार हिय पर साजैगी। देख छवि रति लाजैगी॥
हाल सब तुझै सुनाया।
इसी इल्म की ख़ातिर मैं माली को यार बनाया॥

मालिन का

दो. : काईं बात बनावता, ऐ परदेशी ज्वान।
बँगले अन्दर टिकत ही, हुआ तुझे बौरान॥

चौ. : हुआ तुझे बौरान बनै है चतुर और सुज्ञानी।
नौटंकी का हार बनाना तू जानै आसानी॥
अपने मतलब के लिए क्यों बैठो गढ़ै कहानी।
अगर बिगड़ जाए हार तोप धर उड़वा देगी रानी॥

दो. : बैठ अपने शऊर से। बात मत कर गुरूर से॥
क्यों अपनी-अपनी तानै।
हार बनने की परदेशी क़हा सार तू जानै॥

फूल सिंह का

दो. : करतब अपने पर तुझे, मालिन बड़ा ग़रूर।
चुपकी होकर बैठ बस, क्या है तुझे शऊर॥

चौ. : क्या है तुझे शऊर दूर से देख मेरा जौहर है।
कतैदार यह गुथन देख मोहित हों जिन्न बशर है॥

गुंचे-गुंचे बीच जड़ दिया, क्या अमोल गौहर है।
जिसकी आभा के काश से लज्जित शम्शकमर है॥
दो. : अजब खुशनुमां हार है। बना क्या कतैदार है॥
गुलों की क्या कतार है। अजब ही मज़ेदार है॥
जाइ कर उसे पिन्हइयो।
नौटंकी मलका से जा दूना इनाम • ले आइयो

मालिन का

दो. : गुथन देख कर हार की, मो मन भयौ अनन्द।
अजब अनौखी कली लखि, तबियत हुई पसन्द॥
चौ. : अजब खुशनुमां हार है ज्वान इल्मियत में भरपूर।
हार पहनते नारि के बरसै रुख़सारों पर नूर॥
होकर तन में मगन हार लेकर मनमें मुसिकात चली।
गजगवनी सी डगर में इतउत झोका खात चली।
कभी ठवनि केहरि की जाती कभी हंस गति जात चली।
ड्योढ़िन अन्दर महल को नागिन सी लहरात चली॥
नौटंकी की नजर गुज़ारा पहनों हरवा मेरी हजूर॥ हार.॥

नौटंकी का

ला. लं. : बरसत नूर तेरे चेहरे पर तन मन हुआ मगन तेरा।
सत्य बता दे अरी कैसे हुआ गवन तेरा॥
नित आती नौ बजे करे ही फेरे तू कैई शब तक।
दस बाजे हैं कौन से खसम के पास रही अब तक॥
हरगिज़ छिपाना नहीं छिपाबेगी मानि मुझसे कब तक।
कत्ल करा दूँ कहै नहीं साफ़-साफ़ मुझसे जब तक॥
खा-खा माल मस्त हुई मैं जानूँ उमँगा जोवन तेरा॥ सत्य.॥

मालिन का

ला.लं. : और दिना से दूनी मेहनत करी बनाया मैंने हार।
जुही मौगरा गुथे बेला नरगिश के गुल छबिदार॥
कुन्दकली की दमक निराली देखो प्यारी नज़र पसार॥
भाव-भाव पर चमेली गुथी इस सबब हुई अबार।
दस इन्द्रमन कहैं महरखाँ क्या है इसमें मेरा क़सूर॥

नौटंकी का

ला.लं. : बाँई फड़कै आँख फड़कता मालिन बाँया कर मेरा।
चोली तड़कै हाथ हरदम जावै कुच पर मेरा॥

भरे तुरंग अंग जोवन लहराता लहर लहर मेरा।
मुझे ये दीखै कोई मो लायक आता बर मेरा॥
कर शृंगार मेरा फूलों का धन से भरूँ वतन तेरा॥

मालिन का

दो. : सूर्यमुखी के फूल का, शीश फूल शिर घाल।
मौलसिरी के सुमन की, मोरबन्दनी भाल॥

ला. : शुचि करनफूल पहनाए कान कदम के।
गुलशब्बो का गलपटिया गलमें चमके॥
महाराज जुही के जोशन निरयाले।
चम्पकली चम्पा की बाजू बेला के डाले॥
नरगिस की नथ में जड़ा मोतियाँ गुल है।
भलके की जगह पर नीलम कोयल गुल है॥
महाराज केतकी कर कंगन छबिदार।
छूई मुई के छन गेंदा के गजरे दीने डार॥
मैगरा सुमन की मोहनमाला डारी।
करधनी कुन्द की कटि में करै बहारी॥
महाराज पद्‌म की पायल पगन सजाय।
सकल सुमन के सब आभूषण दये तुरत पहनाय॥
सदहा गुल का गुलदस्ता कर में धारी।
फिर बनों विदेशी को हरबा गल डारी॥
महाराज पान मुख दरपन कर दीनों।
देखो मुख शहज़ादी क्या शृंगार शुभग कीनों॥

नौटंकी

दो. : दरपण जब देखा मैंने, अजब शुभग शृंगार।
खुशी हुई तन बदन में, अपना रूप निहार॥

चौ. : अपना रूप निहार मैंने जब नज़र हार पर कीनी।
मणि माणिक पुखराज दमक कहीं-कहीं चुन्नी की चीन्हीं॥
गुस्सा खा तन बदन पकर बहियाँ मालिन की लीनी।
कहाँ से लुच्ची तैने हार में जभारात गुहि दीनी॥

कड़ा : मालिनरी तेरा गुथा नहिं हार हार किस पर गुथवाया।
कड़ी लग रही गाँठ मरद यह हार बनाया॥

दो. : सच बता हरामिन खसम कौनसा मालदार कर आई तू।
कब हुआ तेरे घर इतना धन जो लाखों का जड़लाई तू॥

दो. : यार कोई कीना तैने। जान लीनी यह मैंने॥
मुझे यह देत दिखाई।
इश्क चौट का मारा कोई गुलशन रखा छिपाई॥

मालिन का

दो. : कुमर मेरे की बहू का, है पीहर गुजराज।
सो आई गौने अभी, कहूँ धरम की बात॥
चौ. : कहूँ धरम की बात अभी तक तुमने देखी है ना।
उसके पीहर जभारात की कमी नहीं सुन लैना॥
बड़ों आपकौ नाम उसे बढ़िया इनाम कुछ देना।
उसने रचि पचि जटित जवाहर हार बनायौ भैना॥
दो. : रत्न जड़ हार दिए हैं। आपकी नज़र किए हैं॥
छिपाई लाल लड़ी है।
शाहज़ादी सुज्ञान वह मेरी आई चतुर बड़ी है॥

नौटंकी का

दो. : सुखुन तेरे मालिन सुने, नैन पड़े मेरे लाल।
कोड़न के मारे तेरी, उड़वा दूँगी खाल॥
दो. : मालिन समझले मन में, आया तेरा काल॥ मालिन.॥
झूठे सखुन जो बोले, कढ़वाय लऊँ खाल॥ मालिन.॥
तू मुझे समझ कर भोली, करती है जाल॥ मालिन.॥
किसकी भगा बहू लाई, बतला ततकाल॥ मालिन.॥
अब भी बता सच मालिन किसका यह माल॥ मालिन.॥
तोकूँ नहीं इन्दरमन कर देंगे पामाल॥ मालिन.॥

मालिन का

दो. : मेरी बहना कौ बड़ौ, मोपर रहत प्रमोद।
ताकौ सुत एक साल से, मैं धर लीनों गोद॥
चौ. : मैं धर लीनों गोद कुमर मो ताकी यह नारी है।
रानी मानों सत्य मेरी बहनौति बहू प्यारी है॥
सुन्दर चंचल चतुर बड़ी वह रखै होशियारी है।
उसने हार तुम्हारे में यह नई गुथन डारी है॥
दो. : रतन जड़ हार दिया नहै। आप की नज़र किया है॥
छिपाई लाल लड़ी है।
शाहजादी सुज्ञान बहू मेरी आई चतुर बड़ी है॥

नौटंकी का

राग कालंगड़ा : मालिन बहुत आपनी लाना।
परज कैसी बहू चतुर है तेरी, हमको जरा दिखाना ॥ मालिन. ॥
देरी मतना करै चमन को कर जा जल्द पयाना ॥ मालिन. ॥
तुरत फुरत गुलशन से आना, मतना बिलम लगाना ॥ मालिन. ॥
खाल कढ़ा भुस भरवा दूँ, निकलै तेरा बहाना ॥ मालिन. ॥

मालिन का

दो. : सुन शहजादी के बचन, उड़ गये होश हबास।
तन में अति व्याकुल बिकल, मन में बहुत उदास ॥
झू. : मन में भई उदास यह भई कैसी ऐ करतार मोकूँ कहा विपती दीनी।
रोबत ज़ार बेज़ार गई चमन अन्दर गिरी धरणि ग़शखाय भई कांति हीनी ॥
कछु देर में होश भयौ लगी कहन तें मोय लोभ दे बिदेशी मोहि लीनी ॥
इन्दर कहैं जइयो सत्यनाश तेरौ हाय संग मेरे तैने दगो कीनी ॥

फुलसिंह का

दो. : ऐ मालिन सच बता दे, ऐसी क्यों घबराय।
कहा दुक्ख तुझ को हुआ, गिरी धरणि ग़श खाय ॥
झू. : गिरी धरणि ग़शखाय अकुलाय करके हुआ कहा जा रही तू रोय प्यारी।
गोरों अंग सब पर गयौ श्याम तेरा ब्याकुल हुआ तन भयौ क्या तोय प्यारी ॥
अभी महल से आई तू चमन अन्दर चक्कर खाय गिरी धरणि गई सोय प्यारी।
कहें इन्द्र मैंने कहा दग़ा कीनी नाहक दोष आई मोय प्यारी ॥
ला. : मुरझाय धरणि पर गिरी किस सबब मालिन।
मेरी जान बता अब अपने दिल की बात।
जी जामा को छोड़ धरणि उलटी पछार क्यों खात ॥
क्या दशा करी तेरी संग मैंने प्यारी।
या से मानों तैने मन में दुख भारी ॥
अब कह दे सारा हाल तू मती छिपारी।
क्यों हुआ नीर नैना से तेरे जारी ॥
मेरी जान आज क्यों मछली सी घबरात।
जी जामा. ॥

मालिन का

ला. : परदेशी तैने मेरी कराई ख़ूबारी।
महाराज हाल क्या तुझ से कहूँ सुनाय ॥
कीनी ऐसी दशा नाव दीनी मँझदार डुबाय ॥

पंजाबी तैंने मुझ को नहीं बताया।
लाखों का धन तें हरबा बीच छिपाया॥
रानी को देखत गुस्सा बदन में छाया।
मुझसे बोली यह किसने हार बनाया॥
महाराज सखुन सुन यह मैं गई घबराय॥ कीनी.॥

फूलसिंह का

लाबनी : अब नौटंकी से क्या मालिन कह आई।
तजि आज उदासी क्यों जाती घबराई॥
जो गुज़रा है अहबाल सो दे बतलाई।
सब दास इन्द्रमन से कहि नारि सुनाई॥
मेरी जान धीर धर करै मती अपघात॥ जी जामा.॥

मालिन का

लाबनी. : मैंने बेटा की बहू तुझे बतलाई।
ला बहुअर को उन ऐसे कही सुनाई॥
यह सुनत बचन दिल अन्दर में घबराई।
मेरे बहुत कोई नाहिं जा दऊँ दिखाई॥
महराज बतादे अब क्या करूँ उपाय॥ कीनी.॥

फूलसिंह का

दो. : ऐ मालिन दिल का सकल, रंज आलम कर दूर।
बहुअर मैं ऐसी बनूँ, जैसे कोई कोई हूर॥
चौ. : जैसे कोई हूर उतर कर परिस्तान से आई।
हुस्न दमक कटि लचक के आगे रति रम्भा शरमाई॥
तीन तीन बल खाई चलूँ जैसे नागिन लहराई।
साफ़ निकल आऊँ महलन से ऐसी करूँ सफाई॥
दो. : ला साड़ी इक अनमोली। लसी सलमे की चोली॥
जड़ा मोतिन का दामन। लाउ मुझको गज गामिन॥
पहन महलों जाऊँगा।
नौटंकी को रूप आज अपने से शरमाऊँगा॥

मालिन का

दो. : नौटंकी से हुस्न में, तू क्या कमती ज्वान।
बहुअर तुझै बनायदूँ, प्यारे हूर समान॥

आल्हा : *ऐसी बहुअर तोय बनाऊँ लखि कर हूर परी शरमाय।*
नौटंकी से हुस्न चौगुना प्यारे तेरा दऊँ बनाय॥
तुरत हिलाकर मैंने कुमर के सिर में अतर दिया छिटकाय।
पटिया दोनों पार ज्वान के दीनों माँग सिंदूर भराय॥
बिन्दी लगा दई माथे पर नैनन काजर दियौ लगाय।
नाक में डरी नथ भलकारी अधरन लटकन झोका खाय॥
हँसली हार हमेल गले में मोहन माला दई पहनाय।
जुगनूँ बाजू छन्न पछेली जोशन कंकन शोभादार॥
कानफूल झुमका कानन में पाँयन पायल की झनकार॥
सारे गहने सजा अंग पर चोली बाँहन दई चढ़ाय।
दामन पहरायौ प्यारे ताऊपर सरी दई उढ़ाय॥
मुख बीड़ा दे सजा ज्वान को तब डोला में लियो बिठाय।
डोला संग लियौ मलिन ने शीश महल में पहुँची जाय॥

पश्चिम उत्तरप्रदेश, हरियाणा का नाट्य-साहित्य साम्प्रदायिक और धार्मिक आग्रह से दूर ही रहा, जैसा नौटंकी के उपयुक्त उद्धरण से स्पष्ट है। यह आश्चर्य की बात है पश्चिमी उत्तरप्रदेश के ही दूसरे भाग ब्रजमंडल में रासलीला जैसे वैष्णवमतावलम्बी नाट्य का विकास हुआ ही, वहाँ की भाषा और भक्ति की प्रेरणा का विस्तार सुदूर पूर्व असम की घाटी तक में हुआ। 16वीं शताब्दी के पूर्वार्द्ध में महापुरुष शंकरदेव द्वारा रचित अंकिया नाटों में नाट्य-साहित्य की दूसरी ही शोभा प्रतिबिम्बित है।

असम का अंकिया नाट

रुक्मिणीहरण नाटक

महापुरुष शंकरदेव ने असम में अपने अंकिया नाटों के लिए जिस भाषा का प्रयोग किया, वह एक मिश्रित भाषा थी, जिसमें ब्रजमंडल, मिथिला, काशी इत्यादि क्षेत्रों के शब्दों, मुहावरों, वाक्य-विन्यास आदि का असम की स्थानीय भाषाओं में आयोजन किया गया था। आजतक वहाँ के सत्रों में इसी भाषा का प्रयोग नाटों में होता है। महापुरुष शंकरदेव के 'रुक्मिणीहरण' में मध्ययुगीन वैष्णव-साहित्य का रस प्रचुर मात्रा में दीख पड़ता है। निम्नलिखित उद्धरण में रुक्मिणी के दूत वेदनिधि के श्रीकृष्ण के पास पहुँचने का प्रसंग है :

सूत्र. : ताहे सुनिए वेदनिधि बिहसि बोलल।

वेदनिधि : हे स्वामि कृष्ण, तुहु जगतक परम ईश्वर। तोहाक आखिए देखलु, अतः पर हमार कमन कुशल थिक ? तुहु देवकीपुत्र, सोहि नहि, ब्रह्मा महेस सेवित, श्रीनारायण, से तुहु भूमिक भारहरण-निमित्त

अवतार भेलि थिक। अः तोहोक महिमा की कहब। हामु जदर्थे आवलु ता सुनह। हामार बिदर्भ राजनन्दनि रुकमिनि भिक्षुक मुखे तोहारि गुनरूप सुनिए मने स्वामि भावे वरल। से कन्याक बिबाह करिते, पापी सिसुपाल आवल। ताहे देखिए, राजकुमारि मरैछे। अः हामु कि कहब ? एक पतिया लेखि पठावल थिक, ताहेक देखह।

सूत्र. : ओहि बुलि, रुकमिनिक पत्र कृष्णक हाते देलह। श्रीकृष्ण सादरे धरिए, मुद मांगल। बिप्रक बोल।

श्रीकृष्ण : हे गुरु। तुहु पाठ करह, हामु सुनिए रहो।

सूत्र. : बिप्र पत्र लैया पड़इते लगाल, श्रीकृष्ण एकचिते सुनिए थिक। आहे लोक, ताहे देखह सुनह, निरन्तरे हरि बोल।

वेदनिधि : *(पत्रपाठ)* "स्वस्ति श्री परमेश्वर, सकल सुरासुर वन्दित पादपद्म, प्रपन्न जनतारण नारायण, श्री श्रीकृष्ण चरण सरोरुहेषु रुक्मिण्याः सहस्र प्रणामलिखनम्। कार्यंच शिवमिह निवेदनंच। हे स्वामि, भिक्षुक मुखे तुया गुण रूप सुनिए, कायावाक्यमने तोहाक पतिभावे बरेछि। तथि पापी सिसुपाल, हामाक बिबाह करिते आवलथिक, जैचे सिंहक भार्या निते शृगाल चुम्पि रहए थिक। ताहे देखि भये दण्ड जुग जाइ। जानि हामि निज दासिक सत्वरे नेवसिया स्वामि। जब बोल, तुहु अन्तेसपुरे रह, कुन परकारे भेंट पाऊ, ततोचित उपाय कहु। हे नाथ ता सुनह, बिबाहक पूर्व दिवसे, भवानीक मठे चलब। से समये हामाक हरि निया जाय। जेबे तुहु हेला कये नाहि नेवब, तेबे तो हात बध दिये, हामु प्राण छाड़ब। पापी सिसुपालक छायाक हामु कबहु पावे नाहि परसो। ओहि जानि दीन दासिक, हे नाथ, उद्धर उद्धर। तव चरन सरोरुहे किंबहु लेख्यमिति पत्रमिदम्।"

निरीक्ष्य करुणं पत्न्याः परमपुरुषः।
प्रेमाश्रुलोचनस्तस्थौ म्लाननेत्रमुखाम्बुजः ॥ 35 ॥

(परमपुरुष भगवान् रुक्मिणी के करुण पत्र को देखकर प्रेमाश्रु बहाते हुए म्लान नेत्र और म्लान मुखकमलवाले हो गए ॥ 35 ॥)

सूत्र. : तदनन्तर, रुकमिनिक सकारुन पत्र देखिए, कृष्णक हृदये ताप उपजल, कमल-नयनक नीर झरये लागल। जैसन बिलाप कयल, ताहे देखहु सुनह, निरन्तरे हरि बोल।

॥ राग गौरि, रूपक ताल ॥

ध्रु. : *हरि हरि किना भेलि राजकुमारि।*
कमल नयन परि बारि झुरावत, घनघन फोकारे मुरारि ॥

पद : *करत करनु तेरि, नारि निकारुन, मोहिं बिरह दहे आगी।*
तोहो जब जीवन, बाला छोड़ह हउ तब तुया बध भागी॥
तेरा दरसन, कैसन होइ, सुमरिते तनु मन तावे।
मिलन अधिकहु हरिको आकुल, कृष्ण किंकर रस गावे॥ 36॥

कृष्ण : हे वेदनिधि, तुहु कहिबार पात्र। जो दिवसे से प्रियाक रूप गुण सुनलु, सेहन्ते रुकमिनिक, मात्र ध्यान कय हामार मन थिक। से प्राण प्रियाक, अवस्था कथा सुनिए, कैसे जीबन धरु ? अये दारुक, सत्वरे रथ अनह, कुंडिनक चलिकहु एइ क्षणे जागु। से प्रियाक दुख सुनिए प्रान रहये नाहि।
अथ रथमधिरुह्य केशवोऽसौ।
सपदि सारथिनोद्धवेन युक्तः॥
करकृतधनुरीश्वरः प्रियायाः।
प्रेमाकुलः कुण्डिनमोजसा ययौ॥ 37॥

(तदनन्तर, शीघ्र ही सारथी और उद्धव के सहित रथ पर चढ़कर भगवान श्रीकृष्ण प्रिया के प्रेम से आकुल हो हाथ में धनुष लेकर वेगपूर्वक कुण्डिनपुर को गए॥ 37॥)

सूत्र. : ताहे सुनि दारुके तत्तकाले रथ जोगावल, पेखि श्रीकृष्ण ब्रह्मानक होते धरि उपरे तुलि, हाते सरचाप धरिकहु, उद्धव सहिते, तथि चढ़ल। दारुक महावेगे रथ खेदावल। श्रीकृष्ण जैसे चलल ताहे देखहु सुनह, निरन्तरे हरि बोल।

गीत

॥ राग माहुर घनश्री, परिताल॥

ध्रु : *कुण्डिनकु आवत मोहन मुरारु।*
कोटि इन्दुनिन्दि बदन बिराजु, कर सारंग सर धारु।

पद : *स्याम मुरति पीत, अम्बरु अम्बुद, तड़ित जड़ित जस सोहे।*
रतन मुकट मनि, कुण्डल डोलित हासि जगत जन मोहे॥
भुज जुग केयुर कंकन आगुंलि, आगुंरि रतन बिकास।
मंजिर रंजित, चरण सरोरुह, संकर कह हरिदास॥ 38॥

सूत्र. : ओहि परिकारे, कृष्णक रथ वाउबेगे चले। तथि आलोल्ये ब्राह्मण, बेदनिधि रथ बेगे श्रुतिभंग हुआ परल, हात-पाव थिर भेल, पेट उफन्दल। नासात विश्वास नाहि निःसरे, जैसे मृतक तद्वत अचेतन भेल। ताहे पेखिए श्रीकृष्ण, हाहा बुलि सिरे जल सिंचिए, फुंकि फुंकि धातु आनल।

कृष्ण : हे वेदनिधि स्वस्थ हव, स्वस्थ हव।

सूत्र. : कृष्णक आश्वास सुनिए, किछू चेतन पाइ, बिप्रे बोलल।

वेदनिधि : हे बापु तुहु बा के ? हामु बा कौन ? कि निमित्त एथा आवल थिक ?

कृष्ण : *(विहसि बोल)* हामु द्वारकार, कृष्ण, तुहु वेदनिधि, रुकमिनि पठावल, तन्निमित तुहु हामु कुण्डिने चलयिछि।

सूत्र. : ताहे सुनिए विप्र बाहु मेलि कृष्णक धरल।

वेदनिधि : हाहाबाप बर्त्तुलु, हामु क्षणेके मरि जाञे, तोहाक निमिते पुनु उपजलो।

सूत्र. : ब्रह्मण कम्पय देखि, श्रीकृष्ण आश्वासन बुलि स्वस्थ कयल।

ततो विप्रं प्रभु : प्राह गच्छ त्वं सत्वरं गुरो।
मदागमनमाख्याहि प्रियायाः प्रीतिवर्द्धनम् ॥ 39 ॥

(इसके उपरान्त भगवान् ने ब्राह्मण से कहा कि ब्राह्मणदेव तुम शीघ्र ही जाओ और प्रिया की प्रीति का वर्द्धन करनेवाले मेरे आगमन की सूचना दो ॥ 39 ॥)

सूत्र. : तदन्तर श्रीकृष्ण कुण्डिन समीप पाई बिप्रक बोलल।

कृष्ण : हे गुरु, तोहो आगु हुवा चलह। से प्राणप्रिया नैरासा देखिए प्राण छाड़ब। हामार आगमन रुकमिनि कह गिया।

सूत्र. : बिप्र सुनिए कृष्णके आसिर्बाद कयकहु आगु हुवा चलल। इकथार होक। रुकमिनिक वृतान्त सुनह।

श्लोकः

विलम्बं वीक्ष्ण विप्रस्य रुक्मिणी राजनन्दिनी।
चिन्तां दुरन्तामासाद्य रुरोद सखिसन्निधौ ॥ 40 ॥

(राजनन्दिनी रुक्मिणी ब्राह्मण के लौटने में विलम्ब देखकर गहरी चिन्ता प्राप्त करके सखी-सान्निध्य में रोने लगीं ॥ 40 ॥)

सूत्र. : तदन्तर विप्रक बिलम्ब देखि रुकमिनिक मने चिन्ता मिलल।

रुक्मिणी : *(मदनमंजरिक बोल)* हे सखि, हामार परम अनर्थ भेल। आजु अधिवास कालि बिबाहक दिबस। से वेदनिधि कृष्णक आनए नाहि नारि, लज्जाये नावल। हाहा अब स्वामिक आसाछेद भेल।

सूत्र. : ओहि बुलि कुमारी जैसे क्रन्दन कायल ताहे देखह सुनह, निरतर हरि बोल।

गीत

॥ राग गौरी, विसम ताल ॥

ध्रु. : *मायि माधव अब कयल मेरि नेरास।*
पन्थ नेहारि राजकुमारी, फोकारे घने निस्वास ॥
हामु अभागि, लागि जानहु, जीवन नाथ नावे।
मुरुछि पड़ल, चेतन हरल, रमनि संकरे गावे ॥ 41 ॥

सूत्र. : ऐसन क्रन्दन कए बाला, मुरुछित हया परल, सखि सब देखिए, हा हा बुलि, बाहु मेलि धरिकहो प्रबोध बोलल।

मदनमंजरी : हे सखि, स्वस्थ हव, स्वस्थ हव। से श्रीकृष्णक तोहाक निमित्ते, जाकेरि अवश्य आवब। नाम मात्रे महापापिसबके संसारनिस्तर, से भक्तक बान्धव, माधव, तोहक नाहि रक्षा करब ? प्रान सखि ओंहि संका छाड़ह। हामाक सपत उठह उठह।

तत उत्थाय सा बाला विनिःश्वस्य पुनः पुनः।
रुरोद करुणं बाला स्मृत्वा कृष्णपदाम्बुजम् ॥ 42 ॥

(तदनन्तर, बाला रुक्मिणी उठकर और बारम्बार दीर्घ श्वास लेकर भगवान कृष्ण के चरणों को ध्यान करके विलाप करने लगी ॥ 42 ॥)

सूत्र. : कुमारी चेतन लभिकहु, निस्वास फोकारि, हाते जदन चड़ाइ बैठल।

रुक्मिणी : *(सखि सबक बोल)* हे मदनमंजरि, हे सखि लीलावति, हामार बिहि बंक भेल। वेदनिधि गैयाकहु बाहुरि नावल, प्राण कृष्णक बात किछो नाहि पावलु, हा हा ओहि जनमे से स्वामिक चरन, दरसनदुल्लभ भेल।

सूत्र. : ओहि बुलि पुनु जैसे क्रन्दन कयल बाला, ताहे देखह सुनह, निरंतर हरि बोल।

गीत

॥ राग गौरी जोतिमान ॥

ध्रु. : *माधव मेरि बिछुरि अब नावल, हरि बिरहानल चेतन गरि।*
नावल अबहु बाहुरि द्विजनन्दन कह कैसन सखि जीवन धरि ॥

पद : *ओंहि सिसुपाल काल भेलि मेरि।*
हेरि हरत चेतन तनु खिन ॥
हामु अभागि बिहि बंकिम हमारि।
प्रान पिउ कैसन कयलि बिहिन ॥
करबि कमन उपाय पुनु पाइ।
अवधि बिबाह रयनि मह थिक ॥
हेरब अवरि हरिको नाहि चरना।
कह शंकर झुरे रमनि अधिक ॥

रुक्मिणी के इस क्रन्दन की प्रतिध्वनि एक आधुनिक ग्रामीण ब्राह्मणी नायिका के विलाप में भी मिलती है। परम्परा की अभिव्यंजना भिन्न होते हुए भी आत्मा एक ही है। इसका उदाहरण बिहार के बिदेसिया नाटक में मिलता है।

बिहार का बिदेसिया

पश्चिमी बिहार का 'बिदेसिया' भोजपुरी-क्षेत्र की विलक्षण अभिव्यंजना है। इसके प्रणेता एक प्रतिभाशाली ग्रामीण, श्री भिखारी ठाकुर अर्द्धशिक्षित होते हुए भी भोजपुर-क्षेत्र की लयताल-झंकृत भूमि में अनुप्राणित हुए। लोक-प्रचलित गीतों को उन्होंने एक ऐसे कथानक में गूँथा, जिसमें पश्चिमी बिहार के ग्रामीण जीवन के यथार्थ और 'मेघदूत' से आधुनिक युग तक प्रवाहित विरहिणी नायिका और प्रेमियों के सन्देशवाहक दूतों की परम्परा का अद्भुत मिश्रण है। ठेठ देहातीपन और कहीं-कहीं अश्लीलता के साथ उत्कृष्ट मार्मिकता का संयोग है। निम्नांकित उद्धरण में विरहिणी नायिका के पास एक बटोही के आने और उसके द्वारा अपने पति के पास सन्देश भेजने का प्रसंग है। उसका पति नगर में एक वेश्या के फेर में पड़ा है। 'बिदेसिया' शब्द पति के लिए प्रयुक्त हुआ है।

॥ समाजी पूर्बी धुन ॥

मचिया बैठल धनी मने मन समुझे से।
भुइया लोटेला लामी केश रे बिदेसिया ॥

॥ प्यारी पूर्बी धुन ॥

गवना कराई सैयाँ घर बैठवले से।
अपने गइले परदेस रे बिदेसिया ॥
चढ़ली जवनियाँ बैरन भइली हमरी से।
के मोर हरि हैं कलेस रे बिदेसिया ॥
केकरा से लिखि के मैं पतिया पठइबों से।
केकरा से पठवों सनेस रे बिदेसिया ॥
तोहरे कारण सैयाँ भभुती रमइबों से।
घर ... ... बिदेसिया ॥
कबल दो फिरिहें दइब निरमोहिया से।
मोरा बिरहनियाँ के भाग रे बिदेसिया ॥
हमरो सुरत सैयाँ तुँहुँ बिसरवल से।
रहल सवति रसपागि रे बिदेसिया ॥
दिनवा बितेला सैयाँ बटिया जोहल तोर।
रतिया बितेला जागि जागि रे बिदेसिया ॥
घरी रात गइले पहर रात गइले से।
धधके करेजवा में आगि रे बिदेसिया ॥
अमवा मोजरि गइले लगले टिकोरवा से।

दिन पर दिन पियराला रे बिदेसिया॥
एक दिन बहि जइहैं जुलुमी बयरिया से।
डाड़ पात जइहें भहराइ रे बिदेसिया॥
झमकि के चढ़लीं मैं अपनी अटरिया से।
चारु ओर चितवों चहाइ रे बिदेसिया॥
कतहुँ ना देखौं रामा सैयाँ के सुरतिया से।
जियरा गइले मुरझाई रे बिदेसिया॥

॥ समाजी चौपाई ॥

तेहि अवसर एक बटोहि आए। तासो प्यारी दुःख सुनाए॥
पति गुण कहिकर रोवन लागी। सुन बटोहि के धीरज भागी॥

॥ प्यारी बटोही से पूर्बी धुन ॥

गोड़ तोर लागी रामा भइया बनिजरवा से।
हमरो बिनय सुनि लेहु रे बटोहिया॥
जहु तुहु जइब रामा पुरबि बनिजिया से।
हमरो सनेस लेले जाहु रे बटोहिया॥

॥ प्यारी ॥

कैसे मैं कहौं रामा अपनो सनेसवा से।
बार-बार जिया अकुलाई रे बटोहिया॥
ताही पीछे बारहो बियोग रे बटोहिया॥
जेकर तिरियवा रामा बन बन बिलखे से।
सेहो कैसे करे रस भोग रे बटोहिया॥
अगिया लगाऊँ रामा राजा की नौकरिया से।
कठिन करेज हवे तोर रे बटोहिया॥
तोरि धनि भइली रामा बनकी कोइलिया से।
कुहुँकति फिरे चारु ओर रे बटोहिया॥

॥ बटोही ॥

कइसन हउवे तोर वारे रे बलमुआ से,
हमरा के देहुना बताइ रे सँवरिया।
तोहरे सनेसवा हो तोहरे बलमुजी से,
हमहूँ कहबि समुझाई रे सँवरिया॥

॥ प्यारी बचन बटोही से ॥

हमरा बलमु जी के बड़ी-बड़ी अँखिया से,
चोखे-चोखे बाड़े नैना कोर रे बटोहिया
ओठवा तो बाड़े जैसे कतरल पनवा से,
नकिया सुगनवाँ के ठोर रे बटोहिया ॥
दँतवा तो शोभे जैसे चमके बिजुलिया से,
मोछियन भँवरा गुंजारे रे बटोहिया।
मथवा में सोभे रामा टेढी काली टोपिया से,
रोरी बुना सोभेला लिलार रे बटोहिया ॥

॥ प्यारी वार्त्ता ॥

ऐ बाबा ! हम केतना ले दुख सुनाई, हमरा अन्न पानी कुछ अच्छा नइखे लागत।

॥ बटोही की वार्त्ता ॥

चुप रह ! हमार बाबू हो ! तोहरा अन्न पानी धसत होई ? अच्छा हम जा तानी तोहरा पति से हम पाती जरूर लगाके भेजबि।

॥ समाजी धुन पूर्बी ॥

अतना कहि के रमा चलेला बटोहिया से,
पहुँचेला पुरुब के देश रे बटोहिया।
गलिया कि गलिया रे फिरे बनिजरवा से,
कतहु ना पावेल उदेस रे बटोहिया।

॥ समाजी चौपाई ॥

गाँव का पच्छिम एक ऊँची अटारी।
मोतिअन सो जरल केवारी ॥
मचिया बैठल एक पतरी नारी।
तो संग में खेले जुआसारी ॥
मनहीं मन बटोही पहिचाने।
प्यारी के दुख कही बखाने ॥

॥ बटोही का बिदेसी से धुन पूर्बी ॥

पच्छिम के हई हम बारे रे बटोहिया से,
पुरुब करीले रोजगार रे बिदेसिया।
आवत रहई बबुआ पतरी डगरिया से,

खिरिकिया पर तोर धनिया ठाढ रे बिदेसिया।
तोर धनि बाड़ी रामा अँगवा के पतरी से,
लचकेली छतिया के भार से बिदेसिया।
केशिया त बाड़ी जैसे काली रे नगिनिया से,
सेनुरा से भरल बा लिलार रे बिदेसिया।
अँखिया त हउवे जैसे अमवा के फँकिया से,
गलवा सोहेलां गुलनार रे बिदेसिया।
बोलिया त बाटे जैसे कुहुके कोइलिया से,
सुनि हिया फाटेला हमारा रे बिदेसिया।
मुहवाँ त हउवे जैसे कमल के फुलवा से,
तोहि बिनु गइले कुम्हिलाई रे बिदेसिया।
अइसन तिरियवा के सुधि बिसरवल से,
तोहरा के हवे धिरिकार रे बिदेसिया।

॥ समाजी बचन धुन पूर्बी ॥

एतना बचन जब सुनेला बिदेसिया से,
भूमि में गिरेला मुरझाई रे बिदेसिया।
कतही फेकेला रामा कमल के फुलवा से,
कतही फेकेला जुआसार रे बिदेसिया॥

॥ रंडी का बिदेसिया से वार्त्ता ॥

ऐजी रउवाँ आज एतना काहें मन थोर कइले बानी ? का घर मन परल बाटे आकी तबियत खराब बाटे।

॥ बिदेसी सवैया ॥

हे सजनी जरा धीर धरो, हम जइबों घरे धनी रोवत होइ हैं। प्यारी के दुःख जबसे हम आए हमरे बिना कैसे जिवत होइ हैं। दिवस न चैन रजनि में नींद। सबै सुख सेज न भावत होइ हैं। दर्शन कहे काह कहुँ धनी नैना से नीर बहावत होइ हैं।

॥ रंडी का बिदेसी से दोहा ॥

पिया पिरितिया त्यागि के, और कहीं मत जाहु।
कहें भिखारी भीख माँगकर, हम लाइब तुम खाहु॥
प्रातःकाल में दर्श करिकै, भिक्षा माँग लिआऊँ।
अपने हाथ सुंदर भोजन, नित तुझे कराऊँ।

॥ बटोही का बिदेसिया से वार्त्ता ॥

ऐ बबुआ इ के बोलत बाटे।

॥ बिदेसी वार्त्ता ॥

ए बाबा ! इहेनु कनियाँ वा। जवनासे इहाँ शादी भइल बाटे।

॥ बटोही वार्त्ता बिदेसी से ॥

ऐ बबुआ ! तू शादी कहले बाड़ ईहाँ ? अच्छा-अच्छा बड़ा नीमन कइले बाड़ ए हमार बाबू।

॥ बिदेसी वार्त्ता बटोही से ॥

ऐ बाबा ! इहाँ बाड़ा कुल काम पथार हो गइल बाटे, देखी ना इहे एगो कोठी बनवली हाँ। ए बाबा ए में बड़ा रुपिया लागल बाटे।

॥ बटोही वार्त्ता विदेसी से ॥

अच्छा ए हमार बाबू बड़ा नीमन काम कइले बाड़, इहे न चाही कि जाँहर में तहाँ खूब ठाट-बाट बनाके रहे। दू तीन गो शादी करके रहे, चाहे घर के जनाना खइला बिना मर जासु। अच्छा कुछ भइल घरे चल जा।

॥ रंडी बिदेसिया से वार्त्ता ॥

ए रउआँ इ के बोलत बाटे ? चलीं चलीं लड़का रोअत होई।

॥ बटोही वार्त्ता बिदेसिया से ॥

ए बबुआ हो, एकरा लड़का बाटे ?

॥ बिदेसी बटोही से वार्त्ता ॥

हाँ ए बाबा, एकरा तीन ठो लइका बाटे।

॥ बटोही बिदेसी से वार्त्ता ॥

हाँ। बबुआ एकरा देह ज्वाला बुझाते नइखे और तीन ठो लइका केने से भई गइल हो बबुआ ! एकर और तोहर जिनगी बनल रही त एकठो सहर बसा देव, ऐ बबुआ ! अच्छा-अच्छा घरे जा।

॥ बिदेसी बटोही से वार्त्ता ॥

ऐ बाबा अच्छा तनी ओकरो से राय लेलीं तनी रउआ बैठीं।

॥ रंडी बिदेसी से वार्त्ता ॥

अहो ? हे प्राण प्यारे ? नैनों के तारे कहीं जा मत बिसारे, केवल आसा है तिहारे ॥

परम्पराशील नाट्य-साहित्य में जहाँ नायिकाओं के काव्यशास्त्र-सम्मत रूप की झाँकी मिलती है, वहाँ व्यवहार और कथन में जनसाधारण के दैनिक जीवन की चुहल और लोच भी मिलते हैं। परम्परा और समसामयिकता का सम्मिश्रण ब्रज की रासलीला में विशेष मुखर है।

ब्रज की रासलीला

रासलीला के वर्तमान स्वरूप में मध्ययुगीन ब्रजकाव्य और आधुनिक ब्रज-जीवन का अनायास सम्मिश्रण हुआ ही है। निम्नांकित उद्धरण में चाचा श्रीहितवृन्दावनदास के पदों के साथ-साथ ऐसे वार्तालाप को गूँथा गया है, जो ब्रज के किसी भी साधारण परिवार में सुना जा सकता है। कृष्ण को स्वप्न में अपने विवाहोत्सव की झाँकी मिली और अपनी वधू की भी। यशोदा उससे वधू के आकार-रूप का विवरण पूछती है।

स्वप्न-लीला

चाचा श्रीहितवृन्दावन दास जी

(लाड़ सागर की श्रीकृष्ण विवाह-उत्कंठा वेली के आधार पर)

यशोदा : तो लाड़ली तोहि सुपने में कैसी दीखी, बड़ी कै छोटी ?

कृष्ण : मैया ! मैं तो मुख ही मुख देखत रह गयौ बड़ी छोटी कौ तो ध्यान ही नाँय रह्यौ।

यशोदा : नेक सम्हार कर लै, ध्यान में आय जाए कहूँ।

कृष्ण : *(आँख बन्दकर थोड़ी देर बाद)* माय ! मैं कहा कहूँ तू हँसैगी।

यशोदा : कह तो सही, कहा ध्यान में आयो ?

कृष्ण : मैया ! वह तो कभू बड़ी बड़ी सी लगै है और कभू छोटी छोटी सी लगै है। न जानैं वह बड़ी है कै छोटी है। तू नेकु ते बूझ लीजो, कहूँ बड़ी न होय, नहीं तो...

तुक : *घर को ऊँचौ द्वार करावै देखि देखि दुख दहिये।*
मित्र मंडली सबै हँसे नित लज्जा भींजत रहिये॥
सकुचीलौ स्वभाव है मेरौ बात परत नहिं सहिये।
कोऊ देइ उलाहनों, मन कौं चैंन नहीं कहुँ लहिये।

वार्त्ता : मैया, मेरौ तो बड़ौ ही सकुचीलौ स्वभाव है। नेक हू कोई ऐंड़ी बैंड़ी कहि देय तो मैं तो धरती में गड़ जाऊँ हूँ ! नेक हू नहीं सह सकूँ हूँ।

यशोदा : अहा ! ये सब ब्रज की गोपी बड़ी झूँठी हैं। तोकूँ नाहक में ढीठ लंगर ऊधमी कह्यौ करैं हैं।

कृष्ण : मैया, वे सब झूँठी हैं, मैं तो...

तुक : *डरत रहत हौं सबसौं पाँव परि पार न वेगि उमहियै।*
वृन्दावनहित रूप लाभ लहि अभिमानिन मद ढहियै।

वार्त्ता : मैया, मैं तो सबन ते बड़ौ डर-डर के चलूँ हूँ, सबन ते प्रीति भव बनाय राखू हूँ, कभू जल्दी नहीं रिसाऊँ हूँ, मोकूँ बाबा के नाम को बड़ौ ध्यान रहै है, मैं तो अभिमानी घमंडिन के ही नाक कान पकरूँ हूँ। औरन के आगे बड़ौ दीन, प्रिय, सरल, सुशील बन कै रहूँ हूँ। फिर मेरौ ब्याह क्यों नहीं होवैगो, मैया ? और मोकूँ सब अपनी अपनी बेटी क्यों नहीं ब्याहेंगे ?

यशोदा : जरूर ब्याहेंगे लाला, जरूर और तेरे रोम रोमकूँ ब्याहेंगे।

कृष्ण : परन्तु बड़ी नहीं होवै मैया, या बात कौ तोहि पूरौ ध्यान दैनौं परैगौ। अच्छा मैया ! अब ब्याह तो बरसाने में पक्कौ है गयौ। अब तू मोहि माखन मलाई खबाय कै झट-पट बड़ौ कर लै फिर बलदाऊभैया और ग्वालबाल सब मोते डर्‌यौ करेंगे। और फिर जब बड़े गोप वृषभानु राय जी के घर मेरौ ब्याह है जायगौ तब तो सब मेरे आगे हाथ जोरि दीन वचन बोलेंगे। और मेरी जय-जयकार गायौ करेंगे।

(प्रवेश गोपीजन)

पहिली गोपी : आज मैया बेटा कहा बैठे-बैठे बतराय रहे हैं। कन्हैया अबहि बछरा चरायबे नहीं गयौ।

यशोदा : हाँ अब जाय है, बातन बातन में देर है गई।

गोपी : कहा ऐसी बात है हमहूँ सुनैं ?

यशोदा : अरी गोपियो कहा सुनोगी याकी बातन कूँ।

कृष्ण : कह दे न मैया, ब्याह की बात कर रहे हैं।

यशोदा : अरे मेरे ढोल ! बिना बजाये आपही बजै हैं।

गोपी : ब्याह ? कौंन के ब्याह की बात ?

कृष्ण : मेरे और कौंन की ?

समाजी : पद सुनत यह बात हँसी ब्रजबाला।

गोपी : *ऐसी चाह ब्याह की जो तौ चोरी तजि नन्दलाला।*
बात तोतली कहि मैयासों करत हौ अधिक निहाला॥
पोल काढ़ि हैं सखा संग के चलते अनौंखी चाला।
माँगत दान दही कौ समझत रीति सबै गोपाला॥
बलि भैया कौ दोस देत मुख बोलत वचन रसाला।
निपट गुनीले हम जानति हैं कहा बजावत गाला॥
वृन्दावन हित रूप रावरे जस की फेरत माला।

दूसरी गोपी : *हँसी दस पाँच गोपिका सुनिकैं।*
बड़ी साधुता निकसी उतरे लाल बोलिये पुनि कैं॥
जिनके भाँड़े फोरि बगाये तिनके उर रहे धुनि कैं।
यह चतुराई ब्रजपति नन्दन पढ़े कौंन से मुनि कैं॥
पटकत चरन किंकनी नुपूर भये जो रोचक धुनि कैं॥
जननी अधिक सिहात लाल गुन हिये धरत है चुनिकैं॥
ब्याह बधायौ गायौ चाहत ये गरुवे गुन गुनि कैं।
वृन्दावन हित रूप हथ्यौना खान फूल तरुनिनु कैं॥

तीसरी गोपी : *मोहन समझि की बलि जाऊँ।*
कहत गोपी और काढ़्यौ बाप कौ तुम नाऊँ॥
न्याय की सुनि बात कान्हर नहीं चुगली खाऊँ।
तनक सौ अति छल भव्यौ तैं सब नचायौ गाऊँ॥
दूध हाँडी फोरि कै आयौ पिछोड़ै पाऊँ।
कहा दैंउ उराहनौं मुख कहत हौं जु सकाऊँ॥
यह कहत है झूठ हौं पर सदन जात डराऊँ।
बसति है किंहि ओर मैं देख्यौ न याकौ ठाऊँ॥
जो बिगारे काम तासों उलटि हौं जु रिसाऊँ।
वृन्दावन हित रूप झूठी बात कौं पछिताऊँ॥

दूसरी गोपी : अरी वीर गुन तौ इनके कारे हैं सो तो हैं ही, रंग हू तौ महा कारौ है। रंग हू नेक चोखौ गोरौसोरौं हो तौ कोऊ कदाचित् अपनी बेटी देहू दे तौ परन्तु...

पद : *दैहिगौ को कारे कौं बेटी।*
गरें दिपति गुंजन की माला सेली काँधि लपेटी॥
तापै लच्छन चोर लला तन लाज तनक नहिं भेटी।
मोरन के पाँखन की टोपी माथे मैं उरसेटी।
पोली बाँस बँसुरिया देखौ कटि ऊपर खुरसेटी॥
वृन्दावनहित रूप दान की वन में बात चपेटी।

वार्त्ता : हे यशोदा जी। तुम्हारौ लाला रंग करकै तो कारौ कलूटौ, सिंगार देखौ तो जंगली गँवार गँवारियन कैसौ, लक्षण देखौ तो चार बटमारन के से और दुलहिनी माँगें है बड़े घर की बेटी।—तन में न लत्ता, पान खाय अलबत्ता, ब्रज में तो कोऊ ऐसों अन्धौ गोप दीखै नहीं है जो अपनी बेटी कुँआ में ढकेल देवौगौ। हाँ लंका ते भलेई कोई कारी कलूटी राक्षसी मिल जावेगी।

यशोदा : चुप रह री। तू बड़ी स्वर्ग की अप्सरा आई, इन्द्र के अखाड़े की परी, जो मेरे लाला के गिन-गिन कै नाम धर रही है।

कृष्ण : अरी घरबसी ! तू कौन है ? कहाँ ते आई जो हमारे दारभात में मूसर चन्द बनै है।

पद : *घरबसी, तू को कितते आई।*
बिनही कारन भवन पराये चपरी लेत लराई॥
नाम धरत है मैया मोकौं यह मनसुख सिखाई।
कहि वेगी घर जाय आपनें याके मन की पाई॥
चोर चुगल की यह जु मिलनियाँ कैसी बात बनाई।
काम बन्यौ बरबस बिगारि है हीयें भरी खुटाई॥
हँसिनी ठगिनी जानि परी है तैं कित मुँह जु लगाई।
बचननि और पेट कछु औरै खरचत है चतुराई॥
बाबा की सौंह महा ढीठ यह करि जैहै भड़िआई।
तू रानी न प्रीत कर यासौं लै है मति बौराई॥
ताहि न घर में आवन दीजै काटै बात पराई।
वृन्दावन हित रूप नीति की बात कहीं सुनि माई॥

वार्त्ता : मैया ! ऐसी लरहाई चुगलिन कूँ तो घर में घुसन ही न देवै। ये काहू की बनती नहीं देख सकै हैं। बने कूँ बिगारनौं, हरे भरे कूँ जरावनों ही इनको धन्दौ है। आज ते आगे याकूँ फिर घुसन न दीजौ, मैया। ये रोजीना मेरौ ब्याह बिगार दियौ करैंगी। बिल्ली खाएगी नहीं तौ लुढ़काय जरूर देगी।

गोपी : अरी सखियो ! इनको ब्याह की कैसी चटपटी लग रही है ! पपैया कीं सी रट लग रही है !!

पद : *स्याम के चातक की सी रट है।*
ब्याह काज जसुमति तुव नन्दन वचन कहत चटपट है॥
औरनि काज बिगारै बरबस आप काज सट पट है।
कौन भली कह है हो ढोटा करि सबसों खट पट है॥
मैयाहू सौं चूके न तादिन फोर्यो दधि कौ घट है।
लरकन के तन भरे चुहुँटियाँ खाट बाँधि शिर लट है॥
लरिवै कौं सब सों भयौ सन्मुख कटि कस पीरौपट है।

यशोदा : यह कहा कहै है ? मेरौ छोटौ सौ कन्हैया बड़े बड़ेन सौ कैसे लड़ सकै है ?

गोपी : *(तुक)* अरी तनकसौं दीखतु ताछिन लगै भलौ मनु भट है।

वार्त्ता : अजी ! यहीं आपके सामने तनक सो दीसै है, लड़वे के समय तो पूरा महावीर बन जाए है।

कृष्ण : मैया, महावीर नाम हनुमान कौ है सो यह देख मौकू बन्दर कहकै तेरे मोहड़े पै चिढ़ाव रही है। मैं बन्दर तौ तू बंदरिया है !

यशोदा : खूब कही लाला, अच्छौ मोहडौं झाड़यौ। मेरे लाला कूँ बन्दर कहै।

गोपी : कहा ये बन्दर नहीं हैं ?

तुक : *दूध दही ढरकाय चपेटौ मारि जात है झट है।*
वृन्दावन हित रूप नामूह पायौ नागर नट है॥

वार्त्ता : ये हमारे दूध दहिए ढरकाए देय हैं, हमरे चपेटौ भार जायें हैं, बहियाँ मरोर जायँ, गागर फोर जायँ, हार तोर जायँ हैं। ऐसी ऐसी कला हमकूँ दिखावें हैं तब ही तो नागर नट नाम पायौ है।

कृष्ण : और सेंत-मेंट में नट की नाँई मैं तुम कूँ नाच गाय कै रिझाऊँ हूँ। सौ क्यों नहीं कहै है ? अपने अवगुणननें छिपाय कैसे लड़वे चली हैं। मैया ?

पद : *याहि हौं जानत हौं लरिहाई।*

गोपी : तो कहा तुम मेरे घर में नहीं घुसे हो ?

कृष्ण : तो मैं चौरी करिबे घुस्यो हौ के अब वानर काढ़िवे घुस्यौ हौ ? अरी मैया ! एक दिना मैं पौरी में खेल रह्यौ, याके घर में बानर घुस गए, यह सोय रही हो सो...

तर्क : *मैं काढ़े बानर घर में ते समझै यह न भलाई।*
नीठ नीठ हों बच्यौ नाहरी ब्याई मानों धाई॥

वार्त्ता : मैया ! बन्दर जात खेम याकूँ नौंच गयौं, सो यह जाग परी और यह मोपै ही चोर चोर कहि कै ब्याई नाहरी की नाँई अरराय परी। और मैया...

तुक : *याहि अन्न भावै तब जब पर घर में लेत लराई।*
उठते खाट ते कलह मचावै निन्दा करत पराई॥
अति झगराऊ बड़ी सूमनी जो देहि मोर दिखाई।
ताहि न मिलै अन्न सन्ध्या लगि मैं जु बात पचाई॥

वार्त्ता : मैया ! यह बड़ी झगराऊ है, दिन भर चपर चपर करै है, और महा सूमनी है, कानी कौड़िननैं हू जोरि जारि कै राखै है। और जो कोई या भगवती के मुखारविन्द के दर्शन सबेरे कर लेय है, बाकी तो वा दिना एकादशी निर्जला है जाय है, यह मैंने परचाय कै देख लई है। जा दिना में कालीदह में कूदयौ हौ ना मैया, वा दिना सबेरे याही को मोहड़ौ देख्यौ हौ, यह ऐसी सुलच्छना है।

यशोदा : अरी ओ री लक्ष्मी ! नेक दिन चढ़े पै दर्शन दियौ कर। कम ते कम मेरे लाला कूँ कलेऊ कर लैन दियौ कर।

कृष्ण : मैया याकूँ आबन ही मत दियौ कर, सबेरै होय कै सन्ध्या, याकौ मोहड़ो जैसौ है वैसे ही चरण हू हैं। घर आँगन में न परै तोई अच्छौ।

गोपी : (तुक) हँसि बोलो गोपी ब्रजमोहन कहाँ यह बुद्धि कमाई।

वार्त्ता : अजी ब्रजमोहन लाल जू, इतनी झूँठी बात बनाइवै की बुद्धि तुम में कहाँ तै आई, बड़े आसमान में ठेगरी लगावौ हौ।
(तुक) बोलौ साँची जसोमती आगे जिन खरचौ चतुराई।

वार्त्ता : अपनी मैया के आगे तो साँच बोलौ, इतनी चतुराई क्यों लगाय रहे हौ ?

कृष्ण : (तुक) *साँची कहत हों तुम सबकी बिगरावति फिरत सगाई।*
बाबा की सौं मैं साँची तैं खोटी बात चलाई॥

गोपी : (तुक) *बहुत गाई कौं फूलत हौ। कहाँ डरी सी पाई।*
चलौ आप कुल रीति लला अब जैसे होय बढ़ाई॥

वार्त्ता : अजी लालन ! जो तुम अपने गोपकुल की रीति नीति सौं चलौगे तो तुम्हारौ नाम निकरैगौ, और तुम्हारी सगाई है जाएगी, नहीं तो ब्याह सगाई कोई गुड़ की डरी थोरें ही है। जो जहाँ तहाँ मिल जाएगी और तुम गप्प खाय डारौगे।

दूसरी गोपी : दुलहिन पेड़ पै जहाँ तहाँ नहीं फलै है जो झट्ट पाय जावौगे, इन गुननते तो तुम स्याम क्वारे ही रह जावौगे।

पद : *हँसता है गोपा सन्मुख ठाढ़ी।*
महरि तनक सौ ढोटा उरते गुननि कोथरी काढ़ी॥
बिनही ताल पखावज नाचै लगन ब्याह की काढ़ी।
वृन्दावन हित रूप बिना ही प्यास प्यास है बाढी॥

रासलीला-साहित्य का यह रूप अष्टछाप के कवियों की रासलीला से बहुत बदला हुआ है। मुहावरेदार बोलचाल का गद्य ब्रजभाषा की नैसर्गिक भंगिमा का माध्यम है। ब्रज की विशाल और पुरातन परम्परा की गरिमा इस लिखित साहित्य में उतनी ही मुखर है, जितनी अंकिया नाट में अथवा मेलात्तूर के भागवत-मेल में।

लिखित साहित्य के अतिरिक्त ऐसा भी नाट्य-साहित्य है, जिसमें नामहीन प्रतिभा शायद बरसों तक गीतों को निखारती रही है, और आशुगुम्फित गद्य संवाद को भी परिस्थिति के अनुसार व्यवहार में लाती रही है, ऐसे नाट्य-साहित्य के गीतों के संग्रह तो हुए हैं, किन्तु उन्हें रंग-दर्शन के सन्दर्भ में प्रस्तुत नहीं किया गया है। परम्परागत अभिनय एवं प्रदर्शन में उन गीतों की अर्थवत्ता बढ़ जाती है। उत्तर बिहार के 'जट-जटिन' के गीत ऐसी नाट्य-साहित्य के उद्धरण हैं।

जट-जटिन

उत्तर बिहार का 'जट-जटिन' वस्तुतः लोकगीत और आंचलिक नाट्य के बीच की

अवस्था का नमूना है। अंग्रेजी के 'फ़ोकप्ले' की संज्ञा 'जट-जटिन' को दी जा सकती है, अर्थात् यह ऐसा प्रदर्शन है, जिसमें बिना किसी विशेष तैयारी के ग्रामीण समाज अपने जीवन और अनुभूतियों के विषय में एक सामुदायिक उत्सव के रूप में रंग-प्रदर्शन प्रस्तुत करता है। इसका साहित्यिक अन्तरंग और काव्य उन नाटकों से भिन्न है, जिनका विकास संस्कृत-नाट्य के ह्रासकाल में संगीत-नृत्य और भाषा-संवाद के समावेश द्वारा हुआ था। इसके काव्य में ऐसी ताजगी और अकृत्रिम बिम्बयोजना है, जो अन्य परम्पराशील आंचलिक नाट्यों में लगभग अप्राप्य है। 'जट-जटिन' पूर्णतया स्त्री-समाज का मनोरंजन है। स्त्रियाँ ही वेश धरती हैं, गान और नृत्य करती हैं, और प्रेक्षक भी स्त्रियाँ ही होती हैं, पुरुष इस नाट्य को नहीं देख सकते। अतः, इसमें दाम्पत्य-जीवन का वह मार्मिक पक्ष उभरता है, जो न पौराणिक कथाओं में है और न परम्परागत प्रेमाख्यानों में।

कथावस्तु अत्यन्त लघु है, कारण-कार्य का क्रम और घटनाओं के चरमबिन्दु की ओर त्वरित प्रगति नहीं है। श्रीमति इन्दुबाला देवी द्वारा सम्पादित 'जट-जटिन'[1] में इस नाट्य की रूपरेखा का आभास मिलता है, यद्यपि इसके फुटकर गीत तो अन्यत्र भी संग्रहीत हुए हैं। नीचे मैंने श्रीमती इन्दुबाला देवी के संग्रह और बिहार-राष्ट्रभाषा-परिषद् के अप्रकाशित गीतों के संग्रह का अध्ययन करने के बाद 'जन-जटिन' की नाट्य-रूपरेखा को, क्रम और कथानक का ध्यान रखते हुए निर्धारित करने का प्रयास किया है।

प्रस्तावना में गान-मंडली के समवेत गीतों में बेटी के मायके बुलाए जाने, उसके भाई के आगमन और सावन-भादों की बढ़ती नदी में यात्रा के जोखिमों का सजीव वर्णन होता है। परम्परा के अनुसार 'जट-जटिन' का विशिष्ट आयोजन सावन-भादों के शुक्लपक्ष की रात्रि में होता है। मिथिला का अंचल अनेक नदियों द्वारा विभक्त है। सावन-भादों में ये नदियाँ यात्रियों के लिए भयावह बाधाएँ बन जाती हैं। न जाने कितनी नावें भँवरों में ग्रसित हो जाती हैं, सपनों और साधों को लिए अनेक भाई अपनी बहनों को घर लाने के उपक्रम में जलमग्न हो जाते हैं। पर, सावन-भादों आने पर 'जट-जटिन' का खेल तो होना ही है। उत्सव और काल दोनों मानो एक अनिवार्य चक्र के अंग हैं। उल्लास और मृत्यु के इस शाश्वत सह-अस्तित्व का सहज और अनायास संकेत ही इन प्रस्तावना-गीतों में मिलता है, और इनमें अन्तर्हित दार्शनिक तत्त्व यद्यपि यूनानी कोरसों के दर्शन की भाँति मुखर नहीं हैं, तथापि मूलतः कालदेवता का घोर गर्जन दोनों में ही एक वशीकरण मन्त्र की भाँति व्याप्त है। एक तरफ तो प्रस्तावना-गान में 'जट-जटिन' खेलने के लिए वधू की उतावली का माधुर्य दीख पड़ता है :

सावन भादव केरा रितवन इँजोरिया
सखि पिया हे, खेलै छै झूमरिया, कदम तरे।
जब पहुँ आगे धनि खेलबै झूमरिया
खेलबै झूमरिया, कदम तरे

1. देखिए जट-जटिन : इन्दुबाला देवी, कला-संस्थान, पो. मल्लहीडा (पूर्णिया)

धनि हमरा लागि पलंगा बिछाय देहो, हमरा लागि।
पलंगा बिछैते पिया हे बड़ी देर लागतै, सबेरी देरी लागतै,
पिया हे सखि सब खेलवा उसारतै, सखि सब।

दूसरी ओर, अन्य दो प्रस्तावना-गीतों में नैहर जाते समय नाव डूबने की आशंका को स्पष्ट अभिव्यक्त किया गया है और बहन की इच्छा पूरी करनेवाले भाई की अकालमृत्यु और बहन के भी काल-कवलित होने का मार्मिक उल्लेख है। बटोही के हाथ वधू अपने नैहर सन्देशा भेजती है और कहती है कि मेरा संवाद न मेरे बाबा को देना, न मेरी अम्मा को, न मेरी भौजी को :

हमरो समाद रे भैया, भैया आगू कहिहो
सुनैत भैया घोड़िया दौड़ायेत।

भैया के साथ नैहर की यात्रा प्रारम्भ होती है :

बारह बरिसवा हे सासु, भैया अयलै पहुनमा हे
डोली चढ़ी जयबै हे नैहर।
सावन भादव केरा उमड़ल नदिया हे
कौने बिधि उतरब पार॥
सिकिया में चिर-चिर बेड़वा बनैवै हे
वोहि रे चढ़ि जयबै हे नैहर।
टूटि जयतअ बेड़बा छिलकि जयतह पनिया हे
डूब रे मरबअ भैया तोहे बहिन।

मृत्यु की आशंका कल्पना को इतनी सजग कर देती है कि अनिष्ट का सांगोपांग चित्र इन सहगानों में प्रत्यक्ष हो जाता है और मानो वास्तविक जीवन का अकथ्य, करुण व्यंजना बन जाता है।

इन प्रस्तावना-गीतों में काल की आशंका के परिप्रेक्ष्य में उत्सव के उमंग की झाँकी के साथ नाट्य के प्रमुख पात्र-पात्रियों का उल्लेख भी हो जाता है, पति (जट), पत्नी (जटिन), माँ, बाबा, सात सखियाँ, भाई, भौजी, ननद, सास, ससुर इत्यादि।

प्रस्तवना का दूसरा अंश है नृत्य-सहित वे **संवादगीत**, जिनमें स्त्रियों के दो दल खेल के लिए एक दूसरे को आमन्त्रित करते हैं। 'झूमर' और 'लांगर' नामक खेलों की नैसर्गिक भूमिका प्रस्तुत करते हैं, वृक्षों की डाल-डाल, पात-पात पर नर्त्तक की थिरकन और झंकार का भी उमंग खोजते हैं। इस प्रस्तावना-संवादों में यह भी स्पष्ट होता है कि 'जट-जटिन' में गाँव के तथाकथित उच्च वर्ग की कन्याएँ भी भाग लिया करती थीं।

प्रथम दल : *चलअ हे सिरमान बेटी हो-हो रे, झूमर खेलबै ना।*
द्वितीय दल : *कथि रे पात चढ़ि हो-हो, रे झूमर खेलबअ ना।*
प्र. दल : *पुरैनी रे पात चढ़ि हो-हो रे, झूमर खेलबै ना।*
द्वि. दल : *वोहि पुरैनी चूरिचारि हो-हो रे, वोहे झाकी मारबौ ना।*
प्र. दल : *मारबअ त मारबअ हो-हो रे, इहे गारि किए पढ़बअ ना ?*

द्वि. दल : *पढ़बौ त पढ़बौ हो-हो रे, हमहीं सम्हारबौ ना।*

श्रीमान् (यानी बड़रैयत) की लड़की की ही भाँति दारोगा की लड़की से भी ऐसा ही संवाद होता है। प्रस्तावना के इस अंश में आगे प्रस्तुत किए जानेवाले नाट्य का 'मूड' बनाने के लिए कुछ और भी उपकरणों का प्रयोग होता है। इन्हें हम एक तरह का उद्दीपन मान सकते हैं। सावन-भादों की चाँदनी में यह अभिनय होता है। उस चाँदनी और रमणी के उज्ज्वल सौन्दर्य का साम्य रंगशाला की सम्मोहक पृष्ठभूमि और नाट्य रस का चंचल उद्दीपन है :

चंदा जे उगलै झलामली रे दैया॥
उगि कय हे छपित नहिं होबै, उगि कय।
कथिसय झँपैते चंदवा रे दैया।
कथि यहि हम झँपैबे आठो अंग, कथी यहि–
बदरी झँपैते चंदवा रे दैया
पटुकहि अब झँपैबे आठो अंग–

रंगशाला का दूसरा 'मूड' है विनोद और परिहास का, और प्रस्तावना में उसे जाग्रत करनेवाला सहगान भी है :

कजरी खेले, गेलिए हे तूत के गली,
झूमका हेरैलिय अमरूद के गली।
सासु कहे मार मार, ननद करै चुगली,
सैयाँ जालिम जोर करै मरे अंगुली।
कजरी खेलै गेलिए हे तूत के गली।

इस भाँति 'जट-जटिन' की प्रस्तावना में सहगान एवं नृत्य-सहित संवाद-गीतों द्वारा (1) उत्सव के उल्लास के लिए उद्दीपन जुटाया जाता है, (2) उत्सव की लालसा और मृत्यु के भय के शाश्वत संयोग का मार्मिक उल्लेख होता है, (3) दाम्पत्य और कौटुम्बिक जीवन के प्रमुख पात्र-पात्रियों का हल्का-सा परिचय होता है, (4) उत्सव में भाग लेने के लिए सहेलियों को उलहनापूर्ण आमन्त्रण दिया जाता है। 'जट-जटिन' की प्रस्तावना में संस्कृत-नाट्य-परम्परा के पूर्वरंग की स्तुति, विषय- वस्तु परिचय और औत्सुक्य की उद्भावना नहीं है। फिर भी, अनायास ही प्रदर्शन की भूमिका बँध जाती है, और प्रेक्षकों एवं प्रस्तुतकर्त्रियों का 'मूड' बन जाता है।

तदुपरान्त कथानक का प्रारम्भ होता है।

कथानक को अंकों अथवा सन्धियों में तो विभाजित नहीं किया जा सकता; क्योंकि यह चरमबिन्दु की ओर अग्रसर होनेवाला और संघर्ष एवं घात-प्रतिघातों से संयुक्त कथानक है ही नहीं। असल में इसे **प्रसंगमाला** कहना अधिक उपयुक्त होगा। लिखित नाटकों में घटना-गुम्फन, अप्रत्याशित परिणति, सस्पेंस इत्यादि जो नाटकीय उपकरण होते हैं, उनके स्थान पर इन प्रसंगों के संवादों में औत्सुक्य का उत्कर्ष और भावों का चमत्कार मिलता है। 'जट-जटिन' के कथानक में निम्नलिखित प्रसंगों का क्रम मिलता है।

मँगनी-प्रसंग—जटिन को अपनी पुत्रवधू बनाने के लिए जट की माँ तरह-तरह से अनुरोध करती है, और जटिन की माँ उसकी हर दलील को पलटते हुए इनकार करती है। इसी तरह का वार्त्तालाप समधियों के बीच होता है, एक पंक्ति में इकरार और दूसरी में इनकार। मैंने अन्यत्र प्रश्नोत्तरी का जिक्र किया है, जो परम्पराशील नाट्य की विशेषता है और जिसका सूत्र उपनिषदों और महाभारत के यक्ष-युधिष्ठिर संवाद से जोड़ा जा सकता है। किन्तु उन प्रश्नोत्तरियों में तो जिज्ञासा और समाधान का क्रम होता है; जट-जटिन में अनुरोध और अस्वीकृति का, अथवा उपालम्भ और कैफियत का। जट की माँ कहती है—मैंने तुम्हारी लड़की को पानी लाते समय देखा; उसके साथ मेरे बेटे का ब्याह होने दो। जटिन की माँ का उत्तर है कि तुम्हारे यहाँ जाने पर कलसों में पानी भरते-भरते ही मेरी बेटी मर जाएगी; अपने बेटे को क्वारा ही रहने दो। फिर वह कहती है, मैंने तुम्हारी बेटी को घर लीपते देखा था, तो जवाब मिलता है कि मेरी बेटी तुम्हारे घर लीपनेवाले कपड़ों से ही लगी रहेगी। इसके बाद अनुरोध धमकी का रूप लेती है और उसका भी टका-सा जवाब मिलता है।

जट की माँ : *लय जयबअ नौ सौ बरियात, जोर करबअ बियाह हे समाधीन।*

जटिन की माँ : *फेर देबअ नौ सौ बरियात, नहिं करबअ बियाह हे समधीन।*

जट की माँ : *लय जायबअ मसक बाजा, जोर करबअ बियाह हे समधीन, बल करबअ बियाह।*

जटिन की माँ : *फेर देबअ मसक बाजा, नहिं करबअ बियाह हे समधीन।*

धमकी नहीं चलती है, तो समधिन प्रलोभन दिखाती है और कहती है कि तुम्हारी लड़की के लिए साया, साड़ी, सिनूर-टिकली, हँसुली, सिकरी लाऊँगी, पर एक-एक करके इन प्रलोभनों का भी प्रत्युत्तर मिलता है। इस प्रश्नोत्तरी में नाटकीयता इसलिए भी आ जाती है कि हरेक प्रश्न और उसके उत्तर के बाद नए प्रश्न के लिए उत्सुकता पैदा हो जाती है, और यद्यपि उनका रूप एक-सा लगता है, तथापि उत्तर भी विविध प्रकार के होते हैं।

विवाह-प्रसंग—नाटक में विवाहोत्सव का विशेष अभिनय, संवाद इत्यादि नहीं है। किन्तु, एक रोचक प्रसंग है मुख्य पात्र-पात्री (जट-जटिन) के विवाह की नकल—बंका-भकुली-विवाह। जट-जटिन में ऐसे लघु प्रहसन और भी हैं। यथा : 'रोहीदास का इलाज' और 'लुखबा की मौत'। ये लघु प्रहसन मुख्य कथानक के प्रसंगों को ऐसे ही प्रतिध्वनित करते हैं, जैसे परम्पराशील नाट्य (और पारसी थिएटर के नाटकों) में विदूषक की नकलें अथवा प्रहसन। बंका-भकुली-प्रसंग में तीन दुगाने हैं। ये तीनों ही विवाह में वरपक्ष को लक्ष्य करके गाई जानेवाली गालियों के संवाद-स्वरूप हैं। पहले में बंका का पिता पूछता है कि मैं अपने बंका का विवाह भकुली से कराने ले जा रहा हूँ। भकुली के दलवाले कहते हैं कि यदि भकुली से विवाह कराना है, तो डाली के सामान (सौगात-भेंट) का इन्तजाम करो। वह कहाँ से पाऊँगा ?—पिता पूछता है। उत्तर मिलता है—समधिन के लगवारे, यानी आशिक जो हैं, वही सौगात का इन्तजाम कर देंगे।

बंका का दल : *कहाँ रे पयबै, कहाँ रे पयबै*
डलवा के साजे।
मोर बंका रहतै रे कुमारे ?

भकुली का दल : *डोमरा भैया भाय-भतीजा*
समधीन के लगवारे
वोहै रे देतौ, वोहै रे देतौ
डलवा के साजे।

गौना-प्रसंग—ससुराल से जटिन के लिए बुलावे पर बुलावे आते हैं, इस सहगान की टेक में नवेली जटिन को कच्चे बाँस की बाँसुरी के समान कहा गया है :

काँच ही बाँस के बँसुलिया गे मैना,
मैना, जूमि रे गैलै बभना लियौनमा गे मैना।

उसे लेने जो यह ब्राह्मण आया है, उसके साथ वह इसलिए नहीं जाना चाहती; क्योंकि रास्ते में ब्राह्मणदेवता की पोथी ढोनी पड़ जाएगी। दूसरा लेनेवाला नाई आया। उसके साथ इसलिए जाना मंजूर नहीं कि वह राह-बाट में हजामत बनाता रहेगा। तीसरा आया स्वयं श्वसुर, पर उसके साथ इसलिए नहीं जाना चाहती कि रास्ते भर घूँघट तानना पड़ेगा। तब भैंसुर (जेठ) आया, तो उसे भी मना कर दिया; क्योंकि 'राहे रे बाटे खढ़वा बेंरैते गे मैना।' देवर के आने पर जवाब दिया कि वह तो रास्ते भर अपने शौक में मगन अपनी बढ़िया छड़ी ही चमकाता रहेगा। उसके बाद ननदोई को भी मना कर दिया :

मैना ननदोसिया के संग हम नहिं जयबै गे मैना,
मैना राहे रे बाटे कनखी चलैते गे मैना।

जटिन के इस व्यवहार की नकल में भकुली का प्रहसन-संवाद भी होता है, जिसमें भकुली को अल्पवयस्का नायिका न कहकर लालरंग का बड़ा घेरेवाला घाघरा पहननेवाली कहा गया है (तोरा लाल दलेला घँघरा)। भकुली भी अपने ससुर, अपने भैंसुर यहाँ तक अपने स्वामी तक के साथ जाने से इनकार कर देती है, पर न जाने का कोई कारण नहीं बताती। किन्तु, सहसा हम सुनते हैं कि वह जाने को तैयार हो जाती है, क्योंकि :

तोरा इयारे (यार) बोलाबै अयलौ गे भकुली
तोरा लाल दलेला घँघरा !
हम त जयबे करबअ हे इयारे तोर बोलिया
हमरा लाल दलेला घँघरा।

भकुली तो भकुली ठहरी, किन्तु जटिन नववधू है, उसके मना करने का असली कारण था कि स्वामी बुलाने नहीं आया। पर, इस बात को सीधे व्यक्त न करके वह अपने ससुरालवालों से उड़नखटोला भेजने के लिए कहती है :

कहि दिहन ससुर जनु के, भेजि देता उड़नी रे खटोलवा।
कतेक दिन रहबै रे नैहरवा, उमरिया मोर बीतलै रे नैहरवा !
बयसवा मोर बीतलै रे नैहरवा।

लेकिन जट के पिता, माँ, ज्येष्ठ भाई, सभी की तरफ से यही उत्तर मिलता है कि उड़नखटोला नहीं जाएगा; क्योंकि इसने गर्व किया है : **उमरिया बीतै देहो रे नैहरबा, गरबसय रहली रे नैहरबा।** और तब, आख़िर कच्चे बाँस की बाँसुरी को बजानेवाला स्वामी स्वयं आता है, तो वह उसके साथ जाने के लिए राजी होने का कारण भी सहज ही बताती है :

सामी के संग हमहुँ जयबै गे मैना, जयबै गे मैना,
मैना राहे रे बाटे पनमा (पान) खिलैते गे मैना !
मैना राहे रे बाटे बीनिया (पंखा) डुलैते गे मैना !

ससुराल का दरवाजा आ गया। किशोरी वधू अन्दर जाने में झिझकती है, पर अपनी झिझक को व्यक्त करने के बजाय श्वसुर के भवन की ड्यौढ़ी को मलिन बताती है कि ऐसी मलिन ड्यौढ़ी के अन्दर मैं कदम नहीं रखूँगी, तुम मेरे दादा दारोगा का-सा दरवाजा बनवाओ।

नवदम्पति-प्रसंग—कथानक अब नया मोड़ लेता है। ससुराल में नववधु के प्रारम्भिक अनुभवों में रोमांस, अज्ञात भय, मधुर उलाहना, चांचल्य से विदा और लज्जा के प्रवेश की धूपछाँह का जो ताना-बाना होता है, उसे संकेत और यथातथ्य मिश्रित संवादों में प्रस्तुत किया गया है।

सुहागरात के बाद। जट छेड़ता है : जटिन, मैं सच्चे दिल से और प्रेम से पूछता हूँ कि झुमका कहाँ खो दिया ? जटिन जवाब देती है कि सारी रात तो तेरे बिछौने में, तेरे नजदीक रही, शायद सबेरा होने पर तेरी माँ ही झुमके को चुराकर ले गई। इसी तरह कंगन की चोरी का इलजाम बहन पर धरा जाता है :

जट : *हमें तोरा पूछियौ हे गे जटिनियाँ*
दिल सय गे, जटिनी परेम सय गे
झूमका कहमा हैरैले गे ?
जटिन : *सारी रात हेरे जटवा तोहरे बिछौनमा रे*
जटवा तोहरे लगीचवा रे
जटवा होयतै भिनुसरवा तोहर मैया चोरैलकौ रे।

इस सांकेतिक अभिव्यक्ति के बाद संवाद सुहागरात की मधुर अनुभूति को अधिक स्पष्ट व्यवहार में प्रकट करता है। वधू कहती है सबेरा हो गया है, मुझे आँगन बुहारना है, आँचल छोड़ो, जाने दो। पति कहता है कि इस मनोरम रोहिणी बेला में पलंग पर से जाने न दूँगा, प्रिय। यदि माँ, बहन और गाँव के श्रीमान् लोग मुझे दोष देंगे, तो देने दो, उन्हें मैं सँभाल लूँगा। इन संवादों में श्रृंगारिक आवेग की अत्यन्त संयत और मनोरम अभिव्यंजना है :

जटिन : *भोर भेलैय रे जटा भिनसरवा भेलै रे*
जटवा कोइलिया बोललै रे
जटवा छोड़ि देहि अँचरवा
हम त अँगना बोहारबै रे।

जट : *मैया बोहारतै गे जटिनियाँ, बहनियाँ बोहारतै गे।*
जटिनी आजु के रोहिनिया हम त पलंगबै गमैबे गे।

लोक-साहित्य की एक विशेषता यह रही है कि जीवन की मधुर और मनोरम अनुभूतियों को दैनिक जीवन के साधारण अनुभवों और विषमताओं के सन्दर्भ में प्रस्तुत किया जाता है। कल्पना और मर्म का स्तर, श्रम और लौकिक व्यवहार के स्तर से भिन्न नहीं होता। इसीलिए, 'जट-जटिन' में यथार्थमूलक और रूमानी दोनों ही प्रकार के नाट्य की ध्वनि एक ही संवाद में मिल जाती है। सुहागरात के रूमानी वातावरण में झुमके के खोने और आँगन बुहारने की बात छेड़ी गई है। नववधू को अपने नए घर श्वसुरालय में लड़कपन के स्थान पर लज्जाशील वधूसुलभ व्यवहार सीखना होता है। यह प्रक्रिया (एड्जस्टमेंट) आसान नहीं है। पति सीख देता है--झुककर चलो, जैसे कच्ची करलिया (एक प्रकार की फसल) रहती है। वधू का उत्तर उस उच्छृंखल कैशोर्य की प्रतिध्वनि है, जो थोड़े दिनों में मूक हो जाएगा और वह चांचल्य, जिसे गृहिणी कर्म का उत्तरदायित्व हमेशा के लिए दबा देगा। वधू कहती है--मैं अपने बाप की दुलारी बेटी हूँ, मैं तो तन के चलूँगी, जैसे कदली-स्तम्भ रहता है, या बाँस की कोंपल। यही नहीं, जब मैं ऐसे तनकर चलूँगी, तो द्वार पर तुम्हारे पिता और खम्हार पर तुम्हारे भैया, शर्म से मरेंगे। मैं तन के चलूँगी, जैसे गाँव का जमींदार चलता है, गाँव की पुलिस चलती है।

जट : *लिबके चलिहैं गे जटिनियाँ लिब के चलिहैं गे।*
जैसे लीबय काँच करलिया वैसे लिबिहैं गे॥
जटिन : *नहिंए लिबबौ रे जटा नहिंए लिबबौ रे।*
हम त बाबा के दुलारी धीया तन के चलबौ रे॥
जैसे चले गाम जिमीदरवा वैसे चलबौ रे॥
हाथ फेक के चलबौ रे, जटा, गोड़ फेक के चलबौ रे।
हम त बाबा के दुलारी धीया उतानि चलबौ रे॥
जट : *लिबनै बनतौ गे जटिनियाँ लिबनै बनतौ गे॥*
जैसे लीबै कौनी के सीसवा वैसे लिबबौ गे॥
जटिन : *नहिए लबबउ रे जटवा नहिंए लबबउ रे।*
जैसे केरा के थमवा रहले ओंइसे रहबउ रे॥
जट : *लिबके चलिहैं गे जटिनियाँ, लिबके चलिहैं गे।*
जैसे गे लबे धानक सीसवा वैसे लबिहैं गे॥
जटिन : *न लबबउ रे जटा नहिंए लबबउ रे।*
जैसे बाँस के कोपरवा रहलइ वैसे रहबउ रे॥
जट : *लिबके चलिहैं गे जटिनियाँ लिबके चलिहैं गे।*
जैसे गे लबे धानक सीसवा वैसे लबिहें गे॥
जटिन : *नहिं लिबबो रे जटा नहिंए लिबबो रे।*
बथाने जयबो रे जटा बथाने जयबो रे॥

बाबा तोहर दुअरिया जटा सरम सय मरिहैं रे।
खम्हार पर जयबौ रे जटा खम्हार पर जयबौ रे।
भैया तोर खम्हार पर जटवा सरम सय मरिहैं रे॥

नवदम्पति के प्रसंग में उपालम्भ और पारिवारिक तकरार की भी कमी नहीं है। वधू अपनी सास से साग की निकौनी के लिए खुरपी और हँसिया माँगती है, तो सास ताना देती है कि अपने मायके से मँगा लो। जटिन नैहर जाने के लिए जट से कहती है, तो वह उत्तर देता है कि मक्का जो तैयार खड़ी है, उसे कौन काटेगा। जटिन का उत्तर है–तुम्हारी माँ और बहन काटेगी :

मैया काटतौ रे जटवा बहनियाँ काटतौ रे
अबरी रे समैया हम त नैहरे गमैवै रे
हमरा जाय दय रे नैहरवा सखिसंग झूमर खेलवै रे
ठाढ़ी रे इंजोरिया केसवा ओरमल अयतै रे।

इसके बाद गहने की फ़रमायश और जट द्वारा बहानेबाजी का संवाद है। एक अत्यन्त रोचक संवाद है सुनार और बजाज के बारे में जटिन की शिकायत का :

जट : *ढुलचल दिहुली ढुलचल*
जटिन : *कहाँ ढुलन में दिदिया*
जट : *सोनरे ढुकनवा ढुलचल*
जटिन : *सोनारे के पूत मोही मारलक*
जट : *कौने गुनहिए मारलक*
जटिन : *टीका छुअत मोही मारलक*
जट : *मारबौ रे सोनरा तोरो सोनारिन के*
मोरो बिहुल के मारलक
ढुलचल दिहुल ढुलचल
जटिन : *कहाँ ढुलन में दिदिया*
जट : *बजजे दुकनवा, ढुलचल*
जटिन : *बजजा के पूत मोही मारलक*
जट : *कौन गुनहिए मारलक*
जटिन : *सड़िया छुअत मोही मारलक*
जट : *मरबी रे बजजा तोरी बजाजिन के*
मोरी बिहुल के मारलक

वियोग प्रसंग–जट-जटिन का अन्तिम प्रसंग अत्यन्त हृदयग्राही है। जट अपनी विवाहिता के लिए आभूषण खरीदने के लिए पूरब यानी कलकत्ता नौकरी करने जाना चाहता है। जटिन आभूषणों की फरमाइश छोड़ देती है और कहती है मुझे हँसुली नहीं चाहिए। पूरब की हवा खराब है। तुम यहीं रहो, 'नैनों के हुजूर' में रहो :

जट : *जाय देही गे जटिन देस रे विदेस, तोरा लागी लबहु जटिन नथिया सनेस।*

जटिन : *नथिया त हे जटा तरवा के घूर, घरही रहु जटा नयने के हजूर।*

जट : *जाय देही गे जटिन देस रे विदेस, तोरा लागी लबउ जटिन टिकवा सनेस।*

जटिन : *टिकवा त हे जटा तरवा के घूर, घरही रह जटा नयने के हजूर।*

हँसुली जे लागै जटा गरबे के फाँस
नहिं करही रे जटा पूरबे के आस
पूरबे के पनियाँ, कुपनियाँ छै रे जटा
कुपनियाँ छैरे जटा, लाइग जयतौ कोढ के करेज
रही जाही रे जटा नैने के हजूर।

जट आखिर विदेश चला ही जाता है। जटिन उसके वियोग में रोती है :

जटवा लागि धोतिया रँगैले रहलै ना
हे रँगैले रहले ना
हाय राम इहो रो धोतिया तेजि के नोकरिए गैलै ना।

जटिन उसे खोजने निकलती है, तो रास्ते में सुनार उसे तरह-तरह के लालच दिखाता है। उसके उत्तर में उसको फटकारती है और अपने जट की सुकुमारता का वर्णन करती है :

सुनार : *हे गे जटिनियाँ दाय, छोड़ै जटक के आस*
गरवा जोखि-जोखि हँसुली पीन्हैबो, चलै हमारे साथ।

जटिन : *हे रे सोनरवा भाय, रे अगिया लगैवो तोरा हँसुलिया*
बजरा खसैबौ तारो साथ।
रे मोर जटा पूरबे नोकरिया
हरबै जटे के आस
बारह बरस हम आँचर बान्हि रहबै,
रहबै जटे के आस।
रे तोरो सय सुन्नर हमरो जटहवा
बटिया चलैत लचि जाय
रे तोरो सय सुन्नर हमरो बलमुआ
चान-सुरुज छपि जाय।

जटिन झिंगनासुर के घाट पर जाकर मल्लाह से प्रार्थना करती है कि मुझे घाट के पार उतार दो। उस समय का जटिन और मल्लाह का वार्त्तालाप भी रोचक है :

जटिन : *भइया मलहवा रे*
उतार देही झिंगनापुर के घाट।
थाली देबो अेबा-खेबा
लोटा देबो इनाम
भइया मलहवा रे

मल्लाह : *न लेबो अेबा-खेबा*

न लेबो इनाम
बहिनी बटोहिनी गे
खोज लेग दोसर घटवार

जटिन : *खसी देबो अेबा-खेबा*
पाठी देबो इनाम
भइया मलहवा रे
उतार देही झिंगनापुर के घाट

मल्लाह : *न लेबो अेबा-खेबा*
न लेबो इनाम
बहिनी बटोहिनी गे
खोज ले दोसर घटवार

जटिन : *जटा देबो अेबा-खेबा*
जटिन देबो इनाम
भइया मलहवा रे
उतार देही झिंगनापुर के घाट

मल्लाह : *न लेबो अेबा-खेबा*
जटिन लेबो इनाम
बहिनी बटोहिनी गे
उतार देबौ झिंगनापुर के घाट

जट अन्ततः लौट आता है। लेकिन, कुछ दिनों में झगड़ा हो जाता है और जट मूसल से जटिन को मारता है। जटिन रूठकर भाग जाती है। अब जट के विरहत्रस्त होने की बारी आती है।

जट : *सुन मोर जोगिया, सुन मोर भाई*
येही नगर में जटिन भुलाई
जटा के छाता जटिन भुलाई
नौ महीना के पेट ले आई
सिरो के टोपी से हो ले आई
हाथो के छड़िया से हो ले आई
खोज मोर जोगिया, खोज मोर भाई

ग्रामीण : *यही नगर में जटिन न आई*
जटा के छता सेहत न लाई
सिरो के टोपी सेहो न लाई
हाथो के छड़िया सेहो न लाई
खोज मोर जोगिया, खोज मोर भाई

इससे भी अधिक मार्मिक है जट का यह विलाप :

जट : *हाथी पर के हौदा बिकाय गेल गे जटिन तोरे बिनु*
तोरे बिनु हमहुँ बेकल भैलो गे जटिन जटिन तोरे बिनु
तोरे बिनु महल उदास भेल गे जटिन तोरे बिनु
तोरे बिनु अँगना में दुभिया जनमि गेल गे जटिन तोरे बिनु
सेजिया पर मकड़ा बियाय गेलैगे जटिन तोरे बिनु

नायिका की वियोग-परिस्थिति का वर्णन और प्रदर्शन कई परम्पराशील नाट्यों में देखा जाता है। किन्तु, जट-जटिन में नायक की वियोग-परिस्थिति का अत्यन्त अनूठा और रोचक विवरण है। यही नहीं इस परिस्थिति को नाटकीय ढंग से प्रस्तुत किया गया है। जट द्वारा जटिन की खोज में रोचक अभिनय के लिए भी मौका मिल जाता है। पति, यानी जट अपनी पत्नी को खोजने के लिए निकलता है, तो रास्ते में तरह-तरह के वेश धारण करता है। पहले दही बेचनेवाली ग्वालिन के रूप में, फिर मछलीवाली के रूप में फिर चूड़ीहारा के रूप में :

जट : (दही बेचनेवाली ग्लाविन के रूप में)
दही लो दही लो दही वाले,
मेरा मीठा दही है बाजार के

ग्रामीण स्त्रियाँ : *तोर केकर औंटल दूधवा,*
तोर केकर पौरल दहिया ?
तोहर सड़ल गन्हाय छौ दहिया
तोर खट्टा महकै छौ दहिया।

जट (ग्लाविन) : *माय सुसर के औंटल दूधवा,*
माय सासु के पौरल दहिया।
माय बड़ मीठ लगै दहिया,
माय साँची दूध के दहिया।
अगे ले गे गहिक बेटी दहिया
अगे लेगे गहिक बेटि दहिया।

ग्रामीण स्त्रियाँ : *अगे नहिं लेबो नहिं लैबो दहिया*
तोहर कोय नहिं पूछै छौ दहिया।

सिपाही : *हमहूँ त छि ए गुवालिन, मालिक के सिपाही हे*
माड़ि डंटा, फोड़ि कोह, खाई लेब दही दूध हे।

जट (ग्वालिन) : *इहो मत जान्हि सिपाही असकर गुवालिन हेउ*
मारिक कोहा तोड़ब थूथना, बेचिलेव दही दूध हे।
रात रहौं कुंजवन दिन बैचों दही।
घेघा सिपाही के नहिं दौं दही।
कोय लेगे गहिक बेटी-दहिया
मोर साँची दूध के दहिया

सम्मिलित गायन : *दहि बीकि गेल रे जटा, बचि गेल घोर*
आन हो पुरैनी पात रे जटा पीवी लेहो घोर।

जट : *(गोढ़िन, मछलीवाली के रूप में)*

ससुरे : *भैंसुरे मोरे जाल बुनै ना, जाल बुनै ना,*
असकर बलमुआ मोरा माँछ मारै ना,
माँछ ले हे माँछ ले हे गहिक बेटी ना।

ग्रामीण औरत : *आहे कौनी मछरिया केरा गोढ़िन हे*

जट : *आहे रेहुआ मछरिया केरा गोढ़िन हे।*

ग्रामीण औरत : *आहे गहुमा के कै खूटे माँछ देवय हे ?*

जट : *आहे गहुमा के तीन खूटे माँछ देबअ हे।*

ग्रामीण औरत : *तोर मछरी बनबै नहिं जानियौ।*
धुए नहि जानियौ,
रान्है नहिं जानियौ,
खबैया के खियाबे नहिं जानियौ,
धिया पुता परबौधे नहिं जानियौ,
गोढ़िवा बहू गे !

जट : (चूड़ीहारा के रूप में)—*चूड़ी ले चूड़ी ले !*

ग्रामीण औरत : *कहाँ के तू लाहे-लहेरिया,*
कहाँ के तोर चूड़िया ?

जाट : *बगेर के हम लाहे लहेरिया,*
बनारस के मोर चूड़िया।

ग्रामीण औरत : *सुनऊ लहेरी भाय,*
तोर कै टका जोड़ चूड़िया ?

जाट : *सुनअ गिरथाइन दाय,*
मोर पाँच टका जोड़ चूड़िया
छै बड़ा मजा के चूड़िया
मोर चमचम चमकै चूड़िया।
तोर टन-टन जाय छौ चूड़िया
तू पीटल जयबै लहेरिया।

इस खोज के बावजूद जब जटिन नहीं मिलती है, तब जट अत्यन्त करुण वाणी में आँगन में जमी हुई दूब, पलंग पर फैले हुए मकड़ी के जाले, रसोईघर में ठंडे पड़े भोजन इत्यादि का उल्लेख करते हुए घर के सूनेपन को अभिव्यक्त करता है :

जट : *अंगना में दूभिया जनमि गेल गे माई, जटिन बिनु*
पलंग पर मकड़ा जाल बिछाय देल गे माई जटिन बिनु,
सेज पर मकड़ा बियाअ गेल हे जटिन तोहरे बिनु।

दुआरे पर गोबर सूखि गेल गे माई, जटिन बिनु,
भनसा रसोइया ठंढाय गेलगै हे जटिन तोहरे बिनु।

अन्त में, जट जटिन को मना कर घर ले आता है और मंगल की भावना के साथ खेल समाप्त होता है :

हमरा के की हे देबअ दान रोही-मालती !
जौ तहुँ आहो भैया भैंसिया बिलमैबे
छोटकी ननदिया देबो दान, रोही-मालती
छोटकी ननदिया लागै हमरो बहिनिया,
आपनो जौवनमा देहो दान रोही-मालती
हमरो जौवनमा भैया बिखिया के मातलिउ
जेहो रे छूबै मरि जाए, रोही-मालती।
तोहरे जौवनमा जब बिखिया के मालती,
तोहर बलमु कैसे छूबे रोही-मालती !
हमरो बलमु जी बंगला के सीखवा,
मयूर के पंख झाडू बीख रोही-मालती !

कर्णाटक के दोडाट्टा से लेकर बिहार के जट-जटिन तक इन उद्धरणों में परम्पराशील नाट्य-साहित्य की सहज अभिव्यंजना बिखरी मिलती है और गरिमा का आभास भी। भावोत्कर्ष के लिए जहाँ एक ओर कथा-प्रवाह का ठहराव दीख पड़ता है, वहाँ दूसरी ओर कहीं-कहीं कथानक में हठात् मोड़ भी प्रेक्षक को चकित कर देते हैं। काव्य में अप्रस्तुत-विधान रूढ़िगत भी होते हैं और कहीं-कहीं सर्वथा नूतन और अप्रत्याशित भी। आंचलिक रंगत भाषा में ही नहीं, अभिव्यंजना-शैलियों में भी उभरती है। फिर भी यदि हम परम्पराशील नाट्य की आंचलिक उपलब्धियों और देश की क्षेत्रीय भाषाओं के नागरिक साहित्य की विविध उपलब्धियों का मिलान करें, तो एक बात स्पष्ट हो जाती है। क्षेत्रीय भाषाओं के नागरिक साहित्य की अपेक्षा परम्पराशील नाट्य के आंचलिक साहित्य में अखिल भारतीय स्वरूप के पुट कहीं अधिक दृष्टिगत होते हैं। इसका कारण है कि यह नाट्य-साहित्य, ताल, नृत्य और गान के परिवेश में पलता है और क्षेत्रीय भाषाओं की सीमाएँ इस परिवेश को संकुचित नहीं कर पातीं।

वस्तुतः, परम्पराशील नाट्य-साहित्य को संगीत और नृत्य के सन्दर्भ में ही समझा जा सकता है। भाषा की लयात्मकता, गीतों की नाटकीयता, संवाद के घात-प्रतिघात सभी पर संगीत की ताल और गति का प्रभाव पड़ता है। इस 'संगीतक-साहित्य' में कवि की व्यक्तिगत प्रतिभा संगीत और नृत्य की आवश्यकताओं से दिशा-संकेत पाती है और रंगशाला के सम्प्रेषण-विधान में अपनी परिणति खोजती है। साथ ही नाट्याचार्य के निर्देशन इस साहित्य को प्रदीप्त करते हैं।

उपसंहार

परम्पराशील आंचलिक नाट्य की विशाल धारा की इन दो-चार हिलोरों के स्पर्श के आधार पर हम कुछ निष्कर्षों की चर्चा करने के अधिकारी तो हो ही सके हैं, यद्यपि ये निष्कर्ष सर्वथा स्वीकार्य हों, यह जरूरी नहीं है। जैसा मैंने प्रारम्भ में निवेदन किया है, इन नाट्यविधाओं के लिए लोक-नाट्य की संज्ञा अंशतः ही समीचीन है। हमारे परम्परागत नाट्य यूरोपीय फोक-प्लेज से भिन्न हैं, अधिक कलात्मक हैं और साहित्यिक धरोहर के परिवेश से बाहर नहीं हैं। कुछ विद्वानों ने लोक-नाट्य शब्द के सम्पर्क में भरत-नाट्यशास्त्र के षष्ट अध्याय के 24वें श्लोक का हवाला दिया है :

लोकधर्मी नाट्यधर्मी धर्मीति द्विविधः स्मृतः।
भारती सात्त्वती चैव कैशिक्यारभटी तथा॥

यहाँ भरत लोकधर्मी और नाट्यधर्मी इन दो धर्मियों का उल्लेख करते हैं और उसके बाद भारती, सात्त्वती, कौशिकी, आरभटी इन वृत्तियों की व्याख्या करते हैं। कुछ विद्वानों के अनुसार लोकधर्मी से भरत का संकेत ऐसे नाट्य की ओर है, जो जनसाधारण, अर्थात् लोक का मनोरंजन करे और उनके जीवन को प्रतिबिम्बित करे, तथा नाट्यधर्मी से ऐसे नाटकों का तात्पर्य है, जो शास्त्रसम्मत नाट्य-सम्बन्धी विधान के अनुकूल हों। इन विद्वानों का यह मत है कि जो वर्गातीत नाट्य देश के विभिन्न भागों में पाए जाते हैं, वे वस्तुतः इस लोकधर्मी परम्परा के अंग हैं।

मुझे यह मत भरत के नाट्य-सम्बन्धी सर्वांगीण दृष्टिकोण के विपरीत जान पड़ता है। भरत ने प्रारम्भ के ही कम-से-कम तीन श्लोकों में समूचे नाट्य को ही लोक की वृत्ति का अनुकरण बताया है :

नानाभावोपसम्पन्नं नानावस्थान्तरात्मकम्।
लोकवृत्तानुकरणं नाट्यमेतन्मया कृतम॥

लोक के लिए उपदेश का माध्यम कहा है :

धर्म्यं यशस्यमानुष्यं हितं बुद्धिविवर्द्धनम्।
लोकोपदेशजननं नाट्यमेतद् भविष्यति॥

और लोक के सर्वकर्मों का अनुदर्शक भी बताया है :

धर्म्यमर्थ्यं यशस्यं च सोपदेश्यं ससंग्रहम्।
भविष्वतश्च लोकस्य सर्वकर्मानुदेशकम्॥

अतः, उनकी दृष्टि में जन-साधारण के जीवन से सम्बद्ध नाट्य और शास्त्रसम्मत नाट्य में कोई अन्तर था ही नहीं। तब लोकधर्मी और नाट्यधर्मी शब्दों से भरत का क्या आशय हो सकता था ? इसके लिए हमें नाट्य-रस की विशेषता पर विचार करना होगा। अन्यत्र मैंने नाट्य-रस के अमूर्त्त और आध्यात्मिक अनुभूति का सोपान होने की ओर संकेत किया है। भरत और अभिनवगुप्त नाट्य-रस को अलौकिक मानते हैं। यहाँ अलौकिक से तात्पर्य आध्यात्मिक से नहीं है, बल्कि उस अनुभूति से, जो लोक-जीवन में प्रायः उपलब्ध नहीं होती, यानी लोकातीत अनुभवों से प्राप्य रस। नाट्य की विलक्षणता यह है कि वह रंगशाला के सीमित परिवेश के आगे किसी अलौकिक शक्ति के चमत्कार से हमें एक स्थान से दूसरे स्थान पर क्षण-भर में पहुँचा देता है। अभिनेता जो व्यवहार करता है, वह नाटकीय व्यवहार है, वह लोक-व्यवहार नहीं है। रंगमंच पर बहुत-सी ऐसी परिस्थितियाँ दिखाई जा सकती हैं, जो लोक-जीवन में अमान्य होती हैं। दूसरे शब्दों में जो नाट्य-धर्म है, वह जरूरी नहीं कि लोकधर्म भी हो। भरत का तात्पर्य यही था कि नाट्यधर्म में काल, स्थान, व्यवहार इत्यादि लौकिक जीवन से भिन्न होते हैं और उसे रस और आनन्द की उपलब्धि होती है, वे भी लौकिक जीवन के रस और आनन्द से परे हैं।

इस विचार को प्रस्तुत करने का मेरा आशय यह है कि भरत के समय में साहित्यिक या नागरिक नाट्य और लोक या ग्रामीण नाट्य में अन्तर नहीं था। यह अन्तर उस समय आया, जब राजदरबारों के संरक्षण में ऐसे नाटकों की ही रचना होने लगी जिनका सम्बन्ध उच्च वर्ग के जीवन से था और जिनके कर्म और सौन्दर्य को समझने के लिए रसज्ञ और शास्त्रज्ञ होना जरूरी था। मेरा अनुमान है कि भरत के सर्वसंग्रही नाट्य की परम्परा को जारी रखने के लिए ही गुप्तकाल के बाद प्रयोक्ताओं और नाट्याचार्यों के प्रयासों से आंचलिक और अनौपचारिक नाट्य-शैलियों की उद्भावना होने लगी। जान पड़ता है कि भरत के बाद बहुत कम ऐसे नाट्यशास्त्रवेत्ता हुए, जो रंगप्रयोक्ता यानी प्रोड्यूसर भी रहे हों। दूसरे शब्दों में नाट्य-सिद्धान्तों के प्रतिपादकों और नाट्य-लेखकों की तो एक श्रेणी हो गई और नाट्याचार्यों, निर्देशकों और प्रयोक्ताओं की दूसरी। इस दूसरी श्रेणी के लोग जनसाधारण की रुचि और नाट्य की लोक-मानस के लिए सार्थकता के हामी थे। अतः, जब उन्होंने देखा कि राजकुल के मनोरंजनार्थ पंडित और कवि नाट्य को साहित्यिक और अलंकृत रूप ही देते जा रहे हैं, तो उन्होंने लिखित नाट्यों में लोकप्रियता और लोकहित के लिए कुछ परिवर्तन करने शुरू कर दिए। उनमें प्रमुख परिवर्तन था नृत्य और संगीत का प्रचुर मात्रा में समावेश कर संगीतक नामक नई विधा की सृष्टि करना। दूसरा तत्त्व था जनसाधारण के लिए उपयोगी नीतिशिक्षा और धर्मशिक्षा के पुट देना। ये दोनों ही परवर्त्ती परम्पराशील आंचलिक नाट्य की आधारशिला हो गए।

एक अन्य दृष्टि से भी आज का परम्पराशील आंचलिक नाट्य भरत की मौलिक

पद्धति का उन्नायक है। नाट्यशास्त्र में कहा गया है कि देवता लोग नाट्य करने में असमर्थ हैं : **अशक्या भगवन् देवा अयोग्या नाट्यकर्मणि।** अतः, नाट्य के प्रयोग और धारण के लिए ज्ञानी ऋषि की आवश्यकता है : **य इदं वेद गुह्याङ्गं ऋषयः संशितव्रताः।** देवताओं से अलग ये ऋषि लोग कौन थे ? भरत ने अपने 100 पुत्रों को यह शास्त्र सिखाया। कौन थे ये सौ पुत्र ? नाट्यशास्त्र में पूर्वरंग की व्याख्यावाले अंश में किन दैत्यों के समाधान के लिए ब्रह्मा ने बताया कि नाट्य दैत्यों और देवों दोनों की कलाओं और धर्म को अभिव्यक्ति करेगा ? और फिर, पूर्वरंग में इतने सारे विधान किन दैत्यों की तुष्टि के लिए किए गए ? हमने वर्तमान परम्पराशील नाट्य के सिंहावलोकन में देखा कि लगभग इन सभी शैलियों में किसी-न-किसी प्रकार आर्य संस्कृति के साथ आर्येतर द्रविड़ और आदिम जातियों की संस्कृति को जान-बूझकर शामिल किया गया है। पूर्वरंग में मृदंग का निर्घोष और सामूहिक नृत्य, किरात, हिरण्यकशिपु तथा दैत्य पात्रों का सविस्तार प्रत्यक्षीकरण और नाना देवी-देवताओं का पूजन—ये सब इसी समीकरण पद्धति के परिणाम हैं। मध्ययुग में जब भागवत धर्म के प्रचार के लिए नाट्य को माध्यम बनाया गया, तब तो विशेष सावधानी और उदारहृदयता के साथ शंकरदेव इत्यादि तत्कालीन सन्तों ने हरिजनों एवं वन्यजातियों की कलाओं और कतिपय प्रथाओं को अपने नाट्य में सम्मिलित किया। शायद यही कारण है कि आज दिन देश के अनेक भागों में ये परम्पराशील नाट्य शूद्र और अर्द्ध-आदिम जातियों द्वारा बड़े प्रेम के साथ एक धरोहर के रूप में चालू किए जाते रहे हैं।

परम्पराशील नाट्य वर्तमानकाल में इसलिए विशेष महत्त्वपूर्ण है कि आंचलिक होते हुए भी इसके सूत्रों में देशव्यापी एकता का बोध होता है। अंग्रेजी-राज्य ने हमें राजनीतिक एकता और यातायात के साधन तो दिए, किन्तु हमारे इन्द्रधनुषी मानसपटल के रंगों के पार्थक्य को और भी गहरा कर दिया। पर, कुशल बुनकर के विविध रंगों के धागों की तरह ये पृथक वृत्तियाँ, बहिरंग के नीचे लुप्त होकर पुनः देश के किसी दूर कोने में निखर उठती हैं। इन बहुव्यापी रंगीनियों के मूल में हैं चार धाराएँ—वैदिककाल से ही प्रचलित प्रेमाख्यान, भरतमुनि द्वारा प्रचलित रंगपद्धति के विदूषक-सूत्रधार-पूर्वरंग, मध्ययुग में प्रादुर्भूत भागवत-धर्म की प्रबल आस्थाएँ और तत्सम्बन्धी कथाएँ, एवं जयदेव के *गीतगोविंद* द्वारा समृद्ध की गई संगीतक शैली, जिसने सारे भारतवर्ष में मन्दिरों और मेलों को रसनिमज्जित कर दिया।

क्या एकता का यह आधार कायम रह सकेगा ? क्या नवीन सामाजिक, राजनैतिक और सांस्कृतिक विषमताओं की जटिलता परम्पराशील नाट्य जैसे सहज माध्यम के अस्तित्व स्वीकार करेगी ? इन नाट्य-विधाओं के प्रति अपरिमित श्रद्धा रखते हुए भी मैं स्वप्नलोक का वासी नहीं हूँ। मैं जानता हूँ कि ये आंचलिक विधाएँ आज की रुचि के लिए अपरिष्कृत हैं, इनके रूढ पात्रों में चरित्र-विश्लेषण का अभाव है, इनके कथानकों में वर्तमान विश्व के मानव को भुलावा दीखता है, आश्वासन नहीं। फिर भी, एक दूसरी दिशा में इन परम्पराशील नाट्यों के प्रभाव की प्रतीति मुझे भावी साहित्य और रंगशाला

के क्षितिज पर होती है। पाश्चात्य नाट्य-साहित्य हाल ही में यथातथ्यवादी—अमूर्त्तमूलक और निषेधात्मक विधाओं के जंजाल से निकलकर पुनः मध्ययुग की उन्मुक्त गान-नृत्य-विभूषित और उद्बोधक एवं भावोन्मेषी संलाप से झंकृत रंगशाला और नाट्य की ओर जा रहा है। इसका सबसे बड़ा प्रमाण है जर्मनी के नाट्यकार **ब्रेश्ट** की विश्वव्यापी लोकप्रियता। आज ब्रेश्ट के नाम की दुहाई पश्चिम के अत्याधुनिक नाट्य-विशेषज्ञ दे रहे हैं। एक नए प्रकार का उल्लास पाश्चात्य रंगमंच पर छाता जा रहा है।

मुझे आशा है कि भारतवर्ष में नई पीढ़ी हमें यथातथ्यवादी जंजाल में फँसने से पूर्व ही इस नए उल्लास का भागी बनाएगी; क्योंकि हमारे पास उपकरण पहले से ही मौजूद है। ये परम्पराशील नाट्यशैलियाँ अभी मृतप्राय नहीं हुई हैं। मैं नवोदित नाट्यकारों और रंगप्रयोक्ताओं को आमन्त्रित करता हूँ कि वे इन परम्पराओं से प्रेरणा प्राप्त कर सच्चे अर्थ में अत्याधुनिक, किन्तु पूर्णतः भारतीय नाट्य और रंगमंच की सर्जना करें।

द्वितीय भाग : प्राचीन भाषा नाटक संग्रह

भूमिका

भाषा नाटक तथा रंगमंच का उदय

मिथिला के कीर्तनिया नाटक, नेपाल के नेवारी नाटक और असम के अंकिया नाट इन तीनों के नमूने यहाँ एकत्र किए गए हैं। इन तीनों नाट्य-परम्पराओं का उदय और विकास तेरहवीं और सत्रहवीं शताब्दियों के बीच हुआ। उस समय तक संस्कृत की नाट्य-परम्परा ने नया मोड़ ले लिया था।

संगीत-प्रधान नाटकों के बीच जो भरत द्वारा निर्देशित नाट्यधर्मी अभिनय में ही मौजूद थे। नाट्यशास्त्र के चतुर्थ अध्याय में लिखा है कि आज अमृतमन्थन नामक नाटक और त्रिपुरदमन नामक नाटक डिम ब्रह्मा के कहने पर भरत मुनि ने महादेव और उनके भूतगणों के सम्मुख सर्वप्रथम प्रदर्शित किए तो उनमें नृत्य और संगीत का अभाव था। शिव ने कहा कि आपने यह जो पूर्वरंग अभिनय किया वह शुद्ध अभिनय है। इसमें करण और अंगहार इत्यादि नृत्य के प्रकार और वर्द्धमानक, आसारित, गीत और महागीत को जोड़ देने से यह चित्रसंज्ञक अभिनय हो जाएगा।[1] इससे ज्ञात होता है कि संगीत एवं नृत्य का समावेश बाद में किया गया। किन्तु चतुर्थ और पंचम अध्यायों के श्लोकों से जान पड़ता है कि यह आदेश पूर्व रंग के लिए था। मुख्य नाटक में संगीत का आरोपण बाद ही में हुआ। भरतोत्तर नाट्य-शास्त्रीय साहित्य में उप-रूपकों और नाटिकाओं का प्रचुर वर्णन मिलता है। डॉ. राघवन के अनुसार उप-रूपकों की अनेक विशेषताएँ लोक जीवन में प्रचलित अभिनय शैलियों से ली गई थीं और इसीलिए उप-रूपक शास्त्र-प्रधान संस्कृत रंगमंच तथा उन प्रादेशिक नाट्यशैलियों के बीच में कड़ी के तुल्य है जो देशी भाषाओं में लिखे गए अथवा अलिखित रूप में इन भाषाओं में प्रचलित हुए। उप-रूपकों के अतिरिक्त नाटिका (जिसमें नाटक और प्रकरण दोनों की कुछ विशेषताओं का सम्मिश्रण और होता है और जिसका प्राचीन नमूना कालिदास का मालविकाग्निमित्र है) का भी प्रभाव इस परवर्ती मिश्रित संस्कृत नाटक में लिखित होता है। उप-रूपकों में विशेषतः नाट्य-रासक, श्रीगदित और हल्लीस--इन तीन प्रकारों में संगीत और नृत्य का उल्लेख मिलता है। 'नाट्य-रासक' का विषय शृंगार और विनोद होना चाहिए। 'श्रीगदित' में लक्ष्मी (श्री) को प्रमुख नायिका के रूप में अवतरित किया जाता था और अंशतः इस उपरूपक को गाया जाता था। 'हल्लीस' में एक अंक होता

1. भरत नाट्यशास्त्र 4-13-16

था, पुरुषपात्र केवल एक, और बाकी आठ या दस नारीपात्र। यद्यपि 'दशरूपक' में इन तीन उप-रूपकों के उदाहरण-ग्रन्थों का भी उल्लेख है तथापि लिखित साहित्य के गौरव-ग्रन्थों में संगीत और नृत्य अत्यन्त अल्पमात्रा में हैं। कालिदास ने 'मालविकाग्निमित्र' में चार पद से युक्त गीत दिया है और 'शाकुन्तल' में भी। 'विक्रमोर्वशी' में कुछ गीत अवश्य हैं, 'मृच्छकटिक' में शूद्रक ने नेपथ्य से ही रेभिल द्वारा गाए गए राग का उल्लेख किया है। मुरारी और राजशेखर ने अपने नाटकों में भारत के नाट्यशास्त्र में वर्णित 'ध्रुवाओं' का समावेश किया है। इन दोनों नाटककारों के समय तक आते-आते संस्कृत नाटकों और तत्कालीन भारतीय रंगमंच की परम्पराओं में कुछ महत्त्वपूर्ण परिवर्तन हो चले। डॉ. कीथ ने अपने 'संस्कृत ड्रामा' में और हाल ही में डॉ. इन्दुशेखर ने अपने 'संस्कृत ड्रामा : इट्स ऑरिजिन एंड डिक्लाइन' में संस्कृत नाटक के ह्रासोन्मुखी युग की व्याख्या करते हुए इन प्रवृत्तियों का जिक्र किया है। हमारा विचार है कि यद्यपि वह भारतीय नाटक-साहित्य के ह्रास का काल था तथापि रंगमंच के प्रभाव से ये जो नूतन प्रवृत्तियाँ झलकने लगीं उन्हीं के आधार पर मध्ययुग की देशी भाषाओं में नाटकों की एक नई विधा विकसी, जो लक्षणग्रन्थों में वर्णित रूपक-उपरूपकों के प्रकारों से भिन्न है। इस प्रगति का प्रारम्भ कहाँ से हुआ? इस क्रान्ति के बीज कब पड़े?

संगीतक : एक विस्तृत विधा

जिस रूप में संस्कृत नाटकों के गौरवग्रन्थ वर्तमान पाठकों के लिए उपलब्ध हैं, उसी रूप में वे रंगशालाओं में प्रस्तुत किए जाते हों, ऐसा नहीं जान पड़ता। आगे हम दिखाएँगे कि कैसे दसवीं शताब्दी तक आते-आते कवि की प्रति, और रंगशाला की प्रति, में भिन्नता आ गई और रंगशाला का प्रयोक्ता[1] (प्रोड्यूसर) ग्रन्थों में प्रदर्शन-योग्य तत्त्वों का आरोप करने लगा। किन्तु इससे पूर्व, संस्कृत नाटकों के स्वर्णयुग में ही दर्शक समाज की अभिरुचि का दबाव पड़ने लगा था और एक ऐसे प्रकार के अभिनय का आविर्भाव हो चुका था जिसमें संगीत और नृत्य का प्राचुर्य था। इस प्रकार के प्रदर्शन का नाम था **संगीतक**। आश्चर्य है कि आज तक विद्वानों का ध्यान इस विधा की ओर नहीं गया। कारण यह जान पड़ता है कि संगीतक का उद्‌गमस्थल नाटककार का मानस नहीं था, लक्षणग्रन्थों की परम्परा में भी नहीं था, बल्कि इसकी उत्पत्ति हुई रंगशाला और प्रेक्षागृह में। प्रयोक्ताओं, सूत्रधारों, नट एवं नटियों को रंगशाला की रुचि का ज्ञान था। वे लोग यह भी चाहते थे कि गायकों, नर्तकों एवं वादकों इत्यादि को अभिनय में विशेष स्थान मिले। इसलिए उन्होंने इस प्रकार की प्रदर्शन शैली का आविष्कार किया कि जिसमें संगीत, नृत्य इत्यादि की बहुलता हो। यह एक तरह से प्रयोक्ता का नाटक 'प्रोड्यूसर्स प्ले' था। शायद इसीलिए लक्षणग्रन्थों में इस शैली का उल्लेख नहीं मिलता। कवि ने भी प्रारम्भ में इसे अपनाने में हिचकिचाहट दिखाई। परिणाम यह हुआ कि लिखित रूप

1. भरत नाट्यशास्त्र में प्रोडक्शन के लिए 'प्रयोग' और प्रोड्यूसर के लिए 'प्रयोक्ता' शब्द मिलते हैं।

में संगीतकों के उदाहरण प्रारम्भ में बहुत कम मिलते हैं। किन्तु प्राचीन भितिचित्रों एवं प्रस्तरखंडों में अंकित दृश्यों में तो प्रायः इसी शैली के प्रदर्शनों का प्राधान्य है। मध्यप्रदेश के पवाया नामक स्थान से प्राप्त प्रस्तरखंड, अजन्ता की भित्ति पर अंकित संगीत मंडली, मध्य प्रदेश की उदयगिरि गुहा का गुप्तकालीन चित्र ऐसे अनेक उदाहरण मिलते हैं। यानी रंगकलाकारों और मूर्तिकारों ने इस प्रदर्शन को शीघ्र ही मान्यता दी, लक्षणकारों ने नहीं। इसका कारण यह था कि भरत के बाद बहुत कम ऐसे प्रयोक्ता हुए जिसकी विद्वानों में धाक थी। भरत नटों और विद्वानों के बीच एक कड़ी थे। फिर भी प्रयोक्ताओं ने नाटक में गीतों का आरोपण करके अथवा संगीत-नृत्य प्रधान प्रदर्शनों की योजना करके इस नई शैली, संगीतक का प्रचार किया।

'संगीतक' का सर्वप्रथम उल्लेख हमें चतुर्भाणी में वररुचि कृत 'उभयाभिसारिका' नामक भाण में मिलता है। चतुर्भाणी के भागो का रचनाकाल चौथी पाँचवीं शताब्दी ईसा के आसपास माना जाता है। 'उभयाभिसारिका' में सागरदत्त सेठ के पुत्र कुबेरदत्त ने विट के पास एक सन्देश भेजा और उसमें नारायणदत्ता नामक अभिनेत्री से अनबन का कारण बताते हुए कहा कि मैंने 'मदनाराधन' नामक संगीतक में रस के अनुसार किए गए मदनसेना के अभिनय की तारीफ की जो नारायणदत्ता को नहीं रुचि, इसलिए वह कुपित है (भगवतो नारायणस्य भवने मदनसेना मदनाराधने संगीत के यथारसमभिनीयमाने)। इसी भाग में आगे प्रतिहत शासक कुसुमपुर पुरन्दर अर्थात् कुमारगुप्त महेन्द्रादित्य के भवन में पुरन्दरविजय नामक संगीतक का उल्लेख है। विट का संलाप इस प्रकार है—क्या कहती है—"भगवान अप्रतिहितशासन कुसुमपुर पुरन्दर (पाटलिपुत्र के राजा) के महल में पुरन्दर विजय नामक संगीतक को रसाभिनय के अनुसार खेलने के लिए देवदत्ता के साथ मुझे भी बयाना (पणित) मिला है। इस मेरे अभ्युदय के कारण आप हैं।" (किंब्रवीषि—भगवतोऽप्रतिहत शासनस्य कुसुमपुरपुरन्दरस्य भवने पुरन्दरविजयं नाम संगीतकं यथारसाभिनयमभिनेतत्वमिति देवदत्तयो सह मे पणितः संवृतः।[1]

इन दोनों अवतरणों में 'संगीतक' के रसाभिनय का उल्लेख है। डॉ. राघवन ने अपने लेख 'संस्कृत ड्रामा एवं परफॉर्मेंस' (मद्रास यूनिवर्सिटी जर्नल, जनवरी, 1957 में लिखा है कि नाटकों में पाँच प्रकार के ध्रुवा या गीतों का व्यवहार होता था। इनमें से एक प्रकार का ध्रुवा किसी परिस्थिति विशेष में तदनुसार रस को बढ़ाने के लिए गाया जाता था। संगीत में जातियों का सम्बन्ध नाटक में परिस्थिति विशेष के भावों से था। काश्यप नामक विद्वान ने तो नाटकों में रागरसों के प्रयोग के बारे में एक ग्रन्थ की रचना की है। डॉ. राघवन के इस कथन के सन्दर्भ में 'उदयाभिसारिका' में वर्णित 'रसाभिनय' से तात्पर्य ऐसे अभिनय से जान पड़ता है, जिसमें संगीत की जातियों के समीचीन प्रदर्शन द्वारा नाटकीय रस का उद्रेक किया गया है।

चतुर्भाणी के बाद हमें 'संगीतक' शब्द का उल्लेख वाणभट्ट की कादम्बरी में

---

1. उभयसारिका के ये अवतरण हमने डॉ. मोतीचन्द्र और डॉ. वासुदेव शरण अग्रवाल द्वारा सम्पादित 'चतुर्भाणी' से लिए हैं।

मिलता है। कादम्बरीकार के अनुसार वीणवेणु मृदंग वाद्यों इत्यादि का **संगीतक** में प्रयोग होता था। (का. अनु. पृ. 50) राजभवनों में संगीतकों के लिए संगीतगृह नामक अलग स्थान ही होता था, जहाँ मृदुध्वनि से ठनकते हुए मृदंगों का शब्द सुनाई पड़ता था (का. अनु. पृ. 238)।

स्पष्ट है कि राजसी ठाटबाट के साथ होनेवाले नाटकीय प्रदर्शनों को 'संगीतक' संज्ञा रंगशाला के विधायकों ने दी, न किस कवियों अथवा लक्षणकारों ने। किन्तु मध्ययुग के प्रथम चरण तक पहुँचते-पहुँचते कवियों ने भी इस नाम को अपना लिया। इसका प्रमाण है विद्यापति का 'गोरक्षविजय' नाटक। इस नाटक में नान्दी के उपरान्त स्पष्टतः संगीतक शब्द का व्यवहार हुआ है।...

"भनइ विद्यापति पुरवथु आसा। मंगल कररू देव दिगवासा।
अलमतिविस्तरेणः। ततो नटीमाहूय संगीतकमवतारयामि॥"

विद्यापति द्वारा संगीतक शब्द का प्रयोग इस प्रदर्शन-विद्या के विद्वानों में स्वीकार किए जाने का सबूत हैं किन्तु लक्षणग्रन्थों का आग्रह इतना प्रबल था कि यद्यपि तदुपरान्त लिखे गए सभी देशी भाषा नाटक वस्तुतः संगीतक ही था, तथापि मिथिला में अर्से तक नाटक अथवा अन्य शास्त्रोक्त शब्दों से ही रचनाओं को विद्वानों में सम्बोधित किया जाता रहा। असम में शंकरदेव और माधवदेव ने लोक परम्पराओं से अपनी रचनाओं का नाता जोड़ा और इन मिश्रित नाटकों को लोकरुचि के अनुकूल संज्ञा दी—**अंकिया नाट** अथवा जात्रा, झुमुरा इत्यादि। मिथिला में भी जनसाधारण के बीच में नाटक 'कीर्तनिया नाट' के नाम से पुकारे जाने लगे। परन्तु संगीतक शब्द का लोप नहीं हुआ। भारतवर्ष के विभिन्न क्षेत्रों में यह शैली मध्ययुग में फैलती रही और यद्यपि विद्वानों एवं कवियों की प्रतिभा नाट्य रचना से हटकर काव्यों और पदों की ओर उन्मुख हो गई तथापि नाटक-मंडलियों के निपुण सूत्रधारों ने अंशतः लिखित और अंशतः मौखिक रूप से इस परम्परा का विकास किया। इस तरह उन लोक प्रचलित नाटक शैलियों का संवर्धन हुआ जो आज भी भारतवर्ष के कोने-कोने में संस्कृत नाट्य साहित्य और रंगशाला की धरोहर को, परिवर्तित और भ्रष्ट रूप में ही सही—चालू किए हुए हैं। इन्हीं लोक शैलियों में एक का नाम है 'सांगीत' या 'सांग' जो पंजाब और उत्तर प्रदेश में प्रचलित है। इस शब्द की व्युत्पत्ति के विषय में आधुनिक विद्वानों ने अनेक अनुमान किए हैं, और 'सांग' के दूसरे रूप में 'स्वाँग' को अभिनयकला से सम्बद्ध किया है। किन्तु उपर्युक्त व्याख्या से सांग और सांगीत शब्द की पहेली सुलझ जाती है। हमारी निश्चित धारणा है कि **संगीतक** ही बाद में सांगीत और सांग बन गया। बाद में इस शैली के अनेक नाम स्थानीय विभेदों के द्वारा हो गए और लिखित रूप में इनका प्रचार आधुनिक युग में ही हुआ। इसलिए एक ही शब्द की मान्यता सर्वत्र न हो सकी। लोकनाटकों के अध्येता को इन सभी प्रादेशिक शैलियों में अनेक सामान्य तत्त्व मिलेंगे। इन तत्त्वों का परिष्कृत और प्रारम्भिक रूप देशी भाषा नाटकों में ही सुरक्षित है। **संगीतक** नाम इन नाटकों के लिए सर्वथा उपयुक्त जान पड़ता है।

भाषा-संगीतकारों की विशेषताओं का निरूपण करने के लिए पहले यह जरूरी है कि रंगशाला की पद्धति, सूत्रधार एवं नट-नटियों की सीमाओं और आवश्यकताओं तथा दर्शकों एवं संरक्षकों की रुचि-परिवर्तन के फलस्वरूप, किस तरह संस्कृत नाटकों की प्रदर्शन शैली बदलने लगी—इस क्रम को समझा जाए। हमने ऊपर कहा है कि भरत के बाद ऐसे प्रयोक्ता या नाट्याचार्य बहुत कम हुए जो स्वयं लक्षणकार भी रहे हों। लक्षणग्रन्थों की रचना करनेवालों का एक वर्ग ही बन गया और काव्य और नाटकों के लक्षणों का प्रतिपादन उसी वर्ग के लोग करने लगे। कविजन लक्षणग्रन्थों को शास्त्रोक्त मानकर तदनुसार रूपक इत्यादि लिखने लगे—रंगशाला और प्रेक्षागृह की आवश्यकताओं का अंकुश कवियों के ऊपर कम होता गया। ऐसी परिस्थिति में नाट्याचार्यों (प्रयोक्ता के स्थान पर यही शब्द बाद में व्यवहृत होने लगा) ने कवियों की रचनाओं को रंगानुकुल रूप देना शुरू किया। यह एक तरह का सम्पादन कार्य (adaptation) था। नाटक के प्रदर्शन में कुछ रोचक तथ्यों का समावेश कैसे किया जाने लगा, इसका एक प्राचीन उदाहरण है—दामोदरगुप्त विरचित 'कुट्टनीमतं काव्यम्' में श्रीहर्ष के रचनावली नाटक के एक अंक के काशी में अभिनय का आँखों-देखा वर्णन। दामोदरगुप्त का काल सन् 779 से 818 ई. माना गया है, वे काश्मीर के राजा जयापीड़ के मन्त्री थे। इस विवरण से जान पड़ता है कि प्रदर्शन में संगीत का प्राधान्य हो चला था।

गम्भीर मधुरशब्दं परिरक्षितगीतविविधभंगष्युतम।
दर्शयतो वेचित्र्यं न भ्रष्टो वादकस्य लयकाल॥[1]

मुख्य कथा के बीच में ऐसे दृश्यों को विशेष विस्तार दिया जाने लगा था जिसमें नृत्य और संगीत का चमत्कार दिखाया जा सके। मदन-महोत्सव का अभिनय जिसका कुट्टनीमतं काव्यम् में विवरण है एक तरह का 'स्पेक्टेक्ल' जान पड़ता है। श्लोक 895 से 904 तक वासवदत्ता की चेरियों का अभिनय-नृत्य और गान भी इसी प्रकार का रोचक विधान है। कुट्टीमतं काव्य के इस विवरण से प्रेक्षागृह में नाट्याचार्य के व्यक्तित्व की महत्ता का ज्ञान होता है।

कवि की प्रति और प्रयोक्ता की प्रति में भिन्नता का अनुपम उदाहरण विक्रमोर्वशी के चतुर्थ अंक की वह पांडुलिपि है जिसमें अपभ्रंश गीत पाए गए हैं। कीथ[2] के अनुसार अपभ्रंश गीतों का यह प्रक्षिप्त अंश सम्भवतः हेमचन्द के बाद और प्राकृतपैंगलम् के पूर्व किया गया। किन्तु डॉ. हीरालाल जैन ने अपने निबन्ध 'अपभ्रंश भाषा और साहित्य' में इन पदों की भाषा पर प्रकाश डाला है। रंगशाला की प्रवृत्ति को देखते हुए ये पद प्रक्षेप ही जान पड़ते हैं, और हमारी धारणा है कि किसी परवर्ती नाट्याचार्यों ने ही मूल को रंगशाला के लिए सुलभ और प्रेक्षागृह के लिए रोचक बनाने के लिए इन पदों का समावेश किया। हम कीथ के इस कथन से सहमत हैं कि वे अपभ्रंश पद नृत्य के हावभाव

1. कुट्टनीमतं काव्य 941।
2. संस्कृत ड्रामा पृष्ठ 275

इत्यादि के साथ-साथ गायी जानेवाले शब्दरचना (लिब्रेटो) है। जान पड़ता है कि विक्रमोर्वशी के चतुर्थ अंक में संस्कृत छन्दों की जटिलता तत्कालीन 10वीं शताब्दी के सामान्य दर्शकों के लिए दुरूह हो गई, यद्यपि राजाओं, राजपुत्रों इत्यादि का संस्कृत ज्ञान तो तब भी अत्यन्त उच्च-स्तर का था। पर प्रेक्षागृह में सभी दर्शक तो उस कोटि के होते नहीं थे। साहित्य के अध्ययन की सुविधाएँ सबको उपलब्ध नहीं थीं और जो राजवर्ग जनसाधारण के अधिक सम्पर्क में आता था उसकी भाषा पर लोक-भाषा का प्रभाव बढ़ता गया। मुगल युग में इसी तरह फारसी के स्थान पर उर्दू का उद्भव हुआ। इसलिए मूल नाटक में इन सोलह पदों का समावेश 10वीं, 11वीं शती के किसी दूरदर्शी नाट्याचार्य का काम था।

संस्कृत नाटकों में प्रेक्षागृह के आग्रह से इस प्रकार अपभ्रंश और बाद में देशी भाषाओं के गीतों का समावेश केवल विद्वानों के सिद्धान्त प्रतिपादन की बात ही नहीं है। हाल ही में हमें इसका व्यावहारिक अनुभव हुआ और वही इस प्रवृत्ति का पुष्टतम प्रमाण है। केरल में त्रिचूर के मन्दिरों में पिछले एक हजार वर्ष से संस्कृत नाटकों का प्रदर्शन 'कूटियाट्टम'[1] नाम से होता रहा है। शायद भारतवर्ष में वह एक स्थान है जहाँ परम्परागत शैली ने केरल में पाए जानेवाले ग्रन्थों के अनुसार लगभग 10वीं शताब्दी में वर्तमान रूप लिया। इसलिए देशी भाषा नाटकों के कुछ पूर्व ही संस्कृत रंग प्रणाली के रूप को समझने में कूटियाट्टम का पद्धति से विशेष प्रकाश पड़ सकता है। हमने केरल ही के प्रसिद्ध नृपति कुलशेखर वर्मन द्वारा रचित 'सुभद्रा-धनंजय' नाटक का एक अंश अभिनीत होते देखा। कुलशेखर वर्मन का समय 10वीं शताब्दी माना जाता है। तब से बराबर प्रायः उसी रूप में संस्कृत नाटकों का अभिनय होता रहा है। इसलिए हमारे युग के नाटकों की रंगपद्धति के लिए शायद कूटियाट्टम से बढ़कर कोई साक्षात् प्रमाण नहीं मिल सकता।

कुलेशखरवर्मन ने दो नाटक रचे—सुभद्रा-धनंजय और तपती-संवरण। 'सुभद्रा-धनंजय' की टीका परमेश्वरमंगलम् नामक स्थान के एक ब्राह्मण ने लिखी है। इस ब्राह्मण का नाम, डॉक्टर कुंजुन्नीराजा के अनुसार तोलन था। तोलन को राजा ने बुलाया और दोनों रचनाएँ दिखाई एवं अपनी विशेष नाट्य-प्रयोग पद्धति का निरूपण भी किया। तोलन ने अपनी **वांग्येय व्याख्या**[1] टीका में कुलशेखर वर्मन के आदेशानुसार रंग निर्देशन दिए हैं। कुलशेखर की पद्धति की प्रमुख विशेषताएँ ये हैं : (1) संगीत की बहुलता, (2) देशी भाषा में विदूषक द्वारा संस्कृत और प्राकृत मूल का रोचक स्पष्टीकरण, (3) परिहापूर्ण नवीन अंगों का आरोपण, (4) संस्कृत नाटकों के मन्दिरों में ही चाक्यार और नाम्व्यार—इन दो वर्गों के कलाकारों द्वारा प्रदर्शन की प्रणाली और (5) संस्कृत और केरल के अन्य प्रकार के नाटकों के प्रयोगों के विषय में निर्देश-ग्रन्थों का निर्माण। मजे की बात यह है कि कुलशेखर वर्मन ने लक्षण ग्रन्थों के विपरीत होकर इस तरह जो

1. कूटियाट्टम : मद्रास संस्कृत रंग में 26-03-1960 को पढ़ा गया निबन्ध जो दि संस्कृत रंग एनुएल 1961 में प्रकाशित हुआ है।

स्वच्छन्द और लोकानुवर्तिनी शैली अपनाई उसका पंडितों द्वारा थोड़ा-बहुत विरोध भी हुआ। **नटांकुश** नामक ग्रन्थ में कूटियाट्टम पद्धति की कड़ी आलोचना की गई है इसलिए कि वह संस्कृत नाटकों में देशीभाषा का संवाद शामिल कर देती है। किन्तु कुलशेखर वर्मन समय की गति जानते थे। उन्होंने देखा कि संस्कृत का ज्ञान क्रमशः क्षीण होता जा रहा है, किन्तु समाज को संस्कृत नाटकों की महती परम्परा के सम्पर्क में रखना जरूरी था।

जो अभिनय हमने देखा उसका ब्यौरेवार वर्णन देने से विषयान्तर हो जाएगा। किन्तु कूटियाट्टम के कुछ पहलू मिथिला, असम और उत्तर भारत के मध्ययुगीन देशी भाषा-नाटकों से बहुत कुछ मेल खाते हैं और उनका उल्लेख यहाँ किया जाता है। कूटियाट्टम में प्रायः 13 संस्कृत नाटकों का रंग प्रदर्शन होता है—सुभद्राधनंजय, तपतीसंवरण आश्चर्यचूड़ामणि, नागानन्द प्रतिज्ञायौगन्धरायण, स्वप्नवासवदता, प्रतिमानाटक, अभिषेक नाटक, मत्तविलास, भगवज्जुकीयम् दूतघटोत्कच, कल्याणसौगन्धिका और बालचरित। चाक्यांर कुटुम्बों के पुरुष और नाम्ब्यार कुटुम्बों की स्त्रियाँ इसमें भाग लेती हैं। रंगशाला को कूथाम्बलम कहा जाता है, बराबर में नेपथ्यगृह, सामने मंच, तीन ओर दर्शक। मंच के पीछे वाद्य-वादक और एक तरफ़ गायक बैठते हैं। पंचवाद्य बजाए जाते हैं जिन्में विविध मृदंग शामिल होते हैं। मृदंगों पर प्रारम्भ में 'गोष्ठी' नामक वादन होता है। उसके बाद गणपति, सरस्वती एवं शिव की वन्दना होती है। अधिकतर गायन नाम्ब्यार युवती (जिसे नन्यार कहा जाता है और जो मंच के एक ओर बराबर बैठी रहती है) द्वारा ही होता है। प्रधान पात्र के प्रवेश के समय, कुछ लोग एक पर्दा लिये मंच पर आते हैं। उसकी ओट में पात्र खड़ा होता है और पंचवाद्य बजाए जाते हैं और धीरे-धीरे पर्दा नीचे गिराया जाता है। बाद में पात्र, विशेष-पद्धति में नृत्य करता है।

कूटियाट्टम शैली में एक नाटक का अभिनय दस-ग्यारह रातों में पूरा होता है। पहले दो दिन तो पूर्वरंग ही प्रस्तुत किया जाता है। उसके बाद निर्वहण। इसमें नायक के पूर्व जीवन का विवरण किया जाता है। उसी समय विदूषक का प्रवेश होता है। विदूषक कूटियाट्टम का सबसे महत्त्वपूर्ण पात्र होता है। जिस तरह से संस्कृत भाणों में विट अकेले ही अनेकपात्री परिस्थिति को प्रस्तुत कर देता है ऐसे ही यह विदूषक भी। इस मानो-एक्टिंग शैली को केरल में कूथु कहा जाता है। संस्कृत और प्राकृत मूल की मलयालम भाषा में सटीक छाया प्रस्तुत करना विदूषक का प्रधान कर्म है। दूसरे वह समाज के दुर्गुणों का उद्घाटन भी निर्भीक होकर बड़ी ही चटपटी भाषा में करता है। विदूषक अपने कान में पान का बीड़ा लगाकर जब मंच पर आता है तब वह अभयदान का अधिकारी हो जाता है। राजा तक की आलोचना करे, पर उसको कोई हाथ नहीं लगा सकता। मुख्य नाटक प्रारम्भ होने से पूर्व तीन-चार रात तो वह पुरुषार्थ वर्णन करता है। धर्म, अर्थ, काम, मोक्ष की व्याख्या करते-करते वह समकालीन समाज में विनोद, वंचना, अशन और राजसेवा इन चार प्रकार के पुरुषार्थों का सोदाहरण वर्णन करता है कि दर्शकों में बड़े से बड़े वंचकों के मुँह फीके पड़ जाते हैं। नाटक के संवाद को प्रस्तुत

करने की प्रणाली यह है कि हर पात्र एक-एक शब्द को बताने के लिए अपने शरीर के ऊपरी भाग, भुजाओं, मुख इत्यादि से आंगिकाभिनय करता है। ऐसा संश्लिष्ट और ब्यौरेवार अभिनय हमने अन्यत्र नहीं देखा। नायक या अन्य प्रधान पात्रों के मूल संस्कृत संवाद को विदूषक मलयालम में सविस्तार दोहराता है, और ऐसा करते समय अपनी ओर से नमक-मिर्च मिलाता है। अर्जुन तपस्या के लिए वन में निकला है, ब्राह्मण विदूषक भी साथ में भूखा मारा-मारा फिर रहा है। मंच पर यही प्रसंग चल रहा था जब हम रंगशाला में पहुँचे। हमें भोजन में थोड़ा विलम्ब हो गया था और इस बात की सूचना वहाँ जा चुकी थी। हमारे आसनग्रहण करने के बाद ही विदूषक ने अर्जुन से कहा—'तुम्हारी वजह से इधर मैं भूखा मर रहा हूँ, और उधर ये लोग दर्शकों के सबसे आगे आकर बैठ गए, भरपेट भोजन करके, ऐसे अनेक स्थल आए जहाँ विदूषक इस तरह से अपनी ओर से मूल संस्कृत श्लोक के मुकाबले में प्रतिश्लोक मलयालम में प्रस्तुत करता है।

संस्कृत नाटकों में इस प्रकार देशी भाषा के बारम्बार व्यवहार के अतिरिक्त कुछ अन्य विशेषताएँ भी कूटियाट्टम का उत्तरी भारत के भाषा-नाटकों से साम्य स्थापित करती है। विविध रागों का प्रयोग कीतों में होता है और सम्भाषण में भी। सम्भाषण गद्य में होते हुए भी स्वर का उतार-चढ़ाव, शब्दों का विलम्बित उच्चारण सभी विशेष प्रकार के रागों के अनुसार होता है। अभिनय नृत्य और संगीत की विशेषताओं के अतिरिक्त प्रदर्शन में कुछ चमत्कार भी दिखाए जाते हैं। आश्चर्यचूड़ामणि में शूर्पनखा की नाक काटना तथा नागानन्द में मलयवती द्वारा आत्महत्या के दृश्य बड़े कौशल से दिखाए जाते हैं। नाट्य प्रदर्शन के बिलकुल अन्त में मुटियकिट्ट नामक वन्दना होती है जिसे भरतवाक्य का रूप कहा जा सकता है। असम के मुक्तिमंगल से यह बहुत कुछ मिलती है।

भाषा-नाटकों के प्रादुर्भाव के ठीक पहले की प्रवृत्तियाँ

कुलशेखर वर्मन का यह साहसपूर्ण प्रयोग मध्ययुग के प्रारम्भिक चरण की सामाजिक और सांस्कृतिक परिस्थिति का परिणाम था। निस्सन्देह उस युग में जहाँ-जहाँ हिन्दू राज्य कायम रहे वहाँ-वहाँ संस्कृत रंगमंच में इस प्रकार के संगीतकों का प्रवेश होता गया। यह एक अखिल-भारतीय प्रवृत्ति थी। किस तरह से इस प्रवृत्ति के फलस्वरूप देशी-भाषा नाटकों और बाद में वर्तमान प्रादेशिक लोक नाटकों की शैलियों का प्रादुर्भाव हुआ, यह प्रक्रिया संस्कृत नाटकों के ह्रासोन्मुखी युग पर विचार करने से स्पष्ट दीखेगी।

(1) इस युग में नाटककार का ध्यान काव्य पक्ष की ओर अधिक गया, नाटक के अन्य पक्षों की ओर कम। संरक्षक छोटे-छोटे राजा लोग थे जिन्हें अलंकारों और व्यंजना के चमत्कार से प्रसन्न करना ही कवि का लक्ष्य रह गया। रंगशाला में काव्यों को नाट्य

रूप में प्रदर्शित करने का भार नाट्याचार्यों और प्रयोक्ताओं पर पड़ा। इसलिए कवि यदि ऐसी सामग्री प्रस्तुत कर सकता, जिसे प्रयोक्ता रंगशाला के योग्य रूप दे सके तो दोनों के लिए अपनी-अपनी साध पूरी करने, अपने कौशल से रसज्ञ संरक्षकों को प्रसन्न करने का अवसर मिल जाता है। इस तरह नाटकों और रंगशाला के क्षेत्र में बहुत कुछ 'स्पेशलाइजेशन' तथा 'डिविजन ऑफ ड्यूटी' (कार्य विभाजन) होने लगे।

यही कारण है कि 'महानाटक' जैसे ग्रन्थ की रचना हुई। 'महानाटक' की दो प्रकार की प्रतियाँ मिलती हैं—एक मधुसूदन की प्रति जिसमें 9 या 10 अंक हैं और दूसरी दामोदर मिश्र की प्रति जिसमें 14 अंक हैं। धड़ल्ले के साथ महानाटक में पूर्ववर्ती नाटकों से अवतरण शामिल किए गए हैं यथा भवभूति, मुरारी, राजशेखर इत्यादि के। यह एक सर्वथा मौलिक कृति है अथवा प्रधानतः संग्रह या कंपाइलेशन इसमें भी विद्वानों को सन्देह है। किन्तु इसकी विशेषता यह है कि अंकों के बीच सूत्रधार दर्शकों के सूचनार्थ और कथा के क्रम को जारी रखने के लिए वार्ता कहता है। शायद सूत्रधार का यह रूप अथवा 'रोल' महानाटक की ही देन थी। लगभग सभी प्रादेशिक शैलियों पर इस नूतन प्रयोग का प्रभाव पड़ा।[1] इस तरह कवि को एक बड़ी सुविधा मिल गई। वह नाटकीय रसों से संयुक्त प्रबन्ध काव्य की रचना करके शेष काम सूत्रधार अथवा प्रयोक्ता पर छोड़ सकता था। संवाद लिखने का झंझट उसके लिए कम हो गया। कवि को कल्पना और अलंकारों के स्तर से बार-बार यथातथ्य के वातावरण में उतरने की आवश्यकता कम पड़ने लगी। सूत्रधार दर्शकों का समसामयिकता से संस्पर्श कराने लगा और कवि के बन्धन टूटे।

सूत्रधार-पद्धति के फलस्वरूप ही शायद उत्तरी भारत में एक ऐसी काव्यकृति की रचना हुई जिसका परवर्ती नाट्यशैली पर अत्यन्त व्यापक प्रभाव पड़ा। जयदेव का 'गीत-गोविन्द' भारतवर्ष की नाट्य परम्परा में एक युगप्रवर्तक काव्य था। यद्यपि नृत्य प्रधान रास जिसे हरिवंश-पुराण में हल्लीसक कहा गया है और जिसका विस्तृत वर्णन महाभारत के खिल्लविष्णुपर्व के बीसवें अध्याय में मिलता है[2] को आधार मानकर श्रीमद्भागवत के दशम् खंड के रास प्रसंग को जयदेव ने इस मनोरम रूप में प्रस्तुत किया, तथापि दर्शक समाज में उसकी सफलता का कारण था इन नवीन सूत्रधार पद्धति का व्यवहार। नाटक के अन्य बन्धनों से मुक्त होते हुए भी दर्शकों के सामने आसानी के साथ ललित संगीत और अभिराम नृत्य के वातावरण में इस काव्य को प्रस्तुत किया जा सकता था, और कथाप्रवाह और प्रवेश एवं प्रस्थान के मोड़ों की व्याख्या सूत्रधार की वार्ता में हो सकती थी। इसीलिए केरल से लेकर आसाम तक, सौराष्ट्र से उत्कल तक गीत-गोविन्द मन्दिरों और राजप्रासादों में खेला जाने लगा और उत्तरी भारत में तो उसने परवर्ती प्रतिभाओं को कुछ को इस तरह अभिभूत कर लिया कि अगणित संस्कृत

1. सम्भव है कि 'महानाटक' में सूत्रधार का यह रूप लोक-परम्परा से लिया गया हो। भाटों और चारणों की शैली से इसका सीधा सम्बन्ध है।
2. डॉ. दशरथ ओझा और डॉ. दशरथ शर्मा—'रास और रासान्वयी काव्य'।

और भाषा-नाटक इस शैली में रचे जाने लगे। अनेक नाटकों पर गीत-गोविन्द का सीधा प्रभाव लक्षित है।

(2) रंगशाला के प्रयोक्ता को इस युग में कवियों ने जो स्वच्छन्ता दी उसका दो तरह से उपयोग किया गया। एक तो यह कि प्रयोक्त ने संगीत और नृत्य को अपना प्रमुख साधन बनाया। कवि ने इसमें सहयोग दिया। नाट्याचार्य ने देखा कि यदि वह नट और नटियों द्वारा काव्य के रसप्रवाह और अभिव्यंजना की गान एवं नृत्य में समीचीन अभिव्यक्ति करा सके तो वह दर्शक समाज को सम्मोहित कर सकता है। रहा संलाप, सो उसका भार सूत्रधार और उसके पारिपार्श्विक के ऊपर पड़ ही चुका था। नट और नटियों को पठन-पाठन के लिए यों भी समय कम मिलता था। वंशगत धरोहर थी संगीत और नृत्यकला। इसलिए उन्हें भी इस पद्धति में ही अधिक सुविधा दीखी। इस तरह नाटकों में राग और ताल का ब्यौरा दिया जाने लगा।

नाट्य-प्रदर्शन में चमत्कार और प्रभावोत्पादकता लाने के लिए प्रयोक्ता कौतुकपूर्ण और रंगबिरंगे दृश्यों की भी व्यवस्था करने लगा। प्राचीन नाटकों में ऐसा विधान कम होता था। किन्तु इस युग में राजकुलों में स्पर्द्धा की भावना बढ़ गई थी। विशाल मन्दिरों में भी होड़ लगने लगी थी। नाट्य प्रदर्शन देखनेवाला जनसमूह भी बढ़ गया था। इसलिए चमत्कारपूर्ण प्रदर्शन दिखाने की इच्छा भी बढ़ गई। रंगशाला में रथों को लाना, पशु पक्षियों को यन्त्रों द्वारा संचालित करना, आडम्बरपूर्ण प्रसाधन का व्यवहार, राक्षसों और देवताओं के भयंकर और सुचारु स्वरूप तथा नाना प्रकार के मुखौटों का प्रयोग, इस तरह के अनेक कौतुक रंगशाला में दिखाए जाने लगे। मूल नाटक छोटा ही होता था लेकिन प्रदर्शन की इन विशेषताओं के कारण कई-कई रात में नाटक पूरा होता। इसी युग में रामलीला का वह 'पैजेंट' रूप प्रचलित हुआ जिससे हम लोग आजकल परिचित हैं। कवियों को इसमें कोई आपत्ति न थी, क्योंकि उनकी कल्पना बड़े से बड़े उपयुक्त वर्णन कर सकती थी।

संगीत, नृत्य और कौतुक—रंगशाला की ये तीन विशेषताएँ प्रस्तुत संग्रह के अनेक नाटकों में स्पष्ट हैं, और उनके Structure प्रबन्ध-विधान और Atmosphere वातावरण में लक्षित हैं। संस्कृत नाटकों के ह्रासकाल में ही इन लक्षणों का विकास हुआ।

(3) इस युग की तीसरी प्रवृत्ति थी संस्कृत और प्राकृत के साथ-साथ अपभ्रंशों का व्यवहार, बाद में जिनका स्थान अपभ्रंशजनित प्रादेशिक देशी भाषाओं ने ले लिया। विद्वानों और औपचारिक अवसरों की भाषा संस्कृत ही थी, किन्तु 10वीं और 13वीं शताब्दियों के बीच लोक-व्यवहार की भाषा अपभ्रंश और प्रादेशिक बोलियाँ हो चलीं। इस कथन की पुष्टि वर्णरत्नाकार, उक्तिव्यक्तिप्रकरण, प्राकृतपैंगलम् इत्यादि ग्रन्थों में होती है और 'देसिल बयना' के विषयों में विद्यापति की उक्ति से। लोकव्यवहार ही नहीं साहित्यरचना के क्षेत्र में अपभ्रंश आदि प्रादेशिक बोलियाँ आ चुकी थीं और अपभ्रंश जैन काव्यों और चर्यापदों को प्रतिष्ठा मिल चुकी थी। पूर्वी भारत में तो चर्यापद

जन-साहित्य में रम चुके थे। इसलिए संस्कृत की नाट्य-परम्परा का अनुगामी होते हुए भी नाट्यसाहित्य इस प्रवृत्ति से कहाँ तक अछूता रहता?

जिस तरह सुदूर केरल में कुलशेखर वर्मन की प्रेरणा से संस्कृत नाटकों के प्रदर्शन में विदूषक के मुख के मूल के बीच देशी भाषा में वार्ता का प्रवेश हो गया, उसी तरह उत्तर भारत में संस्कृत और प्राकृत संवाद के बीच विक्रमोर्वशी के चतुर्थ अंक की भाँति देशी भाषा में गीतों को अंगीकृतकर लिया गया। खोज करने से 10वीं से 13वीं शताब्दी की अवधि में लिखे गए ऐसे नाटकों की पांडुलिपियाँ शायद मिल सकें। अब तक प्राप्त नाटकों में सबमें पुराना उमापति उपाध्याय का पारिजातिपहरण-नाटकम् है। इस नाटक को डॉ. जयकान्त मिश्र 14वीं शताब्दी का लिखा हुआ नहीं मानते। उनका विचार है कि यह हिन्दूपति छत्रसाल के समय की रचना है। ग्रियर्सन के अनुसार कर्णाट वंश के मिथिलाधिपति हरसिंहदेव (लगभग सन् 1324) का ही उल्लेख कवि ने इसमें किया है। जो भी हो संस्कृत श्लोकों और संवाद के साथ-साथ भाषागीतों का समावेश सुव्यवस्थापूर्वक इस नाटक में दिया गया है।

इस प्रवृत्ति का एक अनूठा नमूना हाल ही में डॉ. जयकान्त मिश्र ने प्रस्तुत किया है। 14वीं शताब्दी के आरम्भ में ज्योतिरीश्वर ठाकुर के प्रसिद्ध संस्कृत प्रहसन 'धूर्तसमागम' का एक भाषा रूपान्तर उन्हें नेपाल में प्राप्त हुआ है। यद्यपि अन्य विशेषज्ञों द्वारा इस भाषा रूपान्तर के काल निर्धारण पर मतप्रकाश अभी नहीं हुआ है, तथापि यह पांडुलिपि (जिसको सम्पादित करके डॉ. मिश्र ने अखिल भारतीय मैथिली साहित्य समिति से प्रकाशित किया है) संस्कृत नाटकों पर भाषा-साहित्य के आरोपण का अत्यन्त स्पष्ट उदाहरण है। डॉ. जयकान्त मिश्र का विचार है कि स्वयं ज्योतिरीश्वर ठाकुर ने इसको भाषा-रूप दिया और इसीलिए यह चौदहवीं शताब्दी के प्रथम चरण की रचना है और राजा हरसिंहदेव के ही समय इसका प्रदर्शन हुआ होगा। 'पारिजातहरण' की भाँति इसमें भी संवाद और श्लोक संस्कृत और प्राकृत में हैं और गीत देशी भाषा में।

15वीं शती तक आते-आते हमें भाषा गीतों के समावेश की प्रवृत्ति का विस्तार होते दीखता है। उत्कल के गणपति महाराज कपिलेन्द्रदेव का समय सन् 1435 ई. के आसपास माना जाता है। उन्होंने परशुराम-विजय नामक एक व्यायोग की रचना की है। उसमें अमरराग में एक गीत है। दस पंक्तियों का यह भाषागीत इस तथ्य को घोषित करता है कि लगभग समस्त पूर्वी भारत में समझी जानेवाली एक देशी भाषा में उस समय रागरागिनी निबद्ध गीत रचे जाते थे और संस्कृत-प्राकृत नाटकों में उनका समावेश होने लगा था।

लगभग उसी समय या उससे कुछ पूर्व विद्यापति ने राजा शिवसिंह के दरबार में प्रस्तुत किए जाने के लिए 'गोरक्षविजय' नाटक की रचना की। अब उसकी एक अत्यन्त खंडित प्रति मिलती थी। डॉ. जयकान्त मिश्र के सदुद्योग से उसकी एक बड़ी पांडुलिपि हाल ही में नेपाल से प्राप्त हुई है जिसका उन्होंने सम्पादन किया है। 'गोरक्षविजय' में विद्यापति ने अपनी रचना के लिए **संगीतक** शब्द का व्यवहार किया है। इसमें भी संवाद

संस्कृत और प्राकृत में हैं एवं गीत देशी भाषा में।

ये सभी नाटक राजदरबारों के लिए लिखे गए और इसलिए इनमें संस्कृत-प्राकृत के मेरुदंड को कायम रखा गया, यद्यपि देशी भाषा का प्रभाव व्यापक और गहरा होता गया। किन्तु जान पड़ता है, राजदरबारों के बाहर, विशेषतः ब्रजमंडल के मन्दिरों और मेलों इत्यादि में धारण के लिए जो संगीतक प्रस्तुत किए जाते थे, उनमें केरल के 'कूटियाट्टम' की भाँति-सूत्रधार अथवा विदूषक द्वारा भाषा में वार्ताएँ भी प्रस्तुत की जाती थीं। इस शैली को असम के महापुरुष शंकरदेव ने अपनाया। 15वीं शताब्दी के अन्त और 16वीं शताब्दी के प्रथमार्द्ध में रचित उनके अंकिया नाटों में भाषा नाटकों की यह परम्परा चरमोत्कर्ष को प्राप्त हुई। 10वीं शताब्दी में संस्कृत नाटकों की धारा में परिवर्तन की जो लहर उत्पन्न हुई उसे 16वीं शताब्दी में निजी सत्ता प्राप्त हुई।

(4) भाषा-नाटकों को निजी सत्ता प्रदान करने में संस्कृत नाटकों के ह्रासोन्मुखी युग की एक और प्रवृत्ति से मदद मिली। जैसा अन्य देशों में हुआ है, संस्कृत नाटकों के उत्कर्षकाल में तो अभिजात रंगशाला एवं उत्कृष्ट साहित्य का जनरुचि से निकट सम्पर्क था। तभी तो मृच्छकटिक जैसे नाटकों की रचना हो सकी, और शाकुन्तल में मछुए और राजपुरुष का इतना सजीव चित्र शामिल हो सका। किन्तु श्रीहर्ष के बाद नाटकों में पांडित्यप्रदर्शन की प्रवृत्ति बढ़ गई। अतः लोकनाटकों की वह धारा जो ग्रामीण अँचलों और मेलों तक ही सीमित थी, जनरुचि की माँग को पूरा करने के लिए अग्रसर हुई। लोकनाटकों की इस देशव्यापी धारा के अनेक रूप थे। ग्रामीण उत्सवों और धार्मिक कृत्यों के ये अंग थे। रत्नावली में जिस चर्चरी और रास का विवरण मिलता है वह भी नाटकों का रूप लेने लगा। वन्य और ग्रामीण समाज के नाना प्रकार के प्रदर्शन नाट्यधर्मी होते चले गए। समाज हर युग में नाटक चाहता है। जब साहित्यिक नाटक की धारा शुष्क होने लगती है तब लोकनाटक रिक्त स्थान की पूर्ति करता है। पुनः साहित्यिक धारा लोकनाटक से सिंचित हो जाने पर उसकी विशेषताओं को अंगीकृत कर पुष्ट हो जाती है। यही क्रम बराबर नाटक और रंगमंच के इतिहास में दीख पड़ता है। संस्कृत नाटकों के ह्रासकाल में भी यही हुआ और एक साथ लोक प्रदर्शनों का प्रभाव बढ़ता गया। उसके फलस्वरूप जो भाषा नाटक अथवा मिश्रित नाटक रचे गए उनमें लोक प्रदर्शनों के अनेक तत्त्वों का समावेश हुआ। यह प्रभाव प्रस्तुत संग्रह के लगभग सभी नाटकों में लक्षित है।

(5) अरब और मध्य एशिया से मुसलमानों के आक्रमणों के फलस्वरूप तत्कालीन हिन्दू और बौद्ध समाज की आस्थाएँ और सांस्कृतिक बुनियादें हिल गईं और तब भक्ति-सम्प्रदाय ने पुराणों और महाभारत एवं रामायण में से त्रस्त और क्षुब्ध समाज के लिए कुछ ऐसे पात्र और प्रसंग खोज निकाले जिनके ध्यान और पूजन के लिए वृहत् मन्दिरों और राजसंरक्षण की विशेष आवश्यकता नहीं थी। कीर्तन कथा एवं यथासम्भव नाट्य प्रदर्शन द्वारा ही धर्म की भावना का विकास हो सकता था। परिणाम यह हुआ कि श्रीमद्भागवत, रामायण और महाभारत लोकानुरंजन के प्रमुख स्रोतग्रन्थ माने जाने

लगे। सम्प्रदायों, प्रचारकों और सन्तों ने इन महाग्रन्थों के प्रमुख प्रसंगों को अपने-अपने मिशन का आधार बनाया, और नाटक उनके मिशन में एक माध्यम बने। उनके प्रभाव में आकर जिन छोटे-छोटे हिन्दू राज्यों में रंगशाला की सांस्कृतिक धारा पहले से चल रही थी, वहाँ भी श्रीमद्भागवत और रामायण से ही कथानक चुने जाने लगे।

सन्धिकालीन नाट्य साहित्य और रंगशाला पर श्रीमद्भागवत एक जीवनसंवर्धक मेघ की तरह छाई रही। यही नहीं उसने देश के विभिन्न भागों को एक सूत्र में जोड़ा। वे ही कथानक महाराष्ट्र, तमिलनाडु, आन्ध्र, नेपाल, असम, ब्रज और सौराष्ट्र को अनुप्राणित करते रहे। नाटकों के अखिल भारतीय रूप में श्रीमद्भागवत और रामायण का विशेष स्थान रहा। इस अखिल भारतीय वातावरण में ही उन तीन प्रादेशिक नाट्य परम्परा का विकास हुआ।

भाषा रंगमंच के तीन क्षेत्र

इन तीनों श्रेणियों की आधारशिलाएँ एक होते हुए भी उनका विकास प्रादेशिक लोकपरम्पराओं के अनुसार हुआ और इसलिए उनकी अलग-अलग विशेषताएँ भी हैं। यह सौभाग्य का विषय है कि असम उपत्यका के मठों में जिन्हें सत्र कहा जाता है, अब भी अंकिया नाटों का अभिनय होता है और इस तरह इस शैली के मौखिक रूप का बहुत कुछ अन्दाज़ लगाया जा सकता है। नेपाल में नाटकों के अभिनय का कोई विवरण नहीं मिलता। काठमांडू के निकट पाटन में कार्तिक मास में कातिकनाच नामक अभिनय होते हैं। संभवतः इन अभिनयों में वह परम्परा अंशतः प्रतिबिम्बित है, जो मध्ययुग में पाटन, भातगाँव इत्यादि राज्यों के राजप्रसादों के रंगमंच पर विकसी और जिसकी शैली में तत्कालीन देशीभाषा नाटकों की रचना हुई। किन्तु मिथिला के कीर्तनिया नाटक (नेपाली नाटक जिनकी परम्परा में ही थे। एक सौ वर्ष पहले तक मिथिला में प्रदर्शित किए जाते थे। डॉ. जयकान्त के अनुसार तो मिथिला में कीर्तनिया नाटकों के कुछ केन्द्र हाल ही तक चलते रहे। इसलिए कीर्तनिया नाटक की प्रदर्शन शैली और राग परम्परा का ब्यौरा वहाँ उपलब्ध है, यद्यपि यह खेद का विषय है कि इस समय ऐसी कोई भी मंडली नहीं है जो कीर्तनिया नाटक का मूल रूप रंगस्थली में प्रस्तुत कर सके। एकाध गायक ऐसे हैं जो राग और तालों से परिचित है और 'पारिजातहरण' के कुछ गीतों को सुना पाते हैं। किन्तु इससे अभिनय और रंगशाला का अनुमान नहीं लगाया जा सकता।

उत्तर भारत में भाषा-नाटक और रंगशाला की परम्परा के संस्थापक और उन्नायक

उत्तर भारत में मिथिला, नेपाल और असम इन तीन पड़ोसी क्षेत्रों में ही 14वीं से 18वीं शताब्दियों तक भाषा-रंगमंच की परम्परा विकसी और पुष्पित हुई। अन्य क्षेत्रों में

भागवतधर्म और भक्ति सिद्धान्तों की प्रेरणा से गेय पदों द्वारा जनमानस का अनुरंजन होने लगा और ब्रजमंडल, गौड़ (बंगाल) एवं उड़ीसा में गेय पद और कीर्तन ही परवर्ती साहित्य की आधारशिला बने। कपिलेन्द्र के परशुरामविजय-व्यायोग को छोड़कर उन क्षेत्रों में नाटक के रूप में लिखी गई रचनाएँ जिनमें भाषा पदों का समावेश किया गया हो, नहीं मिलती। हाँ भक्त कवियों के इन गेय पदों के सहारे लोक कलाकारों ने संगीतकों की एक मौखिक और अपरिष्कृत प्रणाली चालू की। इन ब्रजमंडल में रासलीला और बंगाल तथा उड़ीसा में जात्रा कहा जाने लगा। किन्तु **रासलीला** और **जात्रा** की परम्परा मौखिक थी। कथोपकथन अवसरानुसार प्रस्तुत किए जाते थे। पदों का गान और उनके माध्यम से भगवान की लीलाओं का प्रदर्शन ही इन विधाओं का मुख्य उद्‌देश्य था। एक सुव्यवस्थित और सुनियोजित रंगशाला में प्रयोजन के योग्य नाट्‌य रचनाएँ रामलीला और जात्रा की परम्परा में कम से कम उस युग में नहीं लिखी गईं।

बात यह है कि पाठ्‌य और गेय साहित्य के विकास के लिए जिस तरह की राजनीतिक और सामाजिक परिस्थितियाँ चाहिए वह मुसलमानों के राज्य में भी उपलब्ध थीं। किन्तु रंगमंच और नाट्‌य साहित्य के विकास के लिए राज्य से त्रासमुक्ति ही नहीं, राज्य द्वारा सम्पोषण की आवश्यकता होती है। किसी भी देश और समाज में बिना विशेष संरक्षण और पोषण के समृद्ध रंगमंच का उदय नहीं हुआ। दिल्ली, पटना, गौड़ और बाद में कलिंग में मुसलमान शासकों ने यद्यपि संगीत तथा अन्य कलाओं में दिलचस्पी ली और उन्हें प्रोत्साहन दिया, तथापि वे रंगशाला की ओर से उदासीन ही रहे। अत्यन्त उदार हृदय मुसलमान शासक भी अपने धार्मिक संस्कारों के विरुद्ध इस क्षेत्र की ओर नहीं बढ़ सके। यह एक ऐतिहासिक तथ्य है, जिससे इनकार नहीं किया जा सकता। इसलिए गेय पदों के आधार पर थोड़े-बहुत उपादानों और धन संग्रह द्वारा ही रासलीला, रामलीला तथा जात्राओं के रूप में ही लोक-रंगशाला, गतवैभव की अनुगूँज की भाँति जैसे-तैसे चलती रही।

केवल मिथिला, नेपाल और असम में ही रंगमंच की परम्परा कायम रही और उसमें कुछ नई प्रवृत्तियों का भी प्रवेश हुआ। नेपाल पर तो मुसलमानों का आक्रमण हो नहीं सका और यद्यपि मिथिला और असम पर उन शताब्दियों में कई आक्रमण हुए तथापि या तो स्थायी रूप से उनकी सत्ता वहाँ नहीं रही, या स्थानीय हिन्दू शासकों के ऊपर ही राज्य का भार छोड़कर दूर ही से दिल्ली और जौनपुर के मुसलमान अधिपतियों ने अपनी अधिकार-लिप्सा पूरी की। इसका परिणाम यह हुआ कि इन क्षेत्रों में हिन्दू नृपतियों को रंगशालाएँ बनाने की फुरसत मिली और राजकोष से वे नट-नटियों और कवियों की जीविका और पुरस्कारों के लिए उपयुक्त धनराशि दे सके, उत्सवों एवं विवाह संस्कारों के अवसर पर निर्विघ्न होकर 'रंगप्रदर्शन' की व्यवस्था कर सकें और न केवल इन कलाओं के रसास्वादन के लिए यथेष्ट रुचि और शास्त्र परिचय प्राप्त कर सके बल्कि रणचिन्ताओं से यदाकदा मुक्त होकर स्वयं भी नाट्‌य-रचना में प्रवृत्त हो सके।

किन्तु इतिहास का व्यंग्य यह है कि भाषा-नाटकों का सूत्रपात एक ऐसी दुर्घटना के बाद हुआ जिसने कुछ समय के लिए मिथिला से हिन्दू राज्य की नींव ही हिला दी। यह दुर्घटना थी सन् 1324-25 में गयासुद्दीन तुगलक द्वारा महाराज हरसिंहदेव[1] की पराजय और हरसिंहदेव द्वारा पलायन के बाद नेपाल में पुनः राज्य-स्थापन। हरसिंह के पूर्वज थे राजा नान्यदेव जिन्होंने सन् 1097 के आसपास सुदूर कर्णाटक (आधुनिक कर्नाटक) प्रदेश से आकर मिथिला में राज्य-स्थापन किया। नान्यदेव सम्भवतः चालुक्यों के विजेता दल के साथ दक्षिण से इधर आए और यहाँ बस गए। किन्तु उनका और उनके वंशज कर्णाट वंश के राजाओं का कर्णाटक प्रदेश से सम्बन्ध बना रहा, पंडितों, संगीतज्ञों एवं कलाकारों का भी आना-जाना बराबर बना रहा और सम्भवतः उन्हीं दिनों मिथिला के संगीत में अनेक दक्षिणात्य राग रागिनियों का प्रवेश हुआ जिनकी प्रतिध्वनि अब भी मैथिल लोक संगीत में मिलती है। उन दिनों मिथिला और नेपाल में ऐसा पार्थक्य नहीं था जैसा अब है। नान्यदेव के एक पुत्र ने नेपाल में जाकर राज्य स्थापित किया था। नान्यदेव के कर्णाट वंश की राजधानी चम्पारन और नेपाल की सीमा पर सिमराँव नामक स्थान में थी। इसी सिमरांव-गढ़ पर गयासुद्दीन ने सन् 1324-25 में घेरा डाला और 226 वर्ष पुराने राज्य को छोड़कर हरसिंहदेव नेपाल के भारतगाँव में जाकर बसे और वहीं उन्होंने सूर्यवंशी राज्य की स्थापना की।

यद्यपि हरसिंहदेव सन् 1324 में पराजित हुए तथापि उनकी विजयगाथाएँ भी कम न थीं और वे एक शूरवीर के रूप में विख्यात थे। उससे भी अधिक उनकी कीर्ति कवियों और कलाकारों के संरक्षक और रंगशाला के विधायक के नाते फैली। अब तक प्राप्त भाषा-नाटकों में सबसे पुराने यानी उमापति उपाध्याय के 'पारिजातहरण' और ज्योतिरीश्वर ठाकुर के 'धूर्तसमागम' का भाषा-रूपान्तर राजा हरसिंहदेव के राज्यकाल में ही लिखे गए। हरसिंहदेव और ज्योतिरीश्वर ठाकुर को यदि हम भाषा-नाटकों की परम्परा के संस्थापक मानें तो शायद अतिशयोक्ति न होगी। सिमराँव और भातगाँव में हरसिंहदेव ने न केवल प्रासादों में रंगशालाएँ स्थापित कीं बल्कि सगीत और नृत्य के सर्वथा नवीन प्रयोग किए।

विद्यापति की 'पुरुषपरीक्षा' में एक अंश है। 'नृत्यविद्याकथा' उसमें एक मैथिल गायक कहता है या तो हर (शिव) या हरसिंहदेव ही उसकी कला की परख कर सकते हैं। इसका प्रमाण है ज्योतिरीश्वर ठाकुर ही के भाषाग्रन्थ—'वर्णरत्नाकर' में संगीत और नृत्य का विशद् वर्णन[2]। वर्णरत्नाकर के छठे कल्लोल में ज्योतिरीश्वर ने भाटों का जो वर्णन किया है वह प्राचीन नाट्याचार्यों की याद दिलाता है। साथ ही विद्यावन्त अथवा संगीतज्ञ का वर्णन बड़ा सजीव है और उसी सन्दर्भ में रागों के गुणदोषों की व्याख्या

---

1. इस नरेश का नाम हरसिंहदेव था या हरिसिंहदेव इस बारे में विद्वानों में मतभेद है।
2. देखिए—डॉ. सुनीतिकुमार चटर्जी द्वारा सम्पादित 'वर्णरत्नाकर' की भूमिका—(Introduction to Varnaratnakar.pp. xxix-xxx)।

भी दी गई है। 'वर्णरत्नाकर' का महत्त्वपूर्ण अंश है नृत्यवर्णा, पात्रनृत्यवर्णा और प्रेरणानृत्यवर्णा जिनमें ज्योतिरीश्वर ने नृत्य और ताल के अंगों और प्रकारों का विवरण दिया है। मुरज वाद्य ही ढोल इत्यादि कहे गए हैं। 'पात्र' शब्द 'नर्तकी' का द्योतक है और 'प्रेरणा' नर्तक का। पात्र को 32 प्रकार की चारियों और 32 प्रकार के कुलकों का ज्ञान होना चाहिए।

स्पष्ट है कि वर्णरत्नाकर के ये अंश तत्कालीन रंगशाला के विधान के लिए लिखे गए। वर्णरत्नाकर जैसे भाषाग्रन्थ में नृत्य-संगीत सम्बन्धी इन ब्यौरेवार आदेशों की आवश्यकता क्यों पड़ी? इस प्रश्न के उत्तर में हमें भाषा-नाटकों की उत्पत्ति का रहस्य मिल जाता है। क्या वजह थी कि ज्योतिरीश्वर जैसे महापंडित ने संगीत और नृत्य-कला पर ये संकेत और निर्देशन भाषा में दिए? उन्होंने पूर्ववर्ती विद्वानों की भाँति संस्कृत में लक्षणग्रन्थ क्यों नहीं लिखा? हमारा अनुमान है कि महाराज हरसिंहदेव के आदेश पर उन्होंने ऐसा किया। हरसिंहदेव के दरबार में अनके नट नटी और अनेक गायक थे, लेकिन उनमें से सभी का संस्कृत-ज्ञान उत्कृष्ट न था। इसलिए उन्होंने यह जरूरी समझा कि इन प्रतिभावान् किन्तु पठन-पाठन में क्षीण कलाकारों के लिए भाषा ही में संकेत दिए जाएँ। हरसिंहदेव ने आजकल जिसे ट्रेनिंग कहा जाता है यानी प्रशिक्षण—उनकी व्यवस्था की, बड़े क्रियात्मक ढंग से। कलाकारों के प्रशिक्षण के लिए ही सम्भवतः उनके आग्रह पर ज्योतिरीश्वर ने यह गाइड-बुक—निर्देशन-पुस्तिका—तैयार की।

निस्सन्देह हरसिंहदेव बड़े दूरदर्शी कलामर्मज्ञ रहे होंगे। उन्होंने देखा कि जयदेव द्वारा प्रवाहित रसधारा का व्यापक प्रभाव जनभाषा पर पड़ा था। लोकगायकों के कंठों से भाषापदों का उल्लास उमड़ रहा था। शायद उन्हें ज्ञात रहा हो कि सुदूर दक्षिण में कुलशेखर वर्मन ने देशीभाषा को संस्कृत नाटकों के प्रदर्शन में शामिल करके नाट्य प्रयोजन की एक नई विधा चला दी थी। हरसिंहदेव ने समय की गति को पहचाना और समझ लिया कि संगीत और नाटक का भविष्य भाषा-गीतों की लोकप्रियता के सहारे बनेगा और इस तरह उन्होंने एक नई लीक चलाई—संस्कृत नाटकों के बीच भाषा-गीतों का आरोपण। यदि ज्योतिरीश्वर ठाकुर को उनके अपने संस्कृत प्रहसन 'धूर्त्तसमागम' का भाषा रूपान्तरकार माना जाए (जैसे डॉ. जयकान्त मिश्र का अनुमान है) तब तो इस नूतन प्रयोग की पद्धति भी साफ हो जाती है। हरसिंहदेव ने भाषा-गीतों और नृत्यों को संस्कृत नाटकों का अभिन्न अंग बनाकर और उनके निर्देशन के लिए वर्णरत्नाकर की देशीभाषा में रचना करवाकर रंग कलाकारों को पुनः समाज में उच्च स्थान दिया और मिथिला तथा नेपाल में एक नई धारा प्रवाहित कर दी। निश्चय ही हरसिंहदेव और ज्योतिरीश्वर ठाकुर को भाषा-नाटक और उसकी रंगशाला का प्रवर्त्तक माना जाएगा। और इस परम्परा का प्रथम और अत्यन्त सफल प्रयोग था उमापति उपाध्याय का 'पारिजातहरण' नाटक जो प्रस्तुत संग्रह का पहला नाटक है।

हरसिंहदेव के बाद लगभग सौ वर्ष तक नेपाल में रंगशाला की इस शैली का विकास होता रहा यद्यपि जब तक नेपाल के पुस्तकालयों की तिजोरियों में बन्द पांडुलिपियों का उद्‌घाटन नहीं हो जाता है तब तक उन सौ वर्षों में इस शैली के भाषा-नाटकों के कोई

उदाहरण नहीं दिए जा सकते। फिर भी रंगशाला की वह पद्धति समृद्ध होती गई—इसमें कोई सन्देह नहीं। हरसिंहदेव के बाद उसी वंश की राजकुमारी राजल्ल देवी का विवाह नेपाल के मल्लवंशी राजकुमार जयस्थितिमल्ल के साथ हुआ। जयस्थितिमल्ल का काल सन् 1380 ई. के आसपास माना जाता है। उन्हें अपने विवाह के अवसर पर मिथिला से माणिक नामक नाटककार को बुलवाया और उससे भैरववाद नामक संस्कृत नाटक लिखवाकर रंगशाला में प्रस्तुत कराया।[1] सम्भव है धूर्त्तसमागम की भाँति भैरवानन्द की भी एक भाषा-प्रति रही हो। जयस्थितिमल्ल के बाद नेपाल का राज्य तीन राज्यों में विभक्त हो गया, जिनकी राजधानियाँ थीं—काठमांडू, भातगाँव और बनेपा। इन राजाओं ने हरसिंहदेव और जयस्थितिमल्ल की परम्परा का उन्नयन किया और इस तरह 16वीं और 17वीं शती तक भाषा-नाटक और रंगमंच की अटूट धारा नेपाल की उपत्यका में प्रवाहित होती रही। भातगाँव के विश्वमल्ल के राजस्व में **विद्याविलाप** नामक नाटक रचा और खेला गया। अभी तक हमें इसकी कोई प्रति उपलब्ध नहीं हो सकी है किन्तु महामहोपाध्याय हरप्रसाद शास्त्री ने इसमें से एक उद्धरण दिया है—

"सूत्रधार—श्रीमान श्रीभक्तपतन नगरी सकलगुणिजनशोभित तार महिमा सुन। श्रीविश्वमल्लो नृपतिः। श्रीजयविश्वमल्लदेवस्य सभा के महिमा सुन। श्रीभक्तपत्तन नगरे विद्याविलाप नाटक प्रवर्त्तन हल। ता देखि निमित्त हम जाब।"

भारतगाँव के अनेक नरेशों ने भाषा-नाटकों की रचना की। काठमांडू, भातगाँव और बनेपा में इस भाँति राजदरबारों के संरक्षण में रंगशाला की शोभा द्विगुणित होती गई और संस्कृत मिश्रित भाषा-नाटकों की इस शैली का प्रभाव सारे उत्तरी-पूर्वी भारत में फैल गया।

विद्यापति ठाकुर तथा ओइनवर वंशी राजा

भाषा-नाटकों और रंगशाला के उद्भव में जो कार्य कर्णाटवंशीय हरसिंहदेव और उसके विद्वान सहयोगी कविशेखर ज्योतिरीश्वर ठाकुर ने किया, उसके उत्थान में वैसी ही प्रेरणा और क्षमता मिथिला में राजा शिवसिंह और उनके सर्वतोमुखी प्रतिभाशाली कवि मैथिलकोकिल विद्यापति ठाकुर ने दिखाई। जब 1324-25 में मिथिला से कर्णाटवंश का राज्य उठ गया तो लगभग 30 वर्ष तक मिथिला पर दिल्ली के सुलतानों ने सीधे ही राज्य संचालन की चेष्टा की। इसमें वे सफल नहीं हो सके और इसलिए सन् 1355 के आसपास उन्होंने ओइनवर वंश के ब्राह्मण अधिपतियों को मिथिला नरेश की मान्यता दी। ओइनवर वंश की पहली राजधानी सुगाँव में थी और उसके प्रथम राजा थे कामेश्वर ठाकुर। फिरोजशाह तुगलक ने सन् 1355 ई. में कामेश्वर के पुत्र भोगीश्वर को राजा माना। उसके बाद लगभग 200 वर्ष तक ओइनवर वंश का राज्य मिथिला में चलता रहा। यद्यपि इन राज्यों की अक्सर पड़ोसी मुसलमान सूबेदारों (जौनपुर और बंगाल) से झड़प

1. नेपाल में नाट्य-साहित्य का उद्भव और विकास—श्रीशशिनाथ झा, 'साहित्य' पत्रिका, पटना, अक्तूबर, 1958 ई.।

चलती रहती थी, तथापि दिल्ली के अधीनस्थ होने के कारण इन्हें अपनी सत्ता को निर्विघ्न होकर स्थापित करने का अवसर मिला। केवल एक बार राजा शिवसिंह को दिल्ली-सुल्तान का कोपभाजन होना पड़ा और उसी में उनका प्राणान्त भी हुआ। किन्तु कई दशकों तक शासन की व्यवस्था कायम कर सकने के कारण ओइनवर वंश के नरेश संस्कृति, साहित्य और संगीत को प्रश्रय दे सके और उनके राज्य में कवियों, कलाकारों और विद्वानों की प्रतिष्ठा हुई। विशेषतः भाषा-साहित्य और नाटकों के विकास में इन नरेशों का हाथ रहा। डॉ. उपेन्द्र ठाकुर का कहना है कि संगीत और साहित्य को प्रोत्साहन देकर मिथिला के इस युग ने भारतीय संस्कृति को बड़ी भारी देन यही दी कि संस्कृत-प्राकृत साहित्य के ह्रास के बाद देशी भाषा को साहित्यिक माध्यम की गरिमा मिल सकी।[1]

इस वंश में सबसे प्रसिद्ध और अविस्मरणीय व्यक्तित्व था राजा शिवसिंह और उनकी पटरानी लखिमा देवी का। इस दम्पत्ति का विद्यापति से सम्पर्क इतिहास और साहित्य का अत्यन्त रोचक प्रसंग है। यहाँ उसका वर्णन विषयान्तर होगा। शिवसिंह और विद्यापति दोनों ने हरसिंहदेव और ज्योतिरीश्वर ठाकुर की भाँति देशी भाषा की भावी गरिमा और महिमा को पहचाना। विद्यापति ने संस्कृत, प्राकृत, अवहट्ट तीनों ही में रचनाएँ की, किन्तु 'देसिल बयना' के व्यापक प्रभाव और उसके लोच, लय, गति को पहचानकर उन्होंने इतने महापंडित होते हुए भी उसी में सर्वाधिक मार्मिक व्यंजना की। शिवसिंह ने जयस्थितिमल्ल के राजप्रासाद में रंगशाला के मुकाबिले की ही रंगशाला अपनी राजधानी में बनवाई होगी। कलाकार तो मिथिला ही से नेपाल जाते थे। वहाँ संस्कृत नाटकों के बीच भाषापदों की शैली का विकास हो चला था। शिवसिंह के अनुरोध पर विद्यापति ने उसी शैली में 'गोरक्षाविजय' नामक संगीतक की रचना की। प्रस्तावना में नट कहता है—श्रीविद्यापति सत्कवीश्वरस्य गोरक्षविजय नाम-नाटक-नटनाय महाराजधिराज श्रीमत् शिवसिंह देव पादैः सुहेतकार्थ श्रीमद्भैरवभक्तये आज्ञापितोऽस्मि।' इस नाटक की जो नई प्रति डॉ. जयकान्त मिश्र ने हाल ही में सम्पादित करके प्रकाशित की है, उससे संगीतक शैली के उन्नायकों में विद्यापति का स्थान निश्चित हो जाता है और ज्योतिरीश्वर एवं उमापति उपाध्याय की परम्परा की मिथिला में अवतारणा का प्रारम्भ-बिन्दु भी मिल जाता है। डॉ. जयकान्त मिश्र[2] के अनुसार विद्यापति ने मणिमंजरी नामक संगीत की भी रचना की थी। इसमें कोई सन्देह नहीं कि विद्यापति जैसे महान् कवि और मनीषी ने गीतों और देशी भाषा के समन्वय से संगीतक को जो प्रतिष्ठा दी उसी का यह परिणाम था कि संस्कृत भाषा और रूढ़ियों के केन्द्र मिथिला में इस साहसपूर्ण प्रयोग को न सिर्फ स्थान मिला बल्कि कुछ सयम बाद इसे एक उत्कृष्ट साहित्यिक विधा की मान्यता दे दी गई। ओइनवर वंश के परवर्ती नरेशों ने संगीतक रंगशाला की हर तरह से उन्नति की। बाद में जब मुगलों के जमाने में वर्तमान दरभंगा महाराजधिराज के कुल को दिल्ली दरबार ने राज्याधिकार दिए तो उस कुल के नरेशों ने भी 19वीं सदी के अन्त तक

1. हिस्ट्र ऑफ मिथिला : डॉ. उपेन्द्र ठाकुर, मिथिला रिसर्च इंस्टीट्यूट, दरभंगा, 1956।
2. हिस्ट्री ऑफ मैथिली लिट्रेचर : डॉ. जयकान्त मिश्र (इलाहाबाद)।

भाषा-नाटक और रंगशाला की परम्परा को विकसित किया, यद्यपि बाद में पांडित्य का भार बढ़ गया और रंगशाला का विधान गौण होता गया।

महापुरुष शंकरदेव

शिवसिंह और विद्यापति के बाद संगीतक और भाषा-नाटक के उन्नायक असम के महापुरुष शंकरदेव हुए जिन्हें इस शैली का शीर्षस्थ विधायक और सबसे अधिक मौलिक स्रष्टा माना जाएगा। उन्होंने संगीतक रंगशाला को नया मोड़ दिया, भाषा-नाटक को संस्कृत नाटकों के फ्रेम से हटाकर एक और नवीन विधान निर्मित किया, संस्कृत और प्राकृत गद्य के स्थान पर भाषा-संवाद को बेधड़क होकर शामिल किया तथा उत्तरी और दक्षिणी भारत की अन्य संगीतक शैलियों से—विशेषतः मथुरा वृन्दावन की रासलीलाओं से—अनेक तत्त्वों को ग्रहण किया। शंकरदेव ने भाषा नाटक को वस्तुतः सर्वसाधारण का कंठहार बना दिया।

शंकरदेव को हरसिंहदेव अथवा शिवसिंह जैसे राजाओं का निर्देशन नहीं मिला, यद्यपि बाद में उनके कुछ नाटकों का प्रदर्शन कोच नरेश—नरनारायण के दरबार में हुआ था। प्रारम्भ में उन्हें अहोम राजाओं का कोपभाजन होना पड़ा था। वे स्वयं एक समृद्ध परिवार में सन् 1449 ई. के आसपास पैदा हुए थे। पिता कुसुम्भर, नवगाँव के निकट आलि पुखुरी के शिरोमणि भुइयाँ—एक तरह के प्रमुख थे। कुसुम्भर के चचेरे भाई शतानन्द के पुत्र अगतानन्द की अहोम राजाओं के दरबार में पहुँच थी और वहाँ से उन्हें रामराय की उपाधि भी मिली थी। इन्हीं रामराय ने शंकरदेव से नाटक लिखने के लिए बार-बार आग्रह किया और प्रारम्भ में नाट्य-प्रदर्शन के व्यय का भार भी वहन किया। इसी तरह बहुत बाद में कोच नरेश के सेनापति चिलाराय या शिलाराय शंकरदेव के अन्तरंग मित्र और सहायक हो गए और उनकी प्रेरणा और आर्थिक सहायता से कुछ नाटकों की रचना हुई और प्रदर्शन की व्यवस्था। इस तरह शंकरदेव को राजाओं और नरेशों के आदेश पर नाटक नहीं लिखने पड़े। उन्हें तो सहायता, प्रेरणा और सत्कार मिला बन्धुत्व के स्तर पर रामराय और शिलाराय से। केवल इन्हीं दोनों सखाओं के प्रति आभार प्रदर्शन उन्होंने कुछ नाटकों के मुक्तिमंगलों (अंतिम गीतों) में किया है।

राज्य-संरक्षण और आदेशों का अभाव शंकरदेव के नाटकों की मौलिकता का एक प्रमुख कारण था। दूसरा कारण था नाट्यरचना और रंगशाला प्रयोजन में शंकरदेव का उद्देश्य। शंकरदेव का उद्देश्य किसी संरक्षक को प्रसन्न करना नहीं था, कवियों और साहित्यकारों के बीच प्रतिष्ठा पाने के लिए भी उन्होंने नाटक नहीं लिखे। उन्हें तो असम में एक नवीन समाज की स्थापना करनी थी, और भगवद्भक्ति की धारा को सर्वसाधारण में प्रवाहित करना था। शंकरदेव की जीवन-कथा एक अवतारी मानव के पुरुषार्थ की कथा है, अन्तर इतना है कि अनेक अवतारों ने दुष्टों का हनन करने और साधुओं का परित्राण करने में समय लगाया, किन्तु शंकरदेव का प्रधान कार्य रहा देश भर में प्रचलित सम्प्रदायों और आध्यात्मिक प्रवृत्तियों का अध्ययन कर असम प्रदेश के

तत्कालीन समाज को अन्धकार, अन्धविश्वास और रूढ़ियों की दलदल से निकालकर विश्वासों और आस्था की नई भूमि तैयार करना। उनका सारा साहित्य और कलापक्ष इसी उद्देश्य की पूर्ति के लिए निर्मित हुआ।

31 वर्ष की आयु तक शिक्षा प्राप्त करने के बाद जब उन्होंने अपने कुटुम्ब का भार अपने कन्धों पर लिया, तब उनकी पहली पत्नी और उनके पिता की मृत्यु हो गई। कुछ समय बाद, सन् 1481 में अपने 17 साथियों और अपने गुरु महेन्द्र कन्दली के साथ वे भारतवर्ष की तीर्थों की यात्रा करने निकले। 12 वर्षों की इस यात्रा में उन्होंने गया, पुरी, वृन्दावन, मथुरा, द्वारका, काशी, प्रयाग, वराहकुंड, सीताकुंड, अयोध्या बदरिकाश्रम एवं दक्षिण भारत के अनेक तीर्थों का भ्रमण किया। वैष्णव सम्प्रदायों के विद्वानों से मिले, शास्त्रों और प्राचीन ग्रन्थों के विभिन्न रूपों को पहचाना, आराधना और भक्ति के नाना रूपों का भी अध्ययन किया और यह भी देखा कि कैसे मठों, मन्दिरों और अन्य धार्मिक संस्थाओं की व्यवस्था होती है।[1] इसी भ्रमण में उन्होंने भारतवर्ष में संगीत और नाटक की अनेक शैलियों की भी झाँकियाँ लीं और उनकी लोकप्रियता और रसोत्पादन का अन्दाज लिया। असम से लौटने पर वे बरदोवा (वटद्रव) नामक स्थान पर चले गए और वहीं से उन्होंने अपने नवीन पंथ का प्रवर्त्तन किया। एक सत्र या वैष्णव मठ की स्थापना की, नामघर (या संकीर्तन एवं प्रार्थना भवन) बनवाया, अपने चारों ओर भक्तों को एकत्रकर धार्मिक उपदेश और नामकीर्तन की पद्धति चलाई। सन् 1516 ई. में आसपास के कछारी राजाओं द्वारा सताए जाने पर शंकरदेव ब्रह्मपुत्र नदी में एक द्वीप में स्थित धुवाहाटा नामक स्थान में जा बसे। 14 वर्ष धुवाहाटा में रहकर उन्होंने अपने पंथ का प्रचार किया, माधवदेव जैसे महान शिष्य को दीक्षा दी और अहोम राजाओं के दरबार में ब्राह्मणों की कट्टरता का मुकाबला किया। किन्तु अहोम राज्य में भी उनके जैसे सन्त के लिए शान्ति न मिली और अत्याचार से बचने के लिए सन् 1549 ई. में कूच बिहार (या कोच) के नरनारायण के राज्य में बरपेटा नामक स्थान में उन्होंने आश्रय लिया। वहीं नामघर की स्थापना की और गीतों की रचना की। वहीं से सन् 1950 ई. में शंकरदेव पुनः तीर्थयात्रा पर निकले और पुरी में शायद चैतन्य महाप्रभु से भी उनकी मुलाकात हुई। काशी में कबीर की पौत्री से भी उनकी बातचीत हुई। इस यात्रा के बाद उनकी कर्मठता द्विगुणित हो गई। राजा नरनारायण के सामने उन्होंने भागवत धर्म और पुराणों की चमत्कारपूर्ण व्याख्या ब्राह्मणों और पंडितों के सामने की और उन्हें मौन हो जाना पड़ा। सन् 1569 में जब उनका देहान्त हुआ तो उनके मत की सारे अँचल में प्रतिष्ठा हो चुकी थी और उनके गीत और नाटक जन-जन के कंठ में मुखर हो रहे थे। ब्राह्मणों की कट्टरता और शाक्तों की रुधिररंजित उपासना के स्थान पर गाँव-गाँव में समता, अनुकम्पा और मानवीयता से भरपूर एक आकर्षक सम्प्रदाय का प्रचार हो चुका था।

शंकरदेव के नाटकों को आत्मा, रूप, अलंकार को समझने के लिए उनके एकशरणिया

1. शंकरदेव-वैष्णव सेंट ऑफ आसाम, विरंचिकुमार बरुआ, 1960।

सम्प्रदाय के मूल सिद्धान्तों को समझना अनिवार्य है। 'कीर्तनघोषा' में उन्होंने लिखा–

'तुमि परमात्मा जगतारा ईश एक।
एको वस्तु नोहिके तोमत व्यतिरेक ॥'

एकशरणिया मत में केवल विष्णु अथवा कृष्ण ही परमात्मा हैं। किसी भाँति के द्वैतभाव के लिए शंकरदेव के सम्प्रदाय में स्थान नहीं है। इसीलिए न तो उन्होंने चैतन्य की भाँति कृष्ण के साथ राधा की कल्पना की, न वल्लभाचार्य की भाँति कृष्ण के साथ गोपी की, न रामानन्द की भाँति राम के साथ सीता की–

'प्रकृति पुरुष दुइरो नियंता माधव।
समस्तरे आत्मा हरि परम बाँधव ॥'

असम तथा भारत के विभिन्न भागों में देवी-देवताओं की बाढ़-सी आई हुई थी और धर्म तथा समाज पर आरूढ़ हो चुकी थी। ऐसे समय एक ब्रह्म को ही एकमात्र सत्ता, सर्वगुण सम्पन्न एवं सर्व धर्मों का विधाता घोषित कर उन्होंने समाज के सामने एक स्पष्ट और प्रशस्त पथ की ओर दिशा संकेत किया–

प्रथमे प्रणामो ब्रह्मरूपी सनातन
सर्व अवतारा कारण नारायण।

इसी एक नारायण की शरण जाने में कल्याण है, इसी के नामकीर्तन से मोक्ष का द्वार खुलता है। इसलिए बार-बार इन नाटकों में अन्य देवी-देवताओं को छोड़कर मात्र कृष्ण की उपासना का आग्रह मिलता है। अन्य देवी-देवताओं की इतने स्पष्ट शब्दों में अवहेलना करके शंकरदेव ने समाज को निर्भीक, संशयहीन, और एकेश्वरवादी बनाने का प्रयास किया।

शंकरदेव की रंगशाला और प्रस्तुतीकरण पद्धति के मूलाधार

हमें नवगाँव के निकट बरदोवा (मूल नाम वटद्रव) के सत्र (मठ) में अंकिया नाट के प्रदर्शन देखने का अवसर मिला। इसके अतिरिक्त अनेक असमिया विद्वानों ने इस अभिनय शैली एवं रंगशाला का वर्णन लिखा है जिनमें श्री कालिदास मेधि एवं श्री विरंचिकुमार बरुआ प्रमुख हैं। रंगशाला, अभिनय, संवाद, नृत्य, संगीत एवं वेशभूषा इत्यादि के सूक्ष्म अध्ययन से जान पड़ता है कि अंकिया नाटों की प्रदर्शन-कला को महपुरुष शंकरदेव ने पाँच परम्पराओं के आधार पर तैयार किया :

(1) संस्कृत नाट्यों और उप-रूपकों से पूर्व-रंग, नान्दी, प्रारोचन, सूत्रधार एवं आंगिक तथा वाचिक अभिनय की विशेषताओं को लिया।
(2) संगीतक पद्धति को जो मध्ययुग के प्रथम चरण में चालू हो चुकी थी, ग्रहण किया,
(3) 'गीतगोविन्द' नृत्य-नाट्य परम्परा से लास्य और माधुर्य को अपनाया।
(4) 12 वर्ष की अपनी तीर्थ-यात्रा में सुप्रसिद्ध वैष्णव स्थलों यथा–ब्रज (मथुरा, और वृन्दावन) मिथिला, जगन्नाथपुरी इत्यादि में मन्दिरों में होनेवाले नृत्य

संगीत तथा उत्सवों से भागवत-धर्म और कथाओं का नाटकों में आरोपा करने की विधि सीखी और हरसिंहदेव द्वारा प्रवर्तित शैली के प्रभाव में आए।

(5) असम उपत्यका और उसके आसपास के लोकजीवन को अनुप्राणित करनेवाली मनोरंजक पद्धतियों एवं कलाओं की विशेषताओं को ग्रहण किया।

इन परम्पराओं में प्रथम तीन का विवेचन हम कर चुके हैं। चौथी का सम्बन्ध शंकरदेव के जीवनवृत्त से है। अब हम पाँचवें आधार यानी असम की लोक-नाट्य परम्परा पर विचार करेंगे।

कामरूप और ब्रह्मपुत्र उपत्यका में उन दिनों और हाल ही तक कई प्रकार के लोक-नृत्य और अभिनय शैलियों का प्रचलन था। धुलिया नृत्य अथवा खेल, धुलिया नाम की जातियों के लोग अपने उत्सवों और धार्मिक पर्वों पर किया करते थे। धुलिया में प्रधानता है 'वृन्द-संगीत' की यानी खोल, ताल (झाँझ) तथा वंशी के साथ सामूहिक गान एवं संगीत। साथ ही यही ढोल तथा खोल बजानेवाले नाटकों में खेल और करतब भी दिखाते थे। संगीत के साथ तरह-तरह के मुखड़े पहनकर ये लोग नृत्य भी करते थे तथा दर्शकों को हँसाने के लिए विद्रूप एवं अश्लीलतापूर्ण शब्दों का आश्रय भी लेते थे।

'धुलिया' खेल सम्भवतः इस क्षेत्र की प्रमुखतम अभिनय परम्परा थी। इनका प्रभाव भावरिया लोगों की कला पर भी पड़ा। 'भावरिया' संवाद असमिया नाट्य परम्परा में आज तक कायम है और अंकिया नाट के अभिनेता को 'भावरिया' ही सम्बोधित किया जाता है। भाओलोआ का अर्थ है 'भावधरना' जो भावरिया नृत्य कामरूप के समाज में प्रचलित था वह संस्कृत भाणों की भाँति एकपात्रीय प्रदर्शन था जिसमें गीत और नृत्य की प्रधानता थी और जिसके लिए आसपास के स्थानीय जीवन की घटनाओं के कथानक लिए जाते थे। 'भावरिया' आशु-कवि होते भी होते हैं और समाज द्रष्टा एवं समालोचक भी। वह हँसाता भी है और पते की बात भी कहता है। यही विशेषताएँ हमें केरल के चाक्यार कलाकारों में मिलती है एवं लखनऊ और जयपुर के भाँडों में भी। भावरिया और गुजरात की भवई में बहुत कुछ साम्य है, शब्द और शैली का भी। बिहार के पंवरिया नृत्य में भी असम के भावरिया नृत्य की कुछ विशेषताएँ है। स्पष्ट है कि ये शब्द संस्कृत शब्द भाव से निकलते हैं और इनकी शैली बहुत कुछ संस्कृत भाणों से मिलती-जुलती है। 'भावरिया' कभी-कभी अपने साथ 3-4 साथियों को भी रखते थे जैसा कि अन्य लोक-प्रदर्शनों में भी होता है। संभव है कि अंकिया नाटों के सूत्रधार एवं बहुआ इन दो पात्रों पर भावरिया का भी प्रभाव पड़ा हो।

'धुलिया' और 'भावरिया' इन दोनों-नृत्यों की परम्परा मुख्यतः मौखिक थी और विषय-वस्तु का साहित्य अथवा धार्मिक कथाओं से सम्बन्ध नहीं था, मुख्यतः दैनिक जीवन से ही 'भावरिया' और 'धुलिया' नृत्यों के लिए सामग्री ली जाती थी। किन्तु ओजापाली अथवा ओझापाली अभिनय की ऐसी शैली भी थी जिसका विकास साहित्यिक रचनाओं, विशेषतः गीतों की रचनाओं के साथ-साथ हुआ। 'ओजापाली' एक तरह की वृन्द-गान पद्धति है जिसमें नृत्य भी होता है। 'ओझापाली' वृन्द-गान में लगभग 4-5 गायक होते

हैं। प्रमुख गायक को 'ओझा' कहा जाता है और उसके साथियों को 'पाली'। पालियों में भी प्रमुख है 'दायनापाली' यानी वह पाली जो ओझा के दाहिने ओर खड़ा होता है और उसका प्रमुख सहायक है। ओझा और दायनापाली के सम्भाषण में कथा का उद्‌घाटन होता जाता है और बीच-बीच में समूह-गान तथा नृत्य द्वारा मनोरंजन भी होता जाता है। ओझा कथा का सूत्र प्रारम्भ करता है और प्रारम्भिक पंक्तियाँ गाता है। कहने की आवश्यकता नहीं कि ओझा संस्कृत रंगस्थली का सूत्रधार और पाली पारिपार्श्वक ही के विकृत रूप हैं। भारत के विभिन्न प्रदेशों के लोक ग्रामीण नाट्‌याभिनय शैलियों में किसी न किसी नाम से ये दो पात्र आज तक मौजूद हैं। ये चक्र हैं भारतीय लोकनाटक के धूलि-धूसरित रथ के।

ओझापाली नृत्य मुद्राओं द्वारा भी कथा का स्पष्टीकरण करते हैं। जान पड़ता है कि ये नृत्य मुद्राएँ भी शास्त्रोक्त परम्परा के अनुसार थीं। शुभंकर कवि विरचित 'श्रीहस्तमुक्तावली' (जिसमें मुद्राओं का विशद वर्णन है) की एक प्रति सुचन्दराय के लिए असमिया भाषा में अनूदित की गई और शीघ्र ही उसका असम में प्रचार हो गया। इससे जान पड़ता है कि 'ओझापाली' के कलाकार नाट्‌य शास्त्र में निर्देशित मुद्राओं का 'श्रीहस्तमुक्तावली' के अनुसार व्यवहार करते थे।

'ओझापाली' के कलाकार ही 'देवधानी' नृत्य भी प्रस्तुत करते हैं। 'देवधानी नृत्य' में एक स्त्री 'ओझापाली' के वृन्द-गान के साथ-साथ नाचती हैं जो गीत 'ओझापाली' इस अवसर पर गाते हैं, उसे 'सुकनानी' कहा जाता है।

कामरूप क्षेत्र में शंकरदेव के समय से बहुत पूर्व से ही 'पुतलानाच' यानी कठपुतली का गाँव-गाँव में प्रचार था। 'पुतलानाच' में रामायण से कथाएँ प्रस्तुत की जाती थीं और सूत्रधार पुतलों को नचाता भी था और संगीत भी सुनाता था।

इन पाँचों स्थानीय तथा बाहरी परम्पराओं के सूक्ष्म अध्ययन एवं पर्यवेक्षण के उपरान्त शंकरदेव ने अपनी आवश्यकताओं के अनुसार साधनों को एकत्र किया। निश्चय ही शंकरदेव की प्रतिभा अद्वितीय थी। किसी एक प्रकार की परम्परा का पल्ला उन्होंने नहीं पकड़ा और न पांडित्य के आग्रह के फलस्वरूप किसी लोकगीत परम्परा को दुत्कारा ही। शंकरदेव सन्त थे जिन्होंने अपनी विस्तृत तीर्थयात्राओं द्वारा संकीर्ण मनोवृत्ति के बन्धन तोड़ दिए और भागवत धर्म के प्रेरणास्थलों, कृष्ण की जन्मभूमि तथा जयदेव एवं विद्यापति के मनोरम संगीत से प्रभावित होकर बंग तथा मिथिला की कलाभूमि से भाषा एवं भाव की रंगीनियों को प्राप्त कर, अपने मनोनीत एकशरणिया धर्म के प्रचारार्थ एक नई शैली के नाटकों के लिए विविध रंगों से अनुरंजित रंगशाला का निर्माण किया। सामंजस्य की इस कुशलता के पीछे अपने लक्ष्य के प्रति उनकी एकाग्रता एवं तत्परता थी। वह लक्ष्य तना उदात्त एवं निःस्वार्थ था जो कि कला साधना की सीमाओं से परे लोक-कल्याण के विस्तृत वातावरण में ही विकसित हो सकता था। यदि यह आग्रह न होता तो समन्वय की प्रक्रिया अधूरी रह जाती।

भाषा-रंगमंच के वर्तमान स्वरूप

यह सौभाग्य का विषय है कि मिथिला, नेपाल और असम के मध्ययुगीन नाटकों का जिस तरह की रंगशालाओं में अभिनय होता था और उन्हें प्रस्तुत करने की जो शैलियाँ थीं, उनका बहुत कुछ अनुमान असम के सत्रों में आज चार सौ वर्ष बाद भी प्रस्तुत किए जानेवाले अंकिया नाटों से हो सकता है। वस्तुतः शंकरदेव और उनके शिष्य माधवदेव ने जो पद्धति चलाई उसमें बहुत कम परिवर्तन हुए हैं। नाट्यगृह, अभिनय और प्रस्तुतीकरण की विधियाँ, संगीत और नृत्य—इन सबमें एक दूसरा ही युग प्रतिबिम्बित होता है और बाहर से जानेवाले दर्शकों को ऐसा प्रतीत होता है कि वे तीन-चार सौ वर्ष पूर्व के वातावरण में पहुँच गए हैं। दो कारणों से ऐसा सम्भव हो सका। एक तो असम उपत्यका की भौगोलिक स्थिति ऐसी है कि मध्ययुग में मुसलमान राजाओं के आक्रमण होने पर भी मुसलमानी संस्कृति वहाँ डेरा नहीं डाल सकी। कुछ धर्म परिवर्तन भी हुए, किन्तु सांस्कृतिक प्रेरणा के स्रोत अवरुद्ध नहीं हुए। दूसरे शंकरदेव ने सत्रों में ऐसी व्यवस्था कर दी कि इन नाटकों के अभिनय तो होते ही रहे, साथ ही नए सत्राधिकार को अपना पद सँभालने पर उसी शैली और भाषा में एक नाटक की रचना करना भी अनिवार्य हो गया। परिणाम यह हुआ कि मध्ययुग का यह रंगमंच परवर्ती काल में भी सजीव रहा और लोकजीवन और धार्मिक निष्ठा का अंग बन गया।

जैसा हम ऊपर उल्लेख कर चुके हैं, शंकरदेव ने असम की लोकमनोरंजन की विधाओं पर मिथिला, ब्रज एवं अन्य स्थानों में प्रचलित रंग-शैलियों का आरोपण वैसे ही किया जैसे संस्कृत नाटकों और शास्त्रोक्त पद्धतियों में से ग्रहीत कुछ परम्पराओं का। डॉ. विरंची कुमार बरुआ का अनुमान है कि शंकरदेव ने शायद मिथिला में उमापति उपाध्याय के 'पारिजातहरणनाटकम्' का अभिनय देखा हो। शंकरदेव के जीवनचरित में यह तो स्पष्ट कहा गया है कि मिथिला के जगदीश मिश्र नामक पंडित ने सर्वप्रथम भागवत का पाठ उन्हें सुनाया। मिथिला और असम उपत्यका में सांस्कृतिक विनिमय तो बराबर होता रहता था। शायद नट-नटियाँ और कलाकार भी आते-जाते रहते हों। शंकरदेव की बारह वर्ष की तीर्थयात्रा के दौरान उनके महान व्यक्तित्व और कलामर्मज्ञता से आकृष्ट होकर मिथिला एवं ब्रजक्षेत्र से कुछ अभिनेता उनके दल में शामिल हो गए हों तो कोई आश्चर्य नहीं। जो भी हो, शंकरदेव जिस रंगशाला और प्रदर्शन शैली के प्रवर्त्तक थे, उसमें मध्य-युगीन मिथिला और नेपाल के राजदरबारों की रंगपद्धति के तत्त्व

भी विद्यमान थे। तीनों ही उस भारतव्यापी 'संगीतक' परम्परा के स्वरूप थे, जिसके उदय का विवरण हम पहले दे चुके हैं। इसलिए असम में शंकरदेव द्वारा प्रचलित रंगशाला के वर्तमान स्वरूप यानी अंकिया नाट की प्रस्तुतीकरण-विधि, मंडपविधान, अभिनयकला, वेशभूषा तथा अन्य विशेषताओं की जानकारी के आधार पर हम मध्ययुगीन भाषा-रंगमंच के समग्र स्वरूप की कल्पना कर सकते हैं।

इस युग के नाटकों के समुचित अध्ययन के लिए उनके रंगमंचीय सन्दर्भ को समझ लेना आवश्यक है, क्योंकि न केवल इन नाटकों की रचना अभिनयार्थ ही हुई, अपितु बाद में देश के उन्हीं क्षेत्रों अथवा जनसमुदायों में इन नाटकों की परम्परा जीवित रही है जहाँ उनके अभिनय की परम्परा चालू है। असम का 'अंकिया नाट' वैसी ही परम्परा है। मिथिला का 'कीर्तनिया' भी 20वीं सदी के प्रारम्भ तक वैसी ही सजीव रंग परम्परा रही, किन्तु अब लुप्तप्राय है। किन्तु कीर्तनिया और अंकिया दोनों की कुछ विशेषताएँ पूर्वी मिथिला के अशिक्षित हरिजन समुदाय में प्रचलित लोकनाटक 'बिदापत नाच' में पाई जाती है। अतः 'अंकिया नाट' के विवरण के बाद हम 'बिदापत नाच' का संक्षिप्त परिचय देंगे।

अंकिया नाट की प्रस्तुतीकरण-विधि

अंकिया नाट के प्रस्तुतीकरण को असम में भाओना कहा जाता है जिसका मूल 'भाओलोआ' है, अर्थात् भावों को अभिनय द्वारा प्रकट करना।

वर्तमान काल में ब्रह्मपुत्र घाटी में कतिपय 'सत्रों' या 'मठों' में भाओना खेलने की परम्परा कायम है। आजकल निम्नलिखित सात 'सत्र' विशेषतः अंकिया नाटों की परम्परा को कायम किए हुए हैं :

(1) कमलाबारी सत्र।
(2) बरदोवा अथवा वटद्रव सत्र।
(3) बरपेटा सत्र।
(4) कुरुआबही सत्र।
(5) औनिआति सत्र।
(6) दक्षिण पट सत्र।
(7) गरमुर सत्र।

सत्र के प्रमुख को सत्राधिकार कहते हैं। सत्र पाश्चात्य देशों के मठों की भाँति दीवारों से घिरा गढ़ नहीं, बल्कि एक ऐसा गाँव होता है जिसके समस्त निवासी, जमीन, खेत इत्यादि सत्र के व्यापक साज के अंग होते हैं। इस समाज के सदस्यों को भकत अथवा भक्त कहा जाता है। ये भकत अपने जीवन को 'सत्र' के लिए अर्पित कर देते हैं, यद्यपि आधुनिक काल में इस तरह के समर्पण की भावना लुप्त होती जा रही है। प्रत्येक सत्र अपने भकतों की दैनिकचर्या निर्धारित करता है। इस दैनिकचर्या के अन्दर

14 प्रसंग प्रमुख होते हैं। प्रसंग का अर्थ है सम्मिलित प्रार्थना, भाषण और नामकीर्तन। चौबीस घंटों में 14 बार इस तरह के प्रसंग होते हैं जिसमें बारी-बारी से भक्तगण शामिल होते हैं। प्रसंग 'सत्र' के सिंहासन के समीप बैठकर भक्त लोग सम्पन्न करते हैं।

सत्र का सिंहासन 'मणिकूट' भी कहलाता है। उस सिंहासन के ऊपर कोई मूर्ति विराजमान नहीं होती। सिंहासन होता है श्रीमद्भागवत के लिए। शंकरदेव के एकशरणिया[1] मत में मूर्ति की गुंजाइश ही नहीं थी। भागवत की ही पूजा और भागवत का ही गान भक्त-जीवन की दिनचर्या थी। वही उनका सर्वस्व था। 'प्रसंग' अध्यात्मिक स्तर पर परब्रह्म के सम्मुख अपने आपको अर्पित करने की प्रक्रिया है। निष्ठावान और व्रतधारी भक्तों ही के लिए प्रसंगों का निर्वाह करना और उनके रहस्य को समझना सम्भव है। जान पड़ता है कि महापुरुष शंकरदेव ने श्रीमद्भागवत के सन्देश को जनसाधारण तक पहुँचाने के लिए प्रसंगों के अतिरिक्त कुछ रोचक प्रदर्शनों की आवश्यकता समझी और इस तरह सत्रों में 'भाओना' खेलने की परम्परा चालू की गई। 'भाओना' प्रसंगों का लोकप्रिय रूप है।

भाओनाघर अथवा रभा

सत्र में जिस स्थान पर 'भाओना' प्रस्तुत किया जाता है उसे 'रभा' अथवा 'भाओनाघर' की संज्ञा दी जाती है। कुछ सत्रों में जिस भवन में भागवत स्थापित है उसी में 'भाओना' भी प्रदर्शित होता है। भागवत घरों को सत्रों में तथा समस्त असम प्रदेश में 'नामघर' कहा जाता है (नामघर इसलिए कि वहाँ भगवान के नाम का कीर्तन होता है, मन्दिर अथवा देवघर यह नाम असम में प्रचलित नहीं है।) किन्तु अनेक सत्रों में 'भाओना खेलने के लिए अलग मंडप बने रहते हैं जिससे भक्तों के प्रसंगों' में किसी भाँति विघ्न न पड़े। 'भाओनाघर' मंडप लगभग 100 गज लम्बा और 20 गज चौड़ा होता है। लेकिन मंडप के चारों ओर किसी तरह की दीवार अथवा पर्दा नहीं होता और इसलिए प्रायः बैठकर या खड़े होकर भी बड़ी संख्या में जनता प्रदर्शन को देख सकती है। इस आयताकार मंडप की चौड़ाई वाले एक छोर पर थापना रखी जाती है। थापना सिंहासन अथवा मणिकूट का ही दूसरा नाम है। इस सिंहासन के ऊपर एक पात्र में (जिसे 'सराई' कहते हैं) श्रीमद्भागवत ग्रन्थ रखा रहता है। सिंहासन रंग-बिरंगे वस्त्रों से ढँका रहता है। मंडप के ठीक दूसरे छोर पर संगीत-मंडली के लिए स्थान होता है। इस मंडली को 'गायन-बायन' कहा जाता है ये दोनों शब्द संस्कृत के गायन और वाद्य से निकलते हैं। इस तरह गायन-बायन मंडली को बराबर थापना के दर्शन होते रहते हैं। गायन-बायन

1. 'एकसरन' का तात्पर्य है—एकमात्र शरण में आना। जो व्यक्ति 'शरण' में आता है उसे चारिवस्तु या चार व्रत लेने पड़ते हैं, यानी नाम (भगवान का नामकीर्तन), दैव (भगवान को सब कुछ समर्पण), गुरु (गुरु की मान्यता), भकत (भगवद्भक्तों का सत्संग) इन व्रतों को धारण करना ही एकशरणिया मत कहलाता है।

के स्थान तथा स्थापना के बीच में रंगस्थली होती है। जिस स्थान पर गायन-बायन बैठते हैं उसके बाईं ओर से पात्रों के आने-जाने के लिए रास्ता होता है। मंडप से कुछ हटकर वह रास्ता 'छघर' को जाता है। 'छघर' संस्कृत के छद्मगृह अथवा सज्जागृह से निकला जान पड़ता है और इसका अर्थ है 'ग्रीन रूम' जहाँ अभिनेता तैयार होते हैं।

थापना तथा गायन-बायन की बीच वाली रंगस्थली के ठीक मध्य में छत पर से एक वितान अथवा आच्छादन टँगा रहता है। इस वितान के नीचे ही रंगस्थली का केन्द्र होता है। इस बितान के दोनों ओर छोटे-छोटे संस्थान तथा पटमंडप बने रहते हैं, छोटी-सी चौकी और उसके ऊपर सुसज्जित वितान। ये पटमंडप नाटक के विभिन्न स्थानों के द्योतक होते हैं--जैसे कुंडिनपुर, द्वारकापुरी इत्यादि।

मंडप के दोनों ओर यानी थापना और गायन-बायन के बीच वाली रंगस्थली के दाहिने और बाएँ दर्शकों के बैठने का स्थान होता है। दर्शक जमीन पर बैठते हैं, चटाई बिछाकर जिसे कठ कहते हैं। ये कठ सत्रों के भक्त लोग ही बुनते हैं। हजारों की तादाद में जनता अपने-अपने कठ बिछाकर मंडप के दोनों ओर बैठ जाती है। विशिष्ट अतिथियों के लिए कठ मंडप के केन्द्रीय स्थान की तरफ बिछाए जाते हैं।

'भाओनाघर' का विशाल मंडप लकड़ी और बाँस के स्तम्भों पर खड़ा होता है और उसकी छत दुहरी होती है--एक तो लोहे की चादरों की और दूसरी भूसे की। समस्त भाओनाघर का आकार भारतनाट्य शास्त्र के विकृष्टि रंगशाला के तुल्य होता है। बीच की रंगस्थली पर कोई मंच नहीं होता। सारे नाटक का प्रदर्शन भूमि पर ही होता है, यद्यपि वह भूमि अच्छी तरह लिपी-पुती रहती है। भाओनाघर के स्तम्भ काफ़ी भारी होते हैं और जब कभी भाओना खेली जाती है तब उस उत्सव के लिए हर एक स्तम्भ लगभग 5 फीट की ऊँचाई तक सुन्दर कढ़े हुए तथा छपे हुए वस्त्रों से ढँका जाता है। स्तम्भों के शीर्ष स्थान पर तरह-तरह के मुखौटे टँगे रहते हैं और इस तरह सारा वातावरण नाटकों के अनुकूल बनाया जाता है। भाओनाघर की धरती पर किसी तरह की दरी अथवा बिछावन नहीं होते।

प्रायः पात्र गायन-बायन की बाईं ओर से ही आते हैं, किन्तु कुछ विशेष प्रवेशों के लिए जिनमें रथों इत्यादि को दर्शकों के सामने लाया जाता है, रंगशाला की दूसरी ओर से भी आने का स्थान होता है। 'रुक्मिणीहरण नाटक' में भगवान कृष्ण जिस रथ पर चढ़कर आते हैं वह रथ रंगस्थली पर प्रस्तुत किया जाता है और उसे थापना के निकट से लाया जाता है।

जिस स्थान पर गायन-बायन बैठते हैं उसे 'दोहार' कहा जाता है। दोहार के तनिक पीछे प्रायः बाईं तरफ थोड़ी-सी भूमि 'छघर' से आने-जानेवाले पात्रों की सुविधा के लिए खाली रखी जाती है। कभी-कभी उन्हें वहाँ रंगशाला में प्रवेश करने के पूर्व प्रतीक्षा करनी पड़ती है।

उसी स्थान पर विशेष पात्र-पात्रियों के प्रथम प्रवेश अथवा अवतरण पर पर्दा फैलाने की व्यवस्था होती है। इस पर्दे को 'आड़ कापड़' अथवा 'आड़ वस्त्र' कहते हैं। यह आड़

कापड़ भरतनाट्य शास्त्र की पटी अथवा आपटी अथवा यवनिका के समान होता है। अक्सर आड़ कापड़ श्वेत रंग का होता है और उसके दोनों छोरों को कुछ व्यक्ति हाथ से पकड़े रहते हैं। आजकल के नाटकों की तरह वहाँ डोरी के सहारे पर्दे को टाँगने की व्यवस्था नहीं होती। जब कोई मुख्य पात्र पहली बार रंगशाला में आता है तो प्रवेश से पूर्व वह आड़ वस्त्र के पीछे प्रारम्भिक नृत्य करता है। बीच-बीच में उसकी थोड़ी-बहुत झाँकी पटी के ऊपर के हिस्से से दीख पड़ती है। नृत्य के उपरान्त आड़ कापड़ हटा दिया जाता है और पात्र सामने आता है।

कभी-कभी सूत्रधार तथा अन्य मुख्य पात्रों के प्रथम प्रवेश पर पर्दे के ठीक ऊपर एक लकड़ी का बना हुआ अर्द्ध-वृत्ताकार प्रकाशपुंज दिखाते हैं। इसे 'अग्निघेर' कहते हैं और यह एक तरह का प्रदीप्त तोरण होता है। तोरण के हिस्से में थोड़े-थोड़े फासले पर छोटी-छोटी मशालें लगी रहती हैं। मशालों को असम में 'आरिया' कहा जाता है। कभी-कभी मशाल में महताब के ढंग की विशेष रोशनी दीखती है। 'अग्निघेर' केवल मुख्य पात्रों के प्रवेश पर ही प्रस्तुत किया जाता है। इसका विशेष उपयोग यह है कि पात्र के प्रसाधन और उसके वस्त्र इत्यादि पर तुरन्त दर्शकों की निगाह जाती है और वे उससे प्रभावित होते हैं। रात्रिकाल में होनेवाले इन नाटकों में इस तरह की प्रकाश व्यवस्था की विशेष महत्ता है। वस्तुतः 'रभा मंडपों' में प्रकाश की व्यवस्था अंकिया नाट प्रस्तुत करनेवालों का विशेष उत्तरदायित्व होता है। कुछ झाड़-फानूस मंडप की छत से टँगे रहते हैं, जिनमें मोमबत्तियाँ जलाई जाती हैं। कुछ ऐसे भी प्रकाश-स्तम्भ होते हैं जिन्हें 'गाछ' कहा जाता है और जिनका आकार वृक्षों का सा होता है, इन वृक्षों की शाखाओं पर सैकड़ों मिट्टी के दीपक जलाए जाते हैं। कदली वृक्षों के तने के स्तम्भ भी जगह-जगह लगाए जाते हैं और उन पर मिट्टी के पात्रों में सरसों के तेल के दीपक जलाए जाते हैं। इन दीपकों में कपास और बिनौले को बहुत देर तक प्रज्वलित रखते हैं। इधर-उधर ले जाने के लिए भी मशालें तथा आरिया की आवश्यकता होती है। ये मशालें बाँस तथा खपचे के एक-एक हाथ लम्बे टुकड़ों पर गूदड़ रूई तथा कपड़े लपेटकर बनाई जाती है। आरिया प्रायः सरसों के तेल में भिगोकर तैयार रखे जाते हैं और जरूरत पड़ने पर शीघ्र ही प्रस्तुत किए जा सकते हैं।

ऊपर हमने दर्शकों के बैठने के स्थान का उल्लेख किया है। थापना और दोहार के बीच लम्बी रंगस्थली के दोनों ओर साधारण दर्शक बैठते हैं। थापना के दाहिने ओर 'सत्राधिकार' यानी प्रमुख के बैठने का स्थान होता है और उसके साथ गुसाईं तथा सत्र के अन्य प्रमुख अधिकारी बैठते हैं। अधिकारी को प्रेक्षापति तथा सभापति के नाम से भी सम्बोधित किया जाता है।

ऊपर आड़-कापड़ तथा पटी का जो वर्णन किया गया है उससे ही तो जान पड़ता है कि अंकिया-नाट में यवनिका का प्रयोग प्रायः मुख्य पात्रों के प्रवेश को विस्मयकारी बनाने और दर्शकों की उत्सुकता बढ़ाने के लिए किया जाता है। किन्तु असमिया साहित्य में अंकिया नाट के प्रवर्त्तक महापुरुष शंकरदेव द्वारा व्यवहृत एक अन्य प्रकार की

यवनिका का भी उल्लेख मिलता है। रामचरण ठाकुर के शंकरचरित में महापुरुष शंकरदेव द्वारा प्रस्तुत सबसे पहले नाटक चिह्नयात्रा का विशद वर्णन दिया गया है। इस चिह्नयात्रा की कोई प्रति नहीं मिलती, नहीं रामचरण ठाकुर के अनुसार इसके प्रदर्शन में शंकरदेव ने सात पर्दे लगवाए थे। प्रत्येक पर्दे में एक-एक प्रकार के बैकुंठ दिखाए गए थे। ये सातों बैकुंठ चित्र पर्दे पर अंकित किए गए थे। श्री कालिदास मेधी के अनुसार किसी संन्यासी ने शंकरदेव को पटों पर चित्र अंकित करने की कला सिखाई थी। आजकल सत्र में जिस रूप में आड़-कापड़ का प्रयोग होता है उसका रामचरण ठाकुर द्वारा वर्णित चित्रित पटों से कोई सम्बन्ध नहीं जान पड़ता। हम श्री कालिदास मेधी के इस कथन से सहमत नहीं हैं कि चिह्नयात्रा में सातों बैकुंठों के चित्रों का प्रदर्शन आजकल की सीन-सीनरियों की तरह से दृश्य विशेष की पृष्ठभूमि दिखाने के लिए किया गया था। वास्तव में वर्तमान यूरोपीय शैली की सीन-सीनरियों की परम्परा भारतवर्ष में कभी नहीं थी। किन्तु चित्रित पटों की परम्परा अत्यन्त प्राचीन है। पतंजलि के महाभाष्य में शोभनिक अथवा शौभिक तथा ग्रन्थिक इन दो प्रकार के प्रदर्शकों का वर्णन मिलता है। इस अवतरण से जान पड़ता है कि शौभिक कुछ चित्रों द्वारा कथा को दिखाते थे—जैसे कृष्ण द्वारा कंस का वध तथा राम द्वारा बालि का बाँधा जाना। जिस समय शौभिक पटों को इस तरह दिखाते थे उस समय ग्रन्थिक उस कथा की व्याख्या करते थे। शौभिकों तथा ग्रन्थिकों की कार्य प्रणाली के विषय में प्रो. लुडर्स तथा कीथ में मतभेद है। किन्तु कीथ ने वर्तमान भारत में प्रचलित कुछ लोक-प्रदर्शकों की परम्परा की जानकारी प्राप्त की होती तो उन्हें पतंजलि द्वारा वर्णित शौभिक चित्रों का रहस्य समझ में आ जाता। वस्तुतः यह परम्परा बड़ी प्राचीन है और नवीन भी। राजस्थान में आजकल भी 'पाबूजी का पड़' इस नाम से चित्रपटों का प्रदर्शन किया जाता है। पाबूजी का पड़ एक मोटे वस्त्र पर विभिन्न रंगों में बनाई गई चित्रावली को कहते हैं। इस चित्रावली में पाबूजी नाम के एक मध्ययुगीन राजस्थानी महापुरुष की गाथा होती है। ये चित्र चित्तौड़गढ़ के निकट जोशी ब्राह्मणों के घरों में कुमारियाँ बनाती हैं किन्तु इनका प्रदर्शन करते हैं भोपा जाति के हरिजन लोग। एक भोपा और उसकी भोपी पड़ को किसी खाट के सहारे टिकाकर पाबूजी की कथा सुनाते हैं। रावण हत्था नामक सारंगी के समान वाद्य का भोपा बजाता है और भोपी नृत्य करती है। इसी प्रकार के पट बंगाल और बिहार की सीमा पर कुछ नगरों में यमपट्टक नाम से हाल ही तक दिखाए जाते थे। राजगृह के मेले में यमपुरी के दृश्य दिखानेवाले अनेक पर्दे असंख्य दर्शकों का मनोरंजन करते हैं। पूना में एक सज्जन के पास हमने पौराणिक चित्रों का एक अभूतपूर्व संग्रह देखा था। ये चित्र उन्हें प्राचीन नगरी पैन (प्रतिष्ठान) में प्राप्त हुए थे। उनका कहना है कि पैठन में इन चित्रों को दिखा-दिखाकर पौराणिक कथाओं तथा प्रसंगों का पाठ किया जाता था।

स्पष्ट है कि महापुरुष शंकरदेव ने चिह्नयात्रा में भी कुछ इसी प्रकार के परम्परागत चित्र प्रदर्शन द्वारा पौराणिक कथाओं के प्रसंगों का रोचक पाठ प्रस्तुत किया होगा। जो

भी हो भाओनाघर के इस निराले स्वरूप को महापुरुष शंकरदेव ने विभिन्न स्थानों में रंगशालाओं को देखने के उपरान्त कामरूप की आवश्यकताओं के अनुसार प्रारम्भ किया था। उनके उपरान्त माधवदेव ने मंडपों को और विशाल और सज्जायुक्त बनाया। बरपेटा नामक स्थान में उन्होंने 'बड़घर' अथवा 'रंगियाल घर' नाम से एक विशाल मंडप तैयार करवाया। इसी मंडप में उनके दो झुमुरा 'भोजनविहार' तथा 'दधिमंथन' पहले पहल प्रस्तुत किए गए। उसके बाद यह परम्परा जारी रही और नामघर तथा नामघर के आसपास भाओना प्रदर्शित होते रहे और इसके लिए उपयुक्त व्यवस्था कामरूप के सत्रों में स्थापित हो गई। यद्यपि प्रारम्भ में भी और आजकल अंकिया नाट नामघर और सत्र के अभिन्न अंग रहे हैं तथापि एक समय ऐसा भी आया जबकि अंकिया नाट राजमहलों के अलंकरण बन गए। अहीम राजाओं ने महापुरुष के नाटकों को बड़ा प्रोत्साहन दिया और उनके प्रासादों में बड़े भव्य रूप में इन नाटकों का प्रदर्शन हुआ। असम के राजवंशों के विध्वंस के उपरान्त भाग्यवश इस परम्परा को सत्रों ने कायम रखा और यही कारण है कि उत्तरी भारत के अन्य किसी क्षेत्र में चार सौ वर्ष पुराने ऐसे रंगमंडपों का अक्षुण्ण रूप नहीं दीख पड़ता।

विशेषताएँ

ऊपर के विवरण से स्पष्ट है कि अंकिया नाटों के नाट्य-गृह आधुनिक शैली के रंगमंच से बिलकुल भिन्न हैं। इसीलिए नाटकों में सर्वत्र रंगशाला तथा रंगस्थली का वर्णन मिलता है, रंगमंच शब्द का नहीं। दूसरी विशेषता यह है कि आधुनिक चित्राधार (पिक्चर-फ्रेम) रंगमंच के नाटक में एक स्थान को ही एक बार में दिखाया जा सकता है, किन्तु अंकिया नाट की रंगशाला में एक साथ ही कई स्थानों का बोध दर्शकों को होता है। छोटे-छोटे पट-मंडप विभिन्न स्थानों को द्योतक होते हैं तथा कभी-कभी एक ही साथ दो या तीन नाट्य प्रक्रिया (ड्रामेटिक ऐक्शन) दिखाई जाती है। इन नाटकों पर विचार करते समय इस विशेषता का ध्यान रखना जरूरी है। कई बार ऐसा होता है कि नाटककार एक संवाद के अन्त में सूत्रधार से कहलवाता है, "इ कथा रहौंक। तदनन्तर...।" कहीं-कहीं किसी पात्र के प्रवेश के बाद कहा जाता है, "श्रीकृष्ण एक थल रह इछ।" सूत्रधार के ये दोनों कथन इस बात का संकेत करते हैं कि दर्शकों के सामने ही कुछ पात्र अपनी बातचीत कहने के उपरान्त अपने पटमंडप पर तथा स्थान पर बैठ जाते हैं। साथ ही दूसरे पटमंडप पर दूसरे संवाद प्रारम्भ हो जाते हैं। इस तरह दृश्यों के बदलने की आवश्यकता ही नहीं पड़ती। जो एक बार रंगशाला में आया वह उस समय तक रह सकता है जब तक कि उसकी छद्मगृह में वेशभूषा बदलने के लिए आवश्यकता न पड़े। अंकिया नाटों ने इस तरह समानान्तर प्रक्रिया यानी साइमल्टेनियस ऐक्शन को सरलता से सुलझा लिया है। उत्तर भारत की रामलीला में बहुत कुछ इसी भाँति कथा की प्रगति दिखाई जाती है। अन्तर इतना है कि जहाँ रामलीला में एक बहुत

बड़े प्रवेश या बाड़े में दूर-दूर पर विभिन्न स्थान बनाए जाते हैं, भाओनाघर में थोड़े ही स्थान में उसी तरह की परिस्थिति तैयार कर ली जाती है।

तीसरी विशेषता यह है कि रंगशाला और दर्शकों के बीच पार्थक्य नहीं होता। दर्शक समाज दो तरफ़ बैठा रहता है और अभिनेताओं तथा सूत्रधार के इतने निकट होता है कि सूत्रधार बारम्बार उनको सम्बोधित करके नाटक की प्रगति और उसकी व्याख्या से दर्शकों को अवगत करा सकता है। इसलिए इन सभी नाटकों में थोड़ी-थोड़ी देर बाद सूत्रधार 'हे समाजिक लोक' इन शब्दों द्वारा दर्शकों को सम्बोधित करता है। भाओना का वातावरण एक समाज के तुल्य होता है और सूत्रधार निश्चय ही एक सूत्र होता है दर्शकों तथा अभिनेताओं को जोड़नेवाला। रंगमंच का विधान इस वातावरण को सहज ही में उत्पन्न कर देता है।

चौथी विशेषता है वाद्यकारों तथा गायकों का स्थान। आजकल की भाषा में इन्हें आर्केस्ट्रा कहते हैं, यद्यपि आर्केस्ट्रा में गायक नहीं होता। भाओनाघर में गायन-बायन ऐसे स्थान पर बैठते हैं जहाँ से अभिनेताओं को निर्देशन भी दे सकें तथा उनके प्रवेश और प्रस्थान पर निगाह भी रख सकें। चूँकि गायन-बायन रंगशाला के ठीक सामने होते हैं, इसलिए पात्र उन्हें देख सकते हैं और उनके संकेत पर गीत गा सकते हैं। इन नाटकों में गीतों की संख्या इतनी अधिक है कि बिना इस प्रकार की व्यवस्था के अनेक त्रुटियाँ हो सकती थीं। वस्तुतः सूचना नाटक गीतों ही के आधार पर आगे बढ़ता है।

इन नाटकों के पाठकों को यह जिज्ञासा हो सकती है कि कौतूकपूर्ण प्रदर्शन जिन्हें अंग्रेजी में Spectacles कहा जाता है, किस तरह से दिखाए जाते होंगे। वस्तुतः अंकिया नाट में प्रदर्शनों की विशेष महत्ता है। विशाल जनता इन नाटकों को देखने के लिए 'सत्र' में एकत्र होती है। इसके मनोरंजन और विस्मय के लिए भकतगण नाना प्रकार के आयोजन करते हैं जो इस रंगशाला में रोचक ढंग से दिखाए जाते हैं 'रुक्मिणीहरण नाटक' में रथ पर बैठकर भगवान कृष्ण का आगमन, 'कंसवध नाटक' में मल्ल युद्ध 'पारिजातहरण' में पारिजात वृक्ष का रोपन, 'रामविजय नाटक' में धनुषभंग तथा 'कालिदमन' में कालिनाग की उपस्थिति, इस प्रकार के कौतुक रंगशाला के मध्य में लाने के लिए विशेष आयोजन होते हैं। बड़े-बड़े रथ बनाए जाते हैं। मुखौटा अंकिया नाट में दानव इत्यादि पात्रों के लिए विशेषतः प्रयुक्त होते हैं यद्यपि आजकल 'मेकअप' की प्रथा चल गई है।

अंकिया रंगशाला सरल भी है और भव्य भी। नाटक के साहित्यिक पक्ष और धार्मिक महत्त्व को हृदयंगम कराने के लिए वह पात्रों तथा दर्शकों के बीच सीधा सम्बन्ध स्थापित करता है। किन्तु सामीप्य प्रदर्शनों के विस्मयकारी कौतुक को कम नहीं करता। सारे वातावरण में विविध रंगों तथा कलाकृतियों का बाहुल्य होता है।

क्या भाओनाघर की तुलना भरत के नाट्यशास्त्र में वर्णित प्रेक्षागृह से की जा सकती है? वस्तुस्थिति यह है कि भरत ने जिस प्रकार से प्रेक्षागृह का वर्णन किया है उसका कोई नमूना उपलब्ध नहीं है। विद्वानों में सूत्रों के अर्थ के विषय में मतमतान्तर

है। अभिनव गुप्त भी प्रेक्षागृह के सम्बन्ध में कोई अर्थ स्पष्ट नहीं करते। उनकी टीका जिस समय लिखी गई तब तक नाट-मंडपों की परम्परा बदल चुकी थी। मध्य प्रदेश की सीताबेंगी और जोगीमारा गुफाओं में जिस रंगशाला का अनुमान किया जाता है, उसके बारे में भी अनेक विद्वानों ने सन्देह प्रकट किया है। प्राचीन काल में, जैसा आजकल भी, भारतवर्ष में पक्की ईंटों अथवा पत्थरों के बने रंगमंडपों का प्रचार नहीं था, अधिकतर रंगशालाएँ लकड़ी, बाँस, कपड़े इत्यादि पदार्थों से निर्मित की जाती थी। शायद इसीलिए प्रेक्षागृह का कोई अवशेष नहीं मिलता है। हमारा विचार है कि भरत नाट्यशास्त्र में वर्णित रंगमंडपों का रूप स्थिर करने के लिए यह आवश्यक है कि मध्ययुग में जिन लोक-नाट्य परम्पराओं का विकास हुआ उनकी रंगशालाओं के आकार-प्रकार का ब्यौरेवार अध्ययन होना चाहिए। संभव है कि इन परम्पराओं में अभी तक कुछ ऐसी विशेषताएँ दीख पड़ें जिनका मूल रूप भरत के सूत्रों में हैं। इस तरह कुछ अस्पष्ट विषयों पर भी प्रकाश पड़ सकता है।

भाओनाघर के उल्लिखित वर्णन से यह स्पष्ट जान पड़ता है कि भरत के विकृष्टाकार मंडपों में इसकी गणना हो सकती है। आकार मे भी प्रायः मध्यम ही है। भरत के अनुसार मंडप तीन भागों में विभक्त थे—प्रेक्षागृह यानी दर्शकों के बैठने का स्थान रंगपीठ (जिसमें रंगशीर्ष भी शामिल है) तथा नेपथ्य-गृह। किन्तु मंडप में रंगपीठ का स्थान किधर था, इसके बारे में कई मत हैं। मत्तवारणी को प्रोफेसर सुब्बाराव रंगपीठ की ऊँचाई पर उत्कीर्ण मतवाले हाथियों की अवली मानते हैं। आचार्य विश्वेश्वर के अनुसार मत्तवारणी एक तरह का बराँडा था जिस पर विशेष-दर्शक बैठा करते थे। मत्तवारणी, शब्द वास्तुकला से लिया गया है और जिस तरह के बरामदों के लिए यह शब्द प्रयुक्त होता था उनमें छत के सिरे पर कंगूरों का आकार मत्त हाथी की सूँड़ के समान होता था। भाओनाघर में न तो मत्तवारणी का विधान है और न ऊँचे उठे हुए रंगपीठ का। किन्तु जिस स्थान पर रंगपीठ हुआ करते थे वहाँ गायन-बायन के बैठने का स्थान यानी (दोहार) से मेल खाता है। हमारा विचार है कि दोहार के सामने जो प्रशस्त पथ दर्शकों के बीच अभिनय के लिए खाली रखा जाता है, वह व्यवस्था नाट्य-प्रदर्शनों के लिए बड़ी सुविधाजनक है। यदि दोहर से कुछ आगे तक एक ऊँचा उठा हुआ मंच होता तो वही भरत नाट्य-शास्त्र के रंगपीठ के अनुकूल हो पाता।

स्तम्भों का जो स्थान नाट्यशास्त्र के द्वितीय अध्याय में दिया गया है उसकी तुलना भाओनाघर के स्तम्भों से की जा सकती है। भाओनाघर में महन्तों; विप्रों, ब्राह्मणों के बैठने के लिए स्थान थापना के एक तरफ को होता था। नाट्यशास्त्र में स्तम्भों की कारीगरी और दारुकर्म यानी लकड़ी के काम में खुदाई इत्यादि पर विशेष जोर दिया है। भाओनाघर के खम्भों पर विविध प्रकार की चित्रकारी और खुदाई की जाती है। सत्रों में सब तरह के कारीगर होते हैं और थापना के सिंहासन पर अनेक रंगों में चित्र बनाए जाते हैं। नेपथ्य-गृह 'दोहार' के पीछे थोड़ा हटकर होता है और उसे भाओनाघर में 'छघर' की संज्ञा दी गई है।

वस्तुतः अंकिया नाटशाला की तुलना सुदूर केरल प्रदेश में मिश्रित संस्कृत नाटकों (कूटियाट्टम) की रंगशाला कूथाम्बलम् से की जा सकती है। कूथाम्बलम् रंगशालाएँ केरल के मन्दिरों में बनाई गई—विशेषतः त्रिचूर और पेरुमलम के मन्दिरों में। कूथाम्बलम् भी विकृष्ट मध्यम आकार के मंडप होते हैं। यद्यपि रंगस्थली दर्शकों के बिलकुल बीच में नहीं होती, तथापि रंगपीठ बहुत कुछ आगे की ओर बढ़ा हुआ होता है। रंगपीठ के पीछे नेपथ्य-गृह में जाने का द्वार भी होता है और रंगपीठ के ऊपर ही नम्बियार यानी वादक तथा गायक बैठते हैं। कूटियाट्टम् के प्रदर्शन की शैली पर पहले ही प्रकाश डाला गया है। यवनिका की व्यवस्था कूटियाट्टम और अंकिया नाट में लगभग एक सी ही होती है। मुख्य पात्रों के प्रवेश के समय ही यवनिका को लेकर दो व्यक्ति खड़े हो जाते हैं और उनके पीछे मुख्य पात्र तनिक नृत्य करके बाहर आता है। कूटियाट्टम और अंकिया नाट दोनों ही में जिस तरह से यवनिका अथवा पटी की व्यवस्था है वह भरत नाट्यशास्त्र में वर्णित (द्वितीय अध्याय, श्लोक 58) उत्थापनक्रिया के अनुकूल है। नाट्यशास्त्र में स्पष्ट लिखा है कि दो पारिपार्श्वक यवनिका लेकर आते हैं और उनके पीछे सूत्रधार खड़ा होता है। उत्थापनी ध्रुवगीति के उपरान्त सूत्रधार यवनिका को हटाकर सामने आता है। यवनिका की यह परम्परा भारतवर्ष के नाना लोक-नाट्य पद्धतियों में अभी तक चालू है और इसका सबसे प्रभावशाली रूप कर्नाटक के यक्षगान तथा केरल की कथकली में मिलता है। किन्तु महापुरुष शंकरदेव ने सम्भवतः ब्रज-क्षेत्र में प्रचलित रासलीलाओं के आधार पर अपनी पद्धति निर्धारित की थी। रासमंडप और भाओनाघर में अब भी बहुत कुछ साम्य है। यद्यपि भाओनाघर की अपेक्षा रासमंडप प्रायः छोटे होते है। वृन्दावन में जो पक्के रासमंडप बने हुए हैं उनमें से कई आकार-प्रकार में छोटे हैं। किन्तु दर्शकों के बैठने की व्यवस्था बहुत कुछ भाओनाघर की व्यवस्था से मिलती-जुलती है। प्रायः रंगपीठ ऊँचा नहीं होता; भाओनाघर की भाँति दर्शक और रंगस्थली एक ही स्तर पर होती है। राधाकृष्ण का सिंहासन सामने होता है और यवनिका को लेकर पारिपार्श्वक सामने खड़े होते हैं। हाँ गायक-वादक जिन्हें रासलीला में समाजी कहा जाता है, राधाकृष्ण के सिंहासन के निकट ही बैठते हैं। सम्भव है कि महापुरुष शंकरदेव के युग में मथुरा, वृन्दावन में जो रासलीला प्रस्तुत की जाती है उनके लिए मंडप इतने विशाल और सुसज्जित होते हों जितने आजकल के भाओनाघर के होते हैं।

मिथिला और नेपाल के कीर्तनिया नाटकों के लिए जो मंडप बनाए जाते थे उनके ब्यौरेवार वर्णन उपलब्ध नहीं है और इसलिए असम के अंकिया नाटों की रंगशाला से उनकी तुलना नहीं की जा सकती है। फिर भी यह स्पष्ट है कि मिथिला और नेपाल की रंगशालाओं का प्रभाव अंकिया नाट की सम्मिलित शैली का एक उदाहरण बिहार के पूर्णिया जिले में हरिजनों द्वारा प्रस्तुत किए जानेवाले 'बिदापत नाच' में मिला है। 'बिदापत नाच' के प्रस्तुत करने के लिए किसी प्रकार के बड़े मंडप की आवश्यकता नहीं पड़ती। किन्तु कुछ ऐसी रोचक पद्धतियाँ हैं जिनमें प्राचीन रंगशालाओं के लक्षण स्पष्ट

जान पड़ते हैं। 'बिदापत नाच' में एक प्रारम्भिक गीत या प्रदर्शन को जमीनिका कहते हैं। यह यवनिका का भ्रष्ट रूप है। यवनिका उत्थापन के पूर्व अंकिया नाट में एक विशेष गीत गाया जाता है। यही कूटियाट्टम में भी होता है। मजे की बात है कि पूर्णिया जिले के हरिजनों ने यवनिका की यह परम्परा कायम रखी। संभव है नेपाल के कुछ अँचलों में आजकल भी कीर्तनिया नाटक कुछ परिवर्तित रूप में प्रस्तुत किए जाते हैं। हमने आगे 'बिदापत नाच' के अभिनय का विस्तृत वर्णन दिया है।

पाटन के मन्दिरों में नटमंडपों की व्यवस्था थी। वस्तुतः ऐसे नटमंडप मध्ययुग के मन्दिरों की एक विशेषता थी। इन नटमंडपों तथा भाओनाघरों में बहुत कुछ साम्य है। असम के जिन सत्रों में नामघर ही में नाटकों का प्रदर्शन होता है, वहाँ की व्यवस्था तो उड़ीसा ने नटमंडपों से भिन्न नहीं मानी जा सकती। अन्तर इतना है कि उड़ीसा के नटमन्दिरों के पीछे गर्भगृह में भगवान की मूर्ति होती है और असम नामघर के पीछे मणिकूट में श्रीमद्‌भागवत स्थापित रहता है।

अभिनय का समय

अंकिया नाटों की रचना वैष्णव धर्म के प्रचार के लिए की गई थी। इसलिए इनका प्रदर्शन भी सत्रों की धार्मिक प्रक्रियाओं और उत्सवों से सम्बद्ध है। एकशरणिया मतावलम्बियों में सबसे महत्त्वपूर्ण दिवस है महापुरुष शंकरदेव और माधवदेव के श्राद्ध दिवस। इन दोनों की प्रमुख रचनाओं के प्रदर्शन इनके श्राद्ध दिवस के पाँच-छह दिन पूर्व किए जाते हैं। इसके अतिरिक्त जन्माष्टमी, नन्दोत्सव, दोलयात्रा, रास-पूर्णिमा इन उत्सव पर भी अंकिया नाटों का प्रदर्शन होता है। प्रायः इन उत्सवों में शंकरदेव और माधवदेव की शिष्य-परम्परा में जो अन्य भक्त नाटककार हुए हैं—यथा गोपाल आता, रामचरण ठाकुर, द्विजदेव एवं अन्य परवर्ती नाटककार, उन्हीं की रचनाएँ प्रदर्शित की जाती हैं। किन्तु ज्यों-ज्यों अंकिया नाट लोकप्रिय होते गए त्यों-त्यों उन्हें अन्य अवसरों पर भी प्रस्तुत किया जाने लगा। जिन दिनों किसान खेती के काम से फुरसत पाता है उन्हीं दिनों अंकिया नाटों का प्रदर्शन उपयुक्त माना जाता है। जनवरी के मध्य से लेकर अप्रैल के मध्य तक असम की घाटी के किसानों को बुवाई, कटाई से फुरसत मिलती है और धार्मिक उत्सव हो या न हो, प्रायः सत्रों में भाओना खेलने का प्रबन्ध होता रहता है।

कभी-कभी कई गाँव मिलकर लगातार अनेक दिनों तक भाओना प्रदर्शन करते रहते हैं। इस तरह के प्रदर्शनों को 'बड़ा खेलिया भाओना' इन नाम से पुकारा जाता है। श्री विरंचि कुमार बरुआ के अनुसार 'खेल' का अर्थ है एक तरह का निगम या समूह, अंग्रेजी में जिसे 'गिल्ड' कहते हैं। कई गाँवों के समूह मिल करके उसी तरह के भाओना का कार्यक्रम प्रस्तुत करते हैं जैसे मध्ययुगीन इंग्लैंड में मिरैकिल्स और 'मोरेलिटी' नाटकों की मालाएँ यानी 'साइकिल्स' प्रदर्शित की जाती थीं।

इस भूमिका में दो तरह के अंकिया नाटों की चर्चा की गई है। बड़े नाटकों को नाट का नाम दिया गया है और छोटों को झुमुरा का। झुमुरा प्रायः माधवदेव की रचनाएँ हैं। लेखक को सत्र में बताया गया कि प्रायः झुमुरा का प्रदर्शन अपराह्न में होता है और सन्ध्या तक समाप्त हो जाता है। किन्तु नाट सर्वथा सन्ध्याकाल में ही प्रस्तुत किए जाते हैं और पूरी रात चलते हैं। गाँव के लोगों के लिए सुविधा इसी में है कि कार्यक्रम सारी रात चलता रहे और सूर्योदय होने पर वे लोग अपने-अपने घर जा सकें। यदि मध्यरात्रि में प्रदर्शन समाप्त हो जाए तो गाँववालों को अँधेरे में नदी-नाले पार करने की असुविधा होती है।

अक्सर ऐसा होता है कि पहले झुमुरा अपराह्न में, विशेषतः बच्चों के मनोरंजन के लिए प्रस्तुत किया जाता है। सन्ध्या के सात बजे के बाद जब बच्चे सो जाते हैं मुख्य नाट का अभिनय होता है। ऐसा प्रतीत होता है कि माधवदेव ने नाट देखने आनेवाले परिवारों की असुविधा देखी, क्योंकि उन्हें या तो अपने बच्चों को घर छोड़कर आना पड़ता था या वे बच्चे मुख्य नाट के समय सो जाते थे और माताओं को कष्ट होता था। इसलिए माधवदेव ने छोटे-छोटे झुमुरा इस असुविधा को दूर करने के लिए लिखे। श्री टी.एन. शर्मा[1] का विचार है कि चूँकि माधवदेव पहले ब्रह्मचारी थे, इसलिए भक्त जीवन में वात्सल्य का अनुभव न मिलने के कारण उन्होंने बच्चों के लिए ये नाटक लिखे। यद्यपि बाल-जीवन के प्रति जो आह्लाद माधवदेव के झुमुरा में लक्षित होता है वह इस भावना का द्योतक है, तथापि रंगशाला और दर्शकों की आवश्यकताओं ने, हमारे विचार से, माधवदेव को झुमुर जैसे लघु नाटकों के लिए प्रेरणा दी। श्री शर्मा ने यह भी लिखा है कि झुमुर स्त्रियों में लोकप्रिय नृत्य नाटक का ही एक रूप था। यह सच है कि छोटा नागपुर में स्त्रियाँ झुमुरा नाम का एक नाच करती हैं। वस्तुतः झुमुर या घूमुर नाच राजस्थान में भी बहुत लोकप्रिय है। माधवदेव के झुमुरा में प्रायः स्त्रियों और बालकों की ही भूमिका मिलती है। जान यह पड़ता है कि सत्रों में जो बालक रहा करते थे उन्हें झुमुरा के द्वारा मुख्य नाटक में भाग लेने के लिए अभ्यास मिल जाता था। इस तरह से झुमुरा प्रशिक्षण की एक विधि थे।

एक अभिनय

हमें असम के नवगाँव नामक नगर से लगभग 8-10 मील दूर बड़दोवा नामक स्थान में महापुरुष शंकरदेव के 'रुक्मिणीहरण नाट' के कुछ अंशों का अभिनय देखने को मिला। इस अभिनय के वृत्तान्त से अंकिया नाट की रंगशाला का थोड़ा-बहुत अनुमान लगाया जा सकता है। भाओनाघर तथा रभा में दर्शकों की प्रथम पंक्ति में हम लोगों के लिए कठ अथवा आसन बिछा दिए गए थे। इस प्रदर्शन के पूर्वरंग में ही हमें एक विराट परम्परा और कलात्मकता का आभास हुआ, और यह भी स्पष्ट हुआ कि महापुरुष शंकरदेव ने भरत नाट्यशास्त्र के आदेशों को अंशतः पालन करने की चेष्टा की थी।

---

1. माधवदेव एंड हिज वर्क्स : एन ऐसे इन अर्ली असामीज लिटरेचर।

नाट्यशास्त्र के अनुसार सबसे पहले प्रत्याहार होता है, यानी वाद्यों द्वारा नाटक की भूमिका तैयार करना। पाश्चात्य रंगमंच में इसे प्रौलोग की संज्ञा दी जाती है। अंकिया नाट में यह एक विराट प्रक्रिया है। हमने देखा कि दोहार पर बड़बायन (मुख्य वाद्यकार) और बड़गायन (मुख्य नायक) बैठे। उनकी दोनों ओर गायक बैठे जिनके हाथ में पीतल के बने हुए बड़े-बड़े झाँझ थे। इन झाँझों को वहाँ भोताल पुकारा जाता है। हमें बताया गया कि भाता एक तिब्बती वाद्य के आधार पर बनाए गए और शायद इनका मूल नाम भोटताल था। गायकों के पार्श्व में कुछ नगाड़े रखे हुए थे जो मुख्य नाटक के समय कथानक की सन्धिविशेष अंकित करने के लिए बजाए जाते थे। बायन मंडली दो पंक्तियों में विराजमान हुई। थापना और मुख्य गायक के बीच जो लीलास्थली थी, उनमें एक-दूसरे के सामने दो पंक्तियों में बायन बैठे। दर्शकों की ओर उनकी पीठ थी। दोनों पंक्तियों के आगे एक व्यक्ति 'अरिया' यानी मशाल लिए हुए था। बायनों की गरदनों से खोल जो यहाँ के विशेष प्रकार के ढोल होते हैं, टँगे हुए थे। हर बायन सफेद धोती, कुर्ता अथवा चपकन तथा सफेद पगड़ी पहने हुए थे। कमर में जो दुशाला बँधा हुआ था, उसे गाठी कापड़ अथवा गुसाई कापड़ कहते हैं। वाद्यकार अपने पैरों में नूपुर भी पहने हुए थे। हर वाद्यकार के लिए एक कठ अथवा आसन था। नृत्य प्रारम्भ होने पर वे आसन हटा दिए गए।

इन धवल श्रेणियों को देखकर सारे दर्शक समाज में उत्सुकता की शान्ति छा गई। बायनों ने इसके उपरान्त अपने खोलों पर जो प्रदर्शन किया उसे धेमाली के नाम से पुकारा जाता है। धेमाली ही अंकिया नाट का पूर्वरंग है। किन्तु जिस तरह के तालों में धेमाली की रचनाएँ निबद्ध है उसका ब्रज-मंडल के धमार से बहुत कुछ साम्य है। हमारा विचार है कि महापुरुष ने अपने ब्रज प्रवास में अनेक धमारों के सुनने के बाद खोल पर धेमालियों का रूप निश्चित किया होगा, किन्तु इसके साथ-साथ यह भी स्पष्ट है कि अंकिया नाट के ताल वाद्यों का प्रदर्शन मूलतः असम के प्राचीन वन्य जातियों की कौशलपूर्ण ताल परम्परा पर आधारित है। जो प्रदर्शन हमने देखा उसमें लगभग 20 वाद्यकार थे। किन्तु हमें बताया गया कि प्रत्येक धमाली में 50 खोल बजानेवाले होते हैं। ऐसा प्रतीत होता है कि महापुरुष ने अपने समन्वयात्मक दृष्टिकोण से इन नाट योजनाओं में वन्य तथा अर्द्धवन्य जातियों की लोककला को भी समाविष्ट करने की चेष्टा की। प्रारम्भिक ताल वादन सभी लोक नाटकों में भरत नाट्यशास्त्र के प्रत्याहार का एक रूप है, फिर भी असम की इस नाट परम्परा के बराबर कहीं भी खोलवादन को इतना महत्त्व नहीं दिया गया। धेमाली जन-जीवन के विराट तत्त्व का महान स्वरूप है।

सहसा नगाड़े पर संकेत हुआ। इस संकेत को सुनते ही बायनों की दोनों पंक्तियाँ उठ खड़ी हुईं और फिर थापना की ओर ये लोग बढ़े और बहुत ही गम्भीर गति से खेलों पर निनाद प्रारम्भ हुआ। श्रीमद्भागवत के प्रति इस भाँति आराधना प्रारम्भ करने के बाद बायन मंडली ने दूसरा मोड़ लिया अपने गुरु तथा बड़बायन की अभ्यार्थना करने के लिए। गुरु अथवा बड़बायन दोहार पर बैठे हुए थे और इसलिए मंडली उस तरफ

मुड़ी और चली। इस गति को गुरुघाप अथवा गुरुघेटा कहते हैं। श्रीमद्‌भागवत की आराधना तथा गुरु की अभ्यर्थना दोनों करते समय बायन-मंडली के सभी वाद्यकार एक साथ अपने दाहिने हाथ से भूमि स्पर्श करते थे।

धेमाली यानी सामूहिक खोलवादन एवं गान में विशेष क्रमानुसार कई रचनाएँ (हिन्दुस्तानी संगीत पद्धति में जिन्हें बन्दिश कहा जाएगा) प्रस्तुत की जाती हैं। हमारे सामने जो धेमाली प्रदर्शित हुई उसमें पहली रचना थी 'कारु धेमाली' अथवा 'मारु धेमाली'। यह विलम्बित गति में एक लघु रचना थी। तदुपरान्त 'बड धेमाली' बड़ी प्रभावशाली और गम्भीर गति में बजाई गई। तीसरी रचना का नाम था 'घोषा धेमाली' जिसमें राग सलोनी में एक वृन्दगायन भी निबद्ध था। द्रुत गति का प्राधान्य था और 'चरमोत्कर्ष भी। 'घोष' वस्तुतः कीर्तन हैं जिनको शंकरदेव के शिष्य माधवदेव ने रचा, और जिन्हें 'नामघोषा' भी कहते हैं।

पहले कहा जा चुका है कि वाद्यकारों की पंक्तियों के एक सिरे पर एक व्यक्ति 'अरिया' यानी मशाल लेकर खड़ा हुआ था, मानो बयानों को रास्ता दिखाता हो। 'घोष धेमाली' के बाद वह व्यक्ति चला गया मानो मार्गप्रदर्शन की आवश्यकता नहीं रही। घोषा के उपरान्त 'मुड़ाखोला' नामक चमत्कारपूर्ण प्रदर्शन हुआ। बड़बायन यानी प्रमुख वाद्यकार लीलास्थली के केन्द्र में आया। लगभग दस खोल उसके चारों ओर भिन्न-भिन्न ढंग से रखे गए, कुछ को तो तीन-चार व्यक्ति लटकाए हुए थे। इन सभी खोलों पर बड़बायन ने बड़ी सफाई, कौशल और तीव्रगति से वादन किया और उसके बाद लाघव को देखकर दर्शकसमाज चकित रह गया। इस पर मठ के सत्राधिकार ने बड़बायन को पुरस्कार स्वरूप एक निर्माल्य और एक कलापूर्ण पुनीत वस्त्र दिया। मुख्य गायक यानी बड़बायन को भी इसी प्रकार का पुरस्कार दिया गया और अन्य सभी बायनों और गायनों को भी निर्माल्य दिए गए।

उसके बाद सभी बायन (वाद्यकार) शरासन में बैठे और अपने-अपने खोल को उन्होंने खड़ा रख दिया, तबले की तरह। कई चित्ताकर्षक रचनाएँ त्वरित गति से उन्होंने उसी भाँति बैठे हुए प्रस्तुत कीं। अन्त में 'नव धेमाली' नामक रचना में बायनों ने एक चक्रकार नृत्य किया और नृत्य के साथ-साथ वे लोग खोल भी बजाते रहे।

हमें बताया गया कि हमारी सुविधा के विचार से धेमाली केवल 45 मिनट तक ही प्रदर्शित की गई वरना 2 घंटे से कम अवधि में धेमाली का सम्पूर्ण और विधिवत् प्रदर्शन नहीं हो सकता। धेमाली में दो विशेषताएँ थीं, एक तो खोल बजाने के साथ उन्हीं हाथों से बायन लोग नाना प्रकार की हस्तमुद्राएँ भी दिखाते थे। ये मुद्राएँ निश्चय ही *हस्तमुक्तावली* में दिए गए निर्देशनों के अनुसार थी। दूसरे बायनों के पैरों में बँधे नूपुर बराबर तालों का संकेत दे रहे थे, उन्हें अलंकृत कर रहे थे। तालनृत्य का ऐसा सम्मोहक सामूहिक स्वरूप हमनें अन्यत्र नहीं देखा। धेमाली का यह कार्यक्रम दूर-दूर से दर्शकों को आमन्त्रित तो करता ही है, जो लोग मंडप में आ गए उनकी चित्तवृत्तियों को मूल नाटक के लिए सावधान कर देता है। जैसे पाश्चात्य 'ओपेरा' में 'ओवर्चर' करता है।

इसके बाद मुख्य अभिनय प्रारम्भ हुआ। रंगस्थली से बायनों का समूह चला गया और गायनों के पीछे जाकर बैठ गया। बायन-गायन के बाईं ओर जहाँ छघर (नेपथ्य-गृह) था, दो व्यक्ति लकड़ी का एक सुचित्रित तोरण लेकर खड़े हो गए। तोरण के नीचे दो और व्यक्ति एक पर्दे को फैलाकर खड़े हुए। यही पर्दा 'आड़ कापड़' था जिसका उल्लेख हम पहले कर चुके हैं। तोरण पर कई मशालें एक साथ जला दी गईं और ऐसा प्रतीत हुआ कि किसी महराब के ऊपर लपटों की पाँत लगा दी गई है। पर्दे के पीछे से एक संस्कृत स्तोत्र सुन पड़ा और उसके बाद जब पर्दे को अपने हाथों से एक ओर हटाकर सूत्रधार बाहर पर्दे से होकर तोरण के नीचे से गुजर रहा था उस समय तोरण पर जलाई गई मशालों या अरिया की उपयोगिता प्रकट हुई। प्रथम प्रवेश के समय ये ज्योतिपुंज पात्र की आकृति, भावभंगिमा और 'मेकअप' इत्यादि को सारे दर्शक समाज के लिए प्रदीप्त कर देते हैं। यह एक तरह का प्रकाश-परिचय है और प्रधान पात्र-पात्रियों के लिए ही इसका विधान है। इस ज्योतित तोरण को 'अग्निघेर' कहते हैं। जान पड़ता है कि लोक-नाटकों के पात्रों के निकट मशाल लेकर खड़े होने की जो पद्धति थी उसी का कलात्मक रूप है अग्निघेर।

सूत्रधार नृत्य करते हुए रंगस्थली की ओर बढ़ा। सूत्रधार की वेशभूषा इस नाट्यपद्धति की प्राचीनता की द्योतक है। नीचे मध्ययुगीन लहँगे के ढंग का लहरेदार वस्त्र था जिसे 'धूरी' कहते थे। इसका रंग सफेद था। ऊपर गुलाबी रंग का एक जामा था—जामे की आस्तीन लम्बी और ढीली थी। इस जामें को 'गाठी सेला' कहते हैं। कमरबन्द को 'गाठी कापड़' कहते हैं। सिर पर एक रंगीन पगड़ी थी। यह पोशाक शंकरदेव के समय से ही अपरिवर्तित है और नाटकों में सूत्रधार के महत्त्व की सूचक है।

सूत्रधार के लीलास्थली में आते ही गायन-बायन ने नान्दीपाठ प्रारम्भ कर दिया। नान्दी के विभिन्न अंशों—देवी देवताओं के स्वरूपों और उनके क्रिया-कलापों को सूत्रधार अपनी हस्तमुद्राओं द्वारा प्रदर्शित कर रहा था। मुद्राओं का अत्यन्त रोचक और सजीव प्रयोग नान्दीपाठ के बाद 'भटिमा' में सूत्रधार ही करता है। भटिमा एक तरह का स्तवन है और इसका पाठ लयपूर्ण तो होता है किन्तु प्रायः रागिनिबद्ध नहीं। इसमें नाटक के नायक यानी श्रीकृष्ण के पराक्रम और उनकी लीलाओं का प्रशंसात्मक वर्णन था। सूत्रधार बोलता भी था और परम्परागत और शास्त्रोक्त (हस्तमुक्तावली के अनुसार) मुद्राओं का भी प्रयोग करता था। श्रोताओं और दर्शकों से बोलते समय तो दाहिनी भुजा की कोहनी को बाईं भुजा की हथेली पर टेककर दाहिने हाथ को आशीर्वाद मुद्रा में हिलाता था।

इसके बाद थोड़ी देर के लिए कई वाद्य एक साथ बजाए गए और सूत्रधार ने संगी से पूछा कि हे संगी! कौन वाद्य बज रहा है। संगी ने उत्तर दिया कि देवदुन्दुभि बजती है। सूत्रधार ने घोषित किया कि तब तो स्वयं परमेश्वर श्रीकृष्ण पधारते हैं। हमने देखा कि सूत्रधार के पास कोई संगी नहीं खड़ा था। बाद में हमें बताया गया कि

बड़गायन ही इस प्रश्नोत्तरी में संगी के रूप में हिस्सा लेता है; वह अपने स्थान से उठता नहीं है, वही बैठे-बैठे बोलता रहता है। यहाँ दो विशेषताएँ द्रष्टव्य हैं : एक तो यह कि संस्कृत नाटकों की नटी के स्थान पर पुरुष 'संगी' का विधान किया गया है। दूसरे यह कि वाद्यों के प्रखर वादन से नायक और नायिका के आगमन की सूचना दी जाती है। इस तरह सूत्रधार और प्रमुख गायक तक उसके माध्यम से नेपथ्यगृह के बीच तारतम्य रहता है। सूत्रधार ने नायक के प्रवेश के विषय में इसके अतिरिक्त एक विरुदपूर्ण घोषणा की और कहा कि हे सभासद लोग, जिन श्रीकृष्ण का स्तवन मैंने किया ये इस सभा में पधारते हैं, उनकी लीलाओं को शान्त रहकर देखो और सुनो। हमने देखा कि सूत्रधार इस भाँति दर्शकों पर अनुशासन भी रख पाता था और बार-बार शान्तचित्त होकर देखने और सुनने का अनुरोध करके उनका ध्यान कथा की ओर खींच पाता था।

श्रीकृष्ण के आगमन के लिए उसी तरह 'अग्निघेर' और 'आड़ कापड़' की व्यवस्था हुई जैसे सूत्रधार के प्रवेश पर हुई थी। उद्धव का हाथ पकड़े श्रीकृष्ण लीलास्थली की ओर बढ़े। कृष्ण लाल रंग की धोती और कुर्ता पहने थे, सिर पर मुकुट और वक्ष पर 'तंगाली' नाम का रंगबिरंगा और सुन्दर अंगवस्त्र कसा हुआ था। हाथ भी लाल रंग में रँगे थे, और एक हाथ में चक्र था। नूपुर भी पहने थे। लीलास्थली में आते समय कृष्ण (और उनके साथ उद्धव) ने 'प्रवेश नृत्य' किया और उस नृत्य के साथ-साथ गायन-बायन ने उनकी महिमा में गीत गाया। गीत में जिस रूप, भंगिमा इत्यादि का वर्णन था उसे कृष्ण और उद्धव नृत्य-मुद्राओं द्वारा प्रकट कर रहे थे–'नटवर बेस', 'बदनइन्दु रुचि ईसत हासा,' 'नयन पंकज', 'भुज लम्बित जानु' इत्यादि।

इस नृत्य के बाद सूत्रधार (जो गायन-बायन के निकट बैठ गया था) पुनः आगे आया और बोला कि 'हे सभासद् लोग इस प्रकार श्रीकृष्ण प्रवेश करके एक तरफ (एक पास हुआ) विराजमान हो गए। अब तुम लोग रुक्मिणी का प्रवेश देखो और सुनो।' श्रीकृष्ण और उद्धव एक दूसरे का हाथ पकड़े हुए आगे बढ़े और लीलास्थली के एक किनारे एक चौकी पर जिस पर छोटा-सा मंडप तना था, बैठ गए। यह मंडप द्वारका के राजभवन का सूचक था और इसके आगे एक गदाधारी द्वारपाल भी खड़ा हो गया। इस मंडप के ढंग के तीन और मंडप थे एक तो भीष्मक की राजधानी कुंडिनपुर में राजदरबार का द्योतक था, दूसरा वहीं के रनिवास का और तीसरा भवानी मन्दिर का। सूत्रधार ने फिर संगी से पूछा कि कौन वाद्य बजा। उत्तर मिला देव-वाद्य। सूत्रधार ने रुक्मिणी के सखियों सहित आगमन की घोषणा की। पुनः वही अग्निघेर और आड़कापड़ तथा प्रवेश-नृत्य और गायन-बायन द्वारा प्रवेश गीत। रुक्मिणी के साथ तीन सखियाँ थीं। वे मेखला पहने थी (कमर के नीचे के अंगों को ढँकनेवाली असमिया साड़ी) और ऊपर कंचुकी और चादर। सोने चाँदी के अलंकार और चूड़ी भी थीं। दोनों ही प्रवेश-नृत्यों में सख्य-भाव दीख पड़ा। रुक्मिणी सखियों सहित रनिवास वाले मंडप में बैठ गई।

सूत्रधार के कथासूत्र को आगे बढ़ाते हुए सुरभि नामक भिक्षुक भाट के कुंडिनपुर से द्वारका आने की सूचना दी। इस प्रवेश के साथ अग्निघेर और आड़ कापड़ की व्यवस्था नहीं थी। भाट लाल पगड़ी और पीली धोती पहने था और हाथ में कमंडल और कागज का बना छाता लिए हुए था। उसकी वेशभूषा और भावभंगिमा में समसामयिक यथार्थता थी, जबकि प्रमुख पात्र-पात्रियों में परस्पर का अनुसरण था। इस तरह एक ही परिस्थिति में दो विभिन्न रसों का संचार जान पड़ा। सुरभि भाट ने श्रीकृष्ण को अपना परिचय भी दिया और दोनों के बीच लघु संवाद के बाद सुरभि ने रुक्मिणी के रूपगुण वर्णन का पाठ किया। ऐसे पाठ को 'भटिमा' कहते हैं। हमने देखा कि कृष्ण-सुरभि का संवाद गद्य में था और भटिमा पद्य में। संवाद का उच्चारण लय के साथ किया जाता था और हर तीन-चार शब्दों के बाद लघु विराम था और वाक्य समाप्ति पर दीर्घ विराम। हमारा अनुमान है कि इस उच्चारण पद्धति द्वारा प्रत्येक शब्द श्रोताओं को स्पष्ट हो जाता था, यद्यपि हम लोगों को लयात्मकता अस्वाभाविक जान पड़ती थी। भटिमा छन्दोबद्ध होते हुए भी, गाई नहीं जाती। उसका पाठ भाटों की परम्परा में लय और स्वराघात के साथ किया गया। काव्यगुण हृदयग्राही थे, ('बन्दुलि अधिक अधर करु कांति। ओतिम मोतिम दसनक पाँति।') और श्रीकृष्ण किस भाँति इस वर्णन को सुनकर विह्वल हुए उसमें रसनिष्पत्ति के अनेक तत्त्व, संचारी, व्यभिचारी, भावानुभाव इत्यादि की प्रगति दीख पड़ी।

इसी भाँति सूत्रधार की घोषणा के बाद द्वारका से कुंडिनपुर रनिवास में दूसरे ब्राह्मण भाट हरिदास का आगमन दिखाया गया और रुक्मिणी के सामने श्रीकृष्ण का रूप गुण वर्णन। रुक्मिणी ने श्रीकृष्ण के प्रेम में विह्वल होकर जो गीत गाया उसमें विरहोत्कंठिता नायिका के लक्षण स्पष्ट थे। सखियों के साथ संवाद लय के साथ कहा गया न कि स्वाभाविक वार्तालाप की तरह। वस्तुतः प्रायः सभी गद्य-वार्तालाप इसी शैली में कहे गए। एक-एक शब्द स्पष्ट, हरेक वाक्य कुछ पदों (Phrases) में विभक्त और हर पद (Phrases) के बाद लघु विराम।

सूत्रधार ने आगे आकर सूचना दी कि कुंडिनपुर के नरेश भीष्मक पधारते हैं। राजा भीष्मक और रानी शशिप्रभा का प्रवेश उन दोनों के पद और आयु के अनुकूल था। उन लोगों ने नृत्य नहीं किया, वरन् मन्थर और राजोचित गति से आगे बढ़े। भीष्मक की वेशभूषा थी—धोती, लम्बी चपकन जिस पर सलमे सितारे का काम था तथा राजसी पगड़ी। साथ में ज्ञातिलोग (अर्थात् राजा के पार्षद) भी आए। संवाद में राजा और राजमहिषी ने रुक्मिणी का विवाह श्रीकृष्ण से करने का निश्चय प्रकट किया। रुक्मिणी की सखी लीलावती पास खड़ी थी और फिर वह रनिवास के मंडप में गई और यह शुभ समाचार रुक्मिणी को सुनाया। सूत्रधार ने कहा कि आप लोग देखिए कि इस समाचार को सुनकर कैसे आनन्दमग्न हो रुक्मिणी नृत्य करती है। उसी रंगस्थली के एक ओर राजसभा और पार्श्व में रुक्मिणी का सोल्लास नृत्य और गायन।

सूत्रधार की घोषणा के बाद भीष्मक पुत्र रुक्कम का प्रवेश हुआ। उसकी प्रवेश भंगिमा और चाल बिलकुल भिन्न थी, वह जमीन पर ज़ोर-ज़ोर से पदाघात करता हुआ

आया। स्पष्ट है कि पात्र की चारित्रिक विशेषताओं के अनुसार प्रवेश-मुद्राओं का निर्धारण अंकिया नाट पद्धति का महत्त्वपूर्ण अंग है। और उनके द्वारा विभिन्न रसों का संचार सहज ही हो जाता है। दर्शकों के लिए अपनी मनोदशा को बदलना भी आसान हो जाता है। रुक्म का दर्प, उसकी कर्कशवाणी और उद्दंड चेष्टाओं में लक्षित था। पिता-पुत्र का संवाद और स्वयंवर का निश्चय—इसे सुनकर सखी ने रुक्मिणी को दुखद समाचार दिया। उल्लासपूर्ण नृत्यगान के विपरीत विरहताप मग्ना रुक्मिणी का दूसरा नृत्य उसकी गिर-गिर पड़ने की भंगिमा—सभी ने दर्शकों की भावभूमि को पुनः बदल दिया। आधुनिक दृष्टिकोण से तो विलापगान और नृत्य लम्बे और अस्वाभाविक जान पड़े, किन्तु दर्शकों पर उनका प्रभाव स्पष्ट था। रुक्मिणी की विभिन्न मुद्रा और चेष्टाओं का वर्णन सूत्रधार बार-बार सामने आकर करता जाता था। इधर भीष्मक इत्यादि दूसरे मंडप में बैठ गए थे। हमने देखा कि एक ओर रुक्मिणी का विप्रलम्भ गान हो रहा था और दूसरी ओर स्वयंवर के लिए आनेवाले राजाओं के लिए आसन रखे जा रहे थे।

करुण रस के प्रवाह में लघु विराम के तुल्य एक विनोदपूर्ण परिस्थिति का आरोपण हुआ। रुक्मिणी सखी से कहती है कि हमारे शुभचिन्तक वेदनिधि ब्राह्मण को बुला लाओ। हमने देखा कि यद्यपि लिखित नाटक में वेदनिधि की चारित्रिक विशेषताओं अथवा व्यवहार का कोई संकेत नहीं है तथा अभिनय में उसे परिहास और विनोद के माध्यम के रूप में प्रस्तुत किया गया। रुक्मिणी उनसे अपनी व्यथा का वर्णन करती है उसी परम्परागत, लयात्मक ढंग से, किन्तु वेदनिधि उत्तर देता है रोजाना की बातचीत के ढंग में। उसकी भंगिमा, उच्चारण, मुद्राएँ समसामयिक जीवन से मेल खाती थीं। रुक्मिणी का वेदनिधि को द्वारकापुरी भेजना, वेदनिधि की 'लम्बी यात्रा', उसका श्रीकृष्ण से निवेदन, उसके कुंडिनपुर लौटने में विलम्ब, रुक्मिणी की बेताबी, विरह वेदना और बार-बार मूर्च्छित होना—इन सारे प्रसंगों के प्रस्तुतीकरण में दो विभिन्न रसों—करुण और हास्य का अद्भुत विपर्यय 'कंट्रास्ट' दिखाया गया। कभी दर्शकों के मन में तनाव होता, कभी ढील। वेदनिधि कुंडिनपुर से द्वारका जाता है तो लीलास्थली में एक मंडप से दूसरे मंडप में पाँच गज के फासिले में एक बार ऐसे चक्कर लगता मानो मीलों चल रहा हो और कभी दौड़ता, कभी हाँफता, कभी थकान का आभास देता। दर्शकों का खास मनोरंजन हो रहा था।

इसी बीच रंगस्थली में एक एक करके राजा लोग स्वयंवर के लिए आए। हर एक राजा के प्रवेश करने का ढंग निराला था। और इस प्रदर्शन में बहुत कुछ 'पैंटोमाइम' मूकाभिनय—की झलक दीख पड़ी। वस्तुतः चेष्टाओं द्वारा पात्र के व्यक्तित्व की अभिव्यक्ति भरतोक्त अभिनय शैली का विशेष अंग है।

यहाँ सम्पूर्ण कथानक का विवरण देना तो अनावश्यक है, किन्तु प्रदर्शन में कुछ स्थल मनोरंजक और उल्लेखनीय थे। श्रीकृष्ण स्वयंवर में आने के लिए राजी हो जाते हैं। हमने देखा मंडप से उठकर कृष्ण घर में गए। वहाँ से कागज, कूट और कपड़े का बना हुआ रथ दर्शकों के पीछे से थापना के निकट से लाया गया है। यह चमत्कारपूर्ण

प्रदर्शन स्पेक्टेकिल का नमूना था और नाटक तथा शिल्पकला के परम्परागत सम्बन्ध का उदाहरण। सूत्रधार रथ की तीव्र गति का वर्णन करता है और वेदनिधि ब्राह्मण तेजी को सहज न कर सकने से अचेतन होने का अभिनय करता है। यह बड़ा रोचक प्रसंग था।

इधर भवानी की पूजा के लिए रुक्मिणी जाती हैं और पूजन भी यथावत् दिखाया गया। इस तरह जब पूजन के बाद रुक्मिणी सखियों सहित राजसभा में आई तो उसके सौन्दर्य से विमोहित होकर राजागण जैसा व्यवहार करते हैं उसका सूत्रधार वर्णन करता है और तदनुसार राजा लोग चेष्टाएँ करते हैं। वर्णन और अभिनय का यह तारतम्य कुशलता से निबाहा गया और इस प्रसंग में दर्शक समाज का मनोरंजन भी होता है। सखियों सहित रुक्मिणी के मन्दिर और राजदरबार में जाने की गति भी एक तरह का मन्थर नृत्य जान पड़ता है और उस समय भी गायन-बायन गीत गाते हैं—"रंगनि सखि संगिनि बाला। चललि जैचे चाँदकेरि कला।" इस तरह चलने के ढंग को 'लीलागति' में चलना कहा जाता है।

सभा के बीच में से कृष्ण का रुक्मिणी को हरकर रथ की ओर ले जाना और शिशुपाल एवं अन्य राजाओं की उत्तेजना को दिखलाने के लिए वह विशाल रंगस्थली विशेष उपयुक्त थी। युद्ध का प्रदर्शन प्रभावशाली था, क्योंकि द्वन्द्वयुद्धों की चेष्टाएँ लय और ताल का अनुसरण करती थीं। वाद्यकार ताल देते जाते थे बायन बीच-बीच में घोर युद्ध का गीतों में वर्णन करते थे और सूत्रधार नवीन प्रसंग की घोषणा करके कथानक को आगे बढ़ाता जाता था। द्वन्द्वयुद्ध में योद्धा गोलाकार दायरे में युद्ध कर रहे थे। विजयोपरान्त रुक्मिणी के निवेदन पर कृष्ण ने रुक्म को मारा तो नहीं, किन्तु जिस भाँति उसकी दाढ़ी-मूँछ उखाड़कर उसके मुख पर कालिख पोती—इस प्रसंग ने रौद्र रस के बाद पुनः हास्य रस का संचार किया। तदुपरान्त रुक्मिणी श्रीकृष्ण मिलन में शृंगार रस उमड़ा, विवाह प्रसंग में ब्रह्मा का रुक्मिणी के सौन्दर्य से विमोहित होकर मूर्च्छित होना—यह पुनः हास्य का प्रेरक हो गया। इस भाँति रौद्र, हास्य, शृंगार रस के संचार के फलस्वरूप कथानक में नवीनता न होने के बावजूद अनेक तालों और लयों में अभिनय की विविधता प्रतिबिम्बित थी। इस तरह दर्शक समाज का ध्यान अभिनय में केन्द्रित रहा।

अन्त में मुक्तिमंगल का पाठ हुआ, जिसे भरतवाक्य श्रीकृष्ण के स्तवन का सम्मिश्रण कह सकते हैं। भटिमा की भाँति ही इसका पाठ किया गया। लयात्मक काव्य पाठ, न कि तालयुक्त गान। हर चतुर्थ पंक्ति थी—'सोहि करत नित्य मुकुति तोहार,' और इस पर बायन लोग हर बार खोल पर ताल देते थे।

अभिनय के उपरान्त एक और संस्कार सम्पन्न हुआ, मुख्य अतिथि को आशीर्वाद। यह भी गायन-बायन द्वारा प्रस्तुत किया गया। मुख्य अतिथि ने सत्र के लिए भेंटस्वरूप कुछ द्रव्य दिया। तदुपरान्त गायन-बायन ने पुनः कल्याण सूचक गीत गाया और मुख्य अतिथि को पीतल के पात्र में (जिसे 'सराइ' कहते हैं) ताम्बूल दिया गया। इस तरह उस रात्रि का अभिनय समाप्त हुआ। हमें बताया गया कि नाटक को अंशतः प्रस्तुत करने की परम्परा का दंडनीय उल्लंघन है और चूँकि उस रात्रि का अभिनय सांगोपांग

नहीं था, इसलिए प्रायश्चित स्वरूप पुनः सम्पूर्ण नाटक का अभिनय सुविधानुसार किया जाएगा।

मध्ययुगीन भाषा नाटकों के रंगमंच का मूल स्वरूप असम में इसलिए अक्षुण्ण रह सका कि वह धार्मिक परम्परा का एक अंग बन गया और सत्रों जैसी सुव्यवस्थित और बहुत कुछ सम्पन्न संस्था के संरक्षण में अभिनयों का ताँता चलता रहा। मिथिला और नेपाल की उपत्यका में, जहाँ उत्तरी भारत में भाषा रंगमंच का प्रारम्भिक उत्थान हुआ था, यह रंगमंच उस समय तक ही जीवित रहा जब तक राजदरबार का संरक्षण मिलता रहा। वर्तमान दरभंगा राज में 19वीं सदी के अन्त तक कीर्तनिया नाटकों के प्रस्तुत किए जाने का उल्लेख मिलता है। दरभंगा राज के वर्तमान महल में एक नाट्यगृह भी है। किन्तु इस समय न तो कीर्तनिया नाटक प्रस्तुत करनेवाली कोई सुव्यवस्थित मंडली ही है और न संरक्षण ही उपलब्ध है। 19वीं शती के अन्त तक आते-आते यह रंगमंच-परम्परा अपने मूल रूप का अक्षुण्ण रख सकी, यह भी सन्दिग्ध है। असम के मठों में रंगमंच धार्मिक प्रतिबन्धों के फलस्वरूप बाहरी सांस्कृतिक प्रभावों से अछूता रहा परन्तु मिथिला और नेपाल में 17वीं से 19वीं सदी तक राज्य-संरक्षण के अन्तर्गत रंगमंच राजदरबार की रुचि के अनुकूल परिवर्तित होता रहा होगा। जो नाट्यगृह हमने दरभंगा राज के महल में देखा वह बहुत पुराना नहीं है और उस पर 19वीं सदी का पाश्चात्य प्रभाव लक्षित है।

अतः मध्ययुगीन रंगमंच के स्वरूप का अनुमान हम असम अंकिया नाट के अतिरिक्त कतिपय लोक परम्पराओं से ही कर सकते हैं। हमें अब तक दो ही ऐसी लोक-विधाओं के अस्तित्व की जानकारी मिली है जो मध्ययुगीन-रंगमंच की प्रतिध्वनि मानी जा सकती है। एक तो नेपाल का कातिक नाच और दूसरा पूर्णिया जिले के ग्रामीण अंचल का, बिदापत नाच। लोककला की यह विशेषता रही है कि वह न तो संरक्षक राजाओं की बदलती रुचियों का ही अनुमोदन करती है और न धार्मिक प्रतिबन्धों के कारण बाहरी प्रभावों से सर्वथा विलग रहती है। इसीलिए उनमें पुरातन की मणियाँ भी, धूलि-धूसरित ही सही, मिल जाती हैं, और नए अलंकरणों का भी अभाव नहीं होता। अभाव होता है तो परिष्कार का, सज्जा का और सुसंस्कृत साहित्य का। भौंड़े और अव्यवस्थित लोक-रंगप्रदर्शन में अन्वेषक को मध्ययुगीन रंगमंच की धरोहर के दर्शन हो सकते हैं—यह 'बिदापत नाच' के निम्नलिखित वर्णन से सिद्ध हो जाता है :

मध्ययुगीन परम्परा और लोकनाटक—'बिदापत नाच'

बिहार के पूर्णिया जिले में 'बिदापत नाच'—इस नाम से एक लोकनाटक की परम्परा है। इस लोकनाटक में मध्ययुगीन मिथिला के कीर्तनियाँ नाटक तथा असम के अंकिया नाट दोनों की झलक दीख पड़ती है। मंडलियों में प्रायः किसान और मजदूर होते हैं—अधिकतर हरिजन वर्ग के। इसलिए सच्चे अर्थ में यह लोकनाटक है।

सन् 1960 में पूर्णिया जिले के झिरवा नामक गाँव में आकाशवाणी पटना केन्द्र की ओर से श्री फणीश्वरनाथ रेणु ने उस गाँव की एक मंडली द्वारा प्रस्तुत 'पारिजातहरण' नामक नाटक के कुछ अंशों की रिकार्डिंग की। इस सिलसिले में 'बिदापत नाच' की पद्धति के विषय में कई रोचक बातें हुईं। 'पारिजातहरण' नाम का नाटक विद्यापति का लिखा नहीं, बल्कि उमापति उपाध्याय का लिखा हुआ है। मिथिला और नेपाल के कीर्तनियाँ नाटकों में यह काफी पुराना है और इसका रचनाकाल चौदहवीं शताब्दी के आसपास माना जाता है। 'पारिजातहरण' के ही नाम से महापुरुष शंकरदेव ने असम में पन्द्रहवीं शती के आसपास एक दूसरा नाटक लिखा जो रंगमंचीय तत्त्वों में उमापति उपाध्याय के नाटकों की अपेक्षा अधिक प्रचुर है। झिरवा गाँव के जनकदास की मंडली ने जो 'पारिजातहरण' खेला उसके लेखक का नाम वे नहीं दे सके। किन्तु जान पड़ता है कि उसमें दोनों ही नाटकों का सम्मिश्रण है। यह तो गीतों के शब्दों को लिख देने के बाद ही ज्ञात होगा। मंच और अभिनय परम्परा में असमिया अंकिया नाट का प्रभाव अधिक स्पष्ट है। किन्तु चूँकि कीर्तनियाँ नाटक के अभिनय की कोई अन्य परम्परा प्रचलित नही है, इसलिए पूर्णिया जिले की इस परम्परा में ही शायद कीर्तनियाँ नाटक के अवशिष्ट चिह्न विद्यमान हैं।

मंडली के नेता जनकदास हैं और अन्य उपनेता मूँगीलाल, अनूपलाल और मोहनलाल हैं। नेता को मूलगाइन कहते हैं। ध्यान देने की बात है कि असमिया अंकिया नाट में भी प्रधान गायक को 'बड़ गायन' कहते हैं। असमिया में एक और शब्द है, बायन, वाद्यकार के लिए। सम्भव है कि यहाँ भी यह शब्द प्रचलित रहा है। 'मूलगायन' के साथियों को समाजी भी कहा जाता है।

जिस स्थान पर पात्र अपनी सज्जा करते हैं उसे यहाँ साजघर कहा जाता है। इसकी तुलना असमिया नाटक के छघर (छविघर या छद्‌म-घर) से की जा सकती है।

नाट्य प्रारम्भ होने से पहले मृदंग और खोल के ऊपर काफी देर तक सामूहिक वादन होता है। इसे यहाँ वाले 'जमीनिका' कहते हैं। 'जमीनिका का एक अर्थ हो सकता है भूमिका यानी नाटक को प्रस्तुत करने से पहले एक मनोभूमि तैयार करना। किन्तु जैसा अन्यत्र कहा जा चुका है 'जमीनिका' शब्द 'यवनिका' का अपभ्रंश जान पड़ता है। असम के अंकिया नाट के अभिनय में सूत्रधार के प्रवेश से पहले यवनिका के पीछे श्लोक का पाठ होता है। निश्चय ही यह मृदंगवादन गाँववालों को एकत्र करने के लिए किया जाता था। उसमें विशेष कलात्मकता दीख पड़ी। इस दृष्टि से 'जमीनिका' की तुलना अंकिया नाट के 'घोषा' से की जा सकती है। 'घोष' ढाई-तीन घंटे तक चलता है।

'जमीनिका' के बाद नाटक के प्रारम्भ में भगवती वन्दना और तदुपरान्त अन्य देवताओं की वन्दना होती है। भगवती वन्दना विद्यापति विरचित है और चूँकि प्रत्येक नाटक के प्रारम्भ में यह वन्दना प्रस्तुत की जाती है, इसलिए यह जान पड़ता है कि इस प्रकार के नाटकों को गाँव में 'बिदापत नाच' कहने लगे। इस वन्दना का नेतृत्व भी 'मूलगायन' करते हैं। मृदंग प्रायः मौन रहता है और शब्द बहुत स्पष्ट रहते हैं। सभी

वन्दनाएँ वर्तमान लोकगीतों के स्तर से उच्च जान पड़ीं। भवगती वन्दना के बाद गुरु वन्दना और लक्ष्मी वन्दना भी कही गई।

इसके उपरान्त 'पारिजात नाटक' का परिचय दिया जाता है, बिकटा यानी विदूषक तथा नायक के बीच एक संक्षेप संवाद के माध्यम से। इस संवाद में नायक विदूषक को बताता है कि हम लोग भड़ैंती करने के लिए जमा नहीं हुए हैं बल्कि 'पारिजातहरण' नाटक दिखाने के लिए। विदूषक 'पारिजात' को 'परजात' कहता है। कुछ इसी ढंग की छेड़छाड़ के बाद गणेश सुमिरन गाया जाता है। विघ्नहरण देवता गणेशजी का स्मरण प्रायः सभी लोक नाटकों में किया जाता है—चाहे दक्षिण भारत में हो या उत्तर भारत में।

बिकटा को घुँघरुओं की आवाज सुनाई पड़ती है। पूछने पर नायक उसको बताता है कि राधिका जी सखियों के साथ आ रही हैं। 'पारिजातहरण' में राधिका जी कहाँ से आईं? नायक समझाता है कि हमारे किसी भी नाटक में रास नृत्य होना आवश्यक है और रास-नृत्य राधिका जी और उनकी सखियाँ ही कर सकती हैं। राधा और उनकी सखियाँ आती हैं और तब तक सामूहिक नृत्य के साथ दो पद जिन्हें विद्यापति के पद कहा गया है, नृत्य के साथ-साथ गाए जाते हैं। दो पदों में से एक तो निश्चय ही विद्यापति का है। यह भी स्पष्ट है कि इन पदों का प्रभाव आजकल की होली और चैती धुनों पर है। आजकल भी उत्तर बिहार के गाँवों में वसन्त आगमन पर ये धुनें सुनाई पड़ती हैं, नृत्य के अनुकूल ही।

यह रास नृत्य एक दूसरी प्राचीन परम्परा का अवशिष्ट चिह्न है। जान पड़ता है कि जयदेव के गीत-गोविन्द ने जिस तरह के रास नृत्यों की परम्परा डाली थी, वह विकृत रूप में ही सही, इन कलाकारों ने अपने ढंग से सुरक्षित रखी है। ध्यान देने योग्य बात यह है कि इस 'बिदापत नाच' में विद्यापति के पद, जयदेव के वृन्दगान तथा असमिया अंकिया नाट एवं मैथिली कीर्तनियाँ नाटक आदि सभी का सम्मिश्रण है।

अब 'पारिजातहरण' नाटक का मुख्य कथानक प्रारम्भ होता है। कृष्ण आते हैं और उनसे थोड़ी देर बाद नारद। इन दोनों के प्रवेश की कथा पद्य में कही जाती है। नारद का सिर घुटा हुआ है, धोती पहने हुए हैं और हाथ में छिपाकर पारिजात का फूल लिए हैं। कृष्ण जी के पीछे-पीछे रुक्मिणी जी का प्रवेश, जरी की साड़ी पहने हुए हैं। कविता के बीच-बीच में गद्य में संवाद चल पड़ता है।

कृष्ण पूछते हैं कि किस प्रकार हमारे चारों ओर एक दैवी सुगन्धि फैल गई। नारद हाथ खोलते हैं और अपने हाथ में छिपाए हुए पारिजात के फूल को सामने कर देते हैं। पारिजात की प्रशंसा में समाजी गीत गाते हैं। नारद कृष्णजी को फूल अर्पित कर देते हैं। कृष्ण पूछते हैं कि यह फूल किसे दूँ। नारद का उत्तर है कि फूल लेने के लिए तो सत्यभामा जी ने कहा था, किन्तु चूँकि रुक्मिणी जी यहीं मौजूद हैं तो फूल क्यों न उन्हीं को दे दिया जाए? (कथा यहाँ पर उमापति और शंकरदेव से भिन्न है) कृष्ण पारिजात के पुष्प को रुक्मिणी के हाथ में दे देते हैं। रुक्मिणी अपने को धन्य मानती हैं। पद्य के माध्यम से कथा आगे बढ़ती है।

इधर लीलास्थली पर सत्यभामा की दासी आती है और उसके कानों में भनक पड़ती है कि पारिजात पुष्प रुक्मिणी को दे दिया गया है। (रुक्मिणी शब्द का उच्चारण कविता में 'रुकुनि' इस रूप में किया गया है। ध्यान देने योग्य बात है कि असमिया नाटक के कुछ गीतों में भी 'रुकुनि' रूप का ही व्यवहार होता है।)

सत्यभामा का प्रवेश और कुछ झिझक के बाद मन्थरा की भाँति सत्यभामा को दासी पूरी कथा सुनाती है और उसके कान भरती है।

सत्यभामा क्रुद्ध होकर नारद को बुलाने को कहती है। नारद पहले ही से मौजूद हैं और कहते हैं कि यह सब श्रीकृष्ण की नासमझी है। पारिजात उन्हें रुक्मिणी को नहीं देना चाहिए था। सत्यभामा कोपभवन में चली जाती है।

कृष्ण का प्रवेश और नारद का उन्हें सारी कथा सुनाना। नारद यह कहते हैं कि यह फूल आप सत्यभामा जी को दे दीजिए। वे कोपभवन में पड़ी हैं। कृष्ण रुक्मिणी की ओर देखते हैं। रुक्मिणी कहती है कि हे मुरारी मैं हर्गिज यह फूल नहीं दूँगी।

इसके उपरान्त कृष्ण रंगस्थली में सत्यभामा के पार जाते हैं जहाँ वे अपने आभूषण इधर-उधर फेंके बैठी हैं। मूलगायन सत्यभामा के रूठने और कृष्ण को उन्हें मनाने का बड़ा सजीव वर्णन गीत के रूप में करता है। कृष्ण-सत्यभामा संवाद इस नाटक का उल्लेखनीय अंश है—पहले गद्य में बाद गीतों में।

कृष्ण वायदा करते हैं कि पारिजात फूल क्या चीज है, वे पारिजात-वृक्ष ही सत्यमाभा के लिए लाकर उपस्थित कर देंगे। सत्यभामा प्रसन्न हो जाती है और फिर आभूषण पहनते हुए भवानी की वन्दना करती है। इस वन्दना-गीत की धुन में राजस्थानी लोकगीतों की स्पष्ट प्रति झलक है।

कृष्ण नारद को गद्य में आदेश देते हैं कि वे इन्द्रपुरी जाकर इन्द्र से पारिजात वृक्ष देने का अनुरोध करें। नारद सन्देह प्रकट करते हैं, लेकिन कृष्ण के बार-बार कहने पर चल देते हैं।

अब लीलास्थली पर इन्द्र का प्रवेश होता है। इन्द्र मुखौटा पहने हैं। ध्यान देने की बात है कि इसी तरह के मुखौटे इन्द्र तथा अन्य देवताओं के लिए असमिया के 'भाओनाघर' में मिलते हैं। दक्षिण भारत में इस प्रकार के पात्रों का मुखौटा पहनकर आने का उल्लेख मिलता है।

कृष्णजी का सन्देश सुनकर इन्द्र उनके अहंकार की भर्त्सना करते हैं। गद्य और गीत में संवाद चलता है। इन्द्र कहते हैं कि वे किसी भी हालत में पारिजात वृक्ष देने को तैयार नहीं। जब नारद कृष्ण के पास वापस जाते हैं तो कृष्ण पूछते हैं कि क्या हुआ? नारद कहते हैं कि 'मत पूछो, मत पूछो। इन्द्र ने तो हमारी जीभ पकड़कर खींचने की धमकी दी।

मूलगायन संगीत में कृष्ण के क्रोध का वर्णन करते हैं और यहाँ पर मृदंग की जगह 'खोल' का प्रयोग होता है।

कृष्ण गरुण को आज्ञा देते हैं कि सेना तैयार करो। इसके उपरान्त रंगस्थली में कृष्ण की सेना का आगमन होता है। मूलगायन उस सेना का वर्णन करते हैं और वहाँ पर गद्य में बोलते हैं। मार्के की बात यह है कि गद्य में मूलगायन द्वारा वर्णन कुछ उसी शैली में किया जाता है जैसे अंकिया नाटों का सूत्रधार बोलता है।

कृष्ण की सेना मुखौटा पहने हुए आती है। उस समय समाजी जो गीत गाते हैं उसकी गति त्वरित है और यहाँ 'मार्चिंग सांग' की सी ध्वनि मिलती है। इस धुन की कुछ लटक वैशाली के मछुआ लोगों में भी मिलती है।

इसके बाद रंगस्थली पर एक वृक्ष की डाली दीख पड़ती है। यह पारिजात वृक्ष है। मुखौटा पहने एक दूत खड़ा है जो उसकी रक्षा कर रहा है। कृष्ण की सेना उसको मार भगाती है। दूत इन्द्र के पास जाकर शिकायत करता है। इन्द्र अब अपनी सेना लेकर निकलते हैं और साथ में 'शची' भी है।

एक तरह इन्द्र, शची और उनकी सेना तथा दूसरी ओर से कृष्ण, सत्यभामा तथा उनकी सेना। मूलगायन गद्य में बताता है कि अब 'सत्यभामा और शची केसन जवाब देते हैं, ये जवाब-सवाल सुनियाँ।'' युद्ध होने से पहले सत्यभामा और शची का एक-दूसरे को जली-कटी सुनाना नाटक का रोचक प्रसंग है। मिथिला के गाँवों में औरतों का हाथ चमका-चमका कर लड़ने का अभिनय मिलता है।

तदुपरान्त इन्द्र और उपेन्द्र (कृष्ण) का युद्ध शुरू होता है। युद्ध के साथ जो संगीत है वह अत्यन्त उपयुक्त है। युद्ध में भाग लेनेवाले लोग मुखौटा पहने हैं।

इन्द्र का वज्र विफल होता है। इन्द्र शंकर का ध्यान करता है। शंकर भगवान मय गणों के रंगस्थली पर आते हैं। गण मुखौटा पहने हैं। गणों का नृत्य 'शंकर भोले, शंकर भोले' संवाद के शब्दों के साथ अत्यन्त रोचक है।

शंकर डमरू बजाकर दोनों को आदेश देते हैं कि इन्द्र और विष्णु तो भाई-भाई हैं। झगड़ा क्यों होता है। इन्द्र कहते हैं कि विष्णु हमें भाई मानें तब तो। शंकर कहते हैं कि इसमें गलती तुम्हारी है, तुम क्षमा माँगो। साथ ही शंकर रुक्मिणी और सत्यभामा को भी समझाते हैं। अन्त में इन्द्र और उपेन्द्र गले मिलते हैं और तब मंगलगान के रूप में 'मूलगायन' कहते हैं कि जो 'पारिजातहरण' की इस कथा को सुनेगा उसका जीवन सफल होगा। इसकी तुलना शंकरदेव के नाटकों के मुक्तिमंगल पदों से की जा सकती है। इस अन्तिम पद में गुणीजनों के प्रति भी कुछ शब्द कहे जाते हैं।

इस अभिनय की दो-चार बातें विचारणीय हैं :

(क) नाटक मंच पर नहीं, बल्कि दर्शकों के बीच एक लीलास्थली में खेला जाता है, जिसकी दोनों ओर दर्शक बैठे हुए हों। साजघर यानी ग्रीन रूम कुछ दूरी पर होता है।

(ख) गीतों का साहित्य पक्ष तो उत्कृष्ट है ही, उनके रागों में विविधता और नाटक की परिस्थिति और गति के अनुसार तालों का प्रयोग है।

(ग) नाटक किसका लिखा हुआ है, यह ग्रामीण कलाकारों को ज्ञात नहीं है। किन्तु उसके पद निश्चय ही मध्ययुगीन साहित्य की परम्परा के हैं।

(घ) गद्य अंशतः परम्परागत है और समसामयिक। परम्परागत गद्य वहाँ है जहाँ मूलगायन सूत्रधार की भाँति किसी परिस्थिति विशेष को समझता है, जैसे कृष्ण की सेना का आगमन और उस समय मूलगायन द्वारा सेना का वर्णन। दूसरी तरह गद्य का प्रयोग उस समय होता है जबकि कथानक में किसी नई घटना अथवा मोड़ का संकेत करना अभीष्ट है। जैसे जब कृष्ण नारद को इन्द्रपुरी भेजते हैं तब 'ऐक्शन' को आगे बढ़ाने के लिए गद्य का प्रयोग किया जाता है। दूसरे शब्दों में गद्य कथानक की प्रगति का वाहन है।

(ङ) युद्ध अथवा अन्य प्रकार की तीव्र भावना के उन्मेष की ओर दर्शकों का ध्यान आकृष्ट करने के लिए कभी-कभी एक साथ मृदंग पर थाप दी जाती है। जैसे नारद की बात सुनने पर इन्द्र जब आवेश में आता है तो मृदंग की थाप सुन पड़ती है। यह तरीका लगभग सभी प्रकार के लोक नाटकों में दृष्टिगोचर होता है, किन्तु खासतौर से नौटंकी में। नाटक के प्रारम्भ में प्रस्तावना, वन्दना और अन्त में मंगलगान इस लोक परम्परा का सम्बन्ध पुरातन संस्कृत नाटकों से स्थापित करता है। इसमें कोई सन्देह नहीं कि 'बिदापत नाच' में मिथिला के कीर्तनियाँ नाटक और असम के अंकिया नाटों की परम्परा विकृत रूप में ही सही, विद्यमान है।

भाषा-नाटकों का साहित्यिक वैभव

भारतवर्ष के पूर्व-मध्ययुगीन समाज में रंगमंच-प्रदर्शन की जिस नई विधा का 'संगीतक' के नाम से उदय और प्रचार हुआ उसी का संयोजित रूप थे ये भाषा नाटक। इससे पहले विभिन्न परम्पराओं और जातियों तथा समुदायों के भारतीय समाज में सम्मिश्रण के कारण जब-जब नई नाट्यविधाओं का विकास हुआ तब-तब उन्हें नाट्य-साहित्य में सम्मान्य और समुचित स्थान देने के लिए लक्षणकारों और काव्यशास्त्र के पंडितों ने उन्हें परिभाषाओं और लक्षणों से मंडित कर दिया। कदाचित् इसीलिए भरत के नाट्यशास्त्र में नाटकों के जितने वर्ग दिए गए हैं उनकी संख्या में अभिनवगुप्त, धनंजय, गारनन्दी, रामचन्द्र गुणचन्द्र शारदातनय, नन्दिकेश्वर इत्यादि तक आते-आते बहुत कुछ अभिवृद्धि हो गई। किन्तु 'संगीतक' को किसी नाट्य अथवा रूपक के वर्ग में शामिल नहीं किया गया।

क्या साहित्यकार ने संगीतक की सर्वथा उपेक्षा की? ऐसा कहना अंशतः ही सत्य होगा। हम भूमिका के प्रमुख खंड में कह आए हैं कि चतुर्भाणी और वाणभट्ट के समय में ही संगीतकों का प्रदर्शन होने लगा था। कालिदास के **मालविकाग्निमित्र** नाटक में भी 'संगीतक' का दो स्थानों पर उल्लेख है—"हन्त प्रवृत्तं संगीतकम् (मालविका 1-1-2) और प्रारभ्यतां संगीतकम् (मालविका 1-20-21)। कथासरित्सागर में संगीतक का उल्लेख मिलता है—संगीतगृहे प्रातः—(52-284) और

तस्याऽधस्ताच्च शुश्राव वेणुवीणारवान्वितम्।
उल्लसद् गीतमधुरं दिव्यं संगीतकध्वनिम्॥ *(17-107)*

ऐसा जान पड़ता है कि उस काल में यानी ईसा की चौथी से चौदहवीं शताब्दी तक संगीतक लिखे नहीं जाते थे; रंगशाला में प्रयोक्ता द्वारा आयोजित मिश्रित प्रदर्शन के प्रमुख अंग थे गीत, नृत्य और वाद्यवादन। किसी भी सर्वविदित कथा अथवा नाटक को प्रयोक्ता संगीतक के रूप में ढालकर प्रस्तुत करते थे। यद्यपि संगीतक के लिए गीत-रचना की आवश्यकता पड़ती होगी, तथापि इन गीतों को एक तरह का फुटकर साहित्य समझा गया और इसलिए लक्षणकारों ने संगीतक का काव्यशास्त्र में समावेश नहीं किया। पंडितों की दृष्टि में संगीतक प्रयोक्ता द्वारा संगीत का रंगशाला के लिए एक प्रयोगविशेष था। इस बात की दो अवतरणों से पुष्टि होती है। ग्यारहवीं शताब्दी में यादव प्रकाश की 'वैजयन्ती' में संगीतक का उल्लेख मिलता है। वहाँ संगीतक की उस विधा को 'संगीतक'

का नाम दिया गया है जो प्रेक्षणार्थ प्रस्तुत की जाए। 'प्रेक्षा' नाट्यप्रदर्शन की एक संज्ञा है। (आपटे के अनुसार रंगप्रदर्शन, नाटक इत्यादि को प्रेक्षा कहा जाता है।) पन्द्रहवीं शताब्दी में शुभंकर के ग्रंथ 'संगीतदामोदर' में संगीत की एकमात्र व्याख्या मिलती है :

तालवाद्यानुगं गीतं नटीभिर्यत्र गीयते।
नृत्यस्यानुगतं रंगे तत् संगीतकमुच्येत॥

जिस (प्रदर्शन) में तालवाद्यों के अनुसार नटियाँ गाती हैं और रंगशाला में नृत्य प्रस्तुत करती हैं उसे संगीतक कहा जाता है।[1] यहा संगीतक के पाँच तत्त्व स्पष्ट हैं–गीत, वाद्य, नृत्य, रंगशाला और नट-नटी।

शुभंकर द्वारा की गई व्याख्या से यह प्रतीत होता है कि 14वीं और 15वीं शती में संगीतक का स्वरूप बहुत कुछ स्पष्ट हो चला था और नाट्य वर्ग में उसके ग्रहण किए जाने में एक ही कमी थी–संवाद, विशेषतः गद्य-संवाद की। और इसी समय मिथिला, नेपाल और असम में भाषा संगीतकों की रचना प्रारम्भ हुई जिनमें इस कमी को पूरा किया गया। गीत वाद्य और नृत्य के साथ संवादों की रचना के लिए दो पद्धतियाँ अपनाई गईं। एक तो वह जिसमें गद्य संवाद प्रायः संस्कृत और प्राकृत में लिखा जाता था और गीत देशी भाषा में। इस संग्रह में उमापति उपाध्याय का 'पारिजातहरण' विद्यापति का 'गोरक्षविजय' और कपिलेन्द्र का 'परशुरामव्यायोग' इस पद्धति के उदाहरण हैं। दूसरी पद्धति की रचनाओं में गीत ही नहीं संवाद भी देशी भाषा ही में लिखे गए। असम में शंकरदेव, माधवदेव, गोपाल अता, रामचरण ठाकुर इत्यादि के भाषानाटकों में यही पद्धति लक्षित है। यदि डॉ. जयकान्त मिश्र द्वारा नेपाल में प्राप्त ज्योतिरीश्वर ठाकुर के 'धूर्त्तसमागम' प्रहसन के भाषा रूपान्तर की पांडुलिपि को असली माना जाए तब तो नेपाल में दोनों ही पद्धतियों के नमूने मिल जाते हैं।

संगीतक को साहित्यिक स्वरूप देने का श्रेय उमापति उपाध्याय, शंकरदेव, विद्यापति, माधवदेव इत्यादि नाटककारों ही को है, क्योंकि उन्होंने संवाद के सहित इस प्रदर्शन-मूल विधा की कल्पना की, उन्होंने उसे संगीत प्रस्तुतीकरण के दायरे से बाहर निकालकर काव्य के प्रमुख तत्त्वों के लिए वाहन बनाया। यों 14वीं, 15वीं और 16वीं शताब्दियों में लगभग सारे भारतवर्ष में संगीतक शैली की ओर कवियों का ध्यान आकृष्ट हुआ। जयदेव के 'गीतगोविंद' कीं लोकप्रियता से प्रभावित होकर विभिन्न क्षेत्रों के कवियों ने 'दृश्यप्रबन्धों' की रचनाएँ की। केरल में कृष्णाट्टम, आंध्र और तमिलनाडु में भागवत मेल तथा वीथिनाटकम्, ब्रजक्षेत्र में रासपद तथा बंगाल (गौड़) में लीला कीर्तन–ये सब उसी धारा के अंग थे।[2] किन्तु इन 'दृश्यप्रबन्धों द्वारा संगीतकों के गान

1. इस उल्लेख की ओर मेरा ध्यान बंगला के संस्कृत विद्वान और भाषाविद् श्री एस. सेनगुप्त ने खींचा है, जिसके लिए मैं उनका कृतज्ञ हूँ।
2. वृन्दावन से लौटने के बाद सन् 1582 ई. के आस-पास नरोत्तम ठाकुर नामक वैष्णव सन्त ने राजशाही जिले के खेतरी नामक स्थान में प्रबन्ध शैली में लीलाकीर्तन की रचना की और उसे प्रदर्शित किया। (स्वामी प्रज्ञानन्द : हिस्टोरिकल डेवेलपमेंट ऑफ़ इंडियन म्यूजिक, पृ, 306)

और नृत्यपक्ष के लिए साहित्यिक कलेवर तो प्रचुर मात्रा में मिला, किन्तु उसके गुम्फनशिल्प (स्ट्रक्चर) और संवाद पक्ष की पूर्ति नहीं हो पाई। असम, मिथिला और नेपाल के भाषा-नाटकों ही में संगीतक का सर्वांगीण स्वरूप प्रकट हुआ। किन्तु चूँकि संगीतकों का यह विकसित रूप प्रायः भाषा के माध्यम से हुआ।[1] और चूँकि मुसलमानी राज्यों के विस्तार के साथ-साथ नाटक सम्बन्धी लक्षण साहित्य की रचनाएँ न्यून होती गई, इसलिए इन मध्ययुगीन भाषा-नाटकों द्वारा 'संगीतक का रूप स्पष्ट हो जाने के बावजूद काव्यशास्त्रों में 'संगीतक' की व्याख्या नहीं हो पाई।

परिणामतः इन संगीतकों का मूल्यांकन हम दो तरह से कर सकते हैं। एक तो नाटकों, रूपकों एवं उप-रूपकों के जो लक्षण काव्यशास्त्रों इत्यादि में मिलते हैं। इन रचनाओं में उनकी उपस्थिति और आभास के आधार पर हम यथोचित वर्ग के अन्तर्गत इनका स्थान निर्धारित करें। हमने इस निबन्ध में अन्यत्र इन रचनाओं के अनुकूल उपरूपकों का संकेत किया है और परम्परागत नाट्यशास्त्र की परिभाषाओं और लक्षणों की कसौटी पर इन्हें कसने की चेष्टा की है। मूल्यांकन का दूसरा तरीका यह है कि इन रचनाओं में विन्यास-शैली और कथानक-विधान, पात्रों के शीलनिरूपण, संवादनियोजन, पूर्वरंग एवं प्रस्तावना, गीतविधान और संगीत तथा रसपरिपाक की जो सामान्य विशेषताएँ दीख पड़ती हैं उनका उल्लेख किया जाए और इस विवेचन के आधार पर 'संगीतक' विधा की रूपरेखा प्रस्तुत की जाए। भूमिका के इस भाग में हम यही प्रयास करेंगे।

विषय-वस्तु : राज्याश्रयी और वैष्णव नाटक

भरतमुनि के अनुसार नाट्यवेद में प्रयोजन के आधार पर विषय-वस्तु का चुनाव होता था और उद्देश्य ही नाटककार की प्रेरणास्थली थी। नाट्य के विषय में दैत्यों की भ्रान्ति का निवारण करते हुए ब्रह्मा ने उनको समझाया कि नाट्य में कहीं धर्म, कहीं क्रीड़ा, कहीं अर्थ और कहीं शम, कहीं हास्य, कहीं युद्ध, कहीं काम और कहीं वध का प्रदर्शन होता है। धर्मपरायणों के लिए धर्मांचरण, काम सेवन करनेवालों के लिए कामक्रीड़ा, दुष्टों के लिए निग्रह और विनयशील व्यक्तियों के लिए आत्मसंयम नाट्य में पाए जाते हैं।

क्वचिद्धर्मं क्वचित्क्रीड़ा क्वचिदर्थः क्वचिच्छमः।
क्वचिद्धास्यं क्वचिद्युद्धं क्वचित् कामः पयचिद्वधः॥
धर्मो धर्मप्रवृत्तानां कामः कामोपसेविनाम्।
निग्रहो दुर्विनीतानां विनीतानां दमक्रिया॥

(भरत नाट्यशास्त्र प्रथमोऽध्याय—108-109)

---

1. उड़ीसा के रामानन्द राय विरचित "जगन्नाथ वल्लभ" नाटक इसका अपवाद है। उसमें संवाद तथा गीत दोनों ही संस्कृत में हैं और जयदेव की शैली से विशेष प्रभावित हैं। रामानन्द राय के नाटक का अधिक लोकप्रचलित नाम 'रामानन्द संगीत-नाटक'—हमारे विवेचन के लिए विशेष सार्थक है। (देखिए—सुकुमार सेन, हिस्ट्री ऑफ़ ब्रजबुलि लिट्रेचर।)

यहाँ दो बातें द्रष्टव्य हैं, एक तो यह कि नाटक सोद्देश्य काव्य है, स्वान्तः सुखाय काव्य नहीं, और दूसरी यह कि नाटकों में विविध प्रवृत्तियों के व्यक्तियों के लिए उपयुक्त सामग्री होनी चाहिए। इन दोनों धारणाओं में थोड़ा विरोधाभास है; यदि नाना वृतियों के अनुकूल परिस्थितियों और आचरण का प्रदर्शन इस तरह से किया जाए कि विभिन्न प्रकार के लोगों की तुष्टि हो सके तो विचारधारा में तटस्थता अनिवार्य है, और किसी उद्देश्य विशेष से किसी प्रकार के सन्देश और मतस्थापन पर जोर नहीं डाला जा सकता। संस्कृत नाट्यकारों ने इस विरोधाभास का निवारण नाटकों के अन्त में मंगल-समावर्त्तन द्वारा किया। जगत् का कल्याण, शुभ और शान्ति का विस्तार इसी ध्वनि के साथ नाटक के प्रधान कलेवर में किसी प्रकार के मत-स्थापना की आवश्यकता नहीं प्रतीत होती थी। यही कारण है कि प्रायः संस्कृत नाटकों में विचारतत्त्व, आध्यात्म-विश्लेषण और जीवनदर्शन का अभाव-सा प्रतीत होता है। इसके दो अपवाद हैं—एक तो अश्वघोष के नाटक और दूसरा कृष्णमिश्र का 'प्रबोधचन्द्रोदय'। अश्वघोष ने ब्राह्मणों के जातिवाद की आलोचना की और बुद्ध की महिमा और बौद्ध सिद्धान्तों के प्रतिपादनार्थ नाटक रचे। अवश्घोष के लगभग 1000 वर्ष बाद सन् 1040 ई. के आसपास कृष्णमिश्र ने वैष्णव अद्वैतवाद के समर्थन के लिए 'प्रबोधचन्द्रोदय' नाटक को माध्यम बनाया। किन्तु इस बीच भास से लेकर राजशेखर तक जितने नाटककार हुए उन्होंने अपनी रचनाओं में जनकल्याण और मंगलभावना को ही अपना उद्देश्य रखा, सिद्धान्तविशेष का विवेचन अथवा दर्शकों को धर्मविशेष में प्रेरित करने की चेष्टा नहीं की।

इसका प्रधान कारण था कि प्रायः सभी संस्कृत नाटक राज्याश्रयी रंगशालाओं में प्रदर्शनार्थ लिखे गए। राजाओं और अभिजात कुलीन व्यक्तियों का मनोरंजन रसमर्मज्ञता पर आधारित था। नाटककार मर्मज्ञों के रसोद्रेक के लिए उपकरण जुटाता था और चूँकि उसके संरक्षक और प्रधान दर्शक समाज प्रायः रसप्रक्रिया में निष्णात होता था, इसलिए नाट्यसाहित्य में रसव्यवधान करनेवाले तत्त्वों के लिए स्थान नहीं था। एक तरह से संस्कृत नाट्य-साहित्य के गौरवग्रन्थ जिज्ञासुओं के लिए जीवनदर्शन के परिचायक नहीं थे, वरन् सहृदयों के लिए जीवनरस के उन्नायक थे।

इस परिप्रेक्ष्य में मध्ययुगीन भाषा-नाटक, विषय-वस्तु और प्रयोजन की दृष्टि से दो वर्गों में बाँटे जा सकते हैं : एक तो राज्याश्रयी नाटक और दूसरे वैष्णवनाटक। पहला वर्ग संस्कृत नाटकों की व्यापक धारा—जीवनरसमूलक परम्परा में पड़ता है और दूसरा अश्वघोष-कृष्ण मिश्र की जीवनदर्शनमूलक परम्परा में। पहले में उमापति उपाध्याय का 'पारिजातहरण' ज्योतिरीश्वर ठाकुर के 'धूर्त्तसमागम' का भाषारूपान्तर, कपिलेन्द्र के परशुरामव्यायोग का अंश तथा नेपाल और मिथिला में 17वी और 18वीं शताब्दी में रचे गए अनेक नाटकों (जो इस संग्रह की काल सीमा के बाद के हैं) का परिगणन हो सकता है। दूसरे वर्ग में शंकरदेव, माधवदेव तथा उनके शिष्यों के लिखे नाटक आते हैं। और बाद में रचे गए समयसार, करुणाभरण, हनुमन्नाटक इत्यादि सम्प्रदायप्रधान हिन्दी नाटक भी।

राज्याश्रयी नाटकों की कथावस्तु और पात्र-पात्री की बहुतांश में राम और कृष्ण के उपाख्यानों का (विशेषतः कृष्ण के वृतोपाख्यान का) उपयोग करते हैं और वैष्णव नाटक भी। किन्तु राज्याश्रयी नाटकों में कृष्ण एक ऐसे नायक के रूप में चित्रित किए गए जो रसिक हैं, पुरुषार्थी हैं, प्रेमी हैं, शूरवीर हैं। यह सच है कि उमापति के पारिजातहरण में श्रीकृष्ण के रंगशाला में प्रथम प्रवेश पर उनके अवतारी पुरुष होने की घोषणा की गई है—

भूमिक भार उतारब तारव लोक।
धरम धरातल थापब हरब साधुजन सोक॥

किन्तु यह घोषणा मात्र है। शेष नाटक में कृष्ण का दूसरा ही स्वरूप निखरता है; द्वारकाधीश जो ब्राह्मण नारद की अभ्यर्थना करते हैं, अपनी पटरानी को पारिजात पुष्प अर्पित करते हैं, अपनी प्रिया सत्यभामा के कोप से भयभीत होते हैं—

प्रिये प्रसीद। मानिन—
अरुन पुरुव दिसि बहलि सगरि निसि गगन मगन भेल चन्दा।
मुनि गेलि कुमुदिनि तइओ तोहर धनि मूनल मुख अरविन्दा।
मानिनि—अवगुन परिहरि हेरु धनि मानब अबधि बिहाने।

वही कृष्ण धनंजय की सहायता से पारिजात वृक्ष को उखाड़कर अपने शौर्य का परिचय देते हैं—

पारिजात तरु गरुड़ चड़ओल हरि कर-कमल उपारी।

यह एक ललित धीरनायक का चित्र है न कि भगवान के सकल जनपालक स्वरूप का।

इसी प्रसंग पर शंकरदेव के नाटक पारिजातहरण में नाटककार बार-बार श्रीकृष्ण के भक्तवत्सल स्वरूप की याद दिलाता है। जब कृष्ण नारद की अभ्यर्थना करते हैं तो नारद कहते हैं कि हे स्वामी कृष्ण, मनुष्य चेष्टा देखावा सब लोक मोहिछ?

'भरमो दिस दस तुया जय गाया।
हामाकु आगु करसि ओहि माया?
जगत उद्धार जाहेर चरित्र।
ताहेक हामु कयलु पवित्र?
जाहेरि नामे मुकुति-पद पाइ।
सो हरि कर स्तुति-नति कतिलाइ।
तुहुं जगतगुरु देवक देवा।
तोहारि चरने रहोक सेवा।'

भागवत में श्रीकृष्ण द्वारा भौमासुर (नरकासुर) के वध की कथा को शंकरदेव ने 'पारिजातहरण' के प्रसंग में इसलिए जोड़ा कि वसुमति द्वारा कृष्ण के लोकोत्तर स्वरूप की वन्दना हो सके—

हे स्वामी श्रीकृष्ण, कोटि-कोटि ब्रह्मांडेश्वर, परम पुरुष पुरुषोत्तम, तुहुं जगतक गुरु।

नरकासुर से अदिति का कुंडल छीन कृष्ण जब कुंडल अदिति को देते हैं, तब भी भगवान की स्तुति का अवसर मिल जाता है—

जय-जय जगत निवास, जय-जय असुर बिनासा जय छेदक भवपासा।
जय-जय पूरल मनकाम, जय भव तारेक नाम।
कर करुना जदुराइ, लेहों सरन तोहा पाइ।
परम पुरुष करु त्राना, तुया बिने गति नाहि आना।

जब सत्यभामा पारिजात वृक्ष के अपने घर में रोपे जाने के बाद रुक्मिणी को ताना देती है तब रुक्मिणी का उत्तर भी भक्तिभावना का चरमोत्कर्ष है।

"अरे भगिनि सत्यभामा! कि कहैछ? जगतक परमगुरु श्रीकृष्ण। उनकर चरनसेवा करिते ब्रह्मांडभीतरे कोनो दुर्ल्लभ थीक? धर्म, अर्थ, काम, मोक्ष चारि पदारथ हाथे मिलाये। तोहारि पारिजात कोन कथा?

ओहि अरुन पद-पंकज धियाइ।
मनोरथ चारिपदारथ पाइ॥

लगभग सभी वैष्णव भाषा-नाटकों में बार-बार सूत्रधार दर्शकसमाज को याद दिलाता है कि जो कुछ वे देख रहे हैं। वह परमपुरुषोत्तम भगवान की मानवीय लीला है। बार-बार नाटककार ऐसे अवसर खोजता है कि जहाँ भगवान के भक्तवत्सल, सर्वशक्तिमान और कृपालु स्वरूप की स्तुति की जा सके। केलिगोपालनाट में (जो भागवत के महारास-प्रसंग का नाटकीकरण है) सूत्रधार कहता है—

"भो सभासद साधुजनसब, जे सकल सुरासुर बन्दित पादपद्म, सकल संसार जाहेरि स्रजना, जाहेरि नामे महामहापापी सब संसार निस्तरे, सोहि परमेश्वर श्रीगोपाल सकल-गोपीजनसहित ओहि सभामध्ये, परम कौतुके नृत्य करब, ताहे सावधानि देखहु सुनह हरि बोल हरि।"

आगे चलकर कृष्ण द्वारा गोपियों के साथ की गई काम-क्रीड़ा को भी भक्तिगरिमा का रूप दिया गया है।

"आहे लोकाइ पेखो-पेखो, जाहेर चरन ब्रह्मारुद्रादि ध्यान धरय, साहे परमेशवर अज्ञानी आनाचारी गोपनारि से सबसहित, कामकेलिकय थिक, हरि भकतिक ऐसन महिमा। इहा जान हरि बोल हरि।

भुवन भुलाइ आनन्दे गोबिन्द नाचे।
प्रभु नाचत चरन चलाइ॥"

रुक्मिणी-हरण नाटक में, रुक्मिणी वेदनिधि ब्राह्मण के सम्मुख जब श्रीकृष्ण के प्रति अनुराग प्रगट करती है तो उसकी वाणी में विरहोत्कंठिता नायिका के हृदय का उतना स्पन्दन नहीं है जितना एक दीनातिदीन भक्त-हृदय का—

केसव हे हामाकेरि राखबि प्रान।
निज किंकरिक जीवन देहु दान॥
विपद पयोनिधि परलु मुरारु।
दीन बान्धव देव उद्धार हामारु॥

राज्याश्रयी और वैष्णव भाषा-नाटकों की कथावस्तु का स्रोत एक ही होने पर भी राज्याश्रयी नाटकों में महल का वातावरण है और वैष्णव नाटकों में लीलास्थली देवालय का। वैष्वण नाटक भगवान् की लीलाओं का प्रदर्शन है, भगवान् की स्तुति का माध्यम है; राज्याश्रयी नाटक पुरुषार्थी जीवन, धर्म, अर्थ और काम से प्रेरित आचरण का अवलोकन है। पुराणों और महाभारत-रामायण से राज्याश्रयी नाटककार ने प्रतापी, रसिक और उदात्तचरितवान् पात्रों को लिया और ऐसे रोचक प्रसंगों को जिनमें रसनिष्पत्ति हो सके। पर वैष्णव नाटककारों ने श्रीमद्भागवत से लिए गए उन्हीं पात्रों और प्रसंगों को भगवद्भक्ति का माध्यम बनाया।

श्रीकृष्ण के वृत्त के प्रति 15वीं शताब्दी में उत्तरी भारत के कवियों और नाटककारों में आमूल परिवर्तन हो चला। यों तो पाणिनी के समय से ही वासुदेव कृष्ण की प्रतिष्ठा हो चली थी। ई.पू. दूसरी शताब्दी में कृष्णभागवतधर्म का विकास भी होने लगा। गुप्तयुग में कृष्ण के गोपालस्वरूप की उद्भावना हुई।[1] तदुपरान्त 500-800 वर्षों में कृष्ण के उपाख्यान की जनमनोरंजन और कला और साहित्य में गहरी पैठ होती गई। चरमोत्कर्ष दीख पड़ता है जयदेव के 'गीतगोविन्द' में (सन् 1200 ई. के लगभग), चंडीदास के श्रीकृष्ण-कीर्तन (सं. 1300 ई. के आसपास) और विद्यापति की पदावली में। किन्तु जो कृष्णवृत्त इन रचनाओं में प्रदर्शित है उसमें और 15वीं शताब्दी के बाद वैष्णव परम्परा के कवियों और सन्तों की वाणी और रचनाओं में वर्णित और अभिनन्दित कृष्णचरित में बहुत अन्तर है। यही अन्तर हमें राज्याश्रयी और वैष्णव भाषा-नाटकों के बीच दीख पड़ता है। इस विषय पर डॉ. सुकुमार सेन का विवेचन[2] प्रासंगिक है। चंडीदास ने जिस कृष्ण को अपने काव्य में चित्रित किया है वह डॉ. सेन के अनुसार, "एक ग्रामीण रसिक है राधा पर डोरे डालनेवाला। सारे काव्य (श्रीकृष्णकीर्तन) का वातावरण उन्मुक्त प्रेम से परिपूर्ण है। साधारण पाठकों के हृदय में उसके पाठ से किसी प्रकार की धार्मिक और उच्च भावनाओं के उदय की सम्भावना नहीं है। चंडीदास के 'कृष्णकीर्त्तन' के श्रोता यह पहले से स्वीकार कर लेते हैं कि कृष्ण सर्वोपरि देव तो हैं किन्तु हम लोगों को उनके विलासपूर्ण आचरण का अनुकरण नहीं करना है। फिर भी उस काव्य का वास्तविक आकर्षण शृंगार और इन्द्रियसुखासक्ति है। किसी प्रकार के भक्त-सुलभ आवेश की जैसी 'बेहुल-लखीन्द्र' की कहानी में अथवा पुराणों के पाठ में मिलती है, इस राधाकृष्ण के गीति-प्रबन्ध में नहीं है। यही बात विद्यापति के गीतों पर लागू होती है। उनके गीत भी उत्कृष्ट कोटि के काव्य हैं और पार्थिव प्रेम ही उनकी विषय वस्तु है। चैतन्य इत्यादि भक्तों के पूर्व वैष्णव साहित्य में कृष्ण-कथा का जो यह रूप दीखता है वह कृष्ण-चरित के उस गरिमामय और उन्नत रूप से सर्वथा भिन्न है जो चैतन्यकालीन वैष्णव मत में लक्षित है।...पूर्व वैष्णव मत में कृष्ण को भगवान् माना जाता था, किन्तु ऐसे भगवान् जिनके प्रति दूर से ही समादर प्रकट किया जाए, तेजस्वी भगवान जिनके आदेश का

1. डॉ. राधाकुमुद मुखर्जी—ए हिस्ट्री ऑफ इंडियन सिविलाइजेशन, 1958।
2. ए हिस्ट्री ऑफ ब्रजबुलि लिट्रेचर, पृ. 11-13।

पालन और जिनका पूजन होना चाहिए।...इसके विपरीत नया दृष्टिकोण था कि भगवान कृष्ण को अहेतुक भक्ति अर्पित की जाए और उनसे इसी भाँति प्रेम हो जैसे कोई माता या पिता अपने पुत्र से करता है, कोई बालक अपने सखा से, कोई भार्या अपने पति से, कोई बाला अपने प्रियतम से।''

यद्यपि डॉ. सुकुमार सेन चैतन्यदेव का इस वैष्णव भक्तिवाद का प्रमुख नायक मानते हैं तथा वस्तुतः 15वीं शताब्दी में सारे उत्तरी भारत में अनेक वैष्णव सन्तों ने काव्य को यह नया मोड़ दिया। सम्भवतः इस नए दृष्टिकोण का स्रोत दक्षिण भारत से आया हो। स्वयं चैतन्यदेव दक्षिण से दो ग्रन्थ लाए थे—'ब्रह्मसंहिता' और 'कृष्णकर्णामृत' जिनका गौड़ीय वैष्णव-सम्प्रदाय पर विशेष प्रभाव पड़ा। नाटकों के क्षेत्र में असम के शंकरदेव को ही इस नई प्रवृत्ति का विधायक माना जाएगा। उनका जन्म चैतन्यदेव से पहले हुआ था। शंकरदेव के व्यक्तित्व में नाटककार और सन्त एक हो गए। जिस भाँति उन्होंने राज्याश्रयी नाट्य परम्परा को वैष्णव भगवद्भक्ति के माध्यम के रूप में परिवर्तित किए वह निश्चय ही उस युग का एक चमत्कार था।

राज्याश्रयी नाटकों में जो पात्र और चरित्त हैं, वही पात्र भगवान के स्वरूप और वही चरित भगवान की लीलाओं के रूप में इन वैष्णव नाटकों में मौजूद है। शंकरदेव, माधवदेव, गोपाल अता, द्विजभूषण, रामचरण ठाकुर इत्यादि के वैष्णव नाटकों की विषय-वस्तु प्रधानतः श्रीमद्भागवत से ली गई है।

श्रीमद्भागवत के दशम स्कन्ध में वर्णित श्रीकृष्ण की कथाओं को पहले तो शंकरदेव ने अपने 'कीर्तन' नामक काव्य की विषय-वस्तु बनाया। 'कीर्तन' वस्तुतः अनेक खंड-काव्यों का संग्रह है ओर प्रत्येक खंडकाव्य एक न एक कृष्णोपाख्यान पर आधारित है। वे कीर्तन स्थानीय भाषा में लिखे गए। किन्तु भागवत ही में भगवान की स्तुतियाँ जो विभिन्न प्रसंगों में मिलती हैं, उन्हें शंकरदेव ने वर गीतों के रूप में उस दूसरी देशी भाषा में लिखा जो उस समय सारे पूर्वोत्तर भारत में सन्तों और गायकों के बीच विनिमय का माध्यम समझी जाती थी और जिस पर ब्रजभाषा का भी प्रभाव था। ये वर गीत शंकरदेव द्वारा प्रवर्तित एकशरणिया वैष्णव धर्म के प्रार्थनागीत भी थे और पूजनगीत भी, जिन्हें अंग्रेजी में रिचुअल हिम' कहा जाता है। वर गीत लिखने की प्रेरणा शंकरदेव को संभवतः अपनी पहली तीर्थयात्रा में मिली। सन् 1481 ई. में वे अपने गुरु और बन्धुओं के साथ उत्तर भारत के तीर्थों का भ्रमण करने निकले। 12 वर्ष तक भ्रमण करते रहे—गया, पुरी, वृन्दावन, मथुरा, द्वारका, काशी, प्रयाग, सीताकुंड, बाराहकुंड, अयोध्या, बदरिकाश्रम आदि स्थानों की यात्रा करते समय अनेक वैष्णवों और सन्तों से विचार विनिमय किया। जब वे बदरिकाश्रम में थे तब वहीं उन्होंने अपने सर्वप्रथम वर गीत की रचना की, यह वर गीत[1] इस प्रकार है :

---

1. देखिए, विरंचिकुमार बरुआ, 'शंकरदेव; सेन्ट ऑफ आसाम, पृ. 53-54।

रागधनाश्री।

मन मेरो राम चरनहि लागु।
ताइ देख न अन्तक आगु॥
मन आयु क्षणे क्षणे टूटे।
देख प्राण कोन दिन छूटे॥
मन काल अजगरे गिले।
जान तिलेके मरण मिले॥
मन निश्चय पतन काया।
ताईं राम भज तेजी माया॥
रे मन इसब विषय धान्धा।
केने देखि न देखस आन्धा॥
मन सुखे पार कैचे निन्द।
ताई चेतिया चिन्त गोविन्द॥
मन जानिया शंकरे कहे।
देख राम बिने गति नहे॥

इसके बाद तो वर गीतों का ताँता ही लग गया।

किन्तु 'कीर्तन' के आख्यान और वर गीतों का संगीत तो कर्णगोचर ही हो सकते थे। शंकरदेव असम की जिस जनता में एकशरणिया भागवत धर्म का प्रचार करना चाहते थे उसमें न केवल कट्टर और विज्ञ शाक्तमतावलम्बी थे वरन् कछारी, अहोम, कैवर्त्त इत्यादि शूद्र कहलानेवाली जातियाँ और वन्यप्रदेश के अबोध और पिछड़े लोग भी थे। जैसा हम पहले कह आए हैं कि शंकरदेव के एकशरणिया मत के आधारभूत सिद्धान्त एकसरन में सृष्टि के एकमात्र नियन्ता ब्रह्म हैं जिनके सर्वसम्पन्न स्वरूप विष्णु, नारायण अथवा कृष्ण हैं। इनकी भक्ति मुक्ति से भी बढ़कर है क्योंकि भगवान की सेवा में जो रस मिलता है वह मोक्ष में अलभ्य है। भक्ति के साधन दो प्रकार के हैं—एक तो 'चारवस्तु' यानी नाम, देव, गुरु एवं भक्त तथा दूसरे संयम और सदाचार। यद्यपि भागवत के आख्यानों के पाठ तथा वर गीतों के गान द्वारा इन सिद्धान्तों का प्रतिपादन हो पाता था तथापि शूद्रों और वन्य जातियों तक इस सन्देश को पहुँचाने के लिए उन्हें एक दिव्य और दृश्य माध्यम की आवश्यकता दीख पड़ी। सबसे पहले उन्होंने आध्यात्मिक विषयों पर 'चिह्न-यात्रा' नामक एक प्रदर्शन किया, जिसमें चित्रों का उपयोग किया गया था। डॉ. विरंचि कुमार बरुआ का अनुमान है कि आधुनिक बैकग्राउंड पर्दों की तरह के चित्रों की पृष्ठभूमि में शायद नाटक प्रदर्शित किया गया हो। किन्तु हम समझते हैं कि 'चिह्न-यात्रा' में भागवत-पाठ के साथ-साथ प्रसंग विशेष के चित्र दिखाए गए होंगे। इस तरह के प्रदर्शन आज भी राजस्थान में होते हैं, पतंजलि ने भी जिन शौभिकों का जिक्र किया है वे पटों पर अंकित चित्रों को दिखा दिखाकर पाठ करते थे।

शंकरदेव को नाट्य-प्रदर्शन द्वारा भागवत धर्म के प्रचार की युक्ति शायद अपनी यात्रा के दिनों में सूझी हो। सम्भव हो उन्होंने मिथिला में राज्याश्रयी नाटकों (विशेषतः उमापति उपाध्याय के 'पारिजातहरण') का रंग-प्रदर्शन देखा हो। ब्रजमंडल में उन्होंने किस तरह के प्रदर्शन देखें, इसका कोई प्रमाण नहीं है। शंकरदेव की यात्रा सन् 1481 से 1493 ई. तक हुई। उनका प्रथम नाटक सन् 1518 ई. के आसपास लिखा गया। किन्तु ब्रज में आजकल जिसे रासलीला कहा जाता है उसका सूत्रपात करनेवाले तीनों सन्त यानी हितहरिवंश, घमंडदेव और नारायण भट्ट इसके बाद ही हुए। हितहरिवंश द्वारा वृन्दावन में रास-मंडल की स्थापना संवत् 1591 वि. (सन् 1534 ई.) के आसपास मानी जाती है, यद्यपि रासमंडल से तात्पर्य नृत्यमंडल ही जान पड़ता है, संवादयुक्त नाटकीय अभिनय नहीं। नारायण भट्ट द्वारा रासलीलानुकरण की तिथि संवत् 1626 वि. (सन् 1569 ई.) के आसपास मानी जाती है।[1]

सम्भवतः उन्होंने ब्रज में भागवत के रासपंचाध्यायी का (दशम स्कन्ध के अध्याय 29 से लेकर अध्याय 33 तक भगवान् द्वारा गोपियों के साथ रास का प्रसंग) रास[2] सामूहिक नृत्य प्रदर्शन शायद देखा हो। रास, राज्याश्रयी नाटक तथा जयदेव के गीत-गोविन्द के प्रदर्शन इन तीनों ही का गहरा प्रभाव शंकरदेव के मानस पर पड़ा।

भागवत कथाओं के नाटकीय प्रदर्शन अथवा लीलानुकरण के लिए शंकरदेव की श्रीमद्भागवत में ही अन्तःसाक्ष्य मिला। श्रीमद्भागवत में भगवान् की लीलाओं की रंगशाला में अभिनय करनेवाले नट के रूपों में तुलना की गई है। शुकदेव परीक्षित से कहते हैं—"राजन जैसे नट अनेक प्रकार के रूप धरता है, परन्तु रहता है उन सबसे निर्लेप; वैसे ही भगवान् का मनुष्यों के समान जन्म लेना, लीला करना और फिर उसे संवरण कर लेना उनकी माया का विलास मात्र है—अभिनय मात्र है। वे स्वयं ही इस जगत की सृष्टि करके इसमें प्रवेश करके विहार करते हैं और अन्त में संहार लीला करके अपने अनन्त महिमामय स्वरूप में ही स्थित हो जाते हैं।[3] जब भगवान स्वयं नाटक करते हैं तो उनके अलौकिक नाटक का रंगशाला में अनुकरण करना, उनके भगवत् स्वरूप को नाटकीय अभिनय में प्रस्तुत करना सर्वथा उचित है। शंकरदेव का यह निश्चय

1. देखिए : शर्मनलाल अग्रवाल : "ब्रज की रासलीला", षष्टम् अध्याय। यहाँ एक बात विचारणीय है। शंकरदेव सन् 1550 ई. के आसपास दुबारा लम्बी-यात्रा पर गए और उनके साथ उनके 120 भक्त भी गए। उस समय तक उन्होंने कम से कम चार नाटकों की रचना कर ली थी। हमारा अनुमान है कि तीर्थस्थलों पर उनकी मंडली ने उनके नाटकों का अभिनय किया होगा। कोई आश्चर्य नहीं यदि ब्रजमंडल में रासलीला को जो नाटकीय रूप उन दिनों दिया जा रहा था उस पर शंकरदेव के प्रदर्शनों का प्रभाव पड़ा हो। इस सन्दर्भ में शंकरदेव के नाटकों का स्थानीय भाषा की जगह अन्तप्रदिशीय देशीभाषा में लिखा जाना विशेष अर्थ रखता है।
2. रास शब्द की व्युत्पत्ति के लिए देखिए : डॉ. दशरथ ओझा और डॉ. दशरथ शर्मा 'रास और रासान्वयी काव्य' भूमिका।
3. देखिए : श्रीमद्भागवत अध्याय 21, श्लोक 11 : 'राजन् परस्यतनुभृंजननाप्ययं मायाविडम्बनमवेहि यथा नटस्य। सृष्वाऽऽत्मनेदमनुविश्य विहृत्य चान्ते, संहृत्य चात्मम हिमोपरता स आस्ते।'

भारतीय नाट्य साहित्य और रंगमंच में एक अत्यन्त महत्त्वपूर्ण कदम था। हम लोग रासलीलाभिनय, धार्मिक जात्रा और रामलीला के इतने अभ्यस्त हो गए हैं कि यह यकीन नहीं होता कि 15वीं-16वीं शताब्दी ही में वैष्णव सन्तों के निश्चय और प्रयास के फलस्वरूप नाटक की इस भक्तिमूलक और भगवत् स्वरूप का प्रदर्शन करनेवाली विधा का उदय हुआ। शंकरदेव ने जिस धारा का प्रवर्त्तन किया वह सारे भारतवर्ष में फैल गई और ज्यों-ज्यों पौराणिक कथानकवाले राज्याश्रयी नाटकों का हिन्दू राजदरबारों के लोप के कारण ह्रास होता गया त्यों-त्यों उत्तर में लीलाओं और जात्राओं तथा दक्षिण में भागवत-नाटकों की परम्परा फैलती गई। किन्तु शंकरदेव और उनकी शिष्य परम्परा के नाटक लीलाओं और जात्राओं के आदिचरण ही नहीं उनसे कहीं अधिक परिपक्व और शास्त्र-सम्मत भी थे।

शंकरदेव के एक नाटक 'श्रीरामविजयनाट' को छोड़कर बाकी पाँच (कालियदमन, पत्नीप्रसाद, कलिगोपाल, रुक्मिणीहरण, और पारिजातहरण) की विषय-वस्तु श्रीमद्भागवत के दशम स्कन्ध के विभिन्न अध्यायों से ली गई है। अन्य पुराणों (जैसे हरिवंश पुराण और विष्णु पुराण) से आवश्यकतानुसार रोचक प्रसंग जोड़े गए हैं, और कहीं-कहीं भागवत की अपेक्षा हरिवंश पुराणवाले कथन को प्रधानता दी गई है। शंकरदेव प्रायः भागवत् में दिए गए क्रम का ही अनुकरण करते हैं किन्तु जिस दर्शक समाज को प्रभावित करना उनका लक्ष्य था उसकी सामान्य भावनाओं का स्पर्श करनेवाले प्रसंग को अधिक उजागर कर देते हैं। उदाहरणतः कालियदमन नाटक में (जो उनका सर्वप्रथम नाटक था) यद्यपि भागवत के कथाक्रम से उनका बराबर लगाव रहा है और भागवत के ही संवाद को उन्होंने अपनी भाषा और पद्यों में उतारा है तथापि यशोदा के सन्ताप को जहाँ भागवतकार एक श्लोक ही में व्यक्त करता है वहाँ शंकरदेव अपने समकालीन समाज में एक सामान्य ग्रामीण माता की मार्मिक पीढ़ी का उद्घाटन करते हैं—

"गोधुलि आजु बंसी बजाइ क ब्रजब जानब? काहेक धूला झाड़ि, बोके बाँधि कोले धरब? काहेक गोरस पान कराअब?...

ए सुत माधव हे कि मेरि कपाल।
कहरि दारुन सर्पे तेरि भैलि काल॥
काहाँ जाअ अगनि जालिआ मेरि गाव।
के ना आसि हामाक बोलब अब माव॥

ऐसे स्थलों से नाटक की प्रेषणीयता बढ़ाते हुए भी शंकरदेव प्रायः भागवत के ऊपर प्रवचनों को सविस्तार और सोल्लास अभिव्यक्त करते हैं जिनमें भगवान की लीला और उनकी भक्तवत्सलता का उल्लेख है। कालिनाग की पत्नियों का 'पयाड़' भागवत के मूल के परिताप-भाव को भली-भाँति प्रतिध्वनित करता है—

हतो पादपंकजर पाइला धूलाचाय।
कि हेतु इहार हे न भेल भाग्योदय॥
लक्ष्मी ब्रह्मा महेस प्रभृति देवगने।

इतो पदस्त खुजि न पावे जतने॥
तामसिक कूर क्रोसि कालि सर्पजाति।
कि मते पाइलेक इतो पदधुला आति॥

पत्नीप्रसाद नाटक में विप्रगण अपनी भूल स्वीकार कर लेने पर भागवतकार की सी ही, वाणी में कहते हैं—

"जो कृष्ण सर्वज्ञमूर्ति, बेदरोउद्भव भूमि, लक्ष्मी जाहेर चरणकिंकरी, आपुनो निजानन्दे पूर्ण, सोहि कृष्ण हामात अन्न माँगि पठाबल। हामुसब ताहेर प्रार्थना भंग करलों। हामुसब ब्रह्मचर्य व्रतधरि गुरुक शुश्रुषा करिजे बेद सब पढ़लों, इहाकधिक्कार रहोक।"

शंकरदेव ने कहीं-कहीं नाटक को रोचक बनाने की दृष्टि से भागवत के दो प्रसंगों को एक ही कथानक में मिला दिया है। 'केलिगोपाल' में रास के प्रसंग में शंखचूड़ नामक यक्ष का प्रवेश और गोपियों का अपहरण दिखाना इसका उदाहरण है। फिर भी शंखचूड़ की कथा भागवत ही का अनुसरण करती है। 'रुक्मिणीहरण' नाटक में भागवत का वह अंश भी शंकरदेव ने छोड़ दिया है जहाँ बलराम श्रीकृष्ण की इसलिए भर्त्सना करते हैं कि उन्होंने रुक्म की दाढ़ी-मूँछों का मुंचन करके उसे अपमानित किया।

शंकरदेव ने भगवान श्रीकृष्ण के चरित के उन प्रसंगों पर नाटक रचे जिनमें उनकी दिव्यशक्ति का प्रकाश हो और माहात्म्य की व्याख्या हो सके। उनके प्रमुख शिल्प माधवदेव ने भगवान की बाललीलाओं को अपने झुमुरा और जात्रा नाटकों की विषय-वस्तु बनाया। ऐसा करने में उनके दो उद्देश्य दीख पड़ते हैं, एक तो स्त्रियों को भगवान् की लीलाओं की ओर वात्सल्यभाव द्वारा आकृष्ट करना और दूसरे यह सिद्ध करना कि दिव्यशक्तिमान भगवान भी भक्त के वश में होते हैं। बालक रूप में विवशता स्वाभाविक जान पड़ती है। 'अर्जुनभंजन' में यशोदा जब कृष्ण को वृक्ष से बाँधती है तो सूत्रधार इन शब्दों में वर्णन करता है :

लवनुचोर बुलि जसोदा माइ।
गोकंठ पाशे बांधय जदुराइ॥
पूर्वापर अन्त नाहि जाहारु।
जोहि जगतक गुरु जगत आधारु॥
बाहिर भीतर जाकेरि नाइ।
गोवारि बाँधे लवनुचोरा पाइ॥

माधवदेव ने भागवत और हरिवंश पुराण की कथाओं में अपनी बुद्धि की उपज से कुछ नए प्रसंग जोड़े। उनकी कल्पनाशक्ति तीव्र थी और इसलिए विल्वमंगल स्तोत्र के लघु श्लोकों में अन्तर्निहित कथाविन्दु को उन्होंने सहज ही विस्तृत रूप दे दिया। विल्वमंगल स्त्रोत का एक श्लोक है जिसमें कन्दुकक्रीड़ा करते हुए थके श्याम को किसी बाला ने देखा और चूँकि उन्हें लौटने में देर हुई इसलिए चिन्तिता माता यशोदा तीर-तीर पर जाकर पुत्र की खोज करने लगीं। देर क्यों हुई—इसका उत्तर नाटककार माधवदेव

की कल्पना ने दिया, ''चोरघरा झुमुरा नाटक'' के कथानक के रूप में। देर इसलिए हुई कि लवण की चोरी करते हुए कृष्ण को गोपियों ने पकड़ लिया और तब तक नहीं छोड़ा जब तक उन्होंने नाचकर उनकी कामना पूरी नहीं की। 'भूमि लुटिया' झुमुरा का आधार यह छोटा-सा स्तोत्र है जिसमें बालकृष्ण की चातुरी का अनुपम चित्र है–

नीते नव न
केन च पीतं यः नव में मुरले।
इतिसमुदीर्य लुठन्तं

इसी भाँति 'पिम्पिरा-गुचुवा' झुमुरा भी एक स्त्रोत में बालचातुरी की सम्मोहक छवि का अभिनय सुलभ रूप है। इन लघुचित्रों (थम्बनेल स्केच) के नाटकीय रूप माधवदेव की विशेष देन थे। ब्रजक्षेत्र में ध्रुवदास और चाचावृन्दावन दास (समय 17वीं सदी) लिखित रासलीलाओं में इसी प्रकार के लघुप्रसंगों का रोचक प्रयोग दीख पड़ता है। इन लीलाओं के संवाद और परिस्थितियों में समसामयिक समाज के प्रतिबिम्ब मिलते हैं। क्या माधवदेव के झुमुराओं का शंकरदेव की दूसरी तीर्थयात्रा के दौरान ब्रज में अभिनय हुआ था जो उनसे प्रभावित होकर इस भाँति की परिस्थितिमूलक लीलाओं की रचना वहाँ होने लगी? कोई प्रमाण न मिलने के कारण यह अनुमान ही किया जा सकता है। किन्तु यह तो स्पष्ट है कि असम में माधवदेव के परवर्ती नाटककारों ने कृष्णलीला की इस पद्धति का अनुकरण नहीं किया, जबकि ब्रजक्षेत्र में इस तरह की लीलाओं की बाढ़-सी आ गई।

गोपाल आता और रामचरण ठाकुर ने कृष्णचरित के ब्रजखंड के उन प्रमुख अंशों पर नाटक रचे जिन्हें शंकरदेव और माधवदेव ने छोड़ दिया था। 'जन्मयात्रा' में भगवान् के जन्म की कथा है, 'गोपी उद्धव संवाद' में कृष्ण के मथुरा चले जाने के बाद के चित्र हैं, 'कंसवध' में मथुरा प्रयाण और दुष्ट कंस और उसके मल्लों के वध द्वारा भूमिभार उतारने की गाथा का चरमोत्कर्ष है।

जय-जय जगतक जनक जगजीवन
नारायण जगधाता।
जगतपरत गुरु जगत कलपतरु
निजजन भवभय त्राता॥

(कंसवध : रामचरण ठाकुर)

ये सब नाटक भगवान एवं अन्य पुराणों के कथाक्रम का उसी भाँति अनुकरण करते हैं जैसे शंकरदेव के नाटक। माधवदेव की भाँति उनमें कल्पना का विलास नहीं दीख पड़ता। कृष्णचरित की नाट्यावली का अन्तिम पुष्प है 'स्यमंतहरण' नाटक जिसे दैत्यारि ठाकुर ने श्रीमद्भागवत (दशम् स्कन्ध) के 57वें अध्याय की कथा पर रचा। इस तरह दशक स्कन्ध में भगवान के चरित की सम्पूर्ण लीला के अनेक प्रभावोत्पादक प्रसंगों की नाट्यावली तैयार हो गई और असम के सत्रों में जनसाधारण के सम्मुख नाटक के दृश्य-श्रव्य माध्यम से भागवत के सन्देश को रोचक रूप से प्रस्तुत करने की परम्परा भी स्थापित हो गई जो आज तक चल रही है। दैत्यारि ठाकुर और द्विजभूषण ने भागवत

के उपाख्यानों पर नाटक रचकर भक्तिपारायणता के विविध पहलुओं को प्रकाशित किया। द्विजभूषण का 'अजामिल उपाख्यान' (भागवत, षष्टम् स्कन्ध, अध्याय 1-3) और दैत्यारि ठाकुर का 'नृसिंहजात्रा नाटक' (भागवत, सप्तम स्कन्ध, अध्याय 1-10) दोनों ही की विषयवस्तु सारे भारतवर्ष में लोकविदित थी। भगवद्भक्तों में इन दोनों कथाओं की विशेष महिमा है।

वैष्णव और राज्याश्रयी दोनों ही प्रकार के भाषा नाटकों की विषय-वस्तु पुराणों से ली जाने पर भी दृष्टिकोण और उद्देश्य की भिन्नता के कारण उसकी अभिव्यक्ति दो विभिन्न रूपों में हुई। इसी भाँति समसामयिक समाज के व्यवहार और व्यक्तित्व का प्रतिबिम्ब भी इन दो प्रकार के भाषानाटकों में दो विभिन्न प्रवृत्तियों का परिचायक है। उमापति के 'पारिजातहरण' में राजप्रासाद का वातारण है। नारद के आने पर दौवारिक उनका स्वागत करता है, दासी उनका परिचय पूछती है, तब कहीं द्वारकाधीश के सामने ब्राह्मणदेवता विराजते हैं। विनोद और परिहास में महलों की व्यंजना है। सुमुखि दास श्लेष में बातचीत करती है। ब्राह्मणों के साथ यजमान के सम्बन्ध का चित्र (नारद द्वारा दान माँगना) उच्च वर्ग की सामाजिक व्यवस्था को प्रदर्शित करता है।

शंकरदेव के 'पारिजातहरण' में राजप्रासाद भी साधारण गृहस्थ का आवास प्रतीत होता है। उमापति की रुक्मिणी पारिजात पुष्प की माँग नहीं करती, किन्तु शंकरदेव की रुक्मिणी कहीं अधिक मानवीय है। "हे स्वामी, हामि तोहर प्रथम पतनि। जानि ओहि देवदुर्ल्लभ पारिजात प्राननाथ हामाक देहु।" नारद अपनी ओर से नमक-मिर्च मिलाकर एक दूसरे को लड़ाने में कुशल हैं। सत्यभामा के कक्ष में जाने के लिए द्वारकापुरी की सैर करने का बहाना बनाते हैं। युद्ध क्षेत्र में शची और सत्यभामा का वाक्युद्ध ग्रामीण कुटुम्बों में साधारण नारियों के व्यवहार का सजीव प्रतिबिम्ब है।

वस्तुतः वैष्णव भाषा-नाटकों की प्रेषणीयता जनसाधारण के जीवन की झाँकियों के कारण बढ़ जाती है। 'अर्जुनभंजन' में माधवदेव ने गृहिणी यशोदा का अत्यन्त यथार्थवादी चित्र खींचा है। गोपियों ने दही अच्छी तरह नहीं मथा—"तोरासबक गावे (शरीर में) कि बल नाहि? अवहेलो करिये दधि मथिये सब लवनु टुटावल। तोहों सब आन कृत्य करह। आजु हामु आपुने दधिमथन करब। जदि अधिक लवनु पाऊँ तेबे तोरा सबक जे जानु ता करब!" इसी नाटक में आगे चलकर जब नन्द को पता चलता है कि कैसे यशोदा ने कृष्ण को पेड़ से बाँधा तो जिन शब्दों में वे अपनी पत्नी की प्रताड़ना करते हैं उनमें भी असम के एक सामान्य ग्रामीण कुटंब के पति का चित्र खिंच जाता है :

"आहे दासिक दासी! बांदी! टांगि गोआरि! ओहि प्रानपुत्र कृष्णक कभन अपराधे गरुक पागें जैसेन खंटचारे शत्रुक बांधय।...तोहों कि निमित्ते मानुष भेसल? राक्षस पागें तो अधिक! आपुन पुत्रक खाइते चावल (चाहती थी)! कृष्णक न खाइ हामाक खाइ।...हामार घरे दधि दुग्ध लवनु के पूछत। नदी बहाइते पारों। ताहेर निमिते कृष्णक अतए शास्ति कयली? तोहोंक आजु मारिए प्रान लेवब।..." इसके उत्तर में यशोदा भी करारा जवाब देती है कि बुड्ढे किसको आँखें दिखाते हो। तुम्हारा घर पर क्या अधिकार

है? "इहार भालमंद कि जानस? हामु गृहेर गृहिनि, सब अधिकार हमार।...आहे बुढ़े, तोहोक के पूछत? छिः हामाक मारिते आवल?" कुछ विद्वान इस संवाद की प्रखरता को भद्दापन मानते हैं। परन्तु यथार्थ का यह चित्रण भक्ति के उद्‌बोधक वातावरण में विविधता उत्पन्न करता है। दर्शक की ग्रहणशीलता को इस प्रकार सजग कर देने के बाद माधवदेव बालकृष्ण के महत् स्वरूप पर एक विलक्षण पद प्रस्तुत करते हैं जिसमें भक्त की चेतना एक झटके के साथ प्रदीप्त हो जाती है :

रोम विवर मह कोटि कोटि अंड
ताँडव करु सम रेनुम्।
निज जन रंजन भंजन ब्रज दुख
मोदि विनोदित वेणुम।
कलशि भागल दधि सब नासल
कयलि भोजन नवनीतम्।
मीति पलावल बाँधल जननि
अर्जुन भंजन रीतम्
नाचल गावत भाव देखावत
हास बहुलय लासे।
हरिकहों चरन कमलमधुआसे
कह दीन माधवदासे।

यथार्थ और महत् का इस भाँति मिश्रण एक कशिश पैदा करता है जो एक बुनियादी नाटकीय तत्त्व है।

रसनिष्पत्ति और भक्तिचेतना

इन भाषा-नाटकों का काव्य पक्ष न केवल इसलिए व्यापक है कि इनमें पद्य की बहुलता है, वरन् इसलिए भी कि जिस दर्शकसमाज को लक्ष्य करके इनमें रसयोजना की गई थी उनके (रसज्ञता की दृष्टि से) तीन वर्ग थे। प्रथम तो यह सहृदय और मर्मज्ञ समाज जो नाटककार के संरक्षक नरेशों का अनुगामी था। यह अभिजात वर्ग रससिद्धान्त से परिचित था तथा काव्यों और नाटकों में गुण-दोष की परख कर सकता था। संस्कृत काव्य की परम्परा का भाषा-नाटकों में विस्तार इस वर्ग के लिए मुख्यतः भाषा का परिवर्तन था, अन्तरंग का नहीं। दूसरा वर्ग था उन वैष्णव भक्तों का जिनकी मानसिक अवस्था पहले से ही भागवत सम्प्रदाय के अनुकूल थी, जो भगवान् कृष्ण के ध्यान-मनन द्वारा लोकोत्तर आनन्द के पिपासु थे और इसलिए भगवान् के लीला चित्रण में उसी आनन्द का रसास्वादन कर सकते थे जो साहित्य की परम्परा और काव्य सिद्धान्तों में निष्णात रसज्ञ वर्ग को रसालंकार विभूषित कविता में मिलता था। तीसरा वर्ग था उन ग्रामीण और वनों में रहनेवाले सरल और अशिक्षित नर-नारियों का जिनकी नैसर्गिक वृत्ति में रसानुभूति के लिए अनुकूल तत्त्व विद्यमान न थे किन्तु जिन्हें सहृदय बनाकर, उनके

मर्म में रसबोध उत्पन्न करके उन्हें भागवतधर्म में लाना शंकरदेव, माधवदेव जैसे सन्त नाटककारों को अभीष्ट था।

इन विविध प्रेक्षकों को प्रभावित करने के लिए यानी उन्हें रसानुभूति कराने के लिए इन नाटकों में हमें निम्नलिखित प्रयोग दिख पड़ते हैं :

(1) इन नाटकों में रसनिष्पत्ति केवल शब्दशक्ति पर आश्रित नहीं है। संगीत और नृत्य यहाँ उद्दीपन का काम करते हैं। इसलिए हर एक गीत का कोई न कोई राग निर्देशित है और ताल भी। गीतों का आरोप सर्वदा कथा को अग्रसर करने अथवा परिस्थिति विशेष के उद्घाटन के लिए किया जाता है—यह बात नहीं। अक्सर निर्व्याज गीत और नृत्य आते हैं। किन्तु नाटककार केवल शब्दों से ही अपने मिश्रित दर्शक समाज को प्रभावित नहीं कर सकता; अतः इन निर्व्याज जान पड़नेवाले गीतों का भी प्रयोजन है। उमापति के 'पारिजातहरण' में सुमुखि के साथ सत्यभामा प्रवेश करती है तो उसका पंचमराग में गान '(सखि हे रभसे रस चलु फुलवारी। तहाँ मिलत मोहि मदन मुरारी।)' उद्यान के वातावरण को चंचल बना देता है। पारिजात पुष्प पाने के बाद रुक्मिणी अपनी सखी मित्रसेना से कहती है कि महोत्सव की तैयारी करो। सखी कहती है कि देवी यदि नाचें तो मैं सब कुछ करने को प्रस्तुत हूँ। रुक्मिणी तुरंत नर्तन करती हैं। उल्लास की पुष्टि इस नृत्य द्वारा हो जाती है। परशुरामविजय व्यायोग में रानी चन्द्रवदना राजा को अपना दुःस्वप्न गीत के माध्यम से सुनाती है।

वैष्णव भाषानाटकों में तो लगभग हर महत्त्वपूर्ण संवाद और परिस्थिति के लिए एक न एक गीत है। आंगिक अभिनय के अनुकूल लयतालयुक्त गीत रखे गए हैं। 'केलिगोपाल नाट' में गोपियों के सहित कृष्ण जलक्रीड़ा करते हैं तो रागगौरी में गीत द्रुत गति में है। उसके तुरन्त बाद कृष्ण का आदेश पाकर जब गोपियाँ उदासीन होकर धीरे-धीरे घर लौटती हैं तो उनकी नृत्यमय निष्क्रान्ति उनकी विरहव्यथा के अनुकूल ही है। (भरि पाँच न सात चलिते तनु तापित, हरि बिने देखो आँधियारी। प्रेमपरसे पुनु, परये धरनि लुटि, संकर उधार मुरारि।)

(2) राज्याश्रयी भाषानाटकों में प्रकृति वर्णन द्वारा भाव का उद्बोधन होता है वैष्णव नाटकों में पात्रों की शोभा, महिमा और कौतुकमय भंगिमाओं के वर्णन द्वारा। उमापति के 'पारिजातहरण' में रैवत बन की वंसतशोभा सारे रसिक समाज को मुग्ध कर देती है—

अनगिनत किंशुक चारु चंपक बकुल बकुहुल फुल्लियाँ।
पुनु कतहु पाटलि पटलि नीकि नेवारि माधवि मल्लिआँ।
अति मंजु बंजुल पुंजमिंजल चारु चुअ बिराजहीं।
निज मधुहिं मातलि पल्लवच्छवि लोहितच्छवि छाजहीं।
पुनु केलिकलकल कतहु आकुल कोकिला कुल कूजहीं।
जनि तीनि जग जिति मदन नृप-मनि बिजय-राज सुराजहीं।

वैष्णवनाटकों में प्रकृति वर्णन बहुत कम है किन्तु नायक-नायिकाओं के रूप और भंगिमाओं के साथ-साथ नगरशोभा का वर्णन विभावों को प्रदीप्त करता है। शंकरदेव

के रुक्मिणीहरण नाटक में कृष्ण और रुक्मिणी के द्वारकापुरी-प्रवेश रूप वर्णन और नगर के वातावरण का अद्‌भुत सामंजस्य है :

मिलल कौतुक कमलन लोचनि, चलति स्वामिक संगियाँ।
नील नीरद जच उजरि बिजुरि, भुदन भुले भ्रूभंगिया।
मत्त मातंग संग अंग भंग, करिणि कर लास बेसया।
कयल मंगल रंग कोलाहल, द्वारकापुर परवेसिया।
देवि देवकी आसिये कौतुकी, धरल बर बधु हातया।
जय-जय रव मिलल उत्सव, कहतु संकर बातया॥

वस्तुतः वैष्णव नाटकों में भागवत की स्तुतियों की परम्परा को नाटकीय रस के आलम्बन की पुष्टि के लिए व्यवहृत किया गया। भटिमाएँ न केवल नाटकों के प्रारम्भ और अन्त में नायक के पराक्रम और भक्तवत्सलता की व्याख्या करती हैं बल्कि नाटक के बीच में प्रायः मार्मिक स्थलों पर कृष्ण के दिव्य सौन्दर्य का वर्णन कर भाव को उत्तेजित भी करती हैं। 'पत्नीप्रसाद' में ब्राह्मण पत्नियाँ कृष्णदर्शन की आशा से सब विघ्नों को पार करके बढ़ी जा रही है। मानो उनकी आतुरता को द्विगुणित करने के लिए भटिमा में कृष्ण रूप-विलास उमड़ उठता है—

स्याम सरीर बसन तथि पित।
नव धन जैसे चमके तड़ित॥

. . . .

त्रिभुवन मोहन नटवर वेस।
चौभिति मेड़िया रहु गोप निसेस।
लीलापद्म फुरावत हात।
पेखत द्विजवधू सब साक्षात॥

भटिमा बहुत लम्बी है। किन्तु आगे आनेवाले प्रसंग के लिए हमें तैयार कर देती है, जिसमें कृष्ण ब्राह्मणियों को अपने घर वापस जाने को कहते हैं और वे व्यथित हो जाती हैं।

कहीं-कहीं नाटककार नायक के शौर्य सम्बन्धी प्रसंग का प्रभाव तीव्र करने के लिए उसके पूर्ववर्ती अंश में रतिभाव का आरोपण करता है। रामचरण ठाकुर के 'कंसबध' में कृष्ण और बलराम धनुर्यज्ञशाला में अपना पराक्रम दिखाने जा रहे हैं। कुब्जा की चिबुक उठाकर कृष्ण उसके शरीर को सीधा कर देते हैं। तो कुब्जा कामातुर भाव से कहती है—

गोविन्द करहों कातर पावे तोई
तोहारि परसे, कामे हामो आतुर,
जानि चलह गृहे मोइ॥

. . . .

इसत हसित चारु तेरि कमल मुख
पेखि मोहित मन मेरा।

दासि भेलो तेरि, बांछा पुरह मेरि।
देहु अधर मधु तेरा॥
हरिक वस्त्र धरि, बोलय कातर करि
मदने मोहित मति होइ।
कृष्णक दास, दास राम चरने
कहे हरि पदे गति मोइ॥

कृष्ण हँसकर उसे टाल देते हैं। धनुर्यज्ञशाला की ओर जाते हुए कृष्ण की शोभा सबको विमोहित करती है। "नागरिनारि सब कृष्णक परम सुन्दर रूप पेखि कामें विमोहित भेल। बसन, बलय, खोपा सब खसल, ताहाकु नाहि जानय जैसे चित्रर पुतलि तद्वत भेल।"

इस कामभाव के संचरण के बाद नाटककार कृष्ण के पौरुष को युद्ध प्रसंग में दिखाते हैं और पूर्ववर्ती रतिभाव मानो उस पराक्रमपूर्ण दृश्य को और भी सशक्त कर देता है–

प्रमत्त मातंग वेगेहि जाइ।
धरिले कृष्णक सुंडे मेढ़ाइ।।
एड़ाइला माधवे करि आचोट।
मारिला हस्तिक मुष्टिर चोट॥

इस पयाड़ में उत्साहभाव की जो पुष्टि हुई है नाटककार उसे पुनः उत्तेजित करने के लिए एक छोटा-सा लावण्यभाव चित्र प्रस्तुत करता है। हाथी को मारने के बाद कृष्ण बलराम रंगशाला में प्रवेश करते हैं गोपों के साथ नाचते हँसते हुए। कन्धे पर हाथी के दाँत का भाव है–

कान्धत हस्तिर दाँत देखिते अति सुवेसरे।
मधुर मुरुति धरि, रंगसाला, भेलि कानु प्रवेसरे।
चरन कमल माझे, रत्नर मंजिर वाजे रे।
पेखिए कामुक रूप, भुलल सब समाज रे।
कानुर प्रसन्न मुख, पंकज ए दरसने रे।
आनन्द सागर मजल, सबहु कहतु रामचरने रे।

मधुर भाव की यह छोटी सी झलक मानो शौर्य की उन उत्ताल तरंगों का वेग बढ़ा देती हैं जो उसके बाद चाणूर के साथ मल्लयुद्ध और कंस के सिंहासन पर उसके वध दृश्य में उमड़ रही है।

वाउ वेगे क्रोधे उचच मंचत चढ़िला।
देखि कंसे क्रोधे खांडा बारुक धरिला॥
खांडा उभि उधक बारुत देइ पाइ पाक।
पेखि कृष्णे चाम्प दिया धरिलन्त ताक॥
पड़िला उपरे तार प्रान गैल छोड़ि।

चुलत धरियो ताक फुराइला धसाइ।
सामाज्याए हाहाकार करे चाइ॥

रति और उत्साह का क्रम प्राचीन संस्कृत नाटकों में अक्सर दीखता है। 'शाकुन्तल' और 'स्वप्नवासदत्ता' दोनों ही में रतिभाव के बीच नायक को रणभेरी सुन पडती है। वैष्णव नाटकों में भी कृष्ण के पराक्रममंडित रूप और मधुर रूप का क्रमागत प्रदर्शन नाटकीय प्रवाह को गतिशील बना देता है।

(3) जहाँ तक परम्परागत रसों का सम्बन्ध है राज्याश्रयी और वैष्णव दोनों ही प्रकार के भाषा-नाटकों में शास्त्रसम्मत रसनिष्पत्ति मिलती है। शृंगार रस की प्रधानता है किन्तु अन्य रसों का भी विकास है।

श्री कालिराम मेधि के अनुसार शंकरदेव के 'कालियदमन नाटक' में भयानक और करुण, 'केलिगोपाल' में शृंगार, 'पत्नीप्रसाद' में अद्भुत, 'रुक्मिणीहरण' में शृंगार और वीर और 'पारिजातहरण' में वीर और बीभत्स रसों की उद्बुद्धि हुई है। शंकदेव के नाटकों में हास्य, करुण और अद्भुत की प्रधानता है।[1] यदि शृंगार रस के प्रयोग का विस्तृत विवेचन करें तो हमें इन नाटकों में संयोग और विप्रलम्भ दोनों की अनेक बारीकियाँ मिलेंगी। डॉ. सुकुमार सेन के अनुसार भक्ति साहित्य में शृंगार अथवा मधुर रस के चार स्वरूप सम्भोग शृंगार में और चार विप्रलम्भ में माने गए हैं। सम्भोग शृंगार के संक्षिप्त संकीर्ण, सम्पन्न और समृद्धमान और विप्रलम्भ के तदनुसार ही पूर्व राग, मान, प्रेमवैचित्र्य और प्रवास—इन रूपों की गणना की गई है।[2]

विवेच्य नाटकों में इन परिभाषाओं का पूरी तरह निर्वाह किया गया हो-सो बात नहीं है। भक्ति-साहित्य के काव्यशास्त्री रूपगोस्वामी के जीवनकाल से पहले ही इनमें कई नाटक लिखे जा चुके थे। तथापि इन नाटकों में ही श्रीमद्भागवत से प्रभावित वे प्रयोग मिलते हैं जो रूपगोस्वामी एवं अन्य भक्तिकालीन काव्यशास्त्रियों के लिए आधार स्वरूप हुए। विप्रलम्भ का प्रथम स्वरूप पूर्वराग शंकरदेव के रुक्मिणीहरण नाटक में खूब निखरा है। दर्शन या श्रवण से पूर्वराग की उत्पत्ति होती है, दर्शन साक्षात हो अथवा चित्रपट अथवा स्वप्न द्वारा; अथवा सखी, दूती अथवा ब्राह्मण भाट द्वारा अथवा वंशीध्वनि से। कृष्ण सुरभि नामक भाट से रुक्मिणी के रूप का वर्णन सुन कर पूर्वराग से व्यथित हो जाते हैं—

प्रिया केरि काहिनि सुनिये मुरारि।
विरहे दहनु चित्त, आकुल किंचित,
मानस मदन बिगारि।

उधर हरिदास भाट से "अभिनव तरुनि मूरुति। कि कहब रूपक विभूति" कृष्ण की रूप महिमा सुन रुक्मिणी—"कैसन केशव दरसन होइ। हरिबिने बिफल जन्म अब मोइ" कह-कह कर चिन्तामग्न हो जाती हैं।

---

1. देखिए : असमिया में अंकावली, सम्पादक कालिराम मेधि—अंग्रेजी की भूमिका पृ. 21-22।
2. देखिए : डॉ. सुकुमार सेन : 'ए हिस्ट्री ऑफ ब्रजबुलि लिट्रेचर, पृ. 19-22।

विप्रलम्भ के 'मान' भाव का उदाहरण उमापति उपाध्याय के 'पारिजातहरण' में है और उसी नाम के शंकरदेव के नाटक में भी। सत्यभामा का 'मान' सहेतु है और उसका आधार दृष्ट और श्रुत दोनों ही है क्योंकि उसने कृष्ण को पारिजात पुष्प रुक्मिणी को देते हुए देखा। इसीलिए तो कृष्ण कहते हैं :

मानिन मानह जउं मोर दोसे।
सांति करह बरु न करह रोसे॥
भौंह कमान बिलोकन बाने।
बेधह बिधुमुखि कय समधाने॥

प्रेमवैचित्र्य अथवा अनुराग के तीन प्रकार बताए गए हैं, एक तो वियोग की वह अवस्था जिसमें प्रेमपात्र के रूप की स्मृति होती है, दूसरा आक्षेपानुराग जिसमें प्रियतम की भर्त्सना होती है, तीसरी रसोद्गार जिसमें पूर्व-विलास और आह्लाद का स्मरण होता है। प्रवास वियोग की भी, कई अवस्थाएँ हैं कुछ अल्प प्रवास की और कुछ दीर्घ प्रवास की। शंकरदेव के 'रुक्मिणीहरण' में अनुराग और प्रवास की अनेक अवस्थाओं का नाटकीय प्रदर्शन है। जब स्वयंवर के बाद राजाओं से युद्ध के लिए कृष्ण आते हैं तो रुक्मिणी के लिए वह विछोह, लघु होते हुए भी असह्य हो जाता है—

आवहु पहु बहु पुन्ये हामु रंग।
हाते हरय निधि बिधि भेल बंक॥
आवल कैसन नाथ अभागिक लाइ।
काचक चाहिते जुनु मानिक हेराइ॥

'केलिगोपाल नाट' में कृष्ण का लोप हो जाना रासातंर्ध्यान प्रवास कहा गया है। उसी समय वंशी की याद करके कृष्ण की भर्त्सना आक्षेपानुराग है।

करुनासिन्धु जीवन लेहु कति लाइ।
मोहन बंसिर सारे निसि विपिन आन
कैसे तेजलि मधाइ।
पतिसुत सबू तेजि तेरि किंकरि हयो
हामु मुगुधि गोपनारि
तुहुं कपट कय कैसे न देसिहें
दरसन मेरि मुरारि।

लगभग सभी भाषा-नाटकों में जहाँ शृंगार का विप्रलम्भ पक्ष है, वहाँ सम्भोग शृंगार का विशेष विकास है। सम्भोग और मिलन के दृश्यों में नृत्य और संगीत के लिए यथेष्ट अवसर मिलता है। सम्भोग की संक्षिप्तावस्था में मिलन की घड़ी अल्पकालिक होती है और उसके लक्षण होते हैं चुम्बन, वस्त्रापकर्षण, पथरोध, गोष्ठ इत्यादि। संकीर्णावस्था में महारास, जलक्रीड़ा, कुंजलीला, दान इत्यादि आते हैं। सम्पन्न अवस्था के उदाहरण हैं रसालस-विनोदन, निद्रा, होली इत्यादि, और समृद्धिमान के स्वप्न, जल्पना, स्वाधीना। नाटकों में संक्षिप्त और संकीर्ण विलास की परिस्थितियाँ अधिक हैं क्योंकि उनमें विभाव

प्रदर्शन अभिनय द्वारा किया जा सकता है। 'केलिगोपाल' में सम्भोग शृंगार के संक्षिप्त और संकीर्ण अवस्थाओं के अनेक उदाहरण तो हैं ही, साथ ही समृद्धिमान अवस्था की 'जल्पना' भी गोपियों के विक्षिप्त कथन में मुखर है :

सूत्र.–"कृष्ण भक्तित मत्त हया कहों सब शोक बिछुरल, अन्यान्ये, सम्पाषिया, कृष्णलीला आपुन कय लालगव गोपीसब, तोहे देखह सुनह।

मंइ कृष्ण बुलि करे भावना।
स्तनपाने सुसि मारे पूतना॥
काहे बोले हामु गोपिनिनाथ।
सर्द्दय कालिक चढ़िया माथ्॥
हामु से कृष्ण देख कहौं बोले।
गोपिन देहो आलिगल कोले॥
बोलय काहुं आइलों हामु हरि।
बेनु ब्रजावत अधरे धरि॥

महारास का दृश्य भागवत के पंचाध्याय और जयदेव के वर्णनों के नाट्यरूप है और उसमें सम्भोग की संकीर्णावस्था को झाँकियाँ हैं :

केशव करल केलि गोपिनि संगे रंगे
गोविन्द करत केलि।
काहाकु हेरिय हास आखि भंगे लोलाम
कहाकु चुम्बन वनमालि लागि मुख।
आलिंगने गोपिके मिलत रासि सुख।

(4) हम ऊपर कह आए हैं कि भाषा-नाटक तीन प्रकार के प्रेक्षकों को लक्ष्य करके रचे गए। सहृदय, कलामर्मज्ञ और रुचिसम्मपन्न दर्शकों का मनोरंजन और रसप्लावन शास्त्र सम्मत भावानुभाव प्रदर्शन और रसप्रेरक परिस्थितियों की योजना से हुआ जिनके उदाहरण उल्लिखित हैं। दूसरे प्रकार के प्रेक्षक थे वैष्णव सम्प्रदाय के अनुगामी भक्तजन जिनकी प्रवृत्ति भगवद्-रति की ओर उन्मुख थी और नाटककार का उद्देश्य था इनकी वृत्तियों को सचेत करके रसानुभूति के माध्यम से उनकी भगवद्भक्ति को पुष्ट करना। स्थूल शृंगार में प्रदर्शन को आध्यात्मिक रसानुभूति का माध्यम बनाना—यह वैष्णव नाटककारों का अद्भुत और अभूतपूर्व प्रयास था और उनकी अनुपम उपलब्धि भी। यह कैसे हो पाया ? डॉ. नगेन्द्र के कथनानुसार[1] भारतीय काव्यशास्त्र में काव्यास्वाद के विषय में दो मत प्राप्त होते हैं : भौतिकवादी और आत्मवादी। प्राचीनों में भरत और भट्टलोल्लट का तथा परवर्ती आचार्यों में जैन विद्वान् रामचन्द्र गुणचन्द्र का दृष्टिकोण भौतिकवादी है। आत्मवाद के परिपोषकों में अभिनवगुप्त प्रधान हैं। भरत रस और उसके आस्वाद में भेद करते हैं : रस सुख दुःखात्मक भावों पर आश्रित कलात्मक स्थिति पर सौन्दर्य-सृष्टि है और उसका आस्वाद भी हर्षादि-समन्वित एक प्रकार का प्रीतिकर

1. देखिए : डॉ. नगेन्द्र–'रससिद्धान्त', पृष्ठ-113।

अनुभव है। स्पष्टतः दोनों की ही स्थिति भौतिक है—रस भी इन्द्रियगम्य और उसका आस्वाद भी ऐन्द्रिक है। आत्मावादी मत के अनुसार रस काव्यानन्द है और काव्यानन्द ऐन्द्रिक आनन्द या विषयानन्द नहीं है, वह आत्मानन्द (यानी आध्यात्मिक तल्लीनता) के अत्यधिक निकट है "यद्यपि शुद्ध आत्मानन्द भी नहीं है।" काव्यानन्द में रत्यादि भावों की भूमिका रहती है अतः विषयानन्द से सर्वथा असंस्पृष्ट वह नहीं है। किन्तु ये भाव विशुद्ध अर्थात् साधरणीकृत होने के कारण रागद्वेष से मुक्त होते हैं। अतः काव्यानन्द में मृण्मय अंश कम और चिन्मय अंश अधिक होता है। चिन्मय अंश का प्राधान्य होने से वह आत्मानन्द के निकट तो पहुँच जाता है किन्तु रत्यादि की भूमिका के कारण स्थायी और सोपाधि ही रहता है। स्थायी और निरुपाधि नहीं बन पाता।...अतः काव्यानन्द आत्मानन्द से प्रवृत्ति या प्रकार की दृष्टि से नहीं गुण की दृष्टि से भिन्न है और विलक्षण केवल इसी अर्थ में है कि न तो वह विषयानन्द है और न शुद्ध आत्मानन्द।"

चूँकि डॉ. नगेन्द्र काव्यानन्द का विवेचन कर रहे हैं इसलिए उन्होंने भौतिकवादी और आत्मवादी दृष्टिकोणों की विभिन्नता पर इतना जोर दिया है। वस्तुतः भरत के सूत्र में इस तरह की कोई दुविधा नहीं है क्योंकि भरत ने **नाट्य रस** का विवेचन यों किया है—

"जैसे विविध पदार्थों द्वारा बने हुए बहुत से व्यंजनों का भोजन-प्रिय व्यक्ति आस्वादन करते हैं उसी प्रकार भावों के अभिनयों से सम्बन्धित स्थायी भावों को विद्वान लोग मानसिक क्रियाओं द्वारा आस्वादित करते हैं। इसी से इन्हें नाट्यरस कहते हैं। अनेक विधि वाले **अभिनयों से सम्बद्ध** इन रसों की अभिव्यक्ति नाट्य के प्रयोक्ता करते हैं। इसी कारण नाट्यवेत्ताओं एवं अभिनय करनेवालों को चाहिए कि वे भावों को भली भाँति समझ लें। जिस तरह बहुत प्रकार के पदार्थों द्वारा व्यंजन तैयार होकर अपना स्वाद व्यक्त करता है उसी प्रकार अभिनयों के साथ मिलकर भाव रसों को व्यक्त करते हैं।"[1] इन तीनों श्लोकों में हमें ये पद विशेष सार्थक जान पड़ते हैं " 'भावाभिनयसम्बद्धात्' 'नानाभिनयसम्बद्धात्' 'भावयन्ति रसानभिनयैःसह।" स्पष्ट है कि भरत अभिनय से सम्बद्ध भाविभव्यक्ति में ही नाट्यरस की निष्पत्ति मानते हैं। नाट्यानन्द की यही विशेषता है और अभिनवगुप्त तथा अन्य परवर्ती टीकाकारों ने इस विशेषता की ओर ध्यान कम दिया है। वे सूक्ष्म काव्यानन्द का विवेचन करने में लग गए और नाट्यरस के स्थूल आधार यानी अभिनय की महत्ता से विमुख हो गए। जो काव्य रंगशाला पर प्रस्तुत नहीं होता उसकी रसप्रक्रिया अधिक अमूर्त हो सकती है और हम यह भी मान सकते हैं कि शब्दशक्ति को छोड़कर अन्य कोई आधार न होने के कारण उसमें सूक्ष्म बौद्धिक तत्त्व अधिक होते हैं। किन्तु नाट्यरस की पूर्ण अभिव्यक्ति तो अभिनय के सामंजस्य से ही होती है। इसलिए नाट्यरस सर्वदा स्थूल से सम्बद्ध रहता है। यदि यह सम्बन्ध टूटा तो वह नाट्यरस नहीं रहेगा।

1. भरत-नाट्यशास्त्र, अध्याय 6, श्लोक 33, 34 और 35।

यह सही है कि स्थूल आधार के बावजूद नाट्यरस आस्वादक यानी प्रेक्षक के लिए प्रत्यक्ष अनुभव नहीं होता। अर्थात् नाटक देखकर जो रसानुभूति प्रेक्षक को होती है उसमें व्यक्तिगत पार्थक्य नहीं होता। डॉ. नगेन्द्र के इस कथन से हम सहमत हैं कि रस व्यक्तिबद्ध भाव का आस्वाद नहीं है, साधारणीकृत भाव का आस्वाद है। लेकिन साधारणीकृत भाव निर्विषय होता है—इसमें हमें सन्देह है। अभिनय द्वारा भावों को अभिव्यक्त करते समय नट अपने अंगों और कतिपय इन्द्रियों के संचालन से विभाव अनुभाव और संचारी इत्यादि का नियोजन करता है। वाणी और स्वर, मुद्रा और अंगप्रक्षेप—ये सभी अर्थ-विशेष और भावविशेष को अभिव्यक्त करने के लिए तदनुकुल प्रस्तुत किए जाते हैं। प्रेक्षक के हृदय में जो उद्वेग इस सम्प्रेषण के बाद उदय होता है वह भी भावविशेष का परिचायक है। अतः रसास्वादन को हम निर्विशिष्ट नहीं कह सकते। साधारणीकृत वह इसलिए है कि वह प्रेक्षक-विशेष के निजी अनुभव से नहीं निकला है बल्कि उस सृष्टि से जिसे नट और कवि ने मिल कर तैयार किया है और जो अनेक प्रेक्षकों पर साधारणतः प्रभाव डालता है। पर वैशिष्ट्य उस आस्वादन में बराबर होता रहता है क्योंकि वह अभिनयाश्रित है। भरत ने 'हर्षादि' का जो उल्लेख किया है उसे साधारणीकृत 'आनन्द' की संज्ञा देना हमें उचित नहीं जान पड़ता है। 'हर्षादि' में 'आदि' की उपेक्षा नहीं की जा सकती। यह वैविध्य होते हुए रस 'शुद्धबुद्ध चेतन' अथवा अभौतिक माना जाए, यह हमें असंगत प्रतीत होता है।

तो फिर वह अनुभूति, वह तन्मयता, वह विभोर मनोदशा जिसे 'ब्रह्मानन्द सहोदर' का नाम दिया गया है, क्या है ? हमारी मान्यता है कि नाट्य रस से आविष्ट प्रेक्षक की अन्तश्चेतना सजगता की उस चरमावस्था पर पहुँच जाती है जहाँ से उसे आध्यात्मिक दिशा की ओर मोड़ना भक्ति सम्प्रदायों के सन्तों के लिए आसान था। यह इसलिए कि रस प्रक्रिया में आस्वादन की विविधता तो रहती है, इन्द्रियों का परितोष और सुखदुःखादिजन्य भौतिक आह्लाद भी, किन्तु यह आस्वादन व्यक्तिगत परिवेश से परे होता है। साधारणीकरण प्रेक्षक के अहं को थोड़ी देर के लिए लुप्त कर देता है। यह विलक्षण मनोस्थिति जिसमें एक ओर तो भौतिक अनुभूति सजगता की चरमावस्था पर होती है और प्रेक्षक का अहं—अपनी पृथक सत्ता का बोध—एक साधारणीकृत अनुभूति में थोड़े समय के लिए विलय हो जाता है, आध्यात्म के बीजारोपण के लिए उर्वरा भूमि होती है। मध्ययुगीन सन्तों ने रसप्रक्रिया की इस उपलब्धि से फायदा उठाया। उन्होंने नाट्यरस के फलस्वरूप अहं के अस्थायी लोप यानी 'सस्पेंशन' को भक्ति प्रेरणा, आध्यात्मिक विलास और अलौकिक भगवत स्वरूप के दर्शन के लिए एक 'बेस' यानी भूमिका माना। रसानुभूति को इस भूमिका से ऊपर उठाकर प्रेक्षक कारे भगवद्रति में प्रेरणा ही वह 'ब्रह्मानन्द' सहोदर अनुभूति है जिसे कुछ विद्वानों ने भक्तिरस की संज्ञा दी है। 'भक्तिरस' एक अलग रस है या नहीं इस पर काफी चर्चा हुई है और विद्वानों में इस विषय पर मतभेत हैं। जहाँ तक नाट्य का सम्बन्ध है हमारे विचार में भक्तिरस एक पृथक् नाट्य रस नहीं है वरन् रसों के परिपाक के फलस्वरूप सजग उस मानसिक

स्थिति का भगवदुन्मुख होना है जिसमें अहं के लोप का आभास होता है। शृंगार, वीर, करुण इत्यादि रसों का आस्वादन भगवदुन्मुखता के लिए भूमिका है, सोपान है, परिणति नहीं। सन्त नाटककारों ने रसास्वादन को साधन माना, साध्य नहीं। उनका साध्य उसके बाद आता है, इसलिए जिस 'ब्रह्मानन्द सहोदर' की इतनी चर्चा होती है, वह वस्तुतः रसानुभूति के उपरान्त भगवन्तोन्मखी तन्मयस्थिति है। यद्यपि उसे 'ब्रह्मानन्द' नहीं कहा जा सकता; क्योंकि ब्रह्मानन्द कालातीत है, अशेष है, तथापि यह भक्ति-चेतना निस्सन्देह 'ब्रह्मानन्द सहोदर' है।

नाटकों में (और काव्यों में भी) किस तरह कवि सन्तों ने यह नया मोड़ प्रस्तुत किया, यह भाषानाटकों के सन्दर्भ में विचारणीय है। ऊपर हम कह आए हैं कि प्रेक्षक के अहं का लोपाभास रसास्वादन की एक विशेषता है। भक्त नाटककारों ने इस अल्पकालिक अहं विस्मृति को भगवान के आगे भक्त की दीनातिदीन—लगभग सताविहीन, अवस्था से जोड़ दिया। यही वह दास्यभाव है जो शंकरदेव के एकसरनिया मत में प्रतिष्ठित है, और उनकी रचनाओं में भी।

दास्यभाव के मूल में भक्ति सिद्धान्त का एक गहन तत्त्व है। डॉ. वासुदेवशरण अग्रवाल ने भगवत्तत्व का एक विशद और बुद्धिपरक विवेचन किया है जो इस सिलसिले में विचारणीय है।[1] मानव के पंच विकारों—काम, क्रोध, मद, लोभ, मोह का संयोग ही उसके अहं की आधारशिला है। भगवान् की सत्ता भी पंचगुणों का समाहार ही है और मानव की खंडित सत्ता के उपादान—इन पंचविचाकारों से सम्बद्ध ही भगवान के पंचगुण हैं। यदि मानव विकार का आमना-सामना सम्बद्ध भागवत गुण से हो जाए तो मानव को अपने लघुत्व की चेतना होती है और यही भक्तिमूलक दास्यभाव का प्रादुर्भाव है। उदाहरण के लिए मानवीय मद से सम्बद्ध भागवत् गुण है—ऐश्वर्य। मद-ग्रस्त प्राणी को यदि भगवान के **ऐश्वर्यस्वरूप** का ध्यान हो जाए तो उसके आगे उसका निजी मद फीका पड़ जाएगा, उसकी अपनी सम्पदा हीन जान पड़ेगी। इसी भाँति मोह किसी जानी हुई वस्तु से लगाव है। इस परिमित ज्ञान के आगे भगवान् का ज्ञानस्वरूप इतना विशाल है कि मोह तुच्छ हो जाता है। दूसरे के उत्कर्ष से मत्सर ही के कारण क्रोध उत्पन्न होता है, किन्तु भगवान् के निस्सीम यश के आगे हरएक कीर्त तुच्छ है और इसलिए क्रोध भी निरर्थक। मनुष्य को लोभ होता है अपनी धन-सम्पत्ति से किन्तु भगवान की श्री इतनी प्रचुर और विविध है कि उसका बोध हो जाने पर लोभ बेकार हो जाता है। इन्द्रियों का रति व्यापार काम की तृष्णा की उपलब्धि है, परन्तु विलासक्रीड़ा से संलग्न भगवान् का वीतराग स्वरूप काम की इतनी उल्लासमयी और सम्पूर्ण व्यवहार-पद्धति है कि मानवीय कामाशक्ति उसके सम्मुख अतयन्त न्यून और सारहीन प्रतीत होती है।

वैष्णव भाषा-नाटकों में भगवान् के ऐश्वर्य, ज्ञान, यश, श्री और वीतराग—इन पंच गुणों के स्वरूपों का प्रदर्शन इस भाँति किया गया है कि प्रेक्षक के मानवीय पंचविकार क्षीण प्रतीत होने लगे। पंचमहागुणों से विभूषित भगवान् के सान्निध्य में दास्य भावना

1. देखिए : भगवत्तत्व पर, डॉ. वासुदेवशरण अग्रवाल का लेख—'कल्याण' मार्च 1962 ई.।

ही समीचीन जान पड़ती है। नाटककार एक ओर तो शृंगार, वीर, इत्यादि रसों के परिपाक द्वारा भगवान् के ऐश्वर्य, ज्ञान, यश, श्री और वीतराग की महत्ता स्थापित करता है, उनके इस महत् स्वरूप को प्रतिष्ठित करता है। दूसरी ओर वह बारम्बार मनुष्य के पंचविकारसमन्वित अहं को गौण घोषित करता चलता है। 'पत्नीप्रसाद' में भगवान् का ज्ञान स्वरूप, केलिगोपाल में उनका कामक्रीड़ा के बीच वीतराग स्वरूप, 'रुक्मिणीहरण' में उनका ऐश्वर्य और यश, 'स्यमन्तहरण' में उनकी श्री था इसी भाँति अन्य नाटकों में भी एक या एक से अधिक महागुणों से मंडित स्वरूप प्रेक्षक को रसाभिभूत करते हैं। भगवान् के ज्ञान और वीतराग स्वरूप के एक ही उदाहरण से रसानुभूति के वातावरण में भक्ति की मनोदशा के आरोपण की विधि स्पष्ट हो जाती है। 'केलिगोपाल' में शंखचूड़ को भाग देने के बाद कृष्ण गोपियों के साथ अग्निक्रीड़ा करने लगते हैं :

कहाकु हरि हास करु मान। कहाकु चुम्बन चर्चन दान।
कांचुरि छोड़ि कुचि परकास। हाथे घेरि गोरि करत हास।
कहाकु लेला हरि अम्बरि छोड़ि। रहल लाजे गोपी अंग मोड़ि।
सबहु बेकत गुपत अंग। वचन छरपति बढ़ाया ढंग।

सम्भोग शृंगार की पराकाष्ठा पर पहुँचा कर नाटककार प्रेक्षक की मनोदशा को नया मोड़ देता है। गोपी समझती है कि कृष्ण उसके साथ रमण में ही लवलीन हैं।

सखी : हे सखिसब, हामार रूप जौबन पेखि, श्रीकृष्ण भोलल। हमार कोल छाड़य नाहि। वाक्य वाधय नाहि।

सूत्र : ओहि बोलि बाहु लाड़ि मद गर्वे भ्रमए लागल। श्रीकृष्ण ताहे देखिए पाछु पाछु चाटु बोलि चलइछे।

श्रीकृष्ण : हे सखिसब हामाक, कैसे प्रिय सम्भाषन नाहि करत ? हामो कोन अपराध कयल ? प्राण गोपी सब कटाक्ष निरेखि हामाक आश्वास करइ।

और इसके बाद कृष्ण एक गोपी को हृदयबान्धवी मान कर अन्तर्ध्यान हो जाते हैं। शृंगार रस किस भाँति भक्त की दास्य मनोस्थिति में परिवर्तित होता है यह उसके बाद के संवाद में लक्षित है :

सूत्र : तदनंतर गोपीसब आगु पाछु जाइ, कृष्णक देखए नाहि, वृन्दाबने बिचारे न पाइ। तत्काले गरब चूर भेल, बिरह कातर हुया कृष्ण दर्सन प्रार्थय सब।

गोपीसब : हे स्वामि कृष्ण, स्वभावे चंचल स्त्रीक दोष धरिबे नाहि। हामु किंकरि तोहाक। इहा जानि दरसन देहु।

न केवल सम्भोग शृंगार विप्रलम्भ में परिवर्तित हो जाता है वरन् जिन्हें श्रीकृष्ण की 'प्राणगोपी' होने का मान था वहीं 'किंकरी' मात्र रह जाती हैं।

काहे गयो काहे गयोरे हामारि बन्धु मधाइ।
फोकारे निश्वास झुरये नीर बयना हाथ छड़ाय।

गोपीसब : हे कमल लोचन, दुखविमोचन स्वामि, हामु पापिनि सब, तोहाक गरब कयल, बड़ अपराध आचरल। से दोस सब मरस स्वामि। हामु किंकरिक दरस देहु।

सूत्र : ऐसन कृष्ण गुण गाइ, कान्दिते गोपिक प्रेमभकति उपजल। सरीर पुलकित, नेत्रक नीर झुरए।

जो अब तक शृंगारी भावना थी वही प्रेमभक्ति हो गई। विचारणीय यह है कि अहं का लोप तो रतिभाव के साधारणीकरण के फलस्वरूप पहले ही हो गया था। अतः रस के चरमोत्कर्ष के बाद प्रेक्षक की मनोभूमि भक्ति-भाव के लिए उर्वरा हो गई और नाटककार ने प्रेम-भक्ति का बीजारोपण किया। यद्यपि कई स्थलों पर नाटककार सूत्रधार के मुख से सम्बोधक वाक्य कहलवाता है किन्तु उसके सन्देश का वास्तविक माध्यम है, रसानुभूति से तैयार हुई मनोभूमि में नई विह्वलता का प्रादुर्भाव। यही विह्वलता वह प्रेम भक्ति है जिसे भक्ति रस का नाम दिया गया किन्तु जो वस्तुतः रस से एक स्तर ऊपर और ब्रह्मानन्द के एक स्तर नीचे की स्थिति है। इसलिए इसे ही ब्रह्मानन्दसहोदर कहना समीचीन होगा। वैष्णव भाषा-नाटकों में भगवान् के पंचमहागुणों के प्रदर्शन से रसनिष्पत्ति होती है; वहाँ तक उसमें राज्याश्रयी भाषा-नाटकों में विशेष अन्तर नहीं है। परन्तु पंच महागुणों के समक्ष मानवीय पंच विकारों की प्रस्तुति द्वारा प्रेरित चेतना ही वह भक्ति है जिसकी पुष्टि करना वैष्णव नाटककारों का ध्येय था।

(5) पंच महागुणों से विभूषित स्वरूप के अतिरिक्त भगवान् का एक और स्वरूप वैष्णव भाषा-नाटकों में भक्तिचेतना का माध्यम जान पड़ता है। यह है भगवान् का बालस्वरूप, जो माधवदेव के नाटकों—'अर्जुनभंजन', 'चोरधरा झुमुरा', 'भूमिलुटिया झुमुरा', 'पिम्परागुचुआ झुमुरा', 'भोजनविहार झुमुरा' और 'गोवर्धन यात्रा' में विशेषतः निखरा है। वात्सल्य रस नाम का कोई पृथक् रस है या नहीं इस विषय में विद्वानों में उसी भाँति मतभेद है जैसे भक्तिरस की अलग सत्ता के विषय में। डॉ. नगेन्द्र वात्सल्य के रसत्व का निषेध इसलिए सम्भव नहीं मानते कि वत्सल भाव मातृवृत्ति का मनोमय अनुभव है और मातृवृत्ति जीवन की अत्यन्त मौलिक वृत्ति है। उनका विचार है कि भरतादि ने नाट्य रसों में 'वात्सल्य रस' को व्यावहारिक दृष्टि से बहिष्कृत किया क्योंकि नाट्य में वात्सल्य के प्रमुख आलम्बन बालक तथा उसकी उद्दीपक क्रीड़ाओं का आयोजन कठिन रहा होगा।[1] किन्तु नाट्य में बालक की क्रीड़ाओं की व्यावहारिकता माधवदेव के नाटकों से सिद्ध हो जाती है। इन सभी नाटकों का अभिनय होता रहा है। 1538 ई. 'अर्जुनभंजन' के प्रथम अभिनय में तो माधवदेव के गुरु शंकरदेव ने स्वयं भाग लिया। इसमें यशोदा द्वारा कृष्ण को स्तनपान का प्रसंग है। बाल क्रीड़ाएँ तो सर्वथा अभिनेय हैं और वस्तुतः आज भी ब्रज में कृष्ण की बालक्रीड़ाओं का रासलीलाओं में प्रदर्शन होता है। फिर भी हमारे विचार में ये बालक्रीड़ाएँ वात्सल्यरस की स्थिति को स्थापित नहीं

---

1. देखिए : डॉ. नगेन्द्र, 'रससिद्धान्त' चतुर्थ अध्याय, पृ. 269।

करतीं वरन् कृष्ण के बालस्वरूप को प्रस्तुत करती हैं। इन लीलाओं के आयोजन में विभिन्न रसों का आस्वादन होता है। 'चौरधरा झुमुरा' में गोपियों द्वारा बन्दी किए जाने के कारण कृष्ण घर नहीं लौटे। यशोदा को ज्ञात नहीं कि उनका पुत्र कहाँ गया।

"हे माइ। हामु अभागिनित कि पूछह। हामु अनेक पुन्य करिये, देवताक वरे कृष्ण के पुत्र पावलो। से प्राणपुत्र कृष्ण खेलि खेलाइते बिहाने बजांअल। बियाल भैगैल। एखनो न आयल। से प्राणपुत्रक बिचारि न पाइ हामार प्राण कैसे रहब ?"

यह विलाप करुण रस से सम्पृक्त है। क्या माँ की करुणा को करुण रस से बाहर माना जाए ? 'भूमिलुटिया झुमुरा' में यशोदा के कक्ष में चोरी से मक्खन खाते हुए कृष्ण माँ के आने की आहट सुनते हैं। झट से, जिन पात्रों में मक्खन रखा है उलट देते हैं, अपनी बाँसुरी छिपा देते हैं और फिर मुँह बनाकर रोते हुए माँ से उपालम्भ करते हैं कि उनकी बाँसुरी और मक्खन दूध इत्यादि न जाने कौन चुरा ले गया। निस्सन्देह प्रेक्षक इस विनोदपूर्ण परिस्थिति में मुस्कुराए बिना नहीं रह सकता। क्या इसे हास्य रस से अलग माना जा सकता है? इसी भाँति 'अर्जुनभंजन' में कृष्ण द्वारा खींचे हुए वृक्ष को गिरा देखकर अन्य गोप कहते हैं, "आप गुवालसब। ओहि कि अदभुत ! बात नाहि, बृष्टि नाहि निर्घात बज्रपात नाहि। हस्ति-सब निर्घात दोष नाहि। अतए कालक वृक्ष कैसन उभरि पड़ल ?" यहाँ अद्‌भुत रस का उत्कर्ष हुआ है। उसके तुरन्त बाद नन्द और यशोदा का संवाद हास्य और रौद्र रसों की अभिव्यंजना करता है।

अतः यह जान पड़ता है कि नाना रसों के आयोजन से इन नाटकों में कृष्ण के बालस्वरूप की स्थापना इसी भाँति होती है जैसे अन्य वैष्णव नाटकों में कृष्ण के पंच महागुणों से मंडित स्वरूप की। यह स्वरूप विशेषतः ग्रामीण और वनों में रहने वाले साधारण नर-नारियों की रसानुभूति की अहं भावविहीन मनोदशा तक पहुँचाने में सफल हुआ। उस मनोदशा में उन्हें भगवतोन्मुख करना अपेक्षाकृत सरल था। 'अर्जुनभंजन के अन्त में सूत्रधार कहता है–

"ओहि कृष्णक बालक चरित्र, माटि भांगि दधि नामक, लवनु, भोजन, उड़खले बन्धन, अर्जुनभंजन जारा सबे श्रद्धाये सुने, श्रद्धाये गावे, श्रद्धाये भावना करय, तारा सबर श्रीकृष्ण चरणे **निर्मलभक्ति** बाढ़य।"

अन्य वैष्णव नाटकों में भगवान् के महिमा मंडित स्वरूप से तो **प्रेमभक्ति** की उद्‌भावना होती है, और इन लीलाओं में भगवान् के बालस्वरूप से **निर्मल-भक्ति** की चेतना होती है। ये दोनों ही भक्ति की वृत्तियाँ हैं, एक दास्य वृत्ति और दूसरी वात्सल्य वृत्ति। दोनों ही रसानुभूति के बाद की मनोस्थितियाँ हैं। दोनों ही ब्रह्मानन्द सहोदर हैं। इसलिए कम से कम वैष्णव नाटकों के सन्दर्भ में दास्य और वात्सल्य को पृथक् रस मानने के बजाय उन्हें भक्तिचेतना की दो वृत्तियाँ मानना ठीक होगा। भक्ति-चेतना के अन्तर्गत दास्य और वात्सल्य के अतिरिक्त सख्य, मधुर और शान्त ये तीन और वृत्तियाँ मानी जाती हैं। ये पाँचों वृत्तियाँ भक्तिचेतना के विभिन्न पहलू हैं : भरत द्वारा वर्णित रसों द्वारा भक्ति चेतना का उत्कर्ष होता है। रस साधन है, भक्तिचेतना साध्य।

पात्र नियोजन और शीलनिरूपण

भाषा-नाटकों के पात्र पुराणों से लिए गए हैं, वैष्णव भाषा-नाटकों के विशेषतः श्रीमद्भागवत से। लक्षणकारों ने कई ऐसे रूपकों और उपरूपकों के नाम गिनाए हैं जिनके पात्र पुराणों से लिए जाते हैं। 'उल्लाप्य' नामक एक उपरूपक का उल्लेख मिलता है, जो मध्ययुगीन भाषा-नाटकों के समान ही जान पड़ता है—एक अंक, विषय-वस्तु पौराणिक, संवाद में गीतों की बहुलता, 'समवकार' के पात्र देवता, गन्धर्व, यक्ष इत्यादि माने गए हैं। 'इहामृग' में भी देवता अथवा महापुरुष नायक होता है और देवी नायिका होती है। यदि यह मानें कि अनेक भाषा-नाटकों में भगवान् के अवतार श्रीकृष्ण वाचक हैं तो इस दृष्टि से उन पर रूपकों में प्रधान 'नाटक' की परिभाषा लागू हो सकती है। किन्तु मध्ययुगीन भाषा-नाटकों में पौराणिक पात्रों की उपस्थिति रूपकों और उपरूपकों की परिभाषाओं के कारण नहीं थी। हमने इन भाषा-नाटकों को 'संगीतक' की संज्ञा दी है, और अब तक के विवेचन से यह स्पष्ट हो चुका है कि संगीतक के विकास में जयदेव के 'गीतगोविन्द' और 11वीं से 15वीं शताब्दी में वैष्णव सम्प्रदाय की विचारधारा का विशेष प्रभाव पडा। अतः अवतारी पुरुष कृष्ण और राम के चरितनाटकों के रूप में ही संगीतकों का उत्कर्ष हुआ यद्यपि विद्यापति का 'गोरक्षविजय' और ज्योतिरीश्वर ठाकुर का 'भाषा-धूर्त्तसमागम' इस श्रेणी में नहीं आते।

संगीतकों के अनेक प्रेक्षक पौराणिक पात्रों से परिचित थे। फिर भी प्रायः हरएक संगीतक में पात्रों का परिचय प्रवेश-गीत द्वारा सूत्रधार की घोषणा में कराया जाता है। वस्तुतः प्रत्येक महत्त्वपूर्ण पात्र का शीलनिरूपण इस प्रकार के परिचयात्मक पदों में कर दिया जाता है। प्राचीन संस्कृत नाटकों में प्रथम अंक में ही प्रेक्षकों की जिज्ञासा जागृत करने के लिए प्रमुख पात्र का रूप-वर्णन सूत्रधार और नटी के संलाप में आ जाता है। 'मध्यम-व्यायोग' में वृद्ध के पुत्र एक-एक करके घटोत्कच के विषय में जिज्ञासा करते हैं। 'तरुणरवि की किरणों के सदृश बिखरे हुए केश, लम्बी भौंहें और उज्ज्वल पिंगल बड़ी-बड़ी आँखें, काले मेघ में बिजली के समान कंठ में यज्ञोपवीत—यह युग संहार प्रवृत्त हर की प्रतिभा-सा यह कौन पुरुष है ? भीतर चन्द्रमा को छिपाए नए जलपूर्ण मेघ के सदृश यह कौन है ? त्रिपुरासुर के नाम को नाश करनेवाले शंकर के कोप के समान भयानक यह कौन है ?'' इस तरह घटोत्कच के लिए मन में उत्सुकता जागती है और उसका बाहरी रूप भी स्पष्ट हो जाता है। किन्तु संगीतकों में नाटककार मात्र कौतूहल उकसाने के लिए ही परिचय नहीं देता। वह तो यथासम्भव पात्र की विशेषताओं की गणना करता है। रूपवर्णन और रूप-दोष वर्णन इस भाँति किया जाता है कि जो नट पात्रविशेष का रूप धरता है वह उन गुण-दोषों और रूप की विशेषताओं को अपने अभिनय, नृत्य, गान द्वारा अभिव्यंजित करे। चूँकि संगीतक में संगीत, नृत्य और संवाद का सम्मिश्रण होता है अतः पात्रपरिचय इन तीन कलाओं के लिए रूपरेखा तैयार कर देता है। उमापति उपाध्याय के 'पारिजातहरण' में नारद का परिचय विवरणात्मक भी है और संकेतात्मक भी :

अवतरु अधनी तेजि अकास। न थिक दिवाकर न थिक हुतास॥
धोती धवल तिलक उपनीत। ब्रह्म तेज अति अधिक उदीत॥
बैनब दंड वेद कर सोभ। अबथि नारद दरसन लोभ॥
परम जुगुत तिनि जगतक हीत। ब्रह्मासुत मोर सम्भुक मीत॥

यहाँ नारद की उन परम युक्तियों की ओर संकेत है जिनसे जगत का हित होता है। पात्रों के स्वभाव की झलक का दूसरा नमूना है सत्यभामा का परिचय।

सतिभामा देवि देल परवेस। स्वामि सोहाग सुहाओनि बेस।
हरखित हृदय गरुअ अभिमान। कृष्ण पिआरि परान समान॥

प्रवेश के बाद सत्यभामा पंचमराग में जो गीत गाती है, उसमें उसकी पति-परायणता (स्वामीसोहाग) और उसके हरखित हृदय की झाँकी मिलती है। तदुपरान्त माधवीलता में छिपकर वह रुक्मिणी को पारिजात फूल पाने पर गौरवान्वित होता देखती है। उसका यह अभिमान व्यंग्यपूर्ण वाणी में अभिव्यक्त होता है। तात्पर्य यह है कि संगीतक में परिचयात्मक विवरण सूत्र है और तदुपरान्त गीत नृत्य और अभिनय उस सूत्र की व्याख्या की भाँति है। यही क्रम लगभग प्रत्येक नाटक में चलता है। वैष्णव संगीतकों में इस पद्धति द्वारा शंकरदेव, माधवदेव, गोपाल आता इत्यादि ने नाटकों के प्रधान नायक अवतारी पुरुष कृष्ण की स्तुतियों को भटिमाओं के रूप में प्रस्तुत किया। ये भटिमाएँ शील निरूपण का प्रमुख माध्यम थीं।

चरित्रचित्रण की इस सूत्र-व्याख्या पद्धति की ही भाँति नायक नायिकाओं के लक्षणों को रूपायित करने के लिए 'संगीतक' विधा विशेष उपयुक्त रही। किन्तु संगीतकों में नायक नायिकाओं के विषय में लक्षणकारों की उन्हीं स्थापनाओं को अपनाया गया जो गीत-नृत्य-संवाद के मिश्रित और बहुत कुछ औपचारिक वातावरण में मेल खाती थीं। इसके अतिरिक्त वैष्णव संगीतकों में कृष्ण और राम के भगवत स्वरूप की प्रतिष्ठा के लिए उनके नायक रूप में प्रायः अलौकिक तत्त्वों का समावेश करा दिया जाता था और तदनुसार ही लक्षणों में हेर फेर हो जाता था। उमापति उपाध्याय के 'पारिजातहरण' में कृष्ण धीर ललित नायक हैं, और अपनी दोनों पत्नियों के प्रति उनका अनुराग देखते हुए उन्हें दक्षिण नायक माना जाएगा यानी एक से अधिक स्त्री को प्रसन्न करने वाला नायक।[1] शंकरदेव के 'रुक्मिणीहरण' में कृष्ण धीर ललित भी जान पड़ते हैं, और उदात्त भी, युद्ध क्षेत्र में उनका धीरोदात्त रूप भी प्रकट होता है। 'रामविजय' में रामचन्द्र का परम्परागत उदात्त शील प्रदर्शित है और एक पत्नी-व्रत के कारण सीता के प्रति 'अनुकूल' नायक दिखाए गए हैं। नायिकाओं के रूपों में शास्त्रसम्मत लक्षणों का अधिक निर्वाह हुआ है। 'केलिगोपाल' और 'पत्नीप्रसाद' को छोड़कर नुरागवती स्त्रियाँ नायिकाएँ ही दिखाई गई हैं। 'रुक्मिणीहरण' और 'रामविजय' में रुक्मिणी और सीता मुग्धा नायिकाएँ

---

1. देखिए : कीथ : 'संस्कृत ड्रामा', पृष्ठ 307।

हैं। 'पारिजातहरण' में सत्यभामा प्रगल्भा है और कृष्ण के प्रति 'कलहान्तरिता'। 'केलिगोपाल' और 'पत्नीप्रसाद' में गोपियाँ परकीया नायिकाएँ हैं और प्रायः विप्रलब्धा परिस्थिति में दिखाई गई हैं।

सत्य तो यह है कि राज्याश्रयी भाषा-नाटकों को छोड़कर अन्य भाषा-नाटकों में नायक-नायिकाओं को वर्गों के अनुसार स्थिर करना सम्भव नहीं है। नाटककार मुख्य पात्र और पात्रियों को पूरे नाटक भर समधर्मी (कंसिस्टेंट नहीं दिखाता। इसलिए लक्षणों के स्थान पर अलंकार यानी व्यवहार वैशिष्ट्य की झाँकियाँ, हमें इन रचनाओं में मिलती हैं। 'दशरूपक' (2 ।9-13) और 'साहित्य दर्पण' (89-95) के अनुसार नायक के अलंकार हैं—शोभा, विलास, माधुर्य, गांभीर्य, स्थैर्य, तेजस्, लालित्य और औदार्य इत्यादि; नायिका के अलंकार हैं भाव, हाव, लीला, विलास, विच्छिति, विभ्रम, किलकिंचित, मोट्टायित, कुट्टमित, विकृत, ललित इत्यादि। प्रायः इन अलंकारों की गणना राजप्रासादों में बिहार करने वाले नर-नारियों के व्यवहार को देखकर की गई थी। फिर भी भगवान् के पंच महागुणों से मंडित स्वरूप को प्रत्यक्ष करनेवाले नाटककारों ने इन अलंकारों के यत्रतत्र समावेश द्वारा इन स्वरूपों को मनमोहक बनाया। अलंकार-पद्धति से शील निरूपण करना इन नाटककारों को सुलभ इसलिए हुआ कि संगीत और नृत्य में इन अलंकारों को अत्यन्त आकर्षक ढंग से दिखाया जा सकता है। उदाहरणतः 'रुक्मिणीहरण नाटक' में श्रीकृष्ण का रंगशाला में प्रवेश (कुंडिनकु आवत मोहन मुरारु। कोटि इंदुनिधि वदन बिराज कर सारंग सर धारु) और उनका राजसभा में बैठना (श्रीकृष्ण ऐसन प्रवेस कय राजमंडलि मध्य बैठल, जैसन नक्षत्र मध्ये पुन्निमाक चांद परकास कयेथिक) इस तरह प्रस्तुत किया गया है कि नायक के अलंकार 'शोभा' और 'विलास' देदीप्यमान हो उठते हैं। उसी नाटक में रुक्मिणी को जब कृष्ण अपने साथ सभा में से ले चलते हैं, तब रुक्मिणी के हाव, भाव, लीला और विलास—इन नायिका-सुलभ अलंकारों का इस भाँति प्रदर्शन होता है।

"लहु सहु गति धाइ, प्रिया सगे रंगे जाइ।
हरि हरि हसि चाइ, जैसे मत्तसिंह राइ॥
रूपे भुवन जिनि सखि समे रुकमिनि।
चले वामा मध्य खिनि झनके मंजीर मनि॥
पिउ मुख बेरि बेरि लज्जित नयने हेरि।
कह संकर केरि गति गोबिन्द मेरि॥

सूत्रधार : तदनन्तर श्रीकृष्ण रुकमिनिक हात धरिये हसि हसि प्रियाक मुख निरेखिए लीलागति चलि जाइ जैसन मत्त सिंह चलइछे। से राज नन्दिनि, श्रीकृष्णक स्वामि लभिए लज्जित नयने घन घन स्वामी मुख निरेखिये, परम आनन्दे चलि जाइ।"

इन संगीतकों के अभिनय को देखकर ही ऐसे प्रसंगों की अर्थवत्ता परखी जा सकती है। 'लीलागति' जैसे पदों का तात्पर्य ही यह है कि नायक अथवा नायिका के चलने और

बैठने का ढंग सभी नृत्य की गति और गान की लय के अनुसार हैं। इस भाँति ही नाट्यालंकारों की झाँकियों से शील-निरूपण होता है। छोटे बड़े सभी नाटकों में ऐसी झाँकियाँ बिखरी पड़ी हैं।

संगीतकों के शीलनिरूपण की तीसरी और सर्वाधिक मौलिक पद्धति है नायक, प्रतिनायक और नायिका के अतिरिक्त अन्य पात्रों को जनसाधारण के व्यवहार और अनुभूतियों के मूर्तिमान स्वरूप में प्रदर्शित करना। लक्षण ग्रन्थों में जिन अन्य पात्रों का विवरण किया गया है (दूत, चेट, मन्त्री, स्नातक, कंचुकी, महादेवी, स्वामिनी, प्रतिहारी, महत्तरा इत्यादि।) उन्हें इन नाटकों में शामिल करने का विशेष प्रयास नहीं किया गया। दूत 'रुक्मिणीहरण' में भी हैं, वेदिनिधि ब्राह्मण, किन्तु उसमें और साहित्यदर्पण में वर्णित दूत में कोई साम्य नहीं है। वेदनिधि द्वारका से कुंडिनपुर चलते समय कृष्ण के वेगवान् रथ में बैठते ही मूर्च्छित हो जाता है।

कृष्ण : हे वेदनिधि स्वस्थ हव, स्वस्थ हव।

सूत्र. : कृष्णक आश्वास सुनिए, किछे चेतन पाइ, बिप्र बोलन।

वेदनिधि : हे बापु तुहु बा के हामु बा कौन? कि निमित्त रथ आवलथिक?

कृष्ण : (विहसि बोल) हामु द्वारकार कृष्ण, तुहु वेदनिधि, रुकमिनि पठावल, तन्निमित तुहु हामु कुंडिनि चलयिछि।

वेदनिधि : हा हा बापु बत्तलु। हामु क्षणे के मरि जाएँ, तोहाक निमित्ते पुनु उपजलो।

परिहास का जो अल्प संकेत इस संवाद में है वह अभिनय के समय मुद्राओं के कारण वेदनिधि को लोकप्रिय और मनोरंजक पात्र बना देता है। ऐसे ही अनुचारिका अथवा दासी का जो शास्त्र-सम्मत स्वरूप प्राचीन संस्कृत नाटकों में है उससे उमापति ('पारिजातहरण') की सुमुखि थोड़ी भिन्न है, यद्यपि उसका शिष्ट परिहास (नारद को बानर कहना) राजप्रासाद के अभिजात वातावरण का द्योतक है। शंकरदेव के 'पारिजातहरण' की अनुचारिका इन्दुमती दरबारी भाषा में बोलना नहीं जानती और न सुमुखी की भाँति सत्यभामा के 'विभ्रम', 'किलकिंचित' को ऐसे शब्दों में दरसाती है :

कि कहब माधव तनिक बिसेसे।
अपनहु तन धनि पाव, लेसे॥
अपनुक आनन आरसि हेरी।
चानक भरम कोप कत बेरी॥
भरमहु निअ कर उर पर आनी।
परस तरस सरसीरुह जानी॥

वरन् साधारण गृहस्थ समाज में उपेक्षिता पत्नी की सखी की भाँति उद्‌बोधन कर सकती है, सत्यभामा हताश होकर मर जाने की बात कहती है तो इन्दुमती स्वाभाविक चुनौतीपूर्ण वचन बोलती है।

इन्दुमती : हे प्राणसखि, सौतिनिक अपमाने कि मरिते चाय ? ओहि कौन बेवहार? अ, से प्राण माधव स्वामि, तोहार मान साधब नाहि। ओहि दुरन्त चिन्ता परिहरि। उठह, उठह।

वस्तुतः वैष्णव संगीतकों में अनेक पात्र-जनसाधारण के दैनिक जीवन के पाए जानेवाले चरित्रों के मूर्तिमान स्वरूप हैं। उदाहरणतः शंकरदेव और माधवदेव (विशेषतः माधवदेव) एक ग्रामीण माँ को चित्रित करने के लिए यशोदा और बसुमती (पारिजातहरण में भगदत्त की मातामही) की मर्मस्पर्शी छवियाँ प्रस्तुत करते हैं। माधवदेव की यशोदा अपने पुत्र की भर्त्सना करती है—

"हे पुता, तोहारि बाप नन्द सब गुवालक राजा। हामु ताहेर पत्नि। हामार उदरे जनमि तुहु ऐसन दुर्जन भेलि। हामार गृहे दधि नाहि, दूध नाहि ? लवनु नाहि ? सन्देस नाहि ? कौन वस्तु नाहि ? तोहक हामु खाइते नाहि देसि ? तुहुकि भोजन नाहि करत ? कांगाल छवाल जैसन तुह बेड़ान। आज तोहाक हामु सिखा देवब।"

उसका लाड़ प्यार करती है :

एखने आनिबो दुग्ध मथिबो आपुनि।
जात पार खाइबा दिब ए नयन लवनि॥
खीरेर लाडू साजि दिब चिसे कर्पूर माखि।
संजात न जाया पडार लोक करा साखि॥
ऐ बोल सुनिया हरि एड़िल रोदन।
धुल झाड़ि को लेकरि मावे दिला तन॥

उसके खो जाने पर विलाप करती है; उसके मिल जाने पर किसी भी साधारण माता की भाँति गद्गद हो जाती है : "आहे बाबु, तोहो हमार कोटि पुरुषक देवता, परम देवता, माथाक मुकुट, गलार सातसरि, बुकेरे सीतल चन्दन।"

माँ की स्नेहमयी मूर्ति की भाँति ग्रामीण जीवन की कतिपय अन्य 'टिपिकल' छवियाँ भी संगीतकों में प्रतिबिम्बित हैं। गाँवों में एक दूसरे को लड़ाने में रस लेनेवाले 'सर्वज्ञों' को मात देनेवाले नारद, पौराणिक नारद से कहीं अधिक सजीव हैं। शंकरदेव के 'पारिजातहरण' में सत्यभामा से नारद कहते हैं—"हे देवि सत्यभामा ! तोहारि स्वामी श्रीकृष्ण बड़िबिषम चेष्टा देखल। हा, हा, माव, तुहुं दुर्भागा भेलि, हामु आजु से जानल।" और बाद में पारिजात कुसुम के विषय में सत्यभामा को उकसा कर, पुनः कृष्ण से जाकर कहते हैं—"आहे श्रीकृष्ण ! तुहु एथा कौन सुखे रहह। से प्रिया सत्यभामा, पारिजातक निमित्ते अपमाने अन्नपान सब छाड़ल ! परम तापे मरयिछे। हा, हा चक्षुये देखिते पाव कि ना पाव।" इसी नाटक में युद्धक्षेत्र में सत्यभामा और इन्द्राणी शची के बीच वाग्युद्ध दो पड़ोसी स्त्रियों की नोंक झोंक का चित्र है—

शची : *मानुषी साहस ऐसन तोहारि*
हरलि कुसुमहामारि।

आहे सत्यभामा, तोहारि स्वामी माधवक कथा हामु सब जानि। ओह गोपी विटाल गोपाल ! उनिकर आगु गोकुलक स्त्री नाहि रहल ! देखौ कंसक दासी कुब्जी ताहेक हाथ

एड़ावल नाहि ! ताहेक आर कि कहब ?

सत्य : ...अये निलाजिनी, मरिते न जाव ! तोहारि स्वामि इन्द्रक कथा कहिते घृना सें उपजे !

जनसाधारण के जीवन में खिलाड़ी बालकों, सुघड़ गृहिणी, नटखट युवतियों, स्वार्थी ब्राह्मणों, पत्नी-प्रताड़ित पति इत्यादि का रोचक चित्रण माधवदेव के झुमुराओं में हुआ है। संस्कृत के प्राचीन नाटकों में ये पात्र अत्यन्त गौण होते थे, किन्तु संगीतकों में कई महत्त्वपूर्ण और लगभग सभी मनोरंजक प्रसंग इन यथार्थमूलक पात्रों पर केन्द्रित है। ये पात्र किन्हीं वर्गों में नहीं बैठाए जा सकते। इनमें असम उपत्यका और मिथिला-नेपाल क्षेत्र का सामान्य जीवन उमड़ उठता है, भले ही इनके व्यवहार में शास्त्र निर्धारित लक्षणों और अलंकारों का अभाव हो।

संगीतकों में पात्रनियोजन में सूत्रधार का स्थान शास्त्र-सम्मत सूत्रधार से भिन्न है। प्राचीन नाटकों में सूत्रधार, पारिपार्श्वक अथवा नटी और स्थापक, इन तीन पात्रों के नाम मिलते हैं। यद्यपि सम्भवतः सूत्रधार और स्थापक एक ही व्यक्ति होता रहा हो। ये पात्र पूर्वरंग में ही उपस्थित होते थे। पहले नान्दीपाठ कल्याण के लिए, फिर सूत्रपात, फिर प्रस्तावना और उसके बाद अन्य पात्रों का प्रवेश, ऐसा क्रम प्रायः मिला है यद्यपि इस क्रम के विषय में कुछ मतभेद भी हैं।[1] किन्तु पूर्वरंग का सम्पूर्ण क्रम भरत के नाट्यशास्त्र में वर्णित है।[2] वस्तुतः पूर्वरंग के तीन प्रमुख सोपान है—प्रथम यवनिका-उत्थापन, यानी यवनिका के पीछे सूत्रधार तथा वाद्यकारों और गायकों द्वारा गीत-नृत्य, दूसरा उत्थापन-क्रिया, जिसमें यवनिका हटाई जाने के बाद सूत्रधार और पारिपार्शिवक द्वार वन्दना, नान्दीपाठ और परिहासपूर्ण 'त्रिगत' नामक संवाद प्रस्तुत होते थे, और सूत्रधार नाटक के विषय में घोषणा करता था, जिसे प्ररोचना कहा गया है। तीसरा सोपान है प्रस्तावना जिसमें नाटक की विषयवस्तु का उल्लेख, कवि का नाम इत्यादि का विवरण होता था। संगीतक के रचयिताओं ने पूर्वरंग के कतिपय ऐसे अंगों को प्रधानता दी जो संस्कृत के विख्यात नाटकों में उपेक्षित हो गए थे और इस तरह सूत्रधार को नाटक का कर्णधार बना दिया। नांदीपाठ और प्रस्तावना तो इन सभी नाअकों में है। किन्तु वैष्णव संगीतकों में प्ररोचना, त्रिगत और उत्थापनक्रिया के भी भेद दृष्टिगत होते हैं।

पूर्वरंग के इन उपेक्षित अंगों के प्रयोग के अतिरिक्त वैष्णव भाषा-नाटकों में सूत्रधार की प्रमुख विशेषता यह है कि वह नाटक में बराबर उपस्थित रहता है और कथा की प्रगति, पात्रों के प्रवेश और निष्क्रान्ति और नाटक के मर्म का संकेत देता रहता है। सूत्रधार का यह स्वरूप लक्षण-ग्रन्थों में कहीं भी निर्दिष्ट नहीं है और न किन्हीं प्राचीन नाटकों में ही यह पद्धति मिलती है। राज्याश्रयी भाषा-नाटकों में भी सूत्रधार की परम्परागत प्रारम्भिक झलक ही मिलती है। शंकरदेव ने क्योंकर नाट्य शास्त्रों और लक्षणग्रन्थों की परम्परा में इतना मौलिक परिवर्तन किया ? प्रथम तो यह जान पड़ता

1. देखिए : कीथ, संस्कृत ड्रामा, पृष्ठ 342।

2. देखिए : भरत-नाट्यशास्त्र, अध्याय 5।

है कि चूँकि असम में लोक प्रदर्शन की शैलियों—विबरिया और ओजापाली में प्रधान गायक और उसके सहायक—दायना पाली—के सहारे चलनेवाली गीतकथा की पद्धति से असम का प्रेक्षक-समाज परिचित था, इसलिए शंकरदेव ने इन जाने-पहचाने पात्रों (भावरिया और उसके सहायक, तथा ओजा और दायनापाली) को प्राचीन संस्कृत नाटकों के सूत्रधार और पारिपार्श्विक अथवा नटी पर आरोपित करके नए प्रकार के सूत्रधार की सर्जना की।[1] यह सम्मिश्रण इतनी सफाई से किया गया कि किसी प्रकार की अस्वाभाविकता प्रतीत नहीं होती और शास्त्र के दामन और लोकप्रथा की चोली दोनों का साथ करके शंकरदेव ने अपने नाट्य-प्रदर्शन के कर्णधार की सृष्टि कर ली। लेकिन सूत्रधार की इस भूमिका (रोल) का दूसरा मूल स्रोत है श्रीमद्भागवत जिसकी कथाओं और सन्देश को जनसाधारण तक पहुँचाना ही तो इन नाटकों का मुख्य उद्देश्य था। श्रीमद्भागवत के सारे प्रसंग शुकदेव जी के द्वारा परीक्षित के प्रश्नों के उत्तर में बताए गए हैं। कथाओं के मध्य में भी 'श्रीशुक उवाच' द्वारा कथावाचक, और श्रोता का सान्निध्य स्पष्ट हो जाता है। शंकरदेव ने कथावाचन को नाटक का रूप दिया और ऐसा करते समय उन्होंने सूत्रधार की शुकदेव के रूप में ही कल्पना की।[2] हमारी धारणा है कि शंकरदेव जैसे सन्त के लिए नाट्यशास्त्र की एक पुरातन परम्परा में इतना मौलिक परिवर्तन कर देना इस लिए संभव हुआ कि धर्मग्रन्थ श्रीमद्भागवत से उन्होंने ने श्रीशुकदेव के अनुकरण में सूत्रधार का नियोजन किया। भागवत उनके लिए नाट्य शास्त्र से भी बढ़कर प्रकाश-स्तम्भ था।

सूत्रधार को शुकदेव के अनुकरण में ढालने का एक विशेष कारण था। इन नाटकों के प्रेक्षकों के तीन वर्गों का उल्लेख हम ऊपर कर चुके हैं। प्रेक्षकों में तीसरा वर्ग उन सरल ग्रामीण नर-नारियों और वन्य जातियों के लोगों का था जिनकी वृत्ति में रसानुभूति के लिए अनुकूल बोध-तत्व विद्यमान न थे। इस समुदाय से सम्प्रेषण के लिए लक्षणा और व्यंजना उपयोगी न थे। अतः नाटककार ने सूत्रधार को उद्बोधक के रूप में प्रस्तुत किया :

"आहे सामाजिक लोक, जे चराचर गुरु नारायण सर्व लोकहित कारणे नन्दक गृहे बेकत हयाकहों, कपटे गोप बैसे परम आनन्द, भगत सबह मनोरथ पुरिये, जैसे वृन्दाबने नाना रसे खेलना कयल, ता देखह सुनह, निरन्तरे हरि बोले, हरि।"

ध्यान देने योग्य बात यह है कि यह उद्बोधक न केवल भक्ति की प्रेरणा देता है, भगवान् की करुणा और पराक्रम को घोषित करता है वरन् रसपद्धति से अनभिज्ञ प्रेक्षकों

1. शंकरदेव के काल में या उससे कुछ पूर्व, आन्ध्र में यक्षगानों में शैलीविशेष प्रचलित हो गई थी जिसमें दृश्यप्रबन्ध सूत्रधार पर केन्द्रित था। 'जक्कुल पुरन्ध्रि' नामक यक्षगान में सूत्रधार की यह भूमिका उल्लेखनीय है। देखिए : 'नई धारा', जून 1965 में बालशौरि रेड्डी का यक्षगान पर लेख।

2. देखिए : जे.सी. माथुर, 'ड्रामा इन रूरल इंडिया', "It seems that in this particular form of drama the Sutradhar is a continuation of the tradition of the Kathakar, that is, learned men whose function it was to read out or recite from memory stories from the epics and the Puranas. Shankardeva...converted the Kathakar (storyteller) into a sutradhar p.95)

को उपयुक्त स्थलों पर सौन्दर्यबोध भी कराता है। अतः वह धर्मोपदेशक भी है और रस परिचायक भी; भक्त-प्रमुख भी और अध्यापक भी।

"तदनन्तर प्रिया सीता सहोदर सहित श्री रामचन्द्र जैसे अयोध्या चलत, हे लोक ता देखह सुनह, निरन्तरे हरि बोल हरि।"

करतुह कौतुके चलतु रमया रमणी संगहि जाइ।
नील घने जैसे बिजुरि उजुरि कुंजर गमनी माइ॥

"सखिसब सहित, से रुकमिनि जैसे प्रबेस कयल, ताहे देखह सुनह, निरन्तरे हरि बोल हरि।"

आवत रुकमिनि कय परसार।
सखिसब संग रंगे फरत बिहार॥ (रुक्मिणीहरण)

"आहे लोक, तोरा सबक हामु परम एक उपदेस बोलत, ताहेक श्रद्धाये आदर करह। तोरा सबक दुख देखिये हामाक मने खेद जनय। ओहि गहन-वन-वेद माझें, ब्रह्मक नितान्ते विचार करिते, बुद्धि सहिते सब शरीर खीन भेल। अब बेदबचन विचारक छाड़ि, गोवारि जसोदाक घरे, सब उपनिषद्अर्थ भगवन्त परमात्मा ब्रह्म, उड़ुखले निश्चय बंदीहोयेथिक ! ताहेक देखह सुनह। निरंतर हरि बोल।" (अर्जुनभंजन यात्रा)

जैसे रसपद्धति में भक्तिचेतना को लक्ष्य बनाकर शंकरदेव और उनके शिष्यों ने नाटक रचना में नवीन शैली को प्रेरित किया ऐसे ही सूत्रधार को उद्बोधक के रूप में प्रस्तुत करके उन्होंने परवर्ती नाट्य प्रदर्शन में एक ऐसी परम्परा स्थापित की जिसका प्रभाव हम आज भी रासलीला, सांग, नौटंकी इत्यादि नाट्य प्रदर्शन की शैलियों में देखते हैं।

संवाद शैली

भाषा संगीतकों में दो प्रकार की संवाद शैलियाँ दीख पड़ती हैं। एक तो जयदेव के प्रबन्धों से प्रभावित 'संलाप शैली' और दूसरी यथार्थमूलक 'कथनोपकथन शैली' जिस पर लोक परम्परा का भी प्रभाव स्पष्ट है। ये शैलियाँ राज्याश्रयी और वैष्णव दोनों ही प्रकार के संगीतकों में मिलती हैं। फिर भी संवाद की विशेषताएँ वैष्णव संगीतकों में अधिक द्रष्टव्य है क्योंकि उनकी गद्य संवाद भी भाषा ही में हैं। राज्याश्रयी संगीतकों के गद्य संवाद संस्कृत और प्राकृत में हैं।

अन्यत्र हमने जयदेव द्वारा अभिनय के क्षेत्र में लाई गई क्रान्ति का उल्लेख किया है जिसके फलस्वरूप नृत्य और संगीत में निबद्ध 'दृश्य प्रबन्धों' के आधार पर संगीतक विधा का विकास हुआ। किन्तु नृत्य संगीत के अतिरिक्त जयदेव के गीत गोविन्द में संवाद-पद्धति को अपनाया गया है उसका प्रभाव मिथिला और असम के भाषा संगीतकों पर तो पड़ा ही, हमारा तो अनुमान है कि सारे भारतवर्ष में जो आंचलिक भाषा-नाटक परवर्ती शताब्दियों में प्रदर्शित किए जाने लगे (वीथि नाटकम्, भागवतमेल, यक्षगान,

कुचुपुडि, रासलीला इत्यादि) उनमें भी प्रायः इसी संलाप-पद्धति का अनुकरण किया गया। गीत-गोविन्द के लगभग हरेक प्रबन्ध का क्रम यह है कि पहले तो दो तीन श्लोकों (प्रायः अनुष्टुप किन्तु कभी-कभी आर्या) में मंगलाचरण अथवा सूचना प्रस्तुत करते हैं। उसके बाद सखी अथवा राधा अथवा कृष्ण का कथन-गीत होता है। यह कथन गीत लम्बा होता है और इसमें एक ध्रुव (टेक) और अनेक पद होते हैं। यही क्रम यानी स्तुति और सूचनाबोधक श्लोक और तदुपरान्त ध्रुवपद में संलाप संगीतकों में अपनाया गया है। इसमें सुविधा यह थी कि जब सूत्रधार स्तुति-सूचना-बोधक श्लोकों को बोलता था तब आनेवाले संलाप के लिए पात्र तैयार हो सकता था। इस अवकाश की जरूरत इस लिए थी कि हर कथन-गीत अथवा 'संलाप' को गान एवं नृत्य के साथ प्रस्तुत किया जाता था। इसलिए श्लोक और संलाप का यह क्रम लगभग सभी संगीतकों में, 'गीत गोविंद' की भाँति सुव्यवस्थित रूप में तो नहीं किन्तु अनेक प्रसंगों के बीच बिखरा हुआ है। उमापति उपाध्याय के 'पारिजातहरण' में श्रीकृष्ण झरोखे में से सत्यभामा को कोपावस्था में देखते हैं।

बद्धा शुक्लपटेन भालमखिलं हित्वा हठाद्भूषणम्।
प्रश्वासैः परिशोष्य शोणमधरं गलानैश्च शश्वत्स्वरः॥ इत्यादि॥

फिर मालवराग में सत्यभामा सखी से अपनी व्यथा का वर्णन करती है—पहले ध्रुव और फिर पद :

हरिसऊँ प्रेम आस कय लाओल परिभब ठामे।
जलधर छाहरि तर हम सुतलहुँ आतप भेल परिनामे।
सखि हे मन जनु करिअ मलाने,
अपने करम फल हम उपभोगब,
तोहें किअ तेजह पराने॥ ध्रुवम्॥
पुरुब पिरति रिति हुति जउँ बिसरल तेइओ न हुनकर दोसे॥ इत्यादि॥

शंकरदेव के केलिगोपाल में श्लोकों और ध्रुवपदों का क्रम अधिक स्पष्ट है। सूत्रधार श्लोक द्वारा सूचित करता है कि कृष्ण के लोप हो जाने की बात सुनकर गोपियाँ पुनः यमुनातट पर जाकर गोविन्द के गुण गाने लगीं :

निशम्य तद्वचो गोप्यो निराशाः कृष्ण दर्शने।
पुनः पुलिनमागत्य जगुर्गोविन्द चेष्टितम्॥

तदुपरान्त गोपियों का दीर्घ संलाप आता है। पहले गद्य में और फिर राग माउर में निबद्ध गीत में :

"हे बन्धु माधव, तोहारि जनम निमित्ते गोकुल अधिक सम्पूर्ण भेल। सर्व लोके सुखरहइछि। हामाक कैसे मदन के हाथ मारयत थिक।...

करुना सिंधु जीवन लेहु कति लाइ।
मोहन बंसरि साने निसि बिपिन आनि
कैसे तेजलि मधाइ।

पतिसुत सब तेजि, तेरि किंकरि हये।
हामु मुगुधि-गोपनारि,
तुहु कपट कय कैसे न देसि है
बासन मेरि मुरारि।

कृष्ण के पुनः आ जाने की सूचना सूत्रधार श्लोक में देता है और पुनः गोपियों का आह्लादपूर्ण संलाप गद्य और पद्य में होता है (जानलु रे प्रान पिउरे तेरि जैसन रीत) श्रीकृष्ण द्वारा गोपियों के अश्रु पोंछे जाने की बात सूत्रधार श्लोक में कहता है और उसके बाद कृष्ण राग केदार में सान्त्वना सूचक वचन बोलते हैं :

सखिसब ऐसन बचन न बोल
तोहारि परम प्रेम पेखि भकति सहजे न सहे हृदि मोर।

संलाप शैली के संवादों की विशेषता यह है कि वे दीर्घ, सालंकार, रागान्वित और भावाविष्ट होते हैं। इसलिए वाणी, गान और नृत्य के सामंजस्य से ही रंगशाला में वे प्रभविष्णु होते हैं। पठनमात्र से इन संवादों की प्रभावोत्पादकता का बोध अंशतः ही हो पाता है। फिर भी कहीं-कहीं गद्य संवादों में इस भावाविष्ट शैली का समावेश किया गया है। 'पत्नीप्रसाद' में ब्राह्मण वृन्द अपनी पत्नियों के भक्ति भाव को देख अपने को धिक्कार करते हुए कहते हैं :

"हे मिश्र, हे कन्दलि, हे आचार्य, हे भारती, ओहि ब्राह्मणी सब शौचाचारहीन वेदशास्त्र जानय नाहि। गुरु सेवा परम धर्म बर्जित। आरा सबर श्रीकृष्णति परम प्रेम भकति भेल। आः हामुसब स्त्री तो अधम भेलो। कर्म गर्वे अन्ध हया कृष्णक जानिते नाहि पारलों। जे कृष्ण, सर्वजज्ञमूर्ति, बेदरो उद्‌भव भूमि, लक्ष्मी जाहेर चरणकिंकरी, आपुनों निजानन्दे पूर्ण, सोहि कृष्ण हामात अन्न पठाबल। हामुसब ताहेर प्रार्थना भंग कयलों। हामुसब ब्रह्मचर्य व्रत धरि गुरूक शुश्रुषा करि जो वेदसब पढ़लों, इहाक धिक्कार रहोंक। आः निजकर्मे बुद्धिहत भेलों। पर उपदेसत पंडित सब बोलछि, इहाक धिक्कार आसोक।"

'अजामिल उपाख्यान नाट' में यमदूत, विष्णुदूतों के भव्य स्वरूप को देखकर चकित और सम्भ्रम अवस्था में बोल उठते हैं :

"आः तोरासब कौन देवता ? कैर हन्ते आसि आछा ? तोहों कौन ईश्वर धर्म राजारार आज्ञा भंग करह ? कौन अपरावे हामाक मारह ?...हेनरूप नाहिं देखों। स्याम तनु, पीतबास, कमललोचन, पूर्णचंद्र बदन, रत्नट किरीट, मुकुर कुंडल, दसनमुकुतापाँति, नासा तिलफुल, अधर रातुल, वहल हृदय, चारु चतुर्भुज आजानुलम्बितबनमाला, रत्नर मेखला, पाटपीत निरंजित सरीर, जोति दिस प्रकासय। तोरा सबर रूप बनाईते नाहि पारि।"

यह प्रवचनात्मक शैली (जिसे अंग्रेजी में 'रेहटौरिक' कहा जाता है) कथाकारों की स्तुति और उपदेशमूलक परम्परा से भी प्रभावित थी। फिर भी संलाप का उत्कृष्ट रूप तो वहीं निखरता है जहाँ गीत गोविन्द' के कथनगीतों के अनुसरण में नायक नायिका

विलोप, आह्लाद, उत्तेजना इत्यादि की अभिव्यक्ति गीतनृत्य समन्वित पद में करते हैं। 'रुक्मिणीहरण' में रुक्मिणी का विलाप कितना मार्मिक है :

हरिहरि किनो विधि लिखल ललाटे,
अवहु मिलहु मेरि मरनक बाटे।
आबलु पहु बहु पुन्ये हासु रंग,
हाथे हरय निधि विधि भेल बंक।
आवल कैसन नाथ अभागिक लाइ,
काचक चाहिते जुनु मानिक हराइ।
विधिक बिडम्बन किनु मेरि भेल,
प्रान पिउ पास आस दूर गेल।

संलाप शैली के सर्वोत्कृष्ट संवाद गोपाल आता के हृदयग्राही नाटक 'उद्धवज्ञान' में मिलते हैं। समूचा नाटक ही संलापों की मनोहारिणी लड़ी है। पथिक-कृष्ण संवाद, उद्धवयशोदा संवाद, गोपी उद्धवसंवाद इनमें एक ओर तो विरहानल से तप्त मानस की विह्वलता है और दूसरी ओर मानो रसवैचित्र्य के लिए उद्‌बोधक और ज्ञानप्रेरक प्रवचन। नाटक कहीं भी चरम संवेदन और सूक्ष्म अनुभव के स्तर से नीचे नहीं उतरता। 'गीत गोविन्द' की भाँति 'उद्धवज्ञान' में प्रबन्धों के क्रम का निर्वाह हुआ है, किन्तु संस्कृत श्लोकों के स्थान पर सूत्रधार गद्य में सूचना देता चलता है। 'गीत गोविन्द' ही की भाँति संलाप और एक ही परिस्थिति को नाना प्रकार से प्रकट करते हैं। एक प्रसंग की झलक से यह बात स्पष्ट हो जाती है।

गोपी : हे उद्धव, ओंहि कृष्ण कथा परम दारुण। राम अवतारे सूर्पनखे कामभावे भाजेते आबल। ताहेर आसा छेद कयल। ...हामुसब ओहि कृष्णर नवभावे बहु दुख पावलो। पतिपुत्र विषय तेजल। हामाकु छाड़ि मधुपुरि गैल। सोहि कृष्णर कथा हामो सुनये नाहि।

ध्रुव– गोविन्द गुण मन लगि।
सुमिरत तनु जले आगि।
पद– मधुपुरि माधव पीउ।
कैसे धरबों अब जीउ।
ध्रुव– कैसे केसव पुनि पाइ।
दुख विमोचन राजीव लोचन
चरण ना हेरि जीव जाइ
पद– उद्धव बन्धु मधुपुर प्रान हामारि,
जीवन हामारि।
जदुपुर पावल पुनु ना आवल
कत सहबि बिरह कुमारि।
ध्रुव– कह मोहे उद्धव जीव।

कैसे छाड़ल गोष्ठ कृष्ण प्राण पीउ।

पद— पतिसुत सुहृदय सबहु अभिलास।
छोड़ि कयलों कृष्ण चरणकु आस॥

ध्रुव— प्रान मेरे बिछुरि जीव मेरे तेजिया
न जाइ काहे लागि।
उद्धव बिने हरि जीवो अभागि॥

पद— दहय बिरहानले प्राने
उद्धव जुड़ाइब अधर मधुदाने।
पदजुग कुच मुह थापि
आवर कि धरबो बुके चापि।

सूत्रधार : आहे सामाजिक लोक गोपीसबर परम प्रेम भकति देखि उद्धव कृष्णवाक्य-सन्देसे जैचे सान्त करावल ता देखह।

उद्धव : आहे गोपीसब, तोहों सब परम भाग्यवती। लोकर पूजित भेलि। ईश्वर कृष्णर चरणे जि हेतु एकान्तचित्त निवेशल। तोरा सबक कृष्ण जे बोलि पठावल ता सुनह। "तोहों बिरहताप छाड़ह। हामो जगतक नाथ। जैचे जल वायु आकास जगत-व्यापक हामो सोहि मत। ओंहि जगत आपुनि स्रजों, आपुनि पालउँ आपुनि संहरउँ। दोष गुने पारबे नाहिं। हामो परम निर्मल। इहा जानि ताप छाड़ह।"

गोपी : हे उद्धव, हामो किछो गुनों, हामाक ज्ञान कहि पठावल। इहाक हामो सुनये नाहि। तोहार परम सुन्दर रूप जबे नाहि पेखों, हामो कैसे प्राण धरबो ?

... ...

सुनह उद्धव प्रान जीव मेरि जाइ :
कसतु कानु गोकुले मिलब दुनाइ।

पद— *नयने देखियो चान्द मुख एक बार।*
तबेसे सांफल सखि जीवन हमार॥

... ...

स्रवने न सुनों आर न भासे नयने।
हास्य लास्य मधुस्याम सुचांद बयने॥
सुमरिते दहे देहो धरन न जाइ।
दिन टूटे प्रान छटे क्षने के युग जाइ॥

एक गोपी : आहे सखीसब, ओहि कृष्ण पूर्ण काम, हामो बनचरि। आनो राजकन्यासब भाग्यवती। लक्ष्मीर स्वामीर इहात कोन प्रयोजन थिक?

अन्य गोपी : हे उद्धव, ओहि वृन्दावन, ओहि गिरिवर, ओहि यमुना नदी, गोवत्ससब, प्रान कृष्णे मने कि सुमरय ?

अन्य गोपी : हे उद्धव, ओहि कुंज निकुंज बने, हामो सब सहिते जे रास-केलि कयल ताहेक कृष्णर मने कि परम ? हामोसब कृष्ण बिहिने जैचे दुख पावलो, हे उद्धव ताहेक कि कहबो ?

ध्रुव–*कि कहबो उद्धव कि कहबो प्रान।*
गोविन्द बिने भयो गोकुल उचान॥
पद–*सून्य भेल अंगिना बिरन्दा बिपिन।*
ना सोहे बयनि जैसे चांद बिहिन। इत्यादि।

वस्तुतः गोपाल आता का 'उद्धवज्ञान', जयदेव के 'गीत गोविन्द' का मार्मिक उत्तरार्ध जान पड़ता हैं।

संलाप शैली के संवादों का इस स्तर पर निर्वाह प्रत्येक कथानक में सम्भव नहीं था। उद्धव-प्रसंग में करुण रस के उत्कर्ष और नाटकीय उतार-चढ़ाव का सामंजस्य हो सकता था। किन्तु प्रायः भाषासंगीतक के रचयिताओं ने भागवत से विविध प्रसंगपूर्ण कथानकों की विविध रुचिपूर्ण जनता के सामने विविध शील-सम्पन्न् पात्र पात्रियों के व्यवहार द्वारा प्रस्तुत किया। अतः यथार्थमूलक कथनोपकथन शैली के संवाद, संलापों के बीच कतिपय नाटकों में रखे गए हैं ऐसे ही जैसे विलम्बित गीत की रागिनी में द्रुत लय के अलंकरण। यह लयवैचित्र्य कार्य-व्यापार को सजीव कर देता है। पात्रों को शाश्वत से समकालीन स्तर पर ले आता है, पुनः शाश्वत पर उठा ले जाता है। केलिगोपाल में श्रीकृष्ण का वेणुवांदन सुनकर गोपियों के पहुँचने पर भागवत के प्रसंग को रोचक वार्तालाप में बाँधा गया है।

श्रीकृष्ण : हे सखिसब कमन उतपात गोकुले मिल ? कि निमित्ते रजनी लवरिकहुँ बनमध्ये इहां आवल?

गोपीसब : हे परमेश्वर नाहि नाहि किछो संका।

श्रीकृष्ण : (बिहंसि बोल) हे सखि, सब कुसले आयल ! हामात कमन प्रयोजन थिक ? सत्य कह ता साधे।

सूत्रधार : सुनि गोपीसब परम लज्जित हुया हेठ माथ कयरहल।

श्रीकृष्ण : (विहंसि बोल) तोरार पतिपुत्र, पितामाता, सब तोहन भेटे न पाइ, परम चिन्तित हुयाछे। तासम्बारर अतिसत्वरे दुखदूर कर गिया विलम्बक योग्य नोहे ! ऐचल, ऐचल।

शंकरदेव की अपेक्षा माधवदेव ने अपने झुमुराओं में यथार्थमूलक कथनोपकथन का अधिक सफल प्रयोग किया है। 'चोरधरा झुमुरा' में चोरी करते हुए पकड़े जाने पर श्रीकृष्ण अपने सखाओं को बुलाकर उलटे गोपियों पर दोषारोपण करते हैं।

श्रीकृष्ण : हे गोवारिसब ! आपुनहि सबे दधिदुग्ध खाया, हामाक कलंक देसि ? तोरासबक हामु छाड़ब नाहि।

गोपी : आहे कानाइ, तोहका हामु चोर नाहि बोलिये। तोहों आपन गृहे जाब। तोहाक हामु छाड़लों।

श्रीकृष्ण : आहे टांगि गोवारिसब ! तोहे जब छोड़इ–हामो तोहाक नाहि-जब छोड़ि-जब हामाक किछो लवनु देह।

गोपीसब : आहे कानाइ तब तोहक हामु लवनु देवब जब तोहो नृत्य करह।

श्रीकृष्ण : आहे गोवारिसब, हामु नृत्य करिए बहुत श्रम पावल। हामाक किछो लवनु देहु। हामो लवनु भोजन किरये नृत्य करब।

गोपीसब : आहे कानाई, तुहुं जब भल्ल कय नृत्य करह तब तोहाक लवनु देवब।

भूमिलुटिया, पिम्परागुचरा, भूषणहरण इत्यादि अनेक रचनाओं में कई स्थलों पर चलती भाषा में रोचक संवाद मिलते हैं। ''कोटोरा खेला झुमुरा'' माधवदेव की रचना तो नहीं है क्योंकि उसमें राधा एक पात्री है और **एकसरनियाँ** धर्म में राधा के लिए गुंजायश नहीं है। असमिया विद्वानों के विचार में इस झुमुरा में संवाद अभद्र स्तर का है। जो भी हो संवाद जानदार हैं और ग्रामीण जीवन के उन्मुक्त वातावरण को प्रतिध्वनित करता है, राधा गोपियों के साथ दही बेचने निकली है।

राधा : देवक दुर्लभ गोपालवल्लभ पसार के लेहु के लेहुरे ?

बालकसब : आं, हामु लिब, हामु लिब रे।

गोपी : आहे बालकसब हामार पसार छुइते चावस ? तोहों कि नाम ? कि जाति ता कह।

श्रीकृष्ण : *तुहु गोवालि हामु गोवाल*
पर्वत बनत खपहों काल॥
दानक भोकत किनि छो दै।
कि सोध तोर माये पं॥

बालकसब : आहे गोवालिसब, तोहे कि नाम, ता कह।

राधा : *कि बोल गोवाल जाति।*
एको ठाइत नवभो राति।
दधि-दुग्ध-बिकि घरे जाउ।
कि सोध तोर मायेर नाउ॥

''कोटोरा खेला' के इस संवाद की विशेषता यह भी है कि पद्य भी कथोपकथन में गुँथ गया है। अन्य नाटकों में पद्य प्रायः संलापशैली के संवाद ही में प्रयुक्त हुआ है।

यह प्रयोग और कथनोपकथन का सहज प्रवाह बाद के नाटकों में न्यून होते गए। गोपाल आता के बाद असम के वैष्णव भाषा-नाटकों में भक्ति भाव का आग्रह एक तरह की औपचारिकता का भी कारण बन गया। इसलिए अजामिल-उपाख्यान और नृसिंहयात्रा के संवाद लगातार गम्भीर और समरस जान पड़ते हैं। किन्तु असम से बहुत दूर ब्रज-क्षेत्र में इन नाटकों की रचनाओं के कुछ ही समय उपरान्त रासलीलाओं के रचयिताओं ने संवाद की इस कथनोपकथन शैली को विस्तार दिया। दानलीला की कथा भागवत में नहीं मिलती। जिस लेखक ने इसे असम में प्रस्तुत किया उसका प्रयोग ब्रज में अत्यन्त लोकप्रिय हुआ और रास प्रदर्शनों में दानलीला की तो बाढ़ सी आ गई।

यथार्थमूलक संवाद और भावाविष्ट संलाप इन दोनों का निर्वाह आज भी रासलीला प्रदर्शनों में होता है। किन्तु रासलीला की रचना को वह सुव्यवस्थित और साहित्यिक रूप नहीं मिल पाया जो शंकरदेव और माधवदेव ने अपने भाषा संगीतकों को दिया था। रासलीला के लिए मार्मिक पद तो रचे जाते रहे किन्तु कथनोपकथनों का आशु गुम्फन समाजियों के ऊपर छोड़ दिया गया।

काव्य सौष्ठव

यों तो भारतीय परम्परा में नाटक को दृश्य-काव्य इसीलिए कहा गया है कि कवित्व नाटक का मूलाधार है। पर संगीतकों में काव्य के बहिरंग, विशेषतः शब्दालंकार, की जो छटा मिलती है उसका कारण है नृत्य, गान और संवाद के समन्वय द्वारा अभिव्यंजना की पूर्ति। नृत्य और गान की विविध तालों और लयों के अनुरूप गीत-रचना संगीतकों की विशेषता है। जयदेव के 'गीत गोविन्द' की सफलता ने नाटय प्रदर्शन की परम्परा ही बदल दी। उमापति के पारिजातहरण में कहीं तो द्रुत गति का आमन्त्रण है—

अरुन- पुरुवदिसि, बहलि सगरि निसि, गगन मगन भेल चन्दा।
मुंदि गलि कुमुदिनि, तइओ तोहरधनि, मूँदल मुख अरबिन्दा॥

कही अनुनय की मन्थर गति में चौपाई की प्रतिध्वनि है :

मानिनि मानह जउं मोर दोसे।
सान्ति करह बरु न करह रोसे॥
भौंह कमान बिलोकन बाने।
बेधह बिधुमुखि कय समाधाने॥

कहीं नायिका के पदक्षेपों के रूप में उलहना और प्रताड़ना भास्वर होते हैं :

ताहि अवसर ताहे ठाम, माधव, किए बिगरल मोर नाम।
आव कि करब परकार, माधव, अपजस भरल संसार॥
सबहु पाओल अबकास, माधव, जग भरि कर उपहास।
कोन परि सखि सब साथ, माधव, उपर करब हम माँथ॥

सत्यभामा के इस विरह गीत की चार पंक्तियों में (जो युद्धक्षेत्र से कृष्ण की वापसी की प्रतीक्षा में गाया जाता है) ताल का चमत्कार शब्दों की अद्भुत योजना में प्रतिबिम्बित है :

उपवन ओरे पिक पंचम कर अनुसर।
की अनुसर मार मदन धनिधनु सर॥
सुनु धनि ओरे सुमति उमाति भन मत।
की धन मत सुपहु मिलत रस जन मत। *(गीत 36)*

शंकरदेव का वर्णनवैचित्र्य उमापति की अपेक्षा अधिक स्वच्छन्द है। क्योंकि उनके संगीत में जान पड़ता है, लोकतत्व अधिक था उसी भाँति जैसे उनकी भाषा में विभिन्न

क्षेत्रों की बोलियों के अंश। कालियदमन-यात्रा में कृष्ण के नर्तन को सजीव करने में शब्द मानो वाद्य बन जाते हैं। सूत्रधार इसे 'कौतुक नृत्य' कहता है :

ध्रुव–*काला कानु नाचे चरन चलाइ।*
करतु कौतुक नृत्य केशव अरुण चरण चलाय रे।
देव मुनि सिरे सिरिख बरिखे हरिगुन गाय रे॥
पद–*काल कालिक माथे चढ़ि काड़ पीड़ि क्रीड़ि कानु नाचे रे।*
मृदंग दिमि दिमि नाद दुंदुभि, सिद्ध संबबायं काचे रे॥
पाके फिरि फिरि भिरि पाये, सिरे सिरे पाड़े डेअ रे।
अंग भंगिम रंग कौतुके, नाचत एक आदिदेव रे॥

वाद्य और ताल का मेल पात्रों के चलने (प्रवेश, निष्क्रान्ति इत्यादि) में विशेषतः आवश्यक है। शंकरदेव द्वारा स्थापित परम्परा में अभिनय-स्थली लम्बी वीथी की भाँति मंडप के एक सिरे तक फैली होती है जिसमें दोनों ओर प्रेक्षक बैठते हैं। अतः नटों के चलने की भंगिमा और गीत पर प्रेक्षकों की निगाह बराबर रहती है। इसीलिए गीतों में शब्दों और ध्वनियों का नियोजन पात्रों के चलने की गति के अनुकूल होता है।[1] कालियदमन के उपरान्त कृष्ण गोप-गोपियों सहित गोकुल की ओर चलते हैं तो रंगशाला में शोभायात्रा के प्रदर्शन के अनुरूप ध्वनिवर्धक और मन्थरगति-सूचक शब्दगुम्फन नाटककार ने किया है :

ध्रुव – *गोकुल चलेरे मुरारु।*
नीलशरीर, रंजित पीतजोति, चारुहीर हेमहारु॥
पद – *बाजत बेनु, धेनुरेनु तनु कानु कौतुक कय जाई।*
गोप सिसुसंग, अंग त्रिभंगिम, रूपे भुवन भुलाई॥
संगिनि रंगिनि, गोपिनि गावे, भाव नीर झुरावे।
कानुक कमल, अमल मुह हेरि, चललि लहु लहु पावे॥

गीतों के इस लोच और तरलता के दो आधार जान पड़ते हैं। एक तो यह कि राज्याश्रयी संगीतकों की अपेक्षा वैष्णवसंगीतकों में संयुक्ताक्षरों का प्रयोग बहुत कम है, समास भी नहीं है, व्यंजनों का मिश्रण यदाकदा ही दीख पड़ता है और संगीत की स्वर लहरी के अनुरूप स्वरों का ही उपयोग अधिकाधिक किया गया है। अवहट्ट के बाद जिस देशी भाषा का उदय हुआ और जिसकी कोमलता और सरलता को लक्ष्य कर विद्यापति ने उसे ''देसिल बयना सबजन मिट्ठा'' कहकर सम्बोधित किया, उसी में इन नाटकों की रचना उनके 'संगीक' के रूप के कारण ही हुई।

दूसरे, पदलालित्य और अलंकार के लिए इन संगीतकों में अनुप्रास और यमक इन दो शब्दालंकारों और उनके प्रभेदों का अत्यन्त सुचारु, समृद्ध और सहज प्रयोग हुआ

1. चाल के अनुकूल शब्दों के नियोजन का एक नमूना हमें सुदूर दक्षिण में उत्तर केरल यानी मालाबार के परम्परागत ईसाई नाटकों चविट्टू में मिला। चविट्टू में प्रायः योद्धाओं की चाल के अनुकरण पर गीत गाए जाते हैं। चविट्टू शब्द का तात्पर्य ही 'चाल' से है।

है। ऐसा अनायास और आप ही आप प्रस्फुटित होने वाला शब्दालंकरण सूर और तुलसी को छोड़ कर बहुत कम भक्त कवियों की रचनाओं में प्राप्त है। इसीलिए श्रीमद्भागवत से अनेक अवतारणों का अपनी रचनाओं में आमूल समावेश करते हुए भी इन नाटककारों ने उन काव्य-सौन्दर्य-सम्पन्न अवतरणों को सर्वथा नवीन लयात्मकता प्रदान कर दी।

वैष्णव संगीतकों में 'भटिमा' और 'पयाड़' स्तुतिमूलक और प्रवचनात्मक पद्य हैं, गेय पद्य नहीं। असम में इन संगीतकों के प्रदर्शन में भटिमा और पयाड़ का वाचन (रेसिटेशन) या पाठ होता है, गान नहीं। अतः इनके ध्वनि-संयोजन में स्वराघात (एक्सेंट), **और पदावधारण** (फ्रेज एम्फ़ेसिस) का उपयोग किया गया है। व्यंजन प्रचुर हैं, यद्यपि संयुक्ताक्षरों के प्रयोग में मितव्ययिता बरती गई है। अनुप्रासों और यमकों की छटा विशेष प्रभावोत्पादक है—

जक्ष रक्ष विपक्ष लक्ष लक्ष क्षयकारी।
दुष्ट दरिद्र दानवदलन दीन दरिद्र दुख भयहारी॥
आनन्दसिन्धु साधुजन बन्धु मधुर मूरुति मुर नासी।
बिरिन्दा बिपिन बिहार बिसारद सारद इन्दु परकासी॥

अब तक हमने भाषा-नाटकों के काव्य पक्ष की उन्हीं विशेषताओं पर दृष्टि डाली है, जो गान, नृत्य और वाचन की प्रधानता के कारण उत्पन्न हुई है। अक्षरों की ध्वनि, पदों के लय और स्वराघात पदावली के क्रम और ताल—इन सभी का सम्बन्ध गीत, नृत्य और वाचन से है। किन्तु वर्णविधान और ध्वनि-योजना के अतिरिक्त इन रचनाओं की अप्रस्तुत योजना भी नाटककारों के दो प्रमुख उद्देश्यों के अनुकूल ही है : एक तो ऐसे बिम्बों का बाहुल्य जिन्हें अभिनय और मुद्राओं द्वारा सहज ही प्रस्तुत किया जा सके और यों रसनिष्पत्ति में सहायता मिले। दूसरे, पुराणों—विशेषतः श्रीमद्भागवत—के प्रसंगों ही नहीं उनमें प्रयुक्त चित्रों, छवियों और बिम्बों से प्रेक्षकों को परिचित कराना जिससे धर्म के वातावरण में वे आकंठ डूब सके।

उमापति के पारिजातहरण में सत्यभामा के इस गीत में उत्प्रेक्षाओं की लड़ी हस्तमुद्राओं के लिए अनुपम अवसर देती है :

सखि हे रभसि रस चलु फुलबारी। तहाँ मिलत मोहि मदन मुरारी॥
कनक मुकुट महे मनि भल भासा। मेरु सिखर जनि दिनमनि बासा॥
सुन्दर नयन बदन सानन्दा। उगल जुगल कुबलय लय चन्दा॥
बनमाला उर उपर उदारा। अंजन गिरि जनि सुरसरि धारा॥

इसी प्रकार सत्यभामा की वियोगावस्था का वर्णन करते समय सुमुखि भ्रमालंकार की छवियों को मुद्राओं में प्रदर्शित करती है :

अपनुक आनन आरसि हेरी। चानक भरम कोप कत बेरी॥
भरमहु निअ कर उरपर आनी। परस तरस सरसीरुह जानी॥
चिकुर निकर निअ नयन निहारी। जलधर जाल जनि हिअ हारी॥

यह सही है कि अधिकतर अप्रस्तुतविधान में प्राचीन काव्य के रूढ़ बिम्बों का उपयोग हुआ है। देश के सौन्दर्य के लिए बिजुली रेह, अथवा तप्तसुवर्ण, जंघाओं के लिए कदली स्तम्भ, भुजाओं के लिए वलित भुजंग, अधर लालिमा के लिए बन्दुलि कुसुम अथवा बिम्बाफल, इस प्रकार के अनेक उपमान इन नाटकों में बिखरे पड़े हैं। किन्तु जहाँ रीतिकालीन कवियों ने रूढ़ उपमानों को जौहरी की भाँति आभूषणों में गढ़ा है, उन्हें जगह-जगह तराश कर चमकाया है वहाँ वैष्णव संगीतकों में किसी सहज-प्रवाहमयी शुभ्र धारा में लुढ़कते से ये उपमान अपने नैसर्गिक वर्णों से हमारा मन मोह लेते हैं। कवियों का भावपक्ष इतना प्रबल है, लोकजीवन से उनका इतना निकट सम्पर्क है कि महलों और गोष्ठियों में अभिजात रसज्ञों का अनुरंजन करने वाले उपमान भी सामान्य प्रेक्षक के मन में अनायास ही बस जाते हैं और उनकी पुनरावृत्तियों से ऊब पैदा नहीं होती। 'रुक्मिणीहरण' में सुरभि भाट कृष्ण के सामने रुक्मिणी का रूप वर्णन करता है। अपह्नुति, व्यतिरेक, और अतिशयोक्ति अलंकारों की छटा 'भटिमा' में प्रवाह में घुल-मिल गई है—

कि कहब रमनिक रूप प्रचुर।
नयनक पेखि चांद भेलि दुर।
बदनक पेखि पाइ बड़ लाज,
कयल झाम्प कमल जल माझ।
बन्दुलि अधिक अधर कर कान्ति।
ओतिम मोतिम दसनक पान्ति॥
सुबलित भुज जुग रतन मोलान।
उरु करिकर कटि डम्बरुक ठान॥
नव पल्लव रुचि पदजुग सोहे।
पेखिते सुर नर मुनि मन मोहे॥

सुगम शब्दावली और निर्वाध लयात्मकता का प्रयोग कर वैष्णव संगीतकों के रचयिताओं ने श्रीमद्भागवत के संश्लिष्ट अलंकरणों से साधारण प्रेक्षकों को परिचित करा दिया।[1] 'पत्नीप्रसाद' में अशोक वन में ग्वालबालों से घिरे श्रीकृष्ण का रूपवर्णन और ब्राह्मण पत्नियों द्वारा आह्लादमय दर्शन के प्रसंग का मूल है भागवत का निम्नलिखित अंश :

श्यामं हिरण्यपरिधिं वनमाल्यवर्ह धातु प्रवाल नटवेषमनुव्रतांसे।
विन्यस्त हस्तमितरेण धुनानमब्जं कर्णोत्पलालक कपोल मुखाब्जहासम्॥

1. शंकरदेव के चरितकार भूषण द्विज ने एक रोचक घटना का जिक्र किया है। कंठभूषण नामक एक असमिया ब्राह्मण काशी में ब्रह्मानन्द नामक संन्यासी से वेदान्त अध्ययन के लिए गया। एक दिन अन्य छात्रों के बीच ब्रह्मानन्द ने भागवत के एक श्लोक का अर्थ पूछा। अन्य कोई छात्र उसकी व्याख्या नहीं कर पाया, किन्तु कंठभूषण ने बिना गुरु की सहायता के श्लोक की विशद् व्याख्या कर डाली। ब्रह्मानन्द के पूछने पर कंठभूषण ने कहा कि शंकरदेव ने भागवत का ऐसी शैली में रूपान्तर किया है कि शूद्र और स्त्री भी उसे समझ लेते हैं। देखिए : विरंचि कुमार बरुआ, 'शंकरदेव : द वैष्णव सेंट ऑफ आसाम, पृ. 12।

प्रायः श्रुतप्रियतमोदय कर्ण पूरैर्यस्मिन् निमग्नमनसस्तमथाक्षिरन्धैः।
अन्तः प्रवेश्य सुचिरं परिरभ्य तापं प्राज्ञं यथाभि मतयो विजहुनरिन्द्र॥
(दशमस्कन्ध, अध्याय 23 श्लोक 22-23)

नाटककार ने पहले श्लोक को सूत्रधार के मुख से कहलवाया है कि एक सुन्दर भटिमा में इन्हीं उपमाओं को सरल भाषा में अभिव्यक्त किया है :

अशोक बनमह रहल मुरारि।
पेखल गेया सब द्विज कुमारि॥
स्याम सरीर बसन तथि पीत।
नव घन जैसे चमके तड़ित।
निन्दि इन्दु कोटि बयन विकास।
बन्दुलि अधिक अधर परकास।
माथे मयूर पुच्छ अलक कपोल।
कर्ने नव दुहुं उतपल डोल॥
... ...
त्रिभुवन मोहन नटवर बेस।
चौभिति बेढ़िया रहु गोप निसेस।
लीला पद्मफुरावत हात।
वेखन द्विजबधू सब साक्षात।

"ऐसन रूप पेखिए, ब्राह्मणीसब, षड्रस अन्न, कृष्णक आगे निवेदन कयल। दंडवते पड़ि नमस्कार कयल। उठि कहुं आनन्द मूर्तिक नयने निरेखिये, हृदये आलिंगन कयकहुं परम प्रेमत मौने रहल।"

इसी प्रकार दशमस्कन्ध के 30वें अध्याय में श्रीकृष्ण अन्तर्ध्यान होने पर गोपियों का वियोगावस्था में वन में विचरण, वृक्षों से प्रश्न पूछना इत्यादि प्रसंग को शंकरदेव ने 'केलिगोपाल' नाटक में ज्यों का त्यों ग्रहण किया है। तथापि रूपान्तर में ऐसी आत्मीयता है जो शंकरदेव के प्रेक्षकों को अभिभूत कर देती थी :

वकुल कदम्ब बन्दुलि वक तुलसि
तुहुं सब पर उपकारि।
कह काहेआ गेलो बन्धु मधाइ हामारि।
बिरहिनी जीवन धरए ना पारि।

वैष्णव नाटककारों का काव्य सबसे अधिक प्रभावोत्पाकद उन स्थलों में हुआ है जहाँ रूढ़िबिम्बों और भागवत के उपमानों के साथ साथ जन मानस में प्रतिबिम्बित चित्रों को उन्होंने अनायास उतारा है। प्रायः ऐसा उन प्रसंगों में हुआ है जिनमें मूल कथा के पात्र और लोक जीवन के चरित्रों का सामंजस्य सम्भव हो सका। माधवदेव की रचनाओं में यह अनायास उल्लास द्रष्टव्य है। 'अर्जुन भंजन' में यशोदा दही मथते समय कृष्ण की कौतुकमयी क्रीड़ाएँ, उनका सुन्दर रूप, मनोहर हास्य लास्य देख और उनकी

विनोदमयी वाणी सुनकर कहती हैं :

हे बाबु कृष्ण! तोहों हामारि कोटि पुरुषक परम देवता, माथाक मुकुट, सिरेर भूषन, गलार सातसेरि कर्णेर कुंडल, करेर कंकण! आहे बाबु, तोहारि अरुण अधरक बालाइ लउं। मधुर हास्यार हुया मरिये जाउं, रातुल चरणक हुया मरिए जाउं, भालारे नयन, बिना मधुर मुरुति?

उपमाओं की ऐसी झड़ियों में कवि का भक्त हृदय भी झाँकता है। वस्तुतः वैष्णव नाटकों का काव्य सौष्ठव भक्तिप्रसूत आह्लाद और प्राचीन साहित्य के पांडित्य दोनों के सम्मिश्रण से ही निखरा है। अलंकार और ध्वनि रस के अनुगामी हैं। 'उद्धवज्ञान' में गोपियों की वाणी मार्मिक चित्र अंकित करते नहीं थकती :

माइ, माधव बिरहे हरय। चेतन. तनु जीवन ना चहे।
चांद चन्दन मंद मयल समीरे। केशव बिने विष बरिस सरीरे॥
घन घन हानय पाँच बान। कोकिल कुहु कुहु लेहु मेरि प्रान॥
पंकजपात अहित हेमधारि। मधुकर निकर करये मोहे मारि॥

उल्लास, आवेश, आह्लाद और विह्वलता, जहाँ इनका प्रस्फुटन होता है वहीं अलंकारों की झड़ी लग जाती है, वहीं अभिनय के लिए स्फुरण मिलता है, नर्तन के लिए पथ प्रशस्त होता है और यों संगीतक की बहुरंगी, बहुमुखी और 'बहुजन सुखाय' विधा का उत्कर्ष होता है।

मध्ययुगीन भाषा-नाटकों का ऐतिहासिक महत्त्व

भारतीय नाट्यकला के इतिहास में मध्ययुगीन भाषा-नाटकों का उदय उतनी ही महत्त्वपूर्ण घटना थी जितनी यूरोप—विशेषतः इंगलैंड—में 11वीं से 15वीं शताब्दियों में चर्च से सम्बद्ध 'मिस्टरी' मोरैलिटी और 'मिरैकिल' आदि नामों से ज्ञात धार्मिक और बाइबिल के कथा-नाटकों का विकास। एलर्डाइसनिकल के अनुसार जिस समय सारे यूरोप में सांस्कृतिक सुषुप्ति (डार्क एज) के कारण रंगमंच करीब करीब खत्म हो चला था और चर्च के असांसारिक और संकीर्ण आदर्शों ने कला और मनोरंजन को सामाजिक जीवन से बहिष्कृत सा कर दिया था तब 11वीं शताब्दी के आसपास अत्यन्त प्रच्छन्न रूप में अभिनय और नाट्य ने चर्च ही के मार्ग से पुनः झाँकना शुरू किया। ईस्टर में ईसामसीह के पुनर्जीवन के स्मृति-उत्सव पर कुछ पूजन-प्रक्रिया होती थी। उसी पूजन से सम्बद्ध बाइबिल कथा को स्पष्ट करने के लिए सविस्तार प्रदर्शन किया जाने लगा। लैटिन भाषा में 'हिम्स' यानी प्रार्थना गीतों के साथ ईस्टर की उस व्रत-कथा का प्रदर्शन होने लगा जिसमें ईसामसीह के पुनरुज्जीवित होने की वार्ता उनकी माँ मेरी और उनकी आराधिका मेरी माडलिन सुनकर वधस्थली पर जाती हैं। इसी प्रदर्शन ने बाद में नटक का रूप ले लिया और इन नाटकों को 'मिस्टरी' नाटकों का नाम दिया गया।[1] 'मिरैकिल' नाटक

1. 'मिस्टरी' शब्द 'मिनिस्टीरियम' से निकला है जिसके अर्थ हैं चर्च में धार्मिक प्रक्रिया या ऐसी प्रक्रिया कराने वाले पुरोहित का पद। देखिए : एलर्डाइसनिकल, वर्ल्ड ड्रामा पृ. 151।

भी इनसे मिलते-जुलते रूपक थे, जिनके कथानक सन्तों के जीवन की चमत्कारपूर्ण घटनाओं पर आधारित थे। 'मोरैलिटी' नाटकों में जीवन के नैतिक आदर्शों और पाप, पुण्य, आस्था-अनास्था की मान्यताओं को प्रतीकात्मक रूप में प्रदर्शित किया जाने लगा।

मध्ययुगीन भाषा-नाटकों की एक विधा यानी वैष्णव संगीतकों का यूरोप के इन चर्च नाटकों से निम्नलिखित बातों में साम्य दीख पड़ता है : (1) जिस तरह से प्रार्थना-गीतों यानी 'हिम्स' को बाइबिल कथाओं में पिरो कर 'मिस्टरी' और 'मिरैकिल' नाटकों को प्रस्तुत किया जाता था, लगभग उसी भाँति शंकरदेव ने वरगीतों को भटिमा, पयाड़ और स्तुतियों के रूप में पौराणिक कथाओं में गूँथा। चर्च नाटकों में लैटिन भाषा में कुछ पूजन गीत होते थे तो संगीतकों में संस्कृत में श्लोक और स्तुतियाँ। (2) चर्च नाटकों की अभिनय स्थली और वैष्णव संगीतकों की रंगशाला भी एक-दूसरे से मिलती-जुलती हैं। दोनों ही में दर्शक और नट के बीच निकट संपर्क होता था। प्रेक्षक दो तरफ बैठे या खड़े रहते थे : वैष्णव नाटकों में 'हरिबोल' में प्रेक्षक साथ देते थे; चर्च नाटकों में भीड़ इत्यादि के दृश्यों में। रंगस्थली में विभिन्न स्थानों को अलग-अलग मंचों द्वारा चर्च नाटकों में उसी प्रकार दिखाया जाता था जैसे असम के वैष्णव नाटकों में द्वारका, कुंडिनपुर, मथुरा इतयादि स्थानों के लिए अलग-अलग छोटी-छोटी चौकियाँ रखी जाती हैं। पात्र इन चौकियों या मंचों के बीच खाली स्थान में खड़े होकर अभिनय करते थे। वैष्णव नाटकों के प्रस्तुतीकरण में चमत्कारपूर्ण प्रदर्शनों (यथा रथ को रंगशाला में लाना, मुखौटा पहने असुरों और पशु-पक्षियों का आगमन) से प्रेक्षकों को जैसे प्रभावित किया जाता था वैसे ही चर्च नाटकों में भी स्वर्ग और नरक के दृश्यों को दिखाने में तरह-तरह के करिश्मे दिखाए जाते थे और सन्तों 'मिरैकिल्स' उतने ही विस्मयकारी होते थे जितने कृष्ण के चमत्कार। (3) चर्च नाटकों में लोकवार्ता और लोक जीवन से जनरंजक पात्रों और परिस्थितियों का समावेश किया गया यों धार्मिक भावनाओं और प्रसंगों के बीच जनसाधारण के दैनिक अनुभवों और चिर परिचित पात्रों की झलकियाँ मिलने लगीं। यही वैष्णव संगीतकों की भी विशेषता है। पौराणिक पात्रों के साथ-साथ समसामयिक जीवन के नमूने—स्नेहमयी माँ, कर्कशा गृहणियाँ, अहंकारी विप्र, नटखट बालक भी मिलते हैं। यथार्थ की आत्मीयता और पुरातन का गौरव—इन दोनों के सामंजस्य से लोक मानस प्रभावित होता था। (4) वैष्णव संगीतक भागवत सम्प्रदाय के सिद्धान्तों के प्रचार और भगवद्भक्ति की प्रेरणा के लिए रचे गए। यूरोप के चर्च नाटकों का भी उद्देश्य धार्मिक प्रचार था और नीति का उपदेश, पुण्य में प्रवृत्ति और पाप से विरक्ति। एलर्डाइसनिकल का कहना है कि चर्च के बाहर भी खेले जाने पर इन नाटकों में उपदेशात्मक तत्त्व प्रधान रहे।[1]

दो सूदूर और एक दूसरे से पृथक् और अछूते भूखंडों में पनपनेवाली इन नाट्य

1. A general characteristic...is that, besides being a historical and symbolical kind (those plays) are also propaganda theatre, designed to instruct men to avoid vice and cling to virtue. Even when the mysteries strayed farthest from the church, the devotional or atleast, instructional quality remained dominant". Allardyee Nieell : "World Drama", p. 153.

परम्पराओं में साम्य यह सूचित करता है कि मिलती-जुलती सामाजिक परिस्थितियों में सांस्कृतिक चेतना की अभिव्यक्ति के रूप एक प्रकार के होते हैं। किन्तु एक ऐतिहासिक तथ्य विचारणीय है। उत्तरी भारत के साहित्यिक इतिहास में तो इन भाषा-नाटकों की स्मृति कालान्तर में लुप्तप्राय हो गई, पर यूरोपीय मोरेलिटी इत्यादि नाटकों का परवर्ती एलिजेबथन नाट्य परम्परा पर इतना गहरा प्रभाव पड़ा है कि इतिहासकार बराबर उनकी चर्चा करते रहे। इसका प्रधान कारण था कि यूरोपीय मध्ययुगीन चर्च नाटकों को तो चर्च के दायरे के बाहर भी फैलने का अवसर मिला। व्यापारियों और शिल्पियों के निगमों (जिन्हें 'गिल्ड' कहते थे) ने इन नाटकों का अपने खर्च से धार्मिक महोत्सव और मेलों पर बाजार, चौक इत्यादि में प्रदर्शन करना शुरू कर दिया। इसके फलस्वरूप साहित्यिक नाटकों ने इस विधा को अपनी विषय-वस्तु और वातावरण के अनुकूल सँवारा। बाइबिल नाटकों के लोकाश्रयी तत्त्वों का लैटिन एवं इटैलियन क्लासिकल नाट्य परम्परा से गठबन्धन कर 16वीं सदी के नाटककारों ने यूरोपीय नाट्यकला के सुवर्ण युग का सूत्रपात किया।

भारतवर्ष में ऐसा नहीं हो पाया। असम के वैष्णव नाटक सूत्रों और मठों तक ही सीमित रह गए। कभी-कभी कामरूप के अहोम राजाओं और कूचबिहार इत्यादि के नरेशों के संरक्षण में कुछ वैष्णव नाटकों का अभिनय यदाकदा होता रहा। किन्तु देश की परिस्थिति कुछ ऐसी थी कि मुसलमानी आक्रमणों के डर से सुदूर असम के राजाओं को भी सतर्क रहना पड़ता था। उनके लिए यह सम्भव न था कि वे कला और संस्कृति की सुचारु प्रगति के लिए शान्त और निर्द्वन्द्व वातावरण कायम रख सकें। ईसा से 600 वर्ष पूर्व वैशाली में और बाद में विदिशा, उज्जयिनी, मथुरा, वाराणसी आदि नगरियों में श्रेष्ठियों के जो समृद्ध निगम थे, वे मध्ययुग तक आते-आते क्षीण हो गए। मिथिला में गयासुद्दीन तुगलक से पराजित होने के बाद कर्णाटकवंश के राजाओं को नेपाल ही में अपने मनोनुकूल सांस्कृतिक क्रियाकलाप के लिए अवसर मिल सका। बाद में मिथिला के ओइनवर वंशीय राजागण जौनपुर के सुलतान और दिल्ली के बादशाओं से सन्धियों के दौरान ही रंगमंच इत्यादि को प्रोत्साहन दे सके। अतः संगीतकों की यह परम्परा जिस परिवेश में उत्पन्न हुई उसके बाहर न जा सकी; असम में मठों और सूत्रों के सन्त और भक्त ही लेखक, नट, प्रेक्षक तथा संरक्षक रहे; मिथिला और नेपाल में देश के एक कोने में स्थानीय हिन्दू राज्यों में कुछ कवियों और उनके संरक्षकों तक ही यह नाट्य विधा सीमित रह सकी। पिछले दिनों कुछ लेखकों ने यह सिद्ध करने की चेष्टा की है कि मुसलमानी आधिपत्य के कारण भारतवर्ष में नाट्य का ह्रास नहीं हुआ, वरन् ह्रासोन्मुखी प्रवृत्तियाँ तो भारतीय नाट्य परम्परा में पहले ही से विद्यमान थीं।[1] निस्सन्देह अनेक मुसलमान सुलतानों, नवाबों और बादशाहों ने संस्कृत काव्य को प्रोत्साहन दिया। चित्रकला, स्थापत्य और संगीत के तो वे लोग बराबर संरक्षक और संवर्धक रहे। किन्तु जहाँ तक नाट्यकला और मूर्तिकला का सम्बन्ध है, इस क्षेत्र में उन लोगों की मजबूरी

1. देखिए : डॉ. इन्दुशेखर, 'संस्कृत ड्रामा : इट्स ऑरिजिन एंड डिक्लाइन', पृ. 152-153।

थी, जिसके लिए व्यक्तिगत रूप से उन्हें दोषी नहीं ठहराया जा सकता। इस्लाम में साकार प्रदर्शन की सख्त मुमानियत है। जो उदार-हृदय मुसलमान शासक मूर्तिभंजन और रंगमंच विरोधी भी नहीं थे उनके लिए भी यह सम्भव न था कि वे अपना संरक्षण मूर्तिकला और नाट्यकला को दे सकें, इसके लिए सरकारी खजाने से सहायता दें और अपने राज-दरबार में इन कलाओं का प्रदर्शन कराएँ। इसीलिए सारे पश्चिम एशिया में जहाँ-जहाँ इस्लाम का प्रभुत्व रहा, वहाँ नाट्य और रंगमंच नहीं पनप सके। रंगमंच प्रदर्शन के लिए आर्थिक साहाय्य अनिवार्य है, काव्य रचना तो कोने में बैठकर भी की जा सकती है, किन्तु लिखे जाने के बाद भी नाटक का अस्तित्व बिना प्रदर्शन के अधूरा है और उसके लिए संरक्षण आवश्यक है। इसीलिए संसार के किसी भी देश या युग में राज्याश्रय अथवा श्रेष्ठि-वर्ग के बल पर अथवा देवालय (चर्च, मन्दिर, मठ इत्यादि) के प्रोत्साहन से ही नाट्यकला का संवर्धन और उत्कर्ष हो सका। अतः भारतवर्ष में नाट्यकला का ह्रास उसी काल में हुआ जब ये तीनों ही आश्रय मुसलमानी शासन-काल में उठ गए। इसीलिए मध्य-युगीन भाषा-नाटकों की परम्परा देश के उन कोनों में ही अपनी सीमित उर्वरा शक्ति पर अवलम्बित रही जहाँ छोटे राज्यों और मन्दिर-मठों से आर्थिक साधन, निर्देशन और सराहना मिलती रही। वह देशव्यापी साहित्यिक परम्परा का अंग नहीं बन सकी।

तो क्या भाषा-नाटकों का ऐतिहासिक महत्त्व सर्वथा नगण्य है ? क्या उत्तर भारत के नाट्य और रंगमंच को उनका योगदान केवल एक अल्प-कालिक ज्योतिपुंज का प्रकाश ही समझा जाए? आधुनिक भारत में साहित्य और नाट्य परम्पराओं का अध्ययन उन प्रादेशिक और वर्तमान भाषा क्षेत्रों के आधार पर होता रहा है, जो प्राचीन और पूर्व मध्ययुग में थे ही नहीं। इसीलिए असम और मिथिला नेपाल की इस नाट्य परम्परा के व्यापक प्रभाव भी पड़ा होगा—इस सम्भावना की ओर आधुनिक विद्वानों का ध्यान नहीं गया है। वस्तुतः संस्कृत साहित्य और नाटक के ह्रास काल में 11वीं से 16वीं शतियों में जो साहित्य देशी भाषा में लिखा जा रहा था। वह संस्कृत साहित्य की ही भाँति देशव्यापी प्रवृत्तियों का द्योतक था। स्थानीय वातावरण की अभिव्यंजना करते हुए भी तत्कालीन नाटककार अपने को देशव्यापी संस्कृत नाट्यपरम्परा का अंग मानकर चलता था। अतः देखना यह है कि संस्कृत नाटक की ह्रासोन्मुखी प्रवृत्तियों को मध्ययुगीन भाषा-नाटकों के रचयिताओं ने जो मोड़ दिया उसकी परवर्ती नाट्य साहित्य और रंगमंच के लिए क्या महत्ता है।

डॉ. इन्दुशेखर ने 9वीं-10वीं शताब्दी के बाद संस्कृत नाटकों की ह्रासोन्मुखी प्रवृत्तियों की परिगणना करते हुए[1] इन कमजोरियों का जिक्र किया है। (1) नाट्यकारों में लक्षण ग्रन्थों के प्रति दास्य-भाव और रीति-बन्धनों के परे सर्जनात्मकता का अभाव; (2) परिहास और व्यंग्य की कमी; (3) देशी भाषाओं के विकास के कारण साहित्य और लोकजीवन में पार्थक्य; (4) नाटकों के अभिनय की अपेक्षा उनका लयात्मक ढंग से

1. देखिए : डॉ. इंदुशेखर, 'संस्कृत ड्रामा : इट्स ऑरिजिन एंड डिक्लाइन', अध्याय 9।

वाचन करने की प्रथा; (5) सन्तों और नीतिकारों का जीवन-विमुख दर्शन जिसमें मनोरंजन और जीवन के रागात्मक तत्त्वों के लिए स्थान न था।

हमने भाषा संगीतकों (वैष्णव और राज्याश्रयी दोनों ही) का जो विवेचन इस निबन्ध में किया है उससे यह स्पष्ट हो जाता है कि इन पाँचों ही कमजोरियों का निराकरण अथवा नूतन उपयोग करके इन नाटककारों ने नाट्य साहित्य के उन संक्रान्तिकाल में एक नई विधा की उद्‌भावना की। कीथ ने 'महानाक', 'गीत गोविन्द' और 'गोपाल केलिचन्द्रिका' को संस्कृत के वर्गातीत नाटक 'इर्रेग्युलर ड्रामा' की संज्ञा दी है।[1] भाषा संगीतकों के रचयिताओं ने इसी 'इर्रेग्युलर' प्रवृत्ति को उठाया। उन्होंने लक्षण ग्रन्थों में दिए गए रूपक-उपरूपकों के वर्गों की परवाह न करते हुए, एक-अंकी, बहुपात्री, संगीत—और नृत्य-बहुल नाटकों की रचना की जिसमें सूत्रधार (जिसे गोपाल केलिचन्द्रिका में 'सूचक' कहा गया है) का एक विशेष स्थान निर्धारित किया गया। उमापति, शंकरदेव, माधवदेव ने लक्षण ग्रन्थों के प्रति दास्य भाव को तिलांजलि दी और यों 'संगीतक' विधा को व्यवस्थित रूप दिया। देशी भाषाओं की जिस प्रगति के कारण संस्कृत नाटक लोक जीवन से परे होने लगा था, उसी का लाभ उठाकर उन्होंने भाषा-संवादों और गीतों द्वारा नाटक का पुनः जन-जीवन से निकट सम्पर्क स्थापित किया। पेटु, ब्राह्मण के घिसे-पिटे परिहास के स्थान पर उन्होंने लोक जीवन ही से पात्र और परिस्थितियों को ग्रहण कर नाटकीय व्यंग्य और विनोद को भी नया रूप दिया। लयात्मक ढंग से पद्यवाचन की जो प्रथा रंगशाला से नाटक को दूर हटा रही थी उसी को भाषा-संवादों में शामिल कर उन्होंने उत्तेजनशील, उद्‌बोधक और प्रवचनात्मक संलाप को नाटक का अंग बनाया। लयात्मक गद्य-संवाद और पद्य-वाचन (भटिमा इत्यादि) नाटक को समृद्ध करने में सहायक हुए। सन्तों की आध्यात्मिक-साधना इन नाटकों की प्रेरणा बनी, और जीवन के प्रति उदासीनता के स्थान पर भगवान् की लीलाओं को नाटक की विषय-वस्तु बताकर उन्होंने मानवसुलभ रसोद्रेक के माध्यम से भक्ति-चेतना का प्रेक्षकों में विकास किया।

इस तरह हम देखते हैं कि मध्य-युगीन भाषा-नाटक भारतीय नाटक साहित्य के संक्रान्तिकाल में ह्रासोन्मुखी संस्कृत नाटक के स्थान पर उसी की कतिपय प्रवृत्तियों को उपकरण बना कर एक नवीन, लोकप्रिय, और अपने ढंग से प्राणवान् विधा के रूप में प्रकट हुए। शायद यही इन नाटककारों की सबसे बड़ी उपलब्धि थी कि संस्कृत नाटक के गौरवग्रन्थों की सम्पन्न बरसात के बाद विशृंखल बदलियों को पुंजीभूत कर उन्होंने एकबारगी पुनः रसवर्षण के साधन जुटाए और यह रसवर्षण महलों की वाटिकाओं तक ही सीमित नहीं रहा। खेत, खलिहान और क्यारियों पर फैल गया।

भाषा-संगीतकों की दूसरी उपलब्धि थी लोक-कंठ में व्याप्त चर्यापदों की गान पद्धति, और श्रीमद्‌भागवत के आह्लादपूर्ण रसस्निग्ध भक्ति-प्रसंगों का सामंजस्य कर गेय पदों की ऐसी शैली की उद्‌भावना करना जो कालांतर में सारे उत्तर भारत में लीला

1. देखिए : बेरिडेल कीथ, 'द संस्कृत ड्रामा', पृ. 270-275।

नाटकों के रूप में छा गई। गेय पदों को विन्दु बनाकर लीला रचने और उन्हें प्रदर्शित करने की परम्परा हमारे विचार से शंकरदेव और माधवदेव के नाटक और झुमुरा की सफलता के कारण ही उत्तर भारत में प्रतिष्ठित हुई। हमारा तो अनुमान है कि ब्रज की रासलीला पर भी इन दोनों महानुभावों की रचनाओं का प्रभाव पड़ा। ब्रज क्षेत्र में अनेक वर्ष बिताकर इन प्रतिभाशाली सन्तों और उनके कलाकारों ने न केवल ब्रज से नृत्य-संगीत और काव्य की प्रेरणा पाई वरन् बाद में अपने अनुपम नाटकों को प्रस्तुत कर नाटकीय पदावली और लीला-नाटकों की धारा के लिए ब्रज-क्षेत्र के कवियों और रासधारियों का पथ प्रशस्त किया। एक ही उदाहरण से असम के वैष्णव संगीतकों के ब्रज-क्षेत्र पर प्रभाव का अनुमान किया जा सकता है। भोजन बिहार के झुमुरा में यशोदा द्वारा कृष्ण को प्रातःकाल जगाने का प्रसंग इस भटिमा में प्रस्तुत है :

प्रातस समये, जसोदा, जननि, मुख चुम्बित स्याम जगावन को।
उठ मेरे लाल, मदनगोपाल, आवे तेरे गोवाल बुलावन को॥
अब रुटिया लेहु, माखन चंच पूरि मुरुलि लेहु स्याम बजावन को।
वृन्दावने जाहि, आनन्द करि, यमुना तटे धेनु चरावन को॥ इत्यादि॥

माधवदेव के पदों के बाद ही तो ब्रजमंडल में रासलीलाओं के पदों की बाढ़ सी आ गई। वस्तुतः भक्ति-कालीन पदों का विकास रंग-शालाओं के वातावरण के वातावरण में ही हुआ। इस दृष्टि से वैष्णव संगीतकों का भक्ति-साहित्य के ऊपर अत्यन्त व्यापक और स्थायी प्रभाव माना जाएगा।

तृतीय भाग : स्फुट निबन्ध

उदय की बेला में हिन्दी-रंगमंच और नाटक*

भारतीय रंगमंच और नाटक के पारस्परिक सम्बन्ध और विकास की चर्चा करते हुए मैंने पहले भी यह मत प्रकट किया था कि सिनेमा के प्रचंड वैभव के बावजूद हमारे रंगमंच का पुनरुत्थान अवश्यम्भावी है, क्योंकि सिनेमा मनोरंजन की चाह को पूरा करता है, परन्तु संस्कारों के भार से दबी और भूली-सी अभिनयात्मक आदिम प्रवृत्ति को पूरा-पूरा मौका नहीं देता और न दर्शकों को अभिनेताओं के मायावी लोक में अपनी हस्ती खो देने का निमन्त्रण देता है। सिनेमा के पर्दे पर चलती-फिरती और जादूगरी से बोलनेवाली मूर्त्तियों से प्रदर्शन के समय रागात्मक सम्बन्ध स्थापित होना उतना ही दूभर है, जितना किसी स्वप्न-सुन्दरी से नाता जुड़ना।

किन्तु कौन-सा वह रंगमंच होगा और कैसी वह नाट्यशैली, जो आधुनिक मनोरंजन के अपूर्व साधनों से लोहा लिए बिना फिर से हमारे समाज में उपयुक्त स्थान पा सकें।

यदि हिन्दी में राष्ट्रीय रंगमंच के उदय से तात्पर्य है अभिनय के नियम, रंगशाला की बनावट, प्रदर्शन की विधि, इन सभी के लिए एक सर्वस्वीकृत परम्परा और शैली की अवतारणा होना, तो ऐसे रंगमंच का अस्त भी शीघ्र ही होगा। राष्ट्रीय रंगमंच की धारणा के पीछे राजनीतिक ऐक्य के लक्ष्य का आग्रह है। गुलामी के बादलों में से उगते हुए समाज की प्रत्येक चेष्टा में राजनीतिक विचारों का प्रभाव हो, यह स्वाभाविक ही है। दुनिया में जहाँ कहीं राष्ट्र निर्माण की ओर मानव-समाज झुका वहीं निर्माण के प्रत्येक क्षेत्र पर राजनीतिक विचारधारा ने आसन जा फैलाया। एक भाषा, एक राष्ट्र, एक शिक्षा-प्रणाली और एक संस्कृति यह नारा विभिन्न देशों और विभिन्न युगों में उठाया जा चुका है और आज भारत में भी इसकी गूँज है; किन्तु और क्षेत्रों में इसका जो भी फल हो, सांस्कृतिक विकास के लिए यह सौदा प्रायः महँगा ही बैठता है। अठारहवीं सदी के अन्त में जर्मनी, जो उस समय तक विश्रृंखल रियासतों का समूह मात्र था, अपने आधुनिक राष्ट्रीय एकता के आदर्श की ओर तीव्र गति से अग्रसर हो रही थी। तभी एक जर्मन संस्कृति के नाम पर जर्मन राष्ट्रीय रंगमंच के निर्माण में तत्कालीन जर्मन नेताओं ने उग्र कट्टरता के साथ हाथ लगाया। परिणामतः रंगमंच की एकांगी उन्नति तो हुई, किन्तु साथ ही जर्मनी का पुरातन दरबारी रंगमंच, जिसकी समृद्धि में विभिन्न वर्गों के पारस्परिक सम्बन्धों की छटा प्रस्फुटित हुई थी, मटियामेट हो गया। उससे भी अधिक हानि हुई घूमती-फिरती नाटक-मंडलियों के ह्रास के कारण।

---

* सन् 1950 ई. में पटना कॉलेज साहित्य परिषद् के लिए लिखा गया निबन्ध।

इन घुमन्तू अभिनेताओं के माध्यम से जर्मनी की साधारण जनता बोलती थी। उसके स्थान पर राष्ट्रीय एकता से अभिप्रेरित, एक विशिष्ट शैली के रंगमंच की स्थापना हुई और वही शैली जर्मनी के विभिन्न नगरों में प्रचलित होती गई।

मुझे आशंका है कि कहीं वैसी ही भूल हम लोग भी अपनी आजादी के उषःकाल में न कर बैठें। स्वाधीन भारत को राजनीतिक एकता की ज़रूरत है किन्तु भारतीय संस्कृति के लिए विविधता अपेक्षणीय है। जो एक के लिए अमृत है दूसरे के लिए विष। जिन बादलों को बरसकर धरती को अन्न देना है, वे एक रंग के हों, इसी में कल्याण है, पर जो सूर्य की किरणों से ज्योतित हो हमारी सौन्दर्याभिलाषिणी आत्मा को तृप्त करें, ऐसे बादलों को तो सतरंगी ही होना है।

अतः राजनीतिक दृष्टिकोण से राष्ट्रीय रंगमंच की रूपरेखा निश्चित नहीं की जा सकती, नहीं की जानी चाहिए। यह कहा जा सकता है कि अठारहवीं सदी के जर्मनी में रंगमंच की विविध जीवित परम्पराएँ थीं, किन्तु हमारे यहाँ तो साफ मैदान है, जैसी चाहें इमारत तैयार कर लें, कुछ नष्ट करने का डर नहीं। किन्तु यह भूल है। इसी भूल के कारण भारतीय समाज और साहित्य की वर्तमान शुष्क बालुकाराशि के नीचे जो अन्तः-सलिला धारा बहती रही है, उसमें डुबकी लगाए बगैर ही पिछले पचीस-तीस बरसों के हिन्दी-नाटककार, प्रतिभा और प्रयास के होते हुए भी, जीवन्त नाट्य-साहित्य तैयार नहीं कर सके। एक शौकीनी (एमेचर) रंगमंच की स्थापना अवश्य हुई है, सो भी प्रसादोत्तर काल में। यह रंगमंच गतिशील है, स्वस्थ है और समाज के एक वर्ग-विशेष की अनिवार्य माँग की पूर्ति करता है। इसलिए इसका भविष्य उज्ज्वल है। एमेचर रंगमंच पाश्चात्य साहित्य के संसर्ग से उद्भूत नाटकीय प्रेरणा की अभिव्यक्ति है और इसके द्वारा एक नई परम्परा की प्रतिष्ठा हुई है, जिसे हमें कायम रखना है।

किन्तु जैसा मैंने ऊपर कहा है, हमें विस्मृत परम्पराओं की धाराओं की टोह भी लगानी है और उनके लिए मार्ग प्रशस्त करने में ही हमारा सांस्कृतिक नवनिर्माण सफल हो सकेगा। एक अन्तःसलिला धारा थी संस्कृत नाटक-साहित्य में परिलक्षित रंगमंच की, ऐसा रंगमंच जो अपने उत्कर्षकाल में एक अनुपम सामंजस्यपूर्ण संस्कृति का परिचायक था, जिसके विभिन्न अंगों के सन्तुलन में नागरिक जीवन की सर्वांगीणता सन्निहित थी और जिसके प्रतिबन्धों में शताब्दियों के अनुभव से अर्जित ज्ञान का नियन्त्रण। भारतेन्दु हरिश्चन्द्र ने इस परम्परा को उबारा सदियों के बाद। उनकी प्रतिभा की प्रचंड किरणों ने विस्मृति के अभेद्य कारा को खंडित किया, और वसन्त के लुभावने समीकरण के स्पर्श से हिन्दी रंगमंच जाग उठा।

भारतेन्दु द्वारा प्रतिष्ठित धारा का अवसान हिन्दी-साहित्य के आधुनिक इतिहास में एक महान दुर्घटना थी। क्यों ऐसा हुआ, इसकी भी अपनी कहानी है, जिसकी ओर हिन्दी-साहित्य के इतिहासकार का ध्यान आना चाहिए। यहाँ संकेत के तौर पर इतना कहना काफ़ी होगा कि विचारक्षेत्र में उत्तरप्रदेश के आर्यसमाजी सुधारवादी सिद्धान्त, सामाजिक क्षेत्र में हिन्दी भाषी प्रान्तों के उच्चवर्गीय नेताओं की संस्कृति-शून्यता,

राजनीतिक क्षेत्र में स्वतन्त्रता-युद्ध के परिणामस्वरूप आदर्शवादी निग्रह (Puritanism) की भावना और भाषा के क्षेत्र में द्विवेदीजी के नेतृत्व में शुद्धता और इतिवृत्तात्मक अभिव्यंजना का आन्दोलन, सभी, किसी-न-किसी रूप अथवा परिस्थिति में भारतेन्दु की रस-प्रवाहिनी निर्झरिणी के लिए मरुस्थलतुल्य प्राणान्तक सिद्ध हुए। इस तरह हिन्दी रंगमंच के उत्थान का प्रथम प्रयास, जिसका प्राचीन संस्कृत रंगमंच से लगाव था, अधूरा ही रह गया। बाद में जो नया दौर चला, उसकी प्रेरणा कहीं और से ही आई और प्रसादजी के नाटक तो एक कल्पनाजन्य रंगमंच को आधार मानकर प्रणीत हुए।

क्या अब पुनः उस अधूरे यज्ञ की परिणति हो सकती है? क्या उसकी आवश्यकता भी है इस युद्धोत्तर जनवादी युग में? मैं कहूँगा, हाँ। संस्कृत नाटक की परम्परा नूतन हिन्दी रंगमंच के बहुमुखी विकास की एक प्रधान शैली के बीच विद्यमान है।

यदि पाश्चात्य यथार्थवादी रंगमंच से प्रभावित हो हमारे स्कूल, कॉलेजों और क्लबों द्वारा एमेचर रंगमंच की अभिवृद्धि होगी, तो प्राचीन संस्कृत-पद्धति का आधार ले, और बैले इत्यादि के साधनों से सम्पन्न हो एक नागरिक (Urban) और व्यावसायिक (Professional) रंगमंच भी हमारे प्रमुख नगरों में प्रस्तुत हो सकता है। ऐसे रंगमंच के लिए संस्कृत रंगमंग की कमनीयता, इसका सुरम्य वातावरण वांछनीय है; रंगशाला की सजावट, उसके विभिन्न अंगों का वितरण, संगीत और नृत्य का प्रचुर प्रयोग, इन सभी विषयों में संस्कृत रंगमंच की विशिष्ट धरोहर है। सिनेमा और चित्ताकर्षक नृत्य-प्रदर्शन के इस युग में कोई भी व्यावसायिक और नागरिक रंगमंच जीवन को यथातथ्य प्रतिबिम्बित करनेवाले दृश्यों के सहारे नहीं पनप सकता; किन्तु हृदयग्राही और नयनाभिराम होने के लिए हिन्दी रंगमंच को पारसी थियेटर के कृत्रिम साधनों का सहारा नहीं लेना है और न आधुनिक पाश्चात्य नाट्यशालाओं की प्रतीकवादी पृष्ठभूमि का दामन पकड़ना है। हम संस्कृत रंगमंच की ललित रंगपीठ, सरस स्वाभाविकता और शास्त्रोक्त मुद्राओं और भाव-भंगिमाओं से भरे-पुरे अभिनय को सहज ही अपना सकते हैं। अभी तक श्री पृथ्वीराज कपूर द्वारा प्रस्तुत किए गए नाटकों को देखने का मुझे अवसर नहीं मिला है, लेकिन यदि बम्बई में वे संस्कृत नृत्यशालाओं, वस्त्राभूषणों और अभिनय-कला की कुल विशेषताओं को अपने थियेटर में, प्रयोग रूप में ही सही, चालू करें, तो मेरा विश्वास है कि वे रुचि परिमार्जन के साथ-साथ आभिजात्य वर्ग के नागरिकों का यथेष्ट मनोरंजन भी कर सकेंगे। ऐसा रंगमंच व्यावसायिक दृष्टि से असफल नहीं हो सकता; क्योंकि उसमें 'ओपरा' के गीति-प्रधान वातावरण और रमणीयता और सिनेमा की तीव्र गतिशीलता और नाटकीयता का अलभ्य सम्मिश्रण होगा। मुख्यतया रंगमंच नगरों और उत्सवों तक ही सीमित रह सकेगा।

राष्ट्रीय रंगमंच का तीसरा और शायद सबसे महत्त्वपूर्ण अंग होंगी देहाती नाटक मंडलियाँ। पिछले दिनों लोगों का ध्यान जनता के विचारों और व्यक्तित्व को प्रभावित करनेवाले इस अचूक साधन की ओर गया है और कम्युनिस्ट पार्टी ने तो अपने पीपुल्स थियेटर द्वारा आरम्भ के दिनों में निस्सन्देह कला का यथेष्ट कल्याण किया; किन्तु कम्युनिस्ट कलाकारों को सिद्धान्त की वेदी पर बेदर्दी के साथ सौन्दर्य का बलिदान करना

पड़ता है और इसलिए निकट भविष्य में तो पीपुल्स थियेटर राष्ट्रीय रंगमंच को शायद ही समृद्ध कर सके। दूसरे, यद्यपि पूर्वी बंगाल, तेलंगाना और पश्चिमी मालावार के कुछ हिस्सों में कम्युनिस्ट मंडलियों को देहाती अभिनेताओं और गायकों इत्यादि का सहयोग अंशतः मिल सका, तथापि हिन्दी भाषी प्रदेशों में ये मंडलियाँ प्रायः पढ़े-लिखे मध्यवर्गीय उग्र विचारवान प्रतिभाशाली और उत्साही नवयुवकों की बानगी बनकर ही रह गईं। ये मध्यवर्गीय नवयुवक, जिन्होंने शहरों में रहकर, पाश्चात्य विद्वानों की पुस्तकों के आधार पर अपनी विचार-शैली निर्धारित की थी, अपने प्रगतिशील सिद्धान्तों की खातिर ऐसा जान पड़ता था, देहाती पोशाक पहन लेते थे। उन्होंने पढ़ा कि रूस में जनता का नाटक पार्टी की प्रेरणा से खूब पनपा। इसीलिए यहाँ भी, उन्होंने देहाती नाम, देहाती समस्याओं और देहाती पोशाक का सहारा ले, मिली-जुली देहाती भाषा में बड़े शहरों में और कहीं-कहीं गाँवों में भी अपने सिद्धान्तों का प्रचार शुरू कर दिया। थोड़े दिन तो यह चीज़ खूब चमकी; किन्तु आकाश की जिस धारा ने धरती के नीचे प्रवाहित होनेवाले सोतों से नाता नहीं जोड़ा, वह तो ऊपर-ऊपर ही बहकर ढल जाती है। कम्यूनिस्ट रंगमंच ने वस्तुतः बिहार, उत्तरप्रदेश और मध्यप्रदेश में, देहातों में प्रचलित और लोकप्रिय अभिनय-प्रणालियों से सम्बन्ध स्थापित नहीं किया और न इन देहातों में जौहर दिखलानेवाले अशिक्षित या अर्द्धशिक्षित अभिनेताओं और गायकों को अपनाया। उन्होंने उन प्रणालियों अथवा पद्धतियों का अंशतः अनुकरण तो किया, लेकिन चालू प्रणालियों से सीधा सम्बन्ध नहीं जोड़ा। शायद उसमें उन्हें ह्रासोन्मुख (Decadent) संस्कृति के चिह्न दीखे।

वस्तुतः हमें राष्ट्रीय रंगमंच के इस विशाल क्षेत्र को उर्वर बनाने के लिए उस लोक-रुचि की माँग को समझना होगा, जिसके सहारे अब भी इतनी नौटंकी पार्टियाँ और मंडलियाँ जीती रही हैं। छः-सात वर्ष हुए बिहार के एक साधारण-से ग्राम में दौरा करते समय मुझे उस गाँव की ही एक मंडली द्वारा प्रस्तुत किया गया नाटक देखने का अवसर मिला। ठठ-के-ठठ पुरुष और नारी जमा थे। स्टेज के नाम पर एक चौकी। एक ढोलकवाला था। अभिनेता कुल चार या पाँच। दर्शक तीन तरफ। न कोई पर्दा न कोई विशेष सजावट। नाटक का नाम था 'जालिमसिंह' जो उत्तरी बिहार में खासा प्रसिद्ध है। अभिनय में कोई विशेष कला नहीं थी। कहानी अच्छी होते हुए भी, उसमें कई अश्लील अंश थे। लेकिन मुझे लगा, जैसे उस नाटक के खेलनेवालों और चारों ओर उमड़नेवाली जनता में एक संशयहीन आत्मीयता हो, जिसका मैं एक अंग नहीं बन सका। उसके बाद बिहार और पूर्वी उत्तर प्रदेश के भोजपुर इलाके के लोकप्रिय कलाकार भिखारी ठाकुर के विषय में बहुत कुछ सुनकर और उनके 'विदेसिया' के नाम पर जुट पड़नेवाली जनता की मनोवृत्ति का अध्ययन कर मैं इस निष्कर्ष पर पहुँचा हूँ कि देहाती रंगमंच उन आदिम अभिनयात्मक इच्छाओं की अभिव्यंजना है, जिसके बल पर ही सिनेमा के तीव्र प्रचार के बावजूद रंगमंच अपना अस्तित्व कायम रख सकता है।

देहाती रंगमंच की बुनियाद में अभिनेता और दर्शक के बीच वही तादात्मीयता (Mutual understanding) है, जिसका जिक्र मैं ऊपर कर आया हूँ। यह तभी सम्भव

हो सकता है, जब नाटक-मंडली के अभिनेता और प्रबन्धक देहाती जनता की रुचि, इच्छा और माँग का अध्ययन करें। उसकी तथाकथित अश्लीलता या बेरोक रसानुभूति से नाक-भौं न सिकोड़ें और उच्च स्तर से आविर्भूत होनेवाले उपदेशकों की भाँति, नीति अथवा उद्धार की झड़ी न लगाएँ और न आर्थिक शोषण का जड़ोन्मूलन करने के लिए जनता को भावोद्वेलित करने की आशा करें। यह तो प्रधानतः मनोरंजन का क्षेत्र है। इसे परिमार्जित करने का एक ही मार्ग है, यानी जो मनोरंजन भोंड़ा है उसे सुन्दर, कलापूर्ण और स्वस्थ बनाया जाए। उदाहरणतः इन नाटकों में रंगमंच की सजावट में ग्रामीण कला को अवसर दिया जाए। चटाइयों पर गेरू से सुन्दर डिजाइन बनाकर मंच के उपपीठ पर लटकाए जाएँ। गाँव की स्त्रियाँ अल्पना अंकित करें। भद्दे शहरी पर्दों के स्थान पर बैक-ग्राउंड में जंगली पत्तियों और फूलों की लड़ियाँ टाँगी जाएँ। गाने-बजाने की बहुलता रहे। हारमोनियम के स्थान पर सारंगी और तबले के स्थान पर ढोलक हो। चूँकि पर्दे बदलने की तो गुंजाइश वहाँ होती नहीं है, इसलिए दृश्य-परिवर्तन और नाटक में धारा-प्रवाह को जारी रखने के लिए एक सूत्रधार रहे। वह अच्छा गायक और हाजिर-जवाब होना चाहिए। संस्कृत नाटकों में तो सूत्रधार प्रस्तावना के बाद गायक हो जाता था। लेकिन आधुनिक देहाती रंगमंच में उसकी बराबर ज़रूरत पड़ेगी और उसका काम लगभग वही होगा, जो यूनानी नाटकों में कोरस द्वारा सम्पन्न होता था, यानी नाटक और दर्शकों के बीच सूत्र कायम रखना। स्थान-स्थान पर नाटक के कथानक के प्रति उत्सुकता जागृत रखने के लिए, वह टिप्पणी देगा, अभिनेताओं को कपड़े बदलने का समय देने के लिए, दर्शकों का मनोरंजन करेगा और नाटक के भावुक स्थलों पर भावावेग के अनुकूल गीत सुनाकर उसी प्रकार नाटकीय संवेदना का संवर्धन करेगा, जैसे आधुनिक सिनेमा और रेडियो-रूपक में पार्श्व संगीत।

अभिनेता, जहाँ तक हो सके, देहातों में से ही लिए जाएँ, यद्यपि सूत्रधार का आधुनिक संस्कृति और ज्ञानराशि से परिचित होना आवश्यक है। मैंने ग्रामीण जनता के सभी वर्गों में कुशल अभिनय की दक्षता रखनेवाले व्यक्तियों को पाया है। थोड़ी ट्रेनिंग से उनकी योग्यता निखर जाएगी, इसमें कोई सन्देह नहीं। देहाती नृत्य और सम्मिलित संगीत, उस रंगमंच के महत्त्वपूर्ण अंग रहेंगे। हर प्रदेश के अपने-अपने जन-नृत्य हैं, जिनका बड़े-बड़े नगरों की अत्याधुनिक रंगशालाओं में नये फैशन के युवक-युवतियों द्वारा शौकीनी प्रदर्शन पिछले दिनों खूब किया गया है। लेकिन ठेठ देहात में, जहाँ की यह चीज़ है, नैसर्गिक वातावरण में, देहाती युवक-युवतियों को ही अपने रंगमंच पर प्रदर्शन करने के लिए कहाँ तक उत्साहित और संगठित किया जा रहा है, इसमें मुझे बहुत कुछ सन्देह है।

देहाती रंगमंच का संगठित रूप क्या है और उसकी अन्य क्या विशेषताएँ होनी चाहिएँ, इस विषय पर सविस्तार भविष्य में लिखूँगा। क्योंकि इस क्षेत्र में कुछ क्रियात्मक अनुभव प्राप्त कर लेने के बाद ही मुझे विचार प्रकट करने का पूर्ण अधिकार हो सकता है। पिछले छह वर्षों से वार्षिक वैशाली महोत्सव के अवसर पर मैं इस ढंग के देहाती रंगमंच की कल्पना को कार्यरूप में परिणत करने की चेष्टा करता रहा हूँ। कुछ सफलता

भी मिली है, क्योंकि वैशाली तो एक गाँव ही है, रेलवे स्टेशन से 23 मील दूर और चाहने पर भी वहाँ नगर के साधन उपलब्ध नहीं हो सकते। ग्रामीण अभिनेता, ग्रामीण दर्शक, ग्रामीण उपादान सभी मिल जाते हैं। निर्देशन हम लोगों का होता है और विशेषतः सजावट का निर्देशन कलाकार उपेन्द्र महारथी का। फिर भी कार्यक्रम में कॉलेज के नवयुवकों द्वारा प्रस्तुत नाटक शामिल करने ही पड़ते रहे हैं। शायद भविष्य में अधिक सफलता मिले।

इस वर्ष से बिहार में सरकार की ओर से सांस्कृतिक चेतना-सम्बन्धी योजना में हम लोगों ने देहाती रंगमंच के विकास के उद्देश्य से मोद-मंडलियों की स्थापना की है। योजना सरकारी है और इसलिए उसकी गति गजगामिनी की-सी है। स्वरूप भी वैसा हो, तो शिकायत की गुंजाइश न रहेगी किन्तु सांस्कृतिक क्षेत्र में निश्चित रूप से यह पहला सरकारी क़दम है और फूँक-फूँककर उठाया जा रहा है। लोगों को भी यक़ीन नहीं होता कि इसके पीछे कोई और तो चाल नहीं है। यदि यह तजुर्बा अंशतः भी सफल हुआ तो मैं एक या दो वर्ष बाद इसकी पूरी कथा हिन्दी पाठकों के सामने रखूँगा।

ऊपर के विवरण से यह बात स्पष्ट हो जाती है कि आज दिन हिन्दी-भाषा-भाषी प्रदेशों में राष्ट्रीय रंगमंच का क्रमिक निर्माण तीन पहलुओं में हो रहा है। मेरे विचार से इन्हीं तीन शैलियों में भावी हिन्दी रंगमंच की रूपरेखा सन्निहित है, यानी 1. यथार्थवादी, एमेचर (शौकीनी) रंगमंच, 2. प्राचीन नाट्य परम्परा से प्रेरित किन्तु आधुनिक व्यावसायिक साधनों से सम्पन्न नागरिक (Urban) रंगमंच और 3. परिमार्जित और संशोधित रूप में देहाती रंगमंच। यदि हमारे उदीयमान नाटककार और उत्साही निर्देशक और अभिनेता इन प्रवृत्तियों को नजर में रखते हुए अपनी कार्य-प्रणालियाँ निर्धारित करें, तो बहुत-सी बेकार मेहनत बच जाए और हिन्दी राष्ट्रीय रंगमंच और नाट्य-साहित्य की वास्तविक उन्नति हो।

इससे पहले कि इन प्रवृत्तियों के अनुकूल नाट्य-साहित्य की आवश्यकताओं की ओर मैं इशारा करूँ, यह जरूरी है कि हमारे रंगमंच के पुनर्निर्माण काल की दो प्रबल शक्तियों यानी सिनेमा और रेडियो का जो प्रभाव इन तीन धाराओं पर पड़ रहा है, या पड़ सकता है, उसका भी कुछ अन्दाजा लगा लिया जाए। सिनेमा को मैं रंगमंच का घातक मानने के लिए तैयार नहीं। मेरे विचार में तो सिनेमा ने रंगमंच के पुनरुत्थान के लिए अनुकूल वातावरण पैदा कर दिया है। सदियों से भारतवर्ष की जनता नाट्य और अभिनय कला की ओर से उदासीन हो चली थी। लोकरुचि पर काई जम गई थी और उच्च सांस्कृतिक क्षेत्र में अभिनय और नृत्य-प्रदर्शन का कोई स्थान ही नहीं रह गया था। सिनेमा ने उस काई को काटकर फेंक दिया और देखते-ही-देखते अभिनय और कलात्मक प्रदर्शन हमारे सामाजिक जीवन का एक प्रधान अंग बन गए।

यह सच है कि सिनेमा की लोकप्रियता ने पारसी थियेटर को नष्ट कर दिया, लेकिन उसके विनाश का कारण सिनेमा के आधुनिक मशीनयुग के साधन ही नहीं थे, बल्कि अभिनय कला का एक नवीन दृष्टिकोण भी। सिनेमा ने जब यह दिखाया कि यथार्थ जीवन में जैसी बातचीत, जैसा व्यवहार, जैसी भाव-भंगिमाएँ होती हैं, वैसी ही नाटकों में प्रदर्शित की जा सकती हैं, तो पारसी थियेटर के जोशीले भाषण, फड़कती हुई शेरें

और तमककर बोलने की परिपाटी अपना सारा आकर्षण खो बैठे। 'चन्द्रकान्ता सन्तति' के तिलिस्म को जैसे प्रेमचन्द के यथार्थवादी उपन्यासों ने ढहा दिया, ऐसे ही सिनेमा ने पारसी थियेटर के शीशमहल को खँडहर बना दिया। नतीजा यह हुआ कि जब इब्सन, शॉ, गाल्सवर्दी इत्यादि से प्रेरित होकर उत्तर भारत के कुछ नगरों में एमेचर रंगमंच का आविर्भाव हुआ, तो सिनेमा के उदाहरण ने उसके यथार्थवाद के लिए दर्शकों को तैयार कर दिया। एकांकी की उन्नति में सिनेमा का कितना जबरदस्त हाथ रहा है, इस पर शायद एकांकी-लेखकों ने भी विचार नहीं किया है। भारतवर्ष में बोलते सिनेमा के प्रचार से पूर्व यदि यथार्थवादी, विशेषतः सामाजिक नाटक लिखे जाते, तो उनको रंगमंच पर उतारना शायद असम्भव हो जाता। रंगमंच पर दैनिक जीवन का यथातथ्य प्रदर्शन हो, इसकी कल्पना भी दर्शक-समाज नहीं कर सकता था। लोकरुचि में इतनी बड़ी क्रान्ति करके सिनेमा ने स्वाभाविक अभिनय की कला को रंगमंच पर ला बैठाया। तो क्या यथार्थवादी एमेचर रंगमंच ही को सिनेमा कुछ दे सका है? यदि हिन्दी राष्ट्रीय रंगमंच के उत्थान में सिनेमा की केवल इतनी ही उपयोगिता रहती, तो उसका कोई स्थाई मूल्य नहीं होता, क्योंकि कोई भी यथार्थवादी रंगमंच, कम-से-कम भारतवर्ष में, जीवन के यथातथ्य चित्रण में सिनेमा से बाजी नहीं ले जा सकता। लेकिन मैं ऊपर कह आया हूँ कि हिन्दी रंगमंच की तीन धाराओं में से एक यानी नागरिक, व्यावसायिक रंगमंच यथार्थवादी नहीं होगी। उसकी विशेषताएँ होंगी काव्य-सुलभ रसानुभूति से परिपूर्ण वातावरण, मर्मस्पर्शी और सहज स्वाभाविकता एवं शास्त्रोक्त मुद्राओं से सम्पन्न अभिनय और नृत्य, संगीत और नयनाभिराम दृश्यों से अलंकृत प्रदर्शन (Spectacle)। ये विशेषताएँ नागरिक रंगमंच को न सिर्फ संस्कृत रंगमंच से मिलेंगी, बल्कि भारतीय सिनेमा की उस नवीन शैली से भी, जिनके उदाहरण के तौर पर विद्यापति, वसन्तसेना, नर्तकी, रामराज्य, पुकार और अनेक पौराणिक फिल्मों का नाम लिया जा सकता है। इस शैली से नागरिक रंगमंच भव्य वातावरण प्रस्तुत करने के उपाय ले सकता है। प्रकाश और अन्धकार का समुचित व्यवहार संवेदन के संवर्धन में कैसे किया जा सकता है, भावोद्रेक जताने के लिए क्योंकर संवाद में गति लाई जा सकती है, गीत और नृत्य कैसे स्थलों में प्रभावोत्पादक हो सकते हैं, इन सभी महत्त्वपूर्ण पहलुओं पर सिनेमा की इस नई शैली ने प्रचुर प्रयोग किए हैं, नागरिक रंगमंच जिससे यथेष्ट लाभ उठाएगा।

अतः यदि भारतीय सिनेमा को भावी हिन्दी राष्ट्रीय रंगमंच की प्रयोगशाला कहा जाए, तो कोई अत्युक्ति न होगी। रेडियो की छाप भी उस पर निश्चय ही रह जाएगी। हिन्दी साहित्य का इतिहास मुक्त कंठ से यह स्वीकार करेगा कि ऑल इंडिया रेडियो ने हिन्दी में नाट्य रचना को फिर से सार्थकता प्रदान की। उसने न सिर्फ नए रूपककारों को प्रकाश में ला बैठाया, बल्कि पुरानी कृतियों के लिए भी एक नवीन क्षेत्र प्रस्तुत कर दिया। उसने एक नई माँग पेश की, जिसके जवाब में हिन्दी-लेखक को अपनी कलम साहित्य के इस विस्मृत क्षेत्र में चलानी पड़ रही है। इसके अतिरिक्त रेडियो-रूपक की कुछ ऐसी विशेषताएँ हैं, जिन्हें रंगमंच के लिए नूतन उपकरण माना जा सकता है। पार्श्व

संगीत की टेकनीक को रेडियो ने खूब निखार दिया है। अभिनय-कला में स्वर-सन्धान की महत्ता रेडियो ने ही पहले-पहल स्थापित की है और भाव-भंगिमा के अभाव में स्वर में चित्रोपमता को क्षमता ला देना यह अभिनय-कला को रेडियो की एक स्थाई देन है। भावी रंगमंच इन नए उपकरणों को निश्चय ही अपनाएगा।

* * *

उत्तरी भारतवर्ष में नाट्य-साहित्य का लोप आप-ही-आप नहीं हुआ था। मुसलमानी राज्य में धार्मिक कट्टरता ने मूर्ति-कला और रंगमंच दोनों पर प्रहार किया। राज्य का प्रश्रय मिला नहीं और जनता भयाक्रान्त हो मनोरंजन से विमुख हो गई। यों लगभग एक हज़ार वर्ष तक उत्तरी भारत में तो नाटक कोरे अध्ययन की सामग्री बनकर रह गया।

अब यदि एक हज़ार वर्ष बाद हम रंगमंच और रूपक-साहित्य को पुनर्जीवित करना चाहते हैं, तो यह क्रिया भी आप-ही-आप नहीं होगी। कविता भावुक हृदय से अनायास ही बह निकलनेवाली निर्झरिणी हो सकती है, यद्यपि उसकी तह में भी सामाजिक प्रेरणाओं का दबाव होता है, किन्तु नाट्य-साहित्य का रंगमंच की माँग से सीधा सम्बन्ध है और रंगमंच स्वतः ही नहीं बनता। राष्ट्र और समाज, संस्कृति क्षेत्र के नेता और शासन, सभी को परम्परा, परिस्थिति और उपकरणों को ध्यान में रखते हुए नए रंगमंच की रूप-रेखा निश्चित करनी है, और जहाँ तक सम्भव हो, उस निश्चित योजना के अनुसार साधन एकत्रित कर रंगमंच के आन्दोलन को चलाना है। ऐसे आन्दोलन के आग्रह से लेखक-समाज बच नहीं सकेगा, और कुछ ही समय में एक समृद्ध नाट्य-साहित्य की नींव पड़ जाएगी।

पिछले पृष्ठों में रंगमंच की जो त्रिमुखी योजना मैंने उपस्थित की है, वह एक संकेत है इसी मार्ग की ओर। मैं यह कहने की धृष्टता नहीं करूँगा कि हिन्दी भाषी समाज इस संकेत को आँख मूँद कर मान ले, यद्यपि मेरा अनुभव है कि रंगमंच के जिस त्रिमुखी विकास की मैं कल्पना कर रहा हूँ, वही दिन-प्रतिदिन स्पष्ट होती हुई सांस्कृतिक प्रवृत्तियों का चरमोत्कर्ष हो सकता है।

यदि यह न भी हो, तो भी मेरा यह तो पक्का विश्वास है कि जनता, शासन और सांस्कृतिक संस्थाओं को कुछ इसी तरह का बहुमुखी आन्दोलन खड़ा करना होगा। हमारा राष्ट्रीय रंगमंच एकमुखी नहीं हो सकता और न होना ही चाहिए।

इसीलिए हमारा नाटक-साहित्य भी कई विभिन्न शैलियों का संग्रह होगा, एक ही परिपाटी का उत्थानमात्र नहीं।

लेकिन मुझे लगता है, मानो हम आधुनिक हिन्दी के नाटककार बरबस ही एक ही शैली की तलाश में भटक रहे हों। जो नये प्रयोग हो रहे हैं, उनके पीछे रंगमंच की सामर्थ्य नहीं। इसलिए हमें रंगमंच की पद्धतियाँ भी निर्धारित करनी हैं और उसके साथ-ही-साथ नाट्य-साहित्य की शैलियाँ भी। दोनों कार्य समानान्तर रेखाओं की तरह चलें। यह सोचना कि पहले रंगमंच तैयार हो जाए तब नाटक लिखे जाएँ, या नाटकों की रचना कराकर रंगमंच को तदनुसार तैयार कर लें, भारी प्रवंचना होगी।

लेकिन मैं लेखक-समाज को हुक्म नहीं देना चाहता कि ऐसा लिखो और ऐसा नहीं। कलाकार को जबरदस्ती आदेश देने की क्षमता भला किसमें है?

हमारा राष्ट्र, निर्माण की पहली सीढ़ियों पर है। ऐसे क्षण में लेखक-समाज द्वारा समय और शक्ति का अपव्यय बहुत अखरता है। अपव्यय दो तरह का आजकल हो रहा है—1. नई पीढ़ी के उदीयमान साहित्यकार मुक्तक काव्य की झड़ी लगाए जा रहे हैं, मानो उन्होंने छायावादी परम्पराओं को रीतिकालीन सवैयों की परिपाटी की भाँति साँचे ढालनेवाली मशीन बना देने का व्रत लिया हो। नाटक का क्षेत्र है वीरान, लेकिन उधर कौन नजर डाले? 2. जो नाटककार हैं, वे प्रायः शून्य में सेज लगाकर किसी काल्पनिक रंगमंच की प्रिया से मिलन की तैयारियाँ कर रहे हैं। कुछ लोग हैं कि कोरे संवादों के चमत्कार को नाट्यगति (Action) का स्थान देकर सन्तुष्ट हो जाते हैं, कुछ के हरेक पात्र में एक ही व्यक्तित्व यानी लेखक का निजी व्यक्तित्व प्रतिबिम्बित होता है, कुछ का कथानक इतना सपाट होता है कि प्रथम दृश्य में ही अन्तिम दृश्य की झलक मिल जाती है और कुछ के पात्र भाषणों का ताँता बाँधते हैं, तो रुकने का नाम ही नहीं लेते।

प्रतिभा और समय के इस अपव्यय को रोकने के लिए लेखक-समाज को सामूहिक इच्छाशक्ति का प्रयोग करना होगा। यह सामूहिक इच्छाशक्ति साहित्यकारों की संस्थाओं द्वारा स्वीकृत और शासन द्वारा आर्थिक सहायता प्राप्त योजनाओं के रूप में प्रकट की जा सकती है। इन योजनाओं में श्रेष्ठ नाटकों पर पुरस्कार, नाटकों के अभिनीत कराने का प्रबन्ध, उदीयमान नाटककारों को आर्थिक सहायता, इन सब का विधान तो होगा ही, पर इनके साथ-ही-साथ नाटक-लेखन की कला के नियमों का संकलन और नाटककारों के लिए शिक्षा-केन्द्रों का आयोजन भी होगा।

मेरे भावुक साहित्यकार मित्र चौकें नहीं। मैं कला को बन्धनविवश और साहित्यिक नेताओं से आक्रान्त दासी का रूप देने की तदवीर नहीं कर रहा हूँ। लेकिन कोई मुझे बतावे कि कौन-सी उत्कृष्ट कला नियमबद्ध नहीं और किस कला के साधकों की अध्ययन और अध्यवसाय के बिना कोरी भावप्रवणता के आधार पर सफलता मिली है? काव्य-प्रणयन में हाथ लगाने से पूर्व कवि छन्द-शास्त्र, अलंकार और पूर्ववर्ती कवियों का थोड़ा-बहुत अध्ययन करता है। समस्त प्राचीन नाट्य-साहित्य इसका साक्षी है; किन्तु हिन्दी में नाटककारों के पथ-प्रदर्शन के लिए कोई उपयुक्त रीतिग्रन्थ ही नहीं है। प्राचीन संस्कृत नाट्यशास्त्र का अध्ययन करने का हम लोग कष्ट नहीं उठाते और यह भी ठीक है कि वर्तमान परिस्थिति में, उसी परम्परा के रंगमंच के अभाव में प्राचीन संस्कृत नाट्यशास्त्र को बिना कतर-व्योंत किए हम ज्यों-का-त्यों अपना भी नहीं सकते। अधिकतर लेखक आधुनिक पाश्चात्य नाटककारों इब्सन, गाल्सवर्दी, शॉ इत्यादि से प्रभावित होकर ही कलम उठाते हैं। लेकिन इन पाश्चात्य नाटककारों के पीछे अविच्छिन्न नाट्य-साहित्य की परम्परा है, जिसका उद्गम है प्राचीन यूनानी नाटक। साथ ही उन्हें प्राचीन, मध्यकालीन और आधुनिक शास्त्रकारों और साहित्य-नियामकों की धरोहर उपलब्ध है। पाश्चात्य नाटककार प्रायः थ्री यूनिटीज, ट्रेजेडी के द्वन्द्वात्मक आधार,

चारित्रिक उत्थान, कथानक में चरमबिन्दु का समावेश आदि सिद्धान्तों से परिचित होते हैं। अरस्तू, बेनजान्सन, गेटे, ब्रैडले और कतिपय आधुनिक समालोचकों ने नाट्यकला के विषय में जो सिद्धान्त प्रतिपादित किए हैं, वे उदीयमान पाश्चात्य नाटककार के लिए एक मानसिक पृष्ठभूमि का काम देते हैं। यदि मैं कहूँ कि कुछ ऐसी ही मानसिक पृष्ठभूमि की हमारे यहाँ भी आवश्यकता है, तो इसे सृजनात्मक प्रवृत्ति पर शास्त्रीय बन्धन लगाने की चेष्टा न समझा जाए।

जैसे हमारे रंगमंच को बहुमुखी होना है, एक शैली में ही सीमित नहीं रहना है, वैसे ही हमारा नाट्य-साहित्य भिन्न-भिन्न सामाजिक आवश्यकताओं और चेतनाओं का परिचायक होगा, उसकी भी शैली बहुमुखी होगी। तदनुसार ही वह मानसिक पृष्ठभूमि, वह नियमों और विधियों का संकेत जिसका ऊपर उल्लेख किया गया है, विविध प्रकार के सिद्धान्तों का प्रतिबिम्ब होगी। जो इन सिद्धान्तों, नियमों और विधियों का संकलन और सम्पादन करें, उन्हें अपनी दृष्टि रंगमंच की भावी रूप-रेखा पर रखनी है।

उदाहरणतः नागरिक रंगमंच के लिए नाटकों में काव्यात्मक शैली द्वारा रसपरिपाक—यह परम्परा संस्कृत नाटकों से ली जा सकती है। वस्तुतः प्राचीन नाटक दृश्यकाव्य था, यानी दर्शकों के लिए वह कविता का अभिनय द्वारा निरूपण था, जीवन का दर्पणतुल्य प्रदर्शन नहीं। आज के व्यावसायिक रंगमंच पर भी ऐसे ही नाटक शायद अधिक सफल हो सकें। उस शैली को आधुनिक प्रतीकवादी नाटककार मेटरलिंक, जेम्सबेरी, लेडी ग्रेगरी इत्यादि के वातावरण-प्रधान नाटकों से बहुत कुछ मिल सकता है। देहाती रंगमंच के लिए जो नाटक लिखे जाएँ, उनमें भी प्राचीन संस्कृत और यूनानी नाटकों से कुछ पद्धतियाँ समाविष्ट की जा सकती हैं, यथा—सूत्रधार और विष्कम्भक को यूनानी कोरस की पद्धति में ढालकर एक नवीन प्रकार के रंगनायक की सृष्टि की जा सकती है, जो यवनिका और पर्दों के बिना ही नाटक की पृष्ठभूमि और भिन्न अंकों का एक-दूसरे से सम्बन्ध प्रकाशित कर सके, साथ ही उस सूत्रधार के कथनों में भी नाटक की काव्यशैली और गीतों का समावेश हो। यथार्थवादी रंगमंच का नाट्य-साहित्य मुख्यतः समस्यामूलक और आधुनिक विचारधारा और संघर्षपूर्ण व्यक्तित्व का परिचायक होगा। किन्तु साथ ही सिनेमा की प्रभाववादी शैली और रेडियो-रूपक की संकेतवादिता दोनों ही का यथार्थवादी नाट्य-साहित्य पर स्थाई प्रभाव पड़ेगा।

इस प्रकार उदीयमान रंगमंच की विभिन्न शाखाओं की माँगों को दृष्टिकोण में रखते हुए नाट्य-लेखन-कला के कुछ बुनियादी नियमों का संकलन और प्रतिपादन लेखकों के लिए उपादेय सिद्ध होगा। यह न समझा जाए कि मैं नाट्य-साहित्य के प्रणयन के पूर्व रूढ़ियों की स्थापना कराना चाहता हूँ। इन नियमों की आवश्यकता संकेत के तौर पर है और ज्यों-ज्यों नाट्य-साहित्य की समृद्ध और विकसित होते जाएँगे त्यों-त्यों इन सिद्धान्तों में भी परिवर्तन और उनका परिमार्जन होता चलेगा। नियमों को मैं मात्र प्रयोजन के रूप में देखता हूँ, अचल मान्यताओं के रूप में नहीं। प्रतिभा को जब नियमों के प्रकाश द्वारा प्रगति की राह मिल जाएगी, तब वह अपने में अन्तर्हित ज्योति को उकसाकर अपने-आप

ही मार्ग-निर्देशन कर लेगी। लेकिन अभी तो अन्धे की भाँति टटोलना पड़ रहा है। साहित्य के इस महत्त्वपूर्ण अंग की रूपरेखा, जिसमें कविता की भाँति केवल भावोद्रेक ही सृजन का कारण नहीं हो सकता, हिन्दी में स्थापित नहीं हो पाई है। संस्कृत नाटक की परम्पराएँ लुप्त हो गईं। इसलिए यदि ऐसे निर्देशन का विधान नहीं किया जाएगा, तो यही नहीं होगा कि इने-गिने नाटककार अपनी-अपनी डफली अपना-अपना राग लेकर बैठ जाएँगे, बल्कि नवयुवक साहित्यकार इस अनजाने-से पथ पर अग्रसर भी न होंगे। इसलिए मैं तो यहाँ तक कहने के लिए तैयार हूँ कि इस उपेक्षित अंग को सम्पन्न बनाने के लिए हमारी प्रमुख साहित्यिक संस्थाओं और विश्वविद्यालयों को नाट्य-कला के शिक्षा केन्द्र चलाने चाहिए। अमेरिका में तो कुछ विश्वविद्यालयों में पाक-शास्त्र की भी डिग्री होती है, नाट्यकला का स्थान तो इससे कहीं ऊँचा है, और भारतीय शास्त्रों में चौंसठ कलाओं की प्रमुख श्रेणी में इसकी गिनती है। यदि कोई विश्वविद्यालय नाट्यकला में बी.ए. (कला स्नातक) की डिग्री की व्यवस्था करे, तो इससे बढ़कर उपाधि कला के क्षेत्र में क्या हो सकेगी?

ऊपर लिखे विचारों में रंगमंच और नाट्यकला की ही सीमित आवश्यकताओं का आग्रह दीख पड़ेगा और शायद कुछ पाठक मुझे याद दिलाना चाहें कि रंगमंच और नाटक, समाज की प्रगति और प्रवृत्ति पर निर्भर रहते हैं। मैं इस पहलू से अवगत हूँ और एक नूतन योजना की ओर संकेत करने का साहस भी मुझे इसीलिए हुआ है कि भारतीय समाज विशेषतः हिन्दी-भाषी समाज, सदियों बाद पुनः सामूहिक मनोविनोद को एक सुसंस्कृत और गम्भीर कला के रूप में ग्रहण करने के लिए प्रस्तुत है। सामूहिक मनोरंजन का सबसे कलापूर्ण, सुरुचिसम्पन्न और स्थाई रूप है रंगमंच। हमारा समाज अपने भिन्न-भिन्न स्तरों में मनोरंजन को इस सुव्यवस्थित रूप में देखना चाहता है। राजनीतिक स्वतन्त्रता और सामाजिक चेतना दोनों ने हमें अपनी सांस्कृतिक इच्छाओं से अवगत करा दिया है। ये इच्छाएँ एक उन्मुक्त व्यक्तित्व का उठान हैं, वे किसी कुंठित व्यक्तित्व की अपने से बचने की चेष्टाएँ नहीं। साथ ही अपनी परम्पराओं और उपेक्षित सांस्कृतिक साधनों के प्रति सचेष्ट जागरूकता भी स्पष्ट होती जा रही है। भरत-नाट्यम, मणिपुरी नृत्य, संथाली नृत्य, नौटंकी, सिनेमाओं में प्राचीन ऐतिहासिक और पौराणिक कथानक, देहाती तर्जों के गीत, सभी को जन-रुचि के क्षेत्र में महत्त्वपूर्ण स्थान मिल रहा है, और ये सभी रंगमंच के सुव्यवस्थित माध्यम की राह देख रहे हैं।

इसलिए हम रंगमंच के चाहे जो वर्गीकरण करें और नाट्य-साहित्य के मार्ग निर्धारित करने के लिए चाहे जिन नियमों का प्रतिपादन करें, इन वर्गों और नियमों को सामाजिक परिस्थितियों और जनता की रुचि का अनुमोदन करना ही होगा। मेरी दृष्टि में निकट-भविष्य का हिन्दी रंगमंच और नाट्य-साहित्य प्रायः तीन प्रमुख शैलियों में अवतरित होगा और हो रहा है। लेकिन सामाजिक और आर्थिक परिस्थितियाँ एवं प्रेरणाएँ परिवर्तनशील हैं, और सृजनशक्ति का मूल स्रोत चिरन्तन से प्रवाहशील है। कौन योजनाकार इस अवाध प्रगति को नियमों की चहारदीवारी में बाँध सकता है?

—जगदीशचन्द्र माथुर

हिन्दी नाट्य-रचना की प्रगति का एक वर्ष

साहित्य के इतिहास में एक वर्ष बहुत ही छोटा है जिसमें प्रगति का मूल्यांकन करना कठिन ही नहीं; बल्कि एक माने में इतिहास का उपहास करना होगा। लेकिन जिस तेजी के साथ नई चेतना के प्रभावस्वरूप नई साहित्यिक रूपों का प्रस्फुटन आए दिन हो रहा है, उसका सम्यक् अवलोकन निकट से भी किया जाना चाहिए, वरना भविष्य के इतिहासज्ञ के लिए हम लोग यथेष्ठ सामग्री न छोड़ पाएँगे।

सन् 1951 के अन्तिम अंश और सन् 1952 के मुख्य भाग में प्रकाशित नाटकों में यदि किसी एक संस्था का स्पष्ट सर्वव्यापी प्रभाव लक्षित होता है, तो वह है रेडियो। रंगमंच के अभाव में पिछले तीन-चार बरसों से हिन्दी नाटकों का संरक्षण रेडियो के हाथ में रहा है। नाट्य रचना को पथ भी मिला और पाथेय भी, और इस तरह साहित्य के एक नूतन रूप और अंश की अवतारणा हुई—ध्वनिरूपक। विज्ञान की इस देन के प्रति साहित्य उदासीन नहीं रह सकता और आज जो सामयिक और अस्थायी जान पड़ता है, वह कालान्तर में काव्य का एक सम्मान्य अंग बन जाएगा, इसमें कोई सन्देह नहीं। इस वर्ष इस तरह के रूपक-साहित्य की समृद्धि हुई ही, किन्तु रेडियो द्वारा हिन्दी नाटक की एक मूल प्रवृत्ति का भी जो पुनर्विकास हो रहा है, उसका उत्कर्ष इस वर्ष के प्रकाशित नाटकों में विशेष रूप से दृष्टिगत हुआ। जयशंकर प्रसाद के नाटक रंगमंचीय विधान के परे श्रव्यकाव्य के सौन्दर्य को अपनाकर आधुनिक रंगमंच की सीमाओं और उसकी आवश्यकताओं की उपेक्षा कर सके। किन्तु उनके बाद एकांकी नाटकों का उदय रंगमंच की (चाहे वह रंगमंच अव्यावसायिक रंगमंच ही था) जागृति, उसके अस्तित्व-संकल्पना का सूचक बना। नाटक पुनः दृश्यकाव्य की रूपरेखा को पहचानने लगा। उसे श्रव्यकाव्य की कल्पना-प्रधान-शैली पर लगाम लगानी पड़ी; उसे काल, स्थल और कार्य-व्यापार की सीमाओं का ध्यान रखना पड़ा। भाषा में स्वाभाविकता का आरोप, कथानक में गतिशीलता का निर्वाह, चरित्र-चित्रण में मूल अभिप्रायों का उत्थान, ये सभी तत्त्व एकांकी रंगमंच की विशेषताएँ हैं जिन्होंने हिन्दी नाटक को एक नया घुमाव दिया और जिनके फलस्वरूप "प्रसाद" की शैली थोड़े समय के लिए विस्मृत-सी हो चली। और तभी 1947 के बाद से रेडियो में हिन्दी नाटकों की माँग प्रारम्भ हुई। हिन्दी लेखकों को प्रोत्साहन मिला। इस माँग के फलस्वरूप बीसिबों लेखकों को अपनी प्रतिभा आजमाने का अवसर मिला। उनके सौभाग्य से रेडियो, नाटक रंगमंच के बन्धनों से मुक्त था,

लेखक को अपूर्व स्वच्छन्दता का आभास हुआ। नाटकों के इस स्वच्छन्द रूप की स्थापना में लेखकों को प्रसाद की श्रव्यकाव्यावली शैली के लिए खूब गुंजायश मिली। पिछले वर्ष प्रकाशित हिन्दी नाटकों में अधिक संख्या ऐसी ही कृतियों की है जिनमें प्रसाद की आत्मा पुनः मुखरित होती जान पड़ती है; जिनमें प्रसाद की महती कल्पना, आंशिक रूप में पुनः साकार होती दीख पड़ती है। जयशंकर प्रसाद की इस नवीन प्रतिष्ठा प्राप्ति में रेडियो का प्रभाव स्पष्ट लक्षित है और यही इस वर्ष के अनेक नाटकों की प्रधान विशेषता है।

इसका सबसे बड़ा प्रमाण यह है कि लक्ष्मीनारायण मिश्र जैसे मँजे हुए यथातथ्यवादी नाटककार भी खुल्लमखुल्ला ऐतिहासिक और पौराणिक नाटकों की ओर झुक गए हैं। 'वत्सराज' के बाद उनका 'दशाश्वमेध' भी एक 'संस्कृति प्रधान ऐतिहासिक' नाटक है जिसमें उन्होंने विदेशी कुपोषणों से भारतवर्ष को स्वतन्त्र करनेवाली भारशिव-नाग जाति के कुमार वीरसेन की कथा को आधार बनाया है। किन्तु 'प्रसादजी' की परम्परा मिश्रजी की प्रतिभा को पूरी तरह आत्मसात् नहीं कर पाई है। 'दशाश्वमेध' में तीन ही अंकों में समूचे कथानक को समेटा गया है और नाटक की मूल प्रेरणा घटनाओं के तारतम्य में भटकी नहीं है। दूसरे संवादों की शैली मानवीय स्वभाव और भंगिमा की उपेक्षा नहीं करती, केवल टकसाली और सुलझे हुए वाक्य ही पात्रों के मुख से नहीं निकलते, खंडित शब्द मालाएँ, अवरुद्ध स्वर, अनसुनी सी बातें सभी को थोड़ा-बहुत स्थान मिला है। तीसरी विशेषता यह है कि जहाँ प्रसाद का इतिहास मानवतावादी आदर्शों और उत्कट देशप्रेम की भावनाओं से अनुप्राणित था वहाँ 'दशाश्वमेध' में एक नई प्रेरणा का भी आभास मिलता है, जनवादी विचारों की प्रेरणा।

स्वाधीनता-संग्राम के समाप्तप्राय होते-होते देशप्रेम की भावना का स्थान धीरे-धीरे जनवाणी की प्रेरणा ही ग्रहण करती जा रही है और प्रसाद की शैली का यह नवीन रूप सबसे अधिक उभरा है हरिकृष्ण प्रेमी के नए नाटक 'शपथ' में। कथा है मालव जननायक विष्णुवर्धन द्वारा हूण युवराज मिहिरकुल की पराजय की। गुप्त साम्राज्य की शक्ति भी जिस हूण झंझा के आगे छिन्न-भिन्न हो गई, उसे पलट दिया मालवों के लोकप्रिय नेता विष्णुवर्धन ने जिसे वंशानुगत राजाओं का आभिजात्य गौरव तो न मिला था लेकिन गणतन्त्र की असीम शक्ति जिसका प्राण भी थी और आभूषण भी। हरिकृष्ण प्रेमीजी के अन्य नाटकों से भी अधिक इसमें उनकी भाषा निखरी हुई है। संवादों में उच्चस्तर का स्पन्दन है और है भावाविष्ट व्यक्तित्व। किन्तु जिस तरह से सँवार सँभालकर हरेक शब्द को तोलकर उनका प्रत्येक पात्र अपने विचारों को व्यक्त करता है उससे जान पड़ता है कि प्रेमीजी सन्तुलित संवादों के सम्मोहन में आकर अपना सारा कौशल उन्हीं में लगा देते हैं। अतः कथानक के गुम्फन में ढिलाई हो जाती है और कहीं-कहीं पात्र भी भिन्न-भिन्न नकाब लगाए हुए एक ही वाणी के मालिक जान पड़ते हैं।

कुछ मित्रों का विचार है कि इन पंक्तियों के लेखक का नाटक 'कोणार्क' जो आलोच्य काल में ही प्रकाशित हुआ, इसी शैली का एक उल्लेखनीय और सफल नमूना है। पिछले छह-सात महीनों में 'कोणार्क' पाँच स्थानों में रंगमंच पर अभिनीत किया जा

चुका है। जनवादी प्रेरणा का जो भी आभास उसमें हो, मेरी दृष्टि में तो 'कोणार्क' में युग-युग से मौन और कुंठित कलाकार की वाणी का सत्ता के विरुद्ध विस्फोट है। टेकनिक सम्बन्धी कुछ नए प्रयोग भी मैंने 'कोणार्क' में किए हैं।

डॉ. रामकुमार वर्मा के सफल एकांकी 'स्वर्णश्री' में भी उसी जनशक्ति के प्रति सहानुभूति और जागरूकता का प्रदर्शन है। अन्तिम मौर्य सम्राट वृहद्रथ की कायरता, देशहित के प्रति उसकी विमुखता और जन-साधारण के प्रति उसकी उदासीनता पुष्यमित्र के विद्रोह का कारण बनी। वस्तुतः जिस कौशल के साथ एकांकी के सीमित दायरे में डॉ. रामकुमार ने इस उद्देश्य की परिणति दिखाई है, वह पं. सीताराम चतुर्वेदी के बड़े नाटक 'सेनापति पुष्यमित्र' में अप्राप्य है। किन्तु वर्माजी के इस संग्रह के अन्य नाटक इतने गठे हुए नहीं हैं। 'भारत का भाग्य' में उन्होंने रामायण के एक लोकप्रिय अंश को ध्वनिरूपक का आकर्षक आवरण दिया है, किन्तु संवरण की नीति न अपनाकर भक्ति के वातावरण की खातिर शायद उन्होंने भावातिरेक को प्रदर्शित करना चाहा और यों नाटकीय शिल्पविधान को शिथिल कर बैठे।

वस्तुतः संस्कृत नाटकों और महाकाव्यों की विषय-वस्तु का 'आधुनिकीकरण' इस वर्ष में प्रकाशित कई नाटकों की विशेषता रही है। उदयशंकर भट्ट की पुस्तक 'विश्वमित्र और दो भाव नाट्य' आलोच्य काल से थोड़ा पहले ही निकल गई थी लेकिन उसमें इस नूतन प्रयास का आरम्भिक रूप मिलता है। 'मत्यगन्धा' की सत्यवती द्विजेन्द्रलाल राय की सत्यवती से कहीं अधिक प्रभावोत्पादक है, और 'राधा' में तो भागवत का एक नया स्पष्टीकरण है। नाटक के क्षेत्र में अपेक्षाकृत अपरिचित हंसकुमार तिवारी और कैलाशनाथ भटनागर ने भी इसी पद्धति में दो प्रयोग किए हैं। तिवारीजी के एकांकी संग्रह 'पुनरावृत्ति' के प्रथम पुष्प में 'अभिज्ञानशाकुन्तलम्' की अत्यन्त प्रिय पुनरावृत्ति की गई है, फिर भी और वर्तमान पाठक और दर्शक के लिए मूल की अपेक्षा अधिक ग्राह्य भी। नए रंगमंच के निर्माण काल में अभी इसी परिवर्धित रूप में संस्कृत के प्रतिष्ठित नाटकों का अभिनन्दन हो सकेगा। भटनागरजी ने 'चाणक्य-प्रतिज्ञा' में विशाखदत्त के मुद्राराक्षस का विस्तार कम कर दिया है। तीन अंकों में ही नाटक समाप्त हो जाता है, जगह-जगह आधुनिक शैली के गीतों और नृत्यों का समावेश कर दिया गया है। भारतेन्दु के अनुवाद की अपेक्षा भाषा अधिक संस्कृतमयी है। शम्भूदयाल सक्सेना के एकांकी संग्रह 'नन्दरानी' में छह पुरानी कथाएँ सरस और मुहावरेदार वाणी और मौलिक अभिव्यंजना का सहारा पाकर अत्यन्त मनोहर रूप में उपस्थित की गई हैं। शम्भूदयाल जी ने परिस्थितियों का चुनाव बड़ी सावधानी से किया है। राधा, बुद्धदेव, गोपा, कुन्ती, माधवी, सीता और वियोगी राम आदि चिरपरिचित पात्रों की जटिल भाषा, अतीत के विलक्षण वातावरण अथवा उच्च स्तर की दार्शनिकता से अभिभूत दिखाकर पाठक को प्रभावित नहीं किया गया; बल्कि वर्तमान मुहावरों और भंगिमा से सुसज्जित कर उन्हें अनुपम आत्मीयता प्रदान की गई है। शम्भूदयाल जी के कम ही नाटक लोगों की जानकारी में आए हैं, किन्तु मैं तो समझता हूँ कि रंगमंच की आवश्यकताओं से इस

लेखक का अनायास ही परिचय है। इनका दूसरा नाटक 'सगाई' भी सामाजिक नाटकों के क्षेत्र में एक सफल प्रयास है। इसी सिलसिले में उमाशंकर बहादुर के 'कालपथ' के दो नाटकों का भी उल्लेख होना चाहिए। 'उदयन' में बौद्ध जातकों की एक कथा नवीन रूप में उतरी है और 'कालपथं' में ऋग्वेद की। दोनों में आधुनिक विचार-शैली का गतिशील संवाद के द्वारा प्रदर्शन किया गया है।

इन उदाहरणों से यह स्पष्ट हो जाता है कि वर्तमान नाटक की मुख्य प्रवृत्ति प्रसाद की शैली में जनयुग के आग्रह को प्रतिष्ठित करने की ओर रही है और उसका शिल्पविधान रेडियो द्वारा प्राप्त स्वच्छन्द वातावरण में रंगमंचीय रूपकों की सीमाओं का उल्लंघन करके एक नवीन साहित्यिक अंग की सर्जना कर रहा है। लेकिन एकांकी रंगमंच की धारा क्षीण हो पाई; वस्तुतः तो सन् 1947 के बाद से एमेच्योर, यानी अव्यावसायिक नाटक मंडलियों में नवस्फूर्ति का संचार हुआ, महिलाएँ भी रंगमंच पर उतरने लगीं। दिल्ली, पटना इत्यादि नगरों में छात्रों के अतिरिक्त मध्य वर्ग के सम्भ्रान्त सज्जन और महिलाएँ हिन्दी रंगमंच की ओर आकृष्ट हुईं। सामाजिक समस्याओं का यथातथ्य निरूपण करनेवाले सरल और बोलचाल की भाषा से सम्पन्न और आडम्बर-युक्त रंगमंच के झंझटों से मुक्त नाटकों की माँग बढ़ने लगी और बढ़ रही है। इस माँग का पूरा-पूरा प्रभाव तो दो-तीन वर्षों के बाद ही जान पड़ेगा, किन्तु आलोच्य वर्ष में नाट्य साहित्य की मूल प्रगति को यदि स्थायी प्रेरणा मिली है तो इसी शैली के दो-चार नाटकों से। उपेन्द्रनाथ अश्क के समान हिन्दी में शायद ही किसी दूसरे आधुनिक नाटककार को वर्तमान रंगमंच के अवयवों की इतनी अधिकारपूर्ण जानकारी हो। केवल गोविन्दवल्लभ पन्त ही दूसरे नाटककार हैं जिन्हें रंगमंच का अश्क से भी अधिक अन्तरंग परिचय प्राप्त है, लेकिन एक तो पन्तजी जिस रंगमंच के अभ्यस्त हो रहे हैं, यानी भावप्रधान और चमत्कारपूर्ण पद्धतिवाला रंगमंच उसका पुनरुत्थान अभी दूसरे क्षण की बाट जोह रहा है; एमेच्योर, एकांकी रंग में से वह मेल नहीं खाता। दूसरे पिछले कुछ वर्षों से उनकी कोई नवीन कृति सामने नहीं आई। इधर अश्कजी की प्रतिभा को अपने विकास का यथेष्ट अवसर मिला है। इस वर्ष उनके दो नाटक निकले, एक तो प्रहसन संग्रह 'पर्दा उठाओ, पर्दा गिराओ' और दूसरा अपेक्षाकृत दीर्घ सामाजिक व्यंग्य 'पैंतरे'। अश्क यथातथ्य नाटकों की शैली के जौहरी हैं यह बात इन दोनों पुस्तकों में भली भाँति झलक पड़ती है। जैसा मैंने अन्यत्र भी लिखा है, जीवन की सतत प्रवाहशील धारा का क्षणिक ठहराव ही अश्क के एकांकी में मूर्तमान होकर उतरता है।...लेकिन इस अनायास प्रदर्शन के पीछे कितनी तैयारियाँ, कितनी तराश, कितनी नापजोख है, इसका अन्दाज मननशील पाठक ही लगा सकता है।...नाटककार को ऐसा करने में अप्रत्याशित संयम की आवश्यकता होती है। यथार्थ पर अश्क का इतना अनुपम अधिकार है कि उन्हें अतिरंजना शैली का सहारा लेने की जरूरत ही नहीं पड़ती। उनके नाटकों में व्यंग्य की प्रतीति एक महीन वातावरण के रूप में होती है, जिसके साधन हैं हल्की-सी फबतियाँ, सांकेतिक कार्यसम्पादन और पात्रों की अनजान कमजोरियों का थोड़ा-बहुत उभार।

'बतसिया', 'तौलिये' और 'कइसा साहब कइसा आया' इन नाटकों में उनकी यह शैली बड़े मनोहर रूप को प्राप्त हुई है। किन्तु बम्बई की फिल्मी दुनिया का चित्र खींचते समय (शायद निजी अनुभवों के भार से कुंठित होने के फलस्वरूप) वे मस्केबाजों का स्वर्ग और पैंतरे में इस तटस्थ और व्यंजनात्मक शैली को त्यागकर अतिरंजना-प्रिय लेखकों की पाँत में शामिल हो गए हैं। अभी भी अच्छा ही है, क्योंकि अश्क को कभी-कभी अपनी परिष्कार-प्रिय और बारीक सांकेतिक शैली के बन्धनों से सतर्क रहना चाहिए। भारतीय व्यक्तित्व पाश्चात्य लेखकों की सांकेतिक और संवरण प्रधान पद्धति में दब-सा जाता है।

इस वर्ष हिन्दी नाट्य साहित्य में एक महत्त्वपूर्ण घटना घटी है, यशपाल का नाटककार के रूप में प्रवेश। एक समर्थ कहानी लेखक उतने ही अधिकार से दृश्य काव्य का भी सृजन कर सकता है या नहीं, यशपालजी ने इसी प्रश्न के उत्तर में, 'नशे नशे की बात' वाले संग्रह का प्रयोग हिन्दी पाठकों के सामने रखा है। लेकिन परिस्थितियों का सावधानीपूर्वक चुनाव, पात्रों के विकास में मितव्ययिता और गतिशीलसंवादों के माध्यम से कथानक विकास से सभी नाटकीय तत्त्व उनकी कहानियों और उपन्यासों में विद्यमान हैं। इसलिए यशपाल को नाट्य शैली के अपनाने में शायद विशेष परिश्रम की आवश्यकता नहीं पड़ी। इस संग्रह के तीन ही नाटक एक परिपक्व व्यक्तित्व की अभिव्यंजना है और इनमें है अनुभूति का खरापन और गहराई एवं अपने पर्यवेक्षण के प्रति वफादारी। पहला नाटक विशेष तौर से सहज प्रगति से उठकर तिलमिलानेवाली चोट देता हुआ एक अप्रत्याशित पर्यावसान की प्रतीति देता है, और लक्षण परिस्थिति का प्रयोग करते हुए भी अस्वाभाविकता का आभास नहीं देता। मुझे आशा है कि जब यशपाल इस ओर मुड़े हैं तो हिन्दी नाट्य साहित्य को अभूतपूर्व देन देकर ही जाएँगे।

यह वर्तमान हिन्दी साहित्य का दुर्भाग्य रहा है कि भगवतीचरण वर्मा ने अपनी सहज नाटकीय प्रतिभा का यथेष्ट उपयोग नहीं किया। उनका, नया संग्रह 'बुझता दीपक' वस्तुतः नए पुराने नाटकों का नमूना है। लेकिन ये तीनों नाटक हिन्दी एमेच्योर रंगमंच की निधियाँ हैं। 'बुझता दीपक' शीर्षकवाला नाटक हिन्दी में एक नूतन प्रवृत्ति का संकेत देता है। स्वाधीनता प्राप्ति के बाद जो सामाजिक रोग उभड़ आए हैं उनमें सबसे व्यथित और शिकार हैं वे संवेदनशील राजनैतिक कार्यकर्ता अथवा देशभक्त जिन्होंने आदर्शों से रंगे विहान में अपनी प्रथम चेतना पाई थी और जिनके वही आदर्श वर्तमान परिस्थितियों के निर्मम आघात से छिन्न-भिन्न हो रहे हैं। भगवतीचरणजी का नायक एक क्षतविक्षत योद्धा की भाँति इस संहारलीला में वीरगति को प्राप्त होता है। लेकिन वृन्दावनलाल वर्माजी के नवीनतम नाटक 'केवट' में डॉ. गोदावरी और किन्नर दोनों ही एक नूतन आशा और आश्वासन की खोज में सफल होते दिखाए गए हैं, वह आशा है, नई पीढ़ी का छात्र वर्ग। सम्भव है इस प्रतिकार में कुछ लोगों को वृन्दावनलाल वर्माजी के स्वप्नों का ही प्रतिबिम्ब मिले।

लेकिन आज के दिन न सिर्फ लेखक को स्वप्न देखने का अधिकार है बल्कि एक

मानी में यह उसका कर्त्तव्य भी है कि एक कल्याणकारी स्वप्न की यथार्थ की भूमि पर अवतारणा होते दिखाए। इसी में वर्माजी की इस नवीन कृति की सार्थकता है। वे हमारे प्रौढ़ और सम्मानित नाटककार हैं। उनकी प्रतिभा बहुमुखी है। लेकिन शिल्पविधान की दृष्टि से इस नाटक में वे अपनी जिम्मेदारी को निबाह नहीं पाए हैं। समस्यामूलक और घटनाप्रधान शैलियों का सम्मिश्रण करने की उन्होंने चेष्टा की है, लेकिन इस सम्मिश्रण की सफलता के लिए कथानक का क्षेत्र कुछ सीमित होना चाहिए था, और पात्रों का निजत्व भी अधिक उभड़ना चाहिए था। कहीं-कहीं घटनाएँ काबू से बाहर हो जाती जान पड़ती हैं। शायद सिनेमा के लिए यह नाटक अधिक उपयोगी सामग्री दे सके।

वृन्दावनलाल वर्मा ने सामाजिक विभीषिका को आशावाद की ओर मोड़ने की चेष्टा की है, लेकिन पं. मोहनलाल महतो वियोगी का नया नाटक 'कसाई' कोमल भावनाओं और आदर्शवादिता से कोई समझौता नहीं करता। वियोगीजी अभी तक छायावाद के अग्रगण्य कवि और कहानीकार के रूप में विख्यात थे। कविता की शीतल छाँह में वे भले ही सन्तप्त अनुभूतियों को विश्राम देते हों लेकिन नाटक का क्षेत्र तो उन्हें जीवन के संघर्षपूर्ण और अत्याचार और विनाश से उत्तप्त रंगमंच का प्रतीक जान पड़ता है। गत महायुद्ध के दिनों में और उसके बाद की कुरूप, पापपंकमयी सामाजिक निशा की झाँकी हमें कसाई में वियोगीजी की निर्मम तूलिका ने इस नाटक 'कसाई' के रूप में दी है।

रामानन्द सागर और पृथ्वीराज ने मिलकर पृथ्वी थियेटर्स के रंगमंच के लिए 'कलाकार' नामक नए नाटक में हिन्दी लेखकों को एक नई दिशा की ओर संकेत दिया है। मेरा विचार है कि पृथ्वीराज यदि एकबारगी रामानन्द सागर को इस नाटक के अन्तिम अंक में यथार्थ जीवन की समस्या को एक प्रश्नवाचक चिह्न के रूप में ही प्रदर्शित करने देते तो कला की दृष्टि से श्रेयस्कर होता। किन्तु पृथ्वीराज तो केवल कलाकार ही नहीं स्वर्णिम भविष्य के स्वप्नद्रष्टा और निर्माता भी है। फिर भी प्रभावोत्पादक परिस्थिति का चुनाव, द्वन्द्वात्मक और गीतिप्रधान वातावरण का समन्वय एवं चुस्त, कर्णप्रिय संवाद, उस नाटक की मनोरम विशेषताएँ हैं।

इसी महीने में मुझे मराठी की सुप्रसिद्ध लेखिका मुक्ताबाई दीक्षित का नाटक 'जूआ' भी हिन्दी अनुवाद के रूप में मिला है। विवाहित पुरुष के प्रेमसंघर्ष और सपत्नी विवाह की समस्या यों तो पाश्चात्य नाटकों के लोकप्रिय विषय-वस्तु रहे हैं। किन्तु भारतीय दृष्टिकोण से इस समस्या पर प्रकाश डालने का श्रेय इस नाटक को ही है। लेखिका भारतीय सती के आदर्श की दुहाई देकर इस विकट परिस्थिति का समाहार नहीं करती बल्कि व्यक्ति की सुख-कामना के विश्लेषण में समस्या का हल खोजती है। उसके दृष्टिकोण की नींव है किसी एक के दुख से किसी दूसरे की सुख-साधन की असम्भावना। सूक्ष्म मनोदिशाओं की पकड़ और विविध विचार-शैलियों का अविकल प्रदर्शन इस नाटक की आत्मा है। कथानक पात्रों की चारित्रिक विशिष्टताओं का सहारा लेकर आगे बढ़ता है। इस नाटक का चौथा अंक भाव-सन्तुलन, गतिशीलता और

प्रभावोत्पादकता के विचार से आधुनिक भारतीय नाट्यसाहित्य का गौरव माना जाएगा। खेद यही है कि अनुवाद की भाषा में मुहावरे की अनेक त्रुटियाँ हैं।

अनुवादों के सिलसिले में श्री प्रभुदयाल अग्निहोत्री के 'मृच्छकटिक' और श्री देवदत्त शास्त्री के 'कौमुदी महोत्सव' के अनुवादों को उल्लेख आवश्यक है। दोनों अनुवादकों ने परिश्रम किया है किन्तु इस दिशा में अभी मनोयोग और प्रतिभा वांछनीय है।

यहाँ मैंने उदाहरणस्वरूप ही कुछ नाटकों का उल्लेख किया है। प्रकाशित नाटकों की संख्या तो कहीं अधिक है, और सम्भव है कतिपय महत्त्वपूर्ण रचनाएँ मुझसे छूट गई हों। लेकिन इस सिंहावलोकन से हम लोग इस निष्कर्ष पर पहुँच सके हैं कि सन् 1951-52 साल हिन्दी नाटकों के इतिहास में नवीन रूपों की खोज और विभिन्न शैलियों के समन्वय प्रयास के लिए स्मरणीय रहेगा।

(राष्ट्रभारतीय 1952)

नाटककार अश्क

उपेन्द्रनाथ अश्क के नाटकों का रचनाकाल सन् 1937 से प्रारम्भ होता है, जब द्विजेन्द्रलाल राय और प्रसाद की शैली में 'जय-पराजय' की रचना हुई। 1938 में उनके एकांकी 'लक्ष्मी का स्वागत' और 'अधिकार का रक्षक' छपे। 'पापी' और 'वेश्या' इनसे पहले लिखे गए थे, पर छपे बाद में। इन सोलह बरसों में उनके चार एकांकी संग्रह प्रकाशित हुए हैं–'देवताओं की छाया में', 'पक्का गाना', 'चरवाहे', और 'पर्दा उठाओ पर्दा गिराओ'; छह स्वतन्त्र बड़े नाटक...'जय-पराजय', 'स्वर्ग की झलक', 'कैद', 'उड़ान', 'छठा बेटा' और 'भँवर' और तीन ऐसे नाटक जिनका आकार एकांकी से बड़ा होते हुए भी मूल प्रेरणा एकांकी की ही है...'आदि मार्ग', 'अजो दीदी' और 'पैंतरे'! 16 वर्ष के इस दौरान में अश्क ने तीन बड़े उपन्यास भी लिखे, कई कहानी-संग्रह, दो मार्मिक खंड-काव्य, फुटकर निबन्ध, संस्मरण इत्यादि और इसी दौरान में उन्होंने तपेदिक के रोगी के रूप में जीवन की उन्मुक्त धरती के सूई की नोक भर अंश के लिए मृत्यु से महाभारत लड़ी, जिसकी झलक 'दीप जलेगा' की चुनौती भरी पंक्तियों में मिलती है। ऐसे साहित्य-साधक की प्रतिभा और अजेय लगन अभिनन्दनीय है।

किन्तु रचनाओं की संख्या अथवा कलेवर एवं व्यक्तिगत कठिनाइयों और संघर्ष के होते हुए भी साहित्य साधना इन दोनों के बल पर ही कोई लेखक युग का सफल और समर्थ नाटककार नहीं कहा जा सकता। जिन दिनों जयशंकर प्रसाद की महान रचनाएँ काव्य में छायावाद की प्रतिध्वनि-स्वरूप हिन्दी नाट्य-साहित्य का कंठहार हो रही थीं, उन्हीं दिनों दो प्रवृत्तियाँ चुपचाप हमारी नाट्य-परम्परा की काया-पलट कर रही थीं। एक तो हमारे विश्वविद्यालयों और कालिजों में छात्र और अध्यापकगण पाश्चात्य देशों के आधुनिक यथातथ्यवादी नाटककारों से परिचित होने लगे थे। उससे पूर्व प्रधानतः शेक्सपियर की कृतियों ही का प्रभाव व्यापक रूप से दृष्टिगत होता था। लेकिन इब्सन, शॉ, गाल्सवर्दी इत्यादि लेखकों की रचनाओं में भारती शिक्षित समाज को सहसा नये क्षितिज का आभास हुा। इन कृतियों के सिद्धान्त पक्ष की अवतारणा लक्ष्मीनारायण मिश्र के समस्या नाटकों में हुई, यद्यपि यह स्पष्ट था कि रंगमंच सम्बन्धी ज्ञान का अभाव उन्हें एक सिद्धान्तवादी के स्तर से ऊपर न उठने दे सका। दूसरी तत्कालीन प्रवृत्ति थी कॉलिजों के रंगमंचों पर लघु-नाटकों की माँग। सन् 1932-'33 कि आसपास आकर मानो शिक्षित समाज के दर्शकगण नाटकों की खातिर रतजगा करने के विचार से ऊब

चले। और रंगमंच के आग्रह के फलस्वरूप एकांकीयों का लिखा जाना प्रारम्भ हुआ। भुवनेश्वर प्रसाद और गणेश प्रसाद द्विवेदी ने इस क्षेत्र में कदम बढ़ाया।

यों एक ओर तो पाश्चात्य समस्यामूलक नाट्य-साहित्य से किताबी परिचय प्राप्त लेखकों की रचना और दूसरी ओर अव्यावसायिक रंगमंच के लिए लघुनाटकों का प्रणयन, इन दो धाराओं का विकास सन् 36-37 तक हो चला था और उपेन्द्रनाथ अश्क के नाटकों का महत्त्व यही है कि उनमें आगे चलकर इन दोनों धाराओं का समन्वय हुआ। पाश्चायत्य नाट्य-साहित्य के किताबी ज्ञान को उन्होंने निजी अनुभव और पर्यवेक्षण के खरल में कूट-पीसकर सामाजिक दिग्दर्शन का नवीन और तथ्यपरक रसायन तैयार किया। एकांकियों से उन्होंने रंगमंच के संकेतों और शिल्प को अपनाया, और इस तरह हमारे समकालीन नाटककारों में शायद अश्क ही ने स्पष्ट रूप से प्रसाद के बाद रंगमंच और साहित्य दोनों के मानदंड पर सही उतरनेवाले नाट्य-साहित्य को प्रस्तुत किया। सफल एकांकीकार तो दूसरे भी हैं। सामाजिक और व्यक्तिगत समस्याओं का, प्रधानतः सुपाठ्य सम्वादों (जिन्हें नाटकों की संज्ञा भी दी जाती है) के रूप में निरूपण भी अन्य चिन्तनशील और शब्दों के चितेरे लेखक करते रहे हैं। लेकिन दोनों प्रवृत्तियों का ऐसा सम्मिश्रण कि नाटकों की एक नवीन शैली का ही प्रस्फुटन हो जाय, अश्क ही ने किया है। पक्के इरादे और प्रयोजन के साथ उन्होंने अपने प्रथम नाटक 'जय पराजय' के बाद प्रसाद पद्धति को तिलांजलि दी और जो नूतन प्रेरणा, पृथक दृष्टिकोण एवं आधुनिक शिल्पविधान इस युग में लोकप्रिय हो चले थे, उन्हें एक ढाँचे में ढाल कर हिन्दी नाटक को निजत्व और सुस्पष्ट रूप-रेखा प्रदान की। हो सकता है कि जिस पद्धति का सृजन वे करते रहे हैं, वह हिन्दी में जड़ ही न पकड़ सके। भारतीय प्रकृति, रुचि और परम्परा शुद्ध यथातथ्यवादी साहित्य अथवा कला से मेल ही नहीं खाती। पाश्चात्य देशों में नाटक समाज के आगे दर्पण के तुल्य माना जाता रहा है। भारतीय वाङ्मय में नाटक दृश्य काव्य है—यानी कल्पना अनुभूत रस और अलंकार की वह सामंजस्यपूर्ण अभिव्यंजना जिसका आनन्द सुनकर या पढ़कर ही नहीं रंगमंच पर देखकर उठाया जा सके! इस दृष्टि से तो अश्क के नाटक भारतीय परम्परा में एक असंगति के रूप में प्रतीत होते हैं। उन्होंने जो हिन्दी नाटक को नया मोड़ दिया है, क्या वह स्थायी रह सकेगा? अभी इस प्रश्न का समुचित उत्तर नहीं दिया जा सकता। लेकिन इतना स्पष्ट है कि प्रसाद के बाद हिन्दी नाटक का जो नई दिशा में उत्थान हुआ है, उपेन्द्रनाथ अश्क उसके प्रमुख प्रतीक और स्तम्भ माने जाएँगे ! कारण कि शायद ही अन्य किसी नाटककार ने नई पद्धति को इतनी लगन के साथ अंगीकार किया है और इतने परिश्रम और निश्चय के साथ सँवारा है।

यह चर्चा तो रही अश्क के ऐतिहासिक महत्त्व के बारे में, पर उनकी कला की महत्ता आभ्यान्तरिक गुण-दोषों पर भी आश्रित है। उनकी रचनाओं का एक पहलू प्रथम परिचय में ही सामने आ जाता है। 'जय-पराजय' को छोड़कर शायद कोई भी नाटक अश्क के निजी अनुभवों के दायरे के बाहर नहीं है। 'उड़ान' में उन्होंने कुछ कुलाँचें

अवश्य ली हैं और उन नाटक में शंकर के चरित्र-चित्रण के लिए उनकी तूलिका को कल्पना के गहरे रंगों का प्रयोग करना पड़ा है माया की उत्तेजनापूर्ण अनुभूति, उसकी और मदन की प्रथम रूमानी मुलाकात और नाटक का सामान्य वातावणर सभी यथार्थवादी स्वर से भिन्न स्वर की याद दिलाते हैं। किन्तु वस्तुतः 'उड़ान' की भी प्रेरणा हमारे समाज की दैनिक उलझनों में से ही मिली है। जिस विद्रोह का यहाँ उद्वेलन है, वह असंख्य नारियों के मौन पीड़ित हृदयों का प्रवक्ता है। अश्क मध्य वर्ग के दाम्पत्य जीवन को गहराई से पैठकर देख चुके हैं और पढ़ी लिखी कुमारियों के विवाह की समस्या का उन्होंने उसी संवेदनशीलता और सांकेतिकता से विवेचन किया है जिसके कारण पाश्चात्य नाटकों में परकिया नायिकाओं और परस्त्री-प्रेम का चित्रण भी मर्मस्पर्शी जान पड़ता है। 'भँवर' की नायिका प्रतिभा बुद्धिवादी आवरण के नीचे एक त्रस्त, एकाकी, सतत अभिलाषी आत्मा को छिपाए फिरती है—न पाई जानेवाली सान्त्वना की खोज में! 'स्वर्ग की झलक' के रघु की तरह सैकड़ों नवयुवक आज के दिन अपने स्तर से ऊपर फैशनेबल समाज की लड़कियों पर मुग्ध और निकट पहुँचने पर विरक्त होते आ रहे हैं। 'आदि मार्ग' और 'विवाह के दिन' नामक नाटकों में भी इसी समस्या का दैनिक जीवन के अनुभव की सीमाओं में, प्रदर्शन किया गया है। इसके अतिरिक्त 'पापी' और 'लक्ष्मी का स्वागत' के विधुर पति के हृदयद्रावक अन्तर-संघर्ष में तो मानो अश्क की निजी अनुभवों की ताज़ी छाप है। जान पड़ता है, अश्क नाटक लिखते समय जब एक आधारभूत भावना के लिए आँखें दौड़ाते हैं तो वे कल्पना की आँखें नहीं, स्मृति के नेत्र होते हैं। इसलिए मध्यवर्ग की आर्थिक और मनोवैज्ञानिक परिस्थिति के विश्लेषण में उन्हें लम्बे भाषणों का सहारा नहीं लेना पड़ता, वे केवल परिस्थिति-विशेष के ऊपर से पर्दा उतार कर रख देते हैं। 'छटा बेटा' में नई और पुरानी पीढ़ी की ज्वलन्त झाँकी हमें मिलती है। उसमें कहीं पक्षपात नहीं, किन्तु फिर भी उत्तेजना, कसक, जलन, निराशा की चलती फिरती तसवीरें जीवन से ज्यों की त्यों उतार कर रख दी गई हैं। 'आपस का समझौता' का व्यंग्य इसलिए और भी गहरा है कि उसकी जड़ में है एक विषम आर्थिक समस्या। अश्क गरीब और शोषितों के जीवन से या तो अपने नाटकों के लिए सामग्री लेते ही नहीं और या लेते हैं तो बहुत ठोक-बजाकर, यह सोच समझकर कि वह सामग्री उनके निजी अनुभव की कसौटी पर खरी उतर चुकी है या नहीं। 'तूफ़ान से पहले' और 'देवताओं की छाया में'—यही दो नाटक शोषित जीवन की झाँकियाँ देते हैं और यद्यपि घीसू में प्रेमचन्द के सूरदास के आदर्शवाद की गन्ध मिलती है, तथापि् सन् 1946 के दिनों का स्मरण करते हुए उसका चरित्र अस्वाभाविक नहीं जान पड़ता। 'देवताओं की छाया में' में तो किसी तरह की अस्वाभाविकता का आभास नहीं। साधारण मुसलमान मज़दूर के जीवन की मर्मस्पर्शिनी ट्रेजिडी के पीछे अश्क की पारदर्शक दृष्टि की शक्ति है। पिछले दिनों अश्क ने बम्बई के सिनेमा जगत् के कृत्रिम, मानवीय-भावनाओं से शून्य, चापलूसी की दुर्गन्ध में बसे, जीवन का भी नग्न और यथातथ्य वर्णन कुछ नाटकों में किया है। 'पक्का गाना' में यह आक्षेप चुटकी मात्र था,

'मस्केबाजों का स्वर्ग' में वही अट्टहास हो जाता है और 'पैंतरे' में विषाक्त बाण ! अतिरंजना तो है, लेकिन फिल्मी जीवन जितना विकार-ग्रस्त है, उसके सुधार के लिए शायद कुछ ऐसी गहरी चोटें ही चाहिए। सामाजिक समस्याओं पर आश्रित इन नाटकों के अतिरिक्त अश्क जहाँ जीवन के सबसे अधिक सन्निकट आए हैं, वे हैं उनके नाटक जिनकी आधारभूत भावना उन्हें चारित्रिक विशेषताओं, व्यक्ति-विशेष की किसी सनक या धुन में मिली है। 'जोंक,' 'तौलिए' और 'अंजो दीदी' को इसी श्रेणी में रखा जा सकता है। 'तौलिए' की मधु और 'अंजोदीदी' की अंजो में कोई अन्तर नहीं है। दोनों ही नाटकों में बड़े कौशल के साथ नियमबद्ध जीवन को सनक बनानेवाले चरित्र का मखौल उड़ाया गया है। 'जोंक' में अनचाहे मेहमान का गुदगुदाने वाला चित्रण है। 'पर्दा उठाओ, पर्दा गिराओ' नामक संग्रह के लगभग सभी नाटकों में परिस्थितियों का अनूठा चुनाव है। परिस्थिति चरित्र के अनुकूल ही नहीं जान पड़ती, बल्कि पात्रों में व्यक्तित्व का अनिवार्य प्रस्फुटन प्रतीत होती है। जैसे मैंने अन्यत्र लिखा है, जीवन की सतत प्रवाहशील धारा का क्षणिक ठहराव ही मानो अश्क के एकांकियों में मूर्तिमान होकर उतरता हैं 'बतसिया' में इस ठहराव ने भँवर का रूप ले लिया है। शेष नाटकों में घटनाचक्र की गुत्थियाँ नहीं हैं, जीवन की शोभा-यात्रा के कुछ दृश्य सामने आते और तनिक ठहरकर फिर गतिशील हो जाते हैं। लेकिन इस अनायास प्रदर्शन के पीछे कितनी तैयारियाँ, कितनी तराश, कितनी नाप-जोख है, इसका अन्दाज़ मननशील पाठक और दर्शक ही लगा सकते हैं।

असल में अश्क की प्रमुख विशेषताएँ हैं श्रमसाध्य और जानदार पात्रों का सृजन। उनका प्रत्येक पात्र अपनी भाव भंगिमा और वाणी के द्वारा पहचाना जा सकता है। लेखक पात्रों के मुख से अपनी प्रवृत्तियों, अपनी भावनाओं का परिचय नहीं देता। लेखक का निजी व्यक्तित्व तो परिस्थितियों की प्रगति और नाटक के सामान्य प्रवाह और आधारभूत भावना में अन्तर्हित रहता है। किन्तु पात्र जो कुछ बोलते या करते हैं, वह उनका अपना है, वे लेखक के ही भिन्न-भिन्न नक़ाब नहीं हैं। इस दिशा में अश्क हिन्दी में अनूठे नाटककार हैं। इस गुण की सिद्धि के लिए आवश्यकता है भीषण आत्संवरण की; पैनी, समदर्शी दृष्टि की और भिन्न-भिन्न भाँति के चरित्रों के हृदय में पैठकर उनसे समरस होने की क्षमता की।

एक बात और। साम्यवाद और कार्य-सम्पादन पात्रों के विकास के माध्यम हैं। आज हिन्दी में चुस्त और तीखे संवाद-लेखकों की कमी नहीं। हाज़िर-जवाबी के लिए शब्दों पर जिस भाँति के अधिकार और जैसी त्वरित एवं उर्वरा कल्पनाशक्ति की आवश्यकता है, उसका भी आज के दिन अभाव नहीं। किन्तु अश्क के संवाद इसलिए असाधारण हैं कि उनमें नदी की धारा की भाँति, परिस्थितियों के धरातल के ढलाव के अनुकूल ही उत्तर प्रत्युत्तर चलते हैं। दरबारी ढंग का वाहवाही वाला सम्वाद यहाँ नहीं है, उनकी नायिकाएँ शास्त्रार्थी पंडितों की भाँति सूत्र-गुम्फन नहीं करतीं। अश्क के पात्र असाधारण इसलिए हैं कि साधारण व्यक्तियों की तरह वे तकिया-कलामों का प्रयोग

करते हैं; बातचीत करते करते उलझन में पड़ जाते हैं; खंडित वाक्यावलियाँ उनके मुख से झरती हैं; अधसुनी भंगिमाएँ उनके संवादों में बिखरी पड़ी रहती हैं और गम्भीर बातचीत के बीच में वे एक छोटी सी चर्चा छेड़ देते हैं।

कथानक के निरावरण (यानी प्लाट) और कार्य-सम्पादन (यानी एक्शन) के प्रदर्शन में अश्क कहाँ तक सफल हुए हैं, इस पर दो राय हो सकती है। प्रसिद्ध अंग्रेजी उपन्यासकार ने एक स्थल पर लिखा है कि उसे खेद इसी बात का है कि उसे अपने उपन्यासों की प्रगति के लिए एक कथानक का सहारा लेना पड़ता है। कभी-कभी ऐसा लगता है मानो अश्क भी नाटक में कथानक को इतनी ही उलझन की, कुछ बेकार की सी वस्तु समझते हैं। चरित्र के प्रदर्शन में ही उन्हें इतनी गति की प्रतीति होती है कि घटना-गुम्फन व्यर्थ सा जान पड़ता है। किन्तु मेरे विचार में एकांकीकार का यह दृष्टिकोण उनके तीन-अंकी नाटकों में उन्हें पथभ्रष्ट कर देता है। सांकेतिकता उनकी सबल है, लेकिन नाटककार के लिए सांकेतिकता एक साधन मात्र होनी चाहिए, कहानी से पल्ला छुड़ाकर भागना दर्शक को ऐसे जंजाल में फाँसने के तुल्य है जो उसे नाटक से विरक्त कर सकता है। लेकिन मेरा यह कथन अश्क के बड़े नाटकों पर ही लागू होता है...एकांकियों पर नहीं।

वस्तुतः अश्क के बड़े नाटकों पर कवि सुलभ सांकेतिकता एक झीने बादल की तरह आवृत्त रहती है। उसकी तरह में उनकी नियन्त्रित भावुकता है और है अनुपम सौन्दर्य दृष्टि। इस टेकनिक का सबसे सुन्दर नमूना है उनका नाटक 'क़ैद' जिसमें उनके लगभग सभी गुण उभरे हैं—बड़ी सन्तुलित गति से, बड़े मर्मस्पर्शी रूप में! 'क़ैद' को निश्चय ही आधुनिक भारतीय साहित्य के प्रमुख नाटकों की श्रेणी में रखा जा सकता है।

सुप्रसिद्ध अंग्रेजी नाटककार गाल्सवर्दी ने एक बार अपने आप ही प्रश्न किया—उन्नतिशील नाट्य कला की बुनियाद क्या है? उत्तर भी गाल्सवर्दी ने स्वयं इन शब्दों में दिया है कि उन्नतिशील नाटक के चिह्न हैं—सच्चाई और खरापन और लेखक की वफादारी—अपनी अनुभूति के प्रति, अपने पर्यवेक्षण के प्रति और व्यक्तित्व के प्रति! जिसकी कल्पना अनुभवगत और दृष्टिगत जीवन को ही ग्रहण करती है और जो इस भाँति ग्रहीत वस्तु-विशेष के रंगमंच पर इस तरह प्रस्तुत करता है कि दर्शकगण भी उसी मौलिक अनुभूति से अभिभूत हो जाएँ, वही उच्च कोटि का नाटककार है। हिन्दी में बहुत कम नाटककार इस परिभाषा के दायरे में आ पाते हैं। अश्क उन्हीं विरलों में से एक हैं और कुछ मानी में तो अनूठे हैं।

पुतलियों की परम्परा : पाश्चात्य देशों में

सबसे पहले किस देश में पुतली का प्रयोग हुआ, इसका निर्णय तो सभ्यता के मूल स्रोत के विषय में सर्वसम्मत निश्चय हो जाने पर ही हो सकेगा, चूँकि वस्तुतः पुतली मनुष्य जाति की नाटकीय प्रेरणाओं की सबसे अधिक बालसुलभ, सरल और स्थूल शैली है, इसका आशय यह नहीं कि पुतलियों का विकास बच्चों के गुड्डे-गुड़ियों के खिलवाड़ से हुआ। आजकल अलबत्ता भारतवर्ष में पुतलियों को बच्चों में मनोरंजन की वस्तु माना जाता है, किन्तु आदिम युग के मानव के लिए तो किसी प्रकार की पुतलियाँ और मूर्तियाँ देवताओं अथवा अज्ञात शक्तियों का प्रतीक्ष थीं। वैदिक युग में पुतलियाँ थीं या नहीं यह निश्चित रूप से नहीं कहा जा सकता। किन्तु प्राचीन मिश्र और यूनान के मन्दिरों में ऐसी मूर्त्तियों के अवशिष्ट चिह्न मिले हैं जिनके मस्तक और अन्य अंगों को गुप्त रूप से संचालित किया जाता था। कुछ अफ्रीकन जातियों में भी हिलने-डुलने वाली देवमूर्त्तियों का पूजन होता है। यंत्र-संचालित देवमूर्तियों का प्रयोग मध्ययुग के ईसाई चर्चों में भी यदा-कदा किया जाता था।

अनुमान किया जाता है कि आदि नाटक का आविर्भाव धार्मिक अनुष्ठानों की विधियों के रूप में हुआ था। यूनान में डायोनिसस के पूजन के उपलक्ष्य में होनेवाले आचारों में जो गान और नृत्य होते थे वही एस्किलस के समय तक नाटक बन गए। लेकिन प्रायः सभी यूनानी नाटकों में 'मास्क' या नकाब पहन कर ही अभिनेता रंगमंच पर आते थे। सम्भव है कि ये नकाब पुतलियों और मूर्तियों की नकल में बनाए गए हों और प्रारम्भ में धार्मिक उत्सवों के अवसर पर पुतलियों का ही प्रदर्शन होता हो। सबसे पहले देवता की मूर्ति की आराधना फिर देवमूर्तियों द्वारा लौकिक जीवन की प्रक्रियाओं के प्रदर्शन और फिर देवमूर्ति के सम्मान में देवी-देवताओं की कथाओं का पुतलियों द्वारा प्रदर्शन--इसी भाँति शायद युग-युगान्तर में वर्तमान पुतली के खेल का विकास हुआ हो। यूनान के बाद रोम में पुतलियों के खेल प्रचलित हुए और कथावस्तु एवं पात्र तत्कालीन रोमन समाज की गतिविधि को भी प्रतिबिम्बित करने लगे। कुछ तो इन खेलों द्वारा की जानेवाली राजनैतिक नेताओं की आलोचना से बचने और कुछ मानवी रंगमंच के संरक्षण के विचार से जूलियस सीजर ने कठपुतलियों के तमाशे पर कुछ रोक भी लगाई थी, फिर भी तत्कालीन यूरोप में मिश्र और शायद भारतवर्ष से मिली इस विरासत की उत्तरोत्तर उन्नति होती रही है।

छठी-सातवीं शताब्दी में रोमन साम्राज्य के पतन के साथ ही साथ कुछ सदियों तक यूरोप से पुतली के खेल की परम्परा तिरोहित होती जान पड़ी। ईसाई मजहब उन दिनों यूनान और रोम के सामाजिक जीवन की उच्छृंखलता के विरुद्ध पावन और नियन्त्रित जीवन के आदर्शों का नेतृत्व कर रहा था और इसलिए आरम्भ में उसने आमोद-प्रमोद के सभी साधनों का बहिष्कार किया और नैतिकता के नाम पर उनका बराबर विरोध किया। रोमन सामाज्य पर आक्रमण करनेवाली गोथ, वण्डाल और हूण जातियों ने तो रोम से रंगमंच का नामोनिशान ही मिटा दिया। यद्यपि नागरिक रंगमंच इस आघात को नहीं झेल सका तथापि कठपुतलियों और पैन्टोमाइम का तमाशा दिखानेवाली घुमक्कड़ टोलियाँ रोम से निकल कर इधर-उधर इटली के गाँवों में लुक-छिप कर खेल दिखाती रहीं। किन्तु लगभग पाँच-छह सौ वर्षों तक इन टोलियों की मौन सेवाओं का कोई विवरण नहीं मिलता।

उसके बाद उसी इटली में पुनः ईसाई चर्च ही के हाथों इस उपेक्षित कला का प्रतिपालन हुआ। अंग्रेजी में कठपुतली को 'पपेट' कहते हैं और इसका आधार है इटैलियन शब्द प्यूपा—पुतली। इटली के ईसाई मठों और दसवीं-ग्यारहवीं शताब्दी के आसपास प्रमुख धार्मिक उत्सवों पर ईसा के जीवन की झाँकियों और सन्तों के बलिदानों की कहानियों को कठपुतली के माध्यम से प्रदर्शित किया जाने लगा और इस तरह धर्म ने मनोविनोद का सहारा लेकर जन-साधारण को शिक्षित करना प्रारम्भ किया। तब से आज तक यूरोप के किसी-न-किसी देश में शिक्षा के साधन और उच्चादर्शों के वाहक के रूप में कठपुतली का व्यवहार होता रहा है। इटली के मठों और गिरजाघरों की देखादेखी यूरोप के अन्य देशों पें भी मध्ययुग में कठपुतलियों का उपयोग इस रूप में होता रहा। यहाँ तक कि खास यरूशलेम में एक यात्री हेनरी मांड्रेल ने कठपुतलियों द्वारा ईसा मसीह के जीवन की पूरी कथा को प्रदर्शित होते हुए देखा। ईसा का क्रूस पर चढ़ाया जाना—ऐसी जटिल प्रकिया भी उन कठपुतलियों ने मांड्रेल और अन्य यात्रियों के सामने दिखाई। किन्तु इन्हीं दिनों इंग्लैंड में 'बिच' यानी डायनों के अस्तित्व के सम्बन्ध में अनेक अन्ध-विश्वास उठ खड़े हुए थे। लोग समझते थे कि डायन स्त्री रूप धरकर आती है और जिसका अहित करना उसे अभिष्ट होता है उसकी पुतली बनाकर सुइयों से चुभौती है। अन्धविश्वास की उस लहर ने कठपुतलियों को भी लपेटा और ईसाई चर्च, जो डायन कहलानेवाली नादान स्त्रियों का घोर शत्रु था, इंगलैंड में कठपुतलियों का भी शत्रु बन बैठा। लगभग दो सौ वर्ष तक इंग्लैंड के गिरजाघरों और मठों से कठपुतलियों का बहिष्कार कर दिया गया।

लेकिन चर्च के प्रारम्भिक संरक्षण ने कठपुतलियों के खेल का इतनी सामर्थ्य प्रदान कर दी थी कि अब वह अपने पैरों पर खड़ा हो सकता था। मजे की बात यह है कि यूरोपीय भाषाओं में कठपुतली का दूसरा प्रचलित नाम—मेरियोनेट—ईसा की कुमारी माँ 'मेरी' के नाम से निकला है। उन दिनों धर्मपरायण ईसाई अपने-अपने घरों में मेरी की छोटी-सी मूर्ति रखा करते थे जिसे 'नन्ही मेरी' यानी मेरियोनेट के नाम से पुकारा जाता

था। गिरजाघरों में बाइबिल-कथाओं को प्रदर्शित करनेवाले कठपुतली-तमाशों में मेरी की कुछ पुतलियाँ इनती सुन्दर होती थीं कि लोग उनकी तुलना अपने घरों की प्यारी नन्दी मेरी से करने लगे; होते-होते नन्हीं मेरी या मेरीयोनेट नाम ही कठपुतली मात्र पर लागू होने लगा। कठपुतली अपने मूलस्रोत--धर्मप्रचार को भूली नहीं और सदियों बाद तक बाइबिल को कथाओं की आवृत्ति और अनुकृति इन तमाशों में होती रही। इंगलैंड में ही 19वीं सदी के प्रारम्भ तक बाइबिल से 'सृष्टि की कथा' इत्यादि अवतरणों के खेल दिखाए जाते थे।

सोलहवीं-सत्रहवीं शताब्दी तक यूरोप में कठपुतली का तमाशा जनसाधारण का कण्ठहार बन चुका था। अब उसे गिरजाघरों और मठों के प्रश्रय की जरूरत नहीं थी, और उसके विषय-वस्तु, पात्र, रूपसज्जा, इत्यादि धर्मगाथाओं के वातावरण से हटकर लौकिक जीवन के क्षेत्र में आ पहुँचे थे। कठपुतली लोककथाओं और लोक भावनाओं का प्रतिबिम्ब और प्रतिध्वनि बन गई। अगले तीन-चार सौ वर्षों में यूरोप में कठपुतली के विकास में निम्नलिखित विशेषताएँ दीख पड़ती हैं :

(1) कठपुतली ने नाटक को यूरोप के कोने-कोने तक पहुँचा दिया और जहाँ रंगमंच नहीं था वहाँ भी इन खेलों द्वारा संस्कृति की पुष्टि होती रहीं रंगमंच और थिएट्रिकल कम्पनियाँ तो इतनी आसानी से देहात में घूम नहीं सकती थीं। प्रायः इन खेलों में अश्लीलता का पुट भी होता था, लेकिन इनके द्वारा तत्कालीन युग और समाज की सभी प्रमुख चर्चाएँ गाँव-गाँव तक पहुँच जाती थीं। कठपुतली उस युग का समाचारपत्र बन गई। जिस समय बोहेमिया आस्ट्रिया की गुलामी में जकड़ा हुआ था, तब कठपुतली वालों ने ही घूमघूम कर लोकभाषा में खेल दिखाकर राष्ट्रीय संस्कृति को कायम रखा।

(2) लोक-कथाएँ और जनप्रिय वीरों के शौर्य की गाथाएँ मध्ययुग की कठपुतलियों के खेलों में अक्सर दिखाए जाते थे। विशेषतः प्राचीन जर्मनी के (8वीं सदी) महावीर चार्ल्स के साहसिक कार्यों का प्रदर्शन मध्य यूरोपीय देशों में और पैलेस्टाइन के मुसलमानों से लोहा लेनेवाले बहादुर सामन्तों (नाइट्स) के कारनामे इटली में दर्शकों को स्फुरित कर देते थे।

(3) जोखिम और वीरता के दृश्यों के साथ यदि मजाक और विद्रूप की झाँकियाँ न दी जातीं तो कठपुतलियाँ काष्ठवत् ही रह जातीं। इसलिए जहाँ एक ओर लोकप्रिय वीर नायकों की सृष्टि हुई, वहाँ लगभग प्रत्येक देश में एक हँसोड़ कठपुतली-एक सर्वमान्य विदूषक पात्र का भी आविर्भाव हुआ। इसमें सबसे प्रसिद्ध था ब्रिटेन का 'पंच' जिसके नाम से 'पंच' और जूडी' का खेल आज तक ब्रिटेन में खेला जाता है। लम्बी ओर टेढ़ी नाक, चोंच की भाँति वक्र ठोड़ी, आगे निकली हुई तोंद और कुब्जा की सी पीठ, आँखें बड़ी-बड़ी, सिर पर उँची टोपी--एसी धजा है पंच की जिसको देखने मात्र से बच्चे-बूढ़े, सभी लोटपोट हो जाते हैं। जूड़ी उसकी स्त्री है जो बच्चे की देखभाल करने पंच को छोड़ जाती है। बच्चा रोता है तो पंच उसे खिड़की के बाहर फेंक देता है। आने पर जूड़ी उसकी डंडे से खबर लेती है तो पंच उसे मार देता है। फिर पंच एक-एक करके

सिपाही, डाक्टर, हब्सी से लड़ता और उन्हें मार डालता है। पकड़ लिए जाने पर उसे फाँसी की सजा होती है लेकिन जो जल्लाद उसे फाँसी देने के लिए तैनात होता है उसी को अपने चातुर्य से पंच ही फाँसी दे देता है। शैतान से भी पंच की लड़ाई होती है। इस मारपीट के साथ अत्यन्त विनोदपूर्ण वार्तालाप से दर्शकों का मनोरंजन होता रहता है। ब्रिटेन में इस पात्र का विकास पोलिचिनेलो नामक फ्रांसीसी कठपुतली की नकल के रूप में शायद 1660 के आसपास हुआ। इससे भी पहले इटली में पल्सिनेला नामक एक पात्र भी इसी ढंग का था। इस खेल में समय-समय पर अनेक परिवर्तन होते रहे हैं, लेकिन इसमें कोई सन्देह नहीं कि पंच कठपुतली अब अंग्रेजी जातीय जीवन का एक अंग बन गई है।

इसी तरह जर्मनी में कास्पेर्ल, बेल्जियम में वोल्टजे, चेकोस्लोवेकिया में कास्वारेक, फ्रांस में गुइग्नोल और पोलिचिनेलि, इटली में हाल्सिनेला, रूस में पेत्रूश्का—ये सब कठपुतले जनजीवन में इतने घुलमिल गए कि वे अपने-अपने देश की हास्यात्मक प्रवृत्ति के प्रतीक माने जाने लगे।

(4) यूरोपीय कठपुतले मजाक ही नहीं, व्यंग्य के भी विधाता रहे हैं : नागरिक जीवन से जहाँ कहीं उनका सम्पर्क हुआ वहीं उनका यह रूप निखर आया। सीजर के रोम में ही नहीं, बाद में भी बड़े लोगों के दोषों की टीका-टिप्पणियाँ कठपुतलियों द्वारा होती रहीं, उसी तरह जैसे आज दिन भी कार्टूनों में नेताओं का खाका खींचा जाता है। अन्य प्रकार के व्यंग्यों के लिए भी कठपुतले कारगर साबित हुए। 1773 में प्रसिद्ध अंग्रेजी अभिनेता फुट ने कठपुतली के खेल खेल द्वारा 'सेंटिमेंटल' कामेडी' नामक नाटकों की एक समसामयिक शैली की धज्जियाँ उड़ाईं। 1860 के आसपास फ्रांस में लेमेर्सियन डी नुवील ने तत्कालीन राजनैतिक उलटफेर पर अनेक लोकप्रिय पुतली-खेल तैयार किए। उन्हीं दिनों पैरिस में मॉरिस सैण्ड ने कई रोचक कठपुतलियों के खेल प्रस्तुत किए।

(5) नागरिक जीवन का दूसरा प्रभाव कठपुतलियों पर यह हुआ कि धनी-मानियों के मनोरंजन के लिए पुतलियों का यन्त्र-संचालन चमत्कारपूर्ण होने लगा। देहात में तो कठपुतलियाँ अक्सर हाथ पर दस्तानों की भाँति पहनी जाती थीं, ऊपर से डोरियों द्वारा खींचे जानेवाले कठपुतले अनेक कौशलपूर्ण खेल दिखा सकते थे। यह कौशल और उनके पीछे यन्त्रों की बारीकी हरेक पार्टी का अपना रहस्य होता था। इटली में 18वीं सदी में फैन्टोचिनी नाम से जो खेल प्रचलित हुए उनके चमत्कारपूर्ण दृश्य दर्शकों को अचरज में डाल देते थे। इंगलैंड में भी इस शैली का असर पड़ा और टामस होल्डन नामक सूत्रधार तो ऐसे खेल दिखाता था जिनमें हड्डियों की ठठरी के सब अंग अलग-अलग होकर जुड़ जाते थे।

(6) धीरे-धीरे नगरों में लोक जीवन से हट कर फैशनेबुल पुत्तलिकाओं का प्रचार राजाओं और सामन्तों के संरक्षण में होने लगा। लंडन के कोवेंट गार्डन थिएटर में मार्टिन पौवेल नामक एक प्रतिभाशाली बौने ने (1710 से 1714) उच्चवर्गीय समाज के मनोविनोद के लिए एक कठपुतली-खेल लाया। 1790 में स्वयं प्रिंस ऑफ वेल्स के

संरक्षण में सेवील रो में लार्ड बैरीमोर के पुतली-पदर्शन की धूम रही। जर्मन में उन्हीं दिनों प्रिंस एस्टरहाजी ने एक निजी पुत्तलिका-रंगशाला तैयार कराई और उसके लिए जर्मनी के सुप्रसिद्ध संगीतकार हेडन को पार्श्वसंगीत तैयार करने के लिए नियुक्त किया।

(7) यूरोप में अभिजात्य वर्ग का संरक्षण स्थायी रूप से पुतलियों को नहीं मिलता रहा। 19वीं सदी के प्रारम्भ में बड़े लोगों का ध्यान इस ओर कम हो गया। उन दिनों के राजनैतिक उलटफेर में कठपुतली को सन्देह की दृष्टि से भी देखा जाने लगा। लेकिन 19वीं सदी के अन्त में एक दूसरे रूप में समाज और संस्कृति के नेताओं की दिलचस्पी पुतलियों में बढ़ी। फ्रांस, इंगलैंड, जर्मनी इत्यादि देशों में कुछ उच्चकोटि के कवियों, कलाकारों, लेखकों इत्यादि को पुतलियों के खेल में उत्कृष्ट कला के एक नूतन क्षितिज का आभास हुआ जिसकी ओर पहले कभी उनका ध्यान नहीं गया था। उन लोगों ने इस धूलि-धूसरित और उपेक्षित मनोरंजन को ललित कला के आसन पर ला बैठाया और इस तरह पुतलियों के इतिहास का एक नया अध्याय प्रारम्भ हुआ जिसका उत्कर्ष हम आजकल देखते हैं। 1862 में पेरिस के थिएटरों में अन्य नाटकों में नवीनता का पुट देने के लिए कुछ युवक कलाकारों ने पुतलियों की झाँकियाँ दीं। इंगलैंड में गोर्डन क्रेग नामक प्रसिद्ध अभिनेता ने कठपुतली का बड़े जोश के साथ प्रचार किया और उसे आधुनिक नाट्य सिद्धान्तों के सूक्ष्म तत्त्वों का साधन माना। जर्मनी में पॉल ब्रैन ने म्यूनिख अपार्टमेंट थिएटर की स्थापना की और दक्षिण जर्मनी के सुप्रसिद्ध कारीगरों द्वारा लकड़ी अत्यन्त कलापूर्ण पुतलियाँ तैयार कराईं। फ्रांस में उच्च कोटि के लेखकों और कवियों ने मिलकर आर्क-एन-सिएल थिएटर ग्रुप में पुतलियों के खेल के साथ काव्यात्मक शैली के संवाद तैयार किए। इन्हीं दिनों जापान, जावा और चीन की पुतलियों की ओर कलाकारों का ध्यान गया। परिणामस्वरूप पुतलियों के निर्माण और प्रदर्शन में एक नवीन सांकेतिकता का समोवेश हुआ। पर्दे और सज्जा, मुखमुद्रा एवं इंगित--सभी स्थूल धरातल से उठकर सूक्ष्म कल्पना के वाहक बन गए। पुतलियाँ मानव हृदय की बारीक और गहनतम लहरियों का स्पर्श करने लगीं और इस तरह बीसवीं सदी में लोक पुतलियों के साथ-साथ इस सांकेतिक-पुतली-रंगमंच का प्रचार हुआ।

इस बीच में अटलांटिक महासागर के उस पार अमेरिका में कठपुतली के खेल का तेजी के साथ विकास हो रहा था। वहाँ रेड इंडियंस लोगों में पहले से ही पुतलियों के खेल हुआ करते थे। यूरोप से प्रवासियों ने अपने साथ पुतलियों की परम्परा को भी ले लिया। ब्रिटेन से पंच और जूड़ी का खेल पहुँचा : जर्मनी के जो पुतलीकार अमेरिका पहुँचे उन्होंने अपनी परम्परागत लोक क्रीड़ाओं को छोड़कर चमत्कारपूर्ण खेलों को दिखाना प्रारम्भ किया जैसे लौकी को एक रथ में परिवर्तित कर देना! इटली और सिसिली के पुतलीकारों ने अमेरिका में भी अपनी पुरानी कथाओं को अपरिवर्तित रूप में चालू रखा। कहानी बहुत साधारण और सर्वविदित होती थी, फिर भी दर्शकों की रुचि कायम रहती थी। यों दो शताब्दियों तक अमेरिका में पुतलियों की खूब धूम रही। उसके

बाद सिनेमा की बाढ़ के कारण कुछ समय के लिए तो पुतलियाँ लुप्त होती जान पड़ीं। लेकिन अब पुनः उनकी लोकप्रियता बढ़ रही है, एक शौक और हौबी के रूप में। शायद सिनेमा के कृत्रिम सौन्दर्य से ऊबकर अमरीकी बुद्धिजीवी और कलाकार 19वीं सदी के फ्रांसीसी कलाकारों की भाँति पुतलियों में सांकेतिक सौन्दर्य की प्रतीति पाते हैं। शायद अमरीकी समाज में हाथ से कामकाज करने की जो प्रवृत्ति है उसके लिए पुतलियों के निर्माण और प्रदर्शन में विशेष गुंजाइश है। कुछ भी हो, आज अमरीका में यह हाल है कि बाजार में आप बनी-बनाई पुतलियाँ रंगशाला, औजार, पुस्तिकाएँ इत्यादि जितनी संख्या में चाहें, खरीद सकते हैं। 'पपेटियर्स ऑफ अमेरिका' नाम की एक संस्था भी है जिससे आप इस कला के सम्बन्ध में आवश्यक सूचना मँगा सकते हैं। जगह-जगह पर प्रदर्शनियाँ होती हैं जिनमें नये-नये ढंग की पुतलियाँ दिखाई जाती हैं। अमरीका में पुतलियाँ क्रमशः उतनी ही लोकप्रिय होती जा रही है जितना 'मिकी माउस'।

क्या अमेरिका और क्या यूरोप सभी देशों में पुतलियों का खेल शिक्षा के माध्यम के रूप में भी विकसित हो रहा है, और इसी में पुतलियों के उज्ज्वल भविष्य के बीज वर्त्तमान है। विशेषकर जर्मनी, चेकोस्लोवेकिया, इंगलैंड और अमेरीका में पुतलियों की कला स्कूलों के पाठ्यक्रम में एक विषय मानी जाने लगी है। साथ ही पुतलियों के खेल द्वारा अन्य विषयों की पढ़ाई भी की जाती है। इतिहास, भूगोल, नागरिकशास्त्र इत्यादि विषय बड़े रोचक ढंग से पुतलियों द्वारा सिखाए जाते हैं और बच्चे उन्हें बड़ी आसानी से हृदयंगम कर लेते हैं। अध्यापकों को इस माध्यम से परिचित कराने के लिए ट्रेनिंग केन्द्र भी खोले गए हैं।

आज परिस्थिति यह है कि भारतवर्ष में तो इस कला को बच्चों के खिलवाड़ की दृष्टि से देखा जाता है, लेकिन पाश्चात्य देशों में यह संस्कृति का एक विकासशील अंग मानी जाती है। पिछले महायुद्ध से पहले चेकोस्लोवेकिया में 3500 पुतली रंगशालाएँ थीं; 1500 मौलिक नाटक चेक भाषा में पुतलियों के लिए लिखे गए थे। कम से कम 150 उच्चकोटि के विद्वान, कलाकार, बुद्धिजीवी घूमघूम कर पुतलियों के खेल दिखाते फिरते थे। आस्ट्रिया में साल्जबर्ग के मेरियोनेट थिएटर में प्रसिद्ध संगीतज्ञ मोजार्ट के सांगीतिक वातावरण में पुतलियों के खेल होते थे। जर्मनी के बेडनबेडन नगर का पुहोनी मेरियोनेट थिएटर अत्यन्त उच्च कोटि का प्रदर्शन करता था। मास्को में ओब्राट्जॉव नामक प्रसिद्ध कलाकरा के निरीक्षण में दि सेंट्रल पपेट थिएटर में सोरे रूसी संघ के पुतलीकारों का इस कला में शिक्षा दी जाती है।

पुतलियों की परम्परा प्राचीनतम होते हुए भी नवीन सम्भावनाओं से भरीपूरी है, यह पाश्चात्य देशों के अनुभव से स्पष्ट है। कला के क्षेत्र में अनेक प्रवृत्तियाँ आईं और चली गईं लेकिन पुतली सदा विकासशील और गतिशील रही है।

(बिहार थियेटर : वर्ष 1954, मार्च-जून : अंक-4)

हिन्दी नाटक : अखिल भारतीय माध्यम के रूप में

मुझे हाल में 18वीं सदी में लिखे गए दो नाटकों की पांडुलिपियाँ देखने को मिलीं। इन नाटकों की भाषा हिन्दी है (उनके पद्यांश ब्रजभाषा में हैं और गद्यांश खड़ी बोली में, जिसमें दक्खिनी पुट है) और उनकी लिपि तेलुगु है। इन नाटकों को तमिलनाडु में खेलने के लिए लिखा गया था और इनके लिए प्रायः तमिल और तेलुगु-भाषी अभिनेता चुने गए थे। नाटकों की विषय-वस्तु कृष्णलीला से सम्बन्धित है, तत्कालीन परम्परा के अनुसार। पांडुलिपियों से इस बात का पता चलता है कि ये नाटक तंजोर के मराठा राजदरबार में खेलने के लिए लिखे गए हैं और वहाँ उनका अभिनय भी किया गया था। इस तरह 18वीं सदी के अन्त में लिखे गए इन नाटकों में एक अनोखा सिलसिला देखने को मिलता है : मराठा संरक्षण, तेलुगु अभिनेता, तमिल नृत्यकार और गायक और हिन्दी भाषा।

इससे कुछ समय पहले, 16वीं और 17वीं सदी में, ऐसी ही बात भारत के एक दूसरे भाग—असम-घाटी—में देखने को मिलती है। असम में वैष्णव आन्दोलन के सूत्रधार और भक्त-शिरोमणि शंकरदेव ने अनेक नाटक लिखे और उनमें संस्कृत, हिन्दी, मैथिली और उस समय की प्रचलित असमिया (जो आज की असमिया से काफी भिन्न है) से मिली-जुली एक मिश्रित भाषा का प्रयोग किया गया। शंकरदेव के शिष्य माधवदेव, गोविन्द अट्टा और कुछ दूसरे लोगों ने नाटक खिलने का यह रिवाज बराबर कायम रखा और अभी हाल तक, जब इस वैष्णव-साहित्य की भाषा को समझनेवाले असम में ज्यादा नहीं रहे, इसी परम्परा और ऐसी मिली-जुली भाषा में नाटक लिखे जाते रहे और उनकी असम के मठों (सत्रों) में खेला जाता रहा। इन नाटकों को खेलना इन मठों की कार्यप्रणाली का एक अंग ही बना दिया गया। ये नाटक कुछ अंश में उसी युग में नेपाल और मिथिला के राजदरबारों के लिए लिखे गए नाटकों के अनुरूप हैं। शंकरदेव के नाटकों के अभिनेता प्रायः उनके असमिया भक्तगण ही होते थे, यद्यपि यह भी सम्भव है कि उनके लम्बे-ब्रज-प्रवास में ब्रज के कुछ कलाकार इस दल में शामिल हो गए हों। असम की यह परम्परा और नाटक के क्षेत्र में यह सफलता उसकी बिलकुल अपनी है और इससे पता चलता है कि उस क्षेत्र के प्रतिभाशाली कवियों और कलाकारों ने कितने अपूर्व ढंग से हिन्दी का उपयोग किया।

अभी हाल में, उन्नीसवीं सदी में, अनेक अहिन्दी-भाषियों द्वारा होनेवाला हिन्दी

नाटक और मंच का अनूठा विकास भी हमें देखने को मिलता है। 1870 में पेस्तनजी फ्रामजी ने 'दि ऑरिजिनल थियेटर कम्पनी' खड़ी की, जो बाद में पारसी थियेटर कहलाने वाली नाटक कम्पनियों की लड़ी में पहली थी। 'पारसी थियेटर की मंडलियों का संचालन, इनके नाटकों का अभिनय और उनके नाटककारों की सूची बड़ी दिलचस्प है। वे गुजराती, पारसी, एंग्लो-इंडियन, मराठी आदि थे। इन मंडलियों ने जो हिन्दी नाट्य साहित्य प्रस्तुत किया, उसके साहित्यिक महत्त्व के बारे में भले ही कुछ लोगों की अलग राय हो, इसमें कोई शक नहीं कि उस समय यह एक बड़ी ही समृद्ध और लोकप्रिय हिन्दी नाट्य परम्परा थी और यह मुख्यतः अहिन्दी-भाषियों की ही देन थी।

'पारसी थियेटर की यह परम्परा-विशेष भारतीय सिनेमा ने अपना ली। भारतीय फिल्म-निर्माताओं द्वारा अधिकतर हिन्दी फिल्में ही बनाई जाती हैं। इस सदी के दूसरे दशक के अन्त में, जब बोलपट बनना शुरू हुआ, प्रायः प्रत्येक हिन्दी फिल्म महाराष्ट्रवासियों, बंगालियों, तमिलों, आन्ध्रवासियों, गुजरातियों और पारसियों आदि विभिन्न अहिन्दीभाषियों के सम्मिलित प्रयत्न का ही परिणाम थी। किसी भी हिन्दी फिल्म की तैयार करने में भाग लेनेवालों की सूची देखने से पता चलता है कि भिन्न-भिन्न भाषाओं वाले लोग किस प्रकार इकट्ठे होकर आपसी मेल-जोल और समझबूझ के साथ अपनी कला की अभिव्यक्ति के लिए हिन्दी के माध्यम को काम में ला रहे हैं।

असम या तेलुगु क्षेत्र के भक्त नाटककारों या पारसी थियेटर के सूत्रधारों या भारतीय फिल्म बनानेवालों के ऊपर संविधान का कोई बन्धन नहीं था कि हिन्दी माध्यम को काम में लाएँ। इसके पीछे कोई राजनैतिक दबाव नहीं था। इस पर भी उन्होंने हिन्दी-नाटक को अपना लिया और नाटक को जनसाधारण के बीच ले गए। पीछे चलकर जब हिन्दी-नाटक केवल हिन्दी-भाषी क्षेत्रों के साहित्यिकों तक ही सीमित रह गया, तभी वह मंच की दृष्टि से निर्जीव हो गया। न तो व्यवसायी लोग उसके साथ रहे, और न ऐसे व्यक्ति, जिनमें संगठन करने की क्षमता थी। साथ ही प्रतिभाशाली अभिनेता भी उसकी ओर नहीं खिंचे। परिणामतः पिछले तीस सालों में हिन्दी रंगमंच शिक्षा-संस्थाओं एवं शौकीन अव्यावसायिकों तक ही सीमित रह गया। उसके पास जनसाधारण तक पहुँचने के साधन नहीं रहे और सबसे बड़ी बात यह है कि उसकी पद्धति और भंगिमा भी सीमित और संकीर्ण हो गई है, जिससे वह निष्प्राण-सा हो रहा है।

इसके अतिरिक्त अहिन्दी-क्षेत्र से हिन्दी-नाटकों को प्रस्तुत करने के लिए जो प्रतिभा और साधन मिलते थे, वे अब हिन्दी-फिल्म या अहिन्दी-नाटक को ही उपलब्ध होने लगे। हिन्दी-फिल्म टैकनीक की दृष्टि से आकर्षक है, पर कथावस्तु और प्रस्तुतीकरण की शैली की दृष्टि से अप्रौढ़ है और नाटक की कोटि के योग्य नहीं। अहिन्दी-नाटक यद्यपि सुसंस्कृत होते हैं, तथापि कई मानी में साहित्यिक हिन्दी-नाटक से भी ज्यादा सीमित। वे विस्तृत क्षेत्र में नहीं खेले जा सकते और इसलिए व्यावसायिक दृष्टि से सफल नहीं हो पाते। फिर भी प्रादेशिक नाटक ने भारतीय रंगमंच को आदर्शवादी उत्साह से प्रेरित किया है। परन्तु

छोटे-छोटे क्षेत्रों में ही सीमित रहने के कारण प्रादेशिक रंगमंच की बुनियाद अनिश्चित ही रहेगी।

हिन्दी-रंगमंच किसी खास प्रदेश का थियेटर नहीं होना चाहिए, यद्यपि हिन्दी-भाषी क्षेत्रों में भी लोक-नाटक हमेशा की तरह स्थानीय अभिव्यंजनाओं को अपनाता रहेगा और देश के विभिन्न भागों के जीवन की झाँकियाँ दिखाता रहेगा। लेकिन हिन्दी-नाटक को एक सजीव और जनसाधारण तक पहुँच सकनेवाले माध्यम के रूप में देश के विभिन्न भागों, साधनों और प्रतिभा के व्यक्तियों के प्रयास के सहारे पनपना चाहिए। वे लोग हिन्दी-नाटक को भी उसी तरह अपना समझने लगें, जैसे वे हिन्दी-फिल्म को समझते हैं। ऐसा सम्भव करने के लिए हिन्दी-भाषियों, विशेषतः नाटककारों और आलोचकों को, आगे बढ़ना पड़ेगा और एक ऐसे साहित्यिक माध्यम को जन्म देना होगा, जो व्यावसायिक थियेटर की आवश्यकताओं को भी पूरा कर सके। यह सच है कि पारसी थियेटर कम्पनियों के संचालकों की कोई साहित्यिक पृष्ठभूमि नहीं थी और उन्हें संस्कृत-नाटक की परम्परा की बहुत कम जानकारी थी; पर यह बात बंगाल, महाराष्ट्र, गुजरात, तमिलनाडु, आन्ध्र आदि के वर्तमान कलाकारों पर लागू नहीं होती।

वास्तव में अच्छे हिन्दी-नाटकों की कमी को देखते हुए यह और भी जरूरी है कि यह काम अहिन्दी-भाषियों को सौंपा जाए। कुछ अन्य भाषाओं में आज का नाटक अधिक सम्पन्न है और उन नाटकों को हिन्दी में लिया जा सकता है और उसी प्रदेश के कलाकार ऐसे नाटकों के हिन्दी अभिनय में भाग ले सकते हैं। यदि काननबाला, प्रमथेश बरुआ, पंकज मल्लिक, व्ही. शान्ताराम, साहू मोदक बिना किसी हिचकिचाहट के हिन्दी-फिल्मों में काम कर सकते थे और प्रादेशिक लहजे के साथ या उसके बिना ही हिन्दी बोल सकते थे, तो आज के अहिन्दीभाषी अभिनेता-अभिनेत्री हिन्दी-नाटक से क्यों अलग रहें? यदि ऐसी हिचकिचाहट होती, तो ग्रेटा गार्बो जैसी अभिनेत्री अंग्रेजी फिल्म में ऐसा नाम कैसे कमा पाती? ताज्जुब यह है कि अहिन्दी-कलाकारों द्वारा हिन्दी-नाटकों में भाग लेने की अनिच्छा और हिन्दी-आलोचकों द्वारा भाषा के उच्चारण आदि पर टीका-टिप्पणी करने की आदत हाल में ही दृष्टिगोचर हुई है। पहले शायद ही कभी ऐसी परिस्थिति उठती थी। इसमें सन्देह नहीं कि एक साधारण दर्शक (राजधानी के अभिजात वर्ग की बात दूसरी है) उड़ीसा या मणिपुरी की एक प्रतिभासम्पन्न अभिनेत्री के हिन्दी शब्दों के अशुद्ध उच्चारण को आपत्तिजनक नहीं समझेगा।

1957 और 1958 में दिल्ली के ग्रीष्म-नाटक समारोह में मणिपुर, केरल, गुजरात, महाराष्ट्र आदि की मंडलियों ने हिन्दी नाटक खेले थे। इनमें जिनका अभिनय अच्छा था, उनके प्रादेशिक उच्चारण ने दर्शकों का रसभंग नहीं किया। यह ठीक है कि हिन्दी और संस्कृत के कई शब्दों का केरल और मणिपुर की मंडलियों द्वारा किया गया उच्चारण कभी-कभी दिल्ली के दर्शकों की समझ में नहीं आता था, पर प्रायः अशुद्ध उच्चारणों पर ध्यान नहीं दिया गया या उसकी कोई जरूरत नहीं रह गई, क्योंकि भावभंगिमा और संकेतों से ही आशय स्पष्ट हो जाता था। अनेक दर्शकों का यह विचार था कि यदि

इन प्रतिभावान कलाकारों को हिन्दी में अपने नाटक प्रस्तुत करने का पुनर्वार अवसर मिलता रहे तो वे हिन्दी उच्चारण का यथेष्ट अभ्यास कर लेंगे और अधिक आत्मविश्वास के साथ बोल सकेंगे। वास्तव में नाटकीय अभिव्यंजनाओं के लिए मणिपुर के कलाकारों में कुछ जन्मजात प्रतिभा होती है। उनमें हिन्दी के व्यावसायिक रंगमंच के पुष्ट आधार-स्तम्भ बन जाने की क्षमता है। यह बात उड़िया कलाकारों पर भी लागू है।

भारतीय नाटक के इतिहास के प्राचीन और पूर्व-मध्य-युग से एक रोचक तथ्य स्पष्ट होता है। संस्कृत-नाटक, जो कश्मीर से केरल और असम से सौराष्ट्र तक प्रचलित थे, अखिल भारतीय माध्यम सिर्फ इसी कारण नहीं बन गया कि वह संस्कृत और प्राकृत को काम में लाता था, बल्कि इसलिए भी कि हर जगह ढाँचा और प्रस्तुत करने की शैली और परम्पराएँ एक-सी ही थीं। इन समानताओं के ही कारण स्थानीय भाषाओं के जन्म के बाद भी नाटकों में संस्कृत और प्राकृत का उपयोग होना संभव रहा। इस अखिल भारतीय नाटक की कुछ विशेषताएँ थीं, रस के परिपाक पर जोर दिया जाना, गीतों का अधिक संख्या में होना, नृत्य का बराबर उपयोग, कविता का सर्वव्यापी भाव और रूढ़पात्रों का प्रयोग। यह स्पष्ट है कि ये सब विशेषताएँ वर्तमान युग की माँग को पूरा नहीं कर सकतीं, पर हम एशियावासी कितने ही आधुनिक क्यों न हो जाएँ, नाटक, गीत और नृत्य का मिला-जुला स्वरूप हमारे स्वभाव और धरोहर का एक अंग ही बन गया है। बर्मा, चीन, जापान, इंडोनेशिया और दूसरे एशियाई देशों में नाटक का यह मिला-जुला रूप कमोबेश रूप में देखने को मिलता है। यह मिश्रित रूप नाटक की आधुनिक परिभाषा के अनुकूल नहीं है, पर आधुनिक लोग इसे चाहें या न चाहें हमारी नाटक-सम्बन्धी यह मान्यता अनेक युगों की कसौटी पर खरी उतरी है। भारत की तरह जापान में भी पश्चिम से आधुनिक नाटक के कई रूप अपनाए गए हैं, फिर भी वहाँ नाटक के प्राचीन परम्परावाले रूपों को तिलांजलि नहीं दी गई है।

इसलिए ऐसा जान पड़ता है कि जिसे हम नाटक का अखिल भारतीय रूप कह सकते हैं, वह शायद नाटकों के उस रूप को ही प्रगतिशील रखने में होगा, जो संस्कृत-नाटकों में निहित है और जो हमारे लोक-नाटकों में अब भी अवशिष्ट है। इस अखिल भारतीय नाटक में संगीत और नृत्य भी साथ-साथ रहेंगे, इस तरह का हिन्दी नाटक देश के विभिन्न क्षेत्रों के लोगों द्वारा तैयार किया जाएगा और उनसे जीवन प्राप्त करेगा। भाषा की रुकावट कम-से-कम हो जाएगी। अभिनय, हाव-भाव, संगीत और नृत्य संवाद के साथ-साथ चलेंगे और इस तरह नाटक का यह बहुरंग-रूप हमें फिर देखने को मिलेगा। इस हिन्दी नाटक की एक अखिल भारतीय शैली होगी—ऐसा कलापक्ष जो प्रादेशिक भेदभाव के ऊपर उठ सकेगा। इसकी जड़ें जनसाधारण की परम्पराओं में होंगी। यह किसी खास देश का नाटक न होगा; इसे हमेशा नई प्रतिभा मिलती रहेगी। यह देश के एक क्षेत्र की झाँकी देश के दूसरे क्षेत्रों को दिखाएगा और इस तरह एक अखिल भारतीय संस्कृति का माध्यम बन जाएगा। प्रादेशिक नाटकों की तुलना में इसमें कहीं अधिक विविधता, स्वच्छन्दता और प्रयोग के लिए गुंजाइश होगी।

साथ ही अलग-अलग प्रादेशिक भाषाओं में आधुनिक नाटक के प्रयोग होते रहेंगे, क्योंकि आज का प्रकृतिवादी नाटक लोगों के अन्तर्तम विचारों को अभिव्यक्त करने का उपयुक्त साधन है। इसके लिए प्रादेशिक भाषा ही कहीं अच्छा माध्यम है। लेकिन हम प्रयोगवादी और प्रकृतिवादी नाटक से शौकीन और अव्यावसायिक लोगों का विशेष सम्बन्ध रहेगा। इसके व्यावसायिक रूप पा सकने की गुंजाइश कम ही है, साथ ही अखिल भारतीय माध्यम बनने के भी योग्य नहीं है, क्योंकि जनसमूह के पास पहुँचने के लिए यह व्यक्तिपरक अधिक है। नाटक एक शिष्ट कला भर रह जाएगा, बहिष्कृत तो नहीं, लेकिन निस्सन्देह अत्यन्त सीमित। भारत का राष्ट्रीय और व्यावसायिक नाटक तभी उभरेगा, जब हिन्दी के माध्यम और संस्कृत-नाटक की परम्पराओं को निबाहते हुए एक नए अखिल भारतीय रूप को विकसित किया जाएगा, जिसकी ओर न केवल रंगमंच-विधायक, बल्कि साहित्यकार भी आकृष्ट होंगे।

(शारदीया का परिशिष्ट)

भारतेन्दु और अव्यावसायिक रंगमंच

कुछ मानों में हिन्दी नाटक की परम्परा, अन्य भारतीय भाषाओं के नाटक साहित्य की परम्परा से अधिक सम्पन्न और नानाविध रही है। लेकिन दुर्भाग्यवश बहुत समय तक यह परम्परा प्रायः उपेक्षित रही। पन्द्रहवीं शताब्दी से लेकर उन्नीसवीं शताब्दी तक हमारे यहाँ एक बहुत ही सम्पन्न और समुन्नत राजाश्रित रंगमंच था, जिसने मूल प्रेरणा वैष्णव आन्दोलन से प्राप्त की थी, और जिस पर मिथिला, नेपाल, बुन्देलखंड, और आसाम के राज परिवारों का वरद-हस्त था। न तीन-चार शताब्दियों में 35 से भी अधिक नाटककार सामने आए और उन्होंने लगभग 106 नाटक लिखकर साहित्य की श्रीवृद्धि की। इस प्रकार हिन्दी भाषी प्रदेश के एक बहुत बड़े क्षेत्र में ऐसे नाट्य साहित्य और रंगमंच की प्रतिष्ठा हुई, जिसने संस्कृत साहित्य के भावात्मक सौंदर्य का दाय, विद्यापति और चंडीदास के गीतों और भजनों से भक्ति-भावना और लोकोत्सवों से उदार और ग्रहणशील स्वरूप प्राप्त किया।

आधुनिक हिन्दी साहित्य के निर्माता, भारतेन्दु हरिश्चन्द्र ने जिस समय 1867 में लिखना आरम्भ किया, वैष्णव नाटक का बहुत ह्रास हो चुका था, लोग उसे लगभग बिसरा चुके थे। भारतेन्दुजी को इस नाटक परम्परा का कोई प्रत्यक्ष अनुभव रहा होगा—इसमें सन्देह है। यों वैष्णव परम्परा की कुछ विशेषताएँ, जिन्हें बंगाल के 'जात्रा' नामक लोक-नाट्य ने अक्षुण्ण रखा था, भारतेन्दुजी के नाटक 'विद्या सुन्दर' (रचना-काल 1868) में दृष्टिगोचर होती हैं। इसकी कहानी 'विद्या विलाप' नामक एक नाटक की कहानी से बहुत मिलती-जुलती है, जिसकी रचना 1720 में हुई थी। इसी प्रकार भारतेन्दुजी के सर्वप्रसिद्ध नाटक 'सत्य हरश्चिन्द्र' की कथावस्तु वही है जिसके आधार पर 1951 में मैथिली में 'हरिश्चन्द्र नाट्यम' की रचना हुई थी। भारतेन्दुजी अपने नाटकों में दृश्यों और अंकों के बीच-बीच बहुश्रुत राग-रागनियों पर आधारित गीत रखना, रंगमंच की दृष्टि से उपयोगी समझते थे, यह भी उनकी शैली पर वैष्णव-परम्परा के प्रभाव का एक ज्वलन्त प्रमाण है। खेद का विषय है कि नाटकों में गीतों को स्थान देने की इस सुन्दर प्रथा का, कालान्तर में स्वाभाविकता और प्रकृतिवाद के नाम पर, परित्याग कर डाला गया। इससे साहित्य और लोकनाट्य के सम्बन्ध का एक अन्यतम सूत्र टूट गया।

भारतेन्दु जी ने 1867 से 1885 तक हिन्दी साहित्य की सेवा की। अट्ठारह वर्ष के इस साहित्यिक जीवन में, जो औरों की तुलना में छोटा ही ठहरेगा, उन्होंने विभिन्न

नाट्य पद्धतियों का सामंजस्य किया और अव्यावसायिक रंगमंच की नींव रखी। भारतेन्दु जी ने अपने अनेक नाटकों की कथावस्तु समसामयिक जीवन से ली और रूपान्तर भी ऐसे ही नाटकों का किया जिसमें युग की सामाजिक और राजनीतिक समस्याओं का विवेचन सम्भव हो, तथापि उन्होंने ऐसी लेखन-शैली अपनायी जो मूलतः संस्कृत परम्परा से बँधी थी। 'भारत दुर्दशा' भी, जो यों तो किसी आधुनिक समस्या मूलक नाटक-सा जान पड़ता है, संस्कृत के श्रेष्ठ नाटक 'प्रबोध चन्द्रोदय' की पद्धति में लिखा गया है। किन्तु यह स्पष्ट है कि निर्विवाद है कि भारतेन्दु जी में एक सर्वव्यापी आधुनिक दृष्टि थी। उनका अपूर्ण नाटक 'प्रेम जोगिनी' यथार्थवादी नाटक पद्धति का अग्रदूत होकर आया था। उनके 'भारत जननी' और कुछ अन्य नाटकों में उस नवोदित राष्ट्रीय चेतना की एक झलक मिलती है, जो आगे के नाटककारों के लिए प्रेरणा का मूल-स्रोत बनी।

स्पष्ट है कि भारतेन्दु जी कोरे नाटककार ही नहीं थे, रंगमंच कला के ज्ञाता भी थे। उनसे दिग्दर्शन और प्रेरणा प्राप्त करके कुछ लोगों ने एक नाटक-मंडली स्थापित की और हिन्दी के नाटक खेलना शुरू किया। उन्नीसवीं शताब्दी में सबसे पहले जो नाटक लोकप्रिय हुए उनमें से अधिकांश स्वयं भारतेन्दुजी के या इस मंडली के सदस्यों के लिखे हुए हैं। भारतेन्दु पद्धति के इन नाटककारों में 'सीताहरण' रचयिता देवकीनन्दन त्रिपाठी, 'कृष्णसुदामा' रचयिता शिवनन्दन सहाय, 'रुक्मिणी परिणय' रचयिता अयोध्यासिंह उपाध्याय, 'सुदामा' और 'अमरसिंह राठौर' रचयिता राधाचरण गोस्वामी, 'दमयन्ती स्वयंवर' और 'वेणी संहार' रचयिता बालकृष्ण भट्ट, 'रणधीर प्रेममोहिनी' रचयिता शिवचरण दास, 'दुःखिनी बाला' और 'महाराणा प्रताप' रचयिता राधाकृष्णदास, और 'मयंक मंजरी' और 'नाट्यसम्भव' रचयिता किशोरीलाल गोस्वामी के नाम उल्लेखनीय हैं। इन नाटककारों में भारतेन्दुजी की-सी विलक्षण प्रतिभा तो नहीं थी, हाँ उनसे राष्ट्र प्रेम और समाज सुधार की जो दृष्टि इन्हें मिली थी, उसका इन्होंने अपने नाटकों में यथाशक्ति विकास किया। यों 'रणधीर प्रेम मोहिनी' जैसे कुछेक नाटकों में शृंगारपरक कथावस्तु का भी सुकुमार और मनोहर निर्वाह इन्होंने किया है। आचार्य और निराशा का विषय था कि भारतेन्दु जी के निधन के कुछ समय पश्चात् उनके अनुगामी धीरे-धीरे नाटक की ओर से विमुख होकर कविता और गल्प का माध्यम अपनाने लगे। किसी हद तक इसका कारण यह था कि पद्य की रचना की नई भाषा 'खड़ी बोली' और कहानी कहने की नई शैली 'उपन्यास' उस काल के प्रतिभावान लेखकों को बरबस अपनी ओर खींच ले रही थीं। फिर यह भी सच है कि कालान्तर में भारतेन्दुजी के अनुगामियों का रंगमंच से कोई सीधा सम्पर्क नहीं रह गया। लेकिन इनमें से जो-जो रंगमंच से नाता बनाए रखने में समर्थ हुए, सदा रंगमंच और नाटक के रंग में ही रँगे रहे।

भारतेन्दु जी ने नाटक के प्रति लोगों में अभिरुचि जागृत करके जिस अव्यावसायिक रंगमंच की उद्भावना की, वह उसकी एक अमूल्य और चिरस्थायी देन थी और इसका पोषण उनके शिष्यगण अपनी रचनाओं से करते रहे। इस रंगमंच का आविर्भाव

व्यावसायिक पारसी थियेटर की प्रतिक्रिया से हुआ। यह पारसी थियेटर, एक दृष्टि से, अवध के 'इन्द्रसभा' नामक दरबारी रंगमंच प्रयोग की ही परम्परा को लेकर आगे बढ़ा था—'इन्द्रसभा' जो अमानत की लिखी हुई थी, और स्वयं अवध के अन्तिम नवाब के दिग्दर्शन और छत्रछाया में खेली जाया करती थी, ऊपर से इसमें उर्दू की शृंगारपरक शेरो-शायरी का रंग झलकता था, पर क्या रूप विधान की और क्या वातावरण रचना की दृष्टि से, यह उन्नीसवीं शताब्दी के वैशिष्ट्यहीन यूरोपीय गीत नाट्य की ही अनुगामिनी थी। पारसी थियेटर में, शृंगार प्रधान गीति तत्व, अनर्गल पद्य पाठ बन चुका था। यह थियेटर, उन्नीसवीं शताब्दी के पाश्चात्य रंगमंच की उदार और मानवीय ऊँचाई को पाने में असमर्थ रहकर, केवल उसके विलक्षण रूप-ऐश्वर्य की नकल उतारता रहा। सन् 1870 में पेस्तनजी फ्रामजी ने 'ऑरीजनल थियेटर कम्पनी' शुरू की, 1877 में खुरशीद जी बल्लीवाला ने दिल्ली में 'विक्टोरिया थियेटरिकल कम्पनी' खोली, जिसकी मंडली को लेकर वह एक बार विलायत भी हो आए। इन्हीं दिनों कावसजी खटाऊ की 'अल्फ्रेड थ्येटरिकल कम्पनी' खुली, जिसका बहुत समय तक बोलबाला रहा। इन शुरू-शुरू की कोशिशों के बाद, जो नई थियेटर कम्पनियाँ खुलीं, व्यावसायिक दृष्टि से बहुत ही सफल हुईं। 'न्यू अल्फ्रेड कम्पनी', 'ओल्ड पारसी थियेटरिकल कम्पनी', 'अलैकजांड्रिया कम्पनी, 'कौरिन्थियन कम्पनी' वगैरह की कलकत्ता, बम्बई और उत्तर भारत के अन्य बड़े-बड़े शहरों में 1930 तक बहुत धूम रही। कलकत्ता की 'मिनर्वा थियेटरिकल कम्पनी' उसी जमाने से चली आ रही है।

भारतेन्दुजी ने देखा कि जनता में नाटक की बहुत अधिक चाह है, और उन्होंने कला-प्रेमियों का रंगमंच संगठित करके, अधिक सुन्दर और सुरुचिपूर्ण ढंग से उनकी पूर्ति का यत्न किया। आमतौर पर कला प्रेमियों का अव्यावसायिक रंगमंच, कला जीवियों के व्यावसायिक रंगमंच से टक्कर नहीं ले सकता। अगर उस वक्त भारतेन्दुजी को अपने इस रंगमंच के लिए आर्थिक सहायता उपलब्ध हो जाती तो हिन्दी रंगमंच की कहानी शायद कुछ और ही होती पर हुआ यह कि भारतेन्दुजी अपने रंगमंच को व्यावसायिक आधार न दे सके, शौकिया नाटक खेलनेवालों के संगठन से ही उन्हें सन्तोष करना पड़ा। जो हो, इस तरह के कला प्रेमियों के रंगमंच का भी अपना एक महत्त्व था, इसके माध्यम से नाटक की अभिनव और सुन्दर शैलियों का परीक्षण और परिमार्जन सम्भव हुआ। हिन्दी नाटक जीवित रह सका और वर्तमान काल में उसका नया उत्थान हो सका, इसका भी श्रेय उसी रंगमंच को प्राप्त है। भारतेन्दुजी के निधन के बाद अनेक नाटक मंडलियाँ संगठित हुईं। इनमें कानपुर में 1888 में स्थापित एक मंडली उल्लेखनीय कही जा सकती है। अनन्तर पंडित माधव और उनके मित्रों के उद्योग से 1898 में रामलीला मंडली' और 1908 में 'हिन्दी नाट्य समिति' स्थापित हुई। इन्होंने 'सिया-स्वयम्वर', 'महाराणा प्रताप' और 'महाभारत पूर्वार्द्ध' जैसे कई एक प्रसिद्ध नाटक रंगमंच पर सर्वप्रथम प्रस्तुत किए। भारतेन्दुजी के एक स्वजन श्री बृजचन्द और अन्य सज्जनों की प्रेरणा से बनारस में सन् 1908 में 'भारतेन्दु-नाटक-मंडली' और 'काशी-नागरिक-नाटक-मंडली' दो संस्थाएँ

खुलीं। इन्होंने भारतेन्दु के ही नहीं, बाद के लेखकों के भी नाटक खेले। पंडित माधव शुक्ल ने एक अन्य उल्लेखनीय नाटक मंडली के संस्थापक होने का भी गौरव प्राप्त किया। कलकत्ता में स्थापित यह मंडली, 'हिन्दी-नाट्य-परिषद्' के नाम से सुविख्यात हुई और नगर में पारसी थियेटर कम्पनियों ने जिस बाजारू मनोरंजन का प्रचार कर रखा था, उसके मध्य भी यह अकेली ही सुरुचि की रक्षा और प्रतिष्ठा करती रही। कलाप्रेमियों की इन नाटक मंडलियों में से अनेक, भारतेन्दुजी के उदाहरण से प्रेरित हुईं और उन्हीं की परम्परा को लेकर आगे बढ़ीं।

('भारतेन्दु हरिश्चन्द्र' से प्रकाशन विभाग, सूचना, प्रसार और संचार मंत्रालय, 1969)

लोक नाट्य : परम्परा और परिवेश

भरतमुनि ने नाट्यशास्त्र को पंचम वेद के रूप में प्रतिष्ठित करते हुए तीन बातों पर जोर दिया है। एक तो यह कि चूँकि शूद्र तथा वन्य जातियों के लोग वेदपाठ से वंचित थे, इसलिए ऐसे वेद की आवश्यकता पड़ी जो सभी वर्गों की जनता के लिए उपादेय हो। दूसरी बात यह कि नाट्य में ऋग्वेद से पाठ, सामवेद से गीत, यजुर्वेद से अभिनय और अथर्ववेद से रस का संग्रह किया गया। भरत की तीसरी स्थापना यह थी कि नाट्य सभी प्रकार की कलाओं, शिल्प और ज्ञान से सम्पन्न होने के कारण पंचम वेद कहलाने योग्य है। इस विषय में नाट्यशास्त्र में एक रोचक प्रसंग है। देवताओं के कहने पर भरतमुनि ने नाट्य का विधान किया। भरतमुनि ने जब पहले नाटक 'देवासुर-संग्राम' का प्रयोग प्रस्तुत किया और उसमें दैत्यों पर देवताओं की विजय को प्रदर्शित किया तब दैत्यों ने विघ्न करके अदृश्य शक्तियों के सहारे नटों की स्मरणशक्ति, गीत और चेष्टा को जड़ीभूत कर दिया। जैसे-तैसे करके इन्द्र के 'जर्जर' नामक शस्त्रविशेष से इन विघ्नों का शमन किया गया। जब दूसरी बार प्रयोग हुआ और उसके लिए रंगशाला तैयार कर दी गई तब प्रदर्शन के पहले ब्रह्माजी ने समझौते के तौर पर दैत्यों के नेता विरूपाक्ष को बुलाकर उससे बातचीत की और तब उन्होंने आश्वासन दिया कि नाटक केवल देवताओं या दैत्यों के लिए ही नहीं होगा बल्कि त्रैलोक्य भर के भावों को प्रकट करेगा तथा गृहस्थों, दैत्यों, राजाओं और ऋषियों के चरित्र को प्रदर्शित करेगा। उसमें कहीं धर्म और लोकोपदेश, कहीं क्रीड़ाएँ, कहीं धनप्राप्ति, कहीं शान्ति-प्रचार और कहीं युद्ध दिखाए जाएँगे। वह सभी प्रकार के लोगों के लिए धर्मप्रद, यशप्रद, आयुष्प्रद, हितकर, बुद्धिविकासक और लोकोपदेशक होगा।

यद्यपि भारतवर्ष में नाट्य का यह विविध रूप सिद्धान्ततः मान्य रहा तथापि संस्कृत नाटकों की परम्परा प्रायः उच्च वर्ग तथा राजकुल के लोगों का मनोरंजन करने में विशेष बलवती रही। जातिगत भेदों का पालन तो नहीं किया गया किन्तु नाटकों का पूरी तरह से आनन्द उठाने के लिए प्रेक्षकों को सहृदय के गुण प्राप्त करने पर जोर दिया जाने लगा। सहृदय साहित्य तथा कला का मर्मज्ञ होता है और इसके लिए न केवल अभ्यास अपितु वंशगत संस्कारों की भी आवश्यकता पड़ती है। इसका फल यह हुआ कि धीरे-धीरे संस्कृत नाटक सीमित वर्ग का प्रतिबिम्ब बनता चला गया और उसे अंशतः ही पंचम वेद की संज्ञा दी जा सकती थी।

संस्कृत नाटक के पंचम वेद होने में दूसरी कठिनाई यह पड़ी कि उच्च वर्ग के लोगों के लिए मनोरंजन के साथ नाटक का सोद्‌देश्य रूप प्रस्तुत नहीं हो सकता था। इस दुविधा का निवारण संस्कृत नाटककारों ने नाटकों के अन्त में 'भरतवाक्य' द्वारा किया। सबका कल्याण, शुभ और अशान्ति का विस्तार, इन सद्‌विचारों के साथ नाटक की समाप्ति होती और यही मंगलकामना नाटक का उद्‌देश्य समझी जाती थी। नाटक के प्रधान कलेवर में किसी प्रकार के मत स्थापन की गुंजाइश नहीं देखी गई। शायद यही कारण है कि प्रायः संस्कृत-नाटकों में विचार-तत्व, अध्यात्म-विश्लेषण और जीवन-दर्शन का अभाव सा प्रतीत होता है। दो ही अपवाद मिलते हैं। एक तो अश्वघोष का बौद्ध धर्मावलम्बी नाटक और दूसरा कृष्णमिर का 'प्रबोधचन्द्रोदय'। इन दोनों के बीच लगभग एक हजार वर्ष तक, भास से राजशेखर तक, जितने नाटककार हुए उन्होंने प्रायः सोद्‌देश्य साहित्य से अपने को बरी रखा।

सर्वसाधारण का मनोरंजन और नीति तथा धर्म का उपदेश, ये दो लक्षण जो भरत ने पंचम वेद के लिए स्थिर किया, वे संस्कृत की प्रधान नाट्यधारा में प्रतिबिम्बित नहीं हुए। भरत मुनि के सिद्धान्त सामान्य अनुभव पर आधारित थे और उनकी अभिव्यक्ति कहीं न कहीं होनी ही थी। अतः संस्कृत की प्रधान नाट्यधारा जब क्षीण होने लगी, उससे कुछ पहले ही जनसाधारण के मानस से मनोरंजन और शिक्षा से अनुप्राणित विभिन्न शैलियों का उदय होने लगा। इन शैलियों का विवेचन लक्षणग्रन्थों में बहुत कम हुआ। लक्षणकारों की प्रवृत्ति तो यह रही थी कि रूढ़ विधाओं से विभिन्न यदि कोई नए प्रकार का नाट्य-प्रयोग प्रस्तुत होता तो वे तुरन्त उसे अपने वर्गों की संख्या में जोड़ देते। इस तरह शास्त्र-सम्मत परिवेश का अतिक्रमण नहीं हो पाता। किन्तु 11वीं और 12वीं शताब्दी तक आते-आते संस्कृत नाट्यधारा कुछ क्षीण हो गई। राजप्रासाद उजड़ने लगे। सहृदय संरक्षकों की संख्या न्यून हो चली। अतः लक्षणाकार भी अपनी संग्रह-शक्ति खो बैठे।

ऐसी परिस्थिति में वही नाट्य-प्रदर्शन पनप सका जो राजप्रासाद पर कम आश्रित था, मन्दिर और धर्म-स्थलों पर अधिक, जो मेलों और उत्सवों में जन-मनोरंजन करके पुष्ट हो सकता था, जो लक्षणकारों द्वारा स्थापित सिद्धान्तों की उपेक्षा कर सकता था और जिसमें वस्तुतः विभिन्न कलाओं का प्रयोग होता था। पंचम वेद से मेरा तात्पर्य इसी नाट्यशैली से है जो संस्कृत नाट्यधारा के अवनतिकाल में सारे भारतवर्ष में प्रगतिशील हुई। यह नाट्य आज भी हमारे देश के विभिन्न क्षेत्रों में सक्रिय है। आज भी इसका प्रभाव उन नाटकों से कहीं अधिक व्यापक है जो नगरों के भव्य उच्च वर्ग के लोगों का मनोरंजन करते हैं और जिन्हें साहित्यिक नाटक कहा जाता है।

इन क्षेत्रीय और जनप्रिय नाटक शैलियों को प्रायः लोकनाटक के नाम से आजकल सम्बोधित किया जाता है। किन्तु लोकनाटक शब्द अंग्रेजी के 'फोक ड्रामा' से उधार लिया गया है। 'ऑक्सफोर्ड कंपेनियम ऑफ ड्रामा' के अनुसार 'फोक प्ले' यानी लोकनाटक ऐसा नाट्य मनोरंजन है जो ग्रामीण उत्सवों पर ग्रामवासियों द्वारा स्वयं प्रस्तुत

किया जाता है और प्रायः अशिष्ट और देहाती होता है। यूरोप में लोकनाटक आदिम जीवन में, लोकोत्सवों में प्रारम्भ हुए थे। उनमें मृत्यु, पुनर्जन्म तथा स्थानीय महापुरुषों के विवरण, नटों के खेल इत्यादि होते थे। इंगलैंड में 'ममर्स प्ले' को लोकनाटक कहा जाता है।

स्पष्ट है कि भारतवर्ष की क्षेत्रीय नाट्यशैलियाँ प्रायः इस प्रकार के लोक नाट्य से कहीं ऊँचे स्तर के प्रदर्शन और साहित्य से सम्पन्न है। अतः उन्हें लोकनाटक की संज्ञा देना समीचीन नहीं जान पड़ता। उनमें कई शैलियाँ कला की दृष्टि से उत्कृष्ट हैं। मेरे विचार में इन शैलियों को 'परम्पराशील नाट्य' कहना अधिक उपयुक्त होगा। यह नाट्यशैली एक लम्बी परम्परा का वर्तमान स्वरूप है। इसके रंगमंच और साहित्य दोनों ही बहुत कुछ उस विधि और सोद्देश्य कला के प्रतीक हैं जिसका संकेत भरत के नाट्यशास्त्र से मिलता है और जिसका विशेष विकास मध्ययुग के संस्कृत नाटक के अवनतिकाल में हुआ। यही नाट्यशैली पंचम वेद की संज्ञा की अधिकारिणी जान पड़ती है। आज देश में पुनः इस पंचम वेद के प्रति जागरूकता की आवश्यकता है। हमारी नागरिक सभ्यता में पाश्चात्य प्रभाव के फलस्वरूप एकसूत्रता का समावेश हुआ। इस एक सूत्रता का धड़ राजनीतिक एकता है। किन्तु राजनीतिक एकता अपने में यथेष्ट नहीं। सांस्कृतिक सन्तुलन लोकजीवन की एकता का संवर्द्धन करता है। परम्परागत नाट्य में कई ऐसी विशेषताएँ हैं जो भारतवर्ष के विभिन्न क्षेत्रों को एक दूसरे से बाँधती हैं। परम्परागत नाट्य का दूसरा महत्त्व इस बात में है कि नागरिक नाट्य की अपेक्षा वह देश की असंख्य जनता से कहीं अधिक समीप है। आज जब भारतवर्ष में जनसाधारण को देशव्यापी प्रगति में शामिल करना अभीष्ट है, ऐसी सांस्कृतिक विधाओं को प्रोत्साहन मिलना चाहिए, जिनमें सामान्य जनता एकात्मीयता की अनुभूति कर सके। यही नहीं, सोद्देश्य नाट्य राष्ट्र-निर्माण की घड़ी में विशेष महत्ता रखता है। सोद्देश्यता नागरिक साहित्य में प्रायः अप्रासंगिक हो जाती है, जैसा संस्कृत नाटक में हुआ और जैसा आज दिन भी हम देखते हैं। किन्तु 'परम्पराशील नाट्य' में वही सोद्देश्यता बहुत स्वाभाविक प्रतीत होती है।

परम्परागत नाट्य के दो पहलुओं की ओर मैंने संकेत किया। एक तो उनका देशव्यापी एकता का सूत्र होना और दूसरा उनमें जनसाधारण को संचालित और प्रेरित करनेवाली प्रवृत्तियों की प्रधानता। ऊपर जिन क्षेत्रीय नाट्यशैलियों का जिक्र हुआ है उनमें निम्नांकित सामान्य विशेषताएँ पाई जाती हैं, जिनके कारण उन्हें हमारे देश की संस्कृति का सार्वभौमिक स्वरूप माना जा सकता है।

1. दक्षिण और पूर्वी भारत के परम्परागत नाट्यों में एक ही प्रकार के पौराणिक कथानकों का प्रयोग हुआ है। नृसिंहावतार, श्रीकृष्ण लीला, रामचरितमानस, महाभारत के दृश्य ये कथाएँ असम से केरल तक सभी प्रकार के नाट्यों में मिलती है।
2. संगीत, नृत्य और संवाद तीनों ही परम्परागत नाट्यशैली के अनिवार्य अंग हैं

और उनके सम्मिश्रण से ही सौन्दर्य-बोध और ज्ञान प्राप्त होते हैं।

3. यद्यपि हर क्षेत्रीय नाटक में क्षेत्र की प्रमुख भाषा का प्रयोग हुआ है तथा लगभग सभी में सुसंस्कृत तथा ग्रामीण भाषाओं का विचित्र संयोग दीख पड़ता है। प्रेक्षक को एक साथ ही उच्च कोटि की साहित्यिकता तथा ग्रामीण स्वच्छन्दता का अनुभव होता है।
4. इन नाट्यशैलियों में जो संगीत प्रयुक्त हुआ है वह रागानुबद्ध होता है, यद्यपि एक ही नाम से रागों के विभिन्न स्वर-विधान मिलते हैं। आश्चर्य यह है कि कर्णाटक और दक्षिण भारत में प्रचलित कुछ रागों की प्रतिध्वनि उत्तर बिहार और असम के नाट्य-रागों में मिलती है। देशी और मार्गी दोनों प्रकार के राग क्षेत्रीय नाटकों में प्रायः पाए जाते हैं।
5. वेशभूषा में भी बहुत कुछ साम्य दीख पड़ता है। लम्बे अंगवस्त्र कश्मीर में भी हैं और तमिलनाडु में भी। मुखौटे तो देश भर में व्यवहृत होते हैं।
6. इन नाटकों में संवाद (विशेषतः पश्चिमी प्रदेशों में) प्रश्नोत्तर-पद्धति का उपयोग करते हैं। यह पद्धति वेदकालीन साहित्य से महाभारत के यक्ष-युधिष्ठिर-संवाद तथा विविध बौद्ध और जैन साहित्य तक में प्रवाहित होती हुई प्रादेशिक नाट्यों में परिपुष्ट हुई है।
7. लगभग परम्पराशील नाट्य में प्रारम्भिक अंश, जिसे भरत नाट्य-शास्त्र में पूर्वरंग कहा गया है, विशेष महत्त्व रखता है। वस्तुतः पूर्वरंग इन नाट्यों का सबसे व्यापक चिह्न है।
8. लगभग सभी परम्परागत नाट्यों में सूत्रधार केवल प्रारम्भ में ही नहीं, बराबर किसी न किसी रूप में मौजूद रहता है। सूत्रधार नाटक की कथा को अग्रसर करता है और दर्शकों एवं कथा के बीच कड़ी का काम करता है। प्रायः सूत्रधार के साथ-साथ विदूषक भी किसी न किसी नाम से इनमें से अधिकतर नाट्यों में विद्यमान है ।
9. परम्परागत मंच की यह विशेषता है कि इसमें अभिनय रूढ़िगत होता है। मुद्राओं का प्रयोग भाषा को स्पष्ट करने के लिए हाता है और बोली विशेष स्वराघात के अनुसार होती है।

ये सभी विशेषताएँ परम्परागत प्रादेशिक नाट्यों को एक सूत्र में बाँधती हैं और इस तरह सारे भारतवर्ष के एक रंगमंच का बोध होता है। उसी प्रकार इस रंगशाला का सम्पर्क जनसाधारण के जीवन से भी बहुत निकट का है। इस बात की पुष्टि निम्नांकित विशेषताओं से होती है :

1. ये सब प्रदर्शन थोड़े ही खर्चे में किए जा सकते हैं और निर्धन से निर्धन व्यक्ति का ऐसा मनोरंजन हो पाता है जिसमें संगीत भी है, नृत्य भी और संवाद भी।
2. यद्यपि ये सब शैलियाँ परम्परागत हैं, तथापि बदलते युग के अनुसार

समस्याओं का समावेश इन नाट्यों में होता चलता है। सांग, नौटंकी और कूटियाट्टम में कथानकों अथवा प्रसंगों द्वारा समसामयिक जीवन पर प्रकाश डाला जाता है।

3. लगभग सभी नाट्यों से जनसाधारण को जीवन की नीतिशिक्षा मिलती है। कोई भी ऐसा अवसर खोया नहीं जाता जिसमें किसी न किसी प्रकार की शिक्षा की ओर प्रेक्षकों का ध्यान खींचा जा सके।
4. यद्यपि पौराणिक नाट्यों में अनेक अवतारी पुरुषों का चरित्र प्रदर्शित होता है तथापि अनेक प्रादेशिक नाट्य साधारण कुल में पैदा हुए नायकों को प्रस्तुत करते हैं। राजस्थान के ख्याल में तेजाजी का चरित्र इसकी पुष्टि करता है।
5. नाट्यों में सामाजिक जीवन पर छींटाकशी की जाती है और जन साधारण के उग्र व्यंग्य की अभिव्यक्ति होती है। हिमाचल के करियाला और कश्मीर के भांडजशन में इसके अनेक उदाहरण मिलेंगे।
6. पौराणिक गाथाओं के अतिरिक्त इन नाट्यों में प्रेमाख्यानों का प्रचुर स्थान है। प्रेम का जो स्वरूप इन नाट्यों में मिलता है वह स्वच्छन्द इन्द्रिय-सुखबोधक और निर्बाध है।
7. इन नाट्यों के प्रदर्शन में प्रेक्षक और नट दोनों का निकट सम्बन्ध होता है और प्रायः दर्शक भी दर्शन में हिस्सा लेते हैं। प्रेक्षकों और नाट्य के बीच में यह तारतम्य नागरिक जीवन के लिए एक अनूठी वस्तु है।

बहुजन सम्प्रेषण का माध्यम

परम्पराशील नाट्य में भरत के मूल उद्देश्य की पूर्ति हुई यानी सार्वभौमिक भावों की अभिव्यक्ति, सभी वर्गों के लोगों के चरित्र का प्रदर्शन तथा सर्वसाधारण के हित, सुख और उपदेश का संवर्द्धन। बुद्ध का वचन बहुजन सुखाय परम्पराशील नाट्य पर निःसन्देह लागू होता है। संस्कृत नाट्य इस उद्देश्य की ओर जागरूक होते हुए भी उसे पूरा करने में इसलिए असमर्थ रहा कि उसकी पद्धति उद्देश्य के अनुरूप न रह सकी। बात यह है कि जिस समय किसी उद्देश्य विशेष का निरूपण किया जाता है, उस समय जो पद्धति और साधन उसकी पूर्ति के लिए यथेष्ट समझे जाते हैं, यह जरूरी नहीं कि बाद के युग में भी वही पद्धति और साधन सार्थक रहें। परम्पराशील नाट्य की परम्पराएँ बदलती रहती हैं। यह लिखित शास्त्र से बँधा नहीं रहा। अतः सार्वभौमिक भावों की अभिव्यक्ति, विभिन्न वर्गों के चरित्रों के प्रदर्शन और लोकोपदेश के निरूपण के लिए वह नाट्य बहुजन-सम्प्रेषण यानी 'मास कम्युनिकेशन' का माध्यम बन गया।

बहुजन-सम्प्रेषण का सिद्धान्त आधुनिक समाज-विज्ञान की देन है। किन अनेक युगों में अनेक प्रकार के बहुजन-सम्प्रेषण साधनों (मीडिया ऑफ मास कम्युनिकेशन) का व्यवहार होता रहा है। भारतवर्ष में पिछले एक हजार वर्ष में विकसित परम्पराशील

आंचलिक नाट्य शैलियाँ बहुजन सम्प्रेषण-माध्यम की विशिष्ट उदाहरण हैं। वर्तमान युग के बहुजन-सम्प्रेषण उपकरणों से भारतीय परम्पराशील नाट्य दो दिशाओं में कुछ पृथक् हैं। एक तो यह कि उसमें अभिनय, नृत्य, संगीत और संवाद के यथावश्यक सम्मिश्रण द्वारा प्रेक्षकों में रसानुभूति का बीजारोपण किया जाता है जबकि आधुनिक माध्यमों में रसनिष्पत्ति नहीं वरन् चमत्कार की प्रधानता है और शील की व्यक्तिगत विशेषताओं (इंडिविजुएलिटी ऑफ कैरेक्टर) पर अधिक जोर दिया जाता है। दूसरा अन्तर यह है कि परम्पराशील नाट्य मानवमात्र के लिए व्यवहार के मानदंड और चिन्तन तथा अभिव्यक्ति के औचित्य की ओर संकेत करता है जबकि आधुनिक बहुजन-सम्प्रेषण नीतिपरकता से आच्छन्न नहीं हो सकता। विघटित मूल्यों के युग में नैतिक आदर्श अमूर्त ही नहीं कृत्रिम प्रतीत होते हैं।

कदाचित् इसी अन्तर के कारण परम्पराशील नाट्य बहुजन सम्प्रेषण के स्तर से उठकर पंचम वेद की श्रेणी में आ जाता है। लोक कल्याण की भावना से प्रेरित इन विधाओं को चतुर्वेद की प्रतिष्ठा भले ही नहीं मिली, प्रभुविष्णुता और आदर्शों के प्रति लगाव इनमें चतुर्वेद से कम नहीं है। इनके विकास की कहानी भारतवर्ष के सांस्कृतिक इतिहास का एक उपेक्षित अध्याय है।

(देवीलाल सामर अभिनन्दन ग्रन्थ भारतीय लोक कला मंडल, उदयपुर, 1970)

लोकशिल्पी सामरजी

लोक सांस्कृतिक अभिव्यंजनाओं की स्थिति विश्व के विभिन्न देशों और समाजों के ऐतिहासिक और सामाजिक वातावरण पर निर्भर करती है। भारतवर्ष सन्धिकालीन समाजों में माना जाता है यानी ऐसा समाज जो एक ओर तो आर्थिक विकास के लिए प्रयत्नशील है और दूसरी ओर सांस्कृतिक और सामाजिक युग-परिवर्तन का सामना कर रहा है। आर्थिक एवं राजनैतिक प्रगति का एक परिणाम यह भी है कि अन्तर्राष्ट्रीय मूल्य तेजी के साथ समाज पर छा रहे हैं। इनसे अछूता रहना सम्भव नहीं है। ग्रामीण एवं आदिम जातियों के जीवन में जो सौन्दर्य-तत्व हैं उनका नवीनीकरण होना भी एक स्वाभाविक प्रक्रिया है। हर युग में ऐसा होता आया है। किन्तु वर्तमानकाल में एक अभूतपूर्व परिस्थिति पैदा हो गई है। कतिपय ऐसे साधनों के कारण जो इस परिवर्तन की स्वाभाविक प्रक्रिया को एक अस्वाभाविक गति दे देते हैं। गति ही नहीं, ये साधन व्यक्ति के जीवन पर आक्रान्त हो जाते हैं। फिल्म, रेडियो और नूतन यातायात; ये ऐसे साधन हैं जो मानव के इतिहास में इससे पहले कभी उपलब्ध नहीं थे और जिनकी तेजी और व्यापकता को ग्रहण करने के लिए पिछड़े देशों की सामाजिक व्यवस्था पर हठात् दबाव पड़ रहा है। इसलिए युग-परिवर्तन उसी भाँति स्वाभाविक प्रक्रिया नहीं है जैसी पहले रहा करती थी। यह एक कृत्रिम दबाव की प्रक्रिया हो गई है।

मेरे कहने का तात्पर्य यह है कि लोक संस्कृति को परिवर्तनशील स्वीकार करते हुए यह भी मानना पड़ेगा कि परिवर्तन का क्रम सहज और स्वाभाविक होना चाहिए, किसी दबाव का परिणाम नहीं। चूँकि आधुनिक वातावरण में दबाव के साधन हैं इसलिए यह जरूरी जान पड़ता है कि लोक सांस्कृतिक रूपों में नए प्रदर्शन-तत्त्वों को ग्रहण करते हुए भी उनके निजत्व को सुरक्षित रखा जाए। इस उद्देश्य की प्राप्ति के लिए जैसी नीतियों और योजनाओं को अपनाना चाहिए उनमें निम्नलिखित विशेषतः विचारणीय है—

लोकनृत्य, नाट्य, संगीत इत्यादि की जो विधाएँ देश के विभिन्न भागों में अभी भी प्रचलित हैं उन्हें परिपुष्ट करने के लिए देश-विदेश में उनके प्रदर्शन की जो व्यवस्था हो रही है उसके फलस्वरूप निस्सन्देह लोकगायकों और नर्तकों में आत्मविश्वास की जागृति हुई है। उन्हें अपनी कला के प्रति गौरव का आभास हुआ है और चूँकि नृत्य और संगीत उनके दैनिक और सामाजिक जीवन के अभिन्न अंग हैं इसलिए उन्हें अपनी जीवन-

पद्धति की सार्थकता भी महसूस हुई है। जवाहरलाल नेहरू ने अखिल भारतीय लोकनृत्य समारोह का प्रवर्तन करके देश की ग्रामीण और आदिवासी संस्कृति और सामाजिक पद्धति को एक नूतन स्फूर्ति और प्रेरणा प्रदान की है। किन्तु समारोहों और विदेशों में प्रदर्शन मात्र से ही लोकनृत्य, नाट्य और संगीत के भविष्य की बुनियाद पुख्ता नहीं हो सकती। ये विधाएँ प्रधानतया स्थानीय और आंचलिक हैं। यद्यपि विभिन्न क्षेत्रों में कुछ अखिल भारतीय विशेषताओं के चिह्न निश्चय ही दृष्टव्य हैं तथापि इन विधाओं का रूप अपने आंचलिक सन्दर्भ में ही निखरता है। लोककलाकारों की आर्थिक अवस्था भी ऐसी है कि यदि उन्हें अपने ही ग्राम्य वातावरण में रहकर अपनी कला का अभ्यास करने का अवसर मिले तो वे अपनी परम्परा को कायम रख सकेंगे। अतः यह आवश्यक है कि मिथिला, राजस्थान, कावेरी, कामरूप, उत्कल, कृष्णा, गोदावरी, कर्णाटक, ब्रजमंडल, हिमाचल, मणिपुर इत्यादि सांस्कृतिक क्षेत्रों में जो दल सक्रिय हैं उन्हें अपने स्थानों में रहते हुए ही अपनी कला को परिष्कृत और प्रदर्शित करते रहने के साधन उपलब्ध होने चाहिए। सरकार तथा अकादमियों का यह कर्त्तव्य है कि वे इन दलों को अपने-अपने नीड़ का परित्याग करने पर मजबूर न करें। यदि अपने ही परिवेश में उन्हें अपनी-अपनी शैलियों के लिए पोषण की व्यवस्था हो सके तो हमारी लोक संस्कृति का उपवन उजाड़ नहीं होगा। ये दल अपने-अपने अंचलों में सक्रिय रहने के लिए अपेक्षाकृत कम आर्थिक सहायता से काम चला सकते हैं।

लोक कलाकारों को अपनी-अपनी शैलियाँ कायम रखते हुए भी प्रदर्शन की दृष्टि से कुछ प्रशिक्षण की आवश्यकता है। किन्तु ऐसी ट्रेनिंग केवल वे ही लोग दे सकते हैं जो लोक कला में दक्ष और उनके भक्त हैं। केवल अध्येता और कला-विवेकी होने से ही लोक-कलाकारों को निर्देश देने का अधिकार नहीं मिल सकता। ऐसे व्यक्ति प्रशिक्षण अथवा निर्देशन देते समय लोककला की आत्मा और रूप-सौन्दर्य को अक्षुण्ण रख सकेगा। वस्तुतः प्रदर्शन की विशेषताओं से परिचित कराने के अतिरिक्त प्रशिक्षण का एक उद्‌देश्य यह भी होगा कि वह आधुनिकता के विकासशील प्रभावों से इन शैलियों को बचा सके। बिजली और नाना प्रकार की चमत्कारिक प्रदर्शन-पद्धतियों का प्रभाव कभी-कभी अत्यन्त प्रबल होता है। तमिलनाडु के मूलातूर गाँव में नृसिंहावतार के भागवतमेल के प्रदर्शन में मैंने कई रंग के भद्‌दे लैम्पों का प्रकाश देखा जिसने इस पौराणिक लोकनाट्य को सर्वथा विकृत आभा-मंडल दे दिया था। प्रशिक्षण, निर्देशन और परामर्श के लिए संगीत नाटक अकादेमी की ओर से कुछ घूमते रहनेवाले विशेषज्ञों की नियुक्ति शायद करनी पड़े। ये लोग अलग-अलग स्थानों में जाकर वहाँ के प्रदर्शनों को देखते हुए और मूल वातावरण को दृष्टिगत रखते हुए अपने सुझाव दे सकते हैं। मंच-व्यवस्था के लिए ऐसे सुझावों की विशेष आवश्यकता है।

हमारे देश के विभिन्न भागों में आंचलिक उत्सवों, मेलों और प्रदर्शनों की परम्परा रही है। यह परम्परा कुंठित हो चली है अतः यह आवश्यक है कि आंचलिक प्रदर्शनों को व्यवस्थित रूप दिया जाए। अमेरिका और यूरोप में छोटे-छोटे ग्राम भी अपने यहाँ

यात्रियों और कलाप्रेमियों को खींचने के लिए स्थानीय उत्सवों का आयोजन करते हैं। कनाडा जैसे आधुनिक देश में भी स्ट्रेटफोर्ड नाम के गाँव में पिछले दस-बारह वर्षों में एक विशाल शेक्सपीयर नाट्य समारोह की परम्परा कायम हो गई है। जर्मनी, फ्रांस, ब्रिटेन आदि नगरों में ऐसे अनेक नवीन स्थानीय उत्सव आयोजित किए जाते हैं। आधुनिक भारत में सांस्कृतिक प्रोग्राम के नाम पर कुछ खिचड़ी किस्म के प्रदर्शन करने का रिवाज हो गया है। प्रायः इन सांस्कृतिक प्रोग्रामों में भाषणों को प्रमुख स्थान दिया जाता है। इनका स्थानीय लोकसंगीत और नृत्य की परम्परा से विशेष सम्बन्ध भी नहीं होता। ऐसे सांस्कृतिक कार्यक्रमों के स्थान पर सूझबूझ और सहृदयता के साथ लोकपक्ष पर आधारित सांस्कृतिक उत्सवों का आयोजन होना चाहिए। ब्रजमंडल, मिथिला, राजस्थान, मालवा, सौराष्ट्र, कर्नाटक इत्यादि अँचलों में अनेक ऐसे मंडल हैं जहाँ कलात्मक उत्सवों के आयोजन द्वारा देश-विदेश के यात्रियों को आकर्षित किया जा सकता है।

लोकसंगीत और नृत्य को वर्तमान नागरिक जीवन में समन्वित करने के लिए भी हमें कुछ कदम उठाने चाहिए। मध्ययुग से अंग्रेजों के राज्य के अन्त तक भारतवर्ष में नागरिक संस्कृति का कुछ ऐसा रूप हो गया जिसमें संगीत प्रकोष्ठ अलंकरण (चेम्बर एंटर्टेनमेंट) मात्र बन कर रह गया। नृत्य भी अभिजात वर्ग के मनोरंजन के लिए व्यवसाय बन बया। नाट्य-प्रदर्शन की परम्परा गायब हो गई। स्वतन्त्रता-प्राप्ति के बाद जीवन में एक नए सांस्कृतिक उल्लास के चिह्न प्रकट हो रहे हैं। आजकल युवक और युवतियाँ नृत्य और संगीत को अपने सामाजिक जीवन का एक सामन्य अंग बनाने के लिए आतुर हैं। वे बन्धन जो इस प्रवृत्ति को मध्ययुग और अंग्रेजी राज्य के समय में अवरुद्ध रखते थे अब नहीं हैं। किन्तु चूँकि सामुदायिक गीत और नृत्य की परम्परा ही हमारे नागरिक जीवन से गायब हो गई थी इसलिए वर्तमान युवक और युवतियाँ अक्सर पाश्चात्य समाज से ही ये उपकरण प्राप्त कर रहे हैं।

हमारे समाज और राजनीति के गण्यमान्य व्यक्ति वे हैं जिनके संस्कार सामाजिक प्रतिबन्धों के युग में निर्मित हुए थे। अतः वे लोग नई पीढ़ी के गीत और नृत्य की उठती माँग के बारे में कोई नेतृत्व नहीं दे पा रहे हैं। किन्तु इस आवश्यकता की पूर्ति के लिए पर्याप्त दिशा-निर्देशन लोकसंस्कृति में उपलब्ध हैं। हमारे लोकनृत्य और संगीत के प्रचुर भंडार में से अगणित रत्न सामाजिक जीवन की इस नवीन आवयकता को पूरा कर सकते हैं। राजस्थान, हिमाचल, सौराष्ट्र, मालवा एवं कतिपय आदिवासी जातियों के नृत्य निश्चय ही परिष्कृत रूप में आधुनिक नगरों की क्लबों और सामाजिक उत्सवों में व्यवहृत हो सकते हैं। यहाँ मेरा आशय मंच पर प्रदर्शित होनेवाले नृत्य और संगीत से नहीं है। मेरा मतलब है—बालरूम ड़ांसों और नाना प्रकार के उन पाश्चात्य सामूहिक गीतों से; जिनका आजकल नगरों में प्रचलन है। इनके स्थान पर लोक-नृत्य और संगीत को थोड़ा बहुत परिवर्तित रूप में अपनाया जा सकता है। वस्तुतः इनमें से कुछ नृत्य और गान आधुनिकतम बीटल नृत्य और गीतों से कम त्वरित नहीं हैं। केवल शब्द आधुनिक देने होंगे और वर्तमान साजों के अनुरूप इन्हें ढालना होगा।

यदि हम अपनी लोकसंस्कृति की सम्पन्न धरोहर और नागरिक जीवन के नवीन उल्लास के बीच सम्बन्ध स्थापित करने में ढील दिखाएँगे तो नागरिक युवा समाज पाश्चात्य गान-नृत्य में ही लय, तान और ताल की बढ़ती उमंग के लिए अभिव्यंजनाएँ खोजेगा। मुझे पाश्चात्य या अफ्रीकी या दक्षिणी अमरीकी धुनों या नाच के ग्रहण करने में सिद्धान्ततः कोई आपत्ति नहीं है, किन्तु जिन गुणों के कारण ये नाच और गान नई पीढ़ी के युवक-युवतियों को मनमोहक प्रतीत होते हैं वे भारतीय लोकनृत्य और संगीत में पहले से ही मौजूद हैं। उन्हें वर्तमान शहरी समाज में व्यवहार के योग्य बनाकर प्रस्तुत करने और लोकप्रिय बनाने की आवश्यकता है।

लोकसंस्कृति के उपादानों को पाठशालाओं, विद्यालयों और विभिन्न शिक्षा-संस्थानों के कार्यक्रम का अंग बनाया जाए। हमारी शिक्षा-पद्धति की अनेक प्रकार की कमियों पर टीका-टिप्पणी होती रही है। किन्तु एक कमी ऐसी है जिसका दुष्प्रभाव विशेषतः स्वतन्त्रता-प्राप्ति के बाद ही इसलिए प्रकट हो रहा है कि शिक्षा का प्रसार जनसाधारण में और विशेषतः उन वर्गों में हुआ है जिनकी अपनी लोक संस्कृति की परम्पराएँ, संस्कार-गीत, रीति-रिवाज, कलाएँ, समूह-नृत्य इत्यादि अभी भी कायम हैं। इन परिवारों के बच्चे विद्यालयों के कार्यक्रमों में लोकोत्सव, लोकगान और नृत्य का लेशमात्र भी अस्तित्व न देखकर एक प्रकार के आत्मद्वन्द्व के शिकार होने लगे हैं। जो रंगीन रज्जुएँ उनके व्यक्तित्व को बाँधे हुए हैं वे भी छिन्न-भिन्न होने लगी हैं ! विद्यालयों में अध्ययन के अतिरिक्त जो पाठ्येतर कार्यक्रम (एक्स्ट्रा-कॅरिकुलर एक्टिविटी) होता है उसका सम्बन्ध आसपास की लोकसंस्कृति से नहीं होता है। गीत हैं तो किताबी शैली में और उपदेशात्मक। नृत्य के नाम पर ड्रिल है तो कला के नाम पर ड्राइंग। उत्सवों के दिन छुट्टी तो हो जाती है पर तत्सम्बन्धी न तो कथाएँ और न गीत-नृत्य-संस्कारों का विधान किया जाता है। कुछ स्कूलों में शास्त्रीय संगीत और नृत्य की शिक्षा दी जाती है किन्तु ऐसे प्रशिक्षण से लाभ इने-गिने छात्र ही उठा सकते हैं। सामान्य छात्र-समुदाय के बीच ताल, लय और रंगीनियों के उल्लास का संवर्धन करनेवाली विधाएँ और इनका प्रयोग लोकोत्सवों इत्यादि के माध्यम से ही होना सम्भव है। उत्सवों द्वारा विद्यालय और परिवार के बीच तारतम्य स्थापित हो सकता है। परिवेश और विद्या-केन्द्र के बीच भी खाई पाटी जा सकती है। सन्धिकालीन समाज में विशृंखलता और अनुशासनहीनता का उपचार है—सामाजिक संस्कार और संस्कृति का व्यक्तिगत विकास के साथ समुचित तालमेल। दूसरे शब्दों में—शिक्षा को उसके संकीर्ण अध्ययनमूलक दायरे से उठाकर समाज के विविध कार्यकलापों के क्षितिज तक विस्तृत करना होगा।

लोक-संस्कृति के वर्तमान जीवन के समन्वय की जो रूपरेखा मैंने ऊपर प्रस्तुत की है सम्भव है, लोकजीवन के गवेषकों को इसमें कुछ खतरा जान पड़े। अनेक विद्वान् लोकनृत्य और लोकसंगीत के मौलिक रूप में तनिक हेरफेर भी नापसन्द करते हैं और कुछ तो यह भी नहीं चाहते कि उनका मूल परिवेश से बाहर प्रचार हो। वे लोग तो बस इतना चाहते हैं कि लोकगीतों का यथातथ्य रेकॉर्डिंग कर लिया जाए, लोक-नृत्यों के

मूलरूपों की फिल्म बना दी जाएँ, उनकी सामाजिक पृष्ठभूमि से सम्बद्ध सामग्री एकत्र कर ली जाए, लेकिन कलाकारों और उनकी कला के पोषण और संवर्धन की व्यवस्था हो या नहीं, इससे उन्हें कोई मतलब नहीं है। ऐसे विद्वान् उस माली के समान हैं जो अपने गुलदस्तों की शोभा के लिए खिले फूलों का चयन तो भलीभाँति करता है किन्तु पौधों की जड़ों को न तो खाद देना चाहता है और न जड़ों के आसपास की मिट्टी को उलट-पलट कर बाहरी हवा और पौष्टिक तत्त्वों की उन तक पहुँच ही होने देना चाहता है। गुलदस्तों के फूल मुर्झाते देर नहीं होती और अनुसंधान और गवेषणा की उपलब्धियाँ भी ग्रन्थागारों की धूल में खो जाती है। प्राणवान रह सकती हैं लोककलाएँ ही, बशर्ते कि उन्हें व्यवस्थित पोषण मिलता रहे।

श्री देवीलाल सामर ने वर्तमान सामयिक जीवन से समन्वय कर इन कलाओं की अपनी पारम्परिक पृष्ठभूमि में नया आकलन किया है। उन्हें पुष्पित, पल्लवित और फलदायिनी बनाया है। साथ ही उन्होंने आगे आनेवाली पीढ़ियों के लिए भी एक मार्ग बना दिया है जिसके कारण इन कलाओं को श्रीहीन होने से बचाया जा सकेगा। उनका कृतित्व और व्यक्तित्व केवल इसलिए स्तुत्य नहीं है कि वे लोककलाओं में पारंगत हैं और उन्होंने राजस्थान की अनुपम और रसवन्ती परम्पराओं को देश-विदेश में उजागर किया है। मैं तो उनका इसलिए भी अभिनन्दन करता हूँ कि वे लोककलाओं का समसामयिक जीवन से समन्वय करने में विश्वास रखते हैं। लोकसंस्कृति के शुद्धातिशुद्ध और निर्लेप रूप का आकर्षण विद्वानों को अक्सर रहा है। किन्तु जो रसज्ञ संस्कृति को कालावधि में संकुचित नहीं रखना चाहते वे लोकसंस्कृति की सतत प्रवहमान धारा ही में उसकी मौलिकता और शुद्धता मानते हैं। श्री सामर के इस व्यापक और उदार दृष्टिकोण का अखिल-भारतीय सन्दर्भ में जो विशिष्ट महत्त्व है उसे विस्मृत नहीं किया जा सकता।

(देवीलाल सामर अभिनन्दन ग्रन्थ, भारतीय लोककला मंडल, उदयपुर, जुलाई 1971)

नाटक की निजी सत्ता की खोज

वर्तमान हिन्दी-साहित्य में पंडित रामचन्द्र शुक्ल जैसे समर्थ समालोचक ने काव्य समीक्षा के सिद्धान्त स्थिर करने में बुनियादी काम किया। यह बुनियादी काम था पाश्चात्य मान्यताओं तथा संस्कृत साहित्य शास्त्र के रस सिद्धान्तों का समीकरण। परिणाम यह हुआ कि जिस समय हिन्दी काव्य में स्वच्छन्दतावादी कवियों द्वारा परम्परागत काव्य का पल्ला छोड़कर नए क्षेत्र का निर्माण हुआ, उस समय तक समीक्षक मिश्रित मानदंडों के उपकरण को प्राप्त कर चुका था। ज्यों-ज्यों मौलिक साहित्य के क्षेत्र में नवीन शैलियों की सम्भावना होती गई, त्यों-त्यों समालोचना के नये मूल्य भी स्थर होते गए। इसीलिए हमारे देखते ही देखते आधुनिकतम पाश्चात्य काव्य का लेखा-जोखा भी अनायास समकालीन हिन्दी कविता के मूल्यांकन के बीच में आ जाता है और फिर भी किसी भाँति असंगति का आभास नहीं होता।

नाटक और रंगमंच में सन्धिकालीन सोपानों का इस तरह क्रमशः विकास नहीं हुआ। भारतेन्दु हरिश्चन्द्र ने पहली बार अपने निबन्ध 'नाटक' में प्राचीन और अर्वाचीन का उल्लेख किया, यद्यपि दोनों धाराओं को संगम कराने की चेष्टा उन्होंने नहीं की। उनका वह परिचयात्मक प्रयास आधुनिकता के पथ पर पहला मील का पत्थर था। किन्तु उनके बाद यह क्रम रुक गया। इसका प्रधान कारण था साहित्यिक नाटककारों में व्यावसायिक रंगमंच की उपेक्षा में स्वयं भारतेन्दु तत्कालीन व्यावसायिक रंगमंच के दोषों से परिचित थे, किन्तु व्यावसायिक रंगमंच की आवश्यकतओं के प्रति सचेत थे। उनके परवर्ती नाटककारों ने उसकी उपेक्षा की। इसके फलस्वरूप साहित्यिक नाटक और रंगमंच के नाटकों के बीच व्यवधान हो गया। समीक्षक के सामने जो नाटक आए, उनके मूल्यांकन के लिए नए साधनों की आवश्यकता नहीं पड़ी। इसलिए जयशंकर प्रसाद के रचनाकाल से पूर्व नाटकों के लिए प्राचीन नाट्य-शास्त्र के मानदंड उपयोगी रहें। जो परिवर्तन व्यावसायिक रंगमंच के लिए लिखे जानेवाले नाटकों में हो रहे थे, उनसे समीक्षक का कोई सम्बन्ध नहीं रहा।

परिणाम यह हुआ कि जिस समय जयशंकर प्रसाद ने स्वच्छन्दतावादी काव्य के अनुरूप नये नाट्य साहित्य का सर्जन किया, उस समय समीक्षक इस नई विधा के लिए प्रस्तुत ही न था। उसके पास वे उपकरण न थे जिनसे वह सांकेतिकता, व्यक्ति-वैशिष्ट्य और असंबद्ध अनुभूतियों की थाह पा सके। उसने आश्रय लिया केवल प्राचीन नाट्य

शास्त्र के परम्परागत वर्गीकरण का। इसीलिए जयशंकर प्रसाद के नाटकों का मूल्यांकन भलीभाँति नहीं हो पाया।

अभाव की पराकाष्ठा हुई उस समय जब यथातथ्यवादी नाटककारों ने आधुनिक पाश्चात्य नाटकों की शैली में रचनाएँ प्रस्तुत कीं। इनके लिए तो नाट्य शास्त्र के वर्ग और मान्यताएँ सर्वथा अनुपयुक्त थीं। वर्तमान नाटककार स्वयं उन मान्यताओं और सिद्धान्तों से परिचित नहीं है। उसका परिचय तो पाश्चात्य नाटकों से है और थोड़ा-बहुत पाश्चात्य नाट्य शास्त्र से। इसीलिए आलोचकों द्वारा सन्धि विभाजन, वृत्तियों, वर्जित प्रयोगों, नायक-नायिकाओं के वर्गीकरण, इत्यादि सिद्धान्तों का उल्लेख इन नाटकों के सन्दर्भ में करना नाटककारों के साथ अन्याय करना होगा।

तब समीक्षा के नए मानदंड कैसे स्थिर हों? कहा जा सकता है कि इस परिस्थिति में केवल पाश्चात्य सिद्धान्तों के आधार पर ही वर्तमान नाटक की रचनाओं का यथोचित मूल्यांकन किया जा सकता है। आसान रास्ता तो यही है। किन्तु इसमें भी कुछ अड़चनें हैं। आधुनिक पाश्चात्य साहित्य, जिसमें नाट्य साहित्य भी शामिल है, जिन व्यक्तिपरक समस्याओं में उलझा हुआ है, उनमें से अनेक हिन्दी के साहित्यकारों के लिए अस्वाभाविक और कृत्रिम रूप से आरोपित अनुभवों के समान है। अतः वर्तमान हिन्दी नाटकों की आत्मा समकालीन पाश्चात्य नाटकों के अन्तस से मेल नहीं खाती। बहिरंग के उपकरण हम लोग पश्चिम से लेते हैं किन्तु जहाज के पंछी की भाँति हम वापस आते हैं अपने ही संस्कारों पर।

स्पष्ट है कि समीक्षक को मेहनत करनी होगी और नाटक के क्षेत्र में उसी भाँति मिश्रित मानदंडों को जुटाना होगा जैसे काव्यालोचन के क्षेत्र में हुआ था। न जाने क्यों हमारे युग में पुस्तकों की समीक्षा का काम अक्सर पत्र-पत्रिकाओं के नवोदित लेखकों को सौंपा जाता है, मानो गम्भीर लेखन के पूर्व उनकी लेखनी की आजमाइश के लिए कोई हलका-फुलका काम उनसे लिया जाता हो। जिन रचनाओं में बरसों के अनुभव संयम और साधना को निचोड़ा गया हो उनकी जाँच-पड़ताल करते हैं। नए बटुक जिन्हें अपने क्षितिज ही खोजने के अवसर नहीं मिला है। रंगमंच पर प्रदर्शनों की समीक्षा भी कच्ची उम्र के युवक-युवतियों को सौंपी जाती हैं। मैं आयु को योग्यता और परिपक्वता का पर्याय नहीं मानता, कच्ची उम्र से मेरा मतलब है मानसिक तैयारी का अभाव। यह मैं आजकल के समीक्षकों में अक्सर पाता हूँ।

नियम निर्धारण तो मैं नहीं कर सकता, किन्तु आशा यह करता हूँ कि समीक्षक पहले अध्येता बने। हिन्दी में नाट्य साहित्य के अध्ययन की परम्परा इसलिए भी नहीं बन पाई है कि स्कूल और कालिजों में अक्सर नाटकों के नाम पर एकांकी ही पढ़ाए जाते हैं। हिन्दी नाट्य साहित्य विशेष प्रचुर नहीं है। किन्तु नयी रचनाओं पर कलम उठाने से पहले समीक्षक को मौलिक और अनूदित साहित्य का सिलसिलेवार अध्ययन कर लेना आवश्यक है। किन्तु जो लोग अपने ही साहित्य के अध्ययन को आलम मानते हैं उनकी समीक्षाएँ भी सन्तुलनहीन रहेंगी। आधुनिक हिन्दी नाटककार को समझने के लिए पाश्चात्य नाटकों का पठन-पाठन अनिवार्य है।

भरत, अभिनवगुप्त तथा परवर्ती टीकाकारों के सिद्धान्तों से जानकारी जरूरी तो है, परन्तु उनके सिद्धान्तों का उपयोग पृष्ठभूमि के रूप में ही हो सकता है। अरस्तू, ब्रैडले और एलर्डाइस निकल के सिद्धान्त भी पृष्ठभूमि के अंग ही रहे।

नाट्य साहित्य और सिद्धान्त पक्ष से परिचय के अतिरिक्त समीक्षक को रंगमंच की सीमाओं की जानकारी भी होनी चाहिए। मेरा विचार है कि संस्कृत में नाट्य शास्त्र के विधायकों में भरतमुनि के बाद रंगमंच का सक्रिय अनुभव बहुत कम पंडितों को रहा। सिद्धान्त पक्ष प्रबल होता गया और काव्य तथा नाटक का भेद भी ग़ायब होता गया। बहुत दिन बाद केरल के कुलशेखर वर्मन के संरक्षण मे तोलन नामक ब्राह्मण ने (ईसा की दसवीं शताब्दी में) *वांग्यव्याख्या* नामक ग्रन्थ की रचना की जिसमें रंगशाला की बदलती आवश्यकतओं के सन्दर्भ में नाट्य विधाओं की मान्यताएँ स्थापित की गई थीं। चौदहवीं शताब्दी के प्रारम्भ में नेपाल में हरसिंहदेव के दरबार के प्रमुख विद्धान ज्योतिरीश्वर ठाकुर ने अपने भाषा ग्रन्थ *वर्ण रत्नाकर* में तत्कालीन नाटकों में नृत्य और संगीत की प्रधानता को लक्ष्य में रखते हुए कलाकारों और लेखकों के लिए कुछ निर्देशन दिए। रंगमंच के प्रति यह जागरूकता नाट्य शास्त्र के अन्य पंडितों में हम नहीं पाते। इसीलिए यद्यपि टीकाकारों और व्याख्याकारों की कमी नहीं रही, तथापि रंगशाला के परिवर्तनशील वातावरण से उनके रचे शास्त्रों का नाता नहीं रहा। भरतमुनि, तोलन तथा ज्योतिरीश्वर ठाकुर के बाद हमें भारतेन्दु हरिश्चन्द्र ही ऐसे समीक्षक मिलते हैं जिनके पांडित्य और अध्ययन के पीछे रंगमंच की सीमाओं की जानकारी और आग्रह स्पष्ट है। उनके बाद हिन्दी में पुनः यह धारा लुप्त हो गई। वर्तमान समीक्षकों को अपर्याप्त तैयारी के आधार पर नाटकों का मूल्यांकन करना होता है।

मेरा विचार है कि ऐसी परिस्थिति में समीक्षक को वर्गीकरण की पद्धति का आसरा कम से कम लेना चाहिए। खींचतान कर वर्तमान नाटकों को आरभटी या सात्वती वृत्ति इत्यादि में डाला जा सकता है, अंकों में सन्धियों का विकास दिखाया जा सकता है, प्रस्तावना में पुरोचना और त्रिगत की उपस्थिति भी खोजी जा सकती है। किन्तु इस तरह की खोज में कोई सार नहीं है क्योंकि आधुनिक नाटककार उन वर्गों और नियमों से परिचित ही नहीं हैं।

दूसरी ओर शेक्सपियर के समय से लेकर उन्नीसवीं सदी तक पाश्चात्य लेखकों ने ऐतिहासिक और सामाजिक नाटकों अथवा त्रासदी और कामदी के जो विभाजन किए हैं उनका भी अन्धानुकरण आजकल समीचीन नहीं जान पड़ता। क्या कथानक के उपकरण इतिहास से उपलब्ध होने के कारण कोई नाटक ऐतिहासिक हो जाता है। क्या ईलियट का *मर्डर इन द कैथिड्रल* ऐतिहासिक नाटक है? त्रासदी और कामदी के वर्ग भी अब स्पष्ट नहीं रहे और अनेक ऐसे नाटक रचे गए हैं जिनका लेखक अपनी अनुभूतियों को इस तरह के वर्गों में बाँटने में नितान्त असमर्थ पाता है।

वर्गीकरण के आग्रह से बचने के अतिरिक्त समीक्षा को एक ही तरह के फार्मूलों के दायरे में सभी नाटकों को समेटने की चेष्टा नहीं करनी चाहिए। आजकल हिन्दी और

उर्दू में स्थूल परिस्थितियों के चुटकुलेदार नियोजन के आधार पर सपाट चलनेवाले प्रहसनों की रचना खूब हो रही है। इंगलैंड में अठारहवीं सदी में ऐसा ही हुआ था। ये प्रहसन रंगमंच पर विशेष सफल होते हैं। देखा जाता है कि साहित्यिक समीक्षक तो इनकी उपेक्षा करता है मानो नाट्य साहित्य में इनका कोई स्थान ही न हो। दूसरी ओर रंगमंच का समीक्षक न सिर्फ इन पर लट्टू है, वरन् हिन्दी-उर्दू के गम्भीर और जीवन-दर्शन से संपृक्त नाटकों के प्रदर्शनों पर भी इन प्रहसनों द्वारा खुटुल की गई छुरी से ही वार करता है। खास तौर से दिल्ली के अंग्रेजी समाचार-पत्रों में हिन्दी नाटकों के प्रदर्शन की समीक्षाओं में यीह प्रवृत्ति पाई जाती है।

शायद समीक्षक की उलझनें इसलिए बढ़ जाती हैं कि प्रायः वह शास्त्र अथवा पूर्वाग्रहों अथवा अपनी तात्कालिक रुचियों के 'फ्रेम' में आलोच्य नाटक को बैठाना चाहता है। शास्त्र का ज्ञान, पूर्वाग्रहों की उपस्थिति और रुचि का प्रादुर्भाव—समीक्षक के लिए ये तीनों ही ग्राह्य हैं, बहुत कुछ स्वाभाविक भी हैं, एक मानी में अनिवार्य भी हैं। किन्तु समीक्षक इन्हें अपने मानस की पृठभूमि में ही रखे तभी वह रचना-विशेष की गहराई को नाप सकता है। रचना का 'फ्रेम' एक ही है, वह जो नाटककार स्वयं गढ़ता है। समीक्षा पहले उस 'फ्रेम' को खोज निकालने की चेष्टा करे। नाटककार के शिल्प का मूल्यांकन करने के लिए इस रूपरेखा को समझ लेने की उसी भाँति आवश्यकता है जैसे राग को जाँचने के लिए उसके ठाठ अथवा स्वर-समूह को पहचान लेने की।

किन्तु 'फ्रेम' से भी अधिक महत्त्व है नाट की मूल प्रेरणा का। यह प्रेरणा वर्तमान सामाजिक समस्याओं पर केन्द्रित हो सकती है अथवा समाज और व्यक्ति के पारस्परिक घात-प्रतिघात के फलस्वरूप व्यक्ति के मर्म के विश्लेषण और उद्घाटन पर। जिस समीक्षा में इस मूल प्रेरणा के अन्वेषण का प्रयास नहीं होता वह रचना की स्थूल परिक्रमा-मात्र रह जाती है। मन्दिर के गर्भगृह तक उसकी पहुँच नहीं हो पाती। प्राचीन शास्त्रों में इस मूल प्रेरणा का वर्गीकरण नहीं मिलेगा और न पाश्चात्य शास्त्रों में। प्रेरणा की प्रधानता हमारे व्यक्तिपरक युग की विशेषता है।

शील निरूपण के विवेचन में भी हमें अपनी पूर्व धारणाएँ बदलनी होंगी। कुछ समीक्षाओं में नाटक के आदर्शोन्मुखी पात्र में कालिमा की उपस्थिति को लेखक का दोष ठहराया जाता है। पोरस जैसे उदात्त पात्र को जयशंकर प्रसाद ने *चन्द्रगुप्त* नाटक के बाद के अंकों में स्वार्थी और विलासी के रूप में दिखाया है। यह नाटककार का दोष नहीं, बल्कि उसकी सूक्ष्म दृष्टि का सबूत है। अनेक समीक्षाओं में मैंने पात्रों के विश्लेषण में स्तवन की प्रवृत्ति देखी है। समीक्षक पात्रों में शील के स्थायी बिन्दु खोजते हैं औरयह दिखाना चाहते हैं कि हर परिस्थिति में पात्र उन्हीं बिन्दुओं के चारों ओर घूमता है। किन्तु ऐसा हमेशा नहीं होता। यद्यपि शील निरूपण कुछ दलानों का अनुकरण करता है तथापि कहीं-कहीं गति और दिशा बिल्कुल विपरीत भी हो सकती है।

स्वाभाविकता की खोज वर्तमान यथातथ्यवादी साहित्य की विशेषता है। किन्तु समीक्षक को उपन्यास और नाटक के एक भेद को समझाना चाहिए। उपन्यास में

जीवन-व्यापार अपने स्वाभाविक रूप में प्रस्तुत किया जाता है क्योंकि मंच और काल की सीमाएँ वहाँ नहीं हैं। किन्तु नाटक के थोड़े ही समय में, द्रष्टव्य प्रदर्शन की सीमाओं के बीच, जीवन-व्यापार दिखाना अभीष्ट होता है। इसलिए नाटक में व्यवहार लोकानुवर्ती या लौकिक नहीं होता। सघन संवेदन को हठात् प्रस्तुत करने के लिए लोकातीत व्यवहार को दिखाया जाता है। इसे ही नाट्यधर्मी की संज्ञा दी गई है। यानी ऐसा धर्म या व्यवहार जो लोक व्यवहार में भिन्न हो, जो लोकधर्मी न हो। इसीलिए नाट्यधर्मी व्यवहार को रंगमंच और नाटकों में ही स्वीकार्य ठहराया गया, लोक में नहीं। आजकल अनेक समीक्षकों में 'लोकधर्मी' और 'नाट्यधर्मी' विशेषणों के विषय में भ्रान्ति है और इसीलिए यथातथ्यवादी या 'रियलिस्ट' नाटकों को लोकधर्मी कहा जाने लगा है। मेरे विचार में यह भ्रम है। यथातथ्यवादी नाटक में व्यवहार रंगमंच की परिधियों में ही अभिव्यक्त हो सकता है और इसीलिए वह भी नाट्यधर्मी ही माना जाएगा, लोकधर्मी नहीं।

अतः जो समीक्षक संवाद, कार्य-व्यापार और परिस्थिति में अस्वाभाविकता के दोष खोजते हैं उन्हें स दोष का मानदंड नाट्यधर्म के आधार पर स्थिर करना चाहिए, लोकधर्म के आधार पर नहीं। सिनेमा की बात दूसरी है। कैमरा की पहुँच इतनी विस्तृत है कि उसकी दृष्टि में लोकधर्म और नाट्यधर्म का भेद रह ही नहीं जाता। नाटककार को वाणी में उत्तेजन, घटनाओं के तीखे मोड़ों और संवेदन के अतिरेक का सहारा लेना पड़ता है क्योंकि इस तरह वह विस्तृत लोक व्यापार को थोड़े में ही समेट सकता है। यदि समीक्षक इस बुनियादी तथ्य को सामने रखे तो उसकी समीक्षा अधिक सन्तुलित हो सकेगी।

मुझे खेद है कि मैं नाट्य समीक्षा के मानदंड नहीं सुझा सकता। कुछ संकेत मात्र दिए हैं, किन्तु हिन्दी रंगमंच और नाट्य लेखन ही कुछ ऐसी अटकती-सी अवस्था में हैं कि अभी मानदंडों को स्थापित करना आत्मप्रवंचना होगी। यदि समीक्षक हर नाटक की निजी सत्ता को खोजने की चेष्टा करे, उसके सृजन के परिप्रेक्ष्य में ही उसे जाँचे, और उन्हीं स्थलों पर शास्त्र की मान्यताओं से उसका स्पर्श कराए जहाँ शास्त्र की कसौटी की सार्थकता हो, तो सम्भवतः नाट्य लेखन की अटकती धारा भी प्रवहमान हो सके।

(जगदीशचन्द्र माथुर नटरंग अंक-3 में प्रकाशित)

पश्चिमी देश : ग्राम्य-नाट्योत्सव

जब सन् 1944-45 में ठेठ देहात में वैशाली लोक-सांस्कृतिक महोत्सव का आयोजन किया तब कई लोग अचरज में पड़े। वैशाली (वर्तमान भ्रष्ट नाम बसाढ़) बीहड़ ग्रामीण क्षेत्र है, जहाँ से रेल 23 मील दूर है। उस समय वहाँ पहुँचने के लिए उत्तर बिहार की धूल फाँकते हुए कच्चा रास्ता तय करना पड़ता था। अंग्रेजी राज में सरकार की सहायता मिलना नामुमकिन था, यद्यपि मैं एक सरकारी कर्मचारी था। लेकिन उत्सव हुआ, सोल्लास और अनुपम।

उसकी कथा कभी फिर कहूँगा। यहाँ उल्लेख करने का तात्पर्य यह है कि उस समय तक लोक-संस्कृति और लोकोत्सवों के प्रति एक विशेष पंडितोचित दृष्टिकोण था जिसे 'एंथ्रोपोलोजिकल' (मानवशास्त्रीय) कहा जा सकता है। विकासक्रम में लुप्त होती हुई लोकसांस्कृतिक विधाओं का संग्रह, चयन और नृतत्त्व शास्त्र के सिद्धान्तों के अनुसार उनका अध्ययन, यही काम ऐसे विद्वान करते रहते थे, जिन्हें लोकजीवन से अनुराग था और जो उसके सौन्दर्य के आग्रह से अभिभूत थे। ग्रियर्सन से लेकर आर्चर, ब्रेकर, राम नरेश त्रिपाठी, वेरियर एल्विन, देवेन्द्र सत्यार्थी इत्यादि अनेक साधकों के लगाव और अध्यवसाय के फलस्वरूप अनेक लोकगीतों, नाटकों तथा संस्कारों के ब्यौरे, वृत्तान्त और साहित्य संग्रहीत हुए और उनका अध्ययन-विश्लेषण हुआ। उसके बाद तो पिछले 25 वर्षों में अत्यन्त सुव्यवस्थित और वैज्ञानिक ढंग से भारतीय लोककला मंडल जैसी संस्थाओं ने संग्रह और चयन के काम को आगे बढ़ाया। टेपरेकार्डिंग ने तो एक सर्वथा नवीन आयाम दे दिया और अध्येताओं के हाथ मानों जादू की छड़ी लग गई।

यह तो हुआ लेकिन स्वयं ग्रामवासियों के मनोरंजन के साधन बदलने लगे। ग्रामीण मेलों में सिनेमा सर्वाधिक आकर्षक मान लिए गए। वैज्ञानिक प्रगति इतनी तेजी के साथ हुई कि लोकसंस्कृति के स्वरूपों में जो परिवर्तन पचास या सौ वर्ष में होते, वे पाँच-छह वर्ष ही में होने लगे।

इस चुनौती का सामना कौन करे और—कैसे ? श्री नीहाररंजन राय ने हाल ही में एक पत्रकार से कहा—'आमि ऐतिहासिक बोटे अतीत बिलासी नय।' (मैं इतिहासवेत्ता तो हूँ लेकिन अतीत में निमग्न रसिक नहीं।) किन्तु ग्रामीण जनता को उनके मनोरंजन वापस देने के लिए लोकनाट्य और लोकगीतों के आलेखकों के समान उनके रसिकों को सक्रिय होना अत्यावश्यक है। परम्पराशील समाजों में इस सक्रियता की विशेष

आवश्यकता इसलिए है कि आधुनिक विज्ञान के चमत्कारिक दृश्य-श्रव्य प्रसारण और सम्प्रेषण के साधनों ने लोकगीत, नृत्य और नाटकों में परिवर्तन की गति में कृत्रिम तेजी पैदा कर दी है। इसके फलस्वरूप हमारे ग्रामीण और वनवासी समाज में सांस्कृतिक विधाओं में परिवर्तन हमेशा होते आए हैं किन्तु मानव के इतिहास में इससे पहले कभी इतने सशक्त-सत्वर और सर्वक्रामक साधनों का मुकाबला स्थानीय लोकसंस्कृतियों को नहीं करना पड़ा।

लोकनाट्यों और गीतों के पारम्परिक उत्सवों में लोकसंस्कृति का सामूहिक और समर्थ स्वर मुखर होता रहा है। उनका ह्रास होने का अर्थ होगा कि लोकसंस्कृति का गढ़ ही ढह गया। शायद इसीलिए पिछले दो तीन दशकों में यूरोप और अमेरिका के कुछ ग्रामीण क्षेत्रों अथवा छोटे कस्बों में लोकोत्सवों का आयोजन किया जाने लगा है। इनमें कुछ लोकोत्सव तो पारम्परिक हैं जो लम्बी अवधि के लिए भुला दिए गए थे और जिन्हें अब पुनर्स्थापित किया जा रहा है। कुछ पुराने उत्सवों के नवीन और परिवर्धित स्वरूप हैं और कुछ नितान्त नए। एक तरह के लोकोत्सव पुनरुत्थान के चिह्न दिख पड़ रहे हैं। जहाँ तक मुझे ज्ञात है, हिन्दी पाठकों और रंगमंच के रसिकों के समुख इस अभियान के बारे में कोई विवरण प्रस्तुत नहीं किया गया है। यहाँ मैं ऐसे तीन उत्सवों की चर्चा करूँगा, यद्यपि हाल ही में ऐसे कई अन्य उत्सवों की सूचना मुझे मिली है, और कुछ को तो मैंने देखा भी है।

पश्चिमी जर्मनी के बबेरिया प्रान्त में म्युनिख नगर के निकट एक ग्राम है ओबरएम्मरगाड। सन् 1632 में यानी आज से साढ़े तीन सौ वर्ष पूर्व इस गाँव में एक महामारी का अन्देशा हुआ। कुछ ग्रामवासी जो बाहर होकर आए थे मर गए। गाँव के सब लोग एक मैदान में एकत्र हुए और उन्होंने महामारी से अपने को मुक्त करने के लिए भगवान से सामूहिक प्रार्थना की। उन्होंने यह भी व्रत किया कि गाँव में प्रत्येक दसवें वर्ष ईसा मसीह की जीवन कथा का अन्तिम खंड एक नाटक के रूप में प्रस्तुत किया जाएगा। (ईसा मसीह की व्यथा प्रदर्शन करनेवाले नाट्य को यूरोपीय भाषाओं में पैशन प्ले कहते हैं। पैशन यानी ईसा मसीह का दुःख, भोग, देहान्त और आरोहण) ऐसा जान पड़ता है कि उसके बाद ओबरएम्मरगाड से महामारी का प्रकोप टल गया। तभी से हर दस वर्ष बाद गाँव ही के निवासियों द्वारा यह लोक-नाट्य प्रस्तुत किया जाने लगा।

पहला प्रदर्शन गाँव के भीतर ही सन् 1634 में हुआ। सन् 1674 के प्रदर्शन के बाद सुविधा के लिए अन्तिम वर्ष में नाटक खेलने की परम्परा चली, यानी सन् 1680 और उसके बाद सन् 1690 इत्यादि। सौ वर्ष बाद जर्मनी के शासकों ने धार्मिक विषयों पर नाटक प्रदर्शन करने पर देश भर में प्रतिबन्ध लगा दिया लेकिन ओबरएम्मरगाड के पैशन प्ले के लिए विशेष अनुमति दे दी गई। तदुनपरान्त दो ही बार व्यवधान हुआ। एक तो प्रथम महायुद्ध के बाद सन् 1920 में और फिर द्वितीय महायुद्ध के छिड़ने पर सन् 1940 में। सन् '20 का उत्सव सन् '22 में हुआ, पर सन् 40 का हो ही नहीं पाया।

गिरजाघर के अन्दर तो यह नाटक पहले साल ही हुआ। उसके बाद बाहर होने लगा। प्रारम्भ में नाटक का एक ही प्रदर्शन होता किन्तु सन् 1760 के एक विवरण से जान पड़ता है कि 10,000 लोगों ने नाटक को देखा और कई 'शो' देने की परम्परा चल निकली। सन् 1820 में 11 शो हुए जिन्हें लगभग 40,000 प्रेक्षकों ने देखा। प्रदर्शनों की संख्या सन् 1850 में 14, 1860 में 21, 1880 में 39 और 1910 तक 56 तक पहुँच गई। जर्मनी ही नहीं, विदेशों से इस अनूठे धार्मिक नाटक को देखने के लिए जनता आने लगी। जब सन् 1934 में ओबरएम्मरगाड ने 300 वीं वर्षगाठ पर एक विशेष महोत्सव किया तो साढ़े चार लाख व्यक्तियों ने नाटक के 84 प्रदर्शन देखे। सन् 1960 में तो पाँच लाख बीस हजार और सन् '70 में लगभग 6 लाख ने 100 के लगभग प्रदर्शन देखे। टिकट माँगनेवालों की संख्या तो 20 लाख के लगभग थी। दो वर्ष पूर्व से ही टिकटों की माँग होने लगती है। सन् 1960 में मैं इत्तफाक़ से यूरोप में था। लाख कोशिश करने पर भी टिकट न मिल सका, क्योंकि मैंने महीनों पहले रिज़र्व करने के लिए नहीं लिखा था।

पैशन नाटक निर्दिष्ट वर्ष में मई के मध्य से लेकर सितम्बर के अन्त तक होता है प्रति सप्ताह में पाँच दिन मंगलवार और शनिवार छोड़कर। सवेरे आठ बजे नाटक शुरू होता है। पूरे खेल में सात घंटे हैं, मध्यान्तर को छोड़कर। दोपहर में दो घंटे का मध्यान्तर खाने के लिए दिया जाता है। उन सात घंटों में ईसा पर पुरोहितों के आरोप लगाए जाने से लेकर क्रास पर चढ़ाए जाने और बाद में उनके अन्तरिक्ष में आरोहरण तक की कथा अनेक दृश्यों में प्रस्तुत की जाती है। इसके अलावा कुछ विवरण बाइबिल की पुरानी कथाओं से भी दिया जाता है।

इस नाटक की अनेक विशेषताओं में प्रमुख यह है कि इसमें भाग लेनेवाले सभी व्यक्ति गाँव ही के लोग हैं, पेशेवर कलाकार नहीं। ओबरएम्मरगाड के अधिकतर परिवार बढ़ई, लकड़ी पर नक्काशी करनेवाले कारीगरों और कलापूर्ण बर्तन बनानेवाले कुम्हारों के हैं। पास ही के जंगल से लकड़ी आती है। गाँव के पीछे एल्प्स पर्वत की एक पहाड़ी है। 'पैशन प्ले' के छोटे-बड़े सभी पात्रों के लिए इन्हीं परिवारों के बूढ़े युवक-युवतियाँ और बच्चे चुने जाते हैं। 'पैशन प्ले' में हिस्सा लेने में ग्रामवासी बड़ा पुण्य मानते हैं। गाँव का काई भी वाशिंदा या कोई भी व्यक्ति जो कम से कम 20 वर्ष तक वहाँ निवास कर चुका है, 'पैशन प्ले' के आयोजन में सहयोग कर सकता है। कुल मिलाकर लगभग 1400 व्यक्तियों की उस आयोजन के लिए आवश्यकता होती है। उनमें 600 तो मंच पर अभिनय के लिए और शेष अन्य प्रकार की व्यवस्था में काम करते हैं। जिस वर्ष नाटक प्रस्तुत होना है, उसके दो वर्ष पूर्व तैयारी शुरू हो जाती है।

सबसे पहले गाँव की पंचायत (काउंसिल) यह प्रस्ताव पास करती है कि नाटक किया जाय। फिर सारे गाँव की जनता की आम सभा होती है, जिसमें उस प्रस्ताव को स्वीकार करते हुए ग्रामवासी उस प्राचीन व्रत को दोहराते हैं जिसे उनके पुरखों ने लिया था। तभी एक पैशन प्ले समिति भी बनाई जाती है। और उपसमितियों को विभिन्न प्रकार की जिम्मेवारियाँ सौंपी जाती हैं।

नाटक के एक वर्ष पूर्व लगभग 1400 सक्रिय सहयोगियों को समारोह समिति की ओर से यह अनुरोध-पत्र मिलता है कि वे अपने केश बढ़ा लें। लम्बे केश समारोह के कार्यकर्त्ताओं का पारम्परिक विन्यास है। सात महीने पूर्व मंच की 125 प्रमुख भूमिकाओं के लिए पात्रों का चुनाव प्रारम्भ होता है। उसके पहले से ही एक चुनाव समिति अनेक व्यक्तियों का सार्वजनिक परीक्षण करती है। वस्तुतः गाँव में तो दो उत्सवों के बीच वाले वर्षों में बराबर छोटे-बड़े नाट्याभिनय और उत्सव होते रहते हैं और इस तरह विभिन्न व्यक्तियों की प्रतिभा के बारे में जानकारी होती रहती है। फिर भी चुनाव की बड़ी उत्सुकता से प्रतीक्षा होती है। समिति के दफ्तर के आगे बड़ी संख्या में लोग एकत्र होते हैं और तब घोषणा होती है, कौन ईसा बनेगा, कौन मेरी, कौन पायलट, कौन हैरड इत्यादि। गायकों तथा मंच-व्यवस्था में हिस्सा लेनेवाले वि1भिन्न व्यक्तियों के नाम भी सुनाए जाते हैं। चर्च में सामूहिक प्रार्थना होती है।

26 दिसम्बर को रिहर्सल प्रारम्भ होते हैं और उसके बाद प्रतिदिन चलते हैं, प्रायः खंडों में। क्योंकि पूरा नाटक तो सात घंटे लेता है। मई तक पूरी तैयारी हो जाती है। सारे गाँव में लोग अपने-अपने मकानों और गलियों की मरम्मत करते हैं। चार महीने ओबरएम्मरगाड में पर्यटकों और दर्शकों की भीड़ लगी रहती है, इसलिए विशेष व्यवस्था और सजावट की जाती है। पहला ड्रेस रिहर्सल गाँव और आस-पास के ही लोगों के लिए होता है। दूसरा (जिसे 'मेन रिहर्सल' कहते हैं) विशेष अतिथियों और 'प्रेस' के लिए होता है। तदुपरान्त टिकट पर प्रदर्शन प्रारम्भ हो जाते हैं। सितम्बर के मध्य में अन्तिम प्रदर्शन पर गाँव के लोग दस बरस के लिए अपने पावन अनुष्ठान से विदा लेते समय भाव-विभोर हो जाते हैं, क्योंकि कौन जाने अगले उत्सव में हिस्सा लेने के लिए कितने बाकी रहेंगे।

नाटक का पर्व-रूप अक्षुण्ण रहे, इसके लिए ग्रामवासी सचेष्ट रहते हैं। फिर भी इस ग्रामीण उत्सव की ख्याति विश्व भर में फैलने के कारण हजारों लोग आते हैं और उत्सव का व्यावसायिक पक्ष महत्त्वपूर्ण बनाते हैं। गावों के मिट्टी और लकड़ी के, शिल्पियों द्वारा बनाए गए माल की बहुत बिक्री होती है। तीन-चार महीने गाँव पर्यटनस्थली बन गया है और इस तरह ओबरएम्मरगाड का सर्वतोन्मुखी विकास हुआ है।

नाटक का मूल पाठ 16वीं शताब्दी ही में एक सामान्य लोकनाट्य के रूप में दो प्राचीन पाठों को मिला कर तैयार किया गया था। एक तो आग्ज़बर्ग नामक स्थान में दो सन्तों—अलरिच और अफ्रा के मठ में खेले जानेवाले नाटक की लिपि और दूसरे उसी स्थान के सेबेस्टियन वाइल्ड नामक गायक की एक रचना। इस मिश्रित लोकनाटक को आबरएम्मरगाड की जनता ने सन् 1634 के प्रथम प्रदर्शन के लिए अपनाया और लगभग 100 वर्ष के दशवर्षीय उत्सवों में वही खेला जाता रहा। उसके बाद से गाँवों के निकट एट्टल नामक स्थान के मठ (जो सन्त—वेनडिक्ट-मतावलम्बी है) के आचार्यों ने नाटक के पाठ का शोधन, परिवर्धन और परिमार्जन का भार अपने ऊपर लिया। सन् 1975

में पाठ को नए छन्दों का आवरण दिया गया। उसमें 100 वर्ष बाद पुनः बदले युग के अनुरूप पाठ को ढाला गया और तब से यही संशोधित पाठ चालू है।

नाटक में संगीत की प्रमुखता है। पाश्चात्य देशों में गेय नाटकों के लिए संगीत-रचना की विशेष महत्ता है। ओबरएम्मरगाड के नाटक का प्राचीन संगीत तो स्वतः विकसित हुआ कोरसों के रूप में। उस समय कोरस नाटक के उन स्थलों का वर्णन करते थे जो बाइबिल के ओल्ड टेस्टामेंट में दिये गए हैं। मुख्य नाटक का संवाद तब गाया नहीं जाता था। धीरे-धीरे कोरस का संगीत संवाद में फैलने लगा और नाटक में गेय संवादों की प्रधानता हो गई। तब सन् 1780 में पहली बार गाँव ही के एक स्कूल मास्टर तथा मठ के एक आचार्य दोनों ने मिलकर नाटक के संगीत की सिलसिलेवार रचना की। लेकिन संगीत का वर्तमान रूप स्थापित किया सन् 1820 में उसी गाँव के अन्य अध्यापक फादर ऐडलर ने।

प्रारम्भ ही से एक परम्परा निबाही गई है। मंच मुक्ताकाशी ओपेन-एयर ही रहा है। चाहे जैसा मौसम हो, कलाकार बराबर खुले ही में उतरते रहे हैं। रंगशीर्ष से सटे पीछे की ओर शीशे की छतवाली रंगस्थली है जिसमें कुछ दृश्य खेले जाते हैं। शीशे की इसलिए कि नाटक में कृत्रिम प्रकाश का प्रयोग निषिद्ध है। वाद्यकार, आर्केस्ट्रा वाले लोग सामने 'पिट' में बैठते हैं। मंच पर 40 बार दृश्य परिवर्तन होता है। इसके लिए पर्दों पर दृश्यांकन ओबरएम्मरगाड के ही एक चित्रकार ने किया था। ये पर्दे रोलरों पर मशीन द्वारा संचालित किए जाते हैं ताकि विलम्ब न हो।

सन् 1815 तक तो मंच हर बार बनाया और तोड़ा जाता था। लेकिन उसके बाद स्थानीय मंच (लकड़ी का) बनाया गया। मंच-योजना में एक तरफ 'पायलट' (यरुशलम का वह अधिकारी जिसकी अदालत में ईसा का मुकदमा हुआ था) का मकान है और दूसरी ओर ईसा पर आरोप लगाने वाले यहूदियों के प्रधान पुरोहित का मकान। बीच में मुख्य रंगस्थली है। 1930 तक तो मंच का स्थापत्य यूरोप की उस सजावट वाली शैली के अनुकरणों में था जिसका विकास 18वीं शताब्दी में हुआ और जिसे 'बैरोक' शैली कहा जाता है। सन् '30 में अत्यन्त सादी, प्राचीन यूनानी शैली के स्थापत्य के आधार पर अल्पतम अलंकार वाले रंगमंच का निर्माण गाँव ही के काष्ठ-कलाकारों और रंग-इंजीनियरों द्वारा हुआ।

प्राचीन काल में इस नाट्योत्सव के लिए प्रेक्षागृह बनाने की जरूरत इसलिए नहीं पड़ी कि दर्शकों और कलाकारों में पार्थक्य नहीं था। मंच पर अभिनय के दरम्यान विराम होने पर अभिनेता दर्शकों में आ बैठते थे। दर्शकों की संख्या बढ़ने पर कुछ के लिए बेंचें डाल दी गईं, किन्तु अधिकतर लोग जमीन पर ही बैठते या आसपास पेड़ों, मकानों इत्यादि में बिखरे रहते। 1830 में पहली बार प्रेक्षागृह की सीमा निर्धारित की गई और अर्धगोलाकार ऑडिटोरियम बनाया गया जिसकी बैंचे सर्कस की सीटों की तरह सामने नीची और पीछे क्रमशः ऊँची हैं। लेकिन फिर भी सारा प्रेक्षागृह खुला ही रहा। सन् 1900 में पीछे की सीटों के ऊपर छत लगा दी गई हैं अब तो लगभग समूचे

ऑडिटोरियम (मंच को छोड़कर) के ऊपर छत ही है। उसमें 5200 दर्शकों के बैठने की व्यवस्था है।

नाटक की कुछ रोचक परम्पराएँ हैं। दर्शक नाटक देखते समय अपना सिर नहीं ढँकते। यह परम्परा कुछ ऐसी ही है जैसी ब्रज की रासलीला में जहाँ दर्शक प्रदर्शन के समय कुर्सी पर नहीं बैठते और न तमाखू पीते हैं। शादीशुदा स्त्रियाँ या वे जो 35 वर्ष से अधिक अवस्था वाली हैं, नाटक में हिस्सा नहीं लेतीं। गाँव के प्राइमरी स्कूल में ही 'पैशन नाटक' के गीतों का अभ्यास कराया जाता है, क्योंकि नाटक में कई बच्चे ईसा के आस-पास रहते हैं। कुछ वर्ष पहले मैं एक अन्तर्राष्ट्रीय संस्था में काम कर रहा था। वहाँ मेरे सहयोगियों में एक जर्मन युवक ओबरएम्मरगाड का निवासी था। नाम था जार्ज–क्राउजे। उसने अपने बचपन में 'पैशन प्ले' में हिस्सा लिया था। उसके नाना का नाम था एंटन लैंग जो 1910-20 और 30 में ईसा की भूमिका में उतरे थे। लैंग ने अपनी आत्मकथा में लिखा है–क्राइस्ट की भूमिका लेने का अर्थ मेरे लिए मानो भगवान का पूजन ही था, एक उदात्त जीवन-लक्ष्य का अभियान। ऐसा जीवन-लक्ष्य, जिससे बढ़कर लक्ष्य किसी गृहस्थ के जीवन में हो ही नहीं सकता। मैंने चर्च में ईसा के चित्रों का अध्ययन करना शुरू किया। निकटस्थ मठों में जाकर मनन, अध्ययन किया, धार्मिक कलाकृतियों का पर्यवेक्षण किया। ईसा के चरित्र पर आधारित कई पुस्तकें पढ़ीं, और बाइबिल में पूरी तरह रम ही गया। मेरी आत्मा मानो इस नाटक में निमज्जित हो गई।"

ओबरएम्मरगाड के बारे में मेरी पहली जानकारी सन् 1950 में हुई। इसका अनूठापन है कि यह गाँव में ही होता रहा है। पिछले साढ़े तीन सौ साल से उसी गाँव के निवासी इसे प्रस्तुत करते रहे हैं। ओबरएम्मरगाड में प्राचीन क्रमागत परम्परा को उन्होंने तिरोहित नहीं होने दिया वरन् उसे और विकसित और परिवर्धित रूप दिया।

मेरे मन में जिज्ञासा उठी कि क्या यूरोप में कहीं नई धार्मिक परम्परा की नाटक के रूप में उद्भावना हुई है ? हाल ही में मुझे इटली के नेपल्स नगर से 20 मील दक्षिण में अमाल्फ़ी नामक प्रदेश में एक आधुनिक किन्तु धार्मिक नाट्योत्सव के बारे में जानकारी मिली है। अमाल्फ़ी क्षेत्र के छह गाँवों में अप्रैल मास में गुडफ्राइडे त्यौहार के अवसर पर एक पैशन-नाटक का प्रदर्शन सन् 1960 में प्रारम्भ किया गया। इस नाट्योत्सव की विशेषता यह है कि यह नाटक भी है और शोभा-यात्रा (जुलूस) भी। नाटक में सात दृश्य हैं। हरेक दृश्य एक भिन्न स्थान में खेला जाता है और सभी पात्र एक दृश्य के बाद दूसरे गाँव में एक शोभा यात्रा बनाकर चलते हैं और उनके पीछे-पीछे लगभग दो सौ दर्शक हो लेते हैं। बाकी दर्शक उस स्थान पर पहले मौजूद रहते हैं जहाँ बाद वाला दृश्य प्रस्तुत किया जाना है। दिन के ढाई बजे प्रथम गाँव में नाटक शुरू होता है। और रात साढ़े आठ बजे तक पाँच अन्य गाँव में विभिन्न दृश्यों के प्रदर्शन के बाद पार्टी पहले ही गाँव में वापस आकर अन्तिम और सातवाँ दृश्य प्रदर्शित करती है। फिर सब लोग एक बड़ा जुलूस बनाकर गाँव के चर्च से गलियों में रोशनी वगैरह के साथ घूमते हैं और यों उत्सव समाप्त होता है।

कथा लगभग वही है। सानलजारो नामक गाँव में पहले दृश्य में दिखाते हैं जूडस द्वारा धोखे से ईसा की गिरफ्तारी, यहूदियों की काउंसिल द्वारा आरोपण, ईसा पर पायलट (रोमन अधिकारी) के समक्ष आरोपण। दूसरा दृश्य पोंटे नामक गाँव में—पायलट यहूदी जनता से पूछता है कि ईसा और चोर बैराबस में से किसे सजा दी जाए और जनता बैराबस की मुक्ति की माँग करती है। तीसरा दृश्य बोयरानो नामक गाँव में—पायलट ईसा को रोमन-गवर्नर हैरड के दरबार में भेजता है। हैरड उससे प्रश्न पूछने के बाद उसे एक पागल व्यक्ति की पोशाक पहनने पर मजबूर करता है और अन्ततः पायलट के पास वापस भेज देता है। वहाँ उसकी मौत की सज़ा घोषित की जाती है। चौथा दृश्य पियानिलो गाँव में—ईसा क्रास लेकर चलते हैं और उसके बोझ के कारण गिर पड़ते हैं। सिपाही जबर्दस्ती उन्हें आगे बढ़ने को मजबूर करते हैं। पाँचवाँ दृश्य सन्तमेरिया गाँव में—ईसा का दूसरी बार क्रॉस के भार के कारण गिर पड़ना। छठा दृश्य कंपारों गाँव में—वेरोनिका नामक शिष्या ईसा के चेहरे पर से श्रमकण पोंछती है। ईसा वधस्थली कल्वारी पर्वत पर पहुँचते हैं। उन्हें क्रॉस पर चढ़ा कर वदन में कीलें ठोंकी जाती हैं और उनके दोनों तरफ दो चोरों को क्रॉस पर चढ़ाया जाता है। ईसा अपने आततायियों को क्षमा करते हैं। एक चोर उन पर थूकता है, दूसरा श्रद्धा प्रकट करता है। ईसा चोर को भी क्षमा करते हैं और मर जाते हैं। सिपाही उनके पार्श्व का छेदन करते हैं।

नाटक में लगभग साठ-सत्तर पात्र हैं। ईसा का पार्ट एक डबलरोटी बनानेवाला बेकर लेता है। अस्पताल का कम्पाउंडर पायलट का वेश धरता है, और हैरड का पार्ट लेता है एक राजमिस्त्री। अधिकतर पार्ट किसानों और कुछ छात्रों को दिए जाते हैं।

नाटक में 'वाचक' की भूमिका अत्यन्त महत्त्वपूर्ण है। वाचक प्रत्येक दृश्य के प्रारम्भ में पूर्वकथा सुनाता है। कुछ दृश्य ऐसे हैं जिनमें पात्र एकाध शब्द ही बोलते हैं और वाचक ही सारे मूकाभिनय को समझाता चलता है। उसके कथन में भाव और कल्पना की रंगीनियाँ होती हैं। संवाद की भाषा सीधी-सादी होती है वाचन की अलंकारयुक्त। समूचे नाटक का आधा अंश संवाद और आधा वाचन है।

नाटक का पाठ सानलजारों के पल्ली पुरोहित फादर डोमेनिकन स्काला ने सन् 1960 में तैयार किया और वे ही इस धार्मिक नाट्योत्सव के प्रेरक और नाटक के निर्देशक भी हैं। पहले से इन गाँवों में गुडफ्राइडे पर शोभायात्राएँ निकालने की परम्परा थी जिनमें कुछ लोग वेशभूषा के साथ रूप धरते थे। फादर ने उस परम्परा से प्रेरणा तो ली और अपने नाटक के समाहार के बाद वैसी शोभायात्रा भी रखी। किन्तु वस्तुतः कुल प्रदर्शन की कल्पना मौलिक है। उन्होंने ग्रामवासियों की धार्मिक प्रवृत्तियों को बढ़ावा दिया और हर ग्राम के उत्साह-प्रदर्शन के लिए ऐसी अनूठी व्यवस्था की।

मंच बहुत सीधे-सादे लगाए जाते हैं और कुछ गाँवों में तो सारा 'एक्शन' किसी स्थानीय इमारत की पृष्ठभूमि में सम्पन्न होता है। दर्शकों और पात्रों में पार्थक्य नहीं होता और अक्सर दोनों मिले-जुले ही रहते हैं। पोशाक प्रभावशाली होती है लेकिन बहुत कीमती नहीं। प्रदर्शनों से ग्रामीण उत्सव का अनौपचारिक वातावरण रहता है। दर्शक

कला सम्बन्धी खामियों पर ध्यान नहीं देते। उल्लास और श्रद्धा की भावना में सब लोग शामिल होते हैं और ऐसा मानते हैं कि यह केवल थियेटर नहीं वरन् थियेटर के माध्यम से एक सामुदायिक भक्तिपूर्ण अनुष्ठान है।

यह है आधुनिक पाश्चात्य सभ्यता के बीच धर्मप्रेरित लोक-नाट्य का अद्यतन प्रयोग। जो लोग कहते हैं कि गाँवों में आजकल लोकोत्सव का आयोजन असम्भाव्य है उनके विचारने योग्य है यह अनुभव।

पर पुनः मेरे मन में यह सवाल उठा, यह तो धर्म प्रेरणा रही। क्या कोई सर्वथा धर्म-निरपेक्ष लोकोत्सव भी हाल ही में किसी पाश्चात्य गाँव में प्रारम्भ हुए हैं ? मैंने दो-तीन ऐसे उत्सव देखे हैं और यहाँ संक्षेप में केवल एक अनुभव बताता हूँ।

कनाडा के ओंटेरिया प्रान्त में टोरंटो नगर से नियाग्रा प्रपात के रास्ते में एक गाँव है—स्ट्रेटफर्ड जिसके करीब एक छोटी-सी नदी बहती है। जिसका नाम है 'ऐवन'। इंगलैंड में महान् नाटककार शेक्सपीयर के गाँव स्ट्रेटफर्ड के नाम पर कनाडा में इंगलैंड से आकर बसनेवाले लोगों ने अपने नए गाँव के लिए यह नाम चुना। बात शायद वहीं खत्म हो जाती लेकिन द्वितीय महायुद्ध के बाद उसी गाँव के एक पंसारी की दुकान के मालिक के मन में यह विचार आया कि गाँव का नाम जब शेक्सपीयर के गाँव के नाम पर है तो क्यों नहीं शेक्सपीयर के नाटकों का प्रदर्शन किया जाए।

पंसारी गाँव के लोगों में तो धनी-मानी था पर इतना पैसे वाला भी नहीं कि कोई भवन तैयार करा ले। अन्य ग्रामवासियों से बातचीत की। लोगों का ख्याल हुआ कि नियाग्रा प्रपात देखने जानेवाले पर्यटकों को भी शायद नाट्य प्रदर्शन देखने में दिलचस्पी हो। पंसारी ने अपना पैसा लगाकर सर्कस के ढंग का बड़ा शामियाना लगवाया और जून के महीने में शेक्सपीयर के नाटकों का वार्षिक उत्सव प्रारम्भ किया।

प्रारम्भ में उन नाटकों में स्ट्रेटफर्ड गाँव तथा आस-पास के उत्साही युवक-युवतियाँ ही भाग लेते थे। कुछ समय बाद टोरंटो नगर के लोग भी शामिल होने लगे। शामियाने वाले शेक्सपीयर नाट्योत्सव की चर्चा इंग्लैंड तक पहुँची। वहाँ विख्यात अभिनेता 'टर्नर' और बाद में 'लारेंस आलिवियर' का ध्यान उस नए स्ट्रेटफर्ड की ओर आकृष्ट हुआ और उन्होंने सायं उत्सव के नाटकों में हिस्सा लेने की इच्छा प्रकट की। पंसारी द्वारा स्थापित शामियाना ग्रामोत्सव का स्वरूप बदलने लगा। कमेटी बनी। धन एकत्र हुआ और कुछ वर्षों बाद एक विशाल रंगशाला का निर्माण हुआ और कनाडा के स्ट्रेटफर्ड शेक्सपीयर महोत्सव की देश के गौरवपूर्ण सांस्कृतिक उत्सवों में गणना होने लगी।

मुझे अगस्त 1960 के अन्तिम सप्ताह में वहाँ जाने और उत्सव में शेक्सपीयर के 'ए मिडसमर नाइट्स ड्रीम' नाटक का अभिनय देखने का अवसर मिला। वहाँ की ग्रीष्म ऋतु जून से अगस्त तक चलती है। उत्सव की अवधि भी 27 जून से 16 सितम्बर तक। ओंटेओरियो प्रांत की प्राकृतिक छटा विविध शोभा सम्पन्न है। रास्ते भर रंग-बिरंगे फूल, विस्तीर्ण हरियाली, फलों की भरमार। कनाडा के दीर्घ शीतकाल में धरती की काया पर

एक सफेद कफ़न फैल जाता है और जान पड़ता है कि समस्त जिजीविषा पाताल-लोक में चली गई। गर्मी आते-आते दुगुनी सामर्थ्य से जीवन फूट पड़ता है।

स्ट्रेटफर्ड का थियेटर लकड़ी और पत्थर का विशाल भवन है। उसके आकार को सर्कस के शामियाने की ही भाँति गोलाकार रखा गया है। लगभग 3000 दर्शकों के बैठने की व्यवस्था है। मन्त्र बीच में खुला है और दर्शक तीनों ओर बैठे हैं मंच करीब गोल ही है। उसे एक सिरे पर भीतर मंच है और दोनों के बीच में लकड़ी के खम्भे। मंच पर पात्र दो तरह से प्रवेश करते हैं। एक तो पीछे से। दूसरे मंच के नीचे भूमिगत नेपथ्य से, जहाँ से दो प्रवेश मार्ग मंच के सामने आकर खुलते हैं। इस तरह दर्शकों के बीच में से हठात् कुछ पात्र उपस्थित होकर विस्मय पैदा कर देते हैं।

उत्सव दो समितियों द्वारा संचालित होता है। एक में गाँव के लोगों की प्रधानता है और दूसरी में देश के कुछ चुने हुए विशेषज्ञ होते हैं। उत्सव की अब तक बड़ी प्रतिष्ठा है। मैंने इंग्लैंड के मूल स्ट्रेटफर्ड के थियेटर में दो बार नाटक देखे हैं। कनाडा का महोत्सव कुछ कम भव्य नहीं। पंसारी की भावुकता एवं साहस तथा ग्राम की सामुदायिक भावना के फलस्वरूप वहाँ के वातावरण में मुझे आत्मीयता की अनुभूति हुई।

तीन आधुनिक पाश्चात्य देशों के गाँवों में इन उत्सवों की जानकारी पाने पर मुझे यह सन्तोष तो हुआ कि इससे बहुत पहले सन् 1945 में मैंने वैशाली गाँव में एक लोकोत्सव का प्रारम्भ करने में कोई बौड़मपन नहीं किया। लेकिन मलाल यही है कि अभी तक देश में लोकसंस्कृति का उत्थान नागरिक संस्कृति ही को सम्पन्न कर रहा है। ग्रामों में उत्सव उपेक्षित ही नहीं ह्रासोन्मुखी हैं।

(जगदीशचन्द्र माथुर, *लोक कला : प्रयोग और प्रस्तुति से लोक कला मंडल*
सं. महेन्द्र भानावत, दिसम्बर 1978)

ब्रज की रासलीला

बरसाना ग्राम की लठमार होली का नाम सर्वविदित है। एक बार उसी उत्सव के बाद मैं श्री राधा के मन्दिर की पहाड़ी पर खड़ा होकर सीढ़ियों पर तेजी के साथ चढ़ती हुई उन तरुणियों को विस्मित होकर देख रहा था जो नन्दगाँव के 'छोरों' को उस विचित्र संघर्ष में हरा कर राधा महारानी के दरबार में रपट देने जा रही थीं कि देखो हमने उन उद्दंड छोकरों को मार भगाया। मैं समझ गया था कि बरसाना की तरुणियों और नन्दगाँव के तरुणों की वह होली वस्तुतः एक प्रकार का लोक-नृत्य थी, जिसमें एक-एक गोप को चार-चार गोपी घेरकर लाठी प्रहार करते हुए किसी प्रकार के लकुट या दंड रासक का अनुकरण कर रही थीं। किन्तु क्या बात इतनी ही थी? हठात् दो सामान्य से दीखनेवाले ब्रजवासियों की बातचीत सुनाई पड़ी। उनमें एक वयोवृद्ध थे और एक किशोर। बुजुर्ग सज्जन बोले—"भैया, ये लाठी के प्रहार नहीं थे। ये तो तीखे वचन थे। वचन, किसके वचन? राधिका जी और गोपियों के वचन, 'क्यों' कन्हैया माखन-चोर जो थे। कन्हैया हाट को जाती हुई गोपियों को रोक कर उनसे कर जो वसूल करते थे और न देने पर मटकियों को फोड़ देते थे। ऐसे कन्हैया को तीखे वचनों की बौछार ही तो मिलती थी। और, भैया, श्रीकृष्ण को उन गोपियों की गलियों में रस मिलता है। ऐसौ नहीं स्वाद देत-स्तुति में जैसी मीठी ब्रज की गारी। लाठी मार उन्हीं गालियों का प्रतीक है।"

इस घटना के कुछ महीने बाद मुझे बरसाना के ही निकट सांकरी खोर में राधाःअष्टमी को दधि-भांड-भंजन के प्रसंग पर 'बूढ़ी लीला' देखने का अवसर मिला। सांकरी खोर दो पहाड़ियों के बीच एक संकरी घाटी है। एक पहाड़ी पर मंडप में श्रीकृष्ण सखाओं सहित खड़े हैं दूसरी पर राधा गोपियों सहित। दोनों में पदों, रसियों और संवाद के रूप में वार्तालाप होता है। राधा और गोपियाँ कृष्ण को कर देने को राजी नहीं होतीं। दही के मटके मस्तक पर रखकर सांकरी खोर में उतरती हैं। दूसरी पहाड़ी पर से श्रीकृष्ण और उनके सखा आते हैं और अपनी वसूली के लिए तकरार करते हैं। उनके हाथों में डंडे हैं। झगड़ा होता है। पहाड़ी ढलानों से दर्शक घिरकर नीचे उतर आते हैं। श्रीकृष्ण राधा की मटकी अपने डंडे से फोड़ देते हैं और दही बिखरने लगती है। दर्शक समूह उस दही को प्रसाद रूप ग्रहण करने के लिए उमड़ जाता है। दही की एक बूँद भी नहीं बचती है।

मैं ठगा-सा उस अनोखी लीला को देख रहा हूँ। 'गिरा अनयन, नयन बिनु बानी'। तभी एक पुराने ब्रजवासी मेरे शहरी लिबास और मेरी तटस्था को लक्ष्य करके बोले, महोदय, इस लीला का रसास्वादन करना है तो यहाँ के वातावरण में घुलमिल जाना होगा। दर्शकों और लीलाकारों में यहाँ अन्तर नहीं रहता। यहाँ तो एक ही रस में सभी निमग्न हैं।

एक ही रस में निमग्न ? सोचता हूँ कि भारतवर्ष के सभी लोग नाट्य के रस-संचार की पद्धति मानते हैं। नृत्य, गीत, संवाद सभी रसानुभूति के सोपान ही तो हैं और प्रत्येक लोक-नाट्य विधा में ये पाए जाते हैं। तो फिर लीला का निरालापन क्या है?

एक बार वृन्दावन के एक प्रसिद्ध आश्रम में माखनचोरी लीला देखने के तुरन्त बाद मैंने मंडली के एक अधेड़ कलाकार से पूछा : "आपने तो एक असाधारण-सा रूप धारण किया था, मधमंगल यानी मनसुखा? फिर भी आपका अभिनय एक अजस्र धारा की भाँति था। सो कैसे ? उन्होंने उत्तर दिया, "आवेश हो जाए तो अभिनय और वास्तविक जीवन में अन्तर नहीं रह जाता।"

आवेश यानी तन्मयता? वेश धारण किया जाता है किन्तु उस वेश की तह में जो भाव है उसे रंगमंच पर अपने व्यक्तित्व का अंग बनाकर प्रकट करना, यही आवेश हैं।

रासलीला में आवेश की प्राप्ति विशेषतः दो विधियों से हो पाती है। एक तो यह कि लीला-पदों में वेश के अनुकूल भावों का प्रत्यक्षीकरण अत्यन्त आकर्षक काव्य में किया जाता है। अनुकूल भाव मुख्यतः तीन हैं—मधुर, सख्य और वात्सल्य। अधिकतर पद इन्हीं तीन भावों का उत्कर्ष दिखाते हैं। कालिया-दमन जैसे प्रसंगों पर जो पद हैं, वे भगवान के ऐश्वर्य की अपेक्षा उनके अनुग्रह का ही अधिक प्रदर्शन करते हैं। ये पद ही वे धुरी हैं जिनके सहारे लीलाओं का चक्र घूमता है। प्रायः प्रत्येक लीला का प्रारम्भिक पद उसके भाव का संकेत देता है, जैसे 'मणिखम्भ लीला' के प्रारम्भ में अक्सर समाजी गाते हैं :

ब्रज की धूरि में तन सनें।
लेत कन्ध चढ़ाय काहू स्याम वाहन बनें।
तन प्रस्वेद जु धूरि लपटे तनिक श्रम नहिं गनें।

इसके बाद यशोदा कहती हैं, "आरे मेरे लाड़िले कन्हैया बेटा ! देखि मैंने तेरे ताई कैसे-कैसे सुन्दर पकवान बनवाए हैं। सो तू या खेल मैते मन कूं हटाय कलेऊ करिले।" 'वंशीचोरी' लीला का प्रारम्भ समाजी कभी-कभी इस दोहे को गाकर करते हैं—

बंसी बंसी नाम है, काहूँ धर्‌यों प्रबीन।
तान मान की डोरि ते खैंचै है मन मीन।

इन दोहे की डोर को ही पकड़कर सखियों का संवाद चल निकलता है—

अरी सखी ये बंसी कहाँ बाजी ?
अरी बीर न जाने कहाँ बाजी।

"अरी सखियो हाय, यह बंसी ऐसी मधुर-मधुर बाजै है ? हमारे मन कूँ हरन कर लेय है।"

"अरी सखी तू तो एक अपने मन की कहै है परन्तु या ब्रज में जितनी भर गोपी हैं, या बंसी ने सबको चित्त चुराय लियो है और सबके मन पै चढ़ी निडर राज कर रही है।"

"माई, विधि हूतै परम प्रवीन, एरी, याने जगत कियौ अधीन, लाल की बाँसुरिया।" और फिर इसी भावना में बहती हुई दोनों सखियाँ बंसी की तुलना ब्रह्मा से करते हुए उनके एक-एक गुण का रोचक वर्णन करती है?

प्रारम्भिक पद यदि सूत्र है तो लीला उसकी टीका है। ये काव्यात्मक पद ही बाद में लीला को प्रगति देते हैं। जो कुछ मंच पर घट रहा है उसको उसी भाँति ज्योतित करते हैं जैसे आधुनिक रंग दृश्यों को नाना प्रकार के 'पेंडर' लैम्पों के प्रकाश। रासलीला रंगमंच पर इन उपादानों की जरूरत नहीं क्योंकि इन पदों की उपमाएँ तथा अन्य अलंकार ही मंच के कार्य-व्यापार को प्रदीप्त कर देते हैं। परस्पर मान-लीला में राधिका जी श्याम का रूप धारण करने के लिए आतुर होकर जब उनकी मुरली छीन लेती हैं तो समाजी का स्वर फूट पड़ता है :

मुरली लई है करसों छीन,
ता समय की छवि कहि जात ना, चतुर प्रिया नवीन।
कहत पुनि पुनि श्याम आगे, मोहि देहु सिखाय।
मुरली पर मुख जोरि दोऊ अरस-परस बजाय।
कृष्ण पूरित नाद उचरत, प्यारी रिसकरि गात,
बारम्बार अधर धरि फूँकत बजत नहीं अकुलात।

रासलीला रंगमंच के अभिनय देखकर अक्सर आधुनिक शहरी दर्शकों को यह शिकायत होती है कि लीला में कथानक इतना क्षीण होता है कि दर्शक को उत्सुकता बनी नहीं रह पाती। किन्तु बात यह है कि रासलीला के कई पद इतने नाट्यगुण सम्पन्न होते हैं, उनमें इतना 'एक्शन' होता है कि ब्रजवासी तथा अन्य भक्त दर्शकों को घटनाचक्र का अभाव खलता ही नहीं। पदों के 'एक्शन' को प्रकट करने के लिए कभी-कभी पात्र उनकी गद्य में व्याख्या करते हैं और पद सजीव हो जाता है। जैसे 'अनुराग-लीला' में राधा के कुंज में श्याम को ले जाने के निमित्त उसके अंगप्रत्यंग और दिव्य सौन्दर्य का वर्णन करते समय ललित सखी सूरदास के सुविख्यात पद को यों प्रस्तुत करती है ;

अद्भुत एक अनुपम बाग। युगल कमल पर गजवर क्रीड़त, ता पर सिंह करत अनुराग।

"हे श्यामसुन्दर, एक बगीचा अत्यन्त अनुपम तथा अद्भुत देख आई हूँ। वाकौ वर्णन आपके आगे करूँ हूँ। देखो, दो कमलन के ऊपर हाथी क्रीड़ा कर रह्यो है और वो हाथी के ऊपर सिंह प्रेम सों डोलि रह्यो है।"

दर्शक इन दो पंक्तियों और उनका गद्यानुवाद सुनकर सचेत हो जाता है। उत्सुकता जागती है कि यह कौन बगीचा है? यों सखी दो-दो पदों के मूल और अनुवाद प्रस्तुत करती है और जब पद अपने चरमोत्कर्ष पर पहुँचता है तो वह कहती है :

"हे प्यारे, वा बगीचा के अंग-प्रत्यंग सों विचित्र एवं नवीन छवि उत्पन्न होय है किन्तु अपने सौन्दर्य कूँ नहीं। छोड़े है। हे रसनायक, आप अपने अधरन सों वाके रस कूँ पान करौ और अपने अधर तथा अपने कूँ बड़भागी मानौ।"

रासलीला के अभिनय में आवेश की उत्पत्ति के साधन हैं, ये कवित्वपूर्ण पद ? दूसरा साधन है ऐसा गद्य-संवाद जो ब्रज के साधारण ग्रामीण जीवन में रमता है। 'दुलरी लीला' में राधा किसी दिन यशोदा के घर के पास ही सखियों के साथ आँख-मिचौली खेलते उनके घर पहुँच जाती है। वे उन्हें सस्नेह घर में बुलाती हैं। कुछ देर बाद राधिकाजी अपने निवास को जाने की इच्छा प्रकट करती हैं। यशोदा कृष्ण से कहती है, "जा कन्हैया पहुँचाय आ।" रास्ते में कृष्ण उनके गले का हार (दुलरी) माँग लेते हैं। कुछ समय बाद राधा के पिता वृषभानुजी और उनकी माता कीर्तिजी का संवाद ब्रज के दैनिक गृहस्थ-जीवन की रोचक झाँकी है।

वृष. : महरि कहा बात है?

की. : बात कहा है। आज राधा खेलती-खेलती नन्दगाँव पहुँच गई।

वृष. : तो कहा भयो? बालक हैं। बरसाने के नन्दगाँव में और नन्दगाँव के बरसाने में खेल्यो ही करैं है।

की. : अजी मैं खेलबे को तो नहीं कह रही हूँ।

वृष. : तो काहे को कहि रही हौ ?

की. : अजी राधा की नार मैं ते नन्द जू के लाल ने दुलरी उतार लीनी है।

वृष. : महरि तू बावरी है गई है। वह राधा की दुलरी को का करैगो? और महरि तैने कैसे जानी कि नन्द जू के लाला ने दुलरी उतार लीनी है? खेलवे में कहूँ गिर गई होयेगी।

की. : अजी महर राधा कह रही है कोई साँवरो बालक है वाने मेरी नार ते दुलरी छीन लीनी। महरि साँवरो तो ब्रज में एक वो ही नन्द जू को लाला है।

वृष. : महरि मोय तो भरोसौ नहीं परै। छीन लीनी तो बालक है। वाने पहिर लीनी तौ कहा, राधा ने पहिर लीनी तौ कहा।

की. : अजी पहरवे की तो कोई बात नाय।...आज तो वाने दुलरी छीन लीनी। कल कछु और छीन लेगो।

वृष. : तो तुम कहा चाहौ हौ।

की. : अजी, आप नन्दगाँव जाव और नन्दराय जू सो दुलरी को उराहनो दे आवौ, और दुलरी राधा की लै आवो।

वृष. : मैं तो उराहना नहीं देवै जाऊँगो। छोटी सी बात है। या के लिये नन्दराय को कहा कहूँगो।

की. : महर, उराहनो तो आपको दैवे जानौ पड़ेगौ।

इस कहा-कही के बाद किसी भी सामान्य पति की भाँति बृषभानुजी को अपनी पत्नी का हठ मानना होता है। ब्रज के सामान्य जीवन की झाँकी संवाद के मुहावरों में भी मिलती है। 'अनुराग लीला' में सखियों को मालूम हो गया है कि पिछली रात कृष्ण और राधा का अभिसार हो चुका ? सखी छेड़ती है :

सखी : प्यारी जू आज तो बधाई है, मनोरथ पूरण है की खुशी हमने हू मनाई है।
प्यारी जू आ नाकानी दे कै रोज चली जावो हौ।
इतर की चोरी करौ और सुगन्ध कूँ दुरावौ हौ।

राधा : अरी सखियो क्यों बिना भीत के चित्र बनाऔ हौ ?

ऐसे ही 'स्वप्न लीला' में यशोदा माता को अपनी दुलहिन से मिलने के स्वप्न की बात कहते-कहते कन्हैया माँ से अपने ब्याह की बात करते हैं। तभी गोपियाँ आ पहुँचती हैं। उसके बाद संवाद यों है :

गोपी : आज मैया-बेटा का बैठे-बैठे बतराय रहे है ? कन्हैया अबहि बछरा चरायबे नहीं गयौ ?

यशोदा : हाँ अब जाय है। बातन में देर है गई।

गोपी : कहा ऐसी बात है, हमहूँ तो सुनें।

यशोदा : अरी गोपियों कहा सुनौगी याकी बातन कूँ।

कृष्ण : कह दे न मैया; ब्याह की बात कर रहे हैं।

यशोदा : अरे, मेरे ढोल! बिना बजाय आप ही बजे है।

गोपी : ब्याह? कौन के ब्याह की बात?

कृष्ण : मेरे और कौन के?

असली यशोदा या कृष्ण या वृषभानु या सखियाँ कैसे रहे होंगे और क्या बातें करते होंगे, इसका अनुमान तो पुराणों को पढ़कर भी नहीं किया जा सकता, लेकिन रास-लीलाओं के संवाद मंच पर स्वरूपों तथा अन्य पात्रों के लिए बिल्कुल खरे हैं। उन्हें अभिनय नहीं करना पड़ता। वे तो इनके कारण ऐसा महसूस करते हैं कि वह मंच पर नहीं अपने घर के आँगन, अपनी चौपाल, अपने करील के वनों में ही विचर रहे हैं। इसलिए उन्हें तन्मयता के लिए विशेष चेष्टा नहीं करनी पड़ती।

यही हैं ब्रज की रास-लीला के रंग-प्रदर्शन में आवेश के साधन, एक ओर अलंकार की सजधज से सम्पन्न तथा कवि-सुलभ भावों से सुवासित मनमोहक पद और दूसरी ओर दैनिक जीवन की फुलझड़ियों से चमत्कृत संवाद। इन दोनों का स्वतः सामंजस्य ही रासलीला को निराला बनाता है।

केवल इस आकर्षण के बल पर ही रासलीला इतने समय तक नहीं पनप पाती। उन्नीसवीं सदी में थियेटर आया और चला गया। बीसवीं में साइलेंट सिनेमा आया और चला गया। अब सवाक् सिनेमा और टेलीविजन का बोलबाला है। पर रासलीला

पनप रही है और पनपती ही रहेगी। वह क्या तत्त्व है जो रासलीला को नष्ट होने नहीं देता? उसके रंगमंच पर बिजली के बल्बों के लैम्पों ने धावा बोल दिया है। कहीं-कहीं थियेटर की भाँति आगे पर्दा डालने का अनावश्यक रिवाज चल निकला है। मंच पर तड़क-भड़क दिखाने के झमेले में भी कुछ लीलाकार पड़ गए हैं। स्थूल शरीर पर इन आक्रमणों के बावजूद लोगों को रासलीला का वास्तविक आग्रह उसके सूक्ष्म शरीर ही में मिलता है। रासलीला का वह निरन्तर आनन्दस्वरूप सूक्ष्म शरीर क्या है ?

मेरे विचार में रासलीला का वशीकरण मन्त्र है उसकी भक्तों के अन्तस्तल में मनोरंजन के माध्यम से अध्यात्म का सन्देश पहुँचाने की क्षमता। पन्द्रहवीं शताब्दी में ब्रजमंडल में कृष्ण-लीला पुनः प्रतिष्ठित हुई, एक उद्देश्यविशेष के आधार पर। संगीत, नृत्य और संवाद का समीकरण किया गया, इसलिए कि उनकी सहायता से वैष्णव भक्ति और परमात्मा के सगुण रूप की आराधना का सन्देश जन-जन तक पहुँच सके। उस समय यह प्रक्रिया देश में अन्य भागों में भी हो रही थी जैसे असम में अंकिया नाट, आन्ध्र में यक्ष गान और भागवत मेल, केरल में कृष्णादृप इत्यादि। लेकिन उन विधाओं में भगवान के ऐश्वर्य-स्वरूप का प्रदर्शन अधिक था मधुर स्वरूप का कम। उनमें स्तुति अधिक थी, आत्मीयता कम।

रासलीलाओं में जन-जन से आत्मीयता स्थापित करके कलाकार भगवान को उनके बीच बिछा देता है। 'हाऊ लीला' नाम से रासलीला आजकल लोकप्रिय है। न कोई कथानक न विशेष कवित्व। कृष्ण देर से घर लौटते हैं। माता यशोदा चिन्तित होकर कहती है :

यशोदा : अरे लाला, देखि ! अब तू दूर खेलिबे मति जायौ करै। अब यहाँ हाऊ आय गए हैं।

कृष्ण : *'चारि वेद लै गयौ संखासुर जल में रह्यो लुकाय*
मीन रूप धरि ताकूँ मार्यौ, तहाँ न देखो हाऊँ।'

यशोदा : अरे लाला संखासुर तैने ही मार्यौ और मीन को रूप तैंने ही धर्यौ ?

कृष्ण : हाँ, मैया मैंने ही।

यशोदा : तैंने ही ?

कृष्ण : अरी मैया नाहै। मोते तौ बाबा कह्यौ करैं।
(थोड़ी देर बाद)

कृष्ण : *'यमुनातट धेनु चरावत जहाँ सघन बन झाऊ।*
बैठि पाताल ब्याल गहि नाथ्यौ? तहाँ न देखो हाऊ।'

यशोदा : अरे लाला कहा कालीनाग तैने ही नाथ्यौ ?

कृष्ण : हाँ, मैंने ही।

यशोदा : तैने ही लाला।

कृष्ण : अरे नाहै मैया, मोते तो दाऊ भैया कह्यो करैं हैं।

इस तरह एक-एक करके अवतारों की चर्चा होती हैं। अन्त में कृष्ण कहते हैं, "अरी मैया जितने मैंने अवतार धरे हैं सो भक्तन हेत धरे हैं।"

भक्त हेत अवतार धरूँ मैं।
कर्म-धर्म के बस में नाही जोग जग्य मन मैं न धरूँ मैं।
दीन गुहार सुनौ श्रवन दै, गर्व बचन सुनि हृदै न धरूँ मैं।
भावाधीन रहूँ सब ही के, और न काहू ते नेक डरूँ मैं।

इस पर भी यशोदा के शब्द हैं :

यशोदा : "अरे लाला, ऐसौ मति कहै। रात को डरपैगो। अरे बैठिजा।"

लगभग प्रत्येक रासलीला में गहन से गहन तत्वों का निरूपण इतनी सहज वाणी में किया जाता है कि अहं के असंख्य पर्तों के नीचे छिपा मर्म स्फुरित हो जाता है। 'गोपदेवी' लीला में कृष्ण गोपदेवी का रूप धारण करके राधा के पास आते हैं। दोनों का मधुर वार्तालाप सहज ही आध्यात्मिक प्रेम की व्याख्या में बदल जाता है। राधिकाजी की वाणी में कृष्ण सुनते हैं—श्रद्धा, सत्संग, भजन की निष्ठा का विवेचन और उसमें पंचविघ्न का विश्लेषण। 'माखन चोरी' लीला के प्रारम्भ हीं में सखियाँ, नवधा भक्ति की महिमा का रसभरे शब्दों में वर्णन करती हैं।

आज बीसवीं सदी के उत्तरार्द्ध में आधुनिक चमक-दमक और वैज्ञानिक चमत्कारों से स्तम्भित, आजकल की उलझनों और संघर्ष की टक्करों से पीड़ित, वर्तमान अशान्ति एवं कोलाहल से त्रस्त मानव, पुनः अनुराग की तन्मयता और छवि की खोज करने लगा है। रासलीला का महारस उसी की अविनश्वर क्षणिक झाँकी है।

आजु हरि अद्भुत रास रचायौ।
एक ही सुर सन मोहित कीन्हें, मुरली नाद सुनायौ।
अचल चले, चल थकित भए सब, मुनिजन ध्यान भुलायौ॥
चंचल पवन थक्यौ, नहिं डोलत, जामुन उलटि बहायौ।
थकित भयौ चन्द्रमा सहित मृग, सुधा समुद्र बढ़ायौ॥

पत्र-पत्रिकाओं, रेडियो और फिल्मों का महत्त्व

अर्द्ध विकसित एवं हाल ही में स्वतन्त्र हुए देशों के लिए ज्ञानवर्द्धन सूचनाओं का भी उतना ही महत्त्व है, जितना की सूचना की स्वतन्त्रता का। सूचना के इन दोनों पहलुओं में सन्तुलन बनाए रखने की आवश्यकता के कारण ही सरकार बड़ी विषम स्थिति में पड़ जाती है।

एक व्यक्ति के विचार में सरकार प्रतिबन्ध लगानेवाली एक संस्था है, जिसे सूचनाएँ आदि प्रदान करनेवाली संस्थाओं को स्वतन्त्रता देने के लिए विवश किया जाना चाहिए। इस प्रकार का सुझाव निराधार नहीं है, स्वतन्त्रता और स्वाधीनता के अधिकांश विचारों (जिनमें सूचना की स्वतन्त्रता के विचार भी शामिल हैं) का उद्‌गम प्राधिकार अर्थात राज्य चाहे वह विदेशी हो या अत्याचारी—के विरुद्ध अनेकानेक आन्दोलनों में ढूँढ़ा जा सकता है। इसलिए 'प्राधिकार' तथा 'सरकार' के बीच अन्तर करना आवश्यक है। इस खेल के लिए सरकार को समाज की एक ऐसी प्रशासनिक संस्था के रूप में लिया जा सकता है, जिसका कार्य न केवल शान्ति और व्यवस्था बनाए रखना है, बल्कि जनता के आर्थिक, सामाजिक तथा बौद्धिक जीवन का विकास करना भी है, जिससे प्रत्येक नागरिक के व्यक्तित्व को पूर्णतम अभिव्यक्ति का अवसर मिले। सरकारों तथा आयोजकों में थोड़ी अवधि के अन्दर ही असाधारण को आर्थिक दृष्टि से समुन्नत करने की जो व्यग्रता दिखाई देती है, उससे एक प्रवृत्ति यह सामने आई है कि वे सरकारें तथा आयोजक इन देशों में अल्पसंख्यक शिक्षित मध्यमवर्ग को बहुत कम महत्त्व देते हैं, जिसकी शिक्षा-दीक्षा व्यक्ति-स्वातन्त्र्य के उदार दृष्टिकोण के वातावरण में हुई है। बौद्धिक दृष्टि से यह मध्यम वर्ग उतना ही समुन्नत है जितने का अपेक्षाकृत अन्य उन्नत देशों के मध्यम वर्ग हैं। इस वर्ग की विचार-पद्धति तथा अभिव्यक्ति का तौर-तरीका उन्नत देशों से ही अधिक मिलता है, न कि उसके आसपास की सामान्य ग्रामीण जनता के दृष्टिकोण से। इन अर्द्ध-विकसित देशों की सरकारों की स्थिति अद्‌भुत है, क्योंकि सरकार तथा उसके आलोचक, इन दोनों वर्गों में ऐसे व्यक्ति हैं, जिनकी पृष्ठभूमि एक समान है, साथ ही जिनके हृदय में देश की चहुँमुखी उन्नति के लिए वैसी ही उत्कंठा पाई जाती है।

इस विश्लेषण से पता चलेगा कि यह संघर्ष सतही है और इसे सुलझाया जा सकता है। सरकार को अपना सामान्य शत्रु समझना आवश्यक न हो, यदि सरकार तथा अन्य

लोग दोनों, सूचना के माध्यमों के विकास के लिए ध्यान और शक्ति केन्द्रित करें, ताकि सूचना की स्वतन्त्रता के दो आवश्यक अंगों (अर्थात् स्वतन्त्रता का वातावरण तथा स्वतन्त्रता की अभिव्यक्ति) के लिए शीघ्रातिशीघ्र सुविधाएँ प्रदान की जा सकें।

पत्र-पत्रिकाओं की उन्नति आकाशवाणी का विस्तार, फिल्मों और समाचार-चित्रों का अधिकाधिक निर्माण तथा टेलीविजन का प्रचार—ये सब जनता को शिक्षित करने के साधन बन जाएँगे, जिसके परिणामस्वरूप प्रबुद्ध शिक्षित वर्ग की वृद्धि होगी। सूचना के और अच्छे साधनों का अर्थ है और अच्छी शिक्षा, तथा उसकी शिक्षा का अर्थ है कि सूचना की स्वतन्त्रता के लिए उपयुक्त वातावरण।

यह अनुमान करना युक्तिसंगत ही होगा कि सूचना की स्वतन्त्रता की परिस्थितियाँ उन्नत करने में अर्द्ध-विकसित देशों में उन्नत देशों की अपेक्षा सरकार का योग सम्भवतः अधिक महत्त्वपूर्ण है।

सूचना के स्रोतों के सम्बन्ध में सरकार की निम्नलिखित गतिविधियाँ बताई जा सकती हैं : नियन्त्रणात्मक, प्रोत्साहजनक तथा ऐसी गतिविधियाँ, जिनमें सरकार हिस्सा लेती है। चूँकि सरकार की नियन्त्रणात्मक गतिविधियों पर ही सबसे अधिक दृष्टि जाती है, इसलिए इसका विश्लेषण करना लाभदायक होगा कि सरकारों के लिए विचारों के टकराव को नियन्त्रित करने अथवा उनका दमन करने के लिए अपने अधिकारों का प्रयोग करना क्यों आवश्यक हो जाता है।

प्रायोगिक प्रगति के साथ सरकार को विभिन्न गतिविधियों में हस्तक्षेप करना पड़ता है और चूँकि सूचनाओं का आदान-प्रदान प्रौद्योगिक प्रगति के साथ मार्मिक रूप से सम्बन्धित है, इसलिए इस क्षेत्र में सरकार द्वारा हस्तक्षेप अपरिहार्य हो जाता है। यहाँ तक कि अमरीका जैसे देश में भी 'संघीय संचार आयोग' को एक पथप्रदर्शक और प्रहरी का पद प्राप्त हो गया है।

आधुनिक प्रौद्योगिक समाज की एक अन्य विशेषता संचार-साधनों में बड़े पैमाने पर उद्यमों का प्रकट होना है। इसके साथ बड़े परिणाम में अधिक शक्ति का केन्द्रीयकरण भी हुआ है। परिणामतः स्वयं अखबार, जो व्यक्तिगत अभिव्यक्ति, टीका-टिप्पणी तथा आलोचना के साधन थे, धीरे-धीरे उद्योग का रूप लेते जा रहे हैं। जब ये ऐसी संस्थाओं के हाथ में चले जाते हैं, जिनके पास भारी आर्थिक शक्ति केन्द्रित है तो इनका उपयोग कतिपय गुटों की ओर से जनता को अपने अनुकूल सुझाव देकर प्रभावित करने के लिए होने लगता है। पर, जब अखबार टीका-टिप्पणी की अभिव्यक्ति न करके, विशेष प्रकार के हितों का प्रतिनिधित्व करने लगते हैं, तब जनता के व्यापक हित के हक में सरकार हस्तक्षेप करती है।

सरकार द्वारा हस्तक्षेप करने का एक और कारण यह है कि व्यक्तियों और नीतियों के बारे में सनसनीखेज खबरों और विचारों की भूख बढ़ रही है। ऐसी स्थिति में विवेक से काम नहीं लिया जाता। बोलने के अधिकार का अर्थ है कि सुनने के लिए भी तैयार रहा जाए और यदि सूचना के माध्यमों का बदलता रूप इस अधिकार को सीमित करता

है, तो आश्चर्य नहीं कि लोकतन्त्रात्मक समाज में भी सरकार कभी-कभार इस अधिकार के रक्षक के रूप में प्रकट होती है।

जिन समाजों में लोकतन्त्रात्मक पद्धति की अपेक्षाकृत लम्बी परम्परा है, उनमें लोग समस्या के दोनों पहलुओं के बारे में जानकारी प्राप्त कर अपना मत निर्धारित करने के अभ्यस्त हो जाते हैं। पर नए-नए स्वतन्त्र हुए देशों में उलटी ही बात दिखाई देती है, अर्थात विदेशी अत्याचार के विरुद्ध उत्तेजनात्मक भाषणों आदि को सुनने तथा अक्सर तदनुसार आचरण करने की प्रवृत्ति दृष्टिगोचर होती है। यहाँ तक कि बदली हुई परिस्थितियों में भी, जब किसी अत्याचार के विरुद्ध जेहाद करने का अवसर नहीं होता, आवेशपूर्ण भाषण तथा आवेशपूर्ण आचरण के बीच सम्बन्ध बना रहता है। अधिक परिपक्व लोकतन्त्रात्मक देशों में खुली आलोचना करने के अधिकार इस आधार पर लोगों को मिले होते हैं कि भाषण से आचरण तक परिवर्तन धीमे-धीमे तथा सोचकर होगा। जहाँ ऐसा नहीं है, जैसा कि अनेक अर्द्ध-विकसित देशों का हाल है, अबाधित तथा अतिशयोक्तिपूर्ण आलोचना के विषय में सरकारी हस्तक्षेप प्रायः अपरिहार्य हो जाता हैं पर इससे सम्बन्ध एक अन्य मनोवैज्ञानिक घटक भी है, जो सरकारों को इन नए लोकतंत्रात्मक देशों में हस्तक्षेप करने को प्रेरित करता है। चूँकि सरकारें इस बात के लिए उत्सुक रहती हैं कि थोड़ी से थोड़ी अवधि में जनता में स्वेच्छा से सरकार के प्रति भक्ति तथा राष्ट्र में गौरव की भावना का विकास हो, इसलिए अनियन्त्रित आलोचनात्मक विचारों की अभिव्यक्ति को वे कभी-कभी बाधा के रूप में लेती है।

अतिशयोक्तिपूर्ण आलोचना से कई बार सरकारें प्रेरित होती हैं कि वे आलोचकों को अगले दृष्टिकोण के अनुसार ढालने का ख्याल छोड़ ही दें। इसके विपरीत सरकारें अलग से अपनी प्रचार संस्थाएँ और कार्यालय आदि बनाने में सारी शक्ति और साधन लगा देती हैं। इस प्रकार असन्तुलित ढंग से सरकारी कार्यालयों में वृद्धि आलोचना को मिली हुई अभिव्यक्ति को स्वतन्त्रता की सुविधाओं को नष्ट कर देती है। इसलिए अबाध विचारों तथा सरकारी गतिविधियों के बीच पहले से अधिक सन्तुलन रखा वांछनीय प्रतीत होगा।

सूचना के स्रोतों के सम्बन्ध में सरकार की नियंत्रणात्मक गतिविधियों की समीक्षा करने से पता चलेगा कि नए लोकतंत्रात्मक देशों में इस प्रकार के नियन्त्रणों का उद्गम इन घटकों से होता है—सरकारों द्वारा आर्थिक जीवन, राष्ट्रीय एकता तथा राजनीतिक संस्थाओं का निर्माण करने की उत्सुकता तथा तेजी से विकसित होने वाले आधुनिक प्रौद्योगिक समाज में व्यक्तिगत स्वतन्त्रता के अधिकार को सुरक्षित रखने की आवश्यकता।

किसी भी तरह से जिनके विरुद्ध आपत्ति नहीं की जा सकती, ऐसे उद्देश्यों की पूर्ति किस प्रकार हो, साथ ही विचार-स्वातन्त्र्य पर भी कोई आँच न आए, यह प्रश्न है। इस सम्बन्ध में कुछ उपयोगी सुझाव है : (1) सरकार द्वारा उठाए हुए प्रतिबन्धात्मक कदमों का निरन्तर अध्ययन आदि करने की व्यवस्था हो (2) सरकार द्वारा छोटे अखबारों

तथा फिल्मनिर्माण इकाइयों को परोक्ष रूप से प्रोत्साहन मिले (3) स्पर्धात्मक समाचार एजेंसियों तथा अन्य माध्यमों, विशेषकर सहकारी संस्थाओं को प्रोत्साहन मिले (4) व्यावसायिक मानदंडों का निरन्तर उन्नयन हो (5) नागरिकों के लिए सूचना के माध्यमों आदि के स्वामित्व, नियुक्तियाँ ग्राहक-संख्या आदि सम्बन्धी जानकारी प्राप्त करने का अवसर हो (6) यह भी महत्त्वपूर्ण है कि सरकार आर्थिक जीवन की उन्नति के बहाने शासक दल अथवा शासनारूढ़ व्यक्तियों की आलोचना करने वाले विचारों अथवा रिपोर्टों का दमन न करे। साथ ही यह भी महत्त्वपूर्ण है कि सूचना के माध्यम एक ऐसी परम्परा बना दें कि सरकार की नौकरी में वैतनिक कर्मचारियों को राजनीति में न घसीटा जाए, और (7) झूठी, अतिशयोक्तिपूर्ण तथा द्वेषपूर्ण रिपोर्टों के लिए कानूनी कार्यवाही द्वारा प्रतिकार की व्यवस्था हो।

आधुनिक युग की एक बहुत ही महत्त्वपूर्ण प्रवृत्ति यह है कि सरकार प्रचार-संस्थाओं में वृद्धि हो रही है। इसका एक कारण तो यह है कि प्रायः अतिशयोक्तिपूर्ण आलोचनाओं के कारण सरकार अपनी प्रचार-संस्थाएँ बनाने को विवश हो जाती है। दूसरा कारण यह भी हो सकता है कि सरकार की कुछ गतिविधियाँ इतनी जटिल तथा टेक्निकल बनती जा रही हैं कि यदि उनकी व्याख्या करना व्यक्तिगत संवाददाताओं पर छोड़ दिया जाए, तो उससे बुनियादी गलत धारणाएँ बन सकती हैं। तीसरे और यह बड़ी महत्त्वपूर्ण बात है—सरकारी सूचना संस्थाओं द्वारा भेजे गए समाचारों आदि का एक स्पष्ट लाभ यह है कि छोटी से छोटी पत्र-पत्रिकाओं आदि को भी ऐसी सामग्री मिल जाती हैं, जिन पर अन्यथा कुछ बड़ी तथा सम्पन्न पत्र-पत्रिकाओं आदि का एकाधिकार रहता।

इसलिए सरकार द्वारा अपने सूचना संगठनों का विकास अनिवार्य तथा स्वागत योग्य है, विशेषकर नए-नए स्वतन्त्र हुए देशों में, जहाँ तीव्र गति से अधिक पुनर्निर्माण के लिए आर्थिक कार्यक्रमों में जन-सहयोग प्राप्त करके जनता को तैयार करना आवश्यक है।

तो भी, यह सरकार के ही हित की बात होगी कि उसके सूचना-संगठनों के पत्र-पत्रिकाओं आदि में विश्वास की भाव उत्पन्न हो। इस सम्बन्ध में सूचना अधिकारियों को महत्त्व भी समझना चाहिए। कुछ सूचना अधिकारी मन्त्रियों अथवा ऊँचे अधिकारियों का व्यक्तिगत प्रचार करने के लिए वस्तुतः उनके एजेंट के रूप में अपना विकास करने लगते हैं। परिणामतः आधारभूत सूचनाओं को पीछे धकेल दिया जाता है। इस प्रवृत्ति को पनपने नहीं देना चाहिए।

दक्षिण-पूर्व के लगभग सब देशों में प्रसारण-सेवाएँ विद्यमान हैं। स्पष्ट है कि इनमें से अधिकांश देशों में रेडियो पर सरकारी एकाधिकार के कारण सरकार को आर्थिक विकास तथा प्रशासनिक गतिविधियों के बारे में जनता को जानकारी देने तथा उनका प्रचार करने का अबाध क्षेत्र मिला हुआ है।

इस सीमा तक रेडियो के सरकारी नियन्त्रण में रहने से सूचना के क्षेत्र का संकोच नहीं, विकास ही होता है। ऐसे उदाहरण बहुत है जब कि प्रादेशिक तथा छोटे अखबार

रेडियो-कार्यक्रमों तथा समाचार-बुलेटिनों से अपने संवाद तथा सूचना के सूत्रों को परिपुष्ट करते हुए नागरिक को शिक्षित करने में योग दे रहे हैं।

फिर भी, सरकारी एकाधिकार से बड़े महत्त्वपूर्ण प्रश्न उठते हैं : यथा समाचारों के प्रसारण तथा विधानमंडलों की कार्यवाहियों की खबरें देने में सरकार के पक्ष में प्रचार तथा सरकार के विपरीत जानेवाली रिपोर्टों का दमन किस प्रकार रोका जा सकता है? इसका एक उत्तर यह है कि एक स्वतन्त्र तथा गैर-सरकारी समाचार-एजेन्सी का विकास किया जाए। इसके साथ ही रेडियो में समाचार-सम्पादकों को इस बात के लिए प्रोत्साहित किया जाए कि वे समाचारों के चुनाव तथा सम्पादन में समाचार के महत्त्व पर अधिक ध्यान दें। इसके अतिरिक्त रेडियो-संगठनों के लिए कर्मचारी अनुभवी पत्रकारों में से ही चुने जाएं।

सरकार द्वारा नियन्त्रित रेडियो-संगठनों से संसदीय कार्यवाहियों के प्रसारण से रेडियो संगठनों तथा सरकार, दोनों के लिए एक दुविधा पैदा हो सकती है, बहुत बड़ी संख्या में सरकारी विज्ञप्तियाँ प्रसारित करने की प्रवृत्ति का दमन संसद में चौकस विरोध-पक्ष कर सकता है।

अनेक देशों में सरकारी या सरकार के तत्वावधान में बनी एजेंसियाँ जानकारीपूर्ण फिल्में बनाती है। सिनेमाघरों को नियमित रूप से एक निश्चित लम्बाई के वृत-चित्र तथा समाचार-चित्र दिखाने पड़ते हैं। इन देशों में समाचार तथा वृत-चित्रों के निर्माण का काम एक जगह केन्द्रित है और प्रायः सरकार के हाथ में है। इसका सबसे बड़ा कारण यह है कि गैर-सरकारी निर्माता लाभ की गुंजाइश न होने के कारण इस क्षेत्र में पैसा नहीं लगाते। यहाँ तक कि कनाडा जैसे साधनसम्पन्न देश में वहाँ का 'राष्ट्रीय फिल्म बोर्ड' सरकारी साधनों के बल पर ही कनाडावासियों के जीवन और संस्कृति सम्बन्धी चित्रों का निर्माण करवाता है। यही स्थिति भारत सरकार के फिल्म विभाग की है।

मध्यपूर्व के कुछ देशों में सरकारें टेलीविजन में जनता के विचारों को बदलने के लिए एक सशक्त साधन पाकर बड़े पैमाने पर जल्दी-जल्दी टेलीविजन का विकास करने के लोभ का संवरण नहीं कर पा रही है कुछ दक्षिण-पूर्व एशियाई देशों में जब भी कभी तख्ता उलटता है, सरकार द्वारा नियंत्रित रेडियो का उपयोग नए शासकों का तथा उनकी नीतियों का प्रचार करने तथा उन्हें शासनारूढ़ बनाए रखने के लिए किया जा रहा है। रेडियो के इस दुरुपयोग से लोकतन्त्रात्मक पद्धति के विकास में बाधाएँ उपस्थित हुई है।

चूँकि अनिश्चित काल तक जनता को जानकारी से वंचित रचना व्यावहारिक नहीं है, इसलिए एक आधुनिक सरकार यदि जानकारी देनेवाले तथा जानकारी पाने वाले लोगों की संख्या में वृद्धि करें, तो इससे वह एक तो अपनी हितसाधना करेगी, दूसरे विचार-स्वातन्त्र्य के पुनीत उद्देश्यों की भी पूर्ति करेगी।

ज्यों-ज्यों साक्षरता बढ़ती जा रही है, अखबार पढ़नेवाले लोगों में भी बहुत बड़ी वृद्धि हो रही है। हाल ही में आयोजित अन्तर्राष्ट्रीय प्रेस इंस्टिट्यूट की विचार गोष्ठी

में एक भारतीय प्रतिनिधि ने दावा किया था कि केवल भारत में ही प्रतिवर्ष अखबार पढ़नेवाले लोगों में ऑस्ट्रेलिया की पूरी जनसंख्या के बराबर वृद्धि हो रही है।

इन बढ़ती हुई माँगों को पूरा करने के लिए बड़े परिणाम में साधन चाहिए, और इसमें सरकारों के योगदान का महत्त्व भी स्पष्ट है। प्रत्येक सरकार को चाहिए कि वह अपनी योजनाओं में सूचना के माध्यमों के 'आधारभूत ढाँचे' के निर्माण के लिए काफी धन प्रदान करे।

उच्च प्राथमिकता वाले इस कार्यक्रम को सफल बनाने के लिए सरकारों को भारी परिणाम में अन्तर्राष्ट्रीय संस्थाओं की सहायता की आवश्यकता पड़ेगी और इन संस्थाओं को चाहिए कि वे अनुन्नत देशों में जनसाधारण तक जानकारी पहुँचानेवाले माध्यमों के विकास में पर्याप्त पूँजी लगाएँ।

(योजना : 8 अप्रैल 1962)

●●●

जगदीशचन्द्र माथुर रचनावली-4

[चरित लेख और बहुजन सम्प्रेषण के माध्यम]

जगदीशचन्द्र माथुर रचनावली

[खंड-4]

सम्पादक

सुरेश अवस्थी

राधाकृष्ण प्रकाशन

ISBN 978-81-8361-317-0

जगदीशचन्द्र माथुर रचनावली (खंड-4)

पहला संस्करण : 2009
दूसरा संस्करण : 2021

मूल्य : ₹ 5000 सेट (चार खंडों में)

प्रकाशक
राधाकृष्ण प्रकाशन प्राइवेट लिमिटेड
जी-17, जगतपुरी, दिल्ली-110 051

शाखाएँ : अशोक राजपथ, साइंस कॉलेज के सामने, पटना-800 006
पहली मंजिल, दरबारी बिल्डिंग, महात्मा गांधी मार्ग, प्रयागराज-211 001
36-ए, शेक्सपियर सरणी, कोलकाता-700 017

वेबसाइट : www.radhakrishnaprakashan.com
ई-मेल : info@radhakrishnaprakashan.com

मुद्रक
बी.के. ऑफसेट
नवीन शाहदरा, दिल्ली-110 032

JAGDISHCHANDRA MATHUR RACHNAVALI (Vol. IV)
Edited by Suresh Awasthi

स्वतंत्रता दिवस पर भाषण, 1962, मुजफ्फरपुर (तिरहुत)

1951-53 इलाहाबाद केन्द्र द्वारा नाटक पर संयोजित रेडियो परिचर्चा में (बायें से) उपेन्द्रनाथ अश्क, जगदीशचन्द्र माथुर, राजकुमार वर्मा एवं सुमित्रानन्दन पंत

गंडक के तट पर जगदीशचन्द्र माथुर और प्रेमकान्ता जी, 1963

मॉडर्न स्कूल में भाषण, 1956, नई दिल्ली

राष्ट्रपति डॉ. राजेन्द्र प्रसाद से मिलते हुए, 1957, नई दिल्ली

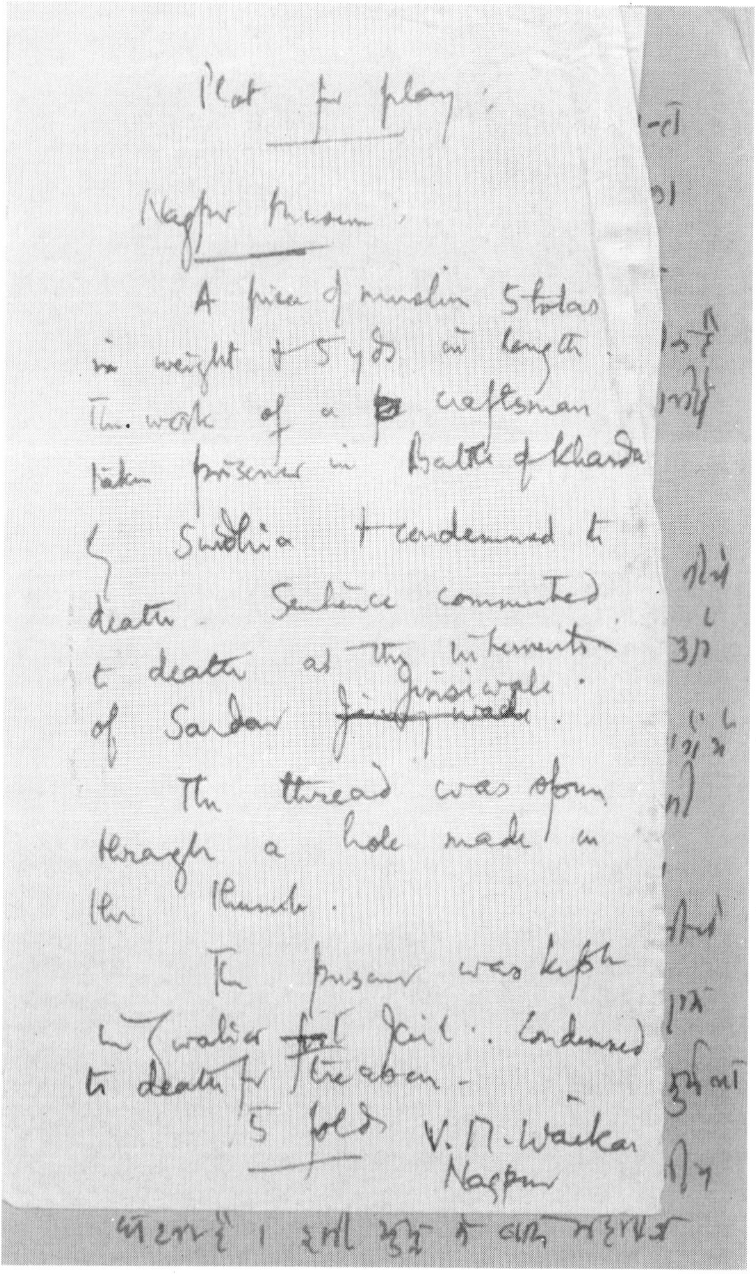

Plot for play:

Nagpur Museum:

A piece of muslin 5 tolas in weight & 5 yds in length. The work of a craftsman taken prisoner in Battle of Kharda by Sindhia & condemned to death. Sentence commuted to death at the instruments of Sardar Jinsiwale.

The thread was spun through a hole made in the thumb.

The prisoner was kept in Gwalior Jail. Condemned to death for treason.

5 folds

V. M. Waikar
Nagpur

नागपुर म्यूज़ियम का विचित्र मखमल—शारदीया की शुरुआत, हस्तलिखित नोट, 1953

सम्पादकीय

श्री माथुर की रचनावली सम्पादित करने का प्रस्ताव जब राधाकृष्ण प्रकाशन के निदेशक, अशोक महेश्वरी, और श्री माथुर के बड़े बेटे ललित माथुर ने मेरे सामने रखा तो मैंने उसे सहर्ष स्वीकार कर लिया। इसका कारण यह था कि मैं श्री माथुर के नाटकों और उनके नाट्य विषयक लेखन का पाठक और प्रशंसक रहा हूँ। संगीत नाटक अकादमी में सचिव के पद पर काम करते हुए (1965-75) उनके सम्पर्क में भी आया, जब वे कई वर्षों तक अकादमी की कार्यकारिणी के सदस्य थे। अकादमी की योजनाओं और कार्यक्रमों में वे विशेष रुचि लेते थे। आश्चर्य होता है कि प्रशासनिक कार्यों और जिम्मेदारियों के साथ-साथ नाट्य-प्रदर्शनों में उनकी इतनी गहरी रुचि थी कि शाम को प्रायः रंगशाला में दिखाई दे जाते थे।

श्री माथुर के पहले सम्पूर्ण नाटक 'कोणार्क' (सन् 1950) के साथ हिन्दी में एक नए प्रकार के ऐतिहासिक नाटक की परम्परा शुरू हुई। उसकी प्रशंसा में पन्तजी ने नाटक के प्राक्कथन में लिखा : "इसमें प्राचीन, नवीन नाट्य-कला का अत्यन्त मनोरम सामंजस्य है।" यह गुण श्री माथुर के सम्पूर्ण साहित्य का है और उनकी विचारधारा का मूल आधार भी। श्री माथुर सर्जनात्मक प्रतिभा के धनी थे। उन्होंने विद्यार्थी जीवन में ही एकांकी नाटक और लेख लिखना शुरू कर दिया था। उनके आरम्भिक एकांकी 'सरस्वती' जैसे प्रतिष्ठित पत्रिका तथा श्री सुमित्रानन्दन पन्त और श्री नरेन्द्र शर्मा द्वारा सम्पादित 'रूपाभ' में छपे थे। उनको तभी से नाटक के प्रदर्शन में भी रुचि थी। एकांकी : 'भोर का तारा' प्रदर्शन के लिए तब लिखा था जब वे विश्वविद्यालय में थे। उसमें पाठ भी किया था, सहपाठी और मित्र कवि नरेन्द्र शर्मा के साथ। 'भोर का तारा' रंगमंच पर आज तक लोकप्रिय है।

श्री माथुर सृजनात्मक प्रतिभा के धनी थे। वे 14-15 वर्ष की आयु से ही लिखने लगे थे। यद्यपि उनकी ख्याति नाटककार के रूप में है। उन्होंने अपनी विशिष्ट शैली में चरित लेख, ललित निबन्ध और नाट्य-

निबन्ध लिखे हैं। लेखन में उनकी इतनी प्रबल रुचि थी कि उन्होंने जिन विभागों में काम किया उनकी समस्याओं के सम्बन्ध में भी लिखा। इनमें कृषि-विज्ञान, शिक्षा-शास्त्र, प्रौढ़-शिक्षा, साक्षरता, राजभाषा के रूप में हिन्दी की समस्याएँ और बहुजन-सम्प्रेषण के माध्यम (मास-मीडिया) जैसे विषय शामिल हैं। उनकी आरम्भिक रचनाएँ—चाँद, भारत, माधुरी, सरस्वती और रूपाभ जैसी अपने समय की प्रतिष्ठित पत्रिकाओं में छपती थीं।

बिहार में शिक्षा सचिव के पद पर काम करते हुए उन्होंने कई सांस्कृतिक और साहित्यिक संस्थाओं की स्थापना की और उनमें गहरी रुचि ली। बिहार राष्ट्रभाषा परिषद्, नालन्दा पालि-शोध-प्रतिष्ठान, वैशाली प्राकृत्-शोध-संस्थान, मिथिला संस्कृत-शोध-प्रतिष्ठान और वैशाली-संघ उन्हीं की स्थापित की हुई हैं। 1953 में बिहार संगीत नाटक अकादेमी की स्थापना और उसकी द्विभाषिक त्रैमासिक पत्रिका 'बिहार थिएटर' के प्रकाशन का विशेष महत्त्व है। इस सन्दर्भ में यह उल्लेखनीय है कि केन्द्रीय संगीत नाटक अकादेमी की स्थापना एक वर्ष बाद 1954 में हुई। वे जब दिल्ली में विभिन्न विभागों में काम कर रहे थे, तब कई सांस्कृतिक संस्थाओं के सक्रिय सदस्य और मार्गदर्शक रहे। इनमें उल्लेखनीय हैं—संगीत नाटक अकादेमी, ऑल इंडिया फाईन आर्ट्स एंड क्राफ्ट्स सोसाइटी और राष्ट्रीय नाट्य विद्यालय। वे यूनेस्को और एम.ए.ओ. की समितियों के भी सदस्य थे और भारतीय प्रौढ़ शिक्षा परिषद् के उपाध्यक्ष रहे।

अपने विचारों और मूल्यों में श्री माथुर ग्रामीण और नागर, लोक और शास्त्रीय संस्कारों और परम्पराओं के समन्वय के पक्षधर थे। इस पक्षधरता का स्वर उनके साहित्य में भी मुखर है। उन्होंने अपनी रचनाओं की प्रकृति, रचना-प्रक्रिया और अपने विचारों और विश्वासों के बारे में पुस्तकों की भूमिकाओं में बहुत-कुछ लिखा है, जो उनके साहित्य को समझने में सहायक है।

सन् 1941 में आई.सी.एस. में आने के बाद उन्होंने जिन विभागों में काम किया उनसे सम्बन्धित विषयों पर हिन्दी और अंग्रेज़ी दोनों में लिखा। यह विपुल लेखन आज भी रुचिकर और उपयोगी है, और हम इसे रचनावली में सम्मिलित करना चाहते थे, पर कई कारणों से हम ऐसा न कर सके।

एक तो यह पदेन लिखा हुआ है, विशिष्ट सन्दर्भों और अवसरों के लिए, दूसरे साहित्येतर है, और तीसरे, अधिकांश अंग्रेज़ी में है। एक बहुत बड़ा कारण यह भी था कि हम रचनावली को श्री माथुर के साहित्यिक कृतित्व पर केन्द्रित रखना चाहते थे। उनकी पुस्तक 'ड्रामा इन रूरल

इंडिया' भी रचनावली में अनुवाद खंड में सम्मिलित नहीं की गई। इसकी कमी इस बात से पूरी हो गई कि इसी विषय पर उनकी हिन्दी पुस्तक 'परम्पराशील नाट्य' रचनावली के खंड तीन में है।

बहुत सोच-विचार करने और श्री ललित माथुर तथा श्री अशोक महेश्वरी से परामर्श करने के बाद हमने इस लेखन को छोड़ देने का निश्चय किया; एक अपवाद को छोड़कर। मास मीडिया पर उनकी पुस्तक 'बहुजन-सम्प्रेषण के माध्यम' खंड चार में सम्मिलित की गई है। इसका कारण यह है कि इस विषय पर हिन्दी में आज भी साहित्य बहुत कम है।

इस आधार पर रचनावली चार खंडों में प्रकाशित हो रही है। खंड एक में सम्पूर्ण नाटक, खंड दो में एकांकी नाटक, खंड तीन में नाट्य निबन्ध और खंड चार में चरित लेख और बहुजन-सम्प्रेषण के माध्यम।

हम लोगों को इस बात की प्रसन्नता है कि श्री माथुर का लेखन चार खंडों में रचनावली के रूप में पाठकों के पास पहुँच रहा है। किन्तु, इस बात का खेद भी है कि ऐसा उनके निधन के बाद ही सम्भव हो सका है। इसी कारण से उनके कुछ लेखों के बारे में पूरी प्रकाशन-सूचना प्राप्त नहीं हुई।

श्री ललित माथुर और उनके छोटे भाई समीर ने बड़ी लगन के साथ लेखन सामग्री एकत्रित और संयोजित की और श्री अशोक महेश्वरी ने रचनावली के प्रकाशन में व्यक्तिगत रुचि ली, जिससे मेरा काम आसान हो गया। मैं इनके प्रति आभार प्रकट करता हूँ। मेरी पत्नी, डॉ. इन्दुजा अवस्थी ने मेरी बीमारी के दिनों में जो इसमें सहायता की उसके बिना यह असम्भव था।

–सुरेश अवस्थी

प्रस्तावना

इस खंड के पहले भाग में दो चरित लेख संकलन 'दस तसवीरें' और 'जिन्होंने जीना जाना' एवं दूसरे भाग में ललित निबन्ध 'बोलते क्षण', और कुछ स्फुट निबन्ध सम्मिलित हैं। श्री माथुर के चरित लेख इस साहित्यिक विधा में हिन्दी में विशिष्ट हैं। जब 'दस तसवीरें' के कुछ लेख पत्र-पत्रिकाओं में प्रकाशित हुए तो उनको संस्मरण कहा गया। पुस्तक प्रकाशित होने पर श्री माथुर ने इस सम्बन्ध में स्पष्टीकरण दिया कि मेरे लेख संस्मरण नहीं, चरित लेख हैं। उन्होंने लिखा : *चरित लेख ललित और गम्भीर साहित्य का अंग है, संस्मरण उत्कृष्ट पत्रकारिता की एक वैयक्तिक और मनोरंजक विधा है। भारतीय साहित्य में चरित लेखों की पुरानी परम्परा है, यद्यपि मेरे ऊपर यूरोपीय साहित्य के चरितकारों का प्रभाव पड़ा है।* (प्राक्कथन, 'दस तसवीरें')

'दस तसवीरें' में जीवन निर्माता अध्यापक अमरनाथ झा, बंगला रंगमंच के महान अभिनेता, शिशिर भादुड़ी, तथा प्रसिद्ध बाँसुरीवादक पन्नालाल घोष जैसे व्यक्तियों के बारे में चरित लेख दिए हुए हैं। दूसरे चरित लेख संग्रह 'जिन्होंने जीना जाना' में हिन्दी के कुछ विद्वानों, कवियों, सम्पादकों और कलाकारों पर चरितलेख हैं। इनमें डॉ. वासुदेवशरण अग्रवाल, शिवपूजन सहाय, सुमित्रानन्दन पन्त और बिहार के बिदेसिया नाट्य-रूप के जन्मदाता और गायक–भिखारी ठाकुर सम्मिलित हैं।

तीसरे भाग में मास-मीडिया पर उनकी पुस्तक 'बहुजन सम्प्रेषण के माध्यम' (मास-मीडिया की कथा) को सम्मिलित किया गया है। जिसमें रेडियो, फिल्म, समाचार-पत्र आदि बहुजन माध्यमों पर विस्तार से विवेचन किया गया है।

अनुक्रम

भाग-2

ललित लेख

बोलते क्षण

भाग-3

बहुजन सम्प्रेषण के माध्यम
(मास-मीडिया की कथा)

भाग-1

चरित लेख

दस तसवीरें

प्राक्कथन

आज का हिन्दी पाठक मुझे प्रायः नाटककार के नाम से ही जानता है। गले पड़ी ढोलकी बजावे जोगी—नाटक और रंगमंच का भूत कुछ इस तरह मुझ पर सवार रहता है कि उससे निस्तार पाना असम्भव है।

किन्तु मेरे साहित्यिक जीवन का श्रीगणेश वस्तुतः जीवनचरितों के लेखन से हुआ। 14 वर्ष की आयु में (सन् 1930 के आसपास) मैंने अपनी पहली पुस्तक लिखी—'हेनरी फ़ोर्ड का जीवनचरित'। उन दिनों प्रयाग के हिन्दी प्रेसवाले जीवनचरितों की एक चवन्नी सीरिज़ प्रकाशित करते थे। लिखने का चाव पैदा हो गया था और उस पिल्ले की तरह, जिसके दाँत उगते समय उसे हर चीज़ पर उन्हें आज़माने की तबीयत करती है, मैं भी अपनी नवोदित लेखनी की खुजलाहट यत्र-तत्र निबन्ध लिखकर दूर करता था। झाँसी की रानी लक्ष्मीबाई और फ्रांस की जोन ऑफ़ आर्क के ऊपर चरितनिबन्ध लिखने के बाद, हेनरी फ़ोर्ड का जीवनचरित एक पूरी पुस्तिका के रूप में लिख डाला। अदम्य उत्साह था उन दिनों, किशोरावस्था की प्रतिभा पर ज़ोम था, हर तरह की गद्य-शैली का अनुकरण करने की क्षमता भी थी। अब ऐसी हिमाकत करने की हिम्मत नहीं कर सकता।

हिन्दी-प्रेसवालों को पांडुलिपि मिली। उन्हें क्या मालूम था कि लेखक 14 वर्ष का किशोर है! रचना उनकी सीरिज़ से मेल खाती थी। मुझे पत्र मिला—"महोदय, आपकी पुस्तक किशोरों और युवकों के लिए उपादेय है। हम उसे अपनी सीरिज़ में प्रकाशित करेंगे।" फूला न समाया। सहपाठी यक़ीन ही न करते थे। लेकिन कुछ दिनों बाद मनीऑर्डर मिला—चालीस रुपए का, जिसमें से आधी रक़म मैंने अपने सहपाठी श्री लालचन्द शर्मा 'पराग' को दी, क्योंकि व्यास के लिए गणेश की भाँति उन्होंने मेरी रचना की प्रतिलिपि तैयार की थी।

लेकिन कहानी का अन्त इतना सुखदायी नहीं रहा। उसी वर्ष शायद आर्थिक क्षति के कारण हिन्दी प्रेस को अपनी सीरिज़ का प्रकाशन स्थगित करना पड़ा। वह स्थगन अभी तक जारी है। पता नहीं, मेरी पांडुलिपि कहाँ है! किन्तु हिन्दी प्रेसवालों ने अनजाने ही जिस तरह मुझे लेखकों की पाँत में ला बिठाया, उसका उल्लेख करते मुझे आज विशेष हर्ष है—आज, जब मैं अपने चरितलेखों का प्रथम संग्रह हिन्दी पाठकों के सामने उपस्थित कर रहा हूँ। इन चरितलेखों के बीज शायद हेनरी फ़ोर्ड के जीवनचरित की रचना के समय ही पड़े थे।

चरितलेख—इस शब्द की ओर पाठकों का ध्यान खींचना चाहता हूँ। कुछ लोगों को शायद यह भ्रम हो कि ये निबन्ध 'संस्मरण' हैं। पत्र-पत्रिकाओं में जब इनमें से कुछ लेख प्रकाशित हुए, तो इसी ग़लतफ़हमी में हलकी-फुलकी रचनाएँ समझकर कुछ चंचल-चित्त पाठकों ने इन्हें पढ़ना शुरू किया। फल के ऊपरी गूदे को तो चाव से खा गए, किन्तु जहाँ गुठली के ठोस तत्त्व पर दाँत लगे, कतराने लगे।

संस्मरणों के हलकेपन को हेय नहीं मानता मैं। असल में आधुनिक पत्रकारिता की अमूल्य देन हैं संस्मरण। मेरे ये लेख—प्रायः सभी—संस्मरण के-से वातावरण से प्रारम्भ होते हैं। 'आलाप' मैंने संस्मरणों की तरह ही उठाए हैं, किन्तु उसके बाद रागिनी के विस्तार, तान, मुकरियाँ, बोलतान—इन सब अलंकारों और गहराइयों के लिए संस्मरण का वाहन अनुपयुक्त पाया मैंने। चरितलेख ललित और गम्भीर साहित्य का अंग है, संस्मरण उत्कृष्ट पत्रकारिता की एक वैयक्तिक और मनोरंजक विधा है।

भारतीय साहित्य में चरितलेखों की परम्परा का ज़िक्र यहाँ नहीं करूँगा, यद्यपि 'दो सौ बावन वैष्णवों की वार्ता' अमूल्य निधि है हिन्दी के चरित-साहित्य की। मेरे ऊपर प्रभाव पड़ा यूरोपीय साहित्य के चरितकारों का। जिन दिनों हेनरी फ़ोर्ड की जीवनी लिखी, उसके एक वर्ष बाद एक विवाद-प्रतियोगिता में पारितोषिक स्वरूप मुझे ए.जी. गार्डिनर की पुस्तक 'प्रोफ़ेट्स, प्रीस्ट्स एंड प्रिंसेस' मिली। आद्योपान्त पढ़ गया और उसके बाद गार्डिनर की अन्य रचनाओं के साथ-साथ, लिटन स्ट्रेची, आन्द्रेमारवा, लुदविग, प्रीस्ट्ले इत्यादि के लिखे चरित-निबन्ध पढ़े और सम्पूर्ण जीवनियाँ भी। दो विशेषताएँ मैंने इन रचनाओं में पाईं। चरित-नायक के जीवन की घटनाओं का चुनाव और उनका गुम्फन इस भाँति किया जाता है कि लगभग सारी जीवन-कथा का दिग्दर्शन होने पर भी पाठक को इतिवृत्तात्मकता का अनुभव नहीं होता। घटनाक्रम सन् के सिलसिले से नहीं किया जाता है, बल्कि चरितनायक के व्यक्तित्व-विकास और उसके विभिन्न पहलुओं को प्रस्तुत करने के उद्देश्य से। पाठक को जीवन-क्रम नहीं, जीवन-कथानक पढ़ने को मिलता है, और जैसे हर कथानक के प्रस्तुतीकरण में नाटकीय तत्त्वों का ध्यान रखना होता है, ऐसे ही इन रचनाओं में भी जीवन-कथा का विकास और चरमोत्कर्ष, भावनाओं की कशिश और ढील, रसों का उद्रेक और परिणति—इन सभी का कम या अधिक मात्रा में समावेश होता है।

दूसरी विशेषता है कथा के उद्घाटन के साथ-साथ नायक की अन्तर्छवि का विश्लेषण। विश्लेषण, मात्र वर्णन नहीं। हिन्दी में स्तुति-वन्दना की परम्परा बड़ी प्रबल है। मजाल क्या कि धूप और छाँह दोनों का विवेचन हो! लेखक यदि ऐसा करे, तो उस पर लाँछनाओं की भरमार हो जाए। किन्तु आधुनिक यूरोपीय चरितकार आरती नहीं उतारता। वह तो 'पोर्ट्रेट' यानी सबीह खींचता है; वह 'बायोग्राफ़िकल स्टडी' यानी व्यक्ति-विवेचन करता है। टिप्पणी, सिद्धान्त-विचार, गहन विश्लेषण—ये ही कला की वे बारीकियाँ हैं, जिनसे 'पोर्ट्रेट' में गहराई आती है और चरितनायक का उजलापन और "कालिमाएँ, जिनके कारण हर मानव एक निराला जीव है" (यूनिकनेस ऑफ़ एवरी मैन) सुस्पष्ट होती है।

हिन्दी भाषा में 'पोर्ट्रेट' के लिए कोई उपयुक्त पर्याय नहीं है। उर्दू में 'सबीह' चालू है और मध्ययुगीन हिन्दी कवियों ने कहीं-कहीं इस शब्द का प्रयोग किया है। लेकिन 'पेन-पोर्ट्रेट' यानी व्यक्ति-चित्रलेख के लिए शायद उर्दू में भी सबीह शब्द का व्यवहार नहीं होता। इसीलिए मैंने चरितलेख की संज्ञा दी है, क्योंकि संस्मरण इन लेखों के लिए उतना ही अधूरा है, जितना 'रेखाचित्र'।

यूरोप के जिन चरितकारों की ओर मैं आकृष्ट हुआ, उनकी रचनाओं से अपने इन निबन्धों की तुलना करने का दुस्साहस मैं नहीं करूँगा। एक तो मेरे मूल संस्कार हिन्दी लेखन-शैली के ही हैं, और दूसरे ये निबन्ध वैसी पूर्वनिश्चित योजना के अनुसार नहीं लिखे गए, जिसके फलस्वरूप उपयुक्त मात्राओं में उन सभी तत्त्वों का समावेश हो पाता, जिन्हें मैं चरितलेखों के लिए आवश्यक मानता हूँ।

फिर भी ये लेख हिन्दी में एक अभाव की थोड़ी-बहुत पूर्ति करेंगे, ऐसा मेरा विश्वास है। मुझे समाज के विभिन्न वर्गों को करीब से देखने का प्रायः अवसर मिलता रहा है। इसलिए मैंने हिन्दी कवियों और लेखकों के विषय में न लिखकर समाज के व्यापक अंगों में कुछ ऐसे लोगों के चित्र लिए हैं, जिनका व्यक्तित्व अपने-अपने क्षेत्र में सार्थक रहा है। प्रोफ़ेसर और मास्टर, कवि और संगीतज्ञ, अभिनेता और पुरातत्ववेत्ता, राजनीतिज्ञ और प्रशासक—इन सबकी जीवन कथाओं में समाज के विविध रूप प्रतिबिम्बित हैं। जान-बूझकर मैंने उन्हीं व्यक्तियों की कथाएँ लिखी हैं, जो अब हम लोगों के बीच में नहीं हैं। इसलिए आवश्यकतानुसार बिना झिझक के मैं चरितनायकों की कमज़ोरियों की ओर भी संकेत कर सका हूँ। असल में इन कथाओं के सहज प्रवाह के उद्‌गम में काफी तैयारियाँ हैं। अकसर मुझे ग्रन्थ एवं अन्य सामग्री पढ़नी पड़ी है और कुछ अनुसन्धान भी करना पड़ा है।

मेरा उद्‌देश्य महापुरुषों की गाथाएँ गाना नहीं है। इन लेखों के नायक इतिहास के पृष्ठों में अमर रहें या नहीं, पर उनके जीवन में मानव-जाति का अस्तित्व सार्थक होकर मुखरित हुआ था—इसमें कोई सन्देह नहीं।

इसीलिए इन लेखों की गद्य-शैली प्रायः काव्य के स्तर पर विचरती है। मैं ललित-गद्य को काव्य का अंग मानता हूँ। जो गद्य रुचिकर हो, अलंकार-सम्पन्न हो और रसानुभूति कराए; वह काव्य की कोटि में भी आता है और जानकारी बढ़ाने के उद्‌देश्य को भी पूरा करता है। ललित-गद्य की हिन्दी में अभिवृद्धि होनी चाहिए—इसमें कोई सन्देह नहीं। पिछले दिनों हिन्दी-गद्य की प्रेषणीयता बढ़ी है, किन्तु सज्जा में न्यूनता आई जान पड़ती है। इन लेखों की रूप-सज्जा हृदयग्राही और अनुरंजक है, ऐसा कम-से-कम मेरे मित्रों का कहना है।

मुझे भी इन रचनाओं के शिल्प, सौष्ठव और मनोहारिता पर उतना ही गौरव है, जिनता किसी कारीगर को अपनी श्रम-साध्य कलाकृति पर होता है।

नई दिल्ली
30 मई, 1962

—जगदीशचन्द्र माथुर

जीवन-निर्माता अध्यापक
अमरनाथ झा

जन्म : *25 फ़रवरी, 1897।* ***शिक्षा :*** *गवर्नमेंट हाईस्कूल, प्रयाग और म्योर कॉलेज, इलाहाबाद में। 1917 में म्योर कॉलेज में अंग्रेजी साहित्य के अध्यापक नियुक्त हुए। 1930 में प्रयाग विश्वविद्यालय के अंग्रेजी विभाग के अध्यक्ष। 1939 में प्रयाग विश्वविद्यालय के उप-कुलपति। अखिल भारतीय शिक्षा-सम्मेलन के सभापति (1941)। 1948 में उत्तर प्रदेश पब्लिक सर्विस कमीशन के चेयरमैन। कुछ समय के लिए काशी विश्वविद्यालय के उप-कुलपति। 1953 में बिहार पब्लिक सर्विस कमीशन के चेयरमैन। अन्तर्विश्वविद्यालय बोर्ड के चेयरमैन, यूनेस्को के प्रथम अधिवेशन में भारतीय प्रतिनिधि-मंडल के सदस्य, अखिल भारतीय हिन्दी-साहित्य सम्मेलन और नागरी प्रचारिणी सभा के सभापति, भारतीय प्रौढ़ शिक्षा परिषद् के सभापति। रचनाएँ : शेक्सपीरियन कॉमेडी, विचारधारा इत्यादि।* ***मृत्यु :*** *1955।*

सन् '38 में एक दिन हम लोग प्रयाग विश्वविद्यालय के फ्राइडे क्लब की मीटिंग में बैठे हुए थे। उन दिनों छात्रों में फ्राइडे क्लब का सदस्य होना एक खासा रुतबा माना जाता था। इने-गिने सदस्यों की यह मंडली हर शुक्रवार को अंग्रेजी विभाग के एक कमरे में बैठती। चाय और खाना-पीना होता, कुछ साहित्यिक चर्चा, कुछ चुहल, मगर सब-कुछ एक सुसंस्कृत और संयत स्तर पर। चार-पाँच चुने हुए और अध्ययनरत छात्र ही उसके सदस्य थे, बाकी सब साहित्य के अध्यापक। अंग्रेजी का बोलबाला था। अकसर हम लोग निबन्ध पढ़ते, कभी-कभी नाटक खेले जाते, डिनर होते। लेकिन शायद क्लब की सबसे अधिक उपयोगिता यह थी कि सामाजिक स्तर पर अध्यापकों के साथ मेल-जोल होता, उनके विनोदपूर्ण और सांस्कृतिक चेतना से भरपूर संवाद और वाक्‌द्वन्द्व सुनने को मिलते। सामाजिक शिष्टाचार (खासतौर से महिलाओं की मौजूदगी में) का पाठ सोदाहरण सीखा जाता और बातचीत तथा व्यवहार में आत्मविश्वास आप-ही-आप आ जाता। इसीलिए जो लोग उसके सदस्य नहीं थे, वे फ्राइडे क्लब को स्नॉब क्लब कहते—यानी उन बने-ठने लोगों की मंडली, जो अपने को दूसरों से ऊँचा

समझते हैं। झा साहब इस क्लब के सर्वेसर्वा थे और शायद ही किसी मीटिंग में नागा करते हों।

उस दिन अंग्रेजी विभाग के एक अध्यापक ने कहा, "आज मुझे बी.ए. के छात्रों की मौखिक परीक्षा में एक अत्यन्त मेधावी छात्र देखने को मिला। सही उत्तर तो उसने दिए ही, साथ ही साहित्य की भीतरी प्रेरणाओं और अभिव्यंजना की समस्याओं पर उसकी बातें मौलिक और गहराई लिए जान पड़ी थीं।"

"कौन था वह लड़का ?" मैंने पूछा।

"प्रेमचन्द का पुत्र अमृतराय! शायद तुम्हारे ही होस्टल में तो रहता है?"

"जी हाँ, मैं जानता हूँ।"

लेकिन हम लोगों ने देखा कि झा साहब चुप थे। और उस मौन के साथ उनके चेहरे पर आवेश की लहर-सी आई, जिसे निश्शब्द बादलों के बीच पलभर के लिए कौंधती बिजली की तरह हममें से कुछ ही देख पाए।

अध्यापक महोदय झा साहब के करीब-करीब हमउम्र थे, यद्यपि उनके अधीनस्थ ही थे। बोले, "तुम्हारा क्या ख़याल है, अमरनाथ?"

"मेरा ख़याल?" थोड़ी देर को रुके। हम लोगों ने भी मानो साँस रोकी। क्या कहेंगे? उस निर्विकार आकृति पर क्षणिक ही सही, लेकिन ऐसी सावेश भंगिमा तो कभी देखी नहीं। सो क्यों?

फिर बोले—नपे-तुले शब्द, पर मानो प्रत्येक शब्द के पीछे विस्फोट का आग्रह हो, "मेरा खयाल है कि अगर कोई मेधावी छात्र—ख़ासतौर से साहित्य का अध्येता, मेरे विभाग में पढ़ता है, मेरे ही होस्टल में रहता है, लेकिन एक बार भी मुझसे नहीं मिलता, तो निश्चय ही उसमें कोई भारी दोष है।"

सन्नाटा छा गया।

हम लोगों ने सोचा, ऐसी दर्पभरी, लेकिन हलके स्तर की बात झा साहब को शोभा नहीं देती। क्या यह उनके बड़प्पन के प्रतिकूल न थी?

हम लोग ग़लती पर थे।...क्यों?

दूसरी घटना! मेरे मित्र और सहपाठी पी.डी. टंडन, जो आजकल इलाहाबाद के लोकप्रिय और सुविख्यात पत्रकार और उत्तर प्रदेश विधान परिषद् के सदस्य हैं, छात्रों में निराले समझे जाते थे। कहीं संघर्ष हो, टंडन सबसे आगे! सत्ता के आगे माथा टेका नहीं। झंडा फहराने के सवाल पर कई बार अड़े और जीते। झड़प के लिए हमेशा आमादा। अद्‌भुत जीव, जिनके व्यक्तित्व के आकर्षक पहलू को मुझ-जैसे दो-चार अन्तरंग बन्धुओं को छोड़कर कोई नहीं जानता था।

झा साहब के बारे में टंडन की पहली प्रतिक्रिया यही हुई कि यह सत्ता के उपासक, घमंडी और 'शानियल' व्यक्ति हैं। इसलिए टंडन उनसे मिलना तो दरकिनार, झा साहब की कटु आलोचना में अग्रसर रहते, मेरे भी सामने, हालाँकि, जानते थे कि मैं झा साहब का स्नेह-पात्र था।

एक दिन टंडन और हम लोगों के एक और मित्र, श्यामचरण काला (आजकल टाइम्स ऑफ इंडिया के न्यूज एडिटर) म्योर होस्टल की सड़क पर टहलते जा रहे थे। सामने से अन्य दो-तीन अध्यापकों के साथ झा साहब आते नज़र पड़े। टंडन और काला ने अपना-अपना सीना ताना और बराबर से निकल गए, मानो कोई क्षिप्रा नदी तटवर्ती खँडहरों की उपेक्षा करते हुए बहती जाए।

झा साहब रुके। बुलाया और बोले, "क्या तुम मुझे पहचानते नहीं? क्यों इस तरह कतराकर निकल गए?" स्वर में तेज़ी थी और आक्रोश।

टंडन को मुँहमाँगी मुराद मिली। दोनों ने खुलेआम खूब खरी-खोटी सुनाई। इतने बड़े आदमी और अभ्यर्थना की भिक्षा माँगते हैं? इत्यादि-इत्यादि।

टंडन ग़लती पर थे। टंडन को बाद में—बहुत बाद में—इसका अहसास हुआ।... कैसे?

तीसरी घटना! सन् 1939 की बात है। मैं तब तक एम.ए. पास करके इलाहाबाद से दिल्ली आ गया था, सिविल सर्विस की परीक्षा के लिए तैयारी करने। किन्तु नवम्बर के महीने में इलाहाबाद पहुँचा, दीक्षान्त समारोह में शामिल होकर अपनी डिग्री और पदक लेने। झा साहब के पास गया—मिलने और एक परिचय-पत्र लेने। झा साहब के पुराने छात्र रघुवंशलाल गुप्त दिल्ली में एक ऊँचे पद पर आसीन थे और मैंने सोचा, झा साहब के ज़रिए उनसे परिचय मिलने पर उनके अनुभव से लाभ उठा सकूँगा। देखा, झा साहब चिन्तित थे। बातचीत हुई। फिर उन्होंने परिचय-पत्र लिखना शुरू किया। शेक्सपियर के बारे में कहा जाता है कि वह लिखने के बाद एक अक्षर भी नहीं काटते थे, इतनी ढली-ढलाई और परिपक्व अवस्था में उनके विचार और कल्पना शब्दों का रूप लेते थे; कई बरसों तक हम लोगों ने झा साहब की लिखावट देखी—मोती-से समाकार अक्षर, कहीं काट-छाँट नहीं, कहीं घसीट के आसार नहीं। लिखते समय न जल्दबाजी होती और न बेकार रोकथाम, जैसे कोई निरायास समतल भूमि पर चलता हो। सुबद्ध तथा सुव्यवस्थित विचार और सुघड़ तथा नयनाभिराम लिखावट—इन दोनों का अद्भुत सामंजस्य कोई दैवी संयोग-मात्र नहीं था, वरन् झा साहब के उस संयत व्यक्तित्व का द्योतक था, जिसे उन्होंने बरसों की साधना और अभ्यास द्वारा प्राप्त किया था।

लेकिन उस दिन उस छोटे-से परिचय-पत्र के लिखते समय तीन-चार स्थलों पर उन्होंने अपनी लिखावट को काटा, मानो चन्द्रिका को राहु की छाया ने ग्रसा हो। और जब मैंने पत्र देखा, तो मैं और भी अचम्भित हो गया, "यह पत्र तो आपने रतनकुमार नेहरू के नाम लिख दिया। मैं तो रघुवंशलाल गुप्त के नाम पत्र चाहता था।"

झा साहब ने कलम उठाकर रख दी और थोड़ी देर के लिए हथेलियों से अपने चेहरे को ढक लिया।

एक आतंक-सा मेरे ऊपर छा गया। शायद उनके अन्तरंग बन्धुओं ने भी उन्हें वैसी अवस्था में न देखा होगा। झा साहब—जिनकी लेखनी कागज पर वर्ण नहीं मणियाँ जड़ती

हैं, जिनकी वाणी ताज़े ढले हुए सिक्के की तरह नपे-तुले शब्दों में मुखरित होती है, वही झा साहब विचार शृंखला और शब्द-चयन पर इतना भी नियन्त्रण न कर सके? बात क्या थी?

थोड़ी देर बाद वह बोले, "जानते हो जगदीश, पिछली दो रात मुझे पलभर को नींद नहीं आई। शायद ही कभी जीवन में अपने को इतना आहत पाया हो मैंने।"

और तब उन्होंने उस परिस्थिति का ब्यौरेवार वर्णन किया, जिसका थोड़ा-सा आभास मुझे समाचार-पत्रों में मिल चुका था। जिस दिन दीक्षान्त समारोह होना था, उसी दिन संयोगवश विश्वविद्यालय के भवन पर कांग्रेसी झंडे के फहराए जाने की वार्षिकी थी। छात्रों ने कहा कि उस दिन कांग्रेस का झंडा ज़रूर फहराएँगे। सूबे के गवर्नर सर हैरी हेग विश्वविद्यालय के चांसलर की हैसियत से आनेवाले थे। उन्होंने सुना तो झा साहब को लिख भेजा कि अगर कांग्रेसी झंडा सीनेट हाउस पर फहराता रहा, तो वह दीक्षान्त समारोह में नहीं आ सकेंगे। झा साहब को विश्वास था कि छात्र उनकी बात मान लेंगे। लेकिन छात्र राज़ी न हुए। उन्होंने तरह-तरह के सुझाव रखे। यहाँ तक कि जवाहरलालजी ने भी कहा कि अगर दीक्षान्त समारोह सूर्यास्त के बाद हो, तो झंडा उतारा जा सकता है, क्योंकि सामान्य विधि यही है कि झंडा सूर्योदय से सूर्यास्त तक फहराये। इस मसविदे पर झा साहब राज़ी हो गए और उन्हें उम्मीद हुई कि गवर्नर भी राजी हो जाएँगे। लेकिन छात्र टस-से-मस नहीं हुए। न तो झा साहब के आदेश कारगर हुए, न उनकी स्नेहपूर्ण झिड़की और न उनकी बारम्बार विनती।

दीक्षान्त समारोह बिना गवर्नर के हुआ। उस बार न किसी आमन्त्रित सज्जन का भाषण हुआ और न कोई अन्य प्रकार की व्यवस्था।

अधिकारी वर्ग को अकसर इस तरह की परिस्थितियों का सामना करना पड़ता है। कभी उन्हें मुँह की खानी पड़ती है, कभी उनकी बन आती है। परन्तु झा साहब आहत हुए मर्मस्थली पर।...क्यों?

ये तीनों घटनाएँ—अमृतराय के प्रति हठात् आक्रोश, पी.डी. टंडन और काला की वयःसन्धि-सूचक हरकत पर उत्तेजना और छात्रों की जिद से मर्माहत होना—तीनों ही में झा साहब की महत्ता अन्तर्हित थी।

जी हाँ, महत्ता! ऊपरी तौर से इन तीनों परिस्थितियों में झा साहब का व्यवहार हलका जान पड़ेगा, लेकिन असलियत दूसरी ही है।

झा साहब अध्यापक थे—ऐसे गुरु, जिनका सारा व्यक्तित्व, भव्यता और महिमा का वह विशाल प्रासाद—एक ही बुनियाद पर टिका था, अपने छात्रों के साथ उनका सम्बन्ध। अगर उस बुनियाद पर ही आघात होता, तो मानो वह समूचा महल ही हिल उठता, और हम लोग जो उस महल की बुलन्दी और स्थायित्व के अभ्यस्त थे, अचरज में पड़ जाते। झा साहब की जिन्दगी अपने छात्रों के सम्पर्क से ही प्राणवान् थी। उसी में उनकी शक्ति थी, उसी में उनकी सज-धज, उसी में उनका समूचा अस्तित्व। दैनिक

अध्यापन, प्रशासन और सामाजिक व्यवहार के असंख्य परतों के नीचे एक नाजुक-सी, नन्हीं-सी मधुरिमा थी, ऐसी ही, जैसे लोक-कथाओं में किसी राजकुमार की जान, दूर किसी अनजाने द्वीप में मोटी दीवारों, गहरी खाइयों और अडिग लौह द्वारों के भीतर पिंजरे में बन्द, एक रंग-बिरंगी चिड़िया के रूप में बसती है। उस चिड़िया के परों में कोई सूई चुभो दे अथवा उसकी टाँग को मरोड़ दे, तो तुरन्त राजकुमार पीड़ा से बेचैन हो जाता है। छात्र अमृतराय ने उदासीन रहकर, छात्र टंडन ने उपेक्षा करके और सन् '39 के आन्दोलकारी छात्रों ने उनकी बात की अवहेलना करके उनके अन्तर्तम के कोर में चिरजागृत, चिरसजग, प्राणसंचारिणी, किन्तु अत्यन्त सुकोमल उसी मधुरिमा को कुरेद दिया था, निर्दयता से झकझोर दिया था। उन्हें क्या मालूम था कि किन नाजुक रगों पर निर्मम आघात उन्होंने किया है?

और झा साहब भी इस भीतरी टीस को कदापि ज़ाहिर नहीं करते। उलटे अपने व्यवहार में कुछ ऐसा दर्प, कुछ ऐसी शुष्कता और चुनौती ले आते कि उन्हें सहानुभूति मिलना तो दूर, ग़लतफ़हमी का शिकार होना पड़ता। ऐसी ग़लतफ़हमी का निराकरण करना उनकी प्रवृत्ति के प्रतिकूल था। सहानुभूति की याचना उन्होंने कभी की नहीं। अपने छात्रों से उन्होंने सहानुभूति नहीं माँगी, लोकप्रियता नहीं माँगी, नेतृत्व नहीं माँगा। एक ही गुरुदक्षिणा थी, जिसे वह अपना अधिकार मानते थे—शिष्य उनके प्रति आदर और प्रतिष्ठा का व्यवहार करें।

कुछ ऐसा प्रभाव था उनके व्यक्तित्व का कि जिस शिष्य ने एक बार उनके प्रति समादर का व्यवहार बरतना शुरू किया, वह आजीवन उसी भाव से उन्हें देखता रहा। सुप्रीम कोर्ट के एक जज, जो महज़ एक साल के लिए सन् '20 या '21 में उनके छात्र रहे (सप्ताह में दो या तीन घंटे उनकी कक्षा होती), तीस वर्ष बाद तक झा साहब को पत्र लिखते, तो 'आदरणीय महोदय' से उन्हें सम्बोधित करते। एक बार जिसने शिष्यत्व अंगीकार किया, वह चाहे कितना ही बड़ा आदमी हो जाए, झा साहब की उपस्थिति में अपने बड़प्पन को नहीं जता पाता। स्पष्ट था कि झा साहब की इस 'सत्ता' और 'प्रभुत्व' का आधार ऐसा कोई अधिकार न था, जो किसी अफसर को अपने मातहतों के ऊपर होता है। विश्वविद्यालय में भले ही छोटी-मोटी बातों में वह कुछ मेहरबानियाँ दिखा देते, लेकिन उन्हें अधिकार का प्रदर्शन नहीं कहा जा सकता और न विश्वविद्यालय की चहारदीवारी के बाहर इन कृपाकणों का कोई विशेष महत्त्व ही था। तो क्या झा साहब की विद्वता और उनके पांडित्य का दबदबा किशोर वयस्क छात्र-छात्राओं पर छाया हुआ था? झा साहब निस्सन्देह अपने जमाने के अत्यन्त प्रतिभाशाली अध्यापकों में से थे। जब उन्होंने बी.ए. पास किया, तभी अंग्रेजी भाषा और साहित्य पर उनका अधिकार देखकर तत्कालीन अंग्रेज प्रोफेसर ने उन्हें म्योर कॉलेज में ही ट्यूटर रख लिया था। अंग्रेजी लिखने की उनकी शैली बड़ी टकसाली थी और साहित्यिक विषयों और व्यक्तियों पर उनके विचार सुथरे और सुस्पष्ट थे। संस्कृत का ज्ञान पैतृक सम्पत्ति था, हिन्दी-साहित्य की गतिविधि से पूर्णतया परिचित थे और हिन्दी के निर्भीक समर्थक एवं

पोषक होते हुए भी उर्दू शायरी और अदब में खासी पहुँच रखते थे (हिन्दी-उर्दू विवाद की जिन दिनों बड़ी हलचल थी और झा साहब हिन्दी साहित्य-सम्मलेन के स्तम्भों में से एक थे, उन्हीं दिनों 'लीडर' पत्र में झा साहब ने उर्दू शायरों के विषय में विश्लेषणात्मक लेखमाला प्रकाशित कर अपनी व्यापक दृष्टि और साहित्यिक सुरुचि का परिचय दिया।) शेक्सपियर के सुखान्त नाटकों का अपने प्रारम्भिक जीवन में उन्होंने विशेष अध्ययन किया था और इस विषय पर उनका एक निबन्ध-संग्रह भी प्रकाशित हुआ था। हम लोग यह सब जानते थे। फिर भी सन् '35 के आसपास इलाहाबाद विश्वविद्यालय में कई ऐसे अध्यापक थे, जिनके पांडित्य की भारतवर्ष क्या, विदेशों तक में धाक थी। डॉ. मेघनाद साहा, प्रोफेसर रानडे, डॉ. वेणीप्रसाद, डॉ. ताराचन्द इत्यादि उस समय के उद्‌भट विद्वान माने जाते थे और अपने-अपने क्षेत्रों में उनकी ख्याति डॉ. अमरनाथ झा की अंग्रेजी साहित्य के क्षेत्र में ख्याति से कहीं अधिक थी। मेधावी होते हुए भी डॉ. झा उतना समय अनुसन्धान एवं गहन अध्ययन को नहीं दे पाते थे, जितना अपेक्षणीय था। इसलिए यद्यपि उनके लेक्चर अंग्रेजी साहित्य के सामान्य अध्येता का पथ प्रशस्त कर देते थे, तथापि मर्मजिज्ञासु को प्रेरित करने के लिए यथेष्ट नहीं होते। स्नातक (अंडरग्रेजुएट) वर्ग के छात्रों को उनके ट्यूटोरियलों से विशेष लाभ होता, क्योंकि वह मुस्तैदी के साथ भाषा-सम्बन्धी त्रुटियाँ बताते और अस्पष्ट एवं छितरी विचारधाराओं को नियन्त्रित करते। लेकिन स्नातकोत्तर छात्रों के लिए जिस गहन एवं विश्लेषणात्मक अध्ययन-निर्देशन की आवश्यकता थी, उसके लिए अवकाश उन्हें न मिल पाता। इसीलिए पांडित्य के बल पर उन्होंने अपने शिष्यों में समादर और प्रतिष्ठा का अर्घ्य पाया हो—ऐसा सोचना ग़लत होगा।

तब फिर क्यों इतनी प्रतिष्ठा उन्हें मिलती रही? न तो सरकारी अधिकारियों की-सी भाग्य-निपटारे का सामर्थ्य उनके पास थी, न उद्‌भट पांडित्य का वज़न, न छात्रों के बीच लड़कपन के व्यवहार और क़हक़हेबाजी के आधार पर लोकप्रिय होने की प्रवृत्ति!

उनकी शक्ति थी—उनका बड़प्पन! बड़प्पन कैसा? कहते हैं कुद बृहद् वृक्षों की जड़ें धरती के भीतर उतनी ही दूर-दूर तक जाती हैं, जितनी उनकी शाखाएँ वायुमंडल में फैलती हैं और इसी तरह उनका बृहदाकार सन्तुलित रहता है। शायद झा साहब के बड़प्पन की अदृश्य बुनियादें बरसों के अभ्यास, प्रयास और संयम की गहराइयों में फैली हुई थीं। बड़प्पन कोई अस्त्र नहीं है, जिसे बाहर से पाया जा सके; न वह कोई पोशाक है, जो अवसरानुसार पहनी और उजारी जा सके। वह तो आन्तरिक व्यक्तित्व की ऐसी अभिव्यक्ति है, जो व्यवहार और वचन में सर्वदा एक ही प्रकार से लक्षित होती रहती है। झा साहब ने इस बड़प्पन का अभ्यास किया था; स्वेच्छा से, परिश्रम से, अनुशासन से उसे अपनाया था। वही बड़प्पन उनके आचरण का अभिन्न अंग बन गया। सच्चे मानी में झा साहब 'गुरु' थे—गुरु, यानी गरिमा—बड़प्पन—जिसका स्वाभाविक लक्षण हो। 'गुरु' शब्द की यह व्याख्या उनके व्यवहार में स्वभावतः चरितार्थ होती थी। शिष्य

इस गुरुत्व से उनसे निकट सम्पर्क होते ही अभिभूत हो जाते। और किसी तरह की प्रतिक्रिया सम्भव ही न होती।

किशोरावस्था में छात्रों पर अकसर छोटी-छोटी बातों का गहरा और स्थायी असर पड़ता है। बड़प्पन, जिसकी वे प्रतिष्ठा और समादर करते हों, यदि कभी आत्मीयता के छोटे-छोटे संकेत दे दे, तब उसका प्रभाव द्विगुणित हो जाता है, जैसे, हिमालय की विशाल चट्टानों पर दो-चार नन्हें कुसुमों की मुसकान मन को हर लेती है।

उन दिनों इलाहाबाद विश्वविद्यालय के म्योर होस्टल में भर्ती होना किसी भी छात्र के लिए सौभाग्य की बात समझी जाती थी। झा साहब उस होस्टल के वार्डन थे और बाद में उप-कुलपति हो जाने पर भी उन्होंने वार्डन का छोटा पद नहीं छोड़ा। अनेक आवेदन-पत्र आते; कुछ ही को इंटरव्यू में बुलाया जाता। इंटरव्यू खुद झा साहब करते। अजब रोब आवेदकों पर छाया रहता। यों यह सर्वविदित था कि फर्स्ट डिविजन पानेवाले छात्र, अच्छे खिलाड़ी, पुराने छात्रों के पुत्र—ऐसे आवेदकों को प्रायः ले लिया जाता था। फिर भी इंटरव्यू ऐसे ही विधिवत् होता, जैसा नौकरी के लिए। (शायद उसी क्षण से व्यवहारकुशलता और आत्मविश्वास की वह ट्रेनिंग शुरू हो जाती, जिसके फलस्वरूप म्योर होस्टल के छात्र उच्च सरकारी नौकरियों के लिए प्रतियोगिताओं में प्रायः सफल हो जाते थे।) जो भी हो, अच्छे-से-अच्छे छात्र को म्योर होस्टल की 'प्रवेश-परीक्षा' में पास हो जाने पर गौरव का अनुभव होता। क्यों ऐसा होता, इस रहस्य को उस समय विश्वविद्यालय के अन्य होस्टलों के अधिकारीगण भी नहीं समझ पाते थे। मेरे एक सहपाठी म्योर होस्टल में भर्ती न हो सके और कायस्थ पाठशाला होस्टल में प्रवेश पाने के लिए वहाँ के अध्यक्ष, प्रसिद्ध इतिहासकार डॉ. ताराचन्द के पास गए। कुछ झुँझलाहट के साथ डॉ. ताराचन्द ने मेरे मित्र से पूछा, "आखिर म्योर होस्टल में ऐसा क्या है, जो तुम वहाँ की दहलीज से सिर टकराने गए थे? क्या उसकी ईंटों और दीवारों में कोई करामात है?"

ईंटें और दीवारें म्योर होस्टल की घटिया ही मानी जाएँगी, कमरे छोटे, फर्नीचर इत्यादि भी मामूली; अन्य कई होस्टलों के भवन कहीं अधिक भव्य और आकर्षक थे। लेकिन करामात दूसरी ही थी। कमरा मिल गया और मैं चार-पाँच दिन में अपनी सब व्यवस्था करने के बाद दैनिक कार्यक्रम को सँवारने लगा। एक दिन होस्टल के चपरासी ने एक लिफाफा दिया। झा साहब की कमनीय लिखावट में एक निमन्त्रण था : फलाने रोज अपराह्न में मेरे घर पर आओ। इतने बड़े सम्मान की कल्पना भी न की थी। विश्वविद्यालय के अंग्रेजी विभाग के अध्यक्ष, होस्टल के वार्डन झा साहब स्वयं अपने घर पर एक नए अंडरग्रेजुएट को आमन्त्रित कर रहे हैं और उसी तरह पत्र लिखकर, जैसे उनके बराबर का कोई सम्भ्रान्त व्यक्ति हो। (यह याद दिला दूँ कि जिन दिनों का यह जिक्र है, उन दिनों ज्यादातर अंडरग्रेजुएट चाय-मंडलियों, रेस्तराँ और सिनेमा इत्यादि के इतने अभ्यस्त न थे, जितने आजकल के किशोर हाइस्कूलों में ही हो जाते हैं। इतनी सुविधाएँ भी न थीं, और शायद सामाजिक जीवन का वातावरण

भी भिन्न था।) निश्चित तिथि और समय पर साफ-सुथरे कपड़े पहनकर जब झा साहब की बैठक में पहुँचा, तो यह देखकर और भी आश्चर्य हुआ कि उस दिन आमन्त्रित छात्रों की संख्या केवल चार या पाँच थी। एक साथ तीस-चालीस लड़कों को बुलाकर औपचारिक रूप से परिचय की रस्म अदा करना उनका लक्ष्य नहीं था। चार या पाँच लड़कों को ही एक शाम के लिए बुलाया जाता। शिष्टाचार का सबक भी मिला, स्नेह का आभास भी; हम लोग उनके निकट भी आए, लेकिन बड़प्पन की दूरी भी रही।

कुछ दिनों बाद देखा कि होस्टल के बरामदों में घूमते हुए झा साहब कमरे में आए। कुर्सी पर बैठे और पूछताछ करने लगे। यह स्नेह-स्पर्श नए छात्रों के हृदय को गद्गद कर देता। किसी दिन आदेश मिला, झा साहब के साथ सिनेमा देखने जाना है। हम दो या तीन लड़के जब सिनेमा देखकर लौटे, तो उनकी मोटर से उतरते और उन्हें सधन्यवाद नमस्कार करते समय जान पड़ा जैसे कोई पिता अपने बच्चों की मंशा पूरी करने पर सन्तोष का अनुभव करता हो, कुछ वैसा ही भाव उनके चेहरे पर था। मैं सन् '37 की बी.ए. परीक्षा में बैठने से कुछ दिन पहले कुछ ऐसा पस्त हिम्मत हो गया कि इरादा करने लगा कि परीक्षा में बैठूँगा ही नहीं। बिस्तर बाँधकर घर लौटने की तैयारी में था। झा साहब का आदेश मिला—जिस दिन परीक्षा होनेवाली थी, उसी दिन सवेरे 6 बजे अपने घर बुलाया, ताकि अपने साथ मोटर में मुझे परीक्षा-भवन ले जा सकें। मुझे अपनी कायरता मालूम हुई और मैंने अपना इरादा बदल दिया। कौन सा शिष्य था उनका, जिसकी व्यक्तिगत समस्याओं को वह जानते न थे? जब सिविल सर्विस की परीक्षा में बैठ रहा था, तो अर्थाभाव के कारण मैंने सोचा कि 'लीडर' पत्र के साहित्यिक पेज के सम्पादन-विभाग में काम करने लगूँ। कुछ मित्रों के कहने से 'लीडर' पत्र के सम्पादक चिन्तामणिजी ने स्वीकृति भी दे दी। झा साहब से पूछा गया, तो बोले, "नहीं। अगर अर्थाभाव हो तो मुझसे कहो, लेकिन सिविल सर्विस की परीक्षा में एकाग्रचित्त होकर लगो।"

म्योर होस्टल का तो हरेक छात्र समझता है कि वह एक विशाल बरगद के कल्याणकारी आश्रय में है। अँधड़-तूफान हो या घोर तपन, वे समर्थ हाथ उसकी रक्षा करेंगे। यह नहीं कि उनके यहाँ कोई सदावर्त खुला हुआ था, या कि दानी-प्रवृत्ति के धनीमानी सज्जन की तरह उन्हें निर्धन छात्रों की सहायता करने में सुख मिलता हो। शिष्यों के साथ झा साहब एक उदार हृदय दानी सेठ का-सा व्यवहार नहीं करते थे, बल्कि एक स्नेह-सिक्त, करुणार्द्र, हितचिन्तक पिता का सा। म्योर होस्टल के न जाने कितने छात्रों की व्यक्तिगत समस्याओं, उनके निजी रहस्यों को वह जानते थे और मन में सँजोकर रखे हुए थे। सलाह दें या चुप रहें, पर हमारी चिन्ताओं, हमारी आकांक्षाओं, हमारी समस्याओं के 'बैंक' थे झा साहब—ऐसा बैंक, जो किसी तरह का कमीशन नहीं काटता, केवल पितृयोग्य बड़प्पन के प्रति समादर-प्रदर्शन की अपेक्षा करता है। यही कौटुम्बिक वातावरण म्योर होस्टल की विशेषता थी, जिसे इलाहाबाद विश्वविद्यालय के

अन्य योग्य और विद्वान अध्यापक समझ नहीं पाते थे, लेकिन जो एक रेजिडेंशियल (आवासीय) यूनिवर्सिटी का प्राण होना चाहिए।

शिष्यों के साथ स्नेह-सम्बन्ध की यह गाँठ जीवनभर के नाते की बुनियाद बन जाती। इस मामले में झा साहब अद्वितीय थे। सैकड़ों छात्र उनके निकट सम्पर्क में आए होंगे। लेकिन विश्वविद्यालय छोड़ने के कई वर्ष बाद मिलने पर भी उनके किसी भी पुराने छात्र को अपना पुनः परिचय देने की आवश्यकता नहीं पड़ती, देखते ही झट से छात्र को उसके नाम से सम्बोधित करते और कोई ऐसी पूछताछ करते, जिससे उसे जान पड़ता कि वह किसी निकट-सम्बन्धी से बातें कर रहा हो। इस विषय में अद्‍भुत स्मरण शक्ति थी झा साहब की, परन्तु उस स्मरण शक्ति को प्रेरित करनेवाली चीज थी वह गहरी और सच्ची दिलचस्पी, जो वह अपने पुराने छात्रों की जीवन-प्रगति में हमेशा रखते। अख़बार में किसी कारणवश नाम देखा या कहीं तरक़्क़ी की बात सुनी, तो फ़ौरन चिट्‌ठी लिख भेजते। पुराने छात्र की लिखी कोई पुस्तक सामने आई, तो शबासी का पत्र आ जाता। विवाह इत्यादि का निमन्त्रण-पत्र मिलते ही अपने आशीर्वाद भेजते। मसूरी में उनके अनेक पुराने छात्र उन्हें मिल जाते; चाय पर अवश्य बुलाया जाता। ऐसी मुलाकातें उनके पुराने छात्रों के लिए कोरा सामाजिक शिष्टाचार नहीं होती थीं; उनमें कुछ ऐसे ही आह्लाद का अनुभव होता, जैसे अपने परिवार के पुराने फोटोग्राफों के एलबम को देखते हुए होता है। देखते-ही-देखते हमारे बाद के जीवन और पद तथा उम्र की सीढ़ियाँ ग़ायब हो जातीं और हमें लगता कि पहले ही की तरह अपने गुरु के सामने बैठे हैं; लिहाज और इज़्ज़त की पाबन्दियाँ आप-ही-आप हम पर हावी हो जातीं।

पाबन्दियों के वह क़ायल थे। म्योर होस्टल को उन दिनों अकसर 'सिसी' होस्टल कहा जाता, जिसका तातपर्य यह था कि वहाँ के लड़के न सिर्फ नाजुक-से हैं, बल्कि किसी भी तरह की हलचल और मारधाड़ से अलग रहते हैं। नज़ाकत का आरोप ग़लत था, क्योंकि लगभग हर छात्रावास में कुछ-न-कुछ ऐसे छात्र तो थे ही जिन्हें छुईमुई कहा जा सकता। म्योर होस्टल खेल-कूद में अकसर आगे रहता। झा साहब खेल-कूद में सिद्धहस्त छात्रों को हमेशा प्रोत्साहित करते। अरसे तक हमारे होस्टल के ही हॉल में विश्वविद्यालय की 'क्रासकंटरी रेस' की शील्ड रही। किन्तु मारधाड़ से अलग रहने की बात बिलकुल सही थी। दूसरे होस्टलों में 'इंट्रोडक्शन नाइट' और रैगिंग होते, यानी नए छात्रों के साथ छेड़छाड़, जो अकसर बेहूदा हरकतों का रूप ले लेते थे। लेकिन म्योर होस्टल में (कम-से-कम उन दिनों) स्वयं झा साहब की मौजूदगी में नए छात्रों का सबके सामने परिचय कराया जाता और गाने इत्यादि का प्रबन्ध होता। होली पर अन्य छात्रावासों में अगर अनियमित हुड़दंग होता, तो म्योर होस्टल में शिष्ट उत्सव। अन्य होस्टलों में बाथरूम की दीवारों में अश्लील लिखावटें साधारण बात थीं। एक बार शायद हमारे बाथरूमों में भी इस तरह की कुरुचि के चिह्न दीख पड़े। झा साहब के कानों में भनक पहुँची। होस्टल के हॉल में उन्होंने एक मीटिंग बुलाई और एक संक्षिप्त और

प्रताड़नापूर्ण भाषण दिया। एक वाक्य मुझे अब तक याद है–"आई कैन नॉट ओनली बार्क बट आल्सो बाइट (यह न समझो कि मैं कोरी बकवास करता हूँ, मैं चोरी भी कर सकता हूँ।")–धमकी थी, लेकिन इतना हम लोगों को उस धमकी ने प्रभावित नहीं किया, जितना उस छोटी-समस्या को हल करने के उनके तरीके ने। बोले, "मैं होस्टल के कर्मचारियों से बाथरूमों की दीवारों को साफ करा सकता हूँ, लेकिन मैं ऐसा नहीं करूँगा। तुम लोगों को इसका प्रायश्चित्त स्वयं करना है।" हम लोगों की एक कमेटी ने दीवारों पर सफेदी कराई और उसका खर्चा बर्दाश्त किया। उसके बाद फिर कभी ऐसी हरकत नहीं देखी गई।

क्या यह भीरुता की निशानी थी? शायद आजकल की शिक्षा संस्थाओं में अपने वार्डन के आदेश का इस तरह से पालन करना कायरता मानी जाएगी। लेकिन मैं समझता हूँ कि झा साहब से भयभीत होकर ही अनुशासन की पाबन्दियों को अगर माना जाता, तो म्योर होस्टल की तसवीर दूसरी ही होती। भय था, लेकिन किसी दंड के भागी होने का नहीं, बल्कि म्योर होस्टल की उस सर्वमान्य परम्परा के उल्लंघन करने का, जिसका हम लोगों को गौरव था और जिसको झा साहब ने बरसों के निर्देशन द्वारा प्रतिष्ठित किया था। क्या थी वह परम्परा? पठन और परीक्षाओं में लगन एवं उत्कृष्ट परिणाम, किसी-न-किसी प्रकार के खेल-कूद अथवा सांस्कृतिक कार्यक्रम में उपलब्धि, पोशाक और स्वरूप में सुथरापन एवं दीप्ति (जैसे अंग्रेजी में 'स्मार्ट' कहा जाता है) तथा विश्वविद्यालय के नियमों और अनुशासन के अनुकूल आचरण। हम सब लोग इन संस्कारों को पा सके हों, यह बात नहीं। यह भी सही है कि हममें से कुछ लोग इन संस्कारों की उपलब्धि को प्रतिभावानों के योग्य आदर्श नहीं मानते थे और वामपक्षीय विचारों के प्रथम प्रभात में इन चीजों को 'बूर्जुआ' मूल्यों की संज्ञा देते। किन्तु म्योर होस्टल का वातावरण इन संस्कारों से सम्पृक्त था। झा साहब यह उम्मीद करते थे कि उनका हरेक छात्र म्योर होस्टल की परम्परा की छाप लिए हुए जाए, जिससे बाद के जीवन में भी अपने व्यवहार से चीह्ना जा सके।

असल में इस तरह की छाप वह चाहते थे इलाहाबाद विश्वविद्यालय के अधिक-से-अधिक छात्रों में। यद्यपि झा साहब विश्वविद्यालय के उप-कुलपति सन् '38 में ही बने थे, तथापि उससे कई वर्ष पहले से वह प्रयाग विश्वविद्यालय के प्रतीक-से समझे जाने लगे थे। जहाँ झा साहब होते, वहीं मानो प्रयाग विश्वविद्यालय का झंडा-सा गड़ जाता। साल में एकाध बार जब कभी वह दिल्ली, मसूरी, कलकत्त आते, प्रयाग के पुराने छात्रों की मजलिस अवश्य जुड़ती; ऐसे ही पटना में, बंबई, बनारस एवं भारतवर्ष के अन्य नगरों में भी। यहाँ तक कि सन् '46 के बाद जब उनका विश्वविद्यालय से कोई विशेष सम्बन्ध नहीं रहा था, तब भी इलाहाबाद के बाहर उन्हीं के नाम पर इलाहाबाद के पुराने छात्र जमा होते, मानो किसी राजा की मृत्यु हो जाने पर भी अरसे तक उसके इक़बाल के कारण उसी का सिक्का चलता रहा हो। एक व्यक्ति इतनी बड़ी संस्था का इस तरह से प्रतीक माना जाने लगे, यह मार्के की बात थी।

यही प्रतिष्ठा झा साहब की समस्त आकांक्षाओं का केन्द्र थी, जिस तक पहुँचने के लिए उन्होंने बड़ी-से-बड़ी बाज़ी लगा दी और ग़लतफ़हमियों के शिकार हुए। 41 या 42 बरस की उम्र में उप-कुलपति चुने गए, लेकिन उसके दस बरस पहले से ही उन्होंने अपने अन्तरंग मित्रों के बीच घोषणा कर दी थी कि उन्हें शीघ्र ही उप-कुलपति बनना है। इच्छाशक्ति प्रबल थी। जिस तरह से अनुसन्धान करनेवाला विद्वान अपने थीसिस की योजना बनाता है, जगह-जगह से सामग्री एकत्र करता है और निश्चित रूपरेखा के अनुसार उस सामग्री का निरूपण करता है, ऐसे ही झा साहब ने विश्वविद्यालय की सीनेट, फैकल्टी और काउंसिलों में अपने प्रभाव और शक्ति की तीखी लीकें खींचना शुरू कर दीं। मेधावी पुरुष थे, युवक थे, अपनी भावनाओं पर नियन्त्रण रखना जानते थे। उनके उस जगन्नाथ-रथ-यात्रा के पहिए अनेकों के ऊपर से गुजरे, कई विद्वान प्रतिद्वन्द्वियों की हिम्मत टूट गई। दलबन्दी का आरोप उन पर लगा, विश्वविद्यालय में जातिगत दुर्भावनाओं के प्रवेश के लिए उन्हें उत्तरदायी ठहराया जाने लगा।

आजकल जब विश्वविद्यालयों में दलबन्दियों, दुरभिसन्धियों और ओछी प्रतिद्वन्द्विताओं का बोलबाला है, सन् '30 के आसपास की परिस्थिति और झा साहब के व्यवहार का सही मूल्यांकन होना जरूरी है। झा साहब ब्राह्मण थे और उनके सबसे बड़े प्रतिद्वन्द्वी डॉ. ताराचन्द कायस्थ; लेकिन असलियत यह थी कि झा साहब के अनेक उत्साही समर्थक और कार्यकर्ता कायस्थ थे और डॉ. ताराचन्द को अनेक ब्राह्मणों का सहयोग प्राप्त था। दोनों ही व्यक्ति इस संकीर्ण मनोवृत्ति से बरी थे, यद्यपि छुटभइयों को इस तरह का प्रचार करने में मज़ा आता था। झा साहब के अगणित स्नेह-पात्र छात्र विभिन्न जातियों के थे। विश्वविद्यालय में नियुक्तियों और तरक़्क़ियों के सिलसिले में उनके द्वारा किसी जाति-विशेष का उपकार हुआ है, ऐसा किसी से नहीं सुना। अपने स्नेहपात्र शिष्यों की सहायता सहर्ष करते, किन्तु जाति-पाँति का भेद किए बिना। विश्वविद्यालय के चुनावों की हार-जीत को मन में घुन की तरह पीसा जाए (जैसा आजकल के 'अखाड़िए' विश्वविद्यालयों में करते हैं), यह भी उनकी मनोवृत्ति के प्रतिकूल था। इसीलिए डॉ. ताराचन्द के साथ मित्रता बराबर क़ायम रही और प्रारम्भिक संघर्षों के बाद तो झा साहब ही डॉ. ताराचन्द के प्रमुख समर्थक बन गए।

गहराई से विचार करने पर जान पड़ता है कि झा साहब की महत्त्वाकांक्षा की जड़ में उनका यह पक्का विश्वास था कि विश्वविद्यालय के प्रशासन के लिए एक विशेष प्रकार की प्रबन्ध-पटुता और योग्यता की आवश्यकता है और छात्रों के सर्वांगीण जीवन को प्रभावित करने की क्षमता की भी। ये दोनों ही गुण प्रचुर मात्रा में उनके पास थे। यह उनका विशेष क्षेत्र था। विद्वान और अनुसन्धानकर्ता उनसे बढ़कर मौजूद थे, लेकिन उनकी नज़र में मसला विद्वता और अनुसन्धान का नहीं था, विश्वविद्यालय के विभिन्न विभागों को सावधानी और दृढ़ता से चलाने का था। उसकी दैनिक आर्थिक और प्रशासनिक समस्याओं को सुलझाने का था; अध्यापन के स्तर को ऊँचा रखने और

विश्वविद्यालय के छात्रों और अध्यापकों के समूह को एक विशिष्ट परम्परा-सम्पृक्त और सुनियन्त्रित समाज का रूप देना था।

अपने विश्वविद्यालय-जीवन के प्रारम्भिक दिनों में ही झा साहब ने तय कर लिया कि यह काम उन्हें करना है। तय कर लिया, क्योंकि प्रशासनिक सामर्थ्य और प्रतिभा का संयोग उन्हें अपने भीतर दीख पड़ा। लोग भले ही कहें—अहंकारी है। लेकिन, दूसरा कौन था, जिसमें इस विशेष उत्तरदायित्व के लिए उनसे बढ़कर योग्यता थी? लक्ष्यवेधी अर्जुन की तरह एकाग्रचित्त होकर वह जुट गए। उन्हें लगा कि नियति ने यही अभियान उनके लिए निश्चित किया है; लेकिन किसी निरुपाय पतझड़ के पत्ते की तरह नियति उन्हें उड़ा नहीं ले चली; अपने हाथों रास्ता बनाया, ठीक अवसर देखकर कदम बढ़ाया। पुरुषार्थी के लिए नियति संकेत-भर है, इससे अधिक नहीं।

क्योंकि ऐसी उत्कट मनोकामना ने उन्हें अभिभूत कर लिया? महामहोपाध्याय डॉ. गंगानाथ झा जैसे उद्‌भट विद्वान और मनीषी के पुत्र, साहित्य के सभी विषयों में पारंगत, क़लम के धनी—सभी उपादान तो उनके पास थे, पांडित्य और अनुसन्धान के क्षेत्र में अमर कीर्ति प्राप्त करने के।

कभी-कभी मुझे लगता कि उनके प्रशासनिक और सामाजिक जीवन की जिम्मेदारियाँ उनके वास्तविक अध्ययनशील और ज्ञानपिपासु व्यक्तित्व को बेरहमी से दबा देती थीं। एक बार मिलने गया; कई ग्रन्थ सामने खुले थे, वनस्पति-विज्ञान के, इनसाइक्लोपीडिया ब्रिटेनिका भी थी और एक तरफ शेक्सपियर! बोले, "एक निबन्ध लिख रहा हूँ—'शेक्सपियर और वृक्षचर्चा'।" मुझे ताज्जुब हुआ—वृक्षचर्चा! तब मालूम हुआ उसी दिन विश्वविद्यालय की वनस्पति-विज्ञान-समिति के उद्‌घाटन समारोह पर उन्हें भाषण देना था। अनेक विषयों पर उन्हें बोलना पड़ता। नवोदित कवियों और लेखकों की भूमिकाएँ भी लिखते। पुराने शिष्यों की रचनाओं पर अपनी सम्मति लिख भेजने में भी नागा न करते। इस तरह अपने प्रशासनिक और सामाजिक उत्तरदायित्व को निबाहने के लिए झा साहब ने आत्मसेवी, अनुसन्धानरत, एकान्तवासी अध्येता का रूप छोड़कर अध्यापक और शिक्षाविद् के उस रूप को अपनाया जो छात्रों के समग्र जीवन को प्रभावित करता है, ज्ञान की विविध पुष्करणियों के अनुभव के विभिन्न धरातलों को सींचता है, समाज और जीवन की समस्याओं के बीच सहज आत्मविश्वास के साथ विचरता है। दूसरे शब्दों में, उन्होंने व्यावहारिक जीवन में अध्यापक का शीर्ष स्थान स्थिर किया—अपने ही आचरण और उपलब्धियों द्वारा।

अकसर लोग छींटाकशी करते कि अमरनाथ झा को तो आई.सी.एस. अफसर होना चाहिए था। जैसे कुम्हार चाक पर से एक के बाद एक बर्तन उतारता जाता है, कुछ ऐसे ही झा साहब के हाथों भावी आई.सी.एस. और अन्य प्रकार के अफसरों का निर्माण होता रहा। म्योर होस्टल के बराबर देश में शायद किसी एक छात्रावास से इतने छात्र ऊँची सरकारी नौकरियों के लिए प्रतियोगिताओं में सफल नहीं हुए। लेकिन जिन दिनों—यानी पहले विश्वयुद्ध की समाप्ति तक—झा साहब स्वयं छात्र थे, इंडियन सिविल सर्विस

की प्रतियोगिता केवल इंग्लैंड में होती थी और वे भारतीय युवक ही अपना जौहर दिखा सकते थे, जो स्वयं इंग्लैंड पहुँच जाएँ। बी.ए. पास करने के बाद झा साहब ने अपने पिता महामहोपाध्याय गंगा नाथ झा से विदेश जाने की इच्छा प्रकट की। मिथिला के कुलीन ब्राह्मणों में सन् '15-16 तक भी विदेश-यात्रा का कट्टर विरोध था। अमरनाथ को आज्ञा नहीं मिली। उस घटना का ज़िक्र करते हुए एक बार झा साहब बोले, "ज़िन्दगी में पहली और अन्तिम बार तभी मैं अपने पिता से रुष्ट हुआ।" कुछ ऐसी झंकार थी उनकी वाणी में इस घटना का उल्लेख करते समय, जैसे वीणा पर कोई विस्मृत स्वर जाग उठे हों। लगा कि शायद उसी अतृप्त वासना को पूरा करने के लिए ही झा साहब ने अपने परवर्ती जीवन में व्यावहारिक दक्षता, प्रभुत्व और सामाजिक ठाठ-बाट का महल खड़ा किया।

मनोविश्लेषण के शौक़ीन लोग शायद इस पहलू में झा साहब के समूचे व्यक्तित्व की कुँजी खोजने पर उतारू हो जाएँ, किन्तु इस अर्ध-सत्य के आधार पर निष्कर्ष स्थिर करना नादानी होगी। व्यक्तिगत कुंठाएँ अवश्य रही होंगी झा साहब के जीवन में;—किसमें नहीं होतीं? किशोरावस्था में विदेश-यात्रा और सिविल सर्विस में जाने का स्वप्न भंग होने पर मन में कुंठा उपजी और भीतर कहीं भटकती रही—यह सच है। लेकिन व्यक्तिगत कुंठा से कहीं अधिक उत्तेजक प्रेरणा उन्होंने पाई, समाज में अध्यापकों के स्थान को देख और उस पर विचार कर। आर्यकालीन भारत में गुरु के प्रति व्यापक सम्मान था, समाज के नेता उनसे सलाह लेते, उन्हें समसामयिक जीवन का एक सक्रिय अंग माना जाता। किन्तु बीसवीं सदी के भारत में तो अध्यापक को 'ढीला-ढाला मास्टर' की संज्ञा दी जाने लगी। भारतवर्ष की पराधीन अवस्था में अध्यापक का सम्मान ज़बानी रह गया। अफसर लोग तो तनख़्वाह के आधार पर सामाजिक प्रतिष्ठा का आदान-प्रदान करते ही थे, राजनीतिक नेता भी जनता की क्षणिक वाहवाही को सम्मान और महत्ता का मापदंड मानने लगे। विद्वानों की प्रशंसा तो खूब होती और अब भी होती है, लेकिन सामाजिक ओहदेबाज़ी (जिसे अंग्रेजी में 'हायरार्की' कहते हैं) में अध्यापक के लिए जगह न थी।

'बेचारा'—अध्यापक के लिए यह विशेषण झा साहब को अखरा; और उन्हें यक़ीन हो गया कि इसके लिए अध्यापक स्वयं भी जिम्मेदार है। व्यावहारिक जीवन में निपुणता और सफ़ाई क्यों न हो? क्या अध्यापक प्रबन्ध-पटु नहीं हो सकता? क्या वह आदेश नहीं दे सकता? उत्तरदायित्व सँभालने की क्षमता क्या उसके परे ही रहे? क्या वह अधिकारी-वर्ग और प्रभावशाली लोगों की पंगत को दूर से ही टुकुर-टुकुर निहारता रहे?

इस चुनौती को झा साहब ने स्वीकार किया। हथियार भी उन्होंने वे ही उठाए, जिनके बल पर अधिकारी-वर्ग इठलाता था। साहब लोगों के चपरासी की वर्दी चमक-दमकदार होती थी, तो झा साहब के अर्दली का झब्बा भी कम शानदार नहीं था। अगर उनके बँगले पर मुलाक़ातियों की लंगर लगी रहती, तो झा साहब के यहाँ भी बाहर

बरामदे में चिट भेजकर अपनी बारी का इन्तजार करना पड़ता। जब बुलाहट होती, तो क़रीने और अदब के साथ अन्दर जाना होता। इन मुलाक़ातों में बड़े-बड़ों के छक्के छूट जाते, क्योंकि अकसर शुरुआत ऐसे होती : मुलाक़ाती अन्दर दाखिल होते ही देखता एक बड़ा कमरा, जिसकी दीवारों ने किताबों से भरी अलमारियों का मानो जामा-सा पहन रखा है, और जो अवनीन्द्रनाथ ठाकुर, नन्दलाल बोस, असित हलदर, रोरिक, सुधीर खास्तगीर इत्यादि के बनाए चित्रों के अलंकारों से लदी हैं, नाना प्रकार की मूर्तियाँ और फ़ोटोग्राफ़, न सिर्फ साहित्यकारों के, बल्कि राजा-महाराजाओं और गवर्नर इत्यादि के भी—मय उनके हस्ताक्षरों के, अगणित स्मृति चिह्न और उपहार, शिल्पकला के चमत्कारपूर्ण पदार्थ! वह बड़ा कमरा मानो संस्कृत-सुन्दरी का निजी शृंगार-गृह था, जिसमें वह अपनी सज्जा, अंगराज और वेशभूषण करते-करते कहीं पायल छोड़ गई, कहीं कंचुकी, कहीं कर्णफूल! क्या किसी अधिकारी अथवा समाज के सिरमौर का भेंट-कमरा होगा उसके मुक़ाबले में! बीच में बड़ी मेज़ और उसके एक सिरे पर झा साहब संस्कृति के उपादानों के बीच मानो निर्विकार होकर दिग्दर्शन करते हों। मुलाक़ाती मेज के एक तरफ कुर्सी पर बैठता; तब तक या तो उसकी सिट्टी गुम हो चुकी होती, या इतने सारे पदार्थों और झा साहब के दर्प-भरे चेहरे को देखकर वह बातचीत का जो सिलसिला मन में सोचकर आया था, उसे भूला चुका होता। कोई-कोई मुलाक़ाती कृत्रिम तौर पर हँसने की कोशिश करता, कोई होंठ भींचकर एकाग्रचित्त होने का प्रयास करता, बहरहाल, थोड़ी देर के लिए मौन! तब चेहरे पर किसी भी प्रकार का भाव न दिखाते हुए झा साहब पूछते, "ह्वॉट केन आई डू फॉर यू?" (मैं आपके लिए क्या कर सकता हूँ?) कुछ ऐसे वजन और भंगिमा के साथ ये शब्द कहे जाते कि आगन्तुक जैसे रोब में आ जाता और फिर यह नामुमकिन था कि मुलाक़ात के दौरान आगन्तुक पूरी तरह से आत्मविश्वास वापस पा सके।

गर्मियों की छुट्टियों में झा साहब मसूरी जाते; वहाँ उन्होंने एक छोटा-सा मकान ले रखा था—'लिनवुड'। जिस दिन इलाहाबाद रेलवे-स्टेशन से रवाना होते, कुछ छोटे अध्यापकों और छात्रों की भीड़ उनके डिब्बे के पास जमा होती। उस ज़माने में फ़र्स्ट क्लास का सफ़र करना एक अध्यापक के दायरे के बाहर की बात थी। लेकिन, झा साहब हमेशा फर्स्ट क्लास में जाते, और अकसर हम लोगों ने देखा कि सारे डिब्बे में अकेले। अर्दली पहले से ही आकर बिस्तरा लगा जाता; डिब्बे में यात्रा के उपादान ठाठ-बाट के साथ सजे रहते—सफ़री घड़ी दो थर्मस, फलों की टोकरी, पुस्तकों का ढेर, इत्यादि। बाहर वर्दी से लैस अर्दली और फिर विदा देनेवालों की भीड़। रास्ते में जितने बड़े-बड़े स्टेशन पड़ते, वहाँ पुराने छात्र पहले ही सूचना पाकर जमा रहते। खिड़की के पास बढ़िया सिल्क का कुरता पहने झा साहब बैठे होते, शान्त और अडिग। सफ़र की बौखलाहट और स्टेशन की हलचल, पुरी के समुद्र तट पर उन फेनिल तरंगों की तरह होतीं, जो नहानेवालों के ऊपर से गुजर जाती हैं, उन्हें बहा ले जातीं। अंग्रेजी राज के उस वैभव-युग में क्या कोई अंग्रेज कमिश्नर या आला अफसर सफ़र करता होगा, जैसे

झा साहब करते! मसूरी में भी उनका निराला ठाठ था। शाम के वक़्त मालरोड पर लाइब्रेरी से हैकमैन रेस्तराँ तक उनकी सवारी चलती। अपनी रिक्शा थी, सब रिक्शावाले बढ़िया वर्दी से लैस, लेकिन लाइब्रेरी से हैकमैन तक झा साहब पैदल ही चलते; यह भी उनका एक अन्दाज था, चूँकि पीछे-पीछे आती हुई रिक्शा एक शोभा-यात्रा का समाँ बाँध देती। रास्ते में अगणित 'प्रणाम' और 'नमस्कार' मिलते—पुराने छात्र और उनकी पत्नियाँ, सैलानी युवक और युवतियाँ तथा मसूरी के प्रतिष्ठित नागरिक। दूर से लोग अँगुली से बच्चों को दिखाते, "देखो, झा साहब जा रहे हैं!" झा साहब की गति मन्थर होती, लेकिन रास्ते में देर तक बातचीत के लिए झा साहब रुकते बहुत कम। हैकमैन में उनकी मेज निश्चित थी। अकसर चाय के लिए मेहमान होते। रेस्तराँ में प्रायः अंग्रेज और धनी-मानी भारतीय ही होते और वे लोग अपनी-अपनी मेजों से देखते एक प्रोफेसर को ठाठ से बेयरे को हुकुम देते हुए, हैकमैन की मैनेजर—मिसेज़ हैकमैन से गुपचुप बात करते हुए, इत्मीनान और आत्मविश्वास से आवभगत करते हुए—मानो सारे रेस्तराँ में दृष्टियों के केन्द्रबिन्दु वही हों! इन विदेशी और देशी धनी-मानी सज्जनों की निगाह में क्या होता है?—कुछ अचरज, कुछ हसद, कुछ भर्त्सना, मानो उनसे बिना पूछे उन्हीं के क्षेत्र में कोई अनधिकार चेष्टा करता हो।

बहुत-सी बातों में उनकी ये अनधिकार चेष्टाएँ चलतीं। एक बार—शायद सन् '41 में—झा साहब से मिलने नैनीताल जाना पड़ा। पता चला, लाट साहब के महल में (जिसे आजकल राजभवन कहा जाता है) ठहरे हैं। उस जमाने में लाट साहब का मेहमान होना सब उप-कुलपतियों के नसीब में नहीं होता था। चोटी के सरकारी अफसरों की मौजूदगी में रोब और तपाक के साथ झा साहब गवर्नमेंट हाऊस में भी अपना प्रभाव दिखा जाते। उस जमाने के सिविलियनों को अपनी योग्यता और कार्य-प्रणाली पर नाज़ था, लेकिन मौका पड़ने पर इस क्षेत्र में भी झा साहब उन्हें नीचा दिखाने में न चूकते। एक बार एक अंग्रेज अफसर ने उन्हें एक ट्रेनिंग सेंटर में भाषण देने के लिए बुलाया। झा साहब ठीक टाइम पर पहुँच गए; अंग्रेज अफसर महोदय का पता भी न था। और लोगों को जमा करके लेक्चर का प्रबन्ध तो हम लोगों ने कर दिया। बाद में अफसर महोदय भागे-भागे आए और कुछ उपालम्भ के स्वर में बोले, "मि. झा, मेरा दूसरा पत्र आपको नहीं मिला?" "आपका पत्र? पता नहीं, लेकिन..." जेब से एक पत्र निकालते हुए झा साहब बोले, "यह पत्र अलबत्ता आया था, लेकिन इसे आपका कैसे मानूँ?" अफसर महोदय ने खोलकर देखा, टाइप किए हुए मज़मून पर वह अपने दस्तख़त करना ही भूल गए थे। घड़ों पानी ढल गया उनके ऊपर।

मियाँ की जूती मियाँ के सिर रखने में निपुण होते हुए भी झा साहब क्षणिक विजयोल्लास को कभी प्रकट नहीं करते थे। अनियन्त्रित वाणी के पाषाण-खंडों के अकस्मात् गिरने से बड़े-से-बड़े व्यक्तित्व के दुर्ग की प्राचीरों में छिद्र हो जाते हैं; झा साहब के दुर्ग की प्राचीरों के जोड़ बड़े मजबूत थे। बिना सोचे-विचारे वह बोलते नहीं थे, इसलिए उन्हें आड़े हाथों लेना मुश्किल था। ठाठ-बाट के व्यवहार का नक़ाब वह

इतनी सहज रीति से पहनते थे कि तथाकथित ऊँचे वर्ग के लोग न उनका मज़ाक बना पाते और न उन पर कृपा कर सकते; यही वजह थी कि झा साहब न तो ऊँचे सरकारी अधिकारियों में पसन्द किए जाते थे औन न राजनीतिक नेताओं के बीच। अंग्रेजी राज के दिनों में झा साहब को यद्यपि राजनीतिक दृष्टि से सन्दिग्ध नहीं माना जाता था (उग्र राष्ट्रवाद से वह हमेशा अलग रहे), तथापि तत्कालीन सत्ताधारियों के जी-हुजूर वह नहीं बन सके। सन् '47 के बाद भारतीय मन्त्रियों और राजनीतिक नेताओं की भी लल्लो-चप्पो उन्होंने नहीं की। सत्ताधारी—चाहे अंग्रेजी राज में, चाहे स्वतन्त्र भारत में—एक हलकी-सी दरबारगीरी चाहता था। हलकी-सी, चूँकि खुल्लमखुल्ला खुशामद में वह रस नहीं मिलता, जो सांकेतिक झकोरों में। लेकिन इशारों में झुकना या दंडवत् करना—बात तो एक ही है और इसलिए झा साहब ने सन् '47 के बाद भी इस मामले में समझौता नहीं किया। शिष्यों और छोटों के साथ बड़प्पन का और बड़ों के साथ बराबरी का—यही बर्ताव उन्होंने पहले क़ायम रखा, यही बाद में। चोटी के राजनीतिक नेताओं में सरोजिनी नायडू से उनकी खासी घनिष्ठता थी। एक बार विश्वविद्यालय में भाषण देते हुए पुराने जमाने का ज़िक्र करते हुए वह बोलीं, "उस ज़माने में आपके प्रोफेसर झा और मैं—दोनों न सिर्फ आयु में कम थे, बल्कि हमारी कमर भी पतली थी (इन अवर यंगर एंड लीनर ईअर्स)!" सरोजिनी देवी और झा साहब दोनों ही सन् 35-36 के आसपास खासे स्थूलकाय थे और इस विषय में अकसर छेड़-छाड़ रहती। इस तरह का बन्धुत्व अन्य कांग्रेसी और ग़ैरकांग्रेसी राजनीतिज्ञों के साथ भी रहा होगा; शिष्यों में तो अनेक रानजीतिक नेता बने, लेकिन जब बन्धुओं और शिष्यों के हाथ सत्ता और अधिकार की कुँजी पहुँची, तो उस कुँजी को घुमाने के लिए आवाज में जिसे हलके-से लोच, हँसी में जिस मधुर आमन्त्रण और वचनों में जिस अविलम्ब अनुमोदन की दरकार थी, उनका सहारा क्या झा साहब लेते? जब देखते-ही-देखते सन् '47 के तुरन्त बाद इस कुँजी को घुमा-घुमाकर उनसे कम योग्यता के लोग पदोन्नति पाते गए, तो कभी-कभी हम लोगों को झा साहब की निष्क्रियता पर ताज्जुब होता। उन दिनों जब कभी झा साहब से मिला, तो यह ज़िक्र छेड़ने की हिम्मत तो नहीं हुई, लेकिन उनके चेहरे और भंगिमा को देखकर लगता, मानो वह कहते हों :

उम्र तो सारी कटी इश्क़े बुताँ में मोमीन,
आख़िरी वक़्त में ख़ाक मुसलमाँ होंगे।

इश्क़े बुताँ! क्या वह बुत अपनी ही छाया थी, जिसे नैर्सिस ने तालाब के जल में देखा? बहुतों को यह भ्रम था कि झा साहब की अहम्मन्यता उनके पोरों में समा गई थी और शीशमहल में बैठे राजकुमार की तरह वह अपनी ही छवियों में रम जाते, बाहर की दीप्ति अन्दर की चमक-दमक से टकराकर ही रह जाती लेकिन मेरा अनुभव है कि झा साहब अपने नक़ाब को उलटना जानते थे। एक बार ज़िक्र चला इंग्लैंड के तत्कालीन शिक्षा मन्त्री डॉक्टर एच.ए.एल. फिशर का, जो विख्यात इतिहासज्ञ थे। झा साहब

विलायत में डॉ. फिशर से अपनी मुलाक़ात का वर्णन करते-करते बोले, "फिशर मुझे कुछ शान जमानेवाले जान पड़े। और चूँकि मैं खुद शान जमाने में माहिर हूँ, इसलिए फ़िशर का मेरे ऊपर ख़ास असर नहीं पड़ा।"

तो झा साहब शीशमहल के पार देख सकते थे। अगर ऐसा न होता, अगर अपनी ही छवियों में वह लवलीन रहते तो जिस सहज मौन और अपार सन्तोष के साथ वह अपने पास आनेवाले अनेक अल्पमतियों की बातों को सुन लेते थे, वह असम्भव होता। अंग्रेजी में जिसे कहते हैं—इनफ़िनिट कैपेसिटी टु सफर फूल्स--मूढ़मतियों से भुगतने की अनन्त शक्ति—वह गुण उनमें प्रचुरता से विद्यमान था। अकसर उनसे अपना निवेदन करने महामूढ़ व्यक्ति आ पहुँचते; झा साहब उन पर हँसते नहीं, उनकी कमजोरियों को जानकर भी उन्हें धता नहीं बताते। चुपचाप उनका निवेदन सुनते रहते और एकाध शब्द कहीं-कहीं बोल देते। शायद इसका कारण यह था कि अध्यापक के नाते उन्होंने अनेक अपरिपक्व व्यक्तियों को विकसते देखा। बातूनी अथवा बौड़म, दिखाऊ अथवा लज्जाशील, प्रत्युत्पन्नमति अथवा मन्दमति—अनेक तरह के छात्रों का उनसे निजी सम्पर्क था, केवल कक्षा का ही नहीं। अंडर ग्रेजुएट छात्रों को उन्होंने व्यवहार के क्षेत्र में उसी तरह विकसते देखा, जैसे अंडे से निकलकर चूज़ा अपने पर फड़फड़ाता है और तरह-तरह की आवाज निकालता है, अथवा नौसिखिया तैराक पानी में इधर-उधर हाथ-पैर पटककर दो-चार गज फासला तय करता है। वह जानते थे कि इन्हीं बौड़म नौजवानों में से कुछ आगे चलकर समाज का नेतृत्व करने योग्य हो जाएँगे। इसीलिए उनके चेहरे पर कभी झुँझलाहट नहीं होती थी, इसीलिए बेवकूफ़ियों का वह मज़ाक नहीं बनाते, अटपटी बातें करनवेवालों अथवा अपनी ही हाँकनेवालों तक को हतोत्साह नहीं करते थे। अपनी निगाह जरूर रखते, जिससे कि यदि कोई नौसिखिया डूबता हो, तो एक हाथ बढ़ाकर उसे सहारा दे दें; यदि कोई रास्ते से बहुत दूर भटक रहा हो, तो तनिक इशारा कर दें। सतर्क दृष्टि और कभी-कभी इशारा—इतना ही काफी था पथ-प्रदर्शन के लिए। यही थी जीवन-शिक्षा की वह पद्धति, जिसे अन्य अध्यापक जानते ही न थे, क्योंकि उनका वास्ता छात्रों के मस्तिष्क मात्र से होता था, झा साहब का उनके समूचे व्यक्तित्व से।

जिसने इस संजीवनी बूटी को अर्धस्फुटित तृषित चंचुओं में डालने का यश पाया, उसकी तृष्णा को कौन से कीर्ति लाभ और पदोन्नति की मरीचिका जगा सकती थी? राष्ट्रपति ने उन्हें पद्मविभूषण प्रदान किया, यूनेस्को एवं अन्य विश्व-संस्थाओं ने उन्हें सम्मानित किया, देश-विदेश में उनके भाषणों की चर्चा रही, अखिल भारतीय शिक्षा परिषद्, नागरी प्रचारिणी सभा, प्रौढ़ शिक्षा परिषद् इत्यादि का उन्होंने कुशलता और सफलतापूर्वक निर्देशन किया। किन्तु झा साहब की आकांक्षाओं का चरम केन्द्रबिन्दु एक ही था, जिसको बरसों पहले वह प्राप्त कर चुके थे—वह था प्रयाग विश्वविद्यालय का उप-कुलपति होना और उप-कुलपति के रूप में एक अध्यापक के उत्तरदायित्व को भली-भाँति निबाहना। इस अमृत के आगे अन्य सभी रस तुच्छ थे। इसीलिए जहाँ भी

वह रहे या गए, प्रयाग और वहाँ के विश्वविद्यालय ही में उनका मन रमा रहा। 'पुनि-पुनि उड़ि जहाज को पंछी पुनि जहाज पै आवै।' झा साहब के मन-पंछी का जहाज था वह वट-वृक्ष, जो प्रयाग विश्वविद्यालय के शीर्ष-चिह्न (क्रेस्ट अथवा मोनोग्राम) पर गंगा-यमुना की धाराओं के संगम पर अपनी विशाल शाखाओं को फैलाए दिखाया गया है। ज्ञान गरिमा में जिसके असंख्य मूल शिराओं-से-बिछे हैं, वह अनादि वट-वृक्ष, जिसकी पत्तियों पर नवीन पीढ़ियों के बालमुकुन्द खेलते-खेलते अविकसित विश्व की विराट झाँकियाँ दिखाते हैं, वही वट-वृक्ष गुरुप्रवर अमरनाथ झा के शुक-स्वरूप व्यक्तित्व का चिरन्तन नीड़ था।

(अंग्रेजी साहित्य के अध्यापक और प्रयाग विश्वविद्यालय के विख्यात उप-कुलपति)

मतवाला कलाकार
शिशिर भादुड़ी

__जन्म__ : अक्तूबर, 1889, मिदिनापुर में। __शिक्षा__ : कलकत्ता में हुई। 1908 में जब स्कॉटिश चर्च कॉलेज, कलकत्ता में बी.ए. के छात्र थे, शेक्सपियर के नाटकों में अभिनेता के रूप में नाम पैदा किया। एम.ए. के छात्र होने पर कलकत्ता विश्वविद्यालय के यूनिवर्सिटी इंस्टिट्यूट में अनेक बंगला नाटकों में भाग लिया और चाणक्य की भूमिका में विशेष ख्याति प्राप्त की। अंग्रेजी साहित्य में एम.ए. करने के बाद मेट्रोपॉलिटन इंस्टिट्यूट (जिसे आजकल विद्यासागर कॉलेज कहते हैं) में अंग्रेजी के प्राध्यापक नियुक्त हुए। 1921 में अध्यापन को तिलांजलि देकर रंगमंच को जीविका का साधन बनाया, और 10 दिसम्बर, 1921 को 'आलमगीर' नाटक का प्रथम अभिनय अपने थिएटर में प्रस्तुत किया। तदुपरान्त 'षोडशी', 'माइकेल मधुसूदन', 'शाहजहाँ', 'सीता', 'प्रफुल्ल' आदि अनेक नाटकों को सफलतापूर्वक प्रस्तुत किया। 1930 में अपने दल को लेकर अमरीका गए। 1956 में व्यावसायिक रंगमंच से कार्यमुक्त हुए। नाट्य-विवेचन के लिए नव्य बंगला नाट्य-परिषद् की स्थापना की। 1958 में भारत सरकार द्वारा प्रदत्त 'पद्मविभूषण' अलंकार को अस्वीकार किया। __मृत्यु__ : 30 जून, 1959 ई.।

शिशिर भादुड़ी का नाम पहले-पहल मैंने 30 बरस हुए सुना था। हमारे छोटे क़स्बे में इंटरमीडिएट कॉलेज के एक बंगाली अध्यापक, चटर्जी महोदय, ने द्विजेन्द्रलाल राय के 'चन्द्रगुप्त' नाटक को हिन्दी में रंगमंच पर प्रस्तुत किया और वह स्वयं चाणक्य की भूमिका में उपस्थित हुए। जिस आवेश और तन्मयता से उन्होंने चाणक्य का अभिनय किया, वह मेरे लिए एक बिलकुल नया अनुभव था। तब तक मैं राधेश्याम पाठक के नाटकों का ही अभ्यस्त था और बिना जोशीले पदों और शेरों के भावोन्मेष की पराकाष्ठा का अनुभव भी नहीं कर सकता था। मेरे किशोर-व्यक्तित्व पर द्विजेन्द्रलाल राय की शैली का तो प्रभाव पड़ा ही, साथ ही चटर्जी महोदय से मैंने सुनी शिशिर भादुड़ी की कीर्ति-कथा; सुना कि इसी नाटक में चाणक्य की भूमिका में शिशिर भादुड़ी जब पहले-पहल उतरे, तो बंगला रंगमंच पर मानो गिरीश घोष के बाद पुनः भुवन भास्कर उदित हुए।

तीसरे बरस बाद, सन् 1955 की 28 नवम्बर को, शिशिर भादुड़ी से मेरी पहली और अन्तिम मुलाक़ात हुई—भुवन भास्कर अब अस्ताचलगामी था, उसमें शक्तिदायक ताप न था, बादलों से सजी नयनरंजक विविधता भी न थी, किन्तु था वह रक्ति भीषण आक्रोश, जो ज्येष्ठ की निस्पन्द जलद-शून्य और उत्तप्त सन्ध्या को आतंकमयी बना देता है।

उस रात कलकत्ता के सुप्रसिद्ध श्रीरंगम थिएटर में गिरीशचन्द्र घोष के अमर नाटक 'प्रफुल्ल' का एक विशेष अभिनय था। शिशिर बाबू ने उस समय तक नियमित रूप से रंगमंच पर उतरना करीब-करीब बन्द ही कर दिया था और श्रीरंगम थिएटर भी अब गया-तब गया की अवस्था में था। इसलिए शिशिर बाबू का अभिनय देख सकने की मेरी साध पूरी होने की कोई सम्भावना नहीं जान पड़ती थी। लेकिन इत्तफ़ाक से सरकारी दौरे पर 26 नवम्बर, 1955 को कलकत्ता पहुँचने पर पता चला कि दो रोज बाद ही कुछ विपदग्रस्त कलाकारों के सहायतार्थ कलकत्ता के अग्रगण्य रंगमंच अभिनेता 'प्रफुल्ल' का विशेष अभिनय उपस्थित कर रहे थे। प्रमुख भूमिका में थे 68 वर्षीय शिशिर भादुड़ी, ख्यातनामा सिनेतारक श्री छवि बिस्वास, नरेश मित्र, सरजूबाला इत्यादि। बिल्ली के भाग छींका टूटा! इस सुअवसर से मेरा गठबन्धन कराया श्री अर्द्धेंदु मुखर्जी ने, जो एक फिल्म प्रोड्यूसर और डायरेक्टर की हैसियत से जाने-माने हैं और शिशिर भादुड़ी के शिष्य भी। उन्होंने कहा, "आपको अभिनय दिखाने की सारी जिम्मेवारी मेरे ऊपर; और थिएटर में ही शिशिर भादुड़ी के कमरे के बाहर तक आपको पहुँचा भी दूँगा। लेकिन उनके सामने आपको अकेले ही जाना होगा, मैं उस वक्त मौजूद नहीं होना चाहता, वरना मेरे ऊपर झाड़ पड़ जाएगी।" मैंने पूछा, "क्यों?" मुखर्जी महोदय भेद-भरी मुसकान सहित बोले, "यह आपको स्वयं मालूम हो जाएगा!"

श्रीरंगम थिएटर का भवन बीसवीं सदी के प्रथम दशक (जिसे अंग्रेजी में एडवर्डियन एरा कहा जाता है) की स्थापत्य शैली का नमूना था। वही गुँथे-गुँथे-से कंगूरे, वही नाजुक स्तम्भ, वही गोलाकार छज्जे और आजकल के नंगे स्थापत्य की बेपर्दगी से शर्माकर मानो सिलवटों में छिपती-सी दीवारें। भवन में अरसे से सफेदी नहीं हुई थी; दरारें नज़र पड़ रही थीं। हॉल खचाखच भरा था, और नए कलकत्ता के 'स्ट्रीमलाइंड', भव्य सिनेमा-भवनों के मुक़ाबले वह श्रीरंगम थिएटर गतयौवना नायिका की भाँति अपनी जीर्ण-शीर्ण सज्जा में भी उत्फुल्ल मन होकर मानो चहक रहा था। (अब तो सुना है श्रीरंगम थिएटर की कायापलट ही हो गई है। ज़माने की गर्दिश ने मानो अनेक बरसों के सँवारे, सुस्वादित और सुवासित मुरब्बे की आधुनिक 'सॉस' का रूप दिया है।)

उस रात का अभिनय मेरे मन में बस गया। शायद इसलिए कि मैं प्रभावित होने के 'मूड' में था। शायद इसलिए भी कि सौभाग्यवश उस समय मेरे साथ बंगला के सुविख्यात साहित्यिक श्री ताराशंकर बंद्योपाध्याय और कीर्तिनामा नाटककार श्री शचीन सेनगुप्त भी थे। जो भी हो, उस रात का नाटक कैसा लगा, यदि इसका विवरण लिखने बैठूँ, तो एक अलग निबन्ध ही लिख जाएगा। यों प्रोडक्शन में अनेक त्रुटियाँ थीं। किसी

व्यावसायिक मंडली ने रिहर्सल इत्यादि के बाद तो इसे प्रस्तुत किया नहीं था। 'चैरिटी शो' के लिए मँजे हुए खिलाड़ियों की टीम जमा हो गई थी, किन्तु डाइरेक्शन का न तो अवसर था, न गुंजाइश ही। जो भी हो, जिस समय नाटक के अन्तिम अंक में योगेश की भूमिका में शिशिर भादुड़ी के मुँह से यह वाक्य निकला, "आमार शाजान बागान शुखिए गैल (मेरा सजा-सजाया बगीचा सूख गया)", उन शब्दों में निहित निःश्वास मानों रंगशाला के एक-एक हृदय के मर्मस्थान को छूता हुआ निकल गया। 35 बरसों के बीच बंगाल के दर्शकों ने न जाने कितनी बार इन शब्दों को शिशिर भादुड़ी के मुँह से सुना होगा। किन्तु हर बार दग्ध हृदय और अभिशप्त आत्मा की वह पुकार निर्ममता के अन्तस्तल का मन्थन कर ही देती थी।

क्या दग्ध हृदय की वह भंगिमा, जिसे शिशिर बाबू रंगमंच पर कुछ घड़ी के लिए धारण करते थे, उनके व्यक्तित्व में चिरजागृत फूत्कारमयी चेतना बनकर बैठ गई थी? मुझे कुछ ऐसा ही आभास हुआ उस वार्तालाप के दौरान, जो इंटरवल में मैं उनके साथ कर सका। तनिक भीत हृदय हो, मैं स्टेज के पीछेवाले हिस्से में होता हुआ साधारण ग्रीन रूम से अलग उस कक्ष तक पहुँचा, जो शिशिर भादुड़ी के लिए रिजर्व्ड था। रास्ते में विंग्स के पास खड़े हुए छबि विश्वास और सरजूबाला से चलते-चलते बातें हुईं। शिशिर भादुड़ी इंटरवल के बादवाले सीन के लिए मेकअप बदल रहे थे, इसलिए थोड़ी देर मुझे प्रतीक्षा करनी पड़ी। वह कक्ष आभाशून्य था; दीवारों पर सीलन थी, परदे पुराने थे, सोफा और कुरसियों की चमक और पॉलिस कभी की खत्म हो चुकी थी। यह कहूँ कि भादुड़ी के वहाँ पहुँचने के साथ ही वहाँ की हर चीज उनकी दमक से प्रदीप्त हो गई, तो यह अतिरंजना होगी। लेकिन उनके व्यक्तित्व की प्रखरता ने वातावरण की विरसता को भुला दिया और ध्यान उन सोती हुई-सी वस्तुओं से हटकर उनके उत्तेजनापूर्ण चेहरे और उनकी सन्तप्त वाणी पर अटक गया।

जाते ही मैंने कहा, "ऑल इंडिया रेडियो के डाइरेक्टर-जनरल की हैसियत से मैं आपके पास नहीं आया हूँ। मुझे हिन्दी में नाटक लिखने का शौक़ है और उसी आधार पर आपका समय लिया है।" जवाब में शिशिर भादुड़ी बिगड़े नहीं, झल्लाए भी नहीं। लेकिन इतना ज़रूर कहा कि ऑल इंडिया रेडियो से उनका सम्बन्ध क़ाफी पुराना रहा है, किन्तु पिछले दस वर्ष से वह रेडियो प्रोग्राम में भाग नहीं लेते रहे हैं। (इसका कारण मुझे बाद में मालूम हुआ। बुखारी साहब के ज़माने में कलकत्ता रेडियो स्टेशन के किसी तत्कालीन डाइरेक्टर से वह मिलने गए। तब किसी अल्पमति कर्मचारी ने उनसे कह दिया कि स्टेशन डाइरेक्टर और काम में व्यस्त हैं, इसलिए इस समय उनसे मिल नहीं सकेंगे। यह अपमान उनके लिए असह्य हो गया और एक साधारण कर्मचारी की अदूरदर्शिता के बदले उन्होंने ऑल इंडिया रेडियो को ही अपनी प्रतिभा से वंचित रखना तय किया। इस विषय को कुरेदना मैंने उचित न समझा।)

उस रात के अभिनय की बात मैंने चलाई। भादुड़ी बोले, "आज रात जो आपने देखा, वह वस्तुतः बंगाला रंगमंच नहीं है।" मैंने कहा, "इतनी संख्या में ऐसे सुविख्यात

अभिनेताओं और अभिनेत्रियों को रंगमंच पर देखकर मुझे बंगला रंगमंच के विराट रूप की झाँकी तो मिली।"

"वह बात दूसरी है", वह बोले, "मेरा मतलब सुव्यवस्थित और व्यावसायिक रंगमंच से है। बंगला रंगमंच आजकल विशृंखल हो रहा है।"

इस पर अनजाने ही मैंने भिड़ के छत्ते में हाथ लगा दिया। बोला, "आपका क्या ख़याल है? क्या स्वतन्त्रता-प्राप्ति के बाद भारतवर्ष में रंगमंच सुव्यवस्थित और उन्नतिशील हो सकेगा?" मेरा यह कहना था कि शिशिर भादुड़ी के मन का गुबार बरबस निकल ही पड़ा, "आपकी यह आज़ादी! यह किसके लिए आज़ादी है? रंगमंच के लिए तो नहीं! शायद आपको मालूम नहीं कि स्वतन्त्रता के आदर्श और स्वतन्त्रता-प्राप्ति के लिए लगन और सतत संघर्ष का पाठ बंगाल के नव-युवकों ने बंगला रंगमंच पर ही सीखा था!.. ..यहीं के नाटकों में ऐतिहासिक पात्रों के माध्यम से गुलामी से छुटकारा पाने के लिए मर-मिटनेवाले शहीदों की जय-जयकार होती थी, अत्याचारियों से लोहा लेने के लिए परिस्थितियों और साधनों का रिहर्सल होता था। यहाँ के आवेशपूर्ण संवादों और उल्लसित गीतों से बंगला की तत्कालीन पीढ़ी भावुकता और आदर्शों की वह बुनियाद तैयार कर सकी, जिस पर बाद में बरसों तक राजनीतिक संग्राम का चुनौतीपूर्ण गढ़ जमा रहा।"

मैं मन्त्रमुग्ध होकर सुन रहा था। मैं जानता था कि अपने परमप्रिय क्षेत्र रंगमंच की महत्ता को वह बढ़ा-चढ़ाकर कह रहे हैं—जान-बूझकर नहीं, बल्कि इसलिए कि उनकी सारी अनुभूतियाँ, उनका सारा अस्तित्व रंगमंच में ही केन्द्रित था और अपने युग और समाज पर दृष्टि डालते समय वह अन्य परिस्थितियों और धाराओं के प्रति बरबस ही विमुख हो जाते थे।

"और आज?" उन्होंने सवाल पूछा—मुझसे भी और अपने से भी, "आज बरसों तक इसी बंगला रंगमंच की सेवा करने के उपरान्त मैं कहाँ हूँ?" अत्यन्त कटु और विषाक्त वाणी में उन्होंने कहा, "मुझे तो क्या, रंगमंच ही को इस आज़ादी से क्या मिला?"

मैंने सोचा कि देश की स्वतन्त्रता का ज़िक्र करके मैंने नाहक ही अपने सिर एक बला मोल ले ली। मैंने विषयान्तर किया। हिन्दी रंगमंच और नाटक का थोड़ा-सा जिक्र आया। इस बारे में उन्होंने कुछ विशेष सोचा-विचारा नहीं था। भारतीय सरकार द्वारा संस्थापित संगीत नाटक अकादमी की बात छिड़ते ही वह पुनः उत्तेजित हो उठे, किन्तु इस बार उनकी आलोचना में चोट के साथ-साथ सुझाव भी था। बोले, "आप दिल्लीवालों से मेरा एक सन्देश कह दें। उनसे कहिए कि राष्ट्रीय रंगमंच (नेशनल थिएटर) के माने रंगमंच का राष्ट्रीयकरण (नेशनलाइजेशन ऑफ थिएटर) नहीं है। एक-दो आलीशान और खर्चीले रंगमंचों का निर्माण करके शासन और अकादमी राष्ट्रीय रंगमंच को पैदा नहीं कर सकते। राष्ट्रीय रंगमंच को तो एक देशव्यापी आन्दोलन का रूप लेना चाहिए, जिसके अन्तर्गत अनेक नगरों में रंगभवन बनें, नाटक-मंडलियों को अनेक सुविधाएँ मिलें,

ताकि उनकी स्वतन्त्र सत्ता क़ायम हो, देहातों और मेलों में असंख्य नाट्य-समारोहों का आयोजन हो, कलाकारों की आर्थिक समस्याओं का स्थायी निराकरण हो। राष्ट्रीय रंगमंच व्यक्तियों और संस्थाओं की अभिव्यक्ति हो, शासन का अंगमात्र नहीं।

बात पते की थी। राष्ट्रीय रंगमंच के बारे में अनेक भ्रान्तियाँ देश में फैली हुई हैं और मुझे लगा कि शिशिर भादुड़ी का विचार एक बुनियादी भ्रान्ति को दूर करता है। चाहे अकादमी के द्वारा, चाहे शासन के साधनों से, चाहे किसी गैरसरकारी समिति के उद्योग से, यदि राष्ट्रीय थिएटर के नाम पर एकाध भव्य भवन ही तैयार किया जाएगा या एक ही नाट्य-मंडली विशेष को राष्ट्रीय रंगमंच की संज्ञा दी जाएगी, तो हमारे देश में यथार्थतः रंगमंच का पुनरुत्थान नहीं हो पाएगा।

कटूक्तियों और उत्तेजित भंगिमा के बावजूद शिशिर भादुड़ी विकासोन्मुखी संस्कृति को दिशा-संकेत दे सकते हैं, व्यावहारिक सुझाव दे सकते हैं, अपनी विशाल अनुभव-राशि में से कुछ मूल्यवान रत्न भी दे सकते हैं—इस धारणा को लिए मैं रंगशाला में अपनी सीट पर वापस आया। मैंने सोचा कि किसी-न किसी भाँति उनके अनुभव तथा संवाद, उच्चारण एवं अभिनय में उनकी विशिष्ट शैली को अधिक-से-अधिक व्यक्तियों तक पहुँचाने की व्यवस्था होनी चाहिए। रेडियो ही एक ऐसा माध्यम है, जिससे उनका स्वर हजारों-लाखों व्यक्तियों तक पहुँच सकता था। साथ ही आकाशवाणी के रेकार्ड संग्रह में उनकी अनुपम व्यंजना-शैली के नमूने भी होने चाहिए। दिल्ली वापस आने पर मैंने शिशिर भादुड़ी को पत्र लिखा। मैंने उनसे विनम्र आग्रह किया कि वह अपनी सुविधानुसार रेडियो-ब्राडकास्ट के लिए अपने अभिनीत नाटकों में से कुछ चुने हुए अवतरणों का अपनी आवाज में रेकार्डिंग कराएँ। मैंने यह भी प्रस्ताव रखा कि आकाशवाणी के ड्रामा-प्रोड्यूसरों को वह कुछ सोदाहरण वार्ताएँ दें और इस तरह वाग्शैली और उच्चारण शैली पर अपने विशाल अनुभव के आधार पर उन लोगों को उचित निर्देशन दें। मुझे पत्र का कोई उत्तर नहीं मिला, किन्तु एक परिचित सज्जन के द्वारा यह आश्वासन उन्होंने दिया कि बाद में कभी वह मेरे पत्र का उत्तर देंगे। कुछ समय पश्चात् आकाशवाणी की नूतन प्रोग्राम सीरिज़—यानी राष्ट्रीय नाटकावली में सर्वप्रथम ब्राडकास्ट गिरीश घोष के 'प्रफुल्ल' का ही करना निश्चित किया गया। शिशिर बाबू से मैंने अनुरोध किया कि वह उस नाटक का परिचय एक वार्ता के रूप में प्रसारित करें; इस काम के लिए उनसे अधिक उपयुक्त और कौन व्यक्ति हो सकता था? किन्तु वह राज़ी नहीं हुए और न कोई उत्तर ही उनकी तरफ से आया।

मिलनसारी की उनमें कमी न थी, फिर भी इस तरह के व्यवहार का क्या कारण था? यह तो स्पष्ट ही है कि शासन और शासन से सम्बद्ध अधिकारियों को वह कला के क्षेत्र में कुपात्र या अपात्र मानते थे। इसीलिए उन्होंने बंगाल सरकार द्वारा आयोजित संगीत नाटक परिषद् का संचालक होने से इनकार किया। किन्तु जिस धुन में आकर उन्होंने राष्ट्रपति द्वारा प्रदत्त 'पद्मभूषण' की उपाधि को भी तिरस्कृत किया, उसके पीछे कुछ गहरी मनोभावनाएँ—सम्भवतः अर्धचेतनावस्था में—विद्यमान थीं। उनके कुछ मित्रों

और समकालीन व्यक्तियों ने मुझे कुछ घटनाओं का विवरण दिया, जिनमें उनकी इस मनोदशा की झाँकी मिलती है।

नादिरशाह के जीवन पर आधारित एक नाटक में भादुड़ी नादिरशाह की भूमिका में उतर रहे थे। एक दृश्य में नादिरशाह एक सुन्दरी को भुजाओं में घेर उसे चूमने के लिए झुकता है। चुम्बन क्रिया मंच पर दिखाना अभीष्ट न था, इसलिए उस मौके पर मंच पर अन्धकार हो जाता था; चुम्बन की आवाज सुनाई पड़ती थी और परदा गिर जाता था, एक बार जब यही दृश्य हो रहा था, तो अँधेरा होने पर कुछ दर्शकों ने कुरुचिपूर्ण ढंग से सीटियाँ बजाईं और आवाजें कसीं। बस, फिर क्या था! भादुड़ी ने तेज स्वर में आदेश दिया, "परदा उठाओ, बत्ती जला दो!" किसकी हिम्मत, जो उनकी मर्ज़ी के विरुद्ध जाए? परदा उठा, तेज़ बत्तियों के प्रकाश में उस दृश्य का वही अन्तिम अंश फिर से दिखाया गया, और नादिरशाह ने सबके सामने बिना अन्धकार कराए उस लड़की को एक नहीं, कई बार चूमा। लड़की सकपका गई; अन्य पात्र और विंग में खड़े लोग भौंचक्के रह गए; सारे दर्शक-समाज में सन्नाटा छा गया। एक आवाज नहीं, एक सीटी नहीं। उस क्षण वह चुम्बन नादिरशाह की उद्दाम वासना का प्रतीक नहीं रहा, बल्कि शिशिर भादुड़ी के तेजस्वी व्यक्तित्व में कुंडली मारकर बैठे, छेड़े गए नाग की फूफकार बन गया।

दूसरी घटना। कलकत्ता के रंगमंच पर शिशिर भादुड़ी रवीन्द्रनाथ ठाकुर के किसी नाटक का अभिनय कर रहे थे। रवि बाबू उन दिनों जीवित थे। दर्शक समाज में शान्ति निकेतन के कई छात्र भी थे। कानाफूसी करने लगे, "न! अभिनय ग़लत है। गुरुदेव इस नाटक को ऐसे प्रस्तुत नहीं करते। गुरुदेव के 'आइडिया' को ही मटियामेट कर दिया, शिशिर बाबू ने।" ये बातें कुछ ऐसे भद्दे ढंग और ऊँचे स्वर में कही गई कि रंगमंच पर शिशिर भादुड़ी के कानों में भनक पहुँच गई। अभिनय करते-करते रुक गए। सारी रंगशाला ने स्तम्भित होकर देखा मंच पर ही शिशिर भादुड़ी शान्तिनिकेतन के उन अनियन्त्रित छात्रों को सम्बोधन करके कह रहे थे, "लड़को, जाओ और रवि बाबू से कह दो कि शिशिर भादुड़ी उनके इस नाटक का अभिनय इसी भाँति करता है और इसके अभिनय का सही ढंग भी यही है। जाओ, निकल जाओ मेरे थिएटर में से, इसी दम!"

हाल ही की बात है। बंगाल प्रादेशिक कांग्रेस कमेटी ने शिशिर भादुड़ी का अभिनन्दन करने का निश्चय किया। बड़ी धूमधाम से एक मीटिंग हुई। बंगला रंगमंच को भादुड़ी की देन पर अनेक भाषण हुए। अन्त में शिशिर भादुड़ी इस सत्कार का उत्तर देने के लिए खड़े हुए। जिस माइक्रोफोन पर ये सभी भाषण हुए थे, उसे उन्होंने एक तरफ हटा दिया और बोले, "माइक्रोफोन मेरे सामने रखना मेरा अपमान करना है। मैं एक्टर हूँ, और आप उसी रूप में मेरा अभिनन्दन कर रहे हैं। अगर मैं किसी काम का एक्टर हूँ, तो बिना माइक्रोफोन के मेरी आवाज इस भवन के कोने-कोने में सुनाई देगी।" उस दबंग आवाज को किस सहारे की जरूरत थी?

सहारा नहीं! किसी तरह का भी हो, चाहे राष्ट्रपति द्वारा दिया गया सम्मान, चाहे बंगाल अकादमी के संचालक का पद। चाहे आकाशवाणी में ब्राडकास्ट करने के निमन्त्रण और चाहे मंच पर माइक्रोफोन—सभी उनकी दृष्टि में बाहरी सहारा देने के बहाने थे और किसी भी तरह के सहारे को स्वीकार करना उन्हें अपनी कमजोरी स्वीकार करने के तुल्य जान पड़ता था। लेकिन पिछले दस वर्षों में उन्हें सहारे की जरूरत थी, बेहत जरूरत। शक्ति उनकी क्षीण हो रही थी, मदिरापान के अतिशय व्यसन ने उनके स्वास्थ्य को जर्जर कर दिया था (यद्यपि पिछले तीन-चार वर्षों में यह व्यसन बहुत कम हो गया था), उनके श्रीरंगम थिएटर की बुरी दशा थी—भवन बेमरम्मत पड़ा था, नाटक मंडली दो टूक हो चली थी और सबसे बड़ी बात यह कि अभिनय-कला की जिस भावुकतापूर्ण और संवेदनशील शैली के वह प्रतिपादक थे, वही पुरानी हो चली थी और उन्हीं के शिष्य आधुनिक प्रकृतिवादी या अत्याधुनिक सांकेतिक शैली को अपना चुके थे।

क्या शिशिर भादुड़ी की भावोद्रेकपूर्ण और रसानुवर्तिनी अभिनय-कला सच ही अतीत की ध्वनि मात्र रह जाएगी? यह ठीक है कि प्रमुख प्रेरणा पाई उन्होंने उन्नीसवीं सदी के पाश्चात्य रंगमंच पर होनेवाले शेक्सपियर के नाटकों के अभिनय से। उस समय इंग्लैंड में कीन और अरविंग की अभिनय-कला का बोलबाला था। तत्कालीन बंगला नाटककारों—दीनबन्धु मित्र, माइकेल मधुसूदन दत्त, गिरीशचन्द्र घोष और द्विजेन्द्रलाल राय पर भी शेक्सपियर का ही विशेष प्रभाव पड़ा था। जब सन् 1908 में शिशिर कुमार कलकत्ता के स्कॉटिश चर्च कॉलेज में बी.ए. के छात्र थे, तब कॉलेज रंगमंच पर अनेक बार उन्होंने शेक्सपियर के नाटकों का अभिनय किया। इसीलिए जब बाद में उन्होंने 'चन्द्रगुप्त' नाटक में चाणक्य का रूप धरा और 1920-21 में एक कॉलेज की प्रोफेसरी छोड़कर अपने नवस्थापित थिएटर में आलमगीर, जीवानन्द, रासबिहारी, माइकेल और राम की भूमिका में एक-एक करके उतरे, तो बराबर शेक्सपियर के रिचर्ड, लियर, मैकबेथ, ओथेलो इत्यादि जगत्प्रसिद्ध पात्रों के चित्र उनकी आँखों के सामने नाचते रहते—वे चित्र जो अठारहवीं और उन्नीसवीं सदी के विख्यात ब्रिटिश अभिनेताओं—गैरिक, कीन और अरविंग ने प्रस्तुत किए थे।

किन्तु कीन एवं अरविंग के शेक्सपियर और वर्तमानयुगीन जॉन गिल्गिड एवं लॉरेंस ऑलिवियर के शेक्सपियर में महान अन्तर है। फिर भी क्या भारतवर्ष में गिल्गिड, ऑलिवियर और इनसे भी अधिक अत्याधुनिक प्रकृतिवादी अभिनेताओं की पद्धति चालू हो सकेगी? क्या हमारी सांस्कृतिक भूमि इस तरह के बीजों के लिए उर्वरा है? शम्भु मित्र को ही लीजिए, थोड़ी उम्र में ही वर्तमान भारतीय रंगमंच पर अग्रगण्य हो गए हैं। वर्तमान पद्धति में सांकेतिक व्यंजना इनकी खूबी है। किन्तु 'चार अध्याय' के अभिनय में शम्भु मित्र कभी-कभी प्रकृतिवादी अथवा सांकेतिक व्यंजना करते-करते भावाविष्ट हो स्वर तीव्र एवं अतिरंजित मुद्राओं में बह जाते हैं। सो क्यों? एक तो यह कि अन्य आधुनिक बंगला युवक कलाकारों की तरह वह भी शिशिर कुमार भादुड़ी के शिष्य रह चुके हैं। लेकिन बात इतनी ही नहीं है। उल्लास और उच्छ्वास की जो

धारा शिशिर भादुड़ी की कला को प्राणवान बनाती थी और जो रह-रहकर आधुनिकता के स्तर को तोड़कर शम्भु मित्र एवं दीना गांधी-जैसे नवोदित कलाकारों, भारतीय जातीय स्वभाव और भारतीय नाट्यकला का अभिन्न अंग है। वह हमारी सृजनशीलता और अभिव्यक्ति में व्याप्त है। भरत के नाट्यशास्त्र से लेकर संस्कृत नाटकों में होती हुई वर्तमान लोक-नाटकों में वही धारा प्रवाहित होती है और हमें जीवन-दान देती है।

शिशिर भादुड़ी इसी धारा के उन्नायकों में से थे, इसी राष्ट्रीय सम्पत्ति को उन्होंने पाया और अपनी प्रतिभा एवं कला वैभव द्वारा उसे पहले से अधिक समृद्ध बनाकर छोड़ गए हैं। कालचक्र इस मतवाले कलाकार की स्मृति को छू न सकेगा।

(बंगला रंगमंच के अद्वितीय अभिनेता और नाट्याचार्य)

अफसर जो विलक्षण अपवाद था
पुरुषोत्तम मंगेश लाड

जन्म : 29 मार्च, 1905। शिक्षा : प्रारम्भिक शिक्षा सांवतवाड़ी हाईस्कूल और बम्बई में। एल्फ़िंस्टन कॉलेज, बम्बई से ग्रेजुएट होने के बाद इंडियन सिविल सर्विस परीक्षा में सफल हुए और कैम्ब्रिज में शिक्षा और ट्रेनिंग के लिए गए। भारत लौटने पर कुछ वर्ष तक बम्बई प्रान्त में असिस्टेंट कलेक्टर और असिस्टेंट जज। एक बार पुनः इंग्लैंड जाकर बैरिस्टरी की परीक्षा पास की। लौटने पर डिस्ट्रिक्ट जज। अनेक वर्ष तक बम्बई के क़ानून-विभाग में सचिव रहने के बाद 1954 में भारत सरकार के सूचना और प्रसार मन्त्रालय के सचिव बनाए गए। मृत्यु-पर्यन्त इस पद पर रहे। मराठी साहित्य और संस्कृत के प्रतिष्ठित विद्वान। रचनाएँ : 'मधुपर्क', 'कृत्तिका', 'तुकाराम के अभंग' इत्यादि। मृत्यु : 29 मार्च, 1957।

इंडियन सिविल सर्विस (परमात्मा उसकी आत्मा को शान्ति दे!) उस खराद करनेवाली मशीन की तरह थी, जिसमें पड़कर अफसर के नुकीले कोने झड़ जाते थे और उसका खुरदरापन घिस-घिसाकर ऐसी चिकनी और सन्तुलित सतह बन जाता था जिस पर सत्ता और अधिकार की गाड़ी निर्बाध गति से चल सके।

पी.एम. लाड ने सत्ता और अधिकार की गाड़ी निर्बाध सत्वर गति से चलाई, लेकिन 29 साल तक इंडियन सिविल सर्विस की खराद-मशीन में पड़े रहने पर भी उनके नुकीले कोने नहीं झड़े। प्रखर आदर्शवाद, जड़ता के प्रति विद्रोह, मूढ़ता के प्रति झुँझलाहट, उल्लास और आक्रोश की झट से अभिव्यक्ति—ये थे वे बुदबुदे, जो उनकी अफसरियत की सतह को बराबर खुरदरा किए रहे और जिनके कारण इंडियन सिविल सर्विस की खराद-मशीन कारगर नहीं हुई।

यह बात नहीं कि लाड हर तरह से सिविलियनों में अपवादस्वरूप थे। वस्तुतः आई.सी.एस. की परम्परागत प्रबन्ध-पटुता में वह पारंगत थे। उत्तरदायित्व निबाहने की क्षमता उनमें अपरिमित थी। शासकीय मामलों में न सिर्फ समग्र दृष्टि रखते, बल्कि ब्यौरे और तफसील की भी दत्तचित्त होकर छानबीन करते। सबसे बड़ी बात यह कि अपने मन्त्री, सरकार की नीति और सिद्धान्तों के प्रति हमेशा वफ़ादारी बरतते। सिविलियन का काम स्वयं नीति-प्रतिपादन करना नहीं है, वह यह मानकर प्रतिपादित नीति को कार्यरूप में

परिणित करने में ही अपनी कर्त्तव्यपरायणता दिखाते। इसलिए सिविलियनों की पंगत में उन्होंने किसी तरह की हीनता का अनुभव नहीं किया, बल्कि उस सर्विस की परम्परा और प्रतिष्ठा में अकसर अपना गौरव भी माना।

फिर भी श्रीमती लाड का कहना है कि कई बार उनके पति पद-त्याग करने पर उतारू हो गए। 1942 में जिस जिले में डिस्ट्रिक्ट जज थे, वहाँ के एक बड़े अंग्रेज अफसर ने शेखी और व्यंग्य के लहजे में पूछा, "अगर गांधी की अनशन मृत्यु होने पर मार्शल-लॉ जारी किया गया, तो जज साहब क्या करेंगे?" तुरन्त उत्तर दिया लाड ने, "जज तो सभ्यता और न्यायोचित व्यवहार करेगा, फौजी जहालत का नहीं।" लेकिन यह सर्वविदित था कि उस परिस्थिति में उनकी जेब में रखा हुआ त्यागपत्र सरकार के हाथ में होगा। गांधीजी के प्रति मन-ही-मन श्रद्धा का भाव रखनेवाले तो अनेक भारतीय सिविलियन थे, लेकिन लाड इतने श्रद्धालु न थे, जितने जिज्ञासु। विवेचन और शंकाओं की अग्नि में तपकर ही गांधीजी के प्रति उनकी भावनाएँ सुदृढ़ हुईं। सन् '30 में किसी भी उच्चपदीय सरकारी अफसर के लिए साबरमती जा पहुँचना हिम्मत का काम था। लेकिन लाड ने वहाँ जाने के बाद आश्रम में शामिल होने के मनसूबे त्याग दिए। इसलिए नहीं कि सरकारी नौकरी का उन्हें मोह था, बल्कि शायद इसलिए कि उनके चिरजिज्ञासु व्यक्तित्व के लिए आत्मसर्मपण के 'फ्रेम' में जड़ा जाना असम्भाव्य था।

बुनियादी तौर से किसी भी प्रकार के 'फ्रेम' की अवहेलना उनके स्वभाव, उनकी बातचीत, उनकी कार्य-प्रणाली—सभी में झलकती थी, और शायद इसीलिए एक कर्त्तव्यपरायण आई.सी एस. अफसर होते हुए भी वह उस श्रेणी में एक अपवाद भी थे। अफसरों का सामाजिक जीवन प्रायः वर्ग-विशेष तक सीमित रहता है; अपने बराबर के सरकारी दायरे के लोगों के बीच तो वे खूब खुलते हैं, लेकिन उस दायरे के बाहर के व्यक्तियों के साथ शिष्ट, परन्तु दूरी का, व्यवहार रखते हैं (करेक्ट बट डिस्टेंट)। लेकिन लाड का व्यक्तित्व सदानीरा, चिरधवल निर्झरिणी की भाँति उन्मुक्त गति से बिखरता ही रहता, अफसरों की पंगत में या गांधीवादी काका कालेलकर की मौजूदगी में अथवा कलामर्मज्ञों, लेखकों, फिल्म प्रोड्यूसरों, बौद्ध भिक्षुओं, नास्तिकों के बीच। बनावटी व्यवहार की वह दीवार, जो उत्तरदायित्व के भार से दबे अफसरों के चारों ओर खिंच जाती है, लाड को घेर नहीं सकी।

सन् '55 या '56 में एक दिन लाडसाहब और मैं मोटर में हैदराबाद से सत्तर मील दूर रामप्पा मन्दिर देखने जा रहे थे। हमारे साथ बैठे थे हैदराबाद के पुरातत्व विभाग के एक कर्मचारी। लाड साहब-जैसे उच्चाधिकारी के समक्ष उन महोदय के व्यवहार में विनय और वाणी में झिझक का होना स्वाभाविक ही था। लेकिन लाड थे कि झिझक और अवनत शील की यवनिका को एक झटके में हटाकर उन महोदय को अपने उन्मुक्त मनोभावों और विविध अनुभवों से अनुरंजित रंगस्थली पर ले आए। पुरातत्व के वह कर्मचारी निकले बड़े रसिक। बातें चल निकलीं रामप्पा के मन्दिर का शिल्प, कोंकण में विट्ठल सम्प्रदाय, प्राचीन कला में स्थूल जीवन का चित्रण, जीवन में कामतत्व, हाल की

गाथासप्तशती, वात्स्यायन का कामसूत्र, योगासन और कामशास्त्र के आसन इत्यादि, इत्यादि! विद्वता ऐसी, जो बेधड़क बटोरती और बिखेरती चली, अपने वैभव की सत्ता बिना जताते हुए। जॉनसन ने बर्ग के विषय में कहा था कि यदि सड़क पर जाता हुआ कोई व्यक्ति हठात् आई बारिश से बचने के लिए पाँच-दस मिनट किसी पोर्टिको में आसरा ले और उन पाँच-दस मिनटों में उसकी मुलाकात और बातचीत बर्ग से हो जाए, तो उतने लघु समय में ही उसे ज्ञात हो जाएगा कि बर्ग कोई विलक्षण पुरुष है। हैदराबाद से रामप्पा की यात्रा यदि पाँच-दस मिनट की ही. होती, तब भी उन कर्मचारी महोदय को लाड के विलक्षण व्यक्तित्व का ज्ञान हो जाता। लेकिन उन सत्तर मीलों के समाप्त होते-होते तो उन कर्मचारी महोदय को न सिर्फ लाड की विलक्षणता का आभास हुआ, बल्कि एक अन्तरंग-मैत्री की झलक भी मिली।

मैत्री का मुक्तहस्त वितरण—लाड इस मामले में औघड़दानी थे, चाहे उन्हें बदले में कुछ मिले या न मिले। परिचय की जो भी किरण उनकी जिज्ञासा के अथाह सागर में नन्हीं-सी तरंग भी जगा देती, वही मैत्री की पूनम का चाँद बन जाती। दूसरा व्यक्ति चाहे उस मैत्री के सहारे किसी और तरह की स्वार्थ-सिद्धि करना चाहे, लाड का स्वार्थ एक ही था, यानी अपने ज्ञान की परिधि का विस्तार करना, और अपनी अभिव्यक्ति-नटी के चंचल नर्तन के लिए रंगस्थली पाना। इन 'मानस-मित्रों' की संख्या बढ़ती ही रहती और उनकी पहुँच भी बेरोक रहती। किसी ज्योतिषी से चर्चा चली, तो रात के बारह बज गए। एक सरकारी विभाग के क्लर्क महोदय प्राकृत-पाली में विद्वान निकले, तो उन्हें बुलाया और घंटों उनसे विचार-विनिमय रहा। संस्कृत स्तोत्रों में विशेष दिलचस्पी थी। एक बार मद्रास उनके साथ दौरे पर गया हुआ था। दिनभर मीटिंग की झड़ी लगी रही। मैंने समझा थके होंगे, लेकिन नहीं। रात को शुभलक्ष्मी ने बुलाया था। वहाँ न सिर्फ सुमधुर स्तोत्रों का ताँता बँधा, बल्कि राग, शंकराभरण और भक्ति-संगीत की समस्याओं पर चर्चा छिड़ गई। बिहारी का जिक्र आया, तो मुझसे कहकर एक हिन्दी विद्वान को बुला भेजा। युनाइटेड नेशंस के दिल्ली स्थित प्रतिनिधि श्री सोलेर एलोंजों पहली बार मिलने आए घर पर। मैं भी मौजूद था। वह क्यूबा के रहनेवाले हैं, तो बात निकली ऊख की खेती की। मैंने समझा शायद शिष्टाचार के नाते क्यूबा के ऊख की बात चलाई होगी। पर नहीं; ऊख के रस का आस्वादन जैसा भी रहा हो, लाड महोदय उस बातचीत में उतना ही रस ले रहे थे, जितना वासन्ती मधु में। किसी भी वर्ग और किसी भी प्रवृत्ति के व्यक्ति के सम्पर्क में आने पर लाड उससे घुल-मिल जाते, इसलिए नहीं कि सफल नाते स्थापित करने की इस कला में वह सिद्धहस्त थे, जिसका आजकल बोलबाला है; बल्कि इसलिए कि वे नाते एक सहज भाव पर आधारित होते और स्वार्थ सिर्फ इतना होता कि ज्ञानलोलुप और रसलोलुप अन्तस् की तृष्णा पूरी हो सके।

अनेक सफल अधिकारी अपने सम्पर्कों के सहारे अपने-अपने विभागों के काम सम्पन्न करा लेते हैं। आजकल सरकारी काम-काज को पूरा कराने में भी (व्यक्तिगत कामों का कहना ही क्या!) अन्य कर्मचारियों की सहानुभूति और सद्भावना की

आवश्यकता पड़ती है। कोई भी विभाग द्वीप की भाँति रहकर प्रगति नहीं कर सकता; कभी फाइनेंस को राजी करना है, कभी पब्लिक सर्विस कमीशन को; कभी होम मिनिस्टरी की सलाह लेनी है, कभी कानून की मिनिस्टरी से लोहा लेना है। दरवाजा खटखटाने की इस कला में यदि भाईचारे की पहुँच हो गई, तो सोने में सुहागा मिला! लाड साहब इस कला में दक्ष नहीं थे। अधिकारी-वर्ग से उनकी खासी जान-पहचान थी, लेकिन जिसे भाईचारा कहा जाता है, उसमें तो उन्हें माहिर नहीं कहा जा सकता, क्योंकि उनकी मैत्रियों की बुनियाद दूसरी ही थी। इसलिए उनके समकक्ष अधिकारी-वर्ग शायद उन्हें एक विचित्र जीव समझा करते। भड़क जाएँ तो खैर नहीं; चुटकियों का जवाब खड्गहस्त होकर दे सकते। मात्र शिष्टाचार के नाम पर मौक़े पर चुप्पी साधना सीखा नहीं। ऐसे आदमी के साथ अन्य उच्चाधिकारीगण का भाईचारा होता कैसे? वैर नहीं था, लेकिन लोग कन्नी जरूर काटते। बातें होतीं, चुहलबाजी भी, लेकिन शायद अपने बराबर के सिविलियनों की पंगत में उन्हें कभी गिना नहीं गया।

फिर भी अपने विभाग को प्रगति के प्रशस्त पथ पर उन्होंने अग्रसर कर दिया। सूचना और प्रसार मन्त्रालय के विकास की अनेक योजनाएँ न सिर्फ उनके दिमाग में उपजीं, बल्कि उनमें से कई उन्होंने ही चालू कराईं। आकाशवाणी में साहित्कारों और कलाकारों की नियुक्तियाँ, फिल्म्स डिविजन में सांस्कृतिक विषयों (यथा बुद्ध-जीवन, राधाकृष्ण, इत्यादि) पर फिल्मों का निर्माण, गीत और रंगमंच विभाग (सांग एंड ड्रामा डिविजन) की स्थापना, देशभर में फील्ड पब्लिसिटी यूनिटों का ताँता, दृश्य-सूचना और प्रदर्शनी विभाग की स्थापना, प्रकाशन विभाग द्वारा कलात्मक और साहित्यिक विषयों पर ग्रन्थ-प्रकाशन, गांधी रचनावली के संकलन की योजना, बालचित्र-पट समिति का निर्माण—इन दिशाओं में विकास और विस्तार कराने में लाड महोदय का विशेष हाथ रहा और डॉ. केसकर के अनेक स्वप्न पूरा करने में वह सफल रहे। मुश्किल से तीन साल वह इस मन्त्रालय के सचिव रहे, फिर भी इतनी सारी योजनाओं को उन्होंने पूरा कर दिखाया।

क्या रहस्य था इस अपूर्व कार्यसिद्धि का? 'टैक्ट' भाईचारा और चाटुकारिता में वह चतुर न थे, फिर भी विभागों की हठधर्मी अफसरियत की उदासीनता और दफ्तरों की मन्थर गति उनके क्षिप्र वेग को अवरुद्ध न कर सकीं। ऊपरी तौर से देखने पर इसके दो कारण जान पड़ते हैं। एक तो यह कि फाइलों पर उनके 'नोट' दलीलों और विश्लेषणों में बेजोड़ होते। इस ढंग से अपने विभाग की माँग को रखते कि विपक्ष निरुत्तर हो जाता। उन लेखों में भावावेश अथवा अलंकृत भाषा नहीं, बल्कि नपी-तुली दलीलें होतीं और केवल उतने ही तथ्य, जितने अपने 'केस' को निर्धारित करने के लिए यथेष्ट थे। क्या न लिखा जाए—इसकी उन्हें अचूक पहचान थी। लेकिन उनकी सफलता का दूसरा स्थूल कारण इसके बिलकुल विपरीत था। सरकारी बातों के लिखने में वह जितने ही मितव्ययी और सावधान थे, बातचीत और बहस में उतने ही आवेशपूर्ण और जोरदार। एक झंझा की तरह वह मीटिंगों पर छा जाते और फिर उनकी माँग को

ठुकराना अथवा उसका मुकाबला करना संगदिल फाइनेंस विभाग के लिए भी सम्भव न होता। कभी लगता कि वह बेबात ही बरस रहे हैं; कभी लगता कि एक छोटी-सी विजय के लिए बड़े निश्चयों को हाथ से खो रहे हैं, कभी लगता कि बहकी-सी बात कर रहे हैं। लेकिन इन सबके बावजूद जब बहस खत्म हो जाती और लेखा-जोखा होता, तो लाड ही कामयाब होते जान पड़ते। क्या मालूम, वह सब आक्रोश और आवेश, झुँझलाहट और बहक उस व्यूह से ध्यान बँटाने के लिए थे, जिसे वह अपने 'केस' को आगे बढ़ाने के लिए पहले से रच लेते थे!

लेखन में पटुता और वाग्शैली में प्रचंडता, वस्तुतः ये दोनों ही स्थूल कारण थे। गहराई से विचार करने पर उनके दो गुण लक्षित होते हैं—उनकी मेधा शक्ति प्रबल थी और उनका उत्साह अदम्य। छह बरस की आयु में मातृ-वियोग हुआ और कोंकण के एक छोटे-से गाँव में अपने नाना के प्रखर व्यक्तित्व में उनका प्रारम्भिक मानसिक विकास हुआ। बम्बई में चिकित्सक-समूह स्कूल के प्रिंसिपल नरूरकर ने उनकी प्रतिभा को पहचाना और उसे बढ़ावा दिया। अल्पायु होने के कारण एक साल हाईस्कूल परीक्षा देने से रोक दिए गए। वह साल उन्होंने बाहरी पठन-पाठन में गुजारा। परिणाम यह हुआ कि जब अगले वर्ष परीक्षा में बैठे, तो सर्वप्रथम घोषित हुए। उसके बाद तो जितनी परीक्षाओं में बैठे, प्रथम ही आए। यहाँ तक कि नौकरी कर लेने के बाद एक बार फिर बैरिस्टरी करने इंग्लैंड गए, तो वहाँ भी सर्वप्रथम रहे।

प्रतिभा के ऐसे नमूने आई.सी.एस. में और भी हैं, लेकिन प्रतिभा के साथ उत्साह का संयोग कम ही मिलता है। कहा जाए कि एक उच्चवर्गीय सरकारी कर्मचारी को किसी भी विषय में विशेष उत्साह से प्रेरित नहीं होना चाहिए, तो यह अत्युक्ति न होगी। ऐसी ही परम्परा है। कोई स्कीम कल्याणकर है, तो रहे; कोई ध्येय आदर्शवादी है, तो रहे। अफसर उस स्कीम और उस ध्येय को पूरा करने में कर्मठता दिखाए, यह तो ठीक है। लेकिन उत्साह? उमंग? ये सब एक संजीदा अफसर को शोभा नहीं देते। ये उसके दायरे के बाहर की चीजें हैं। भावलोक और आदर्शवाद दोनों ही कर्मचारी की कार्य-प्रणाली को विशृंखल कर देते हैं, और इसलिए इनसे जितना ही कतराया जाए, उतना ही अच्छा। अपनी भावनाओं को छिपाने में ही एक सिविलियन की सफलता है। लेकिन लाड ने सदा अपने जीवन में इस सिद्धान्त का उल्लंघन किया और इस प्रवृत्ति का चरमोत्कर्ष हुआ देश को स्वाधीनता मिलने के बाद। श्रीमती लाड बताती हैं कि अकसर वह कहा करते थे कि स्वाधीन भारत के प्रारम्भिक वर्ष नींव के पत्थर के समान हैं और इनके निर्माण में इस पीढ़ी के लोगों को मर-मिटना भी पड़े तो वह सार्थक होगा।

आदर्शवाद की यह झाँकी मुझे उस मुलाकात ही में मिल गई, जिसके लिए आकाशवाणी में मेरी नियुक्ति के पूर्व उन्होंने मुझे बुलाया। मैं भारत सरकार के एक वरिष्ठ सचिव से मिलने गया था, लेकिन मैंने पाया आदर्शों से आन्दोलित, जनसाधारण के हितों के प्रति जागरूक और नवनिर्माण के लिए उत्साह से भरपूर एक ऐसे स्वप्नद्रष्टा को, जिसकी उपस्थिति में मुझे सत्ता अथवा शासकीय पटुता का अनुभव नहीं, बल्कि

एक स्फूर्तिदायिनी शक्ति का आभास हुआ। किसके लिए रेडियो प्रोग्राम तैयार किए जाएँ, यह प्रसंग चला। ''बड़े-बड़े नगरों में अंग्रेजी भाषा और पाश्चात्य संस्कृति में रँगे स्त्री-पुरुषों के मनोरंजन के लिए यह माध्यम नहीं है।...दिल्ली का कृत्रिम वातावरण हमारा मापदंड नहीं हो सकता।...भारतीय भाषाओं में अनन्त भंडार भरा पड़ा है, किन्तु आजकल जो समाज के नेता हैं, उनकी अभिरुचि वहाँ नहीं है।'' और फिर लोक-संगीत और लोक-संस्कृति की चर्चा चली। लोक-निर्माता के हृदय की धड़कन उनकी वाणी में स्वरित हो रही थी।

बाद में मैंने देखा कि यह उत्साह उन भावुक आदर्शवादियों का क्षणिक उफ़ान नहीं था, जिसकी हमारे समाज में कमी नहीं और जो आए-दिन निराशा और अनास्थाओं से ग्रस्त होकर हर तरह की प्रगति को शंका और समालोचना की दृष्टि से देखने लगते हैं। लाड का उत्साह कर्मठता और तत्परता का अनवरत स्रोत था, क्योंकि उस उत्साह की जड़ में गहरा, सच्चा, खरा अनुभव था। यह खरापन उनके उत्साह के शक्तिपुँज को उनकी कार्यप्रणाली में प्रवाहित कर देता और इसलिए वह अपनी अनेक योजनाओं को कार्यरूप में परिणत कर पाते और इसीलिए जिन लोगों से उनका वास्ता पड़ता, वे उनके काम में हाथ बँटाने को तैयार हो जाते। जब पहली बार हम लोगों ने आकाशवाणी में लोक-संगीत का आयोजन किया, तो प्रधानमन्त्री पधारे और आते ही उन्होंने कहा, ''लाड, आखिर तुम मुझे यहाँ खींच ही लाए!'' कुछ इस मीठी झिड़कन के साथ बात कही गई कि जान पड़ा कि प्रधानमन्त्री लाड की पक्की धुन की तह में जो निष्ठा थी, उसे पहचानते हों। भगवान बुद्ध की पच्चीसवीं शताब्दी के लिए जो फिल्म तैयार हुई, उसके सिलसिले में श्री खन्ना को उनके सम्पर्क में आना पड़ा। वह दंग रह गए। रात-रातभर सिनेरियो के लिए सामग्री तैयार की जाती और उसके एक-एक अंग पर विचार होता। बौद्ध साहित्य और प्राचीन कला का मन्थन हुआ। अद्भुत लगन थी, विलक्षण धुन थी। कौन-सी वे आस्थाएँ थीं जो कैंसर के उस मरीज को जो शायद जानता था कि वह चन्द ही महीनों का मेहमान है, इतने अथक परिश्रम के योग्य कर देती थीं? बुद्ध के जीवन पर जो 'एलबम' तैयार किया गया, वह तो लगभग सम्पूर्ण ही लाड का तैयार किया हुआ था।

लेकिन मज़े की बात यह थी कि लाड की तृप्ति कर्म और परिश्रम में हो जाती उसके फलस्वरूप जो प्रशंसा मिलती या उस सिलसिले में लोगों की नज़रों में समादृत होने के जो अवसर मिलते, उनके लिए वह विशेष लालायित न थे। बुद्ध-सम्बन्धी फिल्म या एलबम में उनका नाम कहीं जाए, इसमें उनकी कतई दिलचस्पी नहीं थी। सन् 1954 में प्रथम नाट्य-समारोह में मैं पटना से दिल्ली आया हुआ था। पहली बार तभी मेरी उनसे मुलाकात हुई सप्रू हाउस में। उस समारोह के प्रबन्ध का बहुत-कुछ उत्तरदायित्व उन्हीं का था। लेकिन देखा, वह पीछे की सीट पर बैठे हुए थे। यह तो उनका हमेशा दस्तूर रहा। रेडियो-संगीत सम्मेलनों में उनकी सीट सबसे आगेवाली पंक्ति में कभी नहीं होती थी। उत्सवों के आयोजन में सबसे आगे रहते, लेकिन जब मंच पर बैठने का समय आता तो उनकी खोज करनी पड़ती।

एक तरफ तो ऐसी शालीनता और विनय और दूसरी तरफ प्रखर उग्रता एवं आवेग—लाड के व्यक्तित्व में विरोधी प्रवृत्तियों का समावेश था। विपरीत धारणाओं के सम्मिश्रण के और भी उदाहरण उनके जीवन में मिलते हैं। गोआ में अपने कुल-देवता मंगेश में उनकी आस्था थी, लेकिन पहली बार विदेश से लौटने पर जब उन्हें मंगेश के देवालय में अर्चना देने से रोका गया, तो उन्होंने प्रायश्चित्त करने से साफ़ इनकार कर दिया। एक ओर तो बौद्ध-दर्शन का सूक्ष्म विवेचन किया और धर्मानन्द कौशाम्बी के अत्यन्त निकट आए। दूसरी ओर तुकाराम के अभंगों के सम्पादन में अपने जीवन के बहुमूल्य वर्ष गुज़ारे। तुकाराम के अभंग-सम्बन्धी ग्रन्थ के अन्तिम अध्याय पर अपनी मृत्युशैया पर से ही वह लगे रहे। बम्बई के अस्पताल में उनके कमरे में मृत्यु से कुछ ही दिन पूर्व का वह दृश्य उनके मित्रों को कभी न भूलेगा। पलँग के चारों ओर पुस्तकें बिखरी पड़ी थीं। देखनेवाले आ-जा रहे थे। फादर मेस्कान्हेस को बुलाया, इसलिए कि तुकाराम के अन्तिम कैलाशगमन और ईसामसीह की स्वर्गयात्रा के दार्शनिक और रहस्यवादी पहलुओं पर उनसे बातचीत कर सकें। मस्तिष्क एक अद्भुत यन्त्रवत् चल रहा था, देह का जर्जर यन्त्र मन्द हो रहा था, लेकिन कर्मयोगी की दीपशिखा जागृत थी।

मैंने उनके अन्तिम दर्शन नहीं किए। दिल्ली से वह चुपचाप रवाना हुए। किसी तरह का विज्ञापन और भाव-प्रदर्शन वह चाहते नहीं थे, यद्यपि उन्हें मालूम था कि वह उनकी अन्तिम यात्रा थी। अपने सहकर्मियों के लिए केवल एक सन्देश कहला दिया, "आप लोगों के सहयोग के लिए कृतज्ञ हूँ।"

केवल यही आठ शब्द; न विदा ली, न श्रद्धाकुसुमों की अपेक्षा की। जब कभी मैं उनके पास गया, समृद्ध होकर ही लौटा—नई प्रेरणा, नए विचार, नई जानकारी, सभी कुछ पाया। लेकिन जब लाड गए, तो इस तरह दामन छुड़ाकर कि कुछ कहते ही न बना, कुछ करते ही न बना।[1]

(उच्च सरकारी अफसर और मर्मज्ञ मराठी साहित्यकार)

---

1. इस लेख के लिए कुछ सामग्री श्रीमती लाड की कृपा से प्राप्त हुई है।—लेखक

आस्थावान अंग्रेज शिक्षक
एफ.जी. पीयर्स

***जन्म** : लन्दन, सन् 1892। **शिक्षा** : इल्फ़ले ग्रामर स्कूल और लन्दन विश्वविद्यालय। सिंहल के महेन्द्र कॉलेज में सन् 1913 से 1918 तक वाइस प्रिंसिपल। भारत में 1918 से 1921 तक एनीबेसेंट द्वारा स्थापित स्काउट संस्था का संचालन किया। सिंहल में परमेश्वर कॉलेज, जाफ़्ना के प्रिंसिपल (1924 से 1928)। ग्वालियर के सिन्धिया स्कूल के हेडमास्टर और नव-संस्थापक (1929 से 1943)। ग्वालियर रियासत के शिक्षा-विभाग के अध्यक्ष (1943 से 1946)। नैनीताल में बिड़ला विद्या-मन्दिर की स्थापना। एक वर्ष के लिए सिंहल के शिक्षा-विभाग के उपसचिव। 1949 से 1959 तक वर्तमान आन्ध्र प्रदेश में ऋषिवैली स्कूल का नव-निर्माण और संचालन। इस बीच सन् 1952 में बिहार में नेतरहाट स्कूल की योजना और सन् 1954 में उसकी स्थापना में योगदान। सन् 1960 में उटकमंड में ब्ल्यू माउंटेन स्कूल की स्थापना। **रचनाएँ** : 'स्ट्रगल ऑफ मॉडर्न मैन', 'हिस्ट्री ऑफ सिविलाइजेशन' इत्यादि। **मृत्यु** : 13 अगस्त, 1961।*

शायद सन् 1952 के जाड़ों की बात है। रांची से लगभग 60 मील दूर नेतरहाट रोड के किनारे एक ऊजाड़ बगीचे में, कटे हुए सूखे वृक्ष के सहारे छोटा नागपुर की दुलराती धूप में बैठे हुए मैंने शिक्षा की एक व्याख्या सुनी। व्याख्याकार एक अंग्रेज थे और श्रोता तथा विवेचक अकेला मैं ही था। शान्त स्थान देखकर मैंने मोटर रोकी और टिफिन-कैरियर में से खाना निकालकर हम दोनों काया की क्षुद्धा-तुष्टि करते-करते मन की उस तृष्णा से उलझते गए, जिसकी अतृप्ति ही में जीवन है और तृप्ति में जड़ता।

चर्चा मोटर ही में चल पड़ी थी। मैं कह रहा था कि बिहार सरकार के शिक्षा-सचिव होने के कारण मेरे अनुभव के अनुसार शिक्षा के क्षेत्र की सबसे भारी चुनौती है 'मास एजूकेशन', यानी विशाल समुदायों—लाखों बच्चों की समुचित शिक्षा का कम-से-कम समय में प्रबन्ध करना। इस चुनौती का सामना किए बिना शिक्षाविद् यदि प्रयोगों के सीमित दायरे में पड़ा रहे, तो युग-निर्माण में उसका योगदान भी क्षीण ही होगा।

"बात आपकी कुछ हद तक ही ठीक है," उन्होंने कहा, "चालीस बरस से बच्चों को पढ़ाने और उनकी शिक्षा का प्रबन्ध करने का मौक़ा विभिन्न परिस्थितियों और

हैसियत से मुझे मिलता रहा है। एक शिक्षक, या कहिए कि शिक्षाविद् की यह यात्रा—यह सफ़र, मानो एक निरन्तर खोज रही है। बीसियों स्कूलों के नक़्शे बनाए, उनकी कार्यविधि निश्चित की, अध्यापकों को चुना, विकास की योजनाएँ चालू कीं, समस्याएँ पैदा कीं और सुलझाईं। लेकिन सच पूछिए, तो वह सफ़र न पूरा हुआ और न होगा। जिस चीज की खोज थी, वह तो मृग की कस्तूरी की भाँति मेरे ही पास थी। हजारों की शिक्षा के मनसूबे बाँधना और उसका प्रबन्ध करना श्रेयस्कर है, किन्तु 'शिक्षक'—यह शब्द तो उसी के लिए सार्थक है, जो बच्चों की छोटी-सी जमात—दस-पन्द्रह छात्रों की एक कक्षा—में से प्रत्येक के विकासशील व्यक्तित्व की विशेषताओं को समझकर, मानो अपनी वाणी, विचारों और व्यवहार की खाद द्वारा एक छोटी क्यारी के पौधों को पनपता देख सके। शिक्षक तो माली है, वनस्पति-विज्ञानवेत्ता या मुगल गार्डनों के नक़्शे बनानेवाला इंजीनियर या स्थपति नहीं।"

मिस्टर पीयर्स अंग्रेजी में बोल रहे थे। ऊपर मैंने सारांश मात्र दिया है। बोलते समय उनके चेहरे पर जो दृढ़ता दीख पड़ी, उसने मुझे चकित कर दिया।

मिस्टर पीयर्स अंग्रेज थे; खास लन्दन में सन् 1892 में उनका जन्म हुआ था। उन दिनों जो अंग्रेज ब्रिटिश साम्राज्यवाद के देशों और उपनिवेशों में जाया करते थे, वे प्रायः किसी-न-किसी रूप में अपने को साम्राज्य का रक्षक अथवा तमग्रस्त मानववर्ग का उद्धारक मानकर व्यवहार करते थे। दोनों ही तरह से उन्हें दृढ़ता बरतनी होती थी, भावुकता से कतराना होता था। लेकिन मिस्टर पीयर्स जाति और रूप-रंग से अंग्रेज होते हुए भी जब सुदूर सिंहल द्वीप के श्यामल तट पर सन् 1913 में उतरे, तो मानो भावों की वैसी ही अर्चना लिए हुए, जैसी सदियों पूर्व अशोक-पुत्र महेन्द्र लिए पहुँचे थे। 21 वर्ष का वह युवक भारत और पूर्व के दर्शन और संस्कृति से सम्मोहित हो चुका था; इल्वले ग्रामर स्कूल और लन्दन विश्वविद्यालय की शिक्षा-दीक्षा के बावजूद ब्रिटिश साम्राज्य के प्राच्य भू-खंडों की ओर वह आकृष्ट हो चुका था, महत्त्वाकांक्षा से प्रेरित होकर नहीं, बल्कि अध्यात्म एवं जीवन-तत्त्वों-सम्बन्धी विशाल ज्ञान-राशि का जिज्ञासु बनकर, जो इन देशों की प्राचीन सभ्यता के खँडहरों में धूल-धूसरित बिखरी पड़ी है। इसीलिए उसका मस्तक श्रद्धावनत था, उसका हृदय भावानुबद्ध था, उसकी वाणी मधुर और शीतल थी।

लंका के महेन्द्र कॉलेज में उपाध्यक्ष (वाइस प्रिंसिपल) बने। प्राच्य संस्कृति और दर्शन की ओर उनका जैसा झुकाव था, उसका अनुसरण करते रहते, तो शायद जॉन मार्शल, लेवी इत्यादि की भाँति प्राच्य विद्याविशारद बन जाते। सम्भवतः उस क्षेत्र में उन्हें कीर्ति अधिक मिलती और उनका निजी जीवन शान्त गति से संघर्षहीन पथ पर चलता रहता। किन्तु जान पड़ता है कि महेन्द्र कॉलेज में पहुँचने के बाद विगत सदियों के इन्द्रधनुष की रंगीनियों के स्थान पर नई पीढ़ी की अरुणिमा उनके मन में बस गई। बौद्ध और हिन्दू अध्यात्म से उनका लगाव बराबर क़ायम रहा, क्योंकि मैडम ब्लावातस्की और एनीबेसेंट के गगनवेधी, मर्मस्पर्शी स्वरों और शब्दों ने लन्दन ही में उनकी आस्थाओं

की बुनियाद डाली थी, किन्तु पुरातत्त्व और दर्शन के अनुसन्धान के आग्रह को उन्होंने बिसरा दिया। क्या उनके भावानुबद्ध हृदय को उस क्षेत्र में तृप्ति नहीं मिलती? असल में पुरातत्त्व के अध्येता को अकसर आह्लाद की अनुभूति होती है, खासतौर से किसी नए अन्वेषण अथवा विचारधारा को प्रस्तुत करते समय। किन्तु उससे भी बढ़कर आह्लाद मिल सकता है अपने मनोनीत आदर्शों का पीछा करने में, अपने निर्मल सूक्ष्म शरीर के प्रतिबिम्ब-स्वरूप आदर्शों को साकार बनाने में।

इसलिए पीयर्स साहब भारत के अंचल पर पहुँचे, साम्राज्य-रक्षक अंग्रेज के रूप में नहीं, 'अज्ञान' और 'अविश्वासों' के तिमिर से करोड़ों हिन्दुओं को उबारने के लिए तत्पर मिशनरी के रूप में नहीं, पूर्व की अद्वितीय सांस्कृतिक निधि से पश्चिम का भंडार भरने को आतुर पुरातत्ववेत्ता के रूप में भी नहीं। युवक पीयर्स भारतवर्ष पहुँचे, क्योंकि यहाँ की भूमि और वातावरण में वह अपने निर्दिष्ट आदर्शों का अनुसरण करते हुए एवं सेवा और साधना के पथ पर चलते हुए अपने जीवन को सार्थक बना सकते थे। लन्दन में जन्म लेकर भी इस युवक को भारतवर्ष में ही अपनी जन्मभूमि मिली।

लेकिन 1918 में भारतवर्ष आने से पूर्व श्रीलंका के महेन्द्र कॉलेज में पाँच वर्ष तक वाइस प्रिंसिपल के पद पर वह मानो भारत के पौर पर रहे। वे पाँच वर्ष एक तरह का 'प्रोवेशन' था। पर तभी से उनका व्यक्तित्व विकसा। शीघ्र ही लंका-निवासियों के बीच पीयर्स एक उपनाम-विशेष से पुकारे जाने लगे—महत्तेय। सिंहली भाषा के इस शब्द में एक विशेष ध्वनि है, जो अंग्रेजी के 'मास्टर' और हिन्दी के 'गुरु' दोनों से भिन्न है, यद्यपि दोनों ही का थोड़ा-बहुत संकेत इसमें शामिल है।

विरुद उन्हें मिला श्रीलंका में, लेकिन कर्मक्षेत्र का आमन्त्रण भारतवर्ष ले आया। किशोरों के लिए बालचर-दलों का आयोजन श्रीमती एनीबेसेंट भारतवर्ष में बेडन पॉवल की स्काउट संस्था के आधार पर करना चाहती थीं। पीयर्स ने स्काउटिंग के कुछ प्रयोग श्रीलंका में किए थे। एनीबेसेंट ने बुला भेजा। इसी क्षण की मानो उन्हें इन्तजारी थी। सन् 1918 में एनीबेसेंट के ज्योतिर्मय व्यक्तित्व ने न जाने कितनों पर अपना जादू फेंका था। पीयर्स आए और सोत्साह एनीबेसेंट की 'इंडियन बॉय स्काउट एसोसिएशन' का संचालन करने लगे। पद था उनका चीफ स्काउट कमिश्नर, किन्तु वेतन मात्र 100 रुपए मासिक और रहने का स्थान। एक अंग्रेज के लिए इतनी साधारण वेतन पर गुजर करना सन् 1918 में भी अनहोनी-सी बात थी। लेकिन उन्होंने अपने को अंग्रेज माना ही कब? न वेश-भूषा में, न व्यवहार में। मद्रास रेलवे स्टेशन पर उतरने पर एनीबेसेंट के नेशनल कॉलेज पहुँचे। मैदान में खेलते हुए एक बालक से उन्होंने दफ्तर का रास्ता पूछा। बालक से उसके खेल इत्यादि के बारे में बहुत-सी बातें कीं। शाम को उसके घर जा पहुँचे और उस बालक को अपने प्रथम बालचर दल में भर्ती किया। तब से बराबर आनन्दराव (यही उस बालक का नाम था) न सिर्फ पीयर्स के विशेष सुहृदों में रहे, बल्कि भारतवर्ष में राष्ट्रीय स्काउट आन्दोलन पर उन्होंने एक तरह से अपने को निछावर कर दिया। आनन्दरावजी बताते हैं कि पीयर्स के प्रथम स्काउट दल में पीयर्स के प्रमुख सहायक

(असिस्टेंट स्काउट मास्टर) थे श्रीकृष्ण मेनन, जो भारत के प्रतिरक्षा मन्त्री रह चुके हैं। श्रीकृष्ण मेनन का वेतन 75 रुपए मासिक था और वह बड़ी तत्परता से अपना काम निबाहते थे। 1921 में इंडियन बॉय स्काउट एसोसिएशन की एक रैली प्रयाग में हुई। श्री शुक्ल (जिन्होंने बाद में पीयर्स के साथ ग्वालियर के सिन्धिया स्कूल में काम किया) उन दिनों एक किशोर बालचर के रूप में उस रैली में शामिल हुए थे। उन्होंने देखा गौरवर्ण के सस्मित मुखड़े के ऊपर गहरे हरे रंग का साफ़ा बँधा था; लेकिन अपनापन झलकता था, केवल साफ़े के कारण ही नहीं, बल्कि उस निश्छल सौहार्द्र और तरल स्नेह के कारण, जो उनकी बातों और व्यवहार में व्याप्त थे। तम्बुओं में जाकर बालकों और अध्यापकों से पूछताछ करते, उन्हें उत्साहित करते। उन किशोरों को, जो प्रयाग की उस रैली में शामिल हुए थे, शायद मिस्टर पीयर्स स्काउट नियमों और आदर्शों के साकार स्वरूप जान पड़े। रैली के बाद उत्तर प्रदेश में श्रीराम वाजपेयीजी के नेतृत्व में सेवा समिति बालचर संस्था चल निकली और एनीबेसेंट की बॉय स्काउट एसोसिएशन के कई कार्यकर्ता उसमें शामिल हो गए।

सन् 1918 से लेकर 1921 के अन्त तक स्काउट आन्दोलन के वे तीन वर्ष मानो एक वातायन थे, जिसमें से झाँक-झाँककर पीयर्स ने भारतीय बालकों की मनोवृत्ति को पहचाना, उनकी उलझनों को समझा, उनकी आँखों में उमड़ती भावों और सपनों की घटाओं में विराट पारावार को चीन्हा।

वे घटाएँ शायद उन्हें 1921 से 1924 की अवधि में बार-बार बुलाती रहीं। उन तीन वर्षों के लिए वह फिर श्रीलंका वापस चले गए थे, जाफ़्ना के परमेश्वर कॉलेज के प्रिंसिपल बनकर। महाविद्यालय के प्रधानाध्यापक का वह अनुभव बाद में उनके लिए उपयोगी सिद्ध हुआ। शिक्षा-संस्थाओं के संचालन में शासन और कार्यपद्धति की उलझनों का मुक़ाबला करना उन्होंने सीखा।

यह अनुभव उनके काम आया 1924 में, जब वह पुनः भारत आए, पहले तो एक साल के लिए इन्दौर के होल्कर कॉलेज के प्रिंसिपल होकर और फिर प्रयाग के कायस्थ पाठशाला कॉलेज में प्रिंसिपल होकर। इस बार जो भारत आए तो यहीं के हो गए। प्रयाग इस भारतीयकरण के लिए उपयुक्त केन्द्र था, शिक्षा-संस्थाओं का समूह, राजनीतिक जागृति का वातावरण, मानसिक और सांस्कृतिक चेतना का क्षेत्र। यों कायस्थ पाठशाला के प्रिंसिपल के लिए एक बड़ा बंगला था, किन्तु पीयर्स अपने कुछ पुराने सहकर्मियों के साथ (जिनमें आनन्दराव भी शामिल थे) बहुत सीधे-सादे ढंग से रहते थे। वेतन खासा था, लेकिन अपने लिए सौ-दो सौ रुपए निकालकर बाकी जरूरतमन्दों को बाँट देते। यह सिलसिला पीयर्स के जीवन में बराबर चलता रहा। कहते हैं अंग्रेज कवि शैली अपनी आमदनी की रक़म को ज़मीन पर ढेर-सा बनाकर जमा करता और एक फावड़े से उसके कुछ हिस्से बना देता था। सबसे छोटा हिस्सा अपने लिए रखता और बाकी अन्य लोगों में बाँट देता था। पैसे के प्रति पीयर्स का रवैया भी कुछ ऐसा ही था। लेकिन ढिंढोरा पीटने की उनकी आदत न थी और इसलिए मानो उसका

सारा पुण्य उनके भीतर समा गया था। प्रचार और प्रशस्ति पुण्यफल को बिखेर देते हैं, मौन उसे पुँजीभूत कर मानो पुण्यात्मा को देदीप्यमान कर देता है। यह बात पीयर्स पर खरी उतरती है।

शायद, सन् 1928 में प्रयाग ही में मुझे उनका सर्वप्रथम दर्शन मिला, छात्र की हैसियत से नहीं, क्योंकि उस समय तो मैं अपने छोटे से कस्बे में स्कूल ही का छात्र था। मुझे प्रयाग जाना पड़ा अपने पिताजी के साथ। वह स्वयं शिक्षाविद् थे और पीयर्स साहब से मिलने गए, तो मुझे भी ले गए। सफेद धोती-कुरता और चप्पल पहने किसी अंग्रेज को मैंने पहली बार देखा था। बड़े रूपवान थे मिस्टर पीयर्स और उस वेशभूषा में मेरी किशोर दृष्टि में वह किसी वेदवर्णित आर्य देवता के तुल्य जान पड़े। लेकिन उस समय भी भव्य बाह्य से अधिक मेरे मन में बस गया उनका मृदुल स्वर और मुझे भुलाए न भूली अविकसित सुमनों की दबी-दबी-सी सुगन्ध के समान उनकी सहज निश्छल मुसकान।

उनके इसी स्वरूप ने, जो बाहरी तौर से इतना आकर्षक होते हुए भी मुखरित नहीं, स्पन्दनशील था, अनुसूइया देवी को मोह लिया। डॉ. एन.जी. परांजपे की सुपुत्री मराठा कुटम्बों में विख्यात सुन्दरी थीं। शिक्षा, संस्कृति एवं विविध-गुण-सम्पन्ना यह युवती इस विदेशी युवक के सरल व्यक्तित्व और निर्लिप्त सौन्दर्य पर मुग्ध हो गई। अनुसूइया देवी प्रयाग में एनीबेसेंट की प्रेरणा से चलाए गए कृष्णाश्रम विद्यालय में अध्यापिका थीं। पीयर्स की पहली अंग्रेज पत्नी का देहान्त कुछ समय पूर्व ही कश्मीर में हुआ था। अनुसूइया देवी के अनुराग में पीयर्स के सन्तप्त हृदय को आश्रय तो मिला ही, साथ ही भारतवर्ष के प्रति जिस तरह की साधना मन में लिए वह यहाँ आए थे, उसे अपने व्यक्तिगत जीवन में सार्थक करने का स्वर्ण-संयोग भी हाथ आया। पीयर्स और अनुसूइया का 1930 में विवाह तत्कालीन सामाजिक परिस्थिति में हलचल मचानेवाली घटना थी और अरसे तक उसकी चर्चा चलती रही। जिस तरह की भँवरों में पड़कर ऐसे अन्तर्जातीय विवाहों की नैया अकसर डूब जाती है, उनका प्रारम्भ प्रायः दैनिक मतभेदों की साधारण सिलवटों से होता है, किन्तु जैसे गरम लोहे का भार कपड़ों की सिलवटों को दूर कर देता है, वैसे ही पीयर्स की सतत् तापशील सहिष्णुता दाम्पत्य जीवन को समतल करती रही—सहिष्णुता वह, जो पीयर्स के अंग्रेजी जन्मजात संस्कारों को लाँघनेवाले महत शील से प्रवाहित होती थी।

यही शील पीयर्स के दैहिक सौन्दर्य को प्रदीप्त करता था और उनके किशोर छात्रों की मनोस्थली में आदर्शवाद के बीज बोता था। किशोरों की मनोस्थली अत्यन्त उर्वरा होती है आदर्शों के शस्य के लिए। लेकिन उपयुक्त हलधर चाहिए इस अनुपम बीजारोपण के लिए, और हलधर को चाहिए इस उर्वरा भूमि का सतत सान्निध्य। न तो सिंहलद्वीप के महाविद्यालयों में और न प्रयाग के कायस्थ पाठशाला कॉलेज में पीयर्स को किशोरों की मनोस्थली में रमने का वैसा अवसर मिला, जैसा स्काउटों और बालचरों के साथ कैंपिंग इत्यादि करने में। कायस्थ पाठशाला के अधिकतर छात्र शहर के महल्लों

में रहते थे और केवल दस बजे से तीन-चार बजे तक आते थे—कक्षाओं में बैठकर लेक्चर सुनने और पठन-पाठन करने। उनके स्वभाव, शौक, प्रवृत्तियों इत्यादि को समझने और उन्हें प्रेरित करने के लिए समय कहाँ था?

इसलिए जब ग्वालियर में एक ऐसे स्कूल के संचालन के लिए निमन्त्रण आया, जिसमें सभी छात्र और अध्यापक एक ही स्थान पर स्कूल के भवनों और छात्रावासों में ही रहते थे, तो पीयर्स को मानो मुँहमाँगी मुराद मिली। सन् 1929 में वह सरदार स्कूल के प्रधानाध्यापक होकर ग्वालियर पहुँचे और चौदह वर्षों में उन्होंने सरदार स्कूल को भारतवर्ष के एक प्रमुख आवासीय विद्यालय (रेजिडेंशियल पब्लिक स्कूल) का रूप दे दिया, जो आज सिन्धिया स्कूल के नाम से विख्यात है। इस तरह शिक्षा-क्षेत्र में उनका वह अभियान शुरू हुआ, जिसकी समाप्ति मृत्यु पर ही हुई।

इस आह्वान में चुनौती थी, और सरदार स्कूल के वातावरण में भी। ग्वालियर क़िला जिस पहाड़ी पर स्थित है, वह कल्पना-प्रेरित और आदर्श-प्रेमी जीवों की क्रीडास्थली रही है—कई युगों में। जैन श्रेष्ठिगण और नृपति, जिन्होंने साधकों और मुनियों के लिए गुफाएँ और तीर्थंकरों की मूर्तियाँ बनवाईं; सहस्रबाहु और तैलंग मन्दिरों के निर्माता, जिनकी कला में पत्थर हाथीदाँत की बारीक नक़्क़ाशी का माध्यम बन गया है; ध्रुपद गायकों का आश्रयदाता मानसिंह तोमर, जिसने अपनी प्रियतमा मृगनयनी के लिए चट्टानों के हृदय में विचित्र भवन बनवाए। इतिहास के ये चित्र पीयर्स की आँखों के सामने उभर आए होंगे, जब उन्होंने सरदार स्कूल की इस ऐतिहासिक स्थली का अवलोकन किया।

इतिहास से भी अधिक ग्वालियर गिरि की मनोरम प्राकृतिक छटा ने उन्हें मोह लिया। इस दुर्दान्त चट्टान के ऊपर समतल पठार पर खड़े होकर चारों ओर अत्यन्त भव्य और हृदयग्राही दृश्यों का ताँता-सा लग जाता है। दूर पर जंगल और पहाड़ियाँ, उनके निकट खेतों का बहुरंगी कालीन और उससे भी निकट पहाड़ी के चतुर्मुखी चरणों के नीचे ग्वालियर और लश्कर नगरों के मकान और खँडहर—टूटे और सलोने खिलौने।

पीयर्स के सहकर्मी, कलाकार श्री प्रभात नियोगी बताते हैं कि अकसर कुल्लू, धर्मशाला एवं हिमालय के अन्य मनोरम स्थानों में ऊँचाई पर इस तरह की समतल भूमि देखते ही पीयर्स वहीं विद्यालय स्थापित करने के मनसूबे बाँधने लगते थे। बिहार में नेतरहाट के पठार पर जब उन्हें ले जाया गया, तो वहाँ के मुस्कराते ढलानों, पाइन और यूकलिप्टस के कुँजों, अधरों में छिपी दन्तपंक्तियों से झरनों और दूर-दूर तक फैली घाटियों के कोनों में सूर्योदय और सूर्यास्त की झाँकियाँ देख पीयर्स विह्वल हो उठे थे, ऐसे ही, जैसे उससे पहले आन्ध्र प्रदेश के ऋषि वैली की छटा को देखकर और जीवन के अन्तिम वर्षों में उटकमंड में नीलगिरि की नीहारिकाओं का अवलोकन कर। जो प्रकृति की छटा कवि की वाणी में गीत भर्ती है, चित्रकार की कूँची से रंग बिखराती है, वही पीयर्स के कलम से विद्यालयों की योजनाओं को खींच लाती थी। विद्यालयों के स्वप्नों की रूपरेखाएँ ही उनका काव्य थीं; उन्हीं में उनकी उमंग और कल्पना प्रस्फुटित

होती थीं। पीयर्स भी निसर्ग-नीड़वासिनी वीणावादिनि सरस्वती के मानसपुत्र थे।

किन्तु अपने मानसपुत्रों के पथ पर सरस्वती कमलदल नहीं फैलाती है; चट्टानों, दलदल और कंटकों के बीच चलना होता है इन वरद पुरुषार्थियों को।

ग्वालियर का सरदार स्कूल—मनमौजी, ऐशपसन्द और सरकश सामन्त पुत्रों का अड्डा था 1929 में। क्लास की पढ़ाई-लिखाई उनके लिए कपड़े पर पड़ी धूल के समान थी—झाड़ा और दूर फेंका। न अंग्रेजी साम्राज्य के प्रभुओं की इच्छा थी कि ये सामन्त-पुत्र कुछ सीखें-गुनें और न उनके पिताओं को उम्मीद थी उनके मस्तिष्क और आन्तरिक व्यक्तित्व के विकास की। अध्यापक भला किस खेत की मूली थे!

अनुशासन और अध्ययन के बीज डालने के लिए पीयर्स ने डंडेबाजी का सहारा नहीं लिया। न भृकुटि तानी, न घुड़कियाँ दीं। अगर सरदारों के लड़के क्लासरूम में ऊब जाते हैं, तो क्या क्लासरूम को दिलचस्प नहीं बनाया जा सकता, जिससे वे आप ही खिंचे चले आएँ?

पीयर्स ने अपने सहायक अध्यापकों से बातचीत की, नए शिक्षा-प्रयोगों पर पढ़ने के लिए पुस्तकें दीं, घंटो सलाह-मशविरे के बाद क्लास-रूम को रोचक और आकर्षक बनाने की योजना बनाई। इतिहास, भूगोल, विज्ञान और भाषाओं के अध्यापकों ने मिलकर एक निराला अध्ययन-कक्ष तैयार किया। अपने-अपने विषयों पर उन्होंने चित्र, मॉडल, खिलौने, नक़्शे इत्यादि तैयार कराए। हस्तलिखित पत्रिकाएँ तैयार कीं। कमरा जगमगा उठा। सरदारों के लड़के आख़िर थे तो बालक ही; इस जगमगाती दुनिया का सम्मोहन कैसे बिसराते? नीरस और शुष्क क्लास-रूम चटकीले रंगों और मधुर सुगन्धोंवाले फूलों की क्यारी बन गया और सामन्तपुत्र छात्र मधुमक्खियों की तरह टूट पड़े उन रसों को ग्रहण करने, जो मीठे भी थे और पोषक भी।

पीयर्स के प्रयोगों की यह वातास कई पुराने अध्यापकों को नहीं रुची। उनमें से कुछ तो चाटुकारिता को ही विकास की कुँजी मान बैठे थे। पीयर्स के इस मधुमास में उन जीर्ण-शीर्ण पत्रों के लिए कैसे जगह मिलती? थोड़े ही समय में स्कूल में अध्यापकों की नई टोली बन गई, ऐसे कर्मठ युवकों की टोली, जो बच्चों की शिक्षा को मिशन मानते थे, रोज़ी का साधन मात्र नहीं।

लेकिन आदर्शों का धागा अकसर काम की कशमकश में टूट जाता है और बड़े मनसूबों से बनाई गई टोलियाँ टुकड़े-टुकड़े हो जाती हैं। पीयर्स के सहकर्मी उनके आदर्शों से तो अनुप्राणित होते ही थे, उनके शिष्ट और मैत्रीपूर्ण व्यवहार पर भी बेमोल बिक जाते थे। असल में पीयर्स ने प्रधानाध्यापक के रोब-दाब का उपयोग कभी किया ही नहीं। इस बात में वह दून स्कूल के विख्यात हेडमास्टर मिस्टर फ़ुट से नितान्त भिन्न थे। अपने सहायक अध्यापकों में पीयर्स आत्मविश्वास की भावना जगा देते थे, उनके साथ बराबरी का व्यवहार करके और उन्हें अपने क्षेत्र में पूरी आजादी देकर। यदि कोई नया सुझाव सामने रखता, तो वह उस पर अच्छी तरह गौर करते और उसे कार्यान्वित करने के लिए अध्यापकों को प्रेरित करते। स्वयं अध्यापक के साथ उस प्रयोग पर जुट

जाते। यही वह सूत्र था, जो उनकी टोलियों को सुदृढ़ बनाए रखता। इसी कारण बाद में भी जब कभी उन्होंने अन्य स्कूलों में साथ देने के लिए जाने-पहचाने पुराने सहकर्मियों को बुलाया, तो वे उनके निमन्त्रण पर दौड़े आए।

बात यह है कि पीयर्स ने किन्हीं पूर्व-निश्चित अथवा जाँचे-पड़तालें फ़ार्मूलों के अनुसार ग्वालियर के इस स्कूल (अथवा अन्य किसी स्कूल) का पुनर्निर्माण नहीं किया। पीयर्स स्वयं इंग्लैंड के किसी भी प्रसिद्ध पब्लिक स्कूल में न तो छात्र रहे थे और न अध्यापक। और न वहाँ वह इंग्लैंड के ऑक्सफोर्ड अथवा कैम्ब्रिज विश्वविद्यालयों की उस छाप को लिए हुए आए थे जिसकी धाक हम हिन्दुस्तानियों पर हमेशा पड़ती रही है। इसलिए इन दोनों संस्कारों से ही मुक्त रहकर उन्होंने अपने नक़्शे यहाँ की वस्तुस्थिति देखकर बनाए। इसी कारण वह ग्वालियर के स्कूल में भारतीय वातावरण और संस्कृति का समावेश भी कर सके। सबसे बड़ा क्रान्तिकारी सुधार उन्होंने यह किया कि सरदारों के बच्चों के साथ-साथ उन्होंने स्कूल में मध्यवर्ग के और नौकरी-पेशा व्यक्तियों के बच्चों को दाखिल करना शुरू कर दिया। सन् 1929-30 में अंग्रेजी राज्य की छत्रछाया में रियासती भारत में सामन्तों की तूती बोलती थी। पीयर्स की इस हरकत पर अनेक सरदार बिगड़े, किन्तु पीयर्स अन्य अंग्रेजों की भाँति रियासत की दौलत से अपनी जेब भरने तो आए नहीं थे। महाराजा सिन्धिया ने उनकी लगन और निःस्वार्थ भावना से प्रभावित होकर सामन्ती हाय-तौबा की उपेक्षा की। शीघ्र ही सरदार स्कूल सिन्धिया स्कूल में परिवर्तित हो गया। अभिजात कुल के किशोर उन्मुक्त वातावरण में साधारण कुटुम्बों के लड़कों के साथ हेल-मेल करने लगे। उन्हें नए क्षितिज दीखे और वंशाभिमान के बौनेपन को दूर करने का अवसर मिला।

बड़ी उमंगों के दिन थे वे पीयर्स के लिए, उमंगों और अटूट लगन के। पठन-पाठन का स्तर सिन्धिया स्कूल में अन्य स्कूलों की अपेक्षा अच्छा ही था। किन्तु विशेषता यह थी कि प्रत्येक बच्चे की व्यक्तिगत प्रगति पर अलग-अलग ध्यान दिया जाता था। यद्यपि इंग्लैंड के पब्लिक स्कूलों की तरह सिन्धिया स्कूल में भी अनुशासन और पूरे दिन छात्रों को कार्य-संलग्न रखने की पद्धतियाँ लागू की गई थीं, तथापि व्यक्तिगत स्वच्छन्दता को कहीं अधिक महत्त्व दिया जाता था। तत्कालीन धारणाओं और परम्पराओं को देखते हुए वह किसी भी प्रिंसिपल के लिए साहसपूर्ण कार्य था, किन्तु जैसे अध्यापकों को, ऐसे ही छात्रों को, स्वतन्त्र व्यवहार और स्वतन्त्र विचारों के लिए प्रेरित करना पीयर्स ने अपना मूल मन्त्र माना। उच्छृंखल व्यवहार पर बन्दिश लगाने के बजाय उन्होंने उस प्रवृत्ति के बच्चों के लिए नाटक, खेल-कूद, हस्तलिखित पत्रिकाएँ, प्रदर्शनियाँ, संगीत-मंडप तथा इस तरह की अनेक संस्थाएँ स्कूल में चलाईं। सिन्धिया स्कूल का खुला रंगमंच अपने ढंग का अनूठा स्थान है। इस तरह स्कूल में आदर्शवादिता का ऐसा वातावरण छा गया, जो न भारतीय स्कूलों में उपलब्ध था और न अंग्रेजी पब्लिक स्कूलों में।

दो कारणों से पीयर्स इस प्रयास में सफल हो सके। एक तो यह कि उन्हें मनुष्यमात्र में गहरी आस्था थी। उनका विश्वास था कि अच्छे काम के लिए सहयोगियों की कमी

नहीं; हर एक आदमी के अन्तस्तल में एक पैगम्बर है, जिसे सक्रिय बनाया जा सकता है—उत्साह और ईमानदारी के सहारे। दूसरा कारण था उनकी दूरदर्शिता, जिसके द्वारा उन्होंने सिन्धिया महाराज से स्कूल के लिए एक भारी रक़म से अलग फंड खुलवा दिया। आमदनी की चिन्ताओं से मुक्त होकर उन्होंने स्कूल में प्रयोगों और प्रगति के लिए मजबूत और स्थायी पथ प्रशस्त कर दिया।

किन्तु मनुष्यमात्र की बुनियादी अच्छाइयों में आस्था और अपने व्यावहारिक ज्ञान एवं दूरदर्शिता का उपयोग वह निजी हितों की रक्षा के लिए नहीं कर सके। 14 बरस की अनवरत लगन से सिन्धिया स्कूल की कायापलट करने के बावजूद, ग्वालियर के तत्कालीन दरबारी हथकंडे उनके विरुद्ध भी चालू हुए। महाराज के कान भरे जाने लगे। स्कूल की योजनाओं के लिए महाराज के लड़-झगड़कर पीयर्स सुविधाएँ और अर्थ ले सकते थे; लेकिन, जब उन्हें मालूम हुआ कि उन्हीं को पदच्युत करने की तैयारियाँ हैं, तो उन्होंने एक उँगली भी नहीं उठाई। इस निष्क्रियता की जड़ में अभिमान नहीं था, उपालम्भ भी नहीं था; था ऐसा सौजन्य, जिसे तुलसीदास ने गिरि को उपमान बताया है—"बुँद अघात सहहिं गिर कैसे। खल के बचन सन्त सहिं जैसे।"

1943 में पीयर्स सिन्धिया स्कूल से हटकर विक्टोरिया कॉलेज के प्रिंसिपल बने और उसके कुछ समय बाद वह तत्कालीन ग्वालियर रियासत के शिक्षा-विभाग के मुख्याधिकारी (इंस्पेक्टर जनरल ऑफ एजुकेशन) के पद से चार बरस तक रियासत की समस्त शिक्षा-संस्थाओं और शिक्षा-नीति का निर्देशन करते रहे। सिन्धिया स्कूल के बिछोह उन्हें अखरा, किन्तु पीयर्स का यह स्वभाव था कि जो काम सामने आया, उस पर सोत्साह जुट गए। क्षोभ जिन शक्तियों को विशृंखल कर देता है, कर्मठता उन्हें समेट लेती है।

स्वतन्त्रता-प्राप्ति के बाद भारतवर्ष में कई ऐसे स्कूल, जो अंग्रेज अथवा एंग्लो-इंडियन छात्रों के लिए चलाए जाते थे, मृतप्राय हो चले। उन्हीं में से एक था नैनीताल का फिलैंडर स्मिथ कॉलेज, जिसे 1947 में बिड़ला एजुकेशन ट्रस्ट ने अपने हाथों में ले लिया। पीयर्स ने इस बिड़ला विद्यामन्दिर का संचालन कर उसे अभूतपूर्व रूप दे दिया। यहाँ की परिस्थिति दूसरी थी, क्योंकि पूर्णतः पाश्चात्य वातावरण में भारतीय संस्कारों को आधुनिक पद्धति से आरोपित करना था। यहाँ भी पीयर्स ने अपने परिश्रम, अनुभव और आदर्शों का उपयोग किया। अध्यापकों की मनोवृत्ति को नया मोड़ दिया। बिड़ला विद्यामन्दिर को जो बाह्य रूप मिला था, भव्य होते हुए भी उसकी नींव खोखली थी, पीयर्स ही ने उसमें प्राण-संचार किया।

प्राण-संचारक पीयर्स उस विशेषज्ञ डॉक्टर की तरह थे, जिसे एक के बाद एक कई मरीज़ों की पुकार पर अग्रसर होना पड़ता है। सन् 1943 के बाद से एक तरह से बराबर उनका यही हाल रहा। हर निमन्त्रण एक चुनौती थी। कुछ मित्रों को यह भ्रम हो चला कि पीयर्स एक स्थान पर टिक नहीं पाते हैं। किन्तु वस्तुतः उन्होंने हर संस्था में जाकर उस संस्था की नींव तैयार करने ही में अपनी शक्ति लगाई, अपने लिए झोंपड़ी सँवारने

की भी चेष्टा नहीं की। इसके अतिरिक्त ज्योंही उन्होंने अपने को किसी महत्त्वाकांक्षी के पथ में बाधास्वरूप पाया, वह मोह के बन्धन तोड़ चुपचाप बाहर चले गए।

1948 में नैनीताल छोड़कर पीयर्स फिर से श्रीलंका गए। 25 बरस के बाद भी महत्तेय की श्रीलंका में वही इज़्ज़त थी। श्रीलंका के शिक्षा-मन्त्रालय में सहायक सचिव के पद पर एक ऊँचा वेतन देकर उन्हें बुलाया गया। अपने 'कैरियर', अपनी उन्नति के लिए इससे अच्छा अवसर नहीं मिल सकता था। सिंहल के शिक्षा-विभाग के सर्वेसर्वा होकर वह यूनेस्को इत्यादि संस्थाओं में जाकर ख्याति भी पा सकते थे और ऊँची तनख्वाह भी। सांसारिक दृष्टि में उनके जीवन-क्रम का वही चरमोत्कर्ष होता।

किन्तु ऐसा होता, तो वह पीयर्स की जीवन-कथा नहीं होती। पीयर्स पर तो किसी और ही मदिरा का नशा चढ़ता था। यही वह नशा था, जो उन्हें भारतवर्ष के तट पर खींच लाया, जिसने उन्हें बाल-शिक्षा के अभियान में प्रेरित किया, जिसने पग-पग पर उन्हें स्वार्थ और सांसारिक सफलता के आग्रह से दूर रखा। नशा था अध्यात्म का, अदृश्य शक्ति में आस्था का, वीतराग को ही उपलब्ध उस महती सम्पदा का, जिसके आगे धन और मद की चमक-दमक फीकी पड़ जाती है।

एनीबेसेंट के ही जीवनकाल में उनके परम प्रिय शिष्य श्री जे. कृष्णमूर्ति के प्रभाव में आ गए थे पीयर्स। कृष्णमूर्ति धर्म को सामाजिक संस्था नहीं, व्यक्ति की साधना मानते हैं। इसीलिए उन्होंने धर्म-साधना के लिए कोई संस्था स्थापित नहीं की, यद्यपि उनके अनेक अनुगामियों ने अमरीका, यूरोप और भारत में लाखों की सम्पत्ति उन्हें समर्पित कर दी है। हर शीतकाल में कृष्णमूर्ति भारतवर्ष आते रहे हैं, प्रवचनों के लिए। पीयर्स को उनके प्रवचनों के सम्मोहन में प्रेरणा भी मिली, पथ-निर्देशन भी।

आन्ध्र में मदनापल्ली के निकट एक अत्यन्त मनोरम स्थान में कुछ जमीन कृष्णमूर्ति के नाम कर दी गई है। नाम है ऋषि वैली—ऋषि उपत्यका। ऋषि वैली ट्रस्ट की ओर से वहाँ एक स्कूल अरसे से चल रहा था। स्कूल की दशा बिगड़ चली। सन् 1949 में जब पीयर्स को श्रीलंका के शिक्षा विभाग में पहुँचे एक साल भी न हुआ था, ऋषि वैली से आग्रहपूर्ण निमन्त्रण आया। पीयर्स को निश्चय करने में कुछ भी देर न लगी। ऊँचा वेतन और पदोन्नति का आकर्षण त्यागकर तुरन्त ऋषि वैली चले आए—कष्टपूर्ण साधना के लिए, जहाँ उन्हें आध्यात्मिक शान्ति के साथ-साथ शिक्षा-सम्बन्धी क्रियात्मक प्रयोगों के लिए मनचाहा क्षेत्र मिला। वेतन शायद फिर वही दो या तीन सौ रुपया महीना! एक ही वर्ष में ऋषि वैली स्कूल की कायापलट हो गई। पीयर्स के स्पर्श में जादू था। यह नहीं कि केवल पुराने और जाँचे हुए नुस्खों ही का व्यवहार करके उन्होंने नए प्राण फूँके। ऋषि वैली स्कूल में उन्होंने छात्रों के होस्टलों को नया रूप दिया। एक होस्टल में 30 से अधिक छात्र नहीं थे, और कुटुम्ब का वातावरण लाने की चेष्टा की जाती। एक अध्यापक के नीचे छह से दस तक बच्चे ही रखे गए, इससे अधिक नहीं। सिन्धिया स्कूल केवल बालकों के लिए था, ऋषि वैली में बालिकाएँ भी दाखिल की गईं। नृत्य और संगीत पर विशेष जोर दिया गया। परीक्षा-पद्धति बिलकुल बदल दी गई; छात्रों

को व्यक्तिगत विकास के लिए यहाँ तक आज़ादी दी गई कि कक्षाओं में दिए जानेवाले पाठों में शामिल होना भी उनकी इच्छा पर छोड़ दिया गया। इन साहसपूर्ण प्रयोगों में हाथ बँटाने के लिए उन्हें सहकर्मी भी उन्हीं की तरह जीवट और धुन के पक्के मिले। कोई सिन्धिया स्कूल से उनका पुराना चेला आ पहुँचा, कोई दून स्कूल की नौकरी छोड़कर चला आया। एक अंग्रेज थे मिस्टर हौर्सब्राउ। बंगलौर में फर्नीचर की दूकान करते थे, लेकिन पहले अध्यापक रह चुके थे। झट पीयर्स की अनूठी पंगत में शामिल हो गए। निराली धजावाले इन 'गणों की बरात' को एक सूत्र में बाँधनेवाला था पीयर्स का अपराजेय आदर्शवाद।

उल्लास के उन्हीं दिनों में मैंने पीयर्स साहब को एक पत्र लिखा—1950-51 में। मैं बिहार के शिक्षा-विभाग का सचिव था। हम लोग बिहार में एक पब्लिक स्कूल स्थापित करना चाहते थे, लेकिन 'पब्लिक स्कूल'—इस नाम में आभिजात्य और वर्गभेद की जो गन्ध थी, उससे दूर रहना चाहते थे। मैंने दो विशेषज्ञों को पत्र लिखे परामर्श के लिए—दून स्कूल के प्रिंसिपल को और पीयर्स को। पीयर्स से यह भी पूछा कि क्या वह नया स्कूल स्थापित होने पर उसके प्रिंसिपल का पद स्वीकार कर सकेंगे? उनका उत्तर आया—"ऋषि वैली छोड़ना असम्भव है। किन्तु जिस ढंग का पब्लिक स्कूल आप लोग बनाना चाहते हैं, उसकी आवश्यकता मैं पहले से महसूस करता रहा हूँ, और उसकी योजना तैयार करने में आपका हाथ अवश्य बँटाना चाहता हूँ। आप लोग मुझे परामर्शदाता के रूप में बुलाएँ, तो सुविधानुसार छुट्टियों में आ-जाकर शायद कुछ काम कर सकूँ। वेतन की कोई जरूरत नहीं। मेरा शौक़ है, मेरी साधना है।"

और इस तरह पीयर्स ने वह योजना तैयार की (और उसे कार्यान्वित करने में भी मदद की), जिसका साकार रूप है रांची से 90 मील दूर एक पठार पर स्थित नेतरहाट स्कूल। सारे देश में एक अनूठी संस्था, जिसका ढोल बहुत कम पीटा गया है, लेकिन जो शिक्षा के क्षेत्र में एक अभूतपूर्व प्रयोग है। यह सच है कि इस योजना का निर्माण और विकास अकेले पीयर्स साहब की देन न थे, उनमें हम दो व्यक्तियों—(यानी बिहार सरकार के तत्कालीन चीफ़ सेक्रेटरी श्री लल्लनप्रसाद सिंह और मैं) ने हर क़दम पर योगदान दिया। यह भी इसलिए सम्भव हो सका, क्योंकि तत्कालीन मुख्यमन्त्री स्वर्गीय डॉ. श्रीकृष्ण सिंह और शिक्षा-मन्त्री आचार्य बदरीनाथ वर्मा ने हमारी त्रिमूर्ति को पूरी आजादी दे दी थी, नेतरहाट स्कूल की योजना के सम्बन्ध में।

कैसे नेतरहाट स्कूल की स्थापना हुई, उसकी अलग कथा है। किन्तु कहूँ कि इस योजना में ही शिक्षाविद् और अध्यापक पीयर्स का 'कैरियर' (जीवन-धारा) अपने चरमोत्कर्ष पर पहुँचा, तो अतिशयोक्ति न होगी। नेतरहाट स्कूल 12 से 17 वर्ष की आयु तक के छात्रों के लिए उत्कृष्टतम पढ़ाई का केन्द्र है—योग्य और चुने हुए अध्यापक, जिनका सारा समय छात्रों की ही सेवा में व्यतीत होता है; बढ़िया लैबोरेटरी और वर्कशाप; खेल-कूद का अच्छा-से-अच्छा प्रबन्ध; पौष्टिक आहार और स्वस्थ जीवन;—नेतरहाट स्कूल में वे सभी सुविधाएँ उपलब्ध हैं, जो दून स्कूल-जैसे अभिजातवर्गों के बच्चों के

पब्लिक स्कूलों में हैं। किन्तु नेतरहाट स्कूल में बिहार का निर्धन छात्र शिक्षा पा सकता है, यदि वह अपनी प्रतिभा के आधार पर स्कूल की भर्ती परीक्षा में पास हो जाए। जिस बच्चे के अभिभावक की मासिक आमदनी 100 रुपए से कम है, उसका सारा खर्चा बिहार सरकार बर्दाश्त करती है; और जिसके अभिभावक की आमदनी 800 रुपए मासिक से अधिक है, उसका सारा खर्चा अभिभावक देता है। बीचवाली आमदनियों के लिए सरकारी सहायता का एक क्रम निश्चित है। उद्देश्य यह है कि मेधावी छात्र को श्रेष्ठतम शिक्षा मिल सके। पहले ही वर्ष खेतिहर मज़दूर, दर्जी, किसान, आदिवासी—इन कुटुम्बों के प्रतिभावान बच्चे आए और सुसम्पन्न परिवारों के बच्चों में हिल-मिल गए। पल्ला निर्धन बालकों का ही भारी रहा। ये थे वे दलित कुसुम, अभाव जिन्हें पनपने नहीं देता; वे हीरककण, जिन्हें खरीदने के लिए कोई हाथ आगे बढ़ाते ही न थे।

पब्लिक स्कूलों का दूसरा दोष यह गिना जाता है कि कच्ची उम्र में होस्टलों में रहने के कारण वहाँ के बच्चे परिवार के स्नेहसिक्त वातावरण से दूर हो जाते हैं और इसीलिए उनके स्वभाव में एक तरह का उखड़ा-उखड़ापन आता है; मनोवैज्ञानिक दृष्टि से भी व्यक्तित्व के विकास के लिए इस वातावरण का अभाव हानिकारक है। पीयर्स की योजना के अनुसार नेतरहाट में होस्टलों का स्थान आश्रमों ने ले लिया है। हरेक आश्रम एक भारतीय घर की तरह बनाया गया है। उसी आश्रम में अध्यापक और उनकी पत्नी तथा बच्चे रहते हैं। पत्नी आश्रम की माता हैं। एक आश्रम में पन्द्रह से ज्यादा बच्चे नहीं हैं। माता उनकी देखभाल करती हैं—ऐसे ही, जैसे, किसी भी भारतीय परिवार में। खाना पकाने के लिए नौकर हैं, बाक़ी सब काम बच्चे और अध्यापक अपने हाथों करते हैं।

अपने हाथ से काम करने पर स्कूल में काफी ज़ोर दिया जाता है। कपड़े साफ-सुथरे हैं, लेकिन चमक-दमक ज्यादा नहीं है। सादी जिन्दगी है, परिश्रम की जिन्दगी है। वर्कशाप में नए-नए औजारों की सहायता से बच्चे के स्कूल लिए फर्नीचर इत्यादि भी बनाते हैं।

शिक्षा का स्तर देश के किसी भी स्कूल से कम नहीं है, इसका सबूत यह है कि पहले ही वर्ष हायर सेकंडरी परीक्षा में इस स्कूल के छात्र बाजी मार ले गए। अन्य परीक्षाओं में भी, जैसे इंजीनियरिंग कॉलेज और फ़ौजी केन्द्र की प्रवेश-परीक्षा में इस स्कूल के छात्रों ने जौहर दिखाए। पढ़ाई का माध्यम हिन्दी होने से इन छात्रों का ज्ञान-ग्रहण अंग्रेजी माध्यम के स्कूलों से शायद अधिक मात्रा में ही है। अंग्रेजी का स्टैंडर्ड भी खासा है, इस तरह आधुनिकता और परम्परा के बीच उस सन्तुलन की उपलब्धि के आसार नज़र आते हैं, जिसकी हमारे देश में विशेष आवश्यकता है।

पीयर्स ने इस स्कूल की योजना तैयार करने में न सिर्फ शिक्षा के उच्चादर्शों को साकार रूप दिया, बल्कि बारीकियों और ब्यौरे प्रस्तुत करने में अपनी व्यावहारिक बुद्धि और अनुभव का भी। वह उन लोगों में से नहीं थे, जो एक विद्वतापूर्ण रिपोर्ट तैयार कर पल्ला झाड़कर अलग हो जाते हैं। छात्रों का चुनाव, अध्यापकों के वेतनक्रम और नियुक्तियाँ, भवन-निर्माण, फर्नीचर और लेबोरेटरी का प्रबन्ध—ऐसी अनेक तफसीलें थीं,

जिनके लिए हम लोग बार-बार उन्हें बिहार और नेतरहाट बुलाते रहे। जब स्कूल का श्रीगणेश हो गया (बिना किसी उद्घाटन समारोह के), तब उसके बाद भी पीयर्स स्कूल की कमेटी के सदस्य बने रहे, और उसकी प्रगति पर ध्यान देते रहे। इसमें कोई सन्देह नहीं कि इस संस्था के निर्माण में उन्हें अपने जीवनपर्यन्त प्रयासों और प्रयोगों को सबसे अधिक सन्तोषजनक रूप में कार्यान्वित करने का अवसर मिला। धीरे-धीरे इस प्रयोग की चर्चा देशभर के शिक्षा-क्षेत्रों में होने लगी और बाद में तो महाराष्ट्र, केरल और उड़ीसा की राज्य-सरकारों ने भी इनसे इसी प्रकार की योजनाएँ तैयार करने को कहा।

उधर ऋषि वैली स्कूल में कुछ परिस्थितियाँ पैदा हो गईं—ऐसी परिस्थितियाँ, जिनके घर्षण और तपन को पीयर्स का मृदुल स्वभाव सहन नहीं कर सकता था। यही पीयर्स की कमज़ोरी थी। व्यक्तिगत संघर्ष का सामना वह कभी न कर पाए। लगता जैसे, उनकी सारी शक्तियाँ उस परिस्थिति में निस्पन्द हो जाती थीं। कैसा आश्चर्य था कि वही पीयर्स, जब निर्माण की चुनौती आती, तो ऐसी सतत सक्रियता और उत्कट कर्मठता का परिचय देते कि विश्वास नहीं होता कि एक ही व्यक्ति के दो रूप इतने भिन्न होंगे।

सन् 1959 में जब मैंने सुना कि पीयर्स ऋषि वैली छोड़कर जा रहे हैं, तो उनकी आयु का ध्यान कर मैंने सोचा कि अब शायद उनका शिक्षा-अभियान समाप्त हुआ। तभी एक दिन उनका पत्र मिला—माथुर साहब, आपको जानकर खुशी होगी कि मैं उटकमंड में एक नया स्कूल चलाने जा रहा हूँ—ब्ल्यू माउंटेन स्कूल। बिलकुल नवीन पद्धति पर। पैसा तो कम ही है, लेकिन उत्साही सहकर्मियों की कमी नहीं है। शिक्षकों और अभिभावकों को मैंने जो पत्र भेजा है, उसे आप भी पढ़ें।

कुछ दिनों बाद न्यू एजूकेशन फैलोशिप की कांफ्रेंस में वह दिल्ली आए। बड़े ही जोश और उल्लास के साथ उन्होंने मुझे अपने नए स्कूल की योजना समझाई।

मैं दंग रह गया। 68 बरस की आयु में जो व्यक्ति बिलकुल नए सिरे से प्रयास, बाधाओं, उपलब्धि और विछोह का चक्र चलाने पर उतारू है, उसे क्या कहा जाए? मैंने उनकी ओर ध्यान से देखा, उन आँखों में जो ज्योति झलक रही थी, वह तो इक्कीस बरस के उस नौजवान के नेत्रों में थी, जो सन् 1913 में सात सागर पार कर भारत और सिंहल के किनारों पर सेवा और साधना की अशेष पूँजी के लिए आया था। चितरंजन आदर्शों के अनवरत नर्तन के लिए मानो सीमाहीन अजिर थे वे दो नयन!

पीयर्स ने अपने को वृद्ध कभी नहीं समझा, मृत्यु की पदझंकार सुनकर भी नहीं। 13 अगस्त, 1961 को 69 वर्ष की आयु में बम्बई में उनका देहावसान हुआ। उटकमंड से इलाज के लिए गए हुए थे। सवेरे बोले, "कमजोरी तो है, लेकिन 'शेव' (हजामत) अवश्य करना है। आइ शुड लुक माइ बेस्ट।" फिर कहा, "सोना चाहता हूँ।" सोए तो फिर उठे नहीं।

काल की लहरें आएँगी और शायद अस्थिर बालुका-राशि पर पीयर्स के पद-चिह्नों की रेखाएँ भी न रह पाएँ। महापुरुषों की कथाएँ कवियों की वाणी में अमर हो जाती हैं। किन्तु ऐसे भी तो सन्त हैं, जिन्होंने कीर्ति कभी चाही नहीं, पर कर्म जिनके न जाने कितने पथों को ज्योतित करते रहे। शिक्षक और अध्यापक के रूप में मैंने यहाँ पीयर्स की चर्चा की है। किन्तु, वस्तुतः उनमें एक सन्त के लक्षण स्पष्ट थे। नेतरहाट में 'शैले' नाम के बँगले के सामने एक प्लेटफॉर्म पर बैठकर अँधेरी रात में तारों की छाया और ऋतुराज-सुवासित वृक्षों की गन्ध के बीच पीयर्स से अनेक बातें मैंने कीं, उनके विचार जाने, उनके अनुभव समझे। अशेष क्षमा और करुणा की तरंगे मानो मुझे छू-छू जाती थीं। क्या बात थी कि उस व्यक्ति के हृदय में कड़वाहट नहीं थी—उसके लिए भी नहीं, जिसने उनका अहित किया? लगा कि जैसे पीयर्स ने अपने अहम पर विजय प्राप्त कर ली थी। धक्के लगे, लेकिन तिलमिलाहट नहीं, आक्रोश नहीं, जलन नहीं।

सौरोकिन नामक एक पाश्चात्य दार्शनिक का कहना है कि जैसे किसी बड़ी भारी फैक्टरी को चलाने के लिए बिजली के शक्तिपुंज यानी डायनमो की आवश्यकता होती है, उसी तरह मानवमात्र के विशाल समूह में यत्र-तत्र ऐसे डायनमों की आवश्यकता है, जिनके अन्दर निस्सीम सौजन्य और करुणा की शक्ति भरपूर हो। सौरोकिन का यह सिद्धान्त अलंकार के तौर से प्रस्तुत नहीं किया गया; उन्होंने अनुसन्धान किया और इस निष्कर्ष पर पहुँचे हैं कि आज भी दुनिया में इस प्रकार के शीलवान व्यक्तियों की उपस्थिति समाज के ऊपर बिजली की तरह प्रभाव डालती है।

ऐसे शक्तिपुँजों को काल नहीं मिटा सकता, उनके नाम भले ही भुला दे।

(अंग्रेज शिक्षक और भारत में पब्लिक स्कूलों के विशेषज्ञ)

विराट स्वर का विधायक
पन्नालाल घोष

__जन्म :__ 31 जुलाई, 1911 बरीसाल (पूर्वी बंगाल) में। बचपन से ही दो विपरीत कलाओं में अभिरुचि—संगीत और व्यायाम। 1928 में 17 वर्ष की आयु में कलकत्ता जाकर वहाँ ट्यूनवेल कम्पनी, छापा-प्रेस तथा मोटर-मरम्मत के कारखाने में काम किया। इस बीच बॉक्सिंग सीखी और उसमें नाम पैदा किया। एक स्कूल में बॉक्सिंग शिक्षक हो गए। संगीत का अभ्यास चलता रहा और बाँसुरीवादन में कुशल हो गए। 1935 में कलकत्ता में अखिल भारतीय म्यूजिक कांफ्रेंस में बाँसुरी पर प्रोग्राम प्रस्तुत किया। उसी वर्ष न्यू थिएटर्स फिल्म कम्पनी में वंशीवादक नियुक्त हुए। 1937 में उस्ताद खुशी मुहम्मद अत्रे से हारमोनियम बजाने की शिक्षा ली, और तद्नुसार बाँसुरी पर अपनी कला को परिमार्जित किया। 1938 में सरायकेला राज के छाउ नृत्यमंडल के संगीत-निर्देशक होकर यूरोप-यात्रा पर गए। लौटने पर 1939 में गिरिजाशंकर चक्रवर्ती से शास्त्रीय संगीत सीखा। 1940 में बम्बई पहुँचे और फिल्मों में संगीत निर्देशन करने लगे। इस बीच अनेक बार आकाशवाणी और म्यूजिक कांफ्रेंसों के प्रोग्राम में शामिल हुए। 1947 में उस्ताद अलाउद्दीन खाँ के शिष्य बने। 1956 में आकाशवाणी वाद्यवृन्द, दिल्ली, के संयोजक के पद पर नियुक्त हुए। __मृत्यु :__ नई दिल्ली, 20 अप्रैल, 1960।

मानो किसी अनहद नाद में अपनी बाँसुरी के स्वर को लीन करके पन्नालाल घोष ने हठात् अपनी इहलीला समाप्त कर दी।

20 अप्रैल, 1960 को आकाशवाणी के दिल्ली स्टेशन से उनका बाँसुरीवादन होनेवाला था। 21 अप्रैल को आकाशवाणी की अखिल भारतीय कार्यक्रम परामर्शदायी समिति के सम्मुख वह आकाशवाणी वाद्यवृन्द का प्रदर्शन करनेवाले थे और 22 अप्रैल की सन्ध्या को राष्ट्रपति भवन में चाऊ-एन-लाई के सम्मान में संगीत-नृत्य समारोह में वाद्यवृन्द प्रस्तुत करनेवाले थे। 20 अप्रैल के सवेरे मेरे पास टेलीफोन आया कि पन्नालाल घोष सहसा हृदय-गति रुक जाने के कारण चल बसे। कालदेवता के घोर गर्जन ने बाँसुरी के स्वर को मौन कर दिया और हम ठगे-से रह गए।

अकसर हम कहते हैं कि अमुक व्यक्ति के देहावसान से देश और समाज की महान क्षति हुई है, चाहे हम जानते हों कि उस व्यक्ति की सामर्थ्य और प्रतिभा मृत्यु से बहुत पहले ही बुझ गई थी। काल एक पीले और सूखे पत्ते को उड़ा ले जाए, तो मलाल तो नहीं होता, अवसाद भले ही हो। लेकिन तड़ित की भाँति क्रूर आघात कर, हरी-भरी और फल-पुष्प-सम्पन्ना शाखा को धराशायी करनेवाले काल को क्या कहें?

मृत्यु के समय पन्नालाल घोष की आयु 49 वर्ष से भी कम थी। उनकी कला चरमोत्कर्ष पर थी; संगीत विधान के जो प्रयोग उन्होंने आकाशवाणी वाद्यवृन्द पर करने प्रारम्भ किए थे, उनमें वैसी ही सशक्त परम्परा के बीज विद्यमान थे, जैसी उन्होंने अपनी वृहदाकार बाँसुरी पर विलम्बित गति के आधार पर स्थापित की थी। अभिव्यक्ति और प्रेरणा के संगम को अनुभव की गहराई मिल चुकी थी और प्रतिभा उस स्तर पर पहुँच चुकी थी, जहाँ प्रारम्भिक प्रयास की भीरुता कला को निर्बल नहीं कर सकती थी और न सूखते सोतों की धारा विकसते कला-क्षेत्र को निष्प्राण बना सकती थी। यदि दस बरस और मिलते तो आधुनिक भारतीय संगीत की एक मंजिल शायद पूरी हो सकती।

1956 में पन्नालाल घोष से मेरी पहली मुलाक़ात हुई, यद्यपि उनके प्रोग्राम तो मैं बहुत पहले से सुनता रहा था। आकाशवाणी वाद्यवृन्द के निर्देशक और नियोजक के पद पर उनकी नियुक्ति के विषय में चर्चा करने के लिए मैंने उन्हें आमन्त्रित किया था। चित्रों से वह स्मितवदन, श्यामल और भरे शरीर के व्यक्ति जान पड़ते थे। मिलने पर उनको आपादमस्तक देखा—भारी-भरकम और मांसल होने के अतिरिक्त उनके खड़े होने की भंगिमा कुछ ऐसी थी कि मुझे शंका हुई कि वह संगीतज्ञ हैं या पहलवान।

बाद में मालूम हुआ कि वह दोनों ही रूप में ख्याति प्राप्त कर चुके थे। कलकत्ता में 1930 के आसपास पन्नालाल घोष अच्छे-खासे बॉक्सर माने जाते थे। कई प्रतियोगिताओं में शामिल हो चुके थे, इनाम पा चुके थे। उनके मुक्के की मार बचपन ही में प्रसिद्ध हो गई थी और उनके बालबन्धु और निकट-सम्बन्धी श्री अनिल बिस्वास का कहना है कि लड़कों की चंडाल-चौकड़ी में पन्नालाल का मुक्का ब्रह्मास्त्र-स्वरूप था, जिसका प्रयोग करने से उन्हें अकसर रोकना पड़ता था।

लेकिन चैम्पियन बॉक्सर संगीत की ललकार को अनसुनी नहीं कर सका। कौटुम्बिक परम्परा में संगीत की धरोहर थी, और लय और ताल में सम्पृक्त रक्त लहरें मार रहा था। बॉक्सर की मांसपेशियाँ कहाँ तक इन लहरों को रोक पातीं? पिता और दादा को तार-वाद्यों का शौक था; पन्नालाल ने बाँसुरी उठाई।

श्यामल रंग और (उन दिनों) छरहरी कायावाले पन्नालाल को शायद कान्हा के वंशीवादन की पुनरुक्ति में अपने सपने साकार होते जान पडे। लेकिन कृष्ण की बाँसुरी तो करील के जंगलों में रमनेवाले गोप-गोपियों को रिझा लेती थी; रास में थिरकनेवाले नूपुरों से भी अधिक द्रुत गति पर नाचती थी; उसका तीव्र और उर्ध्व स्वर लता-गुल्म और घने वृक्षों को चीरता हुआ भटकनेवाली गौओं को खींच लाता था। पर ग्वालों और

भक्तों के अलावा संगीत कला के मर्मज्ञों और आभिजात्य संगीत के प्रेमियों के बीच बाँसुरी को कौन पूछता था? पन्नालाल घोष ने तय किया कि लोकमानस की मराली रस-मर्मज्ञों की वाटिका की मयूरी बन जाए। उन्होंने बाँसुरी को शास्त्री संगीत की वाणी बनाने की ठान ली।

ठान तो ली, लेकिन बाँस की बाँसुरी में शास्त्रीय संगीत की गरिमा वहन करने की सामर्थ्य ही कहाँ थी? उसके तीव्र और सतही स्वर में विलम्बित के विस्तार के लिए गहराई कहाँ थी? उन दिनों (शायद सन् 1936-37) पन्नालाल घोष ऑल इंडिया रेडियो के कलकत्ता स्टेशन पर मामूली वेतन पर स्टॉफ आर्टिस्ट नियुक्त हुए थे। शास्त्रीय संगीत का ज्ञान प्रारम्भिक ही था। कलकत्ता स्टेशन पर प्रयोग के रूप में जन्त्री-समाज के नाम से एक छोटा-सा आर्केस्ट्रा तैयार हुआ। उसके निर्देशक थे श्री एस.एल. दास। कुछ समय बाद एक अंग्रेज संगीतज्ञ श्री फोल्ड्ज ने उस वाद्यवृन्द में पाश्चात्य और भारतीय संगीत के कुछ मिले-जुले प्रयोग भी किए। श्री दास का ध्यान युवक कलाकार पन्नालाल घोष की उदीयमान प्रतिभा की ओर गया और उन्होंने पन्नलाल के सामने यह समस्या रखी कि बाँसुरी को शास्त्रीय संगीत का उपयुक्त वाहन कैसे बनाया जाए। पन्नालाल ने सोचा कि क्यों न बाँसुरी के आकार को दीर्घ बनाया जाए, जिससे गहरे और नीचे स्वर आसानी से निकल सकें। तभी पन्नालाल घोष ने उस वृहदाकार बाँसुरी का उपयोग आरम्भ किया, जो बाद में उनकी कला का अभिन्न अंग बन गई। उस बाँसुरी में फूँकने के लिए मल्लशास्त्री पन्नालाल घोष के फेफड़े मजबूत थे। उनके सजीले शरीर और गोलमटोल चेहरे पर यह लम्बी बाँसुरी खूब फबती थी।

शीघ्र ही उन्होंने इस नए रूप में बाँसुरी पर अभ्यास शुरू किया और श्रीगणेश हुआ राग मालकोंस से। पहले-पहल इसी राग में उन्होंने विलम्बित खयाल की अभिव्यक्ति की, आलाप और तानों का विस्तार किया। प्रथम प्रयोग की सफलता से उन्हें प्रोत्साहन मिला और नियमवत अभ्यास चालू हो गया।

साथ ही कलकत्ता रेडियो स्टेशन के जन्त्री-समाज में वाद्यवृन्द के नए प्रयोग भी चलते रहे। श्री एस.एल. दास की तैयार की हुई अनेक धुनें उनके मन में बस गईं और उनसे पन्नालाल घोष ने वृन्दसंगीत के निर्देशन की पद्धति भी सीखी। शीघ्र ही कलकत्ता के इस नवोदित कलाकार का नाम फैलने लगा।

सरायकेला के राजा द्वितीय महायुद्ध से कुछ समय पूर्व 'छाउ' नृत्य का प्रदर्शन करनेवाली एक मंडली को यूरोप ले गए। उन्हें एक वंशीवादक की जरूरत थी। पन्नालाल घोष चुन लिए गए और इस तरह शास्त्रीय संगीत के उपासक को कला-प्रदर्शन की नवीन पद्धतियों को देखने-सुनने का तो अवसर मिला ही, युवक पन्नालाल घोष के अनुभवों का क्षितिज भी फैला; उनके विचारों में लोच और विविधताओं का समावेश हुआ। फलस्वरूप उस कट्टरता से वह बच पाए, जो अकसर परम्परागत कलाओं के उपासकों पर हावी हो जाती है।

यूरोप से लौटने पर पन्नालाल घोष की प्रसिद्धि बढ़ने लगी। फिल्म-निर्माण का केन्द्र

कलकत्ता से हटकर बम्बई चला गया था और पन्नालाल घोष अपनी क़िस्मत आज़माने बम्बई चले गए। संगीत-सज्जा की जो नवीन विधियाँ उन्होंने विदेश में देखीं, उन्हें प्रयोग में लाने का थोड़ा-बहुत अवसर वहाँ उन्हें मिला। पन्नालाल घोष द्वारा नियोजित अनेक गीत फिल्मी दुनिया में लोकप्रिय हुए। उन गीतों का स्थापत्य और वाद्यों का गीत के साथ गुम्फन ऐसी विशेषताएँ थीं, जो सहज ही श्रोताओं को मोह लेती थीं।

आर्थिक कठिनाइयाँ तो दूर हो गईं, लेकिन शास्त्रीय संगीत की जो नींव कलकत्ता के रेडियो केन्द्र में रहते हुए उन्होंने स्थापित की थी, उस पर मात्र फिल्मी संगीत का नाज़ुक बंगला खड़ा करके पन्नालाल घोष को सन्तोष कैसे हो पाता? उस बुनियाद पर तो एक ऐसा गौरवपूर्ण देवालय बनना था, जिसमें परम्परा का विराट तत्त्व भी हो और नक्काशी भी, जो छोटे-से-छोटे रत्नों पर गढ़ी जा सके और जिसकी बारीकी और सफाई पारखियों को चकाचौंध कर दे। फिल्मी दुनिया में अनवरत धन-संग्रह के आकर्षण के बावजूद बाँसुरी को शास्त्रीय संगीत का माध्यम बनाने का जो व्रत उन्होंने लिया था, उसे वह भूल न सके। उस्ताद अलाउद्दीन खाँ के चरणों में जा बैठे। उस्ताद अलाउद्दीन खाँ आशुतोष हैं और फिर पन्नालाल घोष की प्रतिभा और उत्कट संगीत-साधना में उन्हें एक आदर्श शिष्य के चिह्न दीख पड़े। हर तीन-चार महीने बाद पन्नालाल घोष मैहर जाते और उनके निर्देशन में लगातार घंटों बैठकर अभ्यास करते।

बाँस की बाँसुरी के अन्तस्तल में छुपे अनेक गहन और मन्थन स्वर अनावृत होने लगे। शिल्प की जिन बारीकियों को बाँसुरी पर उतारने की कल्पना भी नहीं हो पाई थी, वे पन्नालाल घोष ही के वादन में प्रस्फुटित होने लगीं और इस तरह आधुनिक भारतीय संगीत में बाँसुरी की एक नई शैली का विधान हुआ। जंगलों में गूँजनेवाली वंशी परिमार्जित रुचि-सम्पन्न नागरिक रसिकों के प्रकोष्ठों में सम्मानित होने लगी। और प्रतिभावान कलाकार इस युग में भारतीय संगीत को ऐसी ही अनुपम देन दे रहा था; यह भी एक चमत्कार ही था कि इसी युग में बिस्मिल्लाह खाँ ने इसी भाँति शहनाई को लगभग उन्हीं दिनों आभिजात्य वाद्यों की श्रेणी में ला बिठाया, जिन दिनों पन्नालाल घोष बाँसुरीवादन को परिमार्जित रूप दे रहे थे।

दोनों के व्यक्तित्व में एक और समानता मैंने पाई। ऐसा जान पड़ता है कि आधुनिक भारतीय संगीत के इतिहास में अपने महत्त्वपूर्ण स्थान का कोई गुमान इन दोनों को नहीं रहा। मैं दो-चार ऐसे कलाकारों से परिचित हूँ, जो अपनी बातचीत के ढंग, भौंहों के उठान, होंठों के तनाव और शब्दों के आड़े-तिरछे पैंतरों द्वारा आप पर यह जाहिर करने से नहीं चूकते कि आप किसी महान हस्ती के सामने खड़े हैं। लेकिन पन्नालाल घोष और बिस्मिल्लाह खाँ महत के गोवर्धन को मानो गिरिधर की भाँति कनिष्ठिका पर सम्हाले हों। जब सन् 1957 में पहली बार मुझसे मिले, तो मैं कुछ विस्मित-सा रह गया; न प्रभावित करने को आतुर वाचालता और न रोब जमानेवाला कृत्रिम मौन! सहज भाव, सहज मुसकान, सहज वाणी! निस्सन्देह उस सहज व्यक्तित्व का स्रोत किसी अजस्र शालीनता में था।

शायद, इसी शालीनता के कारण शास्त्र में पारंगत होते हुए भी पन्नालाल घोष कट्टर नहीं थे। आकाशवाणी का वाद्यवृन्द भारतीय संगीत परम्परा में एक ऐसा प्रयोग है, जिसके बारे में अकसर शंकाएँ उठाई जाती हैं। 1958 में संगीत-शास्त्रियों की इन शंकाओं को दूर करने के लिए वाद्यवृन्द के दोनों निर्देशकों (श्री जयराम अय्यर और श्री पन्नालाल घोष) ने आकाशवाणी की संगीत-परामर्शदात्री समिति के विद्वान सदस्यों की उपस्थिति में वाद्यवृन्द पर कई रचनाएँ प्रस्तुत करके यह सिद्ध कर दिया कि यह प्रयोग भारतीय संगीत की परम्परागत विशुद्धता का लेशमात्र भी उल्लंघन नहीं करता। शास्त्रीय नियमों के प्रति वफादारी रखते हुए पन्नालाल घोष साधारण व्यक्तियों द्वारा दिए गए सुझावों पर सोच-विचार करने के लिए तैयार रहते थे। वाद्यवृन्द को कभी-कभी राष्ट्रपति भवन में विदेशों से आए हुए विशेष मेहमानों को भारतीय संगीत की झाँकियाँ देनी होती हैं। मैंने कहा कि ऐसे अवसरों के लिए तो पाँच-छह मिनट की अवधि की लघु रचनाएँ चाहिए। लम्बी रचनाओं से मेहमान उकता जाते हैं। पन्नालाल घोष को यह बात ठीक जँची और उन्होंने कई हृदयग्राही लघु रचनाएँ तैयार कीं। इसी तरह एक बार मैंने जिक्र किया कि पाश्चात्य वाद्यवृन्द अकसर विलम्बित गान के उठान द्वारा गतिहीन-सा वातावरण प्रस्तुत कर देते हैं, जब हम लोगों की शास्त्रीय रचनाएँ भी अधिक चपल और द्रुतगामिनी जान पड़ती हैं। उन्होंने खासतौर से कुछ विलम्बित-प्रधान रचनाएँ भी तैयार कीं। चेकोस्लोवाकिया के स्मटन क्वार्टेट (जिसमें वायलिन कुटुम्ब के चार वाद्यों का अनुपम सम्मिलित संगीत होता है) को सुनने का मैंने उनसे विशेष आग्रह किया और पूछा कि सारंगी का क्वार्ट्रेट भी तैयार हो सकता है या नहीं। कुछ समय बाद उन्होंने श्री शकूर खाँ, श्री साबरी खाँ और दो अन्य सारंगीवादकों को विशेष निर्देशन देकर एक बिलकुल नई रचना तैयार की।

छोटी-छोटी बातों में भी कट्टरता का अभाव मैंने उनमें पाया। कुछ महीने हुए, मैंने उन्हें बताया कि कुछ लोग यह पसन्द नहीं करते कि भारतीय संगीत के वाद्यवृन्द का निर्देशक सामने खड़ा होकर पाश्चात्य निर्देशकों की भाँति हाथ हिला-हिलाकर निर्देशन करे। उन्होंने अपनी कठिनाइयाँ बताईं, लेकिन इस सुझाव पर विचार करने का आश्वासन दिया। कुछ समय बाद उन्होंने वाद्यवृन्द के बैठने का एक नया नक़्शा भी तैयार किया।

चूँकि मेरा और पन्नालाल घोष का अफसरियत का भी नाता था, इसलिए कुछ लोग सोच सकते हैं कि शायद मुझे खुश करने की खातिर वह मेरे अनाड़ी सुझावों को भी महत्त्व देते हों। लेकिन बात ऐसी नहीं है। खुशामद की प्रवृत्ति पन्नालाल घोष में थी ही नहीं। लेकिन अहम्मन्यता और उच्छृंखलता भी उन्हें छू नहीं गई थी। विचार स्वातन्त्र्य के नाम पर जान-बूझकर अक्खड़पन दिखाना अनेक कलाकार और साहित्यकार अपना जन्मसिद्ध अधिकार मानते हैं। पन्नालाल घोष की जन्मजात मृदुलता इस तथाकथित जन्मसिद्ध अधिकार के विपरीत थी। अहर्निश एक सहज मुसकान उनके चेहरे पर खेलती रहती थी और उस समय भी जब वह अपने डीलडौल के साथ, काली शेरवानी और

सफेद चूड़ीदार पाजामा पहने, विशाल जनसमूह के सामने वाद्यवृन्द का निर्देशन करते, तब भी इसी मुसकान की छवि में वह हमें एक निश्छल शिशु-से जान पड़ते। यही वह मुसकान थी, जो 20 अप्रैल, 1960 को उनके प्राणहीन मुखड़े पर मैंने देखी—निस्संग, निर्लिप्त, परमहंस-सुलभ मुसकान!

बाद में एक मित्र में मुझे बताया कि पन्नालाल घोष पिछले दिनों सहज-भावेन पारलौकिक प्रेरणाओं की ओर अभिमुख हुए थे और रामकृष्ण मिशन के संन्यासियों का शिष्यत्व अंगीकार कर चुके थे।

शायद उसी अनहद नाद ने उन्हें शाश्वत मुसकान दी, और उसी की प्रतिध्वनि उनकी निराली बाँसुरी में गूँज उठी।

(बाँसुरीवादक और वाद्यवृन्द-संयोजक)

व्यवहार-कुशल और संवेदनशील पंडित

अनन्त सदाशिव अल्टेकर

__जन्म :__ 30 अगस्त, 1898। __शिक्षाः__ पूना में। दकन कॉलेज में उच्च शिक्षा। सन् 1930 से 1949 तक काशी विश्वविद्यालय के प्राचीन भारतीय इतिहास और संस्कृति विभाग के आचार्य और अध्यक्ष रहे। 1949 में पटना विश्वविद्यालय के प्राचीन भारतीय इतिहास और संस्कृति विभाग के अध्यक्ष और बाद में काशीप्रसाद जायसवाल अनुसन्धान प्रतिष्ठान के प्रथम डायरेक्टर नियुक्त हुए। इस बीच अनेक संस्थाओं से सम्बन्ध रहा, यथा न्यूमिस्मेटिक सोसाइटी (सिक्कों के अनुसन्धान से सम्बन्धित संस्था) की मुख-पत्रिका के सम्पादक, अखिल भारतीय ओरिएंटल कांफ्रेंस के उप-सभापति, इत्यादि। __रचनाएँ :__ 'हिस्टरी ऑफ विलेज कम्युनिटीज इन वेस्टर्न इंडिया', 'एजुकेशनल पोजिशन ऑफ विमेन इन हिन्दू सिविलाइजेशन', 'दि गुप्ता कॉइन्स' इत्यादि। __मृत्यु :__ 1959।

लोग प्रायः कहते हैं कि पंडित को दुनिया की सुध नहीं होती, मनीषी और अनुसन्धानरत विद्वान प्रबन्ध के पचड़े में या तो पड़ना ही नहीं चाहते, या पड़े तो सफल नहीं हो पाते। डॉ. अल्टेकर इस धारणा के अपवाद थे। जायसवाल इंस्टिट्यूट के प्रारम्भिक दिनों में अनेक ढंग की कागजी कार्रवाई करनी पड़ी। कैसे कर्मचारियों की नियुक्तियाँ की जाएँ, सरकारी रुपए की निकासी और व्यय के नियम क्या हों, मेज-कुर्सी की खरीददारी के लिए व्यवस्था कैसी हो, खुदाई का काम करनेवाले मजदूरों के दैनिक वेतन के लिए क्या प्रबन्ध हो, प्रबन्ध-समिति के अधिकारों और कर्त्तव्यों का निर्धारण किन सिद्धान्तों पर हो—इत्यादि-इत्यादि। पटना सेक्रेटेरियट में मेरे कमरे में अनेक बार इन विषयों पर डॉ. अल्टेकर से चर्चा हुई और मुझे यह देखकर आश्चर्य हुआ कि इन सभी प्रशासनिक और व्यवस्था-सम्बन्धी मामलों में डॉ. अल्टेकर की सूझ पैनी थी और तथ्य की पकड़ वह उसी आसानी से कर लेते थे, जितना कोई अनुभवी सरकारी अफसर कर सकता है। सरकारी नियमों के अटपटेपन को वह शीघ्र ही समझ गए और इसलिए उतावली उन्होंने शायद ही कभी दिखाई हो। यह बात नहीं कि उन्हें सरकारी मामलों और दफ्तरों की गतिविधि से असन्तोष नहीं होता था; किन्तु एक व्यवहार-कुशल व्यक्ति की भाँति वह अपने असन्तोष को बेताबी या अतिरंजना के साथ प्रकट नहीं करते थे। अकसर

प्राचीन इतिहास से उक्ति या उदाहरण देकर वह सरकारी लाल फीते के विरुद्ध शिकायत मेरे सामने प्रस्तुत करते थे; उसमें व्यंग्य होता था हलकी-सी चोट भी, लेकिन रोष या राग का पूर्ण अभाव! मैंने उन दिनों ऐसी व्यवस्था कर रखी थी कि अनुसन्धान-संस्थाओं के डाइरेक्टरगण बिना किसी व्यवधान के सीधे शिक्षा-सचिव से पत्र-व्यवहार और बातीचत कर सकते थे। इस तरह बहुत-सी छोटी-मोटी समस्याएँ सहज ही हल हो जाती थीं।

कई बार डॉ. अल्टेकर से संस्था की प्रबन्ध-सम्बन्धी व्यवस्था के बारे में मतभेद भी हुआ, किन्तु अपने मन के विपरीत सरकारी आदेशों का डॉ. अल्टेकर अकुंठित भाव से पालन करते थे। राहुलजी द्वारा बिहार म्यूजियम को प्रदत्त तिब्बती पांडुलिपियों का सम्पादन और प्रकाशन वह जायसवाल इंस्टिट्यूट से ही करवाना चाहते थे। मैंने कहा कि नालन्दा इंस्टिट्यूट विशेषतः बौद्ध साहित्य और अनुसन्धान के लिए स्थापित हुआ है और इसलिए इन पांडुलिपियों के सम्पादन और प्रकाशन में नालन्दा इंस्टिट्यूट के विद्वानों का भी सहयोग होना चाहिए। इस व्यवस्था में कुछ व्यावहारिक कठिनाइयाँ थीं, किन्तु डॉ. अल्टेकर प्रयोग के लिए प्रस्तुत हो गए। अन्ततः व्यावहारिक कठिनाइयों के विषय में डॉ. अल्टेकर का अनुमान ही सही निकला और हम लोगों ने इन ग्रन्थों के सम्पादन और प्रकाशन का उत्तरदायित्व जायसवाल प्रतिष्ठान को ही सौंपा।

आजकल भारतीय विश्वविद्यालयों में वरिष्ठ अध्यापकों के दो वर्ग दीख पड़ते हैं— एक तो वे विद्याव्यसनी पंडित, जो अपने विभाग की साधारण प्रशासनिक उलझनों से भी दूर रहना चाहते हैं और यदि उनमें हाथ लगाते हैं, तो क्षत-विक्षत होकर ही निकल पाते हैं; और दूसरे वे प्रबन्ध-पटु व्यवहार-कुशल सज्जन, जिनका विद्यार्जन एक ऐसी नसैनी मात्र था, जिसकी अब उन्हें जरूरत नहीं है। इस दूसरे वर्ग की प्रबन्धपटुता अकसर चाणक्य-प्रवृत्ति का रूप लेती है और अनेक विश्वविद्यालयों और शिक्षा-संस्थाओं में इन्हीं महानुभावों का बोलबाला है। डॉ. अल्टेकर काशी विश्वविद्यालय और पटना विश्वविद्यालय दोनों में उत्तरदायित्वपूर्ण पदों पर रह चुके थे। उनकी प्रबन्ध-पटुता नैसर्गिक थी। लेकिन आश्चर्य यही था कि अपने व्यवहार कौशल को वह कूटनीति और कुचक्र-चातुर्य की परिधि से परे रख पाते थे। उनका सारा अनुभव और व्यावहारिक ज्ञान उनके इतिहास-विभाग की सुचारु प्रगति और प्रबन्ध के काम आता था और ऐसा जान पड़ता है कि ज्यों ही परिस्थितियाँ उन्हें गुटबन्दी अथवा शक्ति-सन्तुलन के निकट ले जाती थी, त्यों ही वह किसी अज्ञात किन्तु बलवती प्रेरणा से अभिभूत होकर तुरन्त पीछे हट जाते थे।

ऐसा हम लोगों का—बाहर से उनके सम्पर्क में आनेवालों का विचार था। पटना विश्वविद्यालय की सीनेट की सभाओं में उन्हें मैंने बहुत कम बोलते देखा। अध्यापकों का कोई भी दल उन्हें अपना घोषित नहीं कर पाता था। दलबन्दी की व्यापक वातावरण में अनेक के लिए वह पहेली-सी बने रहे। क्या बात थी कि ऐसा व्यक्ति, जिसमें नेतृत्व के यथेष्ट गुण विद्यमान थे, जो व्यावहारिक कठिनाइयों से क्षुब्ध होना जानता ही नहीं

था, जो लक्ष्य प्राप्ति के लिए सुस्पष्ट पथ-नियोजन करने का आदी था—ऐसा बुद्धिमान, सिद्धहस्त विद्वान विश्वविद्यालयों की 'राजनीति' में नगण्य बना रहा—न शक्ति-संचालन करनेवाला सूत्रधार बना और न परिष्कारोन्मुखी सुधारक?

मैंने ऊपर बलवती अज्ञात प्रेरणा का जिक्र किया है, जो उन्हें चाणक्य-विधान के तट से ही खींच लेती थी। लेकिन गहराई से सोचने पर जान पड़ता है कि यह कोई अज्ञात प्रेरणा नहीं थी। यह तो उनकी कार्यपद्धति की आधारभूमि थी। आकांक्षाओं के अभिशाप से उन्मुक्त किसी सन्त की चर्चा मैं नहीं कर रहा हूँ; अल्टेकर निर्विकार, निर्लिप्त साधक नहीं थे और न अधिकार-शक्ति की लालसा से उन्हें रोकनेवाली अन्तःप्रेरणा कोई दैवी आवाज ही थी। असल में वह एक ऐसे अनुभवी पर्यटक की भाँति थे, जो अपने निर्दिष्ट मार्ग का नक़्शा पहले ही बना लेता है, जानता है कि कौन से मोड़ उसे लेने हैं, क्या पाथेय बदलती जलवायु में उपयुक्त होगा, किन सरायों में उसे रात बितानी है, किन अट्टालिकाओं की छवि का उसे अवलोकन-मात्र करना है और किनका सिलसिलेवार अध्ययन। मैंने उनके अनेक नोट्स देखे थे; अलग-अलग विषयों पर अलग-अलग कापियाँ। जो पुस्तकें पढ़ते, उनका सार और उद्धरण विषयानुसार कापियों पर लिख लेते। कर्मठ व्यक्ति के लिए जीवन का पथ उतना लम्बा नहीं होता, जितना लक्ष्यहीनों के लिए। इस छोटी-सी राह में कुंठाओं के लिए स्थान कहाँ? तो फिर जो नक़्शा अपने लिए बनाया, उसका अनुसरण ही श्रेयस्कर है; कुंठाओं को आमन्त्रित ही क्यों किया जाए? सिक्कों का अध्ययन, ग्रन्थ-रचना, अध्यापन, खुदाई, न्यूमिस्मेटिक सोसाइटी तथा जायसवाल इंस्टिट्यूट का निर्देशन—क्या ये चुनौतियाँ काफी नहीं थीं एक जीवन की नन्ही-सी ढाल-तलवार के लिए, जो अधिकार-लालसा के विकराल संघर्ष-क्षेत्र का आह्वान किया जाता? दलील मुनासिब थी और एक व्यवहारनिपुण व्यक्तित्व के लिए सर्वथा युक्तिसंगत। विवेक और व्यावहारिकता के आधार पर ही उन्होंने अपने लिए एक लक्ष्मण-रेखा निर्धारित की, अविचलित भाव से उसका पालन किया और इस तरह अध्ययन-मनन-अनुसन्धान की पावन सीता को दुर्दान्त आकांक्षा की आसुरी वृत्ति द्वारा अपहृत न होने दिया।

शायद मैं व्यावहारिकता की बार-बार दुहाई देकर डॉ. अल्टेकर के व्यक्तित्व का एकांगी दर्शन कर रहा हूँ। क्या नियोजित कार्य-पद्धति और बुद्धिपरक व्यवहार को अंगीकृत कर अल्टेकर भावुक और संवेदनशील क्षणों की महिमा से अपरिचित रह गए? ऊपरी तौर से उनके व्यक्तित्व में भावना के प्रवाह और उल्लास की लहरियों के लिए स्थान ही नहीं जान पड़ता था। नपी-तुली बातचीत, समय का न सिर्फ सदुपयोग, बल्कि मितव्ययतापूर्वक 'राशनिंग', निरर्थक पिष्टपेषण का निर्मम होकर परित्याग, इन नियमों से परिवेष्टित उनका सन्तुलित व्यक्तित्व कल्पना और भावना की भूल-भलैया से अछूता जान पड़ता था। कांफ्रेंसों में शामिल होने के लिए वह कभी-कभी दिल्ली आया करते थे और उनके दिल्ली-प्रवास के कार्यक्रम में मेरे साथ बातचीत और कभी-कभी भोजन हमेशा शामिल रहता। अपने दफ्तर और 'रूटीन' के जीवन में विद्वानों,

साहित्यकारों एवं कलाकारों से मुलाकातों का सुयोग मुझे मरुभूमि में हरियाली के तुल्य सम्मोहक और पोषक जान पड़ता है और इसीलिए ऐसे मौकों पर मैं समय की परिधियों को तिलांजलि दे, विचार-विनिमय के स्रोत से प्रवाहित धारा की भँवरों में भ्रमित होने में विशेष सुख का अनुभव करता हूँ। प्रायः मेरे अतिथियों को भी यह गतिशील वातावरण रुचता है। डॉ. अल्टेकर के सत्संग-रूपी हरियाली के लिए मैं उत्सुक रहा करता। उन्होंने मुझे कभी निराश नहीं किया। लेकिन मेरे समय का ध्यान उन्हें मुझसे ज्यादा होता। काम की बातचीत करते; अगर मैं पूछता, तो भी व्यक्तियों के चरित्र और व्यवहार पर टीका- टिप्पणी शायद ही कभी करते। दो-चार सरस वचन, अल्प भोजन और फिर उनका 'ब्रीफ केस' बगल में होता और चरण कांफ्रेंस-हॉल की ओर बढ़ते। और मैं सोचता रह जाता कि क्या उस अम्बुधि के अन्तस्तल में उल्लास की तरंग कभी उठती भी है या नहीं!

लेकिन मैं गलती पर था। डॉ. अल्टेकर का मानस आलोड़ित होते मैंने देखा है। उस आलोड़न के प्रभाव में उनके समूचे व्यक्तित्व को प्रदीप्त और चलायमान होते भी मैंने देखा है और यह चमत्कार कब होता था? क्या किसी अन्तर्राष्ट्रीय अथवा राष्ट्रीय संकट के समय? जी नहीं। क्या अपने बच्चों के विवाह-लग्न इत्यादि के अवसर पर? तब भी नहीं। सन्तुलन और संयम की जंजीरें दो टूक होते मैंने देखीं उस दिन, जब वह मुझे वैशाली में अपने निर्देशन में कई खुदाई के स्थान दिखाने ले गए, और सदियों पहले की एन.बी.पी पॉटरी, खिलौने, आभूषण इत्यादि सँवार-सँवारकर दिखाने लगे। जिस समय हम लोग उस स्थान पर पहुँचे, जहाँ उन्होंने चीनी यात्रियों के विवरण और अन्य प्राचीन वृत्तान्तों का ब्यौरेवार विश्लेषण कर भगवान बुद्ध की अस्थियों पर निर्मित प्राचीनतम स्तूप का काल के विस्मृत गह्वर में से अनावरण किया था, तब मुझे लगा, मानो जीवनभर का सन्तुलन उसी उल्लास के लिए तैयारी था, मानो किसी लम्बे शिशिर के शक्ति-संचय के उपरान्त ऋतुराज का वैभव बिखरा हो। उनकी आँखों में चमक थी और उनकी वाणी पांडित्य के स्तर से ऊपर उठकर मानो अपरा विद्या के लोक में विचरण कर रही थी।

उन्होंने अपने जीवनकाल में कितने ही अनुसन्धान किए, इतिहास के कितने ही अजाने कोष्ठों को ज्योतित किया। प्राचीन भारतीय शिक्षा-पद्धति और प्राचीन भारत में स्त्रियों की परिस्थिति का विश्लेषण, वाकाटकों के काल में भारत का दिग्दर्शन, प्राचीन युग में पंचायत और ग्राम-प्रणाली का अध्ययन, लगभग बारह वर्ष तक जर्नल ऑन न्यूसिस्मेटिक सोसाइटी द्वारा प्राचीन मुद्राओं पर प्रकाश और विशेषतः बयाना की गुप्त मुद्राओं की अतुल राशि का सिलसिलेवार और आद्योपान्त विवरण—ये सब कार्य एक विद्वान के आजीवन अध्यवसाय के लिए पर्याप्त थे। लेकिन लेखनी, पांडुलिपियों और सिक्कों के अभ्यस्त हाथ जब फावड़ा लेकर धरती के रहस्यों का उद्घाटन करने को बढ़े तो एकबारगी मुझे उनकी क्षमता में सन्देह हुआ। दबी ज़बान से मैंने सुझाव दिया कि क्यों न पुरातत्व विभाग के किसी दक्ष और अनुभवी खुदाई-विशेषज्ञ को जायसवाल

इंस्टिट्यूट के लिए बुला लिया जाए! जिस दृढ़ता के साथ उन्होंने इस सुझाव का विरोध किया, उसके पीछे थी न केवल उस चुनौती का मुकाबला करने की उत्कट इच्छा, बल्कि था अपनी अनुसन्धान-साधना के ऊर्ध्वमुखी सोपानों के अन्तिम और चरम सोपान का आह्वान! स्पूनर और ब्लाख के चालीस-पचास बरस बाद, पाटलिपुत्र के भूगर्भ-स्थित ध्वंसावशेष फिर से अनावृत हुए और अशोक के राजप्रासाद के निकट ही 'आरोग्य-विहार' प्रकाश में आया। और फिर वैशाली में मिट्टी के प्राचीन स्तूप में वह पेटिका मिली, जो राजसौधों की सुवर्णमंडित मंजूषाओं से भी अधिक मूल्यवान हैं।

हम दोनों वैशाली की अभिषेक-पुष्करिणी के किनारे उस स्तूप के निकट खड़े थे। मेरे पास टेपरेकार्डर था; मैं उनसे सवाल पूछता और वह उत्तर देते। कैसे लिच्छिवियों के पशुबलि-मन्दिर के ऊपर ही कदाचित् यह स्तूप बना, लिच्छिवियों को भगवान बुद्ध के अस्थिखंड कैसे प्राप्त हुए, अशोक ने उसमें से कुछ अंश क्यों निकाले, कनिष्क ने स्तूप को खोलने की चेष्टा की और कैसे एक सुरंग बनाई, कच्चे स्तूप के ऊपर किस तरह एक के बाद एक पक्की ईंटों के बाहरी स्तूपों का निर्माण हुआ? जैसे कोई परियों की शहजादियों की कथा सुनाते-सुनाते उसी काल्पनिक लोक में खो जाए—ऐसी भंगिमा थी डॉ. अल्टेकर की! वह संवाद आकाशवाणी के टेपों पर अंकित है।

और इस तरह डॉ. अल्टेकर के व्यक्तित्व की अन्तःसलिला धारा की झलक मुझे मिली। किस तरह व्यावहारिक बुद्धि के नीचे वह भावुकता की मधुरिमा को सँजोए रखे हुए थे, इसका एक और उदाहरण याद पड़ता है। मैं अकसर ताज्जुब करता था कि डॉ. अल्टेकर ने अपने सभी ग्रन्थ भारतवर्ष में ही क्यों छपाए। आखिर उनकी इतिहास-विषयक रचनाएँ विश्ववन्द्य थीं। हमारे अन्य सभी विद्वानों ने एक-न-एक पुस्तक तो विदेश में प्रकाशित कराई ही है, क्योंकि सब जानते हैं कि इंग्लैंड या अमरीका में प्रकाशित अंग्रेजी ग्रन्थों की जो प्रतिष्ठा होती है, वह भारतवर्ष में प्रकाशित ग्रन्थों की नहीं। व्यावहारिक बुद्धि-सम्पन्न अल्टेकर क्या इस मोटी बाात को नहीं समझ सके ? मैंने एक बार उनसे इस बारे में पूछा। बोले, "माथुर साहब, बहुत पहले राष्ट्रीयता का दौर जब नया था, तभी मैंने यह संकल्प किया था कि इंग्लैंड में अपनी पुस्तकें नहीं छपाऊँगा। आखिर इतने लोग विदेशी कपड़े का बहिष्कार कर खादी को अपना रहें थे! मैं अपने ग्रन्थों को तो कम-से-कम देशी रूप दे सकता था। अब परिस्थिति बदल गई है, लेकिन जीवन के प्रभात में किए गए संकल्प को सन्ध्या के आते कैसे तोड़ दूँ?

सन्ध्या आई, लेकिन कब, यह हम लोगों को, जो उनसे प्रायः मिलते रहते थे, ज्ञात ही नहीं हुआ। चरण थके नहीं, मन की गति शिथिल नहीं हुई, अतृप्त अभिलाषाओं और पछतावे की लम्बी होती हुई छाया कर्मठता की हरीतिमा पर आवृत नहीं हुई। इसीलिए ढलती साँझ का आभास कैसे होता? लगन और मनोयोग की पुष्ट प्राचीर बुढ़ापे और शैथिल्य के आक्रमण से अल्टेकर के व्यक्तित्व को सुरक्षित रख

सकी। इसलिए काल की हिम्मत ही न हुई कि सामने से चुनौती दे। उसने पीछे से वार किया। भारतीय इतिहास परिषद् के सभापतित्व से दिए जानेवाले भाषण को एक रात पहले एकाग्रतापूर्वक तैयार कर रहे थे। उसके बाद ही हठात् आघात हुआ और विदा की घड़ी आ गई।

कर्मक्षेत्र का वह योद्धा शायद ऐसी वीरगति की ही कामना कर रहा था।

(इतिहासज्ञ और पुरातत्त्ववेत्ता)

किशोर-जीवन की मुसकान ही जिसकी साधना थी

श्रीराम बाजपेयी

__जन्म :__ शाहजहाँपुर (उत्तर प्रदेश), 11 अगस्त, 1876। सन् 1905 से 1913 तक शाहजहाँपुर, बलरामपुर, प्रयागपुर और फैजाबाद में गवर्नमेंट हाईस्कूलों में अध्यापक रहे। सन् 1913 में शाहजहाँपुर के रेलवे इंजीनियरिंग ऑफिस में क्लर्क नियुक्त हुए। एक रद्दी कागज में इंग्लैंड के स्काउटिंग आन्दोलन का हाल पढ़कर 1913 के सितम्बर मास में पहला स्काउट-दल 'बाल-सेवक दल' के नाम से शाहजहाँपुर में स्थापित किया। 1918 में अपने बाल-सेवक दल को कुम्भ मेला, प्रयाग ले गए, और वहाँ पं. मदनमोहन मालवीय के सम्पर्क में आकर अखिल भारतीय सेवा-समिति के अन्तर्गत उसी वर्ष 'सेवा समिति बॉय-स्काउट एसोसिएशन' की स्थापना की। 1921 में बेडन पॉवेल के भारत आगमन के उपरान्त बाजपेयीजी स्काउटिंग की ट्रेनिंग प्राप्त करने इंग्लैंड के गिल्वैल पार्क गए और अन्य यूरोपीय देशों की भी यात्रा की। 1922 में सर्वेंट्स ऑफ इंडिया सोसाइटी के स्थायी सदस्य बने। 1929 में दूसरी यूरोप-यात्रा। 1938 में सेवा समिति स्काउट एसोसिएशन का 'हिन्दुस्तान स्काउट एसोसिएशन' के रूप में पुनर्गठन। स्वतन्त्रता-प्राप्ति के बाद सन् '50 में समस्त स्काउटिंग संस्थाओं को मिलाकर 'भारत स्काउट्स एंड गाइड' नामक संस्था का आयोजन, बाजपेयीजी जिसके नेशनल ऑर्गनाइजिंग कमिश्नर बनाए गए। 1951 और 1955 में ऑस्ट्रिया और कनाडा में विश्व-स्काउट जम्बूरियों में भारतीय स्काउट दल के नेता के रूप में शामिल हुए। __मृत्यु :__ प्रयाग में, 6 जनवरी, 1956 ई.।

चुपचाप सरकते हुए बादलों के पीछे अदृश्य चाँद जैसे एक लमहे के लिए अपने पूरे आकार और आभा की झलक दिखाकर फिर लुप्त हो जाता है, ऐसे ही मेरी दैनिक-चर्या और अनुभवों की आड़ में से कभी-कभी बहुत पहले की दो-चार लघु स्मृतियाँ उभर आती हैं—लघु इतनी कि किसी को कैसे सुनाऊँ, क्या सुनाऊँ, लेकिन उजली और स्पष्ट, भोर के मौन को तोड़नेवाले पंछी के स्वर की तरह।

उन्हीं में से एक स्मृति है। एक बड़ा हॉल, उसके किनारे एक बड़ा मंच, उस पर

मैं खड़ा हूँ—पाँच वर्ष का बच्चा! नन्हे स्काउट (कब) की पोशाक में; लाठी को दोनों टाँगों के बीच घोड़े की तरह रखकर एक कविता सुना रहा हूँ—"कैसा मेरा अड़ियल घोड़ा।" शब्दों में तुतलाहट है, लेकिन बेधड़क बोल रहा हूँ। थोड़ी देर बाद एक भव्य-पुरुष—गौर वर्ण चेहरा, जिससे ममत्व और शालीनता टपक रही थी, पोशाक स्काउट की, कद लम्बा—लेकिन मेरे निकट आकर नीचे झुके और मुझे जान पड़ा कि किसी बहुत ऊँचे वृक्ष की उच्चतम शाखा मेरी खातिर नीचे झुकी; फूलों की वाणी में वह गगनस्पर्शी तरु मेरे कानों में कह रहा था, "शाबाश, बच्चे! ऐसे ही बेधड़क और मीठी बोली बोला करो!...यह लो, तुम्हारा इनाम! इस पुस्तक की तसवीरों को ध्यान से देखना, क्योंकि तुम्हारे पिता की तरफ से यह इनाम तुम्हें दे रहा हूँ।"

यह शायद सन् 1921 की बात है, लेकिन किन्हीं सलोने हाथों में लगी मेंहदी की तरह मन से छूटती ही नहीं।

बहुत दिन बाद, सन् 1947 में, मैं बिहार के गया जिले का कलक्टर था। अपने बँगले के दफ्तर में उस कुर्सी पर बैठे हुए मुलाकातियों को निपटा रहा था, जिस पर किसी समय ग्रियर्सन ने हुकूमत भी की थी और भाषा-विज्ञान का भंडार भी भरा था। आजादी को आए कुछ महीने हो चुके थे (मैंने 14 अगस्त को चार्ज लिया था), लेकिन उस वक़्त तक कलक्टरों के रौब और दस्तूर में कोई अन्तर नहीं आया था। गणतन्त्र की छाप लगने में कुछ देर थी। सरकारी काम से मिलने के इच्छुक मुलाकातियों का समय निश्चित था और बाहर बरामदे में कुर्सियों और बेंचों पर वे बैठते। नाम-लिखी चिटों की गड्डी मेरे पास थी; घंटी बजाता और एक-एक करके नम्बरवार मुलाकाती आते, काम-बेकाम की बातें करते और चले जाते, जैसे सत्यनारायण की पूजा पर पंडित के आह्वान पर एक-एक करके देवता आते और रवाना हो जाते हैं।

एक चिट पर निगाह पड़ी—श्रीराम बाजपेयी, फिर पढ़ा—श्रीराम बाजपेयी। चपरासी को बुलाकर पूछा। "जी हाँ, बाहर बेंच पर बैठे हैं—सफेद बाल, गोरा रंग, स्काउट की पोशाक।" पच्चीस-छब्बीस बरस पहले की तसवीर याद आई और झटका-सा देकर चली गई। ऊँचे वृक्ष की डाल फिर झुकी और मैं...मैं...बौना कुर्सी पर बैठा इठला रहा हूँ।...भागा-भागा बाहर गया; बेंच पर अन्य मुलाकातियों की भीड़ में सन्तोष के साथ बैठे इन्तजार कर रहे थे। पैर छूने को मेरे हाथ बरबस बढ़े। समझ में नहीं आया कैसे माफ़ी माँगूँ। लेकिन बाजपेयीजी ने बीच ही में बात काटी और बोले, "जो क़ायदा है, उसको मानना स्काउट का फ़र्ज है। मैं कलक्टर साहब से भी मिलने आया हूँ, सिर्फ जगदीश से ही नहीं।"

सन् '21 और '47 के दरम्यान पं. श्रीराम बाजपेयी के सम्पर्क में कई बार आया और सन् '47 के बाद भी लेकिन किशोरावस्था के बाद सत्रह-अठारह की आयु हो जाने पर बाजपेयीजी का व्यक्तित्व का प्रभाव मुझ पर अनजाने ही कम होता गया। ऐसा मेरा ही नहीं, अनेक युवकों का अनुभव था। उस वृक्ष की तरह, जिसके घोंसलों में पनपकर नन्हे पंछी पर निकलने के बाद दूर की उड़ान भरने लगते हैं। बाजपेयीजी

को भी अपने किशोर शिष्यों से बिछोह का गुमान भी न होता था। उनके घोंसले तो भरते और खाली होते ही रहते थे। लेकिन बात केवल इतनी ही न थी। असल में बच्चों और किशोरों का विकास उनकी अनवरुद्ध अभिव्यक्ति में ही उनकी जीवन-साधना थी।

इस साधना का आमन्त्रण सीपों के अन्तस् में अचानक गिरनेवाली उस बूँद की तरह था, जो बाद में मोती बन जाती है। श्रीराम बाजपेयी शाहजहाँपुर में एक स्कूल में मास्टर थे। पहले विश्वयुद्ध के समय की बात है। साधारण स्कूल में औसत दर्जे के मास्टर, निजी तरक़्क़ी की ख़ातिर शायद स्कूल में चमकनेवाले सितारों में नहीं थे; पर निश्चय ही प्रेरणावान, प्राणवान, आदर्शोन्मुखी युवक! एक दिन परचून की दूकान पर सौदा खरीदने के लिए गए। जिस कागज में लपेटकर दूकानदार ने सौदा दिया था, उसे खोलकर देखा। एक पुराना अंग्रेजी अखबार था। सचित्र लेख था बेडन पॉवेल के बारे में; कैसे उन्होंने किशोर वयस्कों के लिए आदर्श व्यवहार, मनोरंजन और तत्परता के आधार पर एक नवीन संस्था को जन्म दिया, जिसे 'स्काउटिंग' का नाम दिया गया था। यों स्काउट गुप्तचरों को कहते थे; युद्ध में एक स्थान से दूसरे स्थान पर गुप्त सन्देश ले जानेवाला और गुप्त समाचार प्राप्त करनेवाला वाहक। बेडन पॉवेल अंग्रेजी और बोअरों में 1905-06 में जो युद्ध दक्षिणी अफ्रीका में हुआ था, एक फौजी अफसर थे। कच्ची उम्र के अनेक सिपाहियों को देखकर उनके मन में किशोरों को तत्परता का पाठ सिखाने और उनमें सच्चाई, आत्मनिर्भरता, परोपकार और हँसमुख रहने की प्रवृत्तियों का समावेश करने की एक नवीन पद्धति का विचार उठा। युद्ध की कीचड़ में मानो एक कमल खिला। सेनानी बेडन पॉवेल ने युद्धक्षेत्र के संहार-रत, कोलाहलपूर्ण और खौलते शोणितमय द्रव्य के ऊपर से मानो मानवेतर गुणों की मलाई-सी उतार ली। 1907 में उन्होंने बालकों के लिए स्काउटिंग संस्था की स्थापना की। किशोरों की इस संस्था का नारा था 'सदा तत्पर!' इसके सदस्यों के तीन व्रत थे—ईश्वर और देश के प्रति निज कर्त्तव्य को निबाहना, दूसरों की मदद करना, स्काउट-नियमों का पालन करना। और दस थे इनके नियम—विश्वासपात्र होना, वफ़ादारी करना, सच्चाई, भ्रातृभाव, शिष्टाचार, जीवमात्र के प्रति करुणा और दया का व्यवहार, सदा हँसमुख रहना, मितव्ययिता और आज्ञाकारिता का पालन तथा मन, वचन, कर्म में पवित्रता बरतना। ये नियम किसी दंडविधान की धाराएँ नहीं थे। इनके पालन का एकमात्र मानदंड स्काउट की आत्मा ही था।

यद्यपि बेडन पॉवेल ने स्काउटों के दलों (ट्रुप) और टुकड़ियों (पेट्रोल) में इस भाँति बाँटा था, जैसे फ़ौज बँटी होती है, तथापि यह वर्गीकरण व्यवस्था के सुभीते के लिए किया गया था। बाहरी तौर से फौजी बुनियाद के अन्य लक्षण भी थे, यथा खाकी पोशाक, सही ड्रिल, और ट्रुप अथवा पेट्रोल के नायक का आदेश मानना।

किन्तु स्काउटों का कार्यक्रम फौजी कार्यक्रम से नितान्त भिन्न होता है। स्काउट कैम्प, उनके खेल-कूद, प्रकृति का अवलोकन, हस्तकौशल, गीत एवं अभिनय इत्यादि

साधनों से बालकों और किशोरों के चंचल अंग-प्रत्यंग, उनकी उदीयमान भावनाओं, उनके अस्फुट विचारों तथा उनके आवेश और उत्साह के लिए एक रंगशाला प्रस्तुत की जाती है। सबसे मुख्य बात यह है कि पाठ अथवा उपदेशों अथवा आदेशों का आश्रय कम लिया जाता है। सहजीवन, सहक्रीडा, सहगवेषणा—ये हैं वे साधन, जिनका स्काउट मास्टर को उपयोग करना है। स्काउट नेता सिखाता नहीं, सीखने का पथ प्रशस्त करता है, जिज्ञासा को जगाता है और दिशा-संकेत करता है; हमजोली बनकर रहता है और फिर भी आदर का पात्र बनता है। स्काउटिंग मिल-जुलकर जीने-जिलाने, हँसने-खेलने और खोजने-पाने की कला है।

परचुन की दूकान से खरीदे सौदे को लपेटे, पुरानी अखबारी कागज में श्रीराम बाजपेयी ने बेडन पॉवेल के इस असाधारण प्रयोग का वृत्तान्त पढ़ा और शायद उन्हें अपने परम्परागत अध्यापन-कार्य में बच्चों और किशोरों के सर्वांगीण व्यक्तित्व की अवहेलना ही जान पड़ी। जो शिक्षा वह देते आए थे, वह स्मरण-शक्ति और पठन-पाठन तक ही सीमित थी। बेडन पॉवेल की संस्था में अध्यापक की आदर्शवादी प्रेरणाओं के लिए आह्वान था और शायद बाजपेयीजी को आभास हुआ कि वह इसी आह्वान की प्रतीक्षा कर रहे थे। भारतवर्ष में पूर्णतः भारतीय स्काउट-आन्दोलन को चलाने का व्रत उन्होंने लिया।

तत्कालीन अंग्रेजी सरकार के तत्त्वावधान में यद्यपि कुछ अंग्रेजी स्कूलों में बेडन पॉवेल की स्काउटिंग के दल स्थापित किए गए थे, तथापि जिस संस्था का आधार ही प्रेरणा, देशभक्ति और आदर्शों में सन्निहित था, वह भला विदेशी सरकार के आश्रय में पनप सकती थी? भारतवर्ष के उस वातावरण में किसी भी आदर्शवादी आन्दोलन के लिए अंग्रेजी सरकार के प्रति विमुख हो जाना अनिवार्य-सा हो जाता था। बाजपेयीजी ने महामना मनदनमोहन मालवीय का नेतृत्व स्वीकार किया। मालवीयजी ने स्वयंसेवकों की संस्था 'सेवा समिति' का प्रयाग में आयोजन किया हुआ था। सेवा समिति अकसर मेलों, दुर्घटनाओं एवं प्रकृति-प्रकोपों में जन-साधारण की सहायता के लिए स्वयंसेवकों की व्यवस्था करती थी। बन्धनों से जकड़े भारतीय समाज में युवकों को इन कामों में ही 'देश-सेवा' का व्यावहारिक अवसर मिलता। बाजपेयीजी को बेडन पॉवेल की स्काउट-संस्था के परोपकार-व्रत में भारतीय सेवा-व्रत का साम्य मिला और इस तरह सेवा-समिति के अन्तर्गत सेवा-समिति बॉय-स्काउट एसोसिएशन की स्थापना हुई। बाद में बाजपेयीजी एक दूसरी सेवा-संस्था, गोखले द्वारा स्पापित पूना की सर्वेंट्स ऑफ इंडिया सोसाइटी के सदस्य बन गए और सेवा-समिति बॉय-स्काउट एसोसिएशन उससे जुड़ गया।

स्काउट का यह व्रत कि प्रतिदिन वह एक काम दूसरे की भलाई में करे (वन गुड टर्न ए डे), दिखावे की बात भी हो सकती है। किन्तु किशोरों की मनोवृत्ति का अध्ययन बताता है कि वे पालतू जीवों की देखभाल करने, उनकी सहायता करने में अपनी अभिलाषाओं की पूर्ति पाते हैं। बाजपेयीजी ने न सिर्फ इस नैसर्गिक परोपकार-वृत्ति को उत्तेजित किया, बल्कि सेवा-कार्य में व्यवस्था, योजना और सूझबूझ के प्रयोग में भी

किशोरों को ट्रेनिंग दी। यह व्यावहारिक ज्ञान उपयोगी तो था ही, किशोरों को इसके फलस्वरूप समाज में अपनी महत्ता का अनुभव भी होता था। अपने को समाज के लिए उपयोगी पाना, आत्मविश्वास की पहली सीढ़ी है—विशेषतः नववयस्कों में।

प्रयाग में कुम्भ मेला हो अथवा किसी छोटे नगर में रामलीला, बाजपेयीजी के स्काउट तत्पर रहते। उस जमाने में अंग्रेजी सरकार की तरफ से सहायता की व्यवस्था कम ही हुआ करती थी। इसलिए गैरसरकारी प्रबन्ध करने में सन्तोष भी मिलता और विदेशी सरकार की कमियों को प्रकट करने का अवसर भी। किन्तु बाजपेयीजी ने इस 'राजनीतिक' पहलू पर कभी जोर नहीं डाला। पर-सेवा में लगन और कर्मठता की उन्हें इसी भाँति आवश्यकता थी, जैसे किसी खिलाड़ी को अपने अंग-प्रत्यंग के संचालन की। जिसको बोलचाल में कहते हैं 'हुड़क'—यानी ऐसी तीव्र इच्छा, जिसका कोई कारण न हो और न उपचार—यही 'हुड़क' उन्हें होती और वह जुट जाते। उनका नेतृत्व बालकों और किशोरों को उत्साह देता—उत्साह, संघर्ष के लिए नहीं, तोड़-फोड़ के लिए नहीं, तुमुल ध्वनि से आकाश-पाताल एक करने के लिए नहीं, बल्कि सैकड़ों स्त्रियों, बच्चों को रास्ता दिखाने के लिए, खोए बच्चों और बूढ़ों को अपने अभिभावकों से मिलाने के लिए, आहत व्यक्तियों की शुश्रूषा करने के लिए। पता नहीं चलता कि कब बाजपेयीजी आराम करते हैं, कब मुँह में कौर डालते हैं! यह तो जान ही नहीं पड़ता कि उन्हें कभी थकान भी होती है!

सबसे बड़ी बात यह है कि वह अफसरों की तरह मेले के हेडक्वार्टर्स पर बैठे हुकुम नहीं देते थे। वह 'अफसर' भी थे और 'सिपाही' भी। कोई 'मोर्चा' ऐसा नहीं जहाँ वह चक्कर न लगाते हों; कोई प्रयास ऐसा नहीं, जिसमें वह हाथ न लगाते हों। उनकी मुस्तैदी स्काउटों के मुरझाए चेहरों में चमक पैदा करती, उनके शीतल शब्द मरहम का काम करते थे, उनकी चिर-सजग मुस्कराहट और उनके चुटकले मन और वाणी में स्फूर्ति पैदा कर देते थे। बालकों और किशोरों पर यह जादू ऐसा चढ़ता कि वे कुछ समय बाद आप-ही-आप आयु की सीढ़ियों को लाँघकर जिम्मेदारी और बड़प्पन के एकाकी शिखर पर अविचलित खड़े हो जाते। हमारे नगर में रामलीला थी। दशहरे का आखिरी दिन। जनता बाड़े के चारों ओर राम-रावण युद्ध और रावण वध की लीला देखने को उमड़ रही थी। स्काउटों की अलग-अलग स्थान पर ड्यूटी थी, और मुझ पर बाहर दरवाजे पर ट्रैफिक के प्रबन्ध का भार था। मेरा प्रबन्ध कहाँ तक सफल रहा, यह मुझे याद नहीं। एक बालक-कांस्टेबल की आज्ञा सबने मानी हो—यह तो शायद असम्भव था। लेकिन इतना याद है कि कई बार इच्छा दबाने में मुझे कोई कठिनाई नहीं हुई, क्योंकि मैंने सोचा, "मैं सेवा-समिति का बॉय-स्काउट, बाजपेयीजी का स्काउट हूँ। क्या मैं अपनी ड्यूटी से हट जाऊँ?"

सैकड़ों किशोरों को इस आती-जाती बड़प्पन की भावना ने ओत-प्रोत किया होगा। बालकों और किशोरों को वास्तविक जीवन में कुछ कर सकने का अवसर देकर बाजपेयीजी ने स्काउटिंग को क्रीड़ा-शिक्षा के दायरे से बढ़ाकर जीवन-अनुभव की

आधार-शिला पर ला बिठाया। किशोरों को प्रौढ़ों की-सी जिम्मेदारी और महत्ता का आभास करना बाजपेयीजी का विशेष 'टेकनीक' था। इस सिद्धान्त का किसी प्रकार के लेख अथवा भाषण इत्यादि में प्रतिपादन उन्होंने किया हो, यह तो याद नहीं पड़ता, किन्तु बारह-तेरह बरस के ऊपर के किशोरों के साथ बातचीत करते तो ऐसे ही, जैसे किसी हमउम्र के साथ। 'आप' से सम्बोधन करते, गम्भीर मुद्रा में उनकी बात सुनते, उनसे सलाह लेते, उन्हें काम-काज सौंपते। कभी ऐसा नहीं लगा कि बच्चा समझकर टालने या ऊपरी मन-बहलाव की बात करते हों। विकसते व्यक्तित्व को इस तरह आत्मविश्वास का पुट मिलता। शायद उद्यमी लड़कों को सही रास्ते पर लाने का यह अमोघ मन्त्र था।

सेवा की लगन और उत्तरदायित्व की प्रेरणा—ये दोनों ही आन्तरिक विकास की खुराक थे। किन्तु तरुण जीवन खेल-कूद, हँसी-मजाक और उछल-कूद चाहता है, और बाजपेयीजी ने इन सभी उपकरणों का पूरा-पूरा इस्तेमाल किया। प्रयाग में बैंक रोड पर पहले सेवा-समिति बॉय-स्काउटों और शेर बच्चों (कब्स) के लिए एक क्रीड़ा-स्थल था। बीच में एक खम्भा था, जिसकी चिकनी सतह पर चढ़ने की एकाध बार मैंने भी कोशिश की। आजकल की तरह म्युनिसिपेलिटी की तरफ से स्लाइड वगैरह उन दिनों बहुत कम लगाए जाते थे। इसिलए बाजपेयीजी की क्रीडा-स्थली में अधिकतर खेल अपने हाथ-पैर, लाठी, रस्सी और अक्ल के बल पर ही होते थे। पुराने हिन्दुस्तानी खेल, जैसे कबड्डी इत्यादि तो थे ही, बाजपेयीजी नए खेल ईजाद करने और पाश्चात्य खेलों को भारतीय रूप देने में विशेष दक्ष थे। इन खेलों के लिए अकसर मजेदार हिन्दुस्तानी नाम भी बाजपेयीजी खोज निकालते। एक बात विचारणीय है। खेल-कूद की प्रतियोगिताएँ तो शिक्षा-संस्थाओं और क्लबों इत्यादि में तब भी होती थीं और अब भी। तब फिर स्काउटिंग के खेल-कूद की विशेषता क्या थी? प्रतियोगिताओं वाले खेल-कूद में प्रदर्शन का महत्त्व है, इने-गिने खिलाड़ियों की इज़्ज़त और शोहरत की बात है। प्रतियोगिताओं के खेल-कूद शिक्षा और जीवन-विकास के साधन नहीं हो सकते। यदि ध्यान प्रतियोगिता में सर्वश्रेष्ठ होने की ओर लग गया, तो व्यक्ति ही की पूछ होगी; दल तो बिखर जाएगा। स्काउटिंग दल की एकता पर जोर देती है। खेल सारे दल की खुशी के लिए खेले जाते हैं, न कि एक अच्छे खिलाड़ी को शाबाशी दिलाने के लिए। इसीलिए बाजपेयीजी के खेलों में प्रतियोगिता की मात्रा कम और मेल-जोल और हँसी-खुशी की अधिक हुआ करती थी। शायद, इसीलिए सेवा-समिति के बॉय-स्काउट प्रदर्शन में उतने प्रभावशाली नहीं हो पाते थे, जितने ड्रिल और बारम्बार अभ्यास करनेवाले अंग्रेजी स्कूलों के लड़के। एक खेल था—''पिरैमिड' बनाना, यानी सरकस के नटों की तरह एक-दूसरे के ऊपर चढ़कर पन्द्रह-बीस लड़के एक ऊँचा भवन या मीनार-सी खड़ी कर लेते। मिल-जुलकर मनोरंज़न और कसरत का सजीव नमूना था—पिरैमिड। लेकिन जहाँ प्रतियोगिता और प्रदर्शन प्रधान हुए, वहाँ पिरैमिड का मज़ा ही किरकिरा हो जाता। हमारे जिले की सरकारी प्रतियोगिताओं में इसीलिए हम लोग

शायद ही कभी वाहवाही पाते।

बात यह है कि स्काउटिंग रंगमंच की कला नहीं है, जो दर्शक समाज की करतल-ध्वनि के आसरे पनपती हो। वह तो तरुणों के सामुदायिक जीवन और स्वस्थ आमोद-प्रमोद की कला है, जहाँ दर्शकों और प्रदर्शकों में कोई अन्तर नहीं। सब घुल-मिल जाते हैं, सब उल्लास की लहरी में बह जाते हैं, फिर भी ऐसे अनुशासन से पाबन्द रहते हैं, जो मन के व्रत और विश्वास से उत्पन्न होता है, दंड के भय के कारण नहीं। (स्काउटिंग में फौजी ढंग की 'फटीग ड्यूटी' का विधान नहीं है।) बाजपेयीजी के नेतृत्व में स्काउटिंग के सर्वांगीण प्रभाव का अनुभव मुझे हुआ 1931 में, जब उन्होंने ऋषिकेश के निकट जंगल में 'निर्मल वन कैम्प' का आयोजन किया। उस कैम्प के वातावरण का मेरे किशोर व्यक्तित्व पर कुछ ऐसा प्रभाव पड़ा कि बाद के जीवन के अँधड़-तूफान भी उन रेखाओं को मिटा न सके।

तराई का वह जंगल बाजपेयीजी ने काली कमलीवाले बाबाजी की कृपा से दो महीने के लिए प्राप्त किया। गंगा-तट से थोड़ा हटकर पहाड़ी की तलहटी में साल, बाँस एवं घने लता-गुल्मों को आड़े-तिरछे काटते हुए छोटे नदी-नालों के बीच सघन और विशालकायी हरीतिमा से घिरे एक खुले स्थान में टीन के झोंपड़े बने और तम्बू ताने गए। लगभग 200 स्काउट और स्काउट मास्टरों के उस आश्रम के कुलपति के रूप में बाजपेयीजी को अत्यन्त निकट से देखने का सौभाग्य मिला। नाना रुचि और प्रवृत्ति के लोगों को एक वातावरण में दिन-प्रतिदिन की असुविधाओं, मतभेदों और व्यक्तिगत प्रतिक्रियाओं के बावजूद एक सूत्र में बाँधे रखना हँसी-खेल न था। फिर भी बाजपेयीजी हँसी और मुसकान, सहिष्णुता और सहानुभूति तथा तत्परता और तरलता का जो ताना-बाना बुनते, वही एक चलनी-सी बन जाता, जिसमें छन जाती हम लोगों की अपनी-अपनी झुंझलाहट, कुंठाएँ और दुराग्रह, और रोज सवेरे निर्मल वन कैम्प का वातावरण सत्य ही निर्मल और धवल जान पड़ता।

यह बात नहीं की बाजपेयीजी नरम ही रहना जानते थे, गरम होना नहीं। एक दिन रोज की तरह प्रार्थना-स्थल पर सारा कैम्प एकत्र था। प्रातःकाल की वह प्रार्थना प्रकृति और परमात्मा का आभास नन्हें-से-नन्हें हृदय को भी देती थी। यों हम लोग अपनी-अपनी वर्दी में लैस होकर जाते, अर्धवृत्ताकार पंक्तियों में करीने से खड़े होते, बीच में कैम्प का ध्वज, जिसके पास बाजपेयीजी—नायक भी, पुरोहित भी, कुलपति भी, उपासक भी। अनेक धर्मों की प्रार्थनाओं का पाठ होता—हिन्दू, मुस्लिम, ईसाई, बौद्ध, इत्यादि और बाद में स्काउटिंग के ही कुछ उत्साहवर्द्धक गीत गाए जाते तथा बाजपेयीजी दिन के प्रोग्राम तथा अन्य महत्त्वपूर्ण विषयों पर कुछ घोषणाएँ करते। प्रार्थना में कुरान की आयतें जो सज्जन सुनाते, वह अपने ऊर्ध्व स्वर में सन्तुलन नहीं रख पाते। शायद इस कारण और शायद आयतों के अर्थ से अनभिज्ञ होने के कारण कुछ बालक आयतों के पाठ के समय एकाग्रचित्त नहीं हो पाते थे। कुछ दिन पहले से बाजपेयीजी का ध्यान भी इस ओर गया। उस दिन उनके कानों में हँसी सुनाई पड़ी, कुछ दबी-सी किशोर

खिलखिलाहट। प्रार्थना-स्थल का गम्भीर वातावरण दो टूक होता जान पड़ा, कनखियों से बाजपेयीजी ने देखा कि किस लड़के ने प्रार्थना-स्थल के अनुशासन को तोड़ा था। प्रार्थना समाप्त होते ही उन्होंने घोषणा की—स्काउट दीप मेहरोत्रा तीन दिन के लिए प्रार्थना-समाज से बहिष्कृत रहेगा।

सब लोग स्तम्भित रह गए। दीप मेहरोत्रा बाजपेयीजी का प्रिय पात्र था। हमेशा उनके साथ रहता, बल्कि कैम्प के कई लोग तो बाजपेयीजी की इस बात पर आलोचना करने से भी नहीं चूकते कि दीप तथा एक-दो अन्य लड़कों के प्रति उनका विशेष मोह था। उसी दीप को भरी सभा में प्रताड़ना देने का निश्चय बाजपेयीजी ने किया—यह बात शब्दवेधी बाण की तरह उपस्थित समाज में से लगभग प्रत्येक के दिल में जा लगी। दीप रो पड़ा, लेकिन बाजपेयीजी अविचलित रहे। दूसरे धर्म की इज़्ज़त करना स्काउट का कर्त्तव्य है और साधना भी। ईश्वर की आराधना खिलवाड़ नहीं। जो थोड़े समय के लिए भी अपने ऊपर अपनी ही इच्छा-शक्ति से अनुशासन न कर सके, वह यदि ड्रिल, मार्चिंग और कैम्प के नियमादि-जैसे बाहरी उपकरणों से अपने को नियन्त्रित करे भी, तो वैसा नियन्त्रण बेकार है। असली अनुशासन आत्म-संयम है, और दीप को वहीं संयम सीखना है।

कई दिन तक निर्मल वन कैम्प में इसकी चर्चा चलती रही, छिपे-छिपे नहीं दबी ज़बान में नहीं, बल्कि एक समस्या के समाधान के तौर पर। शायद, यही बाजपेयीजी चाहते थे, ताकि विवेचन और विचार के बाद प्रार्थना की पावनता के प्रति विश्वास की जड़ें आप-ही-आप स्काउटों के मन में जम जाएँ। बाजपेयीजी दार्शनिक न थे और न उपदेशक, जो ओजस्वी शब्दों तथा दृष्टान्तों एवं अलंकार के प्रभाव से आदर्शों का सन्देश हृदयंगम करा सकते। भाषण और वक्तृत्व अकसर देते, बोलते समय कभी-कभी थोड़ा हकलाते भी। लेकिन प्रवचन उनके प्रायः छोटे ही होते। प्रभाव पड़ता उनकी सादगी का, 'सचौटी' का, जिसे अंग्रेजी में 'सिंसेरिटी' कहते हैं। फिर भी भाषण पर उनकी आस्था इसलिए कम थी कि भरी सभा में दिए गए भाषण बोलनेवाले का सम्बन्ध सारे समूह से तो स्थापित करते हैं, लेकिन व्यक्ति से उसे दूर कर देते हैं। व्यक्ति से दूरी बाजपेयीजी के बुनियादी सिद्धान्त के विपरीत थी।

और शायद इसलिए वह व्यक्ति की छोटी-छोटी कमजोरियों के प्रति सहिष्णु थे, सहानुभूति और स्नेह से काम लेते। निर्मल वन कैम्प में उनके सहकर्मियों में विभिन्न रुचि के लोग थे। पं. रामनारायण मिश्र, वाराणसी के हिन्दू हाईस्कूल के ख्यातिनामा प्रधानाध्यापक, हम लोगों को शिष्टाचार सिखाते। बड़े निष्ठावान और धार्मिक प्रवृत्ति के अध्यापक थे, किन्तु आर्यसमाज के आदर्शों ने उन्हें कुछ कट्टर भी बना दिया था। श्री जानकीशरण वर्मा हमें कहानियाँ सुनाते, गीत सिखाते, हँसाते और दुलराते। उन दिनों वह भोजन के शौकीन थे, मोटा शरीर था (बाद में प्राकृतिक चिकित्सा के विशेषज्ञ हो गए)। श्री बालेश्वरप्रसाद अपने योग-क्रियाओं के प्रदर्शन से हमें चकित भी करते और हमारा स्वास्थ्य-निर्देशन भी। श्रीदेवलालकर व्यायाम-शिक्षक थे, जिनके शुष्क बाह्य के

नीचे भावुकता लहराती थी। श्री अख्तर हुसैन राधेश्याम और आगा हश्र के नाटकों में जिस खूबी से 'विलेन' का पार्ट अदा करते, उसकी झलक छोटी-मोटी बातों में दैनिक व्यवहार में भी दे देते थे। वकील श्री अहमद अब्बासी, जिन्हें कैम्प का राज-विदूषक माना जाता था, क्या सिखाते थे, यह याद नहीं, लेकिन स्काउटों की जो टुकड़ी उनके साथ बाहर जाती, उसकी मौज होती। श्री डी.एल. आनन्दराव—मिष्ट-भाषी, सफल संयोजक—हमें स्काउट-नियम, फर्स्ट एड, गाँठें बाँधना, पेड़ पर चढ़ना, पुल बनाना, इत्यादि बातें सिखाते। किशोरों की मनोवृत्ति का मर्म वह सहज ही समझ लेते।

ऐसी टीम थी बाजपेयीजी की निर्मल वन कैम्प में। उनमें से किसी को असाधारण योग्यता का व्यक्ति नहीं कहा जा सकता और न उनमें से किसी के सद्गुणों की विभा इतनी चमत्कारिणी थी कि दोषों की कालिमा बिलकुल अदृश्य हो जाती। असल में किसी भी कार्यक्षेत्र में बाजपेयीजी ने अपने सहकर्मियों को चुनने में मीन-मेख नहीं निकाली। आदर्शों से प्रेरित होकर जो भी सेवाभाव से उनके पास आया, वही उनकी पंगत में शामिल हो गया। ये लोग आकाश के देदीप्यमान सितारे न थे, धरती के फूल थे, दैनिक जीवन की जड़ता को फोड़कर जिनके सतरंगी आदर्श, अकसर क्षणभंगुर, वैषम्य के झकझोरों से पतित हो जानेवाले, लेकिन प्रायः उस दृढ़ता से भरपूर, जिसमें आनेवाले कल का आह्वान होता है। बाजपेयीजी की खूबी इसी में थी कि साधारण-से-साधाराण श्रुतिपुटों में उस आनेवाले प्रभात की आहट पहुँचा देते। जीनियसों को सहारा देकर समाज को अनेक गुरुओं और नेताओं ने चकाचौंध किया है। किन्तु बाजपेयीजी का निर्मल वन कैम्प तथा सेवा समिति बॉय-स्काउटिंग के अन्य केन्द्र जीनियसों की नर्सरी—यानी असाधारण प्रतिभासम्पन्न पुरुषरत्नों की विकासस्थली नहीं थे। उनके बॉय-स्काउट तथा उनके साथी स्काउट मास्टर अथवा नायक—यहाँ तक कि वह स्वयं—साधारण मानव के प्रतीक थे। पता नहीं, उनके कितने स्काउटों ने नाम कमाया; कुछ को यश मिला होगा, अनेक को नहीं। लेकिन शायद उनमें से प्रत्येक ने अपने दैनिक जीवन के छोटे-छोटे अनुभवों में बाजपेयीजी की सोदाहरण सीख की उपयोगिता पाई होगी। क्लर्क हो या अफसर, नेता हो या अनुयायी, दूकानदार हो या करोड़पति—सबने अपने-अपने अभाव-सम्पदा और मानापमान के आवरण के नीचे मूल मानव के रोजाना के सफ़र में सम्बलस्वरूप पाया होगा बाजपेयीजी द्वारा पढ़ाए गए तत्परता, परोपकार, सच्चाई और विश्वसनीयता के अविस्मरणीय पाठों को!

काश कि किशोरों के मन को मुट्ठी में रख लेनेवाले बाजपेयीजी की वह स्नेह-सीख हमें अपने बाद के जीवन में भी मिल सकती! इसका क्षणिक सुवर्ण-संयोग मुझे मिला सन् '50 में, जब मैं बिहार के शिक्षा-विभाग का सेक्रेटरी था। रांची में उन दिनों हर वर्ष बिहार सरकार के सेक्रेटेरियट का दफ्तर तीन-चार महीनों के लिए जाया करता था और हम लोग चलताऊ कमरों में अपने-अपने दफ्तर किया करते थे। किसी कार्यवश बाजपेयीजी मुझसे मिलने आए। बैठते ही उनकी निगाह मेरी मेज पर गई, जगह-जगह धूल जमी थी। रूमाल निकालकर तुरन्त साफ करने लगे और सस्मित बोले, "आप लोगों

को तो इससे बेहतर मेजें मिलनी चाहिए!" कथन में व्यंग्य था, किन्तु जिस मुस्तैदी से उन्होंने मेज को साफ करना शुरू किया, उससे मेरी लापरवाही तो ज़ाहिर हुई ही, मुझे उसी स्नेह-सीख का मधुर संस्पर्श मिला, जिसकी बीस वर्ष पहले की याद-भर रह गई थी।

यादगारों की बस्ती बड़प्पन की वह ओट है, जिसके पीछे शिथिल होती हुई इच्छा शक्ति और कर्मठता कोरी बातों का सहारा खोजती हैं। बाजपेयीजी कभी यादगारों की बस्ती में नहीं रहे। कथनी कम, करनी अधिक, इस सिद्धान्त के पालन में ही उनकी शक्ति थी और इसी में उनकी कमजोरी। शक्ति इसलिए कि जो करता है, केवल बताता नहीं, उसी की इन्द्रियाँ और उसी का व्यक्तित्व चिर-नवीन रहते हैं, हमेशा कर्मोद्यत, हमेशा तत्पर। नौजवानी में ही सारे बाल सफेद हो गए थे बाजपेयीजी के, किन्तु वह सफेदी हिमालय के मस्तक पर चिरन्तन कौमार्य की धवलश्री के समान थी। आँखों में तेज, शरीर में ऋजुता, चाल में क्षिप्रता—ये सब लक्षण बाजपेयीजी के अक्षय स्वास्थ्य के थे, परन्तु इनका मूल स्रोत थे उनके सतत सन्नद्ध, संलग्न और सक्रिय हाथ और पैर तथा वह चेतना, जो सामने आए काम पर जुट जाती है, क्षण की चुनौती को स्वीकार करती है।

और एक मानी में इसी में उनकी असफलता भी थी। सत्तर से ऊपर की आयु प्राप्त कर लेने पर भी, अनेक युवकों, किशोरों और बालकों के अभिभावक और पथ-निर्देशक बन जाने पर भी, बाजपेयीजी मूलतः वालंटियर ही रहे। जिस संस्था को उन्होंने पाला-पोसा और इतनी खूबी से संचालित किया, उसे वस्तुतः अखिल भारतीय रूप नहीं दे सके और न स्वतन्त्रता-प्राप्ति के बाद अपनी और अपनी संस्था को ठोस उपलब्धियों और सेवाओं के आधार पर नए भारतवर्ष में स्काउटिंग का नेतृत्व अपने हाथ में ले सके। सन् '47 से सन् '50 तक के तीन वर्ष हमारे देश में युवकों और बालकों के आन्दोलन के लिए अत्यन्त महत्त्वपूर्ण थे। गांधीजी के बलिदान के बाद राष्ट्रीय स्वयंसेवक संघ-जैसी साम्प्रदायिक संस्थाओं का प्रभाव एक साथ घट गया। वही समय था जब स्काउटिंग, जिस पर किसी तरह का साम्प्रदायिक अथवा राजनीतिक दुराग्रह कभी आरूढ़ नहीं रहा, आसानी के साथ नई पीढ़ी का नेतृत्व सारे भारतवर्ष में अपने हाथ में ले सकती थी। ऐसा नहीं हो सका। किसकी चूक थी, यह तो इतिहास ही बताएगा। किन्तु स्काउटों की जिन संस्थाओं के आपसी मतभेद और मनमुटाव के कारण यह मलाल रह गया, उनमें बाजपेयीजी की सेवा-समिति स्काउट-संस्था (जिसका नाम हिन्दुस्तान स्काउट एसोसिएशन था) ही का इतिहास आदर्शों से ओत-प्रोत था। स्वाधीनता आन्दोलन के दिनों में विपरीत परिस्थितियों के बावजूद उसी ने बालकों में उल्लास और प्रगति का सन्देश फूँका, सेवाभाव से उनके तन-मन को अनुप्राणित किया, गुलाम समाज के किशोरों को उज्ज्वल भविष्य के सपनों का आह्वान दिया। क्या ही अच्छा होता यदि नए भारत स्काउट को इसी परम्परा की विरासत मिलती? बाजपेयीजी को भारत स्काउट एसोसिएशन में समादर मिला और महत्त्वपूर्ण स्थान भी, किन्तु नए भारत में स्काउटिंग का ढाँचा करने

का नेतृत्व उनके हाथ में न रहा। सो क्यों?

बात यह थी कि बाजपेयीजी खुली और ताज़ी हवा में किशोरों और बालकों की नवोदित उत्कंठा, अकलुष ज्ञान-पिपासा और उन्मुक्त हँसी-खेल के विधाता थे। दफ्तर की घिरी हुई कोठरी में मेज पर कागजी मसविदे और दूर की कौड़ी लाकर योजनाएँ तैयार करने में माहिर नहीं थे। वह सूझ-बूझ, जो संस्थाओं में प्राण-संचार से पहले ही उनकी बाहरी इमारत का हर अंग तैयार कर देती है; वह तदबीर, जो बरसों बाद संस्थाओं के कार्यकर्ताओं के बीच अधिकार-वितरण का प्रबन्ध कर लेती है; वह व्यवसाय-बुद्धि, जो खर्च से पहले भविष्य की आमदनी की रक़म जमा कर लेती है—बाजपेयीजी के अनुभव और प्रवृत्ति के परे थीं। बाजपेयीजी चाहे इस बात को न कहते हों, लेकिन उनकी दृष्टि में संस्था की पृथक् हस्ती न थी—संस्था किशोरों और बालकों का समूह थी और उन्हीं के लिए थी। नियम, अधिनियम, पद-वितरण, अधिकार-प्रकरण—ये सब तो प्रयोजन मात्र थे। जब उन्होंने सर्वप्रथम सेवा-समिति बॉय-स्काउटों के दल तैयार किए, तो संविधान का परिधान प्रस्तुत करने में उन्होंने माथापच्ची नहीं की, वरन् बालकों की उमंगों और तत्परता से अनुप्राणित वह शरीर तत्त्व निर्मित किया, जिसके लिए परिधान बाद में मिल सकता था। कागजी योजनाओं और संवैधानिक ठाठ-बाट के युग में बाजपेयीजी जैसे मानव-केन्द्रित और प्रकृति-प्रेरित व्यक्ति के उत्साह और उल्लास को सिर-आँखों पर कौन उठाता? वह तो जंगल की अँधियारी के बीच ताप और ज्योति के पुँज 'कैम्प फायर' के चारों ओर बैठे तरुणों को प्रकृति की चुनौतीपूर्ण तान सुनाकर उन्हें मुग्ध और भयमुक्त कर सकते थे, खुले आसमान में जगमगाते सितारों के नाम और गतिविधि बताकर चिरतरुण विश्व की धड़कन से परिचित करा सकते थे, खजानों की खोज के खेल-ही-खेल में पहाड़ों और नदी के नक़्शे बनाना सिखाकर धरती माता की सच्ची रूपरेखा प्रस्तुत कर सकते थे। रस्सियों, गाँठों और लाठियों के करतब से वृक्षों पर चढ़ना, पुल बनाना, तम्बू तैयार करना एवं अन्य शिल्पों के शिक्षण द्वारा प्रकृति के क्रोड़ में खेलनेवाले प्राणियों से हमारा नाता जोड़ सकते थे।

कहाँ निर्मल वन कैम्प में जगमगाता बाजपेयीजी का वह उत्फुल्ल व्यक्तित्व, और कहाँ दिल्ली के दफ्तरों में स्काउटिंग-संविधान के शब्दों और पदाधिकार के बारे में रस्साकशी! वह खिलाड़ी, जिसे हर खोल में रस मिला, इस बेढ़ब रस्साकशी में दिलचस्पी न ले सका।

लेकिन एक शंका उठती है। यदि बाजपेयीजी कुछ वर्ष और जीवित रहते और यदि उन्हें अपने ढंग की स्काउटिंग को नई पीढ़ी के किशोर और तरुणों के बीच निर्विघ्न चलाने का अवसर मिलता, तो क्या नई पीढ़ी उन्हें उसी तरह सिर-आँखों पर उठा लेती, जैसे इससे पूर्व की पीढ़ी ने लिया था? यह शंका युग-परिवर्तन की प्रतिध्वनि है। बड़ी तुमुलध्वनि है यह और नक्कारखाने में बाजपेयीजी की स्काउटिंग की तूती सुनाई पड़ती या नहीं—इसमें सन्देह है। नई पीढ़ी के किशोर और तरुण तत्पर होंगे और अनुशासित भी, लेकिन इसके लिए फ़ौजी ठाठ-बाट—वर्दी और सलामी—का आकर्षण

चाहिए। यह उन्हें दिया जा रहा है भरपूर, एन.सी.सी. के परेड ग्राउंडों और कैम्पों में, जिसके आगे स्काउटिंग की क़तारें, वर्दी और कैम्प रेशमी कपड़े में टाट के पैबन्द सरीखे जान पड़ते हैं। नई पीढ़ी का तरुण मनोरंजन भी चाहता है लेकिन क्या स्काउटिंग के जोशीले वृन्द-गीत और सिंहनाद, कैम्प-फायर के चारों ओर होनेवाले सीधे-सादे, पर चुटीले अभिनय उसका मन मोह सकते हैं? उसे मनोरंजन मिल रहा है उन ग़ज़लों और प्रणय-गीतों में, जिन्हें हर फिल्म-प्रेमी गुनगुनाता है और उन अमरीकी और अफ्रीकी धुनों में, जिनकी चंचल ताल पर अंग-प्रत्यंग नाचते हैं। इन दो धुरियों के बीच आधुनिक तरुण के उत्साह और नवोदित शक्तियों का चक्र घूम रहा है। शायद बाजपेयीजी की स्काउटिंग इन दोनों ही क्षेत्रों में कुछ समझौता कर लेती। हो सकता है कि सरकार से कुछ अधिक अनुदान मिलने पर उनके स्काउटों की वर्दियों में चमक-दमक आ जाती, उनकी ड्रिल में फ़ौजी नुकीलापन भी दीख पड़ता। नए फैशन की धुनों पर उनके गीत और नारे भी सँवर जाते। लेकिन बाजपेयीजी उसका क्या करते, जिस पर उनके आदर्शों की दुनिया ही टिकी थी—निःस्वार्थ सेवाभाव? नए समाज और नई पीढ़ी के लिए सेवा-व्रत की भला क्या मर्यादा? आज़ादी का पहला शिकार हुआ वालंटियर। वालंटियर अब भी होते हैं—बड़ी-बड़ी कांफ्रेंसों में, और जलसों में, किन्तु उनके मन की आँखों के आगे तो मनसूबों का मोर नाचता है, हाथ भले ही सेवा करते हों। सौदों के इस युग में उस पागलपन को कौन पूछता है, जो किसी तरह के निजी स्वार्थ के बिना ही सेवा कार्य में जुट जाता है, न कोई मेहनताना, न तरक़्क़ी के वायदे—शुद्ध सेवाभाव, जो साँसों की तरह निरायास आता-जाता और आदर्शों की धड़कन को अनुप्राणित करता रहता है!

सौदों का ही युग नहीं, विशृंखल मनोवृत्तियों का युग; वह जो हर आदर्श पर हँसता है, हर मर्यादा का वैरी है, हर मन्दिर का विध्वंसक है। आस्बर्न के 'एंगरी यंग मैन' का भारतीय संस्करण अपनी आँखें तरेर रहा है; उसने राष्ट्रीय चेतना का वह विहान देखा ही नहीं, जिसके क्षितिज पर आदर्शों की लालिमा उतनी ही वास्तविक थी, जितनी तरुणों के गालों की लाली। त्याग, सेवा, संयम की जो चर्चा उस विहान में गगनचारी विहगों के नए गान-सी मधुर जान पड़ती थी, आज की पीढ़ी को वैसी ही झुँझलाहट पैदा करनेवाली जल्पना और रटन जान पड़ती है, जैसे ग्रामोफोन की सूई अटक जाने पर किसी विकृत रेकार्ड से निकलनेवाली धुन!

बाजपेयीजी ने इस युग से करवट ले ली। अच्छा ही हुआ।

(भारत में बालचर-संस्था के उन्नायक)

एक जन्मजात चक्रवर्ती
सच्चिदानन्द सिन्हा

__जन्म__ : 10 नवम्बर, 1871। __शिक्षा__ : पटना और सिटी कॉलेज, कलकत्ता। 1893 में इंग्लैंड में बैरिस्टरी की परीक्षा पास की। लौटने पर कलकत्ता हाईकोर्ट और बाद में पटना हाईकोर्ट के एडवोकेट बने। 1899 में पटना से 'हिन्दुस्तान रिव्यू' नामक मासिक पत्र निकालना शुरू किया। तत्कालीन इम्पीरियल लेजिस्लेटिव काउंसिल के तीन बार सदस्य बनाए गए। 1920 में बिहार-उड़ीसा लेजिस्लेटिव एसेम्बली के सदस्य चुने गए, और कुछ वर्षों के लिए एक्जीक्यूटिव काउंसिलर भी रहे। लगभग नौ वर्ष तक पटना यूनिवर्सिटी के वाइस-चांसलर रहे। अनेक सामाजिक और शिक्षा संस्थाओं से सम्बद्ध रहे। जीवन के अन्तिम दिनों में कॉन्स्टिटुएंट एसेम्बली के वरिष्ठ सदस्य बने। रचनाएँ—'इक़बाल : दि पोएट एंड हिज मेसेज', 'सम प्रॉब्लम्स ऑफ बिहार एबोरिजिनल्स'। __मृत्यु__ : सन् 1950 ई.।

जिन्दगी की सवारी कोई बोरे की तरह लदकर करता है, कोई जान पर खेलकर सरकस के नट की तरह, और कोई-कोई गंगा की मौजों पर लरजते बजरे पर शान से तकिया लगाकर बैठे उस रईस की तरह, जिसके मुँह में चाँदी के कलापूर्ण हुक्के की नली हो, तटवर्ती दृश्यों पर जो निगाह भी डालता हो और रिमार्क भी करता हो, और जो एक चक्रवर्ती महाराज की भाँति भ्रूनिक्षेप सहित अभयदान तथा आदेश प्रदान करता हो। डॉ. सच्चिदानन्द सिन्हा इसी श्रेणी के जन्मजात चक्रवर्ती सर्वेक्षक थे। अनुभव की महफिल उनके मन के आँगन में जमती ही रहती, कभी उखड़ी नहीं। जमाने गुजर गए लगभग अस्सी ऋतु-परिवर्तनों की अठखेलियाँ देखीं, लेकिन कोई ऊब नहीं, कोई मलाल नहीं। बीती बात उन्हें उलझा नहीं पाती और आगे आनेवाला कल उन पर हावी नहीं हो पाता। क्षण की तह में जो चिरनवीन रस है, उसी का आस्वादन करते क्षण की मर्यादा को ही डंके की चोट पर घोषित करते।

सन् 1935 में प्रयाग विश्वविद्यालय के म्योर होस्टल में पधारे। डॉ. अमरनाथ झा को अपना अनुज मानते। म्योर होस्टल में झा साहब के स्नेहपात्र शिष्यों ने सिन्हा साहब को एक छोटी-सी गोष्ठी में आमन्त्रित किया। साहित्य और संस्कृति पर काफी देर तक चर्चा चली। दूसरे दिन मैंने झा साहब से कहा कि एक सवाल मैं सिन्हा साहब से नहीं

पूछ पाया। ''क्या?'' ''यही कि उम्र का धावा उन पर अभी तक क्यों नहीं हुआ? देखिए न, एक भी सफेद बाल नहीं दीखता।''

झा साहब कुछ ठहरकर बोले, ''अच्छा ही हुआ तुमने यह सवाल नहीं पूछा।'' ''क्यों?'' मैंने कुछ अप्रतिभ होकर पूछा। ''इसीलिए कि शायद वह समझते कि तुम उनके ख़िज़ाब की ओर इशारा कर रहे हो।'' ख़िज़ाब! मैं थोड़ा अचम्भित हुआ। झा साहब कहते गए, ''लेकिन सिन्हा साहब का ख़िज़ाब आयु के खँडहरों को छिपानेवाली पुताई नहीं है, बल्कि उनके अन्तस में जो नयापन और जवानी है, उसी को प्रदर्शित करनेवाला वातायन है।''

बात गहरी थी। बहुत-से लोग उपकरणों का सहारा इसलिए लेते हैं कि असलियत जाहिर न होने पाए; वे अपने और दूसरों के लिए एक फैंटेसी—काल्पनिक चित्र—प्रस्तुत करना चाहते हैं। लेकिन सिन्हा साहब की असलियत थी उनकी ताजगी और यदि उनके शरीर का कोई अंग उस ताजगी की अभिव्यक्ति में बाधा देता था, तो निस्संकोच असलियत को जाहिर करनेवाले उपकरण का उन्होंने सहारा लिया। इसीलिए उन्होंने अन्य साधन भी जुटाए, अपनी सजग और उल्लसित प्रवृत्तियों के उपयुक्त वातावरण को जारी रखने के लिए। उदाहरणतः, भोजन! सन् 41 की बात है। मैं उसी वर्ष सरकारी नौकरी में आया था और चूँकि मेरी तैनाती बिहार प्रान्त में हुई, इसलिए पहली बार पटना की लघु-यात्रा पर बिहार के वरिष्ठ और सर्वमान्य नेता डॉ. सिन्हा के दर्शन करना लाज़िमी था। अपने मित्र और मेज़बान त्रिवेणीप्रसाद सिंह से कहा कि उन्होंने टेलीफोन किया। बोले, ''जरूर आओ। आज ही शाम को...और...सुनो, तुम दोनों खाना भी यहीं खा लेना। तुम तो जानते ही हो, आज तक अकेले खाना मैंने कभी खाया ही नहीं।''

अकेले खाना कभी नहीं खाया! सिन्हा साहब की पत्नी बहुत पहले ही जाती रही थीं। मेरी पीढ़ी के लोगों के लिए यह उस पर्दे के पीछे की बात थी, जो कभी का गिर चुका था। लेकिन उनके विधुर-जीवन को हम लोगों ने भरा-पूरा ही देखा। उनकी घर-गिरस्ती का दायरा कभी संकीर्ण नहीं हुआ। पटना में कोई महत्त्वपूर्ण व्यक्ति—विदेशी अथवा भारतीय—आए, तो यह निश्चित थी कि वह सिन्हा साहब के यहाँ ठहरेगा, अथवा कम-से-कम भोजन तो उनके यहाँ ही करेगा। कोई स्वार्थ नहीं, कोई चाटुकारिता नहीं। केवल अधिकार। पुराने लोगों में पटना में श्री पी.आर. दास को छोड़कर वही एक बच गए थे सन् '40 तक आते-आते। इसीलिए उन्हीं का सत्वाधिकार था प्रान्त के विशेष अतिथियों पर, और वह शान के साथ उस अधिकार का उपयोग करते।

यह डिनर टेबिल! देश के बड़े-से-बड़े राजनीतिक नेताओं से लेकर गवर्नरों और वाइसराय के एक्जीक्यूटिव काउंसिलर तक, और पाश्चात्य देशों के प्रकांड विद्वानों से लेकर छोटे-मोटे तुक्कड़ कवियों तक—सभी तो उस टेबिल पर खा चुके थे। खुद तो कम ही खाते, लेकिन इन्तजाम पूरा होता। फिर भी भोजन गौण था, वातावरण प्रधान। सरोजिनी नायडू को छोड़कर उस ज़माने में यदि कोई व्यक्ति ऑटोक्रैट ऑफ डिनर टेबिल (डिनर टेबिल का एकाधिपति) कहा जा सकता था, तो वह थे डा. सिन्हा। किस शान

के साथ वह उन मजलिसों की सदारत करते! चर्चा होती, पुरानी और नई तत्कालीन समस्याओं का विवेचन होता, कुछ छींटाकशी होतीं, कुछ स्मृति-रेखाएँ उभरतीं। लेकिन यह कहना गलत होगा कि उस डिनर टेबिल के चारों ओर किसी के भाग्य का निपटारा होता या प्रान्त अथवा देश की राजनीतिक समस्याओं के बारे में गुपचुप निर्णय होते। शायद मांटफोर्ड रिफॉर्म्स के बाद, जब कुछ समय के लिए डॉ. सिन्हा बिहार के एक्जीक्यूटिव काउंसिलर थे, तब भले ही उस तरह की वार्ताएँ होती रही हों। किन्तु स्वभावतः डॉ. सिन्हा के व्यक्तित्व की यमुना वासुदेव के चरणों के समान गाम्भीर्य के चरण-स्पर्श करते ही लौट आती अपने चिरपरिचित कलकल ध्वनि-गुंजित प्रवाह पर।

क्या गम्भीर विवेचन और वार्ता सच ही उनके स्वभाव के विपरीत थे? ऊपर से हम लोगों को अकसर ऐसा ही जान पड़ता। 1946-47 में बिहार विधानसभा में किसी गम्भीर मसले पर (शायद साम्प्रदायिक झगड़ों के सम्बन्ध में) बहस हो रही थी। मेरे मित्र श्री लल्लनप्रसाद सिंह, जो उस समय साम्प्रदायिक झगड़ों के विषय में प्रबन्ध के लिए पटना जिले के विशेष अधिकारी बनाए गए थे, ऑफ़िशियल गैलरी में बैठे थे। मैं भी वहीं था। डॉ. सिन्हा विधानसभा के सदस्य थे। हम लोगों के करीब आए और कुछ हलकी-फुलकी बातें करके चले गए। लल्लनप्रसाद सिंह बोले, "क्या यह व्यक्ति अवसर की गरिमा को नहीं पहचानता या जान-बूझकर इस समय भी गम्भीर मसलों से परे रहना चाहता है ?" लेकिन दो बरस में ही लल्लनप्रसाद सिंह डॉ. सिन्हा को और करीब से देख सके। कभी-कभी शाम को वह सिन्हा साहब के निजी कमरे में जा पहुँचते। तब शायद उन्हें मालूम हुआ, जैसा मुझे भी आभास हुआ कि सच्चिानन्द सिन्हा जीवन के समतल पथ पर ही नहीं चले हैं, घाटियों और चट्टानों पर से भी गुजरे हैं। उन्होंने मेलों की छटा देखी है, लेकिन बटमारों और पॉकिटमारों के करतब भी देखे हैं; वह जानते हैं कि कौन नट कैसी कला दिखा सकता है, पैर किसके सधे हैं, आँखें किसकी पैनी हैं। आदमी की खरी पहचान जीवन में गहराई से पैठनेवाला ही कर सकता है, लेकिन अकसर यह खुर्दबीन जिसके हाथ लगा, वह वितृष्णा और कटुताभरी बातें कहने में विशेष प्रकार की आत्मतुष्टि पाता है। सच्चिदानन्द सिन्हा इस कटुता से क्योंकर बच सके, इसके दो कारण हो सकते हैं। एक तो यह कि कटु प्रसंगों से कोई काम पूरा होने में सहायता नहीं मिलती—यह उन्होंने अपने अनुभव से पहचाना होगा। और दूसरे ये कि कटुता तो उसी पर हावी होगी, जो अपने जीवन के कर्मक्षेत्र में दाँत भींचे, मुट्ठियाँ बाँधे, पसीना बहाता हुआ, सफलता के लिए जूझ पड़ा हो; जो अपने जीवन को एक के बाद एक 'मिशनों' का ताँता मानकर, एक हाथ में खड्ग और दूसरें में ध्वज लेकर प्रगति का पथिक बना हो। सफलता की मरीचिका के फेर में शायद सिन्हा साहब पड़े नहीं और यदि पड़े तो असफलता की बालुका-राशि उनकी आँखों में किरकिरी बनकर गड़ी नहीं। लगता कि अपनी असफलताओं की स्मृतियों को उन्होंने ऐसे ही तिरस्कृत कर दिया, जैसे वह अपने बढ़िया सिले और धुले सूट पर से आकस्मिक आ पड़ी धूल को झाड़ देते हों। मिशनरी की भाँति समाज और राजनीति को पलट देने की आकांक्षाओं

के आग्रह से सिन्हा साहब बरी रहे। भारतवर्ष में आदर्शवादिता और आवेशपूर्ण प्रेरणाओं के उस युग में शायद सिन्हा साहब तथ्यपरकता, मनमौजीपन और हलकी-सी अनास्था के प्रतीक थे।

शायद! शायद इसलिए कि एकाध चीज में उनका मोह और उनकी लगन की प्रबलता झाँकी देती थी ऐसे अन्तस्तल की, जो आदर्शों से आलोड़ित तो होता था, लेकिन शब्दों में उन आदर्शों को प्रकट करना नहीं चाहता था। सिंन्हा लाइब्रेरी बिहार को उनकी अमर देन है। वह उनकी अपूर्व निधि भी थी, जिसे उन्होंने बड़े शौक से अनेक वर्षों में सँवारकर तैयार किया था। अनगिनती पुस्तकें उन्होंने खरीदीं; अनगिनती ही उनके पास भेंट-स्वरूप आईं। जब कोई पुस्तक आती, तो जैसे उनकी हृत्तन्त्री का कोई तार छू जाता; लाल-नीली पेंसिल उठाते; पहले पृष्ठ पर अपना नाम लिखते (क्या दबंग दस्तख़त थे उनके!) और पढ़ने बैठ जाते। आद्योपान्त तो कम ही पुस्तकें पढ़ पाते, लेकिन जगह-जगह डुबकियाँ लगाते और लाल-नीली पेंसिल से रेखाएँ खींच देते। सिन्हा लाइब्रेरी के पाठकवृन्द उन रेखाओं से सुपरिचित हैं। ज़ाहिरान वे रेखाएँ पुस्तकों के मालिक के अधिकार की द्योतक हैं, किन्तु उनके पीछे पुस्तकों के एक अनन्य उपासक, पुस्तकालयों की महिमा के पोषक, ज्ञान-राशि के विस्तार के समर्थक सिन्हा साहब की मौन आदर्शवादिता है।

अपने जीवन के अन्तिम वर्षों में उनकी यह उत्कट अभिलाषा थी कि उस लाइब्रेरी के प्रबन्ध की उपयुक्त व्यवस्था हो जाए। ट्रस्ट पहले से मौजूद था, लेकिन आवश्यकता यह थी कि सरकारी उत्तरदायित्व भी स्थिर हो जाए। ऐसा मसविदा तैयार करना कि जिसमें ट्रस्ट का अस्तित्व भी न टूटे और सरकार द्वारा संस्था की देख-भाल और पोषण की भी गारंटी मिल जाए, जरा टेढ़ी खीर थी। एक दिन एक चाय-पार्टी के दौरान सिन्हा साहब मेरे पास चुपके-से आकर बैठ गए। सन् 1949 की बात है। मैं नया-नया शिक्षा सचिव हुआ था, लेकिन सिन्हा साहब की मौजूदगी में मेरी क्या हस्ती? इसीलिए जब वह मेरे पास बैठे और जरा विनती स्वर में उन्होंने सिन्हा लाइब्रेरी की दास्तान कहनी शुरू की, तो मैं सकपका गया। मन में सोचने लगा कि जो सिन्हा साहब मुख्यमन्त्री, शिक्षा मन्त्री और गवर्नर तक से आदेश के स्वर में सिन्हा लाइब्रेरी-जैसी उपयोगी संस्था के बारे में बातचीत कर सकते हैं, वह मुझ-जैसे कल के छोकरे को क्यों सिर चढ़ा रहे हैं? उस वक्त तो नहीं, किन्तु बाद में गौर करने पर दो बातें स्पष्ट हुईं : एक तो यह कि मैं भले ही समझता रहा हूँ कि मेरी लल्लो-चप्पो हो रही है, किन्तु वस्तुतः उनका विनीत स्वर उनके व्यक्तित्व के उस साधारणतया अलक्षित और आर्द्र पहलू की आवाज था, जो पुस्तकों तथा सिन्हा लाइब्रेरी के प्रति उनकी भावुकता के उमड़ने पर ही मुखरित होता था।

और दूसरी बात यह स्पष्ट हुई कि सिन्हा साहब कायदे के पाबन्द हैं। पुराने जमाने में मिनिस्टर के ओहदे पर रह चुके थे, जबकि अंग्रेज अफसर और गवर्नर इत्यादि सरकारी कारबार में सीढ़ी फलाँगने को नापसन्द करते थे; यानी चाहते थे कि सरकारी

मामलों में प्रस्ताव इत्यादि नियमानुसार ही आगे बढ़ें और पहले उन अफसरों इत्यादि के हाथों गुजरें, जो महकमे की बाज़ब्ता कार्यविधि के लिए जिम्मेदार हैं। यह एक तरह का सरकारी शिष्टाचार था, जो स्वतन्त्रता-प्राप्ति के बाद की हलचल में प्रायः तिरोहित हो गया है। सिन्हा साहब ने इसीलिए पहले मुझसे ही बात करना मुनासिब समझा। शिष्टाचार और कायदे की पाबन्दी के अनेक उदाहरण उनके जीवन में बिखरे पड़े थे। एक बार उनके यहाँ किसी कमेटी की मीटिंग हो रही थी। मैं भी मौजूद था। किसी कार्यवश मुझे टेलीफोन करने की जरूरत आ पड़ी। सामने ही उनका टेलीफोन था। मैंने उनसे पूछा "सर, क्या आपका टेलीफोन इस्तेमाल कर सकता हूँ?" उन्होंने अनुमति दी और कमेटी के सदस्यों से बोले, "देखा इस युवक को! कितनी तमीज है कि मुझसे पूछकर ही टेलीफोन उठाया? श्री..., अगर तुम होते, तो बिना पूछे भड़भड़ाकर टेलीफोन उठाकर बात करने लगते।" यह सुनते ही मेरी तो सिट्टी गुम हो गई, क्योंकि जिन सज्जन से उन्होंने यह बात कही थी, वह प्रान्त के एक प्रभावशाली व्यक्ति थे और मेरे लिए बुजुर्ग के समान।

लेकिन सिन्हा साहब के लिए भला कौन बुजुर्ग और कौन बड़ा ? फटकारने का मौक़ा आता, तो किसी को भी न छोड़ते और मुरव्वत या लिहाज़ के कारण नरमी नहीं बरतते। यूनिवर्सिटी-बिल-सम्बन्धी कमेटी की मीटिंग का जिक्र है। किसी सिद्धान्त पर बहस हो रही थी। यद्यपि सिन्हा साहब उस कमेटी की प्रायः सभी मीटिंगों में शामिल हुए, तथापि वह ज़्यादा मीन-मेख नहीं निकालते थे और वाद-विवाद में कम ही हिस्सा लेते थे। यह जरूर था कि मीटिंग प्रायः उन्हीं के घर होती थीं और अकसर उन्हीं के खर्चे पर हम लोग चाय-शर्बत पीते और इधर-उधर की बातें भी सुनने को मिलतीं। अस्तु, सिद्धान्त पर होती हुई उस गरम बहस से भी सिन्हा साहब अलग ही थे, यद्यपि मुझे ऐसा लगा कि जो दृष्टिकोण मैं प्रतिपादित कर रहा था, उसमें उनकी सहमति थी। शिक्षामन्त्री के अतिरिक्त एक और माननीय मन्त्री भी थे, जो उस मामले पर मुझसे अलग राय रखते थे और बड़े तीव्र स्वर में मेरी बात का खंडन करने लगे। मैं भी ऊँचे स्वर में बोलने लगा और एक तरह की शाब्दिक रस्साकशी होने लगी। हठात् हम लोगों ने सुना सिन्हा साहब का दबंग और प्रतारणापूर्ण स्वर, "माथुर, मैं यह हरगिज नहीं बर्दाश्त कर सकता कि एक सेक्रेटरी इस तरह एक माननीय मन्त्री की बात का बार-बार विरोध करे। भूलो मत, तुम सचिव-मात्र हो। तुम्हारा काम है तथ्यों और आवश्यक सूचना को कमेटी के सामने रखना और हर एक समस्या के विभिन्न पहलुओं को समझाना। तुम्हें यह अधिकार नहीं है कि तुम वाद-विवाद के दौरान मन्त्रियों की बात का विरोध किए जाओ। फाइलों की बात दूसरी है। वहाँ तुम निस्सन्देह विरोध प्रकट कर सकते हो, पर कमेटी में नहीं।"

फटकार बिलकुल सही थी और उसे मैंने गुरुमन्त्र के तुल्य मन में धारण किया। असल में झाड़-फटकार करते रहने के बावजूद सिन्हा साहब भीतर से स्नेही व्यक्ति थे और मुझे बराबर उनका स्नेह मिला।

कई छोटी-छोटी बातें याद आती हैं। नौकरी के लिए परीक्षा में बैठने के बाद मुझे धुन सवार हुई कि अंग्रेजी में हिन्दी-साहित्य का इतिहास लिखूँ। लगभग अपरिचित होते हुए भी सिन्हा साहब को लिखा। उनका तुरन्त उत्तर आया और साथ में सिन्हा लाइब्रेरी में अंग्रेजी में हिन्दी-विषयक जितनी पुस्तकें थीं, उनकी फेहरिस्त भी। जब मैं उड़ीसा के सम्बलपुर जिले में तैनात था, तब वहीं 1943 में मेरे पिता का देहावसान हुआ। किसी अखबार में समाचार पढ़कर सिन्हा साहब ने झट से संवेदनासूचक तार भेजा, यद्यपि उस समय तक भी मेरा परिचय अल्प ही था और मैं कोई सत्ताधारी अफसर तो था नहीं। वस्तुतः अगर कोई उनके साथ सत्ताधारी का-सा व्यवहार करता, तो उसे मुँह की खानी पड़ती। स्नेहपात्रों पर न सिर्फ वरदहस्त होता, बल्कि उनकी छोटी-से-छोटी उपलब्धियों पर तुरन्त शाबाशी देते। हाजीपुर सब-डिवीजन में 1945 में मैंने वैशाली महोत्सव का श्रीगणेश किया। किसी अखबार में सराहना करते हुए टिप्पणी निकली। सिन्हा साहब ने कटिंग मेरे पास भेजी और दस-बारह शब्द अपनी ओर से शाबाशी के जोड़ दिए।

छोटी-सी बात, लेकिन कितने बड़े लोगों को इन नन्हें अमृत-बिन्दुओं का ध्यान रहता है, जिनके सहारे ही तो अगणित हृदयों को जीता जा सकता है? सिन्हा साहब इस कला में जन्मजात दक्ष थे। अनायास ही वह प्रतिभासम्पन्न व्यक्तियों को उत्साहित कर देते थे। बहुत पहले की बात है--शायद 1903-4 की, जब सिन्हा साहब का अंग्रेजी मासिक पत्र 'हिन्दुस्तान रिव्यू'—नया ही था। दिल्ली से एक अपरिचित लेखक की रचना आई, जिसमें ईसाई धर्म की बेहद प्रशंसा थी। सिन्हा साहब थोड़ा हिचके, लेकिन लेख असाधारण था। उनकी भाषा और अभिव्यंजना एक प्रतिभासम्पन्न लेखनी की द्योतक थी। उन्होंने छाप दिया। उस युवक लेखक की असाधारण लेखनी ने तहलका मचा दिया, और कुछ दिनों बाद ही वह मेधावी पुरुष अपनी प्रखर विचार-शैली और उग्र राजनीति के कारण सर्वप्रसिद्ध हो गया। कुछ समय बाद सिन्हा साहब किसी कार्यवश दिल्ली गए, तो स्टेशन पर एक व्यक्ति ने मिलते ही उनके चरण छुए, "मैं ही हरदयाल हूँ।" हरदयाल!--विलक्षण स्मरण-शक्ति से सम्पन्न हरदयाल, भारतवर्ष के क्रान्तिकारियों में अग्रणी, गदर पार्टी के कर्णधार, अंग्रेजी राज के कट्टर दुश्मन हरदयाल, हमेशा के लिए सिन्हा साहब के स्नेहपात्र बन गए।

यों क्रान्तिकारियों और उग्र राजनीति से सिन्हा साहब का कभी वास्ता नहीं रहा। वह नरम दल के समर्थक थे—लिबरल। गांधीजी की राजनीति और आन्दोलन से वह प्रायः दूर ही रहे। वह युग ही दूसरा था और गांधीजी का भारतीय राजनीति में प्रवेश होने तक देशभक्ति के अनेक मापदंड थे। किन्तु अपने-अपने सीमित क्षेत्रों में देश को जागृत करने में अनेक सम्भ्रान्त और तेजस्वी व्यक्तियों ने हाथ बँटाया। सच्चिदानन्द सिन्हा, अली इमाम, गणेशदत्त सिंह इत्यादि ने उस समय बिहार के शिक्षित मध्यवर्ग को नई चेतना देकर एक ऐसा समूह तैयार किया, जिसमें से परवर्ती राजनीतिक आन्दोलनों के लिए कृतसंकल्प और सुयोग्य नेतृत्व मिल सका। सिन्हा साहब ने अपनी आँखों के सामने आमूल परिवर्तन होते देखे। निश्चय ही उनकी दृष्टि में राजनीति की वह उग्र और

कोलाहलपूर्ण गतिविधि अटपटी जान पड़ी होगी। स्निग्ध वातावरण के आदी लिबरल सिन्हा साहब को धूलि-धूसरित कदमों का खुरदरापन अशोभन लगा होगा। किन्तु स्वभावतः सिन्हा साहब बाह्य परिस्थितियों के कारण अपने को त्रस्त और क्षुब्ध बनाने के लिए तैयार नहीं थे। इसीलिए अन्य लिबरलों की तरह वह सक्रिय राजनीति में सराबोर नहीं हुए। मीटिंगों में भाग लेते, लोगों से चर्चा करते, कभी-कभी अखबारों में भी लिखा-पढ़ी करते, लेकिन सिरदर्द मोल लेने की इच्छा उन्हें कभी नहीं हुई। इसीलिए वह अखिल भारतीय स्तर पर राजनीतिक नेता कभी नहीं हुए। किन्तु उनकी सलाह अकसर ली जाती और आना-जाना तो उनके यहाँ लगा ही रहता। सन् 1946 तक आते-आते एक वरिष्ठ नेता के रूप में उनका बराबर समादर होता रहा और जब स्वतन्त्रता-प्राप्ति के बाद दिल्ली में कांस्टिट्यूएंट एसेम्बली भारतवर्ष का संविधान बनाने बैठी, तो उसके सबसे वयस्क सदस्य होने के नाते डॉ. सच्चिदानन्द सिन्हा ही एसेम्बली के सर्वप्रथम अध्यक्ष बने और उन्हीं के सभापतित्व में एक तरह से उनके अनुज, डॉ. राजेन्द्र प्रसाद, अध्यक्ष चुने गए।

कुछ समय बाद डॉ. सिन्हा बीमार रहने लगे। संविधान बनकर तैयार हो गया और उसके चालू होने से पहले यह आवश्यक था कि एसेम्बली के समस्त सदस्यों के संविधान-पत्र पर हस्ताक्षर हों। डॉ. सिन्हा पटना में बीमार पड़े हुए थे और हस्ताक्षर करने के लिए उनका नई दिल्ली पहुँचना असम्भव था। प्रथम अध्यक्ष के हस्ताक्षर यों भी अनिवार्य थे। एक दिन हम लोगों ने सुना कि भारतवर्ष का संविधान पटना आ रहा है। अपूर्व दृश्य था वह! रोगी की शय्या से सिन्हा साहब ने अपनी लम्बी जिन्दगी के अन्तिम छोर पर से (जिसका दूसरा छोर उन्नीसवीं शताब्दी में अंग्रेज सत्ता के मदोन्मत्त वातावरण में रहा होगा) स्वतन्त्र भारत के नव-संविधान पर हस्ताक्षर किए। लेकिन उससे भी अधिक विह्वलकारी दृश्य था तब, जब राजेन्द्र बाबू स्वतन्त्र भारत के प्रथम राष्ट्रपति के रूप में पहले-पहल पटना पहुँचे और उन्होंने सिन्हा साहब के चरण छूकर उनसे आशीर्वाद ग्रहण किया। जो लोग उस समय उपस्थित थे, उनकी आँखों के सामने भीष्म पितामह का चित्र खिंच गया।

उनका यह अन्तिम चित्र शायद कुछ भ्रम पैदा कर दे। निश्चय ही कुछ मानी में सिन्हा साहब का वह रूप भीष्म पितामह का-सा रहा होगा; अपने जीवन-काल में देश के स्वप्नों को प्रतिफलित होते देखकर उन्हें शान्तिदायक सन्तोष की उपलब्धि हुई होगी। राष्ट्रपति के लिए आशीर्वाद अन्तस्तल के गहनतम कोर से मुखरित हुआ होगा। यह सब सत्य है। लेकिन यह भी सत्य है कि एक पितामह की-सी निस्संगता उन्होंने कभी नहीं चाही। दुनिया की हँसी-खुशी से ऊपर उठकर इस रंगस्थली के खिलाड़ियों पर लोकोत्तर, निर्विकार मुसकान-भरी दृष्टि डालना उन्हें नहीं सुहाया। वह रहस्यभरी मुसकान में नहीं, ठठाकर हँसने में यकीन करते थे—वह हँसी, जो सब रहस्यों का उद्‌घाटन कर दे; वह हँसी, जो उम्र के पर्दों को हटाकर सबको एक ही मंच पर ला बिठाए। इसलिए उनकी बातचीत में विनोद का सतही खुलासापन मिलता था, जिसका सब कोई आनन्द उठा

सकते थे, न कि व्यंग्य की सांकेतिक सिकुड़न, जिसे दो-चार ही समझ सकें। डॉ. अमरनाथ झा ने एक किस्सा सुनाया। प्रयाग विश्वविद्यालय की सीनेट की मीटिंग थी। सीनेट विश्वविद्यालय की सबसे महत्त्वपूर्ण परिषद् थी और उसके सदस्यों को 'फैलो' कहा जाता है। अंग्रेजी में 'फैलो' शब्द का एक और अर्थ भी है—जो शेक्सपियर की रचनाओं में विशेषतः प्रयुक्त हुआ है—और जिसे हिन्दी के मुहावरे 'ऐरा-ग़ैरा नत्थू-खैरा' का पर्याय माना जा सकता है। सीनेट की मीटिंग से पहले कोई सज्जन डॉ. सिन्हा के पास आकर पूछने लगे, ''सर, आर यू ए फैलो?'' (महोदय, क्या आप फैलो हैं?) डॉ. सिन्हा ने उत्तर दिया, ''नो सर, आई एम ए जेंटलमैन।'' (नहीं महोदय, मैं तो एक भद्र पुरुष हूँ।) हँसी के फव्वारे छूट पड़े।

सारी जिन्दगी उन्होंने इसी तरह हँसते-खेलते गुजारी। हो सकता है कि अपनी युवावस्था में उन्हें अनेक कटु अनुभव हुए हों। बिहार से विलायत जानेवाले पहले हिन्दुओं में से थे और लौटने पर शायद उन्हें खासे विरोध का सामना करना पड़ा। अपनी जाति के वर्ग-विशेष के बाहर उन्होंने शादी की। सन्तान कोई हुई नहीं, इसलिए एक दत्तक पुत्र लिया। हमेशा अपने रहन-सहन का ढंग आलीशान रखा। मजाल क्या कि रुपए की तंगी का आभास किसी पर हो जाए! अतिथि-सत्कार, अच्छे कपड़े, अच्छा भोजन, हमेशा मजलिस की क़हक़हेबाजी, हमेशा आने-जानेवालों का ताँता—ऐसी थी उनकी दैनिक-चर्या। जीवन-यापन उनके लिए काल-यापन नहीं था। किसी पारलौकिक जीवन की तैयारी में उन्होंने अपने तात्कालिक अनुभवों को नीरस नहीं होने दिया। उमंगों को दबाया नहीं। मौज की छानी। कटुता को पास फटकने नहीं दिया। कर्मक्षेत्र में 'एमेच्योर' रहे, लोक-व्यवहार में निपुण कलाविद्। मत्स्यगन्धा की तरह चिर-नवीन आनन्द की सुगन्ध में स्वयं तो विभोर रहे ही, औरों को भी सुवासित करते रहे। ऐसों ही को लक्ष्य करके शायद चंडीदास ने कहा, ''सबाई उपरे मानुष तार ऊपरे केउ नाइ।''

(राजनीतिज्ञ, पत्रकार तथा वर्तमान बिहार के अग्रगण्य निर्माता)

द्रष्टा, कर्ता और कवि
सुधीन्द्रनाथ दत्त

जन्म *: 30 अक्तूबर, 1902।* ***शिक्षा*** *: प्रयाग और कलकत्ता में। रवीन्द्रनाथ ठाकुर के निकट सम्पर्क में आए। उनके साथ विदेश-भ्रमण पर गए। कई वर्ष तक अंग्रेजी दैनिक 'स्टेट्समैन' के उप-सम्पादक रहे। तदुपरान्त दामोदर वैली कॉरपोरेशन के सूचना विभाग के अध्यक्ष रहे। अन्त में जादवपुर विश्वविद्यालय में अंग्रेजी साहित्य के प्रोफेसर नियुक्त हुए। रचनाएँ : 'तन्वि', 'आर्केस्ट्रा', 'क्रन्दसी', 'स्वगत', 'उत्तरफाल्गुनी', 'संबर्त्त' इत्यादि।* ***मृत्यु*** *: जून, 1960।*

सुधीन्द्रनाथ दत्त जिस वर्ग के बंगला साहित्यकारों में अग्रणी थे, वैसा वर्ग हिन्दी में अभी तक क्षितिजवासी ही है। अज्ञेयजी का अभिजात्य कुछ झिझकता-सा, टोह लेता-सा वारिद-खंड मात्र है, बरसकर रससिक्त करनेवाला मेघपुँज नहीं। बंगला में अभिजात साहित्यकारों की परम्परा पुरानी है—प्रिंस द्वारिकानाथ, राजा राममोहन राय, देवेन्द्रनाथ ठाकुर, माइकेल मधुसूदन दत्त, केशवचन्द्र सेन, रवीन्द्रनाथ ठाकुर, सुधीन्द्रनाथ दत्त—एक अविकल शृंखला मेरुदंड के तुल्य बंगला-साहित्य और संस्कृति को सामर्थ्य और समृद्धि देती रही है।

मेधा-जन्य सामर्थ्य और अध्ययन-प्रसूत समृद्धि का लघु, किन्तु अविस्मरणीय साक्षात्कार हुआ मुझे कलकत्ता में 19 जून, 1960 के उस मध्याह्न को सुधीन दत्त की मृत्यु से केवल छह दिन पहले। उनसे वह मेरी दूसरी मूलाकात थी। अदृष्ट की निर्मम छाया ऊपर मँडरा रही थी और हमें गुमान भी न था। कलकत्ता रेडियो के अध्यक्ष श्री पी.सी. चटर्जी ने मुझे दोपहर के खाने पर बुलाया था। मेरे ऊपर दया करके उन्होंने ऐसे लोगों को आमन्त्रित नहीं किया था, जिनसे मेरा सरकारी रूप में सरोकार हो। इसलिए ड्राइंग रूम में केवल चार अन्य मेहमानों को देखकर मैं चिन्तामुक्त हुआ। परिचय का शिष्टाचार—श्रीमती रीड, जो इला सेन के नाम से अनेक पत्र-पत्रिकाओं में अंग्रेजी लेख लिखती रही हैं; श्री बुद्धदेव बसु, ख्यातिनामा बंगाली कवि; श्रीमती राकेश्वरी दत्त, हँसमुख एवं सहजाकर्षण-सम्पन्ना कवि-भार्या और श्री सुधीन्द्रनाथ दत्त।

हाथ मिलाते समय मैंने देखा सुधीन दत्त का चेहरा, नौ वर्षों में कुछ भर-सा गया था। मैं बोला, "बहुत दिनों बाद मुलाकात हुई। देखता हूँ, आपका वजन कुछ बढ़ा है।"

वह अपनी पत्नी की ओर मुखातिब होकर बोले, "सुनती हो, माथुर साहब मेरा अपमान कर रहे हैं!" मैंने पूछा, "क्या ख़ता हुई?" बोले "आपने तो मुझे मोटा, बुड्ढ़ा और बेडौल करार दिया! यह अपमान ही तो है।" मैंने राजेश्वरीजी से कहा, "देखी आपने कवि की कल्पना! मैंने तो सिर्फ मुटापे की ओर संकेत किया था; कवि ने उसे परिमार्जित-वर्धित कर दिया।"

सुधीन दत्त का व्यक्तित्व निस्सन्देह कमनीय और प्रभावशाली था। गौर वर्ण, उच्च स्कन्ध, विस्तृत ललाट! आँखें बंगाली परम्परा के प्रतिकूल—कुछ तिरछी और अर्धोन्मीलित थीं। लेकिन पैनी बुद्धि और अन्तर्वेधिनी दृष्टि के सर्वथा योग्य! यद्यपि उनके सिर के बाल ग़ायब हो चले थे, तथापि 19 जून को मुझे यह अन्दाज नहीं हुआ कि वह 59 वर्ष के हो चले थे। देखने में वह पचास वर्ष से कम ही आयु के लगते थे। उस दिन उनकी निर्द्वन्द्व क़हक़हेबाज़ी और निश्शंक चुहल-भरी आवाज—रोग, ज़रा और मरण के लिए चुनौती थी।

ऐसा मुझे प्रतीत हुआ। लेकिन कौन जाने? सुधीन दत्त की एक कविता है—'बेघरबार' (The Vagrant)। एक तोता जिस वृक्ष पर अपना घोंसला बनाए बैठा था, वह हिला और तोते को घोंसले के ऊपर उड़ जाना पड़ा। प्रभंजन प्रचंड वेग से रौरव कर रहा था। सहसा अँधेरी रात आई। हवा शान्त हो गई। लेकिन रात जड़ नहीं, सक्रिय है। और

बये की तरह दक्ष
यह क्षण, परेशान एल्म वृक्षों को
अखंडित आत्मविश्वास की नौका-सी बना डालता है,
किन्तु—
बवंडरों की उठान में उलझा
वह तोता भटकता ही रहता है जब तक कि—
महाशून्य
विजयोल्लास के साथ उसे आवृत्त नहीं कर लेता।

शायद महाशून्य अपने ग्रास के लिए सर्वदा तत्पर रहता है लेकिन अपने घोंसले से गुमराह हुए बिना ही तोता उसका शिकार क्यों बने? उस दिन सुधीन दत्त और राजेश्वरीजी को देखकर तो घोंसला अक्षुण्ण ही जान पड़ा। कवि के अनुरूप ही कवि-भार्या। सुधीन दत्त अपनी हाल ही की यूरोप-यात्रा के अनुभव सुना रहे थे। बोले, "मेरी बड़ी मौज थी। जहाँ जाता, लोग मेरी प्रियदर्शनी सहचरी पर मोहित हो जाते और इस बहाने मेरी खूब खातिर होती।" अपने और भी अनुभव बताए। कैसे बिना बुक कराए पति-पत्नी रात के तीन बजे तक एक नगर में होटल खोजते फिरे; कैसे एक स्थान पर स्टीमर का टिकट भूल गए, कैसे पेरिस में 'विला' की तलाश में इधर-उधर भटकना पड़ा। विविध अनुभव, अलमस्त और बेफिक्र व्यवहार, अभाव के त्रास से बिलकुल मुक्त, सहचरी, सहकर्मिणी, सहभावाश्रयी पत्नी से युक्त!

सम्पन्न वातावरण में सुधीन दत्त का सारा जीवन ही बीता है। दत्त-वंश को अच्छी-खासी जायदाद मिली हुई थी। पिता हीरेन्द्रनाथ दत्त अपने समय में कलकत्ता के मँजे हुए सालिसिटर थे। कार्नवालीस स्ट्रीट में बहुत बड़ी कोठी थी। पिता न सिर्फ समृद्ध थे, बल्कि प्राचीन भारतीय संस्कृति के पोषक और संस्कृत के प्रकांड विद्वान भी। शायद इसीलिए सुधीन दत्त के परवर्ती काव्य की अप्रस्तुत योजना और बिम्ब-विधान में संस्कृत-काव्य परिपाटी के तुल्य ही नक़्क़ाशी और शिल्प मिलते हैं, यद्यपि उनके बाद के संस्कार और व्यक्तिगत एवं सामाजिक अनुभव उसके बिलकुल विपरीत थे। इसलिए उन्होंने संस्कृत काव्य-परम्परा से केवल शिल्प-सौष्ठव ग्रहण किया; और इस रूप में उनकी कला आधुनिक बंगला काव्य में परम्परागत गरिमामयी क्लासिकल-शैली की तरह मान्य हो गई। शब्द-चयन और पद-विन्यास के जो आदर्श उन्होंने अपने सामने रखे, उनकी प्राप्ति के लिए विशेष संयम और नियन्त्रण अपेक्षित थे। अपनी रचना के प्रति मोह किसी भी कवि के लिए स्वाभाविक है। एक बार जो चीज क़लम से निकली, वह मानस-पुत्र की भाँति वात्सल्य के ही योग्य है, मीन-मेख के लिए नहीं। किन्तु सुधीन दत्त मानस-पुत्र का तटस्थ होकर निरीक्षण कर लेते थे। उनकी प्रथम काव्य पुस्तक का नाम था 'तन्वि' और दूसरी का 'आर्केस्ट्रा'। इस दूसरी पुस्तक 'आर्केस्ट्रा' का उन्होंने जब द्वितीय संस्करण प्रकाशित किया तो उसे बहुत-कुछ बदल दिया। संस्करणों में ऐसा परिवर्तन शायद ही कोई कवि करता हो। अरसे तक बंगला-साहित्यकारों में इसकी चर्चा चलती रही और मूल एवं संशोधित संस्करणों के गुणावगुणों पर वाद-विवाद होता रहा।

उस दिन मैंने देखा, सुधीन दत्त और बुद्धदेव बसु का वाद-विवाद चल रहा था—आधुनिक फ्रांसीसी कवियों के बारे में। विवाद में शामिल होने के लिए आधुनिक यूरोपीय कविता का अध्येता होना आवश्यक था, इसलिए अन्य लोग इधर-उधर की बातों में लग गए। लेकिन दर्शकों पर भी यह स्पष्ट था कि यद्यपि बुद्धदेव बसु गहराई और आवेश के साथ फ्रांसीसी कवियों की विवेचना कर रहे थे, तथापि सुधीन दत्त का सहज आत्मविश्वास मानो दलीलों के वजन को छाँट देता था और अल्प शब्दों में ही सुधीन दत्त सुनिर्मित वाग्व्यूह को भंग कर देते थे। यह नहीं कि कृत्रिम मौन और बनी हुई उपेक्षाद्योतक मुस्कराहट के बल पर सुधीन दत्त साहित्यिक क्षेत्रों में अपनी सत्ता जमाते हों। एक तरह से उन्हें वाचाल ही माना जाएगा; कभी-कभी तो ऐसी वाचालता कि लगता कि शायद गम्भीर एवं शान्त-चित्त होना उन्हें सुहाता ही न हो। यह भी हो सकता है कि हलकी छींटाकशी और परिहास द्वारा वह अपने मन पर उस वितृष्णा (कंटेंप्ट) को छा जाने से रोकते हों, जो उन अल्पबुद्धि एवं रुचिविहीन व्यक्तियों के कारण उमड़ती हो, जिनकी समाज और साहित्य में कमी नहीं।

ऐसा मेरा विचार हुआ उस दिन। लेकिन बाद में ऐसे कुछ व्यक्तियों से, जो सुधीन दत्त के निकट सम्पर्क में आ चुके थे, उनकी सहज मनोहारिता और सहज आत्मविश्वास का दूसरा पहलू ज्ञात हुआ। दामोदर घाटी कॉरपोरेशन में कई बरस तक सुधीन दत्त मुख्य सूचना अधिकारी रहे। उनके सहकर्मियों में अनेक प्रवृत्तियों के लोग थे। बहरहाल दो-चार

को छोड़कर साहित्य-कला से सरोकार अथवा उनमें विशेष रुचि शायद ही किसी की हो। इंजीनियरों, शासकों, एकाउंट अफसरों, ठेकेदारों इत्यादि ही की मजलिसें थीं वहाँ। लेकिन क्या सुधीन दत्त उन मजलिसों में उखड़े-उखड़े-से रहते? क्या अपने से विभिन्न रुचि और कम मेधावी व्यक्तियों के बीच वह ऊबने लगते? ऐसा होना स्वाभाविक ही होता, किन्तु मनस्विता—इंटलेक्चुअलिज्म—एवं सृजनशीलता को उन्होंने साधन माना, उन साधनों से अपने को ग्रस्त नहीं होने दिया। अतः न सिर्फ उनकी दृष्टि व्यापक रही, बल्कि काल और परिस्थिति के अनुसार उनका सामाजिक व्यवहार भी विविध गुणसम्पन्न रहा। ऐसा व्यवहार बरतने के लिए उन्हें विशेष प्रयास करने की जरूरत नहीं पड़ती थी। बड़ी आसानी से वह किसी भी समाज में घुल-मिल जाते। उच्चाधिकारियों के क्लबों में भोजनोपरान्त गप्पाष्टक में वह उतने ही तन्मय और मुखरित होते, जितना दफ्तर के बाबुओं से पूजा की छुट्टियों के पहले विचार-विनिमय करते समय। इंजीनियरों के बीच बैठते तो ऐसा जान पड़ता कि उनकी मनोदशाओं और अभिरुचियों से पुराना नाता हो, और पत्रकारों तथा राजनीतिक व्यक्तियों के साथ बड़ी उत्सुकता और जानकारी के साथ समसामयिक राष्ट्रीय एवं अन्तर्राष्ट्रीय गतिविधि पर विचार प्रकट कर सकते। राजनीतिक मामलों में उनकी विशेष रुचि का सजीव उदाहरण है उनकी कविता '1945', जो उन्होंने द्वितीय महायुद्ध की समाप्ति पर लिखी और जिसमें उन्होंने विध्वंस और विनाश को मानवमात्र की आदितम धरोहर बताते हुए 1945 की अन्तर्राष्ट्रीय समस्याओं को बड़ी स्वाभाविकता से छन्दोबद्ध किया है। चित्रकारों और मूर्तिकारों के बीच वह एक सुधी मर्मज्ञ ही नहीं, अन्तरंग मित्र की भाँति बैठते। 1949-50 में मैं बिहार की आर्ट गैलरी के लिए कुछ प्रतिष्ठित कलाकारों की कृतियाँ खरीदने कलकत्ता गया। सलाह लेने उनके पास पहुँचा। आधुनिक और क्लासिकल ग्रुप दोनों ही की उनमें आस्था थी। अपने दफ्तर के काम में सुधीन दत्त इसी आत्मविश्वास के साथ जुटते, जैसे किसी नई रचना में। वही सुघड़ता, वही सफाई, वही बारीकियों का ध्यान।

बात यह थी कि सुधीन दत्त ने काव्य-साधना करते हुए भी अपने को एक 'नार्मल' मानव, एक समाजश्रयी नागरिक बने रहने की बराबर चेष्टा की। 'शुद्ध कवि' के एकांगी और संकीर्ण अनुभव में उन्हें अपने काव्य के भी संकीर्ण और कुंठित हो जाने की आशंका हुई। इसलिए साहित्य को उन्होंने जीविका-निर्वाह का एकमात्र साधन नहीं बनाया और न कवि-चर्या से अपने दैनिक जीवन और मनोरंजनों को आच्छादित होने दिया। दूसरा विश्वयुद्ध प्रारम्भ होने पर वह कुछ समय के लिए ए.आर.पी. (हवाई हमलों से हिफाजत) के अफसर रहे। कई वर्ष तक अंग्रेजी 'स्टेट्समैन' के सम्पादन-विभाग में काम करते रहे। फिर दामोदर वैली कॉरपोरेशन में सूचना अधिकारी बने। मृत्यु से कुछ वर्ष पूर्व जादवपुर विश्वविद्यालय में अंग्रेजी साहित्य के अध्यापक बन गए थे। इस तरह उन्होंने द्रष्टा की तरह ही नहीं, कर्ता के रूप में जीवन के अनेक तट छुए, अनेक घाटों का पानी पिया।

कितने घाटों का पानी पिया, इसकी कोई गिनती नहीं। किशोरावस्था ही में कवीन्द्र

के साथ उन्हें अपनी पहली विदेश यात्रा का अवसर मिला। उसके बाद जो ताँता बँधा, तो चलता ही रहा। शायद, वर्तमान भारत के साहित्यकारों में सबसे ज्यादा घुमक्कड़ सुधीन दत्त ही रहे हैं। नाना देशों और समाज में विचरण करके न सिर्फ उन्होंने अपने अनुभवों को समृद्ध बनाया, रुचि का परिष्कार किया और भावोन्मेष को नियन्त्रित किया, बल्कि अपने लोक-व्यवहार में समता, भाईचारा तथा सहिष्णुता का समावेश किया। जन्म से अभिजात और कवि-कर्म में आत्मरत होने की प्रवृत्ति को उन्होंने इस तरह मोड़ा कि वह बन्धुत्व और लोकप्रियता उनके व्यक्तित्व का अभिन्न अंग बन गई।

फिर भी मूलतः सुधीन दत्त समूह और कोलाहल से ऊपर उठे हुए स्तर के जीव थे। रवीन्द्रनाथ ठाकुर के सम्पर्क ने शायद उन्हें जहाँ अपनी प्रतिभा के सामर्थ्य से अवगत कराया, वहाँ उन्हें शायद कवींद्र की लीक से हटने की प्रबल आकांक्षा भी दी। बुद्धदेव बसु ने लिखा है कि 'वाल्मीकि' के अप्रस्तुत विधान में विराट का संयत रूप लक्षित होता है : 'कालिदास' में वाल्मीकि के ही कई बिम्ब-विधान दीखते हैं, लेकिन बारीकी से तराशे हुए। सदियों बाद उनमें से कुछ चित्र रवीन्द्र में उभरे। किन्तु कालिदास के सौन्दर्य-विलास और रसिकोल्लास का स्थान लिया एक रूमानी संवेदना, एक कसक-भरी छाया ने, और उसके बाद सुधीन दत्त ने भी उन्हीं में से कुछ बिम्बों का प्रयोग किया। इस बार रूमानी उदासीनता को ग्रस लिया महानैराश्य के गहन-गह्वर ने। नैराश्य का जो अजस्र स्रोत सुधीन दत्त के मानस को भरता रहा था, वह उनके हँसते-खेलते सामाजिक रूप को अजाने ही एक नक़ाब बनाए हुए थे। लेकिन इतना सुदृढ़ था वह नक़ाब, इतनी स्वाभाविक थीं उसकी रेखाएँ और इतने मनोहर चिर-चंचल थे उसके रंग कि उसके पीछे झाँकने का ध्यान मुश्किल से जाता। और अब भी, जब उनकी महाशून्य से स्पन्दित पंक्तियाँ पढ़ता हूँ, तो वही मुदित और प्रदीप्त मुखड़ा रह-रहकर अतिरंजित कालिमा को ज्योतिकिरणों से चीर-सा देता है।

(बंगला कवि, पत्रकार और पर्यटक)

मेरे पिता
लक्ष्मीनारायण माथुर

***जन्म :** 12 नवम्बर, 1889। **शिक्षा :** बुलन्दशहर, आगरा और मेरठ में। 1900 में खुर्जा (उत्तर प्रदेश) के ई.सी. हाई स्कूल में उप-प्रधानाध्यापक और सन् 1912 तक वहाँ रहने के बाद देहरादून के डी.ए.वी. हाई स्कूल में उसी पद पर चार वर्ष तक रहे। एक वर्ष प्रयाग में ट्रेनिंग के बाद 1916 में खुर्जा के जे.ए.एस. हाई स्कूल के प्रथम प्रधानाध्यापक बनाए गए और 27 वर्ष तक मृत्युपर्यन्त, उसी स्कूल के प्रमुख बने रहे। 1924 में शिक्षा सम्बन्धी नूतन प्रयोगों का सूत्रपात किया और बराबर इन प्रयोगों में संलग्न रहे। **मृत्यु :** 21 जून, 1943।*

आँखें स्मृति के आगे परदा डालती हैं—चिर-नवीन दृश्यों का परदा, लेकिन न जाने क्यों कान जानी-पहचानी ध्वनियों की डोर के सहारे-सहारे मन को हठात् दूर पहुँचा देते हैं, वर्तमान के तिलिस्म के पीछे, भूली-बिसरी वाटिकाओं में।

एक दिन राष्ट्रपति भवन में डॉ. राजेन्द्र प्रसाद के सम्मान में साहित्यिक संस्थाओं की ओर से आयोजित एक उत्सव का आनन्द ले रहा था। अन्त में 'वैष्णव जन तो तेने कहिए' का गान हुआ। सहसा लगा कि उस भवन के सारे झाड़-फानूस, भव्य कालीन के परदे, दीवारों और छतों पर रंग-बिरंगे चित्र और दर्शकों का समाज—सब सरोवर की लहरियों की भाँति विलीन हो गए। आँखें बन्द हो गईं, लेकिन 'वैष्णव जन' की धुन ने स्मृति-पटल खोल दिए। जान पड़ा कि 1930 में अपने छोटे नगर खुर्जा के हाई स्कूल के बरामदे में बैठा हुआ हूँ। सामने मेरे पिता बैठे हैं। छात्रों और अध्यापकों की छोटी-सी बैठक। बराबर में मेरी बहनें गा रही थीं 'वैष्णव जन तो...'। दूर, सैकड़ों मील दूर, साबरमती का सन्त 21 दिन के उपवास में मृत्यु से जूझ रहा है, अपनी तपस्या से देशभर को पावन कर रहा है। क्या बच सकेंगे गांधीजी? मेरे पिता की आँखें डबडबा रही हैं। रोज शाम को प्रार्थना होती है। मैंने गद्य-काव्य के रूप में दो प्रार्थनाएँ लिखीं—भगवन, क्या हमारी कलुषित आत्मा की इस शुचिता के बाद भी गांधीजी बचेंगे नहीं?

उपवास के दिनों की अतिरिक्त भी तो वे धुनें और गांधीजी का नाम गूँजते थे हमारे स्कूल में। पढ़ाई शुरू होने से पहले सामूहिक प्रार्थना होती थी। आज के दिन तो ये साधारण-सी बातें हैं, किन्तु सन् बीस-तीस में स्कूलों में खुलकर राष्ट्रीय नेताओं के

नाम लेने से भी लोग झिझकते थे। 1928 में गांधीजी हरिजन-फंड के लिए देशभर का दौरा करने निकले। छात्रों और अध्यापकों ने चन्दा जमा करना शुरू किया। दो शिक्षा-संस्थाएँ थीं हमारे नगर में। दूसरी संस्था के छात्रों ने तो इस शुभ कार्य में हाथ लगाया, लेकिन उसके प्रधानाध्यापक इत्यादि सरकार के डर से अलग ही रहे। हमारे स्कूल की ओर से स्वयं पिताजी मंच पर थैली लेकर गए। सभा भी हमारे स्कूल के खेल के मैदान ही में हुई। गांधीजी के हाथों का स्पर्श और जो दो बातें उन्होंने पूछीं, हमारे घर में वर्षों तक चर्चा का विषय बनी रहीं। सभा के अन्त में गांधीजी ने कुछ उपहारों की नीलामी की। पिताजी ने ख़ादी के एक टुकड़े पर ऊँची बोली लगाकर उसे खरीदा। वह टुकड़ा बरसों तक हमारी बैठक की मैंटिलपीस को सुशोभित करता रहा।

नमक-कानून तोड़ने का आन्दोलन शुरू हुआ। पिताजी के कई शिष्य संघर्ष में कूद पड़े। बिना गुरु के चरण छुए कैसे जेल-यात्रा होती? इसलिए जलूस प्रायः पहले हमारे घर आता और आशीर्वाद पाकर आगे बढ़ता। न जाने कितने जेलों में ठूँसे गए।

काउंसिल के चुनाव के लिए हमारा स्कूल मतदान-केन्द्र बनाया गया। कांग्रेस ने इलेक्शन का बायकाट किया। सवेरे से झंडे लेकर स्वयंसेवक वोटरों को रोकने के लिए खड़े हो गए। कई छात्र (जिनमें मैं और मेरा छोटा भाई भी शामिल थे) दरवाजे के आगे लेट गए, ताकि वोटर अन्दर न जाने पाएँ। किसी ने कलक्टर साहब के पास खबर भेज दीं कि स्वयं हेडमास्टर के बच्चे पिकेटिंग में हिस्सा ले रहे हैं। तैश में आकर कलक्टर हम लोगों के ऊपर पैर रखते हुए अन्दर चले गए और गोली चलाने की धमकी दी। पिताजी बीमार थे। मेरी दादी बड़ी दबंग महिला थीं। कलक्टर साहब के पास जाकर उन्हें खूब लताड़ा। "तुम्हें शर्म नहीं आती, नादान बच्चों को कुचलते हुए चले आए ?" कलक्टर साहब बहुत तिलमिलाए और शहर के तहसीलदार के समझाने पर ही गोली चलाने से बाज़ आए। मेरी उम्र 13 वर्ष के आसपास रही होगी, और उस उल्लास-भरी सन्ध्या को हम बच्चों का जो सत्कार हुआ, जो मिठाइयाँ बाँटी गईं, उनकी भी याद ताजा है।

किन्तु कलक्टर साहब ने मेरे पिता के विरुद्ध कड़ी कार्रवाई की। बोले, "मिस्टर माथुर को जब तक इस जिले से निकाल न दूँगा, तब तक चैन नहीं।" गिरफ्तार करने के लिए यथेष्ट सबूत न थे। बस स्कूल की सरकारी ग्रांट बन्द करवा दी। एक साल तक ग्रांट बन्द रही। पिताजी और उनके सहकर्मियों के वेतन घटकर नाममात्र को रह गए। लेकिन संघर्ष जारी रहा और मेरे पिता जिले में कायम रहे।

घटना साधारण थी। जहाँ लाखों व्यक्तियों ने अपना सब-कुछ गांधीजी के आह्वान पर निछावर कर दिया, वहाँ यह तो मामूली ही बलिदान माना जाएगा, हालाँकि हम बच्चों को उन दिनों जैसा अभावग्रस्त जीवन गुज़ारना पड़ा उसका पूरा रहस्य बहुत बाद में मुझ पर जाहिर हुआ। पिताजी की मृत्यु को 17 बरस से ज्यादा हो चुके थे। एक दिन दिल्ली

में मेरे ऑफिस में उनके पुराने मित्र बिस्मिल साहब मिलने आए। बिस्मिलसाहब हमारे नगर के सन् '30 के आन्दोलन के अगुआ थे। आवाज में कड़क, आँखों में चुस्ती, चाल में मस्ती। और अब 70 बरस के वृद्ध बिस्मिल समय की धारा के किनारे छिटके पड़े हैं। न रुतबा, न रुपया, केवल पुरानी यादों का सहारा। पुरानी बातें करते-करते बोले, "जानते हो जगदीश, उन दिनों हमारे क़स्बे के सियासी आन्दोलन को जिन चन्द गुमनाम हाथों ने सँभाले रखा था, उनमें तुम्हारे पिता हेडमास्टर साहब खासुलखास थे।"

"गुमनाम हाथ! कैसे?" मैंने पूछा।

"वही तो अकसर हम लोगों की पैसों की तंगी दूर करते थे। किसी को खबर ही नहीं लगती थी, लेकिन उनका खास सहारा था हम लोगों को।"

सच ही हम घरवालों को इसकी खबर ही न थी, शायद मेरी माँ को भी नहीं। इतना ही हमें मालूम था कि किसी वजह से खर्चा बहुत था और कर्ज लेने पड़े थे।

फिर भी राजनीतिक जीवन में खुलेआम वह कभी नहीं उतरे। उतरते, तो पारिवारिक कठिनाइयों में तो कमी न होती, लेकिन कीर्ति और नेतृत्व उनके हाथ अवश्य आते।

जान-बूझकर उन्होंने कीर्ति और नेतृत्व का पथ नहीं पकड़ा; जान-बूझकर पद और सम्पदा की लालसा से दूर रहे।

सो क्यों?

सन् 1908 से 19 बरस की आयु में वह अपने कुटुम्ब के पहले बी.ए. हुए। सारे मेरठ कॉलेज से कुल चार छात्र उस वर्ष बी.ए. पास हुए थे। उन दिनों सेकिंड क्लास ग्रेजुएट के लिए अच्छी सरकारी नौकरियों की कमी न थी। अपने एक बुजुर्ग सम्बन्धी से अपने भविष्य के बारे में बातचीत करने गए। बुजुर्ग बोले, "क्या करने का इरादा है? डिप्टीगीरी के लिए कोशिश जरूर करो। यों आबकारी का महकमा भी अच्छा है। खुद भी तो कुछ सोचा होगा तुमने।"

"जी हाँ।"

"क्या इरादा है?"

कुछ रुककर, हलके, लेकिन दृढ़ स्वर में, मेरे पिता बोले, "जी, मैं अध्यापक बनूँगा।"

"क्या कहा? मास्टर बनोगे।" सम्बन्धी का मुख झुँझलाहट और गुस्से में तमतमा गया और वह अंग्रेजी में बोले, "यू विल डू योर हैड!" यह अक्षरशः अनुवाद था हिन्दी मुहावरे—'तुम अपना सिर करोगे'—का।

मेरे पिता सकपका गए, किन्तु हिन्दी मुहावरे के उस अक्षरशः अंग्रेजी अनुवाद के भौंडेपन पर उन्हें हँसी आए बिना न रही। जैसे-तैसे विदा माँगकर बाहर आए, पर इरादा उनका और पक्का हो गया।

मुझे नहीं मालूम कि किस तरह उनके मन में इस इरादे के बीज पड़े। शायद, गोपालकृष्ण गोखले के व्यक्तित्व से अभिभूत हुए हों; शायद इतिहास के पृष्ठों में गुलाम देशों के स्वतन्त्रता-संग्रामों पर प्रेरणादायिनी शिक्षा-पद्धति के प्रभाव से आकृष्ट हुए हों।

जो भी हो, बहुत सोच-समझकर उन्होंने इस पथ को पकड़ा। इसीलिए पथभ्रष्ट भी नहीं हुए। इसीलिए उतनी ही राजनीति से उन्होंने सम्बन्ध निबाहा, जिनती शिक्षा के आदर्शों को तीव्र गति दे सकती थी; उतनी ही धार्मिकता की ओर झुके, जितनी से नई पीढ़ी की भावनाओं को गहराई दे सकते थे; सामाजिक जीवन में उतना ही पैठे, जितने से व्यवहार और आचार के मानदंडों को अपने शिष्यों के सामने रख सकते थे।

राजनीति, धर्म, सामाजिक आचार-व्यवहार, सब मानो एक ही केन्द्र के चारों ओर घूमते थे—शिक्षा। उस साधना के सम्मुख सभी प्रकार की लालसाएँ गौण थीं।

उनके ऑफिस में एक मोटो टँगा हुआ था, 'लेट अस लिव फॉर चिल्ड्रेन'—हम बच्चों के लिए ही जिएँ। आजीवन इस व्रत को निबाहा। 2 अक्तूबर, 1918 को उनकी निजी डायरी में शब्द मिलते हैं, "लोग कहते हैं कि स्कूल के घंटों के बाद भी मैं क्यों स्कूल के लिए काम करता रहता हूँ? काश, मैं उन्हें बता पाता कि अगर स्वास्थ्य और शक्ति ने मेरा साथ दिया होता, तो इससे भी अधिक काम करने में मुझे खुशी होती! आखिर कर्त्तव्य-पालन ही में तो जीवन है। मेरा जो व्यवसाय है—अध्यापन—उसे तो मैं पसन्द ही नहीं, प्यार करता हूँ।"

सारी महत्त्वाकांक्षाएँ और सारे अरमान अपनी इसी साधना के पथ में उन्होंने पूरे किए। उनका व्यक्तित्व अलग-अलग डिब्बों में बँटा नहीं था; अपने छात्रों के पथ-निर्देशन, ज्ञान-प्रकाश एवं हित-साधन में जो तृप्ति और आह्लाद मिलते, वही उनके अन्तर्मन को सराबोर करने के लिए काफी थे। इस लिहाज से द्वन्द्वहीन और अविकल था उनका व्यक्तित्व और इसीलिए किशोर छात्र झट उनकी सच्चाई और लगन को चीन्ह लेते और उन्हें अपना लेते थे।

सन् 1908 से 1932 तक खुर्जा के ई.सी. हाई स्कूल में उप-प्रधानाध्यापक रहकर उन्होंने अध्यापन के क्षेत्र के प्रथम अनुभव प्राप्त किए। उन दिनों गाँवों से छात्र खासी बड़ी उम्र में स्कूलों में आया करते थे, और कुछ तो उनके बराबर की ही आयु के थे। लेकिन थोड़े ही दिनों में सारे विद्यार्थी-समाज में उनका समादर होने लगा। स्कूल के प्रबन्धकों से मतभेद हो जाने पर जब उन्होंने स्कूल से पद त्याग कर दिया, तो अनेक छात्र भी बाहर चले आए। शहर के बाहर एक पुराने भवन में इन छात्रों ने अपना केन्द्र बनाया और उसका नामकरण किया—फोर्ट ऑफ इंडीपेंडेंस (स्वातन्त्र्य दुर्ग)। जैसे-तैसे करके मेरे पिताजी ने उन छात्रों को इस विद्रोह-पथ से हटाया, लेकिन अनेक छात्र ई.सी. हाई स्कूल छोड़कर उनके साथ-साथ खुर्जा के निकट एक गाँव गभाना में चले आए, जहाँ थोड़े दिन एक स्कूल चलाने के बाद मेरे पिता देहरादून के डी.ए.वी. हाई स्कूल में उप-प्रधानाध्यापक होकर चले गए। कुछ छात्रों ने तो वहाँ तक उनका साथ दिया। वर्तमान 'विशाल भारत' के सम्पादक पंडित श्रीराम शर्मा भी शायद उन्हीं दिनों मेरे पिता के छात्र रहे थे।

सम्भवतः यदि इस मीठे-कड़वे अनुभव की ही बुनियाद पर मेरे पिता का परवर्ती जीवन बना होता, तो एक तरह की छिछली लोकप्रियता का आकर्षण उनके विकास-क्रम को सीमाबद्ध कर देता। शायद वह राजनीतिक मंच की ओर भी खिंच जाते, और उनकी कथा दूसरी ही होती। ऐसा नहीं हुआ। सो क्यों?

कारण दो थे। देहरादून की मनोरम और शान्त उपत्यका में मेरे पिता के जो चार वर्ष गुजरे, वे उनके आदर्शवादी मनोजीवन के निर्माण के वर्ष थे। चिन्तन, अध्ययन और सत्संग की प्रेरणा से उन्हें अनुभव की उन गहराइयों को नापने का अवसर मिला, जहाँ उदात्त भावनाओं और उच्चादर्शों के उज्ज्वल मोती बिखरे पड़े थे। वही निधि जीवन-भर उनके साथ रही। और उसी को अपने छात्रों के बीच बाँटने की लालसा ने उन्हें अन्य आकर्षणों से मुक्त रखा। उनके प्रधानाध्यापक 'बाबा' लक्ष्मणप्रसाद आर्यसमाजी थे-- सुधारवादी और संयमी। भारतवर्ष की प्रगति में बाधास्वरूप सामाजिक परम्पराओं और संकीर्णता की उलझनों को उन्होंने पहचाना 'बाबा' लक्ष्मणप्रसाद के संसर्ग से। किन्तु नए कट्टरपन के भी शिकार नहीं हुए, क्योंकि देहरादून, ऋषिकेश एवं हरिद्वार में उन्हें निर्मल सन्तों से आध्यात्मिक विचार-विनिमय के कई अवसर मिले। एक अंग्रेज संन्यासिनी थी ऋषिकेश में। उसके साथ अकसर विचार-विनिमय हुआ। संन्यासिनी ने गंगा में जल-समाधि ली, किन्तु उसके त्यागमय जीवन और शुभ्र व्यक्तित्व की याद उनके भावजगत् को अकसर ज्योतिर्मय कर देती। विवेकानन्द के प्रवचनों से सारा भारतवर्ष गूँज रहा था और हिमालय की तलहटी का वह नगर भी अछूता नहीं रहा। स्वामी रामतीर्थ के शिष्यों का भी सत्संग मिला।

1913 में रवीन्द्रनाथ ठाकुर को नोबेल पुरस्कार मिला। उसी वर्ष अंग्रेजी गीतांजलि के प्रथम संस्करण की एक प्रति मेरे पिताजी ने खरीदी। गीतांजलि की मनोरम कल्पना और रहस्यवादी संकेतों ने उन्हें विभोर कर दिया। सीमाहीन क्षितिज के दर्शन हुए और मन की गाँठें खुलने लगीं। मतलब यह कि युवावस्था के उस सन्धिकाल में, जब अनेक अपनी तरक्की और 'कैरियर' की सफलता के लिए कुँजी खोजते हैं, मेरे पिता को मिले दूसरे ही मूलमन्त्र :

> *...उच्च विचारों और विचारकों का संसर्ग जीवन का पाथेय होना चाहिए, पथ चाहे कोई भी हो;*
> *...मन की खिड़कियाँ खुली ही अच्छी;*
> *...जीवन में आदर्श उतने ही सार्थक हैं, उतने ही 'वास्तविक', जितनी व्यावहारिकता और व्यवसाय-बुद्धि।*

क्या इन मूल-मन्त्रों का प्रचार उन्होंने ओजस्वी भाषाओं द्वारा किया? अथवा क्या उन्होंने प्रभावोत्पादक पुस्तकें लिखकर अपना सन्देश चतुर्दिक फैलाया? नहीं! वह न उच्चकोटि के वक्ता थे और न ख्यातिनामा ग्रन्थकार। वाणी और लेखनी दोनों के धनी

होते हुए भी उन्होंने दोनों ही का प्रसाद अपने शिष्यों ही को दिया, निजी स्वार्थसिद्धि में उसे नहीं लगाया। कक्षा में इतिहास पढ़ाते-पढ़ाते सन् '57 के स्वतन्त्रता-पुजारियों तथा तिलक, अरविन्द घोष, फिरोजशाह मेहता की कथाएँ सुना जाते, यद्यपि तत्कालीन इतिहास पाठ्यक्रम में इनका कोई जिक्र न था। अंग्रेजी के पाठ के दौरान एडविन आर्नल्ड के 'लाइट ऑफ एशिया' की पंक्तियों के सन्देश की ओर ध्यान खींचते। कभी-कभी भोजन के समय उनके पास कुछ छात्र और अध्यापक बुला लिए जाते। फिर चर्चा चलती देशभक्तों की, समाज-सुधार की, नई पुस्तकों की। सवेरे घूमने निकलते, कोई-न-कोई साथ हो ही जाता; वृक्षों और पशु-पक्षियों का जिक्र आता; चर्च के पास होकर निकलते तो ईसामसीह की असीम करुणा तथा ईसाई मजहब की भक्ति-भावना का रहस्य समझाते; गौशाला के निकट गुजरते, तो गौरक्षा के विषय में गांधीजी के विचारों का उल्लेख करते। रात के समय भोजनोपरान्त हम लोग अकसर नीले आकाश का दिग्दर्शन करते-करते उनके मुख से सुनते ग्रहों, उपग्रहों और तारों की कथा; सर जेम्स जींस की पुस्तक 'दि मिस्टीरियस यूनिवर्स' से अनन्त आश्चर्यों का वर्णन सुनाया जाता, आइंस्टाइन और रामानुज के गणित की चर्चा होती। सन् '24 में नालन्दा गए, तो वहाँ से पुराने पत्थर और मिट्टी के टुकड़े ले आए और हफ्तों उन्हीं का जिक्र चलता रहा। अपने नगर में बाहर से यदि कोई यात्री आता तो उसके अनुभव सुनते, उसे सहायता देते। जिले में पहली बार हवाई जहाज का प्रदर्शन हुआ, तो सबसे पहले उसमें बैठकर उड़े, रेडियो का आविष्कार हुआ, तो अपने यहाँ मँगाया। घर में उत्सव, त्योहारों पर पूजा होती, तो रीति-रिवाजों के पीछे जो समाज-तत्त्व हैं, उन्हें समझाते। बालिकाओं की शिक्षा का आन्दोलन चला, तो न सिर्फ उसके प्रबल समर्थक रहे, बल्कि सबसे पहले अपनी कन्याओं को ही लड़कों के स्कूल में दाखिल किया। कोई भी पुस्तक-विक्रेता उनके यहाँ से निराश नहीं लौटा। अपने तकिए के पास डायरी रखते, जिसमें अकसर अपने विचार लिखते रहते और पुस्तकों, लेखों इत्यादि में से उद्धरण भी रखते। इस तरह के उद्धरणों के संग्रह रखने के लिए उन्होंने अपने कई छात्रों को भी प्रेरित किया।

छात्र छुट्टियों में घर जाते या पढ़ाई पूरी हो जाने पर स्कूल छोड़ जाते, तब भी पत्र-व्यवहार द्वारा सम्पर्क जारी रहता। जिस छात्र ने पत्र लिखा, उसने न केवल उत्तर पाया, बल्कि हर उत्तर में एक-न-एक रत्न—भावानुरंजित अथवा विचार-रश्मियों से आलोकित। ये पत्र ही वे 'एकमुश्त गुबार' थे, जो उनके छात्रों की 'आँखों को नूर' देते, उनके 'दिल को सुरूर'! ग्रन्थ लिखकर उन्हें यश अथवा अर्थ-लाभ की तो कामना थी नहीं; इसलिए अनुभव, अध्ययन, मनन से आदर्शप्रियता का जो अमृत पाया, उसे अपने शिष्यों को ही अर्पित किया बिना दुराव के। न जाने कितनों ने अपनी व्यक्तिगत दुष्कर परिस्थितियों में इस अमृत से जीवन-लाभ किया। देहरादून-प्रवास में जो प्रक्रिया प्रारम्भ हुई, जीवन के अन्तिम वर्ष तक चलती रही। 1941 में अपने एक पुराने छात्र को लिखा।

"What matters to me most is the intellectual and spiritual friendship that I have always tried to contact and foster with those, be they my junior in years of intellect, whom I thought I should take into my intellectual confidence."[1]

एक दूसरे पुराने छात्र को मृत्यु से एक महीने पहले ही लिखा :

"*The light of Asia* Lord Budha's renunciation is my companion. It is good to be in the company of this book for in the midst of one's wordly comforts, one should be in touch with the spirit of renunciation preached and practised by the mighty souls of the past. I am the better for it."[2]

वाणी, विचार और व्यवहार द्वारा उच्चादर्शों का अपने छात्रों में संचार करने में उन्होंने अपना समूचा व्यक्तित्व, प्राचीन गुरुओं की भाँति शिष्यों को अर्पित कर दिया। किन्तु परम्परा की प्रतिध्वनि के साथ-साथ मेरे पिता के जीवन में, लय के साथ ताल की भाँति, एक आधुनिक तत्त्व भी था--प्रयोगशीलता। इसके बीज पड़े 1915-16 में, जब वह अध्यापन-शैली में ट्रेनिंग पाने के लिए इलाहाबाद रहे। इलाहाबाद ट्रेनिंग कॉलेज के प्रिंसिपल थे मैकेंजी। मैकेंजी ने मेरे पिता की नवीन शिक्षा-पद्धतियों में दिलचस्पी देखकर उन्हें नूतन विचारों और प्रयोगों की ओर अग्रसर किया। मैकेंजी की दीक्षा से उन्हें आशा बँधी कि अध्यापक का जीवन दैनिक पठन-पाठन का ताँता-मात्र नहीं है। उसमें भी गुंजाइश है कल्पनापूर्ण योजनाओं की, नए तथ्यों के निरूपण की, साहसपूर्ण प्रयोगों की। शिक्षक चिर-गतिशील बालक-बालिकाओं के विकास का साधन है। इसलिए रूढ़िग्रस्त अध्यापक अपने ध्येय के तईं ईमानदार नहीं रह सकता। बच्चों के प्रति जबर्दस्ती बरतकर भले ही परीक्षाएँ पास करा ले, किन्तु जीवन-निर्माण नहीं कर सकता। शिक्षा के क्षेत्र में उन्होंने तीन सिद्धान्त अपने सामने रखे और कई शिक्षा कांफ्रेंसों में उन्हें घोषित किया। प्रथम तो यह कि अध्यापक का उद्देश्य केवल वार्षिक परीक्षाओं के लिए छात्रों को तैयार करना नहीं है, बल्कि उनके व्यक्तित्व को समृद्ध बनाना है। दूसरे, शिक्षण-प्रणाली इत्यादि में नए विचारों को प्रयोग में लाने के लिए सर्वदा तत्पर रहना चाहिए, क्योंकि प्रगतिशील जगत् में शिक्षापद्धति जड़ नहीं रह सकती। तीसरे, शिक्षक अपने को वेतन के बदले रटंत करानेवाला भाड़े का मास्टर न माने, बल्कि नई पीढ़ी को विकसित करनेवाला राष्ट्र-निर्माता समझे और तदनुसार ही आत्मविश्वासी बने।

1916 क्या, आजकल भी इन सिद्धान्तों को कार्यान्वित करने के लिए पर्याप्त क्षेत्र बहुत कम शिक्षकों को मिल पाता है। उनके उत्साही अध्यापकों के अरमान, दफ्तर

---

1. जो मानसिक और आध्यात्मिक नाता मैंने उन लोगों के साथ जोड़ा, जिन्हें--चाहे वे आयु अथवा मानसिक स्तर में मुझसे छोटे ही रहे हों--मैंने अपने आन्तरिक विचार-विनिमय के योग्य समझा, उसे ही मैं सबसे अधिक महत्त्व देता हूँ।

2. 'लाइट ऑफ एशिया'--भगवान बुद्ध के चरम त्याग की कथा ही आजकल मेरी संगिनी है। यह उचित ही है कि मुझे इस ग्रन्थ का सत्संग मिल रहा है, क्योंकि सांसारिक सुखों के बीच रहते हुए त्याग की उस प्रेरणा से सम्पर्क भी रहना चाहिए, जिसका उपदेश और आचरण पुरातन समय की महान आत्माओं ने हमारे सामने रखा है। इससे मेरा कल्याण ही हुआ है।

की-सी कार्य-प्रणाली की मरुस्थली में सूख जाते हैं। मेरे पता धन और यश के मामले में भाग्यवान न होते हुए भी अपने मनोरथों के अनुकूल परिस्थितियाँ पाने में अकसर भाग्यशाली रहे। जब ट्रेनिंग कॉलेज ही में थे, तो खुर्जा नगर से उनके पास निमन्त्रण आया। पुराने ई.सी. हाई स्कूल के मुकाबले एक नया हाई स्कूल खोल रहे थे नगर के दूसरे सेठ, रायबहादुर जानकीप्रसाद। उसका प्रधानाध्यापक मेरे पिता को ही बनाना चाहते थे, चूँकि उनकी प्रतिभा से रायबहादुर परिचित हो चुके थे। इंस्पेक्टर कॉक्स ने विशेष अनुरोध किया मेरे पिता से इलाहाबाद जाकर। मेरे पिता ने शर्त रखी, "मुझे स्कूल के प्रशासन और शिक्षा-क्षेत्र में पूरी आजादी होनी चाहिए।" जिन्दगी-भर इस वायदे को निबाहा रायबहादुर जानकीप्रसाद ने और उनके बाद उनके सुपुत्र रायसाहब श्यामलाल ने। और इस तरह 1916 से लेकर 1943 तक 27 वर्ष की लम्बी अवधि में मेरे पिता जे.ए.एस. हाई स्कूल, खुर्जा के प्रधानाध्यापक ही नहीं, सर्वेसर्वा रहे।

नए विचारों और पद्धतियों के प्रयोग के लिए आजादी तो मिल गई, लेकिन छोटा-सा खुर्जा शहर; छात्र दुकानदारों के कुटुम्बों से आते या आसपास के गाँवों से; पब्लिक स्कूल में पढ़नेवाले छात्रों की-सी सांस्कृतिक-पृष्ठभूमि तो उनकी थी नहीं और सहायक अध्यापकगण भी साधारण योग्यता प्राप्त थे, वेतन उनके बहुत कम थे और ज्ञान-राशि सीमित। इस मिट्टी में जान फूँकने का बीड़ा उठाया मेरे पिता ने उस जमाने में, जब प्रगतिशील शिक्षा-प्रणालियों से बड़े-बड़े नगरों के अध्यापकगण भी अनभिज्ञ थे। जो प्रयोग उन्होंने किए, उनमें से कुछ तो आज भी, दिल्ली-जैसी महानगरी के समृद्ध स्कूलों के लिए भी अनुकरणीय उदाहरण माने जाएँगे।

1924 में उन्होंने डाल्टन प्लान नामक पद्धति चलाई। अध्यापक कक्षा में केवल मुँहजबानी पाठ पढ़ाने के बजाय हरेक छात्र को सप्ताह भर के लिए एसाइनमेंट देते, यानी पाठ को अनेक कार्य-इकाइयों में बाँटा जाता। हरेक छात्र के नाम पर एक कार्ड था, जिसमें उसकी दैनिक प्रगति के लिए खाने बने थे। ज्यों-ज्यों छात्र अपने कार्य की इकाइयों को पूरा करता, त्यों-त्यों अध्यापक कार्ड पर यथोचित खानों में निशान लगाता जाता। काम कक्षा में ही बैठकर होता और अध्यापक हरेक छात्र की व्यक्तिगत कठिनाइयों को दूर करता। कक्षाँ में आप-ही-आप अनुशासन आ जाता था और दत्तचित्त होकर छात्र काम में लगे रहते, जैसे मधुमक्खियों के छत्ते में निर्दिष्ट पद्धति के अनुसार काम चलता है।

हर स्कूल में कुछ लड़के किसी विषय में तेज होते हैं, कुछ किसी में, किन्तु एक ही कक्षा में उन्हें रख दिया जाता है। इस कठिनाई को दूर करने के लिए उन्होंने सन् 1928-29 में 'स्टेज सिस्टम' नाम से वर्गीकरण की नई पद्धति चलाई। 5वीं से 8वीं कक्षा तक चार वर्षों के छात्रों को हर विषय के लिए अलग-अलग 9 वर्गों में विभक्त कर दिया और हरेक विषय की अलग पढ़ाई का प्रबन्ध हुआ। एक विषय में तेज छात्र 9 वर्गों को दो ही साल में पूरा कर सकता था और फिर उन विषयों की ओर अधिक ध्यान दे सकता, जिनमें वह कमजोर था।

भारतवर्ष में परीक्षा-पद्धति एक तरह का जुआ हो गई है, जिसमें छात्र की योग्यता की उतनी जाँच नहीं होती, जितनी उसके भाग्य की। 1929 में मेरे पिता ने साप्ताहिक परीक्षाओं की प्रणाली चलाई, जिसमें सप्ताह-भर के पाठ के सभी महत्त्वपूर्ण भागों पर जाँच की जाती। छोटे सवालोंवाले प्रश्न-पत्रों को चलाया, जिनमें केवल शब्द-जाल से भरमाने वाले उत्तरों की बजाय उपयुक्त और तथ्यपूर्ण उत्तर देने पड़ते।

1931 में उन्होंने स्कूल की कुछ शिक्षाओं में आत्मशिक्षण के प्रयोग किए। छात्रों के उन वर्गों को 'स्वराज्य वर्गों' की संज्ञा दी जा सकती है। क्लास में एक लड़का अध्यक्ष चुना जाता, एक मन्त्री। अध्यापक प्रारम्भिक चर्चा के बाद कक्षा के पीछे सीट पर बैठ जाता। दो छात्र सामने आकर पाठ्य विषय पर विवाद करते। अन्य छात्र उनसे प्रश्न पूछते। अध्यक्ष कार्रवाई चलाता और मन्त्री कार्रवाही को लिखता जाता। अन्त में अध्यापक उल्लेखनीय पहलुओं पर प्रकाश डालता। कक्षा को जो काम लिखने, चार्ट-नक़्शे बनाने इत्यादि को दिया जाता, उसे पूरा करने के लिए छोटे-छोटे दल बना दिए जाते; दलनायक एक तेज विद्यार्थी होता था, किन्तु उसकी यह जिम्मेदारी होती थी कि सारे दल की कार्यविधि का निर्देशन करे। 1930 में तो उन्होंने स्कूल के शासन-सम्बन्धी कुछ मामलों को छात्रों की एक एसेम्बली के हाथ सौंप दिया। एसेम्बली की छोटी-छोटी उप-समितियाँ विभिन्न कामों की देखभाल करती थीं—यथा होस्टल में सुविधाएँ, लाइब्रेरी की व्यवस्था, छुट्टियों की संख्या और क्रम इत्यादि। पठन-पाठन और व्यवस्था दोनों ही क्षेत्रों में उन्होंने छात्रों को गणतन्त्र की व्यावहारिक ट्रेनिंग देने का प्रयास किया।

1926 में शान्तिनिकेतन जाने का अवसर उन्हें मिला। कवीन्द्र से मिले, और खुर्जा लौटने पर स्कूल में एक नई पद्धति चलाई। सप्ताह में एक दिन सारा स्कूल नगर के बाहर एक जंगल में जाता और वहाँ वृक्षों के नीचे शान्तिनिकेतन की तरह, प्रकृति की उन्मुक्त गोद में, पढ़ाई होती। पठन-पाठन के अतिरिक्त सांस्कृतिक कार्य-कलाप और खेल-कूद को वह स्कूल के कार्यक्रम में विशेष ध्यान देते थे। किन्तु दस-बारह गिने-चुने छात्र टूर्नामेंटों और वाद-विवाद प्रतियोगिताओं में शील्ड-कप जीत लें और स्कूल को वाहवाही मिल जाए—ऐसी सांस्कृतिक प्रगति के वह कायल न थे। और न उन्हें साल में एक बार वार्षिक उत्सव में विशेष अतिथियों के सामने चुने हुए छात्रों का प्रदर्शन करने से सन्तोष मिल सकता था। उनका कहना था कि सांस्कृतिक कार्य-कलाप और खेल-कूद सच्चे अर्थ में शिक्षा के अंग तभी होंगे, जब स्कूल के अधिकतर छात्र इनमें शामिल हों और साल-भर बराबर पठन-पाठन की तरह इन बातों का भी क्रम चलता रहे। इसलिए स्कूल को पाँच 'हाऊसों' (भवनों) में विभक्त किया गया। हाउसों का नामकरण पहले तो प्राचीन विद्यापीठों के आधार पर किया गया, यथा—नालन्दा, तक्षशिला, उज्जैन, काशी, प्रयाग, विक्रमशिला और बाद में राष्ट्रीय नेताओं के नाम पर—टैगोर, मालवीय, गांधी, गोखले इत्यादि। हाउसों में प्रतियोगिताएँ होतीं और हरेक हाउस खेल-कूद, वाद-विवाद, नाटक, इत्यादि की व्यवस्था करता। इस तरह स्कूल के सभी छात्रों को अपनी प्रतिभा दिखाने और मिल-जुलकर काम करने का अवसर मिलता।

संगीत की शिक्षा का प्रबन्ध 1928 से ही कर दिया गया। हाउसों की अपनी-अपनी हस्तलिखित पत्रिकाएँ थीं। ग्रामोफोन रेकर्डों की सहायता से सामूहिक ड्रिल सिखाने की भी व्यवस्था थी। स्काउटिंग तो थी ही। छात्रों का अपना बाँसुरी बैंड था। बाहरी ज्ञान—विशेषतः समाचार-पत्रों की वार्ताओं—से परिचित रहने के लिए बोर्ड पर कटिंग टाँगी जाती थी, चित्र दिखाए जाते थे। अगणित प्रयोग उन्होंने किए, किन्तु हरेक की जड़ में दो मूलभूत सिद्धान्त थे—शिक्षा का वरदान तभी सार्थक है, जब पिछड़े-से-पिछड़े छात्र का कल्याण हो; और दूसरे, विद्यार्जन ही शिक्षा नहीं है, उसमें छात्र के समूचे व्यक्तित्व का विकास भी शामिल है।

तीस-चालीस वर्ष पूर्व छोटा-सा कस्बा—खुर्जा! न तो वहाँ इलाहाबाद-लखनऊ का-सा सांस्कृतिक वातावरण था और न नई शिक्षा-पद्धतियों एवं प्रयोगों के कद्रदाँ विद्वान। यों मेरे पिता के प्रयोगों की चर्चा कुछ कांफ्रेंसों में हुई और शिक्षा-शास्त्रियों का ध्यान उनकी ओर आकृष्ट हुआ। किन्तु बात यही थी कि जंगल में मोर नाचा, किसने देखा! पर 'दिखावे' की उत्कट लालसा को उन्होंने अपने ऊपर हावी नहीं होने दिया। छात्रों की उत्साहपूर्ण प्रतिक्रिया में ही उन्हें प्रेरणा मिलती। एक और भी बात थी। यंद्यपि खुर्जा में बहुत-से लोग उनके प्रयोगों और सांस्कृतिक स्तर को समझ नहीं पाते थे, तथापि सभी उनके असाधारण व्यक्तित्व को नगर के लिए गौरव मानते थे। उनके चारों ओर बैठे हुए अध्यापक, डॉक्टर, वकील, इत्यादि उनकी देश-विदेश, दर्शन-साहित्य, संस्कृति-विज्ञान की चर्चाओं को पूरी तरह न समझ सकने पर भी उनमें रस लेते; लगता जैसे किसी पुरखे के घुटनों के चारों ओर बैठकर कोई शिशु-समुदाय लोक-परलोक की कथाएँ सुनता हो; पुरखे का मस्तक मानो बादलों से भी ऊपर किसी अज्ञात और विचित्र दृश्यों को अवलोकता हो, जिनकी अस्पष्ट झाकियाँ ही शिशु-समुदाय को चकित करती थीं।

पुरखे! मेरे पिता की तसवीर भी एकांगी ही होगी, बल्कि एक मानी में ग़लत भी। एक अध्यापक और अध्येता के रूप में हमें वह वयोवृद्ध जान पड़ते थे, किन्तु अपने सामाजिक विचारों और व्यवहार में उनकी तरुण-सुलभ प्रखरता और विद्रोह भी अविस्मरणीय है। वह कई मामलों में सुधारवादी ही नहीं थे, क्रान्तिकारी भी थे। प्रायः देखा जाता है कि आयु के साथ भावनाएँ कुंठित होने लगती हैं, नयापन खिलवाड़ लगता है, परिवर्तन अखरने लगता है। जो है, ठीक है—अच्छा हो या बुरा। दुनिया बदली कब है?—सैकड़ों सिर खपाकर मर गए। तो फिर छेड़छाड़ से क्या लाभ? लेकिन मेरे पिता ज्यों-ज्यों साठ के निकट पहुँचते गए, त्यों-त्यों नूतन का आकर्षण जादू की तरह उन पर चढ़ने लगा। आदर्शों के निमन्त्रण ने उनके व्यक्तित्व में तारुण्य की चमक ला दी। अन्याय के विरुद्ध विद्रोह, सड़ी-गली सामाजिक रूढ़ियों को तुरन्त नष्ट-भ्रष्ट करने के

लिए उतावलापन और नए तथा अज्ञात किन्तु आदर्शवादी विचारों की उच्छृंखल तरंगों पर निर्भीक हो अपनी नौका डालने की क्षमता—ये सब क्रान्तिकारी के लक्षण नहीं तो क्या हैं?

एक घटना याद आती है। जमाना था शायद सन् '32 के आन्दोलन से ज़रा पहले। सारा देश एक अजब दीवानेपन में झूम रहा था। मुल्क पर निछावर होनेवालों की आँखें क्षितिज पर सिर्फ बलिदान की लाली देख पाती थीं, इनाम और आराम के महल नहीं। कौन जानता था, कब देश को आजादी मिलेगी, कब संकट टलेंगे, जंजीरें टूक-टूक होंगी ? अभी तो बस जूझना है। एक पथ, एक प्रदर्शक, एक आवाज और हजारों चरण काँटों को चूमने के लिए ललक उठते।

उस समय राष्ट्रीय संग्राम और सामाजिक क्रान्ति एक ही प्रवृत्ति के दो पहलू थे। हिन्दू-समाज में सुधार की लहर राष्ट्रीय उत्थान की भावना से ही अनुप्राणित थी, हालाँकि 1924-25 की साम्प्रदायिकता ने दिल खट्टे कर दिए थे और वह अलबेलापन, जिसमें स्वामी श्रद्धानन्द ने इमाम की जगह से दिल्ली की जामा मस्जिद में मुसलमानों की जमात में हिन्दू-मुसलिम एकता का नारा उठाया—देश का वह बाँकापन देखते-ही-देखते ग़ायब हो चुका था। फिर भी आपसी झगड़े सिर्फ ऊपरी बहक थे, भीतरी विष नहीं। हिन्दुओं ने सामाजिक अस्त-व्यस्तता को सँभाला, मुसलमानों ने अपनी तहज़ीब के मुलम्मे को चमकाया। लेकिन इन तैयारियों में एक-दूसरे पर टूटनेवालों की पैंतरेबाजी न थी, ये तो जन-शक्ति के चिह्न थे, अभिव्यक्ति चाहे जो हो, प्रेरणा तो एक ही थी।

शायद सन् '30 की बात है। गांधीजी ने हरिजन-उद्धार का जो मन्त्र दिया, तो हिन्दू-समाज ने एक नई स्फूर्ति का अनुभव किया। मेरे पिता थे कट्टर गांधीवादी, एकलव्य की तरह उन्होंने शिष्यता को निबाहा।

जिस विद्यालय में मेरे पिता प्रधानाध्यापक थे, उसी के हाते में अस्पृश्यता निवारण सम्बन्धी एक सम्मेलन हुआ। बड़ा उत्साहह था। आर्यसमाज के प्रसिद्ध वक्ताओं और कांग्रेस के अथक कार्यकर्ताओं ने अपने जोशीले भाषणों से जनता को विमुग्ध कर दिया। मेरे स्मृति-पटल पर उस सम्मेलन का जो चित्र अंकित है, उसमें अपार जन-समूह और महान नेताओं की अलभ्य झाँकियाँ घुल-मिल गई हैं। एक प्रसिद्ध नेता की गंगा-जमुनी दाढ़ी, दूसरे का रिमवाला चश्मा, तीसरे की उत्तरोत्तर गगनोन्मुखी वाणी! किशोर आयु में आँखें जो कुछ देखती हैं, कल्पना की तूलिका उस पर अनजाने ही अनेक गहरे रंग लगा देती है और कहीं-कहीं बिलकुल साफ छोड़ देती है। लेकिन इतना निश्चय है कि उस सम्मेलन ने मेरे बाल-हृदय को अनेक अस्पष्ट आदर्शों से ओतप्रोत कर दिया था। जन्मजात भावुकता को सामूहिक उल्लास का सहारा मिला और अहंकारविहीन सात्विकता से दिल भर गया।

सम्मेलन के तीसरे दिन निश्चय हुआ कि रात्रि में सहभोज होगा। अछूत और उच्च

जाति के हिन्दू एक ही पंगत में बैठकर खाना खाएँगे। यह उस समय की बात है, जब होटल, रेस्तराँ, सिनेमा इत्यादि ने रूढ़िगत संस्कारों के टीलों पर अपना 'बुलडोजर' चलाकर समाज को समतल नहीं बना दिया था। भाषण सुनने तो बहुतेरे आए, चन्दे भी कइयों ने दिए, नारे भी अनेक ने लगाए, लेकिन हमारा नगर सेठों और दूकानदारों का क्षेत्र था। मौका आने पर दान-कार्यों और संस्थाओं पर लाखों लुटा दें, पीछे रहकर जरूरी सहायता भी दे दें, लेकिन आगे बढ़ने को कहो, तो अन्तर्धान हो जाएँ! नतीजा यह हुआ कि शहर का कोई बड़ा आदमी सहभोज में आने के लिए तैयार नहीं हुआ। यों नौजवानों और वालंटियरों की कमी न थी। नेता लोग, जो बाहर से आए थे, भाषण दे-देकर चले गए। अगर कोई बुजुर्ग सहभोज में शामिल न हुआ, तो लोग उसे खिलवाड़ समझेंगे।

मेरे पिता भाषण वगैरह देने से झिझकते थे, इसलिए सम्मेलन के मंच से अलग ही रहे। यों लौटने पर रोज शाम को दिनभर की कार्रवाई और समस्याओं पर विवेचना तो खूब होती ही थी।

सहभोज का वक्त करीब था, तब उनके कानों में भनक पड़ी कि उस मौके पर शहर के अन्य सम्भ्रान्त सज्जन मुकर रहे हैं। नौजवानों की हिम्मत टूट रही है। फौरन छड़ी उठाई और सभा-स्थल पर पहुँच गए। बोले, "कुछ परवाह नहीं। आज मैं तुम लोगों का नेतृत्व करूँगा।"

बत्तियाँ जलते-जलते पंडाल भरने लगा। बराबरवाले शामियाने में एकरंगे बिछाकर भोजनार्थियों के बैठने का प्रबन्ध किया गया। कुछ दूर पर कड़ाहियों में पूरी-कचौरी तैयार हो रही थीं। कार्यकर्ताओं में अभूतपर्व जोश था। जितने खानेवाले थे, उनसे अधिक तमाशबीन। कुछ के चेहरों पर व्यंग्य था, कुछ के श्रद्धा, कुछ केवल उत्सुक थे। हरिजन भी आए, साफ-सुथरे कपड़े पहने, चकित-से, डरे-से, लाज के भार से दबे-से। चुनौती या विद्रोह की गन्ध न थी। लेकिन शायद अन्तस्तल में अविश्वास था। पर उस समय मैं इतने गहरे पैठ नहीं पाया। असल में उनमें से अधिक संख्या आर्य समाज के सम्पर्क में आए हुए हरिजनों की ही थी, जो पहले से ही प्रदर्शन के आदी थे और जिनके ऊपर 'महाशय' पदवी की मुहर लग चुकी थी।

पिताजी आगे बढ़े और बीचवाले एकरंगे पर जाकर बैठ गए। हम लोगों ने भी अपने-अपने लिए स्थान चुना। चारों तरफ दर्शकों की भीड़ लगने लगी। सहसा किसी ने कहा कि हरिजनों में कोई मेहतर तो है ही नहीं! बात ठीक निकली। सभी जात के हरिजन थे, संख्या कम थी, और मेहतर कोई न था! समय गुजर रहा था।

पिताजी ने कहा, "जाहरिया को बुलाओ।"

हम लोग कुछ चौंके। जोश के परिधान के नीचे जो रूढ़िगत संस्कारों का पुतला था, वह कुछ भड़का। जाहरिया! स्कूल का भंगी!

जाहरिया भंगी था। वह और कुछ न था, केवल भंगी था। याद नहीं पड़ता कभी उसने अपने का औरों की तरह मनुष्य समझा हो। याद नहीं पड़ता कभी उसके चेहरे

पर व्यथा की रेखा या लालसा का वेग दीखा हो। हमेशा हँसमुख, हमेशा तन्मय। कहूँ कि वीतरागी था, तो व्यंय जान पड़ेगा या अतिशयोक्ति। किन्तु इतना निश्चय है कि राग-द्वेष उसे छू न गया था। वह सन्त न था। शायद मूढ़ रहा हो। कौन जाने, हम जिसे मूढ़ समझते रहे, वह शायद मन में हम ही पर हँसता रहा हो!

पिताजी ने जब कहा कि जाहरिया को बुलाओ, तो हम लोग चौंके अवश्य। मर्दुमशुमारी में जिसे हम शायद आदमियों में गिनते भी नहीं, उसे पिताजी सहभोज में शामिल होने को बुला रहे हैं। समझ न पड़ा कि हँसें या नाराज हों। लेकिन पिताजी के चेहरे पर देखी सच्चाई-भरी दृढ़ता और हम लोगों की कुछ बोलने की हिम्मत न पड़ी।

जाहरिया आया। वही भंगिमा, वही सहज निष्कपट हँसी, वही मिची-मिची-सी आँखें, वही भावशून्य चेहरा। पता नहीं, वह उस मंडप की हलचल को समझ भी पा रहा था या नहीं। बेखबर हँस रहा था। अन्य हरिजन कुछ सकुचे, कुछ शरमाए। लेकिन जाहरिया वही था, जो और कहीं होता। अजब मज़ाक था। जाहरिया और उस मजमे का हीरो! सारी आँखें उस पर थीं, कोई मखौल कर रहा था, कोई घुड़की तक दे रहा था। लेकिन जाहरिया को न झिझक थी, न कोई बेताबी।

थोड़ी देर बाद हम लोगों ने देखा—जाहरिया पिताजी के ठीक बराबर में बैठा था। पत्तलें परस चुकी थीं। स्कूल के प्रधानाध्यापक और स्कूल का भंगी—बराबर एक आसन पर, एक भूमि पर बैठ अन्नपूर्णा के प्रसाद की प्रतीक्षा कर रहे थे। मैंने देखा—पिताजी के चेहरे पर अमित शान्ति, अनन्त करुणा, अनिर्वचनीय सन्तोष खेल रहे थे और मुझे लगा—मानो युग-युग के बन्धन टूट गए हों, मानो मानवता की नींव उन्होंने पा ली हो—वह नींव, जो समतल है, स्वच्छ है, शीतल है। वेद-मन्त्रोच्चारण प्रारम्भ हुआ—ओं विश्वानि देवसवितुर...अद्‌भुत शान्ति छा गई—बाहर भी, भीतर भी। उस आलोक की छाया में हम लोगों ने सहभोज प्रारम्भ किया।

दूसरे दिन शहर में सनसनी थी। छोटा-सा शहर, जहाँ नन्हीं घटनाएँ इतिहास बन जाती थीं और जहाँ गिरा सनयन थीं और वाणी का कल्पना की आँखें तो मिली ही थीं। स्कूल के प्रधानाध्यापक ने भंगी के साथ बैठकर खाना खाया। ग़जब हो गया।

"अजी एक ही पत्तल में खाया, एक ही पत्तल में!"

"और कोई नहीं मिला साथ में बिठाने को!"

"आख़िर अछूत भी तो तरह-तरह के होते हैं!"

"वह भी स्कूल का भंगी! अपना ही भंगी!"

"हेडमास्टर साहब की मत मारी गई है! धरम-करम अपना भी नाश किया, दूसरों का भी!"

"भला ऐसी बातों का लड़कों पर क्या असर होगा!"

जितने मुँह, उतनी बातें! हमारे पास भी सूचना देनेवालों की कमी न थी। कुछ

नमक-मिर्च लगाकर ही लोग कहते। एक भूचाल-सा आ गया शहर में। हर जगह वही चर्चा।

स्कूल के मालिक और मैनेजर तक यह बात पहुँची। वे नौजवान थे, पिताजी के शिष्य रह चुके थे और निजी रहन-सहन में नया तरीका पसन्द करते थे। लेकिन मामला उनके व्यक्तिगत दृष्टिकोण के बाहर हो गया। स्कूल का संचालन एक ट्रस्ट-कमेटी के हाथ में था और उसमें शहर के दो-चार धनी-मानी सज्जन थे—मैनेजर साहब की ही बिरादरी के। बिरादरी से उनका निजी जीवन की स्वच्छन्दता के विषय में समझौता-सा था, जिसके फलस्वरूप उनके मुसलमान बैरा, उनके अंग्रेजी खाने, उनकी विदेशी धजा के प्रति बिरादरी उदासीन थी और वह भी बिदादरी के मामलों में दखल नहीं देते थे। लेकिन यह मामला टेढ़ा आ पड़ा था। उन्हीं के स्कूल के प्रधानाध्यापक खुलेआम ऐसा अनर्थ कर बैठें और बिरादरी चुपचाप बैठी रहे! मैनेजर साहब ने मामले को दबा देना चाहा। पिताजी की वह बहुत इज़्ज़त करते थे, और स्कूल के अन्दरूनी मामलों में सारी बागडोर उन्हीं के हाथ में दे रखी थी। लेकिन ट्रस्ट-कमेटी के सदस्यों का बहुत ज़ोर पड़ा, तो उन्हें कमेटी की एक विशेष मीटिंग बुलानी पड़ी। विषय था--प्रधानाध्यापक के स्कूल के भंगी के साथ सहभोज में भाग लेने पर विचार।

उन्हीं दिनों पिताजी बीमार पड़ गए। सख्त बीमार। मेरे स्मृति-पट पर उस बीमारी का चित्र भी एक भयावह छाया की भाँति फैला हुआ है, घनीभूत और स्पष्ट। बीमारी के दिनों में उनकी डाक मैं खोलता था; समाचार-पत्रों में से अवतरण सुनाना, गांधीजी के लेखों और रवीन्द्रनाथ के गीतों को पढ़कर सुनाना, चिट्ठियाँ लिखना—कुछ ऐसे ही विविध कार्य कभी-कभी मुझे मिल जाते थे। एक दिन डाक में एक चिट्ठी पढ़ी। शाहजहाँपुर में एक पुराना स्कूल था, जिसके मैनेजर हम लोगों के एक दूर के रिश्तेदार ही थे। उन्हीं की चिट्ठी थी। उन्होंने सुना कि पिताजी का ट्रस्ट-कमेटी से मतभेद हो गया है और शायद स्कूल उन्हें छोड़ना पड़े। ऐसी हालत में क्यों न शाहजहाँपुर के स्कूल में प्रधानाध्यापक के पद पर आ जाएँ? स्कूल अच्छा है, वेतन ज्यादा मिलेगा। मकान मुफ़्त और अन्य सहूलियतें भी। और फिर मैनेजर अपने ही आदमी, पूरी आजादी दे देंगे। ऐस अनुभवी और योग्य प्रधानाध्यापक की उन्हें जरूरत भी है।

चिट्ठी पढ़कर मन में कुछ गुदगुदी-सी हुई। चलो, इस झँझट से तो छूटेंगे! और सबसे ज्यादा आकर्षण था नए स्थान का, नए वातावरण का। ठीक मौके पर यह निमन्त्रण आया; मुँहतोड़ जवाब और मुँहमाँगी मुराद!

पिताजी ने मेरे चेहरे पर उत्सुकता और प्रसन्नता के चिह्न ताड़ लिए, लेकिन कुछ बोले नहीं। हाथ से लिखा एक पोस्टकार्ड दिया और कहा, "इसे डाकखाने में डाल आओ। लेकिन देखो, पढ़ना मत।"

पढ़ना मत?...तब तो जरूर ही कोई दिलचस्प बात होगी। मानी हुई बात है कि प्रायः वर्जना ही निमन्त्रण हो जाता है; निमन्त्रण ही नहीं, सम्मोहन। सो, पोस्टकार्ड पढ़ ही तो डाला। शाहजहाँपुर की चिट्ठी का जवाब था। पिताजी ने लिखा था, "आपके सौहार्दपूर्ण आमन्त्रण को अस्वीकार करते हुए मुझे बुरा लग रहा है, क्योंकि आपके

आग्रह के पीछे सहानुभूति ही नहीं, स्नेह भी है। लेकिन आपको शायद न मालूम हो कि यहाँ जिस परिस्थिति में मैं अपने को पाता हूँ, वह मेरे लिए सिद्धान्त की चुनौती है। ऐसी चुनौती से मैं मुँह मोड़नेवाला नहीं। प्रदर्शन के लिए मैंने भंगी के साथ बैठकर खाना नहीं खाया है। तो फिर मुँह क्यों मोड़ूँ? संघर्ष से विमुख होना सिद्धान्त के प्रति दग़ाबाजी होगी...मुझे तो जूझना ही है। और यदि स्कूल से हटना ही पड़ा, तो अन्यत्र नौकरी नहीं करूँगा। यह स्कूल मेरे बच्चे के समान है। शुरू से इसे पाला-पोसा। इसे छोड़ना पड़ा, तो मेरा निश्चय है कि साबरमती आश्रम में जाकर महात्माजी के चरणों पर ही पड़ूँगा। और कहीं नौकरी करने का विचार नहीं है।"

मुझे याद नहीं कि पत्र पढ़कर मैं निराश हुआ या नहीं। लेकिन जीवन में जब कभी कमजोरी के क्षण आते हैं और असलियत के जाल में आदर्श स्वप्नवत जान पड़ते हैं, तब यह उत्तर याद आता है और हिम्मत बढ़ती है। गुमराह अपनापन फिर से प्रतिष्ठित होता है।

दो और घटनाएँ याद आती हैं, जिन्हें एक मानी में ऊपर दिए हुए चित्र का पूरक समझा जा सकता है।

उत्तर प्रदेश के पश्चिमी जिलों में आर्य समाज का प्रभाव अत्यन्त व्यापक था। स्वामी श्रद्धानन्द के बलिदान के उपरान्त उस अँचल में हिन्दू साम्प्रदायिकता ने ऐसा जोर पकड़ा कि अनेक कट्टर राष्ट्रीयतावादी उसकी लपेट में आ गए। अजब दिन थे वे, जब अधूरे जागरण की ऊँघ में हमारा देश कभी एक करवट लेता उग्र राष्ट्रीयता की ओर, कभी दूसरी साम्प्रदायिक गौरव की ओर। लेकिन करवटें लेनेवाला देश एक ही था और उन परस्पर-विरोधी झोंकों में भी कुछ ऐसी अनायास निष्छलता थी, जा बाद में दुर्लभ हो गई। आर्य समाज के मन्दिर में आगरा के उपदेशक की कालीचरण 'सत्यार्थ-प्रकाश' के 14वें समुल्लास की व्याख्या करते, जिसमें इस्लाम की अत्यन्त स्थूल छीछालेदर होती, लेकिन सभा में एकाध मौलवी आ बैठते और कुछ चुहलबाजी भी होती, जिसमें विषाक्त वाण नहीं, चुटकियाँ-भर होतीं।

शायद इसी किशोर-सुलभ मनोवृत्ति के कारण हमारे नगर का हिन्दू और मुसलमान समाज मेरे पिताजी की असाम्प्रदायिक विचार-पद्धति के बावजूद उनकी इज़्ज़त करता था। एक ओर तो वह आर्य समाज के अस्पृश्यता-निवारण-आन्दोलन, कन्या-शिक्षा और अन्धविश्वास-खंडन के सक्रिय समर्थक थे, दूसरी ओर उनकी इस्लाम-विरोधी नीति के निर्भीक आलोचक। हमारे नगर की थियोसोफिकल सोसाइटी के उन्नायकों में से वह थे और एनीबेसेंट की रचनाओं और उनके भाषणों पर निछावर थे। इस तरह सर्व-धर्मों के प्रति समदर्शी भावना ने उनके हृदय पर जड़ पकड़ी और हृदय उनकी बुद्धि का पथ-प्रदर्शक था। इस भावना की पुष्टि हुई गांधीजी के चुनौतीपूर्ण सन्देश के प्रभाव में। वह सन्देश मेरे पिताजी के व्यक्तित्व का अविच्छिन्न अंग बन गया और मत-मतान्तर के विरोध उनकी दृष्टि में घर घातक बन गए। हिन्दू-मुस्लिम झगड़ों और तनाव में उन्हें गांधीजी के पावन

रूप पर आघात लक्षित होता और इसका आभास-मात्र उन्हें उत्तेजित कर देता।

जबकि यह चर्चा है, तब मेरी आयु 10-12 वर्ष की रही होगी। घर में स्नेह का केन्द्र था मैं, और पिताजी मुझ पर कभी नाराज भी न हुए थे। ताड़न तो दूर की बात रही। नगर में हनुमानजी के मन्दिर और उसके निकट एक मस्जिद को लेकर हिन्दू-मुसलमानों में मतभेद चल रहा था। रोज तरह-तरह की खबरें आतीं; आशंकाएँ उठतीं और बिन बरसे बादलों की भाँति उड़ जातीं। हम बच्चे सोचते—झगड़ा क्यों नहीं होता? कुछ चमक-दमक तो हो, कुछ समाचार-पत्रों में छपने योग्य चर्चा तो बने! मेरे समाचारों का सूत्र था एक नौकर, जो परियों और शहजादियों की कथा सुनाकर मेरे सपनों को जगमग किया करता था। उन दिनों परियाँ उड़ गईं और शहजादियाँ शायद अपने शहजादों से जा मिलीं। उनका स्थान ले लिया हनुमान मन्दिर और मस्जिद के गणों और पीरों ने, और मेरा नौकर मुझे सुनाता—मन्दिर के पासवाली दीवार रातोरात बन गई। हिन्दू अखाड़ों में पहलवानों को दूध और बादामों की खुराक दी जा रही है। मुसलमानों ने नई बर्छियाँ बनवाई हैं, लेकिन हिन्दुओं के पास भालों की कमी नहीं। फलाने सेठ ने सारा खर्चा उठाने का जिम्मा लिया। लेकिन कोतवाल मुसलमानों का आदमी है, देखें, अंग्रेज कलक्टर का क्या रुख होता है? और एक दिन मेरा नौकर बोला, "इन मुसलमानों का क्या ठिकाना, बड़े बेईमान होते हैं।" मैंने हाँ-में-हाँ भरी, "अरे, हाँ! ये मुसल्ले-कटल्ले बहुत बुरे होते हैं।"

और सहसा ऊपरवाले कमरे से मेरे पिताजी की आवाज सुनाई दी; उस आवाज़ में कड़क थी और था शरीर और चित्त का झकझोरनेवाला आक्रोश! पहले कभी ऐसी आवाज मेरे लिए उनके कंठ से सुनी न थी। लगा कि वह मेरे ऊपर बरस ही पड़ेंगे। गुस्सा उनका विकट होता था, पर मेरी समझ ही में न आया कि क्यों वह नाराज़ हो रहे हैं। मैं किंकर्त्तव्यविमूढ़ था, लेकिन न जाने क्यों भयभीत नहीं। बोले, "तुमको अगर कोई क़ाफिर कहे, तो कैसा लगेगा? तुमने ये बेहूदे शब्द 'मुसल्ले-कटल्ले' कहाँ से सीखे? खबरदार, जो मुसलमानों के लिए कोई अपशब्द इस्तेमाल किया! क्या वे हिन्दुओं की तरह मनुष्य नहीं होते? तुम समझते हो कि इन झगड़ों में उन्हीं का क़सूर है? लेकिन हिन्दू अपने आगे तो शीशा रखें और फिर लोग यह क्यों नहीं समझते कि इन झगड़ों के पीछे अंग्रेजों की चाल है। तुम्हारी ज़बान पर ऐसी गाली आई ही क्यों? क्या हम लोगों के मुसलमान दोस्त नहीं?" इत्यादि, इत्यादि।

उन दिनों मैं न 'मुसल्ले-कटल्ले' शब्द का आशय समझता था न 'क़ाफिर' का। लेकिन पिताजी की उग्र मूर्ति और उस आवेशपूर्ण वाणी के पीछे मुझे उस समय भी इतने गहरे और सच्चे विश्वास एवं आस्था की झलक मिली कि अविकसित बुद्धि को लाँघकर अन्तस्तल में एक महिमापूर्ण, समदर्शी सिद्धान्त ने घर कर लिया। आज तक उनके द्वारा की गई वह प्रतारणा और उनकी वह रुष्ट भंगिमा मेरे मन पर अंकित है, इसलिए नहीं कि उस क्रोध ने मुझे सहमा दिया, बल्कि इसलिए कि उस रोष के माध्यम में मुझे एक तेजोमय सन्देश मिला।

कई वर्ष बाद की बात है, शायद सन् 1933 की, जब मैं कॉलेज में पढ़ने के लिए प्रयाग चला गया था। छुट्टियों में मैं और मेरे मित्र नरेन्द्र शर्मा (हिन्दी के विख्यात कवि) घर आए हुए थे और वह हमारे ही यहाँ ठहरे हुए थे। उनके प्रति पिताजी का अटूट स्नेह था उनके शिष्य और मेरे बन्धु होने के नाते। स्कूल में किसी उत्सव के सिलसिले में नाटक हो रहा था 'शाहजहाँ'। हम लोग स्कूल के छात्र थे नहीं और अपने कमरे में बैठे गप लड़ा रहे थे। हठात् एक लड़का आया और बोला कि नाटक हो नहीं पा रहा है, क्योंकि शहर के मुसलमान विरोध कर रहे हैं। उसमें औरंगजेब के विषय में कुछ अप्रिय शब्द हैं जो मुसलमान लड़के नाटक में भाग ले रहे थे, वे ग़ायब हो गए। नाटक हो तो कैसे ?

नरेन्द्र और मैं स्कूल के पुराने छात्रों में सिद्धहस्त अभिनेता माने जाते थे। हम लोगों ने समझा कि यह स्कूल की इज़्ज़त का प्रश्न है। नाटक हो ही न, इसमें तो हमारी पुरानी संस्था की भद्द हो जाएगी। बस, हम लोगों ने कहा कि जो दो मुसलमान छात्र भाग गए हैं, उनके स्थान पर हम दोनों काम करेंगे। 'प्राम्पटिंग' से काम चल जाएगा। यह भी कोई बात है! हम लोगों के होते हुए स्कूल की यों मानहानि हो जाए!

जोश में आकर हम लोगों ने नाटक की नैया पार लगाने के लिए कमर कस ली। पहले से भवन में समाचार भेज दिया कि कोई फिक्र की बात नहीं, हम लोग आ रहे हैं। थोड़ी देर बाद चले। लेकिन हॉल में जाकर दूसरा ही दृश्य देखा। स्टेज पर ड्राप सीन पड़ा हुआ था और पिताजी खड़े हुए थे। उन्होंने ऐलान कर दिया कि नाटक नहीं होगा, क्योंकि मुसलमान भाई उसे पसन्द नहीं करते। एक कोलाहल दर्शकों में उठा, विरोध की आवाजें भी सुन पड़ीं, कुछ खलबली, कुछ बेचैनी; लेकिन पिताजी अडिग थे। नपे-तुले और स्पष्ट शब्दों में उन्होंने दुहराया कि नाटक नहीं होगा, और ऐसा खरापन और तेजस्विता थी उनकी मुद्रा और स्वर में कि साँझ की धूल की भाँति कोलाहल कम होता चला गया, दर्शक वापस जाने लगे। मेरी और नरेन्द्र की ओर उन्होंने जो दृष्टि डाली, उसमें मर्मस्पर्शिनी प्रताड़ना थी। बाद में उन्होंने बताया कि स्कूल की इज़्ज़त इसमें नहीं है कि स्कूल के एक महत्त्वपूर्ण वर्ग की इच्छा के विरुद्ध, उनकी भावनाओं को ठोकर लगाते हुए उत्सव किया जाए। इतिहास में अनेक ऐसे स्थल हैं, जिनकी चर्चा अनुसन्धान और अध्ययन के स्तर पर ही होना चाहिए, प्रदर्शन के द्वारा नहीं। प्रदर्शन ऐसे ही पहलुओं का हो, जिनके द्वारा आधुनिक समाज का कल्याण हो। और फिर भारतीय इतिहास में साम्प्रदायिकता की मनोवृत्ति के विकास का दिग्दर्शन उन्होंने हम दोनों को कराया। भारतीय इतिहास की वे झाँकियाँ मेरी और शायद नरेन्द्र की भी विचारधारा को स्थिर रखने में सहायक हुईं। अकसर भोजनोपरान्त वह हम लोगों के साथ बैठ जाते और ऐतिहासिक घटनाओं की तह में जो प्रवृत्तियाँ गतिशील होती हैं, उनका स्पष्टीकरण करते। लेकिन वह 'अध्यापन'-शैली प्रभावोत्पादक इसलिए अधिक होती थी कि वह आदर्शों को कोरी चर्चा का विषय नहीं मानते थे। दृष्टान्त अपने आचरण द्वारा ही उपस्थित कर देते थे।

अल्लादिया स्कूल का सक्का (मशक से पानी छिड़कनेवाला नौकर) था। ग़रीब

मुसलमान, मालिक के प्रति श्रद्धावान, काम में मुस्तैद। उसकी मशक, जो कभी-कभी सजीव जान पड़ती थी, उसका उलटी हुई मोहरियों का पायजामा और उसके घर में एक जंगली फलों का वृक्ष—ये मेरे बचपन की स्मृति में बिखरे हुए कुछ रंगीन कण हैं। उसकी पहली बीवी मर गई और बड़ी कोशिशों के बाद दूसरी शादी तय हुई। शादी का निमन्त्रण हमारे यहाँ आया। सुना कि बड़ी स्वादिष्ट सेवई बनी है और लड्डू भी! जैसा पहले लिख चुका हूँ, हमारे नगर में आचार-व्यवहार में संकीर्ण प्रवृत्ति के लोगों की कमी न थी। लेकिन शादी के दिन देखा कि पिताजी अल्लादिया के यहाँ जाने के लिए तैयार थे। मैं भी साथ में गया। अल्लादिया स्वयं अचरज में था—हेडमास्टर साहब स्वयं उसकी बारात में शामिल होंगे, इसकी उसने कल्पना भी न की थी। शहर के धनी-मानी और उच्च वर्ग के लोग हेडमास्टर साहब के इस ख़ब्त से आज़िज़ थे। वह बारात भी शहरवालों के लिए चलती-फिरती प्रदर्शनी बन गई। और जब पिताजी ने सेवई और शरबत की बानगी ली, तब सनसनी फैल गई। फूलों के सेहरे के नीचे अल्लादिया गद्‌गद हो रहा था।

जिन्दगी-भर ऐसे प्रयोगों में ही उन्होंने वह अमृत-रस पाया, जो काया के कष्टों और संघर्ष की आँधियों में भी उन्हें उल्लास देता था। मृत्यु से कुछ वर्ष पूर्व निजी देखभाल के लिए उन्होंने एक चमार लड़के का नौकर रखा। वही उनके कपड़े इत्यादि रखता, पलँग ठीक करता और कभी-कभी दफ्तर में नाश्ता इत्यादि लेकर पहुँचता। उस समय तक हरिजन-आन्दोलन ने एक सर्व-स्वीकृत रूप धारण कर लिया था, फिर भी आदर्शों को चरितार्थ करने की हिम्मत कम लोगों में थी।

आदर्शों को चरितार्थ करना—बड़ा कंटकाकीर्ण पथ था! मेरे पिता के निजी कमरे में बोर्ड पर कवयित्री लूसिया ट्रेंट की दो पंक्तियाँ मोटे अक्षरों में अंकित थीं—

"Far better to dream, dare, fail and fall. Than never to dream and dare at all."[1]

किन्तु इस रास्ते पर चलनेवाले को किस तरह मर-मिटना होता है, यह मेरे पिता अपने अनुभव से भली-भाँति जानते थे। प्रति वर्ष अन्तिम कक्षा के छात्रों की विदाई में हमारे स्कूल में एक सभा होती थी। उसके अन्त में मेरे पिता जानेवाले छात्रों को एक सन्देश देते थे। सन्देश में बंकिम बाबू के उपन्यास 'आनन्दमठ' की एक घटना का उल्लेख प्रायः हुआ करता था; बलिदान-पथ का पथिक निविड़ जंगल में चला जा रहा है, गहन वन, आक्रान्त शून्य। आवाज आती है, "क्या देगा माँ के चरणों में?" पथिक उत्तर देता है, "अपने प्राण!" लेकिन शून्य को चीरती हुई आवाज आती है, "प्राण नहीं, नादान! माँ माँगती है—जीते-जी मरण।"

---

1. सपने देखना, साहसपूर्ण कर्म करना, असफल होना और गिर पड़ना—यह सब कहीं अच्छा है, बजाय इसके कि न तो सपने ही देखे जाएँ और न कभी आगे बढ़ने की हिम्मत ही की जाए।

जीते-जी मरना! इस सन्देश को देखते हुए जो दीप्ति मेरे पिता के नेत्रों में दीखती थी, वह उनके सच्चे और कष्टपूर्ण अनुभव की देन थी। आदर्शों का पथ तो यों ही विघ्नपूर्ण और अपादग्रस्त होता है, किन्तु मेरे पिता के लिए जीते-जी मरण इसलिए भी था, क्योंकि उनका स्वभाव मानवीय कोमलता और सहानुभूति से ओत-प्रोत था। एक ओर तो आदर्शों की उपलब्धि के लिए एकाग्रचित्त और कठोर हृदय होने का आग्रह और दूसरी ओर दया और करुणा से द्रवित होनेवाली मनोस्थली! इन दोनों खिंचावों के कारण उनका जीवन प्रायः जीते-जी मरण हो जाता था। पर करुणा और भावुकता ही उनके सम्बल भी थे। उनकी डायरी के पन्नों में ऐसे अनेक प्रसंग मिलते हैं, जब अपने छात्रों और सम्बन्धियों की असामयिक मृत्यु पर वेदना फूट पड़ी थी। लाजपतराय के देहावसान का समाचार स्कूल को सुनाते-सुनाते रो पड़े थे। एक छात्र को पुलिस ने किसी जुर्म पर हिरासत में ले लिया, फ़ौरन अपनी जेब से दो सौ की कैश जमानत दी। न जाने कितने छात्रों और अध्यापकों को गुप्त सहायता दिया करते थे। कोई पुराना छात्र मिलने आता, तो भाव-विह्वल हो जाते। 24 दिसम्बर को पुराने छात्रों का पुनर्मिलन-समारोह हुआ करता था। दूर-दूर से पुराने छात्र आते, अनिर्वचनीय दृश्य होता था वह, जब मेरे पिता हरेक से अलग-अलग मिलते और स्नेहपूर्ण व्यवहार से उन्हें आप्लावित कर देते थे। सौजन्य, सौहार्द और स्नेह की उन फुहारों में अनेक भीगे।

जिसने कुछ माँगा, उसे 'न' कभी किया नहीं। जो निकट आया, उसे सहज ही विश्वासपात्र भी मान लिया। कई लोगों ने उन्हें धोखा भी दिया, पर मानव मात्र में आस्था का दामन मेरे पिता ने कभी न छोड़ा। एक पत्र में लिखा उन्होंने :

"I have always been a trusting man and though sometimes erratic in this trust, I have depended on this inborn nature of mine to come ultimately to my help. I have had crises in my life, as everybody does have, but this faith in me–the faith that I must trust not withstanding what the man trusted does in return, has always stood me in good stead."[1]

ऐसे थे मेरे पिताजी। किन्तु कौन सन्तान अपने पिता को आँक सकी है? हम–उनके पुत्र और पुत्रियाँ–कभी उन्हें गहराई से समझ न सके और न उन्हें सुख दे सके। 1943 में सुदूर उड़ीसा के सम्बलपुर नगर में (जहाँ मैं उन दिनों तैनात था) जब 54 वर्ष की आयु में उनका देहान्त हुआ, तो मन टूक-टूक हो गया। घर आकर सन्तप्त परिवार के साथ अनूपशहर में गंगा में अस्थि-प्रवाह के बाद घाट पर बैठा हुआ था। एक वानप्रस्थ सज्जन गंगास्नान के लिए आए। हमें देखकर पूछताछ की। बोले, "मैं

1. मैं हमेशा एक यक़ीनपरस्त आदमी रहा हूँ और कभी-कभी यह यक़ीन बेतुका हो जाता था, तथापि अपनी इस जन्मजात प्रवृत्ति का ही आसरा अन्ततः मुझे मिल जाता था। मेरे जीवन में संकट आए, जैसा कि हरेक के साथ होता है, लेकिन वह जो मेरे अन्दर आस्था थी–आस्था यह कि मुझे दूसरों पर विश्वास करना चाहिए, चाहे विश्वासपात्र व्यक्ति बदले में कुछ भी करे–इस आस्था ने हमेशा मेरा साथ दिया है।

तो माथुरजी को भली-भाँति जानता था। तुम उनके लिए शोक करते हो! किन्तु, भाई, उन्होंने तो सच्चे अर्थ में सुख पाया, जो बहुत कम को मिलता है।" उस समय वह बात ठीक नहीं समझ सका। किन्तु एक-डेढ़ वर्ष बाद उनके पुराने छात्रों ने उनके कुछ अवशिष्ट चिह्नों के ऊपर उनकी प्रतिमा स्थापित की। जब चार पुराने छात्र उस प्रतिमा का अनावरण कर रहे थे, तब उनकी और सन्तान-तुल्य अन्य पुराने छात्रों की आँखों में मैंने अपने पिता की वह मूर्ति देखी, जो उस संगमरमर की प्रतिमा से कहीं अधिक स्पष्ट थी। तभी उन वानप्रस्थी सज्जन के वचन याद आए। जो इतनों के मानस में बस सका, उनके आर्द्र अर्घ्य को पा सका, क्या वह लोकोत्तर सुख का भागी नहीं था?

जिन्होंने जीना जाना

पुराने और मज़बूत दिल दोस्त
पी. डी. टी.
को सस्नेह

बारह चरित-लेख

इस संग्रह के बारह चरित-लेखों में दो देशनायकों—जवाहरलाल नेहरू और राजेन्द्र प्रसाद—के विषय में हैं और छह हिन्दी के लब्धप्रतिष्ठ साहित्यकारों पर। इससे पहले के संग्रह ('दस तसवीरें') में मैंने इन दोनों ही वर्गों के ख्यातनामा व्यक्तियों पर कोई लेख शामिल नहीं किया था। सोचा कि इन विषयों पर तो बहुत कुछ लिखा गया है और लिखा जाता रहेगा।

पर विशेष अवसरों के लिए जब इनमें से कुछ लेख पत्र-पत्रिकाओं में प्रकाशित हुए तो मेरे स्नेही मित्रों की राय हुई कि इनमें कुछ ऐसा अनूठापन है जो अन्यत्र उपलब्ध नहीं। मैंने भी सोचा कि यदि किसी ख्यातनामा व्यक्ति का परोक्ष या अपरोक्ष रूप से मेरे ऊपर प्रभाव पड़ा तो केवल इसलिए की उस पर न लिखने में कोई तुक नहीं है कि वह देश-नायक या हिन्दी-साहित्यकार के रूप में प्रसिद्ध रहा हो।

साहित्यकारों पर मेरे लेखों में मर्मज्ञ पाठकों को एक विशेषता झलकेगी। मैंने चेष्टा की है कि उनकी रचनाओं के विश्लेषण द्वारा उनके व्यक्तित्व की गहराइयाँ नाप सकूँ। कुछ मानी में यह भी हिन्दी में पहला प्रयोग है।

अन्य चार लेख ऐसे कलाकारों अथवा कलामर्मज्ञों के बारे में हैं, जिनकी कलात्मकता जीवन के कठोर तथ्यों से पलायन नहीं, वरन् उनका कर्मठतापूर्ण बुनियाद रही है।

गद्य-शैली के स्तर और रोचकता को निबाहने में कहाँ तक सफल हुआ हूँ यह तो पाठक ही कह सकेंगे। समालोचकों से एक विनम्र निवेदन है; कभी-कभी समालोचकोचित मुखौटे को उतारकर इन रचनाओं को पढ़ने में शायद अधिक आनन्द मिले।

—जगदीशचन्द्र माथुर
नई दिल्ली

हिन्दी साहित्य के चिरकुमार

बेनीपुरी

बेनीपुरी के चेहरे से बीमारी की अवस्था में भी ज़रा और बेबसी नहीं टपकती थी। स्मृति क्षीण हो गई, वाणी और विचार का सन्तुलन विशृंखल हो गया, कलम से नाता टूट गया। सन् 1967 में नई दिल्ली की मेडिकल इंस्टिट्यूट के अस्पताल में मेरी पत्नी और मैं उनसे मिलने गए तो लगा मानो पिछले छह-सात वर्षों में किन्हीं सर्द अँगुलियों के स्पर्श से उनकी काया शिथिल हो गई हो, किसी अदृश्य चट्टान से टकराकर विचार-शक्ति की नौका डूब गई हो और केवल मस्तूल झलक रहा हो।

कितने चमकीले संकेत उस मस्तूल में झलकते थे! वह चेहरा जवान ही रहा ! उन आँखों की चमक घटी नहीं, वह मुसकान खिलखिलाहट बन जाने को बेताब ही रही।

सन् 1945 के अन्त या सन् 1946 के शुरू की बात है। एक दिन मैं पटना से स्टीमर पर गंगा पार जा रहा था—हाजीपुर। अंग्रेजी सरकार के मातहत मैं सबडिविजनल ऑफिसर था और अकसर मुझे वह यात्रा करनी पड़ती। स्टीमर की एक घंटे की वह यात्रा गंगा के उत्तर और दक्षिण के वहशीपने के बीच शान्ति और सौहार्द की मोहलत होती है। मैं स्टीमर की रेलिंग के किनारे खड़ा गंगा के सीमाहीन सौन्दर्य और चैनभरे स्पर्श का आनन्द ले रहा था कि एक परिचित सज्जन निकट आकर बोले—"माथुर साहब, आप बेनीपुरी से मिले हैं? अभी हज़ारीबाग जेल से छूटकर आए हैं।" मैंने यह उत्फुल्ल चेहरा देखा तो मुझे लगा कि उनकी फड़कती हुई गद्यशैली ने ही देह धारण कर ली हो। लेखन-शैली और बाहरी व्यक्तित्व का ऐसा सामंजस्य कम ही होता है। बातचीत चलते देर नहीं हुई। थोड़ी देर बाद मैंने कहा, "बेनीपुरीजी, मेरे दिमाग़ में आपका दूसरा ही ख़ाका था।"

"क्या मैंने आपको निराश किया?" वे बोले।

"निराश नहीं, अचरज में डाल दिया। सन् 1926-27 में जब मैं स्कूल का छात्र था, मैंने 'बालक' के सम्पादक रामवृक्ष बेनीपुरी की एक वयोवृद्ध और संजीदा व्यक्ति के रूप में कल्पना की थी!"

"आप 'बालक' पढ़ते थे, माथुर साहब?"

"जी।"

"तब तो मेरी लुटिया ही डूब चली।"

"क्यों?"

"इसलिए कि 'बालक' का बालपाठक जब अफसर हो गया तो 'बालक' के सम्पादक को तो बुड्ढ़ा होना चाहिए। और मैं इतना बेहया हूँ कि अभी तक जवान हूँ।"

'बालक' का प्रकाशन लहेरियासराय (दरभंगा) से होता था। उस समय तक हिन्दी में 'बालसखा' और 'शिशु' को छोड़कर कोई बालोपयोगी पत्रिका नहीं थी। ये दोनों छोटी आयु के बच्चों के लिए तो उपयुक्त थे किन्तु बेनीपुरीजी के 'बालक' ने ऐसी सामग्री प्रस्तुत की जो किशोरों की जिज्ञासु-प्रकृति को विकसित कर सके। मैंने 'बालक' से बहुत कुछ सीखा। बेनीपुरीजी ने उन्हीं दिनों मिथिला क्षेत्र की संस्कृति, साहित्य और विभूतियों को हिन्दी पाठकों के समक्ष रखा। विद्यापति, मंडन मिश्र से लेकर आधुनिक पुरुषार्थी लेगटसिंह तक अनेक मैथिल विभूतियों से प्रथम परिचय मेरे जैसे कई किशोर पाठकों को 'बालक' ही के माध्यम से हुआ। उस समय मुझे यह गुमान भी न था कि किसी दिन मैं–उत्तर प्रदेश के पँछाह का निवासी–बिहार के उसी सुदूर क्षेत्र की सेवा में नियुक्त किया जाऊँगा। अब लगता है कि मेरे अनजाने ही बेनीपुरी के परिचयात्मक लेखों ने मेरे किशोर मन में उत्तरी बिहार की संस्कृति के प्रति अनुराग के वे बीज रोप दिए जिनका बरसों बाद वैशाली के पुनरुद्धार आन्दोलन के रूप में प्रस्फुटन हुआ।

उस दिन स्टीमर पर बेनीपुरी से दूसरी चर्चा वैशाली ही के बहाने हुई। "मुझे आपसे एक शिकायत है," बेनीपुरीजी ने मुझसे कहा। मैंने उत्तर दिया, "आपसे तो पहला साक्षात्कार हुआ है, ख़ता करने के मौक़े तो भविष्य में आएँगे।" उन्होंने याद दिलाई कि हज़ारीबाग जेल से उन्होंने मुझे एक पत्र लिखा था लेकिन उसका उत्तर उन्हें नहीं मिला। मैंने कहा, "मैं तो आपसे पूछने ही वाला था कि जो सामग्री मैंने अम्बपाली के विषय में आपके पास भेजी थी उसका आप उपयोग कर पाए या नहीं?" "कहाँ मिली मुझे वह सामग्री? यही तो आपसे शिकायत है।" यह सुनकर मुझे मलाल हुआ लेकिन आश्चर्य नहीं। बेनीपुरी ने जेल में अम्बपाली पर नाटक लिखना शुरू किया। वहीं उन्होंने सुना कि अम्बपाली की नगरी वैशाली के विध्वंसों पर एक नौजवान सबडिविजनल ऑफिसर ने एक महोत्सव का आयोजन किया है। उस जमाने में मेरे उस प्रयास की बहुत चर्चा रही। जेल से भेजा हुआ बेनीपुरीजी का पत्र मुझे मिला। उन्होंने अम्बपाली और वैशाली सम्बन्धी ऐतिहासिक तथ्यों और जानकारी की माँग की थी। मैंने बहुत कुछ उपलब्ध सामग्री जमा करके हज़ारीबाग जेल उनके नाम भेजी। लेकिन जान पड़ता है, उन तक पहुँच नहीं पाई। यद्यपि मैं अंग्रेजी सरकार का एक अधिकारी था तथापि सन् 1942 के बाद मेरे जैसे कुछ भारतीय कर्मचारियों में अंग्रेजी सरकार का विश्वास डिग गया था और मेरे पत्र-व्यवहार पर भी कभी-कभी निगाह रखी जाती थी। यदि वह सामग्री बेनीपुरी को मिल जाती तो उनका प्रभावशाली नाटक इतिहास-सम्बन्धी कुछ भूलों से मुक्त रह पाता (जैसे, बेनीपुरी ने अम्बपाली को अजातशत्रु की प्रेयसी दिखाया है, यद्यपि वस्तुतः प्राप्त सूचना के अनुसार वह बिम्बसार की प्रेयसी रही होगी)।

जो भी हो, नाटक बहुत जानदार है। यह बेनीपुरी का पहला नाटक था। सन् 1947 में छपा था। हम लोगों की इच्छा थी कि इसे भली-भाँति मंच पर प्रस्तुत किया जाए। सन् 1951 में 'बिहार नृत्य नाटक संगीत परिषद्' की स्थापना हम लोगों ने की और शायद उसके कुछ समय बाद ही एक विद्यालय में उसका अभिनय हुआ। जिस छात्रा ने अम्बपाली का पार्ट लिया था वह वस्तुतः उस भूमिका में रम गई थी। बेनीपुरी और मैं साथ-साथ उस अभिनय को देखने गए थे और वे बहुत प्रसन्न हुए थे।

इससे पहले सन् 1946 में 'माटी की मूरतें' प्रकाशित हुईं। मैं मुग्ध हो गया। एक ही बैठक में पुस्तक को आद्योपान्त पढ़ लेने के बाद मैंने बेनीपुरीजी को पत्र लिखा और अपनी राय दी कि हिन्दी गद्य साहित्य को अभूतपूर्व देन है 'माटी की मूरतें'। हिन्दी के शब्द-चित्र-साहित्य में 'माटी की मूरतें' का वही स्थान है जो कथा साहित्य में 'उसने कहा था' का! बाहर से बिहार आनेवाले मित्रों से मैं अकसर कहा करता था कि यदि बिहारी जीवन को समझना है तो तीन पुस्तकें पढ़ो—एक तो ग्रियर्सन की 'बिहार पेजेंट लाइफ', दूसरी शिवपूजन सहाय की 'देहाती दुनिया' और तीसरी बेनीपुरी की 'माटी की मूरतें'। लेकिन 'माटी की मूरतें' बिहार के ग्रामीण क्षितिज से परे भारतीय ग्राम की व्यापक वातावरण को समेटे हुए हैं, इन मूरतों में हमारे देश का बाह्य प्रतिबिम्बित है और अन्तस् मुखर है।

बेनीपुरीजी के निकट सम्पर्क का सौभाग्य मुझे मिला सन् 1949 और 1955 के दरम्यान, जब मैं बिहार सरकार में शिक्षा-सचिव था। बिहार राष्ट्रभाषा परिषद्, जिसकी स्थापना में मेरा हाथ था, बिहार प्रदेश के मूर्धन्य साहित्यकारों का केन्द्र बन गया था। आचार्य शिवपूजन सहाय न केवल परिषद् के मन्त्री थे वरन् साहित्यकारों के अग्रज भी। बेनीपुरी परिषद् के विशेष सक्रिय सदस्य थे और उन दिनों साहित्य-सृजन भी तेजी के साथ कर रहे थे। बेनीपुरी और दिनकरजी की जोड़ी अटूट थी और मुझ पर विशेष कृपालु। अकसर सलाह देने अथवा सलाह लेने मेरे पास आ जाते। विदेश जाने से पहले और लौटने पर भी मुझसे मिले। 1953 में एक बार मेरे पास आए और बोले, "माथुर साहब, पचास से ऊपर हो चला, इसलिए अब कुछ इन्तजाम करना है।" मैंने पूछा कि किस तरह का इन्तजाम करने का इरादा है तो बोले—"मेरे मरने के बाद न मालूम कोई मेरा स्मारक बनाए या नहीं। कौन जाने मेरी ढेर-सी रचनाओं का संग्रह भी प्रकाशित हो या नहीं। इसलिए मैंने सोचा है कि मैं स्वयं ही इन दोनों बातों का श्रीगणेश कर जाऊँ। 'बेनीपुरी ग्रन्थावली' के प्रकाशन की योजना है। दस खंडों में प्रकाशित होगी। लाइए सौ रुपए का चैक!" मैंने कहा कि सौ रुपए में तो दस खंडों के प्रकाशन की सम्भावना नहीं दिखती। उन्होंने अपनी स्कीम बताई। पहले खंड के प्रकाशन के पूर्व ही सौ रुपए अग्रिम मूल्य देनेवाले सवा सौ सदस्य बन गए। मैंने भी अपना शुल्क दे दिया। काम चल निकला और सन् 1953 के अन्त तक बड़ी सजधज के साथ बेनीपुरी ग्रन्थावली का प्रथम खंड निकल ही गया। दो साल बाद दूसरा खंड। हिन्दी में एक ही लेखक की रचनाओं का संग्रह कई खंडों में चित्ताकर्षक और सुव्यवस्थित रूप में प्रकाशित

हो, ऐसा आयोजन मैंने अन्यत्र नहीं देखा। बाद में कुछ तो उनकी बीमारी और कुछ राजनीतिक जंजाल के कारण बेनीपुरी की यह लालसा पूरी न हो पाई कि वे अपने जीवन में ही दसों खंडों का प्रकाशन देख सकते। यह उत्तरदायित्व अब उनके पुत्रों पर है। 'स्मारक' के बारे में बेनीपुरी का यह मज़ेदार रवैया बराबर रहा। उन्होंने अपने गाँव में जब आलीशान पक्का मकान बनवाया था तो श्री जयप्रकाश नारायण ने उनसे पूछा कि इतनी भव्य इमारत की देहात में क्या जरूरत है? बेनीपुरी ने वही जवाब दिया कि मेरे मरने के बाद भला कौन मेरे नाम पर स्मारक बनवाएगा? कम-से-कम बेनीपुरी गाँव में इस मकान के साथ मेरा नाम तो जुड़ा ही रहेगा।

ग्रन्थावली प्रकाशन और मकान बनाने के सिलसिले में बेनीपुरी की तथ्यपरक बुद्धि का परिचय मिला। व्यावसायिक मामलों में भी उनकी पकड़ है, यह पता चला। प्रायः लेखकों और कवियों में इस तरह की समझदारी की कमी होती है। समझा जाता है कि ये लोग सांसारिक मामलों में अपने हित की बात नहीं कर पाते। बेनीपुरी एक ओर भावुकता के बहाव में सराबोर हो जाते थे और दूसरी ओर सूझ-बूझ के साथ अपने पार्थिव हितों की नौका भी खे ले जाते थे।

जब तक उन्होंने इन दोनों प्रकार के लक्ष्यों और उनके लिए अपेक्षणीय कुशलता को एक-दूसरे पर हावी नहीं होने दिया तब तक उनके व्यक्तित्व में सन्तुलन क़ायम रहा। आज़ादी के लिए संघर्ष में बेनीपुरी का भावुक स्वरूप ही सक्रिय हुआ था और इसलिए तत्कालीन राजनीति और उनके कवित्वपूर्ण व्यक्तित्व में कोई विरोधाभास नहीं हुआ। पर सन् 1957 के बाद वे जिस राजनीति में शामिल हुए वह उनकी तथ्यपरक प्रवृत्ति से सम्बद्ध थी। कुछ अर्से तक तो इन दोनों वृत्तियों की पृथक् सक्रियता को बेनीपुरी निबाह ले गए। लेकिन अन्ततः उनके व्यक्तित्व में जो प्रबलतर पक्ष था, यानी भावुक और आवेशपूर्ण, वह उनकी राजनीतिक भूमिका को डुलाने लगा। अपनी कांस्टिचुयन्सी में वे कुछ इसी भाँति इलेक्शन के लिए दौड़-धूप करने लगे जैसे असहयोग आन्दोलन में करते थे या जैसे किसी कल्पनासिद्ध, उल्लासपूर्ण कृति को पूरा करने में। नतीजा यह हुआ कि राजनीति के शतरंजी और सूझबूझवाले क्षेत्र में बेनीपुरी का आवेशपूर्ण व्यक्तित्व उछलने लगा। शक्तिपुँज बिखर गया और सन्तुलन क़ायम न रह सका। उल्लास का गायक दोनों ही बाजी हार गया।

क्या सच ही बेनीपुरी ने बाजी हारी? मृत्यु से पहले के सात-आठ वर्ष उनके जैसे बीते उसकी याद से ही मन दुखी हो जाता है। इसलिए नहीं कि उनकी काया क्षीण हो चली थी। सन् 1963 में मुझसे मुजफ्फरपुर में मिलने आए जहाँ मैं थोड़े अर्से के लिए कमिश्नर होकर गया गया। शरीर चंगा था, मुख पर मुस्कराहट थी और मुझे लगा कि बेनीपुरी उस पीड़ा से बच गए जो राहुलजी की देह ने सही थी। राहुलजी किताबें देखते; उनकी उँगलियाँ अपनी उन रचनाओं के पन्नों में और उनकी आँखें अपने परिचितों के चेहरों में टटोलती थीं—अपनी प्रतिभा को जिसके खो जाने का आता-जाता एहसास रह-रहकर उनकी आँखों में आँसू ला देता था। वे आँसू मानो उनके रुग्ण और ध्वस्त

शरीर के नीचे झपकती-सी चिनगारी की चेतना के प्रतीक थे। लेकिन बेनीपुरी? न बेबस चेतना के आँसू, न खोई प्रतिभा की खोज में भटकती आँखें, केवल एक स्वर, एक जड़ हँसी और 'जी, जी' की पुनरुक्ति—वैसी ही संवेदनशून्य जैसे पतझड़ में गिरे पत्ते की आवाज़ जिसका न वृक्ष से नाता है और न धरती से! उस व्यथा का अन्दाज़ा कैसे हो जो आहत व्यक्ति की चेतना ही पर मानो खुरंड जमा दे?

लेकिन तार टूटने से जो अवरुद्ध हो गया उस राग के उठान और मस्ती को भूलकर क्या उसके हठात् मौन का ही रोना रोते रहे? राग का जीवन उसकी ध्वनि में है, गद्यकार बेनीपुरी का जीवन भी वस्तुतः उसके सर्जनात्मक प्रवाह तक ही सीमित था, उसके बाद तो देह का कालयापन मात्र था।

सर्जनात्मक प्रवाह जब तक था तब तक भरपूर, गतिशील और निर्बाध रहा। इसलिए बेनीपुरी के कृतित्व में बढ़ती आयु के साथ क्रमशः फैलते हुए उस शैथिल्य का आभास नहीं होता जो प्रायः अनेक वयोवृद्ध लेखकों में हम पाते हैं। कल्पना और ओज से दुराव, विचारों का बोझिलपन, और शब्द और पदों में लय और नर्तन की अठखेलियों का क्रमशः लोप—परिपक्वता के नाम पर जड़ता के ये चिह्न हम बेनीपुरी की रचनाओं में नहीं पाते। सन् 1927-28 में लिखी विद्यापति की परिचयात्मक जीवनी, 1930-32 की रचना 'पतितों के देश में' और 1952 की 'पैरों में पंख बाँधकर' में विदेश-यात्रा का विवरण—तीनों में समाहित है वही सशक्त धड़कन, वही सजीवता, वही किशोरसुलभ चापल्य! परिवर्तन के जो चिह्न दिखते हैं वे लेखक के बदलते वातावरण के फलस्वरूप। वातावरण की प्रतिक्रिया बेनीपुरी की रचनाओं में मुखर है क्योंकि बेनीपुरी जो देखते-सुनते उसे उनकी अनुभूति की गहराइयों में उतरते देर नहीं लगती और अनुभूति के संस्पर्श से लेखनी को ललकते भी देर नहीं होती। यह क्रम उनके व्यक्तित्व में अन्य लेखकों की अपेक्षा कहीं अधिक वेगवान् था।

तीन प्रकार का वातावरण-प्रधान साहित्य बेनीपुरी की रचनाओं में हम पाते हैं—पहला तो कुतूहलवर्धक रचनाएँ जो उनकी बालसुलभ जिज्ञासा से प्रेरित हुईं। सन् 1923-28 में लिखी गईं 'हिरामन तोता' और 'आविष्कार और आविष्कारक' से लेकर 1951-52 की 'पैरों में पंख बाँधकर' और 'जीवजन्तु' जैसी अनेक रचनाएँ (जिन्हें मात्र 'बाल-साहित्य' या यात्रा-साहित्य की संज्ञा देना भूल होगी)। इन सभी में बेनीपुरी का चिरन्तन अध्येता और सजग द्रष्टा का रूप प्रकट हुआ है, उस ग्रामीण किशोर की अनवरत प्रश्नमालिका का उत्तर देने का प्रयास इन रचनाओं में है जिसे सतरह बरस की आयु में असहयोग आन्दोलन के कारण अपनी पढ़ाई छोड़ देनी पड़ी किन्तु जिसके मन में जानने, देखने, समझने की लालसा जाग्रत ही रही। इसीलिए तो बेनीपुरी जब अधेड़ अवस्था में विदेश गए तो उनका औत्सुक्य किसी किशोर से कम न था और उनके वर्णनों में ऐसी ताजगी है जिसे अनुभव का ताप कुम्हला न सका। चिरन्तन जिज्ञासा का मानसिक वातावरण बेनीपुरी का प्रथम आभा-मंडल था।

दूसरा था कैदी जीवन की घुटन का वातावरण जिसके घने दबाव में उनकी दृष्टि

इतनी पैनी हो गई कि दैन्य, अत्याचार और यन्त्रणा की हलकी-से-हलकी और गहरी-से-गहरी कालिमा को वह शब्दों में उतार लेते थे। कुल मिलाकर बेनीपुरी साढ़े आठ वर्ष से ऊपर जेल में रहे। 'पतितों के देश में', 'कैदी की पत्नी' आदि बड़ी रचनाओं में और 'माटी की मूरतें' एवं अन्य संग्रहों के कई स्केचों में बन्दी जीवन का वातावरण इतना प्रखर और मूर्त है कि जिसने जेल की झाँकी भी न ली हो उसके लिए भी निर्मम दीवारें, खनकती जंजीरें और कोड़े के आघात यथार्थ अनुभव-से जान पड़ते हैं। वस्तुतः बेनीपुरी ने बन्दी जीवन के वातावरण को माध्यम माना था—ऐसा माध्यम जिसके द्वारा उन्होंने परतन्त्र भारत के समाज और व्यवस्था की घनीभूत और व्यापक पीड़ा, अन्याय, अत्याचार और अमानुषिकता को प्रस्तुत किया। क्या बात थी कि बेनीपुरी ने अत्याचार, अन्याय और शोषण का जो वर्णन किया है वह उन वर्णनों से कहीं अधिक खरा और प्रभावोत्पादक है जिसकी प्रगतिवादी रचनाओं में बाढ़-सी आ गई थी। बात यह थी कि प्रगतिवादी लेखक प्रायः बौद्धिक थे और उनमें से अनेक के लिए शोषण और अन्याय का वातावरण मध्यवर्गीय 'सेकंड हैंड' अनुभव की उपज था। बेनीपुरी ने आपबीते अनुभवों के आधार पर गरीबी, निर्दयता और बेबसी का खाका खींचा, उन्हें अतिशयोक्ति का सहारा लेने की जरूरत कहाँ थी? यही नहीं, प्रगतिवादी रचनाओं के पीछे मतवादी आग्रह था, सम्प्रदाय का प्रचार करनेवालों को तीव्रता लाने के लिए घृणा भी बरतनी होती है। बेनीपुरी गांधी के सैनिक थे और अपने सबसे बड़े दुश्मन ब्रिटिश साम्राज्य की भी भर्त्सना करते हुए घृणा नहीं, आत्म-बलिदान की भावना को ही उद्वेलित कर लेते थे।

और तीसरा वातावरण जो बेनीपुरी के सर्जनात्मक साहित्य में मुखर हुआ है वह है उल्लास का वातावरण। 'अम्बपाली' नाटक और 'गेहूँ और गुलाब' में इस वातावरण की अभिव्यक्ति हुई है, पर सच तो यह है कि उनके लगभग सभी ऐतिहासिक नाटक और अनेक निबन्ध-संग्रह तथा कई कहानियाँ उल्लास में पगे हैं। उनके उल्लास में मुझे दिखी भावविभोरता ही नहीं वरन् जीवन की सार्थकता का बोध, देह और इन्द्रिय के सौन्दर्य और लय के प्रति सजगता, मानव के बहुरंगी रूपों की छटाओं में आसक्ति। गांधी और प्रेमचन्द के युग का यह देशसेवक नौजवान कैसे इस उल्लास का गायक बना रहा; क्यों सुधार और आत्मसंयम के निवृत्तिमूलक आदर्श, यौवन और सौन्दर्य की प्रवृत्तिमूलक अभिव्यंजना को दबा न सके, और न शोषण एवं विद्रोह के व्यवस्थाभंजक नारे उसे निर्माण और पुरुषार्थ के पथ पर जाने से रोक सके—इस विलक्षणता का एक प्रधान कारण मेरी समझ में तब आया जब मैंने बेनीपुरी की प्रारम्भिक रचनाओं पर निगाह डाली। सन् 1925-26 में पुस्तक भंडार द्वारा प्रकाशित 'विद्यापति की पदावली' का सम्पादन बेनीपुरी ने किया था। उन्हीं दिनों उन्होंने विद्यापति की जीवनी भी लिखी। मेरा अनुमान है कि विद्यापति ने काम और पुरुषार्थ का जो सामंजस्य अपनी कृतियों में प्रस्तुत किया उसका बेनीपुरी पर भारी प्रभाव पड़ा। पदावली में नारी-देह का सौन्दर्य, यौवन की लालसा और वासना की धड़कन, शृंगार और रति का चरमोत्कर्ष नदी की बाढ़ की तरह उभरे हैं। मदिरा के उफान की भाँति नहीं। यानी विद्यापति ने

सत्रहवीं-अठारहवीं शताब्दी के रीतिकलीन कवियों की भाँति अभिजातवर्ग तक सीमित शृंगारिक जीवन का वर्णन नहीं किया है। उनका उल्लास जन-मानस की तरंग है। मिथिला अँचल में आज भी रागानुराग, चुहल एवं लयताल, समग्र सामाजिक जीवन में व्याप्त हैं। वहाँ की संस्कृति नागरिक और ग्रामीण दायरों में विभक्त नहीं है। मिथिला संस्कृति का केन्द्र आधुनिक दरभंगा नगरी नहीं रही है वरन् आसपास के कई छोटे-बड़े गाँव, जहाँ दर्शन और विचारों का ओज, कोहबर की रंगीनियाँ और विद्यापति के पदों का मधुर और उन्मत्त कर देनेवाला कंठसंगीत—सब मिलकर एक अद्भुत वातावरण की सृष्टि करते रहे हैं।

इसी वातावरण में बेनीपुरी के नवोदित साहित्यकार के संस्कार बने। इसलिए जहाँ एक ओर असहयोग आन्दोलन के संघर्ष और ग्रामीण जीवन में शोषण और अभिशाप की प्रतिक्रिया उनकी लेखनी की ललकर बनी वहाँ विद्यापति द्वारा चित्रित जनसाधारण का उल्लास-विलास एवं मान-मनुहार, उनकी कल्पना के आमन्त्रण हो गए। यह विलक्षण संयोग गांधी-युग के बहुत कम युवक प्रतिभाओं को नसीब हुआ। इसलिए कारावास-जीवन की घुटन ने बेनीपुरी के आनन्दलोक को विध्वस्त नहीं किया। 'कैदी की पत्नी' में बेनीपुरी की नायिका का यह वर्णन देखिए :

वह जवान हो रही है—इस कल्पना ने उसे कितना विस्मित, मुग्ध-मग्न कर दिया था!

"उसकी नज़र, जो पहले बाह्य जगत पर दौड़ी फिरती थी, वह अपने पर केन्द्रित होती गई। वह अब आईना लेकर बहुत-बहुत देर तक अपना चेहरा देखा करती। मेरी ये आँखें—कोये कितने लम्बे, उजले, बीच की पुतलियाँ कैसी गोल, कितनी काली। बड़ी-बड़ी आँखों को ढकने के लिए मानो बरौनियाँ भी लम्बी-लम्बी चाहिए। और ये भवें—कितनी पतली, काजल की पतली रेख-सी, चौड़ा ललाट। उभरे गाल—जिस पर हँसने पर गड्ढ़े बन जाते। पतले लाल अधर, गोल चिबुक। चेहरे का गोरा-भुभूका रंग काले बालों की पृष्ठभूमि में दमक रहा। हाँ-हाँ, वह काफी खूबसूरत है।

जब वह बाहर निकलती, काफी चौकसी से। आँचल कितना बड़ा हो और कहाँ तक लटका रहे; इस रंग की साड़ी पर यह चोली अच्छी लगती है या नहीं; वह पैर कैसे उठाती है, चलते समय उसके हाथ कैसे हिलते हैं! उफ़, वह खुदी में इतनी गर्क़ हो गई थी कि चलते समय अपनी छाया तक देखती! मेरी छाया—इसमें मैं कैसी लगती हूँ?"

यौवनागमन का यह द्रष्टा वैसा ही सरस और मस्त प्राणी है जैसा पाँच शताब्दियों पूर्व इन पंक्तियों का नायक :

जेहे अवयव पुरुब समय, निचर बिनु विकार।
से आबे जाहु ताहु देखि झापए, चिन्हिमि न बेवहार॥ ध्रु.॥
कन्हा तुरित सुनसि आए,
रूप देखते नयन भुलल, सरूप तोरि दोहाए॥
सैसब बापु बहीरि फेदाएल, यौवने गहल पास।

जेओ किछु धनि विरुह बोलह, से सेओ सुधासम भास ॥
जौवन सैसब खेदए लागल, छाड़ि देहे मोर ठाम,
एत दिन रस तोहे बिरसल, अबहु नहि विराम ॥

कवि विद्यापति से गद्यकार बेनीपुरी ने निस्सन्देह बहुत कुछ पाया। किन्तु बेनीपुरी की गद्य-शैली का स्थापत्य नितान्त अपना ही था। मैं 'स्थापत्य' शब्द का व्यवहार जान-बूझकर कर रहा हूँ। प्रायः बेनीपुरी के चटुल और चुटीले वाक्यों, तूलिका के अनायास आवर्त्तों और निर्झरों की भाँति फूट पड़नेवाले विशेषणों से पाठक को यही आभास होता है कि उनका गद्य 'लिरिक' की भाँति अनुभूतियों का स्वतः द्रवीकरण है। किन्तु वस्तुतः बेनीपुरी में गायक और नाट्यकार का अनूठा मेल था। वे नाट्यकार थे इसलिए ही नहीं कि उन्होंने कई नाटक लिखे (जिन्हें, दुर्भाग्यवश, आज का रंगमंच भूल-सा गया है) बल्कि इसलिए कि उनके गद्य में व्यूह-रचना, उतार-चढ़ाव और विस्मय- संकेत का नियोजन नाट्यबोध का द्योतक है। वे गद्यशिल्पी थे। उनके वृत्तलेखों, चरितलेखों, रेखाचित्रों और जीवनियों (रोजा लुक्ज़म्बर्ग और जयप्रकाश नारायण की उन्होंने दो बड़ी जीवनियाँ लिखीं) में उनके नायक का इतिवृत्तात्मक अथवा स्तुतिपूर्ण वर्णन नहीं है; वे तो मार्मिक प्रसंगों को इस क्रम से सजाते हैं कि कथानक के अनावरण में औत्सुक्य बराबर सजग रहे। 'माटी की मूरतें' का प्रत्येक चित्र एक लघुनाटक है। परिस्थितियों का चयन और गुम्फन तथा पात्रों की सजीवता और निजत्व—ये दोनों नाटककार के लक्षण हैं। बेनीपुरी के गद्य में 'लिरिक' और 'नाट्य' का जैसा अनायास मिश्रण हुआ है उसकी थोड़ी-सी छटा 'उग्र' के कृतित्व में मिलती है। किन्तु 'उग्र' की अभिव्यक्ति के स्रोत, अविश्वास और कटुता की भँवरों से पीड़ित हैं। उस धारा में प्रखरता है पर उल्लास नहीं।

मेरा तात्पर्य यह नहीं है कि बेनीपुरी व्यवस्था के समर्थक और अनावस्था के विरोधी थे या कि उनका उल्लास परमात्मा के विधान में विश्वास की गहराइयों से उद्भूत अनुभूति की दीप्ति का ही दूसरा नाम था। बेनीपुरी में अन्याय के विरुद्ध विद्रोह और पीड़ा से उद्वेलित उन्माद के उफानों की कमी न थी। फिर भी कटुता और निषेध का विष उन पर इसलिए हावी नहीं हो सका कि उनके मन की काशी भविष्य दृष्टि के त्रिशूल पर टिकी थी। श्रम और उपलब्धि, पसीना और रागरंग—इन दोनों प्रवृत्तियों की कोशिश और ढील से जो स्फूर्ति मिलती है वही बेनीपुरी की संजीवनी थी।

'गेहूँ और गुलाब' का जिस समय प्रकाशन हुआ वह नेहरू-युग का मध्याह्न था और उस समय मुझे वह पुस्तक केवल एक तात्कालिक प्रतिध्वनि मात्र जान पड़ी, एक गौरवमयी देशव्यापी अनुभूति पर चलती-सी प्रशस्ति। पर सन् 1962 के बाद जब वह 'यूफ़ोरिया' या मगन-मनोदशा तिरोहित होने लगी और ऊब, उलझन और थकान की दलदलों में समाज फँसने लगा तब मुझे 'गेहूँ और गुलाब' के दर्शन का एहसास हुआ। नमूना देखिए :

''मानव को मानव बनाया गुलाब ने! मानव मानव तब बना, जब उसने शरीर की आवश्यकताओं पर मानसिक वृत्तियों को तरजीह दी!

"यही नहीं; जब उसके पेट में भूख खाँव-खाँव कर रही थी, तब भी उसकी आँखें गुलाब पर टँगी थीं, टँकी थीं।

"उसका प्रथम संगीत निकला, जब उसकी कामिनियाँ गेहूँ को ऊखल और चक्की में कूट-पीस रही थीं। पशुओं को मारकर, खाकर ही वह तृप्त नहीं हुआ; उनकी खाल का बनाया ढोल और उनकी सींग की बनाई तुरही। मछली मारने के लिए जब वह अपनी नाव में पतवार का पंख लगाकर जल पर उड़ा जा रहा था, तब उसके छप-छप ने उसके ताल पाए, तराने छेड़े! बाँस से उसने लाठी ही नहीं बनाई, वंशी भी बजाई !

"रात का काला-घुप्प पर्दा दूर हुआ, तब वह उच्छ्वसित हुआ—सिर्फ इसलिए नहीं कि अब पेट-पूजा की समिधा जुटाने में उसे सहूलियत मिलेगी; बल्कि वह आनन्दविभोर हुआ उषा की लालिमा से, उगते सूरज की शनैः-शनैः प्रस्फुटित होनेवाली सुनहली किरणों से, पृथ्वी पर चमचम करते लक्ष-लक्ष ओस-कणों से! आसमान में जब बादल उमड़े, तब उनमें अपनी कृषि का आरोप करके ही वह प्रसन्न नहीं हुआ; उनके सौन्दर्यबोध ने उसके मन-मोर को नाच उठने के लिए लाचार किया, इन्द्रधनुष ने उसके हृदय को भी इन्द्रधनुषी रंगों में रंग दिया!

"मानव शरीर में पेट का स्थान नीचे है; हृदय का ऊपर और मस्तिष्क का सबसे ऊपर! पशुओं की तरह उसका पेट और मानस समानान्तर रेखा में नहीं है! जिस दिन वह सीधे तनकर खड़ा हुआ, मानस ने उसके पेट पर विजय की घोषणा की।

"गेहूँ की आवश्यकता उसे है; किन्तु उसकी चेष्टा रही है गेहूँ पर विजय प्राप्त करने की। प्राचीन काल के उपवास, व्रत, तपस्या आदि उसी चेष्टा के भिन्न-भिन्न रूप रहे हैं।"

यदि बेनीपुरी की चेतना और सर्जना-शक्ति सन् 1960 के बाद लुप्तप्राय न हो जाती तो क्या परवर्ती युग में इस दर्शन की घोषणा वे करते रहते? क्या उस निषेधात्मक प्रवाह से वे बच पाते जिसने आज देश को आक्रान्त कर रखा है? कह नहीं सकता। लेकिन एक बात स्पष्ट है। बेनीपुरी चिरकुमार इसलिए ही नहीं थे कि उनके चेहरे पर हमेशा यौवन की मुसकान खेलती रहती थी और उनकी लेखनी इठलाती और बल खाती हुई चलती थी, वरन् इसलिए भी कि उन्होंने वह अनूठा गुलदस्ता सजा-सँवार कर मजबूती से पकड़ रखा था जिसे उन्होंने गेहूँ और गुलाब का नाम दिया था और जिसमें मदिरा और च्यवनप्राश का अद्भुत संयोग था।

मुझे मलाल यही है कि मैं बेनीपुरी को यह बता ही नहीं पाया कि उनका यह टॉनिक मेरे लिए कितना कारगर सिद्ध हुआ है!

अमृत के स्रोत
जवाहरलाल नेहरू

जवाहरलालजी के देहान्त की सूचना जिस दिन मुझे हॉर्वर्ड (अमरीका) में मिली, उसके एक सप्ताह बाद न्यूयार्क में एक अमरीकी मित्र के साथ खाने पर मैं और मेरी पत्नी बैठे हुए थे। ये अमरीकी मित्र सन् 1933 में इलाहाबाद में अध्यापक थे और उन दिनों मैं वहाँ छात्र था। सन् 1934 में उन्हें हठात् अमरीका चले जाना पड़ा। उसके बाद पहली बार उनसे मेरी मुलाक़ात उस रोज न्यूयार्क में हुई। तीस वर्ष बाद अध्यापक और छात्र का मिलन! न जाने कितनी स्मृतियों के खँडहर फिर से बसाए हम दोनों ने। एक निष्कर्ष पर पहुँचते हमें तनिक भी देर न लगी। वह यह कि हम दोनों के लिए 'पंडितजी' और 'प्रधानमन्त्री'—ये दोनों ही सम्बोधन अपरिचित थे। ये दोनों आभूषण दिल्ली नगरी और उसके निवासियों ने पहनाए। बाद में चालू किया गया सम्बोधन 'नेहरूजी' भी एक तरह का अलंकार ही था, चाहे उतना भारी-भरकम न रहा हो। मेरे अमरीकी मित्र और मैं तो उन दिनों के इलाहाबाद की बात कर रहे थे, जब अलंकार उन्हें नहीं पहनाए जाते थे, बल्कि वे ही थे असंख्य जनता के कंठहार—'जवाहरलाल'।

उन दिनों इलाहाबाद में इसी नाम की बिजली कौंधती थी युवक हृदयों में। किन्तु जो रोशनी उन दिनों से आज तक मेरे स्मृति-पटल से हट नहीं सकी है, वह बिजली न थी वरन् थी एक निष्कम्प लौ की ज्योति। 1936 के मार्च की एक साँझ! प्रयाग में त्रिवेणी पर अस्ताचलगामी सूर्य का मलिनाभ प्रतिबिम्ब। भीड़ अधिक न थी। जवाहरलाल की नौका संगम पर थमी और हमने देखा, एक मर्माहत विधुर कलश को नाव के सिरे पर झुकाकर धीरे-धीरे अपनी प्रिया की अस्थियों को विसर्जित कर रहा था। उस चेहरे में हमने क्या देखा? अपार और अत्यन्त व्यथा की रेखाएँ। लेकिन कुछ और भी।

सूरज डूब गया। जवाहरलाल नाव से उतरे। हवा में ठिठरन होने लगी और हम लोग एक घेरा बनाकर खड़े हो गए। जवाहरलाल एक चौकी पर खड़े थे और पास ही उनके कन्धे पर हाथ रखे राजेन्द्र बाबू। त्रिवेणी के संगम पर उस मुट्ठी-भर समुदाय के सामने राजेन्द्र बाबू के उस भाषण में सान्त्वना से अधिक संजीवनी थी। वे बराबर जवाहरलाल के कन्धे पर हाथ रखे रहे। कह रहे थे कि जवाहरलाल ने देश के लिए सब कुछ दिया, सबकुछ तजा, पर उस साँझ को तो उन्होंने वे फूल चढ़ाए हैं भारत माँ के

चरणों में, जिनकी तुलना ही नहीं। हम लोगों ने देखा, जवाहरलाल के चेहरे को मानो बलिदान की निष्कम्प लौ से अनुप्राणित कोई आलोक-मंडल घेरे था।

नई दिल्ली में, 'पंडितजी' और 'प्रधानमन्त्री' के रूप में उन्हें देखनेवाले लोग या तो भूल गए या जानते ही नहीं कि वेदना, बलिदान और त्याग के वैसे अनेक मौन क्षणों में जवाहरलाल के चेहरे को जो प्रभामंडल प्रदीप्त करता था, उसका प्रतिबिम्ब मात्र थी वह प्रतिष्ठा की चमक, जो सत्ता और शासन के साथ उन्हें दिल्ली में मिली।

यों मौन-धारण करना उनकी सामान्य प्रवृत्ति न थी। उन दिनों वाणी एक हथियार थी, जिसका वह प्रभावोत्पादक प्रयोग करते थे। कमलाजी के देहान्त के कुछ महीने बाद इलाहाबाद विश्वविद्यालय-यूनियन में उनका अंग्रेजी में भाषण हुआ, जिसमें अंग्रेजी राज्य की धज्जियाँ उड़ाने के अतिरिक्त उन्होंने समाजवाद के सिद्धान्तों का एक मनीषी की भाँति निरूपण किया। अंग्रेजों को भी मात करनेवाली उनकी कैम्ब्रिज की उच्चारण-शैली, इतिहास और समाजशास्त्र पर आधुनिक दृष्टिकोण, विश्व-रंगमंच का दिग्दर्शन—इन सबने हम लोगों को मोह लिया। इलाहाबाद के युवकों में नवचेतना का श्रीगणेश उसी जमाने में हुआ। 1935 से 1940 तक उन पाँच वर्षों में विचार-स्वातन्त्र्य का बोलबाला था इलाहाबाद में। प्रगतिवादी, समाजवादी, साम्यवादी—सभी प्रकार की उग्र विचार-शैलियों की बाढ़ आई हुई थी। एक तरफ तो स्वराज्य-भवन में जवाहरलाल के नेतृत्व में और लन्दन स्कूल ऑफ इक्नॉमिक्स से प्रेरित, नौजवान विद्वानों की टोली थी, जिसमें डॉ. अशरफ, डॉ. लोहिया, डॉ. अहमद इत्यादि शामिल थे। दूसरी तरफ थे लिबरल-विचारवादी सर तेजबहादुर सप्रू तथा उनके गम्भीर और तेजस्वी व्यक्तित्व से प्रभावित विश्वविद्यालय के कतिपय विद्वान। इलाहाबाद विश्वविद्यालय में भी डॉ. वेणीप्रसाद, डॉ. ताराचन्द, सर शफात अहमद, इत्यादि उद्भट पंडितों के भाषण सिद्धान्तों और समसामयिक समस्याओं का समन्वय करते रहते। थोड़े ही दिनों में पहली कांग्रेस-सरकारें स्थापित हुईं। उन दिनों जो सरगर्मी थी, जो उल्लास था, जो चेतना थी, वह जुलूसों की नहीं, सत्याग्रह की नहीं, हड़तालों की नहीं थी। वह तो विचारों के प्रस्फुटन और संघर्षों का समय था। अब तो ऐसा जान पड़ता है कि उस समय देश ने दो संघर्ष-युगों के बीच एक लमहे के लिए साँस ली और विचारों की प्राण-वायु को भीतर खींचा। जवाहरलाल की आत्मकथा तभी प्रकाशित हुई थी। प्रगतिवादी साहित्यकार संघ और अखिल भारतीय छात्र संघ की पहली बैठकें भी तभी हुई थीं।

विश्वविद्यालय में कई छोटे-छोट क्लब थे, जिन्हें अध्ययन-मंडल की संज्ञा भी दी जा सकती है। इन गोष्ठियों में औपचारिकता कम होती, बातचीत और विचार-विनिमय अधिक। छात्र और अध्यापक दोनों ही सदस्य होते। स्वतः ही इन अनौपचारिक संस्थाओं का उदय हुआ और बाद में शायद स्वतः ही उनका लोप। वैसी एक संस्था का नाम था 'लेवलर्स सोसाइटी'—समतावादी मंडल। नाम उत्तेजक था, परन्तु काम केवल विचार-विनिमय। स्वराज भवन और 18 एलबर्ट रोट (सप्रू साहब का मकान) के प्रतिष्ठित मेहमान अकसर हम लोगों की उस गोष्ठी में सम्मिलित होते। एक बार जवाहरलाल भी

आए। सरोजिनी नायडू भी मौजूद थीं। हममें से हरेक विचार-गोष्ठी में बोलता था—चाहे अंडर-ग्रेजुएट हो, चाहे उद्‌भट विद्वान। यह नहीं कि केवल आगत सज्जनों के ही भाषण हों। सबके समानाधिकार थे। माला पहनाना, अतिथि की तारीफ के पुल बाँधना, लम्बे धन्यवाद-सूचक भाषण, ये सब प्रक्रियाएँ 'लेवलर्स सोसाइटी' में शायद ही होतीं। उस दिन भी चर्चा काफी ऊँचे स्तर की रही और जवाहरलाल बोले भी और उन्होंने सुना भी, यद्यपि मैंने देखा कि जब और लोग बोल रहे थे, उन्होंने सामने की तश्तरी में से एक सेब उठाया और बराबर उससे खेलते रहे। हमारी गोष्ठी में तो हर तरह के विचारों के सदस्य थे, लिबरल भी, साम्यवादी भी। जवाहरलाल उन दिनों लिबरलों पर अकसर चोट करते और उस तरह के विचार की चर्चा सुनने का उनमें सब्र भी न था।

बाहर आने पर मुझे उनसे दो शब्द निवेदन करने थे। मैं सोसाइटी का सम्पादक था। एक निबन्ध-संग्रह हम लोग निकाल रहे थे, जिसमें हर विषय पर दो पक्षों के लेखकों को लिखने के लिए कहा गया—प्रगतिवादी और लिबरल। कई विद्वानों के लेख हम लोगों को मिल चुके थे। एक लम्बा लेख डॉ. पट्टाभि सीतारमय्या का भी। जवाहरलालजी को मैंने अपनी योजना समझायी और लेख के लिए कहा। सुन तो लिया उन्होंने, फिर अपनी सर्वविदित झुँझलाहट और फटकार के लहजे में उन्होंने कहा, "क्या तुम भी गड़े मुर्दे उखाड़ने चले हो!...इन लिबरलों के विचारों का कोई महत्त्व है?...बेकार की बात!"

खासी करारी चोट थी, जैसे कोई मेज पर सजे-सजाए काँच के उपहारों को एक ही हाथ की चपेट में नीचे गिरा दे। हमारे सब मंसूबे मिट्टी हो गए, क्योंकि वचन चाहे कड़े थे, लेकिन उनकी दलील हमारे मन में बैठ गई। हम लोगों ने उस तरह के द्विपक्षीय प्रकाशन का इरादा छोड़ दिया।

लगभग दस बरस बाद यानी सन् 1946 में एक दूसरी तरह के प्रकाशन के सम्बन्ध में जवाहरलालजी से सामना हुआ। मैं बिहार में पटना सेक्रेटेरियट में पदाधिकारी था, किन्तु व्यक्तिगत रूप में वैशाली संघ से सम्बद्ध था। वैशाली लिच्छवि गणतन्त्र और वहाँ की पुरातन सभ्यता के सम्बन्ध में अनेक विद्वानों के लेखों का संग्रह 'वैशाली अभिनन्दन ग्रन्थ' के नाम से हम लोग प्रकाशित कर रहे थे। सोचा, क्यों न जवाहरलालजी से ही भूमिका लिखवाई जाए! 1946 में चुनाव के दौरे के सिलसिले में वह पटना आए। दौरा क्या था, 1942 के आन्दोलन के बाद पहली बार विजय का डंका था और था स्वाधीनता के प्रभात का आह्वान। 'वैशाली संघ' के एक अन्य पदाधिकारी के साथ मैं जवाहरलालजी से भी चन्द्रेश्वर प्रसाद नारायण सिंह की कोठी पर जाकर मिला। ध्यान से सब कुछ सुनने के बाद बोले, "देखिए, मैं इन लेखों को पढ़ने के बाद ही कुछ लिखने का वायदा कर सकता हूँ। दूसरी बात यह है कि एक जगह बहुत पुरानी है या कि वहाँ एक जमाने में प्रजातन्त्र रहा—महज इसीलिए मैं उस जगह की तारीफ-ही-तारीफ लिखूँ यह उम्मीद आप मुझसे न करें। मैं तो भई, दोनों तरह की बातें लिखूँगा। तारीफ के काबिल बातों का जिक्र करूँगा, मगर जरूरत पड़ने पर आलोचना से भी नहीं चूकूँगा।"

यद्यपि इसके कुछ दिनों बाद राष्ट्रीय समस्याओं में अत्यन्त व्यस्त हो जाने के कारण

जवाहरलालजी हमारी इच्छा पूरी न कर सके, तथापि उनके कथन का मुझ पर बहुत असर पड़ा। हमारे देश में बड़े लोगों से भूमिकाएँ लिखवाकर अपनी खामियों पर से पाठकों का ध्यान हटाने की चेष्टा अकसर देखी जाती है। प्रधानमन्त्री होने के बाद जवाहरलालजी को इस तरह के मिथ्याचार के खिलाफ अधिक माथापच्ची करने का समय नहीं मिलता था और शायद इसीलिए कभी-कभी उन्हें अपनी मर्जी के विरुद्ध सारहीन प्रशंसा के शब्द लिखने पड़ते थे, पर सिद्धान्ततः किसी तरह की कोरी रस्म अदा करने को वे आडम्बर मानते थे।

1955 में आकाशवाणी का प्रधान अधिकारी होने के बाद मुझे जवाहरलालजी को 'प्रधानमन्त्री' के ही रूप में बराबर देखना पड़ा। चूँकि बुजुर्गों के इस उसूल का मैं क़ायल रहा हूँ कि घोड़े की पिछाड़ी और अफसर की अगाड़ी कभी नहीं जाना चाहिए, इसलिए उनसे व्यक्तिगत सम्बन्ध स्थापित करने की चेष्टा मैंने नहीं की। वे मेरे सुपरबॉस यानी सर्वोच्च अधिकारी थे। इसलिए सरकारी जरूरतें पड़ने पर ही मैं उनके निकट जाता। ऐसा पहला अवसर अगस्त 1955 में ही आया, जब वे ब्रॉडकास्टिंग हाउस में बाढ़ और खाद्यान्न-सम्बन्धी कठिनाइयों पर राष्ट्र के नाम सन्देश प्रसारित करने आए। मुझे उनकी हाजिरी में स्टूडियो कक्ष के अन्दर ही मौजूद रहना पड़ा। अंग्रेजी में वार्ता पढ़ने के बाद वे स्वयं हिन्दी में उसका अनुवाद करते-करते माइक पर बोलने को थे, किन्तु उस दिन उन्हें सख्त जुकाम था। अंग्रेजी में बोलने के बाद कुछ रुके, रूमाल निकाल सस्वर नासिका-शोधन किया। मैं नया-नया ब्रॉडकास्टिंग हाउस में गया था और मुझे तुरन्त यह नहीं सूझा कि माइक्रोफोन को बन्द करा दूँ। क्या देशभर के श्रोताओं ने 'रेडियो' पर वह आवाज सुनी? कम-से-कम प्रधानमन्त्री ने तो इसी विश्वास में नाक पर रूमाल रखा होगा कि अंग्रेजी के ब्रॉडकास्ट के बाद कुछ विराम होगा। यदि उन्हें 'बदइन्तज़ामी' का अनुमान भी हो जाता तो हम लोगों की शामत आ जाती। जो हो, कुछ सेकेंड बाद उन्होंने अपनी निराली बोलचाल की हिन्दी में अनुवाद करना और बोलना शुरू किया। चूँकि बाद में किसी अखबार में इस बारे में कोई चर्चा नहीं हुई, इसलिए मेरा अनुमान है कि आकाशवाणी के अनुभवी इंजीनियरों ने मुस्तैदी के साथ उस स्वर का कुछ काटकर लिया होगा।

वार्ता के बाद जवाहरलालजी ने अत्यन्त स्नेहपूर्ण स्वर में मुझसे पूछा कि मैं कौन हूँ, पहले कहाँ था, कहाँ का रहनेवाला हूँ, इत्यादि इत्यादि। मैंने 'सिविल सर्विस के सपूत' के नाते नपे-तुले जवाब दिए। इलाहाबादवाली मुलाक़ातों का क़तई हवाला नहीं दिया। यह भी जताने का प्रयत्न नहीं किया कि मैं नाटककार हूँ, हिन्दी का लेखक हूँ, सांस्कृतिक क्षेत्र में सक्रिय रहा हूँ। सात बरस तक अनेक बार सामना हुआ और बराबर मैं उसी रूप में उनकी हाज़िरी में गया...बीसियों आई.सी.एस. अधिकारियों में से एक। आई.सी.एस. के लिए जवाहरलालजी के दिल में कभी कोई खास जगह नहीं रही, लेकिन साथ ही वे इस वर्ग के कर्मचारियों की दक्षता और समझदारी के क़ायल रहे और सतरह साल के प्रधानमन्त्रीत्व में उन लोगों से काम लेकर, ठोंक-पीटकर उनकी सेवाओं को देश

के लिए उन्होंने कल्याणकर ही माना।

यों मुझे उनसे झाड़-फटकार बहुत कम मिली, बल्कि मिष्टतापूर्ण व्यवहार ही अधिक। एक बार ब्रॉडकास्ट करके जा रहे थे कि विचार हुआ कि 'जनगणमन' के जो रेकार्डिंग उनकी मंजूरी के लिए हम लोगों ने तैयार कराए थे, उन्हें सुन लें। मैं उन्हें विशेष अतिथि-कक्ष में ले चला। पर पहले से कार्यक्रम था नहीं। उस कक्ष का ताला लगाकर कर्मचारी कहीं चला गया था। चाभी की तलाश होने लगी और मैं समझा कि अब बरसने ही वाले हैं, किन्तु प्रधानमन्त्री थे कि दीवार के सहारे पीठ टेककर मन्द-मन्द मुस्कराते हुए इधर-उधर की बातें करते रहे, और मैं था कि पसीने-पसीने हो रहा था। आखिर चाभी मिली ही नहीं। स्टूडियो के आगे बरामदे में बैठकर उन्होंने रेकॉर्डिंग सुनी।

झुँझलाहट के मौक़े न आए हों, यह बात नहीं। एक बार साहित्य-समारोह का उद्घाटन विज्ञान भवन में हो रहा था। बंगाली या उड़िया भाषा के विद्वान अपना निबन्ध पढ़ रहे थे। मंच पर बैठे जवाहरलालजी को लगा कि माइक्रोफोन काम नहीं कर रहा है। बड़े झुँझलाए, "क्या आप लोगों का इन्तजाम है! उस शख्स की आवाज तो दर्शकों तक पहुँच नहीं रही है। लाउडस्पीकर ठीक कराइए, लाउडस्पीकर!" मैंने विंग में खड़े इंजीनियरों की ओर देखा। वे लोग आत्मविश्वास की साकार मूर्ति जान पड़े। दर्शकों की ओर देखा। वे लोग भी मजे में सुन रहे थे। माजरा समझ में आ गया। लाउडस्पीकर खराब होता तो उसे ठीक कराया जाता। प्रधानमन्त्री की बेताबी के बावजूद मैं कुर्सी पर उनके पास बैठ गया। निबन्ध-पाठ जारी रहा और इधर मैंने उन्हें धीरे-धीरे बताने की चेष्टा की कि स्टेज पर लाउडस्पीकर नहीं लगे हैं, इसलिए आपको जान पड़ता है कि वे काम नहीं कर रहे हैं। वस्तुतः 'ऑडिटोरियम' में सब साफ सुन पड़ रहा है। बात यह थी कि लाउडस्पीकर उन्हें इतनी बार पब्लिक मीटिंगों में दग़ा दे चुका था कि उन्हें उस दग़ाबाज़ की हरकत का अन्दाज़ अनायास ही हो जाता था।

प्रधानमन्त्री का दर्पशील रूप मैंने एक बार राष्ट्रपति भवन में देखा। सन् 1957 की बात है। सूचना-प्रसार-मन्त्रालय के प्रकाशन विभाग द्वारा प्रकाशित 'गदर के इतिहास' की प्रथम प्रति की औपचारिक रूप से भेंट राष्ट्रपति को की जानेवाली थी। यह अवसर इतना महत्त्वपूर्ण था कि स्वयं प्रधानमन्त्री नेहरू, शिक्षामन्त्री मौलाना आजाद और सूचना-प्रसार मन्त्री डॉ. केसकर की उपस्थिति में यह रस्म अदा होने को थी। रस्म ही कहना ठीक होगा, क्योंकि राष्ट्रपति के दफ्तरवालों ने एक निर्देश-पत्र सबके पास भेज दिया, जिसमें लिखा था कि अमुक समय पर राष्ट्रपति पधारेंगे, फलाने अफसर उनका प्रधानमन्त्री एवं अन्य मंत्रियों से परिचय कराएँगे, प्रधानमन्त्री और अन्य मन्त्री किन सोफों पर आसन ग्रहण करेंगे, किस तरह पुस्तक भेंट की जाएगी, वगैरह-वगैरह। मतलब यह कि एक दरबार का ख़ाका खिंचा हुआ था उस निर्देश-पत्र में। प्रधानमन्त्री सरकारी उत्सवों, परेडों और ऐसे अन्य अवसरों पर औपचारिकता पसन्द करते थे। लेकिन यह तो वैसा अवसर था नहीं। उन्हें आडम्बर की गन्ध आई। आते ही बोले, "क्यों जी, यह किसकी हरकत है? किस अहमक की यह मजाल कि भारत के

प्रधानमन्त्री को यह बताए कि वे कितने कदम आगे बढ़ेंगे, कितने कदम पीछे, किस कुर्सी पर बैठेंगे, और किस जगह पर खड़े होंगे?" इतना कहकर प्रधानमन्त्री पास ही रखे सोफे के हत्थे पर ऐसे बैठ गए, जैसे कोई चंचल किशोर हो। टाँगें उन्होंने पसार लीं और हाथ सोफे की पीठ पर टेक लिया। उपस्थित सरकारी कर्मचारियों के बीच सन्नाटा छा गया। बड़े अफसर जो थे बग़लें झाँकने लगे। मैं उस दिन मध्यम श्रेणी के अफसरों में ही था। इसलिए उन लोगों की सिटपिटाहट देखकर मुझे, सच कहूँ, आनन्द ही आया।

प्रधानमन्त्री नेहरू से मुझे सबसे अधिक सरकारी सरोकार पड़ा उन मौक़ों पर, जब विदेशों से नरेश, राष्ट्रपति, प्रधानमन्त्री इत्यादि दिल्ली में राज-अतिथि होकर पधारते थे। उनके सम्मान में राजभोज के बाद जो संगीत-नृत्य का आयोजन होता, उसका उत्तरदायित्व मेरे ऊपर था, यद्यपि मुझसे ज्यादा मेहनत उसके लिए कर्नल गुप्ते (गीत नाट्य विभाग के अध्यक्ष) को करनी पड़ती। 1955 में ख्रुश्चेव और बुल्गानिन के स्वागत की तैयारी के लिए सरकारी अफसरों की जो समिति बनी, उसकी पहली बैठक में शामिल होकर प्रधानमन्त्री ने स्वयं व्यवस्था की रूपरेखा तैयार की। उसके बाद तो अनेक अतिथि आए और हम लोग अभ्यस्त हो गए स्वागत और विशेष अतिथि-सत्कार की व्यवस्था करने के। किन्तु हर बार मेरे मन में धुकधुकी लगी रहती थी, इसलिए नहीं कि कार्यक्रम विशेष अतिथि को अच्छा लगेगा या नहीं। बाहरवालों का तो मनोरंजन अवश्यम्भावी था। अपने लोगों की उचाट तबीयत से ही, उनकी कटूक्तियों से ही, हम प्रायः हतोत्साह होते। अन्ततः प्रधानमन्त्री की प्रतिक्रिया को ही अपना लक्ष्य मानकर हम लोग कार्यक्रम तैयार करने लगे। भाग्यवश श्रीमती इन्दिरा गांधी ने अत्यन्त सहानुभूतिपूर्वक हम लोगों को यदाकदा निर्देशन देना स्वीकार किया। इस तरह हमें प्रधानमन्त्री की रुचि का थोड़ा-बहुत परिचय मिला। मालूम हुआ कि साड़ी पहनकर कत्थक नृत्य का प्रदर्शन उन्हें असंगत लगता है, कि ताल वाद्यों द्वारा अधिक उलझे हुए तालों के करिश्मे विदेशी अतिथियों के लिए जंजाल है, कि भरत-नाट्यम के उत्कृट कलाकारों को भी अपनी पोशाक में रंगों और आभूषणों के मिलान का ध्यान रखना चाहिए, कि प्रोग्राम की उद्घोषिका यदि सुन्दर और मधुर मुसकान-सम्पन्न हो तो अतिथि ही नहीं, हमारे प्रधानमन्त्री पर भी अच्छा असर पड़ता है। इन कार्यक्रमों का आयोजन करने में मुझे अनेक रोचक अनुभव हुए। दलाई लामा और चाऊ के सम्मान में प्रधानमन्त्री के बगीचे में लंच के समय संगीत का प्रदर्शन, सरोद महज चार सौ वर्ष पुराना वाद्य है...इस बात पर प्रधानमन्त्री द्वारा अमरीकी अतिथियों की चुटकी लेना, सागर भट्ट की कठपुतलियों का प्रधानमन्त्री के सदन में प्रवेश, हर प्रोग्राम के बाद प्रधानमन्त्री का कलाकारों से मिलना, उनसे छेड़-छाड़ करना, उनके साथ अपनी सहज मुसकान की झलक दिखाते हुए फोटो खींचना, ये सभी अविस्मरणीय चित्र हैं।

अनेक छोटी-छोटी बातें हैं, जो अब याद आती हैं। लेकिन मेरे जैसे बीसियों सरकारी कर्मचारियों को ऐसे दिलचस्प अनुभव हो चुके हैं। श्री एन.आर. पिलै, श्री विष्णु सहाय,

श्री केशवराम, श्री धर्मवीर आदि अनेक अफसरों को फाइलों पर टिप्पणियों के पीछे जो प्रसंग मालूम है, उनके आधार पर पूरा कथासंग्रह तैयार हो सकता है। लेकिन शायद ऐसे छोटे प्रसंगों में किसी का उतना महत्त्व नहीं, जितना उस आत्मविवेचन का, जो मेरे सामने जवाहरलालजी ने सन् 1960 में एक दिन आकाशवाणी भवन में टेलीविजन स्टूडियो में किया।

आकाशवाणी के टेलीविजन पर वह उनका सर्वप्रथम प्रोग्राम था। मुश्किल से राजी हुए थे। हम लोगों ने दिल्ली शहर टेलीक्लबों (प्रौढ़ शिक्षा योजना के अन्तर्गत बनी दर्शक मंडलियों) से कुछ साधारण स्त्री-पुरुषों को स्टूडियो में बुला रखा था। वे लोग जवाहरलालजी से तरह-तरह के विषयों पर प्रश्न करते और जवाहरलालजी उनका उत्तर देते तथा यह समूचा कार्यक्रम टेलीविजन पर जा रहा था। यद्यपि प्रोड्यूसर श्री देशपांडे ने खासी तैयारी की हुई थी और प्रधानमन्त्री अत्यन्त तत्परता से देशपांडे के निर्देशनों का पालन कर रहे थे, तो भी लगा कि बैठक कुछ जम नहीं रही थी। और तब घने बादलों को चीरती हुई मानो गुमराह सूरज की किरणें फूटीं। एक वृद्ध सज्जन ने पूछा, "पंडितजी, आप भी 70 से ऊपर के हैं और मैं भी। लेकिन क्या वजह है कि आप तो गुलाब के फूल की तरह ताजे दीख पड़ते हैं, और मैं हूँ कि बूड्ढ़ा हो चला ?"

जवाहरलाल कुछ सोच में पड़े, लेकिन कुछ क्षणों के लिए ही। ऐसे स्वर में, जो स्टूडियो की चहारदीवारी को लाँघकर, समय की परिधि के भी बाहर, समाज और युग-युगान्तर को सम्बोधित कर रहा था, उन्होंने उत्तर दिया, "तीन बातें हैं। पहली तो यह कि मैं बच्चों में हिलमिल जाता हूँ, उन्हें प्यार करता हूँ, उनकी मासूमियत में जिन्दगी पाता हूँ। दूसरी यह कि हिमालय में मेरा मन बसता है–उन बर्फीली चोटियों, उन घने जंगलों, उस निर्मल हवा में मुझे नए प्राण मिलते हैं। तीसरी वजह यह है कि मैं छोटी-छोटी और ओछी किस्म की बातों से ऊपर उठ सकता हूँ, मेरी ज़हनियत पर उनका असर नहीं पड़ता। मैं तो जिन्दगी और दुनिया और मसलों को ऊँची नजर से देखने की कोशिश करता हूँ, और इसलिए मेरी सेहत और मेरे विचार ढीले-ढाले नहीं हो पाते।"

ये अमर वाक्य हैं। शायद आकाशवाणी में इनका रेकार्डिंग हो। न भी हो तो जिन्होंने उस दिन ये शब्द सुने, उनकी स्मृति से ये मिट नहीं सकते।

उनकी मृत्यु से पन्द्रह दिन पहले हॉर्वर्ड में एक टेलीविजन प्रोग्राम में रुग्ण देह, शिथिल मन जवाहरलाल की तसवीर देखी, उनकी अटकती-सी वाणी सुनी।

मैंने अपनी पत्नी से कहा, "अमृत के स्रोत सूख गए।"

सदाबहार साया
मामा वरेरकर

सन् 1955 में जब मुझे आकाशवाणी के महानिदेशक के पद पर नियुक्ति का आदेशपत्र मिला, तब एक निजी पत्र मामा वरेरकर का भी प्राप्त हुआ। "मुझे बड़ी खुशी है कि आखिर आपको हम लोग आकाशवाणी में खींच ही लाए।" पत्र के ऐसे ही अन्य वाक्यों में मुझे जहाँ आत्मीयता का रस मिला वहाँ स्वत्वाधिकार की-सी गन्ध भी। इससे पहले मामा से मेरा पत्राचार नहीं हुआ था और न परिचय। अलबत्ता दो वर्ष पहले बम्बई रेडियो स्टेशन ने एक विशेष बहुभाषी नाटकमाला प्रसारित की थी जिसमें मराठी क्षेत्र से मामा वरेरकर का नाटक था और हिन्दी से मेरा। उस नाटकमाला में आयु और साहित्य की प्रतिष्ठा की यह असमता मुझे अखरी, कहाँ मामा जैसे लब्धप्रतिष्ठित और सिद्धहस्त नाटककार, कहाँ मैं नई पीढ़ी का महत्त्वाकांक्षी युवा लेखक। 'नई धारा' के रंगमंच विशेषांक में मामा की यशोगाथा पढ़ चुका था और इसलिए भी उनका रौब-सा छाया हुआ था।

बाद में आकाशवाणी की सलाहकार समिति की बैठक में जब उनसे मेरा प्रथम साक्षात्कार हुआ, तो तड़ित-सी एक ही हँसी में विरुद के बादल छँट गए। वय और प्रतिष्ठा की दीवार गायब हो गई और यह गुमान भी न हुआ कि हम लोग पहली बार ही मिल रहे थे। बोले, "जानते हो, माथुर, क्यों मैंने तुम्हारी नियुक्ति पर खुशी जाहिर की थी? इसलिए कि आखिर एक 'नाटकवाला' आकाशवाणी का प्रमुख अधिकारी बन गया।"

'नाटकवाला'—यह शब्द मामा वरेरकर का अपना था और इसकी व्याख्या करने में उन्हें विशेष आनन्द आता था। उन्होंने बताया—नाट्यकार स्क्रिप्ट लिखता है, डाइरेक्टर उसे प्रस्तुत करता है और उसमें तरमीम भी करता है। अभिनेता रूप धरता है, लेखक की वाणी बनता है। मैनेजर तमाशे के लिए बन्दोबस्त की बुनियाद तैयार करता है। और दर्शक है रस का खोजी, रंगशाला का वास्तविक नियन्ता जिसके इंगित और भंगिमा पर भाग्य बनते और मिटते हैं। पर ये सभी एक समाज और एक वातावरण के ही वासी हैं, एक ही नशे में धुत, एक ही मयखाने के पियक्कड़। सो, इनके लिए एक संज्ञा भी तो होनी चाहिए, एक सामूहिक सम्बोधन। वही गढ़ा है मैंने—नाटकवाला'। तो तुम नाटकवाले हो और मैं भी। हम लोगों में न तो आयु का भेद होना चाहिए और न रुतबे का।

और मुझे याद आई हिन्दी की कहावत कि कायस्थों में छोटा हुक्का भरता है और भाँडों में बड़ा। उस समय भाँडों का उल्लेख करने की हिम्मत नहीं हुई। लेकिन यदि कर देता, तो मामा और भी जोर से हँसते और कसकर मुझसे हाथ मिलाते। वह हँसी अभी मेरे कानों में गूँज रही है। और भूल नहीं सकता वह शाश्वत मुसकान से मंडित मुखड़ा जिसका हर एक शिकन विनोद की अविनश्वर लहरी थी। कई बार सोचा मामा से पूछूँ, "आप जब परमात्मा के सम्मुख जाएँगे और वे आपके शरात भरे हँसोड़ चेहरे को देखकर आपसे जवाब-तलब करेंगे तो आप क्या कहिएगा, मामा?" मैंने यह प्रश्न उनसे कभी नहीं पूछा। पर उन्होंने परमात्मा को क्या उत्तर दिया होगा, इसका अन्दाज मुझे है। उन्होंने झट से कहा होगा—"हे विधाता, यह मेरा चेहरा नहीं तेरा ही दर्पण है। इसे तूने इसलिए गढ़ा है कि जरूरत पड़ने पर अपने उस रूप को देख सके जिसे तेरी सृष्टि के काले बादल कभी-कभी घेर लेते हैं। सो मैं हाज़िर हूँ।"

दर्पण या मुखौटा? क्या मामा वरेरकर की चिर तत्पर हँसी रंगशाला से उधार लिए गए मुखौटे की स्थायी सिलवट मात्र थी? हम लागे जो मामा की सदाबहार वनस्थली में बहुत बाद में पहुँचे, हमने फूटते पौधे को बाधा देनेवाली कँटीली झाड़ियों को कहाँ देखा? क्या मालूम उस मुखौटे के पीछे क्षत-विक्षत कुसुमों की पंखुड़ियाँ छिपी पड़ी थीं! क्या मालूम कभी-कभी विस्मृत कटु अनुभूतियों के आवेग को रोकने के लिए बरबस उन्हें यह रूप धरना पड़ता! बड़ी लम्बी यात्रा के अन्तिम आयाम में मामा दिल्ली आए। यहाँ उन्हें थोड़ा-बहुत काया का सुख मिला, थोड़ा-बहुत चैन, थोड़ी-बहुत मौज की छानने की सुविधा। सब से बड़ी उपलब्धि मिली जवाहरलाल नेहरू की स्नेहसिक्त सान्निध्य। उस समाँ में पुराने अनुभवों का पुनर्वाचन उनके लिए सान्त्वना का साधन नहीं था बल्कि वर्तमान में घुले-मिले रहने का चुटकुला मात्र। उतनी ही पुरानी बातें बखानते जितने से किसी वर्तमान सन्दर्भ पर प्रकाश पड़ता, यह नहीं कि विस्मृत गौरव में उपेक्षित अहं की मिलावट कर घूँट-पर-घूँट पिलाए जाते हों।

फिर भी उन्नीसवीं सदी के चतुर्थ चरण से लेकर बीसवीं सदी के तीसरे चरण तक जिसके अनुभवों का क्षितिज फैला है उसके भंडार का क्या कहना! शिशिर भादुड़ी और गिरीशचन्द्र घोड़ा का जिक्र आया तो बोले कि उन दोनों विभूतियों के पादस्पर्श में ही रंगमंच के अनेक पाठ उन्हें मिले। बंगाल में बीसवीं सदी के प्रारम्भ में अनेक बार जाना हुआ और बहुत-कुछ पाया। इसीलिए शम्भु मित्र, तृप्ति मित्र, उत्पलदत्त इत्यादि अनेक बंगला कलाकार मामा के चरण छूते थे। एक बार मुझे गुजराती रंगमंच दिखाने ले गए तो एक वयोवृद्ध नाटककार से उसी मजे के साथ ठिठोली हुई जैसी शायद पचास वर्ष पूर्व करते थे। अभिनेता 'सुन्दरी' से भी छेड़छाड़ रही। ये लोग सभी उस युग में आधुनिक गुजराती रंगमंच का निर्माण कर रहे थे जब मामा वरेरकर मराठी रंगमंच पर यथातथ्यवादी परिस्थितियों से भरे-पूरे नाटकों में कटूक्तियों, व्यंग्य और निर्भीक स्वर द्वारा रूढ़िवादी समाज पर प्रहार कर रहे थे। डाकखाने की बाबूगीरी छोड़कर नाट्य-लेखन के क्षेत्र में आए थे। कुछ छोटी पूँजीवाली घूमती-फिरती मंडलियों के साथ

रहकर नाट्य-लेखन द्वारा जीविका-निर्वाह करते रहे। राष्ट्रीयता की लहर में पड़े। समकक्षी मराठी लेखकों से नोंक-झोंक भी रही। इस संघर्ष ने उन्हें आशावाद के खोखलेपन से अवगत करा दिया था और भावुकता और सीधेपन की अपेक्षा व्यावहारिक निपुणता को वे अधिक यथार्थ मानने लगे थे।

किन्तु जहाँ रंगमंच के भविष्य की बात उठती वहाँ मामा भावुक और आशावादी हो जाते थे। अपने दीर्घ जीवन-काल में उन्होंने भारत में रंगमंच की व्यावसायिक सफलताएँ भी देखीं और ह्रास भी। पर सिनेमा की चमक-दमक ने रंगमंच के नशे में रत्ती-भर अन्तर न आने दिया। मन कभी उचाट नहीं हुआ। और इसीलिए जो कोई प्रयास रंगमंच के विकास के लिए उनके सामने आता, उसे वे सिर्फ आशीर्वाद ही नहीं देते बल्कि हर क़दम पर उस बारे में पूछताछ करते, कार्यक्रम जानने के इच्छुक रहते और यदि कार्यकर्तागण छोटी बड़ी बातों में उनकी राय लेना भूल जाते तो उन्हें बुरा लगता। संघर्ष और ठोकरों ने मन में ही जिस स्नेह और आर्द्रता को सुखा डाला था वही मानो रंगमंच के स्वप्न-शिखरों की शीतलता को छूते ही सहज ही पुँजीभूत होकर मधु बरसाने लगते।

1960 से 1962 तक नेशलन स्कूल ऑफ ड्रामा की कार्यकारिणी समिति का मैं अध्यक्ष था। मामा की सदस्यता हमारी सम्बल थी। यह बात नहीं कि वे अपनी प्रस्तावों और सुझावों द्वारा उस संस्था की नीति और कार्यप्रणाली निर्धारित करते हों। वस्तुतः उनके अपने प्रस्ताव तो बहुत कम हुआ करते थे। उन्हें इस बात की चिन्ता न थी कि बुनियादी नीति में उनकी बात मानी जाए। पर हर मीटिंग में मौजूद रहते, कुछ-न-कुछ शिगूफा छोड़ते, जोरों के साथ प्रस्तावों का समर्थन करते और जब मीटिंग खत्म होती तो उपलब्धि और सामर्थ्य का जो वातावरण छाया होता उसके केन्द्र हुआ करते थे मामा वरेरकर। एक ही कामना थी मामा की कि रंगमंच के क्षेत्र में कोई अभियान हो तो उन्हें शामिल अवश्य किया जाए, उनकी पूछ अवश्य हो। पृथ्वीराज, आदि मर्जबान, दीना गांधी, अलकाजी, शम्भु मित्र, कर्नल गुप्ते इत्यादि कलाकारों और संचालकों के अलग-अलग सिद्धान्त रहे हैं पर मामा इन सब के साथ अपने निजी सम्बन्ध रखने के लिए सर्वदा तत्पर रहे। रंगमंच के क्षेत्र में अनेक सज्जन सिद्धान्तों और वादों के फेर में पड़ जाते। मामा सबके साथ थे और मत-मतान्तरों के जंजाल में रंगमंच के पुनरुत्थान की गाड़ी को अटकाना नहीं चाहते थे। जब हम लोगों ने राष्ट्र-निर्माण-सम्बन्धी नाटकों को प्रस्तुत करने के लिए सांग और ड्रामा डिवीजन की स्थापना की और लेखकों एवं मंडलियों का सहयोग माँगा, तो अनेक सिद्धान्तवादियों और कलाकारों ने उससे किनारा काटा। चर्चा होने लगी कि रंगमंच के ऊपर सरकार छा जाएगी और कलाकार की स्वतन्त्रता में बाधा पड़ेगी। मामा की नजर में यह बहस बेकार थी। रंगमंच के देवालय में प्रतिमा प्रस्तुत करने के लिए जहाँ से भी योगदान मिले उन्हें स्वीकार था। अतः सांग और ड्रामा डिवीजन की ओर से जब ग्रीष्म नाट्य समारोह का दिल्ली के तालकटोरा थिएटर में सूत्रपात हुआ तो मामा वरेरकर मुझे और कर्नल गुप्ते को अपने प्रोत्साहनपूर्ण

समर्थन द्वारा हिम्मत देते रहे। हर नाट्य-प्रदर्शनी में वे मौजूद होते। रात के दो-दो बजे तक मामा वरेरकर अपलक नयन और हँसमुख वदन दिल्ली तालकटोरा के उन्मुक्त मंच पर नाट्यप्रदर्शनों को देखते रहते और बाद में मंच के पीछे जाकर कलाकारों की पीठ ठोंकते। डॉ. केसकर के सुझाव पर उस समारोह में प्रति वर्ष एक-न-एक संस्कृत नाटक का रूपान्तर भी प्रदर्शनी को जाने लगा। बाद में स्वयं मामा के कुछ नाटकों को भी प्रदर्शित किया गया।

जब मामा के नाटक मेरी जानकारी में पहली बार दिल्ली में प्रदर्शित हुए, तो एक दिलचस्प बात मालूम हुई। वही मामा जो अन्य सभी नाटकों को देखने रंगमंच के समीप सबसे आगेवाली पंक्ति में बैठे रहते थे अपने नाटक के प्रदर्शन पर रंगशाला में कहीं भी नहीं दीख पड़े। मैंने पूछताछ की तो पता चला कि वे चुपचाप विंग के एक कोने के पास बैठे हुए थे। मैंने कहा कि मामा, यह क्या बात है? तो बोले कि भला कौन लेखक ऐसा होगा जिसका दिल अपनी रचना को रंगमंच पर प्रदर्शित होते हुए दहशत से न धड़कता हो। यह छोटी-सी बात मेरे और उनके बीच में आत्मीयता की कड़ी बन गई, क्योंकि मैं भी रंगमंच पर अपने नाटकों का प्रदर्शन होते समय अज्ञात आशंका से काँप उठता हूँ और इसलिए मेरी कभी भी हिम्मत नहीं पड़ती कि आगे बैठकर एक अदृश्य भावी का मुक़ाबला करूँ।

इस लेख के प्रारम्भ में मैंने मामा वरेरकर के पहले पत्र में आत्मीयता के साथ-साथ स्वत्वाधिकार का भी ज़िक्र किया है। इन दो विभिन्न प्रवृत्तियों का सह-अस्तित्व नाटक के क्षेत्र के अतिरिक्त मामा के आकाशवाणी के सम्पर्क में भी पूरी तरह लक्षित था। ऑल इंडिया रेडियो के मामा वरेरकर संरक्षक भी थे, स्नेही भी थे, अवैतनिक सदस्य भी थे। कहूँ कि मामा वरेरकर आकाशवाणी कुटुम्ब के सिद्धश्री पुरखे थे तो कोई अत्युक्ति न होगी। अनेक लेखकों का विचार था कि संसद सदस्य, सलाहकार समिति के सदस्य तथा तत्कालीन मन्त्री डॉ. केसकर के पुराने मित्र होने के नाते मामा वरेरकर आकाशवाणी पर हावी थे। लेकिन ऊपरी दृष्टि डालनेवालों को ही ऐसा जान पड़ता था। गहराई से मामा वरेरकर के व्यक्तित्व की परख करने पर ज्ञात होता कि आकाशवाणी पर वे उतने हावी नहीं थे जितने की उसमें रम गए थे। उनके अधिकार का रहस्य शक्ति-संचालन नहीं था बल्कि कौटुम्बिक स्नेह का प्रभाव था। हम लोग जानते थे कि आकाशवाणी से उनका सम्पर्क उनके अपने लिए भी एक तरह की संजीवनी बूटी थी। सन् 1957 में भारतवर्ष में रेडियो-प्रसार की तीसवीं वर्षगाँठ के अवसर पर मामा ने 1927 में अपने पहले ब्रॉडकास्ट का सजीव भाषा में वर्णन किया। उस समय उन्हें अनाउंसर, लेखक तथा निर्देशक—सभी तरह का काम करना पड़ा। तब से आकशवाणी उनका दूसरा घर बन गई। हम लोग अकसर झुँझला भी जाते कि क्यों मामा कभी-कभी छोटी-छोटी बातों में अपनी टाँग अड़ाना चाहते थे। लेकिन उनके अन्तस्तल में इस संस्था के लिए जो सच्चा स्नेह था उसकी हम लोग उपेक्षा नहीं कर सकते थे। मामा के उठ जाने से निश्चय ही आकाशवाणी के अनेक कार्यकर्ताओं को सूनापन महसूस हुआ होगा।

मामा वरेरकर ने क्यों उपनाम 'मामा' रखा यह कथा और लोग बताएँगे। किन्तु यह जिज्ञासा उठ सकती है कि उन्होंने 'मामा' ही का जगत्-रिश्ता क्यों चुना, चाचा अथवा बाबा का क्यों नहीं, अथवा 'नाट्य शिरोमणि' जैसे अलंकारपूर्ण सम्बोधन की ओर रुझान क्यों नहीं दिखाया? 'मामा' महाराष्ट्र तथा दक्षिण के अनेक भागों में बुजुर्गियत का प्रतीक नहीं माना जाता। परिवार के किशोर-किशोरी जिन बातों को बड़े-बूढ़ों के सामने कहने से हिचकते हैं, यौवनागमन पर जिन रहस्यों के चारों ओर मँडराते हैं, उनका सरस उल्लेख 'मामा' की उपस्थिति में हो सकता है। 'मामा' नई और पुरानी पीढ़ी के बीच कड़ी का काम करता है। 'मामा' जीवन की रूमानी दौलत का खजाँची है। हमारे 'मामा' वरेरकर ने इस रूप में 'मामा' नाम की साख रखी। कभी नीरस उपदेशों की झड़ी नहीं लगाई, कभी वयोवृद्ध होने के नाते समादर और अभिवादन की अपेक्षा नहीं की। हर पीढ़ी से यही कहा कि "मुझे अपनों में एक मानकर घुल-मिल जाने दो। मैं प्रतिष्ठा नहीं चाहता, स्नेह चाहता हूँ। मैं पूजा का पात्र, जीर्ण पीपल का तरु नहीं हूँ। मेरी सदाबहार साया में अठखेलियाँ करते रहो—इसी में मेरा सुख है।"

मैंने भी उनके साथ एक अठखेली की। अपने नाटक 'शारदीया' को उन्हें समर्पित करते हुए लिखा—'मामा वरेरकर को—जवानी जिनका पीछा ही नहीं छोड़ती।' वे ठठाकर हँस पड़े।

कुछ तरुण स्मृतियाँ
सुमित्रानन्दन पन्त

सन् 1933 में इलाहाबाद में ईविंग क्रिश्चियन कॉलेज में जब मैंने प्रवेश पा लिया तब नई पीढ़ी के कवियों और पाठकों दोनों पर श्री सुमित्रानन्दन पन्त का व्यापक प्रभाव था। नरेन्द्र शर्मा उन दिनों हिन्दू बोर्डिंग हाउस के छात्र थे। उन्होंने मुझे 'पल्लव' की अपनी प्रति पढ़ने के लिए दी। उस प्रति के निरालेपन ने मुझे मोह लिया—पीली रेशमी जिल्द, डायरी के ढंग का छोटा चौकोर आकार, अन्दर पन्तजी का एक रेखाचित्र जिसमें उनके रेशमी केश उनके सुकुमार मुख को ऐसे ही आवृत किए हुए थे जैसे चित्ताकर्षक और तन्द्रिल छवियाँ उनके काव्य की तरल और मर्मस्पर्शिनी भावनाओं पर छायी हुई थीं। उस प्रति पर पन्तजी के हस्ताक्षर भी थे। यानी एक किशोर की भावुकता को जागृत करने की पूरी सामग्री 'पल्लव' की उस प्रति में मौजूद थी। जादू मुझ पर छा गया।

जादू ऐसा जो सिर पर चढ़कर बोला। जहाँ तक मुझे याद है पन्तजी उन दिनों इलाहाबाद से कालाकांकर या अन्यत्र चले गए थे और मुझे तब तक उनके दर्शन भी नहीं हुए थे। किन्तु जितना सानिन्ध्य मुझे तब मिला उतना बाद में कभी नहीं। बाद के व्यक्तिगत परिचय और विचार-विनिमय के सूत्र उस बन्धन के समान अन्तरंग नहीं हुए जिसने अदृश्य रूप में मुझे तब घेरा था। एक-दो सप्ताह में 'पल्लव' की दो-तिहाई से अधिक कविताएँ मुझे कंठस्थ हो गईं। एक नई दुनिया मन की आँखों के सामने अनावृत होती चली गई। सितम्बर-अक्तूबर में मुझे टाइफाइड हो गया। आजकल की शीघ्रगामी औषधियों का आविष्कार नहीं हुआ था, इसलिए रोगी को लम्बे अर्से तक शय्या और स्वप्नों का साहचर्य मिलता था। उन स्वप्नों के विधाता बने मेरे लिए पन्तजी; यानी बीमारी के दिनों में मैंने न केवल उनकी अनेक रचनाओं को पढ़ डाला, अकेलेपन को दूर करने के लिए उनकी पंक्तियों को गुनगुनाता रहा, बल्कि तकिए के नीचे कागज और पेंसिल रखकर छुपे-छुपे तुकबन्दियाँ भी करने लगा। भाग्यवश एकाध सम्पादक को छोड़कर किसी ने मेरी अनधिकार चेष्टा का स्वागत नहीं किया और शय्या छोड़ने के बाद मैं पुनः गद्यक्षेत्र में वापस आ गया। लेकिन कागज के टुकड़े जिन पर वे तुकबन्दियाँ अब भी सुरक्षित हैं उस जमाने की किशोर-पीढ़ी की भावुकता और आदर्श-सम्पृक्त रूमानी मनोवृत्ति के प्रतीक हैं। इलाहाबाद में उन दिनों न जाने कितने किशोर छात्रों की कल्पना को रंगीनी और भावनाओं को माधुर्य मिला पन्तजी के व्यक्तित्व और कवित्व

के कारण। अनेक परवर्ती प्रतिभाएँ जगी थीं उसी प्रभात के आह्वान पर।

किस कदर हम लोगों पर पन्तजी अव्यक्त रूप से छाए हुए थे, इसका अन्दाज एक छोटी-सी घटना से मिलता है। सन् 1934 में ईविंग क्रिश्चियन कॉलेज की हिन्दी परिषद् के एक उत्सव में मेरे एक सहपाठी ने छायावाद और पन्तजी के सौकुमार्य और सामाजिक समस्याओं के प्रति उदासीनता पर आक्षेप किए। मैं श्रोताओं में था, वक्ताओं में नहीं, लेकिन पन्तजी की आलोचना मेरे लिए असह्य थी; क्योंकि उनके दर्शन न होने पर भी वे मेरे-जैसे युवकों के आराध्य हो चुके थे। इसलिए तुरन्त ही मैंने अपने सहपाठी के विरोध और पन्तजी के काव्य के समर्थन में आविष्ट स्वर तथा सहज कल्पना और छवियों से अलंकृत भाषा में बिना किसी तैयारी के, अच्छा-खासा भाषण दे डाला। क्या कहा यह तो याद नहीं किन्तु इतना याद है कि श्रोतागण मन्त्रमुग्ध होकर सुनते रहे और मेरे अध्यापक स्वर्गीय रामलखन शुक्ल इतने गद्‌गद हो उठे कि उन्होंने सारी कक्षा के सामने मेरी सराहना की। मुझे शायद तब यह ज्ञान भी न था कि मेरे भाषण की आवेशपूर्ण मनोहारिता के पीछे इतनी मेरी निजी प्रतिभा नहीं थी जितनी मेरे समकालीन तरुणों के अचेतन मानसिक स्तर पर उनके व्यापक प्रभाव का आग्रह।

अपनी पुरानी फाइलों में मुझे पन्तजी के काव्य और प्रतिभा के सम्बन्ध में 1934 में लिखा मेरा एक निबन्ध मिला है जिसे मेरे मित्र शिवदानसिंह चौहान ने क्रिश्चियन कॉलेज की पत्रिका में प्रकाशित किया था। उस भावुकतापूर्ण निबन्ध की विचार-निधि क्षीण होते हुए भी उसकी शैली का सहज प्रवाह, शब्द-गठन और तल्लीनता किसी ऐसे प्रेरणा-सोत के द्योतक हैं जिसका पूरा ज्ञान लेखक को शायद नहीं था।

बीमारी के बाद क्रिश्चियन कॉलेज के छात्रावास से हटकर मैं कुछ समय के लिए अपने एक निकट सम्बन्धी के यहाँ रहने लगा। उन्होंने अपना मकान बदला और म्योर रोड की कोठी के एक हिस्से में रहने लगे। एक दिन बगीचे में बैठा मैं पढ़ रहा था। सारंगी का स्वर सुन पड़ा। बँगले के अहाते में एक बुड्ढा सारंगी लिए चला आया। मैंने उसे बुलाया; संगीत का मुझे विशेष ज्ञान नहीं था लेकिन उसकी वृद्धि और क्षीण होती हुई वाणी में आकर्षण था। राग-रागिनियों के सीधे-सादे रूप मन को रुचे। जब उसे पैसे देने लगा तो बुड्ढा गायक बोला—"इसी कोठी में कुछ वर्ष हुए एक पहाड़ी बाबू रहते थे। उन्हें मेरा गाना बहुत पसन्द था।" पहाड़ी बाबू!...बुड्ढे के चले जाने के बाद मैंने 'पल्लव' की वही प्रति सँभालकर देखी। भूमिका के नीचे पन्तजी का पता लिखा हुआ था, '3, म्योर रोड, इलाहाबाद।'...यानी मैं उसी कोठी में रह रहा था जो कभी 'पल्लव' के कवि का आवास था। तरुण सपनों में नवीन बाढ़ आई और उस बँगले की धरती, उसकी सोयी-सी दीवारें, उसकी जर्जर खिड़कियाँ—सभी चैत्र की चाँदनी में रमनेवाली अप्सराओं के क्रीड़ाक्षेत्र बन गए।

जान-बूझकर मैंने ऊपर के रेखाचित्रों में उन्हीं रूमानी रंगों को भरने की चेष्टा की है जो मेरे लिए उस समय वस्तुतथ्य थे। वर्तमान पाठकों को शायद हँसी आए। 1960 के वयोवृद्ध दार्शनिक और विचारशील कवि पन्त को झुँझलाहट लगे। किन्तु जो

वातावरण और मनोवृत्ति हमारी वर्तमान बुद्धिपरक स्थिति में अटपटे जान पड़ते हैं, सन् 1934 के प्रयाग में रहनेवाले नवोदित साहित्यकार के लिए वही सजग कल्पना और मार्मिक अभिव्यंजना की नींव-स्वरूप थे। नए कवियों की पाठ-शैली पर पन्त की छाप थी; नए लेखक की रचनाओं में पन्त की शब्दावली अनायास मुखरित हो उठती थी। हम लोग उन दिनों अपने लेखों में पन्तजी की पंक्तियों को उसी सहज भाव से उद्धृत करते थे जैसे कीट्स-शेली को अपने अंग्रेजी निबन्धों में–'शब्द-शब्द है सुधि की दशन, चरण-चरण है आह। कथा है करुण प्रवाह।' 'वियोगी होगा पहला कवि, आह से उपजा होगा गान', 'कौन कौन तुम परिहत वसना', 'प्रथम रश्मि का आना रंगिणि कैसे तुमने पहचाना', 'शत शत फेनोच्छसित स्फीत फूत्कार भयंकर', 'छपी-सी पी-सी मृदु मुसकान'– ऐसी अनेक पंक्तियाँ बरबस हम लोगों की वाणी और लेखनी पर आ जाती थीं। उस युग के प्रयाग के नवोदित भावुक साहित्यकार के लिए पन्तजी करीब-करीब क्लासिक बन चुके थे।

शायद सन् 1936 में पन्तजी के सर्वप्रथम दर्शन हुए। क्या जो रूमानी महल मेरी कल्पना और भावुकता ने बना रखा था, और भी जाज्वल्यमान हो उठा? जी नहीं। न वह महल पहले से अधिक जगमगाया और न वह ढह गया। न मैं अनिवर्चनीय उल्लास से अभिभूत हुआ और न मेरे सपने चकनाचूर हुए। व्यक्तिगत परिचय की जो निधि तब मुझे मिली उसे श्रद्धालु भाव से मैंने अपनाया और धीरे-धीरे परिचय ने मित्रता का रूप ले लिया। उस व्यक्तिगत परिचय के स्निग्ध स्नेह में शीतलता का अनुभव हुआ, उत्ताल एवं उत्तप्त भाव तरंगों का नहीं।

सो क्यों? इसका एक प्रमुख कारण था 1935-36 में प्रयाग के साहित्यिक वातावरण में एक नूतन सामाजिक चेतना का उदय जिसने अन्तर्मुखी कवि को बहिर्मुखी बनाया और जिसके उद्दाम प्रकाश ने हम तरुणों की दृष्टि को विश्लेषणात्मक कर दिया। स्वयं पन्तजी सामाजिक और आर्थिक समस्यामूलक साहित्य के अगुआ बने। उनकी रचनाओं में माधुर्य के साथ-साथ समाज के कठोर और चुनौतीपूर्ण स्थलों का अनावरण होने लगा; व्यक्तिपरक पीड़ा के चिन्तन का स्थान पीड़ित और अव्यवस्थित समाज के चिन्तन ने ले लिया। और यों पन्तजी से पहली बार में मैं मिला तो मैंने पाया कि भावाम्बुधि का मन्थन कर कल्पना-ज्योति से प्रदीप्त छविरत्नों को प्रस्तुत करनेवाला यह मानव-मेरू गहन चिन्तनशील मनीषी भी है।

फिर भी एकान्तप्रिय जीव होने के कारण पन्तजी बातचीत कम ही करते थे। उनके यहाँ जिज्ञासुओं का जमाव नहीं होता था और अन्तरंग मित्रों को छोड़ बहुत कम लोगों के सामने खुलकर बातें करते थे। बहरहाल तत्कालीन समस्याओं पर उनसे विचार-विनिमय करने का गौरव तब तक मुझे प्राप्त नहीं हुआ था। लेकिन अकसर उनका सत्संग मिलता रहा, श्री नरेन्द्र शर्मा और श्री भगवतीचरण वर्मा की बदौलत। मेरा भी एक स्वार्थ बन पड़ा। यदा-कदा उन्होंने मेरे लिखे एकांकियों पर अपने सुझाव देना स्वीकार किया। एक बार अशोक के हृदय-परिवर्तन पर आधारित एकांकी मैंने

उन्हें पढ़कर सुनाया। प्रयाग विश्वविद्यालय के 'हालैंड हॉल' नामक छात्रावास में नरेन्द्र शर्मा के कमरे में बैठकर मध्यरात्रि तक उन्होंने मेरी अपरिपक्व-सी रचना को सुना। उसमें कई गीत भी थे। बिना मेरे आत्माभिमान को चोट पहुँचाए उन्होंने उस एकांकी में काफी काट-छाँट करवा दी और बाद में वह रचना अच्छी-खासी बन पड़ी। निर्देशन अथवा समालोचना करने में जो सहिष्णुता और बड़प्पन उनके मुख से झलकता था उसमें कोई बनावट नहीं थी। इसका विशेष अनुभव मुझे 1938-39 में हुआ, जब उन्होंने श्री नरेन्द्र शर्मा के सहयोग से 'रूपाभ' मासिक-पत्र निकाला। पन्तजी और नरेन्द्र शर्मा का निवास स्थान मेरे घर से निकट ही था। 'रूपाभ' नाम निश्चित करते समय कुछ व्याख्या भी उन्होंने की थी। उस समय मैं मौजूद था। यद्यपि तब मुझे वह नाम अटपटा-सा लगा था, 'रूपाभ' के सहकर्मियों की पंगत में मैं भी शामिल हो गया। पुस्तकों की 'रिव्यू' करने या एकाध विषय पर नोट लिखने के अवसर मुझे मिले थे। मेरे दो प्रारम्भिक एकांकी भी 'रूपाभ' में छपे थे। 'रूपाभ' के आभिजात्य और गरिमा ने उन दिनों हिन्दी मासिक साहित्य को एक नया अनुभव दिया और यद्यपि वह परम्परा तुरन्त तो नहीं चल सकी तथापि पिछले दिनों मननशील और 'शुद्ध' साहित्यिक और सांस्कृतिक पत्र-पत्रिकाओं के जो अल्पजीवी प्रयोग हुए हैं उनकी 'लीक' 'रूपाभ' ही ने डाली थी। 'रूपाभ' की फाइलें आधुनिक हिन्दी साहित्य की अनुपम धरोहर हैं। कुछ आधुनिक विषयों पर (जैसे, साहित्य में मनोविश्लेषण) तो हिन्दी में पहले-पहल चर्चा 'रूपाभ' ही में हुई।

इतने निकट होते हुए भी पन्तजी हम लोगों से कुछ दूर ही थे। या यों कहूँ कि हम लोगों के बीच में भी वे अछूते-से थे। क़हक़हे लगाना, एक-दूसरे पर छींटाकशी करना, स्त्री-पुरुष सम्बन्धी मज़ाक करना अथवा धड़ल्ले के साथ बेपर की उड़ाना—ये सब स्वच्छन्द और निर्द्वन्द्व व्यवहार पन्तजी की उपस्थिति में हम लोग नहीं कर पाते थे। इसलिए नहीं कि पन्तजी के व्यक्तित्व में बुजुर्गियत की बू आती थी। बुजुर्गियत का आवरण तो आज साठ वर्ष की आयु में भी पन्तजी पर नहीं चढ़ा, बीस-बाइस वर्ष पहले तो उनकी सुकुमारता और कमनीयता अविकल थी। किन्तु जब कभी हम लोग उनके साथ बैठते तो उनकी सहज शालीनता, निश्छलता और उनके पारदर्शक नेत्रों की मर्मस्पर्शिनी सच्चाई सभी हमें अस्त्र-विहीन कर देते थे और कुछ मानी में हम ठगे-से रह जाते थे।

यों नरेन्द्र और शायद बच्चन कभी-कभी उनसे छेड़छाड़ कर लेते थे। उन्हीं दिनों प्रयाग विश्वविद्यालय के छात्रों की यूनियन ने पन्तजी का अभिनन्दन किया। अभिनन्दन-पत्र पढ़े जाने और भाषणों के बाद छात्रों ने आग्रह किया कि पन्तजी कविता-पाठ करें। पन्तजी सोच ही रहे थे कि किसी छात्र ने उनके सामने उनके सद्यःप्रकाशित संग्रह को पृष्ठ-विशेष पर खोलकर रख दिया। भोले कवि पन्तजी पढ़ने लगे। कविता के सौन्दर्यबोध और बिम्बसज्जा के सम्मोहन में छात्रवृन्द ही नहीं, उपस्थित अध्यापक-अध्यापिकाएँ झूमने लगे। लेकिन जब 'विकसे अम्बियाँ से उरोज' का स्थल आया तो

नटखट छात्रों की दबी-सी खिलखिलाहट सुन पड़ी। अध्यापकगण (बात सन् 1938 की है) और अध्यापिकाओं ने डेस्क पर ताल देना बन्द कर दिया। पन्तजी कुछ अटके, संग्रह प्रस्तुत करनेवालों की शरारत को समझ गए, लेकिन करते क्या? पाठ पूरा हुआ लेकिन शरारती लड़के नौ-दो ग्यारह हो चुके थे।

भोलेपन के साकार स्वरूप होते हुए भी पन्तजी अपने निराले ढंग में विनोदशील भी हैं। हम लोगों को उनके इस रूप की झलक कभी-कभी ही मिलती थी। लेकिन उनकी नन्हीं-सी चुटकियाँ भी उसी भाँति चिरस्मरणीय हैं, जिस भाँति उनके ब्रजभाषा में रचे गए एकाध गीत (जैसे, 'पलकन पग चूमूँ मैं आज पिया के' जो उन्होंने शायद हिन्दू बोर्डिंग हाउस के वार्षिक नाटकोत्सव के लिए लिखा था।) कुछ वर्ष हुए पटना में एक साहित्य-प्रेमी सज्जन जो सरकारी कर्मचारी भी हैं और जिनका बिहार हिन्दी साहित्य-सम्मेलन से निकट-सम्बन्ध है, उनसे मिले। ये सज्जन लिखित साहित्य के अतिरिक्त मौखिक साहित्य के अथक, और अनवरत प्रेरणा हैं यानी बातें करना शुरू करते हैं तो रुकने का नाम नहीं लेते। पन्तजी से लम्बी बैठक करने के बाद जब वे चले गए तो पन्तजी ने कहा—"श्री...जब बोलते हैं तो ऐसा जान पड़ता है कि कोई चक्की का पिसा आटा बारम्बार चक्की में डालता और पीसता जाता है।" ऐसा शिष्ट, नपा-तुला और ठीक बैठनेवाला व्यंग्य पन्तजी ही कर सकते हैं।

1941 में मुझे सरकारी नौकरी मिली और प्रयाग से मेरा सम्पर्क कम हो गया। लगभग दस वर्ष तक पन्तजी के न तो दर्शन हुए और न उनसे पत्र-व्यवहार ही हुआ। 1951 या 52 में जब मैं पटना में बिहार सरकार का शिक्षा सचिव था, पन्तजी कुछ दिनों के लिए मेरे पास आकर ठहरे और मुझे उनके निकट-सत्संग का सुअवसर मिला। मेरी तरुण-स्मृतियाँ क्षीण हो चुकी थीं, लेकिन पटना कॉलिज में उनके सम्मान में जो उत्सव हुआ उसमें पन्तजी की अभ्यर्थना करते हुए मुझे उन दिनों की चर्चा करने में विशेष आनन्द आया। उसके बाद मैंने पन्तजी का भाषण सुना। तसवीर का दूसरा पहलू, जिससे मैं उस वक्त तक बिलकुल अपरिचित था। लिखित गद्य पन्तजी का मैंने पढ़ा था, लेकिन सभा-भवन की कला में भी पन्तजी इतने पारंगत होंगे इसका मुझे अनुमान भी न था। छोटे-छोटे और मार्मिक वाक्य, प्रांजल शब्द-योजना, उपयुक्त स्वराघात, स्पष्ट अैर ओजस्वी धाराप्रवाह। और सामयिक समस्याओं को जो विवेचन उन्होंने किया उसमें सिद्धान्त का आग्रह होते हुए भी वस्तुस्थिति की पकड़ी पूरी तरह लक्षित थी। युगप्रवर्तक साहित्यकार पन्त के दर्शन मैंने तभी किए।

उसके बाद से पन्तजी के स्नेह और साहचर्य की उपलब्धि मुझे लगातार होती रही है। आकाशवाणी का नाता इन उपलब्धियों को पुष्ट ही करता रहा है। उस नाते की चर्चा करने का यहाँ अवसर नहीं है। पन्तजी ने 'आकाशवाणी' को जो कुछ दिया उसका 'आकाशवाणी' ही नहीं, भारतवर्ष के वर्तमान सांस्कृतिक इतिहास में विशेष महत्त्व है।

लेकिन पन्तजी का यह महत्-स्वरूप मेरी तरुण-स्मृतियों को मिटा नहीं पाया है और न ऐसा होने की सम्भावना ही है।

ग्रामीण हृदयों के सम्राट्
राजेन्द्र प्रसाद

उस दिन सारण जिले में राजेन्द्र बाबू के जन्मस्थान से कुछ मील दूर मैरवा ग्राम के 'कुष्ठ-सेवाश्रम' में जाने का अवसर मिला। अपने ढंग की अनूठी संस्था है। उस ग्रामीण अँचल में इतना उच्चकोटि का आश्रम देखकर आश्चर्य हुआ। संचालक महोदय ने बताया कि प्रेरणा राजेन्द्र बाबू की थी और उन्हीं के पथ-निर्देशन से इतनी प्रगति हो पाई है। बिहार के अनेक पिछड़े इलाकों में जाता हूँ तो दीन-दुखियों के कष्ट-निवारण अथवा शिक्षा के प्रचार के लिए राजेन्द्र बाबू द्वारा प्रेरित नन्हीं-नन्हीं संस्थाएँ किसी युगपुरुष के पदचिह्नों-सी बिखरी मिलती हैं। उस दिन जमीन की चौहद्दी के एक मुकद्दमे के सिलसिले में एक छोटे-से कस्बे में स्थित आश्रम की ट्रस्ट-डीड मेरे सामने पेश हुई। बरसों हुए राजेन्द्र बाबू को ही किसी ने वह जमीन दी थी और उन्होंने ही उसका पंजीकरण किया। चम्पारन के भितिहरवा ग्राम में सन् 1917 में गांधीजी ने जो विद्यालय स्थापित किया, उसके दस्तावेज में मोहनदास करमचन्द गांधी और राजेन्द्र प्रसाद दोनों ही के नाम अंकित हैं। बिहार में शायद ही कोई जिला मिले, जहाँ किसी-न-किसी सामाजिक संस्था की प्रेरणा राजेन्द्र बाबू से न मिली हो।

वस्तुतः राजेन्द्र बाबू के मन में गाँव की जनता के कल्याण के लिए भावना का उदय गांधीजी के सम्पर्क से सन् 1917 में ही हुआ। मोतीहारी के उन तीन-चार सज्जनों से मिलने का सौभाग्य मुझे हाल ही में हुआ था, जिनके साथ उन दिनों गांधीजी गाँव-गाँव में घूमे थे। राजेन्द्र बाबू की पुस्तक 'चम्पारन में गांधीजी' में भी इसका उल्लेख मिलता है। निलहे गोरों के अत्याचारों से किसानों की मुक्ति के लिए जहाँ गांधीजी तत्कालीन सरकार से संघर्ष कर रहे थे, वहाँ उन्होंने यह भी घोषित किया कि जब तक हम ग्रामीणों के रहन-सहन, सामाजिक आचार-विचार में परिवर्तन नहीं लाएँगे और उनकी अशिक्षा और अज्ञान को दूर करने की व्यवस्था नहीं करेंगे, तब तक आर्थिक और राजनैतिक संघर्ष से ही कार्यसिद्धि नहीं होगी। और तब गांधीजी ने एक ऐसी बात कही जो राजेन्द्र बाबू के मन में गड़ गई। उन्होंने कहा, "मुझे ग्राम-सुधार के इस काम के लिए यहाँ बिहार में कार्यकर्ता तो मिलने से रहे, यह मैं भली-भाँति जानता हूँ। इसलिए देश के अन्य भागों से कुछ तपे-तपाए और निष्ठावान स्वयंसेवकों को बुलाऊँगा।" बड़हरवा, भितिहरवा और मधुवन, इन तीनों गाँवों में गांधीजी ने काम शुरू किया। बड़हरवा में

उन्होंने एक विदेशी शिक्षा-प्राप्त इंजीनियर श्री बबनजी गोखले को भेजा, उनकी विदुषी पत्नी अवन्तिकाबाई गोखले के साथ। मोतिहारी के श्री रामदयाल साह मुझे बता रहे थे कि गांधीजी ने उन्हें अवन्तिकाबाई को लेने रेलवे स्टेशन भेजा और कहा कि अगर अवन्तिकाबाई फर्स्ट क्लास में आ रही हों तो उन्हें स्टेशन से ही वापस कर देना बम्बई के लिए। अगर थर्ड क्लास में आएँ तो साथ में ले आना। मधुवन में महादेव देसाई और आचार्य कृपलानी भेजे गए, भितिहरवा में प्रसिद्ध चिकित्सक डॉ. देव और सोमनजी और स्वयं कस्तूरबा। बाद में बेलगाँव के पुंडलीकजी भी पहुँचे। पुंडलीकजी अब भी हर दो-तीन साल बाद भितिहरवा आते हैं।

गुजरात-महाराष्ट्र और अन्य सुदूर प्रान्तों से कार्यकर्ता आएँ और बिहार के गाँवों में कष्ट झेलते हुए, बीमारी और अभावों का सामना करते हुए ग्रामीण जनता की सेवा करें, और बिहार का नवजाग्रत शिक्षित समुदाय देखता ही रहे—यह असंगति राजेन्द्र बाबू को अखरी। बिहार का मध्यवर्गीय शिक्षित समुदाय उन दिनों प्रायः जमींदार कुटुम्बों से ही निकला था। देशभक्ति की भावनाएँ तीव्र थीं, अधिकारों के लिए माँग करने में वक्तृत्व और लेखनी का इस्तेमाल धड़ल्ले से होने लगा था। प्रस्ताव इत्यादि करीने से तैयार किए जाते थे, कौंसिलों में वाद-विवाद में चातुर्य और निपुणता दिखाई जाती थी; किन्तु ग्रामीण जनता के बीच रहकर अपने हाथ-पैर से उनके कल्याण और सेवा के लिए काम करना--यह बिलकुल नया अनुभव था। गांधीजी के उस कथन ने राजेन्द्र बाबू के ऊपर जादू के मन्त्र का-सा प्रभाव किया और तब से ग्राम-सेवा का जो ताँता बँधा, वह स्वतन्त्रता-प्राप्ति के बाद ही टूटा। राजेन्द्र बाबू ने आश्रमों, खादी-केन्द्रों, विद्यालयों और स्वयंसेवक-मंडलों की जो परम्परा बिहार में चलाई, उसने यहाँ के तत्कालीन कार्यकर्ताओं की मनोवृत्ति और कर्मशैली में क्रान्ति ला दी। स्वयं राजेन्द्र बाबू कुछ-न-कुछ दिन इन केन्द्रों में अवश्य गुजारते, यही नहीं कि केवल भाषण देने एकाध बार पहुँच जाते हों। इसका एक परिणाम यह हुआ कि गाँव-गाँव में राजेन्द्र बाबू के निजी सम्पर्क में आए हुए और उनके द्वारा प्रशिक्षित कार्यकर्ता फैल गए। साधारण लोग थे वे; न कोई उच्चकोटि की शिक्षा, न समृद्धि, किन्तु मानो किसी दैवी शक्ति से अनुप्राणित! एक दिन एक लुहार मेरे पास आया। बोला, "चीनियों से लड़ने के लिए बन्दूक बनाना चाहता है। सुविधा मिलेगी?" मैंने पूछा, "क्यों? आपकी बन्दूकों से तो यह लड़ाई जीती नहीं जा सकती।" जवाब मिला, "बहुत पहले, क्रान्तिकारियों के लिए बम बनाने में मदद किया करता था। रेलवे लाइनों को तोड़ने में भी हिस्सा लिया।" पर राजेन्द्र बाबू ने कहा, "यह सब छोड़ो। लुहार गरीब हैं, उनका संगठन करो। दस्तकारी में निपुण बनो, और जब गांधीजी की पुकार आए तो जेल जाओ। 'यही करता आया हूँ। अब भी देश-सेवा की माँग है। क्या करूँ, बताइए!"

राजेन्द्र बाबू! उत्तर बिहार के गाँव-गाँव में जाता हूँ। तो यही आत्मीयतापूर्ण सम्बोधन सुनने को मिलता है। इस सम्बोधन में स्नेह भी है और समादर भी। अगणित कुटुम्बों के बुजुर्ग हैं राजेन्द्र बाबू और आज जब वह नहीं रहे, तब भी ऐसा लगता है

कि उन कुटुम्बों में कोई महत्त्वपूर्ण काम बिना उनकी मर्जी के करने का साहस किसी को नहीं होता। पर अब वह मर्जी कैसे मालूम हो! इस असंख्य जनता के संस्मरण भला कौन लिख पाएगा! पर इतना निश्चित है कि गांधीजी को छोड़कर अन्य किसी समकालीन महापुरुष को ग्रामीण जनता का इतना निकट, व्यक्तिगत और स्नेहसिक्त सान्निध्य नहीं मिला, जितना राजेन्द्र बाबू को।

राजेन्द्र बाबू के व्यक्तित्व का एक और भी पक्ष है, जिसकी चर्चा होनी चाहिए। नई दिल्ली के महल में अनेक लोग उन्हें न सिर्फ सीधे-सादे बिहारी ग्रामीण के रूप में देखते थे, बल्कि शायद उन्हें यह भी भ्रम होता कि कला और रस-परिपाक से उन्हें कोई मतलब नहीं है। गांधी-युग पर यह आरोप अकसर लगाया जाता है कि उसमें 'प्योरिटनिज्म' इतना बढ़ा कि रस-मर्मज्ञता का ह्रास होने लगा। पर राजेन्द्र बाबू पर यह लागू नहीं होता। उनके रुचि-वैविध्य के अनेक उदाहरण मिलते हैं। सन् 1940 में रामगढ़-कांग्रेस के अवसर पर राजेन्द्र बाबू ने बिहार के तीन-चार नवोदित कलाकारों को एकत्र किया--उपेन्द्र महारथी, दिनेश बख्शी, दामोदर अम्बष्ठ इत्यादि और उनसे बिहार के सांस्कृतिक जीवन और इतिहास के अनेक दृश्यों के विशाल चित्र बनवाए। एक तरह से वह बिहार की कला के पुनर्जागरण का पहला महत्त्वपूर्ण कदम था। उसके बाद से उपेन्द्र महारथी को बराबर राजेन्द्र बाबू से पथ-प्रदर्शन मिलता रहा। राष्ट्रपति-भवन में बिहार-कक्ष की पूरी सजावट महारथी ने की है और उसमें बिहार की दस्तकारी के अद्वितीय नमूने प्रदर्शित हैं। मृत्यु से पूर्व सदाकत आश्रम में जो कमरा राजेन्द्र बाबू के लिए बना, उसमें भी महारथी ही ने सज्जा और अलंकरण किए। अन्तिम रात्रि को शव जमीन पर रखा हुआ था, तब आँसुओं के बीच महारथी ने अन्तिम अर्घ्य चढ़ाया, फूलों की सजावट द्वारा!

जन्मजात सुरुचि से सम्पन्न थे राजेन्द्र बाबू। इंडोनेशिया की यात्रा से लौटे तो मेरे पास एक नोट पहुँचा। मैं आकाशवाणी का डाइरेक्टर-जनरल था और राष्ट्रपति-भवन में विशेष अतिथियों के सत्कार में किए जानेवाले संगीत-नृत्य कार्यक्रम की व्यवस्था किया करता था। नोट में लिखा हुआ था कि राष्ट्रपति इन कार्यक्रमों के प्रदर्शन में शास्त्रीयता के साथ-साथ विविधता और लोकरुचि की अनुकूलता चाहते हैं। यों वे शास्त्रीय संगीत के हमेशा समर्थक रहे। आकाशवाणी के वार्षिक संगीत-सम्मेलन का उद्घाटन हर वर्ष करते और जब प्रदर्शन होता तो अकसर मुझसे राग-रागिनियों के विषय में जिज्ञासा करते। जब टेलीविजन का दिल्ली में उद्घाटन हुआ तो बड़ी दिलचस्पी के साथ उन्होंने पहले दिन के प्रोग्राम में भाग लिया। प्रातःकाल भजनों का प्रोग्राम तो रेडियो पर बराबर सुनते और अकसर मेरे पास माँग आती कि अमुक भजन की लिपि भेज दो।

फिर भी दिल्ली में मेरा राजेन्द्र बाबू से औपचारिक सम्बन्ध ही था। अधिक मिलने-मिलाने की हिम्मत न पड़ती। उससे बहुत पूर्व जब मैं 1945 में वैशाली महोत्सव का सूत्रपात किया तो राजेन्द्र बाबू का आशीर्वाद उनके जेल से छूटने के बाद से उस सांस्कृतिक अभियान को लिए प्राप्त होता गया। सन् 1948 में मैं गया में नियुक्त था।

गांधीजी की मृत्यु के बाद उनके थोड़े-से अवशिष्ट चिह्नों पर महारथी और मैंने एक विशाल गांधी-मंडप की आयोजना की। जब मंडप बन रहा था तो राजेन्द्र बाबू आए और उन्होंने कई सुझाव दिए। किसी भी कलापूर्ण कृति में राजेन्द्र बाबू गहरी दिलचस्पी लेते, यद्यपि समयाभाव के कारण उन्होंने कला का कोई विशेष अध्ययन नहीं किया था। साहित्य और अनुसन्धान की संस्थाओं से तो उनका गहरा सम्बन्ध था ही और उनके तत्त्वावधान में अनेक योजनाओं का श्रीगणेश हुआ। देश के साहित्यिक और सांस्कृतिक जीवन में राजेन्द्र बाबू के योगदान का विशेष और ब्यौरेवार अध्ययन होना चाहिए। उनकी अपनी कृतियों की चर्चा तो होती ही रहती है। जब उनकी आत्मकथा प्रकाशित हुई तो डॉ. सच्चिदानन्द सिन्हा ने मुझसे कहा कि अंग्रेजी में इसकी समीक्षा लिखो–'हिन्दुस्तान रिव्यू' के लिए। इस बहाने आत्मकथा का मनोयोग से अध्ययन करने का अवसर मिला। राजेन्द्र बाबू को मेरी समीक्षा पसन्द आई और उसकी कई प्रतियाँ मुझसे मँगाईं। राजेन्द्र बाबू का गद्य 'फंक्शनल स्टाइल' (कामकाजी शैली) का नमूना है। तथ्य का प्रस्तुतीकरण सहज गति से होता चलता है। जन-बूझकर अलंकरण के आरोप नहीं करते। दलील बिना आक्रोश के रखी जाती हैं, फिर भी मन उचाट नहीं होता। भावना की अभिव्यक्ति बहुत कम होती है।

वस्तुतः भावनाओं पर संयम उस तहजीब की विशेषता थी, जिसमें राजेन्द्र बाबू की पीढ़ी पनपी। इस संयम के नीचे प्रवहमान उल्लास की गम्भीर धारा कभी-कभी ही उमड़ती थी। होली पर राष्ट्रपति-भवन में संगीत और रूपकों का आयोजन मुझे करना होता था। मुगल गार्डन में अतिथियों और औपचारिकता से घिरे राजेन्द्र बाबू को मैंने भोजपुरी में होली के लोकसंगीत पर झूमते देखा। राष्ट्रपति भवन की दीवारें मानो ग़ायब हो जातीं, दिल्ली के वैभव भी, उत्तरदायित्व का भार भी। सुदूर सारण जिले के देहात की हवा मस्त तानों को लिए आती और ग्रामीण हृदयों का सम्राट अपनेपन को पाकर विभोर हो उठता।

कुछ दिन पहले चर्चा उठी राजेन्द्र बाबू के स्मारक बनाने की। पटना में शायद कोई विशाल स्मारक बने, दिल्ली में राजधानी के गौरव के अनुकूल शायद किसी संस्था की स्थापना हो, छपरा नगर में विश्वविद्यालय की स्थापना की भी चर्चा थी। निस्सन्देह ये सभी भारत के प्रथम राष्ट्रपति के स्मृति की प्रतिष्ठा के समीचीन आयोजन हैं और कौन इन प्रयासों की सफलता नहीं चाहेगा? किन्तु उन छोटे-छोटे गाँवों में राजेन्द्र बाबू की स्मृति को अक्षुण्ण बनाए रखने के क्या प्रस्ताव हैं जिनकी रज से उनका व्यक्तित्व बना था और जिनके सीधे-सादे निवासियों के श्रद्धा-कुसुम दिल्ली, पटना और छपरा के हीरक-हारों से कहीं अधिक मूल्यवान हैं? यदि इन गाँवों के हरिजनों की टोलियों में मकान बनाए जाएँ, यदि पिछड़े हुए गाँवों में पीने का पानी के लिए 'टावर' बनाई जाएँ, यदि देहाती इलाकों के स्त्रियों के लिए नर्सिंग होम इत्यादि बनाए जाएँ, तो निःसन्देह ये राजेन्द्र बाबू के मन के अनुकूल स्मारक कहलाएँगे। उनका शरीर अन्तिम वर्षों में भव्य महलों में बन्दी रहा, क्या उनकी स्मृति को भी हम केवल भव्य भवनों में बाँधकर रखेंगे!

प्रज्ञा के शिल्पी : विराट के दर्शक
वासुदेवशरण अग्रवाल

आज जब वासुदेवशरणजी नहीं रहे तो लगता है कि जिसके तट पर खड़े-खड़े मैंने उसकी उत्ताल तरंगों का पावन स्पर्श पाया था, पांडित्य और प्रज्ञा का वह महासागर ही लुप्त हो गया।

मेरा मतलब उनके कृतित्व की विशाल जलराशि से नहीं है। वह तो हिन्दी साहित्य की अक्षय निधि है। पर उनके व्यक्तित्व का रत्नाकर उनके नश्वर शरीर के अभाव में हम लोगों की स्मृतियों की सीमित अँजलियों में कहाँ समा पाएगा?

इस रत्नाकर के तट पर से ही मैंने एकाध बार रत्न भी पाए और प्रेरणा की लहरों का स्पर्श भी। मलाल यही है कि क्यों मैं उस महोदधि के किनारे पर ही से एकाध स्पर्श मात्र से सन्तुष्ट रह गया। यदि हिम्मत करता तो बार-बार सराबोर हो पाता।

सन् 1949 से 1955 तक मैं बिहार सरकार के शिक्षा-विभाग का सचिव था। अनेक नूतन प्रयोगों का बीड़ा मैंने उठाया, और चूँकि नौकरशाही के संकुचित दायरे में प्रयोगशीलता की ताजी हवा प्रवेश करते झिझकती है इसलिए अपनी हर धुन, हर झोंक, हर आवेग पर एक ओर तो मुझे आशंकित रहना पड़ता और दूसरी ओर जरा-सी शह मिलने पर मैं बेधड़क हो जाता। ऐसे पीठ ठोंकने और सहारा देनेवालों में वासुदेवशरण अग्रवाल अग्रणी थे। सन् 1950-51 में मैंने बिहार के स्कूलों में चुनी हुई कलाकृतियों (पेंटिंग) की प्रतियाँ बाँटने का निश्चय किया ताकि किशोरावस्था में लड़के-लड़कियों का चित्रों के विषय में रुचि-परिमार्जन हो सके। साथ ही मैंने तय किया कि पटने में कुछ अर्वाचीन प्रतिष्ठित भारतीय कलाकारों की कृतियों की शैली भी रहे। चित्रों के चुनाव के लिए वासुदेवशरणजी से मैंने सबसे पहले परामर्श किया। वे उन दिनों नई दिल्ली के राष्ट्रीय संग्रहालय में अधिकारी थे। उस सिलसिले में उनके एक पत्र से पथ-प्रदर्शन मिला, प्रेरणा मिली किन्तु पत्र में सुझावों के अतिरिक्त संक्रान्तियुगीन भारतीय संस्कृति के चिन्तकों और विधायकों के लिए सशक्त आहूवान था, जिसकी आज भी जरूरत है। पत्र यों था—

"प्रिय श्री माथुरजी,

"कल दफ्तर से मैं आपको पत्र में कई बातों का उत्तर और नन्द बाबू आदि के

चित्रों की सूचियाँ भेज चुका हूँ। घर आने पर आपका पत्र मिला। हमने नन्द बाबू के दस हजार के चित्र अभी लिए हैं। जो चित्र-सूची आपको भेजी है उसमें से सब चित्र या चुने हुए आप ले सकते हैं। वे सब ही उच्च कोटि के हैं। नन्द बाबू के चित्रों के लिए आप उनके पुत्र श्री विश्वरूप बोस, शान्ति-निकेतन के साथ पत्र-व्यवहार करें। अवनी बाबू के चित्रों के लिए उनके पुत्र से पत्र-व्यवहार करें—श्री अलकेन्द्रनाथ टैगोर, गुप्त निवास, बैरकपुर, ट्रंक रोड, नियर डनलप ब्रिज, कलकत्ता। उन्हें पत्र हमेशा रजिस्टर्ड डाक से भेजें। गाँव के पोस्ट ऑफिस से होकर पत्र उन्हें मिलता है, अतएव कभी गड़बड़ भी हो जाती है। होली बाद दो एलबम भिजवाऊँगा। देखकर निश्चय कीजिएगा। स्कूलों के लिए चाहें तो विशेष रूप से एक-दो हजार छपवा भी सकते हैं। निर्दोष सुन्दर चित्रों और मूर्तियों का चुनाव मैं कर दूँगा।

श्री जामिनीराय का पता—उनका नाम, बालीगंज, कलकत्ता (जामिनीराय—आर्टिस्ट)

कोणार्कवाला लेख आप रखें। मेरे पास पत्रिका का पूरा अंक आ गया है। श्री रंग मन्दिर के लेख के बारे में पूछकर लिखूँगा।

आपसे निकट से परिचित होकर प्रसन्नता हुई। हम सब सांस्कृतिक धारा से जुड़ जाने के अभिलाषी हैं। आपको ईश्वर ने पद दिया है, और उससे अधिक हृदय का सुवर्ण दिया है जिसमें लोक-कल्याण की चिन्तामणि निहित है। ईश्वर करे आपके द्वारा संस्कृति के लोक-प्रचार का ठोस कार्य हो सके। एक प्रान्त को भी हम ठीक कर सकें तो उसके तार दूसरों तक पहुँचेंगे।

अनपढ़ कुम्हारों के द्वारा लोक-कला का पुनः जागरण बहुत सुलभता से हो सकता है। उनके खिलौनों की नुमाइशें प्रत्येक जिले में पहले कराइए। उसमें से चुनाव कराके प्रान्तीय प्रदर्शिनी कराई जा सकती है। दीवाली खिलौनों का त्योहार है। उसी अवसर के लिए अभी से योजना बनाइए। शिक्षा विभाग के द्वारा यह कार्य हो। कुछ पुरस्कार और प्रमाण-पत्र रखिए। भारतीय खिलौनों की प्राचीन परम्परा पर, उनके महत्त्व पर हिन्दी-अंग्रेजी में लेख भी निकलने चाहिए। पिछले सतरह वर्षों से यह मेरा प्रिय विषय रहा है। पुराणों की लीला-कथाओं को लोक में मूर्तिमान करके घर-घर पहुँचाने में सदा से भारतीय कुम्हारों ने बड़ा काम किया है। उनकी सेवाओं का हमें ऋणी होना चाहिए। उनका उपकार मानने का सच्चा उपाय यही है कि फिर समाज में उनकी प्रतिष्ठा हो, और जनता का उनसे सम्पर्क जोड़ दिया जाए। पढ़े-लिखे लोगों के मन में उनके कार्य के लिए एक आदर की आँख उत्पन्न करनी चाहिए। हमारा ध्येय यह हो कि पाँच वर्ष के भीतर हम एक सहस्र नए साँचे प्रान्त-भर के कुम्हारों के पास पहुँचा देंगे। लेकिन वे शुद्ध भारतीय परम्परा के होंगे। दीदारगंज की यक्षी पत्थर में है। क्या आप विश्वास करेंगे कि उसी की जोड़ की एक छोटी मूर्ति किसी पाटलिपुत्र के कुम्हार ने बनाई थी जो आज तक सुरक्षित रह गई है। उसका एक फोटो-चित्र आपके लिए भिजवा रहा हूँ। आपके पटना संग्रहालय में जो खिलौनों की अपूर्व निधि है उसे इस आँख से पुनः देखिए कि उनमें से कितने भावों और रूपों को हम फिर लोक-जीवन में भेज सकते हैं। इस

प्रकार की एक सूची अविलम्ब बनवाइए। 500 पुराने रूप हों और 500 नए कथानक और रूपों के साँचे हो सकते हैं। इस प्रकार एक सहस्र साँचों का हम अपने शहरों और गाँवों में पुनः प्रचार कर दें तो पाँच वर्ष के भीतर घरों को एवं शिक्षा-संस्थाओं को सुन्दर रूपों से भर देंगे। बहुत थोड़े व्यय से यह कार्य संसिद्ध हो सकता है। चुनाव में किसी समय मेरी सहायता चाहें तो लिखें। व्याख्यानों के द्वारा भी इस विषय में जागरण उत्पन्न किया जा सकता है।

आपका
–वासुदेवशरण

पुनश्च–पाटलिपुत्र की नटी का भी एक चित्र भेज रहा हूँ। मौर्यकालीन हँसमुखी बालक-बालिका की प्रसिद्ध मूर्तियाँ पटना संग्रह में हैं। उन्हें सर्वत्र प्रचारित होना चाहिए।

उस दिन आप मेरे यहाँ पधारे और मैं स्वागत न कर सका इसका खेद रहा। मैं सम्मेलन में ही उलझा रह गया। क्षमा चाहता हूँ। उड़ीसा के शिल्पियों के पते होली बाद भेजूँगा।

अनुसन्धान और अनुशीलन के पिपासु विद्वान के लिए लोक-प्रचार की योजनाएँ मरुमरीचिका की भाँति होती हैं, प्रायः उनकी प्यास तो एकान्त अध्ययन और मनन की निष्कलुष धारा ही से बुझती है। पर वासुदेवशरण अग्रवाल और राहुल सांकृत्यायन दो ऐसे पंडित मैंने देखे जिनकी विद्वता गहरी ही नहीं विकासोन्मुखी भी थी। पठनशील नेत्र लोक-कल्याण के क्षितिज को भी समेट पाते थे। राहुलजी की अपेक्षा वासुदेवशरणजी को रस के मर्म की कहीं अधिक पहचान थी। संग्रहालयों में दिन-रात चित्रकला, स्थापत्य, मूर्तिशिल्प की अनुपम निधियों में रमने के कारण उनके विवेक और भावोन्मेष में विलक्षण गठबन्धन हो गया था। मनस्वी की भावुकता उस निर्झर की भाँति होती है जो अनुभव की चट्टानों पर विवेक और अध्ययन की छैनी चलाने के बाद मिलती है।

क्या इसीलिए पिछले दिनों वासुदेवशरणजी सहज ही भगवद्‌भक्ति की ओर झुक गए? निश्चय ही बढ़ती उम्रवालों की सर्वविदित कमजोरी यानी मृत्युभय अथवा पश्चाताप–उनकी भगवद्‌भक्ति के कारण नहीं थे। वेदशास्त्रों, पुराणों, गौरव ग्रन्थों, दर्शन और इतिहास के पठन और मन्थन के फलस्वरूप अनेक पंडित चेतना के चरमशृंग पर आरूढ़ हो जाते हैं। पर वासुदेवशरणजी को मानो अध्ययन और मनन के सहारे विराट के दर्शन हुए और वे विह्वल हो गए। कैसी अद्‌भुत थी वह विह्वलता, कितनी अनिवर्चनीय था वह अनुराग। मार्च, 1962 में 'कल्याण' में उनका भगवद्‌भक्ति विषयक एक लेख पढ़ने के बाद मैंने उन्हें पत्र लिखा :

"प्रिय डॉ. वासुदेवशरणजी,

कुछ दिन हुए संयोगवश 'कल्याण पत्रिका' का पिछला अंक देख रहा था। उसमें भगवत तत्त्व के निरूपण के सम्बन्ध में आपका लेख पढ़ा। आँखों को मानो अंजन मिला। भगवान के अमित और शाश्वस्त गुणों का मानवमात्र के पंच-विकार से ऐसा सम्बन्ध है, यह मुझे पहले कभी सूझा ही नहीं था।

यों मैं न भगवद्-भक्त हूँ, न विश्वासी जीव। किन्तु अन्तःकरण की तलहटी में कभी-कभी किसी अज्ञात आकर्षण का अनुभव करता हूँ—शायद कमजोरी के क्षणों में। किन्तु लोग कहते हैं कि इसी तरह विश्वास के बीज पड़ते हैं। कौन जाने?

कुछ महीने हुए सम्भवतः आपने मुझे गाजियाबाद से टेलीफोन किया था। कम-से-कम नाम मैंने आपका ही सुना था। मिलने की बातचीत थी। लेकिन शायद आप दिल्ली न आ सके। अगली बार जब आप यहाँ आएँ तो अवश्य मुझे सूचित करें।

आशा है अब आप पूर्णतः स्वस्थ होंगे।

आपका

—जगदीशचन्द्र माथुर''

इसके उत्तर में उनका पोस्टकार्ड आया।

''प्रिय श्री माथुर साहब,

हृदय की उमंग से लिखा हुआ आपका 24/3 का पत्र मिला। चित्त प्रसन्न हुआ। जैसे जठराग्नि के लिए अन्न, वैसे ही हृदय के लिए भगवत् तत्त्व आवश्यक न बन पाया तो रटन्त से कुछ न बनेगा। यहाँ विश्वास का प्रश्न नहीं, प्रत्यक्ष दर्शन का है। 'तस्मै तृणं निदधौ'—अर्थात् उसकी सत्ता के दर्शन के लिए एक तृण पर्याप्त है। वह सामने रखा है। भुवनों के अन्तराल में व्याप्त कोई महद् यक्ष उस लघु तृण के हरित रूप में प्रत्यक्ष है। जीवन ही वह दिव्य तत्त्व है। उसकी मधुमान ऊर्मि का स्वाद प्रति क्षण हम ले रहे हैं। क्या उस स्वाद का हमें विश्वास नहीं है? आनन्द ही जीवन है। सहस्र स्रोतों से उसकी धाराएँ उमड़ रही हैं। वह देव सीमा में मानव हुआ है। 'नारायणो नरश्चैव तत्वमेकं द्विधा कृतम्।' मानव युक्तिमान प्राणी है। युक्ति ही बुद्धि है। यदि हम प्रज्ञा के चतुर शिल्पी हैं, तो आनन्द की सत्ता, उसके स्रोत और स्वरूप को जान लें और जीवन के भीतर ही उसे प्राप्त करें। धन्य है वह स्थिति जिसमें दो पैरों की दस उँगलियों पर खड़ा हुआ यह प्राणी सहस्रपाद् दिव्य पुरुष से साहस के साथ कह सके—योऽसि सोऽस्मि।

आपका

—वासुदेवशरण

पुनश्च—मैं 1 से 5 अप्रैल तक दिल्ली में रहूँगा। श्री मैथिलीशरण जी के यहाँ ठहरूँगा। (6 नार्थ एवेन्यू)''

इस पत्र को पाकर मैं श्रद्धा से अभिभूत हो गया।

इसीलिए जब उनकी मृत्यु के समाचार के साथ-साथ मुझे यह ज्ञात हुआ कि अस्पताल में भी संज्ञाहीन होने से कुछ पूर्व तक वे काम करते रहे तो मुझे आश्चर्य नहीं हुआ। वासुदेवशरणजी की भगवद्भक्ति में प्रज्ञा और शब्दातीत आनन्द का अपूर्व सामंजस्य था। सतत बुद्धिकर्म के माध्यम से ही वे विराट की अनुभूति कर सके। रोग और पीड़ा के समक्ष वे अजेय रहे, क्योंकि उनके पुरुषार्थ का अजस्र स्रोतों से नाता जुड़ चुका था।

निराले आश्रय दाता
बनारसीदास चतुर्वेदी

ऑक्सफोर्ड विश्वविद्यालय को प्रायः ''होम ऑफ द लास्ट कॉलेज' का नाम दिया जाता है यानी उपेक्षित आन्दोलनों का आश्रय! पं. बनारसीदास चतुर्वेदी भी अपने ढंग के निराले आश्रयदाता रहे हैं। लेकिन ऑक्सफोर्ड आश्रय देता है, नेतृत्व नहीं। चतुर्वेदीजी की लेखनी हलधर की भाँति नई लीक बनाती रही है, ध्वजधर की भाँति नई दिशाएँ दिखाती रही है। जो हलधर और ध्वजधर होता है उसे अकसर पक्षधर भी होना पड़ता है। चतुर्वेदीजी ऑक्सफोर्ड की भाँति निर्लिप्त आश्रयदाता नहीं रहे हैं। जिसे उन्होंने उठाया–व्यक्ति या विचार–उसका उन्होंने पक्ष लिया। चतुर्वेदीजी के लिए तटस्थ होना सम्भव ही नहीं था क्योंकि उनकी कर्मठता की प्रेरणा यमदमनियम नहीं वरन् उत्साह, संवेदना और आक्रोश हैं।

जिस कीमियाई के जरिए उत्साह, संवेदना और आक्रोश का अद्भुत सम्मिश्रण उनकी काम करने की शैली में प्रकट होता है वह और कुछ नहीं, चतुर्वेदीजी के स्वभाव की निराली कीमियाई है। उनकी एक विशेषता है निज हिताहित के बारे में अविवेकी होना। उन्हें त्यागी नहीं कहा जा सकता; त्यागी शब्द में एक प्रकार के अहंवाद की गन्ध है; और संकल्प की ध्वनि भी, जो उनके स्वभाव के विपरीत है। चतुर्वेदीजी की अपने स्वार्थ के प्रति उदासीनता और रहन-सहन में लापरवाही में एक प्रकार का बालसुलभ अज्ञान है।

इस निरालेपन को शह मिलती रही है उनके अनुभवों से जो कड़ुवे-मीठे होने के साथ-साथ उनकी प्रवृत्ति के अनुकूल ही रहे। जैसे, जो पद, प्रतिष्ठा और जीविका-साधन उन्हें मिले न तो चतुर्वेदीजी ने उन्हें अपना ध्येय बनाया और न ही उनकी प्राप्ति के लिए विशेष जोड़-तोड़ ही की। फ़रुखाबाद के गवर्नमेंट हाईस्कूल में सहायकाध्यापक थे शायद तीस रुपए मासिक पर। उनके हेडमास्टर ने समाचारपत्र में विज्ञापन देखा, देशी रियासतों के राजकुमारों के डेली कॉलेज इन्दौर में हिन्दी अध्यापक की जगह खाली थी, लगभग तिगुनी तनखाह। चतुर्वेदीजी से जबर्दस्ती आवेदन-पत्र दिलवाया गया और जगह उन्हें मिल गई। यह बात 1914 की है।

उषी वर्ष इत्तफ़ाक से 'मॉडर्न रिव्यू' में दीनबन्धु एंड्रयूज के बारे में 'मॉडर्न रिव्यू पत्रिका' में एक लेख से प्रभावित होकर उनसे पत्र-व्यवहार शुरू कर दिया। चार बरस

बाद शान्तिनिकेतन में उनके दर्शन किए और फिर सन् 1920 में उन्हीं के आदेश पर डेली कॉलेज की नौकरी को तिलांजलि दे दी। यों अपने जीवन में यह सर्वथा नया मोड़ भी उन्हें बाहर से मिला। उसके बाद से एक के बाद एक उनके जीवन में ऐसे ही मोड़ आते रहे जिनके फलस्वरूप उन्हें प्रचुर मात्रा में अवकाश और अपनी रुचि के अनुकूल काम करने की स्वच्छन्दता मिली। चतुर्वेदीजी अपने को 'शान्तिनिकेतन का द्विज' मानते हैं यानी वहीं के स्वतन्त्र वातावरण में उनका दुबारा जन्म हुआ था। 1921 से 1923 तक गुजरात विद्यापीठ में गांधीजी के सहयोगी के रूप में रहे। उसके बाद सन् 1924 में गांधीजी ने प्रवासी भारतीयों के विषय में चतुर्वेदीजी की जानकारी और उत्कट सेवाभाव देखकर उन्हें कांग्रेस की तरफ से दक्षिण अफ्रीका भेजा।

रामानन्द चट्टोपाध्याय ने 'विशाल भारत' के सम्पादन के लिए जब बुलाया उस समय चतुर्वेदीजी पचास रुपए मासिक पर 'आर्यमित्र' में कॉलम लिखा करते थे। दो सौ रुपए की 'विशाल भारत' की ऑफर आने पर भी हिचकते रहे और 'आर्यमित्र' ही में पचहत्तर रुपए मासिक की नौकरी पाने में असफल होने पर ज्यों-त्यों करके कलकत्ता गए।

इसी प्रकार सन् 1937 में जब ओरछा के महाराज ने कलकत्ता में उनकी कोठरी में जाकर उन्हें कुंडेश्वर (बुन्देलखंड) आकर रहने के लिए आमन्त्रित किया तो भी चतुर्वेदीजी टालमटोल करने लगे और बोले—महाराज, मैं तो रोज पपीते खाने का आदी हूँ, पता नहीं कुंडेश्वर में मिलें कि नहीं। महाराज उनके पुराने शिष्य थे और मजाक में बोले, "चौबेजी कलकत्ते की औरतों के जूँ भरे लहँगे में कब तक पड़े रहिएगा। चलिए भी।" काफी इसरार के बाद कुंडेश्वर पहुँचे जहाँ के उन्मुक्त और प्राकृतिक सौन्दर्यपूर्ण वातावरण में उन्होंने साढ़े चौदह वर्ष गुजारे।

राज्यसभा के सदस्य मनोनीत किए जाने की भी कथा इसी प्रकार पद-प्राप्ति के प्रति उनकी उदासीनता की कथा है। केन्द्रीय पार्लमेंटरी बोर्ड की मीटिंग में पहले बुन्देलखंड में जिन सज्जन का नाम पेश किया गया उनका सांस्कृतिक और शैक्षिक स्तर सन्तोषजनक न होने के कारण किसी सज्जन ने चतुर्वेदीजी का नाम पेश कर दिया। जवाहरलाल ने पूछा—ये महोदय जीवित भी हैं या नहीं? श्री प्रकाशजी, मौलाना आजाद और विंध्यप्रदेश के तत्कालीन मुख्यमन्त्री श्री शम्भूनाथ चतुर्वेदीजी ने नाम पसन्द किया। चतुर्वेदीजी के पास पहली खबर महज एक तार से पहुँची। जैसे-तैसे करके किराए के लिए पैसा जुटाकर दिल्ली पहुँचे और फिर तो बारह बरस तक वहाँ के झंझट-भरे वातावरण के बावजूद हिन्दी सेवा में बराबर सक्रिय रहे।

यही बात उनके सार्वजनिक अभिनन्दन की रही। दिल्ली में प्रतिष्ठित साहित्यकारों तक को अपने अभिनन्दन की व्यवस्था कराने के लिए कभी-कभी जोड़-तोड़ करनी पड़ती है। लेकिन चतुर्वेदीजी के अभिनन्दन की जब चर्चा उठी तो फीरोजाबाद से इन्होंने निषेधपत्र भेज दिया। काफी अनुरोध और अनेक शर्तों के बाद अभिनन्दन-ग्रन्थ (प्रेरक साधक) स्वीकार करने के लिए यशपाल जैन इन्हें राजी कर सके।

व्यावहारिक जीवन में अपने स्वार्थ के प्रति उदासीनता द्वारा चतुर्वेदीजी एक कीमत

चुकाते रहे हैं। बहुत बड़ा सौदा किया उन्होंने दो चीजें पाने के लिए, निरन्तर अवकाश और नियन्त्रण से मुक्ति। उन्होंने स्वयं लिखा है कि 3 जुलाई, 1920 को जब उन्होंने राजकुमार कॉलेज, इन्दौर की नौकरी से दीनबन्धु एंड्रयूज के कहने पर इस्तीफा दिया तो उसे उन्होंने अपना 'मुक्ति-दिवस' माना—''उस दिन पहली बार दोपहरी को सोया और ऐसा सोया कि आज तक नहीं उठा।...भोजनोपरान्त दोपहर का विश्राम मेरे क्षुद्र जीवन की एक ऐसी अमूल्य निधि है कि उसे मैं किसी भी कीमत पर कभी नहीं बेच सकता।'' एंड्रयूज, गांधीजी, रामानन्द चट्टोपाध्याय, ओरछा नरेश और पार्लमेंट—इन सभी से चतुर्वेदीजी को अपने मनभावन काम के लिए स्वतन्त्रता और अपनी आदत के अनुसार अवकाश मिलते रहे। ''पिछले सैंतीस वर्षों में जितना आकाश और अवकाश मुझे मिला है, उतना हिन्दी लेखकों में बहुत कम लोगों को मिला होगा।[?]' उन्हें यह मलाल रहा है कि अपनी स्वाधीनता के ऊपर उन्होंने अनुशासन का अंकुश नहीं लगाया और इसलिए वे उतने सफल लेखक नहीं बन पाए जितने के लिए उनमें योग्यता और क्षमता थी। लेकिन चतुर्वेदीजी सिर्फ लेखक ही नहीं रहे हैं। जिसे वे अपनी अनुशासनहीनता मानते हैं। वह असल में उनकी वह प्रवृत्ति है जो उन्हें तरह-तरह की चुनौतियों का सामना करने और विविध अभियानों में जुट जाने के लिए प्रेरित करती रही है। भारतीयों की समस्याएँ, लोकसंस्कृति का विकास, शहीदों को श्राद्ध, हिन्दी-भवन की स्थापना, राजेन्द्र बाँध का निर्माण—इस तरह की अनेक योजनाएँ उनकी कल्पना और अवकाश की देन है। यानी उनका 'अवकाश' अजगरवाली चाकरी से मुक्त अवकाश नहीं है क्योंकि इस तरह उन्हें एक-न-एक योजना अथवा अभियान अथवा आन्दोलन चलाने की फुर्सत मिलती रही है।

पं. पद्मसिंह शर्मा ने चतुर्वेदीजी के बहुधन्धी व्यक्तित्व को बहुत पहले समझ लिया था। उन्होंने 1932 में अपने एक पत्र का प्रारम्भ इस तरह किया—''स्वस्ति श्री सर्वोपमान योग्य, सकलगुणनिधान, प्रवासी भारतीयों की जान, परम सुजान, सद्गुण-रत्नों की खान, घासलेटी आन्दोलन के महायान, गंगाजल निर्मल, यमुनाजल शीतल, पावन पवित्र, अतिविचित्र, ज्ञाति शिरोमणि इत्यादि विविध विरुदावली विराजमान, श्री (एक सौ अनगिनत) मान् चतुर्वेदीजी उर्फ ऋखीजी महाराज, जय जमना मैया की।'' यदि यह स्तवन 1971 में लिखा जाता तो दुगुने विशेषणों की आवश्यकता होती, क्योंकि इस बीच इस बटोही ने जिन्दगी के रास्ते पर चलते-चलते और भी बीज बिखेरे हैं।

असल में चतुर्वेदीजी में लापरवाही और तत्परता दोनों ही का विचित्र सम्मिश्रण है। लापरवाही अपने रहन-सहन, कपड़े-भोजन, जीविका इत्यादि के बारे में; तत्परता, चिर नवीन विचारों का पीछा करने और उन्हें कार्यान्वित करने का संकल्प धारण करने में। लापरवाही के इस सिद्धान्त का निरूपण चतुर्वेदीजी ने अपने ही शब्दों में इन चार पंक्तियों में किया है :

निरन्तर करते रहना दान इसी को कहते हैं जीवन,
बुढ़ापा कंजूसी का नाम भला फिर क्यों जोड़ूँ मैं धन।

लुटाऊँ दोनों हाथों से मिले गर मुझको कुछ साधन;
रहूँ सतत पर-हित में निरत, जगत में बुरा हिसाबीपन।

सुनते हैं कि जब तक दिल्ली में उनका निवास रहा प्रायः उनका बैंक का खाता तीन महीने से अधिक नहीं चलता था। रुपया जमा किया नहीं कि उसे निकालने की जरूरत झट से आ जाती। इधर रुपया जमा करने के प्रति यह नैसर्गिक उदासीनता, उधर अपने विचारों और दूसरों से प्राप्त पत्रों का संग्रह करने में तत्परता। सवेरे उठते ही नित नए विचारों का ताँता शुरू हो जाता है। ये विचार (और सूझें) कहीं खो न जाएँ या विस्मृत न हो जाए इसलिए वे झट से उन्हें कागज पर लिख लेते हैं। सवेरे के वक्त ऐसी उमंगों को उन्होंने एक बार 'प्रातःकालीन उषा-चायामृतपान के वक्त पर इल्हाम' का नाम दिया था। उन्होंने ऐसे विचारों से लगभग सौ रजिस्टर भर रखे हैं।

विशेषतः ये विचार किसी-न-किसी प्रकार की नई योजना के विषय में होते रहे हैं, खासतौर से उपेक्षित व्यक्तियों एवं संस्थाओं के कल्याण के लिए। शान्तिनिकेतन में हिन्दी भवन के लिए धन-संग्रह अथवा सत्यनारायण कुटीर की स्थापना अथवा नई दिल्ली में हिन्दी भवन का प्रारम्भ ऐसे अनेक उदाहरण भरे पड़े हैं। जिस मुस्तैदी के साथ ऐसे कल्याणकर कामों के लिए वे रुपया जमा करा लेते हैं, उसे देखकर ताज्जुब होता है कि यही व्यक्ति अपने निजी मामलात में इतना उदासीन है। शान्तिनिकेतन के हिन्दी भवन के लिए उन्होंने जो तरकीब की उसका वर्णन करते हुए चतुर्वेदीजी ने स्वयं लिखा है–"जैसे चालाक ज्योतिषी अन्धविश्वासी आदमियों को उनके बुरे ग्रह बतलाकर किसी ब्राह्मण को दान करने का उपदेश देते हैं और वह बेचारा घबराया हुआ व्यक्ति उन ज्योतिषीजी को ही दान दे देता है उसी प्रकार का मैंने भी षड्यन्त्र किया था।"

यह नहीं कि अपनी योजनाओं को पूरा करने में उन्हें निराशा से नहीं जूझना पड़ा है, या उनके उत्साह पर तुषारापात करनेवालों की कमी रही है। विपरीत वातावरण में कैसी बेचैनी से वे पीड़ित हुए हैं, इसका एक उदाहरण उनके एक पत्र से मिलता है जो उन्होंने 1953 में मुझे दिल्ली से लिखा। मैं पटना में बिहार सरकार का शिक्षा-सचिव था। चतुर्वेदीजी लगभग डेढ़ साल पहले संसद सदस्य होकर दिल्ली आए थे। उन्होंने दिल्ली की तड़क-भड़क देखी, ओछापन देखा, लेकिन फिर भी दिल्ली की सम्भावनाओं से मुँह नहीं मोड़ा। हिन्दी भवन की स्थापना की और इसी सिलसिले में सदस्यता के लिए मुझे भी लिखा। सदस्य होते समय मैंने जो पत्र लिखा उसका उत्तर चतुर्वेदीजी की सुविख्यात शैली में मिला जो उनका एक तरह का ट्रेड मार्क है और जिसे उन्होंने स्वयं गंगा-जमुनी कहा है–

"प्रिय माथुरजी,

सादर प्रणाम। कृपा पत्र मिला। आप हिन्दी भवन के सदस्य बन गए, एतदर्थ आपका अत्यन्त कृतज्ञ हूँ। मुझे विश्वास है कि आगे चलकर इस संस्था द्वारा हमारी

मातृभाषा तथा राष्ट्रभाषा का कुछ हित हो सकेगा।

दिल्ली में रहते मुझे अभी डेढ़ साल ही हुआ है—साढ़े चार वर्ष बाकी हैं और तब तक कुछ-न-कुछ सेवा बन ही पड़ेगी। सबसे बड़ी कठिनाई हम लोगों के मार्ग में यह है कि यह स्वभावतः राजनीति-प्रधान नगर है और किसी साधनहीन साहित्यिक के लिए यह अत्यन्त कठिन है कि वह अपने व्यक्तित्व को शक्तिशाली बना सके। ऊपरी टीमटाम की यहाँ जितनी आवश्यकता है उतनी अन्यत्र शायद ही हो। लक्ष्मी के उपासकों के मध्य में (इनमें दुर्गा शक्ति के उपासकों को भी शामिल कर लेना चाहिए) सरस्वती के विनम्र उपासकों की हस्ती ही क्या है?

[1]It is an uphill task to produce a literary or a cultural atmosphere in this big town. People are so busy with their trifles. Imagine people spending Rupees one hundred over a small tea-party when our Hindi-Bhawan hasn't got a chair or a table or even a फर्श to sit upon! And we worship the political power, knowing in our heart of hearts that it is क्षण-भंगुर!

Our responsibility–the responsibility of the Hindi speaking group of 180 millions is very great indeed. If we don't cultivate a spirit of humanity and service we are bound to lose the vantage ground that we got through the साधना and आशीर्वाद of कबीर & दादू, तुलसी & मीरा, दयानन्द and गांधी. We must serve all. That's the only policy for us Hindi-walas. Institutions are lengthened shadows of men said Emerson and we want visionaries among us. Without vision we shall perish.

And we are disorganised here. If you could only see the दरबारगीरी of our eminent poets & writers you will be disgusted. We are without a backbone. We cannot speak out. That's the tragedy. We should have been the salt of the earth.

I have been a humble worker in the literary field for more than 40 years and I can tell you by my experience how very difficult it is for a poor worker to do his work. Sometimes I think that all this work is mere tinkering with the main problem to change the present social order. While we have been spending crores after crores for guarding our physical frontiers, we don't spend even a few lakhs for guarding our mental or spiritual frontiers!

Let us put our heads together and chalk out a programme. Even a band of half a dozen determined workers can accomplish something.

Excuse me please for the long गंगा-जमनी letter.

आपके महान कार्य के विषय में जो आपने बिहार में किया है (आपने और भाई

1. अंग्रेजी अंश का हिन्दी अनुवाद इस लेख के अन्त में दिया गया है।

शिवपूजनजी ने) मैं बहुत सुन चुका हूँ। हम दोनों एक ही जनपद के निवासी हैं–फ़ीरोजाबाद आपके घर के निकट ही है–पर मेरा यह दुर्भाग्य ही है कि अब तक आपके दर्शन न कर सका।

अब आप यहाँ पधार ही रहे हैं तो एक घंटे भर के लिए प्रार्थी हूँ।

हस्ताक्षर (बनारसीदास चतुर्वेदी)"

इस पत्र से एक बात स्पष्ट होती है। चतुर्वेदी के व्यक्तित्व में कोई दुराव नहीं, कोई बनावट नहीं है। वातावरण, परिस्थितियों और व्यक्तियों से ज्यों ही टकराहट हुई, त्यों ही प्रतिक्रियाओं की सशब्द अभिव्यक्ति भी। और चूँकि चतुर्वेदीजी अभिनय करना नहीं जानते, इसलिए उनकी तात्कालिक प्रतिक्रियाओं को बहुत-से लोग सतही लहरियाँ-मात्र समझ लेते हैं; लेकिन एक पेचीदगी है उनके व्यक्तित्व में जिसे समझना भी जरूरी है।

अगर चतुर्वेदीजी सिर्फ साहित्यकार होते तो संवेदना की गहराइयों में डूबकर निकाले गए मोतियों को सजाकर प्रदर्शन करने में उन्हें तृप्ति मिलती। यदि वे पत्रकार की भूमिका में ही बँधे होते तो राजनीतिक कुचक्रों और अनुचित लोक-व्यवहार की आक्रोशमयी भर्त्सना करने में उन्हें सन्तोष मिलता। और यदि जनता का नेतृत्व ही उनका लक्ष्य होता तो उनका उत्साह उनके आयोजनों का सम्बल होता। पर चतुर्वेदीजी साहित्यकार, पत्रकार और आयोजक होने के अतिरिक्त, एक बेचैन ह्यूमैनिस्ट–मानवतावादी भी हैं। यह बेचैनी उनकी चिरसंगिनी है, मनव्यापी और तनव्यापी।

कैसे छूटे यह बेचैनी? कैसे तजें यह मोह, यह लगाव, यह मदहोशी? चतुर्वेदीजी के किसी अन्तरंग मित्र ने एक बार उनकी किसी नवीनतम योजना सुनने के बाद कहा, "चौबेजी, यह दुकान कब बटोरिएगा? साँझ आ पहुँची और हाट उठ रहा है।" मुझे मालूम नहीं कि चतुर्वेदीजी ने क्या उत्तर दिया। इस बात को शायद दस बरस होने को आए। चतुर्वेदीजी दिल्ली छोड़कर फिरोजाबाद भी चले गए, लेकिन दुकान बदस्तूर चालू है। मैं पूछता हूँ–क्यों उठे ऐसी नायाब दुकान, जब तक मेरे-जैसे अनेक ग्राहक मौजूद हैं–हम जो बिना मूल्य दिए ही, बेशकीमती विचारों, सुझावों और प्रेरणाओं के सौदे उनकी दूकान से लेते रहे हैं!

एक बात और भी है, चतुर्वेदीजी के पास अपनी बेचैनी की पीड़ा को दूर करने की दो रामबाण औषधियाँ भी हैं। उनमें एक तो निश्चय ही बहुत कम व्यक्तियों को नसीब होती है, यानी अपने ही ऊपर हँस लेने की क्षमता। उनकी विनोदशीलता दूसरों की खामियों पर नहीं पनपती। राष्ट्रपति डॉ. राजेन्द्र प्रसाद से मिलने जाते वक्त कैसी उलटी कमीज पहने चले गए, इसका जिक्र करने में उन्हें कभी झिझक नहीं हुई। सादा जीवन व्यतीत करते हुए भी जवाकुसुम तेल से उनका कितना स्नेह है, उसकी इस आदत पर अकसर फबतियाँ कसी जा चुकी हैं। डॉ. सम्पूर्णानन्द उनकी खिल्ली उड़ाने से कभी बाज नहीं आते थे। अराजकतावाद के प्रवर्त्तक प्रिंस क्रोपाटिकन के अनन्य भक्त होते हुए भी चतुर्वेदीजी जब राज्यसभा के सदस्य बन गए तो सम्पूर्णानन्दजी ने तार भेजा–

"आपके राज्यसभा के सदस्य होने पर ईर्ष्यायुक्त प्रसन्नता हुई। कृपया प्रिंस क्रोपाटिकन की कुचली हुई आत्मा के प्रति मेरी संवेदना निवेदित कीजिए।" दिनकरजी का कहना है कि सूर्यास्त के बाद जब चतुर्वेदीजी घूमने निकलते हैं तब आप उनसे यह मत पूछिए कि वह कहाँ जा रहे हैं, ऐसे सवाल का वह बँधा-बँधाया उत्तर देंगे—"खबरदार, जब अँधेरा हो जाए तब विधुरों और वेश्याओं से यह नहीं पूछना चाहिए कि वे कहाँ जा रहे हैं।" वैसे भी चतुर्वेदीजी का विनोद प्रहारपूर्ण नहीं होता, केवल कुछ मीठी चुटकियाँ लेता है। विष्णुप्रभाकरजी कुंडेश्वर में उनके यहाँ ठहरे हुए थे। वहाँ के बाजार का जिक्र करते हुए उन्होंने कहा—"हम कल बाजार पहुँच गए थे। बड़ी गन्दगी थी। मक्खियाँ-ही-मक्खियाँ। एक-एक रसगुल्ले पर नौ-नौ दस-दस मक्खियाँ बैठी थीं।" चतुर्वेदीजी तुरन्त बोले, "यह तो बड़ा अन्याय है। मैं आज ही महाराज से शिकायत करूँगा। हमारा आदेश था कि हर रसगुल्ले पर बारह मक्खियाँ बैठें। तीन कम क्यों थीं?"

चतुर्वेदीजी की दूसरी रामबाण औषधि है उनका प्रकृति प्रेम। कलकत्ता जैसे जनसंकुल महानगर में भी उन्हें ईडन गार्डन की छटा द्वारा प्रकृति से साक्षात्कार हो जाता था। यहाँ तक कि उन्होंने ईडन गार्डन पर एक कविता भी लिख डाली जिसकी प्रथम पंक्ति इस प्रकार है—'सुन्दर प्रकृति शुचि साज सगरी है जहाँ, सरस वसन्त का जो क्रीड़ाधाम प्यारा है।' कुंडेश्वर के जल-प्रपात पर भी उन्होंने एक सरस कविता लिखी थी। वस्तुतः कुंडेश्वर जैसे रमणीक स्थान में प्रकृति ने उनके अन्तःकरण को ऐसा सन्तुलन दिया जो बाद में भी उनका गोपनीय सम्बल बना रहा। 'मधुकर' पत्रिका में उनके एक सम्पादकीय का उद्धरण इसका प्रमाण है :

"यह लेख एक आम्र निकुँज में बैठकर लिखा जा रहा है, जहाँ अनेकों चिड़ियों की मधुर ध्वनि हमारे कानों में सुनाई पड़ रही है। कभी बुलबुल सामने की डार पर आ बैठती है तो कभी तोता आम को कुतरकर नीचे गिरा देता है। कोई चिड़िया मधुर सीटी-सी बजाती है और पिड़कुलिया अपनी रट अलग लगाए हुए है।"

बाहर से सरल और स्पष्ट इस स्वप्नद्रष्टा का व्यक्तित्व निराला ही नहीं चरितलेखक के लिए जटिल भी है। इसीलिए बार-बार एक सवाल मेरे सामने उठता रहा है कि आखिर पं. बनारसीदास चतुर्वेदी हैं क्या? युग-प्रवर्त्तक या नेता या उत्कृष्ट साहित्यकार या महापुरुषों के अन्तरंग बन्धु? इस प्रश्न का उत्तर भी प्रतिध्वनि की भाँति मेरे मानसतट पर टकराता रहा है। मेरी दृष्टि में चतुर्वेदीजी एक मशाल हैं, चतुर्वेदीजी एक योद्धा हैं और चतुर्वेदीजी एक खुली किताब हैं।

पहली बात मशाल की। चतुर्वेदीजी दीपक नहीं, मशाल हैं। ऐसी मशाल जिसने न सिर्फ रोशनी दिखाई वरन् जिसके आग्नेय स्पर्श से अनेक मशालें जलीं। हिन्दी पत्रकारिता में बीसवीं सदी में दो महान सम्पादक हुए, एक पं. महावीरप्रसाद द्विवेदी और दूसरे पं. बनारसीदास चतुर्वेदी। चतुर्वेदीजी द्विवेदीजी से दुगुने रहे हों, यह बात नहीं। मुझे तो यह भी नहीं मालूम कि चतुर्वेदीजी को चारों वेदों से सम्पर्क हुआ है या नहीं, द्विवेदीजी का तो शायद दो वेदों से सम्पर्क हुआ हो। किन्तु यदि 'सरस्वती' अपने जमाने

में दीपक की भाँति स्थिर, निष्कम्प लौ के प्रकाश से लेखकों और कवियों को भाषा और अभिव्यक्ति के सीधे सपाट पथ पर अग्रसर करती रहीं तो 'विशाल भारत' परवर्ती दशकों में मशाल की भाँति भावनाओं और विचारों की लपटों से हर प्रकार के साहित्यकार को उत्तेजित करता रहा। शायद इसका एक प्रमुख कारण यह था कि पं. महावीरप्रसाद द्विवेदी और उनकी पीढ़ी के सम्पादकों की अपेक्षा चतुर्वेदीजी को सामाजिक, राजनीतिक और सांस्कृतिक क्षेत्रों के अखिल भारतीय पहलुओं को समझने और उनसे प्रभावित होने का कहीं अधिक अवसर मिला था। वे गुरुदेव रवीन्द्रनाथ एवं अन्य विभूतियों से भी लोहा ले सकते थे। अंग्रेजी और हिन्दी दोनों ही भाषाओं में अपने विचार को निपुणता से व्यक्त कर सकते हैं तथा बिना किसी प्रकार के 'कम्पलैक्स' (हीनभावना) के राजनीतिक कर्णधारों से चुहल भी कर सकते हैं।

मैंने कहा कि चतुर्वेदीजी एक योद्धा हैं। कैसे योद्धा? अंग्रेजी कवि वर्ड्सवर्थ ने अपनी एक सुप्रसिद्ध कविता में योद्धा की एक निराली परिभाषा दी है।

"Who is the happy warrior ? Who is he
That every man in arms should wish to be ?
It is the generous spirit who when brought
Among the tasks of real life hath wrought
Upon the plan that pleased his childish thought
Whose high endeavours are an inward light
That makes the path before him always bright
Who, with a natural instinct to discern
What knwledge can perform is diligent to learn."[1]

ऐसे ही योद्धा पं. बनारसीदास चतुर्वेदी रहे हैं, जिन्होंने आदर्शों के आमन्त्रण को हमेशा सजगता के साथ स्वीकार किया, जिन्होंने आदर्शों की दुहाई देने के बजाय अपने ढंग से उन्हें प्राप्त करने की सर्वदा चेष्टा की, जिन्होंने आदर्श और अनास्था के बीच अनवरत कुरुक्षेत्र में बारम्बार तथाकथित व्यावहारिकता की कातर पुकारों की अवहेलना कर मजबूत कदमों के साथ प्रवेश किया, गिरे और गिर-गिरकर उठते और बढ़ते रहे। प्रवासी भारतीयों के आन्दोलन, उपेक्षित शहीदों को श्रद्धांजलि, वयोवृद्ध साहित्यिकों का अभिनन्दन, अनैतिक साहित्य का विरोध, राजधानी में हिन्दी की प्रतिष्ठा, जनपदीय संस्कृति का प्रचार—ये सभी उनके अधूरे युद्धों के उदाहरण हैं। अधूरे मैं जान-बूझकर कह रहा हूँ। यदि उनके युद्ध पूरे हो जाते तो वे योद्धा नहीं, विजेता कहलाते। किन्तु

1. प्रसन्न-चित्त योद्धा कौन है? कौन है वह जो प्रत्येक शस्त्रधारी सैनिक बनना चाहेगा? वही उदारचेता जिसने यथार्थ जीवन के कर्त्तव्य निबाहते समय उस योजना को कार्यान्वित कर दिखाया जिसने उसकी बचपन की भावनाओं को लुभाया था; वह जिसके महत् प्रयास एक ऐसी आन्तरिक ज्योति हैं जो उसके सामनेवाले पथ को हमेशा आलोकित करती रहती हैं, वह जो स्वभावतया ही यह जानते हुए कि ज्ञान की क्षमता कितनी असीम है, हमेशा (कुछ-न-कुछ) सीखने के लिए तत्पर रहता है।

चतुर्वेदीजी तो मेरे विचार में कर्मशील योद्धा बने रहने ही में सन्तोष पाते हैं, उपलब्धि की अनुभूति करते हैं।

तीसरी बात—चतुर्वेदीजी एक खुली किताब हैं। वह उन्मुक्त हँसी जो शिशु के स्वच्छन्द हास की भाँति छिपती नहीं, जिसमें कोई दुराव नहीं, कोई दोहरे अर्थ नहीं, ऐसी हँसी इस स्तर के, इस आयु के, इस गरिमा के कितने व्यक्तियों में मिलेगी? हिन्दुओं के तीन देवों में विष्णु तो मशहूर हैं छल और छद्म के लिए, ब्रह्मा ने अनेक बार सम्मोहन विद्या का प्रयोग किया, किन्तु महादेव हैं अवढरदानी, आशुतोष, निर्लिप्त किन्तु भक्तों में पूरी तरह रमे हुए देवता। ऐसे ही हैं हमारे चतुर्वेदीजी। इसी कारण बहुत-से लोग जो अपने-आपको अनुभवी कहते हैं, सांसारिक मानते हैं, प्रज्ञाशील कहते हैं उन्हें शायद चतुर्वेदीजी आयु में वृद्ध किन्तु समझ में बालक ही जान पड़ते हैं। सच पूछिए तो दुनिया में आजकल ऐसे ही गैर-दुनियादारों की पहले से बहुत अधिक जरूरत है। बड़े-बड़े विद्वान हुए हैं, आगे होंगे। पत्रकारिता भी पहले से कहीं अधिक जटिल और सूक्ष्म होती जा रही है। हिन्दी की कायापलट हो रही है, संघर्ष और सम्पर्क दोनों के ही फलस्वरूप हिन्दी साहित्य भविष्य में ऐसी प्रतिभाओं को जन्म देगा जो अभिव्यंजना और विचार-सामर्थ्य में विश्व के साहित्यकारों से टक्कर ले सकेंगे, किन्तु अपने जीवन को खुली किताब की तरह पाठकों, मित्रों और नई पीढ़ी के सामने पेश करनेवाले चतुर्वेदीजी जैसे साहित्यकार, पत्रकार और आन्दोलनकार शायद ही मिल सकें।

अंग्रेजी अंश का अनुवाद

इस महानगर में साहित्यिक और सांस्कृतिक वातावरण उत्पन्न करना अत्यन्त श्रमसाध्य काम है। यहाँ लोग अपनी छोटी-छोटी बातों में उलझे रहते हैं। तनिक सोचिए एक छोटी-सी चायपार्टी पर लोग सौ रुपया खर्च कर देंगे, किन्तु हिन्दी भवन के पास न कुर्सी है, न मेज और न बैठने के लिए फर्श! हृदय में यह भली-भाँति जानते हुए भी कि यह क्षण-भंगुर है हम लोग राजनीतिक सत्ता को पूजते हैं।

हम लोगों का उत्तरदायित्व—हिन्दीभाषी अठारह करोड़ जनसमूह का उत्तरदायित्व—वस्तुतः बहुत विशाल है। यदि विनय और सेवा की भावना का हम लोगों ने संवर्धन नहीं किया तो कबीर और दादू, तुलसी और मीरा, दयानन्द और गांधी की साधना और आशीर्वाद से हमें जो अनुकूल अवस्थिति प्राप्त हुई है उसे हम खो बैठेंगे। हमें सब की सेवा करनी है। हम हिन्दीवालों के लिए यही सही नीति है। एमर्सन ने कहा कि संस्थाएँ तो व्यक्तियों की विस्तारित छायाएँ हैं, और हमें अपने बीच स्वप्न-द्रष्टाओं की जरूरत है। बिना आदर्शवादी सूक्ष्म दृष्टि से हम लोग नष्ट हो जाएँगे। यहाँ दिल्ली में हम लोग कितने अव्यवस्थित हैं। यदि आप हमारे सुविख्यात कवियों और लेखकों की दरबारगीरी यहाँ देख पाते तो आपको वितृष्णा हो जाती। रीढ़ की हड्डी तो मानो हम लोगों में है ही नहीं। स्पष्ट अपने-आप भी नहीं हो पाते। यही तो यहाँ का रोना है। हमें तो सबसे

बढ़कर होना चाहिए था। पिछले चालीस वर्षों से ऊपर मैं साहित्य के क्षेत्र में एक विनीत कार्यकर्ता मात्र रहा हूँ और अपने अनुभव के आधार पर मैं आपको बता दूँ कि एक साधनहीन कार्यकर्ता के लिए किसी भी आयोजन में हाथ लगाना कितना कठिन हो जाता है। कभी-कभी तो मुझे लगता है कि यह सारा काम मनुष्य की समस्याओं में महज पैबन्द लगाने के समान है, यानी वर्तमान सामाजिक व्यवस्था के परिवर्तन पर इसका कोई असर नहीं पड़ता। एक ओर तो हम लोग करोड़ों रुपए अपने देश की भौतिक सीमाओं की रक्षा में खर्च कर रहे हैं और दूसरी ओर हम मानसिक अथवा आत्मिक सीमाओं की रक्षा के लिए कुछ लाख रुपए भी खर्च करने को तैयार नहीं।

हमें मिल-जुलकर सोचना है और कोई-न-कोई कार्यक्रम निर्धारित करना है। आधे दर्जन कृतसंकल्प कार्यकर्ताओं का दल बहुत कुछ प्राप्त कर सकता है। इस गंगा-जमनी पत्र के लिए कृपया मुझे क्षमा करेंगे।

तपस्वी साहित्यकार
शिवपूजन सहाय

"मैं ऐसे ठेठ देहात का रहनेवाला हूँ जहाँ इस युग की नई सभ्यता का बहुत धुँधला प्रकाश पहुँचा है। वहाँ केवल दो ही चीजें प्रत्यक्ष देखने में आती हैं—अज्ञानता का घोर अन्धकार और दरिद्रता का तांडव नृत्य! वहीं पर मैंने स्वयं जो कुछ देखा-सुना, उसे यथाशक्ति ज्यों-का-त्यों इसमें अंकित कर दिया।"

ये शब्द हैं हिन्दी के सर्वप्रथम आंचलिक उपन्यास की भूमिका से। उपन्यास का नाम 'देहाती दुनिया'। प्रकाशन-काल सन् 1924 ई., लेखक : शिवपूजन सहाय।

उसी भूमिका में शिवपूजनजी ने अपना परिचय इस भाँति दिया : "इसकी भाषा पर विचार करते समय कृपापूर्वक इस पुस्तक का नाम और मेरे उद्देश्य के साथ-साथ मेरी अयोग्यता पर भी ध्यान रखिएगा। और अगर बन पड़े तो यह भी स्मरण रखिएगा कि एक तो मैं ठेठ भोजपुरिया हूँ, और दूसरे बिहारी—कोढ़ में खाज।"

वस्तुतः भोजपुरिया और बिहारी के मेल का परिणाम हुआ सोने में सुहागा जो 'देहाती दुनिया' में लक्षित है। भोजपुरी व्यक्तित्व की विशेषता है जीवन में आस्था। विपद् और दैन्य का मुकाबला करने के लिए कटिबद्ध रहना। जरूरत पड़े तो जीविका के लिए दूर-दूर तक जाने के लिए प्रस्तुत रहना चाहे तो कलकत्ता, चाहे मॉरिशस, ट्रिनीडाड, फीजी द्वीप इत्यादि। बिहारी संस्कृति का लक्षण है ग्रामीण और नागरिक वातावरण एवं व्यवहार में अभेद। बिहार की उत्कृष्ट संस्कृति की धरोहर सदियों तक गाँवों में ही सुरक्षित और पनपती रही है। मिथिला के प्रकांड विद्वानों और वहाँ की ललित कलाओं के दर्शन, हाल ही तक गाँवों में ही मिलते थे, शहर में नहीं। बिहारी नागरिक पटना में घर बनवाते थे लेकिन ऐसे घर को 'डेरा' कहा जाता था, क्योंकि घर तो वस्तुतः गाँव ही में होता जहाँ की धूल की गन्ध भुलाए न भूलती। 'देहाती दुनिया' में वह गन्ध शब्द-शब्द को सुवासित किए हुए है। खासतौर से पहले और तीसरे अध्यायों में शिवपूजनजी के बचपन और उसकी ग्रामीण पृष्ठभूमि का अनुपम तालमेल उभरा है। कई वर्ष उपरान्त बेनीपुरी की 'माटी की मूरतें' और उसके भी बाद फणीश्वरनाथ 'रेणु' के 'मैला आँचल' में ग्रामीण जीवन का स्पन्दन मुखर हुआ। यों जब 1936 के आसपास हिन्दी साहित्य में प्रगतिशील आन्दोलन की लहर आई तो अगणित रचनाएँ देहाती जीवन की विभीषिकाओं, शोषण और दमित आक्रोश को उभारने के लिए लिखी गईं। 'देहाती

दुनिया' और इन बाद की रचनाओं में काफी अन्तर है। शिवपूजनजी ने देहाती दृश्य और व्यक्तित्व के भीतर पैठकर उसे अंकित किया। बाद की कई रचनाएँ जाने या अनजाने ही बाहरी दृष्टिकोण से लिखी गईं। उनमें शहर से आए हुए फोटोग्राफर और टेप-रिकार्ड करनेवालों का यथातथ्य-संग्रही कौशल तो है लेकिन उस संवेदना की ध्वनि नहीं जो देहात की उसी सन्तान को उपलब्ध होता है जो परवर्ती नागरिक अनुभवों के बावजूद माँ का आँचल न छोड़े। दूसरे प्रगतिशील लेखकों ने मताग्रह के प्रभाव में पड़कर गाँव के दैन्य और अन्धकार को भावी क्रान्ति की गहरी लालिमा के रंग में रँगा। ऐसा करने में कृत्रिमता तो आ ही गई। शिवपूजनजी की शैली किसी मताग्रह से अभिभूत नहीं है। साथ ही उनका गाँव झूठे सपनों का गाँव भी नहीं है। जिन दिनों लोग 'अहा, ग्राम्य जीवन भी क्या है!' के भ्रम में पड़े हुए थे, शिवपूजनजी ने तटस्थ होकर अत्यन्त सजीव शैली में अन्धविश्वासों, अत्याचारों, निरीहता और गरीबी का खाका खींचा। साथ ही आस्थाओं, सान्त्वनाओं और रंगीनियों को भी न भूले। इसीलिए 'देहाती दुनिया' का कथानक खंडित और अधूरा होने पर भी उसके दृश्य, उसके संवाद अत्यन्त खरे उतरे हैं।

'देहाती दुनिया' से पूर्व शिवपूजनजी की क़लम 1911 से ही तत्कालीन शैली में आख्यायिकाएँ लिख चुकी थी। उस शैली और 'देहाती दुनिया' की शैली में जमीन-आसमान का अन्तर है। 'विभूति' नामक संग्रह की रचनाओं में या तो राजस्थान के शूरवीरों और तेजस्विनी स्त्रियों के आत्म-बलिदान की कथाएँ हैं या कवित्वमयी और भावुक पदावली से सुशोभित आदर्श प्रेम के प्रसंग। 'कौन वीणा? किसकी वीणा? कहाँ की वीणा? क्या सरस्वती के कर-कंजों में शोभा पानेवाली? क्या किन्नरियों की गुलगुल गोद में ठुमकनेवाली? क्या महाश्वेता के उन्नत उरोज की सहचरी?' इस गद्य की रूमानी फुहार के लगभग दस वर्ष बाद 'देहाती दुनिया' के धूल और काँटे उसी कलम के रास्ते बिखरने लगे—"प्रेत के ऐसा मुँह लेकर आता है मेरा मुँह चूमने! जी में आता है कि झाड़ू लेकर मुँह में मार दूँ। मुझे अपनी नतनी के बराबर देखकर भी तनिक नहीं लजाता। मुँहझौंसे को किसी अंग में छूकर भी लाज नहीं है। मुझे अपनी खुरखुरी दाढ़ी और पिचके हुए गाल दिखाने आता है। तमाखू खाते-खाते अभागे का मुँह सूअर की खो भर हो गया है। बातें करते भी जी घिनाता है...हे सूरज बाबा! तुम्हीं प्रतच्छ देवता हो। तुम्हीं भले-बुरे को हाथ-के-हाथ फल देते हो। मनबहाल को कोढ़ी कर दो।"

1911 और 1924 के बीच यह केवल शैली का ही परिवर्तन न था। शिवपूजनजी के जीवन में भी बहुत कुछ बदला। सन् 1920-21 के असहयोग आन्दोलन में उन्होंने गवर्नमेंट स्कूल में अध्यापक के पद से इस्तीफा दे दिया। 'बिहार का बिहार', हिन्दी ट्रांसलेशन' जैसी इतिवृत्तात्मक पुस्तकें लिखीं और 'प्रेमकली', 'त्रिवेणी', 'सेवाधर्म', 'प्रेम पुष्पांजलि' आदि मौलिक रचनाएँ भी। इससे पहले उन्हें पत्र-सम्पादन का थोड़ा-बहुत अनुभव अपने जिले ही के उनके आदरणीय मित्र श्री ईश्वरी प्रसाद शर्मा के सहयोग से हो चुका था। दोनों ने कुछ दिन तक आगरा में साथ रहकर 'धर्माभ्युदय' नामक पत्र

में काम किया था। जान पड़ता है, आगरा का यह प्रवास बहुत अल्पकालीन था। एक भोजुपरी के लिए जीविका-साधन के लिए प्रायः कलकत्ता का ही रास्ता सीधा और फलदायक था। शिवपूजनजी कलकत्ता पहुँचें और 'मारवाड़ी समाज' नामक मासिक में सम्पादक हो गए। कलकत्ता के हिन्दी साहित्य-समाज में पहुँच हो गई। लेखनी निर्बाध गति से चलने लगी। साहित्यिक निबन्ध, सामाजिक विषयों का विवेचन, विविध टिप्पणियाँ—शिवपूजनजी का उस युग का गद्य निस्सन्देह प्रचुर और आकर्षक था और आज भी पढ़ने में रुचता है। उमंग, उत्साह और आकांक्षाओं से प्रेरित शिवपूजन सहाय का साहित्यिक व्यक्तित्व उन दिनों उत्तरोत्तर विकासशील था।

उन्हीं दिनों (सन् 1962 में) उनका परिचय हुआ सूर्यकान्त त्रिपाठी 'निराला' से। निराला पूर्वी बंगाल की महिषादल रियासत की नौकरी छोड़कर हाल ही में कलकत्ता पहुँचे थे। रामकृष्ण मिशन के हिन्दी पत्र 'समन्वय' में काम करते हुए हिन्दी क्षेत्र में नवागन्तुक की नाईं अपना रास्ता खोज रहे थे। शिवपूजन सहाय उनसे उम्र में बड़े थे, पत्र के सम्पादक थे। कुछ जाने-माने थे। 'निराला' ने उनका बड़प्पन स्वीकार किया। शिवपूजनजी को मालूम हुआ कि 'निराला' की कविता 'अधिवास' 'सरस्वती' से वापस आई है। उन्होंने उसे माधुरी के सम्पादक, रूपनारायण पांडेय के नाम भेज दिया। 'माधुरी' में 'अधिवास' छप गई। 'निराला' और शिवपूजनजी स्वभाव और कृतित्व में सर्वथा भिन्न थे, फिर भी दोनों की गोटी खूब बैठी। एक विषय में दोनों समान-रुचि थे—दोनों ही को नाटक देखने का शौक था। कलकत्ता में उन दिनों बंगला रंगमंच विकासशील था; साहित्य से उसका सम्पर्क था। हिन्दी रंगमंच व्यावसायिक और तड़क-भड़कदार तो था लेकिन साहित्यिक वातावरण से कोसों दूर। तभी पं. माधव शुक्ल ने हिन्दी नाट्य परिषद् की स्थापना की और रामलाल बर्मन ने भी हिन्दी नाटक समिति बनाई। 'निराला' और शिवपूजनजी साथ-साथ बंगाल और हिन्दी नाटक देखने जाते और उन पर विचार-विनिमय करते। इन्हीं अनुभवों के आधार पर बाद में शिवपूजनजी ने कलकत्ता के रंगमंच के बारे में एक प्रबुद्ध और रोचक निबन्ध लिखा है जिसमें हिन्दी रंगमंच के इतिहासकार के लिए कुछ अलभ्य साम्रगी है।

'मारवाड़ी समाज' की नौकरी छोड़कर कुछ समय के लिए शिवपूजन सहाय ने 'आदर्श' नामक एक मासिक निकाला। बड़ी उमंग के साथ निकाला, लेकिन अर्थाभाव के कारण पाँच अंकों के बाद बन्द कर देना पड़ा। यह एक कटु अनुभव था जिसके बारे में उन्होंने निराला से कहा—"निःसन्तान होकर रहना अच्छा है पर पुत्रशोक अच्छा नहीं है। किसी लेखक को ऐसे पत्र का सम्पादन हाथ में न लेना चाहिए जिसका भविष्य उज्ज्वल न हो। भविष्य उज्ज्वल उसी पत्र का हो सकता है जिसके प्रकाशक के पास पूँजी हो, साहित्य के प्रति अटल अनुराग भी हो।"

लेकिन हिन्दी साहित्य के इतिहास में 'आदर्श' एक कारण से उल्लेखनीय है। 'निराला' की 'जूही की कली' जो अब एक क्लासिक हो गई है, शिवपूजनजी के 'आदर्श' ही में सर्वप्रथम प्रकाशित हुई थी। वस्तुतः शिवपूजन सहाय, मुंशी नवजादिकलाल

श्रीवास्तव और महादेवप्रसाद सेठ—ये तीनों एक तरह से निराला को हिन्दी काव्य-मंच पर अवतरित करानेवाले सूत्रधार थे और इन्हीं के तत्वावधान में 'अनामिका' का प्रकाशन हुआ। इन चारों ने मिलकर फिर हिन्दी के सुविख्यात हास्य-व्यंग्य साप्ताहिक 'मतवाला' का श्रीगणेश किया जिसके व्यवस्थापक थे महादेवप्रसाद सेठ। शिवपूजन सहाय ने 'मतवाला' के लिए बड़ी लगन से काम किया। प्रकाशक महादेव प्रसाद के पास पूँजी भी थी और सुरुचि भी। शिवपूजनजी को सम्पादन का व्यावहारिक अनुभव था, सौजन्य था और मौन तपस्या की प्रवृत्ति भी। 'मतवाला' चल निकला, टिप्पणियाँ और गद्य लेख शिवपूजनजी के, कविताएँ निराला की। पर मौन और तपस्या की पीड़ा अपने आप तो शिवपूजनजी झेल सकते थे, घरवालों को पैसा तो भेजना ही था। 'मतवाला' में हर काम भाईचारे से चलता था। निराला और शिवपूजनजी को बँधा हुआ वेतन मिलता था। जरूरतें पूरी करने के लिए जब-तब रुपया मिल जाता था। रहना, खाना इत्यादि दोनों का एक ही स्थान पर था। संकोची प्रवृत्ति के शिवजी महादेवप्रसाद सेठ से स्पष्ट बात न कर सके। कुछ मित्रों से दबी ज़बान से कहा भी। आखिर चुपचाप लखनऊ चले गए। वहाँ 'माधुरी' में काम करने लगे। लेकिन दुलारेलाल भार्गव के व्यवहार में मालिकाना दम्भ देखकर कुछ समय बाद गाँव रहकर कलकत्ता वापस चले आए। लखनऊ के साम्प्रदायिक दंगे में 'देहाती दुनिया' के अन्तिम अंश की पांडुलिपि जल गई। मुश्किल से जान बचाकर भागना पड़ा।

लेकिन 'मतवाला' से मोह न छूटा था। यह भी बात थी कि उनके चुपचाप चले जाने का कारण जान लेने पर महादेवप्रसाद सेठ ने उन्हें स्नेह, भर्त्सना और शिकायत भरा पत्र भी लिखा, अन्ततः 'मतवाला' मंडल में दुबारा शामिल हो गए। अत्यन्त दत्तचित्त होकर काम किया। ज्यों-ज्यों सम्पादन-कला में निपुण होते गए त्यों-त्यों मौलिक रचनाओं—विशेषतः कहानी और उपन्यास के लिए—अवकाश घटता गया। अद्वितीय प्रूफ-रीडिंग, समीचीन टिप्पणियाँ, टकसाली भाषा पर अधिकार—ये सभी गुण जिन्हें उनके सम्पर्क में आनेवाली बाद की पीढ़ियाँ उनके व्यक्तित्व का अभिन्न अंग समझती रही हैं, 'मतवाला' युग में उनके अनवरत अध्यवसाय के फलस्वरूप मँजे थे।

तभी एक अचूक सूझबूझवाले व्यक्ति ने उनके इन गुणों को चीन्हकर अपने नवोदित साहित्यिक परिवार की ओर उन्हें खींच ही लिया। ये व्यक्ति थे पुस्तक भंडार, लहेरियासराय (दरभंगा) के संस्थापक श्री रामलोचन शरण 'बिहारी'। पुस्तक भंडार की पुस्तकें उन दिनों काशी में छपती थीं। अर्से तक शिवपूजनजी का काशी में प्रवास रहा। प्रूफ देखते, सम्पादन करते, छपाई इत्यादि की देखभाल करते। जयशंकर प्रसाद, प्रेमचन्द इत्यादि से इन्हीं दिनों विशेष सम्पर्क रहा। बाद में जब लहेरियासराय रहना हुआ तो 'मतवाला मंडल' की ही भाँति वहाँ भी शिवपूजन सहाय, बेनीपुरी और कलाकार उपेन्द्र महारथी की मिली-भगत जुटती जिसमें दिनकर भी शामिल हो जाते।

यदि 'मतवाला' को शिवपूजनजी ने पसीना दिया तो 'पुस्तक भंडार' को पसीना भी और खून भी। आँसू के घूँट तो दोनों ही जगह पीने पड़े। स्वास्थ्य गिरने लगा। लेकिन

उन दिनों शिवपूजनजी के अध्यवसाय से बिहार की सम-साहित्यिक धारा के लिए जो पथ प्रशस्त हुआ, उसमें बिहार की परवर्ती प्रतिभाओं की उत्ताल तरंगों के लिए गहराई भी मिली, तट-मर्यादा भी। पुस्तक भंडार के प्रकाशकों की चरम उपलब्धि थी 'रामलोचन शरण अभिनन्दन-ग्रन्थ', जो आकार, कलात्मकता और वैविध्य में 'द्विवेदी अभिनन्दन ग्रन्थ' से भी बाजी मार ले गया—शिवपूजन सहाय की कलम और महारथी की तूलिका ने ही यह करिश्मा कर दिखाया था।

मौन तपस्या चलती रही। उसमें कुछ राहत मिली जब राजेन्द्र कॉलेज छपरा में हिन्दी-अध्यापक के पद पर उनकी नियुक्ति हुई। साहित्य के क्षेत्र में गुरु का महत्त्व उन्हें मिल ही चुका था, शिक्षा संस्था में एक तरह से उस पद का स्थानान्तर ही हुआ। कई दशकों के बाद स्कूल का शिक्षक पुनः अध्यापन के क्षेत्र में आया। वातावरण भिन्न होते हुए भी प्रिंसिपल मनोरंजन की उपस्थिति के कारण शिवजी को कॉलेज का वातावरण खला नहीं।

इसके बाद पटना से 'हिमालय' मासिक का प्रकाशन शुरू हुआ और शिवजी ने बड़े मनोयोग और उत्साह के साथ उसका सम्पादन किया। 'हिमालय' जितने दिन निकला, बड़ी शान और गरिमा के साथ और उसकी पुरानी फाइलों में अनेक महत्त्वपूर्ण रचनाएँ पहले-पहल प्रकाशित हुईं।

सन् 1950 में शिवपूजनजी को हम लोगों ने बिहार राष्ट्रभाषा परिषद् के मन्त्री का पद ग्रहण करने के लिए आमन्त्रित किया। उनकी साहित्यिक-सेवा की लम्बी अवधि में यह प्रसंग विस्तृत विवरण की अपेक्षा करता है, क्योंकि कुछ मानी में परिषद् का विकास उनकी रचनाओं से भी अधिक महत्त्वपूर्ण योगदान सिद्ध हुआ।

बिहार में शोध एवं उच्चकोटि के अध्ययन के जिन छह केन्द्रों की परिकल्पना हम लोगों ने की, उनमें 'बिहार राष्ट्रभाषा परिषद्' की प्रगति सबसे त्वरित और ठोस रही। थोड़े ही समय में देश की शीर्षस्थ और प्रतिष्ठावान संस्थाओं में परिषद् गिनी जाने लगी। इसका श्रेय शिवपूजनजी को ही है। हम लोग जो सरकारी योजनाएँ बनाते हैं, अकसर इस भ्रम में रहते हैं कि नियमावली बनाने, आय-व्यय तथा नियुक्तियों की व्यवस्था करने एवं कार्य-प्रणाली निर्धारित कर देने मात्र से संस्था चल निकलती है। किन्तु जड़ी-बूटियों को जमा कर देने से ही औषधि तैयार नहीं हो पाती। उन्हें पीसने, घोलने और छानने की विधि नियमों और आदेश-पत्रों द्वारा निर्धारित नहीं की जा सकती। वर्षों के अभ्यास के बाद ही शायद शिवजी को इस कला की सिद्धि हो पाई थी। उसका बहुत-कुछ उपयोग हुआ बिहार-राष्ट्रभाषा-परिषद् के निर्माण में। सन् 1944 ई. में उन्होंने पं. बनारसीदास चतुर्वेदी को लिखा था—"मेरे विषय में आपकी जो धारणा है, वह केवल आपकी महत्ता, उदारता, सहृदयता और गुणग्राहकता के कारण है। वास्तव में मैं दूर का सुहावना ढोल हूँ। हाँ, यदि परिस्थिति अनुकूल मिल सकती, तो मैं बहुत-कुछ काम कर सकता।" शिवजी 'ढोल' कभी नहीं थे, न दूर के, न पास के। ये शब्द तो उनकी विनम्रता के द्योतक है; किन्तु यह विश्वास कि अनुकूल परिस्थिति मिलने पर वह

बहुत-कुछ कर सकेंगे, उनके व्यक्तित्व की उस आन्तरिक दृढ़ता एवं क्षमता का परिचायक था, जिसके लिए यथेष्ट अवसर उन्हें सन् 1950 ई. में परिषद् के मन्त्री हो जाने पर ही मिला।

किन्तु, सचिवालय की कार्य-विधि में कुशल हम अधिकारियों और कर्मचारियों को प्रारम्भ में शक हुआ कि शिवजी से एक अर्ध-सरकारी संस्था का काम चलेगा कि नहीं। हमारे जानते उनका अनुभव एक मौन साहित्यकार एवं सम्पादक की कार्य-प्रणालियों तक ही सीमित था और एक अध्यापक के कक्ष तक। कुछ ही समय बाद हमारा भ्रम दूर हो गया।

परिषद् में शिवजी की सफलता के दो कारण थे। एक तो यह कि वे उन बिरले साहित्यकारों में थे, जो छोटी-छोटी बातों की व्यवस्था करने का भी उतना ही ध्यान रखते हैं जितना एक चमत्कारपूर्ण रचना प्रस्तुत करने का। अनेक साहित्यकार भावुकता के पुँज होते हैं। जहाँ छोटी-छोटी अड़चनों की चिनगारी निकट आई कि भड़क उठे। किन्तु शिवपूजनजी भावना को नियन्त्रित करना जानते थे। व्यवस्था के बिना टिकाऊ काम नहीं हो सकता, इसलिए पत्र-व्यवहार एवं योजनाओं को चलाने में हर ब्यौरे को अच्छी तरह जाँचते थे। परिषद् के संचालक-मंडल की बैठकों में अकसर गौण-से-गौण पहलू पर जोर डालते, हरेक कठिनाई को सामने रखते।

परिषद् का मन्त्री अथवा निदेशक होते हुए भी किसी रूटीन के काम से दूर नहीं भागते थे। अध्यवसायी पुरुष थे, इसलिए उबानेवाले काम-काज से घबराते नहीं थे।

दूसरी बात यह थी कि परिषद् के विधान, कार्यविधि, नियमावली इत्यादि पूरा हो जाने के लिए वह रुके नहीं। मेरे पास परिषद् के उद्‌घाटन-समारोह की स्मारक-पत्रिका है। सन् 1950 ई. के उत्तरार्ध में परिषद् की स्थापना हुई; किन्तु 1951 ई. की 11 मार्च को उसका उद्‌घाटन हुआ। उन चन्द महीनों में ही प्रकाशन का काम हाथ में ले लिया गया, भाषणमाला की भी शुरुआत हो गई, पुरस्कार-योजना चालू कर दी गई और हस्तलिखित पुस्तकों का संग्रह भी तैयार होने लगा। मैं कई ऐसी संस्थाओं का हाल जानता हूँ, जहाँ सरकारी आदेशों एवं विधान की इन्तज़ारी में ही महीनों गुजर गए, यद्यपि बड़े-बड़े विद्वान उनके उच्चाधिकारी थे। शिवपूजनजी को तो समय खोना नहीं था। जान पड़ता था कि जिस अवसर की प्रतीक्षा में उन्होंने अपनी जवानी काटी, वहीं दुर्लभ अवसर उन्हें परिषद् के मन्त्री हो जाने पर मिला। और कोई होता तो इस नियुक्ति को तब तक के परिश्रम और साधना का पुरस्कार मानता; सोचता—"चलो, कुछ चैन ही कर लूँ; सरकारी काम तो चलता ही रहता है; मैंने कुछ कम मेहनत की है? अब हुक्कामी कर लूँ।"

लेकिन शिवजी परिषद् में अफसरी करने नहीं आए थे। सत्तावन बरस की आयु में भी आराम करने नहीं आए थे। वे तो आए थे, उन मंसूबों को पूरा करने के लिए जिनके लिए इसके पहले उन्हें उपयुक्त अवसर ही नहीं मिला। और, उस बालक की तरह जिसने दुकान पर सजे खिलौनों को दूर से ताक-ताककर ही अपनी चाह दबाई हो

और जिसे हठात् खिलौनों से भरे कमरे में स्वच्छन्द छोड़ दिया जाए, वे परिषद् के प्रांगण को क्रीड़ा-स्थली मानकर कूद पड़े।

क्रीड़ा-स्थली!...स्वच्छन्दता!...यह अतिरंजना है। भला सरकारी या अर्ध-सरकारी संस्था में किसी को मनचाही स्वच्छन्दता मिली है? सुविधाएँ मिलीं; पर अड़चनें भी कम न थीं। हम लोगों ने संस्था को कुछ ऐसा रूप देने की चेष्टा उन दिनों की जिसमें सरकारी सुविधाएँ तो मिलें, पर कार्य-प्रणाली और कार्यान्विति में परिषद् के संचालक-मंडल और सामान्य-समिति बहुत कुछ अपने मनोरथ पूरा कर सकें। जब तक यह पद्धति चालू रही, परिषद् के वातावरण में नौकरशाही नहीं आं पाई। सन् 1955 तक मैं बराबर परिषद् के संचालक-मंडल की बैठकों में शामिल होता रहा। तत्कालीन शिक्षामन्त्री आचार्य बद्रीनाथ वर्मा सभापति रहते। सम्मेलन की ऊपरी मंजिल की तंग गैलरी में हम लोग बैठा करते। अपूर्व दृश्य होता वह भी। दिनकर का जोश, बेनीपुरी का उल्लास, पं. छविनाथ पांडेय का तर्क, सुधांशुजी की यदा-कदा सूक्तियाँ, राजासाहब की फुलझड़ियाँ, जिन्हें दिखाते-दिखाते वे प्रायः ग़ायब भी हो जाते—इस पंचरंगी शोभा के एक कोने में शिवजी, मौन साधना की दबी-सी, किन्तु सतेज दीपशिखा की भाँति बैठे रहते। अफसोस है, मुझे कभी सूझा ही नहीं कि संचालक-मंडल की बैठक का कोई फोटो खिंचवाया जाता। भावी कलाकारों के लिए वह अलभ्य सामग्री होती।

वे बैठकें कभी-कभी देर तक चलती रहतीं, खूब बहसें होतीं; किन्तु कभी वातावरण विषाक्त नहीं हो पाया। पद-लालसा के लिए तो अवसर था नहीं। विवेच्य विषय प्रायः ठोस ही होते और निष्कर्ष भी। वैसी बैठकें तो अन्य साहित्यिक संस्थाओं में देखी नहीं। शिवजी प्रायः मौन रहते। मेरे उकसाने पर अपनी कठिनाइयाँ पेश करते। यह नहीं कि परिषद् की प्रगति का इतिवृत्तात्मक ब्यौरा अकसर लिखा। परन्तु अपने मुँह से बड़ाई नहीं की। क्या वह उनकी कमजोरी थी? शायद, उनकी भावना बहुत-कुछ उस माता की-सी थी, जो अपने शिशु के सौन्दर्य और अठखेलियों की सराहना करने में इसलिए सकुचाती है कि कहीं नजर न लग जाए।

संकोच ही नहीं, शिवजी असन्तोष के भी शिकार थे और एक तरह से उनकी उपलब्धियों का इस असन्तोष की भावना से सीधा सम्बन्ध था। उन्होंने अपनी या अपनी संस्था की प्रगति से सन्तुष्ट होना जाना ही नहीं, ऐसे ही जैसे उन्होंने आराम या चैन करना नहीं जाना। यों हमारे समाज में सन्तोष की बड़ी महिमा बताई गई है। किन्तु, वह सन्तोष दूसरा है, अपनी निजी आवश्यकताओं को कम करना और थोड़े ही में बसर कर लेना। कर्मठ व्यक्ति का अपने अध्यवसाय और प्रगति से असन्तोष किसी निम्न कोटि की लालसा चिह्न नहीं है। सपने किसके पूरे हुए हैं? किन्तु पूर्णत्व के सबसे निकट वही पहुँचता है, जो खंडों की उपलब्धि से ही सन्तुष्ट नहीं हो जाता, जिसे बराबर अपूर्णता आमन्त्रित करती रहती है।

जब मैं शिक्षा-सचिव था, मेरे पास अनेक कर्मचारी आते रहते थे और अपने-अपने विभागों की उपलब्धियों का सगौरव वर्णन करते और यह जताने की कोशिश करते कि

उन्होंने जो कुछ किया है, वह परिस्थितियों की सीमाओं को देखते हुए अत्यन्त सन्तोषजनक है। किन्तु शिवजी? परिषद् में जो हो पाया, उसका जिक्र आता, पर अधिक समय उनका यही बताने में जाता कि कितनी धीमी गति है, छपाई में देर हो रही है, अमुक विद्वान ने भाषण की प्रतिलिपि नहीं भेजी है, पांडुलिपियों के वर्गीकरण में विलम्ब हो रहा है इत्यादि-इत्यादि। यानी जहाँ अन्य कर्मचारी अपनी उपलब्धियों का बखान करते, वहाँ शिवजी अपनी खामियों का। यही नहीं, दूसरे लोगों से परिषद् की चर्चा में भी यही 'अंडरस्टेटमेंट' यानी लघुरंजना की भावना रहती। शिवजी का यह संकोच दिखावा नहीं था। वह स्वभावतः अपने-आपसे असन्तुष्ट रहते। यह वह चाबुक था, जिसने उन्हें शिथिल नहीं होने दिया। और इसलिए यद्यपि अपने कर्मशील जीवन के अन्तिम चरण में वे सरकारी नौकरी में आए, तथा फिर सरकारी अनुशासन और पाबन्दियाँ उनके लिए पुष्पहार-तुल्य ही रहीं। जिसने अपने ऊपर इतनी कड़ी पाबन्दियाँ लगा रखी हों, जो अपने साथ ही कड़ाई करता रहा हो, उसे सरकारी बन्धनों और आदेशों की कड़ाई से सन्ताप क्यों होता? मेरे साथ अनेक साहित्यकारों और कलाकारों ने सरकारी विभागों में काम किया है। भारतवर्ष की सभी भाषाओं से चुने हुए साहित्यकर्मी विद्वानों को सरकारी पदों पर काम करते मैंने देखा है। मैं कह सकता हूँ कि शिवजी जैसा अनुशासित और अध्यवसायी साहित्यकार कर्मचारी मुझे भारतवर्ष में कहीं नहीं मिला। बिहार सरकार ने उन्हें जितना वेतन दिया, उसकी एक-एक कौड़ी उन्होंने अपने परिश्रम से चुका दी।

आचार्य बद्रीनाथ वर्मा और मैं बराबर सचेष्ट रहे कि शिवपूजनजी को सरकारी नौकर होने का आभास न हो। किन्तु, शिवजी ने इस प्रयास में हमारा साथ न दिया; उन पाँच वर्षों में सर्वदा अपने को एक कनिष्ठ सरकारी कर्मचारी मानकर हम लोगों के प्रति आदर और आज्ञाकारिता का व्यवहार करते रहे। और, इस व्यवहार में किसी तरह का अभिनय नहीं था, ढोंग नहीं था, चाटुकारिता नहीं थी। उन्हें अपनी स्वार्थसिद्ध नहीं करनी थी। पदोन्नति की लालसा भी नहीं थी। एकमात्र लगन थी कि परिषद् के कार्यक्रम की सिद्धि हो। चाहते तो मेरे साथ अक्खड़ता का व्यवहार कर सकते थे और साहित्य-समाज में तथाकथित स्वाभिमान के लिए वाहवाही लूट सकते थे, या चाहते तो चटुकारिता का चन्दन लगाकर अपने लिए दक्षिणा की प्राप्ति कर सकते थे। पर उन्होंने अकृत्रिम विनम्रता, सद्व्यवहार एवं कर्मठता का पंथ अपनाया। उस पंथ और मेरे बीच एक लक्ष्मणरेखा थी, जिसे में लाँघ नहीं सका। वह रेखा थी, एक प्रकार की औपचारिकता की, जिसे उन्होंने ही मुझे अपना उच्चाधिकारी मानकर खींच दिया था। अकसर उनके पास जाता; अकसर उनके पत्र भी आते, किन्तु मुझे उस महान विभूति से वे आत्मीयतापूर्ण सीख और स्नेहपूर्ण पथ-निर्देशन न मिल सके, जिन्हें एक नहीं, दो-दो पीढ़ियों के साहित्यकारों ने प्राप्त किया और सँजोया है।

एक लघुसेवा का ही मौका मुझे मिला जिसका उल्लेख करना अप्रासंगिक न होगा। एक दिन पटना सेक्रेटेरियट में बैठा हुआ था कि सूचना मिली कि शिवजी हठात् बीमार

हो गए। अस्पताल ले जाए गए हैं। मैं देखने के लिए पहुँचा। डॉक्टर से मालूम हुआ कि तपेदिक है। हम लोग चिन्ता में पड़ गए। अच्छे-से-अच्छे इलाज की तो व्यवस्था हो गई, लेकिन सवाल खर्चे का था, परिवार के भार का भी। बीमारी लम्बी चलनेवाली थी। सरकारी नियमों के चक्रब्यूह में किस तरह विशेष धनराशि उनके लिए उपलब्ध की जाए इसकी एकविधि मुझे सूझी। मुख्य सचिव श्री लल्लनप्रसाद सिंह, अर्थमन्त्री अनुग्रह बाबू और मुख्यमन्त्री श्री बाबू ने सहमति दी। व्यवस्था यह हुई कि परिषद् की ओर से 'शिवपूजन रचनावली' का चार खंडों में प्रकाशन हो। स्वस्थ होने ही पर शिवजी उसमें हाथ लगाएँ। लेकिन इस बीच उसका पारिश्रमिक पेशगी के रूप में एकमुश्त उन्हें समर्पित किया जाए। शिवजी सीधे ग्रांट लेने के लिए तैयार ही न थे। बिना मेहनत के अधेला भी कभी लिया नहीं। अड़ गए। मुश्किल से इस व्यवस्था के लिए स्वीकृति दी। स्वस्थ होने पर अपना व्रत उन्होंने पूरा किया और मृत्युपर्यन्त उस अनुष्ठान में लगे रहे। 'शिवपूजन रचनावली' निस्सन्देह हिन्दी साहित्य की अनुपम धरोहर है।

क्या ऐसे मर्यादापूर्ण व्यक्तित्व का शील-विवेचन समष्टि में किया जा सकता है?

शिवपूजनजी से मुलाकात होने पर उनका व्यक्तित्व चमत्कारपूर्ण नहीं जान पड़ता था। पर कुछ ऐसे असाधारण गुण उन्होंने पाए थे अथवा सायास अर्जित किए थे कि हर तरह की पाँत से परे रही उनकी गणना करनी पड़ेगी। सरकारी निगाह डालनेवाले को वे साधारण जँचते हों, पर सही चीह्नेवाले को उनका निरालापन ज्ञात हो जाता था।

शिवपूजनजी साहित्य स्रष्टा भी थे और साहित्य के मजदूर भी, एक ही व्यक्ति में कलम के धनी और कलम के मजदूर का ऐसा सामंजस्य दुर्लभ है। उपन्यास रचे उन्होंने, निबन्ध लिखे, इतिहास तैयार किए। पर साथ-साथ बिना झिझक, बिना नाक-भौं सिकोड़े पूरे-संशोधन के घने जंगलों को छानते रहे, अपने श्रमकणों को मोती मानकर अंगीकार किया; नौसिखिए लेखकों अथवा असावधान किन्तु प्रतिष्ठित साहित्यकारों की अशुद्धियाँ सुधारने में उन्होंने रतजगे किए। उनकी नजर में दोनों ही काम महत्त्वपूर्ण थे। वह साहित्यिक अट्टालिका की सजावट करनेवाले अभिजात कलाकार थे और उसके फर्श को झाड़ू लगानेवाले हरिजन संशोधक भी।

अतिशय विनय था उनमें, ऐसा विनय जिसे कोई परिस्थिति, कोई उत्तेजन, कोई दुर्जन पथच्युत नहीं कर सका। पर अडिग अभिमान का भी शक्तिपुँज उनके पास था। उस अपराजेय अभिमान के अस्तित्व का आभास बहुत कम लोगों को था, क्योंकि जिन गहराइयों में वह चिर जाग्रत अभिमान स्थित था, वहाँ तक पैठना मुश्किल था। विनय, सन्तोष, सहिष्णुता की रेशमी परतों के नीचे जिस चमकीले व सुदृढ़ हीरे को वे सँजोए हुए थे वही तो उनका परम तेज था। इसीलिए विनयशील शिवपूजनजी अपूर्व तेजस्वी थे।

परनिन्दा की बुराई अनेक सन्तों ने की है। पर अपने ऊपर चोट करनेवाले के प्रति भी आक्रोश प्रकट न करना, उसके प्रति सद्भावना का व्यवहार करना, क्षणिक आवेश में भी अपशब्द न निकालना—ऐसे संयमी सन्त साहित्यकार ढूँढ़ने पर भी न मिलेंगे।

आजीवन शिवपूजनजी ने नरहरी भगत के आदर्श वैष्णव का व्रत बराबर निबाहा।

शिवपूजनजी की गद्यशैली में अर्थ और शब्द का असाध्य सन्तुलन है। यदि अलंकरण विषय-वस्तु का वाहक नहीं है, तो बिना मोह के उसे त्याग देते थे। अलंकरण के प्रति ऐसी अनासक्ति साहित्य क्षेत्र के और किसी महारथी में तो नहीं दिखती। न जाने किस दिव्य सारथी से उन्होंने इस अनासक्ति योग का अमृतबिन्दु पाया?

दारिद्रय से प्रायः गठबन्धन रहा, आराम कभी पाया नहीं, चैन की बंसी कभी बजा न सके। फिर भी चिरन्तन चिन्ता और मूक वेदना की रेखाओं के नीचे उन अव्यवस्थित मूँछों के हलके झुरमुट के पीछे विनोद परिहास की अस्फुटित आभा दुबकी पड़ी थी और कभी-कभी लेखनी के सहारे उतरकर पाठकों को गुदगुदा देती थी। गाम्भीर्य एवं संयम की उस मरुस्थली में...हरियाली का ऐसा अनायास संयोग अन्यत्र तो देखा नहीं।

इन अनमोल पंचरत्नों के एकाधिकारी शिवपूजनजी की स्मृति सर्वदा समृद्ध और अमिट बनी रहे, यही उनकी सबसे सच्ची स्मृति होगी।

पंडित और सूत्रधार
वेंकट राघवन

हॉर्वर्ड विश्वविद्यालय में विभिन्न धर्मों के अध्ययन के लिए एक विभाग है जिसे 'डिविनिटी स्कूल' कहते हैं। सन् 1963 के अप्रैल मास की बात है। रामनवमी की तिथि थी। 'डिविनिटी स्कूल' के अतिथिगृह के एक छोटे आयताकार हॉल में हम दोनों (मेरी पत्नी और मैं) बैठे हुए थे। तीन तरफ दीवारों के सहारे कुछ सीट लगी हुई थीं। सामने एक चौकीनुमा लकड़ी के छोटे-से प्लेटफॉर्म पर आलती-पालथी मारकर धोती अंगवस्त्र पहने एक पंडित बैठे। उन्होंने वाल्मीकि रामायण के चुने श्लोकों का पाठ प्रारम्भ किया। मूल के साथ अंग्रेजी में टीका करते जाते थे। पाठ के उपरान्त मेरी पत्नी ने 'श्री रामचन्द्र कृपालु भजुमन' गाया और फिर प्रसाद लगाया। हम लोग कुछ महीने से हॉर्वर्ड में रह रहे थे, एक फ्लैट लेकर। इसलिए भारतीय मिष्ठान्न इत्यादि बनाने का सिलसिला मेरी पत्नी ने जारी रखा था। श्रोताओं में प्रायः अमेरिकन स्त्री-पुरुष थे। भारतवर्ष से हजारों मील दूर रामनवमी मनाने में हमें अत्यन्त आह्लाद का अनुभव हुआ।

डॉ. वे. राघवन ही वह पंडित थे जिन्होंने बिना किसी झिझक के भारतीय वेशभूषा धारण कर, रामायण का पाठ किया था और प्रसाद के लिए मेरी पत्नी से विशेष अनुरोध किया। अपने अनुसन्धान के सिलसिले में डॉ. राघवन अकसर हॉर्वर्ड तथा अन्य अमेरिकन विश्वविद्यालयों की यात्रा करते रहे हैं, ऐसी एक यात्रा पर उन दिनों पहुँचे हुए थे। इत्तफाक से उसी सप्ताह रामनवमी आ पड़ी। झट से अतिथिगृह ही में जहाँ वे ठहराए गए थे, उन्होंने आयोजन कर डाला।

देश-विदेश में डॉ. वे. राघवन के पांडित्य की धाक रही है। 'कैटेलोगस कैटेलोगोरम' में उन्होंने अनेक संस्कृति पांडुलिपियों की सूची सम्पादित करके प्रकाशित की है। यह ग्रन्थ उनकी प्रकांड विद्वता, एकाग्र दत्तचित्तता एवं उत्कट कर्मठता का उज्ज्वल उदाहरण है। किन्तु पाश्चात्य विद्वान उनकी विद्वता का लोहा तो मानते ही हैं, उनके विस्तृत और विविध ज्ञान तथा उनके रुचि-वैविध्य से भी अत्यन्त प्रभावित हैं। रामनवमी के उस दुर्लभ समारोह में डॉ. राघवन को मैंने पंडित और सूत्रधार की मिश्रित भूमिका में देखा।

इससे पहले भी एक बार मैं अचरज में पड़ गया था, इस ठोस, अनुसन्धानरत विद्वान को मंच पर उतरते देखकर। शायद, सन् 1958 के आसपास की बात है। दिल्ली में आकाशवाणी के अन्तर्गत ग्रीष्मकालीन नाट्य-समारोह में विभिन्न क्षेत्रीय भाषाओं में

नाट्य-प्रदर्शन के साथ-साथ संस्कृत के भी एक या दो नाटकों को मंचस्थ करने का आयोजन था। मद्रास के संस्कृत रंग की ओर से 'मालविकाग्निमित्र' प्रस्तुत किया गया। सबसे पहले ही नान्दी-पाठ के बाद सूत्रधार की शास्त्रोक्त वेशभूषा में प्रोफेसर राघवन को देखकर मैं चकित रह गया। अत्यन्त सावधानी के साथ उन्होंने अपना मेकअप कराया था। सूत्रधार की शास्त्रोक्त वेशभूषा धारण की थी। उच्चारण तो शुद्ध और स्पष्ट था ही, उनकी मुद्राओं, कंठ और व्यवहार में आत्मविश्वास का कुछ ऐसा पुट था कि मुझे लगा कि ये मँजे हुए खिलाड़ी हैं। यों ही उत्साह के वशीभूत होकर मंच पर नहीं आ टपके हैं, जरूर कभी-न-कभी प्रदर्शन-कलाओं के व्यावहारिक पक्ष से सम्बन्द्ध रहे हैं।

इसका भेद बहुत बाद में खुला जब एक दिन नई दिल्ली में मेरे साथ नाश्ता लेते समय उन्होंने मेरे प्रश्न के उत्तर में कहा—"माथुर साहब, मैं अपनी युवावस्था में अकसर कॉलेज के मंच पर अभिनय कर चुका हूँ। यह शौक जो एक बार लगा तो आसानी से थोड़े ही छूटता है।" फिर भी मुझे लगा कि कॉलेज के शौकीनी रंगमंच का रंग प्रायः इतना पक्का तो नहीं होता। कुछ दिनों बाद डॉ. राघवन की चिट्ठी आई जिससे बात और खुलासा हुई :

"यद्यपि मैं सैद्धान्तिक अनुसन्धान और विज्ञोचित स्वाध्याय, प्राचीन मूल-पाठों के सम्पादन, पांडुलिपियों की छानबीन और तर्कशास्त्र एवं दर्शनशास्त्र के अन्वेषण में बराबर लवलीन रहा, तथापि प्रारम्भ ही से मेरे अन्तस्तल में प्रेरणा रही है मौलिक कृतित्व के लिए। फलस्वरूप पद्य, नाटक, स्तोत्र, निबन्ध इत्यादि मैं शुरू से ही लिखने लगा था। अपनी युवावस्था में जब असीम शक्ति और उत्साह से भरपूर था और कल्पना समा ही न पाती थी, तब मैंने पौराणिक विषयों पर कुछ फिल्म सिनेरियो भी लिखे, कुछ मित्रों के आग्रह से। जब तमिल भाषा में पहले-पहल टॉकी फिल्म बनने शुरू हुए तो तीन फिल्मों के लिए मैंने सिनेरियो और संवाद लिखे—सीता कल्याणम्, चन्द्रसेना और जलजा। इनमें से अन्तिम फिल्म में मेरी विशेष दिलचस्पी थी क्योंकि उसकी कथा मैंने लिखी थी भरत-नाट्य के तत्कालीन पुनरुत्थान की पृष्ठभूमि में। विश्वविद्यालय में पी-एच.डी. के लिए शोध-निबन्ध प्रस्तुत करने के लिए जो फीस मुझे देनी थी उसकी रकम मैं इन्हीं में से एक फिल्म के लिए संवाद लिखकर ही प्राप्त कर सका।"

'कैटेलोगस कैटेलोगोरम' का विवेचनात्मक सम्पादन, भोज के 'शृंगार प्रकाश' पर अद्वितीय अनुसन्धान, 86 से ऊपर पांडित्यपूर्ण पुस्तकों, 750 के लगभग निबन्धों का प्रणयन—जिसने इस प्रकार सरस्वती के सौम्य और गम्भीर स्वरूप की बरसों तक साधना की, क्या ऐसे उद्भट विद्वान की तपश्चर्या को भंग करने को आतुर मेनका उसी के रस-विदग्ध मानस में जन्मी? पर डॉ. राघवन ने अपनी तपस्या भंग न होने दी, और बराबर गहन गवेषणाओं के पथ पर अग्रसर होते रहे हैं। खूबी उनकी यह रही कि उन्होंने कला और रसात्मकता की मेनका को भी दुतकारा नहीं। इन दो विरोधाभासी तत्त्वों में सामंजस्य का निर्वाह वह कैसे कर पाए हैं?

बात यह है कि उनका बचपन जिस वातावरण में बीता वहाँ सरस्वती में ही मेनका

समायी हुई थी। सात बरस की आयु में राघवन के माता और पिता दोनों का देहान्त हो गया। तिरुवरूर (त्यागराज के जन्म-स्थान) में उनके नाना ए. नारायणस्वामी अय्यर रहते थे। उन्हीं के परिवार में उनका भरण-पोषण हुआ। नारायणस्वामी वैदिक विद्वानों के वंशज थे, वेदारण्यम् स्थान में वैदिक पाठशाला की देखभाल करते थे। साथ ही वकील भी थे। उनके दूसरे पुत्र यानी राघवन के मामा, महादेव अय्यर, संस्कृत के साहित्यिक और सांस्कृतिक पक्ष के अध्येता और तिरुवर में संगीत सम्बन्धी प्रगति को अग्रसर करनेवालों में प्रमुख थे। परिणामस्वरूप एक ओर तो उनके घर में वेद और शास्त्रों में निष्णात विद्वानों का बराबर आना-जाना होता रहता (जैसे दक्षिण के तत्कालीन महामहोपाध्याय पंडित राजू शास्त्रीगल), और दूसरी ओर जगन्नाथ और मयूरम् जैसे सुविख्यात कवियों और संगीतज्ञों का भी उनके घर में प्रायः हरिकथा और कालक्षेप का गान होता। भजनगोष्ठियाँ भी घर-घर भ्रमण करतीं और बालक राघवन उनमें शामिल रहते। सन्तों द्वारा विरचित पदों और नामावली का गान होता। साल में एक बार त्यागराज-जन्मोत्सव के अवसर पर घर में वेदपारायण होता, तो वहीं राधाकल्याणम् उत्सव के अवसर पर उच्चकोटि के गायकों द्वारा संगीत कचहरी होती। मार्गशीर्ष में आसपास के गाँवों से भजन-गायकों की टोलियाँ आतीं और गाते हुए गिरि-प्रदक्षिणा करतीं। राघवन उनमें रम जाते। लेकिन उन्हीं राघवन के लिए उनकी बुआ (जो स्वयं विदुषी थीं और शुद्ध परम्परा की पोषिका) ने यह भी व्यवस्था की कि स्कूल में संस्कृत पढ़ने के अलावा एक प्राचीन शैली के पंडित से संस्कृत-ज्ञान प्राप्त करें।

स्कूल से कॉलेज की पढ़ाई के लिए जब मद्रास गए तो यही सिलसिला कुछ परिवर्तित रूप में जारी रहा। स्कूल में रसायनशास्त्र और वनस्पतिशास्त्र उनके वैकल्पिक विषय थे, संस्कृत तो थी ही। वनस्पतिशास्त्र में विशेष दिलचस्पी थी और स्कूल की अन्तिम कक्षाओं में तमिल, संस्कृत-अंग्रेजी में पौधों, वृक्षों इत्यादि का शब्द-संग्रह भी तैयार किया था। कॉलेज में वनस्पतिशास्त्र लेना चाहते थे लेकिन सीट जाति विशेष के छात्रों के लिए रिजर्व होने के कारण अन्ततः संस्कृत, तर्कशास्त्र और ग्रीकरोमन इतिहास लेकर इंटरमीडिएट फर्स्ट डिविजन में पास किया। संस्कृत आनर्स लेकर बी.ए. पास किया और सर्वप्रथम स्थान मिला। उसके बाद तो संस्कृत-अध्ययन और गवेषणा उनकी जीवन-यात्रा के पाथेय बन गए। संस्कृत में एम.ए. और फिर पी-एच.डी.। लेकिन कुप्पूस्वामी शास्त्री का यह उदीयमान शिष्य संगीत और अभिनय का दामन नहीं छोड़ सका। कौटुम्बिक वातावरण से मिली प्रेरणा को सहारा मिला सुन्दराचारियर नामक एक विद्वान से जिन्होंने राघवन का श्रीमद्भागवत' और 'महाभारत' के अध्ययन में मार्ग-निर्देशन किया। इस अध्ययन ने भजनों, कालक्षेपम् और हरिकथाओं की पृष्ठभूमि स्पष्ट की और साथ ही कतिपय ऐसी नाट्य विधाओं की ओर भी संकेत किया जिनका भागवत मूल स्रोत है। मेलात्तूर, शूलमंगलम् इत्यादि स्थानों में प्रचलित भागवत नाटकों की खोज उनकी पी-एच.डी. थीसिस का भी अंग हो गई। शुद्ध गवेषणा की पकड़ और रस-प्रवाह में निमज्जन, इन दो विरोधी तत्त्वों का सन्तुलन उनके अनके गवेषणात्मक ग्रन्थों और

निबन्धों में प्रत्यक्ष हुआ है। सन्तों की वाणी और वचन, सम्प्रदायों का उद्‌बोधन और शास्त्रीय संगीत की परम्परा, इन तीनों का आपस में नाता है। और राघवन ने इस सम्बन्ध का स्रोत पाया श्रीमद्‌भागवत में। डॉ. राघवन ने हाल ही में प्रकाशित अपनी पुस्तक 'द ग्रेट इंटीग्रेटर्स' में लिखा है—"कर्नाटक संगीत का उपासक तब तक नहीं हुआ जा सकता जब तक उस संगीत के धार्मिक और आध्यात्मिक सन्देश के प्रभाव में न आया जाए और न भारतीय संगीत और साहित्य का अध्ययन बिना उस भक्ति सम्प्रदाय के अध्ययन के हो सकता है जिसका देशभर में विस्तार हुआ था।"

मैं डॉ. राघवन के व्यक्तित्व के इस पहलू से बहुत पहले आकृष्ट हुआ था और इसीलिए 1952-53 में बिहार में संस्कृत विद्यापीठ के प्रथम निदेशक होने के लिए मैंने उन्हें आमन्त्रित किया था। उनके विश्वविद्यालय ने उन्हें नहीं छोड़ा। बाद में आकाशवाणी में संस्कृत प्रोग्रामों के प्रोड्यूसर के पद पर जब वे आए तो मेरा उनसे खासा सम्पर्क रहा। आकाशवाणी छोड़ने के कई वर्ष उपरान्त एक दिन मैं मद्रास में उनके निवास स्थान पर पहुँचा। सन् 1969 के जुलाई मास की बात है। दिनभर मीटिंगों में व्यस्त रहने के बाद मैं मस्तिष्क की स्फूर्ति के लिए कुछ घड़ी सांस्कृतिक वातावरण में गुजारना चाहता था। मद्रास के रायपेट्टा मोहल्ले में श्रीकृष्णपुरम् कॉलोनी में 7 नम्बर मकान के बरामदे में साइनबोर्ड पर देवनागरी में नाम लिखा हुआ था—'वे. राघवन'। शायद सारे मद्रास नगर में (दक्षिण भारत हिन्दी प्रचार समिति को छोड़कर) अकेला देवनागरी लिपि में नाम-पट्ट, मानो भाषा सम्बन्धी तुमुल कोलाहल के बीच हृदय की बात। बैठक में देश-विदेश से प्राप्त भेंट और अभिनन्दन चिह्न। डॉ. राघवन के गुरु कांचीपुरम् के शंकराचार्य के चित्र और आशीर्वचन, अमेरिकन तथा यूरोपियन विश्वविद्यालयों द्वारा दी गई डिग्रियों के प्रमाणपत्र। लगा कि मैं वसुधैव कुटुम्बकम् की साधना से अनुप्राणित कक्ष में बैठा हूँ। सामने नागरी लिपि में छपे हुए कुछ फर्मे पड़े थे। डॉ. राघवन ने बताया कि मद्रास विश्वविद्यालय के संस्कृत विभागाध्यक्ष के पद से अवकाश प्राप्त करने के बाद, उन्होंने नेहरू प्रोफेसरशिप स्वीकार कर ली है और भोज के 'शृंगार-प्रकाश' के अतिरिक्त हॉवर्ड विश्वविद्यालय की सीरिज़ के लिए प्राचीन संस्कृत पांडुलिपियों का सम्पादन कर रहे हैं। उसी के प्रूफ देख रहे थे। इस बीच उनकी पत्नी ने अन्दर से एलूर के आम तश्तरी में भेजे और फिर असली दक्षिण भारतीय कॉफी।

हम लोग चर्चा कर रहे थे भारतवर्ष को एक सूत्र में बाँधनेवाली संस्कृत भाषा और साहित्य की, नई पीढ़ी को कैसे पुनः देश की इस उत्कृष्ट परम्परा की ओर आकृष्ट किया जाए? जब वे आकाशवाणी के मद्रास स्टेशन पर संस्कृत के प्रोग्राम प्रस्तुत करते थे तो हमने उन्हें वस्तुतः समूची आकाशवाणी पर संस्कृत के प्रोग्रामों के लिए परामर्शदाता की मान्यता दी थी। मैंने उन्हें याद दिलायी कि अमेरिकन लेखक बोर्नोफ ने भारतीय लेखक कृष्णास्वामी के साथ मिलकर भारतीय फिल्मों के बारे में जो पुस्तक लिखी है उसमें लिखा है, आकाशवाणी पर ऐसी भाषा में भी प्रसारण होता है जिसका व्यवहार करनेवालों की संख्या नगण्य है—यानी संस्कृत। इन लेखकों का मत है कि यह एक 'मास मीडिया' यानी

रेडियो का दुरुपयोग है। राघवन बोले, "जानता हूँ। शायद अब वे लोग सन्तुष्ट होंगे क्योंकि अब तो आकाशवाणी से संस्कृत प्रोग्राम नाम मात्र को ही होते हैं। मेरी पूछ तो अब वहाँ कम ही होती है। लेकिन मि. माथुर, मैंने तो संस्कृत का एक सीमित वर्ग की भाषा के रूप में प्रोग्रामों में व्यवहार कहाँ किया था? संस्कृत का स्पन्दन परोक्ष या अपरोक्ष रूप में भारतवर्ष के समस्त साहित्य और लगभग हर क्षेत्रीय संस्कृति में झंकृत है।...इसके अलावा, आप तो जानते ही हैं कि मेरे अनेक प्रोग्रामों की विषयवस्तु और भाव-पक्ष परवर्ती और आधुनिक रुचि के अनुकूल भी रहे हैं। हाल ही में मेरी इकसठवीं वर्षगाँठ के अवसर पर मेरा ही लिखा संस्कृत नाटक 'संस्कृत रंग' द्वारा प्रस्तुत किया गया। नाटक का नाम है 'अनारकली'। मैंने अनारकली के सर्वविदित कथानक को नया मोड़ देने की चेष्टा की, यानी अन्ततः अकबर की राजपूत बेगम द्वारा अनारकली की प्राणरक्षा। नाटक के गीतों की धुनें मैंने हिन्दुस्तानी संगीत के रागों से लीं। भाषा बराबर संस्कृत। अगर बोर्नोफ और कृष्णास्वामी मौजूद होते तो देखते कि संस्कृत से अनभिज्ञ दर्शक समाज भी उस नाटक में कितना रस पा रहा था।"

उस दिन की चर्चा से मुझे याद आया यूनानी भाषा के सुप्रसिद्ध अंग्रेज विद्वान प्रोफेसर गिल्बर्ट मरे का एक वाक्य—'आई टीच नाट ग्रीक बट ग्रीस।' (मैं अपने छात्रों को पढ़ाता हूँ ग्रीक भाषा नहीं, ग्रीस देश।) यानी प्राचीन क्लासिकल भाषा का ज्ञान अपने में सब कुछ नहीं है। असली उद्‌देश्य होना चाहिए—उस भाषा के माध्यम से जो संस्कृति और सभ्यता पनपी और मुखर हुई, उनसे छात्रों को परिचित कराना। डॉ. राघवन उसी परम्परा के अध्यापक रहे। संस्कृत नाटक तत्कालीन सभ्यता का शायद सर्वतोमुखी प्रतिनिधि है। इसीलिए अपने छात्र-छात्राओं को उन्होंने संस्कृत रंगमंच से परिचित कराने की चेष्टा की। 'संस्कृत रंग' संस्था की स्थापना इसी मन्तव्य से हुई। इसके अतिरिक्त स्तोत्रपाठ और सुभाषित-संग्रह, जिनकी ओर राघवन को उनके अपने गुरुओं ने प्रवृत्त किया था, उनके छात्र-छात्राओं को संस्कृत के विविध रूपों से परिचित कराने के एक प्रमुख साधन रहे हैं। वस्तुतः डॉ. राघवन, डॉ. वासुदेवशरण अग्रवाल और डॉ. मोतीचन्द जैसे संस्कृत विद्वानों ने संस्कृत साहित्य के उन पक्षों को उजागर किया जिन पर एक पुष्ट, समृद्ध और पार्थिव जीवन के उल्लास-विलास और उपलब्धियों में गतिशील सभ्यता प्रतिबिम्बित है, वे पक्ष जिन्हें बाद की आध्यात्मिक और पुरुषार्थी जीवन के प्रति उपेक्षा की भावना ने ढक रखा था।

यहाँ डॉ. राघवन के एक निरालेपन का उल्लेख करना जरूरी है। संस्कृत के उपासक होते हुए भी डॉ. राघवन देशी भाषाओं में विरचित साहित्य, संगीत और नाट्य के अध्येता और सशक्त समर्थक रहे हैं। केवल संस्कृत को भारतवर्ष को एक सूत्र में बाँधनेवाली भाषा घोषित करना मात्र एक तरह की नारेबाजी है। डॉ. राघवन ने बचपन में सन्तों के भजन और वचन सुने और कंठस्थ किए, तेलुगु, तमिल और संस्कृत भाषाओं में। बाद में उनका परिचय हुआ पुरन्दरदास, बसवराज इत्यादि के कर्नाटक भजनों से। ज्ञानदेव और नामदेव की मराठी रचनाएँ देखी, नरसी मेहता की झलकियाँ लीं, गुरु

नानक, कबीर, तुलसी, सूर इत्यादि के पदों का आस्वादन मिला। बंगला में रमाप्रसाद एवं सन्तों की वाणी सुनी। इस विहंगम दृष्टि ने उन्हें अखिल भारतीय अन्तर्दृष्टि दी, और उन्हें ज्ञात हुआ कि आठवीं शताब्दी से उन्नीसवीं शताब्दी की एक हजार वर्ष की अवधि में इन सन्तों ने प्राचीन ऋषियों और आचार्यों की भाँति समग्र भारतवर्ष को एक वाणी दी। यह एक रोचक ऐतिहासिक तथ्य है कि यद्यपि उसी अवधि में क्षेत्रीय भाषाएँ एक-दूसरे से पृथक् होती गईं तथापि सन्तों की बानी भाषा-विभेद एवं प्रादेशिक पार्थक्य के परे भारतवर्ष की मौलिक एकता को सम्हाले रही, उसे परिपुष्ट भी करती रही। डॉ. राघवन ने इस अभिव्यक्ति को 'एक-वाक्यता' की संज्ञा दी है। मध्य-युग के सन्त केवल विदेशियों द्वारा पराजित जाति की ह्रासोन्मुखी प्रवृत्ति को भक्ति का पलायनवादी आश्रय देनेवाले महात्मा नहीं थे। वे तो प्राचीन वैदिक ऋषियों की उस परम्परा को तत्कालीन आघात-संघातों के बीच स्थिर कर रहे थे जो विभक्त राज्यों की सीमाओं की अवहेलना करती हुई जम्बू द्वीप की मूलभूत एकता का प्रखर स्वर रही थी।

इसी प्रेरणा के आग्रह पर डॉ. राघवन ने अपने संस्कृत भाषा और साहित्य की गवेषणा के अभियान के बीच के अवकाश के क्षणों में तीन-चार महत्त्वपूर्ण पुस्तकें लिखीं। 'प्रेयर्स, प्रेज़िज एंड साम्स' में उन्होंने भजनों और पदों का सानुवाद संग्रह प्रस्तुत किया। अनेक दक्षिणात्य सन्तों के विषय में निबन्धादि लिखने के बाद 'द स्पीरिचुएल हेरिटेज ऑफ त्यागराज' में उन्होंने दक्षिण के सन्तों की परम्परा का चरमोत्कर्ष त्यागराज की संगीतमयी वाणी में माना। 'इंडियन हेरिटेज' तथा 'सोर्सिस ऑफ इंडियन ट्रेडिशन' में भी उनका यह दृष्टिकोण विकसित हुआ कि मध्ययुगीन सन्त युग-युगों से प्रवाहित एकता की धारा के भागीरथ थे। सन् 1968 में आकाशवाणी में सरदार पटेल भाषणमाला में उन्होंने तीन भाषण दिए जो बाद में 'द ग्रेट इंटिग्रेटर्स' के नाम से पुस्तकाकार प्रकाशित हुए हैं। मेरा विश्वास है कि यदि इस पुस्तक का विभिन्न क्षेत्रीय भाषाओं में अनुवाद हो तो आधुनिक पीढ़ी उत्तर और दक्षिण भारत के पारस्परिक आदान-प्रदान की अनवरत किन्तु बहुत कुछ विस्मृत और प्रच्छन्न धारा की टोह ले सकेगी। उत्तर भारतवासी यह तक कभी-कभी भूल जाते हैं कि शंकर, रामानुज, वल्लभाचार्य दक्षिण से आए थे पर गंगा-यमुना सिंचित् प्रदेश में सर्वथा रम गए। इसी तरह अनेक तमिलनाडुवासी शायद यह नहीं जानते कि दक्षिण के बारह आल्वारों यानी वैष्णव सन्तों की वाणी को जिन नाथमुनि ने एकत्र और व्यवस्थित किया, वे उत्तर भारत के ही निवासी थे और दक्षिण आकर बस गए थे। दक्षिण भारत की सिद्ध परम्परा में अठारह सिद्धों में सबसे अधिक विख्यात तिरुमूलार भी उत्तर ही से आए थे। पन्द्रहवीं शताब्दी में तमिल प्रदेश में अरुणगिरिनाथर नामक जिन भक्त ने कुमार (कार्त्तिकेय) की स्तुति में, 16,000 गेयपदों की अत्यन्त मनोहारी रागों में रचना की, वस्तुतः बंगाल के वीरेन्द्र क्षेत्र से आकर अरुणाचल के निकट मुल्लुन्द्रुम नामक स्थान में जाकर बसे थे। डॉ. राघवन की व्यापक दृष्टि इस छोटी-सी पुस्तक में कुछ ऐसा आभास देती है मानो हिमाद्रि के उत्तुंग शिखर पर से कोई ऋषि अपने तत्त्वज्ञान के दूरदर्शी यन्त्र द्वारा नीचे फैले

हुए महादेश को एक ही निगाह में समेट रहा हो। उसकी आँखें सीमाहीन गगन के क्षितिज में विहरती हैं पर उसके पैर उन शिलाओं पर स्थित हैं जिनकी शृंखला बर्फीली चोटियों से लेकर कन्याकुमारी के सागर-वेष्टित तट तक फैली हुई हैं।

कौन यकीन करेगा कि एकता और परम्परा के आदर्शों से अनुप्राणित, संगीत और रंगमंच के भावप्रधान वातावरण में सराबोर, अध्यात्म और भक्तिपथ का बटोही, यह पंडित अपने सामाजिक और सांसारिक सम्पर्कों में अत्यन्त व्यावहारिक है? भावुकता और व्यवहार-कुशलता का ऐसा सन्तुलन मैंने कम ही पाया है। छोटी-से-छोटी बातों की व्यवस्था वे सहज ही कर लेते हैं। जिस दिन मद्रास उनके घर गया, मैंने पहले कहला भेजा था कि मुझे किसी तमिल नाटक को भी देखना है। डॉ. राघवन अपने घर से मुझे एकेडमी के थिएटर ले गए। बैठने और द्विभाषी की व्यवस्था की। 'नानवल्ली' नामक एक आधुनिक तमिल नाटक था, एक ईसाई परिवार के जीवन पर आधारित। उन्हें अन्यत्र एक विवाहोत्सव में सम्मिलित होने के लिए जाना था। डॉ. हूयकास नामक एक अमेरिकन विद्वान ने डॉ. राघवन के इस गुण का उल्लेख करते हुए लिखा है : "कुछ वर्ष हुए जब मैं मद्रास गया और वहाँ लगभग तीन हफ्ते ठहरा तो उन्होंने मेरी मदद के लिए एक व्यक्ति को नियुक्त किया और नाटक तथा संगीत के आयोजनों को देखने के लिए मुझे प्रेरित किया जिनमें स्वयं उनका बहुत कुछ हाथ था। यह सब प्रबन्ध मेरे जैसे व्यक्ति के लिए किया जिसकी न तो उन्होंने पहले से शक्ल ही देखी थी और न कृतित्व से ही परिचय था। यही नहीं, वे मुझे इधर-उधर इत्मीनान के साथ सैर कराने भी ले गए मानो उन्हें और कुछ काम ही न हो।"

यह 'इत्मीनान' उनके व्यवस्थित व्यक्तित्व का चिह्न है। जिस काम को हाथ में लेते हैं, उसमें पूरी तैयारी और मुस्तैदी के साथ जुट जाते हैं। अवढरदानी भी हैं, नाट्य सम्बन्धी अनुसन्धान में अनेक लेखकों और छात्रों को बिना झिझक सामग्री और निर्देशन दे चुके हैं। पर दुनियादारी से नासमझ नहीं हैं। अपना हित भलीभाँति जानते हैं। ज़रा भी सुराग मिल जाए कि फलाने व्यक्ति के पास या फलाने पुस्तक-संग्रह में उनके काम की सामग्री है तो उसे प्राप्त करने के लिए जमीन-आसमान एक कर डालेंगे। परिवार के हितों, बच्चों के लिए सुव्यवस्था, उनकी जीविका इत्यादि जैसे सांसारिक मसलों के प्रति उदासीन नहीं हैं। ऐसे कामों के लिए समय निकालते हैं और जरूरत के अनुसार सम्पर्क स्थापित करते हैं। 'इत्मीनान' है, लेकिन निरुद्देश्य 'गप्पाष्टक' के लिए नहीं। यह एक तरह का विरोधाभास है उनके व्यक्तित्व में; साहित्य और संस्कृति में रसात्मकता के सक्रिय समर्थक, सुभाषितों की छटा पर मुग्ध, लय और ताल के ज्ञानी—डॉ. राघवन अपने भावुक अन्तस् पर मानो व्यावहारिकता का आवरण मढ़े हुए हैं। इसलिए मैंने अकसर देखा, संगीत नाटक अकादेमी की मीटिंगों में भी उतना ही बोलते हैं जितने से उनका अपना काम पूरा हो। लगभग ढीली कभी नहीं करते। आवेश में आते हैं तब भी अपने का ज़ब्त कर लेते हैं। जानते हैं कि किस व्यक्ति को नाराज करने में अपना हित नहीं है। दूसरों की समालोचना कम ही करते हैं।

शायद, यह सब निरायास नहीं हुआ है। उन्हें अपने-आपसे अवश्य जूझना पड़ा होगा। सन्तुलन और अनुशासन इसलिए कर पाए हैं कि उन्हें अपने कर्म पथ का लक्ष्य मालूम है। लक्ष्य है परम्परागत संस्कृति के अध्ययन द्वारा उन तत्त्वों को खोज निकालना जो हमारे देश और समाज को प्राचीन काल से आज तक एकसूत्र में बाँधते रहे हैं। इस व्यापक अन्तर्दृष्टि की प्राप्ति के लिए जो अभियान वे करते रहे हैं उसमें इधर-उधर की चहलकदमी के लिए गुंजाइश नहीं है और न भावावेश की उत्तेजित घड़ियों के लिए। इस साधना का फल स्पष्ट है। राघवन आधुनिक पांडित्य की एक विशिष्ट विधा के प्रतीक बन गए हैं। इसीलिए उनके विषय में लन्दन विश्वविद्यालय के प्रोफेसर डेरेट की यह उक्ति सर्वथा उपयुक्त है-''शायद संस्कृत पांडित्य के क्षेत्र में 'राघवनवाद' का जिक्र किया जा सकता है। 'राघवनवाद' से तात्पर्य है, दृष्टिकोण में सार्वभौमिकता, व्यवहार में आत्मविश्वास, स्वातन्त्र्य, मन्तव्य में उदारता। यदि इस परम्परा का भविष्य में निर्वाह न हुआ तो संस्कृत की क्षति ही होगी।''

जो झंकार की पगडंडियाँ छोड़ गए हैं

राधिकारमण प्रसाद सिंह

बीसवीं सदी के प्रारम्भ में आधुनिक हिन्दी कहानी की जब बुनियाद पड़ रही थी तो एक ईंट किन्हीं राजसी हाथों ने भी रखी—'क़ानों का कंगना', जो प्रेमचन्द की प्रथम कहानी 'पंच परमेश्वर' से शायद तीन बरस पहले (सन् 1910-11) में लिखी गई।

तब से लेकर सन् 1969 तक राजा राधिकारमण प्रसादसिंह के ग्यारह कहानी संग्रह, ग्यारह उपन्यास, चार नाटक तथा अनेक संस्मरण तथा विविध रचनाएँ प्रकाशित होती रहीं। बुनियाद की ईंटें ही नहीं डाली उन हाथों ने, भवन में कंगूरों और शिखरों को भी रमणीक बनाया।

और अनुपम गद्यशैली का एक विलक्षण सेतु दिया। सेतु इसलिए कि यह गद्य भारतेन्दु युग के मनोरम पर धुँधले होते हुए प्रासादों और वर्तमान गद्य-साहित्य की चक्करदार अट्टालिकाओं के बीच आवागमन का पथ है। मानो द्विवेदी युग के सीधे-सपाट मकानों को नीचे छोड़ते हुए किसी ने ऊपर ही ऊपर गगन-वीथी बना दी हो—शोख रंगों में रमी, फड़कते पदों में पगी।

अब वे हाथ थम गए, हमेशा के लिए।

एक विचित्र विचार मन में आया जब राजा साहब के देहान्त की सूचना मिली। वे क्या कहते विदा की वेला के बाद, यदि उस पार से उनकी वाणी हम सुन पाते? शायद कुछ—

"अफसोस करते हो?"

हुआ यही तो न कि हमारी अँगुलियों की पोरों में लय, ताल और स्वर का जो तालमेल थिरकता था उसके उठान को सम्हालनेवाला न ताव रहा, न चाव! असल ख्वाब हो गया और ख्वाब असल। वह जो किसी ने कहा है न—

सुनता हूँ बड़े गौर से अफ़सान-ए-हस्ती।
कुछ ख्वाब, कुछ असल है, कुछ तर्जे-अदा है॥

पर भाई मेरे, अफ़सान-ए-हस्ती खत्म भले ही हो जाए, तर्ज-ए-अदा की झलकियाँ तो तुम्हारे मनमुकुर में अब तक उमंगें ली ही। कितना ही भरमते रहे बीते हुए के बियाबान में, बाट तो हाथ लगने से रही। लेकिन याद रखो, हमारे नूपुर भले ही सूने पड़ गए, उनकी झंकार की पगडंडियाँ हम वहीं छोड़ आए हैं।"

हार मानता हूँ। राजा साहब की पैरोडी करना असम्भव है। इसलिए कि उनकी शैली श्रमसाध्य नहीं, निरायास अभिव्यंजना है। मानो भोर की किरण झुरमुट पर पड़ने पर अगणित पंछियों की चहक शुरू होते ही रुकने का नाम ही न ले। एक के बाद एक उपमा, एक के बाद एक मुहावरे, उछलती-किलकती वाग्धारा। एक ही नमूना काफी है :

> *"बनारस में आकर भी बेला, बेला ही बनी रही—बेला-सी कोमल, बेला-सी विमल। शरद् के हास-सी मीठी, रसाल की कोंपल-सी चिकनी; बालक के हृदय-सी सरल, मल्लिका के मुकुल-सी मंजुल; माता के आँसू सी निर्मल, आरती की शिखा-सी उज्ज्वल; विधवा की मुसकान-सी करुण, सती की छाती-सी कठिन; नववधू की लज्जा-सी मधुर, उषा के तुषार-सी सुन्दर। बिजली भी बिजली ही बनी रही—बिजली-सी चपल, बिजल-सी प्रबल। अंगूर की झाँक-सी तीखी, नदी की बाढ़-सी भूखी; कामिनी के कटाक्ष-सी चुटीली, नृत्य छन्द लहरी-सी रसीली; पाजेब की झंकार-सी चंचल; कामना की किलोल-सी विकल; सावन के समीर-सी आतुर, मानिनी के सुहाग-सी प्रखर!"*

निश्चय ही यह वाणी का विलास है, जिसके चमत्कारिक प्रवाह में घटना, विचार, यहाँ तक भाव भी गौण हो जाते हैं।

मुझे अर्से तक हैरानी रही कि राजा साहब पर यह नशा क्योंकर हावी हुआ? और क्यों उतरा नहीं।

एक छोटी-सी घटना से मुझे कुछ सुराग मिला। सन् 1950 के आसपास एक बार मैं पटना से दिल्ली की रेल-यात्रा कर रहा था। डिब्बे में देखा राजा साहब बैठे हैं। सन् 1935 ही से मेरा उनसे स्नेह-सम्बन्ध रहा था, इलाहाबाद में उनके बड़े पुत्र बालाजी के सहपाठी होने के नाते। मुझ पर कृपालु तो थे ही, साहित्यिक समरुचि के कारण मुझे मानते भी बहुत थे, और मेरे सरकारी अधिकारी होने का लिहाज भी रखते। इसलिए एक ओर मेरा उनसे पारिवारिक सम्बन्ध रहा, दूसरी ओर एक तरह की ओट भी रही। (यह फ़ासला शायद बालाजी से भी रहा; उस ज़माने में पिता और पुत्र के बीच एक तरह का फ़ासला लाज़िमी था।) इसलिए घुल-मिलकर बातचीत करने की नौबत कम ही आती। उस यात्रा में यह अवसर मिला—इलाहाबाद तक, जहाँ राजा साहब को उतरना था। उनसे बातें हुईं खासतौर से बिहार राष्ट्रभाषा परिषद् के बारे में जिसकी योजना मैं उन दिनों तैयार कर रहा था।

थोड़ी देर में देखा राजा साहब ने डिब्बे की सीटों के बीच नीचे दरी बिछाई। कुर्ता उतारा और आसन शुरू कर दिए। मैं दंग होकर देखता रहा। दिल्ली एक्सप्रेस चली जा रही है और राजा साहब हैं कि नियमित क्रमानुसार आसन किए जा रहे हैं। श्वासन में एक-एक करके हरेक अंग को ढीला छोड़ना होता है और कुछ घड़ी के लिए निश्चेष्ट पड़े रहना होता है। रेल की पटरियों पर पहियों की आवाज और डिब्बे की हरकत होती रही पर राजा साहब निश्चेष्ट आँख मूँद श्वासन में लीन रहे।

मैंने बाद में आश्चर्य प्रकट किया। बोले—'मेरा नियम है पक्का। घूमने भी जाता रोज़ बिला नाग़ा!' थोड़ी देर बाद उन्होंने एक बरतन में से नाश्ता निकाला। देखा सूर्यपुराधीश राजा राधिकारमण प्रसाद सिंह खा रहे हैं चबेना और गुड़! मुझे भी प्रसाद मिला।

उस यात्रा में दो बातें मालूम हुईं। राजा साहब अपने बाहरी जीवन में समय के बहुत पाबन्द थे। साथ ही अपनी निजी आवश्यकताओं—भोजन, कपड़े, रहन-सहन के साधनों को अत्यन्त सादा और नियन्त्रित रखते। इसी सिलसिले में ज़मींदारी के कामों में उनकी दत्तचित्तता और व्यावहारिक बुद्धि की अनेक कथाएँ सुनीं। वही नियमितता और मितव्ययता डिस्ट्रिक्ट बोर्ड के चेयरमैन के नाते उन्होंने निबाही।

एक तरफ यह तसवीर! और दूसरी ओर साहित्यकार राजा साहब की तसवीर! श्वासन में निश्चेष्ट पड़े रहनेवाले राजा साहब बिहार राष्ट्रभाषा परिषद् की मीटिंगों में कुर्सी पर पाँच मिनट भी स्थिर होकर नहीं बैठते थे। कुछ सुना, कुछ बोले और ग़ायब! दस मिनट बाद फिर कहीं से आकर मौजूद। एक चुटकी ली, एक फबती कसी और बाहर! जान पड़ता कि साहित्यकारों की लीलाओं की झलकियाँ तो लेना चाहते पर उनकी ख़ातिर किसी प्रतिबन्ध में पड़ने की कोई इच्छा न थी। व्यावहारिक जीवन में संयमी राजा साहब, कल्पना और भावों के फेर में जब पड़ते तो उनकी बेताबी किसी बच्चे से कम न होती। कागज की छोटी-छोटी चिटों पर जब चाहा, जहाँ हुए, शब्दचित्र उतारकर जेब में रख लेते। यहाँ तक कि अखबारों के खाली मार्जिनों पर भी अनुपम शब्दावलियों के बेलबूटे खिंच जाते। और रात होते ही वे छूटपुट कागज के टुकड़े, जिन्हें चंचल प्रतिभा ने कामकाज के दौरान यों ही बटोर लिया था, उत्कृष्ट साहित्यिक रचनाओं के रूप में खिल उठते।

'राम रहीम' की प्रेसकॉपी की पृष्ठ संख्या थी 1680। वे व्यास थे तो उनके पंठित लोग गणेश। बोलना शुरू करते तो ताँता बँध जाता। 'राम रहीम' एक चुनौती के जवाब में लिखा गया। डॉ. सच्चिदानन्द सिन्हा ने एक बार कहा कि थैकरे के 'फेयर' के मुकाबले की हिन्दी में कोई चीज नहीं। बात लग गई और मन में घुमड़ने लगी। यह सन् 1935 का जिक्र है। उससे पहले पन्द्रह बरस तक राजा साहब एकव्रती होकर अपनी ज़मींदारी और डिस्ट्रिक्ट बोर्ड की चेयरमैनी में लगे रहे। गजब का जब्त, चरम तपश्चर्या। क्या वे पन्द्रह बरस पाशुपत अस्त्र की प्राप्ति के लिए अर्जुन की समाधि के तुल्य थे?

लगा कि जो तरकश पन्द्रह बरस तक बन्द रहा, 1935 में डॉ. सिन्हा की वाणी की चुनौती पाकर ऐसा उन्मुक्त हुआ कि नाविक के तीर की भाँति एक ही कशिश में सैकड़ों मर्मस्पर्शी बाण छूटने लगे। सपरिवार नैनीताल गए। साथ में सूरजपुरा स्कूल के पुराने अध्यापक श्री शिवमंगल सिंह को भी ले गए। स्वास्थ्य राजा साहब का बहुत खराब था। छोटे भाई कुमार राजीवरंजन प्रसाद सिंह को भी सख्त मुनादी दी लिखने-पढ़ने पर। सभी पुस्तकें और लिखने का सामान हटा लिए गए थे। जब कुमार साहब सो जाते तो

अँधेरे में कोठी से निकलकर राजा साहब आउटहाउस में जाते ग्यारह बजे के क़रीब। खाँसकर शिवमंगल सिंह को जगाते। उनकी कोठरी में पर्दे खींचकर बत्ती जला देते और फिर लिखना शुरू करते और रात-रातभर लिखे जाते। बीच-बीच में ओंघते हुए मास्टर साहब से पूछते जाते–'कहिए, यह वाक्य ठीक है न? यह मुहावरा जमेगा?'

एक तरफ संयम, दूसरी तरफ लुकाछिपी। एक तरफ कड़ी और नियमानुसार दिनचर्या, दूसरी तरफ बेरोक बेलगाम मन की मौज, और कलम की दौड़। यही रहस्य था राजा साहब के व्यक्तित्व का, काया और दैनिक कर्म, और अन्तस एवं भावुकता–दोनों ने एक-दूसरे को पूरक बनाया। नतीजा यह हुआ कि जैसे, पुराने बिगड़े रईस एक ओर जमींदार और शिकार में तत्परता और व्यावहारिकता दिखाते और दूसरी ओर विलास, मदिरापान और वीरांगना-विनोद में सराबोर होते जाते, वैसे ही हमारे राजा साहब ने सराबोर हो जाने की ठानी–शब्द, कल्पना और वाणी के विलास में। ललित शब्दावलियाँ ही उनकी वारांगनाएँ थीं, मुहावरों की फुहारें ही कोठे पर के इशारे थे। चंचल पदों के झरने ही मजलिस के बीच झनकते नूपुर, ठनकते मृदंग, भौंहों के अलस खिंचाव मुसकानों के अनवरत आमन्त्रण थे। थाम ही न पाते थे राजा साहब मानस के टूटते बाँधों से निकलते प्रवाह को–

> *"बेला, तुमने जीवन में कभी प्रेम नहीं पाया। तुमने आज तक पुरुष का काम देखा, उसका प्रेम नहीं देखा। काम विष है, प्रेम पीयूष। काम तोड़ता है, प्रेम जोड़ता है। काम आग है, प्रेम त्याग। काम शैतान का अट्टहास है, प्रेम देवता का निर्माल्य। काम में अनुकम्पा नहीं होती, प्रेम में वासना नहीं होती। काम चंचल है, प्रेम अचल। काम क्रान्ति है, प्रेम शान्ति। काम कलुष है, प्रेम निर्मल। प्रेम प्रकृति का अनुपम दान है। मैं इसी मृत्युंजयी प्रेम के सहारे तुम्हारे जीवन में नवीन जीवन, तुम्हारे प्राण में नवीन प्राण, तुम्हारे यौवन में अभिनव यौवन भर दूँगा।"*

कौन-सी वह कसौटी थी जिस पर झट से शब्दों के कांचनखंड राजा साहब कस लेते थे–इतनी तेजी से? एक बार यह चर्चा मैं कर रहा था राजा साहब के पारिवारिक सुहृद श्री बालेश्वरप्रसाद से। श्री बालेश्वरप्रसाद आजकल (1971) बर्मा में भारत के राजदूत हैं। अर्से से मेरे मित्र हैं और राजा साहब बालाजी के जरिए सन् 1939-40 में मेरा उनसे पहला परिचय हुआ। बालेश्वर बोले–"तुम नहीं जानते? राजा साहब तो हारमोनियम पर अपना गद्य गा सकते हैं!" बालेश्वर की बातों में अकसर अतिरंजना रहती है। लेकिन कई बरस बाद बिहार के हाजीपुर नगर में विशाल जनसमूह के सम्मुख राजा साहब को भाषण देते सुना।

सन् 1948 की बात है बिहार का प्रादेशिक पुस्तकालय सम्मेलन था। तत्कालीन मुख्यमन्त्री श्री श्रीकृष्ण सिंह सभापतित्व कर रहे थे। सचमुच लगा मैं गद्य नहीं सुन रहा था। आरोह और अवरोह, ताल और लय, यहाँ तक कि स्वर शृंगार यानी तानें और मुकरियाँ तक उस गद्य में ध्वनित हुईं। सारा मजमा मन्त्रमुग्ध था। बिहार की

जनता—खासतौर से हाजीपुर की—राजनीतिक भाषणों की आदी है। ऐसी जनता के विशाल समूह को चारों ओर से राजा साहब के साहित्यिक गद्य ने मानो जादू की छड़ी से बाँध लिया।

वह भाषण-कला नहीं थी; वह तो गद्यशैली में ही सन्निहित गीतकारिता थी। लगा कि राजा साहब लिखते समय ही आन्तरिक गीतात्मकता से परिचालित होते थे। अनजाने ही मानो गद्य लिखते समय शब्दों और वाक्यों को संगीत निबद्ध करते जाते थे। इसलिए पढ़ते समय भी राजा साहब की वाणी संगीतमय जान पड़ती। उस दिन राजा साहब को सुनते-सुनते सहसा एक और आवाज की याद मन में खनक उठी। बहुत पहले शायद सन् 1935 में प्रयाग में रवीन्द्रनाथ ठाकुर को भाषण पढ़ते सुना था। अंग्रेजी गद्य भी मानो भारतीय स्वर-लहरियों पर प्रवाहित हो रहा था। उन्हीं रवीन्द्रनाथ की छत्रछाया में राजा राधिकारमण प्रसादसिंह ने बचपन में काव्य और गीत से सम्पर्क पाया। पिता राजा राजेश्वरी प्रसादसिंह रवीन्द्रनाथ के मित्र भी थे और कलकत्ता में उनके पड़ोसी भी। 'चित्रांगदा' का ब्रजभाषा पद्य में उन्होंने अनुवाद किया। अकसर अपने पुत्र राधिकारमण को कलकत्ता में रवीन्द्रनाथ के जिम्मे छोड़कर गाँव चले जाते। यों रवीन्द्रनाथ की भावावेशमयी शैली का आस्वादन मिला :

शायद उन्हीं दिनों दो शौक उन पर हावी हुए। किसी बुजुर्ग ने उन्हें देखा। इंटरमीडिएट में पढ़ते थे, अवस्था छोटी थी। देखा कि यह युवक रात-रातभर कुछ लिखता है और दूसरे-तीसरे दिन उसे फाड़ देता है। बुजुर्ग ने पूछा, 'क्या कर रहे हो?' उत्तर मिला, 'अनुवाद।' 'किस चीज का अनुवाद?' 'बंगला पद्यों का और बंगला ग्रन्थों का।' 'लिखते हो फिर फाड़ देते हो, क्यों?' जवाब मिला, 'अभ्यास के लिए।' बहुत दिनों तक यह ख़ब्त सवार रहा कि अभ्यास के लिए बंगला पद्यों का और काव्यात्मक ग्रन्थों का अनुवाद करते रहे। इसी ख़ब्त का प्रभाव शायद आगे चलकर उनकी शैली पर पड़ा।

कुछ समय बाद दूसरा शौक चर्राया। सीधे बंगला में कविता लिखना शुरू किया। रवीन्द्रनाथ के कृतित्व का प्रभाव तो था ही, कलकत्ता का सजग और सक्रिय साहित्यिक तथा राजनीतिक वातावरण इस भावुक युवक की लेखनी को तत्पर करने के लिए काफी था। यों पहली काव्यात्मक रचनाएँ बंगला पद्य में हुईं और कुछ अर्से ही में खासा हस्तलिखित काव्य-संग्रह तैयार भी हो गया।

तभी एक दुर्घटना घटी। सुरेन्द्रनाथ बनर्जी, विपिनचन्द्र पाल और अरविन्द घोष के भाषण बीडन पार्क में जाकर सुनने लगे। न सिर्फ उन भाषणों में चुनौती थी बल्कि काव्यात्मक तत्त्व भी। अरविन्द की पत्रिका 'वन्देमातरम' के नियमित पाठक भी हो गए। शीघ्र ही आगरा के अंग्रेज कलक्टर को खबर हुई। एक दिन युवक राजा साहब डी.एल. राय के 'शाहजहाँ' के रिहर्सल में हिस्सा लेने गए। लौटने पर देखा कि उनके मकान के सामने घोड़ागाड़ी पर सब सामान लादे हुए उनके अभिभावक मास्टर साहब इन्तज़ार कर रहे हैं। कलक्टर की तरफ से हुक्म आया और कलकत्ता छोड़कर आगरा भेज दिए गए।

आगरा आकर जब अपनी पुस्तकों इत्यादि की छान-बीन की तो 'वन्देमातरम्' की

फाइल तो नदारद मिली ही, उसके साथ ही बंगला में लिखी गई कविताओं का संग्रह भी। वे कॉपियाँ भी जिनमें उन्होंने न सिर्फ बंगला बल्कि अंग्रेजी, उर्दू और ब्रजभाषा में भी कविताएँ की थीं।

यही दोनों बातें यानी अभ्यास के लिए बंगला काव्य का अनुवाद करना और उनको नष्ट कर देना और नवोदित कवि की प्रिय रचनाओं का जबर्दस्ती अवसान, ये दोनों अनुभव मानो राजा साहब के अर्धचेतन मन में घर कर गए। अर्से तक लेखनी अवरुद्ध रही। लेकिन फिर से सक्रिए हुई तो एक ओर तो उनके अर्धचेतन मन ने पद्य की ओर जाने से उन्हें रोका। परन्तु साथ ही परिस्थितियों ने उनके कवित्व को जो बरबस दबाया था, वह प्रस्फुटित हुआ उनकी गीत-शैली से। यही कारण है कि उनकी गद्यशैली मेरे मित्र बालेश्वर प्रसाद के शब्दों में हारमोनियम और तबले के अनुकूल तान और लय से युक्त हो गई।

कहने का तात्पर्य यह कि जैसा हर असाधारण व्यक्तित्व के साथ होता है मन में भरी हुई अनजानी गाँठें व्यक्तित्व की अभिव्यक्ति शैली निर्धारित करती हैं। बालाजी ने बताया कि अन्तिम दिनों में एक बार किसी पुराने पंडितजी ने जब राजा साहब की आती-जाती दशा देखी तो जोर से कहा कि राजा साहब, राम नाम लीजिए। कुछ देर चुप रहने के बाद राजा साहब ने बोलना शुरू किया। न जाने किन गहन गुफाओं से आती हुई ध्वनि के समान 'विनय पत्रिका' के पद एक के बाद एक उन्होंने सुनाने शुरू किए। यह बात मृत्यु से कुछ ही दिन पहले की है।

बालाजी से यह वृत्तान्त सुनकर मैं सोचने लगा कि शायद राजा साहब का अन्तस् भक्ति भाव से अभिभूत था। निश्चय ही इसके अनेक संकेत उनकी रचनाओं में मिलते है। किन्तु बात शायद इतनी सहज नहीं। मैंने ऊपर लिखा है कि राधिकारमण प्रसाद सिंह भारतेन्दु युग और वर्तमान युग में एक सेतु के तुल्य हैं जो द्विवेदी युग के इतिवृत्तात्मक और अतिनैतिक (प्यूरिटैनिकल) वातावरण से परे रहा। भारतेन्दु की भाँति राजा राधिकारमण प्रसाद की भक्ति-भावना भी सौन्दर्य-अनुभूति की उपज थी। राजा साहब की रचनाओं में स्पष्ट है कि उन्होंने इन्द्रियजन्य सुख की अवहेलना नहीं की। मैं तो जब उनके सम्पर्क में आया अधेड़ उम्र से अधिक के हो चुके थे। मैंने शायद ही कभी उनके मुख से अध्यात्म की बातें सुनीं। बातें होतीं तो उनमें रसात्मक पुट होता, उनमें मानवीय सुख-दुख, तृप्ति-अतृप्ति और वासना की गन्ध भी होती। यही उनकी रचनाओं में भी है, यही उनके व्यक्तिगत अनुभवों में भी। सन् 1927 से उनकी रियासत में काम करनेवाले श्री राधाप्रसाद ने लिखा है कि सन् 1940 में जब राजा साहब के साथ उन्हें कलकत्ता रहना पड़ा तो एक कार्यक्रम हुआ करता था, लेक पार्क में जाना। पार्क के बीच में एक रमणीक झील के तट पर रोज सन्ध्या समय वहाँ के फैशनेबल नर-नारी सैर करने के लिए निकलते थे। इत्र और सेंट से भीगी साड़ियों से निकलती हुई सुगन्ध श्री राधाप्रसाद के शब्दों में 'वातावरण को मदमस्त बनाती थी'। वे लिखते हैं—"ऐसा मालूम पड़ता था मानो मैं किसी देवता की तरह इन्द्र के साथ नन्दन कानन

की सैर कर रहा हूँ। झील में किश्तियों पर युवतियों का धीरे-धीरे खेलना भी एक नज़ारा था। यह दृश्य राजा साहब को पसन्द आया। यह बात मुझे पीछे मालूम हुई। खौंचेवालों का चटपटा भाजा चखने के बहाने राजा साहब झील के एक ओर बैठ जाते थे। गाहे-बगाहे किश्तियों की ओर निगाहें डालकर अकबर-ग़ालिब के मौजूँ शेर सुनाकर इस नज़ारे को और दिलचस्प बनाते थे।''

मुमकिन है लोग राजा साहब की इस प्रवृत्ति में उनके सामन्ती वातावरण का प्रभाव खोजें। बात ऐसी नहीं थी। शायद सही तो यह है कि राजा साहब की मनोवैज्ञानिक प्रतिक्रियाएँ उतनी ही आधुनिक थीं जितनी आजकल के शरीरोपासक, इन्द्रियसुख के उन्नायक लेखकों की।

'साँवनी समाँ' पुस्तक की उनकी ये पंक्तियाँ इस दृष्टिकोण को प्रस्तुत करती हैं। ''घर के आँगन में तुलसी के तले दीप जो दिखाएँ, मगर दिलो-दिमाग को तरोताज़ा रखने के लिए हम चमन की कामिनी की सुगन्ध जरूर ढूँढ़ते हैं। रस का प्यासा भौंरा कभी तुलसी की डाल की ओर नहीं झुकता।...जिसे छाती झाड़कर घर के धन्धों में खटना है, उसकी छाती के रोएँ मधुमास में सुगन्धित नहीं होते।...कामना-सी चंचल, वेदना-सी, विकल, डर की डोरी से उसके पर बँधे थे जरूर, पर मन की उड़ान और लहू का दौरान लिहाज की आड़ में बराबर जारी था।''

इसी तरह उनके उपन्यास 'चुम्बन और चाँटा' में वेश्या गुलाबी के जीवन की कहानी है। अकसर समालोचक गुलाबी के आदर्शोन्मुखता की ओर ध्यान खींचते हैं। पर उस आदर्श के साथ-साथ पाठक के ऊपर जो सबसे अधिक असर पड़ता है वह है रसात्मकता का। ''तुम्हारे सीने में रस का जो कौसर है उसका पता हमें न होता तो कन्हैया तुम्हारा नाम उठाना तो दूर, तुम्हें पास फटकने नहीं देता। तुम्हारी जाति वेश्या है, पेशा तुम्हारी जीविका—उससे क्या? तुम्हारी आँखों में जो हया है, तुम्हारे अन्दर जो दर्द का दरिया—कोई और जाने न जाने, हम तो पल में पा गए पता उस अगाध निधि का। फिर क्या, बिक गए तुम्हारे हाथों हम।'' और भी! ''लद गए वे दिन जब सुन्दरम् का आधार धन-धाम था, रूप-रंग था, वर्ण था, पद या नाम था उतर गया वह दृष्टिकोण, उजड़ गया वह सौन्दर्य का चमन, आज सुन्दरम् का निखार तो त्याग और सेवा का संचार है। यही बात सुन्दरम् है जिसकी एक हथेली पर सत्यं है तो दूसरी पर शिवम् भी।''

हिन्दी के समालोचकों के लिए चुनौती यही है कि व्यक्तिगत जीवन में पूर्णतया संयमी, वंश से सामन्ती, इस लेखक की दृष्टि कुछ मानी में नितान्त आधुनिक है। वह शरीर को दुत्कारता नहीं, उसे सौन्दर्य की बुनियाद मानता है। इसी 'चुम्बन और चाँटा' में उनके कुछ वाक्य द्रष्टव्य हैं। 'विषयों का सेवन बुरा नहीं, बुरा है उनमें मन का रमण।'...'किया-शुद्धि रही-न-रही, पर भावशुद्धि हो तो जिन्दगी की सारी क्षति एक ओर, यह निधि एक ओर।'...'तन न भी दे पाओ वैसा, तो कोई बात नहीं—मन दिए रहो, वही मुख्य है। तन से रहे लोक की सेवा मन में प्रभु की वन्दना, मन ही मन्त्र है।'

अब तक जिन समालोचकों ने राजा साहब की रचनाओं पर मत प्रकट किया है, वे शायद स्थूल रूप से शैली की विविधता और प्रवाह तथा तत्कालीन आदर्शोन्मुखता पर ज़ोर देते रहे। शायद भविष्य का समालोचक उनकी रचनाओं में उस अर्धचेतन की अठखेलियों को देख पाएगा जो भारतेन्दु तथा प्रारम्भिक रवीन्द्रनाथ के युग में उनके मन पर छाप छोड़ गई थीं।

शायद सन् 1951-52 की बात है। पटना के असेम्बली रेस्ट हाउस में तीन व्यक्तियों को मैंने कुछ पांडुलिपियों पर जुटे हुए देखा। वे थे पंडित सुन्दरलाल, स्वर्गीय डॉ. यदुवंशी और राजा राधिकारमण प्रसाद सिंह। जुटे हुए थे हिन्दुस्तानी कोश तैयार करने में। 'हिन्दुस्तानी'! आज तो हिन्दुस्तानी का जिक्र करना भी मानो किसी बीते युग की प्रतिध्वनियों को दोहराना मात्र होगा। किन्तु गांधीजी के जिन दो आन्दोलनों में राजा साहब विशेषतः रमे, वे थे हरिजन आन्दोलन तथा हिन्दुस्तानी का विकास। हिन्दुस्तानी के प्रति उनकी रुचि अपने पिता के साहित्यिक दरबार के रंग देखने में ही बनी थी। वह समय था जब बंगाल और बिहार दोनों एक थे। गोष्ठियों में हिन्दी, उर्दू, बंगला और अंग्रेजी सब साथ-साथ चलती थीं। राजा साहब ने 'तब और अब' में लिखा है—"लीजिए विषय एक है, हमारे मियाँ साहब फ़ारसी का एक शेर पढ़ते हैं, उसी भाव का संस्कृत का श्लोक हमारे पंडितजी सुना देते हैं, कवि इन्दु वही चीज़ हिन्दी में पिरोकर लाते हैं और हमारे पिता के इशारे पर घोष साहब बंगला और अंग्रेजी में उसे जोड़-तोड़कर ढूँढ़ निकालते हैं।"

राजा साहब की विशेषता यही थी कि न तो लिखते समय और न बोलते समय उन्हें किसी प्रकार का आयास करना पड़ता था। उनके बड़े-बड़े सिद्धान्त भाषणों तथा वार्तालाप के दौरान उनके मुख से निकले। नागरी प्रचारणी सभा, आरा के उत्सव में भी हिन्दुतानी के बारे में उन्होंने जो कहा उसका एक वाक्य यह था—"हिन्दी-हिन्दू-हिन्दुस्तान की तंगनज़री नहीं फबती। वह पा गई अब राष्ट्रभाषा का पद। और जब पद ऊँचा है और दिल भी ऊँचा रखना है निरन्तर आखिर पद पाया तो क्या जब उसका प्यार न पाया। और पद के साथ विनय चाहिए, मिल्लत। शान नहीं, गुमान नहीं। हम तो चाहते हैं कि क्या हिन्दू, क्या मुसलमान, क्या ईसाई और फिर क्या पंजाबी, क्या मद्रासी और क्या बंगाली—सभी की ज़बान पर हिन्दी का गुल खिले।"

यह बहुज्ञता हिन्दी में बहुत ही कम लेखकों में है। यों बंगला और उर्दू जाननेवाले अनेक लेखक हैं, लेकिन अपनी रचनाओं में उर्दू, फारसी, संस्कृत, बंगला सब रंगतें देना, यह केवल राजा साहब ही कर पाए। उन्होंने अकेली ही हिन्दी साहित्य के इतिहास को एक अनूठा अध्याय दिया। कौन जाने भविष्य की हिन्दी इस मिली-जुली अभिव्यंजना में नए सिरे से देशव्यापी बन सके ?

संयम और आत्मनियन्त्रण करनेवाले राजा साहब बात-बात में विनोदशीलता क़ायम रख सकते थे। यह भी उनके द्विवेदी युग में एक अपवाद होने का सबूत है। बीसवीं सदी के प्रारम्भिक हिन्दी साहित्य की विशेषता थी निम्न मध्यवर्ग की सृजनशीलता का बराबर

आक्रोशपूर्ण रहना। बंगला में आधुनिकता का उदय हुआ उन्नीसवीं सदी में अभिजात वर्ग के नेतृत्व में। इसलिए उसमें विविधता अधिक है, और विनोदशीलता भी। उर्दू दरबारी होने के कारण परिहासपूर्ण बराबर ही रही। किन्तु हिन्दी के तत्कालीन आधुनिक साहित्य में उर्दू के सामन्ती वातावरण के विरुद्ध प्रतिक्रिया भी थी और दयानन्द तथा गांधी के युग में प्राप्त प्योरिटिनिज़्म तथा शरीर के प्रति विमुखता का उदात्तीकरण भी। इसीलिए तत्कालीन साहित्य में विनोदशीलता अत्यन्त न्यून है। किन्तु राजा साहब कभी आक्रोशपूर्ण शैली में लिख ही न पाए। उन्होंने आन्दोलन का झंडा उठाया ही नहीं। किसी वाद के प्रचार के लिए उन्होंने अपनी बुनियादी विनोदशीलता को खोया नहीं।

हाजीपुर में जिस भाषण का जिक्र ऊपर मैंने किया है उस सभा की अध्यक्षता कर रहे थे तत्कालीन मुख्यमन्त्री और कांग्रेस के बड़े भारी नेता स्वर्गीय श्री श्रीकृष्ण सिंह जो राजा साहब के विशेष मित्र थे। उस भाषण के दौरान एक वाक्य जो राजा साहब ने कहा, क्लासिक हो गया। 'खादी के कुर्ते में भी जेब होती है।' बिहार-भर में इस वाक्य की चर्चा रही। लोगों ने यहाँ तक कहा कि कांग्रेस के कुछ मन्त्री लोग उनसे नाराज हो गए। राजा साहब ने नर्वस होने का कुछ एक्टिंग भी किया। किन्तु असल में इस तरह की छेड़छाड़ करने में उनको हमेशा लुत्फ आता था। श्री नन्दकिशोर तिवारी ने लिखा है कि एक महाविद्यालय के वार्षिक उत्सव में राजा साहब सभापति बनकर आए और तत्कालीन केन्द्रीय उपार्थ मन्त्री श्रीमती तारकेश्वरी सिन्हा प्रधान अतिथि के रूप में। राजा साहब ने श्रीमती सिन्हा के आगमन के लिए बधाई के रूप में अपने प्रारम्भिक भाषण के दौरान कुछ चुटकी लेते हुए शेर सुनाए। चूँकि तारकेश्वरीजी को भी शेर सुनाने का शौक है तो उसके जवाब में उन्होंने भी कुछ शेर-पेश किए। तब क्या था, दोनों में होड़ लग गई और सभा का बहुत मनोरंजन हुआ। अन्य प्रोग्राम के बाद निश्चित हो चुका था कि अन्त में राजा साहब एक और भाषण देंगे जिसकी विद्यार्थियों को विशेष प्रतीक्षा थी। किन्तु इससे पहले कि राजा साहब बोलें तारकेश्वरीजी प्रोग्राम के बीच में ही माफी माँग कर चल दीं। उनका चलना था कि राजा साहब ने माइक उठाया और दो तीन शेर सुनाते हुए अन्त में यह भी कहा :

''नज़रों से बचकर चले जाइएगा।
पर दिल से निकल कहाँ जाइएगा।''

दरवाजे पर से श्रीमती सिन्हा ने यह सुना और सारी सभा अट्टहास से गूँज उठी।

साधारण वार्तालाप में चुटकियाँ लेना, जिसे अंग्रेजी में 'लेग पुलिंग' कहते हैं उसमें निश्चय ही राजा साहब सिद्धहस्त थे। स्वर्गीय डॉ. विश्वनाथ प्रसाद के एक छात्र अपना एक नाटक राजा साहब को दिखाने गए और उसे छपाने के लिए आग्रह किया। राजा साहब ने सांकेतिक रूप में बस इतना कहा, 'ये भरने के दिन है, उभरने के नहीं।' सन् 1937 में डॉ. महेश नारायण जब छात्र थे तो उनकी ऑटोग्राफ बुक पर जो वाक्य लिखा गया कितना सहज और अत्योक्तिपूर्ण है, 'जो सत्य के लिए सिर पर कफन बाँधता है उसी के सिर पर सेहरा बँधता है।'

राजा साहब के बारे में कई थ्योरियाँ इस लेख में मैंने झाड़ दी हैं। उनके अलावा एक और सही। राजा साहब को जब पद्य से नाता तोड़ना पड़ा, तब उन्हें नाटक की ओर झुक जाना चाहिए था क्योंकि राजा साहब की शैली में बहुत कुछ नाटककार की अप्रत्याशित को हठात् प्रकट करने की अद्भुत व्यंजना है। जब कलकत्ता में इंटरमीडिएट में पढ़ते थे तभी डी.एल. राय के नाटकों में हिस्सा लेने लगे थे। इसके बाद सन् 1910-11 में जब वे इलाहाबाद विश्वविद्यालय में बी.ए. के छात्र थे तब डॉ. गंगानाथ झा के प्रेरणास्वरूप उन्होंने सरस्वती-पूजा के अवसर पर सन् 1911 में 'नए रिफारमर' नामक एक प्रहसन लिखा। यह प्रहसन उन्होंने चार-पाँच दिनों के अन्दर ही तैयार कर दिया। और आठ-दस दिन में रिहर्सल के बाद वह प्रस्तुत किया गया। उसमें एक अभिनेता श्री महावीरप्रसाद भी थे जो बाद में बिहार में एडवोकेट-जनरल हुए। राजा साहब मुझे बताया करते थे कि 'नए रिफ़ारमर' में एक ऐसा प्रसंग था जब श्री महावीरप्रसाद को एक बार तो नक़ली मूँछें लगानी पड़ी थीं और दूसरी बार नाटक ही में दर्शकों के सामने उन मूछों को हटाकर मॉडर्न बनना पड़ता था। यह नाटक बहुत अर्से तक ग़ायब रहा। किन्तु सन् 1965 में 54 वर्ष के पश्चात् काशी नागरी प्रचारणी सभा में संग्रहीत एक मासिक 'मनोरंजन' की पुरानी फाइल में से प्रो. शत्रुघ्न प्रसाद ने इस नाटक को खोज निकाला और यह 'नई धारा' में बाद में प्रकाशित भी हुआ।

मैं अकसर उनसे यह अर्ज करता रहता था कि वे नाटक लिखें। फलस्वरूप उनके तीन नाटकों का नया संग्रह बाद में प्रकाशित हुआ था। उसमें 'नजर बदली, बदल गए नज़ारे', 'अपना पराया' और 'धर्म की धुरी'—ये तीनों सामाजिक नाटक शामिल थे। इन नाटकों में चाहे अन्य तत्त्व न हों संवाद की शैली निश्चय ही दर्शकों के लिए प्रभावोत्पादक है। दो उदाहरण काफी होंगे : 'मैं तुमसे सिर नहीं माँगता, हृदय माँगता हूँ। वह बेचारी तो मरने आई, समाज उठा है, उसे जिन्दा दफनाने। अब मरी तब मरी। बस सिर पर सिन्दूर रखकर उसमें नई जान डाल दो।'

"कल तक ज़मींदार-जागीरदार की वर्षगाँठ पर एक-से-एक बनी-सँवरी वारांगनाएँ आती रहीं महफिल में रंग छलकाने, आज मिनिस्टर और लीडर की वर्षगाँठ पर कॉलेज की छात्राएँ आ रही हैं; उनसे बीस ही हैं न? पिला रही हैं वही नशीली अंगूरी। सच है, रस का पीयूष बदलता है, रस की प्यास नहीं बदलती।"

कथोपकथन की नाटकीयता राजा साहब के उपन्यासों, कहानियों, संस्मरणों को भी नाट्य-झाँकियों की लड़ी बना देती हैं। 'पुरुष और नारी' का एक वार्तालाप है :

अजीत ने पूछा, 'तेरे पास बीड़ी है।'

'बीड़ी तो है।'

'हाँ, तेरा नाम तो पूछा नहीं!'

'नाभ है बिन्दी।'

'माँग भी कभी भरी थी?'

'उहूँ, न माँग भरी, न गोद! आज गोद भरी होती तो इस गली में आती?'

'सो क्यों?'

'आँखों में पानी न होता?'

मैंने राजा साहब की रचनाओं को लेकर ही उनके ज़रिए उनके व्यक्तित्व में झाँकने की कोशिश की है। किन्तु इस प्रकार के विश्लेषणात्मक अध्ययन का समय शायद अभी नहीं आया है। कभी-न-कभी मुझे विश्वास है कि इतिहास में यह भी एक निराला अध्याय बनकर रहेगा।

मुझे मलाल केवल यही रहा कि उनके इतने निकट होते हुए भी पिछले तीन-चार वर्षों में मैं उनके दर्शन भी नहीं कर पाया। सन् 1967-68 में जब मैं पटना जाया करता था तो अपने जिन मित्र के पास ठहरता था उनके निकट ही राजा साहब रहते थे। ज्यों ही समाचार मिलता, आते अवश्य। लेकिन मैं सरकारी कामकाज में दफ्तर में इतनी देरी कर देता था कि उनके घूमने के समय उनसे मुलाक़ात नहीं हो पाती। वे केवल इतना ही कह जाते, 'कह देना, हाजिरी देने आया था।' मैं पानी-पानी हो जाता। मैंने तो उनसे पाया ही, कभी दे नहीं पाया कुछ भी। केवल एक बात याद आती है, एक छोटा-सा रहस्य। जब उनकी पुस्तक 'पूरब और पच्छिम' प्रकाशित होने को थी तो उन्होंने तत्कालीन मुख्यमन्त्री श्रीकृष्ण सिंहजी से भूमिका के लिए अनुरोध किया। श्री सिंह ने मुझसे कहा, "कुछ पृष्ठ लिख दो, तो मेरा काम बन जाए! मैं तो साहित्यकार हूँ नहीं।"

मैं कभी भी इससे पहले 'गेस्ट राइटर' यानी दूसरों के लिए लिखनेवाला नहीं बना था। किन्तु यहाँ तो परिस्थिति ही इतनी निराली थी। आदेश मिला था अपने मुख्यमन्त्री से और पुस्तक थी अपने महत् उपकारक राजा साहब की। झट से दो-तीन पृष्ठ की भूमिका लिख दी।

उसका एक वाक्य अब भी याद है—"फलस्वरूप 'पूरब और पच्छिम' हमारे युग का अन्तर्मुखी है और 'रंगभूमि' बहिर्मुखी।" पता नहीं कभी यह फुर्सत मिलेगी कि राजा साहब के ऊपर विस्तार से लिख सकूँ। किन्तु कभी-कभी सोचता हूँ कि उनका कृतित्व समालोचना की अपेक्षा नहीं करता। जितने दिन जिए भरपूर होकर; जब गए तो अपने पीछे जो कुछ छोड़ गए वह प्रचुरता और विविधता का एक निराला मॉनुमेंट है।

भरतमुनि की परम्परा में ग्रामीण कलाकार

भिखारी ठाकुर

अनेक व्यक्तियों को बड़े लोगों के हस्ताक्षर जमा करने का शौक बचपन से ही लग जाता है और कुछ तो नेताओं, अभिनेताओं, कवियों, खेल के विजेताओं इत्यादि को अपनी दस्तख़त-बही की पकड़ में लाकर ऐसे ही आह्लाद का अनुभव करते हैं जैसे बाज अपने शिकार को पंजे में पकड़ लेने पर। इसीलिए अंग्रेजी में इस शौक को 'ऑटोग्राफ हंटिंग' कहा जाता है।

यह शौक मुझ पर कभी हावी नहीं हो पाया। एक बार—केवल एक बार—मैंने एक व्यक्ति से ऑटोग्राफ माँगा। वह व्यक्ति थे भिखारी ठाकुर।

उस दिन समाचार-पत्र में तीन पंक्तियों का समाचार पढ़ा कि बिहार के ग्राम-गायक और भोजपुरी लोक-रंगमंच के सुविख्यात कलावन्त भिखारी ठाकुर का 86 वर्ष की आयु में देहान्त हो गया।

और मैंने 17 बरस से सँजोकर रखी हुई एक पोथी निकाली। पुस्तक का नाम—'भिखारीकृत पुस्तिकासमूह'। मोटे अक्षरों में छपी हुई, अनघड़ गेट-अप और सज्जा, सस्ती जिल्द, इस ग्रन्थ को तो शायद नगरों के पुस्तकालयों में जगह भी न मिले। पुस्तक मुझे भेंट करते हुए उन्होंने बिहार की कैथीलिपि में लिखा—'पढ़े देखे वास्ते हम साहब के किताब देत बानी। भिखारी ठाकुर।' यही वह मेरी एकमात्र ऑटोग्राफ है।

उसी पोथी में एक फटे हुए-से कागज पर कैथीलिपि ही में भिखारी ठाकुर का छोटा-सा पत्र। कोई खास बात नहीं है उस पत्र में, पर उसका उद्धरण प्रासंगिक होगा—''॥ रामजी ॥ श्री बाबू जगदीशचन्द्र माथुर साहब चरनकमल में प्रनाम।...हम आपना... साथ ता. 25-1-54 के आइब...अपने के चपरासी अइसन मुसकिल...भइल। हम आपाना खर्च से आइब। ता. 26-1-54 के रहब। दः भिखारी ठाकुर मोकामकुवुपुर पो. कोटकपट्टी रामपुर। छपरा, हाल मोकाम नोखा। पो. नोख जिला आरा आइब। (छूटे हुए स्थानों के शब्द कागज के फट जाने के कारण अज्ञात हैं। जाहिर है कि भिखारी ठाकुर को कभी किसी अफसर के पास जाने से किसी चपरासी ने रोका होगा। इसीलिए मुझसे व्यवस्था के लिए उन्होंने अनुरोध किया था। खर्चे की बात इसीलिए कि भिखारी ठाकुर की मंडली यदि कहीं बाहर जाती थी तो चिट्ठी लिखकर यात्रा-भत्ता पहले मँगा लिया जाता था।)

कैथी लिपि! टूटे-फूटे अक्षर जैसे कोई नौसिखिया जैसे-तैसे करके लिखावट कर रहा

हो। भिखारी ठाकुर से जब मैंने उनके हस्ताक्षर की माँग की थी तो उन्होंने मुझसे साफ कहा—"हमको लिखना कहाँ आता है? बस थोड़ी-बहुत दस्तखती कर लेते हैं।" मैंने कहा, "बस वही चाहिए।"

क्यों मैं इच्छुक था भिखारी ठाकुर के ऑटोग्राफ के लिए? मैं बिहार का शिक्षा-सचिव था; अनेक उच्चकोटि के कलाकारों और साहित्यकारों से मेरी जान-पहचान थी और कुछ से बन्धुत्व का नाता। बिहार में कई शिक्षा एवं सांस्कृतिक संस्थाओं का तेजी के साथ आयोजन कर रहा था। हस्ताक्षरित पुस्तिका और सन्देशों का तो मैं खजाना जमा कर सकता था। फिर भी केवल एक 'अर्धशिक्षित' ठेठ ग्रामीण गायक से मैंने उसके दस्तखत की भीख माँगी। क्यों?

इसलिए कि भिखारी ठाकुर की मौजूदगी में मैंने महसूस किया कि मैं तो महज़ एक सरकारी अधिकारी हूँ, जिसके मन में कला-मर्मज्ञता के इक्के-दुक्के वे बीज हैं जिन्हें 'सहृदयता' कहा जाता है। लेकिन वह दो-ढाई हज़ार बरस पहले के नाट्य-प्रयोक्ता भरत मुनि की परम्परा में रंगमंच का अनूठा अधिनायक हैं। मुझे याद आता है भरत नाट्यशास्त्र का वह श्लोक जिसमें इन्द्र कहते हैं कि देवता लोग अभिनय-कला में अक्षम्य हैं। रंगशाला के सुधी कलाकार तो केवल मुनिजन ही हो सकते हैं :

अशक्ता भगवन् देवा अयोग्या नाट्यकर्माणि।
या इमे वेदगुह्यज्ञाः ऋषयः संशितव्रताः॥

हम लोग छोटे-मोटे इन्द्र भले ही इतरा लें अपनी रसविदग्धता और नाट्यविवेक पर। लेकिन सक्रिय ज्ञानी तो वही हैं जिन्होंने भरतमुनि की विरासत पाई है, जिनकी प्रतिभा रंगशाला की चौहद्दी को घेरती है यानी कथानक-लोकहित, अभिनय (यानी वार्ता-गान-नृत्य का सामंजस्य) तथा प्रदर्शन (सज्जा, पोशाक इत्यादि)। ऐसे ही सर्वतोन्मुखी प्रतिभावान प्रयोक्ता थे भिखारी ठाकुर। भरतमुनि के मानस-वंशज थे भिखारी ठाकुर।

मैं अतिशयोक्ति नहीं कर रहा हूँ। जिस 26 जनवरी, 1954 ई. की चर्चा ऊपर उद्धृत पत्र में की गई है उस रात को मैंने भिखारी ठाकुर का विराट रूप देखा जिसमें विद्रूप भी शामिल था। पटना के हार्डिंग पार्क के पीछे आम्रकानन, जिसमें तृतीय बिहार सांस्कृतिक समारोह के सिलसिले में लोक मंडलियों द्वारा प्रस्तुत गान, नृत्य और नाट्य का आयोजन था, उस समय टिकट खरीदकर आए हुए दर्शकों से खचाखच भरा हुआ था। बारह या पन्द्रह हजार दर्शक उपस्थित थे। हजारीबाग घटवार नर्तक, रांची की उराँव, खरसांवा के झाउ नर्तक, वैशाली के मछुआ मंडल—अनेक मंडलियों ने प्रदर्शन किए, उत्कृष्ट और उल्लासपूर्ण। तब भिखारी ठाकुर ने अपनी सुविख्यात भोजपुरी 'बिदेसिया' शैली में 'बेटी-वियोग' नाटक के अंश जब प्रस्तुत किए तो आगे की दो-चार पंक्तियों में बैठे 'सम्भ्रान्त' समाज को छोड़कर समूचा दर्शक समूह तन्मय हो गया। मंच और दर्शक समाज के बीच ऐसा तालमेल या 'कम्युनिकेशन' मैंने बहुत कम देखा है। लेकिन उस मस्ती के कारण हम लोग जो उत्सव के आयोजक थे, कुछ चिन्तित हो चले।

विशाल जनसमूह रंगमंच पर उमड़ा आ रहा था। पुलिस तक को बुलाना पड़ा। लेकिन देखा कि पुलिस अपने डंडे से जो थोड़ा-बहुत कंट्रोल कर पाती उससे कहीं प्रखर अस्त्र भिखारी ठाकुर के पास था। परिस्थिति बिगड़ती देखी तो झट से कथानक के प्रसंग को बदलकर भिखारी ठाकुर (उनकी आयु उस समय लगभग 65 की होगी) उतर पड़े उत्तान शृंगार रस के समरांगण में। श्लील, अश्लील का पार्थक्य भी ग़ायब हो गया।

अब यानी 1971 में तो ज़माने ने ऐसा पलटा खाया है कि नई दिल्ली के सम्भ्रान्त समाज एफेक्स हॉल में जर्मन नाटककार ब्रेख्ट के 'काकेशियन चाक सर्किल' में और हबीब तनवीर द्वारा प्रस्तुत 'आगरा बाजार' में वे प्रसंग बिना झिझके देख सकता है जिनमें सड़क को पेशाब-घर की तरह इस्तेमाल करनेवालों की झाँकी दी गई है। किन्तु 1954 में पटना में उस रात जब भिखारी ठाकुर ने कुछ ऐसी ही चर्चा करके उमड़ती भीड़ का मनोरंजन करके उसे शान्त कर दिया तो आगे की पंक्ति में एक भद्रलोक अधिकारी ने दबी ज़बान से अपने पास बैठे हुए मेरे मित्र श्री त्रिवेणीप्रसाद सिंह से कहा–"कृपानिधान, जरा माथुर साहब को समझाइए। वे नहीं जानते कि बिहार में नीमन लोग (भले मानस) भिखरिया का नाच नहीं देखते।" त्रिवेणीप्रसाद सिंह ठेठ गाँव-जवार के बचपन ही से अभ्यस्त थे। उन्होंने कोई अचरज जाहिर नहीं किया। किन्तु हमारी संगीत नाट्य परिषद् के अध्यक्ष जस्टिस दास ने सोचा, मामला हद से ज्यादा जा रहा है। उन्होंने सोचा माथुर नौजवान आदमी है, अनुभव की कमी है। लोग तो अध्यक्ष को ही बुरा-भला कहेंगे। सो मौक़ा पाकर दास साहब पहले तो ग्रीन रूम में गए और फिर रंगमंच पर खुद जाकर एलान किया कि, "श्रीमान भिखारी ठाकुर चूँकि वयोवृद्ध हैं इसलिए इतनी देर तक परिश्रमपूर्वक अभिनय करने के कारण उनकी तबीयत खराब हो गई है! आप धैर्यपूर्वक अब दूसरा प्रोग्राम देखें।"

मैं इशारा समझ गया। भिखारी ठाकुर ने अपनी प्रतिभा के आवेग पर इस विरोध को कैसे स्वीकारा इसकी जाँच-पड़ताल मैंने नहीं की। उन्होंने तरह-तरह की परिस्थितियों में रंगशाला को सम्हाला था। तरह-तरह के अफसरों से भी उनका साबक़ा पड़ा था। दुनिया देखे हुए थे इसलिए उनका कलाकार आहत होना नहीं जानता था। वही कलाकार अधिक आहत होता जो जीवन की ठोकरों से आहत होने का आदी नहीं है।

उसके दो या तीन बरस बाद पटना के ऑल इंडिया रेडियो ने उद्यान में मंच-प्रदर्शन का आयोजन किया जहाँ भिखारी ठाकुर को दूसरे रूप में देखा। नाटक का नाम याद नहीं। लेकिन भिखारी उतरे एक तिलकधारी उपदेशक की भूमिका में। नीति और मनोरंजन का अनुपम सामंजस्य। लेकिन किसी प्रकार की नागरिक मर्यादाओं का उल्लंघन नहीं। उससे भी अधिक प्रभावोत्पादक रामनाम में तन्मय होकर कीर्तन का प्रसंग। वह वृद्ध नट मानो जीवन को तटस्थ होकर क्षितिज का आह्वान समझकर अदृष्ट पारलौकिक संकेतों पर नाच रहा था, गा रहा था।

कलाकार के इन दो रूपों के अलावा तीसरा रूप मैंने अपने दफ़्तर में देखा जब वह मुझसे मुलाक़ात के लिए आए थे और जिसका जिक्र ऊपर उद्धृत पत्र में है। ठेठ

देहाती छटा, कोई बनावट नहीं, विनम्रता में स्वार्थ का संकेत नहीं, आत्मविश्वास ऐसा जिसे दिखावे की दरकार नहीं। यह हार्डिंग पार्क से पहले की बात है। उस कलाकार ने मुझसे आभास भी न होने दिया कि उसके इंगित पर हावड़ा से लेकर गोरखपुर-वाराणसी तक हजारों की भीड़ झूम उठती है। और यह भी नहीं कि अंग्रेजी सरकार ने उनके लोकप्रिय नाटकों के प्रदर्शनों का अपने प्रचार के लिए मंच के रूप में इस्तेमाल करने का प्रयास किया था और सन् 1940-41 ही में उन्हें राय साहब की उपाधि भी दी गई थी। मुझसे तो उनकी बातचीत देहाती रंगमंच की प्रेरणाओं के स्रोत के बारे में हुई—समस्याओं के बारे में और उसे प्रोत्साहन देने की सम्भावनाओं के विषय में। उस समय तक मैं देहाती रंगमंच को मात्र देहाती रंगमंच ही समझता था। उसकी परम्परागत शालीनता, धूलि-धूसरित पर्तों में छिपी उसकी कलात्मकता और मार्मिकता एवं नैतिक आदर्शों में उसकी आस्था, इन विशेषताओं से मैं परिचित नहीं था।

भिखारी ठाकुर ने समालोचकों की शैली की मुझे इन विशेषताओं से परिचित कराने की चेष्टा नहीं की। उन्होंने केवल बताई अपनी रामकहानी। कुतुबपुर नामक गाँव में जन्म हुआ (पहले बिहार के आरा जिला में था, फिर गंगाजी से दहकर छपरा जिला में आ गया। यह गाँव श्री जयप्रकाश नारायण के सिताकारिया गाँव के अत्यन्त निकट है।) जाति नाई। अपनी जाति का उन्हें बराबर बोध रहा और अभिमान भी। नौ बरस की आयु में विद्या पढ़ने पाठशाला गए पर मन न लगा। गाय चराने लगे। घर में चार गाय थीं। माता-पिता को नाई होने के कारण न्यौते की चिट्ठी-पत्री लेकर जाना पड़ता था। इसलिए पढ़ सकने की जिज्ञासा पैदा हुई। गाँव में ही एक बनिए के पुत्र भगवाना से मित्रता थी। उसे लिखना-पढ़ना आता था और उसे ही गुरु मानकर 'ककहरी' अक्षर-ज्ञान प्राप्त किया। साथ ही पैतृक पेशा—हजामत बनाना भी सीखा।

जिज्ञासु व्यक्तित्व इतने ही से सन्तुष्ट कहाँ होता? दुनिया देखने की इच्छा हुई। घर छोड़कर भाग निकले और खड़गपुर (बंगाल) की राह ली। वहाँ उस्तरा चलाकर रोज़ी कमाने लगे। वहाँ से मिदिनापुर गए तो रामलीला देखने का अवसर मिला। रामायण का शौक तो अक्षर-ज्ञान के समय ही हो गया था। रामलीला देखने के बाद उस तरह के प्रदर्शन स्वयं करने की इच्छा मन में उदय हुई। कुछ समय बाद अन्य साथियों के साथ खड़गपुर से जगन्नाथपुरी गए। रथयात्रा देखने गए। वहाँ चन्दन तालाब में स्नान किया, समुद्र की लहरें लीं। अकेले ही डेरा लौटे, साथियों का संग छूट गया। अपने डेरे (निवास स्थान) पर आकर अपने एक साथी की गठरी खोली, तो उसमें तुलसीदास की रामचरितमानस की एक प्रति रखी थी। जिस स्थान पर पुस्तक खोली वहीं पढ़ने लगे और मन रम गया। भिखारी ठाकुर ने इस प्रसंग के बारे में लिखा है :

"दर्शनकबि डेरा पर आई। खोलि पोथी देखती चौपाई।
फुलवारी के जगह झाइल। तुलसीकृत में मन लपटाइल ॥"

उस आकस्मिक अनुभव ने मानो नाई भिखारी ठाकुर को कवि, गायक, नाटककार और अभिनेता के पथ पर प्रेरित कर दिया। कुछ दिन और खड़गपुर रहकर जब अपने

गाँव वापस पहुँचे तो रामायण को मनोयोग से पढ़ा, जानकारों से अर्थ पूछ-पूछकर शब्दबोध बढ़ाया। साधु पंडित जो भी गाँव में आते-जाते उनसे छन्द, श्लोक इत्यादि का ज्ञान पूछ-पूछकर ही प्राप्त किया। धीरे-धीरे अपने-आप विभिन्न छन्दों में, खासतौर से लोकधुनों में रचना करने लगे। विवाह हो जाने पर भी यह सिलसिला नहीं टूटा। जब तीस बरस के हुए तो कुछ साथियों को जमा करके कागज के किरीट मुकुट बनाकर गाँव में ही रामलीला प्रस्तुत की। यों भिखारी ठाकुर का नर्तक दल तैयार हो गया। राम नाम के स्पर्श से मानो सोई राजकुमारी-सी उनकी प्रतिभा जाग उठी। यहाँ तक कि उनके दल की माँग अन्य गाँवों से आने लगी। सट्टे (प्रदर्शन के लिए पारिश्रमिक का ठेका) मिलने लगे। इधर माता-पिता ने मना किया, नाचखेल में क्या रखा है। अपना काम देखो। तो छिपालुकी का सिलसिला शुरू हुआ। पैतृक पेशे में मंगल उत्सवों पर जजमान की ओर से घर-घर जाकर न्यौता देना भी शामिल था। न्यौता देने के बहाने जाते और करते मंडली का नाच! सट्टा देनेवालों को भी अपने घर नहीं, साथियों के घरों पर बुलाते।

शुरू से ही दर्शकों-श्रोताओं की नब्ज पहचानने लगे। नाच और गीतों के बीच-बीच में क्या हो, ताकि श्रोताओं का मन लगा रहे? कभी शायद श्रोता समाज पर उपदेशकों का प्रभाव देखा था। उपदेशक साक्षात् व्यास-से दीख पड़ते। सोचा 'क्यों न मैं भी भोजपुरी बोली में गीत, छन्द, दोहा, चौपाई इत्यादि के बीच में उपदेश दूँ जो समाज की समझ में आ जाए?' इस तरह 'वार्तिक' की परम्परा चल निकली। एक नमूना देखिए जो सीताजी द्वारा अहिवात की महिमा-सम्बन्धी चौपाई के बाद 'विधवा विलाप' नाटक में उन्होंने दिया है :

''तन धन धाम धरनिपुर राजू
पतिविहीन सब शोक समाजू

चार चीज जोगावे के चाहीं, इज्जत, एकबाल, अकीद, एहवात। एहवात चीज खेत में ना मिले। दुआर पर मकान में भी ना मिले। झाँपी में बन्द रहेला। झाँपी खोलला पर ना मिले, सिन्होरा में रहेला। लेकिन सिन्होरा खोलला पर भी ना मिले। कागज के पुड़िया में सेन्दूर रहेला। अब मकान के भीतर झाँप रहेला, झाँपी के भीतर पउती वा पउती में सिन्होरा, वही सेन्दूर एहवात ह। वोही एहवात वास्ते अपना पिता के पैर पर गिरके पुत्री विलाप करिहन।''

'वार्तिक' भिखारी ठाकुर की नाट्य-विधा में संवाद का निराला रूप बन गया जिसे उन्होंने अन्य लोकप्रिय शैलियों के आधार पर निखारा। भाँड़ों की शैली में 'ग़रीबों की सवखीनी (शौक़ीनी)' पर यह वार्ता देखिए :

''करम फूटल दुखिया के जिनह मइलन सबखीन। काम धन्धा रुचते नइखे सबख में लवलीन। बावरी माथ में, घड़ी हाथ में, रंडी साथ में, नथइब नाथ में, घर में माई उपास। जोरु भइली निरास, करत बाड़ी कबीलास, परी गर्दन में फाँस, दिल में घेरी तरास।

जनानी फैसन नीमन-नीमन चीज खाके भइली लाह लोट। छब आँगुरी के ताई

चढल तबहुँ झूला छोट, पेन्हके चलली उतान। केहुनी ऊपर से प्रमान, आधी पेटले ठेकान, झूमक झूले दोनों कान। मन में बहुत बा गुमान, 'भिखारी' कइलन बखान देख के बानी हैरान। काम में बहुत अलसान, देखी झगड़ा में सान, नीके सुनी देके कान। कहल माने ना नादान, आँख में सुरमा के बान। इहे चलल बा चलाना ताक महुँआ के तान, आन केहु से मुसकान, कली पती के अपमान, सास से गीधवा मिसान। मुँह में जोड़ा खिली पान। धइल बाटे ओगलदान कात नीमन ह खनदान।...सोना-चाँदी देह में भरल बीता भर के झूला। छव गज के साड़ी पहिनली बहुत गतर खुला। आधा पेट बा उघाट, लउकल ढोंढ़ी सुधार, मानो भरल बा भंडार, भइल कुल के उधार।''

भिखारी ठाकुर के नाट्य-शिल्प में 'वार्तिक' वाहन बने नीति के सन्देशों के, सामाजिक व्यंग्य के प्रहारों के। लेकिन उस शिल्प का मूलाधार था लोकधुनों और तर्जों तथा प्रचलित पदों और छन्दों का अक्षय भंडार जिसकी कुँजी भिखारी ठाकुर के हाथ आई। एक तो बालपन से ही भोजपुर क्षेत्र की लोकप्रिय लयों—बिरहा, लोरिकायन, कुँवर बिजयी, आल्हा, सोरठी, पूर्वी कजरी में भिखारी ठाकुर ऐसे ही घुल-मिल गए जैसे पानी में मछली। दूसरे, रामचरितमानस के दोहे चौपाई, छन्दों की लयों में उनका भावुक मन ऐसा रमा कि अपने प्रत्येक नाटक में भिखारी मानो तुलसीदास के आगे पग-पग पर अपना भिक्षा-पात्र बढ़ा देते हैं। चौपाई, दोहों को गीतात्मक और नाट्य सहज रूप देने में भिखारी ने अपूर्व कौशल दिखाया है। तीसरे, बंगाल के नगरों में बंगाली जात्रा और संकीर्तनों की छाप भी उन पर पड़ी और कीर्तन की शैली में रचे पदों को भी यत्र-तत्र पिरोकर उन्होंने अपनी रचनाओं को बहुरंगी पहरावा दिया।

मंडली का काम चल निकला और सट्टे दूर-दूर से आने लगे। तब तक भिखारी में इतना आत्मविश्वास हो चला कि अपनी ईजाद इस नाट्य-विधा को सँवारा हुआ और सुघटित रूप दे सकें। पहले नाटक में हाथ लगाया। एक साहसपूर्ण निश्चय किया कि विषय-वस्तु न धार्मिक होगी, न राजाओं और लोककथाओं में विश्रुत नायक-नायिकाओं की रूमानी प्रेम-कथाओं की। परम्परा से दामन छुड़ाकर भिखारी ठाकुर ने अपने चारों ओर फैले भोजपुरी समाज के दुख-सुख के प्रसंगों के आधार पर प्लाट रचा। भोजपुरी किसान हरवाहे वे जो गाँवों में रहते और वे जो हावड़ा-कलकत्ता जाकर दरबानगीरी और मजदूरी करते—वही तो भिखारी ठाकुर के खेल-तमाशे के संरक्षक थे। और उनके मर्म को छूनेवाली कथा गढ़ने में उन्हें शायद कोई कठिनाई नहीं हुई। हर वर्ष सैकड़ों भोजपुरी (छपरा, आरा, मोतीहारी, गोरखपुर, बलिया, आजमगढ़ इत्यादि) जिलों से बंगाल में कमाई करने निकल जाते। अपनी युवती पत्नियों को घर छोड़ जाते। कलकत्ता-हावड़ा में अकसर वेश्याओं के फेर में पड़ जाते। पत्नी बेचारी कलपती रहती। सन्देसे भेजती। पर बरस गुज़र जाते और वियोग चलता रहता। लौटते भी जरूर पर अकसर पुनर्मिलन अल्पकालिक होता। सीधी-सादी कथा जिसके रस में भोजपुरी समाज सहज ही सराबोर हो गया।

पहला नाटक 'बिदेसिया' अब मूल रूप में उपलब्ध नहीं है।

उसी के आधार पर बाद में उन्होंने 'बहरा बहार' लिखा। भिखारी ठाकुर ने इस नाटक के पूर्व रंग में जो स्थापना की उससे जान पड़ता है कि उन्हें विश्वास था कि वे एक नई विधा का सृजन कर रहे थे जिसमें भोजपुरी जीवन के उल्लिखित प्रसंग एवं भोजपुरी लोकगीतों की शैलियों के साथ तुलसीदास और सन्त सम्प्रदायों के अध्यात्म का जान-बूझकर समावेश किया गया। वार्तिक पहले तो नाटक के चारों पात्रों के नाम बताता है–विदेशी (ग्रामीण जो अपनी पत्नी को छोड़कर बाहर जाता है), प्यारी सुन्दरी (उसकी पत्नी जो उसके वियोग में कलपती है), रखेलिन (वेश्या जिसे विदेशी ने शहर रखेलिन बनाकर रखा है) और बटोही (जो प्यारी सुन्दरी का सन्देसा लेकर शहर जाता है और विदेशी की आँखें खोलने की चेष्टा करता है)। समाजी (यानी गायक वृन्द) 'साँच बरोबर तप नहीं' का दोहा गाते हैं। उसके बाद वार्तिक कथा के तत्त्व–'एलिगिरि'–को इन शब्दों में स्पष्ट करता है :

"**वार्तिक** : विदेशी सत, प्यारी सुन्दरी जीव, रखेलिन झूठ, बटोही उपदेश। आत्मा से परमात्मा काहे कुरोख हो गइलन। देना का झँझट से, चाहे विरोध का झँझट से। स्त्री के पति छोड़ के परदेश चल जालन, तइसे झूठ झँझट से आत्मा से परमात्मा कुरोख हो जालन। बीच में कारण रखेलिन रूपी झँझट से छुड़ाने मिलाप करा देबे खातिर बटोही उपदेश, अथवा प्यारी सुन्दरी जीव, विदेशी ब्रह्म, रखेलिन काया, बटोही धाम। जइसे बा।

समाजी : उभय बीच सिय सोहज कैसी।
ब्रह्म जीव बीच माया जैसी॥

वार्तिकी : यह चारों के संवाद होना चाही। कइसन? प्यारी सुन्दरी के राधिकाजी लेखा, विदेशी के श्रीकृष्ण चन्द्रजी लेखा, रखेलिन के कुबरी लेखा, बटोरी के ऊधोजी लेखा।"

इस भाव को पातिव्रत धर्म के आदेश से जोड़कर व्याख्या करने के बाद वार्तिकी नाटक में व्यवहृत गान-शैलियों की बारीकी का इस भाँति उल्लेख करता है।

"**वार्तिक** : हम निपढ़ हँई। हमरा भूल चुके, सरकार सभनी माफ़ करत रहब। तिरहुत चाहे लमहरा के लोग जानेला जे ननदी भौजी, बिदेशिया वो बिरहा सभ एके चीज ह। से बात ना ह। बिरहा दूसर चीज ह, ननदी भौजी दूसर चीज ह, विदेशी के दूसर चीज ह। ई सब तमाम फरक फरक ह।"

नाटक का कथानक न तो जटिल है और न किसी प्रकार की आकस्मिक घटनाओं से भरपूर। पहले विदेशी (पति) और प्यारी का संवाद जिसमें विदेशी अपने परदेश जाने की घोषणा करता है और प्यारी मनुहार करती है। संवाद दोहों और गीतों में है जब हाथ झटककर कुरता-धोती-टोपी लेकर बिदेशिया पूरब की ओर प्रयाण करता है, तो पूर्वी बिदेसिया, तेवड़ा, निर्गुन, झूमर इत्यादि धुनों में एक के बाद एक गीत गाती है उसकी विरहिणी।

इन गीतों की लय जान-बूझकर मन्द रखी गई है ताकि समय बीतने का आभास हो और वियोग के क्षण लम्बे होते जान पड़ें। कभी तो विरहिणी घोषणा करती है–

"बिरह का कूपवा में जोगिनी के रूपवा में, तोहरे के अलख जगइबों जलमुआँ।"

कभी भगवान से प्रार्थना करती है, कभी अपने जिउ (मन) को पंछी की भाँति अपने प्यारे के पास उड़ जाने को कहती है–"उड़ि के तू चलि जा जिउ पिउका उदेशवा में, आहो मोरे रामा, मोर मनवाँ पिउका रंग में रँगाल हो राम।"

उस समय एक बटोही आता है। तब तो मानो प्यारी के मन का बाँध ही टूट जाता है सहानुभूति के संस्पर्श से। बटोही को अपने प्रियतम की पहचान बताते-बताते (करिया ना गोर बाटे, लम्बा नाहीं हउवन नाटे, मझिला जवान श्यामसुन्दर बटोहिया), बार-बार अपनी मनोव्यथा, अपने आँसुओं का जिक्र छेड़ देती है–"कइसे के कहिं हम, नइखे धरात दम सरिसों फुलात बाटे आँखये बटोहिया।"

बटोही पूरब के नगर में जाता है और खोजते-खोजते वहाँ पहुँच जाता है जहाँ विदेशी अपनी रखैल सलोनी के साथ चौपड़ खेल रहा है। पहले तो बटोहिया उस निर्मोही की भर्त्सना करता है और फिर याद दिलाता है कि कैसी सुन्दर साँवरे वर्णवाली उसकी प्यारी धनियाँ है।

"तोहरा मेहरिया के कटि हो केहरिया के, देखि के होइहि वान हो विदेशिया। मथवा के बरवा भँवरवा समान बाटे, मुहवा दीपकवा बरतबा विदेशिया।"

बात विदेशिया को लग जाती है और वह अधीर होकर थोड़ी देर के लिए मूर्छित हो जाता है। उसकी रखैल उसे आँचल झलकर होश में लाती है। उसके बाद वाला संवाद यथार्थ के स्तर पर भोजपुरी बोली से खड़ी बोली पर उतर आता है।

रंडी : मन में कष्ट भयो कह काहे।
तन कछु पीर कि घर का दाहे?

विदेशी : तन में पीर कछुक नहिं, लागी घर की आह। प्यारी का दुख समुझ के होत कलेजे दाह।

रंडी : प्यारी कौन ?

विदेशी : घरवाली।

रंडी : हम हुई घरवाली!

विदेशी : हाँ-हाँ, तुम भी हो।

रंडी : हम हैं कि वह?

विदेशी : दोनों।

रंडी : क्या आप यहाँ रहना चाहते हैं कि घर जाना?

विदेशी : घर जाना चाहते हैं।"

रखैल को देखकर बटोहिया विदेशी से वेश्या के कुसंग के खतरों की चर्चा करता है और कहता है।

"छोड़ि द अधरम, मिजाज करके नरमतू, मनवाँ में करिलेहु शरम विदेशिया। धरम का नाव पर, चढ़िके मउज कर, हर बिरहनियाँ का दुख के विदेशिया।"

विदेशी पानी ले आने के बहाने रखैल को टरका देता है और फिर चुपके से अपने घर की राह पकड़ता है। उधर गाँव में पुनः धनियाँ अपने पति के बिछोह में अपनी तड़पन गीतों में बिखेर रही है :

"हाय सइयाँ हाय, कइ दिहल सून खटौला।
घर में बिछाईं के आँगना बिछाईं, दुअरा बिछाईं कि कोला।"

इस अवस्था में कोई दरवाजा खटखटाता है। धनियाँ समझती है कि चोर आया है। दीपक भी बुझ गया है और वह बिलखती है कि कौन जुगत करूँ चोर से बचने के लिए। विदेशी बताता है कि वह चोर नहीं है। वह तो पूरब से वापस आया हुआ उसका अपना प्राणधार है। तुरन्त प्यारी किवाड़ खोलती है और पपीहे को बूँद मिल जाती है।

भिखारी ठाकुर ने 'बिदेसिया' नाटक छपाने के लिए नहीं, रंगमंच पर प्रस्तुत करने के लिए तैयार किया था। गोरखपुर-बनारस से लेकर हावड़ा तक सारे भोजपुरी भाषा-क्षेत्र में भिखारी ठाकुर की मंडली की शोहरत इस 'बिदेसिया' नाटक के कारण फैल गई। सोनपुर मेले में, हावड़ा के बिहारी मजदूरों के इलाकों में, शादी-ब्याह के अवसरों पर भिखारी ठाकुर की सर्वत्र माँग थी। नौजवान, बूढ़े, स्त्रियाँ—सब पर नशा-सा छा गया बिदेसिया का, सबकी ज़बान पर इन गीतों की लड़ियाँ चढ़ गईं। दर्शकों की नब्ज़ एकबार पा लेने के बाद भिखारी ठाकुर एक के बाद एक नए नाटक तैयार करके उन्हें प्रस्तुत करने लगे।

जब सन् 1953 में मेरी भिखारी ठाकुर से मुलाक़ात हुई तब तक वे पन्द्रह नाटक लिखकर प्रस्तुत कर चुके थे। इसके अतिरिक्त बारह अन्य विविध रचनाएँ भी जिनमें प्रायः लोकप्रिय धुनों पर गीत हैं, नाटकों के कथानक लगभग सभी तत्कालीन बिहार के ग्रामीण जीवन की सामाजिक समस्याओं पर आधारित है। 'गबरघिचोर' नाटक में गाँव की पंचायत द्वारा एक बच्चे के ऊपर अधिकार पर निर्णय का मजेदार संवाद है। 'पुत्र-वध' नाटक में ब्याही औरत के पुत्र की हत्या के लिए पति की रखैल द्वारा अपने प्रेमी सुनार से साजिश करने की कथा है। 'बेटी-वियोग' में लोभी पिता द्वारा अपनी बेटी का विवाह एक बूढ़े से कर देने और बूढ़े की मृत्यु के बाद बेटी की करुण अवस्था का वर्णन है। 'विधवा-विलाप' में बिहार के ग्रामीण-समाज की एक सामान्य समस्या उभरी है। बूढ़े किन्तु धनि पति की विधवा अपने पति के भतीजे और परिवार को बुला लेती है। बाद में वही भतीजा और उसकी पत्नी विधवा की सम्पत्ति को हथिया लेते हैं और उसकी हत्या करने पर उतारू हो जाते हैं। 'भाई-विरोध' में संयुक्त परिवार के तीन भाइयों और उनकी पत्नियों के बीच वैमनस्य का अत्यन्त सजीव वर्णन है।

भिखारी ठाकुर का जादू उनके संगीत में था, उनका निरालापन भोजपुरी समाज के कर्म छूने में तथा उनकी उद्बोधन-पद्धति में। उनकी मंडली में ग्वाले, नाई, रैदासी, मुसलमान, कुम्हार—प्रायः सभी तथाकथित छोटी जाति के लोग थे। वे बार-बार डंके की

चोट पर कहते हैं–"मैं नाई हूँ, अपने पेशे से मैंने अपनी रोजी कमाई है, अब भगवान की कृपा से जन-मनोरंजन कर पाता हूँ।" लेकिन जहाँ यों अपने को निम्न कोटि का साधारण जीव कहते रहे वहाँ अपनी प्रतिभा के प्रताप का उनको कम एहसास न रहा। जब उनकी नक़ल में लोग नाटक छपाने लगे तो 'भिखारी एका समाधान' नाम से उन्होंने एक पुस्तिका में गद्य-पद्य में अपनी राम-कहानी लिखी। ऐसी ही दूसरी पुस्तिका 'भिखारी चौगुनी' में वे एक स्थल पर लिखते हैं–

"अबहीं नाम भइल बा थोरा। जब यह छूट जाई तन मोरा।
तेकरा बाद पचास बरीसा। तेकरा बाद बीस दस तीसा।
तेकरा बाद नाम होई जइहन। पंडित कवि सज्जन जस गइहन।"

भवभूति की भाँति अपनी प्रतिभा से अवगत इस ग्रामीण गायक में तेजस्विता और विनय का यह अद्भुत सामंजस्य ही उसकी विलक्षणता है। यों तो पिछले लगभग सौ वर्षों में अनेक लोक-नाटककार-अभिनेता भारतवर्ष के विभिन्न क्षेत्रों में हुए। लेकिन उनमें से दो व्यक्ति निश्चय ही अपने क्षेत्रों में असाधारण थे। एक तो महाराष्ट्र के फट्टे बापूराव जिन्होंने एक हरिजन कन्या से प्रेम के कारण अपने उच्च कुल का त्याग कर अपनी प्रसिद्ध 'तमाशा' मंडली स्थापित की। दूसरे हैं भिखारी ठाकुर। भिखारी ठाकुर का अनूठापन यह था कि अर्धशिक्षित होते हुए भी, उन्होंने अपने संस्कार नीतिमूलक और अध्यात्मप्रेरित रखे। रंगमंच पर मनोरंजक और उदात्तीकरण की दो विभिन्न प्रक्रियाओं को बादल में बिजली की भाँति समाविष्ट कर दिया। उनकी यह कीमियाई ही उनका नाट्य-सिद्धान्त है। यह नाट्य-सिद्धान्त इन उद्धरणों में उन्हीं के शब्दों में उजागर है।

"गाना उह ह जेइ में मालिक का नाम हो। नकलतमाशा उह ह जेह में धर्म के चर्चा हो।"

"हम नकल के काम करिला। जइसे रामजी का असली मूरती के नकल सोना के चाहे पीतर के, कारीगर लोग नकल बनावेला। ओही मूरती के साधु, पंडित, राजा, गृहस्थ सगुन भगवान मननीहार पूजा करेला लोग। जईसे बाल्मीकि पुस्तक के नकल रामलीला, भागवत पुस्तक के नकल रासलीला होखेला। शादी में टीपन के नकल उतार के दे दियाला, जईसे गननाकइल जाला। खतियान के नकल, मौकदमा का से काम चलत बा, तइसे नकल से हमार काम चलत बा।"

यदि मैंने भिखारी ठाकुर को भरतमुनि की परम्परा में नाट्य प्रयोक्ता और उन्नायक माना तो कोई अतिशयोक्ति नहीं की। हम लोग जो महानगरों में भारतीय रंगमंच और नाट्य-समस्याओं का विवेचन करते हैं, क्या हम लोग कुछ मानी में नादान नहीं हैं? भिखारी ठाकुर ने जो कुछ प्रस्तुत किया उसे लाख-लाख जनता ने स्वीकारा। और भविष्य में करती रहेगी। क्या हमारे नागरिक संस्कार और आधुनिकता का अहंकार हमें उस जनता के मर्म तक पहुँचने देंगे?

जादू की कली
देविका रानी

ज़माने से भारतवर्ष में सुन्दरियों को वर्गीकृत करने की परम्परा रही है। पद्मिनी, हस्तिनी इत्यादि से लेकर नवोढ़ा, खंडिता, प्रोषित-पतिका, प्रौढ़ा इत्यादि नायिकाओं के ब्यौरे दिए जाते रहे हैं और वर्गों की संख्या लिखनेवालों की रुचि के अनुसार बढ़ती रही है।

लेकिन मुझसे पूछिए तो सुन्दरियों के दो ही वर्ग हैं। एक तो वे जिन्हें देखकर प्रधानतः सौन्दर्य का आभास होता है, और दूसरी वे जिनमें दैहिक सौन्दर्य की पारदर्शक जलराशि के नीचे एक तलहटी-सी झलक पड़ती है जिसका नाम है कर्मठता।

यह नहीं कि कर्मठता की तलहटी बराबर झलके। यह भी नहीं कि हर पुरुष को उनका एहसास हो सके। लेकिन अकसर इतिहास के मंसूबे बनते-बिगड़ते रहे हैं ऐसी ही सुन्दरियों के हाथों। कुछ ऐसी भी हैं जिन्होंने इतिहास तो नहीं बनाया लेकिन रास्ते खोजे और बनाए। देविका रानी ऐसी ही सुन्दरी हैं।

क्या इसलिए कि हर फिल्म-एक्ट्रेस सुन्दरी का व्यवसाय ही कर्मठता की कसौटी है? ऐसा नहीं है। साधारणतः एक्ट्रेस का फिल्मी काम एक तरह से उसके सौन्दर्य का विस्तार—एक्स्टेंशन है। पर देविका रानी में कुछ असाधारणता रही है।

कुछ वर्षों की बात है। नई दिल्ली के विज्ञान भवन में फिल्म कला सम्बन्धी श्रेष्ठताओं पर दिए गए तत्कालीन पुरस्कारों का वितरण हो रहा था। दर्शकों के बीच आगेवाली पंक्ति में देविका बैठी थीं। इत्तफ़ाक़ से मैं उनके बराबर ही की सीट पर था। जान-पहचान पहले से इसीलिए थी कि सन् 1953-54 में जब संगीत-नाटक अकादेमी की स्थापना हुई तो प्रथम स्थापक-समिति के सदस्यों में देविका रानी भी थीं और मैं भी।

पुरस्कार लेने के लिए जब अशोक कुमार आगे बढ़े तो तालियों की गड़गड़ाहट के बीच स्टेज पर पहुँचने के बाद अशोक कुमार एक लमहे के लिए रुके। देविका रानी की ओर देखा और मानो मुसकान का बढ़ावा पाकर ही राष्ट्रपति के हाथों से पुरस्कार लेने आगे बढ़े।

उस क्षण देविका रानी की दृष्टि में मुझे वही असाधारण अभिव्यक्ति झलकी। देविका रानी ने हलके स्वर में मुझसे कहा—"ही इज वन ऑफ माइ बॉयज!" इन शब्दों

में उतना मातृत्व का गौरव नहीं था जितनी उसी कर्मठता की प्रतिध्वनि जिसका ऊपर मैंने जिक्र किया है!

अशोक कुमार को देविका रानी ने एक तरह से बनाया ही तो था। आयु में अशोक कुमार उनसे उस समय काफी कम रहे होंगे जब 'अछूत कन्या' में देविका रानी नायिका बनीं और अशोक कुमार नायक। लेकिन उसके बाद बाम्बे टॉकीज की फिल्मों का जो ताँता लगा उनमें प्रायः अशोक कुमार हीरो रहे। देविका रानी क्रमशः हीरोइन के पद से हटकर अपने पति हिमांशु राय की मृत्यु के बाद 1940 में बाम्बे टॉकीज की अधिष्ठात्री बनीं। उन दिनों जिस अनुशासन की परिधि में अशोक कुमार की प्रतिभा ने गहराई पाई उसी की स्मृति का गौरव पुरस्कार ग्रहण करते हुए अशोक कुमार को देखते हुए उनकी दृष्टि में झलका।

शायद एक वर्ष बाद छात्रावस्था के मेरे बन्धु श्री रामचन्द्र द्विवेदी 'प्रदीप' को गीतकार का पुरस्कार मिला। देविका रानी मौजूद थीं। मैंने दोनों को अपने यहाँ भोजन पर बुलाया। 'प्रदीप' ने 'चल-चल रे नौजवान', 'हवा तुम धीरे बहो', इत्यादि अनेक वे गीत सुनाए जिन्होंने बाम्बे टॉकीज़ की फिल्मों को चार चाँद लगा दिए थे। मैंने देखा कि अपने क्षेत्र में ख्याति और प्रतिष्ठा पाने के बावजूद 'प्रदीप' देविका रानी के प्रति अब भी उतने ही विनीत और श्रद्धावान थे जितने उस समय रहे होंगे जब देविका रानी फिल्मी क्षेत्र की साम्राज्ञी थीं और तारिकाओं में अतुल जाज्वल्यमान! मैंने यह भी देखा कि प्रदीप देविका रानी के लिए अब भी 'मैडम' सम्बोधन का व्यवहार करते थे। प्रदीप के मन पर भी इस अनुपम सुन्दरी के उसी कर्मठ व्यक्तित्व की छाप थी जिसका संकेत पुरस्कार लेने के लिए जाते समय अशोक कुमार ने पाया।

कुछ वर्ष हुए जब संगीत-नाटक अकादेमी ने प्रथम फिल्म सेमिनार का आयोजन किया तो अकादेमी की ओर से संचालिका बनीं देविका रानी। कुछ लोगों ने सोचा था, केवल आयोजकों की ओर से शोभा और समादर की खातिर संचालिका रहेंगी—संचालन तो और लोग करेंगे। देविका रानी ने शोभा और दक्षता का अपूर्व सामंजस्य दिखाया। हर व्यवस्था की ब्यौरेवार खबरदारी की। प्रोग्राम को काबू में रखा। काम करनेवालों को बढ़ावा दिया; कामचोरों को भी पहचानने में गफ़लत न की। सेमिनार समाप्त होने पर उसकी रिपोर्ट को लेकर फिल्मी-दुनिया के प्रभावशाली लोगों से मिलकर फिल्म फेडरेशनों द्वारा उन पर विचार कराया। और इतना सब करते हुए भी उनके 'भरिभाल' पर, 'जल की कनी' न झलकी।

उनकी दक्षता, सावधानी और दूरदर्शिता के अनेक अनुभव मुझे हुए हैं। सन् 1961 की बात है। एक दिन मुझे दफ्तर जाने में देरी हुई। बरामदे में जाने की तैयारी किए खड़ा हुआ था कि एक मोटर आई और उसमें से उतरीं देविका रानी! 'अरे, आप!' मेरे शब्दों और मुख-मुद्रा की सकपकाहट को अपनी भीनी मुसकान की बयार से दूर करते हुए बोलीं—'मैं तो इसी अन्दाज़ से आई थी कि आप घर पर नहीं होंगे।... आपकी पत्नी हैं?' इससे पहले कि मैं अन्दर जाकर अपनी पत्नी को बुला लाऊँ, देविका रानी स्वयं

ही अन्दर गईं और मेरी पत्नी के हाथों में एक साड़ी रख दीं। 'यह क्यों?'—मेरी पत्नी ने पूछा। 'मिसेज माथुर, उस दिन मेरे पति की कलाकृतियों की प्रदर्शनी के इन्तजाम में आपने इतनी लगन से काम किया था, उसकी कोई सौगात भी तो होनी चाहिए न?' मेरी पत्नी भावाविष्ट हो गई, क्योंकि देविका रानी के समक्ष वह एक उच्च सरकारी कर्मचारी की पत्नी के रूप में नहीं थीं, बल्कि 1935-40 की उन असंख्य किशोर-किशोरियों में एक जिन्होंने 'अछूत कन्या', 'जवानी की हवा', 'जीवन नैया', 'वचन' की नायिका के साक्षात्कार और स्पर्श की कामना की होगी! उन्हीं के हाथों साड़ी की सौगात ! उनका अभिभूत होना स्वाभाविक था।

बात छोटी थी लेकिन मुझे लगा कि उस छोटे-से संकेत ने देविका रानी के शील और दक्षता—दोनों ही को अभिव्यक्त किया। देविका रानी के पति स्वेतोस्लाव रोरिक पेंटर हैं—सौम्य, दार्शनिक, रोचक व्यक्तित्व। उनके पिता काउंट रोरिक रूसी क्रान्ति के बाद भारत चले आए और कुल्लू घाटी में नगर नामक स्थान में बस गए। उनकी तूलिका ने हिमालय की सम्मोहक और विराट छवि को चमत्कारपूर्ण रूप में कैनवास पर उतारा है। स्वेतोस्लाव ने अपने पिता की तूलका का करिश्मा थोड़ा-बहुत विरासत में पाया है और कुछ अपनी शैली भी ढाली है। नई दिल्ली की ऑल इंडिया फाइऩ आर्ट्स एंड क्राफ्ट सोसायटी में उनके चित्रों का प्रदर्शन देविका रानी ने बड़ी तैयारी के साथ आयोजित किया। चित्रों को टाँगने से लेकर आमन्त्रितों की सूची और कैटलॉग छपाने, उद्घाटन-समारोह में मंच पर मेजपोश और गुलदस्ते, स्वागत की व्यवस्था और समाचार-पत्रों में कला-सम्बन्धी कॉलम लिखनेवालों के अनुकूल प्रतिक्रियाओं के लिए वातावरण प्रस्तुत करने तक—प्रत्येक तफसील पर उनकी निगाह गई। और उसी सिलसिले में एक छोटी-सी बात—कि जिन लोगों ने उनके साथ उस प्रदर्शनी के लिए काम किया उन्हें भूला न जाए। सफल समारोहों के संयोजक अकसर अपनी उपलब्धि के क्षण में यह भूल जाते हैं। ये छोटी-छोटी बातें ही जिन्दगी काटने और जिन्दगी को समृद्ध करने में अन्तर दिखाती हैं। सुना हाल ही में देविका रानी ने टाइपराइटिंग भी सीखी ताकि अपने कुछ निजी पत्र-व्यवहार को स्वयं ही निपटा सकें। कौन यक़ीन करेगा कि देविका रानी जो 28 बरस से एक्टिंग से संन्यास लेने के बावजूद अब भी हीरोइन दिख पड़ती हैं—बंगलौर में दो ऑफिस रखे हुए हैं। और सप्ताह में छह दिन वहाँ बैठकर बिला नागा काम करती हैं ? एक ऑफिस तो शहर में है और दूसरा उनकी उस एस्टेट पर जिसकी ज़मीन में विविध प्रकार के तेल पैदा करनेवाले वृक्षों की खेती डॉ. रोरिक करते हैं। लेकिन उस एस्टेट की समूची व्यवस्था देविका रानी के हाथ में है। दो सौ श्रमिक काम करते हैं, विदेश निर्यात के लिए नाना प्रकार का पत्र-व्यवहार चलता है। वृक्षों की सुरक्षा और ठीक उपज के लिए कई तरह की देखरेख करनी होती है। देविका रानी के ऑफिस से सटा हुआ उनके पति का स्टूडियो है।

स्टूडियो और ऑफ़िस। कला और व्यावहारिकता! सौन्दर्य और कर्मठता! यह अद्भुत समन्वय मुझे सन् 1968 में हिमालय की गोदी में उनके निवास स्थल कुल्लू के

निकट कस्बे 'नगर' के पुराने महलों से कुछ दूर स्थित काउंट रोरिक द्वारा लिए गए बँगले में दिख पड़ा। काफी मुश्किल चढ़ाई के बाद मैं अपने परिवार के साथ 'नगर' पहुँचा। वहाँ से देविका रानी के बँगले पर जाने के लिए पथ इतना तंग था कि हम लोग कुछ दूर बाद जीप से उतर पड़े। लेकिन रोरिक-दम्पति का वह बँगला मानो हिमालय का गवाक्ष था। मानो नीचे फैली विस्तृत व्यास नदी की घाटी, हरे-पीले खेतों और घने जंगलों की झाँकी लेने के लिए काँगड़ा शैली के किसी चित्र की नायिका का वातायन। 'वातायन से मैंने झाँका!'—लेकिन वहाँ की 'मधुबाला' को 'पीनेवालों की टोली' थोड़े ही दीखती! यह तो दूसरी ही टोली थी—हिमाद्रि के उत्तुंग धवल शिखरों की टोली—न जाने कितने युगों की स्मृतियों की मदिरा से आविष्ट झूमते नहीं वरन् निश्चेष्ट, निष्काम!

लेकिन मैं तो बहक ही गया! पहुँचने पर हम लोगों को तीर्थयात्रा पूरी होने का आभास हुआ। देविका रानी की वही 'छपी-सी छपी-सी' मुसकान, स्वेतोस्लाव की श्वेत दाढ़ी, विचारशील चेहरा, पर चंचल-सी टोह लेती-सी आँखें। देविका रानी ने एक-एक कमरा दिखाया और काउंट रोरिक के चित्रों का वह अभूतपूर्व संग्रह। सोफे पर बैठा तो बोलीं—"जानते हैं, माथुर साहब, इस सोफे पर जिस स्थान पर आप बैठे हैं, ठीक वहीं जवाहरलाल बैठे थे!" मैं कुछ लिहाज़ के साथ उठने लगा। 'नहीं, नहीं, आपको उठने की ज़रूरत नहीं है।' 'यह तो सिंहासन है, देविका रानीजी!' मैं बोला। उन्होंने स्पष्ट किया, "जब जवाहरलाल यहाँ आए थे उस समय तक वे प्रधानमन्त्री नहीं बने थे। जेल से छूटने के बाद दौरे की थकान मिटाने यहाँ आए थे। सन् 1945-46 की बात है। हम लोगों के साथ ठहरे और यहाँ की प्राकृतिक छटा और वातावरण पर मुग्ध हो गए।"

उसके बाद अनेक चर्चाएँ हुईं रोरिक दम्पति के साथ, कैसे काउंट रोरिक ने वहाँ की पहाड़ी बूटियों इत्यादि का संग्रह शुरू किया था, कैसे अनुसन्धान के परिषद् और प्रकाशनों की योजना शुरू की गई, शुरू में देविका रानी को वहाँ आने पर कैसा लगा। बाद में हम लोगों को बग़ीचा दिखाने लग गईं। मेरे साथ कृषि विभाग के एक वैज्ञानिक भी थे। कुल्लू के पास कटराइन में स्थित अनुसन्धान केन्द्र के प्रमुख। मालूम हुआ कि देविका रानी बराबर उनसे परामर्श लेती रहती हैं और वृक्षों और पौधों के विषय में उनकी खासी जानकारी है। यद्यपि 'नगर' में अब उनका प्रवास साल में एक ही बार एकाध महीने के लिए होता है तो भी वहाँ की व्यवस्था में उनकी दक्षता की छाप स्पष्ट थी।

चलने से पूर्व हमें वे ले गईं काउंट रोरिक की समाधि पर। एक पाषाण खंड जिसे तराशा नहीं गया था, बिलकुल नैसर्गिक अवस्था में। उसके एक तरफ हिन्दी में कुछ शब्दों में उस सन्त कलाकार के प्रति स्थानीय जनता के श्रद्धा-सुमन अंकित थे। वह समाधि-स्थल अपने ढंग का निराला है। सामने, कुल्लू के शाश्वत रक्षक देवताओं की भाँति हिमाच्छादित चोटियाँ मानो उस खुरदुरे प्रस्तरखंड का अवलोकन कर रही थीं।

दो घंटे के उस प्रवास में देविका रानी से अनेक बातें हुईं। मन पर कई प्रभाव पड़े!—यह कि महिला बातचीत में एक्टिंग नहीं करती, कि उनके स्वर में तेजी कभी नहीं

आती, कि सत्कार और मेहमानदारी में बच्चों-बड़ों सभी का ध्यान रखती हैं, कि आसपास के गाँवावालों के सुख-दुख में हाथ बँटाने में उसे कोई संकोच नहीं होता, कि फिल्मी जीवन से रिटायर होने से उसके जीवन में रिक्तता नहीं आई क्योंकि उसने अपने अतीत, वर्तमान और भविष्य को शालीनता और जिजीविषा के प्रवाह में एककार कर रखा है।

शायद यह तसवीर मनभावन हो गई। क्या सौन्दर्य, कर्मशीलता, संयम और शालीनता के इन समन्वयात्मक प्रवाह में कभी भँवरें नहीं पड़तीं? यह बात नहीं! जहाँ गहराई है वहाँ भँवरें तो चक्कर लेती ही हैं। मैंने देविका रानी से पूछा नहीं इन भँवरों के बारे में, पर सन् 1940 में लोकप्रियता के चरम शिखर पर जब उनके पहले पति हिमांशु राय का देहान्त हुआ तब से आज तक न जाने कितनी चक्करदार भँवरों में पड़ी होंगी? असल सवाल यह है कि इस समन्वय—सौन्दर्य और संयम, लालित्य और कर्मठता, भावाभिव्यंजना और व्यावहारिकता—के इस सामंजस्य की बुनियाद कब और कैसे पड़ी?

प्रथम भारतीय सर्जन-जनरल कर्नल एम.एन. चौधरी की इकलौती बेटी थीं देविका रानी। जन्म वाल्टेयर में हुआ और स्कूली शिक्षा इंग्लैंड में। स्कूल ही में पढ़ रही थीं कि रॉयल एकेडमी ऑफ ड्रामेटिक आर्ट से स्कॉलरशिप भी मिला। मैट्रिक पास करने के बाद लन्दन में टेक्सटाइल डिजाइनिंग, स्थापत्य और सजावट के विषयों पर एक कोर्स लिया। घर लौटीं। पिता से चर्चा हुई कि आगे क्या किया जाए! पिता ने एक वाक्य में उत्तर दिया, "तुम बालिका नहीं, एक स्त्री हो। और स्त्री को अपनी देखभाल आप ही करना सीख लेना चाहिए!"

अठारह वर्षीय देविका रानी ने अपने पिता के इन शब्दों में वह चुनौती पाई जिसका आज तक उन्होंने सामना किया है। लन्दन लौटीं और वहाँ के एक प्रमुख आर्ट स्टूडियो में वस्त्रों के लिए डिजाइन तैयार करने की नौकरी कर ली। स्वावलम्बन का यह क़दम, बाद में समन्वयात्मक जीवन की पहली बुनियाद थी।

यहीं पर हिमांशु राय से मुलाकात हुई। हिमांशु राय 'लाइट ऑफ एशिया' तथा 'शीराज़' फिल्मों के प्रोड्यूसर के रूप में ख्याति पा चुके थे। देविका रानी उनके प्रोडक्शन यूनिट में शामिल हो गईं। 1929 में दोनों का विवाह हुआ और उसके बाद दोनों जर्मनी गए, जहाँ के सुप्रसिद्ध यू.एफ.ए. स्टूडियो के हिमांशु राय प्रोड्यूसर थे। लेकिन देविका रानी वहाँ गईं एक प्रोड्यूसर की पत्नी के रूप में नहीं वरन् एक साधारण कर्मचारी की तरह और मेक-अप, सज्जा और सेट तैयार करने के विभाग में छात्रा के रूप में। बर्लिन के उस स्टूडियो में उन दिनों विशेष प्रगति का वातावरण था। मूक चलचित्र का युग बीतने लगा था, बोल चित्रपट का धूम-धाम से स्वागत हो रहा था। कला के आयाम बदल रहे थे। जर्मनी के बड़े प्रतिभाशाली डायरेक्टर और विशेषज्ञ वहाँ पर काम करनेवाले छात्र-छात्राओं को अपने-अपने विषय में प्रशिक्षण देते थे। उसी स्टूडियो में मार्लीन ड्रीटिश से मुलाकात हुई। मैक्स रेनहार्ट से एक्टिंग सीखी। लेकिन जिस प्रशिक्षण ने अनुशासन और स्वावलम्बन की दूसरी नींव डाली वह था मेकअप और सेट तैयार

करने का प्रशिक्षण। बड़े-बड़ें अभिनेताओं के मेकअप के लिए ब्रुश इत्यादि तैयार रखने पड़ते थे, विग और हेयर ड्रेसिंग का इन्तजाम करना होता, रंगों के टेस्टिंग के लिए लैबोरेटरी जाना पड़ता। जिस बात ने उन्हें सुनियोजित तैयारी करना सिखाया वह थी हर तीन दिन बाद जो मेकअप उस दौरान किया उस पर टिप्पणी तैयार करना। "जिस किसी विभाग में मुझे काम करना होता उसके काम की पृष्ठभूमि भी मुझे जाननी होती। मैं विश्वविद्यालय के पुस्तकालय में जाकर उस युग के स्थापत्य और वेशभूषा इत्यादि पर नोट तैयार करती जिसका फिल्म-विशेष से सम्बन्ध था और तमाशा यह कि दो बरस की इस घिसाई के बाद कहा जाता कि जो कुछ सीखा है उसे भूल जाने की कोशिश करो ताकि कहीं मौलिकता से नाता न टूट जाए, कहीं सिर्फ घिसे-पिटे फार्मूलों की आदत न पड़ जाए।"

इस ट्रेनिंग के बाद एक जर्मन फिल्म में काम करने के लिए देविका रानी को निमन्त्रण मिला। पर उन्होंने तय किया कि जो कुछ उन्होंने सीखा है उसका उपयोग अपने ही देश के सांस्कृतिक विभाग में करेंगी लेकिन भारत लौटने से पहले पति-पत्नी दोनों ने यू.एफ.ए. द्वारा प्रस्तुत एक रंगमंचीय नाटक में भाग लिया। यह नाट्यदल स्विट्जरलैंड, स्वीडन और नार्वे भी गया और देविका रानी एवं हिमांशु राय की एक्टिंग को बहुत पसन्द किया गया।

भारत लौटने पर उन्होंने अंग्रेजी और हिन्दी में 'कर्मा' नामक फिल्म तैयार करना शुरू किया और लन्दन के स्टौल स्टूडियो में जाकर उसे पूरा किया। पहले इस फिल्म को विदेश में ही रिलीज किया गया और जो प्रशंसा उस फिल्म को मिली वैसी बरसों बाद विदेश में केवल सत्यजित राय की फिल्मों को ही मिल पाई है। इंग्लैंड के 'मार्निंग पोस्ट' ने लिखा कि देविका रानी टाकी फिल्म की सर्वोत्कृष्ट अभिनेत्रियों में हैं। अनेक पत्रों ने देविका रानी के सौन्दर्य, उनके अंग्रेजी उच्चारण, उनके लयात्मक अभिनय की प्रशंसा की।

यद्यपि भारतवर्ष में 'कर्मा' का स्वागत इतने उल्लासपूर्ण शब्दों में नहीं हुआ, फिर भी यह उल्लेखनीय है कि इस फिल्म को देखने के बाद सरोजिनी नायडू ने देविका रानी के बारे में लिखा—"यह प्रतिभावान नन्हीं-सी नायिका देविका रानी एक जादू की कली की भाँति नाटक के हृदय में से कुसुम बनकर प्रस्फुटित होती है!"

'जादू की कली', 'सौन्दर्य की देवी', 'हॉलीवुड की तारिकाओं से बाजी मार ले जानेवाली', 'अंग्रेजी उच्चारण का अद्वितीय अधिकार'—इस तरह का स्वागत यदि आज की तारिका-सुन्दरी का होता तो शायद वह लन्दन या हालीवुड में रहकर मजे से नाम और दाम कमाने में लग जाती। लेकिन देविका रानी और हिमांशु राय एक आदर्शवादी युग की उपज थे। केवल दो काम उन्होंने लन्दन में और किए। एक तो बी.बी.सी. के सर्वप्रथम टेलीविजन प्रोग्राम में हिस्सा लिया, और दूसरे जब बी.बी.सी. ने भारतवर्ष के लिए सबसे पहले प्रसारण शुरू किया तो उस प्रोग्राम के लिए रवीन्द्रनाथ की 'ग्रामछांड़ा' नामक रचना को ब्रॉडकास्ट किया।

दोनों भारत लौटे और 1934 में इंटरनेशनल टॉकीज लिमिटेड नाम से अपना एक

स्टूडियो स्थापित किया और एक साल बाद बाम्बे टॉकीज नाम कम्पनी का उदय हुआ। पहले दो वर्ष तो कम-से-कम समय में हिन्दी फिल्म के क्षेत्र में तत्कालीन रुचि को ध्यान में रखते हुए मनोरंजन अथवा भावुकतापूर्ण फिल्मों द्वारा अपने को परिचित कराने में लगाए। 'जवानी की हवा' बाम्बे टॉकीज की प्रथम फिल्म थी जिसके कुछ दृश्य मुझे अब तक याद हैं। उसके बाद, 'मियाँ-बीबी' नामक कॉमेडी, 'ममता' नामक ट्रेजेडी, 'जीवन नैया' नामक प्रेमकथा (जिसमें अशोक कुमार पहली बार उतरे) और 'जन्मभूमि'—इन फिल्मों की झड़ी लगा दी और देविका रानी के सौष्ठवपूर्ण अभिनय की चर्चा होने लगी।

और उसके बाद 'अछूत कन्या'—एक साहसपूर्ण प्रयोग जो हिन्दी फिल्मों के इतिहास में एक मोड़ बन गया। कितने लोग जानते हैं कि महात्मा गांधी ने अपने जीवन में एक ही हिन्दी चलचित्र देखा, और वह था 'अछूत कन्या'। जवाहरलाल नेहरू ने भी अपने व्यस्त राजनीतिक जीवन में से कुछ समय देविका रानी को एक हरिजन कन्या के रूप में देखने के लिए निकाला। आज की सांकेतिक कलात्मक फिल्मों के मुकाबले चाहे 'अछूत कन्या' का सन्देश स्थूल जान पड़े, उस युग में इसने लाखों दर्शकों को आकृष्ट भी किया और झकझोरा भी। उसके गीतों को आज भी उस पीढ़ी के लोग आधुनिक जटिलता को भुलाने के लिए गुनगुनाते सुने जाते हैं।

बाम्बे टॉकीज से अनेक फिल्म निकलीं, नायाब, लोकप्रिय, आदर्शवादी! 'नारायणी' नामक फिल्म को प्रोड्यूस करते समय 1940 ई. में हिमांशु राय का देहान्त हो गया। उस चोट की गहराई का अन्दाज भला किसे हो सकता है। हृदय कड़ा करके देविका रानी ने काम की पूरी बागडोर अपने हाथ में ली और 1940 से 1945 तक बराबर जुटी रहीं।

क्या बाम्बे टॉकीज की महत्ता फिल्मों की संख्या में है? 'जीवन प्रभात', 'सावित्री', 'निर्मला' इनमें देविका रानी की भूमिका प्रमुख थी, और इनके अलावा, 'अनजान', 'बसन्त', 'पुनर्मिलन', 'कंगन' इत्यादि भी जिनमें से अनेक क्लासिक हो गए, और जिनमें उत्कृष्ट रुचि, नई प्रतिभाओं को प्रोत्साहन और आदर्शवादिता पर जोर दिया गया, लेकिन बाम्बे टॉकीज हिन्दी फिल्म के इतिहास में वस्तुतः दीप स्तम्भ इसलिए माना जाएगा कि वह भारतवर्ष में प्रथम फिल्मकला-प्रशिक्षण केन्द्र था। और साधारणतः अध्ययनमूलक विद्यालय नहीं बल्कि कर्म-केन्द्रित प्रशिक्षण-केन्द्र जिसे अंग्रेजी में वर्कसेंटर्ड ट्रेनिंग सेंटर कहा जा सकता है। देविका रानी ने यू.एफ.ए. स्टूडियो में जिस तरह की सर्वांगीण और व्यावहारिक शिक्षा पाई थी उसी को आधार बनाया उन्होंने बाम्बे टॉकीज में नवीन प्रतिभाओं को फिल्मी तकनीकों से परिचित कराने और उन्हें अभिनेताओं, मेकअपमैन, वेशभूषा विशेषज्ञों और डाइरेक्टर इत्यादि का उत्तरदायित्व देने में। हर साल लगभग 300 उच्च शिक्षा-प्राप्त (प्रायः स्नातक) युवक-युवतियों की इंटरव्यू होती। सारे भारतवर्ष से चुने हुए ये व्यक्ति अपनी-अपनी रुचि और पहले की योग्यता के आधार पर बाम्बे टॉकीज की विभिन्न शाखाओं में काम पर लगा दिए जाते। अमिय चक्रवर्ती, एस. मुखर्जी, अशोक कुमार, दीवान शरर, किशोर शाहू, लीला चिटणिस, मधुबाला,

डेविड, ख़्वाजा अहमद अब्बास, दिलीप कुमार, कवि प्रदीप—ये सभी बाम्बे टॉकीज के इस कर्म-केन्द्रित प्रशिक्षण केन्द्र की ही देन हैं।

बॉम्बे टॉकीज इस मामले में अपने युग से बहुत आगे था। 1945 ई. में देविका रानी ने बॉम्बे टॉकीज से नाता तोड़ लिया। उसके बाद से भारतीय फिल्म जिस तरह की व्यावसायिकता से आक्रान्त हुआ है उसमें प्रशिक्षण जैसे आदर्श के लिए भला कहाँ गुंजाइश होती! अब दो दशकों बाद सरकार द्वारा स्थापित पूना की फिल्म इंस्टिट्यूट ने उस दिशा में कदम बढ़ाए हैं।

फिर भी देविका रानी उन लोगों में नहीं हैं जो अपने गत वैभव और पहले की उपलब्धियों में इतनी सराबोर रहती हों कि फिल्म जगत में जो कुछ हो रहा है उसे सरासर हेय और भ्रष्ट समझें। हाल ही में जब प्रथम फाल्के पुरस्कार देकर भारत सरकार ने देविका रानी को भारतीय फिल्म क्षेत्र की प्रथम दिशानिर्देशिका के रूप में सम्मानित किया तो कुछ लोगों ने विवाद उठाया, शंकाएँ उठाईं। लेकिन देविका रानी उस विवाद से दूर रहीं।

वस्तुतः उनमें किसी तरह की तुच्छता नहीं है, और न अपने अभिजात, कुलीन और दिशा संकेतक होने का अभिमान। उनके व्यक्तित्व की बुनियाद क़र्म है। पुरुषार्थ से प्रेरित इस नारी के जीवन में कटुता के लिए स्थान ही नहीं है। लेकिन उससे भी बढ़कर बात यह है कि कर्म के आह्वान ने उनके सुन्दरी-सुलभ आकर्षण को कम नहीं किया। शायद इसका कारण है कि कर्म उन्हें अग्रसर करता है, चंचल नहीं करता। उस मुसकान की लहरियाँ कर्म के पतवार द्वारा तिरोहित नहीं होतीं और न तूफानों में अपना अस्तित्व खोती हैं।

भाग-2

ललित लेख

बोलते क्षण

मित्रवर त्रिवेणी प्रसाद सिंह को
जो इन लेखों की चुटकियों में दर्द का अपनापा पाएँगे

पाठकों से

इस लेख-संग्रह का उपनाम है—'माथुरजी की मौजें'।

मौज का अर्थ है तरंग। तरंगें लघु लहरियाँ भी होती हैं और उत्ताल भयावह लहरें भी। कोई तो ऐसा नहीं है जिसे जिन्दगी के दौरान इन दोनों तरह की तरंगों के बीच न गुज़रना पड़ा हो। मैंने बस इतना किया है कि अनुभूति के उन अन्तरंग क्षणों को वाणी दे दी है। दुख-सुख झेलते समय जो लोग संवेदनशील रहे हैं, उन्हें इन निबन्धों की बोली जानी-पहचानी लगेगी।

मौज का एक अन्य अर्थ भी है। 'धर्मयुग' में 'चाँद, तुम देर से उगे' लेख को पढ़ने के बाद मेरे एक पुराने परिचित सहकर्मी ने लिखा—"आपका यह लेख क्या है? स्वगत? संस्मरण? गद्यकाव्य? यात्रा-विवरण?...जो भी है, इसने मुझे मोह लिया।" मैंने उत्तर दिया, "सेमुएल जानसन ने निबन्ध की जो परिभाषा लिखी है उसे याद करें—ए लूस सैली आव द माइंड! यह लेख शायद उस श्रेणी में आता है।"

इस संग्रह के कई लेख मन की अनिर्दिष्ट दौड़ हैं। मन में मौज उठी, देखी हुई दुनिया और भोगे हुए अनुभव की प्रतिक्रिया हुई, और साथ ही अभिव्यक्ति के आग्रह ने सताया, तो उस 'इंटेंस मोमेंट'—प्रखर क्षण—को मैंने लेख में बाँध लिया।

'पीठ-पीछे की कला' के पहले पृष्ठ मैंने अपनी पत्नी को सुनाए। वे बोलीं, "तुम्हें साहित्यकार लोग सनकी तो नहीं कहेंगे?"...निस्सन्देह इनमें से कुछ लेख सनक से ही शुरू होते हैं। सनकीपन जीवन में अप्रासंगिकता की पकड़ ही का दूसरा नाम है। संवेदनशील व्यक्तियों को अकसर अप्रासंगिक झलकियों और बहावों में जीवन की कसावट को ढीला कर देने का साधन मिलता है। आखिर ढिबरियों और कीलों से कसे इस फ्रेम से कभी-कभी तो निजात मिले!

पर मैं शिल्पी हूँ; आदत से मज़बूर! ढीली और विशृंखल रेखाएँ, अटपटे और सुदूर स्वर थोड़ी देर तो भले लगते हैं। पर फिर निरायास ही आकार और अलंकार, रसोत्कर्ष सोपान और ध्वनि की रंगीनियाँ मेरी लेखनी पर हावी हो जाती है। लगता है जैसे कैलिडोस्कोप में विविध रंगों के काँच के टुकड़ों की अस्तव्यस्त बहार देखते-देखते हठात् कोई 'पैटर्न' जँच गया। दृश्य थम गया और मैं उसे ज्यों-का-त्यों उतारने लगा।

वातावरण और प्रकृति को सूक्ष्म और संश्लिष्ट रूपों में देखने की मेरी पुरानी आदत है। बहुत-सी छोटी-छोटी या बारीक चीजें, जिनकी ओर प्रायः मुझसे ज्यादा दुनियादार

लोगों की निगाह नहीं जाती, मेरे मन में टिक जाती हैं। जब लिखने बैठता हूँ तो वे बारीकियाँ मेरी कल्पना को उत्तेजित करती हैं। शब्दों में उनको रूपायित करते समय मैं उन भौतिक पदार्थों और प्रक्रियाओं में भावनाओं की प्राण-प्रतिष्ठा कर पाता हूँ।

कोई नई बात नहीं है यह। वैदिक युग से ही कवि ऐसा करते आए हैं। हाँ, आज के युग में प्रकृति से मेरा ऐसा नजदीक का लगाव होना मुझे 'आउट ऑफ डेट' कर देता है। मानता हूँ, यहाँ भी आदत से मजबूर हूँ। लेकिन इसका अर्थ यह नहीं कि मैं समसामयिक समस्याओं से बचाव खोजता हूँ। बिलकुल नहीं। इनमें शायद ही कोई लेख मिले जिसमें एक-न-एक समकालीन समस्या से मेरी भिड़न्त न हुई हो। मेरी कोशिश रहती है कि मनोरंजन की पगडंडियों पर मेरे साथ चलते-चलते पाठक आधुनिक समस्याओं पर गम्भीर सोच-विचार के उलझन-भरे और घने जंगल में भी विचरें। कई मसलों पर मेरे स्वर में चुनौती मिलेगी। जैसे, कहीं-कहीं अत्याधुनिकता के नए कठमुल्लेपन पर मैंने व्यंग्य किया है। लोक-जीवन की उपेक्षा मुझे अखरती रही है। अपने देश की भावात्मक एकता को नारों से परे एक शाश्वत सत्य मानता रहा हूँ। आध्यात्मिकता के आमन्त्रण के प्रति आधुनिक व्यक्तित्व की प्रतिक्रियाएँ भी मुझे घेरती रही हैं। वस्तुतः बिना विचार-तत्त्व के मानस की तरंगें—मन की मौजें—गगनचारी दर्शक का मनोरंजन भले ही कर लें, पर मेरे जैसे संसारी जीव की नाव को पार नहीं लगा सकतीं। ये मौजें यदि इस बहाने किसी दूसरे की भी नाव को गुमराह घड़ी में सहारा दे सकें तो बुराई क्या है? मैं उपदेशक नहीं हूँ और न उस पद के लिए मेरी कोई तमन्ना ही है। पर जैसे 'न्यूट्रल' पदार्थ के माध्यम से बिजली और शक्ति का संचार वैज्ञानिक करते हैं, कुछ वैसे ही उत्तेजक विचारों के लिए मेरे लेख एक निरपेक्ष माध्यम बन सकें, यह अरमान जरूर है।

ललित लेख लिखने का शौक 1937 में ही लग गया था। इस संग्रह के 'आटे के दीये' के प्रथम तीन-चार पृष्ठ सन् '37 हीं में लिखे—पन्तजी के 'रूपाभ' के लिए। उस समय छपे ही नहीं। अब बदली हुई परिस्थिति में लेख पूरा हुआ सन् '72 में। 'बेसुरा राग', 'कोहरा हट गया', 'आखिरी गूँज', तीनों सन् '40 और सन् '47 के बीच लिखे गए। बाकी में से 11 तो हाल ही की रचनाएँ हैं और शेष सन् '49 और सन् '60 के बीच की।

यह 'इतिहास' यह स्पष्ट करने के लिए दे रहा हूँ कि इस संग्रह के ललित लेख उस धारा से भिन्न हैं जो पिछले छह-सात वर्षों में हिन्दी के कतिपय गण्यमान्य गद्यकारों ने अत्यन्त प्रभावशाली ढंग से प्रवाहित की है। मुझे तो दिशा-संकेत मिले चार्ल्स लैम्ब के 'एसेज ऑफ एलिया' से (एडिसन की अपेक्षा लैम्ब का अटपटापन और उसकी अप्रासंगिकता में रमते हुए प्रसंग पर पहुँचने की विधि मुझे अधिक रुची) और जेरोम के जेरोम, मैक्स बीअरबोम, जी.के. चेस्टर्टन और जे.बी. प्रीस्टले के अनेक फुटकर निबन्धों से जो द्वितीय महायुद्ध से पूर्व अंग्रेजी साहित्य के पाठकों के संस्कारों को माँजते रहे थे। इसमें कोई शक नहीं कि निबन्धों की यह परम्परा अंग्रेजी साहित्य और व्यक्तित्व

की विशेष देन है। हिन्दी के बालमुकुन्द गुप्त की शैली ने भी मुझे आकर्षित किया । लेकिन वह छटा द्विवेदी-युग के बाद दो-तीन दशकों के बीच लुप्त-सी हो गई।

यद्यपि 'कोहरा हट गया' और 'आखिरी गूँज' लघुकथाएँ मानी जा सकती हैं, तथापि इस संग्रह में उन्हें इसलिए शामिल किया गया है कि उनमें मिलनेवाली झाँकियों का इस संग्रह के अन्य चित्रों से साम्य है। जो मूरतें उनमें निखरी हैं वे काल्पनिक भी नहीं हैं।

–जगदीशचन्द्र माथुर

30-11-1972
30, कैनिंग लेन, नई दिल्ली

चाँद, तुम देर से उगे

चाँद, तुम देर से उगे—बहुत देर से।

गहरी हरी कालिमाच्छन्न पर्वत-प्राचीर के पीछे से तुम्हारी ज्योति की आहट दबे पाँवों आनेवाली अभिसारिका की पगध्वनि के समान सुन पड़ी, और मैंने अखबार पर से अपनी आँखें उठाईं, खिड़की के आर-पार देखा। कथकली नर्तकों की भाँति पर्दे के पीछे से तुम्हारा वैभव झाँक रहा था। धीरे-धीरे और बर्फ से ढकी चोटियों का निश्शब्द विराट संगीत मानो तुम्हारे क्रमागत स्वरूप की मन्द गति पर ताल दे रहा था।

लेकिन तुम देर से आए चाँद, क्योंकि वह ताल मेरे लिए अनसुनी हो चुकी है। क्योंकि मेरे नेत्र तो टिके हैं अखबार पर, जिसमें रॉबर्ट कैनेडी की मृत्यु के समाचार के अक्षर मानो किसी गगनव्यापी चीख की प्रतिध्वनि हों, मानो बिजली तड़की और ज्यों-की-त्यों ठिठककर रह गई—भयावह और आक्रान्त।

मनाली की उपत्यका में तुम उग रहे ज्येष्ठ की राका के ज्योति-पुँज चाँद! आसमान का यह कोना साफ है और तुम्हारी साफ-सुथरी कटी-सी रूपरेखा वह गवाक्ष है, जिसमें से राशि-राशि विभूति का सागर झाँक रहा है।

प्रवंचना! कैसा ज्योति-सागर? तुम तो उधार का सौन्दर्य लिए उतर रहे हो चाँद! क्या इसीलिए दबे पाँव आते हो? क्या इसीलिए हिमाच्छन्न, योगी-स्वरूप चोटियों में रमते हो?

ये उत्तुंग शिखर, रजत की चट्टानें, ठंडी और निस्संग, निश्चल, अवरुद्धश्वास योगी ! न गति, न शब्द!

पर नीचे, इनकी पादुकाओं के तले व्यास की हहराती धारा, सतत प्रवाहशील जिनमें हलचल भी है और शोर भी। और आगे इसी व्यास की धारा के प्रचंड घर्षण से शक्ति और शब्द, गति और रव का उदय होगा—व्यास प्रोजेक्ट की बिजली का कारखाना... ये उत्तुंग शिखर इसीलिए तो योगमुद्रा में लीन हैं ताकि उनकी ऊर्ध्वश्वास मुद्रा में जो शक्ति-संचय हो रहा है, उसकी बूँद-बूँद से अनन्त शक्ति और भैरवनाद की अभिव्यक्ति हो।

चाँद, तुम देर से उगे!

तुम्हारे उधार लिए सौन्दर्य में रहने की क्षमता मुझमें कहाँ? तुम्हारे रमणीक असत्य में खो जाने की फुर्सत मुझे कहाँ? कैनेडी की लाश की तसवीर अखबार के फ्रंट पेज को घेरे है और उस पर मेरी निगाह टिकी है। वह पादुका तले अनवरत कोलाहल की

प्रतीक है और यह शोर ही सत्य है, रजत-शिखरों का मौन नहीं और न तुम्हारा नैन-सुख और चैन-भरा सौन्दर्य!

पर मेरी पत्नी बदस्तूर पूर्णिमा का व्रत रखती है और तुम्हारे 'असत्य' उधार लिए मुखड़े के दर्शन की प्रतीक्षा करती है। अभ्रक के चूरे की धूल के समान फैलते तुम्हारे प्रकाश को देखते ही उनके अर्घ्य-पात्र से श्रद्धा की धारा बह निकलती है।

फिर भी कहता हूँ चाँद, कि तुम देर से उगे; अब तुम्हारा आना वृथा है।

मनाली में देवदारु के जंगल में हिडिम्बा के मन्दिर पर छन-छनकर तुम्हारे रजत-कण बिखरेंगे, पर लकड़ी की वह नक्काशी, जिसे कुल्लू के राज्याश्रयी शिल्पियों ने मन लगाकर गढ़ा था, तुम्हारी चाँदी से अलंकृत न हो सकेगी। उसे तो सीमेंट के दो भद्दे और बेडौल खम्भों ने राहु-केतु की तरह ग्रस लिया है, उन खम्भों के ऊपर उनसे भी अधिक असुन्दर सीमेंट के शहतीर ने उस झरोखे को घेर लिया है, जिसके पीछे बैठकर राजकुल की ललनाएँ मन्दिर के प्रांगण में नृत्य-प्रदर्शन देखती थीं। सीमेंट के ऊपर अंग्रेजी में लिखा है—"हिडिम्बा टेम्पिल रिपेअर्ड बाई रेकुराम—1964"—जिन कलाकारों ने मन्दिर के द्वार पर दशावतार, नवग्रह, नर्तकों, गायकों इत्यादि के मनोहर चित्र अंकित किए, उनसे दुनिया अपरिचित है। पर सन् 1964 में जिस नादान ग्रामवासी ने उनकी कलाकृतियों पर अपनी कुरुचि का गोबर लीप दिया, उसका नाम हर पर्यटक पढ़ता है। सुनता हूँ, वह निकट ही गाँव में रहता है, साहब लोगों को शिकार कराने ले जाता है। और उनसे खासी फीस वसूल करता है। यों हजारों रुपए जमा हो गए। करे तो क्या करे! ग्यारह शादियाँ कीं, अब तीन बीवियाँ जिन्दा हैं। मकान में शिकार के फोटो दीवार पर सजे हैं। सोफासेट हैं, साहब लोगों की आवभगत के लिए। फिर भी पैसा ज्यादा था, तभी तो हिडिम्बा मन्दिर का यह अरूप जीर्णोद्धार कराया, अमरता का सेहरा पाने को।

हिडिम्बा मन्दिर में हिडिम्बा की मूर्ति नहीं, भीम का भी कहीं नाम नहीं। दुर्गा की ध्वस्त मूर्ति के खंड हैं। गर्भ-गृह में एक चट्टान है, जो बलिवेदी भी है, उसके नीचे छोटी-सी कांस्य मूर्तियाँ, लेकिन भीम की प्रेयसी और पत्नी की मूर्ति नहीं। पांचाल देश के निकट इस क्षेत्र में ही हिडिम्बा तत्कालीन आदिवासियों की राजकुमारी रही हो तो कोई ताज्जुब नहीं। कुल्लू के क्षत्रिय राजाओं ने बाद में आदिवासी देवी पर भगवती दुर्गा का आसन जमा दिया।

मैंने देखा, दो सुन्दर पहाड़ी बालिकाएँ एक छोटे-सिंहासन को अपने नन्हें कन्धों पर सँभाले उस जात्रा का अनुकरण कर रही थीं, जो चीड़ के इसी वन के एक कोने में प्रस्तुत होती रही है, प्रति वर्ष दशहरे के आस-पास। तब चीड़ के इस जंगल में ये खुली रंगस्थलियाँ जगमगा उठती हैं। पशुओं का बलिदान होता है, अनेक कन्धों पर लाए गए सिंहासनों में से देवता लोग उतरते और अपने मानव भक्तों के नृत्य देखते हैं। हिडिम्बा की कथा की पुनरावृत्ति की जाती है या नहीं, यह नहीं मालूम। और न यह कि देवी जिन पशुओं का भक्षण करती है, क्या वे उन पांडवों के प्रतीक हैं, जिन्हें हिडिम्बा

का मुखग्रास बनने को प्रस्तुत होना पड़ा था। भीम ही ने उसके भाई का मानभंजन और वध करके आपदा टाला और फिर उसी से विवाह किया।

इस क्षेत्र में किन्नरों और गन्धर्वों की कल्पना तो स्वाभाविक जान पड़ती है। पर हिडिम्बा और आजकल के यति क्या पहाड़ों के नाटे मानव ने गढ़े, अपने प्रभावशाली नेताओं के रूप में! या वीर पांडवों को जरूरत पड़ी अपने योग्य प्रतिनायकों की ? पांडवों का 12 वर्ष का अज्ञातवास और राम का 14 वर्ष का वनवास, दोनों अवधियों में मानो आर्य जाति ने अपने योग्य वैरी चुने और उनके विनाश की कहानियों को ऐसे संघर्ष का रूप दिया, जिसमें से उनके अपने नायक गौरवान्वित होकर निखरे। पर गौरव वैरी के पराक्रम ही में नहीं था, वरन् उनके समादर और प्रशंसा का पात्र बन जाने में। पांडवों को तो अपने भावी महायुद्ध के लिए संगी-साथी चाहिए थे न? इसलिए जो वैरी थे, उन्हें रिश्तेदार और समर्थक बनाने ही में कल्याण था।

पर मैं जानता हूँ पूनम के चाँद, कि तुम कुल्लू और मनाली की उपत्यकाओं और ढलानों में फैले जंगलों में वैर और रक्तरंजित पंजों के चिह्न ही नहीं खोजते। तुमने यह भी तो देखा है कि कैसे जमाने से हिमालय पीड़ित और त्रस्त मानव का आश्रयदाता रहा है। व्रतियों और साधकों को ही नहीं, वरन् उन्हें मरहम देता रहा है, जो जीवन से क्षत-विक्षत होने पर भी अपनी कल्पना और सौन्दर्य की सर्जनाओं को विध्वंसकों की क्रूर दृष्टि से बचाने के लिए यहाँ भागे आए। काँगड़ा-कुल्लू की इन घाटियों ही ने तो बख्तियार खिलजी के सैनिकों के विवेकहीन कट्टर सर्वभंजक हाथों से जयदेव की स्वरलहरी, राधाकृष्ण की शाश्वत आनन्दलीला को बचाने के लिए भागनेवाले सेनवंशी राजाओं को आश्रय दिया!

उसके बाद 500 बरस तक यह परम्परा पनपती रही, और उसका चरमोत्कर्ष हुआ राजा संसारचन्द के राज्यकाल में। गीतगोविन्द और बिहारी के काव्य को तूलिका में बाँधनेवाले कलाकारों की कल्पना इन घाटियों और पहाड़ियों में निर्द्वन्द्व विकसित हुई।

बरसों बाद सन् 1932 में सुदूर सेंट पीटर्सबर्ग (आधुनिक लेनिनग्राद) से एक रूसी कलाकार, जो तत्कालीन राजनीतिक उलटफेर का शिकार हुआ, काँगड़ा-कुल्लू में आश्रय लेने आया। उसका नाम था काउंट निकोलाई रोरिक, जिसकी कलाकृतियाँ उस समय भी देश-विदेश में प्रसिद्ध हो चुकी थीं, यहाँ तक कि अमरीका में तो एक रोरिक केन्द्र की स्थापना हो चुकी थी। हिमालय के प्रति निकोलाई रोरिक के मन में बचपन से ही अनुराग पैदा हो गया था। उसकी वंशगत जायदाद—कोठी—का नाम था 'ईश्वर'। रूस की सम्राज्ञी कैथराइन दि ग्रेट के समय में उसके निकट कोई हिन्दू राजा बस गया था और उसने अपनी कोठी में मुगलकालीन बगीचा भी लगाया था। रोरिक के मकान में एक विशाल पर्वत-शिखर का भव्य चित्र था, जिसकी ओर रोरिक बचपन में अत्यधिक आकृष्ट हुआ। बहुत बाद में उसे मालूम हुआ कि कि वह हिमालय के उत्तुंग शिखर

कंचनजंघा का चित्र था। रोरिक की पत्नी येलना के एक चचा उन्नीसवीं सदी के मध्य में भारत आए थे। लौटने पर सेंट पीटर्सबर्ग के एक शाही समारोह (नृत्य) में वह राजपूत पोशाक पहनकर शामिल हुए। पुनः भारतवर्ष लौट गए, पर उसके बाद उनका पता ही न चला।

यों हिमालय का आमन्त्रण तो निकोलाई रोरिक को बहुत पहले ही मिल चुका था, सपरिवार आने की जरूरत आ पड़ी जबकि रूसी क्रान्ति के बाद उन्हें पहले तो लन्दन भागना पड़ा और उसके बाद रवीन्द्रनाथ ठाकुर के आग्रह पर भारत। 1923-24 में भारत-भर में खूब घूमे। कुल्लू घाटी का विहगावलोकन करनेवाली पहाड़ी पर स्थित व्यास के तट पर नग्गर नामक स्थान में जायदाद खरीदकर वहीं पर एक निराला घोंसला बनाया। सन् 1924 से सन् 1928 तक अपनी पत्नी और एक अनुसन्धायक दल को साथ लेकर सिक्किम से कराकोरम तक सारी हिमालय श्रेणी का भ्रमण किया। मध्य एशिया से तिब्बत होते हुए अनेक कष्टों को झेलते हुए हिमालय एवं अन्य पर्वत श्रेणियों के क्रोड़ में सुषुप्त अलभ्य कलाकृतियों और प्रकृति के रहस्यों की खोज करने के बाद सन् 1928 में भारत वापस आए। तत्कालीन ब्रिटिश सरकार की वक्रदृष्टि के कारण दो साल के लिए अमरीका चले जाना पड़ा। सन् 1930 में ज्यों-त्यों करके स्थायी रूप से कुल्ली घाटी में आश्रय मिला।

हिमालय की छटा अन्तस् में ऐसी समाई कि कालिदास के वर्णनों को साकार करने रोरिक की तूलिका ललक पड़ी। उसी वैभव की झाँकी लेने मैं मनाली से नग्गर पहुँचता हूँ।

रोरिक ने असित कुमार हलदार को एक बार लिखा था—"मुझे इस बात का गर्व है कि हिमालय के पावन और भव्य शिखरों को चित्रों पर उतारने का सौभाग्य मुझे मिला है।" नग्गर में रोरिक की कुटीर के सामने खड़े होकर चारों ओर और ऊपर निगाह डालता हूँ...कौन है जिसे इस दिव्य सौन्दर्य की झाँकी चितेरा या कवि बन जाने को आतुर नहीं करेगी?...सामने और पीछे हिमाच्छादित लेकिन असंख्य रंगों से विभूषित चोटियाँ, मानो किसी निस्सीम महासागर की गहन और विशाल ऊर्मियाँ हमेशा-हमेशा के लिए ठिठककर खड़ी हो गई हों। नीचे घने जंगल की गहरी हरियाली के बाद, धान के खेत—हलके हरे और पियरे पोखर, किसी जादूगरी छुवन ने जिन्हें निश्चल कर दिया है। और उसके बाद रोड़ों और नन्ही चट्टानों के बीच किलकती-उछलती व्यास नदी, जिसका पाट खुले आकाश-सा फैला है। कुल्लू की यह घाटी, जिसमें दशहरे के दिन दोनों किनारों के पर्वतों के देवता उत्सवमग्न ग्रामीणों के कन्धों पर चढ़कर आते और एकत्र होते हैं। क्या इस छवि के दिग्दर्शन के लिए रोरिक ने उन्हीं देवताओं की मन्त्रणा से इस दुर्गम पहाड़ के क्रोड़ में अपना नीड़ चुना।

देवताओं से मन्त्रणा? रोरिक के नीड़ के चारों ओर हिमाद्रिशृंग के तुंगों को देखते-देखते मैं कल्पना कर रहा हूँ : देवताओं से मन्त्रणा के लिए ही तो ये धवल और नील, सुवर्ण और लोहित हर्म्य, हिमालय ने रख छोड़े हैं।

सौन्दर्य-द्रष्टा कवि रोरिक ऋषि रहा होगा, उन ऋषियों का वंशज जो हिमालय के इन हर्म्यों में जाकर देवताओं से मन्त्रणा करते थे। कालिदास भी तो ऐसा ही ऋषि था। कालिदास के बाद रोरिक...बड़ा लम्बा फासला, और शायद भविष्य में यह फासला और भी बढ़ता जाए...देवताओं से मन्त्रणा कर सकनेवाले दिव्य सौन्दर्यदर्शी ऋषि बिरले होते जा रहे हैं।

रोरिक के उस नीड़ के कक्षों में ले जाकर मुझे रोरिक के कलाकार पुत्र स्वेतोस्लाव और उनकी पत्नी देविका रानी कलानिधि के अमूल्य रत्न दिखाते हैं। मैं चमत्कृत हूँ, स्तब्ध हूँ...लगता है जैसे हिमाद्रि रूप विशालकाय महाविष्णु वामन का लघु रूप धारण कर इन चित्रपटों पर उतर आए हों। नतमस्तक हूँ तुम्हारे समक्ष, हे रोरिक महाबलि, जिसकी तूलिका से महाविष्णु हिमालय ने भिक्षा माँगी...

"यही तो तुम्हारे साथ इल्लत है," मेरी पत्नी ने मेरे कानों के पास सरगोशी की, "जहाँ रम गए सो रम गए। समय का कुछ खयाल ही नहीं। अभी तो बहुतेरा देखना है।"

देविका रानी वह बगीचा दिखाती हैं, जो निकोलाई रोरिक के जीवन-काल में ही रोपा गया था। इस घाटी में सेब, नख़, अख़रोट, चेरी आदि अनेक फलों की बहार है। मालिक और मालकिन प्रायः बंगलौर रहते हैं, इसलिए उतनी देखभाल नहीं हो पाती। फिर भी प्रकृति और मानव-सुरुचि का जैसा संयोग नग्गर के इस मनोरम स्थल में दीखता है, वैसा श्रीनगर के चश्मेशाही के उपवन में भी नहीं। केवल जापान के बगीचों में यह बात दीखी...। जापान, जिसने भारतवर्ष से चुटकी-भर मिट्टी ली, ध्यान-मनन की और उसे जैन का विलक्षण दर्शन बना दिया; देवताओं की—वरुण, वायु गरुड़ इत्यादि—और उनकी सुवर्णमंडित प्रतिमाओं को अपने मन्दिरों की शोभा बनाया; लिपि की—देवनागरी—और उसे उन मन्त्रों में सँजोकर रख दिया जो पावन चित्रों के नीचे लिखे गए हैं; बुद्ध की, जिसकी मूल गन्ध से सारे द्वीप को सुवासित कर सदियों की युद्धप्रिय प्रवृत्ति के निराकरण में बार-बार वहाँ का भिक्षु समुदाय जुट जाता है। जापान और भारत?...हिरोशिमा और कलिंग!

"और यह वह स्थान है," स्वेतोस्लाव बता रहे हैं, "जहाँ खड़े होकर सन् 1946 में जवाहरलाल नेहरू ने जब हिमालय को देखा, तो देखते ही रह गए, योगी की तरह या स्वप्नद्रष्टा की तरह..."

मुझे याद है कि सन् 1959 में या उसके आसपास टेलीविजन के लिए एक संवाद-प्रोग्राम में हिस्सा लेते हुए जवाहरलाल नेहरूजी ने अपनी स्फूर्ति और ताज़गी का कारण बताते हुए एक समवयस्क किन्तु जीर्ण-शीर्ण प्रश्नकर्ता को अपने तीन रहस्य बताए थे—"मैं बच्चों में हिलमिल जाता हूँ...मैं हिमालय के दिग्दर्शन में अपने को खो देता हूँ...और...और मैं ओछी और छोटी बातों के परे, दूर का विजन पाने—ऊँचे दर्जे की चीजों को देख सकने का आदी हूँ।"

लेकिन सन् 1946 के जवाहरलाल ने कुल्लू घाटी से हिमालय का दिग्दर्शन करते

हुए क्या सोचा होगा? जेल से छूटे थे...इलेक्शन के लिए तैयारी होनेवाली थी...भविष्य का आह्वान था। कैसा भविष्य होगा वह?...क्या जवाहरलाल ने, कलाकार-ऋषि की भाँति नहीं, एक महान जननायक की आँखों से देवताओं से नहीं, हिमालय से जिज्ञासा की होगी कि कैसे बनाऊँ इस भारत-भूमि को, जिसके तुम सन्तरी हो, पासवाँ हो ?...

शायद सन् 1946 के जवाहरलाल के मन में यह जिज्ञासा उठी हो, क्योंकि उस समय वह उस खिलाड़ी की परिस्थिति में थे...ऊँची कूद लेने से पूर्व जिसके अंग-प्रत्यंग आतुर हों।

हिमालय से उन्हें क्या उत्तर मिला?...कौन जाने? लेकिन बहुत पहले सन् 1922 में जिस कवि ने मातृभूमि पर शीश चढ़ानेवाले शहीदों के पथ पर फेंके जाने की अनोखी चाहवाले फूल को अमर बनाया, उसी ने 'पर्वत की अभिलाषा' में हिमालय के मन की बात भी कही थी। माखनलाल चतुर्वेदी की ये पंक्तियाँ किसी काव्य-संग्रह में न मिलें, पर 1922 ही में रची गई थीं :

तू चाहे मुझ को हरि, सोने का मढ़ा सुमेरु बनाना मत।
तू चाहे मेरी गोद खो कर, मणि माणिक प्रकटाना मत।
तू मिट जाने तक की, मुझमें से ज्वालाएँ बरसाना मत।
लावण्यमयी लाड़ली वनदेवी का, लीला-क्षेत्र बनाना मत।
जगतीतल का मल धोने को, भू हरी-हरी कर देने को—
गंगा जमुनाएँ बहा सकूँ, ये देना, देर लगाना मत।

जवाहरलाल ने शायद हिमालय की इस प्रार्थना में अपने प्रश्न का उत्तर पाया हो, या प्रतिध्वनि पाई हो अपनी ही भावनाओं की।

माखनलाल चतुर्वेदी का हिमालय ही सत्य है।...चाँद, तुम देर से उगो, चाहे जल्दी,... मुझे इसकी परवाह नहीं है अब...

जब भी उगोगे, मैं तुम्हारी आती-जाती आभा में विभोर हो जाऊँगा। सौन्दर्य मेरी साधना है, किन्तु पुरुषार्थ मेरी सौन्दर्य-साधना से भी परे, लोकोत्तर सत्य है।

चातुर्वर्णीयम्

शीर्षक को देखकर आप शायद जम्हाई लें। सोचें—यह लो, एक और दकियानूसी निबन्ध आया हिन्दुओं के ब्राह्मण, क्षत्रिय, वैश्य, शूद्र—चार वर्णों की दुहाई लेकर। भला कोई बात है, आजकल के मॉडर्न युग में और यह चर्चा...!

जी नहीं, आप समझे नहीं। अगर आप अंग्रेजी जानते हैं, आजकल के अंग्रेजी समाचार-पत्र पढ़ते रहे हैं, तो आप तुरन्त समझ जाएँगे कि मैं वैदिक युग में आर्यों द्वारा प्रवर्तित वर्णाश्रम धर्म का गुणगान नहीं कर रहा। मैं तो लिखने बैठा हूँ उस नए माजरे पर जो आज के दिन अंग्रेजी-भाषी दुनिया पर हावी हो बैठा है और चूँकि हम हिन्दुस्तानी शहरी मध्यवर्गीय लोग अपने को कम अंग्रेजीदाँ नहीं मानते, इसलिए हमारा भी कंठहार हो रहा है।

नहीं समझे? तो, प्यारे पाठक, आप भी उतने ही पोंगा हैं जितना आज से चालीस बरस पहले मैं था, जब मैं अपनी छोटी-सी बस्ती से प्रयाग नगरी में इंटरमीडिएट कक्षा में पढ़ने के लिए पहुँचा था। 'पोंगा' हमारी बस्ती में भोंदू या नादान को कहते हैं। याद है 'साहेब बीबी गुलाम' फिल्म का गीत 'भौंरा बड़ा नादान'?...वही नादान। असल में मुझे मेरे ही नगर के मेरे बालबन्धु कवि नरेन्द्र पोंगा मानते थे और कहते थे, 'यार, जब तक तुम यह रुई की वास्कट पहनते रहोगे तब तक कोई लड़की तुम्हारे पास फटकेगी भी नहीं।...अभी कुछ बरस हुए, अमरीका में रुई की वास्कट का नया 'वर्शन' देखा—टेरिलीन के कपड़े के भीतर केमिकल रुई, पर ऊपर से वैसे ही शकलपारे, जैसे मेरी वास्कट में थे। मैंने अपनी पत्नी से कहा—निकालो भई मेरी वास्कट, फिर फैशन में दाखिल हो गई है।

हुआ ऐसा कि मैं आया तो था छोटी-सी बस्ती से हाईस्कूल परीक्षा पास करके, पर सारे प्रान्त में अकेला मैं ही अंग्रेजी के पर्चों में डिस्टिंक्शन (विशेष योग्यता यानी पचहत्तर प्रतिशत से ऊपर नम्बर) मार ले गया था। सो जरा धाक थी और अंग्रेजी के कठिन शब्दों के माने पूछने अकसर मेरे पास अन्य छात्र पहुँच जाते थे। मैं ठहरा पोंगा, क्या मालूम कि कुछ यार लोग जानकर अनजाने बनकर भी 'शंका-समाधान' के लिए पहुँच सकते हैं। बाद में मालूम हुआ कि फर्स्ट ईअर फूल बनाने की यह एक शरारत-भरी चाल थी। उस जमाने में 'रैगिंग' नहीं होता था। यही थोड़ी छेड़छाड़ से ही मनबहलाव हो जाता था। आधुनिक नौजवान का मनबहलाव छेड़छाड़ से नहीं होता, दूसरे महायुद्ध

की हिंसा की जो औलाद हैं न? उससे तो फर्स्ट ईअर फूल को वैसे परिस्थिति में ही देखकर मनबहलाव होता है—जैसे छिपकली की कीड़े-मकोड़े को पकड़कर झिंझोरने में।

खैर, तो साहब, दो सीनियर लड़के बड़ी संजीदा मुद्रा में मेरे पास आए और पूछने लगे—एक अंग्रेजी शब्द के माने नहीं मालूम है। बता सकेंगे? मैंने ताव से कहा—क्यों नहीं? क्या शब्द है? और तब उन्होंने एक चार वर्ण का शब्द दिखाया। मैं छोटी-सी बस्ती का नादान किशोर! न तो किसी किताब में वह शब्द पढ़ा था और न जो ऑक्सफोर्ड डिक्शनरी उस समय मेरे पास थी, उसमें ही उसका ठिकाना था। चकराकर अपनी धाक पर बट्टा लगते देखकर भी मुझे अपनी अज्ञानता स्वीकार करनी पड़ी। कुछ निराले ढंग से खिलखिलाकर हँसते हुए दोनों सीनियर चले गए।

बाद में उस शब्द के अर्थ मालूम हुए। अंग्रेजी के उस चतुर्वर्ण शब्द के हिन्दी अर्थ का द्योतक शब्द मात्र दो वर्णों का है। अंग्रेजी में आज दिन उस शब्द की बड़ी महिमा है। 'फोर लेटर वर्ड' की संज्ञा से उसका संकेत दिया जाता है। डी.एच. लारेंस के खुलेआम बिकनेवाले 'लेडी चेटर्लीज लवर' से लेकर गलियों के किनारे बिकनेवाली रंगीन पुस्तकों में उसका प्रयोग हुआ है। बड़े इज्जतदार समाचार-पत्रों में उस पर विद्वतापूर्ण और विवादपूर्ण लेख लिखे जा चुके हैं। अमेरिकन और इतालवी फिल्मों, अंग्रेजी ड्रामों (यथा 'हेयर' और 'ओ कैलकटा') तथा अनेक अनुसन्धान ग्रन्थों में उसका व्यवहार हुआ है। शब्द क्या हुआ, मानो आधुनिक पीढ़ी की क्रान्ति-भावना का नारा हो गया है।

लेकिन उन दिनों, आज से चालीस साल पहले, जब मुझे उस शब्द के हिन्दी अर्थ मालूम हुए तो मैं कुछ आश्चर्य में पड़ गया कि आखिर ऐसी क्या बात थी कि इलाहाबाद वाले इतने खिलखिला रहे थे।...और आज भी अंग्रेजीदाँ-दुनिया जिस तरह से अपने इस चतुर्वर्णी शब्द को लेकर मानो मानव-विचारधारा में नवीन युग का आह्वान कर रही है, वह मुझे, अंग्रेजी मुहावरे के अनुसार, चाय में झँझावात के तुल्य जान पड़ता है।

बात यह है कि आधुनिक पाश्चात्य दुनिया अपने चतुर्वर्णी शब्द को काम-भावना (सेक्स) के क्षेत्र में नई छूट देनेवाली—पर्मिसिव—सोसायटी के प्रतीक के रूप में घोषित कर रही है। यानी चतुर्वर्ण और काम-भावना का अन्योन्याश्रयी सम्बन्ध है।

यह सही है कि वह चतुर्वर्ण नर-नारी की काम-प्रक्रिया का द्योतक शब्द है। पर चालीस बरस पहले अधिकतर हिन्दी-क्षेत्रीय समाज में उस शब्द का इस्तेमाल काम-भावना नहीं, उबलते क्रोध के सन्दर्भ में होता था। आज यदि मध्यवर्ग के व्यक्ति को बहुत क्रोध आएगा तो पहले तो वह खींचा-तानी करके अपने क्रोध को जब्त करना चाहेगा। असफल हुआ तो तेज स्वर में जल्दी-जल्दी बोलकर अपने को संयमित दिखाना चाहेगा। या फिर तेज स्वर में चीखकर अपने से छोटों को डाँट-डपटकर या कुछ झुंझलाकर अपने क्रोध को प्रकट करना चाहेगा। मतलब यह कि फव्वारे के प्रवाह को रोककर या इधर-उधर भटकाकर अपनी क्रोध की धारा की गति को मन्थर करना चाहेगा।

पर चालीस साल पहले खासतौर से छोटे-छोटे नगरों में यदि किसी प्रौढ़ को गुस्सा

आता था तो झट से फव्वारे की धारा को धड़ल्ले के साथ छोड़ दिया जाता था और उसका माध्यम था वही द्विवर्णी शब्द जिसके चर्तुवर्णी पर्याय को लेकर अंग्रेजी दुनिया में इतनी चहल-पहल मची है। वह शब्द और उसके-से अनेक शब्द, जिन्हें चाहें तो आप 'गाली' कह सकते हैं, बिना झिझक व्यवहृत होते थे—शिष्ट से शिष्ट पुरुष-समाज में। बचपन में यद्यपि एक कुमार होने के नाते अपने समाज में मैं उन द्विवर्णी शब्दों के व्यवहार से वंचित था, तथापि, रोज सुनता था उस धाराप्रवाह को और शायद मेरे दिमाग में वे शब्द काम-प्रक्रिया से सम्बद्ध नहीं थे। वे बुजुर्ग भी, जो उन शब्दों का आते-जाते क्रोध के सन्दर्भ में झट से इस्तेमाल करते थे, वैसा करते समय काम-भावना का खयाल भी नहीं करते थे। यानी 'क्रोध' ही उन द्विवर्णी (या चतुर्वर्णी) शब्दों का अनुकूल वातावरण था।

ये शब्द उस ज़माने में क्रोध के वातावरण को अनजाने ही बदल देते थे। क्रुद्ध व्यक्ति के आवेश को मानो एक नाली मिल जाती थी ताकि उसके दुष्प्रभाव, उसकी गन्दगी उस नाली के जरिए सहज ही निकल जाएँ और उफनकर उसके व्यक्तित्व को भ्रष्ट और आहत न कर दें। शायद, इसी कारण उन दिनों 'ब्लड-प्रेशर' की शिकायतें सुनने में कम ही आती थीं। कुछ समय हुआ, योजना आयोग में एक सज्जन थे, खासे विद्वान और दूरदर्शी, किन्तु भावुक और उत्साही भी। अपने प्रस्तावों के बारे में वह इतनी कट्टरता से दलील करते कि उन पर बहस शुरू होते ही उनका आक्रोश अनियमित होने लगता। उनके सहकर्मी कहा करते, "श्री...का 'ब्लड-प्रेशर' हर दस मिनट पर बढ़ जाता है।" मुझे अकसर यही मलाल होता कि किसी ने उन्हें वे द्विवर्णी या चतुर्वर्णी शब्द क्यों नहीं सिखा दिए! कितनी आसानी से उनका सारा आक्रोश, समस्त रोष केन्द्रीभूत हो जाता उन नीलकंठ, विषपायी शब्दों में, और वह स्वयं शिव की भाँति विकारहीन पर प्रभावशाली हो जाते! ब्लड-प्रेशर तो कब्ज़े में आ ही जाता !

उनके विपरीत मेरे एक बुजुर्ग रिश्तेदार हैं। जब ऊँची सरकारी नौकरी पर थे तो मिनिस्टरों से रोज ही वास्ता पड़ता था। खरे और जानकार अफसर। उनका सम्मान इसलिए था कि अपने विभाग की जटिल-से-जटिल समस्या को सुलझाने में समर्थ थे। कोई उनसे उलटा-सीधा काम कराना चाहे तो तड़ाक् से सुना भी देते थे। एक दिन किसी बात पर मिनिस्टर से खटपट हो गई। घर आकर बिना किसी झिझक के जिन चुनीन्दा शब्दों में उन्होंने अपने को अभिव्यक्त किया उन्हें सुनकर बहुत-से दिलजलों की तबीयत खिल गई। ताव में आकर बोले, "और समझते क्या हैं ये लोग?...जब काम बिगड़ेगा तो ये साले पूछेंगे किन सालों से?...अरे, हम सालों ही के पास तो आएँगे पूछने!" मैंने दबी ज़बान से कहा, "आप तो अपने ही आप को खरी-खोटी सुना रहे हैं।" खट से जवाब मिला, "इन सालों की गुलामी करते हैं तो हम साले नहीं हैं तो क्या हैं?"

दलील अकाट्य थी। मैं चुप हो गया। इसके बाद तो कुछ उन द्विवर्णी शब्दों का धारा-प्रवाह उमड़ा जिनका जिक्र मैंने पहले किया है। उस पीढ़ी के लोगों की महारत भी काफी थी। 'उसने कहा था' कहानी के लेखक चन्द्रधर शर्मा गुलेरी ने लिखा है कि

अमृतसर के ताँगेवालों की झिड़की इतनी मीठी होती है कि उत्तर प्रदेश के इक्के-ताँगेवालों की गालियों से जिन राहगीरों की पीठ छिल गई हैं उन पर मरहम का काम करती हैं। पश्चिमी उत्तर प्रदेश के उस पीढ़ी के इक्के-ताँगेवालों का चतुर्वर्णी और द्विवर्णी शब्दमाला पर असाधारण अधिकार होता था। सन् '34 में एक बार टूंडला में एक एंग्लो-इंडियन ताँगेवाले की सवारी पर चढ़ने का मौका मिला। रंग और पैदाइश से तो एंग्लो-इंडियन ही था टॉम ताँगेवाला, पर हिन्दी खासी बोल लेता था। मेरे चाचा, जिनके मैं साथ था, उसके दोस्त बन गए थे। थोड़ी देर बाद बोले, "मि. टॉम!" "जी!" "कुछ हो जाए?" "मतलब?" इतने में घोड़े ने म्युनिसिपैलिटी की सड़क ही पर कुछ अशिष्टता की और ताँगे की गति कुछ मन्द हो गई। चाचा साहब बोले, "तुम्हारा घोड़ा कुछ बदतमीजी कर रहा है न?" टॉम साहब समझ गए। अपनी चाबुक को घोड़े की पीठ पर बदस्तूर आजमाते हुए बोले, "क्यों बे घोड़े, तेरी इतनी जुर्रत! तेरी ऐसी कम तैसी!" और फिर मि. टॉम ने अंग्रेजी के चतुर्वर्णी और हिन्दी के चित्रोपम और ध्वनि- बोधक द्विवर्णी-त्रिवर्णी शब्दों को अपने प्रखर स्वर में और धड़ल्ले के साथ कुछ ऐसे ही गूँथना शुरू किया जैसे केरल के पुराने साहित्यकार संस्कृत और मलयालम की मिली-जुली 'मणिप्रवाल' शैली में काव्यधारा प्रवाहित करते हैं। चाचा साहब जितनी ही शह देते उतनी ही मि. टॉम की कल्पना उत्तेजित होती और घोड़े के साथ-साथ उसके सारे खानदान की (जिसमें मि. टॉम खुद अपने को भी शामिल करते थे) खूब ही खबर लेते।

ऐसा नहीं कि चतुर्वर्णी शब्दों का व्यवहार केवल क्रोध के सन्दर्भ में ही होता हो। कभी-कभी दोस्तों के बीच ये शब्द विशेष दुलार के सूचक भी होते थे। जो भी हो, चाहे क्रोध, चाहे दुलार दोनों ही अवस्थाओं में इन शब्दों का व्यवहार करनेवाला व्यक्ति उन शब्दों के अर्थों की व्याख्या नहीं करता। यह गनीमत है कि सुननेवाला भी व्याख्या करने की जरूरत नहीं समझता। वरना ये शब्द तो क्या, इनसे कहीं अधिक निर्दोष शब्द कभी-कभी अजाने ही आग में घी का काम देते हैं। पश्चिमी उत्तर प्रदेश और बिहार में एक या एक-से ही शब्द विभिन्न प्रकार की प्रतिक्रियाएँ उत्पन्न करते हैं। करीब तीस साल पहले की बात है। उत्तर बिहार में रेल से यात्रा कर रहा था। टिकट चेकर आया और उसने हम लोगों से टिकट दिखाने को कहा। सामनेवाली सीट पर धोती पहने एक सज्जन उकड़ूँ बैठे हुए थे। उन्होंने जिस ढंग से अपनी अंटी में से सेकिंड क्लास का टिकट निकाला उससे जाहिर था कि वह छोटे-मोटे सेठजी हैं और पछाँह के रहनेवाले हैं; "देख लो जी टिकट।" उनकी इतनी-सी बात सुनते ही बिहार के उस अहिंसक-से दीखनेवाले टिकट चेकर के बदन में मानो आग ही लग गई। "आप मुँह सँभालकर बात कीजिए।" सेठजी चौकन्ने-से होकर बोले, "वाह जी, तुमने ही तो कहा था, टिकट दिखाओ, सो टिकट दिखा रहे हैं।" "आप फिर तू-तड़का कर रहे हैं। कहे देता हूँ, आपके हक में अच्छा नहीं होगा।" बात बढ़ती जा रही थी। हाथापाई की नौबत आनेवाली थी। मैंने बीच-बचाव करना उचित समझा। दोनों को समझाते-बुझाते हुए मैंने कहा, "देखिए टिकट चेकर साहब, पछाँह में खासतौर से पश्चिमी यू.पी. में 'तुम' कहने का आम रिवाज

है, अपरिचितों से भी। बुरा नहीं मानते, क्योंकि अपमान के खयाल से थोड़े ही कोई कहता है।...और सेठजी, सुनिए, मैं भी पछाँह का रहनेवाला हूँ, देखिए, आप बिहार में यात्रा कर रहे हैं। जैसा देस वैसा भेस! यहाँ किसी अनजान क्या, पहले से जाने-पहचाने व्यक्ति को भी 'तुम' कहकर नहीं पुकारते। गाली समझते हैं गाली, यहाँ की तहज़ीब में। इसलिए 'आप' ही कहिए। वरना आपकी मिट्टी ख्वार हो जाएगी।''...मामला ठंडा हुआ। मैं विचारने लगा, शब्द की महिमा और उससे भी अर्थसहित शब्द के प्रताप पर।

शब्द और अर्थ के सम्मिश्रण से कहीं अधिक प्रभावोत्पादक और कभी-कभी घातक है शब्द और आचरण की अभिन्नता! बात यह है कि यदि शब्द और आचरण एक हो जाएँ तब या तो आदमी सन्त हो जाता है या राक्षस! सुनते आए हैं, 'जो कहते हो सो करो।' पर अनुभव बताता है कि कथनी और करनी का एकीकरण सर्वदा ही मानव के लिए कल्याणकर नहीं होता। चतुर्वर्णी-द्विवर्णी शब्दों ही को लें। इन शब्दों और इनके अनुसार आचरण का मिलन वस्तुतः काम और क्रोध का भयावह संगम होता है, ऐसा संगम जिसकी विकराल भँवरों और आतंककारी, सर्वग्रासी उत्ताल तरंगों में शब्द जड़ हो जाते हैं, सौन्दर्य सहम जाता है और दया, करुणा, मानवता—सभी की फटी-फटी आँखों, थरथर काँपते अंगों और बँधी और थमी हुई वाणी के आगे होता है अमानुषिक कृत्यों का बीभत्स अट्टहास।...

सन् 1946-'47 में मुसलमानों द्वारा हिन्दुओं पर और हिन्दुओं द्वारा मुसलमानों पर अकथ्य अत्याचार! सन् '71 में बंगलादेश के आर्त्तनाद! और उससे पहले न जाने कितनी बार, न जाने कितनी जगह, स्पेन में सिविल वार, नाज़ियों द्वारा समूची यहूदी जाति के विनाश का संकल्प—लगभग हर युद्ध के बाद विजेता द्वारा ग्रामों और नगरों में ध्वंस की निर्दय लपटें, हमने क्या नहीं देखा, क्या नहीं सुना?

उन लपटों में निर्दोष, निरीह जनता भस्म हो जाए; प्राण चले जाएँ, दौलत, मकान, सम्पत्ति सब कुछ नष्ट हो जाए, बेकसूर लोग आहत-अंग और क्षत-विक्षत हो जाएँ! ये सब यातनाएँ सह्य हो सकती हैं। किन्तु नारी की सुकुमार देह पर प्रेमपंछी के नीड़, उरोज, तल-विहीन नाभिकुंड, कदली स्तम्भ-सी जंघाएँ, वह देह जो निष्पाप वासना के स्पर्श से कुसुमित शय्या-सी सिहर उठती है; उस पर तीव्र इच्छा से उद्वेलित नृशंसता का आरोहण नहीं, वरन् क्रोध से अन्धे, प्यार और इच्छा से शून्य, प्रतिहिंसामयी काम-भावना से प्रज्ज्वलित पुरुष द्वारा बलात्कार!

उस क्षण, सब चतुर्वर्णी शब्द उस नरपशु के गले में अटक जाते हैं। बाज के पंजों में फँसी निर्दोष और आतंकित चिड़िया-सी नारी चिल्ला नहीं पाती। एक ही तथ्य होता है, भीषण, दानवीय शक्ति का प्रचंड ताप, जिन अंगों को मनुहारों से पिघल-पिघलकर प्रेम-निवेदन का साधन होना चाहिए, वे कठोर, अन्धे और दुर्दान्त होकर मसलते-कुचलते बढ़ते जाते हैं, क्रूर नियति की दिशा की ओर।

कैसी विडम्बना है! युगल प्रेमियों की उल्लासपूर्ण सूरत में भी तो उद्वेलन होता है,

शतदल मसल दिए जाते हैं, अंग-अंग कम्पित हो उठता है, दन्त-नखों से देहें क्षत-विक्षत हो जाती हैं।

पहिलहि परसए करे कुचकुम्भ
अधर पिबए के कर आरम्भ।
तखनुक मदन पुलक भरि पूज
निवीबन्ध बिनु फोएले फूज ॥ ध्रु. ॥
ए सखि लाजे कहब की तोहि।
कान्हक कथा पुछह जनु मोहि।
धम्मिल भार हार अरुझाब
पीन पयोधर नख कत लाब॥
बाहु बलय आकम भरे भाग
अयनि आइति नहि अपना आंग॥

विद्यापति ने जिस बल-प्रयोग के अनिर्वचनीय और पारस्परिक आनन्द की झाँकी इन शब्दों में दी है वही असाधारण बल-प्रयोग, दूसरी परिस्थिति में युग-युगों से त्रस्त नारी का अभिशाप बन जाता है।

शायद, मैं इस मामले में बहुत अधिक 'सेंसिटिव' हूँ। शायद आदम ने हौवा पर बलात्कार ही किया हो। हो सकता है कि आदि मानवकुल में शताब्दियों तक यह सिलसिला चलता रहा हो। जिन 16 हजार नारियों को श्रीकृष्ण के रनिवास में स्थान मिला, उनमें से अनेकों पर, पुरुष द्वारा नारी पर काम-क्रोध की हिंसा का प्रयोग हुए हों। क्या मालूम? मुसलमानी युग में सैकड़ों गुलाम बनकर हरम में लाई गई नारियों को भी इसी भाँति का शिकार बनना पड़ा हो।

तो क्या भगवान ने नारी के शरीर में कोमलता के साथ विशेष परिस्थितियों में निरुपायता समाविष्ट कर उसे हमेशा के लिए पाशविक अत्यांचार का लक्ष्य बनाकर छोड़ दिया? क्या इस नियति से बचने के लिए वारांगना बनने के अलावा कोई चारा नहीं छोड़ा? क्या हम लोग योनि की भ्रष्टता और अपावनता को एक तरह का 'शिबोलेथ' मान बैठे हैं? कहा जा सकता है कि शरीर के किसी भी अंग पर बल-प्रयोग अत्याचार है। वह मासूम, जिस पर अत्याचार किया जाता है, इसके लिए दोषी नहीं, उत्तरदायी नहीं। तो फिर ऐसी त्रस्त नारी को समाज ग्राह्य क्यों नहीं मानता? त्रस्त नारी स्वयं अपने को ही त्याज्य और उपेक्षिता क्यों मानती है?

प्रश्न इतना नारी की बेबसी का नहीं है। प्रश्न है पुरुष के मन में छिपे हिंसा के उस स्फुलिंग का जो उसके क्रोध को विक्षिप्त काम-वासना की ओर प्रेरित करता है। वध, हत्या, आघात, विनाश--पुरुष की हिंसा के लिए अगणित रास्ते खुल रहे हैं। फिर भी, फिर भी न जाने क्यों पुरुष अपने क्रोध और प्रतिहिंसा की पराकाष्ठा मानता है, निरुपाय और प्रायः निर्दोष नारी पर यौनगत बल-प्रयोग में। रावण द्वारा सीता का अपहरण, दुःशासन का रजस्वला द्रौपदी को खींचकर लाना और भरी सभा में उसे

निर्वसन होते देख दुर्योधन का अपनी जाँघ पर बैठने के लिए उसे आमन्त्रित करना, रणथम्भौर की वे रानियाँ जो हम्मीर के रणक्षेत्र में मृत्यु से जूझने जाते समय चिताओं में कूद पड़ीं, उस बलि की लपटों से बचने के लिए जिसका ताप और यन्त्रणा कहीं अधिक भयंकर होते।...फिर सन् '46-'47 के सभ्य और सामान्य-से दीखनेवाले पुरुषों की आँखों में कैसी भयानक लालसा की रंगतें—जिसके आग्नेय पाचश में सिसकती मासूम युवतियों के दलित कुसुमों पर क्रूरतापूर्ण नर्तन करते हुए वे साधारण हमारे-आपके जैसे पुरुष, अट्टहास करने में अपने अस्तित्व की परिणति मानते थे!

सिर्फ एक ही तो विजय होती है इस राक्षसी पुरुष की, कि निर्दोष नारी की कुक्षि में ऐसी सन्तान को स्थित कर सकना जो मातृत्व की वेदना तो देती है किन्तु उसका आह्लाद नहीं।...एक समय था कि सन्तान-प्राप्ति के लिए नारी को नियोग द्वारा परपुरुष के प्रसंग के लिए भी प्रस्तुत रहना होता था। अम्बिका, अम्बालिका और दासी—तीनों पाराशर व्यास की सेवा में गईं; एक भय से पीली पड़ गई, एक ने नेत्र बन्द कर लिए। दासी ही स्थिरचित्त होकर ऋषि के बीज को ग्रहण कर पाई।...

तो यहीं पुरुष की हिंसा की तृप्ति होती है?...आज की युवती के पास वे साधन तो हैं ही जिनसे इस परवशता का निवारण हो सके। अपमान की क्रूर रेखा मन पर खिंची रह जाए, तन आहत हो पर बात वहीं रुक जाए।...शायद आधुनिक नारी को इसी नियति के लिए हर दशा में तत्पर रहना पड़े।

पर, पुरुष के मन में हिंसा की जो गाज पड़ी, काश, उसका आघात उसे सदा-सदा के लिए पीड़ित करता रहे, सालता रहे उसकी स्मृति को, उसके समस्त शेष व्यक्तित्व को।...हिंसा कहाँ है? जहाँ क्रुद्ध शब्द मौन हो जाते हैं, पर क्रुद्ध कर्म गतिशील हो उठता है। क्रुद्ध शब्द से क्रुद्ध कर्म को—रास्ता सपाट है, निर्बाध है, कितना आसान है? पर यहीं मानव के संस्कार और संस्कार से अधिक उसका संयम लगाम बनते हैं। जिसे हम सहजवृत्ति या 'इंस्टिंक्ट' कहते हैं वह या तो सद्वृत्तियों का, अभ्यास के फलस्वरूप, निरायास आवेश है या कुवृत्तियों की बन्धनहीन और आवेशपूर्ण अभिव्यक्ति!

तो मेरे नौजवान भाई, नई पीढ़ी के उदीयमान लेखक और कवि; आप बशौक चतुर्वर्णी, द्विवर्णी, त्रिवर्णी शब्दों का इस्तेमाल अपनी कहानियों, कविताओं, उपन्यासों में करें। किन्तु बस याद रखें कि उनके अर्थ और अर्थ से अधिक जिन प्रक्रियाओं के वे द्योतक हैं, उनकी ओर पाठक का ध्यान न खिंचे, उनमें उसका आक्रोश न रमे। वरना आप दोषी होंगे पुरुष के उस प्रभुत्व का डंका पीटने के, उसकी हिंसा की उस अभिव्यक्ति को शह देने के, जो वर्तमान युग में असंगत होते हुए भी परम्परागत अहम् को पुनर्जीवित करती है और यों पुरुष जाति का अमिट कलंक बन जाती है।

संस्कृति की सतरंगिनी

...उस दिन हवाई जहाज से बिहार-बंगाल के खेतों पर निगाह पड़ी। अनगिनत आयत। मानों कि हलवाई के थाल में पिस्ते की बर्फियाँ, सीधी रेखाओं से कटी हुई। राशि-राशि मरकत खेत!

मरकत!...मैं समझे बैठा था कि हरे खेत हरे होंगे। पर यह क्या? हरे रंगों में इतनी विविधता का तो मैंने अन्दाजा भी न लिया था। हलका हरा, गहरा सब्ज हरा, पीलाई लिए हुए हरा, मटमैला हरा...।

...मद्रास संगीत नाटक एकेडमी के वार्षिकोत्सव में एक बार सभापति था। विद्वानों की सभा और जिन्दगी-भर अमेच्योर रहा, शौक बहुत-से, विशेषज्ञता किसी में नहीं। कोई पंडित श्रुतियों के वैज्ञानिक पक्ष पर बोल रहे थे कि मेरा मन भटकने लगा। कर्नाटक संगीत का गढ़ है यह मद्रास, मैं सोच रहा था, पर कहाँ कर्नाटक, कहाँ मद्रास?...आखिर यह 'कर्नाटक संगीत' है क्या?...अधिकृतर रचनाएँ तेलुगु भाषा में हैं। अनेक गायक और वादक तमिलभाषी क्षेत्र के हैं और नाम...'कर्नाटक'!...फिर वही 'विविधता' का आँचल।

...हर साल राष्ट्रीय लोकनृत्य समारोह देखने के लिए नई दिल्ली के नेशनल स्टेडियम जाता हूँ। पर आप पूछें कि भारतवर्ष का लोकनृत्य क्या है, तो कैसे बताऊँ? उन दो घंटों में एक करिश्मा आँखों के सामने नाचता है;—नागा नर्तक, काली, सफेद और लाल धारियोंवाले लघु वस्त्रों में, हाथों में बर्छियाँ लिए हुए, कसी मांसपेशियाँ, सजीले जवान, साँचे में ढली पतली आँखोवाली युवतियाँ, चेहरों पर किसी भी तरह की मुद्रा नहीं—मानो कुम्हार ही ने गम्भीर मुखड़े बनाए हों; मन्द गति, गहन स्वर! राजस्थान की छबीले युवक-युवतियाँ, जिनकी बाँछें खिली ही रहती हैं, जिनके अंग-प्रत्यंग मस्ती में पगे हैं और जिनके धूमर की तीव्र गति को देख सिर चकराने लगता है; हिमाचल प्रदेश के नर्तक लम्बे एड़ियों तक लटके सफेद ऊन के जामे, सिर पर पगड़ियाँ, स्त्रियाँ जिनके शरीर वस्त्राभूषणों से ढके हैं, नाकों में नथें हैं, हाथो में ढफ, स्वर में किन्हीं दूर की घाटियों को पार करती हुई दीर्घसूत्री प्रतिध्विनयाँ, छोटे-छोटे कदम, पहले मन्द बाद में त्वरित; केरल के मोपलों की मंडली, नर्तकों के कमरे से ऊपर के बदन नंगे हैं, नीचे सफेद तहमदें, हाथों में चट्टे की किस्म की लकड़ियाँ, और कोई वाद्य नहीं, गान के इने-गिने आधार-स्वर, पर स्वर स्पष्ट और अनवरत, लम्बी छलाँगोंवाले नृत्य;...आन्ध्र प्रदेश की

लम्बाड़ी नर्तकियाँ, पृथुल जंघाओं को ढके चटकीले लाल रंग के लहँगे, पीन पयोधरों को मुश्किल से ढक सकनेवाली कसी चोलियाँ, पीली ओढ़नियाँ, सिर पर पीतल के कलसे, भुजाओं में हड्डी की चूड़ियाँ और कड़े...और नृत्य-गीत, मानो गदराता, पियराता धान का खेत मन्द बयार के झोंकों से लरज़ता हो, और उसकी बालियाँ मधुर मंजीरों-सी झनकती हों।...कहाँ है भारत का एक लोकनृत्य?...जहाँ देखता हूँ, सुनता हूँ तो एक नहीं अनेक!

...बदरीनाथ का मन्दिर। यात्रियों की लम्बी कतारें जिन्हें सिलसिलेवार करने के लिए लोहे की छड़ियों के फेंस द्वारा तंग पथ, जिनपर यात्री एक के पीछे एक ही खड़े हो सकते हैं; मेरे आगे बिहार की दो वृद्धाएँ भोजपुरी में बात कर रही हैं, मेरे पीछे आन्ध्र की एक बाला अपने पति से तेलुगु में वार्ता कर रही है, मन्दिर का पुजारी सुदूर केरल का निवासी है। मन्दिर कमेटी के मन्त्रीजी आलथी-पालथी मारे कुछ ऊँचाई पर बैठे हैं, पूरबी उत्तर प्रदेश के ब्राह्मण, मन्दिर के अलिन्द में सितार बजा रहे हैं, महाराष्ट्र के एक प्रसिद्ध वादक,...कैसी भूल-भुलैया है बदरीनाथ की परिक्रमा! कहाँ-कहाँ के नदी-नाले, सोते-झरने यहाँ आन मिले हैं। हरेक की अलग गति, हरेक का निराला जल! अगणित रंगों के सूत्रों को एक रज्जु में लपेटनेवाले, हे आदि शंकराचार्य, तुमने बत्तीस वर्ष की अवस्था ही में उस नील जलराशि पूर्ण महासागर की तलहटी में बिखरे नाना रंगों की मणियों को अपनी कल्पना और कर्मठता के क्रोड़ में समेट लिया, जो मुझे अपने एक ही नीले रंग की प्रवंचना में बाँधे हुए है।

...जन्माष्टमी के सप्ताह में वृन्दावन। उन तंग गलियों में युगों की झँकारों की तरह ये किसकी गूँजें हैं? ऊर्ध्वकंठवती गूजर बैयरबानियों के गीत, निर्वसन उदरवती, घूँघटों में बँधी मारवाड़ी युवतियों के मुखड़ों से झरते, छने हुए-से मधुर स्वरूप श्यामल आकाश से आनन में चमकते, चंचल नयन-खगों की ताल पर थिरकते विमतोह अधरपुटों से उमड़ती हुईं स्वरधाराएँ—सभी तो गहन...गम्भीर भँवरों में मेरे मन को डुबो रही हैं।... कृष्ण, कब मौन हुई है तुम्हारी बंसी? कितने ही छितरे और एक-दूसरे से विभिन्न गीतों ने तुम्हारी बंसी के छिद्रों में घोंसले बना रखे हैं। फिर भी वही तो बंसी है...एक!—वही तो महागान है, केवल एक! बिना अनेक के एक हुआ कब है? अनेकत्व की बुनियादों पर ही एक संस्कृति की बुनियाद खड़ी होती है। हिन्दी भाषा की भी तो यही विलक्षणता है। भोजपुरी, मैथिली, मगदी, अवधी, ब्रज, बुन्देलखंडी, मालवी, राजस्थानी, बघेलखंडी, कूर्मांचली इत्यादि सभी की अपनी सत्ता है। कुछ के तो प्राचीन और गरिमापूर्ण साहित्य हैं और रचे जा रहे हैं। पर हिन्दी के विस्तृत वितान ने अपने आँचल में पनपती किसी भी भाषा को अवरुद्ध तो नहीं किया। कौरवी (खड़ी बोली) भाषियों को भोजपुरी भाषियों से अधिक सुयोग तो नहीं मिले, शायद किसी से भी अधिक नहीं।...काश, भारत की सभी भाषाएँ इस ऐतिहासिक तथ्य पर दृष्टि डाल पातीं!

ऐसा क्यों नहीं हो पाता? इसलिए कि जो सिद्धान्त राजनीति के लिए समीचीन हैं उसे हम संस्कृति पर लागू करना चाहते हैं। राजनीति पिरामिड की चूड़ामणि से प्रारम्भ

होकर नीचे की ओर बढ़ती है, संस्कृति उसकी चौकोर बुनियाद को सँभालनेवाली एक-एक ईंट में जन्म लेती है।

जैसे पंच भौतिक शरीर के भीतर सूक्ष्म शरीर है वैसे ही मानव समाज की स्थूल काया के अन्दर संस्कृति। उस काया के विकारों से उसका सीधा सम्बन्ध है, उन्हीं पर उसकी सत्ता अवलम्बित है, उन्हीं से उसे दाना-पानी मिलता है। स्थूल और सूक्ष्म शरीर के परे, किन्तु उनसे घिरी जो निर्विकार, परिवर्तनहीन, शाश्वत आत्मा है उससे संस्कृति का कोई साम्य नहीं। संस्कृति तो काया की उपज है, यद्यपि सूक्ष्म शरीर की ही भाँति एक काया से दूसरी काया, एक सभ्यता से दूसरी सभ्यता में अपना घर बनाती चलती है। सामाजिक और स्थूल जीवन के बारीक और उदात्त विकारों को ही संस्कृति की प्रेरणा कह सकते हैं।

ज़ाहिर है कि इन विकारों में विविधता होगी, सामाजिक जीवन के अनुरूप ही उनका उठान होगा, उसी के अनुरूप उनमें ताप होगा, गन्ध होगी, आकर्षण होगा। यज्ञ की समिधा कड़वे नीम की हो, तो धुआँ तिक्त होगा, चन्दन और घी एवं सुगन्धपूर्ण पदार्थों का डाला जाए, तो सुवासित धुआँ निकलेगा। समझने की बात यह है कि धुआँ कई प्रकार का होता है और होना चाहिए।

संस्कृति के रूप पर विचार करते हुए आज विशेषतः भारतवर्ष में उसको ध्यान में रखने की जरूरत जान पड़ती है। सदियों की गुलामी से बादलों के पीछे से उगे हुए समाज की प्रत्येक चेष्टा में राजनैतिक विचारों का प्रभाव हो, यह स्वाभाविक ही है। दुनिया में जहाँ कहीं राष्ट्र-निर्माण की ओर मानव समाज झुका, वहीं निर्माण के प्रत्येक क्षेत्र पर राजनैतिक विचारधारा ने आसन जा फैलाया। एक भाषा, एक राष्ट्र, एक शिक्षा-प्रणाली और एक संस्कृति, यह नारा विभिन्न देशों और युगों में उठाया जा चुका है और आज भारत में भी उसकी गूँज है। किन्तु और क्षेत्रों में उसका जो भी परिणाम निकले, सांस्कृतिक विकास के क्षेत्र में यह सौदा प्रायः महँगा ही बैठता है। स्वाधीन भारत के लिए राजनीतिक एकता की जरूरत है। लेकिन भारतीय संस्कृति के लिए विविधता बुनियादी है। जिन बादलों को बरसकर धरती को अन्न देना है, वे एक रंग के हों इसी में कल्याण है। लेकिन जो मेघराशि सूर्य की किरणों से आलोकित होकर हमारी सौन्दर्य-पिपासु आत्मा को तृप्त करे उसे तो सतरंगिनी ही होना है। अकसर मुझसे मेरे विदेशी मित्र पूछते हैं कि इतनी भाषाओं, रीति-रिवाजों, अभिव्यंजनाओं के देश में हम एक संस्कृति का स्वप्न कैसे देख सकते हैं? मैं उत्तर देता हूँ कि हम बिना अनेक के एक हुए कब हैं? अनेकत्व की बुनियादों पर ही एक संस्कृति की बुनियाद खड़ी होती है। हिन्दी भाषा की भी तो यही विलक्षणता है। भोजपुरी, मैथिली, मगही, अवधी, ब्रज, बुन्देलखंडी, मालवी, राजस्थानी, बघेलखंडी, कूर्मांचली इत्यादि सभी की अपनी सत्ता है। कुछ के तो प्राचीन और गरिमापूर्ण साहित्य हैं और रचे जा रहे हैं। पर हिन्दी के विस्तृत वितान ने अपने आँचल में पनपती किसी भी भाषा को अवरुद्ध तो नहीं किया। कौरवी (खड़ी बोली) भाषियों को भोजपुरी भाषियों से अधिक सुयोग तो नहीं मिलें, शायद किसी

से भी अधिक नहीं।...काश, भारत की अन्य सभी भाषाएँ इस ऐतिहासिक तथ्य पर दृष्टि डाल पातीं!

ऐसा क्यों नहीं हो पाता? इसलिए कि जो सिद्धान्त राजनीति के लिए समीचीन है उसे हम संस्कृति पर लागू करना चाहते हैं। राजनीति...ऐसा सपना देखें ही क्यों? मैं तो सांस्कृतिक विभिन्नताओं के अस्तित्व में ही अपने देश की महिमा और अभिव्यक्ति का उल्लास पाता हूँ। यही नहीं भारतवासी के नाते यह मेरा और मेरी सन्तान का अधिकार है कि हमें देश की विभिन्न संस्कृतियों को समझने का अवसर मिले। कुछ लोग इस बात से घबड़ाते हैं कि स्कूलों में उनके बच्चों को तीन-तीन भाषाएँ सीखनी पड़ेंगी। लेकिन मुझे यह शिकायत है कि मेरे बच्चों के लिए वे खिड़कियाँ अब तक बन्द रहीं जिनमें से झाँककर वे हमारे षोडूश-दिक्-क्षितिज की झाँकियाँ ले सकें। यद्यपि मैं हिन्दी के अलावा बंगला और उड़िया जानता हूँ तथापि मुझे यह बराबर मलाल रहा है कि मैं दक्षिण की भाषाएँ नहीं सीख पाया। अपने देश की कितनी विशाल धरोहर से मैं वंचित रहा हूँ!

इसीलिए मैं यह आशा बाँधे हुए हूँ कि वह अँधड़ जो सत्ता और शंकाओं की मरुभूमि से उठकर हमारे नादान जनसमुदाय को गुमराह कर रहा है, किसी दिन शान्त हो जाएगा और उत्तर के बच्चे दक्षिण की भाषाएँ सीखेंगे और दक्षिण के अन्तस् में उत्तर की वाग्देवी के लिए उसी भाँति नीड़ मिलता रहेगा जैसे शताब्दियों की परम्परा में होता रहा था। यों संस्कृति की सतरंगिनी हमारे विस्तृत गगनमंडल को भासमान और भास्वर कर देगी।

बेसुरा राग

आज सवेरे दफ्तर जाते समय लॉन की गोदी में अँगड़ाइयाँ-सी लेते हुए गुलाब के पौधों पर निगाह जा पड़ी। आँखों पर धूप का चश्मा उतारते ही जैसे प्रकाश-ही-प्रकाश दीख पड़ता है, वैसे ही कुछ नएपन का आभास हुआ। गुलाब के पौधों पर सहसा ही ये कैसे ज्योति-पुँज आ लगे—रंग-बिरंगे, अज्ञातयौवना की तरह मन्त्रमुग्ध। कल ही तो ये समाधि में रमे जान पड़ते थे। पर आज?

मैंने देखा, गुलाबी गालों पर अनगिनती बूँदें चमक रही थीं और कँटीले-गर्वीले गुलाब के पौधों के चरण चूमनेवाली दूब की नन्हीं पत्तियाँ भी उसी दौलत को सँभाले हुए थी। जो गुलाब का अलंकार था, वही दूब के लिए वरदान? सूरज की झिझकती हुई किरणें हरी पत्तियों और रंगीली पंखुड़ियों पर सँभल-सँभलकर उतर रही थीं, कहीं मोतियों की दौलत बिखर न जाए। कौन सोचेगा कि ये शर्मीली अप्सराएँ, विश्वामित्र की तपोनिष्ठा को लूटनेवाली मेनका की तरह इन मोतियों की मालाओं को देखते-ही-देखते हर लेंगी, अगस्त्य की तरह पलभर में सौन्दर्य-सागर को सुखा लेंगी।

लेकिन मैं भूलता हूँ। पलभर में नहीं। अब वे दिन गए कि आँख दिखाते ही सूरज ओस को सुखा ले, फूल-पत्तियों को मुरझा दे। अब वे दिन गए कि नाजुक पौधों को गमलों में सँवारकर, धूप से बचाकर रखा जाए। अब तो माली ने महीनों की मेहनत से तैयार किए गए गुलदाउदी (क्रिसान्थमम) के पौधों को बाहर बेधड़क रख दिया है। एक-एक पौधे पर एक-एक फूल इतरा रहा है। इतराए क्यों न? जितने जतन से गुलदाउदी को पोसा जाता है, उतना और किसे? यह भी कोई 'ब्राइडल बोके' है, जो बेशर्मी से, बिना मनुहार, बिना खातिर कराए, सहसा अपने विकसते यौवन की छटा दिखाने आ पहुँची? उस ऊँचे फैले हुए इमली के वृक्ष को देखिए। उसकी सबसे ऊँची फुनगियों पर एक सिरे से दूसरे सिरे तक, अपनी मदमाते यौवन-भरी देह की सेज बनाए, यह ब्राइडल बोके पवन को लुभा रही हैं मगर पवन है कि उसके श्वेत, नन्हें फूलों को, जो इमली की गहरी हरीतिमा के ऊपर फेनिल लहरियों की भाँति बुदबुदा रहे हैं, छूते भी सकुचाता है। वह तो उधर झुका पड़ता है, जहाँ सजीले 'केना' की क्यारियों में लाल, पीले, गुलाबी और चकत्तेदार फूलों की बड़ी-बड़ी पंखुड़ियाँ चारों तरफ लटक रही हैं, नववधू के मस्तक पर लटकते सतरंगी सेहरे की तरह, या जिधर 'ऐंटिर्हियम' के कुसुमवृत्त मेलों में रंग-बिरंगी ध्वजाओं की तरह, पत्तियों की भीड़ के ऊपर खड़े

हैं, या जिधर लाल 'कार्नेशन' अपनी प्रणयसुलभ लज्जा की लालिमा को जतला रहे हैं।

आप पूछेंगे कि क्या मैं वसन्त-वर्णन कर रहा हूँ? क्या यही 'मदनमहीपजू को बालक बसन्त' है, जिसपर कवि देव निछावर होते थे? अगर ऐसा है, तो कहाँ गए वे मधुकर कुंज, वह मलयपवन, वे बौर सुगन्ध-पगी अमराइयाँ?

आपकी शंका ठीक है। विद्यापति और सेनापति के 'रितुपति' की छटा और ही है। ये 'नवनव तरुगन, नवनव विकसित फूल', जिनके सौन्दर्य पर मैं रीझ रहा हूँ, हमारे 'नन्दन वन' की उपज नहीं हैं। ये बेचारे प्रवासी—'डेलिया', 'क्रिसान्थमम', 'ऐंटिर्हियम' और 'कार्नेशन'—भारतवर्ष की शीत ऋतु में ही अपने स्वदेश यूरोप के उमंग-भरे वसन्त की कल्पना कर पाते हैं, और तभी इन्हें रंगों की भाषा में बोलने का अवसर मिलता है। हमारे जाड़े के मौसम में ही उन पर वसन्त की मौज छा पाती है।

मगर जाड़ों की मौजों का भी क्या कहना! कड़ाके की सर्दी। रात होते ही कोहरा सड़कों और मैदानों में फैल रहा है, मानो आकाश-गंगा की धाराएँ धरती पर आई हों। ऐसे समय में मोटे ओवरकोट की जेबों में हाथ डाले हुए आप बाहर निकलते हैं। सड़क पर बिजली के बल्ब, जिनपर मक्खियों के छत्ते की तरह बरसाती कीड़े-मकोड़े लदे रहते थे, अब कितने मनोरम जान पड़ते हैं, मानो सद्यःस्नाता किशोरी की सौन्दर्य-शोभा जलसिक्त वसनों में से झाँक रही हो। 'तितलवसन तल लागू, मुनिहुक मानस मनमथ जागू'; लोग कहते हैं कि वसन्त में ही मन्मथ जागते हैं। लेकिन उन लोगों से तो पूछिए जिनके सहारे वैद्यों के मदनमोदक लड्डुओं और च्यवनप्रास का कारबार चलता है, जिनकी गुदगुदी सेज पर स्वयं कामदेव और रति मोहित हो जाते हैं। जाड़ों की बहार का हाल खेल-कूद और कसरत के शौकीनों से भी पूछिए। नवम्बर का महीना आते-ही-आते टेनिस के लॉन तैयार हो जाते है। आँखें उस मखमली आब पर टिक नहीं पातीं, टेनिस का गेंद क्योंकर ठहरे? वह भी इधर-से-उधर नाचता फिरता है और खिलाड़ियों को भी नचा-नचाकर पसीने से तरबतर किए देता है। गर्मियों में जिस पसीने से ज़ान छुड़ाना मुश्किल हो जाता था, अब उसकी खातिर अपने को बदहवास करने में भी लुत्फ आता है। और धूप, जिसकी बेरहम लपटें उन दिनों बदन को झुलसाए देती थीं, वही धूप इस वक्त कितनी बड़ी नियामत मालूम देती है। उमर खय्याम तो पेड़ की छाँह, रोटी के दो टूक, शराब के घूँट, कविता के बोल और प्रियतमा के मधुर गान पर ही लट्टू थे। मगर जाड़ों की दुपहरी में आरामकुर्सी पर बदन पसारे, हाथ में अखबार और मुँह में प्रियतमा के हाथों से लगाए पान को दबाकर धूप के दुलार-भरे सेंक पाने में जो आनन्द मिलता है, वह क्या उमर खय्याम को नसीब हो सकता था? न सही मदिरा का घूँट मगर सुरूर तो है। रुपहली धूप के मधुर स्पर्श से पिघल-पिघलकर भावों की ग्रन्थियाँ खुल जाती हैं। अरमानों की टोली भी जगती है—कुलाँचें भरने के लिए नहीं, कवि की रहस्यमयी अनुभूति के वेश में। जीवन की नश्वरता सागर की फिर-फिर आनेवाली लहरों की तरह मन के विस्तृत और समतल किनारे को आवृत्त कर लेती है, और लगता है,

मानो मन का पंछी सारे मरम को बिसारकर कुहुक रहा हो, ऐसे ही जैसे कि भरपेट दूध पीने के बाद बच्चा किलकारियाँ देता है।

भरपेट! यह कैसा अरोचक शब्द, यह कैसा बेसुरा राग ! कहाँ अध्यात्म का चिन्तन, कवि की अनुभूति और कहाँ यह भरे हुए पेट की भौंडी कल्पना!! दुनिया की आस्वादु वस्तुओं में भरपेट का आसन बहुत ऊँचा है। किसी ने कहा है कि यदि आदमी के जाहिलपने, उसके जंगलीपने का नंगा रूप देखना है, तो उसे अपने भोजन पर टूटते देखो। अंग्रेजी के प्रसिद्ध लेखक डॉक्टर जानसन जैसे सभ्य पुरुष के विषय में कहा जाता है कि जिस समय वह खाने की मेज पर बैठते थे, उस समय उनकी मुद्रा देखने योग्य होती थी। आँखें तश्तरी पर गड़ी हैं। छुरी और काँटा हाथों में कसकर पकड़े हुए, उबले मांस पर पूरी शक्ति लगाकर जब वह वार करते थे, उस समय उनके मुँह से एक ही तरह का शब्द सुनाई पड़ता था, और उसकी मिसाल केवल शूकर की झटकेदार आवाज से दी जा सकती है। दुनिया का सारा साहित्य देख जाइए, नायक-नायिका, आशिक-माशूक के सम्पूर्ण हावभाव, सारी प्रक्रियाओं का वर्णन आपको मिलेगा; कैसे वे बोलते हैं, कैसा मधुर उनका संगीत है, कैसे वे नहाते हैं, कपड़े पहनते और उतारते हैं, आँखें लड़ाते और नाराज़ होते हैं। मगर कहीं आपने उनकी खाना खाने की मोहक मुद्राओं का भी वर्णन देखा है? किसी शायर ने यह भी कहा है कि लैला जिस समय गहरे रंग के खजूरों को अपने चाँद-से मुखड़े के करीब ले जाकर नन्हे-से मुँह के अन्दर डालती थी, उस समय ऐसा मालूम देता मानो एक-एक करके परवाने बेबस होकर शमा के करीब जाते हैं और उसकी तेज लपट से झुलसकर उसी में गायब हो जाते हैं?

तो फिर मुझे यह बेमौके पेट की याद क्योंकर आई? यह रेशम में टाट का पैबन्द कैसा? उत्तर देना आसान नहीं। लेकिन मैं आपसे पूछता हूँ कि क्या आपके कानों में यह बेसुरा राग कभी नहीं पहुँचा? जब रात के घूँघट में अपना चेहरा छिपाते-छिपाते शर्मीली साँझ मन को बेसुध कर देती है और महाचिन्तन के अगाध अम्बुधि की सतह पर जीवन आह्लादमय जान पड़ता है, तब क्या कभी 'प्रभा के पलक मार, उर चीर' एक बिजली-सी आपके मन-प्रांगण में कौंध नहीं जाती? यह किसी 'सुमुखि का ध्यान' नहीं है, जो आपको अधीर कर जाता है। न यह वह करुणा की रेखा है, जो वाल्मीकि के मानस में जगी थी, न वह विराग का विषाद जो जरा, रोग और मरण की प्रथम झलक-मात्र से ही सिद्धार्थ के अन्तस्तल पर छा गया था। विफल प्रेम की पीड़ा तो एक मीठे दर्द की तरह तन-मन में फैल जाती है। जीवन की नश्वरता की अनुभूति भी एक कुहासे की तरह व्याप्त हो जाती है। पर वह चोट जो लगते ही तिलमिला दे, हत्यारे के छुरे की तरह अकस्मात् अँधेरे को चीरती हुई हृदय में चुभ जाए, आप क्या कभी उसके शिकार नहीं हुए हैं?

मैं उसका शिकार हुआ हूँ। न जाने क्यों, यह बेसुरा राग कभी-कभी अनचाहे मेहमान की तरह मेरे कानों के चारों ओर भटक-भटककर मुझे बेचैन कर देता है। इन्हीं जाड़ों की बात है। एक दोस्त के यहाँ दावत के पहले उनकी सुसज्जित बैठक में हमलोग

गुदगुदे सोफों पर बैठे हुए थे। कहकहेबाजी जारी थी। कुछ मदिरा की गर्मी थी, कुछ मस्ती की उठान। 'अमिय हलाहल मद-भरे' नैनों के पलकों की पाँख बनाए समय उड़ा जा रहा था। मैंने सिगरेट का एक कश लिया। नीले रेशम की गूँथियों की तरह धुआँ लहरियाँ लेकर ऊपर उठने लगा। और हठात् मुझे लगा कि वह धुआँ मेरा पहचाना हुआ था। आँखों के आगे धुन्ध छा गई। कमरे की चहल-पहल, रंगीली साड़ियाँ और रसीली मुसकानें सब गायब होती गईं। बस, धुआँ ही धुआँ। फैलता हुआ नहीं, डरता हुआ, सिकुड़ता-सा धुआँ, जमीन से बचकर आसमान की ओर भागता हुआ-सा धुआँ।

हाँ, यही तो वह धुआँ था, जो सुबह गेहूँ के खेत के पास उस झोंपड़ी में से उठता दीख पड़ा था। उपले और सूखी टहनियों की नन्हीं-सी आग। लपटें उठते सहमती थीं। मगर फिर भी वह आग थी और धुआँ उगल रही थी। और चारों ओर बैठे थे तीन प्राणी—किसान, उसकी स्त्री और उसका बच्चा। न ऊनी शाल, न कम्बल। कोई गरम कोट नहीं, जाकेट नहीं। घुटनों के नीचे ढकने को कोई कपड़ा नहीं। और चारों तरफ कँपानेवाली सर्दी जिसकी बर्फीली अँगुलियों की जकड़ से कोई भी चीज बच नहीं पा रही थी। बस, नन्हीं-सी वह आग—जड़ता में जीवन का प्रतीक, गुलामी में विद्रोह का बीज, मृत्यु में उल्लास का बुदबुद—वह आग और उसका वह धुआँ, यही उस ठिठुरते कुटुम्ब का एकमात्र परित्राण थे।

यकीन नहीं होता कि इसी सर्द मौसम की बहार का मैं अभी-अभी तूल बाँध रहा था। ओ बेदर्द जाड़े की ऋतु, तेरे गोरे-गोरे दूध-नहाए चेहरे को देखकर मैं यह कैसे भूल गया कि तेरा दिल जमे हुए बरफ की तरह कठोर है और तेरे छूने में है पाले की टीस ! चारों तरफ से कमरे को बन्द करके, मुलायम और गरम रजाई से अपने को लपेटकर सुन्दर सपने देखते समय मैं यह कैसे भूल गया कि बाहर इमली के पेड़ के तले जहाँ वह लावारिस कुत्ता रिरिया रहा है, वहीं एक गरीब मजलूम औरत अपने दो बच्चों को फटी चद्दर में लपेटे पड़ी है और अपनी उत्तप्त साँसों के सिवा उसके पास गर्मी का कोई सामान नहीं है। जिस रिक्शा पर मैं रोब से बैठा हुआ सेकेंड शो के बाद सिनेमा से लौटता हूँ, उसे जो कुली दम लगाकर खींच रहा है, वह इसलिए गरम कोट नहीं खरीद पाता कि उसे अपनी बहन की शादी के लिए रुपया जुटाना है, और क्योंकि उस नासमझ से ताड़ी के घूँट के बिना रिक्शा नहीं खींचा जाता। मेरे खाने की मेज पर गरम अंडे, फूली-फूली कचौड़ियाँ और स्वादिष्ट मांस की तश्तरियाँ आती हैं; उनसे भाप उठ-उठकर हमें ललचा रही है, और मैं सोचता हूँ बढ़िया खाने का लुत्फ तो जाड़े में ही है। लेकिन बाहर सर्दी है। नल का पानी ठंडा है, बहुत ठंडा, और मेरा बदशकल नौकर उसी पानी से मशीन की तरह बरतन धोए चला जा रहा है। इस उम्मीद में नहीं कि उसे भी वही गरम-गरम पुष्टिकारक खाना मिलेगा, बल्कि इस उम्मीद में कि शायद मालिक की मेज पर से कुछ टुकड़े बच जाएँ और उसके बेस्वाद भात में भी कुछ मज़ा आ जाए।

यही वह बेसुरा राग है, जो रह-रहकर दिल पर चोट करता है, मुझको बेकरार करता है। अगर मेरा दर्द ठुकराए प्यार का दर्द होता, तो मैं कवि के करुण संगीत में अथवा

मृत्यु के काले आँचल में अपनापन खो सकता। अगर मेरी पीड़ा दुनिया को असार और जीवन को रीता पाकर पैदा हुई होती, तो मैं मोक्ष की प्राप्ति के लिए वैराग्य का सहारा लेता; दूसरों को उपदेश देता और अपने को दिलासा। मगर उस परी से कहाँ बच सकता हूँ, जो पानी की लहरों पर राह खोजती हुई, वंशी के स्वर की तरह बार-बार मन के किनारे से टकरा जाती है, वह पीर जो हमारे समाज के दुखियारे अंगों से उठ-उठकर इस समाज के सारे तन में, नस-नस में फैल रही है और गरीब मज़लूमों की पीठ पर ऐश की जिन्दगी बसर करनेवालों के चारों ओर बेताबी से चक्कर काट रही है।

मैं इससे बच नहीं सकता। आँख भले ही मूँद लूँ, मगर बच नहीं सकता। इस दर्द का इलाज करना है। इस बेसुरे राग को नवजीवन का संगीत बनाना है।

बाहर सर्द हवाएँ चल रही हैं। आसमान चुपके-चुपके रात के अँधेरे में आँसू टपका रहा है, जिन्हें दुनिया कल ओस कहेगी। भूख और गरीबी अनाथ बच्चों की तरह सिसक रही है। यह जाड़े की ऋतु है। मगर उधर देखिए। सेमर की नंगी डालों पर लाल-लाल यह क्या फूट रहा है? ये खून के दाग नहीं, वसन्त के अंकुर हैं, क्रान्ति के अग्रदूत, नए जीवन की दबी ज्वाला के स्फुलिंग, जो शीघ्र ही सारे वन में आग लगा देंगे।

ओ जाड़े की बेदर्द ऋतु, तू आज कितना ही इठला ले, मगर तेरा समय आन पहुँचा है, और वह दिन दूर नहीं जब तेरी बर्फीली जकड़ से दुनिया छुटकारा पा जाएगी।

ओ सदानीरा

बिहार के उत्तर-पश्चिम कोण में चम्पारन क्षेत्र की भूमि पुरानी भी है और नवीन भी। हिमालय की तलहटी में जंगलों की गोदी से उतारकर मानव, मानो शैशव-सुलभ अंगों और मुसकानवाली धरती को, ठुमक-ठुमककर चलना सिखा रहा है। नए खेत, नई पैदावार और बीच-बीच में पलाश, साल और अन्य जंगली वृक्षों की भटकी-सी पाँतें। दूर-दूर तक समतल की गई भूमि, ट्रैक्टर की आतुर अँगुलियों ने मानो जिसे परिहत-वसना कर दिया है। तभी तो लाज से सिकुड़ी-सी इन नदियों में जल नाममात्र को रह गया है! बालू की डगरों के बीच खोई-सी रह गई हैं ये धाराएँ जो कभी वनश्री के ढके वक्षस्थल में किलकती रहती थीं!

अब वे किलकती नहीं हैं। या तो लाज में गड़ी निस्पन्द सरकती रहती हैं, या बरसात के दिनों उन्मत्त यौवना वारांगनाओं की भाँति प्रचंड नर्तन करती हैं। मसान, सिकराना, पंडई—भुजाएँ फैला-फैलाकर उसी मानव के पौरुष को ललकारती हैं जिसने उन्हें निर्वसन किया है। सन् बासठ की बाढ़ का दृश्य जिन्होंने देखा उन्हें 'रामचरितमानस' में कैकेयी के क्रोधरूपी नदी की बाढ़ की याद आई होगी।

लेकिन ढाई हजार वर्ष पहले जब गौतम बुद्ध इन नदियों के किनारे-किनारे पाटलिपुत्र से मल्लों, मौर्यों और शाक्यों को उपदेश देने जाया करते थे तब ये नदियाँ संयमित थीं। घना जंगल था और वृक्षों की जड़ों में पानी रुका रहता था। बाढ़ आती थी पर इतनी प्रचंड नहीं। पिछले छह-सात सौ साल में महावन, जो चम्पारन से गंगा तक फैला हुआ था, कटता चला गया ऐसे ही जैसे अगणित मूर्तियों का भंजन होता गया। वृक्ष भी प्रकृति देवी, वनश्री की प्रतिमाएँ हैं। वसुन्धरा-भोगी मानव और धर्मान्ध मानव—एक ही सिक्के के दो पहलू हैं।

एक कहानी सुनी। यहाँ बारहवीं सदी से लगभग तीन सौ वर्ष तक कर्णाट वंश का राज्य था। प्रथम राजा नान्यदेव, चालुक्य नृपति सोमेश्वरपुत्र विक्रमादित्य के सेनापति बनकर नेपाल और मिथिला की विजय-यात्रा पर आए और फिर यहीं बस गए। इस तरह सुदूर दक्षिण का रक्त और संस्कृति इस प्रदेश की निधि बने। कितने लोग इतिहास की इस कीमियाई प्रक्रिया से परिचित हैं? कर्णाट वंश के राजा हरिसिंहदेव को 1325 ई. में मुसलमान आक्रमणकारी गयासुद्दीन तुगलक का मुकाबला करना पड़ा। विशाल आक्रमणकारी सेना जंगल के किनारे खड़ी थी। हरिसिंहदेव का दुर्ग वन की

गहराई में निश्चल छिपा हुआ था। वह घना वन मजबूत और मोटी प्राचीरों से भी अधिक दुर्भेद्य जान पड़ा। सुलतान घोड़े से उतरा और तलवार से उसने एक विशाल विटप के तने पर आघात किया। उसके गिरते ही बिजली-सी दौड़ गई उसके सैनिकों में, और हजारों तलवारें घने वन के वृक्षों पर टूट पड़ीं। देखते-ही-देखते जंगल के बीच राह खुलती चली गई। हरिसिंहदेव का गढ़ अपना घोंसला खो बैठा और उन्हें नेपाल भाग जाना पड़ा।

तब से जंगल जो कटने शुरू हुए तो कटते ही आ रहे हैं। नीचे धरती उपजाऊ मिलती है, राशि शस्यों की खान, जहाँ बीज डालने-भर की दरकार है। घने जंगलों की स्मृति में मानो पैदावार ललक उठती है। यों चाहे सात सौ वर्ष पूर्व आक्रमणकारी की तलवार ने जंगल के द्वार खोले थे, अब तो हल और ट्रैक्टर ही धरती के खज़ाने को अनावृत्त कर रहे हैं।

इस धरती के निवासी भी प्राचीन और नवीन के मिश्रण हैं। जान पड़ता है कि आदिकाल से आने-जानेवालों का ताँता बँधा रहा है। जंगल से छीनी गई धरती को जोतने के लिए पुष्ट हाथ प्रायः बाहर से ही आते रहे। पिछले पाँच-सात सौ वर्षों में थारू और धाँगड़ जातियाँ यहाँ आकर बसीं। थारुओं के उद्‌भव के विषय में अनेक मत हैं। वे लोग अपने को आदिवासी नहीं मानते; थारु शब्द को थार—राजस्थान से निकला मानने लगे हैं और अपने को राजपूत की संज्ञा देते हैं। स्त्रियाँ न सिर्फ मर्दों की अपेक्षा अधिक कर्मठ और सजग हैं बल्कि अपने को मर्दों से उच्च स्तर का मानती हैं। अनेक कुटुम्बों में स्त्रियाँ किसी भी मर्द का जूठा भोजन नहीं खातीं और न मर्दों का चौके में प्रवेश होने देती हैं। किंवदन्ती है कि मुसलमान आक्रमणकारियों से बचने के लिए कुछ राजपूतों के कुटुम्ब इधर आए। पुरुष नेपाल के जंगलों में उपयुक्त स्थान खोजने चले गए, स्त्रियों को नौकरों के पास छोड़ गए। लौटने में विलम्ब हुआ और अनेक स्त्रियों की गृहस्थी बस गई—अनुचर पुरुषों के साथ। तभी से परम्परा निकली पुरुषों को हीन स्थान देने की। कितना तथ्य है कि इस किंवदन्ती में इसका अनुसन्धान तो नृतत्त्वशास्त्र के पंडित ही कर सकते हैं। किन्तु निस्सन्देह स्त्रियों की शिल्पकला और उनके गीत एक उत्कृष्ट संस्कृति के परिचायक हैं। क्या कर्णाट वंश के सामन्त कुलों की स्त्रियों के वंशज हैं ये लोग? 14 शताब्दी में नेपाल भागते समय क्या उन्हें अपनी स्त्रियों को घने वनों में छोड़ जाना पड़ा? ध्वस्त वैभव की याद ही क्या इनकी कला और कंठों में संचित है ?

धाँगड़ों को 18वीं शताब्दी के अन्त में लाया गया, नील की खेती के सिलसिले में। ये लोग दक्षिण बिहार के छोटानागपुर पठार से लाए गए और वहाँ की आदिवासी जातियों—ओराँव, मुंडा, लोहार इत्यादि—के वंशज हैं। 'धाँगड़' शब्द का अर्थ ओराँव भाषा में है—भाड़े के मजदूर। इनके लोकगीतों में दो सौ वर्ष के पूर्व उस महाप्रस्थान की कथा बिखरी पड़ी है, जब नील के खेतों पर काम करने के लिए अंग्रेज साहबों और रामनगर के तत्कालीन राजा इन्हें यहाँ लाए और उसके बाद बरसों तक इन्हें लगभग गुलामी का जीवन बिताना पड़ा। आपस में धाँगड़ मिश्रित ओराँव भाषा में बात करते

हैं और दूसरों से भोजपुरी या मधेसी में। दक्षिण बिहार के गया जिले से भुँइया लोग भी इसी भाँति नील की खेती के लिए हिमालय की इस तलहटी में लाए गए। ये आदिवासी नहीं हैं। सम्भवतः मुसहर वर्ग के अंग हैं। इन कर्मठ मजदूरों से नील कोठियों के साहब दासों की भाँति काम लेते थे, किन्तु सम्पदा में भागी ये कभी न बन पाए।

आनेवालों का ताँता बँधा ही रहा है। आक्रमणकारियों से त्रस्त राजकुलों के वंशज, आजीविका के खोजी आदिवासी और हरिजन मजदूर, उर्वरा भूमि से सम्पदा प्राप्त करने के अभिलाषी पछाँही जमींदार तथा वे गोरे साहब जिन्होंने ब्रिटिश साम्राज्य के इस अज्ञात-से कोने में अपना निजी वैभवशाली साम्राज्य स्थापित कर रखा था, सभी को आश्रय दिया इस भूमि ने।

पिछले दस-बारह वर्षों में एक नया त्रस्त समुदाय यहाँ आया; पूर्वी बंगाल के शरणार्थी। चम्पारन में शायद पहला प्रयास किया गया, पूर्वी बंगाल के शरणार्थियों को निश्चित योजना के अनुसार बसाने का। थारुओं और धाँगड़ों के बीच यह शस्य-श्यामला भूमि उनकी भी धातृ बनी है। बिछुड़ी माता के सुखद संस्पर्श की स्मृति धान के खेतों में इन्हें मिली और हिमालय की पदस्थली पर मानो गंगासागर ने चरणोदक उँड़ेला। इतिहास की उँगलियाँ ऐसी वीणा पर थिरकीं जिसकी हर झंकार एक अलग स्मृति की प्रतिध्वनि है।

उस दिन चम्पारन के एक सुदूर गाँव में इस वीणा की विविध रागिनी सुनने को मिली। थारुओं की अनुपम गृहकला, धाँगड़ों का नर्तन, पूर्वी बंगाल के पुनर्वासित किसानों की करुण कीर्तन।

यद्यपि मेरे अनुरोध पर एक देहाती प्रदर्शनी का आयोजन किया गया था, तथापि थारुओं की कला मूलतः उनके दैनिक जीवन का अंग है। जिस पात्र में धान रखा जाता है वह सींक का बनाया जाता है, कई तरह के रंगों और डिजाइनों के साथ। सींक की रंग-बिरंगी टोकरियों के किनारे सीप की झालर लगाई जाती है। झोंपड़ी में प्रकाश के लिए जो दीपक है उसकी आकृति भी कलापूर्ण है। शिकारी और किसान के काम के जो पदार्थ मूँज से बनाए जाते हैं, उनमें भी सौन्दर्य और उपयोगिता का अद्भुत मिश्रण दीख पड़ा। किन्तु सबसे मनोहर था नववधू का एक अनोखा अलंकरण जो मात्र आभूषण ही नहीं है। हर पत्नी दोपहर का खाना लेकर पति के पास खेत में जाती है। नव-वधू जब पहली बार इस कर्त्तव्य को निबाहने जाती है तब अपने मस्तक पर एक सुन्दर पीढ़ा रखती है जिसमें तीन लटें—बेणियों की भाँति लटकी रहती हैं। हर लट में धवल सीपों और एक बीज विशेष के सफेद दाने पिरोए होते हैं। पीढ़े के ऊपर सींक की कलापूर्ण टोकरी में भोजन रखा होता है। टोकरी को दोनों हाथों से सँभाले जब लाज-भरी, सुहाग-भरी वधू धीरे-धीरे खेत की ओर अपने पग बढ़ाती है तो सीप की वेणियाँ रज-कंकणों की भाँति झंकृत हो उठती हैं और सारा गाँव जान लेता है कि वधू अपने प्रियतम को कलेउ कराने जा रही है।

इस मधुर और स्निग्ध संस्कृति की अपेक्षा धाँगड़ों का सामाजिक जीवन अधिक

प्रखर और उल्लासपूर्ण है। स्त्री-पुरुष दोनों मादक द्रव्य का सेवन कर ढलती शाम के मन्द प्रकाश में सामूहिक नृत्य करने लगे तो मुझे लगा कि रात्रि में इन लोगों का आवरण ही शयन करता है; वास्तविक व्यक्तित्व तो तभी जागता है–मादल, मद और रागिनी के आमन्त्रण पर। ओराँव नृत्य से मिलते-जुलते ही नृत्य होते हैं धाँगड़ों के। किन्तु कुछ निजी विशेषताएँ भी हैं। मर्द अपने दाहिने हाथ में रंगीन रूमाल लिए उसे हिलाते जाते हैं। यह नेपाल का प्रभाव जान पड़ता है। गीतों में कल्पना और चित्रोपमता अधिक जान पड़ी। भाषा में भोजपुरी और ओराँव का मिश्रण था। नृत्य के बीच-बीच में कुछ लड़के तरह-तरह के पशुओं की आकृति बनाकर आते हैं और गीतों की मधुर व्यंजना के बीच प्रहसन की छवि दिखा जाते हैं। रीछ, शेर, हिरन इन निसर्ग प्रेमी नर्तकों के बीच हिल-मिल कुदक रहे हैं। लगा कि सदियों की नागरिक सभ्यता के अनगिनती पर्दे उठ गए और निर्बन्ध नर-नारियों की आदिम किन्तु सुषमा-भरी झाँकी मिली।

और उसके बाद पूर्वी बंगाल के कीर्तन, गम्भीर, विषादपूर्ण वातावरण में अनादिगूँज का स्रोत बह निकला। भागीरथी के नाविकों की याद प्रतिध्वनित होने लगी। चम्पारन के खलिहानों और जंगलों में। बरसों बाद शायद इन कीर्तनों की ऊर्ध्व तानें छोटी होती जाएँ; शायद इनका विषाद, स्मृति की रेखाएँ मलीन हो जाएँ और उल्लास की कड़ियाँ मुखर हो उठें!

उल्लास! रात बीत चली और दिवस का संघर्ष अँधेरे के पर्दे के पीछे सजग हो उठा। धरती देती है किन्तु यहाँ का जन-जीवन समृद्ध नहीं बन सका। बेतिया राज की ज़मींदारी में तो अंग्रेज ठेकेदार बन गए और उन्होंने उन्नीसवीं सदी में नील की खेती का विस्तार किया। नील से ही उन दिनों रंग बनते थे और इसीलिए नील की पाश्चात्य देशों में बहुत माँग थी। लाखों की सम्पदा उन अंग्रेज ठेकेदारों के हाथ लगी किन्तु रैयत का कोई लाभ नहीं हुआ। बेतिया राज से बहुत कम अदायगी पर हजारों एकड़ जमीन इन गोरे ठेकेदारों ने ली। ठेठ देहात में उनकी भव्य कोठियाँ खड़ी हो गईं। किसानों से जबर्दस्ती नील की खेती कराई गई। हर बीस कट्ठा जमीन में तीन कट्ठा नील की खेती के लिए हर किसान को रखना लाजिमी था। 20वीं सदी के प्रारम्भ में जब केमिकल रंगों के ईजाद होने पर नील की माँग कम हो गई तब भी यह जबर्दस्ती चलती रही और तिनकठिया से छूट पाने के लिए किसानों को मजबूर किया गया कि वे मोटी रकमें गोरे ठेकेदारों को दें। चम्पारन और कुछ आसपास के इलाकों में इन निलहे साहबों का निष्कंटक साम्राज्य था उन दिनों। जिस रास्ते पर साहबों की सवारी जाती उस पर हिन्दुस्तानी अपने जानवर नहीं ले जा सकते थे। यदि किसी रैयरत के यहाँ उत्सव या शादी-विवाह होते तो साहब के यहाँ नजराना भेजना पड़ता; साहब बीमार पड़ता तो रैयतों से इलाज के लिए वसूली होती; साहब हाथी खरीदता तो रैयत को अपनी गाढ़ी कमाई में से कुछ-न-कुछ देना होता। अमोलवा कोठी के साहब का नाम था एमन। भीषण आतंक था एमन साहब का, आज से महज पचास वर्ष पूर्व। किसी भी रैयत की झोंपड़ी में आग लगा दे, किसी को जेल में ठूँस देना यह सब रोज का काम था। और

भी अत्याचार था जिसका जिक्र पुस्तकों में नहीं है पर जानते सब थे। एमन अपने इलाके की किसी भी रूपवती कुमारी को बुला भेजता। सुहागरात से पूर्व वधू की पेशी अकसर पहले एमन साहब के कक्ष में होती। यकीन नहीं होता कि यह सब आज से पाँच दशक पहले ही हो रहा था। तत्कालीन शासन निलहे गोरों के हाथ का पुतला था। उन दिनों उत्तर बिहार में दौरा करनेवाले अफसरों के लिए देहात में डाकबँगले नहीं बनते थे। वे सभी साहबों की कोठियों में ठहरते थे। दक्षिण बिहार के बागी विचारों का असर चम्पारन तक देर से पहुँचे इसीलिए गंगा पर पुल बनाने की स्कीम में तत्कालीन शासन ने कोई दिलचस्पी नहीं दिखाई और यों बरसों तक चम्पारन में गोरे निलहों का राज ब्रिटिश साम्राज्य की छत्रछाया में पनपता रहा।

और आतंक और दैन्य समृद्धि और बेबसी के उस आलम में सन् 1917 के अप्रैल मास में एक बिजली-सी कौंधी। चम्पारन में गांधीजी के चमत्कार की कथा स्वयं राजेन्द्र बाबू ने लिखी है। स्वातन्त्र्य-युद्ध के महानाटक के उस नान्दीपाठ में मानो सूत्र रूप में संघर्ष और विजय की सारी गाथा ही समा गई। यहाँ उसका ब्योरा नहीं लिखूँगा। पर मई सन् '62 में मुझे एक अभूतपूर्व सौभाग्य प्राप्त हुआ। मैं तीर्थयात्रा पर निकला, उन सभी स्थानों की रज लेने जहाँ गांधीजी ने सन् 1917 का अभियान किया था। उस तीर्थयात्रा में मुझे सत्संग मिला कुछ उन महानुभावों का जो सन् '17 में गांधीजी के साथ थे। सोने में सुहागा। मोतिहारी में मिले श्री रामदयाल साह, गांधीजी के रहने-सहने का प्रबन्ध जिनके हाथों हुआ था एवं श्री हरबंस सहाय जो मुजफ्फरपुर से मोतिहारी गांधीजी के साथ गए थे और उन वकीलों में से थे जो उस आन्दोलन में उनके सलाहकार रहे। लौटने पर मुजफ्फरपुर में श्री रामनौमी प्रसाद से मुलाकात और देर तक बातें हुईं। रामनौमी बाबू और राजेन्द्र बाबू उन दिनों गांधीजी के साथियों में अग्रगण्य थे। जिस तेजस्वी किसान के आग्रह पर गांधीजी ने चम्पारन जाना स्वीकार किया, वह राजकुमार शुक्ल सन् 17 के पहले से ही श्री रामदयाल साह, श्री रामनौमी प्रसाद और हरबंश सहाय इत्यादि के सम्पर्क में आया था। राजकुमार शुक्ल की सन् '30 के आसपास मृत्यु हो गई।

किन्तु मेरा अविस्मरीण अनुभव रहा सुदूर भितिहरवा गाँव में। यह गाँव अमोलवा के निकट है जहाँ सन् '17 में एमन साहब की तूती बोलती थी। जब गांधीजी चम्पारन की रैयत को भय और अत्याचार के चंगुल से बचाने का यत्न कर रहे थे तब उन्होंने ग्रामीण जनता की सामाजिक अवस्था के सुधार का भी श्रीगणेश किया। श्री रामनौमी प्रसाद ने बताया कि एक दिन किसी गाँव में किसानों की शिकायतों का अध्ययन करने गांधीजी जा रहे थे उनके साथ। दूर जाना था। हाथी पर दोनों सवार थे। कड़ी धूप थी। तभी गांधीजी ने ग्रामों की दुरवस्था को दूर करने में शिक्षा की महत्ता पर अपने विचार प्रकट किए। उन्होंने कहा कि जब तक ग्रामीण बच्चों की शिक्षा की व्यवस्था नहीं होगी तब तक केवल आर्थिक समस्याओं को सुलझाने से काम नहीं चलेगा। उन्होंने कहा कि वे चम्पारन में कुछ ग्रामीण विद्यालयों की स्थापना करना चाहते हैं। थोड़े दिन बाद उन्होंने

तीन गाँवों में आश्रम-विद्यालय स्थापित किए—बरहरवा, मधुबन और भितिहरवा। कुछ निष्ठावान कार्यकर्ताओं को तीनों गाँवों में तैनात किया। ये कार्यकर्ता आए गुजरात और महाराष्ट्र से। बड़हरवा का विद्यालय विदेश में शिक्षाप्राप्त इंजीनियर श्री बबनजी गोखले और उनकी विदुषी पत्नी अवन्तिकाबाई गोखले ने चलाया। साथ में देवदास गांधी भी थे। मधुबन में गांधीजी ने गुजरात से नरहरिदास पारिख और उनकी पत्नी तथा अपने सेक्रेटरी महादेव देसाई को भेजा। कुछ दिन आचार्य कृपलानी भी वहाँ रहे। भितिहरवा के अध्यक्ष थे वयोवृद्ध डॉक्टर देव और सोमनजी। बाद में वहाँ पुंडलीकजी गए। स्वयं कस्तूरबा भितिहरवा आश्रम में रहीं और इन कर्मठ और विद्वान स्वयंसेवकों की देखभाल करती रहीं।

इन विद्यालयों का आदर्श क्या था? इस बारे में गांधीजी ने एक पत्र लिखा चम्पारन के तत्कालीन अंग्रेज कलक्टर को, जिससे शिक्षा सम्बन्धी उनके आदर्शों का प्रकाश पड़ता है। "...मैंने इन स्कूलों में किसी तरह का नपा-तुला पाठ्यक्रम चालू नहीं किया है क्योंकि मैं तो पुरानी लीक से हटकर चल रहा हूँ। वर्तमान शिक्षा-पद्धति को तो मैं खौफनाक और हेय मानता हूँ। छोटे बच्चों के चरित्र और बुद्धि का विकास करने के बजाय यह पद्धति उन्हें बौना बनाती है। अपने प्रयोग में वर्तमान पद्धति के गुणों को ग्रहण करते हुए मैं उसके दोषों से बचने की चेष्टा करूँगा। मुख्य उद्देश्य यह होगा कि बच्चे ऐसे पुरुष और महिलाओं के सम्पर्क में आएँ जो सुसंस्कृत हों और चरित्र जिनका निष्कलुष हो। मैं तो इसे ही शिक्षा मानता हूँ। अक्षरज्ञान तो इस उद्देश्य की प्राप्ति का एक साधन-मात्र है। जीविका के लिए जो बच्चे नए साधन सीखना चाहते हैं उनके लिए औद्योगिक शिक्षा की व्यवस्था की जाएगी। इरादा यह नहीं है कि शिक्षा पा लेने के बाद ये बच्चे अपने वंशगत व्यवसायों को छोड़ दें। जो ज्ञान वे स्कूल में प्राप्त करेंगे उसका उपयोग खेती और ग्रामीण जीवन को परिष्कृत करने में होगा।" कुछ ही समय के लिए सही, गांधीजी के इन आदर्शों को भितिहरवा में भी कार्यान्वित करने की चेष्टा की गई।

उसी भितिहरवा में मैं पहुँचता हूँ और मेरा भाग्य देखिए कि उसी दिन वहाँ मौजूद थे श्री पुंडलीकजी। सन् '17 में इन्हीं पुंडलीकजी को गांधीजी ने बेलगाँव से बुलाया, भितिहरवा आश्रम में रहकर बच्चों को पढ़ाने के लिए और ग्रामवासियों के दिल से भय दूर करने के लिए। वे लगभग एक साल रहे और फिर अंग्रेज सरकार ने उन्हें जिले से निर्वासित कर दिया। लेकिन इतना समय बीत जाने पर भी हर दो-तीन साल में अपने पुराने स्थान को देखने पुंडलीकजी आ जाते हैं। उनके शिष्य भी मौजूद हैं—वृद्ध हो चले हैं। किन्तु पुंडलीकजी का तेजस्वी व्यक्तित्व, बलिष्ठ शरीर, दबंग आवाज साक्षी हैं उस अग्निशिखा के जिसने गांधीजी के शीतल बन्धन में बँध जाना मंजूर किया।

पुंडलीकजी ने वह कमरा दिखाया जहाँ बैठकर गांधीजी काम करते थे और वह मेज जिस पर शायद उन्होंने चिट्ठियाँ लिखीं। एक मठ के निकट यह आश्रम है। गाँव में गांधीजी को आश्रय देने की किसी को हिम्मत ही नहीं पड़ी। मठ के महन्त ने एक महुए

के पेड़ के नीचे जगह दी। वहीं गांधीजी ने खटिया बिछाई और बाद में एक झोंपड़ी बनाई जिसमें डॉ. देव आकर रहे और आश्रम को चलाते रहे। उस झोंपड़ी को एमन साहब के कर्मचारियों ने जला भी दिया। बाद में वह खपरैल का भवन बना जो अब भी बहुत कुछ मौलिक अवस्था में है। कस्तूरबा यहाँ रहकर आश्रम के कार्यकर्ताओं की देखभाल करतीं। गांधीजी प्रायः बेतिया और मोतिहारी ही रहते।

पुंडलीकजी के तीन-चार शिष्य भी मिले और पुंडलीकजी ने सन् '17 के अपने रोचक अनुभवों की कथाएँ भी सुनाईं। एक दिन एमन साहब इनके आश्रम में आया। कायदा था कि साहब जब आए तो गृहपति उसके घोड़े की लगाम पकड़े। पुंडलीकजी ने कहा, "नहीं, उसे आना है तो मेरी कक्षा में आए; मैं लगाम पकड़ने नहीं जाऊँगा।" पुंडलीकजी ने गांधीजी से सीखी निर्भीकता और वही निर्भीकता उन्होंने गाँववालों को दी। चम्पारन अभियान का सबसे बड़ा वरदान यही निर्भीकता थी। आज जब हम स्वतन्त्रता के वातावरण में स्वच्छन्दता का भी नर्तन देखते हैं, तो शायद हम उस निरंकुशता के आतंक का अन्दाज भी नहीं लगा सकते जिसकी छाया में हमारे अगणित देशवासी इन ग्रामीण अँचलों में कालयापन करते थे। गांधीजी ने उस दुर्भेद्य अन्धकार को चीर दिया।

किन्तु उसी चम्पारन में उनकी दूसरी सीख को हमारा शिक्षित समाज हृदयंगम नहीं कर सका। मैंने गांधीजी का तत्कालीन पत्र-व्यवहार अंशतः पढ़ा है। एक भी वाक्य ऐसा नहीं लिख़ते थे जिसके तथ्य की उन्हें पूरी जानकारी न हो। अधिकांश पत्र अंग्रेज़ अधिकारियों को लिखे गए थे। उनके पास तरह-तरह की खबरें आतीं—अतिरंजनापूर्ण। आजकल का जमाना होता तो लोग उन खबरों को समाचारपत्रों में छापते; क्रोधपूर्ण दोषारोपण करते। किन्तु गांधीजी हर बात को तोलते, स्वयं सत्यापन करते। बिना छानबीन किए किसी भी मामले पर नहीं लिखते थे। समाचार-पत्रों में अपनी 'इंक्वायरी' के समाचार बहुत कम देते। किसी गाँव से अत्याचार की खबर आती तो वहाँ जाकर खुद पूछताछ करते या राजेन्द्र बाबू, अनुग्रह बाबू, धरणीधर बाबू इत्यादि से जाँच कराते। असल में जब सन् 1916 की लखनऊ कांग्रेस में लोगों ने उनसे चम्पारन की त्रस्त जनता के सम्बन्ध में प्रस्ताव रखने को कहा तो बोले, "अपनी आँखों से देखे बिना और इन बातों की जाँच-पड़ताल किए बिना मैं इस मामले में नहीं पड़ूँगा।" निलहे साहबों के बँगलों में जाकर उनकी बातों को भी सुनते। यही वह सत्य था जिसका आचरण उनके जीवन का सम्बल था।

आज तो बिना जाँच-पड़ताल के दोषारोपण करना ही सामान्य व्यवहार है। आज तो छोटी-सी बात को बढ़ाकर समाचार-पत्रों एवं गुमनाम चिट्ठियों में लिख भेजना मामूली बात है। आज सत्य धूलि-धूसरित पड़ा है जैसे भितिहरवा में आश्रम भी उपेक्षित है। कैसी है चम्पारन की यह भूमि? मानो विस्मृति के हाथों अपनी बड़ी से बड़ी निधियों को सौंपने के लिए प्रस्तुत रहती है। गांधी-निधि गांधीजी द्वारा पावन किए गए स्थलों में कुछ स्मारक बना रही है। लेकिन क्या यहाँ कोई तीर्थ टिक पाएँगे?

भितिहरवा के पास ही रामपुरवा है जहाँ ध्वस्त पड़े हैं दो अशोक-स्तम्भ; एक पर सिंह था और दूसरे पर बैल। पुष्ट मौर्य कला के नमूने। शायद रामपुरवा कोई बौद्ध तीर्थ-स्थल रहा हो। गंडक नदी के किनारे कई बौद्ध स्थल हैं—कुशीनगर, लौरिया नन्दनगढ़, अरेराज, केसरिया, जानकीगढ़ और वैशाली। कुशीनगर गोरखपुर जिले में है जहाँ गंडक को नारायणी कहा जाता है। अब नदी कई मील हट गई है। भगवान बुद्ध की निर्वाण-शय्या की वह मूर्ति निस्सन्देह विराट् है। सम्भवतः इस मूर्ति और मन्दिर का निर्माण ईसा की प्रथम या द्वितीय शताब्दी में उन्हीं लोगों ने कराया जिन्होंने बोद्धगया का मन्दिर बनवाया था। जिस स्थान पर कुशीनगर के निवासियों ने तथागत के शरीर को भस्म किया था वहाँ एक ध्वस्त स्तूप खड़ा है। तथागत की भस्म के ऊपर गंडक नदी के आसपास अनेक स्तूप बने, अनेक स्मारक बने। गंडक के पूर्वी तट पर बिहार में नन्दनगढ़ की विशाल स्तूप प्राचीन स्थापत्य की अभूतपूर्व कृति है। इसका मुकाबला जावा का बरबदूर का मन्दिर ही कर सकता है। अभी तक इसका काल-निर्णय नहीं हो पाया है। 82 फुट ऊँचे, 1500 फुट वृत्ताकार इस स्तूप के शीर्षस्थल के निकट मैंने वह स्थान देखा जहाँ एक छत्राकार स्मारक के भीतर काँसे के बरतन में भोजपत्र पर लिखी चौथी शताब्दी की एक बौद्ध पांडुलिपि पाई गई थी। थोड़ी ही दूर पर अशोक का बनाया हुआ लौरिया नन्दनगढ़ का सिंह स्तम्भ है। मेरे विचार में यह अशोक का सबसे कलापूर्ण स्तम्भ है। लेख भी स्पष्ट है। इस लेख, और उससे कुछ दक्षिण में अरेराज स्तम्भ पर अंकित लेखों में शासन के सिद्धान्तों का प्रतिपादन है। महामात्रों को जनता के प्रति कैसा व्यवहार करना चाहिए, इसका आदेश है। पशुवध की मनाही की गई है, तत्कालीन कमिश्नरों को अपने कर्त्तव्य और आदर्शों की याद दिलाई गई है। आजकल का कमिश्नर, मैं, गगनस्पर्शी सिंह की भंगिमा और उसके नीचे खुदे इन लेखों को देखते-देखते मानो 2200 वर्ष पहले के प्रतापी किन्तु करुणार्द्र स्वर की प्रतिध्वनि सुन पा रहा हूँ। वह स्वर आज भी कितना खरा है, आज के अधिकारी वर्ग के लिए भी कितना चुनौतीपूर्ण है!

लौरिया नन्दनगढ़ से ही एक नदी रामपुरवा और भितिहरवा होते हुए उत्तर में नेपाल के निकट भिखनाथोरी तक जाती है। नाम है पंडई नदी और शायद इसी के सहारे भगवान बुद्ध और बाद में अनेक भिक्खु (भिखना शब्द में साम्य देखिए) जाते थे लुम्बिनी और नेपाल। फाह्यान और ह्वेनसांग भी इसी पथ से आए थे। लौरिया नन्दनगढ़ निश्चय ही एक विशाल पावन स्थल रहा होगा। अनेक टीले खुदाई की प्रतीक्षा में सदियों का रहस्य अपने हृदय में छिपाए पड़े हैं।

लौरिया के दक्षिण में अरेराज, अरेराज के दक्षिण में केसरिया और फिर वैशाली। यही तो वह पथ था जिससे भगवान बुद्ध अपनी अन्तिम यात्रा पर गए थे। अपनी परम प्रिय नगरी, गणतन्त्री लिच्छवियों की राजधानी वैशाली में अन्तिम दर्शन के लिए भगवान ने अपने समस्त शरीर को गजराज की तरह घुमाया और बोले, "आनन्द, तथागत का यह अन्तिम दर्शन है।" लिच्छवि रास्ता रोककर खड़े हो गए। बीच में नदी आ गई। तथागत ने अपना भिक्षापात्र उन्हें दे दिया। इसी वैशाली में अम्बपाली ने तथागत को

अपना आम्रकानन समर्पित किया था। और इसी वैशाली में जैन धर्म के तेजस्वी तीर्थंकर भगवान महावीर का जन्म हुआ था। आज जैन समाज अपनी इस पुण्य धरोहर को भूल गया है। ऐसे ही जैसे पौराणिक धर्मावलम्बी हिमालय की तलहटी में भैंसालोटन की महत्ता को भूल-से गए हैं। जहाँ हिमालय की छोटी पहाड़ियों के बीच गंडक चट्टानी दीवारों के बीच गुज़रती है, वहाँ मैंने देखा घड़ियालों का निवास-स्थल। किंवदन्ती है कि गज-ग्राह की लड़ाई वहीं शुरू हुई। पंचनद नदी गंडक से वहीं मिलती है। पंचनद के कुछ ऊपर तमसा नदी मिलती है। वहीं शायद वाल्मीकि आश्रम है। अनेक ध्वस्त मूर्त्तियाँ बिखरी पड़ी हैं। इस गंडक के सहारे-सहारे चलिए तो एक सौ तिहत्तर मील की दूरी पर पटना के सामने सोनपुर के निकट गंडक गंगा के संगम पर हरिहरक्षेत्र मिलेगा, जहाँ कहते हैं, गज-ग्राह युद्ध समाप्त हुआ और गज का संकटमोचन हुआ।

वर्तमान और अतीत की आद्यन्तहीन कड़ी है गंडक नदी। न जाने कितने महात्माओं और सन्तों ने इसके किनारे तप और तेज पाया, किन्तु गंडक कभी गम्भीर न बन सकी और इसीलिए इसके किनारे तीर्थस्थल भी स्थायी न रह सके। हिमालय के चरणों में त्रिवेणी (भैंसालोटन) से लेकर सोनपुर के हरिहरक्षेत्र तक गंडक के किनारों पर ऐसे तीर्थों की मानो समाधियाँ बिखरी पड़ी हैं जो शायद अवसर मिलने पर अयोध्या, हरिद्वार, मथुरा, काशी बन जाते। पर गंडक तो उच्छृंखल कन्या ही रही—ज्येष्ठा—सहोदरा गंगा का गाम्भीर्य इसे सुहाया ही नहीं।

तब अतीत की कौन स्मृतियाँ गंडक ने छोड़ी है? भवन नहीं, मन्दिर नहीं, घाट नहीं। हवाई जहाज से गंडक घाटी के दोनों ओर नाना आकृति के ताल दीख पड़ते हैं, कहीं उथले, कहीं गहरे किन्तु प्रायः सभी शस्यश्यामला धरती रूपी गगन के विशाल अन्तस् में ठिठकी हुई बदलियों की भाँति टेढ़े-मेढ़े, परन्तु शुभ्र और निर्मल। इन तालों को कहते हैं चौर और मन। चौर उथले ताल हैं जिनमें पानी जाड़ों और गर्मियों में कम हो जाता है और खेती भी होती है। मन विशाल और गहरे ताल हैं। 'मन' शब्द मानस का अपभ्रंश है। गंडक के उच्छृंखल नर्तन के समय बिखरे हुए आभूषण हैं मानो ये मन और चौर। बाढ़ आई, तटों का उल्लंघन कर नदी ने दूसरा पथ पकड़ा। पुराने पथ पर रह गए ये चौर और मानस जिनकी गहराई तल को स्पर्श कर धरती के हृदय से स्रोत को फोड़ लाई। वही मानस बन गए।

ऐसा ही एक ताल है सरैयामन। बेतिया नगर से 4 मील दूर कच्ची और ऊबड़-खाबड़ सड़क से हम लोग पहुँचे एक मनोरम जंगल के किनारे। त्रयोदशी का चाँद अपना साम्राज्य फैलाए हुए था। बेतिया राज ने इस जंगल को सुरक्षित रखा और अब यह 130 एकड़ रकबे का अभय क्षेत्र है—जंगल विभाग की ओर से सागौन, यूकलिप्टस, आम इत्यादि के वन लगाए जा रहे हैं। एक नर्सरी भी है किन्तु प्राचीन जंगल को भी सुरक्षित रखे जाने की कोशिश की जा रही है। एक मील वनपथ पर चलने के बाद हम वन के किनारे पहुँचे। विशाल ताल, बीच में द्वीप और तीन ओर जलराशि। नौकाविहार को निकले। नन्हीं लहरियों पर चाँदनी प्रतिबिम्बित खद्योत

बार-बार झलक दिखाकर अन्तर्धान हो जाते। नौका आगे बढ़ी। सामने रजतराशि-निस्सीम; बाईं तरफ द्वीप और कमलपत्र और दाएँ घने वृक्ष जिनकी छाया मानो नौका को ग्रसने को आतुर थी। बीच धारा में पहुँचने पर नाविकों ने कहा, "जल पीजिए, बड़ा स्वास्थ्यवर्धक है।" बात यह है कि शताब्दियों से यहाँ किनारे पर लगे जामुन के वृक्ष-समूहों से जामुन के अगणित फल गिरते रहे हैं और इस तरह सरैयामन के जल का वैद्यक सिद्धान्त के अनुसार शोध होता रहा है। बेतिया नगर से अनेक अमीर बीमार इस जल को घड़ों में मँगाते हैं।

सरैयामन का जल स्थिर है, निबद्ध है, किन्तु गंडक नदी का जल तो सदियों से चंचल रहा हैं जिसने इतने तीरथ तोड़े, क्या वह कोई वरदान दे सकेगी, उन असंख्य प्राणियों को जो इसकी घाटी में संघर्ष और अभाव का जीवन बिताते रहे हैं? चम्पारन जिले में मोटर से घूमते हुए जहाँ मैंने इतने ध्वस्त स्तूप, मन्दिर और स्तम्भ देखे वहाँ एक और भी प्रकार की प्राचीरें जगह-जगह मस्तक उठाए दीख पड़ीं। ये ईंटों और पत्थरों के निरुपाय खँडहर नहीं हैं। इन पर प्राचीन लिपियों में लेख भी नहीं। लेकिन नई कुदालियों और फावड़ों की छाप, नए पौरुष की छाप है इन पर। ये प्राचीरें हैं, गंडक घाटी योजना की नहरों के तटबन्ध जिन्हें लाखों मजदूर तैयार कर रहे हैं। एक होगी पश्चिमी नहर—एक सौ बीस मील लम्बी, जिसका साढ़े ग्याहर मील नेपाल में पड़ेंगे। साढ़े अड़सठ मील उत्तर प्रदेश (गोरखपुर और देवरिया जिले) में और शेष बिहार के सारन जिले में। पूर्वी नहर की लम्बाई 155 मील होगी। इसके द्वारा नेपाल और तिरहुत के विशाल क्षेत्र की आबपाशी होगी। इसके अलावा नेपाल के लिए एक पावर हाउस भी बनेगा। भैंसालोटन से ये नहरें निकलेंगी और वहाँ लगभग 3000 फुट लम्बा बराज बन रहा है जिसके ऊपर से सड़क और रेल ले जाए जाने की सम्भावना है। कुल मिलाकर 41.49 लाख एकड़ जमीन की आबपाशी इन नहरों से होगी। कुल व्यय होगा लगभग चालीस करोड़ रुपया।

भैंसालोटन में भारतीय इंजीनियर जंगल के बीच इस नवीन जीवन-केन्द्र का निर्माण कर रहे हैं। प्राणवान विद्युत तुल्य शिराओं का जाल फैला रहे हैं। मोटरबेट गंडक के वक्षस्थल को चीरकर आगे बढ़ रही थी और इंजीनियर लोग मुझे बराज और नहरों की टेकनिकल बातें समझा रहे थे। और मैं सोच रहा हूँ—शायद युग-युगों से होती आई गज और ग्राह की लड़ाई का अन्त होने जा रहा है। दैन्य और अभाव के ग्राह के विकराल मुख में फँसे जन-समुदाय का संकटमोचन करने के लिए एक अजेय पौरुषयुक्त नारायण के विराट रूप का निर्माण हो रहा है। ये नहरें ही उस नारायण की अनेक भुजाएँ हैं; बिजली के तारों का जाल ही तो उसका त्राणकर्ता चक्र है। और मैं मन-ही-मन नमस्कार करता हूँ इन इंजीनियरों को, विश्वकर्माओं को, मजदूरों को जो भगवान के इस नूतन विराट रूप के विधाता हैं; जिनकी बुद्धि और परिश्रम की गाथा कवि और कलाकार अंकित करें या न करें लेकिन जिनकी बनाई मूर्ति में प्राण का संचार होते ही सदियों से भग्न मन्दिर ज्योतित हो उठेंगे।

ओ सदानीरा! ओ चक्रा! और नारायणी! ओ महागंडक! युगों से दीन-हीन जनता इन विविध नामों से तुझे सम्बोधित करती रही है। तेरी चिरचंचल धारा ने उनकी आराधना के कुसुमों, अगणित तीर्थों को ठुकरा दिया। पर आज तेरे पूजन के लिए जिस नए मन्दिर की प्रतिष्ठा हो रही है, उसकी नींव बहुत गहरी है। इसे तू ठुकरा न पाएगी।

मसूरी में बादल

हिमालय के शुभ्र, निष्कलुष, बालिका-सुलभ आनन पर मसूरी पाउडर का ललित किन्तु कृत्रिम स्पर्श है।

और पाउडर की ही भाँति क्षणिक भी। बरसात आते ही हिमालय के सदाबहार वृक्षों की पत्तियाँ धुलने लगती हैं और मसूरी की सड़कों पर से भीड़ भी ! देखते-ही-देखते, साड़ियों की रंगीनियाँ, फैशन की जगमगाहट और मध्यरात्रि के उत्सवों की हलचल फीकी पड़ने लगती है, मानो गहरी नीद से जाग, हिमालय ने करवट ली हो और धृष्ट मानव का लघु प्रयास—कृत्रिमता का आवरण—वह पाउडर छिटककर बाहर जा पड़ा हो।

जिन बूँदों को स्पर्श से हिमालय निद्रा से जगा, आज उन्हीं का तो श्रीगणेश है। मैं देख रहा हूँ!—उस घाटी पर अँधेरा छाने लगा। सामने की पहाड़ियों पर एक घना नील वितान-सा तन रहा है और द्रुतगति से श्यामल पताकाओं की भाँति बादल उमड़े आ रहे हैं। कभी काजल-से काले, कहीं सागर की उत्ताल तरंगों-से नीले, कहीं-कहीं गोधूलि की भाँति मटियाले। घाटी सहम रही है। वृक्ष उत्सुक मुद्रा में खड़े हैं, और गहरे खड्ड की विशाल प्राचीरों के भीतर मेघदूतों का काफिला बढ़ा चला आ रहा है। अधीर पवन ने आनत तरु-डालियों को झकझोरना शुरू कर दिया। और तभी एक वज्रतनया चील अपने विशाल डैने फैलाए वायु को उन्मत्त तरंगों से छाती भिड़ाने उड़ चली। सारी घाटी को आक्रान्त करनेवाले पवन-हिलोरों को अवरुद्ध करने की पागल आकांक्षा से प्रेरित यह पंछी किस भीषण प्रयास में रत है? पवन की हिलोरों पर आरूढ़ होने का झूठा अभास—मगर कैसी हिम्मत, कैसे अरमान, कैसा आवेग !

और अब वह श्यामल वितान फैल रहा है। उसकी गहरी कालिमा धुँधलका बन रही है। हलकी और हलकी-घनी परतें मानों झीनी-झीनी हो चलीं! रुई के फाहे-सी!—पेड़ खो गए, पत्तियाँ खो गईं!—तन-तन में, रोएँ-रोएँ में कुहासा! मानो सारा भूखंड एक विशाल सागर की तलहटी हो और घूमते-फिरते स्त्री-पुरुष जल-जन्तु! सड़क से नीचे खड्ड में बादल भर गए—अनन्त ब्रह्मांड की भाँति रहस्यपूर्ण! यह हमारी वही चिरपरिचित घाटी है या हम अतल निस्सीम के छोर पर खड़े हैं?

हवा बह रही है! खिड़की में से, तेजी से तुहिनकण-से जलद तृण भागे चले आ रहे हैं, अपना अस्तित्व खो देने-भर के लिए।

और उधर प्रीतम के प्रगाढ़ालिंगन के लिए आतुर नायिका की भाँति बादल-कन्याएँ अपनी-अपनी धुँघराली अलकों को पर्वत की देह पर बिखेर दे रही हैं। झड़ी लग रही है।

कुछ देर बार। धुला-धुला भूखंड; आकाश अपने वैभव को खो बैठा—रीता-सा। कुहासा थम गया। किन्तु यह क्या? कन्दराओं में ये कौन-सी कोमल-वदना अप्सराएँ, श्लथ, मन्द चरण,, मन्थर-मन्थर गति से शिखरों की ओर बढ़ी चली आ रही हैं—धवल, कोमल, स्वच्छ ! मानो झीने श्वेत हिमतुल्य वसनों को अपना जीवन दे कोई सुन्दरी अन्तर्धान हो गई हो और वे प्राण-संचालित वसन ही नायिका के साथ चल रहे हों!

हेमवन्त का वह विराट रूप—कन्दराएँ जिसके माथे की शिकन हैं, ये कठोर चट्टानें जिसकी पुष्ट, पौरुषपूर्ण भुजाएँ हैं! उसकी गोदी में ये बादल-कुमारियाँ घाटी की तलहटी से निकल-निकल मन्थर गति से बढ़ रही हैं। और वह देखो ठहर गईं; प्रियतम के क्रोड़ में! हेमवन्त है कठोर और मेघकुमारी कोमल; एक श्यामल दूसरी शुभ्र; एक गतिहीन दूसरी चंचल; एक पुरुष दूसरी नारी। सृष्टि के आदि नियम के प्रतीक! पाषाण और प्राण का सम्मिलन, कठोर और कोमल का संयोग! कौन किसका भार सँभाले है?...गर्वीले पाषाण, नारी का स्पर्श तुझे द्रवित करके रहेगा!...उसी स्खलन में तो सृजन के बीच हैं!

यही वे बादल हैं जिन्हें कालिदास ने अपनी कल्पना में बन्धन में बाँधा। यही वह व्रज है, इन्द्रदेव जिसे अपना अस्त्र बनाए हैं! वज्र! उस प्रचंड शक्ति को क्या यही प्रतनु अप्सराएँ सँभाले विचरण कर रही हैं?

यह भाप मेरे कमरे में घुस आई। जेम्स वाट ने इसी को 'केतली' के अन्दर से उठते देखा और कुछ वर्षों में वाष्पशक्ति का आविष्कार हुआ। रेल-इंजन—विशाल शक्ति का मूर्तिमान स्वरूप भीमकाय, अतुल बलशाली, अनन्त गतिमान!!

किसको बड़ा मानूँ? कालिदास को या जेम्स वाट को? एक ने उसे मानव की कल्पना और भावनाओं का वाहन बनाया और दूसरे ने मानव की आवश्यकताओं का !

कहाँ-से कहाँ भटक गया? बादल-कुमारियाँ तो कन्दराओं की क्रोड़ में विलीन हो चलीं। और सामने पारदर्शक यन्त्र की भाँति स्वच्छ वायुमंडल के नीचे देहरादून की उपत्यका के अर्धविकसित अधर सम्पुटों में धवल दन्तपंक्तियों-से मकान झलक रहे हैं। वह जो कुहासे में अतीत के अस्पष्ट चिह्न थे, अब समीप आकर आँख-मिचौनी का आमन्त्रण दे रहे हैं। मगर यह छलना है। योगवाशिष्ठ के इन्द्रजाल के समान सावनी समाँ में दूरी और सामीप्य, अतीत और वर्तमान घुलमिल जाते हैं। पर कोई कानों में कहता है—यही सत्य है। छलना ही सत्य है, माया ही ब्रह्म है!

धूप छिटक रही है। मसूरी ने एक सन्तोष की साँस ली। शायद कुछ दिन और यह शृंगार बच जाए।

मगर पीछे हिमालय की गगनचुम्बी चोटियाँ तमावृत्त, मेघाच्छन्न हो चलीं...कब तक, आखिर कब तक?

पीठ पीछे की कला

नई दिल्ली, राज्यों से आनेवाले और अपने को तीसमार खाँ समझनेवाले, बड़े-बड़े अफसरों की अक्ल ठिकाने लगा देती है। जिले के कलक्टर की सारी अकड़ हवा हो जाती है। बड़ा साहब यानी चीफ सेक्रेटरी तक अनेकों में एकमात्र बनकर रह जाता है। छोटा मकान, घर से चपरासी गायब, नौकरों की ऐंठ,—एक मुसीबत हो तो बताएँ।

मिट्टी ख्वार होने के अनेक तजुर्बों में एक है जलसों में पीछे बैठने की मजबूरी। जिले में कोई उत्सव हो तो मैं और मेरी बीवी सबसे आगेवाली कुर्सियों में बिठाए जाते थे। राज्य सरकार की सेक्रेटरिएट में भी वरिष्ठ अफसरों को आगे ही सीट मिलती। पर नई दिल्ली आते ही वे ठाठ हवा हो गए। धीरे-धीरे पीछे बैठने की आदत डालनी पड़ी और अब तो उसमें रस मिलने लगा है।

उस दिन हम दोनों को लालकिले के 'रैंपर्ट' पर वी.आई.पी. लोगों के साथ बैठने के लिए शायद किसी की गलतफहमी से 'पास' मिल गए। वरना हर साल तो स्वतन्त्रता-दिवस का समारोह नीचे किले की खाई के सामने ही से गर्दन उठाकर देखना पड़ता था। चूँकि वी.आई.पी. लोगों के वर्ग में जगह मिली थी, इसलिए यह तो लाजिमी था कि सबसे पीछे की पंक्ति में बिठाया जाता। 'रैंपर्ट' से पुरानी दिल्ली का दृश्य लुभावना होता है। चीलों की उड़ानों के नीचे एक तरफ जामा मस्जिद, दूसरी तरफ गुरुद्वारा, करीब में जैन मन्दिर, दूर पर चाँदनी चौक की सड़क, करीब लाजपतराय मार्केट, अगणित नर-मुंड, अगणित सवारियाँ; पर ऊपर से जान पड़ता था सब मानो निश्शब्द घूम रहे थे। पुरानी दिल्ली की उमंगें धुएँ की तरह आहिस्ता-आहिस्ता आसमान पर छा रही थीं। स्मृतियाँ जागीं और कल्पना कुलाँचे बाँधने लगी।

हठात् दृष्टि अपने सामनेवाली पंक्ति पर बैठे लोगों की पीठों पर आ पड़ी। देखा, ठीक सामने किसी की गोरी, कसी, पीठ पर गाँठ लगी है, उस कली की पराग-ग्रन्थि की भाँति जो भ्रमर को संकेत करती हो। उसके बराबर ही में शायद उसके 'भ्रमर' की पृथुल पीठ थी। लगा जैसे भ्रमर का चंचल उस गाँठ की ओर बढ़ेगा!...नहीं बढ़ा!...मेरे नेत्र गाँठ पर टिक गए जैसे अर्जुन के मत्स्य की आँख पर।...आखिर उस रमणी ने कंचुकी कसते समय ऐसी आमन्त्रणपूर्ण गाँठ क्यों लगाई है ?...

क्या उसके प्रियतम को 'प्रेस बटन' और 'इलैस्टिक' के युग में भी गाँठ बाँधना और खोलना ही अधिक रोमांटिक लगता है? पर पीठ की गाँठ में उसके प्रियतम को

भला सुविधा क्या है? सुविधा है तो पीठ पीछे बैठनेवाले को?...तो क्या यह भामिनी अपने उन रोमांटिक दिनों की याद में यह रीति बरतती है जब वह अपनी सखियों के साथ कॉलिज की कक्षा में आगे की सीटों पर बैठती थी और कुछ शरीफ लड़के पीछे बैठकर रिमार्क कसते थे?...क्या तभी से वह यह तमन्ना गाँठ बाँध लाई है कि कोई सिर्फ रिमार्क ही न कसे पर अपने चंचल करों से पीठ पर की गाँठ को झट से खोल दे? शायद उसके जीवन-संगी ने उसकी यह तमन्ना पूरी नहीं की। हालाँकि मजे की बात यह है कि विवाह-मंडप में गाँठ बँधती ही इसलिए है कि उस रात ही से गाँठें खोलने की आजादी मिल जाए। पर बिहारी ने तो कहा है कि दो प्रेमियों के मन मिले तो गाँठ लगी दुर्जनों यानी रकीबों के हिये में। तो क्या इस सुन्दरी का मन अपने जीवन-संगी से मिला ही नहीं है, और क्या वह पीठ पर ऐसी आतुर गाँठ लगाकर उन दुर्जनों ही की नटखट अँगुलियों के लिए तरस को प्रकट करती है?...क्या उस तन्वंगी नवोढ़ा ने पीठ की गाँठ को साड़ी के पल्ले से इसलिए नहीं ढका है कि पीछे बैठे मर्दों में कोई तो 'दुर्जन' उस पुरानी सँवारी आस को पूरा करेगा? मेरे नेत्र उस पीठ के आसपास का 'सर्वे' करने को उतावले हो उठे। सूक्ष्म चोली के ऊपर दीखी गर्दन...सुराहीदार नहीं वरन् मतबन जैसी भरी-पूरी!...तो तन्वंगी नवोढ़ा मेरी कल्पना की उपज थी?...थोड़ा और ऊपर दीखे... केश! यह क्या?...सब मटियामेट हो गया। उस खिचड़ी में चावल अधिक थे, काली दाल कम! "केसव केसन अस करी जस अरि हू न कराहिं।"...मेरी हिम्मत ही न हुई कि उस चेहरे को देखूँ! पूर्णिमा के दूसरे दिन सवेरे तड़के चाँद को देखिए। चौड़ा, पर निस्तेज और धवल आनन, सूरज की चमक उसके सभी गड्ढ़ों को, उसकी बची-खुची सफेद सपाट सतह से अलग दिखा देती है। वैसे ही रहा होगा उस पृथुला प्रौढ़ा का चेहरा, पाउडर की सफेदी के नीचे चन्द झुर्रियों की दबंग रेखाएँ तथा आँखों को घेरते श्यामल गह्वर, बासी मुसकान जिन्हें और भी गहरा कर देती है।

पीछे से देखने के अचरज-भरे अनुभव स्त्रियाँ ही देती हों यही बात नहीं है। नई दुनिया में ढलती उम्र के चमत्कार पुरुष भी दिखाते हैं। उस दिन भीड़-भरी सड़क पर मोटरों की लंगर में मेरी मोटर को एक बड़ी आलीशान इम्पोर्टेड कार के पीछे रुक जाना पड़ा। शीशेवाली खिड़की में से दो सिर नजर पड़े। एक नए फैशन के रेशमी और चारों ओर बिथुरे बालोंवाली नवेली का, जो हँसती, फड़कती, मुड़-मुड़कर न जाने क्या-क्या सरगोशियाँ कर रही थी। बराबर में एक पुरुष का सिर जो बीच में संगमरमर की तरह साफ और चिकना था और नाम के लिए चन्द बालों के घेरे के कारण उसकी चमक और भी बढ़ गई थी। दोनों सिर एक-दूसरे के करीब, बहुत करीब आते, छू जाते, और कभी-कभी नारी का सिर पुरुष के कन्धे पर टिक भी जाता। मुझे लगा प्रेम की भाषा सिर्फ मुखड़ों से ही नहीं पहचानी जाती; पीठ पीछे की भी एक वाणी होती है, थोड़ी देर बाद देखा कि नारी का हाथ पुरुष के सिर पर 'सुचिक्कण मसृण' धरातल को सहलाने लगा, बड़े प्यार से। वात्स्यायन ने कामसूत्र में और आजकल अनेक सेक्स-विशारदों ने अपने खोज ग्रन्थों में जिन अंगों को कामेच्छा का केन्द्र--इरोटिक जोन—बताया है उनमें

गंजी चाँद का जिक्र नहीं मिलता। पर वाह रे रति-पति; तेरा बाण भी कहाँ-कहाँ भटक जाता है?

पीठ पीछे की मौन वाणी के उदाहरण देखने हों तो नई दिल्ली की सड़कों पर स्कूटर पर बैठे जोड़ों को देखिए। स्कूटर इटली में पहले-पहल बने और इटली अपनी रूमानियत के लिए प्रसिद्ध है। क्या इसीलिए स्कूटर के पीछेवाली सीट ऐसे बनाई गई कि जो उस पर बैठे उसके प्रेमपाश की मजबूती की परीक्षा हो? यों इटली में बिना स्कूटर ही के प्रेमपाश में बँधे जोड़े अकसर सड़कों पर दीखते हैं। भारतवर्ष में प्रायः प्यार इतनी प्राइवेट निधि है कि उसकी किसी प्रक्रिया को पब्लिक में जाहिर करते हम लोग सकुचाते हैं। स्कूटर की सवारी में वह संकोच दिल्ली के मध्यवर्ग और निम्नमध्यवर्ग के लोगों के बीच हटता जा रहा है।...बिना सहारा लिए कोई स्त्री पीछेवाली सीट पर स्थिर नहीं रह सकती। सहारा ही बहाना बन जाता है। हाथ कहाँ रखा है? क्या कमर को जकड़े हुए है? और ठोड़ी कन्धे पर टिकी है? गाल गरदन से सटा है, आँखें अधमुँदी हैं, हवा से उड़ते बालों के बीच मुसकानें झाँक रही हैं। तो समझ लीजिए कि सेक्रेटेरियट के इन बाबू साहब की शादी हाल ही में हुई है और यद्यपि उनके नेत्र आगे ट्रैफिक को देख रहे हैं और हाथ हैंडिलों पर, तथापि मन की आँखें पीछे ही गड़ी हैं।...क्या हथेली पतलून को जंघा के निकट पकड़े है, बदन पीठ से सटा है, साड़ी का पल्ला मनचाही असावधानी से उड़ रहा है, तो जाहिर है कि अनुभवी नायिका को खबर लग चुकी है कि पति ऑफिस की लड़कियों की ओर ताक-झाँक करने लगा है और इसलिए उसकी आदिमपुरुष वृत्ति को थोड़ा-बहुत उकसाते रहने की जरूरत है ताकि वह घर के बेडरूम को ऑफिस की झाँकियों से अधिक उत्तेजक समझे।...क्या एक हाथ कन्धे को पकड़े है और दूसरा मुलायम कपड़ों में दुबके शावक-से शिशु को सँभाले है, नयनों में विश्वास, मुखड़े पर तृप्ति की मधुरिमा है? तो समझ लीजिए प्रेमपाश की गाँठ नवेली गृहिणी की गोद में भार नहीं, उसे स्थिरता प्रदान कर रही है; और इसलिए वह निश्चिन्त है।

मतलब यह कि सेक्रेटेरियट की फाइलों, गपबाजी और ओवरटाइम की बोरियत के दरम्यान जो भागवान स्कूटर का पर्मिट पा लेता है उसे पीठ पीछे का वह रोमांस नबीब होता है जो प्रोमोशन की दौड़ में पीछे रह जाने के गम को भी पछाड़ दे।

पीछे बैठनेवाले को खास ढंग की ओट मिलती है जिसके कारण मन निर्द्वन्द्व हो जाता है; उत्तरदायित्व के बन्धन कम हो जाते हैं। इसीलिए किसी लेक्चर में आगे बैठनेवाले श्रोता के लिए एकाग्रचित्त होना और मौन धारण करना जरूरी है। पर पीछे बैठनेवाले की कल्पना सजग हो जाती है, फब्तियाँ कसने को मन चाहता है, दूर से किसी सरोवर में कंकड़ फेंककर पानी में फैलती लहरियाँ पेड़ की आड़ में से देखने का लुत्फ मिलता है। पीछे बैठनेवालों की हाज़िरजवाबी राजनीतिक बहसों को भी मुलायम और मज़ेदार बना सकती है। पर आजकल तो वैसे हाज़िरजवाबी आउट ऑफ डेट हो चली है। आजकल तो दलीलों का जवाब खड्गहस्त होकर देने की बात बढ़ती जा रही है। इंग्लैंड के हाइड पार्क में हर तरह के प्रचारक को आजादी है कि स्टूल या टेबिल पर

खड़े होकर जोरों के साथ अपना सन्देश सुनाए। जितना ही आवेश कोई वक्ता दिखाता है, उतना ही खतरा भी मोल लेता है, क्योंकि दर्शकों में पीछे बैठने या खड़े होनेवाले सामान्य अंग्रेज लाजवाब फिकरे कसने में कुशल होते हैं। हाइड पार्क के ये चुटकुले बहुत प्रसिद्ध हैं। एक जमाने में हमारे विश्वविद्यालयों की सभाओं में और हमारी विधानसभाओं में भी 'बैकबेंचरों' या पीछे बैठनेवालों की यह कला विकसित थी। सन् 1935 की बात है। इलाहाबाद विश्वविद्यालय के विजयनगरम् हाल में कुछ आमन्त्रित सज्जन एक विषय पर विभिन्न दृष्टिकोण प्रस्तुत करते हुए भाषण दे रहे थे। एक सम्भ्रान्त सज्जन बोलते-बोलते रुक गए। विचारधारा टूट गई; शायद खो-से गए। हाल में इन्तजारी की चुप्पी हो गई। सहसा पीछे से कोई बोला, ''मैं बताऊँ साहब?'' सारा दर्शक-समूह हँसी में डूब गया।

संसद और विधानसभाओं में पीछे बैठनेवालों को तीन तरह की कलाएँ सीखनी चाहिए। एक तो 'कोलाहल कला', दूसरी 'हाँ-ना' विद्या और तीसरी 'खुर्राट योग'। जब दूसरे पक्ष का कोई योग्य वक्ता अपनी पार्टी के नेता की बात का तर्क और दलील काट करे और जब बाजी हाथ से जाती-सी जान पड़े तब बैकबेंचरों का कर्त्तव्य है कि बानर सेना की भाँति कोलाहल और तू-तू, मैं-मैं का ऐसा वातावरण पैदा करे कि स्पीकर महोदय को सभा बर्खास्त करनी पड़े। 'हाँ-ना' विद्या वस्तुतः जन्मजात होती है। लेकिन पार्लियामेन्ट में 'हाँ' या 'ना' कहने के लिए कुछ होशियारी बरतनी चाहिए। स्पीकर जब पूछे कि जो इस प्रस्ताव के पक्ष में हों वे 'हाँ' कहें, तब होशियार बैकबेंचर विरोधी पक्ष पर बैठे हुए सदस्यों के होंठों को ध्यान से देखे और कान लगाए रहें। यदि वे लोग 'हाँ' कहते हैं, तो अगली बार 'ना' कहे। यदि वे चुप रहे तो झट् से 'हाँ' बोले। बैकबेंचर के लिए जोर से 'हाँ' या 'ना' कहना इसलिए जरूरी है कि आगे की बेंचों पर बैठनेवाले प्रायः हलके स्वर में ही गुनगुनाते हैं। फिर, यही तो मौका है कि पीछे बैठनेवाले को अपनी हैसियत, अपनी महत्ता, अपने अस्तित्व को घोषित करने का।...'खुर्राट योग' का अभ्यास श्वान और दादुर के अनुकरण पर हो सकता है। श्वान मौका पाते ही सो जाता है; बैकबेंचर भी प्रश्नोत्तर की अवधि (क्वेश्चन ऑवर) के बाद बिना किसी उपक्रम के आँख बन्द कर निद्रालीन होता है। जरा-सी आहट पाते ही श्वान चौकन्ना होकर झट से भौंकने लगता है। बैकबेंचर को भी सचेतक (ह्रिप) का संकेत या वाद-विवाद की तेजी को पहचानने की सहज-बुद्धि होनी चाहिए और झट से बेबात की बकवास शुरू कर देनी चाहिए। दादुर बरसात की बूँदों के पुष्कारिणी पर पड़ने का स्वर सुनते ही अपनी टेर लगा देता है; सदन में कोई भी लम्बा भाषण बैकबेंचर की नाक बजने के सिगनल होना चाहिए। खुराटें भरनेवाला बैकबेंचर सदन के 'एकूस्टिक' (ध्वनि-सन्तुलन) का हमेशा ध्यान रखता है।

पीछे रहनेवाले लोगों को जब आगे बढ़ने की महत्वाकांक्षा सताती है तो वे किसी बड़े व्यक्ति के पीछे लग जाते हैं। ये पिछलग्गे उन्नतिशील समाज की पहचान है। गांधीजी के ज़माने में हमारा देश उन्नतिशील (डेवलपिंग) नहीं वरन् महज पिछड़ा हुआ

(बैकवर्ड) था। इसीलिए गांधीजी के पीछे चलनेवाले लोग उनके पीछे ही चलते रहे। उन्होंने पीछे लगने की कला नहीं सीखी। इसलिए पिछड़े ही रहे! अब ज़माना दूसरा है। काफी लोगों ने पीछे लगकर छलाँगें मारी हैं। असल में पिछलगा पीछे लगते समय हमेशा पीछे ही दीखे, ऐसी बात नहीं। अकसर वह आगे से भी वार करता है। आगे से काबू पाने के भी अनेक तरीके मैंने देखे हैं। जिस बड़े व्यक्ति से अपनी उन्नति के लिए मतलब साधना हो, उसके घर के निरुद्देश्य चक्कर लगाना आवश्यक है। पिछलगा अपना मतलब तुरन्त जाहिर नहीं करता। घुमा-फिराकर अपनी बात कहने की कला का प्रयोग करता है। पिछलगा अविचल भाव से झिड़कियाँ सहता है। ''बुंद अघात सहहिं गिरि जैसे।''

पीठ और मौत दो ऐसे पर्दे हैं जिनके पीछे चर्चा करना आदमी का दस्तूर रहा है। पर मौत के पीछे की चर्चा में दिवंगत व्यक्ति के गुणानुवाद को श्रद्धा का एक अंग माना गया है। आजकल किसी जाने-माने व्यक्ति की मृत्यु पर यह श्रद्धा प्रेस में वक्तव्य देकर दिया जाता है या दिवंगत के परिवार को ऐसा तार या पत्र भेजकर जो तुरन्त ही समाचारपत्रों में प्रकाशित किया जा सके। पीठ-पीछे की चर्चा के बारे में कई तरह की रायें शास्त्रों और वर्तमान नीतिकारों ने दी हैं। अधिकतर लोग इसे हेय कर्म मानते हैं। विशुन, चुगलीखोर, बैक बाइटर'—ऐसे अनेक विश्लेषणों से पीठ-पीछे चर्चा करनेवाले को विभूषित किया जाता है। पर वस्तुतः पीठ-पीछे की चर्चा सामाजिक व्यवहार की गाड़ी के लिए 'मोबिल आयल' है। अगर यह न हो तो मोटर के पुर्जे गरम होकर टूक-टूक हो सकते हैं। हमारे मन की घुटन, हमारी कुंठाएँ, छोटी-छोटी बातों में हमारा आक्रोश—सबकी भड़ास निकालने का बड़ा आसान और अहिंसक साधन है। पीठ पीछे की चर्चा। वस्तुतः चुगलखोर बड़ा अहिंसक जीव होता है; हाथ उठाने और हथियार चलाने की दुर्दान्त कामना का उसके व्यक्तित्व में उदात्तीकरण—सब्लिमेशन—हो जाता है।

यह अलग बात है कि पीठ-पीछे बुराई करनेवाले का प्रहार हथियारों से भी अधिक घातक हो। इस दुनिया में बातों के प्रहार सहने के लिए विशेष जिरह-बख्तर के बिना जिन्दगी बसर करने की आशा नादानी है। ज़िरह-बख्तर दो तरह के होते हैं। सन्तों का जिरह-बख्तर है बुराई करनेवाले को अपना हितैषी मानना। किसी ने उसे अपने दोषों का मार्जन करनेवाला साबुन माना है, कोई-कोई तो बुराई करनेवालों को बराबर पास रखना चाहते हैं। गोस्वामी तुलसीदास ने तो 'रामचरितमानस' के प्रारम्भ ही में बड़े आदर के साथ असन्तों की वन्दना की है और उनके उपकारों का वर्णन किया है। पर गुसाईंजी हमेशा ही इस जिरह-बख्तर को ओढ़ न सके। इसीलिए कई बार आहत होकर बेबसी की वाणी में फट पड़े या गुस्से में आकर एकाध ऐसा बाण छोड़ गए जो आज तक साधारण लोगों के काम आता है, जैसे—''महिमा मृगी कौन सुकृती की, खल बच बिस न बिन्धी।''

इस उक्ति में एक छिपी हुई चुनौती है जो वस्तुतः दूसरी तरह का बख्तर है। पीठ पीछे मेरी बुराई, मेरे दोषों की प्रशस्ति, मेरा आभूषण है;—यही धारणा मन को वह

चुनौती प्रदान करती है जो एक तरह का अभेद्य बख्तर है। जैसे योद्धा के लिए ज़ख्म उसकी वीरता घोषित करते हैं, और नायिका के शरीर पर नख-दन्त चिह्न उसके सौन्दर्य और रतिकौशल को, ऐसे ही अपने दोषों की चर्चा मनुष्य के पुरुषार्थ को, उसकी जिजीविषा को। इसीलिए तो एक संस्कृत भाण (पादताड़ितकम्) में यह लाजवाब उक्ति मिलती है—

यस्यामित्रा न बहवो यस्मान्नोद्विजते जनः।
यं समेत्य न निन्दति स पार्थ पुरुषाधमः॥

(जिसके बहुत-से वैरी नहीं हैं, जिससे लोग डरते नहीं हैं, इकट्ठे होकर लोग जिसकी निन्दा न करते हों, वह पुरुष नहीं पुरुषाधम है।)

वस्तुतः पीछे रहना, पीछे लगना, पीछे पड़ना और पीठ-पीछे बोलना—चारों ही का पीठ से सम्बन्ध है और चारों ही हमारे अन्तःकरण में मौजूद हैं; मौके-बेमौके प्रकट हो जाते हैं। हमारे अन्दर जो फिसड्डी है वह पीछे रह जाता है, जो चाटुकार है वह पीछे लगता है, जो जिद्दी है वह पीछे पड़ता है, जो कायर है वह पीठ-पीछे बकता है। और जैसे वैष्णव भक्त अपने पंचदोषों के मुकाबले भगवान के पंचऐश्वरों की कल्पना करता है ऐसे ही हमारे अन्तस् ही में इन चार मूर्तियों के समतुल्य चार वीर भी विद्यमान हैं जो चेष्टा करने पर जाहिर हो सकते हैं। हम ही तो सन्तोषी होकर पीछे रहने में शान्ति पा सकते हैं; जिज्ञासु बनकर ज्ञानी के पीछे लग सकते हैं; पुरुषार्थी के रूप में लक्ष्य के पीछे पड़ सकते हैं, उदारवृत्त बनकर पीठ पीछे अपने प्रतिद्वन्द्वी की भी तारीफ कर सकते हैं।

वे साढ़े तीन दिन

खाना खत्म हुआ और विदेश चर्चा का ताँता पुनः चल निकला। माँ खाने की मेज को साफ कराने लगीं। पापा ने चमचमाता हुआ सिक्का मेज पर रख दिया।

"डॉलर है! पर यहाँ किस काम का?" मँझला लड़का बोला।

दूसरे ने छूने की कोशिश की ही थी कि सबसे छोटे ने उसे उठा ही लिया और बोला, "कैनेडी की मूर्ति है।...आपने अमेरिका में कैनेडी को कहाँ देखा, पापा?"

"कहीं नहीं!"

"अरे !"

माँ प्लेट उठाते हुए बोलीं, "हॉर्वर्ड के करीब बोस्टन के शेरेटन प्लाजा होटल में एक दिन तो लगा कि..."

"कि कैनेडी से मुठभेड़ ही हो जाएगी! पर महज एक दिन की देर हो गई," पापा ने बात काटी।

"कोई उन्हें देखने हम थोड़े ही गए थे। एक मित्र से मिलने गए थे। बाहर भीड़ थी और किसी ने कह दिया कि प्रेजिडेंट आए हैं। पर निकले किसी और देश के प्रेजिडेंट जो अमेरिका में घूम रहे थे। कैनेडी एक रोज़ पहले आए थे और वाशिंगटन वापस चले गए थे।"

"पर कैनेडी को बोस्टन में देखना कुछ मुश्किल न था। अकसर आना-जाना लगा रहता था। कैनेडी तो बोस्टन के बेटे थे।"

"ऐसे ही जैसे जवारहलाल इलाहाबाद के," लड़की ने कहा।

"उससे भी अधिक!" पापा बोले, "जवाहरलाल इलाहाबाद विश्वविद्यालय में थोड़े ही पढ़े थे। पर कैनेडी हॉर्वर्ड विश्वविद्यालय के छात्र थे;–उनके व्यक्तित्व पर गहरी छाप थी वहाँ की परम्पराओं की, वहाँ के विद्वतापूर्ण निर्भीक वातावरण की।"

"हॉर्वर्ड विश्वविद्यालय में तुम्हारे विभाग के तो किसी प्रोफेसर ने कैनेडी को पढ़ाया भी था !" माँ ने याद दिलाई।

"ठीक याद नहीं। शायद प्रोफेसर इमर्सन ने पढ़ाया हो। पर गाल्ब्रेथ, जो भारत में राजदूत रह चुके थे, कैनेडी के छात्र-जीवन में अर्थशास्त्र के अध्यापक और गणवेषक के रूप में प्रसिद्ध हो चुके थे। कैनेडी ने प्रेजिडेंट हो जाने पर उन्हें और हॉर्वर्ड के अन्य कई विद्वानों को अपने शासन में महत्त्वपूर्ण पदों पर नियुक्त किया और अपना सलाहकार

बनाया। ह्वाइट हाउस में हॉर्वर्ड के मनीषियों की तूती बोलने लगी। बल्कि अन्य विश्वविद्यालयों में इस बात का इशारा करके ताने भी कसे जाते थे। एक दिन की बात है...''

कथा का वातावरण बन चुका था। सब लोग पापा के करीब दत्तचित्त होकर बैठ गए।

''एक दिन की बात है। हॉर्वर्ड के समकक्षी (और बराबरी का दावा करनेवाले) येल विश्वविद्यालय के विद्वान प्रोफेसर बैगहूर्न हॉर्वर्ड के हमारे विभाग में अध्ययन-मंडल में अपने रूस के अनुभव सुनाने आए।''

''वही न, जिन्हें रूसी सरकार ने कुछ दिनों के लिए नजरबन्द कर लिया था?''--बड़े लड़के को याद आया।

''हाँ, वही। अनुसन्धान करने रूस गए और उसी सिलसिले में वहाँ के नागरिकों से प्रश्न पूछ रहे थे कि जासूस होने के सन्देह में गिरफ्तार कर लिए गए। येल विश्वविद्यालय के कुलपति के पास समाचार पहुँचा तो अपने यहाँ के एक विद्वान प्रोफेसर पर विदेश में संकट आया देखकर उन्होंने प्रेजिडेंट कैनेडी को टेलीफोन किया। कहा जाता है कि कैनेडी ने ढाढ़स बँधाते हुए उत्तर दिया, 'चिन्ता न कीजिए। प्रोफेसर बैगहूर्न के बारे में वैसी ही सावधानी बरती जाएगी जैसी हॉर्वर्ड के किसी प्रोफेसर के विषय में बरती जाती।'...बाद में कैनेडी के व्यक्तिगत अनुरोध पर ख्रुश्चेव ने प्रोफेसर बैगहूर्न को रिहा कर दिया।...हॉर्वर्ड विश्वविद्यालय में अकसर कैनेडी की चर्चा रहती, टीका-टिप्पणी भी होती, लेकिन सब कुछ स्नेहसिक्त वाणी में। हमारे विभाग में कई लोग उनकी नीति के विरोधी थे। अमेरिकन फौज का एक कर्नल कुंजिग मेरे ही कमरे में बैठता था और मेरी ही भाँति स्वाध्याय के लिए आया था। हॉर्वर्ड का ग्रेजुएट रह चुका था। पर दक्षिणी राज्य टैक्सस का निवासी था जहाँ कैनेडी की उदार नीति का सख्त विरोध था। कुंजिग से मेरा अमेरिका की विदेश नीति पर अकसर विवाद चलता। वह कैनेडी पर इसलिए नाराज रहता कि रूस के प्रति अमेरिका के शत्रु-भाव को कैनेडी धीरे-धीरे बदलना चाहते थे।...पर उस दिन कुंजिग के चेहरे पर नाराजी नहीं थी।''

कुछ ऐसे भावाविष्ट स्वर में ये दो शब्द 'उस दिन' पापा के मुँह से निकले कि बरबस कई आवाजें उठीं--

''कौन-से दिन?''

''22 नवम्बर, 1963।''

बाईस नवम्बर का नाम सुनकर छोटा लड़का, जो पलँग की ओर जा रहा था, लौट आया। रात के सन्नाटे में मानो दूर जाती हुई स्वर-लहरी को छूते हुए माँ बोलीं, ''उस दिन शुक्रवार था। मुझे प्रौढ़ शिक्षा की क्लास में नहीं जाना था। घर ही रहना था। पर तुम लंच पर नहीं आ सके थे।''

''हाँ, उस दिन लंच पर ही हम लोगों के अध्ययन-मंडल की कार्यवाही हुई। मुख्य अतिथि थे जापान के विश्वविख्यात पत्र 'जापान टाइम्स' के प्रमुख श्री फूकीशिमा जो

न्यूयार्क में विश्व राष्ट्रमंडल में जापानी डेलिगेशन के प्रधान हैं। और खासतौर से उस दिन की सेमिनार के लिए हॉर्वर्ड आए थे। लंच दोपहर के साढ़े बारह बजे शुरू हुआ और उसी दौरान श्री फूकीशिमा ने जापान की राजनीतिक परिस्थिति पर बीस मिनट में प्रकाश डाला। उसके बाद जैसी वहाँ की पद्धति है, वक्तृता समाप्त होने पर प्रश्नोत्तर का दौर चला। सो फूकीशिमा हम लोगों के प्रश्नों के उत्तर दे रहे थे और विचार-विनिमय जोरों पर था कि मिसेज पामर दबे पाँव कमरे में आई और उसने कागज की चिट हमारे विभाग के अध्यक्ष प्रोफेसर बुइ के हाथ में दे दी।''

''मिसेज पामर वही न, तुम्हारे विभाग के दफ्तर की इंचार्ज, जो एक दिन हमारे यहाँ खाने पर आई थी ? हँसमुख चेहरा था उसका।''

''हाँ, पर उस चिट को पकड़ते समय उसके चेहरे पर चिन्ता की रेखाएँ उमड़ी हुई थीं। प्रोफेसर बुइ ने चिट को पढ़ा और मैंने देखा कि उनके माथे पर अविश्वास-सूचक बल पड़ गया। मिसेज पामर को चले जाने का संकेत देकर उन्होंने चिट अपने सहयोगी ब्राउन को पकड़ाई और उन्होंने एक अन्य व्यक्ति को। दोनों के चेहरों की मुद्रा देखकर मैं उलझन में पड़ गया, और शायद अन्य लोग भी। किन्तु अध्ययन-मंडल की कार्यवाही जारी थी। प्रश्न पूछे जा रहे थे और बहस में गरमी थी। मिसेज पामर दुबारा आई और उसने एक और चिट प्रोफेसर बुइ को पकड़ाई। बुइ की भृकुटि तो तनी ही थी, उनका सारा चेहरा खिंच-सा गया। चिट तीन और व्यक्तियों तक पहुँची, पढ़नेवालों के मुख खुले-के-खुले रह गए।...मैं अनुमान करने लगा कि शायद किसी वृद्ध प्रोफेसर की हृदय-गति रुक गई, अथवा कोई कर्मचारी आहत हो गया।...किन्तु फूकीशिमा अपनी अटकती अंग्रेजी में प्रश्नों का उत्तर दे रहे थे। सेमिनार की गतिविधि में कोई बाधा नहीं आई। प्रोफेसर बुइ ने संयत होकर मुख्य अतिथि का धन्यवाद किया और पूर्वनिर्धारित समय पर ही अध्ययन-मंडल की कार्यवाही समाप्त हुई।

''कमरे के बाहर कदम रखते ही सुना—कैनेडी को डैलस नगर में शूट कर दिया गया।...हालत नाजुक है, अस्पताल ले जाए गए हैं,...अभी जीवित हैं।''

''हॉल में कुछ लोग चिन्तित मुद्रा में बातें कर रहे थे। मैं अपने कमरे में गया। कुंजिग टेलीफोन से फौजी अधिकारियों से पूछताछ की चेष्टा कर रहा था। हमारी मंजिल पर दो ही टेलीफोन थे और दोनों पर लोग बात कर रहे थे।''

''तुमने मुझे तो तब टेलीफोन किया जब कि तुम्हें उनकी मृत्यु का समाचार मिल चुका था।''

''हाँ, दस मिनट बाद ही खबर आई कि कैनेडी के प्राणपखेरू उड़ गए। डेविड मार्क, जो मेरे सहयोगियों में सबसे अधिक संवेदनशील था, आहत-सा अपनी कुर्सी में बैठा कह रहा था, 'अब चाहे कोई भी प्रेजीडेंट हो, वह बात तो होगी नहीं। वह जो कैनेडी का 'स्टाइल', उसकी भंगिमा—वह तो गई हमेशा के लिए।''

''कैनेडी-स्टाइल! मेरे मन में कई प्रश्न उठे, कई शंकाएँ। अपने कमरे में लौटा और कुंजिग की प्रतीक्षा करने लगा। पास की जमीन पर एक नए विभाग के लिए अट्टालिका

बन रही थी। दानवाकार मशीनें बड़ी-बड़ी शहतीरों को उठाकर अकेले मजदूर के इशारे पर पाँच मंजिल ऊपर रखती जा रही थीं। लेकिन उस घर्र-घर्र के परे, और लड़कियों के टाइपराइटरों से निकलते हुए 'टैप-टैप' को भेदता हुआ एक और स्वर कानों में पड़ने लगा। टन, टन, टन। हॉर्वर्ड मेमोरियल चर्च का घंटा हॉर्वर्ड के एक पुत्ररत्न की उर्ध्वगामिनी पुण्यात्मा का मानो गगनमंडल में पीछा कर रहा था। शोक-सूचक घंटा थोड़ा रुक-रुककर बजाया जाता है। पूरे तीसरे पहर वह स्वर हॉर्वर्ड के विद्यालयों के शिखरों का स्पर्श करके व्याप्त होता रहा।...आवाजें थीं या नहीं, इसका भान कम होता गया और मुझे लगा मानो एक सिहरन-भरी शान्ति कुंडली मारकर बैठ गई है।''

माँ ने पापा की भावुकतापूर्ण अभिव्यक्ति पर रोक लगाई—

''तुम समय से पहले घर आ गए थे।''

''हाँ। काम तो थोड़ा-बहुत विभाग में चलता ही रहा, पर वह घुटन मेरे लिए दुर्वह हो चली। चलने से पहले अपनी शंका किसी को बताना चाहता था। कुंजिग टेलीफोन करके लौटा और बोला, 'मैं जानता हूँ कि टैक्सस में कैनेडी की नीति का बहुत विरोध है, पर ऐसी शर्मनाक और नीच हरकत टैक्सस-निवासियों का सिर नीचा करेगी। अभी तक पुलिस हत्यारे को गिरफ्तार नहीं कर पाई है। उसका निशाना सधा हुआ था। पाँचवीं मंजिल से चलती गाड़ी में शूट किया। शायद खास ढंग की बन्दूक का इस्तेमाल हुआ है।...1900 के बाद यह पहली बार प्रेजिडेंट की हत्या हुई है।''

मैंने कहा, ''कुंजिग, इस वज्रपात ने मेरे विचार-सागर में दो भँवरे पैदा की हैं।... अप्रिय न लगे तो कह दूँ!''

''हम लोगों की बहसें अकसर होती रहती थीं। इसलिए कुंजिग को उस दूभर घड़ी में भी मेरी बात पर एतराज क्यों होता? मैंने कहा, 'इस नृशंस हत्या का भूमंडल के पिछड़े कहलानेवाले देशों पर क्या असर होगा, यह मैं सोच रहा हूँ। बर्मा, लंका, इराक, कांगो, पाकिस्तान एवं अन्य देशों में जो हत्याएँ हुईं उनके पीछे राजनीतिक साजिश थी। अमेरिका में जो हत्या हुई, व्यक्तिगत पागलपन के कारण। लेकिन एशिया, अफ्रीका, दक्षिणी अमेरिका की करोड़ों जनता क्या राजनीतिक साज़िश और व्यक्तिगत पागलपन में बारीक अन्तर को चिह्न सकेगी? अमेरिका विश्व का पुराना और परिपक्व प्रजातन्त्र राज्य है जो देश हाल ही में स्वाधीन हुए हैं और प्रजातन्त्र का प्रयोग कर रहे हैं, वहाँ हिंसा और हत्या का इस्तेमाल करनेवालों को बढ़ावा मिलेगा—आज के इस नृशंस कांड से। विएतनाम...''

''वियतनाम की बात सुनकर कुंजिग ने कहा, 'हो सकता है इस कांड में मैडम न्हु का हाथ हो।' मुझे लगा कि कुंजिग मैडम न्हु का नाम लेकर वस्तुस्थिति की संजीदगी को टालना चाहता है। मैं अपनी दूसरी चिन्ता प्रकट की, 'अमेरिका में—व्यक्तिगत स्तर पर ही सही—हिंसा और हत्या के लिए अवसर बहुत कम मिलते हैं, उन पर प्रतिबन्ध कम है। कैनेडी की हत्या के तीन सप्ताह पहले ही मैंने अखबारों में पढ़ा था कि अमेरिका के 41 राज्यों में तो बन्दूक इत्यादि हथियारों के लिए किसी तरह के लाइसेंस लेने की

जरूरत ही नहीं है, और तमाशा यह है कि आप डाक से बन्दूक खरीदें तो उन राज्यों में जहाँ लाइसेंस लागू है, आपको लाइसेंस लेने की जरूरत नहीं पड़ेगी। सेनेट की एक सब-कमेटी ने किशोरों द्वारा किए गए अपराधों की जाँच के सिलसिले में हजारों ऐसे हथियारों को एकत्र किया जो डाक द्वारा खरीदे गए थे। क्या मालूम कैनेडी के हत्यारे ने भी इस तरह की बन्दूक मँगाई हो।'"

"पापा, वही तो हुआ था। आपको नहीं मालूम कि..."

"बाद में मालूम हुआ। पर उस वक्त कुंजिग से मैंने यही पूछा कि आखिर अपराध करने के लिए इस तरह की छूट इतने प्रगतिशील समाज में क्यों दी गई है—नागरिक स्वतन्त्रता के नाम पर? मैंने देखा कि कुंजिग सोच में पड़ गया। उसने उत्तर में सिर्फ इतना कहा, 'देश दुरवस्था में है।' "

पापा की इस बात को सुनकर लड़की बोली, "यानी कि हर देश में लोग अपने यहाँ की दुरवस्था का रोना रोते हैं!"

"उस वक्त तो ऐसा ही जान पड़ता था कि अमेरिका जैसे शक्तिशाली देश की पोशाक में भी अनेक पैबन्द हैं। हम दोनों ने बैग उठाए और विभाग से बाहर निकलकर अपनी-अपनी राह ली। उस उखड़ी-उखड़ी-सी साँझ में घर जाते समय मैं सोच रहा था कि कैनेडी की हत्या की घड़ी अमेरिका के लिए विषमताओं के जमघट की घड़ी है। जिन देशों को ये लोग आर्थिक सहायता देते हैं उनमें से कई इन्हें ही अँगूठा दिखाते हैं। इनकी विधानसभा (कांग्रेस) ने साढ़े चार महीने से बजट ही नहीं पास किया है। विएतनाम की परिस्थिति दलदल की तरह हो गई है। सिविल राइट बिल, जिसके अनुसार नीग्रो नागरिकों को समानाधिकार मिलना है, अटका पड़ा है। टैक्स कम करना चाहते हैं तो उसमें भी अड़चन है।...यहाँ की पुलिस भी जान पड़ता है कि अपने प्रेजिडेंट की सुरक्षा का इन्तजाम करना भूल गई है।"

माँ ने एक शोशा छोड़ा, "हाँ, उस वक्त जब ये घर आए तो ऐसे मूड में थे कि अमेरिका क्या सारे दुनिया की बुनियादी समस्याओं की उलझनें इन्हीं का सरदर्द है। उस दिन इन्होंने अपनी डायरी में जो लिखा उसकी चार-पाँच सतरें सुनाती हूँ।"

डायरी निकालकर माँ ने पढ़ा, "कैनेडी की उमर ही क्या थी?—मुश्किल से 46 वर्ष। मैं जिस स्थान पर बैठा हूँ वहाँ से दो या तीन मील दूर पर ब्रुकलाइन (बोस्टन) में वह बँगला है जहाँ उसका जन्म हुआ था। एक प्राणवान ज्योति बुझ गई। कितने आश्चर्य की बात है कि सभ्यता के ऊँचे और सर्वव्यापी घेरों के अन्दर भी मानव की कुछ आदिम प्रवृत्तियाँ उमड़ उठती हैं? सभ्यता का तकाजा है कि गुस्से से भरपूर वचन मुँह से निकालने पर भी गुस्सेवाला काम न कर बैठो। गुस्से-भरा वचन और गुस्से-भरा कर्म—कितनी बारीक, कितनी नन्हीं है वह रेखा जो आदिम, वहशी व्यवहार को सभ्य व्यवहार से अलग करती है!...क्या इस देश पर इस दुर्दम कांड का असर पड़ेगा? शायद पड़े। पर क्या मालूम? हम लोग भी गांधीजी की मृत्यु के बाद थोड़े दिन भावावेश में बहे और फिर उन्हें भूल ही तो गए।"

बड़े लड़के ने कहा, "गांधीजी की हत्या की याद तो उन दिनों कई लोगों ने की होगी, पापा?"

"हाँ, उसी दिन रात को जब हम बोस्टन में..."

माँ ने टोका, "लेकिन बोस्टन जाने से पहले तो तुम, सहगल, मेहता और पुरी अपनी स्ट्रीट के किनारे खड़ी होकर शायद घंटे-भर बात करते रहे थे और ट्रांजिस्टर रेडियो पर हालात सुनते रहे थे। बात यह हुई कि हम लोगों के भारतीय मित्र सहगल और उनकी पत्नी ने उसी दिन रात को दावत कर रखी थी। कैनेडी की हत्या की खबर मिलने पर उन्होंने सोचा कि उनके एपार्टमेंट के पास जो अमेरिकन कुटुम्ब रहता था, उसे अपने पड़ोस में दावत होना अखरे! सो उन्होंने दावत कैंसिल कर दी और सब लोग हमारे घर आ पहुँचे। अमेरिकन कुटुम्ब की भावनाओं के बारे में उनका खयाल गलत था, क्योंकि उसके तीसरे दिन हम लोगों का निमन्त्रण..."

"अब तुम छलाँग मारने लगीं," पापा ने कहा। "पहले उसी साँझ की बात तो पूरी कर लेने दो। हम लोग स्ट्रीट के किनारे खड़े होकर उसी तरह बातचीत में मशगूल थे जैसे भारतवर्ष में होते। पर इस तरह के और गुट हमने सड़क पर नहीं देखे। लोग आ-जा रहे थे, कोलाहल बहुत कम था। घंटा बजना बन्द था। कई दफ्तर जल्दी बन्द हो गए। हम लोग अपनी स्ट्रीट से हॉर्वर्ड स्वायर चले जो विश्वविद्यालय से सटा हुआ बाजार है; वहीं से अंडरग्राउंड ट्रेन से नदी के उस पार मुश्किल से 10 मिनट में बोस्टन पहुँचने का रास्ता था। हॉर्वर्ड स्वायर का केन्द्र है एक छोटी अखबारों और पुस्तकों की दुकान। भीड़ थी। लोग तेजी से अखबार खरीद रहे थे। पर अखबारवाले चिल्ला नहीं रहे थे। बसें रुकतीं, लोग उतरते-चढ़ते, पर शोरगुल नहीं था। दबी आवाज में लोग बातें कर रहे थे। अन्य मित्र तो वहीं रह गए। हम दोनों अंडरग्राउंड ट्रेन से बोस्टन के केन्द्र (बोस्टन कॉमन) के लिए रवाना हुए। उस रात बोस्टन कॉमन में किसी उत्सव के सिलसिले में रोशनी का प्रदर्शन होनेवाला था। अब उसके स्थान पर प्रमुख चर्च में आराधना हो रही थी जिसमें राज्य के गवर्नर, नगर के मेयर इत्यादि शामिल थे। जो दस मिनट ट्रेन में गुजरे, वह भी हमारे लिए एक विचित्र अनुभव था। रेल के डिब्बे भरे थे, पर यदि पहियों की ध्वनि न होती तो सन्नाटा होता। मैं सोच रहा था कि आखिर ये लोग एक-दूसरे से बातें क्यों नहीं करते? इनकी भावनाओं पर जो गहरी चोट पहुँची है, क्या ये लोग उसको भुलाना चाहते हैं? देखा कि डिब्बे की दोनों बेंचों के आगे मानो अखबारों के पर्दे टँग गए जिनके पीछे शोकातुर मुखड़े—बोस्टन के साधारण नर-नारियों के चिन्तामग्न चेहरे—अपने-अपने आँसुओं के ज्वार को रोक रहे थे। क्या ये लोग अपने ही से बचना चाहते हैं, अपनी सन्तप्त अन्तरात्मा के उच्छ्वासों से? क्या बाहरी सन्नाटा हृदय के कोलाहल की विपरीत लक्षणा थी? क्या समाचार-पत्र पढ़कर दुख-भरी और सान्त्वना-याचक बातचीत की उस इच्छा को पूरा करना चाहते थे जिसे इन्होंने बरबस दबा रखा था? वही घुटन जिसका दबाव मैंने अपने विभाग में महसूस किया था, रेल के डिब्बे में भी चक्कर काट रही थी।"

पापा कुछ रुक गए। माँ ने कथा का सूत्र जारी रखा—

"लेकिन स्टेशन की सीढ़ियाँ चढ़कर जब हम बोस्टन कॉमन पर पहुँचे तो खुली हवा में कुछ हलचल के आसार दीखे। रोशनी मन्द थी। पर चर्च के सामनेवाली सीढ़ियों से काली शोक-सूचक पोशाक पहने कुछ लोग उतर रहे थे। सरकारी मोटर का दरवाजा वर्दी पहने अर्दली ने खोला। मालूम हुआ, चर्च की सर्विस समाप्त हो गई और गवर्नर लौट रहे थे। हमें देर हो गई। हम लोग एक तरफ खड़े होकर जानेवालों को देखने लगे। और तब..."

"और तब..." पापा ने नाटकीय ढंग से माँ के मुँह से बात छीनी, "और तब एक अधेड़ उम्र की अमेरिकन स्त्री चर्च से उतरकर हम लोगों की तरफ आई। शायद, उसने इनकी साड़ी और माथे पर बिन्दी देखकर यह अन्दाज लगा लिया कि हम भारतीय हैं। काली पोशाक, चेहरे पर चश्मा, बोस्टन की सामान्य प्रौढ़ा नारी। कोई विशेषता नहीं थी उसके व्यक्तित्व में। क्यों विशेषता नहीं थी उसके व्यक्तित्व में। क्यों वह अपरिचित औरत हमारे पास आकर चुपचाप खड़ी हो गई, यह हम समझने की चेष्टा कर रहे थे कि वह स्त्री हठात् बिलख-बिलखकर रोने लगी। हम लोग हक्के-बक्के रह गए। अमित व्यथा का भार हलका करते हुए उस महिला ने जहाँ हमारी वाणी छीन ली, वहाँ एक झंझावात की भाँति उस घुटन को भी गायब कर दिया जो तब तक हम पर छाई हुई थी। उस रुदन में पाश्चात्य आचार के प्रतिबन्धों के नीचे वह स्वर था जो हमारे यहाँ तो तनिक छूने-मात्र से बज उठता है। हमें अपनापे का अनुभव हुआ।"

"मैं तो उसे ढाढ़स बँधाने के लिए ठीक शब्दों की तलाश में थी," माँ ने कहा, "पर स्वयं मेरा ही गला भर आया उसे देखकर!" धीरे-धीरे वह बोलने की अवस्था में आई और पहली बात उसने यही कही, "तुम्हें...गांधी...की हत्या की...याद आई होगी... ।...पर...पर तुम्हारा देश उतना वहशी नहीं है जितना यह अमेरिका। मैंने कैनेडी को दूर से ही देखा, पर एकबार, हाँ, एक बार मैंने उससे हाथ भी मिलाया था...यह हाथ।...मैं एक दफ्तर में काम करती हूँ। इलेक्शन के दिनों औरों के साथ मैं भी कैनेडी के लिए प्रचार में काम किया। मेरी जैसी बीसियों औरतें उसके लिए काम कर रही थीं। इलेक्शन के बाद वह आया और हरेक से उसने हाथ मिलाया।...कितना निश्छल था कैनेडी, मानवता से परिपूर्ण, दयालु। और देखो, अपने बच्चों को कितना प्यार करता था, कितनी देखभाल रखता था उनकी! नौजवान होते हुए भी दूसरों का कितना खयाल रखता था, कैनेडी जैसा हमें भला कोई और मिलेगा?..."

"तुम तो बाद में जरा दूर खड़े हो गए थे। एक बार जो उसने बोलना शुरू किया तो मानो बिना साँस लिए बोलती ही गई। और फिर बीसयों बार तो उसने मुझे उसकी बात सुनते रहने के लिए धन्यवाद दिया। बहुत ही अहसान माना उसने। जब जा रही थी तब ऐसा लगा मानो उसको चैन मिला, और शायद रात को उसे नींद आ सके।"

"लेकिन हमारी आँखों से तो उस रात नींद गायब हो गई। ज्यों-ज्यों रात बीतती गई त्यों-त्यों एक तसवीर का खाका खिंचता गया हमारे सामने—कैनेडी की असली

तसवीर, और हमें लगा कि कैनेडी से हमारी मुलाकात हो रही है।''

छोटा लड़का चौंका, ''मुलाकात! पापा, मुलाकात कैसे?''

उसकी जीजी ने झिड़कते हुए कहा, ''हाथ मिलानेवाली मुलाकात थोड़े ही। पापा का मतलब है पहचान, कैनेडी के गुणों की पहचान।''

''हाँ, जब किसी आदमी के भीतरी व्यक्तित्व और दूसरों पर उसके प्रभाव की पहचान हो जाती है, तभी उसके साथ सही माने में मुलाकात होती है—चाहे वह जिन्दा हो चाहे मृत। उस अधेड़ महिला के सच्चे उद्गारों से जान पड़ा कि सामान्य लोगों के मन में कैनेडी के प्रति कितना स्नेह था। हम लोग आगे बढ़े। दुकानें बन्द थीं, पर शो-केसों में काले बॉर्डर के कैनेडी की तसवीरें थीं जिनके नीचे सफेद फूल थे और कुछ मर्मस्पर्शी उक्तियाँ। सड़कों पर शोर नहीं था, जुलूस नहीं थे। 'बोस्टन हैरल्ड' नामक स्थानीय दैनिक पत्र के दफ्तर के सामने कुछ लोग खड़े थे। हम लोग रुके। टेलीप्रिंटर पर ताजी खबरें छप-छपकर शो-केस में दीख रही थीं। एक तरफ कैनेडी के जीवन से सम्बद्ध तसवीरें लगी थीं। चुपचाप लोग देख रहे थे, गुन रहे थे। हम लोग अंडरग्राउंड ट्रेन के लिए नीचे उतरे। अखबार की दुकान पर एक औरत थी। मैंने ताजा संस्करण खरीदा। आप-ही-आप वह बोली, 'इतने भले आदमी को क्यों मारा किसी ने? आखिर क्यों एक भले आदमी को मारने का विचार किसी के मन में आता है।' लौटते वक्त ट्रेन में कई नीग्रो नागरिकों के मुरझाए चेहरे देखे। कुछ लोग हलके स्वर में बातें भी कर रहे थे।

''मैं सोचने लगा, उन महिलाओं और अन्य लोगों में से किसी के मुँह से वह बात नहीं निकली जो ऐसे मौकों पर भारतवर्ष में लोग जरूर कहते हैं। किसी ने भी तो भाग्यचक्र की चर्चा नहीं की और न काल की गति के आगे बड़े-से-बड़े मनुष्य की निरुपायता का ही जिक्र किया!''

यह सुनकर माँ ने अपनी आस्था की गहराइयों में सुगबुगाहट महसूस की और बोलीं, ''तुम कुछ भी कहो, वहाँ के लोग भी भाग्य के खेल और उसकी ठोकर से इनकार नहीं करते। यह दूसरी बात है कि कहते न हों।''

''वही तो। हमारे यहाँ तो यह एक तरह का तकियाकलाम है।''

''याद नहीं, शायद उसी रात...या दूसरे रोज रेडियो पर एडलाइ स्टीवेंसन ने कहा था—''

''क्या कहा था माँ?'' मँझले लड़के ने पूछा, ''एडलाइ स्टीवेंसन तो यूनाइटेड नेशंस में अमेरिका का प्रतिनिधि है और उसी डैलस नगर में उसके खिलाफ प्रदर्शन हुआ था और उस पर अंडे वगैरह फेंके गए थे।''

''हाँ, वही। बड़ा काबिल आदमी माना जाता है और उदार-हृदय भी। जब उन्होंने सुना कि कैनेडी डैलस जानेवाले हैं, उन्होंने न्यूयार्क से वाशिंगटन में कैनेडी के प्राइवेट सेक्रेटरी को टेलीफोन किया, 'मेरे खयाल में प्रेजिडेंट को डैलस नहीं जाना चाहिए। वहाँ की परिस्थिति अच्छी नहीं और वहाँ के लोग क्या कर बैठें, इसका कुछ ठिकाना नहीं। आप जरूर मेरी बात प्रेजिडेंट से कह दें।' सेक्रेटरी ने इस पर क्या कार्यवाही की उस

समय स्टीवेंसन को नहीं मालूम हो सका। पर स्टीवेंशन स्वयं अपनी बात पर फिर गौर करने लगे और दो दिन बाद उन्होंने फिर सेक्रेटरी को टेलीफोन किया, 'मैंने इस विषय पर फिर विचार किया है।...अब मैं समझता हूँ कि प्रेजिडेंट के डैलस न जाने से गलतफहमी होने का अन्देशा है, क्योंकि टैक्सस राज्य के कुछ दूसरे स्थानों को वह जा ही रहे हैं। इसलिए मैं अपना सुझाव वापस लेता हूँ!''

"भाग्यचक्र या मतिभ्रम!" पापा ने कुछ बदलते लहजे में कहा।

...मानो इस रिमार्क के लिए पहले से तैयार माँ बोली, "एक ही बात है।...और फिर हाल ही में तो अखबारों में यह भी छपा है कि डैलस के लिए हवाई जहाज पर चढ़ने से पहले कैनेडी के स्टाफ के एक अफसर ने उनकी रक्षा की बात जब छेड़ी तो कैनेडी ने कहा, 'मेरी हत्या करना कोई मुश्किल काम नहीं। एक अच्छा निशानेबाज, एक टेलिस्कोपिक बन्दूक और मेरे जाने के रास्ते पर कोई पंचमंजिला भवन जहाँ से गोली चलाई जा सके—बस इन तीनों की दरकार है।''

"माँ, इन तीनों चीजों का संयोग डैलस में हो गया था," बेटी बोली।

पापा ने बिखरते सूत्र को समेटते हुए कहा, "मैं यह नहीं कहता कि भाग्य का चक्र इस कांड के पीछे काम नहीं कर रहा था।...लेकिन उन दिनों वहाँ के लोगों की जबान पर, वहाँ के रेडियो-टेलीविजन प्रोग्रामों में, वहाँ के समाचार-पत्रों की टिप्पणियों में भाग्य का उल्लेख नहीं था। हम 22 नवम्बर को रात के दो बजे तक रेडियो सुनते रहे। और हमें ऐसा अनुभव हुआ कि हम किसी सनसनीखेज नाटक के कथानक के उद्घाटन में हिस्सा ले रहे थे। हम क्या, लाखों-करोड़ों जनता रेडियो और टेलीविजन के माध्यम से घटनाचक्र की गति को देख रही थी, उसका स्वर सुन रही थी। उन साढ़े तीन दिनों के लिए रेडियो और टेलीविजन पर विज्ञापन ब्रॉडकास्ट नहीं किए गए। लगातार सवेरे के छह बजे से रात के दो-ढाई बजे तक यूनाइटेड स्टेट्स के एक कोने से दूसरे कोने तक इस रहस्यमय कांड पर प्रकाश डालनेवाले तथ्यों की खोज चलती रही और मिनट-मिनट पर जो घटता या मालूम होता वह हमारे कानों तक पहुँच जाता। उस दिन रात को कैनेडी के हत्यारे ओज़्वल्ड की गिरफ्तारी के समाचार के बाद दो घंटे में ही एन. बी.सी. (अमेरिका की प्रमुख ब्रॉडकास्टिंग कम्पनी) ने उस इंटरव्यू का रेकर्ड बजाया जो उस वर्ष पहले ओज्वल्ड से एन.बी.सी. के संवाददाता ने की थी। उससे ओज्वल्ड की विचारभूमि का पता चला। थोड़ी देर बाद ओज्वल्ड को जिस अध्यापिका ने पढ़ाया था उसकी आवाज हमने सुनी। फिर शिकागो की जिस कम्पनी से ओज्वल्ड ने बन्दूक डाक से मँगाई थी। उसके मैनेजर का वार्तालाप भी हुआ। ओज्वल्ड के फौजी काम-काज के सम्बन्ध में कुछ दस्तावेजों का खुलासा भी सुनाया गया।"

बड़े लड़के ने कहा कि रेडियो तो तहकीकात करनेवाली पुलिस का ही काम कर रहा था।

"हाँ," माँ बताने लगीं, "दूसरे दिन हमने टेलीविजन पर देखा।"

"तो क्या टेलीविजन तुम्हारे एपार्टमेंट में आ गया था, माँ?"

"नहीं, तब तक हमें टेलीविजन नहीं मिल पाया था। पर दूसरे दिन यानी 23 नवम्बर को हम लोग एक जगह दावत पर गए..."

पापा ने टोका, "दावत तो नहीं, लेकिन वह भी एक अनोखा अनुभव रहा। मिस्टर मार्खेल एक एटर्नी हैं; खासे समृद्ध हैं। वे और उनकी पत्नी दिसम्बर में भारतवर्ष की सैर को जानेवाले थे। किसी ने सलाह दी कि हम लोगों से बातें कर लें। उन्होंने हमें अपने क्लब में लंच पर बुलाया ताकि इत्मीनान से बातें कर सकें। वे लोग 23 तारीख को हमें अपनी मोटर में लेने के लिए आनेवाले थे। हमने सवेरे टेलीफोन किया—शायद इस अकस्मात् दुर्घटना के कारण वे लंच किसी और दिन करना चाहें। मिसेज मार्खेल ने जवाब दिया, 'घर पर बैठे-बैठे तो मन और भी उदास हो जाएगा; इसलिए क्लब में और आप लोगों के साथ कुछ समय कट जाए तो अच्छा ही है'।"

माँ को याद आया, "वह क्लब भी खूब था, हॉर्वर्ड के पुराने छात्रों का क्लब जिसमें हमें पिछवाड़े के दरवाजे से जाने की ही इजाजत थी, क्योंकि स्त्रियाँ क्लब में मुख्य द्वार से प्रवेश नहीं कर सकती थीं।"

लड़की बोली, "वाह! अमेरिका में भी यह भेदभाव?"

पापा ने कैफियत दी, "अरे, यह तो वहाँ का शौकीनी भेदभाव है। जैसे पुरानी चीजों को नए ड्राइंग-रूम में शौक के लिए रखा जाता है वैसे ही नए समाज में परम्पराओं के एकाध चिह्न तफरीह के लिए चालू रखते हैं। वरना तो वहाँ औरतों की ही चलती है। मार्खेल दम्पती 70 वर्ष की आयु से ऊपर के हैं, पर मिसेज मार्खेल कहीं ज्यादा दबंग लगती थीं। गाड़ी चलाते समय मिस्टर मार्खेल को श्रीमतीजी के ही दिशासंकेत पर चलना पड़ता था।...घर ठाठदार था। उन्हीं के यहाँ 23 नवम्बर को हमने टेलीविजन पर कैनेडी के हत्यावाले नाटकीय कांड सम्बन्धी एक विचित्र दृश्य देखा। टेलीविजन पर उस कांस्टेबिल से सवाल-जवाब हो रहे थे जिसने कैनेडी के हत्यारे ओज्वल्ड को हिरासत में लिया था। हमारे देश में तो इतने महत्त्वपूर्ण गवाह से इस तरह खुलेआम जुर्म के विषय में चर्चा करना अदालत की कार्यवाही में दखल करना समझा जाएगा।...पर अमेरिका में सुप्रीम कोर्ट को छोड़कर राज्य की अदालतें जनता की जानकारी को बहुत महत्त्व देती हैं। अखबार, रेडियो, टेलीविजन—इनके प्रतिनिधियों को पूरी सुविधाएँ दी जाती हैं। कभी-कभी इसका कितना भीषण परिणाम होता है, इसका प्रत्यक्ष प्रमाण देखा रविवार को..."

माँ ने सुझाया, "पर उससे पहले शनिवार की रातभर हम लोगों को रेडियो और टेलीविजन से कैनेडी के बारे में अनेक नई बातें मालूम हुईं। पहले तो यह खबर आई कि कैनेडी को उनके जन्मस्थान बोस्टन ही में दफनाया जाएगा। उसके माता-पिता बोस्टन के निकट केपकौड नामक स्थान में रहते हैं। दो महीने पहले कुटुम्ब के कब्रगाह में अपने छोटे लड़के के शव को दफनाने कैनेडी बोस्टन आया था।...फिर सुना कि अन्त्येष्टि-क्रिया के अवसर पर दुनिया के विभिन्न देशों से इतने महत्त्वपूर्ण व्यक्ति आएँगे कि उनकी रक्षा का प्रबन्ध वाशिंगटन में ही हो सकता था।...अनेक देशों से राजा,

प्रेजिडेंट, प्रधानमन्त्री, विदेशमन्त्रियों के वाशिंगटन के लिए रवाना होने की खबरें आईं, पर भारतवर्ष से नहीं। इसका मलाल रहा और हमारे कुछ मित्रों ने इस पर टीका-टिप्पणी भी की।...तुमने तो बहुत दिन बाद हमारे राजदूत से इस बात की चर्चा की थी न?''

''हाँ! उन्होंने कारण समझाए, लेकिन 24-25 नवम्बर को तो अमेरिका में सभी भारतीयों को यह बात अखरी। 24 की सवेरे से कैनेडी के शव को वाशिंगटन में कैपिटोल (वहाँ के संसद के निकट विशाल गोलाकार हॉल) ले जाए जाने के विवरण आने लगे। कैसे कैनेडी की पत्नी वहाँ अपनी श्रद्धांजलि अर्पित करने पहुँची—बच्चों के साथ।''

''कैनेडी की पत्नी पर जो बीती उसे देख-देखकर तो आँसू आते थे।''

''कहते हैं मिसेज कैनेडी की आँखों से पहली बार आँसू तब बहने लगे जब उनके पति के शव को डैलस से वाशिंगटन ले जाए जाने के लिए हवाई जहाज में रखे जाने के बाद जहाज ही में जानसन को प्रेजिडेंट के पद की शपथ लेनी पड़ी और जानसन ने उन्हें ढाँढस देने के लिए गले से लगाया। उस वक्त तक वह अपने को जब्त किए रही। गोली लगते ही कैनेडी उसकी गोदी में गिर पड़े। मोटर अस्पताल की ओर तेजी से बढ़ी। बीस मिनट के करीब बचाने की कोशिश चलती रही और मिसेज कैनेडी आशा लगाए खड़ी थीं। ...सवेरे ही तो दोनों नाश्ते के बाद फोर्टवर्थ होटल से चले थे!...मिसेज कैनेडी को तैयार होने में कुछ देर हो गई और बाहर कैनेडी जनता और प्रेसवालों से बात कर रहे थे और मिसेज के सुसज्जित होने की देरी पर परिहास कर रहे थे।...लोगों ने देखा, अत्यन्त आकर्षक पोशाक पहने वह सौन्दर्य-प्रतिमा वसन्त की बयार की तरह चली आ रही है, और बरबस सब लोगों ने उसके स्वागत में ताली बजाईं।...उसी रात को वाशिंगटन में प्रेस और टेलीविजनवालों ने उसी पोशाक में विषाद और व्यथा की मूर्ति को अपने पति के शव के साथ हवाई जहाज से उतरते देखा।''

''गजब की हिम्मत दिखाई उस औरत ने। रविवार को सवेरे तुम तो कृष्णराव को लेने हॉर्वर्ड स्क्वायर चले गए थे और मैंने रेडियो पर सुना कि शवयात्रा के इन्तजाम के बारे में मिसेज कैनेडी ही स्वयं निर्देशन दे रही थी।''

''कृष्णराव कौन पापा?'' मँझले लड़के ने पूछा।

''एक लड़का, जिसकी आँखों की दृष्टि जाती रही है, हमारे एक भारतीय मित्र का लड़का है और उन दिनों हॉर्वर्ड के पास नेत्रहीन छात्रों के एक विशेष स्कूल में पढ़ता था।...वह पर्किंस स्कूल भी गजब का स्कूल है। नेत्रहीन लड़कों को वहाँ इस तरह रहन-सहन, पठन-पाठन कराया जाता है कि उनमें आत्मविश्वास दृढ़ हो जाता है कृष्णराव अपने-आप बस में बैठकर हॉर्वर्ड स्क्वायर आया और वहाँ से मैं उसे लेने गया रास्ते में विश्वविद्यालय के प्रांगण से गुजरा। अजब सुनसान था। भीतर हड्डियों कँपानेवाली हवा चल रही थी। मैंने देखा, हवा के झोंके से 23 नवम्बर तारीख के अखबारों के पन्ने पतझर की पत्तियों की भाँति इधर-उधर बिखरे पड़े उनमें सुर्खियाँ झाँक रही थीं, 'कैनेडी शाट डैड!'...एक नौजवान की मौत जो चरमोत्कर्ष पर था, जिसे कुछ कमी न थी, अपार सम्पदा, सुन्दर और शीलवान

दो नन्हे बच्चे, विश्व के सर्वसमृद्ध राष्ट्र का सर्वोच्च नायक !...और ये पतझर की पीली पत्तियाँ, अखबार के ये उपेक्षित, ठुकराए हुए पन्ने!"

"शायद इसीलिए तुम कृष्णराव को लेने देर से पहुँचे। उसे इन्तजार करना पड़ा।... मैंने उसे भारतीय खाना खिलाने के लिए बुलाया था—कढ़ी चावल! दो-तीन और हिन्दुस्तानी लड़के आ गए थे। मैं चौके में थी, और तुम लोग रेडियो सुन रहे थे। तभी.."

"तभी कृष्णराव चिल्लाया, 'अरे यह कैसी आवाज!' हम लोगों ने सुनी—रेडियो की कमेंटरी के बीच ठक-ठक गोलियाँ चलने की आवाज और उसके बाद रेडियो संवाददाता का स्वर—'ही'ज शाट, ही'ज शाट!'...और हम लोगों की भाँति लाखों व्यक्तियों ने—दुनिया के इतिहास में पहली बार इतनी संख्या में—एक अनहोनी घटना को उसी समय देखा और सुना जब वह घट रही थी। लगा कि हम लोग किसी विश्वव्यापी रंगमंच पर होते नाटक में भाग ले रहे हैं।"

"पापा, आप ओज्वल्ड की हत्या का जिक्र कर रहे हैं?"

"हाँ! तुम्हें तो मालूम ही है कि ओज्वल्ड को शहर की हवालात से राज्य की जेल में ले जाया जा रहा था। मगर तुम्हें शायद यह न मालूम हो कि यह काम रात ही को होना था। पर अखबार, रेडियो और टेलीविजन वालों ने आग्रह किया कि दिन ही में उसे स्थानान्तर किया जाए ताकि वे लोग भलीभाँति विवरण भेज सकें। यकीन नहीं होता, पर यह सच है कि अखबारों इत्यादि का वहाँ के राज्यों की अदालतों, पुलिस एवं अधिकारियों पर भारी असर है और उनकी बात को वे लोग टालना नहीं चाहते।...लेकिन उन लोगों को यह गुमान भी न था कि जैक रूबी इतनी आसानी से ओज्वल्ड का काम तमाम कर देंगे।..."

माँ ने कहा, "उस दिन की रेडियो कमेंटरी हम कभी नहीं भूल सकते।...एक क्षण में वाशिंगटन के सीन, दूसरे में डैलस, तीसरे में शिकागो, न्यूयार्क!"

"जानती हो, तीनों बड़ी कम्पनियों—एन.बी.सी., सी.बी.एस. और ए.बी.सी. ने सैकड़ों प्रतिनिधियों को जगह-जगह भेज रखा था। उसकी अपनी टेलीफोन लाइनें थीं, और टेलीविजन की तसवीर सैकड़ों-हजारों मील दूर तक खास ढंग के तारों से भेजी जा रही थीं। न्यूयार्क में बैठा हुआ संवाददाता हमें दीखता था—टेलीफोन पर डैलस में अपने प्रतिनिधि से बात करता हुआ या वाशिंगटन में कैपिटोल के दृश्य दिखाता हुआ। इन कम्पनियों ने लाखों डॉलर उन साढ़े तीन दिनों में खर्च किए।"

"रविवार की रात को उन्होंने कैनेडी के जीवन की अनेक झाँकियाँ दिखाईं। एक श्य मैं नहीं भूल सकती। प्रेस कांफ्रेंस में पत्र-प्रतिनिधियों से बात कर रहा था कैनेडी। ने में उसकी लड़की कैरोलाइन अपनी माँ के बड़े-बड़े स्लीपर पहने ठुमक-ठुमक अपने ा के पास जाने लगी। सारे प्रेसवाले मन्त्रमुग्ध हो गए जब कैनेडी अपनी रालिंग चेयर कनेवाली कुर्सी, जो उसे बेहद पसन्द थी) से उठा और कैरोलाइन की उँगली कर उसे घर की ओर ले चला।..."

'मुझे तो कैनेडी के प्रेजिडेंट पद पर आसीन होने का दृश्य अविस्मरणीय लगता

है। याद है, उन लोगों ने टेलीविजन पर 20 जनवरी, 1960 के कैनेडी के उस प्रसिद्ध भाषण की छवि दिखाई थी, जिसमें उसने कहा था—

"आज इसी स्थान से दोस्त और दुश्मन के पास यह घोषणा पहुँचा दो कि अब से अमेरिकनों की एक नई पीढ़ी ने अपने हाथों में मशाल ले ली है,—वह पीढ़ी जिसका इस बीसवीं सदी में जन्म हुआ है, महायुद्धों में जो तपी है, उसके बाद कठोर और क्लेश-भरी शान्ति ने जिसे अनुशासित किया है, जिसे अपनी पुरानी विरासत पर गौरव है।...दुनिया का हर राष्ट्र यह भली-भाँति जान ले कि अपनी आजादी को सफल और कायम रखने के लिए हम कोई भी कीमत देने को प्रस्तुत हैं—कैसा भी बोझ सँभालने को, किसी भी मुसीबत का सामना करने को, किसी भी दोस्त का साथ देने और दुश्मन का मुकाबला करने को। इतनी प्रतिज्ञा हम करते हैं, बल्कि इससे भी अधिक।"

माँ ने पापा के मूड को देखकर एक बात की याद और दिलाई, "उसी 20 जनवरी, 1960 को अमेरिका के राष्ट्रकवि राबर्ट फ्रास्ट ने भी तो एक कविता पढ़ी थी..."

"क्या अनुपम दृश्य था वह! कविता का नाम था 'दी गिफ्ट आउटराइट'—कवि ने उसे कैनेडी को समर्पित किया था। कवि कह रहा था कि जब तक हमने अपने को पूरी तरह अपने देश में निमज्जित नहीं कर दिया तब तक हम कमजोर रहे।"

"पापा," छोटे लड़के ने दूसरी ही तान छेड़ते हुए कहा, "हमने सुना है, कैनेडी मज़ाकिया भी बहुत था।"

"न पूछो।...यह देखो, हम एक ग्रामोफोन रेकर्ड लाए हैं जिसमें कैनेडी की अनेक हँसानेवाली उक्तियाँ उसी की आवाज में हैं। अधिकतर तो उसकी प्रेस-कांफ्रेंसों से ली गई हैं।...जानते हो, अपनी होनेवाली पत्नी से एक रेस्त्रराँ में पहली मुलाकात का जिक्र करते हुए उसने कहा, 'मैंने जैकी के हाथ से शरबत का गिलास ले लिया और 'डेट' की माँग की।' अंग्रेजी में 'डेट' खजूर को भी कहते हैं और प्रेमियों के मिलने के लिए तय की गई तारीख को भी!"

"कैनेडी और उसकी पत्नी के ग्रामोफोन_रेकर्ड क्या, उनकी मूर्तियाँ, उनकी तसवीरें, उनके नाम के कपड़ों के स्टाइल—न जाने कितनी चीजें मैंने बाजारों में देखीं। यह सब उसके मरने से पहले ही हो चुका था। और मैं तो चकित था कि एक पाश्चात्य देश में किसी राजनीतिक व्यक्ति को इस ढंग का स्नेह मिल सकता है!"

"कैनेडी एक 'लेजेंड' बन गया था अपने जीवनकाल में ही। पर यह न भूलो कि शक्ल-सूरत और आवाज ही नहीं, बल्कि उसकी लेखनी ने भी उसे लोकप्रिय बना दिया था। प्रेजिडेट बनने के बहुत पहले उसने एक पुस्तक लिखी थी—'प्रौफील्स इन करेज' जिसमें उसने अमेरिकन संसद के कुछ चुने हुए निर्भीक सदस्यों के जीवन-चरित दिए थे। अर्से तक उस पुस्तक की माँग बनी रही—लाखों की तादाद में बिकती रही।"

"पापा, 25 नवम्बर को क्या हुआ?" लड़की ने कथा आगे बढ़ाने की गरज से पूछा।

"उस दिन सारे अमेरिका में मातम की छुट्टी थी। हॉर्वर्ड के चर्च भरे हुए थे। बोस्टन में सरकारी जुलूस निकलनेवाला था। लेकिन सभी की आँखें लगी हुई थीं—वाशिंगटन

की आर्लिंगटन सिमेटरी की ओर जहाँ विश्व के अनेक प्रतिष्ठित व्यक्तियों की श्रद्धांजलियों के बीच कैनेडी का शव दफनाया जानेवाला था।''

''मुझे उस दिन सवेरे एक अस्पताल में अपनी जाँच कराने जाना था। खयाल हुआ कि शायद उस दिन डॉक्टर जाँच न करना चाहें और दूसरी तारीख दे दें। हम लोग भी टेलीविजन पर उस तीसरे पहर का दृश्य देखने से अपने को वंचित नहीं करना चाहते थे। पर डॉक्टर ने कहा, काम तो चालू रहना ही है। पर आधा घंटा जल्दी आ जाइए।''

''डॉक्टरी जाँच के बाद तुम बोलीं कि सीधे ही अपने पाकिस्तानी सहकर्मी शाह साहब के यहाँ चलें टेलीविजन देखने के लिए।...हम लोगों ने रास्ते के रेस्तराँ में जल्दी-जल्दी खाना खाया और जब शाह साहब के यहाँ पहुँचे तो टेलीविजन पर देखा, कैनेडी का शव चर्च में ले जाया जा चुका था। रोमन-कैथलिक कार्डिनल कुशिंग संस्कार-रीति सम्पन्न कर रहे थे। कैनेडी अमेरिका का पहला रोमन कैथलिक प्रेजिडेंट था। कार्डिनल कुशिंग कैनेडी कुटुम्ब के पुरोहित भी हैं और मित्र भी। हमने दो रात पहले बोस्टन में रेडियो पर कैनेडी के बारे में कुशिंग का भाषण सुना था; कितने हृदयद्रावक शब्द थे उनके! ऐसी उच्चकोटि की अंग्रेजी में हमने एक ही वार्ता सुनी थी, गांधीजी के मरणोपरान्त राजकुमारी अमृतकौर का भाषण!''

''पर कार्डिनल कुशिंग संस्कार करते समय लेटिन में इस तरह बोल रहे थे जैसे हमारे यहाँ पुरोहित जल्दी-जल्दी मन्त्रोच्चारण करते हैं।...और तो और, वे अपनी विधियों के अनुसार जब लाल 'वाइन' पीते थे, तो लगता था कि यही उनका आचमन हो।... मैं समझती हूँ कि इन लोगों के संस्कार तो हमारे यहाँ की तरह ही पुराणपंथी होते हैं।''

''हाँ, लेकिन अन्तर इतना है कि वहाँ शान्ति और ध्यान का वातावरण होता है और हमारे यहाँ शोरगुल।...देखा नहीं, चर्च में कितने करीने और शान्ति से सब बैठे रहे।...संस्कार के बाद कुशिंग बाहर की तरफ बढ़े। मार्ग में किनारे की कुर्सी पर मिसेज कैनेडी और उनकी लड़की कैरोलाइन बैठी थीं।...कार्डिनल थोड़ा रुके और उन्होंने कैरोलाइन के माथे को चूमा और उसके बाद जुलूस आगे बढ़ा।''

''मेरी आँखें तो भींग गईं, उस दृश्य को देखकर। शव के पीछे-पीछे मिसेज कैनेडी जा रही थीं, एक हाथ की उँगली कैरोलाइन पकड़े थी, दूसरे की छोटा जौन। शव को फौजी गाड़ी पर रखा गया। गाड़ी बढ़ने लगी। हम लोगों ने देखा कि मिसेज कैनेडी ने झुककर नन्हे जौन के कानों में कुछ कहा। उस बच्चे ने सीधे खड़े होकर फौजी गाड़ी में जाते हुए अपने पिता के शव को फौजी ढंग से सलामी दी।...लाखों-करोड़ों माताओं के हृदय उस बच्चे को देखकर भर आए होंगे।''

माँ का स्वर काँपने-सा लगा। मेज के चारों तरफ एक उच्छ्वास-सा छा गया। पापा ने कथा को जल्दी समाप्त करने की कोशिश की।

''हम नाटक का अन्तिम सीन देख रहे थे। या कहूँ कि किसी उत्कृष्ट फिल्म डाइरेक्टर की सिम्बौलिकल (सांकेतिक) फिल्म की झाँकी। कमेंटेटर कह रहा था कि बर्फीली हवा उस समय की चमकती धूप को निर्जीव बनाए हुए थी। पर सब कुछ स्पष्ट

दीख रहा था—पारदर्शक शीशे में छनकर आनेवाली छवि की भाँति। जुलूस बढ़ रहा था आर्लिंगटन सिमेटरी की तरफ जहाँ देश के फौजी बहादुरों को दफनाया जाता है। कैनेडी भी तो योद्धा था; मरण में ही नहीं, दूसरे महायुद्ध में एक गनबोट में संघर्ष के समय विशेष बहादुरी का परिचय देने पर उसका स्तवन भी हुआ था।...जुलूस में एक पंक्ति में प्रेजिडेंट डिगौल, अबीसीनिया के सम्राट्, जर्मनी के प्रेजिडेंट, इंग्लैंड के प्रिंस फिलिप इत्यादि कदम बढ़ा रहे थे। वाशिंगटन में भी इतनी संख्या में विश्व के सम्राटों, राजाओं और राष्ट्रनायकों का जमघट नहीं हुआ था।..."

"आर्लिंगटन सिमेटरी की तरफ जहाँ 'अननोन सोल्जर' (वे सैनिक शहीद जिनके नाम भी नहीं ज्ञात) की समाधि पर चौबीस घंटे पहरा लगता है।...और सामने ढाल पर सूने वृक्षों की अधूरी छाया में हजारों सफेद कब्र। और ढलते सूरज द्वारा फेंकी गई कब्रों की लम्बी परछाइयाँ, पतझर द्वारा सजाई धरती पर महाकाल की स्पष्ट रेखाएँ!...हजारों की भीड़ किन्तु कोलाहल नहीं।...शव जहाँ उतारा गया वहीं खड़ी थी आयरलैंड के सिपाहियों की टुकड़ी।...कैनेडी के पुरखे आयरलैंड ही से आए थे और इसलिए इस अवसर पर श्रद्धांजलि देने आयरलैंड से वह सैनिक टुकड़ी खासतौर से हवाई जहाज द्वारा आई।...इन लोगों ने बन्दूक हवा में चलाकर सलामी दी!...और भी सलामियाँ दी गईं।...सब लोगों ने अपनी टोपियाँ उतार लीं।...कब्र बन्द की जा रही थी।...और तब मिसेज कैनेडी के हाथों उस फ्लेम (ज्योति) को अग्नि दी गई जो तब से बराबर आर्लिंगटन सिमेटरी के उसी स्थान पर जलती रही है।...अमर ज्योति।...सैकड़ों फौजी बिगुलों से एक गगनवेधी रुदन-स्वर निकला!...परछाइयाँ लम्बी होती चली गईं।..."

"टेलीविजन बन्द होने पर हम लोग अपने घर को लौट चले।...हॉर्वर्ड की गलियाँ सुनसान थीं।...पीली और जीर्ण-शीर्ण पत्तियाँ हमारी स्ट्रीट पर इधर-उधर उड़ रही थीं। हमें लगा कि जैसे समय से पहले जाड़े और ठिठुरन का मौसम आ गया था।"

माँ का मातृत्व सहसा जगा। बच्चे सब बड़े और समझदार हैं, पर रात के समय सोने से पूर्व ऐसी उदासी ठीक नहीं। बोलीं, "अब सो जाओ। कल पापा अमरीका की कोई दिलचस्प बात बताएँगे।"

जाते-जाते छोटे लड़के ने पूछ ही लिया, "वह ज्योति आपने देखी है पापा?"

पापा ने एक चित्र पकड़ाते हुए कहा, "यह है आर्लिंगटन सिमेटरी का चित्र।...यह देखो, सिपाही खड़ा है।...यह रही वह ज्योति जैसा हमने उसे देखा था।"

जब और भाई-बहन चले गए तो बड़े लड़के ने कहा, "पापा, मुझे कॉलिज में एक निबन्ध लिखना है—'कैनेडी का महत्त्व।' कुछ प्वाइंट्स दे सकेंगे?"

पापा ने कहा, "अच्छा।"

निशीथ के निस्पन्द वातावरण को छीलती हुई-सी उनकी लेखनी चलने लगी—

(1) कैनेडी बीसवीं सदी के प्रजातन्त्रीय युग में 15वीं-16वीं सदी के यूरोपीय नवजागरण काल—रेनेसाँ—के सुसंस्कृत, ज्ञानोपासक, विविध गुण-सम्पन्न ड्यूकों और राजाओं का नवीन और तेजस्वी स्वरूप था। उन्हीं लोगों की

भाँति उसने अपने चारों ओर प्रतिभाशाली विद्वानों, प्रसिद्ध कवियों, लेखकों और कलाकारों को जमा किया। उसकी पत्नी ने इटली के महलों की भाँति कलात्मक रीति से ह्वाइट हाउस को सजाया। उनके राजभोजों और पार्टियों में केवल राजनीतिज्ञ और सरकारी अफसर ही नहीं होते थे, बल्किी मनीषी और कलाकार भी। एक बार तो ह्वाइट हाउस में उन्होंने एक अनूठा राजभोज दिया जिसमें अमेरिका के केवल वे ही साहित्यकार, वैज्ञानिक, कवि, दार्शनिक इत्यादि बुलाए गए थे जिन्हें नोबेल पुरस्कार मिल चुका था। जब सब लोग जमा हो गए तो कैनेडी ने कहा, 'महानुभावो, आज इस कमरे में जितनी प्रतिभा एकत्र है उतनी इस भवन के इतिहास में कभी नहीं हुई, सिवाय उस एकमात्र अवसर के जब इसी कमरे में अकेले बैठकर जैफर्सन ने भोजन किया था।' (जैफर्सन अमेरिका का सर्वतोन्मुखी प्रतिभाशाली प्रेजिडेंट माना जाता है जिसने अमेरिकन विधान के अधिकार घोषणा-पत्र की रचना भी की थी।)

(2) कैनेडी अमेरिका में वुडरो विल्सन के बाद पहला प्रेजिडेंट था जो विचारों की शक्ति को शासन और नीति की प्रेरणा बनाना चाहता था। अपनी अपूर्व मेधाशक्ति से उसने प्रेजिडेंट के पद और कर्त्तव्यों की एक फिलासफी—मूल दर्शन—बना ली थी जिसे वह अपनी अनुपम वक्तृत्व शैली द्वारा घोषित करता था। एक बार उसने कहा था, 'मैं एक ऐसा प्रेजिडेंट होना चाहता हूँ जो समस्याओं का सामना करता है इस उम्मीद से नहीं कि उसके नीचे के कर्मचारी कुछ करेंगे, बल्कि इसलिए कि उन कर्मचारियों को काम के बारे में स्पष्ट निर्देश देना है।...जब काम के रंग-ढंग अत्यन्त शान्त और मज़े से चलनेवाले दीखते हैं, तब मुझे अन्देशा होता है कि कुछ दाल में काला है।' प्रेजिडेंट का पद सँभालने पर उसने अपनी ओजस्विनी वाणी में कहा था, 'दुनिया के लम्बे इतिहास में बहुत कम पीढ़ियों को इससे अधिक खतरे की घड़ी में स्वतन्त्रता की रक्षा करने का भार मिला है। मैं इस उत्तरदायित्व से मुकरता नहीं—मैं तो इसका स्वागत करता हूँ।...इस प्रयास में जो शक्ति, विश्वास और आस्था हम लोग देंगे वही हमारे देश को ज्योतित करेगी और उन सभी को जो देश की सेवा में लगे हैं—और इस अग्नि से जो आभा फैलेगी वह सच्चे अर्थ में सारे भूमंडल को प्रदीप्त कर सकेगी।...इसलिए, मेरे अमेरिकन सहनागरिको, यह न पूछो कि तुम्हारा देश तुम्हारे लिए क्या कर सकता है; यह पूछो कि तुम अपने देश के लिए क्या कर सकते हो? और मेरे साथी विश्वनागरिको, यह न पूछो कि अमेरिका तुम्हारे लिए क्या कर सकता है, बल्कि यह कि हम सब मिलकर मानव की स्वतन्त्रता के लिए क्या कर सकते हैं?'

(3) दुनिया के इतिहास में कैनेडी उन इने-गिने राष्ट्रनायकों में से था जिनकी

लड़कपन से ही शिक्षा-दीक्षा एक लक्ष्य को ध्यान में रखकर हुई थी। वह लक्ष्य था अमेरिका का प्रेजिडेंट होना। उसके पिता एक जमाने में इंग्लैंड में अमेरिका के राजदूत थे। उनके बड़े पुत्र की मृत्यु के बाद ही उन्होंने यह योजना मन में निश्चित की थी कि जौन किसी दिन अमेरिका का प्रेजिडेंट बने। यह दुर्लभ आकांक्षा थी, क्योंकि इससे पहले कोई रोमन-कैथलिक प्रेजिडेंट के पद के लिए नहीं चुना गया था। लेकिन जिस लगन से उसने अपने को इस लक्ष्य के लिए तैयार किया वह निस्सन्देह अनूठी थी। सुना है, हॉर्वर्ड में उसने अत्यन्त शीघ्र गति से पढ़ने की एक विशेष प्रणाली को सीखा। जब वह इलेक्शन के प्रचार के लिए तैयार हो रहा था तो रात-रातभर चार-पाँच आदमी एक के बाद एक प्रश्न उससे करते और उसे प्रत्युत्पन्नमति होकर उत्तर देना होता। यह भी सही है कि अपार सम्पदा का उत्तराधिकारी होने के कारण इलेक्शन की दौड़-धूप में और अपने राजनीतिक जीवन में उसे किसी तरह की कमी न थी। पर प्रधानतः उसने योग्यता और मेधाशक्ति को अपनी सफलता की आधारशिला बनाया है।

(4) अपने ढाई वर्ष के लघु काल में उसने प्रेजिडेंट के पद से क्या सफलताएँ प्राप्त कीं? छह स्पष्ट हैं। एक यह कि क्यूबा में जब रूस से तनातनी में अणुबमों के युद्ध का खतरा आ पहुँचा, तब कैनेडी ने दृढ़ता प्रदर्शित करके रूस की नजरों में अमेरिका की सत्ता और शक्ति को स्पष्ट कर दिया। दूसरे, उसने लगभग एक सौ वर्ष बाद अमेरिका की नीग्रो जनता को पुनः अपने बुनियादी अधिकारों के बारे में आशा और साहस प्रदान किए। तीसरे, उसने दुनिया के आर्थिक रूप से पिछड़े हुए देशों की सहायता देना अमेरिका की नीति का एक प्रमुख पक्ष बनाया। चौथे, कैनेडी ने अन्तरिक्ष में विमानों को भेजने की दौड़ में अमेरिका को पुनः अग्रगामी बनाया। पाँचवें, अमेरिका के जीर्ण-शीर्ण उपनगरों तथा कोनों में दुबके हुए अल्पवर्गीय निर्धनों को पुनर्जीवित करने की योजना को उसने अपने देश के समृद्ध और सुसम्पन्न वातावरण में एक नूतन और सच्ची घोषणा का रूप दिया। छठे, कैनेडी ने रूस के साथ अणुबमों के परीक्षण पर रोक लगानेवाली सन्धि पर हस्ताक्षर करके शायद रूसी-अमेरिकन सम्बन्धों को एक नया मोड़ दे दिया।

कैनेडी ने क्या पाया, देश और विश्व ने उससे क्या पाया—यह लिखते-लिखते पापा सोचने लगे कि युग ने उस साढ़े तीन दिनों में क्या खोया, इसकी थाह कोई ले सकेगा?

कौन जाने कैनेडी सफल होता या नहीं? दुनिया की मजलिस ने तो एक उन्मुक्त नवोदित, पर सधे हुए स्वर में मानो दरबारी राग का अलाप मात्र ही सुना। उसके स्थायी, संचारी, उसकी बोलतान, अलंकार, मुरकियाँ, उस राग का उठान क्या होता, यह तो इतिहास का ऐसा प्रश्न बना रहेगा जिसका उत्तर मौन है।

टूटी रागिनी की याद में विषाद भी है और स्फुरण भी।

हमारी गली

बारह बरस नई दिल्ली की इस गली में बिताने के बाद हम लोग इससे बिछुड़ ही गए।

नई दिल्ली में गली? शंका वाजिब है। पुरानी दिल्ली गलियों का जूड़ा है, नई दिल्ली चौड़ी सड़कों की अँगड़ाई है। जूड़े में मुकुट है और जुएँ भी; अँगड़ाई सुडौल-लम्बी भुजाओं-से राजपथों और उभरते यौवन-से आधुनिक पार्कों की छटा दिखाती है। इसमें गलियों के लिए गुंजाइश कहाँ? स्लम यानी मजदूरपेशा लोगों की झुग्गी-झोंपड़ियाँ अलबत्ता हैं, मानो किसी स्नानविमुख सुन्दरी के मैल-भरे भुजमूल।

बात यह है कि अंग्रेजों ने भारतीय नमूने पर हमारी गली नहीं बनाई थी। उन्होंने तो विशाल विटप-सी चौड़ी 'रोड' की नाजुक नन्ही टहनी के समान पाश्चात्य ढंग की 'लेन' छोटे अफसरों की सहूलियत के लिए तैयार की। उस जमाने में मैंने इस गली को नहीं देखा, क्योंकि तब मैं हुकूमत का एक अदना अफसर दूर देहात की धूल फाँक रहा था।

मैंने तो आजादी के लगभग 10 बरस बाद से इसे 'गली' ही के रूप में पाया और एक तरह से इसमें बस गया।

'लेन' दिल्ली में और भी हैं। लेकिन ऐसी 'लेन' जिसने गली की आत्मीयता अपनाई हो, बिरले ही हैं। मैं मानता हूँ कि 'गली' की पदवी गन्दगी के बिना नहीं मिलती। यों हमारी गली में गन्दगी, गोरे गाल पर काले तिल से कुछ ज्यादा ही दमकती है। पश्चिम दिशा इस गली में दाखिल होनेवाले को वह कूड़ाघर मिलेगा जो अर्सा हुआ तत्कालीन स्वास्थ्यमन्त्री की बदौलत वहाँ बनाया गया। हमारी गली उन स्वास्थ्यमन्त्री के मकान का पिछवाड़ा भी तो थी। हमारे देश की पुरानी परम्परा है, रुपया थैली के भीतर पड़ना चाहिए और कूड़ा कूड़ाघर के बाहर। किसी मॉडर्न मेहतर ने कूड़ाघर की दीवार पर लिख दिया था—"कूड़ा अन्दर डालिए।" चूँकि लोगों ने उसके अनुरोध पर कोई खास ध्यान नहीं दिया, इसलिए उसने शिष्टता का बाना त्याग कर दूसरा वाक्य लिखा—"जो कूड़ा अन्दर नहीं डालेगा, उसकी..." उसके बाद के शब्दों में काम और क्रोध का सजीव सम्मिश्रण था, यानी कूड़ा डालनेवाले के साथ रिश्तेदारी कायम करने की धमकी।

पर कूड़ाघर के इर्द-गिर्द नाना प्रकार की गन्दगियों के अम्बार यह घोषित करते हैं कि धमकी कारगर नहीं हुई। हमारी गली के दूसरे सिरे पर ऐसा नुक्कड़ है जो पिछवाड़े के क्वार्टरों के बच्चों के लिए उन्मुक्त शौचालय है और प्रौढ़ों के लिए पेशाबघर। इस

तरह दोनों ही सिरों से गली नाम को सार्थक करनेवाली गन्दगी का साईनबोर्ड लगा हुआ है। लेकिन हमारी गली की गन्दगी में पुरानी दिल्ली के कूचों का वह कमाल नहीं जो नाक दबाकर निकल जाने को मजबूर करे। दोनों तरफ खुली हुई होने के कारण इसे अन्धी गली भी नहीं कह सकते। फिर भी यह गली है।

शायद, इस गली का विशेष फीचर हैं वे पिछवाड़े अपने मकान से निकलते ही जिनका मैं सामना करता हूँ। एक तरफ छोटे-छोटे बँगलों के मुखद्वार, दूसरी तरफ कुछ बड़ी कोठियों के पिछवाड़े। 'आउट हाऊसों' की कतार। एक जमाने में ये नौकरों के क्वार्टर ही थे। अब इनमें नौकर भी रहते हैं और तरह-तरह के पेशेवर लोग भी जो इस महँगी के जमाने में मकान के नाम पर रात गुजारने के लिए छत का आश्रय ही चाहते हैं। नई दिल्ली के बीचोबीच यह कुछ कम नियामत है?

मैं इन्हें अपनी गली के लिए नियामत मानता हूँ। ये पिछवाड़े उस कुम्हार की भट्ठी की तरह हैं जिनमें तरह-तरह के बर्तन—छोटे-बड़े, सुडौल—बेडौल पकते रहते हैं, समाज के बहुधन्धी, बहुरंगी पात्र, जिनमें जीवन का रस रिसता है। कोठियों में रहनेवाले लोग इनके मुकाबले में एकरस—'मोनोटोनस'—पात्र जान पड़ते हैं। कोठियों के मुख्यद्वार से प्रायः मोटरों ही में लोग बाहर आते हैं। गली के असली व्यवहार तो इन पिछवाड़े और गली के पूरबी प्रवेश में स्थित धोबी-बस्ती के निवासी ही करते हैं।

दोनों ओर बड़ी सड़कों पर मोटरें आती और चली जाती हैं। रिक्शा, ताँगें, बसें, आदमी—सब मानो एक-से ही साँचों में ढले, सब मानो दूर किसी अनजान मंजिल के लिए बेताब मुसाफिर जो उस रास्ते पर वापस आएँ, न आएँ। कोई लगाव नहीं उस सड़क से, कोई मोह नहीं। सड़क एक दर्पण है और चलनेवाले लोग और सवारियाँ उस पर प्रतिबिम्बित आती-जाती छायाएँ।

लेकिन हमारी गली एक फव्वारा है और उसके दोनों ओर बसनेवाले या उसका व्यवहार करनेवाले लोग चंचल जलकण। उस फव्वारे का पानी एक ही है। चौबीस घंटे के चक्र में चलायमान है। थोड़ी देर नाचकर सरोवर में गिरता है और किसी अज्ञात यन्त्र द्वारा ऊपर टंकी पर पहुँच पुनः उसी रास्ते से गुजरता हुआ अपनी छटा दिखाता है।

यह चक्र चलता ही रहता है, पर इस गति में कोई ऊब नहीं है, इस जल में कोई बासीपन नहीं है। जानी-पहचानी होती हुई भी ये तसवीरें अकसर नई-सी लगती हैं, ऐसे ही जैसे रीते बादलों की वे टुकड़ियाँ जिनको डूबते सूरज की किरणें नवेली, रंगीली परियों का-सा रूप दे देती हैं।

बारहमासा का चक्र भी बड़ी सड़कों को सिर्फ छू ही पाता है, किन्तु हमारी गली उसकी हर धड़कन पर ताल देती है। ये धड़कने प्रकृति की विराट गति भी हैं और एक महानगर की विकृतियों की भी। ऋतुराज वसन्त की आहट सुनते ही हमारी गली के वृक्ष पहले तो झटपट अपना जामा उतारकर नग्न हो जाते हैं। बरसों पहले किसी वनस्पति विशेषज्ञ ने एक असामान्य किस्म के पेड़ गली के किनारे लगा दिए। मध्यम ऊँचाई, बरगद के-से फल और बरगद ही की-सी जटाएँ। अन्तर यह कि बरगद की जटाएँ धरती

की ओर लटकती हैं और प्रायः नई जड़ें बन जाती हैं, पर इस वृक्ष की सभी जटाएँ उसके तने से लिपट जाती हैं। वसन्ती पतझर में जब सब पत्ते गिर जाते हैं तो लगता है मानो रोमयुक्त नागों की पकड़ से त्रस्त होकर इन्होंने अपने पत्ते त्याग दिए हों। पर वसन्ती बयार के उकसाते स्पर्श के बाद हठात् देखता हूँ किंशुकों के स्फुलिंग उन नंगी शाखाओं में से फूट रहे हैं। श्यामल, सुकोमल और नन्हे। दो-तीन दिन बाद नवजात शिशु की रक्तिम श्यामलता गायब हो जाती है। पत्तियाँ धवल और फिर धीरे-धीरे हरी होती जाती हैं। चन्द दिन वह समाँ रहता है और जब पुनः पत्तों से वृक्ष बदस्तूर लद जाते हैं तो जान ही नहीं पड़ता कि एक नाटक खेला गया था और तेजी से पट-परिवर्तन हुए थे।

वसन्त के अन्तिम दिनों में मार्च की एक और भी बहार है। मार्च सरकारी दफ्तरों में वित्तीय वर्ष—फाइनेंशियल ईअर—का अन्तिम महीना है। 31 मार्च तक सड़कों की मरम्मतों के लिए बजट में जो रुपया होता है उसे जैसे भी हो, खर्च कर डालना जरूरी समझा जाता है। इस तरह की जल्दबाजी के काम में ठेकेदारों और कुछ सरकारी व्यक्तियों का भी भला हो जाता है। आजकल 'ऊपरी आमदनी' भगवान की देन नहीं मानी जाती; न उसे लुकाछिपी का खेल ही समझा जाता है। उसे तो अपना 'ड्यू' माना जाता है, यानी एक तरह का अधिकार।...सो 31 मार्च के कुछ सप्ताह पहले हमारी गली के दोनों ओर बड़ी सड़कों की मरम्मत तेजी से शुरू हो जाती है। और हमारी गली ही तो तारकोल के पीपों, रोड़ी और ईंटों इत्यादि के लिए खुला गोदाम बन जाती है। वहीं झोंपड़ियाँ भी पड़ती हैं जिनमें मजदूरों के परिवार बसेरा लेते हैं। बड़ी दरियादिल है हमारी गली।

गर्मियों में हमारी गली पिछवाड़े के निवासियों के लिए रैनबसेरा हो जाती है। अंग्रेजों के जमाने में नई दिल्ली गर्मियों में उजाड़ हो जाती थी क्योंकि साहब लोग शिमले की ठंडक का लुत्फ उठाने चले जाते थे। लेकिन आजकल नई दिल्ली में अंग्रेजी साहबों से कहीं अधिक संख्या में अमीर लोग रहते हैं—वे, जिन्होंने देखते-देखते कोठियाँ और अट्टालिकाएँ खड़ी कर ली हैं, जिनके पास दौलत अमित है और जिनके दिमाग सरकारी टैक्सों से बचाव की तदबीरों की पैदावार उगाते रहते हैं, और साथ-साथ जिनकी वाणी सरकारी टैक्सों पर तोहमत लगाते सकुचाती नहीं। ये नए जमाने के साहब लोग विदेशी डिप्लोमेटों की भाँति ही नई दिल्ली से गर्मी में भाग नहीं निकलते; जमे रहते हैं। गर्मी की झुलसनों के मुकाबले के लिए उनके पास वह हथियार है जो अंग्रेजी राज के दिनों में नसीब न था—एअरकंडीशनर। उनकी ठाठदार कोठियाँ बाहर से सुनसान और धूप की जकड़ में बेआवाज तड़पती जान पडती हैं, किन्तु भीतर कमरे गुलजार होते हैं। दिन और रात ठंडी हवाओं की बाँहों में गुजरते हैं।

बाकी लोगों के लिए खुला आसमान ही आसरा है। नई दिल्ली में गर्मी की रातों में अकसर यह आसमान मानो मधुवर्षण करता है। हमारी गली के निवासी उस मधुलेपन का खूब आनन्द लेते हैं; खटियाँ बिछ जाती हैं गली के दोनों तरफ! सवेरे घूमने निकलते समय देखता हूँ, पिछवाड़े के क्वार्टरों की छतों के ढलानों पर बिस्तर बिछानेवालों में

जीवट की कमी नहीं। ज़रा ज्यादा करवट ली तो नीचे। पर मई मास की रातों में भी शीतल बयार का जो स्पर्श इन्हें मिलता है वह एअरकंडीशंड कमरों में नहीं है।

बरसात आते ही हमारी गली में सोंधी-सी गन्ध फैलने लगती है। हरियाली तीज के आसपास जगह-जगह झूले पड़ जाते हैं। इधर उनके गीत गूँजती हैं, उधर राजस्थान की मजदूरनें काम से लौटते या काम पर जाते हुए एक-दूसरे को गलबहियाँ दिए उच्च स्वर में गाती हैं उस मेघ के आह्लादपूर्ण गीत जो राजस्थान में आसानी से मयस्सर नहीं होता। नई दिल्ली का सरकारी वातावरण इनके स्वर को दबा नहीं पाता, यहाँ के नए फैशन की छटा इन पर हावी नहीं हो पाती। वही घेरदार ऊँचे लहँगे, पैरों में चाँदी के कड़े, पुष्ट तन, लम्बे डग, आपस में चुहलबाजी। सिर्फ एक ही अन्तर हुआ है, उनकी सूक्ष्म चोली, जिसमें से उनके वक्षस्थल की आभा झाँकती थी, ठेकेदारों और शहरी निठल्लुओं की लोलुप दृष्टि का शिकार हो गई। नतीजा यह है कि दिल्ली में अब राजस्थान और ब्रज की मजदूरनें लम्बी बाँह की कुर्तियाँ पहनती हैं। हाँ, उनकी चोली नई दिल्ली की फैशनेबल महिलाओं के शरीर पर चढ़कर और भी सूक्ष्म होती जा रही है।

नवरात्रों में हमारी गली के पिछवाड़ों में पूर्वी उत्तर प्रदेश के धोबी और दूसरे लोग रात को दल बाँधकर बैठते और उल्लास के साथ उच्च स्वरों और तीव्र लय में गाते हैं राम-कथा। चाँदनी रात में उनके सहगान के स्वर-समूह साकार होकर हमारी गली में मानो भीड़ लगा देते हैं।

जाड़ों में हर तरह की भीड़ छँट जाती है। सवेरे के समय कड़कती ठंड में, ठिठुरानेवाला धुँधलका अकसर इस गली को रुई का-सा जामा पहना देता है। कुहासे का जामा मेरे जैसे सवेरे की सैर के शौकीन को तो अच्छा लगता है; उसमें खो जाने में आनन्द मिलता है, एक दुलराती गरमाहट का अनुभव होता है। क्यों न हों? आखिर मैं गरम लबादों से लैस होकर बाहर निकलता हूँ,—स्वेटर, बन्द गले का कोट, ओवरकोट, मफलर, सिर पर टोपी आदि। किन्तु गली के पूर्वी छोर में मेरे सबसे महत्त्वपूर्ण पड़ोसियों—धोबियों—के लिए जाड़ों की सुबह कर्म की चुनौती लाती है। उस बस्ती में धोबियों का छोटा-सा 'घाट' है; घाट यानी सीमेंट की पाटें और नल का पानी; नदी-नाला नहीं। सूरज उगने से पहले ही धोबियों की 'प्रभाती' सुनाई पड़ती है—ताल अधिक, राग कम!

यह धोबी-बस्ती हमारी गली का साइनबोर्ड है। दूर-दूर तक बाँसों पर अलगनियाँ लगाकर ये कपड़े सुखाते हैं और जैसे वी.आई.पी. के स्वागत में पालम-मार्ग पर ध्वजाएँ सजती हैं, कुछ ऐसे ही हमारी गली के एक तरफ अंडरवियरों, साड़ियों, चोलियों, कमीजों, ड्रेन-पाइप पतलूनों की ध्वजाएँ दिनभर लहराती रहती हैं। जैसे सूखनेवाले कपड़े अनेक ढंग और रंगों के हैं, ऐसे ही उन्हें धोने और सुखानेवाले धोबी। एक है हमारा बुड्ढ़ा धोबी जो अकसर गली के किनारे टब में नील घोलता हुआ दिखता है और जिसकी ईमानदारी और वक्त की पाबन्दी पर मुग्ध होकर हमारी बेटी की कैनेडियन सखी उसे अपने विलायती कपड़े धोने के लिए सौंप देती है। दूसरे ढंग का धोबी है वह नौजवान

जिसे मैंने ओवरकोट और तंग मोहरी का टेरलीन पतलून पहनकर अलगनी पर ब्रेसियर और बुश्शर्ट सुखाते देखा है।

वस्तुतः धोबी-बस्ती और हमारी गली में बँगलों के पिछवाड़ेवाली कोठरियों में बसनेवाले लोग बदलती दुनिया के इन्द्रधनुष हैं। इस बदलती दुनिया में पैसे की तंगी के बावजूद पैर, ऊपर ले जानेवाली सीढ़ियाँ खोजते हैं। पिछड़े और थोड़ी-बहुत गन्दगी के वातावरण में भी रहन-सहन की टीमटाम और मेहनतकश दिनों से छीने हुए अवकाश के क्षणों में आधुनिकता की छटाओं की चाह मन को उकसाती रहती है। यही वह कामना की जड़ है जिसके लगते ही उनकी कर्मठता का तुरंग इस महानगरी की भीड़, इसकी दमतोड़ती घुड़दौड़ में भी अपना रास्ता निकाल लेता है और कभी-कभी सरपट भी चलता है।

नमूने?...बीस कदम आगे बढ़कर देखता हूँ। भैंस खड़ी पगुरा रही है और पास ही ड्रेसिंग गाउन पहने एक नौजवान चारा डाल रहा है। भैंस और ड्रेसिंग गाउन।...सवेरे सात बजे के करीब धोबी-बस्ती में से एक मोटी प्रौढ़ा मेहतरानी निकलती है। साफ-सुथरी साड़ी, आँखों में सुरमा, पैरों में जूता, आत्मविश्वास-भरा व्यक्तित्व! हाथ में न झाड़ू, न कोई और पदार्थ जिससे उसका व्यवसाय जाहिर हो। साइकिल लिए एक युवक आता है और बड़ी चुस्ती के साथ मोटी मेहतरनी साइकिल के पीछेवाले कैरियर पर झट से बैठ जाती है। साइकिल चल पड़ती है उस आधुनिक भवन की ओर जहाँ के बाथरूमों की वह इंचार्ज है। उस मोटी मेहतरानी और उस युवक का आपसी रिश्ता क्या है? माँ? सहचरि? प्राण? कौन जाने?

एक आउट हाऊस के सामने खटिया पर तहमद पहने बैठा हुआ एक व्यक्ति चाय पी रहा है। खटिया के एक कोने पर नीली स्मार्ट वर्दी और टोपी रखी है और पास ही में खड़ी है एक बड़ी ठाठदार इम्पोर्टेड गाड़ी जिस पर डी.एल.जेड. लिखा है। उसकी आरामदेह 'अपहोल्स्टरी' बाहर ही से चमक रही है। कैसी अनोखी है खटिया और डी.एल.जेड. की वह जोड़ी ?...गली के दूसरे छोर पर एक स्कूल है; उसकी अपनी अट्टालिका है। बढ़िया भवन, खेलने का मैदान। उस मैदान में दोपहर में लड़के-लड़कियाँ खेलते हैं बॉली बाल, बैडमिंटन, टेनीकोइट वगैरह। बैंड के साथ ड्रिल करते हैं। गली की तरफ स्कूल का दरवाजा बन्द है पर बाहर से सब कुछ दीखता है। दरवाजे पर लटक-लटककर मेरी गली के चन्द गरीब बच्चे लालच-भरी निगाहों से अपनी बराबर की उम्र के समृद्ध बच्चों के खेल-तमाशे देखते हैं। मैं उनकी पीठ के अंग-संचालन ही से अन्दाजा लगाता हूँ कि कितनी बेताबी है उनमें। स्कूल खत्म होते ही गली के बच्चे दरवाजे से चढ़कर स्कूल के कम्पाउंड में घुस जाते हैं और जब तक चौकीदार उन्हें भगा नहीं देता, खेल-कूदकर अपनी हविस पूरा करते हैं।

गली में भी उनके खेल-कूद की हलचल और निरालेपन से मैं परिचित हूँ। धरती पर आयताकार खाने खिंच जाते हैं। खानों में कंकड़ फेंके जाते हैं। एक टाँग से उछलकर बाजी जीतनेवाले बच्चे एक खाने से दूसरे में कूदते हैं। गिल्ली-डंडा की भी कई टोलियाँ

हैं। साइकिल के पुराने टायरों की गली में दूर-दूर तक घुमाने की भी होड़ होती है। स्कूल के अन्दर आर्ट मास्टर छात्रों को ड्राइंग और पेंटिंग सिखाते हैं। बाहर स्कूल ही की दीवारों पर गली के बच्चे चॉक से तरह-तरह के चित्र खींचते हैं, सजीव रेखाएँ, स्वाभाविक अभिव्यंजना! फूल-पत्ती; दौड़ता बच्चा, सिगरेट पीता हुआ चेहरा। इन लाजवाब चितेरों की पहुँच शायद अभी तक 'शंकर्स विकली' की प्रतियोगिता तक नहीं हो पाई है।

उस भव्य स्कूल के बच्चों से कम नहीं है पढ़ने की चाह गली के बच्चों में। सवेरे स्कूल जाते बच्चों को देखता हूँ। बँगलों, गली के पिछवाड़े की कोठरियों और धोबी-बस्ती के लगभग सभी बच्चे अपने-अपने स्कूल, अपने-अपने ढंग से जाते हैं। अधिकतर बँगलेवाले बच्चों को उनकी माँ या पापा अपनी मोटर में उन्हें बड़ी सड़क के स्कूली बस-स्टॉपों पर छोड़ आते हैं। कुछ को साइकिलों के पीछे या आगे बैठाकर नौकर वहाँ ले जाते हैं। अंग्रेजी स्कूल की रंगीन और स्मार्ट कट की पोशाक, टाई, बढ़िया लेकिन भारी बैग। बस-स्टॉप पर खड़े हुए अपनी खास बस के मुन्तजिर ये बच्चे प्रायः अंग्रेजी में बातचीत करते सुने जाते हैं। देसी स्कूल में जानेवाले बच्चे दो तरह के हैं; कुछ जिनकी पोशाक उनके स्कूलों के विशिष्ट रंगों की हैं; किन्तु पुरानी और घिसी हुई हैं, कुछ जो म्युनिसिपल स्कूल जाते हैं और पोशाक की कोई बन्दिश उन पर नहीं; बड़ों की उतरनें पहने, जिन्हें छोटा करके माँ ने पहना दिया है। छोटे-बड़े लड़के-लड़कियों की मंडलियाँ गली में होकर निकलती हैं तो रास्ता जगमगा उठता है। एक मजे की तरकीब भारी बस्तों को ढोने की दीख पड़ी। थैले की पट्टी को माथे के सहारे करके उसे पीठ पर लटका लेते हैं, जैसे पहाड़ी माताएँ अपने शिशुओं को बाँधती हैं। उनकी आँखों में चमक, उनके कदमों में चांचल्य, उनकी बोली में चिड़ियों की चहक होती है। उनमें कुछ गालियाँ भी देते हैं, झगड़ा भी करते हैं। म्युनिसिपल स्कूलों के छोटे बच्चे तख्तियाँ भी ले जाते हैं। सर्दी की एक सुबह देखा। अपने छोटे भाई का हाथ पकड़े एक लड़की चली जा रही थी। तख्ती पकड़ते-पकड़ते लड़के का नन्हा हाथ ठंड से जकड़-सा गया। बहन भाई का हाथ अपने होठों के पास ले गई और मुँह की भाप से उसे गरम करने लगी।

अकसर भागना पड़ता है बच्चों को। मोटरों और स्कूली बसों में जानेवाले बच्चों के पास रिस्टवाचें हैं, पर और बच्चे अकसर मुझ जैसे टहलनेवालों से समय पूछते हैं। और भी लोग मुझसे वक्त पूछते हैं,—तड़े पर झाड़ू देनेवाला जमादार, फेरी करनेवाला दूकानदार, किसी दफ्तर की ओर तेज कदम बढ़ानेवाला चपरासी! वक्त बताना मेरा कर्त्तव्य है और जिस दिन कोई पूछनेवाला नहीं मिलता तो सूनापन महसूस होता है।

पर इसके अलावा मैं गली में से गुजरता हूँ बिलकुल अछूता-सा। मैं केवल द्रष्टा हूँ, गली की दुनिया का जुलूस चलता रहता है और मैं मात्र देखता हूँ, कभी सीधे, कभी कनखियों से! जिज्ञासाएँ उठती हैं, पर मैं पूछ नहीं पाता।...कौन है वह खाकी बन्द गले का कोट-पतलून पहने मूँछोंवाला अधेड़ जो रोज सवेरे एक ही समय हाथ में कटोरदान सँभाले पैदल जाता है? क्या कटोरदान में उसका अपना नाश्ता है या उसके मालिक का ?...कूड़ा घरों में गन्दगी के बीच, बीन-बीनकर कागजों के छोटे-बड़े टुकड़े निकालकर

अपने बोरे में भरनेवाला यह मजदूर किस पेपरमिल के ठेकेदार को अपना बोझा बेचता है? कितनी है उसकी आमदनी?...वह शोख लड़की जो तंग मोहरी का पाजामा पहने, कुछ मटकती-सी, कुछ किलकती-सी, धोबी-बस्ती से निकलकर बड़ी सड़क में मुड़ जाती है, कहाँ जाती है? क्या उसका कोई चहेता है जिसकी याद उसे गुदगुदाती है या वह चहेते की तलाश में मर्दों को निरखती और शोभा बिखेरती है? उस कोठरी की खिड़की की सलाखों के सहारे अपना गोरा मुखड़ा टेके यह सुन्दरी गढ़वाली है या नेपाली? क्या उसका शरीर भी उतना ही सुडौल है जितना तीखा है उसका नाक-नक्श? वह व्यक्ति जो नौकरों के बाथरूम की दीवार के तले खटिया बिछाए तीन-चार बच्चों को पढ़ा रहा है, उन बच्चों को स्कूल क्यों नहीं भेजता? अथवा क्या वह प्राइवेट ट्यूशन करता है? स्टेनलेस बर्तन बेचनेवाली ये दो चपल मराठी औरतें जिनके कसे बदन की आभा उनके बरतनों से ज्यादा चमकदार है, मेरे पड़ोसी के पीतल के साइनबोर्ड को इतने ध्यान से क्यों देख रही हैं? क्या मेरे पीतल के साइनबोर्ड को ये ही तो नहीं उड़ा ले गईं? साइकिल के आगे-पीछे दूध के कनिस्टर लादे, आँखों पर चश्मा, एक हाथ हैंडिल पर, दूसरा पुराने ढंग के भोंपू पर रखे, यह अधेड़ उम्र का जेंटलमैन दूधवाला जिस पर दिल्ली दुग्ध योजना अभी तक कारगर नहीं हुई, किस नल का पानी अपने दूध में मिलाता है? जब उसके भोंपू की आवाज सुनकर बच्चे और औरतें तरह-तरह के गिलास और लोटों में दूध लेने आते हैं, तो क्या कभी उसकी उनसे दूध की मिलावट के बारे में तकरार होती है?

साइकिल ही पर तो वह बुड्ढ़ा मुसलमान (मजहबी दाढ़ी, पाजामा, अचकननुमा कोट) आता है जिसके कैरियर पर एक बड़े-से टीन की ट्रंक में मछलियाँ हैं। मेरे यहाँ अर्से से मछली बेचने आता है। कितनी बार चाहा कि पूछूँ कि साइकिल चलाते वक्त वह क्या बुदबुदाता रहता है—कुरानशरीफ की आयतें या बिकी हुई मछलियों का हिसाब? अनेक हैं जिनसे बातें हो सकती हैं,—वह गुजराती फेरीवाला, जो मेरी पत्नी को हर पखवारे चटपटे चूड़े से भरे पोलिथीन बैग पकड़ा जाता है, वह रद्दी कागज खरीदनेवाला, जो 'पेपर' शब्द के घुमावदार उच्चारण द्वारा अपनी मौजूदगी ज़ाहिर करता है, वह सिपाही की वधू, जिसे मैंने भारत-पाक लड़ाई के दिनों अकसर भटकती आँखों से राह देखते पाया था। उस दिन राष्ट्रपति-भवन में वीर सैनिकों के सम्मान-समारोह के बाद लौटने पर देखता हूँ—सामने साइकिल रिक्शा रुकी, एक फौजी जवान उतरा, कन्धे पर बिस्तरा सँभालकर पिछवाड़े की कोठरी की ओर बढ़ा। वधू सामने आई। यूरोप-अमेरिका होता तो प्रगाढ़ालिंगन और चुम्बनों की झड़ी लग जाती। पर यहाँ तो एक लमहे को टकटकी लगी, क्षणभर में सन्देसे उड़े। हाथ के थैले को सिपाही ने अपनी जीवन-संगिनी को थमाया, उँगलियों की छुवन मिली। पर मैं पूछ भी न पाया कि कौन-से फ्रंट पर मौत का सामना करके लौटे हो?

कितनी आबाद है हमारी गली? पर बिलकुल मौन रहे मेरे सवाल! और मैं इतने बरस गली में रहने पर भी अपनी जिज्ञासाएँ साथ लिए ज़ा रहा हूँ। अनगिनत जश्न मैंने देखे इस गली में। उत्सव होते तो उन्हीं पिछवाड़े वाली खिड़कियों के चारों ओर बेलबूटों

के चित्र बन जाते। धोबी-बस्ती में शादी हुई तो अर्से के बाद नई दिल्ली में पत्तल-शकोरे दीखे! चैत में पुरबिया धोबियों और नौकरों की मंडली की ढोलक, झाँझ और उल्लास-भरी चैती, भजन और कीर्तन में मेरा मन अकसर रम जाने को उतावला हो उठता। रामलीला और रिपब्लिक डे का जुलूस देखने के लिए नए कपड़े पहने, नई मुसकानों से जगमग मुखड़ोंवाले परिवारों, बाप, माँ, बेटी, बहनें, लड़के—झुंड-के-झुंड—जब चल निकलते तो मेरा जी करता कि अपनी मोटर से उतरकर उन्हीं के दलों में शामिल हो जाऊँ; उनकी सरगोशियाँ सुनूँ, उनकी चुहलबाजी में हिस्सा लूँ। गली के किनारे पर स्थित दूध बाँटनेवाली 'बूथ' के बराबर से निकलते समय रोज देखता—कैसी मजेदार जमात है। मुहल्ले-भर की ताज़ा खबरें, चुगली और ताने, 'स्कैंडल' और गुपचुप शिकायतें, हँसी और चुटकियाँ!—मिल्क बूथ ही तो आधुनिक पनघट है। पर मैं हूँ कि उस पनघट की छवि, उसके रोमांस तक पहुँच नहीं पाता।

कैसी विडम्बना है! हम लोग बराबरी के समाज के हिमायती, अपनी लेखनी से अमीरों, अफसरों, नेताओं के लिए जहर बुझे बाण-से शब्द इस्तेमाल करनेवाले लेखक और कवि, हम अपने सम्पादकीयों से पाठकों पर जादू डालनेवाले चिन्तक, हम बुद्धिजीवी घुल-मिल नहीं पाते उस समाज में जो हमारे करीब होते हुए भी हमसे कितना दूर है। हमारे मनोरंजन, हमारी कला-प्रदर्शनियों, अत्याधुनिकता के आग्रह में ग्रस्त हमारी विचार-ग्रन्थियाँ, सौन्दर्य और काव्यात्मकता से हमारी ऊब, जनमानस की परम्पराओं में प्रगति की धड़कन के प्रति बहरी हमारी धारणाएँ, पश्चिम के सर्वग्रासी मीडियाओं से निर्मित हमारी मान्यताएँ—ये सभी हैं वे अदृश्य बेड़ी-हथकड़ियाँ जो उस ओर हमे हिलने भी नहीं देतीं। हम कितने लाचार हैं!

गली मैं छोड़ चुका हूँ। सुनता हूँ कि नई दिल्ली के नवीनतम प्लान की लपेट में हमारी गली भी आएगी और ये बँगले और उनके पिछवाड़े टूटेंगे। उनकी जगह खड़ी की जाएँगी गगनचुम्बी अट्टालिकाएँ, जिनके क्रोड़ों में पलेंगे आधुनिक वैभव, मैहैटन (न्यूयार्क) के ठाठ, और धरती से ऊपर, उसके मैले आँचल से दूर, बहुत दूर ऊँची उड़ानों के तराने!

अशोक : रेडियो पर

जम्बूद्वीप के कोने-कोने तक मेरी आवाज सुन पड़ रही है, लेकिन मैं जानता हूँ कि मेरी राजधानी पाटलिपुत्र के निवासियों को यह आवाज अपरिचित-सी जान पड़ेगी। वे परम प्रतापी सम्राट चंडाशोक के दुर्दम, दिग्दिगन्त कम्पायमान करनेवाले भीषण स्वर को सुनने के आदी हैं। विशेषकर आज तो विजय की भेरी के उपरान्त मेरे उस अट्टहास की प्रतीक्षा कर रहे होंगे। जो मौर्य साम्राज्य को चुनौती देनेवाले राजाओं और जनपदों के लिए काल के तुल्य होता है। कहाँ वह अट्टहास और कहाँ मेरा यह करुण और भग्न स्वर! उन्हें निराशा होगी और आशंका भी कि कहीं...

लेकिन नहीं! मगध के निगमो, और जनपदो, पाटलिपुत्र के श्रेष्ठियो और मेरे अगणित आमात्यो एवं महापात्रो, तुम्हारी आशंका निर्मूल है। मौर्य सत्ता से टक्कर लेने की धृष्टता करनेवाला कलिंग राज्य आज मेरे चरणों के नीचे धराशाई पड़ा है। कलिंगराज के साठ हजार भट, एक हजार अश्वारोही, सात सौ हाथी—जिनके बल पर वह इतरा रहा था—सभी रक्त-रंजित भूमि पर निर्जीव व कारागार के अन्धकार में मृतप्राय पड़े हैं। जिस विजय-यात्रा पर तुम्हारी शुभकामनाओं के साथ मैं कुछ मास हुए पाटलिपुत्र से चल पड़ा था, वह सफल हुई।

क्या तुम मेरा जय-जयकार कर रहे हो? यही तो तुम करते आए हो, यही तो मैं सुनता आया हूँ। लेकिन ठहरो! सैकड़ों योजन दूर, यहाँ कलिंग के युद्ध-क्षेत्र तक तुम लोगों का जय-जयकार मेरे कानों तक नहीं पहुँच पाएगा। और यहाँ मेरे शिविर के निकट वह विजयोल्लासपूर्ण जय-जयकार करनेवाले स्वर ही नहीं जो मैं इस आकाशवाणी द्वारा तुम्हारे निकट पहुँचा सकूँ। एक उँचे टीले पर अपने शिविर से बोल रहा हूँ और नीचे जहाँ तक दृष्टि जाती है, वहाँ चारों दिशाओं में मैं देख रहा हूँ—रुधिर, शव, खंडित रथ और भूलुंठित गजाश्व; मृत्यु कल्लोलिनी की रक्तिम उत्ताल तरंगें जो मानो भयावह पाषाण बन गई हैं। पाषाण की तरंगें बोलती नहीं, मूक और निश्चल, वे न उठती हैं, न गिरती हैं। एक आतंक के बन्धन में वे मेरे शिविर को घेरे हुए हैं। इस विजय की वेला में भी मैं घिरा हुआ हूँ। यह सारी रणभूमि एक विषाक्त मौन से आच्छादित, घुटी-सी, दबी-सी पड़ी है, और मैं सुन पा रहा हूँ केवल अपनी वाणी की प्रतिध्वनि अथवा एक करुण और कण-कण व्यापी स्पन्दन।

महाबलाधिकृत से कुछ देर हुई, मुझे समाचार दिया कि लगभग डेढ़ लाख व्यक्ति

इस महासमर में नष्ट हुए हैं, सभी शव गिने नहीं जा सके हैं, घायलों की संख्या एक लाख से ऊपर है। काल के इस प्रचंड नृत्य की लपेट में कलिंगराज की सेना तो भस्मसात् हुई ही, मगध के अगणित युवक भी पिस गए। मेरा यह बल आज विजेता होते हुए भी क्षीण है। आहत और मारनेवाला दोनों एक रज्जु में बँधे हैं—आतंक और भय की रज्जु, मानो उन्होंने एक ऐसे भयावह स्वप्न को देखा हो जो जाग्रत होने पर भी उन्हें जकड़े हुए है। ऐसा विकट युद्ध जम्बूद्वीप में कभी नहीं हुआ, उस समय भी नहीं जब मेरे पितामह ने यवनराज सेल्युकस को पराजित किया और गान्धार और उत्तरापथ के स्कन्धावार को अधिकृत किया और न तब जब मेरे पिता के पराक्रम से सुराष्ट्र और दक्षिणापथ के जनपद नतमस्तक हो गए थे। कलिंग के युद्ध में मनुष्य नहीं लड़े थे बल्कि संहार साकार होकर अपने-आप ही से जूझ रहा था। खड्ग उठते, चमकते और गिरते थे मानो किसी अदृश्य अपरिमित दुर्दान्त शक्ति से संचालित होकर। कौन किस पर प्रहार कर रहा है, इसका भी ज्ञान लुप्त हो गया। यह किसकी जीत है ? मैं नहीं जानता। मेरी जीत यह नहीं है।

मगध के निगम और जनपद इन शब्दों को सुनकर चौंकेंगे। मैं स्वयं विस्मित हूँ। कलिंग-युद्ध के पूर्व मैंने सोचा था कि विजय के उपरान्त मैं चेतावनी के रूप में एक कठोर भाषण दूँगा। जिसके शब्द उन सभी राज्यों और गणों के लिए दर्शन बनें जो मेरे अधिकार और बल से परे रहना चाहते हैं, जो मौर्यशक्ति के आगे घुटने नहीं टेकना चाहते। आन्ध्र और पुलिन्द को; दक्षिणापथ में निच, चोल, पांड्य, ताम्रपर्णीय जनपदों को; कम्बोज, ओज और पितिनिक्य राज्यों को और पाँचों यवनराज्य अंतियोक, तुरमय, अंतिगोन, मग और अलिकसुन्दर, जिनके राज्य आठ सौ योजन तक फैले हुए हैं, इन सभी को मैं एक निर्मम चेतावनी देना चाहता था कि वे कलिंग के विनाश से पाठ सीखें, मगध के चक्रवर्ती सम्राट् के आगे नतमस्तक हों, हमारे अतुल पराक्रम और शौर्य की स्पर्धा करने का स्वप्न में भी विचार न करें। और आज जब यह विजय मेरे हाथ आई है, आज जब विनाश की प्रचंड ज्वाला इन अनधिकृत राज्यों और जनपदों को चकाचौंध कर रही है, तब आज, अपने पराक्रम और विशाल शक्ति के चरमोत्कर्ष पर पहुँचकर मैं ठिठक रहा हूँ। परम प्रतापी चंडाशोक सोचता है कि वह चेतावनी किसे दे? इन राज्यों और जनपदों को या अपने-आपको? मैं जिस विजय के अभियान पर निकला हूँ वह कलिंग आकर पथभ्रम हो गया है, वैसे ही जैये यवन सम्राट् अलिकसुन्दर की सेना शताद्रु के तट पर पहुँचकर झिझककर लौट चली थी। किन्तु अलिकसुन्दर तो लौट चले थे महाप्रतापी नन्दराज की अपरिमित शक्ति से आतंकित होकर। मैं किससे आतंकित हो रहा हूँ? कोई भी तो ऐसा राज्य नहीं जो मेरा मुकाबला कर सके। जम्बूद्वीप क्या, बाहर के जनपद भी मेरे भय से कम्पित हैं। और मैं हूँ कि हिमाद्रि के शिखर पर पहुँचकर काँप रहा हूँ।

काँप रहा हूँ उस सिसकते हुए हाहाकार को सुनकर जिसे मैं आप लोगों तक पहुँचा नहीं सकता; काँप रहा हूँ उन विधवाओं, वृद्धों और शिशुओं की पीड़ा को देखकर

जिनकी त्रस्त आँखों के आगे वह अँधेरा भी तो नहीं जिसमें वे अपने-आपको खो सकें; उन उजड़ते हुए ग्रामों को देखकर जिन्हें विजयी सेना ने अग्नि से प्रज्वलित कर दिया है, और महासमर के उस भीतरी और अदृश्य खड्ग को देखकर जिसने इस मार-काट के नीचे उससे भी अधिक भीषण हत्या की है—प्रेम और सौहार्द की हत्या, ब्राह्मण एवं श्रमण के प्रति श्रद्धा की हत्या, माता-पिता एवं गुरु-सेवा की हत्या—हत्या, धर्म की, स्नेह की, आदर्शों की, मानवता की।

और चूँकि मैं इस आन्तरिक हत्या, रुधिर और लाशों के नीचे होनेवाले इस घोर रौरव को देख पाता हूँ, इसीलिए आज मैं आपसे बातें करने का साहस भी कर पा रहा हूँ। यदि मैं केवल मनुष्य-शरीर की यन्त्रणा और विनाश से पीड़ित हुआ होता तो सम्भव है कि थोड़े दिनों बाद इन सबसे दूर होने पर विजय की मदान्धता मुझे पुनः इसी पथ पर अग्रसर कर देती। लेकिन कलिंग में जो कुछ मैंने देखा है वह स्थूल हत्या से कहीं अधिक क्रूर है, वह हिंसा जीव मात्र के प्रति ही नहीं, जीव जिन भावनाओं और अनुभूतियों में पनपता और बसेरा लेता है, उन सभी के प्रति घोर हिंसा है ! यदि वे आस्थाएँ ही विनष्ट हो गईं, यदि उन अनुभूतियों, रागानुरागों का घोंसला ही भस्मीभूत हो गया तो विजयी और पराजित दोनों ही एक कटे वृक्ष की भाँति धराशायी हो जाएँगे और जीवन जारी रहते हुए भी जीवन-ज्योति विलुप्त हो जाएगी।

यह विचार मुझे बल देता है और अपने चारों तरफ घिरते हुए अन्धकार को चुनौती मानकर मैं इस जीवन-ज्योति को कायम और स्फुरित रखने के लिए आज से एक नई विजय का डंका पीटता हूँ। हाँ, मैंने यह वार्ता एक भग्न स्वर में शुरू की थी, किन्तु अब मेरी वाणी में एक नए निर्माण का आह्वान उठ रहा है। इस विश्व में अनेक चक्रवर्ती सम्राट हुए जिन्होंने भूमंडल को अपने चरणतल करने की ठानी; यवनराज अलिकसुन्दर ने एक तूफान के सदृश विश्व को अपनी सत्ता में समेटना चाहा। आज से मैं भी विश्वविजय करने का अनुष्ठान करता हूँ। दूर-दूर तक इस विजय की भेरी सुनाई देगी, शताब्दियों की प्राचीरों को भेदकर हमारी नवीन शक्ति प्रस्फुटित होती रहेगी। आज तक जो विजय मिली उसका मार्ग तजकर मैं प्रेम और स्नेह की विजय का मार्ग अपनाता हूँ। और मैंने निश्चय किया है कि अपने साम्राज्य की सारी शक्ति और अपने तन-मन-धन और सर्वस्व को अनुष्ठान की पूर्ति में लगा दूँगा। अहिंसा के इस अभियान के लिए गुरुजनों के आशीर्वाद, विशेषकर श्रमण भन्ते उपगुप्त की सहाय, से मैं मनुष्य मात्र के हृदय में आमूल परिवर्तन करने की चेष्टा करूँगा।

सबसे पहले मैं तथागत के सद्धर्म का उपासक मात्र न रहकर संघ की पूर्ण शरण में जाऊँगा। तदुपरान्त जिन-जिन स्थानों को तथागत भगवान बुद्ध ने अपने चरणों से पवित्र किया, वहाँ यात्रा करूँगा; यह यात्रा मेरी शोभा यात्राओं और विहार यात्राओं का स्थान लेगी। तीसरे, मैं चाहता हूँ कि अहिंसा और सद्धर्म, शील और सच्चरित्र, सर्वमतों के प्रति समभाव, संयम और भावबुद्धि, दया और अपरिग्रह, जिन्हें प्राणि मात्र जानते हुए भी विस्मृत कर जाते हैं—ये सब मेरी प्रजा और बाहर भी मनुष्यों के सामने रहें।

मैं आदेश दूँगा कि मेरे साम्राज्य के सब प्रान्तों और सीमाओं में ये सन्देश शिलाओं और स्तम्भों पर अंकित किए जाएँ। कोने-कोने में मानव-धर्म का यह सन्देश विकसित हो और शताब्दियों बाद भी उनसे प्रेरणा पाए। चौथे, मैं अपने निजी खान-पान में मांस-मदिरा का बहिष्कार करूँगा। जीवमात्र की हत्या पर अवरोध लगाऊँगा। पाँचवें, मैं साम्राज्य-भर में जीवमात्र के कष्टों का निवारण करने के लिए चिकित्सालयों का निर्माण कराऊँगा, राजपथों पर वृक्ष लगवाऊँगा, अतिथिशालाएँ तैयार कराऊँगा, स्थान-स्थान पर कूप और तड़ाग खुदवाऊँगा। छठे, जो जनपद और वन्य जातियाँ अभी तक मेरे साम्राज्य के बाहर हैं, मैं उन पर आक्रमण न करके उन्हें प्रेम और सद्भाव से धर्म-विजय में शामिल होने के लिए आमन्त्रित करूँगा। सातवें, मेरे जितने राज्याधिकारी हैं—महामात्र और नगर-व्यावहारिक इत्यादि—सभी का यह कर्त्तव्य होगा कि वे सद्धर्म के सन्देश का प्रचार करें और धर्म यात्राएँ करें। सम्भव है, मैं एक नए ढंग के अधिकारी वर्ग—धर्ममहामात्रों—को भी तैनात करूँ। और फिर यदि मेरे ये सब अनुष्ठान पूरे होते गए तो तथागत का सन्देश और प्रेम एवं सौहार्द को विश्वव्यापी रूप देने के लिए मैं विदेशों में यवनराज्य, उत्तरकुरु एवं पूर्व के द्वीपों में भी सन्देशवाहकों को भेजूँगा।

जम्बूद्वीप के निवासियो, मेरे हृदय में भावों और नूतन कल्पनाओं की विशाल तरंगें उठ रही हैं और मुझे लगता है कि मैं तथागत के पुण्य संकल्प का वाहक बनूँगा। मुझे लगता है कि जिस दारुण मानसिक यन्त्रणा की अनुभूति मुझे हुई है, उसके पीछे भी भगवान बुद्ध की ही प्रेरणा थी। उन्होंने सम्बोधि वृक्ष के नीचे वज्रासन पर बैठकर घोर संकल्प के बाद सम्पूर्ण और सच्चे ज्ञान की प्राप्ति की। कह नहीं सकता कि सम्बोधि की प्राप्ति मुझे होगी या नहीं। लेकिन रुधिर और मुंडों की यह रणस्थली ही मेरा वज्रासन है। अमिताभ के निर्वाण के ढाई सौ वर्ष बाद इस अनुपम वज्रासन पर बिठाकर उन्होंने मुझे अन्धकार के बीच जीवन-ज्योति का मार्ग दिखाया है। मैं उसी का अवलम्बन करूँगा। कलिंग का युद्ध मेरा अन्तिम युद्ध है। अब जो सेना मैं तैयार करूँगा उसमें जो चाहे शामिल हो सकेगा। सत्य इस सेना का खड्ग है, अहिंसा बाण है, बड़ों के प्रति श्रद्धाभाव इसका सम्बल है, गुरु-सेवा इसके गजाश्व हैं। इसी विजय के द्वारा पारलौकिक सुख की प्राप्ति होगी और सच्चे अर्थ में देवानांप्रिय और प्रियदर्शी कहलाऊँगा।

"धम्मं शरणं गच्छामि
संघं शरणं गच्छामि
बुद्धं शरणं गच्छामि।"

आटे के दीये

आप कहेंगे कि वाह साहब, क्या विषय लेकर निबन्ध लिखने चले हैं : 'आटे के दीये'। दीये पर ही लिखना था तो सोने या ताँबे के दीपक की ज्योति दिखाते, जिसमें सौन्दर्य भी हो और वैभव भी। होता वह भी बेकार। सोने या ताँबे के दीप को अब कौन पूछता है? अब तो प्लास्टिक के स्विच को छूते ही सारा कमरा जगमगा उठता है। छोटी-से-छोटी चीज का पर्दाफाश हो जाता है। ऐसे ही जैसे धुले नीले आकाश में अकेले, स्वच्छ और नीरव बादल के नन्हे-से टुकड़े का। मजाल क्या कि किसी कोने से भटकता कीड़ा भी आ जाए और उसकी हस्ती जाहिर न हो। बड़ा तथ्यपूर्ण प्रकाश होता है बिजली का।

सफेदी के आईने जैसी दीवार पर ज्योति के भूखे भिखारी नन्हें, भौंडे, काले, भूरे, तरह-तरह के शलभ प्राणोत्सर्ग करने को आकुल हो रेंग-रेंगकर 'बल्ब' की ओर उड़ते और टकराकर गिर पड़ते हैं। उनमें से कुछ रोषमयी भनभनाहट से व्यर्थ ही कमने को निनादित करना चाहते हैं, मानो उन्हें अपने उन पुरखों की याद सता रही हो जिन्हें ज्योति को प्यार करने के बदले प्यार तो नहीं, मीठी फटकार तो अवश्य ही मिलती थी। अधमुँदे नयन, अँधेरे में से, अब वे एक नन्ही और नंगी लौ की ओर झपटते थे, तब उनकी तरसती आँखों को तृप्ति मिलती और काँपते परों और अंगों को जलन। उस जलन ही में तो प्यार की फटकार और मिठास मिली होती थी। प्रीतम के अनूठे स्पर्श से अंग-अंग अनुपम आनन्द से सिहर उठता था।

और अब? बेचारा साधक 'तलवार की धार पै धावनो' वाले पथ पर चलकर अमर शहीदों की श्रेणी में सम्मिलित होने को उड़ता है। आत्मोत्सर्ग की पीड़ा का अभिलाषी, पाता क्या है? उसके अंग क्षत-विक्षत हो जाते हैं, परन्तु उन आघातों में मीठा दर्द कहाँ? उसके आधुनिक प्रियतम, निष्कम्प प्रियतम हैं, शीशे के दो-दो आवरण उन्हें ढके रहते है, ऐसे ही जैसे साँवले चेहरों को क्रीम और पाउडर के पर्त। न स्पर्श की विद्युत है, न चुम्बन की मधुरता, न अग्नि की जलन। मिलती है एक रंगहीन पारदर्शक पदार्थ से निठुर टक्कर और अँधेरे की डाइन उस छिपकली से मुठभेड़ जिसके निश्चल नेत्रों की चमक, जिसकी निर्दय, नीरव चाल, जिसके समूचे शरीर का निष्करुण संयम, उस बेचारे की मनहूस मृत्यु का सामान रचते रहते हैं।

और काँच के कारागार में बन्द प्रीतम! क्या उसी को लक्ष्य करके महादेवीजी ने लिखा—

'शलभ मैं शापमय वर हूँ, किसी का दीप निष्ठुर हूँ।
कौन आया था न जाना स्वप्न में मुझको जगाने।
याद में उन उँगलियों की हैं मुझे पर युग बिताने।'

बिजली के बल्ब को यह भी नसीब नहीं कि वह किन्हीं उँगलियों की याद में युग बिताने के भ्रम का आस्वादन भी पा सके। हठात् वे उँगलियाँ शायद बटन दबा दें और खेल खत्म!

सोने-ताँबे के दीप और बिजली के बल्ब—इन सभी से अलग आटे के दीयों की भी मेरे परिवार में विशेष हस्ती है। शायद आपको आटे, अग्नि और तेल या घी का ऐसा विचित्र मेल असंगत जान पड़े। अग्नि सबसे नीचे, उसके ऊपर घी की कढ़ाई और सबसे ऊपर आटें की गोल-गोल पूरियाँ—यह तो क्रम उपयुक्त और उपयोगी भी जान पड़ता है। लेकिन यह उलटी विधि जिसमें अग्नि सबसे ऊपर और आटा उसके नीचे हैं, इसके क्या मानी?

पिछली दीवाली की सुबह ही की तो बात है। मैं अपने नियमानुसार, अखबार गिरने की ध्वनि के एलार्म से उठा। अखबार की 'छोटी हाजिरी' के बाद जब मैं 'बाथरूम' में दाखिल हुआ तो देखता क्या हूँ कि जहाँ प्रतिदिन की भाँति तौलिया, साबुन, भरी बाल्टी और लोटा रखा हुआ है, वहाँ खजाने के सन्तरियों की तरह चार छोटे-छोटे आटे के दीपक भी टिमटिमाते, परन्तु अचल विराजमान हैं। मैं यह नहीं कहूँगा कि उनकी बनावट में कोई विशेष कला दरसाई गई थी। टेढ़ी-मेढ़ी आटे की छोटी-सी कुल्हियाँ जिनका समाप्तप्राय तेल अपनी अन्तिम साँस द्वारा अपने बीच में स्थित, एक काँपती लौ का भरण कर रहा था—ऐसे थे वे चार दीपक। उनमें एक विचित्र अटल विश्वास की झाँकी मिली, मानो वे मुझे चुनौती दे रहे हों, "हम तुम्हारी स्नानागार की दुनिया में अपरिचित हैं, यह हम भी समझते हैं और तुम भी। लेकिन हम यह बात अपनाएँ क्यों? इस तरह हमारे व्यक्तित्व का ह्रास होगा और व्यक्तित्व का ह्रास जीवन के ह्रास से बदतर है। हम तो यहाँ रखे गए हैं अपने को जला-जलाकर मिटा देने के लिए। हो सकता है, तुम्हारी पानी के छींटें हमारी ज्योति को शीघ्र ही बुझा दें, परन्तु हमें उसकी परवाह नहीं है। और न हमें इस बात की ही चिन्ता है कि तुम्हें हमारी रोशनी की जरूरत नहीं है। हमारी सत्ता जरूरतों के परे लोकोत्तर सत्ता है।"

मानव-हृदय की अनन्त जिज्ञासा से प्रेरित होकर मैंने हर दीवाली पर बचपन ही से अपने स्नानागार में आटे के दीपों की उपस्थिति का रहस्य जानना चाहा। हाल ही में कुछ अनुसन्धान के बाद मुझे अपनी माँ की धरोहर स्वरूप पूजा घर की पुस्तकों के बीच आज से पचास वर्ष पूर्व मेरी दादी के आदेश पर लिखी हुई एक हस्तलिखित पुस्तिका मिली—'रीतों की पोथी'। पुस्तक की भाषा सूत्र-शैली में है। छोटे-छोटे निर्देशात्मक वाक्य। 'क्यों, किसलिए?'—की गुंजाइश नहीं। उस पांडुलिपि का दीवाली वाला अंश इस प्रकार है :

"बडी दिवाली को पहले मर्द नहा लेते हैं। चार चून के दीये जलते हैं। फिर औरतें

सिर से नहाती हैं। पहले मर्द चार-चार पापड़ी, चार-चार दीवले दिवाली के सामने गोदी लेते हैं। फिर औरतें गोदी लेती हैं। कढ़ी चावल होती है। चूड़ी पहिरते हैं। रात को पहले माता के दीये बलते हैं। फिर रोशनी होती है। दिवाली के आगे एक डलिया में गूझे पापड़ी, फेना, मठरी, सुहाली, खीलें, खिलौने रखते हैं। यह सामान पहले (तैयार) कर लेते हैं। ढोप की चीजें लड़कियाँ नहीं खाती हैं। चार पापड़ी और चार दीवले, एक खिलौना हटरी में रक्खा जाता है और कुल्हियों-चौघड़ों में खीलें खिलौने रखते हैं। सौरती के दो बड़े दीये जलते हैं, वह सारी रात जलते हैं। कच्चे पालों में काजल परता है। लक्ष्मीजी पर रुपया-पान चिपकता है। फिर मर्द पूजा करते हैं कुल्हियों की गोदी लेते हैं। थाल परसा कर मिठाई आती है। लक्ष्मीजी का भोग लगता है। फिर औरतें नौ पूरी, नौ मीठे दीवलों का बया मंसती हैं। रुपए से दुअन्नी तक मंस सकते हैं। औरतें भी कुल्हियों की गोदी लेती हैं। फिर कहानी होती है। फिर सरककर देहली पै आ जाते हैं। देहली पर लड़कियाँ लीपकर चौक लगाती हैं। चार चिराग जलाकर रखते हैं। दस सुहाली, दस दीवाले, दस पापड़ी झिलमिल में रखकर लड़कियाँ पूजती हैं। बहुओं की गोदी में देते हैं। बहुएँ सिर से लगाती हैं। इसे लड़कियाँ नहीं खातीं हैं। जो ब्याही लड़कियाँ होती हैं वे अपने दामों के मँगाती हैं। सवेरे को दलिद्दर निकालते हैं।''

इनमें से हरेक वाक्य की टीका है। लेकिन वह टीका घर की बड़ी-बूढ़ी महिला की जबान पर थी, उनके स्मृतिकोश में, जो मौका पड़ने ही पर बहुओं और लड़कियों और कभी-कभी परिवार के पुरुषों के निर्देश के लिए खुलता था। इस बदलते जमाने में भी मेरी पत्नी रातों की पोथी को आकारग्रन्थ (सोर्स बुक) मानती हैं और कोई माने या न माने अधिकतर रीतों का पालन करा ही लेती हैं।

आटे के दीयों के बारे में इस निर्देश-पत्रिका में महज दो वाक्य हैं–''बड़ी दीवाली को पहले मर्द नहा लेते हैं। चार चून के दीये जलते हैं।'' बस! लेकिन प्रक्रिया लम्बी है; करने को बहुत है। सोचने को भी बहुत है। आखिर चून (आटे) के दीये ही क्यों जलाए जाते हैं? मिट्टी के क्यों नहीं?

मैंने अटकल लगाई। हमारे पूर्वज कोई घर के धनी तो थे नहीं। रात में बहुत देर में पी-पाकर सोए होंगे कि तड़के ही श्रीमतीजी ने जगा दिया, ''उठो! अरे सोए ही रहोगे? अजी, दिवाली के लिए कुछ सामान-वामान भी लाना है कि नहीं? चलो नहाओ-धोओ।'' गुसलखाने में जो गए तो लोटे से टक्कर, डोल लुढ़कने लगा–रोशनी माँगी। ''कहाँ से लाऊँ? घर में फूटा दीवट हो तो रक्खूँ, सब तो जूए और शराब में खत्म...'' और फिर लगी बौछार पड़ने। खैर, उन श्रीमतीजी में शायद वह चीज रही होगी जिसे आजकल 'कामन सेन्स' और प्रत्युत्पन्नमति (प्रेजेंस ऑफ माइंड) कहते हैं। रात के बचे हुए आटे को दीपक के ढाँचे में ढाला और फिर उसमें मैले घी को भरा, तकिये की रुई की बत्ती बनाकर हमारे पूर्वज को अन्धकार के गर्त से उबारने आ पहुँचीं। उन्हें क्या मालूम था कि इस प्रकार गृहस्थी की समस्या को हल करने में ही उन्होंने एक परम्परा की स्थापना कर दी। मुझ जैसे नाचीज के लिए एक रहस्योद्घाटन की धरोहर छोड़ दी!...दुनिया में

सब बड़े काम अनजाने ही होते हैं।

बरसों से मेरी जानकारी में प्रत्येक दिवाली को यह होता आया है, और मैं उसे कुछ ऐसे ही स्वीकार करता रहा हूँ जैसे सेब के पेड़ से टूटकर पृथ्वी की ओर गिरना, आकाश की ओर नहीं। इस बात पर मेरे बच्चे अकसर मेरी और मेरी पत्नी की खबर लेते हैं। "आखिर इन बातों में 'रीजन' क्या है, इनके तर्क क्या हैं, तुक क्या हैं? क्यों आप लोग रूढ़ियों के सागर में उस मछली की तरह तैरते हैं जो यह जानना नहीं चाहती कि सागर का छोर किधर है। क्यों आप जीवन को शब्दों की चीज बना बैठे हैं, ऐसे शब्द जिनमें अर्थ हैं ही नहीं? आप परिभाषाओं के स्वप्नों में जमे रहना पसन्द करते हैं, हमारी पीढ़ी स्वप्नों के तथ्यों में विचरना चाहती है।"

मैं उत्तर तो नहीं दे पाता, और मेरी पत्नी के जवाब उनके चारों ओर चक्कर मारकर ही रह जाते हैं, पर मेरे कानों में कोई कहता है कि बात इतनी सरल नहीं है। वह जिसे हम तथ्यपरक स्वप्न मानकर सर-आँखों पर रखते आए हैं, और वह जिसे परम्परा कहकर दुत्कारते हैं, दोनों का आकर्षण शायद एक-सा ही है। वह आकर्षण है मानव के मन में सँजोई जानी-अजानी कविता का। परम्परा अजानी कविता है, स्वप्न जानी हुई। क्या इनमें से किसी एक को त्यागना जरूरी है? क्या दोनों की गलबहियों के सहारे मैं टिका नहीं रह सकता?

मुश्किल जान पड़ता है। भारत की शहरी समाज ने करवट ले ली है। वे सभी उत्सव, रीतियाँ और रिवाज जो भरे-पूरे परिवारों और एक-दूसरे से जुड़े सम्बन्धियों, पड़ोसियों एवं समाज का आपस में गठबन्धन किए हुए थे, पतझर के पत्तों की तरह निश्शब्द गिर गए। "द्रुत झरो जगत के जीर्ण पत्र!"

जीर्ण पत्र!...फिर कोई मेरे कानों में कहता है कि यह अर्ध-सत्य है! यह पतझर सर्वव्यापी नहीं है, शायद मौसमी भी नहीं है। पत्ते उन्हीं वृक्षों के सूख गए हैं जिनकी जड़ों को शहर की पक्की काली सड़कों के तारकोली पर्त ने ढक लिया है। वहाँ न जलसिंचन है, न रस संचार। लेकिन शहर के मध्यवर्गीय सीमित क्षितिज के परे उससे कहीं बड़ी दुनिया है जिसकी हस्ती को मिटाने के लिए शहर कमर कस रहा है, थोड़ा-बहुत सफल भी हुआ है। पर ग्रामीण जन-जीवन की परम्पराशील प्राचीरें विलक्षण उल्लास का सहारा पकार गिर-गिरकर खड़ी हो जाती हैं। कभी-कभी कोई दीवाना आता है—जवाहरलाल की तरह—और ग्रामीण एवं जंगल के नृत्यों के प्रदर्शन के लिए अखिल राष्ट्रीय लोकनृत्य समारोह का सूत्रपात करके मानो गिरती दीवारों को नई जिन्दगी देता है। आँखों में चमक आती है, नूपुरों में थिरकन और खोता हुआ आत्मविश्वास स्फुरित होता है। हाथ मलते रह जाता है शहर।

पर आधुनिक नागर सभ्यता के तन्त्र और तदबीर भी साधारण नहीं हैं। दीवाली ही को लें। आधुनिक शहरी संस्कृति ने दीपों की अवली को नहीं त्यागा। पर मिट्टी के दीपों की जगह लेने लगी बिजली की बत्तियाँ। मुझसे लोग कहते हैं—"अजी साहब, कड़ुवे तेल के दाम भी मालूम हैं? किसके पास पैसा है जो तेल के चिराग जलाए।"

मन-ही-मन मैं सोचता हूँ—उन कीमती आतिशबाजियों, पटाखों, एटम बमों के लिए रकम तो है जो दीवाली की परम्परागत शालीनता की धज्जियाँ उड़ाते हैं। और उन बदरंग रुचिविहीन बल्बों की लड़ियों के लिए नोटों की कमी नहीं जो नए और आधुनिक रइसों की शान-शौकत की धाक जमाकर गाँव की दीयों को आभाहीन करना चाहते हैं। कुम्हार के लिए पैसा नहीं है, तेली के लिए भी नहीं, पर उन कम्पनियों के लिए है जो धमाकेदार कीमती एटम बम बनाती हैं और ठेके पर बिजली की सजावट करती हैं।

कोई लॉजिक नहीं, कोई तर्क नहीं। न तो आधुनिक शहरी धूम-धड़ाके के पीछे, न परम्परागत लोकोत्सवों के! बुनियादी तौर से दोनों दलील के परे हैं।

तब? माजरा क्या है?

यही कि समाज हमेशा अपनी सांस्कृतिक अभिव्यक्ति के लिए आतुर रहा है, पहले भी अब भी। उत्सव बदले हैं, पर उजड़े नहीं। 'बर्थ डे पार्टी' पर हर वर्ष के नाम पर एक-एक मोमबत्ती फूँककर बुझाना, केक काटना, ''हैप्पी बर्थ डे टु यू' गाना, यह एक नया उत्सव है। दीवाली की सन्ध्या को हटरी में खील, पापड़ी, चीनी के खिलौने रखकर 'गोदी लेना'—यह पुराना उत्सव है।

लेकिन दोनों में एक भारी अन्तर है। आजकल का शहरी समाज उन रीतियों को ग्रहण करता है जो एकसाँ हो; सारे उत्सवों और रीतियों का पैटर्न समरंगी, समरूपी हो। पर बृहत्तर ग्रामीण समाज छोटे-छोटे परिवेशों में विभक्त होकर अलग-अलग ढंग की रंगीनियों में अपने परिवेश के अनुसार उत्सवों और मनोरंजनों में प्रकट होता था। ये परिवेश हैं कुटुम्ब, कुल, कबीलों, उपजातियों और पड़ोसियों के छोटे-छोटे समुदाय। तो क्या मैं कबीलों और जाति प्रथा के बन्धनों को कड़ा और अपराजेय बनाने की आवाज उठा रहा हूँ? नहीं। मेरी नजर तो टिकी है उस मनभावन विविधता पर जो लोक संस्कृति का प्राण है।

एक और भी अन्तर है। लोकोत्सव एक प्रकार का नाटक है, जिसमें समुदाय के अनेक व्यक्ति अपना-अपना पार्ट अदा करते हैं। मेरे परिवार की रीतों की पोथी में दिए गए दीवाली के उत्सव को ही लीजिए। कैसा रोचक नाटक है; मर्दों का आटे के दीपकों की छाँव में नहाना। फिर स्त्रियों का सांगोपांग स्नान। उसके बाद 'दिवाली' के आगे बैठकर पुरुषों द्वारा 'गोदी' लेना। पूरे दिन और रात कुछ-न-कुछ होते रहना। क्लाइमेक्स होता है 'दिवाली' के सामने से देहली तक झाड़ू लगाते हुए 'दलिद्दर' का निकालना। ''निकल दरिद्दर लक्ष्मी आई।''

'दिवाली' शब्द के दूसरे अर्थ को समझना जरूरी है। मैं तो बचपन से ही देखता आ रहा हूँ। उन दिनों दिवाली के आठ-दस दिन पहले एक तख्त पर बड़ा-सा कागज फैलाया जाता। परिवार की स्त्रियाँ और लड़कियाँ चारों तरफ बैठतीं। रंग तैयार होते, ज्यादातर देसी। सींक की नोक से बिन्दु ऐसे क्रम से रखे जाते कि उन्हें नाना रंगों की रेखाओं से जोड़ने पर तरह-तरह के डिजाइन खिल उठते। ये छोटे-छोटें अनेक 'ज्योमेट्रिकल डिजाइन' एक-दूसरे से इस तरतीब से जुड़े होते कि किसी-न-किसी

सांकेतिक चित्र की रूपरेखा तैयार हो जाती। फिर रेखाओं और नुक्तों के बीच के धरातलों को चटकीले रंगों से भर दिया जाता। चित्र तैयार। इन सांकेतिक चित्रों के विशेष नाम हैं। यथा कुंडवारे, कलश, चौपड़, छबड़िया।

मतलब यह कि घरों के विभिन्न पदार्थों का सांकेतिक रूप में प्रदर्शन ही इस विलक्षण लोक-कला का उद्देश्य है। कोई बहू कुंडवारों की इंचार्ज होती, कोई चौपड़ की, कोई कलश की।

सबके बीच में होती एक आपादमस्तक नारी-आकृति जिसे 'दिवाली' का नाम दिया जाता। उस नारी का दुपट्टा रूढ़िगत डिजाइनों की शृंखला होती, उसकी भँवें सर्पीली रेखाओं से दिखाई जातीं, उसकी आँखें स्पष्ट और उन्मुक्त होतीं, गर्दन, वक्ष और त्रिवलियाँ क्यूबिस्टिक कला की भाँति आयताकार और समानान्तर रेखाओं से निबद्ध, कमरे के दोनों ओर गजशुंडें, लहँगा बहुत कुछ स्वाभाविक, पैर एक दिशा में, भुजाएँ दोनों ओर फैली हुई, नीचे कोष्ठकों में शिशुओं की आकृतियाँ। दोनों ओर बिन्दु और रेखा-शैली के स्तम्भ और घट।

दिवाली के चित्र को देखकर सुविख्यात कलाकार उपेन्द्र महारथी ने कहा—"यह विश्वरूपा भगवती की कल्पना है।" हो सकता है गृह-लक्ष्मी का सांकेतिक चित्रण हो। यदि घर में कोई विवाह हुआ हो तो ऐसी दो आकृतियाँ बनाई जाती हैं।

मेरी पत्नी अभी भी 'दिवाली' का अंकन करती हैं। लेकिन जिस नाटक में भरे-पूरे संयुक्त परिवार की अनेक वधुएँ और लड़कियाँ काम करती थीं, उसे एक 'मोनोलॉग' की तरह अकेली मेरी पत्नी निभाने की चेष्टा करती हैं। परिवार बँट गए और अलग-अलग नगरों में रहने लगे। देवरानियों, जिठानियों का जो जमघट हाथोहाथ सभी भूमिकाएँ सम्पन्न करता था, वह अब तो शादी-ब्याह के अवसरों पर भी नहीं जुट पाता। लड़कियाँ स्कूल-कॉलेज जाती हैं। अन्य प्रकार की व्यस्तताएँ बढ़ गई हैं। आखिर 'वर्क पार्टियाँ', लेडीज क्लब, प्रदर्शनियाँ, काकटेल पार्टियाँ, पिकनिक और सबसे ज्यादा सिनेमा, ये सब भी तो आजकल के लोकोत्सव हैं।

इसलिए ताज्जुब क्या कि नगरों में रहनेवाले मध्यवर्ग के परिवारों में लोकोत्सवों के रंगमंच के आगे पर्दे गिर गए हैं। न सूत्रधार हैं, न पात्र-पात्र ! रंगशाला सूनी पड़ती जा रही है।

फिर भी हमारे घर में नाटक अब भी जारी है। मुझे उम्मीद है, इस दिवाली पर भी मेरे स्नानागार में आटे के दीये जगमगाएँगे। दिवाली के आगे बैठकर हमलोग पापड़ियों और दीवलों की भेंटें ग्रहण करेंगे। घर में कढ़ी-चावल पकेंगे। मेरी पत्नी, पुत्रवधू और पुत्री नई चूड़ियाँ धारण करेंगी। मेरी बेटी देहली के आगे अल्पना अंकित करेगी। कागज पर बदस्तूर दिवाली चित्रित की जाएगी और लक्ष्मी के चित्र में उनके हाथों के ऐपन से रुपया और पान चिपकाए जाएँगे। चौघड़ों में खील और चीनी के खिलौने रखे जाएँगे और भेंट में चढ़ेंगे। कच्चे दीवट पर रात-भर के काजल तैयार होगा। मिट्टी के दीयों में तेल की बत्तियाँ घर को आलोकित करेंगी। मेरी पत्नी अपनी छोटी-सी दर्शक

मंडली को 'दरिद्दर' के भगाने और लक्ष्मी की अगवानी की कथा कहेंगी।

दिल्ली शहर का एक मध्यवर्गीय, आधुनिक चिन्तनशील परिवार--क्यों इस तरह शंका शून्य और निस्संकोच होकर परम्परा के आगे समर्पित है? क्या इसलिए कि मेरी पत्नी को भय है कि कुलरीति की अवहेलना करने से परिवार का अनिष्ट हो सकता है? अनिष्ट की आशंका अनेक आधुनिकों को पीड़ित करती है, तभी तो दिल्ली, बम्बई आदि बड़े-बड़े शहरों में चमत्कारी साधु-सन्तों का बोलबाला है। मेरी पत्नी के मन में ऐसा आग्रह उन्हें सामान्यतः लोकोत्सवों की कुलरीति का पालन करने को मजबूर करता हो, ऐसा नितान्त सम्भव है।

लेकिन जिस आग्रह को हम टाल नहीं पाते, टालना नहीं चाहते--वह दूसरा ही है। लोकोत्सव हम उखड़े हुए नागरिकों के लिए अपने मूल स्रोत की याद दिलाने का साधन है। शहरी मध्य वर्ग के आधुनिक शिक्षा-प्राप्त हम मुट्ठी-भर लोग समझे बैठे हैं कि भारतीय समाज हम हैं। संस्कृति की रूपरेखा और विधाएँ हम् निर्धारित करते हैं। मनोरंजन वह है जो हमें रुचे, कला वह है जिसे हम बढ़ावा दें। आधुनिकता के इस सीमित अन्धकूप के बाहर आकाश बृहद् है। करोड़ों जनता उन गाँवों में बसती है जहाँ गरीबी है, लेकिन लोकोत्सवों की मस्ती भी है। वहाँ कुलरीति, लोकगीत, लोक-कलाएँ--सभी सजीव हैं। मनोरंजन कुंठित नहीं हुआ है। दैन्य, असत्य और शोषण पनप रहे हैं, पर परम्परागत सरसता के झरने सूखे नहीं हैं। वही तो है मेरा देश, वह शतरूपी विविध-रंग-सम्पन्न समाज, मैं और मेरा परिवार जिसके अंग बने रहना चाहते हैं। उसी मूलगन्ध की तलाश में हम अपनी कुल-रीतियों और लोकोत्सवों का सूत्र पकड़े रहना चाहते हैं। उसी में हमारा व्यक्तित्वबोध, 'आइडेंटिटी' है !

जानता हूँ कि शंकाओं और प्रश्नचिह्नों के झँझावात आटे के दीये को घेरेंगे। लेकिन हम यह क्यों भूल जाते हैं कि लोक-रीतियों और लोकोत्सवों की अतार्किकता बुद्धिजीवी और मनीषी वर्ग को हर युग में खटकती रही है। उपनिषद् शंकाओं के संकुल हैं। मिथिला और दक्षिण के प्रकांड पंडित, वेदों के ज्ञाता और उनके अनुसार आचरण करनेवाले ब्राह्मण अपने ही घरों में अनार्य जातियों की देन लोक-रीतियों को देख-देखकर अर्से तक कुढ़ते रहे। भागवत में कथा है उन द्विजों की जिन्होंने वनों के घुमक्कड़ कृष्ण और उनके गोपों को भोजन देने से इसलिए मना कर दिया कि उनके यज्ञ-तप में विघ्न पड़ता। तब वंशी की टेर उठी। गोपमंडली ने गृहलक्ष्मियों के आगे हाथ पसारे। और वे दौड़ पड़ीं। शुद्धतावादी ब्राह्मणों ने लाख रोका अपनी पत्नियों को, पर वे न मानीं। कृष्ण और उनके सखाओं के आगे नाना व्यंजनों के ढेर लगा दिए।

ब्रजवासी कृष्ण की कथाओं के पीछे एक महत्त्वपूर्ण ऐतिहासिक तथ्य छिपा है। प्राचीन वैदिक आर्य ऋषि काफी अर्से तक कट्टर रहे। किन्तु उनकी स्त्रियाँ प्रायः अनार्य रीति-रिवाजों और उससे भी अधिक अनार्य उत्सवों और उल्लासपूर्ण मनोरंजनों से विमोहित रहीं। शायद लम्बे समय तक यह संघर्ष चलता रहा। आख़िर आर्य मनीषी-वर्ग पुरुषों ने समझौता कर ही लिया। कुछेक अपवादों को छोड़कर स्त्रियाँ घर के अन्दर

लोकोत्सवों, लोक-रीतियों और कुलदेवों को कायम किए रहीं; पुरुष अपनी इड़ा को मौन करके, तर्कबुद्धि को शान्त करके, मजे से घर के अन्दर इन जश्नों में शामिल होते रहे। पर बाहर उनकी ब्रह्मसाधना जारी रही, उनका लोकोत्तर विवेक जाग्रत रहा, उनका तर्क सजग रहा।

ऐसी विलक्षण थी हिन्दू समाज की समवाय-क्षमता! यही सन्तुलन सदियों तक आध्यात्म के अनवरत अनुसन्धान के साथ-साथ लोक-विधियों और लोकोत्सवों की बहुरंगी विधाओं को भी बनाए रख सका।

क्या भविष्य में भी ऐसा हो सकेगा?

बोलते क्षण

त्रावणकोर और मलाबार में कथकली का जन्म हुआ; उसी त्रावणकोर की राजधानी में एक छोटे-से हॉल में उस दिन कथकली का अपूर्व प्रदर्शन देखा। कला की अपरिमित सम्भावनाओं के एक नूतन क्षेत्र से परिचय मिला। जिसे रंगीन उन्मादों का क्षितिज समझ बैठा था। वह तो विविधता के सागर का किनारा मात्र है। अनन्तराशि से परिपूर्ण और ''पलपल परिवर्तित प्रकृतिवेश' के प्रतिबिम्ब रूप मानस की तो झलक भर देखी।

शायद यह अतिरंजना हैं क्षण के उल्लास मुझे प्रायः अतिशयोक्ति की ओर बहा ले चलता है। परन्तु सौन्दर्य-निमज्जित क्षण की विस्मृति के आगे सारे नशे झूठे हैं। ऐसे समय क्या तराजू लेकर अनुभवों का तौल करूँ।

शाम को महाराज ने राजभहल में निमन्त्रित किया था, उनसे विदा लेकर सीधे हम लोग एक छोटे-से भवन में पहुँचे। विश्वास न हुआ कि जगत-प्रसिद्ध कथकली का प्रदर्शन ऐसे अलंकारविहीन और शोभाशून्य भवन में होगा। विशाल प्रसाद की तो कल्पना मैंने नहीं की थी किन्तु शान्तिनिकेतन के ललित स्पर्श से सुरभित और सुस्मित वातावरण में कली की भाँति विकसते कला प्रदर्शन का चित्र तो मन में था ही। किन्तु यहाँ न चित्ताकर्षक अल्पना थी, न रंगबिरंगी वन्दनवारें, न कमनीय कलश और न सौन्दर्यपुंज-से जगह-जगह छिटके रेखाचित्रों और पर्दों की छटा।

बस, दो हाथ ऊँचा पीतल का एक विशाल दीपस्तम्भ रंगमंच के बीच में दर्शकों के निकट ही स्थापित था, मानों उसकी दीप्ति में वातावरण की सारी प्रच्छन्न आभा समाई हों। और वह लौ मानो अँधेरे के मानस में साकार तेज की ललकार हो। कुहासे-सा फैला उसका मन्द प्रकाश भी मानो एक चुनौती हो। कला के लिए ऐसी परुष पृष्ठभूमि मैंने अन्यत्र नहीं देखी।

मादल (एक तरह का मृदंग) बज उठा! वे दीवारें मानों इन स्वरों के प्रबल आघातों को सहने के लिए बनी नहीं। राजदरबार का प्रश्रय मिलने पर भी वस्तुतः तो कथकली उन्मुक्त प्राकृतिक वातावरण में ही पनपा। तभी तो क्या मृदंग, क्या संगीत, क्या नृत्य-गति, सभी में सागर के हिल्लोल से बाजी लेने का उल्लास है!

मादल और चेन्दल इन दो प्रकार के वाद्यों पर आघात होते ही सारे दर्शक प्रस्तुत हो गए। यह एक प्रकार की घोषणा थी जिसे केलिकोत्तु कहते हैं। बजानेवालों को चेन्दकरण कहते हैं। चेन्दकरण और गायक, सब मिलाकर लगभग छह व्यक्ति रंगमंच

पर मौजूद थे और बराबर ही मौजूद रहे, ऐसे ही जैसे यूनानी नाटकों में कोरस। उनका नायक सूत्रधार की भाँति था, गीतों की लड़ियाँ ही जिसकी रज्जु थीं!

भाषा मलयाली और संस्कृत थी, लेकिन मैं तो मुश्किल से कुछ ही पद समझ पाया। पास में बैठे जनरल थिमय्या ने बताया कि ये जयदेव के गीतगोविन्द की कुछ पंक्तियाँ हैं। यह जनरल साहब भी खूब हैं, फौजी आदमी लेकिन अच्छे-खासे कला-मर्मज्ञ, रहनेवाले कुर्ग के हैं। मालूम हुआ ललित कलाओं के प्रति वासना उन्हें मिली अपनी पत्नी से। दोनों दक्षिण भारत के मन्दिरों और कला-क्षेत्रों का भ्रमण किए हुए हैं।

प्रायः प्रत्येक कथकली अभिनय का श्रीगणेश गीतगोविन्दम् के पाठ से होता है जिसे मंजुथारा कहते हैं। कहाँ बंगाल के जयदेव, कहाँ मलाबार के गायक, कहाँ कुर्ग के फौजी जनरल। भारतीय संस्कृति की अन्तःसलिला धारा कहाँ नहीं प्रस्फुटित होती?

मंजुथारा के बाद दो व्यक्ति एक पर्दा लिए हुए आए। मुश्किल से पाँच फुट लम्बा और तीन फुट चौड़ा लाल कपड़ा, उस पर सफेद धागे रश्मिजाल से टँके थे। पर्दे के पीछे वस्त्राभूषणों से सुसज्जित नर्तक जाते हुए झलके। रंगमंच तो खुला ही था और दुराव की कोई कोशिश न थी। वह पाद मानो एक बालसुलभ भुलावा ही तो हैं—छद्म ही तो हैं। लेकिन इस भुलावे में छल नहीं है—कल्पना के लिए प्रोत्साहन है, अन्तर्मुखी वृत्ति का आह्वान है। स्थूल रूप से असलियत का भ्रम न दिखाकर दर्शक को मानसिक दृष्टि से इन्द्रजाल रचने का आग्रह है।

पर्दे के पीछे दोनों नर्तकों ने क्रमशः नृत्य प्रारम्भ कर दिया। गीत भी उठा, मादल की गति भी क्षिप्र हो उठी। और पर्दा हिलने लगा मानो ताल और लय के साथ झूमने लगा हो। दर्शकों की उत्सुकता बढ़ने लगी। पर्दा नीचे कर दिया गया और अभिनय-नृत्य के दोनों प्रधान पात्र और पात्री अर्जुन और उर्वशी नजर पड़े। मुख पर रंगों और रेखाओं की इतनी प्रचुरता थी और वस्त्राभूषण इतने विविध थे कि दर्शक की टकटकी बँधी रह जाती है। जितना ही रंगमंच सीधा-सादा था उतनी ही नर्तकों की वेशभूषा चित्ताकर्षक। सारे प्रसाधन शास्त्रीय विधि के अनुकूल तैयार किए जाते हैं। चेहरे पर पात्र के गुणों के अनुकूल गहरे रंग का लेप किया जाता है। हरा रंग सात्त्विक प्रवृत्ति का द्योतक है, लाल राजसिक का, काला तामसिक का और पीले में सात्त्विक और तामसिक का मिश्रण होता है। पुरुष पात्र के कानों से लेकर ठुड्डी तक दाढ़ी के ढंग का सफेद लेप होता है जिसे 'चुट्टी' कहते हैं। दूर से सारी बारीकियाँ समझी नहीं जा सकतीं लेकिन मलाबार का तो शायद बच्चा-बच्चा एक झलक-मात्र में पात्र की वेशभूषा और प्रसाधन से उसे पहचान लेता है। विशेषता मुझे यह लगी कि कथकली में 'मेकअप' (प्रसाधन) और 'मास्क' (मुखौटे) का अपूर्व सम्मिश्रण होता है। साधारण अभिनय के 'मेकअप' में प्रतीकों और परम्परा का समावेश नहीं हो पाता। 'मास्क' (जैसे झाऊ नृत्य में इस्तेमाल किए जाते हैं) अभिनेता को भाव-भंगिमा दिखाने का अवसर नहीं देते। कथकली के पात्रों के प्रसाधन में दोनों गुण सन्निहित हैं।

उर्वशी की भूमिका में भी एक पुरुष नर्तक ही था, किन्तु न जाने क्यों यह बात

अखरी नहीं। शायद भव्य वेषभूषा और प्रसाधन बहुत कुछ छिपा लेते हैं। कथकली में स्त्रियाँ भाग लेतीं ही नहीं। अभिनय में प्रभंजन-सा वेग और सतत पौरुष का प्रवाह चाहिए और नारी-सुलह लज्जा की उसमें गुंजाइश ही नहीं।

उर्वशी और अर्जुन की थोड़ी देर के लिए झलक मिली; गायकों ने प्रशस्तिगान किया और फिर पर्दा उठा लिया गया। यह पात्र-परिचय था जिसे 'पुरप्पदु' कहते हैं, और कथकली की विशेषता है।

थोड़ी देर बाद अभिन्य-नृत्य प्रारम्भ हुआ। पात्र तो कुछ बोलते नहीं, गायकों की मंडली श्लोकों और गीतों में कथा का सूत्र जारी रखते हैं और बाकी सब नृत्य और मुद्राओं में अभिव्यंजित होता है।

उर्वशी अपनी सखी के साथ। कहती है, "मेरा मन तो उस पुरुष-रत्न ने हर लिया। तुमने उसे देखा नहीं? वे पुष्ट भुजाएँ, वह उन्नत मस्तक, वे विशाल कन्धे, वह चौड़ी छाती और निर्लेप गगन-सी दृष्टि एवं मौन निमन्त्रण-सी मुसकान का वह विह्वल कर देनेवाला प्रहार—क्या तुमने यह सब नहीं देखा, सखि? तो तुमने देखा क्या? मेरी आँखों में बैठकर देखो, बाहर देखोगी तो कण-कण एक दर्पण है और प्रत्येक दर्पण में वही मनमोहक मूर्ति और अन्दर...एक सिसकता सागर जिसकी व्यथा के बादल उठ-उठकर आँखों में उमड़ते हैं पर बरस नहीं पाते।...बचाओ न मेरी आँखों को! बताओ न, सखि, मैं क्या करूँ? मैंने तो हजारों देवताओं के दिल से खिलवाड़ किया, पर इस मानव को तो छू भी नहीं सकूँगी, सखि!"

सखी बोली, "पगली! रोने-धोने से कभी प्रियतम मिलता है ? वह तो मानव है, कोई देव तो नहीं जो तेरे मन की बात बिना सुने जान ले। सुवर्ण-मृग की झलक न मिलेगी तो गांडीव पर हाथ क्यों कर जाएगा? जा और अपनी प्रेमकथा बेझिझक हो सुना। सौन्दर्य जब याचक बनता है तो कठोर-से-कठोर पौरुष पिघल जाता है।—वह देख लालसा और वासना के पुतले अपने कनक-शरीर को तपस्या की आग में तपाने की व्यर्थ चेष्टा करते हुए यह वीरवर कितना शोभायमान प्रतीत होता है। जा न!"

उर्वशी और सखी का यह संवाद संकेतों और मुद्राओं का ही संवाद था। पीछे सूत्रधार और गायकवृन्द की गगनभेदी वाणी मृदंग के तड़ितसम नाद को लाँघती हुई शताब्दियों की प्रतिध्वनि-सी सुन पड़ रही थी। लेकिन मैं तो भाषा से अपरिचित था और जनरल थिमय्या दूर उठकर चले गए थे। फिर भी संवाद का तथ्य ही नहीं, मेरे सामने तो मानो शब्द ही साकार खड़े हो गए। सो कैसे?

वाणी तो अभिव्यंजना का एक ही साधन है, अन्य साधन उससे कुछ कम नहीं—बात यह है कि कथकली में कथावस्तु और भावानुभाव प्रकट करने के लिए चार प्रकार के इंगितों का सहारा लिया जाता है। एक तो शिर के इंगित जिसमें नौ ढंग हैं मस्तक झुकाने के, छह भ्रू-क्षेप के, ग्याहण दृष्टिपात के और चार गर्दन मोड़ने के। दूसरे प्रकार के इंगित होते हैं हाथों की मुद्राएँ जिनकी चौंसठ विधियाँ हैं। इन्हीं मुद्राओं में कथकली का सारा वैभव समाया है। तीसरा माध्यम है उँगलियों के संकेत का। चौथी हैं अन्य

इन्द्रियाँ जिनमें पैर, एड़ी, कमर, इत्यादि सभी मोड़े जा सकनेवाले अंग शामिल हैं।

अगर कोई मेरे सामने यह समूचा वर्गीकरण पहले करता तो मैं शायद सोचता कि हमारे शास्त्रकारों को तो गणना और वर्गीकरण का शौक है ही; वात्स्यायन ने तो आतुर संभोग-क्रियाओं को भी वर्गीकरण के नाम पर वैज्ञानिक प्रक्रियाओं की पंगत में ला बैठाया। पर आज के अभिनय-नृत्य में मैंने देखा कि उत्कृष्ट कला में नियमों के अनुशासन और वर्गीकरण की बारीकियों को वाहन बनाकर भी भावावेश और कथावस्तु को बिना किसी उलझन के अभिव्यक्त किया जा सकता है। शरीर का एक-एक अंग मानो जिह्वा था, और प्रत्येक अंग की एक-एक गति मानो शब्दपुंज!

दूसरा दृश्य। अर्जुन यम-दम-नियम की मूर्ति बना बैठा है। गांडीव निश्चल है और अर्जुन स्वयं भी। तभी उर्वशी का प्रवेश, और फिर नृत्य, मानो वसन्त की वातास अपनी मदिर सुरभि में झूमती हो। उसके बाद प्रणय-प्रदर्शन। उद्दाम वासना की कितनी सजीव अभिव्यक्ति! पहले लज्जा का गुलाबीपन जो अनुरक्ति की लाली में खो-सा गया! तब प्रणय की भीख जिसमें सारे अवरोध तिरोहित हो गए। और अब उपालम्भ की आत्मप्रवंचना। उसके बाद रोष की पहली झँझा। और फिर वही याचना, "यह देखो मेरी सुवासित देह! यह तुम्हारी ही है। यह सौन्दर्य, यह लावण्य, यह रसकलश...सब तुम्हारे स्पर्श की बाट जोह रहे हैं। क्या इन्हें ठुकराओगे?"...चेहरे की एक-एक ग्रन्थि मुखर थी! लेकिन अर्जुन!—पत्थर भी बोलेगा? उर्वशी के कर्णपुट आतुर हो उठे—शायद कठोर चट्टान द्रवित हो और निर्झरिणी की कलकल ध्वनि सुन पड़े?...लेकिन नहीं, निर्मम पाषाण की वाणी तो कन्दराओं से उठनेवाली गहन-गम्भीर गूँज होती है। "उर्वशी, तुम वासना की शिकार हो। तुम्हें उचितानुचित सूझ नहीं रहा है। मैं इस समय व्रतबद्ध हूँ; नारी का स्पर्शमात्र मुझे दूषित कर देगा।"

"व्रतबद्ध! मैंने कितनों के व्रत नहीं तोड़े! सुनो, प्रियतम, व्रत की तो कोई भी वेला हो सकती है, किन्तु यह वसन्त-सौरभ और प्रणय का उन्माद फिर-फिर नहीं जुटते। यही कनक वेला है; यह भी कोई खोने की वस्तु है। आओ न?...नहीं....फिर नहीं?...मेरे ऊपर कुछ तो दया करो!...देखो, मेरा सारा शरीर अंगारों का समूह है; घड़ी को भी चैन नहीं।... एक मुसकान, एक दृष्टि, एक शीतल स्पर्श—यह भी न दोगे? मैं—देवताओं की नयन-छवि, मैं उर्वशी—तुमसे भीख माँगती हूँ—प्यार का एक कण—एक, बस, एक।...क्या कहा?—साधक-व्रती के लिए रमणी की छाया भी विष है?...विष?..."

मृदंग की गति तीव्र हो चली। सूत्रधार का स्वर ऊर्ध्वमुखी हो चला। सारा वातावरण विद्युतमय हो गया।

सहसा मृदंग तड़प उठा।

उर्वशी का मुख भीषण ज्वाला से अभिभूत दीख पड़ा; उत्तप्त इन्द्रियाँ आग्नेय स्फुलिंग जान पड़ीं और नयनों के विशाल आकाश के कोने-कोने से एक भयानक तूफान उठा और उसके बाद नाग के प्रखर विष से रोष के आँसू निकल पड़े। कपोल फड़क उठे, भौंहें तन गईं; चिबुक कठोर हो गई।...दूर से बैठा हुआ भी मैं अंग-प्रत्यंगों की

एक-एक भंगिमा को देख पा रहा था। कितना अद्भुत व्यापार था, उर्वशी की देह थी रंगमंच और अंग-प्रत्यंग थे पात्र!...

"मूढ़ मानव!...उर्वशी का इतना अपमान!...तो जा, ढोंगी, तुझे शाप देती हूँ—तू साल-भर तक नपुंसक रहेगा...नपुंसक!...चाहने पर भी लालसा के बादल छू न सकेगा; जिसे आज ठुकरा रहा है, उसी प्रणय के उन्माद के लिए तू तरसेगा लेकिन तेरे मिट्टी-से शरीर में यौवन की चेतना न जगेगी, न जगेगी! ...और तेरे ये पुष्ट अंग, तेरे ये पौरुष चिह्न—ये मेरी आहत अभिलाषा की समाधि बनकर रहेंगे और जिस पर उगेंगे स्त्रैणता के कुसुम जिनमें नारी-सुलभ सौरभ न होगा, जिन पर भौंर भी न उलझेंगे!...जा, मूढ, मेरा अभिशाप तुझ पर गाज बनकर गिरेगा।..."

विक्षिप्त नूपुरों की झँझा में एक बिजली-सी चमकी और फिर उर्वशी कहाँ थी?

अर्जुन अकेला रह गया।

मृदंग एक लमहे के लिए थमा। लगा जैसे प्रकाश भी मन्द हो गया हो। संगीत ने पलभर को साँस रोकी! कल्पना की भी मानो टकटकी बँधी रह गई।

और फिर बाँस के वन में भटकी वायु के करुण वंशी-स्वर की भाँति अर्जुन का पौरुष कुम्हलाने लगा; कटे वृक्ष के तुल्य वह भूमिशायी होने लगा। पुरुषत्व के स्खलन का एक अद्भुत प्रदर्शन दीख पड़ा। धीरे-धीरे संगीत-स्वर तीव्र हो रहा था—मानो कराहते रोगी का पीड़ित स्वर दृढ़ हो रहा हो! अर्जुन के एक-एक अंग पर शिथिलता। वे हाथ मुलायम हो चले, वह कटि बाँकी हो गई, वे जंघाएँ स्थूल हो गईं—और...और वे विकसते उरोज!...उस दूषित भार से अर्जुन का पुरुषत्व आक्रान्त हो रहा था, लेकिन उरोज बढ़ते ही गए।...अर्जुन की वह दयनीय लाचारी, वह तड़प भी न सकनेवाली बेबसी, और... और वह फैलती हुई तन्द्रा!...दीपक की लौ बुझने लगी; संगीत रुक गया।

मैंने सोचा, दुनिया की कला में नपुंसकत्व का इतना सजीव इतना उदात्त, इतना दिल हिलानेवाला निरूपण और कहीं नहीं मिलेगा तनिक भी भद्दापन नहीं और फिर भी कोई दुराव नहीं, कोई झिझक नहीं। भावों का इतना भीषण उद्वेलन कि उसमें हमारे दैनिक जीवन के छोटे-मोटे वैषम्य, छिछली भावुकता, कसक, डाह, इच्छा इत्यादि के रुग्ण विकार सभी ऊपर आकर मानो भाप बन जाते हों। अरस्तू ने नाट्यकला के इसी गुण को तो 'कैथार्टिक इफेक्ट' (रोचक प्रक्रिया) की संज्ञा दी है।

एक बात और। कथकली अभिनय-नृत्य में रस परिपाक होने पर विविध भाव ही रंगमंच पर उतरते-से जान पड़ते हैं। अभिव्यक्ति इतनी वेगवती, इतनी आवेशपूर्ण, इतनी निर्बाध होती है कि जान पड़ता है, भावों को साकार सत्ता मिल गई हो। मेरी तो संवेदनशीलता इतनी जाग्रत हो गई कि मुझे लगा मानो वे स्थूल भाव-मूर्तियाँ मुझसे टकरा रही हों। यही तो 'प्लास्टिक आर्ट' की चरम अभिव्यक्ति है।

लिखते-लिखते मध्यरात्रि आ पहुँची। मैं सोने की तैयारी कर ही रहा था कि किसी ने

मेरे कमरे के दरवाजे पर दस्तक दी और बिना इन्तजार किए मि. चं. अन्दर आ धमके। मि. चं. भी उसी कांफ्रेंस में आए हैं जिसमें मैं हिस्सा ले रहा हूँ। भारी-भरकम शरीर, प्रफुल्ल चेहरा, दिल में एक अजब मस्ती जिसने बुढ़ापे की सेना से लोहा लेने की अद्‌भुत क्षमता उन्हें दे दी है।

बोले, "सुनो भई माथुर, एक मजेदार बात। सोचा तो था कि कल सवेरे सुनाऊँगा लेकिन तबियत मानती ही नहीं।"

मैंने रजाई अलग करते हुए पूछा, "कुछ बताइएगा भी!"

"आज वाले तमाशे की बात है," मि. चं. बोले। मुझे भय हुआ कि नृत्यकला का स्वयं प्रदर्शन न करने लगें। लेकिन वे बैठ गए और बोले, "अर्जुन-उर्वशी का नृत्य-नाट्य सभी को पसन्द आया, पर पश्चिमी रियासतों से वे माननीय श्री...आए हैं न? वही," मि. चं. ने अपनी ठोड़ी और गालों की ओर संकेत किया और मैं समझ गया। "वही महोदय अभिनय के बाद 'ग्रीनरूम' में पहुँचे और जिसने अर्जुन का पार्ट किया था उस व्यक्ति से बड़ी हैरत की मुद्रा में पूछने लगे, 'और तो सब ठीक था लेकिन यह तो बताओ कि तुमने इतनी बेवकूफी क्यों की?"

"क्या बेवकूफी?"

"यही कि इतनी खूबसूरत औरत को हाथ से निकल जाने दिया। जवानी का मज़ा तो लूटा ही नहीं ऊपर से ज़नखा होना भी मंजूर किया। क्या खूब!"

पता नहीं उसने क्या उत्तर दिया, लेकिन मेरे और मि. चं. के ठहाके से सारा होटल अभी तक गूँज रहा है।

किसी को यह बात सुनाऊँगा तो मनगढ़ंत मानी जाएगी, मगर है सोलह आना सच।

(यह ललित लेख 'वे मुखरित क्षण' (डायरी के पन्ने) के नाम से नई धारा 1952 में प्रकाशित।)

काले आसमान में चाँद

सन् 1968 के बड़े दिन के पहले की सन्ध्या को फ्रेंक बौरमैन और उनके दो साथियों ने महज़ सत्तर मील की दूरी से चाँद की सतह पर दृष्टि डाली, धरती पर लाखों श्रोताओं ने उसका वर्णन सुना, लाखों ने दूरदर्शन पर देखा, "चाँद का क्षितिज बिलकुल निर्वसन है, नितान्त सूना। आसमान घोर काला है, सूरज बिलकुल सफेद। क्षितिज पर कुछ पर्वत उभर रहे हैं, अगणित ज्वालामुखी यानी क्रेटरों से क्षत-विक्षत हैं ये पहाड़ियाँ!"

उस बड़े दिन के कुछ सप्ताह बाद एक शाम को अपने दफ्तर से लौटते समय मैंने मोटर के सामनेवाले शीशे से देखा—वृक्षों की घनी डालियों के पीछे यह कौन झाँक रहा है, कौन छोड़ गया इस झुरमुट में यह दमकती चाँदी की बेशकीमती थाली, किस अनन्त सौन्दर्यराशि का कर्णफूल हमारे आसमान के कोनेपर छा गया है, मेरी आँखों को किन रेशमी रजत रश्मियों की चैन-भरी छुवन ठंडक दे रही है? और मैंने राहत पानेवाले यात्री की भाँति साँस ली और मन में सोचा कि हमारा चाँद विज्ञान की घुड़दौड़ के गुबार में खोया नहीं है, इसलिए कि हमारी कल्पना चाँद की झलक पाकर अब भी मचल जाती है, हमारी अनुभूति चाँद की प्रेरणा से अब भी रससिक्त हो जाती है।

लोग प्रायः कहते हैं कि विज्ञान प्रकृति पर विजय प्राप्त कर रहा है, यह अंशतः ही सत्य है, क्योंकि विज्ञान की हर विजय ही में पराभव के बीज होते हैं। आदमी की मजबूरियाँ उमड़ आती हैं, सीमाओं के बन्धन जकड़ जाते हैं और नई चुनौतियों की पुकार विजय के सिंहनाद को अनसुना कर देती है, लोगों का यह भी कहना है कि विज्ञान प्रकृति के पर्दे खोल रहा है। वह प्रकृति को अनावृत और निर्वसन कर रहा है, उसकी रहस्यमयी मुसकान और मौन आमन्त्रण के जादू को चुटकी में गायब कर रहा है, निर्मम और हृदयहीन विज्ञान का सबसे बड़ा हथियार है तथ्य और असलियत का कठोर प्रत्यक्ष, कला जिसे नकार नहीं सकती और न सकार ही पाती है। लेकिन बात इतनी सरल नहीं है और न कलाकार ही इतना पंगु है कि इस दीखनेवाली असलियत के परे न जा सके। आखिर विज्ञान यही तो कर रहा है कि स्थूल जगत के विभिन्न पदार्थों को एक-एक करके मनुष्य के इतने समीप ले आए कि उसका हर हिस्सा साफ दीखे, उसकी हर प्रक्रिया जाहिर हो जाए। लेकिन विज्ञान किसे रोक सकता है, दूर या दूसरे कोने में खड़े होकर उन्हीं पदार्थों को इस भाँति देखने से कि वे चमत्कार की आभा से घिरे हुए जान

पड़ें, और उनके अलंकारों की दीप्ति मन में इतनी ही मजबूती से बस जाए जितना कि तथ्यपरक अस्तित्व का विकास?

असलियत की पकड़ शायद सबसे बड़ा भुलावा हैं। अगर कोई वैज्ञानिक समझता है कि प्रकृति के पदार्थों का जो तत्त्व उसने खोज निकाला है और स्थूल जगत के जिन व्यापारों का उसने उद्घाटन किया है, वे तथ्य ही नहीं सत्य भी हैं, तो वह गलती कर रहा है। ऐसी गलती कई विशेषज्ञ कर बैठते हैं। तथ्य और सत्य में अन्तर है, उसी भाँति जैसे रागात्मक कल्पना और विज्ञान में। कला का आधार रागात्मक कल्पना है। कला स्थूल प्रकृति और मानव के आन्तरिक जीवन को एक-दूसरे के समीप लाने की कोशिश करती है। कलाकार प्रकृति के विभिन्न अंगों में—चाँद, बादल, वृक्ष, फूल-पत्तियों में वही लय-ताल खोज पाता है, जो व्यक्ति के अन्तस्तल को स्पन्दित कर दें। वह प्रकृति में मानव-मन की प्रतिध्वनियाँ भी खोजता है और उसका मौलिक संगीत भी। इस तरह वह व्यक्ति के अन्तस् को प्रकृति के निकट ला पाता है जबकि विज्ञान हमें स्थूल रूप से पदार्थों और व्यापार के बिलकुल करीब ले आने पर भी हमारे अन्तस्तल से उन्हें दूर कर देता है। वह प्रकृति में व्यक्तिगत अनुभूति और आनन्द नहीं देखता, और न किसी तरह की सृजनशील प्रकिया ही। विज्ञान स्थूल जगत का दर्पण है और है मनुष्य की स्थूल आवश्यकताओं की पूर्ति के लिए नए-से-नए उपकरणों का बढ़ता हुआ संग्रह।

क्या सत्य की खोज की दौड़ में विज्ञान और कला बराबर है? इस विषय में वर्तमान युग के दो मनीषियों के विचारों का उल्लेख करना चाहूँगा। विख्यात कलामर्मज्ञ आनन्द कुमारस्वामी से किसी ने पूछा, "कला का उद्देश्य क्या है?" "सही-सही संचारण या सम्प्रेषण," उन्होंने उत्तर दिया। "पर कोई भी कलाकृति किस बात का सम्प्रेषण कर सकती है?" इस पर कुमारस्वामी का जवाब अनूठा था। उन्होंने कहा, "कुछ लोगों को यह सत्य दुखद जान पड़ेगा, पर पते की बात तो यह है कि अधिकतर कलाकृतियाँ ईश्वर के बारे में हैं, ईश्वर, जिसका आजकल के शिष्ट समाज में कभी नाम नहीं लिया जाता।"

आनन्द कुमारस्वामी ने जिस ईश्वर की चर्चा की वह उस सत्ता ही का नाम नहीं है, जिसे अनेक युगों में अनेक धर्मों ने स्रष्टा और सर्वशक्तिमान घोषित किया है। उनका तात्पर्य उस अमूर्त सत्य से था जो प्रकृति में व्याप्त है और जिसको पकड़ सकने की बेचैनी ही मानव-मात्र की कलात्मक अभिव्यंजना की साधना है। इस सिलसिले में समर्थ विचारक बर्ट्रेंड रसल की मान्यता भी सुनिए। रसल ने विज्ञान की उपलब्धियों की घोषणा करते हुए कहा कि विज्ञान ने रूढ़ियों और सत्ता की जगह पर्यवेक्षण को स्थापित कर दिया। प्रकृति के बीच से 'ईश्वर' और उद्देश्य को अपदस्थ कर देना ही विज्ञान की चरम विजय है।

अगर हम इन दो महान मनीषियों की उक्तियों को अन्तिम और अन्यतम उक्तियाँ मान लें, तो विज्ञान और कला के बीच सामंजस्य असम्भव जान पड़ेगा। किन्तु गहराई से विचार करने पर प्रतीत होता है कि कुमारस्वामी और रसल दोनों ही जीवन-सत्य का उल्लेख नहीं कर रहे थे। कुमारस्वामी सौन्दर्य के स्वरूप को कला की विषयवस्तु मानते

हैं और उसे ही ईश्वर की संज्ञा देते हैं। बर्ट्रेंड रसल पर्यवेक्षण यानी 'आब्जर्वेशन' की विधि को ही विज्ञान का सामर्थ्य मानते हैं। और यही सामर्थ्य उनके विचार में ईश्वर का स्थान ले सका है। दोनों ही विधि, प्रक्रिया यानी 'प्रोसेस' का जिक्र कर रहे हैं। लेकिन जहाँ तक जीवन-सत्य और अन्यतम विधा या परोक्ष ज्ञान का सम्बन्ध है, कला और विज्ञान दोनों ही मात्र अन्वेषक माने जाएँगे, खोज की राह के साथी। विज्ञान की खोज कला की कुंठा नहीं, उनकी नवीन दृष्टि है। कला की अभिव्यंजना से विज्ञान का पथ अवरुद्ध नहीं होता, आलोकित और उज्ज्वल होता है। बर्ट्रेंड रसल ने ही बाद में इस विषय पर पुनर्विचार करके लिखा कि विज्ञान सत्य की खोज (यानी चरम विद्या) के रूप में कला की बराबरी ही कर सकता है, उससे बाजी नहीं ले सकता। किन्तु तकनीक के रूप में (यानी प्रकृति से काम निकालने और उसका प्रयोग करने में) विज्ञान की ऐसी व्यावहारिक महत्ता है, जो कला के प्रयास के परे ही रहेगी।

यह एक बुनियादी बात है। विज्ञान मानव की जानकारी के दायरे को तेजी के साथ बढ़ा रहा है। इस जानकारी के व्यावहारिक उपयोग का नाम ही 'टेक्नॉलॉजी' है। यह टेक्नॉलॉजी विज्ञान की अभूतपूर्व देन है और समाज और व्यक्ति की प्रत्येक प्रक्रिया हर तरह के कामकाज पर इसका असर हो रहा है। कला इससे अछूती नहीं रह सकती। यह सही है कि कला के एक-तिहाई अंश पर ही वैज्ञानिक टेक्नॉलॉजी का विशेष प्रभाव पड़ा है। कला के तीन अंशों से मेरा तात्पर्य है, कल्पना की उड़ान, अनुभूति की सजगता और शिल्प का वैभव। इनमें शिल्प-वैभव ही को टेक्नॉलॉजी नए मोड़ दे रही है। आजकल का स्थपति यानी आर्किटेक्ट लोहे और इस्पात के वैज्ञानिक प्रयोगों और भौतिक विज्ञान एवं गणित के सिद्धान्तों के आधार पर भवनों की रूपरेखा और रूपसज्जा निर्धारित करता है। इसका परिणाम यह हुआ कि आधुनिक शैली के भवन मूर्तिवत् होते जा रहे हैं, यद्यपि उनमें पत्थर में तराशी हुई मूर्तियों के लिए कोई स्थान नहीं रह गया है। समूचे भवन ही की मानो एक तक्षित रूप की भाँति कल्पना की जाती है। मंच की कलाओं पर भी टेक्नॉलॉजी का प्रभाव पड़ा है। अनेक नाटकों की मंच-व्यवस्था में बिजली और इलेक्ट्रोनिक्स का व्यवहार इस भाँति किया जाता है कि अभिनय-कला को सहारा भी मिलता है और कहीं-कहीं अभिनेता दब-सा जाता है। चित्रकला में 'कोलॉज' की शैली के अलावा अन्य नाना प्रकार के प्रयोग विज्ञान के सीधे प्रभाव में लिए जा रहे हैं। हाल ही में कम्प्यूटर द्वारा अंकों के सम्मेलन से एक नए प्रकार की चित्रकला के नमूने देखने को मिले हैं। इसी भाँति मूर्तिकला का दायरा भी बहुब विस्तृत हो गया है। लोहे के तारों द्वारा निर्मित आकारों की मूर्तियाँ अब तो व्यावसायिक तौर से भी प्रस्तुत की जाने लगी हैं।

शिल्प-वैभव में विज्ञान का ऐसा उपयोग कला और विज्ञान में सामंजस्य की दिशा का संकेत है। रूप की प्रयोगशीलता कला के हित में है, और उसे नई गति देती है। वस्तुतः उन्नीसवीं सदी के अन्त में चित्रकला में जो क्रान्ति हुई और जिसके फलस्वरूप इंप्रेशनिज्म का उदय हुआ, वह फोटोग्राफी के अन्वेषण के कारण ही हुई। फोटोग्राफी

ने यथार्थ का हू-ब-हू चित्रण कर कलाकार को मजबूर किया कि वह अपनी कल्पना के लिए यथातथ्य रूपों का वाहन छोड़कर प्रतीकों को खोजे या रंगों और आकारों के बिखराव एवं नूतन समीकरण का प्रयोग करे। पिछले सत्तर वर्षों से यही होता रहा है और चित्रकला में यथार्थ के चित्रण की जरूरत ही महसूस नहीं होती।

लेकिन जैसा मैंने पहले कहा है, शिल्प-वैभव कला का एक-तिहाई अंश है—ऐसा अंश जिसमें बाह्य जीवन और सामाजिक वातावरण का आग्रह प्रबल है। बाकी दो अंश—कल्पना की उड़ान और अनुभूति की सजगता, व्यक्ति में केन्द्रित हैं। कलाकार का व्यक्तित्व बहुत कुछ मुक्ति का पंछी है। वह अहं की चिरजाग्रत ज्योति है और प्रायः बाहरी प्रभावों को शलभों की भाँति अपने से छूने नहीं देता। इसीलिए कलाकार की पीड़ा, उसका स्पन्दन, उसका उल्लास शाश्वत क्षितिज में बसेरे लेते हैं। फिर भी यह मानना होगा कि आए दिन कलाकार के व्यक्तित्व पर विज्ञान की चार वर्ग की तकनीकें कम-बेशी प्रभाव डाल रही हैं। ये हैं—बहुजन सम्प्रेषण के साधन 'मास मीडिया' यानी फिल्म, रेडियो, टेलीविजन, इत्यादि। दूसरे नगरों और ग्रामों की योजनाएँ टाउन प्लानिंग; तीसरे, तेज यातायात के साधन—हवाई जहाज, रॉकेट इत्यादि और चौथे, बड़ी मात्रा में औद्योगिक उत्पादन।

इन चारों वर्गों की तकनीकों का कलाकार की कल्पना और अनुभूतियों पर व्यापक प्रभाव पड़े बिना नहीं रह सकता। अनेक कलाकार अपने को इस तीव प्रभाव में पड़े बिना ही, विशृंखल होता हुआ देखते हैं। कुंठा और विध्वंस का सीधा अनुभव न होते हुए भी भारतीय समाज का कलाकार कल्पित पीड़ा और दंशन में एक प्रकार का उल्लास और आनन्द की प्रतीति करता है। अनेक युवक कलाकारों पर इस तरह की उधार ली हुई पीड़ा आजकल आक्रान्त है और उनकी अभिव्यक्ति को थोड़ा-बहुत गुमराह तो कर ही रही है।

गुमराह होना किसी भी कल्पनाशील व्यक्ति का जन्मजात अधिकार है, इसलिए मुझे आधुनिक कला में कुंठा के विस्तार, बिखराव की उत्तेजना और अनियन्त्रण की रंगीनियों से कोई दुराव नहीं है। लेकिन मैं चिन्तित हूँ, विज्ञान-प्रसूत कला की इस नवीन पीढ़ी के कठमुल्लापन—फैंटिसिज्म—के आसार देखकर। यह कठमुल्लापन विशेषतः हर प्रकार की परम्परा, खासतौर से भारतीय परम्परा पर प्रहार करता है। किसी भी प्रकार की परम्परा का नाम नई पीढ़ी के कुछ कलाकारों को उत्तेजित कर देता है। परम्परा की सत्ता के विरुद्ध उग्र प्रतिक्रिया हो, इसमें कोई आश्चर्य नहीं। लेकिन इसमें एक खतरा है, जनसाधारण से कला का बिछोह। कुछ दिन हुए, समाचार-पत्रों में पढ़ा कि कतिपय नई पीढ़ी के कलाकार जनसाधारण की उनकी कला के प्रति उदासीनता से इतने क्रुद्ध हैं कि वे ऐसी जनता से अपना नाता तोड़ने को भी प्रस्तुत हैं। उसके विरुद्ध आन्दोलन करने की योजना तैयार कर रहे हैं। वस्तुतः विज्ञान और कला के बीच सामंजस्य में सबसे बड़ी बाधा है विज्ञान द्वारा मनस्वी-वर्ग और जनसाधारण के बीच खाई को चौड़ी कर देना। प्रत्येक युग में कला मनस्वी और लोक को एक-दूसरे के निकट लाती रही है।

विज्ञान पर्यवेक्षण के क्षितिज को विकृत कर रहा और अनुभूति की तरंगों में विविधता लाता है। किन्तु इसके फलस्वरूप लोक-कला, लोकाभिव्यंजना और लोकानुभूतियों के लिए यदि हम अपरिचित बन जाएँ तो जीवन में सामंजस्य असम्भाव्य हो जाएगा। सामंज्य की खोज एक यात्रा है। यह यात्रा एक दिशा में सबसे लम्बी, सबसे कठिन है, वह जो अपने अन्तस् की ओर मुड़ती है। यदि कलाकार का अन्तस् लोक-मानस मंगल से बिछुड़ गया, तो जीवन-दर्शन की खोज का ही शायद अन्त हो जाए।

सन्तों की जूठन

उन दिनों देश और नगर में भारी हलचल थी। दिल्ली में जुलूस निकले थे किसी आन्दोलन के सम्बन्ध में। मारामारी, कान सुन्न कर देनेवाले नारे, लाठीचार्ज, सभी कुछ हो रहा था। इस शोर-शराबे के बावजूद दिल्ली ही के एक कोने में एक छोटी-सी सभा में शामिल होने का अवसर मिला। उद्देश्य था रामकृष्ण परमहंस के जीवन और सन्देश का विवेचन।

अन्तरिक उल्लास से प्रेरित लोगों का वह शान्त समुदाय हिन्द महासागर की उच्छृंखल तरंगों के बीच विवेकानन्द शिला के तुल्य मुझे जान पड़ा। "तुमुल कोलाहल कलह में मैं हृदय की बात रे मन !" बहुत कम लोग हैं जो शाश्वत मन की सुशीतल वार्ता, आती-जाती लेकिन गरमागरम चर्चाओं के घनघोर कोलाहल के बीच में ही, निर्लिप्त भाव से बैठकर करना चाहेंगे।

यद्यपि लड़कपन में ही रामकृष्ण परमहंस के बारे में थोड़ा-बहुत मैंने जान लिया था और सन् 1942 से बराबर 'प्रबुद्ध भारत' मँगाता रहा हूँ, तथापि उनके विषय में लिखने या बोलने की धृष्टता नहीं की थी। अल्पज्ञता के अलावा अर्से से सोचे बैठा था कि अध्यात्म और परलोक पर अभी से मन क्यों टिकाऊँ? बुढ़ापे के लिए भी तो कुछ छोड़ना है। बुढ़ापा आने में ज्यादा देर नहीं है, फिर भी कतराता रहा हूँ। लेकिन उस सभा में स्वेच्छा से बोला। क्यों?

विशाल, सीमाहीन आकाश की भाँति एक महापुरुष का जीवन-वृत्त होता है। इस निस्सीम गगन के नीचे हैं हम सब लोग—मानो धरती में जगह-जगह बिखरे हुए पोखर, सरोवर और झीलें। विद्वान, अध्येता और साधक तो बड़ी झीलों और विस्तीर्ण सरोवरों के समान हैं। मेरे जैसे असंख्य द्रष्टा छोटे-छोटे पोखरों के तुल्य हैं। लेकिन आखिर इन छोटे पोखरों, लघु पुष्करिणियों की भी तो एक हस्ती है, अपनी अहमियत है।...इसलिए कि परमहंस जैसे महापुरुष के जीवन का सीमाहीन आकाश बड़े सरोवरों और छोटे तालाबों के बीच अन्तर नहीं मानता। उसका प्रतिबिम्ब तो दोनों ही पर पड़ता है; दोनों ही दर्पण हैं। और मैंने अपने छोटे-से दर्पण पर पड़ी थोड़ी-बहुत झलकियों को प्रस्तुत करने की धृष्टता इसलिए की, क्योंकि उस सभा में बैठे हुए मेरे जैसे अनेक साधारण व्यक्तियों के मन-मुकुरों पर वैसी ही छोटी झलकियाँ पड़ चुकी हैं जो हमें सोचने को मजबूर करती हैं।

मेरी पीढ़ी—पचास और साठ वर्ष की आयु के आसपासवाले व्यक्ति—मुख्यतः नेहरू-युग की उपज हैं। इस पीढ़ी की एक पहचान है पुरुषार्थ और भक्ति-परम्परा के बीच द्विविधा। हम लोग अनेक आस्था और अनास्था के बीच अकसर इसलिए लड़खड़ाते रहे हैं कि हमें भक्ति की तन्मयता के पीछे चेष्टाहीन सहजता का सन्देह होता है। मानो कोई छलाँग मारकर झट से अटारी पर पहुँच जाए। इधर दैनिक जीवन में हम देखते हैं कि छलाँग मारने से काम नहीं चलता। तरह-तरह की नसैनियों और सीढ़ियों पर मेहनत के साथ कभी-कभी ठोकरें खाते हुए चढ़ना होता है। श्री रामकृष्ण का जीवन कुछ हद तक इस दुविधा का जवाब है। तन्मयता और परमहंस की चरम परिस्थिति पर रामकृष्ण उत्कट साधना के बाद पहुँचे। श्रद्धालु भक्तजनों को अडिग विश्वास है कि तन्मयता की स्थिति भगवान की देन है; उसकी कृपा—'ग्रेस'—से भक्त निरायास जीवन मुक्त हो जाता है, विश्वात्मा से तादात्म्य प्राप्त कर लेता है :

दिल के आइने में है तसवीरे-यार।
जब चाहा गरदन झुकाई देख ली।

लेकिन वह कौन-सा ऑपरेशन है जिससे दिल में वह आईना बैठाया जा सके? यों तो श्री रामकृष्ण के बालकपन ही में ऐसे लक्षण दीख पड़ते थे जो श्रद्धावानों की दृष्टि में परमात्मा की उसी कृपा—ग्रेस—के चिह्न थे जिसके कारण ऑपरेशन की आवश्यकता ही न थी। हो सकता है यह बात सही हो। लेकिन मेरे जैसे दुविधावाली पीढ़ी के व्यक्ति की नजर तो श्री रामकृष्ण के अनुभवों के दूसरे ही पहलू पर ठहरती है। अपने प्रारम्भिक जीवन में जब वे गदाधर नाम से ही जाने जाते थे, उन्होंने साधना और प्रकाश से अध्यात्म-ज्ञान की खोज और तप का रास्ता नापा। कुछ समय के लिए इस्लामी सिद्धान्तों में रमे, कुछ समय के लिए ईसाई धर्म की करुणा की फुहारों का स्पर्श पाया, फिर वेद-वेदांग, उपनिषद् इत्यादि का ज्ञान प्राप्त किया। जगन्माता काली के असंख्य सूर्यों के समान तेजस्वी आभामंडल का अन्वेषण तो करते ही रहे। अन्वेषण, ज्ञान की खोज, प्रश्नों की टोह, धर्म-विधर्म की परिधियों के परे युग-युगों, समाज-सम्प्रदायों, देश-विदेश की परम्पराओं और सम्भावनाओं को समझने का यह सिलसिला चलता रहा—कामारपुकुर गाँव के एक अर्धशिक्षित नौजवान ब्राह्मण के लिए यह कितना जीवट, कितनी हिम्मत का काम था?

मेरी धारणा है कि जान-बूझकर श्री रामकृष्ण ने ज्ञान की खोज का यह कँटीला रास्ता चुना। अनेक जिज्ञासुओं की भाँति किसी एक ने उनसे एक बार प्रश्न किया कि क्या गुरु की कृपा से ही मुक्ति की प्राप्ति हो सकती है? उन्होंने उत्तर दिया, "दूध में मक्खन है—महज ऐसा कहने-भर से तो काम नहीं चलेगा। दूध को जमाना होगा। उसके बाद उस दही को मथना होगा। तभी तो दूध में समाविष्ट मक्खन निकलेगा।" हम लोग जो दुविधा-भरे युग की उपज हैं, और हमारे बाद वाली नवोदित पीढ़ी के युवजन और बच्चे इस उत्तर में निस्सन्देह अपने युग से बहुत कुछ तालमेल पाएँगे। आजकल का नौजवान शंकाओं में रस पाता है। यदि उसे अध्यात्म की ओर खींचना है तो उसे मात्र

भगवत्कृपा की लकुटी का सहारा न पकड़ाइए। उससे तो वह मुँह फेर लेगा। वह यदि शंकाओं के पथ में भटकता है, तो क्यों न हम श्री रामकृष्ण के उस उत्तर की याद करते हुए इसी भटकाव, काँटोंभरी राह पर पग-पग पर की उलझनों को तप का रूप दें? कौन जाने इस तप में झुलसने में ही नई पीढ़ी की अनूठी चाह यानी चुनौतियों की चाह पूरी हो। कौन जाने कि जिस कठिन और कंटकाकीर्ण पथ को पूरा करने के बाद भी रामकृष्ण तन्मयता की मंजिल पर पहुँचे, आजकल का नौजवान भी उसी रास्ते का दीवाना हो।

लेकिन इस प्रश्नोत्तर की 'काट' श्री रामकृष्ण ही के जीवन में से उन बीसियों प्रसंगों में मिलती है, जिनमें परमहंस ही ने भगवान से सम्मिलन का जो तरीका बताया है वह है मात्र भगवान की भक्ति में विभोर होना। जैसे एक प्रश्न के उत्तर में उन्होंने कहा, "इसमें लेशमात्र सन्देह नहीं कि मुक्ति सबको मिलेगी। हो सकता है कि किसी को भोजन सवेरे ही मिल जाए, किसी को दोपहर के समय, किसी को सन्ध्या तक इन्तजार करना पड़े। पर निराहार कोई नहीं रहेगा।" ऐसे ही अन्यत्र उन्होंने कहा, "भगवान को उपासक तीन प्रकार की भक्ति से आकृष्ट कर सकता है : धन-सम्पत्ति के लोभी का सम्पदा के प्रति मोह, बच्चे का अपनी माँ से लगाव और पति की अपनी पत्नी पर आसक्ति। यदि इन तीनों प्रकार की आसक्तियों को भगवान की दिशा में एक साथ ही मोड़ दिया जाए तो निश्चय ही भगवान से साक्षात्कार होगा।"

आधुनिक विचार-व्यूहों में उलझा मेरा मन इतने सहज भाव से भला क्या इसे स्वीकारेगा? शायद मेरे जैसों के हित में महेन्द्रनाथ गुप्त ने जब श्री रामकृष्ण से पूछा कि क्या भगवान के दर्शन सम्भव हैं? तो उन्हें कुछ जटिल उत्तर मिला। श्री रामकृष्ण ने जवाब दिया, "भगवान के दर्शन अवश्य सम्भव हैं। उसके साधन हैं—(1) कभी-कभी एकान्तवास, (2) भगवान के नाम को बारम्बार लेना, (3) भगवान का गुणानुवाद, और (4) यथार्थ और अयथार्थ में विवेक।"

मैं तो इस जवाब में तप, ज्ञान की खोज, शंकाओं का सन्तुलन और निवारण, तथा सीधी-सादी भक्ति—इन सभी तत्त्वों का मेल पाता हूँ। इसीलिए यह उत्तर जटिल है, उतना ही जितनी गदाधर के प्रारम्भिक जीवन की खोज और साधना जटिल थीं। परमहंस के वाक्य, उनके सैकड़ों उत्तर मुझे चकरा देते हैं, इसलिए कि दीखने में वे सीधे और सरल होते हैं, पर अनजाने चक्रव्यूहों के बीच हमें ले जाते हैं।

सतसैया के दोहरे, ज्यों नावक के तीर।
देखन में छोटे लगें घाव करें गम्भीर॥

बुद्ध और कबीर की भाँति ऐसी अटपटी और गहरी वाणी की सिद्धि श्री रामकृष्ण ही ने पाई। किसी ने पूछा कि क्या दुनिया के जंजाल में रहते हुए भगवत्-मिलन सम्भव है। उत्तर मिला, "तुम्हें सब कुछ त्यागने की जरूरत नहीं है। जैसे हो संसार के कार्यकलाप में, वैसे ही अच्छे हो। दुनिया में रहकर तुम दोनों पदार्थों का रस ले रहे हो, शुद्ध सफेद चीनी का और नाना प्रकार की अशुद्धियों से भरी खांड का भी। तुम तो बड़े मजे में हो। बस एक बात का ध्यान रखो; एक हाथ से दुनियादारी के काम करते रहो, दूसरे

से भगवान के चरण थामे रहो।" स्वामी दयानन्द और रामकृष्ण परमहंस की मुलाकात हुई थी। स्वामीजी एक बार उनसे बोले, "कैसे आदमी हो? रोज लोटा भी नहीं माँजते?" परमहंस ने जवाब देते हुए पूछा, "और यदि लोटा पहले ही मँजा हुआ हो तो?"

वर्तमान पीढ़ी के बेचैन हृदय के प्रश्नों के उत्तर शायद रामकृष्ण परमहंस दे पाते—उत्तर ऐसे जो प्रश्नकर्ता के मन में अनवरत खोज की शृंखला पैदा कर दें। ऐसे गुरु रास्ता नहीं दिखाते, अपने साथ ले चलते हैं। स्वयं रामकृष्ण ने गुरु की अनुपम व्याख्या की है। "हलकी लकड़ी के टुकड़े पर बैठकर कोई पानी पर बहे तो वह टुकड़ा झट से उसे ले डूबेगा। किन्तु अगर किसी भारी काष्ठ-खंड पर आदमी और पशु भी बैठें तो गहरी नदी भी पार कर लेंगे। ऐसे ही को गुरु कहते हैं।"

उस सभा में बोलते हुए मुझे याद आया कि भाषण कलकत्ते में परमहंस के जमाने में भी दिए जाते थे। केशवचन्द्र के भाषणों की तो धूम थी ही। किन्तु कलकत्ते में भाषणों द्वारा होनेवाली हलचल के विषय में श्री रामकृष्ण की गम्भीर प्रतिक्रिया उनकी एक उक्ति में मिलती है। उन्होंने कहा, "कलकत्ता के लोग तो हलचल चाहते हैं।...भाषण ऐसी हलचल करते हैं। पर भाषण और वक्तृता एक बात है। एक अवतारी पुरुष के शब्द दूसरी बात है। ऐसा अवतारी पुरुष शब्द परब्रह्म के आदेश पर ही बोलता है। भाषणों को तो लोग सुनेंगे और भूल जाएँगे। लेकिन अवतारी पुरुष के शब्द युग-युगों तक गूँजते रहेंगे।

घर लौटते समय एक विचार मन में आया। सोचने लगा। उचित तो यही है कि मेरे जैसा व्यक्ति यदि भाषण दे तो इसलिए नहीं कि सुननेवालों को कोई नई बात बताए या कोई सीख दे, बल्कि इसलिए कि अपने ही विचार स्पष्ट हों, जो दूसरों से सीखा है उसे अभिव्यक्ति के माध्यम से आत्मसात् कर सकूँ। है अजीब-सी बात, लेकिन अनुभव बताता है कि कुछ लोगों को जटिल समस्याओं और गूढ़ विचारों को समझने के लिए उनके बारे में बोलना पड़ता है। कुछ के लिए भाषण वस्तुतः नाटकों के 'स्वगत' हैं, वही जिसे अंग्रेजी में 'थिंकिंग एलाउड' कहते हैं।

मुश्किल यह है कि अकसर भाषण के दौरान वक्ता का इस प्रक्रिया से ध्यान हट जाता है; वह देखता है सामने दर्शक-समुदाय को जिनके चेहरे उसके वचनों की रज्जु को मानो पकड़ते जा रहे हैं, जिनकी आँखें कभी आह्लाद से भरी जान पड़ती हैं, कभी प्रभावोत्पादक उक्तियों को सकारती हैं, कभी सराहना और श्रद्धा से रससिक्त हो जाती हैं; जिनके हाथ करतलध्वनि करने को आतुर प्रतीत होते हैं। तब सारा समुदाय एक आईना मालूम देता है और उसमें वक्ता देखता है एक आदमक़द तसवीर—तसवीरे-यार नहीं तसवीरे-खुद। खुदी नहीं खुद; आत्मा नहीं अहं। ऐसे में अध्यात्म और परमात्मा, भक्ति और ज्ञान-सम्बन्धी भाषणों से सीखने की प्रक्रिया गायब हो जाती है। वह तो अहं, बल्कि अहंकार का पोषक और संवर्धक बन जाता है।

"यह अहं न हो, डॉक्टर साहब, तो महत्वाकांक्षी व्यक्ति कैसे अपने कर्म को प्रगतिशील, अपने पुरुषार्थ को सक्षम बना सकता है?" मैंने घर लौटने पर डॉ. इन्द्र सेन

से पूछा। पुराने मित्र हैं; श्री अरविन्द और आश्रम की माँ के प्रिय शिष्य हैं। अरसा हुआ जान-पहचान हो गई। जब कभी दिल्ली आते हैं, मुझसे चर्चा के लिए वक्त जरूर निकाल लेते हैं। मनीषी और भक्त का ऐसा सहज सम्मिश्रण बिरलों ही में दीखता है। मुझसे स्नेह है, मेरी उलझनों से परिचित हैं। यह भी जानते हैं कि मैं आसानी से पकड़ में आनेवाला आसामी नहीं हूँ।

उस सभा से लौटा तो देखा डा. इन्द्रसेन मिलने आए हैं। उस उवैरा मनोदशा में डा. इन्द्रसेन से वार्ता ने पोषक खाद का काम किया। यदि कर्म में कौशल और उद्योग में सिंह-सामर्थ्य के लिए अहं का उत्तेजन अनिवार्य है तब ऐसा क्यों नहीं होता कि कर्म की चुनौती आते ही आप-ही-आप अहं का उत्तेजन हो जाए? पर अहं उभरता है तीन अवस्थाओं में : एक है हीनताबोध की मनोदशा, दूसरी कर्त्तव्य-बोध की मनोदशा और तीसरी कलात्मक अभिव्यक्ति के लिए आतुर मनोदशा। जब किसी कारण कोई दूसरा हमारी हीनता दिखाए, या जब स्पर्धा के आवेग में इन्द्रियाँ सक्रिय हों या जब लोगों से वाहवाही लूटने का अवसर मिले तो अहं प्रकट होता है। हीनता का अदृश्य-बोध ही तो हमारी लखपती बनने की लालसा, अपने दफ्तर में सबसे अधिक तरक्की की कामना, लड़के के शादी में पड़ोसी से ज्यादा धूमधाम कराने की इच्छा को जगाता है। कर्त्तव्यबोध भी अहं को जगाता और अग्रसर करता है। पीड़ितों की पीड़ाहरण करना मेरा कर्त्तव्य है, क्योंकि मेरे पास साधन है और मैं स्वस्थ हूँ। दारिद्रय को दूर करना मेरा उत्तरदायित्व है, क्योंकि मेरे पास 'आइडियाज' हैं और सत्ता है। कलात्मक अभिव्यक्ति के लिए आतुर व्यक्तित्व को (कवि, चितेरा, नर्तक, गायक किसी को भी लें) अहं का दास बनते देर नहीं लगती। यों अगणित रूप धर कर आता है अहं, और जोर से धक्का मारता है आगे की तरफ।

ये धक्के पाकर यह तो है कि आदमी काम में जुट जाए। अनेकों जुटते हैं यानी कर्म की चुनौती पाकर अहं नहीं उभरता, बल्कि अहं की चुनौती पाकर कर्म की शुरुआत अकसर हो जाती है।

पर एक मुश्किल है। अहं का झटका दौड़ को शुरू तो कर देता है, पर बराबर सँभाल नहीं पाता। सुना है ओलिम्पिक प्रतियोगिताओं में भाग लेनेवाले खिलाड़ियों को कभी-कभी 'ड्रग' दी जाती है, शरीर में कृत्रिम बल और सामर्थ्य उत्पन्न करने के लिए। अहं का असर कुछ वैसा ही होता है। तो क्या दवा का असर उतरते ही उत्कट इच्छा, प्रबल कामना, लालसा का ज्वर कम होते ही, अहं की शक्ति क्षीण हो जाती है? क्या मुनष्य कर्म में शिथिल हो जाता है?...कुछ लोगों का तो यही अनुभव है। लगता है कि चाभी खत्म हो गई। पा लेने पर भी, और न पा सकने पर भी। खेल खतम; अब दूसरा शुरू करो।

सब पर यह बात लागू नहीं होती। अनेक एक बार जुट गए तो जुटे ही रहते हैं। लगता है कि अहर्निश जाग्रत रहती है उनके अहं की लौ और उससे हर घड़ी लपटें निकलती रहती हैं, चामुंडा के कंठमाल के प्रज्वलित दाने।

किन्तु सच तो यह है कि जिन्दगी की रोजाना की कार्रवाई में ऐसी नाटकीयता अलभ्य है। मानव के नित्यरास में रस एक ही है। कारण गौण है। गति ही तथ्य है।

वजह, शायद यह है कि करते-करते काम ही में दिलचस्पी हो जाती है। रोज का काम, सौदा लाना, खाना परोसना, फाइल पढ़कर दस्तखत करना, डाक देखना, सम्पादकीय लिखना--एक के बाद एक स्वर बजते हैं और जाने-अनजाने दिन की रागिनी तैयार हो जाती है और मानो-न-मानो, अच्छी लगती.है। हम कहते नहीं, पर अच्छी लगती जरूर है। कर्म में व्याप्त यह अकारण 'अच्छा लगना' ही शायद अनेकों के काम में जुटे रहने के रहस्य की कुँजी हैं इसे ही तो अंग्रेजी में कहते हैं, "टु गेट द किक आउट ऑफ वर्क।"

डा. इन्द्रसेन मेरी बात सुनते रहे। मुझे लगा जैसे कहना चाहते हों क्यों सब्जबाग दिखाते हो धूप में झुलसे मरुस्थल के बटोही को? पर इन्द्रसेनजी कड़वी नकारात्मक बात तो क्या, हलकी व्यंग्योक्ति भी नहीं कहते। अत्यन्त हलके हाथों और नफासत के अन्दाज से दूसरों की उलझनों को सँभालते हैं, जैसे, कोई अनुभवी नर्स नवजात शिशु को पकड़ती हो। बोले, "थोड़ा और आगे क्यों न बढ़ें हम लोग? कर्म से ऊब और कर्म में दिलचस्पी—यही तो 'क्रूशल' हैं न?...क्या भगवान को अर्पित कर्म दिलचस्प नहीं होगा, जैसे भगवान से विमुख कर्म ऊब पैदा करनेवाला?"

और मैं भाग खड़ा होता हूँ। डा. इन्द्रसेन मेरे सामने बैठे हैं और मैं भी उनके सामने। किन्तु बैठे-बैठे ही सर पर पैर रखकर मैं भाग रहा हूँ। ...भगवान से भागना या भगवान का विरोध करना क्या दोनों में कोई सम्बन्ध है? पुराणों में लिखा है कि विष्णु के दो द्वारपाल थे। मुनियों का तिरस्कार करने पर विष्णु लोक से नीचे धरती पर आ पड़े। एक रावण हुआ, दूसरा कुम्भकरण। कल्पकल्पान्तर से भगवान के विरोध के मूर्तमान स्वरूप। वही जिसे 'पैरेडाइज लॉस्ट' के कवि ने पहले भगवान का पार्षद् ऐंजल दिखाया है और बाद में भूतल पर स्खलित विशालकाय शैतान।...आहत अहंकार का प्रचंड और भयंकर स्वरूप। हिरण्यकशिपु, अहिरावण, कंस...युग-युगों से भगवान को चुनौती देनेवाला मानव!

ओ मेरे अहं! मिट्टी के घट से निकले हुए स्वर! कुम्हार को चुनौती देनेवाला विद्रोही स्वर तू नहीं हो पाएगा। तो फिर कुम्हार के चरणों हीं में मँडरा, जैसा परमहंस ने मेरे जैसे सैकड़ों के लिए चाहा था।

लिख रहा हूँ, पर कोई पढ़ेगा? नया तो कुछ भी नहीं है। एक शब्द भी नहीं।

हाल ही में एक नौजवान लेखक ने टेलीफोन पर मेरी किसी पुस्तक की आलोचना करते हुए मुझे सलाह दी, "माथुर साहब, जो कुछ लिखिए 'ऑरिजिनल' लिखिए—बिलकुल मौलिक। मैं तो मानता हूँ कि वह लेखक ही क्या जो 'ऑरिजिनल' चीज साहित्य को न दे पाए। मेरा नया उपन्यास पढ़िएगा। बिलकुल नई और नायाब चीज है।"

और एक मैं हूँ। आदत से मजबूर, प्रतीक्षा करता रहता हूँ कि कोई मेरे आँगन में जूठन डाले ताकि मेरा काम चले।

द्वारकाधीश की डायरी से

सन् 1935 के आसपास 'सरस्वती' पत्रिका तथा प्रयाग के अन्य पत्रों में एक जोरदार बहस छिड़ी। प्रश्न था कि राधा स्वकीया थीं या परकीया। अनेक साहित्यिक महारथी आ जुटे।

उस जमाने के साहित्यिक वाद-विवाद में आजकल की तरह हवाई बातें कम होती थीं। अंग्रेजी की उतरन-स्वरूप सैद्धान्तिक और पारिभाषिक शब्दों के चक्रव्यूह में आजकल साहित्यिक द्वन्द्वों के मल्ल, प्रायः अपना सारा उल्लास और सामरिक तुमुलध्वनि खो बैठते हैं। द्विवेदी-युग के मल्ल ऐसे चक्करों में न पड़कर सीधे चोट मारते थे। उनका अस्त्र था विवेच्य लेखकों की रचनाओं और प्रसंगों के उद्धरण देकर खिल्ली उड़ाना अथवा दूसरों को लताड़ते हुए अपने मत की पुष्टि करना।

जाहिर है कि ऐसे में परकीयावादियों का पलड़ा भारी बैठता। 'भागवत' से लेकर जयदेव के 'गीतगोविन्द' तथा वैष्णव सम्प्रदाय के भक्त कवियों से लेकर राजदरबारों के रीति-कवियों तक अनेक रसिक-प्रिय प्रसंगों में राधा और कृष्ण की समाजवर्जित लुकाछिपी की प्रणय-लीला के वर्णन हैं।

स्वकीयावादियों की तूती फिर भी अधिक बोली। अर्से से आध्यात्मिकता और अवतार की प्रतिष्ठा हिन्दू विचार-परम्परा में इस बारीकी से रम गई है कि हम लोगों को श्रीकृष्ण के हर 'अनाचार' में सहज ही ब्रह्म और जीवन की अनन्त लीलाओं का ही आभास मिल जाता है। तनिक भी बेतुकापन नहीं जान पड़ता।

पिछले बीस-पच्चीस वर्षों के साहित्य में से रोमांटिक हीरो के रूप श्रीकृष्ण उठ-से गए हैं। वैसे भी राम, कृष्ण और अन्य अवतारों पर परमार्थ की गति में दिलचस्पी है नहीं। नई पीढ़ी के लिए यों ही अपने अन्तर में घुमड़नेवाले दुखड़े बहुत हैं।

इन दुखड़ों के अलावा हमारे वर्तमान साहित्य में 'बेडरूम' के प्रसंगों का चस्का रीतिकालीन कवियों के पलँग-प्रसंगों से कम नहीं। पद्माकर ने जाड़े की ऋतु में गुदगुदे पलँगों पर नायिका के नीबिमोचन के लिए जिस हाथापाई का वर्णन धड़ल्ले के साथ किया है, हमारा आजकल का कवि, नाटककार, कथाकार उन्मुक्त विवरण में उससे बाजी मार ले गया है। आजकल लोग शिल्प-सौन्दर्य और काव्य-लालित्य के फेर में नहीं पड़ते। भला हो फ्रायड और अन्य मनो-विश्लेषकों का, अब तो सीधे ही जो 'काम' की बात पलँग पर होती है उसका साफ-साफ फोटो खींच दिया जाता है।

इन बेधड़क कथाओं में अधिक प्रखर होती हैं परकीया और अवैध प्रणय-लीला की कथाएँ। परस्त्री के सौन्दर्य का वह आकर्षण जो दूर से ही अतृप्त लालसा को जाग्रत करे, अब तो कायरता मानी जाएगी। इसलिए बहुत-से समसामयिक साहित्य में असली 'पलँगतोड़' प्रसंग तो पराई के खुलेआम प्रगाढ़ालिंगन के बारे में है। वर्तमान साहित्य में कुछ लोग इसे युगधर्म मानते हैं, जिसमें बन्धन तोड़ना ही काफी नहीं है, ध्वस्त बन्धनों के टुकड़ों को जब तक बीभत्स श्रृंगार-सज्जा में इस्तेमाल नहीं किया जाए तब तक मजा ही क्या!

नमूनों की कमी नहीं। हाल ही में एक अत्यन्त लोकप्रिय मराठी नाटककार के उस नाटक की खूब धूमधाम रही जिसमें एक अत्यन्त मर्मस्पर्शी कथानक पर वे प्रसंग थोप दिए गए थे जहाँ पर स्त्रियों के साथ खुलेआम रमण की झाँकियाँ काफी तगड़ी गालियों की बौछारों के साथ प्रस्तुत की गई थीं।

लेकिन दूसरा चित्र भी देखिए। इन्हीं दिनों एक अत्यन्त लोकप्रिय पत्रिका में एक कहानी निकली। वह भी बड़ी मार्मिक थी। उसकी अन्तिम झाँकी भी बैडरूम की थी। किन्तु परिणीता का पलँग। पति-पत्नी ऊबे हुए हैं और उसी ऊब की मनोदशा में 'मेकेनिक'—यन्त्रवत्—दोनों के शरीर गुँथ जाते हैं—"पहले की तरह।" ये शब्द "पहले की तरह" मानो अट्टहास करते हों पति-पत्नी की रतिलीला पर। लेखक मानो डंके की चोट पर कह रहा हो—दाम्पत्य जीवन की चौखट में रतिरंग बासी और फीके रंगों का दिशाहीन बहना मात्र है। यहाँ वह भड़कीला रसरंग, वह उत्फुल्ल कुसुमों को नखदंशों से कुचलने का उत्तेजक उल्लास कहाँ मिलेगा? स्वकीया जो है।

और मेरा मन फिर कृष्ण की ओर भटकता है। ब्रजवासी नहीं, द्वारकाधीश कृष्ण। रुक्मिणी के पति। उन्हीं द्वारकाधीश की अलिखित डायरी के कुछ पन्ने हाथ लग गए। अच्छे लगे, सो प्रस्तुत हैं। प्रसंग है द्वारकाधीश कृष्ण की भुजाओं में उनकी पत्नी रुक्मिणी। मादक रात्रि। कामलीलाकुशल कृष्ण के अनूठे, अगणित,—रतिबन्ध!

"मेरे इस आह्लाद का कौन वर्णन करेगा? प्रियतमा की नरम भुजाएँ, गहन भुजमल और वक्षोज, मानो क्षीर सागर की उन्मत्त हिलोरें—उन्नत किन्तु युगल करों के स्पर्श से वैसे ही विचलित जैसे, चन्द्रमा की किरणों से उलझता ज्वार! वे कुचाग्र अन्धे रतिपति के मानो अन्तर्वेधी नयन—सपलक भी अपलक भी! वह ग्रीवा, वे कपोल, धवल भी रक्ताभ भी! आह! अधरों का आमन्त्रण और उनके बीच, फँसी मुसकान की आभा स्वरूप दन्तपंक्ति! और वे अधमुन्दे नयन, चपल जो थे पर अब विह्वल! यह मुख! रुक्मिणी, अमृत-मन्थन, वह नहीं था, यह है;—भरी शय्या तो कूर्म है, मैं ही वह मन्दराचल हूँ जिसका आतुर आलोड़न तुम्हारी देहसागर को व्यथित कर रहा है। और अमृत? अमृत है यह अनिर्वचनीय सौन्दर्य जो तुम्हारे मुखड़े के पोरों में से द्रवित हो रहा है। ओह, यह माधुर्य! यह लावण्य! सहस्रों चुम्बनों से भी खींच नहीं पा रहा हूँ। जितना ही लेता हूँ उतना ही खोता हूँ। रुक्मिणी, तुम्हारी यह भंगिमा—निमन्त्रण, रसप्लावन अतृप्ति, परिमित—क्या है यह भंगिमा?

"कवियों ने और भक्तों ने मेरे गोपीप्रेम को तो इतना बढ़ाया, लेकिन ओ मेरी चिरसहचरि, मेरे-तुम्हारे इस बन्धन को किसी ने समझा है?

"आज भी उस गोपी की याद आई जिसे अपने सुकुमार भाव-बन्धनों में मैंने कभी समेटा था। उसे देखा भी—अपने गोप के साथ ! दोनों स्थूलकाय हैं। बड़ा कुटुम्ब, बाल-बच्चे! कहाँ गई वह तरल हँसी, वह सपनों के सन्देसे वाली दृष्टि, वह सुदूर वायव्य पीर?

"क्या, टीस हुई मेरे हृदय में? क्या तड़ित-सी स्मृति झकझोर कर चली गई? नहीं! तुम कहोगी कैसा निर्मोही है यह कन्हैया! पर सच बताऊँ? गोपी के साथ वह प्रेम—भला कोई प्रेम था? माना, दृष्टि-विनिमय में मीठी कसक थी। माना आते-जाते स्पर्शों में मलय के झकोरों का-सा मधुर सुख था, माना छिप-छिपकर मिलने में आह्लादपूर्ण रोमांच था।

"पर असल में रोमों से नीचे तो वह प्यार गया ही नहीं! कवियों और भक्तों के लिए अध्यात्म और जीवात्मा का माध्यम तो बना पर प्यार, किशोर-किशोरी का वह लुका-छिपी का खेल,—वह प्यार, त्वचा को भी पूरी तरह से स्फुरित कहाँ कर पाया ?

कृतघ्न नहीं हूँ और न गोपी को भूल गया हूँ। अच्छी लगती है गोपी; दो बातें भी कर लेता हूँ, हँसी-मजाक भी। पर कहीं यह सोचती हो कि स्मृति की कन्दराओं में सोई पुरानी प्रीति की नागिन एक साथ फुफकारकर, दंशन और पीड़ा से मुझे अस्थिर कर देती है, तो ऐसा सोचना गलत होगा।...उस बीती बात में रस नहीं है, क्योंकि तब भी उसने मुझे रसप्लावित कहाँ किया था?

"रुक्मिणी, तुम्हारे प्रगाढ़ालिंगन के अमृतमन्थन की कथा कभी नहीं कही गई। परकीया प्रेम को कवियों ने बहुत बखाना, पर स्वकीया अर्धांगिनी के चिरनवीन रस को कौन बताए?"

डायरी पढ़ते-पढ़ते मुझे लगा मानो पीछे कोई अपनी खिलखिलाती हँसी को दबाने की चेष्टा कर रहा हो। मुड़कर देखता हूँ कि एक नवयुवक! हो सकता है मेरा ही पुत्र हो, हो सकता है कोई नई पीढ़ी का लेखक हो। मुझे लगा कि वह मुझसे कह रहा है, "आप भी अजब भोले हैं। अरे यही कृष्ण फिर गया होगा सत्यभामा के कक्ष में और वहाँ भी वही आह्लाद, वही रसरंग! और फिर एक-एक करके अपनी सोलह हजार रानियों के पास।...उससे बढ़कर रंगीला मॉडर्न कौन हो सकता है, साहब?"

लेकिन वह नौजवान नहीं जानता कि मेरे हाथ एक कुँजी लगी है जिसकी, मेरे जैसे रोजी-रोटी और दैनिक झंझटों में उलझे सामान्य व्यक्तियों को बहुत जरूरत है। जीवन में रूमानियत महज असामान्यों और पथभ्रष्टों की ही बपौती नहीं है।

अब आप ही चुनिए

एक बात पहले ही साफ कर दूँ।

यह लेख उस चुनाव के बारे में नहीं है जिसके द्वारा हमारी संसद अथवा राज्यों की विधान सभाओं में पहुँचा जा सकता है। यह सही है कि 'अब आप ही चुनिए'—इन शब्दों ने 1971 के संसदीय चुनाव में एक दलविशेष की ओर अनेक वोटरों को खींचा। इसीलिए ये शब्द अनेक पाठकों को जाने-पहचाने मालूम देंगे।

गणतन्त्र में चुनने का भार जनता यानी मतदाताओं पर होता है। मनोरंजन-कलाओं (संगीत, नृत्य, नाट्य तथा मंच पर विविध प्रदर्शन) का चुनाव उनके विकास, संरक्षण-संवर्धन के लिए, उन प्रशासकों, संस्थाओं एवं धनिकों का उत्तरदायित्व है जिनके पास साधन के साथ सहृदयता भी है। सहृदयता माने रसबोध, सुरुचि, कलात्मकता और भौंडेपन को चीह्नने का विवेक। इन्हीं महानुभावों से मेरा अनुरोध है कि आप ही चुनिए।

सिनेमावाले धन्ना सेठों से यह अनुरोध कैसे करूँ? उनके पास तो टका-सा जवाब है, "अजी, हमें क्या चुनना है! हम तो वही मनोरंजन तैयार करते हैं जो 'पब्लिक' चाहती है।" पब्लिक! मेरे एक जाननेवाले हैं। दूकानदार। थोक माल लाते हैं, मुनाफे से रिटेल में बेचते हैं। अकसर तबियत करती है उनकी मुनाफे के ऊपर भी मुनाफा करने की। दो ही साधन हैं, हठात् दाम बढ़ाना और माल में मिलावट करना। अकसर दोनों हरकतें करते हैं। कोई-कोई खरदिमाग पूछ बैठता है तो झट से जवाब देते हैं, "भाई साहब, मैं क्या करूँ! वह जो निच्चूमल है न, सो जो माल वह देता है, वही तो बेचता हूँ।" निच्चूमल कौन हैं, कहाँ रहते हैं, ऐसी बेजा बात क्यों करते हैं,—इसका अनुसन्धान करने का झँझट भला कौन खरीदार मोल ले? सो निच्चूमल पर भुनभुनाते हुए लोग अपना रास्ता नापते हैं। निच्चूमल का अस्तित्व और उनकी सत्ता का सिक्का खूब जम गया है।

पर मैं जानता हूँ कि निच्चूमल उन दूकानदार महोदय के ही दिमाग की उपज है। निच्चूमल वह 'डस्टबिन' (कूड़ा डालने का बर्तन) है, आसानी से अपनी सारी बेईमानियों को जिसके सुपुर्द करके वह सन्तुष्ट हो जाते हैं।

और मेरा अनुमान है कि फिल्मों को 'फाइनेंस' करनेवाले धन्ना सेठों तथा कुछ फिल्म-निर्माताओं का निच्चूमल है 'पब्लिक'! बड़ा ही सुविधाजनक कूड़ाघर है यह, जिस पर वे थोपते हैं—अपना सारा भौंडापन, सारी कुरुचियाँ, सारा वमन। नाइट क्लबों के

सीन, बेतुके तराने जो बेहिचक और बिना इजाजत हॉलीवुड से चुराए गए हैं, बेहिसाहब उछल-कूद और बेबुनियाद परिस्थितियाँ, बेसिर-पैर के कथानक—इन सभी के लिए तो जिम्मेदार है 'पब्लिक'। फिल्मों में अन्धाधुन्ध रकमें लगानेवाले नादान धनाढ्य और भानमती का कुनबा जोड़नेवाले बेचारे निर्माता करें तो क्या करें!!

तो इसलिए भारतवर्ष में लोक-मनोरंजन के सर्वाधिक शक्तिशाली माध्यम सिनेमा के विधायकों से यह अनुरोध करने का दुस्साहस मैं नहीं करूँगा।

नाट्य, नृत्य, संगीत इत्यादि प्रदर्शन-कलाओं के विकास और प्रोत्साहन की सामर्थ्य जिनके पास है, एक प्राचीन कथा की याद दिलाकर उनसे ही यह अनुरोध करता हूँ।

भारत के नाट्यशास्त्र में एक रोचक वृत्तान्त है। देवताओं के कहने पर भरतमुनि ने नाट्य का विधान किया। भरतमुनि ने जब पहले नाटक 'देवासुर संग्राम' का प्रयोग प्रस्तुत किया और उसमें दैत्यों पर देवताओं की विजय को प्रदर्शित किया तब दैत्यों ने विघ्न करके अदृश्य शक्तियों के सहारे नटों की स्मरणशक्ति, गति और चेष्टाओं को जड़ीभूत कर दिया। जैसे-तैसे करके इन्द्र के 'जर्जर' नामक शस्त्रविशेष से इन विघ्नों का शमन किया गया। जब दूसरी बार प्रयोग हुआ और उसके लिए रंगशाला तैयार कर दी गई तब प्रदर्शन के पहले ब्रह्माजी ने समझौते के तौर पर दैत्यों के नेता विरूपाक्ष को बुलाकर उससे बातचीत की और तब उन्होंने आश्वासन दिया कि नाटक केवल देवताओं या दैत्यों के लिए ही नहीं होगा, बल्कि त्रैलोक्य-भर के भावों को प्रकट करेगा तथा गृहस्थों, दैत्यों, राजाओं और ऋषियों के चरित्र को प्रदर्शित करेगा। उसमें कहीं धर्म और लोकोपदेश, कहीं क्रीड़ाएँ, कहीं धनप्राप्ति, कहीं शान्ति-प्रचार और कहीं युद्ध दिखाए जाएँगे। वह सभी प्रकार के लोगों के लिए धर्मप्रद, यशःप्रद, आयुष्यप्रद, हितकर, बुद्धि-विकासक और लोकोपदेशक होगा।

समाज के विभिन्न वर्गों के कार्यकलाप पर आधारित और सदुद्देश्यों से अनुप्राणित मनोरंजन ही लोकमानस को प्रिय रहा है। लेकिन उच्च वर्गों और नगरवासियों को न तो जनसमुदाय के कार्यकलाप में दिलचस्पी थी और न सोद्देश्य मनोरंजन में। इसलिए संस्कृत के गौरव-नाटक भरत के पंचमवेद की संज्ञा में नहीं आते। मुगलकालीन 'चेम्बर' संगीत और कत्थक नृत्य का भी यही हाल हुआ। किन्तु इस बीच बराबर ग्रामों और मेलों में, मन्दिरों और तीर्थ-स्थानों में, वन्य-जातियों की क्रीड़ास्थलियों में लोकगीत, लोकनाट्य और लोकनृत्य पनपते रहे। पाश्चात्य देशों की अपेक्षा भारत में ये विधाएँ मात्र अनगढ़ अभिव्यक्तियाँ ही नहीं रहीं। वस्तुतः 'परिमार्जित' विधाओं की अपेक्षा, ये भरत की परम्पराओं की कहीं अधिक संवर्धक रही हैं।

गांधीजी के स्वतन्त्रता-आन्दोलन में जन-मनोरंजन का उल्लास क्रान्ति और विद्रोह के तुरीयनाद में परिवर्तित हो गया। गाँव-गाँव में रागरंग के स्थान पर नारे, प्रभात फेरी के आह्वान, हुतात्माओं की याद में गीत और आश्रम-भजनावली के पद प्रतिध्वनित होने लगे। मानना होगा कि 1921 के बाद से एक तरह का 'प्योरिटिनिज्म' हमारे समाज में फैल गया। त्याग की परिधि सादे कपड़ों, सादे भोजन और रहन-सहन तक ही सीमित

न थी। नाच-गान, नौटंकी और खेल-तमाशे को आत्म-बलिदान एवं संयम के वातावरण पर आधारित स्वतन्त्रता-संग्राम के विपरीत समझा जाने लगा।

सन् 1945 में उत्तर बिहार के देहाती इलाके में वैशाली के ध्वंसावशेषों की छाया में जब मैंने एक सांस्कृतिक महोत्सव का आयोजन किया तब मुझे ऐसा लगा कि मानो मैंने मरुभूमि के अन्तस्तल में प्रवाहित होनेवाली शत-शत धाराओं को स्पर्श-मात्र से उमगा दिया हो। अंग्रेजी राज की गुलामी के बन्धन और स्वतन्त्रता-संग्राम का राग-रंग पर निषेध—सभी तो टूटते जान पड़े। सुविख्यात कलामर्मज्ञ ओ.सी. गांगुली ने एक लाख बिहारी ग्रामवासियों को सम्बोधित करते हुए याद दिलाई कि वैशाली में महामारी फैलने पर जब लिच्छवियों ने भगवान बुद्ध को आमन्त्रित किया आशीर्वाद पाने के लिए, तब गंगा-तट पर वे लोग समारोह मनाते हुए, स्वागतार्थ उपस्थित हुए—चार रंगों की पोशाक में, चार रंगों के अश्वों पर, चार रंगों की ध्वजाएँ उड़ाते हुए। सामुदायिक आमोद-प्रमोद, नृत्य और गान, साधारण-से-साधारण लिच्छवि की दैनिक चर्या के अंग थे। विभीषिकाओं से आमना-सामना होने पर भी उन्होंने इस आमोद-प्रमोद को तिलांजलि नहीं दी।

सन् '42 के आन्दोलन के तीन बरस बाद का ही तो जिक्र है। अंग्रेजी राज अपने आखिरी साँस गिन रहा था। पर उत्तर बिहार के उस इलाके ने बहुत कुछ भुगता था। हरेक थाना हफ्तों के लिए आजादी की हवा ले चुका था। उसके बाद निर्मम अत्याचार और हुकूमत की प्रतिहिंसा ने अगणित बस्तियाँ उजाड़ीं, असंख्य मुसकानें छीनीं। उस भयावह तनातनी के वातावरण में मैंने रागरंग की लय-तान क्यों छेड़ी?...क्यों अनजाने ही लिच्छवियों की लुप्त परम्परा से मैंने अपने को आविष्ट पाया। मुझे लगा, तथ्य यह नहीं है कि लोक-मानस भय और अत्याचार, विनाश एवं विभीषिकाओं से त्रस्त होने पर जड़ हो जाता है और सामुदायिक आनन्द की भावना से आलोड़ित नहीं हो पाता। कौन-सा भारतीय चिन्तन है जो चिता की अग्नि में भी अनन्तरूपी चेतन का नर्तन नहीं देखता?...केवल वही जिसे दासता और पराधीनता से मुक्ति की झलक नहीं दीख पड़ती। दासता की जंजीरें ही गति को अवरुद्ध, तान को मौन, लय को शून्य कर देती हैं।...पर जब जंजीरें तड़कने लगती हैं, जब आजादी की आहट उषा की पगध्वनियों में मिलती है, तब लोक-मानस फिर से राग, नृत्य और नाट्य के लिए बेचैन हो उठता है।

यही हुआ। सन् 1945 के प्रथम वैशाली महोत्सव में जन-मनोरंजन की धारा जो फूटी, उसकी ताज़गी 1947 के बाद से उत्तरोत्तर बढ़ती ही गई। कौन जानता था कि उस वैशाली के आँगन में गीतों की वह कथा प्रवाहित होने लगेगी जिसके बारे में सन् 1931 में कवि मनोरंजन ने आह भरी थी कि हे कवि, तू किस करुण गाथा का गान सुनाने आया है?

करुण कथा उल्लास की धारा बन गई और वैशाली में मैंने और मेरे साथियों ने उस लोक-मनोरंजन की अपरिमित सम्भावनाओं की झाँकी पाई। दिनकर की परिमार्जित भाषा में आह्वानपूर्ण कविता सुनने के बाद जब मैंने ग्रामवासियों से अपने गान उठाने को कहा तो एक बार उन्हें यकीन हुआ ही नहीं कि उन धुनों में किसी को कोई

दिलचस्पी भी हो सकती है। झिझकते स्वर फूटने लगे और उसके बाद वैशाली से मछुओं की एक टोली सामने आई जिसने चैती, कजरी तथा उस क्षेत्र की अनेक ग्राम-धुनों में झूम-झूमकर वृन्दगान प्रस्तुत किए। शायद ये मछुए उन नाविकों के वंशज हैं जिनकी नौकाएँ गंडक नदी से गंगा के पथ से होती हुई बंगाल की खाड़ी पार करके मयल द्वीप, जावा तथा श्याम तक की दौड़ लगाती थीं। भाषा निश्चय ही बदली होगी, किन्तु स्वरों में सदियों की प्रतिध्वनि समाई हुई थी। हजारों ग्रामीण नर-नारी मध्यरात्रि तक उन स्वरों पर झूमते रहे।

वैशाली महोत्सव अनेक अर्थों में स्वतन्त्र भारत के सामूहिक आमोद-प्रमोद की भावना का प्रतीक है। न तो किसी धार्मिक पर्व, न साम्प्रदायिक आग्रह और न राजनीतिक उद्देश्य से वह महोत्सव प्रभावित हुआ। उद्देश्य केवल यही था कि भारतवर्ष की प्राचीनतम गणतन्त्र-भूमि में इसके अतीत गौरव की याद में जनसाधारण गीत, नृत्य, नाट्य आदि के श्रद्धा-सुमन अर्पित करें। ऐसा करते समय उनका आत्मविश्वास पुनः जाग्रत हो एवं उनकी सांस्कृतिक अभिव्यक्ति उनकी दमित भावनाओं को प्रकट कर सके। इस उत्सव और वामपंथी इंडियन पीपुल्स थिएटर के आक्रोशपूर्ण, वर्ग संघर्षों के आह्वानों से भरपूर प्रदर्शनों में भारी अन्तर है। वैशाली महोत्सव की जनता जिहाद करने के लिए जमा नहीं होती। वहाँ नारे नहीं लगते। वहाँ तो एक लाख से ऊपर नर-नारी विमुग्ध और विमोहित होकर प्राचीन गणतन्त्र वैशाली की गौरव-गाथाएँ सुनते हैं और उनके नाट्य प्रदर्शन देखते हैं। और सुनते हैं अपनी ही बोली में वे लोकधुनें जो अगणित बार गाई जाने पर भी ताजा ही रहती हैं।

वह सिलसिला अभी तक जारी है और पिछले 27 वर्षों में वैशाली महोत्सव शायद भारतवर्ष में अपने ढंग का अनूठा महोत्सव रहा है जिसे वर्ष-प्रतिवर्ष वहाँ की जनता नए अलंकरणों से विभूषित करती रही है। मछुओं की टोली के बाद प्रकाश में आईं वहाँ की रस-विभोर नारियों की मंडलियाँ, जिनके गीतों में धीरे-धीरे ऋतुओं और पर्वों की गाथाओं के साथ-साथ प्राचीन वैशाली की गाथाएँ भी झलकने लगीं। बुद्ध और महावीर, अम्बपाली और सिंहसेनापति तथा वैशाली की अनेक प्रकार की विभूतियाँ गीतों के विषय बनने लगे—यानी आत्मविश्वास के साथ गीतों में नए गान का क्षितिज भी उदित हुआ। मुसलमानों के झरनी नृत्य को भी महोत्सव में स्थान मिला। छोटे-छोटे फटे बाँसों के टुकड़े चट्टों की तरह बजाती हुई ये टोलियाँ कर्बला की स्मृति में गोल चक्करों में नृत्य करती हैं।

सन् 1947 के बाद तुरन्त ही लोक-मनोरंजन की इन सम्भावनाओं के प्रति सारा देश जागरूक हो गया हो, ऐसी बात नहीं। किन्तु बिहार में शायद इस वजह से कि सन् 1942 का आन्दोलन वहाँ इतना तीव्र था, ग्रामीण जनता की सांस्कृतिक वाणी का ओज शीघ्र और सर्वाधिक मुखरित हुआ। दिल्ली से पहले ही वहाँ पर सन् 1951 में संगीत-नृत्य-कला अकादमी की स्थापना हुई और उसके तत्त्वावधान में पटना और रांची में लोक-महोत्सवों का आयोजन हुआ। इन लोक-महोत्सवों की विशेषता यह थी कि इनमें ग्रामों एवं आदिवासी जातियों के गीतों और नृत्य को प्रधानता दी गई। इसके अतिरिक्त

भिखारी ठाकुर जैसे लोक-रंगमंच के उत्कृष्ट कलाकारों को अवसर मिला उन लोगों के सम्मुख अपनी प्रतिभा के नमूने दिखाने का जिन्हें अनुमान ही नहीं था कि कितने हीरे धूलि-धुसरित पड़े हैं। इसमें सन्देह नहीं कि बिहार की नागरिक संस्कृति पर भी वहाँ के देहाती अँचल का व्यापक प्रभाव रहा है और इसीलिए जब पटना में सन् 1951 में भिखारी ठाकुर के नाटकों का प्रदर्शन हुआ तो असंख्य जनता उमड़ पड़ी। तब रसज्ञों को अपने मापदंड भी बदलने पड़े।

इस बीच आकाशवाणी के क्षेत्रीय केन्द्रों का विस्तार हुआ। क्षेत्रीय केन्द्रों को बहुसंख्यक जनता का सहयोग प्राप्त करने के लिए यह जरूरी था कि स्थानीय सांस्कृतिक विधाओं को अपने ब्रॉडकॉस्टिंग प्रोग्रामों में प्रमुखता दें। पटना, जालंधर, कटक, गौहाटी, इन्दौर, कालिकट, बंगलौर, धारवाड़, श्रीनगर, विजयवाड़ा—इन सभी स्थानों में तीन-चार वर्षों के दौरान नए केन्द्र खुले। यद्यपि ये केन्द्र प्रमुख केन्द्रों तथा दिल्ली से प्रसारित होनेवाले प्रोग्रामों को रिले करते थे तथापि बिना स्थानीय रंगत के इनके प्रोग्रामों की कोई सत्ता ही न हो पाई और स्थानीय रंगत केवल शास्त्रीय संगीत और नगरवासियों के हलके-फुलके गानों से ही तो प्रकट नहीं हो सकती थी। प्रादेशिक भाषाओं के साहित्य को इन केन्द्रों के द्वारा वाणी अवश्य मिली। पर साहित्यिक कार्यक्रमों के लिए श्रोता-समुदाय सीमित था। इसलिए लोकगीत और लोकनाट्य जो प्रारम्भ में केवल ग्रामीण कार्यक्रमों के अंग थे, धीरे-धीरे मनोरंजन के प्रधान साधन बन गए। ऐसे ही प्रोग्रामों में था पटना का भोजपुरी प्रोग्राम 'लोहा सिंह'। ऐसे लोकप्रिय पात्र अनेक रेडियो स्टेशनों में सक्रिय हुए। लेकिन इसके अतिरिक्त अनेक सम्मोहक और प्रभावोत्पादक कंठ आकाशवाणी द्वारा ही पहले-पहल विशाल श्रोता-समूह तक पहुँच सके। राजस्थान के जयपुर केन्द्र और सौराष्ट्र एवं गुजरात के केन्द्रों ने बीकानेर, जोधपुर, उदयपुर आदि के पुराने गायक-गायिकाओं और उनकी शैलियों को उद्भासित किया।

कुछ समय उपरान्त ये ही शैलियाँ उछलती और किलकती हुई बम्बई की फिल्मी राहों पर भटक गईं और अनेक हिन्दी फिल्मों में इन्हीं धुनों के आधार पर नए गीत प्रस्तुत हुए। देहाती लोक-रुचि का क्षितिज विस्तृत होने लगा।

सन् 1952 में पं. जवाहरलाल नेहरू ने राष्ट्रीय लोकनृत्य समारोह का सूत्रपात किया। अपनी दिव्य दृष्टि से मानो उन्होंने देखा कि भारतवर्ष की विविध रंग और स्वरों में सम्पन्न संस्कृति को यदि एक विराट स्वरूप में देशवासियों के सम्मुख प्रस्तुत नहीं किया गया तो उनमें एक राष्ट्र की भावना के बीज पड़ नहीं पाएँगे। उन्होंने यह भी देखा कि ये ग्रामवासी, ये वन्य-जातियाँ जो देश के कोने-कोने में बिखरी हुई हैं और अपने दैनिक जीवन में राग और नर्तन के उल्लास की अनुभूति को सजग रखती रही हैं, ये आखिर कब तक नगरों के कृत्रिम किन्तु अधिक चमक-दमकवाले प्रदर्शनों के प्रभाव से बच पाएँगी। यदि उन्हें बचाना है तो उन्हें अपनी ही कला और स्वर की मधुरिमा में विश्वास जमाने की जरूरत होगी। इस तरह पं. जवाहरलाल नेहरू ने राष्ट्रीय नृत्य-समारोहों में लोक-मनोरंजन की बिलकुल नई सम्भावनाओं की ओर संकेत किया। पहली बार जब

बिहार से मुझे एक लोकनर्तक-मंडली को दिल्ली भेजना हुआ तो उस दल के नायकों ने मुझसे फरमाइश की, "हम लोग दिल्ली जा रहे हैं; पोशाक भी तो ढंग की चाहिए। आप हमारे लिए कमीजों और पतलूनों का इन्तजाम कर दें।" मैंने कहा, "आप अपने इसी रंगीन दुशाले और लंगोट ही में जाकर दिल्ली में अपनी कला का प्रदर्शन करें और लौटने पर आप मुझे बताएँ कि इनसे आपका सम्मान बढ़ा या घटा। यदि सम्मान घटेगा तो मैं अवश्य ही आपके लिए कोट और पतलून की व्यवस्था करूँगा।"

वह दिन था और आज है। आदिवासियों के रंगीले किन्तु अल्प वस्त्रों की छटा दिल्ली, बम्बई, कलकत्ता, इत्यादि नगरों पर छा गई है। आन्ध्र प्रदेश के लम्बाड़ियों की 'बैकलेस' चोली, पीतल के घटों को सँभाले उनका मन्दगति नृत्य, हिमालय के जौंसर बावर की पहाड़ियों और घाटियों को गुँजानेवाले ऊर्ध्व सवरों के अनुसरण पर थिरकनेवाली पगध्वनियाँ और मध्य प्रदेश की मेरिया जाति के उमड़ती तरंगों-से नृत्य—ये सभी दिल्ली की जनता के मन में बस गए हैं।

राष्ट्रीय नृत्य-समारोह ने राज्यों में भी एक नए सिलसिले को जन्म दिया। महाराष्ट्र में 'तमाशा' और 'भवई' के विशेष वार्षिक समारोह शुरू हुए और यों विस्मृत होती हुई नाट्य शैलियों की अनेक नई टोलियाँ सामने आईं। राजस्थान में पिछले दिनों वहाँ की संगीत नाटक अकादमी के तत्त्वावधान में कभी खयाल महोत्सव, कभी भवई महोत्सव, कभी लोकनृत्य महोत्सव मनाए जाने लगे।

इधर रेडियो स्टेशनों ने सन् 1955 और 1960 के दरम्यान दर्शकों के सम्मुख नाना प्रकार के प्रोग्राम प्रस्तुत करने शुरू किए। पहली बार अनेक जात्रा-पार्टियों—मैसूर के यक्षगान, आन्ध्र के कुचिपुड़ी, बिहार के बिदेसिया, हरियाणा के सांग दलों की कला ने शहरी दर्शकों को अचरज में डाला, कभी-कभी मन्त्रमुग्ध भी किया। इस बहाने इन दलों की आमदनी का नया सिलसिला भी शुरू हुआ।

ज्यों-ज्यों पुरानी रियासतों के राजदबारों के हाथ खिंचने लगे, त्यों-त्यों नए प्रशासकों को बरबस लोकोत्सवों के आयोजनों को चालू रखने का भार ग्रहण करना पड़ा। यह बात दूसरी है कि रसज्ञता की परम्परा से विहीन जिलाधिकारियों, कमिश्नरों और मिनिस्टरों में रुचिकर और कलात्मक आयोजनों के लिए क्षमता ही न थी। भाषणों और मालाबाजी का जोर बढ़ने लगा। फिर भी सरायकेला के छाउ नर्तकों, काशी-नरेश की रामलीला मंडली, मणिपुर के महारास नर्तक इत्यादि को जन-समुदाय के समक्ष अपनी कला-प्रदर्शन के मौके मिलते रहे।

कहीं-कहीं स्थानीय संस्थाओं ने 'पेट्रोनेज' (संरक्षण) के सूखते स्रोतों को पुनर्जीवित रखने के लिए नगरों से सहायता और निर्देशन पहुँचाने की व्यवस्था की। मद्रास संगीत अकादमी ने तंजोर के निकट मेलातूर गाँव में तीन सौ साल पुराने भागवत मेल नाट्य को चालू रखने के लिए साहसपूर्ण कदम बढ़ाए। मैसूर में उडीपी ग्राम में मैसूर संगीत नाटक अकादमी ने भी वहाँ के प्राचीन यक्षगान महोत्सव के विकास के लिए बहुत कुछ साधन एकत्र किए।

सन् 1971 में रवीन्द्र जयन्ती अवसर पर विभिन्न राज्यों की राजधानियों में जो रवीन्द्र थिएटर बनाए गए उनका नागरिक जन-मनोरंजन के उन्नयन में सीमित योगदान ही रहा। किन्तु सन् 1965 के बाद से भारत सरकार द्वारा संस्थापित संगीत नाटक अकादमी ने एक सुनिश्चित योजना के आधार पर देश के विभिन्न भागों में नृत्य-नाट्य प्रदर्शन करनेवाली मंडलियों को राजधानी में आमन्त्रित किया। नई दिल्ली में विशाल जनसमुदायों के सामने खुले मंच पर इन प्रदर्शनों ने अनेक नागरिक कला-मर्मज्ञों की आँखें खोल दीं, लोक-मनोरंजन के रस और अभिव्यंजना की बारीकियों का उद्घाटन किया।

पिछले दिनों एक और भी दिशा में लोक-मनोरंजन का शंखनाद शहरी जनता को सुनाई पड़ रहा है। हबीब तनवीर को क्या सूझी कि एक अद्भुत पनवाड़ी को, जिसकी न शक्ल है न सूरत, और एक विलक्षण कथाकार (पूनाराम) को अपने नगर रायपुर के आसपास के देहातों से मय अपनी पार्टियों के, पकड़ लाए। राजधानी के कला-मर्मज्ञ दंग रह गए इन दोनों की प्रतिभा देखकर—अकेला व्यक्ति कैसे बहुपात्री अभिनय का इन्द्रजाल खड़ा कर सकता है, इसका थोड़ा-बहुत अन्दाज वे कर सके। जिस बात को बरसों से अपने लेखों और भाषणों में कहते-कहते मैं थक गया था और जिसके जवाब में मुझे प्रायः उपेक्षा, अविश्वास ही मिले और कभी-कभी यह झिड़की कि मैं दकियानूसी रंगमंच को खींचतान कर जिन्दा रखना चाहता हूँ, वही बात पूनाराम और रायपुर के पनवाड़ी ने अपनी विलक्षण परम्पराशील प्रतिभा की चन्द झाँकियों द्वारा दिल्ली के फैशनेबिल रंगमंच-विधायकों, आलोचकों और विशेषज्ञों पर तड़ित् के प्रकाश की तरह झट से ज़ाहिर कर दी।

अब तो यह आलम है कि भारतवर्ष का नौजवान और अत्याधुनिक नाटककार गिरीश कारनाड अपने 'हयवदन' नाटक में बिना झिझक के यक्षगान की शैली में संवाद, गीत और सूत्रधार-नटी की प्रस्तावना का प्रयोग करता है तो दिल्ली के अंग्रेजी समाचार-पत्रों के कॉलम 'वाहवाही' से रंग जाते हैं। इन 'वाहवाही' करनेवाले फैशनेबिल समालोचकों को क्या मालूम कि सन् 1954 ही में सुदूर बिहार में 'माथुरजी' यह प्रयोग कर चुके थे। 'कुँवरसिंह की टेक' नाटक शायद लोकनाट्य शैली में रची गई पहली आधुनिक रचना थी। यह बात जरूर है कि मैंने उनकी रचना दिल्ली के सम्भ्रान्त स्टेज के लिए नहीं की थी। मेरी रचना थी, राजस्थानी कठपुतली कलाकार सागर भट्ट और उनकी पत्नी के लिए! दोनों निरक्षर, दोनों गरीब, (उस समय तो गरीब थे ही), दोनों कलाप्रिय! लेकिन क्या जादू था सागर भट्ट की उँगलियों में, क्या उल्लास था उसकी पत्नी बसन्ती के कंठ में। 'कुँवरसिंह की टेक' के गीतों की एक-एक कड़ी उसके संवादों की एक लड़ी समा गई दोनों के स्वरों में; उसके पात्रों की एक-एक भंगिमा और मुद्रा थिरकने लगी उनकी कठपुतलियों में। कुछ ही समय में चवन्नी में अपना तमाशा दिखानेवाले सागर भट्ट ने 'कुँवरसिंह की टेक' द्वारा अपना आसन बिहार, उत्तर प्रदेश और राजस्थान के गाँवों और घरों में ऐसा जमाया कि उसे शाम को अपनी मनभावन शराब के लिए पैसा मिला, बसन्ती को नए लहँगे, चुन्दरी और चोली। और माथुरजी

को? माथुरजी को वह नियामत मिली जो हिन्दी के किसी नाटककार को नसीब नहीं हुई। सागर भट्ट अपना यह खेल दिखाता है, तो किसी को नहीं मालूम कि वह 'खेल' किसने लिखा! 'माथुरजी' को जगह मिल गई उस अनामिका रेपर्टरी में जिसमें जनमानस इसी शर्त पर किसी नाटक को शामिल करता है कि नाटककार अपने नाम-ग्राम को जताने का मोह त्याग दे। कितनी आह्लादपूर्ण अनुभूति है यह एक लेखक के लिए! दूर किसी अजाने गाँव में देहाती बस्ती के हँसते-मुस्कराते मुखड़ों के बीच 'कुँवरसिंह की टेक' का प्रदर्शन होता है; सैकड़ों का मनोरंजन, सैकड़ों का ज्ञानवर्धन, सैकड़ों के मन में कँवर सिंह की शौर्यगाथा का गेह। पर किसी को नहीं मालूम कि वे शब्द और गीत किस लेखनी की उपज हैं! इस देश में युगो-युगों से अज्ञातनामा कवि और कलाकार ही जनमानस का स्नेहपात्र बनता रहा है।...यह अज्ञातनामा स्थिति उस ख्यातनामा स्थिति से कितनी भिन्न है जो अनामिका जैसी संस्था अपने नाम के बावजूद अपने अलंकृत नाट्यकारों को प्रदान करती है!

इसी तरह कुछ बरस बाद वैसी ही शैली में लोकधुनों के आधार पर 'गगन-सवारी' नामक नाटिका भी मैंने रची। सागर भट्ट ने उसे भी अपनाया। यों न तो कोई 'प्रॉपर' साहित्यकार उस रचना को जानता है और न उसके लेखक को। हाँ, ओंकारनाथ श्रीवास्तव और आकाशवाणी में उनके साथियों ने, अर्सा हुआ, यह किंवदन्ती अलबत्ता फैला दी कि आकाशवाणी के (तत्कालीन) महानिदेशक माथुरजी के आदेश 'गगन-सवारी' (ब्रॉडकास्टिंग हाउस की सबसे ऊँची अटारी) में बैठकर लिखे जाते हैं!

इन प्रयोगों का एक असर शहरी, विदेशी और पढ़े-लिखे रसज्ञों के लिए हुआ! राजस्थान ही में जीवट कलाकारों और लोक-कलाकारों के नेता देवीलाल सामर ने कठपुतलियों का दल तैयार किया। नए खेल रचे, कठपुतलियों और दस्तानेवाली पुतलियों का गठबन्धन किया। इन सावधानी से तैयार किए गए खेलों को उन्होंने देश के बड़े-बड़े नगरों में दिखाना शुरू किया। कलाकार थे प्रायः उन्हीं के सुशिक्षित सहयोगी जिनमें से अनेक राजस्थान के परम्पराशील संगी और कलाओं में रम चुके हैं। कुछ ही समय में उन्हें विदेश के कठपुतली-समारोहों में शामिल होने का अवसर मिला। देश की इस उपेक्षित कला को कीर्ति मिली। उसके बाद भारत लौटने पर दिल्ली ही में उन्हें सम्मान मिलने लगा, निमन्त्रण प्राप्त होने लगे।

दिल्ली में अब धीरे-धीरे लोक-कलाकारों के लिए कशिश आ गई है, उन्हें स्वीकार करने की समझ भी।

पर फिर भी, दिल्ली दूरस्त!

सो क्यों?

इसलिए कि दिल्ली और अन्य महानगरियों में लोकगायकों, लोकनर्तकों तथा लोकनाट्य के कलाकारों को आमन्त्रित कर यहाँ के आरामदेह थिएटर भवनों में उनका प्रदर्शन करने से ही लोक-मनोरंजन की विधाएँ परिपुष्ट नहीं हो सकतीं। बल्कि डर तो यह है कि कहीं उनकी जड़ें ही न उखड़ने लगें। आज से लगभग 35 वर्ष हुए, श्रीमती

सरोजिनी नायडू के मुँह से मैंने सुना, "मैंने कथकली का अभिनय बम्बई के ताजमहल होटल के प्रेक्षागृह में भी देखा है और केरल के तालकुंजों की पृष्ठभूमि में भी। कोई मुकाबला ही नहीं। वे तालकुंज तथा पीतल के दीपस्तम्भ में बल खाती हुई वह लौ जैसा समाँ बाँधती थी वह भला ताजमहल होटल को कहाँ नसीब होता ?"

उससे भी बड़ी बात यह कि ये कलाएँ जब अपने ही वातावरण में प्रदर्शित होती हैं तो कलाकार का आत्मविश्वास मजबूत होता है अपनी जीवनचर्या में, अपनी उपलब्धियों में। असम के अंकिया नाट्य को मैंने वहाँ के मठ के भाओनाघर (मंडप) में देखा चटाई पर बैठकर—गायकों और वादकों के बीच।

गौहाटी के रेडियो स्टेशन के डाइरेक्टर को मैंने सुझाया, क्यो न इस मंडली को रेडियो स्टेशन पर बुलाएँ और गौहाटी के सम्भ्रान्त लोगों तथा कला-मर्मज्ञों के समक्ष उसका प्रदर्शन करें? उन्होंने मेरी बात मान ली। लेकिन उस समारोह के कुछ समय बाद उन्होंने दुखद शब्दों में लिखा कि गौहाटी नगर के प्रेक्षकों की उपेक्षा का स्पर्श पाकर छुई-मुई की तरह ये कलाकार मुरझा गए!

हम इन कलाकारों को नगरों में बुलाएँ, उनको सम्मान दें, उनके रसभीने कला-कौशल की सराहना करें। यह सब ठीक है। लेकिन अकादमियों और राज्य सरकारों का कर्त्तव्य है कि अधिकतर धनराशि वे इस बात पर व्यय करें कि ये मंडलियाँ जिन स्थलों पर अपनी कला का प्रदर्शन वर्षों से करती आई हैं वहीं पर उन्हें सुविधाएँ मिलें अपनी इस परम्परा को चालू रखने और परिपुष्ट करने की। इसके लिए आवश्यक है कि अपने मूल स्थानों में हर प्रदर्शन के लिए कुछ मानदेय दिया जाए, उनकी पोशाक इत्यादि के लिए उन्हें समय-समय पर सहारा मिले, जिस रंगशाला में वे प्रदर्शन करते हैं या जो मंडप इत्यादि बनाते हैं, उनके लिए उन्हें आवश्यक साधन उपलब्ध हों। बहुत अधिक धनराशि की इन चीजों के लिए आवश्यकता नहीं है। दिल्ली, बम्बई, मद्रास, अहमदाबाद इत्यादि बड़े नगरों में आजकल जो आधुनिक नाट्य-मंडलियाँ स्थापित हुई हैं, वे तो एक-एक खेल तैयार करने में हजारों रुपयों की माँग करते हैं। बेचारे परम्पराशील कलाकार अपने गाँवों, मन्दिरों और मेलों में वर्षों से अपने खेल दिखाते रहे हैं। उन्हें अपनी आवश्यकताओं को पूरा करने के लिए अपेक्षाकृत अल्प सहायता से ही सहारा मिल सकता है।

लेकिन इस दिशा में कदम उठाए कौन? हमारे सांस्कृतिक समारोहों के विधायकों को अधिक शराबी, अधिक सन्तोष, अधिक आह्लाद का अनुभव होता है बड़े नगरों में, बड़े-बड़े लोगों के सामने आयोजनों द्वारा। दूर किसी अनजाने कम्यूनिटी ब्लॉक में अथवा मन्दिर अथवा मेले में, खुली रंगशाला में प्रदर्शन, या वैशाली महोत्सव की भाँति शहर से दूर किसी साधारण-से गाँव में लाखों जनता के समक्ष समारोह, इनसे उस आह्लाद की अनुभूति और वह वाहवाही तो नहीं मिल पाएगी। अखबारों में शायद जिक्र भी न हो। तब फिर?

अखबारों की सुर्खियाँ नहीं मिलेंगी, कला-मर्मज्ञों से वाहवाही नहीं मिलेगी, किन्तु असंख्य नर-नारियों के कृतज्ञ नयनों की झाँकी मिलेगी...। अब आप ही चुनिए!

आखिरी गूँज

रफीक ने अपनी क्लेरियनट उठाई और पच्छिम की तरफ देखा। डूबते हुए सूरज की अन्तिम किरणें बेबसी से धरती से दूर खिंच रही थीं। बादल का नाम नहीं था। और सामने ही पतझड़ द्वारा सूने किए गए एक पेड़ की काली नसें जाला ताने खड़ी थीं, मानो उस किरणहीन आभा को समेटने की चेष्टा करती हों।

रफीक को लगा जैसे गीत की आखिरी गूँज साँझ बनकर आई हो।

उसने पुकारा, "आयशा, आयशा!" आयशा उसकी नौकरानी थी या रखैल या बीवी—यह आज तक उस नगर का कोई निवासी नहीं जान पाया। लेकिन बरसों से लोग उसे रफीक के साथ देख रहे हैं, नदी के साथ लुढ़कनेवाले पत्थर की तरह बेबस किन्तु आसक्त। रफीक, आयशा और क्लेरियनट किसी मौन सम्मिलित संगीत से अनुप्राणित वाद्यों की तरह थे जिसके रहस्य को रफीक के बैंडवाले साथी भी न समझ पाते थे।

रफीक बैंडमास्टर था, सूबे के बेहतरीन बैंडमास्टरों में से एक। उसके हाथों के इशारे पर गति उठती और गिरती थी, बिगुलों के स्वर खिंच-खिंचकर सारसों की गगनभेदी बोलियों की तरह चीख उठते, भारी और गहरे ट्रंपेट बरबस गरज उठते, गोलियों की बौछार की तरह तम्बूरे तड़प जाते, ढोल गम्भीर नाद कर देता था। उस जादूगर के एक इशारे पर स्वर, लय और नाद का महानद उमड़ आता जिसके बीच में अचल टीले की भाँति खड़ा रहता, रफीक।

और तब उस महानद की उत्ताल तरंगों पर पूनो के चाँद की मोहक रश्मियों की भाँति तरल, स्पर्शहीन किन्तु छविमान स्वर लहरियाँ क्लेरियनट से उतर-उतरकर नाचने लगतीं। पहले कुछ लजीली, कुछ झिझकती-सी, और फिर उठते खुमार की तरह मादक, उद्दामयौवना अप्सराओं की भाँति चंचल वे अभिराम स्वरलहरियाँ उस बैंड के घोर निनाद पर रजत रागिनियों का झीना ताना-बाना बुन देतीं। उस स्वरलहरी के उद्गम-स्वरूप रफीक की काली क्लेरियनट सजीव हो उठती। उन श्वासों के साथ रफीक के प्राणों का स्पन्दन खिंच आता, और तब न रफीक रफीक रहता, न क्लेरियनट क्लेरियनट। वे एक-दूसरे को पाकर एक-दूसरे में खो जाते। और स्वर्गिक स्वर की वह दीपशिखा, सुननेवालों के मन में भावों के अलक्षित जगत-मंडल को आलोकित कर देती।

रफीक की नजर उठी।

"आयशा, साफा और कमरबन्द उठा दो, जाना है।"

"कहाँ?"

"सेठ चन्दामल की लड़की की शादी है।"

रेशमी साफा, जिस पर हलके गुलाबी रंग की धारियाँ अंकित थीं, सलवटों से भरे माथे पर खिंच गया। आयशा के सधे हाथों ने न जाने कितनी बार वह साफा बाँधा होगा, वह कमरबन्द लटकाया होगा। उसने रफीक के भरे चेहरे और सुगठित शरीर की तरफ देखा। हवा का झोंका आया और रेशमी साफे का सिरा लहर उठा। पल्ला नाचने लगा। सूरज की सुनहरी किरणों ने उसके मस्तक को चमका दिया, सलवटों में छिपा मर्म क्षणभर के लिए झलक उठा।

और क्लेरियनट! रफीक और आयशा की निगाह उस पर पड़ी--एक साथ।

"हकीम साहब ने क्लेरियनट के लिए मना किया है।"

"हूँ!"

"फेफड़ों पर असर..."

"हूँ।...लेकिन आमदनी का सवाल..."

"तुम्हें किसके लिए दौलत चाहिए? मैं तो कुछ नहीं चाहती।"

"बैंड में पन्द्रह आदमी हैं; हरेक के बीवी-बच्चे हैं। मैं क्लेरियनट बजाऊँगा तो चन्दामल खासी रकम दे देगा। बहुत मालदार है।"

"पैसों की खातिर रफीक का हुनर, रफीक की सेहत।" आयशा की गहरी साँस ने कँपानेवाली शीत की तरह एक लमहे के लिए कमरे भर में सिहरन पैदा कर दी। रफीक ने खिड़की से बाहर की ओर निगाह डाली। दीवार से सटे नीम के घने पेड़ में अनगिनती अदृश्य चिड़ियाँ फुदक रही थीं, चहक रही थीं, मानो नीम की डाली-डाली, पत्ती-पत्ती मुखरित हो गई हो। रफीक थोड़ा मुस्कराकर बोला—

"आयशा, ये चिड़ियाँ गा रही हैं या रो रही हैं?"

"गा रही हैं, रोएँगी क्यों।"

"और भी कुछ।"

"क्या?"

"वहाँ उनके घोंसले हैं, बच्चे हैं, उनके दाने-पानी की भी तो बातचीत हो सकती है।"

आयशा ने एक आशा भरी दृष्टि क्लेरियनट पर डाली और चुप हो गयी।

अनायास रफीक ने क्लेरियनट को कसकर पकड़ा, मानो वह हाथ से गिरी पड़ती हो। उसकी मुस्कराहट चाँदनी में पानी की लहर की तरह चमककर गायब हो गई।

एक हजार बल्ब; पेड़ की डाली-डाली पर रोशनी। आसमान के तारे भौंचक्के होकर ताक रहे थे। शामियानों में हरे, लाल, पीले रंगों की कालीन। एक तरफ वर्दीवाले बैरा लोग और अंग्रेज मेहमानों के लिए इन्तजाम। दूसरी तरफ भट्ठी और कढ़ाई में से जल्दी-जल्दी उतरती हुई पूरी-कचौड़ी, चाँदी के वर्कों में सजे श्रीदान और एक के बाद एक, कटे खेत में जोती हुई लीकों की तरह खानेवालों की पंगतें। बीचवाले शामियाने में

सप्तर्षियों के बीच ध्रुव की तरह तबलची, सारंगीवाले, और मुसाहबों के बीच बाईजी अपनी एक-एक अदा पर पाँच-पाँच सौ का प्रसाद पा रही थीं।

सेठ चन्दामल ने भी बरसों का रुका बाँध खोल दिया। मैली धोती और तेल से पगी पुरानी पगड़ी पहन-पहनकर जो दौलत इकट्ठा की थी आज वह दौलत मानो बाहर की हवा लगते ही भागी जा रही थी और सेठ की बाँछें खिल रही थीं। ढाई आने पैसे के लिए जो रिक्शावाले की फटकारें सुनते न अघाता था वह आज ढाई हजार रुपए होटलवाले के सामने सिर्फ इसलिए फेंक रहा है कि जिससे विलायती शराब के बेहतरीन-से-बेहतरीन नमूने मेहमानों के सामने मौजूद हों। चार दिन पहले अपनी सैकड़ों कोठरियों में से एक अन्धी गन्दी कोठरी के गरीब किराएदार धन्न चामर से लड़-झगड़कर किराए के चार रुपए वसूल करनेवाले सेठजी चार हजार रुपए जालौन की आतिशबाजी वाले को बख्शीश दे रहे हैं।

और दुनिया वाह-वाह कर रही है। रफीक ने दूर से देखा, सेठ चन्दामल फूल-पत्तियों से सजे दरवाजे के पास खड़े अतिथियों का स्वागत कर रहे हैं और उनसे तारीफें सुन-सुनकर मगन हो रहे हैं। गुलाबी छींटेदार नई पगड़ी में फँसा काला मोटा चेहरा, रुपयों की थैलियों की तरह लटकते हुए गाल, दोनों तरफ बेखबर झुकी हुई गंगा-जमुनी मूँछों के नीचे मोटे बैंजनी होंठ और आँखें मानो लकड़ी में गाँठें पड़ी हों। रफीक उस चेहरे और वैसे कई चेहरे देखने का आदी था, पर आज वह सूरत उसे डरावनी जान पड़ी। आज जब उसकी निगाह नीचे की तरफ गई तो उन दो पतली बदनुमा टाँगों पर स्थित मांसल स्थूलता को देखकर वह एक क्षण के लिए घबरा उठा और उसने क्लेरियनट को कसकर दबा लिया, मानो उस मासूम क्लेरियनट पर वह स्थूलता बलात्कार करना चाहती हो, मानो...।

"और जी मुनीमजी, यह अंग्रेजी बाजा कब बजेगा?" एक बराती ने सेठ के मुनीम से पूछा।

"अभी बज़ा जाए है। बड़ा लाजवाब बैंड है जी। लाट साहब के यहाँ बैंडों की बाजी जगी थी तो दूसरे नम्बर आया था।"

"यह बात है!"

"लेता भी तो दो सौ रुपए है एक शाम के। हमारे सेठजी जैसे ही लोग तो बुलावे हैं।...क्यों उस्तादजी दिखा दो न कुछ हुनर?" मुनीम रफीक की ओर मुखातिब होकर बोला।

रफीक ने मुनीम की आवाज सुनी और उसकी तबीयत की कि वह दूर भाग जाए। क्यों, वह समझ न सका। आज तो वह दो सौ के अलावा सौ रुपए बख्शीश के माँगनेवाला था। आज तो इस जमाव के सामने उसे अपने हुनर का नायाब नमूना पेश करना है। आज तो उसे वह चीज बजानी है जिसे सुनकर मेहमान और मेजबान और तमाशबीन फड़क उठें। फड़क उठें!...रफीक ने सेठ को देखा, उसके दूत मुनीम को देखा। क्या वे लोग फड़क सकते हैं? और वे गुदगुदे सोफों पर बैठे हुए आला सरकारी अफसर जो अपनी आठ सौ रुपए तनख्वाह की खातिर अपना वक्त दफ्तर, दोस्तों और दावतों

में बड़ी संजीदगी के साथ लगाते हैं; वह कंट्रेक्टर साहब जिन्होंने खुशामद, रिश्वत और रसूख की बदौलत अपने लिए महल के महल खड़े कर लिए, वह अमरपुर के नवाब साहब जो जमाने के साथ अपना चपकन और पाजामा छोड़कर पतलून और टाई में आ गए हैं, पर जिनकी गाँववाली हवेली के बाहर ही कूड़े-कीचड़ और गुलामी के घोंसलों में पले वे परकैंच पंछी फड़फड़ाते रहते हैं, जिन्हें दुनिया रैयत कहती है—रफीक ने सोचा, क्या ये लोग फड़क सकते हैं!! दुनियादारी और ऐश और आत्मतृप्ति के अनेकों स्तर जिन दिलों पर जम गए हैं उन तक क्या ये स्वरलहरियाँ पहुँच सकेंगी ? लेकिन कम्पनीबाग में हर शनिचर को बैंड के चारों ओर शमा को घेरनेवाले परवानों की तरह जो तमाशबीन इकट्ठा होते थे वे तो सहज ही फड़क जाते थे। कैसा मन्त्रमुग्ध-सा खड़ा देखता था वह काला पंखाकुली जिसके माँ-बाप बचपन में मर गए थे और जो साहब के बरामदे में बिना कुछ ओढ़े हुए जाड़ों की रातें गुजारता था; और वह बुन्दू इक्केवाला जो कुछ लमहों के लिए अपने घोड़े को गाली देना भी भूल जाता; और वह गरीब पंडित जो बीस बरस से चटशाला में लड़कों को पढ़ाते-पढ़ाते भी अभी तक बीस रुपए माहवार पा रहा है! वे सब लोग तो क्लेरियनट की कशिश को रोक ही न पाते थे। रफीक ने सोचा, क्यों न अपने बैंड को समूचा उठाकर कम्पनीबाग में ले जाऊँ, जहाँ मेरी क्लेरियनट के सुर चम्पा की सुगन्ध की तरह बरबस दिल-दिल में बस जाएँ, और...

"उस्ताद, उस्ताद!" पास खड़े बिगुलवाले ने रफीक को झकझोरते हुए कहा।

"ऐं ?"

"आप सो रहे हैं उस्ताद! इशारा दीजिए, बैंडवाले इन्तजारी में हैं।"

रफीक ने खोई-सी निगाह अपने लाल वर्दीवाले साथियों पर डाली। चिड़िया के बच्चे अपनी नन्हीं चोंचें आतुरता से खोले माँ के दानों की जैसे प्रतीक्षा करते हैं ऐसे ही वे सब रफीक के इशारे का इन्तजार कर रहे थे। होंठों पर बिगुल, हाथों में तम्बूरे और ढोल बजाने की लकड़ियाँ और आँखों में बेताबी। रफीक के हाथ ऊपर से नीचे और फिर बाएँ-दाएँ चलने लगे; यन्त्र घुमाते ही मानो फव्वारे की कई धाराएँ एक साथ फूट पड़ीं। रफीक की मुट्ठी अदृश्य सूत्रों को कभी खींचती, कभी ढील देती, कभी गगन-मंडल की तरफ उठा ले जाती और कभी धरती से जा मिलाती। बाँदियों की तरह वे ध्वनियाँ इधर-उधर नाचती फिर रही थीं। वह सुनिए—वह कनकपरी-सी कामिनियों का झूमना, उधर उन चंचल पदवाली नवोढाओं का छितरना या उन श्लथ गजगामिनी रससिक्त विलासिनियों का विहरना...।

और रफीक के हाथ चल रहे थे, ऐसे ही जैसे बरसों से ऐसे मौके पर चलते आ रहे हैं—कोई प्रयास नहीं, कोई खास कोशिश नहीं। वह सोच रहा था और हाथ उसके चल रहे थे, साइकिल की फ्री-ह्वील की तरह मन उसका अलग विचर रहा था। थोड़ी देर के लिए फिर उसे ताज्जुब हुआ कि यों अपने से बाहर वह क्योंकर हो गया। बरसों से शादियों और उत्सवों पर वह बाजा बजाता रहा है, बिलकुल तन्मय होकर बैंड को साधता रहा है; वह तो अपने को खो देता था। लेकिन आज? रफीक ने सोचा, आज

मैं जो देख रहा हूँ वह मैंने पहले क्यों नहीं देखा? मेरे ये बेसुध बैंडवाले साथी भी तो उसे नहीं देख पा रहे हैं। ये नादान बच्चे अपने चारों तरफ घिरती हुई साजिश को नहीं देख रहे हैं। नादान, मासूम...बैंड जारी था। भावों का सिलसिला भी जारी था। घिरे हुए, घिरे हुए...

मेहमानों के कई जमघट थे जिनकी ओर बैंड के स्वर उमड़ते, पर मानो आह करके रह जाते जैसे सागर की लहरें चट्टानों से टकराकर बिखर रही हों। कितनी चट्टानें थीं वहाँ! वकील साहब और नवाब साहब, बैंक के मैनेजर और कंट्रैक्टर, इंकमटैक्स अफसर और लाला अमोलकचन्द–बातों में मशगूल बेखबर।

"बात यह है नवाब साहब कि जमींदारी के साथ आजकल कुछ कारबार की भी जरूरत है।"

"फरमाते तो आप दुरुस्त हैं।"

"कहिए तो शेयर-वेयर का इन्तजाम करूँ। सेठ मुझे बहुत मानता है।"

और–

"मि. घरनसिंह, बैंक के रेपुटेशन भी तो कोई चीज है।"

"लेकिन आप कर्जे की शर्तें तो मुनासिब रखें, तभी तो। साठ मकान बनवाने का ठेका मिला है। कुछ रुपया आपकी नज़र रहेगा, पर बैंक से एडवांस में अच्छी रकम दिलवाइए।"

और–

"हूजूर तो सब जानते हैं; आजकल मुनाफा कहाँ मिलता है। सब व्यापार तो चौपट हो गया।"

"अजी लालाजी, हाथ को हाथ से सहारा मिलता है।"

"हँ हँ हँ! वह तो हई है हुजूर। हजार-पाँच सौ का तो इन्तजाम हो ही जाएगा।"

और बैंड बज रहा हैं सुधा बरस रही, बरस रही है। पर चट्टानों में गड्ढ़े भी नहीं जहाँ वह चुल्लू-भर भी ठहर सके।

बाजा रुका। मुनीम और मेहमान, जो फरमाइश करने के बाद ही से दहेज के ब्योरे बखानने में लग गए थे, बाजा रुकने पर रफीक के करीब को आए।

"उस्ताद, कुछ चीज जमी नहीं।"

"जी," रफीक को लगा मानो रेत चबा रहा हो।

"मुनीमजी, क्लेरियनट तो बजी ही नहीं। कुछ मजा नहीं आया।" रफीक सिहर उठा। उसे लगा मानो चट्टानें चलने लगीं। मानो उसे और उसकी प्यारी क्लेरियनट को घेरने के लिए चट्टानें बढ़ रही हैं। उसने कसकर क्लेरियनट को पकड़ा।

"ऐसे काम नहीं चलेगा रफीक मियाँ। बे-मेहतन के रुपया नहीं मिलेगा। बख्शीश लेने के वक्त तो फौरन हाथ बढ़ जाते हैं।"

रफीक ने जैसे सुना ही न हो। चट्टानें बढ़ रही हैं। हाय, कैसे बचाऊँ? कैसे बचाऊँ? कैसे बचाऊँ अपनी क्लेरियनट को!

लाल वर्दीवाले एक बाजेवाले ने कहा, "उस्ताद! सुना दो एक चीज।"

और रफीक सोच रहा था, 'नादान साथियो, क्यों नहीं तुम देख पाते हो जो मैं देख रहा हूँ? बढ़ती हुई दम घोटनेवाली चट्टानें!'

"उस्ताद, क्लेरियनट उठाइए, ऐसे काम नहीं चलेगा। हम लोगों की रोजी की बात है। महीनों में कभी तो ऐसे मौके होते हैं जब दो सौ-तीन सौ रुपए बख्शीश में मिलें। सभी को जरूरत है। बदलू मियाँ की माँ बीमार है। रामलाल का घर पिछली बरसात से टूटा पड़ा है। मेरी घरवाली बच्चों के कपड़ों को तरसती है। उस्ताद, क्लेरियनट उठाइए, क्लेरियनट! उसी का तो जौहर है।"

रोजी की बात! बीमारी, टूटा घर, कपड़े। रफीक चौंक पड़ा। उसे लगा जैसे बादलों में गुमराह सूरज ने एक बार चमककर दुनिया की असली सूरत सामने ला दी हो। वह किस खामो-खयाली में पड़ गया था। रफीक, बैंडमास्टर रफीक अपना कर्ज अदा करेगा, अपना जौहर दिखाएगा। जैसा वह बरसों से करता आया है। तभी तो उसको और उसके साथियों को मजदूरी मिलेगी। उतनी मजदूरी से ही तो काम नहीं चलता। मोटी बख्शीश भी तो लेनी है जिससे और जरूरियात पूरी हों। बख्शीश...बख्शीश...!

रफीक की क्लेरियनट होंठों से जा लगी। बुझते हुए कोयलों में जैसे किसी ने फूँक मारना शुरू किया हो और वे धीरे-धीरे फिर से सुलगते हों, ऐसे ही वे बैंडवाले नई मस्ती से प्रज्वलित होने लगे। और वह फूँक जोर पकड़ती गई। वह क्लेरियनट की फूँक थी या एक लपट या तड़ित् की एक टुकड़ी जिसने सारे मजमे को चकाचौंध कर दिया। वह फैलती ही गई और इतने बड़े जमघट में नीरव भी फैलता गया। खानेवालों के हाथ थम गए, परोसनेवाले ठिठककर रह गए, कहकहे मारनेवाले अवाक् रह गए। नीले आसमान के गुम्बज पर वह रागिनी सरकने लगी—किवाड़ के सन्द में से सनसन करनेवाले समीर की तरह। फिर वह बढ़ी निरावलम्ब, छल-छल, कल-कल, अमल बुदबुदों की-सी रागिनी और फिर मानो सारा गुम्बज गूँजने लगा—गुनन, गुनन, गुनन, गुनन। ध्वनि, प्रतिध्वनि, गूँज-पर-गूँज!!

सेठ चन्दामल का ध्यान बँटा, 'बजा तो अच्छा रहा है यह रफीक। मेरी बेटी की शादी में ही हुनर न दिखाता तो कब दिखाता? चलो, मैं भी जरा इसे निहाल कर दूँ। गरीब आदमी है।' सेठजी ने अंटी में से सौ-सौ के दो नोट निकाले। सोचा, 'मौके-मौके पर बात अच्छी लगती है। इसी वक्त जो हथेली पर दो सौ रखूँगा तो लोग खूब वाहवाही करेंगे कि देखो सेठजी ने भी क्या कदरदानी दिखाई है।'

मुट्ठी में नोट बाँधे, मुस्काते-मुस्काते सेठजी ने बैंडवालों की ओर कदम बढ़ाए।

रफीक की आँखें क्लेरियनट की नोक के ऊपर थीं, खुली मगर दृष्टिशून्य—मानो और इन्द्रियों के साथ आँखें भी रागिनी की मादकता में केन्द्रीभूत हो गई हों।

सहसा उसे लगा कि कोई विशाल छाया उस पर क्लेरियनट पर पड़कर स्वरों को रोक रही है। उसने देखा—'ऐं, यह क्या, वह चट्टान मेरी ओर आ रही है—वह सेठजी ! उनका काला ढीला चमचमाता हुआ चेहरा कैसा डरावना है। हाथ बाँधें हैं। जरूर मुझसे

मेरी प्यारी क्लेरियनट छीनने के लिए आ रहे हैं। उनकी आँखें जल रही हैं, उनके नथुने फूले हुए हैं। जरूर वह मुझे भी मेरी क्लेरियनट से अलग कर देंगे। तब मैं कैसे जिऊँगा? मेरी सारी साँस तो क्लेरियनट के भीतर ही है। अच्छा, तो मैं भी क्लेरियनट को होंठों से बिलकुल दबाए लेता हूँ और जोर से, बहुत जोर-जोर से फूँक मारूँगा। जिससे ताँता न टूटे। साँस का एक लगातार बहाव जारी रहे। तब तो क्लेरियनट मुझसे नहीं छूटेगी, नहीं छूटेगी, नहीं, नहीं...'

सेठ चन्दामल और आगे बढ़े। रफीक बदहवास था। सारा बैंड एक चोट में ही शीशे के फानूस की तरह गिरकर चूर-चूर हो गया। बिगुल, ट्रंपैट, ढोल सबकी आवाजें तितर-बितर हो गईं। रागिनी के तार टूक-टूक हो गए। और इस हलचल के ऊपर से एक करुण दर्द-भरा न रुकनेवाला स्वर क्लेरियनट से निकल-निकलकर सारे वायुमंडल में व्याप्त होने लगा, मानो व्याध के हाथ में फँसा हुआ पंछी चीख रहा हो, चीख रहा हो।

रफीक का सिर आयशा की गोदी में था। मुँह में से खून की धारा बह रही थी। हकीम ने कहा कि जोर पड़ने की वजह से फेफड़े फट गए हैं।

और रफीक की कसकर बँधी हुई मुट्ठी में थी उसकी क्लेरियनट।

कोहरा छँट गया

जैसे उजाला होने से पहले सफेद कोहरे की टुकड़ी धरती के अन्धियाले और आकाश की नीलिमा के बीच सिकुड़ी-सी अधर में लटकी हो—ऐसी ही मेरी तितली।

तितली उसे कहता हूँ उसके रंग-बिरंगे कपड़े देखकर, और इसलिए कि मैंने एक रोज उसे सुझाया था कि मेरे लिए उसका प्रेम शायद ऐसा ही है जैसा एक तितली का बाग के नए फूल के लिए। बीसियों फूल खिलेंगे और उसका भी चित्त भटक जाएगा। और वह बिगड़ उठी।

लेकिन असल में न तो उसमें तितली की अस्थिरता है और न मुझमें फूल का सौरभ। जैसे खिड़की से कमरे में आकर एक चिड़िया बाहर जाने का रास्ता भूल जाए, ऐसी भटकती-सी हैं उसकी आँखें। और ज़ब वह मुस्कराती नहीं तो मैं काँप उठता हूँ। उस समय वह तितली नहीं, दीपक की लौ बन जाती है, या तूफान से छिटकी हुई हवा की एक लहर, या वही एकाकी, मौन, शुभ्र कोहरे की टुकड़ी।

फिर भी मैं उसे तितली कहता हूँ, इसलिए कि उसके उस सौम्य रूप को भूल जाऊँ। भूल जाऊँ प्यार के उस निर्वाक्, निर्निमेष, सीमाहीन शीतल अनुभव को; शीतल ऐसा मानो किसी ने ठंडे लोहे के टुकड़े को छुआ हो।

आप यकीन नहीं करेंगे। उस प्यार की साँसों में गरमी नहीं थी, उस चुम्बन में मादकता नहीं थी, उस स्पर्श में ताप नहीं था। वहाँ तो एक सिहरन थी, एक ठिरन। जाड़े में चोट लगने पर रक्त नीला होकर जम जाता है। उसकी भावनाएँ मुझसे टकराकर जम गई थीं और मैं उसके उस नीले सौन्दर्य को देखकर सिहर उठता था।

एक, दो, तीन—लगातार तीन चिट्ठियाँ आईं, पर मैंने कलम न उठाई। आज फिर उसकी चिट्ठी आई है। "जवाब क्यों नहीं दिया? इज्जत का खयाल था? इज्जत इतनी प्यारी है ?"

मैं फिर काँप उठा। हाँ, मुझे इज्ज़त प्यारी हैं मुझे इस प्रेम के मौन पागलपन से भय लगता है। मैं तुम्हारी इस अव्यक्त आतुरता से दूर हटना चाहता हूँ।

मैं जीवन की असलियत को जानता हूँ। मेरे पैर धरती पर जमे हैं। मैंने दुनिया देखी है। मैंने किताबें पढ़ी हैं, अध्ययन किया है। मैं जानता हूँ कि जिन्दगी में पीड़ा है, ओछापन है, स्वार्थ है, घोर पार्थिवता है। तितली, तुम्हारी इन क्यारियों के परे एक और भी तो दुनिया है, गरीबों की दुनिया, पूँजीपतियों के शिकार मजलूमों की दुनिया, भूखे किसानों की दुनिया!

मैं फिर काँप उठा। मेरे बँगले के सामने सड़क बन रही थी। जेठ की दुपहरी में, तपते हुए ताँबे के-से चेहरेवाले मजदूर खट-खट पुरानी सड़क को गैंती से खोद रहे थे। लू के थपेड़े आते थे और उनके पसीने को सुखा ले जाते थे। कमर तक नंगे, जाँघ तक नंगे, हाड़-मांस के वे पुतले केवल साँस पूरी करने के लिए गर्दन उठाते थे, वरना लगातार वही खट, खट, खट। दूर पर जंजीरों में बँधे दानव की तरह एंजिन खड़ा था। ड्राइवर उसके पुर्जे ठीक कर रहा था—खट, खट, खट। मेरे चारों ओर हवा में जैसे कोई कीलें ठोंक रहा हो—खट, खट। मैं उठा; मेरे कदमों में भी मानो किसी ने वही ध्वनि भर दी थी—खट, खट, खट।

बराबर में महाजन की दुकान है। महाजन महाजन है, लेकिन पान की भी दूकान करता है। शुरू में महाजन की बीवी, यानी मलकिन की रसीली आँखों ने नए रोजगार को चमका दिया था। अब न उन आँखों में रस है, और न उस ढलती जवानी में बाबुओं का मनबहलाव। लेकिन अब महाजन की बिटिया 'तैयार' हो गई है। उठता यौवन, थिरकते पैर, चंचल नयन,—महाजन की बिटिया बाबुओं की जबान में एक 'चीज' थी। मैं रोज देखता था—बाबू ने पान माँगा, उसने उसी अन्दाज से झुककर अँगड़ाई ली, उसकी कमर में उतनी ही लचक आई, उसके होंठों पर उतनी ही मुसकान चमकी; उतने ही मिनटों में पान लगाकर ठीक उसी अदा से उसने बाबू को पान पकड़ाया, और बाबू की बाँछें खिल गईं। रोज वही बात, हर बाबू के साथ वही व्यवहार, ग्राहक का उतना ही मनोरंजन। मुझे जान पड़ा मानो महाजन की बिटिया भी मशीन बन गई है। जब वह मुझे पान देने आई तो उसकी हर क्रिया में, हर अदा में मुझे वही ध्वनि सुनाई दी—खट, खट, खट।

पास ही महाजन बैठा था। न अपनी बीवी और बाबुओं की इशारेबाजी पर उसे आपत्ति थी और न अपनी बिटिया से ठिठोली करनेवालों से वह झगड़ता है। महाजन व्यौपारी आदमी है। हर बात को रोजगार की दृष्टि से देखता है। बाबुओं के मनबहलाव से उसे पैसा मिला। बाबू लोग जिसे इज्जत कहते हैं वह तो उन्हीं की भाषा का शब्द है। छोटे लोगों और व्यौपारियों की भाषा में इज्जत नाम का कोई शब्द नहीं। महाजन ने पूँजी इकट्ठा की, बाबुओं की बदौलत; अब वह उस पूँजी को बढ़ाता है—मजदूरों, कुलियों, इक्केवालों की बदौलत। जरूरत के वक्त उधार देता है, मौका पड़ने पर दुगुना वसूल करता है। महाजन व्यौपारी आदमी है। उसके होंठों पर मुसकान आते हुए डरती है, उसकी आँखें चलती नहीं, केवल आगे या पीछे सरकती हैं। मटमैली धोती और बनयान के नीचे उसका काला, मोटा और भद्दी तरह से चमकता हुआ शरीर तेल के पीपों की याद दिलाता है। महाजन रोजगार को अच्छी तरह समझता है। इसलिए प्रतिदिन बिला नागा दोपहर में वह घंटेभर रामायण भी बाँचता है। वह जानता है कि व्यौपारियों की इस सृष्टि में रामजी सबसे बड़े व्यौपारी हैं। "आगे चले बहुरि रघुराई। ऋष्यमूक पर्वत..." अटकती-सी उस बेसुरी आवाज में भी जैसे किसी ने उसी घड़ी की चाभी भर दी हो, मेरे कानों में रामायण के वे शब्द भी मानो कह रहे थे—खट, खट, खट।

सहसा महाजन ने पुकारा, "चन्दन, ओ चन्दन!" उसकी नजरों का पीछा करते हुए मैंने देखा, सड़क पर काम करते हुए मजदूरों में से एक के हाथ रुके। उसकी गर्दन उठी। महाजन बोला, "अरे चन्दन, हिसाब करने की मरजी है या नहीं। उतरते जाड़ों में रुपया लिया था। पाँच महीने होने आए। कहाँ तक सबर करूँ?"

"थोड़ा और ठहर जाओ, महाजन। दस दिन की बात..."

"हर तकाजे पै वही जवाब तैयार। अरे, तू कौन मेरा दामाद है जो तेरे नखरे बर्दाश्त करूँ। देना है दे, वरना साफ नहीं कर दे। फिर सब वसूल कर लूँगा।"

मैंने देखा, चन्दन के चेहरे पर न जाने किस लोक की मुसकान पलभर को चमकी और फिर गायब हो गई। आँखें गड़ाकर मैंने उसकी ओर देखा, नौजवान आदमी, गठा शरीर, मेहतन और भूख ने अभी उसके ताजेपन पर अपने कारनामे न दिखाए थे। रंग गेहुँआ, सुघड़ नाक, चौड़ी छाती, छरहरा बदन, हाथ की गैंती पर झुका हुआ वह मजदूर सौन्दर्य, स्वास्थ्य और सत्य की दुनिया से भटका हुआ किन्नर जान पड़ता था। महाजन की दूकान के शीशे में मैंने अपनी शक्ल देखी, तेल से चुपड़े बाल, चश्मे के पीछे थकी-सी आँखें, गिरते हुए गाल, सूखते से होंठ, पतली गर्दन। आँखें फेरकर फिर चन्दन की ओर निगाह डाली। उसकी झुकी पीठ दिखाई दी। धूप में खल के नीचे खून चमक रहा था। शीशे में अपनी छाया और धूप में चन्दन की पीठ की चमक!...मैं...फिर काँप उठा।

उस समय मुझे जान पड़ा जैसे तितली का वह सारा संसार बर्फ के सफेद महल के समान गरमी पाकर गल रहा है। उसका सारा सौन्दर्य, उसका सारा सपना, उसका सारा जादू धीरे-धीरे पिघलने लगा—टप, टप, टप।

मैंने सोच लिया। मैं जवाब नहीं दूँगा।

—

चाँदनी रात। जेठ की दुपहरी मानो अपने सताए हुओं को मनाने के लिए मनमोहक रूप धरकर आई हो। टूटी खपरैलों पर किरणें नाचने लगीं। पीपल के पत्ते हँसने लगे। प्रेमी की आतुर ऊँगलियों की तरह चाँद की किरणें धरती के छिपे-से-छिपे अंगों को जगाने लगीं।

चाँदनी बरस रही थी या जादू बरस रहा था। कहाँ थी अब महाजन की मनहूस दूकान, कहाँ थीं वे गन्दी कोठरियाँ, कहाँ थे वे टूटे हुए इक्के? चाँदनी के झीने परदे ने सब कुछ बदल दिया था। चुपचाप चाँदी के कण बिखर रहे थे। सारा करनपुर मानो एक सुनी हुई रागिनी की याद मे अधखुले नयनों से झूम रहा था।

सहसा उस मौन रागिनी में बीसियों स्वरों का वेग उमड़ पड़ा। अपने दरवाजे से मैंने देखा, कुलियों और मजदूरों का एक समूह गाता-बजाता चला आ रहा था। एक के गले में ढोल लटका था, एक के हाथों में झाँझ थी। एक ने लाल रंग की धोती को सिर तक ढककर नटिनी का वेश बनाया था। अपनी मजबूत कमर को बेढंगेपन से मटकाता

हुआ, हाथ-पैरों को इधर-उधर फेंकता हुआ वह 'जन्तु' भी चाँदनी में गन्धर्व जान पड़ता था। पास ही उन्मत्त स्वर में चन्दन गा रहा था और अन्य मजदूर उसके शब्दों को दुहरा रहे थे–

"कैसी सजाई सेजइया, कमर मोरी लचकै।
ए मोरे साजन, कलाई मोरी तड़कै॥"

ढोल पर हथेलियाँ थिरकने लगीं। नटिनी ने पलभर में न जाने कितने चक्कर लगा लिए। आपसे-आप ताल ठुकने लगीं, गरदनें हिलने लगीं। मोटी, फटी बेसुरी आवाजों के उस कोरस में से एक ऐसा विराट संगीत उमड़ पड़ा जैसा सागर की उन्मत्त लहरों में से निकलता है।

बाहर निकलकर मैंने देखा, जुलूस महाजन की दुकान के आगे रुका। मालकिन दूकान के तख्त पर बैठी थी। बराबर में बिटिया खड़ी थी। महाजन शायद अन्दर था, मानो उस मस्ती की दुनिया से वह निर्वासित कर दिया गया हो। सामने गानेवालों की टोली जमी हुई थी। आसपास के बुड्ढे और बच्चे दर्शक थे। बच्चे ताली पीटते; नौजवान आवाजें कसते और बुड्ढे सिर्फ मुस्कराकर रह जाते थे। वह दृश्य मानो करनपुर की मानवी धरती से उठकर किसी स्वर्गिक लोक में चला गया था। मालकिन उस लोक की रानी थी; बिटिया राजकुमारी, चन्दन और उसके साथी गन्धर्व। चन्दन गाता था या उसकी आत्मा बोलती थी। मलकिन परियों की रानी की तरह गाम्भीर्य और दर्प की मूर्ति बनी बैठी थी। बिटिया की आँखों में गाने की हर लड़ी के लिए मूक प्रशंसा थी, होंठों पर रसीली हँसी। आँचल सरका पड़ता था, अंग-प्रत्यंग कुछ कहने को आतुर हो रहे थे।

मैं अवाक् था। दिन के सारे दृश्य स्मृति के अन्धकार में डूबते-से जान पड़े, जैसे वह बाबुओंवाली बिटिया स्वप्न थी और यह राजकुमारी सत्य, जैसे वे सड़क कूटनेवाले मजदूर एक भूली हुई दुनिया के भूत थे और ये गन्धर्व ही जीते-जागते मानव।

मेरे हृदय में पीड़ा उठी, मेरे मस्तिष्क में अनिश्चय और सन्देह का कुहासा। और मैं चल पड़ा मानो किसी खोई वस्तु की खोज में निकला हूँ। वह परियों का संसार मानो मुझ पर हँस रहा था, वह अनर्गल संगीत मानो मेरी नादानी का ही ढोल पीट रहा था, वह झाँझ मानो मेरे संशय को ही सुना रहे थे।

सत्य या असत्य, स्वप्न या वस्तु, रस्सी या साँप!!

पैर आगे बढ़ रहे थे, सिर चक्कर खा रहा था। धीरे-धीरे वह गायन भी मन्द होता गया। दूर से उस नीरवता को भेदता हुआ वह स्वर मेरे कानों में पड़ रहा था और मैं उससे बचने के लिए आगे बढ़ रहा था। स्वर मन्द हो गया, बहुत मन्द और फिर शान्त।

चाँदनी थी, झाड़ियाँ थीं, मैं था, और मेरे हृदय में उठता हुआ कोहरा और उस कोहरे में तितली की अस्पष्ट मूर्ति। मैं मूर्तिवत् खड़ा रहा।

वही कँपानेवाला शीत, वही ठिरन, वही बर्फ का महल। उतरा हुआ जादू फिर चढ़ रहा था।

मुझे मालूम न हुआ कि मैं कब लौट पड़ा। जब कानों में कुछ मन्द और अस्पष्ट

शब्द सुनाई पड़े तो मैंने देखा कि मैं अपने बँगले के निकट महाजन की दुकान के पिछवाड़े तक पहुँच गया था। दुकान के पीछे ही दो गुलमोहर के पेड़ हैं जिनकी झुकी हुई डालियाँ दोपहर में कुलियों के बच्चों के लिए झूले का काम देती हैं। रात में पत्तियों के बीच चाँदनी छन-छनकर आ रही थी और अँधेरे और उजाले का ताना-बाना बुन रही थी। उन्हीं डालियों में से एक के सहारे वही दो व्यक्ति खड़े थे जिनके अस्पष्ट शब्द मेरे कानों में पड़े। दबे पाँव मैं आगे बढ़ा। मैंने देखा, एक अनिवर्चनीय दृश्य।

चन्दन और महाजन की बिटिया—राजकुमारी और गायक, अप्सरा और गन्धर्व—प्रगाढ़ालिंगन में। भुजाओं-में-भुजा, वक्ष-पर-वक्ष, अधरों-पर-अधर!

कोहरा हट गया। तितली की मूर्ति साफ झलकने लगी। बर्फ का महल संगमरमर का महल बन गया।

कमरे में आकर मैंने कलम उठाई और लिखना शुरू किया, "मेरी तितली,..."

क्या लिखा यह आपको न बताऊँगा। वह आपके मतलब की बात नहीं।

भाग-3

स्फुट निबन्ध

बहुजन सम्प्रेषण के माध्यम

(मास-मीडिया की कथा)

मेरे अपने छोटे भाई गिरीश
और
उनकी पत्नी शान्ता
को,
जो इस पुस्तक में वर्णित चुनौतियों की मनोवैज्ञानिक गहराइयों के ज्ञाता हैं।

प्राक्कथन

यह पुस्तक एक आवश्यकता की पूर्त्ति करने के लिए लिखी गई है। फिल्म, रेडियो, समाचारपत्र, टेलीविजन, पोस्टर, ग्रामोफोन-रेकॉर्ड, बड़ी संख्या में छपनेवाली पुस्तकें—इनमें से प्रत्येक को भारतीय समाज में अलग-अलग विधा के रूप में समझा जाता रहा है। इस बात पर बहुत कम विचार हुआ है कि इन विधाओं का आपस में किस तरह का सम्बन्ध है। इनकी तकनीकें जुदा और शैलियाँ भिन्न दिखने पर भी इनकी मूलभूत प्रक्रिया एक ही है—इस तथ्य का ज्ञान और विश्लेषण हिन्दी-पाठकों के लिए अब तक नहीं हो पाया है।

वह मूलभूत प्रक्रिया क्या है? अंग्रेजी में उसे 'मास-कम्युनिकेशन' कहते हैं, यानी बहुजन-सम्प्रेषण—किसी तथ्य, सूचना, मनोरंजन इत्यादि को बड़ी संख्या में लोगों तक इस तरह पहुँचाना कि या तो एक साथ और एक ही समय समकालिक और समक्षणिक रूप में (सिमल्टेनियसली) वे उसे ग्रहण करें (जैसे रेडियो और टेलीविजन में होता है) या बहुत बड़ी संख्या में लोगों के लिए वह ज्ञान, सूचना इत्यादि प्रकाशित और सुलभ किए जाएँ (जैसे समाचारपत्र, पुस्तकें, रेकॉर्ड, फिल्म इत्यादि द्वारा होता है)।

सम्प्रेषण, यानी दूसरे तक पहुँचाने की विधि और बहुजन, यानी बड़ी संख्या में लोगों द्वारा उस सामग्री की प्राप्ति—यही उस मूलभूत प्रक्रिया के प्रधान अंग हैं, जिनके कारण रेडियो, फिल्म, सामाचारपत्र, टेलीविजन इत्यादि विधाएँ एक ही वर्ग में रखी जाती हैं। इसीलिए, इनको एक सामूहिक नाम दिया जाता है—'मीडिया ऑफ मास-कम्युनिकेशन' अर्थात् 'बहुजन-सम्प्रेषण के माध्यम'।

मास-मीडिया वर्तमान युगबोध के प्रमुख साधन हैं। आजकल समग्र मानव-समाज की अनुभूतियों, जानकारी और कर्म पर मास-मीडिया का इतना व्यापक और गहरा प्रभाव पड़ रहा है कि थोड़े ही समय में इन्होंने विभिन्न देशों और समाजों के लिए अनजाने ही असंख्य समस्याएँ पैदा कर दी हैं।

इन समस्याओं पर ही मैंने सन् 1972 ई. के प्रारम्भ में बिहार राष्ट्रभाषा परिषद् में तीन भाषण दिए। किन्तु, समस्याओं के साथ-साथ इन विधाओं का इतिहास और समाज द्वारा इनके विभिन्न उपयोग—इन दोनों विषयों पर सामग्री के बिना हिन्दी-पाठकों के लिए यह अध्ययन उपादेय नहीं होता।

इसी आवश्यकता की पूर्त्ति करने का प्रयास इस पुस्तक में किया गया है। हिन्दी

में शायद इस विषय की यह पहली पुस्तक है। सिनेमा के इतिहास और विभिन्न पहलुओं पर काफी लिखा गया है। रेडियो पर भी हाल में ही कुछ अनुसन्धान हुए हैं। पत्रकारिता पर भी कुछ विवरणात्मक पुस्तकें निकली हैं। किन्तु, सभी बहुजन-माध्यमों के सामासिक विवेचन का यह प्रथम प्रयास है। इसीलिए, इसे पाठक एक प्रथम सोपान के रूप में ही स्वीकार करें। भविष्य में इस विषय पर हिन्दी में यदि इसी भाँति मौलिक चिन्तन और खोज के आधार पर काम हो सका, तो मैं अपने प्रयास को सफल मानूँगा।

नई दिल्ली,
26 जनवरी, 1973 ई.

–जगदीशचन्द्र माथुर

बहुजन-माध्यम : एक नया परिवेश

अभूतपूर्व परिवर्तनों की प्रेरणाएँ

मानव-समाज में हर एक पीढ़ी अपने से पहली पीढ़ी से भिन्न होती आई है। विकास-क्रम कुछ ऐसा ही है। फिर भी यह मानना होगा कि पिछले 50 वर्षों में जिस ढंग के परिवर्तन मानव-समाज में हुए हैं वैसे शायद पहले कभी नहीं हुए। बहुजन-माध्यम (मास मीडिया) के आगमन तथा संचार के बाद विश्व का समाज इतना बदल गया है कि मानव-इतिहास को भविष्य का लेखक दो विभागों में विभक्त करेगा—पहला, बहुजन-माध्यम के आने तक का समय और दूसरा, उसके बाद का समय। बहुजन-माध्यम के बाद के मानव का वातावरण सांगोपांग बदल गया है। उसके सोचने की सामर्थ्य, अभिव्यक्ति के तरीके, व्यवहार के रूप, संघर्ष और समन्वय की इच्छाएँ—सभी बहुजन-माध्यम के पूर्व के इतिहास के मानव से भिन्न हैं। यह कहना कि परिवर्तन हमेशा हुआ है और होता आया है और इसीलिए आगे भी इतिहास में परिवर्तन होंगे, इस परिस्थिति के लिए काफी नहीं है। इससे पहले कभी भी मानव-मात्र के ऊपर समग्र दिशाओं से प्रभाव डालनेवाली शक्तियों का इस प्रकार माध्यमों के जरिए आयोजन नहीं हुआ था। जिस तेजी के साथ और जिन बेरोक-टोक तरीकों से मानवी व्यक्तित्व को प्रभावित किया जा रहा है, उनकी कल्पना भी इतिहास ने कभी की ही नहीं थी। मनुष्य का अनुभव ही दूसरे स्तर पर संगृहीत हो रहा है और होता रहेगा।

भारतवर्ष में सन् 1920-30 या 1930-40 ई. के बीच जो स्थिति थी, उसके मुकाबले में सन् 1960 से 1970 ई. के दशक में स्थिति बिलकुल भिन्न जान पड़ती है। ऐसा प्रतीत होता है कि यह पीढ़ी अपने-आप को एक अन्तरराष्ट्रीय समाज, उसके आचार-विचार, विधान, उसके मनोरंजन और उसकी आस्थाओं के कहीं अधिक निकट पाती है, बमुकाबले उन परम्पराओं के जिनमें पहलेवाली पीढ़ी पली थी। क्या द्वितीय महायुद्ध में आणविक शध्क का जो अन्वेषण हुआ, उसके कारण विभिन्न देशों के समाज एक-दूसरे के निकट आ गए हैं? क्या सन् 1957 ई. से ब्रह्मांड की जिस खोज की ओर मानव प्रवृत्त हुआ है, उसने देशों और समाजों के फासले को दूर कर दिया? अथवा क्या युद्ध की कमी के कारण नई पीढ़ी अपने को दिशाहीनता की ओर उन्मुख पाती है?

यदि हम सदियों से मानव के परिवर्तनों के प्रवाह पर विहंगम दृष्टि डालें तो हमें जान पड़ेगा कि परिवर्तन की जड़ में दो मुख्य प्रेरणाएँ हैं—गति और विस्तार। यूरोप में

सन् 1453 ई. के आसपास मानव-चेतना रेनासां (पुनर्जागरण) के वातावरण में एक देश से दूसरे देशों में फैलने लगी। उसकी परिणति हुई 18 वीं शताब्दी के अन्त में फ्रांस की उस क्रान्ति में, जिसने रेनासां की विचारधारा को जन-समुदाय के लिए उपलब्ध कर दिया और स्वाधीनता, समत्व तथा भ्रातृत्व के नारे को जनसाधारण के समक्ष ला दिया। कुछ इसी से मिलती-जुलती प्रगति हुई भारत-जैसे देशों में उस समय जबकि 19वीं शताब्दी के प्रारम्भ में सबसे पहले नवचेतना, शिक्षा और सांस्कृतिक धरोहर में गौरव तथा वैज्ञानिक ढंग से विचार-विश्लेषण और अभिव्यक्ति करने की प्रवृत्ति भारतवर्ष के मध्य और उच्च वर्ग के लोगों में फैली। दूसरे महायुद्ध से कुछ पहले समाजवाद, साम्यवाद तथा जनकल्याण के आदर्श भारतवर्ष में जनसाधारण के बीच कुछ उसी प्रकार फैले जिस प्रकार यूरोप में फ्रांसीसी क्रान्ति के बाद सन् 1848 ई. तक उनका विस्तार हुआ था।

एक तरफ तो विचारों के विस्तार के कारण मानव-चेतना में ये परिवर्तन हुए, दूसरी ओर परिचालन-शक्ति की गति (स्पीड ऑफ इनर्जी), तेजी के साथ विचारों को बदलने के तरीकों में, उनकी संचार-पद्धति में क्रान्ति लाने लगी। पहले भाप की शक्ति, उसके बाद बिजली, उसके बाद तेल और अन्त में आणविक शक्ति। परिणाम यह हुआ कि मानव के हाथ में विचारों के विकेन्द्रीकरण और उन्हें अधिक-से-अधिक संख्या में बहुजन के पास कम-से-कम समय में पहुँचाने की शक्ति आ गई। एक तरफ विस्तार और दूसरी तरफ गति—इन दो रास्तों पर चलनेवाला मानव ऐसे बिन्दु पर पहुँचा, जहाँ गति और विस्तार एकाकार हो गए। दूसरे महायुद्ध के बाद से यही हुआ है। मनुष्य-मात्र के हाथ में विचारों को तीव्रगति से अधिकाधिक सुमदाय के पास पहुँचाने की शक्ति आ गई। इसका परिणाम यह है कि जहाँ 15वीं-16वीं शताब्दी में अमेरिका की खोज के उपरान्त 200-300 सालों की अवधि में मानव में नए विचारों और नए क्षितिज का उदय हुआ, वहाँ मुश्किल से 10-15 वर्ष की अवधि में बहुजन में नए विचारों के संचार के साधनों की उपलब्धि के कारण महान परिवर्तन घटित हुए।

मास मीडिया या बहुजन-माध्यम ही ये साधन हैं, ये ही इस क्रान्ति के वाहन हैं। इसीलिए, मैं मानता हूँ कि यद्यपि इससे पूर्व मानव-समाज ने बहुत-से हेरफेर देखे हैं, तथापि कभी भी उसपर इतनी तीव्रगति से वातावरण और विचारधारा को परिवर्तित करनेवाले साधनों का प्रहार नहीं हुआ। विशेषतः, ये प्रभाव लक्षित हुए पिछड़े अथवा संक्रान्तिकालीन समाजों में, जैसे भारतवर्ष में। प्राचीनकाल में भारतवर्ष में अनेक परिवर्तन होते रहे हैं। लेकिन, इससे पहले कभी मास मीडिया या बहुजन-माध्यमों की त्वरित गति और उनके सीमाहीन विस्तार का असर नहीं पड़ा था। इसीलिए, हमारी नई पीढ़ी परवर्ती पीढ़ी से इतनी भिन्न है कि यकीन नहीं होता कि दोनों एक ही समाज के अंग हैं।

विभिन्न स्तरों पर प्रभाव

इस विश्वव्यापी वातावरण का प्रभाव केवल बहुजन पर ही नहीं पड़ा है, उससे वे लोग

भी बरी नहीं रहे हैं, जो बहुजन के जीवन के विभिन्न क्षेत्रों में नेतृत्व कर सकते हैं या करते थे। विद्वान, मनीषी, राजनीतिक नेता, अध्येता, विशाल व्यवसायों के मालिक—सभी इस वातावरण से घिर गए हैं। ये वे लोग हैं जिनसे यह आशा की जाती है कि वे वातावरण से ऊपर उठकर मेधा और अनुभव के आधार पर समाज की दिशाएँ निर्धारित कर सकें। किन्तु, अब पहले की भाँति महापुरुषों और मनीषियों की निजी सामर्थ्य भी पूरी तरह से उनकी अपनी नहीं रही है। उनके अपने विचार और प्रवृत्तियाँ बहुजन-माध्यम के फेर में पड़ती रहती हैं। यह सही है कि कभी-कभी ये ऊँचे स्तर के मानव-वातावरण द्वारा प्रेरित उलझनों से उठकर न सिर्फ भविष्य की ओर विहंगम दृष्टि डाल सकते हैं, बल्कि अपने चारों ओर फैले हुए मानव-समाज की परिस्थिति पर तेजी के साथ विचार कर कुछ ऐसे निश्चय ले सकते हैं, जो समाज को स्पष्ट दिशाओं का संकेत दें। परन्तु, ऐसे उदाहरणों की भी कमी नहीं, जिनसे यह जान पड़ता है कि ये लोग भी कभी-कभी अपना व्यक्तित्व, अपने सोचने की शक्ति, अपने निर्णय और निश्चय करने की ताकत से हाथ धो बैठते हैं और तब इनके इस तरह बेबस होने का प्रभाव केवल इनके अपने जीवन पर ही नहीं पड़ता, वरन बहुजन-समाज के विभिन्न वर्गों पर भी पड़ता है, जो किसी-न-किसी भाँति इस उच्च स्तर के व्यक्तियों पर आसरा लगाए बैठे रहते हैं। उदाहरण के तौर पर समाजशास्त्र का अध्ययन करनेवाले विद्वानों तथा आर्थिक प्रवृत्तियों और प्रगति पर विचार करनेवाले लेखकों पर दृष्टि डालें।

आजकल अमेरिका और यूरोप में अनेक सोशियोलॉजिस्ट (समाजशास्त्री) राष्ट्रों के समाजों तथा प्रगति के विभिन्न सोपानों और आर्थिक तथा सामाजिक परिस्थितियों का वैज्ञानिक तौर से अध्ययन करके पुस्तकें निकालते रहते हैं। किन्तु, यह देखा गया है कि इन लेखकों के ऊपर बहुजन-माध्यम की एक विशेष प्रवृत्ति का प्रभाव पड़ा है। यह प्रवृत्ति है : 'हेडलाइन को हिट' करने की प्रवृत्ति, यानी कोई ऐसी बात कह देना या लिख देना, जिसके कारण तुरन्त ही उनकी चर्चा होने लगे, उनकी पुस्तक की चर्चा होने लगे, उनके विचारों को उद्धृत किया जाने लगे और राजनीतिज्ञ तथा अन्य प्रकार के लोग उनसे राय और परामर्श लेने के लिए उत्सुक हो जाएँ। इस प्रकार के उच्चकोटि के लेखकों की आजकल कमी नहीं है, जो बहुत वैज्ञानिक ढंग से किसी समाज-विशेष का अध्ययन करने के बाद विकासशील समाज, यानी डेवलॉपिंग सोसाइटी के लोगों की आधुनिकता की व्याख्या में कुछ ऐसी बातें अपने ग्रन्थों में रख देते हैं, जिनका उनके वैज्ञानिक मूल्यांकनों से सीधा सम्बन्ध शायद ही हो। किन्तु, वे वाक्य ऐसे होते हैं, जो तुरन्त ही समाचारपत्रों की हेडलाइन पर तथा टेलीविजन और रेडियो की बुलेटिनों पर हावी हो सकते हैं। जैसे यह कह देना कि भारतवर्ष के अनेक वर्गों पर आजकल भी मनुस्मृति द्वारा स्थापित की हुई जातिगत परम्पराएँ और भाग्यवादी आदर्श मौजूद हैं। अर्से तक अमेरिकी समाजशास्त्री इस बात का डंका पीटते रहे कि भारतीय किसान कभी बदल ही नहीं सकता, चूँकि उसके ऊपर ये विचार आरूढ़ हैं। ऐसे कथन किसी वैज्ञानिक अध्ययन के आधार पर नहीं किए गए। वे प्रायः इसलिए किए गए कि इस

प्रकार के कथन तुरन्त ही समाचारपत्रों, रेडियो इत्यादि में प्रमुखता प्राप्त कर लेते हैं। कहने का तात्पर्य यह है कि मनीषी और अध्येता भी समाचारपत्र, रेडियो इत्यादि जैसे बहुजन-माध्यम के इस प्रभाव के अन्तर्गत आ गए, जो बहुत-से लोगों को समाचार-शीर्षकों की ओर खींचता है। विज्ञापन की यह प्रवृत्ति खास तौर से बहुजन-माध्यम के वातावरण का एक उदाहरण है, जिसके असर देश-विदेश के मनीषियों, लेखकों और कवियों तक पर पड़ रहा है। मेरा तो यह भी विचार है कि आजकल के चित्रकार जिस प्रकार अमूर्त्त कला की ओर बढ़े हैं, उसके पीछे भी आग्रह बहुजन-माध्यम द्वारा होनेवाली लोकप्रियता का है। इसी प्रकार, आधुनिक नाटक भी बहुत-कुछ रेडियो और टेलीविजन तथा फिल्मों को यथातथ्य प्रस्तुत करने की सामर्थ्य के विरुद्ध एक प्रकार की प्रतिक्रिया है; क्योंकि इन माध्यमों ने यथार्थवादी जीवन को प्रतिबिम्बित करनेवाले क्षेत्र को एक तरह से हथिया लिया है और नाटककार, लेखक, चित्रकार, कवि इत्यादि के लिए उसमें स्थान भी नहीं छोड़ा है। इसलिए कलाकार-वर्ग अधिकाधिक अमूर्त्त की ओर झुकता चला जा रहा है।

एक उदाहरण और भी दिया जा सकता है कि किस प्रकार पीढ़ी-दर-पीढ़ी समाज, माध्यमों की जड़ीकरण-प्रक्रिया से प्रभावित हुए। जड़ीकरण-प्रक्रिया से मेरा मतलब है वह वातावरण, जिसमें व्यक्ति अपने-आप सोचने, अपने अनुभव द्वारा प्राप्त मूल्यों का इस्तेमाल करने, अपनी निजी बुद्धि का व्यवहार करने से कतराने लगे, और अपने सारे स्नायविक यानी नर्वस सिस्टम को माध्यमों के प्रभाव के हवाले कर दे। उदाहरण के तौर पर आजकल समाज में बहुत-से प्रौढ़ लोग फिल्म, टेलीविजन और रेडियो के प्रोग्रामों के विषय में अपने प्रौढ़ व्यक्तित्व को एक तरह से स्थूल काया की भाँति अलग उठाकर रख देते थे। ऐसा देखा गया है कि समाज के सामान्य प्रौढ़ लोग जब कोई सिनेमा देखने जाते हैं, अथवा रेडियो या टेलीविजन पर किसी प्रकार का प्रोग्राम सुनते हैं और यदि वे प्रोग्राम और फिल्म कुछ गम्भीर हुए, कुछ उत्कृष्ट कलात्मकता के परिचायक हुए, तो वे कह देते हैं कि प्रोग्राम तो बड़ा 'डल' है, बड़ा 'बोरिंग' है। ऐसा कहते समय, इस प्रतिक्रिया को प्रकट करते समय प्रौढ़ अपने व्यक्तित्व की गहराइयों से नहीं बोलते। वह सारा अनुभव, जो उन्हें अपनी जिन्दगी में मिला है, वे सारे मूल्य जो, उन्होंने जमा किए हैं, उन सबको रेडियो या टेलीविजन-प्रोग्राम और फिल्म को देखते-सुनते समय वे ताक पर उठाकर रख देते हैं। कहा यह जाता है कि लोग अपने व्यवसाय और कामकाज में इतने व्यस्त रहते हैं, और इतने थक जाते हैं कि शाम को रेडियो, फिल्म और टेलीविजन के सामने वे किसी तरह से अपनी बुद्धि पर जोर नहीं डालना चाहते। तमाशा यह है कि अगर यही लोग ताश या ब्रिज खेलें तो अपनी बुद्धि का पूरी तरह से व्यवहार करेंगे। या अगली असेम्बली की बैठक के लिए कुछ तिकड़म करना चाहें, तब भी उनकी चेतना सजग और सक्रिय होगी। लेकिन अगर टेलीविजन या सिनेमा देखेंगे अथवा रेडियो-प्रोग्राम सुनेंगे तो वे अपनी बुद्धि और अनुभव को बलाये ताख कर देंगे और एक तरह से किशोरों का बाना धारण कर लेंगे।

यह एक बड़ी दिलचस्प स्थिति है, जिसकी ओर शायद अध्येताओं की निगाह नहीं गई है। बहुजन-माध्यमों ने, खासतौर से टेलीविजन, फिल्म, रेडियो तथा सचित्र पुस्तकों तथा पत्र-पत्रिकाओं ने, एक तरह से प्रौढ़ों को यदाकदा किशोर या 'एडोलसेंट' यानी अधकचरा बनने को मजबूर किया है। अधकचरा बन जाने पर वे उसी तरह की प्रतिक्रिया को प्रकट करते हैं, जो उनसे कहीं अधिक कम अनुभवी तथा कहीं कम मँजे हुए स्नायविक मंडल (नर्वस सिस्टम) वाले किशोर की होती है। दूसरे शब्दों में रेडियो, टेलीविजन या फिल्म के सामने आने पर प्रौढ़ बच्चा बन जाता है। जान-बूझकर प्रौढ़ ऐसा नहीं करते, अनजाने ही ऐसा हो जाता है। यह भी उसी व्यापक वातावरण का एक दुर्निवार प्रभाव है, जिससे हम सभी घिरे हुए हैं।

मैं यहाँ बहुजन माध्यमों को एक 'विलेन' या प्रतिनायक के रूप में प्रस्तुत नहीं करना चाहता। इन बहुजन माध्यमों का जो उदात्त प्रभाव है, उसकी चर्चा मैं आगे करूँगा और बराबर करता रहा हूँ। लेकिन, विचारणीय बात यह है कि यह वातावरण इतना विस्तृत और सशक्त है कि बड़े-बड़े व्यक्ति को निरुपाय कर देता है। पुराने सन्त लोग जो बात नारी की शक्ति के विषय में कहते थे, वह शक्ति, जो बड़े-से-बड़े सन्तों, विश्वामित्र जैसे मुनियों को निरुपाय बना देती थी, वही बात अब बहुत-कुछ लागू होती है बहुजन-माध्यमों पर। प्रौढ़ों के इस प्रकार किशोर बन जाने की प्रवृत्ति का एक परिणाम यह हुआ है कि न बहुजन-माध्यमों को जो लोग उच्च्व संस्कति, शिक्षा तथा विचारों का माध्यम बनाना चाहते हैं, उनकी तूती इस नक्कारखाने में सुनाई ही नहीं पड़ती। यह तो जाहिर है कि माध्यमों का किशोरों के उदात्तीकरण में योगदान तो शिक्षा-प्रणाली के ऊपर निर्भर है। यदि शिक्षा-प्रणाली, किशोरों की प्रवृत्ति को बदलना चाहे तो बहुजन माध्यम उसमें हाथ दे सकते हैं, उसकी कुछ सहायता कर सकते हैं। किन्तु, प्रौढ़ों की बात दूसरी है। फिल्म-निर्माता और रेडियो, टेलीविजन इत्यादि स्वतः ही प्रौढ़ों के उदात्तीकरण के प्रोग्राम तैयार नहीं करते। वे तो प्रौढ़ दर्शकों, श्रोताओं की प्रतिक्रियाएँ मालूम करके तदनुसार सामग्री तैयार करते हैं। पर यदि प्रौढ़ ही बच्चे बन जाएँ तो सत्यजित राय अथवा ऑल इंडिया रेडियो, के कुछ उत्कृष्ट प्रोड्यूसरों को कौन पूछेगा? मान लें, दो तरह की कला-प्रदर्शनियाँ किसी नगर में एक-दूसरे से बराबर प्रदर्शित हो रही हैं और उनमें से एक में केवल नग्न तथा यौन-प्रक्रियाओं से भरपूर चित्र हैं तथा दूसरी में अवनीन्द्रनाथ टैगोर, नन्दलाल वसु से लेकर एम.एफ. हुसैन इत्यादि के उच्चकोटि के चित्र। युवजन जब दर्शनार्थ इन दो गैलरियों के सम्मुख पहुँचें और नग्न चित्र-प्रदर्शनी की ओर आकृष्ट हों, तो कोई आश्चर्य नहीं होना चाहिए। किन्तु प्रौढ़ों से यह आशा की जा सकती है कि वे विवेक-बुद्धि और अपने अनुभव का व्यवहार करें और जो वस्तुतः उत्कृष्ट कला की प्रदर्शनी है, उसमें कदम रखें। पर, बहुजन-माध्यमों का कुछ ऐसा प्रभाव हुआ है कि प्रौढ़ों की विवेक-बुद्धि मानो निष्क्रिय हो जाती है।

बहुजन-माध्यम का एक अत्यन्त आश्चर्यजनक प्रभाव आधुनिक मानव-व्यक्तित्व पर पड़ा है, खास तौर से उन लोगों पर जो समृद्ध राष्ट्रों में रहते हैं। यह एक तरह का व्यंग्य है कि जिन देशों में ज्ञान-प्रसार और ज्ञान-वर्धन के साधन बहुजन-माध्यम के रूप में अत्यन्त व्यापक और समर्थ हैं, उन्हीं देशों में सामान्य व्यक्तियों में एक नई तरह की निरक्षरता और विचारहीनता पनप रही है। सन् 1971 ई. के नवम्बर मास में एक दिन मेरी बातचीत अमेरिका की एक स्वतन्त्र विचारवाली महिला से हो रही थी। बातचीत छिड़ी भारतवर्ष की नीति और परम्पराओं के बारे में अमेरिकी समाज के अज्ञान की। मैंने कहा कि भारतवर्ष आबादी के विचार से विश्व का सबसे बड़ा गणतन्त्रीय राष्ट्र है और इसलिए इसे गणतन्त्र की परम्पराओं को स्थापित करनेवाले अमेरिकी राष्ट्र के अत्यन्त निकट होना चाहिए और अमेरिकी समाज की भी भारतवर्ष में गणतन्त्र की सफलता के बारे में विशेष दिलचस्पी होनी चाहिए। किन्तु, यह बड़े आश्चर्य का विषय है कि वही अमेरिकी समाज भारतवर्ष के चारों ओर फैले हुए तानाशाही राज्यों का तो समर्थन करता है, किन्तु भारतवर्ष का नहीं। उस महिला ने जवाब दिया कि यह आप क्यों समझते हैं कि सामान्य अमेरिकी नागरिक यह भी जानता है कि भारतवर्ष में असली गणतन्त्र है और पाकिस्तान में तानाशाही। मैंने कहा कि मैं यह क्यों न समझूँ? आखिर अमेरिका में टेलीविजन और रेडियो के इतने नेटवर्क हैं और इतने सारे घरों में समाचारपत्र पढ़े जाते हैं। क्या उन लोगों को विभिन्न राष्ट्रों, खास तौर से भारतवर्ष-जैसे बड़े राष्ट्र की उन्नति और यहाँ की संस्थाओं के बारे में जानकारी नहीं होगी? उन्होंने जवाब दिया—आप हमारे समाचारपत्रों को पढ़ें और हमारे रेडियो-प्रोगामों को सुनें।

उनकी बेबसी की कथा बिलकुल सच थी। मुझे एक वर्ष अमेरिका में रहने का अवसर मिला है और वहाँ मुझे यह देखकर ताज्जुब हुआ कि किस तरह अमेरिकी समाचारपत्र और रेडियो, टेलीविजन वहाँ की साधारण जनता को विश्व के विभिन्न राष्ट्रों की गतिविधि से अपरिचित रखते हैं। अन्य राष्ट्रों के विषय में केवल वही समाचार प्रसारित किए जाते हैं, जिनमें अमेरिका के शासन और सशक्त समुदाय की उन्नति का कुछ समर्थन मिले, अथवा अमेरिका के लोगों में उस राष्ट्र के समाज के बारे में जो पहले से संस्कार हैं, उन्हीं संस्कारों की पुष्टि हो; यह नहीं कि उन देशों की प्रगति, उनके आदेशों इत्यादि के बारे में विभिन्न प्रकार की जानकारी प्रस्तुत की जाए और पाठक अथवा श्रोता के ऊपर छोड़ दिया जाए कि उनके आधार पर वह उस राष्ट्र या समाज के बारे में अपना मत निर्धारित करे। मैं यह देखकर दंग रह गया कि दुनिया के सबसे सामर्थ्यवान् गणतन्त्रवादी देश यानी अमेरिका में व्यक्ति की जानकारी की आजादी वैसी ही संकीर्ण है जैसी दुनिया के तानाशाही देशों में, या अतिवादी कम्युनिस्ट समाज में। अन्तर केवल पद्धति का है। अमेरिका जानकारी के सम्भावनाओं पर रोक लगाने का

तरीका यह है कि कुछ पृष्ठों में अपनी नीति के अनुकूल समाचारों को प्रकाशित किया जाए और बाकी में या तो अड़ोस-पड़ोस के छोटे-छोटे समाचार हों अथवा विज्ञापन। कुछ कम्युनिस्ट देशों की नीति यह है कि और देशों से प्राप्त उन्हीं समाचारों को प्रधानता दी जाए, जिनमें शोषणवाद और साम्राज्यवाद की कुछ चर्चा हो। बाकी में खास तौर से ऐसे सन्देश और दृष्टिकोण पर जोर डाला जाए, जो पूँजीवादी राष्ट्रों के विरुद्ध संघर्ष की ज्वाला प्रज्वलित करें।

जो भी हो, अमेरिका और इन राष्ट्रों में इस मामले में विचित्र समानता है। दोनों ही व्यक्ति को (श्रोता हो या पाठक) यह आजादी नहीं देना चाहते कि वह विभिन्न प्रकार के समाचारों और दृष्टिकोणों में से अपने विवेक के अनुसार चुनाव कर अपना दृष्टिकोण और विचार स्थापित करे। यह भी इतिहास की एक विडम्बना है कि व्यक्ति की आजादी के लिए, व्यक्ति को सोचने की आजादी देने के लिए, उसकी अभिव्यंजना की स्वतन्त्रता के लिए, दूसरा विश्वव्यापी महायुद्ध लड़ा गया। किन्तु, बहुजन-माध्यम का ऐसा प्रभाव हुआ है कि व्यक्ति की आजादी ही अब पहले के मुकाबले कम हो गई है और शक्ति चन्द लोगों के हाथों में केन्द्रित हो गई है। वे लोग तय करते हैं कि किस ढंग के विचारों को हम पर थोपा जाए, किस ढंग के समाचार हम पढ़ें और किस ढंग का मत-निर्धारण हम कर पाएँ। मतलब यह है कि व्यक्ति नगण्य है और बहुजन-माध्यम एक ऐसा व्यापक जाल है, जिससे व्यक्ति के लिए छुटकारा पाना आसान नहीं है। समृद्ध देशों में बहुजन-माध्यम या तो पूँजीपतियों के हाथों में है या बड़े प्रभावशाली राजनीतिज्ञों के हाथों में। अमेरिका में भी यह नहीं कहा जा सकता कि बहुजन-माध्यम वस्तुतः निष्पक्ष हैं, यद्यपि इस बात की दुहाई बहुत दी जाती है। जब अमेरिका के बहुजन-माध्यम निष्पक्ष नहीं तो कम्युनिस्ट देशों के बहुजन-माध्यमों को दोष कैसे दिया जा सकता है? अमेरिका की गतिविधि को देखने के बाद कम-से-कम मैं तो इस निष्कर्ष पर पहुँचा हूँ कि शायद भारतवर्ष ही व्यक्ति के लिए सबसे अधिक विचार-स्वातन्त्र्य का देश है, भारत ही में अतिवादी कम्युनिस्ट के विचार भी प्रकट किए जा सकते हैं, हर पाठक पढ़ सकता है और दक्षिण-पन्थ की परम्पराओं वाले विचारों को भी हर पाठक जान सकता है। कहा जाता है कि हमारे यहाँ का रेडियो सरकार के हाथ में है, किन्तु अमेरिका के रेडियो-टेलीविजन के मुकाबले में भारत का रेडियो व्यक्ति की भावनाओं और उसकी प्राइवेसी का अधिक लिहाज करता है। यह बात जरूर है कि हमारे रेडियो पर उस ढंग के विवादग्रस्त और सनसनीखेज समाचार नहीं सुनाई पड़ते, जो ऊपरी तौर से श्रोता अथवा द्रष्टा का मनोरंजन कर दें। लेकिन, उस तरह के समाचारों और टिप्पणियों के पीछे आजादी की कोई भावना नहीं है, बल्कि सनसनीखेज चीजों को अधिक महत्ता देने की ही भावना है। यह भी बात है कि वहाँ के प्रोग्रामों की तकनीक और प्रस्तुतीकरण के मुकाबले भारतवर्ष में प्रोग्राम घटिया होते हैं। समाचार-पत्रों पर भी यह बात बहुत कुछ लागू होती है, पर प्रश्न यहाँ व्यक्ति के विचार-स्वातन्त्र्य का है, न कि तकनीकी उत्कृष्टता का।

अपने-अपने देश की समस्या

इस विवेचन से एक बात साफ हो जाती है। भारतवर्ष जैसे पिछड़े हुए देशों में बहुजन-माध्यमों की प्रगति और उनका भविष्य का रूप क्या हो, यह हमारी अपनी परिस्थिति, हमारी अपनी परम्परा, हमारी अपनी आवश्यकताओं पर निर्भर होना चाहिए। बार-बार विदेशी समाज की दुहाई देना और उनसे अपना मिलान करना एक तरह की आत्म-प्रताड़ना है, जिसके पीछे विचार-शक्ति का अभाव है। सोने की बात है कि जिस समाज को अपनी आर्थिक उन्नति करनी है, जिस समाज को अपने विभिन्न वर्गों को जानकारी के बराबर स्तर पर लाना है, जिसे राष्ट्र को प्रोत्साहित करना है, निर्माणात्मक योजनाओं में वह सनसनीखेज सामग्री से चन्द मध्य वर्गों के लोगों का मनोरंजन करे या बहुजन-माध्यम-जैसी विशाल शक्ति का इस्तेमाल करे अपने समाज के स्थाई उन्नति के लिए! अफसोस यह है कि हमारे देश में बहुजन-माध्यम के विषय में सोच-विचार वे लोग करते हैं, जो नागरिक सभ्यता और समाज में आसन जमाए बैठे हैं, जिनको कुछ खोना नहीं है और न कुछ पाना है। इसलिए, वे लोग बहुजन-माध्यम को अपने अस्थायी दैनिक मनोरंजन का साधन बनाना चाहते हैं। उन्हें क्या मतलब कि देहात का रहनेवाला साधारण व्यक्ति इन माध्यमों के जरिए अपने व्यक्तित्व का विकास करे या न करे। ब्रिटेन की बात दूसरी है। वह एक छोटी-सी आबादी का देश है, जिसका शिक्षा-स्तर हमारे यहाँ से बहुत ऊँचा है, जिसका आर्थिक विकास दो सौ, तीन सौ वर्षों के दौरान पिछड़े हुए देशों के शोषण के ऊपर निर्भर रहा है। इसीलिए, बी.बी.सी. के नाम की रट अपने यहाँ लगाना मेरे विचार में एक कल्पना-मात्र है। इसलिए बहुजन-माध्यम के बारे में जानकारी, जहाँ एक ओर विश्वव्यापी स्तर पर प्राप्त की जाए, वहाँ अपने ही देश की आवश्यकताओं, समस्याओं और आदर्शों को ध्यान में रखते हुए माध्यमों का अध्ययन करना अधिक समीचीन होगा।

इस दृष्टि से यदि मैं कहूँ कि वर्तमान युग में बहुजन-माध्यम अथवा मास मीडिया एक नवीन अर्धनारीश्वर के रूप में अवतरित हुए हैं, तो शायद अतिशयोक्ति न होगी। इस अर्धनारीश्वर का एक पक्ष है सरस्वती और दूसरा नारद। वाग्देवी का स्वरूप, हाथों में जिसके पुस्तक भी है, सौन्दर्य का प्रतीक कमल भी है; यह देवी उस गजराज पर विराजमान है, जिसकी चिंग्घाड़ दूर-दूर तक सुन पड़ती है, समुदाय के लिए एक निर्घोष के तुल्य। सरस्वती को विद्या की देवी कहा गया है। बहुजन-सम्बोधन भी वर्तमान युग में सामुदायिक विद्या-दान का एक साधन है। अर्धनारीश्वर का दूसरा पक्ष नारद, यानी उस शक्ति का प्रतीक, जो तुरन्त और यत्र-तत्र सूचना दे सके। नारद वही नहीं, जिन्होंने कृष्ण की पत्नी सत्यभामा को उकसाया अथवा हरिश्चन्द्र को धर्मसंकट में डाला। नारद वह भी, जो तेजी के साथ समस्त भूमंडल में सूचना पहुँचा सके। ऐसे अर्धनारीश्वर का स्वरूप है—बहुजन-माध्यम।

परिभाषाएँ और प्रभाव

बहुजन-माध्यम जैसी गतिशील विधा के लिए कोई भी परिभाषा अपर्याप्त होगी; क्योंकि परिभाषा बदलती परिस्थितियों के साथ-साथ नहीं चल पाती। फिर भी, प्रायः यह माना जाता है कि बहुजन-माध्यम में वे साधन शामिल हैं, जो बहुसंख्यक जन-समुदाय को सूचना, मनोरंजन, ज्ञानवर्धन और कल्याण की विविध सामग्री पहुँचा सकें। पहली नजर में यह परिभाषा सरल और सपाट जान पड़ती है। लेकिन, यदि हम इसका पदान्वय करें, तो अनेक छिपे पहलू सामने आएँगे।

बहुजन और अल्पजन

अधिक-से-अधिक संख्या का एक तात्पर्य तो बहुसंख्यक और निर्विशिष्ट जनसमूह से है। दूसरा, अलग-अलग और खास रुचियों और विधाओं को मानने और पसन्द करनेवाले छोटे, लेकिन उन अल्पमत समुदायों या 'माइनोरिटी ग्रुप्स' से, जिनके 'सदस्यों' की रुचियाँ एक-सी हैं, विचार-पद्धतियाँ मिलती-जुलती हैं और इसलिए उन्हें अपनापा महससू होता है। तीसरा तात्पर्य है विशिष्ट देशों और व्यवसायों में लगे व्यक्तियों से। बहुजन इन तीन प्रकार की इकाइयों से मिलकर बना है और ये इकाइयाँ अपनी अलग-अलग सत्ता भी रखती हैं।

निष्कर्ष यह हुआ कि बहुजन-माध्यम केवल व्यापक और सामान्य जनसमूह का माध्यम ही नहीं है, वरन् व्यक्ति और पुंजों की सेवा के लिए भी है। बहुजन समष्टि और व्यष्टि का सामंजस्य है। बहुजन की इकाई व्यक्ति है। इस तथ्य की उपेक्षा करके, बहुजन-माध्यम अकसर व्यक्ति की सत्ता को भूल जाता है या जान-बूझकर इसकी ओर ध्यान नहीं देता। यह एक विचित्र-सी बात है कि आजकल बहुजन-माध्यम के नाम से अलग और उत्कृष्ट रुचिवाले व्यक्तियों और अल्पमतों के दलों की उपेक्षा की जा सकती है। दूसरी चिन्ताजनक बात यह है कि बहुजन के नाम पर मास मीडिया व्यक्ति के प्राइवेट जीवन, उसकी तनहाई पर प्रहार करने से भी अकसर नहीं हिचकते। उदाहरण के तौर पर बहुजन-माध्यमों में एक है बड़ी-बड़ी संख्या में बिकनेवाले समाचारपत्र और सचित्र साप्ताहिक। इन्हीं में से एक यानी 'लाइफ' मैगजिन के फोटोग्राफर ने एक बार देखा कि मिसेज जैकलीन कैनेडी अपने फार्म पर घुड़सवारी कर रही थीं। घोड़ा एक फेन्स यानी बाड़े के पास जाकर रुका और हठात् पिछले पैरों पर खड़ा हो गया। मिसिज कैनेडी थोड़ा खिसककर ऊपर उछल

गईं और हाकिंस नामक फोटोग्राफर ने उनका चित्र उस क्षण खींच लिया, जब उनकी टाँगें ऊपर थीं और सिर नीचे। इस फोटो के लिए 'लाइफ' मैगजिन ने उसे 3,500 डॉलर दिए और 'लंडन डेली एक्सप्रेस' ने 4,500 डॉलर। इस तरह बहुजन-माध्यम की नजर में व्यक्ति के निजत्व के लिए शायद कोई स्थान ही नहीं है।

किस तरह से माइनोरिटी (अल्पजन) की उपेक्षा बहुजन-माध्यम द्वारा होती जा रही है, इसके भी अनेक उदाहरण हैं। सन् 1969 ई. के अक्तूबर मास में बी.बी.सी. ने ब्रॉडकास्टिंग इन दी सेवेंटीज' नामक एक परिपत्र निकाला। उसमें रेडियो के पुराने और अत्यन्त प्रतिष्ठित प्रोग्राम, 'थर्ड प्रोग्राम' के स्थान पर एक सामान्य स्तर के विविध प्रोग्राम 'प्रोग्राम फोर्थ' को प्रसारित करने की घोषणा की गई। इसके विरुद्ध थर्ड प्रोग्राम के प्रोड्यूसरों ने तथा बी.बी.सी. के पुराने श्रोताओं ने आवाज उठाई। 'न्यू स्टेट्समैन' और 'टाइम्स' इत्यादि पत्रों में इस पर बहुत वाद-विवाद हुआ; क्योंकि थर्ड प्रोग्राम अल्पजन का प्रोग्राम था, उत्कृष्ट रुचि के श्रोताओं के लिए। उसे बन्द करने के माने थे कि बी. बी.सी. बहुजन के नाम पर अल्पजन की रुचि और प्रवृत्ति की उपेक्षा कर रही थी। अनेक लेखों और विरोध-पत्रों और सम्पादकीयों इत्यादि के बावजूद बी.बी.सी. के नए डायरेक्टर जनरल करैन ने सारी आपत्तियों को एक तरफ करते हुए प्रतिवाद किया और इस तरह बी.बी.सी. के एक अल्पजन-रुचिवाले प्रोग्राम की समाप्ति हुई। करैन ने तसल्ली के लिए कहा कि प्रोग्राम फोर्थ में ही उच्च स्तर की चीजों को मनोरंजक ढंग से प्रस्तुत किया जाएगा ताकि जनसाधारण की उसमें रुचि हो सके। पर, थर्ड प्रोग्राम के 50,000 श्रोताओं की ओर से दलील दी गई कि जो लोग थर्ड प्रोग्राम सुनते हैं, वे चाहे बहुसंख्यक न हों, एकाग्रचित जरूर होते हैं। उधर तथाकथित लोकप्रिय प्रोग्राम तो कपड़ों पर इस्तरी करते या बर्तन माँजते वक्त गृहिणी उस नल की तरह से सुनती रहती है, जो पृष्ठभूमि में आप-ही-आप चलता रहता है। क्या उस बहुजन-समुदाय के आगे सुरुचि-सम्पन्न अल्पजन की कोई हस्ती नहीं?

हमारे देश में भी विविध भारती के प्रोग्राम की स्थापना के बाद राष्ट्रीय प्रोग्रामों को सुननेवालों में कमी होती चली गई। अकसर विविध भारती तथा रेडियो सीलोन के समर्थकों की यह भी आवाज सुनाई पड़ती है कि इन राष्ट्रीय प्रोग्रामों को बन्द कर दिया जाए। यही नहीं, कुछ वर्ष हुए, एक सज्जन कृष्णस्वामी ने अपनी पुस्तक में कहा कि ऑल इंडिया रेडियो एक ऐसी भाषा यानी संस्कृत में प्रोग्राम प्रसारित करता है, जिसके जानने और समझनेवालों की संख्या अत्यन्त सीमित है। किन्तु, क्या इससे अर्थ ये हैं कि पिलिंकग्टन कमेटी ने बी.बी.सी. के लिए जो सिफारिशें की थीं, उनमें यह कहा गया था कि बी.बी. सी. का कर्त्तव्य है कि इस तरह के अल्पजनों की जनसमूह के नाम पर अवहेलना न करे।

आधुनिक और परम्परागत साधन

बहुजन-माध्यम के साधन क्या हैं, पारम्परिक भी और आधुनिक भी? यद्यपि, बहुजन पर प्रभाव डालनेवाली विभिन्न सम्प्रेषण-विधियों का उपयोग प्राचीन काल से ही होता

रहा है, तथापि वर्तमान सन्दर्भ में मास मीडिया यानी बहुजन-माध्यम की श्रेणी में आधुनिक साधन ही शामिल किए जाते हैं; जैसे रेडियो, टेलीविजन, फिल्म, रोटरी प्रेस इत्यादि। आधुनिक साधन दो प्रकार के हैं—मैकेनिकल (यन्त्र द्वारा संचालित) और इलेक्ट्रिकल (बिजली द्वारा संचालित), यानी तत्काल साधन। मेकेनिकल साधन धीरे-धीरे अपने प्रभाव दिखाते हैं और इलेक्ट्रिकल तत्काल। विचारणीय बात यह है कि विकासशील देशों तथा आर्थिक तौर से पिछड़े हुए समाज के अन्दर पारस्परिक और आधुनिक साधनों दोनों ही के समन्वय द्वारा जन-समुदाय तक आसानी से पहुँच हो सकती है। जिन पारम्परिक साधनों के ये संक्रान्तिकालीन समाज अभ्यस्त हैं, यदि उनका उपयोग आधुनिक साधन करें, तो सूचना और सन्देशों का विस्तृत संचार होगा। इसीलिए टेलीविजन पर कठपुतलियों द्वारा मनोरंजक प्रोग्राम थाईलैंड, भारतवर्ष तथा इंडोनेशिया में अधिक रोचक ढंग से दिखाया जा सकता है। इसी भाँति वाल-पेपर यानी दीवारों के समाचारपत्र परम्परा के अधिक अनुकूल हैं।

बहुजन माध्यम की परिभाषा के अनुसार उनका उद्देश्य है सूचना, मनोरंजन, ज्ञानवर्धन और कल्याण के विचार से मानव-समाज को नाना प्रकार की सामग्री पहुँचाना। प्रश्न यह उठता है कि जो सामग्री इन उद्देश्यों की पूर्ति के लिए पहुँचाई जाए, वह विभिन्न दृष्टिकोणों को प्रकट करनेाली हो या नहीं। कम्युनिस्ट और अधिनायकवादी यानी टोटेलिटेरियन दोनों प्रकार के समाजों में विभिन्न दृष्टिकोणों के लिए गुंजाइश नहीं है, यह मैं पहले ही कह चुका हूँ। खासतौर से यह बात सूचना और ज्ञानवर्धन पर लागू होती है। गणतन्त्र में विभिन्न दृष्टिकोणों का प्रदर्शन अनिवार्य है।

दृष्टिकोण और ग्रहणशीलता

एक दूसरा सम्बद्ध प्रश्न भी है। आर्थिक तौर से पिछड़े हुए देशों की कुछ अनिवार्यताएँ हैं, जिन्हें प्रमुखता मिलनी चाहिए। प्रचार में उन्हें प्रमुखता देना बहुजन-माध्यम का विशेष उत्तरदायित्व है; क्योंकि उन समाजों का आर्थिक विकास और सामाजिक उन्नति इन अनिवार्य योजनाओं की सफलता पर निर्भर है। विभिन्न दृष्टिकोणों को प्रस्तुत करने का उत्तरदायित्व गणतन्त्र में हरएक माध्यम से हो, यह भी जरूरी नहीं है। भारतवर्ष का रेडियो अर्से तक एक ही दृष्टिकोण, विशेषतः सरकारी दृष्टिकोण का वाहक रहा, किन्तु फिल्में प्रायः गैर-सरकारी दृष्टिकोणों और आदर्शों को प्रस्तुत करती रही हैं। समाचारपत्र बराबर गैर सरकारी दृष्टिकोणों के ही माध्यम रहे हैं। इसका परिणाम यह हुआ कि अधिकृत (ऑथोरिटेटिव) समाचारों के लिए बहुजन प्रायः रेडियो-प्रसार पर ही अधिक आश्रित होता हैं वह समझता है कि आकाशवाणी से जो समाचार प्रसारित हुआ है वह विश्वसनीय है। सामाचारपत्रों पर निस्सन्देह उन लोगों के दृष्टिकोणों का असर पड़ता है, जिनपर समाचारपत्र आर्थिक तौर से निर्भर रहते हैं, यद्यपि यह असर बाहरी तौर से स्पष्ट नहीं होता। फिल्में भी आर्थिक सत्ताधारियों के दृष्टिकोणों से परे नहीं रह सकतीं।

'दृष्टिकोण के असर' से यह तात्पर्य नहीं है कि बराबर ही रेडियो, समाचारपत्र, फिल्म किन्हीं लोगों के विचारों का प्रचार करते रहते हैं। असल में दृष्टिकोण की रंगत किन्हीं विशेष परिस्थितियों या वाद-विवाद के सन्दर्भ में ही प्रकट होती है; जैसे इलेक्शन के अवसर पर या निजी जायदाद-सम्बन्धी कानून के बनते समय। साधारणतः इन माध्यमों द्वारा प्रस्तुत की जानेवाली विषयवस्तु निरपेक्ष होती है। हाँ, फिल्म में किस ढंग का जीवन दरसाया जाए, यह निर्णय 'बॉक्स-ऑफिस' की दृष्टि से लिया जा सकता है, जन-कल्याण के लिए नहीं।

विषयवस्तु को प्रस्तुत करते समय बहुजन-माध्यम के ऊपर एक विशेष जिम्मेदारी यह होती है कि कहाँ तक उसके दर्शक और श्रोता उन विचारों को ग्रहण करें। 'पहुँचाना' शब्द और 'पहुँचना' शब्द में यही अन्तर है। दूसरे में ग्रहणशीलता शामिल है। यानी पहुँचाई हुई सामग्री को ग्रहण कराने का उत्तरदायित्व क्या माध्यम पर ही है? बहुजन किन अवस्थाओं में, किन कारणों से कथ्य अथवा प्रदर्शित सामग्री को ग्रहण करते हैं? इंग्लैंड में सन् 1959 ई. और 1964 ई. के इलेक्शन के सर्वेक्षणों से यह ज्ञात हुआ कि प्रायः श्रोता और दर्शक अधिक आग्रहशील और लल्लो-चप्पो करनेवाले प्रोग्रामों को सन्देह की दृष्टि से देखते थे और जो सीधे-सीधे खरे प्रोगाम होते थे, उन्हें अधिक पसन्द करते थे। अधिक वायदे करनेवालों को भी सन्देह की दृष्टि से देखा जाता था।

इन सर्वेक्षणों से मालूम हुआ कि अकसर रेडियो एवं अन्य बहुजन-माध्यमों का वोटरों पर प्रभाव सीधे नहीं होता। माध्यमों से प्राप्त जानकारी को कुछ ऐसे व्यक्तियों से बातचीत द्वारा पुष्ट करने की आदत बहुत-से श्रोताओं में पाई गई। ऐसी पुष्टि के बाद ही जानकारी पूरी तरह से ग्रहण की जाती है, और वोटर किसी निष्कर्ष पर पहुँचता है। इस प्रकार, माध्यमों से प्राप्त सूचना के 'छनकर' आने के सिद्धान्त को अंग्रेजी में 'टू-स्टेप्स थ्योरी' (द्विसोपान-सिद्धान्त) की संज्ञा दी गई है। जिन व्यक्तियों से सूचना की पुष्टि कराई जाती है, उन्हें ओपिनियन-लीडर (दृष्टिकोण-निर्धारक) कहा जाता है।

यदि 'टू-स्टेप्स थ्योरी' को सही माना जाए, तो भी बहुजन-माध्यमों के लिए जो लोग प्रोग्राम तैयार करते हैं और जो चाहते हैं कि उनके प्रोग्राम दूर-दूर तक फैलें, उनके सामने यह प्रश्न उठता है कि किस तरह से इन दृष्टिकोण-निर्धारकों को आकृष्ट किया जाए। चाहे दृष्टिकोण-निर्धारकों, चाहे सामान्य श्रोताओं-दर्शकों—सभी को आकृष्ट करने के लिए चार-पाँच बातों को समझना आवश्यक है।

पहली तो यह कि जिस समय कोई प्रोग्राम प्रसारित हो रहा है, उस समय श्रोताओं अथवा प्रेक्षकों की मनोवृत्ति क्या है? यह मनोवृत्ति प्रायः बदलती रहती है और प्रोग्राम बनानेवालों को इस परिवर्तनशीलता को समझने की आवश्यकता है।

दूसरी बात यह है कि समाचार-सामग्री में कौन-से वे तत्त्व हैं, जो अधिक ग्राह्य होंगे। क्या घटना-विशेष श्रोता-प्रेक्षक के निकट स्थल पर है, इस वजह से वे आकृष्ट होंगे? या किसी समाचार-विशेष से घटना में जो सबसे अधिक महत्त्वपूर्ण व्यक्ति है,

उसमें प्रेक्षकों अथवा श्रोताओं की दिलचस्पी क्या पहले से है? अथवा क्या घटना की असाधारणता (जैसे किसी स्थान पर प्राचीन ऐतिहासिक अवशेषों की खुदाई की गई हो) में कोई विशेष 'ह्यूमन इंटरेस्ट' (मानव-सुलभ दिलचस्पी) होगी? उस समय कौन-सी सामग्री में दृष्टिकोण-निर्धारक या अन्य प्रेक्षक-श्रोता दिलचस्पी लेंगे, यह समझने की आवश्यकता है।

इसके अतिरिक्त प्रेक्षकों की जो बुनियादी मनोवृत्ति है और जो उनकी इच्छाएँ हैं, जिस तरह से उनका दिमाग काम करता है, इसको भी समझना होता है। बहुजन-माध्यम पर विल्बर स्क्रैम नामक विद्वान ने अर्से से काम किया है। दर्शकों/श्रोताओं के मनोविज्ञान पर प्रकाश डालते हुए, मनोविश्लेषण करने के बाद वह इस निष्कर्ष पर पहुँचे कि कुछ प्रेक्षक और श्रोता तो तत्काल तृप्ति के लिए प्रोग्राम सुनते हैं और ऐसे ही प्रोग्रामों में अधिक दिलचस्पी लेते हैं, जो तात्कालिक आनन्द और सन्तोष दें। कुछ दर्शक और प्रेक्षक, विलम्ब से मिलनेवाली तृप्ति की प्रतीक्षा कर सकते हैं। इससे मिलता-जुलता दो अंग्रेज विद्वानों, यानी ब्लुमर और मैकेल ने मतदाताओं के बारे में सर्वेक्षण करने के आधार पर जो सिद्धान्त स्थापित किया, उसे वे 'तुरन्त तृप्ति और विलम्ब से मिलनेवाली तृप्ति' वाली मनोवृत्तियों के सिद्धान्त का नाम देते हैं—'द प्रिंसिपल ऑफ इमीडिएट ग्रैटिफिकेशन एंड डिलेड सैटिस्फैक्शन'।

वोटिंग के मामले में विलम्बित तृप्ति मनोवृत्ति के प्रेक्षक टेलीविजन-प्रोग्राम से वोट के विषय में पृष्ठभूमि की सूचना चाहते हैं, ताकि वे तय कर सकें कि किस व्यक्ति को अपना मत दें। लेकिन, दूसरे प्रकार का प्रेक्षक चुनाव-सम्बन्धी प्रोग्राम में बहुत कुछ दलबन्दी और प्रतिद्वन्द्वितावाली सामग्री की अपेक्षा करता है और इस तरह से तात्कालिक तृप्ति की उम्मीद करता है। मेरा अपना अनुभव है कि हरएक प्रेक्षक के अन्दर दोनों प्रकार के व्यक्तित्व अन्तर्हित होते हैं—तात्कालिक तृप्ति की इच्छा तथा विलम्ब से तृप्ति की इच्छा। परिस्थिति-विशेष में किस प्रवृत्ति का प्राधान्य होगा, यह शिक्षा, पेशे और सांस्कृतिक पृष्ठभूमि पर निर्भर करता है। चटपटे प्रोग्रामों के समर्थक यह मान लेते हैं कि बहुजन-माध्यम पर विलम्बित तृप्ति देनेवाले प्रोग्राम-प्रोग्रामों में साधारण जनता की दिलचस्पी नहीं होती। वे लोग इस बात को भूल जाते हैं कि जनता के नाम पर यदि केवल छिछले मनोरंजन का प्रोग्राम इन माध्यमों पर प्रस्तुत किया जाता रहे, तो यह भी एक तरह से प्रेक्षकों पर उनकी उस रुचि के विरुद्ध प्रोग्राम लादने के तुल्य होगा; क्योंकि इस तरह एक ही प्रकार के व्यक्तित्व की तृष्णा-पूर्ति होती है। माध्यम यानी मीडियम का कर्त्तव्य है कि प्रेक्षक के भीतर मौजूद नाना प्रकार के व्यक्तियों को अभिव्यक्ति का मौका मिल सके।

कुछ विद्वानों का कहना है कि जो प्रेक्षक टेलीविजन के प्रोग्रामों को प्रधानतया मनोरंजन का साधन मानते हैं, उनमें कभी-कभी अपराध की भावना भी पैदा हो जाती है, शायद इस विचार से कि वे टेलीविजन-जैसे सशक्त माध्यम को केवल मनोरंजन के लिए इस्तेमाल करके अपव्यय कर रहे हैं। ऐसी भावना के फलस्वरूप तथ्यपरक प्रोग्रामों

की इच्छा सबल हो जाती है। मेरा अपना सन् 1959 ई. में इस बारे में दिलचस्प अनुभव हुआ था। मैं दिल्ली के टेलीविजन के प्रारम्भिक दिनों में कुछ समस्यामूलक और प्रेरणादायी प्रोग्राम प्रस्तुत करके दर्शक-मंडलों में गम्भीर और सोद्देश्य प्रोग्रामों के लिए विशेष रुचि पैदा की। बाद में जब इन गम्भीर प्रोग्रामों के साथ-साथ केवल मनोरंजन के प्रोग्राम भी दिल्ली-टेलीविजन से प्रसारित किए गए, तो जो श्रोता-मंडल गम्भीर और सोद्देश्य प्रोग्रामों के आदी हो गए थे, उन्होंने यह जिज्ञासा की कि वे समझ नहीं पाते कि शुद्ध मनोरंजन के प्रोग्रामों का वे लोग किस तरह इस्तेमाल करें। तात्पर्य यह कि प्रारम्भ ही से यदि श्रोता और दर्शक किसी माध्यम के किसी विशेष प्रकार की अनुभूति अथवा सन्देश-वाहक के रूप में आदी हो जाएँ तो उनकी अपनी रुचि भी तदनुसार ढलने लगती है।

सुरुचिपूर्ण प्रोग्रामों की शैली

विलम्ब से असर करनेवाले प्रोग्रामों के प्रभाव को बढ़ाने के लिए यह आवश्यक है कि प्रसारित की जानेवाली सामग्री का चयन बहुत सावधानी से तथा खोज के आधार पर किया जाए। तभी इस तरह के प्रोग्राम प्रेक्षक को स्वीकार्य होंगे। उदाहरणतः, कुछ वर्ष हुए, आकाशवाणी पर बुद्ध-जयन्ती पर प्रोग्राम तैयार करने के लिए मैंने श्री मैल्विल डिमेलो को नालन्दा और राजगृह भेजा। इस विषय पर उनकी साहित्यिक जानकारी बढ़ाने के लिए मैंने उनको कुछ पुस्तकें दे दीं और यह भी सुझाव दिया कि नालन्दा पहुँचने पर वहाँ के पुस्तकालय से प्राचीन नालन्दा के विषय में यथोचित सामग्री प्राप्त कर लें। श्री मेल्विल डिमेलो ने इस प्रोग्राम को समर्थ और प्राणवान् बनाने के लिए उस सभी सामग्री का, जो मैंने उन्हें दी थी, अत्यन्त मनोयोग के साथ मनन किया और वह जानकारी के ऐसे स्तर पर पहुँच गए कि उस विषय पर जो कुछ ब्रॉडकास्ट उन्होंने किया, वह आत्मीयता से भरपूर था।

इस तरह के प्रसारण और प्रोग्रामों या कार्यक्रमों में इंटरव्यू करने की कला भी सामग्री की चयन में उपयोगी सिद्ध हो सकती है। वही इंटरव्यू सफल माना जा सकता है, जिसमें इंटरव्यू लेनेवाला व्यक्ति न तो अत्यन्त भड़कानेवाला जान पड़े, न खुशामदी ही। मास मीडिया पर इस तरह के प्रोग्राम प्रस्तुत करने के लिए पहले यथेष्ट तैयारी की आवश्यकता होती है। तैयारी के बाद ही प्रोग्रामों में नैसर्गिक प्रवाह और स्वाभाविकता का समावेश हो सकता है। प्रस्तुतीकरण-विधि पर प्रोग्राम की प्रेषणीयता निर्भर होती है। एक बार प्यारेलालजी (महात्मा गांधी के सचिव) ने मेरे अनुरोध पर एटली से, जो उन दिनों भारत आए हुए थे, इंटरव्यू लिया, लेकिन यथेष्ट तैयारी नहीं थी। श्री एटली को लगा मानो उनके साथ अभियुक्त की भाँति जिरह की जा रही है, उनकी राय जानने का प्रयास नहीं हो रहा है। बस, वह भड़क उठे और प्रोग्राम भी हाथ से निकल गया। ऊपर मैंने इंग्लैंड में ब्लूमर और मैक्वेल द्वारा उस अध्ययन का जिक्र किया है, जो उन्होंने

वहाँ सन् 1964 ई. में इलेक्शन के सम्बन्ध में टेलीविजन-प्रोग्रामों के सर्वेक्षण के आधार पर किया। सर्वेक्षण से वे इस निष्कर्ष पर पहुँचे कि प्रायः दर्शक लोग सीधी वार्ताओं अथवा भाषण के प्रोग्रामों को पसन्द नहीं करते। वे तो चाहते हैं कि जिन नेताओं तथा प्रमुख व्यक्तियों के दृष्टिकोण उनके सामने प्रस्तुत किये जाएँ उनसे वाद-विवाद, विचार-विमर्श और इंटरव्यू हो ताकि उन्हें समस्याओं का सामना करना पड़े, प्रश्नों का जवाब देना पड़े। ऐसे ही तत्त्व प्रोग्राम में उत्सुकता और जान डाल सकते हैं।

बहुजन माध्यम के प्रोग्राम प्रस्तुत करने की शैली, पुस्तक लिखने की शैली से भिन्न है, साहित्य से भी भिन्न है। सम्प्रेषण का साहित्य एक अंग अवश्य है, लेकिन मुख्य अंग है स्वाभिव्यक्ति, यानी लेखक द्वारा अपने विचार, अपनी भावना की अभिव्यंजना करना। इस तरह की रचना में कवि-कल्पना की उड़ान और दुरूहता भी पाठक के लिए एक सीढ़ी की भाँति होती हैं, बाधा नहीं। परन्तु, बहुजन-माध्यम की अभिव्यंजना-शैली में श्रोता अथवा दर्शक की समझ और ग्रहणशीलता का ध्यान रखते हुए सरलता बरतनी होती है। फिर भी, सरलता बिलकुल सपाट नहीं होनी चाहिए। वाक्य छोटे हों, लेकिन सामग्री इतनी लघुकाय न हो कि दर्शक की अल्पबुद्धि के प्रति एक तरह की मेहरबानी की भावना दीख पड़े, मानो दर्शक की समझ इतनी कम है कि लेखक बिलकुल बालबोध की-सी सामग्री उनके सामने प्रस्तुत कर रहा है। फिर भी, शब्द विशेषतया ऐसे पदार्थों के बोधक होने चाहिए, जिनकी कल्पना करने में दर्शकों अधिक चेष्टा न करनी पड़े। जब चर्चिल ने लड़ाई के दिनों में ब्रिटिश-जनता को सन्देश देते हुए कहा कि वह केवल एक ही वादा कर सकता है कि जनता को उसके साथ रक्त, श्रम, पसीना और आँसू बहाने होंगे, तो चर्चिल ने ऐसे शब्द कहे, जो सरल होते हुए भी अत्यन्त गहन भावों के वाहक थे। जहाँ वाणी और भाषण, बिम्ब के संगी होते हैं, वहाँ शब्दों का चयन बहुत सावधानी के साथ करना होता है। एक समय था कि अमेरिका का 'लाइफ' मैगजिन केवल चित्र देता था, लेख नहीं। लेकिन, उसके शीर्षकों के चयन पर 'लाइफ' के सम्पादक बहुत जोर देते हैं, ताकि वही चित्र दर्शकों के सामने एक कहानी का आभास दें। तात्पर्य यह है कि बहुजन-माध्यम के साधनों में भाषा का प्रयोग दर्शकों की आवश्यकताओं, उनकी आवश्यकताओं तथा उनकी उम्मीदों को दृष्टिकोण में रखकर किया जाता है। बहुजन-माध्यम में श्रोताओं तथा दर्शकों के अतिरिक्त उन विचौलियों का भी ध्यान रखना पड़ता है, जिनका मैंने इससे पहले 'टू-स्टेप थ्योरी' के सिलसिले में जिक्र किया है और जिनके जरिए श्रोता अपने विचार निर्धारित करने में सफल होते हैं।

अपने में तो माध्यम निर्विशेष है, यानी ऑब्जेक्टिव है। उसकी अपनी कोई प्रतिबद्धता (कमिटमेंट) नहीं होनी चाहिए, किन्तु जो सामग्री माध्यम द्वारा प्रस्तुत की जाए, उसके चयन में अवश्य रुचि-वैविध्य के बीच वर्तमान होते हैं। यदि यह अभीष्ट है कि दर्शकों और श्रोताओं का संस्कृति और जीवन के उत्कृष्ट पहलुओं से परिचय कराया जाए तो ऐसी परिचयात्मक सामग्री को प्रस्तुत किया जा सकता है, जो मनोरंजक होते हुए भी नई दिशाओं का संकेत करे। अमेरिका के 'लाइफ' और 'टाइम' मैगजिन

का मैंने ऊपर जिक्र किया है। कुछ लोगों को उक्त मैगजिनों के बारे में यही शिकायत है कि रुचि-उन्नयन पर विशेष ध्यान नहीं देते। 'लाइफ' मैगजिन एक लेखक के अनुसार उन लोगों के लिए प्रकाशित होता है जो पढ़ नहीं सकते और 'टाइम' उन लोगों के लिए जो सोच नहीं सकते, यानी दोनों में ही कल्पना और निजी सामर्थ्य को प्रोत्साहित नहीं किया जाता।

एक जर्मन विद्वान के अनुसार बहुजन-माध्यमों पर ऐसी सूचना को पहल दी जानी चाहिए, जो नागरिकों को एक-दूसरे बारे में जानकारी दे तथा नागरिकों और शासन को भी एक-दूसरे की समस्याओं से परिचित कराए। सूचना अपने में सम्पूर्ण होनी चाहिए, यानी सेल्फ-कंटेंड, निष्पक्ष होनी चाहिए तथा आसानी से समझ में आनेवाली भी।

बहुजन-माध्यम का एक उद्देश्य यह भी है कि वह जनमत को प्रकट करें, यानी जनता के विभिन्न दलों, समुदायों और समाजों इत्यादि को भी अपना मत बनाने और उसे जाहिर करने की सुविधा दे, ताकि यह मत शासन तक भी पहुँच सके। सूचना देने और जनमत को प्रकट करने के अतिरिक्त बहुजन-माध्यम का तीसरा उद्देश्य है कि वह वस्तुओं, व्यक्तियों और सामाजिक व्यवहार के विषय में टिप्पणी तथा समालोचना भी प्रस्तुत करे, ताकि समाज के कल्याण और प्रगति को बढ़ावा मिले। इसका अर्थ यह है कि बहुजन-माध्यम जो सूचना प्रस्तुत करे, वह केवल जानकारी के लिए नहीं, बल्कि समाज के व्यापक हितों से सम्बद्ध होनी चाहिए। इसलिए सूचना या समाचार द्वारा ऐसी घटनाओं, तथ्यों और मतों को समय पर प्रसारित किया जाए, जिनमें समाज के बहुसंख्यक और महत्त्वपूर्ण लोगों की दिलचस्पी हो। समय पर सूचना और महत्त्वपूर्ण बहुसंख्यक श्रोता-दर्शक-पाठक—ये दोनों ही अनिवार्य हैं।

माध्यमों का उत्तरदायित्व

बहुजन-माध्यम की परिभाषा और उद्देश्य का जिक्र समाप्त करने से पहले यह जरूरी जान पड़ता है कि सामाजिक मूल्यों का उत्कर्ष करने के विषय में बहुजन-माध्यम का क्या उत्तरदायित्व है, इस पर विचार कर लिया जाए। मूल्यों से मतलब है—सामाजिक व्यवहार के मानदंड। सामाजिक व्यवहार का सम्बन्ध नीतिपरकता से बहुत पुराना है और उसकी उपेक्षा नहीं की जा सकती। सवाल यह है कि फिल्म-रेडियो तथा चित्रमय पुस्तकों में सामाजिक व्यवहार के जो आदर्श या दिशाएँ प्रस्तुत की जाती हैं, उन पर नैतिकता की रोक नहीं चाहिए या नहीं? सन् 1968 ई. में यूरोप के डेनमार्क देश में एक नए कानून के द्वारा यौन-प्रक्रिया-सम्बन्धी चित्रों तथा अन्य प्रकार की अश्लील सामग्री के प्रदर्शन पर से रोक उठा दी गई, ताकि इस तरह के प्रदर्शन सभी प्रौढ़ स्त्री-पुरुषों को उपलब्ध हो सकें। डेनमार्क के समाजशास्त्री विद्वानों का कथन है कि इस तरह की रोक उठाने का एक परिणाम यह हुआ कि यौन-सम्बन्धी जुर्मों की संख्या डेनमार्क में पहले की अपेक्षा बहुत कुछ कम हो गई। ऐसा जान पड़ा कि स्त्री-पुरुषों की इस तरह के अवैध

कर्मों के लिए तृष्णा क्षीण हो गई। परन्तु, हाल ही में जर्मनी के म्युनिख इंस्टिच्यूट आव युथ अफेयर्स तथा हंबोल्ट्ट फाउंडेशन की ओर से डॉ. जोचबाउर ने एक सर्वेक्षण डेनमार्क में किया है। यह डेनमार्क के समाजशास्त्रियों के उस सर्वेक्षण के बाद हुआ है। उनका निष्कर्ष है कि यौन-विषयक अपराधों में कमी हुई है, लेकिन अन्य प्रकार के अपराध यानी हत्या, मारपीट इत्यादि बढ़े हैं। कारण यह जान पड़ता है कि सेक्स का खुलेआम प्रदर्शन देखने के बाद यदि दर्शक के कामोत्तेजना चरम पर पहुँच जाती है और जो लिप्सा उत्तेजित हुई है, उसकी तुरन्त पूर्ति के लिए अवसर नहीं मिलता, तो दर्शक उसकी अपरोक्ष पूर्ति अन्य प्रकार के अपराधों से करता है। अन्य प्रकार के अपराधों द्वारा सेक्स-उत्तेजना ही की अभिव्यक्ति होती है।

प्रोफेसर जोचबाउर के कुछ अन्य निष्कर्ष भी इस बारे में बहुजन-माध्यम के प्रभाव से सम्बन्ध रखते हैं। उनका कहना है कि यौन-प्रक्रियाओं को प्रदर्शित करनेवाली फिल्म से दर्शकों में, खासतौर से पुरुषों में, एक तरह का मिथ्या विश्वास उत्पन्न होता है। उन्हें जान पड़ता है कि ऐसी फिल्मों के देखने से क्षीण पौरुष अथवा यौन-शक्ति गतिशील हो सकती है। जोचबाउर ऐसी फिल्मों को एक तरह का कामोत्तेजक इंजीनियर मानते हैं, जो काम-वासना के अवरोधों को दूर कर सकता है। ऐसा भी देखा गया है कि कुछ राजनीतिक सत्ताधारी सेक्स-फिल्मों को इसलिए प्रोत्साहित करते हैं कि इस तरह दलित जनता का ध्यान राजनीतिक और नैतिक समस्याओं से हट जाए और नैतिक प्रतिबन्ध और सामाजिक परम्पराओं के होते हुए भी जनता सेक्स-फिल्मों में इतनी दिलचस्पी ले कि इसके परिणामस्वरूप उसके हृदय में अपराध की भावना उत्पन्न हो जाए। ऐसी अपराध-भावना से ग्रस्त जनता पर राजनीतिक सत्ता अधिक आसानी से आरूढ़ हो सकती है। शायद प्रो. जोचबाउर का यह कथन नात्सी-युग में जर्मनी में जो प्रयोग हुए, उनके आधार पर किया गया है। यह भी देखा गया है कि इस तरह की फिल्म और प्रोग्राम देखनेवाले लोग अपने पत्नी (या पति) से उसी प्रकार की काम-क्रीड़ा की उम्मीद रखते हैं, जैसे उन्होंने फिल्म में देखी है। यानी, वे अपनी अंकशायिनी के रूप में उस कल्पित व्यक्ति को रख लेते हैं, जिसे उन्होंने उस फिल्म में देखा है, तो वे क्षुब्ध और निराश हो जाते हैं और जीवन में सार्थकता खो बैठते हैं। इसीलिए, प्रो. जोचबाउर का अनुमान है कि दरअसल सेक्स-फिल्म इसी प्रीढ़ी के मानव का अपने असन्तुष्ट हो जाने का एक प्रधान कारण है। यानी, आजकल के मानव में जो भटकाव यानी एलिनिएशन दीख पड़ता है, वह बहुजन-माध्यमों के इसी प्रकार के अनैतिक प्रोग्रामों का भी परिणाम है।

लेकिन एक दिलचस्प बात यह है कि सन् 1970 ई. के मध्य से इस तरह की सेक्स फिल्मों तथा प्रोग्रामों की लोकप्रियता घटने लगी है और हाल के ही समाचारों से जान पड़ता है कि अकसर इन प्रोग्रामों और फिल्मों को दिखलानेवाले डेनमार्क के सिनेमा-हाउस खाली पड़े रहते हैं। इसका अर्थ यह है कि वहाँ की जनता इस तरह की सामग्री से उकताने लगी है। उसकी प्रतिक्रियाएँ अवसन्न होने लगी हैं। जो भी हो, इस प्रयोग

ने यूरोप के अन्य समाजों को कुछ संकेत दिए हैं, जिनके आधार पर सम्भव है कि भविष्य में बहुजन-माध्यम अपनी नीति निर्धारित करे। भारतवर्ष में फिल्म-सेंसर इन्क्वायरी-कमिटी की रिपोर्ट के बाद इस तरह की सामग्री फिल्मों पर प्रस्तुत करने के लिए माँग बढ़ी है और सेंसर बोर्ड के अधिकारों को कम करने के लिए भी आवाज उठाई जा रही है। हो सकता है कि हमें भी कुछ समय के लिए डेनमार्क के अनुभवों के बीच से गुजरना पड़े। उसके बाद हम भी उस परिणाम पर पहुँचेंगे कि इस प्रकार की सामग्री मानव-मात्र को सामाजिक मान्यताओं से विलग और उसके व्यक्तित्व को छिन्न-भिन्न भले ही कर दे, किन्तु उसकी तृष्णा, उसकी पिपासा को सही अर्थ में सन्तुष्ट नहीं कर सकती।

कहा जाता है कि हमारे 11वीं और 12वीं शताब्दी के मन्दिरों की दीवारों पर काम-क्रीड़ा-सम्बन्धी चित्र समाज के ज्ञानवर्धन के लिए और उसकी काम-सम्बन्धी समस्याओं का समाधान करने के लिए अंकित किए गए थे। मेरे विचार में ऐसी बात नहीं है। तत्कालीन मन्दिरों में जीवन के सभी अंगों का प्रत्यक्षीकरण तीर्थयात्रियों और धर्म, अर्थ, काम और मोक्ष के जिज्ञासुओं के लिए किया गया। कुछ मन्दिरों में पुरुषार्थ के इन चार स्तम्भों में से एक ही पर अधिक जोर दिया गया। इसका उद्देश्य यह नहीं था कि पुरुषार्थ के अन्य तीन अंगों की उपेक्षा की जाए। वर्तमान बहुजन-माध्यम में यदि इन चारों पुरुषार्थों का समीचीन अवलोकन हो सके, तो काम-सम्बन्धी ज्ञान का प्रत्यक्षीकरण आपत्तिजनक नहीं होगा। किन्तु, प्रायः होता है कि इस तरह की फिल्में सेक्स को पुरुषार्थ के रूप में नहीं, वरन् उत्तेजक सामग्री के रूप में प्रस्तुत करती हैं। फलस्वरूप, जीवन में पुरुषार्थ का प्रसंग गौण हो जाता है।

जैसा कि मैंने ऊपर कहा है, बहुजन-माध्यम अपने में तो निर्विशेष हैं, किन्तु उत्कर्षकारी सन्देश के लिए उपयुक्त वाहन हो सकते हैं। निर्विशिष्टता और सन्देश-वहन की क्षमता में भेद को ध्यान में रखना जरूरी है। वरना यह भ्रम हो सकता है कि बहुजन-माध्यम केवल एक ही प्रकार के सन्देश के लिए उपुयक्त साधन है। इसी भ्रमवश कुछ लोगों ने सुप्रसिद्ध कनाडावासी समाजवैज्ञानिक मार्शन मैकलुहन के सिद्धान्त 'मीडिया इज द मेसेज' को गलत समझा। मैकलुहन ने यह सिद्धान्त प्रतिपादित किया कि माध्यम ही अपने में सन्देश है; क्योंकि माध्यम की गति ही यह निर्धारित करती है कि किस तरह का सन्देश उनके जरिए प्रसारित किया जाए। कुछ लोगों ने इसका यह अर्थ माना कि कि प्रोग्राम बनानेवालों का कोई सामाजिक उत्तरदायित्व ही नहीं है। वस्तुतः, उस उत्तरदायित्व से न तो समाज, न इन विभिन्न माध्यमों को बरी किया जा सकता है। भले ही बिजली से चलायमान माध्यमों में इतनी क्षमता है कि दर्शक-श्रोताओं को जो भी दिया जाएगा, उसे ग्रहण करने के लिए वे मजबूर होंगे। मैकलुहन का कथन है (दि मीडिया इज द मेसेज) कि बिजली से संचालित माध्यम दर्शक के समूचे व्यक्तित्व, उसके स्नायविक मंडल को अभिभूत कर लेते हैं। विज्ञापन की भाषा में इसे 'सबलिमिनल' प्रभाव कहा जाता है, जो अवचेतन द्वारा व्यक्तित्व पर आरूढ़ होता है।

ऐसी मनोदशा में, मैकलुहन के अनुसार, यह अप्रासंगिक है कि 'सन्देश' क्या है। परन्तु, क्या स्नायविक मंडल पर पड़नेवाला प्रभाव मानव के पूर्वभूत संस्कारों की अवहेलना कर सकता है? इन संस्कारों ही के आधार पर व्यक्ति समाज का अंग है। वस्तुतः, प्रोग्राम-प्रयोक्ताओं (प्रोड्यूसर्स) को तो इस चुनौती का सामना करना चाहिए कि माध्यम की गतिशीलता के अनुकूल ही कल्याणकारी मूल्यों का विकास करनेवाली सामग्री को ढालने की चेष्टा करें। अपने उत्तरदायित्व से बचने का यह तरीका नहीं है कि प्रयोक्ता कन्धे झटकाकर कह दें कि 'हम क्या करें, माध्यम ही अपना सन्देश है।'

बहुजन-माध्यमों का विकास : पत्रकारिता

प्रेस—परिवर्तन का प्रेरक

पिछली पाँच शताब्दियों में समाचार, मत तथा मनोरंजन को आजादी के साथ बहुजन तक पहुँचाने के प्रयत्नों का प्रयास ही माध्यमों के विकास की प्रगति का परिचायक है। लगभग सन् 1440 ई. में हालैंड के गटनबर्ग नामक व्यक्ति ने ऐसे टाइप का आविष्कार किया, जो बदल-बदलकर विभिन्न सामग्री को बहुसंख्या में मुद्रित कर सकता था। इस प्रकार, टाइप को रिपीटेबिल प्रिंट कहते हैं, यानी पुनरावर्त्तक छापे के वर्ण। इसके फलस्वरूप बहुसंख्यक जनता तक बिना रुकावट के समाचार और विभिन्न मतों को पहुँचाने की सुविधा मिल गई। इस सुविधा को कायम रखने के लिए बराबर तत्पर रहने का उत्तरदायित्व लेखक और पत्रकार पर पड़ा। आजकल यह उत्तरदायित्व सिर्फ छापाखाने से निकलनेवाली सामग्री पर ही लागू नहीं है, बल्कि फिल्म, रेडियो और टेलीविजन पर प्रसारित होनेवाली सामग्री पर भी।

पत्रकारिता की जिस आजादी का ऊपर उल्लेख हुआ है, उससे तीन प्रकार की बुनियादी आजादियों का भी विशेष सम्बन्ध है यानी बिना रोक बोलने की आजादी, बिना व्यवधान के एकत्र होने की आजादी, शिकायतों को दूर करने के लिए आवेदन प्रस्तुत करने (पेटीशन) की स्वतन्त्रता। इन्हीं तीन तरीकों से धार्मिक व्यवहार की आजादी, राजनीतिक चर्चा एवं कार्य की आजादी तथा विभिन्न प्रकार के विचारों के विकास और उनके सम्प्रेषण की आजादी प्रकट हो सकती है। जो समाज इन विभिन्न प्रकार की स्वतन्त्रताओं को अपने नागरिकों के बीच कायम रखना चाहता है, वह गणतन्त्र की प्रणाली का भली-भाँति अनुसरण कर सकता है और गणतन्त्र के विकास के लिए जो परिवर्तन अपेक्षित है, उस परिवर्तन के पथ पर भी बिना झिझक अग्रसर हो सकता है। स्पष्ट है कि इस तरह की प्रगतिशीलता पर वे लोग अवश्य आपत्ति उठाएँगे, जो समाज में सत्ताधारी हैं और इसलिए परिवर्तन के विरोधी हैं। वे लोग प्रेस यानी समाचार-पत्र तथा उसी प्रकार अन्य बहुजन-माध्यमों को पूर्ण आजादी देने का भी विरोध इसीलिए करेंगे कि कहीं ये माध्यम प्रगतिशीलता के वाहक न हो जाएँ। जिनका दिमाग नई धारणाओं के लिए बन्द है, वे सर्वदा प्रेस को एक खतरनाक शस्त्र समझते हैं और उसके ऊपर तरह-तरह की बन्दिश भी लगाना चाहेंगे, लेकिन जो स्वयं जिज्ञासु हैं और दूसरों में ज्ञानवर्धन के समर्थक हैं, वे प्रेस की स्वतन्त्रता का स्वागत करते हैं; क्योंकि जनता में

परिवर्तन के प्रति उत्साह और रुचि उत्पन्न करने के लिए प्रेस एक प्रभावशाली माध्यम है।

प्रेस की आजादी—दो सिद्धान्त

इसीलिए पिछली पाँच शताब्दियों में प्रेस की आजादी के बारे में दो बुनियादी सिद्धान्त प्रवर्त्तित हुए हैं। पुराना सिद्धान्त सत्ताधारियों का सिद्धान्त कहा जा सकता है। यद्यपि सन् 1453 ई. के बाद यूरोप में रेनासाँ (पुनर्जागरण) ने विद्वानों, कलाकारों और पढ़े-लिखे लोगों में ज्ञान के क्षितिज का विस्तार किया, तथापि उससे प्रभावित बुद्धिजीवी यूरोपीय समुदाय भी ऊपर ही से विचारों को जनता पर आरोपित करने में विश्वास करता था। उसकी मान्यता यह थी कि उच्च वर्ग का सुसंस्कृत समाज ही यह तय कर सकता है कि बाकी समाज किन बातों के बारे में जानकारी प्राप्त करे, और उनमें यकीन करे। इसीलिए, उन दिनों प्रेस में उसी प्रकार की विचारधाराएँ प्रस्तुत की जाती थीं, जो उच्च वर्ग के मतानुसार सत्य का उद्‌घाटन करती थीं, मिथ्या का नहीं। इसीलिए, जो लोग उच्च वर्ग में थे, वे ही कुछ चुने हुए छापेखानों को अपनी तरफ से लाइसेंस देते थे। वे किस प्रकार की सामग्री छापें और उसका वितरण करें, यह निश्चित करते थे। जहाँ कहीं बुद्धिजीवी-समुदाय किसी छोटे, किन्तु सशक्त आर्थिक वर्ग से अनुशासित है, वहाँ आजकल भी वही वर्ग प्रेस के व्यवहार और उपयोग का पथ-निर्देशन करता है। साम्यवादी परम्परा के एक-सत्तावादी देशों में भी आजकल वैसा ही होता है, यद्यपि तरीके भिन्न हैं। पार्टी के निर्देशक ही यह निश्चित करते हैं कि व्यक्ति किस तरह के ज्ञान का अर्जन करे और किस सीमा तक।

पश्चिमी यूरोप रेनासाँ और रिफॉर्मेशन (सांस्कृतिक पुनर्जागरण और धर्म-सुधार) जब आधुनिक जन-सत्तावादी युग में पहुँचा, तब बहुजन-माध्यम के उस सिद्धान्त का विकास हुआ, जिसको स्वच्छन्दतावादी सिद्धान्त कह सकते हैं। 17वीं से 19वीं शताब्दियों के बीच यह सिद्धान्त विकसित हुआ। इसके अनुसार प्रेस न तो शासन की वाणी है और न कुछ चुने हुए सम्भ्रान्त और विद्वत्-समाज की ही वाणी। प्रेस अपने में निर्विशिष्ट है और जनसाधारण की जानकारी बढ़ाने के लिए बिना प्रतिबद्ध हुए समाचारों का प्रसारण और विश्लेषण करना उसका कर्तव्य है ताकि घटनाओं एवं प्रवृत्तियों से परिचित होकर व्यक्ति जरूरत पड़ने पर, अपने-आप ही मत-निर्धारण कर सके।

तकनीकी विकास

अभिव्यक्ति की आजादी के इन दो सिद्धान्तों पर मास मीडिया के तकनीकी विकास का प्रभाव पड़ा। पिछली पाँच शताब्दियों में ज्यों-ज्यों छापने की कला तथा अन्य बहुजन- माध्यमों में तकनीकी विकास होते गए, त्यों-त्यों इन माध्यमों का इस्तेमाल

करनेवाले लोगों में अपने को आजादी से प्रकट करने की अभिलाषा भी बढ़ती गई। पुनरावर्त्तक अक्षरों की विधि का आविष्कार करनेवाले गुटनबर्ग ने जिस प्रेस का आविष्कार किया था, उसमें एक बार करीब छह सौ प्रतियाँ तैयार की जा सकती थीं और उस विधि को 'लेटर प्रेस-विधि' कहा जाता था। यद्यपि इस तरह लगभग 50-60 वर्षों में एक-एक पुस्तक की पाँच-पाँच सौ कॉपियाँ छपकर यूरोप में करीब दो करोड़ पुस्तकें छप सकीं, तथापि तेजी के साथ छपी हुई सामग्री का प्रसार सन् 1620 ई. के बाद हुआ जबकि ऐसे टाइप का आविष्कार किया गया, जिसमें बदलनेवाले अक्षरों को एक प्लेट में जमाया जा सकता था और वह प्लेट एक गोल घूमनेवाले यन्त्र पर स्थापित किया जा सकता था। सन् 1798 ई. में लोहे के प्रेस का आविष्कार हुआ, जिसमें एक लिवर के द्वारा अधिक संख्या में प्रतियाँ छापने की सुविधा हो सकी। इस तरह के प्रेस 19वीं सदी के प्रारम्भ में अमेरिका में भी व्यवहृत होने लगे। सन् 1811 ई. के आसपास गोल घूमनेवाले सिलिंडर चलाने के लिए भाप की शक्ति का इस्तेमाल होने लगा और इस तरह 'लन्दन टाइम्स' सन् 1814 ई. में एक घंटे में 1,100 कॉपियाँ छापने लगा।

जिसे आजकल रोटरी प्रेस कहा जाता है, उसका पूरी तरह से विकास सन् 1846 ई. के आस-पास हुआ। शीघ्र ही इतनी उन्नति हुई कि सन् 1870 ई. में एक घंटे में 18,000 कॉपियाँ छापने की व्यवस्था हो गई। 19वीं शताब्दी के अन्त तक जबकि बिजली द्वारा संचालित प्रेस का उपयोग होने लगा, 'न्यूयार्क टाइम्स' का 12 पेज का संस्करण एक घंटे में 96,000 कॉपियों की गति से छपने लगा।

इस बीच में एक और प्रगति हुई। अखबारी कागज बनाने की कुछ नई टेक्नोलॉजी का ईजाद हुआ, जिसके फलस्वरूप अखबार के कागज के दाम घट गए। उसके बनाने में लकड़ी के पल्प के अतिरिक्त कुछ पुराने कागज, कपड़े-लत्ते इत्यादि को मिलाकर भारी परिमाण में कागज तैयार होने लगे। सन् 1899 ई. में एक साथ कागज के दाम अमेरिका में 250 डॉलर प्रति टन से घटकर महज 42 डॉलर प्रतिटन हो गए।

एक तीसरी तकनीकी उन्नति यह हुई कि सन् 1886 ई. के आसपास लिनोटाइप का आविष्कार हुआ, जिसमें टाइपराइटर मशीन की तरह से अक्षरों को सेट करने की सुविधा हो गई। इसके अतिरिक्त सन् 1890 ई. तक अमेरिका तथा अन्य देशों में रंग-बिरंगे ब्लॉक अखबार में छपने लगे। सन् 1839 ई. के बाद से लगभग 50 वर्षों में फोटोग्राफी की उन्नति हो ही चुकी थी। इस तरह, सन् 1900 ई. तक आते-आते बिजली द्वारा संचालित रोटरी प्रेस, लिनोटाइप की सुविधा, रंग-बिरंगे चित्रों को छापने की सुविधा, फोटोग्राफ इत्यादि को छापने की व्यवस्था होने की वजह से हजारों की तादाद में सचित्र अखबारों की प्रतियाँ छपने लगीं और लाखों की संख्या में पाठकों तक सामग्री पहुँचने लगी। 20वीं शताब्दी के प्रारम्भ में एक प्रतिगामी प्रवृत्ति देखने में आई। अखबारों और समाचार-पत्रों को अधिक आकर्षक बनाने के विचार से नई पद्धतियों द्वारा उन्हें सचित्र और शीघ्र प्रस्तुत करने की चेष्टा होने लगी। इसका परिणाम यह हुआ कि समाचार-पत्रों

की लागत बढ़ती चली गई। फलस्वरूप, समाचार-पत्रों को अधिकाधिक विज्ञापनों से अपनी आमदनी बढ़ाने की व्यवस्था करनी पड़ी।

नई तकनीकों के अपरोक्ष प्रभाव

यों पिछले 200 वर्षों में जहाँ एक तरफ समाचार-पत्र अधिकाधिक संख्या में पाठकों तक पहुँचने लगे, वहाँ दूसरी ओर समाचार-पत्रों को अपनी आमदनी बढ़ाने के लिए विज्ञापन इत्यादि पर भी निर्भर रहना पड़ा। समाचार-पत्रों के विचारों में आर्थिक नीति के प्रतिपादन पर व्यावसायिकों पर निर्भरता का कुछ प्रभाव पड़ने लगा। समाचार-पत्रों की लागत बढ़ने का एक परिणाम दूसरे महायुद्ध के बाद यह हुआ कि समाचार-पत्रों को अधिक साधनोंवाले मालिक खरीदने लगे। यों समग्र समाचार-पत्रों की संख्या कम होने लगी, यद्यपि पाठकों की संख्या में अभिवृद्धि हुई। फलस्वरूप, समाचार-पत्रों के दृष्टिकोणों पर इन मालिकों के विचारों का और उनके प्रतिबन्धों का कुछ-न-कुछ असर तो हुआ ही।

20वीं सदी में समाचार-पत्रों के ऊपर नई तकनीक का एक और प्रभाव दृष्टिगत होता है। रोटरी मशीन, टेलीफोन, रेडियो, टेलीविजन इत्यादि के कारण अमेरिकी समाचार-पत्र पुस्तकों की शैली से दूर हटते गए। पुराने समाचार-पत्रों में सम्पादकीय एक विशेष दृष्टिकोण को प्रस्तुत करते थे। जहाँ तक समाचार का सम्बन्ध है, उनमें तो यथातथ्य स्थिति को प्रस्तुत किया जाता था, लेकिन आधुनिक संचार तथा त्वरित गति से प्रतियों को तैयार करने की विधियों के कारण सम्पादकीय दृष्टिकोण की महत्ता कम होती गई तथा सार्वजनिक अनुभूतियों और रुचियों के अनुकूल सामग्री को विविध रूप में देना अधिक महत्त्वपूर्ण हो गया। इस विविध रूप को 'मोजेक' की संज्ञा दी गई है। पुस्तक एकरंगी सामग्री देती है, जिसमें लेखक का एक निजी दृष्टिकोण होता है, पर समाचार-पत्र 'मोजेक' की भाँति बहुरंगे होने लगे। बहुरंगा होना इसलिए सम्भव हो सका कि नई विधियों के कारण तरह-तरह की सामग्री को शामिल किया जा सकता था। वर्तमान अमेरिकी पाठक बहुरंगी सामग्री इसलिए चाहता है कि इस तरह समाज के विभिन्न अंगों को सूचना और अभिव्यक्ति की प्रक्रिया में शामिल होने का मौका मिलता है। तदनुसार, सम्पादकीय की महत्ता का कम होना स्वाभाविक ही था। पाठकों को तो झट से मजेदार और चटपटी सामग्री मिलने लगी। बिजली के माध्यमों से सनसनीखेज समाचारों और वार्त्ताओं को जल्दी से प्रस्तुत किया जा सकता था। और, चूँकि दृष्टिकोण का सवाल तो था नहीं, इसलिए ऐसे समाचार अधिक लोकप्रिय होने लगे, जिन्हें एक दृष्टि से उथले और कुरुचिपूर्ण भी कहा जा सकता है।

उल्लिखित प्रवृत्ति गणतन्त्र-समाजों में ही अधिक मिलती है। भारतवर्ष में भी हम इस परिवर्तन को पिछले महायुद्ध के पहले और बाद के समाचार-पत्रों में देख सकते हैं। पिछले महायुद्ध के पहले प्रयाग के 'लीडर' जैसे समाचार-पत्र के सम्पादक श्री सी.आई. चिन्तामणि के दृष्टिकोण को समझनेवाले पाठकों की संख्या अधिक थी। बम्बई के 'फ्री

प्रेस जर्नल' के सम्पादक हार्निमेन तथा मद्रास के 'हिन्दू' के सम्पादक श्रीनिवासन के मतों के जिज्ञासु पाठकों की कमी न थी। हिन्दी में 'आज' के सम्पादक बाबूराव विष्णु पराडकर के विचारों का प्रभाव एक पूरी पीढ़ी के पाठकों पर पड़ा। किन्तु, पिछले महायुद्ध से कुछ पहले ही 'ब्लिट्ज' जैसे बहुरंगे 'मोजेक' साप्ताहिक का अवतरण हुआ। उसका तथा वैसे अन्य पत्रों का प्रभाव पुराने समाचार-पत्रों पर पड़ा और हम देख सकते हैं कि पिछले महायुद्ध के बाद 'स्टेट्समैन', 'हिन्दू', 'टाइम्स ऑफ इंडिया' इत्यादि पुराने पत्रों में सम्पादकीयों की अब उतनी महत्ता नहीं, जितनी उन्हीं की बहुरंगी सामग्री की।

शासन और समाचार-पत्र

समाचार-पत्रों के विकास के इतिहास में पिछली शताब्दियों में आजादी से समाचारों के प्रस्तुत किए जाने पर समय-समय शासन द्वारा प्रतिबन्ध लगते रहे हैं। सन् 1534 ई. में इंग्लैंड के राजा हेनरी ने जो लाइसेंस करनेवाले कानून बनाए थे, उनको सन् 1694 ई. के आसपास ही हटाया जा सका। अमेरिका में तो समाचार-पत्रों की आजादी को वहाँ के संविधान ही में घोषित कर दिया गया था। किन्तु, वहाँ क्रमशः सरकारी नियन्त्रण के स्थान पर समाचार-पत्रों और उनकी अपनी संस्थाओं द्वारा कुछ अपनी ओर से प्रतिबन्धों के लगाने का रिवाज भी चल निकला। अमेरिका और इंग्लैंड को छोड़कर अन्य देशों में समाचार-पत्रों को अपनी आजादी के लिए अक्सर संघर्ष करना पड़ा। साम्राज्यवादी सत्ताओं के अधिकृत देशों में तो यह संघर्ष लम्बा और कठोर रहा है। अभिव्यक्ति की स्वतन्त्रता प्राप्त होने पर कभी-कभी देखा गया है कि व्यावसायिक स्वार्थ के कारण कभी-कभी सर्कुलेशन बढ़ाने के लिए उस स्वतन्त्रता का दुरुपयोग होने लगता है। समाज और राष्ट्र के हितों के विरुद्ध आतंकवादी राजनीति भी यदाकदा समाचार-पत्रों का इस्तेमाल करती है। दोनों ही तरह से पत्रकारिता की आजादी के नाम पर नागरिक की व्यक्तिगत आजादी पर आघात होता है। इसलिए, पिछले दिनों समाचार-पत्रों और पत्रकारों द्वारा 'प्रोफेशनल एथिक्स' यानी पत्रकारिता-धर्म के नियन्त्रण के लिए प्रेस कौंसिलों का विकास हुआ है। प्रेस कौंसिल का विशेष उद्देश्य यह है कि समाचार-पत्र स्वयं अपने ऊपर स्वेच्छा से कुछ प्रतिबन्ध लगा सकें और एक-दूसरे के व्यवहार को भी नियमित कर सकें। अन्तर्राष्ट्रीय स्तर पर एक संस्था इंटरनेशनल प्रेस इंस्टीट्यूट की भी स्थापना कुछ वैसे ही उद्देश्य से हुई है।

ज्यों-ज्यों प्रेस का विकास होता गया, त्यों-त्यों यह समस्या भी उत्पन्न हुई कि प्रेस को कहाँ तक शासन व दूसरे लोगों की समालोचना करने का अधिकार दिया जाए। जब अमेरिका इंग्लैंड के अधीन था, तभी सन् 1735 ई. में न्यूयार्क में एक मुद्रक के ऊपर (जिनका नाम जैंगर था) कार्रवाई की गई थी। अन्ततः अमेरिकी संविधान के प्रमुख नायक टॉमस जैफरन के उद्योग के फलस्वरूप सन् 1798 ई. में समालोचना पर से प्रतिबन्ध हटाया गया। लेकिन, उन्हीं दिनों भारतवर्ष में ईस्ट इंडिया कम्पनी ने भारत

के समाचार-पत्रों पर प्रतिबन्ध लागू किया। वह प्रतिबन्ध 19वीं सदी के मध्य तक चलता रहा और समय-समय पर ब्रिटिश-सरकार उसका उपयोग करती रही। अब परिस्थिति यह है कि जब देश की सुरक्षा का प्रश्न उठता है, तब शासन को यह अधिकार है कि वह समाचार-पत्रों पर आलोचनात्मक सामग्री के विषय में प्रतिबन्ध लगाए। तानाशाही यानी स्वेच्छाधिकारी राज्यों में और कम्युनिस्ट देशों में, जहाँ पार्टी के विरुद्ध मत गद्दारी समझा जाता है, उस तरह के प्रतिबन्ध साधारणतया भी लगाए जाते हैं।

समाचार-पत्रों के संवाददाताओं को एक अन्य अधिकार के लिए भी सम्पर्क करना पड़ा। वह था—समाचार के स्रोतों तक पहुँचने का अधिकार। प्रायः शासन संवाददाताओं से बहुत-सी सामग्री को गुप्त रखना चाहता है। इस मामले में अमेरिका के संवाददाताओं ने बहुत कुछ अधिकार प्राप्त कर लिए हैं, जिनके कभी-कभी दुष्परिणाम भी हो जाते हैं। कैनेडी के हत्यारे को ऐसे समय पर एक जेल से दूसरी जेल ले जाया गया, जबकि उसके ऊपर दूसरे व्यक्ति द्वारा प्रहार हो सका। यह इसलिए हुआ कि समाचार-पत्रों (तथा टेलीविजन) के फोटोग्राफरों की माँग थी कि उन्हें हत्यारे का चित्र खींचने की सुविधा दी जाए। किन्तु, प्रायः इस आजादी के फलस्वरूप न्यायोचित पक्ष का प्रचार और उसकी पुष्टि सम्भव हो सकी है। भारत-पाकिस्तान-युद्ध में अमेरिकी प्रशासन की कुछ गुप्त गतिविधियों का प्रकाशन करके जैक एंडर्सन ने भारत के सही दृष्टिकोण तथा अमेरिकी प्रशासन की अवांछनीय कार्रवाइयों का उद्घाटन तो किया ही, साथ ही उन्होंने अमेरिका-गणतन्त्र में समाचार-स्रोतों तक पहुँचने की आजादी को भी घोषित कर दिया।

भारत-जैसे देश के समाचार-पत्रों के सामने अभिव्यक्ति की आजादी के सिलसिले में एक प्रश्न तो प्रशासन से सम्बन्धों का है। दूसरा प्रश्न है कि ज्यों-ज्यों समाचार-पत्रों को कम-से-कम मालिक अपने अधिकार में लेते जा रहे हैं, त्यों-त्यों कहाँ तक सम्पादक और संवाददाता अपने मालिकों के हितों की रक्षा के लिए यथातथ्य को प्रस्तुत करने से झिझकेंगे। इन दोनों प्रश्नों के उत्तर के लिए गणतन्त्रीय समाज की आवश्यकताओं को दृष्टिगत रखना होगा। एक गणतन्त्रीय समाज में समाचार-पत्रों का एक मुख्य कर्तव्य यह है कि नागरिकों को पूरी तरह से गतिविधि से अवगत कराएँ।

समाचार-प्रदर्शन में सम्पादकीय विवेक

गतिविधि से अवगत रखने के लिए पाँच प्रकार की सामग्री को समाचार-पत्रों में प्रस्तुत करना होता है : 1. समसामयिक घटनाओं की सूचना; 2. जो समाचार प्रकाशित होते हैं उनकी व्याख्या करना और उनकी पृष्ठभूमि की सामग्री भी प्रस्तुत करना; 3. घटनाओं तथा गतिविधियों पर मत-प्रकाशन; 4. घटनाओं और राजनीतिक तथा सामाजिक परिस्थितियों पर तर्क-वितर्क प्रस्तुत करना, ताकि पाठक विभिन्न दृष्टिकोणों से परिचित हो सकें और 5. किसी विषय-विशेष के समर्थन अथवा विरोध में वकालत करना, जो कि सम्पादकीय में विशेषतः लक्षित होता है। इन पाँच प्रकार की सामग्री को एक

उदाहरण द्वारा स्पष्ट किया जा सकता है। जैसे किसी समाचार-पत्र ने यह सूचना दी कि हमारे देश में एक साल में 40 करोड़ जलेबियाँ खाई जाती हैं। अब इसकी व्याख्या में कहा जाए कि जलेबी इतनी लोकप्रिय है कि एक तरह की राष्ट्रीय संस्था हो गई है। फिर, जलेबी के स्वादिष्ट होने के बारे में नाना प्रकार के मत प्रस्तुत किए जाएँ। चौथे, तर्क-वितर्क के तौर पर यह कहा जाए कि जलेबी चीनी, स्टार्च इत्यादि से बनती है और पौष्टिक होती है, अतः हर व्यक्ति को दिन में एक बार जलेबी जरूर खानी चाहिए। पाँचवें, यानी किसी विषय-विशेष के समर्थन करने का उदाहरण यह है कि कोई कहे कि घंटेवाले हलवाई की जलेबी अवश्य खाइए, उसमें शुद्ध घी होता है और वह गरमा-गरम होती है। अब समाचारों के सम्पादक को इन पाँच प्रकार की सामग्री के भेद को समझना होता है और अपने उत्तरदायित्व को दृष्टि में रखते हुए उन्हें प्रस्तुत और सम्पादित करना होता है। समाचार के कॉलमों में तो प्रथम और द्वितीय प्रकार की सामग्री इत्यादि जाती हैं; सम्पादकीय तथा अन्य लेखों में तीसरी और चौथी प्रकार की सामग्री। विचारणीय बात यह है कि समाचार-पत्र के कॉलम, सम्पादकीय-कॉलम तथा विज्ञापन—ये तीन प्रकार की सामग्री एक-दूसरे से पृथक् होती है और उनका दृष्टिकोण भी पृथक् होता है। अच्छा समाचार-पत्र इस पार्थक्य को हमेशा ध्यान में रखता है। भारतवर्ष के प्रतिष्ठित सम्पादक श्रीचलापति राव की उक्ति है कि वर्तमान काल में कभी-कभी और कहीं-कहीं यह अवांछनीय प्रवृत्ति देखी गई है कि समाचार और मत-प्रकाशन को एक-दूसरे से मिला दिया जाता है और व्याख्या को यथातथ्य के प्रदर्शन से अलग नहीं रखा जाता। इंग्लैंड के 'न्यू स्टेट्समैन' समाचार-पत्र में, जो प्रायः वामपन्थी समाचार-पत्र माना जाता है, अक्सर स्टील (इस्पात) के उद्योगपतियों के विज्ञापन दिए जाते हैं; किन्तु, पाठक को कभी यह भ्रम या सन्देह नहीं होता कि यही विज्ञापन 'न्यू स्टेट्समैन' के सम्पादकीय दृष्टिकोण पर किसी तरह का प्रभाव डालेंगे। भारतवर्ष के वामपन्थी पत्रों में भी अमेरिकी राजदूत का वक्तव्य उसी प्रमुखता से छपना चाहिए, जैसे उसके सम्पादकीय में अमेरिकी नीति की छीछालेदर। इस तरह की विपर्ययता में कोई असंगति नहीं, सम्पादकीय प्रतिबद्धता एक चीज है और समाचारों का तटस्थ प्रदर्शन दूसरी। किसी मत को स्वीकार करना पाठक के ऊपर निर्भर है।

वस्तुतः सम्पादकीय विवेक की परीक्षा है, समाचारों को प्रदर्शन करने के तरीके में। प्रदर्शन का उद्देश्य है—पाठकों को समाचारों को समझने की सहूलियत देना और विभिन्न रुचियों की माँग करनेवाले पाठकों को यथासाध्य सन्तुष्ट करना। एक अनुभवी सम्पादक समाचार प्रस्तुत करते समय प्रारम्भ ही में उसके चरमोत्कर्ष को प्रदर्शित करेगा, जिसे 'लीड' की संज्ञा दी जाती है। 'लीड' वह वाक्य है, जिसमें समाचार के चरमोत्कर्ष को संक्षिप्त रूप में स्पष्ट किया जाता है। 'लीड' के ऊपर जो शीर्षक यानी हेडलाइन होती है, उससे समाचार का अन्दाजा होता है। पहले पृष्ठ पर प्रायः वे समाचार दिए जाते हैं, जिन्हें वह पत्र सबसे महत्त्वपूर्ण समझता है। कुछ समाचार-पत्रों की दृष्टि में सनसनीखेज समाचार ही महत्त्वपूर्ण होते हैं। कौन समाचार किस स्थान पर दिया गया

है और उसे कितनी सुर्खी दी गई है, इससे भी समाचार-पत्र का दृष्टिकोण प्रकट होता है। इसका एक नमूना हाल ही में देखने में आया। राजस्थान में एक विश्वविद्यालय में वहाँ के उपकुलपति को घेरकर जिस तरह की कार्रवाई की गई, उसे एक समाचार-पत्र ने पूरे ब्यौरे के साथ इस तरह प्रस्तुत किया कि छात्रों की ओर से की गई ज्यादतियाँ भी पाठकों के सामने आ गईं। लेकिन, दूसरे समाचार-पत्र ने, जिसकी शायद अधिक प्रतियाँ छात्रों में बिकती थीं, केवल एक-दो पाराग्राफ के अन्दर ऊपरी निष्पक्षता का परिचय दिया, यद्यपि इस तरह से छात्र-विरोधी तथ्यों को छिपा दिया। समाचारों का स्थान कभी-कभी उसे खरीदनेवालों के समुदायों की प्रकृति के अनुसार भी होता है। एक स्थान पर एक ही प्रकार की सामग्री देने में सम्पादकों को विशेष सावधान होना होता है और कुछ कॉलम नियत रखने होते हैं, जिनमें अन्तिम क्षण तक आनेवाली सामग्री रखी जा सके। कुछ कॉलम, जैसे खेल-कूद के कॉलम, यों भी नियमित तौर से अलग रखे जाते हैं। प्रदर्शन ही में पृष्ठभूमि, यानी पहले का वृत्तान्त देकर समाचार को अधिक खुलासा किया जा सकता है। ये वृत्तान्त प्रायः समाचारों का अधिक खुलासा कर देते हैं। प्रायः, बड़े समाचार-पत्रों में विशेष संवाददाता वृत्तान्त देते हैं। इन सब सामग्री के अतिरिक्त चित्र, नक्शे, चार्ट इत्यादि भी शामिल किए जा सकते हैं।

समाचार-पत्रों की कुछ नई प्रवृत्तियाँ

पिछले दिनों समृद्ध देशों के समाचार-पत्रों की प्रदर्शन-विधा में जो परिवर्तन आए हैं, उनका एक कारण यह है कि प्रारम्भ में विज्ञापनों के लिए समाचार-पत्र तथा टेलीविजन-रेडियो में होड़ होने लगी और तब समाचार-पत्रों को टेलीविजन के मुकाबले में अपने-आपको रोचक और विविध बनाना पड़ा। परन्तु, सन् 1968 ई. में जेम्स कुरुन नामक व्यक्ति ने ब्रिटेन में जो सर्वेक्षण किया, उससे यह जाना गया है कि टेलीविजन की प्रगति के बावजूद समाचारों के लिए 81 फीसदी जनता राष्ट्रीय समाचार-पत्रों को पढ़ती है और 19 प्रतिशत टेलीविजन को देखती है।

जो भी हो, कम-से-कम अमेरिका में तो टेलीविजन और रेडियो से प्रतियोगिता के फलस्वरूप समाचार-पत्रों में कुछ नई प्रवृत्तियाँ उदय हुई हैं। एक है—ग्रुप जर्नलिज्म, यानी एक से अधिक प्रकार के पत्रों का एक शृंखला में शामिल हो जाना। अमेरिका में चेन डिपार्टमेंटल स्टोर्स (यानी किराने की सामग्री की दुकानों की शृंखलाएँ, जो एक ही मालिक के अधीन हों) देशव्यापी संस्था हैं। कुछ उसी ढंग की शृंखलाएँ समाचार-पत्रों, साप्ताहिकों इत्यादि की भी फैलती जा रही हैं। सन् 1962 ई. में मैनुअल न्यूहाउस नामक व्यक्ति ने काफी मूल्य देकर 19 समाचार-पत्र खरीद लिए। राय टॉमसन नामक कैनेडियन समाचार-पत्र के मालिक ने अब तक 95 समाचार-पत्रों और 72 मैगजिनों तथा अनेक रेडियो, टेलीविजन पर अधिकार जमा लिया है। राय टॉमसन इस इरादे से भारतवर्ष भी आए थे। किन्तु, यहाँ की परिस्थिति को देखकर वे एक छापेखाने की स्थापना करने

से ही सन्तुष्ट हो गए हैं? जर्मनी में भी 'स्पीगल' नामक समाचार-पत्र को लेकर भी मोनोपोली-विषयक वाद-विवाद अर्से तक चलता रहा।

फिर भी, विचारणीय बात यह है कि कुछ समय हुआ, जब अमेरिका में यह राय ली गई कि 10 सर्वोत्कृष्ट समाचार-पत्र कौन-से हैं, तब बावजूद इसके कि 95 प्रतिशत अमेरिकी जनता एकाधिकारवाले समाचार-पत्रों को पढ़ती है, सबसे ऊपर स्थान 'न्यूयार्क टाइम्स' को दिया गया, जो श्रृंखला-समाचार-पत्रों का अंग नहीं है। लेकिन, 'न्यूयार्क टाइम्स' जैसे पत्रों को अपनी इस स्थिति को कायम रखने के लिए काफी संघर्ष करना पड़ता है; क्योंकि बाकी समाचार-पत्र तो नागरिकों के लिए एक तरह का दैनिक वातावरण हो गए हैं। पिछले दिनों विदेशों में बड़े समाचार-पत्रों को एक नए प्रकार के प्रतियोगी का सामना करना पड़ा है। सन् 1945 ई. के बाद छोटे-छोटे शहरों में स्थानीय समाचार-पत्रों और साप्ताहिकों की माँग बढ़ती जा रही है और राष्ट्रीय समाचार-पत्रों में रुचि कुछ न्यून होती जा रही है। शायद इसका एक कारण यह है कि छोटे नगरों के बारे में समाचार, बड़े-बड़े समाचार-पत्रों में नहीं छपते। छोटे पत्रों की लेखन-शैली भी अधिक चैन-भरी होती है और कुछ बड़े लेखक भी अब छोटे-छोटे नगरों में जाकर रहने लगे हैं। इसलिए, अमेरिका के बड़े समाचार-पत्रों को बराबर सतर्क होना पड़ता है कि वे किस तरह पाठकों को अपनी ओर आकृष्ट रख सकें। अमेरिकी समाचार-पत्रों में अर्से तक कॉमिक स्ट्रिप (कार्टून-मालाएँ) इसलिए लोकप्रिय रहीं कि इन कॉमिक स्ट्रिपों में साधारण गृहणी तथा घरेलू व्यक्ति को समाचार-पत्र की विस्तृत भूमि में स्वयं शामिल होने का आभास होता है। यह आभास निश्चय ही अर्से तक आकर्षक रहा। लेकिन, जब टेलीविजन की विधा सामने आई, तब कॉमिक-स्ट्रिपों में बुनियादी परिवर्तन हुआ। टेलीविजन के प्रोग्रामों में कॉमिक-स्ट्रिपों के पात्र दर्शकों के बीच इतने निकट बात करते मालूम देते हैं कि दर्शकों को उस वार्तालाप में स्वयं शामिल होने की कल्पना करने की जरूरत ही नहीं है। मार्शल मैकलुहन ने इस नॉन-पार्टिसिपेशन यानी शामिल न होने की प्रवृत्ति के कारण टेलीविजन को 'गरमागरम' यानी 'हौट़' अथवा ताजा माध्यम की संज्ञा दी है। ऐसे 'ताजे' माध्यम में सब कुछ इतने निकट से अनुभवगत हो जाता है कि उसकी व्याख्या करने या उसे समझने के लिए दर्शक को अपनी ओर से कोई चेष्टा नहीं करनी पड़ती। इसका परिणाम समाचार-पत्रों पर यह हुआ कि वे कॉमिक-स्ट्रिप से हटकर एक नई प्रकार की स्ट्रिप की ओर झुके, जिसे 'मैड' की संज्ञा दी जाती है। मैड के पात्र समाचारों में सुप्रसिद्ध व्यक्तियों पर आधारित होते हैं, जिनसे पाठक पहले से परिचित होते हैं। ऐसे वास्तविक पात्रों को ऐसी धजाओं अथवा विकृत परिस्थितियों में प्रस्तुत किया जाता है कि पाठक स्वयं अपने को उन परिस्थितियों में शामिल होने की जरूरत तो महसूस नहीं करते, लेकिन उनके जादू के वश में आ जाते हैं।

समृद्ध देशों के दैनिक समाचार-पत्रों तथा भारतवर्ष के दैनिक समाचार-पत्रों की कुछ खामियों पर दृष्टि डालने और उनका मिलान करने पर भविष्य के लिए नीति-

निर्धारण में सुविधा हो सकती है।

सम्पादन में एकांगीपन यानी सन्तुलन की कमी समृद्ध देशों के समाचार-पत्रों का व्यापक दोष है। उन देशों में, हाल ही तक, प्रादेशिक समाचार-पत्र उच्च स्तर के नहीं हो पाते थे, यद्यपि अमेरिका में ही कुछ ऐसे प्रादेशिक समाचार-पत्र हैं, यथा बोस्टन का 'क्रिश्चियन साइंस मॉनिटर', जो स्थानीय पत्र होते हुए भी अत्यन्त उच्चकोटि के हैं और विश्व-विख्यात भी। समृद्ध देशों के समाचार-पत्र अपराध और जुर्मों से भरे हुए समाचारों को प्रायः अधिक प्रधानता देते हैं। बहुत हल्की-फुल्की सामग्री को जनता की रुचि के नाम पर प्रधानता दी जाने लगी है। कुछ समाचार-पत्रों में महत्त्वपूर्ण समाचारों को किसी कोने में बिना किसी प्रधानता के प्रस्तुत किया जाता है। समाचारों में से अवांछनीय सामग्री को हटाने का प्रयत्न इसलिए नहीं किया जाता कि क्या सत्य है और क्या झूठ, इसका निपटारा जनसमुदाय स्वयं करें। शीर्षकों के छापने में भी पक्षधरता अक्सर दीख पड़ती है। कुछ अमेरिकी समाचार-पत्रों में भारतवर्ष-सम्बन्धी समाचारों को इस तरह से प्रस्तुत किया जाता है कि यह मालूम हो कि भारतवर्ष में समाज और जनता अभी भी 19वीं सदी के पुराने लकीर के फकीर की भाँति रहते हैं; सँपेरों, जंगल के बाघों, तीर्थों में गन्दगी, सड़कों पर गाय-भैंस इत्यादि सम्बन्धी सामग्री को प्रधानता दी जाती है। 19वीं सदी से भारत का जो 'इमेज' चल रहा है, उसे ही पुष्ट करनेवाले समाचार अक्सर अब भी फैलाए जाते हैं। आस्ट्रेलिया के समाचार-पत्रों में भी भारतवर्ष के सर्पों, बाघों और जंगलों इत्यादि ही के बारे में तो सामग्री बहुलता से दी जाती है। यहाँ की आर्थिक और सामाजिक उन्नति के विषय में समाचारों को गौण स्थान दिया जाता है। समृद्ध देशों के समाचार-पत्रों में विज्ञापन-सम्बन्धी सामग्री इतनी अधिक होती है कि बहुत-से पाठक मुख्यतः विज्ञापनों के पाठक हो गए हैं और उनके लिए दुनिया की महत्त्वपूर्ण घटनाओं का भी कुछ विशेष महत्त्व नहीं रह गया।

इसके मुकाबले में भारतवर्ष के समाचार-पत्र जनता से बहुत दूर हैं। प्रेस-कमीशन की विशेष आलोचना यही थी। यद्यपि, हमारे अंग्रेजी समाचार-पत्रों में समाज के प्रति उत्तरदायित्व के आदर्श अवश्य लक्षित होते हैं, तथापि एक तो भाषा की बाधा के कारण और दूसरे दृष्टिकोण के स्तर के कारण अभी वे विशाल जन-समुदाय के लघु अंचल को ही स्पर्श कर पाते हैं। भाषा-संवादपत्र केवल केरल-जैसे प्रदेश में ही जनता के निकट हैं और कुछ मात्रा में शायद पश्चिम बंगाल में भी। केरल में साक्षरता अधिक होने के कारण विभिन्न प्रकार के वर्गों के समाचार-पत्रों में जनता की दिलचस्पी है। हिन्दी-समाचार-पत्रों के बारे में बहुत पहले पं. जवाहरलाल नेहरू ने एक बार कहा कि उन्हें एक नार्थक्लिफ की जरूरत है। नार्थक्लिफ यद्यपि इंग्लैंड में एक लॉर्ड थे, तथापि उन्होंने ब्रिटिश-पत्रों को जनता के बहुत निकट ले जाने की चेष्टा की। उन्होंने 'डेली मेल' को प्रारम्भ किया और बाद में वे 'टाइम्स' के प्रोप्राइटर भी बन गए। नार्थक्लिफ मुख्यतः पत्रकार थे। उनका नारा केवल यही था : समझाइए, सरल बनाइए और स्पष्ट कीजिए। यह सम्प्रेषण का एक मूलभूत सिद्धान्त है, जिसको शायद हिन्दी तथा अनेक

भाषाओं के अनेक पत्र व्यवहार में नहीं लाते। इसीलिए, पाठकों से समाचार-पत्रों का फासला बढ़ता चला गया है। नार्थक्लिफ पत्रों के मालिक होते हुए भी सम्पादकों के अपने दृष्टिकोण पर नियन्त्रण नहीं करते थे। भारतीय समाचार-पत्रों में यद्यपि राजनीतिक मामलों में सम्पादकीय स्वतन्त्रता है, तथापि व्यावसायिक और आर्थिक नीति के मसलों पर या तो चुप रहना पड़ता है या मालिकों की नीति का अनुसरण करना पड़ता है। चीनी तथा पटसन के मूल्यों पर यदि कोई हिन्दी-समाचार-पत्र का सम्पादक अपना अलग मत देना चाहे, तो उसे सँभालकर कदम उठाना पड़ता है।

सम्भव है कि ज्यों-ज्यों साक्षरता बढ़े, त्यों-त्यों समाचार-पत्रों का रुख भी बदलता जाए। किन्तु, साक्षरता बढ़ने का अर्थ यह भी है कि बहुजन को जल्द ही असर करनेवाली सामग्री अधिक प्रधानता प्राप्त कर ले और मननशील सामग्री कम होती जाए। विदेशों में ऐसा हुआ है और यदि हम सावधान न रहें तो भारतवर्ष में भी इस प्रवृत्ति के बढ़ जाने का खतरा है।

मैगजीन या नियतकालिक पत्र

छपनेवाली सामग्री में दैनिक समाचार-पत्रों के अतिरिक्त दूसरा बहुजन-माध्यम है मैगजीन यानी मासिक, पाक्षिक और साप्ताहिक पत्र। इस समय मुख्यतया पाक्षिक और साप्ताहिक पत्र बहुजन-माध्यम होते जा रहे हैं। मैगजीन में विविध पाठ्य-सामग्री, समय-समय पर प्रस्तुत की जाती है। फ्रांस में सबसे पहला मैगजीन निकला था। फ्रेंच-भाषा में 'मैगजीन' के मानी हैं—एक तरह का गोदाम। यह 17वीं शताब्दी में प्रकाशित हुआ था।

अमेरिका तो आजकल मैगजीन का राष्ट्र ही बन गया है। वहाँ आजकल तीन तरह के मैगजीन विशेषतया छाए हुए हैं। एक तो मास-मैगजीन यानी बहुजन का मैगजीन जैसे 'लाइफ', 'रीडर डाइजेस्ट' इत्यादि। इनके पाठकों की संख्या बहुत बड़ी होती है और ये ऐसी सामग्री प्रस्तुत करते हैं, जो विभिन्न वर्गों की शिक्षा के ऊँचे-नीचे स्तरों को लाँघकर सामान्य रुचि को आकर्षित करनेवाली होती है।

दूसरे प्रकार का मैगजीन अमेरिका में क्लास या क्वालिटी मैगजीन होता है, जैसे 'हारपर्स मैगजीन' और 'न्यू रिपब्लिक'। इसके पाठक अल्पसंख्यक होते हैं। लेकिन, चूँकि उनके मतों का प्रभाव बहुजन पर पड़ता है, इसलिए मैगजीन राष्ट्र के जीवन में विशेष महत्त्व रखते हैं।

तीसरे प्रकार का मैगजीन है—स्पेशलाइज्ड यानी विशिष्ट सामग्रीवाला मैगजीन; जैसे विज्ञान, व्यवसाय इत्यादि और विभिन्न उद्योगों की कम्पनियों के अपने-अपने हाउस-मैगजीन।

मास-मैगजीन (जैसे लाइफ और टाइम) पर टेलीविजन का असर, सन् 1950 ई. के आसपास प्रारम्भ हुआ, जबकि अन्य प्रकार के मैगजीन बन्द होते चले गए। इसीलिए, उस समय मैगजीनों को अपनी नीति बदलनी पड़ी। पहली बात तो यह कि बहुत

चमक-दमकपूर्ण सामग्री को प्रस्तुत करना जरूरी हो गया। ऐसे लेख देने पड़े, जो फौरन चोट करें, चकाचौंध कर दें। यह सिद्धान्त माना जाने लगा कि एक लोकप्रिय मैगजीन कभी-कभी ऐसी सामग्री दे जो पाठकों को एक साथ (प्रोवोक—उत्तेजित) कर दे, और जिसमें ऐसे स्कैंडल यानी लोकापवाद भी हों, जो पहले लोगों के हाथ न पड़े हों। भारतवर्ष में इस तरह की सामग्री ब्लिट्ज जैसे मैगजीन में खासतौर से मिलती है। सन् 1950 ई. के आसपास अमेरिका में मैगजीनों पर विज्ञापनों का भी प्रभाव पड़ा; क्योंकि विज्ञापनों के बिना उनके लिए टेलीविजन का मुकाबला करना मुश्किल होता चला गया।

तभी एक नए प्रकार का मैगजीन सामने आया, जिसे आजकल 'न्यूज मैगजीन' की संज्ञा दी जाती है। अमेरिका में सबसे पहला न्यूज-मैगजीन 'हारपर्स वीकली' था, जो कि सन् 1916 ई. तक चला और जो आजकल के 'हारपर्स मैगजीन' से भिन्न था। सन् 1923 ई. में 'टाइम' मैगजीन का प्रकाशन एक तरह की ऐतिहासिक घटना थी। सन् 1923 ई. में इसके पाठकों की संख्या 12,000 थी और अब 30 लाख के ऊपर है। इसके संस्थापक का नाम था हेनरी ल्यूस और हाडन। उन्होंने ही 'टाइम' की शृंखला में लाइफ, फॉरचून, स्पोर्ट्स इत्यादि मैगजीन प्रस्तुत किए। 'टाइम' मैगजीन की नकल में 'न्यूजवीक' नाम का एक अन्य मैगजीन भी अमेरिका में निकाला गया। इन न्यूज-मैगजीनों की क्या विशेषताएँ हैं?

न्यूज-मैगजीन यानी 'समाचार-विविधा' की विशेषताएँ आधुनिक समाज की प्रवृत्तियों पर भी प्रकाश डालती हैं। ये न्यूज-मैगजीन संवाद-पत्रों तथा मासिक-पत्रों के बीच में एक नई विधा के रूप में प्रकट हुए, जिनमें समाचारों के विवरण के साथ-साथ उन समाचारों की व्याख्या तथा समाचार-सम्बन्धी फीचर दिए जाने लगे। हिन्दी में इस तरह के न्यूज-मैगजीन का एक उदाहरण दिल्ली से निकलनेवाला 'दिनमान' है, जिसमें यद्यपि समाचार ताजे नहीं होते, तथापि घटनाओं की पृष्ठभूमि पर काफी खोज के बाद पाठकों की जानकारी के लिए सामग्री प्रस्तुत की जाती है। चूँकि आजकल के प्रौढ़ व्यक्ति का जीवन अत्यन्त व्यस्त हो गया है, इसलिए उसको इतना समय नहीं मिलता कि घटनाओं की पृष्ठभूमि की जानकारी के लिए पुस्तकों और बड़े-बड़े लेखों को पढ़ सके। इसलिए, इन न्यूज-मैगजीनों में कम-से-कम स्थान में पृष्ठभूमि-सूचक सामग्री प्रस्तुत की जाती है। वस्तुतः जब 'टाइम' मैगजीन प्रारम्भ में निकला तब तो लेखकों पर यह प्रतिबन्ध भी लगा दिया गया कि 400 शब्दों से अधिक सामग्री एक लेख में न दी जाए। धीरे-धीरे एक तरह का नॉर्म (मानदंड) तैयार हो गया। इन न्यूज-मैगजीनों में जिस किसी घटना के विषय में व्याख्या दी जाती है, उसकी कथाभूमि का आद्योपान्त विवरण साररूप में दिया जाता है, जिसे अंग्रेजी में सेल्फ-कंटेंड विवरण कह सकते हैं। इसलिए, पाठक को अन्यत्र खोज इत्यादि करने की आवश्यकता नहीं होती तथा उस छोटे-से लेख को पढ़कर ही घटनाओं के बारे में वह अपनी राय स्थिर कर सकता है। चूँकि इन लेखों में कम-से-कम स्थान में अधिकाधिक सामग्री पेश करना अभीष्ट होता है; इसलिए एक खास ढंग की शब्दावली इन न्यूज-मैगजीनों में व्यवहृत होने लगी है। वाक्य-विन्यास भी

ऐसा होता है, जिसमें सूत्र के रूप में बिना टीका के ही सारी बात समझ में आ जाए। कुछ नए ढंग के शब्द भी गढ़े जाने लगे हैं, ताकि पूरे पदों के स्थान पर एक-दो शब्द में ही तात्पर्य स्पष्ट हो जाए। शुरू में 'टाइम' मैगजीन की यह शब्दावली समझने में पाठकों को समय लगा, परन्तु बाद में, वे इसके आदी हो गए। 'दिनमान' में भी ऐसी शब्दावली अक्सर दीख पड़ती है, किन्तु आशा की जाती है कि कुछ समय बाद सामान्य शब्दावली से ही काम चलने लगेगा और भाषा के साथ जबर्दस्ती बरतने की जरूरत नहीं पड़ेगी। विदेश में इन न्यूज-मैगजीनों का व्यवस्थापक अक्सर अपने दृष्टिकोण को प्रकाश्य सामग्री पर आरोपित करने का प्रयत्न करता है। कम-से-कम 'टाइम' मैगजीन के संस्थापक ल्यूस का तो यही तरीका था। शायद यह बात सभी न्यूज-मैगजीनों यानी समाचार-विविधाओं पर लागू नहीं होती।

अमेरिका में तो इन न्यूज-मैगजीनों की खपत राष्ट्रीय संवाद-पत्रों से अधिक है। अमेरिका के विश्वविख्यात दैनिक 'न्यूयार्क टाइम्स' से केवल 20 फीसदी अमेरिकी पाठक सीधे परिचित हैं, जबकि 'टाइम' मैगजीन को 50 फीसदी पाठक जानते हैं। भारतवर्ष में 'दिनमान' जैसा पत्र अभी उस स्थिति से नहीं पहुँचा है। यहाँ पर एक दूसरे प्रकार के पत्र का उदय बहुजन-विधा के रूप में हुआ है। 'धर्मयुग' और कुछ हद तक 'साप्ताहिक हिन्दुस्तान' इसके उदाहरण हैं। इसके पहले बँगला की 'आनन्दबाजार-पत्रिका', तमिल भाषा के 'आनन्द-विकटन' और 'कल्कि' तथा मलयालम की 'मनोरमा' ने बहुजन-माध्यम की व्यापकता प्राप्त कर ली थी, यद्यपि उन्हें समाचार-विविधा होने पर भी न्यूज-मैगजीन की श्रेणी में नहीं रखा जा सकता। वस्तुतः न्यूज-मैगजीन के ढंग का पत्र तो अभी तक केवल 'दिनमान' ही माना जाएगा। धर्मयुग, आनन्द-विकटन, बँगला में बेतार-जगत् इत्यादि वस्तुतः विविध पीरियोडिकल (नियतकालिक पत्रिका) ही हैं, जिनका जिक्र आगे किया जाएगा। 'धर्मयुग' और 'साप्ताहिक हिन्दुस्तान' ने एक तरह से हिन्दी मासिक पत्रों को समाप्त कर दिया है। मासिक पत्र कई दशकों तक हिन्दी-पाठकों को सांस्कृतिक और साहित्यिक सामग्री से अवगत कराते रहे। किन्तु, ज्यों ही हिन्दी-पाठकों की संख्या बढ़ी, त्यों ही ऐसी विविध सामग्री से सम्पन्न साप्ताहिक में अभिरुचि बढ़ती गई, जिसमें साहित्यिक और सांस्कृतिक सामग्री के साथ-साथ कहानियाँ, कविताएँ और चित्र प्रचुर मात्रा में हों। 'धर्मयुग' अमेरिका के न्यूज-मैगजीनों की अपेक्षा अधिक उच्चतर का साप्ताहिक हैं; क्योंकि इसमें लेखकों के अपने व्यक्तित्व के ऊपर बन्धन नहीं लगाया जाता, जैसा कि न्यूज-मैगजीनों में होता है। उनमें प्रायः लेखकों के नाम दिए ही नहीं जाते और एक ही ढाँचे में सारी रचनाओं को ढालने की कोशिश की जाती है। इसीलिए, शायद 'धर्मयुग' भारतीय समाज की वर्तमान परिस्थिति का अच्छा प्रतिबिम्ब है। दूसरी बात यह है कि भारतवर्ष में स्वतन्त्रता-प्राप्ति के बाद देश के विभिन्न भागों के बारे में जानकारी की माँग बढ़ रही है, खासतौर से हिन्दी-क्षेत्रों में। 'धर्मयुग' इस माँग को पूरा करता है और ऊँचे स्तर की सामग्री प्रस्तुत करता है। एक यह बात भी है कि 'धर्मयुग' द्वारा अन्य भाषा के लेखकों को एक नया पाठक-वर्ग मिला है और

इस तरह 'धर्मयुग', और कुछ माने में 'साप्ताहिक हिन्दुस्तान', शायद भावात्मक एकता के सूत्र के रूप में मान्य हो रहे हैं।

बहुजन-माध्यम के प्रमुख समीक्षक मैकलुहन के अनुसार अमेरिका के न्यूज-मैगजीन एक तरह के विविध यानी मोजेक-प्रस्तुतीकरण हैं। इनमें न तो पूरी तरह का वृत्तान्त है और न विशेष दृष्टिकोण, न गहरी टीका-टिप्पणी। वस्तुतः, ये गतिशील समुदाय के सर्वांगीण रूप को इस तरह प्रस्तुत करते हैं कि पाठक को अधिकाधिक सामाजिक प्रक्रिया और अभिव्यक्ति में शामिल होने का आभास हो सके। मैकलुहन के अनुसार, इस शामिल होने की प्रवृत्ति [जिसको अंग्रेजी में पार्टिसिपेशन (हिस्सेदारी) कहा जाता है] में ही इन पत्रिकाओं की सफलता का रहस्य है।

जर्मनी में इस तरह के मैगजीनों की अढाई करोड़ प्रतियाँ निकला करती थीं। इनमें विशेष प्रकार का मैगजीन जर्मनी में लोकप्रिय हुआ, जिसे 'सुरैयारैग' का नाम दिया गया, यानी वे पत्र, जो ईरान की पहली तलाक दी गई महारानी सुरैया के निजी जीवन, पहनावे, शौक, खाना-पीना, नृत्य इत्यादि का रोचक वर्णन देते हैं और इसी प्रकार की अन्य समृद्ध सुन्दर और फैशनेबल स्त्रियों के निजी जीवन की झाँकियाँ देकर जर्मनी की उन महिला-पाठकों को एक तरह की परी-कहानी से विमुग्ध करते हैं, जिन्हें अपने दैनिक जीवन के संघर्षों से ऊब जान पड़ती है। इस तरह एक साधारण गृहिणी, कल्पना-लोक में विचरण करके अवास्तविक सन्तोष का अनुभव कर पाती है। ऐसा जान पड़ता है कि न्यूज मैगजीन और पाक्षिक पत्र वर्तमान समाज की विभिन्न परिस्थितियों के अनुसार वहाँ के बढ़ते हुए पाठक-पाठिकाओं की रुचि के अनुकूल समाज में एक संस्था के रूप में अवतरित हुए। इसलिए, यह कहना सही होगा कि इस समय जो परिस्थिति मैगजीन के विषय में है, सम्भव है, कुछ समय बाद वही न हो। तमिल में 'क़ल्कि' और 'आनन्द-विकटन' की जो लोकप्रियता आज से दस वर्ष पूर्व थी, जब उसमें कमी मालूम होने लगी तब उन पत्रिकाओं ने तमिलनाडु में राजनीतिक जीवन से सम्बद्ध सामग्री को प्रस्तुत करने का विचार किया। यह भी हो सकता है कि कुछ समय बाद जब भारतवर्ष में पाठकों की संख्या बढ़ जाए तो अमेरिका की तरह अन्य तजुर्बे यहाँ भी होने लगें। अमेरिका में कम-से-कम 87 प्रतिशत परिवारों में एक समाचार-पत्र तो लिया ही जाता है। सामान्य पाठक करीब डेढ़ समाचार-पत्रों को प्रतिदिन पढ़ता है। 80 प्रतिशत पुरुष और 79 प्रतिशत महिलाएँ प्रतिदिन समाचार-पत्रों को पढ़ते हैं। इस तरह हम देखते हैं कि मैगजीन-जैसी सीमित प्रभाववाली संस्था के पाठकों की संख्या बढ़ने के साथ-ही-साथ बहुजन-माध्यम परिवर्तित हो जाता है और इस परिवर्तन के साथ-साथ उसकी विषय-वस्तु, परिधान और अभिव्यंजना भी भिन्न हो जाती है।

समाचार-एजेंसियाँ

समाचार-पत्रों का वृत्तान्त आधुनिक युग की एक महत्त्वपूर्ण संस्था यानी समाचार-ऐजेंसी

पर निगाह डाले बिना पूरा नहीं हो सकता। प्रसिद्ध अमेरिकी लेखक मार्क ट्वेन ने 19वीं शताब्दी के प्रारम्भ में यह कहा था कि इस समय केवल दो ही शक्तियाँ हैं, जो भूमंडल के प्रत्येक कोने को आलोकित करती हैं—एक तो गगन में सूर्य और दूसरी, धरती पर समाचार-एजेंसियाँ। समाचार-एजेंसियाँ, समाचारों को एकत्र कर समूचे देश के समाचार-पत्रों तथा रेडियो इत्यादि के पास भेजती हैं। यह पत्रकारिता की विशेष विधा है। समाचार-एजेंसी द्वारा कोई दृष्टिकोण नहीं अपनाया जाना चाहिए। शुद्ध समाचार और तत्सम्बन्धी पृष्ठभूमि एवं तथ्यों को समाचार-पत्रों के लिए उपलब्ध किया जाना चाहिए। उसके संवाददाता अपने व्यक्तिगत विचारों या प्रतिक्रियाओं का भी किसी प्रकार भेजे जानेवाले सन्देश पर प्रभाव नहीं पड़ने देते। पत्रकारिता के इस रूप में पत्रकार अपने व्यक्तित्व को पूर्णतया लुप्त कर देता है।

अमेरिका में सन् 1848 ई. में छह समाचार-पत्रों ने एक सहकार-समिति (को-ऑपरेटिव सो।साइटी) बनाई, जिसका नाम अब 'एसोसिएटेड प्रेस ऑफ अमेरिका' है। अब इसके सदस्य-समाचार-पत्रों की संख्या विश्व-भर में 8 हजार है। इसमें दूसरे देशों के पत्र और रेडियो स्टेशन भी हिस्सेदार हैं। ये लोग एजेंसी की सेवा के लिए उसे पारिश्रमिक देते हैं। अमेरिका में इसके 111 ऑफिस हैं तथा 58 ऑफिस अन्य देशों में। इनके अतिरिक्त सदस्य आपस में अलग से समाचारों का आदान-प्रदान भी करते रहते हैं। एसोसिएटेड प्रेस के पास यूरोप से सीधी टेलेक्स और टेलीफोन लाइनें हैं और एशिया के लिए मनीला और अफ्रीका के लिए टैंजियर नामक स्थान से रिले की व्यवस्था है। एक दूसरी अमेरिकी एजेंसी भी इसी तरह विश्वव्यापी है। उसका नाम है 'युनाइटेड प्रेस इंटरनेशनल'। लेकिन, यह एक सहकार-समिति नहीं है। यह एक व्यावसायिक संस्था है, जो पारिश्रमिक मिलने पर किसी भी ग्राहक की सेवा कर सकती है। यू.पी.आई. की विशेषता है कि वह रेडियो के लिए बातचीत की शैली में उपयुक्त सामग्री प्रस्तुत कर सकती है तथा रेडियो-फोटो इत्यादि भी।

भारतवर्ष में, 'प्रेस ट्रस्ट ऑफ इंडिया' सबसे पुरानी समाचार-एजेंसी है, जिसके हिस्सेदार समाचार-पत्रों के मालिक हैं। इसके अतिरिक्त एक समय एक एजेंसी एसोसिएटेड प्रेस ऑफ इंडिया भी थी। हाल ही में 'हिन्दुस्तान समाचार' हिन्दी की एजेंसी के रूप में प्रकट हुआ है। प्रेस ट्रस्ट ऑफ इंडिया का सम्बन्ध रायटर से भी है और फ्रांस की विश्वव्यापी समाचार-एजेंसी एजेंस फ्रांस से भी। इसके अतिरिक्त कुछ समृद्ध समाचार-पत्र अपनी निजी एजेंसी भी रखे हुए हैं, जैसे 'टाइम्स ऑफ इंडिया' तथा 'स्टेट्समैन', जिनके प्रतिनिधि विश्व के कतिपय अन्य देशों में भी हैं।

कम्युनिस्ट देशों की प्रमुख एजेंसी है—रूस की तास, जिसका कम्युनिस्ट-अधिकृत क्षेत्रों से सम्बन्ध है और जिसके जरिए ही रूस के विषय में अधिकाधिक सामग्री प्राप्त की जा सकती है।

भारतवर्ष में पहले तो रायटर ही का बोलबाला था और रायटर के सम्पर्क में और उससे सम्बद्ध संस्था एसोसिएटेड प्रेस ऑफ इंडिया थी। स्वतन्त्रता-प्राप्ति से

पहले एसोसिएटेड प्रेस ऑफ इंडिया के समकक्ष राष्ट्रीय प्रेस एजेंसी भी चल रही थी, जिसका नाम था 'फ्री प्रेस ऑफ इंडिया'। उसका स्थान अब प्रेस ट्रस्ट ऑफ इंडिया ने ले लिया है। यह पूर्णतः राष्ट्रीय संस्था है और इसके सदस्य भारतवर्ष के प्रमुख अंग्रेजी समाचार-पत्र इत्यादि हैं। ऑल इंडिया रेडियो से भी इसे कुछ समाचारों के लिए पारिश्रमिक मिलता है।

प्रेस एजेंसियों के बारे में विशेष आलोचना यही रही है कि ये संस्थाएँ प्रायः समाचार-पत्रों के मालिकों के दृष्टिकोण से प्रभावित होती हैं और जो संवाददाता इन दृष्टिकोणों से स्वतन्त्र होकर अपने समाचार भेजना चाहते हैं और टिप्पणियाँ देना चाहते हैं, उन्हें कार्यक्षेत्र नहीं मिलता। लेकिन, एक समाचार-एजेंसी की सफलता इस बात पर निर्भर है कि कहाँ तक वह निष्पक्ष रह सके और विभिन्न दृष्टिकोणों से समाचारों को अपने सदस्यों तक पहुँचा सके। दृष्टिकोणों की तटस्थता, विवादों से दूरी, भावुकता से विलगता—ये गुण ही किसी समाचार-एजेंसी के प्रति आस्था स्थापित कर सकते हैं।

सिंडिकेट—एक नई सुविधा

हमने ऊपर समाचार-पत्रों का विवरण देते हुए कहा है कि आजकल का पाठक न्यूज-मैगजीन जैसी पत्रिकाओं के लिए या रविवार को निकलनेवाले समाचार-पत्रों के विशेष संस्करण के लिए, विविध सामग्री की माँग करता है। इस विविध सामग्री के लिए एक शब्द इस्तेमाल होता है—'फीचर आर्टिकिल या वृत्त-लेख'। फीचर-लेख लिखना एक विशेष कला है। पाठकों की रुचि का अध्ययन इसका आधार है। इस तरह के फीचर-लेख समाचार-पत्रों को उपलब्ध करने के लिए एक नई संस्था का उदय हुआ है, जिसे सिंडिकेट कहते हैं। सिंडिकेट विभिन्न प्रकार के लेखकों से विभिन्न विषयों पर सामग्री तैयार कराती है, उनको एकमुश्त पारिश्रमिक देकर सामग्री यानी लेख उनसे खरीद लेती है और फिर उसे विभिन्न समाचार-पत्रों को भेजती है और उनसे अलग-अलग फीस प्राप्त करती है। अमेरिका में इस तरह की नवीन संस्थाओं का उदय पहली बार हुआ। अब तो इनका बहुत विकास हो चुका है। एक विशाल अमेरिकी सिंडिकेट का नाम है—किंग फीचर्स। यह 38 भाषाओं में 109 देशों को समाचार और मनोरंजनात्मक सामग्री सप्लाई करती है। इसी किंग फीचर्स की ओर से कुछ कॉमिक स्क्रिप्ट भी विभिन्न देशों और समाचार-पत्रों को दिए जाते हैं। हिन्दुस्तान में ब्लौंडी का जो कॉमिक स्क्रिप्ट कई रविवासरीय समाचार-पत्रों में छपता है, वह किंग फीचर्स ही की देन है। उसे विश्व-भर के 1,547 समाचार-पत्र छापते हैं। यह समाचार-पत्रों से मिलता-जुलता एक नया रोजगार है, जो पाठकों की संख्या बढ़ने के कारण और समाचार-पत्रों के बहुजन-माध्यम होने के कारण, फैलता जा रहा है। अमेरिका में ही न्यूजपेपर एंटरप्राइज एसोसिएशन नामक एक दूसरी सुविख्यात संस्था भी है। इसकी स्थापना स्क्रिप्स नामक व्यक्ति ने की, जो एक प्रूफरीडर था। अब हर हफ्ते करीब 50 पेज की सामग्री 700 पत्रों को यह एसोसिएशन

देता है। इसी ऐसोसिएशन से एक फ्रेक्ल नाम का कॉमिक स्क्रिप्ट निकला, जो भारतवर्ष के अनेक पत्रों में भी प्रकाशित होता है। उसका नायक एक बालक है। वह उतनी ही उम्र का है, जितनी शायद सन् 1915 ई. में था, जब इस स्क्रिप्ट का प्रारम्भ हुआ, यद्यपि उसकी वेष-भूषा बदल गई है। हमारे यहाँ अभी सिंडिकेटों का चलन शुरू ही हुआ है। पुराने लब्धप्रतिष्ठ पत्रकार श्रीदुर्गादास ने इन्फा नाम से एक प्रेस सिंडिकेट चलाई थी और इनके अतिरिक्त और भी पत्रकारों ने इस ओर कदम बढ़ाया है। किन्तु, यहाँ की सिंडिकेटों को सफलता तभी मिलेगी, जब वे यहाँ के पाठकों की रुचियों को समझकर उनके अनुकूल सामग्री प्रस्तुत करने की चेष्टा करें।

सिंडिकेट ने विविध बहुरंगी सामग्री को विभिन्न समाचार-पत्रों, रेडियो, टेलीविजन इत्यादि के लिए उपलब्ध किया। इसके अतिरिक्त एक और स्थायी मूल्य का काम किया। वह था, एक नए प्रकार के पत्रकार का उदय, जिसे 'कॉलमिस्ट' यानी स्तम्भ-लेखक की संज्ञा दी जाती है। ज्यों-ज्यों समाचार-पत्रों के सम्पादकों का व्यक्तित्व क्षीण होता गया, त्यों-त्यों पाठकों को आवश्यकता पड़ने लगी, किसी ऐसे विचारवान् और जानकार व्यक्ति के निर्देशन की, जो राष्ट्रीय और अन्तर्राष्ट्रीय स्तर पर नई घटनाओं और समस्याओं के बारे में उन्हें स्पष्ट रास्ता दिखा सके। इसलिए, सिंडिकेटों ने कुछ तजुर्बेकार पत्रकारों को इस बात के लिए राजी किया कि वे समय-समय पर तत्कालीन राजनीतिक, सामाजिक तथा आर्थिक समस्याओं के ऊपर सरल और स्पष्ट भाषा में 'कॉलम' तैयार करें। इन कॉलमों को वे सिंडिकेट विभिन्न समाचार-पत्रों को दे देती हैं और इसके लिए पारिश्रमिक लेती हैं। इस ढंग के 'कॉलमिस्ट' अमेरिका में सन् 1920 ई. से ही उपलब्ध होने लगे थे। पिछले दिनों अमेरिका में लिपमैन, ड्रयू पीयर्सन और रॉबर्ट एमन प्रसिद्ध स्तम्भ-लेखक रहे हैं। भारतवर्ष में अभी तक इस प्रकार के कॉलमिस्टों की संख्या बहुत कम है। यदा-कदा राष्ट्रीय अंग्रेजी समाचार-पत्रों में कुछ लोग इस प्रकार के कॉलमिस्टों के रूप में जाने गए हैं। यहाँ पर प्रायः बड़े समाचार-पत्र अपने अलग कॉलमिस्ट रखते हैं, जैसे स्टेट्समैन का पोलिटिकल कामेंटरी लिखनेवाले कॉलमिस्ट अथवा हिन्दुस्तान टाइम्स के आर्थिक समस्याओं पर लिखनेवाले कॉलमिस्ट। यानी भारतवर्ष में कॉलमिस्ट बड़े पत्रों से सम्बद्ध हैं और अपने-अपने विषय के विशेषज्ञ माने जाते हैं। कृष्ण भाटिया, प्राण चोपड़ा, बालसुब्रह्मण्यम्, गिरिलाल जैन, चंचल सरकार आदि इसी तरह के कॉलमिस्ट हैं। पर, हमारे समाचार-पत्रों में कॉलमिस्टों या स्तम्भ-लेखकों का अलग से व्यवसाय नहीं बना है। हिन्दी में भी यदाकदा कॉलमिस्टों की-सी विशेषज्ञतापूर्ण सामग्री प्रस्तुत करनेवाले लेखकों में अवनीन्द्रकुमार विद्यालंकार, जगदीशप्रसाद चतुर्वेदी, सर्वेश्वरदयाल सक्सेना, रघुवीर सहाय, विष्णुकान्त शास्त्री इत्यादि के नाम लिए जा सकते हैं।

सिंडिकेटों ने एक-दूसरे प्रकार के पत्रकार को भी लोकप्रिय बनाया है। इन्हें फोटो-जर्नलिस्ट कहा जाता है। ये लोग प्रायः फ्री लांस होते हैं, यानी किसी समाचार-पत्र के वेतनभोगी कर्मचारी नहीं होते। ये लोग ताजे समाचारों की गतिविधि पर ध्यान देते

रहते हैं और तत्परता से उन विषयों पर और व्यक्तियों पर चित्र तैयार करते हैं, जिनकी चर्चा पाठकों के बीच हो रही हो। इनकी विशेषता यह है कि ये अपने कैमरा की दृष्टि के साथ कल्पनाशील सूझ-बूझवाले भी हों। यह भी जानें कि पाठकों को किन विषयों में दिलचस्पी है। अमेरिका में मार्गरेट बोर्कह्वाइट ने फैक्टरियों में जाकर वहाँ के मजदूरों के चित्र खींचने में विशेषज्ञता प्राप्त की और चित्ताकर्षक शीर्षकों और लघु लेखों (राइट-अप) के साथ उन्हें प्रकाशित किया। राइट-अप यानी संक्षिप्त विवरण और चित्रों का उपयुक्त संयोजन ही फोटो-जर्नलिस्ट की विशेषता है। एक बार फोटो-जर्नलिस्ट इस प्रक्रिया में सिद्धहस्त हो जाए, तो समाचार-पत्रों से उसके लिए माँग आती है और सिंडिकेट उसकी मदद करती है। भारतवर्ष में आजकल धीरे-धीरे ही फोटो-जर्नलिस्ट की पौध जम रही है; क्योंकि समाचार-पत्रों के पास पैसों की कमी है और सिंडिकेट करीब-करीब नगण्य है। फिर भी, टी. काशीनाथ, कान्तिचन्द्र सौनरिक्सा और हाजरा जैसे फोटोग्राफरों की कृतियों में इस तरह का समन्वय दीख पड़ता है।

जैसा इस अध्याय में पहले कहा गया है, समाचार-पत्रों, रेडियो, टेलीविजन इत्यादि को अपने-आप ही नियन्त्रण के लिए जिम्मेदार बनाने के लिए प्रेस-काउंसिलें कुछ जनतन्त्रवादी देशों में स्थापित हुई हैं। इनके सदस्य पत्रकार ही होते हैं और चेयरमैन कोई तटस्थ व्यक्ति, जैसे उच्च न्यायालय के जज इत्यादि। काउंसिल अपने सदस्यों के लिए एक तरह की आचार-संहिता (कोड ऑफ कंडक्ट) तैयार करती है और इस आचार-संहिता का उल्लंघन करनेवाले पत्रकारों के बारे में जाँच करती है। भारतवर्ष की प्रेस काउंसिल ने कई ऐसे केसों की जाँच करके अपने निर्णय दिए हैं, जिनमें पत्रों ने निराधार समाचारों को बिना पूछताछ कराए प्रकाशित किया, अथवा जान-बूझकर किसी पर कीचड़ उछालने की कोशिश की। किन्तु, समाचार-पत्रों में नागरिकों की व्यक्तिगत स्वाधीनता पर बढ़ते हुए प्रहारों को रोकना प्रेस काउंसिलों के लिए सम्भव नहीं हो सका है।

अन्तर्राष्ट्रीय स्तर पर पिछले दिनों पत्रकारिता-सम्बन्धी कुछ संस्थान स्थापित हुए हैं। इनमें से एक को इंटरनेशनल प्रेस इंस्टीट्यूट, यानी अन्तर्राष्ट्रीय प्रेस संस्थान कहा जाता है। इसके द्वारा राष्ट्रीय पत्रकार एक-दूसरे के निकट आते हैं और राष्ट्रीय सरकारों के आपसी सम्बन्धों से परे उनका पेशेवर रिश्ता स्थापित हो सकता है। इस संस्थान की स्थापना सन् 1960 ई. में हुई और सिंगापुर में इसका केन्द्रीय दफ्तर है। 10 वर्षों में 47 राष्ट्रों के चुने हुए समाचार-पत्र इसके सदस्य हो गए हैं। इसका एक काम यह भी रहा है कि राष्ट्रों के बीच समाचारों के प्रवाह का सर्वेक्षण करे और इस प्रवाह में जो रुकावटें हैं, उनकी ओर राष्ट्रीय सरकारों तथा अन्तर्राष्ट्रीय संस्थाओं का ध्यान आकृष्ट करे। इस मामले में युनाइटेड नेशन्स के बुनियादी सिद्धान्तों का हवाला देकर यह संस्था काम करती है। साथ ही, विभिन्न राष्ट्रों में एक-दूसरे के प्रति जानकारी प्राप्त करने में जो बाधाएँ हैं, उनका भी यह सर्वेक्षण करती है। सरकारी प्रतिबन्धों का समय-समय पर विवरण दिया जाता है। पिछले 3-4 वर्षों से इस संस्था ने पुर्तगाल और दक्षिण

अफ्रीका में प्रेस की स्थिति पर और उनके प्रतिबन्धों पर विशेष ध्यान दिया। समय-समय पर यह ऐसे प्रकाशन भी करती है, जिनसे पत्रकारिता के उदात्त सिद्धान्त अधिक-से-अधिक संख्या में लोगों में जाने जा सकें।

साधनों से माध्यमों की ओर

पत्रकारिता तथा समाचार-पत्रों के उपर्युक्त विवरण से कुछ ज्ञानवर्धक साधनों के बहुजन-माध्यम के रूप में परिवर्तित हो जाने के सोपान दृष्टिगत होते हैं। प्रारम्भ में, समाचार-पत्र मुख्यतः मध्यम वर्ग के लोगों की जानकारी, उनके ज्ञानवर्द्धन के लिए हुआ करते थे। किन्तु, ज्यों-ज्यों पाश्चात्य देशों में साक्षरता बढ़ती गई, त्यों-त्यों एक नए प्रकार का पाठक-वर्ग सामने आया, जिसके लिए न सिर्फ ज्ञानवर्द्धन आवश्यक था, वरन् मनोरंजन भी। ज्यों-ज्यों पाठकों की संख्या बढ़ती गई, त्यों-त्यों विभिन्न रुचि के लोगों का समावेश होता गया और विभिन्न रुचि के पाठकों के लिए समाचार-पत्रों को अपने कॉलमों में विविध सामग्री शामिल करनी पड़ी।

इसके साथ-साथ मध्यम वर्ग की संख्या कम होने के कारण सम्पादक का व्यक्तित्व भी धीरे-धीरे क्षीण होता चला गया; क्योंकि जिस सन्तुलित दृष्टि से सम्पादक लोग विभिन्न दृष्टिकोणों को सामने रखकर विश्लेषण करते थे, उसके लिए नए पाठक के पास समय नहीं था। इसलिए नए पाठक को स्पष्ट निर्देशन के लिए तरह-तरह के तात्कालिक दृष्टिकोण-निर्धारकों की आवश्यकता पड़ी। इसी कारण, समाचार-पत्रों में कॉलमिस्ट (स्तम्भ-लेखकों) इत्यादि ने सम्पादकों का स्थान ले लिया।

तीसरा सोपान इस पत्रकारिता के विकास में उस समय आया, जबकि रेडियो और टेलीविजन ताजे समाचार-पत्रों की अपेक्षा कहीं अधिक शीघ्रता के साथ पाठकों को उपलब्ध कराने लगे। इसलिए, समाचार-पत्रों ने अपनी विशेषता कायम रखने के लिए घटनाओं की पृष्ठभूमि-सम्बन्धी लेखों तथा सामग्री को प्रचुर मात्रा में तैयार करके साधारण पाठकों के लिए उपलब्ध करना शुरू किया। विकास का चौथा सोपान उस समय उभरा जब रंग-बिरंगी चित्रकारी तथा फोटो-चित्रों को बहुसंख्यक पाठकों तक पहुँचाने की सुविधा उपलब्ध हो गई। कुछ नई तकनीकों द्वारा समाचार चित्रों की सजावट, ज्ञान और सूचना का माध्यम बनने लगे।

कई समाचार-पत्र सम्पादकों और पत्रकारों के व्यक्ति से हटकर इन नए चमत्कारों के कारण अधिक खर्चीले हो गए। व्यक्ति-केन्द्रित समाचार-पत्रों के जाने के बाद समाचार-पत्र एक तरह से डिपार्टमेंटल स्टोर का रूप ले बैठे, जिसमें सब तरह की सामग्री संगृहीत होकर सजधज के साथ उपलब्ध हो सकती। परिणाम यह हुआ कि समाचार-पत्र निकालने का खर्च बढ़ने लगा। इस खर्चे को बर्दाश्त करने के लिए पत्रों के मालिकों को विज्ञापन का सहारा लेना पड़ा और विज्ञापन समाचार-पत्रों के एक प्रमुख अंग हो गए। विज्ञापकों के लिए यह अनिवार्य था कि पाठक-वर्ग ऊब न जाए। इसलिए,

विज्ञापनों की सजधज पर अधिक ध्यान दिया जाने लगा और इस तरह पाठक के ऊपर निर्भर न रहकर समाचार-पत्र विज्ञापनों की आमदनी पर निर्भर रहने लगे।

दूसरी बात यह हुई कि वे ही समाचार-पत्र बढ़ सके, जिनका सर्कुलेशन बहुत ज्यादा था और इसी कारण विज्ञापकों से आमदनी भी। जब कुछ प्रतिष्ठित समाचार-पत्र इस दौड़ में पीछे पड़ गए तब यह नई प्रवृत्ति सामने आई कि समाचार-पत्रों के कुछ मालिकों ने अन्य समाचार-पत्रों को खरीदकर पत्र-शृंखलाओं (चेन-न्यूजपेपर्स) को स्थापित किया। आजकल विश्व-भर में पत्रकारिता इसी सोपान में से गुजर रही है। फिर भी कुछ आदर्शवादी और उत्साही समाचार-पत्र अभी बचे हैं, जो शृंखलाओं से दूर रहकर अपनी निजी सत्ता को सम्पादकीयों, लेखों और समाचारों में अक्षुण्ण रखे हुए हैं। यद्यपि भारतवर्ष में ऐसे समाचार-पत्र कम हैं, फिर भी राष्ट्रीय सरकार की ओर से छोटे-छोटे समाचार-पत्रों को सुविधा देने के लिए तरह-तरह के उपाय सामने लाए गए हैं। जैसे, ब्लॉक उपलब्ध करना, कुछ लेखों का चयन करके उनको सामग्री देना, सरकारी सलाहकारों को उपलब्ध करा देना। इस तरह से छोटे समाचार-पत्रों का जीवित रहना आवश्यक हो गया। अगर ये सभी समाचार-पत्र कुछ गिने-चुने मालिकों के हाथों में आ जाएँ, तो विचार-स्वातन्त्र्य के लिए गुंजाइश नहीं रहेगी। लेकिन, यदि उन्हें केवल सरकारी सहायता ही पर अवलम्बित रहना पड़ा, तो भी उनका अपना व्यक्तित्व नहीं उभरेगा। किस तरह उनके अपने आर्थिक साधनों का विकास हो, इस पर प्रत्येक देश अपनी सामाजिक और आर्थिक स्थिति के आधार पर विचार करता है।

फिल्म, रेडियो, टेलीविजन एवं अन्य माध्यमों का विकास

पहला कदम

समाचार-पत्रों के बाद जो बहुजन-माध्यम 19वीं सदी में शायद सबसे पहले सूचना तथा विचारों को फैलाने में समर्थ हुआ, वह था फिल्म। लुई डैगुएर के फ्रांस में प्रारम्भिक फोटोग्राफी से बहुत-से वैज्ञानिकों के मन में यह जिज्ञासा उत्पन्न हुई कि किस तरह गहराई तथा गति का आभास देनेवाले चित्र पर्दे पर दिखाए जा सकते हैं। इसका पहला प्रयोग सन् 1860 ई. और 1870 ई. के बीच में हुआ। अमेरिका में टॉमस एडिसन ने सन् 1889 ई. में जॉर्ज ईस्टमैन की कोडक-फिल्मों के आधार पर किनेटोस्कोप का आविष्कार किया। लेकिन, चूँकि एडिसन की दिलचस्पी ग्रामोफोन द्वारा ध्वनि पैदा करने में अधिक थी, इसलिए चलचित्रों के प्रयोग को उन्होंने उसी स्थान पर छोड़ दिया। उनके एक सहायक ने सन् 1903 ई. में पहला चलचित्र बनाया, जिसका शीर्षक था : 'द ग्रेट ट्रेन रॉबरी' (रेलगाड़ी में भारी डकैती)। यह बहुत लोकप्रिय हुआ। इसके कुछ समय पूर्व फ्रांस के लुमिएर भ्राताओं (अर्नेस्ट और लुई जूनियर) ने सबसे पहले 'सिनेमाटोग्राफ' नाम से जो यन्त्र आविष्कृत किया, उसे ही आधुनिक सिनेमा का जनक माना जाता है। तब से चलचित्रों की परम्परा चल निकली और समय-समय पर उसमें परिवर्तन भी होते रहे। इसके उपरान्त सन् 1914-15 ई. में अमेरिका के ग्रिफिथ नामक व्यक्ति ने एक चलचित्र 'राष्ट्र का जन्म' (द बर्थ ऑफ ए नेशन) तैयार किया। वे सभी मूक चलचित्र प्रायः उद्घोषकों की सहायता से प्रदर्शित होते थे तथा उनके नीचे कुछ टाइटल भी दिए जाते थे। इसलिए, सन् 1926 ई. में जब चलचित्र के साथ ध्वनि मिलाई जा सकी, तभी यह आविष्कार पूरी तरह से दृश्य-श्रव्य माध्यम का रूप ले सका। प्रारम्भ हुआ संवाद से नहीं, बल्कि संगीत से। सन् 1926 ई. में सबसे पहले 'डॉन जुआन' नामक फिल्म में चलचित्र के साथ संगीत सुनाया गया। उसके बाद तो एक के बाद एक 'वाचाल' चलचित्र तैयार होने लगे। सन् 1927 ई. ही में 'जॉज़ सिंगर' बना। उसके बाद पाँच वर्षों में बोलते चलचित्र मानव-समाज के आमोद-प्रमोद के अभिन्न अंग बन गए। पहला भारतीय वाक्चित्र 'आलमआरा' सन् 1931 ई. में बना। वाक्चित्रों ने विश्व के कोने-कोने से जीवन की सांगोपांग छवियों, संगीत, ध्वनियों और बोलियों को एक-दूसरे के करीब रखा। इस तरह यातायात की नवीन सुविधाएँ बढ़ने से पूर्व ही जनसाधारण की पहुँच सुदूर

देशों तक होने लगी। शायद इसीलिए, उन्हीं दिनों 'वन वर्ल्ड' (एक दुनिया) का नारा तीव्र हुआ।

सन् 1935 ई. में बोलते चित्रपट के विकास का दूसरा सोपान सम्मुख आया, जबकि बहुरंगे या कम-से-कम तीन रंगवाले चलचित्र बनने लगे। लड़ाई के बाद सन् 1952 ई. में एक कदम और चलचित्र-व्यवसाय ने बढ़ाया—सिनेरेमा, यानी दीर्घ परदेवाली फिल्म। दीर्घ परदों के साथ ही साथ सन् 1953 ई. में मैग्नेटिक टेप द्वारा तरह-तरह की आवाजों को भरते समय एक नई विधि का आविष्कार हुआ, जिसे 'स्टीरियोस्कोप' कहते हैं, यानी विभिन्न दिशाओं से विभिन्न स्वरों में उद्भूत होने का आभास, यानी स्वर परदे पर दीखनेवाले व्यक्तियों की दिशाओं से आते जान पड़ने लगे।

अमेरिका, यूरोप और जापान में सिनेमा के विकास की कथा एक जादू के मानव-समाज के सिर पर चढ़ने की कथा है, जिसके सांगोपांग वर्णन के लिए अलग पुस्तक की आवश्यकता है। इन देशों में औद्योगीकरण एवं नगरों के विकास के साथ ही सिनेमा की प्रगति का इतिहास जुड़ा हुआ है—इस तथ्य को भली-भाँति समझना होगा। हॉलीवुड का विकास प्रथम विश्वयुद्ध के फलस्वरूप हुआ; क्योंकि उन दिनों यूरोप में फिल्म बनने की सुविधाएँ उपलब्ध नहीं हो सकती थीं। अमेरिका यद्यपि सन् 1917 ई. में युद्ध में शामिल हुआ तथापि उसकी अपनी धरती अछूती रही। यह हॉलीवुड के लिए सुवर्ण अवसर था। सारी पश्चिमी दुनिया में मनोरंजन और सूचना के इस नवीन साधन पर कुछ समय के लिए हॉलीवुड का एकाधिकार हो गया।

युद्धोपरान्त यूरोप, विशेषतः इंग्लैंड से उच्चकोटि के कलाकार भी अमेरिका ही आकर फिल्मी दुनिया में यश और धन कमाने लगे। तीन दशकों के बाद तो इंग्लैंड हॉलीवुड में अभिनेताओं के लिए भरती और ट्रेनिंग का केन्द्र-मात्र रह गया।

जापान दौड़ में तुरन्त तो शामिल नहीं हुआ, पर जब हुआ तब उसने अमेरिका और यूरोप के अनुभवों से लाभ उठाया। भारतवर्ष की भाँति जापान की आबादी भी घनी है। शायद बहुजन-माध्यम घनी आबादी के देशों में खूब पनपते हैं। परन्तु, जापान (और इटली) में सबसे बड़ा चमत्कार दूसरे महायुद्ध के बाद हुआ, फिल्मों की संख्या में उतना नहीं, जितना कलात्मक अभिव्यक्ति में। अब, जब टेलीविजन से होड़ में हॉलीवुड हारता जान पड़ता है, इटली सांकेतिक और नवीन शैली की फिल्मों द्वारा पुनः फिल्मों की प्रतिष्ठा को स्थापित कर रहा है।

भारतवर्ष में सिनेमा की प्रगति अमेरिका इत्यादि देशों की प्रगति से बहुत पीछे नहीं रही। सन् 1911 ई. में पहला चलचित्र दादासाहेब फाल्के ने तैयार किया और सन् 1931 ई. में पहला बोल-चित्रपट सामने आया। विभिन्न रंगोंवाले चलचित्रों के व्यवहार में यहाँ थोड़ा समय लगा है और हिन्दी-फिल्में सिनेरेमा यानी बड़े परदे पर प्रदर्शन के लिए अभी प्रस्तुत नहीं की जा रही हैं। किन्तु, भारतवर्ष में फिल्मों के लिए विशाल दर्शक-समूह न सिर्फ हिन्दी-क्षेत्र में, बल्कि अहिन्दी-क्षेत्रों में भी बढ़ते गए और अर्से तक भारतवर्ष का फिल्म-उद्योग विश्व में द्वितीय स्थान पर रहा।

समाचार-सूचक फिल्म पाश्चात्य देशों में तो सन् 1897 ई. से ही तैयार होने लगे थे। सबसे पहले दो मुक्केबाजों के संघर्ष का एक चित्र डॉक्यूमेंटरी के रूप में तैयार किया गया। बाद में, इस तरह के डॉक्यूमेंटरी चित्र न्यूजरील के रूप में सिनेमा भवनों में दिखाए जाने लगे। सन् 1920 ई. के बाद अमेरिका के 'टाइम-इनकॉर-पोरेटेड' नामक एक संस्था ने 'मार्च ऑफ टाइम' के नाम से एक फिल्म-रील सिनेमा-हॉलों में दिखानी शुरू की, जिसमें विभिन्न छोटे-छोटे विषयों और घटनाओं पर शार्ट्स जानकारी और शिक्षा के लिए शृंखला-रूप में दर्शकों को दिखाए जाते थे।

वृत्त-फिल्म

'डॉक्यूमेंटरी फिल्म' यह नाम उन फिल्मों के लिए व्यवहृत होता है, जो किसी विशेष सामाजिक तथा आर्थिक समस्याओं के विभिन्न पहलुओं पर प्रकाश डालें और दर्शकों की दिलचस्पी का भी अन्दाजा लें। डॉक्यूमेंटरी फिल्म में कथा का तत्त्व कम होता है, किन्तु अक्सर कथा और डॉक्यूमेंटरी के सम्मिश्रण से पाठकों की दिलचस्पी कायम हो पाती है। उदाहरणस्वरूप, 'रिवर' नामक फिल्म में भारतवर्ष के विषय में दर्शकों के दृष्टिकोण को प्रभावित करने की चेष्टा की गई थी। अमेरिका के एक प्रसिद्ध डॉक्यूमेंटरी फिल्म-निर्माता ने कैरोलाइना-क्षेत्र के सम्बन्ध में डॉक्यूमेंटरी और फीचर-फिल्में प्रस्तुत कीं, जिनमें वहाँ के निवासियों की एकाकी जिन्दगी को वहाँ की प्राकृतिक पृष्ठभूमि में प्रस्तुत किया गया था। इटली के रोजेलिनी नामक फिल्म-निर्माता ने अनेक विश्वव्यापी समस्याओं पर फिल्में बनाईं।

इसमें कोई सन्देह नहीं कि यद्यपि भारतवर्ष में समाचार-फिल्में इतनी सफल और लोकप्रिय नहीं हुई हैं तथापि डॉक्यूमेंटरी यानी वृत्त-फिल्मों ने जनता की सामान्य जानकारी में अभिवृद्धि करने में विशेष योगदान किया है। विशेषतः, यहाँ के कुछ डॉक्यूमेंटरी फिल्म-निर्माताओं ने अक्सर कलापूर्ण सम्प्रेषण द्वारा दर्शकों पर प्रभाव डालने की कोशिश की है। फिर भी, प्रायः ऐसे डॉक्यूमेंटरी-निर्माता कलापक्ष का उत्कर्ष दिखाने में इतने लवलीन हो जाते हैं कि तथ्यों तथा समस्याओं के सम्प्रेषण की ओर निगाह नहीं दे पाते और खासतौर से दर्शकों की ग्रहणशीलता की अवहेलना कर देते हैं। दर्शक को अत्यधिक सांकेतिकता पर आधारित सामग्री (एक्सेसिव सिम्बोलिज्म) देने में अन्देशा यह है कि समस्या तथा जानकारी गौण हो जाती है, सांकेतिकता में चतुराई प्रमुख!

इसके अतिरिक्त जिन डॉक्यूमेंटरी या वृत्त-फिल्मों का उद्देश्य यह हो कि उनसे दर्शक कुछ सीख सकें (यानी इंस्ट्रक्शनल फिल्म), उन्हें अधिक तथ्यपरक बनाने की आवश्यकता है और उनमें जिन तथ्यों को सिखाना अभीष्ट है, उन्हें बार-बार परदे पर लाने की आवश्यकता है। ऐसी फिल्मों में सांकेतिकता अधिक कारगर नहीं होती। कृषि-सम्बन्धी अनेक फिल्में, यद्यपि सामान्य जानकारी देने में सफल हुई हैं, तथापि कृषि की

नवीन और अनुसंधानाश्रित प्रक्रियाओं को सिखाने में तभी सफलता मिल सकती है, जबकि इन प्रक्रियाओं का ब्योरेवार चित्रण कॉमेंटरी के साथ किया जाए। असल में, वृत्त-चित्रों तथा शिक्षण-चित्रों में काफी अन्तर है। इंस्ट्रक्शनल फिल्म यानी शिक्षण-चित्र अपने दर्शकों की ग्रहणशीलता को ध्यान में रखते हैं। डॉक्यूमेंटरी सांकेतिकता के आधार पर सन्देश-विशेष का प्रभाव दर्शकों की मनोवृत्ति पर डालते हैं।

समाचार-फिल्म या न्यूजरील ताजगी की दृष्टि से स्वभावतः कुछ पिछड़ जाते हैं। यद्यपि, पिछले दिनों काफी तेजी के साथ न्यूजरील-फिल्में तैयार करके उन्हें देश-विदेश में भेजा जाने लगा है, तथापि अब टेलीविजन की लोकप्रियता के कारण वीडियो-टेप फिल्में अधिक इस्तेमाल में आ रही हैं; क्योंकि इन्हें तैयार करना आसान है। समाचार-फिल्म तैयार करनेवाले व्यक्ति पर पक्षधरता तथा दूसरे को बदनाम करने के आरोप आसानी के साथ लगाए जा सकते हैं, इसलिए उन्हें बहुत तत्पर और सावधान रहना होता है। कुछ देशों में फिल्में कोर्ट में सबूत के तौर पर पेश की गई हैं; लेकिन चमत्कार-फोटोग्राफी के कारण वे इतनी विश्वसनीय नहीं रहीं कि कोई अदालत उनके आधार पर किसी मामले को तय कर सके।

रेडियो

रेडियो की कहानी मारकोनी से शुरू होती है। वह इटली का वैज्ञानिक था और उसने सन् 1895 ई. और 1900 ई. के बीच में बेतार से सन्देशों को एक स्थान से दूसरे स्थान पर 'इलेक्ट्रो-मैग्नेटिक वेव' द्वारा भेजने की पद्धति का आविष्कार किया। उन्हीं दिनों भारतवर्ष के श्री जगदीशचन्द्र वसु भी इस क्षेत्र में काम कर रहे थे, किन्तु मारकोनी को अपने आविष्कार को अन्तर्राष्ट्रीय स्तर पर प्रस्तुत करने की सुविधा थी। वसु एक गुलाम देश के निवासी थे। मारकोनी ने सन् 1897 ई. में सबसे पहले रेडियो-सन्देश अटलांटिक महासागर के तट से समुद्र में स्थित एक जहाज को भेजा। सन् 1906 ई. में ये ध्वनि-तरंगें, जो केवल टेलीग्राफ के संकेतों के रूप में बेतार द्वारा भेजी जा सकती थीं, मानव-वाणी के रूप में इलेक्ट्रो-मैग्नेटिक तरंगों द्वारा भेजी गईं। डॉ. लीप पडौरेस्ट ने एक नए ढंग का ट्यूब बनाया, जिसमें मनुष्य की आवाज आसानी से स्थानान्तरित की जा सकती थी। उसी ने सन् 1916 ई. में अमेरिका के प्रेसिडेंट के चुनाव-परिणाम को एक समाचार के तौर पर रेडियो से भेजा। इसके तीन वर्ष बाद लोगों को रेडियो के बहुजन-माध्यम के रूप का आभास होने लगा। डॉ. कॉनरेड नामक इंजीनियर ने पिट्सबर्ग में अपने केन्द्र से प्रयोग के तौर पर कुछ संगीत प्रसारित किया, जिसे देश-विदेश में जो लोग शौकीनी तौर पर रेडियो-रिसीवर और ट्रांसमीटर रखते थे, उन्होंने सुना।[1] एक दुकान पर कुछ रेडियो-सेट रख दिए गए, जिनसे बहुत-से लोग डॉ. कॉनरेड

1. बाद में ऐसे शौकीन ट्रांसमीटरों का एक विशेष नाम—हैम रेडियो (एमेचर रेडियो) और इसके विश्वव्यापी केन्द्र है। 'हैम' शब्द 'एमेचर' का ही संक्षिप्त रूप है। हैम-क्लबों के सदस्य परस्पर एक-दूसरे को सन्देश भेजते हैं।

के लोकप्रिय प्रसारणों को सुन सकें। सन् 1919 ई. में अमेरिका की जेनरल इलेक्ट्रिक तथा अमेरिकन टेलीफोन और टेलीग्राफ कम्पनी ने मिलकर एक नई कम्पनी बनाई, जिसे रेडियो-कॉरपोरेशन ऑफ अमेरिका (आर.सी.ए.) का नाम दिया गया। आर.सी.ए. के प्रथम व्यवस्थापक डेविड सारनौफ थे, जो करीब 40 साल तक रेडियो के क्षेत्र में एक नायक के रूप में मान्य रहे।

इसके बाद धीरे-धीरे समाचार-पत्रों ने कुछ रेडियो-स्टेशन स्थापित किए, जिनसे उन्होंने अपने पाठकों के लिए समाचार प्रसारित करने प्रारम्भ किए। यह सिलसिला सन् 1926 ई. तक चलता रहा। उस वर्ष आर.सी.ए. के ढंग की दो और कम्पनियाँ स्थापित हुईं--पहली 'नेशनल ब्रॉडकास्टिंग कम्पनी' (एन.बी.सी.) और दूसरी 'कोलम्बिया ब्रॉडकास्टिंग सिस्टम' (सी.बी.एस.)। वे दोनों कम्पनियाँ ही अमेरिका के एक तट से दूसरे तट तक रेडियो का प्रसारण करने में संलग्न हैं। सन् 1927 ई. में अमेरिका में 'फेडरल रेडियो-कमीशन' नामक संस्था स्थापित की गई, जिसका विशेष उत्तरदायित्व यह था कि रेडियो-स्टेशनों की बढ़ती हुई संख्या के लिए चैनेल यानी गगन-मंडल में इलेक्ट्रो-मैग्नेटिक तरंगों के संकेतों के वितरण की व्यवस्था करे। यह फेडरल रेडियो-कमीशन ही बाद में 'फेडरल कम्युनिकेशन-कमीशन' बनाया गया और इसके द्वारा ही अमेरिकी शासन रेडियो तथा टेलीविजन-स्टेशनों पर थोड़ा-बहुत नियन्त्रण करने की चेष्टा करता है। अन्तर्राष्ट्रीय स्तर पर नियन्त्रण 'इंटरनेशनल टेलीकम्युनिकेशन-यूनियन' नामक संस्था करती है, जिसका भारत-सरकार भी सदस्य है और जिसका कार्यालय जिनेवा में है।

इधर सन् 1922 ई. में ब्रिटेन में बी. बी.सी. स्थापित हुई, जो ब्रिटिश सरकार के तत्त्वावधान में एक पब्लिक कॉरपोरेशन (निगम) है। बी.बी.सी. विश्व की सबसे पुरानी, प्रतिष्ठित और शायद सर्वाधिक बहुचर्चित रेडियो टेलीविजन-संस्था है। इसके प्रथम महासंचालक लॉर्ड रीथ असाधारण व्यक्ति थे। उन्होंने बी.बी.सी. को जो रूप दिया, वह लगभग 40 साल तक अपरिवर्तित रहा और इसीलिए ब्रिटेन के कुछ नौजवान मजाक में उसे 'ओल्ड मेड' कहकर पुकारते थे। किन्तु, हरेक अंग्रेज को रीथ द्वारा प्रवर्तित परम्पराओं और उत्कृष्ट स्तर पर गौरव रहा है। यह बात नहीं कि बी.बी.सी. ने प्रयोगशीलता की ओर कदम न बढ़ाए हों। ज्यों-ज्यों ब्रिटेन के साहित्य, स्टेज, संगीत इत्यादि में प्रयोगशीलता आती गई, त्यों-त्यों वहाँ के निर्माताओं, लेखकों आदि ने क्रमशः बी.बी.सी. की प्रेरणाओं में परिवर्तन ला दिया। बी.बी.सी की उत्कृष्ट तकनीक तथा प्रेरणाओं का प्रभाव उन अनेक देशों में फैला, जिनमें भारत भी शामिल है।

भारत में रेडियो

सन् 1924 ई. में भारत में शौकीनी तौर से रेडियो में दिलचस्पी लेनेवाले लोगों ने मद्रास में एक रेडियो-क्लब स्थापित किया था। उसके बाद सन् 1927 ई. में बम्बई और

कलकत्ता में डेढ़ किलोवाट की शक्तिवाले दो ट्रांसमीटर लगाए गए, जिनसे प्रोग्राम 30 मील की दूरी तक सुने जा सकते थे। सन् 1930 ई. में एक प्राइवेट इंडियन ब्रॉडकास्टिंग कम्पनी स्थापित हुई। यह आई.बी.सी. प्रायः व्यावसायिकों और विज्ञापकों की कम्पनी थी और उसे काफी कठिनाइयों का सामना करना पड़ा। सन् 1933 ई. में दिवाला निकल जाने के कारण उस कम्पनी को अपना काम बन्द कर देना पड़ा; पर जैसे-तैसे करके दोनों रेडियो-ट्रांसमीटर तो चालू ही रहे। इस बीच देहरादून में भी एक छोटा-सा शौकीनी ट्रांसमीटर स्थापित किया गया। आई.बी.सी. के बन्द होने के बावजूद रेडियो-सेट्स की संख्या बढ़ती गई और सन् 1934 ई. तक भारत में करीब 2,000 रेडियो-सेट हो गए। तब विज्ञापकों की ओर से ही यह जोर डाला गया कि एक ब्रॉडकास्टिंग संस्था भारत-सरकार ही बनाए और उसका पूरा खर्च बर्दाश्त करने का जिम्मा ले। सन् 1934 ई. सर हेनरी क्रेक ने (जो वायसराय की एक्जीक्यूटिव कौंसिल के सदस्य थे) एक प्रस्ताव सरकार की ओर से तत्कालीन केन्द्रीय लेजिस्लेटिव असेम्बली के सामने रखा और 40 लाख रुपए की रकम बजट में देकर, फिर से रेडियो के प्रसारण को चालू करने की घोषणा की। उस समय सर हेनरी क्रेक ने बहुत स्पष्ट रूप से घोषित किया कि भारत में रेडियो अमेरिकी विज्ञापन रेडियो (सोप-बॉक्स रेडियो) के ढंग पर नहीं चलेगा, बल्कि मुख्यतः उसका उद्देश्य होगा—संस्कृति तथा जनशिक्षा का माध्यम बनना। अक्सर व्यावसायिक क्षेत्रों में और जनता में भी यह भ्रम रहा है कि भारत में रेडियो पर विज्ञापन पहले-पहल सन् 1965-66 ई. के बाद ही चालू हुए हैं और यदि आरम्भ में ही विज्ञापनों के आधार पर रेडियो चलाया जाता, तो आमदनी भी होती और रोचकता भी बढ़ती। असल बात यह है कि भारत में विज्ञापन-रेडियो का जब दिवाला पिट गया, तभी सरकारी तत्त्वावधान में शिक्षा और संस्कृति के माध्यम के रूप में रेडियो का पुनरुद्धार हुआ। प्रथम सरकारी कंट्रोलर ऑफ ब्रॉडकास्टिंग (प्रसार-नियन्त्रक) का नाम था पी.जी. एडमंटन, जिन्होंने दिल्ली में एक छोटा-सा रेडियो-स्टेशन, बम्बई, कलकत्ता तथा मद्रास रेडियो-स्टेशनों के अतिरिक्त स्थापित किया। इधर मैसूर-राज्य में वहाँ के महाराजा ने सन् 1935 ई. में 'आकाशवाणी' नाम से एक नया रेडियो-स्टेशन खोला। दक्षिण-भारत के जिन लोगों ने सन् 1954-55 ई. के आसपास ऑल इंडिया रेडियो के लिए 'आकाशवाणी' शब्द के व्यवहार पर, उसे 'उत्तर-भारतीय सांस्कृतिक आक्रमण' कहकर विरोध प्रकट किया, उन्हें शायद यह नहीं मालूम कि 'आकाशवाणी' शब्द की उद्भावना बीस वर्ष पूर्व एक दक्षिणी राज्य में ही हुई थी। इलाहाबाद में वहाँ के एग्रीकल्चरल इंस्टीट्यूट ने एक घंटे का प्रोग्राम ग्रामीण श्रोताओं के लिए चलाने के निमित्त एक छोटा-सा रेडियो-स्टेशन स्थापित किया। शायद वही पहला प्रोग्राम था, जो खासतौर से कृषकों के लिए आयोजित किया गया।

इन सब दिशाओं में प्रगति का परिणाम यह हुआ कि उस समय के वायसराय लॉर्ड लिनलिथगो ने बी.बी.सी. के डाइरेक्टर-जेनरल श्री रीथ से अनुरोध किया कि वे एक इंजीनियर तथा एक अनुभवी ब्रॉडकास्टर को भारत में रेडियो के सुव्यवस्थित आयोजन

के लिए भेजें। श्री फील्डन कंट्रोलर ऑफ ब्रॉडकास्टिंग के पद पर आए और श्री काल्डर प्रथम चीफ इंजीनियर के पद पर। इन दोनों ने पहले तो यह तय किया कि भारत के आकार तथा फासलों को देखते हुए यहाँ शॉर्ट वेव के केन्द्र मुख्य महानगरों में स्थापित हों, ताकि दूर-दूर तक वहाँ का प्रोग्राम सुना जा सके। इसका परिणाम यह हुआ कि प्रारम्भ में ही भारतवर्ष में ऐसे रेडियो-सेटों की बिक्री होने लगी, जिन पर शॉर्ट वेव तथा मीडियम वेव--दोनों प्रकार के प्रोग्राम सुने जा सकते थे। फलस्वरूप, भारत में आरम्भ से ही रेडियो-सेटों के मूल्य ऊँचे रहे। रेडियो-सेट केवल एक बैंड यानी मीडियम वेववाले ही अपेक्षाकृत कम मूल्यवान् होते हैं। (इस इंजीनियरिंग-सिद्धान्त को सन् 1959-60 ई. में ही बदला गया, जब अनेक मीडियम वेव-स्टेशनों की स्थापना हुई।) सन् 1939 ई. में पहले शॉर्ट वेव-ट्रांसमीटर दिल्ली, बम्बई, कलकत्ता और मद्रास में लगाए गए, उसके बाद एक-एक करके मीडियम वेव-ट्रांसमीटर लखनऊ, त्रिचनापल्ली, मैसूर, बड़ौदा, हैदराबाद, औरंगाबाद तथा त्रिवेन्द्रम में लगाए गए। इस तरह, एक नई संस्था का उदय हुआ, जिसका नाम रखा गया 'ऑल इंडिया रेडियो'।

प्रारम्भ ही से स्कूलों तथा ग्रामीण क्षेत्रों के लिए प्रोग्राम प्रस्तुत किए जाने लगे। अन्तर्राष्ट्रीय परिस्थिति में भारतीयों की दिलचस्पी बढ़ रही थी और देश में भी नाना प्रकार की घटनाएँ और राजनीतिक उलट-फेर हो रहे थे। इसलिए केन्द्रीय समाचार-डिवीजन भी ऑल इंडिया रेडियो में प्रारम्भ से ही रखा गया। सन् 1939 ई. में ऑल इंडिया रेडियो छह रेडियो-स्टेशन सीधे चला रहा था और इनके अतिरिक्त कुछ केन्द्र तत्कालीन देशी रियासतों में भी थे। धीरे-धीरे करके करीब एक लाख व्यक्तियों के पास रेडियो-लाइसेंस थे। लाइसेंस-फीस बारह रुपए प्रति सेट ही थी। अतः, उन दिनों आमदनी से खर्च कहीं ज्यादा था, इसीलिए घाटा सरकार को भरना होता था। यदि उस समय ही मीडियम वेव-केन्द्र भी खोले जाते, तो शायद, सस्ते रेडियो भी चालू हो जाते और लाइसेंसों से आमदनी भी बढ़ती, पर तत्कालीन सरकार, वस्तुतः, जनसाधारण का नाम तो लेती थी, परन्तु शायद उन्हें इस नवीन समाचार माध्यम को आसानी से उपलब्ध नहीं होने देना चाहती थी। आखिर, अधिकाधिक लोगों में जानकारी फैलने से राजनीतिक आन्दोलनों के भी तेजी से फैलने का डर था। यों भी, स्वतन्त्रता-संग्राम में ग्रामीण जनता के लिए बहुजन-माध्यम न तो रेडियो था और न समाचार-पत्र, बल्कि आमसभाएँ। (आमसभा भारतवर्ष की विशेष विधा है। अन्य देशों में प्रायः इतने विशाल जनसमूह सभाओं में उपस्थित नहीं होते। गांधी-युग में आमसभाओं का यह रूप विकसित हुआ; क्योंकि उससे पहले तो कांग्रेस की सभाएँ नगर के उच्चशिक्षा-प्राप्त कार्यकर्ताओं तक सीमित रहती थीं। गांधीजी ने ही राष्ट्रीय आन्दोलन की जड़ें सामान्य बहुसंख्यक जनता तक पहुँचाई और उसके लिए आमसभा प्रमुख साधन बनी।)

सन् 1940 ई. तक ऑल इंडिया रेडियो, मुख्यतः दूसरे महायुद्ध में, भारतवर्ष के सम्बन्ध में समाचारों को प्रसारित करता रहा। सन् 1946 ई. में जब सरदार वल्लभभाई पटेल स्वतन्त्र भारत के पहले सूचना और प्रसारण-मन्त्री हुए, तब आकाशवाणी

के विस्तार की एक योजना देश के सामने रखी गई। इस योजना के फलस्वरूप सन् 1950 ई. तक ऑल इंडिया रेडियो से प्रसारित प्रोग्रामों की अवधि 60,000 घंटे प्रतिवर्ष हो गई। विभिन्न क्षेत्रीय भाषाओं में प्रोग्राम होने लगे और लगभग 21 प्रतिशत भारतीय जनता इन प्रोग्रामों को सुनने लगी। उसके बाद सरकार की पंचवर्षीय योजनाओं के अन्तर्गत ट्रांसमीटर और रेडियो-केन्द्र—दोनों का तेज़ी के साथ विकास हुआ। इसका परिणाम यह हुआ कि मार्च, 1961 ई. तक भारतवर्ष की लगभग 65 फीसदी जनसंख्यावाले प्रदेशों में ऑल इंडिया रेडियो सुना जा सकता था। प्रोग्रामों की अवधि भी सवा लाख घंटे प्रतिवर्ष हो गई। किन्तु, रेडियो-लाइसेंसों की संख्या सन् 1960 ई. के अन्त तक 21 लाख तक ही पहुँची। उसके बाद कम मूल्यवाले रेडियो-सेट धीरे-धीरे बाजारों में आने लगे; क्योंकि एक ओर सरकारी नीति में परिवर्तन के फलस्वरूप मीडियम वेव-ट्रांसमीटर जगह-जगह लगाए गए और दूसरी ओर, ट्रांजिस्टर के ईजाद होने के बाद कम मूल्यवाले मीडियम वेव-सेट भी उपलब्ध होने लगे।

इससे पहले सन् 1954 ई. से 1961 ई. के बीच प्रोग्रामों में कुछ नए प्रयोग किए गए। इनमें विशेष उल्लेखनीय है—अखिल भारतीय संगीत, वार्त्ता, नाटक, फीचर, समसामयिक साहित्य और गौरव-साहित्य के राष्ट्रीय प्रोग्राम। प्रति सप्ताह इनमें से एक राष्ट्रीय प्रोग्राम एक बार प्रसारित किया गया, जो विभिन्न भाषाओं और विभिन्न शैलियों में और प्रत्येक स्टेशन से 'रिले' किया गया। सन् 1953 ई. में फिल्मी संगीत-निर्माताओं से सरकार का कुछ मतभेद होने के कारण आकाशवाणी पर लोकप्रिय फिल्मी संगीत का प्रसारण कम हो गया। इसका फल यह हुआ कि जिस तरह से बी.बी.सी. के श्रोताओं को यूरोप के लक्ज़ेम्बर्ग-रेडियो ने अपने व्यावसायिक लोकप्रिय प्रोग्रामों द्वारा खींचना शुरू किया, उसी तरह भारत के बहुत-से श्रोता रेडियो सीलोन पर लोकप्रिय फिल्मी संगीत सुनने लगे। तब सन् 1957 ई. में ऑल इंडिया रेडियो ने एक नया अखिल भारतीय प्रोग्राम प्रारम्भ किया, जो अब 'विविध भारती' के नाम से विख्यात है। विविध भारती का उद्देश्य था—मीडियम और शॉर्ट, दोनों तरंगों पर लोकप्रिय संगीत तथा विभिन्न प्रकार के हल्के-फुल्के प्रोग्राम प्रसारित करके बहुसंख्यक श्रोताओं को, जो रेडियो सीलोन ही में रमे थे, आकाशवाणी की ओर पुनः आकृष्ट करना। साथ ही, देश के विभिन्न भागों के लोकगीतों, नाटकों तथा अन्य सांस्कृतिक विधाओं को देश-भर में उपलब्ध करा देना भी विविध भारती का एक ध्येय था। वस्तुतः, वह 'कैंड' यानी पहले से रेकर्ड कर लिए गए प्रोग्रामों की एक बृहत्तर योजना थी, जिसमें भारतवर्ष की बहुरंगी संस्कृति का लोकप्रिय रूप घर-घर में सुना जा सके। बाद में, विज्ञापनों के प्रवेश के फलस्वरूप मौलिक योजना में परिवर्तन अनिवार्य हो गए और फिल्मी संगीत के बाहुल्य ने बहुरंगी प्रोग्रामों को गौण स्थान पर खिसका दिया है। पहले तो यह प्रोग्राम हफ्ते में कुछ घंटे प्रसारित होता था, किन्तु धीरे-धीरे यह अब दिन-भर प्रसारित होने लगा है।

आकाशवाणी के विकास में ग्रामीण श्रोताओं के लिए समय-समय पर की गईं व्यवस्थाओं का विशेष स्थान है। सन् 1936 ई. में ही सन्ध्या में आधे घंटे से लेकर एक

घंटे तक देहाती भाइयों के लिए प्रोग्राम प्रसारित होने लगे थे। उसके कुछ ही समय बाद आकाशवाणी की ही ओर से देहातों में श्रोता-समुदायों के लिए पुराने ढंग की बैटरियों से चलनेवाले रेडियो उपलब्ध कराने की योजना शुरू की गई। इसे 'कम्युनिटी लिशनिंग स्कीम' कहा जाता था, और इसके अन्तर्गत आकाशवाणी ही मुख्यतः अपने खर्च पर 'चौपालों और पंचायत-घरों' में रेडियो लगाती थी। राज्य-सरकारों को भी कुछ व्यय करना पड़ता था और रेडियो-सेटों की मरम्मत तथा बैटरियों के बदलने का भी प्रबन्ध था। आम शिकायत यही थी कि अक्सर 'कम्युनिटी-सेट बिगड़ जाते हैं, मरम्मत शीघ्र नहीं होती और बैटरियाँ जल्द उपलब्ध नहीं होतीं। यह भी बात थी कि ये रेडियो-सेट 300 या कुछ अधिक श्रोताओं के लिए थे। उनमें बड़े लाउडस्पीकर भी लगाए जाते थे। सन् 1946 ई. के आसपास छोटे श्रोता-मंडल बनाने का थोड़ा-बहुत प्रयत्न हुआ। लेकिन 'किसान-श्रोता-मंडलों' की विशेष योजना सन् 1955-56 ई. में ही प्रारम्भ की गई। कनाडा में रेडियो-फार्म-फोरमों का अच्छा अनुभव हुआ था। उसी आधार पर यूनेस्को की सहायता से पूना के आसपास 145 ग्रामों में लगभग बीस-बीस किसानों के श्रोता-मंडल बनाए गए और उन्हें रेडियो-सेट दिए गए। सप्ताह में दो बार मंगलवार और शुक्रवार को उनके लिए आधे घंटे का शेष प्रोग्राम प्रसारित किया गया। खास बात यह थी कि हर प्रोग्राम सुनने के बाद कृषक-श्रोता-मंडल के सदस्य आपस में विचार-विमर्श करते और रेडियो-प्रोग्राम में उठाए गए प्रश्नों पर अपने अनुभव के आधार पर विचार प्रकट करते। विशेषज्ञों द्वारा इस प्रोग्राम की जाँच की गई और यह पाया गया कि इस तरीके से रेडियो-प्रोग्रामों से श्रोता सामान्य श्रवण की अपेक्षा अधिक मात्रा में ज्ञानवर्धन-सामग्री ग्रहण कर पाते हैं। उनके प्रश्नों के उत्तर भी रेडियो-स्टेशनों से दिए जाते थे। प्रयोग की सफलता के फलस्वरूप देश के अन्य रेडियो-स्टेशनों से भी फोरमों की योजना चलाई जाने लगी और अब तो देशभर में 25,817 से अधिक फोरम हैं। किन्तु, सन् 1965-66 ई. के बाद इस योजना में दो परिवर्तन हुए। एक तो यह कि खासतौर से खेती-सम्बन्धी प्रोग्रामों पर जोर डाला गया। पहले सामान्यतः देहाती जीवन के विकास के बारे में ही प्रोग्राम होते थे। अब दो तरह के प्रोग्राम होने लगे। खेती के विशेष प्रोग्रामों के लिए देश-भर में 24 प्रोग्राम-युनिटें स्थापित की गईं। दूसरी महत्त्वपूर्ण प्रवृत्ति यह हुई कि अनेक मीडियम वेव-स्टेशन देश-भर में खुल गए। सस्ते ट्रांजिस्टर-रेडियो देश में ही बनने लगे और यों पहले की अपेक्षा छोटे श्रोता-मंडलों का विकास तेजी से बढ़ा।

सन् 1936 ई. और 1960-62 ई. के ही बीच स्कूली रेडियो का विकास हुआ। स्कूलों में भी सरकारी सहायता से रेडियो-सेट लगाए गए। प्रोग्राम में पाठ्यक्रम की आवश्यकताओं और सामान्य ज्ञान के विकास—इन दो उद्देश्यों में सन्तुलन की चेष्टा की गई। किन्तु, यह सत्य है कि रेडियो स्कूलों के प्रमुख कार्यक्रमों में उस तरह का अंग नहीं बन सका, जिस तरह का अन्य कुछ देशों में बना था। यों तो बी.बी.सी. के प्रथम डाइरेक्टर जेनरल रीथ को भी अध्यापकों की उदासीनता का सामना करना पड़ा था।

भारत में यहाँ की परीक्षा-पद्धति ज्ञानवर्धन के नए प्रयोगों को पनपने ही नहीं देती। स्कूली रेडियो-प्रोग्राम आजकल सभी स्टेशनों से प्रसारित होते हैं। अनेक स्कूलों में छात्रों के लिए विशेष सेट हैं।

राष्ट्रीय चेतना में रेडियो का योगदान

सन् 1954-1960 ई. के बीच का समय प्रोग्राम की दृष्टि से रेडियो में प्रयोगशीलता का युग था। राष्ट्रीय जीवन के सर्वतोन्मुखी विकास में वह एक नूतन उल्लास का समय था और आकाशवाणी ने उस माने में प्रतिध्वनि और वाहन का काम किया। विकास के इस सोपान में तीन-चार सिद्धान्तों का पालन किया गया। प्रथम तो यह कि अखिल भारतीय कार्यक्रमों द्वारा भारत की विभिन्न क्षेत्रीय संस्कृतियों तथा साहित्यिक धरोहरों को एक-दूसरे के निकट लाने की चेष्टा की गई तथा रेडियो के माध्यम से क्षेत्रीय संस्कृतियों की उपलब्धियों को देश-भर में पहुँचाने की चेष्टा की गई। यह वह समय था, जब जवाहरलाल नेहरू के आह्वान पर देश में भावनात्मक एकता की लहर अनेक लोगों को स्पर्श कर रही थी, अनेक व्यक्तियों को उसमें चेतनशील स्फूर्ति की अनुभूति मिली। विभिन्नता के बीच के आदर्श को स्थापित करने का सायास बीड़ा उठाया गया। रेडियो-स्टेशन देश की एकता के विभिन्न सांस्कृतिक क्षेत्रों के केन्द्र बनने लगे। साहित्यकार और कलाकार अपने-अपने केन्द्र की ओर आकृष्ट हुए। आकाशवाणी के स्थानीय सम्मिलन-माध्यम से उनकी रचनाओं को अखिल भारतीय फोरम मिला। दूसरा सिद्धान्त, जो विभिन्न क्षेत्रों में रेडियो-स्टेशनों की स्थापना के कारण आप-ही-आप उदित हुआ था, भारतवर्ष की व्यापक और विविध लोक-संस्कृति को आकाशवाणी द्वारा मुखर करने का आयोजन था। इससे पहले लोक-संगीत तथा लोक-नाट्य को केवल देहाती प्रोग्रामों में शामिल किया जाता था और उनके कलाकारों की यथोचित प्रतिष्ठा नहीं होती थी। रेडियो ने उन दिनों लोक-संस्कृति को प्रधानता देकर साधारण जनता तथा लोक और परम्पराशील कलाकारों को अपनी उपलब्धियों में एक नए गौरव का अनुभव प्रदान किया।

तीसरा सिद्धान्त था ग्रामीण जनता की समस्याओं को ध्यान में रखते हुए ऐसे प्रोग्रामों को चालू करना, जिनमें खेती तथा ग्रामीण समस्याओं पर विचार-विमर्श हो सके और उन समस्याओं पर अधिकारी व्यक्तियों द्वारा यथोचित निर्देश और सूचना देने का अवसर भी मिले। जैसा ऊपर स्पष्ट किया गया है, किसान तथा अन्य ग्रामीण जनता को इन प्रोग्रामों को सुनने की सुविधा और चर्चा-मंडलों द्वारा उनकी ग्रहणशीलता को बढ़ाने पर विशेष जोर दिया गया।

चौथी नीति, जिसका बाद में अत्यन्त व्यापक प्रभाव हुआ, अखिल भारतीय पंचरंगी और सुगम प्रोग्राम की थी। विविध भारती के नाम से इस प्रोग्राम ने बहुजन-माध्यम में आकाशवाणी को पहले की अपेक्षा अधिक जनग्राह्य बनाया। साथ ही, इस प्रोग्राम के

निमित्त विभिन्न स्टेशनों से सामग्री को रेकॉर्ड और एकत्र करने में एक नई तकनीक का उदय हुआ, जिसे 'केन्द्र-प्रोग्राम' की तकनीक कहते हैं। एक केन्द्रीय 'रेकॉर्डिंग बैंक' की स्थापना हुई। साथ ही, पुराने और कीमती प्रोग्रामों के लिए एक संग्रहालय (आर्काइव) भी बनाया गया। उन्हीं दिनों टेप का प्रयोग इतनी तेजी के साथ फैला कि रेडियो-प्रोग्रामों के निर्माण की सर्वथा नई तकनीक अपना ली गई। कलाकारों और वार्त्ताकारों को पहले रेकॉर्ड करके प्रसारण के समय उन्हें बुलाना कम होता गया। इससे दो सुविधाएँ प्राप्त हुईं : एक तो यह कि सीधे प्रसारण की अपेक्षा रेकॉर्ड करते समय अशुद्धियों को आसानी से सुधारा जा सकता है; दूसरी, यह कि एक बार रेकॉर्डिंग के बाद वही प्रोग्राम अनेक स्टेशनों से अनेक बार प्रसारित हो सकता है। पहले डिस्क पर रेकॉर्डिंग की जाती थी, लेकिन उसकी प्रतियाँ बनने में बड़ा समय लगता था। उसके खोने का भी डर था।

इस तरह आकाशवाणी की पहुँच विशाल जन-समुदाय में हो गई और धीरे-धीरे करके मीडियम वेव के सेट और बाद में ट्रांजिस्टर-सेट गाँव-गाँव में फैलने लगे। ट्रांजिस्टर रेडियो-सेटों पर आसानी से विविध भारती के प्रोग्राम सुने जा सकते हैं। विविध भारती के कारण आकाशवाणी के प्रोग्रामों और उसके स्तर पर बहुजन-रुचियों तथा उनकी माँगों का प्रभाव पड़ने लगा। इस तरह, संस्कृति का माध्यम होने के साथ-साथ (जिसके प्रमुख रूप थे—अखिल भारतीय अथवा राष्ट्रीय साप्ताहिक कार्यक्रम) रेडियो विशाल जनसमूह का भी कंठहार होने लगा। फिर भी, यदि सन् 1965 ई. में प्रसारित होनेवाले प्रोग्रामों का विश्लेषण किया जाए, तो जान पड़ेगा कि आकाशवाणी ने उस समय तक यथाचेष्ट सांस्कृतिक प्रोग्रामों तथा बहुजन-रुचिकर प्रोग्रामों में सन्तुलन कायम रखा। शास्त्रीय संगीत के प्रोग्रामों के लिए सन् 1965 ई. में लगभग 42 फीसदी समय दिया जाता था, देहाती प्रोग्रामों की लगभग 22 फीसदी, तथा सुगम संगीत-प्रोग्रामों को 11 फीसदी। लेकिन, उस समय विविध भारती के प्रोग्राम इन आँकड़ों में शामिल नहीं थे। विविध भारती के 55 हजार घंटों के प्रोग्राम अलग से होते थे। सन् 1965 ई. के बाद परिस्थिति बदलने लगी। विविध भारती की अवधि बढ़ा दी गई। इस तरह सुगम संगीत तथा लोकप्रिय प्रोग्रामों का अनुपात काफी बढ़ गया।

आकाशवाणी के 40 स्टेशनों[1] और विविध भारती के 30 प्रोग्राम-केन्द्रों एवं 16 छोटे स्टेशनों तक नाना प्रकार के प्रोग्रामों को भेजने के लिए आकाशवाणी को एक विशेष पद्धति अपनानी पड़ी, जो शायद, विश्व की अन्य किसी रेडियो-संस्था के लिए जरूरी नहीं थी। इसे प्रोग्राम-एक्सचेंज तथा प्रोग्राम-अंकन-सेवा का नाम दिया जाता है।

---

1. ये संख्याएँ अब बढ़ गई हैं और सन् 1972-73 ई. की रिपोर्ट के अनुसार इस प्रकार हैं—अहमदाबाद, इलाहाबाद, भोपाल, मुम्बई, बंगलोर, भुज, कलकत्ता, कटक, कालीकट, दिल्ली, डिब्रूगढ़, धारवाड़, गौहाटी, हैदराबाद, इन्दौर, इम्फाल, जम्मू, जयपुर, जालन्धर, कर्सियांग, कोहिमा, लेह, लखनऊ, मद्रास, मथुरा, नागपुर, पटना, पूना, पोर्ट ब्लेयर, पांडिचेरी, पणजी, राँची, राजकोट, श्रीनगर, शिलांग, शिमला, तिरुची, तिरुवनंतपुरम्, विजयवाड़ा तथा चंडीगढ़। इनके अतिरिक्त 3 उपकेन्द्र तथा 24 सहायक रिले-केन्द्र भी हैं।

प्रोग्राम-एक्सचेंज और प्रोग्राम-अंकन-सेवा का काम है विभिन्न स्टेशनों से आनेवाले रेकॉर्डिंग को अन्य स्टेशनों पर प्रसारण के लिए टेप पर स्थानान्तरित करके और विभिन्न भाषाओं में पांडुलिपि के साथ आवश्यकतानुसार स्टेशनों पर पहुँचाने की व्यवस्था करना। सन् 1964 ई. में ही इस यूनिट द्वारा 1,700 टेप-रेकॉर्डिंग, 2,500 पांडुलिपियाँ यानी स्क्रिप्ट तथा 1,500 विशेष तरह से बनाए गए प्रोग्राम देश-विदेश के स्टेशनों पर भेजे गए थे। यह एक तरह से आकाशवाणी का प्रोग्राम-आगार है, जिसकी सहायता से सभी स्टेशनों पर नाना प्रकार के प्रोग्राम प्रसारित किए जा सकते हैं। एक भाषा से दूसरी भाषा में प्रोग्राम देने के लिए हिन्दी और अंग्रेजी दोनों के आधार पर लिखित सामग्री तैयार होती है। जैसा पहले कहा गया है, रेकॉर्डिंग का एक केन्द्रीय बैंक भी स्थापित कर दिया गया है। जब पहले-पहले अखिल भारतीय राष्ट्रीय (नेशनल) प्रोग्रामों के लिए काम शुरू किया गया तब कई नए प्रयोग आकाशवाणी को करने पड़े। उदाहरणतः मलयालम के एक गौरव-ग्रन्थ को 17 भाषाओं में प्रस्तुत करने के लिए उस ग्रन्थ की मूल भाषा में कुछ प्रसंगों को रेकॉर्ड किया गया, उसके बाद क्षेत्र-विशेष की भाषा में उसका सारांश देकर और तब पृष्ठभूमि-विषयक सामग्री के साथ अन्य भाषाओं में उसे प्रसारित किया गया। इस तरह भारत की प्रादेशिक संस्कृति का समग्र रूप श्रोताओं के सामने आने लगा। विविध भारती को भी इस प्रोग्राम-एक्सचेंज यूनिट का सहारा लेना पड़ता है; क्योंकि विविध भारती में उस समय केवल फिल्मी गीत ही प्रस्तुत नहीं किए जाते थे, बल्कि विभिन्न भाषाओं और क्षेत्रों के लोक-संगीत तथा लोक-नाट्य भी। ये अलग-अलग स्टेशनों से टेप के रूप में केन्द्रीय प्रोग्राम में एक्सचेंज-यूनिट पर आते हैं, वहाँ विशेषज्ञ इनको सुनते हैं और आवश्यकता के अनुसार दूसरे टेप पर स्थानान्तरित करके नए प्रोग्राम को स्टेशनों पर भेज देते हैं।

आकाशवाणी के विभिन्न केन्द्रों के कार्यकर्ताओं की ट्रेनिंग के लिए एक ट्रेनिंग-स्कूल भी स्थापित है।

रेडियो-समाचार

भारत में रेडियो के सरकारी विभाग के रूप में चलाए जाने का तथा सारे भारत में एक ही रेडियो-सिस्टम होने का एक परिणाम यह हुआ है कि यहाँ के समाचारों को लेकर रेडियो तथा समाचार-पत्रों के बीच वैसी होड़ और संघर्ष नहीं हुए, जैसाकि अमेरिका में होते थे। इसका कारण यह था कि सरकार ऐसी व्यवस्था बराबर करती रही कि रेडियो समाचार-पत्रों का प्रतियोगी न होकर उनका कुछ माने में सहायक हो। इसीलिए, पिछले दिनों रेडियो से कुछ समाचार दोपहर में इसलिए धीमी गति से प्रसारित किए जाते रहे हैं ताकि अन्य नगरों में छोटे समाचार-पत्र उनके समाचार ले सकें और अपने पत्रों में प्रकाशित कर सकें। भारत के रेडियो-समाचारों की प्रतिष्ठा, शायद इसलिए नहीं रही है कि वे ताजे-से-ताजे या सनसनीखेज समाचार छापते हैं, बल्कि इसलिए कि उनके ऊपर

विश्वास किया जा सकता है और नागरिक लोग उन समाचारों को सुनने के बाद विश्वस्त हो सकते हैं कि यह सही बात है। रेडियो के इतिहास में दो-चार अवसरों को छोड़कर, शायद ही कभी ऐसा हुआ हो, जबकि ऐसे समाचार प्रसारित किए गए हों, जिनका बाद में प्रतिवाद करना पड़ा हो। इस विश्वस्तता की कीमत भी चुकानी पड़ी है। सनसनीखेज समाचारों के सत्यापन में समय लगने के कारण अक्सर समाचारों को प्रस्तुत करने में विलम्ब हो जाता है। दिलचस्प, लेकिन अप्रमाणित खबरों की जगह ज्ञानवर्द्धक या राष्ट्रीय विकास-सम्बन्धी समाचारों को कभी-कभी प्रधानता दी गई है।

चूँकि अमेरिका में रेडियो व्यावसायिकों और प्राइवेट पार्टियों के हाथ में रहा है, इसलिए वहाँ सन् 1928 ई. और 1930 ई. के आसपास से ही समाचार-पत्रों और रेडियो के बीच कड़ा संघर्ष प्रारम्भ हो गया। ज्यों-ज्यों रेडियो-स्टेशनों को विज्ञापनों द्वारा आत्मनिर्भरता प्राप्त होती गई, त्यों-त्यों उन्होंने अपने संवाददाता देश-भर में फैलाने शुरू किए और इस तरह समाचार-पत्रों का एकाधिपत्य टूटने लगा। रेडियो को यह तो सुविधा थी ही कि अत्यन्त शीघ्रता से समाचारों को श्रोताओं तक पहुँचा सके। इस संघर्ष की समाप्ति उस समय हुई, जबकि सन् 1934-35 ई. के आसपास रेडियो ने समाचारों के साथ-साथ कुछ ऐसी सामग्री प्रस्तुत करना प्रारम्भ किया, जो कि समाचार-पत्र नहीं दे सकते थे। जब सन् 1934 ई. में लिंडबर्ग नामक प्रसिद्ध विमान-चालक के बच्चे का अपहरण किया गया, तब उस मुकदमे की सुनवाई के समय अनेक रेडियो-रिपोर्टर अपने-अपने माइक्रोफोन लेकर पहुँच गए और इस तरह उन्होंने मुकदमे की दिन-प्रतिदिन की कार्रवाई को अपने श्रोताओं तक पहुँचाना प्रारम्भ किया। उसके बाद ही जब प्रेसिडेंट रूजवेल्ट का चुनाव-दौरा शुरू हुआ तब उनके 'फायरसाइड चैट' यानी आराम के साथ दी गई बैठकी-बातचीत रिकॉर्ड करके बहुत-से रेडियो-स्टेशनों ने प्रसारित की, जिसका मतदाताओं के ऊपर बहुत भारी प्रभाव पड़ा। दिसम्बर, 1935 ई. में दुनिया-भर के रेडियो-स्टेशनों ने ब्रिटेन के राजा एडवर्ड अष्टम का वह भाषण सुना, जो उन्होंने अपना राज्य छोड़ने के समय, मिसेज सिम्पसन के साथ शादी के प्रसंग में दिया था। उसके कुछ समय बाद, जब स्पेन में गृहयुद्ध चल रहा था, तब अमेरिका की सी.बी.एस. नामक रेडियो-कम्पनी के एक संवाददाता केल्टन बोर्न ने एक छोटा-सा ट्रांसमीटर ही भूसे के एक ढेर के अन्दर उस जगह छिपा दिया, जहाँ दोनों पार्टियों में संघर्ष हो रहा था। उस समय तक टेप-रेकॉर्डिंग का आविष्कार नहीं हुआ था, इसलिए इस तरह से ट्रांसमीटर को छिपा देना निस्सन्देह बड़े साहस का काम था। उस ब्रॉडकास्ट से रेडियो की अभूतपूर्व क्षमता का पता श्रोताओं को चला। यों समाचार-पत्रों और रेडियो की आपसी प्रतिद्वन्द्विता रेडियो के तकनीकी उत्कर्ष के कारण कम होती गई और रेडियो से श्रोता आँखों देखा हाल और घटनाओं की ध्वनियों की अपेक्षा करने लगे एवं समाचार-पत्रों से घटनाओं के विश्लेषण और विभिन्न दृष्टिकोणों की, रेडियो पर समाचार-दर्शन की नई विधा का विकास हुआ।

भारत में शायद मेलविल डिमेलो को छोड़कर किसी रेडियो-संवाददाता ने प्रारम्भ

में, इस प्रकार अप्रत्याशित परिस्थितियों से रेडियो के समाचार और आँखों देखा प्रोग्राम नहीं भेजा। जब टेप-रेकॉर्ड आया, तब तो इस मामले में सुविधाएँ निश्चय ही बढ़ गईं तथा हमारे संवाददाताओं की हिम्मत भी बढ़ी। फिर भी, अभी तक आकाशवाणी पर संवाददाताओं की आवाज में समाचार नहीं सुनाए जाते, जबकि अमेरिका में प्रायः यह साधारण-सी बात है। जब सन् 1938 ई. के 2 मार्च को हिटलर की सेनाओं ने अस्ट्रिया पर आक्रमण किया, तब सी.बी.एस. के एडवर्ड मरो नामक संवाददाता ने एक ताजा समाचार अपनी आवाज में वहाँ से भेजा। यही बात म्यूनिख-सन्धि के समय भी हुई थी। उसके उपरान्त दूसरे महायुद्ध में तो एडवर्ड मरो तथा उनके स्टाफ ने अमेरिका के लोगों को युद्ध के आँखों-देखे विवरणों द्वारा बराबर नई-से-नई प्रगति से परिचित रखा। जब 7 दिसम्बर, 1941 ई. को जापान ने प्रशान्त महासागर में पर्ल हारबर पर आक्रमण किया, तब रेडियो द्वारा ही यह समाचार विश्व-भर में फैलाया गया और प्रेसिडेंट रूजवेल्ट का घोषणा-भाषण भी इसी तरह विश्व-भर में फैला। मरो ने तो एक बार हवाई जहाज में बैठकर सन् 1943 ई. में बर्लिन के ऊपर जो हवाई हमला हो रहा था, उसका आँखों-देखा विवरण उसी हवाई जहाज से प्रसारित किया। उन दिनों टेप तो थे नहीं। इसलिए, इस तरह के विवरण घटना-स्थल ही से सीधे छोटे ट्रांसमीटरों द्वारा भेजे जाते थे। ऐसे सन्देशों में घटना-स्थल पर प्रामाणिक वातावरण श्रोता तक पहुँच जाता था।

नए आयाम

दूसरे महायुद्ध के बाद रेडियो में तकनीकी अन्वेषणों की बाढ़ आ गई। इनमें 'फ्रीक्वेंसी मॉडुलेशन' और 'मैग्नेटिक टेप' प्रमुख थे। फ्रीक्वेंसी मॉडलेशन की प्रक्रिया में एफ.एम. में बेतार की तरंग वातावरण में बहुत ऊँचे जाकर बिखरती हैं और इसलिए आवाज बड़ी साफ आती है और उसमें दूसरे रेडियो-स्टेशन से विघ्न नहीं पड़ता। इसका इस्तेमाल एक स्टेशन से दूसरे को प्रसारण-सामग्री पहुँचाने के लिए किया जाता है।

इसी बीच रेडियो को टेलीविजन का मुकाबला करना पड़ा और सन् 1948 ई. में जब टेलीविजन आ चला, तब क्रमशः अमेरिका में तो रेडियो की हालत खस्ता होने लगी। रेडियो पर से ड्रामा, संगीतिकाएँ और तरह-तरह के खेल-तमाशे हटा दिए गए; क्योंकि इन सबको तो टेलीविजन ने प्रसारित करना आरम्भ कर दिया था। इससे रेडियो की महत्ता कम हो गई और वह संगीत, समाचार और खेलकूद का आँखों-देखा हाल प्रस्तुत करता रहा। फिर भी, एफ.एम. ब्रॉडकास्टिंग की वजह से जो लोग संगीत के शौकीन थे, उन्हें रेडियो में बराबर दिलचस्पी रही; क्योंकि उन्हें उत्कृष्ट संगीत निर्विघ्न मिलने लगा। इसके साथ-साथ रेडियो का एक सहज रूप सामने आया—छोटे-छोटे संगीत की रेकॉर्डिंग, जो लोगों में पूर्वतः लोकप्रिय थे, उन्हें समय-समय पर ब्रॉडकास्ट करना और लोगों की पसन्द के गीतों को प्रस्तुत करना। इसे पाश्चात्य देशों में 'डिस्क-जौकी' का नाम दिया जाता है। अमेरिका में कई रेडियो-स्टेशन ऐसे थे, जिनका हफ्ते भर का समूचा

ब्रॉडकास्ट था 16 या 20 ऐसे रेकॉर्डों द्वारा श्रोताओं का मनोरंजन करना, जो सिनेमा या म्यूजिक-हॉल के कारण लोगों में पहले से ही लोकप्रिय थे—'हर्रे लगे न फिटकिरी, अपना रंग चोखा।' रेडियो सीलोन भी इसी तरीके से रेकॉर्ड-संगीत के सहारे ही लोकप्रिय रहा और पिछले दिनों विविध भारती की लोकप्रियता भी इसी कारण से बढ़ी है। 'मनचाहे गीत' और 'बिनाका-गीतमाला' इसके उदाहरण हैं। इस तरह के ब्रॉडकास्टिंग में न कोई कला है न किसी प्रकार की मेहनत; फिर भी रेडियो-स्टेशन 'पॉपुलर' हो जाता है।

अमेरिका में इस तरह के डिस्क-जौकी स्टेशनों को बाद में नया मौका मिला, जब वे स्थानीय समाचारों को प्रस्तुत करने लगे। ये स्थानीय समाचार राष्ट्रीय टेलीविजन पर नहीं आ पाते थे, न राष्ट्रीय रेडियो पर। इसलिए, धीरे-धीरे करके स्थानीय रेडियो को एक नया मौका मिलता जा रहा है। अतः, अमेरिका में तो खासतौर से दो तरह के श्रोता रेडियो में दिलचस्पी लेते रहे हैं—एक तो टैक्सी-ड्राइवर, जो टैक्सी चलाते वक्त टेलीविजन नहीं देख सकते और दूसरे, गृहिणियाँ, जो कि रसोई में काम करते समय किसी-न-किसी प्रकार की चीज सुनते रहना चाहती हैं।

जर्मनी में हाल ही में कुछ युवक-युवतियों की रुचियों का सर्वेक्षण हुआ, जिससे जान पड़ा कि नई पीढ़ी के श्रोताओं में रेडियो में दिलचस्पी पुनः पैदा हो रही है। निश्चय ही, इसका एक कारण यह है कि जिस तरह का संगीत नई पीढ़ी चाहती है, उसके लिए टेलीविजन उतना महत्त्वपूर्ण नहीं, जितना धुन, लय और ताल का सामंजस्य। यह रेडियो पर ही अधिक सफलता के साथ प्रस्तुत किया जा सकता है। इस तरह नए प्रकार के संगीत की लोकप्रियता के साथ रेडियो भी फिर से महत्त्वपूर्ण होता जा रहा है। जहाँ तक भारत का सम्बन्ध है, यहाँ तो अभी अनेक वर्षों तक रेडियो की महत्ता बनी रहेगी। पिछले कुछ वर्षों में ट्रांजिस्टर के आने की वजह से भारत के देहातों में रेडियो का तेजी के साथ विस्तार हो रहा है, खासतौर से उस राज्यों में, जिनमें कृषि के क्षेत्र में उन्नति के साथ-साथ किसानों की आमदनी भी बढ़ रही है।

टेलीविजन का विकास

टेलीविजन का इतिहास सन् 1924 ई. के आसपास प्रारम्भ हुआ, जबकि जर्मनी, फ्रांस, इंग्लैंड और अमेरिका में अनेक वैज्ञानिकों तथा इंजीनियरों ने नाना प्रकार के प्रयोग प्रारम्भ किए। सन् 1924 ई. में ही कुछ प्रयोग इंग्लैंड में किए गए। सन् 1928 ई. में जर्मन इंजीनियर पाल निपकॉ ने गोलाकार डिस्क में सुराखों द्वारा दूर-चित्र भेजने की मशीन का आविष्कार किया। इसके आधार पर सन् 1934 ई. में जर्मनी के पोस्टल डिपार्टमेंट ने बाकायदा टेलीविजन-प्रोग्राम प्रसारित करने शुरू किए। किन्तु, गोलाकार डिस्क-पद्धति में सबसे भारी कमी यह थी कि प्रोग्राम के लिए स्टूडियो में बिलकुल अँधेरा करना पड़ता था।

इससे पहले ही इंग्लैंड में बेयर्ड ने चित्र-प्रसारण के कुछ प्रयोग प्रारम्भ किए और उन्हीं प्रयोगों को ही टेलीविजन का अन्वेषण माना जाता है। सन् 1936 ई. में अमेरिका के वैज्ञानिक जोरिकिन ने एक ट्यूब का आविष्कार किया, जिसे 'कैथोड-रे-ट्यूब' कहते हैं, और जो आधुनिक टेलीविजन का आधार है। उस ट्यूब ने सुराखवाले गोलाकार डिस्क का स्थान ले लिया।

कुछ ही समय बाद द्वितीय महायुद्ध प्रारम्भ हो गया। यूरोप में टेलीविजन के प्रयोग और विकास रुक गए। केवल अमेरिका में छह टेलीविजन-स्टेशन चलते रहे। इसलिए, वस्तुतः बहुजन-माध्यम के रूप में टेलीविजन का प्रादुर्भाव सन् 1948 ई. के आसपास ही माना जा सकता है। जब अनेक देशों में प्रसारण प्रारम्भ हुए, तब चार वर्षों में तेजी के साथ उन्नति हुई। सन् 1952 ई. में इंग्लैंड की महारानी एलिजाबेथ के राज्याभिषेक का दृश्य न सिर्फ इंग्लैंड, बल्कि सारे यूरोप में प्रदर्शित किया गया।

उसके बाद टेलीविजन के इतिहास में दूसरी बड़ी क्रान्ति उस समय हुई, जब अन्तरिक्ष में 'सेटलाइट' (उपग्रह) द्वारा एक देश से दूसरे देश को प्रोग्राम भेजे जा सके और उनका वितरण भी हो सका। यह प्रक्रिया सन् 1960 ई. के बाद प्रारम्भ हुई और अब तो यह विश्व-भर में फैलती जा रही है। इसके लिए कई पद्धतियाँ अपनाई गईं। पहले 'सेटलाइट' का नाम था 'टेल्स्टार' और दूसरे का 'अर्ली बर्ड'। 'सेटलाइट' की विशालता का अनुमान इसी बात से लगाया जा सकता है कि जब सन् 1956 ई. में अटलांटिक महासागर में टेलीफोन-केबिल (जलमग्न तार) डाला गया तो उसमें कुल मिलाकर 36 सन्देश और प्रोग्राम एक साथ भेजे जा सकते थे। लेकिन, 'अर्लबर्ड' एक साथ 300 सन्देश और प्रोग्राम एक साथ भेजे जा सकते थे। लेकिन, अर्ली बर्ड एक साथ 300 सन्देश अथवा प्रोग्राम पहुँचा सकता है। अनुमान किया जाता है कि कुछ समय बाद ऐसे 'सेटलाइट' सुलभ हो सकेंगे, जो 5 हजार से ऊपर सन्देश या प्रोग्राम एक साथ वितरित कर सकें।

यह भी बात है कि सेटलाइट भूमंडल की एक-तिहाई धरती पर अपना प्रोग्राम पहुँचा सकता है (यानी 10 लाख वर्गमील)। कोई भी शक्तिशाली टेलीविजन-स्टेशन 10 हजार वर्गमील से ज्यादा नहीं जा पाता। सन् 1969 ई. में अन्तर्राष्ट्रीय संचार-संस्थान (आई.टी.यू.) और युनेस्को की ओर से एक रिपोर्ट प्रकाशित हुई, जिसके अनुसार सन् 1985 ई. के बाद घर-घर के लिए ऐसे टेलीविजन-सेट सुलभ हो जाएँगे, जो सीधे अन्तरिक्ष से ही प्रोग्रामों को पा सकें। आजकल तो प्रायः सेटलाइट के प्रोग्राम टेलीविजन-स्टेशन ग्रहण करते हैं और तब उनका पुनः प्रसारण करते हैं ताकि प्राइवेट सेटों में उन्हें देखा जा सके।

क्या सेटलाइट ही किसी विशाल क्षेत्र में टेलीविजन-प्रोग्राम फैलाने का एकमात्र साधन है? सेटलाइट (उपग्रह) पर जितना व्यय होता है, उसके लिए अभी बहुत-से पिछड़े हुए देश धनराशि प्रस्तुत नहीं कर सकते। इस विषय में एक नया प्रयोग 'टेदर कम्युनिकेशन' या 'टीकम' के नाम से आविष्कृत हुआ है। यह एक गुब्बारा है, जो

नाइलन की रस्सी द्वारा धरती से 10 हजार फुट की ऊँचाई पर स्थिर रहता है। उस गुब्बारे में टेलीविजन-ट्रांसमीटर लगा रहता है। इस तरह 125 मील रेडियस के क्षेत्र में टेलीविजन-प्रोग्राम पहुँचाए जा सकते हैं। इसके लिए हर 60 मील के दायरे में भी 30 सन्देश अथवा प्रोग्राम एक साथ पहुँचाने की व्यवस्था है।

भारत में टेलीविजन का प्रारम्भ सन् 1956 ई. के बाद हुआ, जब एक प्राइवेट कम्पनी ने एक प्रदर्शनी में एक छोटे-से टेलीविजन-स्टूडियो को चालू करके प्रदर्शित किया। उस सामान को खरीदकर तथा अन्य स्थानों से एक किलोवाट का ट्रांसमीटर उधार लेकर आकाशवाणी ने तुरत बाद ही प्रयोगात्मक टेलीविजन का प्रारम्भ किया। सन् 1959 ई. में यूनेस्को की सहायता से दिल्ली में वयस्कों की शिक्षा के प्रोग्राम प्रस्तुत करनेवाले टेलीविजन का श्रीगणेश हुआ। इसका ब्योरेवार विवरण अन्यत्र दिया गया है। यह एक अत्यन्त महत्त्वपूर्ण प्रयोग था। सन् 1960-61 ई. में दिल्ली में स्कूलों के लिए टेलीविजन-प्रोग्रामों की शुरुआत की गई। वयस्कों की शिक्षा और स्कूलों के प्रोग्राम—दोनों के लिए सरकार की ओर से ही संस्थावार सेट दिए गए थे। अब यह हाल है कि दिल्ली में 1,15,111 व्यक्तियों के पास निजी टेलीविजन-सेट हैं और दिल्ली के आसपास 50 मील के रेडियस तक के नगरों में टेलीविजन के प्रोग्राम देखे जा सकते हैं। मुम्बई, श्रीनगर और अमृतसर में भी टेलीविजन-केन्द्र खुल चुके हैं। निकट भविष्य में कलकत्ता, मद्रास और लखनऊ में टेलीविजन की स्थापना के लिए कदम उठाए गए हैं। प्रारम्भ में नीति थी कि टेलीविजन केवल शिक्षा और प्रयोग के लिए भारत में स्थापित हो। किन्तु, अब तो मनोरंजनात्मक और फिल्मी प्रोग्राम बढ़ते जा रहे हैं।

रेडियो और फिल्म की अपेक्षा टेलीविजन कहीं अधिक अन्तरंग माध्यम है। इस अन्तरंगता का कारण यह है कि टेलीविजन के प्रोग्राम में बैठे हुए व्यक्तियों के बीच द्रष्टा घुल-मिल जाता है और उसमें जो कुछ भी घटित होता है, उससे यह आभास होता है कि द्रष्टा उसका चश्मदीद गवाह है। टेलीविजन में एक छोटे-से फ्रेम के अन्दर तसवीर की पृष्ठभूमि और दृश्य के ब्योरे की ओर द्रष्टा और श्रोता का ध्यान नहीं जाता। उसका ध्यान तो मुख्य वक्ता तथा अभिनेता की मुख-मुद्राओं और अभिव्यक्तियों पर केन्द्रित रहता है। टेलीविजन के चित्र में बिन्दुओं की इकाइयाँ होती हैं। इन इकाइयों की संख्या 30 लाख के लगभग है। ये 30 लाख बिन्दु टेलीविजन के फ्रेम में आते-जाते हैं और उनमें से कुछ को ही द्रष्टा आँखों से ग्रहण कर पाता है। बाकी का असर द्रष्टा के सारे व्यक्तित्व पर पड़ता है और खास तौर से उसके स्नायविक शरीर (नर्वस सिस्टम) पर। इस आत्मीयता का एक परिणाम यह हुआ कि टेलीविजन पर प्रदर्शन करनेवाला व्यक्ति बहुत अनौपचारिक जान पड़ता है। प्रसारक जितना ही अनौपचारिक होगा, उतना ही उसका असर ज्यादा पड़ेगा। बनावट या कृत्रिम नाटकीयता टेलीविजन पर सफल नहीं हो पाती।

घटनाओं के प्रदर्शन में टेलीविजन निश्चय ही चश्मदीद गवाही का काम करता है। किन्तु, इसमें एक खतरा भी है। टेलीविजन में घटनाओं के चित्र निपुणता के साथ

काटे-छाँटे भी जा सकते हैं। इसीलिए, कभी-कभी टेलीविजन के समाचार यथातथ बदल भी सकते हैं। जाने-अनजाने ही सम्पादन के फलस्वरूप तथ्य विकृत हो जाते हैं। चित्रों का टेलीविजन पर प्रस्तुतीकरण तो आसान काम है, उन चित्रों का प्रभाव भी गहरा होता है, लेकिन उनमें जब काट-छाँट के फलस्वरूप जो विकार पैदा हो सकता है, उसका एक समाधान शायद यह है कि चित्रों के साथ ही जो ब्योरे या टिप्पणियाँ दी जाएँ, वे सही और निष्पक्ष हों। यदि ऐसा नहीं किया जाए तो विशाल जन-समुदाय को अर्धसत्य के फेर में डाला जा सकता है।

समाचारों के इस प्रकार के सम्पादन के फलस्वरूप ही कुछ देशों में एक नए प्रकार की अनौपचारिक राजसत्ता का उदय हुआ है, जिसे 'टेलीक्रेसी' की संज्ञा दी गई है। यदि किसी शासन का अध्यक्ष टेलीविजन के माध्यम से अपने राष्ट्र के ऊपर अपना निजी और शक्तिशाली प्रभाव डालना चाहे, तो वह घटनाओं के सम्पादन में इस विधि का प्रयोग करता है। सम्भवतः, पाकिस्तान के भूतपूर्व राष्ट्रपति मोहम्मद याहया खाँ ने लाहौर-टेलीविजन से कुछ ऐसा ही करने की चेष्टा की थी, यद्यपि उन्हें सफलता नहीं मिली। लेकिन, कम्युनिस्ट देशों में टेलीक्रेसी का रूप दूसरा है। उदाहरणतः, चीन में सन् 1962 ई. के एक विवरण के अनुसार ढाई घंटे का टेलीविजन-प्रोग्राम प्रतिदिन प्रसारित किया जाता था, जिसमें समाचार, संस्कृति और शिक्षा में जोरों के साथ चीनी ढंग के कम्युनिज्म के आदर्शों का प्रचार किया जाता था।

भारत में टेलीविजन का अनुभव अभी कम है। सन् 1959 ई. में जब नागरिक शिक्षा और विद्यालयों में विज्ञान इत्यादि की शिक्षा के लिए टेलीविजन का प्रारम्भ हुआ, तब दर्शकों को सोद्देश्य और उच्चकोटि के प्रोग्रामों की थोड़ी-बहुत आदत-सी पड़ गई। उस सिलसिले को चालू रखने में एक व्यवधान यह हुआ कि बाद में निजी तौर से बहुत-से व्यक्तियों ने टेलीविजन-सेट खरीद लिए। दिल्ली के ये नागरिक उस प्रकार के सोद्देश्य प्रोग्रामों में दिलचस्पी नहीं दिखाते थे, जिनका प्रारम्भ सन् 1959 ई. में किया गया। इसीलिए, पिछले दिनों टेलीविजन पर भी व्यावसायिक ढंग की फिल्मों की माँग दर्शकों की तरफ से आने लगी। फिर भी, इतना तो हो ही सकता है कि कम-से-कम टेलीविजन पर सिर्फ उच्चकोटि की ही फिल्में दिखाई जाएँ। इसका प्रयास थोड़ा-बहुत तो हो ही रहा है। इससे भी अधिक आवश्यक बात यह है कि भारतीय टेलीविजन पर अभी से कुछ लब्धप्रतिष्ठ उपन्यासकारों, कथाकारों, नाट्यकारों आदि की रचनाओं पर आधारित ऐसे प्रोग्राम प्रस्तुत किए जाएँ, जो टेलीविजन की तकनीकी विधा के अनुकूल हों। वरना, यह डर है कि कहीं टेलीविजन बड़े नगरों में केवल फिल्मों के लिए घर का सिनेमा बनकर रह जाएगा और उन्हीं का अप्रत्यक्ष रूप से प्रचार करने लगेगा।

बहुसंख्यक पुस्तकें

बड़ी संख्या में पुस्तकें भी बहुजन-माध्यम का एक स्वरूप हैं। अमेरिका में एक साल में

22 हजार नई पुस्तकें प्रकाशित होती हैं, जिनमें 6 हजार उपन्यास से इतर विषयों पर होती हैं। पुस्तकों की विशेषता यह है कि रेडियो, टेलीविजन और समाचार-पत्र तो कुछ सीमित अवधि के लिए ही प्रोग्राम प्रस्तुत करते हैं। लेकिन, पुस्तकें एक स्थायी ज्ञान-कोश अथवा मनोरंजन के साधन अथवा दोनों ही हैं। दूसरे शब्दों में, पुस्तकें अकेलेपन में व्यक्ति का साथ देती हैं। बड़ी संख्या में पुस्तकों की छपाई के कारण व्यक्ति को मनन और अभिव्यक्ति—दोनों का ही अवसर मिलता है। व्यक्तिवाद के मूल में एकान्त है। पुस्तक एकान्त में ज्ञान-प्राप्ति का अवसर देती है। अन्य माध्यम व्यक्ति को कबीलों की ओर खींचते हैं, लेकिन पुस्तक उसे अपने में ही रमने का मौका देती है।

पुस्तकों के इस ऐकान्तिक गुण का एक विपरीत प्रभाव भी पड़ा है। उदाहरणतः, प्राचीन काल में काव्य-साहित्य वाचनीय और श्रव्य था। अब वह अधिकाधिक पाठ्य रह गया। इसीलिए, कविता संगीत से दूर होती जा रही है। रेडियो और टेलीविजन-जैसे माध्यमों के द्वारा सम्भव है कि साहित्य का मौखिक और श्रुत रूप पुनः बहुजन में प्रतिष्ठित होने लगे।

बहुसंख्यक पुस्तकें पेपर-बैक यानी कागजी जिल्दों के रूप में प्रकाशित होती हैं। कागजी जिल्द की पुस्तकें वर्तमान समाज में बौद्धिक क्रान्ति के एक अग्रदूत के रूप में अवतरित हो रही हैं। किन्तु, सन् 1935 ई. में जब पहली पेंगुइन पेपर-बैक पुस्तक, आन्द्रे मारुआ की 'एरियल' (विख्यात कवि शैली की जीवनी) प्रकाशित हुई, तब की अपेक्षा अब, सन् 1972 ई. में, उसमें भारी परिवर्तन हो गए हैं। इन चालीस वर्षों का अनुभव बताता है कि कागजी जिल्दें भी प्रारम्भ में संस्कृति और साहित्य के बहुजन में संचार के उद्देश्य से प्रारम्भ होती हैं, पर बाद में मुनाफाखोरी प्रकाशकों पर पुनः हावी हो जाती है। सुरुचि और कुरुचि में भेद नहीं रहता और पुस्तकें भी एक ही प्रकार के रोचक साहित्य का वाहन बन जाती हैं। बहुजन में अच्छे-से-अच्छे माध्यम के विस्तार में मुनाफे की सम्भावना व्यावसायिक लालच को अन्ततः उकसा ही देती है। क्या इस समस्या का हल हमारी पीढ़ी कर पाएगी?

परम्परा, संस्कृति और शिक्षा

जैसे मानव-जीवन में, वैसे ही संस्कृति में परम्परा एक प्राण-पोषक तत्त्व है। जहाँ परिवर्तन और परम्परा का संयोग होता है, वहाँ समाज को रसात्मक उल्लास मिलता है। बहुजन-माध्यमों ने एशिया और अफ्रीका के देशों में ऐसी परिस्थिति उत्पन्न कर दी है, जिसमें परम्परा और परिवर्तन के बीच सामंजस्य कठिन होता जा रहा है। नतीजा यह है कि इन समाजों में एक तरह का चिन्त्य सांस्कृतिक असन्तुलन पैदा हो गया है। अमेरिका में तो परम्परा की धरोहर पुष्ट है ही नहीं। यूरोप में परम्परा से आधुनिकता की ओर प्रगति सदियों के बीच क्रमशः हुई और इसका नतीजा यह निकला कि अमेरिका और यूरोप—दोनों में ही बहुजन-माध्यम परम्परा से आधुनिकता की ओर बढ़ने के वाहन हो सके।

लेकिन, एशिया और अफ्रीका देशों में ऐसा नहीं है। वहाँ बाहर से आई हुई फिल्में खासतौर से टेलीविजन-फिल्म-समुदायों के सामने एक ऐसा दृश्य-श्रव्य रसात्मक अनुभव उपस्थित करती हैं, जो इन समुदायों के लिए बिलकुल अपरिचित है। इन समाजों की सामान्य अनुभूतियाँ बहुत भिन्न होने के कारण ये फिल्में और इसी प्रकार के अन्य पाश्चात्य माध्यम जनसाधारण पर अधिकार जमा लेते हैं, इसलिए कि वे नितान्त नवीन, कुतूहलपूर्ण और अद्भुत हैं एवं जनसाधारण को स्वप्नलोक में पहुँचाने में समर्थ होते हैं। चाहे कथानक, चाहे विषय-वस्तु, इन सभी का प्रेक्षकों से विशेष सम्बन्ध नहीं जान पड़ता।

परम्पराशील कलाओं की उपेक्षा

सवाल यहाँ सिर्फ कथानक और पृष्ठभूमि का ही नहीं है। ऐसी फिल्में और प्रोग्राम भी, जो प्रेक्षक जनता के जीवन पर आधारित हैं, इस तरह प्रस्तुत किए जाते हैं कि स्थानीय परम्पराशील नाट्य-विधाओं आदि से उनका कोई सम्बन्ध नहीं होता। आजकल अन्तर्राष्ट्रीय कहलानेवाली फिल्मों की बड़ी धूम है, लेकिन उन्होंने संक्रान्तियुगीन समाजों के ऊपर एक दुष्प्रभाव यह डाला है कि ऐसे समाज अपने परम्पराशील मनोरंजन और कलाओं को न सिर्फ दुहराने लगे हैं, बल्कि उनको कला-विहीन इसलिए समझते हैं कि उनमें चमक-दमक नहीं है। बजाय इसके कि इन पुरानी विधाओं को नए माध्यमों के तकनीकी साधनों की सहायता से उपयोगी बनाया जाए, अब तो हालत यह है कि इन

विधाओं को छोड़ना श्रेयस्कर माना जाने लगा है। बहुत हुआ तो उन्हें म्यूजियम के योग्य पदार्थ की प्रतिष्ठा दी जाती है। इसका एक गम्भीर परिणाम यह हुआ है कि बहुत-से तथाकथित पिछड़े या संक्रान्तियुगीन समाजों में अपनी पुरानी धरोहर के प्रति श्रद्धा गायब होने लगी है। श्रद्धा क्या, उन लोगों में आत्मविश्वास की भी कमी हो गई है। उन्हें हेय दृष्टि से देखा जाता है। यही नहीं, पारम्परिक विधाओं को जीवित रखने के लिए बम्बई के फिल्मी गीतों की नकल करनी पड़ती है। इसीलिए तो एशिया और अफ्रीका के देशों में उन स्थानीय कलाकारों को देखकर बड़ा तरस आता है, जो अपटूडेट बनने की खातिर बहुजन-माध्यम के विकृत रूपों को अपने खेल-तमाशे में शामिल करते हैं। यह सच है कि उत्तर-भारत की रासलीला तथा असम की अंकिया नाट-जैसी विधाओं ने आधुनिकता के इस आक्रमण का मुकाबला करने की कोशिश की है। लेकिन, नतीजा यह हुआ है कि ये विधाएँ कोने में जा पड़ी हैं और बहुजन-माध्यम या तो उन्हें वृत्त-चित्रों के लिए ही उपयुक्त समझते हैं या उन्हें सशक्त माध्यम मानते ही नहीं; धीरे-धीरे करके इन विधाओं को आश्रय देनेवाले लोग भी, जिनका मन्दिरों आदि से सम्बन्ध रहा है, पिछड़ते जाते हैं।

स्थानीय और परम्पराशील मनोरंजन की उपेक्षा का एक परिणाम यह हुआ कि इन विधाओं के कलाकार अपना हुनर खोने लगे हैं। फिल्मों के लोकप्रिय और उत्कृष्ट कलाकारों का परम्पराशील कलाकारों और उनकी शैली से कोई सम्बन्ध नहीं है। उसकी जड़ें वहाँ हैं ही नहीं। रेडियो पर भी बहुत अर्से तक नागरिक कलाकार आसन जमाए बैठे रहे; क्योंकि वहाँ भी परम्पराशील कलाकार के लिए तकनीकी वातावरण ही मौजूद नहीं। इन्हीं बातों का नतीजा यह हुआ है कि परम्पराशील कलाओं की बिलकुल उपेक्षा करके माध्यमों ने प्रेरणा के एक महत्त्वपूर्ण स्रोत को खो दिया।

उच्च संस्कृति की जनसाधारण में पहुँच

प्रेरणा के स्रोतों की उपेक्षा इसलिए और भी खटकती है कि बहुजन-माध्यमों में यह सामर्थ्य है कि वे संस्कृति—खासतौर से उत्कृष्ट संस्कृति—का दायरा वर्गों की सीमाओं के परे बहुजन तक विस्तृत कर सकें। मध्ययुग में संस्कृति और मानव की परिमार्जित अभिव्यक्ति को अन्य व्यक्ति तक पहुँचाने के साधन इतने सीमित थे कि ग्रामीण जनता और सामान्य नागरिक जनता भी उनके सम्पर्क में नहीं आ सकी थी। जैसे, शास्त्रीय संगीत को ही लें। मध्ययुग में शास्त्रीय संगीत की बारीक अभिव्यंजनाएँ राजदरबार तक ही सीमित थी। संस्कृत-नाटक के स्वर्णिम युग में भी अधिकतर रचनाएँ आभिजात्य-वर्ग के मनोरंजन के लिए ही की गईं। हमें उन गौरव-ग्रन्थों पर अभिमान तो है, किन्तु सच बात तो यह है कि संस्कृत का वह रंगमंच आभिजात्य-वर्ग का ही रंगमंच था। इसीलिए, उसके ह्रास-काल में ही नए प्रकार की लोक-नाट्य-परम्परा का उदय हुआ, जो क्रमशः सारे भारतवर्ष में फैल गई। बहुजन-माध्यम, यानी रेडियो, फिल्म और टेलीविजन ने वे

साधन उपलब्ध कर दिए हैं, जिनके द्वारा शास्त्रीय संगीत और उत्कृष्ट नाटकों को बहुजन तक, चाहे वे गाँव में हों या शहरों में, पहुँचाया जा सके और लोक-नाट्य तथा परम्पराशील विधाओं को (जिनका सामान्य जनता से बराबर सम्बन्ध रहा है) भी युग के लिए प्रासंगिक बनाया जा सकता है।

एक और भी क्षमता बहुजन-माध्यम में है। श्रोता या दर्शक, चाहे ग्रामों में हों, चाहे नगरो में, चाहे उच्च वर्ग के हों, चाहे सामान्य व्यक्ति, ये माध्यम जो प्रोग्राम प्रस्तुत करते हैं, उनके द्वारा किसी भी सांस्कृतिक रचना की गहराई को न सिर्फ पकड़ा जा सकता है, बल्कि सुनने और देखनेवालों तक पहुँचाया जा सकता है। खासतौर से काव्य को लें। हमारे यहाँ कवि-सम्मेलनों की परिपाटी बहुत पुरानी है। आजकल तो कवि-सम्मेलन सामान्य जनता के सामने होने लगे हैं, किन्तु मध्ययुग में—खासतौर से रीति-काल में—ये भी राजदरबारों तक ही सीमित रहा करते थे। रेडियो ने बड़े-बड़े कवियों के कृतित्व को छोटे-छोटे घरों में पहुँचा दिया। टेलीविजन तो चूँकि श्रव्य और दृश्य दोनों हैं, इसलिए कवि की वे भंगिमाएँ, जो काव्य की बारीकियों को उभारती हैं, टेलीविजन द्वारा सहज ही ग्राह्य हो जाती हैं। संस्कृति की अन्य विधाओं की बारीकियों को समझने की योग्यता पहले की अपेक्षा अधिक संख्या में लोग प्राप्त करने लगे हैं। प्राचीन संस्कृति में साहित्य और कला को समझने के लिए जिस सहृदयता का होना अनिवार्य समझा जाता था, और जिसके सिवा किसी कलाकृति को वस्तुतः समझना मुश्किल था, उस सहृदयता को बहुजन-माध्यमों के कारण सुदूर कोनों में, सांस्कृतिक वातावरण से दूर बैठा हुआ व्यक्ति भी प्राप्त कर सकता है। यानी, सहृदयता के लिए ट्रेनिंग (प्रशिक्षण) बहुजन-माध्यम द्वारा आसानी से हो जाती है। इसके दो ही उदाहरण मैं दूँगा। जब ग्रामोफोन रेकॉर्ड तीन मिनट की अवधि के ही होते थे, तब केवल गजल, ठुमरी और ऐसी सुगम रचनाएँ ही सामान्य व्यक्ति, खासतौर से छोटे नगरों में रहनेवाले व्यक्ति, सुन पाते थे। लेकिन, अब रेडियो-प्रोग्रामों और लम्बी अवधि के रेकॉर्डों द्वारा (लॉग प्लेयिंग रेकॉर्ड) रविशंकर, विलायत खाँ, सुब्बुलक्ष्मी, हीराबाई बड़ौदकर तथा अनेक सुविख्यात गायकों एवं वादकों की रचनाएँ अनेक गृहों में प्रतिध्वनित हो सकी हैं। ऐसी ही चित्रों की बात है। बड़ी संख्या में छपाई के साधनों द्वारा पाश्चात्य देशों में बड़े-बड़े चित्रकारों की उत्कृष्ट कृतियाँ कम दामों में मिल जाती हैं और सामान्य घरों में भी सजावट के लिए प्रयुक्त होती हैं। कहने का तात्पर्य यह है कि बहुजन-माध्यम उच्चकोटि की संस्कृति को जनसाधारण तक पहुँचाने में सर्वथा समर्थ हैं। अनजाने ही उन्होंने परिष्कृत रुचि के व्यक्तियों की संख्या बढ़ा दी है। समृद्ध देशों में इस प्रक्रिया का काफी विस्तार हुआ है। इस उत्तरदायित्व को पिछड़े देशों में निबाहना आसान नहीं है।

अन्तर्राष्ट्रीय संस्कृति की ओर

बहुजन-माध्यम ने संस्कृति का विस्तार एक और भी दिशा में किया है। रेडियो,

टेलीविजन, फिल्म और सबसे अधिक ग्रामोफोन-रेकॉर्ड तथा रंगदार छपाई की विधियों द्वारा विभिन्न देशों की संस्कृति के रूप—उनका साहित्य, उनकी कला, उनका नाट्य, उनका संगीत अन्य देशों में उपलब्ध होने लगे हैं। एम.एफ. हुसैन के चित्र, विजयराघव राव का संगीत, अनेक योगियों और संन्यासियों के उपदेश हमारे काव्य और नाट्य की झाँकियाँ—इन सबका क्षितिज विस्तीर्ण हो गया है और टोकियो, न्यूयार्क, लन्दन और पेरिस—इन सब बड़े-बड़े नगरों में ये उपलब्ध हैं। इसके साथ ही, बहुजन-माध्यमों ने एक तरह से अन्तर्राष्ट्रीय संस्कृति का भी प्रादुर्भाव किया।

यह सच है कि यह अन्तर्राष्ट्रीय संस्कृति प्रारम्भ में एक दिशा से ही बह रही थी—यानी पश्चिमी समृद्ध देशों से पूर्व के निर्धन देशों की ओर। अभी भी चित्रकला के क्षेत्र में यही बात है और स्थापत्य-कला में भी। किन्तु, पिछले कुछ वर्षों में पूर्व से भी धारा बहने लगी है और इन दोनों का सम्मिश्रण प्रत्यक्ष होने लगा है। 'हरे राम हरे कृष्ण' आन्दोलन के बारे में अनेक प्रकार की प्रतिक्रियाएँ होती हैं, किन्तु जब हैरिसन-जैसा उत्कृष्ट नौजवान अंग्रेज संगीतकार, राम-नाम-कीर्तन के शब्दों और ध्वनियों को अपने संगीत में सम्मिलित करता है, तब निश्चय ही अन्तर्राष्ट्रीय संस्कृति की प्रचुर राशि में भारतीय संस्कृति का पुट आ ही जाता है। रविशंकर और यहूदी मेनुहेन अब मिलकर एक संगीत-रचना तैयार करते हैं तो सच्चे अर्थ में अन्तर्राष्ट्रीय सांस्कृतिक अभिव्यंजना का उदय होता है। यह प्रक्रिया जो इस समय चल रही है, उसके बारे में अभी निश्चित धारणा नहीं स्थापित की जा सकती। किन्तु, इतना तो स्पष्ट है कि इन प्रवृत्तियों के फलस्वरूप देशों और समाजों के बीच पार्थक्य कम हो रहा है, दीवारें गिर रही हैं। अन्ततः इनका प्रभाव राजनीति-तन्त्र और सत्ता की प्रतिद्वन्द्विता पर भी पड़ेगा।

कुछ समस्याएँ

बहुजन-माध्यम के सामर्थ्य और उनके उज्ज्वल पक्ष की चर्चा के बाद जो सांस्कृतिक समस्याएँ उन्होंने पैदा कर दी हैं, उनका पुनः विश्लेषण आवश्यक है। इस अध्याय के प्रारम्भ में मैंने संक्रान्तिकालीन समाजों (जैसे भारतवर्ष) की परिस्थिति की ओर संकेत किया है। बहुजन-माध्यम जब गरीब देशों में आते हैं, तो साधनहीनता के कारण उन गरीब देशों को बहुजन-माध्यमों के प्रोग्रामों के लिए (खासतौर से फिल्म) पश्चिम की व्यावसायिक रचनाओं पर निर्भर रहना पड़ता है। अगर उन देशों के पास साधन होते, तो वे उत्कृष्ट कला-कृतियों को प्रदर्शित करने के लिए प्रारम्भ से ही भवन, ट्रेनिंग और साधन तैयार कर सकते थे। परन्तु, ऐसा बहुत ही कम देशों में हो पाया। नतीजा यह हुआ कि व्यावसायिक फिल्म और टेलीविजन-प्रोग्रामों की प्रारम्भिक लोकप्रियता के फलस्वरूप उच्चकोटि और निम्नकोटि की सांस्कृतिक अभिव्यंजना में कोई अन्तर नहीं रह गया। कहा जाता है कि दर्शक या श्रोता को छूट होनी चाहिए कि वह अपनी पसन्द का प्रोग्राम पा सके। लेकिन छूट या स्वातन्त्र्य वास्तविक वही है, जो श्रोता और दर्शक

को दो प्रकार के प्रोग्रामों या दो प्रकार की फिल्मों के बीच में से एक का चुनाव करने की शक्ति दे सके। चुनाव की यह स्वतन्त्रता तभी मिल सकती है जबकि हमारे समाज में ऐसे साधन हों कि उत्कृष्ट और लोकप्रिय—दोनों प्रकार की रचनाओं को देखा जा सके।

लेकिन वस्तुस्थिति क्या है? दिल्ली-जैसे नगर में 'भुवनशोम', 'तीसरी कसम' और सत्यजित राय की फिल्मों को देखने के लिए सिर्फ सवेरे के नौ बजे के शो में समय मिल पाता है। इसका कारण यह है कि हमारे पास इस तरह की फिल्मों को दिखाने के लिए सिनेमा-भवन ही नहीं हैं। रही संगीत की बात। आकाशवाणी के कलाकारों को उस पारिश्रमिक का शतांश भी नहीं मिल पाता, जो बम्बइया फिल्म बनानेवाला सेठ फिल्मी संगीतकारों को देता है। इसका एक परिणाम यह हुआ है कि ऐसे समय, जब बहुजन-माध्यमों द्वारा उच्चकोटि के सांस्कृतिक रूपों और विधाओं को दूर-दूर तक फैलाया जा सकता है, उत्कृष्ट संस्कृति के प्रशंसक अल्पमत के वर्ग में शामिल हो गए हैं। यह खाई देश के सांस्कृतिक भविष्य के लिए कल्याणकारी नहीं है।

एक और भी दुष्प्रभाव हमारे-जैसे विशाल देश की संस्कृति पर बहुजन-माध्यम के फलस्वरूप पड़ सकता है। बहुजन-माध्यम के प्रोग्रामों के बहुव्यापी होने के कारण और उनकी निजी प्रवृत्ति के फलस्वरूप एक ही शैली के प्रोग्रामों का विस्तार होने लगता है। समाज में एकसमता लाने की चेष्टा आर्थिक क्षेत्र में तो ठीक है, राजनीतिक क्षेत्र में भी उपयुक्त है; किन्तु सांस्कृतिक क्षेत्र में एकरूपता हमारे-जैसे देश की संस्कृति के लिए घातक होगी। कारण, हमारी संस्कृति बहुमुखी और विविधतापूर्ण है। नागरिक संस्कृति में यह विविधता नहीं होती। लेकिन, जनपदीय संस्कृति विविधता के कारण ही आकर्षक होती है। आकाशवाणी इस जनपदीय संस्कृति के संरक्षण के लिए बराबर सचेष्ट रही है। किन्तु, प्रारम्भ में अधिकतर रेडियो-सेट बड़े-बड़े शहरों में ही थे। इसलिए, लोक-संस्कृति की विविधता को प्रकट करनेवाले प्रोग्रामों की प्रायः आलोचना ही हुआ करती थी।

यदि हम संस्कृति के इन लोक-रूपों को प्रधानता नहीं देंगे, तो इसका एक परिणाम यह होगा कि जिन समुदायों और वर्गों में अभी तक इन संस्कृतियों की परम्परा चालू है, उनका विश्वास डिगने लगेगा। उन्हें अपनी धरोहर ही नहीं, अपने व्यक्तित्व में भी आस्था नहीं रह जाएगी। जिस समाज में ऐसा होता है, वह प्रगतिशील नहीं हो सकता। बात यह है कि यदि हम बहुजन-माध्यमों का उपयोग शिक्षा के लिए करते हैं अथवा वैज्ञानिक विचारों और ज्ञान के विस्तार के लिए, तो हमें दुनिया के सभी कोनों से सामग्री उपलब्ध करके इन माध्यमों द्वारा मानव के व्यक्तित्व के उस पक्ष को पुष्ट करना पड़ता है, जिसे प्रयोजनात्मक या कामकाजी (फंक्शनल) पक्ष कहा जा सकता है। बहुजन-माध्यम पर जब ऐसे प्रोग्राम आते हैं, तब श्रोता अथवा द्रष्टा का कामकाजी पक्ष उभरता है। लेकिन, जब हम संगीत, नाट्य, साहित्य तथा ललित कलाओं को बहुजन-माध्यम पर प्रस्तुत करते हैं तब हम उसी द्रष्टा अथवा श्रोता की अभिव्यंजनात्मक भावनाओं को

उत्तेजित करते हैं। मनुष्य के व्यक्तित्व के ये दोनों ही पक्ष महत्त्वपूर्ण हैं, यानी कामकाजी और अभिव्यंजनाशील। उनमें सन्तुलन तभी आता है जब ये दोनों ही पक्ष पुष्ट हों।

इसलिए, यह आवश्यक है कि ये बहुजन-माध्यम नाना प्रकार के द्रष्टाओं और श्रोताओं की संस्कृति को अपने प्रोग्रामों में मौका दें, समय दें, ताकि वे लोग उसी उल्लास के साथ अपने-आपको अभिव्यक्त कर सकें, जो हमें राष्ट्रीय लोकनृत्य-समारोहों में दीख पड़ता है।

परम्पराशील संस्कृति और फिल्मों के बीच अक्सर विरोध देखा गया है। आजकल व्यावसायिक रूप से सफल अनेक फिल्में नूतन प्रकार के अन्तर्राष्ट्रीय और पाश्चात्य नृत्यों और गीतों को आरोपित कर रही हैं। फिर भी, अनेक गीत राजस्थानी तथा अन्य प्रकार की लोक-विधाओं के परिमार्जित रूपों में प्रस्तुत किए जाते हैं। परिमार्जन की यह प्रक्रिया अक्सर इन लोकगीतों की मौलिक विशेषताओं को कायम नहीं रख पाती। बल्कि, इसके विपरीत वे धुनें, जो सामुदायिक प्रदर्शनों में आकर्षक होती हैं, फिल्मों में अमेरिकी धुनों से मिश्रित होने के बाद एक दृष्टि से भ्रष्ट प्रतीत होती हैं और उनका सामाजिक आकर्षण गायब हो जाता है। नृत्य के नाम पर भरत-नाट्य जैसी विधाओं को भी 'फ्लोर डांस' के रूप में प्रस्तुत किया जाने लगा है। सामाजिक नृत्य प्रायः इन फिल्मों में पाश्चात्य सामाजिक बॉल-डांस के रूप में होते हैं।

पिछले दिनों कुछ नए प्रयोग ऐसे हुए हैं, जिनमें पारम्परिक विधाओं को शामिल किया गया है और जिनका उल्लेख करना यहाँ अप्रासंगिक नहीं होगा। फणीश्वरनाथ 'रेणु' की 'तीसरी कसम' में ऐसा प्रयोग किया गया। किन्तु, उसमें भी मौलिक लोक-कलाकारों को तो अवसर नहीं मिला, यद्यपि उनकी धुनों का परिनिष्ठित रूप आकर्षक ढंग से फिल्म-दर्शकों के सामने आया। सन् 1971 ई. का राष्ट्रीय पुरस्कार पानेवाली कन्नड़ फिल्म 'संस्कार' में सुप्रसिद्ध लेखक और अभिनेता गिरीश कर्नाड ने शायद पहली बार यक्षगान, रथयात्रा, चीता-नृत्य आदि करनेवाले कलाकारों को अपने मौलिक रूप में एक अत्याधुनिक दृष्टिकोणवाली कथा में पिरोया है। उन्होंने फिल्म के वातावरण में इन मौलिक प्रदर्शन-कलाओं को ऐसे गूँथा है कि ये ऊपर से आरोपित नहीं जान पड़तीं। कथा इस प्रसंग पर आधारित है कि एक पतित ब्राह्मण की मृत्यु पर गाँव के अन्य ब्राह्मण लोग उसका संस्कार नहीं करना चाहते। नायक एक नौजवान ब्राह्मण है, जो इस विधान के अन्याय को सहन नहीं कर पाता और अन्त में संस्कार करने की हिम्मत करता है। पतित ब्राह्मण की प्रेयसी के साथ उस नौजवान नायक की प्रेम-कथा भी कथानक में आ गई है। वह नायक वर्तमान पीढ़ी का प्रतीक है और परम्परा तथा आधुनिकता के बीच में जो द्वन्द्व चल रहा है, उस दशा में वह नाना प्रकार के मेलों में जाता है और उसे इन मेलों में लोक-प्रदर्शन की कलाओं की झाँकी मिलती है। इस तरह यह पहली फिल्म है, जिसमें लोक-प्रदर्शन-कलाएँ डॉक्यूमेंटरी, यानी वृत्त-चित्र के रूप में प्रस्तुत नहीं की गई हैं, वरन् एक फीचर-फिल्म में पिरोई गई है।

गिरीश कर्नाड के इस प्रयोग की महत्ता इसमें है कि यदि सुशिक्षित और विद्वान् तथा जीवन को सर्वांगीण दृष्टिकोण से देखनेवाले व्यक्ति फिल्मों का निर्माण करें, तो वे उन्हें

संस्कृति और कलात्मकता का माध्यम बना सकते हैं। मुश्किल यह है कि भारत-जैसे देश में फिल्म-निर्माताओं और कलाकारों के दृष्टिकोण में काफी भेद है। हाल में ही कई निर्माताओं से इस बारे में एक अनुसन्धानकर्ता ने बातचीत की थी। उससे प्रतीत हुआ कि प्रायः निर्माता लोग कलात्मक फिल्मों को महत्त्वहीन समझते हैं। रामानन्द सागर जैसे जाने-माने फिल्म-निर्माता कहते हैं कि कलात्मक फिल्मों का जनता पर कोई असर नहीं पड़ता, वे चन्द दिनों तक चलने के बाद गायब हो जाती हैं। श्रीनारंग को यह कहने में कोई हिचकिचाहट नहीं हुई कि जितना खर्च एक नए ढंग की कलात्मक फिल्म में पड़ता है उतना तो व्यावसायिक ढंग की फिल्म के एक छोटे-से अंश में लग जाता है। फिल्म-निर्माताओं की नजर में कलात्मक फिल्में थकी हुई सामान्य जनता का भरपूर मनोरंजन करने में असमर्थ हैं और इसलिए उनकी लोकप्रियता हमेशा सन्दिग्ध रहेगी।

अभिनेताओं और अभिनेत्रियों का रवैया बिलकुल ऐसा तो नहीं है। निश्चय ही जो सफल अभिनेता हैं, वे निर्माताओं के दृष्टिकोण के विरुद्ध तो नहीं जाते। पिछले दिनों अनेक ऐसे अभिनेता और अभिनेत्रियाँ उभरे हैं, जिनको पहले-पहल यश मिला कलात्मक फिल्मों द्वारा ही। जब उनका नाम कलात्मक फिल्मों द्वारा फैल गया, तब वे बिना झिझक सामान्य कोटि की, किन्तु लोकप्रिय व्यावसायिक फिल्मों के फेर में भी उतनी ही आसानी के साथ पड़ते गए थे। बलराज साहनी इसके प्रारम्भिक उदाहरण हैं। वहीदा रहमान ने 'त्रिसन्ध्या' नामक फिल्म में ख्याति प्राप्त की। शर्मिला टैगोर को सत्यजित की फिल्मों से प्रथम प्रोत्साहन मिला। आजकल जया भादुड़ी बसु भट्टाचार्य की फ़िल्मों में नाम पैदा कर रही है। अमिताभ बच्चन का भी विकास प्रारम्भ में ऐसे ही हुआ। अभिनेताओं और अभिनेत्रियों को अपनी आमदनी का अच्छी तरह से ध्यान रखना पड़ता है। इसलिए, वे इस प्रथम यश-प्राप्ति के बाद कलात्मक फिल्मों में दिलचस्पी ले नहीं पाते। उसके लिए उन्हें समय भी नहीं मिल पाता।

किन्तु, गिरीश कर्नाड का प्रयोग यह बताता है कि एक उच्चकोटि की शिक्षा-प्राप्त और सुसंस्कृत व्यक्ति, जो अपनी संस्कृति के प्रति भी जागरूक है, निश्चय ही कलात्मक फिल्मों को एक नई रंगत देने में समर्थ हो सकता है। ईमानदारी की बात तो यह है कि अधिकतर सफल अभिनेत्रियाँ और बहुत-से सफल अभिनेता सीमित शिक्षा प्राप्त करने के बाद ही फिल्म-लाइन में उतर आते हैं। आजकल तो प्रायः अंग्रेजी कॉन्वेंट में प्रारम्भिक शिक्षा प्राप्त करने के बाद अभिनेत्रियों का फिल्म-लाइन में प्रवेश हो जाता है। भारतीय संस्कृति और साहित्य तो क्या, इनका पाश्चात्य आधुनिक साहित्य से भी परिचय नहीं होता। यही नहीं, ये लोग उच्चकोटि की कलात्मक फिल्मों को स्वयं भी देखते हैं या नहीं, इसमें भी सन्देह है। इसलिए, उन पर इन नए प्रयोगों का उदात्त प्रभाव भी नहीं पड़ पाता। इन अभिनेताओं और अभिनेत्रियों की जानकारी बढ़ाने के लिए यदि कुछ व्यवस्था भी की जाए, तो उसके लिए इन लोगों को व्यावसायिक फिल्मों से फुरसत ही नहीं मिलेगी। इन विषमताओं का समाधान वस्तुतः बहुजन-माध्यम की निर्माण-पद्धति को परिवर्तित करने में है। फिल्म-इंस्टीट्यूट, पूना ने इस दिशा में

श्लाघनीय कार्य किया है। किन्तु, फिल्म-निर्माता और फिल्म-वितरकों की जो शृंखला इस देश में फैली हुई है, उसमें ऐसी सांस्कृतिक फिल्मों को स्थान मिलना कठिन जान पड़ता है, जो परम्परा और आधुनिकता में सामंजस्य स्थापित करने की चेष्टा करें—ऐसा सामंजस्य, जो रोचक भी हो और देश के जनसाधारण को अपनी धरोहर में गौरव की अनुभूति भी करा सके।

मेरे ये सुझाव भारत ही नहीं, किसी भी आर्थिक तौर से निर्धन, पर संस्कृति की परम्परा से समृद्ध देश पर लागू होते हैं। भावी विश्व का नागरिक किसी भी देश में जाकर साहस के साथ अपना मस्तक उसी परिस्थिति में उठा सकता है, जबकि सशक्त बहुजन-माध्यम उसके अपने वातावरण की अभिव्यंजना को विश्व की रंगस्थली पर स्थान दे सके।

शिक्षा और बहुजन-माध्यम

शिक्षा और संस्कृति का चोली-दामन का-सा साथ बराबर रहा है। किन्तु, बहुजन-माध्यम के रूप में मनोरंजन, सांस्कृतिक विकास और शिक्षा, इस क्रम से जनमानस को एक ऐसा साधन मिल गया है, जो वस्तुतः साधन नहीं, वातावरण है; शिक्षा और ज्ञानवर्द्धन, जिसमें, प्राणदायक वायु की भाँति बसते हैं। क्या इस प्राण-वायु का अपने अन्तस् में प्रवेश कराने का अवसर बहुजन-माध्यमों के श्रोताओं और द्रष्टाओं को मिल पाता है? ताजा और स्वास्थ्यकर वायु का पूरा लाभ उन्हें ही मिल सकता है, जिन्हें प्राणायाम का अभ्यास कराया जाए। इसी भाँति, बहुजन-माध्यम को शिक्षा के माध्यम के रूप में इस्तेमाल करने के लिए अभ्यास अपेक्षित है। बहुजन-माध्यमों के पिछले दशकों में गरीब देशों में विकास का एक व्यंग्य यह रहा है कि अक्सर उनका श्रीगणेश शिक्षा के नाम पर किया जाता है, पर शीघ्र ही मध्यवर्गीय नागरिक-समाज उन माध्यमों को मुख्यतः मनोरंजन के लिए हथिया लेता है। विद्यालयों और वयस्कों की शिक्षा और ज्ञानवर्द्धन के क्षेत्र में ये माध्यम नाम के लिए तो रहते हैं, पर वस्तुतः व्यावसायिक मनोरंजन के मठाधीश शीघ्र उन पर अधिकार जमा लेते हैं।

विद्यालय में बहुजन-माध्यम का उपयोग किन विधियों से किया जाना चाहिए, इस विषय पर पाश्चात्य देशों में न सिर्फ खोज की गई है, बल्कि खोजों के आधार पर प्रायः बड़े स्कूलों में सुविधाएँ भी उपलब्ध हैं। कुछ वर्षों से इस क्षेत्र में पिछड़े हुए देशों में भी काम हुआ है और उनके सविस्तार विवरण यूनेस्को द्वारा प्रकाशित ग्रन्थों और प्रतिवेदनों में दिए गए हैं।

टेलीविजन पर स्कूली शिक्षा का एक भारतीय प्रयोग

भारतवर्ष के स्कूलों के लिए आकाशवाणी अनेक वर्षों से छात्रों के लिए रेडियो-प्रोग्राम

प्रसारित करती रही है। फिल्म-डिवीजन भी नाना प्रकार के वृत्त-चित्र और पठन-पाठन-चित्र भी कभी-कभी प्रस्तुत करता रहा है। आकाशवाणी के नई दिल्ली के टेलीविजन-स्टेशन से विज्ञान, हिन्दी, अंग्रेजी इत्यादि विषयों के लिए विशेष प्रोग्राम प्रसारित किए जाते हैं, और दिल्ली के टेलीविजन का प्रारम्भ शिक्षा के माध्यम के रूप में ही किया गया था। सन् 1965 ई. में डॉ. पॉल न्यूरथ नाम के अमेरिकी अनुसन्धानकर्ता ने दिल्ली के टेलीविजन पर से प्रसारित किए जानेवाले विद्यालयों के लिए प्रोग्रामों का विश्लेषण किया था। डॉ. न्यूरथ की रिपोर्ट से जान पड़ता है कि दिल्ली के लगभग 70 फीसदी हायर सेकेंडरी स्कूलों में टेलीविजन-सेटों का इस्तेमाल हुआ था। कुल मिलाकर स्कूलों की तादाद तब से अब बहुत बढ़ गई है। उस समय 32,000 छात्रों ने फिजिक्स यानी भौतिक विज्ञान, केमिस्ट्री यानी रसायनशास्त्र, अंग्रेजी और समाज-शिक्षण—इन विषयों पर टेलीविजन से प्रोग्राम सुने। 16 प्रोग्राम हर सप्ताह प्रसारित किए गए थे—फिजिक्स में चार, केमिस्ट्री में चार, अंग्रेजी में एक, समाज-शिक्षा और समान्य ज्ञान में दो-दो। अन्ततः, कम-से-कम हफ्ते में दो बार साधारणतया प्रसारण किए जाने लगे। डॉ. न्यूरथ ने अपने निरीक्षण में काफी गहराई से दिल्ली के स्कूलों में टेलीविजन के उपयोग के अध्ययन के आधार पर कुछ महत्त्वपूर्ण निष्कर्ष निकाले हैं।

उनका पहला निष्कर्ष तो यह है कि इन टेलीविजन-प्रोग्रामों का दिल्ली के स्कूलों के अध्यापकों और उनकी शिक्षा-पद्धति पर थोड़ा-बहुत असर अवश्य पड़ा है और कुछ हद तक यह प्रभाव अच्छा ही हुआ है। विशेषतया विज्ञान के अध्यापक अब प्रयोगशाला, यानी लेबोरेटरी की कमी के बावजूद, छात्रों को टेलीविजन पर प्रयोग दिखा सकते हैं। इसलिए, अब उन्हें अपने पाठ अधिक अच्छी तरह से तैयार करने पड़ते हैं। यह बात जरूर है कि पुराने अध्यापकों की अपेक्षा युवा अध्यापक इस प्रभाव को अधिक स्वीकार करते हैं। इसी सम्बन्ध में अध्यापकों पर, खासतौर से विज्ञान के अध्यापकों पर, एक प्रभाव यह भी पड़ा है कि चूँकि टेलीविजन के प्रोग्रामों के सिलसिले में अध्यापकों का दिल्ली के शिक्षा-विभाग से सीधा सम्पर्क टेलीविजन के लिए तैयारी की गोष्ठियों के रूप में होता है (जिनमें वर्ष-भर की और त्रैमासिक प्रोग्रामों की माला को तैयार करने के बारे में चर्चा होती है), इसलिए वे लोग अपने अध्यापन की समस्याओं को अधिक स्पष्ट रूप से अधिकृत व्यक्तियों के समक्ष अभिव्यक्त कर सकते हैं। परिणामस्वरूप अध्यापकों की भी अध्यापन-पद्धति में अधिक दिलचस्पी होती जाती रही है और वे इस बारे में चर्चा करने के लिए प्रस्तुत भी रहते हैं। कई ऐसे भी नौजवान अध्यापक हैं, जो पहले साइंस के प्रयोगों को अपने छात्रों के सामने प्रस्तुत करने में झिझकते थे। टेलीविजन के प्रोग्रामों के फलस्वरूप वे अब उन्हें प्रदर्शित करने के लिए अधिक तत्पर रहते हैं। एक और भी बात है। चूँकि टेलीविजन के प्रोग्राम एक खास क्रमानुसार प्रसारित किए जाते हैं, इसलिए बहुत-से अध्यापकों को अपने-अपने पाठ उसी क्रमानुसार प्रस्तुत करने के लिए तैयार रहना पड़ता है। इससे पहले ऐसा होता था कि बिना तैयारी के भी बहुत-से अध्यापक पाठ्यक्रम जैसे-तैसे पूरा करने की चेष्टा करते थे। यों कई अध्यापक

अब भी ऐसा करते हैं, किन्तु सामान्यतः इस प्रवृत्ति में परिवर्तन टेलीविजन-प्रसारण के अच्छे प्रभाव का द्योतक है। फिर भी, यह नहीं कहा जा सकता कि अध्यापकों की पद्धति में उतनी उन्नति हुई है जितना परिवर्तन उनके रवैये में आया है।

छात्रों पर टेलीविजन-पाठ्यों का जिक्र करते हुए डॉ. न्यूरथ लिखते हैं कि यह प्रतीत होता है कि उन स्कूलों की अपेक्षा, जिनमें टेलीविजन-प्रोग्राम नहीं देखे जा सकते, टेलीविजनवाले स्कूलों के छात्रों का स्तर कुछ बेहतर है। इसका अर्थ यह नहीं है कि परीक्षा में सर्वदा वे लोग अच्छा ही परिणाम दिखाते हैं। परीक्षा-पद्धति, टेलीविजन-पद्धति का लिहाज नहीं करती। किन्तु, स्तर में उन्नति हुई है, इसके जानने के और भी तरीके हैं; जैसे कि डॉ. न्यूरथ की वे प्रश्नावलियाँ, जो वैज्ञानिक ढंग से तैयार की गई थीं और जिनके उत्तर देने में टेलीविजन-छात्र अधिक सफल हुए।

परीक्षाओं और उत्तरों के अलावा और भी प्रभाव छात्रों पर पड़े हैं। सर्वेक्षण के दौरान डॉ. न्यूरथ ने देखा कि टेलीविजन के फलस्वरूप स्कूल का कार्यक्रम न सिर्फ अधिक दिलचस्प हो गया, बल्कि छात्रों का मन भी पाठ्य-सामग्री में अधिक लगने लगा। इसका एक परिणाम यह हुआ कि उच्च वर्गों के छात्र अपने अध्यापक के पढ़ाने के स्तर और टेलीविजन-अध्यापक के स्तर के बीच मिलान भी करने लगे। यानी अपने अध्यापकों की शैली पर टीका-टिप्पणी भी होने लगी। इसके अतिरिक्त बहुत-से छात्रों में यह भी इच्छा उत्पन्न हुई कि वे स्वयं टेलीविजन-स्टूडियो जाकर कुछ प्रश्न पूछें और उनका उत्तर पाएँ (रेडियो पर जिस ढंग के युवजन-प्रोग्राम की सफलता हाल ही में देखी गई है, वह टेलीविजन पर उससे भी अधिक सफल हो सकती है)। छात्रों पर एक और भी प्रभाव पड़ा है। अधिकतर छात्र इन स्कूलों में निम्न मध्य-वर्ग से आते हैं, जिनके लिए टेलीविजन-जैसा आधुनिक यन्त्र एक सर्वथा नवीन अनुभव था। दूसरे शब्दों में, बहुत-से साधारण सामाजिक वर्गों के छात्र टेलीविजन द्वारा एक नए औद्योगिक-तकनीकी युग में सहज ही प्रवेश कर पाते हैं। साथ ही, दिल्ली-जैसे नगर में, जहाँ कुछ पब्लिक स्कूलों और कॉन्वेंट स्कूलों में पढ़ाई का स्तर बहुत ऊँचा है, यह आवश्यक था कि जो विभिन्नता उन उत्कृष्ट स्कूलों तथा सामान्य स्कूलों के बीच खाई की भाँति बढ़ती जा रही है और जिसका बहुत-कुछ ताल्लुक सामाजिक और आर्थिक परिस्थिति से है, वह कुछ कम हो। पार्थक्य कुछ हद तक टेलीविजन के कारण कम होता भी जा रहा है। यह तो नहीं कहा जा सकता कि सामान्य स्कूलों का स्तर पब्लिक स्कूलों के स्तर के तुल्य हो गया है, लेकिन बढ़ती हुई खाई पाटने में टेलीविजन निस्सन्देह बहुत-कुछ सहायता दे सकता है। यह जरूरी है कि उच्चकोटि के स्कूल समझते हैं कि टेलीविजन कोई नवीन सामग्री नहीं दे पा रहा है, इसलिए 'टी.वी.' पाठों में उनकी विशेष दिलचस्पी नहीं है। परन्तु, इससे सामान्य स्कूलों के छात्रों पर जो प्रगतिशील प्रभाव पड़ रहा है, उसमें कोई अन्तर नहीं आता। सामाजिक और आर्थिक पृष्ठभूमि के आधार पर छात्रों पर टेलीविजन के असर में अन्तर तो होता ही है। यदि कोई पाठ जयपुर की सैर के बारे में हो अथवा विदेशों के भूगोल के विषय में हो, तो जो छात्र जयपुर हो आया है

या विदेश की सैर कर आया है, उसे उसमें कोई नवीनता नहीं जान पड़ेगी। किन्तु, सामान्य छात्रों को यह सुविधा प्राप्त नहीं है और उनके लिए यह नवीनता निश्चय ही शिक्षा की दृष्टि से बहुत महत्त्वपूर्ण है।

छात्रों और अध्यापकों के अतिरिक्त दिल्ली के स्कूलों के प्रशासन पर भी टेलीविजन का कुछ प्रभाव पड़ा है। पहला तो यह कि स्कूलों के प्रधानाध्यापकों को साल में एक बार पाठ्यक्रम के बारे में कॉन्फ्रेंस में मौजूद होना पड़ता है और उस कॉन्फ्रेंस के कारण उन्हें थोड़ी-बहुत दिलचस्पी टेलीविजन द्वारा पठन-पाठन में लेनी पड़ती है। स्वभावतः, इस तरह के विचार-विमर्श उन्हें प्रगतिशील होने का अवसर देते हैं, नई प्रेरणाएँ जागरित करते हैं। दूसरा प्रभाव यह है कि पाठ्यक्रम अब पहले की अपेक्षा कुछ परिवर्तित होता जा रहा है और ऐसा परिवर्तन लगभग प्रतिवर्ष कम या ज्यादा मात्रा में होता रहता है। परिवर्तन का कारण यही है कि टेलीविजन के प्रोग्रामों के लिए अध्यापकों और प्रधानाध्यापकों को कई प्रकार की बैठकों और कमिटियों में हिस्सा लेने के अवसर अब पहले की अपेक्षा अधिक मिलने लगे हैं।

टेलीविजन के कारण कक्षा का 'घंटा', यानी पीरियड 30 मिनट की जगह अब 45 मिनट का होने लगा है। ये जो 15 मिनट बढ़े हैं, उनमें टेलीविजन के प्रोग्राम के बाद छात्रों और अध्यापकों के बीच में विचार-विमर्श होता है। इसका भी प्रभाव शिक्षा-पद्धति के दृष्टिकोण से अच्छा ही माना जाएगा।

डॉ. पॉल न्यूरथ ने अपनी रिपोर्ट में सिफारिश की है कि टेलीविजन-स्टूडियो से जो अध्यापक प्रसारण करते हैं, उनके प्रशिक्षण की पद्धति सिलसिलेवार होनी चाहिए। दूसरे, उच्चकोटि के वैज्ञानिकों, इंजीनियरों और विश्वविद्यालय के प्रोफेसरों को भी कभी-कभी टेलीविजन पर प्रसारण करने के लिए आमन्त्रित करना चाहिए। उन्होंने यह भी सलाह दी कि जिन स्कूलों में टेलीविजन है, वहाँ के विभिन्न विषयों के अध्यापकों की बातचीत टेलीविजन पर प्रसारण करनेवाले अध्यापकों से हर महीने में एक बार अवश्य होनी चाहिए। कक्षा में टेलीविजन का स्थान निर्धारित करने के लिए यह आवश्यक है कि पाठ्यक्रम को टेलीविजन-पद्धति के अनुरूप बनाने की कुछ-न-कुछ चेष्टा अवश्य की जाए और केवल वार्षिक परीक्षा पर आधारित पद्धति को बदलने का भी प्रयास किया जाए। छात्रों के लिए कुछ समय टेलीविजन के प्रोग्रामों में देने को भी उन्होंने बहुत महत्त्व दिया है।

मैंने डॉ. पॉल न्यूरथ की रिपोर्ट का यहाँ जिक्र इसलिए किया है कि उनके अनुसार यह प्रयोग बहुजन-माध्यम द्वारा शिक्षा के क्षेत्र में निश्चय ही अत्यन्त महत्त्वपूर्ण रहा है। भविष्य में इसकी महत्ता और भी बढ़नेवाली है; क्योंकि अब टेलीविजन अन्य नगरों में भी फैलेगा। डॉ. न्यूरथ की रिपोर्ट में सन् 1965 ई. की परिस्थिति का अवलोकन है। उसके बाद दिल्ली शहर में प्राइवेट टेलीविजन-सेटों की संख्या बहुत बढ़ गई है और उसके फलस्वरूप शिक्षा-प्रोग्राम की महत्ता कम होती गई है।

पिछड़े देशों की समस्या

कई ऐसे कारण हैं, जिनके फलस्वरूप पिछड़े हुए देशों में अभी तक बहुजन-माध्यम का उपयोग विद्यालयों में यथेष्ट मात्रा में नहीं हो पाया है। पहला तो यह है कि शिक्षा के क्षेत्र में बहुजन-माध्यम के उपयोग के लिए प्रोग्राम देखने या सुननेवाले स्कूलों के अध्यापकों की योग्यता अच्छी होनी चाहिए। किन्तु, पिछड़े देशों में अध्यापकों का वेतन कम और समाज में उनका स्थान निम्न-मध्यम वर्ग से भी नीचे रहा हैं। यह बात विशेषतया ग्रामीण विद्यालयों के शिक्षकों के लिए कही जा सकती है। हाल में ही कॉलेजों और सरकारी हाई स्कूलों के अध्यापकों के वेतनक्रम जरूर बढ़ाए गए हैं, लेकिन पिछले दो-तीन सौ वर्षों में न तो गुरु की गरिमा रही और न वेतन की दृष्टि से अध्यापन जीविकोपार्जन का आकर्षक साधन। रेडियो, टेलीविजन, फिल्म इत्यादि का उपयोग करने में दूसरी बाधा यह भी है कि भारत-जैसे देश में बाहरी परीक्षाओं की पद्धति—जैसे हाई स्कूलों और हायर सेकेंडरी स्कूलों के अन्त में बोर्ड द्वारा परीक्षा—कुछ इस तरह से सारी शिक्षा-पद्धति पर आरूढ़ रही है कि यदि कोई भी नया तरीका विद्यालयों में अपनाया जाता है, तो यह भय रहता है कि उसके फलस्वरूप उसके छात्र इन बाहरी परीक्षाओं में अच्छे नम्बरों से पास न हो सकें। डॉ. पॉल न्यूरथ द्वारा टेलीविजन-प्रयोग के सर्वेक्षण से भी यह जाहिर होता है कि बाहरी परीक्षाओं में इन विद्यार्थियों की उपलब्धियाँ विशेषतया उत्कृष्ट नहीं मानी जा सकतीं।

वस्तुतः, हमारी शिक्षा-पद्धति में स्मरण-शक्ति और एक प्रकार की निष्क्रिय ग्रहण-शक्ति पर ही अधिक जोर दिया जाता है। स्मरण-शक्ति के माने यह हैं कि सिर्फ शब्दों को, बिना उनके तात्पर्य और उनमें जो ज्ञान सन्निहित है उसे समझते हुए, याद कर लिया जाए। निष्क्रिय यानी 'पैसिव' ग्रहण-शक्ति के माने यह हैं कि छात्र बिना अपनी मानसिक प्रतिक्रियाओं के उन पाठों को सुनता जाए, जो अध्यापक कक्षा में पढ़ाते हैं। यह बात सब तरह की संस्थाओं पर लागू है, चाहे महाविद्यालय हों चाहे छोटे ग्रामीण स्कूल। अधिकतर अध्यापक लोग यह नहीं चाहते कि कक्षा में छात्रों द्वारा अधिक प्रश्न पूछे जाएँ। जो कुछ प्रश्न पूछे भी जाते हैं, वे केवल अध्यापकों द्वारा ही। शिक्षा-पद्धति के इन दोषों को अंग्रेजी में 'वर्बलिज्म' और 'पैसिविज्म' कहा गया है।

इन व्यवधानों के बावजूद मेरा विचार है कि टेलीविजन, फिल्म और रेडियो को विद्यालयों का एक अंग बनाने की आवश्यकता है। मैं जानता हूँ कि अधिकतर विद्यालयों के प्रधानाध्यापक इन नवीनताओं को एक भार-सा मानने लगे हैं। किन्तु, एक बात ये लोग अक्सर भूल जाते हैं कि ये बहुजन-माध्यम आजकल शहरों, छोटे नगरों और गाँवों तक में इस तेजी के साथ फैल गए हैं या फैल रहे हैं कि उनका असर बालकों, छात्रों और छात्राओं पर किसी-न-किसी ढंग से बढ़ता ही जा रहा है। फिल्मों का असर, खास तौर से फैल रहा है। एक सर्वेक्षण, कुछ वर्ष हुए, यूनेस्को ने किया था। उससे यह ज्ञात हुआ कि बालकों और बालिकाओं पर फिल्मों का प्रभाव चार सोपानों में द्रष्टव्य है।

पहला सोपान है—परियों की कहानियों-सा असर, जो 7 वर्ष की आयु तक के बच्चों पर देखा गया है। दूसरा सोपान है—रॉबिन्सन क्रूसो के-से जीवट और साहसी नायक का—आकर्षण से पूर्ण। 'रॉबिन्सन क्रूसो' एक प्रसिद्ध कहानी है, जिनमें एडवेंचर, यानी साहसिक अभियान और दूर-देश में बहादुरी का कथानक है। इसमें बालक और बालिकाओं को एक नई स्फूर्ति का अनुभव होता है अथवा इसे स्फूर्ति का सोपान भी कहा जा सकता है। 7 से 12 वर्ष के बच्चों के मानसिक विकास के अनुकूल ही यह स्फूर्ति फिल्मों के प्रभाव में लक्षित होती है। तीसरा सोपान है—12 से 16 वर्ष के किशोर-किशोरियों का, जब वे फिल्मों के सन्देश को थोड़ा-बहुत समझ पाते हैं या समझने की चेष्टा करते हैं। इस आयु में किशोरों को पहले-पहल फिल्मों के अर्थ समझने का आग्रह प्रतीत होता है। चौथा सोपान है—16 और 17 वर्ष के युवजनों का, जब वे वयस्कों की दुनिया के रहस्यों को समझना चाहते हैं, खासतौर से उन फिल्मों के जरिए, जो सेक्स और यौन की उलझनों को प्रदर्शित करती हैं। इस सर्वेक्षण से यह प्रतीत होता है कि चाहे विद्यालय फिल्मों का शैक्षणिक उपयोग करे या न करे, समाज में परिस्थिति ऐसी है कि बच्चे, किशोर और किशोरियाँ तथा युवजन, फिल्मों की भाषा, फिल्मों के सन्देश और फिल्मों के वातावरण में बहुत कुछ सीख रहे हैं। क्या वे जो कुछ सीखते हैं, उसको नया मोड़ देना सम्भव नहीं है? और, यदि वे सीख रहे हैं, तो क्या विद्यालय उनसे अपने को अछूता ही रखे?

यह भी मानना होगा कि अधिकतर विद्यालयों के पास ऐसे साधन नहीं हैं, जिनसे वे आधुनिक वैज्ञानिक और तकनीकी प्रगति के बारे में नूतन ज्ञान अपने छात्रों और छात्राओं तक पहुँचा सकें। इस नए ज्ञान के विषय में सूचना आधुनिक शिक्षा का एक प्रमुख अंग होना चाहिए, इससे इनकार नहीं किया जा सकता है। यह सूचना बहुजन-माध्यमों द्वारा ही उपलब्ध हो सकती है।

रेडियो के विषय में ट्रांजिस्टर के हाल ही के विस्तार के कारण अब यह सम्भव है कि हर एक कक्षा में अपना-अपना छोटा-सा रेडियो-सेट हो। जो प्रोग्राम पहले 'शौर्ट वेव' पर प्रसारित किए जाते थे, वे अब 'मीडियम वेव' पर आसानी से सुने जा सकते हैं; क्योंकि भारत में भी अब जगह-जगह 'मीडियम वेव'-ट्रांसमीटर स्थापित हो गए हैं।

एक और भी कारण है, जो केवल विद्यालयों में दी जानेवाली शिक्षा से ही सम्बन्धित नहीं है। इटली में एक बड़ा महत्त्वपूर्ण प्रयोग हुआ था, जिसको 'टेलिस्कुला' का नाम दिया गया। टेलिस्कुला में ऐसे छात्र या प्रौढ़जन, जो विद्यालयों में शिक्षा नहीं पा सके थे, उन्हें अपने-अपने नगरों में सन्ध्या-समय विशिष्ट स्थानों में एकत्र किया जाता था। हर मंडली को एक टेलीविजन-सेट दिया गया। टेलीविजन पर वैसे ही अध्यापन होता था, जैसे विद्यालयों की कक्षा में। वस्तुतः, प्रोग्राम एक कक्षा-पाठ के ही रूप में प्रस्तुत होता था। इस प्रकार सारे इटली-भर में स्कूलों के बाहर छात्रवृन्द हजारों की संख्या में टेलीविजन की सहायता से हाई स्कूल की परीक्षा के लिए तैयारी करने लगे। इसके

अतिरिक्त इन छात्रों को कुछ पाठ्य सामग्री दी जाती थी। उसके आधार पर ये द्रष्टा छात्र हर हफ्ते डाक से टेलीविजन-स्टेशन को अपने अभ्यास-पत्र भी भेजते थे। इटली के रेडियो-टेलीविजन संस्थान ने कई अध्यापकों को केवल इसी काम पर लगाया था कि वे बाहर से आनेवाली इस अभ्यास-सामग्री का परीक्षण करें और उन दूरस्थ छात्रों को निर्देशन दें। इस तरह थोड़े ही समय में अशिक्षित लोगों को टेलीविजन द्वारा हाई स्कूल की परीक्षाओं के योग्य बना दिया गया।

पिछले दो वर्षों से कॉलेज के स्तर पर दिल्ली विश्वविद्यालय ने भी आकाशवाणी की सहायता से रेडियो पर कुछ इसी प्रकार व्याख्याताओं द्वारा पाठ प्रसारित करने प्रारम्भ किए हैं। हाई स्कूल के स्तर में पाठों की सुविधा इसी भाँति इसलिए उपलब्ध नहीं हो सकी; क्योंकि हमारे प्रदेशों के शिक्षा-विभाग अभी इसके लिए तैयार नहीं जान पड़ते। किन्तु, यदि हमें अधिक संख्या में छात्रों को उत्कृष्ट सामग्री के निकट लाना है, तो रेडियो और टेलीविजन का टेलिस्कुला की भाँति सहारा लेना उपयोगी होगा।

बहुजन-माध्यम, खासतौर से रेडियो और टेलीविजन, एक और प्रकार से भी शिक्षा के क्षेत्र में योगदान कर सकते हैं। यह है शिक्षकों और अध्यापकों का प्रशिक्षण। हमारे देश में बिना प्रशिक्षण-प्राप्त अध्यापकों की संख्या पहले से ही बहुत बढ़ती जा रही है, यद्यपि ट्रेनिंग स्कूल और ट्रेनिंग कॉलेज कई जगह खोले गए हैं। आश्चर्य की बात है कि अभी तक प्राइमरी और हाई स्कूलों के अप्रशिक्षित अध्यापकों को प्रशिक्षण देने के लिए रेडियो का उपयोग नहीं किया गया। यह तो स्पष्ट ही है कि केवल रेडियो पर इन विषयों पर जो व्याख्यान दिए जाएँगे, उनसे काम नहीं चलेगा। जैसा टेलिस्कुला में हुआ है, अध्यापक-छात्रों के लिए कुछ छपी हुई और कुछ लिखित सामग्री भी देनी होगी। किन्तु, इस पद्धति में एक विशेषता यह होनी चाहिए कि अध्यापक को अपने काम हटाने की जरूरत नहीं पड़े। जिन कक्षाओं को अध्यापक-छात्र पढ़ा रहा है, वे ही अभ्यास के लिए उसकी कक्षाएँ मानी जाएँगी। यानी, बिना ट्रेनिंग कॉलेजों के ही बहुजन-माध्यम द्वारा प्रशिक्षित शिक्षकों की संख्या को तेजी के साथ बढ़ाया जा सकता है।

जब सन् 1927 ई. के आसपास बी.बी.सी. ने रेडियो पर विद्यालयों के लिए प्रोग्राम चलाए थे, तब शिक्षा-विभाग और अध्यापकों की ओर से बी.बी.सी. को विशेष सहयोग नहीं मिला था। प्रारम्भ में हमारे देश में भी यही अनुभव होता रहा है। किन्तु, यदि हम लोग इस सशक्त माध्यम की उपेक्षा करेंगे, तो हमारे विद्यालय और कॉलेज आदि इस बदलते युग में पिछड़ते चले जाएँगे। इसका एक दुष्परिणाम यह भी होगा कि महानगरों के स्कूलों और महाविद्यालयों का स्तर तो ऊँचा होता जाएगा, किन्तु छोटे नगरों और गाँवों में स्थित विद्यालयों और महाविद्यालयों को वह सामग्री नहीं मिल पाएगी, जो उत्तरोत्तर वैज्ञानिक और तकनीकी विकास के कारण शिक्षा के हर एक विषय को बदल रही है। इस प्रकार, जीवन के क्षेत्र में छोटे नगरों के छात्रों को आगे बढ़ने का मौका कम मिलेगा। अपने समाज में जिस तरह के न्याय और समता का आदर्श हमें प्राप्त करना है, उसमें यह प्रक्रिया बाधा पैदा कर सकती है।

माध्यमों का शिक्षा के लिए बेहतर प्रयोग : कुछ सुझाव

यह कह देना तो आसान है कि बहुजन-माध्यम का प्रयोग हो। किन्तु, यदि केवल नेमी, यानी रुटीन-ढंग से हम लोग इन माध्यमों द्वारा शिक्षा के प्रोग्राम प्रस्तुत करते रहे, तब तो शिक्षा के क्षेत्र में इनका उपयोग होना-न-होना एक-सा है। मेरे विचार में निम्नलिखित बातों पर विशेष ध्यान देना आवश्यक है–

चाहे फिल्म, चाहे टेलीविजन, चाहे रेडियो, जो भी शिक्षा के प्रोग्राम छात्र-छात्राओं के लिए प्रस्तुत करें, उन्हें जहाँ तक हो सके, अपने में सम्पूर्ण बनाया जाए। यह ध्यान रखा जाए कि बहुत-से ऐसे विद्यालय हैं, जहाँ वे सभी सुविधाएँ उपलब्ध नहीं, जो समृद्ध विद्यालयों में हैं। इसलिए, रेडियो आदि पर केवल पाठ पढ़ देने मात्र से काम नहीं चलेगा। रेडियो-वार्त्ता उदाहरणों से भरपूर होनी चाहिए। छात्रों से प्रश्न पूछे जाने चाहिए और ऐसी सामग्री प्रस्तुत होनी चाहिए, जो कि प्रायः पाठ्य-पुस्तकों में उपलब्ध नहीं हों। टेलीविजन पर तो सब तरह के प्रदर्शन यानी डिमॉन्सट्रेशन किए जा सकते हैं। फिल्मों को भी ऐसे ढंग से बनाया जा सकता है कि विशेष विषय पर अध्यापक और छात्र–दोनों को ही कुछ नवीन सामग्री मिले। हाल में ही वृत्त (सर्किल) के बारे में एक उच्चकोटि की फिल्म बनाई गई है, जिसमें नवीनतम ज्ञान को क्रमागत पद्धति और रोचक ढंग से दिखाया गया है। फिल्म-डिवीजन ने ही उसका निर्माण किया है।

मेरा दूसरा सुझाव यह है कि जिन कक्षाओं में रेडियो, टेलीविजन, फिल्म आदि का उपयोग हो, उनके छात्रों को यह अवसर दिया जाए कि वे अपनी शंकाओं का समाधान बाद के प्रोग्रामों में करा सकें। इसका एक तरीका तो यह है कि 'टेलिस्कुला' की तरह से छात्र कुछ प्रश्न लिख भेजें। दूसरा तरीका यह है कि जगह-जगह स्कूलों में और विद्यालयों में रेडियो और फिल्म-क्लब बनाए जाएँ। इन क्लबों में नाना प्रकार की फिल्मों का प्रदर्शन भी हो और विविध रेडियो-प्रोग्राम भी सुने जाएँ। उसके बाद चर्चा हो, छात्रों की प्रतिक्रियाओं और उनके प्रश्नों का उत्तर देने की चेष्टा की जाए।

मेरा तो विचार है कि जो फिल्में खासतौर से पाठ्यक्रम के लिए नहीं भी बनाई जातीं, वे भी छात्रों के व्यक्तित्व को समृद्ध बना सकती हैं और उनका ज्ञानवर्द्धन कर सकती हैं। रेडियो और टेलीविजन-प्रोग्रामों पर भी यही बात लागू होती है। लेकिन, इस तरह के सम्वर्द्धन-प्रोग्राम (एनरिचमेंट प्रोग्राम), फिल्म-रेडियो-क्लबों द्वारा ही अपना प्रभाव युवजनों पर डाल सकते हैं। प्रोग्रामों के लिए उन विषयों को खासतौर से चुनना चाहिए, जो इन माध्यमों के लिए अधिक उपयुक्त हैं। उदाहरणतः, ऐतिहासिक दृश्य नाटकों के रूप में टेलीविजन और रेडियो पर प्रस्तुत किए जा सकते हैं। छोटी-छोटी फिल्मों में भी इतिहास के छात्रों के लिए ऐसे दृश्य विशेष उपयोगी साबित हो सकते हैं। काव्य-पाठ, शुद्ध उच्चारण की ट्रेनिंग, भूगोल आदि ऐसे विषय हैं, जिनमें फ़िल्म और टेलीविजन खासतौर से और कुछ मात्रा में रेडियो पिछड़े हुए देशों में उपयोगी सिद्ध हुए हैं। अंग्रेजी में जिसे 'टेलीटूर' कहा जाता है, यानी 'टेलीविजन पर दूसरे स्थानों की

यात्रा—ऐसे प्रोग्राम छात्रों को निश्चय ही रुचेंगे और बहुत ज्ञानवर्द्धक होंगे। संगीत का प्रशिक्षण तो बड़ी आसानी के साथ रेडियो द्वारा दिया जा सकता है। यह आश्चर्य की बात है कि इतने दिनों से आकाशवाणी से नाना प्रकार के प्रोत्साहपूर्ण सामूहिक संगीत प्रसारित होते रहे हैं, किन्तु इनके आधार पर स्कूलों में उन्हीं गीतों को सुनकर सीखने की सुविधा नहीं दी गई है।

मेरा यह भी विचार है कि अब तक भारतवर्ष में और बहुत-से दूसरे पिछड़े देशों में शिक्षण के लिए इन माध्यमों का इस्तेमाल नगरों के हाई स्कूलों में ही किया जाता है। लेकिन, नगरों के हाई स्कूलों का स्तर फिर भी प्राइमरी और ग्रामीण स्कूलों की अपेक्षा ऊँचा है। अब जब ट्रांजिस्टर आसानी से मिलने लगे हैं और छोटे-छोटे फिल्म-प्रोजेक्टर भी उपलब्ध हो रहे हैं, तब क्यों न रेडियो और फिल्मों के मिले-जुले प्रोग्राम प्राइमरी स्कूलों के लिए प्रस्तुत किए जाएँ और इनके लिए विभिन्न क्षेत्रों के प्राइमरी स्कूलों के मंडल बना दिए जाएँ, ताकि कम खर्च में ही काम चल जाए।

जो लोग बहुजन-माध्यमों के शिक्षा-सम्बन्धी प्रोग्राम तैयार करते हैं, वे प्रायः स्थानीय अथवा क्षेत्रीय आवश्यकता की उपेक्षा कर देते हैं। यह समझना गलत होगा कि चूँकि बहुजन-माध्यम अधिकाधिक संख्या में लोगों तक पहुँचते हैं, इसलिए एक ही प्रकार के शिक्षा-सम्बन्धी प्रोग्राम सबके लिए उपयोगी होंगे। आजकल अमेरिका में शिक्षण के लिए बहुत-से प्रोग्राम फिल्म और रेकॉर्डिंग-पद्धति आदि से तैयार होते हैं, जो अफ्रीका और एशिया के देशों में शिक्षा के इस्तेमाल में लाए जा रहे हैं। किन्तु, मैं उन्हें उतना उपयोगी नहीं मानता, जितना बहुत-से लोग समझते हैं। वस्तुतः, नए ज्ञान को ठीक ढंग से और मनोवैज्ञानिक रीति से पहुँचाने का तरीका यह है कि स्थानीय परिवेश में ही उसके बारे में फिल्म, रेडियो आदि के प्रोग्राम बनाए जाएँ। अनेक वर्ष हुए, नॉर्मन स्पर नाम के एक व्यक्ति ने एक बड़ा दिलचस्प प्रयोग मध्य एशिया में किया था। उन्होंने उन्हीं देशों में रहकर और उन्हीं के स्कूलों के लिए वहाँ के वातावरण के अनुकूल परिस्थितियों में 8 मिलीमीटर आकार की फिल्में बनाईं। उस समय बहुत-सी वे सुविधाएँ मौजूद नहीं थीं, जिनके द्वारा चित्र बनाने के साथ-साथ ही ध्वनि को भी 8 मि.मी. फिल्मों में आरोपित किया जा सके। किन्तु, अब 8 सुपर मि.मी. फिल्मों द्वारा ऐसा करना सम्भव है। सुपर 8 मिलीमीटर फिल्म बनाने के लिए हर जिले में कैमरा, रेकॉर्डिंग यूनिट और स्टूडियो बन जाने चाहिए। इस तरह अधिक उपयोगी फिल्में स्थानीय शिक्षकों की सहायता से तैयार हो सकेंगी।

अध्यापकों के प्रशिक्षण के प्रोग्रामों के लिए इन बहुजन-माध्यमों का इस्तेमाल करना बहुत जरूरी है—ऊपर यह विचार भी मैंने प्रकट किया है। चूँकि नगरों के योग्य फीचर-फिल्में अब छोटे-छोटे शहरों और गाँवों में भी दिखाई जा रही हैं, इसलिए यह जरूरी है कि इन दो विभिन्न वातावरणों के बीच में कोई कड़ी स्थापित की जाए। अयथार्थ जीवन को प्रस्तुत करनेवाली फिल्मों से हटाकर यथार्थ जीवन को प्रस्तुत करनेवाली फिल्मों की ओर छात्र-छात्राओं का ध्यान आकर्षित होना चाहिए। दूसरे शब्दों

में, पाठ्यक्रम आदि से सम्बद्ध फिल्मों के अलावा कथानक-फिल्मों के सन्देश को समझने में स्कूल सहायता दे सकते हैं और इसके लिए फिल्म-क्लबों के बनाने की आवश्यकता है। यदि मुम्बई के असली जीवन को समझना है, तो 'पिया का घर'-जैसी फिल्में वस्तु-स्थिति के अधिक निकट जान पड़ती हैं। यदि ग्रामीण जीवन को समझना है, तो 'तीसरी कसम'-जैसी फिल्म के बारे में फिल्म-क्लबों में चर्चा होनी चाहिए। बंगाल के जीवन पर प्रकाश डालनेवाली तो अनेक फिल्में हैं—'साहब, बीबी और गुलाम' तथा सत्यजित राय की अनेक फिल्में। सौराष्ट्र की पृष्ठभूमि 'भुवन शोम' में निखरी है। मुश्किल यह है कि इन फिल्मों को दिखाकर इनकी व्याख्या करना, इनके विषय में चर्चा करना—वे सब सुविधाएँ उस समय कार्यान्वित की जा सकती हैं, जबकि अध्यापक लोग इन मामलों में दिलचस्पी लें और इन माध्यमों के विषय में चर्चा-मंडलों की स्थापना अपने स्कूलों में करें।

अक्सर देखा गया है कि विद्यालयों के लिए खासतौर से बनाई जानेवाली फिल्मों एवं रेडियो-टेलीविजन-प्रोग्रामों को तैयार करते समय अध्यापक, लेखक, प्रस्तुतकर्ता तथा विशेषज्ञों की कोई टीम (दल) नहीं बनाई जाती, और प्रोग्रामों की तैयारी आपसी सहयोग द्वारा नहीं होती। प्रोग्राम तैयार करनेवाले एक ओर हैं और उनका प्रयोग करनेवाले दूसरी ओर। इसका नतीजा यह होता है कि एक-दूसरे के खिलाफ शिकायतें ही रहती हैं। प्रधानाध्यापकगण और शिक्षा-विभाग के इंस्पेक्टरों का भी प्रोग्राम तैयार करने की इस प्रक्रिया में शामिल होना जरूरी है। असल में किसी भी नए माध्यम का अच्छा प्रयोग तभी हो सकता है, जब उसके प्रोग्राम को एक टीम तैयार करे, जिसमें विभिन्न वर्गों के विशेषज्ञ हों, यथा पाठ्यक्रम बनानेवाले, 'लेबोरेटरी' यानी प्रयोगशाला के प्रभारी (इनचार्ज), कक्षा के अध्यापक, निरीक्षक, प्रधानाध्यापक इत्यादि। तैयार करने के ये अर्थ नहीं हैं कि सभी लोग स्टूडियो में जमा होकर रेकॉर्डिंग या फिल्मिंग में हिस्सा लें। तैयारी बहुत पहले से होती है। विषय-वस्तु के चुनाव, उसे प्रस्तुत करने की शैली का निर्णय, प्रश्नावली का चुनाव इत्यादि इन सभी पर पहले से परामर्श होने चाहिए और इन परामर्शों में सभी सम्बद्ध व्यक्तियों को योगदान देना चाहिए।

विद्यालयों में माध्यमों का उपयोग तभी अच्छी तरह से हो सकेगा जबकि अध्यापक लोग स्वयं हृदय और मन से यह मानें कि ऐसे प्रोग्राम उनके छात्रों के हित में हैं। देखा यह जाता है कि प्रायः वे इसीलिए इन प्रोग्रामों को मान्यता देते हैं; क्योंकि ऊपर से आए हुए आदेश का पालन करने की भावना हमारे देश में पुराने जमाने से फैली हुई है। युग बदल रहा है और यदि अध्यापक युग के अनुसार पद्धतियों को स्वयं ही नहीं बदलेंगे, तो छात्र उनके हाथ से निकल जाएँगे। यह आजकल हो रहा है। मैं मानता हूँ कि छात्रों के हाथ से निकलने के और भी कारण हैं। किन्तु, एक विशेष कारण यह है कि विद्यालय में उनके लिए आकर्षक सामग्री बहुत कम है। शिक्षा-विभागों और समाज को इसके लिए विद्यालयों को सामग्री देनी चाहिए। लेकिन, सामग्री मिले, पर वह गोदामों में पड़ी रहे, ऐसा भी नहीं होना चाहिए। उसका उपयोग बुद्धिमत्तापूर्वक होना आवश्यक है।

वयस्कों के शिक्षण में बहुजन-माध्यमों का स्थान

हमारे देश में आर्थिक और सामाजिक उन्नति के जो आदर्श जन-साधारण के सामने रखे गए हैं, उन्हें दृष्टिगत रखते हुए यह आवश्यक है कि 14 से 15 वर्ष तक की आयु के उन व्यक्तियों को, जो विद्यालयों में दाखिल नहीं हो सकते तथा जो किसी-न-किसी प्रकार के व्यवसाय, उद्योग अथवा कृषि में संलग्न हैं, शिक्षा की नवीन पद्धतियों के दायरे में लाया जाए। यह उनके लिए सम्भव नहीं कि वे अपने काम से अलग हो सकें, खास तौर से 18 वर्ष से ऊपर की आयु के व्यक्ति। यह भी बात है कि भारत में इस आयु के निरक्षर व्यक्तियों की संख्या 15 करोड़ से ऊपर है। इस आयु-वर्ग में ही श्रमिक, किसान आदि शामिल हैं, जो हमारे आर्थिक विकास की आधारशिला हैं। उन्हें साक्षर बनाने में तो समय लगेगा। किन्तु, साक्षरता जरूरी है या नहीं, यह एक अलग सवाल है। इस बीच बहुजन-माध्यम एक ऐसे साधन के रूप में मौजूद हैं, जो हमारे-जैसे आर्थिक तौर से पिछड़े देश के प्रौढ़ों को अपने काम के लिए अधिक योग्य बना सकते हैं और उनकी आय और जीविका में भी अभिवृद्धि कर सकते हैं।

किसानों और मजदूरों के लिए माध्यमों पर प्रोग्राम

ज्ञान का विस्तार, कार्यक्षमता और दृष्टिकोण में परिवर्तन—इन तीन क्षेत्रों में बहुजन-माध्यमों द्वारा वयस्कों पर प्रभाव पड़ सकता है। हमारे देश में सूचना-विभागों द्वारा नाना प्रकार की सामग्री डॉक्यूमेंटरी फिल्मों के रूप में गाँवों तक पहुँचाई जाती है। छपी हुई सामग्री (जैसे पुस्तकें और पोस्टर) काफी संख्या में प्रस्तुत और वितरित की जा रही है। रेडियो के 60 से ऊपर स्टेशनों पर विशेषतया ग्रामीण वयस्कों के लिए और किसानों के लिए प्रोग्राम प्रस्तुत हो रहे हैं। इसके साथ-साथ अनेक किसान चर्चा-मंडल भी स्थापित किए गए हैं। चर्चा-मंडलों का पहला प्रयोग सन् 1956 ई. में पूना के पास के 145 ग्रामों में किया गया। वहाँ के 20 गाँवों में सर्वेक्षण करने के बाद एक परिणाम यह निकला कि जिन गाँवों में चर्चा-मंडल स्थापित किए गए थे, उनमें चर्चा-मंडल में शामिल होनेवाले ग्रामीणों का ज्ञान रेडियो-प्रोग्रामों की चर्चा के फलस्वरूप 20 प्रतिशत बढ़ा। यह भी मालूम हुआ कि चर्चा होते समय प्रत्येक चर्चा-मंडल के लगभग 20 प्रतिशत सदस्य तो सक्रिय रूप से भाग लेते थे और 50 प्रतिशत सदस्य कभी सक्रिय और कभी चुपचाप बैठे-बैठे। तीसरी बात यह ज्ञात हुई कि रेडियो-चर्चा-मंडल एक अनौपचारिक संस्था के रूप में ग्रामों में अपना स्थान बना सकते हैं। कुछ चर्चा-मंडलों ने तो प्रदर्शनियों का आयोजन किया, सड़कें बनाईं, कुछ ने कुँओं की खुदाई में सहायता दी, कुछ ने मुर्गी-पालन में हाथ लगाया और इस तरह से बिना सरकारी नेतृत्व के स्वतः ही प्रगति में सक्रिय ग्रामीण संस्था का प्रादुर्भाव लक्षित हुआ। चौथी बात सन् 1956 ई. के प्रयोग से यह जाहिर हुई कि जिस तरह के प्रश्न चर्चा-मंडलों से आते थे, उनके द्वारा रेडियो को खुद अपने प्रोग्रामों के बारे में श्रोताओं की प्रतिक्रिया जानने का एक नया साधन

मिल गया। उससे पूर्व प्रायः व्यक्तिगत रूप से रेडियो के पास अनेक पत्र आते रहते थे। किन्तु, चर्चा-मंडलों से आए हुए पत्रों और जिज्ञासाओं से जिस तरह की सामग्री रेडियो-प्रोग्रामों में प्रस्तुतकर्ताओं को मिली, वह निश्चय ही अधिक उपयोगी रही।[1]

जो रेडियो-प्रोग्राम भारतवर्ष में श्रमिकों के शिक्षण के लिए प्रसारित होते रहे हैं, उनमें एक भारी कमी यह रही है कि वे उन तकनीकों के विषय में चर्चा नहीं करते, जो उद्योग-विशेष से सम्बन्धित हैं। श्रमिक उन तकनीकों में बहुत दिलचस्पी ले सकते हैं। यदि इस तरह से प्रसारण किए जाएँ, तो सम्भव है कि श्रमिकों को अपनी आमदनी बढ़ाने का अधिक अवसर मिले। लेकिन, इसके अर्थ ये होंगे कि केवल एक ही प्रकार के प्रोग्राम श्रमिकों के लिए नहीं प्रस्तुत किए जाने चाहिए। कपड़ा बनानेवाली मिलों में काम करनेवाले मजदूर एक ढंग के प्रोग्राम चाहते हैं। इस्पात बनानेवाली फैक्टरियों के मजदूर दूसरे ढंग का प्रोग्राम चाहते हैं। सब अपनी-अपनी योग्यता और क्षमता का उत्कर्ष करना चाहते हैं। इसलिए, एक ही प्रकार के प्रोग्राम प्रसारित करने की प्रवृत्ति पर कुछ रोक लगानी होगी।

रेडियो, फिल्म, पोस्टर और छपी हुई सामग्री—इन सबका साथ-साथ उपयोग यदि श्रमिकों और किसानों की शिक्षा के लिए किया जाए, तो इसका प्रभाव अधिक गहरा होगा और स्थायी भी। हाल ही में इस दिशा में कुछ प्रयत्न हो रहे हैं। लेकिन, इसके लिए प्रशासन और उद्योगों तथा स्थानीय किसानों के बीच काम करनेवाले कार्यकर्ताओं के बीच बहुत सहयोग की आवश्यकता है और यह सहयोग प्रारम्भ ही से स्थापित होना चाहिए। यही नहीं, मेरा तो यह भी विचार है कि किसानों और श्रमिकों के विभिन्न माध्यमों के प्रोग्रामों का सम्बन्ध इनकी ट्रेनिंग के कोर्सों से होना चाहिए। आजकल किसानों और मजदूरों के लिए उनके व्यवसाय के विषय में ट्रेनिंग की व्यवस्था हो रही है। यदि उस ट्रेनिंग और माध्यमों के प्रोग्रामों की विषयवस्तु, क्रमों और प्रस्तुतीकरण-विधि का तालमेल रहे, तो माध्यमों से पूरा लाभ उठाया जा सकता है।

वयस्कों के लिए विशेष आवश्यकताएँ

संस्कृति के विषय में चर्चा करते हुए मैंने यह संकेत किया है कि बहुजन-माध्यमों को लोक-संस्कृति का माध्यम और वाहन बनना चाहिए। 'ऑल इंडिया रेडियो' का अपना अनुभव ऐसा रहा है कि जहाँ-कहीं लोक-भाषा और लोक-संस्कृति के प्रोग्राम प्रसारित किए गए, वहाँ सन्देश पहुँचाने में आसानी हुई। पटना-रेडियो-स्टेशन का 'लोहासिंह'-प्रोग्राम इस बात के लिए एक जमाने में सुविख्यात रहा। इन प्रोग्रामों का एक अनुभव यह भी हुआ कि क्षेत्रीय बोलियों में यदि कुछ प्रोग्राम दिए जाएँ, तो उनका सम्प्रेषण अधिक होता है, यानी उन्हें अधिक संख्या में लोग समझ पाते हैं। यही नहीं, इस भाँति उन्हें लिखित

---

1. इस प्रयोग का ब्योरेवार विवरण मेरी अंग्रेजी पुस्तक 'ऐन इंडियन एक्सपेरिमेंट इन रेडियो रूरल फोरम' (यूनेस्को, पेरिस द्वारा प्रकाशित) में दिया गया है।

और मानक भाषा से भी क्रमशः परिचित कराया जा सकता है। केवल मानक और लिखित भाषा में ही यदि वयस्कों के प्रोग्राम प्रसारित हों, तो ग्रामीण श्रोताओं को विशेष प्रयास करना होता है।

वयस्कों की शिक्षा में नवसाक्षरों का विशेष स्थान होना चाहिए। बड़ी संख्या में छपनेवाली पुस्तकें, मैगजीन और समाचार-पत्र भी वयस्कों की सांगोपांग शिक्षा, खासतौर से नवसाक्षर वयस्कों की शिक्षा के लिए उपयोगी माध्यम हैं। सरकारी विभागों द्वारा पिछले दिनों नवसाक्षरों के लिए खेती, स्वास्थ्य, परिवार-नियोजन, राष्ट्रीय एकता इत्यादि पर सामग्री प्रकाशित होती रही है। किन्तु, देखा गया है कि ऐसी बहुत-सी सामग्री अक्सर ब्लॉक-ऑफिसों और पुस्तकालयों में ही रह जाती है, उसकी लेखन-शैली प्रौढ़ नवसाक्षरों के लिए हमेशा उपयोगी नहीं होती। इसका एक परिणाम यह होता है कि नवसाक्षर लोग प्रौढ़ शिक्षा प्राप्त करने के थोड़े दिनों बाद फिर से निरक्षर हो जाते हैं। दो तरीकों से शायद समाधान हो सके। एक तो यह कि नवसाक्षर लोगों के लिए उनके काम से सम्बन्धित ताजा सामग्री दी जाए, न कि केवल बुनियादी सामग्री। आजकल नवसाक्षरों के लिए जो पुस्तकें तैयार होती हैं, वे मानो किशोर छात्रों को दृष्टि में रखकर लिखी जाती हैं। आवश्यकता यह है कि कम मूल्यवाली पुस्तकें, यानी पेपर-बैक पुस्तकें, बड़ी संख्या में उन विषयों पर तैयार की जाएँ, जिनका नवसाक्षरों से विशेष सम्बन्ध है। पेपर-बैक पुस्तकों की पिछले दिनों लोकप्रियता बहुत बढ़ी है। किन्तु, यह लोकप्रियता अधिकतर आधुनिक नागरिक जीवन पर आधृत उपन्यासों तक ही सीमित रही है। जनसाधारण तो प्रायः छोटे नगरों और गाँवों में रहते हैं। उनकी दिलचस्पी के लिए कथाओं और उपन्यासों की निश्चय ही आवश्यकता है। किन्तु, यह सामग्री उनके वातावरण से मेल खानेवाली होनी चाहिए एवं उनके लिए उपयोगी भी। उनकी संस्कृति और परम्पराओं से बिलकुल अलग नहीं होनी चाहिए। जिस तरह की पुस्तकें लाखों की तादाद में छपकर बिक रही हैं, उन पुस्तकों का एक दुष्प्रभाव यह पड़ेगा कि वे हठात् साधारण वर्ग के वयस्कों को अपने परिवेश से न सिर्फ दूर कर देंगी, बल्कि उनकी नजर में उनका अपना परिवेश हेय हो जाएगा।

वयस्कों की शिक्षा के लिए एक साधन, जिसका अभी तक उपयोग नहीं किया गया है, वह है—ग्रामोफोन और टेप। टेप हमारे देश के लिए अभी बहुत महँगा बैठेगा। लेकिन, ग्रामोफोन अर्से से गाँव-गाँव में फैल गया है और अब तो ट्रांजिस्टर द्वारा संचालित ग्रामोफोन मिलते हैं। यदि ऐसे रेकॉर्ड, जो कि आधा-आधा घंटे तक चलते हों, तैयार किए जाएँ और उनमें कृषकों, पशुपालकों इत्यादि की विभिन्न समस्याओं पर सामग्री हो, तो बिना पुस्तक पढ़े हुए भी उन रेकॉर्डों द्वारा बहुत-से किसान अपनी समस्याओं के बारे में सामग्री प्राप्त कर सकते हैं। यदि ये ग्रामोफोन-रेकॉर्ड बड़ी संख्या में तैयार किए और बेचे जाएँगे, तो इनके दाम भी कम होंगे।

हाल ही में कुछ नए प्रकार के ऐसे यन्त्रों का प्रयोग भी प्रौढ़ों की शिक्षा के लिए किया गया है। इनमें से एक यन्त्र है 'फोनोव्यूअर'। इसमें टेलीविजन की भाँति एक फ्रेम

में तसवीरें सामने आ जाती हैं। फ्रेम एक बक्से में है, जिसके ऊपर एक डिस्क होती है। इस डिस्क पर ग्रामोफोन-रेकॉर्ड घूमता है। ज्यों-ज्यों ग्रामोफोन-रेकॉर्ड घूमता है, त्यों-त्यों तसवीर बदलती चली जाती है। वे चित्र 'फिल्म-स्ट्रिज' द्वारा उस फ्रेम में अपने-आप ही बिम्बित होते रहते हैं। फोनोव्यूअर के ढंग के और भी यन्त्र आजकल तैयार हो रहे हैं, जिनमें ध्वनि और चित्रवाले टेप इस्तेमाल होते हैं। इस तरह के यन्त्र यदि हम लोग गाँव-गाँव में फैला सकें, तो जहाँ टेलीविजन अभी तक नहीं पहुँच सकेगा, वहाँ वयस्कों के लिए ऐसी सुविधा उपलब्ध हो जाएगी, जिससे वे दृश्य और श्रव्य दोनों ही प्रक्रियाओं द्वारा ज्ञानवर्द्धन कर सकें और अपनी समस्याओं का समाधान खोज सकें। प्राचीनकाल में कथावाचक जो काम करते थे, वह काम ऐसे यन्त्र कर सकते हैं।

किशोर छात्र और वयस्क दोनों ही की शिक्षा-पद्धति के लिए अनिवार्य एक सिद्धान्त है—अनेक माध्यमों का एक विशेष प्रशिक्षण के लिए उपयोग। अंग्रेजी में इसे 'मल्टी-मीडिया-एप्रोच' कहा जाता है। वस्तुतः, माध्यमों के योजनाबद्ध प्रयोग का ही यह दूसरा नाम है। उदाहरणतः, एक ही विषय पर एक ही अवधि में फिल्म, रेडियो, पोस्टर, चार्ट, टेलीविजन, पुस्तकों आदि का समकालिक प्रयोग। ऐसा करने के लिए पहले से आपस में परामर्श और एक सुसंगठित कार्यक्रम की आवश्यकता है।

माध्यमों का उपयोग यदि इस समय पिछड़े हुए देशों में सुनियोजित रूप से सभी प्रकाश की शिक्षा के लिए नहीं किया गया, तो क्रमशः समृद्ध देशों के प्रोग्राम और वहाँ के विभिन्न मूल्यवान् यन्त्र गरीब देशों के नगरों में फैलते चले जाएँगे। उनकी नकल में ग्रामीणों में भी उसी प्रकार के प्रोग्रामों के लिए माँग बढ़ती चली जाएगी। इसका एक परिणाम यह होगा कि बहुजन-माध्यम शिक्षा के वाहन होने के स्थान पर एक कृत्रिम प्रकार की संस्कृति और सभ्यता हमारे बहुसंख्यक लोगों के ऊपर मढ़ देंगे। फलतः बहुजन की अपनी अभिव्यक्ति में बाधा पड़ेगी और उनका ज्ञानवर्द्धन भी सम्भव नहीं हो सकेगा। क्योंकि, ज्ञानवर्द्धन हठात् अपरिचित सामग्री प्रस्तुत करके नहीं होता है। मनोविज्ञान का सिद्धान्त है जाने हुए से अनजाने की ओर अग्रसर होना, जिसको अंग्रेजी में कहते हैं 'फ्राम द नोन टू द अननोन।' इसलिए, पिछड़े हुए देशों में बहुजन-माध्यम को इसी पद्धति को लेकर और विभिन्न प्रकार के साधनों का सुनियोजित रूप में उपयोग करके शिक्षा का माध्यम बनाना चाहिए।

आर्थिक विकास और बहुजन-माध्यम

बहुजन-माध्यम प्रायः आर्थिक रूप से पिछड़े हुए देशों तथा ऐसे समाजों के लिए, जो कि संक्रान्ति-युग से होकर गुजर रहे हैं, विशेष महत्त्वपूर्ण हैं। पिछले हुए देशों की आर्थिक उन्नति के विषय में प्रसिद्ध अर्थशास्त्री श्रीअमर्त्यकुमार सेन ने लिखा है कि किसी भी देश की उन्नति के लिए अर्थ, यानी कैपिटल का पूँजीकरण यानी 'फॉरमेशन ऑफ कैपिटल' जितना महत्त्वपूर्ण है, उतना ही 'स्किल', यानी कौशल का उपलब्ध होना भी। 'योगः कर्मसु कौशलम्' यह कथन किसी भी देश की आर्थिक उन्नति के लिए आदर्श नारा जान पड़ता है। जिस समय जापान, रूस और जर्मनी में तेजी के साथ आर्थिक उन्नति हुई, उस समय वहाँ इस प्रकार के कौशल, यानी नई तकनीकों का प्रयोग भी तेजी के साथ ही हुआ है। आजकल के पिछड़े हुए देशों को यह विशेष सुविधा है कि वे इन तकनीकों और कौशलों को प्राप्त करने के लिए बहुजन-माध्यम का इस्तेमाल कर सकते हैं।

पिछड़े हुए देशों में आर्थिक विकास मुख्यतः कृषि के विकास पर निर्भर है। भारत में 4 लाख गाँव हैं। किन्तु, कुल 10 प्रतिशत रेडियो-सेट गाँवों में हैं और उनमें भी 80 प्रतिशत लाइसेंस ऐसे लोगों के पास हैं, जो हाई स्कूल तक की शिक्षा प्राप्त कर चुके हैं। परिणाम यह है कि रेडियो-जैसा विकासशील माध्यम अधिक संख्या में किसानों तक पहुँच नहीं पाता और उसके अधिकतर प्रोग्राम नागरिक रुचियों पर आधारित होते हैं। जहाँ तक नागरिक रुचि और आवश्यकताओं का सम्बन्ध है, वे लोग प्रायः तरह-तरह के विकल्पोंवाले प्रयोगों को पसन्द करते हैं। इसीलिए, उनकी दृष्टि में ग्रामों के आर्थिक विकास से सम्बद्ध प्रोग्राम महत्त्व नहीं रखते। देहाती प्रोग्रामों में मनोरंजन की कमी होती है और उनका सन्देश ग्रामीण परिस्थिति के भिन्न होने के कारण नगरों के लिए आकर्षक नहीं होता। पाँचवें अध्याय में कहा गया है कि भारत में रेडियो का ग्रामीण जीवन के विकास के लिए प्रयोग सन् 1956-57 ई. में पहली बार प्रयोगात्मक दृष्टि से महाराष्ट्र के 5 जिलों में किया गया। उस समय दो-तीन अनुभव हुए। पहला तो यह कि भारत-जैसे देश में, जहाँ रेडियो और टेलीविजन भी सरकार के अधिकार में हैं, ये कार्यक्रम 'पीक लिसनिंग' के समय, यानी उस समय प्रसारित हो सके, जब श्रोताओं की तादाद ज्यादा होती है। प्रायः अन्य देशों में वह समय नागरिक विज्ञापनों को दिया जाता है। उसी प्रयोग से दूसरी बात यह जाहिर हुई कि यदि उस प्रकार के प्रोग्रामों को छोटे-छोटे दलों

अथवा क्लबों में किसान लोग सुनते हैं और उसके बाद उन विषयों पर चर्चा करके रेडियो-स्टेशनों को पत्र इत्यादि लिखते हैं, तो इस चर्चा और पत्र-व्यवहार के फलस्वरूप उनके ज्ञान का विकास होता है और वे अन्य तकनीकों को अच्छी तरह समझ पाते हैं। जाहिर है कि इस तरह के प्रोग्राम साधारण नागरिक श्रोताओं के लिए मनोरंजक नहीं हो सकते। इनका सम्बन्ध व्यक्ति के व्यवसाय से है। भारत में बहुजन-माध्यमों के जरिए किसानों की शिक्षा के प्रयोग सबसे अधिक संख्या में हुए हैं। ये प्रयोग वहाँ अधिक सफल हुए हैं, जहाँ प्रसार के साथ-साथ चर्चा-मंडलों की व्यवस्था की गई है।

जब तक हम देश में काफी संख्या में टेलीविजन गाँवों में नहीं पहुँचा सकते और जब तक अन्तरिक्ष से टेलीविजन के प्रोग्रामों के प्रसारण की उपयोगी व्यवस्था नहीं हो पाती, तब तक तो हमें इस देश में ऐसे अनेक प्रयोग करने होंगे, जिनमें दृश्य और श्रव्य सामग्री नवीन विधाओं द्वारा किसानों के सामने प्रस्तुत हो सके। चीन में इस तरह की विधाओं का प्रयोग काफी तादाद में किया गया। भारत में बहुत पहले से पाठक और वाचक जनता के विचारों को मोड़ देते रहे हैं। किन्तु, आर्थिक उन्नति के लिए विचारों को मोड़ देने के साथ-साथ नई तकनीकें सिखाना आवश्यक है। नई तकनीकें सीखने के लिए माध्यमों और दृश्य-श्रव्य साधनों के साथ-साथ व्यक्तिगत सम्पर्क आवश्यक है। इंटर-पर्सनल यानी व्यक्तिगत सम्पर्क द्वारा ज्ञान का विस्तार, निश्चय ही रेडियो-जैसे बहुजन-माध्यम की शक्ति को बढ़ा देता है।

टेलीविजन में यह व्यक्तिगत सम्पर्क स्वतः उपलब्ध हो जाता है। यद्यपि, अभी भारत में टेलीविजन का विस्तार होते-होते कुछ समय लगेगा, तथापि अन्य देशों के आर्थिक विकास में टेलीविजन किस प्रकार साधक (अथवा बाधक) होता रहा है, इसका संक्षिप्त विवेचन अप्रासंगिक न होगा। सन् 1974 ई. में भारत में उपग्रह (सेटेलाइट) द्वारा टेलीविजन के प्रोग्राम देखे जाएँगे। इसलिए भी यह उचित जान पड़ता है कि हम टेलीविजन की, आर्थिक विकास में योगदान की सम्भावनाओं पर थोड़ा विचार करें।

आर्थिक विकास में टेलीविजन

क्या वजह है कि टेलीविजन व्यक्ति के लिए अधिक प्रभावोत्पादक होता है और उस पर विषय-वस्तु को व्यक्ति की आवश्यकताओं के अनुसार अधिक आसानी के साथ प्रस्तुत किया जा सकता है? रेडियो और फिल्म की अपेक्षा टेलीविजन अधिक अन्तरंग माध्यम है। इस अन्तरंगता का कारण यह है कि टेलीविजन-प्रोग्राम घर के जीवन का एक हिस्सा बन जाता है। जिस बैठक में टेलीविजन रखा होता है, वहाँ वह प्रेक्षकों के वातावरण का अंग बन जाता है। रेडियो में कुछ देखने के लिए न होने के कारण वे हमेशा कुछ दूर रहता है। फिल्म, चूँकि प्रोजेक्ट की जाती है (यानी अलग से चित्रों को पर्दे पर फेंका जाता है), इसलिए प्रेक्षकों से उसकी दूरी भी स्वाभाविक है। लेकिन, टेलीविजन प्रेक्षकों के बिलकुल निकट होता है। उसके बटनों को दबाकर प्रेक्षक

टेलीविजन-प्रोग्राम के पात्रों को एक तरह से परिवार का अंग बना लेता है।

एक और भी कारण है टेलीविजन के 'इमेज' के अधिक अन्तरंग होने का। टेलीविजन-सेट के छोटे-से फ्रेम में पृष्ठभूमि गौण हो जाती है और सीन-सीनरी पीछे रह जाती है। इन चीजों से प्रेक्षक का ध्यान नहीं बँटता। छोटे फ्रेम के कारण बोलनेवाले के चेहरे पर आँखें टिक जाती हैं। बोलनेवाले की मुख-मुद्रा, आवाज और इशारों में प्रेक्षक रम जाता है। कुछ पाश्चात्य देशों में तो ऐसे अनुसन्धान किए गए हैं, जिनमें टेलीविजन-प्रोग्राम देखनेवालों की आँखें कहाँ टिकी हैं, इसका अध्ययन हुआ है। इस गवेषणा से ज्ञात हुआ है कि प्रेक्षक की आँखें टेलीविजन-सेट के किसी कोने में नहीं ठहरतीं। वे तो प्रायः प्रमुख बोलनेवाले के चेहरे पर टिकी होती हैं। इसलिए, यदि उस प्रमुख बोलनेवाले की मूर्ति स्पष्ट न भी हो तो भी कोई अन्तर नहीं पड़ता। टेलीविजन और फिल्म के चित्रों में अन्तर यही है कि फिल्म का चित्र बहुत-सी बारीकियों को दिखा सकता है और उसमें हर एक व्यक्ति एक-दूसरे से अलग दिखता है। टेलीविजन की एक तसवीर में तीन लाख बूँदे होते हैं, जो फ्रेम के बीच में आते और जाते रहते हैं। मनुष्य की आँखें उनमें से कुछ ही बूँदों को देख पाती हैं।

यही कारण है कि टेलीविजन के प्रेक्षकों को न सिर्फ अपनी आँखों, बल्कि कुछ मानों में अपनी स्पर्शेन्द्रियों पर भी निर्भर रहना पड़ता है। रेडियो तो श्रवणेन्द्रिय पर और टेलीविजन स्पर्शेन्द्रिय, नेत्र और श्रवणेन्द्रिय—तीनों पर निर्भर रहता है। इसीलिए, टेलीविजन की तसवीर पारदर्शी देखी जा सकती है और देखनेवालों के बहुत निकट होती है। इसीलिए, टेलीविजन का दक्ष कलाकार बिना झिझक के बोलता है, उसे 'ड्राइंग-रूम' का एक हिस्सा जो बनना होता है। वह भाषण नहीं देता और न वह नाटकीय ढंग से बोलता है। वह तो सहज स्वाभाविकता से बोलकर अपने प्रेक्षक तक अपना सन्देश पहुँचा देता है।

हमारे समाज में, जहाँ हम लोग हस्तशिल्प की तकनीक से मशीन की तकनीक की ओर बढ़ रहे हैं, इस तरह के व्यक्ति-केन्द्रित माध्यम, जैसे टेलीविजन, का एक विशेष प्रभाव पड़ता है नई तकनीक सीखनेवाले के ऊपर। प्रायः किसी भी पद्धति से सीखना विशेष प्रयास की अपेक्षा करता है; चाहे वह मशीन हो, चाहे औजार। किन्तु, टेलीविजन ने उस प्रयास तक में अन्तर कर दिया है। जब दर्शक टेलीविजन से किसी मशीन के बारे में कुछ सीखता है तब नेत्र टिक जाते हैं मशीन के एक खास हिस्से पर। मशीन या औजार प्रेक्षक के वातावरण का एक अंग बन जाता है। एक तरह से उसे एक नई सौगात मिल जाती है। वह सौगात चाहे एक 'ट्रैक्टर' के इस्तेमाल करने की गतिविधि के रूप में हो, चाहे किसी और ढंग की मशीन के इस्तेमाल करने की गतिविधि पर।

टेलीविजन पर बोलनेवाले के व्यक्तित्व द्वारा भी एक प्रकार का विश्वास प्रेक्षक को प्राप्त होता है। आखिर टेलीविजनवाले किसी मामूली इंजीनियर से तो प्रोग्राम कराएँगे नहीं। वे तो एक कुशल इंजीनियर के पास जाएँगे, सम्भवतः वैज्ञानिक के पास। इसका परिणाम यह होता है कि उच्च कोटि का वैज्ञानिक, प्रेक्षक के मन में नई विधियों के

बारे में आत्म-विश्वास पैदा कर देता है। जब पश्चिमी उत्तरप्रदेश में नई किस्म के गेहूँ लोकप्रिय हुए, तब ऑल इंडिया रेडियो से डॉ. स्वामीनाथन या डॉ. अटवल-जैसे वैज्ञानिक कोई प्रोग्राम करते थे, तो पंजाब, हरियाणा और पश्चिमी उत्तरप्रदेश का किसान ध्यान से सुनता था। इस तरह का आत्म-विश्वास बिजली द्वारा संचालित किसी भी माध्यम द्वारा पैदा किया जा सकता है, लेकिन टेलीविजन पर खासतौर से वह वातावरण का हिस्सा बन जाता है।

टेलीविजन, चूँकि सत्वर गति से सूचना का सम्प्रेषण करता है, इसलिए उन इलाकों की जनता को थोड़ी कठिनाई पड़ती है, जहाँ की तकनीकी विधाएँ अभी भी पुरानी हैं। भारत अभी भी तकनीक के उस स्तर पर है, जिसे इंटरमीडिएट टेक्नोलॉजी (यानी मध्यवर्ती तकनीक) कहा जाता है। इसीलिए, पिछड़े इलाकों के किसानों और कामगार लोगों के मन में सत्वर गति की गत्याधुनिकता एक तरह की द्विविधा पैदा कर देती है।

जब दिल्ली में और उसके आसपास करीब 69 टेली-क्लब बनाए गए और उनके लिए ऑल इंडिया रेडियो ने यूनेस्को की सहायता से टेलीविजन-प्रोग्राम प्रसारित किए, तो यह देखा गया कि टेलीविजन पर जिस प्रकार की बातें बताई जाती थीं यदि उनके बारे में टेली-क्लब के सदस्य आपस में बातचीत कर लें और बातचीत करने के बाद उनकी जो समस्याएँ थीं, उनका समाधान हो सके, तब वे लोग अधिक प्रगतिशील हो सकते थे। समाधान हो या न हो, लेकिन यदि प्रोग्राम से सम्बद्ध कोई एजेंसी कठिनाइयों के कारण टेलीविजन पर समझाने की चेष्टा करती थी, तो टेली-क्लब के सदस्यों का रवैया बदल जाता था। उस प्रसारणमाला में दिल्ली में ट्रैफिक की समस्याएँ, बाजार में वस्तुओं में मिलावट, जमीन पर गैरकानूनी अधिकार जमाने की समस्या तथा ऐसी ही दैनिक जीवन से सम्बद्ध समस्याओं पर टेलीविजन पर दिलचस्प प्रोग्राम दिए गए और उन पर टेली-क्लबों में चर्चाएँ हुईं।

तात्कालिक माध्यम और गरीब देश

यहाँ एक बुनियादी प्रश्न, विशेषतः पिछड़े देशों के सन्दर्भ में सामने आता है। अधिकतर बहुजन-माध्यम विद्युत-संचार पर आधारित होने के कारण तत्कालीन सूचना का वाहन बन जाते हैं। आर्थिक उत्पादन के क्षेत्र में जो विभिन्न इकाइयाँ हैं, उन तक तत्काल सूचना पहुँचाने में ये माध्यम समर्थ हैं। और, तत्काल सूचना पहुँचाने का अर्थ यह है कि सूचना पाते ही इकाइयाँ तुरन्त कार्य-तत्पर हो जाएँ। दूसरे शब्दों में, बिजली द्वारा संचालित बहुजन-माध्यम का इस्तेमाल करने से पहले यह जरूरी है कि प्रत्येक योजना की विभिन्न इकाइयों की जिम्मेदारियाँ पहले से निश्चित कर दी जाएँ, उनका खाका पहले से तैयार कर लिया जाए, कौन किसके बाद और कब काम करेगा। इस तरह से खाका तैयार हो जाने के बाद विद्युत-संचारवाली मशीनें काम करनेवालों के पास पूर्वनिश्चित समय के अनुसार आदेश पहुँचा दें। किसी योजना को पूर्ण करने की इस

विधि का नाम है 'साइबरनेटिक्स'। अमेरिका में बोस्टन की एम.आई.टी. के एक प्रसिद्ध वैज्ञानिक ने इस पद्धति का अन्वेषण किया था। साइबरनेटिक्स के सिद्धान्त से कार्यक्षमता और ध्येय प्राप्त करने में बहुजन-माध्यम तेजी ला सकते हैं और उसको ठीक समय पर पूरा करने में सफल हो सकते हैं।

इसमें कुछ समस्याएँ हैं। एक तो यह कि प्रायः टेलीविजन, विज्ञापन, फिल्म, रेडियो इत्यादि बहुजन-माध्यमों से तेजी के साथ भेजे जानेवाले वही सन्देश द्रष्टा अथवा श्रोता को कार्य के लिए अधिक प्रेरित कर पाते हैं, जिनमें निजी इच्छाशक्ति को संचालित करने की अधिक आवश्यकता न पड़े। विज्ञापन इसी प्रकार के सन्देश हैं। हममें से हर एक किसी-न-किसी प्रकार का उपभोक्ता है और विज्ञापन हमारे उपभोक्ता-रूप को उत्तेजित करते हैं—साबुन के लिए, 'विम' के लिए, तेल के लिए आदि-आदि। टेलीविजन या रेडियो पर सन्देश मिला नहीं कि हजारों लोग एक विशेष ब्रांड के साबुन को खरीदने के लिए तत्पर हो जाते हैं। एक समृद्ध समाज में इस प्रकार की उपभोग्य सामग्री यानी 'कन्ज्यूमर गुड्स' की माँग को तुरन्त पूरा करना अधिक मुश्किल नहीं है; क्योंकि वहाँ के समाज में आदमी की बुनियादी आवश्यकताएँ रोटी, दाल इत्यादि तो आसानी से उपलब्ध हैं ही और उनके लिए जेब काटने की इतनी जरूरत नहीं पड़ती। इनके अलावा उपभोक्ताओं को वहाँ कई निराले ढंग के कर्जे देने की (खरीद लो अब, पैसा बाद में दो) सुविधाएँ दी जाती हैं। नतीजा यह होता है कि उपभोक्ताओं के पास अगर तुरन्त धनराशि मौजूद न भी हों तो भी वे सन्देश पाते ही सामान खरीद सकते हैं। लेकिन जो गरीब देश हैं, जैसे भारत, वहाँ का उपभोक्ता यदि इस प्रकार 'कन्ज्यूमर गुड्स' या उपभोग्य सामग्री को अधिक प्रधानता देता है तो उसके दो परिणाम होते हैं—एक तो वह अपनी बुनियादी आवश्यकताओं को कम करने पर मजबूर होता है और दूसरे, यदि वह किसान है या इसी प्रकार किसी-न-किसी ढंग के उत्पादन में लगा है तो वह उस उत्पादन के लिए जिन चीजों की जरूरत है, उन्हें भी प्राथमिकता नहीं देता।

तात्पर्य यह हुआ कि बहुजन-माध्यम क्या सन्देश भेजता है, यह उस समाज की परिस्थिति पर निर्भर है, उस समाज की प्रगति पर निर्भर है। सन्देश उद्देश्य-प्रेरित होने चाहिए और उस समाज के लिए मुनासिब होने चाहिए। मार्शल मैकलूहन का सिद्धान्त है कि चूँकि बहुजन-माध्यम मनुष्य के अवचेतन पर असर डालता है, इसलिए उसका सन्देश क्या है, पिछड़े और गरीब देशों में प्रासंगिक नहीं है—विज्ञापनों के लिए भले ही यह बात सही हो। विज्ञापन तो टाई का होता है, लेकिन उन टाइयों की शोभा बढ़ाने के लिए एक नारी की देह का विज्ञापन टेलीविजन और पत्र-पत्रिकाओं में दिखाया जाता है। मैकलूहन के अनुसार ऐसे विज्ञापन मर्दों को वैसी टाई खरीदने के लिए प्रेरित करते हैं। हो सकता है कि उपभोक्ता-सम्बन्धी सामग्रियों के बारे में अवचेतन इस तरह काम करता हो, लेकिन यदि उन सामग्रियों की ओर द्रष्टा और श्रोताओं को आकर्षित करना है, जिनके इस्तेमाल के लिए इच्छा-शक्ति की आवश्यकता होती है, तो बहुजन-माध्यम का यह बिजली की तरह अवचेतन पर असर डालनेवाला प्रभाव नाकाफी होगा।

कार्यक्षमता के लिए प्रेरणा, सन्देश की विषय-वस्तु पर निर्भर करती है और खासतौर से पिछड़े हुए देशों, गरीब मुल्कों में यह जरूरी है कि सन्देश की विषय-वस्तु के ऊपर पहले से विचार किया जाए और तभी जनता को प्रेरित किया जाए।

श्रमिकों के विकास में बहुजन-माध्यम

गरीब देशों में श्रमिकों की शिक्षा का एक उद्देश्य उन्हें अपने वर्ग-विशेष की समस्याओं को समझने की क्षमता प्रदान करना है। दूसरे, अपने दायरे यानी वर्ग या दल में या ट्रेड-यूनियन में अपने वर्ग, स्थान और उत्तरदायित्व को समझना। तीसरे, अपने अधिकारों का ज्ञान और उनकी रक्षा के साधनों की जानकारी। साथ ही, अपने कर्तव्यों का ज्ञान और उनसे सम्बद्ध उत्तरदायित्व को निबाहने का ज्ञान। श्रमिकों की शिक्षा का एक उद्देश्य यह भी है कि औद्योगिकीकरण की आधुनिक पद्धतियाँ श्रमिकों को समझा दी जाएँ। रेडियो और टेलीविजन द्वारा श्रमिकों की शिक्षा के लिए कई ढंग के प्रयोग किए गए हैं। अनेक देशों में श्रमिकों के लिए समाचार प्रसारित किए जाते हैं। फिलीपीन में एक लेबर-यूनियन का अपना रेडियो-स्टेशन है, जो दिन-भर विज्ञापन-कार्यक्रम के साथ-साथ मजदूरों की रुचि के अनुकूल प्रोग्राम भी प्रस्तुत करता है। इसी तरह इजराइल में तो ट्रेड-यूनियन का एक विश्वविद्यालय है—श्रमिकों के लिए। पश्चिम-जर्मनी की ट्रेड-यूनियनों को अपने रेडियो-स्टेशन तथा टेलीविजन-स्टेशनों पर कुछ समय का कोटा मिलता है। दक्षिण-अमेरिका के पेरू देश में श्रमिकों के कान्फेडरेशन द्वारा एक साप्ताहिक प्रोग्राम चालू किया जाता है, जिसमें समाचार, श्रमिकों से सम्बद्ध पैनल, परिसंवाद और कुछ प्रतियोगिताएँ इत्यादि भी प्रसारित होती हैं।

अन्य देशों में यद्यपि ट्रेड-यूनियनें स्वयं रेडियो अथवा टेलीविजन के प्रोग्राम ब्रॉडकास्ट नहीं करतीं, तथापि ट्रेड-यूनियन के अधिकारियों को रेडियो और टेलीविजन द्वारा अपने सन्देश श्रमिकों तक पहुँचाने की सुविधा दी जाती है। भारत में बम्बई, कानपुर, अहमदाबाद आदि रेडियो-स्टेशनों से श्रमिकों के लिए यदाकदा प्रोग्राम प्रसारित होते हैं।

सन् 1967 ई. में, जेनेवा में श्रमिकों की शिक्षा के लिए किस प्रकार रेडियो और टेलीविजन का इस्तेमाल किया जाए, इस पर एक कॉन्फ्रेंस हुई, जिसमें निम्नलिखित विषय-वस्तु शिक्षा के लिए इन माध्यमों द्वारा उपयोगी मानी गई :

(1) सूचना-प्रधान कार्यक्रम, मजदूरों से सम्बद्ध ऐसी घटनाओं के समाचार, जिनकी व्याख्या मजदूर-नेताओं से इंटरव्यू तथा महत्त्वपूर्ण राष्ट्रीय तथा अन्तर्राष्ट्रीय श्रमिक-समाचारों और समस्याओं के विवेचन एवं मजदूर-आन्दोलन की फिल्म-रिपोर्टों द्वारा हो।

(2) शिक्षा-प्रधान प्रोग्राम, जिनमें मजदूर-आन्दोलनों का इतिहास सीरीज के रूप में प्रस्तुत किया जाए, सामाजिक और श्रमिक-कानूनों का विवेचन हो, मालिक और मजदूर के रिश्तों के बारे में बातचीत हो, फैक्टरियों में सावधानी कैसे बरती जाए और महिलाओं का मजदूर-आन्दोलन में स्थान—इन पर भी प्रसारण हो। इनके अलावा जो विकसित देश

हैं, उनमें मजदूरों को 'सीक्योरिटी' की तरह-तरह की जो सुविधाएँ दी जाती हैं, उन पर ज्ञानवर्धक वार्त्ताएँ। इसमें कोई शक नहीं कि टेलीविजन और रेडियो द्वारा मजदूरों की शिक्षा-पद्धति पर नवीन तकनीकों और मशीनों का काफी असर पड़ रहा है। अक्सर मशीनों के कारण ही मजदूरों की संख्या में कटौती हो जाती है। मजदूरों की शिक्षा पर अनेक सहकारी समितियों का विशेष ध्यान रहा है; आमतौर से इंग्लैंड में, जहाँ वे लोग सामाजिक विषयों पर नाटक, रेडियो आदि से प्रस्तुत करते रहे हैं। प्रौढ़ मजदूर अपने सामाजिक जीवन को इन नाटकों द्वारा मनोरंजन के रूप में प्रस्तुत करते हैं। मजदूरों की शिक्षा में एक बात और भी है। यह देखा गया है कि टेलीविजन और रेडियो श्रमिक-सम्बन्धी प्रोग्रामों को लोकप्रिय बनाने के लिए कुछ ऐसे लोगों की सहायता भी लेते हैं, जो हर प्रोग्राम पर ताली बजवाने का इन्तजाम करें और यों मजदूरों के सामूहिक रूप से शामिल होने का आभास दें।

ये समृद्ध देशों की बातें हैं। लेकिन, आर्थिक तौर से पिछड़े हुए कुछ देशों में मजदूरों के लिए जैसे प्रोग्राम हुए हैं, वे विशेष महत्त्वपूर्ण हैं। सन् 1961 ई. में जाम्बिया में रोडेशिया के युनिवर्सिटी-कॉलेज ने काँसे की खानों में काम करनेवाले मजदूरों के लिए विशेष प्रयोग किए, जिनमें टेलीविजन द्वारा मजदूरों को साक्षरता एवं गिनती सिखाने की व्यवस्था की गई थी। टेलीविजन, तारों द्वारा मजदूरों के घरों में पहुँचता है और हर (टेलीविजन-सेट पर 17 या 21 प्रौढ़ अध्येता मौजूद होते थे) टेलीविजन-कक्षा में हर सीट का नम्बर होता था और वहाँ पर एक मॉनिटर। सारी कक्षा का नक्शा उस अध्यापक के हाथ में होता है, जो टेलीविजन स्टेशन से पाठ ब्रॉडकास्ट करता होता हो। वही अध्यापक कैमरे की ओर इस तरह दृष्टि डालकर बोलता था कि हर एक छात्र को यह बोध होता था कि उसे ही सम्बोधित किया जा रहा है। पाठ के बीच-बीच में अध्यापक विशेष नम्बर की सीट पर बैठे हुए व्यक्ति से सवाल करता था—"17 नं., इससे आप क्या समझे?" 17 नं. जवाब देता। अगर उसका जवाब गलत हो, तो उस कक्षा का मॉनिटर उसे टोक देगा और उसके सवाल को सही बता देगा या किसी दूसरे नम्बरवाले छात्र से वही सवाल पूछेगा। परिणाम यह हुआ कि जाम्बिया के उन मजदूरों के बीच एक ही अध्यापक के द्वारा अनेक छात्रों से सम्पर्क स्थापित हो गया और इसीलिए इस शिक्षा-पद्धति में पढ़नेवालों में कक्षा छोड़ने की प्रवृत्ति नहीं दिखाई दी।

अफ्रीका के ही कांगो देश में ऊपर लिखित पद्धति से ब्रॉडकास्ट टेलीविजन द्वारा किए गए, जिनमें तार का सहारा नहीं लिया गया। एक प्रयोग समृद्ध देश से भी लिया जाए। सन् 1964 ई. में इंग्लैंड में बी.बी.सी. से मजदूरों के लिए टेलीविजन पर अर्थशास्त्र पर एक कोर्स ब्रॉडकास्ट हुआ। अर्थशास्त्र का मजदूरों के लिए विशेष महत्त्व है। इस टेलीविजन प्रोग्राम के साथ 'कॉरेसपोंडेंस' यानी पत्र-व्यवहार का कोर्स भी जोड़ दिया गया, जो साप्ताहिक था। जिन छात्रों ने अपने को रजिस्टर्ड करा लिया था, वे इस पत्र-व्यवहार-कोर्स के अध्येता भी हो जाते थे और अपने जवाब अध्यापकों के पास भेज

देते थे। पढ़नेवालों में मजदूरों की पत्नियाँ भी थीं और छात्रों को अच्छा-खासा काम करना पड़ता था।

तकनीकी युग की ओर प्रगति में बहुजन-माध्यम

आधुनिक युग में आर्थिक उन्नति के लिए नई तकनीकों द्वारा खेती और उद्योग को बढ़ाने से ही गरीब देश अपना अस्तित्व कायम रख सकते हैं। इसके लिए इन देशों की सरकारों और कारोबार को सम्पत्ति की आवश्यकता है। राष्ट्रीय सम्पत्ति बिना प्रारम्भिक लागत लगाए बन नहीं सकती। सम्पत्ति उन देशों की प्रचुर बन सकती है, जिनके पास ऐसी प्राकृतिक दौलत है, जिसका विदेशों को निर्यात करके वे वहाँ से नई मशीनें और नई तकनीकें प्राप्त कर सकते हैं। कुछ अन्तर्राष्ट्रीय संस्थाएँ, जैसे विश्व बैंक आदि, इस प्रयोजन के लिए राष्ट्रों को कर्ज भी देती हैं। लेकिन, देखा गया है कि कई गरीब देश, जिन्हें इन दो साधनों द्वारा नई तकनीकों के विकास के लिए काफी धन मिल सका है, प्रगति के पथ पर इसलिए अग्रसर नहीं हो सके कि उनके उत्पादक-वर्गों, यानी किसानों, मजदूरों तथा उत्पादन के लिए व्यवस्थाओं के उत्तरदायी व्यक्तियों को आधुनिक तकनीकों के यथोचित इस्तेमाल में कुशल होने का अवसर नहीं मिला।

क्या रेडियो, फिल्म, टेलीविजन इत्यादि बहुजन-माध्यम, उत्पादक वर्ग को नई तकनीकों की ओर आकर्षित कर सकते हैं और क्या उनमें कुशलता-प्राप्ति में सहायक हो सकते हैं? प्रायः इन माध्यमों की सामग्री तैयार करनेवाले माध्यमों द्वारा किसानों तथा अन्य उत्पादक वर्गों को आधुनिक तकनीकों की ओर उकसाने की उम्मीद रखते हैं। इसे माध्यमों की 'मोटिवेशनल' (प्रेरणादायी) भूमिका कहा जाता है। खेती में नई तकनीकों के प्रयोग का मनोरम चित्र खींचकर प्रेक्षकों की मनोवृत्ति बदलने की आशा से पहली दो विकास-योजनाओं के दौरान भारत में नाना प्रकार की फिल्मों, रेडियो-प्रोग्राम, पोस्टर इत्यादि का प्रचार किया गया। लेकिन वस्तुतः, तीसरे प्रोग्राम के अन्त में ही किसान आधुनिकीकरण की ओर प्रवृत्त हुए। क्यों?

बात यह है कि कोई भी उत्पादक नई तकनीक केवल इसीलिए नहीं अपनाता कि उसके बारे में बहुजन-माध्यम जोरों से प्रचार कर रहे हैं। उस प्रचार का असर उस समय होता है, जब वैज्ञानिक लोग किसी ऐसी विधि और तकनीक का आविष्कार करते हैं, जिनके इस्तेमाल से उत्पादक की आमदनी बड़ी मात्रा में बढ़े और न सिर्फ नई तकनीक में लागत का रुपया वापस आ जाए, बल्कि काफी अच्छा मुनाफा हो, ताकि वह आगे भी कारोबार बढ़ा सके। सन् 1964-65 ई. के आसपास गेहूँ की नई किस्मों के बीजों का आविष्कार ऐसी ही देन थी। उससे पहले रेडियो, फिल्मों और नाना माध्यमों से किसानों को रासायनिक खाद, ट्यूबवेलों, कीटनाशक दवाओं, आधुनिक हलों इत्यादि के फायदे अक्सर बताए जाते थे, किन्तु सामान्यतः किसान इन चीजों की ओर नहीं झुके। किन्तु, सन् 1964-65 ई. के आसपास वैज्ञानिकों द्वारा ऐसे गेहूँ-बीज का आविष्कार

हुआ, जो इन सभी साधनों द्वारा चलाई जानेवाली खेती की पद्धति के फलस्वरूप चामत्कारिक पैदावार दे सकता था। पहले से चौगुनी-पँचगुनी पैदावार की आशा ही सबसे सशक्त और प्रभावोत्पादक मोटिवेशन (प्रेरणा) था। उसी समय देश में बढ़ती हुई आबादी और माँग के फलस्वरूप बाजारों में अन्न के भाव बढ़े। सरकार ने कम-से-कम मूल्य निर्धारित कर किसान को यह आश्वासन दे दिया कि यदि बाजार-भाव मन्द पड़ें, तो उसके माल की सरकारी खरीद हो ही जाएगी। नए बीज का पूरा असर पाने के लिए किसान ट्यूबवेल (यथेष्ट आबपाशी के लिए) बड़ी मात्रा में रासायनिक खाद और कीटनाशक दवाओं आदि के लिए आप-ही-आप बेताब हो गया।

क्या इसके अर्थ हैं कि बहुजन-माध्यम, खेती में परिवर्तन और आर्थिक प्रगति के लिए प्रेरणा के स्रोत नहीं होते? देखा गया है कि रेडियो-टेलीविजन पर ऐसे किसानों की कथाएँ, जिन्हें अपने अध्यवसाय और नवीनता के प्रति आग्रह के फलस्वरूप सफलता मिली हैं, अक्सर प्रेरणादायी (मोटिवेशनल) होती हैं। समाचार-पत्रों द्वारा भी ऐसी सफलता कहानियों (सक्सेस स्टोरीज) का अच्छा असर पड़ता है। लेकिन, ये मनगढ़न्त कथाएँ नहीं होनी चाहिए। जिन लोगों के बारे में ऐसी कथाएँ प्रसारित हों, उनके साधन और पृष्ठभूमि श्रोता-प्रेक्षकों के स्तर की ही होनी चाहिए। यदि वे लोग अत्यधिक सम्पन्न हुए तो सामान्य किसान के ऊपर असर नहीं पड़ेगा। मोटिवेशन के लिए ऊँचे दर्जे के राजनीतिज्ञों या विशेषज्ञों द्वारा माध्यमों पर प्रसारण का भी कोई असर पड़ता है? जब कभी उन्हें कोई सर्वथा नई घोषणा करनी हो, आर्थिक नीति या नई तकनीक के बारे में, केवल पिष्टपेषण या उपदेश के लिए माध्यमों का प्रयोग, उन व्यक्तियों का 'इमेज'—जनता में उनका बिम्ब—भले ही स्थापित कर दें, पर आर्थिक उन्नति के लिए जनता को प्रेरित नहीं कर सकता।

वस्तुतः खेती की उन्नति में 'मोटिवेशन', यानी परिवर्तन के लिए इच्छा की उत्पत्ति की अपेक्षा बहुजन-माध्यम इन्स्ट्रक्शन, यानी प्रशिक्षण में अधिक उपयोगी हो सकते हैं। नई किस्म के बीजों के इस्तेमाल में अक्सर छह बार आबपाशी की जरूरत होती है, लेकिन कब-कब पानी देना चाहिए, पानी की मिकदार और खाद का सम्बन्ध, जमीन को तैयार करना, 'बीडिंग' के नए तरीके, एकाधिक फसल की तकनीक, रासायनिक खाद को फोलियर-स्प्रे द्वारा देना, मिट्टी में माइक्रो-नाइट्रेट पदार्थों की कमी को दूर करने के उपाय, स्थानीय परिस्थितियों को देखते हुए फसल काटने और बाजार पहुँचाने का निर्णय—ऐसी अनेक बातें हैं, जिनमें रेडियो के प्रोग्राम, पोस्टर, फिल्म, टेलीविजन इत्यादि उपयोगी हो सकते हैं। केवल एक्स्टेंशन ऑफिसर के प्रयत्नों से काम नहीं चलता। लेकिन, जरूरी यह है कि (अ) बहुजन-माध्यमों द्वारा दिए गए निर्देश स्थानीय परिस्थिति का ध्यान रखते हुए प्रसारित हों; (ब) वे सोद्देश्य हों, केवल सामान्यतः नए तरीकों की उपादेयता पर उपदेश-मात्र न हों; (स) ये निर्देश किसी-न-किसी उत्पादन-प्रोग्राम और प्रक्रिया के कार्यक्रम का अनुसरण करें; यह नहीं कि खेती की प्रक्रियाओं का तो एक कार्यक्रम हो रहा है और रेडियो अपने अलग कार्यक्रम की ढपली अलाप रहा है।

सामान्यतः यह विचार है कि आधुनिक बहुजन-माध्यम गरीब देशों के औद्योगिकीकरण में विशेष सहायक हो सकते हैं। नई फैक्टरियों में रुपया लगानेवाले 'इंट्रेप्रेनियर' (Entrepreneurs) नई प्रक्रियाओं के बारे में फिल्म देखकर नए उद्योग प्रारम्भ करने का निश्चय कर सकते हैं। लेकिन, फिल्म, रेडियो और टेलीविजन का व्यापक प्रभाव तो तकनीशियनों और मजदूरों पर पड़ सकता है। यह खेद की बात है कि प्रायः गरीब देशों में मजदूरों और तकनीशियनों के ज्ञानवर्द्धन की ओर ध्यान नहीं दिया जाता। भारत में तकनीशियनों के लिए अनेक प्रशिक्षण-केन्द्र हैं। किन्तु, मजदूरों के लिए बहुत कम। फैक्टरियाँ अपने काम से मजदूरों को लम्बे अर्से की छुट्टियाँ देने में असमर्थ हैं। तो क्यों न फैक्टरियों में ही फिल्म, रेडियो और टेलीविजन की मदद से एकाध घंटे के लिए प्रशिक्षण की व्यवस्था हो? यदि ऐसे प्रोग्रामों का गठबन्धन फैक्टरियों तथा सरकार द्वारा संचालित ट्रेनिंग-प्रोग्राम से हो जाए तभी वे बहुजन-माध्यम वस्तुतः फैक्टरियों के उत्पादन को बढ़ाने में सार्थक हो सकते हैं। लेकिन, सच तो यह है कि प्रायः हमारे देश में सुनियोजित ट्रेनिंग इंजीनियरों एवं प्रशासकों आदि के लिए ही जरूरी समझी जाती है। मजदूर तो काम करते-करते आप-ही-आप सीख जाएगा, ऐसा विचार किया जाता है। परिणाम यह है कि अनुभवी मजदूर मशीन तो कुशलतापूर्वक चला लेता है, लेकिन यह जरूरी नहीं है कि वह यन्त्र की प्रक्रियाओं को भी जाने।

भारत और ऐसे ही अन्य गरीब देशों में, जो प्रगति-पथ पर अग्रसर हो रहे हैं, एक ओर तो नई और आधुनिकतम मशीनों तथा तकनीकों को स्थापित किया जा रहा है और दूसरी ओर, इन समाजों में बहुत काफी संख्या में शिल्पी और कारीगर ऐसे उद्योगों पर निर्भर रहते हैं, जिनके यन्त्र इतने पेचीदा नहीं हैं, जितनी आधुनिक मशीनें और फैक्टरियाँ। हाथ की सफाई और अभ्यास पर निर्भर ये उद्योग थोड़ी-बहुत नई तकनीकों और सुधारों के बाद उत्पाद को कई गुना बढ़ा सकते हैं। पिछले दिनों भारत में सरकार द्वारा स्थापित डिजाइन-सेंटरों, लघु उद्योगों (स्माल इंडस्ट्रीज), संस्थानों तथा अन्य कई केन्द्रों में इस तरह के तकनीकी संशोधन और सुधार किए गए हैं। इस तरह के औद्योगिकीकरण को मध्यवर्ती शिल्प-विज्ञान (इंटरमीडिएट टेक्नोलॉजी) की संज्ञा दी जाती है। चूँकि अधिकतर ऐसे शिल्पी और कारीगर दूर-दूर फैले हुए हैं और ट्रेनिंग के लिए एक स्थान पर एकत्र नहीं हो सकते, इसलिए रेडियो, टेलीविजन, फिल्म, पत्र-पत्रिकाओं आदि के जरिए इन लोगों को शिल्प-विज्ञान की नई जानकारी दी जा सकती है। लेकिन, यह तो स्पष्ट है कि बहुजन-माध्यमों को अपने प्रोग्राम विशिष्ट कारीगर-वर्गों की अलग-अलग आवश्यकताओं के आधार पर तैयार करने होंगे। यह नहीं कि सब तरह के कारीगरों के लिए सामान्यतः तकनीकी उन्नति के बारे में समान प्रोग्राम प्रसारित कर दिए जाएँ।

आर्थिक उन्नति और बहुजन-माध्यमों के आपसी सम्बन्ध के बारे में अनेक पाश्चात्य विचारकों का मत है कि फिल्मों, टेलीविजनों और विज्ञापनों में आधुनिक जीवन के उन आकर्षक और आरामदेह पहलुओं को दरसाकर, जिनके आधार तरह-तरह के

आधुनिक साधन हैं, प्रेक्षकों को अपनी आर्थिक उन्नति करने, यानी आमदनी बढ़ाने के लिए प्रेरित किया जाता है। अंग्रेजी में इस तरह की जिन्दगी के आदर्श को 'द गुड लाइफ' कहा जाता है। अमेरिका में अच्छा फ्लैट, रेफ्रिजरेटर, दो मोटरें, बढ़िया फर्नीचर, छुट्टियों में विदेश की सैर, टेलीविजन, डिश-वाशर, खाना बनाने की मशीनें—इस तरह के विविध साधनों से सम्पन्न जिन्दगी की झाँकियाँ, युवजनों को मेहनत और प्रवीणता से अपना काम करने और अपना केरियर बनाने के लिए उत्साहित करती है। हमारे देश में बड़े शहरों में रहनेवाले ऐसे लोग, जिनके पास कुछ तो साधन हैं तथा जिनके रहन-सहन का स्तर भी ऊँचा हो रहा है, इस तरह के 'गुड लाइफ' से आकृष्ट होते हैं; क्योंकि उनके लिए वैसे 'गुड लाइफ' की प्राप्ति श्रमसाध्य है। लेकिन, देश में करोड़ों ऐसे लोग हैं, जिनके लिए सिनेमा और पाश्चात्य टेलीविजन पर दिखाई जानेवाले आरामदेह, आधुनिक और चमक-दमकदार जीवन की झाँकियाँ महज परियों की कहानियाँ हैं—बहुत दूर, बिलकुल अवास्तविक और उनकी अपनी पहुँच के बाहर। बहुजन-माध्यम इन लोगों के लिए मेहनत और आर्थिक उन्नति की प्रेरणा नहीं देते, वरन् महज एक भुलावा देते हैं।

मैंने अक्सर अमेरिकी विद्वानों से कहा है—19वीं सदी में जब आपके देश का विस्तार हो रहा था, जब हजारों साहसी और कर्मठ व्यक्ति अमेरिकी महादेश की धरती में से प्राकृतिक सम्पदा (पैदावार, खानें इत्यादि) पाने के लिए सचेष्ट थे, जब पश्चिमी सीमाओं तक पहुँचने के लिए रेड इंडियनों के साथ युद्ध और कठोर जीवन की चुनौतियों का प्रतिदिन मुकाबिला करना पड़ रहा था, तब क्या आरामदेह और चमक-दमकदार जीवन का चित्र (द इमेज ऑफ गुड लाइफ) उनके सामने था? वस्तुतः, यह तो उनकी प्रेरणा (मोटिवेशन) थी—पुरुषार्थ की उपलब्धि। इसलिए क्या ऐसी गरीब जनता के सामने अयथार्थ विलासी जीवन (लक्जरीज) के चित्र रखकर उस आकर्षण के आधार पर मेहनत और कर्मठता की आशा करना सही है? सिनेमा और टेलीविजन जिस ढंग के विलासितापूर्ण सुख-साधनों के चित्र भारतीय, अफ्रीकी आदि क्षेत्रों की जनता के सामने रखते हैं, वे वहाँ की सामान्य जनता की पहुँच के इतने बाहर हैं, उसके अपने बुनियादी अभावों से ग्रस्त जीवन से वे इतने परे हैं कि उनका निमन्त्रण उसे मेहनत और आधुनिक तकनीक की ओर अग्रसर नहीं कर सकता। इन देशों में कुछ ऐसे सम्पन्न वर्ग हैं, जो उस स्तर पर पहुँच गए हैं, जहाँ विलासिता और सुख-साधन का यह आग्रह कारगर होगा; क्योंकि उनके लिए वे चीजें स्वप्नवत् नहीं हैं, परियों की कहानियाँ नहीं हैं। लेकिन, ऐसे लोगों की संख्या कम ही है। आजकल बहुजन-माध्यमों द्वारा भारत में बढ़िया टेरिलीन कपड़ों, चौके के लिए बिजली की मशीनों, मेक-अप और सज्जा के साधनों, एअर-कंडिशनरों और रेफ्रिजरेटरों, आलीशान मकानों आदि के चित्रों का प्रसार बड़े शहरों में रहनेवाले सम्पन्न व्यक्तियों को अपनी आर्थिक उन्नति के लिए भले ही उकसा दे, किन्तु सामान्य बहुजनों में तो कुंठा और अपूर्ति की भावना ही पैदा कर सकता है।

गरीब देशों में आर्थिक विकास के लिए बहुजन-माध्यम कई तरह से उपयोगी हो सकते हैं। एक तो जैसा इस अध्याय के प्रारम्भ में कहा गया है, वैज्ञानिक परिवर्तनों के फलस्वरूप उत्पन्न हुई उन्नतिशील आर्थिक प्रक्रिया में शामिल होने के लिए किसानों और मजदूरों को नई तकनीकें सिखाने में सहायता देना, ताकि नई तकनीकी सुविधाओं का कुशलतापूर्वक इस्तेमाल करके वे अपनी आमदनी बढ़ा सकें। दूसरे, माध्यम परिवर्तन, आधुनिकता और ज्ञान-क्षितिज के विस्तार का ऐसा वातावरण प्रस्तुत करें, जिसमें नई पीढ़ी रूढ़ियों का विरोध करने के लिए बहुजन-माध्यमों के प्रोग्रामों का हवाला दे सकती हो, समाज और राष्ट्र की आर्थिक स्थितियों में परिवर्तन करा सकती हो।

गरीब देशों की प्राथमिकताएँ

टेलीविजन के बढ़ते महत्त्व को देखते हुए हाल में ही भारत में जॉन ग्रियर्सन नामक डॉक्यूमेंटरी फिल्म के प्रतिष्ठित निर्माता जब पधारे, तो उन्होंने हमारे देश में फिल्मों—खास तौर से वृत्तचित्रों—के बारे में कुछ पते की बातें कही थीं। उनको यहाँ बुलाया गया था सिनेमा के फैमिली-प्लानिंग-सम्बन्धी प्रोग्रामों के बारे में। उन्होंने जो इंटरव्यू एक समाचार-पत्र को दिया, उससे मालूम हुआ कि एक तो वे 8 मिलीमीटर-कैमरे पर तैयार होनेवाली फिल्मों को हिन्दुस्तानी गाँवों के लिए अधिक पसन्द करते हैं; क्योंकि 8 मिलीमीटर-कैमरों पर बहुत आसानी के साथ पाठ्य-सामग्री तैयार की जा सकती है। दूसरे, उन्होंने यह कहा कि टेलीविजन की अपेक्षा शायद भारतीय गाँवों में फिल्म-स्ट्रिप का अधिक असर पड़े। उनका तीसरा सन्देश था कि ऐसी डॉक्यूमेंटरी फिल्में तैयार की जाएँ, जिनमें भारत की प्रगति की प्रतिष्ठा हो। अन्ततः, उनका विचार था कि प्रौपेगैंडा या प्रचार-फिल्म अथवा टेलीविजन अथवा फिल्म-स्ट्रिप अपने में हेय नहीं है। दोष है तो उद्‌देश्य का। कसौटी यह है कि प्रोग्राम जनता को तत्पर करते हैं—प्रगति की ओर, अथवा पीछे खींचते हैं--निराशा की ओर। निराशा की ओर पीछे खींचना, उनके अनुसार, शहरों में रहनेवाले लोगों का विशेष शौक है। इसलिए ऐसी फिल्में, जो प्रगति की ओर जनता को अग्रसर कर सकें, आर्थिक उन्नति के साधक बन सकती हैं।

ग्रियर्सन न सिर्फ फिल्म, वरन् आर्थिक उन्नति के सन्दर्भ में अन्य माध्यमों का भी जिक्र कर रहे थे। समाचार-पत्रों के बारे में उन्होंने कहा कि मननशील समाचार-पत्र भारत-जैसे विकासशील देश के लिए वाजिब नहीं हैं। यहाँ तो कर्मशील प्रगति की आवश्यकता है। इसीलिए, कर्त्तृवाचक वाक्य ही आपके समाचार-पत्रों को शिक्षा देनेवाली शक्ति बना सकते हैं। इस तरह के 'ऐक्टिव वर्ब' (कर्त्तृवाचक क्रिया) हर एक प्रक्रिया को एक सम्भाव्य गाथा का रूप देते हैं, जो अंग्रेजी के टिप्पणी-मूलक समाचार-पत्रों से भिन्न है। टिप्पणी-मूलक तरीका, वस्तुतः अभिजात-वर्ग का तरीका है; जैसे—प्रारम्भिक अंग्रेजी राज्य के गाँवों से अनुपस्थित रहनेवाले जमींदारों का।

इसी प्रकार, उन्होंने बहुजन-माध्यम के प्रगतिशील प्रयोगों के बारे में एक और आपत्ति की कि पिछड़े हुए देशों के ऊपर आर्थिक दृष्टि से अत्यन्त उन्नत देश अपनी प्रगति की सूचनाएँ लादते हैं। यदि न्यूजीलैंड ऐसा देश है, जहाँ होनेवाली माताओं की सर्वाधिक देखभाल होती है या स्वीडन ऐसा देश है, जिसमें खदानों में काम करनेवालों को सबसे अधिक सुख-साधन उपलब्ध हैं, तो ये सूचनाएँ गरीब देशों को किस प्रकार दी जाएँ? यदि सूचना देने के बहाने सम्पन्नता द्वारा प्राप्त उपलब्धियाँ दिखाकर उनकी अपनी गरीबी और मजबूरियों का उपहास हो, तब तो ऐसी सूचनाओं से दूर ही रहना अच्छा है।

हर एक देश की अपनी-अपनी प्राथमिकताएँ होती हैं। यदि हमारी प्राथमिकता है, आमदनी बढ़ाना, उपज बढ़ाना; तो बहुजन-माध्यमों को पाश्चात्य मनोरंजन के आकर्षणों में कमी करनी होगी। मनोरंजन के विदेशी स्वरूप में एक तरह का निहित स्वार्थ हो जाता है और यह निहित स्वार्थ सामाजिक क्रान्ति को अवरुद्ध करता है। इसीलिए, ग्रियर्सन व्यावसायिक ही नहीं, पाश्चात्य देशों की नकल में तैयार किए गए अत्याधुनिक शैली के प्रोग्रामों के उग्र आलोचक हैं। उनका कहना है कि ये फिल्में हमारी आर्थिक और सामाजिक प्रगति की उपेक्षा करती हैं।

एक दूसरे विदेशी फिल्म-निर्माता फट्र्ज लैंग (जिसे हॉलीवुड का खासा ज्ञान है) की बात सुनिए। हॉलीवुड की फिल्मों में आराम और सुख की जिन्दगी के जो दृश्य दिखाए जाते हैं, उनका विवेचन करते हुए वह कहता है ('हैप्पिली एवर आफ्टर'—शीर्षक लेख; 'नेशनल हेरल्ड', 21 मार्च, 1971 ई.) कि पाश्चात्य देशों में खासतौर से अमेरिका में भोजन की कमी नहीं है। रोजाना की जिन्दगी को सहज और सुखद बनाने के अनेक साधन हैं। इसलिए, लोगों को परियों के देश की-सी वे कथाएँ फिल्मों में पसन्द आती हैं, जिनमें नायक-नायिका अन्ततः मजे में दिन काटते दिखाए जाएँ। बाद में, महायुद्धों के पश्चात् निराशावाद की लहर आई। यह क्यों? क्या वाकई, आर्थिक दृष्टि से वे समाज साधनहीन हो चुके हैं? नहीं। बात यह है कि ट्रेजडी और निरुद्‌देश्यता एक तरह का फैशन बन गए हैं। फट्र्ज लैंग का कथन है कि आखिर चीनी का एकमात्र जवाब जहर तो नहीं होना चाहिए। यह कथित निराशा और निरुद्‌देश्यता उन समाजों का ही फैशन है, जहाँ मानव की बुनियादी आवश्यकताएँ पूरी हो गई हैं।

पर भारत-जैसा देश, जहाँ की 58 करोड़ आबादी में अधिकांश गरीब हैं, यहाँ आरामदेह जिन्दगी के सपने उतने ही अयथार्थ हैं, जितना कृत्रिम निराशा का रुदन। पर यह भी अजब व्यंग्य है कि अब जब हमें अपना आर्थिक विकास करना है, हमें पुरुषार्थ की महिमा को चरितार्थ करना है, इस युग में हमारी व्यावसायिक फिल्में तो आरामदेह और परियों की कथाओं-जैसे मनगढ़न्त आनन्दलोक में लवलीन हैं और दूसरी ओर, हमारे अनेक नवीन कलात्मक पद्धति के फिल्म-निर्माता पुरस्कारों के मोह में पड़कर, जान-बूझकर, ऊब, निराशा, खोखलेपन और गरीबी की अनिश्चित अवधि में डूबे सामाजिक अंगों के प्रदर्शन में ही फिल्म की उपलब्धि मान बैठे हैं।

इसलिए, मजबूरन यह जरूरी हो जाता है कि समाज के उन वर्गों के लिए, जो आर्थिक विकास में संलग्न हैं (किसान, मजदूर, इंजीनियर, फिटर, यातायात के कर्मचारी आदि के लिए), दो प्रकार की फिल्में तैयार करने पर जोर दिया जाए। एक तो सुपर-8 मिलीमीटर फिल्में, जो उन तकनीकों और विधियों की शिक्षा के लिए बनाई जाएँ, जिनसे ये वर्ग अपनी योग्यता और आमदनी दोनों ही बढ़ा सकें। दूसरे, इन्हीं वर्गों में से कुछ ऐसे व्यक्तियों के अनुभवों के आधार पर ऐसी कलात्मक फिल्में तैयार की जाएँ, जिनमें उनके प्रयासों, प्रथम असफलताओं, कड़ी मेहनत और उलझनों तथा यथार्थ में प्राप्य सफलताओं को प्रस्तुत किया जाए। मैं जानता हूँ कि यह आसान नहीं। मिशिगन विश्वविद्यालय में बहुजन-माध्यम के प्रोफेसर का कहना है (लेख : इक्वेलिटी एंड पोटेंशियलिटी ऑफ कम्युनिकेशन इन मॉडर्नाइजेशन एंड डेवेलपमेंट; नवम्बर, 1969 ई.) कि पिछड़े हुए देशों में बहुजन-माध्यम वस्तुतः बहुंजन की आर्थिक और सामाजिक जिन्दगी पर इसलिए असर नहीं डाल पाते; क्योंकि उन पर अधिकांशतः नगरों के लोग हावी हैं। बहुजन-माध्यम के साथ यदि श्रोताओं अथवा दर्शकों के परिसंवाद का गठनबन्धन हो, जैसा कि भारत में प्रयास किया गया है, तो आधुनिकीकरण में विशेष प्रगति आती है।

राजनीतिक आधुनिकता और बहुजन-माध्यम

राष्ट्र-निर्माण का दूसरा पहलू है—गणतन्त्रीय प्रणाली को चालू करने में सहायक होना। वस्तुतः शासक और प्रजा के बीच सम्प्रेषण (कम्युनिकेशन) ही सर्वदा राजनीतिक तन्त्र का आधार रहा है—रामराज्य से लेकर हारूँ अल-रशीद तक, इंग्लैंड के आल्फ्रेड से लेकर जर्मनी के नाजी हिटलर तक। लेकिन इंग्लैंड, फ्रांस और सं. रा. अमेरिका में जनता के शासन में प्रतिनिधित्व के लिए जो आन्दोलन 17वीं सदी के बाद से हुए, उनकी परिणति 20वीं सदी में उन्हीं दिनों हुई जब एक ओर तो पहले के गुलाम देश (कोलोनियाँ) आजाद होने लगे और दूसरी ओर, आधुनिक बहुजन-माध्यमों का उदय होने लगा। नतीजा यह है कि आजकल नए आजाद देशों (न्यूली फ्री कंट्रीज) के सामने दो विकल्प दो प्रकार के अनुभवों के आधार पर सामने मौजूद हैं : एक तो प्राचीन ऐतिहासिक राजाओं से लेकर आज के स्टालिन और माओ के एकाधिपत्य की पद्धति और दूसरे, 17वीं शताब्दी के बाद जन-प्रतिनिधित्व के वे प्रयोग, जिनके लिए हजारों-लाखों व्यक्तियों को आत्मबलिदान करना पड़ा।

विचारणीय यह है कि नए आजाद देशों को इन दो विकल्पों में से एक को चुनने की सुविधा, बहुजन-माध्यमों, मशीन और बिजली द्वारा संचालित, प्रसार और सूचना एवं ज्ञानवर्द्धन के साधनों ने उपलब्ध कर दी है। ये देश किसी भी प्रकार के शास्त्र-तन्त्र के विषय में पूरा खाका झट से प्राप्त कर सकते हैं और उस शासनतन्त्र को अपने यहाँ लागू कर सकते हैं। यद्यपि बहुजन-माध्यमों का प्रयोग प्रायः तानाशाही ढंग से हिटलर

के जमाने में और उसके बाद अनेक हमारे समसामयिक तानाशाही प्रवृत्ति के शासकों ने विभिन्न देशों में किया है, तथापि बहुजन-माध्यम के निजी स्वभाव, निर्विशिष्टता (ऑब्जेक्टिविटी) के बावजूद, गणतन्त्रीय प्रणाली की ओर विशेष रुझान है। यह कैसे? मैंने इससे पूर्व आर्थिक विकास में बहुजन-माध्यमों के प्रयोगों के सन्दर्भ में इस ओर कुछ संकेत दिया था। बहुजन-माध्यमों की आधुनिक तकनीक, विशेषतः बिजली द्वारा संचालित माध्यमों की तकनीक, की एक विशेषता यह रही है कि उसने सम्प्रेषण (कम्युनिकेशन) को अधिक गणतन्त्रीय और समता का वाहन बनाने की चेष्टा की है। धन की कमी, ज्ञान और विद्या के केन्द्रों से दूरी एवं यातायात की कठिनाइयों के कारण प्राचीनकाल से ही पिछड़े हुए इलाकों की जनता प्रायः ज्ञानवर्द्धन की प्रक्रिया से वंचित रह जाती थी। भारत में दूर-दूर के क्षेत्रों की साधारण जनता में से कुछ उत्कट धार्मिक प्रवृत्ति के ही लोग तीर्थ-यात्राओं द्वारा नाना प्रकार की ज्ञानराशि तक पहुँच पाते थे, सम्पन्न व्यापारी अपने व्यापार के लिए यात्राएँ करके विविध स्थानों और प्रवृत्तियों के बारे में अवगत हो जाते थे। किन्तु, बाकी जनता, खासतौर से दूरी पर स्थित पिछड़े वर्गों की जनता तो सुनी-सुनाई बातों के आधार पर ही ज्ञान के छितरे फुहारों में ही शीतलता का अनुभव करती और श्रद्धा से अभिभूत होकर काशी, बदरीनाथ, पुरी, द्वारकाधाम, रामेश्वरम् इत्यादि स्थानों का मानसिक या काल्पनिक दर्शन करके ही सन्तोष प्राप्त कर लेती थी।

नई तकनीक द्वारा संचालित बहुजन-माध्यमों ने जनता के उन बन्धनों को दूर कर दिया है, जो ज्ञानराशि तक उनकी पहुँच में बाधा-स्वरूप रहे हैं। दूर देहातों में स्थित स्कूल, कॉलेज, चौपाल और मन्दिर उसी ज्ञानराशि को प्राप्त कर सकते हैं, जो न्यूयार्क, मास्को और दिल्ली के नागरिकों को उपलब्ध है। 'स्लमों' यानी झुग्गियों में पड़ी जनता और घनी आबादीवाले नगरों के पास की छोटी बस्तियों का वासी भी उसी राग पर झूम सकता है, वैसे ही चित्ताकर्षक और भुलावेदार दृश्यों को देखकर चमत्कृत हो सकता है, जो महलों और बड़े-बड़े होटलों का निवासी देखता है। साथ ही, यदि अन्य बाधाएँ न हों, तो यह पिछड़ा हुआ मानव, उद्योग-कौशल, यानी स्किल्स की अत्याधुनिक प्राविधिकता को भी इन्हीं माध्यमों द्वारा सीखकर अपना औद्योगिक कौशल बना सकता है, उन्नति का मार्ग प्रशस्त कर सकता है। कुछ देशों में इस तरह उद्योग-कौशल सम्बन्धी ज्ञान अधिक व्यक्ति केन्द्रित और सामान्य स्तर के लोगों के दायरे में आ गया है। दूसरे शब्दों में, सम्प्रेषण वर्गहीनता और बराबरी के वातावरण की ओर समाज को प्रेरित कर अधिकाधिक संख्या में विभिन्न वर्गों के व्यक्तियों को राष्ट्र-निर्माण में योगदान के योग्य बना सकता है।

समता के वाहन : गणतन्त्र के प्रचारक

पर बराबरी और समता का वातावरण होने मात्र से ही तो गणतन्त्रीय पद्धति का विकास

नहीं हो सकता। बिना गणतन्त्रीय प्रणाली के समुचित विकास के नागरिक का राजनीतिक व्यक्तित्व नहीं निखर सकता। यों राष्ट्रों के निर्माण तो बिना गणतन्त्र के भी होते रहे हैं, परन्तु व्यक्ति के विकास के बिना समष्टि का विकास एक तरह की प्रवंचना है। इसलिए, मैं मानता हूँ कि यदि बहुजन-माध्यमों की इस विशेष क्षमता, यानी बराबरी और समता के लिए साधन का उपयोग व्यक्ति के विकास के लिए नहीं किया गया तो नए आजाद मुल्कों में ये माध्यम तानाशाही के गुलाम हो जाएँगे, जैसा हम भारत के पड़ोसी देशों में देख ही रहे हैं।

गणतन्त्रीय संस्थाओं और पद्धति के विकास के लिए किस तरह से इन दिनों माध्यमों का उपयोग होना चाहिए? नए आजाद देशों के राजनीतिक नेताओं में दो तरह की प्रतिक्रियाएँ हम बहुजन-माध्यमों के बारे में पाते हैं। ऐसे देशों के नेता, जिनका आकार छोटा है और आबादी भी कम है, इन माध्यमों का तेजी के साथ अपने उद्देश्यों की पूर्ति के लिए उपयोग करना चाहते हैं; जैसे मिस्र में नासिर ने किया था और अन्य कुछ मध्य एशियाई एवं अफ्रीकी देशों में किया गया। दूसरी ओर, ऐसे देश हैं, जहाँ बहुजन-माध्यमों को ग्रामीणों तक पहुँचाने के साधन नहीं हैं और जहाँ पहले से ही आम सभाओं (पब्लिक मीटिंग्स) के माध्यम से आजादी के संघर्ष के दिनों में राजनीतिक नेताओं के 'इमेज' उनके व्यक्तित्व के करिश्मे (जिसे अंग्रेजी में 'कैरिस्मा' कहा जाता है) को गाँव-गाँव, घर-घर तक में प्रतिष्ठित किया जाता रहा है। इन देशों के नेता हाल ही तक इसीलिए बहुजन-माध्यमों के आसरे रहना पसन्द नहीं करते थे। वे तो सीधे जनता से सम्पर्क कर सकते थे और इसीलिए समाचार-पत्र जैसे माध्यम भी उनके लिए विशेष कारगर सिद्ध नहीं होते रहे हैं।

भारत को ही लीजिए। समाचार-पत्र तो साक्षर जनता के विशेष वर्गों तक ही पहुँच पाते हैं, सो भी नगरों में, जहाँ वोटरों की संख्या सीमित है। रेडियो खरीदने के लिए सामान्य ग्रामीण जनता के पास हाल तक साधन नहीं थे। (ट्रांजिस्टर के आने के बाद इस परिस्थिति में परिवर्तन हो रहा है, परन्तु फैलते-फैलते समय लगेगा।) टेलीविजन, उपग्रहों के आविष्कार होने तक दूर के सपने की भाँति था। उपग्रह (सेटेलाइट) कुछ समय बाद ग्रामों तक टेलीविजन के सन्देश पहुँचाने में समर्थ हो जाएँगे। पर, इस बीच गणतन्त्रों में जन-प्रतिनिधित्व प्राप्ति के लिए नेतागण बहुजन-माध्यमों को उपयोगी नहीं समझते, और शायद इसीलिए भारत-जैसे देश में इन माध्यमों का विकास अपेक्षाकृत धीमा रहा है। फिल्में मुख्यतः व्यावसायिक लोगों के अधीनस्थ होकर जन-मनोरंजन के साधन बनकर रह गईं। ऐसी परिस्थिति में राजनीतिक नेताओं ने यही सोचा कि माध्यमों को राजनीतिक निर्माण के क्षेत्र में न आने देना ही श्रेयस्कर होगा। कम-से-कम सन्1950 से 1962 ई. तक तो यही प्रवृत्ति थी। एक बार मैंने पार्लियामेंट के एक प्रमुख गैरसरकारी सदस्य से शायद सन् 1958 ई. में पूछा कि क्या वह रेडियो पर राजनीतिक विवादपूर्ण सामग्री का प्रसारित होना पसन्द करेंगे? उन्होंने कहा कि नहीं। इसलिए कि उसके फलस्वरूप वे राजनीतिक नेता, जो वैसे भी सत्ता में हैं, अपना प्रभाव और भी बढ़ा लेंगे।

चुनावों में बहुजन-माध्यम

मेरा विचार है कि नए गणतन्त्रीय राष्ट्रों के नेताओं का माध्यमों के प्रति यह रवैया एक सन्धिकालीन मनोवृत्ति का परिचायक था। 'कैरिस्मा' यानी व्यक्तित्व के चमत्कार पर आधृत नेतृत्व का स्थान ज्यों-ज्यों ऐसा नेतृत्व ले रहा है, जिसे जनता के सम्मुख अपना नया 'इमेज' (छवि) नए सिरे से बनाना है, यानी जिसे स्वातन्त्र्य के लिए संघर्ष के युग से बहुजन के समादार की विरासत नहीं मिली, नई पीढ़ी का यह नेतृत्व अब आम सभाओं तथा इंटर-पर्सनल यानी व्यक्तिगत सम्पर्कों के ही सहारे आगे नहीं बढ़ सकता। इसलिए, पिछले चार-पाँच बरसों में मैंने बहुजन-माध्यमों के उपयोग की कुछ प्रवृत्तियाँ देखीं, जिनमें से कुछेक से भविष्य की झाँकी मिलती है। संसद के लिए सन् 1970 ई. के चुनाव को ही लीजिए। मैंने पहली बात तो यह देखी कि पोस्टरों का पहले की अपेक्षा कहीं अधिक बहुव्यापी माध्यम के रूप में व्यवहार हुआ। यही नहीं, उनमें कुछ नई शैली भी अपनाई गई। विजेता दल के पोस्टरों की कई विशेषताएँ रहीं। उनके वितरण का समय सावधानी से चुना गया, यानी अन्य पार्टियों के पोस्टरों के बाद, पहले नहीं, तथा चुनाव की घड़ी के पास आने पर ही एक साथ उनको बड़ी संख्या में जारी किया गया। साथ ही, जो शीर्षक इन पोस्टरों में दिए गए, वे नारे नहीं थे, बल्कि सूत्ररूप में मतदाता को सोचने के लिए मजबूर करते थे, जैसे कि सुविख्यात पोस्टर "वे कहते हैं : 'इन्दिरा हटाओ', इन्दिरा जी कहती हैं : 'गरीबी हटाओ।' अब आप ही चुनिए" या 'इन्दिरा इज यू। एलेक्ट योरसेल्फ टु पावर।' एक और विशेषता यह थी कि इन पोस्टरों में कि दूसरी पार्टियों और उनके नेताओं पर छींटाकशी बहुत कम की गई–उतना ही सहज व्यंग्य, जितना एक हलकी मुस्कान के लिए काफी है, जो घृणा नहीं शंकाओं को उकसाता था। वस्तुतः सन् 1970 ई. के संसदीय चुनाव में पोस्टरों की अभूतपूर्व क्षमता अत्यन्त सुनियोजित रूप में उभरी।

उस चुनाव में एक अन्य बहुजन-माध्यम यानी समाचार-पत्रों का 'रोल', उनकी अदाकारी कुछ जम नहीं पाई। मैं राष्ट्रीय स्तर के समाचार-पत्रों की चर्चा कर रहा हूँ। मुझे कुछ ऐसा लगा कि उन समाचार-पत्रों के सम्पादक कुछ दुविधा में पड़ गए। उनमें से कुछ के तो मालिक लोग परोक्ष या अपरोक्ष रूप से चुनाव में विरोधी पक्ष की ओर से भाग ले रहे थे। कुछ अनिश्चित-से थे कि कौन-सा पक्ष विजयी होगा। अतः, सम्पादकीय टिप्पणियों में मैंने उस तरह की दुविधा देखी, जिसमें न तो तटस्थता का साहस था और न पक्षधरता का खड्ग। अनेक समाचार-पत्रों ने मध्यम मार्ग का अवलम्बन किया। इससे फायदा विजयी पार्टी को हुआ; क्योंकि इन समाचार-पत्रों में एक ओर तो विरोधी पक्ष के वक्ताओं के घोर भर्त्सनापूर्ण भाषणों की रिपोर्टें छपती थीं और दूसरी ओर, विजयी पक्ष की ओर से अपशब्दों के कम-से-कम व्यवहारवाले भाषणों के विवरण। फलस्वरूप, समाचार-पत्र पढ़नेवाला बुद्धिजीवी वर्ग, जो कभी-कभी ऐसे अवसरों पर दृष्टिकोण-निर्धारक (बिचौलियों) का काम करता है, विजयी पार्टी से अधिक प्रभावित हुआ।

एक और तथ्य विचारणीय है। संसदीय चुनाव राष्ट्रीय स्तर का चुनाव था। इसलिए, पहली बार राष्ट्रीय बहुजन-माध्यम यानी आकाशवाणी, राष्ट्रीय समाचार-पत्रों, कुछ हद तक डॉक्यूमेंटरी फिल्मों और टेलीविजन ने राष्ट्रीय स्तर की समस्याओं को श्रोताओं, पाठकों एव दर्शकों के सामने पेश करने की चेष्टा की और यह प्रयास इस भाँति किया गया कि उन समस्याओं के बारे में विभिन्न दलों के दृष्टिकोण प्रस्तुत हो सकें। इसका परिणाम यह हुआ कि जिन दलों का दृष्टिकोण शुद्ध प्रादेशिक या क्षेत्रीय था, उनमें मतदाताओं की दिलचस्पी कम होती गई और इसका लाभ भी विजयी राष्ट्रीय पार्टी को ही हुआ।

मुझे हाल के राज्यों के चुनावों के अध्ययन के लिए अवसर नहीं मिला। परन्तु, यदि हम अपने सन् 1970 ई. के राष्ट्रीय चुनाव के अनुभव का मिलान ब्रिटेन के सन् 1964 ई. के चुनाव और राष्ट्रपति निक्सन के पिछले चुनाव से करें, तो कुछ दिलचस्प बातें जाहिर होती हैं। ब्रिटेन में मतदाता बहुजन-माध्यमों से उतना इसलिए प्रभावित नहीं हुआ कि इन माध्यमों ने उसे निर्णय लेने में मदद दी, और न इसलिए कि उसे माध्यमों पर चुनावों के परिणाम घोषित होते समय घुड़दौड़ की-सी हलचल और उत्तेजना की अनुभूति हुई, वरन् इसलिए कि ब्रिटेन में टेलीविजन आदि देखनेवाला मतदाता अपनी जानकारी बढ़ाकर अपने को अधिक जागरूक रखना चाहता था। सर्वेक्षकों ने अंग्रेजी शब्द 'सर्वीलेंस' का व्यवहार किया है यानी मतदाता चुनाव के दौरान बहुजन-माध्यमों के प्रोग्रामों से जानकारी प्राप्त करके खबरदार और सावधान होना चाहता था कि आखिर पार्टियाँ करेंगी क्या, उनके नेता लोग कैसे हैं, क्या कहते हैं। मतदाता जानकारी के मामले में अधुनातन (अप-टु-डेट) रहना चाहता था। दूसरे शब्दों में, बहुजन-माध्यम ब्रिटेन के चुनाव के दौरान मतदाताओं की राजनीतिक शिक्षा के साधक हो गए। भारत में ग्रामीण मतदाताओं का विशाल समुदाय इस तरह की राजनीतिक शिक्षा तो नहीं पा सका, लेकिन अंग्रेजी पढ़े-लिखे नागरिकों तथा अन्य मध्यम वर्ग के नागरिकों को आकाशवाणी पर होनेवाले 9-15 रात के प्रोग्रामों में विशेष परिसंवादों ने कुछ हद तक समस्याओं के बारे में काफी जानकारी दी। राष्ट्रीय तथा कुछ अन्य समाचार-पत्रों और अनेक साप्ताहिकों ने प्रचुर मात्रा में विभिन्न दृष्टिकोणों को प्रस्तुत करके शिक्षित वर्ग के मतदाताओं को प्रभावित किया।

निक्सन के सन् 1968 ई. के चुनाव के बारे में एक पुस्तक निकली है—'द सेलिंग ऑफ ए प्रेसिडेंट' (जोमैकगिन्स), यानी एक राष्ट्रपति की बाजार में कैसे बढ़ोत्तरी की गई। इस पुस्तक के टाइटिल से ही प्रतीत होता है कि जिन लोगों ने निक्सन का चुनाव-अभियान (कैम्पेन) आयोजित किया, वे कुछ वैसे ही मतदाताओं के बाजार में उसका ढोल पीटना चाहते थे, जैसे कोई किसी साबुन या कपड़े या अन्य सामान का विज्ञापन, अपने ब्रांड की वस्तुओं का विज्ञापन, करता हो। इसका कारण? कारण इस पुस्तक के अनुसार यह था कि निक्सन का अपना व्यक्तित्व तो वस्तुतः आभाहीन था। अतः, विज्ञापकों को बहुत-कुछ बढ़ा-चढ़ाकर उसके व्यक्तित्व को प्रस्तुत करना पड़ा।

यहाँ तक कि टेलीविजन-प्रोगामों में जो सवाल-जवाब की बैठकें हुईं, उनमें उसके समर्थकों ने अनेक नकली प्रश्नकर्ताओं से प्रश्न कराए और तालियाँ पीटने की भी व्यवस्था की। टेलीविजन पर निक्सन का चित्र कुछ इस तरह बृहदाकार प्रस्तुत किया जाता था कि लोगों का ध्यान उसके अपने चमत्कार-शून्य शब्दों पर न जाए। इंग्लैंड के 'न्यू स्टेट्समैन' ने तो यह लिखा—'यह सारा आयोजन और कुछ नहीं, इलेक्ट्रॉनिक जादूगरी थी और थी एक तरह की बौद्धिक प्रवंचना।'

जो भी हो, जादूगरी द्वारा उन लोगों ने निक्सन की इमेज (छवि) को सफलतापूर्वक प्रस्तुत कर दिया। लेकिन वस्तुतः निक्सन की तसवीर (उसकी इमेज) उस ढंग की बन ही नहीं पाई, जैसी कैनेडी की थी। हमारे यहाँ भी इमेज बन रही है, लेकिन इस तरह के विज्ञापन के फलस्वरूप नहीं। जॉन डाउसिंग नामक विशेषज्ञ ने लिखा है कि इमेज व्यक्ति के बारे में विचारों, विश्वासों और भावनाओं का पुंज है, जो उस व्यक्ति की उपलब्धियों तथा विज्ञापन के फलस्वरूप द्रष्टा-श्रोता-पाठक के मन में बस जाए। सिर्फ विज्ञापन से काम नहीं चलने का, उपलब्धियाँ भी हों, तभी इमेज का उदय और स्पष्टीकरण हो सकता है।

राष्ट्रीय एकता के साधनों के रूप में

यद्यपि चुनावों का गणतन्त्रीय राष्ट्र-निर्माण में बड़ा हाथ होता है, तथापि राष्ट्र-निर्माण को बहुजन-माध्यम और ढंग से भी परिपुष्ट कर सकते हैं। हमारे जैसे देश में संसदीय गणतन्त्र के सामने एक बड़ी चुनौती है—राष्ट्रीय एकता का संरक्षण और संवर्धन। बहुजन-माध्यम दो तरह से बिखरे हुए जन-समुदायों और समाजों को एकता के सूत्र में बाँधने की क्षमता रखते हैं। एक तो प्रक्रिया है यान्त्रिक, यानी मेकेनिकल माध्यमों द्वारा, जैसे प्रेस। मैं प्रेस में मुद्रित पाठ्य सामग्री ही नहीं, वरन् ग्रामोफोन-रेकॉर्ड जैसी मुद्रित ध्वनि-सामग्री एवं चित्रावलियों को भी शामिल करता हूँ। इस तरह की व्यापक मुद्रित सामग्री किसी भी बड़े राष्ट्र के केन्द्र से सामाजिक, राजनीतिक और आर्थिक आदर्शों और प्रोग्रामों को देश के विभिन्न क्षेत्रों तक फैला सकती है और इस तरह जानकारी और प्रेरणाओं की एकरूपता उत्पन्न कर सकती है। भारत में, बीसवीं सदी में इसी भाँति मुद्रित सामग्री ने विवेकानन्द, टैगोर, गांधी और नेहरू के आदर्शों के विकेन्द्रीकरण द्वारा अस्त-व्यस्त और सदियों से गुलाम समाज के बौद्धिक और शिक्षित वर्गों को प्रभावित कर एकसूत्र में बाँधा। उस पीढ़ी ने भारतीय मूलभूत एकता के प्रभात का इस भाँति आवाहन किया।

लेकिन, दूसरी प्रक्रिया भी है बहुजन-माध्यमों की। यह विकेन्द्रीकरण द्वारा नहीं, पुंजीकरण द्वारा बिखरे हुए समाजों को एक-दूसरे के समीप लाती है। इसे 'इम्प्लोजन'-तकनीक की संज्ञा दी गई है और इसके वाहक हैं—इलेक्ट्रॉनिक माध्यम—रेडियो और टेलीविजन। विभिन्न क्षेत्रों की संस्कृतियों, सामाजिक व्यवहारों, आर्थिक योजनाओं और राजनीतिक

अभिव्यक्तियों को रेडियो और टेलीविजन केन्द्रीभूत करते हैं रेकॉर्डिंग द्वारा और चित्रों के सम्प्रेषण द्वारा। यह प्रक्रिया है बिखरी हुई अनुभूतियों को राष्ट्रीय अनुभूति के स्तर पर ले आना। यूरोप में दूसरे महायुद्ध के बाद यही हो रहा है। विभिन्न यूरोपीय देश एक-दूसरे के निकट आ रहे हैं। (यही नहीं, पिछले दिनों सामाजिक क्षेत्र में अमेरिका तक का पुनः यूरोपीकरण होता दीख पड़ता है।)

भारत में रेडियो ने अपने लघु प्रयासों से थोड़ा-बहुत ऐसा ही पुंजीकरण करने की चेष्टा की। लोक-संगीत, राष्ट्रीय, साहित्यिक और काव्य-प्रयोगों द्वारा विभिन्न प्रकार की अभिव्यक्तियों को राष्ट्रीय मंच देने की चेष्टा की गई। पर यह चर्चा तो पुनः संस्कृति की हो चली। सवाल तो यहाँ यह है कि भारत-जैसे नए गणतन्त्रीय समाज में किस भाँति गणतन्त्र के उत्तरदायित्व के लिए बहुजन-माध्यम सहायक हो सकते हैं? आदर्शों के सन्देश का विस्तार ही काफी नहीं है। गणतन्त्रीय संस्थाओं को चलाने में सूझ-बूझ, व्यवस्था, दक्षता—ये वे शिलाएँ हैं, जिनका चित्र गौतम बुद्ध ने मगध के महामन्त्री वर्षकार के सामने वैशाली के गणतन्त्र की व्याख्या करते हुए खींचा था। इसकी ट्रेनिंग की व्यवस्था तो हमारे विश्वविद्यालयों में भी नहीं है। तो, फिर संसदीय सदस्यों या भावी नेताओं को इस तरह की क्षमता और दक्षता के सूत्र कहाँ से मिलें? बहुजन-माध्यम परोक्ष और अपरोक्ष रूप से यह ट्रेनिंग दे सकते हैं, ऐसा मेरा निजी अनुभव है। इस प्रक्रिया को मैंने 'द मास मीडिया साइकिल' यानी 'माध्यम-चक्र' का नाम दिया है। मेरा अनुभव है कि यदि गाँव-गाँव और मुहल्ले-मुहल्ले में श्रोता-दर्शक-मंडल स्थापित किए जाएँ, उनकी मानसिक पृष्ठभूमि, उनकी भौतिक आवश्यकता और उनकी समस्याओं को ध्यान में रखकर रेडियो, टेलीविजन और फिल्मों पर प्रोग्राम, सप्ताह में एक या दो बार से अधिक नहीं, प्रसारित हों। ये मंडल छोटे हों—15 से 20 तक सदस्य—और हर प्रोग्राम के बाद चर्चा करें, जिज्ञासा करें, विभिन्न मतों को प्रकट करें, उन चर्चाओं का सार प्रश्नों के रूप में रेडियो-प्रसारण-केन्द्र आदि के पास भेजा जाए, बाद के प्रोग्रामों में उन प्रश्नों के उत्तर दिए जाएँ, यानी एक तरह का वृत्तचक्र श्रोता-दर्शक एवं प्रसारक के बीच स्थापित होने लगे, तो ये चर्चा-मंडल ही हमारे भावी गणतन्त्र की आधारशिला बन सकेंगे। इस तरह बहुजन-माध्यम की जो सबसे घातक प्रवृत्ति है, यानी श्रोता-दर्शक को निष्क्रिय (पैसिव) बना देना, उसका निवारण हो सकेगा। आजकल समाचार-पत्रों के 'रीडर्स कॉलमों' में थोड़ा-बहुत ऐसा ही हो पाता है, लेकिन सुनियोजित रूप से नहीं, प्रधानतः शिकायतों के बंडल के रूप में। लेकिन, गणतन्त्र के लिए ट्रेनिंग महज शिकायतों की अभिव्यक्ति ही नहीं है, वह तो चेतना की स्फूर्ति भी है, सक्रिय सहयोग का आयोजन भी है, विवेचन और दूसरों के मतों को सहिष्णुतापूर्वक सुनने की क्षमता भी है।

असाधारण परिस्थितियों में बहुजन-माध्यम

बहुजन-माध्यम के प्रति जनसामान्य की प्रतिक्रिया असाधारण परिस्थितियों में आमूल रूप में परिवर्तित हो जाती है और कभी-कभी आश्चर्य होता है देखकर कि वे लोग, जो साधारणतः रेडियो के पास भी नहीं फटकते, या समाचार-पत्रों पर केवल सरसरी निगाह डालकर ही सन्तुष्ट हो जाते हैं, किस तरह से इन बहुजन-माध्यमों के प्रति ऐसा लगाव पैदा कर लेते हैं, मानो उनके बिना उनका जीवन अधूरा रहता हो। यह अनुभव इस बात की पुष्टि करता है कि सिद्धान्त के ही आधार पर बहुजन-माध्यमों को अपने में एक सार्वकालिक, अपरिहार्य और विश्वव्यापी प्रभाव मानना अतिशयोक्ति है। बहुजन-माध्यम निश्चय ही प्रभावशाली हैं, किन्तु उनका प्रभाव परिस्थिति के अनुपात के अनुसार बदलता रहता है।

मैंने चार प्रकार की असाधारण परिस्थितियों में बहुजन-माध्यम के विस्तार और सामर्थ्य को देखा है और उसका थोड़ा-बहुत विश्लेषण करने की भी चेष्टा की है। इस बारे में मेरी जानकारी कुछ अनुभवी प्रोड्यूसरों और पत्रकारों के कथनों पर भी आधृत है। मैं जिन चार प्रकार की असाधारण परिस्थितियों का जिक्र करना चाहता हूँ, वे हैं–

(अ) किसी महान् व्यक्ति के देहान्त से उत्पन्न देश में शोक और विह्वलता की लहर।

(ब) अन्तर्राष्ट्रीय खेलों की प्रतियोगिताओं में जन-साधारण की उत्तेजनाशील अभिरुचि।

(स) किसी अकस्मात् प्राकृतिक महाविपत्ति अथवा दुर्घटना के फलस्वरूप असंख्य जनता की क्षति और मरण; और

(द) युद्ध।

विख्यात व्यक्तियों के देहान्त की घड़ी

किसी सुविख्यात व्यक्ति का महाप्रयाण सामान्य जनता और सुधी लोगों को कितना प्रभावित करता है, इसका सजीव अंकन जापान के एक मन्दिर में उत्कीर्ण एक शिलापट्ट-चित्र में किया गया है। बड़े-बड़े ज्ञानी और वयोवृद्ध तथा अनेक सामान्य व्यक्ति भगवान् बुद्ध की मृतक देह के आसपास खड़े विलाप करते दिखाए गए हैं।

मानव-प्रकृति का यह अत्यन्त ईमानदार और हृदयद्रावक चित्रण है। फिर भी, चित्र का प्रभाव सीमित है। महात्मा गांधी की हत्या ने सारे विश्व को हिला दिया था। हिला इसलिए दिया; क्योंकि मिनटों में इस अभूतपूर्व कांड की कथा विश्व के कोने-कोने तक पहुँच गई। गांधीजी के व्यक्तित्व में जिनकी अनास्था थी, उनके बारे में सन्देह और अश्रद्धा; या उनके सन्देश के अक्षरशः अनुगामी, या उनका परिहास करनेवाले—सभी रेडियो द्वारा इस समाचार के प्रसारण के बाद और समाचार-पत्रों में इसकी विज्ञप्ति के उपरान्त, किंकर्तव्यविमूढ़ रह गए। बहुजन-माध्यम ने उस वातावरण की बेला में सारे विश्व को एकसूत्र में बाँध दिया। विश्व के इतिहास में बहुजन-माध्यम के पूर्व ऐसा कभी सम्भव नहीं था। यही नहीं, बहुजन-माध्यम के इतिहास में भी यह एक विलक्षण घटना थी; क्योंकि बहुजन-माध्यमों ने गांधीजी से सम्बद्ध सूचना और विचारों को क्षण-भर में विश्व के उन कोनों तक पहुँचा दिया था, जहाँ के लोगों की प्रवृत्ति और परम्पराएँ भारत से भिन्न थीं। ऐसे महापुरुष के महाभियान के समय विचारों का ही प्रसार नहीं हुआ, वरन् ऐसी गहन और हृदय का मंथन करनेवाली भावना का आलोड़न हुआ था, जिसमें व्यक्ति और जातियों के पृथक् अस्तित्व कुछ समय के लिए लुप्त होते-से जान पड़े थे।

वे, जो उस अमर क्षण में बहुजन-माध्यम के वाहन बने, उनका क्या अनुभव हुआ? चार व्यक्तियों के विषय में मैं जानता हूँ। पहले व्यक्ति मेलविल डिमेलो हैं। मेलविल डिमेलो आकाशवाणी के शायद सबसे अधिक अनुभवी, सबसे अधिक जाने-माने 'स्वर' हैं। उनका कहना है कि रेडियो के उनके दीर्घकालीन अनुभव में गांधीजी की शवयात्रा का जो वर्णन उन्होंने रेडियो पर किया था, वह उनकी चिरस्मरणीय निधि है। ऐसे मौके पर कॉमेंटेटर, यानी टिप्पणी प्रसारित करनेवाले को कई प्रकार के पात्रों का अभिनय एक साथ करना पड़ता है। उसे यथातथ्य का इस भाँति वर्णन करना होता है कि रेडियो सुननेवाले उस स्थान से अपनी अनुपस्थिति के बावजूद अपने कानों और कल्पना द्वारा वहाँ उपस्थित होने का आभास पा सकें। यथातथ्य वर्णन करने में शब्द कम इस्तेमाल करने की आवश्यकता होती है और उसके साथ-साथ सामने दीखनेवाले दृश्य में से किसी भी ऐसी स्थिति को छोड़ना नहीं होता, जो अपने में नगण्य होते हुए भी शोक और सामान्य अनुभूति को अधिक गहराई दे सके। लेकिन, अक्सर ऐसा होता है कि असंख्य मानव-समूहों को देखकर टिप्पणीकार (कॉमेंटेटर) इतना अभिभूत हो जाता है कि वह बार-बार अपार जन-समूह का ही उल्लेख करता रहता है और सुननेवाले की तबीयत ऊब जाती है। अथवा, वह किसी ऐसे स्थान की ओर इशारा करता है, जिसके बारे में उसकी कोई जानकारी तो होती नहीं और जिसका उस क्रम से भी कोई सम्बन्ध नहीं होता। (एक बार इस प्रकार के कॉमेंटेटर ने एक शवयात्रा के सम्बन्ध में, जो नई दिल्ली के महात्मा गांधी मार्ग से जा रही थी, कहा कि उसे अपनी बाईं तरफ एक स्तम्भ-सा दीख पड़ता है, जो शायद किले का भाग है। वस्तुतः यह स्तम्भ फीरोजशाह-कोटला में स्थित विश्वविख्यात अशोक-स्तम्भ है, जिसके ऊपर उनके अमूल्य लेख अंकित हैं। कॉमेंटेटर के लिए बड़ा अनुपम अवसर था कि वह स्तम्भ पर अशोक के लेखों का जिक्र

कर देता, किन्तु उसने तैयारी नहीं की थी।) मेलविल डिमेलो को शायद महात्मा गांधी की शवयात्रा के सम्बन्ध में पहला मौका मिला था—इतना बड़ा आँखों देखा हाल देने का। लेकिन, उन्होंने पूरी तैयारी की, जानकारी प्राप्त की उस रास्ते की, जहाँ से होकर शवयात्रा होनी थी, लेकिन उससे भी अधिक उन्होंने यथाशीघ्र महात्मा गांधी की हत्या-सम्बन्धी उनके अन्तिम सन्देशों तथा उनकी जीवनी से मार्मिक घटनाओं का लेखा-जोखा एकत्र कर लिया और उनके आधार पर उन्होंने उस शवयात्रा का आँखों देखा विवरण दिया। वह विवरण निश्चय ही आकाशवाणी के इतिहास में एक उपलब्धि माना जाता है। उसी दिन दिल्ली में हिन्दी में आँखों देखा विवरण श्रीशिवकुमार त्रिपाठी ने प्रस्तुत किया। वे नौजवान थे, उनका अनुभव भी ज्यादा नहीं था, लेकिन अनुभव की कमी को वे पूरा कर पाए; क्योंकि गांधीजी के हत्याकांड का एक-एक क्षण उनके अन्तर पर अंकित हो गया था। मैं उनका आँखों देखा हाल पूरी तरह से तो नहीं सुन पाया, लेकिन इसमें कोई सन्देह नहीं कि जिन्होंने सुना, वे उसे अब तक याद करते हैं।

उसी प्रसंग में दो और स्वरों की याद आती है—हिन्दी के महान् साहित्यकार स्वर्गीय श्रीरामवृक्ष बेनीपुरी और कविवर दिनकर। ये दोनों जनवरी, 1948 ई. में पटना में थे, जहाँ उसी वर्ष आकाशवाणी का पटना रेडियो-स्टेशन खोला गया था। आकाशवाणी के अपने कर्मचारियों में आँखों देखा हाल देनेवाले लोग कम ही थे। इसलिए, इन दोनों जाने-माने वाणी के वरद पुत्रों को आमन्त्रित किया गया कि ये गांधीजी की भस्मी को पटना की गंगा में प्रवाहित किए जाने के उस दृश्य का वर्णन करें, जो हवाई जहाज से वहाँ लाई गई थी। बेनीपुरी तो गद्य के जादूगर थे ही और दिनकर कल्पना के धनी। लेकिन, वह समय न जादूगरी का था और न कल्पना का। वह तो इलाके की उमड़ती असंख्य जनता को उस ऐतिहासिक क्षण की अनुभूति करा देने की चुनौती थी। बेनीपुरी और दिनकर दोनों ही ने छोटे-छोटे वाक्यों में अविस्मरणीय क्षणों को वाणी दी। गंगा के किनारे जन-समूह का दृश्य सुननेवालों के लिए सजीव हो उठा। पटना के नए रेडियो-स्टेशन के लिए वह निश्चय ही विशाल प्रोत्साहन का आलम्बन था।

एक महानायक के देहान्त का विवरण एक समुन्नत देश में बहुजन-माध्यम कैसे, क्या प्रस्तुत करते हैं, इसे जानने का अलभ्य अवसर मुझे मिला सन् 1963 ई. में, जब मैं हारवर्ड (अमेरिका) में था और जब अमेरिका के प्रेसिडेंट कैनेडी की हत्या हुई थी। उस हत्या और उसके बाद के अनुभवों का वर्णन मैंने एक लेख में दिया है—'वे ढाई दिन।' अमेरिका बहुजन-माध्यमों का देश है। टेलीविजन, रेडियो तथा प्रेस में छपनेवाले समाचार-पत्र, पुंजिका और साप्ताहिक पत्र तथा उन दिनों 'टेलीस्टार' यानी अन्तरिक्ष में मानव द्वारा भेजे गए बहुजन-माध्यम के पुंज का उपयोग करनेवाला समाज। इस समाज को झकझोर दिया प्रेसिडेंट कैनेडी की हत्या ने। जैसा कि सब लोग जानते हैं, अमेरिका में बहुजन-माध्यम के सभी साधन विज्ञापकों के अधिकार में हैं। विज्ञापनों के धन के बल पर ही वहाँ टेलीविजन चलते हैं, लेकिन मुझे ताज्जुब हुआ कि उन ढाई दिनों में, यानी कैनेडी की हत्या के समाचार के प्रसारण के बाद से उनके शव को दफनाने तक

के ढाई दिनों में, जो अमेरिका के आधुनिक इतिहास में सनसनीखेज समाचारों से भरपूर थे, टेलीविजन और रेडियो ने विज्ञापनों का साहस के साथ त्याग कर दिया। उन्होंने जनता की भावना को देखा और पहचाना। कैनेडी के काफी सारे विरोधी-वर्ग तक को भी उस हत्या ने न सिर्फ सोचने के लिए मजबूर किया, बल्कि भावनाओं की लहरों में बहा लिया। हारवर्ड और बोस्टर शहर, जहाँ मैं रह रहा था, उस रोगी की भाँति सूनसान हो गया, जिसके शरीर को सुन्न करने के लिए कोई इंजेक्शन दे दिया गया हो। बराबर टेलीविजन पर प्रोग्राम चलते रहे, लेकिन एक भी विज्ञापन प्रसारित नहीं हुआ। शायद बहुजन-माध्यम के इतिहास में अमेरिका के टेलीविजन और रेडियो की वह सर्वप्रथम खूबी थी और जिस ऊँचाई तक वे लोग जा पहुँचे, शायद उस ऊँचाई को उसके उपरान्त वे कभी उपलब्ध न कर सकें। प्रत्येक प्रोग्राम में बड़ी सूझ-बूझ से काम लिया गया। तेजी के साथ समाचार प्रस्तुत तो किए ही गए, किन्तु उनके प्रस्तुतीकरण में न जाने कहाँ-कहाँ से पृष्ठभूमि-सम्बन्धी सामग्री भी प्रचारकों के सामने ला दी गई। मैं और मेरी पत्नी दोपहर का खाना खा रहे थे। कैनेडी के हत्यारे को एक जेल से दूसरे स्थान पर ले जाया जा रहा था कि रेडियो-सेट में मैंने एक चीत्कार सुना और उसके बाद ही 'ही इज शॉट डेड, ही इज शॉट डेड'—टिप्पणीकार की यह आवाद सुनाई दी। 'जैक रूबी' की हत्या का वह ऐतिहासिक दृश्य भी न सिर्फ अमेरिका में दिखाया गया, बल्कि टेलीस्टार (उपग्रह) द्वारा यूरोप और जापान में भी। कैनेडी की हत्या-सम्बन्धी विवरण के प्रसंग में टेलीविजन के इतिहास ने एक नया मोड़ लिया।

साथ ही, अमेरिका के राष्ट्रीय समाचार-पत्रों के विविध और विभिन्न प्रकार के संवाददाता देश-भर में मानो छा गए। नहीं-नहीं, जहाँ कैनेडी की हत्या हुई थी, या आर्लिंगटन में, जहाँ उनको दफनाया गया था, बल्कि वे तो हत्यारे की पत्नी के पास तक जा पहुँचे। जहाँ-जहाँ भी जरा-सा भी सुराग मिला, उसको पाठकों के सामने रख दिया। हत्यारे की सारी जीवनी एक दिन में पाठकों के सामने आ गई। जिस तेजी और सम्पूर्णता के साथ पाठकों और प्रेक्षकों के सामने तथ्य और सूचनाएँ लाई गईं, वह निश्चय ही विस्मयकारी था। ऐसी जानकारी गांधीजी की मृत्यु के बाद भारत के समाचार-पत्रों में नहीं देखी गई।

बहुजन-माध्यम पर किसी महापुरुष के देहान्त के बाद बोलनेवाले के भावाविष्ट होने से ही काम नहीं चलता। उसे अपनी आँखें और कान खोलकर रखने होते हैं। माध्यम का कर्तव्य है कि जैसे भी हो, देश-भर में फैली सामग्री को एकत्र करके पाठकों की जानकारी के लिए प्रस्तुत करें। यह वह काम है, जिसे प्राचीन काल में पूरा करने में वर्षों लग जाते थे और फिर भी ठीक नहीं हो पाता था। बहुजन-माध्यम ने अब यह कर दिखाया। न तो महात्मा गांधी की और न कैनेडी की ही हत्या के बाद उनके बारे में गुत्थियों का अन्त हुआ। हत्या के बारे में पुस्तकें लिखी गई हैं और लेख लिखे जाते रहे हैं। लेखकों ने किस हद तक आमदनी बढ़ाने और रुपया गाँठने के लिए कल्पना का सहारा लिया, यह तो इतिहास ही बताएगा, लेकिन इसमें कोई शक नहीं कि इन

दोनों महान् व्यक्तियों की हत्या के सम्बन्ध में जो बहुसंख्यक प्रकाशन हुए हैं, वे बहुजन-माध्यम के सामर्थ्य के सबूत हैं।

खेलकूद और बहुजन-माध्यम

महापुरुषों की मृत्यु और खेलकूद-प्रतियोगिताओं के फलस्वरूप उत्पन्न उत्तेजना में यों तो महान् अन्तर है, किन्तु जो लोग समाजशास्त्र के अध्येता हैं, वे निश्चय ही उत्तेजित मनुष्य के व्यवहार में, उत्तेजना के कारणों की विभिन्नता के बावजूद, एक तरह का साम्य पाते हैं। एक महानायक का देहान्त मानव-मात्र की उदात्त भावनाओं को उत्तेजित करनेवाला अवसर होता है। फिर भी जिन लोगों ने महात्मा गांधी की शवयात्रा के पीछे बिलखती, छाती पीटती हुई नारियों को देखा, वे उनका मुकाबला उन हजारों युवकों से करें, जो क्रिकेट के खेल के मैदान में अपनी टीम की पराजय का दृश्य देखते-देखते उत्तेजित हो जाते हों, तो कोई ताज्जुब नहीं कि उन्हें दोनों प्रकार के व्यवहारों में कुछ साम्य दिखाई पड़े। रेडियो से पूर्व खेलकूद प्रतियोगिताओं के सामान्य दर्शकों के व्यवहार में यद्यपि काफी उत्तेजना होती थी, तथापि उस उत्तेजना का वैसा व्यापक असर नहीं होता था, जो रेडियो के इस क्षेत्र में आने के बाद हुआ। भारत में और कॉमनवेल्थ के सभी देशों में रेडियो और क्रिकेट का चोली-दामन का साथ है। क्रिकेट के बारे में अमेरिकी लोगों का विचार है कि यह इतना धीरे-धीरे खेला जानेवाला खेल है कि कभी-कभी यह भी तय नहीं हो पाता कि कौन विजयी हुआ और कौन हारा है। ऐसे खेल की प्रतियोगिता होते समय क्यों इंग्लैंड, आस्ट्रेलिया, भारत, पाकिस्तान और वेस्टइंडीज के लोग इतने उत्तेजित हो जाते हैं, क्यों रेडियो पर इतने कान लगे होते हैं—यह उनकी समझ में नहीं आता। मैंने अमेरिका में अनेक अमेरिकी खेल देखे हैं। अमेरिका के फुटबॉल, बेसबॉल और बर्फ पर हॉकी के संघर्ष बड़े उत्तेजक होते हैं और टेलीविजन पर उन पर निगाह रखना आसान नहीं। मेरा अनुभव तो यह है कि वे तेज खेल टेलीविजन पर देखने के लिए उपयुक्त नहीं हैं। टेलीविजन पर प्रतिक्रिया को पूरा होने के लिए जितनी अवधि चाहिए, ऐसे खेलों में नहीं मिलती। क्रिकेट की बात दूसरी है। क्रिकेट में खेल धीरे-धीरे चलता है और इसलिए, खिलाड़ियों को रन बना लेने के लिए थोड़ा समय मिलता है। क्रिकेट का आँखों देखा हाल बोलनेवाला रेडियो-कॉमेंटेटर श्रोता का ध्यान उचटने नहीं देता। उसकी योग्यता इसमें है कि वह एक तरफ तो आगे जानेवाले रन के लिए श्रोता की उत्सुकता जाग्रत रखे, और दूसरी ओर जब कोई रन न हो, तब कोई ऐसी बात कहे कि श्रोता ऊब न जाए, बल्कि उसकी रुचि कायम रहे। इस प्रकार, श्रोता को ऊबने न देने की सामग्री के लिए क्रिकेट कॉमेंटेटर को बहुत तैयारी की आवश्यकता होती है। लेकिन, जैसे रेडियो पर क्रिकेट का आँखों देखा हाल सुनने का नशा-सा चढ़ जाता है, वैसे ही रेडियो पर खेल का वृत्तान्त सुनाने का भी चस्का लग जाता है। 'विजी' (महाराजकुमार विजयनगरम्) देश के बड़े प्रतिष्ठित व्यक्तियों में

थे और स्वतन्त्रता से पहले ही यू.पी. के गवर्नर के परामर्शदाता-मंडल में रह चुके थे। लेकिन रेडियो पर कॉमेंटरी देने के लिए वे बच्चे की तरह आतुर रहते थे। जब मैं आकाशवाणी में था, तब कई बार मुझसे यही जिद करते थे कि जो भी हो, मुझे क्रिकेट-कमेंटरी से अलग न होने देना। मेरे आकाशवाणी से हट जाने के कुछ वर्ष बाद वे क्रिकेट कॉमेंटरी पैनल में न रह सके। नई प्रतिभाएँ आ गईं, पर विजी का मन टूट गया। दिल की बीमारी हुई और कुछ समय बाद उनकी मृत्यु हो गई।

भारत में तो बहुजन-माध्यम ने क्रिकेट को जनता के मनोरंजन और ज्ञानवर्द्धन का साधन बना दिया है। एक जमाने में क्रिकेट उन्हीं लोगों का शौक पूरा करता था, जो या तो क्रिकेट-मैदान में जाकर खेल देख पाते अथवा समाचार-पत्रों में उसका विवरण पढ़ते थे। किन्तु, रेडियो ने इस परिस्थिति को बदल दिया है। अब छोटे-छोटे नगरों का साधारण-से-साधारण व्यक्ति, चाहे वह निरक्षर भी हो, खेल का आनन्द सर्वथा नवीन ढंग से उठाता है। रेडियो-कॉमेंटरी सुनने में जैसी नाटकीय अनुभूति होती है, वैसी तो स्टेडियम पर उपस्थित दर्शकों को भी हमेशा नहीं हो पाती।

हॉकी जरा तेजी का खेल है। इसमें कॉमेंटेटर को बहुत तीव्रगति से बोलना होता है और जब तक गोल अथवा पेनाल्टी अथवा ऐसी कोई बात नहीं होती, तब तक श्रोता जितना क्रिकेट से ऊब जाता है, उतनी ऊब हॉकी में नहीं होती। टेलीविजन पर खेलकूद और क्रीड़ा एक ऐसी दृश्य-सामग्री हो गए हैं, जिससे सारा विश्व प्रभावित हो रहा है। एक जमाने में हॉकी भारतवर्ष का ही खेल मानी जाती थी। आज अनेक देशों में यह ख्याति प्राप्त कर चुकी है। इसका एक तो कारण यही है कि उन लोगों ने इस खेल में अभ्यास और ट्रेनिंग शुरू की है, किन्तु दूसरा कारण यह है कि अब हॉकी टेलीविजन पर देखी जाने पर लोकप्रिय होने लगी है। जिन देशों में टेलीविजन है, वहाँ इसका तेजी से विस्तार हो रहा है। वस्तुतः, टेलीविजन, रेडियो और थोड़ी-बहुत फिल्मों द्वारा एक देश के खेलों को दूसरे देशों में खेलने में बहुत मदद मिली है।

ओलम्पिक खेलों पर टेलीविजन का अत्यन्त रोचक प्रभाव पड़ रहा है। टेलीविजन और रेडियो की संस्थाओं और ओलम्पिक एसोसिएशन के बीच कुछ समझौते रहे हैं, जिनके आधार पर इन माध्यमों के प्रतिनिधि इन खेलों को 'कवर' करते हैं। 'टेलीस्टार' यानी अन्तरिक्ष में ट्रांसमीटर द्वारा प्रसार के फलस्वरूप ओलम्पिक खेल निश्चय ही विश्व में सर्वव्यापी खेलों का रूप ले बैठे हैं। जापान में जब ओलम्पिक खेल हुए थे, तब सारे विश्व से हजारों की संख्या में संवाददाता लोग आए थे और तभी वहाँ पर टेलीस्टार का उपयोग भी किया गया था। मेक्सिको के खेलों में इसकी और भी प्रगति हुई। सन् 1972 ई. में म्युनिख के ओलम्पिक खेलों को ही नहीं, वरन् वहाँ अरब आतंकवादियों ने जो भयावह दृश्य उपस्थित किए, उन्हें भी टेलीविजन पर विश्व के अनेक देशों में देखा जा सका। मानव की अनुभूति में यह एक बड़ी क्रान्ति है कि जिस समय म्युनिख में खेलकूद और दुर्घटनाएँ हो रही थीं, उसी समय सुदूर देशों में बैठे हुए लोग उसे देख रहे थे। काल का नया आयाम युगबोध को बदल रहा है। मुक्केबाजी (बॉक्सिंग) की

विश्व-भर में लोकप्रियता केवल खेल की लोकप्रियता ही नहीं है। रेडियो और टेलीविजन के कारण यह एक व्यावसायिक खेल हो गया है। अमेरिका और जर्मनी में कुछ टेलीविजन-कम्पनियाँ रोजगार की तरह मुक्केबाजी की प्रतियोगिताएँ चलाती हैं। टेलीविजन-मुक्केबाजों के संघर्ष, प्रेक्षकों को वैसे ही उत्तेजित करते हैं, जैसे प्राचीन रोम के कोलिजियम-स्टेडियम में हजारों की संख्या में दर्शक सिंहों से बेचारे ईसाइयों की मुठभेड़ें देखा करते थे। पहलवानों की कुश्तियाँ भी उसी कोलिजियम-स्टेडियम में हुआ करती थीं। विजेता पहलवान परास्त पहलवान का, वहीं पर प्राणान्त भी कर सकता था। यदि दर्शक लोग अपने अँगूठे नीचे की ओर झुका देते थे, तो उस संकेत के आधार पर पराजित व्यक्ति की हत्या सबके सामने हो जाती थी और उस क्रूर दृश्य को वहाँ उपस्थित वे हजारों लोग देखते थे और एक अजीब निर्ममता के वातावरण में कोलाहल करते थे। आजकल जिस भाँति मुक्केबाजी के खेल टेलीविजन पर दिखाए जाते हैं, उनमें भी ऐसे अवसर आते हैं, जब मुक्केबाजी में परास्त व्यक्ति घायल होकर अस्पताल ले जाए जाते दीखते हैं। ऐसा जान पड़ता है कि टेलीविजन अमेरिका के विशाल श्रोता-समुदाय को रोमन प्रेक्षकों की भाँति उत्तेजित, निर्मम और उल्लासप्रिय बना रहा है। स्पष्ट है कि वर्तमान सभ्यता में खेलों की प्रतियोगिताएँ प्रेक्षक-श्रोताओं के चारों ओर असाधारण परिस्थिति का मनोवैज्ञानिक वातावरण पैदा करती हैं। बहुजन-माध्यम द्वारा यह मनोवैज्ञानिक वातावरण विस्तृत हो जाता है।

विपत्ति और दुर्घटनाओं में कल्याणकर पक्ष

कोई प्राकृतिक महाविपत्ति अथवा दुर्घटना, जिसमें यदि असंख्य जनता की क्षति तथा विनाश भी हो, तो वह निस्सन्देह ऐसी असाधारण परिस्थिति है, जिसमें आजकल के बहुजन-माध्यम की विशेष उपयोगिता है। सन् 1960 ई. में जब मैं एक बार वाशिंगटन में था, तब मेक्सिको की खाड़ी से हठात् एक भीषण तूफान उठा। मैं जिस मित्र के यहाँ बैठा हुआ था, वहाँ हर आधे घंटे बाद उस भयावह तूफान की प्रगति का ब्योरा टेलीविजन पर दिया जा रहा था। इसके अतिरिक्त रेडियो तथा समाचार-पत्रों में तो पूरी पृष्ठभूमि ही दी जाती थी। अमेरिका में मेक्सिको की खाड़ी से उठनेवाले झंझावात एक वार्षिक विपत्ति हैं। प्रतिवर्ष अक्टूबर-नवम्बर महीने के आसपास ये तूफान उठते हैं। अमेरिका के वैज्ञानिकों ने उस तूफान के आने की पूर्व-सूचना प्राप्त करने की ऐसी सही व्यवस्था कर ली है कि उन सभी नगरों को, जिन नगरों की दिशा में तूफान बढ़ता है, न सिर्फ काफी पहले से सूचना दे दी जाती है, वरन् हर आधे घंटे पर इस भाँति वहाँ के नागरिकों को आगाह किया जाता है।

बहुजन-माध्यमों के प्रतिनिधि शहर-शहर में फैले होते हैं और वहाँ से उस क्षति का, जो उन शहरों में हो रही हो, हर आधे घंटे पर पूरा ब्योरा टेलीफोन द्वारा ब्रॉडकास्ट करनेवाली कम्पनियों को भेजते रहते हैं। प्रेक्षकगण टेलीविजन पर समय-समय पर मृतकों

की संख्या, घायलों की संख्या, तूफान की गति, तूफान की दिशा, वर्षा और अनेक प्रकार की क्षति की सूचना लेते रहते हैं। इसका एक लाभ यह होता है कि यदि किसी को बाहर जाना होता है, कोई प्रोग्राम करना होता है, तो वह इस सूचना के आधार पर अपना बाहर का कार्यक्रम निश्चित और तैयारी करता है। साथ ही, शासन तथा अन्य संस्थाओं की ओर से पहले से बचाव की व्यवस्था कर ली जाती है। यह 'वार्निंग सिस्टम' या सावधान करने की प्रक्रिया वस्तुतः बहुजन-माध्यम पर आधृत होती है।

बहुजन-माध्यम की त्वरित गति के कारण, एक बड़े विशाल क्षेत्र में, जनता के बचाव का काम, मुस्तैदी से और कम-से-कम क्षति के साथ चल सकता है। यह बहुजन-माध्यम का उपयोगी रूप है, जो अमेरिका-जैसे समृद्ध देश में सम्भव हो सका। इसका एक कारण यह है कि अमेरिका में मौसम के विशेषज्ञों ने वैज्ञानिक ढंग से तूफान आने की पूर्व-सूचना पाने की आधुनिक विधियों का अन्वेषण कर लिया है। हर बड़े तूफान के केन्द्र-बिन्दु को अंग्रेजी में 'आई ऑफ दी टाइफून' (Eye of the typhoon) कहते हैं, यानी तूफान का नेत्र। इसकी तुलना महाशिव के त्रिनेत्र से की जा सकती है। उस केन्द्र तक पहुँचने के लिए खास ढंग के हवाई जहाज प्रयोग में लाए जाते हैं। उन हवाई जहाजों में दो विशेष सुविधाएँ होती हैं। एक तो वे खास ढंग की रासायनिक वस्तुओं को केन्द्र के आसपास आकाश में बिखेर देते हैं, जिसके फलस्वरूप तूफान की तेजी आप-ही-आप कम हो जाती है। दूसरे, उनके पास ऐसे बेतार-केन्द्र होते हैं, जिनके द्वारा वे सीधे ही ब्रॉडकास्टिंग कम्पनियों को सन्देश भेज सकते हैं—गति-दिशा के विषय में और तूफान की तेजी के बारे में।

एक दिलचस्प बात और भी है, जो शायद, अमेरिकियों के राष्ट्रीय चरित्र से सम्बद्ध है। चूँकि मेक्सिको की खाड़ी से प्रतिवर्ष तूफान उठते हैं और एक नहीं, कई; इसलिए वहाँ के लोग हर तूफान का एक नाम रखते हैं। लेकिन, झंझा का नाम रखने में दो बातों का खयाल वे लोग रखते हैं। एक तो यह कि उनका नाम अक्षरानुक्रम से रखा जाता है, यानी पहली झंझा का 'ए' से, दूसरी का 'बी' से, तीसरी का 'सी' से इत्यादि। दूसरे, हर झंझा का नाम एक नारी का नाम होता है, पुरुष का नहीं। इस बात को लेकर अक्सर वहाँ मजाक होते रहते हैं; क्योंकि उनका खयाल यह है कि झंझा का वास्तविक क्रुद्ध रूप नारी है, पुरुष नहीं।

हमारे देश में प्राकृतिक बाधाओं की कमी नहीं रही। किन्तु, अभी तक हम लोग अपने बहुजन-माध्यमों को उस विकसित स्तर पर नहीं ला सके हैं, ताकि हम उनका इस्तेमाल प्राकृतिक महाविपत्तियों अथवा दुर्घटनाओं से बचाव और पूर्व-सूचना आदि के लिए कर सकें। सन् 1971 ई. में उड़ीसा में जो भीषण तूफान आया था, उसकी पूर्व-सूचना इतने कम समय पहले मिली कि पूर्वी तट पर रहनेवाले मछुओं तथा ग्रामीणों के लिए वह बिलकुल बेकार थी। उन मछुओं और ग्रामीणों के पास किसी प्रकार के रेडियो-रिसीवर नहीं थे। शायद, कुछ गाँवों में कम्युनिटी-रेडियो-रिसीवर हों, किन्तु वे चालू थे या नहीं, इसमें भी सन्देह है। किन्तु, जहाँ ऐसे विकराल तूफान का सामना करना

पड़े, वहाँ जब तक हर गाँव में एक नहीं, अनेक रेडियो-रिसीवर न हों, तब तक चाहे कटक, चाहे दिल्ली, चाहे मद्रास आदि से कितनी ही पूर्व-सूचनाएँ दी जाएँ, उनका कोई लाभ नहीं होता। यही उस बार हुआ। यह नितान्त आवश्यक है कि जिन क्षेत्रों में ऐसी विपत्तियाँ आती रहती हैं, उन क्षेत्रों के गाँवों में ट्रांजिस्टर और रेडियो रखने की व्यवस्था तो हो ही, और इतना ही नहीं, बल्कि उन ट्रांजिस्टरों के बैटरी-सेल्स बदलने की भी व्यवस्था हो। इसका खास इन्तजाम उस मौसम में किया जाए, जिसमें प्रायः ऐसी विपत्तियाँ घटती रहती हैं।

असम, बिहार एवं बंगाल के कुछ भागों में प्रायः प्रतिवर्ष भयानक बाढ़ आती है। उन्नीसवीं सदी के अन्त में, इन प्रदेशों के कलक्टरों के लिए कुछ निर्देश निश्चित किए गए थे, जिनके अनुसार वे लोग ही मई मास में आनेवाली बाढ़ के लिए तैयारियाँ शुरू कर देते थे। किन्तु, ये सब तैयारियाँ उस युग में सोची गई थीं, जब बहुजन-माध्यम जैसी चीजें थीं ही नहीं, जब तेजी से संचार करनेवाले साधनों का नितान्त अभाव था। मैं उस जमाने में वहाँ काम कर चुका हूँ। जहाँ तक मुझे याद है, मेरे पास आदेश आते थे कि पहले से जानवरों के लिए भूसा इकट्ठा कर लो, कुछ नावों का इन्तजाम कर लो, कुछ बाढ़-ग्रस्त लोगों को खिलाने-पिलाने की व्यवस्था कर लो आदि-आदि। जहाँ तक बाढ़ के आने की पूर्व-सूचना का सम्बन्ध था, बाढ़-विभाग के ओवरसियर लोग कुछ टेलीग्राम भेजा करते थे। प्रायः वे टेलीग्राम इतनी देर में आते थे कि उस समय तक मुसीबत मुँह बाए सामने खड़ी हो जाती थी। यह जरूर था कि बाढ़-विभाग के ओवरसियर लोग विभिन्न स्थानों में नियुक्त थे और वे प्रायः पानी के बढ़ते स्तर की जाँच करते रहते थे और टेलीग्राम भेजते रहते थे, पर जहाँ तक मुझे याद है, वे तार अक्सर देरी से ही पहुँचते थे। अब हम दूसरे युग में आ गए हैं, इसलिए आवश्यकता यह है कि जिन-जिन स्थानों से बाढ़ के आने के विषय में सही सूचना दी जा सकती है, उन-उन स्थानों पर बेतार के 'वॉकी टॉकी' रखे जाएँ और उन 'वॉकी टॉकियों' के जरिए नीचेवाले गाँवों के थानों और प्रखंडों के अधिकारियों के पास सूचना भेज दी जाए। उन गाँवों में, जो प्रायः प्रतिवर्ष बाढ़-ग्रस्त होते हैं या हो सकते हैं, यह नितान्त अनिवार्य है कि अनेक ट्रांजिस्टर और रेडियो-सेट रखे जाएँ तथा उन पर विशेष सूचनाएँ प्रसारित होती रहें।

अभियानों के सहायक

महाविपत्तियों और दुर्घटनाओं के बारे में आजकल एक दूसरे रूप में भी बहुजन-माध्यम का प्रयोग होता है। मैं उसे उपयोग नहीं कहूँगा; क्योंकि वह एक तरीके का बहुजन-माध्यम का व्यावसायिक लाभ है, उन लोगों के लिए, जो उन बहुजन-माध्यमों को चलाते हैं। कुछ दिन हुए पटना के पास गंगा पार करते समय एक यात्री जहाज बालुका-राशि में अटक गया। सैकड़ों यात्री उस पर थे और वे त्रिशंकु की तरह बीच में ही टँगे रह गए। कुछ लोगों के डूबने की नौबत आ गई। सनसनीखेज समाचारों में

अभिरुचि रखनेवाले एक संवाददाता ने राष्ट्रीय समाचार-पत्रों को तार भेज दिया। बस, फिर क्या था, हलचल मच गई और एक के बाद एक तार संवाददाताओं के पास पटना पहुँचने लगे—न सिर्फ दुर्घटना की तफसील की माँग करते हुए, बल्कि यह माँग भी कि कुछ ऐसी कथाएँ भेजी जाएँ, जिनमें उन लोगों का जिक्र हो, जिन्होंने बहादुरी दिखाकर अन्य लोगों को बचाया। इसको कहते हैं बहुजन-माध्यम द्वारा कथा-निर्माण। यहाँ बहुजन-माध्यम एक मौलिकता का स्रोत हो जाता है। सच पूछिए तो यह मौलिकता का स्रोत नहीं, किंवदन्तियों के प्रचार का केन्द्र बन जाता है। रेलवे या हवाई जहाज की दुर्घटना पर तो यह अक्सर होता है। पर यह भी मानना होगा कि कम-से-कम यूरोप और अमेरिका में जब कभी हवाई जहाज या रेलवे की दुर्घटना होती है, तब उसका जैसा ब्योरा, व्यावसायिक समाचार-पत्रों, रेडियो एवं टेलीविजन के संवाददाताओं द्वारा प्रस्तुत किया जाता है, वह निश्चय ही आश्चर्यजनक होता है। ऐसी परिस्थिति में एक संवाददाता स्वयं बचाव-अभियान का अंग बन जाता है। दुर्घटनाओं में तो नहीं, लेकिन कुछ अन्य अभियानों में निश्चय ही भारत के बहुजन-माध्यमों ने इस किस्म का काम किया है। जब-जब एवरेस्ट की चोटी पर चढ़ाई हुई और उसके बाद अन्य चोटियों की चढ़ाइयाँ होती रही हैं, तब-तब बहुजन-माध्यम बहुत उपयोगी साबित हुए हैं। बहुत पहले से आकाशवाणी उन कर्मठ जवानों के लिए समय-समय पर मौसम का हाल प्रचारित करती रहती है, जो हिमालय की चोटियों पर चढ़ाई करते हैं और यह सेवा आकाशवाणी बहुत वर्षों से निःशुल्क कर रही है।

बहुजन-माध्यम के इस उपयोग का एक चामत्कारिक उदाहरण पिछले दिनों अन्तरिक्ष में भेजे जानेवाले यानों के अभियानों के सम्बन्ध में रहा है। कुछ समय हुआ, जब वह अमेरिकी अन्तरिक्ष-यान वापस आ रहा था, जिसका एक अंग नष्ट हो चुका था और हर मिनट पर यह आशंका थी कि उसके यात्रियों की जान पर आ पड़ी है और वे मर सकते हैं, तब करोड़ों जनता विश्व-भर में टेलीविजन और रेडियो पर एक-एक मिनट पर उस अन्तरिक्ष-यान की वापसी का हाल देख या सुन रही थी। उन सुननेवालों में एक, श्रीमती इन्दिरा गांधी, रात-भर जागी रहीं और अन्तरिक्ष-यान की वापसी का हाल सुनने के बाद ही सोईं। यह बहुजन-माध्यम का न सिर्फ अभूतपूर्व उपयोग था; बल्कि उसका वह विराट् स्वरूप था, जिसके लिए हमारी पीढ़ी को अपने-आपको धन्य मानना चाहिए।

बहुजन-माध्यम के इस कल्याणकारी रूप का दूसरे ढंग का प्रदर्शन उस वक्त देखा जा सकता है, जब विश्व के विभिन्न प्रदेशों की जनता की उदारता की भावना को जाग्रत करना अभीष्ट हो। आजकल यह सम्भव है कि विभिन्न वर्गों के उदार-हृदय लोग दुर्घटनाग्रस्त लोगों की मदद कर सकें। आधुनिक बहुजन-माध्यमों के पूर्व केवल अपने आसपास घटी हुई महाविपत्ति से परिचित होने पर दानी और उदार-हृदय लोग थोड़ा-बहुत मदद ही कर पाते थे। आजकल तो यदि कहीं रेल-दुर्घटना हुई, तूफान आया, बाढ़ आई अथवा ऐसी ही कोई आकस्मिक घटना घटी, तो रेडियो और टेलीविजन के

अलावा उसका सजीव विवरण डॉक्यूमेंटरी फिल्मों द्वारा सिनेमाघरों में प्रस्तुत किया जाता है। समाचार-पत्रों में तो संवाददाताओं के विवरण होते ही हैं। अतः विपत्तिग्रस्त लोगों की सहायता के लिए कोष इत्यादि में पहले के मुकाबले में कहीं अधिक संख्या में लोग अपनी-अपनी शक्ति के अनुसार मदद दे पाते हैं। पुराने जमाने में तो केवल यही हो पाता था कि धनी-मानी लोगों को शासन की ओर से विशेष पत्र भेजे जाते थे और तब धनराशि एकत्र होती थी, किन्तु अब बड़ी ही तेजी के साथ इस तरह के कोषों का निर्माण होता है और कुछ कोष तो समाचार-पत्रों की तरफ से ही प्रस्तुत किए जाते हैं। इसके अलावा रेडियो और टेलीविजनों के कारण इतनी तेजी के साथ विभिन्न समृद्ध देशों के साथ दुखग्रस्त जनता के ब्योरे पहुँच जाते हैं कि वहाँ के लोगों को भी सहायता का आयोजन करते देर नहीं लगती। पिछले दिनों जब उड़ीसा में भीषण तूफान आया, तब दूसरे ही दिन एक अच्छी-खासी राशि आस्ट्रेलिया की 'फ्रीडम फ्रॉम हंगर कैम्पेन' की ओर से भेज दी गई। मुख्य उपलब्धि धनराशि एकत्र हो जाने की ही नहीं है, बल्कि यह कि बहुजन-माध्यम के फलस्वरूप मानव की विपत्ति और दुखों में अधिकाधिक लोग हिस्सा ले सकते हैं और दुख-निवारण के महायज्ञ में अपना योगदान दे सकते हैं। बहुजन-माध्यम का यह निश्चय ही कल्याणकारी रूप है।

युद्धों की विभीषिका में

इस अध्याय के प्रारम्भ में मैंने एक चतुर्थ असाधारण परिस्थिति का उल्लेख किया था, यानी युद्ध। महायुद्ध हमेशा से होते आए हैं, किन्तु ऐसे युद्ध, जिनमें मानव एक पुतला-मात्र रह जाता है, जिनमें योद्धा और निर्दोष जनता में कोई भेद नहीं रहता, जो मानव की उस अहम्मन्यता के द्योतक हैं, जिसके उन्माद में आकर वह रुद्र के तांडव की वीभत्स अनुकृति करने की चेष्टा करता है, वर्तमान युग की ही देन है। और, यह भी इतिहास का कटु व्यंग्य है कि इस अमानवीय विभीषिका और बहुजन-माध्यम के विकास एवं व्यापक शक्ति के बीच एक भयाक्रान्त कर देनेवाला गठबन्धन है, मानो दोनों ही विनाशकारी विधाएँ दो कँटीले वृक्षों के रूप में साथ-साथ विकसित हुई हों।

मेरे इस कथन में जो अतिशयोक्ति की ध्वनि है, उसे वे लोग समझ पाएँगे, जिन्होंने करीब से रेडियो, टेलीविजन, समाचार-पत्रों, पोस्टरों आदि की आतंककारिणी गति और विषमता का अनुभव किया है। युद्ध-क्षेत्र के संवाददाताओं के सर्वप्रथम उल्लेख हमें उन्नीसवीं सदी के प्रारम्भ में ही मिलते हैं, जब समाचार-पत्रों का उदय हुआ था। कुछ इससे पूर्व भी अमेरिका में जब स्वातन्त्र्य-युद्ध हुआ, तब उसके बारे में खबरें, कुछ विवरणिकाओं के रूप में यूरोप पहुँचती रहीं। किन्तु, संवाददाताओं की महत्ता विशेषतः टेलीग्राफ के अन्वेषण के बाद ही प्रकट हुई। उन्नीसवीं सदी के मध्य में जब यूरोप में क्रीमिया की लड़ाई हुई, तब कुछ इतिहास-प्रसिद्ध संवाददाताओं के कारनामे सम्मुख आए। यहाँ कारनामों से मतलब है उनका वह कौशल, जिसके फलस्वरूप वे शीघ्रता के

साथ संहार और मरण की गतिविधि के विवरण एवं चित्र भी अपने-अपने समाचार-पत्रों के पास भेज सकें। उन्हीं दिनों जब भारत में सन् 1857 ई. का विप्लव हुआ था, तब उसके समाचार इतनी तेजी के साथ जान-बूझकर तत्कालीन सरकार ने नहीं भेजे। ज्यों-त्यों करके कुछ झूठे-सच्चे विवरण विदेश भेजे जाते थे। उसके बाद बहुजन-माध्यम के रूप में समाचार-पत्रों ने युद्ध-विवरण को एक विशेष रूप देने में सफलता प्राप्त की–सन् 1864-65 ई. में अमेरिका के गृह-युद्ध के दौरान। उसके बाद से जो ताँता प्रारम्भ हुआ, उसके बन्द होने की अब तो कोई सम्भावना ही नहीं है। धीरे-धीरे करके वैसे अनेक नए चमत्कारी साधन युद्ध-क्षेत्र के संवाददाताओं को उपलब्ध होते गए, जिनका मैंने इस पुस्तक के अन्य अध्यायों में जिक्र किया है।

सामरिक संवाददाताओं के इतिहास में प्रथम महायुद्ध में अनेक ऐसे प्रसंग आए, जो एक तरह से उपन्यास का रूप ले बैठे। किसी जमाने में हिन्दी में एक पुस्तक भी निकली थी–'रणभूमि का रिपोर्टर', जिसमें जर्मन-महायुद्ध के दिनों में एक संवाददाता के अपूर्व कौशल का उपन्यास के रूप में वर्णन किया गया था। उन्हीं दिनों बेतार-का-तार तथा हवाई जहाज की सुविधाएँ बहुजन-माध्यमों को मिलने लगीं और कुछ लोगों ने इन तीनों का ही इस्तेमाल युद्ध-सम्बन्धी समाचारों को दूर-दूर तक पहुँचाने में किया।

प्रथम महायुद्ध के बाद युद्ध-संवाददाताओं के इतिहास में एक स्वर्णपृष्ठ आता है यानी स्पेन का गृह-युद्ध, जो सन् 1937 ई. के आसपास हुआ था। उस गृह-युद्ध ने अनेक साहित्यकारों को संवाददाता बना दिया, जिनमें से एक का नाम अर्नेस्ट हैमिंग्वे–सुविख्यात नोबेल-पुरस्कार-प्राप्त उपन्यासकार। वह पहला युद्ध था, जिसमें प्रगतिशील और प्रगति-विरोधी प्रवृत्तियों के बीच ऐसा संघर्ष हुआ, जिसने पाश्चात्य सभ्यता को दो टुकड़ों में बाँट दिया। अन्याय के विरुद्ध समाचार-संचार तो उससे कुछ पहले इटली के अबीसीनिया (इथिओपिया) पर आक्रमण होने पर भी हुआ था। किन्तु, स्पेन के गृह-युद्ध की वार्त्ता पाने के लिए विश्व-भर से अनेक आदर्शवादी नवयुवक गए, जिन्होंने उसके प्रगतिशील पक्ष के विषय में ऐसे समाचार और दृष्टिकोण प्रस्तुत करने की चेष्टा की, जिनका जनता को शायद अन्यथा आभास भी न होता। जवाहरलाल नेहरू भी उन दिनों कुछ समय के लिए यूरोप में थे और उन्होंने 'नेशनल हेरल्ड' के लिए कुछ ऐसे डिस्पैच (समाचार-विवरण) भेजे, जो भारतीय पत्रकारिता के इतिहास में महत्त्वपूर्ण स्थान रखते हैं।

जिस भाँति युद्ध में सैनिक अपनी निजी सुरक्षा की चिन्ता छोड़ देता है, उसी भाँति युद्ध-क्षेत्र का रिपोर्टर भी आँखों देखा हाल पाठकों अथवा श्रोताओं तक पहुँचाने के अभियान में अपनी चिन्ता त्याग कर अक्सर शूर-वीर नायक का रूप भी धारण करने को प्रस्तुत रहता है। भारत में अभी तक इस किस्म के असाधारण युद्ध-क्षेत्र के रिपोर्टरों की गाथाएँ अपरिचित-सी हैं। शायद इसका एक कारण यह है कि आधुनिक रिपोर्टरों को सरकारी तौर से तथा सरकारी व्यक्तियों द्वारा दी गई सूचनाएँ ही इतनी बहुलता से मिल जाती हैं कि अपनी तरफ से कुछ देखने या जानने की जरूरत ही नहीं पड़ती।

दूसरे, स्वतन्त्रता के बाद हमारे यहाँ जो चार युद्ध हुए हैं, उनमें से सन् 1971 ई. के युद्ध को छोड़कर अन्य युद्धों में तो इस तरह की योजना बनाने का अवसर ही शायद समाचार-पत्रों को नहीं मिल पाया। अंग्रेजी समाचार-पत्रों में हेनरी नेविंसन ने प्रथम महायुद्ध में गोलियों की बौछारों के नीचे जाकर जिस उत्कृष्ट गाथा की सर्जना की, उसकी प्रशंसा तत्कालीन प्रसिद्ध अंग्रेजी कवि जॉन मेजफील्ड ने की थी। 'मैनचेस्टर गार्जियन' के सहायक सम्पादक सी.एफ. मॉण्टेग्यू अपने देश के लिए लड़ने के निमित्त इतने इच्छुक थे कि अपनी उम्र कम दिखाने के लिए उन्होंने अपने बालों को रंग लिया और तब सीमान्त पर जाकर युद्धों के अनेक विवरण लिख भेजे। उन्होंने कुछ उपन्यास भी लिखे। सन् 1914 ई. की ही लड़ाई में लन्दन के 'टाइम्स' के सैनिक-संवाददाता कर्नल रेपीटिघन ने तो उस युद्ध में स्वयं अंग्रेज होते हुए भी अंग्रेज कमांडरों की योजनाओं में जो कमियाँ थीं, उनका उद्‌घाटन कर तहलका ही मचा दिया था। उसी ने बताया कि उस वक्त पश्चिमी सीमान्त पर शास्त्रों की कितनी कमी थी। उसने जेनरलों में होनेवाले आपसी मतभेदों का भी उद्‌घाटन किया था।

दूसरे विश्व-महायुद्ध में भी अनेक प्रसिद्ध संवाददाता हुए, किन्तु युद्ध की प्रकृति ही दूसरे महायुद्ध और उसके बाद बदलती चली गई। जिस तरह के अस्त्र-शस्त्र और जिस तेजी के साथ सर्वनाशक प्रहारों की परम्परा चल निकली, उसमें उस तरह के रोमांटिक युद्धक्षेत्र के रिपोर्टरों के लिए स्थान कम होता चला गया, जिनकी गाथाएँ पहले प्रसिद्ध थीं। इसका एक उदाहरण है कि किस प्रकार दूसरे महायुद्ध में जापान द्वारा अमेरिका पर हठात् आक्रमण होने का समाचार बहुजन-माध्यम द्वारा फैलाया गया। समाचार-पत्रों तथा टेलीविजन और रेडियो-स्टेशनों को तो अपने प्रतिनिधियों को भेजने का समय ही नहीं मिला। सन् 1941 ई. के 7 दिसम्बर को ढाई बजे के करीब अमेरिका के प्रेसिडेंट के प्रेस-सचिव श्री स्टोव अर्ली ने टेलीफोन पर ही अमेरिका के तीन विश्वव्यापी प्रेस एसोसिएशनों (युनाइटेड प्रेस, एसोसिएटेड प्रेस और सेंट्रल न्यूज एजेंसी) के यहाँ टेलीफोन किया : "मैं स्टोव अर्ली, ह्वाइट-हाउस से बोल रहा हूँ। आज, दिन के सात बजकर पैंतीस मिनट पर सवेरे के समय जापानियों ने पर्ल-हार्बर पर बम गिराए। इस समय तक बम गिराए जा रहे हैं। मुझे यह नहीं मालूम कि कितने लोग मर चुके हैं।"

यों हवाई-द्वीप पर हमला होने के एक घंटा और पच्चीस मिनट बाद टेलीफोन और प्रसार-साधनों द्वारा अमेरिका की सबसे बड़ी हार का समाचार चारों ओर फैल गया। वाशिंगटन से एक के बाद एक प्रतिनिधि भेजे गए, अधिकतर उनमें से सिपाही बनकर, और सिपाही के रूप में अपनी जान को जोखिम में डालकर उन लोगों ने अपने समाचार-पत्रों के पाठकों और रेडियो के श्रोताओं के लिए आँखों देखा हाल भेजना प्रारम्भ किया। फिर भी, संवादों की वह नाटकीय प्राथमिकता, जो पहले समय में संवाददाताओं के अपने ही प्रयास से उत्पन्न होती थी, श्री अर्ली के वक्तव्य और उसके प्रसारण के फलस्वरूप गायब हो चली।

इसमें कोई शक नहीं कि वर्तमानकाल में युद्ध-विषयक समाचारों को विश्व-भर में

पहुँचाने में कुछ ऐसी कठिनाइयाँ भी हैं, जो शायद पहले नहीं थीं। उन कठिनाइयों का मूल कारण बहुजन-माध्यम की तेज गति है, जिसके कारण कोई भी समाचार क्षण-मात्र में विश्व-भर में फैलाया जा सकता है। ऐसी परिस्थिति में यदि सत्य या तथ्य को दुनिया भर में वर्तमान बहुजन-माध्यम द्वारा फैलाया जा सके, तब तो शायद युद्धों का इतिहास ही पलट जाए। यह भी हो सकता है कि युद्ध बहुत जल्द बन्द हो जाएँ। किन्तु, मानव ने जहाँ कल्याण के लिए बहुजन-माध्यम का व्यवहार किया है, वहाँ उस पर बन्दिश लगाने में भी कुछ कमी नहीं छोड़ी है। पहली बात तो व्यक्ति की आन्तरिक बन्दिश है। रिपोर्टर या संवाददाता या कैमरामैन स्वयं किसी-न-किसी राष्ट्र का अंग होता है। उस राष्ट्र की न सिर्फ अपनी नीति होती है; बल्कि, शायद उसके बहुजन- समुदाय की अपनी-अपनी रुचियाँ हैं, अपनी-अपनी विरोधी भावनाएँ हैं। संवाददाताओं को अपने संवाद भेजते समय या फोटोग्राफर को अपने चित्र भेजते समय यह ध्यान रखना होता है कि कहीं वह ऐसी चीज न भेज दे, जो तथ्यपरक होते हुए भी श्रोताओं तथा पाठकों की पसन्द के प्रतिकूल हो। और, उसे नौकरी खो जाने का भी डर होता है। यह तो बहुत कम ऐसे प्रभावशाली संवाददाताओं के लिए ही सम्भव हो सकता है कि वे इस प्रतिकूलता का सामना करते हुए भी अपने समाज के दृष्टिकोण को बदल सकें।

भारत-पाक युद्ध के अनुभव

सन् 1971 ई. का भारत-पाकिस्तान युद्ध, जिसकी याद सबसे अधिक ताजा है, निश्चय ही वियतनाम और मंचूरिया के युद्धों से भी, माध्यमों की भूमिका के सन्दर्भ में, कहीं अधिक ऐतिहासिक रहा। जब युद्धों में बहुजन-माध्यम की भूमिका का ब्योरेवार इतिहास लिखना सम्भव हो सकेगा, तब निश्चय ही भारत-पाक युद्ध का अनुभव उल्लेखनीय होगा। द्वितीय महायुद्ध में बहुजन-माध्यम की त्वरित गति को देखकर दुनिया भर की सरकारें इस मामले में सावधान हो गईं और उन्होंने युद्ध-सम्बन्धी समाचारों को अपने-अपने दृष्टिकोण से बहुजन-माध्यमों से प्रसारित करने की पूरी व्यवस्था करनी प्रारम्भ की। भारत और पाकिस्तान में भी इसी कारण काफी अरसे से 'प्रेस इंफॉरमेशन ब्यूरो' नाम की संस्था के आकार का निर्माण द्वितीय महायुद्ध में ही प्रारम्भ कर दिया गया था। सन् 1971 ई. के युद्ध में संवाददाताओं को विश्वसनीय और ताजा-से-ताजा समाचार उपलब्ध कराने का भार इस संस्था को सौंपा गया। इसका कारण यह भी था कि टेलीफोन और बेतार के साधनों के ऊपर सर्वाधिकार अब राष्ट्रीय सरकारों का ही होता है। यह सही है कि बहुत-से समाचार-पत्रों की अपनी टेलेक्स-लाइनें हैं। किन्तु, ये टेलेक्स-लाइनें तो समाचार-पत्र के एक स्थान पर स्थित ऑफिस को दूसरे स्थान पर स्थित ऑफिस से ही मिला सकती हैं। समाचार-पत्र के प्रतिनिधियों को विभिन्न स्थानों पर पहुँचाने और उनको वहाँ की वस्तुस्थिति से परिचित कराने का इन्तजाम प्रेस- इंफॉरमेशन-ब्यूरो को ही करना पड़ता है।

सन् 1965 ई. के युद्ध और सन् 1971 ई. के युद्ध में एक महान् अन्तर था। सन् 1965 ई. के युद्ध में प्रेस-इंफॉरमेशन-ब्यूरो का नियन्त्रण करनेवाले मन्त्रालय, यानी सूचना एवं प्रसारण-मन्त्रालय तथा अन्य सम्बद्ध मन्त्रालयों, यानी रक्षा-मन्त्रालय तथा विदेश-मन्त्रालय—इनके बीच में पूरा सहयोग नहीं था। इन तीनों ही मन्त्रालयों के अन्तर्गत सूचना का प्रसार करनेवाली अलग-अलग संस्थाएँ हैं। 'प्रेस-इंफॉरमेशन-ब्यूरो' सूचना और प्रसारण-मन्त्रालय के अन्तर्गत 'एक्सटर्नल पब्लिसिटी डिवीजन' विदेश मन्त्रालय के अन्तर्गत और 'इंफॉरमेशन-डिवीजन' रक्षा-मन्त्रालय के अधीन हैं। सन् 1965 ई. में अक्सर ऐसा हुआ कि ये तीन संस्थाएँ तीन अलग-अलग आवाजों में बोलीं और अक्सर संवाददाताओं को विभिन्न प्रकार के अधिकृत कहे जानेवाले समाचार मिले। सन् 1971 ई. में ऐसा नहीं हुआ। नवम्बर के मध्य से ही 'प्रेस इंफॉरमेशन ब्यूरो' तथा अन्य दोनों संस्थाओं के अधिकारियों की मिली-जुली बैठकें होने लगी थीं और उन्होंने संवाददाताओं को बदलती हुई परिस्थिति-सम्बन्धी समाचार देने प्रारम्भ कर दिए थे। यह ध्यान रहे कि ये समाचार उन समाचारों से भिन्न थे, जो कभी-कभी संवाददाता सम्बद्ध मन्त्रियों से सीधे पा लेते हैं, अथवा मन्त्रियों एवं प्रधानमन्त्री द्वारा दिए गए भाषणों से प्राप्त कर लेते हैं।

सन् 1965 या 1971 ई. की लड़ाई में संवाददाताओं की व्यवस्था में एक और अन्तर था। सन् 1965 ई. में देखा गया कि कभी-कभी विदेशी संवाददाताओं के लिए एक प्रकार के समाचार और सूचनाएँ दी जाती थीं और भारतीय संवाददाताओं के लिए दूसरे प्रकार की। सन् 1965 ई. में शायद यह इसलिए किया गया; क्योंकि कुछ लोगों का विचार था कि विदेशी समाचार-पत्र और रेडियो आदि में सभी तथ्य नहीं पहुँचने चाहिए। वस्तुतः, वह एक भ्रम था; क्योंकि किसी भी समाचार को इस तरह से छिपा लेना सम्भव नहीं। इस बार ऐसा नहीं हुआ। सभी संवाददाताओं को बुलाया गया और प्रतिदिन एक से अधिक बार उच्च अधिकारी तीनों मन्त्रालयों की ओर से मौजूद होते और प्रश्नों का उत्तर देते थे एवं अन्य सामग्री भी प्रस्तुत करते थे। इसका परिणाम यह हुआ कि कुछ विदेशी समाचार-पत्रों तथा रेडियो, टेलीविजन आदि ने तो अपनी सूचनाएँ प्राप्त करने के लिए भारतीय संवाददाता ही नियुक्त किए।

सवाल यहाँ सिर्फ सूचना देने का ही नहीं था। सवाल था—सूचना की पृष्ठभूमि तथा घटनाओं के तात्पर्य को पाठकों, श्रोताओं और दर्शकों के लिए विश्लेषण के रूप में प्रस्तुत करना। वर्तमान युग में यह बहुत बड़ा उत्तरदायित्व है; क्योंकि अक्सर ऐसे विश्लेषणों द्वारा विश्व-भर की जनता के दृष्टिकोण निर्धारित हो जाते हैं। न्यूज-मैगजीनों की महती शक्ति भी (जैसा अन्यत्र कहा गया है) इसी में है कि वे समाचारों को समझने के लिए गुटका-रूप पृष्ठभूमि और इतिहास झट से प्रस्तुत कर देते हैं। पाठकों के लिए पकी-पकाई सामग्री थोड़े-से पृष्ठों में प्रस्तुत करने का कौशल उन्होंने प्राप्त कर लिया है। घटनाओं का इंटरप्रिटेशन करना, यानी उनके भीतरी तात्पर्य को स्पष्ट करना बहुत-कुछ उस देश की सरकार के ऊपर निर्भर करता है एवं समाचार-पत्रों की नीति

पर तथा संवाददाता की अपनी निपुणता पर। सन् 1971 ई. के युद्ध में एक ऐसे भी संवाददाता का उल्लेख हुआ है, जिसने बड़ी निपुणता के साथ भारत-सोवियत-सन्धि पर हस्ताक्षर होने के बाद उसकी व्याख्या की—एक तो भारतीय समाचार-पत्र के लिए, एक अंग्रेजी साप्ताहिक के लिए और एक अमेरिकी दैनिक के लिए लिख भेजी और तीनों ही व्याख्याएँ अलग-अलग ढंग की थीं; क्योंकि इन तीनों ही पत्रिकाओं की नीति अलग थी, देशों की नीतियाँ भी अलग थीं। पूछा जा सकता है कि इस स्थिति में सत्य क्या है? क्या इस जिम्मेदारी को बहुजन-माध्यम भूल जाते हैं? सवाल सही है और इसका उत्तर भी यह है कि बहुजन-माध्यम ने तथ्य की परिभाषा बदल दी है। बहुजन-माध्यम के आने से पूर्व बहुत थोड़ी-सी सामग्री ही पाठकों के पास भेजी जा सकती थी और इसलिए जो सबसे महत्त्वपूर्ण बात थी, उसी का उल्लेख होता था। किन्तु, अब साधनों की प्रचुरता के कारण कहीं अधिक सामग्री भेजी जा सकती है, लेकिन सामग्री की जितनी बहुलता होती है, उतना ही उसमें चुनाव करने का प्रश्न उठता है और इस चुनाव का आधार है—राष्ट्र-नीति तथा संवाददाता की, भविष्य का पर्यवेक्षण करने की क्षमता। जो संवाददाता सही ढंग से भविष्य के परिवर्तनों को देख पाता है, उसकी व्याख्या और तथ्यों का अध्ययन—दोनों ही सफल होते हैं। इसलिए जहाँ एक जमाने में केवल उसी संवाददाता को सबसे अधिक श्रेय मिलता था, जो 'स्कूप' यानी सबसे पहले एक नवीन घटना का उद्घाटन कर पाता था, वहाँ आजकल उस संवाददाता को भी श्रेय मिलता है, जो घटनाओं की व्याख्या इस भाँति कर पाता है, जैसे, मानो वह ज्योतिषी हो।

भारत-पाक युद्ध में बहुजन-माध्यमों, विशेषतया संवाददाताओं की यह उपलब्धि रही कि उन्होंने विश्व के अनेक राष्ट्रों की नीतियों के पारस्परिक विपरीत 'सत्य' को पाठकों तक पहुँचाने की चेष्टा की। अमेरिका का शासन तो भारत के विरुद्ध था ही; अनेक शासन, जो एक-न-एक प्रकार से अमेरिका के ऋणी थे, भारत को सन्देह की दृष्टि से देखते रहे। अरब देशों में, पिछले कई वर्षों से पाकिस्तान ने अपने प्रचार द्वारा धर्म के नाम पर न सिर्फ जनता, बल्कि शासन की मनोवृत्ति बदलने की कोशिश की। जब मार्च, 1971 ई. में पूर्व बंगाल में पाकिस्तान के सैनिक-शासन का दुर्दम चक्र चला, तब अनेक सरकारें अलग-थलग रहीं। संयुक्त राष्ट्रसंघ के महासचिव ने जो भाषण दिया, उससे जान पड़ा कि उन्हें विश्वास नहीं था कि संयुक्त राष्ट्रसंघ के सदस्य पूर्वी बंगाल की जनता की पीड़ा के पीछे जो राजनीतिक कारण थे, उन्हें रोकने की चेष्टा करेंगे। उस समय भारत के समाचार-पत्रों, संवाददाताओं और उनसे भी अधिक मन्त्रियों ने बहुत कुछ चेष्टा की कि वस्तु-स्थिति प्रभावशाली देशों तक पहुँच जाए। रूस तथा रूस से सम्बद्ध देशों को छोड़कर अन्य किसी देश ने संवेदना, थोड़ी-सी दवाइयाँ और खाने-पीने की सामग्री भेजने के अतिरिक्त मुँह भी न खोला। दमनचक्र चलता रहा। विवाद भी बहुत कम हुए। किन्तु, उसके कुछ ही समय बाद स्वयं अमेरिका के संवाददाताओं और इंग्लैंड तथा फ्रांस के समाचार-पत्रों ने बंगलादेश की यन्त्रणा को देश-विदेश के कोने-कोने

में पहुँचाना प्रारम्भ कर दिया। उन्होंने ऐसा तब किया, जबकि वे जानते थे कि उनकी सरकारों की नीति इसके विपरीत थी। उनके सम्पादकीयों में कड़े शब्दों में पाकिस्तान की सरकार के सैनिक-शासन की आलोचना की गई। रेडियो और टेलीविजन पर चित्र आदि भी दिए गए। यहाँ तक कि अमेरिका के न्यूज-मैगजीनों में भी पूर्वी बंगाल में होनेवाले अत्याचारों का विवरण और उसकी पृष्ठभूमि प्रतिबिम्बित होने लगी। इसीलिए, जब भारत की प्रधानमन्त्री युद्ध से पहले भारत की नीति को समझाने के लिए दौरे पर यूरोप और अमेरिका गईं, तो उन्होंने अनेक देशों के समाचार-पत्रों तथा बहुजन-माध्यमों की तारीफ की।

इसमें कोई सन्देह नहीं कि समाचारों को तेजी के साथ पहुँचाने तथा उनकी व्याख्या की व्यवस्था, जो भारत-सरकार की तरफ से हुई, वह इस बार श्लाघनीय थी और उसके बारे में सभी देशों और विदेशी संवाददाताओं ने तारीफ की है। युद्ध-सीमान्तों पर प्रेस इंफॉरमेशन ब्यूरो की तरफ से 500 दल ले जाए गए, ताकि वे वहीं से आँखों देखा हाल भेज सकें। इनमें से 100 दल तो विजयोपरान्त ढाका ही गए। दलों के रूप में संवाददाताओं को ले जाने में निःसन्देह प्रेस इंफॉरमेशन ब्यूरो को यह लाभ था कि वे उनको अपनी ओर से बहुत कुछ व्याख्या दे सकते थे। अन्य युद्धों में प्रायः ऐसा नहीं हो पाया। ऐसा करना इसलिए भी जरूरी हो जाता है कि यदि अलग-अलग संवाददाता जाते रहें, तो उनकी रक्षा की और उन्हें दिखाने की व्यवस्था नहीं हो सकती। प्रेस इंफॉरमेशन ब्यूरो की तरफ से 3 दिसम्बर और 20 दिसम्बर के दौरान लगभग 232 समाचार दिए गए, जिनके शब्दों की संख्या ही सवा लाख थी। इसी बीच 22 बैठकें हुईं, जिनमें भारतीय और विदेशी संवाददाताओं को समाचार दिए गए और उनके प्रश्नों के उत्तर भी दिए गए। विभिन्न स्थानों पर जानेवाले 627 युद्ध क्षेत्र प्रवेश-पत्र प्रदान किए गए। प्रेस इंफॉरमेशन ब्यूरो ने जालन्धर, ऊधमपुर, कलकत्ता और सिलीगुड़ी—इन चार स्थानों में कैम्प स्थापित किए। कलकत्ता के बेस-कैम्प से 491 संवाददाताओं को बंगलादेश के क्षेत्रों में ले जाने की व्यवस्था की गई। इनमें 331 विदेशी संवाददाता और फोटोग्राफर आदि थे। इसके अतिरिक्त जालन्धर, ऊधमपुर, कृष्णनगर, सिलीगुड़ी और जोधपुर में 6 घूमनेवाले प्रेस सम्पर्क केन्द्र स्थापित किए गए। दिल्ली में तो विभिन्न भवनों का शास्त्री-भवन से सम्बन्ध स्थापित करने के लिए विशेष व्यवस्था की ही गई थी।

इस युद्ध ने दूसरे महायुद्ध की भाँति इस बात की महत्ता को भी स्थापित कर दिया कि विश्व-भर के पाठकों और श्रोताओं को झूठी बातों द्वारा प्रभावित होने से रोकने के लिए कितना शीघ्र इन्तजाम करने की आवश्यकता होती है। भारत-पाक युद्ध का प्रारम्भ पाकिस्तान ने किया था। उसकी चाल यह थी कि वह पश्चिमी क्षेत्र में भी उसी समय आक्रमण करके सीमा के युद्ध का आरोप भारत के ऊपर थोप दे। चूँकि, वह जानता था कि भारत वस्तुतः पश्चिमान्त प्रदेश में युद्ध नहीं करना चाहता। 3 दिसम्बर की शाम को जब यह हुआ, तब दिल्ली में न तो प्रधानमन्त्री थीं, न रक्षा-मन्त्री और न विदेश-मन्त्री ही। फिर भी, अमेरिका के कुछ समाचार-पत्रों और रेडियो ने यह प्रसारण

कर दिया कि भारत ने युद्ध प्रारम्भ कर दिया। उस समय भारत के बहुजन-माध्यम के प्रतिनिधियों के सामने निश्चय ही एक समस्या उपस्थित हो गई कि किस तरह से प्रतिवाद किया जाए। केवल एक प्रतिवाद किया गया और वह यह कि प्रधानमन्त्री ने स्थल-सेना, नौ-सेना और वायु-सेना को आदेश दिया है कि जब तक वह अपनी ओर से आज्ञा न दें, तब तक भारत की ओर से लड़ाई न लड़ी जाए, यद्यपि सुरक्षा के लिए व्यवस्था की जा सकती है। उसी दिन यह भी घोषणा की गई कि प्रधानमन्त्री देश के नाम एक सन्देश आकाशवाणी पर प्रसारित करेंगी। उस सन्देश का प्रसारण होने के 20 मिनट पहले उन्होंने आदेश दिया और भारत की ओर से भी युद्ध छेड़ दिया गया। इसमें कोई सन्देह नहीं कि उस समय अपने ऊपर जब्त करने का बहुत अच्छा असर पड़ा और प्रधानमन्त्री का जो पुरअसर भाषण विश्व-भर में सुना गया, उसका भी प्रभाव बहुत अच्छा पड़ा। उसका एक और भी कारण था। कई हफ्ते पहले से ही जब मुक्तिवाहिनी ने अपनी कार्यवाही पूर्वी बंगाल में प्रारम्भ कर दी थी, तब अमेरिका में बहुत तेजी से यह प्रचार हो रहा था कि भारत ने वस्तुतः युद्ध प्रारम्भ कर दिया है। 3 दिसम्बर से एक हफ्ते पहले की बात है। एक अमेरिकी महिला, जो अपने यहाँ काफी प्रभावशाली है, मुझसे और एक मन्त्री महोदय से मिलने आईं और उन्होंने हम लोगों से साफ प्रश्न किया कि आप लोग क्यों मुक्तिवाहिनी को मदद दे रहे हैं। हमने कहा कि मदद देने का सवाल नहीं उठता; लेकिन एक बात आपको समझनी चाहिए कि यदि सच ही हमको मदद देनी है और सच ही हमको युद्ध का सहारा लेना है तो आप विश्वास रखिए कि भारत के पास इतना सामर्थ्य है कि वह पूर्वी बंगाल को आजाद करा सके। उन्होंने हमारी बात को समझा और हमारा विचार है कि उस समय उन्होंने उसकी गहराई को भी स्वीकार किया होगा। किन्तु, बहुजन-माध्यम की दृष्टि से यह जरूरी था कि बार-बार यह स्पष्ट कर दिया जाए कि मुक्तिवाहिनी उस समय तक वस्तुतः अपनी ही आयोजनों के अनुसार चल रह थी। 3 दिसम्बर को ग्यारह बजकर 35 मिनट पर रात के समय जब प्रधानमन्त्री की ओर से कह दिया गया, तभी भारत युद्ध में शामिल हुआ।

अमेरिका के युनाइटेड प्रेस इंटरनेशनल के संवाददाता जौसिफ गैलोबे ने 3 दिसम्बर से 22 दिसम्बर तक ढाका में जो कुछ हुआ, उसका वृत्तान्त अपनी जनता के लिए जिस रूप में भेजा था, वह निश्चय ही इस युद्ध की कथा का एक सजीव पृष्ठ है। उसका यह प्रेषित विवरण (डिस्पैच) यों तो पूरा पढ़ने योग्य है, किन्तु उसके 2-3 प्रसंग बड़े दिलचस्प हैं। उस विवरण से यह ज्ञात होता है कि पाकिस्तान ने उन 55 विदेशी संवाददाताओं को, जो कि उन दिनों ढाका में मौजूद थे, वस्तुस्थिति से बिलकुल अपरिचित रखा था और उन्हें जानने भी नहीं दिया था कि किस भाँति पश्चिमी सीमान्त पर लड़ाई हो रही है और पूर्वी बंगाल की सीमाओं पर भी हलचल मची हुई है। गैलोबे ने लिखा है कि इंटर-कंटिनेंटल होटल में 400 से ऊपर विदेशी लोग सहारा खोजने के लिए आए। सं. राष्ट्रसंघ के अधिकारियों ने अपनी जान बचाने के लिए किसी-न-किसी प्रकार ढाका से भागने के लिए हवाई जहाज का इन्तजाम किया। ज्यों-त्यों करके लोगों

के चले जाने के बाद रह गए कुछ विदेशी संवाददाता, जो नाटक का अन्त देखने के लिए उत्सुक थे। भारत की सेनाएँ ढाका को घेर रही थीं और ढाका पाकिस्तानी सैनिकों तथा अस्त्र-शस्त्रों से भरा हुआ था, जगह-जगह मार-धाड़ हो रही थी। एक दिन गैलोबे ने देखा कि जेनरल नियाजी अपनी तोंद पर हाथ फेरते हुए और अंग्रेजी उच्चारण की नकल करते हुए होटल में आए और बड़े जोर-शोर के साथ यह घोषणा करके चले गए कि पाकिस्तान की सेना किसी भी हालत में घुटने नहीं टेकेगी और हिन्दुस्तान की सेना को पूर्वी बंगाल से बाहर भगाकर ही दम लेगी। लेकिन, वस्तुतः गैलोबे ने लिखा है, नियाज अली और फरमान अली—दोनों ही उस समय सन्धि के लिए वार्ता शुरू कर रहे थे। वहाँ एक अंग्रेज पत्रकार भी था। पूर्वी पाकिस्तान के गवर्नर मलिक बातचीत कर रहे थे कि क्या किया जाए। इसी बीच ऊपर भारतीय हवाई जहाजों के उड़ने की आवाज सुनाई दी और बम राजभवन पर गिरे। मलिक घबरा गए। थोड़ी देर में ही दोबारा भारतीय हवाई जहाज उड़ते हुए सुनाई दिए और उनके रॉकेटों के प्रहार भी। मलिक ने झट से एक बॉल-प्वाइंट कलम निकाली और अपना इस्तीफा लिखकर एक पत्रकार को दे दिया, ताकि वह इसकी जाँच कर सके, और उसके बाद उसी कक्ष में नमाज पढ़ने के लिए बैठ गए। गैलोबे के विवरण में कई दिलचस्प घटनाओं का जिक्र है। उसने देखा कि इंटर-कांटिनेंटल होटल के दरवाजे पर 15 दिसम्बर के सवेरे ढाका-पीस-कमिटी के वे सदस्य, जिन्होंने सैकड़ों निरीह बंगालियों को मौत के घाट उतारा था, गिड़गिड़ाते आए कि उन्हें अन्दर आने दिया जाए। जब अन्दर न आ सके, तब वे धमकियाँ देकर चले गए। इसी प्रकार, एक दूसरा दृश्य यह था कि ईरान के कौंसल-जेनरल ने विदेशी होने के नाते अपने 20 तथाकथित देशवासियों के साथ 'इंटर-कांटिनेंटल होटल' में आश्रय माँगा, तो रेडक्रॉस ने उन्हें दिया। जब उन 20 व्यक्तियों की छानबीन की गई तब मालूम हुआ कि वे सब पाकिस्तानी थे और ईरान के कौंसल-जेनरल झूठ बोलकर अपने साथ उन्हें ले आए थे। ईरान के कौंसल-जेनरल को इंटर-कांटिनेंटल होटल से बाहर जाना पड़ा। गैलोबे ने लिखा है कि इस नाटक का अन्त हुआ। 6 दिसम्बर को साढ़े ग्यारह बजे भारतीय सैनिकों की तीन जीपें होटल से बाहर आईं और फिर उसके अन्दर शामिल हुईं।

जॉन गैलोबे की यह डायरी पत्रकारिता का एक उत्कृष्ट नमूना है; क्योंकि उसे होटल से बाहर जाने की सुविधा नहीं थी और जो कुछ उसने लिखा, वह दूसरों से पूछ-पूछकर तथा खासतौर से राष्ट्रसंघ के जौन केली नाम के व्यक्ति से बातचीत करके। इस युद्ध और इस युद्ध से पहले के इस तरह के अनेक वृत्तान्तों के उदाहरण दिए जा सकते हैं। भारत के लोकप्रिय सचित्र पत्रों—'धर्मयुग' तथा 'इलस्ट्रेटेड वीकली ऑफ इंडिया' में काफी पहले से मुक्तिवाहिनी के सम्बन्ध में, तथा जो अत्याचार पूर्वी बंगाल के लोगों के ऊपर किए गए, उनके बारे में आँखों देखा हाल स्वयं उन पत्रों के सम्पादकों ने चित्रों-सहित प्रकाशित किया। भारत के सामान्य पाठकों की जानकारी इससे बहुत कुछ बढ़ी। इस जानकारी में विशेष दृष्टिकोण होते हुए भी इतने तथ्य थे कि उसे कोरा प्रचार नहीं माना जा सकता।

प्रचारात्मकता और तथ्यपरकता की असली परीक्षा होती है—रेडियो और टेलीविजन पर। इसका कारण यह है कि जहाँ समाचार-पत्रों तथा 'धर्मयुग' एवं 'इलस्ट्रेटेड वीकली'-जैसे साप्ताहिकों में ब्योरेवार सामग्री प्रस्तुत की जा सकती है, वहाँ रेडियो और टेलीविजन पर समय से काम होता है और थोड़े ही समय में न सिर्फ घटना की चर्चा, बल्कि उसकी व्याख्या करना भी अभीष्ट होता है। जैसा कि एक पत्रकार ने हाल में ही 'टाइम्स ऑफ इंडिया' में लिखा है : "रेडियो के युद्ध में निश्चय ही पाकिस्तान की हार हुई।" इसका कारण यह था कि प्रारम्भ से ही पाकिस्तान-रेडियो ने अपने प्रसारण में चुनौती एवं अहंकार आदि का आभास दे दिया था। पाकिस्तान-रेडियो और पाकिस्तान-शासन—दोनों ने ही वहाँ की सर्वसाधारण जनता के बीच यह भ्रम फैलाने की कोशिश की कि विश्व के इतिहास में हमेशा इस्लाम के सैनिकों की विजय हुई है; क्योंकि खुदा उनकी मदद करता रहा है। यही नहीं, उन्होंने यह भी घोषित किया कि पाकिस्तान इस्लाम के नाम पर लड़ रहा है। यह बिलकुल झूठ था; क्योंकि पाकिस्तान का युद्ध इस्लाम के नाम पर नहीं था, पाकिस्तान का अपना युद्ध था। वह उस जुल्म का एक नतीजा था, जो उन्होंने बंगाली मुसलमानों और हिन्दुओं—दोनों के ऊपर ढाया था। लेकिन, 25 मार्च, 1971 ई. से युद्ध के अन्त होने तक बराबर पश्चिमी पाकिस्तान की जनता को पाकिस्तान के रेडियो, टेलीविजन और समाचार-पत्रों ने उन अत्याचारों से बिलकुल अपरिचित रखा, जो पूर्व बंगाल में किए गए थे। शायद आधुनिक युग में बहुजन-माध्यम के ऐसे दुरुपयोग का दूसरा उदाहरण नहीं मिलेगा। जब अरब और इजराइल में लड़ाई हुई थी, तब थोड़ा-बहुत सच तो अरब देशों तक पहुँच ही पाता था, किन्तु पाकिस्तानी शासन ने विदेशी रेडियो सुनने पर पाबन्दी लगा दी थी। पूर्वी बंगाल में जो विदेशी संवाददाता थे, उनको मजबूर किया गया कि वे अत्याचार-सम्बन्धी कुछ भी समाचार अपने-अपने देशों को न भेज सकें। इसके विपरीत, उन्होंने ऐसे संवाददाताओं को सुविधा दी, जो यह कह सकें कि मुक्तिवाहिनी केवल भारत की ओर से स्थापित की गई एक सेना है और भारत पूर्वी पाकिस्तान पर हमला पहले ही से कर बैठा है। यह झूठ काफी दिनों तक कारगर हुआ, इसमें कोई सन्देह नहीं। किन्तु जब वास्तव में युद्ध छिड़ गया, तब धीरे-धीरे करके जिस तरह के अहंकार और दम्भ से परिपूर्ण घोषणाएँ पाकिस्तान के रेडियो और टेलीविजन कर रहे थे, उनकी बुनियाद गायब होती चली गई। इसका पहला नमूना मिला तब, जब 3 दिसम्बर की शाम को पाकिस्तान ने भारत द्वारा तथाकथित युद्ध के आक्रमण की घोषणा की। उसमें बाबर के जमाने से लेकर आजतक भारत पर इस्लामी राज्यों द्वारा प्राप्त की गई विजयों का जिक्र था और यह घोषणा की गई थी कि अब शीघ्र ही लालकिले के ऊपर पाकिस्तान का झंडा लहराएगा। इसके विपरीत, सारे विश्व के श्रोताओं ने सुना—भारत की प्रधानमन्त्री का बहुत छोटा-सा भाषण। उसमें न किसी तरह का जोश था, न किसी तरह की चुनौती। लेकिन, उसमें दृढ़ता थी और थी स्पष्टता। यहाँ एक बात और भी उल्लेखनीय है कि बहुजन-माध्यम की सफलता सही समय की जानकारी पर भी निर्भर करती है। भारत

की आकाशवाणी पर प्रधानमन्त्री का भाषण 3 तारीख की रात के 12 बजे हुआ था। पाकिस्तान की ओर से यद्यपि युद्ध की घोषणा पहले ही कर दी गई थी, तथापि पाकिस्तान के राष्ट्रपति का अपना भाषण उस दिन नहीं, दूसरे दिन हुआ। यह उनकी बड़ी भारी गलती थी; क्योंकि उस भाषण का सारा असर ही जाता रहा।

वस्तुतः, इस भारत-पाक संघर्ष ने एक बात स्पष्ट कर दी कि तत्कालीन पाकिस्तानी राष्ट्रपति याहिया खाँ बहुजन-माध्यम का ठीक-ठीक प्रयोग करने के लिए उपयुक्त व्यक्ति नहीं थे। उन्होंने जिस तरह की भाषा में भारत के प्रधानमन्त्री की आलोचना की, उसने वस्तुतः पाकिस्तान के बारे में और उनके विषय में विपरीत मत पैदा कर दिया। उनके बाद के भाषण भी ऐसे ही रहे। नए राष्ट्रपति भुट्टो का भी कुछ ऐसा ही हाल है, यद्यपि उनका प्रथम भाषण एक माने में दिलचस्प था। उन्होंने लिखी हुई पांडुलिपि (स्क्रिप्ट) के आधार पर कोई भाषण नहीं दिया और यह दिखाने की चेष्टा की कि वे जो कुछ कह रहे हैं, वह बिना सोचे उनके दिल से जा रहा है। पराजय के कारण पाकिस्तान की साधारण जनता का जो हाल हुआ था, उसमें इस तरह का भाषण शायद कुछ उनकी भावनाओं को परिपुष्ट करने में समर्थ हुआ हो।

किन्तु, युद्ध की असाधारण परिस्थिति में वे व्यक्ति अधिक सफल होते हैं, जो कड़े-से-कड़े संघर्ष में भी किसी प्रकार से उत्तेजित नहीं होते। जहाँ कहीं और उन दिनों जब कभी भारत की प्रधानमन्त्री बोलीं, तो उनके स्वर में बहुत कम उत्तेजना थी, बहुत कम भर्त्सना थी, पर दृढ़ता बहुत थी। इसका नतीजा यह हुआ कि भारत और विदेश—दोनों के ही नेताओं का विचार हुआ कि भारत की प्रधानमन्त्री सचमुच एक कर्मठ और समर्थ व्यक्ति हैं और वह जो कुछ करती हैं, उसके पीछे एक उत्कट व्रत-शक्ति है। विचारणीय है कि यही श्रीमती गांधी जब पब्लिक मीटिंग में बोलती हैं, तब दूसरी तकनीक का उपयोग करती हैं और अक्सर काफी उल्लास तथा चुनौतीपूर्ण वाणी का उपयोग करती हैं। बहुजन-माध्यम और पब्लिक मीटिंग का यह भेद वह अपने पिता की अपेक्षा अधिक जानती हैं।

रेडियो-पाकिस्तान ने प्रारम्भ से पश्चिमी पाकिस्तान की साधारण जनता को, जिसमें ऐसे किसान और सिपाही शामिल हैं, जिनमें बंगाल की कथाएँ प्रचलित हैं, निश्चय ही ऐसे गीत और नारे (स्लोगन) सुनाकर प्रोत्साहित करने की चेष्टा की, जो सर्वसाधारण श्रोताओं को प्रभावित कर सकते हैं। खासतौर से पश्चिमी पाकिस्तान के अर्ध-शिक्षित मुसलमानों को गाजी और शहीद होने की चुनौती देकर आजादी के नाम पर उन्होंने कई ब्रॉडकास्ट किए। पश्चिमी पाकिस्तान के श्रोताओं पर इसका कुछ असर उन दिनों हुआ भी; क्योंकि, पश्चिमी पाकिस्तान में युद्ध की प्रगति उस ढंग की नहीं थी, जैसी पूर्वी पाकिस्तान में। यह स्पष्ट कर देना आवश्यक है कि बहुजन-माध्यम कोरी वाणी के बल पर नहीं चल सकता, तथ्य और सही घटनाओं के बिना केवल चुनौती और घोषणाएँ नाकाफी होती हैं। इसके अतिरिक्त रेडियो-पाकिस्तान प्रारम्भ में ही पूर्वी बंगाल के रेडियो-स्टेशन को खो बैठा था। भारतीय हवाई जहाजों ने ढाका के ट्रांसमीटर को

नष्ट-भ्रष्ट कर दिया, इसलिए उन्हें पश्चिमी पाकिस्तान से ही बँगला में ब्रॉडकास्ट करना पड़ा। भारत बड़ा देश है। यहाँ पर भी मीडियम वेव के ट्रांसमीटर दिल्ली और उसके आसपास रात के वक्त बन्द कर दिए जाते थे। इसका कारण यह है कि मीडियम वेव द्वारा हवाई जहाज यह जान सकते हैं कि आवाज कहाँ से आ रही है और उस स्थान पर आक्रमण करने में उन्हें सुविधा हो जाती है। भारत-सरकार के इस निश्चय के कारण कुछ असन्तोष हुआ। फिर भी, चूँकि भारत में दूर-दूर पर बहुत-से मीडियम वेव स्टेशन थे, इसलिए श्रोताओं के लिए यह सम्भव हो सका कि वे समाचार अन्य मीडियम वेव रेडियो-स्टेशनों से पा सकते थे। रेडियो-पाकिस्तान के बँगला-श्रोताओं के लिए और कोई सहारा ही नहीं रह गया, वह आज़ाद बँगलादेश के रेडियो को सुनते अथवा कलकत्ता को। यह भी रेडियो-संघर्ष में पाकिस्तान की हार का एक कारण था।

लेकिन, सबसे बड़ी बात यह थी कि भारत के रेडियो ने यह जान लिया है कि किसी भी गणतन्त्र में जनसाधारण को सूचनाओं से अवगत रखना अत्यन्त आवश्यक है। कितने ही जोश और उल्लास की बात कही जाए, कितने ही गीत गाए जाएँ, जब तक रेडियो पर ऐसी परिस्थिति में तथ्य प्रस्तुत नहीं किए जाएँगे, तब तक श्रोता आकर्षित नहीं होंगे। भारत-पाक युद्ध के दौरान अक्सर यह देखा गया कि जिस विविध भारती पर असंख्य श्रोता टिके रहते थे, उस विविध भारती को छोड़कर लोग हर घंटे पर जो समाचार आकाशवाणी के मुख्य प्रोग्रामों में प्रसारित हो रहे थे, उनके लिए अधिक प्रतीक्षा करने लगे। दूसरी बात यह थी कि भारतीय रेडियो ने 'आकाशवाणी' नाम रखते हुए भी अपने-आपको आकाश की वाणी न मानकर, धरती की वाणी माना, यानी धरती पर जो कुछ हो रहा है, उसकी व्याख्या करने की चेष्टा की। इस मामले में आकाशवाणी पहले की अपेक्षा महाभारत के संजय के अधिक निकट थी, जिसने धृतराष्ट्र को कटु संवाद सुनाने में हिचकिचाहट नहीं की। आकाशवाणी में जहाँ एक ओर पूर्वी बंगाल की विजय के समाचार होते थे, वहाँ छम्ब में जो पीछे हटना पड़ा, हुसैनीवाला की भूमि को जो छोड़ना पड़ा, उसके समाचारों को भी छिपाया नहीं गया।

एक बात और। लगभग हर समाचार-बुलेटिन के बाद रेडियो-पाकिस्तान और आकाशवाणी दोनों ही पर समाचारों की कुछ समीक्षा होती थी। एक जमाना था कि आकाशवाणी पर यह समीक्षा प्रायः आकाशवाणी के अपने ही कर्मचारी लोग किया करते थे। किन्तु, इस बार यह नीति बदली गई। इसलिए, कई प्रतिष्ठित पत्रकारों को समीक्षा के लिए बुलाया जाता था। इनमें से जो समीक्षा फ्रैंक मोरेस ने अंग्रेजी में की, वह निश्चय ही एक बहुत समर्थ, स्पष्ट और साहसपूर्ण समीक्षा थी। दूसरी ओर, पाकिस्तान में समीक्षा करनेवाले लोग तानाशाही शक्ति के वाणी-मात्र थे। न वे विश्लेषण करते थे, न तथ्य ही प्रस्तुत करते थे। वे तो केवल शहादत और इस्लाम की दुहाई देते थे। इस तरह की समीक्षाएँ प्राचीन काल में इस्लाम के सैनिकों द्वारा प्राप्त विजय के विवरण-मात्र थीं। यही कारण था कि पाकिस्तान के बहुत-से श्रोताओं को शायद मजबूरन बी.बी.सी. तथा अन्य देशों के प्रसारणों को सुनना पड़ा।

बी.बी.सी. और भारत के बीच सम्बन्ध बनते-बिगड़ते रहे हैं। अरसे तक वह सम्बन्ध बहुत दोस्ती का सम्बन्ध था और दिल्ली में बी.बी.सी. का प्रतिनिधि हमेशा आकाशवाणी में महानिदेशक के मिलता-जुलता रहता था। आकाशवाणी भी 'कॉमनवेल्थ ब्रॉडकास्ट संस्था' का एक सदस्य है। पिछले वर्ष दुर्भाग्यवश बी.बी.सी. ने लुईमाल नाम के एक टेलीविजन प्रोड्यूसर के कुछ ऐसे प्रोग्राम प्रसारित किए, जिनमें कलकत्ता तथा भारत के अन्य नगरों के अत्यन्त वीभत्स पहलुओं को कला के नाम पर स्पष्टवादिता के साथ प्रस्तुत किया। आधुनिक कलाकार अक्सर यह समझता है कि कला बिलकुल निरीह हो सकती है और उत्कृष्ट कलात्मक कृति को देखनेवाले लोग पूर्वाग्रहों से प्रभावित नहीं हो सकते थे। लुईमाल के प्रसारण में यह सबसे बड़ी भूल थी। वह यह भूल गए कि उनकी कला भी भारतीय हृदय को क्षत-विक्षत करने से रोक नहीं सकेगी। परिणाम यह हुआ कि बी.बी.सी. को अपना दफ्तर बन्द करना पड़ा। इस निश्चय के बारे में भारत में ही बहुत मतभेद है। किन्तु, यह मार्के की बात है कि इसके बावजूद भारत-पाक युद्ध में बी.बी.सी. ने जिस प्रकार के ब्रॉडकास्ट किए, वे निःसन्देह ही उत्कृष्ट रेडियो ब्रॉडकास्टिंग के नमूने थे। उनकी विशेषता यह थी समाचार तो शीघ्रातिशीघ्र अपने विभिन्न संवाददाताओं द्वारा प्राप्त करके और एजेंसियों से लेकर प्रसारित किए जाते ही थे, किन्तु इसके साथ-साथ जो समीक्षा प्रसारित होती थी, उसमें वे स्वयं अपनी राय न देकर ब्रिटेन, फ्रांस, अमेरिका तथा भारत एवं पाकिस्तान के जो नामीगरामी समाचार-पत्र हैं, उनके सम्पादकीयों और लेखों से चुने हुए अंश प्रसारित करते थे। इस काम में बड़ी तेजी की जरूरत होती थी; क्योंकि उन्हीं के संवाददाताओं को दिल्ली, ढाका, रावलपिंडी, वाशिंगटन, पेरिस आदि स्थानों से टेलीफोन पर इन सम्पादकीयों और लेखों के अंशों को बी.बी.सी. के केन्द्र पर लन्दन भेजना पड़ता था। आठ बजे से आठ पैंतालीस तक रोज शाम को हिन्दी में बी.बी.सी. से जो प्रसारण होते थे, इसमें कोई सन्देह नहीं कि वे भारतीयों के लिए अत्यन्त मूल्यवान् सिद्ध हुए। यह भी मानना होगा कि समाचार-पत्रों की समीक्षाओं के बारे में आकाशवाणी वह तत्परता तथा तात्कालिकता नहीं दिखा सकी, जो बी.बी.सी के हिन्दी-प्रसारण में उपलब्ध हुई।

अन्त में, यह भी कहना आवश्यक है कि यद्यपि आकाशवाणी के बँगला-प्रसारण ने पूर्वी कमान की मनोवृत्ति को, उनके प्रोत्साहन, उनकी बहादुरी और उनकी प्रेरणाओं को परिपुष्ट करने में विशेष योगदान दिया, तथापि यह स्पष्ट नहीं है कि भारत के ही मुसलमान श्रोताओं को आकाशवाणी कहाँ तक सत्य की ओर खींच सकी। आकाशवाणी के उर्दू-समाचार-बुलेटिन के तुरत बाद 5 मिनट की एक व्याख्या सुव्यवस्थित ढंग से बराबर होती रही है और ज्यों-ज्यों युद्ध की प्रगति होती गई, त्यों-त्यों उस व्याख्या का मूल्य भी बढ़ता गया। जम्मू-कश्मीर के रेडियो-स्टेशनों से खासतौर से ऐसे ब्रॉडकास्ट किए गए, जिनसे वहाँ की मुस्लिम जनता को पूर्वी पाकिस्तान में होनेवाले अनाचारों से अवगत कराया जा सके और इसका प्रभाव बाद में कश्मीर की मुस्लिम जनता की मनोवृत्ति पर भी पड़ा।

किन्तु, कटु सत्य तो यह है कि मुस्लिम जनता के ऊपर भारतवर्ष से प्रकाशित होनेवाले उर्दू समाचार-पत्रों आदि का प्रभाव आकाशवाणी के मुकाबले में कहीं अधिक पड़ता है, और पड़ता रहा है। भारत को इस बात का गौरव है कि उसने अपने किसी प्रकार के समाचार-पत्रों पर कोई बन्दिश नहीं लगाई। यह सत्य है कि इस युद्ध के दौरान 'करेंट' नामक पत्रिका तथा कुछ अन्यों पर भी कुछ रुकावटें लगाना आवश्यक हुआ, किन्तु जो लोग उर्दू समाचार-पत्रों को पढ़ते रहे हैं, वे जानते थे कि कलकत्ता, मद्रास, दिल्ली आदि से प्रकाशित होनेवाले उर्दू समाचार-पत्रों में अरसे तक न सिर्फ भारत के दृष्टिकोण को नहीं समझा गया, वरन् रेडियो-पाकिस्तान द्वारा प्रचारित इस्लाम के नाम पर शहादत और गाजी होने की भावना को छिपाया नहीं गया तथा उसकी भर्त्सना नहीं की गई। सबसे अधिक आश्चर्य की बात तो यह है कि अनेक उर्दू समाचार-पत्रों में पूर्वी बंगाल में जिन असंख्य मुसलमान और हिन्दू जनता पर भयानक अत्याचार हुए, उनके प्रति सहानुभूति भी प्रकट नहीं की गई। यहाँ तक कि कुछ उर्दू-समाचार-पत्रों ने यह भी लिखा कि ये शरणार्थी (रिफ्यूजी) लोग क्यों भारत आए हैं, जबकि वस्तुस्थिति शायद दूसरी है। इस विषमता का क्या इलाज हो, यह कहना कठिन है। किन्तु, एक आशा की रेखा क्षितिज पर दृष्टिगत है। भारत के कई हिन्दी-समाचार-पत्र, साप्ताहिक, पाक्षिक, मासिक आदि ऐसे हैं, जिनमें नई पीढ़ी के मुसलमानों ने हिन्दी में लेख लिखने प्रारम्भ किए हैं और उन्होंने यह आक्रोश भी प्रकट किया है कि क्यों भारत के मुसलमानों को सन्देह की दृष्टि से देखा जाता है। इनमें से कुछ लेखक लोकप्रिय रहे हैं। अनेक मुसलमान लेखकों की उर्दू-रचनाएँ न सिर्फ प्रकाशित हो रही हैं, बल्कि तेजी के साथ बिक रही हैं।

बहुजन-माध्यमों में जो स्पष्ट और सक्षम, यानी सिनेमा हैं, उनमें भारत के मुसलमानों का योगदान हमारे देश में बहुत कुछ अनुकूल रहा है। वे एक ऐसी भाषा को लोकप्रिय बना रहे हैं, जो अन्ततः भारत के जनसाधारण की भाषा होगी। इसके अतिरिक्त, वे उन कथानकों में भी दिलचस्पी लेते रहे हैं, जिनमें भारत का धर्म-निरपेक्ष आदर्श मुख्य होगा। सबसे बड़ी बात यह है कि बहुजन-माध्यमों में रेडियो एक ऐसा माध्यम है, जिसमें शायद अन्य माध्यमों की अपेक्षा विभिन्न सम्प्रदायों के प्रतिभाशाली नवयुवक एक-दूसरे के सहयोगी होकर काम करते हैं। केवल रोना यह है कि अन्य बहुजन-माध्यमों की अपेक्षा भारत का फिल्म-उद्योग बहुत पिछड़ा हुआ है और युद्ध-जैसी असाधारण परिस्थिति की चुनौती को स्वीकार नहीं कर पाता। भारत-पाक युद्ध के दौरान केवल एक फिल्म तेजी के साथ बनाई गई 'जौय बाँगलादेश', जो इतनी घटिया किस्म की थी कि भारत-सरकार को उस पर रोक लगानी पड़ी। जिस तरह की भावभूमि से युद्ध-जैसे विषयों को देखने की जरूरत होती है, वह भारतीय फिल्मों में नहीं आ पाई। विश्व-महायुद्ध के 27 वर्षों के उपरान्त भी आए दिन ऐसी फिल्में अंग्रेजी में तैयार होती हैं, जो महायुद्ध की विभीषिका को इस तरह प्रस्तुत करती हैं कि सारा दर्शक-समाज अभिभूत हो जाता है। ऐसी ही एक फिल्म है पैटन, अमेरिकी फिल्म, जो उन दिनों भारत

की राजधानी में दिखाई गई, जब भारत-पाक युद्ध प्रारम्भ होनेवाला था और चल रहा था। यह अध्ययन का विषय होगा कि कितने भारतीय सैनिकों और सैनिक-अधिकारियों ने उस फिल्म को देखा; क्योंकि ऐसा जान पड़ता है कि उस फिल्म में सैनिकों के जिस रूप को दिखाया गया था, युद्ध-स्थल की जिस विभीषिका को प्रस्तुत किया गया था, वह दोनों ही, भारतीय सैनिकों और जनता के लिए, एक तरह से प्रेरणादायक सिद्ध हुए। विदेशों में ऐसी अनेक युद्ध-सम्बन्धी और असाधारण स्थिति-सम्बन्धी फिल्में हैं, जो आज तक चलती हैं और आश्चर्य की बात यह है कि यद्यपि सेक्स-सम्बन्धी फिल्में अधिक जनप्रिय समझी जाती हैं, तथापि भारत की राजधानी दिल्ली में जो अंग्रेजी फिल्में बहुत दिनों तक चलीं, उनमें दो युद्ध-सम्बन्धी थीं, यानी 'पैटन' और 'लारेंस ऑफ अरेबिया।' दोनों में सेक्स का नाम भी नहीं था; फिर भी हजारों की संख्या में जनता ने हफ्तों तक इन फिल्मों को देखा। यह इस बात का सबूत है कि फिल्म जैसा बहुजन-माध्यम युद्ध-जैसी साधारण परिस्थिति को प्रतिबिम्बित कर सकता है, लेकिन उसमें कल्पना और कलात्मकता की आवश्यकता है; क्योंकि जहाँ रेडियो, टेलीविजन और समाचार-पत्र तत्कालीनता पर निर्भर रहते हैं, वहाँ फिल्म, अनुसन्धान और समझ-बूझ पर। इसीलिए, आज से 40 वर्ष पूर्व 'गौन विद दी विंड' नाम की फिल्म ने बहुत ख्याति प्राप्त की। वह अमेरिका के गृह-युद्ध के सम्बन्ध में थी और उसका दृष्टिकोण अब्राहम लिंकन के विरुद्ध था; फिर भी, 'गौन विद दी विंड' आज तक क्लासिक मानी जाती है।

तात्पर्य यह है कि बहुजन-माध्यम को असाधारण परिस्थितियों में तथ्य और कल्पना दोनों के संयोग की आवश्यकता होती है, केवल एक के ही सहारे वह सफल नहीं हो सकती।

भविष्य की झाँकी

बहुजन-माध्यम के भविष्य के विषय में कल्पना के घोड़े दौड़ाने की जरूरत नहीं है। जिस ढंग की विस्मयकारी प्रवृत्तियाँ आजकल सामने आ रही हैं, उनमें ही मानव को चमत्कृत, स्तब्ध और चिन्तित करनेवाली झाँकियों से भविष्य का अनुमान हो सकता है।

पहली झाँकी तो यह है कि रेडियो, टेलीविजन और फिल्मों तथा बहुसंख्यक प्रकाशित होनेवाले समाचार-पत्रों, न्यूज-मैगजीनों तथा पुस्तकों में जनसाधारण के लिए अधिकाधिक मात्रा में मनोरंजन की सामग्री सुलभ होती जाएगी। ज्यों-ज्यों वर्तमान समाज और सभ्यता की प्रगति हो रही है, व्यक्ति के आर्थिक अभाव कम हो रहे हैं, उसके सामान्य जीवन की व्यवस्था होती चली जा रही है और मशीनों तथा तकनीक के कारण सामान्य श्रमिकों और नगरवासियों के काम करने की अवधि कम एवं अवकाश की घड़ियाँ अधिक हो रही हैं, त्यों-त्यों ही वर्तमान समाज मात्र मनोरंजन की ओर प्रवृत्त हो रहा है। यह प्रवृत्ति यद्यपि मध्ययुग में छोटे-से सामन्ती वर्ग तक ही सीमित थी, उन दिनों बहुजन-माध्यम के साधन थे ही नहीं। इसलिए, मनोरंजन के लिए जिस तरह की कलाएँ उपलब्ध थीं, उन्हें समझने के लिए जिन लोगों के पास अवकाश था, वे लोग ही वैसे मनोरंजन का आनन्द उठा पाते थे। जनसाधारण का मनोरंजन आपस में मिल-जुलकर सामूहिक नृत्य इत्यादि से होता था, जिसमें शामिल होने से उन्हें स्फूर्ति का भी अनुभव होता था।

किन्तु, अब बात ऐसी है कि जिस तरह का अवकाश पहले सामन्ती लोगों को उपलब्ध था, वह अब समृद्ध देशों तथा नगरों में बहुसंख्यक लोगों को, और पिछड़े देशों में महानगरों में बसनेवाले सामान्य समाज को भी प्राप्त है। इन लोगों की ओर से उनके अवकाश में मनबहलाव के लिए मनोरंजन की माँग का बढ़ना और बहुजन-माध्यमों का विकास साथ-साथ हुआ। मनोरंजन की यह माँग गाँवों से इतनी ज्यादा नहीं आई है, जितनी नगरों से। इसीलिए जो मनोरंजन बहुजन-माध्यमों पर बढ़ रहा है, वह एक तरह का पलायनवानी मनोरंजन है, वह जो आधुनिक शहरी जिन्दगी के दबाव और तनाव से बचने में मदद करे, जो तकनीकी युग में कुंठित व्यक्ति को भुलावे की मोहलत दे। इस प्रकार के मनोरंजन का रस पाने के लिए सहृदयता, सुरुचि, विवेक एवं अनुशासन की आवश्यकता नहीं। महानगरों तथा समृद्ध देशों में, जहाँ मनोरंजन की भूख है, प्रोग्राम प्रस्तुत करनेवालों को प्रायः अवकाश को भरने के लिए सामग्री की आवश्यकता होती है। जिन्हें रेडियो और दूसरे प्रोग्रामों को

नित्य तैयार करना है, उन्हें नित्य तत्पर भी रहना पड़ता है, नित्य नए प्रकार के मनोरंजन को प्रस्तुत करने के लिए सोचना पड़ता है, कल्पना को कृत्रिम तरीके से जाग्रत रखना होता है। कल्पना, जो विवेक से प्रेरित नहीं होती, बल्कि जो मुख्यतः सनसनीखेज सामग्री द्वारा हठात् चमत्कृत और चकित करने की निपुणता पर आधृत है। यही कारण है कि आजकल अनेक रेडियो-प्रोग्रामों और फिल्मों की सामग्री को सनसनीखेज चित्ताकर्षक रूप देने के लिए अक्सर उच्चकोटि के साहित्यकारों को मजबूर किया जाता है। हर समझदार व्यक्ति को इस प्रवृत्ति से आतंकित होना चाहिए। जब तक पुस्तकें मुख्यतः मनोरंजन और अवकाश के क्षणों को भरने का साधन थीं, तब तक तो उनकी सुव्यवस्थित सामग्री के आधार पर बहुजन-माध्यमों पर उच्चकोटि के प्रोग्राम प्रस्तुत किए जा सकते थे। किन्तु, जब दृश्य-श्रव्य चमत्कारों द्वारा ही लोगों का मनोरंजन करने पर जोर दिया जाने लगा, तब साहित्य की उपेक्षा होने लगी।

लेकिन एक और प्रवृत्ति है, जो इसके बिलकुल विपरीत है, किन्तु जिससे इनकार नहीं किया जा सकता। अगर लोग किसी फिल्म के बारे में अधिक चर्चा करते हैं, तो क्यों उसे देखने की चाह बढ़ जाती है? कभी-कभी ऐसा जान पड़ता है कि आदमी अपनी जिन्दगी में एक खास किस्म की हल्की-फुल्की नाटकीयता चाहता है। रोजाना के जीवन में प्रायः ऐसा होता नहीं, इसलिए वह ऐसी फिल्म देखना चाहता है, जिसमें वैसी हल्की-फुल्की नाटकीयता मिल सके। कोफमैन नामक विद्वान् ने हाल में ही एक अत्यन्त महत्त्वपूर्ण लेख फिल्म-कला के बारे में लिखा है। उसके अनुसार फिल्म ही एक ऐसी कला है, जो तकनीक से पुष्प की तरह प्रस्फुटित हुई है। स्थापत्य को छोड़कर सिर्फ फिल्म ही ऐसी कला है, जो मानव-जीवन के विभिन्न पहलुओं को एक साथ अभिव्यक्त कर सकती है। सम्भवतः कुछ अर्थों में यह बात टेलीविजन के विषय में भी कही जा सकती है। चूँकि फिल्म तकनीकी सर्जनात्मकता का फल है, इसलिए उसने कला के क्षेत्र में एक विभिन्न पीढ़ी को जन्म दिया है। कोफमैन का दूसरा कथन यह है कि फिल्म में मनुष्य की सभी प्रक्रियाओं को बिना किसी रोक या बाधा के प्रस्तुत किया जा सकता है। प्रसिद्ध फिल्मकार इंगार ब्रेगमान की एक फिल्म देखने के बाद एक आलोचक ने लिखा कि आखिर उसने छोड़ा ही क्या है? पिछले दिनों, ऐसी बहुत-सी फिल्में तैयार हुई हैं, जिनसे ऐसा मालूम पड़ता है कि जो बात पहले कवि के लिए कही गई (जहाँ न जाए रवि, वहाँ जाए कवि) वही बात फिल्म पर भी लागू होती है। 'सारा आकाश' और 'भुवनशोम'-जैसी फिल्मों में जीवन के अत्यन्त महत्त्वहीन-से प्रसंग उभारे गए हैं। इस शिल्प में चयन एवं परित्याग तकनीक की आवश्यकताओं पर निर्भर हैं, न कि अप्रत्याशित परिस्थितियों पर।

प्रयोगात्मकता की ओर फिल्म

ऐसा जान पड़ता है कि फिल्म एक ऐसा माध्यम है, जो वर्तमान युग की उलझी हुई

समस्याओं को समाज के सम्मुख ला सकता है। यह बात भारत की लोकप्रिय फिल्मों पर लागू नहीं होती।[1] भारत की लोकप्रिय फिल्में प्रायः व्यक्तिगत समस्याओं का सीधा-सपाट समाधान खोजती हैं। पलायनवादी परिस्थितियाँ मुम्बइया फिल्म की विशेषता हैं। वास्तविक समस्या की अनुपस्थिति में किसी दूसरे देश के वातावरण पर आधृत प्रसंगों की भी भरमार होने लगी है। उधार लिए हुए इतिवृत्तों का असर यह हुआ कि भारतीय समाज में कभी-कभी यह अन्देशा होने लगता है कि ऐसी नकलची फिल्मों के कारण ही हमारे यहाँ कुछ ऐसी समस्याएँ पैदा हो रही हैं, जो पाश्चात्य देशों में तो वस्तुस्थिति से उत्पन्न हुई हैं, पर अब तक हमारे यहाँ अपरिचित थीं। अमेरिका में युवा पीढ़ी की उलझनें अथवा यौन-वासना के विषम प्रसंग अथवा नीग्रो लोगों का आन्दोलन—ये सभी विकट और असली समस्याएँ हैं, जिन्हें वहाँ की आधुनिक फिल्में मार्मिक ढंग से या जान-बूझकर उत्तेजनापूर्ण शैली में प्रस्तुत कर रही हैं। भारत में मुश्किल यह है कि जिन लोगों में समस्या को समझने की प्रबुद्धता है, उनमें फिल्म के रूप में उसे प्रस्तुत करने की या तो प्रतिभा नहीं या उनकी मौलिकता पाश्चात्य देशों के उत्कृष्ट फिल्म-प्रोड्यूसरों से इतनी अभिभूत है कि वे अपने देश की सार्वजनिक समस्याओं के बजाय अत्यन्त छोटे वर्ग की ऐसी समस्याओं को उभार रहे हैं, जो पाश्चात्य समाज की समस्याओं से मिलती-जुलती हैं।

चौथी बात है, फिल्मों की, विश्व-भर की जनता का प्रेक्षकों से एक नया सम्बन्ध स्थापित करने में सफलता। भाषा मानो गौण हो गई है। यदाकदा दूसरी भाषाओं की फिल्मों के नीचे कुछ टाइटिल दिए जाते हैं। कम-से-कम संवाद और वार्तालाप के आधार पर अन्य देशों के अन्तरंग जीवन से परिचय प्राप्त किया जा सकता है। उच्च कोटि की फिल्मों पर ही यह बात लागू होती है। इसी भाँति, भारत की कतिपय फिल्मों का स्वागत बाहर के देशों के दर्शकों द्वारा हुआ है, जैसे सत्यजित राय की फीचर-फिल्मों और भावनगरी के वृत्तचित्रों का।

फिल्मी माध्यम की पाँचवीं विशेषता यह है कि फिल्म अभिव्यक्ति की नवीनतम विधा है। उपन्यास यद्यपि आजकल भी बहुत लिखे जाते हैं, तथापि उनका अपना पुराना इतिहास और परम्पराएँ हैं और ये परम्पराएँ कई शताब्दियों के अनुभव से बनीं। इन सभी कलाओं के पीछे लम्बा इतिहास है, साहित्य की महान् कृतियाँ हैं। किन्तु, फिल्म-विधा बहुत ही थोड़े समय में मानव की अभिव्यक्तियों का एक प्रधान माध्यम बन बैठी है। यह बच्चा असाधारण गति से बड़ा हो गया है। जब सबसे पहले एडीसन का कैमरा तैयार हुआ और आज जब ओर्सन वेप्स की भविष्यवादी फिल्मों का निर्माण हुआ, इन 50 वर्षों बीच क्या-से-क्या नहीं हो गया। जहाँ और कलाओं को परिपक्व होते-होते शताब्दियाँ लगीं, वहाँ फिल्मों को यह स्तर तकनीक के कारण पाँच दशकों में ही उपलब्ध हो गया।

1. सन् 1971 ई. की रिपोर्ट के अनुसार भारत दुनिया में सर्वाधिक संख्या में फिल्म बनानेवाला देश हो गया है।

कोफमैन ने जो ये पाँच बातें फिल्मों के बारे में कही हैं, वे सभी बहुजन-माध्यमों के बारे में कही जा सकती हैं। इस प्रयोगात्मकता के साथ-साथ आधुनिक युग में यौन-विषयों में अस्वस्थ दिलचस्पी, राष्ट्रीय संस्कृति से नई किस्म का लगाव और व्यक्ति की अन्य रुग्ण समस्याओं पर अनावश्यक जोर—ये तीन तत्त्व भी बढ़े हैं। कुछ लोग तो यह भी कह सकते हैं कि शायद ये तीनों प्रवृत्तियाँ प्रयोगात्मकता का सीधा परिणाम हैं।

शायद एक समय आए, जबकि यौन-प्रक्रियाओं में दिलचस्पी स्वतः ही कम होती जाए। इसका एक कारण यह भी है कि बहुजन-माध्यम (खासतौर से टेलीविजन) समग्र परिवार का मनोरंजन है, जो एक असाधारण परिस्थिति में है।

राष्ट्रीय संस्कृति में नए प्रकार की दिलचस्पी का होना सामाजिक चेतना की स्वागत-योग्य प्रवृत्ति है। बहुजन-माध्यमों द्वारा राष्ट्रीय तथा क्षेत्रीय संस्कृति की जानकारी बढ़ रही है। पुरानी पाश्चात्य फिल्मों में पूर्व के देशों के जो रूप प्रस्तुत किए जाते थे (सँपेरे, बाजार, बुर्केवाली औरतें, जंगल, हाथी, चीते इत्यादि), उनके स्थान पर इन देशों में नए उभरते समाज का अवलोकन होने लगा है।

रुग्ण वैयक्तिक समस्याओं पर आधुनिक फिल्मों में अनावश्यक जोर देने की प्रवृत्ति बहुत दिन ठहरनेवाली नहीं है। इसका कारण यह है कि पिछले दिनों पाश्चात्य देशों की नई पीढ़ी शान्ति की खोज में उन सच्चाइयों की ओर बढ़ रही है, उन आध्यात्मिक खोजों से आकृष्ट हो रही है, जो व्यक्ति को आध्यात्मिकता की ओर ले जाती हैं। यह एक नई आध्यात्मिकता है, जो यद्यपि अभी तक फिल्मों द्वारा प्रस्तुत नहीं की गई है, तथापि जिसको इन रूपों में अभिव्यक्त होते देर नहीं लगेगी। मुश्किल यह है कि हमारे देश की आध्यात्मिकता हमारे ही निर्माताओं से प्रायः दूर होती जा रही है और इसलिए अभी तक नई सांकेतिकता के साथ इस पुराने सन्देश को इन साधनों ने हमारे देश में प्रस्तुत नहीं किया है। शायद धर्मनिरपेक्षता के नाम पर हम एक अत्यन्त सशक्त मनोवैज्ञानिक क्षेत्र की उपेक्षा कर रहे हैं।

जो भी हो, भविष्य के संकेत यही हैं कि सामान्य जनता के मनोरंजन के अतिरिक्त एक नए प्रकार की प्रयोगात्मकता बहुजन-माध्यम को प्रेरित करेगी और कर रही है। यदि प्रयोगात्मकता नहीं रहे, तो बहुजन-माध्यम के विकास में जड़ता आने की हमेशा आशंका रहती है। इसलिए, खासतौर से पुरानी पीढ़ी का यह कर्तव्य है कि वह प्रयोगात्मकता को कथानक में और सारी विषय-वस्तु में हमेशा बढ़ावा दे दें।

अनुसन्धानों का उपयोग

बहुजन-माध्यमों, विशेषतः साप्ताहिक समाचार-पत्रों, की एक और प्रवृत्ति की ओर संकेत करना भी जरूरी है। समाज में फैलते दुराचार और अन्याय के निराकरण के नाम पर बहुजन-माध्यमों द्वारा तरह-तरह के रहस्यों का उद्‌घाटन करने की प्रवृत्ति देखी गई है। इसके पीछे समाचार-पत्रों, और अमेरिका में टेलीविजन, की आमदनी और सर्कुलेशन

बढ़ने का लालच प्रायः होता है। परन्तु साथ ही, पिछले दिनों अन्याय और अनाचार के रहस्योद्घाटन के लिए माध्यमों द्वारा गहरे अनुसन्धान भी किए गए हैं। जब कभी उच्चकोटि के समाचार-पत्र और पत्रिकाएँ अपने पाठकों की सूचनाएँ, समाचार और व्यक्तियों की पृष्ठभूमि से अभिव्यक्त करना चाहते हैं, तब यदि उनके पास साधन हों तो इसके लिए वे अक्सर अनुसन्धान करते हैं। नाना प्रकार की स्थानीय परिस्थितियों से परिचय प्राप्त करते हैं। चित्र और खासतौर से आँकड़े इत्यादि एकत्र करते हैं। भारत में कई ऐसे पत्र हैं, जिन्होंने इस तरह का काम कुछ परिमाण में किया है। एक पत्र ने 'काला बाजार' (ब्लैक मार्केट) का पर्दाफाश करने के लिए एक प्रसिद्ध अर्थशास्त्री से इस बारे में सामग्री एकत्र करने के लिए कहा। वह सामग्री इस तरह से प्रस्तुत की गई कि निश्चय ही उससे सारे पाठकों का ज्ञान बढ़ा। इसी तरह कुछ अन्य पत्रों ने भारत-पाकिस्तान युद्ध के विषय में जो अनुसन्धान किया था, खासतौर से प्रमुख महीनों में, उनसे एक अनुसन्धानपूर्ण वातावरण पैदा हुआ। अक्सर 'लन्दन टाइम्स' और 'न्यूयार्क टाइम्स' उच्चकोटि के विद्वानों से यथेष्ट मानदेय देकर ऐसे लेख तैयार कराते हैं।

अनुसन्धानात्मक प्रवृत्ति निश्चय ही बहुजन-माध्यम को ज्ञानवर्द्धन का उत्कृष्ट साधन बना सकती है। किन्तु, शर्त यह है कि एक ओर तो इस तरह के प्रोग्रामों अथवा लेखों के लिए उच्चकोटि के विद्वानों की सहायता ली जाए और दूसरी ओर सामग्री प्रस्तुत करने के लिए ऐसे कलाकारों और लेखकों को लिया जाए, जो जनसाधारण को आकृष्ट कर सकते हैं। पी.एल. देशपांडे, जो आज दिन भी मराठी भाषा और मराठी मंच पर बड़े प्रतिष्ठित कलाकार माने जाते हैं, आकाशवाणी के टेलीविजन पर प्रोड्यूसर थे। उन्होंने ज्ञानवर्द्धक विषयों पर किए गए अनुसन्धानों के आधार पर कुछ ऐसे प्रोग्राम प्रस्तुत किए, जो रोचक और लोकप्रिय भी थे। बहुजन-माध्यम के लिए ज्ञानवर्द्धक सामग्री कलात्मक और आकर्षक रूप में प्रस्तुत की जानी चाहिए। यह नहीं कि ऐसी सामग्री प्रस्तुत करने की केवल आजादी देकर ही तिलांजलि दे दी जाए।

अन्तरिक्ष में बहुजन-माध्यम

चौथी प्रवृत्ति, जो बहुजन-माध्यम के भविष्य का निर्माण करेगी, वह है अन्तरिक्ष में बहुजन-माध्यम का प्रवेश। सन् 1957 ई. के अक्टूबर में जिस दिन पहला स्पुतनिक अन्तरिक्ष में गया, उस दिन या उसके एक दिन पहले आकाशवाणी पर पहला विविध भारती का वह प्रोग्राम हुआ, जिसने कुछ ही वर्षों में असंख्य भारतीय जनता को आकर्षित कर पुनः आकाशवाणी का श्रोता बना दिया। किन्तु, अब तो यह आशा है कि अन्तरिक्ष में ऐसे स्टेशन स्थापित हो जाएँगे, जिनके द्वारा न सिर्फ विश्व के विभिन्न भागों के फोटो और फिल्में ली जा सकेंगी, वरन् विश्व के अनेक स्टेशनों को एक साथ सक्रिय किया जा सकेगा। सन् 1973 ई. में कुछ नए प्रकार की लेबोरेटरियाँ अन्तरिक्ष में भेजी जानेवाली हैं। इसकी विधि यह होगी कि विशेष प्रकार के कैमरों से अन्तरिक्ष

से ही ऐसे पदार्थों के चित्र खींचे जा सकेंगे, जिनको प्रायः मानवीय नेत्र तो नहीं देख पाते, किन्तु ये कैमरे देख सकेंगे। इन कैमरों में एक साथ कई चित्र लिए जा सकेंगे और उन्हें फिल्मों पर रेकॉर्ड करके फिर उससे फिल्म और एक टेप-रेकॉर्डर की भाँति वैज्ञानिकों के लिए उनकी पुनरावृत्ति की जाएगी। इसके फलस्वरूप बहुत-से ऐसे पदार्थों और प्रक्रियाओं को, जिन्हें मनुष्य अपनी आँखों से देख नहीं पाता, दिखाया जा सकेगा। इस प्रकार की फिल्मों की पद्धति से, जिसे 'मल्टी-स्पेक्ट्रल' तकनीक कहते हैं, यह सम्भव हो सकेगा कि खेतों और जंगलों में फैलनेवाली तथा पैदावार को नष्ट करनेवाली तरह-तरह की बीमारियों का जल्द-से-जल्द पता लगाया जा सके। इसी तकनीक से समुद्र की गहराइयों में भी खोज हो सकेगी। एक बार लिए गए मल्टी-स्पेक्ट्रल चित्र 10,000 वर्गमील में देखे जा सकेंगे और जिन खेतों पर हल चल चुके हों या ट्रैक्टर चल चुका हो, उनकी हर एक बारीकी को भी देखा जा सकेगा और उनकी आवश्यकता की पूर्ति के लिए समाचार और निर्देश किसानों के पास भेजे जा सकेंगे। तापमान और हवा की गति की भी जाँच इन्हीं अन्तरिक्ष-विमानों द्वारा की जा सकेगी। जहाँ जमीन पर जानवर वनस्पति का विनाश कर रहे हैं, ऐसे स्थान भी तुरन्त खोजे जा सकेंगे, ताकि इनके विरुद्ध सरकारों द्वारा कुछ-न-कुछ कार्रवाई की जा सके। पिछले वर्ष पर्ड्यू विश्वविद्यालय ने अन्तरिक्ष से यह भी पता लगा लिया कि अमेरिका की मकई की फसल में किस तरह की बीमारी लगी है और उस बीमारी को रोकने के लिए किस तरह की तकनीक का इस्तेमाल किया जा सकता है।

आइसलैंड के पास मछली पकड़नेवाले जहाजों को यह ठीक-ठीक पता नहीं लग पाता था कि समुद्र के किस भाग में मछलियाँ मौजूद हैं; क्योंकि उस स्थान पर समुद्र बर्फ से ढँका हुआ था। लेकिन अन्तरिक्ष से देखनेवाले मल्टी-स्पेक्ट्रल यन्त्र से समुद्र के उन हिस्सों के चित्र खींचे जा सके हैं, जहाँ मछलियाँ मौजूद थीं। वहाँ आदेश पाकर आसानी से मछलियाँ पकड़ी जा सकीं। इसी तरह बाढ़ आने पर नदी के उपरिप्रवाह की दिशा के चित्र भी अन्तरिक्ष से बहुत शीघ्रता से लिए जा सकेंगे और उन्हें तुरन्त धरती पर भेजा जा सकेगा, ताकि बाढ़ को रोकने के लिए जो कुछ कार्रवाई शासन कर सके, वह पहले ही कर ले।

अक्सर देखा जाता है कि धरातल की चट्टानों के नीचे जलराशि होती है, लेकिन उस राशि की शिलाएँ भेदी नहीं जा सकतीं। अन्तरिक्ष-चित्रों से यह जाना जा सकता है कि वे शिलाएँ कैसी हैं। लेकिन जेमिनी और अफलेनो नाम के विमानों से लिए गए चित्रों द्वारा इन शिलाओं के बीच-बीच में ऐसे स्थानों को (जिन्हें फाल्ट्स और फ्रैक्चर्स कहते हैं) देखा जा सकेगा, जिनके जरिए इंजीनियर उस राशि को ऊपर ला सकेंगे और सिंचाई का नया साधन मिल जाएगा। इसी तरह अन्तरिक्ष-यानों द्वारा जलवायु के बारे में भविष्यवाणी करने में भी मदद मिलेगी। भविष्य में तूफानों और झंझावातों के बारे में ठीक समय पर जानकारी प्राप्त हो सकेगी। यदि ऐसा हो सकेगा, तो बंगाल की खाड़ी से जिस प्रकार के तूफान उठकर उड़ीसा और तमिलनाडु पर प्रहार करते हैं, उनकी गति

की जानकारी पहले से हो जाएगी। रेडियो द्वारा उनकी जानकारी को जन-जन तक पहुँचाया जा सकेगा और इनके विषय में चेतावनी दी जा सकेगी, ताकि किसानों और मछुओं को ठीक समय पर सूचना मिल सके। इसमें कोई सन्देह नहीं कि यदि विश्व-भर के वैज्ञानिकों में आपस में समझौता हो सका और राष्ट्रसंघ तथा इस प्रकार की अन्य संस्थाओं द्वारा भी अन्तरिक्ष में बहुजन-माध्यमों का इस्तेमाल हुआ, तो मनुष्य-मात्र का कल्याण होगा। स्व. डॉ. साराभाई इस प्रकार के प्रयोगों के लिए बराबर तत्पर रहते थे।

चाहे जो भी हो, इसमें कोई शक नहीं कि बहुजन-माध्यम का भविष्य बहुत कुछ अन्तरिक्ष पर निर्भर करता है। आगे चलकर एक समय ऐसा आएगा कि आगे आनेवाली पीढ़ी के मानव को दिखाने के लिए पुस्तकें फिल्मों के रूप में तथा अन्य प्रकार की सामग्री भी अन्तरिक्ष-उपग्रहों ही से उपलब्ध की जा सकेंगी। मानव के विकास का इतिहास भविष्य के प्रयोगों और अनुसन्धान के लिए मिल सकेगा और लोग जब चाहेंगे, तब इस सामग्री को अन्तरिक्ष-उपग्रह से मँगा सकेंगे। बहुजन-माध्यम द्वारा ज्ञान-विकास को दिखाने की यह विधि निश्चय ही चमत्कारी होगी। जब महात्मा गांधी सन् 1947 ई. में पहली बार आकाशवाणी गए तब उन्होंने सिर्फ इतना कहा : 'यह तो एक अद्‍भुत चमत्कार है।' वह चमत्कार निश्चय ही दिन-प्रतिदिन और भी चमत्कारी होता चला जा रहा है और होता रहेगा। शायद इसी में बहुजन-माध्यम की सार्थकता है।